LA COPROPRIÉTÉ

DALLOZ ACTION

LA COPROPRIÉTÉ

HUITIÈME ÉDITION

2012
à jour au
15 avril

FRANÇOIS GIVORD † CLAUDE GIVERDON †

PIERRE CAPOULADE
Conseiller honoraire
à la Cour de cassation

OUVRAGE COURONNÉ
PAR L'ACADÉMIE DES SCIENCES
MORALES ET POLITIQUES

DALLOZ

ISBN 978-2-247-11027-8

31-35, rue Froidevaux
75685 PARIS CEDEX 14
SERVICE CLIENTÈLE
tél. 0 820 800 017
fax 33(0)1 41 48 47 92

www.editions-DALLOZ.fr

Avant-propos de la 1re édition

CET OUVRAGE EST, avant tout, destiné aux praticiens. Le statut de la copropriété des immeubles bâtis (loi du 10 juillet 1965 et décret du 17 mars 1967) comporte 114 articles : le moment nous a donc paru venu d'en présenter un commentaire d'ensemble qui puisse, en même temps, fournir la synthèse des solutions qui l'ont précédé et qui l'expliquent sur bien des points. Notre dessein était de publier ce traité plus rapidement; le retard apporté dans l'élaboration du décret du 17 mars 1967 nous a empêché de le réaliser. Mais ce délai de réflexion supplémentaire nous aura permis de faire état des premières décisions intervenues depuis la promulgation du statut et aussi de nous enquérir, auprès des syndics et administrateurs, des difficultés qu'ils rencontrent. Notre vœu est qu'ils trouvent, dans ces pages, la solution des problèmes qui les préoccupent et que préoccupent, d'une manière plus générale, tous ceux qui s'intéressent à la question.

Mais nous n'avons pu oublier notre qualité commune de professeur des facultés de droit et nous avons voulu, aussi, présenter une analyse de cette figure juridique nouvelle qu'est, finalement, le droit de chaque propriétaire sur chacun des lots entre lesquels la propriété de l'immeuble est répartie. Ainsi, le statut de la copropriété s'inscrit-il dans le cadre de l'immense mutation qui secoue, en ce moment, notre droit des biens et à l'issue de laquelle, il est bien évident que le droit de propriété, tel que le définit toujours l'article 544 du Code civil, se trouvera plus ou moins affecté, s'il ne l'est déjà.

Ce traité sera prochainement suivi d'un second volume consacré à l'étude des sources de la copropriété, à propos desquelles nous examinerons les questions posées par la promotion immobilière et la réglementation des sociétés de construction. L'ordre logique aurait voulu qu'il précédât celui que nous publions aujourd'hui. Mais chacun sait que la matière doit faire l'objet d'interventions législatives et réglementaires. Il était donc préférable de présenter d'abord le statut de la copropriété qui représente aujourd'hui — et pour un certain temps, espérons-le — une œuvre achevée. Telle quelle, elle s'inscrit, en bonne place, dans l'important travail de rajeunissement de notre droit privé, heureusement entrepris ces dernières années.

Grenoble, 15 juillet 1967

François GIVORD

Claude GIVERDON

Sommaire

ANNEXES

TITRE PRÉLIMINAIRE

0. Introduction

SECTION 0
ORIENTEUR

Plan du titre.

1 Bibliographie générale. On se bornera à indiquer les *ouvrages de référence*.

Actualisables.

ATIAS, *Rép. civil V° Copropriété des immeubles bâtis*; *Juris-Classeur Copropriété*; *Juris-Classeur Civil*, 544 à 577.

Ouvrages.

ARNAUD et BOUYEURE, *Millièmes et charges de copropriété*, Éd. Actualité juridique, 1974 – ATIAS, *Les écueils de la contestation des décisions de l'assemblée générale des copropriétaires : précautions à prendre et arguments à invoquer* Edilaix, 2008; *Le copropriétaire face à l'assemblée générale, comment se défendre*. Edilaix, 2008; *Questions de copropriétaires (et réponses des juges)*, Edilaix, 2001; *La copropriété immobilière*, « Connaissance du droit », Dalloz, 1995; *La copropriété des immeubles bâtis dans la jurisprudence*, Litec, 1979; *Les associations syndicales libres de copropriétaires en lotissement*, Edilaix, 2006; *Guide de la copropriété des immeubles bâtis*, Éd. Ann. Loyers 2007; *Le dicopropriété*, Edilaix, 2007; *Guide des charges de copropriété*, Edilaix, 2006 – BAYARD-JAMMES, *La nature juridique du droit du copropriétaire immobilier*, Lgdj, 2003 – BOUYEURE, *Les assemblées générales de copropriété*, Éd. Publication *Administrer* 2007 – CAPOULADE, GIRAUDEL et DROBENKO, *Copropriété dans la Cité*, Éditions du Moniteur, 2001 – GALIMARD, *La copropriété*, « Que sais-je ? », Puf, 1998 – GUILLOT, *La pratique de la copropriété*, Éd. Publication *Administrer*, 3e éd., 1992 – KISCHINEWSKY-BROQUISSE, *La copropriété des immeubles bâtis*, Litec, 4e éd., 1989 et supplément, 1994 – LAFOND, *Les diagnostics immobiliers*, Litec, 2008 – LAFOND, ROUX et STEMMER, *Code de la copropriété*, Litec, 2011 – LAPORTE, *Comptabilité de la copropriété*, Delmas, 2011; *Les clés de la copropriété*, Éd. Express, 2009 – MICHALOPOULOS, *Guide pratique de la copropriété*, Éd. La Rose Noire 1986; *Vivre en copropriété*, DPE, 2008 – MOUREY, *Les équilibres sociopsychologiques de la copropriété*, Lgdj, 1970 – RITSCHY, *Guide des copropriétaires*, DPE, 2008 – ROUQUET, *Code de la copropriété commenté*, Dalloz, 2012 – ROUX, *Guide de l'évaluation de l'immeuble en copropriété – la copropriété immobilière inorganisée et désorganisée*, Edilaix, 2011; *Le conseil syndical*, Litec, 2011; SABATIÉ, *Copropriété*, Delmas, 2012; SIZAIRE, *La copropriété*, Éd. techniques, 1969; *Règlement de copropriété et états descriptifs de division, formulaires commentés*, Litec, 1972 – VIGNERON, *Le syndic*, Litec 2000 – ZURFLUH, LEBATTEUX et BARNIER-SZTABOWICZ, *Droit et pratique de la copropriété*, Éd. du Moniteur, 1986; *Copropriété : tout sur l'assemblée générale* (ouvrage collectif) ARC-VUIBERT, 2007. *Pratique et évolution de la copropriété*, 73e congrès des notaires, Strasbourg 1976; *Division de l'immeuble*, 103e congrès des notaires, Lyon, 2007.

2 Sens du mot « copropriété ». Dans son acception la plus large, le mot « copropriété » désigne une propriété (mobilière ou immobilière) commune à plusieurs personnes; lorsque chacune est titulaire d'une quote-part idéale ou abstraite, on dit qu'il y a indivision [1]. Mais, à l'heure actuelle, le mot est plutôt utilisé pour désigner un mode d'appropriation, plus spécialement d'un immeuble bâti qui, sous réserve de plus amples précisions, se caractérise par la division de cet immeuble en *lots*, objets de droits de propriété exclusifs (partie privative) et d'une propriété indivise sur des parties communes exprimée par une quote-part affectée à chaque lot. S'y ajoute la réunion des propriétaires de ces lots (les copropriétaires) au sein d'une collectivité organisée (le syndicat) dont l'objet est d'assurer la gestion de l'immeuble.

En considération de ces données, on peut dire que la « copropriété » est, à la fois, une *structure immobilière* (la copropriété immobilière) qui relève du droit des biens, mais aussi une *structure de gestion* qui emprunte au droit des obligations. Mais une chose est certaine; sous l'un et l'autre de ses aspects, la copropriété est une institution qui relève du droit civil.

C'est pourquoi, on peut regretter qu'il n'ait pas été donné suite au projet qui avait été élaboré par la direction des affaires civiles de la Chancellerie de réunir dans les dispositions liminaires du titre Ier du livre II du code civil, les éléments constitutifs de ce que l'on a appelé la « copropriété des immeubles bâtis ».

3 Copropriété et logement. Ainsi caractérisé, le droit de la copropriété ne doit pas être confondu avec le droit au logement. Certes, le plus souvent le statut de la copropriété s'applique à des logements. La preuve en est que les statistiques se réfèrent aux logements; c'est ainsi que l'on estime, que dans le parc des logements français (28,2 millions), 6,1 millions sont « en copropriété », précision faite que la taille moyenne de ces syndicats est de 12 logements [2]. De l'Enquête nationale logement (2006), le nombre de logements en copropriété s'élève à 7 589 949 soit 5 972 318 résidences principales, 995 748 résidences secondaires et 525 023 logements vacants.

La loi n° 89-462 du 6 juillet 1989 tendant à améliorer les rapports locatifs illustre parfaitement, en son article 1er, la différence qui sépare copropriété et logement; il énonce, en effet, que l'exercice du droit au logement (qualifié de fondamental) implique la liberté de choix, pour toute personne, de son mode d'habitation grâce au maintien et au développement d'un secteur locatif et d'un secteur d'accession à la propriété ouverts à toutes les catégories sociales.

Or, le droit (si tant est que le terme soit adéquat) au logement s'inscrit dans des perspectives plus vastes que le droit de la copropriété. Il conjugue des aspects économiques, sociaux, urbanistiques; il doit composer avec l'aménagement urbain; mais il entraîne dans ce mouvement le droit de la copropriété. Un ouvrage est consacré à la « Copropriété dans la cité » [3]. Les dernières interventions législatives et réglementaires traduisent ce glissement. Alors que dans les premières années qui ont suivi la mise en vigueur de la loi du 10 juillet 1965 fixant le statut de la copropriété des immeubles bâtis, le législateur s'est consacré à préciser et à aménager ce statut, à partir des années 1990 on relève l'adoption de textes qui concernent surtout le logement et l'habitat dont les plus marquants sont les lois n° 2000-1208 du 13 décembre 2000 relative à la solidarité et au renouvellement urbains, dite loi SRU et n° 2006-872 du 13 juillet 2006 portant engagement national pour le logement.

Cette nouvelle orientation n'est pas sans danger, car, sous prétexte de restructuration des quartiers dits « sensibles », du rétablissement du fonctionnement normal des syndicats de copropriétaires en difficulté, de lutte contre l'exclusion, du souci d'information d'inspiration « consumériste », le risque est grand de voir remise en question l'inspiration « civiliste » du statut de la copropriété au bénéfice de notions plus vagues véhiculées par le « droit » au logement ou à l'« habitat » [4].

L'exposé de cette évolution et des perspectives d'avenir qu'elle ouvre est l'objet de cette introduction. Mais une question préalable se pose : elle est de savoir quels sont le sens et la portée du choix de la « formule » copropriété opéré par le droit français [5].

4 Sens de « l'option » copropriété. En se référant à l'accession à la propriété pour satisfaire au droit au logement, le législateur a clairement opté pour une technique relevant du droit des biens : donc du droit civil. Ce n'était pas une nécessité car le « donné » sur lequel reposait la réflexion est celui d'un immeuble divisé en fractions, phénomène très largement répandu, encore que le secteur pavillonnaire (qui

1. Civ. 3e, 17 déc. 2003, n° 02-17.783, NP, *Administrer* avr. 2004. 53, obs. Bouyeure.
2. Ces chiffres sont tirés de l'enquête réalisée, le 28 nov. 2001 par l'Agence nationale pour l'information sur le logement (Anil). Les copropriétés sont plus de six millions en 2005, selon une estimation de l'Insee et de la DGUHC à partir des recensements de Sitadel.
3. Capoulade, Giraudel et Drobenko, *Copropriété dans la cité*, Moniteur, 2000.
4. Capoulade, Giraudel et Drobenko, *Copropriété dans la cité*, Moniteur, 2000.
5. Les auteurs n'ont pas jugé utile de revenir dans la présente édition sur les questions de droit transitoire qui s'étaient posées après la mise en vigueur de la loi du 10 juill. 1965.

peut aussi être régi par le statut de la copropriété dite alors « horizontale ») ne soit pas négligeable[1].

Si, en effet, on prend pour base l'immeuble divisé en fractions, deux orientations étaient concevables. La première consistait à privilégier les fractions elles-mêmes en les considérant comme les assiettes de droits réels dont les occupants seraient titulaires[2]. La tradition française dictait cette option. L'article 664 du code civil, qui fut la première reconnaissance officielle de ce que sera la copropriété, se référait à la situation où les « différents étages d'une maison appartenaient à divers propriétaires » (v. s^s n° 6). La loi du 28 juin 1938 reposait sur le même fondement en organisant la copropriété par appartements. La voie était ainsi tracée; elle fut confirmée par la suite par l'analyse de la structure physique de l'immeuble qui conduisit à distinguer les parties privatives des parties communes. Il faut ajouter que la politique d'aide à la construction adoptée en 1950, axée sur l'accession à la propriété par le moyen des prêts et primes du Crédit Foncier de France allait dans le même sens[3]. Enfin, il ne faut pas négliger l'attachement des Français pour la propriété de leur logement[4] encore que la copropriété ne soit pas aussi proche de la propriété qu'on l'aurait souhaitée[5].

Mais une deuxième orientation était concevable. Au lieu, en effet, de se fixer sur les fractions de l'immeuble, la réflexion pouvait se porter sur la collectivité des occupants et sur la manière d'en aménager les rapports. On se trouvait ainsi orienté vers des techniques du droit des sociétés. Aux droits réels ayant les fractions pour assiettes, se substituent des droits personnels de jouissance. Les sociétés constituées en vue de l'attribution d'immeubles aux associés par fractions divises (CCH, art. L. 212-1 à L. 212-17) correspondent à cette conception, mais, en général, pour un temps seulement puisqu'après la dissolution de la société le droit de propriété sur les fractions se substitue au droit de jouissance (v. s^s n° 58). La formule est plus souple que la construction directe en copropriété, spécialement la cession des droits sociaux qui se réalise par une cession de parts est plus simple. La gestion, qui est assurée par les organes sociaux, est plus facile. Mais elle n'offre par la même sécurité que la reconnaissance d'un droit de propriété sur une fraction assortie de la publicité foncière; la règle majoritaire peut aussi se révéler dangereuse; comme on l'a fait remarquer à juste titre, *la société écrase la propriété*[6].

C'est sans doute la raison pour laquelle, la formule empruntée au droit des sociétés n'a joué qu'un rôle marginal ne convenant qu'à des structures spécifiques, telles, par exemple, les résidences de loisirs avec services (v. s^s n° 26). L'évolution du droit de la copropriété à l'exposé de laquelle est consacrée cette introduction permet de le vérifier.

5 Évolution du droit de la copropriété – Ses étapes. Prenant acte de ce que le droit de la copropriété, distingué du droit au logement ou à l'habitat, relève du droit civil et de ce que la loi n° 65-557 du 10 juillet 1965 complétée par le décret n° 67-227 du 17 mars 1967 en constituent l'expression législative et réglementaire la plus achevée, au moins encore pour un temps, son évolution peut être retracée en distinguant trois étapes.

Une première étape peut être caractérisée comme étant celle de la *recherche* du statut et de son *aménagement* pour aboutir à sa *fixation* par la loi précitée du 10 juillet 1965, ensuite *complétée* par des textes participant du même esprit à l'exception de quelques textes périphériques correspondant à des situations spécifiques. Cette étape, dont le point de départ se situe au code civil, s'est prolongée jusqu'aux années 90.

À partir de là, s'ouvre une seconde étape; on peut la caractériser comme étant celle de la *mise à l'épreuve du statut* et ce, sous l'influence de différents facteurs : désolvabilisation de couches de plus en plus nombreuses de copropriétaires allant jusqu'à l'exclusion, désir de plus en plus vif d'information à finalité « consumériste », immeubles implantés dans des quartiers de la ville érigés en zones sensibles appelant une « restructuration » du foncier par le truchement de l'expropriation ou du droit de préemption urbain. Il est superflu de dire que le droit de copropriété ressort profondément affecté de cette restructuration. La satisfaction de ces nouveaux besoins est à l'origine de lois particulières; mais c'est surtout la loi du 13 décembre 2000

1. Malauzat et Moreau, *Copropriété et réalisations pavillonnaires*, Rapport 73e Congrès des notaires, Strasbourg 1976, p. 301 – Stemmer, « Plaidoyer pour la copropriété horizontale », *JCP N* 1982, prat. 609.
2. POUR un exposé des différentes « formules » relevant du droit des biens : Flattet, *La copropriété par étages*, Lausanne, 1956.
3. SUR CETTE POLITIQUE : Thiou, « L'avenir de la copropriété », *Ann. loyers* 1966. 772.
4. Defos du Rau, « La copropriété et l'esprit propriétaire », Ch. *des propriétaires* août-sept. 1956, p. 482 – Carbonnier, *Droit civil*, t. II, n° 60 – Bouyssou, « La copropriété horizontale sans division en jouissance », *RDI* 1996. 329 – Koening, « Lotissement ou copropriété horizontale, un beau débat théologique », *RDI* 1996. 321.
5. Le vœu avait été exprimé par M. l'avocat général Paucot dans ses conclusions sur l'arrêt de la 3e chambre civile de la Cour de cassation du 11 mars 1971, n° 69-13.401, *Bull. civ.* III, n° 130; *JCP* 1971. II. 16722.
6. Hébraud, « À propos d'une forme particulière de propriété : la copropriété par appartement », *RTD civ.* 1938. 21 s. – Walet, *Les sociétés de construction*, éd. Joly, 1981 (v. spécialement l'historique).

dite SRU qui s'est donné pour objectif « d'adapter le régime de la copropriété aux enjeux actuels »[1].

Enfin, une troisième étape semble être amorcée avec les textes de juillet et août 2003, spécialement, la loi n° 2003-710 du 1er août 2003 d'orientation et de programmation pour la ville, étend considérablement le rôle de l'autorité administrative et du pouvoir judiciaire à l'effet de constater *l'état de carence* de l'immeuble ou du syndicat pouvant justifier l'expropriation de l'immeuble « pour la mise en œuvre d'actions ou d'opérations » dont le résultat ne peut être que l'éviction du statut de la copropriété dont il faudra sans doute dresser l'acte de décès[2].

SECTION 1
PREMIÈRE ÉTAPE : DU CODE CIVIL À LA LOI DU 10 JUILLET 1965 ET À CELLES QUI L'ONT COMPLÉTÉE

§ 1
L'article 664 du code civil

6 Principes posés[3]. Le premier projet de code civil, dit Projet de l'An VIII, ne contenait aucune disposition tendant à régir la situation créée par la division des maisons en étages appartenant à des propriétaires différents. Ce sont les tribunaux d'appel de Lyon et de Grenoble qui relevèrent cette lacune et, dans le rapport établi par ce dernier, un projet de texte fut présenté; l'article 664 du code civil en fut directement inspiré. Aux termes de cet article : « *Lorsque les différents étages d'une maison appartiennent à divers propriétaires, si les titres de propriété ne règlent pas le mode de réparations et reconstructions, elles doivent être faites ainsi qu'il suit : les gros murs et le toit à la charge de tous les propriétaires, chacun en proportion de la valeur de l'étage qui lui appartient. Le propriétaire de chaque étage fait le plancher sur lequel il marche. Le propriétaire du premier étage fait l'escalier qui y conduit; le propriétaire du second étage fait, à partir du premier, l'escalier qui conduit chez lui, et ainsi de suite* ».

Comme on peut le constater, ce texte était très sommaire. Aucune précision n'était donnée sur la division de l'immeuble, ni surtout sur l'organisation de sa gestion; en l'absence de dérogation expresse, aucune mesure ne pouvait être prise autrement qu'à l'unanimité.

7 Rôle de la pratique. Au fur et à mesure que la division des immeubles par appartements prenait de l'extension, la pratique a dû s'employer à combler les lacunes de la loi. L'habitude s'instaura de rédiger un règlement de copropriété, qui, tant bien que mal, s'efforçait de pourvoir à la gestion de l'immeuble. Mais, faute d'une publicité adéquate, l'opposabilité de ce règlement aux acquéreurs d'appartements était discutée et, surtout, la personne chargée d'administrer l'immeuble - désignée du nom de syndic - pouvait être révoquée par chacun des propriétaires agissant individuellement. On comprend, dans ces conditions, que l'intervention du législateur afin de doter la copropriété par appartements d'un statut efficace, était vivement souhaitée. La promulgation de la loi du 28 juin 1938 allait répondre à ce vœu.

§ 2
La loi du 28 juin 1938

8 Élaboration et économie générale. Inspirée du projet élaboré en 1925 par la Société d'études législatives[4], la loi du 28 juin 1938 a pour origine une proposition présentée à la Chambre des députés par M. Cautru et un certain nombre de ses collègues[5]. Après plusieurs navettes entre la Chambre et le Sénat, elle était définitivement adoptée le 10 juin 1938. Bien qu'intitulée « loi tendant à régler le statut de la copropriété des immeubles divisés par appartements », elle renfermait deux séries de dispositions différentes formant deux chapitres. Le chapitre I contenait les dispositions régissant les sociétés de construction. Il est resté en vigueur jusqu'à l'abrogation totale de la loi du 28 juin 1938 par la loi n° 71-579 du 16 juillet 1971 relative à diverses opérations de construction, modifiée par la loi n° 72-649 du 11 juillet 1972 (art. 50-11). Le chapitre II réunissait les dispositions régissant les copropriétés d'immeubles; de ces dispositions il importe de dégager quels étaient les principes directeurs.

9 Principes directeurs. La loi du 28 juin 1938 dotait, pour la première fois, la copropriété par appartements, d'un véritable statut. Tous les commentateurs l'ont souligné[6]. Ce statut, inspiré des

1. V. *JOAN* 21 nov. 2000, p. 9095.
2. Ritschy, « Rétrospective », *IRC* oct. 2005. 3.
3. Foyer, « De l'article 664 du code civil à la loi de 1965 », *AJDI* 2006. 526.
4. *Bull. soc. études législatives* 1925, p. 135, 1926, p. 187.
5. Annexe n° 1214, *JO* 7 sept. 1933, p. 23.
6. PRINCIPAUX COMMENTAIRES de la loi du 28 juin 1938 : Chevalier, *DP* 1939. 4, 73 s. – Julliot, « La loi du 28 juin 1938 », *Journ. not.* 1938, p. 873 – Maguet, « Division des maisons par étages et par appartements », *JCP* 1940, n° 153 – Julliot, « Le nouveau statut de la copropriété des immeubles divisés par étages ou par appartements », *JCP* 1938. I. 74 – Robert, « Une énigme juridique, la loi du 28 juin 1938 », *Gaz. Pal.* 1938. 2. Doctr., 28 – AUSSI : Mazeaud, « La loi du 28 juin 1938 et les immeubles divisés par appartements antérieurement à la publication de la loi », *DH* 1939, Chron. 41.

solutions dégagées par la pratique, était suffisamment souple pour permettre les adaptations aux différents cas concrets. La loi, en effet, *n'était pas impérative*; les intéressés pouvaient adopter une autre technique de gestion de l'immeuble divisé que celle indiquée. S'ils se référaient au statut proposé, ils pouvaient librement le modifier sur les points où ils le jugeaient utile. Pour l'essentiel, ce statut reposait sur la réunion obligatoire des *copropriétaires* en un syndicat (art. 7), auquel incombait le soin de pourvoir à l'administration des parties communes de l'immeuble dans des conditions de majorités définies (art. 9). Un syndic était chargé de l'exécution des décisions prises et disposait, en outre, d'un certain pouvoir d'initiative (art. 10). Des *règlements types* de copropriété complétèrent utilement, par la suite, les dispositions de la loi.

10 Insuffisances. Bien que marquant un incontestable progrès par rapport à l'état de droit antérieur, la loi du 28 juin 1938 présentait quelques insuffisances, dont l'ampleur allait s'accroître au fur et à mesure que la copropriété dite alors « par appartements » se généralisait[1]. Parmi celles qui étaient le plus souvent dénoncées, on relevait le caractère trop lourd des règles de gestion, l'absence d'équité dans la répartition des charges entraînées par les éléments d'équipement, l'insuffisance de la réglementation des « ensembles immobiliers » et de la copropriété horizontale, l'absence d'une procédure efficace pour le recouvrement des sommes dues par les copropriétaires, le défaut de précision des dispositions définissant le pouvoir d'action du syndicat ou du syndic. Mais surtout, les critiques se cristallisaient essentiellement sur deux points : l'intangibilité du règlement de copropriété et la règle de l'unanimité requise pour l'exécution de travaux d'amélioration. En premier lieu, la nature contractuelle assignée au règlement de copropriété entraînait pour conséquence de proscrire toute modification apportée à celui-ci, autrement que du consentement unanime de tous. La règle était particulièrement gênante en ce qu'elle empêchait toute révision dans la répartition des charges qui, souvent, se révélait inéquitable. Le second grief concernait la règle de l'unanimité qui était également requise pour décider des améliorations à apporter à l'immeuble aux frais de tous. Les initiatives les plus heureuses pour l'intérêt de l'immeuble (installation d'un ascenseur – d'un chauffage collectif, par exemple) étaient paralysées. On comprend, dès lors, que les différents études et rapports publiés dans les années qui précédèrent le vote de la loi du 10 juillet 1965 insistaient particulièrement pour que des réformes fussent apportées sur ces deux points[2]. Ils étaient, en revanche, unanimes, pour ne pas souhaiter une « révolution juridique ». Ainsi, la voie pour une loi nouvelle était tracée.

1. V. « Les syndics et le projet de réforme de la loi du 28 juin 1938 », *AJPI* 1961. I. 1 – « Le projet de réforme de la copropriété », *AJPI* 1964. 475 – Julian, « Les inconvénients de notre régime de copropriété immobilière », *D.* 1959. Chron. 111 – Cabanac et Michalopoulos, « La loi du 28 juin 1938 après 23 années d'application », *AJPI* 1962. I. 1.

§ 3
La loi n° 65-557 du 10 juillet 1965 et le décret n° 67-223 du 17 mars 1967

11 Élaboration. L'origine de la loi du 10 juillet 1965 qui devait « fixer le statut de la copropriété des immeubles bâtis » se situe dans un projet d'origine gouvernementale déposé le 3 juillet 1964 sur le bureau de l'Assemblée nationale.

Ce projet, transmis à la commission des Lois de l'Assemblée nationale, fut rapporté, au nom de celle-ci, par M. Zimmermann député[3]. Il est discuté et adopté le 22 avril 1965[4]. Transmis à la commission des lois du Sénat, il fit l'objet d'un rapport de M. Voyant[5], et fut adopté le 8 juin 1965[6]. Deux autres lectures[7] se révélèrent nécessaires avant que le projet soit définitivement voté le 26 juin 1965. La loi fut promulguée le 10 juillet 1965 sous le n° 65-557, avec l'intitulé : « loi fixant le statut de la copropriété des immeubles bâtis », cependant que le même jour était aussi promulguée la loi n° 65-556, relative à l'acquisition d'habitations à loyer modéré à usage collectif par les locataires dont l'application est susceptible de provoquer celle du statut de la copropriété[8]. Les conditions d'application de la loi n° 65-557 ont été fixées par le décret n° 67-223 du 17 mars 1967 modifié à plusieurs reprises et, en dernier lieu, par le décret n° 2004-479 du

2. V. Thibierge, « Compte rendu du Congrès des administrateurs de biens, syndics de copropriété », *AJPI* 1960. I. 51 – AUSSI : Derruppé, « Les enseignements du 55e Congrès des Notaires de France relatif à la propriété immobilière moderne », *Defrénois* 1957. 27545.
3. Rapport, n° 1311.
4. *JOAN Q* 23 avr. 1965, p. 817 – Cabanac, « Le projet de loi sur la copropriété devant l'assemblée nationale », *AJPI* 1965. 1. 370.
5. Rapport n° 178.
6. *JO Sénat*, séance, 8 juin 1965.
7. *JOAN Q* 15 juin 1965, 2e séance, et 26 juin 1965, 2e séance, *JO Sénat* 22 juin.
8. DONT les dispositions ont été insérées dans le code de la construction et de l'habitation (CCH, art. L. 443-7 à L. 443-16) – V. Burjol-Flécher, « L'acquisition des logements HLM par les locataires », *AJPI* 1980. 373.

27 mai 2004[1] le décret n° 2007-285 du 1er mars 2007[2] et le décret du 20 avril 2010[3].

12 Principes directeurs de la loi et du décret[4] – Caractère impératif. Ce caractère est le trait spécifique essentiel du statut. Affirmé en tête de l'exposé des motifs du projet de loi, souligné dans le rapport de M. Zimmermann devant l'Assemblée nationale, il résulte expressément de l'article 43 de la loi qui, modifié par celles du 31 décembre 1985 et du 13 juillet 2006, répute « non écrites toutes les clauses contraires aux dispositions des articles 6 à 37, 41-1 à 46 et celles du règlement d'administration publique prises pour leur application ». Ce caractère impératif, qui concerne l'application du statut lui-même dès lors que la structure de l'immeuble correspond à celle décrite à l'article 1er, alinéa 1er de la loi, était justifié par le fait que l'on se trouvait alors en présence de règlements de copropriété dont la plupart était des contrats « d'adhésion », permettant des abus de majorité et l'octroi de privilèges choquants au profit des promoteurs, constructeurs ou vendeurs. Par ailleurs, certaines interprétations jurisprudentielles de ces règlements rendaient nécessaire l'intervention d'une loi dans l'intérêt commun.

13 Autres principes directeurs. M. Jean Foyer, qui était garde des Sceaux lors de la préparation de la loi de 1965 et qui en a soutenu le texte devant le Parlement, a indiqué, dans le rapport qu'il a présenté lors du 85e Congrès de l'Unpi, qui s'est tenu à Grenoble les 19 et 20 octobre 1995 pour célébrer le 30e anniversaire de la loi de 1965, que celle-ci a voulu répondre aux cinq préoccupations suivantes dont la finalité était d'assurer la « valorisation du patrimoine immobilier »[5].

14 Formuler des définitions juridiques précises. Ainsi ont été définis :

– les parties privatives réservées à l'usage exclusif d'un copropriétaire et les parties communes affectées à l'usage de la collectivité ou de certains de ses membres;

– les droits accessoires aux parties communes;

– l'objet du règlement de copropriété et surtout, dès l'article 1er, la notion de **lot**, qui allait se révéler fondamentale, présenté comme constitué d'une partie privative et d'une quote-part des parties communes indivisiblement réunies puisqu'il était expressément dit que les parties communes et les droits qui leur sont accessoires ne peuvent faire l'objet, séparément des parties privatives, d'une action en partage, ni d'une licitation forcée.

15 Préciser le rôle des organes de la copropriété et donc faciliter la gestion collective de l'immeuble. Ainsi, fut-il précisé que le syndicat est doté de la personnalité civile et que son objet est la conservation de l'immeuble et l'administration des parties communes.

Mais, c'est dans la **substitution de la volonté majoritaire au principe de l'accord unanime**, qu'a résidé l'une des innovations les plus importantes de nouveau texte.

Désormais, le syndicat a pu :

– décider la réalisation de travaux de transformation, d'addition ou d'amélioration;

– compléter des éléments d'équipement (chauffage collectif, ascenseur...);

– acquérir ou aliéner certains droits réels portant sur les parties communes.

1. Décr. n° 2004-479, 27 mai 2004, *JO* 4 juin, p. 9871 – comm. Capoulade, *AJDI* 2004. 536, 1; *Administrer* oct. 2004. 29 s. – Giverdon, *Loyers et copr.* juill. 2004.
2. Décr. n° 2007-285, 1er mars 2007, *JO* 3 mars, p. 4061 – comm. Atias, *Loyers et copr.* 2007. 538 – Lebatteux, *Administrer* mai 2007. 12 – Capoulade, *AJDI* 2007. 360; Sabatié et Soueid, *Rev. Bleue* nov. 2007. 58.
3. Décr. n° 2010-391, 20 avril 2010 modifiant le décret n° 67-223 du 17 mars 1967 pris pour l'application de la loi n° 65-557 du 10 juillet 1965 fixant le statut de la copropriété des immeubles bâtis, *JO* 21 avr., p. 7365 – Capoulade, « La copropriété actualisée et modernisée », *Administrer* 2010, n° 433. 7 – Tomasin, « Modifications du décret du 17 mars 1967 résultant de l'évolution du droit de la copropriété », *AJDI* 2010. 524 – Capoulade, « Dispositions relatives aux résidences-services », *AJDI* 2010. 530; « Dispositions relatives aux syndicats en pré-difficulté », *AJDI* 2010. 533.
4. PRINCIPAUX COMMENTAIRES de la loi du 10 juill. 1965, LOMBOIS, D. 1966, L. nos 93 et 425 – Esmein, « Le statut de la copropriété dans les immeubles bâtis », *Gaz. Pal.* 1965. 2. Doctr. 38 – Cabanac, « Le nouveau statut de la copropriété », *AJPI* 1965. I. 652 et, Éd. Les cahiers de la copropriété, 1966 – Alibert, *Ann. loyers* 1965. 737-746 – Voulet, *Quest. prud'homales* 1965, 735 – RC, « Quelques observations pratiques sur le nouveau statut de la copropriété », *Journ. not.* 1965. 535 – Seguin, « Aspects du nouveau droit de la copropriété », *Gaz. Pal.* 1966. 1 Doctr. 142 – Azoulai, *Defrénois* 1969, I, 41 – Sizaire, « Le statut de la copropriété des immeubles bâtis (application de la loi du 10 juill. 1965 et du décret du 17 mars 1967) », *JCP N* 1969. I. 2244; *G* I, 2252 – AUSSI : Thibierge, « Règlements de copropriété », *Defrénois* 1966 et 1967, ainsi que les formules données au *JCP N* 1966. I. 1973 – DANS UN AUTRE ORDRE D'IDÉES : Atias, « La loi du 10 juillet 1965 : une loi méconnue », *Dr. et ville* n° 37 – PRINCIPAUX COMMENTAIRES du décret du 17 mars 1967 : Cabanac, *AJPI* 1967. I. 286 – Morand, « Le statut de la copropriété est intégralement applicable », *Gaz. Pal.* 1967. 1, D. 54 – Alibert, *Rev. huissiers* 1967. 1139 et 1151 – Commagnac et Capoulade, « Le statut de la copropriété (Décr. 17 mars 1967) », *REDI* 1967. 24 – Viatte, « La réglementation de la copropriété », *Rép. Commaille*, 1967, 321, *Inf. ch. entr.* 1967. 597.
5. Foyer, *Rapport 85e Congrès de l'Unpi*, Grenoble, 1995 – Foyer, « De l'article 664 du code civil à la loi de 1965 », *AJDI* août-sept. 2006. 526.

Cette compétence accrue devait conduire à déterminer les **différentes majorités :**

- majorité **relative** des voix des copropriétaires présents ou représentés;

- majorité **absolue** des voix de tous les copropriétaires;

- double majorité en voix et en copropriétaires.

Mais, comme on le verra, les lois subséquentes et particulièrement la loi SRU du 13 décembre 2000 ont abaissé ces majorités, ce qui n'est pas sans danger.

Étaient également de nature à faciliter l'administration de la copropriété, les dispositions concernant **la situation et le rôle du syndic**, notamment à l'effet de signer les actes de disposition au nom du syndicat.

16 Garantir les droits de chaque copropriétaire. Cette garantie est assurée par une explicitation des notions fondamentales de la copropriété, spécialement des droits attachés aux parties privatives et aux parties communes.

Étaient garantis à chaque copropriétaire :

- le droit de jouir librement des parties privatives de son lot, conformément à leur destination et aux modalités fixées par le règlement de copropriété;

- l'assurance que l'assemblée générale ne peut, à quelque majorité que ce soit, imposer à un copropriétaire une modification à la destination de ses parties privatives ou aux modalités de leur jouissance, telles qu'elles résultent du règlement de copropriété;

- l'assurance que l'aliénation de parties communes, dont la conservation est nécessaire au maintien de la destination de l'immeuble, ne sera possible que sur décision prise à l'unanimité des copropriétaires.

17 Permettre à la majorité des copropriétaires de décider l'exécution de travaux d'amélioration. C'était là aussi une des innovations majeures de la loi de 1965 par rapport à la loi de 1938.

Toutefois, cette possibilité avait été assortie de sérieuses garanties pour les copropriétaires. L'exécution de tels travaux, en effet, est souvent de nature à entraîner des dépenses considérables que certains peuvent difficilement supporter.

La première garantie avait été l'exigence d'une **majorité renforcée.** Elle avait été alors fixée à la majorité des membres du syndicat représentant les trois quarts des voix.

D'autres dispositions de la loi étaient inspirées du même souci. C'est ainsi que l'on admit que les copropriétaires, opposants ou défaillants, pourraient différer le paiement du coût des travaux, en acquittant la part leur incombant par annuités ou que l'on permit à ces mêmes copropriétaires d'invoquer le caractère somptuaire de l'amélioration décidée. Une autre garantie consistait dans l'indemnisation des copropriétaires subissant un préjudice par suite de l'exécution des travaux. La réglementation du droit de surélévation était également inspirée du même souci d'offrir des garanties.

18 Permettre pour les syndicats comprenant des groupes de bâtiments des possibilités d'éclatement soit sous la forme de *syndicats secondaires*, permettant d'assurer la gestion, l'entretien et l'amélioration internes d'un ou de plusieurs de ces bâtiments, soit sous la forme de retrait de la copropriété initiale en vue de constituer des *syndicats séparés*, ce qui suppose que la division en propriété du sol soit possible. Cette possibilité sera reprise parmi les mesures destinées à rétablir le fonctionnement des « copropriétés » en difficulté (v. s^s n°s 802 s.).

On doit également relever que l'article 1er, alinéa 2, a proposé une définition de *l'ensemble immobilier* qui, finalement, s'est révélée énoncer les caractéristiques essentielles de cette structure mal comprise. Très opportunément, la solution retenue a consisté à dire que le statut de la copropriété ne s'appliquerait que faute de mise en place d'une organisation différente.

À ces cinq préoccupations, on peut ajouter celle de donner un rôle important à *l'autorité judiciaire*[1] *alliant le contrôle de la légalité et la prise de décisions dictées par l'opportunité*[2] et, à la limite, d'exercer des pouvoirs qui sont « presque d'administration »[3] et qui seront appelés à s'accroître lorsque le statut sera mis à l'épreuve sous la pression de préoccupations nouvelles tenant plus à l'environnement économique et social qu'à la conception même du statut qui était de « donner à la copropriété une vocation plus collective sans cependant renier la conception que se font nos concitoyens de la propriété exclusive de leur logement »[4]. C'est, en tout cas, dans cette ligne que se sont situées les lois qui ont suivi la loi de 1965.

§ 4
Les lois postérieures à la loi de 1965

Relativement aux lois immédiatement postérieures à celle du 10 juillet 1965, on peut établir une dis-

1. V. Cabanac, « L'intervention de l'autorité judiciaire dans le fonctionnement de la copropriété », *REDI* n° 15 – Chevreau, « Le juge ou les juges de la copropriété », *Mélanges Perrot*, p. 35 s. – Tomasin, *Le juge et la copropriété*, p. 499 s.
2. Capoulade, « Le juge et la copropriété », *IRC* mai 1996. 11.
3. SPÉCIALEMENT, pour le contrôle des améliorations : Givord, « Les travaux d'amélioration et les charges de copropriété », *Gaz. Pal.* 1967. 2. Doctr. 94.
4. Exposé des motifs du projet de loi d'où la loi de 1965 est issue.

tinction entre celles dont les dispositions y ont été intégrées et celles figurant dans des textes dits « périphériques » mais qui ont des incidences sur les règles de fond du statut de la copropriété.

A. Les lois dont les dispositions ont été intégrées dans celle du 10 juillet 1965

19 Énumération. Ce sont : la loi n° 66-1006 du 28 décembre 1966, la loi n° 79-2 du 2 janvier 1979 et surtout la loi n° 85-1470 du 31 décembre 1985 et son décret d'application n° 86-768 du 9 juin 1986.

20 Loi n° 66-1006 du 28 décembre 1966 [1]**.** La mesure essentielle est celle qui, modifiant l'article 22 de la loi de 1965, a, dans l'éventualité où un copropriétaire possède une quote-part des parties communes supérieure à la moitié, réduit le nombre de voix dont dispose ce copropriétaire à la somme des voix des autres (sur l'application de cette disposition, v. s^s^ n° 876).

21 Loi n° 79-2 du 2 janvier 1979 [2]**.** Cette loi, suivie du **décret d'application n° 79-405 du 21 mai 1979** [3] et de l'Instruction de la DGI 10.E.I. 79, a permis d'adapter le régime de la publicité foncière à la structure particulière du lot de copropriété (v. s^s^ n° 129).

22 Loi n° 85-1470 du 31 décembre 1985 et décret n° 86-768 du 9 juin 1986 [4]**.** Officiellement, l'objet de cette loi a été d'apporter un certain nombre d'adaptations techniques, dans le double but d'améliorer la gestion des immeubles et de rendre les copropriétaires plus conscients de leurs responsabilités et mieux informés.

Les points essentiels sont :

1) L'abaissement de la majorité « statutaire » en voix qui passe des trois quarts aux deux tiers.

2) *L'institution obligatoire d'un conseil syndical* dans tous les syndicats sauf décision contraire de l'assemblée générale avec extension des pouvoirs de son président qui peut agir, concurremment avec le nouveau syndic, en vue de la restitution par l'ancien syndic des fonds et des archives du syndicat (art. 18-2).

3) *Assouplissement des conditions de représentation aux assemblées générales*; spécialement le pouvoir de représentation peut être donné à des personnes qui ne seraient pas membres du syndicat et assouplissement de la règle des « trois mandats » (v. s^s^ n° 1087).

4) *Possibilités plus* larges pour *décider l'exécution de certains travaux* à la majorité de l'article 25 ou à celle de l'article 26; par exemple des travaux destinés à assurer la sécurité des personnes et des biens (art. 26-1 et 26-2).

5) Examen périodique par l'assemblée de l'*ouverture ou non d'un compte séparé* au nom du syndicat (art. 18).

6) Pouvoir conféré au juge de procéder à une nouvelle répartition des charges réputées non écrites (art. 43, al. 2).

Quant *au décret du 9 juin 1986*, il a tiré les conséquences du « glissement » dans la loi des dispositions qui figuraient initialement dans le décret de 1967; on peut aussi relever une mise en harmonie de l'article 55 avec les dispositions du code de procédure civile (notamment celles relatives aux pouvoirs du juge des référés).

En général, les commentateurs ont vu dans ces dispositions l'expression d'une « modeste toilette » plus que d'un « ravalement », mais aussi la révélation de certains dangers, par exemple la possibilité de décider plus facilement l'exécution de travaux d'amélioration, sans que soient prévues corrélativement les mesures de nature à en assurer le financement.

Bref, on voit poindre une certaine primauté de la communauté sur la propriété privée et une tendance à l'ouverture économique et sociale (art. 25 g à 1) [5]. L'évolution ultérieure de la législation accentuera cette tendance.

1. COMMENTAIRES : *Sur la loi du 28 décembre 1966*, B. R. B., « Modifications apportées au statut de la copropriété par la loi du 28 déc. 1966 », *AJPI* 1967. I. 23 – Alibert, *Ann. loyers* 1967. 428 – Morand, « Un coup d'épée dans l'eau », *Gaz. Pal.* 1967, I, Doctr. 67 – Cabanac, « Une fâcheuse expérience : la loi du 28 déc. 1966, modificative de la loi du 10 juill. 1965 », *REDI* 1968, n° 30, p. 1732 – Morand, « Méfaits et inutilité de la réduction des voix du copropriétaire majoritaire », *Gaz. Pal.* 1969. 2. Doctr. 199.
2. PRINCIPAUX COMMENTAIRES : Thibierge, *Defrénois* 1979. 401 s. – Dagot, *JCP* 1979. I. 2942 – Giverdon, *RDI* 1979. 161 – Letulle et Desmazières, *Administrer* mars 1979. 10.
3. Thibierge, « Commentaires du décret du 21 mars 1979 », *Defrénois* 1979, I, 1057 – Bouyeure, *AJPI* 1979. 74 – Letulle et Desmazières, *Administrer* août-sept. 1979. 6.
4. PRINCIPAUX COMMENTAIRES de la loi : Givord et Giverdon. *D.* 1986, Chron. 43 – Berthault, *Rev. loyers* 1986. 120 – Boituzat, *Journ. not. et av.* 1986. 409 et 513 – Guillot, *Administrer* févr. 1986. 2 – Lafond, *LPA* n°s 47 et 48 – Porte, *Ann. loyers* 1986. 91 – Ritschy, *JCP* 1986. I. 3251 – Souleau et Bouyeure, *Defrénois* 1986, I, 417 – Guillot, *Administrer* févr. 1986. 2 s. – Vigneron, *JCP N* 1986, D. 77 – Laporte, *AJPI* 1986. 92 – Zenati, *RTD civ.* 1986. 436, n° 24 – Courrech, *RDI* 1986. 421 – COMMENTAIRES du décret : Ritschy, *JCP* 1986. I. 3251 – Givord et Giverdon, *D.* 1986, Chron. – Boussageon, *AJPI* 1986. 483; Guillot, *Administrer* août-sept. 1986. 13 – Lafond, *Le part. immob.* oct. 1986, p. 41 – Zurfluh, Lebatteux, Barnier-Sztabowicz, *Gaz. Pal.* 1987. 1. Doctr.
5. V. Capoulade, *Rapport 85e Congrès de l'Unpi*, Grenoble, 1995.

B.
Les textes dits « périphériques »

23 Énumération. Ces textes non intégrés dans la loi de 1965, ont cependant des incidences sur les règles de fond du statut.

On peut citer :

- les dispositions tendant à réaliser des économies d'énergie (v. ss n° 461);

- les lois n° 82-526 du 22 juin 1982, n° 86-1290 du 23 décembre 1986 et n° 89-482 du 6 juillet 1989, qui ont ouvert aux *locataires* de locaux situés dans un immeuble en copropriété un certain nombre de droits : droit à l'information, droit de consultation, droit d'expression qui se traduisent par la consultation obligatoire des représentants des locataires, par l'information de la tenue des réunions d'assemblée, avec possibilité d'émettre des observations sur l'ordre du jour et d'assister à l'assemblée, mais sans voix délibérative;

- la loi n° 84-595 du 12 juillet 1984 définissant la *location-accession* à la propriété immobilière, depuis abrogée, et ses textes d'application (CCH, art. R. 422-20) ouvre également l'accès aux assemblées générales à des personnes autres que les copropriétaires, spécialement en accordant un droit de vote à l'accédant pour les décisions correspondant aux dépenses d'entretien et de réparations qui sont à sa charge. Ces textes s'inscrivent dans la perspective de la reconnaissance d'une communauté des « résidents » à côté de celle des copropriétaires, perspective qui s'élargira avec les textes subséquents.

§ 5
Institution d'une commission relative à la copropriété

24 Attributions. On ne saurait passer sous silence, dans l'exposé de cette évolution « législative », l'institution de cette commission dont le rôle a été déterminant pour la suite. Cette institution résulte d'un arrêté conjoint du garde des Sceaux, ministre de la Justice, et du ministre de l'Équipement, du Logement, de l'Aménagement du territoire et des Transports en date du 4 août 1987, modifié par l'arrêté interministériel du 18 avril 2002[1]. Sa mission était de répertorier les difficultés auxquelles peut donner lieu l'application de la loi du 10 juillet 1965, de rechercher les solutions, notamment d'ordre conventionnel, propres à les aplanir et de proposer, le cas échéant, aux pouvoirs publics les adaptations législatives ou réglementaires qui s'avéreraient nécessaires.

À l'effet de remplir les missions qui lui ont été ainsi dévolues, la commission a émis des recommandations, des avis et des propositions[2]. Elle a été à l'origine des textes sur les résidences-services, les syndicats en pré-difficulté et des décrets de 2004 et 2010.

On trouvera la composition de la commission et le texte de ces recommandations en annexe du traité.

SECTION 2
STRUCTURES « SPÉCIFIQUES »

25 Notion et énumération. Parallèlement à l'évolution de la législation, propre au statut de la copropriété, se sont développées, bien souvent en prenant ce statut pour base, des structures « spécifiques » pour la satisfaction de besoins eux-mêmes spécifiques que l'application pure et simple du statut de la copropriété ne pouvait satisfaire.

L'hypothèse est celles des *résidences « avec services »* comportant des prestations personnelles telles que restauration, surveillance médicale, transports ou encore des services de nature hôtelière ou parahôtellière; ces prestations s'accommodent mal avec les structures réelles qui sont celles du statut de la copropriété[3]. Aux premières correspondent, *les résidences dites du troisième âge; aux secondes les résidences de loisir avec services*. Elles peuvent être placées sous le statut de la copropriété : la gestion en est alors assurée par les organes prévus par ce statut (syndicat, assemblée générale) et les prestations ont été considérées comme relevant de la catégorie charges de copropriété. D'autres sont, d'entrée de jeu, placées sous des régimes différents au moins pour la gestion des services (association loi 1901, société prestataire des services). C'est en particulier le cas pour les résidences dites de troisième âge qui, depuis la loi du 13 juillet 2006, font l'objet des articles 41-1 à 41-5 de la loi du 10 juillet 1965, qui seront ultérieurement analysés (v. ss nos 472 et 716 s.).

Ce peut être aussi celui des résidences collectives de loisirs qui, toutefois, posent des problèmes spécifiques que l'on peut tout juste évoquer dans le cadre de cette introduction.

1. *JO* 26 avr., p. 7512.

2. SUR ces recommandations : Capoulade, « Vers une normalisation des pratiques en matière de copropriété », *IRC* 1989. 151 – Boussageon, « Apport de la commission relative à la copropriété », *AJDI* 2006. 533.

3. EN CE SENS : Atias, « Services personnels en copropriété immobilière », *D.* 1994, Chron. 170; *IRC* 1995. 15 – Beaugendre, « Services personnels en copropriété immobilière et droit des sociétés », *AJDI* 2000. 197 – Souleau, « De la résidence avec services aux services avec résidence », *RDI* 1992. 155 s.

26 Résidences de loisirs avec services[1]. L'éventail des structures juridiques est plus large que pour les résidences dites du troisième âge. Il est possible d'opter pour l'application de la loi de 1965, avec au besoin d'intervention d'une société prestataire des services. Mais d'autres formules sont proposées : location saisonnière[2], copropriété avec bail commercial consenti à une société commerciale de gestion qui loue, à son tour, les locaux, en général à la semaine, à des fins touristiques.

27 Mais surtout une formule originale a été imaginée : la jouissance à temps partagé. D'abord, improprement qualifiée « multipropriété », on la désigne aujourd'hui de « *jouissance à temps partagé* ». Techniquement, le procédé est assez simple; il consiste à réserver dans un immeuble, qui peut être divisé lui-même en lots ou qui peut être une maison individuelle, des « tranches de séjour » affectées d'une manière permanente aux mêmes occupants. Plus précisément, on constitue une société qui est propriétaire de l'immeuble; chacun des associés se voit reconnaître un droit privatif de séjour et d'usage sur la fraction qui lui est affectée pendant une période définie; en réalité, on transpose la technique de la société constituée en vue de l'attribution aux associés de fractions de l'immeuble, mais l'attribution ne se fait qu'en jouissance; d'où les termes jouissance à temps partagé (*time share*) substitués à celui de multipropriété.

Longtemps demeurée sans réglementation, hormis celle des articles L. 212-1 et suivants du code de la construction et de l'habitation, cette pratique a fait l'objet de la loi n° 86-18 du 6 janvier 1986 relative aux sociétés d'attribution d'immeubles en jouissance à temps partagé[3], complétée par la loi n° 98-566 du 8 juillet 1998, relative à la protection des acquéreurs pour certains aspects des contrats portant sur l'acquisition d'un droit d'utilisation à temps partiel de biens immobiliers[4], elle-même issue de la directive n° 94/47/CE, du Parlement européen et du Conseil du 26 octobre 1994[5].

28 Parahôtellerie et résidence de tourisme. Ces formules, qui ont fait l'objet d'arrêtés ministériels (22 juill. 1983, 14 févr. 1986)[6], doivent être distinguées des précédentes. Elles s'appliquent à un « ensemble homogène de chambres et d'appartements meublés disposés en unités collectives ou pavillonnaires, offerts en location pour une occupation à la journée, à la semaine ou au mois à une clientèle touristique qui n'y élit pas domicile ».

La résidence de tourisme doit aussi répondre aux normes techniques définies à l'annexe II de l'arrêté du 14 février 1986. Si le statut de la copropriété est applicable à l'immeuble concerné, le règlement de copropriété doit prévoir « une destination et des conditions de jouissance » des parties tant privatives que communes conformes au mode d'utilisation défini par le classement « et une obligation durable de location des chambres ou des appartements meublés qui ne saurait être inférieure à neuf ans, les copropriétaires pouvant toutefois bénéficier d'une réservation prioritaire ». Le règlement de copropriété doit encore prévoir « une gestion assurée pour l'ensemble de la résidence par une seule personne physique ou morale, liée par un contrat de louage ou de mandat aux copropriétaires ». L'exploitant de la résidence doit aussi souscrire auprès de l'administration un engagement de promotion à l'étranger.

1. Guevel, « Les résidences de loisirs avec services », *RDI* 1992. 37 – Capoulade, Giraudel et Drobenko, *Copropriété dans la cité*, 3, 38 s. – Souleau, et a., *Résidences avec services; larvor, les résidences de services*, Université de Montpellier I, sept. 2003.
2. La location saisonnière peut être définie comme étant une location de courte durée (quelques jours, une semaine, la saison climatique); elle se caractérise en général par le fait que le futur locataire effectue sa réservation sans connaître et visiter les lieux, ni essayer les services offerts avec la location avant de conclure le contrat – V. *J.-Cl. bail à loyer*, fasc. 690; *L'information immobilière*, mars 2003. Cette définition est reprise, pour l'essentiel, par la loi n° 70-9 du 2 janv. 1970, modifiée par l'ordonnance n° 2004-634 du 1er juill. 2004. Aux termes du nouvel article 1er, I, « est considérée comme une location saisonnière pour l'application de la présente loi la location d'un immeuble conclue pour une durée maximale et non renouvelable de quatre-vingt-dix jours consécutifs ». Précision est faite que si ces locations font intervenir un intermédiaire, leurs conditions de conclusion seront précisées par un décret en Conseil d'État.
3. Peisse, « Principaux commentaires de la loi du 6 janvier 1986 », *Gaz. Pal.* 11 févr. 1986, Doctr. – Doyon, *JCP N* 1986. I. 121 – Boisgiraud, « Une société pour habitat de loisirs », *RDI* 1986. 151 – Bouchet, « Le statut des sociétés d'attribution d'immeubles en jouissance à temps partagé », *AJPI* 1986. 471 – Alfandari et Jeantin, *RTD com.* 1986. 257 : « Une loi pour la "multipropriété" », *Rev. loyers* 1986. 297 – Frank, « Les SCI d'attribution en jouissance à temps partagé », *Administrer* juin 1986, 2 – Martin, *Ann. loyers* 1987. 41 – Saint-Alary, « Multipropriété de loisirs », *Dr. et ville* 1986, n° 22, p. 67 s. – Rép. civ., *V° Jouissance à temps partagé (Sociétés d'attribution d'immeubles en –)* – J.-Cl. copr., fasc. 355, Zenati; *RTD civ.* 1986. 442 – Sizaire « Société d'attribution d'immeubles en jouissance à temps partagé. Fonctionnement de la société en gestion de l'immeuble », *JCP N* 1991. I. 41; Statuts types – formule, *JCP N* 1991. I. 17 – « Cession de parts – formule », *JCP N* 1991. I. 124.
4. sur la loi du 8 juill. 1998 : Sizaire, *JCP N* 1999. 9 – Saint-Alary, *D.* 1999, Chron. 147.
5. sur la directive du 26 oct. 1994 : *JCP N* 1994. 2 déc., pages roses – Galimard, *JCP N* 1993, prat. 2547.
6. V. Stemmer, « Hôtellerie, parahôtellerie, résidence hôtel tourisme, hébergement touristique », *JCP N* 1982, prat. 8365 – Lafond, *Administrer* nov. 1982, p. 80.

Le respect de ces conditions permet l'application d'un régime particulier d'assujettissement à la TVA[1], mais est difficilement compatible avec les principes de la gestion de la copropriété « classique »[2].

SECTION 3 STATUT MIS À L'ÉPREUVE

§ 1 Apparition du « phénomène »

29 **Date et explication.** On peut situer à partir des années 90 le moment où, sous la pression de divers facteurs, le statut « fixé » par la loi du 10 juillet 1965, complétée par la suite, a été « mis à l'épreuve ».

Ce phénomène s'explique d'abord par une extension considérable de l'accession à la propriété provoquée par l'expansion économique et la facilité du crédit. Mais cette expansion s'est faite bien souvent au profit de personnes à revenus modestes, généralement mal informées des contraintes de la copropriété. Les logements offerts étant de qualité médiocre, le parc immobilier a rapidement vieilli, imposant l'exécution de travaux importants et coûteux. Si l'on ajoute la solvabilité de plus en plus fragilisée des copropriétaires provoquée par la crise de l'emploi et la multiplication des familles monoparentales, on explique la dégradation de plus en plus sensible des immeubles et la multiplication des retards dans le paiement des charges affectant la trésorerie des syndicats qui ont vu leur équilibre financier compromis et mis dans l'impossibilité de pourvoir à la conservation de l'immeuble.

Sont alors apparues « *les copropriétés* » (mieux vaut dire les syndicats) en difficulté; parallèlement, en présence des défaillances de plus en plus fréquentes des copropriétaires, le besoin *d'accroître les garanties de paiement* est devenu plus pressant.

La loi n° 94-624 du 21 juillet 1994, complétée par le décret n° 95-162 du 15 février 1995, est intervenue pour tenter de régler ces problèmes, sans cependant résoudre le phénomène de *l'exclusion*.

Un autre aspect du phénomène réside dans des immeubles en copropriété plongés dans le tissu urbain provoquant l'adoption de la loi n° 91-662 du 13 juillet 1991 d'orientation pour la ville complétée par la loi n° 96-987 du 14 novembre 1996 relative à la mise en œuvre du pacte de relance pour la ville. Parmi les mesures adoptées, figure une restructuration des copropriétés spécialement sur le plan foncier.

1. Instr. 9 juill. 1991, *BOI* 3 A-13-91, 19 juill. 1991.
2. Chron. Givord et Giverdon, *RDI* 1989. 493.

Un autre facteur est le besoin de plus en plus ressenti d'une information, spécialement sur l'état de l'immeuble et la répartition des charges. Il a donné lieu à une législation inspirée de *préoccupations consuméristes* et *du souci de transparence* dans la gestion de l'immeuble.

L'ensemble de ces besoins, imparfaitement satisfaits, a provoqué l'adoption de la loi n° 2000-1208 du 13 décembre 2000, dite loi SRU.

Cette loi aurait dû fixer, pour un temps, l'évolution du statut dans le sens d'une plus grande transparence et de plus de facilité dans la prise de décisions. Mais elle institue aussi une procédure de division en propriété du sol comme remède aux syndicats en difficulté.

La voie ainsi ouverte a été exploitée par la loi n° 2003-710 du 1er août 2003 d'orientation et de programmation pour la ville qui, entre autres mesures, habilite le président du tribunal à déclarer la *carence du syndicat* qui signifie la mort de la copropriété en tant qu'institution du droit civil.

30 **Les étapes.** Si donc on veut préciser les étapes, ainsi brièvement esquissées et qui seront commentées dans la suite de cet ouvrage, de la mise à l'épreuve du statut de la copropriété, on doit évoquer successivement :

- les syndicats en difficulté;
- la restructuration du foncier;
- la préoccupation consumériste;
- les réformes opérées par la loi du 13 décembre 2000, dite loi SRU, et;
- la loi du 13 juillet 2006, dite loi ENL;
- la loi n° 2003-710 du 1er août 2003 qui met fin, partiellement, à la mise à l'épreuve du statut de la copropriété en en décrétant la mort[3],
- la loi n° 2009-323 du 25 mars 2009[4] qui organise une période d'observation, accélère le processus d'expropriation en cas de carence et institue un droit de préemption en cas de vente de place de stationnement[5];
- la loi n° 2009-526 du 12 mai 2009[6] qui comprend des mesures de coordination et d'ajustement et, dans certains cas, assouplit la décision d'aliéner le droit de surélever[7];

3. Atias, « Le recul de la propriété en copropriété immobilière », *AJDI* 2005. 177.
4. L. n° 2009-323, 25 mars 2009 de mobilisation pour le logement et la lutte contre l'exclusion, *JO* 27 mars, p. 5408.
5. COMMENTAIRES : Atias, *AJDI* 2009. 284; Capoulade, *Administrer* juin 2009.
6. L. n° 2009-526, 12 mai 2009 de simplification et de clarification du droit et d'allègement des procédures, *JO* 13 mai, p. 7920.
7. COMMENTAIRE : Capoulade, *Administrer* juin 2009.

– la loi n° 2010-788 du 12 juillet 2010, dite Grenelle II, qui répond à des préoccupations écologistes, institue les parties privatives d'intérêt collectif, prévoit des travaux pour l'installation de compteurs d'énergie thermique, de recharge pour les véhicules électriques, ainsi que les modalités de l'exercice du droit de délaissement;

– l'ordonnance n° 2012-578 du 26 avril 2012[1] comporte des adaptations de la loi du 10 janvier 1965 pour son application à Mayotte (chapitre II, art. 10).

Mais avant de préciser les différentes étapes de cette mise à l'épreuve, il convient d'évoquer le rôle non négligeable joué par la jurisprudence dans cette évolution du statut.

§ 2
Jurisprudence

31 Rôle. Il ne s'agit pas, dans le cadre de cette introduction, d'exposer d'une manière exhaustive ce qu'a été le rôle de la jurisprudence[2]; il apparaîtra tout au long de cet ouvrage.

Conformément à la mission qui est normalement dévolue aux tribunaux, ce rôle a été essentiellement d'assurer *l'application de la loi* en mettant en œuvre le *contrôle de la légalité* des décisions prises par les assemblées générales. Mais une part non négligeable doit aussi être faite au contrôle *de l'opportunité* de ces mêmes décisions[3].

32 Le contrôle de la légalité sur le plan de l'application de la loi s'est effectué relativement à la structure de l'immeuble « en copropriété ». Il en est résulté d'utiles précisions. Pour citer quelques exemples, on peut retenir l'affirmation, dénuée de toute ambiguïté, du caractère impératif de l'alinéa 1er de l'article 1er de la loi de 1965 duquel la Cour de cassation a déduit qu'il n'était pas possible d'admettre une application progressive de la loi au fur et à mesure de l'achèvement des bâtiments[4]. Dans le même ordre d'idée, on peut citer la jurisprudence selon laquelle le titulaire d'un lot « transitoire » est un copropriétaire au sens de la loi du 10 juillet 1965 (Civ. 3e, 14 nov. 1991; v. ss n° 57), et celle selon laquelle le droit de jouissance privative sur parties communes ne constitue pas la partie privative d'un lot (Civ. 3e, 6 juin 2007, v. ss n° 104). Enfin, toujours sur le plan de la structure, il faut retenir la contribution apportée à la recherche de la notion d'ensemble immobilier ou à la pratique de la construction en volumes (v. ss n° 62), ainsi que les conditions de la liquidation et de la dissolution du syndicat (Civ. 3e, 4 juill. 2007, v. ss nos 697 s.).

33 Le contrôle de l'application de la loi s'est aussi exercé dans le souci de mettre fin à certaines hésitations (par exemple le point de savoir si le juge pouvait établir le règlement de copropriété) ou de discipliner la pratique (convocation des assemblées générales, réduction des voix du copropriétaire majoritaire, dénonciation des désordres de construction dans l'autorisation donnée au syndic d'exercer l'action au nom du syndicat).

34 Le contrôle de l'opportunité résulte d'un certain nombre de dispositions de la loi. La plus importante est celle qui définit la *destination de l'immeuble* qu'utilise la Cour de cassation pour statuer sur la délicate question des changements d'affectation (v. ss n° 199).

Des arrêts de la Cour de cassation qu'un examen superficiel ferait qualifier d'arbitraires, il est possible de dégager une directive à partir de la notion de clauses claires et précises justifiant la cassation pour dénaturation et du défaut de base légale justifiant le contrôle de la motivation. La conjugaison des deux techniques permet d'assurer la fonction d'équilibrage dans laquelle on s'accorde aujourd'hui à voir le trait spécifique de la destination de l'immeuble (v. ss n° 191).

On pourrait évidemment prolonger ces remarques sur le rôle joué par la jurisprudence[5]. Il suffit de retenir que par le double contrôle de la légalité et de l'opportunité qu'elle a exercé, elle a contribué à parfaire la connaissance du statut de la copropriété, sans doute aussi à provoquer certaines évolutions (par exemple la construction en volumes ou la notion de clauses réputées non écrites, les servitudes entre parties privatives, le droit de jouissance privatif sur parties communes).

Mais c'est surtout par son influence sur la connaissance de la loi que le rôle de la jurisprudence doit être mis en valeur, car c'est cette connaissance qui sera, sans doute, appelée à canaliser une évolution que certaines initiatives du législateur peut rendre redoutable.

Il convient donc de reprendre les différentes étapes de cette évolution qui a jalonné cette période de mise à l'épreuve du statut de la copropriété que nous traversons en ce moment.

1. Ord. n° 2012-578, 26 avr. 2012 relative à l'application à Mayotte du code de commerce, de la loi n° 65-557, 10 juill. 1965 fixant le statut de la copropriété des immeubles bâtis et de la loi n° 85-677, du 5 juill. 1985 tendant à l'amélioration de la situation des victimes d'accident de la circulation et à l'accélération des procédures d'indemnisation, *JO* 27 avr., p. 7538.
2. Tomasin, « Incertitudes jurisprudentielles et copropriété » *AJDI* 2006. 535.
3. V. ss n° 18.
4. Civ. 3e, 30 juin 1998, n° 96-20.758, *Bull. civ.* III, n° 142; *AJDI* 1998. 1073; *RDI* 1998. 677; *D.* 2000. 134 (v. ss n° 51).
5. Atias, « les changements des positions prétoriennes en copropriété immobilière », *Administrer* juill. 2005. 20.

§ 3
Étapes de la mise à l'épreuve du statut

35 **Syndicats en difficulté.** *Loi du 21 juillet 1994*[1] *et décret du 15 février 1995*[2]. On peut se contenter de brèves observations puisque les deux apports essentiels de cette loi qui ont été, d'une part, l'institution du privilège immobilier spécial du syndicat et, d'autre part, l'administration provisoire du syndicat, font l'objet de développements dans ce traité (sur le privilège v. s[s] n°s 339 s.).

Mais déjà cette loi préfigurait l'avenir en modifiant l'article L. 421-2 du code de la construction et de l'habitation en donnant aux Offices publics d'aménagement et de construction (Opac) le pouvoir, avec l'accord du maire et du représentant de l'État dans le département, de gérer, en qualité d'administrateur de biens, des logements situés dans des « copropriétés » connaissant des difficultés importantes de fonctionnement ou être syndics de ces copropriétés.

Les diverses lois sur le « surendettement » complétées par la procédure du « rétablissement personnel » institué par la loi n° 2003-710 du 2 août 2003 (v. s[s] n° 541) ne peuvent que contribuer au développement de ces syndicats minés de l'intérieur par le fait de copropriétaires surendettés ou insolvables.

36 **« Restructuration » du foncier.** Le besoin de procéder à une restructuration du foncier relève de la politique de la ville et, plus précisément, du souci de redynamiser des quartiers et de celui d'une amélioration de l'habitat dans les zones dites « sensibles » ou faisant l'objet d'opérations programmées. Les immeubles en copropriété sont concernés dans la mesure où ils sont insérés dans un tissu urbain.

C'est essentiellement la loi n° 96-987 du 14 novembre 1996 relative à la mise en œuvre du pacte de relance pour la ville et, plus précisément ses dispositions relatives à l'habitat, aux « copropriétés » et ensembles d'habitat privé en difficulté les missions confiées à l'Epareca qui ont une incidence sur le statut des immeubles en copropriété[3].

La restructuration est assurée par le recours à la procédure de l'expropriation spécialement aménagée lorsqu'elle concerne des immeubles soumis au statut de la copropriété. Un article 16-2 a été ajouté à la loi du 10 juillet 1965 à l'effet de préciser à l'encontre de qui, copropriétaires ou syndicat, elle est poursuivie et prononcée. Des modifications apportées au code de l'expropriation prévoient que l'autorité expropriante peut retirer l'emprise expropriée de la copropriété initiale ou devenir copropriétaire au lieu et place de l'exproprié. Quelle que soit l'option prise, il en résulte inévitablement des conséquences sur la structure ou la gestion de la copropriété initiale.

La *réorganisation du foncier* peut aussi emprunter, dans les zones urbaines sensibles, la voie d'un *plan de sauvegarde* pouvant comporter des propositions telles que la scission d'une « copropriété » trop importante, la réalisation de travaux de conservation de l'immeuble ou la réduction des charges de fonctionnement mais dont l'adoption dépend d'une décision de l'assemblée générale.

Il faut aussi faire état, parallèlement à la restructuration du foncier, qui peut intervenir pour combattre l'exclusion, des mesures prévues, en vue de la réalisation du même objectif, par la loi n° 98-657 du 29 juillet 1998 pour rendre effectif le droit au logement des personnes défavorisées. Parmi ces mesures, il faut retenir la *réquisition avec attributaire* des logements « vacants » qui peut avoir des incidences sur le statut de la copropriété, encore que les logements concernés doivent appartenir à une personne morale[4].

Rappel fait du droit de délaissement dans les zones sensibles des PPRT.

37 **Les préoccupations « consuméristes ».** Une caractéristique de cette époque, spécialement observable chez les Français, est le souci d'obtenir, par tous les moyens possibles, une protection contre tous les accidents de la vie y compris ceux que l'on imputait naguère aux « décrets de la Providence ». Il est naturel que les copropriétaires l'aient éprouvé et que le droit de la copropriété s'en soit fait l'écho.

On peut relever, sans que cette énumération soit exhaustive, parmi les manifestations les plus symptomatiques de cet état d'esprit, quelques dispositions insérées dans la loi de 1965 excédant d'ailleurs le cadre de son objet car elles relèvent plutôt du droit de la vente que du statut de la copropriété.

Ainsi en est-il du nouvel article 46 de la loi de 1965[5], imposant la mention *de la superficie* du lot ou de la fraction du lot vendu (v. s[s] n° 298). Relèvent de la même préoccupation :

– les dispositions de l'article 46-1, ajouté par la loi SRU du 13 décembre 2000 qui oblige le notaire à

1. MOD. L. 13 déc. 2000 et 1er août 2003 (v. s[s] n°s 39 et 41) – Capoulade, « Les incertitudes de la loi sur l'habitat », *IRC* oct. 1994. 6, nov. 1994. 6, déc. 1994. 8 – Bouyeure, « Commentaire de la loi du 21 juillet 1994 sur l'habitat », *Administrer* oct. 1994. 3 – Lafond, « La réforme du statut de la copropriété par la loi du 21 juillet 1994 », *JCP N* 1994, prat. 3188.
2. MOD. D. 27 mai 2004.
3. SUR CETTE LOI : Jaffluel, « Pacte de relance pour la ville et statut de la copropriété », *AJPI* 1997. 541 – Capoulade et Giverdon, *Administrer* juin 1997, 8.
4. V. Giverdon, « Copropriété et exclusion », *Gaz. Pal.* 2000. Doctr. 1566.
5. ISSU L. n° 96-1107, 18 déc. 1996, dite loi Carrez.

porter à la connaissance de tout acquéreur le *diagnostic technique* préalable à la mise en copropriété d'un immeuble construit depuis plus de quinze ans ;

- la disposition de l'article 18, alinéa 1er, tiret 3, chargeant le syndic d'établir et de tenir à jour un *carnet d'entretien* de l'immeuble dont le contenu est défini par le décret n° 2001-477 du 30 mai 2001 (v. ss n° 297);

- la disposition de l'article 38-1 ajouté à la loi du 10 juillet 1965 par la loi n° 2003-699 du 30 juillet 2003 relative à la prévention des risques technologiques et naturels (art. 20) qui impose au syndic l'obligation de convoquer l'assemblée générale en cas de catastrophe technologique lorsque les parties communes sont endommagées (v. ss n° 291).

D'autres dispositions procédant de la même inspiration font l'objet de textes non inclus dans la loi de 1965. Ainsi en est-il du « dispositif amiante » (v. ss n° 287), de la prévention et de la lutte contre les termites et autres insectes xylophages (v. ss n° 288), du diagnostic d'une installation intérieure de gaz naturel (v. ss n° 290) et d'électricité.

Mais il n'en résulte pas pour autant que les copropriétaires puissent être véritablement qualifiés « consommateurs », car un professionnel n'est pas impliqué dans les dispositions ainsi visées[1].

38 Le besoin de transparence. Des préoccupations « consuméristes » dont il vient d'être fait état, on peut rapprocher le « besoin de transparence ». La loi du 13 décembre 2000, dite loi SRU, s'en est fait largement l'écho dans l'aménagement du nouveau régime comptable des syndicats.

Très révélateur, à cet égard, est l'alinéa 4 ajouté à l'article 10 de la loi de 1965, précisément par la loi SRU, imposant l'indication dans le règlement de copropriété des éléments pris en considération et de la méthode de calcul permettant de fixer les quotes-parts de parties communes et la répartition des charges (v. ss n° 124).

On peut également relever qu'il avait été envisagé d'appliquer aux prestations des syndics la procédure de certification définie par l'article L. 115-27 du code de la consommation qui aurait donné lieu à un référentiel. En présence des critiques qu'elle a soulevées[2], cette proposition a été abandonnée.

39 La loi n° 2000-1208 du 13 décembre 2000[3], dite loi SRU. Dans ses dispositions qui concernent le statut de la copropriété[4], la loi du 13 décembre 2000 représente un moment important de son évolution. Il en sera fait état dans ce traité à propos des questions qu'elle concerne.

L'exposé des motifs énonce « les obstacles au bon fonctionnement des copropriétés », citant : « faiblesse des principes de gestion comptable, peu d'empressement de certains propriétaires à honorer leurs obligations financières, développement de la précarité qui bloque toute décision d'entretien de l'immeuble et contribue non seulement à la dégradation de l'immeuble, mais aussi à l'endettement du syndicat, carences dans l'administration provisoire des syndicats en difficulté ».

On retiendra donc, au nombre des dispositions les plus importantes :

- celles qui concernent les règles comptables spécifiques au syndicat et qui notamment substituent une comptabilité d'engagement à la comptabilité de trésorerie;

- celles qui assurent la « promotion » du budget prévisionnel assortie d'une procédure accélérée de recouvrement des provisions dites « budgétisées » (v. ss n° 548);

- l'imputation des frais de recouvrement (v. ss n° 559);

- le calcul de la majorité simple sur les voix exprimées des copropriétaires présents ou représentés, à quoi il faut ajouter les réductions de majorité prévues par la loi n° 2003-710 du 1er août 2003;

- la possibilité de décider des adaptations au règlement de copropriété (v. ss n° 595);

- les dispositions aménageant la scission des syndicats (v. ss nos 749 s.), allant jusqu'à rendre possible le retrait de la « copropriété » de certains bâtiments dégradés si d'autres mesures ne permettent pas d'assurer le fonctionnement normal de la copropriété (L. 1985, art. 94-4, v. ss n° 802);

- la transformation et le « rajeunissement » des unions de syndicats (v. ss nos 707 s.).

L'ordonnance n° 2005-870 du 28 juillet 2005 a porté adaptation à Mayotte de diverses dispositions relatives à la copropriété.

40 Loi du 13 décembre 2000 (suite) – Appréciation d'ensemble. Les commentateurs se sont en général montrés réservés sur la portée de la loi du

1. EN CE SENS : Sizaire et Lebatteux, « Surendettement, Copropriété, Difficulté », *Gaz. Pal.* 2000. Doctr. spéc. 1581 – AUSSI : Civ. 1re, 23 juin 2011, n° 10-30.645, *Bull. civ.* I, n° 122; *Gaz. Pal.* 20 juill. 2011.
2. V. Giverdon, « Observations sur la certification des services se rapportant aux activités de gestion assurée par les syndics de copropriété », *Loyers et copr.* mai 1996 – AUSSI : *AJDI* 1996. 366.
3. L. n° 2000-1208, 13 déc. 2000 relative à la solidarité et au renouvellement urbains, *JO* 14 déc., p. 19777.
4. PRINCIPAUX COMMENTAIRES : Capoulade, *Administrer* avr. 2001. 19 – Gélinet et Lejwi, *Rev. loyers* 2001. 46 – Guitard : *AJDI* 2001. 221 – Lafond, *JCP N* 2001. 767; *Loyers et copr.* hors série, mai 2001 – Lafond, Lebatteux, Monégier et Vigneron, Tomasin; « Colloque Toulouse 22 mai 2001 », *Dr. et ville* n° 52/2001, p. 16 – Laporte, « La loi ENL et le statut de la copropriété », *AJDI* 2006. 713.

13 décembre 2000. La plupart y ont vu une véritable réforme, plus qu'une toilette, mais s'attaquant aux effets sans remonter aux causes. Ceci impliquerait une réflexion en profondeur spécialement sur l'élaboration d'un code de déontologie pour l'activité de syndic [1]. Ou, en tout cas, si toilettage il y a, c'est un toilettage en profondeur qui laisse deviner un flou de plus en plus large sur la conception de la copropriété où « le gestionnaire gagne du pouvoir et le copropriétaire perd des droits » [2].

41 La loi n° 2003-710 du 1er août 2003 [3], dite loi Borloo, et l'état de carence (v. ss n° 44). Avec la loi du 1er août 2003 d'orientation et de programmation pour la ville et la rénovation urbaine [4], il n'est en tout cas, plus possible de parler de flou, car l'intention est claire.

Le dispositif mis en place consiste notamment dans le pouvoir, donné au président du tribunal de grande instance, au vu du rapport d'un expert, de déclarer l'*état de carence* du propriétaire ou du syndicat des copropriétaires dans l'incapacité d'exercer leur mission de gestion et d'assurer la conservation de l'immeuble ou si la sécurité des occupants est gravement menacée.

Lorsque l'état de carence est ainsi déclaré, l'expropriation de l'immeuble est poursuivie au profit de la commune ou de l'établissement public de coopération intercommunale « afin de mettre en œuvre des actions ou des opérations concourant à la réalisation d'objectifs de rénovation urbaine et de politique locale de l'habitat » (pour plus de détails v. ss n° 809).

Il est superflu de dire que ce jour-là la copropriété, institution de droit civil et, au-delà le droit de propriété lui-même, auront disparu. Ce qui n'était qu'une menace avec la loi du 21 juillet 1994 devient aujourd'hui réalité.

Certes, la mesure n'est encore que marginale; tous les syndicats de copropriétaires ne sont pas encore *en état de carence*. Mais un processus est lancé; pour peu que les copropriétés continuent de se dégrader, le relais sera pris par l'autorité administrative. Il n'y aura plus qu'une législation du logement ou de l'habitat où les principes du droit privé n'auront plus leur place [5]. Les syndics eux-mêmes auront disparu. Si tel doit être le sens de l'évolution, c'est bien d'une révolution qu'il s'agit.

42 Décret n° 2004-479 du 27 mai 2004 [6]. En dépit de cette vision pessimiste, dont il importe néanmoins de prendre conscience, la copropriété des immeubles bâtis constitue toujours une institution importante du droit civil des biens, malgré les incessantes interventions législatives et réglementaires, affectant directement ou sur certains points seulement, l'institution. Du décret n° 2004-479 du 27 mai 2004 modifiant celui du 17 mars 1967, il résulte notamment une définition claire et précise des charges de copropriété, des provisions sur charges, des avances, des travaux de maintenance. On doit relever aussi des précisions sur l'apurement des comptes en cas de mutation d'un lot à titre onéreux et un souci d'assurer la concordance entre les textes, ainsi que l'information des intéressés, souci également de l'emploi du terme exact (le syndic n'est plus renouvelé mais de nouveau désigné; le syndicat et non la copropriété en difficulté).

43 Décret n° 2004-240 du 14 mars 2005 [7]. Le décret du 14 mars 2005 relatif aux comptes du syndicat des copropriétaires est pris en application des articles 14-1, 14-2 et 14-3 de la loi du 13 décembre 2000. Il est complété par l'arrêté interministériel du 14 mars 2005. Ces dispositions réglementaires explicitent les règles comptables spécifiques aux syndicats de copropriétaires, comportent les tableaux destinés à l'information des copropriétaires et dressent la nomenclature des comptes. Après plusieurs reports d'application, ces règles devront être observées à partir du premier exercice comptable commençant à compter du 1er janvier 2007 (L. n° 2006-872, 13 juill. 2006 sur l'engagement national pour le logement [8]).

44 Loi n° 2006-872 du 13 juillet 2006 [9]. La loi sur l'engagement national pour le logement a

1. Capoulade, comm., note 49.
2. Tomasin, comm., p. 20.
3. L. n° 2003-710, 1er août 2003 d'orientation et de programmation pour la ville et la rénovation urbaine, *JO* 2 août, p. 13281; mod.
4. Atias, *AJDI* 2003. 749 – Bouyeure, *Administrer* janv. 2004. 8 – Capoulade, « L'été législatif », *IRC* avr. 2004. 7 – COMM. : Capoulade, *AJDI* 2004. 536, obs. Giverdon; *Loyers et copr.* juill.-août 2004.
5. Giverdon, « Le statut de la copropriété du droit privé au droit public », *Gaz. Pal.* 2002. 460.
6. Décr. n° 2004-479, 27 mai 2004 modifiant le décret n° 67-223 du 17 mars 1967 pris pour l'application de la loi n° 65-557 du 10 juillet 1965 fixant le statut de la copropriété des immeubles bâtis, *JO* 4 juin, p. 9871.
7. Décr. n° 2004-240, 14 mars 2005 relatif aux comptes du syndicat des copropriétaires, *JO* 18 mars, p. 4575.
8. PRINCIPAUX COMMENTAIRES : Atias, « Les comptes du syndicat des copropriétaires », *IRC* mai 2005. 21 – Capoulade, « La comptabilité et le syndicat des copropriétaires », *Administrer* juill. 2005. 9 – Giverdon et Jaffuel, « La comptabilité des syndicats de copropriétaires », *AJDI* 2005. 447 – Giami, « Approche comptable », *AJDI* 2005. 454 – Laporte, « La comptabilité d'engagement du syndicat des copropriétaires », *AJDI* nov. 2005. 818; « L'organisation comptable des syndicats de copropriétaires devient réalité », *Loyers et copr.* juin 2005, 7; J.-CL. COPR., fasc. 250 – Rouquet, *AJDI* 2005. 272.
9. L. n° 2006-872, 13 juill. 2006 portant engagement national pour le logement, *JO* 16 juill., p. 10662, mod.

reporté la date d'entrée en vigueur de la réglementation comptable (art. 94, II), en a exonéré certains syndicats (art. 92), et prorogé le délai d'adaptation des règlements de copropriété (art. 94, I). Elle a aussi abaissé la majorité requise pour assurer la sécurité des biens et des personnes (art. 91), modifié les règles d'imputation de certaines dépenses (art. 90) et réintroduit les unions coopératives (art. 93). La principale réforme que réalise cette loi consiste à fixer le régime des « résidences-services » (art. 95)[1].

45 Loi n° 2009-323 du 25 mars 2009[2]. Très rapidement intervenait la loi n° 2006-1772 du 30 décembre 2006 pour régler l'installation de compteurs d'eau froide divisionnaire (loi de 1965, art. 9, 25 m et 26 d), ainsi que la sécurité des biens et des personnes (loi de 1965, art. 25 n). Ce dernier texte était repris par la loi n° 2007-297 du 5 mars 2007 qui remaniait les articles 25 n et 26 e, de la loi du 10 juillet 1965, scindant la décision sur les travaux et celle organisant l'accès à l'immeuble. Dans l'intervalle, le décret n° 2007-285 du 1er mars 2007 a allongé le délai de convocation aux assemblées générales, supprimer l'obligation d'élire domicile et autorisé les notifications par télécopie.

La loi n° 2009-323 du 25 mars 2009[3] de mobilisation pour le logement et la lutte contre l'exclusion comporte deux dispositions très importantes : l'organisation d'une période d'observation pour les syndicats en prédifficulté (v. ss nos 775 s.) et le renforcement et l'accélération de la procédure de carence qui conduit à l'expropriation (v. ss nos 810 s.). L'interventionnisme étatique se fait ainsi plus pressant lorsque le propriétaire ou les copropriétaires se trouvent dans l'incapacité d'assurer la conservation de l'immeuble ou la sécurité des occupants en raison des graves difficultés financières ou de gestion et de l'importance des travaux à mettre en œuvre.

Cette loi contient, en outre, différentes dispositions sur le mandat de syndic, l'adaptation des règlements de copropriété; elle institue aussi un droit de priorité en cas de vente des aires de stationnement.

46 Loi n° 2009-526 du 12 mai 2009[4]. Il faut signaler les lois nos 2007-309 du 5 mars 2007, 2008-776 du 4 avril 2008, et 2009-258 du 5 mars 2009 qui ont créé les articles 24-1, 24-2 et 24-3 dans la loi du 10 juillet 1965, pour favoriser le développement de la télévision numérique.

La loi n° 2009-526 du 12 mai 2009 de simplification et de clarification du droit et d'allégement des procédures[5] a procédé à des mesures de coordination et d'harmonisation à la suite des textes antérieurement publiés, rend l'usufruitier et le partenaire pacsé éligible au conseil syndical, transfert le contentieux de la transmission des pièces et des fonds au président du tribunal de grande instance, statuant comme en matière de référé, en cas de changement de syndic, assimile le mandat d'administration général au mandat ordinaire pour la tenue des assemblées générales, dispense le copropriétaire qui obtient gain de cause contre le syndicat de formuler à cet égard une demande expresse et surtout assouplit les conditions de majorité pour aliéner le droit de surélévation dans les zones sensibles.

47 Décret n° 2010-391 du 20 avril 2010[6]. L'analyse du décret du 20 avril 2010 conduit à distinguer deux séries de dispositions : la modification du décret de 1967[7] et les dispositions nouvelles relatives aux résidences-services et aux syndicats en prédifficulté[8].

La modification du décret de 1967 porte sur de nombreux articles. Il remédie à des imperfections révélées par l'expérience : nouvelle procédure d'inscription d'une question à l'ordre du jour à la demande d'un copropriétaire (art. 10), nouveaux documents à joindre à l'ordre du jour (art. 11), établissement de l'ordre du jour en concertation avec le conseil syndical (art. 26), information du syndic sur les titulaires de droits réels (art. 32), calcul de la créance privilégiée sur l'exercice comptable et non sur l'année civile (art. 5-2), financement de la ges-

1. Atias, *Les conséquences de la loi ENL en copropriété immobilière*, Edilaix, 2006 – Capoulade, « L'engagement national pour le logement et la copropriété immobilière », *Administrer* oct. 2006. 15 s.; « La copropriété et la loi ENL », *IRC* sept. 2006. 21.
2. L. n° 2009-323, 25 mars 2009 de mobilisation pour le logement et la lutte contre l'exclusion, *JO* 27 mars, p. 5408 – Atias, *Ann. Loyers* 2009.959 – Capoulade, *Administrer* juin 2009.10 – Gélinet, *Rev. loyers* 2009. 207 – Lafond, *JCP N* 2009, n° 27.1224 – Périnet-Marquet, *Constr. urb.* mars 2009. Étude 6 – Vigneron et Roux, *Loyers et copr.* mai 2009. Étude 6.
3. *JO* 27 mars, p. 5408.
4. L. n° 2009-526, 12 mai 2009 de simplification et de clarification du droit et d'allègement des procédures, *JO* 13 mai, p. 7920; Atias, *Ann. Loyers* 2009.207 – Capoulade, *Administer* juill. 2009.21 – Lafond, *JCP N* 2009, n° 27.1224 – Vigneron, *Loyers et copro* 2009. Étude 8.
5. L. n° 2009-526, 12 mai 2009 de simplification et de clarification du droit et d'allègement des procédures, *JO* 13 mai, p. 7920.
6. Décr. n° 2010-391, 20 avr. 2010 modifiant le décret n° 67-223 du 17 mars 1967 pris pour l'application de la loi n° 65-557 du 10 juillet 1965 fixant le statut de la copropriété des immeubles bâtis, *JO* 21 avr., p. 7365 – Capoulade, *Administrer* juin 2010, 7 – Gélinet, *Rev. loyers* 2010. 242 – Lafond, *JCP N* 2010, n° 22-1219 – Vigneron, *Loyers et copr.* juin 2010. Étude 8.
7. Tomasin, *AJDI* 2010. 524.
8. Capoulade, *AJDI* 2010. 530 et 533.

tion du syndic provisoire (art. 35), conservation et transmission des archives (art. 33 et 33-2), détermination de la durée du mandat du syndic (art. 29), précisions sur l'administration du syndicat en difficulté.

En outre, le décret de 2010 contient les dispositions réglementaires d'application relatives aux résidences-services et aux syndicats en pré-difficulté.

48 Loi n° 2010-788 du 12 juillet 2010[1]**, dite Grenelle II.** La loi du 12 juillet 2010 d'engagement national pour l'environnement met en œuvre les principes dégagés par la loi dite Grenelle I. Elle opère une véritable « révolution culturelle » pour la lutte contre les gaz à effet de serre et pour le développement durable. Elle intéresse les domaines les plus divers. Ses dispositions relatives à la copropriété concernent quatre questions.

Elle prescrit un diagnostic de performance énergétique pour les bâtiments équipés d'une installation collective de chauffage. Pour les bâtiments d'habitation, la loi prévoit l'établissement d'un diagnostic de performance énergétique ou d'un audit, selon le cas, puis d'un plan de travaux ou d'un contrat de performance énergétique. Les articles 25 g et 10-1 de la loi de 1965 sont modifiés afin d'y introduire des travaux d'intérêt collectif sur parties privatives aux frais du copropriétaire concerné.

Le nouvel article 25 o permet à l'assemblée de décider de l'installation de compteurs d'énergie thermique ou de répartition de frais de chauffage.

L'introduction des nouveaux articles 24-5 et 25-1 tend à faciliter l'installation et le comptage de l'électricité nécessaire à la recharge des véhicules électriques et hybrides. En outre, le CCH permet au locataire d'en demander l'installation.

Enfin, la loi de 1965 s'enrichit d'un article 24-6 sur la saisine de l'assemblée générale pour recenser le nombre de délaissement de la propriété dans les immeubles situés dans les zones sensibles à l'intérieur d'un plan de prévention des risques technologiques.

L'application de cette loi implique la publication de nombreux décrets ultérieurement analysés.

49 Plan du traité. Le plan suivi pour cette réédition sera celui des premières éditions, avec adjonction d'une partie.

Une première partie doit être toujours consacrée à la *définition de la structure de l'immeuble en copropriété* qui entraîne soit l'application impérative du statut, soit son application sous réserve de l'adoption d'une organisation différente.

La deuxième partie doit préciser *l'étendue des droits et des obligations des copropriétaires* qui dépend de la nature des parties de l'immeuble concernées (parties privatives ou parties communes) et qui est conditionnée par l'originalité de sa division sous forme de *lots*.

Le statut de la copropriété, étant aussi le statut de gestion de l'immeuble, comporte nécessairement une *organisation collective*; une troisième partie en exposera la charte (règlement de copropriété) et les organes (assemblée générale, syndic, conseil syndical).

L'importance de plus en plus grande des *travaux d'amélioration, de surélévation* et à un degré moindre *de reconstruction* justifie qu'ils fassent l'objet d'une quatrième partie.

Les questions que pose *le contentieux de la copropriété* continuent d'être regroupées dans une cinquième partie.

1. L. n° 2010-788, 12 juill. 2010 portant engagement national pour l'environnement, *JO* 13 juill., p. 12905 – Capoulade, *AJDI* 2010. 777.

LIVRE

1. L'IMMEUBLE SOUMIS OU PLACÉ SOUS LE STATUT DE LA COPROPRIÉTÉ

SECTION 0 ORIENTEUR

Plan du livre.

50 Division. La loi du 10 juillet 1965 avait exclu de ses prévisions ce qui a trait à la phase de construction de l'immeuble. Cette conception, révélée par les travaux préparatoires, est traduite par la rédaction donnée à l'alinéa 1er de l'article 1er de la loi en ce qu'elle fait référence a tout immeuble *bâti* ou groupe d'immeubles *bâtis* pour en déterminer le domaine d'application.

Le projet de loi dont la loi du 10 juillet 1965 est issue, prévoyait un alinéa 3 à l'article 1er dont il résultait que le statut serait applicable « pendant la période de construction des bâtiments destinés à être, dès leur achèvement, soumis au régime de la copropriété ». Cette disposition a été abandonnée par l'Assemblée nationale dès la première lecture, la commission des lois ayant estimé qu'elle « trouvera sa place dans le projet de loi relatif à la construction d'immeubles à usage d'habitation et aux sociétés immobilières d'acquisition ou de construction ». Les lois du 3 janvier 1967, relative à la vente d'immeubles à construire et du 16 juillet 1971 relative à diverses opérations de construction sont effectivement issues de ce projet. Il aurait sans doute été plus logique que cette législation précédât celle fixant le statut de la copropriété des immeubles bâtis car l'application de ce statut dont les dispositions sont impératives se prête mal à suivre l'évolution qui caractérise généralement l'opération de construction, surtout si elle est réalisée par tranches[1].

Ce texte précise, en outre, que la *propriété* de cet immeuble (ou de ce groupe d'immeubles) est *répartie* entre plusieurs personnes par *lots* comprenant chacun une partie privative et une quote-part de parties communes; ce faisant, il définit la *structure de l'immeuble* à laquelle la loi est impérativement applicable. Cette structure est une structure de division dont l'unité de base est le *lot de copropriété*.

À côté de cette structure, l'article 1er de la loi du 10 juillet 1965 se réfère à une autre qui est l'*ensemble immobilier* à laquelle elle n'est applicable qu'en l'absence d'une convention contraire qui aurait prévu une organisation différente.

Il faut donc examiner successivement.

La structure de l'immeuble à laquelle le statut de la copropriété est impérativement applicable; on dit qu'il *est soumis au statut*.

1. SUR CE POINT : Lafond, « La modification du projet de construction d'un ensemble immobilier », *JCP N* 1983. I. 41 s.

La structure de l'ensemble immobilier que la convention peut doter d'une organisation différente de ce statut[1]. On dit qu'à défaut de convention, il est *placé sous le statut.*

51 L'article 1er alinéa 1 de la loi du 10 juillet 1965 – Son caractère impératif. Aux termes de ce texte, la loi du 10 juillet 1965, en tant qu'elle fixe le statut de la copropriété des immeubles bâtis, régit *tout immeuble bâti ou groupe d'immeubles bâtis dont la propriété est répartie entre plusieurs personnes par lots comprenant chacun une partie privative et une quote-part de parties communes.*

Cette rédaction fait immédiatement apparaître la distinction qu'il convient de faire entre la *copropriété, statut de gestion* d'un bien et la *structure de copropriété* présentée par ce bien qui est[2] :

- d'être un immeuble bâti ou un groupe d'immeubles bâtis;

- dont la propriété est répartie entre plusieurs personnes;

- par lots comprenant chacun une partie privative et une quote-part de parties communes.

Du fait qu'à cette structure, dont les éléments sont inséparables, le statut de la copropriété est impérativement applicable, il résulte que le même caractère impératif doit être assigné au texte (L. 10 juill. 1965, art. 1, al. 1er) qui en décide ainsi. Il détermine en effet, le champ d'application de la loi et l'article 43 interdit de déroger à nombreuses de ses dispositions. La Cour de cassation dans un arrêt du 30 juin 1998[3] a reconnu, tout à la fois, le caractère impératif de l'article 1er alinéa 1er et refusé d'admettre une application progressive de la loi au fur et à mesure de l'achèvement des bâtiments (sur ce point v. s^s^ n° 55).

Le commentaire de l'article 1er, alinéa 1er de la loi du 10 juillet 1965 impose une double démarche. - Il convient d'abord de préciser les conditions qu'il énonce pour que l'immeuble présente la structure spécifique de l'immeuble en « copropriété ».

Mais on constate immédiatement que ces conditions convergent autour de la division en *lots* érigés en entités juridiques autonomes et qui expriment l'originalité de la division en copropriété par rapport à d'autres structures de division[4].

On examinera donc, d'abord, les *conditions* requises pour que *l'immeuble présente la structure de l'immeuble en copropriété* et l'on précisera ensuite la *notion de lot* en tant que base de la division en copropriété.

1. SUR CES STRUCTURES : Capoulade, « Copropriété et structures foncières dans la jurisprudence de la Cour de cassation », *Administrer* janv. 1996. 4; *R.* 1994. 85 – Capoulade, « Ensembles immobiliers et copropriété », *Rev. hab. fr.* janv. 2000, p. 12 – Lebartieux et Barnier Stabowiez, « Les ensembles immobiliers et l'adoption d'une organisation différente ». *Administrer* juin 1994. 9 – Tomasin, « Les caractères de la notion d'ensemble immobilier », *Mélanges Malinvaud*, Litec, 2007, 597.
2. Giverdon, « Rapport de synthèse du 73e Congrès des Notaires », *Gaz. Pal.* 1976. 2. Doctr. 533; *RTD civ.* 1979. 403 – Carbonnier, *Droit civil, Les biens*, n° 60 – Civ. 3e, 30 janv. 2007, n° 06-10.413, NP, *Administrer* 54, n° 398, obs. Bouyeure; *Defrénois* 2007. 1683, obs. Atias.
3. Civ. 3e, 30 juin 1998, n° 96-20.758, *Bull. civ.* III, n° 142; *Administrer* janv. 1999. 64, note Capoulade; *D.* 1998. IR 190; *JCP* 1998. IV. 2961. 1726; *RDI* 1998. 677.
4. Terré et Simler, *Droit civil, Les biens*, 8e éd., nos 621 s. – CAPOULADE ET AUTRES, I, nos 4 s.

CHAPITRE

1. L'immeuble soumis au statut de la copropriété (structure de l'immeuble à laquelle le statut est impérativement applicable)

SECTION 0
ORIENTEUR

Plan du chapitre.

Sect. 1 Conditions auxquelles l'immeuble présente la structure de la copropriété
§ 1 Immeuble bâti ou groupe d'immeubles bâtis
§ 2 Immeuble dont la propriété est répartie
§ 3 Répartition par lots comprenant une partie privative et une quote-part de parties communes
Sect. 2 La notion de lot
Sous-sect. 1 Parties privatives et parties communes, éléments de la composition des lots
§ 1 Principes généraux
§ 2 Parties réputées communes et droits accessoires à ces parties
A. Parties réputées communes
1° Énumération légale
2° Parties de l'immeuble ne figurant pas dans l'énumération légale
B. Droits accessoires aux parties communes
C. Situations particulières
1° Parties communes spéciales à certains copropriétaires
2° Parties communes faisant l'objet d'un droit de jouissance privatif
a) Consistance du droit exclusif de jouissance
b) Droits et obligations résultant du droit de jouissance privatif sur parties communes
§ 3 Parties privatives
§ 4 Détermination de la quote-part de parties communes afférentes à chaque lot
A. Nature juridique de la détermination de la quote-part des parties communes afférente à chaque lot
B. Calcul de la quote-part des parties communes afférentes à chaque lot
1° Par qui et à quel moment est-il procédé au calcul des quotes-parts de parties communes ?
2° La méthode de calcul prévue par l'article 5
C. Indication dans le règlement de copropriété des éléments pris en considération et de la méthode de calcul
§ 5 Indivisibilité des parties privatives et de la quote-part afférente des parties communes
Sous-sect. 2 Le lot, structure de division spécifique de l'immeuble « en copropriété »
§ 1 Originalité de la structure « lot de copropriété »
§ 2 État descriptif de division
A. Hypothèses dans lesquelles un état descriptif de division est obligatoire
B. Règles concernant l'établissement de l'état descriptif de division
C. Modifications à l'état descriptif de division. Acte modificatif

Textes applicables.

• L. n° 65-557 du 10 juillet 1965, fixant le statut de la copropriété des immeubles bâtis, art. 1-2 et 3.

Jurisprudence de référence.

• **Civ. 3e, 15 nov. 1989, n° 87-18.188,** *Bull. civ.* III, n° 213.

* V. s[s] n°s 52, 57.

Constituent un immeuble par nature pouvant être l'objet d'une saisie immobilière des lots placés sous le régime de la copropriété comprenant, d'une part, le droit exclusif d'utiliser une surface déterminée du sol pour y édifier des constructions, conformément à un permis de construire, d'une part, une quote-part de la propriété du sol et des parties communes.

• **Civ. 3e, 14 nov. 1991, n° 89-21.167,** *Bull. civ.* III, n° 275.

* V. s[s] n° 57.

Le lot, dit « lot transitoire » qui, selon le règlement de copropriété, est constitué de terrains non bâtis, privativement réservés à un droit exclusif de bâtir sur le sol commun, une affectation d'une quote-part de parties communes, n'est pas assujetti à un régime particulier. En conséquence, le propriétaire de ce lot est un copropriétaire au sens de la loi du 10 juillet 1965.

• **Civ. 3e, 8 juill. 1992, n° 90-11.578,** *Bull. civ.* III, n° 241.

* V. s[s] n° 134.

L'état descriptif de division, dressé seulement pour les besoins de la publicité foncière, n'ayant pas le caractère contractuel, une cour d'appel justifie légalement sa décision, en retenant que le vendeur d'un lot, en usant de la faculté que lui conférait le règlement de copropriété, de subdiviser un lot comprenant un bâtiment et un droit de jouissance sur parties communes, ne pouvait par l'établissement de cet état descriptif, priver l'ensemble des copropriétaires de ce bâtiment du droit de jouissance privative et particulière sur une fraction du sol commun, délimitée au plan annexé au règlement et que leur reconnaissait une clause de cet acte.

• **Civ. 3e, 24 mai 2006, n° 05-14.038,** *Bull. civ.* III, n° 134.

* V. s[s] n° 90.

La liste des droits accessoires définis par l'article 3 de la loi du 10 juillet 1965 n'est pas limitative.

La faculté de fermer la terrasse, prévue au règlement de copropriété, constitue un droit accessoire et ne peut être exercée par le copropriétaire que pendant une période de dix ans.

• **Civ. 3e, 6 juin 2007, n° 06-13.477,** *Bull. civ.* III, n° 98.

* V. s[s] n°s 67, 106, 127.

Le droit de jouissance exclusif sur des parties communes n'est pas un droit de propriété et ne peut constituer la partie privative d'un lot.

• **Civ. 3e, 30 juin 1998, n° 96-20.758,** *Bull. civ.* III, n° 142.

* V. s[s] n° 57.

La clause du règlement de copropriété prévoyant l'application de ses stipulations au fur et à mesure de l'achèvement du bâtiment est contraire aux dispositions de la loi du 10 juillet 1965 et doit être réputée non écrite.

• **Civ. 3e, 8 sept. 2010, n° 09-15.554,** *Bull. civ.* III, n° 152.

* V. s[s] n° 61.

Manque de base légale l'arrêt qui pour dire qu'il existe un immeuble en copropriété ne caractérise pas l'existence de parties communes.

Bibliographie indicative.

ATIAS, *Guide de la copropriété*, Edilaix 2007, art. 1-2-3 – CAPOULADE, GIRAUDEL, DROBENKO, *Copropriété dans la cité*, Éditions du moniteur, Ch. I, Sect. I – KISCHINEWSKY-BROQUISSE, *La copropriété des immeubles bâtis*, Librairies Techniques, n°s 63 à 93 – LAFOND, ROUX et STEMMER, *Code de la copropriété*, Litec, art. L. 1 à 3.

SECTION 1
CONDITIONS AUXQUELLES L'IMMEUBLE PRÉSENTE LA STRUCTURE DE LA COPROPRIÉTÉ

52 Caractère nécessaire et suffisant de ces conditions. Rappel étant fait que l'immeuble doit être bâti, que sa propriété doit être répartie entre plusieurs personnes en lots dont la composition est définie, ces conditions sont à la fois nécessaires et suffisantes.

Nécessaires, en ce sens que le statut de la copropriété ne peut être impérativement appliqué à un immeuble qui ne présente pas la structure ainsi définie[1].

Suffisantes, en ce sens que l'existence d'un règlement de copropriété n'est pas requise[2] et que, dès l'instant où elles sont réunies, le syndicat est constitué de plein droit[3].

§ 1
Immeuble bâti ou groupe d'immeubles bâtis

53 Principe et justification. L'application du statut de la copropriété, en tant que statut de gestion, aux seuls immeubles (ou groupe d'immeubles) bâtis est la conséquence logique du fait que la loi du 10 juillet 1965 a exclu de ses prévisions tout ce qui a trait à la construction de l'immeuble.

1. Paris, 1er oct. 1985, *RDI* 1986. 100.
2. Civ. 3e, 8 janv. 1970, n° 68-12.875, *Bull. civ.* III, n° 18; *JCP* 1970. II. 16256; *AJPI* 1970. 757 – Paris, 16 mai 2002, RG n° 2001/20877, *Loyers et copr.* 2002. 265 – Civ. 3e, 29 mai 2002, n° 00-17.542, *Bull. civ.* III, n° 113; *Administrer.* oct. 2002. 35; *AJDI* 2003. 124; *D.* 2003. 1331.
3. Civ. 3e, 15 nov. 1989, n° 87-18.188, *Bull. civ.* III, n° 213; *D.* 1990. 216, note Capoulade et Giverdon : ARRÊT DE PRINCIPE; *Loyers et copr.* 1990. 91; *RDI* 1990. 240; *Gaz. Pal.* 20 oct. 1990. Somm. ann., note Souleau – Civ. 3e, 19 févr. 1992, n° 90-10.890, NP, *Loyers et copr.* 1992. 220 – AUSSI : KISCHINEWSKY-BROQUISSE, n° 538 – GUILLOT, 1, 03.

Considérée en elle-même, cette condition ne soulève pas de difficultés. On en a notamment déduit cette conséquence que des terrains, chemins, cours, sources, qui sont affectés, à l'usage de plusieurs immeubles, se trouvent en état d'indivision perpétuelle et forcée [1]. Toutefois, il arrive assez fréquemment que, dans la prévision d'une opération de construction, notamment lorsqu'il s'agit d'un programme comportant plusieurs tranches, un règlement de copropriété et un état descriptif de division soient établis, avec pour résultat de fixer par lots l'assiette de droits de copropriété sur le terrain non bâti et sur les constructions à édifier. Si l'on fait abstraction des difficultés qu'une telle opération suscite sur le plan de l'exécution des formalités de publicité foncière [2], elle donne incontestablement naissance à une structure de copropriété exclusive d'indivision ordinaire et s'opposant donc à ce qu'un partage puisse être demandé [3] ou que l'état des lots ainsi constitués puisse être modifié [4], sauf accord unanime des parties (vendeur, acquéreur).

À l'inverse, il n'est pas contesté que le statut de la copropriété puisse s'appliquer à des immeubles bâtis sur un terrain qui n'est pas compris dans la copropriété [5]; tel est notamment le cas si les constructions sont édifiées sur la base d'un droit de superficie ou en exécution d'un bail à construction.

Dans ce cas, la propriété du sol demeure autonome, mais le droit réel sur le sol résultant du droit de superficie ou du bail à construction entre dans la composition des parties communes.

54 Groupes d'immeubles bâtis. L'alinéa 1er de l'article 1er de la loi du 10 juillet 1965 vise indifféremment tout immeuble ou groupe d'immeuble bâtis. Cette distinction correspond, sous réserve de plus amples précisions, à celle opérée entre copropriété verticale (immeuble bâti) et copropriété horizontale (groupe d'immeubles bâtis), dont la caractéristique est de comprendre plusieurs bâtiments implantés sur un terrain d'assiette qui est commun à tous les copropriétaires, ce qui en exclut la division en propriété. Dans certaines situations complexes, il peut paraître difficile de distinguer le groupe d'immeubles bâtis par rapport à l'ensemble immobilier [6] – c'est néanmoins une pratique fâcheuse et contestable que celle qui consiste à qualifier les syndicats constitués par un groupe d'immeubles bâtis d'ensembles immobiliers. Le critère retenu généralement par la doctrine [7] et par la jurisprudence [8] est que le groupe d'immeubles bâtis, au sens de l'alinéa 1er, se caractérise par une homogénéité des droits sur le sol et une division des bâtiments par lots, alors que l'hétérogénéité de la structure (foncier éclaté), accompagnée d'éléments communs fédérateurs, sont les caractéristiques de l'ensemble immobilier [9] (pour plus de détails v. ss no 158).

55 Immeubles en cours de construction – Réalisation par tranches. La position adoptée lors des travaux préparatoires de la loi du 10 juillet 1965 devrait lever toute hésitation pour dire que le statut de la copropriété des immeubles bâtis n'est pas applicable lorsque l'immeuble est en cours de construction. Il en est ainsi lorsque l'immeuble est formé d'un seul bâtiment appelé à constituer une copropriété verticale.

Le statut de la copropriété devient applicable dès l'achèvement de l'immeuble; en cas de contestation, les tribunaux disposent d'un pouvoir souverain pour constater cet achèvement [10].

1. EN CE SENS : Azoulai, *Defrénois* 1968. 55, no 17 – KISCHINEWSKY-BROQUISSE, no 61.
2. À CE SUJET : Instr. 13 déc. 1977, *JCP N* 1978, prat. 115.
3. COMP. : Civ. 3e, 21 nov. 1978, *Juris-Data* no 798017, *JCP N* 1979. II. 144, note Stemmer; *RTD civ.* 1979. 403 – AUSSI : note Stemmer, *JCP* 1983. II. 20106.
4. Civ. 3e, 3 juill. 1984, no 82-16.883, *Bull. civ.* III, no 131; *Administrer* 155, 38; *Loyers et fermages* 1984, 440; *Gaz. Pal.* 1984. 2. pan. jur. 311, *V° Copropriété.*
5. SIZAIRE, no 26 – J.-CL. COPR., fasc. 60, no 62.
6. PAR EXEMPLE : Civ. 3e, 17 févr. 1999, no 97-14.368, *Bull. civ.* III, no 42; *JCP N* 1999. I. 639, note Sizaire; *RDI* 1999. 298, obs. Giverdon; *Administrer* juin 1999. 39, note Capoulade; *Defrénois* 1999. 786, note Atias; *AJDI* 1999. 801; *AJDI* 2000. 129; *D.* 2000. 133.
7. Rép. civ., Atias, *V° Copropriété*, no 32 – Capoulade et Giverdon, « Propos sur les ensembles immobiliers », *RDI* 1997. 161 s. – KISCHINEWSKY-BROQUISSE, no 61 – LAFOND, ROUX ET STEMMER, L. 1, § II, no 12 – Sizaire, *Journée du Cneil*, 1965, p. 52 – SIZAIRE, no 29 – Viatte, « Groupe d'immeubles et ensembles immobiliers », *Journ. not.* 1976. 873 – Atias, « La pluralité de bâtiments », *IRC* févr. 2003. 24 – Lafond, « La distinction entre groupe d'immeubles et ensembles immobiliers », *JCP N* 1998. 804 – Capoulade, « Ensembles immobiliers et copropriété », *Rev. hab. fr.* janv. 2000. 12.
8. TGI Versailles, 14 oct. 1970, *AJPI* 1971. 133, note Bouyeure – Paris, 24 juin 1981, *Juris-Data* no 023630, *D.* 1982. IR 435 – Paris, 26 oct. 1983, *Juris-Data* no 028803, *D.* 1984. IR 379 – Versailles, 17 mai 1990, *RDI* 1990. 405; *D.* 1991. Somm. 75; *JCP N* 1991, prat. 1962 – Aix-en-Provence, 16 avr. 1992, RG no 89/6639, *Juris-Data* no 049200, *BICC* 15 déc. 1992, p. 47; *RDI* 1993. 115 – Paris, 30 juin 1999, RG no 1995/18941, *RDI* 1999. 675, obs. Capoulade; *Rev. hab. fr.* janv. 2000, note Capoulade – Civ. 3e, 17 févr. 1999, no 97-14.368, *Bull. civ.* III, no 42; *JCP N* 1999. I. 639, note Sizaire; *RDI* 1999. 298, obs. Giverdon; *Administrer* juin 1999. 39, note Capoulade; *Defrénois* 1999. 786, note Atias.
9. Copropriété et structures foncières dans la jurisprudence de la Cour de cassation, *R.*, p. 85 s.; *Administrer* janv. 1996. 4 s. – CAPOULADE ET AUTRES, I, nos 149 s.
10. Civ. 1re, 21 mars 1966, *Bull. civ.* I, no 200 – Rép. min., QE, *JOAN Q* 21 déc. 1973; *JCP N* 1974, prat. 19.

La solution est plus délicate lorsqu'il s'agit d'un programme important comprenant plusieurs bâtiments dont la réalisation est prévue *par tranches*[1].

Une première solution consisterait à repousser l'entrée en vigueur du statut à l'achèvement complet du programme[2]. Sur le plan théorique, elle répondrait à l'esprit de la loi et paraissait s'imposer, au lendemain de sa publication, à la suite des travaux parlementaires qui excluaient comme on l'a vu toute idée d'application au cours de l'opération de construction et qui rejetaient toute ingérence dans le domaine de l'urbanisme. Elle pouvait aussi s'appuyer sur le texte même de la loi qui vise « l'immeuble *bâti* ou le groupe d'immeubles *bâtis* ».

Cependant, sur le plan pratique, elle risquait de retarder, voire d'éluder, l'application de la loi. Elle laissait, en effet, sans organisation les bâtiments terminés jusqu'à l'achèvement de l'entier programme. Or, celui-ci peut s'étirer en longueur pour diverses raisons tenant, en particulier, à son financement ou aux difficultés de la commercialisation. Il peut même se trouver suspendu, abandonné[3] ou cédé en cours de réalisation.

Il convenait donc d'avancer le moment de l'application du statut. L'idée a été alors émise qu'il suffit pour satisfaire aux conditions de la loi qu'un seul bâtiment du groupe soit achevé. L'article 1er de la loi déclare, en effet, s'appliquer à « l'immeuble bâti » que l'on peut assimiler à un « bâtiment ».

S'inspirant de la législation sur les ventes à construire, l'Administration a même émis, dans le même sens, une opinion encore plus extrême[4].

« L'assujettissement au régime de la loi du 10 juillet 1965 correspond [...] à la constatation de l'achèvement d'au moins deux lots ayant fait l'objet d'une vente à construire. » En réalité, la vente d'un lot suffit, puisque le second demeure dans le patrimoine du vendeur et qu'il existe ainsi deux copropriétaires[5].

Il est généralement admis que le moment où le statut de la copropriété prend naissance, se place lors de la première attribution ou de la première vente d'un lot qui réalise la répartition de la propriété de l'immeuble, par lot, entre deux personnes, l'acheteur et le vendeur[6]. La Cour de cassation s'est ralliée à cette opinion[7] qui pose cependant quelques questions, spécialement celle de savoir si la solution ainsi admise peut faire l'objet d'aménagements contractuels dont le résultat serait d'isoler les bâtiments à construire non encore bâtis. La Cour de cassation, dans son arrêt du 30 juin 1998 (v. ss no 51), en assignant un caractère impératif à l'article 1er alinéa 1er de la loi du 10 juillet 1965, n'a pas admis cette application progressive de la loi au fur et à mesure de l'achèvement des bâtiments.

Par ailleurs, le statut de la copropriété est intégralement applicable même aux tranches non construites. Il en résulte que le promoteur, en tant que propriétaire des lots non encore bâtis, dispose du droit de vote aux assemblées générales et doit participer aux charges de copropriété (v. ss no 57). Pour la même raison, les stipulations du règlement de copropriété s'opposent à toute modification ultérieure de la part du promoteur en dehors du consentement unanime des copropriétaires des lots bâtis et livrés[8].

On tire également cette conséquence que si le promoteur n'a pas reçu des acquéreurs mandat pour réaliser les actes nécessaires à la bonne réalisation du projet selon la faculté offerte par l'article R. 261-5 du code de la construction et de l'habitation, le promoteur n'a pas la qualité pour présenter une demande de permis modificatif laquelle ne peut l'être valablement que par le syndicat des copropriétaires[9].

56 Pratique des lots transitoires – Discussion théorique. Cette pratique a été imaginée pour pallier les inconvénients que présente cette application intégrale du statut de la copropriété aux tranches non construites[10]. Ces lots appelés encore lots d'attente ou lots par anticipation sont prévus pour correspondre à ces tranches.

1. SUR L'ENSEMBLE DE LA QUESTION : Viatte, *Le statut de la copropriété et les ensembles immobiliers et problèmes relevant du statut de la copropriété : Cycle d'études de droit de la construction*, Cridon, Lyon, juin 1973, p. 202 s. – Gauthier, *La mise en place du statut de la copropriété*, Rapport 73e Congrès des notaires, Strasbourg 1976, p. 223 s. – Rép. civ., Atias, *V° Copropriété*, no 8.
2. EN CE SENS : Azoulai, comm., *Defrénois* 1968, no 17, note 36.
3. Civ. 3e, 13 mai 1987, no 85-15.772, *Bull. civ.* III, no 100; *D.* 1990. 123.
4. *JOAN* 1973, p. 7304.
5. SUR LA NOTION d'achèvement dans la rédaction initiale des art. R. 261-1 s., CCH : Chapron, *R.*, p. 173 s.
6. EN CE SENS : SIZAIRE, no 30, note 59 – KISCHINEWSKY-BROQUISSE, no 61, note 8 – LAFOND, ROUX ET STEMMER, L. art. 1, no 0035 – Bouyeure, « Dix ans d'application de la loi du 10 juillet 1965 sur la copropriété », *AJPI* 1975. 46.
7. Civ. 3e, 27 janv. 1981, *Juris-Data* no 000209, *RDI* 1981. 531; *RTD civ.* 1981. 879 – Civ. 3e, 3 mai 1990, no 88-19.348, *Bull. civ.* III, no 107; *IRC* 1990. 316, note Capoulade : le statut s'applique à un groupe d'immeubles bâtis construit par tranches successives dès les premières ventes intervenues; *AJDI* 1991. 102; *D.* 1991. 77 et 155.
8. Nîmes, 26 mars 1980, *Juris-Data* no 601294, IR 211; *RTD civ.* 1981. 211 – ET, SUR POURVOI : Civ. 3e, 12 janv. 1982, no 80-13. 507, NP, *D.* 1982. IR 285; *RTD civ.* 1982. 629.
9. CE 8 juill. 1988, req. no 67779, *JCP N* 1989. III. 141, note Stemmer.
10. SUR CETTE PRATIQUE : KISCHINEWSKY-BROQUISSE, no 61, note 18 – Giverdon et Bouyeure, « Les lots transitoires de copropriété », *Administrer* 7, no 119, déc. 1981 – Erb, « Le lot par anticipation », *REDI* no 97. 42 – Lafond, ►

À titre d'exemple, la description d'un tel lot peut être rédigée en ces termes : « Lot n° X. L'assiette des tranches futures de construction et le droit d'édifier sur tout ou partie du terrain, objet du présent règlement de copropriété, toutes les constructions autorisées par le permis de construire ou figurant au plan annexé et x/10 000es des parties communes. » À noter que, compte tenu de ce que l'état descriptif de division est un document neutre, dressé pour les seuls besoins de la publicité foncière (v. ss n° 134), il faut que la création et la désignation du lot transitoire soient stipulées dans le règlement de copropriété seul document ayant valeur contractuelle[1]. Cette condition remplie, rien ne s'oppose à ce que l'état descriptif de division mentionne le ou les lots transitoires, ce qui est généralement le cas.

Au fur et à mesure de leur réalisation, le (ou les) lots transitoires affectés à ces tranches, sont supprimés et remplacés par les lots qui correspondent à la division des parties effectivement construites. Lorsque la dernière tranche est réalisée, le dernier lot transitoire est supprimé et l'état descriptif de division acquiert son aspect définitif.

Si on laisse de côté les difficultés qu'une telle pratique soulève sur le plan de la publicité foncière et notamment quand à l'exigibilité de la taxe au titre de l'effet déclaratif d'un acte contenant vente de millièmes à construire[2], la question essentielle est de savoir quels sont le fondement et la nature juridiques d'un tel lot et si son propriétaire est ou non un copropriétaire à part entière. En d'autres termes, le lot transitoire est-il un véritable lot de copropriété ?

La question a été discutée; mais elle a perdu une grande partie de son intérêt par suite de la position adoptée par la Cour de cassation.

Parmi les thèses soutenues, il faut relever celle qui prétendait que le lot transitoire ne présentait pas la structure d'un lot de copropriété faute de l'existence d'une partie privative consistante à laquelle il était possible d'affecter une quote-part des parties communes déterminée selon les prévisions de l'article 5 de la loi du 10 juillet 1965[3] ou encore celle selon laquelle un tel lot ne conférait qu'un droit personnel de construire qui ne devenait droit réel qu'après l'achèvement des constructions[4]. On avait également proposé le recours à la théorie des volumes[5] ou au droit de superficie[6].

57 Pratique des lots transitoires – Position de la Cour de cassation. Les discussions doctrinales ci-dessus évoquées ont suscité les hésitations de la jurisprudence. Il convenait cependant d'observer que le lot transitoire ne contredit nullement la conception unitaire et indivisible du lot de copropriété. Le droit privatif de bâtir se trouve intégré à la quote-part des parties communes pour former le lot de copropriété qui se trouve ainsi cerné dans ses aspects matériel et juridique. Ce sont deux éléments indissolublement liés; leur séparation entraînerait automatiquement la disparition du lot. En définitive, ils constituent un bien unique de nature immobilière[7].

On a pu également faire remarquer que le droit de construire un lot transitoire aboutit à faire de la construction une construction privative mais ne change pas la nature du terrain d'assiette qui reste une partie commune[8]. Ce droit échappe à la caducité de l'article 37[9].

Ce sont la contribution du lot transitoire aux charges de copropriété et la participation de son propriétaire aux votes de l'assemblée générale qui ont provoqué une élaboration progressive de la jurisprudence, tant du point de vue de la structure que de la gestion.

Du point de vue de la structure, déjà un arrêt de la 3e chambre civile de la Cour de cassation du 15 novembre 1989[10] avait déclaré qu'un lot défini comme comprenant le droit exclusif d'utiliser une

► « La modification du projet de construction d'un ensemble immobilier », *JCP N* 1983. I. 41 s.; « Le statut juridique des programmes immobiliers en copropriété inachevés », *JCP N* 1988. I. 25 – Tomasin, « Les lots transitoires et le statut de la copropriété », *RDI* 1988. 161 – Martin, « Le lot transitoire », *Ann. Loyers* 1988, 1166 – Kischinewsky-Broquisse, « Assemblées de copropriété et lots transitoires », *Gaz. Pal.* 1990. 2. Doctr. 390; « Transitoire, vous avez dit... lot transitoire », *IRC* 1989. 319 s. – Giverdon, « L'exercice du droit exclusif de bâtir constituant la partie privative d'un lot transitoire », *JCP N* 1992, prat. 2316 – Cornille, « Précieux conseils pour la création de lots transitoires », note ss : TGI Saintes, 6 juin 1995, *JCP N* 1995. II. 1588 – Atias, *Lot transitoire*. *Dicopropriété*, p. 387 s. – LAFOND, ROUX ET STEMMER, art. L. 1 nos 14 s. – CAPOULADE, GIRAUDEL, DRODENKO, *Copropriété dans la cité*, nos 10 s.

1. EN CE SENS : Tomasin, note *D.* 1982, spéc. 281 – Civ. 3e, 8 juin 2011, n° 10-20.276, NP – Civ. 3e, 20 nov. 2010, n° 09-72.386, NP.
2. SUR CES DIFFICULTÉS : *JCP N* 1988, prat. 403, 25.
3. Giverdon et Bouyeure, « Les lots transitoires de copropriété », *Administrer* 7, n° 119, déc. 1981.
4. CONSULTATION : Mazeaud, citée au 73e Congrès des notaires, p. 610.
5. Sizaire, « Division en volumes et copropriété des immeubles bâtis », *JCP N* 1988. II. 323.
6. Lafond, « La modification du projet de construction d'un ensemble immobilier », *JCP N* 1983. I. 41 s.; « Le statut juridique des programmes immobiliers en copropriété inachevés », *JCP N* 1988. I. 25.
7. Tomasin, note *D.* 1992. 281, col. 1.
8. Civ. 3e, 29 janv. 1997, n° 94-19.548, *Bull. civ.* III, n° 26; *JCP* 1997. IV. 614 – AUSSI : Stemmer, « L'état descriptif de division et l'accession immobilière », *JCP N* 2001. 1820, *RDI* 1997. 291.
9. Paris, 9 févr. 2006, RG n° 05/07207, *Loyers copr.* 2006. 113, obs. Vigneron.
10. Civ. 3e, 15 nov. 1989, n° 87-18.188, *Bull. civ.* III, n° 213; *R.*, 299; *Administrer* juin 1990. 43, note Guillot; *D.* 1990, jur. 216, note Giverdon, Capoulade; *D.* 1990. Somm. 123, obs. Givord et Giverdon; *RTD civ.* 1990. 304, Chron. Zénati; *IRC* 1990. 112, note Capoulade; *RDI* 1990. 240.

surface déterminée du sol pour y édifier des constructions, ainsi qu'une quote-part du sol et des parties communes, constituait un immeuble par nature pouvant faire l'objet d'une saisie immobilière.

Puis, dans un arrêt de principe, bien que de rejet, du 14 novembre 1991 [1] la Cour de cassation, après avoir rappelé, avec l'arrêt attaqué, les traits spécifiques du lot transitoire (terrains non bâtis, privativement réservés à l'exercice du droit exclusif du titulaire d'y édifier une construction avec affectation d'une quote-part de parties communes), approuve la cour d'appel, ayant retenu « à bon droit » que les lots dits transitoires ne sont pas assujettis à un régime particulier, d'avoir exactement déduit, sans dénaturer le règlement de copropriété, que le titulaire d'un tel lot était copropriétaire au sens de la loi du 10 juillet 1965. Dans un arrêt récent et remarqué, la Cour de cassation a admis que le droit de construire sur un lot transitoire « n'était pas soumis aux règles d'autorisation de la copropriété puisqu'en vertu du règlement de copropriété son titulaire bénéficiait du droit d'édification et de tous bâtiments et constructions [2] ».

Du point de vue de la gestion, la Cour de cassation a, en définitive, posé le principe selon lequel le propriétaire d'un lot transitoire doit contribuer aux charges de copropriété [3] et peut voter aux assemblées générales [4].

Les dispositions de l'article 22 (al. 2) de la loi du 10 juillet 1965 prévoyant la réduction des voix en cas de copropriété « en main dominante » sont applicables s'il advient que le promoteur détient en raison de lots invendus et des lots non construits plus de la moitié des voix.

Relativement à la *participation aux charges*, il résulte d'un arrêt de la Cour de cassation, 3e chambre civile, du 9 décembre 1987, que celle-ci doit s'opérer suivant les distinctions de la loi [5].

D'où une cassation pour manque de base légale faute par l'arrêt attaqué d'avoir recherché la nature des charges réclamées au propriétaire du lot transitoire [6] (il a été jugé que des lots devenus inconstructibles doivent néanmoins participer aux charges [7]).

Une distinction doit donc être faite entre les charges entraînées par les services collectifs et les éléments d'équipement commun qui, en principe, ne sont pas supportées par les lots transitoires pour lesquels l'utilité objective est impossible à établir, sauf cas exceptionnels [8], et les charges dites générales relatives à la conservation, à l'entretien et à l'administration des parties communes, réparties proportionnellement aux tantièmes de parties communes affectées à ces lots, toute ventilation ou limitation étant, en principe, impossible; mais il faut rappeler que le règlement de copropriété ne peut stipuler, à l'effet de limiter cette participation, que l'application du statut de la copropriété ne se ferait qu'au fur et à mesure de l'achèvement des bâtiments (v. ss no 51) [9]. Cette solution fondée sur le caractère d'ordre public reconnu à l'article 1er alinéa 1er de la loi entraîne cette conséquence que le défaut de commercialisation dans un certain délai ne peut offrir la possibilité, même ouverte par le règlement de copropriété, d'abandonner le lot pour l'intégrer dans des parties communes [10], alors que cet abandon ne peut résulter que d'un acte positif impliquant la volonté non équivoque du propriétaire d'exercer cette faculté [11] ainsi que de l'acceptation par l'assemblée générale des copropriétaires.

Enfin, *sur le plan de l'analyse théorique*, la position adoptée par la Cour de cassation consistant à assimiler le titulaire d'un lot transitoire à un copropriétaire au sens de la loi du 10 juillet 1965 a pour résultat de privilégier, parmi les conditions mises par celle-ci à l'application du statut, la division de la propriété en lots par rapport à la notion d'immeuble bâti [12]. Sur la question de savoir si un lot transitoire peut être « retiré » d'une copropriété initiale (v. ss no 753).

1. Civ. 3e, 14 nov. 1991, no 89-21.167, *Bull. civ.* III, no 275; *D.* 1992, jur. 277, rapp. Capoulade, note Tomasin; Giverdon; *Loyers et copr.* janv. 1992. 1; *Administrer* mai 1992. 27, note Guillot; *RDI* 1992. 109; *JCP* 1992. I. 3560; *IRC* 1992. 48, note Capoulade.
2. Civ. 3e, 8 juin 2011, no 10-20.276, *Bull. civ.* III, [à paraître].
3. NOT. : Civ. 3e, 30 juin 1998, no 96-20.758, *Bull. civ.* III, no 142; *Administrer* janv. 1999. 62, note Capoulade.
4. SUR la convocation du titulaire du lot à l'assemblée générale : Civ. 3e, 30 juin 1998, no 96-18.301, *Administrer* 1999, 62, note Capoulade; *RDI* 1998. 679.
5. Civ. 3e, 9 déc. 1987, no 86-16.104, *Bull. civ.* III, no 101; *RDI* 1988. 139; *Administrer* juill. 1988. 31; *D.* 1991. 155, note E.-S. de la Marnière; *D.* 1990. Somm. 123, obs. Givord et Giverdon – Civ. 3e, 3 mai 1990, no 88-18.877, *Bull. civ.* III, no 107; *D.* 1991, jur. 155, note de la Marnière; *D.* 1991. Somm. 77, obs. Giverdon; *RDI* 1990. 408; *IRC* 1990. 316, note Capoulade.
6. Civ. 3e, 13 mai 1987, no 85-15.772, *Bull. civ.* III, no 100; *D.* 1990. Somm. 123, Giverdon; *JCP N* II, 271, note Atias; *RDI* 1988. 170 – Civ. 3e, 9 déc. 1987, no 86-16.104, NP, *D.* 1990. Somm. 123, obs. Giverdon; *RDI* 1988. 139; *Administrer* juill. 1988. 31; *Rev. loyers* 1988. 74, note Berthault.
7. Paris, 21 févr. 2002, RG no 2001/13161, *Loyers et copr.* 2002. 18.
8. POUR des charges de gardiennage et de sécurisation : Civ. 3e, 10 oct. 2007, no 06-18.122, *Bull. civ.* III, no 171; *Loyers et copr.* 2007. 254, obs. Vigneron; *AJDI* 2007. 479, obs. Capoulade; *D.* 2008. 2690.
9. SUR CET ARRÊT AUSSI : Lafond, « L'application du statut de la copropriété aux titulaires de lots transitoires », *JCP N* 1999. 13.
10. Civ. 3e, 7 avr. 2004, no 02-14.670, *Bull. civ.* III, no 75; *AJDI* 2004. 733; *D.* 2006. 1855 – Atias, « L'abandon du lot de copropriété », *Defrénois*, 2006. 1867.
11. Tomasin, note *D.* 1992, spéc. 281.
12. EN CE SENS : Capoulade, note *IRC* 1992. 50.

§ 2
Immeuble dont la propriété est répartie

58 Le principe et sa portée. Précision étant faite que la répartition peut ne concerner que deux personnes[1], celle-ci doit, aux termes de l'article 1er alinéa 1er de la loi du 10 juillet 1965 concerner la *propriété* de l'immeuble.

On en déduit cette conséquence que si la répartition n'est faite qu'en jouissance - ce qui est le cas lorsque l'immeuble est la propriété d'une société constituée en vue de l'attribution d'immeubles aux associés par fractions divises (régie par CCH, art. L. 212-1 et L. 212-17 et R. 212-1 à R. 212-18) - le statut de la copropriété n'est pas applicable tant que les associés n'ont qu'un droit de jouissance sur les fractions d'immeuble correspondant à leurs droits sociaux[2]. Si, comme le prévoit l'article L. 212-2, du code de la construction et de l'habitation, un règlement est établi, celui-ci ne peut être qu'un règlement de jouissance[3].

Mais il doit être établi en conformité de la loi du 10 juillet 1965 si l'attribution en propriété doit en entraîner l'application (CCH, art. L. 212, al. 3 - pour la répartition des charges, v. aussi CCH, art. L. 212-6).

Pendant la durée de la société, la qualité pour agir en justice appartient à ses organes légaux[4]; la modification de la répartition des charges intervient dans les conditions prévues par les statuts[5].

Ce n'est qu'au moment de la dissolution de la société, ou lors du retrait anticipé de l'un ou de plusieurs des associés, que la propriété de l'immeuble se trouve « répartie » et que le statut de la copropriété prend naissance. Plus précisément, en cas de dissolution, par suite du fait que la société conserve le bénéfice de la personnalité morale pendant la durée des opérations de liquidation, le statut de la copropriété s'applique et le syndicat naît de plein droit à partir du moment de l'attribution à chaque associé de sa part divise, cette attribution étant censée avoir lieu au moment de l'approbation des comptes de liquidation[6]. En cas de retrait, c'est le premier retrait d'un associé d'où résulte la constitution d'un lot de copropriété qui donne naissance au syndicat[7].

En cas de vente en l'*état futur d'achèvement*, c'est la première vente du lot qui réalise la répartition de la propriété de l'immeuble[8].

59 Autres conséquences. Le fait que l'application du statut de la copropriété suppose la répartition de la propriété de l'immeuble entraîne d'autres conséquences. Notamment il n'est pas possible d'attribuer des millièmes de parties communes (et donc d'attribuer un lot) à des voisins, titulaires d'un droit de passage sur les parties communes de l'immeuble[9]. Mais rien ne s'oppose à ce qu'un immeuble soumis au statut de la copropriété puisse être construit en exercice d'un droit qui n'est pas un droit de propriété, par un exemple un bail à construction.

Par ailleurs, le partage du patrimoine social entraîne la transmission de plein droit au syndicat des actions qui, par leur nature et leur objet, sont liées à la propriété de l'immeuble (action en garantie décennale[10], action en contestation d'une décision de l'assemblée générale[11]), mais le syndicat des copropriétaires ne répond pas du passif du constructeur.

60 Question posée par la conclusion de contrats de location-accession. On a déjà évoqué, dans l'introduction de cet ouvrage (v. s^s n° 23), la mise en vigueur de la loi n° 84-595 du 12 juillet 1984 définissant la location-accession à la propriété immobilière aujourd'hui abrogée dont les dispositions essentielles ont été intégrées depuis au code de la construction et de l'habitation. Ce contrat, dont les incidences sur le statut de la copropriété seront étudiées ultérieurement dans leur ensemble (v. s^s n°s 407 s.)[12], pose néanmoins une délicate question, lors de sa conclusion et plus précisément

1. SUR CETTE SITUATION : Viatte, « La copropriété limitée à deux lots », *Rev. loyers* 1976. 72.
2. KISCHINEWSKY-BROQUISSE, n° 61, note 3; ATIAS, *Dicopropriété*, p. 495.
3. LAFOND, ROUX ET STEMMER, art. L. 8, n° 6.
4. Paris, 23e ch. B, 29 nov. 1983, Cluzeaux c/SCI 21/23 rue Anatole France à Pantin a., inédit.
5. Paris, 12 févr. 1997, RG n° 95-9717, *Juris-Data* n° 020255, *Loyers et copr.* 1997. 149.
6. Paris, 12 janv. 1983, *Juris-Data* n° 020898, *D.* 1983. IR 333; *RDI* 1983. 261 et 268; *RTD civ.* 1983. 358.
7. Paris, 22 sept. 1995, *Juris-Data* n° 022735, *Loyers et copr.* 1996. 80.
8. Paris, 22 sept. 1995, *Juris-Data* n° 022735, *Loyers et copr.* 1996. 80.
9. Civ. 3e, 8 avr. 1970, n° 68-13.253, *Bull. civ.* III, n° 228; *D.* 1970. 382; *Gaz. Pal.* 1970. 2, 206, note Morand; *JCP* 1970. II. 16341, note Guillot.
10. Paris, 30 janv. 1979 et 12 janv. 1983, *Juris-Data* n° 020898.
11. Paris, 19 févr. 1992, RG n°s 90-19543 et 90-19544, *Juris-Data* n° 020175, *Loyers et copr.* 1992. 226.
12. SUR le contrat de location-accession : Dagot et Lepeltier, *La location-accession*, Litec, 1985 – Lancereau et Schaufelberger, commentaire *ALD* 1984, n°s 14, 16 et 17 – C. et R. Saint-Alary, « La location-accession à la propriété immobilière », *RDI* 1985. 1 – PLUS SPÉCIALEMENT, sur les relations du contrat de location-accession avec le statut de la copropriété : Bouyeure, *Rapport* Colloque Cercol, janv. 1985, *RDI*, n° spécial, 61 – Vigneron, *JCP N* 1985. I. 115 – J.-CL. COPR., Vigneron, fasc. 297 – Debrot et Hinfray, « Location-accession à la propriété immobilière », *Gaz. Pal.* 1985. 2. Doctr. 468 – LAFOND, ROUX ET STEMMER, p. 784 s.

sur le point de savoir si cette conclusion est de nature à entraîner par elle-même l'application du statut de la copropriété. Afin d'en dégager les données, il faut savoir que, par la conclusion de ce contrat, le vendeur s'engage à transférer à l'accédant, si celui-ci en manifeste la volonté, la propriété de tout ou partie d'un immeuble et ce, après une période de jouissance, pendant laquelle l'accédant acquitte une redevance (L. 12 juill. 1984, art. 1er).

L'accédant, tant que le transfert de propriété n'a pas eu lieu, est donc titulaire d'un droit de jouissance, dont le caractère mobilier est indiscutable.

Si donc on suppose que le propriétaire, jusque-là unique d'un immeuble, conclut, relativement à une fraction de cet immeuble, un contrat de location-accession avec un accédant, la conclusion de ce contrat, qui n'entraîne pas répartition de la propriété de l'immeuble, n'a pas pour résultat de le placer sous le statut de copropriété. Celui-ci ne sera applicable qu'à l'issue de la période de jouissance et à supposer que l'accédant opte pour le transfert de propriété. Mais – et c'est là que surgit le problème – l'article 32 de la loi du 12 juillet 1984 disposait textuellement que « pour l'application des dispositions de la loi du 10 juillet 1965 fixant le statut de la copropriété des immeubles bâtis, la signature d'un contrat de location-accession *est assimilée à une mutation* et l'accédant *subrogé dans les droits et obligations du vendeur* ». La question se posait donc de savoir si, en conséquence de cette assimilation à une mutation, la conclusion du premier contrat de location-accession (et *a fortiori* des contrats subséquents) portant sur un lot d'un immeuble, non encore soumis au statut de la copropriété, n'avait pas pour résultat de rendre ce statut applicable.

Selon Bouyeure[1] la question ne peut se poser que lors de la conclusion du 2e contrat de location-accession, car, lors de la conclusion du premier contrat, le vendeur et le locataire accédant sont titulaires de droits sur le même lot; or « pour qu'il y ait copropriété, il faut que les droits des copropriétaires portent sur des lots différents »[2]. Nous pensons au contraire que le problème se pose dès la conclusion du premier contrat de location-accession, car cette conclusion étant assimilée à une mutation, il y a bien deux lots distincts : celui sur lequel porte le contrat, l'autre étant constitué par le reste de l'immeuble. La situation est identique, toutes proportions gardées, à celle qui résulte du retrait d'un seul associé d'une société de construction-attribution.

Il ne semble pas que le statut soit applicable, car l'assimilation à une mutation n'est en réalité qu'une fiction de la loi destinée à réaliser l'insertion de l'accédant dans une copropriété déjà existante (v. l'argument tiré en ce sens des travaux préparatoires de la loi[3]). Mais la réalité juridique est que le transfert de propriété, qui doit être constaté par acte authentique, n'a lieu qu'au moment de la levée de l'option. C'est donc à ce moment-là seulement que la propriété de l'immeuble est « répartie » au sens et pour l'application de l'article 1er alinéa 1er de la loi du 10 juillet 1965[4].

Il est d'ailleurs facile de se convaincre du fait que cette application anticipée du statut de la copropriété se heurterait à des difficultés insurmontables (comment, par exemple, désigner le syndic ?).

Toutefois, à l'effet de pallier les inconvénients résultant de la non-application du statut de la copropriété, on peut préconiser que le « vendeur », par hypothèse propriétaire unique de l'immeuble, établisse un état descriptif de division et un règlement de jouissance qui seront joints aux contrats de location-accession qu'il conclura ultérieurement[5].

§ 3
Répartition par lots comprenant une partie privative et une quote-part de parties communes

61 Le lot, notion fondamentale. C'est la division de l'immeuble en lots, comportant chacun une partie privative et une quote-part de parties communes formant, de surcroît, un tout indivisible, qui caractérise essentiellement la structure de l'immeuble auquel le statut de la copropriété est impérativement applicable.

Il en résulte que cette application est exclue en présence de divisions qui sont réalisées autrement que par lots ainsi constitués.

Il en est ainsi, lorsque l'immeuble est composé de locaux imbriqués (par ex., lorsque la cave dépendant d'un immeuble déborde légèrement sous une pièce de l'immeuble voisin[6]) ou superposés (par ex., lorsque la terrasse constitue un sol faisant partie d'un lot de copropriété et, en même temps la couverture d'un immeuble voisin dépendant d'un autre syndicat[7]) sans création d'aucune partie commune[8] ou encore lorsque l'immeuble est divisé verticalement de telle manière qu'une aile (avec, éventuellement, ses différents étages) est attribuée à un propriétaire et l'autre aile à un autre proprié-

1. Bouyeure, *Rapport* préc., p. 62.
2. EN CE SENS AUSSI : Debrot et Hinfray, *op. cit.*
3. J.-CL. COPR., Vigneron, fasc. 297, n° 58.
4. EN CE SENS : Bouyeure, *op. cit.*, p. 62 – J.-CL. COPR., Vigneron, fasc. 297.
5. J.-CL. COPR., Vigneron, fasc. 297, n° 67.
6. Civ. 1re, 2 avr. 1962, *Bull. civ.* I, n° 189.
7. Civ. 3e, 11 mai 1994, n° 92-13.228, NP, *RDI* 1994. 486.
8. Civ. 3e, 8 sept. 2010, n° 09-15.554, *Bull. civ.* III, n° 152.

taire sans qu'il y ait création corrélative de parties communes [1].

Cependant, la jurisprudence s'est prononcée sur un cas où il n'y avait pas à proprement parler une division en lots [2], où la structure considérée rappelait celle décrite par l'article 664 du code civil [3].

Mais c'est surtout à propos des divisions en volumes et plus encore des lotissements que la recherche de la spécificité de la notion de lot de copropriété s'impose.

62 Division en volumes. Cette technique de division, qui a suscité une abondante doctrine [4], mais une jurisprudence plus clairsemée, consiste à distinguer des fractions d'immeuble définies en trois dimensions par référence à des plans (notamment cadastraux), à des coupes horizontales et verticales, ces dernières par référence aux cotes « Nivellement général de la France » (NGF); mais aucune quote-part de parties communes n'est affectée à ces fractions, qui, de ce fait, sont *autonomes* les unes par rapport aux autres, mais avec des superstructures communes. Elles ne constituent pas des lots de copropriété au sens et pour l'application de l'article 1er alinéa 1er de la loi du 10 juillet; le statut de la copropriété ne leur est donc pas applicable au moins automatiquement [5].

Juridiquement, cette technique de division correspond à une analyse de la propriété immobilière transposée de la géométrie plane à la géométrie dans l'espace [6] directement inspirée du droit de superficie généralement conçu comme un droit de propriété distinct de la propriété du sol [7], et dont l'article 553 du code civil fournit l'illustration en se référant à des imbrications de propriété à différents niveaux.

Cette structure impose des règles particulières pour la rédaction des états descriptifs de division [8] ou pour l'expropriation du tréfonds où l'estimation est opérée par volumes successifs [9].

Pratiquement, cette structure permet d'isoler les différentes fractions issues de la division et de les soumettre à des régimes juridiques différents, par exemple, pour en différencier les affectations (parkings en sous-sol, commerces, places publiques, habitations en élévation [10]) ou encore pour placer certaines d'entre elles sous le régime de la domanialité publique [11]. La conjugaison de ces différentes possibilités permet la réalisation d'« ensembles immobiliers complexes » réunissant une dalle porteuse, des dépendances du domaine public (voies de circulation) et des fractions qui, elles-mêmes peuvent constituer des copropriétés au sens de la loi du 10 juillet 1965 [12].

En revanche, si tout volume peut être divisé en lots de copropriété, l'inverse n'est pas possible, au moins en principe [13].

Mais, en l'absence de parties communes qui réalisent la synthèse entre les différentes fractions, il faut en organiser la coexistence. On y parvient au moyen de la rédaction de cahiers des charges qui prévoient la mise en place de réseaux de servitudes

1. KISCHINEWSKY-BROQUISSE, n° 61.
2. Civ. 3e, 29 mai 2002, n° 00-17.542, *Bull. civ.* III, n° 113; *AJDI* 2003. 124, note Giverdon; *D.* 2003. 1331.
3. SUR CET ARRÊT AUSSI : Chron. Périnet-Marquet, *JCP* 2003. 117, n° 8.
4. PRINCIPAUX OUVRAGES ET ARTICLES : LAFOND, ROUX ET STEMMER, L. art. 1er, § C. et n° 41 – J.-CL. COPR., fasc. 405, 520, 521 et 522 – J.-CL. CONSTR., fasc. 107.10 et 107.20 – Rép. civ., Walet, *V° Construction en volumes* – Chambelland et Rousseau, « Constructions en volumes », *AJPI* 1981. 688 s. – Chambelland et Walet, *La construction en volumes*, Dalloz, « Pratique de l'immobilier » – de Bezombes, *Droit de superficie et constructions en volumes*, Rapport Congrès des notaires 1976, p. 539 s.; *Division de l'immeuble*, 103e congrès des notaires, 2007, n°s 2290 s., 2380 s. – Pône, « *Volume immobilier et droit de propriété* », dans *Liber amicorum : Georges Daublon, Defrénois, « Mélanges », 2001* – Rochegude, Rapport 103e congrès des notaires 2007, *L'organisation conventionnelle de l'espace.*
5. SUR LA DISTINCTION entre copropriété et division en volumes : Sizaire, « Division en volumes et copropriété des immeubles bâtis », *JCP N* 1988. I. 323 s.; *Administrer* mai 1988. 17 – Sizaire et Fournier, « Copropriété et lot volume », *JCP N* 2000. 1311 – Bosgiraud, « "Volumes" ou "Copropriété"; le choix n'est pas toujours permis », *Bull. Cridon* Paris, 1er juin 1988.
6. Savatier, « La propriété de l'espace », *D.* 1965, Chron. 213.
7. SUR le droit de superficie : Marty, *La dissociation juridique de l'immeuble, Contribution à l'étude du droit de superficie*, Lgdj, 1979 – Rép. civ., Walet, *V° Construction en volumes, V° Superficie.*
8. Destame et Rombreault, *Pratique de l'état descriptif en volumes*, « Litec Immo », Litec, 1995 – Fournier, « Modalités d'établissement des états descriptifs de division », *JCP N* 2002. 1538 – Daublon, « État descriptif de division et volumes : désignation des lots, éléments rédactionnels », *Defrénois* 2000. 37168 – Commission relative à la copropriété, recomm. n° 5, 2008.
9. V. Weber, *AJPI* 1997. 189.
10. V. Stemmer, note, *JCP N* 2001. 239 : qui en expose les conséquences fiscales.
11. SUR CETTE QUESTION : Farthouat, « Copropriété et domanialité publique », *Defrénois* 1995. 490 – Cumenge, *Urbanisation dans l'espace des propriétés privées et publiques*, p. 251 – Davignon, « Les régimes de la copropriété et de la domanialité publique sont-ils compatibles ? », note s^s^ : CAA Paris, 20 juin 1989, *JCP N* 1991. II. 231 – SUR CET ARRÊT AUSSI : note Llorens – CE 11 févr. 1994, n° 109564, Lebon; *Defrénois* 1995. 490, note Farthouat; *D.* 1994. 493, note Davignon; *JCP* 1994. II. 22338, note Rouault.
12. Savatier, « La propriété des volumes dans l'espace et la technique juridique des grands ensembles immobiliers », *D.* 1976, Chron. 103 – Chambelland, « Les ensembles immobiliers complexes », *Defrénois* 1975. 1217 – Malinvaud (dir.), *RDI* n° spécial 1999, 487.
13. V. Sizaire et Fournier, *JCP N* 2000. 1311 – AUSSI : Fournier, note *JCP N* 1999. 422.

(appui des constructions, passages, surplomb, ancrage...) et, généralement, le regroupement des copropriétaires dans une association syndicale (libre ou foncière urbaine) dont l'objet est d'en assurer la gestion (v. ss n° 62).

L'hétérogénéité du régime juridique des fractions peut alors donner naissance à un « ensemble immobilier »[1].

63 Lotissement. Le lotissement est une opération d'urbanisme dont résulte la division du sol en propriété ou en jouissance répondant aux caractéristiques définies par les articles L. 442-1 et R. 315-1 du code de l'urbanisme. Dans leur rédaction consécutive à la mise en vigueur des décrets n° 77-860 du 22 juillet 1977 et 11 mai 2007, ces caractéristiques étaient : division du sol en propriété ou en jouissance portant sur plusieurs lots sur une période de moins de dix ans en vue de l'implantation de bâtiments[2]. L'ordonnance n° 2011-1916 du 22 décembre 2011[3] a supprimé le délai de dix ans et permis d'opérer la division sur une ou plusieurs unités foncières contiguës. Toutefois, il est prévu deux exceptions, soit en raison de l'objet particulier de l'opération, soit en raison d'un contrôle au titre d'une autre procédure (C. civ., art. L. 442-1-1). En outre, le périmètre du lotissement peut comprendre outre les lots destinés à la construction, les voies, dessertes, équipements, espaces communs et même des parties déjà bâties (C. civ., art. L. 442-1-2). Les nouvelles dispositions renforcent l'aspect urbanistique de l'opération.

Mais il n'a pas pour objet et pour effet d'instituer un régime de gestion des biens ainsi divisés; son résultat est d'instaurer un « foncier éclaté » qui est le trait caractéristique de l'ensemble immobilier (v. ss n° 50)[4].

La copropriété des immeubles bâtis est, à l'inverse, avant tout un statut de gestion d'un bien présentant la structure définie dans les développements précédents (v. ss n° 51), à savoir la répartition de la propriété d'un immeuble en lots comportant une partie privative *et* une quote-part des parties communes indivisiblement liées (v. ss n° 51). Autour de cette quote-part s'expriment les droits et les obligations des copropriétaires dans l'organisation collective (droit de vote, obligation aux charges) et elle établit un lien commun entre les différents lots[5].

Il est donc possible de concevoir un lotissement dont les lots constitueraient des entités autonomes et homogènes et qui ne comporteraient pas nécessairement des équipements communs. La copropriété suppose au contraire l'existence de parties communes et d'équipements communs dont la gestion doit être organisée selon les techniques du droit privé, ce qui exclut les règles de droit public et notamment les dispositions du code de l'urbanisme[6]. Le lot de copropriété est une notion abstraite qui n'appelle pas une délimitation par une ligne divisoire[7] ni un bornage[8].

Toutefois, des rapprochements ne sont pas exclus. Rien ne s'oppose notamment à ce que le statut de la copropriété soit utilisé pour la gestion d'un lotissement qui, comme c'est généralement le cas, comporte des éléments d'équipement commun. Ce « lotissement » constitue alors un ensemble immobilier au sens de l'alinéa 2 de l'article 1er de la loi du 10 juillet 1965 (v. ss n° 156)[9].

64 Copropriété horizontale. La pureté de la distinction entre copropriété et lotissement s'estompe cependant en présence de la structure particulière que constitue la copropriété horizontale spécialement conçue pour régir un ensemble de maisons individuelles (copropriété pavillonnaire) ou tout autre groupe d'immeubles bâtis édifié sur un terrain commun divisé en zones de jouissance[10]. Ainsi

1. Civ. 3e, 17 févr. 1999, n° 97-14.368, *Bull. civ.* III, n° 42; *JCP N* 1999. I. 639, note Sizaire; *RDI* 1999. 298, obs. Giverdon; *Administrer* juin 1999. 39, note Capoulade; *Defrénois* 1999. 786, note Atias – Périnet-Marquet, Chron. *JCP* 1999. I. 175, n° 12; *Loyers et copr.* 1999. 104; *RDI* 1999. 298; *AJDI* 1999. 801; *AJDI* 2000. 129, *D.* 2000. 133.
2. Lafond, Roux et Stemmer, L. art. 1er, § D, nos 42 s. – J.-Cl. foncier, *V° Lotissement*, fasc. 20 – Tomasin, « Retour sur la distinction entre lotissement et copropriété », *Dr. et ville* 1995, n° 40, p. 7 – aussi : *RDI* 1996, Bouyssou, 329 et Koening, 321.
3. Ord. n° 2011-1916, 22 déc. 2011 relative à certaines corrections à apporter au régime des autorisations d'urbanisme, *JO* 23 déc., p. 21819.
4. Capoulade, « Copropriété et structures foncières dans la jurisprudence de la Cour de cassation », *Administrer* janv. 1996. 4 – Capoulade et Giverdon, « Propos sur les ensembles immobiliers », *RDI* 1997. 161, spéc. n° 12 – Atias, « Essai de définition du lotissement », *JCP N* 1980. I. 549.
5. Sur la distinction entre lotissement et statut de la copropriété not. : Bouyeure, « Copropriété et lotissement », *AJPI* 1969. I. 199 – Capoulade, art. préc. – Civ. 3e, 19 janv. 1994, n° 91-20.050, *Bull. civ.* III, n° 7; *RDI* 1994. 291; *IRC* 1994. 14; *Administrer* mars 1995, p. 43, note Didier; *D.* 1994. 203 – Civ. 3e, 13 mars 1996, n° 94-14.129, NP, *RDI* 1996. 274: ces deux arrêts mettent l'accent sur l'implantation des bâtiments.
6. Civ. 3e, 13 mars 1996, n° 94-14.129, NP, *RDI* 1996. 274.
7. Civ. 3e, 19 juill. 1995, n° 93-12.325, *Bull. civ.* III, n° 201; *RDI* 1995. 777; *Administrer* nov. 1995. 58; *D.* 1996. 93; *RTD civ.* 1998. 145 – Aix-en-Provence, 5 mai 1998, *RDI* 1999. 146.
8. Civ. 3e, 27 avr. 2000, n° 98-17.693, *Bull. civ.* III, n° 89; *RDI* 2000. 315 et 385; *D.* 2001. 347.
9. Atias, *Dicopropriété*, *V° Lotissement*.
10. Desmazières, « Maisons individuelles et copropriété horizontale », *AJPI* 1980. 56 – Stemmer, « Urbanisme et division en jouissance », *JCP N* 1981, prat. 7958; « Plaidoyer pour la copropriété horizontale », *JCP N* 1982, prat. 609 – Kœnig, « Lotissement et copropriété horizontale », *RDI* 1996. 321.

conçue la copropriété horizontale était apparue comme le moyen d'échapper à la réglementation des lotissements.

Mais depuis la mise en vigueur du décret n° 77-860 du 16 juillet 1977 édictant une nouvelle réglementation des lotissements (C. urb., art. R. 315-1 s.), les divisions en jouissance, qui répondent aux caractéristiques énoncées par l'article R. 315-1, spécialement faites en vue de l'implantation de bâtiments, sont des lotissements soumis comme tels à la réglementation de cette structure de division[1].

La copropriété horizontale paraît donc condamnée en tant que technique tendant à éluder la réglementation des lotissements. Si l'on veut réaliser cet objectif il faut éviter toute division en jouissance et, pour ce faire, on a imaginé le procédé de la « construction en indivision ».

65 Construction en indivision. Le procédé consiste à attribuer à chaque indivisaire un « lot » consistant en une surface à construire sur un terrain demeurant commun à tous les copropriétaires, dans son usage comme sans sa propriété. Plusieurs copropriétaires d'un sol demeurant indivis pouvaient construire chacun son propre bâtiment dont l'assiette était la totalité de la propriété foncière[2].

Cette possibilité, admise par quelques auteurs[3], a été rejetée par la majorité d'entre eux[4] et par un arrêt du Conseil d'État[5] du 26 septembre 1990.

Ce dernier arrêt a jugé que l'opération qui confère à chacun des trois bénéficiaires un droit exclusif de construction sur son lot, les a placés dans la situation prévue par l'article R. 315 du code de l'urbanisme, alors même que la propriété du sol est restée indivise entre eux[6]. À noter également que le Congrès des notaires réuni à Cannes en 1993 consacré à la sécurité juridique en matière d'urbanisme a condamné la « construction en indivision »[7].

La critique déterminante a été formulée par M. Bouyssou[8] qui relève que la réalisation de toute construction par des maîtres d'ouvrage différents constitue la preuve que la jouissance du sol a été préalablement divisée et qui s'interroge sur le point de savoir si la copropriété horizontale sans division en jouissance est un mythe, une réalité ou une fraude[9].

SECTION 2
LA NOTION DE LOT

66 Division. On vient de constater que le point de convergence des conditions auxquelles doit satisfaire la structure de l'immeuble pour que le régime de la copropriété lui soit applicable est la division de *sa propriété* en *lots* comprenant chacun une *partie privative* et une *quote-part des parties communes*.

Laissant de côté, au moins pour l'instant, la division en propriété, déjà évoquée, on examinera d'abord le sens et la portée de la distinction *parties privatives et parties communes* en tant qu'*éléments de la composition des lots* pour dégager ensuite la *notion de lot* en tant que structure de division spécifique de l'immeuble en copropriété.

Structure spécifique en ce sens que le « lot de copropriété » ne doit pas être confondu avec la « fraction d'immeuble » au sens de la publicité foncière (v. s^s n° 131), ni avec le lot de lotissement (v. s^s n° 63), ni avec le lot composé de biens faisant l'objet d'enchères dans les ventes publiques (qui peut comprendre un ou plusieurs lots de copropriété), ni avec le lot attribué à un entrepreneur pour l'exécution d'un marché de travaux[10].

SOUS-SECTION 1
PARTIES PRIVATIVES ET PARTIES COMMUNES, ÉLÉMENTS DE LA COMPOSITION DES LOTS

§ 1
Principes généraux

67 Caractère impératif de la distinction. Quelle que soit l'opinion que l'on adopte quant à la nature juridique du droit « de copropriété », il est évident que sa portée est différente selon qu'il s'applique

1. J.-CL. FONCIER, Bouyssou, *V° Lotissements*, fasc. 20 – Civ. 3e, 3 févr. 1981, n° 79-13.774, *Bull. civ.* III, n° 22; *D.* 1982. IR 285; *JCP N* 1981. II. 177, obs. Stemmer.
2. SUR CETTE TECHNIQUE : Bouyssou, « La copropriété horizontale sans division en jouissance », *RDI* 1996. 329 – Stemmer, « Plaidoyer pour la copropriété horizontale », *JCP N* 1982, prat. 8450 – Pérignon, « Divisions en jouissance et règles d'urbanisme », *Defrénois* 1989. 193; « Vers une nouvelle définition du lotissement », *Defrénois* 1991. 923; « Pluralité de maîtres d'ouvrage sur un terrain indivis », *Defrénois* 1996. 632 – Kœnig, « Lotissement ou copropriété horizontale : un beau débat théologique », *RDI* 1996. 321.
3. Stemmer, art. préc. – Pérignon, art. préc.
4. NOT. : Bouyssou, *RDI* 1996. 329, art. préc.
5. CE 26 sept. 1990, Ép^x Séguin, req. n° 86058, NP, *JCP N* 1991. II. 85, note Cornille – CE 21 août 1996, req. n°s 137834, 137835, Lebon, tables; *JCP N* 1997. II. 1082, note Cornille.
6. CE 21 août 1996, req. n°s 137834, 137835, Lebon, tables; *JCP N* 1997. II. 1082, note Cornille.
7. Congrès des notaires, 1993, *Travaux*, p. 405.
8. Bouyssou, art. préc, note 1.
9. Bouyssou, art. préc., note 1 – AUSSI : Tomasin, « Retour sur la distinction entre lotissements et copropriété », *Dr. et ville* n° 40, 1995, p. 5.
10. CAPOULADE ET AUTRES, « Copropriété dans la cité », I, 3, note 1.

aux parties privatives ou aux parties communes de l'immeuble.

Il convient, dans ces conditions, de n'accepter qu'avec réserves l'opinion des auteurs qui, partisans de la conception unitaire du droit de copropriété, estiment « en grande partie artificielle » la distinction des parties privatives et des parties communes[1]. Ces mêmes auteurs sont, néanmoins, obligés d'admettre que les caractères du droit de « copropriété » sont susceptibles de varier selon qu'il concerne les unes ou les autres. Pour Hébraud, par exemple, le droit d'usage du copropriétaire est « différent » selon qu'il porte sur « l'appartement ou sur l'ensemble de l'immeuble »[2]. Pour Azoulai, les caractères du droit de copropriété varient en fonction de l'assiette de la « quote-part » sur laquelle il porte, droit *collectif* dans la mesure où cette quote-part est la portion d'un tout dont elle ne peut être isolée, il devient *individuel* lorsque la matérialisation de la quote-part permet d'envisager les appartements comme des entités distinctes[3] - ainsi, d'une manière ou d'une autre, on retrouve la distinction, ce qui en atteste la permanence[4].

À cette constatation s'ajoute celle selon laquelle seule l'administration des parties communes relève de l'objet du syndicat (L. 10 juill. 1965, art. 14, al. 4). La distinction en elle-même, ainsi que l'indivisibilité de ses deux composants, qui concourent à la définition du lot, sont donc fondamentales et impératives. Elles ne souffrent aucune dérogation. La distinction est, en outre opérée par l'article 1er alinéa 1er de la loi du 10 juillet 1965 et l'indivisibilité reconnue par l'article 6 de ladite loi. Or, ces deux articles sont impératifs[5].

Il en résulte que la composition d'un lot formé d'une quote-part des parties communes sans affectation à une partie privative déterminée est nulle[6]. Et, réciproquement, la qualification *de lot* ne peut être retenue s'il comprend seulement une partie privative déterminée sans être expressément assortie d'une quote-part des parties communes[7]. De plus un lot « de copropriété », en raison de sa définition et de sa composition, ne peut, par son essence même être classé partie commune sans perdre sa nature et son indépendance[8].

La question se pose alors de savoir *sur quels critères* repose la qualification partie privative et parties communes.

68 Critères de la distinction. Les critères de la qualification, parties privatives ou parties communes, sont définis par les articles 2, 3 et 4 de la loi du 10 juillet 1965. Aux termes de l'article 2 « *sont privatives les parties des bâtiments et des terrains réservés à l'usage exclusif d'un copropriétaire déterminé* ». « Ces parties, précise l'alinéa 2, *sont la propriété exclusive de chaque copropriétaire* ».

L'exclusivité d'usage se caractérise par un *usage* incompatible avec celui des autres copropriétaires, il suffit que ceux-ci aient simplement la possibilité d'user d'une partie du bâtiment pour que l'usage n'en soit pas considéré comme l'exclusivité d'un seul et ce, quand bien même ils n'en useraient pas effectivement[9].

Aux termes de l'article 3 « *sont communes les parties des bâtiments et des terrains affectés à l'usage ou à l'utilité de tous les copropriétaires ou de plusieurs d'entre eux* ». « Elles sont, précise l'article 4, l'*objet d'une propriété indivise entre l'ensemble des copropriétaires ou certains d'entre eux seulement.* »

Ainsi, comme la remarque en a été faite[10], ces articles érigent l'usage des différentes parties de l'immeuble en critère de leur qualification; l'inverse aurait sans doute été plus logique.

L'usage au sens de la loi du 10 juillet 1965 se distingue de la simple jouissance qui correspond soit à l'application d'une convention exclusive de propriété, soit même à une tolérance; elle est sans influence sur la qualification de la partie d'immeuble[11].

1. V. Azoulai, *op. cit.*, n° 338, p. 433, et n° 408, p. 550 – Hébraud, *RTD civ.* 1938. 28.
2. Hébraud, *RTD civ.* 1938. 28.
3. AUSSI : Piédelièvre, « La copropriété par appartement », dans *L'immeuble urbain à usage d'habitation*, n° 24, p. 205 – Thibierge, *Rapport au 55e Congrès des notaires de France*, p. 13 F.
4. COMP. : Atias, *op. cit.*, t. II, n° 96-*b*, qui récuse la « dichotomie radicale » parties privatives, parties communes.
5. CAPOULADE ET AUTRES, I, 25.
6. Civ. 3e, 19 janv. 1977, n° 75-11.990, *Bull. civ.* III, n° 32; *JCP N* 1977. II. 187, note Atias; *RTD civ.* 1977. 346, obs. Giverdon; *Defrénois* 1978. 370, note Souleau – Civ. 3e, 18 juill. 2001, n° 99-11.987, NP, *AJDI* 2002. 136 – RAPPR. : Civ. 3e, 6 nov. 2002, n° 01-03.436, *Bull. civ.* III, n° 215; *D.* 2003. 1331, obs. Giverdon; Rép. civ., n° 35; *Loyers et copr.* 2003, n° 50 – Civ. 3e, 1er mars 2006, n° 04-18.547, NP, *Loyers et copr.* 2006, n° 112, obs. Vigneron – COMP. : Lafond et Stemmer, Code de la copropriété, Litec, p. 26 – Civ. 3e, 6 juin 2007, n° 06-13.477, *Bull. civ.* III, n° 98; *D.* 2007. AJ 33; *Administrer* août 2007. 49; *AJDI* juill.-août 2007. 529; *Administrer* févr. 2003. 45 : la partie privative était un droit de jouissance exclusive.
7. CAPOULADE ET AUTRES, I, 25.
8. Civ. 3e, 3 mai 1990, n° 88-16.329, NP, *D.* 1991. 77; *IRC* 1990. 281, note Capoulade – Civ. 3e, 19 juin 1996, n° 94-12.354, *Bull. civ.* III, n° 152; *AJPI* 1996. 1025; *RDI* 1996. 604 – AUSSI : Civ. 3e, 7 déc. 1988, n° 87-13.271, *Bull. civ.* III, n° 177; *RDI* 1989. 91; *Administrer* févr. 1990. 26.
9. SIZAIRE, n° 34.
10. Terré et Simler, *Les biens*, 8e éd., n° 631.
11. CAPOULADE ET AUTRES, I, 25.

On ajoute que l'exclusivité d'usage est appréciée *in abstracto* et non en fonction de l'usage réellement fait de la partie d'immeuble en question [1].

Parmi les éléments à prendre en considération, on retient les conditions de l'accessibilité à la partie considérée; s'il apparaît qu'aucun autre copropriétaire ne peut y accéder, la qualification de partie privative est justifiée (v. une espèce où l'accès aux combles n'était possible qu'à partir de locaux inclus dans les parties privatives d'un lot et qui, au surplus, n'était d'aucune utilité pour les autres copropriétaires [2]).

Une difficulté s'est présentée à propos de l'interprétation à donner de l'article 2 en ce qu'il vise l'exclusivité d'usage des parties des terrains, pour en faire la propriété exclusive du copropriétaire alors que le terrain d'assiette est logiquement partie commune.

Sizaire [3] a considéré la propriété exclusive d'une partie du sol comme un droit de superficie. Il semblerait plus logique, dans la mesure où la propriété exclusive d'une partie de terrain serait constituée d'un foncier éclaté, d'y voir une structure d'ensemble immobilier [4].

La solution doit être dégagée en assignant au critère de la qualification ainsi retenue (l'usage) la portée d'une directive : le caractère supplétif des articles 2, 3 et 4 autorise des aménagements dans le cadre de l'énonciation des parties privatives et des parties communes. L'exemple le plus symptomatique est fourni par la possibilité, admise par la doctrine et reconnue par la jurisprudence, de prévoir un droit de jouissance privatif au profit d'un lot sur des parties qui demeurent communes (sur cette possibilité v. s^s n°s 102 s.). Des catégories intermédiaires peuvent donc être imaginées, introduisant une certaine souplesse, permettant des passerelles entre les deux qualifications [5].

On relève, par exemple, l'existence de parties communes à usage privatif ou de parties privatives à usage commun [6].

Il faut toutefois faire réserve du pouvoir de la Cour de cassation de censurer pour défaut de base légale les décisions qui ne recherchent pas à l'usage et à l'utilité de qui une partie de bâtiment est réservée en cas de contestation [7].

69 Énumération des parties privatives et des parties communes – Rôle du règlement de copropriété. C'est au règlement de copropriété, complété au besoin par l'état descriptif de division, qu'il incombe d'énumérer les parties privatives et les parties communes. C'est le sens qu'il convient de donner aux termes « dans le silence ou la contradiction des titres » dont use l'article 3 pour, dans cette éventualité, réputer parties communes les parties de l'immeuble qu'il énumère.

A fortiori, ce rôle du règlement de propriété est encore plus important pour l'énumération des parties privatives dont la loi ne donne aucune indication [8].

Il faut donc en déduire que toute clause claire et précise du règlement de copropriété doit être appliquée [9]. Seules, les clauses obscures ou ambiguës peuvent être interprétées.

Spécialement, la clause qui stipule qu'une partie du bâtiment (par exemple une terrasse) est la propriété exclusive et particulière de l'un des copropriétaires doit être suivie [10]; ce serait la dénaturer que de décider qu'elle est partie commune [11].

Participant du caractère conventionnel du règlement de copropriété, les énonciations qu'il renferme sont intangibles.

On ne saurait donc trop conseiller aux rédacteurs des règlements de copropriété et des états descriptifs de division inclus dans les règlements d'apporter le plus grand soin à la rédaction de la partie du règlement de copropriété qui énumère les parties privatives et les parties communes et spécialement de procéder à une visite méticuleuse de l'immeuble et, de consulter les plans de l'immeuble, s'ils sont disponibles; et bien sûr, il convient, d'éviter les clauses contradictoires ou ambiguës (à propos du logement du gardien v. s^s n° 85). Il faut également éviter de dire, après chaque énumération, qu'elle est énonciative et non limitative; il faut choisir.

Ce n'est qu'en dernière extrémité que l'on doit faire application des présomptions de l'article 3 de

1. Civ. 3e, 17 févr. 1994, n° 92-17.184, *RDI* 1995. 149; note s^s Civ. 3e, 7 déc. 1994, *RDI* 1995. 149. DANS LE MÊME SENS : Lafond, chr. *JCP N* 1991. Prat. 1962 n° 4.
2. Civ. 3e, 6 oct. 1993, n° 91-18.289, NP, *RDI* 1993. 537 ; *D.* 1994. 203 – Civ. 3e, 17 mai 1995, n° 93-16.278, NP, *RDI* 1995. 583.
3. Sizaire, note 105, p. 44.
4. EN CE SENS : LAFOND, ROUX ET STEMMER, L. art. 2, 0062 – AUSSI : CAPOULADE ET AUTRES, I, 48.
5. EN CE SENS : ATIAS, n° 110 – LAFOND, ROUX ET STEMMER, L. art. 2, n° 8; Atias, « Reconnaître les parties privatives », *IRC* mars 2002. 25; *Dicopropriété*, *V° Parties privatives*.
6. AUSSI : CAPOULADE ET AUTRES, I, 25.
7. Civ. 3e, 14 févr. 1990, n° 88-17.781, *Bull. civ.* III, n° 49; *Administrer* août-sept. 1990. 52; *JCP* 1990. IV. 140 : À PROPOS des combles; *AJDI* 1991. 270; Rép. civ., n°s 63 et 65.
8. CAPOULADE ET AUTRES, I, 48.
9. Civ. 3e, 19 juin 1996, n° 94-12.354, *Bull. civ.* III, n° 152; *AJPI* 1996. 1025; *RDI* 1996. 604 – CAPOULADE ET AUTRES, I, 27.
10. Civ. 1re, 24 juin 1964, *Bull. civ.* I, n° 340; *Gaz. Pal.* 1964. 2. 270; *AJPI* 1965. II. 113.
11. LAFOND, ROUX ET STEMMER, L. art. 2, n° 8, – Civ. 3e, 13 juill. 1999, n° 97-17.142, NP, *RDI* 1999. 676.

la loi du 10 juillet 1965 et encore ne visent-elles que les parties communes. Mais elles fournissent un guide non négligeable d'interprétation.

70 Hiérarchie des paramètres. On a pu constater au cours des développements précédents que la distinction des parties privatives et des parties communes en tant qu'éléments de la composition des lots de copropriété dépendait de l'intervention de plusieurs paramètres dont le rôle est variable.

C'est d'abord, *la distinction elle-même* qui présente un caractère impératif puisque prévue par des dispositions elles-mêmes impératives (L. 10 juill. 1965, art. 1 et 6). Faute qu'il y ait conjonction indivisible des deux composantes (partie privative et quote-part des parties communes), il n'y a pas de lot de copropriété ni, par conséquent, application du statut. C'est la première chose à vérifier.

C'est ensuite *le critère retenu pour la distinction* à savoir l'usage exclusif ou en commun de la partie (bâtiment ou terrain) considérée. Les textes n'étant pas ici impératifs (L. 10 juill. 1965, art. 2, 3 et 4), des aménagements sont concevables; mais le caractère de l'usage exclusif ou commun est un point de référence sur lequel la Cour de cassation exerce son contrôle. Dans le cadre précisément de ces aménagements, c'est au *règlement de copropriété*, donc à la convention, qu'il appartient de les prévoir de la manière aussi précise que possible avec le caractère irrévocable de toute convention (sous réserve du consentement unanime de tous les copropriétaires).

S'il n'y a pas de règlement de copropriété ou si celui-ci renferme des clauses contradictoires, *la loi* (L. 10 juill. 1965, art. 3) énonce *les parties* qu'*elle répute* communes. Il faut alors l'appliquer sous le contrôle du juge. Pour les parties privatives, c'est le critère de l'exclusivité d'usage qui sert de référence.

C'est cette exclusivité d'usage qui explique pourquoi une partie privative a pu être considérée comme ne pouvant être grevée d'une servitude au profit d'une autre partie privative ou de parties communes (v. s^s n°s 128 s.).

C'est, par conséquent, en fonction, du rôle qui leur est ainsi dévolu qu'il convient de commenter l'énumération légale des parties communes et de déterminer les parties que les règlements de copropriété, ou à défaut, les juges qualifient privatives.

§ 2
Parties réputées communes et droits accessoires à ces parties

71 L'article 3 de la loi du 10 juillet 1965 donne cette énumération qui n'est pas limitative [1]. Il distingue les *parties de l'immeuble* réputées communes des *droits réputés accessoires des parties communes.*

La Cour de cassation a refusé, spécialement à propos de la loge du gardien, d'admettre l'existence de parties communes par nature [2] pour le motif qu'elles seraient affectées à l'usage et à l'utilité de tous en vue d'assurer un service prévu au règlement de copropriété : ainsi, pour la loge du concierge [3], à propos d'une cave [4], d'un radier [5] ou d'une station d'épuration [6].

A.
Parties réputées communes

1°
Énumération légale

72 Énumération. Sont, aux termes de l'article 3 alinéa 2 de la loi du 10 juillet 1965, dans le silence ou la contradiction des titres, réputés parties communes :

73 Sol. [7] Traditionnellement, le sol est considéré comme la chose commune fondamentale puisqu'il est « nécessaire pour tous les étages » [8]. Et, pourtant un immeuble soumis au statut de la copropriété, peut être construit en exercice d'un droit sur le sol qui n'est pas un droit de propriété. Ce peut être un droit de construire résultant d'un droit de superficie, d'une concession immobilière ou d'un bail à construction ou emphytéotique. Mais c'est toujours un droit indivis qui en caractérise l'homogénéité par opposition à l'ensemble immobilier (v. s^s n° 156), les lots ne sont séparés par aucune ligne divisoire [9].

Cette spécificité *joue* un rôle déterminant dans l'aménagement de la *procédure d'expropriation* spécialement quant au point de savoir contre qui cette procédure est poursuivie et prononcée; l'article 16-2 ajouté à la loi du 10 juillet 1965 par la loi n° 96-987 du 14 novembre 1996 apporte sur ce point d'utiles précisions ainsi que sur les modalités de répartition de l'indemnité (v. s^s n°s 255 s.).

1. Terré et Simler, *Les biens*, 8e éd., n° 635 – Lafond, Roux et Stemmer, L. art. 3, n° 3.
2. Lafond, Roux et Stemmer, art. L. 3, n° 16.
3. Civ. 3e, 17 mai 1995, n° 93-12.757, NP, *RDI* 1995. 585 – Civ. 3e, 19 juin 1996, n° 94-12.354, *Bull. civ.* III, n° 152; *AJPI* 1996. 1025; *RDI* 1996. 604.
4. Civ. 3e, 22 févr. 1995, n° 93-11.528, NP, *RDI* 1995. 374.
5. Civ. 3e, 19 juill. 1995, n° 93-21.044, NP, *RDI* 1995. 792.
6. Paris, 14 nov. 1984, *Juris-Data* n° 025682, *RDI* 1985. 414.
7. Atias, *Dicopropriété, V° Sol* – Kischinewsky-Broquisse, n° 69.
8. Lombois, D. 1966. 96, 13.
9. Civ. 3e, 19 juill. 1995, n° 93-12.325, *Bull. civ.* III, n° 201; *Loyers et copr.* 1995. 483; *Administrer* 1995, 57, note Capoulade; *D.* 1996. Somm. 93, note Atias; *RDI* 1995. 777; *RTD civ.* 1998. 145.

Un arrêt de la Cour de cassation du 11 janvier 1995 [1] relève qu'un sol commun révèle un potentiel de constructibilité dont l'indemnité d'expropriation doit tenir compte. Cette solution peut être transposée en cas de scission de copropriété (sur l'incidence du COS calculé sur le sol, partie commune de l'immeuble, sur la transformation de l'usage d'un lot v. s^s n° 201 - sur le droit de construire sur le sol partie commune v. s^s n° 219).

Le droit d'affouiller étant un droit accessoire aux parties communes, un copropriétaire ne peut creuser le sol de la cave pour en augmenter le volume, ni creuser un garage souterrain dans le sol de son jardin à usage privatif.

74 Cours[2]. Déjà la loi du 28 juin 1938 (art. 5) les réputait communes. Tout copropriétaire peut donc en user sous réserve de ne pas porter atteinte aux droits des autres. Assez souvent, les règlements de copropriétés stipulent que la cour, tout en restant partie commune, est réservée, en tout ou partie, à la jouissance exclusive d'un copropriétaire qui, généralement, est propriétaire de lots situés au rez-de-chaussée (sur ce droit v. s^s n° 102).

Fréquemment, elles sont utilisées pour permettre le stationnement des véhicules. Mais dans les constructions récentes, des emplacements de stationnement sont en général spécialement prévus; ils constituent alors des lots de copropriété comportant l'affectation d'une quote-part des parties communes en tant que quote-part de propriété; une répartition spéciale des charges est également prévue[3].

Dans le dernier état de la jurisprudence de la Cour de cassation, l'aire de stationnement peut être établie sur une partie du sol frappé d'un droit de jouissance privative sans être rattaché à un lot et sans constituer la partie privative d'un lot[4].

75 Parcs, jardins et voies d'accès[5]. Ces parties communes sont généralement comprises dans un groupe d'immeubles bâtis, ou un ensemble immobilier. Dans la mesure où ce dernier est soumis au statut de la copropriété, leur gestion peut-être assurée par une union de syndicats. Si l'ensemble est constitué de copropriétés séparées, les parcs, jardins ou voies d'accès, communs à l'ensemble, peuvent également être gérés par les soins d'une association syndicale régie par la loi du 21 juin 1865 et aujourd'hui par l'ordonnance n° 2004-632 du 1er juillet 2004 (v. L. 10 juill. 1965, art. 28, al. 4), ou par une association foncière urbaine.

Mais quel que soit le cadre juridique dans lequel leur gestion est assurée, ces éléments contribuent, en général, à assurer l'harmonie de l'ensemble et permettent ainsi de définir la destination de l'immeuble[6]. Pour cette raison, ils doivent être l'objet d'un entretien correct au même titre que les autres parties communes de l'immeuble[7].

Le caractère commun des voies d'accès a pour résultat d'imprimer ce caractère à *la porte d'entrée*, ce qui pose le problème de savoir dans quelle mesure son ouverture doit être condamnée ou laissée libre (v. s^s n° 211)[8].

Le syndic doit assurer la police des voies d'accès et du stationnement; il ne peut s'en décharger sur un copropriétaire exerçant une profession libérale, cause des stationnements abusifs[9].

76 Gros-œuvre des bâtiments. On entend par là l'ensemble des ouvrages assurant la stabilité, la résistance et la protection de la construction[10]. Dans les constructions modernes, l'ossature de la construction est le plus souvent constituée par des poteaux horizontaux et verticaux en béton armé; les planchers font ainsi corps avec cette ossature; en fait, ils sont constitués par une double dalle de béton coulé, qui forme un véritable mur horizontal[11]. Il en est de même des *acrotères* qui prolongent le mur de façade au-dessus du plan d'une toiture en terrasse.

Le caractère simplement supplétif de l'énumération des parties communes autorise les rédacteurs du règlement de copropriété à stipuler que le mur mitoyen séparant la copropriété de l'immeuble voisin peut être attribué privativement à un copropriétaire; l'action en paiement des travaux de réparation de ce mur doit donc être introduite contre le propriétaire, à l'exclusion du syndic de la copro-

1. Civ. 3e, 11 janv. 1995, n° 93-70.204, *Bull. civ.* III, n° 201; *RDI* 1995. 369; *IRC* juill.-août 1995.
2. Kischinewsky-Broquisse, n° 70.
3. Bedos, « Emplacements de parkings dans les immeubles en copropriété », *Maisons et habitat* sept.-oct. 2002, p. 14.
4. Civ. 3e, 2 déc. 2010, n° 08-20.310, *Bull. civ.* III, n° 266; *AJDI* 2010. 644, note Tomasin; *Administrer* 2010, n° 432.42, note Capoulade.
5. Sizaire, « Sur l'utilisation du statut de la copropriété des immeubles bâtis pour la gestion des voies privées, cours ou jardins communs dépourvus d'organisation », *Administrer* avr. 1985. 10; *Gaz. Pal.* 1985. 2. Doctr. 411.
6. Limoges, 1er juill. 1966, *Rev. hab. fr.* 1966, p. 948.
7. En ce sens : TGI Versailles, 27 mai 1966, *Gaz. Pal.* 1966. 2, 77 – V. Zurfluh, « Les espaces verts; la réglementation de leur utilisation, leur transformation », *Administrer* avr. 1973. 5 – Vigneron, « Des arbres pour Noël », *IRC* nov. 2007. 20.
8. Paris, 28 oct. 1988, RG n° 86/019210, *Juris-Data* n° 025876, *Loyers et copr.* 1988. 551 – Aussi : TGI Paris, 9 mars 1988, *RDI* 1988. 496 – Civ. 3e, 20 déc. 2006, n° 05-19.675, NP.
9. Civ. 3e, 12 juin 1991, n° 90-11.039, *D.* 1991. IR 178; *Bull. civ.* III, n° 171; *RDI* 1991. 385.
10. Kischinewsky-Broquisse, n° 72.
11. Pour une dalle porteuse : Civ. 3e, 22 mai 1997, n° 95-16.438, *Bull. civ.* III, n° 110; *D.* 1997. 326.

priété[1]. Généralement, la mitoyenneté de ce mur entre dans les parties communes, et les actions (en demande ou en défense) relèvent du syndicat. Néanmoins, un copropriétaire peut agir s'il éprouve un préjudice personnel[2].

A été jugée partie commune en présence de clauses ambiguës du règlement de copropriété le dormant d'un châssis vitré fixé dans le béton et non manœuvrable par le copropriétaire, qui fait corps avec le gros-œuvre[3].

Deux précisions doivent, toutefois, être apportées. La première, est contenue dans l'article 7 de la loi du 10 juillet 1965 : *les cloisons ou murs séparant des parties privatives* et non compris dans le gros-œuvre sont présumés mitoyens entre les locaux qu'ils séparent. Ne sont donc présumés mitoyens que : **1°** les cloisons ou murs séparant des parties privatives dépendant de lots différents; ceux ou celles qui séparent une partie privative d'une partie commune sont parties communes; ceux ou celles qui sont intérieures aux appartements, dont ils séparent les pièces, sont parties privatives; **2°** les cloisons ou murs, qui ne sont pas compris dans le gros-œuvre, c'est-à-dire indifférents à la solidité de l'immeuble. Par ailleurs, ne s'agissant que d'une présomption, il semble que le règlement de copropriété puisse faire figurer les cloisons ou murs ainsi visés parmi les parties communes bien que l'article 7 soit considéré comme d'ordre public[4]. La charge de l'entretien des cloisons et murs ayant un caractère mitoyen relève des dispositions de l'article 655 du code civil à moins d'une stipulation contraire du règlement de copropriété.

La seconde précision à apporter concerne le *revêtement du plancher et celui du plafond.* Il est inclus dans les parties privatives et est donc l'objet d'une propriété exclusive (l'entretien de ces revêtements incombe donc aux copropriétaires dans les lots desquels ils figurent). Le revêtement du plancher appartient au propriétaire du dessus et celui du plafond au propriétaire du dessous. Jugé, toutefois, que le *flocage d'amiante* ayant une fonction de sécurité à l'usage des copropriétaires dans leur ensemble est partie commune en l'absence de clause du règlement de copropriété[5].

77 Toiture. Elle est également comprise dans le gros-œuvre. Elle tend en effet, à assurer la conservation de la construction et son caractère de partie commune n'est plus discuté depuis longtemps.

Mais il est toujours possible de stipuler dans le règlement de copropriété que la toiture appartiendra au propriétaire du dernier étage[6]. En revanche, si le règlement de copropriété stipule que toutes les toitures de l'immeuble sont parties communes, cette qualification s'applique également à la toiture recouvrant un bâtiment constituant un lot unique[7].

Des difficultés s'étaient élevées en ce qui concerne les *voûtes des caves.* Dans les constructions modernes leur inclusion dans le gros-œuvre (et par conséquent dans les parties communes) ne suscite aucun doute. Si, exceptionnellement, ces voûtes sont en dehors du gros-œuvre, parce qu'elles se bornent à clore une cave, elle-même partie privative, on peut continuer d'admettre qu'elles sont également parties privatives (sur les toitures-terrasses v. s^s n° 89 et la distinction de l'étanchéité et du revêtement).

78 Escaliers[8]. L'inclusion des escaliers dans le gros-œuvre est, en revanche, l'objet de discussions. Certes, nul ne conteste aujourd'hui qu'ils doivent être réputés parties communes, sous réserve, bien entendu, d'une clause contraire du règlement de copropriété[9]. Parfois, il est stipulé que l'escalier n'est partie commune que pour certains copropriétaires et notamment ceux des étages à l'exclusion de ceux du rez-de-chaussée.

Le nettoyage et l'éclairage constituent des charges générales auxquelles les copropriétaires du rez-de-chaussée doivent participer[10].

Mais la question se pose de savoir si les escaliers doivent être compris dans le gros-œuvre ou s'ils doivent figurer parmi les éléments d'équipement communs (v. s^s n° 79). La solution présente, comme on le verra, un intérêt considérable au point de

1. Lyon, 30 oct. 1973, *JCP* 1974. II. 17715, note R. D.
2. Civ. 3e, 6 déc. 2006, n° 05-17.908, NP, *AJDI* 2007. 665; *D.* 2007. 2184 – Civ. 3e, 13 mars 2007, n° 06-11.269, NP, *Administrer* 47, n° 399, obs. Bouyeure : action d'un tiers – Civ. 3e, 5 juill. 2006, n° 05-14.579, NP, *Administrer* 48, n° 393, note Capoulade; *D.* 2007. 2184 – Civ. 3e, 13 sept. 2006, n° 05-14.478, NP, *Administrer* 73, n° 394, obs. J.-R. B. (« action d'un copropriétaire éprouvant un préjudice personnel contre un tiers »); *D.* 2007. 218.
3. Civ. 3e, 4 juill. 1990, n° 88-19.088, NP, *RDI* 1990. 525; *D.* 1991. 76.
4. Kischinewsky-Broquisse, n° 73.
5. Paris, 20 juin 2001, RG n° 2000/07656, *Loyers et copr.* 2001. 272; ET SUR POURVOI : Civ. 3e, 7 mai 2003, n° 02-11.218, *Bull. civ.* III, n° 100; *AJDI* 2003. 767 – AUSSI : Baudouin et Kalantarian; *Administrer* mai 1997. 10.
6. EN CE SENS : Esmein, « Commentaire de la loi du 10 juillet 1965 », *Gaz. Pal.* 1965. 2. Doctr. 38, n° 5.
7. Civ. 3e, 14 févr. 1984, n° 82-16.276, *Bull. civ.* III, n° 35; *Administrer* juill. 1984. 43 – Civ. 3e, 31 oct. 2001, n° 99-20.322, NP, *AJDI* sept. 2002. 585.
8. Kischinewsky-Broquisse, n° 76 – Capoulade, Giraudel, Drobenko, n° 35.
9. Civ. 3e, 22 févr. 1995, n° 93-12.677, *Bull. civ.* III, n° 58; *IRC* déc. 1995. 9, note Capoulade; *AJDI* 1995. 966; *D.* 1998. 264.
10. Civ. 3e, 4 janv. 1989, n° 87-16.234, *Bull. civ.* III, n° 2 – Civ. 3e, 6 mars 1991, n° 89-17.050, *Bull. civ.* III, n° 80.

vue de la répartition des charges d'entretien (v. s[s] n° 452). L'opinion généralement admise et qui, semble-t-il, doit être approuvée, est celle qui, déniant aux escaliers la qualification d'élément d'équipement commun, les inclut dans le gros-œuvre[1]. Cette solution, ne soulève pas d'objections majeures relativement aux murs de l'escalier et aux marches et contre-marches qui le composent.

Il a ainsi été jugé que le coût des travaux de ravalement et de réfection de la peinture doit être compris dans les charges communes à tous les copropriétaires[2].

Elle est, en revanche, discutée à propos des tapis qui peuvent être ajoutés et à l'éclairage que certaines décisions incluent parmi les éléments d'équipement communs. Il est superflu de dire que c'est au règlement de copropriété qu'il revient de régler ces questions avec le maximum de précisions.

Un règlement de copropriété avait classé le tapis de l'escalier parmi les parties communes sans prévoir une répartition spécifique des dépenses y afférentes[3].

79 Éléments d'équipement commun[4]. La qualification de parties communes de ces éléments ne soulève pas, sur le plan du principe, de difficultés majeures. Mais très souvent des clauses particulières du règlement de copropriété peuvent les stipuler parties communes à certains copropriétaires, par exemple d'un bâtiment. C'est du point de vue de la répartition des charges que la qualification présente un intérêt certain puisque les dépenses afférentes à ces équipements sont réparties en fonction de l'utilité qu'ils présentent à l'égard de chaque lot et non en proportion des quotes-parts de parties communes.

Sous réserve des précisions qu'appelle cette base de répartition, sont considérés comme tels :

- les ascenseurs et monte-charge[5];
- les installations de chauffage collectif et de conditionnement d'air[6];
- les installations de production et de distribution d'eau chaude;
- les surpresseurs destinés à assurer l'adduction de l'eau aux étages supérieurs[7];
- les compteurs[8], l'interphone;
- les gaines à ordures.

En revanche, il a été estimé que le *vidoir* constitué par un déversoir métallique placé sur un balconnet, ouvrant sur chaque cuisine, constituait une partie privative au motif que le copropriétaire « en avait l'usage exclusif et le manipulait comme il l'entendait »; l'entretien de ce vidoir incombe donc à ce copropriétaire[9]. Pour la station de relevage des eaux usées et des eaux vannes des logements situés en contrebas du niveau de l'égoût[10].

Les antennes collectives de radiodiffusion et de télévision[11], (sur la répartition des charges v. s[s] n° 487).

Il est par ailleurs évident que les éléments d'équipement commun jouent un rôle primordial dans les *ensembles immobiliers*, dont ils conditionnent même la définition (v. s[s] n° 158).

80 Éléments correspondant à des services spécifiques aux groupes d'immeubles bâtis ou aux ensembles immobiliers. Ce sont souvent des équipements sportifs : courts de tennis, piscines[12]... Ce peuvent être également un central téléphonique, un restaurant interentreprises[13].

Plus spécialement, les ensembles qualifiés « *résidences-services* » ou « unités-retraites », sont équipés de manière à pouvoir assurer les services de restauration ou de soins indispensables à leur fonc-

1. KISCHINEWSKY-BROQUISSE, n° 76 – SIZAIRE, p. 69, note 158.
2. Civ. 3e, 12 janv. 1982, n° 80-14.344, *D.* 1982. IR 434; *Administrer* avr. 1982. 34 – CAPOULADE ET AUTRES, I, 35, SUR la pose d'une main courante : rép. min. QE, *JCP N* 1988, prat. 94.
3. Civ. 3e, 10 mai 1994, n° 92-16.727, *IRC* sept. 1994, note Capoulade; *RDI* 1994. 489; *AJPI* 1995. 313, note Gelinet.
4. SUR les éléments d'équipement communs en général : Arnaud et Bouyeure, *Millièmes et charges de copropriété*, p. 153 – Bouyeure, « Le statut juridique des éléments d'équipement de l'immeuble en propriété », *AJPI* 1968. I. 567 – KISCHINEWSKY-BROQUISSE, n°s 71 s. – Zurfluh et Morand, « De la notion d'équipements et de services collectifs quant à la répartition des charges de copropriété », *Gaz. Pal.* 1977, I, Doctr. – Atias, *Droit civil, Les biens*, 2, n° 96-*b* – Civ. 3e, 10 oct. 2007, n° 06-18.122, *Bull. civ.* III, n° 171; *AJDI* 2008. 489; *D.* 2008. 2690 – SUR la sécurité : L. n° 2003-590, 12 juill. 2003, comm. : Monal, *AJDI* 2003. 736.
5. SUR les ascenseurs en général : Morand, « Le problème des ascenseurs », *REDI* 1965, n° 30. 1757 – Quignard, *Ascenseurs et copropriété, Guide pratique*, Eyrolles – SUR la sécurité : L. n° 2003-590 du 12 juill. 2003, COMMENTAIRE : Monal, *AJDI* 2003. 736 – Atias, *Dicopropriété, V° Ascenseur.*
6. Atias Dicopropriété, *V° Chauffage collectif.*
7. Rouen, 29 mai 1973, *D.* 1973. IR 156.
8. Guillot, « Les compteurs d'eau », *Administrer* 1983, 12, n° 132 – Atias, Dicopropriété, *V° Compteurs.*
9. TGI Lyon, 17 oct. 1960, *AJPI* 1961. II. 10, note Cabanac.
10. Civ. 3e, 27 janv. 2009 n° 07-20.268, NP.
11. POSTÉRIEUREMENT à la loi du 2 juill. 1966 : Cabanac, « La loi du 2 juillet 1966 relative à l'installation d'antennes réceptrices de radiodiffusion », *AJPI* 1966. I. 688 – Désiry, « Les récentes modifications et les nouveaux aménagements apportés à la législation des loyers », *JCP* 1966. I. 2024 – AUSSI : TGI Paris, 14 janv. 1974, *Administrer* mars 1974. 26 – Bouyeure, « Installations individuelle et collectives pour les réceptions des nouvelles chaînes de télévision et réseau câblé », *Administrer* févr. 1988. 10.
12. Atias, *Dicopropriété, V° Piscines.*
13. CAPOULADE ET AUTRES, I, 43.

tionnement. Cette question a été réglée par le nouvel article 41-3 de la loi de 1965 (rédaction de la loi du 13 juill. 2006).

Le trait caractéristique de ces équipements est que tous les copropriétaires n'en profitent pas et que, dans ces conditions, le critère de l'utilité *objective* sur lequel repose la contribution aux charges qu'ils « entraînent » n'est plus adapté. Il en résulte, des situations extrêmement préjudiciables aux copropriétaires non-résidents.

Le moyen de pallier ces inconvénients était de regrouper les utilisateurs effectifs de ces services en associations syndicales.

Deux possibilités s'offraient : la première de transférer à l'association la propriété des équipements; la seconde, plus souvent utilisée, de confier leur gestion à l'association : ils demeuraient alors parties communes[1].

Un arrêt de l'assemblée plénière de la Cour de cassation du 9 février 2001[2], dans la ligne de la jurisprudence de la 3e chambre civile[3] a posé le principe qu'« hormis les cas où la loi en dispose autrement nul n'est tenu d'adhérer à une association régie par la loi du 1er juillet 1901 ou, y ayant adhéré d'en rester membre »[4]. En conséquence, un règlement de construction approuvé par le préfet ainsi que l'acte d'acquisition ne peuvent obliger les propriétaires à adhérer à un club sportif et à n'en démissionner qu'en cas d'aliénation du lot.

En revanche, pour une SCI d'animation d'un centre commercial[5], l'obligation assumée par les copropriétaires est justifiée par l'indivisibilité entre la qualité de copropriétaires et celle de titulaire de parts de la SCI - pour l'adhésion à un GIE[6].

81 Canalisations. L'article 3 alinéa 2, tiret 2, de la loi du 10 juillet 1965 les répute parties communes comme étant comprises dans les éléments d'équipement commun, précision faite que cette qualification s'applique aux parties de canalisations qui traversent des locaux privatifs.[7]ou aux canalisations encastrées dans un plancher qualifié partie commune[8].

Une justification très pertinente de cette qualification est donnée par un arrêt de la cour de Paris du 3 mars 1993[9] qui énonce que « même situées partiellement à l'intérieur des lots privatifs, les canalisations sont, par leur fonction propre, rattachées à l'élément d'équipement commun qu'elles prolongent et non au local privatif qu'elles traversent sans servir à l'usage du propriétaire du lot »[10].

Sont généralement compris sous cette qualification, les tuyaux d'évacuation ou d'écoulement[11], les colonnes montantes d'eau, de gaz, d'électricité, le calorifugeage, les conduites et canalisations permettant le chauffage collectif de l'immeuble. Concernant les installations de chauffage collectif, relativement aux canalisation et radiateurs situés dans les appartements, il convient de décider que l'*ensemble* de l'installation de chauffage collectif à circulation d'eau ou à air chaud (chaudières et accessoires et *toutes* les canalisations) doit être compris dans les parties communes.

En ce qui concerne les radiateurs se trouvant dans chaque appartement, il semble que l'on puisse les qualifier de parties privatives dès lors qu'ils sont démontables[12], mais dans le règlement type des copropriétés dont l'origine se situe dans la vente de locaux dépendant d'une HLM, les radiateurs sont considérés comme parties communes, pour éviter toute manipulation.

En revanche, une installation de chauffage individuel - dût-elle comporter des canalisations - doit toujours être considérée comme appartenant en propre aux propriétaires des parties privatives où elle fonctionne. Si ce fonctionnement devait provoquer des dommages aux autres copropriétaires,

1. Paris, 9 mai 1989, RG n° 87/009031, *Juris-Data* n° 021896, *Loyers et copr.* 1989. 350; *RDI* 1989. 383; *D.* 1990. Somm. 132.
2. Cass., Ass. plén., 9 févr. 2001, n° 99-17.642, *Bull. AP* n° 3; *R.*, p. 385; *BICC* 15 mars 2001, rapp. Sempère, concl. Guérin; *D.* 2001. 1493, note Alfandari; *Defrénois* 2001. 795, obs. Atias; *JCP N* 2001. 1301, note Thioye; *AJDI* 2001. 611, obs. Giverdon; *Rev. sociétés* 2001. 357, note Guyon; *D.* 2002. 1522, note Giverdon; *D.* 2003. 1334, note Giverdon – EN CE SENS : Civ. 3e, 12 juin 2003, n° 02-10.778, *Bull. civ.* III, n° 125; *R.*, p. 369; *BICC* 15 oct. 2003, n° 1207, et note; *D.* 2003. AJ 1694, obs. Rouquet; *D.* 2004. 367, note Bénard; *JCP* 2003. II. 10190, note Auque; *JCP E* 2003. 1791, note Boutonnet; *JCP E* 2004. 334, n° 7, obs. Raynaud; *AJDI* 2003. 663, note Blatter; *Rev. loyers* 2003. 436, obs. Guilluy-Friant; *LPA* 30 avr. 2004, note Kéita; *RTD civ.* 2003. 771, obs. Raynard; *RTD com.* 2004. 72, obs. Monéger; *Rev. sociétés* 2003. 880, note Coquelet; *RDC* 2004. 231, obs. Rochfeld; *ibid.* 348, obs. Lardeux; *ibid.* 465, obs. Marais; *RTD civ.* 2004. 280, obs. Mestre et Fages; Capoulade, « La liberté d'association », *IRC* oct. 2001.
3. Civ. 3e, 18 déc. 1996, n° 93-19.241, NP, *Gaz. Pal.* 12 juin 1997; *RDI* 1997. 122.
4. NOT. en ne réglant plus ses cotisations : Civ. 3e, 20 déc. 2006, n° 05-20.689, *Bull. civ.* III, n° 255; *AJDI* 2007. 395, obs. Capoulade.
5. Civ. 3e, 8 juill. 1998, n° 96-20.583, *Bull. civ.* III, n° 162; *RDI* 1998. 679; *JCP N* 1998. 257, note Sizaire; *AJDI* 2000. 197.
6. Civ. 3e, 21 juill. 1999, n° 98-11.181, NP, *RDI* 1999. 683.
7. LAFOND, ROUX ET STEMMER, L. art. 3, n° 23 – CAPOULADE ET AUTRES, I, 32.
8. Civ. 3e, 1er juill. 2003, n° 01-03.430, *Loyers et copr.* 2003. 250.
9. Paris, 3 mars 1993, RG n° 00/25593, *Juris-Data* n° 022687, *RDI* 1993. 408.
10. EN CAS de coffrage privatif d'une canalisation commune : Civ. 3e, 17 juin 2009, n° 08-16.144, NP.
11. Baudoin et Kalantarian, *Administrer* mai 1997. 10.
12. EN SENS CONTRAIRE : KISCHINEWSKY-BROQUISSE, n° 80.

seule la responsabilité du propriétaire de l'installation serait engagée.

Du fait du caractère non impératif des dispositions de l'article 3 de la loi du 10 juillet 1965, la clause d'un règlement de copropriété stipulant privatives les parties de canalisations se trouvant à l'intérieur de chaque appartement doit être appliquée.

Le règlement de copropriété peut exclure des canalisations, parties communes, les *branchements particuliers* sur lesdites canalisations qui étaient la propriété de chacun [1]. Mais seule une clause claire et précise est de nature à renverser la présomption de la loi.

Ainsi, à propos d'une même canalisation incorporée, fût-ce pour partie à la fois dans deux locaux privatifs différents et ce, à l'insu du copropriétaire « utilisateur » de cette canalisation [2].

L'attention des rédacteurs des règlements de copropriété doit, ici aussi, être spécialement attirée par suite de l'importance des dommages qu'une rupture de canalisation est susceptible d'entraîner.

Ainsi dans le cas d'une rupture de la canalisation, provoquée par une inondation, qui avait rendu inutilisable l'appartement inondé [3].

82 Coffres, gaines et têtes de cheminées [4]. Ils ou elles sont réputé(e)s parties communes par l'article 3, alinéa 2, tiret 3. Une clause du règlement de copropriété peut les déclarer semi communs à plusieurs et les ranger parmi les parties communes spéciales; il peut aussi les classer parmi les parties privatives [5].

Une difficulté peut se présenter lorsqu'une cheminée s'appuie à une cloison intérieure considérée comme mitoyenne parce que séparant deux parties privatives. La solution la plus conforme aux termes de la loi est de considérer la gaine comme étant seule partie commune, la cloison conservant, pour le surplus, son caractère mitoyen [6], mais le conduit commun, interne à la construction, est partie commune [7].

83 Passages et corridors [8]. On leur assimile les halls, couloirs et dégagements. Le règlement de copropriété autorise souvent les propriétaires des lots desservis par un couloir à clore celui-ci en l'englobant dans son aire privative (jurisprudence dite des « bouts de couloirs »). L'analyse de la clause doit permettre de déterminer la nature de la prérogative ainsi accordée; ce pourra être un droit de jouissance privatif ou d'occupation temporaire.

En présence de la jurisprudence actuelle qui répute non écrites les clauses autorisant des travaux par anticipation, la question se pose de savoir si l'on peut encore admettre cette possibilité de se clore d'avance [9] sur l'encombrement d'un passage [10].

84 Locaux des services communs. Outre la « loge de concierge » qui était seule visée par la loi du 28 juin 1938 et qui appelle des développements particuliers par suite d'une rédaction ambiguë, voire contradictoire, des clauses du règlement de copropriété (v. s^{s} n° 85), ces locaux sont devenus de plus en plus importants dans la mesure où l'éventail des services communs s'est accru. On cite, par exemple : garage pour bicyclettes ou voitures d'enfants, laveries communes, séchoirs à linge communs, cabines téléphoniques, divers locaux techniques, etc. [11]

Une *salle de réunion*, et d'une manière plus générale, un local affecté au syndicat des copropriétaires, peuvent être également compris dans les locaux de services communs [12]. Mais ils peuvent aussi être acquis par le syndicat (ou lui être affectés) à titre de parties privatives d'un lot (v. L. du 10 juill. 1965, art. 16).

Doivent également être compris dans les parties communes, lorsqu'ils sont situés dans des immeubles placés sous le statut de la copropriété, les locaux qualifiés par la loi n° 86-1290 du 23 décembre 1986, modifiée, de *locaux résidentiels à usage commun*. Ces locaux peuvent faire l'objet d'*accords collectifs de location* dans les conditions définies par ces lois (L. 23 déc. 1986, art. 41 s., mod. par L. 6 juill. 1989 et L. n° 2000-1208, 13 déc. 2000 [13]).

85 Logement du gardien [14]. Les difficultés éprouvées pour qualifier le logement (ou la loge) du gar-

1. Paris, 7 juill. 1995, *Juris-Data* n° 022128, *Loyers et copr.* 1995. 532 – AUSSI : Paris, 3 mars 1993, RG n° 00/25593, *Juris-Data* n° 022687, *RDI* 1993. 408.
2. Paris, 3 mars 1993, RG n° 00/25593, *Juris-Data* n° 022687, *RDI* 1993. 408.
3. Paris, 7 juill. 1995, *Juris-Data* n° 022128, *Loyers et copr.* 1995. 532 – SUR les responsabilités entraînées par le gel des canalisations : Giverdon, *Loyers et copr.* mars 1995, 4 et 5.
4. KISCHINEWSKY-BROQUISSE, n° 82.
5. Grenoble, 21 nov. 1965, *D.* 1968. 90, note Giverdon; *RTD civ.* 1968. 396 – CAPOULADE ET AUTRES, I, 39 : dans ce cas le conduit qui desservirait plusieurs étages appartiendrait au propriétaire du lot le plus bas.
6. KISCHINEWSKY-BROQUISSE, n° 82.
7. Civ. 3e, 4 nov. 1999, n° 98-11.359, NP.
8. KISCHINEWSKY-BROQUISSE, n° 85.
9. CAPOULADE ET AUTRES, I, 44.
10. Civ. 3e, 15 nov. 2007, n° 07-12.304, *Bull. civ.* III, n° 255 – Civ. 3e, 11 févr. 2009, n° 07-21.318, *Bull. civ.* III, n° 35.
11. CAPOULADE ET AUTRES, I, 40.
12. KISCHINEWSKY-BROQUISSE, n° 84.
13. SUR CES ACCORDS : Lafond, *Les baux d'habitation après la loi du 6 juillet 1989*, 3e éd., Litec, n°s 10 s.
14. SUR L'ENSEMBLE DE LA QUESTION : LAFOND, ROUX ET STEMMER, L. art. 3, n° 26 – Guillot, « Concierge et conciergerie dans un immeuble en copropriété », *Administrer* oct. 1990. 11 s. – Vigneron, « Le point sur la loge du gardien d'immeuble », *Loyers et copr.* déc. 1988. 2; *JCP N* 1989, prat. 910 – Kischinewsky-Broquisse, « Concierge et conciergerie dans un immeuble en copropriété », *Gaz. Pal.* 1993, Doctr. 1215.

dien (ou du concierge) trouvent, en général, leur origine dans la contradiction entre le règlement de copropriété qui déclare ce logement partie commune et l'état descriptif de division qui le décrit comme un lot affecté d'un numéro et d'une quote-part des parties communes et déclaré à usage d'habitation.

Plusieurs solutions ont été dégagées par les tribunaux.

Logiquement, dès lors que le local a été érigé en lot de copropriété, affecté d'une quote-part de parties communes, il ne peut constituer une partie commune même s'il est destiné à un usage commun. L'incompatibilité entre la notion de lot et celle de partie commune justifie cette solution[1].

Des *aménagements* sont toutefois possibles.

On peut d'abord admettre que le local peut entrer dans la composition d'un lot appartenant au syndicat en tant que partie privative tout en étant affecté à un usage commun, en vue d'assurer le service de la copropriété[2]. Si le lot appartient à un copropriétaire, celui-ci est en droit d'obtenir une indemnité d'occupation[3] à moins que les circonstances de l'espèce révèlent qu'il y a renoncé[4]. Il peut aussi, à condition de le justifier, ne pas maintenir l'affectation au service collectif[5], spécialement en soutenant qu'une charge réelle ne peut résulter du contrat de travail[6].

Des décisions ont reconnu au juge le pouvoir d'enjoindre au syndicat de mettre l'état descriptif de division en conformité avec la réalité de la situation[7]. S'il apparaît que la contradiction, ainsi relevée, est imputable à la négligence et *a fortiori*, à la fraude des rédacteurs du règlement de copropriété, il peut être décidé que le local litigieux, qui est la propriété de l'auteur de la division de l'immeuble (et spécialement du promoteur), demeurera affecté au logement du gardien. Le syndicat peut aussi l'acquérir pour un prix symbolique et l'affecter à cette utilisation commune[8]. Mais la faute ou la fraude doit être prouvée, précision faite que son appréciation relève des pouvoirs souverains des juges du fond, la Cour de cassation n'exerçant qu'un « contrôle léger »[9].

Exceptionnellement enfin, on peut admettre que la loge soit qualifiée partie commune, alors même qu'elle a été décrite comme lot par une interprétation des clauses obscures, ambiguës ou contradictoires.

Par exemple lorsqu'il existe des antinomies ou des incompatibilités entre le règlement de copropriété et d'autres actes ou documents, par exemple la notice descriptive remise aux acquéreurs[10] ou lorsque l'on peut relever une erreur de rédaction évidente[11].

Pour un cas de prêt à usage[12]. Sur la question de la suppression du service de gardiennage v. s[s] n° 208 (L. 1965, art. 26 f, créé par L. 25 mars 2009).

2°
Parties de l'immeuble ne figurant pas dans l'énumération légale

86 Énoncé. Il s'agit des parties d'immeuble dont la qualification se révèle délicate et pour lesquelles la « présomption de communauté » risque d'être contredite par une analyse objective des données de chaque espèce, guidée par le critère de l'exclusivité d'usage, faute d'une qualification précise donnée par le règlement de copropriété[13]. Tel est le cas pour les combles, les fenêtres, balcons et loggias et les terrasses.

87 Combles[14]. Lorsque, comme c'est le plus souvent le cas et *a fortiori* lorsqu'il contient des clauses ambiguës, le règlement de copropriété ne stipule aucune qualification précise, c'est par référence au point de savoir à l'usage ou à l'utilité de qui ces parties du bâtiment sont réservées[15].

1. Civ. 3e, 3 mai 1990, n° 88-16.329, NP, *D.* 1991. Somm. 77 – Civ. 3e, 25 janv. 1994, n° 92-14.509, NP, *RDI* 1994. 293; *Loyers et copr.* 1994. 163 – Civ. 3e, 17 mai 1995, n° 93-12.757, NP, *RDI* 1995. 585 – Civ. 3e, 19 juin 1996, n° 94-12.354, *Bull. civ.* III, n° 152; *Loyers et copr.* oct. 1996, n° 402; *RDI* 1996. 604; *AJPI* 1996. 1025, obs. Guitard.
2. Civ. 3e, 17 mai 1995, préc.
3. Versailles, 15 nov. 1988, RG n° 1723/87, *Juris-Data* n° 046310, *RDI* 1989. 498 – Versailles, 16 mai 1991, RG n° 109/90, *Juris-Data* n° 041581, *JCP N* 1991. II, l'affectation résultait d'un droit d'usage conféré au syndicat.
4. Paris, 3 mars 1989, *Juris-Data* n° 020972, *Loyers et copr.* 1989. 195.
5. Paris, 5 mars 1990, RG n° 88/3809, *Juris-Data* n° 021042, *D.* 1990. 407, note Atias – Paris, 4 déc. 1991, RG n° 89/3873, *Juris-Data* n° 024701, *Loyers et copr.* 1192. 127.
6. Paris, 4 déc. 1991, préc.
7. Paris, 28 mai 1993, RG n° 92/23644, *Juris-Data* n° 022193, *Administrer* févr. 1994. 65.
8. Paris, 30 sept. 1981, *D.* 1981. IR 333; *RDI* 1982. 419.
9. Civ. 3e, 3 févr. 1993, n° 90-16.095, NP, *RDI* 1993. 254.
10. Civ. 3e, 15 janv. 1985, n° 83-16.164, *Bull. civ.* III, n° 10; *Administrer* août-sept. 1985. 37.
11. Civ. 3e, 4 déc. 1968, *Bull. civ.* III, n° 518; *Gaz. Pal.* 1969. 1, 308.
12. Paris, 27 févr. 2008, n° 07-00702, *AJDI* 2008. 400.
13. SUR la recherche de la qualification en l'absence de disposition du règlement de copropriété : Capoulade, note s[s] Civ. 3e, 24 juin 1997, *Administrer* 1998, 45.
14. Hocquard, « Les combles », *IRC* juin 2003. 15; « Le rachat des combles », *IRC* janv.-févr. 2006. 29; et *IRC copr.* mars 2006. 21 – Atias, *Dicopropriété*, *V° Combles* – LAFOND, ROUX ET STEMMER, art. L. 3 n° 24.
15. CAPOULADE ET AUTRES, I, 42 – Civ. 3e, 6 oct. 1993, n° 91-18.289, NP, *RDI* 1993. 537; *Loyers et copr.* 1993. 443 – Civ. 3e, 17 mai 1995, n° 93-16.278, NP, *Loyers et copr.* 1995. 381; *RDI* 1995. 583 – Capoulade, Chron. jurisp. C. cass., *AJDI* 2000. 591.

Si c'est à l'utilité ou à l'usage exclusif d'un copropriétaire, les combles doivent être qualifiés parties privatives [1]. L'accès exclusif peut alors constituer un élément d'appréciation [2], opportunément complété par d'autres éléments.

Ainsi dans un arrêt qui avait constaté, en outre, que les combles qui ont un accès direct par les parties communes [3] n'abritaient aucun élément d'équipement collectif, n'avaient pas pour fonction de permettre l'accès à la toiture et n'étaient d'aucun usage ni utilité pour les autres copropriétaires [4].

En revanche, sont qualifiés parties communes, les combles qui ont un accès direct par les parties communes, ou qui ont pour fonction de permettre l'accès à la toiture pour en assurer l'entretien et la réparation [5], de loger le vase d'expansion du chauffage collectif [6] ou dont l'usage et l'accès résultent d'une voie de fait d'un copropriétaire qui a percé une trappe dans le plafond de son appartement sans autorisation de l'assemblée générale [7].

Lorsque la « copropriété » n'occupe pas les combles, l'autorisation donnée à un copropriétaire d'utiliser ce local ne peut l'être qu'à titre précaire par un simple acte d'administration donné par l'assemblée générale, à la majorité de l'article 24 [8].

88 Fenêtres, stores, persiennes, balcons et loggias [9]. À défaut d'une stipulation précise du règlement de copropriété, c'est ici encore du critère de l'usage exclusif qu'il est fait application.

Les *fenêtres* sont généralement considérées comme parties privatives [10] car elles sont, en principe, utilisées par les copropriétaires d'une manière exclusive. Aussi bien, dans la plupart des cas, les règlements de copropriété stipulent-ils que les fenêtres, ainsi que les persiennes, stores et balustrades constituent des parties privatives. Mais cette solution est corrigée par un tempérament important en ce que l'entretien ainsi que la peinture de ces choses qui intéressent l'aspect général et extérieur de l'immeuble, doivent faire l'objet de mesures d'ensemble décidées par l'assemblée générale des copropriétaires – l'assemblée générale peut aussi refuser d'autoriser des aménagements (remplacer des volets en bois par des volets métalliques, portant atteinte à l'esthétique générale des bâtiments) [11] – sans que pour autant ces mesures d'ensemble puissent être qualifiées de ravalement [12]. Dans l'éventualité où il s'agit d'un véritable ravalement qui concerne alors la façade, l'obligation ci-dessus évoquée permet d'imposer que les travaux soient confiés à la même entreprise aussi bien pour les parties communes que pour les parties privatives [13]. La loi n° 2009-526 du 12 mai 2009 modifiant l'article 25 g prévoit la réalisation de « travaux d'intérêt collectif sur des parties privatives »; celles-ci seront déterminées par un décret en Conseil d'État et il est vraisemblable qu'ils concernent, en tout premier lieu, les fenêtres.

Les balcons et loggias sont généralement inclus dans les parties communes par les règlements de copropriété [14] qui, en revanche, font figurer dans les parties privatives les garde-corps, balustrades, barres d'appui, ainsi que le revêtement du sol [15].

En l'absence de stipulation précise, il convient de distinguer entre l'ossature même des balcons et loggias, qui, en tant que faisant corps avec le gros-œuvre, est partie commune et le revêtement du sol (à l'exclusion de l'étanchéité) qui, lui, est considéré comme partie privative.

Il a ainsi été jugé en conséquence que l'entretien et le remplacement du revêtement incombent au copropriétaire et non au syndicat [16]; l'étanchéité est, en général, considérée comme partie commune.

Bien entendu, une clause expresse du règlement de copropriété peut stipuler le caractère privatif des balcons et loggias.

L'autorisation de l'assemblée générale est exigée pour modifier l'aspect de la loggia [17].

Mais on ne saurait trop recommander qu'elle le soit avec toute la précision désirable et que, notamment, toutes les conséquences en soient tirées sur le

1. Civ. 3e, 3 juill. 1996, n° 94-19.642, NP, *RDI* 1996. 603 – Civ. 3e, 9 juin 1999, n° 97-19.887, NP, *RDI* 1999. 455.
2. Civ. 3e, 17 mai 1995, préc. – Civ. 3e, 9 juin 1999, préc.
3. Civ. 3e, 27 sept. 2006, n° 05-15.097, NP, *Administrer* déc. 2006. 77.
4. Civ. 3e, 22 mars 2000, n° 98-15.743, *Bull. civ.* III, n° 65; *RDI* 2000. 234; *AJDI* 2000. 932.
5. Civ. 3e, 30 mai 1995, préc.
6. Paris, 2 déc. 2004, n° 04/17452, *AJDI* 2005. 144.
7. Civ. 3e. 17 janv. 2007, n° 05-19.104, NP, *AJDI* 2007. 843, obs. Capoulade.
8. Civ. 3e, 2 mars 2010, n° 09-13.090, NP, *AJDI*. 2010. 391.
9. Atias, *Dicopropriété*, *V° Balcon*, loggias.
10. EN CE SENS : KISCHINEWSKY-BROQUISSE, n° 90 – LAFOND, ROUX ET STEMMER, L. art. 2, n° 12 – Paris, 27 sept. 1995, *Juris-Data* n° 022731, *Loyers et copr.* 1996. 36 – Si elles étaient parties communes, le syndicat aurait la charge de leur entretien et de leur conservation !
11. Paris, 20 sept. 1995, préc.
12. Paris, 28 avr. 1987, n° 5633, *Juris-Data* n° 022528, *D.* 1987. IR 130.
13. Paris, 28 avr. 1987, n° 5633, *Juris-Data* n° 022528, *D.* 1987. IR 130; *RDI* 1987. 476.
14. CEP. : LAFOND, ROUX ET STEMMER, L. art. 2, 0067.
15. SUR la fermeture des loggias : Sizaire, *Administrer* oct. 1988. 12 – Civ. 3e, 7 oct. 1992, n° 90-20.901, NP, *RDI* 1993. 121.
16. TGI Paris, 29 juin 1976, *D.* 1976. IR 315 – SUR CETTE QUESTION : Barnier-Sztabowicz, « Prise en charge de la dépose et de la repose des aménagements privatifs en terrasse, en cas de réfection, de l'étanchéité », *Administrer* févr. 2003. 28.
17. CA Monptellier 18 janv. 2007, RG n° 06/03668, *Loyers et copr.* 2007. 208.

plan de la répartition des charges. Jugé que l'entretien et la conservation des gardes corps des parties privatives qui servent à délimiter ces parties et à en assurer la protection doivent rester à la charge de leur propriétaire [1].

89 Terrasses. En principe, lorsque la terrasse constitue en même temps la toiture de l'immeuble, son caractère de partie commune n'est pas douteux. La question est plus délicate lorsqu'une terrasse constitue à la fois la couverture d'une partie de l'immeuble et le prolongement d'un appartement se trouvant en retrait : c'est très souvent le cas pour les appartements situés aux étages supérieurs. Dans cette éventualité également, et sous réserve de clauses contraires du règlement de copropriété, la terrasse, en tant que faisant partie du gros-œuvre, est qualifiée partie commune. Mais, le plus souvent, en pareille hypothèse, le copropriétaire dont l'appartement se situe dans le prolongement de la terrasse se voit conférer sur celle-ci, un *droit de jouissance privatif*, dont la portée et l'application suscitent des difficultés (v. s[s] n° 102).

Exceptionnellement, une clause claire et précise du règlement de copropriété peut stipuler le caractère de partie privative d'une terrasse [2]. Mais il faut insister sur l'impérieuse nécessité d'une rédaction dénuée d'ambiguïté, spécialement quant aux conséquences à tirer sur la répartition des charges. La position de la jurisprudence est, en effet, d'estimer que, même si elle est déclarée privative, l'ensemble de la terrasse ne présente pas pour autant ce caractère. Plus précisément, une distinction est faite entre le revêtement superficiel, qualifié partie privative, et l'ossature de l'immeuble, y compris l'étanchéité qui y est incorporée, qualifiée partie commune [3] et ce, alors même que le règlement de copropriété et l'état descriptif de division prévoient que la terrasse entre dans la composition du lot [4].

La décision relative à la réfection de l'étanchéité est prise à la majorité simple [5].

On précise, en outre, qu'en cas de réfection de l'étanchéité les copropriétaires qui bénéficient d'un droit de jouissance exclusive doivent conserver à leur charge les frais de dépose et de repose des aménagements privatifs mis en place dès lors que le règlement de copropriété ne contient aucune disposition particulière quant à ces aménagements [6]. Si, en revanche le règlement de copropriété mentionne ces aménagements, c'est en principe au syndicat d'assumer la dépense de leur dépose et de leur repose, sous réserve qu'ils ne présentent pas un caractère somptuaire.

Enfin, une clause du règlement de copropriété claire et précise qui met à la charge du copropriétaire dans le lot duquel figure la terrasse, l'entretien de l'étanchéité, doit être appliquée [7]. Mais le copropriétaire ne peut y entreprendre des travaux qui seraient contraires à la destination de l'immeuble [8].

Ainsi pour des bacs de maçonnerie scellés sur la terrasse, objet du droit de jouissance privatif [9], pour l'aménagement d'une véranda [10].

B.
Droits accessoires aux parties communes

90 Énumération – Caractère limitatif ou non. Ce fut une innovation de la loi du 10 juillet 1965 que de réputer, dans le silence ou la contradiction des titres, droits accessoires aux parties communes (L. 10 juill. 1965, art. 3, al. 3) :

– le droit de surélever un bâtiment affecté à l'usage commun ou comportant plusieurs locaux qui constituent des parties privatives différentes ou d'en affouiller le sol;

– le droit d'édifier des bâtiments nouveaux dans les cours, parcs ou jardins, constituant des parties communes;

– le droit d'affouiller de tels cours, parcs ou jardins;

1. Civ. 3e, 26 mars 2008, n° 07-12.808, NP.
2. Civ. 3e, 13 juill. 1999, n° 97-17.142, NP, *RDI* 1999. 676.
3. Civ. 3e, 21 déc. 1988, n° 87-16.039, NP, *Loyers et copr.* 1989. 86 – Civ. 3e, 10 oct. 1990, n° 89-12.355, NP, *RDI* 1991. 249 – Barnier-Sztabowicz, « Prise en charge de la dépose et de la repose des aménagements privatifs en terrasse, en cas de réfection de l'étanchéité », *Administrer* févr. 2003. 28.
4. V. Atias, « Les toitures, terrasses : de la résistance du régime des parties communes », *IRC* 1997. 22 – Civ. 3e, 6 oct. 1993, n° 91-19.936, NP, *RDI* 1993. 536; *RDI* 1993. 545; *D.* 1994. 203 – Civ. 3e, 18 déc. 1996, n° 94-18.754, *Bull. civ.* III, n° 240; *RDI* 1997. 125; *Administrer* juin 1997. 49, note Bouyeure; *Gaz. Pal.* 1997, pan. jur. 212 – KISCHINEWSKY-BROQUISSE, n° 92 – LAFOND, ROUX ET STEMMER, art. L. 2, n° 13.
5. Civ. 3e, 25 mars 1992, n° 89-20.531, NP, *RDI* 1992. 241.
6. Civ. 3e, 5 janv. 1994, n° 92-10.140, NP, *Loyers et copr.* mai 1999 – Civ. 3e, 30 avr. 2002, n° 00-15.880, NP, *Administrer* nov. 2002. Somm. 36, note Bouyeure – EN CE SENS : Barnier-Sztabowicz, art. préc., note 1; *a fortiori* si les aménagements privatifs ont été réalisés irrégulièrement.
7. TGI Nanterre, 1er avr. 1981, *D.* 1982. IR 17; *Gaz. Pal.* 1981. 2, 758; *RDI* 1982. 174.
8. SUR L'ENSEMBLE DE LA QUESTION : Guillot, « L'aménagement d'une terrasse par un copropriétaire », *Administrer* févr. 1985. 5 s. – Barnier-Sztabowicz et Souleau-Mougin, « Le régime juridique des constructions édifiées sur la terrasse de l'immeuble », *Administrer* août-sept. 1999. 30 – Vigneron, « Piscines privatives construites sur parties communes », *JCP N* 1988, prat, 587.
9. Paris, 18 oct. 1979, *D.* 1981. IR 101, n° 96.
10. Civ. 3e, 6 oct. 1993, n° 91-19.936, NP, *RDI* 1993. 536; *RDI* 1993. 545; *D.* 1994. 203; *Loyers et copr.* 1993. 442.

– le droit de mitoyenneté afférent aux parties communes.

La question s'est posée de savoir si cette énumération devait être considérée comme limitative.

La doctrine était partagée.

Ainsi dans le sens du caractère limitatif[1], on peut avancer que, dans la mesure où ces droits peuvent faire l'objet de conventions en réservant l'exercice à un copropriétaire ou à un tiers et relevant, de ce fait, de l'article 37 de la loi du 10 juillet 1965, il paraît difficile d'en concevoir d'autres que ceux dont l'article 3 donne l'énumération[2].

Et c'est à propos de la réserve d'un *droit d'affichage* sur les parties communes de l'immeuble au profit d'une personne déterminée (vendeur ou promoteur) que les tribunaux ont été saisis[3]. Comme la doctrine, ils étaient divisés; alors que certaines décisions ont admis cette réserve[4], d'autres l'ont déclaré nulle[5]. L'intervention de la Cour de cassation s'était située, jusqu'à présent, dans des conditions telles qu'on ne pouvait en dégager un principe de solution[6], mais la Cour de cassation vient de rejeter le pourvoi contre un arrêt d'appel qui avait exactement retenu que la liste des droits accessoires définis l'article 3 de la loi du 10 juillet 1965 n'était pas limitée[7].

Une servitude d'accès peut constituer un droit accessoire aux parties communes[8].

1. Souleau, note s^{s} Civ. 3e, 19 nov. 1985, n° 84-13.404, *Bull. civ.* III, n° 146; *Defrénois* 1986. 7999; *D.* 1985. 505, note Zénati.
2. Barbièri, note *JCP N* 1987. II.
3. LAFOND, ROUX ET STEMMER, D. art. 2, n° 6 – Lafond, « Le vendeur d'un immeuble en copropriété peut-il se réserver le droit d'afficher sur cet immeuble ? », *JCP N* 1987, prat. 69 – Laporte-Bisquit, « Panneaux publicitaires, enseignes et pratique notariale », *JCP N* 1994, prat. 258.
4. Paris, 22 déc. 1981, *Juris-Data* n° 600106, *D.* 1982. IR 287; *Rev. loyers* 1982. 206; *Gaz. Pal.*, n° 57, note Morand.
5. Paris, 5 mars 1984, *Juris-Data* n° 600493, *D.* 1984. IR 380; *Administrer* déc. 1984. 45, note Guillot; *D.* 1985. 505, note Zénati; *Gaz. Pal.* 18 mai 1984, n° 139.
6. Civ. 3e, 18 janv. 1984, n° 82-16.003, *Bull. civ.* III, n° 16, *D.* 1985. 505, note Zenati; *RDI* 1984. 392; *JCP* 1986. II. 25547; *JCP N* 1987. II. 224, note Barbièri. Cet arrêt, ne se prononce pas sur la validité de la réserve; il censure la qualification d'usufruit donnée par les juges du fond aux droits réservés – AUSSI : Civ. 3e, 5 oct. 1994, n° 92-15.926, *Bull. civ.* III, n° 167; *RDI* 1995. 79; *D.* 1997. 245; *RTD civ.* 1996. 426; *AJDI* 1995. 319, note Giraudel.
7. Civ. 3e, 24 mai 2006, n° 05-14.038, *Bull. civ.* III, n° 134; *Administrer* août-sept 2006, 53, obs. Bouyeure; *Loyers et copr.* 2006. 188, obs. Vigneron – La faculté de fermer des terrasses, prévue au règlement de copropriété, constitue un droit accessoire qui ne peut être exercé que pendant une période de dix ans.
8. Paris, 21 déc. 1984, *Juris-Data* n° 027442, *D.* 1985. IR 430.

Cette qualification a été également reconnue au droit pour un copropriétaire de réaliser des modifications dans l'utilisation de locaux existants ou de transformer l'usage d'un appartement lorsque ce droit est limité par le COS calculé sur le sol[9] (sur le droit de construire sur le sol d'assiette partie commune v. s^{s} n° 219).

Mais il a été jugé que le droit de diviser un terrain, lot de copropriété, n'est pas un droit accessoire aux parties communes[10].

91 Conditions auxquelles les droits énumérés sont accessoires aux parties communes. Si l'on fait abstraction du droit de mitoyenneté, il résulte des termes mêmes de la loi que les droits énumérés par celle-ci ne peuvent être considérés comme accessoires aux parties communes que dans la mesure où ils sont exercés sur des fractions de l'immeuble qui ont elles-mêmes le caractère de parties communes. Par ailleurs, même dans cette éventualité, le règlement de copropriété peut stipuler que ces droits revêtiront un caractère privatif.

92 Exercice sur des parties communes. *En premier lieu*, il importe que les droits considérés soient exercés sur des fractions de l'immeuble présentant elles-mêmes le caractère de parties communes. Tel est le sens de la disposition relative au droit de surélever lorsqu'elle vise un bâtiment « affecté à l'usage commun ou comportant plusieurs locaux qui constituent des parties privatives différentes ». Cette situation exclut l'hypothèse où le bâtiment dont la surélévation est envisagée serait un bâtiment constituant dans son intégralité une partie privative[11]. L'exercice du droit de surélever un tel bâtiment ne peut pas, *a priori*, être considéré comme accessoire aux parties communes. Tel est également le sens de la disposition relative au droit d'édifier des « bâtiments nouveaux » qui ne concerne que des bâtiments édifiés dans « des cours, parcs ou jardins constituant des *parties communes* ». Cela exclut la construction de bâtiments sur des parcelles ayant le caractère de parcelles privatives (cette situation peut parfaitement se présenter dans un groupe d'immeubles ou un ensemble immobilier). La solution est la même à propos du droit d'affouiller qui concerne un sol ayant le caractère de partie commune. Lorsque le droit de surélever porte sur un bâtiment privatif ou lorsque le droit de construire de nouveaux locaux concerne des locaux édifiés sur

9. Civ. 3e, 10 janv. 2001, n° 99-11.607, *Bull. civ.* III, n° 4; *AJDI* 2001. 439, note Giverdon; *D.* 2002. 1521.
10. TGI Paris, 9 mars 1990, *Gaz. Pal.* 10 mars 1992.
11. EN CE SENS : SIZAIRE, n° 35, note 7 – AUSSI : Bouyeure, « La surélévation de l'immeuble en copropriété et la construction de bâtiments comportant de nouveaux locaux privatifs », *Gaz. Pal.* 16 oct. 1973, Doctr. spéc. p. 2, col. 1 – LOMBOIS, D. 1966. 93, n° 157.

des parcelles privatives, l'exercice de ces droits appartient au copropriétaire qui en est titulaire et non au syndicat des copropriétaires. Toutefois, comme cet exercice est de nature à affecter l'aspect extérieur de l'immeuble, il est subordonné à l'autorisation donnée par l'assemblée générale à la majorité prévue à l'article 25 de la loi du 10 juillet 1965 (L. 10 juill. 1965, art. 25-*b*), ou, à défaut, à l'autorisation du tribunal obtenue sur le fondement de l'article 30 alinéa 4 de la loi du 10 juillet 1965. Il faut toutefois réserver le cas où le droit de surélévation est exercé sur un bâtiment constituant une maison individuelle comprise dans une copropriété horizontale (sur ce point v. s[s] n° 1147).

93 Réserve du règlement de copropriété. *En second lieu*, alors même que les droits ainsi énumérés concernent des fractions de l'immeuble ayant le caractère de parties communes, le règlement de copropriété peut stipuler qu'ils seront des droits privatifs. Plus précisément, ces droits seront alors érigés en lots, ce qui implique qu'une quote-part de parties communes leur soit affectée.

En ce sens, M. Sizaire[1] fait justement remarquer qu'en pareil cas le droit de surélever (comme celui d'édifier des nouvelles constructions) se trouve « intégré » dans l'organisation de la copropriété. L'étendue du droit de surélever ou de construire peut être précisée par le règlement de copropriété (il est même particulièrement recommandable qu'elle le soit). La situation est analogue à celle qui résulte de la constitution de lots dits « transitoires »; la question de savoir si le copropriétaire, titulaire d'un lot comportant le droit de construire ou de surélever, a le droit de vote aux assemblées générales et doit participer aux charges communes, se pose donc dans les mêmes termes.

Cette stipulation doit être distinguée de celle par laquelle un copropriétaire se réserverait simplement l'exercice de l'un de ces droits sans que ceux-ci soient érigés en lots de copropriété (sur l'intérêt de cette distinction v. s[s] n° 94).

La réserve de l'exercice du droit de surélever ou de construire des nouveaux locaux est alors stipulée sans être accompagnée de la création des tantièmes de copropriété correspondants[2].

Les développements qui vont suivre sont limités à l'hypothèse où les droits énumérés par la loi présentent le caractère de droits accessoires aux parties communes. La question se pose alors de savoir comment ces droits doivent être exercés.

94 Exercice des droits accessoires aux parties communes – Principes. Les droits accessoires aux parties communes sont exercés par le syndicat. Leur nature juridique, expressément affirmée, de choses communes, les soumet aux dispositions de l'article 4, de telle sorte que leur « administration » et leur « jouissance » dépendent de l'organisation collective. Les modalités de cet « exercice », qui comporte même la possibilité d'aliéner (L. 10 juill. 1965, art. 25 *d*, 26 *a*, 35, al. 2 et 3), sont déterminées en fonction du droit considéré. C'est ainsi, par exemple, que *le droit de surélévation* (et d'une manière plus générale celui de construire de nouveaux locaux), s'il est exercé directement, suppose une décision prise à l'unanimité, en tant du moins qu'il a pour résultat de créer des nouveaux locaux à usage privatif. Si le syndicat en envisage l'aliénation, la décision peut, au contraire, être prise aux majorités visées, soit par l'article 26 (L. 10 juill. 1965, art. 26 *a*), soit par l'article 35 (L. 10 juill. 1965, art. 35, al. 2 et 3 – pour l'étude détaillée de l'exercice du droit de surélévation du droit de préemption en cas d'aliénation du droit de surélever dans certains secteurs ou du droit d'édifier des bâtiments nouveaux v. s[s] n°s 1145 s.). C'est ainsi, également, que la cession du *droit de mitoyenneté afférent aux parties communes* intervient aux conditions de majorité requises par l'article 25 (L. 10 juill. 1965, art. 25 *d*), puisque cette cession est une obligation légale lorsque le voisin la demande (C. civ., art. 661)[3].

Quant au droit *d'édifier de nouveaux bâtiments*, à le supposer exercé aux frais d'un copropriétaire, il implique préalablement la cession par le syndicat du droit de construire au copropriétaire intéressé dans les conditions de majorité prévues par l'article 26 de la loi du 10 juillet 1965; faute que cette cession ait été obtenue, la construction est faite sans droit ni titre et sa démolition, si elle est demandée par le syndicat, doit être ordonnée[4].

Cette solution doit tout particulièrement retenir l'attention, spécialement dans les cas où le règlement de copropriété prévoit que le sol d'assiette est partie commune et que le droit d'édifier des bâtiments nouveaux sur ce sol est accessoire aux parties communes et qu'en même temps il stipule la *jouissance* exclusive et privative des terrains compris dans les lots.

95 Exercice de ces droits (suite). Cas particulier où cet exercice a été réservé à un copropriétaire ou à un tiers. (L'article 37 de la loi du 10 juillet 1965.) Mais il advenait souvent que l'exercice de ces droits

1. SIZAIRE, n° 63, note 146.
2. EN CE SENS : Aix-en-Provence, 16 avr. 1992, RG n° 89/13594, *Juris-Data* n° 049199, *Loyers et copr.* 1993. 279; *Gaz. Pal.* 5 mai 1994. Somm.
3. LOMBOIS, D. 1966. 93, n° 148.
4. Paris, 26 oct. 1983, *Juris-Data* n° 029240, *D.* 1984. IR 379; *RDI* 1984. 91.

était, en dépit de leur caractère normalement commun, réservé, lors de l'établissement de la copropriété, à un copropriétaire ou à un tiers. Pratiquement, c'était le promoteur, ou l'auteur de la division de l'immeuble, qui se réservait le droit de surélever ou le droit de construire de nouveaux locaux. Il en résultait des « situations privilégiées » qui, par suite des circonstances concrètes de l'« adhésion » des copropriétaires au règlement de copropriété, n'étaient pas sans danger. C'est la raison pour laquelle la loi du 10 juillet 1965, en son article 37, subordonne la validité de ces conventions à des conditions strictes et qu'elle assortit l'exercice des droits ainsi réservés de restrictions importantes. Toutefois, les unes et les autres ne concernent pas la réserve du droit de mitoyenneté (L. 10 juill. 1965, art. 37, al. 1er). La chose s'explique car le titulaire de ce droit peut être contraint de le céder [1].

96 Conditions de validité des conventions comportant réserve de l'exercice des droits accessoires. Ces conditions ne sont requises que pour les conventions intervenues postérieurement à la promulgation de la loi du 10 juillet 1965.

Matériellement, ces conventions peuvent être incluses dans le règlement de copropriété ou s'en trouver séparées (Décr. 17 mars 1967, art. 2-2°). Si elles s'y trouvent incluses, le règlement de copropriété doit être rédigé de manière telle qu'aucune confusion ne puisse exister avec les clauses du règlement de copropriété proprement dit (Décr. 17 mars 1967, art. 3, al. 2) [2].

Si elles sont incluses dans le règlement de copropriété, elles seront publiées au fichier immobilier, en même temps que celui-ci. Si elles en sont séparées, elles devront être publiées à part, en tant qu'actes constatant une « restriction au droit de disposer », en application de l'article 26-2° du décret du 4 janvier 1955.

Formellement, il résulte de l'article 37 dernier alinéa de la loi du 10 juillet 1965 que la convention doit indiquer, à peine de nullité, *l'importance et la consistance des locaux à construire et les modifications que leur exécution entraînerait dans les droits et charges des copropriétaires.* Ainsi, ceux-ci se trouvent avertis des conséquences exactes de l'opération dont l'exécution est réservée. Comme on l'a fait justement remarquer [3], les précisions ainsi fournies ont pour résultat de faire apparaître les locaux, dont la construction est envisagée, en tant que lots futurs qui seront, par la suite, intégrés dans l'ensemble de l'immeuble.

Il avait été tiré argument de cette obligation par l'arrêt de la cour de Paris du 5 mars 1984 [4] en faveur de la thèse du caractère limitatif de l'énumération des droits accessoires aux parties communes résultant de l'article 3 de la loi du 10 juillet 1965; les renseignements ainsi exigés ne peuvent, « à l'évidence » estime l'arrêt, que viser l'un des quatre droits mentionnés à cet article; ils sont « sans portée » pour un *droit d'affichage* dont la réserve consacre, au profit de son bénéficiaire, une convention particulière portant sur les parties communes qui, si elle impose une restriction aux droits des autres copropriétaires non justifiée par la destination de l'immeuble, doit être annulée.

Faute de satisfaire à cette obligation, la convention est *nulle.* Cette nullité peut être invoquée par tout copropriétaire : l'action concerne la propriété ou la jouissance de son lot (L. 10 juill. 1965, art. 15, al. 2). Mais elle tend aussi à la sauvegarde des droits afférents à l'immeuble; le syndicat a donc également qualité pour l'exercer (L. 10 juill. 1965, art. 15, al. 1er).

Plus délicate est la question de savoir comment un copropriétaire, qui s'estimerait lésé par la répartition indiquée, peut contester celle-ci. Pour y répondre, il faut partir du principe que la convention par laquelle les droits accessoires sont réservés à un copropriétaire ou à un tiers, est conclue au moment de l'établissement de la copropriété. Les répartitions présentent donc une nature identique à celles qui résultent du règlement de copropriété lui-même. Dès lors, elles peuvent être contestées au moyen de l'action en révision des charges prévue par l'article 12 de la loi du 10 juillet 1965 et aux conditions fixées par celui-ci (sur cette action, v. ss nos 498 s.). L'action doit être intentée dans les cinq ans de la publication de la convention au fichier immobilier; son succès est subordonné à la preuve que le propriétaire demandeur subit la lésion de plus du quart exigé par le texte. Par ailleurs, une répartition non conforme aux critères prévus par la loi pourrait être réputée non écrite en application de l'article 43 (v. ss n° 513).

97 Conditions d'exercice des droits accessoires réservés par convention. Deux dispositions de l'article 37 limitent considérablement l'exercice des droits accessoires ainsi réservés.

Tout d'abord, *la convention devient caduque* si le droit réservé n'est *pas exercé dans les dix années* qui la suivent (L. 10 juill. 1965, art. 37, al. 1er). Ce

1. SUR l'article 37 : Gelinet, « La réserve du droit de surélévation : l'article 37 de la loi du 10 juillet 1965 », *Administrer* nov. 1995. 19 – Alonzo Perez, même sujet, *AJDI* 2002. 443 – La Barrière, « Le droit de surélévation en copropriété », *JCP N* 1992. I. 118.
2. V. ss n° 90.
3. LOMBOIS, D. 1966. 93, 159.
4. Paris, 5 mars 1984, *Juris-Data* n° 021695, *D.* 1984. IR 380; *Administrer* déc. 1984. 45, note Guillot.

délai n'est pas un délai de prescription, il échappe donc à l'application de la loi n° 2008-561 du 17 juin 2008; il détermine la durée de l'efficacité de la convention[1]. Il n'est donc susceptible d'aucune suspension.

Ensuite et surtout, le *syndicat* peut, *avant* même l'*expiration* de ce délai, en statuant à la majorité prévue à l'article 25, *s'opposer à l'exercice de ce droit, sauf à indemniser le titulaire* dans le cas où ce dernier *justifie* que la réserve du droit *comportait une contrepartie à sa charge.* Cette disposition, dans la mesure où elle permet la rupture unilatérale d'une convention, a été sévèrement jugée[2]. En outre, l'obligation imposée au titulaire du droit réservé d'établir l'existence d'une contrepartie mise à sa charge apporte un sérieux obstacle à l'obtention d'une indemnité, d'autant, qu'interprétant restrictivement la disposition légale, la Cour de cassation a jugé que cette contrepartie devait avoir été stipulée en même temps que la réserve du droit elle-même et qu'elle devait profiter à la copropriété.

Ne constitue pas la contrepartie au sens de l'article 37 le prix de cession du droit de surélévation que le titulaire de celui-ci a payé à celui au profit duquel ce droit avait été initialement réservé par le règlement de copropriété[3].

Enfin, de ce que le texte de l'article 37 se réfère à la majorité prévue à l'article 25, la question se pose de savoir si, dans les hypothèses qu'il envisage il peut être fait application de l'article 25-1 ajouté par la loi n° 2000-1208 du 13 décembre 2000. La réponse négative semble s'imposer car, depuis la distinction opérée entre l'article 25 et l'article 25-1, pour que ce dernier soit applicable, il faut un renvoi exprès traduit notamment par les termes « le cas échéant ».

98 Conventions antérieures à la loi du 10 juillet 1965. *L'exercice* des droits accessoires réservés à un copropriétaire ou à un tiers par une convention antérieure à la loi du 10 juillet 1965 est soumis à la caducité de dix ans, le délai n'ayant commencé à courir que du jour de la promulgation de la loi (L. 10 juill. 1965, art. 37, al. 2). Le syndicat peut également s'y opposer dans les conditions prévues à l'article 37 alinéa 3 (v. s^{s} n° 97).

En revanche, les conditions requises pour la *validité* de la convention ne peuvent être exigées pour les conventions antérieures à la loi dont on peut encore aujourd'hui constater l'existence. L'article 37 (dernier alinéa) déclare, du reste, expressément que ces conditions ne concernent que les conventions « postérieures » à la promulgation de la loi. Les conventions antérieures sont donc valables, alors même qu'elles n'indiqueraient, ni l'importance et la consistance des locaux à construire, ni les modifications que leur exécution entraînerait dans les droits et charges des copropriétaires. La question peut donc se poser de savoir qui devra décider de la nouvelle répartition des charges que les travaux, exécutés en application de la convention, rendraient nécessaire. On ne peut charger de ce soin l'assemblée générale, en invoquant l'article 11 de la loi du 10 juillet 1965 : celle-ci n'est, en effet, habilitée à modifier la répartition des charges que si les travaux, qui la rendent nécessaire, ont été décidés par elle. Or, ici, les travaux sont exécutés en vertu d'une convention. On ne peut pas non plus s'adresser au tribunal, qui ne peut intervenir « qu'à défaut de décision de l'assemblée générale ». Force est donc de décider, conformément d'ailleurs au principe qui demeure posé par l'article 11 lui-même, que la modification ne pourra intervenir que de l'accord unanime des copropriétaires[4]. Mais à défaut de l'obtenir, on risque de se trouver dans une situation paradoxale; en effet, aucune modification n'intervenant, les lots créés en conséquence des travaux effectués risqueraient de n'acquitter aucune charge. Le remède se trouve alors, soit dans l'action en révision de l'article 12 : la part, qui correspond à ces lots, est certainement inférieure de plus du quart à ce qu'elle devrait être puisqu'ils n'acquittent aucune charge[5] (et encore n'est-ce pas certain car l'action en révision de l'article 12 ne peut être exercée qu'à l'encontre des répartitions de charges opérées par le règlement de copropriété), soit, mieux encore, dans l'action tendant à faire constater le caractère « non écrit » de la répartition. On peut également estimer qu'il est possible d'adapter le règlement de copropriété pour le mettre en conformité avec les exigences de l'article 37 (sur cette adaptation, v. s^{s} n°s 618 s.).

99 Domaine d'application de l'article 37 de la loi du 10 juillet 1965. Disposition dérogatoire, voire exorbitante, la disposition de l'article 37 doit être limitée à la convention portant réserve des droits qu'elle vise expressément. C'est ainsi que doit être exclue la convention relative à l'exercice du droit de mitoyenneté, cette exclusion étant du reste formellement prévue. Mais, en outre, de ce que le texte se réfère à *l'exercice de l'un des droits accessoires visés à l'article 3*, il faut en déduire que sont seules concernées les conventions qui portent sur le droit de surélever, ou sur le droit d'édifier de

1. Lombois, D. 1966. 93, n° 161.
2. Lombois, D. 1966. 93, n° 162.
3. Civ. 3e, 15 oct. 1970, n° 69-11.448, *Bull. civ.* III, n° 518; *JCP* 1971. II. 16610, note Guillot; *Gaz. Pal.* 1971. 1, 30 – Lafond, Roux et Stemmer, art. L. 37, n° 35.
4. en ce sens : Lombois, D. 1966. 93, n° 164.
5. Lombois, D. 1966. 93, n° 164.

nouveaux locaux ou sur celui d'affouiller le sol lorsque ces droits présentent bien le caractère de droits accessoires aux parties communes. En conséquence, ne sont pas concernées par l'article 37, d'une part les conventions que pourrait conclure le copropriétaire d'un bâtiment ou d'une parcelle privatifs relativement au droit de surélever ce bâtiment ou à celui d'édifier une construction sur cette parcelle et, d'autre part, les conventions que pourrait conclure le propriétaire titulaire d'un lot décrit comme étant le droit de surélever un bâtiment à usage commun ou celui d'édifier des constructions sur un sol commun et comportant l'affectation de la quote-part de parties communes correspondantes [1].

C. Situations particulières

100 Énumération. Deux situations particulières doivent être envisagées; d'abord celles des parties communes spéciales à certains copropriétaires, ensuite et surtout celle des parties communes faisant l'objet d'un droit de jouissance privatif.

1° Parties communes spéciales à certains copropriétaires

101 Utilité et conséquences de la création de ces parties [2]. Dans la disposition qu'il consacre aux parties communes, l'article 3 de la loi du 10 juillet 1965 prévoit qu'elles peuvent être affectées à l'usage ou à l'utilité de tous les copropriétaires *ou de plusieurs d'entre eux.* Cette réserve a été introduite à la demande du Sénat [3], sans que ses implications juridiques exactes aient été spécialement discutées [4]. On a invoqué qu'elle faciliterait l'application de l'article 27, qui prévoit la possibilité de créer des *syndicats secondaires.* Il est, de fait, certain que cette forme de gestion appelle, en général, une affectation particulière des parties communes par syndicat. L'existence de parties communes affectées à certains copropriétaires peut encore se manifester *au cours du fonctionnement de la copropriété.* Il en est ainsi notamment, dans le cas où certains copropriétaires ont été autorisés à exécuter, à leurs frais, des travaux d'amélioration dont ils sont les seuls bénéficiaires (L. 10 juill. 1965, art. 30, al. dern.), par exemple l'installation d'un ascenseur [5].

Mais c'est principalement, dans les copropriétés comportant plusieurs bâtiments et dont les copropriétaires sont réunis dans un syndicat unique, qu'est prévue l'existence de parties communes particulières qui correspondent à chacun des bâtiments. Les règlements de copropriété distinguent alors les *parties communes générales* (ensemble du terrain d'assiette, voies d'accès, éléments d'équipement commun à l'ensemble) et les *parties communes particulières* à chaque bâtiment (gros-œuvre, canalisations, éléments d'équipement particuliers, voies de circulation particulières aux lots commerciaux) [6].

La situation ainsi créée établit une propriété indivise entre certains copropriétaires et donc des parties communes et non une indivision forcée [7]. Cette qualification de partie commune [8] s'applique non seulement à la répartition des charges mais aussi au droit de propriété lui-même en sorte que les autres copropriétaires n'ont aucun droit de propriété indivis sur les parties d'immeubles concernées [9]. Seuls les copropriétaires ayant des droits indivis sur ces parties peuvent voter [10] en principe en assemblée spéciale à la condition que le règlement de copropriété le prévoit expressément (L. 10 juill. 1965, art. 24, al. 4 - V. s[s] n° 839) [11].

1. EN CE SENS : Aix-en-Provence, 21 oct. 1971, *AJPI* 1972. 431, note Boussageon – Civ. 3e, 6 juill. 1976, n° 75-11.351, *Bull. civ.* III, n° 296, *JCP N* 1977. II. 17, note Stemmer; *RTD civ.* 1977. 347 – Civ. 3e, 22 mars 1995, n° 92-19.599, NP, *AJDI* 1995. 795; *D.* 1995. 594; *Loyers et copr.* 1995. 345 – Civ. 3e, 6 mars 2002, n° 00-21.425, *Bull. civ.* III, n° 56; *AJDI* 2002. 614; *Administrer* juin 2002, p. 44, note Bouyeure – AUSSI : SIZAIRE, n° 64, note 146 – Bouyeure, « La surélévation de l'immeuble en copropriété et la construction de bâtiments comportant de nouveaux locaux privatifs », *Gaz. Pal.* 16 oct. 1973, Doctr. spéc. p. 7, col. 1.
2. SUR L'ENSEMBLE DE LA QUESTION : LAFOND, ROUX ET STEMMER, L. art. 3, II n°s 2 s. – ARNAUD ET BOUYEURE, p. 345 – Bouyeure, « Parties communes particulières et assemblées de copropriété », *Administrer* nov. 1980. 14 s.; « Les limites de la spécialisation des charges de copropriété », *AJPI* 1980. 464 s. – Atias, note *JCP N* 1978. 267.
3. V. *Rapport Voyant* n° 178 et *Rapport Zimmermann* n° 1311, p. 58, *JOAN CR* 23 avr. 1965, p. 832.
4. *JOAN CR* 23 avr. 1965, p. 821.
5. Paris, 1er juill. 1985, *IRC* 1985. 205.
6. TGI Paris, 12 mars 1984, *D.* 1984. IR 381.
7. Civ. 3e, 11 oct. 1995, n° 94-11.308, NP, *RDI* 1996. 103 – Paris, 6 sept. 1996, RG n°s 94/2196 et 94/11211, *Juris-Data* n° 022262, *RDI* 1996. 609, obs. Giverdon; *Loyers et copr.* 1996. 485 – SUR LA QUALIFICATION À DONNER en l'absence de dispositions du règlement de copropriété : Civ. 3e, 25 juin 1997, n° 95-21.305, *Administrer* 1998, 45, note Capoulade; *RDI* 1997. 478.
8. Civ. 3e, 27 sept. 2005, n° 04-15.541, NP, *Administrer* janv. 2006. 47.
9. Paris, 6 sept. 1996, préc.
10. Paris, 6 sept. 1996, préc.
11. SUR LA POSSIBILITÉ POUR LE JUGE de créer des charges communes spéciales : Civ. 3e, 22 juin 2005, n° 04-12.659, *Bull. civ.* III, n° 139; *Administrer* oct. 2005. 51, note Capoulade – Civ. 3e, 1er févr. 2006, *IRC* juin 2006. 16, note Capoulade.

2°
Parties communes faisant l'objet d'un droit de jouissance privatif

102 **État de la question**[1]. Une pratique antérieure à la loi du 10 juillet 1965 avait déjà admis la possibilité de constituer un droit de jouissance privatif sur une partie commune de l'immeuble, généralement une cour ou une terrasse, sans que celle-ci perde sa qualification de partie commune. Elle s'est perpétuée après la mise en vigueur de cette loi qui cependant n'y fait aucune allusion; c'est donc la doctrine qui l'a admise et la jurisprudence qui l'a consacrée.

Elle n'en constitue pas moins un paradoxe, sinon une « hérésie »[2]; comment, en effet, peut-on maintenir la qualification de partie commune à une partie de l'immeuble sur laquelle un copropriétaire déterminé, en tant que propriétaire de son lot, se voit conférer un droit de jouissance exclusif rattaché à ce lot, alors que l'exclusivité d'usage est le critère de la qualification de partie privative ? (Encore qu'il ne faille pas confondre usage et jouissance[3] - V. s^s n° 68.) Ce droit apparaît comme un « aménagement contractuel des modalités de jouissance des parties communes »[4].

Certains auteurs ont tenté de réfuter cette objection en invoquant soit le droit de superficie[5], soit un rapprochement avec l'usufruit[6], mais il n'existe aucun démembrement du droit de propriété[7], soit en analysant le droit de jouissance comme une servitude[8].

En dépit de cette objection, la pratique, non seulement s'est perpétuée, mais encore s'est largement développée comme en témoignent les nombreuses décisions rendues à son sujet. S'il en est ainsi c'est parce qu'elle répond à un besoin certain et, sur le plan théorique, parce qu'elle est la manifestation de la constatation déjà faite (v. s^s n° 68) que la distinction entre parties privatives et parties communes ne présente par un caractère rigide, mais laisse au contraire la place à des « catégories intermédiaires ».

Il n'en reste pas moins que le droit de jouissance privatif sur parties communes « marque sa différence »[9] tant sur le plan de sa consistance que des droits et obligations qui en découlent.

a)
Consistance du droit exclusif de jouissance

103 **Distinction.** La reconnaissance d'un droit exclusif de jouissance sur une ou des parties communes résulte le plus souvent d'une clause du règlement de copropriété ou encore d'une décision de l'assemblée générale.

Deux possibilités sont ouvertes.

On peut d'abord prévoir la reconnaissance du droit comme étant une simple tolérance donnant lieu à un *droit de jouissance temporaire*[10]. Il en est ainsi, par exemple, dans le cadre de la jurisprudence dite des « fonds de couloir », qui permet aux copropriétaires de lots desservis par un couloir, partie commune, d'utiliser celui-ci pour la desserte de ces lots et d'en assurer la fermeture par l'installation d'une porte. Le droit de jouissance n'est alors stipulé que temporaire et doit normalement prendre fin avec la vente des lots[11]; il ne peut alors faire l'objet d'une prescription acquisitive. Bien entendu, ces différents points doivent être clairement précisés soit par le règlement de copropriété, soit par la décision de l'assemblée générale. En leur absence, l'occupation est irrégulière.

Mais - et c'est généralement le cas - le droit de jouissance privatif peut aussi être aménagé comme constituant *l'accessoire d'un lot* mais *sans que la qualification de partie commune sur laquelle il est exercé soit affectée*. On supposera, dans la suite de ces développements, que telle est la situation. Il convient alors d'examiner la consistance de ce droit et les prérogatives qui lui sont attachées.

1. SUR L'ENSEMBLE DE LA QUESTION : Rép. civ., ATIAS, *V^is Copropriété des immeubles bâtis*, n° 80 – Atias, « Propriété indivise et usage privatif », *JCP N* 1987. 353 – *Guide*, n°s 131 s. – KISCHINEWSKY-BROQUISSE, n°s 58, 92, 541 – LAFOND, ROUX ET STEMMER, L. art. 3, § III, n°s 8 s. et art. 9, n°s 72 s. – CAPOULADE ET AUTRES, I, 16 s. – Guillot, *Pratique de la copropriété*, art. 3 à 7, n°s 403 s. – SIZAIRE, p. 44, note 105 – Viatte, « La jouissance exclusive d'une partie commune », *Rev. loyers* 1976. 431 – Leost, « Le droit de jouissance exclusif sur une partie commune », *AJPI* 1995. 868 – Kan Balivet, « La nature juridique du droit de jouissance exclusif sur les parties communes », *Defrénois*, 2008. 1765 s. – Roux, « Le droit de jouissance exclusif sur parties communes », *Loyers et copr.* oct. 2004.
2. Atias, art. préc., *JCP N* 1987. 353.
3. V. Atias, art. préc., *JCP N* 1987. 353 – Capoulade, « Copropriété, usage et jouissance », *AJDI* 2007. 529.
4. Léost, préc. note 303.
5. Sizaire, *op. cit.*
6. Viatte, *op. cit.*
7. EN SENS CONTRAIRE : Atias, *op. cit.*, n° 6; Giverdon, *RTD civ.* 1976. 165.
8. Leost, *op. cit.* – EN SENS CONTRAIRE : Civ. 3e, 17 juin 1997, n° 96-10.506, NP – Kan-Balivet, n°s 21 s., *op. cit.* note 303.
9. CAPOULADE ET AUTRES, préc.
10. Civ. 3e, 17 avr. 1991, n° 89-15.172, NP, *RDI* 1991. 377 – Civ. 3e, 3 oct. 1991, n° 89-21.712, NP, *RDI* 1992. 111; *RDI* 1992. 120 – AUSSI, dans des circonstances différentes : Paris, 20 mars 1992, RG n° 91/021738, *Juris-Data* n° 022091, *RDI* 1991. 367: une terrasse située en prolongement d'un lot était divisée en deux fractions, l'une en propriété, l'autre en jouissance recouvrant un autre bâtiment. La concession d'un droit de jouissance (bout de couloir) par le règlement ne porte pas atteinte aux prérogatives de l'assemblée générale : Civ. 3e, 25 janv. 2011, n° 09-65.731, NP.
11. Civ. 3e, 3 oct. 1991, préc.

Toutefois, la Cour de cassation a reconnu un troisième aspect du droit de jouissance privative sur parties communes qui constituerait un droit réel et perpétuel, sans être rattaché à un lot, ni en constituer l'accessoire, ni la partie privative. Ce droit est généralement consenti pour des emplacements de stationnement[1].

104 Le droit de jouissance privatif, droit accessoire à un lot. Bien que profitant à un copropriétaire, le droit de jouissance privatif sur une partie commune n'est pas attaché à la personne de ce copropriétaire mais *au lot* lui-même dans la composition duquel il entre à titre accessoire[2] sans pour autant constituer un élément du lot. Il ne peut en être dissocié; il ne peut être loué ou cédé à un tiers si ce n'est avec le lot lui-même[3], mais le devenir de ce droit reste discuté en cas de division du lot auquel il était initialement affecté[4].

De là découlent les caractères de ce droit :

- d'abord un *caractère réel*[5]; si le droit de jouissance est personnel par nature, il prend, rattaché à un lot par l'acte constitutif, le caractère réel de ce lot;

- ensuite et en conséquence, en principe et sauf stipulation contraire de l'acte constitutif, un *caractère perpétuel*[6].

D'où il résulte qu'il ne se perd pas par le non-usage ou par l'absence d'utilité[7] et qu'il ne peut, en dehors de la renonciation expresse du propriétaire du lot, prendre fin que par la cessation du régime de la copropriété ou par une expropriation pour cause d'utilité publique; l'indemnité est alors versée au syndicat des copropriétaires[8].

On pourrait, toutefois, concevoir que le droit de jouissance soit stipulé temporaire, par exemple cinq ou dix ans, tant que le lot sera utilisé à tel ou tel usage ou encore à titre personnel ou viager[9].

Mais le droit de jouissance privatif n'est cependant pas assimilable à un droit de propriété[10]; spécialement, il n'entraîne aucun transfert de propriété de ce droit[11].

Du point de vue de sa constitution, celle-ci s'exprime le plus souvent par une clause du règlement de copropriété, qui doit être rédigée avec toutes les précisions utiles ou par une décision de l'assemblée générale prise à la majorité de l'article 26 de la loi du 10 juillet 1965 ou à l'unanimité s'il y a une atteinte à la destination de l'immeuble (la concession de ce droit est, en effet, un acte de disposition).

105 Le droit de jouissance privatif - Usucapion et opposabilité. Le droit de jouissance privatif sur parties communes peut-il s'acquérir par prescription ? Cette question a divisé la doctrine et la jurisprudence[12]. Après avoir jugé que ce droit ne pouvait être acquis par prescription en l'absence d'un juste titre[13], la Cour de cassation a admis que *ce droit réel et perpétuel peut s'acquérir par usucapion*[14]. Ce droit étant attaché a un lot, seul un copropriétaire - et non un tiers - peut donc usucaper. Il a cependant été objecté qu'il existe une certaine équivoque quant à l'acquisition de la propriété ou de la jouissance - celle-ci devant être distinguée de l'usage - et que la réalité de ce droit n'est pas inhérente à sa nature.

L'acte constitutif du droit est soumis à la publicité foncière afin notamment de le rendre opposable aux ayants droit des copropriétaires[15]. Cet acte définit les limites dans lesquelles s'exercent les prérogatives du titulaire du droit qui ne peut être remis en question sans le consentement du copropriétaire du lot intéressé; l'assemblée générale ne peut restreindre ses prérogatives et encore moins les lui retirer[16].

1. Civ. 3e, 2 déc. 2009, n° 08-20.310, *Bull. civ. III*, n° 266.
2. Civ. 3e, 4 mars 1992, n° 90-13.145, *Bull. civ.* III, n° 73; *IRC* 1992. 237, note Capoulade; *RDI* 1992. 240; *D.* 1992. 386, note Atias; *Defrénois* 1992. 1140, note Souleau; *Administrer* janv. 1993. 13; *RTD civ.* 1993. 162, note Zénati – Civ. 3e, 1er mars 2006, n° 04-18.547, NP, *Loyers et copr.* 2006. 112.
3. Civ. 3e, 25 janv. 1995, n° 92-19.600, *Bull. civ.* III, n° 29; *IRC* mai 1995. 17, note Atias; *RDI* 1995. 370; *RDI* 1995. 383; *AJDI* 195, 868 – Paris, 16 févr. 2006, RG n° 05/08935, *Loyers et copr.* juin 2006. 138.
4. Note Guillot, ss Aix, en Provence, 4 mars 1975, *JCP* 1975. II. 18059.
5. Civ. 3e, 4 mars 1992, préc. Dans cette affaire, le règlement de copropriété rattachait expressément le droit de jouissance privatif sur parties communes à un lot sans limitation de durée. Répondant aux moyens qui soutiennent que le droit devenu inutile avait disparu par le non usage, l'arrêt a pu, dans ces circonstances, qualifier le droit de réel et perpétuel.
6. Kan-Balivet, nos 28 s., *op. cit.* § 87.
7. Civ. 3e, 4 mars 1992, préc.
8. Civ. 3e, 26 juin 1974, n° 73-70.289, *Bull. civ.* III, n° 269 – Civ. 3e, 11 janv. 1995, n° 93-70.204, NP, *RDI* 1995. 369; *IRC* 1995. 369, note Capoulade; *D.* 1998. 264.
9. LAFOND, ROUX ET STEMMER, art. L. 9, n° 72.
10. Civ. 3e, 19 déc. 1990, n° 89-12.526, *Bull. civ.* III, n° 267; *RDI* 1991. 249.
11. Civ. 3e, 6 nov. 2002, n° 01-03.436, *Bull. civ.* III, 215; *D.* 2003. 1331; *Administrer* févr. 2003. 45, note Capoulade – Civ. 3e, 3 janv. 2006, n° 04-20.556, NP, *Administrer* mars 2006. 50, obs. Bouyeure.
12. Paris, 15 nov. 1994, *D.* 1997. 243, obs. Giverdon – EN SENS CONTRAIRE : Paris, 30 avr. 2002, *Loyers et copr.* 2002. 241.
13. Civ. 3e, 4 juill. 2007, n° 06-13.264, *Administrer* janv. 2008. 58, obs. Bouyeure.
14. Civ. 3e, 24 oct. 2007, n° 6-19.260; *Bull. civ.* III, n° 183; *Loyers et copr.* 2007. 255, obs. Vigneron; *D.* 2008. 2458; *RTD civ.* 2008. 693.
15. Civ. 3e, 21 juin 2006, n° 05-14.441, *Bull. civ.* III, n° 158; *Administrer* oct. 2006. 61.
16. Civ. 3e, 4 mars 1992, préc.

106 Le droit de jouissance privatif n'affecte pas la qualification des parties communes. Celles-ci demeurent, en effet, la propriété de tous[1]. Le droit de jouissance privatif s'exerce sur ces parties communes, mais n'en constitue pas un accessoire au sens de l'article 3 alinéa 3 de la loi du 10 juillet 1965. Sauf stipulation contraire du règlement de copropriété ou décision expresse de l'assemblée générale, il n'emporte pas, par lui-même, le droit de construire, d'affouiller ou de surélever[2]. Seule l'assemblée générale peut donner l'autorisation, à l'exclusion du syndic[3].

La majorité requise est celle de l'article 25 pour des constructions légères et celle de l'article 26 pour des constructions en dur[4], à supposer que ces édifices soient conformes à la destination de l'immeuble. Il existe alors un transfert du droit de construire.

Plus précisément, il s'exerce en conformité avec l'acte constitutif[5].

De ce que la partie sur laquelle s'exerce le droit de jouissance privatif demeure commune, résulte nécessairement qu'elle ne devient pas partie privative[6]. En conséquence, *le droit de jouissance ne peut constituer la partie privative d'un lot de copropriété*[7]; aucune quote-part *de propriété* ne peut lui être affectée[8]. Les quotes-parts dont il peut être assorti sont des quotes-parts de charges de conservation, d'administration ou d'entretien des parties communes sur lesquelles il porte et que son exercice utilise[9].

Le titulaire du droit de jouissance ne peut obtenir le retrait du syndicat[10] même assorti d'un droit de bâtir car il ne dispose pas d'un droit de propriété; le droit de jouissance exclusive ne donne pas naissance à une copropriété séparée[11]. L'article 46 de la loi de 1965 ne concerne donc pas la superficie affectée par ce droit de jouissance privative[12].

On doit déduire aussi que la constitution d'un droit de jouissance privatif sur le sol commun ne peut réaliser un foncier éclaté qui est la condition de la qualification d'ensemble immobilier[13] (v. s^s^ n° 153).

b)
Droits et obligations résultant du droit de jouissance privatif sur parties communes

107 Consistance. Les droits et obligations résultant du droit de jouissance privatif d'un lot sur les parties communes, pour le propriétaire de ce lot, sont déterminés en fonction des composantes de ce droit; plusieurs ont d'ailleurs déjà été évoqués dans les développements qui précèdent.

C'est donc compte tenu de l'exclusivité de jouissance qui résulte de ce droit, d'une part, et de ce que son assiette est une ou des parties communes, d'autre part, que résultent les droits et obligations dont il est assorti.

108 Droits et obligations résultant de l'exclusivité de jouissance. Le propriétaire du lot dont le droit de jouissance privatif est l'accessoire a le pouvoir d'agir en justice pour la défense de ce droit dans le cadre de la « propriété ou de la défense de son lot » (L. 10 juill. 1965, art. 15)[14]. Spécialement, il peut s'opposer à toute atteinte qui y serait portée de la part de la collectivité ou d'un autre propriétaire.

1. Civ. 3e, 29 oct. 1973, n° 72-12.531, *Bull. civ.* III, n° 552; *AJPI* 1964. 206 – Civ. 3e, 26 juin 1974, n° 73-70.289, *Bull. civ.* III, n° 269.
2. Civ. 3e, 5 oct. 1994, n° 93-11.020, NP, *RDI* 1994. 688; *D.* 1997. 243, – Civ. 3e, 4 mai 1995, n° 93-11.121, *RDI* 1995. 584; *AJPI* 1995. 893; *Defrénois* 1995. 1123, note Atias; *D.* 1998. 266 – POUR le droit de surélever : Civ. 3e, 26 févr. 1997, n° 95-13.692, NP, *RDI* 1997. 278; *RDI* 1997. 294.
3. Civ. 3e, 25 janv. 1995, n° 92-19.600, *Bull. civ.* III, n° 29; *RDI* 1995. 370; *AJPI* 1995. 891; *IRC* 1995. 17.
4. Paris, 10 déc. 1997, RG n° 96/01683, *Juris-Data* n° 023824, *Loyers et copr.* 1998. 147 – POUR une véranda : Civ. 3e, 8 nov. 2006, n° 05-19.757, *Administrer* janv. 2007. 59.
5. CAPOULADE ET AUTRES, I, 19 – LAFOND, ROUX ET STEMMER, L. art. 3, 0083 et L. art. 9, 0233.
6. Civ. 3e, 25 janv. 1995, n° 92-19.600, *Bull. civ.* III, n° 29; *D.* 1998. 265; *RDI* 1995. 370; *AJPI* 1995. 891; *IRC* 1995. 17 – AUSSI : Civ. 3^e^, 22 mai 1973, n° 72-11.406, *Bull. civ.* III, n° 359 – Civ. 3e, 13 nov. 2003, n° 02-12.311, *Bull. civ.* III, n° 196; *AJDI* 2004. 208, note Capoulade.
7. Civ. 3e, 6 juin 2007, n° 06-13.477, *Bull. civ.* III, n° 98; *D.* 2007. AJ 1871, obs. Forest; *Administrer* août-sept. 2007. 49, note Capoulade – *Loyers et copr.* 2007. 181; Capoulade et avis Av. gén. Guérin, *AJDI* juill.-août 2008 – *Defrénois* 2007. 38691, obs. Atias – *JCP* 2007 I 197, n° 5, obs. Périnet-Marquet – Bouyeure, « Reflexions sur la nullité des lots dont une partie privative est constituée par un droit de jouissance exclusive sur partie commune », *Administrer* oct. 2007. 70 – AUSSI : TA Paris 24 nov. 2000, *AJDI* sept. 2001. 721, note Maublanc.
8. Paris, 21 sept. 1992, *Bull. civ.* III, n° 215; *D.* 2003. 1331; *Loyers et copr.* 1992. 479 – Civ. 3e, 6 nov. 2002, n° 01-03.436, *Administrer* févr. 2003. 45, note Capoulade – AUSSI : CAPOULADE ET AUTRES, I, 20.
9. Civ. 3e, 19 déc. 1990, n° 89-12.526, *Bull. civ.* III, n° 267; *RDI* 1991. 249 – Civ. 3e, 4 mai 1995, n° 93-11.121, *RDI* 1995. 584; *AJPI* 1995. 893; *Defrénois* 1995. 1123, note Atias – Civ. 3e, 27 mars 2008, n° 07-11.801, *Bull. civ.* III, n° 59; *AJDI* 2009. 35; *Administrer* juin 2008. 47.
10. Civ. 3e, 29 janv. 1997, n° 94-19.548, *Bull. civ.* III, n° 26; *RDI* 1997. 291; *Administrer* juin 1997. 42, note Capoulade.
11. ÉGAL^t^ : Versailles, 30 juin 1995, *Juris-Data* n° 044513, *D.* 1997. Somm., note Atias.
12. Civ. 3e, 16 janv. 2008, n° 06-15.314, *Bull. civ.* III, n° 8; *AJDI* 2008. 946; *D.* 2008. 2690 – Civ. 3e, 8 oct. 2008, n° 07-16.540, *Bull. civ.* III, n° 149; *D.* 2009. 1231.
13. Note Capoulade, *Administrer* févr. 2003. 45, préc.
14. CAPOULADE ET AUTRES, I, 18.

Il a été jugé notamment qu'un copropriétaire bénéficiant d'un droit privatif à l'utilisation d'emplacements sur parties communes et affectés au stationnement de ses véhicules est recevable à agir en réparation du préjudice qui résulte pour lui de la gêne apportée à l'utilisation de ces aires de stationnement par suite du dépôt par un autre copropriétaire de caisses de bouteilles sur ces emplacements [1]. Il a également été jugé que le propriétaire d'un lot, titulaire d'un droit privatif à la jouissance du jardin, est en droit de s'opposer au passage quotidien des conteneurs à ordures ménagères dont le transit pouvait, par un aménagement approprié, s'effectuer sur d'autres parties communes de l'immeuble [2].

Le droit de jouissance privatif ne peut être dissocié des autres éléments du lot, ni par une décision majoritaire de l'assemblée générale, ni par l'autorité judiciaire [3].

109 Droits et obligations résultant de ce que le droit de jouissance privatif s'exerce sur les parties communes. Il s'agit ici plutôt d'obligations ou, du moins, de restrictions.

Rappel étant fait que le droit de jouissance doit s'exercer en conformité des dispositions du titre (règlement de copropriété ou décision de l'assemblée générale) qui l'établit, le fait qu'il a pour assiette une ou des parties qui demeurent communes, sans constituer un droit accessoire à celle-ci et, *a fortiori*, sans en faire des parties privatives, entraîne un certain nombre de restrictions.

C'est ainsi qu'il a été jugé que le droit de jouissance exclusif ne permet pas :

- d'édifier un jardin d'hiver au lieu d'un jardin d'été [4];
- d'appréhender une partie commune qu'à la condition d'y avoir été autorisé par l'assemblée générale à la majorité de l'article 26 [5] et même à l'unanimité si l'édification d'une maison porte atteinte aux modalités de jouissance des autres lots [6];
- de transformer une cour en local clos privatif [7];
- de transformer une remise de jardin en une salle d'attente d'un cabinet médical [8];
- de daller et d'utiliser un parc en terrasse de restaurant [9];
- d'affouiller le sol du jardin dont son titulaire a la jouissance privative pour y aménager une piscine [10];
- de créer un arrosage automatique [11];
- de supprimer un rond-point ou de modifier les plantations.

110 Droit de jouissance privatif, indépendant de tout lot. Dans des programmes récents de construction, la pratique contractuelle a imaginé de prévoir en vue de la vente des « lots » constitués d'un « droit de jouissance exclusive et particulière » sur parties communes affectées au stationnement de véhicules. Ces « lots » de jouissance ne sont rattachés à aucun lot de copropriété; ils ne peuvent représenter la partie privative d'un lot; ils sont parfois affectés d'une quote-part de charges communes.

Par un arrêt remarqué du 2 décembre 2009 [12], la Cour de cassation a analysé ce droit comme ne conférant pas à son titulaire la qualité de copropriétaire qui « bénéficiait néanmoins d'un droit réel et perpétuel » et ne se trouvait redevable que des frais d'entretien et de réparation de l'emplacement, la décision de l'assemblée générale mettant à sa charge une quote-part des charges communes devant être annulée, à défaut de posséder la qualité de copropriétaire.

La différence apparaît immédiatement avec l'hypothèse d'un droit de jouissance privatif, accessoire à un lot et qui, par une sorte d'osmose, suit le principal. Dans l'espèce jugée, il ne peut exister de « lot » de copropriété constitué par un seul droit de jouissance, même assorti d'une quote-part de charges, en l'absence de toute partie privative et de tout droit de propriété (sur la réalité du droit de jouissance [13]). Le droit de jouissance, en principe de nature mobilière, existe à l'état pur sans le support de la réalité d'un lot de rattachement. Le caractère supplétif de l'article 2 de la loi de 1965 ne saurait prévaloir sur le caractère impératif de l'article 1er. Cette situation relève plus d'un système sociétaire que d'un régime de copropriété.

1. Civ. 3e, 18 déc. 1973, no 72-14.435, *Bull. civ.* III, no 637.
2. Civ. 3e, 26 mai 1993, no 91-17.035, NP, *RDI* 1993. 409.
3. Paris, 5 févr. 1990, RG no 87/4471, *Juris-Data* no 020300, *Loyers et copr.* 1990. 185; *JCP N* 1990. II. 168.
4. Civ. 3e, 30 janv. 1996, no 94-13.816, NP, *RDI* 1996. 264.
5. Civ. 3e, 20 mars 2002, no 00-17.751, *Bull. civ.* III, no 70; *AJDI* 2002. 773, note Capoulade.
6. Civ. 3e, 4 déc. 2007, no 06-18.783, NP, *Administrer* mars 2008, obs. Bouyeure.
7. Civ. 3e, 19 déc. 1990, no 89-12.526, *Bull. civ.* III, no 267; *RDI* 1991. 249 – Civ. 3e, 4 nov. 2004, no 03-11.741, *Bull. civ.* III, no 189; *AJDI* 2005. 311, obs. Giverdon.
8. Civ. 3e, 13 déc. 1995, no 94-14.751, NP, *RDI* 1996. 104.
9. Civ. 3e, 29 janv. 1997, no 95-14.316, NP, *RDI* 1997. 279.
10. Civ. 3e, 22 juill. 1987, no 86-11.433, NP, *Loyers et copr.* 1987. 382.
11. Civ. 3e, 14 févr. 1996, no 94-11.737, NP, *RDI* 1996. 263, obs. Capoulade, Giverdon.
12. Civ. 3e, 2 déc. 2009, no 08-20.310, *Bull. civ.* III, no 266 – Atias, « Une nouvelle définition de la copropriété immobilière », *Defrénois* 2010, no 3, art. 39-065; *Ann. Loyers* 2010; Forest, *D.* 2010. *AJ* 12; *Administrer* mai 2010. 42, note Capoulade.
13. Kan-Balivet, « La nature juridique du droit de jouissance exclusif sur les parties communes ». *Defrénois* 2008. 1780, no 16.

Si la concession d'un tel droit de jouissance présente un avantage pour une commercialisation aussi large que possible de l'immeuble[1] elle suscite bien des questions sur le plan doctrinal (v. *supra*) et bien des difficultés sur le plan pratique.

N'ayant pas la qualité de copropriétaire, le titulaire de ce droit ne peut être convoqué aux assemblées générales, ni y participer, ni y voter. Il se voit imposer des dépenses d'entretien et de conservation de son emplacement, sans autre recours qu'une action en responsabilité délictuelle contre le syndicat. La subsistance de ce droit représentera un facteur de complexité en cas de dissolution ou de scission du syndicat, à moins que ce droit « perpétuel » cesse avec la caducité du règlement de copropriété, son support[2]. Il apparaît enfin inéquitable que le titulaire de ce droit qui accède à son emplacement en utilisant les parties communes sans participer à leur entretien et à leur conservation.

§ 3
Parties privatives

111 Consistance. Aux termes de l'article 2 alinéa 1er de la loi du 10 juillet 1965, *sont privatives les parties des bâtiments et des terrains réservés à l'usage exclusif d'un copropriétaire déterminé*[3]. À l'inverse des parties communes, elles ne font l'objet d'aucune énumération, même simplement énonciative, de la loi. C'est la raison pour laquelle, c'est le règlement de copropriété qui détermine les parties privatives et l'on ne saurait trop insister sur l'intérêt qu'il y a à rédiger, avec le plus grand soin, le règlement de copropriété sur ce point. En cas de clauses ambiguës et, *a fortiori*, en l'absence de toute stipulation, les juges doivent donner la qualification adéquate, le litige portant, en général, sur le point de savoir à qui doit incomber la charge des travaux d'entretien. Ils ne peuvent refuser de statuer sous prétexte d'une insuffisance de preuves[4]. Le critère de l'usage exclusif constitue, en principe, le critère de référence.

Sous le bénéfice de ces observations sont en général considérées comme parties privatives :

– l'intérieur de l'appartement, y compris la porte palière, les fenêtres avec leurs volets et persiennes, les stores, les balustrades et les appuis de balcon (v. aussi s[s] n° 88);

– les cloisons intérieures lorsqu'elles ne font pas partie du gros-œuvre; les portes de communication entre les diverses pièces et, d'une manière générale, les menuiseries intérieures;

– les parquets ou carrelages (sous réserve des stipulations du règlement de copropriété quant à leur nature), à l'exclusion du plancher faisant partie du gros-œuvre[5];

– les équipements intérieurs de chaque appartement (appareils sanitaires, chauffage individuel, climatiseurs, etc.);

– les enduits des murs intérieurs, peintures, tapisseries; les vitres, glaces, tentures et décors;

– les enduits des plafonds avec leurs corniches;

– les vidoirs à ordure particuliers à chaque appartement (pour les canalisations et terrasses v. s[s] n°s 81 et 89). Les façades des boutiques peuvent aussi figurer dans les parties privatives[6]. Une mention spéciale doit être faite des *boîtes à lettres* qui, dans les immeubles construits à compter du 12 juillet 1979, doivent correspondre aux normes fixées par un arrêté du 29 juin 1979 et répondre aux conditions de l'article 90 du code des postes et télécommunications. Elles sont généralement parties privatives; mais rien ne s'oppose à ce qu'elles soient stipulées éléments d'équipement commun (sur les difficultés suscitées par l'inclusion dans les parties privatives de parties de terrains v. s[s] n° 68).

Mises à part, précisément, ces parties de terrains, on constate que, matériellement parlant du moins, l'assiette des parties privatives est très restreinte. L'intérieur de chaque appartement, qui en constitue le support principal, n'est guère qu'un cube d'air[7], un espace déterminé au sein de la construction commune[8] et le propriétaire de cet appartement ne dispose que de la jouissance d'un volume[9].

1. Atias, « Un nouveau mode de commercialisation des emplacements de stationnement en copropriété immobilière ». *Ann. loyers* 2010; note Forest, *D.* 2010. *AJ* 12.
2. La caducité d'un acte n'affecte pas la clause pénale qui y est stipulée. Com. 22 mars 2011. 09-16.660, *Bull. civ.* IV, n° 49; *D.* 2010. 2179, note Hontobeyrie.
3. SUR les parties privatives en général : CAPOULADE ET AUTRES, I, 48 – KISCHINEWSKY-BROQUISSE, n°s 91 s. – LAFOND, ROUX ET STEMMER, L. art. 2, n°s 2 s. – Rép. civ., ATIAS, *V° Copropriété des immeubles bâtis*, n°s 58 s. – Atias, *Dicopropriété*, *V° Parties privatives*.
4. Civ. 3e, 23 sept. 2008, n° 07-15.961, NP.
5. Cattan, « Le changement de revêtement du sol », *Administrer* oct. 2005. 21.
6. V. Bouyeure, « Les modifications apportées par les propriétaires des boutiques à la façade de l'immeuble en copropriété », *AJPI* 1973. 786, spéc. 789 – AUSSI : Civ. 3e, 16 avr. 1979, *D.* 1980. IR 31 et 236; *Administrer* 1980, 24 – Paris, 19 oct. 2005, n° 05/04.742, *AJDI* 2006. 573, obs. Capoulade.
7. Savatier, *Les métamorphoses économiques et sociales du droit privé d'aujourd'hui.*
8. LOMBOIS, D. 1966. 93, n° 14 – RAPPR. : Savatier, « La propriété de l'espace », *D.* 1965, Chron. 213.
9. Nerson, « Observations sur quelques espèces particulières d'indivision », dans *Mélanges Savatier*, p. 707 s., spéc. p. 718.

112 Critères de la qualification partie privative. En dehors des clauses du règlement de copropriété et de l'exclusivité d'usage - qui n'est pas absolument déterminante en raison d'une certaine imprécision de terminologie puisque pouvant s'appliquer à un droit de jouissance privatif sur une partie commune -, il est possible d'identifier les parties privatives d'un lot de différentes manières.

Ce peut être la description du lot, donnée dans le règlement de copropriété complété par l'état descriptif de division publié au fichier immobilier qui indique la consistance des parties privatives.

Ce peut être aussi l'affectation d'une quote-part de la propriété des parties communes qui permet, comme on l'a vu (v. s[s] n° 94), de distinguer la partie privative de la partie d'immeuble demeurant commune affectée d'un droit de jouissance exclusif[1].

À l'inverse, le syndicat peut être propriétaire d'un lot dont les parties privatives ne perdent pas ce caractère par le seul fait qu'elles sont affectées à un usage commun (v. L. 10 juill. 1965, art. 16, al. 2). Ici encore, le fait qu'une quote-part de parties communes soit affectée à ces parties privatives apparaît comme déterminant.

En définitive donc, la notion de partie privative implique nécessairement la détermination de la quote-part de parties communes correspondante. Cette quote-part, affectée à chaque partie privative, forme alors un *lot*, qui lui-même exprime l'assiette de la répartition de la propriété de l'immeuble. On mesure ainsi l'importance que revêt la détermination de cette quote-part.[2]

§ 4
Détermination de la quote-part de parties communes afférentes à chaque lot

113 Nécessité de cette détermination. Si l'on se réfère de nouveau à l'article 1er alinéa 1er de la loi du 10 juillet 1965, on constate que pour former un lot de copropriété, il ne suffit pas de relever que des parties privatives et des parties communes en soient les éléments constitutifs; il faut encore qu'une quote-part des secondes soit affectée à ce lot, et qui plus est, d'une manière indivisible, cette exigence résultant de l'article 6.

La détermination de cette quote-part, en tant que quote-part de propriété, fait l'objet des dispositions de l'article 5 de la loi dont l'objet est de définir une *méthode de calcul* qui n'est prévue que « dans le silence ou la contradiction des titres », autrement dit qui n'est pas impérative. Toutefois, le quatrième alinéa ajouté à l'article 10, dont le principe et la rédaction sont discutables, par la loi du 13 décembre 2000, dite loi SRU, qui oblige tout règlement de copropriété publié à compter du 31 décembre 2002 à indiquer les éléments pris en considération et la méthode de calcul permettant de fixer les quotes-parts de parties communes, en tant que quotes-parts de copropriété, qui sont intangibles, introduit un élément nouveau dans la discussion sur la portée de cette méthode.

Mais il importe au préalable de préciser la nature juridique de l'opération elle-même.

A.
Nature juridique de la détermination de la quote-part des parties communes afférente à chaque lot

114 Définition et nature de l'opération. Déterminer la quote-part des parties communes afférente à chaque lot consiste en réalité à déterminer la quote-part de la copropriété de l'immeuble qui revient à chacun de ces lots[3].

On peut dire également que la quote-part des parties communes afférentes à chaque lot exprime la part d'intérêt du lot dans le syndicat[4].

C'est la raison pour laquelle la pratique préfère employer les termes de *tantièmes* ou de *millièmes de copropriété* à l'effet de désigner cette quote-part, encore que les termes parties communes soient préférables; il en sera fait usage ici.

Ainsi définie, l'opération doit être distinguée de celle qui consiste à fixer la *quote-part des charges* qui incombent à chaque lot. Cette distinction, que nul ne conteste aujourd'hui, est fondée sur des arguments d'ordre à la fois formel et logique[5].

1. AUSSI : CAPOULADE ET AUTRES, I, 51.
2. Civ. 3e, 11 févr. 2009, n° 07-20.237, *Bull. civ.* III, n° 37 : La quote-part des parties communes représente l'élément essentiel de la vente d'un lot.

3. SUR L'ENSEMBLE DE LA QUESTION : KISCHINEWSKY-BROQUISSE, n° 125 – SIZAIRE, n°s 72 s. – LAFOND, ROUX ET STEMMER, L. art. 5 – CAPOULADE ET AUTRES, I, 53 s. – Arnaud et Bouyeure, Millièmes et charges de copropriété, p. 18.
4. CAPOULADE ET AUTRES, I, 53.
5. DANS LE SENS de la distinction, v. en doctrine : SIZAIRE, n° 72, p. 79 – KISCHINEWSKY-BROQUISSE, n° 125, note 475 et 127, note 488 – CABANAC, n° 305 – ARNAUD ET BOUYEURE, n° 60, note 1, p. 135 – Thibierge, « Formules de règlement de copropriété », *Defrénois* 1966. 2789 et 2790 – Morand, « Division des charges et syndicats secondaires; tantièmes particuliers de copropriété », *Gaz. Pal.* 1967. 2. Doctr. 145; « Droits de copropriété et répartition des charges générales », *AJPI* 1970. 213 – Morand et Peynet, « Tantièmes de copropriété et tantièmes des charges », *Gaz. Pal.* 1969. 2. Doctr. 2 – LAFOND, ROUX ET STEMMER, art. L. 5 § 2 – GUILLOT, art. 3 à 7, 3, 05 – Cabannes, concl. s[s] Paris, 12 juill. 1971, *D.* 1971. 598.

Ainsi en jurisprudence[1], notamment dans un arrêt qui affirme que les dispositions de l'article 5 de la loi du 10 juillet 1965, facultatives et supplétives pour l'établissement des quotes-parts des parties communes, sont impératives et d'ordre public pour la fixation des quotes-parts des charges communes[2]; un autre qui déclare que les quotes-parts de parties communes échappent au domaine d'application de l'action en révision de la répartition des charges instituée par l'article 12 de la loi du 10 juillet 1965[3].

Au lendemain de la mise en vigueur de la loi du 10 juillet 1965, certains commentateurs s'étaient prononcés dans le sens d'une relation obligatoire entre la détermination des tantièmes de copropriété et celle des quotes-parts de charges[4]. Mais cette thèse a été rapidement abandonnée; nous l'avions, du reste, combattue dans la 1re édition de cet ouvrage[5].

Du point de vue formel d'abord, la loi du 10 juillet 1965 distingue, dans leur présentation même, la détermination des tantièmes de copropriété et l'établissement des quotes-parts de charges : la première fait l'objet des dispositions de l'article 5, alors que le second est défini par l'article 10. Du même point de vue, on peut encore relever que le décret du 17 mars 1967 va dans le même sens. Il résulte, en effet, des dispositions combinées de l'article 1er et de l'article 3 (al. 2 et 3) de ce texte que, si la répartition des charges est obligatoirement incluse dans le règlement de copropriété dont elle constitue un élément essentiel, la détermination des tantièmes de parties communes trouve sa place logique dans l'état descriptif de division; or celui-ci est un document séparé, au moins intellectuellement (Décr. 17 mars 1967, art. 3, al. 2).

1. TGI Paris, 7 janv. 1969, *Gaz. Pal.* 1969. 1, 187; *D.* 1969. 521.
2. Paris, 12 juill. 1971, *D.* 1971. 598, concl. Cabannes; *AJPI* 1971. 762, note Bouyeure.
3. Paris, 2 févr. 1984, *Juris-Data* n° 020646, *op. cit.*, note 1.
4. V. NOT. : Seguin, « Théorie des parties communes », *Gaz. Pal.* 1966, I, Doctr. 142; « La réglementation de la copropriété : nouvelle théorie de la répartition et de la modification des charges », *JCP* 1966. I. 2030, nos 7 et 8 – Alibert, « Les charges et leur révision dans le nouveau statut de la copropriété », *Ann. loyers* 1966. 1017, spéc. 1018.
5. DANS LE SENS de la distinction, v. en doctrine : SIZAIRE, n° 72, p. 79 – KISCHINEWSKY-BROQUISSE, n° 125, note 475 et 127, note 488 – CABANAC, n° 305 – ARNAUD ET BOUYEURE, n° 60, note 1, p. 135 – Thibierge, « Formules de règlement de copropriété », *Defrénois* 1966. 2789 et 2790 – Morand, « Division des charges et syndicats secondaires; tantièmes particuliers de copropriété », *Gaz. Pal.* 1967. 2. Doctr. 145; « Droits de copropriété et répartition des charges générales », *AJPI* 1970. 213 – Morand et Peynet, « Tantièmes de copropriété et tantièmes des charges », *Gaz. Pal.* 1969. 2. Doctr. 2 – LAFOND, ROUX ET STEMMER, art. L. 5 § 2 – GUILLOT, art. 3 à 7, 3, 05.

L'argument d'ordre logique est tiré de la différence de caractère que l'on peut relever entre les dispositions de l'article 5 de la loi du 10 juillet 1965 et celles de l'article 10 de la même loi. Alors, en effet, que les dispositions de l'article 5 ne sont applicables que « dans le silence ou la contradiction des titres » et, de ce fait, ne revêtent pas un caractère d'ordre public, celles de l'article 10 présentent, en revanche, ce caractère puisque cet article figure au nombre de ceux auxquels l'article 43 interdit toute dérogation. La différence de caractère ainsi établie entre les deux dispositions régissant chacune des opérations, impose que ces dernières soient distinguées. Et de cette distinction, découlent un certain nombre de conséquences.

115 Conséquences – Intangibilité des quotes-parts de parties communes. Du caractère simplement supplétif de la volonté des parties que présente l'article 5 de la loi du 10 juillet 1965, il résulte que celles-ci ont toute latitude pour déterminer les quotes-parts de parties communes affectées à chaque lot lors de l'établissement du règlement de copropriété. Mais cette liberté est assortie de l'irrévocabilité qui s'attache aux conventions en vertu de l'article 1134 du code civil[6]. Par suite du caractère conventionnel assigné au règlement de copropriété, il devrait en être de même pour la détermination des quotes-parts de charges afférentes à chaque lot. Pourtant, comme on le verra (v. ss n° 482), la loi du 10 juillet 1965 a admis que, sous certaines conditions et dans des circonstances qu'elle précise, une modification des quotes-parts de ces charges peut être décidée par un vote majoritaire de l'assemblée des copropriétaires. Elle a également ouvert une action en révision des répartitions qui se révéleraient lésionnaires. L'explication de ces dérogations au caractère irrévocable de la répartition des charges, opérée par le règlement de copropriété, doit être trouvée dans le fait que les bases de cette répartition, sont imposées impérativement par la loi et que, dans ces conditions, le rôle de la volonté des intéressés est très restreint. Il est donc normal que cette répartition puisse être exceptionnellement modifiée par une décision majoritaire lorsque des travaux ou un changement d'usage des parties privatives rendent cette modification nécessaire. Pour la même raison, elle peut être réputée non écrite.

6. EN CE SENS : ARNAUD ET BOUYEURE, p. 39 – SIZAIRE, n° 52 – KISCHINEWSKY-BROQUISSE, n° 128 – Morand, « Mutation de tantièmes de parties communes », *Gaz. Pal.* 1971. 1. Doctr. 41; « De l'intangibilité des parties communes », *Rev. hab. fr.* janv. 1971; *IRC* 1971. 55; LAFOND, ROUX ET STEMMER, art. L. 5, § IV – Versailles, 1re ch., 28 mai 1985, Sté Sopex c/Brice – AUSSI : J.-CL. COPR., fasc. 62, n° 111 – EN SENS CONTRAIRE CEPENDANT : Paris, 10 mars 1981, *Juris-Data* n° 020584, *D.* 1982. IR 287; *RTD civ.* 1982. 172 [ARRÊT DEMEURÉ ISOLÉ].

Bref, on peut estimer que la répartition des charges est liée, dans une certaine mesure, à l'évolution de l'état de l'immeuble et qu'elle doit pouvoir s'y adapter.

La question ne se présente pas de la même manière à propos de la détermination des tantièmes de copropriété. Celle-ci est, en effet, directement sous la dépendance de la volonté des parties et, qui plus est, elle est opérée au moment de l'établissement de la copropriété. C'est la raison pour laquelle il est normal qu'un caractère irrévocable soit assigné à la détermination des tantièmes de parties communes. Cette solution, pour logique qu'elle soit, n'en présente pas moins de graves inconvénients pratiques lorsque le statut de la copropriété régit un groupe d'immeubles dont la construction n'est pas achevée, ou lorsque la redistribution des tantièmes de copropriété est imposée par la création de nouveaux locaux privatifs (par ex. en cas de surélévation v. s^s n° 1156) ou par la transformation de locaux communs en locaux privatifs et inversement. Il a donc fallu se préoccuper des modifications possibles dans les quotes-parts des parties communes afférentes aux lots, spécialement dans leurs incidences sur la publicité foncière; ce fut l'objet de la loi n° 79-2 du 2 janvier 1979 qui, a ajouté un article 6-1 à la loi du 10 juillet 1965.

La possibilité de prévoir des tantièmes particuliers de parties communes peut aussi permettre les assouplissements désirables.

116 Tantièmes particuliers de parties communes. La création de tantièmes particuliers de parties communes est le corollaire obligé de la constitution de parties communes particulières[1]. Elle entraîne plusieurs conséquences.

La première est que ces tantièmes sont des tantièmes de « copropriété » qui expriment les droits de copropriété indivis des copropriétaires concernés sur les parties communes particulières; les autres copropriétaires n'ont donc aucun droit indivis sur ces parties[2]. Les copropriétaires dont les lots ne comportent pas l'affectation de tantièmes particuliers de parties communes ne peuvent en demander la transformation[3].

La seconde conséquence est discutée. On pose, en effet, la question de savoir si la création de parties communes particulières a pour conséquence de rendre seule compétente une assemblée spéciale des copropriétaires, titulaires des droits indivis sur ces parties, pour prendre les décisions qui les concernent[4,5]. La réponse affirmative paraît dictée par le fait que la création de tantièmes de parties communes particulières donne automatiquement aux copropriétaires intéressés un droit de vote proportionnel à ces tantièmes et ce, en vertu du principe posé par l'article 22 de la loi du 10 juillet 1965 qui lie le nombre de voix (et donc le droit de vote) de chacun à sa quote-part dans les parties communes. Mais on peut objecter à ce raisonnement que les copropriétaires dans les lots desquels figurent les tantièmes particuliers de parties communes, ne constituent pas un syndicat[6]. Or, ce sont seulement les décisions du syndicat qui sont prises en assemblée générale.

Pour les copropriétaires de tantièmes particuliers il convient de faire état d'un arrêt qui pose une limite au principe de la compétence de l'assemblée spéciale lorsqu'une installation envisagée est de nature à modifier l'harmonie générale de l'immeuble comportant plusieurs bâtiments[7].

Leur volonté doit être recueillie au cours d'une assemblée générale où ils participeront seuls au vote sur les questions concernant les parties communes spéciales[8].

117 Tantièmes de parties communes particulières et quotes-parts particulières de charges. Il importe de ne pas confondre la création de tantièmes particuliers de copropriété avec l'établissement de quotes-parts particulières de charges. Il arrive, en effet, fréquemment que les règlements de copropriété stipulent que certains copropriétaires seulement acquitteront les charges afférentes à certaines fractions de l'immeuble ou à certains éléments d'équipement.

Jugé que pour pouvoir spécialiser les charges, il n'est pas pour autant indispensable de formaliser la création de parties communes spéciales; il suffit que le règlement, s'agissant d'une construction comportant plusieurs bâtiments, prévoit une répartition des charges par bâtiment[9]. La Cour de cassation a même admis que le juge puisse, sur une action fondée sur l'article 43 de la loi du 10 juillet 1965, créer des charges spéciales lorsque cela s'avère indispensable au regard de la loi[10].

1. CAPOULADE ET AUTRES, I, 59.
2. TGI Paris, 23 oct. 1987, *RDI* 1988. 136.
3. Civ. 3e, 21 févr. 1978, n° 76-14.288, *Bull. civ.* III, n° 89; *Administrer* juin 1978. 34; *Rev. loyers* 1978. 271, note J. V.; *JCP* 1978. IV. 134 – CAPOULADE ET AUTRES, I, 59.
4. EN CE SENS : Bouyeure, « Parties communes particulières et assemblée de copropriétaires », *Administrer* nov. 1980. 14.
5. Paris, 10 avr. 1991, RG n° 90/4.631, *Juris-Data* n° 021059, *Loyers et copr.* 1991. 272.
6. CAPOULADE ET AUTRES, I, 59.
7. Paris, 10 avr. 1991, RG n° 90/4.631, *Juris-Data* n° 021059, *Loyers et copr.* 1991. 272.
8. CAPOULADE ET AUTRES, I, 59. Civ. 3e, 8 juin 2011, n° 10-15.551, *Bull. civ.* III, [à paraître].
9. SUR LA QUESTION : Bouyeure, « Les limites de la spécialisation des charges de copropriété », *AJPI* 1980. 464 – Giverdon, Chron. *RTD civ.* 1977. 796.
10. Civ. 3e, 22 juin 2005, n° 04-12.659, *Bull. civ.* III, n° 139; *Administrer* oct. 2005. 51, note Capoulade; *Loyers et copr.* oct. 2005. 186 – Civ. 3e, 1er févr. 2006, *IRC* juin 2006. 16, note Capoulade.

La portée de ces clauses doit être limitée à ce qui constitue leur objet propre; elles sont donc sans incidence sur les tantièmes de parties communes affectés à chaque lot[1] en tant que quote-part de propriété; par conséquent, le nombre de voix dont disposent ces copropriétaires dans les assemblées générales ne doit pas être affecté. Toutefois, l'article 24 de la loi du 10 juillet 1965 dispose, en son alinéa 4, que lorsque le règlement de copropriété met à la charge de certains copropriétaires seulement les dépenses d'entretien d'une partie de l'immeuble ou celles d'entretien et de fonctionnement d'un élément d'équipement, il peut être prévu par ledit règlement que ces copropriétaires seuls prennent part au vote sur les décisions qui concernent ces dépenses, précision étant faite que chacun d'eux vote avec un nombre de voix proportionnel à sa participation aux dites dépenses, encore faut-il que le règlement le prévoit expressément. Il résulte de ce texte que, d'une part, cette stipulation n'est que facultative et que, d'autre part, le droit de vote particulier des copropriétaires concernés ne s'applique qu'aux décisions qui sont relatives aux dépenses d'entretien ou de fonctionnement de la partie de l'immeuble ou de l'élément d'équipement réservé. Pour les autres décisions, le droit de vote de ces propriétaires est en proportion des tantièmes de parties communes afférents à leurs lots.

118 Intérêts pratiques de la détermination des tantièmes de parties communes. Le fait qu'il n'y ait pas de concordance obligatoire entre la détermination des tantièmes de copropriété et la répartition des charges relatives à la conservation, à l'entretien et à l'administration des parties communes réduit, dans une certaine mesure, les intérêts pratiques de la détermination des tantièmes de parties communes.

Logiquement, c'est en cas de sinistre et si la reconstruction de l'immeuble n'est pas décidée, que l'indemnité d'assurance et le prix du terrain sont répartis entre les copropriétaires en proportion des tantièmes de parties communes affectés à leurs lots. Il est également logique que soient répartis dans la même proportion le prix de vente provenant de l'aliénation ou de l'expropriation d'une partie commune ou les indemnités versées à la copropriété en cas de constitution de droits réels sur l'immeuble, ou celles attribuées en cas de malfaçons affectant les parties communes[2].

1. Paris, 23e ch. B, 25 nov. 1999, RG n° 1998/22048, *D.* 2000. IR, 211, obs. Atias.
2. Arnaud et Bouyeure, p. 18 – Kischinewsky-Broquisse, n° 128 – Sizaire, n° 50 – Thibierge, « Le statut des immeubles en copropriété », *Rapport*, 55e Congrès des Notaires, 1957, p. 24 F – Capoulade et autres, I, 63.

Mais la loi a assorti la détermination des tantièmes de parties communes d'une conséquence beaucoup plus importante que celle qu'imposait la logique en décidant (L. 10 juill. 1965, art. 22, al. 2) que le nombre de voix dont dispose chaque copropriétaire correspond à sa quote-part dans les parties communes. La corrélation ainsi établie entre la quote-part de chaque propriétaire dans les parties communes et le nombre des voix dont ce copropriétaire dispose dans les assemblées générales n'est pas en relation logique avec la non-concordance des tantièmes de copropriété et des quotes-parts de charges dites générales, qui résulte également de la loi du 10 juillet 1965. Il importe, en effet, de souligner que la plupart des délibérations adoptées par les assemblées générales ont des incidences directes avec les charges que les copropriétaires doivent acquitter. Or, par suite de la non-concordance ci-dessus évoquée, il se peut que les tantièmes de parties communes (et, par conséquent, le nombre des voix dont dispose un copropriétaire) soient différents de la quote-part de charges que ce copropriétaire doit supporter. Il suffit pour cela qu'une modification ou une révision de la répartition initiale des charges ait été décidée; celle-ci étant sans incidence sur la répartition des tantièmes de copropriété, les deux répartitions, à les supposer fondées sur des bases identiques lors de l'établissement de la copropriété, seront alors différentes. Mais surtout, il suffit pour que la distorsion éclate, que la répartition des charges relatives à la conservation, à l'entretien et à l'administration des parties communes soit différente, dès l'établissement de la copropriété, de celle des tantièmes de parties communes. C'est pourquoi, on ne saurait trop recommander aux rédacteurs des règlements de copropriété d'établir la concordance désirable entre les tantièmes de parties communes et les tantièmes de charges générales[3].

Cette remarque renforce l'intérêt pratique que présente le calcul de la quote-part des parties communes afférente à chaque lot.

B.
Calcul de la quote-part des parties communes afférentes à chaque lot

119 L'article 5 de la loi du 10 juillet 1965. Aux termes de cet article : « *Dans le silence ou la contradiction des titres, la quote-part des parties communes afférente à chaque lot est proportionnelle à la valeur relative de chaque partie privative par rapport à l'ensemble des valeurs desdites parties, telles que ces valeurs résultent, lors de l'établissement de la copro-*

3. En ce sens : Lafond, Roux et Stemmer, L. art. 5, n° 2.

priété, de la consistance, de la superficie et de la situation des lots, sans égard à leur utilisation. »

Cette disposition, de caractère supplétif, illustre le caractère *contractuel* de la répartition dont la technicité est évidente, d'où le recours fréquent à des spécialistes [1].

Ce caractère contractuel est renforcé par la disposition du 4e alinéa ajouté à l'article 10 de la loi du 10 juillet 1965 par la loi n° 2000-1208 du 13 décembre 2000 qui impose l'obligation pour tout règlement de copropriété, publié à compter du 31 décembre 2002, d'indiquer les éléments pris en considération et la méthode de calcul permettant de fixer les quotes-parts de parties communes et la répartition des charges.

Pour s'en tenir à l'aspect proprement juridique, le texte soulève deux questions. La première est de savoir par qui et à quel moment il est procédé au calcul de la quote-part; la seconde est relative à la méthode de calcul elle-même.

1°
Par qui et à quel moment est-il procédé au calcul des quotes-parts de parties communes ?

120 Qui procède au calcul des quotes-parts de parties communes ? Le principe est que le soin d'opérer le calcul des tantièmes de parties communes appartient aux copropriétaires eux-mêmes. Il n'est d'ailleurs que la consécration logique du caractère conventionnel assigné à ce calcul. Mais en fait, la procédure effectivement suivie dépend des circonstances de l'établissement de la copropriété.

Si la copropriété est établie en conséquence de la *vente de l'immeuble par fractions*, le calcul des tantièmes de parties communes est effectuée par le promoteur-vendeur qui rédige l'état descriptif de division et le règlement « préalable » de copropriété. Les acheteurs, qui deviennent copropriétaires, « adhèrent » aux stipulations de ces documents et, par conséquent, à la répartition des tantièmes, au moment où ils signent les actes de vente concernant les fractions dont ils se rendent acquéreurs [2].

Si la copropriété est établie en conséquence de la dissolution et du partage en propriété d'une *société d'attribution* régie par les articles L. 212-1 à L. 212-17 et R. 212-1 à R. 212-18 du code de la construction et de l'habitation, les tantièmes sont déterminés par l'état descriptif de division (CCH, art. L. 212-2). Ce document doit, en effet, fixer les quotes-parts de parties communes afférentes à chaque lot. Les statuts procèdent à la division du capital social en groupes de parts (ou d'actions) et affectent chacun de ces groupes à l'un des lots définis par l'état descriptif de division. Enfin, afin de faciliter le passage de la société à la copropriété, l'article L. 212-2 prescrit, à titre impératif, une méthode de calcul des droits des associés dans le capital social (et donc des groupes de parts représentatifs de ces droits) qui est directement inspirée de celle préconisée par l'article 5 de la loi du 10 juillet 1965. Les dispositions de cet article deviennent d'ordre public pour les immeubles à usage d'habitation ou à usage mixte (CCH, art. L. 212-10 et L. 212-13).

Si la copropriété résulte de la *division d'un immeuble ancien* qui était la propriété d'une seule personne, c'est, en principe, cette dernière qui procède au calcul et à l'affectation des tantièmes de parties communes; les acquéreurs des lots « adhèrent » ultérieurement à ces opérations.

Enfin, si la copropriété a pour origine un partage amiable ou judiciaire, le calcul des tantièmes de parties communes est opéré par les héritiers ou l'autorité judiciaire, selon les cas.

Mais quelle que soit la personne qui procède au calcul de ces tantièmes, son intérêt est de recourir aux services d'un technicien qualifié [3].

2°
La méthode de calcul prévue par l'article 5

121 Directive générale – Référence à la valeur relative des parties privatives. De la disposition de l'article 5 ci-dessus reproduite (v. s^s^ n° 119), il résulte que les quotes-parts des parties communes affectées à chaque lot doivent être calculés sur la base de la *valeur relative* de chaque partie privative (ce qui exclut sa valeur vénale) par rapport à la *valeur globale de l'ensemble desdites parties.*

Certains auteurs justifient l'exclusion de la valeur vénale en raison de sa subjectivité par rapport à la valeur de réalisation qui tient compte de l'évaluation du terrain, des constructions et des équipements [4].

En réalité cette disposition doit être interprétée dans le sens que le nombre de tantièmes de parties communes affecté à chaque *lot* est fonction de la valeur de ce lot par rapport à la valeur de l'immeuble, tant dans ses parties privatives que dans ses parties communes [5]. Afin de dégager la valeur de l'immeuble, il faut donc procéder à l'évaluation du terrain

1. Il existe de nombreux ouvrages proposant des méthodes de calcul : NOT. J.-CL. COPR., fasc. 102-10 – Arnaud et Bouyeure.
2. CAPOULADE ET AUTRES, I, 60.
3. Gillier, « Un interlocuteur privilégié : le géomètre-expert », *AJDI* 2008. 543.
4. CAPOULADE ET AUTRES, I, 61.
5. SIZAIRE, n° 51 – ARNAUD ET BOUYEURE, p. 39.

sur lequel cet immeuble est construit[1] et à l'évaluation des constructions, y compris les éléments d'équipement communs. Ensuite de quoi, il faut opérer la répartition de l'ensemble de la valeur ainsi obtenue entre les différents lots afin, précisément, d'établir les valeurs relatives de ces différents lots par rapport à la valeur globale. La loi indique sur quels critères cette répartition est opérée. Ce sont la consistance, la superficie et la situation des lots; en revanche, il ne peut être fait état de leur utilisation.

122 Critères de l'évaluation respective des lots – Consistance, superficie et situation des lots. La valeur des lots est d'abord fonction de leur « *consistance* ». La définition de cette notion se révèle délicate[2]. La précision suivante a été donnée lors des travaux préparatoires de la loi du 10 juillet 1965 : la consistance d'un lot correspond à l'état matériel, à la structure physique de ce lot, en sorte que la valeur d'un lot est fonction du point de savoir « s'il s'agit de locaux d'habitation, d'une cave, d'un garage, de toute catégorie d'emplacement réservé à un propriétaire »[3]. La consistance d'un lot est donc certainement fonction de sa nature; mais elle résulte aussi de la nature de la construction[4], de la dimension des pièces, de l'existence d'annexes et de compléments (tels que loggias, balcons, terrasses[5] – V. aussi, évaluation d'une indemnité d'expropriation[6]) du degré de confort. En revanche, la question est discutée de savoir si la destination (ou son affectation) du lot doit être prise en considération (v. s[s] n° 123).

La valeur des lots est ensuite fonction de leur « *superficie* ». C'est là, à vrai dire, le premier élément qui est pris en considération et qui sert de base à tous les calculs[7] On précise que la surface à retenir est la *surface réelle*, à laquelle des coefficients de pondération sont ensuite appliqués afin de tenir compte des locaux annexes et d'obtenir la *surface utile*[8].

La valeur des lots est, enfin, fonction de leur *situation*; c'est-à-dire de l'étage, de l'orientation, de la vue dont ils jouissent, de l'ensoleillement dont ils profitent[9]. La prise en compte de ces éléments conduit à appliquer à la surface utile des coefficients qui permettent de déterminer la *surface corrigée* de chaque lot mais en dehors de tout barème réglementaire[10].

Les coefficients les plus couramment appliqués[11] sont sans valeur normative; ils peuvent varier en fonction de la diversité des immeubles[12].

123 Interdiction de tenir compte de l'utilisation des lots. En édictant cette interdiction, la loi a entendu réagir contre certaines pratiques antérieures et notamment contre celle qui consistait à attribuer aux lots composés de *locaux commerciaux* un nombre de tantièmes de parties communes supérieur à celui qui leur aurait été affecté en fonction de leur valeur relative telle qu'elle vient d'être définie. Il en résultait que ces lots supportaient une quote-part excessive de charges de copropriété.

Mais la portée de l'interdiction faite de tenir compte de l'utilisation des lots est délicate à préciser et ce, par suite du fait que la loi se réfère également à la consistance des lots. Si, en effet, on estime que la destination du lot fait partie de sa consistance, on est conduit à tenir compte, au moins dans une certaine mesure, de l'utilisation de ce lot[13]. C'est la raison pour laquelle il est plus conforme, tant à la lettre du texte qu'à l'intention du législateur, d'exclure toute référence à la destination (ou affectation) des lots pour en déterminer la consistance et qu'il convient de s'en tenir à des « critères objectifs relevant de la nature des choses », c'est-à-dire « à la structure physique des lots, à leur contexture, à leur aménagement originaire ». On peut considérer la jurisprudence comme fixée en ce sens[14].

Toutefois, la portée de cette solution doit être immédiatement précisée, en ce sens que, s'agissant du calcul des tantièmes de parties communes, il est

1. SUR L'ÉVALUATION du terrain nu appelé à recevoir une construction : Civ. 3e, 23 avr. 1992, n° 89-21.086, *Bull. civ.* III, n° 136; *Defrénois* 1992. 1138, note Souleau; *RDI* 1992. 539; *Administrer* janv. 1993. 32; *AJDI* 1994. 294 – POUR un lot transitoire : CAPOULADE ET AUTRES, *loc. cit.*, si le terrain n'est pas inclus dans la copropriété, il faut procéder à l'évaluation des droits sur le terrain.
2. V. Morand, « Répartition des droits de copropriété et répartition des charges. Emploi des coefficients de situation et de consistance », *Gaz. Pal.* 1971. 1. Doctr. 262 – AUSSI : SIZAIRE, n° 51 – KISCHINEWSKY-BROQUISSE, n° 126 – ARNAUD ET BOUYEURE, p. 32 – de Morant, « La répartition des charges dans les copropriétés », *IRC* 1967. 130.
3. *JO Sénat CR* séance, 8 juin 1965, p. 521.
4. de Morant, « La répartition des charges dans les copropriétés », *IRC* 1967. 130.
5. ARNAUD ET BOUYEURE, *loc. cit.*
6. TGI Bobigny, 17 févr. 1972, *AJPI* 1973. 279.
7. ARNAUD ET BOUYEURE, *loc. cit.*
8. ARNAUD ET BOUYEURE, p. 87 – Gillier, *op. cit.*, 544.
9. V. Béraud, « Aspects juridiques et techniques de l'éclairement et de l'ensoleillement dans le droit immobilier », *Ann. loyers* 1975. 1598.
10. SUR LES COEFFICIENTS les plus couramment appliqués : Lafond, Roux et Stemmer, L. art 5, n° 6. Mais ils sont sans valeur normative; ils peuvent varier en fonction de la diversité des immeubles, (copropriété dans la cité, 1.61).
11. LAFOND, ROUX ET STEMMER, L. art. 5, n° 6.
12. CAPOULADE ET AUTRES, I, 61 – Gillier, *op. cit.*, 545 – Atias, *Guide*, n° 156.
13. EN CE SENS : TGI Paris, 7 janv. 1969, *AJPI* 1969. 222, note Bouyeure; *Gaz. Pal.* 1969. 1, 187, note A. M.
14. Paris, 12 juill. 1971, 598, *AJPI* 1971. 762 – Civ. 3e, 21 juin 1977, n° 76-11.129, *Bull. civ.* III, n° 271; *D.* 1978. IR 23; *Gaz. Pal.* 1978, I; *RTD civ.* 1977. 797; *Defrénois* 1978. 364, note Souleau – Civ. 3e, 11 janv. 1995, n° 93-10.237, NP, *RDI* 1995. 371 – CAPOULADE ET AUTRES, I, 61 – AUSSI : Marx et Morand, « Charges de copropriété et commercialité », *Gaz. Pal.* 1975. 2, 544.

toujours possible d'utiliser d'autres bases de calcul que celles qui sont simplement proposées par la loi. Rien ne s'oppose donc à ce que la destination et l'utilisation des lots soient prises en considération. En revanche, les dispositions de l'article 5 sont impératives pour le calcul des quotes-parts des charges relatives à la conservation, à l'entretien et à l'administration des parties communes. Ces quotes-parts ne peuvent donc pas être établies en considération de l'utilisation des lots auxquels elles sont afférentes – en conséquence, si la répartition des tantièmes de parties communes tient compte du facteur de commercialité, il faudra, pour la répartition des charges relatives à la conservation, à l'administration et à l'entretien de l'immeuble, prévoir une autre base qui ne tient pas compte de ce facteur [1].

C.
Indication dans le règlement de copropriété des éléments pris en considération et de la méthode de calcul

124 L'article 10 alinéa 4 de la loi du 10 juillet 1965. Il a déjà été fait mention (v. s[s] n° 38) de l'adjonction de ce quatrième alinéa à l'article 10 de la loi du 10 juillet 1965 par la loi n° 2000-1208 du 13 décembre 2000. Visant, à la fois, la fixation des quotes-parts de parties communes et la répartition des charges, ce texte impose à tout « règlement de copropriété publié à compter du 31 décembre 2002 » l'obligation d'indiquer les éléments pris en considération et la méthode de calcul permettant cette fixation et cette répartition. Cet alinéa provient d'un amendement déposé, au cours du débat parlementaire devant l'Assemblée nationale [2] justifié par le « souci d'expliquer, une fois pour toutes, à chacun des copropriétaires comment ses charges sont calculées ». Si tel est le cas, il est regrettable que le texte adopté vise à la fois les charges et la fixation des quotes-parts de parties communes (en tant que part de propriété). Celles-ci, en effet, sont fixées librement et sont intangibles, en tant que quotes-parts de propriété; les indications exigées sont donc, pour elles, inutiles sauf en cas de la division du lot pour la répartition de la propriété entre les fractions. Et pour ce qui concerne la répartition des charges, les critères d'ordre public qui sont retenus par l'article 10 font échec aux stipulations contractuelles qui ne les respecteraient pas. On peut tout au plus se contenter d'une liste succincte des éléments de pondération pris en compte (par ex., pour l'ascenseur 1,05, 1,25 ou 0,75 par étage; pour l'orientation Ouest : 0,95; Sud : 1; Nord : 0,25; Est : 0,50); mais il ne saurait être question d'établir une véritable « surface corrigée » pour chaque lot ce qui imposerait la consultation d'un technicien (géomètre, métreur, ingénieur, architecte...) [3].

Il s'agit donc là d'une disposition inutile et, de surcroît mal rédigée. On a pu, à cet égard, regretter que le législateur ait omis de préciser la sanction du non-respect de cette obligation [4]. Mais, à vrai dire, on ne voit pas très bien ce qu'elle pourrait être; certainement pas la nullité de la fixation des quotes-parts de parties communes ou de la répartition des charges [5]; donc, tout au plus, l'exercice d'une action en exécution de l'obligation ainsi édictée [6] mais dont l'intérêt pratique est limité du fait de l'absence d'incidence pratique de cette exigence imaginée par un législateur qui, manifestement, a ignoré les différences qui séparent les quotes-parts de parties communes des quotes-parts de charges.

On peut ajouter qu'il aurait été plus logique de viser, plutôt que le règlement de copropriété, l'état descriptif de division qui est établi en vue de l'identification des lots pour les besoins de la publicité foncière et doit mentionner « la quote-part des parties communes si elle existe » (Décr. 7 janv. 1959, mod., art. 71). À défaut d'indication de la méthode de calcul, ne serait-on pas tenté de soutenir que la sanction devrait être le refus du dépôt. Mais ce serait oublier que le conservateur n'exerce pas un contrôle interne de l'acte, en dehors de celui des éléments nécessaires à la publication. En tout cas, il y a là la preuve qu'un texte mal rédigé peut donner prise aux interprétations les plus risquées.

L'interférence entre les articles 5 et 10 a conduit le législateur à la rédaction de cette disposition qui, en réalité, n'a d'intérêt que pour calculer la répartition des charges. Les actions en révision et celles tendant à réputer non écrite une répartition des charges démontraient, en effet, la difficulté, parfois insurmontable, de vérifier la conformité à la loi de la répartition critiquée, même à l'aide de simulations ou de supputations. La célérité des expertises et la sûreté des décisions dépendent donc de l'indication de la méthode suivie, dans ses principes essentiels.

1. V. Giverdon, « Le statut de la copropriété des immeubles bâtis », *Gaz. Pal.* 1967. 2. Doctr. 84 – *Le géomètre-expert et la copropriété, Rapport au XXIe Congrès de l'Ordre des géomètres-experts; Le Touquet* 1972, p. 305, spéc. 313 – EN CE SENS : J.-CL. COPR., fasc. 63 – AUSSI : Morand, « Règlement de copropriété et répartition des charges », *Gaz. Pal.* 1976. 2, 543 – Civ. 3e, 6 mars 1991, n° 89-16.943, *Bull. civ.* III, n° 82; *AJDI* 1991. 340; *RDI* 1991. 92; *D.* 1992. 134; *IRC* 1991. 152, note Capoulade – Civ. 3e, 12 juin 1991, n° 89-18.331, *Bull. civ.* III, n° 170; *D.* 1992. 135; *RDI* 1991. 379; *Defrénois* 1991. 1016.
2. *JOAN* 2000, p. 2118.
3. Gillier, *op. cit.* n° 545.
4. LAFOND, ROUX ET STEMMER, L. art. 5, § 3.
5. LAFOND, ROUX ET STEMMER, L. art. 5, § 3.
6. LAFOND, ROUX ET STEMMER, L. art. 5, § 3.

§ 5
Indivisibilité des parties privatives et de la quote-part afférente des parties communes

125 L'article 6 de la loi du 10 juillet 1965. En disposant impérativement – l'article 6 figure au nombre des articles que l'article 43 déclare impératifs – que les parties communes et les droits qui leur sont accessoires ne peuvent faire l'objet séparément des parties privatives, d'une action en partage ni d'une licitation forcée, l'article 6 de la loi du 10 juillet 1965, pour la première fois, pose un principe plus large qui est celui de *l'indivisibilité* entre les parties privatives et la quote-part correspondante des parties communes. En réalité, cette indivisibilité est le trait spécifique de la notion de lot en tant que *structure de division* de l'immeuble entraînant l'application du statut de la copropriété; elle en exprime l'originalité au sein des autres « fractions » d'immeuble. L'expropriation d'un lot ne saurait être prononcée à l'exception de la quote-part des parties communes [1].

Rapprocher de certains auteurs, pour qui le lot de copropriété apparaît comme « le groupe indivisible des droits échus à un copropriétaire dans la répartition de la propriété de l'immeuble » [2]. Toutefois, si une décision unanime des copropriétaires met fin à l'état de copropriété, il y a lieu à un partage des parties communes [3].

On en déduit cette conséquence que des locaux privatifs appartenant à l'État ne peuvent être considérés comme dépendant du domaine public alors même qu'ils seraient affectés à un service public [4].

SOUS-SECTION 2
LE LOT, STRUCTURE DE DIVISION SPÉCIFIQUE DE L'IMMEUBLE « EN COPROPRIÉTÉ »

126 Division. Après avoir constaté l'originalité de la structure « lot de copropriété », on déterminera sa constatation par le document qualifié *état descriptif de division.*

§ 1
Originalité de la structure « lot de copropriété »

127 Définition du lot – Ses traits spécifiques. Le lot de copropriété en tant que structure de division d'un immeuble *bâti* est défini, ainsi qu'on l'a vu (v. s^s n° 51), par l'article 1er alinéa 1er de la loi du 10 juillet 1965 comme comportant une partie privative et une quote-part de parties communes. Ainsi caractérisé, le lot de copropriété relève de la notion plus vaste de *fraction d'immeuble* dont la caractéristique est de concerner des divisions ne s'appliquant pas à la propriété du sol et ne comportant pas de changement de limites (Décr. 4 janv. 1955, art. 7, al. 3), précision étant faite que sur cette fraction s'exercent ou peuvent s'exercer des droits réels concurrents (Décr. 14 oct. 1965, art. 71-A, mod. par Décr. n° 79-405, 21 mai 1979). Mais la notion de fraction d'immeuble n'implique pas nécessairement la coexistence d'une partie privative et d'une quote-part de parties communes, alors que cette coexistence est, au contraire, nécessaire pour former le lot de copropriété.

De la sorte, on peut dire que le lot de copropriété est, d'une part, une fraction d'immeuble provenant de la division de la propriété de celui-ci, comprenant, d'autre part, une partie privative et une quote-part de parties communes.

Le lot de copropriété est, d'abord une *fraction d'immeuble issue de la division de propriété de celui-ci*; seul un immeuble par nature peut constituer la matière d'un lot de copropriété [5].

La question avait été discutée de savoir si un *droit d'affichage* pouvait constituer un lot de copropriété; elle était différente de celle de savoir si un tel droit pouvait être qualifié de droit accessoire aux parties communes et être réservé comme tel à un tiers (v. s^s n° 96). C'était difficilement concevable car, d'une part on voit mal quel droit réel privatif peut résulter d'un droit d'affichage, sauf à l'analyser en un usufruit [6] ou en un droit de superficie. D'autre part, il paraît techniquement difficile de déterminer quelle pourrait être la quote-part de parties communes affectée à un tel lot [7]. La doctrine et la jurisprudence s'accordent en général pour estimer qu'un droit d'affichage ne peut être qualifié lot de copropriété [8].

1. Civ. 3e, 31 janv. 2007, n° 06-12.404, *Bull. civ.* III, n° 14; *D.* 2007. AJ 504; *AJDI* 2007. 1184, obs. Capoulade; *Defrénois* 2007. 974, obs. Atias.
2. Atias, *Droit civil*, t. II, *Les biens*, n° 80; *Guide*, art. L. 6 – Sizaire, n° 43.
3. Lafond, Roux et Stemmer, L. art. 6, n° 4.
4. CAA Paris, 20 juin 1989, *Juris-Data* n° 604514, *JCP N* 1990. II. 44 et 231; *JCP* 1990. II. 21506; *JCP N* 1991. II. 231, note Davignon.
5. En ce sens : Chron. Zénati, *RTD civ.* 1976. 427.
6. Solution critiquée par Zénati : note s^s Civ. 3e, 18 janv. 1984, n° 82-16.003, *Bull. civ.* III, n° 16; *D.* 1985. 504 – Aussi : note Barbièri, *JCP* 1986. II. 20547; *RDI* 1984. 394.
7. *RDI* 1986. 237.
8. TGI Paris, 21 mars 1980, *D.* 1982. IR 285; *RDI* 1981. 526; *Bull. inf. Cneil* 1981, n° 69, p. 31, note Sizaire; *Administrer* avr. 1982, Chron. jur. Lafond, p. 45 – Civ. 3e, 5 oct. 1994, n° 92-15.926, *Bull. civ.* III, n° 167; *RDI* 1995. 79; *D.* 1997. 245; *AJPI* 1995. 319, note Giraudel.

Le lot de copropriété est ensuite une *fraction d'immeuble composée d'une partie privative et d'une quote-part de parties communes*; c'est ce qui en constitue l'originalité et permet, notamment de le distinguer du « volume immobilier », qui, lui, ne comporte pas de quote-part de parties communes. La coexistence de ces *deux composants indissociables est indispensable*; à défaut de l'un d'eux, soit d'une partie privative, soit d'une quote-part de parties communes, il ne peut y avoir de lot de copropriété[1].

S'il n'y a pas de quotes-parts dans les parties communes, il ne peut y avoir ni droit de vote aux assemblées générales, ni participation dans les charges communes. Mais il suffit que la quote-part des parties communes soit déterminable[2]. Une partie privative en propriété est également indispensable. C'est pourquoi un droit de jouissance exclusif sur une partie commune qui n'entraîne aucun transfert de propriété ne devenant pas partie privative ne peut constituer un lot de copropriété[3].

C'est aussi en raison de ce caractère indissociable que la notion de lot est exclusive de celle de partie commune[4].

Ce qui ne fait pas obstacle à ce qu'un lot soit affecté à un usage commun, par exemple la conciergerie.

Ainsi caractérisé, le lot de copropriété constitue une *entité autonome* qui fait l'objet d'un *droit réel unique* mais qui s'exerce différemment selon la nature du composant (partie privative ou partie commune) sur laquelle il porte, dont l'affectation peut varier (habitation, commerce, bureau…).

Mais c'est aussi une *entité abstraite*, bien que les composantes soient concrètes. Il est, de ce fait, impossible de séparer les lots par une ligne divisoire, ce qui constitue la différence essentielle qui sépare le lot de copropriété du lot de lotissement. Il en résulte aussi que les articles 646, 671 et 672 du code civil ne sont pas applicables dans une copropriété[5].

Plusieurs conséquences résultent de cette structure particulière.

128 Copropriété et servitudes. La première de ces conséquences concerne les relations à établir entre l'immeuble en copropriété et la constitution des servitudes. On sait, en effet, qu'aux termes de l'article 637 du code civil la servitude est une charge imposée à un héritage pour l'usage et l'utilité *d'un autre* héritage; en d'autres termes, il faut que les « héritages » (mieux vaut dire les fonds) appartiennent à des propriétaires différents. *A priori* la condition ainsi posée paraît difficilement applicable à la constitution de servitudes à l'intérieur du syndicat entre ses divers composants. C'est la raison pour laquelle cette question a provoqué une abondante jurisprudence et suscité nombre d'études doctrinales desquelles la passion n'est pas toujours exclue[6]. Afin d'en exposer l'état actuel il faut faire une distinction selon que la servitude est établie entre le « fonds » en copropriété et un « fonds tiers », extérieur à l'assiette foncière de la copropriété, d'une part ou que la servitude constituée est interne à la copropriété, d'autre part.

On peut aussi évoquer les réseaux de servitudes établis entre les volumes immobiliers qui en organisent la coexistence sur un plan purement contractuel (v. s^{s} n° 62).

129 Servitude établie entre le fonds en copropriété et un fonds tiers. Dans cette hypothèse, il n'y a pas de difficulté puisque les fonds appartiennent à des propriétaires différents. Peu importe que l'un des fonds ou même les différents fonds intéressés soient placés sous le régime de la copropriété. Un syndicat de copropriétaires peut consentir à la majorité de l'article 26, et à l'unanimité s'il y a atteinte à la destination de l'immeuble, une servitude au profit d'un fonds tiers extérieur à la copropriété[7], mais cette servitude n'entre pas dans la

1. CAPOULADE ET AUTRES, I, 6 – DANS LE SENS du caractère indispensable de la coexistence des deux composants : Atias, note *JCP* 1977. II. 187 – Souleau, note *Defrénois* 1978. 370 – Viatte, note *Journ. not.* 1977, p. 310 – Terré et Simler, *Les biens*, 8e éd., n° 638.
2. EN CE SENS : Sizaire, « Division en volumes et copropriété des immeubles bâtis », *JCP N* 1988. I. 323; *JCP* 1988. 3367, spéc. n° 5.
3. Civ. 3e, 6 juin 2007, n° 06-13.477, *Bull. civ.* III, n° 98; *D.* 2007. 2184, 2356 et 2757; *D.* 2008. 2690; *RTD civ.* 2007. 591; *AJDI* 2007. 575; *Administrer* août. 2007. 49 et oct. 2007. 70; *Loyers et copr.* 2007. 181.
4. CAPOULADE ET AUTRES, I, 7.
5. Paris, 22 févr. 1991, RG n°s 90/012670 et 90/014270, *Juris-Data* n° 020196, *D.* 1992. Somm. 139; *RDI* 1991. 375.
6. PRINCIPALES ÉTUDES : LAFOND, ROUX ET STEMMER, L. art. 4, n°s 25 s. – Aubert, « Servitudes et copropriété », *Administrer* mai 1993. 11; « Quelques mots à propos des servitudes en copropriété », *JCP* 1993. I. 3726 – Atias, « Naissance d'un principe : des servitudes en copropriété immobilière », *D.* 1987, Chron. 585 – Capoulade, « Le statut de la copropriété et les servitudes », *IRC* oct. 2001. 17 – J.-CL. NOT., Bergel, *Servitudes légales*, fasc. A, n° 10 – Delage, « Servitudes et copropriété », *Rev. huissiers* 1993. 761 – Kan Balivet, *op. cit.*, n° 21 – Giverdon et Martin, « Compatibilité de la servitude et de la copropriété », *Ann. loyers* 1986. 115 – Hugot, « Copropriété et servitudes », *JCP N* 1995, prat. 706 – Tomasin, « Immeubles en copropriété et servitudes », *Dr. et ville* 1990, 34 – Ritschy, *IRC* 2002 – Bayard-Jammes, « Le principe de compatibilité du régime des servitudes et de la copropriété immobilière », *AJDI* 2005. 193.
7. Capoulade, art. préc., *IRC* oct. 2001. 17.

composition d'un lot. Un régime particulier est applicable à une servitude de cour commune[1].

L'établissement d'une telle servitude est la source d'un préjudice collectif ressenti par le syndicat du fait de cet établissement et le préjudice individuel subi personnellement par certains copropriétaires en raison de la perte de valeur affectant les parties privatives de leurs lots[2].

Le fonds en copropriété bénéficie des servitudes antérieurement établies à son profit; inversement la servitude qui grève le fonds en copropriété s'impose au syndicat qui doit la respecter.

130 Servitude interne à la copropriété. C'est l'hypothèse délicate qui est à l'origine des controverses.

Pour la majorité des auteurs, il n'y a pas d'obstacle à l'établissement d'un régime de servitude; le caractère indissociable des parties privatives et des parties communes n'empêche pas que le droit réel qui a le lot pour assiette s'exerce différemment selon qu'il porte sur les unes et sur les autres. Par ailleurs les droits des copropriétaires sont différents : droit de propriété exclusive sur les parties privatives, droit indivis sur les parties communes. Il y a donc des fonds indépendants et des propriétaires différents[3].

Mais la troisième chambre civile de la Cour de cassation, par une jurisprudence, constante pendant près de quarante ans, n'a pas partagé cette analyse. Procédant souvent par la voie d'un moyen de pur droit soulevé d'office, elle a décidé d'abord qu'il y avait « incompatibilité entre la division de l'immeuble en lots de copropriété et la création d'une servitude sur une partie commune au profit d'un lot privatif[4] », puis, ensuite, que « la division d'un immeuble en copropriété est incompatible avec la création, au profit d'une partie privative d'un lot, d'une servitude sur la partie privative d'un autre lot »[5]. Cette position est tout à fait conforme à la notion de lot telle qu'elle a été dégagée ci-dessus (v. s^s n° 127).

En effet, constatation faite qu'une servitude crée un droit d'usage, d'une part, la servitude est inutile si elle porte sur une partie commune puisqu'une telle partie est déjà à usage commun et, d'autre part, elle est impossible si elle affecte une partie privative puisque contraire au droit d'usage exclusif dont cette partie est l'objet[6]. Le lot, au sens de l'article 1er alinéa 1er de la loi du 10 juillet 1965 n'existe plus. C'est la raison pour laquelle il convient d'exprimer les plus expresses réserves sur l'arrêt rendu par la troisième chambre civile le 30 juin 2004[7] qui, contrairement, à ce qu'elle avait décidé jusqu'à présent, affirme que la « division d'un immeuble en lots de copropriété n'est pas incompatible avec l'établissement de servitudes entre les parties privatives de deux lots, ces héritages appartenant à des propriétaires distincts ». Une telle affirmation méconnaît la notion de lots pour la confondre avec celle de partie privative, ce qui revient à la copropriété par appartements. Cette solution présente beaucoup d'inconvénients, si elle répond à certaines commodités. On pouvait souhaiter que cet arrêt soit isolé, mais la troisième chambre a maintenu sa position dans des arrêts ultérieurs[8].

Un doute est toutefois permis dans l'éventualité d'une copropriété horizontale dans laquelle les copropriétaires n'ont qu'un droit de jouissance exclusive sur le sol de leur lot dont la propriété demeure commune entre tous.

Ainsi, dans un arrêt du 21 mars 2001, la cassation s'est prononcée sur le grief que l'arrêt attaqué n'a pas tiré les conséquences légales de ses propres constatations. M. Bouyeure propose la substitution à la qualification de servitude de celle de charge (par exemple la mise en place d'une issue de secours pour des locaux commerciaux avec création d'un droit de passage sur les parties privatives dépendant d'autres locaux)[9].

131 Lot de copropriété et publicité foncière. Mais c'est aussi sur le plan de la publicité foncière

1. LAFOND, ROUX ET STEMMER, L. art. 5, 0114.
2. V. Civ. 3e, 15 déc. 1999, n° 97-22.161, *Bull. civ.* III, n° 250, *RDI* 2000. 232 – Civ. 3e, 20 janv. 1993, n° 91-10.584, NP, *IRC* 1993. 80.
3. EN CE SENS : Aubert, *op. cit.*, *Administrer* mai 1998 – Civ. 3e, 30 juin 1992, n° 91-10.116, *Bull. civ.* III, n° 231; *D.* 1993. 156, note Aubert; *RDI* 1992. 535.
4. Civ. 3e, 11 janv. 1989, n° 87-13.605, *Bull. civ.* III, n° 11; *RTD civ.* 1990. 310, obs. Zénati; *RDI* 1989. 343.
5. Civ. 3e, 6 mars 1991, n° 89-14.374, *Bull. civ.* III, n° 75; *D.* 1991. 355, note Souleau; *RTD civ.* 1991. 561, obs. Zénati; *D.* 1992. Somm. 1992. 131; *IRC* 1991, note Capoulade; *RDI* 1991. 247 – Civ. 3e, 18 juin 1997, n° 95-14.222, *RDI* 1997. 477; *AJPI* 1997. 857, note Giverdon – Civ. 3e, 9 déc. 1998, n° 97-13.010, NP, *RDI* 1999. 142.
6. Capoulade, art. préc., *IRC* oct. 2001, spéc. 19.
7. Civ. 3e, 30 juin 2004, n° 03-11.562, *Bull. civ.* III, n° 140; *RTD civ.* 2004. 753, Chron. Th. Revet; *D.* 2005. 1134, note Giverdon, Capoulade; Bayard-Jammes *AJDI*, 2005, Chron. 193; « La nature juridique du droit du copropriétaire immobilier », p. 110. Daublon et Gélot, *Defrénois* 2005, Chron. 861 – Tomasin, *AJDI* 2006. 541; *JCP* 2004, n° 43, p. 1906, obs. Périnet-Marquet.
8. Civ. 3e, 13 sept. 2005, n° 04-15.742, NP, *Administrer* nov. 2005. 38, obs. Bouyeure Civ. 3e, 1er juill. 2009, n° 08-14.963, *Bull. civ.* III, n° 164 – RAPPR. : Civ. 3e, 21 juin 2006, n° 04-20.660, *Bull. civ.* III, n° 157 : le mesurage de la partie privative d'un lot est une prestation topographique, sans incidence foncière, n'ayant pas pour objet la délimitation des propriétés, *D.* 2007. 2184.
9. Civ. 3e, 21 mars 2001, n° 98-21.668, *Bull. civ.* III, n° 36; *D.* 2002. Somm. 1525, note Bouyeure.

et plus précisément de la tenue du fichier immobilier, que se manifeste l'originalité du lot de copropriété.

D'abord, en effet, ce lot, qui est le résultat d'une division ne s'étendant pas à la propriété du sol (qui reste indivis) impose, faute de pouvoir être pris en compte par le cadastre, une procédure particulière d'identification qui a trouvé son expression dans le document qualifié état descriptif de division, dont le domaine est d'ailleurs plus vaste puisqu'il concerne toute fraction d'immeuble.

Mais s'agissant de lots de copropriété proprement dits, cette identification devait s'opérer conformément à la nature particulière de ceux-ci; cela entraînait cette conséquence que les droits soumis à la publicité foncière, dont les lots sont l'objet, avaient pour assiette la totalité de ces lots, c'est-à-dire la partie privative et la quote-part de parties communes qui lui est indivisiblement affectée. Tel était notamment le cas pour les privilèges et les hypothèques grevant les lots.

132 La loi du 2 janvier 1979 et les textes qui la complètent. Cette situation – pour logique qu'elle fût – entraînait des difficultés inextricables sur le plan de la tenue du fichier immobilier, spécialement toutes les fois que des modifications dans la composition des lots entraînaient l'obligation d'établir des états modificatifs à l'état descriptif de division (v. s^{s} n° 148).

La pratique avait opportunément dénoncé ces difficultés[1] qui ont trouvé leur solution avec la loi n° 79-2 du 2 janvier 1979, relative aux droits grevant les lots d'un immeuble soumis au statut de la copropriété[2] complétée par le décret n° 79-405 du 21 mai 1979[3] et par une circulaire du 1er août 1979[4] rapportée en annexe du Traité.

1. V. Delorme, « La modification de l'état descriptif de division et du règlement de copropriété », *Rapport*, 76e Congrès des notaires, Strasbourg, 1976, p. 201 s.
2. Thibierge, « Commentaires de la loi du 2 janvier 1979 », *Defrénois* 1979. 401 s. – Giverdon, *RDI* 1979. 161 – Letulle et Desmazières, *Administrer* mars 1979. 10 – Dagot, « Les modifications de la copropriété et le droit de la publicité foncière », *JCP* 1979. I. 2942; *Rev. géomètre* mai 1981, p. 36 – Martin, *Ann. loyers* 1979. 574 – Viatte, « Les droits réels sur les parties communes », *Rev. loyers* 1979. 179; « Modification du régime des parties communes des immeubles en copropriété », *Journ. not.* 1979. 54768.
3. Thibierge, « Commentaires du décret du 21 mai 1979 », *Defrénois* 1979, I, 1057 – Letulle et Desmazières, *Administrer* août-sept. 1979. 6 – AUSSI : Bouyeure, « La loi du 2 janv. 1979 relative aux droits grevant les lots d'un immeuble soumis au statut de la copropriété et son décret d'application, du 21 mai 1979 », *AJPI* 1979. 74 – Martin, *Ann. loyers* 1979. 574.
4. *BOI* n° 10 E-1-79, 1er août 1979, *JCP N* 1979, prat. 7262 et reproduite en annexe.

Le résultat de l'ensemble de ces dispositions a été, au moins pour les besoins de la publicité foncière, de rompre l'indivisibilité entre les parties privatives et la quote-part correspondante de parties communes de manière à « purger » ces dernières des droits réels (et notamment des privilèges et des hypothèques) qui les grèvent en même temps que les parties privatives.

Aux termes, en effet, de l'article 6-1, ajouté par cette loi à la loi du 10 juillet 1965 « *en cas de modification dans les quotes-parts des parties communes afférentes aux lots, quelle qu'en soit la cause, les droits soumis ou admis à publicité dont les lots sont l'objet s'éteignent sur les quotes-parts qui en sont détachées et s'étendent à celles qui y sont rattachées* ».

Des termes « dans les quotes-parts des parties communes », on déduit que sont visées toutes les modifications, qu'elles aient pour objet de changer l'expression arithmétique de ces quotes-parts ou, à fraction inchangée, d'accroître ou de restreindre l'étendue des biens matériels sur lesquels elles portent (Instr. 1er août 1979[5], n° 15).

Cette disposition, qui constitue l'alinéa 1er de l'article en question, est complétée par celles des alinéas suivants qui visent le cas particulier des changements d'emprise de la copropriété, consécutifs à l'aliénation volontaire ou forcée ou à l'acquisition de parties communes. Par ailleurs, à l'effet de permettre au conservateur des hypothèques de faire disparaître les inscriptions des hypothèques et des privilèges grevant les lots, disparition qu'impose la purge de ces sûretés, la loi du 2 janvier 1979 a ajouté au code civil un article 2148-1, devenu l'article 2429 (ord. n° 2006-349, 23 mars 2006) aux termes duquel « *pour les besoins de leur inscription, les privilèges et les hypothèques sont réputés ne pas grever la quote-part de parties communes afférentes au lot sur lequel ils portent* ».

Deux nouveaux alinéas ajoutés à l'article 2217 du code civil contiennent la même disposition pour la publication des commandements de saisie-immobilière.

Toutefois, le créancier inscrit (ou saisissant) conserve son droit sur la quote-part de partie commune dont la consistance est déterminée au moment de la mutation dont le prix forme l'objet de la distribution. Ainsi, la notion même de lot de copropriété n'est pas modifiée.

Ces dispositions, qui sont entrées en vigueur le 1er juillet 1979, ont entraîné des conséquences importantes sur l'établissement des états descriptifs de division et surtout des modificatifs dont ces états peuvent faire l'objet.

5. Instr. 1er août 1979, préc.

§ 2
État descriptif de division

133 Définition. L'état descriptif de division est le document qui est destiné à identifier les lots au point de vue de la publicité foncière[1]. L'établissement de ce document est prescrit par l'article 7 du décret du 4 janvier 1955, portant réforme de la publicité foncière, modifié par le décret n° 59-89 du 7 janvier 1959 et complété par le décret du 14 octobre 1955, lui-même modifié par le décret n° 79-905 du 21 mai 1979. Auparavant, la détermination des parties privatives et des parties communes y afférentes était, en général, l'objet du règlement de copropriété. Mais, d'une part, la rédaction de ce document n'était pas obligatoire, et d'autre part, la désignation des lots était souvent imprécise. L'institution, par le décret du 4 janvier 1955, du fichier immobilier et l'obligation consécutive d'établir une fiche pour chaque immeuble urbain (Décr. 14 oct. 1955, art. 10) et des fiches particulières pour chaque fraction divise d'un tel immeuble (Décr. 14 oct. 1955, art. 11, al. 3), rendaient nécessaire la désignation avec certitude de ces fractions. C'est à cette nécessité que répond l'état descriptif de division.

134 Fonction – Nature juridique – État descriptif de division et règlement de copropriété. La fonction de l'état descriptif de division, dont on a pu dire qu'« elle se bornait à identifier les différentes fractions composant l'immeuble » et n'avait pour conséquence d'opérer « ni la mutation de ces fractions, ni la création de charges sur une ou plusieurs d'entre elles »[2], apparaît ainsi tout à fait différente de celle du règlement de copropriété. Ce dernier, en effet, aux termes de l'article 8 alinéa 1er de la loi du 10 juillet 1965, détermine la destination des parties tant privatives que communes ainsi que les conditions de leur jouissance. Ces deux éléments sont toutefois de nature à entraîner une certaine confusion entre les deux documents.

D'abord, le plus souvent, l'état descriptif de division est intégré dans le règlement de copropriété ou lui est annexé.

Ensuite, l'article 8 de la loi du 10 juillet 1965 vise « le règlement conventionnel de copropriété incluant ou non l'état descriptif de division », ce qui peut donner à penser que ce dernier entre dans la sphère contractuelle.

On comprend, dans ces conditions les hésitations de la jurisprudence.

Hésitations qu'aurait dû lever le décret du 17 mars 1967 qui en son article 3, alinéas 2 et 3, a pris soin de circonscrire les stipulations qui constituent le règlement de copropriété au sens et pour l'application de la loi.

Celles-ci ont été levées par l'arrêt de principe de la troisième chambre civile de la Cour de cassation du 8 juillet 1992[3] décidant que *l'état descriptif de division, dressé seulement pour les besoins de la publicité foncière, n'a pas de caractère contractuel*. Encore que l'on puisse relever certaines résistances doctrinales[4].

Cette position a, depuis lors, été confirmée[5]. Notamment pour la détermination de la consistance de bâtiments à construire qui doit être opérée par le règlement de copropriété au besoin complété par les mandats consentis au promoteur[6], ou à propos de l'exercice du droit de préemption urbain[7].

Toutefois, les indications données par l'état descriptif de division peuvent contribuer à éclairer les stipulations du règlement de copropriété en cas d'obscurité ou d'ambiguïté de celles-ci[8]. Un arrêt a précisé le rôle de l'état descriptif en cas d'insuffisance du règlement de copropriété[9].

En principe, il ne peut être modifié unilatéralement par un copropriétaire ni même judiciairement, sauf s'il comporte une erreur matérielle[10] ou en cas de division ou de réunion de lots.

135 Portée des développements – Plan. C'est, en tout cas, en tant que document concernant la publicité foncière qu'il sera fait état de l'état descriptif de division dans les développements qui vont suivre (pour plus de détails v. en annexe du traité l'*instruction* du 1er août 1979 explicitant les formalités à suivre pour la désignation des fractions d'un immeuble ou d'un ensemble immobilier sur lequel s'exercent les droits réels concurrents).

La fonction de l'état descriptif de division ne se limite pas à l'immeuble en copropriété[11], toutefois la nullité d'un congé pour vente ne saurait être

1. Atias, « L'état descriptif de division de l'immeuble », *Ann. loyers* 1998. 337 – *Dicopropriété, V° État descriptif de division* – Kischinewsky-Broquisse, nos 544 s. – Lafond, Roux et Stemmer, D. art. 5 nos 14-15 – des Ylouses, « Modification du régime de la publicité foncière », *AJPI* 1959. I. 38.
2. Thibierge, *Bull. CSN* n° 89, janv. 1989, p. 22 s.
3. Civ. 3e, 8 juill. 1992, n° 90-11.578, *Bull. civ.* III, n° 241; *D.* 1993. 1, note Capoulade, Giverdon; *RDI* 1992. 364; *Defrénois* 1992. 1523, note Aubert; *JCP* 1993. II. 22091, note Goëtyhebeur; *AJPI* 1993. 713, note Gélinet.
4. v. not. : Lafond, Roux et Stemmer, D. art. 3, § 3.
5. Civ. 3e, 2 févr. 2005, n° 03-17.850,NP, *AJDI* 2005. 314.
6. Civ. 3e, 30 mai 1995, n° 93-16.021, NP, *RDI* 1995. 582; *JCP N* 1995. 672, note Sizaire.
7. Aix-en-Provence, 13 mars 1991, *Juris-Data* n° 123296, *JCP* 1991. 545, note Walet.
8. Paris, 26 nov. 1993, RG n° 90/020667, *Juris-Data* n° 023888, *Loyers et copr.* 1994. 120.
9. Paris, 13 déc. 1984, *Juris-Data* n° 028060, *RDI* 1985. 281; Atias, *op. cit.*, n° 5.
10. Lafond, Roux et Stemmer, D. art. 3, n° 4, *in fine*.
11. V. J.-Cl. copr., fasc. 152.

prononcé pour défaut de description de la fraction d'immeuble loué dans un état descriptif de division[1].

A.
Hypothèses dans lesquelles un état descriptif de division est obligatoire

136 Principe. Il résulte de l'article 7 du décret du 4 janvier 1955 que la désignation des biens immobiliers faisant l'objet d'un acte ou d'une décision judiciaire doit être faite conformément à un état descriptif de division ou, éventuellement, à un état modificatif, lorsque les trois conditions suivantes sont réunies : **1°** l'acte ou la décision judiciaire ne doit pas réaliser ou constater une division de la propriété du sol entraînant changement de limite; **2°** l'acte ou la décision doit concerner une fraction d'un immeuble; **3°** l'acte ou la décision ne doit pas concerner soit une servitude, soit un bail de plus de douze années.

137 Absence de division de la propriété du sol entraînant changement de limite. Cette condition a pour résultat notamment d'exclure l'établissement d'un état descriptif de division en cas de *lotissement*, ou, lorsqu'à la suite de la division du sol, l'un des immeubles se trouve grevé d'une servitude au profit d'un autre pour en permettre ou en faciliter l'usage (v. Instr. 1er août 1979[2], n° 4).

La constitution, sur une fraction de parcelle, d'un droit d'usufruit, d'un droit de superficie, ou d'un bail emphytéotique, est considérée comme un changement de limite de propriété (Décr. 4 janv. 1955, art. 7, al. 2, mod. par Décr. n° 60-960, 5 sept. 1960).

On peut, en revanche, se poser la question de savoir si l'établissement d'un état descriptif de division, en cas de construction d'un immeuble sur un terrain indivis, réalise le partage par anticipation de ce terrain[3].

138 L'acte ou la décision judiciaire doit concerner une fraction d'immeubles. Rappel étant fait que la notion de « fraction d'immeuble » est plus large que celle de lot de copropriété, il résulte de l'article 71-A-1 alinéa 4 du décret du 14 octobre 1955 que constitue une fraction d'immeuble au sens de l'article 7 du décret du 4 janvier 1955 :

- *pour les bâtiments*, chaque local principal (appartement, boutique, local à usage commercial, professionnel ou industriel...), et chaque local secondaire (chambre de service, cave, garage, grenier...);

- *pour les terrains non bâtis*, chaque portion de terrain sur laquelle est réservé un droit réel privatif ou chaque portion destinée à faire l'objet d'une inscription ou d'une mention en marge d'une inscription; dans ce dernier cas, le surplus de l'immeuble constitue également une fraction.

Le statut de la copropriété n'est pas applicable aux terrains non bâtis, en revanche, une fraction du sol peut être comprise dans la partie privative d'un lot. Elle doit donc être mentionnée comme telle dans l'état descriptif de division dont le conservateur ne peut refuser de recevoir le dépôt[4].

Il résulte, en revanche, d'une réponse ministérielle à la question écrite d'un parlementaire que la notion de fraction d'immeuble ne semble pouvoir s'appliquer qu'à une division spatiale et non à une division temporelle des fractions composant l'immeuble et ce, bien que l'article 8 de la loi n° 86-18 du 6 janvier 1986 prescrive l'établissement d'un état descriptif de division par les sociétés d'attribution d'immeubles en jouissance en temps partagé[5]. Cette réponse, donnée évidemment sous réserve de l'interprétation souveraine des tribunaux, est incontestablement erronée.

139 L'acte ou la décision judiciaire ne doit concerner ni une servitude, ni un bail de plus de douze années. Cette exclusion se justifie par le souci de ne pas compliquer la tenue du fichier immobilier. Elle ne concerne pas les baux emphytéotiques (Instr. 1er août 1979, n° 5-II[6]), ni les baux à construction.

B.
Règles concernant l'établissement de l'état descriptif de division

140 Personnes habilitées à établir l'état descriptif de division. L'état descriptif de division doit être établi par les propriétaires ou copropriétaires de l'immeuble auquel il s'applique (Décr. 14 oct. 1955, art. 71, § D-3, al. 1er).

1. V. Chron. Ruimy-Cahen, *Loyers et copr.* juill. 1993. 1 – Civ. 3e, 22 janv. 2003, n° 01-13.909, *Bull. civ.* III, n° 11; *AJDI* 2003. 349; *D.* 2003. IR 397 – Civ. 3e, 21 juin 2000, n° 98-14.043, *Bull. civ.* III, n° 121; *RDI* 2000. 386; *D.* 2001. 172 et 347; *Administrer* oct. 2000. 47, note Capoulade.
2. Instr. 1er août 1979, *BOI* 10 E-1-79 du 1er août 1979, reproduite en annexe.
3. V. Lafond, « La construction d'un immeuble en copropriété sur un terrain indivis », *JCP N* 1978, prat. 255.
4. V. rép. min., *JOAN CR* 15 oct. 1970, p. 4301; *Defrénois* 1970. 29742.
5. Rép. min., QE, *JOAN Q* 21 juill. 1973, p. 3023.
6. Instr. 1er août 1979, *BOI* 10 E-1-79 du 1er août 1979, reproduite en annexe.

Jugé qu'il ne peut donc servir de juste titre au sens de l'article 2265 (devenu 2272) du code civil[1].

Les frais d'établissement sont à la charge de la collectivité des copropriétaires et recouvrés comme en matière de charges de copropriété (Décr. 14 oct. 1955, art. 71, § D-3, al. 2). Ce principe est complété par les deux séries de mesures suivantes : **1°** toute personne ayant intérêt à ce qu'un état descriptif de division soit publié préalablement à une formalité à laquelle elle doit procéder, peut requérir un notaire de l'établir pour l'ensemble de l'immeuble (sur les cas où il en est ainsi et les formalités à accomplir, v. Instr. 1er août 1979, n° 21. I) ; **2°** pour tous les actes ou décisions auxquels demeure étranger le propriétaire ou copropriétaire de la fraction d'immeuble intéressé – en particulier, en matière de saisie et d'inscription de privilèges et d'hypothèques judiciaires ou légales – il peut être suppléé à l'état descriptif de division par un *procès-verbal descriptif* dressé par un huissier de justice pour la fraction intéressée (sur les formalités à suivre : Instr. 1er août 1979, n° 21. II). Mais le droit commun reprend son empire dès qu'une formalité de publicité est requise par le propriétaire ou le copropriétaire lui-même, ou suppose son consentement : le refus du dépôt doit sanctionner le défaut de publication préalable, ou requise simultanément, de l'état descriptif de division.

141 Forme de l'état descriptif de division – Moment où il peut être établi. L'état descriptif de division doit être dressé en la forme authentique (Décr. 4 janv. 1955, art. 4). Il peut être contenu soit dans un acte spécialement dressé à cet effet, soit dans un règlement de copropriété (en évitant toute confusion avec les clauses proprement dites du règlement) ou un cahier des charges concernant, en outre, l'organisation de la gestion collective, soit dans tout autre acte ou décision judiciaire (Décr. 14 oct. 1955, art. 71-A-1, al. 1er – Décr. 19 mars 1967, art. 3, al. 1er). Il est recommandé d'y joindre un plan, en même temps d'ailleurs qu'au règlement de copropriété[2].

142 Contenu de l'état descriptif de division. L'état descriptif de division doit identifier, conformément au premier alinéa de l'article 7 du décret du 4 janvier 1955, l'immeuble, ou chacun des immeubles, auquel il s'applique, opérer une division en lots et attribuer un numéro à chaque lot (Décr. 14 oct. 1955, art. 71-A, al. 2)[3].

143 Division de l'immeuble en lots. Le lot, auquel se réfère désormais, l'article 74-1 alinéa 3 du décret du 14 octobre 1955, modifié par le décret du 21 mai 1979 est, comme on l'a vu (v. ss n° 131) constitué par « toute fraction d'immeuble sur laquelle s'exercent ou peuvent s'exercer des droits concurrents, y compris la quote-part des parties communes si elle existe et si elle est déterminée[4] ». Ainsi défini, le lot désigne ce que l'on appelle le « lot publicité foncière » qui, aux termes de l'Instruction du 1er août 1979, « est une notion très large qui recouvre plusieurs situations juridiques différentes, dont la copropriété est sans doute la plus importante en pratique, mais ne constitue que l'une des composantes ».

Les fractions d'immeuble à identifier sous forme de lots, ainsi définis, peuvent être très diverses : volumes, indivision forcée, hypothèque cantonnée sur une fraction d'immeuble. Il n'est même pas nécessaire que ces droits existent lors de l'établissement de l'état descriptif de division. L'état descriptif de division et le règlement de copropriété peuvent ainsi être publiés avant que l'indivision forcée n'existe (en ce sens : Instr. 1er août 1979, nos 40 et 41).

En outre, même s'il s'agit d'un lot de copropriété, la formule est volontairement large puisque la quote-part des parties communes (et non du sol) n'est mentionnée que si elle existe et si elle est déterminée. Ainsi est-il possible de publier des lots constitutifs d'un volume immobilier ou composant une copropriété de laquelle le sol est exclu, ce qui est le cas, par exemple, en cas de bail à construction (en ce sens : Instr. 1er août 1979, nos 46 et 47). Mais si la quote-part de parties communes est effectivement déterminée, il y aurait refus du dépôt si elle n'était pas mentionnée (Instr. 1er août 1979, n° 44).

Le souci de substituer la quote-part des parties communes à celle du sol est manifesté par le décret du 21 mai 1979 qui, à l'art. 71-D-2 (al. 1er) du décret du 14 octobre 1955, a remplacé les mots « quotes-parts dans la propriété du sol » par ceux « quotes-parts des parties communes ».

144 Identification des fractions[5]. Aux termes de l'article 71-A-1 alinéa 5 du décret du 14 octobre 1955, chaque fraction doit être identifiée par son emplacement, lui-même déterminé par la description de sa situation dans l'immeuble ou par référence à un plan ou croquis annexé à la minute de l'acte ou de la décision judiciaire. Lorsque la fraction dont il s'agit est située dans un bâtiment, sa

1. Civ. 3e, 30 avr. 2002, n° 00-17.356, *Bull. civ.* III, n° 89, *D.* 2002. Somm. 2510 ; *Administrer* nov. 2002. Somm. 35.
2. V. Dagot, « Plans et règlements de copropriété », *JCP N* 1988. I. 301.
3. V. la 5e recomm. de la commission relative à la copropriété, en date du 1er avr. 2008, relative à la publicité foncière des états descriptifs de division, ci-dessous en annexe.
4. POUR le cas où cette quote-part n'est pas déterminée : *JCP N* 1988, prat. 751.
5. SUR L'ENSEMBLE DE LA QUESTION : Bulté, Chron. hypothécaire, *JCP N* 1978, prat. 6862.

situation est définie par l'indication de l'escalier, de l'étage, de l'emplacement dans l'étage et par l'indication du bâtiment dont fait partie le local décrit quand l'immeuble comporte plusieurs bâtiments.

L'indication de la consistance des locaux n'est pas exigée[1]. Chaque fraction doit être désignée; peu importe qu'elle corresponde à des locaux principaux ou à des locaux secondaires[2].

145 Numérotation des lots. Les lots font l'objet d'un *numérotage* continu dans une série unique à partir de l'unité (chaque lot doit obligatoirement recevoir un numéro[3]). Lorsque l'immeuble est constitué par plusieurs bâtiments ou corps de bâtiments, les lots peuvent faire l'objet d'un numérotage continu dans des séries successives affectées à chacun d'eux à partir de nombres séparés par des intervalles convenables (Décr. 14 oct. 1955, art. 75-A-1, *in fine*). Ainsi, si les lots d'un premier bâtiment sont numérotés de 101 à 150, ceux du deuxième peuvent l'être de 201 à 260 et ceux du troisième de 301 à 370. Les numéros des lots, ainsi que la quote-part dans la propriété des parties communes, incluse dans chaque lot (lorsque cette quote-part est déterminée), sont attribués de façon définitive, sous réserve d'une modification de l'immeuble ou de l'hypothèse où l'état descriptif de division est établi à propos d'un immeuble déjà antérieurement divisé (Décr. 14 janv. 1955, art. 71-D-2 - Aussi, Instr. 1er août 1979, n° 17).

Un numérotage spécifique doit être adopté en cas d'établissement d'un nouvel état descriptif de division après l'annulation de l'ancien consécutive à la démolition de l'immeuble[4] ou pour désigner les volumes immobiliers[5].

146 Tableau récapitulatif. L'état descriptif est résumé obligatoirement dans un tableau incorporé à l'acte lui-même, ou annexé à celui-ci, et comportant les colonnes suivantes dans la mesure de l'existence des éléments correspondants.

Cette dernière précision a été apportée par le décret du 21 mai 1979 dans le souci de simplifier le tableau récapitulatif. Ainsi, par exemple, dans les copropriétés horizontales, les colonnes 2 à 4 n'ont pas été utilisées puisqu'il s'agit exclusivement de décrire des lots formés de maisons individuelles sur un lot indivis (v. Instr. 1er août 1979[6], n° 50). À noter par ailleurs que les colonnes mentionnées ne le sont plus à titre exclusif : cela permet, dans les ensembles immobiliers de faire état d'autres éléments de localisation (Instr. 1er août 1979, n° 51).

1° numéro du lot, dans l'ordre croissant des numéros;

2° bâtiment;

3° escalier;

4° étage;

5° nature du lot;

6° quote-part des parties communes (les termes quote-part des parties communes ont été substitués par le décret du 21 mai 1979 à ceux de quotes-parts dans la propriété du sol).

L'application de ces prescriptions est réalisée conformément à la présentation suivante :

Numéro du lot	Bâtiment	Escalier	Étage	Nature du lot	Quote-part des parties communes

147 Dépôt en vue de la publicité. Deux expéditions de l'état descriptif de division, ainsi établi, sont déposées à la Conservation des Hypothèques, conformément aux dispositions de l'article 34-1 du décret du 4 janvier 1955, en vue de l'accomplissement de la formalité de publicité. En outre, une copie ou un extrait, comportant au moins le tableau résumé de l'état descriptif de division destiné au service du cadastre, est remis au Conservateur (Décr. 14 janv. 1955, art. 71-D-1). Le plan ou le croquis de l'immeuble et de la division par lots, s'il en existe un, y est annexé (v. Instr. 1er août 1979, n° 22).

Jugé à cet égard qu'est sans portée la contestation sur ce que le plan annexé à un *règlement de copropriété* régulièrement publié n'a pas été lui-même publié à la conservation des hypothèques et au cadastre; ce plan est opposable au copropriétaire ayant reconnu lors de son acquisition être en possession du règlement de copropriété[7].

Le syndic représente le syndicat pour la publication de l'état descriptif de division; l'intervention de chaque copropriétaire à la réquisition de publication n'est pas nécessaire (L. 10 juill. 1965, art. 18, al. 1er *in fine*).

C. Modifications à l'état descriptif de division. Acte modificatif

148 Principes. Toute modification, soit de l'immeuble auquel s'applique l'état descriptif, soit des lots, doit être constatée par un acte modificatif de l'état

1. V. NOTE PRATIQUE, *JCP N* 1988, prat. 751.
2. V. *JCP N* 1990, prat. 1619, Chron. hypothécaire.
3. V. *JCP N* 1990, prat. 1213.
4. V. *JCP N* 1978, prat. 216; *JCP N* 1992, prat. 2249.
5. V. 5e recomm. de la commission relative à la copropriété (1er avr. 2008), citée en annexe.
6. Instr. 1er août 1979, préc., reproduite en annexe.
7. Versailles, 18 oct. 1983, *Juris-Data* n° 043785, *D.* 1984. IR 410 – AUSSI : Dagot, étude préc., n° 129, note 3.

descriptif (Décr. 14 oct. 1955, art. 71-B-1). Ce document, qui doit être obligatoirement dressé en la forme authentique, est établi par les seuls propriétaires ou copropriétaires des fractions intéressées par la modification (Décr. 14 oct. 1955, art. 71-D-3). L'acte modificatif doit rectifier suivant les cas, la désignation de l'ensemble de l'immeuble ou le numérotage des lots (Décr. 14 oct. 1955, art. 71-B-1, al. 2).

La loi du 2 janvier 1979 et le décret d'application du 21 mai 1979 ont pour conséquence de simplifier considérablement l'établissement des actes modificatifs. Auparavant, en effet, lorsque des modifications apportées aux lots entraînaient une modification de la quote-part des parties communes affectée à ces lots (par ex., en cas de transformation d'une partie commune en partie privative, ou réciproquement, en encore en cas de scission de copropriété), il était indispensable de créer des lots uniquement représentatifs de ces quotes-parts et ce, pour assurer le respect des droits des tiers. Il en résultait l'obligation de procéder à des numérotages extrêmement complexes ou d'établir une multitude d'actes afin d'en requérir la publication.

Du fait de la « purge légale » de tous les droits pouvant grever les fractions de parties communes appelées à quitter un lot instituée par cette loi (v. s^s^ n° 132), ces difficultés ont été en grande partie supprimées. D'une part, en effet, la constatation des effets d'extinction et d'extension des droits dont les parties communes étaient grevées devient automatique.

D'autre part, l'obligation de créer des lots représentatifs des quotes-parts des parties communes affectées par les modifications intervenues dans les lots est supprimée. L'établissement des actes modificatifs se trouve, de ce fait, grandement facilité.

149 Caractère automatique de la constatation des extensions ou extinctions de droits grevant les quotes-parts des parties communes. Ce caractère résulte de la disposition de l'article 16-1 qui a été ajouté au décret du 14 octobre 1955 par le décret du 21 mai 1979. Aux termes, en effet, de cette disposition, « *les extinctions ou extensions de droits prévues à l'article 6-1 de la loi n° 65-557 modifiée du 10 juillet 1965, sont publiées au fichier immobilier du seul fait de l'annotation des formalités qui les entraînent et de la mise à jour des fiches d'immeubles* ». Par conséquent, aucun acte autre que celui qui emporte les modifications ne doit être exigé pour constater les effets d'extinction ou d'extension de droits, aucune annotation particulière ne doit être effectuée par le conservateur des hypothèques (Instr. 1er août 1979, n° 54 - pour plus de détails v. s^s^ n°s 51 à 59).

Ce n'est que dans le cas d'acquisition de parties communes entraînant changement de l'emprise de la copropriété, que des formalités particulières sont requises pour la publication de l'extension de droits prévue à l'alinéa 2 du nouvel article 6-1. Elles sont étudiées dans le cadre de l'exposé de cette opération (v. s^s^ n° 658).

150 Simplification dans l'établissement des actes modificatifs aux états descriptifs de division. Les modifications relatives à la seule quote-part des parties communes n'entraînent plus l'obligation d'un nouveau numérotage. En conséquence, l'acte modificatif et le tableau qui le résume n'ont plus à faire apparaître, aux lieu et place de la correspondance entre les numéros anciens et nouveaux, que la nouvelle quote-part (Instr. 1er août 1979 [1], n° 72). La modification de l'état descriptif de division du fait de la création d'un nouveau lot ayant modifié les tantièmes de copropriété ne peut être adoptée à la majorité simple de l'article 24 [2].

Mais une exception à cette règle est prévue en matière de réunion ou de division des copropriétés et en vue de prévenir tout risque de confusion entre certains des lots existants dans les syndicats avant et après la réunion ou la division : un nouveau numérotage intégral, sans chevauchement avec le ou les numérotages antérieurs, est alors imposé (v. Décr. 14 oct. 1955, art. 71-B-1, al. dern.; mod. par Décr. 21 mai 1979); cette exigence est toutefois tempérée pour les immeubles situés dans les communes à cadastre rénové.

151 Tableau récapitulatif. À l'effet d'illustrer les développements précédents et en prenant pour hypothèse une copropriété de 10 lots, numérotés de 1 à 10, comportant chacun 100 millièmes, qui décide de transformer le lot n° 1 en loge de concierge, l'acte modificatif constatera simplement la suppression du lot n° 1 et le changement de la quote-part des parties communes afférente aux lots subsistants. Le tableau récapitulatif se présentera comme suit :

1. Instr. 1er août 1979, préc., reproduite en annexe.
2. Civ. 3e, 20 oct. 2003, n° 03-21.061, *Bull. civ.* III, n° 132; *Loyers et copr.* 2004. 55.

N° du lot	Bâtiment	Escalier	Étage	Nature	Ancienne	Observations ou nouvelle quote-part
1	Unique	Unique	RC	Appartement	100	Supprimé
2	Unique	Unique	RC	Appartement	100	111
3	Unique	Unique	1	Appartement	100	111
4	Unique	Unique	1	Appartement	100	111
5	Unique	Unique	1	Appartement	100	111
6	Unique	Unique	2	Appartement	100	111
7	Unique	Unique	2	Appartement	100	111
8	Unique	Unique	2	Appartement	100	111
9	Unique	Unique	3	Appartement	100	111
10	Unique	Unique	3	Appartement	100	111

152 État descriptif et volumétrie[1]. Bien que la volumétrie n'entre pas dans l'étude de la copropriété des immeubles bâtis, la recommandation n° 5 de la commission relative à la copropriété, en date du 1er avril 2008, invite, à propos de la publicité foncière, à rapprocher la division géométrique de la division volumétrique. Il devient ainsi plus aisé de distinguer l'une et l'autre division et d'éviter erreur et confusion dans la rédaction des états descriptifs de division.

L'utilisation du tréfonds et de l'espace, ainsi que la cohabitation du domaine privé et du domaine public dans les ensembles immobiliers complexes a conduit la pratique, en l'absence de toute structure légale d'accueil, a organiser contractuellement la division volumétrique.

Il convient, tout d'abord, de justifier que le régime de la loi du 10 juillet 1965 ne peut s'appliquer à l'ensemble immobilier complexe qui, en l'absence de toute partie commune, repose sur un réseau de servitudes. Le droit de propriété ne s'exerce pas sur le sol, mais sur un espace délimité par des cotes planimétriques et altimétriques. Néanmoins, le volume peut contenir une division en lots de copropriété. Dès lors, il existe une division primaire en volumes et une division secondaire en lots de copropriété.

Chaque état descriptif de division répond à une méthode de présentation et de numérotage identique et, en cas de coexistence des deux divisions, la désignation se ferait de la manière suivante :

Volume 1 = Lot 1

= Lot 2...

Volume 2 = Lot 1

= Lot 2...

Cependant, deux observations méritent d'être faites :

1°/ La documentation particulière à la division volumétrique comporte une désignation des fractions définie par l'indication :

- du niveau (chiffre négatif ou positif par rapport au sol);
- de la surface de base;
- des cotes NGF;
- de la nature, infra ou superstructure;
- de la destination (si elle est connue);
- de la référence à un plan annexé à l'acte notarié.

2°/ La qualification d'immeuble par nature donnée au volume appelle quelques nuances. La nature immobilière d'un bien résulte de la loi et la convention des parties n'exerce aucune influence à cet égard. Elle suppose l'existence d'une incorporation au sol, alors qu'en théorie, le volume en lui-même demeure isolé dans l'espace; son attache au sol ne se réalise que très indirectement.

1. Lafond, Roux et Stemmer, art. L. 1, nos 6 et 41, et § V C et bibliographie – Recomm. n° 5 de la commission relative à la copropriété, du 1er avr. 2008 – Chaput, « La commission de la copropriété et la construction en volumes », *RDI* sept. 2008. 390 – Fournier et Renault-Fournier, « Les principes fondamentaux de la division en volumes dans la nouvelle recomm. n° 5 de la commission relative à la copropriété », *Loyers et copr.* déc. 2008. Étude 12.

CHAPITRE

2. L'immeuble placé sous le statut de la copropriété à défaut d'organisation différente (l'ensemble immobilier)

SECTION 0
ORIENTEUR

Plan du chapitre.

Textes applicables.

• L. n° 65-557 du 10 juillet 1965, fixant le statut de la copropriété des immeubles bâtis, art. 1, al. 2, et art. 29.

• Ord. n° 2004-632 du 1er juill. 2004, relative aux associations syndicales de propriétaires.

• Décr. n° 2006-504, du 3 mai 2006, portant application de l'ordonnance du 1er juill. 2004.

• Code de l'urbanisme, art. L. 322 s., R. 322-1 s.

Jurisprudence de référence.

• **Civ. 3e, 18 déc. 1991, n° 90-11.048,** *Bull. civ.* III, n° 320.

* V. ss n° 170.

Le propriétaire d'un lot dans un lotissement a implicitement adhéré à l'association syndicale dès lors qu'à l'acte d'acquisition était annexé l'arrêté préfectoral comportant l'obligation de constituer une association syndicale libre dont l'adoption des statuts, lorsqu'ils n'ont pas été préalablement établis, ne requiert pas l'unanimité des propriétaires.

• **Civ. 3e, 29 mars 2006, n° 05-10.296,** *Bull. civ.* III, n° 83.

* V. ss n° 173.

Les cotisations annuelles régulièrement appelées par une association foncière urbaine libre font partie du patrimoine de l'association et ne sont pas sujettes à remboursement partiel à celui de ses membres qui vend son immeuble en cours d'année.

• **Civ. 3e, 13 févr. 2008, n° 07-12.988,** NP.

* V. ss n° 172.

Dès lors que les copropriétaires étaient membres de l'association foncière urbaine libre et que le syndic ne faisait que les représenter à l'assemblée générale, chaque copropriétaire avait qualité pour agir en contestation des décisions prises en assemblée générale de l'association syndicale et cette action n'était pas soumise au délai de forclusion de deux mois prévu par l'article 42, alinéa 2, de la loi du 10 juillet 1965.

• **Civ. 3e, 17 janv. 1996, n° 93-15.456,** *Bull. civ.* III, n° 14.

* V. ss nos 171, 172.

La loi du 10 juillet 1965 fixant le statut de la copropriété des immeubles bâtis est étrangère au fonctionnement des associations syndicales régies par la loi modifiée du 21 juin 1865.

• Civ. 3e, 5 juill. 2011, no 10-15.374, *Bull. civ.* III, [à paraître].
* V. ss no 174.

Aux termes de l'article 5 de l'ordonnance du 1er juillet 2004, les associations syndicales de propriétaires peuvent agir en justice sous réserve de l'accomplissement des formalités de publicité prévues par l'article 8 et en application de l'article 60 de la même ordonnance, les associations syndicales constituées en vertu de la loi du 21 juin 1865 disposaient, pour mettre leurs statuts en conformité avec le nouveau dispositif légal, d'un délai de deux ans à compter de la publication du décret prévu à l'article 62, soit le décret du 3 mai 2006 publié au *Journal Officiel* le 5 mai 2006. Le délai de régularisation étant expiré lorsque l'AFUL a assigné un propriétaire, la cour d'appel a retenu, à bon droit que l'AFUL avait perdu son droit d'agir en justice et en a exactement déduit qu'en application de l'article 32 du code de procédure civile, la demande émise par une personne dépourvue du droit d'agir en justice était irrecevable.

Bibliographie indicative.

ATIAS, *Dicopropriété, Vis Ensemble immobilier et Association syndicales*, Edilaix 2007 – Atias, *Les associations syndicales libres de propriétaires en lotissement*, Edilaix 2006 – CAPOULADE, GIRAUDEL, DROBENKO, *Copropriété dans la cité*, Éditions du moniteur, p. 90 s. – CAPOULADE, « Copropriété et structures foncières dans la jurisprudence de la Cour de Cassation », *Administrer* 1996, no 274, 4 – GIVERDON et CAPOULADE, « Propos sur les ensembles immobiliers », *RDI* 1997. 161 – LIET-VEAUX, « Associations syndicales de gestion : réflexions d'actualité », *Administrer* avr. 2005. 11 – TOMASIN, « La notion d'ensemble immobilier », séminaire ICH ouest 2002.

153 État de la question. Pendant longtemps, en dépit des enseignements que l'on pouvait tirer des travaux préparatoires de la loi du 10 juillet 1965[1], les ensembles immobiliers ont été assimilés aux « grands ensembles » formant de « grandes copropriétés »[2]. Il est incontestable que ces « copropriétés » posent des problèmes spécifiques et l'on a pu regretter que la loi du 10 juillet 1965 ne leur ait pas consacré des dispositions particulières à l'effet d'adapter le statut à la réalité qu'elles traduisent[3].

Mais, dans l'état actuel des textes, là n'est pas la question. Certes, dans une approche typologique, on peut caractériser l'ensemble immobiliser par un certain nombre de critères matériels (importance du programme, construction récente, autonomie technique par rapport à l'extérieur que traduisent des aires de stationnement, des espaces verts, des locaux techniques ou sociaux, des équipements sportifs...). Cependant, cette approche ne permet pas de rendre compte des exigences *juridiques* que formule l'article 1er de la loi du 10 juillet 1965 *en ses deux alinéas* dont la caractéristique *commune* est de se référer à une structure foncière qui conditionne la nature et la forme du régime de gestion. Or, de ce point de vue, l'importance du programme et, plus spécialement, le nombre des bâtiments n'entrent pas en ligne de compte[4]. On a vu, en effet, que l'alinéa 1er était applicable aussi bien à l'immeuble bâti unique qu'au groupe d'immeubles bâtis et l'on verra que l'on peut relever l'existence d'ensembles immobiliers de dimensions modestes.

C'est donc, ici également, en tant que *structure foncière* que doit être envisagée la notion d'ensemble immobilier afin, ensuite, d'en définir le régime de gestion.

SECTION 1
NOTION D'ENSEMBLE IMMOBILIER

154 L'article 1er alinéa 2 de la loi du 10 juillet 1965. Aux termes de cet article, les ensembles immobiliers sont définis comme, comportant « *outre des terrains* », des *aménagements et des services communs, des parcelles, bâtis ou non, faisant l'objet de droits de propriété privatifs*.

Un autre article de la même loi doit aussi retenir l'attention. C'est l'article 29 qui, dans sa rédaction antérieure à ses modifications par les lois du 31 décembre 1985 et 13 décembre 2000, disposait, en son alinéa 1er que « les *sociétés de construction* et les *syndicats* qui existent dans le cadre d'un même *ensemble immobilier* peuvent constituer entre eux des *unions* ».

De ces deux dispositions, résulte le trait spécifique de la notion d'ensemble immobilier qui est son *hétérogénéité*, d'abord et à titre principal, l'hétérogénéité du régime du sol, ensuite, à titre secondaire, l'hétérogénéité des régimes différents d'appropriation et d'administration (syndicats, sociétés de construction...). Il en résulte aussi que la présence, d'*aménagements et de services communs*, autrement dit *d'éléments fédérateurs*, en constitue une composante obligatoire.

1. V. NOT. le rapport de M. Zimmermann, Doc. parl. AN, 1965, p. 19 et 20 – SUR l'ensemble des travaux parlementaires : CAPOULADE ET AUTRES, I, 154.
2. V. NOT. : Zurfluh, « Les grands ensembles immobiliers », *REDI* nos 57 et 58. 142 s.
3. V. Cabanac, « Les ensembles immobiliers et la loi du 10 juill. 1965 », *Gaz. Pal.* 1966, Doctr. 116 – Goudart, « Réflexions sur certains problèmes relatifs aux ensembles immobiliers », *REDI* no 38 – Goudart et Meysson, *Structure et évolution des ensembles immobiliers*, Cycle d'études du droit de la construction, Cridon Lyon, 1973, p. 256 s. – Bouyeure, « L'exercice de la police dans les grands ensembles », *AJPI* 1969. I. 703.
4. Capoulade et Giverdon, « Propos sur les ensembles immobiliers », *RDI* 1997. 161, spéc. no 7 – AUSSI : Tomasin, « La notion d'ensemble immobilier », *Séminaire ICH Ouest* 2002, 2e journée.

C'est donc sous le signe de l'hétérogénéité (*foncier éclaté*); d'une part, et de l'existence d'éléments fédérateurs, d'autre part, que s'exprime la spécificité de la notion d'ensemble immobilier au sens et pour l'application de l'article 1er alinéa 2 de la loi du 10 juillet 1965.

Il appartient au juge de motiver suffisamment sa décision d'exclure l'existence d'un ensemble immobilier[1].

§ 1
Hétérogénéité

155 Distinction. Il s'agit donc d'abord et à titre principal de l'hétérogénéité du régime du sol et, à titre accessoire, de l'hétérogénéité des régimes d'appropriation et de gestion.

A.
Hétérogénéité du régime du sol

156 Notion et conséquences. C'est la caractéristique essentielle qui permet de distinguer l'ensemble immobilier de la structure de la copropriété classique. Alors que dans celle-ci, le sol est indivis pour constituer une partie commune incluse dans chaque lot pour sa quote-part, dans l'ensemble immobilier le *foncier est éclaté* entre plusieurs parcelles ou groupes de parcelles sur lesquels s'exercent des droits de propriété exclusifs[2] ainsi que l'on peut le constater dans un lotissement (v. ss no 63).

Mais le lotissement se démarque de l'ensemble immobilier par son objet qui est d'être une opération d'urbanisme dont le but est de contrôler les divisions foncières répondant aux critères de l'article R. 315-1 du code de l'urbanisme[3]. En outre, un lotissement peut ne pas comporter d'éléments communs, alors que la présence de ceux-ci est nécessaire pour caractériser l'ensemble immobilier.

La notion de lot ne trouve plus à s'appliquer au moins sur le plan de la structure foncière[4]. C'est en cela que se caractérise l'hétérogénéité de l'ensemble immobilier par opposition à la division homogène en lots qui est la marque de la copropriété classique.

La doctrine s'est prononcée en ce sens[5], ainsi que la jurisprudence la plus récente[6].

Peu importe que le syndicat comporte un ou plusieurs bâtiments pour constituer un « groupe d'immeubles bâtis » : celui-ci est régi impérativement par le statut de la copropriété dès lors que le sol en indivision est réparti sous forme de quotes-parts, en tant qu'éléments constitutifs de lots.

C'est la raison pour laquelle il est incorrect de qualifier « ensemble immobilier » ce qui n'est qu'un groupe d'immeubles bâtis de structure homogène. C'est malheureusement une incorrection que l'on relève encore trop souvent, spécialement dans les actes notariés et même dans la loi (par exemple, L. no 96-987, 14 nov. 1996, relative à la mise en œuvre du pacte de relance pour la ville[7]).

Mais un ensemble immobilier peut apparaître *a posteriori* en conséquence de la création de nouveaux lots individualisant des fractions d'immeubles autonomes[8] ou encore par suite du retrait d'un

1. Civ. 3e, 11 oct. 2000, no 98-21.826, *Bull. civ.* III, no 163; *Administrer* janv. 2001. 37, note Capoulade.
2. EN CE SENS : Capoulade, « Copropriété et structures foncières dans la jurisprudence de la Cour de cassation », *Administrer* janv. 1996. 4 s. – CAPOULADE ET AUTRES, I, 163 – Capoulade et Giverdon, « Propos sur les ensembles immobiliers », *RDI* 1997. 171, spéc. no 10 – Tomasin, *op. cit.*, note 453 ss no 140, spéc. p. 4 – Atias, *Dicopropriété, V° Ensemble immobilier* – LAFOND, ROUX et STEMMER, art. L. 1, § II.
3. Tomasin, *op. cit.*, note 453, ss no 140.
4. Tomasin, *op. cit.*, note 453, ss no 140 – Capoulade et Giverdon, « Propos sur les ensembles immobiliers », *RDI* 1997. 171 – Lafond, « La distinction entre groupe d'immeubles et ensembles immobiliers », *JCP N* 1998. 804.
5. EN OUTRE, Cabanac, « Les ensembles immobiliers et la loi du 10 juill. 1965 », *Gaz. Pal.* 1966, Doctr. 116 – Goudart, « Réflexions sur certains problèmes relatifs aux ensembles immobiliers », *REDI* no 38 – Goudart et Meysson, *Structure et évolution des ensembles immobiliers*, Cycle d'études du droit de la construction, Cridon Lyon, 1973, p. 256 s. – Bouyeure, « L'exercice de la police dans les grands ensembles », *AJPI* 1969. I. 703; Sizaire, *Journée du Cneil*, 1965, p. 52 – Rép. civ., ATIAS, *V° Copropriété des immeubles bâtis*, no 36 – LAFOND, ROUX ET STEMMER, L. art. 1er, § II.
6. Aix-en-Provence, 16 avr. 1992, RG no 89/6639, *Juris-Data* no 049200, *BICC* 15 déc. 1992, p. 47; *RDI* 1993. 115, qui caractérise parfaitement l'ensemble immobilier – AUSSI : Paris, 19 janv. 1996, *RDI* 1996. 411 – Paris, 19 févr. 1997, *RDI* 1997. 617 – La Cour de cassation a ratifié cette analyse : Civ. 3e, 17 févr. 1999, no 97-14.368, *Bull. civ.* III, no 42; *JCP N* 1999. I. 639, note Sizaire; *RDI* 1999. 298, obs. Giverdon; *Administrer* juin 1999. 39, note Capoulade; *Defrénois* 1999. 786, note Atias, [ARRÊT DE PRINCIPE] qui statue sur la création de lots en volumes – Civ. 3e, 28 nov. 2001, no 00-14.539, *Bull. civ.* III, no 138; *AJDI* 2002. 138; *JCP* 2002. IV. 1058 – AUSSI : Civ. 3e, 21 juin 2000, no 98-20.897, *RDI* 2000. 382, obs. Giverdon; *Administrer* nov. 2000. 38, note Capoulade, qui applique la notion d'ensemble immobilier dans une espèce où le droit sur le sol était représenté par des créances ayant la nature de droits réels immobiliers.
7. L. no 96-987, 14 nov. 1996, relative à la mise en œuvre du pacte de relance pour la ville.
8. Civ. 3e, 17 févr. 1999, no 97-14.368, *Bull. civ.* III, no 42; *JCP N* 1999. I. 639, note Sizaire; *RDI* 1999. 298, obs. Giverdon; *Administrer* juin 1999. 39, note Capoulade; *Defrénois* 1999. 786, note Atias – Civ. 3e, 6 nov. 2007, no 06-14.304, *Administrer* févr. 2008. 37 : régime de propriété spécifique pour la salle des fêtes devant revenir à la commune.

lot transitoire lorsqu'il subsiste des parties communes ou des ouvrages d'intérêt commun dont la gestion est prise en charge par un organisme[1].

B.
Hétérogénéité des régimes d'appropriation et de gestion

157 Notion. À l'hétérogénéité des droits sur le sol *peut* s'ajouter, à titre accessoire, une hétérogénéité des régimes d'appropriation, de gestion et de mode d'exploitation des biens; c'est ce à quoi faisait allusion l'article 29 alinéa 1er de la loi du 10 juillet 1965 dans sa rédaction originaire en visant les syndicats de copropriétaires, les sociétés de construction. On y ajoute, les personnes physiques ou morales propriétaires individuelles.

Mais cette hétérogénéité n'est pas spécifique; elle n'est pas déterminante pour la qualification d'ensemble immobilier.

Il en va autrement pour la présence des éléments fédérateurs qui constituent, eux, une composante obligatoire de cette qualification. C'est précisément leur gestion qui exige une organisation collective.

§ 2
Éléments fédérateurs

158 Notion et consistance. Ce sont les « aménagements et services communs » que vise l'alinéa 2 de l'article 1er, mais dans un sens extensif. On peut, sans que cette énumération soit limitative, y comprendre voirie, aires de stationnement, services de gardiennage et de nettoiement, installations de chauffage, espaces verts, piscines, tennis, salle polyvalente...

Mais la présence de ces éléments est une *composante nécessaire* de la notion d'ensemble immobilier telle que la conçoit l'article 1er alinéa 2 qui les vise expressément[2]. Mais à l'inverse des éléments d'équipement commun des « copropriétés classiques » qui sont des parties communes, propriété indivise de chaque copropriétaire, les éléments fédérateurs de l'ensemble immobilier ne constituent pas une propriété intégrée à chaque lot sous la forme d'une quote-part. La structure de l'ensemble immobilier, considérée en elle-même, ne peut en assurer la gestion d'où la nécessité d'une organisation conventionnelle de celle-ci[3].

SECTION 2
GESTION DE L'ENSEMBLE IMMOBILIER

159 État de la question. Il résulte du second alinéa de l'article 1er de la loi du 10 juillet 1965 qu'à défaut d'une convention contraire créant une organisation différente, le statut de la copropriété fixé par cette loi est applicable à la gestion des ensembles immobiliers. On distinguera ces deux éventualités[4].

§ 1
Ensemble immobilier placé sous le statut de la copropriété

160 Portée de l'application du statut. La remarque a été plusieurs fois présentée lors des travaux préparatoires de la loi du 10 juillet 1965 que le statut de la copropriété n'était pas adapté pour assurer la gestion des ensembles immobiliers[5] (spécialement s'il s'agit de modifier un projet de construction[6]).

C'est pourquoi l'application de la loi du 10 juillet 1965 n'est prévue qu'à titre supplétif et qu'elle est limitée à la gestion des seuls « éléments fédérateurs »[7]. De plus, même ainsi limitée, l'application du statut doit subir des adaptations substantielles.

Mais avant d'en préciser la portée, il convient de noter que la structure « ensemble immobilier » ne doit pas prévaloir par rapport au statut de la copropriété supposé le régir[8]. C'est donc à tort qu'il a

1. Civ. 3e, 30 sept. 1998, no 96-21.904, *Bull. civ.* III, no 182; *Administrer* 1999, 68, note Capoulade; *RDI* 1998. 691; *D.* 2000. Somm. 135, obs. Giverdon.
2. EN CE SENS : Civ. 3e, 21 nov. 2001, no 99-18.477, cité par Capoulade, « La Cour de cassation et la copropriété à l'aube du XXIe siècle », *AJDI* 2002. 583.
3. EN CE SENS : Tomasin, *op. cit.*, p. 3.
4. SUR L'ENSEMBLE DE LA QUESTION : CAPOULADE ET AUTRES, I, 169 s. – Levinston, « La gestion des ensembles immobiliers », *AJPI* 1987. 664 – AUSSI : Cabanac, « Les ensembles immobiliers et la loi du 10 juill. 1965 », *Gaz. Pal.* 1966, Doctr. 116 – Goudart, « Réflexions sur certains problèmes relatifs aux ensembles immobiliers », *REDI* no 38 – Goudart et Meysson, *Structure et évolution des ensembles immobiliers*, Cycle d'études du droit de la construction, Cridon Lyon, 1973, p. 256 s. – Bouyeure, « L'exercice de la police dans les grands ensembles », *AJPI* 1969. I. 703, et le no spécial sur « Les problèmes juridiques de la gestion des grands ensembles immobiliers », *Dr. et ville* 4/97.
5. V. Rapport de M. Zimmermann, Doc. parl. AN, 1965, note 372 – Rapport de M. Voyant, Doc. parl. Sénat, session 1964-1965 annexe à la séance du 1er juin 1965, no 178, p. 8 et 9.
6. Lafond, « La modification de construction d'un ensemble immobilier », *JCP N* 1983. 41 – Vigneron, « Modification d'un programme de construction d'un ensemble immobilier en copropriété », *Rev. Fnaim* juin-juill. 1987, p. 55 s.
7. Capoulade et Giverdon, « Propos sur les ensembles immobiliers », *RDI* 1997, spéc. p. 165, no 16 – CAPOULADE ET AUTRES, I, 168.
8. Paris, 11 oct. 1994, *RDI* 1995. 153.

pu être jugé que le droit de surélever un bâtiment compris dans l'ensemble, dont le sol d'assiette fait l'objet d'un droit exclusif, est un droit accessoire à une partie privative alors que le droit de surélever ne peut être exercé que conformément au statut de la copropriété applicable à l'ensemble[1].

161 Adaptations à apporter au statut de la copropriété[2]**.** En général, l'application du statut de la copropriété intervient dans un ensemble où coexistent plusieurs syndicats de copropriétaires et qu'un élément d'équipement (une chaufferie commune par exemple) ou qu'une voie de desserte est affectée à l'utilité de l'ensemble. On est alors en présence de syndicats « primaires » qui n'ont aucun pouvoir pour gérer l'élément d'équipement commun ou la voirie, cette gestion étant confiée à un syndicat général de l'ensemble[3]. Les biens et équipements communs se trouvent en indivision entre les propriétaires ou copropriétaires, ce qui a pour conséquence que les syndics des syndicats primaires ne peuvent composer l'assemblée générale de l'ensemble qui regroupe tous les propriétaires ou copropriétaires. Ceux-ci sont débiteurs des charges entraînées par les biens et équipements communs (et non les syndicats primaires[4]) et ils ont seuls qualité pour contester les décisions de l'assemblée générale de l'ensemble.

La création de syndicats secondaires n'est pas compatible avec la notion d'ensemble immobilier dont chacun des éléments qui le compose a déjà son entière autonomie. Cette création ne peut être envisagée qu'à l'intérieur d'un « syndicat primaire ».

Des auteurs relèvent que le problème de la concurrence entre le syndicat « primaire » et l'ensemble immobilier pour l'application du privilège spécial immobilier institué par l'article 20 de la loi du 10 juillet 1965 n'est pas réglé[5].

Les règles de représentation à cette assemblée sont fixées par l'article 22 de la loi du 10 juillet 1965 : le syndic d'un syndicat « primaire » ne peut en cette qualité représenter à l'assemblée générale de l'ensemble tous les copropriétaires de son syndicat; le mandat est, en effet, individuel et non collectif[6].

§ 2
Ensemble immobilier doté d'une « organisation différente »

162 État de la question[7]**.** Deux questions se posent : la première est de savoir quelles sont les conditions requises pour que l'application du statut de la copropriété soit écartée; la seconde est de déterminer ce que doit être cette organisation.

A.
Conditions requises pour que le statut de la copropriété soit écarté

163 Énumération. Il résulte de l'alinéa 2 de l'article 1er de la loi du 10 juillet 1965 que le statut de la copropriété n'est pas applicable à un ensemble immobilier que si deux conditions sont réunies. La première est qu'une convention expresse le prévoit; la seconde est que cette convention crée une organisation différente.

1°
Existence d'une convention

164 Conditions auxquelles elle doit satisfaire. Elle doit *être écrite*, mais peu importe qu'elle s'intitule statuts, règlement, cahier des charges; un consentement verbal est insuffisant[8].

Elle suppose, comme tout acte consensuel, une volonté unanime qu'il s'agisse d'un accord ou d'une adhésion. Parfois une autorisation préfectorale est nécessaire : c'est le cas si une association syndicale autorisée ou une association foncière urbaine autorisée est constituée[9].

Elle doit concerner seulement les modalités de l'organisation et les conditions de la gestion des biens communs; elle ne peut pas porter sur la propriété desdits éléments à moins qu'elle transfère la propriété de ces éléments à la personne morale qu'elle institue.

Ce transfert à la personne morale instituée est indispensable pour que celle-ci puisse agir en répa-

1. Paris, 11 oct. 1994, préc.
2. Bayard-Jammes, *op. cit.*, n°s 182 s.
3. SUR CETTE HYPOTHÈSE : Sizaire, « Sur l'utilisation du statut de la copropriété des immeubles bâtis pour la gestion des voies privées, cours ou jardins dépourvus d'organisation », *Gaz. Pal.* 1985. 2. Doctr. 411 – CAPOULADE ET AUTRES, I, 168.
4. CAPOULADE ET AUTRES, I, 168.
5. CAPOULADE ET AUTRES, I, 168.
6. Civ. 3e, 4 nov. 1993, n° 91-21.257, *Bull. civ.* III, n° 138; *RDI* 1994. 93; *D.* 1994. 129 – Civ. 3e, 27 mars 1996, n° 93-17.304, NP, *RDI* 1996. 261.
7. V. Lebatteux et Barnier-Sztabowicz, « Les ensembles immobiliers et l'adoption d'une organisation différente », *Administrer* juin 1994, 9 s.
8. Capoulade et Giverdon, « Propos sur les ensembles immobiliers », *RDI* 1997, spéc. 165, n° 15 – CAPOULADE ET AUTRES, I, 166.
9. CAPOULADE ET AUTRES, I, 166.

ration des malfaçons pouvant affecter les éléments d'équipement commun[1].

2°
Créant une organisation différente

165 Une organisation. On entend par là une organisation présentant un caractère permanent supposant la prise d'une décision majoritaire[2].

Tel est le cas lorsque, dans un lotissement où, d'une part, la division du sol en propriété ou en jouissance prive les allotis de droits concurrents sur l'ensemble du terrain (ce qui correspond à la structure hétérogène du sol de l'ensemble immobilier) et où, d'autre part, une association syndicale a été constituée[3].

En revanche, ce n'est plus le cas lorsque le cahier des charges prévoyait la constitution d'une association syndicale autorisée et qu'aucune association syndicale, libre ou autorisée, n'avait été créée[4].

166 Différente. Il est indispensable que l'organisation mise en place se démarque suffisamment du statut de la copropriété; tel est le cas pour une association syndicale libre de propriétaires, régie par la loi du 21 juin 1865 et, désormais, par l'ordonnance n° 2004-632 du 1er juillet 2004, relative aux associations syndicales de propriétaires[5], ou une association foncière urbaine régie par les articles L. 322-2 et suivants du code de l'urbanisme[6] modifiés par l'ordonnance précitée[7].

L'hésitation est permise en présence d'autres types d'organisations dont on peut estimer qu'elles ne se démarquent pas suffisamment du statut de la copropriété. C'est ainsi, par exemple, qu'il paraît difficile d'admettre que la constitution, pour chaque bâtiment de l'ensemble immobilier, d'un syndicat secondaire dont le « président » composerait, avec les présidents des autres syndicats secondaires, l'assemblée générale de l'ensemble, puisse être considérée comme une organisation différente de celle du statut de la copropriété[8]. De même, une organisation stipulée conforme à celle de l'ancien chapitre 2 de la loi du 28 juin 1938, ne peut mériter la qualification d'organisation différente[9].

C'est pourquoi, l'arrêt de la 3e chambre civile de la Cour de cassation du 28 novembre 2001[10] appelle les plus expresses réserves. L'organisation différente était une « forme de copropriété n'obéissant cependant pas au régime de la loi de 1965 ». Il n'est donc pas possible d'approuver la position consistant à dire que « dès lors que l'on est vraiment dans un ensemble immobilier, rien n'empêchait les copropriétaires de choisir et de s'appliquer un régime proche de celui de la copropriété même s'il n'en respecte pas toutes les règles ». Le fait que l'on soit dans un ensemble immobilier n'ouvre pas la liberté d'aménager le régime de la copropriété, sans le démarquer vraiment.

D'une manière générale, il convient d'éviter la référence à un syndicat de copropriétaires dont la personnalité morale dépend de l'application du statut de la copropriété[11].

B.
Différentes « organisations » possibles

167 Énumération et renvoi. Compte tenu de la diversité des ensembles immobiliers, quelques uns très petits[12], d'autres gigantesques, de la variété des habitats et des installations (zone industrielle, centre commercial, complexe de loisirs), de la nature et de la consistance des éléments fédérateurs, plusieurs possibilités d'organisations sont concevables, précision faite que la plupart des difficultés proviennent du nombre et des intérêts divergents des

1. Paris, 14 mars 1984, *Juris-Data* n° 021698, *RTD civ.* 1984. 527 – Civ. 3e, 26 mai 1992, n° 89-21.897, *Bull. civ.* III, n° 168; *RDI* 1992. 333; *RTD civ.* 1993; *RDI* 1992. 363; *Defrénois* 1992. 1525, Chron. Aubert; *Administrer* juin 1993. 94, note Capoulade.
2. Cabanac, art. préc., *Gaz. Pal.* 1966, I, Doctr. 117; *Loyers et copr.* 2000. 23 – Paris, 30 juin 1999, RG n° 1995/18941, *RDI* 1999. 675; *Rev. hab. fr.* janv. 2000. 12, note Capoulade – POUR un groupement de fait dépourvu de toute personnalité morale : Civ. 3e, 31 mars 1993, n° 90-10.143, NP, *RDI* 1993. 270.
3. Civ. 3e, 15 déc. 1993, n° 91-12.645, *Bull. civ.* III, n° 170; *RDI* 1994. 93, obs. Capoulade, Giverdon; *D.* 1994. 205, note Capoulade; *Administrer* juin 1994. 51.
4. Civ. 3e, 15 déc. 1993, n° 90-20.236, *Bull. civ.* III, n° 171; *RDI* 1994. 94; *Administrer* juin 1994. 52; *D.* 1994. Somm. 205.
5. Atias, *Les associations syndicales libres de propriétaires en lotissement*, Edilaix 2006.
6. Liet-Veaux, « L'association syndicale des copropriétaires, formule souple pour les grands ensembles », *Administrer* mai 1972, 5.
7. L. n° 2004-1343, 9 déc. 2004 portant ratification de l'ordonnance du 1er juill. 2004, et Décr. n° 2006-504, 3 mai 2006, *JO* 10 déc., p. 20857.
8. Civ. 3e, 16 mai 1977, n° 76-11.544, *Bull. civ.* III, n° 207; *D.* 1978. IR 25; *RTD civ.* 1977. 799; *D.* 1978. 161, note Savatier – COMP. : TGI Versailles, 4 oct. 1970, *Gaz. Pal.* 1970. 2, 354; *AJPI* 1971. 133 – ET, sur appel : Paris, 3 déc. 1971, *Gaz. Pal.* 1972, I, 105; l'ensemble était régi par un « règlement de copropriété » qui comportait une division des choses en parties communes et parties privatives, ainsi qu'une répartition des charges, mais qui instituait une association syndicale.
9. TGI Paris, 20 janv. 1968, *Gaz. Pal.* 1968. 2, 133 – Et, SUR APPEL : Paris, 6 févr. 1969, *Gaz. Pal.* 1969. Somm. 10.
10. Civ. 3e, 28 nov. 2001, n° 00-14.539, *Bull. civ.* III, n° 138; *JCP N* 2002. 1666, Chron. Périnet-Marquet, n° 10.
11. V. Civ. 3e, 28 nov. 2001, n° 00-14.539, *Bull. civ.* III, n° 138; *AJDI* 2002. 138, note Rouquet: le moyen qui invoquait cette circonstance est rejeté comme nouveau.
12. PAR EXEMPLE : Civ. 3e, 7 mai 1996, n° 94-15.400, NP, *RDI* 1996. 411 et Paris, 29 janv. 1996, *RDI* 1996. 411.

propriétaires et des copropriétaires, ce qui rend délicate l'organisation de l'organe délibérant[1].

Entre une organisation conçue *ex nihilo* et une simple adaptation du régime de la copropriété justifiée par la présence d'un seul élément d'équipement commun (chauffage, voirie...) des variantes sont possibles. On peut songer à l'indivision organisée ou utiliser les ressources offertes par le contrat de société ou encore recourir à un prestataire de services.

Au-delà de cette variété, deux modes d'organisation doivent retenir l'attention; ce sont *l'union de syndicats* dont les pouvoirs ont été précisés par la loi n° 2000-1208 du 13 décembre 2000 modifiant l'article 29 de la loi du 10 juillet 1965 complété par les articles 64, 65 et 66 nouveaux du décret du 17 mars 1967, modifié par le décret n° 2004-479 du 27 mai 2004 et les *différentes associations syndicales de propriétaires :* associations syndicales libres (ASL) ou autorisées, voire constituées d'office, ou les associations foncières urbaines (AFU).

L'union de syndicats faisant l'objet de développement dans une autre partie du traité, on s'en tiendra ici à l'organisation sous la forme d'associations syndicales foncières de gestion[2] dont on examinera la constitution et le fonctionnement.

1°
Associations syndicales – Constitution

168 Types d'associations. En général, il s'agit d'associations syndicales libres régies par la loi du 21 juin 1865 abrogée et remplacée par l'ordonnance n° 2004-632 du 1er juillet 2004[3] ratifiée par la loi n° 2004-1343 du 9 décembre 2004, complétée par le décret n° 2006-504 du 3 mai 2006[4]. Ce peut être aussi une association foncière urbaine régie par les articles L. 322-1 et suivants et R. 322-1 et suivants du code de l'urbanisme modifiés par l'ordonnance précitée qui ne représente qu'une variété des premières. On peut aussi recourir à une association régie par la loi du 1er juillet 1901, qui peut coexister avec une association syndicale régie par l'ordonnance précitée[5].

Cette hypothèse était réalisée dans une affaire qui a donné lieu à cinq arrêts rendus, le même jour (9 févr. 2001), par l'assemblée plénière de la Cour de cassation[6]; s'agissant de l'association régie par la loi de 1901 constituée pour la gestion et l'aménagement d'équipements sportifs, ces arrêts ont rappelé le principe selon lequel, hormis les cas où la loi en décide autrement, nul n'est tenu d'adhérer à une association régie par cette loi et, y ayant adhéré, d'en demeurer membre.

Elles constituent des organismes de droit privé[7]; mais si elles sont autorisées ou forcées, elles relèvent du droit public et sont des établissements publics à caractère administratif.

Sa propriété étant comprise dans le périmètre d'une ASL, un propriétaire ou copropriétaire, tant qu'il conserve cette qualité et que son fonds reste inclus dans le périmètre syndical, ne peut démissionner de l'association[8].

169 Formalités de constitution – Règles générales. La règle est que la constitution de l'association syndicale libre requiert le consentement unanime des intéressés constaté par écrit (ord. 1er juill. 2004, art. 7)[9]. Elle se justifie sur cette considération que, dans les immeubles en copropriété, les copropriétaires individuellement sont seuls titulaires de droits réels[10]. L'assemblée générale ne peut pas constater à la majorité, la naissance d'une association syndicale libre[11]. Les syndicats ne sont pas habilités à apporter l'adhésion des copropriétaires

1. CAPOULADE ET AUTRES, I, 170.
2. SUR L'ENSEMBLE DE LA QUESTION : Sizaire, « L'organisation en association syndicale foncière de gestion », *Administrer* mai 1997. 18 – Liet-Veaux, « Associations de personnes et association de biens », *JCP* 2002. I. 154; Liet-Veaux, « Associations syndicales de gestion : réflexions d'actualité », *Administrer* avr. 2005. 11 – Atias, *Les associations syndicales libres de propriétaires en lotissement*, Edilaix, 2006.
3. *JO* 2 juill., p. 12046.
4. *JO* 5 mai, p. 6652 – Atias, *op. cit.*, n° 526 *bis* – Bergel, « Les charges dans les associations syndicales libres de propriétaires », *AJDI* juill.-août 2008. 549 s.
5. POUR une association de résidents : Civ. 3e, 12 sept. 2007, n° 06-14.460, *Bull. civ.* III, n° 141.
6. Cass., Ass. plén., 9 févr. 2001, n° 99-17.642, 5 arrêts, *Bull. civ.*, Ass. plén., p. 7; *Bull. AP* n° 3; *R.*, p. 385; *BICC* 15 mars 2001, rapp. Sempère, concl. Guérin; *D.* 2001. 1493, note Alfandari; *Defrénois* 2001. 795, obs. Atias; *JCP N* 2001. 1301, note Thioye; *AJDI* 2001. 611, obs. Giverdon; *Rev. sociétés* 2001. 357, note Guyon; *D.* 2002. 1522, note Giverdon; *D.* 2003. 1334, note Giverdon – EN CE SENS : Civ. 3e, 12 juin 2003, n° 02-10.778, *Bull. civ.* III, n° 125; *R.*, p. 369; *BICC* 15 oct. 2003, n° 1207, et note; *D.* 2003. AJ 1694, obs. Rouquet; *D.* 2004. 367, note Bénard; *JCP* 2003. II. 10190, note Auque; *JCP E* 2003. 1791, note Boutonnet; *JCP E* 2004. 334, n° 7, obs. Raynaud; *AJDI* 2003. 663, note Blatter; *Rev. loyers* 2003. 436, obs. Guilluy-Friant; *LPA* 30 avr. 2004, note Kéita; *RTD civ.* 2003. 771, obs. Raynard; *RTD com.* 2004. 72, obs. Monéger; *Rev. sociétés* 2003. 880, note Coquelet; *RDC* 2004. 231, obs. Rochfeld; *RDC* 2004. 348, obs. Lardeux; *RDC* 2004. 465, obs. Marais; *RTD civ.* 2004. 280, obs. Mestre et Fages.
7. T. confl. 14 mars 1988, n° 02514, *RDI* 1988. 339.
8. Civ. 3e, 10 oct. 2007, n° 06-18.168, *Bull. civ.* III, n° 171.
9. POUR la création d'une association secondaire : Civ. 3e, 4 juill. 2007, n° 06-11.755, NP.
10. Paris, 26 nov. 1992, RG nos 91-12932 et 91-19271, *Juris-Data* n° 023800, *D.* 1993. IR 23; *RDI* 1993. 116.
11. Civ. 3e, 8 févr. 1995, n° 92-16.876, *Bull. civ.* III, n° 42; *RDI* 1995. 380; *Loyers et copr.* 1995. 284; *D.* 1995. IR 73; *Defrénois* 1995. 1463, note Atias – Civ. 3e, 31 mai 2000, n° 98-19.142, *Bull. civ.* III, n° 116; *RDI* 2000. 384.

pour la constitution de l'association [1]. En revanche, les statuts sont adoptés à la majorité requise à cet effet suivant les clauses du contrat [2], mais l'adoption majoritaire des statuts ne ratifie pas une constitution irrégulière de l'association [3].

Un tempérament est apporté en ce sens qu'il est admis que le consentement unanime et écrit résulte généralement de l'adhésion à l'association ou de la mention dans le règlement de copropriété et les actes de vente selon laquelle les intéressés sont convenus de constituer une association syndicale [4].

Mais la cession de lots ne peut avoir pour conséquence de créer à la charge des acquéreurs une obligation personnelle d'adhérer à une association syndicale créée en dehors d'eux [5].

Les statuts de l'association définissent son nom, son objet, son siège et ses règles de fonctionnement. Ils comportent la liste des immeubles compris dans son périmètre et précisent ses modalités de financement et le mode de recouvrement des cotisations (ord. 1er juill. 2004, art. 7, al. 2). En outre, sont annexés aux statuts le plan parcellaire, une déclaration de chaque adhérent spécifiant les désignations cadastrales et la contenance des immeubles pour lesquels il s'engage (Décr. 3 mai 2006, art. 4). Cette déclaration n'est pas requise en matière de lotissement, l'acquisition du lot valant acceptation des statuts.

Un soin particulier doit être apporté à la définition de l'objet de l'association syndicale et ce, en raison du principe de la spécialité des personnes morales qui conditionne leur compétence et leur pouvoir d'autant que l'ordonnance du 1er juillet 2004 détermine l'objet d'une manière très générale : « *la construction, l'entretien ou la gestion d'ouvrages ou la réalisation de travaux en vue de : [...] d) mettre en valeur des propriétés* ». Spécialement, l'objet doit comprendre le pouvoir d'acquérir et d'être propriétaire des biens acquis; le pouvoir de l'association d'agir en garantie décennale est subordonné à cette condition [6].

Enfin, l'existence de la personnalité morale, qui est nécessaire pour que l'ASL puisse agir en justice, est liée à l'accomplissement des formalités de publicité [7], sous réserve d'une possibilité de régularisation.

L'article 3 de l'ordonnance du 1er juillet 2004 rappelle que « les droits et obligations qui dérivent de la constitution d'une association syndicale de propriétaires sont attachés aux immeubles compris dans le périmètre de l'association et les suivent, en quelque main qu'ils passent, jusqu'à la dissolution de l'association ou la réduction de son périmètre ». Ces droits et obligations ont donc un caractère réel [8] sur la mise en conformité des anciens statuts (Décr. 3 mai 2006, art. 60) [9].

170 Formalités de constitution alors que le régime de la copropriété est déjà applicable. Dans cette éventualité, les formalités à accomplir sont, dans l'ordre chronologique, les suivantes :

1°) Faire adopter par les syndicats de copropriétaires une délibération décidant la constitution de l'association syndicale en précisant pour quel service ou équipement : la double majorité de l'article 26 est nécessaire s'il y a transfert de propriété au profit de l'association syndicale et l'unanimité est requise si ce transfert concerne des parties communes dont la conservation est nécessaire au respect de la destination de l'immeuble;

2°) Établir les statuts de l'association syndicale [10];

3°) Constituer l'association syndicale libre dans les conditions indiquées au numéro précédent (constatation par écrit du consentement unanime des intéressés);

4°) Si les statuts n'ont pas été préétablis et n'ont pas été adoptés en même temps que l'acte d'association, il convient de réunir une assemblée pour adopter les statuts; mais l'unanimité n'est pas requise [11]. La majorité à réunir semble être celle prévue contractuellement pour la modification des statuts.

1. TA Paris, 29 avr. 1987, *RDI* 1988. 237 – Versailles, 26 mars 1992, RG n° 8833/91, *Juris-Data* n° 045677, *RDI* 1993. 116: leurs syndics ne peuvent donc être convoqués à l'assemblée générale constitutive – AUSSI : Civ. 3e, 9 déc. 1998, n° 97-12.163, *Bull. civ.* III, n° 238; *RDI* 1999. 143; *D.* 2000. 133; *AJDI* 1999. 327, note Giverdon – Paris, 26 nov. 1992, *RDI* 1993. 116.
2. Civ. 3e, 8 févr. 1977, n° 75-11.643, *Bull. civ.* III, n° 65 – Civ. 3e, 1er juill. 1980, n° 79-11.278, *Bull. civ.* III, n° 130 – Civ. 3e, 18 déc. 1991, n° 89-21.046, *Bull. civ.* III, n° 328; *RDI* 1992. 302.
3. Paris, 26 nov. 1992, RG nos 91-12932 et 91-19271, *Juris-Data*, n° 023800, *RDI* 1993. 116.
4. Civ. 3e, 9 avr. 2008, n° 05-11.316, *Administrer* juill. 2008. 54, obs. Bouyeure.
5. Civ. 3e, 28 avr. 1993, n° 90-18.182, *Bull. civ.* III, n° 57; *RDI* 1993. 406; *D.* 1993. IR 135.
6. Civ. 3e, 26 mai 1992, n° 89-21.897, n° 90-10.721, *Bull. civ.* III, n° 168; *Defrénois* 1992. 1525, obs. Aubert; *Administrer* juin 1993. 24, note Capoulade.
7. Civ. 3e, 31 mai 2000, n° 98-19.142, *Bull. civ.* III, n° 116; *RDI* 2000. 384 – Ord. 1er juill. 2004, art. 8; Décr. 3 mai 2006, art. 3 – Bergel, *op. cit.*, p. 553.
8. Bergel, *op. cit.*, p. 550.
9. Gélinet, « La mise en conformité des statuts des ASL », *Administrer* nov. 2006. 9 s.
10. Civ. 3e, 12 sept. 2007, n° 06-15.820, *Bull. civ.* III, n° 140; *Defrénois* 2008. 884, obs. Atias : formation à la 1re vente.
11. EN CE SENS : Civ. 3e, 1er juill. 1980, n° 79-11.278, *Bull. civ.* III, n° 130 – Civ. 3e, 18 déc. 1991, n° 90-11.048, *Bull. civ. III*, n° 320; *D.* 1992. IR 13.

2°
Associations syndicales – Fonctionnement

171 Principe général. Selon une jurisprudence constante de la Cour de cassation, les dispositions de la loi du 10 juillet 1965 sont étrangères au fonctionnement d'une association syndicale libre (ASL) qui est régie par la loi du 21 juin 1865 [1] et aujourd'hui par l'ordonnance du 1er juillet 2004.

Il en est ainsi quand bien même le périmètre de l'association comprendrait un fonds soumis au régime de la copropriété des immeubles bâtis qui obéirait à son statut propre pour sa gestion interne [2]. Il a été jugé que l'acquéreur d'un lot de copropriété situé dans le périmètre de l'ASL et alors que le règlement de copropriété reprend les clauses du cahier des charges et des statuts de l'association, devient de plein droit membre de l'association syndicale libre [3].

Ce sont les *statuts*, qui organisent le fonctionnement de l'association, qui doivent être appliqués [4]; leur rédacteur dispose à cet égard d'une large liberté.

172 Conséquences – Assemblée générale de l'association syndicale – Convocation – Tenue – Décisions. Les modalités de convocation et de tenue des assemblées générales de l'association syndicale sont régies par ses statuts et non par le décret du 17 mars 1967 [5] modifié. Les notifications prescrites par l'article 11 de ce décret n'ont pas à être effectuées, notamment en vue de l'examen des comptes de l'association par l'assemblée générale [6]. C'est la composition du bureau prévue par les statuts qui doit être respectée et non celle prévue par le décret du 17 mars 1967 [7].

L'assemblée générale est composée de tous les membres de l'association qui sont les propriétaires eux-mêmes. Les statuts peuvent stipuler que les syndicats des copropriétés compris dans le périmètre de l'association, peuvent représenter les copropriétaires à l'assemblée générale [8]; ils peuvent aussi stipuler que nul ne peut représenter s'il n'est pas lui-même membre de l'assemblée [9] ou encore que le président sera assisté d'un secrétaire [10].

Les modalités de calcul des voix sont déterminées par les statuts de l'association syndicale [11]; ceux-ci peuvent aussi prévoir le regroupement des propriétaires de lots peu importants pour qu'ils puissent accéder à l'assemblée générale par leur représentant avec un certain nombre de voix [12].

La contestation des décisions de l'assemblée générale de l'association syndicale n'est pas soumise aux dispositions de l'article 42 alinéa 2 de la loi du 10 juillet 1965 [13], mais à la prescription quinquennale de l'article 1304 du code civil [14].

Aucune disposition des statuts ne peut déposséder les propriétaires de leur droit de contester ces décisions pour en conférer l'exercice aux seuls syndics de chaque syndicat [15]. Également, dans une Aful, les copropriétaires qui en sont membres, même s'ils sont représentés à l'assemblée générale par le syndic, ont qualité pour contester les décisions prises en assemblée de l'association. Mais il y a violation de l'article L. 322-9-14 (al. 2) du code de l'urbanisme, lorsqu'un même syndic représente plusieurs syndicats à l'assemblée générale de l'Aful [16].

173 Conséquences (suite) – Dépenses de l'association – Répartition – Obligation [17]. Ce sont les statuts qui, ici également, déterminent les voies et moyens pour subvenir aux dépenses de l'association sans être tenus par les critères de répartition fixés par l'article 10 de la loi du 10 juillet 1965 [18]. Le juge ne peut modifier cette répartition conventionnelle,

1. Civ. 3e, 19 févr. 1980, no 98-15.650, *Bull. civ.* III, no 43 – Civ. 3e, 1er févr. 1989, no 87-15.758, *Bull. civ.* III, no 28; *RDI* 1989. 112 et 242; *D.* 1989. IR 44; *IRC* 1989. 194, note Capoulade – Civ. 3e, 17 janv. 1996, no 93-15.456, *Bull. civ.* III, no 14; *RDI* 1996. 262; *AJPI* 1997. 211 : SUR un moyen de pur droit soulevé d'office par la cour.
2. Civ. 3e, 20 nov. 1985, no 84-14.113, *Bull. civ.* III, no 152.
3. Civ. 3e, 9 avr. 2008, no 05-11.316, NP – RAPPR. pour un lotissement : Civ. 3e, 12 sept. 2007, no 06-15.820, NP.
4. Civ. 3e, 10 oct. 2006, no 05-10.646, NP.
5. Paris, 29 avr. 1987, *Juris-Data* no 023214, *RDI* 1988. 237 – Paris, 11 juill. 1990, RG no 88/16077, *Juris-Data* no 023723, *RDI* 1990. 525 – Paris, 5 févr. 1980, *Juris-Data* no 089071, *RDI* 1980. 339 – Civ. 3e, 11 févr. 1989, *D.* 1989. IR 44; *RDI* 1989. 242; *IRC* 1989. 194, note Capoulade – Civ. 3e, 22 févr. 1989, *Administrer* oct. 1989. 48, note Guillot.
6. Versailles, 21 mars 1991, RG no 3097/90, *Juris-Data* no 041588, *RDI* 1992. 239.
7. Versailles, 26 mars 1992, RG no 3462/91, *Juris-Data* no 042242, *RDI* 1993. 116.
8. Civ. 3e, 9 déc. 1998, no 97-12.163, *Bull. civ.* III, no 238; *AJDI* 1999. 327; *D.* 2000. 133; *RDI* 1999. 143, Doctr. note Atias.
9. Paris, 27 oct. 1992, RG no 90-23397, *Juris-Data* no 022878, *RDI* 1993. 118.
10. Versailles, 26 mars 1992, RG no 3462/91, *Juris-Data* no 042242, *RDI* 1993. 118.
11. Civ. 3e, 4 mai 1988, no 86-18.692, *Bull. civ.* III, no 84; *RDI* 1988. 339 – Civ. 3e, 3 juill. 1991, no 89-17.875, NP, *RDI* 1991. 502.
12. Note Capoulade, *AJDI* 2002, 409.
13. Civ. 3e, 1er févr. 1989, no 87-15.758, *Bull. civ.* III, no 28; *RDI* 1989. 112 et 242 – Civ. 3e, 17 janv. 1996, no 93-15.456, *Bull. civ.* III, no 14; *AJDI* 1997. 212; *RDI* 1996. 262.
14. Paris, 29 mars 2001, *D.* 2001. 3069, note Atias, *op. cit.*, no 167.
15. Civ. 3e, 6 févr. 2002, no 00-18.472, NP, *AJDI* 2002. 463, note Capoulade.
16. Civ. 3e, 13 févr. 2008, no 07-12.988, NP, *Administrer* mai 2008. 65, obs. Bouyeure.
17. Atias, *op. cit.*, nos 180 s.
18. Civ. 3e, 4 mai 1988, *Bull. civ.* III, no 89; *RDI* 1988. 339 – Civ. 3e, 3 juill. 1991, no 89-17.875, NP, *RDI* 1991. 502.

ni imposer une nouvelle ventilation[1]. Une clause contraire aux critères de répartition de l'article 10 de la loi du 10 juillet 1965 ne peut être réputée non écrite; ainsi est valable une répartition fixée sur la base de la surface du terrain ou de la longueur de la façade[2].

La demande en paiement des charges est dirigée contre les propriétaires membres de l'association syndicale; formulée contre le syndicat des copropriétaires, elle est irrecevable, même si celui-ci a représenté les membres de l'association à l'assemblée générale de celle-ci[3].

En conséquence si le syndicat, se croyant débiteur, a directement versé à l'association des sommes au titre des fonds de roulement et de réserve, il est fondé à en demander le remboursement[4]. Il n'appartient pas au syndic de recouvrer les dépenses de l'ASL en les incluant dans les charges de copropriété.

Les membres de l'association ne sont pas responsables envers les tiers des dettes de celle-ci[5]; leur contribution revêt, en effet, un caractère personnel[6], elles n'étaient pas transmissibles à l'acquéreur, mais, dans le dernier état de la jurisprudence, la dette a un caractère réel[7]. En revanche, les contraintes (« servitudes ») sont attachées au fond et le suivent en quelques mains qu'il passe. Cette jurisprudence est reprise par l'article 3 de l'ordonnance du 1er juillet 2004. Et aux termes de l'article 6 de la même ordonnance, les créances de toute nature d'une association syndicale de copropriétaires à l'encontre d'un de ses membres sont garanties par une hypothèque légale sur les immeubles de ce membre compris dans le périmètre de l'association. Les conditions d'inscription et de mainlevée de cette hypothèque sont celles prévues aux trois premiers alinéas de l'article 19 de la loi du 10 juillet 1965. Il n'est pas prévu que ces créances bénéficient du privilège mobilier institué par l'article 2102-1° du code civil. Par ailleurs, lors de la mutation d'un bien compris dans le périmètre d'une association syndicale, *avis de la mutation* doit être donné dans les conditions prévues à l'article 20 de la loi du 10 juillet 1965 à l'association qui peut faire *opposition* dans les conditions prévues audit article pour obtenir le paiement des sommes restant dues par l'ancien propriétaire. Mais les créances de l'association ne présentent pas pour autant le caractère de charges au sens et pour l'application de l'article 45-1 nouveau du décret du 17 mars 1967, modifié par le décret n° 2004-479 du 27 mai 2004. Elles ne bénéficient donc pas du privilège immobilier spécial de l'article 19-1 de la loi du 10 juillet 1965 et de l'article 2103 du code civil.

À noter que les associations foncières urbaines peuvent aussi invoquer l'hypothèque légale de l'article 19-1 de la loi du 10 juillet 1965 et l'opposition de l'article 20 de la même loi pour avoir paiement de leurs créances sur le prix de vente (C. urb., art. L. 322-9). Se fondant sur la loi du 21 juin 1865 (art. 3 et 5) et le décret du 18 décembre 1927 (art. 2), la Cour de cassation, donnant au mot « obligation » le sens le plus large, a jugé que les cotisations annuelles régulièrement appelées par une Aful, qu'elles soient affectées à des dépenses déterminées ou à un fond de réserve, font partie du patrimoine de l'association et ne sont pas sujettes au remboursement partiel à celui de ses membres qui vend son immeuble en cours d'année[8].

174 Conséquences (suite) – Droit d'action en justice de l'association syndicale. Une association syndicale de propriétaires ne peut exercer que les actions en justice relevant des missions énoncées dans ses statuts et notamment celles relatives aux seuls travaux amélioratifs.

En revanche sont exclues les actions tendant à contester le droit du propriétaire d'un lot (de lotissement ou de copropriété) d'effectuer sur celui-ci les travaux ou aménagements de son choix. L'association ne peut requérir la mise en conformité des ouvrages avec les prescriptions du cahier des charges[9].

On constate donc que le droit d'agir d'une association syndicale est moins étendu que celui d'un syndicat de copropriétaires et ce par suite de l'absence d'une disposition analogue à celle de l'article 14 de la loi du 10 juillet 1965. Spécialement, si la propriété des ouvrages endommagés ne lui a pas été transférée, seuls les propriétaires peuvent agir en garantie décennale ou biennale[10]. C'est la raison

1. Civ. 3e, 1er juill. 1980, n° 79-11.278, *Bull. civ.* III, n° 130 – Civ. 3e, 3 juill. 1991, n° 89-17.875, préc.
2. Civ. 3e, 15 déc. 1993, n° 91-12.645, *Bull. civ.* III, n° 170; *RDI* 1994. 93.
3. Civ. 3e, 9 déc. 1998, n° 97-12.163, *Bull. civ.* III, n° 238; *RDI* 1999. 143.
4. Civ. 3e, 2 oct. 2001, n° 97-21.718, NP, *RDI* 1999. 143; *D.* 2000. 133; *AJDI* 2002, note Capoulade.
5. Civ. 3e, 12 juin 2002, n° 00-19.207, *Bull. civ.* III, n° 134; *D.* 2003. 1288; *AJDI* 2002. 878, note Capoulade; *Administrer* nov. 2002. Somm. 34, note Bouyeure. Atias, *op. cit.*, nos 198 et 213.
6. Capoulade et autres, I, 187 – Civ. 3e, 17 juin 1997, n° 95-21.470, NP, *RDI* 1997. 481 – Civ. 3e, 30 juin 1998, n° 96-18.819, *Bull. civ.* III, n° 140; *RDI* 1998. 689 – solution contraire pour une AFUL : Civ. 3e, 29 mars 2006, n° 05-10.296, *Bull. civ.* III, n° 83.
7. Civ. 3e, 19 févr. 1980, n° 78-15.650, *Bull. civ.* III, n° 43 – V. art. 3, ord. 1er juill. 2004 – Bergel et a, *Les biens*, n° 646.
8. Civ. 3e, 29 mars 2006, n° 05-10.296, *Bull. civ.* III, n° 83.
9. Paris, 14 oct. 1998, RG n° 1995/07021, *RDI* 1999. 142.
10. Civ. 3e, 26 mai 1992, n° 89-21.897, *Bull. civ.* III, n° 168; *RDI* 1992. 363; *RTD civ.* 1993. 131.

pour laquelle il est généralement stipulé que l'objet de l'association comporte le pouvoir d'acquérir.

Aux termes de l'article 5 de l'ordonnance du 1er juillet 2004, les associations syndicales de propriétaires peuvent agir en justice sous réserve de l'accomplissement des formalités de publicité prévues par l'article 8 de la dite ordonnance[1].

175 Tempérament. Prééminence des statuts de l'association syndicale (ou des documents d'un lotissement) sur les règlements de copropriété. Lorsqu'un ou des immeubles soumis au statut de la copropriété sont implantés dans un ensemble immobilier (et, notamment dans un lotissement) et que, dans le périmètre de cet ensemble, une ASL (ou une AFU) a été constituée, la destination donnée à ces immeubles par les statuts de l'association s'impose aux syndicats de copropriétaires. Il en est de même éventuellement des prescriptions de l'arrêté de lotissement ou des obligations stipulées dans le cahier des charges d'une ZAC dans le périmètre de laquelle se situe l'ensemble. Les copropriétaires sont considérés comme ayant adhéré à ces prescriptions et obligations du fait de leur insertion dans le règlement de copropriété ou du rappel qui en est fait dans leurs actes d'acquisition[2].

Un arrêt de la troisième chambre civile de la Cour de cassation du 2 juillet 2003[3] (Chapuis c/ Casanova) exige que le règlement du lotissement ou le cahier des charges soit inséré dans les actes d'acquisition; la mention selon laquelle la vente a eu lieu sous les charges et conditions résultant du règlement de lotissement dont l'acquéreur déclare avoir eu parfaitement connaissance par la remise d'une copie qui lui a été faite, ne suffit pas à conférer au règlement de lotissement une valeur contractuelle.

Spécialement le règlement de copropriété s'insère ainsi dans un cadre plus vaste qui forme un ensemble indivisible.

1. IRRECEVABILITÉ d'une ancienne AFUL qui n'a pas mis ses statuts en conformité avec le nouveau dispositif légal avant le délai imparti (art. 62 du décret du 3 mai 2006) : Civ. 3e, 5 juill. 2011, no 10-15.374, *Bull. civ.* III, [à paraître].
2. Paris, 6 mars 1987, RG no 86/001884, *Juris-Data* no 021235, *RTD civ.* 1987. 370 – Civ. 3e, 26 oct. 1988, no 87-12.432, *Bull. civ.* III, no 147 – Civ. 3e, 28 avr. 1993, no 90-18.182, *Bull. civ.* III, no 57; *RDI* 1993. 406.
3. Civ. 3e, 2 juill. 2003, no 02-19.328, NP, *D.* 2003. 3003, note Bouyeure.

LIVRE

2. LES DROITS ET LES OBLIGATIONS DES COPROPRIÉTAIRES

SECTION 0

ORIENTEUR

Plan du livre.

176 Division. L'immeuble soumis au statut de la copropriété révèle la coexistence de plusieurs personnes titulaires de droits dont la portée est évidemment différente selon qu'ils s'exercent sur la partie privative de leurs lots ou sur les parties communes de l'immeuble. Toutefois, à l'égard des copropriétaires, ces droits se conjuguent pour s'exercer sur les lots dont ils sont propriétaires, de telle sorte que c'est en fonction de chaque lot que doit être dégagée la nature juridique du droit des copropriétaires et que doivent être définies leurs prérogatives.

Mais les copropriétaires n'ont pas que des droits. Ils sont aussi assujettis à des *obligations*, que l'étroite communauté qui règne au sein du syndicat rend nécessairement plus rigoureuses que les obligations dont sont tenus les propriétaires titulaires d'un droit de propriété individuel et exclusif. L'ensemble de ces questions fait l'objet de la deuxième partie de ce traité.

TITRE

1. Les droits des copropriétaires sur les parties privatives et sur les parties communes

SECTION 0

ORIENTEUR

Plan du titre.

177 Textes et principes. Deux articles de la loi du 10 juillet 1965 déterminent les droits des copropriétaires sur les parties privatives et les parties communes de l'immeuble : l'article 2 alinéa 2, et l'article 4.

Selon l'article 2 (al. 1er) les parties privatives sont réservées à l'usage exclusif d'un copropriétaire déterminé et aux termes de l'article 2 alinéa 2, les parties privatives sont la propriété exclusive de chaque copropriétaire.

Aux termes de l'article 4, les parties communes sont l'objet d'une propriété indivise entre l'ensemble des copropriétaires ou certains d'entre eux seulement. Mais, cette indivision est forcée, puisqu'aux termes de l'article 6, les parties communes et les droits qui leur sont accessoires ne peuvent faire l'objet, séparément des parties privatives, d'une action en partage ni d'une licitation forcée.

CHAPITRE

1. Les parties privatives, propriété exclusive de chaque copropriétaire

SECTION 0
ORIENTEUR

Plan du chapitre.

Textes applicables.

• L. n° 65-557 du 10 juillet 1965, fixant le statut de la copropriété des immeubles bâtis, art. 2, 8, 9, 25 et 26 e et al. 2.

Jurisprudence de référence.

• **Civ. 3e, 10 janv. 2001, n° 99-11.607,** *Bull. civ.* III, n° 4.
* V. s^s n° 201.

• **Civ. 3e, 8 mars 1995, n° 93-10.883,** *Bull. civ.* III, n° 74.
* V. s^s n°s 191, 194, 202, 206.

• **Civ. 3e, 1er déc. 1999, n° 98-11.726,** NP, *D.* 2001. 346.
* V. s^s n° 207.

Bibliographie indicative.

Journée Souleau, *RDI* 1995. 407 à 472 – ATIAS, *Dicopropriété, V^is Destination et Parties privatives* – LAFOND, ROUX et STEMMER, art. L. 8 § V, L. 9 § III – KISCHINEWSKY-BROQUISSE, *La copropriété des Immeubles bâtis,* Litec 4e éd. 92 à 119 – BAYARD-JAMMES, *op. cit.*, p. 21 à 74 – BERGEL et ROUX, n° 556.

178 Principe et portée. La disposition, *a priori* dénuée d'ambiguïté, de l'article 2 alinéa 2 de la loi n° 65-557 du 10 juillet 1965 est complétée par celle de l'article 9 selon laquelle « *chaque copropriétaire dispose des parties privatives comprises dans son lot; il [en] use et jouit librement [...] sous la condition de ne porter atteinte ni aux droits des autres copropriétaires, ni à la destination de l'immeuble* ». La finale du texte donne à penser que la force des mots (propriété exclusive - disposer librement) cache mal une certaine faiblesse[1]. De fait, une équivoque plane sur l'étendue des prérogatives ainsi conférées aux copropriétaires. La liberté d'usage et de jouissance est tempérée par le droit concurrent des autres et par l'intérêt supérieur de l'immeuble (sa « destination »). Quant au droit de disposer, il est difficile à apprécier, car ce ne sont pas les seules parties privatives qu'il concerne, mais l'ensemble du lot.

SECTION 1
DROIT D'USAGE ET DE JOUISSANCE DES PARTIES PRIVATIVES

179 État de la question. À première vue, l'étendue de ce droit paraît simple à définir. C'est un droit

1. LOMBOIS, D. 1966. 93, n°s 15 s. – Terré et Simler, *Droit civil. Les biens*, 8e éd., n° 631, qui font remarquer que l'usage fait de ces parties est érigé, par le législateur, en critère de qualification – Rép. civ., ATIAS, *V° Copropriété des immeubles bâtis*, n° 51 : « Parties privatives et parties communes sont qualifiées en fonction de l'utilité qui doit en être retirée. »

d'*usage exclusif*. Cela résulte, comme on vient de le voir, de l'article 2 alinéa 2 de la loi du 10 juillet 1965, mais aussi de l'alinéa 2 de son article 26 aux termes duquel l'« assemblée générale ne peut, à quelque majorité que ce soit, imposer à un copropriétaire une modification à la destination de ses parties privatives ou aux modalités de leur jouissance telles qu'elles résultent du règlement de copropriété ».

Il faut donc noter la réserve ainsi faite du règlement de copropriété. Mais, avant même d'en préciser la portée, il faut faire état du respect nécessaire des droits des autres copropriétaires, respect imposé par le droit commun des rapports de voisinage. Qui plus est, au-delà de ce droit commun, la spécificité du voisinage « en copropriété » s'impose immédiatement du fait même de l'étroitesse qui caractérise ici ces rapports. Il en résulte un infléchissement de la théorie sous la double pesée du règlement de copropriété et de la destination de l'immeuble, car il est évident que l'un et l'autre sont appelés à jouer un rôle essentiel quant à la définition du droit d'usage et de jouissance des copropriétaires sur les parties privatives de leurs lots. C'est, en effet, le règlement de copropriété qui détermine la destination des parties privatives et les conditions de leur jouissance (L. 10 juill. 1965, art. 8) et la destination de l'immeuble peut justifier les restrictions apportées aux droits des copropriétaires mais aussi leur permettre de prendre certaines initiatives (par exemple l'exécution de travaux privatifs). Enfin, il faut faire réserve des pouvoirs de l'assemblée générale qui sont assez limités (L. 10 juill. 1965, art. 26).

En définitive, l'exclusivité de la propriété de chaque copropriétaire sur les parties privatives dont les conséquences peuvent paraître importantes dans leur énoncé, est limitée, d'une part, par l'étroitesse des rapports de voisinage et, plus généralement, les droits concurrents des autres copropriétaires, et, d'autre part, par le jeu conjugué du règlement de copropriété et de la destination de l'immeuble dont le résultat est aussi de limiter les pouvoirs de l'assemblée générale.

§ 1 Conséquences de l'exclusivité d'usage des parties privatives

A. Principe

180 Énoncé. Conséquence de la propriété exclusive dont les parties privatives sont l'objet pour chaque copropriétaire, l'exclusivité de leur usage entraîne *a priori* des conséquences importantes. Chacun peut les utiliser soit pour les habiter, soit pour y exercer sa profession; il peut modifier ou supprimer les éléments d'équipement qui sont sa propriété privative.

Les copropriétaires peuvent également entreprendre des travaux dits privatifs c'est-à-dire qui n'affectent ni les parties communes, ni l'aspect extérieur de l'immeuble[1]. Ces travaux peuvent aller jusqu'à la construction de locaux[2].

À titre d'exemples, on peut citer la suppression de pièces par démolition de cloisons intérieures[3], la réfection des peintures intérieures ou la modification du revêtement des murs, l'installation d'une cuve à mazout dans la cave[4], l'aménagement des vitrines et devantures comprises dans les boutiques, parties privatives[5].

Au nom du même principe (exclusivité du droit d'usage), un copropriétaire peut s'opposer aux empiétements qu'un autre commettrait sur les parties privatives de son lot[6] et toute possibilité doit être donnée au copropriétaire pour accéder librement à ses parties privatives[7].

B. Tempéraments

181 Règlement de copropriété. Mais, ces possibilités sont immédiatement tempérées par le règlement de copropriété dont les clauses prévoient, en général, les conditions auxquelles est subordonnée l'exécution de travaux ou d'aménagement même privatifs : obligation de recueillir l'avis de l'architecte de la copropriété par exemple.

Le règlement de copropriété peut déterminer les conditions d'une modification du revêtement des sols, en précisant que le procédé utilisé et les nouveaux matériaux présentent des caractéristiques d'isolation phonique au moins égales à celles des procédés et matériaux d'origine[8].

1. Bouyeure, *Les travaux dans la copropriété*, p. 145 s.
2. Civ. 3e, 6 juill. 1976, n° 75-12.845, *Bull. civ.* III, n° 297; *JCP N* 1977. II. 17; *RTD civ.* 1977. 347 – Civ. 3e, 8 mai 1979, *JCP* 1979. IV. 227 – Aix-en-Provence, 21 oct. 1975, *JCP* 1976. IV. 173; *AJPI* 1976. 798.
3. Paris, 27 mai 1981, *Juris-Data* n° 022255, *D.* 1982. IR 143.
4. TGI Paris, 13 mars 1975, *D.* 1976. IR 70.
5. Lyon, 15 oct. 1975, *D.* 1976. IR 57 – Civ. 3e, 26 avr. 1979, *D.* 1980. IR 31; *Rev. loyers* 1979. 433 – Paris, 19 oct. 2005, RG n° 04/19392, *AJDI* 2006. 573, obs. Capoulade, modification de la devanture avec l'accord de l'assemblée générale.
6. TGI Nice, 30 avr. 1968, *IRC* 1968. 106.
7. Paris, 4 janv. 1990, RG n° 89/2525, *Juris-Data* n° 020043, *RDI* 1990. 245 – POUR une servitude de passage après scission : Civ. 3e, 14 févr. 2009, n° 07-16.410, NP.
8. Civ. 17 déc. 1996, n° 95-10.699, NP, *Loyers et copr.* 1997. 121 – ET SUR RENVOI : Paris, 17 juin 1998, RG n° 97/09937, *Loyers et copr.* 1998. 313 – Cattan, « Le changement de revêtement de sol », *Administrer* oct. 2005. 21.

Par ailleurs, il est superflu de dire que l'usage pour habiter ou pour exercer une profession est sous la dépendance des prévisions du règlement de copropriété.

182 Droits des autres copropriétaires. Il faut encore tenir compte des droits des autres copropriétaires et de l'obligation de s'abstenir de provoquer des troubles de voisinage particulièrement pesants dans les immeubles en copropriété [1].

Le jeu combiné de ces différentes restrictions manifeste la différence qui sépare le droit du copropriétaire de celui du propriétaire tel que le présente l'article 544 du code civil et fait ressortir qu'il est sans doute excessif de dire que la finalité de la copropriété est d'être aussi proche que possible de la propriété.

§ 2
Application de la théorie des troubles de voisinage

183 Article 1382 du code civil. Déjà, par la seule application de la loi (C. civ., art. 1382), les copropriétaires, qui, en usant des parties privatives comprises dans leurs lots, causent un préjudice aux autres, en doivent réparation [2]. Les juges du fond sont invités à rechercher si les nuisances alléguées excédent ou non les inconvénients normaux de voisinage [3].

C'est ainsi qu'il est jugé de façon constante que les propriétaires qui, en entreprenant des travaux dans leurs parties privatives, ont causé un dommage à d'autres, sont condamnés à le réparer, alors surtout que les précautions indispensables n'ont pas été prises [4] (l'action intentée à cette fin revêt un caractère individuel [5]). La même sanction est appliquée aux copropriétaires auxquels sont imputables des bruits violents ou renouvelés [6] (aboiements d'un chien [7], bruits nocturnes provenant de l'exploitation d'une boulangerie [8] – étant exigé que la cause du bruit soit établie [9] –, occupation en surnombre de chambres de bonnes [10]). C'est également en application des principes du droit commun que des copropriétaires, qui se livrent dans les parties privatives de leurs lots à des activités contraires au minimum de décence exigible, sont condamnés à verser au syndicat des dommages-intérêts en réparation du préjudice causé par ces activités (pour la prostitution [11], pour l'exploitation d'un sex-shop [12]); il peut même être enjoint, sous astreinte, aux copropriétaires qui s'y livrent, d'y mettre fin [13]. Mais aucune clause du règlement de copropriété ne peut stipuler qu'ils seront exclus de leurs lots [14].

La question se pose de savoir s'il faut viser l'article 1382 : la réponse doit être affirmative si, comme les exemples précédents le révèlent, un préjudice est invoqué. Mais, à partir du moment où l'on se borne à invoquer le principe selon lequel « nul ne doit causer à autrui un trouble anormal de voisinage », l'autonomie que revêt ce principe conduit à ne plus exiger l'existence du préjudice.

184 Théorie des troubles de voisinage et statut de la copropriété. L'autonomie de la théorie des troubles de voisinage est particulièrement perceptible dans le statut de la copropriété. Spécialement, le rôle du règlement de copropriété est déterminant. En ce sens qu'il peut autoriser l'exercice de certaines activités tout en stipulant, d'une manière générale,

1. Roux, « Les troubles de voisinage en copropriété immobilière », *IRC* nov. 2006. 18.
2. SUR L'ENSEMBLE DE LA QUESTION : Mayer, *Les rapports de voisinage dans les immeubles divisés par appartements, notamment dans les grands ensembles*, Lgdj, 1985 – AUSSI : Piedelièvre, *L'immeuble urbain à usage d'habitation*, n° 27, p. 206 – KISCHINEWSKY-BROQUISSE, n° 99 – Serres, « Copropriété et troubles de voisinage », *Journ. fin.* 10 mars 1977. 212 – Puill, « Les nuisances dans la copropriété », *AJPI* 1980. 453 – LAFOND, ROUX ET STEMMER, L. art. 9, n°s 6 s. – GUILLOT, art. 8 et 9 – Graffan, « Les troubles de voisinage et le régime de la copropriété », *IRC août* 1987. 219 – CAPOULADE, GIRAUDEL et DROBENKO, *La copropriété dans la cité*, 23 s. – ROUX préc. *IRC*. nov. 2006. 18.
3. Civ. 3e, 24 oct. 1990, n° 88-19.383, *Bull. civ.* III, n° 205; *RDI* 1991. 34; *RDI* 1991. 92; *D.* 1991. 309 – Civ. 3e, 30 mars 1995, *Loyers et copr.* 1995. 384.
4. Civ. 3e, 6 mai 1975, n° 73-14.946, *Bull. civ.* III, n° 157; *D.* 1976. IR 156; *Rev. loyers* 1976. 38 – Civ. 3e, 3 juill. 1979, *Gaz. Pal.* 1979. 2. pan. jur. 504; *D.* 1980. IR 236.
5. Paris, 10 oct. 1991, RG n° 90/024832, *Juris-Data* n° 023627, *D.* 1991. IR 273.
6. Paris, 1er mars 1963, *D.* 1964. Somm. 14 – AUSSI : Civ. 20 déc. 1962, *D.* 1963. Somm. 42; *AJPI* 1963. II. 430, note Cabanac – Capoulade, « Le bruit et la copropriété », *IRC* mai 2000 – Bouyeure, « Le bruit dans les rapports de voisinage, les recours civils », *Administrer* mars 2003. 27 – Rép. min., QE n° 5999, *JOAN Q* 20 nov. 2007, p. 7315.
7. Paris, 22 juin 1962, *Gaz. Pal.* 1962. 2, 318; *AJPI* 1962. II. 482, note Cabanac – Roux, « L'animal en copropriété », *IRC* mars 2007. 23.
8. Civ. 3e, 20 févr. 1973, n° 71-14.174, *Bull. civ.* III, n° 138; *Gaz. Pal.* 1973. 1, 471.
9. Lyon, 24 janv. 1967, *AJPI* 1967. II. 422.
10. Versailles, 23 oct. 1983, *D.* 1984. IR 382.
11. V. TGI Grenoble, 6 avr. 1964, *D.* 1964. 317, concl. Chanaron; *Gaz. Pal.* 1964. 1, 399; *JCP* 1964. II. 13663, note Savatier; *AJPI* 1965. II. 23, note Cabanac; *S.* 1964, 80; *Rev. loyers* 1964. 452.
12. TGI Paris, 8 avr. 1976, *D.* 1976. IR 314 – Civ. 3e, 24 févr. 1981, *Juris-Data* n° 000748, *Gaz. Pal.* 1981. 2. pan. jur. 221.
13. TGI Grenoble, 6 avr. 1964, préc. – CEP. : Cabanac, « Copropriété, prostitution et proxénétisme », *IRC* 1968. 113.
14. TGI Grenoble, 6 avr. 1964, préc.

que les copropriétaires doivent s'abstenir de troubler la tranquillité de l'immeuble [1].

Il est évident qu'il existe une contradiction entre ces deux séries de clauses. D'une part, en effet, les juges ne peuvent pas apporter à l'utilisation et à la jouissance des parties privatives des restrictions qui seraient contraires au principe de la liberté d'usage et de jouissance de ces parties et excédant celles stipulées au règlement de copropriété [2]. Mais, d'autre part, la Cour de cassation a dû admettre que le juge peut subordonner l'exercice des activités autorisées à des conditions induites de l'ensemble du règlement de copropriété et spécialement au respect de la tranquillité d'autrui qui est inhérent au régime de la copropriété [3]. Ces activités pourraient même être interdites temporairement, mais à la condition que la demande en soit faite expressément [4], demande qui ne sera accueillie que s'il n'est pas possible de porter remède aux inconvénients constatés [5].

Il ressort de cette jurisprudence une notion de rapports de voisinage particulière aux immeubles en copropriété, plus affinée que celle du droit commun [6], mais aussi sous la dépendance de ces deux éléments essentiels du statut que sont le règlement de copropriété et la destination de l'immeuble [7].

Dans la même perspective, il faut rappeler le refus d'appliquer dans les immeubles en copropriété l'article L. 112-16 du code de la construction et de l'habitation qui privilégie la « pré-occupation » dans les rapports de voisinage lorsque la nuisance subie par les occupants d'un bâtiment est due à une activité agricole, commerciale ou artisanale antérieurement exercée [8].

Le juge (qui peut être le juge des référés) peut imposer que l'exercice d'une activité prévue au règlement le soit conformément à l'ensemble des dispositions de ce règlement; mais, constatant l'existence d'un inconvénient normal de voisinage, il ne peut s'opposer à l'exercice de l'activité prévue au règlement [9]. Une installation de téléphonie mobile sur la toiture de l'immeuble a été jugée comme n'étant pas susceptible de causer un trouble anormal de voisinage pouvant justifier le démontage de l'installation [10].

Il n'est pas rare que le locataire d'un lot de copropriété cause des troubles de voisinage. Désormais, l'article 6-1 de la loi du 6 juillet 1959 (réd. L. 5 mars 2007) prévoit qu'après mise en demeure, le propriétaire d'un local à usage d'habitation doit, sauf motif légitime, utiliser les droits dont il dispose en propre afin de faire cesser les troubles de voisinage causés à des tiers par les occupants des locaux.

§ 3
Rôle du règlement de copropriété et de la destination de l'immeuble

185 Distinction. Dans le cadre de la définition de la portée de l'exclusivité du droit d'usage et de jouissance des parties privatives, le rôle du règlement de copropriété est indissociable de celui que joue la destination de l'immeuble, d'où la complexité de la question [11].

L'alinéa 1er de l'article 8 de la loi du 10 juillet 1965 dispose, dans les termes les plus nets, que le règlement de copropriété détermine la destination des parties privatives et les conditions de leur jouissance, ce qui, en soi, est déjà une limite à « l'absolutisme » du droit des copropriétaires.

1. Biguenet-Maurel, « Droit de la copropriété et pratique d'une religion », *AJDI* 2005. 560 – Dissaux, « Liberté religieuse et copropriété », *Administrer* mai 2007. 28 – Raynaud, « Harmonie de l'immeuble contre liberté religieuse », *AJDI* 2006. 609.
2. Civ. 3e, 17 janv. 1996, no 94-12.715, NP, *RDI* 1996. 268, obs. Giverdon; *RDI* 1997. 399, Chron. Bergel; *JCP* 1996. I. 3972, no 8, Chron. Périnet-Marquet – Capoulade, Giraudel et Drobenko, *La copropriété dans la cité*, 2, 37 s.
3. Civ. 3e, 2 oct. 1996, no 94-14.321, NP, *RDI* 1997. 399; *JCP N* 1997. I. 904, no 5 – aussi : Civ. 3e, 17 mai 1995, no 92-15.851, NP, *Loyers et copr.* 1995. 384 – Civ. 3e, 11 févr. 1998, no 95-22.112, *Bull. civ.* III, no 33; *IRC* juill.-août 1998. 13, obs. Capoulade, *RDI* 1998. 387, *D.* 1998. 348 – Civ. 3e, 14 déc. 2010, no 09-71.134, NP, *AJDI* 2011. 536, note Capoulade – Atias, « La "destination" des parties privatives », *AJDI* 2011. 433.
4. Civ. 3e, 17 janv. 1996, no 94-12.715, *NP, RDI* 1996. 268, *RDI* 1997. 399, préc.
5. Civ. 3e, 17 déc. 1996, no 95-10.699, NP, préc. – Civ. 3e, 11 oct. 2005, no 04-17.159, NP, *Administrer* janv. 2006. 49, obs. Bouyeure; *Loyers et copr.* 2005, no 230.
6. Civ. 3e, 11 févr. 1998, no 95-22.112, *Bull. civ.* III, no 33; *IRC* juill.-août 1998. 13, note Capoulade; *RDI* 1998. 387; *D.* 1998. 348.
7. Civ. 3e, 2 juill. 2008, no 07-18.115, NP.
8. Civ. 3e, 23 janv. 1991, no 89-16.163, *Bull. civ.* III, no 31; *AJDI* 1991. 752; *RDI* 1991. 252; *Administrer* oct. 1991. 42 – Paris, 15 nov. 2006, RG no 05/14734, *Loyers et copr.* 2007. 66, obs. Vigneron.
9. Capoulade, Giraudel et Drobenko, *op. cit.*, 2/4.
10. Paris, 7 mai 2002, *Loyers et copr.* 2002. 272, note Vigneron; Ritschy, « L'installation d'une station d'antennes relais de radiophonie mobile dans un immeuble en copropriété », *IRC* juill.-août 2005. 13; note ss Paris, 7 janv. 2004, RG no 2003/02301; *Administrer* 2004, 363; *IRC* avr. 2005. 24 – Versailles, 4 févr. 2009, no 08-03.775, *D.* 2009. AJ 499 – discussion sur l'application du principe de précaution : TGI Créteil, 11 août 2009, *AJDI* 2010. 43, note Atias. À propos des antennes relais : Van Lang, *RDI* mars 2012. 153; Vigneron, *IRC*, mai 2011. 19.
11. Une distinction doit être observée entre les règles de droit privé et la réglementation de droit public sur l'usage et l'affectation des immeubles : ord. no 2005-655, 8 juin 2005, *JO* 9 juin, p. 10083 et Décr. no 2006-1090, 30 avr. 2006, *JO* 31 août, p. 12894.

Et cependant, l'article 8 alinéa 2 de la même loi dispose que « le règlement (conventionnel) de copropriété ne peut imposer aucune restriction aux droits des copropriétaires », mais c'est pour ajouter, « en dehors de celles qui seraient justifiées par la destination de l'immeuble telle qu'elle est prévue aux actes, par ses caractères et sa situation ».

On ne saurait mieux exprimer la complexité des relations ainsi établies par la loi entre le règlement de copropriété et la destination de l'immeuble. Au règlement de copropriété revient, en principe, le soin de déterminer la destination (mieux vaut dire l'affectation) des parties privatives et les conditions de leur jouissance mais, à l'arrière-plan (d'aucuns même disent au premier), intervient la destination de l'immeuble qui altère le caractère conventionnel du règlement au nom de ce qui est sensé représenter l'intérêt supérieur de l'immeuble. Il est, dans ces conditions, facile de pressentir le caractère envahissant de la destination de l'immeuble qui exprime cet intérêt supérieur.

Mais, il en ressort la possibilité d'une distinction selon que l'on se place au moment *de l'établissement de la copropriété ou lors des changements d'affectation*.

Alors que, lors de l'établissement de la copropriété, il doit être possible, moyennant certaines précautions, de sauvegarder le rôle prépondérant du règlement de copropriété dans la définition de l'affectation des parties privatives, lors des changements d'affectation, l'« impérialisme » de la destination de l'immeuble est difficilement contournable. Le flou de la notion entraîne des solutions où prédomine l'empirisme qui fait que l'on a pu dire que « tout peut être jugé »[1] et qu'il est peut-être impossible d'émettre avec certitude un avis[2], en présence des données particulières de chaque espèce.

C'est donc autour de cette distinction que doivent être regroupés les développements.

A. Détermination de la destination des parties privatives et des conditions de leur jouissance au moment de l'établissement de la copropriété

186 Moment de l'établissement de la copropriété. On estime, en général, que ce moment est celui où le règlement de copropriété est rédigé, encore que cette rédaction intervienne souvent avant le moment précis où se situe la « naissance » du syndicat et l'application du statut. Cette « naissance » peut concerner un immeuble ancien comme un immeuble neuf avec, toutefois, cette remarque que, dans la première éventualité, la liberté des rédacteurs du règlement de copropriété est limitée par la structure physique de l'immeuble qui, sans doute déjà, a sa « destination ».

Il est, en tout cas, logique de poser le principe que ce sont les clauses du règlement de copropriété qui déterminent la destination des parties privatives de chaque lot.

Dans l'éventualité où un règlement de copropriété ne serait pas établi et où les indications fournies par l'état descriptif de division seraient insuffisantes, la destination de l'immeuble résultant de son « environnement, de son mode d'occupation et de la disposition des locaux eux-mêmes » doit servir de référence[3].

Sous le bénéfice de ces observations, seront examinés successivement :

- la détermination de la destination des parties privatives;
- la détermination des conditions de leur jouissance.

1° Destination, ou plus précisément, affection des parties privatives

187 Notion de destination. Pris en lui-même, le terme « destination », employé par la loi, n'est pas très significatif car on pourrait dire que la destination d'une partie privative est d'être... privative. C'est la raison pour laquelle on lui préfère le terme affectation.

On précise que s'agissant des parties privatives de chaque lot, déterminer leur affectation, c'est stipuler qu'elles sont, un appartement, un magasin, une boutique, un local professionnel, un bureau, une cave, un grenier, un emplacement de garage...

Ce faisant, le règlement de copropriété rejoint l'état descriptif de division. Mais le caractère juridiquement neutre de ce dernier impose aux rédacteurs des règlements de copropriété de prendre soin de stipuler dans ceux-ci quelle est l'affectation *précise* donnée aux parties privatives, au besoin en réitérant ce qui est énoncé dans l'état descriptif de division.

Voir ainsi une espèce dans laquelle le juge déclare que l'interprétation qu'il y a lieu de donner au terme boutique est dénuée de toute portée dès lors que ce mot n'est utilisé que dans l'état descriptif de division qui n'a pas de caractère contractuel[4].

1. Rép. civ., Atias, *V° Copropriété des immeubles bâtis*, n° 583.
2. Guillot, *Pratique de la copropriété*, art. 8 et 9, 4, 17.
3. Bastia, 3 avr. 1979, *D.* 1980. IR 446; *RDI* 1980. 341; *JCP* 1980. II. 19458, note Atias.
4. V. Paris, 3 févr. 1995, *Juris-Data* n° 021449, *Loyers et copr.* 1995. 331.

Ainsi que le suggère M. Vigneron[1], on peut stipuler une clause faisant apparaître la « complémentarité » des deux documents, ce qui reviendrait sans doute à « contractualiser » l'état descriptif.

Si tel est le cas, il est certain qu'en cas de contradiction entre les deux documents, ce sont les stipulations du règlement de copropriété qui doivent l'emporter[2]. En revanche, si les indications contenues dans le règlement de copropriété sont insuffisantes, elles peuvent être complétées par les énonciations de l'état descriptif de division, qui sont des éléments d'appréciation permettant d'interpréter le règlement de copropriété sans pour autant lui être intégrés[3].

188 Affectation des parties privatives – Éléments à prendre en considération. En principe, l'affectation des parties privatives de chaque lot est fixée librement[4], les seules restrictions possibles étant celles qui sont justifiées par la *destination de l'immeuble.* Sous réserve de plus amples précisions (v. s^s^ n° 191), on peut dire que cette notion capitale du statut de la copropriété et qui cependant ne fait l'objet d'aucune définition, ni légale ni même réglementaire, a pour fonction essentielle de sauvegarder l'équilibre de la copropriété. Sur le plan de la définition de l'affectation des parties privatives, il convient certainement de privilégier la volonté des fondateurs de la copropriété, d'où le principe de liberté qui justifie une interprétation *stricte* des *restrictions* qui peuvent lui être apportées. Mais, il est clair qu'en fixant cette affectation, ces mêmes fondateurs impriment à l'immeuble une destination générale (habitation, professionnelle, commerciale, mixte) qui, jointe à des éléments objectifs (consistance matérielle des locaux, situation sociale des occupants[5]), va se traduire dans un composé équilibré dépassant le cadre des droits individuels – de sorte que l'on a pu dire que le seul fait de déterminer l'affectation des parties privatives constitue déjà une limite à l'absolutisme du droit d'usage[6] et poser la question de savoir si la copropriété ne constitue pas une limite au droit de propriété[7].

1. Vigneron, « Affectation des lots de copropriété, des modèles de clauses », *IRC* mars 1993. 83.
2. TGI Versailles, 29 avr. 1981, *D.* 1982. IR 287 ; *RDI* 1981. 411 ; *RTD civ.* 1981. 652.
3. Paris, 13 déc. 1984, *Juris-Data* n° 028060, *RDI* 1985. 281 – Arrêt cassé par Civ. 3e, 10 déc. 1986, n°s 85-10.987 et 85-11.374, *Bull. civ.* III, n° 179 ; *D.* 1987. 146 ; *RDI* 1987. 87, mais sans que soit prise en considération la liaison opérée par les juges du fond entre l'état descriptif de division et le règlement de copropriété.
4. EN CE SENS : Aubert, « Rapport de synthèse », dans *Journée Souleau*, *RDI* 1995. 471, col. 2 – Capoulade, « Destination de l'immeuble et restructuration des lots », dans *Journée Souleau*, *RDI* 1995. 450.
5. Bayard-Jammes, *op. cit.*, n° 268.
6. Rép. civ., ATIAS, *V° Copropriété des immeubles bâtis.*
7. Bouyeure, *Administrer* déc. 1989. 29.

Au niveau de l'établissement de la copropriété, il faut donc sauvegarder l'apport *du règlement de copropriété* sans négliger les apports *extérieurs* et en restant *toujours* attentif au rôle, sous-jacent et bien souvent incontournable, de la *destination de l'immeuble.*

189 Affectation des parties privatives – Rôle du règlement de copropriété. S'agissant de déterminer, à l'origine de la copropriété, l'affectation des parties privatives de chaque lot, il est logique, si l'on veut donner la part qui lui revient à l'article 8 alinéa 1 de la loi du 10 juillet 1965, de privilégier le règlement de copropriété et d'assurer l'efficacité de ses clauses.

Cela suppose des affectations stipulées de manière précise ; on ne peut se contenter de désignations trop vagues comme habitation, usage professionnel ou commercial, qui visent plutôt la destination de l'immeuble.

Qui plus est, alors même qu'il est fait usage de termes précis, une marge d'appréciation peut subsister. Tel est le cas pour les termes :

– « appartement » (ainsi, par ex., si l'on peut admettre que le seul mot « appartement », pris comme désignant un ensemble clos et ordonné de pièces, peut correspondre à un local d'habitation, ou à un local de bureaux, ou à un établissement d'enseignement, le même mot figurant dans un règlement de copropriété stipulant la destination de l'immeuble à usage principal d'habitation doit, sous peine de dénaturation, être entendu comme désignant un logement d'habitation[8]) ;

– « boutique » (en présence de l'affectation boutique, on peut, en effet, se demander s'il s'agit d'un local aménagé pour la vente au détail exclusivement ou si c'est un lieu où un marchand étale et vend sa marchandise sans distinction sur le genre de commerce exercé – gros ou détail[9]) ; mais jugé que « boutique » ne peut être interprété comme excluant un commerce de restauration[10] ;

– ou encore « bureau »[11].

En revanche, des désignations comme *box*[12] (il a été jugé que le mot box, mot anglais qui se traduit littéralement par boîte, est généralement utilisé pour

8. Civ. 3e, 22 mars 1995, n° 93-10.403, *RDI* 1995. 586.
9. Paris, 25 sept. 1992, RG n° 91/10856, *Juris-Data* n° 022792, *RDI* 1993. 120 – Civ. 3e, 12 janv. 2000, n° 98-13.794, *RDI* 2000. 233.
10. Paris, 18 mai. 1979, *D.* 1980. IR 235 (profession libérale) – Civ. 3e, 22 juill. 1998, n° 96-22.214, NP, *RDI* 1998. 680 (commissariat de police).
11. Paris, 18 mai. 1979, *D.* 1980. IR 235 (profession libérale) – Civ. 3e, 22 juill. 1998, n° 96-22.214, NP, *RDI* 1998. 680 (commissariat de police).
12. Paris, 26 févr. 1982, *Juris-Data* n° 020933, *D.* 1982. IR 289 – AUSSI : « Cave : local souterrain servant généralement de réserve ou d'entrepôt », *Loyers et copr.* 2001. 244.

désigner un local fermé qui n'est pas par nature destiné à un usage commercial et ne peut être utilisé pour entreposer les marchandises nécessaires à l'exploitation d'un magasin de vente d'outillage) ou *hobbyroom*[1] laissent planer moins d'incertitudes.

La directive à suivre, si l'on veut éviter que la qualification donnée soit « perturbée » par l'intervention de la destination de l'immeuble, toujours possible si l'immeuble mis en copropriété est un immeuble ancien, est que cette qualification soit confirmée par d'autres éléments comme des stipulations très précises sur l'utilisation des parties privatives considérées (y compris celles des lots accessoires[2]), ou encore les caractères de l'immeuble[3]. Si ces précautions sont prises, il sera possible de donner au caractère conventionnel du règlement de copropriété toute sa signification et spécialement de permettre, en cas de méconnaissance de la qualification ainsi donnée, la mise en œuvre, par la Cour de cassation du contrôle de dénaturation (v. s^s n° 204).

190 Affectation des parties privatives – Composants objectifs. Si un rôle prépondérant doit être reconnu au règlement de copropriété, il n'est cependant pas la référence exclusive[4].

Parmi les autres éléments pris en compte, la consistance matérielle des locaux ou l'état général de l'immeuble sont souvent retenus par les juges.

C'est ainsi, par exemple, qu'ont pu être réputées non écrites des clauses donnant à des pièces physiquement habitables la qualification de greniers ou de resserres[5]. À l'inverse, il a pu être jugé que des pièces situées sous les combles et consistant en une enfilade de réduits ne pouvaient pas être affectées à l'habitation[6]. D'une manière générale, la configuration des lieux peut être un élément de la décision du juge[7].

Le quartier dans lequel se trouve situé l'immeuble peut aussi servir de référence. Cette référence est souvent invoquée à propos de l'exploitation de « sex-shop ». Mais, en général, les tribunaux refusent d'en tenir compte pour s'en tenir au caractère conventionnel du règlement de copropriété[8]. Toutefois, un arrêt de la Cour de cassation du 22 novembre 2003 estime cette exploitation incompatible avec la situation d'un immeuble « situé en centre-ville, face à la cité administrative, qui abrite à la fois la chambre départementale des notaires du Vaucluse, une librairie religieuse, divers cabinets médicaux et un cabinet d'orthodontie qui accueille une clientèle de jeunes enfants[9] ».

L'état de l'immeuble et spécialement sa mauvaise isolation peuvent justifier l'interdiction de certaines affectations (bar) ou tout au moins les subordonner à l'exécution de travaux d'isolation[10].

Mais, le plus souvent, c'est par le biais de la destination de l'immeuble « qui s'apprécie au regard de la destination de ses parties privatives[11] » que la Cour de cassation s'en remet au pouvoir d'appréciation souverain des juges du fond. Elle peut aussi censurer pour défaut de base légale la décision attaquée en ce qu'elle n'a pas recherché en quoi la destination de l'immeuble à usage professionnel, d'habitation et de bureaux interdisait qu'un local qualifié « grenier » fut transformé en local d'habitation (voir ainsi une espèce, où le grenier avait été « sorti » de la surface habitable au moment de la division du terrain[12]).

De telle sorte que, finalement, c'est la destination de l'immeuble qui constitue le point de référence vers lequel convergent les décisions.

Mais que faut-il entendre par destination de l'immeuble ?

191 Affectation des parties privatives – Destination de l'immeuble. Les développements précédents et l'analyse à laquelle il a été procédé de quelques décisions de justice ont fait apparaître le rôle important que joue la destination de l'immeuble même quand il s'agit de définir l'affectation des parties privatives de chaque lot au moment de la mise en copropriété.

Ce rôle est encore beaucoup plus important à propos des changements de destination (v. s^s n° 199). Il s'explique par le « flou » dont est entourée cette notion, pourtant essentielle, du statut de la copropriété. Elle a suscité de nombreuses études doctri-

1. Paris, 26 févr. 1982, *Juris-Data* n° 020933, *D.* 1982. IR 289.
2. V., À TITRE D'EX., les clauses préconisées par : Vigneron, « Affectation des lots de copropriété, des modèles de clauses », *IRC* mars 1993. 83.
3. Paris, 3 avr. 1992, RG n° 90/023614, *Juris-Data* n° 020895, *RDI* 1992. 369, note Giverdon.
4. EN CE SENS : Rép. civ., ATIAS, V^is *Copropriété des immeubles bâtis*, n° 581.
5. TGI Paris, 30 mai 1978, *D.* 1979. 17, note Souleau; *RTD civ.* 1978. 682 – SUR APPEL : Paris, 20 mars 1980, *Juris-Data* n° 091161, *RTD civ.* 1980. 566; *RDI* 1980. 341; *Defrénois* 1980. 1278, note Souleau – ET SUR POURVOI : Civ. 3e, 12 janv. 1982, *D.* 1982. IR 239; *RTD civ.* 1982. 624; *RDI* 1982. 418; *Loyers et ferm.* 1982. 210.
6. Civ. 3e, 20 mars 1978, n° 76-14.567, *Bull. civ.* III, n° 135; *D.* 1978. IR 429; *RTD civ.* 1978. 683; *JCP N* 1979. II. 36; *Administrer* juill.-août 1980. 29.
7. Paris, 11 mars 1983, *D.* 1983. IR 334; *RTD civ.* 1983. 539.
8. Paris, 8 oct. 1997, *Loyers et copr.* 1998. 82 – Paris, 18 nov. 1998, *Loyers et copr.* 1999. 103.
9. Civ. 3e, 22 nov. 2000, n° 98-21.927, NP, *AJDI* 2001. 146.
10. Rouen, 18 juin 1997, *Juris-Data* n° 044196.
11. Civ. 3e, 22 nov. 2000, n° 98-21.927, NP, *AJDI* 2001. 146, préc.
12. Civ. 3e, 5 oct. 1994, n° 92-12.031, *Bull. civ.* III, n° 168, *IRC* 1995. 9, note Capoulade; *RDI* 1995. 150.

nales[1] et provoqué une abondante jurisprudence. Toutes font ressortir une notion « vague et difficile à cerner »[2], « insaisissable dans ses multiples facettes »[3], mais dont il résulte une directive dans le sens d'une « fonction d'équilibrage »[4]. Celle-ci se manifeste dans les dispositions mêmes de la loi dont il résulte que la destination de l'immeuble est, à la fois, la justification des restrictions qui peuvent être apportées à l'exclusivité du droit d'usage et de jouissance des copropriétaires (L. 10 juill. 1965, art. 8, al. 2) et la condition mise à l'exercice de certaines de leurs prérogatives, comme par exemple l'exécution de travaux affectant les parties communes où l'aspect extérieur de l'immeuble (L. 10 juill. 1965, art. 25 b) ou la division d'un lot[5]. Il est évident qu'il n'est pas possible de dégager une notion qui serait applicable dans tous les cas, cela d'autant plus que la Cour de cassation déclare que son appréciation relève des pouvoirs souverains (mais ni arbitraires, ni discrétionnaires) des juges du fond sous réserve du contrôle de motivation (défaut de base légale) ou de dénaturation (refus d'appliquer une clause claire ou précise).

On pourrait aussi s'inspirer des précisions données par M. Bourges lors des travaux préparatoires de la loi de 1965 : « ensemble des conditions en vue desquelles un copropriétaire a acheté son lot, compte tenu des divers éléments, notamment de l'ensemble des clauses et documents contractuels, des caractéristiques physiques et de la situation de l'immeuble ainsi que de la situation sociale de ses occupants ».

Et précisément, la directive à suivre, pour la définition de l'affectation des parties privatives, consiste à se ménager la possibilité de ce double contrôle par le biais de la rédaction la plus précise possible des clauses du règlement de copropriété qui deviendrait ainsi la référence exclusive[6] ou par une définition aussi précise que possible des conditions d'utilisation de ces mêmes parties de nature à éviter la cassation pour manque de base légale[7].

1. PRINCIPALES ÉTUDES : Atias, Rép. civ., n°s 111 s. – LAFOND, ROUX ET STEMMER, L. art. 8 149 – LOMBOIS, D. 1966. 437, n°s 167 s. – Bouyeure, « La destination des immeubles en copropriété », *AJPI* 1968. I. 302 – SIZAIRE, n° 118 – Delorme, rapp. du 73e congrès des notaires, Strasbourg 1975 – AUSSI l'ensemble des études présentées lors de la journée en l'honneur de Souleau : *RDI* 1995. 407.
2. KISCHINEWSKY-BROQUISSE, n° 109.
3. Malinvaud, « Introduction », dans *Journée Souleau*, *RDI* 1995. 408, col. 2.
4. EN CE SENS : Capoulade, « Destination de l'immeuble et restructuration des lots et des syndicats », dans *Journée Souleau*, *RDI* 1995. 453, col. 1 – Aubert, « Rapport de synthèse », dans *Journée Souleau*, *RDI* 1995. 471, col. 2.
5. Capoulade, *RDI* 1995. 453.
6. V. Paris, 23 janv. 1993.

Mais, ce faisant, on aborde la définition des *conditions de jouissance* de ces mêmes parties que l'article 8 alinéa 1 de la loi du 10 juillet 1965 déclare relever du règlement de copropriété au même titre que la détermination de la destination des parties privatives.

2°
Détermination des conditions de jouissance des parties privatives

192 **Affectation et jouissance.** L'article 8 alinéa 1 de la loi du 10 juillet 1965 ne se contente pas d'indiquer que le règlement de copropriété détermine la destination (en réalité, l'affectation) des parties privatives, il dispose aussi qu'il en détermine les conditions de jouissance.

La portée de la distinction n'apparaît pas de prime abord et la lecture des décisions de justice ne permet pas toujours de séparer ce qui relève de l'affectation et ce qui relève des conditions de jouissance, d'autant que derrière la détermination des unes et des autres se profile presque toujours la destination de l'immeuble. Si, néanmoins, on tente de dégager une directive, on peut dire que la *détermination de l'affectation précède celle des conditions de jouissance.* On commence par stipuler que les parties privatives sont un appartement ou un local commercial et l'on précise ensuite que les conditions de jouissances sont celles que postule l'habitation, tempérée ou non par l'exercice d'activités professionnelles ou la nature du commerce exercé.

À cette fin, tendent notamment :

- la clause d'habitation bourgeoise;
- les clauses précisant l'exercice d'activités professionnelles;
- les clauses de non-concurrence...

... dont l'interprétation est influencée par la destination de l'immeuble même si on les suppose stipulées au moment de l'établissement de la copropriété. Toutefois, ici également, cette circonstance doit (ou devrait) inciter à privilégier le rôle du règlement de copropriété.

Aux clauses ci-dessus mentionnées, on ajoutera quelques commentaires sur la législation dont l'objet est de permettre la domiciliation des entreprises.

193 **Renvoi.** Pour les autres clauses pouvant figurer dans le règlement de copropriété et spécialement celles stipulant des restrictions aux droits des copropriétaires sur leurs lots ou des restrictions générales de jouissance (v. s^s^ n°s 622 s.).

7. Capoulade, note s^s^ Civ. 3e, 8 mars 1995, n° 93-10.883, *Bull. civ.* III, n° 74; *IRC* oct. 1995.

194 Clause d'habitation bourgeoise. La clause d'habitation bourgeoise revêt plusieurs variantes[1].

Elle peut, d'abord être stipulée comme réservant toutes les parties privatives de l'immeuble à l'usage exclusif d'habitation. Toute activité professionnelle et *a fortiori* industrielle ou commerciale est alors proscrite. Les tribunaux imposent un respect scrupuleux, et d'ailleurs justifié, de la clause qualifiée d'habitation bourgeoise « exclusive » ou « absolue ». L'exercice des professions libérales est interdit[2], de même que celui d'activités syndicales[3].

Mais, le plus souvent, la clause d'habitation bourgeoise, qualifiée alors « relative », se conjugue avec la possibilité d'exercer dans les parties privatives, ou du moins certaines d'entre elles, une *profession libérale.* L'exercice de toute activité commerciale, industrielle ou artisanale demeure proscrit[4]. Des difficultés peuvent se présenter quant à la notion même de profession libérale. Quelquefois, le règlement de copropriété énumère les professions dont l'exercice est admis.

Sous réserve d'une stipulation expresse en sens contraire, cette énumération est considérée comme n'étant pas limitative et, en cas de contestation, sont admises les professions dont l'exercice ne cause pas plus de trouble à la copropriété que celui résultant de celles expressément nommées[5]. C'est ainsi que n'est pas justifiée par la destination de l'immeuble la clause d'un règlement de copropriété soumettant la location meublée si l'autorisation du syndicat sous le contrôle du juge, alors que ce même règlement autorisait expressément l'exercice d'une profession libérale qui entraînait des inconvénients similaires à ceux d'une location meublée de courte durée qui ne provoque aucune nuisance[6].

Les juges du fond déterminent souverainement les activités pouvant être qualifiées profession libérale en recherchant, néanmoins, si l'exercice de la profession considérée ne modifie pas la destination de l'immeuble. C'est ainsi qu'en présence d'un règlement de copropriété autorisant l'exercice des professions libérales, ont été admis : l'exercice de la profession de notaire[7], d'expert-comptable[8], de masseur pédicure[9], de paysagiste[10]. L'installation dans l'immeuble d'un parti politique[11] ou du siège d'une association[12], d'un club de bridge[13], d'un lieu de culte[14], peut être admise, mais non celle de bureaux administratifs[15].

Parmi les éléments pris en considération intervient la réception des visiteurs usant bourgeoisement des parties communes qui doivent être en nombre limité ce qui peut justifier une interprétation stricte de la notion d'exercice d'une profession libérale (pour le comité de développement et de promotion du textile et de l'habillement qui est un établissement public[16], pour un établissement d'enseignement[17] et un appartement transformé en musée[18]).

Une affectation contractuellement convenue qui participe à la définition de la destination de l'immeuble doit, en revanche, être respectée (v. par ex. une espèce où la clause stipulée prévoyait l'exercice de la profession libérale dans une partie des locaux et l'habitation dans le surplus[19]). En cas de difficulté, une clause du règlement de copropriété peut prévoir un recours à l'assemblée générale[20];

1. V. Dagot, « La clause d'habitation bourgeoise », *JCP* 1967. I. 2108 – Bredin, obs. *RTD civ.* 1971. 175 – Morand, « Portée de la clause d'habitation bourgeoise », *Gaz. Pal.* 1971. 2, 340 – LAFOND, ROUX ET STEMMER, L. art. 8, n° 172, et art. 9, n° 229.
2. Civ. 3e, 23 oct. 1973, n° 72-13.761, *Bull. civ.* III, n° 537; *D.* 1974. IR 15.
3. Civ. 3e, 16 mars 1983, *D.* 1984. IR 382.
4. Civ. 3e, 14 oct. 1964, *JCP* 1964. II. 13548, note Désiry – Civ. 3e, 3 févr. 1981, n° 79-14.323, NP, *Gaz. Pal.* 1981. 2. Somm. 197.
5. EN CE SENS : Civ. 3e, 13 nov. 1975, n° 74-12.339, *Bull. civ.* III, n° 332; *RTD civ.* 1976. 583 – Civ. 3e, 20 déc. 1976, n° 75-11.700, *D.* 1977. IR 321 – Civ. 3e, 8 mars 1995, n° 93-10.883, *Bull. civ.* III, n° 74; *AJPI* 1996. 313, note Guitard; *IRC* oct. 1995. 10, note Capoulade; *Loyers et copr.* 1995. 287 – TGI Nanterre, 6 oct. 2004, *AJDI* 2005. 579, note Pautrat : pour un kinésithérapeute.
6. Civ. 3e, 8 juin 2011, n° 10-15.891, *Bull. civ.* III, [à paraître].
7. T. civ. Seine, 7 mars 1957, *Gaz. Pal.* 1957. 1, 404; *Rec. gén. lois, décr. et arrêtés* 1957, p. 462, n° 114; *Defrénois* 1957. 27554; *Rev. loyers* 1957. 472; *Ann. loyers* 1960. 41 – SUR APPEL : Paris, 10 nov. 1958, *Gaz. Pal.* 1959. 1, 95; *Rec. gén. lois, décr. et arrêtés* 1959, 382, n° 176; *Defrénois* 1959. 27814; *AJPI* 1959. II. 69; *Rev. loyers* 1959. 346 – ET, SUR POURVOI : Civ. 1re, 14 oct. 1964, *JCP* 1964. II. 13958, note Désiry; *AJPI* 1965. II. 116, note Cabanac; *RTD civ.* 1965. 151; *D.* 1964. 718 – SUR L'ENSEMBLE DE LA QUESTION : Viatte, « Règlement de copropriété, notariat et profession libérale », *Journ. not.* 1965. 11.
8. KISCHINEWSKY-BROQUISSE, n° 103.
9. Civ. 3e, 2 oct. 1969, *IRC* 1971. 60 – AUSSI : Morand, *Gaz. Pal.* 1971. 2. Doctr. 340.
10. TGI Paris, 13 mai 1975, *D.* 1976. IR 71.
11. Paris, 26 juin 1992, RG n° 91/4844, *Juris-Data* n° 022100, *RDI* 1992. 537.
12. Paris, 5 nov. 1993, RG nos 92/021708 et 93/003512, *Juris-Data* n° 023072, *RDI* 1994. 95.
13. Civ. 3e, 6 déc. 2005, n° 04-18.207, NP, *AJDI* 2006. 207; *Administrer* mars 2006. 50, obs. Bouyeure; *Loyers et copr.* févr. 2006. 43.
14. V. ss n° 184 – Dissaux, « Liberté religieuse et copropriété », *Administrer* mai 2007. 28.
15. Civ. 3e, 3 mai 1990, n° 88-14.620, NP, *RDI* 1991. 92.
16. V. Paris, 12 mai 1995, *RDI* 1995. 779.
17. Civ. 3e, 21 févr. 1995, n° 93-12.828, NP, *RDI* 1995. 374; *D.* 1998. Somm. 263, obs. Capoulade.
18. Paris, 12 févr. 1998, RG n° 94/24118, *Loyers et copr.* 1998. 109.
19. Paris, 15 mars 1995, nos I98-50004 et I98-50006, *Loyers et copr.* 1995. 385; *Administrer* juin 1996. 42.
20. Paris, 3 mai 1979, *D.* 1980. IR 446.

mais celle-ci ne peut refuser l'exercice d'une profession admise par le règlement de copropriété, dès lors que les conditions posées sont respectées.

Enfin, un arrêt de la Cour de justice des Communautés européennes du 11 octobre 2001 peut servir de guide. Selon cet arrêt : « les professions libérales visées à l'annexe F, point 2, de la sixième directive 77/388 sont des activités qui présentent un caractère intellectuel marqué, requièrent une qualification de niveau élevé et sont d'habitude soumises à une réglementation professionnelle précise et stricte. Dans l'exercice d'une telle activité, l'élément personnel a une importance spéciale et un tel exercice présuppose, de toute manière, une grande autonomie dans l'accomplissement des actes professionnels ».

195 Clauses précisant l'exercice d'activités professionnelles. En dehors de la portée donnée à l'exercice d'une profession libérale dans un immeuble « bourgeois », il est de pratique quasiment constante que lorsque le règlement de copropriété admet l'exercice, dans les parties privatives, d'activités professionnelles, notamment commerciales ou artisanales, il stipule en même temps que cet exercice est subordonné à certaines conditions dont l'objet est d'éviter les nuisances que ces activités pourraient apporter à la copropriété[1]. Ces clauses, qui comportant des variantes, doivent, bien entendu, être respectées dans la mesure où elles ne sont pas contraires à la destination de l'immeuble et où les conditions posées n'instituent pas une discrimination à l'encontre de certaines professions[2].

Parmi les stipulations les plus fréquentes, on peut retenir... celle selon laquelle seuls les lots du rez-de-chaussée seront à usage de boutiques, alors que les étages sont destinés à être occupés bourgeoisement; dans ce cas, ces derniers ne peuvent être utilisés pour l'agrandissement d'un commerce[3]; celles qui excluent expressément certains commerces (voir pour le commerce de location en meublé[4] - pour une « boîte de nuit »[5]). Fréquemment, les règlements de copropriété interdisent les *commerces « malodorants, insalubres ou dangereux »*[6]. Les tribunaux se montrent assez libéraux dans l'interprétation de cette clause[7]. Ils estiment qu'elle doit être appréciée d'après l'intention des parties lors de l'établissement du règlement de copropriété et non selon les dispositions d'un texte administratif qu'elles n'ont pas envisagé[8]. C'est ainsi qu'il a pu être décidé qu'elle ne faisait pas obstacle à l'installation d'une blanchisserie automatique[9] ou d'une boucherie[10]. De toute manière, le copropriétaire qui exerce un commerce de cette nature doit s'abstenir de causer à ses voisins une gêne excédant les troubles ordinaires de voisinage. Il faut également préciser que si le règlement de copropriété autorise l'exercice d'un type de commerce ou de profession, il n'est pas possible d'en transformer l'objet si cette transformation doit se révéler préjudiciable aux autres copropriétaires (v. Civ. 1re, 12 oct. 1967[11] qui n'admet pas qu'une boulangerie artisanale puisse être transformée en une installation mécanique et industrielle de panification[12] - Civ. 3e, 30 juin 1992, référence à une stipulation particulière du règlement de copropriété ne tombant pas sous le coup de l'article 43 de la loi[13]).

Le libellé très général donné à certaines d'entre elles est toutefois de nature à susciter des difficultés d'interprétation (v. par ex. pour les clauses... n'admettant que les « commerces de luxe »[14]... ou prohibant tout établissement pouvant nuire aux voisins par le bruit et les odeurs et émanations - application de cette clause à un restaurant[15] - ... ou n'admettant que des commerces compatibles avec la « bonne tenue de l'immeuble » - à propos d'un « sex-shop »[16], de jeux de poursuites laser[17]).

196 Clauses de non-concurrence[18]. L'objet de ces clauses est de n'autoriser dans chaque immeu-

1. SUR L'ENSEMBLE DE LA QUESTION : Puill, « Les nuisances dans la copropriété », *AJPI* 1980. 453 – Lochouarn, « Les conditions de l'exercice professionnel dans une copropriété », *JCP N* 1999. 466.
2. Paris, 16 mai 1986, RG n° 9252/85, *Juris-Data* n° 025748, *Gaz. Pal.* 19862, 454, note Bouyeure.
3. Civ. 3e, 3 juin 1971, n° 70-10.907, *Bull. civ.* III, n° 349; *D.* 1971. Somm. 179; *Rev. loyers* 1972. 280; *AJPI* 1972. 336 – AUSSI : Paris, 8 nov. 1972, *AJPI* 1973. 802.
4. TGI Paris, 18 mai 1976, *D.* 1976. IR 315 – AUSSI : Civ. 3e, 8 juin 2011, n° 10-15.891, *Bull. civ.* III, [à paraître].
5. Civ. 3e, 20 juin 1973, n° 72-10.606, *Bull. civ.* III, n° 431; *D.* 1973. Somm. 143; *JCP* 1973. II. 17504, note Guillot.
6. V. Aix-en-Provence, 14 janv. 1964, *Ann. loyers* 1964. 701, n° 1296.
7. V. Cabanac et Michalopoulos, « La Cour de cassation devant les problèmes de la construction et de la copropriété », *AJPI* 1963. I. 651, spéc. 661.
8. V. note Cabanac, *AJPI* 1964. II. 763.
9. Civ. 1re, 10 févr. 1964, *AJPI* 1964. II. 763.
10. TGI Seine, 9 juill. 1963, *AJPI* 1964. II. 298.
11. Civ. 1re, 12 oct. 1967, *Bull. civ.* I, 220; *D.* 1968. Somm. 45; *Rev. loyers* 1967. 427.
12. TGI Saint-Étienne, 7 janv. 1969, *IRC* 1969. 91 – Civ. 1re, 12 oct. 1967, *Bull. civ.* I, 220; *D.* 1968. Somm. 45; *Rev. loyers* 1967. 427.
13. Civ. 3e, 30 juin 1992, n° 91-12.639, *RDI* 1992. 538.
14. Paris, 14 juin 1979, *D.* 1980. IR 235; *RDI* 1980. 198; *RTD civ.* 1980. 376.
15. Civ. 3e, 2 mai 1978, n° 76-14.937, *Bull. civ.* III, n° 170; *JCP N* 1978, prat. 7016.
16. Paris, 22 juin 1978, *D.* 1980. IR 235.
17. Paris, 3 févr. 2005, RG n° 05/07492, *AJDI* 2005. 398; *Loyers et copr.* avr. 2005. 80.
18. SUR L'ENSEMBLE DE LA QUESTION : Puill, « L'activité commerciale dans la copropriété », *RTD com.* 1979. 419 s. – Paisant, « Pour la validité des clauses de non-concurrence dans le règlement de copropriété », *RDI* 1980. 117 s. ▶

ble que l'exercice d'un commerce déterminé. Motif pris qu'elles ne sont pas justifiées par la destination de l'immeuble, mais sont stipulées dans l'intérêt particulier des copropriétaires, une jurisprudence bien établie les déclare illicites[1] (sur les incidences des mesures de déspécialisation prévues par la législation sur les baux commerciaux sur les règlements de copropriété ou les règlements de jouissance établis dans les sociétés de construction[2]). L'opportunité de cette solution est discutable car il pourrait être conforme à l'intérêt collectif que soient évités des conflits entre les copropriétaires provoqués par une concurrence anarchique. La critique est encore plus pertinente pour les *centres commerciaux*, généralement situés dans des quartiers excentrés, dont la destination est d'offrir des commerces différenciés, ce qui justifie l'obligation d'en maintenir la permanence[3]. C'est pourquoi, la jurisprudence a infléchi, en pareil cas, sa position en admettant la validité de clauses stipulant l'obligation de maintenir l'affectation commerciale des lots dépendant du centre commercial[4]; ces clauses sont justifiées par la destination de l'immeuble. Il en est de même de celle stipulant l'obligation pour les acquéreurs de lots de souscrire des actions de la société constituée pour regrouper les commerçants du centre commercial et en assurer la gestion[5].

Enfin, la nullité lorsqu'elle est admise ne frappe que les clauses du règlement de copropriété. La réglementation de la concurrence peut notamment résulter des clauses figurant dans les actes vente des lots dès lors qu'elles s'expliquent par le souci de faciliter la commercialisation des lots.

Ainsi, l'acte de vente peut stipuler que l'acquéreur ne peut exploiter dans le lot vendu qu'un commerce déterminé, le vendeur s'interdisant, de son côté, de vendre un autre lot à un commerçant concurrent[6]. Mais l'acte de vente ne peut se contenter de reproduire la clause de non-concurrence figurant dans le règlement de copropriété réputée non écrite[7]. Il a été également jugé que l'acquisition d'un lot commercial ne confère pas le droit d'exiger que le nombre de lots de cette nature soit limité[8].

197 Domiciliation des entreprises. Le respect de la destination donnée aux parties privatives et spécialement la clause selon laquelle elles étaient destinées à l'habitation, entraînait cette conséquence qu'était considéré comme un changement de cette destination le fait d'y domicilier une entreprise, alors même que cette initiative ne s'accompagnait pas de l'exercice effectif d'une activité commerciale (L. n° 94-126, 11 févr. 1994).

Cette solution, qui concernait aussi les locaux dont la destination était définie par un contrat de bail, a été remise en question par la loi n° 84-1149 du 21 décembre 1984, modifiant l'ordonnance n° 58-1352 du 27 décembre 1958 et relative à la domiciliation des entreprises.

► – Bouyeure et Cabanac, « La clause de non-concurrence en matière de copropriété », *AJPI* 1971. 750 – Giverdon, « Les clauses de non-concurrence dans les règlements de copropriété », *Administrer* déc. 1971. 5 – Boulanger, « Les rapports entre l'activité commerciale et l'affectation des locaux à usage commercial », *D.* 1974, Chron. 171 – Koenig, « Commerce, distribution, franchise et copropriété : mariage contre nature ? », *Defrénois* 1996. 36398 – COLLOQUE : « Quelles réformes juridiques pour les centres commerciaux », *RDI* 2007. 465 s.

1. Civ. 3e, 11 mars 1971, n° 69-13.401, *Bull. civ.* III, n° 178; *D.* 1971. 427; *Gaz. Pal.* 1971. 1, 314; *JCP* 1971. II. 16722, concl. Paucot, note Guillot; *AJPI* 1971. 767; *Rev. loyers* 1971. 323, note Berthault; *Rec. lois et jurispr.* 1971. 413, obs. Desiry; *Journ. not.* 1972. 37, note J. V.; *Defrénois* 1971, I, 274, note Dunes; *IRC* 1971. 94, note Cabanac; *RTD civ.* 1972. 871 – Civ. 3e, 27 mai 1971, n° 69-14.258, *Bull. civ.* III, n° 333; cassant Paris, 17 juin 1969; *JCP* 1971. II. 16819, note Guillot; *D.* 1972. Somm. 36; *Gaz. Pal.* 1971. 2, 558 – À PROPOS du centre commercial de Chamrousse-Roche Béranger : Civ. 3e, 16 juin 1971, n° 70-12.071, *Bull. civ.* III, 384; *D.* 1971. Somm. 171; *JCP* 1971. II. 16854, concl. Paucot; *Gaz. Pal.* 1971. 2, 746; *Journ. not.* 1973. 1465, note Viatte – Civ. 3e, 29 févr. 1972, n° 70-14.224, *Bull. civ.* III, 139; *JCP A* 1972. IV. 6180 – Lyon, 29 mai 1973, *D.* 1973. Somm. 154 – Civ. 3e, 15 oct. 1974, *D.* 1975. Somm. 1; *Gaz. Pal.* 1975. 1, 284; *JCP* 1974. II. 17889, note Guillot; *Administrer* déc. 1974-janv. 1975. 21; *Rev. loyers* 1975. 42, note Viatte; *Journ. not.* 1975. 297; *Rec. gén. lois décr. et arrêtés* 1975, 267, obs. Desiry; *Defrénois* 1975, I, 1002, note Souleau; *AJPI* 1976. 15; *REDI* n° 66. 75 – Civ. 3e, 22 janv. 1975, n° 73-14.002, *Bull. civ.* III, 26; *D.* 1975. IR 82; *JCP* 1975. II. 17992, concl. Paucot, note Guillot; *RTD civ.* 1975. 571; *Defrénois* 1975, I, 1589, note Souleau; *Defrénois* 1976. 146, 31043, note Vion – Civ. 3e, 2 juill. 1975, n° 74-11.729, *Bull. civ.* III, n° 235; *AJPI* 1976. 802; *JCP* 1975. IV. 274 – Civ. 3e, 2 mai 1979, n° 78-10.773, *Bull. civ.* III, 96; *D.* 1979. IR 445; *Defrénois* 1979. 32162.
2. KISCHINEWSKY-BROQUISSE, n° 112 – Civ. 3e, 18 mai 1971, n° 69-13.329, *Bull. civ.* III, 306; *JCP* 1972. II. 16974, note P. L.; *RTD com.* 1972. 55, obs. Pedamon – AUSSI : rép. min. *JCP* 1973. IV. 71.
3. SUR L'HYPOTHÈSE particulière des centres commerciaux : Chatelain et Gautier-Le Chatelier, « La concurrence dans les centres commerciaux », *JCP N* 1982. I. 107 – Colloque préc., *RDI* 2007. 465 s.
4. Civ. 3e, 14 déc 1976, n° 75-11.954, *Bull. civ.* III, n° 460; *D.* 1977. IR 156; *AJPI* 1977. 732, note Brun – Civ. 3e, 25 nov. 1980, n° 79-12.562, *Bull. civ.* III, n° 184; *Defrénois* 1981. 32608, note Souleau.
5. Civ. 3e, 12 févr. 1997, n° 95-12.125, *Bull. civ.* III, n° 33; *JCP* 1997. IV. 749; *Loyers et copr.* 1997. 122; *IRC* sept. 1997. 11, note Atias; *AJDI* 1998. 496.
6. Civ. 3e, 9 nov. 1982, n° 81-10.353, *Bull. civ.* III, n° 215; *D.* 1983. IR 422; *Defrénois* 1983. 33093, obs. Souleau.
7. Civ. 3e, 2 juill. 1975, n° 74-11.286, *Bull. civ.* III, n° 234; *AJPI* 1976. 802, note Bouyeure.
8. Civ. 3e, 28 nov. 1973, *D.* 1974. 701, note Souleau; *AJPI* 1974. 889 et 908; *Administrer* nov. 1974. 38, note Viatte.

Pour faciliter la création d'entreprises, la loi du 21 décembre 1984 avait permis, aux fins de son immatriculation, la seule domiciliation juridique, dans le local du créateur de l'entreprise ou de son représentant légal, du siège de l'entreprise ou de la société[1]. L'autorisation était subordonnée à certaines conditions. La première était qu'elle ne pouvait excéder deux ans ni dépasser le terme légal contractuel ou judiciaire de l'occupation des locaux. Dans un immeuble régi par le statut de la copropriété, c'était le délai de deux ans qui était à prendre en considération. La seconde condition était que le bénéfice de la loi était subordonné à une notification écrite faite par le fondateur de l'entreprise au syndic (ou au bailleur) de l'intention de s'en prévaloir. Mais l'habilitation ne pouvait entraîner le changement de la destination de l'immeuble, ni l'application du statut des baux commerciaux et surtout ne permettait pas l'exercice de l'activité dans les lieux. Ces dispositions avaient été intégrées dans un article L. 123-11 du code de commerce. Quelques assouplissements avaient été apportés par la loi n° 98-546 du 2 juillet 1998 créant un article L. 631-7-3 du code de commerce; notamment, l'exercice effectif, dans un local d'habitation, de l'activité professionnelle ou commerciale, sans réception de marchandise ou de clientèle était permis, mais dans le respect des clauses du bail ou du règlement de copropriété.

198 Domiciliation des entreprises (suite) – L. n° 2003-721 du 1er août 2003. Cette loi remanie substantiellement le régime résultant de la loi de 1984. Une distinction doit être faite entre la domiciliation des personnes physiques et celle des personnes morales[2].

Pour les personnes physiques, c'est l'article L. 123-10 du code de commerce qui s'applique. La personne qui demande son immatriculation au registre du commerce, ou au répertoire des métiers, doit déclarer l'adresse de son entreprise et justifier de sa jouissance. Il semble que la domiciliation collective, c'est-à-dire la domiciliation au sein d'une société dont c'est l'objet, ne soit plus possible[3].

L'essentiel de la réforme réside dans l'autorisation donnée aux personnes physiques ne disposant pas d'un établissement, c'est-à-dire d'un local commercial, à déclarer à titre exclusif d'adresse de l'entreprise, l'adresse de leur local d'habitation, nonobstant toute disposition législative ou stipulation contractuelle contraire (bail ou règlement de copropriété). Comme auparavant, cette domiciliation ne peut entraîner ni changement d'affectation, ni application du statut des baux commerciaux et ne peut autoriser l'exercice de l'activité.

Mais la domiciliation peut être permanente et n'est donc plus limitée à une seule période de deux années (ni réception de clientèle ou de mandataires, CCH, art. 2631-7-3, al. 1er).

Pour les personnes morales, ce sont les articles L. 123-11 et L. 123-11-1 du code de commerce qui s'appliquent.

De ces textes, il résulte :

1) que la personne morale, qui demande son immatriculation, doit justifier de la jouissance du local où elle s'installe, seule ou avec d'autres. Préalablement à cette demande, elle doit informer par écrit son bailleur, le syndicat des copropriétaires ou le « représentant de l'ensemble immobilier »;

2) la personne morale est autorisée à installer son siège au domicile de son représentant légal et à y exercer son activité, sauf disposition contraire législative ou contractuelle; cette autorisation est permanente et non limitée dans le temps;

3) en cas d'interdiction d'activité résultant du bail ou du règlement de copropriété, le représentant légal de la personne morale peut, néanmoins, domicilier le siège de l'entreprise dans son local d'habitation pour une durée de cinq ans sans pouvoir dépasser le terme légal, contractuel ou judiciaire, de l'occupation des locaux.

Avant l'expiration du délai de cinq ans, la société devra justifier auprès du greffe de son changement de siège dans des conditions qui seront fixées par décret, la sanction étant la radiation d'office mais non la résiliation de plein droit du bail;

4) enfin, de cette situation il ne peut résulter ni changement d'affectation du local, ni application du statut des baux commerciaux au bail.

L'activité de domiciliataire ne peut être exercée dans un local à usage d'habitation principale ou à usage mixte professionnel (C. com., art. L. 123-11;

1. SUR LA loi du 21 déc. 1984, et de l'ordonnance de 1958 : Brault, « De la domiciliation provisoire d'une activité commerciale dans un local d'habitation », *Gaz. Pal.* 1985. 1. Doctr. 170 – Atias, « Une importante réforme du droit de copropriété et du bail d'habitation; l'article 2 de la loi n° 84-1149 du 21 déc. 1984 », *Bull. loyers* févr. 1985, p. 4 – Lafond, « Le contrat de bail. Généralités », Chron. *Administrer* juin 1985. 45 – Paucot, « Le nouveau régime de la domiciliation des entreprises », *Rev. hab. fr.* 20 mars 1985. 155 – Guevel, « *La domiciliation commerciale en appartements* », *IRC* janv.-févr. 1985 – « Destination de l'immeuble et domiciliation d'entreprise », *RDI* 1995. 441 – Bechade et Hinfray, « Le droit à l'habitat d'entreprise », *Administrer* mars 1985. 17.
2. V. Blatter, « Domiciliation des entreprises, ce que change la loi pour l'initiative économique du 1er août 2003 » – SUR le « télétravail » : Liet-Veaux, « Une petite faveur pour le télétravail dans les locaux d'habitation », *Administrer* avr. 1999. 16 – Roux, « Domiciliation des entreprises et copropriété », *IRC* janv. 2007. 20.
3. Blatter, *op. cit.*

L. n° 2005-1579, 19 déc. 2005, art. 25). La loi n° 2008-776 du 4 août 2008 de modernisation de l'économie (LME) a davantage favorisé le développement des activités en permettant leur exercice dans des locaux d'habitation (v. s^s n° 186-1).

B. Les changements d'affectation

199 État de la question. L'objet des développements précédents était de préciser comment l'affectation des parties privatives de chaque lot et les conditions de leur jouissance étaient déterminées au moment de l'établissement de la « copropriété ». Conformément à l'article 8 alinéa 1 de la loi du 10 juillet 1965, il était logique de « privilégier » le règlement de copropriété dont le caractère « conventionnel » est affirmé.

Ce principe rappelé, la question se pose de savoir si l'affectation ainsi donnée aux parties privatives est définitive ou si, au contraire, il est possible de la modifier et dans quelle mesure[1]. En d'autres termes des *changements d'affectation* sont-ils possibles ? La question est délicate; elle a suscité une importante littérature[2] et les décisions de justice sont nombreuses à tel point que certains auteurs et non des moindres ont estimé impossible d'émettre avec certitude un « avis »[3].

Dans une première approche, on devrait déduire du caractère conventionnel du règlement de copropriété que toute modification de ses clauses déterminant la destination et les conditions de jouissance des parties privatives est subordonnée au consentement unanime de tous les copropriétaires en tant que « parties ». Cette directive ne doit certainement pas être négligée : il serait contraire à la loi de reléguer « au second plan » le règlement de copropriété pour faire de la destination de l'immeuble la « donnée supérieure »[4] et ce, d'autant plus qu'une certaine stabilité des caractéristiques de l'immeuble s'impose; des changements d'affectation trop répétés (par exemple changer des locaux destinés à l'habitation en locaux commerciaux) risquent d'entraîner un changement de la destination initiale de l'immeuble. Ce jour-là, le changement ne pourra se réaliser qu'avec le consentement unanime des copropriétaires alors qu'il n'était peut-être pas requis auparavant.

Mais inversement, cette stabilité ne peut aller jusqu'à paralyser des évolutions parfois nécessaires (spécialement, en cas de restructuration du syndicat). Toutefois, il ne faut pas ériger en principe le caractère évolutif de la destination de l'immeuble dont la définition se situe au moment de l'établissement de la copropriété[5]. Toutefois, on ne peut faire abstraction des décisions de l'assemblée générale qui sont susceptibles d'en modifier l'économie[6].

200 Modernisation de l'économie. Dépassant les dispositions de la loi n° 2005-1579 du 19 décembre 2005 (art. 25), la loi n° 2008-775 du 4 août 2008, sur la modernisation de l'économie (art. 13) a modifié le code de commerce pour favoriser l'installation de petites entreprises et faciliter le développement de l'activité.

Dans les locaux situés en rez-de-chaussée, l'article 631-7-4 du code de commerce prévoit la possibilité d'exercer une activité professionnelle et même commerciale, dans une partie d'un local d'habitation constituant la résidence principale de l'exploitant, sans qu'il ait à demander une autorisation administrative.

Dans les locaux situés en étage, l'article 631-7-2 du code du commerce permet, avec l'autorisation du maire, d'exercer une activité professionnelle, y compris commerciale, dans une partie d'un local d'habitation utilisé par le demandeur comme résidence principale.

Dans l'un et l'autre cas, l'activité exercée ne doit engendrer aucune nuisance ou danger pour le voisinage, ni provoquer aucun désordre à la construction ou ne pas être interdite par une clause du bail ou du règlement de copropriété.

201 Éléments à prendre en considération. En dehors de la prise en considération nécessaire du règlement de copropriété et de la destination de l'immeuble, d'autres facteurs interviennent dans les données des problèmes posés par les changements d'affectation.

Et d'abord, *la notion même de changement d'affectation*. Si on laisse de côté l'hypothèse très particu-

1. SUR la réglementation administrative des changements d'usage ou d'affectation : ord. n° 2005-655, 8 juin 2005, *JO* 9 juin, p. 10083, CCH, art. L. 631-7 – Vidalenc, « Du changement d'affectation au changement d'usage », *Defrénois*, 2005, 1277.
2. NOT. : LAFOND, ROUX ET STEMMER, L. 9, § II F – Atias « Le changement de destination des parties privatives », *JCP N* 1979. 59 – Bouyeure, *Rev. hab. fr.* 1981. 393 s. – Sizaire « Propos sur l'évolution de la jurisprudence de la Cour de cassation concernant l'usage des parties privatives », *Administrer* oct. 1981. 9 s. – Aubert « Le changement d'affectation d'un lot de copropriété », *Administrer* juill. 1992. 2 s. – Lebatteux « Transformation des chambres de service en appartement », *IRC* oct. 1988. 223 – J.-CL. COPR., fasc. n° 64 – KISCHINEWSKY-BROQUISSE, n°s 100 s.
3. Guillot, *Pratique de la copropriété*, art. 8 et 9, 4, 17.
4. EN CE SENS : Aubert, *Administrer* juill. 1992. 2 s. – EN SENS CONTRAIRE : Giverdon, Chron. *RDI* 1992. 537.
5. EN CE SENS : Paris, 27 mars 1992, RG n° 90/017250, *RDI* 1992. 366, obs. Giverdon [CRITIQUE].
6. Paris, 3 avr. 1992, RG n° 90/023614, *Juris-Data* n° 020895, *Administrer* oct. 1992. 98 – *RDI* 1992. 370.

lière où ce changement relève du permis de construire[1] (le changement de destination, par exemple, d'un garage en studio, modifie le coefficient d'occupation des sols (COS)[2]; la Cour de cassation, dans un arrêt du 10 janvier 2001[3], en tire la conséquence que le droit à la transformation de l'usage d'un appartement lorsqu'il est limité par un COS ou la réalisation de modifications dans l'utilisation de locaux existants ayant une incidence sur le COS calculé sur le sol, partie commune de l'immeuble, constitue l'exercice d'un droit accessoire aux parties communes), on estime qu'il y a changement d'affectation au regard du statut de la copropriété lorsqu'il y a « perte substantielle » de cette affectation[4], ce qui exclut le cas où il y a simplement changement d'activités dans le cadre d'une affectation catégorielle donnée aux parties privatives, il y a alors changement d'usage[5]; c'est le cas, par exemple, du changement de la nature de l'activité commerciale exercée dans un lot que le règlement de copropriété affecte au commerce[6].

Il convient ensuite de noter que, très souvent, les parties privatives concernées dépendent *de lots « accessoires »* tels que caves, greniers, combles, garages, celliers... La particularité ne se situe pas sur le plan juridique car ce sont les mêmes principes qui s'appliquent que lorsque le changement affecte un lot principal (en ce sens que le changement d'affectation doit être conforme à la destination de l'immeuble et ne nuise pas aux droits des autres copropriétaires[7]); elle réside dans la fréquence plus grande de cette hypothèse.

202 Éléments à prendre en considération (suite). Mais interviennent aussi des éléments de complication. D'abord, très souvent, le changement d'affectation implique l'exécution de travaux qui affectent les parties communes ou l'aspect extérieur de l'immeuble (par exemple, la création d'ouvertures, l'édification d'une cheminée pour l'exploitation d'un restaurant, ou une surélévation) pour l'exécution desquels l'autorisation de l'assemblée générale doit être obtenue et un permis de construire délivré. Il existe alors un parallélisme des conditions pour modifier la destination du lot et pour exécuter les travaux qui en sont le corollaire[8].

Un autre élément de complication peut encore résider dans le fait que le changement d'affectation peut rendre nécessaires une modification de la répartition des charges[9] et même des tantièmes de copropriété en cas de création de nouveaux locaux[10].

Il faut encore tenir compte des circonstances très variables de la liaison du contentieux : l'action est-elle intentée individuellement par un (ou des) copropriétaires ? ou l'est-elle par le syndic préalablement autorisé par le syndicat ? son objet est-il de statuer sur les clauses du règlement de copropriété ou sur la validité d'une décision de l'assemblée générale ? ou encore d'enjoindre à un copropriétaire de remettre les lieux en l'état ou d'effectuer des travaux destinés à adapter le local ou à faire cesser les nuisances[11] ? Il est certain que la conduite de la procédure n'est pas la même dans tous les cas.

Le jeu conjugué de ces différents éléments fait qu'en réalité la décision rendue est largement tributaire des circonstances de chaque espèce et cela est d'autant plus vrai que la position de la Cour de cassation est d'abandonner à l'appréciation souveraine des juges du fond la recherche de la solution dictée par ces circonstances. Toutefois, appréciation souveraine ne signifie pas pouvoir discrétionnaire; d'abord, la Cour de cassation a toujours la possibilité d'exercer son pouvoir de contrôle de la motivation qui, en général, est un contrôle « léger ». Mais ce peut-être aussi le contrôle « lourd » de la dénaturation des clauses claires et précises du règlement

1. V. Liet-Veaux, « Destination et changement de destination en matière de permis de construire », dans *Journée Souleau*, *RDI* 1995. 465.
2. IL FAUT AUSSI tenir compte de la réglementation administrative : CCH, art. L. 631-7 – Ord. n° 2005-655, 8 juin 2005, relative au logement et à la construction – Lassner, « Les changements d'affectation après la réforme du 8 juin 2005 », *AJDI* avr. 2006. 265 – Coutant-Lapalus, « Présentation de l'ordonnance du 8 juin relative au logement et à la construction », *Loyers et copr.* juill.-août 2005, 6 – Infray, « La réforme de l'affectation immobilière », *RDI* 2005. 309 s.
3. Civ. 3e, 10 janv. 2001, n° 99-11.607, *Bull. civ.* III, n° 4; *AJDI* 2001. 438, note Giverdon; *JCP* 2001, Droits des biens, Chron. Périnet-Marquet, I, 358, n° 7.
4. EN CE SENS : Paris, 20 déc. 1989, RG n° 88/17345, *Juris-Data* n° 026065, *RDI* 1990. 244; *Loyers et copr.* 1990. 138.
5. EN CE SENS : KISCHINEWSKY-BROQUISSE, n° 104 – AUSSI : Civ. 3e, 7 déc. 1994, n° 91-13.035, NP, *RDI* 1995. 151 – Civ. 3e, 20 janv. 2004, n° 02-17.120, NP, *Loyers et copr.* 2004. 78.
6. PAR EXEMPLE : Civ. 3e, 10 déc. 1986, nos 85-10.987, 85-11.374, *Bull. civ.* III, n° 179, n° 82-15.198, *Bull. civ.* III, n° 180 : 3 arrêts, *D.* 1987. 146, note Giverdon; *JCP N* 1987. I. 247; *JCP* II, 20801, note Boccara; *Administrer* mars 1987. 39, note Guillot.
7. V. LAFOND, ROUX ET STEMMER, L. art. 9, § II, F.
8. Paris, 17 sept. 1993, *Juris-Data* n° 027620, *Loyers et copr.* 1994. 121.
9. L. n° 65-557, 10 juill. 1965 fixant le statut de la copropriété des immeubles bâtis, *JO* 11 juill., p. 5950, art. 25 f.
10. PAR EXEMPLE : Civ. 3e, 28 mars 1984, n° 83-10.996, *Bull. civ.* III, n° 82; *Rev. loyers* 1984. 376 – Civ. 3e, 10 déc. 1986, n° 82-15.198, *Bull. civ.* III, n° 180, 142, 3e esp.; *D.* 1987. 146, note Giverdon – Civ. 3e, 17 avr. 1991, n° 89-19.301, NP, *RDI* 1991. 375.
11. Rép. civ., ATIAS, *Vis Copropriété des immeubles bâtis*, n° 616.

de copropriété[1]. Ce peut être aussi – et bien souvent – la cassation pour défaut de base légale qui impose aux juges du fond les recherches suffisantes leur permettant de dire en quoi la nouvelle affectation est ou n'est pas contraire à la destination de l'immeuble ou bien porte ou non atteinte aux droits des autres copropriétaires.

203 Directives à suivre. La référence ainsi faite aux pouvoirs que la Cour de cassation se réserve en la matière dicte la méthode que nous avons pensé devoir suivre.

Plutôt, en effet, que de recenser les multiples décisions intervenues, méthode qui relève du répertoire et même que d'en dégager une « typologie » ou d'en proposer un « synopsis », ce qui présente un indéniable intérêt, notre démarche a été, en prenant pour base de raisonnement quelques décisions parmi les plus symptomatiques, de dégager la méthode qui paraît devoir être suivie à l'effet tout à la fois de respecter l'économie des textes, d'éviter les conséquences toujours redoutables d'une cassation et enfin qui doit permettre de dégager les solutions « équilibrées » que postulent la destination de l'immeuble, le respect des droits des autres copropriétaires et aussi et peut-être surtout les clauses du règlement de copropriété.

204 La première référence : le règlement de copropriété – Conditions de son efficacité. On a vu (v. s^s n° 189) qu'au moment de l'établissement de la copropriété, il était logique de privilégier le règlement de copropriété qui exprime la volonté de ses fondateurs. Son caractère « conventionnel » justifie également cette promotion.

Mais, si l'on veut sauvegarder ce caractère et notamment empêcher qu'il soit absorbé par la destination de l'immeuble ou que son efficacité soit compromise au nom du respect des droits des autres copropriétaires, il faut prendre certaines précautions d'ordre rédactionnel qui doivent permettre d'en faire la référence exclusive par le moyen de la mise en œuvre du contrôle de dénaturation (et donc une cassation pour violation de l'article 1134 du code civil avec cette précision que la preuve du préjudice subi par le demandeur n'est pas une condition de succès de l'action[2]).

Une illustration de cette démarche est fournie par le rapprochement que l'on peut faire entre un arrêt de la cour de Paris du 26 janvier 1993 et un arrêt de la 3ᵉ chambre civile de la Cour de cassation du 10 mars 1993.

L'arrêt du 26 janvier 1993[3] a été rendu en présence d'un règlement de copropriété qui stipulait que des lots à usage d'emplacements pour automobile ne pourraient être utilisés pour aucun autre usage et qui précisait qu'aucune installation fixe ne serait tolérée; la fermeture d'un emplacement par grille, cloisonnement, portes ou autrement était rigoureusement interdite, chaque lot correspondant seulement à un droit de jouissance d'un emplacement déterminé du niveau garage qui pourrait faire l'objet d'une détermination au sol.

Sur la base de ces stipulations, l'arrêt déclare que la transformation d'un emplacement en box fermé constitue un changement à l'affectation des parties privatives telle que définie par le règlement de copropriété. En décider autrement eût été dénaturer ces stipulations claires et précises; le règlement de copropriété ne pouvait passer au second plan.

En revanche, l'arrêt de la 3ᵉ chambre civile de la Cour de cassation du 10 mars 1993[4] déclare légalement justifiée la décision d'une cour d'appel qui avait refusé d'annuler la décision de l'assemblée générale autorisant un copropriétaire à clore ses emplacements de stationnement sur la constatation qu'au vu des « actes », qui n'étaient pas argués de dénaturation, des caractères de l'immeuble et de sa situation, la fermeture des aires de stationnement ne constituait pas un changement de la destination des parties privatives et n'impliquait pas une modification de la destination de l'immeuble.

Le rapprochement de ces deux arrêts fait bien ressortir que la préférence ne peut être donnée au règlement de copropriété que sur le fondement d'une rédaction précise de la clause déterminant l'affectation; une telle rédaction n'appelle aucune interprétation qui ne peut que provoquer la mise en œuvre du contrôle « lourd » de dénaturation.

En revanche, un arrêt rendu le 25 janvier 1995 par la Cour de cassation[5] casse pour défaut de base légale l'arrêt d'une cour d'appel qui avait estimé que la modification de la clause du règlement de copropriété fixant la destination des parties privatives nécessitait le vote unanime de tous les copropriétaires formant le syndicat en se fondant sur les circonstances de l'espèce d'où il résultait que chaque copropriétaire était en droit d'exiger que l'immeuble conserve les caractéristiques générales

1. V. Capoulade, note s^s Civ. 3ᵉ, 8 mars 1995, n° 93-10.883, *Bull. civ.* III, n° 74, 50; *IRC* oct. 1995; *AJDI* 1996. 314; *D.* 1998, 263.
2. Civ. 3ᵉ, 6 févr. 1991, n° 89-16.864, NP, *RDI* 1991. 248.
3. Paris, 26 janv. 1993, *RDI* 1993. 412 – AUSSI : Civ. 3ᵉ, 12 juill. 1995, n° 92-13.508, NP, *RDI* 1995. 779; *D.* 1996. Somm. 94, note Atias; *AJPI*, 1996, 313 – Civ. 3ᵉ, 20 janv. 2004, n° 02-17.120, NP, *Loyers et copr.* 2004. 79.
4. Civ. 3ᵉ, 10 mars 1993, n° 90-15.949, NP, *Loyers et copr.* 1993. 232; *RDI* 1993. 253.
5. Civ. 3ᵉ, 25 janv. 1995, n° 93-11.537, *Bull. civ.* III, n° 30; *RDI* 1995. 372; *D.* 1998, 271.

qui étaient les siennes au moment de l'acquisition du lot[1].

205 Référence au règlement de copropriété (suite). Sans aller jusqu'à stipuler des clauses aussi précises que celles relevées par l'arrêt précité de la cour de Paris du 26 janvier 1993, le règlement de copropriété peut fournir des précisions qui portent sur les conditions de jouissance des locaux. Des nuances peuvent être observées. Tantôt, en effet, on peut retenir des indications précises telles, par exemple, que l'interdiction d'activités nommément désignées au nombre desquelles figure fréquemment celle de restauration[2]. Voir à titre d'exemple un arrêt de la Cour de cassation du 4 octobre 1995[3] : le règlement de copropriété stipulait qu'il ne pouvait être exercé dans l'immeuble aucun commerce d'achat, vente ou distribution de denrées alimentaires quelconques; au vu de cette clause, l'assemblée générale avait refusé d'autoriser l'installation d'un salon de thé, vente de sorbets, glaces à la place d'un marchand de chaussures. L'arrêt attaqué avait approuvé cette décision, « qui n'avait fait qu'assurer le respect du règlement de copropriété, loi commune des parties »; la Cour de cassation a rejeté le pourvoi.

Tantôt, on est en présence de formulations plus vagues telles que l'interdiction de commerces « malodorants, insalubres ou dangereux ». Sur le fondement de cette clause a été interdite l'exploitation... d'un restaurant[4]... d'un bar discothèque[5]... d'un atelier de réparation de cyclomoteurs[6].

Tantôt, on note des distinctions opérées selon les différentes parties de l'immeuble (par exemple, le rez-de-chaussée où les commerces sont admis et les étages à destination exclusivement bourgeoise[7]). De telles clauses peuvent justifier une interprétation qui appelle de la part de la Cour de cassation un contrôle de la motivation, l'insuffisance de celle-ci donnant ouverture au grief de défaut de base légale (on rappelle qu'il y a manque de base légale lorsque la décision attaquée ne fournit pas à la Cour de cassation les éléments de fait qui lui permettent de savoir si la loi a été correctement appliquée. C'est pourquoi il peut paraître curieux qu'il puisse être dit que le manque de base légale porte sur la conformité au règlement de copropriété à propos d'une décision qui avait jugé que l'installation d'un bureau à usage administratif – en l'occurrence, un commissariat de police – n'était pas possible dans des locaux conventionnellement affectés à usage de commerce ou d'industrie[8]). La conformité à la destination de l'immeuble et (ou) l'absence d'atteinte aux droits des autres copropriétaires constituent alors, le plus souvent, des points de référence complétant ceux fournis par le règlement de copropriété qui, de ce fait, n'est plus la référence unique, ce qui ne signifie pas qu'elle perd tout intérêt. On est ainsi conduit à mesurer la portée de la référence à la destination de l'immeuble et aux droits des autres copropriétaires (on observera le « détour » opéré par un arrêt de la Cour de cassation qui censure pour « dénaturation du règlement de copropriété » l'arrêt d'une cour d'appel qui avait admis l'activité contestée après avoir constaté la réalité des troubles allégués[9]).

206 Portée de la référence à la destination de l'immeuble et à l'absence d'atteinte aux droits des autres copropriétaires. Sans aller jusqu'à dire que la destination de l'immeuble est devenue la « donnée supérieure », il faut cependant reconnaître que les décisions de justice qui sont rendues en cas de changement de destination y font, pratiquement toutes, référence. Mais c'est une destination de l'immeuble « contractualisée »[10]. Il faut entendre par-là que l'on se trouve en présence d'un règlement de copropriété qui stipule que l'immeuble est à l'usage mixte d'habitation et professionnel (et même commercial) et qui même indique des locaux où les activités professionnelles ou commerciales peuvent être exercées. La référence à la destination de l'immeuble est alors introduite soit dans la motivation de la décision des juges du fond[11], soit, à défaut, comme motif d'une cassation pour défaut de base légale[12], le résultat final étant d'admettre le changement d'affectation des parties privatives du lot jugé comme, n'impliquant pas, en lui-même, une atteinte à la destination de l'immeuble et ne

1. SUR CET ARRÊT : Atias, « En copropriété immobilière de la cave au grenier », *Ann. loyers* 1996. 87.
2. Forestier, « L'installation d'un restaurant dans un immeuble en copropriété », *Administrer* janv. 1998. 27.
3. Civ. 3e, 4 oct. 1995, no 93-14.134, NP, *RDI* 1995. 104.
4. Civ. 3e, 22 mai 1986, no 84-16.070, *Rev. loyers* 1986. 322 – COMP. : Civ. 3e, 14 déc. 2010, no 09-71.134, NP, *AJDI* 2011. 456 – Atias, « La "destination" des parties privatives », *AJDI* 2011. 433.
5. Paris, 5 mars 1986, *Juris-Data* no 022252.
6. Civ. 3e, 22 févr. 1984, *Rev. adm.* oct. 1984. 43, note Guillot.
7. Civ. 3e, 3 mai 1990, no 88-14.620, NP, *RDI* 1991. 92.
8. Civ. 3e, 22 juill. 1998, no 96-22.214, NP, *RDI* 1998. 680.
9. Civ. 3e, 18 déc. 1991, no 90-12.737, NP, *RDI* 1992. 242.
10. PAR EXEMPLE : Civ. 3e, 8 mars 1995, no 93-10.883, *Bull. civ.* III, no 74; *IRC* oct. 1995, note Capoulade – AUSSI : Ritschy, « Destination de l'immeuble et le règlement de la copropriété », *IRC* déc. 1997. 7; *D.* 1998, 263.
11. PAR EXEMPLE : Civ. 3e, 8 mars 1995, no 93-10.883, *Bull. civ.* III, no 74; *IRC* oct. 1995, note Capoulade – AUSSI : Ritschy, « Destination de l'immeuble et le règlement de la copropriété », *IRC* déc. 1997. 7; *AJDI* 1996. 314; *D.* 1998. 263.
12. PAR EXEMPLE : Civ. 3e, 20 juill. 1994, no 92-17.651, *Bull. civ.* III, no 156; *RDI* 1994. 690; *Administrer* juill. 1995. 39, note Gélinet; *D.* 1995, 156.

créant pas de nuisances excédant celles existant antérieurement.

Sur le plan de la motivation de la décision, il convient de faire d'abord référence à l'affectation donnée par le règlement de copropriété dont résulte la destination de l'immeuble et l'absence d'atteinte aux droits des autres copropriétaires. Puis, la décision doit vérifier que la nouvelle affectation est conforme à cette destination et n'engendre pas de nuisances supplémentaires à celles d'origine. C'est le prix à payer pour éviter une cassation pour défaut de base légale[1] et c'est aussi la preuve que la destination de l'immeuble est bien « contractualisée » du fait de sa relation avec le règlement de copropriété et qu'elle ne saurait constituer une « donnée supérieure » (le défaut de recherche de la conformité de la nouvelle affectation avec le règlement de copropriété - et non avec la destination de l'immeuble - peut même entraîner une cassation pour défaut de base légale[2]).

La démarche ainsi décrite peut être considérée comme celle qui est généralement suivie par les juridictions appelées à statuer sur les changements de destination.

De la sorte, en généralisant, il est permis de dire, comme exprimant le droit positif, qu'un changement d'affectation est possible dès lors qu'il n'est pas contraire à la destination de l'immeuble elle-même déduite du règlement de copropriété et qu'il n'en résulte pas une atteinte aux droits des autres copropriétaires.

La notion de destination de l'immeuble « contractualisée » permet d'affiner cette directive, puisque déduite du règlement de copropriété; elle impose, en effet, une rédaction aussi claire que possible des clauses de celui-ci. Ce qui permet d'assurer la « prévisibilité du résultat » et de faciliter l'information des acquéreurs de lots[3].

§ 4
Limite à l'exclusivité du droit d'usage résultant d'une décision de l'assemblée générale

207 Principe – L'article 26 alinéa 2 de la loi du 10 juillet 1965. Aux termes de l'article 26 alinéa 2 de la loi du 10 juillet 1965, l'assemblée générale, ne peut, à quelque majorité que ce soit, imposer à un copropriétaire une modification à la destination de ses parties privatives ou aux modalités de leur jouissance *telles qu'elles résultent du règlement de copropriété*. Cette disposition établit ainsi une hiérarchie entre le rôle dévolu à l'assemblée générale et les stipulations du règlement de copropriété tout à fait dans la ligne du caractère contractuel de ce dernier[4]. Il en résulte cette conséquence que les décisions de l'assemblée générale, qui ne font qu'appliquer les clauses du règlement de copropriété, ne peuvent être annulées, alors même qu'elles auraient pour résultat d'entraîner une atteinte aux modalités de jouissance des parties privatives.

Voir à propos des décisions de l'assemblée générale dont l'objet est d'assurer le respect des clauses « d'harmonie » figurant au règlement de copropriété[5]. Voir aussi, relativement à la décision de l'assemblée générale enjoignant à un copropriétaire de cesser l'exercice d'une activité professionnelle de nature à entraîner une infraction au règlement de copropriété[6]... pour la décision de l'assemblée générale de fermer les portes de l'immeuble après 21 heures, jugée opposable à un copropriétaire exploitant un débit de boisson[7] ou encore l'atteinte à l'aspect architectural original de la façade. En revanche, l'assemblée générale ne saurait imposer à ce copropriétaire la fermeture de son établissement dès lors que le règlement de copropriété ne s'oppose pas à son exploitation.

Mais en dehors de cette circonstance, une jurisprudence, que l'on peut tenir comme constante, annule toute décision de l'assemblée générale imposant à la destination ou aux modalités de jouissance des parties privatives des conditions ou des restrictions supplémentaires par rapport à celles prévues par le règlement de copropriété[8].

Concernant les modalités de jouissance des parties privatives et résultant du règlement de copropriété[9], on peut citer :... la suppression de boîtes aux lettres ou de sonnettes[10]... la modification des conditions de jouissance d'un jardin suspendu[11]... la limitation aux quatre mois d'été de la mise en

1. EN CE SENS : Capoulade, note préc. – AUSSI : Atias, art. cité, *Ann. loyers* 1996. 871, spéc. 874.
2. Civ. 3e, 22 juill. 1998, n° 96-22.214, NP, *RDI* 1998. 680.
3. V. Lafond, « L'acquisition d'un lot de copropriété en vue d'en modifier l'affectation », *JCP N* 1987. I. 375 s.
4. SUR cette hiérarchie : Giverdon, Chron. *RTD civ.* 1976. 583; *RTD civ.* 1979. 163.
5. Lyon, 17 févr. 1971, *JCP* 1971. II. 16889, note Désiry – Civ. 3e, 7 nov. 1978, n° 77-11.421, *Bull. civ.* III, n° 333; *Gaz. Pal.* 1979. 1. Somm. 20 – COMP. : Civ. 3e, 28 avr. 1981, n° 79-13.763, *Bull. civ.* III, n° 83; *JCP* 1981. IV. 248.
6. Civ. 3e, 2 mai 1978, n° 76-14.937, *Bull. civ.* III, n° 170; *D.* 1979. IR 125; *RTD civ.* 1979. 163.
7. Lyon, 15 oct. 1975, *JCP* 1976. II. 18488, note Guillot; *RTD civ.* 1977. 162.
8. Civ. 3e, 22 mai 1986, n° 84-16.070, *Rev. loyers* 1986. 322 – COMP. : Civ. 3e, 14 déc. 2010, n° 09-71.134, NP, *AJDI* 2011. 456 – Atias, « La "destination" des parties privatives », *AJDI* 2011. 433.
9. Paris, 25 mars 1994, *D.* 1994. Somm. 200.
10. TGI Lyon, 13 mai 1975, *JCP* 1976. II. 18398, note Guillot.
11. Civ. 3e, 20 oct. 1976, *D.* 1977. IR 62.

service des ascenseurs[1]... priver un lot de vue ou d'ensoleillement à la suite de travaux[2]. En revanche, le refus de remettre en service un court de tennis n'a pas été jugé comme portant atteinte aux modalités de jouissance des parties privatives[3], (et à propos de la décision d'installer des boîtes à lettres alors qu'un copropriétaire en avait déjà installé une à ses frais[4]. L'unanimité est nécessaire pour installer une batterie de boîtes aux lettres à l'extérieur de la loge de concierge, dès lors que les modalités de jouissance des parties privatives découlant du règlement de copropriété sont ainsi modifiées).

Des difficultés particulières ont surgi à propos de la suppression du service du gardiennage et, d'une manière plus générale, d'un élément d'équipement commun (il a été jugé, par exemple que l'assemblée générale n'a pas le pouvoir d'adopter à quelque majorité que ce soit la souscription d'un « service antenne » avec abonnement comprenant la réception d'une sélection de chaînes hertziennes ou câblées, qui relève du droit individuel de chaque copropriétaire[5]). Par ailleurs, le législateur a dû intervenir à propos des décisions d'installer des dispositifs de fermeture des accès de l'immeuble et pour réglementer l'accès aux parties privatives pour l'exécution de certains travaux décidés par l'assemblée générale.

208 Suppression du service de gardiennage[6]. La question de savoir quelles sont les conditions de vote requises pour décider cette suppression est rendue complexe par suite de la position adoptée par la Cour de cassation qui estime que les juges du fond retiennent souverainement que le respect de la destination de l'immeuble[7] ou le défaut d'atteinte à son « standing »[8] n'exigent pas le maintien du service du concierge. Un autre élément de complication provient du fait qu'en général, se greffe la question de savoir à quelles conditions doit être décidée l'aliénation du local, partie commune, qui était affectée au gardien.

Relativement à *la question de la suppression du service*, une première approche est de se référer au *règlement de copropriété* lorsqu'il prévoit et organise ce service. La condition minimale est alors que la décision soit prise à la double majorité requise par l'article 26 de la loi du 10 juillet 1965 pour la modification de ce document[9] (la solution est la même en cas de réduction du nombre des gardiens prévu par le règlement de copropriété[10]). Une autre approche est d'introduire dans le débat la notion d'atteinte à la destination ou au « standing » de l'immeuble qui peut déboucher sur l'exigence de l'unanimité[11]. Enfin on peut invoquer à la fois l'atteinte à la destination de l'immeuble et celle apportée aux modalités de jouissance des parties privatives que la suppression entraîne et exiger ici encore une décision prise à l'unanimité[12]. On ajoute que l'installation d'un système codé de fermeture de la porte d'entrée fonctionnant par intermittence ou l'emploi à temps partiel d'un gardien ne permet pas de faire face à toutes les tâches que le règlement de copropriété assignait au gardien[13].

1. Civ. 3e, 31 mai 1995, n° 93-15.867, *Bull. civ.* III, n° 135; *Loyers et copr.* 1995. 491; *RDI* 1995. 587; *D.* 1996, 90.
2. Civ. 3e, 4 juin 1998, n° 96-20.608, *Bull. civ.* III, n° 117 – Civ. 3e, 6 janv. 1999, n° 96-20.669, NP, *AJDI* 1999. 243; *RDI* 1998. 419.
3. TGI Nice, 10 juill. 1978, *JCP* 1979. II. 19201, note Guillot; *AJPI* 1979. 24.
4. Civ. 3e, 10 mai 1984, *Juris-Data* n° 700857, *Gaz. Pal.* 1984. 2. pan. jur. 281, note Souleau – Civ. 3e, 17 janv. 2006, n° 04-19.094, *Administrer* avr. 2006. 39.
5. TGI Épinal, 13 déc. 1990, *Gaz. Pal.* 1993. 2. Somm. 502; *Ann. loyers* 1993. 926 – Civ. 3e, 1er déc. 1999, n° 98-11.726, NP, *Administrer* août-sept. 2000. 38, note Bouyeure; *D.* 2001. 346 – EN CE SENS AUSSI : recomm. n° 19 de la commission relative à la copropriété – EN SENS CONTRAIRE : Allemand, « Le service collectif audiovisuel dans les copropriétés », *AJDI* 2000. 190 – SUR L'ENSEMBLE DE LA QUESTION : Vigneron, « Antennes collectives et raccordement à un réseau câblé », *Loyers et copr.* août-sept. 1993. 1.
6. SUR L'ENSEMBLE DE LA QUESTION : Bouyeure, « La suppression du service du concierge », *Administrer* avr. 1988. 12 – Guillot, « Conciergerie et concierge », *Administrer* oct. 1990. 11 – Hermet-Lartigue, « La suppression du poste du concierge », *Rev. hab. fr.* 20 nov. 1988. 544 – M.-Fr. Bost, « La loge de concierge », *IRC* 1985. 266 – Vigneron, « Le point sur la loge du gardien d'immeuble », *Loyers et copr.* déc. 1988. 2; *JCP N* 1989, prat. 910 – Martin, « Exit le concierge », *Ann. loyers* 1991. 32 – Kischinewsky-Broquisse, « Concierges et conciergerie dans les immeubles en copropriété », *Gaz. Pal.* 1993. II. 1258 – Gallet, « La suppression des loges de concierge dans les immeubles en copropriété », *Rev. loyers* 1995. 84 – Atias, *Dicopropriété, V° Concierge, Conciergerie.*
7. Civ. 3e, 30 mars 1994, n° 92-16.763, NP, *D.* 1996. Somm. 164; *RDI* 1994. 292, 487; *D.* 1996,164.
8. Civ. 3e, 28 juin 1995, n° 93-15.642, NP, *RDI* 1995. 780; *AJPI* 1996. 485.
9. Paris, 17 janv. 1997, RG n° 96/009050, *Juris-Data* n° 020102, *RDI* 1997. 619.
10. TGI Aix-en-provence, 8 févr. 1994, *D.* 1994. Somm. 123, note Atias – Civ. 3e, 9 sept. 2008, n° 07-16.881, NP, *AJDI* 2009. 459.
11. Paris, 16 oct. 1992, *Loyers et copr.* 1992. 486; *RDI* 1993. 120 – Paris, 12 févr. 1993, *Loyers et copr.* 1993. 193 – Versailles, 25 mai 1992, *Administrer* nov. 1992. 79 – Paris, 16 oct. 1996, *Loyers et copr.* 1997. 28.
12. Paris, 16 oct. 1992, RG n° 90/015276, *Juris-Data* n° 022578, préc., qui précise que la destination de l'immeuble est nécessairement conforme à celle des parties privatives dont les conditions de jouissance sont appréciées *in concreto.* Paris, 24 juin 1988, RG n° 87/006050, *Juris-Data* n° 023270, *Administrer* nov. 1988. 44; *RDI* 1989. 92.
13. Civ. 3e, 28 juin 1995, n° 93-15.642, NP, *Loyers et copr.* 1995. 443; *RDI* 1995. 780; *AJPI* 1996. 485.

Ayant constaté, au cours des dernières décennies, que de nombreux syndicats de copropriétaires avaient supprimé le poste de concierge ou de gardien, un amendement a été présenté au cours de la discussion de la loi de mobilisation pour le logement tendant à exiger la double majorité de l'article 26 de la loi du 10 juillet 1965 pour prendre une telle décision. Cette proposition risquait de présenter plus d'inconvénients que d'avantages en considération de la destination de l'immeuble, des services rendus aux occupants et des clauses du règlement de copropriété. Finalement sous-amendé, le texte de l'article 26 f dispose donc que « *La suppression du poste de concierge ou de gardien de l'immeuble* »... est décidée à la majorité de l'article 26 « *sous réserve quelle(s) ne porte(nt) pas atteinte à la destination de l'immeuble ou aux modalités de jouissance des parties privatives de l'immeuble* »; dans ce cas, l'unanimité des voix du syndicat est requise. Ce texte ainsi complété consacre donc la jurisprudence de principe de la Cour de cassation; il en reprend la formulation même[1]. Mais la clause du règlement prévoyant une autorisation de l'assemblée pour le licenciement du gardien doit être respectée[2].

209 Aliénation de la conciergerie. *Relativement à la décision d'aliéner le local partie commune qui était affecté au gardien* qui, en général, est précédée de celle supprimant le service (c'est même une nécessité logique[3]), on distingue deux éventualités.

La première est celle où la décision de supprimer le service n'est pas jugé valable parce que n'ayant pas satisfait aux conditions de majorité requise. La décision d'aliéner le local doit être déclarée nulle; le service, en effet, n'est pas supprimé; il s'ensuit nécessairement que le respect de la destination de l'immeuble exige la conservation du local[4].

La seconde éventualité est celle où la décision de supprimer le service est régulière, ou même irrégulière (faute d'avoir recueilli la majorité requise), mais est devenue définitive. L'aliénation du local peut alors être décidée à la double majorité de l'article 26 dès lors que le respect de la destination de l'immeuble, souverainement apprécié par le juge du fond, n'exige pas la conservation de cette partie commune[5, 6]. Cette solution est reprise par l'article 25 f (loi n° 2009-323 du 25 mars 2009, art. 24).

1. COMMENTAIRES : Atias, *AJDI*, avr. 2009.287; Capoulade, *Administrer* juin 2009.
2. Cass. Ass. plén., 5 mars 2010, n° 08-42.843, n° 08-42.844, *Bull. ass. plén.*, n° 1.
3. Civ. 3e, 28 juin 1995, n° 93-15.642, NP, *Loyers et copr.* 1995. 443; *RDI* 1995. 780; *AJPI* 1996. 485 – Civ. 3e, 24 sept. 2008, n° 07-17.039, *Bull. civ.* III, n° 136; *AJDI* 2009, obs. Capoulade.
4. Paris, 17 janv. 1997, RG n° 96/009050, *Juris-Data* n° 020102, préc.

210 Suppression d'un élément d'équipement commun – Chauffage – Distribution d'eau chaude. Plusieurs variantes sont possibles. La suppression peut, en effet, être totale. Mais il peut aussi s'agir de la transformation du chauffage collectif en un chauffage de base, l'appoint étant assuré par des installations individuelles. Mais quelle que soit la variante adoptée, il en résulte toujours pour chaque copropriétaire l'obligation de suppléer par ses propres moyens au service collectif ainsi supprimé ou diminué.

Un arrêt de la cour d'appel de Paris décrit parfaitement les sujétions qui résultent de cette obligation en déclarant que la décision de substituer un chauffage individuel à un chauffage collectif en état de marche nécessite la réalisation de travaux dans les parties privatives impliquant même une modification de leur aspect, ainsi qu'une emprise de volume et fait peser directement sur chaque copropriétaire responsabilité, surveillance, entretien, manipulation, alors qu'il était en droit d'attendre du chauffage collectif l'exonération de ces différentes sujétions[7].

C'est la raison pour laquelle il est difficilement niable qu'une atteinte soit portée aux modalités de jouissance des parties privatives et c'est ce qui explique qu'une jurisprudence, que l'on pouvait considérer comme pratiquement constante, subordonnait la suppression du chauffage collectif (ou sa diminution) à une décision prise à l'unanimité des copropriétaires[8], les dispositions des textes relatifs aux économies d'énergie n'étant d'aucun secours en l'occurrence[9]. Par ailleurs, il n'est pas possible de tirer un argument de la modification de l'article 25 de la loi du 10 juillet 1965 et spécialement de la rédaction donnée au 25 g) par la loi n° 85-1470 du 31 décembre 1985[10].

5. Civ. 3e, 30 mars 1994, n° 92-16.763, NP, *RDI* 1994. 292, 487; *D.* 1996. 164, préc. – Civ. 3e, 5 déc. 2007, n° 06-20.020, *Bull. civ.* III, n° 219; *Administrer* mars 2008. 43, obs. Bouyeure.
6. POUR la formalisation de l'aliénation de la loge : Civ. 3e, 30 janv. 2008, n° 06-18.589, NP, *Administrer* mai 2008. 67.
7. Paris, 21 janv. 1982, *Juris-Data* n° 020553, *D.* 1982. IR 440; *RTD civ.* 1982. 445; *RDI* 1982. 282.
8. Civ. 3e, 28 nov. 1973, n° 72-13.290, *Bull. civ.* III, n° 608; *D.* 1974. 252, note F. E.; *Gaz. Pal.* 1974. 2, 918; *JCP* 1974. II. 17647 – Paris, 21 janv. 1982, *Juris-Data* n° 020553, préc.
9. Paris, 21 janv. 1982, *Juris-Data* n° 020553, préc. – Paris, 26 févr. 1987, *D.* 1987. IR 67; *RDI* 1987. 277.
10. EN CE SENS : Souleau et Bouyeure, « Commentaire de la loi du 31 décembre 1985 », *Defrénois* 1986, I, 417 – LAFOND, ROUX ET STEMMER, L. art. 25, § X et XI – KISCHINEWSKY-BROQUISSE, n° 679, note 762 – AUSSI : Zurfluh et Barnier-Sztabowicz, « Le chauffage collectif dans les immeubles en copropriété : lots non raccordés, lots débranchés et installation de chaudière individuelle », *Administrer* juin 1987. 16.

Mais un arrêt de la Cour de cassation du 13 décembre 1983 allait amorcer, sinon un revirement, du moins un assouplissement[1]. Cet arrêt, qui est un arrêt de rejet, se retranche, en effet, derrière les constatations des juges du fond pour estimer avec eux que les travaux entrepris, à savoir la substitution à des générateurs de chauffage collectif de chaudières murales à gaz, avec simples raccordements aux conduites existantes, n'affectaient pas gravement les parties privatives des lots et pouvaient être considérés comme une *amélioration* au sens de l'article 30 de la loi du 10 juillet 1965. Une voie était ainsi ouverte, par la qualification d'amélioration, pour la validité d'une décision prise à la majorité de l'article 26 de la même loi.

Cet arrêt a été suivi par un autre de la même 3e chambre civile du 25 janvier 1984[2] qui *casse* pour défaut de base légale l'arrêt qui avait annulé une résolution de l'assemblée générale décidant majoritairement la suppression du chauffage collectif sans rechercher en quoi la modification de l'installation de chauffage portait atteinte aux modalités de jouissance des parties privatives. La cour d'Orléans, désignée comme cour de renvoi, sur la constatation que l'installation collective de chauffage, remontant à plus de quatre-vingts ans, était à la fois vétuste, insalubre et inefficace, avait qualifié l'installation d'un chauffage individuel comme étant une amélioration et estimé que, par conséquent, cette installation n'affectait pas les modalités de jouissance des parties privatives.

Saisi d'un nouveau pourvoi contre cet arrêt, la Cour de cassation par un arrêt du 4 janvier 1989, le rejette[3] sur la constatation qu'en retenant que l'installation du chauffage individuel constituait une amélioration, la cour de renvoi avait légalement justifié sa décision. Avec cet arrêt, on peut considérer la jurisprudence comme étant fixée dans le sens que dès lors que la substitution d'un chauffage individuel à une installation collective peut être qualifiée d'*amélioration*, cette substitution peut être décidée à la majorité de l'article 26 de la loi du 10 juillet 1965, l'atteinte aux modalités de jouissance des parties privatives - qui n'est d'ailleurs pas contestable - ne pouvant constituer un obstacle.

1. Civ. 3e, 13 déc. 1983, no 82-14.804, *Bull. civ.* III, no 258; *Administrer* mai 1984. 43; *RDI* 1984. 234; *D.* 1984. IR 408; *Gaz. Pal.* 1984. 2. pan. jur. 280, *V° Copropriété*; *D.* 1985. 86, note Saluden.
2. Civ. 3e, 25 janv. 1984, *Juris-Data* no 700072, *Administrer* mai 1984. 43; *D.* 1984. IR 408; *RDI* 1984. 349; *Defrénois* 1984, I, 857, note Souleau.
3. Civ. 3e, 4 janv. 1989, no 87-12.984, NP, *D.* 1989. 240, note Souleau; *Loyers et copr.* 1989. 97; *JCP* 1989. IV. 79; *Defrénois* 1989. 363, note Souleau; *RDI* 1989. 247; *Gaz. Pal.* 1989. 1. pan. jur. 40 – AUSSI : Civ. 3e, 25 janv. 1994, no 92-12.204, *RDI* 1994. 304; *D.* 1994. 198.

Il se dégage de ces décisions que trois conditions doivent être cumulativement remplies pour que la substitution puisse être décidée à la double majorité de l'article 26 :

- l'absence d'atteinte aux conditions de jouissance des parties privatives;

- l'existence d'une amélioration appréciée souverainement par le juge, qui peut résulter notamment d'une moindre dépense, d'un plus grand confort, d'un fonctionnement régulier, d'une installation plus performante et mieux adaptée au mode de vie actuel (précision faite que le moyen selon lequel la suppression du chauffage collectif entre dans le cadre des travaux d'amélioration doit avoir été soutenu devant les juges du fond sous peine d'être rejeté comme nouveau[4]);

- la conformité à la destination de l'immeuble.

211 **Dispositifs de fermeture de l'immeuble.** La question discutée était celle de savoir si l'installation de tels dispositifs était de nature à porter atteinte aux modalités de jouissance des parties privatives et devait être décidée à l'unanimité des copropriétaires, ou si elle constituait une amélioration relevant de la double majorité de l'article 26[5]. Elle avait revêtu une acuité accrue en présence du phénomène de la montée de l'insécurité, non seulement à l'intérieur des immeubles proprement dits, mais aussi et peut-être surtout, dans les parties accessoires, tels les parkings ou les caves.

C'est donc opportunément que la loi du 31 décembre 1985 avait ajouté à la loi du 10 juillet 1965 les articles 26-1 et 26-2 qui ont consacré les solutions dégagées par la jurisprudence[6]. La loi no 2006-872 du 13 juillet 2006 (art. 91) a abrogé ces deux articles dont elle a transposé le dispositif à l'article 25 n et en a simplifié la rédaction.

4. Civ. 3e, 26 nov. 1985, no 84-15.809, *Bull. civ.* III, no 156, 118, *Defrénois* 1986, I, 799.
5. SUR L'ENSEMBLE DE LA QUESTION : Bouyeure, « Copropriété et insécurité », *Administrer* déc. 1983. 7 – Guillot, « La fermeture de la porte d'entrée d'un immeuble en copropriété », *Administrer* févr. 1981. 4 – Souleau, « L'installation de dispositifs automatiques de fermeture de la porte d'entrée d'un immeuble en copropriété », *RDI* 1980. 393 s. – Martin, « L'installation d'un "portier électrique" avec interphone », *Ann. loyers* 1984. 342 – LAFOND, ROUX ET STEMMER, L. art. 26-1 et art. 26-2 – BOUYEURE, p. 81 s.
6. SUR L'ENSEMBLE DE LA QUESTION : Bouyeure, « Copropriété et insécurité », *Administrer* déc. 1983. 7 – Guillot, « La fermeture de la porte d'entrée d'un immeuble en copropriété », *Administrer* févr. 1981. 4 – Souleau, « L'installation de dispositifs automatiques de fermeture de la porte d'entrée d'un immeuble en copropriété », *RDI* 1980. 393 s. – Martin, « L'installation d'un "portier électrique" avec interphone », *Ann. loyers* 1984. 342 – LAFOND, ROUX ET STEMMER, L. art. 26-1 et art. 26-2 – BOUYEURE, p. 81 s.

Pour satisfaire aux dispositions de ces articles, l'assemblée générale devait procéder en deux temps.

Dans un premier temps, elle devait délibérer sur l'exécution des travaux à effectuer sur les parties communes afin d'améliorer la sécurité des personnes et des biens au moyen de *dispositifs de fermeture* permettant d'organiser l'accès de l'immeuble.

Dans un second temps, elle devait, à la même majorité (L. 10 juill. 1965, art. 25 et, le cas échéant, art. 25-1), *déterminer les périodes de fermeture totale de l'immeuble* en fonction des activités exercées conformément au règlement de copropriété et de la possibilité d'ouverture à distance[1]. Ces travaux devant permettre d'organiser l'accès de l'immeuble, cela proscrivait la fermeture hermétique complète des portes qui n'est pas « organisation de l'accès »[2].

Ces dispositions ont été abrogées et remplacées par la loi n° 2007-297 du 5 mars 2007 relative à la prévention de la délinquance. Désormais, la décision relative aux travaux (L. 10 juill. 1965, art. 25 n) se distingue de la décision sur les modalités d'ouverture des portes d'accès à l'immeuble (L. 1965, art. 26 e)[3].

Quant aux travaux, ceux-ci ne concernent plus seulement les dispositifs de fermeture permettant d'organiser l'accès de l'immeuble, mais, d'une manière générale, « *tous travaux en vue de prévenir les atteintes aux personnes et aux biens* », tels que l'installation de vidéo surveillance, la détection incendie... La décision de les exécuter dans les parties communes continue de relever de la majorité de l'article 25 n et, le cas échéant, de l'article 24 dans les conditions prévues par l'article 25-1.

Ils peuvent s'exécuter dans les parties privatives des lots sans l'accord du copropriétaire, dans les conditions prévues par l'article 9 qui fait référence à l'article 25 n. La loi ne rend pas ces travaux obligatoires, leur principe et leurs modalités de réalisation restent à la discrétion de l'assemblée générale, sans que cette décision ne préjuge des modalités d'accès à l'immeuble dont la fixation relève d'une délibération distincte (art. 26 e). La maintenance de ces installations est arrêtée à la majorité de l'article 24.

En ce qui concerne la détermination des *modalités d'ouverture des portes d'accès à l'immeuble*, l'assemblée générale délibère à la majorité de l'article 26 e si le dispositif mis en place permet une fermeture totale de l'immeuble, ce qui suppose un système empêchant en permanence l'accès à l'immeuble. Dans ce cas, la fermeture totale de l'immeuble doit être « compatible avec l'exercice d'une activité autorisée par le règlement de copropriété ». L'ouverture à distance peut être de nature à assurer cette compatibilité.

Par dispositif de fermeture à distance, on précise que l'ouverture ne doit pas être rendue possible au moyen d'une sollicitation extérieure (clé, clavier digicode)[4]. Ce peut être un interphone ou un système plus sophistiqué comportant à la fois un afficheur lumineux faisant apparaître le code d'appel en regard du nom du résident et une touche de télécommande depuis l'appartement du résident[5]. « La décision d'ouverture » prise dans ces conditions « est *valable jusqu'à la tenue de l'assemblée générale suivante* ». À défaut d'une nouvelle décision d'ouverture, la fermeture totale s'applique. Il semble bien que le législateur ait visé l'assemblée annuelle suivante et non la prochaine assemblée qui pourrait être réunie en cours d'année.[6]

212 Travaux nécessitant l'accès aux parties privatives. La loi du 10 juillet 1965 n'avait envisagé en son article 31 la question que pour les travaux d'amélioration, en disposant qu'aucun des copropriétaires ou de leurs ayants droit ne pouvaient faire obstacle à l'exécution de ces travaux, même à l'intérieur de leurs parties privatives, dès lors qu'ils avaient été régulièrement et expressément décidés par l'assemblée générale. Cette disposition était insuffisante et des difficultés s'étaient présentées à propos de l'exécution de travaux autres que ceux d'amélioration, notamment de ceux décidés par le syndic en cas d'urgence et nécessaires à la sauvegarde de l'immeuble[7] ou de ceux d'entretien (jugé que le syndic a fait appel à bon droit au juge des référés compétent pour ordonner toutes mesures utiles en application de l'article 809 du code de procédure civile[8]).

La loi du 31 décembre 1985 a comblé, au moins partiellement, ces insuffisances. Procédant par voie d'adjonction d'alinéas complémentaires à l'article 9 de la loi du 10 juillet 1965, cette loi a mis en place

1. POUR un dermatologue : Civ. 3e, 20 déc. 2006, n° 05-19.675, NP, *Administrer* mars 2007. 56, obs. Bouyeure.
2. Civ. 3e, 12 janv. 2000, n° 97-21.190, *Bull. civ.* III, n° 4; *RDI* 2000. 246; *D.* 2000, 209.
3. Bouyeure, « les nouvelles dispositions relatives à la fermeture et à l'ouverture des portes d'accès à l'immeuble en copropriété », *Administrer* mai 2007. 25 – Commission relative à la copropriété, 25e recomm. du 1er juill. 2008.
4. Paris, 3 avr. 1996, RG n° 94-026117, *Juris-Data* n° 020677, *RDI* 1996. 416.
5. Paris, 3 avr. 1996, RG n° 94-026117, *Juris-Data* n° 020677, *RDI* 1996. 416.
6. SUR LA QUESTION des pratiques religieuses : Biguenet-Maurel, « Droit de la copropriété et pratique d'une religion », *AJDI* 2005. 561 – Dissaux, « Liberté religieuse et copropriété », *Administrer* mai 2007. 28.
7. Paris, 22 avr. 1985, RG nos K06439 et K16349, *Juris-Data* n° 021825, *D.* 1985. IR 424.
8. Paris, 2 mars 1984, *Juris-Data* n° 021420, *D.* 1985. IR 424 – Aix, en Provence, 16 janv. 2007, *Loyers et copr.*, 135.

un dispositif qui accroît, dans des proportions non négligeables, les garanties données aux copropriétaires [1].

Si, en effet on laisse de côté le cas particulier du préjudice pouvant résulter pour des copropriétaires de l'exécution des travaux de surélévation, qui fait l'objet de l'article 36 dans une nouvelle rédaction, ce dispositif est le suivant.

Pour les travaux expressément mentionnés et sous les conditions posées, les copropriétaires (ou leurs ayants droit, ce qui vise notamment les locataires) ne peuvent faire obstacle à leur exécution même à l'intérieur des parties privatives [2]. En contrepartie, si cette exécution entraîne un préjudice, les copropriétaires, qui le subissent, ont droit à une indemnité.

213 **Travaux nécessitant l'accès aux parties privatives – Exécution et indemnisation – Article 9 de la loi du 10 juillet 1965, complété par la loi du 31 décembre 1985.** Les alinéas ainsi ajoutés à l'article 9, dont, à juste titre, on regrette le manque de précision, déterminent les travaux concernés, précisent les conditions auxquelles est subordonnée l'impossibilité pour les copropriétaires de faire obstacle à leur exécution, indiquent la procédure à suivre pour cette exécution et posent le principe de l'indemnisation de ces copropriétaires en en définissant les conditions.

214 **a) Les travaux à l'exécution desquels les copropriétaires ne peuvent faire obstacle,** même à l'intérieur de leurs parties privatives, sont ceux « régulièrement et expressément décidés par l'assemblée générale » en vertu :

– de *l'article 25 e) :* travaux rendus obligatoires en vertu de dispositions législatives ou réglementaires [3];

– de *l'article 25 g) :* travaux d'économie d'énergie;

– de *l'article 25 h) :* travaux de mise en conformité des logements avec des normes de sécurité et d'équipement;

– de *l'article 25 i) :* suppression des vide-ordures;

– de *l'article 25 n) :* les travaux à effectuer sur les parties communes en vue de prévenir les atteintes aux personnes et aux biens (L. n° 2007-309, 5 mars 2007 et n° 2009-526, 12 mai 2009);

– de *l'article 26 d) :* travaux nécessaires à l'individualisation des contrats de fourniture d'eau;

– de *l'article 30 :* travaux d'amélioration au sens de ce texte.

Cette liste, dont le caractère limitatif semble s'imposer, ne vise ni les travaux d'installation d'antenne collective (L. 10 juill. 1965, art. 25 j), ni les travaux que le syndic peut décider de sa propre initiative et nécessaires à la sauvegarde de l'immeuble [4], ni les travaux d'entretien pouvant être décidés à la majorité de l'article 24, ni l'installation de compteurs d'eau froide divisionnaires visée par l'article 25 m). Pour ces travaux, il y a lieu de continuer d'appliquer les solutions antérieurement dégagées (notamment le recours au juge des référés, ou la condamnation à une astreinte ou versement d'une indemnité sanctionnant le comportement *fautif* du copropriétaire s'étant opposé sans motif valable à l'exécution des travaux). Par ailleurs, les dispositions nouvelles ne concernent pas les travaux à exécuter *sur les parties communes* ou les travaux d'intérêt collectif sur les parties privatives impliquant le passage dans les parties privatives; le droit d'user et de jouir librement de celles-ci impose aux juges du fond de préciser les éléments qui leur permettent de dire qu'il y a faute à refuser ce passage [5]. En revanche, l'article 26-1 visé par l'article 9 a été supprimé par la loi du 13 juillet 2006.

215 **b) Les conditions** auxquelles est subordonnée l'impossibilité pour les copropriétaires (ou leurs ayants droit, parmi lesquels essentiellement les locataires) de faire obstacle à l'exécution des travaux, même à l'intérieur des parties privatives, sont :

1) que les circonstances l'exigent, ce qui signifie qu'il n'y a pas d'autres solutions, pour cette exécution, que l'accès aux parties privatives [6];

2) que « l'affectation, la consistance ou la jouissance des parties privatives concernées ne soient pas altérées de manière durable ». Le flou de cette terminologie donne une large latitude aux juges du

1. SUR L'ENSEMBLE DE CES DISPOSITIONS : Petit, « L'accès aux parties privatives à l'occasion de travaux affectant les parties communes », *Administrer* avr. 1986. 18 – LAFOND, ROUX ET STEMMER, art. 9, p. 76 s. – KISCHINEWSKY-BROQUISSE, n°s 96 s. – BOUYEURE, p. 100 s. – Capoulade, « Travaux communs », *IRC* oct. 2000. 16 – Atias, « Les travaux collectifs affectant les locaux privés », *IRC* oct. 2004. 20.
2. POUR le traitement contre les termites : Civ. 3e, 30 janv. 2007, n° 06-13.886, NP, *Administrer* avr. 2007. 51.
3. Civ. 3e, 30 janv. 2007, préc. : le traitement préventif contre les termites est analysé comme un acte de conservation de l'immeuble autorisant l'accès aux parties communes pour l'exécution d'une mesure d'ensemble.
4. Il devrait être remédié à cette omission : rép. min., QE n° 103997, 5 déc. 2006, *JOAN Q* p. 12782 – Proposition de loi n° 941, de Warsmann, 4 juin 2008, visant à sécuriser le fonctionnement des copropriétés devenue la loi du 12 mai 2009.
5. Civ. 3e, 8 juin 1988, n° 87-12.367, *Bull. civ.* III, n° 104; *RDI* 1988. 497; *RDI* 1989. 384; *AJPI* 1989. 85; *Gaz. Pal.* 1988. 2. pan. jur. 185 – Civ. 3e, 27 mars 1991, n° 89-21.192, *Bull. civ.* III, n° 104; *JCP* 1991. IV. 220; *RDI* 1991. 377; *Administrer* nov. 1991. 84.
6. LAFOND, ROUX ET STEMMER, L. art. 9, p. 77 – KISCHINEWSKY-BROQUISSE, n° 96 *bis* – Civ. 3e, 12 mars 1997, n° 95-13.301, *Bull. civ.* III, n° 104; *RDI* 1997. 293; *Loyers et copr.* 1997. 187.

fond auxquels il appartient de l'interpréter[1]. Par ailleurs, il est facile d'en dénoncer la contradiction avec les dispositions concernant l'indemnisation du préjudice.

216 c) La procédure à suivre est indiquée par le 3e alinéa de l'article 9 de la loi du 10 juillet 1965. Les travaux « entraînant un accès aux parties privatives » doivent être notifiés aux copropriétaires au moins huit jours avant le début de leur réalisation. On précise que, conformément à l'article 64 du décret du 17 mars 1967, cette notification est faite par lettre recommandée avec avis de réception; on peut aussi recourir à un acte d'huissier de justice (un auteur s'interroge sur la conciliation de cette notification avec celle qu'impose l'article 42 alinéa 2 de la loi du 10 juillet 1965 de la décision de l'assemblée générale d'exécuter les travaux; mais ce sont deux choses différentes[2]).

Toutefois, toujours aux termes du même alinéa, il n'y a pas obligation de notifier en cas « *d'impératif de sécurité ou de conservation des biens* ». Ici encore, on ne peut que déplorer l'imprécision de cette disposition. On pose notamment la question de savoir si elle offre la possibilité d'accéder aux parties privatives sans l'accord du copropriétaire et sans qu'il y ait pour autant violation de domicile[3].

217 d) Enfin, les conditions et les modalités de répartition de l'indemnisation à laquelle les copropriétaires peuvent prétendre sont déterminées par les deux derniers alinéas de l'article 9 de la loi du 10 juillet 1965.

Quant aux conditions, il faut que les copropriétaires subissent un préjudice par suite de l'exécution des travaux, ce qui est normal. Mais la loi a voulu préciser la nature de ce préjudice; il peut résulter d'une diminution définitive de la valeur du lot (ce qui se concilie assez mal avec la condition, ci-dessus évoquée, selon laquelle l'affectation, la consistance ou la jouissance des parties privatives ne doivent pas être altérées d'une manière durable) - mais il ne peut y avoir atteinte directe aux parties privatives du lot, telle que, par exemple, la diminution de sa superficie[4], seule la *valeur* est concernée - ou un trouble de jouissance grave, même s'il est temporaire (l'appréciation de cette gravité relève des pouvoirs du juge du fond) ou encore de dégradations.

Quant à sa répartition[5], l'indemnité, qui est à la charge de l'ensemble des copropriétaires, est répartie, s'agissant des travaux décidés dans les conditions prévues par les e, g, h, i, g et n de l'article 25 et par l'article 30, en proportion de la participation de chacun au coût des travaux (art. 9, al. dern.). Cette clé de répartition a le mérite de pouvoir s'appliquer aux différentes hypothèses auxquelles la loi se réfère.

Par exemple : « utilité » pour les travaux d'économie d'énergie; « avantage procuré » pour les travaux d'amélioration. On conseille de tenter de chiffrer, au moins approximativement, les indemnités lors du vote des travaux[6].

1. LAFOND, ROUX ET STEMMER, *loc. cit.* : qui, à juste titre, s'interrogent sur la manière de lier le contentieux – Bouyeure, p. 106, p. 78, opportun en fait, possible en droit.
2. KISCHINEWSKY-BROQUISSE, n° 96 *ter*.
3. LAFOND, ROUX ET STEMMER, *op. cit.*, art. 9, p. 78.
4. LAFOND, ROUX ET STEMMER, art. 9, p. 78-79.
5. ROUX, « L'indemnisation des copropriétaires du fait des travaux sur parties communes », *IRC* janv. 2008. 27.

SECTION 2

DROIT DE DISPOSER DES PARTIES PRIVATIVES

218 Le principe et sa portée. Le droit de propriété comporte le droit de disposer de la chose sur laquelle il porte. La loi du 10 juillet 1965 est donc logique lorsqu'après avoir affirmé (L. 10 juill. 1965, art. 2, al. 2) que les parties privatives sont la propriété exclusive de chaque copropriétaire, elle ouvre à ceux-ci le droit d'en disposer (L. 10 juill. 1965, art. 9). Mais appliqué aux « seules parties privatives comprises dans un lot » - ce sont les termes mêmes de l'article 9 - le droit de disposer est difficilement concevable. D'une part, l'objet de ces parties est singulièrement fuyant : « cube d'air entre quatre murs » ou « fraction d'atmosphère » ou « propriété du vent » : un tel objet laisse peu de prise pour l'affirmation d'un droit de propriété exclusif. D'autre part, la cession des parties privatives doit s'accompagner de la cession de la quote-part des parties communes correspondantes. Ainsi le veut l'article 6 qui affirme, implicitement certes, le caractère inséparable des unes et des autres mais qui confirme une jurisprudence bien établie. Aussi bien, afin de donner une certaine consistance au droit de disposer des parties privatives, a-t-on proposé de l'entendre dans une conception purement matérielle[7]. Disposer serait alors la faculté pour le copropriétaire d'aménager à sa guise la portion d'espace que constituent les parties privatives de son lot. Mais une telle prérogative rentre davantage dans le cadre du droit d'usage que dans celui du droit de disposer. Force est donc d'admettre, qu'appliqué aux *seules* parties privatives, le droit de disposer ne présente guère de consistance[8].

219 Droit de disposition partielle – Renvoi. À l'effet précisément de donner une signification pratique au droit de disposer des parties privatives

6. LAFOND, ROUX ET STEMMER, art. 9, p. 79, n° 67.
7. EN CE SENS : LOMBOIS, D. 1966, L. 96, n° 17.
8. EN CE SENS : SIZAIRE, n° 59.

comprises dans un lot, on pourrait inclure dans ce droit la possibilité de procéder à la *division de ces parties* à seule fin de les céder séparément. Mais une telle opération doit toujours comporter la cession corrélative de la quote-part de parties communes afférentes aux parties privatives cédées. De la sorte, elle concerne un lot dans son ensemble et la question posée est de savoir si ce lot peut faire l'objet d'une division. Il est, pour cette raison, logique de l'étudier dans le cadre général des opérations dont chaque lot peut être l'objet (v. s^s n°s 276 s.).

220 Conclusion. En définitive donc, il apparaît bien qu'un copropriétaire ne peut pas disposer des seules parties privatives qui sont comprises dans son lot. L'observation est importante du point de vue de l'analyse du droit dont ce copropriétaire est titulaire (v. s^s n° 246), car l'affirmation d'un droit de propriété « exclusif », que n'accompagne pas le droit de disposer, même juridiquement entendu (car il est bien évident que le « propriétaire » d'un appartement ne peut pas - même s'il en a le désir - disposer matériellement de sa fraction divise, en ce sens qu'il ne peut la détruire. Son instinct de destruction devra toujours s'arrêter aux quatre murs qui en constitueront la limite infranchissable [1]), est pour le moins curieuse. On peut même aller plus loin et constater que, finalement, le droit d'usage et de jouissance se trouve affecté, lui aussi, dans sa plénitude traditionnelle par la destination de l'immeuble (v. s^s n° 184). Cette limite dépasse largement la réserve « des lois et règlements » faite par l'article 544 du code civil. La vérité est que, plus que sur les parties privatives et les parties communes, le droit de chaque copropriétaire porte sur un lot qui représente - comme on l'a vu - la base de la division de l'immeuble soumis au statut de la copropriété. La remarque vaut donc aussi et à plus forte raison pour la détermination des prérogatives que la loi accorde à chaque copropriétaire sur les parties communes de l'immeuble. Par la structure de l'immeuble, les locaux sont interdépendants (comp. avec la volumétrie).

1. V. Givord, « Essai sur la nature juridique de la copropriété par appartements », dans *Mélanges Voirin*, p. 262, n° 11 – Alibert, « Le syndicat », *Ann. loyers* 1961, suppl. 3e trim., 49, n° 91.

CHAPITRE

2. Les parties communes, propriété indivise des copropriétaires ou de certains d'entre eux

SECTION 0 ORIENTEUR

Plan du chapitre.

Textes applicables.

• L. n° 65-557, 10 juill. 1965, fixant le statut de la copropriété des immeubles bâtis, art. 3, 4, 6, 9, 25 et 26.

Jurisprudence de référence.

• **Civ. 3e, 27 nov. 1991, n° 89-18.745,** NP.

* V. ss n° 224.

Constitue un trouble manifestement illicite relevant de la compétence du juge des référés l'exécution par un copropriétaire (dans une copropriété horizontale) sans autorisation de l'assemblée générale de travaux comportant, dans le bâtiment dépendant de son lot, la création de nouvelles ouvertures et de « chiens assis » en toiture, affectant l'aspect extérieur de l'immeuble.

• **Civ. 3e, 5 avr. 1995, n° 93-17.714,** NP.

* V. ss n° 224.

La décision d'une assemblée générale ne doit pas entraîner une rupture d'égalité entre les copropriétaires dans la jouissance des parties communes sans contrepartie pour les copropriétaires lésés.

• **Paris, 29 nov. 2000, n° RG 1999/19800.**

* V. ss n° 224.

Pour autoriser un copropriétaire à réaliser des travaux faisant communiquer deux immeubles en perçant le mur mitoyen, le juge doit rechercher si cette communication est conforme à la destination de l'immeuble.

• **Civ. 3e, 11 mai 2006, n° 05-10.924,** *Bull. civ.* III, n° 120.

* V. ss n° 230.

• **Civ. 3e, 8 sept. 2010, n° 09-15.554,** *Bull. civ.* III, n° 152; *AJDI* 2011. 217.

Il n'y a pas de copropriété sans parties communes.

Bibliographie indicative.

ATIAS, *Dicopropriété*, *V° Parties communes* – KISCHINEWSKY-BROQUISSE, *La copropriété des immeubles bâtis*, 4e éd. nos 129 à 131.

221 Principe et portée. L'article 4 de la loi du 10 juillet 1965 fait des parties communes l'objet d'une propriété indivise entre l'ensemble des copropriétaires ou certains d'entre eux, mais précise que leur *administration* et leur *jouissance* sont organisées. C'est donc compte tenu de cette organisation que le *droit de jouissance* des copropriétaires sur ces parties de l'immeuble doit être défini.

Par ailleurs, en disposant que les parties communes ne peuvent faire l'objet, séparément des parties privatives, d'une action en partage ni d'une licitation forcée, l'article 6 affecte directement le *droit de disposer* de ces parties.

SECTION 1
DROIT DE JOUISSANCE DES PARTIES COMMUNES

222 Caractères du droit de jouissance des parties communes[1]. Les articles 8 et 9 de la loi du 10 juillet 1965 tirent les conséquences du fait que les parties communes sont l'objet d'une propriété indivise et organisée, le premier, en disposant que la destination et les conditions de jouissance de ces parties sont déterminées par le *règlement de copropriété*, le second, en précisant que chaque propriétaire n'use et ne jouit librement de ces mêmes parties qu'à la condition de ne *porter atteinte ni aux droits des autres copropriétaires ni à la destination de l'immeuble*[2].

La logique impose d'inverser l'ordre adopté par les textes et de poser d'abord le principe du *caractère commun* du droit de jouissance des parties communes avant d'en exposer l'aménagement par le *règlement de copropriété* ou par *l'intervention de l'assemblée générale*. Enfin, des enseignements ainsi dégagés, on tirera les conséquences quant aux solutions à donner à deux questions très pratiques, à savoir l'apposition d'enseignes ou de plaques professionnelles et le stationnement des véhicules.

On peut également envisager la location d'une partie commune consentie par le syndicat à un copropriétaire ou à un tiers[3]. Tel est le cas, de plus en plus fréquent, par exemple, de la location d'une terrasse commune pour l'installation de stations radioélectriques servant de relais pour téléphones portables qui soulève des questions particulières et notamment celle de savoir à quelle majorité l'assemblée générale doit statuer[4].

§ 1
Caractère commun du droit de jouissance des parties communes

223 Principe et conséquences. Les parties communes étant indivises entre les copropriétaires, il en résulte cette conséquence logique que chacun possède sur ces parties un droit de jouissance analogue et concurrent à celui des autres. C'est donc dans le respect de ces droits analogues et concurrents que le droit de jouissance des parties communes doit être exercé par chaque copropriétaire[5].

Le principe ainsi posé revêt un aspect positif et un aspect négatif.

Un *aspect positif* d'abord, en ce sens que chaque propriétaire est en droit d'utiliser les parties communes (cours, passages, couloirs...) dès lors que cette utilisation est indispensable pour l'usage normal des parties privatives de son lot[6].

Ainsi, à propos du droit d'utiliser les parties communes pour les besoins de l'exercice d'un commerce[7] – de même si la piscine et le tennis constituent des parties communes, l'assemblée générale n'a pas le droit de limiter l'usage de ces installations et d'en interdire l'accès aux copropriétaires de chambres de service[8]. Mais il est possible de stipuler dans le règlement de copropriété que ces parties communes ne sont pas affectées à ces lots.

Un autre copropriétaire ne peut prétendre interdire cette utilisation[9], un tel pouvoir ne pouvant qu'être reconnu à l'assemblée générale statuant à la double majorité de l'article 26 de la loi du 10 juillet 1965 dans le cadre de la modification du règlement de copropriété[10] et à la condition de ne pas instaurer un régime discriminatoire sinon ce serait une méconnaissance du principe d'égalité[11] (par ex., en interdisant à un copropriétaire de remiser ses poubelles à l'endroit où les copropriétaires entreposent les leurs[12]).

Mais aussi *un aspect négatif* en ce sens qu'un copropriétaire ne peut ni réaliser un empiétement sur les parties communes, par exemple en réduisant

1. Atias, « À la rencontre des qualifications réelles et personnelles : les parties communes », *Administrer* nov. 2005. 17 s.
2. SUR l'interdiction de fumer dans les parties communes : rép. min., QE, n° 119753, Christian Jeanjean, *JOAN Q* 15 mai 2007, p. 4537.
3. V. Cordier, « Location d'une partie commune à un copropriétaire et location d'une partie privative au syndicat », *IRC* oct. 1995.
4. V. Bouyeure, *Administrer* 1998, 15, n° 301 – AUSSI : Bedos, *Maisons et habitat* janv. 2001, p. 28.
5. EN CE SENS : Marty et Raynaud, *Droit civil, Les biens*, n° 250-3 – Terré et Simler, *Droit civil, Les biens*, 8e éd., n° 722 – Larroumet, *Droit civil, Les biens*, n° 741 – Cabanac, « Choses privées et choses communes », *AJPI* 1960. I. 214 – KISCHINEWSKY-BROQUISSE, n° 118 – SIZAIRE, n° 56 – LAFOND, ROUX ET STEMMER, L. art. 9, § IV.
6. TGI Nantes, 3 juin 1970, *Gaz. Pal.* 1970. 2, 393, note Morand; *JCP* 1971. II. 16647 *bis*, note Désiry – Paris, 30 janv. 1983, *Gaz. Pal.* 1973. 1, 386.
7. Paris, 12 mai 1989, *Juris-Data* n° 022118, *Loyers et copr.* 1989. 345 – Paris, 4 janv. 1990, *Loyers et copr.* 1990. 139.
8. TGI Marseille, 24 avr. 1977, *Administrer* oct. 1978. 40.
9. Même si le passage s'exerce par son lot, en l'occurrence un garage : Civ. 3e, 17 janv. 1996, n° 94-13.702, *Bull. civ.* III, n° 16, 11; *D.* 1996. IR 48; *RDI* 1996. 276.
10. Civ. 3e, 31 janv. 1984, n° 82-15.698, *Bull. civ.* III, n° 22; *D.* 1984. IR 382; *Gaz. Pal.* 1984. 2. pan. jur. 185; *Administrer* juill.-août 1984. 42; *Defrénois* 1984, I, 1855, note Souleau.
11. Atias, Dicopropriété, *V° Égalité entre copropriétaires*.
12. Paris, 8 avr. 1994, RG n° 93/004034, *Juris-Data* n° 020640, *D.* 1996. Somm. 93, note Atias – Civ. 3e, 11 mars 2009, n° 08-10.566, NP, *Administrer* n° 422, p. 47, obs. Bouyeure.

les dimensions d'un passage commun [1] ou en clôturant un passage commun [2], ni détruire une partie commune par exemple en supprimant un conduit de fumée commun [3].

Un copropriétaire ne peut non plus sous réserve de clauses du règlement de copropriété lui conférant un droit de jouissance exclusif, utiliser les parties communes pour son usage personnel [4].

Par ex., utilisation du hall commun pour y installer une hôtesse d'accueil pour les besoins de la profession d'un copropriétaire [5], installation de panneaux publicitaires dans le hall commun [6] – également jugé que le caractère de partie commune affectée à l'usage de tous les copropriétaires de la cour s'oppose à ce qu'y soit édifiée une construction [7]... ou à ce qu'elle soit utilisée pour l'approvisionnement d'un magasin [8]... ou transformée en un dépôt de marchandises [9].

C'est le cas notamment des *cours communes* qui ne peuvent, sous réserve ici encore de clauses particulières du règlement de copropriété, être utilisés au bénéfice exclusif d'un ou de copropriétaires (par ex. pour le stationnement de véhicules, v. s^s^ n° 230); c'est le cas aussi des *passages ou couloirs communs* qui doivent rester libres ou accessibles, ou encore de la *façade de l'immeuble* sur laquelle un copropriétaire ne peut concéder un droit d'affichage (v. s^s^ n° 91).

Deux précisions doivent, en outre, être apportées. La première est que le propriétaire en infraction ne peut se prévaloir de la tolérance dont il aurait pu bénéficier de la part des autres et notamment des créateurs de la copropriété [10]. La seconde est que c'est au syndic qu'il appartient, dans le cadre général de ses pouvoirs d'administration et de « police » des parties communes, d'assurer le respect de ces dispositions, tout manquement de sa part pouvant justifier la mise en jeu de sa responsabilité personnelle pour faute et sa condamnation à des dommages-intérêts, sans préjudice de ceux qui peuvent être mis à la charge du propriétaire contrevenant [11]. Il ne peut s'en décharger sur un copropriétaire qui recevrait de nombreux visiteurs garant leur voiture.

224 Travaux affectant les parties communes – Autorisation de l'assemblée générale. L'obligation faite à chaque copropriétaire de n'user des parties communes que sous réserve des droits égaux et concurrents des autres copropriétaires entraîne également cette conséquence que l'un de ceux-ci (ou certains de ceux-ci) ne peut effectuer des travaux affectant les parties communes ou l'aspect extérieur de l'immeuble qu'avec l'autorisation expresse [12] de l'assemblée générale statuant à la majorité de l'article 25 (L. 10 juill. 1965, art. 25 b). Il suffit, dans le cadre des présents développements, de noter que le caractère très général de la disposition de l'article 25 b, conduit logiquement à décider que tous les travaux, quels qu'ils soient, affectant les parties communes ou l'aspect extérieur ou même l'harmonie de l'immeuble, doivent faire l'objet d'une autorisation de l'assemblée générale [13].

Les travaux exécutés sans autorisation caractérisent un trouble manifestement illicite [14]. Il est toutefois admis qu'un copropriétaire peut exécuter des menus travaux sur des parties communes, par exemple, des canalisations, dès lors qu'ils s'intègrent dans les travaux d'aménagement des parties privatives de son lot [15] ou encore installer un dispositif léger sans dégradation du sol pour s'assurer de l'exclusivité de son emplacement de stationnement.

L'autorisation n'exclut d'ailleurs pas que le dommage causé par leur exécution soit réparé [16].

Seuls les travaux *conformes à la destination de l'immeuble* peuvent être autorisés par l'assemblée

1. Civ. 3e, 7 déc. 1982, n° 81-14.552, *Bull. civ.* III, n° 241; *JCP* 1983. IV. 67.
2. Civ. 3e, 16 janv. 2008, n° 06-21.123, NP : prescriptions par trente ans de l'action en réouverture.
3. Civ. 3e, 4 nov. 1999, n° 98-11.359, NP, *AJDI* 2000. 591, col. 1.
4. V. Cabanac et Morand, « L'abus de jouissance des parties communes de l'immeuble en copropriété et sa répression », *Gaz. Pal.* 1970. 2. Doctr. 128 – LAFOND, ROUX ET STEMMER, L. 9, n° 73.
5. Paris, 25 avr. 1980, *D.* 1981. IR 102, 63.
6. Civ. 3e, 24 nov. 1987, n° 86-13.527, NP, *Loyers et copr.* 1988. 36.
7. TGI Paris, 16 juill. 1976, IR 313.
8. Paris, 30 nov. 1970, *Gaz. Pal.* 1971. 1, 240.
9. TGI Paris, 19 mars 1969, *Gaz. Pal.* 1969. 1, 325.
10. Versailles, 26 mars 1979, *Gaz. Pal.* 1980. 1. Somm. 275. Mais l'assemblée générale pourrait décider de transformer un gazon ou une cour en emplacement de stationnement (v. s^s^ n° 228).
11. Civ. 1re, 9 janv. 1962, *Bull. civ.* I, n° 18; *D.* 1962. 219, note Esmein; *JCP* 1962. II. 12586, note Stoufflet; *AJPI* 1962. II. 249, note Cabanac – Civ. 2e, 20 déc. 1962, *Bull. civ.* II, n° 824; *AJPI* 1963. II. 430 – Civ. 1re, 12 oct. 1965, *Bull. civ.* I, n° 536; *D.* 1966. 225, note Piédelièvre; *Gaz. Pal.* 1965. 2, 357; *AJPI* 1966. II. 810, note Cabanac; *RTD civ.* 1966. 107.
12. Civ. 3e, 28 mars 2007, n° 06-11-947, NP, *AJDI* 2007. 574.
13. V. BOUYEURE, n°s 339 s. – LAFOND, ROUX ET STEMMER, L. art. 9, n° 2 – KISCHINEWSKY-BROQUISSE, n°s 121 s. – SUR LA DISTINCTION entre aspect extérieur et harmonie : Civ. 3e, 7 oct. 1992, n° 90-20.901, *RDI* 1993. 121.
14. EN CE SENS : Civ. 3e, 27 nov. 1991, n° 89-18.745, *RDI* 1992. 113.
15. PAR EXEMPLE : TGI Grenoble, 17 avr. 1970, *D.* 1970. 556 – Nîmes, 15 nov. 1976, *JCP N* 1978. II. 262 – Paris, 13 oct. 1983, *Juris-Data* n° 027640, *D.* 1984. IR 382 – CEP. : Civ. 3e, 10 mars 1981, n° 79-12.950, *Bull. civ.* III, n° 52; *D.* 1982. IR 290; *JCP* 1981. IV. 188 – Paris, 27 avr. 1990, *Loyers et copr.* 1990. 326.
16. Civ. 3e, 6 nov. 1991, n° 89-19.079, NP, *RDI* 1992. 118.

générale statuant à la majorité de l'article 25[1]. À ce sujet des difficultés se sont présentées quant au point de savoir si l'on pouvait juger conformes à la destination de l'immeuble des travaux de *percement d'un mur commun* (le plus souvent mitoyen) à l'effet de faire communiquer des lots privatifs qu'un copropriétaire possède dans deux immeubles contigus. Après quelques hésitations, il avait été jugé que le percement d'un mur commun ayant pour effet de créer au profit d'un seul copropriétaire une servitude de passage entre les parties privatives de son lot et une partie commune de l'immeuble, comportait une aliénation de parties communes dont la conservation était nécessaire à la destination de l'immeuble et exigeait de ce fait une décision prise à l'unanimité[2]. Il est aujourd'hui admis qu'un « travail » de cette nature n'est pas, en lui-même, contraire à la destination de l'immeuble[3]. Mais s'il apparaît que la communication établie entre les deux immeubles a pour résultat de causer aux copropriétaires de l'un de ceux-ci des risques et des inconvénients ne provenant pas de la seule utilisation des lots se trouvant dans cet immeuble, mais aussi de ceux situés dans l'immeuble voisin, elle peut être jugée non conforme à la destination de l'immeuble[4].

D'une manière plus générale, les travaux entrepris ne doivent pas être de nature à réaliser une « *emprise* » sur les parties communes, constitutive d'une aliénation partielle de celle-ci. Mais la perpétuation de l'emprise pendant trente ans peut conduire à la prescription trentenaire de la partie commune[5] ou, tout au moins, du droit à l'installation.

225 Constructions spécialement sur le sol d'assiette. Une mention particulière doit être faite à propos des *constructions* qu'un ou des copropriétaires peuvent être habilités à édifier sur les parties communes et spécialement sur le sol d'assiette de la copropriété. Plusieurs hypothèses doivent être distinguées selon la qualification donnée au droit d'édifier de nouveaux bâtiments[6].

Si ce droit est *réputé accessoire* aux parties communes, son exercice par un copropriétaire est subordonné à la cession que doit lui en consentir le syndicat à la majorité de l'article 26 de la loi du 10 juillet 1965[7]. Il peut également faire l'objet de la convention prévue par l'article 37 de cette loi; il est alors exercé dans les conditions prévues par cet article. Un permis de construire doit être demandé et obtenu; il faut également tenir compte des incidences que cet exercice peut avoir sur le COS[8].

S'il constitue la *partie privative d'un lot* et notamment d'un lot transitoire, assortie de tantièmes de parties communes, son exercice relève de la liberté du droit d'usage et de jouissance des parties privatives, ce qui semble interdire à l'assemblée générale d'y faire obstacle[9]. Toutefois, selon un arrêt de la Cour de cassation du 9 février 1982[10], tous les travaux affectant l'aspect extérieur de l'immeuble (ce qui est le cas de constructions) doivent être autorisés par l'assemblée générale, nonobstant toutes clauses du règlement de copropriété.

Enfin on rappelle que *le droit de jouissance privative* sur les parties communes ne peut conférer à son titulaire le droit d'édifier un ouvrage sans l'autorisation de l'assemblée générale[11].

§ 2
Aménagement du droit de jouissance des parties communes par le règlement de copropriété

226 Principes – Clauses extensives. Une des fonctions essentielles du règlement de copropriété étant de déterminer la destination des parties tant privatives que *communes*, ainsi que les conditions de leur *jouissance*, il est normal que ce document

1. Civ. 3e, 9 mai 2007, no 06-14.106, NP, *AJDI* 2007. 756 : l'aménagement entraînant une rupture de l'unité commerciale est contraire à la destination de l'immeuble.
2. Rouen, 12 mars 1968, *Gaz. Pal.* 1968. 742, obs. Bredin.
3. Civ. 3e, 14 déc. 1976, no 75-11.954, *Bull. civ.* III, no 460; *D.* 1977. IR 318; *JCP* 1977. II. 18713, note Guillot; *Rev. loyers* 1977. 218, note Viatte; *RTD civ.* 1977. 349; *Administrer* avr. 1977. 25 – Paris, 23 mai 1977, *D.* 1978. IR 24; *Rev. loyers* 1977. 531; *RTD civ.* 1978. 166 – Et, SUR POURVOI : Civ. 3e, 13 févr. 1979, *D.* 1979. IR 443; *JCP* 1979. IV. 135; *Journ. not.* 1979. 380, note Viatte; *Defrénois* 1979. 1648, obs. Souleau – AUSSI : Cabanac, « Le percement des murs dans l'immeuble en copropriété », *REDI* no 48 – Atias, p. 176 – Bouyeure, no 362 – LAFOND, ROUX ET STEMMER, L. art. 25, no 6 – Frank, « Les litiges résultant de la jonction des deux escaliers de certains immeubles en copropriété », *Administrer* août-sept. 1996, no 4.
4. Civ. 3e, 13 févr. 1979, *Juris-Data* no 700044, préc. – Civ. 3e, 5 avr. 1995, no 93-17.714, NP, *RDI* 1995. 593.
5. Paris, 29 nov. 2000, no 99-19.800, *AJDI* 2001. 37.
6. Lelièvre, « L'appartenance du droit de construire en copropriété », *AJDI* 2011. 610 s.
7. Paris, 26 oct. 1983, *D.* 1984. IR 379; *RDI* 1984. 91.
8. V. Civ. 3e, 10 janv. 2001, no 99-11.607, *Bull. civ.* III, no 4; *AJDI* 2001. 439; *D.* 2002. 1521.
9. Civ. 3e, 6 juill. 1976, no 75-12.845, *Bull. civ.* III, no 297; *JCP N* 1977. II. 17, note Stemmer; *RTD civ.* 1977. 347 – Civ. 3e, 6 nov. 1984, *Administrer* mai 1985. 36; *JCP N* 1985. II, note Stemmer – Bouyeure, no 475.
10. Civ. 3e, 9 févr. 1982, no 80-11.710, *Bull. civ.* III, no 38; *RDI* 1982. 442; *RDI* 1983. 100; *Defrénois* 1982. 1625, note Souleau; *Administrer* juill. 1982. 15.
11. Civ. 3e, 4 mai 1995, no 93-11.121, *Bull. civ.* III, no 113; *RDI* 1995. 584; *Defrénois* 1995. 1123; *IRC* nov. 1995. 9, *AJDI* 1995. 893; *D.* 1988. 266.

apporte, sous réserve de respecter les dispositions impératives de la loi, toutes les précisions indispensables quant à la jouissance des parties communes. Très souvent le règlement de copropriété est complété par un *règlement intérieur*; mais celui-ci ne constitue qu'un document officieux.

Le plus souvent, ces clauses ne font que rappeler les conditions de jouissance qui sont déjà impliquées par la nature physique et la fonction normale des parties communes concernées. Tel est le cas de celles qui stipulent qu'il « ne pourra jamais être rien entreposé dans les cours et passages communs » ou qui interdisent d'utiliser un ascenseur comme monte-charge. Rédigées parfois en termes très généraux, elles soulèvent des difficultés d'interprétation, de telle sorte qu'on ne saurait trop recommander aux rédacteurs des règlements de copropriété d'apporter aux clauses qu'ils prévoient le maximum de précision.

Ainsi, sur le point de savoir si la clause stipulant « qu'il ne pourra jamais être rien entreposé dans les lieux communs de l'immeuble » ou que « les parties communes doivent être maintenues libres en tout temps » excluent le stationnement des véhicules[1]; ou aussi, qui décide que, si une clause du règlement de copropriété interdit tout stationnement de véhicule, une décision de l'assemblée générale prise à la majorité simple peut interdire l'accès de l'immeuble à des véhicules appartenant à des tiers[2].

Mais on relève des stipulations plus précises. C'est ainsi qu'il est de pratique courante de stipuler des *clauses pénales* dont le résultat est de sanctionner forfaitairement l'inobservation des dispositions du règlement de copropriété; leur validité est admise, à condition que l'obligation sanctionnée soit très précise, réserve étant faite toutefois, qu'elles ne sont opposables qu'aux copropriétaires ou à leurs locataires, à l'exclusion des tiers à la copropriété[3].

Et surtout des clauses particulières peuvent, les unes étendre le droit d'usage et de jouissance que les textes accordent aux copropriétaires, cependant que d'autres peuvent le restreindre.

Dans le sens de l'extension des droits normalement dévolus aux copropriétaires, il convient, bien entendu, de mentionner les clauses qui confèrent à certains copropriétaires un *droit de jouissance privatif* sur des parties de l'immeuble qui demeurent parties communes. Il en a déjà été fait état.

1. Civ. 3e, 24 oct. 1973, n° 72-13.593, *Bull. civ.* III, n° 544, 396, *D.* 1974. Somm. 14 *JCP* 1973. IV. 393.
2. Civ. 3e, 24 oct. 1973, n° 72-13.593, *Bull. civ.* III, n° 544, 396, *D.* 1974. Somm. 14; *JCP* 1973. IV. 393.
3. Civ. 3e, 30 oct. 1973, n° 72-12.890, *Bull. civ.* III, n° 559; *JCP* 1973, VI, 402.

227 Clauses restrictives. Plus fréquentes sont les clauses des règlements de copropriété qui stipulent des restrictions au droit d'usage et de jouissance des parties communes que la loi reconnaît aux copropriétaires. À peine d'être jugées abusives, elles doivent être justifiées par la destination de l'immeuble.

C'est ainsi que le fait que l'immeuble soit classé dans une catégorie dite de « bon » ou de « grand standing » peut justifier des restrictions qui ne le seraient pas dans un immeuble à destination commerciale[4], comme, par exemple, la vente séparée d'une chambre de service à un tiers[5]. Ainsi, des restrictions peuvent être stipulées quant à l'accès ou à la circulation dans un immeuble de luxe, alors que de telles restrictions ne sont pas possibles dans un immeuble à destination commerciale mais il arrive que les heures de livraison soient réglementées dans un immeuble d'habitation. Cependant, il faut toujours admettre la possibilité de stipuler les clauses restrictives qui sont justifiées par l'intérêt général de la copropriété et ce, quelle que soit la catégorie dont relève l'immeuble (ainsi, à propos d'une clause prohibant l'étendage du linge aux fenêtres et aux balcons[6]).

Ces clauses concernent fréquemment l'apposition de plaques professionnelles ou d'enseignes (v. ss n° 229) ou le stationnement des véhicules (v. ss n° 230).

De ces clauses restrictives, il convient de rapprocher celles qui n'affectent à un lot que les parties communes qui sont en relation avec sa destination ou sa situation dans l'immeuble; le propriétaire de ce lot ne peut alors ni user ni jouir des autres parties communes de l'immeuble[7].

§ 3 Rôle de l'assemblée générale

228 Principes. S'agissant de l'usage et de la jouissance des parties communes, dont l'administration constitue l'objet même du syndicat (L. 10 juill. 1965, art. 14, al. 4), il est logique, qu'à l'inverse de ce qui se passe à propos des mêmes droits concernant les parties privatives, l'assemblée générale dispose de

4. AUSSI : Cabanac, « La loi du 10 juill. 1965 et les clauses abusives des règlements de copropriété », *Gaz. Pal.* 1965. 2. Doctr. 78 – Lyon, 4 févr. 1956, *AJPI* 1956. II. 91.
5. Paris, 3 nov. 2005, *RG* n° 04/24664, *Loyers et copr.* 2006. 90 – Civ. 3e, 26 mai 1994, n° 92-16.335, NP, *Loyers et copr.* 1994, 395.
6. Civ. 3e, 27 nov. 1973, n° 71-14.219, *Bull. civ.* III, n° 602; *D.* 1974. Somm. 17; *JCP* 1974. II. 17644, note Guillot; *D.* 1974. 238, note F. E.; *RTD civ.* 1984. 839; *Journ. not.* 1975. 246, note Viatte.
7. EN CE SENS : Civ. 3e, 27 juin 1972, n° 71-11.379, *D.* 1973. 26; *JCP* 1972. II. 17226, note Guillot.

pouvoirs appréciables. C'est ainsi, notamment, que, l'intervention de celle-ci est indispensable à l'effet d'autoriser les copropriétaires à effectuer, à leurs frais, les travaux affectant les parties communes ou l'aspect extérieur de l'immeuble.

De même, il est tout à fait logique que les clauses des règlements de copropriété, qu'elles soient extensives ou restrictives, relatives à l'usage et à la jouissance des parties communes, ne puissent être modifiées que par une décision prise par l'assemblée générale à la double majorité de l'article 26 de la loi du 10 juillet 1965[1]. Un arrêt de la Cour de cassation du 9 juillet 1970 apporte cette précision que la décision par laquelle l'assemblée générale autorise l'un des copropriétaires à occuper une partie commune en subordonnant cette autorisation au paiement d'une indemnité a le caractère d'une convention entre le syndicat et ce copropriétaire. Cette décision ne peut en conséquence, devenir définitive qu'après accord sur le montant de l'indemnité[2].

Mais encore faut-il que la décision à prendre entraîne véritablement une modification du règlement de copropriété; dans le cas contraire, elle relèverait de la majorité simple de l'article 24 (ont ainsi été approuvés les juges du fond d'avoir retenu que la clause du règlement de copropriété interdisant tout dépôt sur les parties communes devrait s'entendre des dépôts de nature à nuire à la copropriété et qu'en conséquence la décision de créer des parterres comportant des plantations faites pour l'agrément a été valablement prise à la majorité simple[3]). Relève, en revanche, de l'article 26, la décision de l'assemblée générale d'aménager des possibilités de stationnement au bénéfice de certains copropriétaires[4] ou de transformer la nature de certaines parties communes, par exemple d'une cour ou d'un jardin en parking[5] (on peut également citer la décision de fermer une piscine, partie commune, pendant la période s'étendant du 1er novembre au 31 mars[6]). De telles décisions sont, en effet, assimilables à des actes de disposition immobilière (L. 10 juill. 1965, art. 26 a). Mais leur objet ne doit pas être contraire à la destination de l'immeuble (v. par ex., la création d'un parking dans une cour commune[7], où de surcroît, ce parking était réservé à cinq copropriétaires sur onze...[8], ce qui entraîne une rupture d'égalité) et ne pas être tel qu'il apporte un obstacle aux droits concurrents des autres copropriétaires (à propos de la décision d'installer une barrière de protection interdisant l'accès des véhicules à un parking intérieur[9]). Rappel fait que toute autorisation contraire au règlement doit s'accompagner d'une modification de ce règlement.

Enfin, certains travaux effectués sur les parties communes ne peuvent être autorisés, à quelque majorité que ce soit, s'ils ont pour résultat d'imposer à un copropriétaire une modification à la destination de ses parties privatives ou aux modalités de leur jouissance (L. 10 juill. 1965, art. 26, av. dern. al.). Tel peut être le cas de la suppression du chauffage en état de marche ou de la fermeture totale de l'immeuble, sans dispositif d'ouverture à distance, en dehors des périodes compatibles avec l'exercice d'une activité autorisée (art. 26 e – V. ss nos 201 et 203).

§ 4
Applications pratiques

229 Apposition d'enseignes ou de plaques professionnelles[10]. En application du principe ci-dessus dégagé (v. ss no 154) selon lequel tout copropriétaire est un droit d'utiliser les parties communes dès lors que cette utilisation est indispensable pour l'usage normal des parties privatives de son lot, on tire la conséquence que le droit d'exercer régulièrement une activité professionnelle ou commerciale dans un lot confère celui d'annoncer cette activité à l'extérieur des parties privatives; ce droit constitue, en effet, une « prolongation nécessaire de l'activité professionnelle »[11]. Est illicite la clause du règlement de copropriété qui en stipulerait l'interdiction[12]. Mais on ne saurait aller

1. EN CE SENS : TGI Paris, 2 mai 1968, *Gaz. Pal.* 1968. 2, 102 – TGI Lyon, 2 févr. 1972, *JCP* 1972. II. 17076, note R. D.; *Gaz. Pal.* 1972. 2, 730 – Civ. 3e, 22 mai 1973, *Gaz. Pal.* 20 déc. 1973.
2. Civ. 3e, 9 juill. 1970, no 69-10.579, *Bull. civ.* III, no 473; *D.* 1971. Somm. 51; *JCP* 1971. IV, no 4918.
3. Civ. 3e, 24 févr. 1981, *Jurvis-Data* no 000749, *Gaz. Pal.* 1981. 2. pan. 221.
4. Civ. 3e, 3 oct. 1978, no 77-10.792, *Bull. civ.* III, no 298; *D.* 1979. IR 124 – Lyon, 5 déc. 1978, *D.* 1979. IR 124, commenté avec l'arrêt précité de la Cour de cassation, *JCP N* 1980. II. 240.
5. Limoges, 1er juill. 1966, *D.* 1967. 10, note Givord; *JCP* 1966. II. 4888, note Seguin – AUSSI : ATIAS, *La copropriété des immeubles bâtis dans la jurisprudence*, no 110, p. 329.
6. TGI Nanterre, 28 juin 1984, *AJPI* 1985. 463.
7. TGI Paris, 8 févr. 1977, *D.* 1978. IR 131.
8. Paris, 24 avr. 1984, *D.* 1984. IR 383.
9. Paris, 4 juin 1987, *Juris-Data* no 023244, préc.
10. V. Franck, « Affichage et publicité », *Administrer* avr. 1989. 11 – Laporte-Bisquit, « Panneaux publicitaires, enseignes et pratique notariale », *JCP N* 1994, prat. 2957 – LAFOND, ROUX ET STEMMER, L. 9, no 285.
11. Paris, 8 févr. 2001, RG no 1999/19233, *D.* 2001. Somm. 3582, note Atias.
12. Paris, 4 mai 1993, *Administrer* févr. 1994. 60, note Dunes – Paris, 8 avr. 1994, *D.* 1996. Somm. 93 – Paris, 28 juin 1995, *Juris-Data* no 021674, *Loyers et copr.* 1995. 535.

jusqu'à dire que la copropriété est propriétaire du fonds servant (la façade), laquelle est un attribut du fonds de commerce[1].

Cela dit, il résulte des décisions assez nombreuses rendues en la matière et spécialement d'arrêts de la Cour de cassation, que dès lors que l'exercice d'une activité professionnelle, commerciale, ou artisanale, dans un lot de copropriété est conforme à la destination de l'immeuble, deux situations doivent être distinguées.

La première est celle où le règlement de copropriété ne contient aucune clause réglementant l'apposition de plaques ou d'enseignes. Le copropriétaire doit alors, préalablement à cette apposition, solliciter l'autorisation de l'assemblée générale qui statuera dans des conditions de majorité prévues à l'article 25 b de la loi du 10 juillet 1965, éventuellement sous le contrôle du juge qui pourrait fixer les modalités de la pose[2]. On précise que l'autorisation ne peut émaner du syndic, même habilité à cet effet par le règlement de copropriété[3] sauf délégation de pouvoir, ni d'un écrit signé des autres copropriétaires[4].

La seconde situation est celle où le règlement de copropriété comporte une stipulation particulière régissant cette apposition. Cette réglementation contractuelle est valable dès lors qu'il n'existe aucune discrimination, ni aucune interdiction[5]; il faut réserver le cas où l'installation d'enseignes est prévue d'avance dans le cadre de conventions préexistantes au règlement de copropriété dont l'objet est d'aménager un groupe d'immeubles par exemple de bureaux : ces conventions, qui font partie de l'« environnement juridique » du règlement de copropriété s'impose à ses rédacteurs et, par suite, au syndicat des copropriétaires. Si cette condition est remplie, le règlement peut déterminer les modalités de la pose (implantation, dimension, matière). Le règlement doit alors être observé (par ex., le règlement peut stipuler que les plaques professionnelles ne seront apposées qu'à l'entrée des appartements; cela exclut qu'elles puissent être placées à l'extérieur de l'immeuble[6]), sans pour autant semble-t-il, dispenser de toute consultation de l'assemblée[7] (en effet, le règlement ne peut déposséder l'assemblée de ses pouvoirs). Enfin il faut réserver l'hypothèse où une enseigne (notamment lumineuse), même régulièrement apposée, représente un danger ou constitue une gêne excessive pour le voisinage; le juge peut alors être saisi à l'effet d'ordonner toute mesure de nature à faire cesser le trouble[8]. (Pour la réglementation des enseignes lumineuses, v. loi n° 2010-788, 12 juill. 2010, dite ENE, *JO* 13 juill., p. 12905.)

230 Stationnement des véhicules. Cette question a donné lieu à une doctrine[9] et à une jurisprudence abondantes[10] dans l'éventualité où la question du stationnement se pose dans le cadre d'une partie de l'immeuble (en général une cour) ayant le caractère de partie commune.

Le principe est qu'à défaut de stipulation contraire du règlement de copropriété ou d'une décision de l'assemblée générale l'autorisant, il est interdit de laisser stationner des véhicules dans une cour commune[11], ce qui pose de délicate question de savoir comment il est possible au syndic d'assurer le respect de cette interdiction, notamment dans les syndicats importants[12].

Plusieurs réponses à des questions écrites de parlementaires illustrent combien les syndics se trouvent démunis puisque : 1) assermenter un garde

1. Paris, 19 janv. 1996, RG n° 95/000476, *Loyers et copr.* 1996. 188.
2. Civ. 3e, 24 oct. 1990, n° 88-17.514, *Bull. civ.* III, n° 199; *Defrénois* 1991. 704; *AJDI* 1991. 511; *RDI* 1991. 94; *D.* 1992. Somm. 131 – Paris, 8 avr. 1994, RG n° 93/004034, *Juris-Data* n° 020640, *D.* 1994. Somm. 203.
3. Civ. 3e, 30 mai 1972, n° 71-10.724, *Bull. civ.* III, n° 350.
4. Civ. 3e, 22 mai 1973, n° 72-10.427, *Bull. civ.* III, n° 360.
5. Civ. 3e, 18 juin 1975, préc. – Versailles, 5 janv. 1981, *Rev. loyers* 1981. 379.
6. Civ. 3e, 16 janv. 1991, n° 89-13.610, NP, *RDI* 1991. 249, obs. Capoulade, Giverdon; *D.* 1992. 131.
7. V. obs. Giverdon, *D.* 1981. IR 212; *D.* 1983. IR 457.
8. TGI Paris, 22 et 26 oct. 1975, *D.* 1976. 311 – SUR LA différence entre enseigne et plaque professionnelle : Paris, 11 avr. 2002, RG n° 2001/17883, *AJDI* 2002. 536.
9. LAFOND, ROUX ET STEMMER, L. art. 9, n° 87 – Cabanac, « La réglementation de l'usage des parkings dans la copropriété », *IRC* 1965. 547; « De l'aménagement de parkings dans certaines cours communes des immeubles en copropriété », *IRC* 1968. 33 – Bouyeure, « L'utilisation des parties communes pour le stationnement des véhicules automobiles », *AJPI* 1971. 15 – Zurfluh, « La création de parkings », *Administrer* août 1972. 17 s. – Guillot, « La création du parking dans une copropriété », *Administrer* août-sept. 1980. 5 – Lefèvre et Peisse, « Propriété et parkings », *Administrer* janv. 1990. 10 – Lachkar, « Réglementation de la circulation et du stationnement dans des parkings privés », *Administrer* janv. 1990. 31 – Atias, « Stationnement irrégulier en copropriété », *Journ. fin.* 16 août 1984. 1022 – Bedos, « Emplacements de parkings dans les immeubles en copropriété », *Maison et habitat* sept.-oct. 2002. 14.
10. Paris, 20 oct. 1970, *D.* 1971. 328, note Giverdon; *AJPI* 1971. 32; *JCP* 1971. II. 16765, note Désiry – TGI Paris, 7 mai 1971, *AJPI* 1971. 1128, note Bouyeure – TGI Lyon, 2 févr. 1972, *JCP* 1972. II. 17076; *Gaz. Pal.* 1972. 2, 730 – TGI Paris, 23 oct. 1975, *D.* 1975. IR 312.
11. V. décisions préc. *supra* – AUSSI : Civ. 3e, 10 oct. 1990, n° 89-12.355, NP, *Loyers et copr.* 1990. 484 – Paris, 28 nov. 1990, RG n° 89/019042, *Juris-Data* n° 025106, *D.* 1991. IR 25.
12. Morand, « Moyens de protection contre les stationnements abusifs dans les voies de parkings privés », *Gaz. Pal.* 1971. 1. Doctr. 150 – Atias, « Stationnement irrégulier en copropriété », *Journ. fin.* 16 août 1984, p. 1022 – J.-CL. COPR., fasc. 66.

particulier est dépourvu de tout intérêt pratique compte tenu du fait que les manquements déplorés ne constituent généralement pas des infractions pénales[1]; 2) il n'est pas possible d'avoir recours au procédé dit « sabot de Denver »[2]; 3) qu'est prohibée l'apposition sur les pare-brise de disques autocollants[3]; seule la procédure de *mise en fourrière* organisée par la loi n° 70-1301 du 31 décembre 1970[4] et le décret n° 72-824 du 6 septembre 1972[5] peut être utilisée par le syndic[6]; mais elle est complexe et finalement sans grande efficacité. De telle sorte que ce sont finalement les dispositifs de nature à contrôler l'accès de l'immeuble et à interdire le stationnement (chaîne, barrières, tubes métalliques amovibles...) qui se révèlent être les moyens les plus efficaces.

Si le règlement de copropriété autorise le stationnement sous certaines conditions, celles-ci doivent être strictement respectées (par ex., stationnement autorisé à titre précaire uniquement pour charger ou décharger des marchandises[7], occupation abusive par abandon d'un véhicule sur le « parking »[8]; v. aussi, un arrêt, selon lequel l'affectation à un lot de parties communes autorisant le stationnement à titre personnel ne permet pas de l'étendre à une clientèle[9]).

Quant à l'assemblée générale, si elle peut prendre, à la majorité de l'article 26 de la loi du 10 juillet 1965, la décision d'aménager des possibilités de stationnement, il convient que celle-ci soit conforme à la destination de l'immeuble (les modifications des conditions de stationnement relèvent, en effet, de l'assemblée générale[10] qui ne peut décider la transmission automatique d'une place à l'acquéreur d'un appartement[11]) ou, à l'inverse s'il s'agit de décisions restrictives que celles-ci n'apportent pas un obstacle aux droits concurrents des autres copropriétaires (par ex., la décision d'installer une barrière de protection interdisant l'accès des véhicules à un parking intérieur[12]). La décision de l'assemblée générale ne doit pas entraîner « une rupture d'égalité entre les copropriétaires dans la jouissance des parties communes sans contrepartie pour les copropriétaires lésés »[13].

SECTION 2
DROIT DE DISPOSER DES PARTIES COMMUNES

231 Le principe et sa portée. Si l'on se place du côté des copropriétaires, ce qui est l'objet de cette partie du Traité, ceux-ci, en tant que titulaires d'un droit de copropriété sur les parties communes, devraient pouvoir disposer librement de la quote-part de celles-ci qui est afférente à leurs lots. Tout copropriétaire peut, en effet, disposer de ses droits indivis. En fait, ce principe subit, dans le statut de la copropriété, de graves restrictions et ce, du fait de la disposition de l'article 6 de la loi du 10 juillet 1965, dont, comme on l'a vu (v. s^{s} n° 124), le résultat est d'établir une indivisibilité entre les parties privatives de chaque lot et la quote-part de parties communes qui leur est affectée.

De la sorte, le droit pour chaque copropriétaire de disposer de sa quote-part de partie commune, de même que celui de disposer des parties privatives, ne peut se concevoir hors du cadre du droit de disposer du lot composé de ces parties privatives et de la quote-part correspondante des parties communes. Cette solution est d'ailleurs parfaitement, conforme à la notion de lot telle qu'elle a été dégagée ci-dessus.

232 Conclusion. On constate donc finalement que le droit de copropriété, que la loi attribue aux copropriétaires sur les parties communes, est très éloigné du droit de copropriété traditionnel. Il l'est certainement plus encore que le droit de « propriété » sur les parties privatives l'est par rapport au droit de propriété normal. Le fait – pourtant important – que le partage ne puisse être demandé n'est pas déterminant car il existe des indivisions perpétuelles et organisées. Ce sont surtout les atteintes apportées au droit de jouissance et au droit de disposer qui impriment à cette « copropriété » son originalité. Dans le droit de copropriété normal, le droit d'usage des communistes sur la chose commune est libre[14] et la nécessité de l'accord unanime de tous permet de retrouver, derrière la copropriété, le droit de propriété lui-même[15]. En outre, chacun

1. Rép. min., QE, *JOAN Q* 19 nov. 1977, p. 7795; *JCP N* 1977, prat. 6730.
2. Rép. min., QE n° 1008, *JOAN Q* 21 juin 1973, p. 2356.
3. Rép. min., QE, *JOAN Q* 11 mars 1978, p. 839; *JCP N* 1978, prat. 197.
4. L. n° 70-1301, 31 déc. 1970, *JO* 1er janv. 1971, p. 12.
5. D. n° 72-824, 6 sept. 1972, *JO* 9 sept., p. 9659.
6. Rép. min., QE n° 1008, préc.
7. TGI Paris, 4 déc. 1975, *D.* 1976. IR 312.
8. Civ. 3e, 20 mai 2008, n° 07-15.483, NP.
9. Civ. 3e, 23 mars 1988, n° 86-15.368, *RDI* 1988. 240; *Gaz. Pal.* 1989. 1. Somm. ann. 256; *Defrénois* 1989. 366 – SUR CET ARRÊT : Vigneron, « Utilisation du parking de l'immeuble par le locataire du lot », *JCP N* 1988, prat. 724.
10. Paris, 24 avr. 1998, RG n° 97/03088, *Loyers et copr.* 1998. 311.
11. Paris, 24 avr. 1998, RG n° 97/03088, préc.
12. Paris, 4 juin 1987, *Juris-Data* n° 023244, *Loyers et copr.* 1987. 418.
13. Civ. 3e, 11 mai 2006, n° 05-10.924, *Bull. civ.* III, n° 120; *D.* 2006. 2373, note Atias; *D.* 2006. 2764, note Capoulade, Ch. A.; *Administrer* 2006. 391, 52, obs. Bouyeure; *Loyers et copr.* 2006. 163.
14. Planiol et Ripert, *Traité pratique de droit civil,* t. III, n° 289 – Ionesco, *La propriété d'un bien*, p. 263.
15. Givord, « Essai ou la nature juridique de la copropriété par appartements », dans *Mélanges Voirin*, p. 262 s., n° 12.

peut disposer librement de sa quote-part dans les droits indivis. Le « copropriétaire » des parties communes ne peut en jouir qu'à travers l'organisation collective exprimée par le règlement de copropriété et il n'en peut disposer en dehors de son « lot ».

On verra, en outre, que, sur le plan de la protection judiciaire, les solutions sont tout à fait différentes de celles qu'eût postulées un droit de copropriété normal. Si, normalement, le titulaire d'un droit de copropriété est habilité personnellement à agir dès l'instant où un trouble juridique – même sans préjudice établi – est apporté à son droit, les nuances de la jurisprudence quant à la répartition des actions personnelles et des actions collectives témoignent de cette difficulté. Ces constatations sont déterminantes dans la recherche de la nature juridique du droit de « copropriété ».

TITRE

2. La nature juridique du droit de copropriété

Ce titre est dédié à la mémoire de François Givord qui en avait exposé les idées dans un article publié dans les Mélanges Voirin :
Essai sur la nature juridique de la copropriété par appartements.
Nous nous sommes fait un devoir de le conserver.

SECTION 0
ORIENTEUR

Plan du titre.

233 Généralités et plan. Les conditions auxquelles un immeuble bâti est régi par le statut de la copropriété ayant été précisées et *les* droits dont les parties privatives et les parties communes sont l'objet ayant été définis, le moment est venu de déterminer la nature exacte *du* droit qui porte sur les lots entre lesquels la propriété de l'immeuble est répartie. Ce problème, traditionnellement désigné comme ayant trait à la nature juridique de la « copropriété » a été largement discuté. « La curiosité du juriste est, en effet, sollicitée par cet étrange complexe de *propriété privative* et de *copropriété* qui se forme au sein d'un immeuble unique sitôt qu'un des logements qu'il comporte est aliéné ». Cette phrase, extraite d'une des meilleures études doctrinales consacrées à ce problème[1], en résume très exactement les données Elle fait, en outre, apparaître les deux conceptions vers lesquelles, dès l'origine, la pensée juridique s'est orientée : *propriété ou copropriété.* Les premières théories ont voulu opter pour l'une ou pour l'autre : on les a appelées, pour cette raison, *théories unitaires.* Puis – l'observation des faits aidant[2] – la plupart des auteurs ont estimé qu'il fallait faire la part de l'une et de l'autre : ainsi a été élaborée la *théorie dualiste*, qui est la théorie classique en la matière. Enfin, dans ces dernières années, on a pu constater *un renouveau des théories unitaires* ont la caractéristique essentielle est d'essayer de dépasser le cadre des seules prérogatives individuelles des copropriétaires pour les replacer dans celui, plus vaste, de la collectivité tout entière. Nous exposerons ces différentes théories; après quoi, en fonction des enseignements dégagés des développements précédents et des données fournies par la loi de 1965, nous présenterons notre propre analyse[3].

§ 1
Les théories unitaires

234 Distinction. Les théories unitaires ont été les premières à être soutenues après la rédaction du code civil. Mais tandis que les unes voyaient dans la division des immeubles par étages la simple juxtaposition de droits de propriété individuelle, d'autres, plus nombreuses, l'analysaient en une copropriété.

235 La propriété par étages, juxtaposition de droits de propriété individuelle. Mise en présence du phénomène de la « division d'un immeuble par

1. Azoulai, *Le droit de la copropriété par appartements*, thèse dactyl. Paris, 1956, n° 5.
2. V. Beudant et Lerebours-Pigeonnière, *Cours de droit civil français*, t. IV, par Voirin, n° 381.
3. SUR LA nature juridique de la « Copropriété par appartements » : J.-CL. CIV., App. art. 544 à 577, fasc. 10.

étages » révélé par l'article 664 du code civil, une partie de la doctrine, persuadée, d'une part, de l'absolutisme du droit de propriété et confrontée, de l'autre, avec les dispositions de l'article 815, avait rejeté toute idée d'une copropriété qui pût être permanente[1] Pour les auteurs qui se réclamaient de cette tendance, la division d'une maison par étages n'était qu'une juxtaposition de droits de propriété individuels assortis de toute une série de servitudes actives et passives destinées à permettre l'utilisation de l'appartement[2]. L'argument essentiel en faveur de cette analyse reposait - ce qui n'était pas négligeable à l'époque de l'exégèse - sur les termes et la place de l'article 664 Ses termes d'abord : il régissait l'hypothèse où « les différents étages d'une maison appartiennent divers propriétaires ». Sa place ensuite : le texte figurait dans le titre des servitudes Cette thèse, qui avait cependant inspiré quelques décisions[3] fut rapidement abandonnée. Le reproche le plus grave qu'on lui fit était de ne pas tenir compte de la réalité, à savoir que la maison forme un tout homogène dont les parties sont solidaires les unes des autres[4].

236 La propriété par étages constitue une indivision. Plus sensibles à cette réalité, d'autres auteurs - notamment Proud'hon[5] et Labbé[6] - ne voulurent voir dans la division de l'immeuble par étages qu'une indivision, assortie d'un partage provisionnel des appartements cela, afin de respecter la règle, qu'ils considéraient comme absolue, posée par l'article 815 du code civil. Pas plus que la précédente, cette conception ne reconnaissait l'originalité de l'institution de la copropriété par appartements; il faut dire que sa rareté pratique était une excuse valable à sa méconnaissance sur le plan de l'analyse juridique.

§ 2
La théorie dualiste

237 Exposé. La théorie dualiste, qui a été la théorie dominante, qui est encore aujourd'hui défendue par les auteurs les plus considérables[7] et à laquelle la loi du 10 juillet 1965 semble apporter sa caution, veut, précisément, mettre en relief l'originalité de l'institution. Partant de l'observation des faits, les auteurs reconnaissent au propriétaire ou au copropriétaire (on ne sait pas au juste) d'un appartement, deux séries de prérogatives : les premières, relatives, aux parties privatives, sont des *droits de propriété*; les secondes, sur les parties communes de l'immeuble, sont des *droits de copropriété.* Ainsi, le droit du copropriétaire est à la fois - c'est son originalité - un droit de propriété et un droit de copropriété. Il était, en outre, précisé qu'un lien, sur l'intensité duquel on discutait, pour en constater finalement le caractère nécessaire, reliait ces deux droits.

238 Difficultés soulevées par la reconnaissance du droit de copropriété. Tel est, du moins, le schéma essentiel de la théorie. Car reconnaître aux copropriétaires un droit de copropriété sur les choses communes, soulevait immédiatement la délicate question de savoir comment il convenait d'échapper à l'article 815 du code civil. Lors de cette recherche, plusieurs idées ont été avancées, qui constituent autant de variantes dans l'expression de la théorie dualiste[8]. Certains pensèrent recourir à *l'idée de servitude d'indivision*[9], *d'autres à l'idée de*

1. CEP. : Demolombe, *Cours de Code Napoléon*, t. XIX, 4e éd., n° 425, qui fonde, d'emblée, la permanence de la copropriété de la chose commune sur l'impossibilité où se trouverait chacun des propriétaires d'user de la chose qui lui appartient exclusivement, s'il était privé de sa copropriété dans la chose commune.
2. Huc, *Commentaire théorique et pratique du code civil*, 1983, t. IV, nos 351 s. – ET SURTOUT de Vareille-Sommières, « De la copropriété », *Rev.* crit. *législ. et jur.* 1970, p. 583, n° 9 – AUSSI : Monnet, *De l'indivision forcée et des rapports entre copropriétaires de maisons divisées en plusieurs étages*, thèse, Paris 1908, La division en « volumes » (v. ss n° 39) est une nouvelle expression de cette analyse.
3. Grenoble, 15 juin 1832, *S.* Chron., 1833, 2, 208 – Nîmes, 31 déc. 1839, *DP* 1841. 2, 62 – Rouen, 22 mai 1840, 2, 317 – Pau, 7 déc. 1861, *S.* 1862, 2, 318 – AUSSI les arrêts reportés dans : Fuzier-Herman et Demogue, *Code civil annoté*, t. II, 1936, art. 664, n° 17.
4. Azoulai – Marty et Raynaud, *Les biens*, n° 240 – À l'argument tiré de la rédaction de l'article 664, on répondit que ce texte ne concernait pas des questions de propriété. Il prévoyait simplement, d'une manière bien imparfaite d'ailleurs, la répartition des dépenses nécessaires à la conservation de l'immeuble.
5. *Traité du domaine de propriété ou de la distinction des biens,* 1839, t. II, nos 699 et 702.
6. Note sous Civ. 16 déc. 1873, *S.* 1874, I, 457.
7. Beudant et Lerebours-Pigeonnière, *op. cit.*, t. IV, par Voirin, n° 381 – Planiol et Ripert, *op. cit.*, t. III, par Picard, n° 319 – Marty et Raynaud, *Droit civil*, *Les biens*, n° 240, vol. 2, n° 240, p. 250 – Carbonnier, *Droit civil*, t. II, p. 196 – La Cour de cassation, de son côté, s'est ralliée à la conception dualiste dans un arrêt remarqué du 21 nov. 1955, *Gaz. Pal.* 1956. 1, 52; *JCP* 1965. II. 9004 – EN CE SENS : également, depuis la loi du 10 juill. 1965, CABANAC, n° 151 – SIZAIRE, n° 46 – KISCHINEWSKY-BROQUISSE, n° 93 – AUSSI : Terré et Simler, *Droit civil*, *Les biens*, 8e éd., n° 626.
8. V. leur exposé dans AZOULAI, nos 43 s. – AUSSI : Marty et Raynaud, *Les biens*, n° 240.
9. V. Pardessus, *Servitudes*, 2e éd., n° 8 – Guillouard, *Traité du contrat de société*, 2e éd., 1882, p. 479 et n° 384, *in fine*, p. 478 – Une différence sépare ces deux auteurs. Tandis que Pardessus s'en tient principalement à l'idée de servitude, au point que celle-ci assujettirait la copropriété à ses préceptes, Guillouard n'admet pas cette diminution; la servitude s'exerce sur le fonds indivis, « mais elle est plus ample que les servitudes ordinaires, car elle s'exerce à titre de propriété, en ce sens que chacun de ▶

société[1], *d'autres encore à celle de mitoyenneté*[2]. *Devant l'échec de toutes ces tentatives, on eut finalement recours à la notion d'indivision forcée* pour justifier une copropriété qui s'imposait par elle-même et dont la permanence devait être maintenue[3]. L'explication coïncidait avec les travaux de Capitant en la matière[4]; elle fut finalement adoptée par la plupart des auteurs[5] et confirmée par la jurisprudence[6], avec cette précision que l'indivision forcée était considérée comme une indivision accessoire du fait de la prééminence accordée au droit de propriété sur le droit de copropriété[7] et, donc aux parties privatives sur les parties communes[8].

239 Consécration apparente par les lois de 1938 et de 1965. Ce ralliement est d'autant plus explicable que la loi du 28 juin 1938 semblait bien apporter la consécration de l'analyse ainsi donnée. L'article 5 disposait, en effet, expressément que les « *propriétaires* » des appartements étaient présumés « *copropriétaires* » au sol et des autres parties considérées comme communes.

Cette consécration semble encore plus éclatante de la part de la loi du 10 juillet 1965, puisque, l'article 2, alinéa 2, déclare les « *parties privatives, propriété exclusive* de chaque copropriétaire », que l'article 4, dispose que les « *parties communes* sont l'objet d'une *propriété indivise* entre l'ensemble des copropriétaires ou certains d'entre eux seulement » et qu'en fin, l'article 6 établit le lien indispensable entre les deux séries de prérogatives ainsi reconnues. On peut évidemment se demander s'il y a encore place pour la discussion[9]. Cependant, avant certes la promulgation de la loi de 1965, mais sous l'empire de celle de 1938, qui était *a priori* favorable à la thèse dualiste, cette dernière avait fait l'objet de critiques assez vives et l'on avait pu assister à un retour offensif de la conception unitaire.

§ 3
Retour à la conception unitaire

240 Les critiques adressées à la conception dualiste. Pour être la plus communément admise, la théorie dualiste n'était cependant pas partagée par tous les auteurs. Dans un article publié à la *Revue trimestrielle de droit civil*, à la veille de la loi de 1938, M. Hébraud estimait qu'à elles deux « la propriété privative et la part de copropriété » formaient « un droit complexe mais unique »[10] et M. Chevallier, dans le commentaire qu'il avait rédigé de cette loi au Dalloz, exprimait nettement sa préférence pour la conception unitaire[11]. Mais ce sont surtout des études plus récentes qui ont marqué, avec le plus de netteté, le retour à la conception unitaire[12].

Toutes ces études comportent d'abord une partie critique où sont exposées les objections que soulève la conception dualiste.

► ceux qui exercent la servitude est copropriétaire du terrain sur lequel il exerce ». L'idée de servitude d'indivision fut admise par certaines décisions : Req. 10 déc. 1823, *S.* Chron., 351 – Civ. 10 janv. 1942, *S.* 1942, 1, 311 – Civ. 10 mars 1845, *S.* 1846, 1, 487 – Pau, 7 juill. 1862, *S.* 1862, 2, 499, et, surtout, Grenoble, 15 juin 1832, *DP* 1833. 2, 38 – AUSSI : Riom, 21 mars 1877, *S.* 1878, 2, 100 – T. civ. Belfort, 13 déc. 1836, *S.* 1839, 1, 490 – Lyon, 5 févr. 1834, *S.* 1834, 2, 223 (ce dernier, pour un cas d'indivision verticale) – SUR LA CRITique de cette explication : Azoulai, *op. cit.*, nos 48 s. – Decoq, « La division des immeubles par appartements dans les partages », *RTD civ.*, 1960, spéc. 5.

1. Cette explication, faussement attribuée à Troplong, fut présentée dans un mémoire produit en 1874 devant la cour de Grenoble (v. Azoulai, p. 67). Mais elle n'eut aucun succès en jurisprudence. Elle fut même expressément rejetée : Grenoble, 12 août 1928, *S.* Chron. 2, 138 – Grenoble, 15 juin 1837, *ibid.* 2, 208 – Metz, 6 févr. 1857, *DP* 1857. 2, 196.
2. Goubeaux, *Essai sur la clause d'indivision forcée et perpétuelle en droit civil français*, thèse Nancy, 1960, p. 228, spéc. p. 105 s. – L'explication fut aussi adoptée par quelques arrêts, NOT. : Paris, 17 mars 1838, *S.* 1838, 2, 479 – Pau, 29 mars 1867, *DP* 1867. 2, 144 – MAIS FINALEMENT, Baudry-Lacantinerie, devait reconnaître que « les parties communes de la maison [...] ne sont pas des murs mitoyens servant de séparation à deux héritages », dans *Traité théorique et pratique de droit civil*, t. VI, *Les biens*, n° 987.
3. D'une manière générale : Paris, 5 oct. 1964, *JCP* 1965. II. 14045, note Bulté.
4. Capitant, *Cours de doctorat*, Paris, 1927-1928, p. 302 – SUR l'indivision forcée en général : Desmares, *De la copropriété avec indivision forcée*, thèse, Paris, 1899 – Goubeaux, thèse, 1990 – Lebret, *La notion d'indivision dans le droit français actuel*, thèse, Caen, 1922.
5. Goubeaux, p. 6 et 227 – Bernard, thèse Paris, p. 154, n° 154 – Capitant, Préface à l'ouvrage de Julliot (v. Bibliographie), Beudant, Lerebours-Piegonnière et Voirin, *op. cit.*, t. IV, n° 382 – Planiol et Ripert, *op. cit.*, t. III, n° 319.
6. DÉJÀ : Civ. 8 déc. 1824, *DP* 1825, J, 60; puis Req. 22 août 1860, *S.* 1861, 1, 81 – Civ. 21 juill. 1872, *S.* 1872, 1, 334 – Civ. 22 févr. 1939, *S.* 1939, I, 79 – T. civ. Lyon, 19 juin 1952, *AJL* 1953, 101 – T. civ. Toulon, 17 déc. 1953, *Gaz. Pal.* 1053. 1, 169 – Civ. 21 nov. 1955, préc. – Civ. 8 oct. 1958, *D.* 1958. 762, *Gaz. Pal.* 1958. 2, 290.
7. Goubeaux, p. 233 et 258 – Maguet, « Division des maisons par étages et par appartements. Loi du 28 juin 1938 et du 29 novembre 1939 », *JCP* 1940, n° 153.
8. Nerson, « Observations sur quelques espèces particulières "indivision" », *Mélanges Savatier*, p. 707 s., spéc. p. 768.
9. DANS LE SENS que la loi du 10 juill. 1965 consacre la théorie dualiste : Terré et Simler, *Les biens*, 8e éd., nos 626 et 628 – KISCHINEWSKY-BROQUISSE, n° 93.
10. *RTD civ.* 1938. 26 s.
11. Chevallier, *D.* 1939. 4, 79 – RAPPR. : H. et L. Mazeaud, *Leçons de droit civil*, t. I, n° 1326.
12. TROIS de ces études doivent plus particulièrement retenir l'attention : la thèse de Azoulai; le rapport de M. Thibierge au 55e Congrès des notaires de France; l'article de Piédelièvre dans l'ouvrage collectif, *L'immeuble urbain à usage d'habitation*, p. 181 s.

Ces objections sont essentiellement au nombre de deux. La première, prend appui sur le défaut de consistance matérielle des parties privatives; ayant pour assiette un « espace abstrait », le droit de propriété n'a plus d'objet matériel. Or ce droit suppose un objet auquel il puisse s'identifier[1]. La seconde, est soulevée à propos du caractère accessoire conféré au droit de copropriété sur les parties communes par rapport au droit de propriété sur les parties privatives. Imaginé en partant de cette idée qu'une indivision ne peut exister d'une façon permanente que si elle est l'accessoire d'une propriété privée, ce caractère est contredit par la réalité des choses : entre des éléments, qui contribuent tous à la stabilité et à l'unité de l'édifice, il n'y a, dit-on, ni principal, ni accessoire[2].

241 L'analyse proposée – Le droit du titulaire d'un appartement est un droit de copropriété. L'idée d'unité de l'immeuble, ou de la maison, constitue, en effet, le point de départ de l'analyse proposée[3]. Du fait que l'immeuble - dans son ensemble - est le seul support des prérogatives reconnues à chacun, ces prérogatives ne peuvent être que les aspects différenciés[4] d'un droit unique. Ce droit, faute de pouvoir être exercé d'une manière exclusive[5], ne peut être un droit de propriété. Mais, comme il est « incontestable que l'ensemble des prérogatives » qu'il confère « au titulaire d'un appartement », est le maximum de celles qui peuvent appartenir sur un même bien à « plusieurs individus », il est légitime de le considérer comme un *droit de copropriété*[6]. Ce droit de copropriété est, toutefois, un droit de copropriété particulier, en ce qu'il n'est pas soumis au partage[7]et qu'il est doté d'un véritable statut[8], rendu nécessaire par l'intérêt collectif qui se dégage de la division de la maison par étages.

242 L'aménagement collectif de ce droit. De fait, la reconnaissance d'un intérêt collectif, à côté des prérogatives conférées aux copropriétaires individuellement, constitue le second aspect fondamental de l'analyse proposée. Cet intérêt collectif, qui tire également son origine de l'immeuble et plus spécialement de la nécessité de pourvoir à sa conservation et à son administration, impose une limitation des prérogatives individuelles[9]. Il impose, par là même un aménagement de celles-ci dans une perspective collective et conduit, notamment, à la reconnaissance de certains rapports personnels entre les copropriétaires, que, dans sa logique, la conception stricte du droit réel aurait dû écarter[10].

Finalement, on a pu dire que « le droit de copropriété est un droit réel fortement pénétré de rapports personnels... du fait de son aménagement collectif »[11]. La constatation est exacte. On regrettera cependant que l'analyse n'ait pas été poussée plus loin et que tout le parti désirable n'ait pas été tiré de ce « balancement » entre l'individuel et le collectif. Le mérite de la théorie « néo-unitaire » aura été, du moins, d'attirer l'attention sur cet aspect de la nature du droit du « copropriétaire », nature, qu'à notre tour, nous nous proposons de dégager[12].

§ 4
Essai d'analyse du droit de « copropriété »

243 Justification de cette analyse. En présence des dispositions ci-dessus rapportées de la loi du 10 juillet 1965 (v. s^s^ n° 239) on peut, à vrai dire, se demander s'il est justifié de vouloir proposer une nouvelle analyse du droit dont les fractions de l'immeuble sont l'objet. N'est-il pas évident que cette loi exprime la consécration officielle et définitive de la théorie dualiste ? Rien, cependant, n'est moins certain. On a vu, en effet, en déterminant l'étendue exacte des prérogatives conférées aux copropriétaires sur les parties privatives et sur les parties communes, que les qualifications qui leur ont été données étaient, pour le moins hâtives. Nous ne reprendrons pas ici une démonstration déjà faite; nous pensons avoir établi que le droit de propriété « exclusif » sur les parties privatives est assez éloigné du droit de propriété traditionnel (v. s^s^ n° 220) et que le droit de copropriété sur les parties communes l'est, plus encore, du droit de copropriété normal (v. s^s^ n° 232). Faut-il alors

1. Azoulai, n°s 102 s. – Thibierge, p. 11 – Piédelièvre, n° 23, p. 203 – AUSSI : Mourey, *Les équilibres socio-psychologiques de la copropriété*, 1970, p. 271 – DU POINT DE VUE PRATIQUE, ces mêmes auteurs soulignent les inconvénients de la conception dualiste en matière d'hypothèque sur des appartements à construire : Thibierge, p. 12 – Piédelièvre, n° 24.
2. Azoulai, n° 146, p. 165 – AUSSI : Aubry et Rau, *Droit civil*, t. VII, 7e éd., par Esmein, § 221 *quarter*, n° 340, note 2.
3. Piédelièvre, n° 32 – Azoulai, n° 153.
4. Les incidences de ce droit unique sont, en effet, différentes selon qu'il s'exerce sur la fraction privative ou sur les parties communes.
5. Azoulai, n° 163, p. 187 – RAPPR. : Ionasco, *La copropriété d'un bien*, thèse, Paris, 1930, p. 274.
6. Azoulai, n° 167.
7. Azoulai, n° 171-1°.
8. Azoulai, n° 171-2°.
9. Azoulai, n°s 338 s. – AUSSI : Marty, « Les formes récentes de propriété et de locations immobilières urbaines en droit français »; Rapport aux journées de Liège, *Assoc. Henri Capitant*, 25-28 mai 1965, *Travaux*, t. XVI, p. 314.
10. Piédelièvre, n° 32, p. 211.
11. Piédelièvre, n° 34, p. 213.
12. AUSSI : Mantelet, « Nature juridique du droit de copropriété. Pour une conception unitaire », *Rev. copr.* 4 mars 1966.

considérer l'apport de la loi de 1965 comme négligeable et imputer les termes employés par ses rédacteurs au conservatisme outrancier des juristes, éternellement prisonniers des mots, sinon des concepts ? Ce serait une erreur. Bien au contraire la loi de 1965 permet de dégager la notion à partir de laquelle il est possible de faire l'analyse juridique du droit des copropriétaires.

244 La notion de lot. Cette notion est la notion de *lot*, dont nous avons déjà pu mesurer l'importance [1]. Base de la division de l'immeuble qui conditionne l'application du statut de la copropriété, elle est également l'assiette des droits des copropriétaires. Plusieurs dispositions de la loi – et non des moindres – permettent de vérifier l'exactitude de cette affirmation. L'article 1er d'abord, aux termes duquel le statut s'applique à tout « immeuble [...] dont la *propriété est répartie [...] par lots* ». L'article 15, duquel il résulte que chaque copropriétaire peut exercer seul les actions en justice « concernant la *propriété* ou la *jouissance de son lot* ». L'article 12 vise également le « propriétaire du lot »; l'article 23, alinéa 1er, mentionne la « société propriétaire de ces lots », cependant que l'alinéa 2 se préoccupe du cas « d'indivision ou d'usufruit d'un lot ». Il n'est donc pas douteux que c'est à partir de cette notion de lot que doit être déterminée la nature juridique du droit du copropriétaire [2].

245 Le droit du copropriétaire, droit de propriété sur un lot. Cette nature juridique est celle-là même qui est indiquée par les textes : *le droit du copropriétaire est un droit de propriété sur son lot* [3]. Il en résulte, *du point de vue de la terminologie* d'abord, que l'expression « copropriétaire d'appartement » devrait être abandonnée et que l'on devrait employer, à la place, celle de « titulaire ou propriétaire d'un lot » qui a d'ailleurs l'avantage de mieux exprimer la réalité notamment du point de vue psychologique [4]. De la sorte, on est passé de la propriété par « étages » (anc. C. civ., art. 664) à la copropriété par « appartements » (L. 1938) puis à la copropriété par « lots » (L. 1965). Mais l'importance des conséquences de la qualification ainsi donnée apparaît principalement sur le plan juridique. En premier lieu, elle réintroduit la conception unitaire, qui est certainement la plus conforme à la réalité [5]. En second lieu et surtout, elle permet de dégager l'*autonomie* du droit ainsi conféré, ce que le recours aux notions traditionnelles de propriété et de copropriété ne permettait pas de faire.

246 L'autonomie de ce droit. Le droit de propriété sur le lot est un *droit réel*. On sait que la doctrine française a toujours hésité à créer de nouveaux droits réels. Mais ces scrupules doivent cesser à partir du moment où cette création est justifiée [6]. Or il est bien évident que le développement actuel de la copropriété justifie cette création. Elle n'est plus le cas « assez rare » [7] ou « l'hypothèse singulière » [8], pour l'explication desquels on pouvait se contenter d'une approximation. Au surplus, la démarche est d'autant plus légitime que la loi elle-même, invite à la faire.

Ce droit réel est un *droit autonome*; il n'est pas semblable au droit de propriété traditionnel. Si l'on reprend l'analyse précédemment faite, on constate qu'il est composé d'un droit de jouissance, en principe exclusif, sur la fraction divise du lot et d'un droit de jouissance, plus limité, parce que commun, sur les choses communes.

Mais, c'est un *droit unique* parce qu'il porte sur l'*ensemble du lot*. Il n'y a pas un droit de propriété sur la fraction divise et un droit de copropriété sur les parties communes [9]. Le droit a pour assiette le lot tout entier, en tant que composé de parties privatives et de parties communes, qui sont inséparables. C'est ce qui explique que le pouvoir de disposer s'applique au *lot tout entier* (fraction divise et quote-part des parties communes correspondantes) [10].

1. Rappelons que parmi les 48 articles qui composent la loi du 10 juill. 1965, 15 se réfèrent à la notion de lot.
2. Givord, « Essai sur la nature juridique de la copropriété par appartements », *Mélanges Voirin*, p. 262 s. – COMP. : Terré et Simler, *Les biens*, 8e éd., no 638.
3. Par là, notre droit se sépare de certaines législations étrangères, notamment du droit fédéral suisse. La loi du 19 déc. 1963 ne conçoit pas que le fonds, ou une partie quelconque de l'immeuble, puisse faire l'objet d'une propriété privative. Chacun des « propriétaires d'appartements » a bien un droit exclusif d'utiliser et d'aménager une partie de l'immeuble, mais il ne s'agit pas d'un droit de propriété. C'est un droit réel restreint, déterminé, à la fois, par la loi et par les règles adoptées par les copropriétaires – V. Grossen, « Chronique de droit suisse », *RTD civ.* 1965. 759 – AUSSI : Ferme, *REDI* 1981. 165; J.-CL. COPR., fasc. 500.
4. Michalopoulos, *Les assemblées de copropriété*, thèse, Paris, 1960, no 29, p. 61 – GIVORD, no 15.
5. De ce que le lot est objet d'un droit de propriété, on tire notamment cette conséquence qu'il ne peut y être renoncé sans que soit relevé aucun acte positif impliquant la volonté non équivoque du copropriétaire d'exercer la faculté d'abandonner cette propriété : Civ. 3e, 26 juin 1991, no 89-14.549, NP, *RDI* 1991. 503.
6. D'autant que le droit français ne l'interdit pas – AUSSI : Zenati, note *D.* 1985. 504.
7. ON PEUT ÉGALEMENT citer : Marcadé, *Explication du code civil*, t. II, art. 664.
8. Demolombe, *Cours de Code Napoléon*, t. IX, no 425 *bis*.
9. La notion de lot, que nous avons dégagée (v. ss no 103) confirme cette analyse. L'insertion des lots dans la propriété de l'immeuble s'opère sur *l'intégralité* de celle-ci – EN CE SENS : la propriété de l'immeuble est bien « répartie » par lots, comme l'exige l'article 1er, al. 1er, de la loi du 10 juill. 1965.
10. LOMBOIS, no 15.

En définitive donc, le droit de propriété sur chaque lot constitue un *droit réel de type nouveau.* Comme ce n'est pas un droit analogue au droit de propriété, c'est donc un démembrement de celuici [1]. Mais cela pose la question de savoir à qui vont être attribuées les prérogatives retirées au titulaire du droit.

247 Le droit de copropriété sur les lots, démembrement du droit de propriété traditionnel. Les prérogatives du propriétaire d'un lot sont, nous l'avons constaté (v. s^s n° 246), moindres que celle du propriétaire traditionnel. La raison - qu'avaient parfaitement dégagée les partisans de la thèse « néo-unitaire » - en est que le droit de propriété sur le lot s'exerce *dans un cas cadre collectif.* En conséquence de quoi, la collectivité est investie des prérogatives retirées aux copropriétaires pris individuellement; c'est à son profit que se réalise le transfert des prérogatives « démembrées » du droit de propriété individuelle sur les lots. Ainsi explique-t-on que la collectivité - organiquement exprimée dans le syndicat - se voit reconnaître le pouvoir de veiller à la conservation de l'*immeuble* et de réglementer l'administration des parties communes (L. 10 juill. 1965, art. 14) et qu'elle ait reçu le pouvoir d'agir en justice en vue d'assurer « la sauvegarde des droits afférents à l'immeuble » (L. 10 juill. 1965, art. 15), c'est-à-dire de son intégrité matérielle et juridique. Ce texte revêt une importance capitale, car il transfère au syndicat un des attributs essentiels de la propriété [2]. Ainsi explique-t-on encore les pouvoirs spéciaux qui sont conférés à la collectivité en vue de pourvoir à l'amélioration de l'*immeuble.* Bref, au droit individuel de chacun sur son *lot*, correspondent des prérogatives de la collectivité sur *l'immeuble* [3]. *La contre-épreuve est ainsi faite.*

248 Conclusion. Car c'est, en définitive cette symbiose de l'*immeuble* et des *lots* que doit assurer le statut de la copropriété des immeubles bâtis. Les pouvoirs de la collectivité ne doivent pas écraser les prérogatives individuelles; il appartiendra aux tribunaux d'y veiller. Mais le fait de considérer ces prérogatives individuelles comme des droits réels - assis directement sur la fraction de l'immeuble que constitue chaque lot - est déjà en lui-même une garantie : le propriétaire d'un appartement ne saurait être exclu de la collectivité, quels que soient les griefs qu'on puisse lui reprocher. De la sorte, dans sa structure juridique, le droit de copropriété rejoint le donné propre à la matière qu'il est appelé à régir : un ensemble de *prérogatives individuelles* et une *organisation collective indivisiblement réunies.* Une nouvelle figure juridique apparaît, qui correspond à un nouveau mode d'appropriation des immeubles urbains. (On peut également relever en droit comparé les divergences et un partage entre l'analyse dualiste et la conception unitaire) [4].

1. GIVORD, n° 18 – Les études les plus récentes s'inspirent, sous réserve de variantes, de cette conception, qui fut soutenu dans la 1re édition de ce traité – NOT. : Marty, *La dissociation juridique de l'immeuble*, thèse Toulouse 1979, n°s 164 s., qui se réfère au droit de superficie – Atias, « Propriété et communauté dans la copropriété des immeubles bâtis », *JCP* 1980. I. 2971, selon lequel l'une des clés du problème réside dans la reconnaissance d'un droit réel démembré au syndicat (n° 1) – AUSSI du même auteur : *Droit civil, Les biens*, II, n° 80.
2. GIVORD, n° 19.
3. GIVORD, n° 19 – Giverdon, « Copropriété verticale et copropriété horizontale », *Études de droit contemporain*, p. 87; « Le statut de la copropriété des immeubles bâtis; traits spécifiques », *Gaz. Pal.* 1986, Doctr. 2, 84 – AUSSI : Atias, *op. cit., JCP* 1980. I. 2971; « Les biens », t. II, n°s 80 et 104.
4. NOT. : Bournias, « Les formes juridiques de la propriété d'étage ou d'appartement en droit comparé », *RID comp.* 1979. 583 – Ionesco, « La copropriété par appartements en droit comparé », *Mélanges Rodière,* 981, 111 – Ferme, « Réflexions sur le système dualiste de la copropriété en France et le système unitaire suisse », *REDI* 1981. 165 – J.-CL. COPR., fasc. 500.

TITRE

3. Les droits des copropriétaires sur leurs lots

SECTION 0

ORIENTEUR

Plan du titre.

249 Division. Les lots entre lesquels la propriété de l'immeuble est répartie, étant eux-mêmes l'assiette du droit de propriété dont les copropriétaires sont titulaires, constituent un **élément du patrimoine** de ces derniers. À ce titre, ils peuvent être l'objet d'une **cession**, d'une **constitution de droits réels**[1], **d'une location**[2], **ou d'un délaissement**[3].

De ce que le lot est l'objet d'un droit de propriété on tire cette conséquence que la faculté d'abandon ne peut résulter que d'un acte positif impliquant la volonté non équivoque du copropriétaire de l'exercer[4] et l'acceptation du syndicat d'en recevoir la propriété.

1. L'existence d'un privilège ou d'une hypothèque sur un immeuble ne fait obstacle ni à sa vente, ni à l'inscription d'une nouvelle sûreté réelle sur le bien : Civ. 3e, 18 juin 2008, no 07-15.129, *Bull. civ.* III, no 109; *AJDI* 2009. 472.
2. Terré et Simler, *Les biens*, 8e éd., no 705 – Rép. civ., ATIAS, *Vis Copropriété des immeubles bâtis*, nos 641 s.
3. EN CAS de risque technologique grave : C. env., art. L. 515-26, v. ss nos 291 et 475.
4. Civ. 3e, 26 juin 1991, no 89-14.549, NP, *RDI* 1991. 503, obs. Capoulade, Giverdon.

CHAPITRE

1. Les lots, éléments du patrimoine des propriétaires

SECTION 0 ORIENTEUR

Plan du chapitre.

Textes applicables.

• C. civ., art. 771 s., 815 s., 2429.

• L. n° 65-557 du 10 juillet 1965, fixant le statut de la copropriété des immeubles bâtis, art. 6-1, 16-2 et 24-6.

• L. n° 79-2 du 2 janvier 1979, sur les archives.

• L. n° 06-728 du 23 juin 2006, portant réforme des successions et des libéralités.

Jurisprudence de référence.

• **Civ. 3e, 31 janv. 2007, n° 06-12.404,** *Bull. civ.* III, n° 14.

* V ss n° 257.

L'action possessoire ne peut être exercée entre propriétaire de lots dépendant d'un immeuble en copropriété.

• **Civ. 3e, 11 oct. 2006, n° 05-16.037,** *Bull. civ.* III, n° 198.

* V ss n° 260.

L'indemnisation du syndicat des copropriétaires pour l'expropriation de parties communes n'exclut pas nécessairement celle de chaque copropriétaire pour la dévalorisation de la partie privative de son lot.

• **Civ. 3e, 6 mars 1991, n° 89-14.374,** *Bull. civ.* III, n° 75.

* V ss n° 262.

L'expropriation pour cause d'utilité publique peut porter sur un lot de copropriété mais sans excepter la quote-part de parties communes.

Bibliographie indicative.

BERNARD, « L'expropriation d'un immeuble en copropriété », *AJDI* 2000. 193 et s. – LEBORGNE, « Saisie immobilière d'un lot de copropriété », *AJDI* 2008. 569 et s.

SECTION UNIQUE PRINCIPE ET APPLICATIONS

250 État de la question. Les lots, dont se compose l'immeuble en copropriété, représentent une valeur active du patrimoine de leurs propriétaires. Ils sont donc susceptibles de *transmission héréditaire.* Ils peuvent faire l'objet d'une *saisie*, être constitués en *bien de famille*, être l'objet d'une *expropriation pour cause d'utilité publique.* Ils sont assurés enfin de la *protection possessoire* (pour la même raison, l'usage d'un lot pourrait faire l'objet d'une réquisition[1]). S'ils appartiennent à l'État, ils ne peuvent être considérés comme dépendant du domaine public.

En conséquence, le juge administratif est incompétent pour connaître d'une demande de réparation à raison des dommages causés par un incendie ayant son origine dans les locaux privatifs appartenant à l'État[2].

§ 1 Transmission héréditaire – Indivision

251 Problèmes nés de l'indivision. Il n'y a aucune difficulté pour admettre que les lots d'un immeuble en copropriété dépendent de la succession de ceux qui en sont les propriétaires et qu'ils

1. V. Alibert, « Réquisition de logement et immeuble en copropriété », *Ann. loyers* 1958. 546 – SUR LE paiement des charges en pareils cas : TGI Marseille, 3 nov. 1960, *Ann. loyers* 1961. 139, 1735.
2. CAA Paris, 20 juin 1989, req. n° 89PA00057, *JCP N* 1990. II. 44; *JCP* 1990. II. 21506, note Davignon – CE 11 févr. 1994, n° 109564, *AJDA* 1994. 548, note Dufau; *Defrénois* 1995. 490, note Farthouat – Vigneron, « Domanialité publique et copropriété », *Loyers et copr.* mai 1994, 1.

sont transmis avec elle[1]. Passé le délai de quatre mois après l'ouverture de la succession (C. civ., art. 771), l'héritier peut être sommé de prendre parti dans les deux mois, sauf prorogation judiciaire du délai (C. civ. art. 772). À défaut, il est réputé accepter purement et simplement la succession (C. civ. art. 772 al. 2). Mais il semble que l'on puisse considérer le paiement des provisions et charges de copropriété comme des dettes dont le règlement est urgent et dont l'abstention risquerait d'aggraver le passif successoral. Dès lors, ce paiement, accompli sans prendre la qualité d'héritier, serait de nature à constituer un acte purement conservatoire n'impliquant pas l'acceptation de la succession.

S'il y a transmission au profit de plusieurs héritiers ou légataires, ceux-ci se trouveront, jusqu'au partage, dans *l'indivision* L'état d'indivision peut également résulter du fait que le lot a été acheté conjointement par plusieurs personnes[2].

Cette situation donne lieu à quelques difficultés. La première, réglée par la loi, concerne la *représentation des indivisaires aux assemblées générales :* elle fait l'objet de la disposition de l'article 23 alinéa 2 de laquelle il résulte que les intéressés doivent, sauf stipulation contraire du règlement de copropriété, être représentés par un mandataire commun qui sera, à défaut d'accord, désigné par le président du tribunal de grande instance à la requête de l'un des indivisaires ou du syndic.

Mais, selon une jurisprudence bien établie de la Cour de cassation, la représentation peut être tacite[3] (ainsi pour une indivision successorale[4], pour une indivision matrimoniale[5]).

La seconde difficulté est relative au *paiement des charges.* Si la succession est acceptée sous bénéfice d'inventaire, le syndic doit se mettre en rapport avec le notaire chargé du règlement de la succession auquel on applique les articles 808 et 809 du code civil[6].

Depuis la loi n° 06-728 du 23 juin 2006 et à compter du 1er janvier 2007, en cas d'acceptation à concurrence de l'actif net, les créanciers, dont le syndicat des copropriétaires, déclareront leurs créances en notifiant leur titre au domicile élu de la succession; à défaut de déclaration dans les quinze mois de la publicité nationale, les créances non assorties de sûretés sur les biens de la succession sont éteintes à l'égard de celle-ci[7].

Si la succession est vacante, le syndic doit demander la désignation de l'administration des Domaines en qualité de curateur à la succession et l'on applique la procédure prévue par l'article 811 du code civil[8].

Mais surtout si l'origine de l'indivision est le décès du titulaire du lot, la dette se divise, d'où l'utilité de stipuler l'indivisibilité dans le règlement de copropriété[9]. En conséquence, il appartient au syndicat de procéder à la ventilation des charges à proportion des droits des indivisaires[10].

En ce qui concerne les modalités de recouvrement des charges, il convient de distinguer selon que l'indivision a été organisée ou non. Dans le premier cas, le syndic de la copropriété peut se contenter d'assigner le gérant de l'indivision qui, en application de l'article 1873-6 alinéa 1er du code civil représente les indivisaires[11]. Si l'indivision n'est pas organisée, le syndic est dans l'obligation d'assigner tous les indivisaires, précision faite qu'il n'y a pas de solidarité entre eux[12], sauf clause particulière du règlement de copropriété, la solidarité s'appliquant alors quelle que soit l'origine de l'indivision (v. s[s] n° 492).

Enfin, *le partage du lot en indivision* est *susceptible de soulever quelques difficultés*, notamment si l'on se trouve en présence d'une clause du règlement de copropriété portant interdiction de diviser (sur cette clause v. s[s] n° 275). Cette clause, à supposer qu'elle soit valable, s'oppose-t-elle au droit pour les coindivisaires d'un lot d'en demander le partage ? Il ne le semble pas, car tout indivisaire a le droit, en vertu de l'article 815 du code civil, de demander le

1. Le Masson, « Le lot de copropriété dans la dévolution successorale », *Administrer* oct. 1998. 20.
2. V. Civ. 8 oct. 1958, *D.* 1958. 762 – SUR CETTE SITUATION : « La situation d'un lot en indivision dans une copropriété », *Ann. loyers* 1977. 756 – Dagot, « Le lot de copropriété indivis », *JCP* 1979. I. 2959; *JCP N* 1979. I. 7250.
3. Civ. 3e, 12 mars 1997, n° 94-16.766, NP, *Bull. civ.* III, n° 59; *RDI* 1997. 282; *D.* 1997. 329; *D.* 200, 136; *Administrer* nov. 1997. 75, note Capoulade.
4. Civ. 3e, 11 oct. 2000, n° 99-10.216, NP, *AJDI* 2001; *D.* 2001. 3580.
5. Civ. 3e, 11 mars 1998, n° 96-12.479, *Bull. civ.* III, n° 59; *Administrer* juill.-août 1998, note Capoulade; *RDI* 1998. 289, 292, 294, 296; *D.* 2000. 136.
6. Ferme, « Le bénéfice d'inventaire et la copropriété », *Administrer* mars 1982. 15 s.
7. C. civ., art. 788-792 (L. n° 2006-728, 23 juin 2006).
8. LAFOND, ROUX ET STEMMER, L. art. 10, § F, n° 78 – AUSSI : Décr. n° 2011-1043, 1er sept. 2011, *JO* 2 sept., p. 14884.
9. Civ. 3e, 1er déc. 2004, n° 03-17.518 *Bull. civ.* III, n° 221; *AJDI* 2005. 487; *Loyers et copr.* févr. 2005. 36.
10. Paris, 14 juin 1995, *Juris-Data* n° 022130, *Loyers et copr.* 1996. 43; *RDI* 1995. 589.
11. Dagot, *op. cit.*, n° 8.
12. Civ. 1e, 16 juill. 1992, n° 90-17.972, *Bull. civ.* I, n° 236; *D.* 1993. 171, note de La Marnière; *RDI* 1993. 260 – Civ. 3e, 20 janv. 1993, n° 90-15.112, *Bull. civ.* III, n° 8; *RDI* 1993. 260; *D.* 1994. 122; *RTD civ.* 1993, 845; *IRC* 1993. 78, note Capoulade; *Rev. huissiers* 1993. 544, note Martin; *RDI* 1993. 260. Le fait que l'un d'eux ait agi comme mandataire des autres ou que chacun d'eux aurait tiré personnellement profit du mandat est indifférent – Gil, « Le paiement des charges afférentes à un lot indivis : un pour tous ou chacun pour soi », *Administrer* nov. 2005. 12 s.

partage et ce droit est d'ordre public. En fait, s'il s'agit d'appartements modestes, le partage en sera impossible : il faudra procéder à la licitation.

Si le partage peut être réalisé, il faut comprendre dans les nouveaux lots constitués, la quote-part qui leur est afférente de parties communes. Un acte modificatif à l'état descriptif de division doit être rédigé et publié au fichier immobilier. Seuls ceux qui se trouvent dans l'indivision relativement au lot considéré interviennent au partage [1].

§ 2 Saisie

252 Généralités. En tant qu'élément actif du patrimoine de son propriétaire, un lot dépendant d'un immeuble en copropriété peut également faire l'objet d'une saisie : la procédure à suivre à cet effet est celle de la *saisie immobilière* (Ord. 21 avr. 2006 [partiellement codifiée dans le code des procédures civiles d'exécution], Décr. 27 juill. 2006 [partiellement codifié dans le code des procédures civiles d'exécution]).

Il suffit de noter ici qu'aux termes de l'article 2429 du code civil, modifié par la loi n° 79-2 du 2 janvier 1979, relative aux droits grevant les lots des immeubles soumis au statut de la copropriété (v. s[s] n° 21), la saisie portant sur ces lots sont réputés ne pas porter, pour les besoins de leur publication, sur la quote-part de parties communes comprise dans ces lots. Néanmoins, poursuit le texte, les créanciers saisissants exercent leur droit sur ladite quote-part, prise dans sa consistance au moment de la mutation dont le prix forme l'objet de la distribution [2]. Cette disposition est la conséquence logique de la purge légale de tous les droits qui obèrent les quotes-parts de parties communes amenés à quitter un lot par suite des modifications qui peuvent être apportées dans ces parties, purge légale instituée par l'article 6-1 alinéa 1er ajouté à la loi du 10 juillet 1965 par la loi précitée du 2 janvier 1979.

La procédure de saisie immobilière diligentée par le syndicat contre un copropriétaire doit être autorisé par l'assemblée générale (Décr. 17 mars 1967, art. 55) qui constate alors la dépréciation pour créance douteuse (Décr. n° 2005-240, 14 mars 2005, art. 4) fixe le montant de la mise à prix et celui des sommes estimées définitivement perdues (Décr. 17 mars 1967, art. 11 § I, 11°).

Une réponse ministérielle à une question écrite précise à propos de l'établissement du cahier des charges que l'avocat qui en est le rédacteur, ne pouvant indiquer au titre des créances du syndicat, que celles dont il a connaissance, il appartient au syndic de l'aviser de l'existence et de la nature des créances du syndicat à l'encontre du copropriétaire poursuivi et de faire insérer un « dire » au cahier des charges [3] sur la nouvelle procédure de saisie immobilière [4].

253 Saisie (suite) – Notification du transfert de propriété. Le transfert de propriété consécutif au jugement d'adjudication doit être notifié sans délai au syndic par l'avocat poursuivant ou par l'avoué qui a obtenu la décision judiciaire (Décr. 17 mars 1967, art. 6, al. 1er). Cette notification est faite par lettre recommandée avec demande d'avis de réception (Décr. 17 mars 1967, art. 63). Elle comporte la désignation du lot intéressé ainsi que l'indication des nom, prénoms, domicile réel ou élu de l'adjudicataire (Décr. 17 mars 1967, art. 6, al. 2).

Sur les difficultés relatives à la collocation en raison des charges de copropriété impayées entre le jugement de condamnation et la vente, v. rép. min. 16 juin 1986 [5].

Cette notification doit être faite indépendamment de l'avis de mutation prévu à l'article 20 de la loi du 10 juillet 1965 (Décr. 17 mars 1967, al. 3, ajouté par Décr. n° 95-162, 15 févr. 1995).

§ 3 Constitution en bien de famille

254 Constitution et publicité. Le lot dépendant d'un immeuble en copropriété peut aussi être constitué, par son propriétaire, en bien de famille insaisissable [6]. L'article 2 de la loi du 12 juillet 1909, modifiée par la loi du 7 juillet 1948, qui réglemente cette constitution, prévoit en effet expressément que le bien de famille peut comprendre... « une portion divise de maison ». La valeur du lot ne doit pas, lors de sa constitution, dépasser 50 000 francs (L. 12 mars 1953), somme aujourd'hui manifestement insuffisante.

Conformément à la procédure prévue pour la réalisation de cette opération, l'acte constitutif du lot en bien de famille est publié, à peine de nullité, au bureau des hypothèques du lieu de la situation de l'immeuble dans le mois de l'homologation de cette constitution par le tribunal d'instance (v. aussi, Décr. 4 janv. 1955, art. 35-2°, relatif à la publicité foncière).

1. Civ. 8 oct. 1958, *D.* 1958. 762; *Defrénois* 1958. 27750; *Gaz. Pal.* 1958. 2, 290; *RTD civ.* 1958. 349, obs. Solus.
2. Lafond, Roux et Stemmer, l'article 2217 du C. civ. a été implicitement abrogé par l'ord. du 21 avril 2006, art. L. 10, n° 78.
3. Rép. min., *JO Sénat* Q 21 déc. 1972, p. 3339; *JCP* 1973. IV. 96.
4. Leborgne, « Saisie immobilière d'un lot de copropriété », *AJDI* 2008. 569 s.
5. Rép. min., QE, 16 juin 1986, *JOAN Q* 29 sept. 1986.
6. Kischinewsky-Broquisse, n° 249 – Rép. civ., Baudot, *V° Bien de famille*.

§ 4
Expropriation pour cause d'utilité publique

255 Généralités[1]. Cette procédure peut concerner la totalité de l'immeuble en copropriété, ou seulement une partie de celui-ci. Le plus souvent, elle est mise au service d'une politique de restructuration de l'immeuble sur le plan foncier, rejoignant ainsi la fonction assurée par la scission ou le retrait de copropriété. Il lui faut alors s'intégrer dans le « foncier spécifique » qui est celui de l'immeuble en copropriété; mais aussi, immeuble urbain, exposé comme tel aux problèmes de la ville. Ainsi explique-t-on l'intervention de la commission relative à la copropriété dont la Recommandation n° 11 a précédé la mise en vigueur de la loi n° 96-987 du 14 novembre 1996, relative à la mise en œuvre du pacte de relance pour la ville[2] dont tout un volet tend précisément à la restructuration de la copropriété par l'expropriation. Mais il faut aussi tenir compte des données propres à cette procédure, spécialement quant à l'indemnisation conditionnée par la nature particulière du lot de copropriété.

Il convient donc de préciser : l'objet de l'expropriation, le point de savoir contre qui elle doit être poursuivie et prononcée et ses effets, notamment sur le plan de l'indemnisation.

256 Objet de l'expropriation. La jurisprudence avait dégagé un certain nombre d'hypothèses qui ont été précisées et généralisées par la loi du 14 novembre 1996 précitée qui a ajouté un article 16-2 à la loi du 10 juillet 1965 et modifié ou complété certains articles du code de l'expropriation.

Ces hypothèses sont les suivantes : soit l'expropriation concerne la totalité de l'immeuble, soit elle concerne uniquement des parties communes, soit elle porte sur une ou plusieurs parties privatives à l'exclusion de toute partie commune, soit elle porte sur un ou plusieurs lots assortis de leurs quotes-parts de parties communes.

Il faut aussi noter la possibilité qui est ouverte à l'autorité expropriante de retirer l'emprise expropriée de la copropriété initiale, toujours dans un souci de restructuration[3]. Mais quelle que soit l'hypothèse considérée, la spécificité du foncier de l'immeuble en copropriété doit être prise en compte pour déterminer à l'encontre de qui (copropriétaires ou syndicat) la procédure doit être poursuivie et l'expropriation prononcée.

257 Poursuite de la procédure et prononcé de l'expropriation. C'est l'article 16-2, ajouté à la loi du 10 juillet 1965 par la loi n° 96-987 du 14 novembre 1996 qui, reprenant pour l'essentiel les solutions dégagées par la jurisprudence détermine, en fonction des hypothèses retenues, à l'encontre de qui l'expropriation est poursuivie et prononcée.

Si l'expropriation concerne *l'immeuble dans son entier* que ce soit un seul immeuble ou un groupe d'immeubles bâtis ou un ensemble immobilier[4] soumis à la loi du 10 juillet 1965, l'expropriation est poursuivie et prononcée *lot* par *lot* à l'encontre des copropriétaires et des titulaires de droits réels immobiliers concernés ainsi que, lorsqu'elle porte également sur des *parties communes* en indivision avec d'autres copropriétaires, à l'encontre du *syndicat*. La disposition est conforme à la structure foncière de l'immeuble en copropriété et spécialement à la notion de lot en tant qu'assiette du droit de propriété de chaque copropriétaire ou titulaire de droits réels immobiliers (usufruit par exemple). En revanche, la qualité attribuée au syndicat à propos des parties communes « en indivision avec d'autres copropriétaires » est plus discutable, car le syndicat n'est pas compris dans cette indivision; elle se justifie pour des raisons pratiques d'autant que l'on admet le droit pour les copropriétaires d'intervenir à la procédure pour la défense de leurs quotes-parts dans ces parties communes et spécialement de se pourvoir en cassation contre l'ordonnance d'expropriation portant transfert de propriété[5].

Si l'expropriation *porte uniquement sur des parties communes* à l'ensemble des copropriétaires, ce qui est le cas si l'expropriation porte sur une partie du sol d'assiette, par exemple aux fins d'alignement, l'expropriation est « valablement poursuivie et prononcée à l'encontre *du syndicat* représentant les copropriétaires et titulaires de droits réels immobiliers ». L'emploi du terme « valablement » est destiné à traduire le fait que les copropriétaires conservent, ici aussi, la qualité pour agir dans le cadre de la défense de la propriété ou de la jouissance de

1. SUR L'ENSEMBLE DE LA QUESTION : Bernard, « L'expropriation d'un immeuble en copropriété », *AJDI* 2000. 193.
2. SUR CETTE LOI : Jaffuel, *AJPI* 1997. 541, obs. Giverdon, Capoulade, *Administrer* juill. 1997. 8.
3. Si l'autorité expropriante opte pour cette possibilité, elle doit l'exprimer dans la DUP (C. expr., art. L. 11-5-1). L'arrêté de cessibilité précise alors l'emplacement de la ligne divisoire (C. expr., art. L. 11-8) et le juge de l'expropriation constate dans l'ordonnance portant transfert de propriété, l'existence de cette décision de retrait (C. expr., art. L. 12-2-1).
4. On pourrait faire des réserves sur l'emploi des termes « ensemble immobilier ». Dans la mesure où ceux-ci désignent un « foncier éclaté » avec des équipements communs qui n'ont pas le caractère de parties communes, l'expropriation doit être poursuivie et prononcée à l'encontre des propriétaires des parcelles divisées.
5. Civ. 3e, 18 déc. 1996, n° 93-70.143, *Bull. civ.* III, n° 242; *D.* 1998. Somm. 89; *RDI* 1997. 123 – EN L'ESPÈCE les copropriétaires ne figuraient même pas sur la liste établie conformément aux dispositions de l'article R. 11-19 du code de l'expropriation.

leurs lots, en particulier pour demander l'allocation d'une indemnité spécifique s'ils subissent un préjudice particulier[1].

Si l'expropriation porte *sur les parties privatives d'un ou de plusieurs lots à l'exclusion de toute partie commune*, elle est poursuivie et prononcée à l'encontre du ou des copropriétaires de ces lots (par exemple un ou des terrains non bâtis); l'autorité expropriante en devient propriétaire; c'est alors qu'elle aura intérêt, dans cette dernière hypothèse, à invoquer la faculté de retirer l'emprise expropriée de la copropriété.

Si l'expropriation porte sur *un ou plusieurs lots assortis de leurs quotes-parts de parties communes*, elle est poursuivie et prononcée lot par lot à l'encontre de chaque copropriétaire et à l'égard du syndicat pour les quotes-parts de parties communes. L'autorité expropriante entre dans la « copropriété ».

L'expropriation ne peut porter sur un « lot à l'exception des parties communes »[2].

258 Effets de l'expropriation – Transfert de propriété. Le transfert de propriété résulte de l'ordonnance d'expropriation ou de l'accord amiable : l'expropriant entre dans le syndicat et dévient débiteur des charges correspondant au lot exproprié à la date de la notification de l'ordonnance faite au syndic conformément aux dispositions de l'article 6 du décret du 17 mars 1967[3]. Mais la signification de l'ordonnance d'expropriation ne constitue pas l'avis de mutation prévu par l'article 20 de la loi de 1965. Cet avis est donné au syndic par l'expropriant (Décr. 17 mars 1967, art. 5-1, Décr. 95-162 du 15 févr. 1995). Si l'acte est reçu en la forme administrative, l'avis de mutation est donné au syndic par l'autorité qui authentifie la convention (même article, *in fine*). Sur l'opposition que le syndic peut former à la réception de cet avis (v. s^s^ n°s 327 s.).

Devenue copropriétaire, l'autorité expropriante use et jouit des parties privatives et des parties communes comme tout copropriétaire et, par conséquent sous la réserve de ne porter atteinte ni à la destination de l'immeuble ni aux droits des autres copropriétaires[4].

259 Effets de l'expropriation – Indemnisation. C'est un principe fondamental que celui selon lequel l'expropriation est subordonnée au paiement d'une juste et préalable indemnité. Du « foncier spécifique » à la copropriété découlent, ici également, des règles particulières pour l'évaluation de cette indemnité.

Le principe est que les lots expropriés sont évalués au mètre carré utile[5], valeur des parties communes (spécialement du terrain, mais aussi des équipements communs) intégrée : le terrain ne fait pas l'objet d'une évaluation distincte[6]. Pour évaluer distinctement le terrain et les constructions, le juge doit rechercher, si, à la date de référence, la partie non bâtie du terrain est encore constructible au regard des règles d'urbanisme applicables[7].

Toutefois, si, après démolition d'un bâtiment implanté sur le sol partie commune, l'expropriation du sol est poursuivie, celui-ci renferme un potentiel de constructibilité qui justifie le versement d'une indemnité au syndicat des copropriétaires[8].

260 Expropriation – Indemnisation – Répartition. Aux termes du dernier alinéa de l'article 16-2 de la loi du 10 juillet 1965, lorsque l'expropriation est poursuivie et prononcée à l'encontre du syndicat, les dispositions de l'article 16-1 sont applicables pour la répartition des indemnités compensatrices. L'indemnisation du syndicat des copropriétaires pour l'expropriation de parties communes n'exclut pas nécessairement celle de chaque copropriétaire pour la dévalorisation de la partie privative de son lot[9].

On rappelle que selon cet article, les sommes représentant le prix des parties communes cédées se divisent de plein droit entre les copropriétaires dans les lots desquels figuraient ces parties communes et proportionnellement à la quotité de ces parties afférentes à chaque lot.

261 Délaissement. En revanche, la loi n° 2010-788 du 12 juillet 2010, dite ENE (art. 216), déter-

1. EN CE SENS : Jaffuel, art. préc., *AJPI* 1997. 542.
2. Civ. 3e, 31 janv. 2007, n° 06-12.404, *Bull. civ.* III, n° 14; *AJDI* 2007. 484, obs. Capoulade; *Defrénois* 2007. 972, obs. Atias.
3. Civ. 3e, 11 mai 1994, n° 92-11.578, *Bull. civ.* III, n° 91; *RDI* 1994. 490; *D.* 1996. Somm. 159; *JCP* 1994. II. 23344, note Djigo; *JCP N* 1995. II. 278, note Djigo; *Administrer* nov. 1994. 42, note Gélinet; *IRC* mars 1996, 7, note Capoulade – En cas d'expropriation totale, le syndicat est dissous.
4. Il a pu être jugé contraire à la destination de l'immeuble que les lots expropriés soient démolis : Civ. 3e, 11 juin 1975, n° 74-12.904, *Bull. civ.* III, n° 199; *D.* 1975. IR 186; *Gaz. Pal.* 1975. 2. Somm. 187; *RTD civ.* 1976. 374.
5. Mais la valeur des lots est déterminée compte tenu des avantages qui y sont attachés, par exemple la possibilité de disposer d'un terrain libre dans les parties communes.
6. Civ. 3e, 19 juin 1996, n° 95-70.165, *AJDI* 1996. 1028 ET SUR RENVOI : Versailles, 10 mars 1998, *Gaz. Pal.* 1998. 2. Somm. 532.
7. Civ. 3e, 19 juin 1996, n° 95-70.165, NP, *AJDI* 1996. 1028 ET SUR RENVOI : Versailles, 10 mars 1998, *Gaz. Pal.* 1998. 2. Somm. 532.
8. Civ. 3e, 11 janv. 1995, n° 93-70.204, NP, *RDI* 1995. 369; *IRC* 1995. 8, note Capoulade – POUR LE CAS PARTICULIER de l'expropriation du tréfonds : Civ. 3e, 20 nov. 1996, n° 95-70.091, *Bull. civ.* III, n° 222; *AJDI* 1997. 214; Concl. avocat général Weber, *ibid.* p. 189.
9. Civ. 3e, 11 oct. 2006, n° 05-16.037, *Bull. civ.* III, n° 198; *RDI* 2007. 342; *Administrer* janv. 2007, n° 53, note Capoulade; *Loyers et copr.* 2006. 210, obs. Vigneron; *Defrénois* 2007. 972, obs. Atias.

mine les conditions du délaissement des lots de la copropriété dans certaines zones des plans de préventions des risques technologiques (C. envir., art. L. 515-15). À l'intérieur des zones définies au § I de ce dernier article, les communes et les établissements de coopérations intercommunales peuvent délimiter les secteurs où il existe un danger grave pour la vie humaine et instaurer un droit de délaissement des bâtiments ou parties de bâtiments existants à la date d'approbation du plan. Ce droit s'exerce dans les conditions de l'article L. 230-1 du code de l'urbanisme. Toutefois, pour la fixation du prix, il n'est pas tenu compte de la servitude instituée en application de l'article L. 515-16 § I du code de l'environnement.

Lorsqu'un immeuble en copropriété se trouve situé dans le secteur délimité conformément à l'article 515-15 § II du code de l'environnement, le syndic inscrit à l'ordre du jour de l'assemblée générale l'information sur l'exercice par les copropriétaires du droit de délaissement (L. 1965, art. 24-6). Un texte réglementaire préciserait utilement si l'information sera donnée verbalement ou si elle fera l'objet d'une notification en application de l'article 11 § 2 du décret de 1967.

En même temps que l'ordre du jour de l'assemblée générale, le syndic notifie un état actualisé des lots délaissés. Il indique le nombre des copropriétaires ayant exercé leur droit de délaissement, ainsi que les quotes-parts de parties communes qu'ils représentent. Enfin, ce même état mentionne les dispositions de l'article 18 (al. 9) de la loi de 1965 et de l'article 515-16-1 du code de l'environnement. Les indications portées à cet état correspondent à des mesures d'information. Aucune sanction n'est prévue en cas d'omission et la notification de l'état paraît bien entrer dans le champ d'application de l'article 11 § 2 du décret de 1967.

Cet état actualisé permet de déterminer si les *deux tiers des copropriétaires représentant au moins les deux tiers des quotes-parts de parties communes* ont exercé leur droit de délaissement. Cette double proportion qui ne constitue pas une majorité au sens des décisions de l'assemblée générale, étant atteinte, l'article 18 (al. 9) de la loi de 1965 impose au syndic de notifier cette constatation au représentant de l'État dans le département, ainsi qu'aux copropriétaires, en rappelant expressément à ces derniers les dispositions de l'article 515-16 du code de l'environnement. La connaissance de cet article leur a déjà été donnée, en effet, à l'occasion de l'assemblée générale.

En l'absence de toute précision, le mot « notification » paraît bien s'entendre au sens de l'article 64 du décret de 1967.

L'article L. 515-16 § II (*in fine*) ouvre à la commune et à l'EPCI la faculté de confier contractuellement à un établissement public le soin de réaliser l'acquisition des biens délaissés.

Commence alors une seconde phase qui échappe à la loi de 1965 et qui relève du code de l'environnement (art. L. 515-16-1).

Les renseignements contenus dans l'état actualisé qui lui a été notifié (L. 1965, art. 18, al. 9) peuvent permettre au représentant de l'État dans le département de déclarer l'expropriation des lots non délaissés. L'utilité publique, définie par la loi elle-même (C. envir., art. L. 515-16-1), présente alors une connotation financière. Elle réside dans *l'existence de charges nécessaires à l'entretien des lots délaissés disproportionnées, pour les communes et les EPCI, au regard de l'intérêt qui s'attache à leur entretien.* Il incombe, en effet, au bénéficiaire du délaissement non seulement de participer aux charges de copropriété afférentes aux lots délaissés, mais encore de les protéger, notamment contre les squatters. Il ne peut que les laisser inoccupés, ne pouvant les louer ni les vendre; toutefois, il peut les céder à prix coûtant aux exploitants des installations à l'origine du risque, sans qu'il puisse en résulter une aggravation pour les personnes (C. envir., art. L. 515-20).

Pour la fixation du prix d'acquisition, le bien est évalué sans tenir compte de la dépréciation en raison de la servitude établie par application de l'article L. 515-16 § III du code de l'environnement.

Dans les secteurs où existe un risque très grave pour la vie humaine, l'État peut déclarer l'expropriation d'utilité publique lorsque les moyens de sauvegarde ou de protection des populations s'avèrent impossibles ou plus coûteux que l'expropriation. Une prise de possession immédiate peut même intervenir dans les cas les plus graves.

Les collectivités territoriales compétentes, l'exploitant des installations à l'origine du risque et les bailleurs peuvent conclure une convention définissant un programme de relogement dans les cas prévus aux articles L. 515-16 § III ou L. 515-16-1 du code de l'environnement. Une convention règle les contributions financières des parties contractantes (C. envir., art. L. 515-19). Avant la conclusion de cette convention, le droit de délaissement ne peut être instauré, ni l'expropriation poursuivie, sauf nécessité d'une prise de possession immédiate en raison de la gravité du risque potentiel.

On discute la question de savoir si le *délaissement* des lots expropriés dans un immeuble construit sur un terrain compris dans un emplacement réservé en application de l'article L. 123 du code de l'urbanisme, est possible[1].

1. DANS LE SENS DE LA NÉGATIVE : Civ. 3e, 10 mars 1982, *JCP* 1982. II. 11893, note Bernard – Versailles, 28 févr. 1995, *AJPI* 1996. 405 – CEP. : Bernard, art. préc., ss no 255.

§ 5
Protection possessoire

262 État de la question. Le propriétaire d'un lot bénéficie, sans contestation possible, de la protection possessoire. La solution était déjà admise avant que la notion de lot fût nettement dégagée [1]. Toutefois, il importe ici de distinguer entre le trouble causé dans la jouissance des parties privatives et celui affectant celle des parties communes. Le propriétaire, troublé dans la jouissance des parties privatives composant son lot, peut exercer l'action possessoire correspondant à la nature du trouble subi (complainte, réintégrande ou dénonciation de nouvel œuvre selon les cas). Encore faut-il que l'auteur du trouble soit un tiers, car l'exercice des actions possessoires n'est pas admis dans les rapports des copropriétaires entre eux [2].

Si le trouble affecte la jouissance des parties communes, c'est désormais le syndicat, habilité pour agir « en vue de la sauvegarde des droits afférents à l'immeuble », qui a qualité pour intenter les actions possessoires, et ce, à la condition également que l'auteur du trouble, ou de la voie de fait, soit un tiers [3]. Mais les copropriétaires peuvent se joindre à l'action ainsi exercée, car le litige concerne à la fois l'intérêt individuel des copropriétaires et l'intérêt de l'immeuble dans son ensemble.

§ 6
Prescription acquisitive

263 État de la question [4]. Bien que l'hypothèse ne soit pas très fréquente, la prescription acquisitive est admise en matière de copropriété dès lors que les conditions requises sont réunies. Spécialement, il importe que la possession invoquée soit exempte d'équivoque, ce qui est, notamment le cas lorsque les actes de possession sont contraires aux droits des autres copropriétaires [5]. Les juges du fond apprécient souverainement le caractère exclusif de la possession [6]. L'usucapion ne nécessite pas une interversion de titre; la modification du règlement de copropriété n'est donc pas nécessaire.

Un copropriétaire peut même se prévaloir de la prescription abrégée s'il a un juste titre [7], précision faite qu'un droit d'usage et de jouissance ne constitue pas ce titre [8] ni le procès-verbal d'une assemblée qui ne constate aucune décision [9].

Cela dit, la prescription peut s'appliquer à la propriété d'un lot (partie privative et quote-part des parties communes) mais plus souvent, à une partie commune, par exemple une courette [10] et même à un droit de jouissance exclusif sur une partie commune [11]. En revanche, la prescription a été refusée en cas de possession d'une chambre de service accessoire d'un autre lot [12].

La possession étant un fait juridique, il n'y a pas lieu de notifier au syndic l'acquisition par prescription, mais on estime qu'un acte de notoriété ou une décision judiciaire constatant l'acquisition est nécessaire [13].

1. V. Chevalier, comm., *D.* 1939, IV, 79, col. 2 et 3.
2. Civ. 3e, 10 juin 1980, *Gaz. Pal.* 1980. 2. pan. jur. 506, *V[is] Actions possessoires* – Civ. 3e, 6 mars 1991, n° 89-14.374, *Bull. civ.* III, n° 75; *RDI* 1991. 187 et 247; *D.* 1991. 335; *D.* 1992. 131; *RTD civ.* 1991. 565.
3. Paris, 29 nov. 1966, *AJPI* 1967. II. 326.
4. SUR L'ENSEMBLE DE LA QUESTION : Bouyeure, « La prescription en matière de copropriété », *Administrer* juill. 1990, p. 7 – Le Masson, note s[s] Paris, 11 avr. 1996, *Administrer* mai 1997. 48 – CAPOULADE, GIRAUDEL et DROBENKO, *Copropriété dans la cité*, Le Moniteur, p. 114; *JCP* 2003. I. 172, 7, Chron. Périnet-Marquet.
5. Paris, 22 avr. 1992, *RDI* 1992. 368 – Civ. 3e, 26 mai 1993, n° 91-11.185, NP, *RDI* 1993. 411; *Rev. loyers* 1993. 440.
6. Civ. 3e, 26 mai 1993, n° 91-11.185, NP, *RDI* 1993. 411; *Rev. loyers* 1993. 440 – AUSSI : Atias, note *Defrénois* 1998. 811.
7. Paris, 25 juin 1996, *Loyers et copr.* nov. 1996. 440 – Civ. 3e, 30 avr. 2003, n° 01-15.078, *Bull. civ.* III, n° 91; *AJDI* 2003. 768; *D.* 2003. 2047; *RTD civ.* 2003. 523; *Loyers et copr.* 2003. 186, qui décide que les actes de vente des lots constituent le juste titre; *JCP* 2003. I. 172, 7, Chron. Périnet-Marquet.
8. Civ. 3e, 5 oct. 1994, n° 92-15.926, *Bull. civ.* III, n° 167; *AJDI* 1995. 320; *RDI* 1995. 79; *D.* 1997. 245.
9. Civ. 3e, 9 juill. 1997, n° 95-18.854, NP, *RDI* 1997. 622.
10. Paris, 25 janv. 2005, n° 03-18.926, *AJDI* 2005. 314.
11. Civ. 3e, 4 juill. 2007, n° 06-13.264, NP, *D.* 2008. 2803 – Civ. 3[e], 24 oct. 2007, n° 06-19.260, *Bull. civ.* III, n° 183; *D.* 2008. 2458; *RTD civ.* 2008. 693; *Loyers et copr.* 2007. 255 – Paris, 18 nov. 1994, RG n° 93/011844, *Juris-Data* n° 024463, *Loyers et copr.* 1995. 329; *D.* 1997. 243 – EN SENS CONTRAIRE : Paris, 30 avr. 2002, *Loyers et copr.* 2002. 241.
12. Versailles, 15 oct. 1992, RG n° 429/92, *Juris-Data* n° 046180, *Gaz. Pal.* 30 mai 1993. Somm. Versailles.
13. Chron. *RDI* 1993. 411.

CHAPITRE

2. Cession des lots

SECTION 0

ORIENTEUR

Plan du chapitre.

Textes applicables.

• Code de l'urbanisme, art. L. 142-1, L. 211-1, L. 213-1 et L. 313-1.

• Code de la construction et de l'habitation, L. 302-5-1.

• L. n° 65-557 du 10 juillet 1965, fixant le statut de la copropriété des immeubles bâtis art. 42.

Jurisprudence de référence.

• **Civ. 3e, 22 févr. 1989, n° 87-14.841,** *Bull. civ.* III, n° 46.

* V ss n° 275.

« Le fractionnement d'un lot de copropriété entraîne la modification de ses éléments constitutifs, et par conséquent, sa disparition et son remplacement par les différents lots issus du lot primitif ».

Bibliographie indicative.

AUBY et PÉRINET-MARQUET, *Droit de l'urbanisme et de la construction*, Montchrestien, 7e éd. 2004 – LAFOND, *Les diagnostics immobiliers*, Litec 2008.

SECTION 1

CADRE GÉNÉRAL

264 État de la question[1]**.** La cession des lots dépendant d'un immeuble régi par le statut de la

1. SUR L'ENSEMBLE DE LA QUESTION : Bouyeure, « Problèmes posés par l'aliénation d'un lot de copropriété », *Rev. hab. fr.* 1972. 337 – Delessy-Dorvilliers P., « Vente d'un lot en copropriété, Formule », *JCP N* 1996, prat. p. 861 – Lafond, Roux et Stemmer, « Vente d'un lot dépendant d'une copropriété », *Gaz. Pal.*, 22 janv. 1974, Doctr. ▶

copropriété, opération très fréquente, présente néanmoins un certain nombre de particularités qui en font la spécificité.

Traditionnellement, celle-ci s'explique d'abord par la structure même de l'immeuble et ensuite par sa gestion collective.

La structure de l'immeuble, et plus précisément celle des lots issus de la division, a pour conséquence que l'objet de la cession comprend, à la fois et indivisiblement, les parties privatives du lot et la quote-part correspondante des parties communes. Il en résulte un certain nombre de conséquences, spécialement une obligation d'information préalable du syndic en cas de mutation à titre onéreux (v. s[s] n° 311).

La gestion collective de l'immeuble impose l'intervention du syndic qui est tenu à un certain nombre de diligences[1]. Il en résulte aussi que la cession a pour conséquence de substituer l'acquéreur au vendeur dans cette organisation, substitution qui fournit, entre autres, l'occasion d'apurer les comptes de charges du vendeur.

265 Évolution de la législation. La législation récente a introduit d'autres considérations. Et d'abord celle selon laquelle la qualité de copropriétaire tend à s'estomper derrière celle de « consommateur » qui appelle une information renforcée de l'acquéreur que ce soit sur le plan de la superficie exacte du lot vendu ou sur celui de l'état d'entretien de l'immeuble (obligation de communiquer les conclusions du diagnostic technique). Plus récemment sont intervenues des considérations justifiées par un souci de protection de la santé publique (constats amiante, plomb...).

La prise en compte de l'ensemble de ces considérations a pour résultat d'accroître la durée du processus de formation du contrat, et, du même coup, d'assurer la promotion de l'avant-contrat, le tout dans le cadre de la protection de l'acquéreur immobilier (v. not. loi dite SRU)[2].

266 Énoncé des restrictions à la liberté de cession. Au principe de la liberté de céder les lots d'un immeuble en copropriété des restrictions peuvent d'abord être apportées par la *loi*; tel est, notamment, le cas lorsque celle-ci institue un *droit de préemption* au profit de certaines personnes publiques ou privées. Mais ces restrictions peuvent aussi être le résultat de *clauses du règlement de copropriété* avec cette précision que celui-ci ne peut instituer un droit de préemption ni au profit du syndicat ni au profit d'un copropriétaire; sous réserve des dispositions nouvelles introduites par la loi n° 2009-323 (art. 20) qui a inséré un article 8-1 dans la loi du 10 juillet 1965 dans certains cas de vente de lot à usage de stationnement.

Il faut aussi tenir compte des formalités dont la cession est assortie (v. section 2).

§ 1 Restrictions à la liberté de cession résultant de la loi

267 Les différents droits de préemption. L'institution de droits de préemption est une caractéristique de la législation récente en matière d'urbanisme ainsi que dans le domaine des rapports locatifs. Or, précisément, ils affectent d'une manière non négligeable le libre droit de cession des lots de copropriété lorsqu'ils s'appliquent à ceux-ci.

Les interdictions d'aliéner peuvent aussi résulter de plans de sauvegarde ou de mise en valeur prévus et réglementés par les articles L. 313-1 à L. 313-3 du code de l'urbanisme (v. spéc. C. urb., art. L. 313-1, al. 3)[3].

268 Droits de préemption en matière d'urbanisme. Ils sont essentiellement destinés à permettre à l'administration d'acquérir des *sols* dans le cadre de sa politique d'urbanisme, remplissant ainsi la même fonction que l'expropriation.

L'administration dispose du droit de préemption sous la forme du droit de préemption urbain, dans les zones d'aménagements différé et dans les espaces naturels sensibles[4].

L'essentiel du dispositif du droit de *préemption urbain* figure aux articles L. 211-1 s., L. 213-1 s., R. 211-1 s. et R. 213-1 s. du code de l'urbanisme et à l'article L. 302-5, 1 du code de la construction et de l'habitation[5].

► – Lafond, Roux, « Vente des lots de copropriété. Panorama de jurisprudence », *JCP N* 2000. 1675; « Fiche pratique », *JCP N* 2001. 462 – Malherbe, « Cession de lot et copropriété », *Le Tout Lyon et le Monit. judic.* 1969. 1329 – Souleau, « Le droit de disposer d'un lot dans un immeuble en copropriété », in *Mélanges Flour*, p. 409 – Viatte, « Vente d'un lot dépendant d'une copropriété », *Journ. not.* 1967. 385; « De la vente des lots en copropriété », *Rev. loyers* 1974. 1.

1. Guillot, « Les activités du syndic, en cas de vente d'un lot », *Administrer* juin 1991, 9 – Boyer, « La gestion de la vente amiable d'un lot de copropriété », *Administrer* mai 1999. 23.
2. V. Cohet-Cordy, *AJDI* 2004. 615 s.
3. V. Auby et Périnet-Marquet, *Droit de l'urbanisme et de la construction*, Montchrestien, 7e éd., n°s 552 s. – Dahan « Les droits de préemptions », *Gaz. Pal.* 13 juin. 2003, Doctr.
4. POUR L'ÉTUDE de ces différents droits, il convient de se référer aux ouvrages spécialisés NOT. : Auby et Périnet-Marquet, *Droit de l'urbanisme et de la construction*, Montchrestien, 7e éd., à jour de la L. 13 déc. 2000, n°s 613 s.
5. L. n° 85-729, 18 juill. 1985 – *Ibid.* n°s 614 s. – Struillon, « Le droit de préemption urbain à la croisée des chemins », *RDI* 2008. 304 s.

Le dispositif des *zones d'aménagement différé* (Zad) avait été mis en place par la loi n° 85-729 du 18 juillet 1985 (qui s'était substituée à la loi du 26 juillet 1962, instituant ces zones), modifiée à plusieurs reprises notamment par la loi n° 89-550 du 2 août 1989 et par la loi d'orientation pour la ville du 13 juillet 1991[1].

Le droit de préemption dans les *espaces naturels sensibles* fait l'objet des articles L. 142-1 s. et R. 142-1 s. du code de l'urbanisme[2].

Les immeubles bâtis soumis au statut de la copropriété sont concernés par le droit de préemption urbain et par celui institué dans les Zad[3]. En revanche, le droit de préemption dans les espaces naturels sensibles ne peut en principe s'appliquer qu'à des terrains non bâtis.

Sur la préemption d'un local accessoire constituant une partie privative - par exemple, un garage - même si le vendeur ne possède aucun autre lot dans l'immeuble, v. rép. min. 18 avr. 1988[4].

Un arrêt de la cour de Paris du 23 novembre 2000[5] précise que le titulaire du droit de préemption (en l'espèce la ville de Paris) est propriétaire à la date où il a notifié au copropriétaire sa décision d'exercer son droit et que c'est à cette date qu'il est débiteur des charges. Sur les procédures de préemption[6]. En outre, la loi n° 2009-256 du 12 mai 2009[7] a ouvert un droit de préemption en cas de cession du droit de surélever dans les zones prévues par l'article L. 211-1 du code de l'urbanisme (v. s[s] n°s 1149 et s.).

Bien qu'il porte sur des biens meubles (cessions de fonds de commerce et artisanaux, cession de droit au bail), le droit de préemption institué au profit des communes par la loi n° 2005-882 du 2 août 2005, modifiée par la loi du 4 août 2008 (dite loi LME)[8] est de nature à influer sur les rapports au sein du syndicat des copropriétaires, notamment quant au respect du règlement de copropriété (extension à des terrains par la loi de 2008)[9].

269 Droits de préemption institués dans les rapports locatifs. Le droit des rapports locatifs, dans le domaine des locaux d'habitation ou des locaux à usage mixte professionnel et d'habitation a institué au profit des locataires des droits de préemption dont l'exercice est de nature à affecter le libre droit de cession des lots de copropriété[10].

270 Le premier de ces droits de préemption résulte de la loi n° 75-1351 du 31 décembre 1975, relative à la protection des occupants des locaux à usage d'habitation[11] qui, en son article 10, a institué au bénéfice des locataires et occupants de bonne foi, un *droit de préemption en cas de division ou de subdivision de l'immeuble* comprenant des logements loués. Cet article, complété par le décret n° 77-742 du 30 juin 1977 a été modifié à plusieurs reprises : d'abord par la loi n° 80-1 du 4 janvier 1980, puis par les lois n° 82-526 du 22 juin 1982, n° 94-624 du 21 juillet 1994 et n° 2000-1208 du 13 décembre 2000[12].

271 Le second de ces droits de préemption aménagé au bénéfice des seuls locataires avait été institué par l'article 11 de la loi n° 82-526 du 22 juin 1982[13], *mais* dont les dispositions ont été reprises d'abord par la loi du 23 décembre 1986 pendant la période transitoire qu'elle instituait, puis, à titre permanent, par la loi n° 89-462 du 6 juillet 1989[14] (art. 15. II) elle-même modifiée par la loi n° 94-624 du 21 juillet 1994 et n° 2000-1208 du 13 décembre 2000[15]. Ses relations avec le statut de la copropriété sont moins étroites que celles qui résultent du précédent. En effet, ce droit de préemption, qui n'est applicable que dans le cadre des locations elles-mêmes régies par la loi du 6 juillet 1989, bénéficie au locataire auquel un congé a été notifié aux fins de vendre les locaux loués. Le statut de la copropriété n'est donc pas directement en cause. Simplement si les locaux loués (qu'ils soient à usage d'habitation ou à usage mixte professionnel ou d'habitation) constituent un lot dans un immeuble soumis à ce statut, la cession de ce lot ne pourra être consentie à un tiers que si le droit de préemption reconnu au locataire a été « purgé ».

1. *Ibid.* n°s 620 s.
2. *Ibid.* n°s 627 s.
3. V. Dutrieux, « Droit de préemption urbain et copropriété », *JCP N* 2003. I. 1553.
4. Rép. min., QE, *JOAN Q* 18 avr. 1988.
5. Paris, 23 nov. 2000, RG n° 1999/09984, *AJDI* 2001. 257.
6. V. Auby et Périnet-Marquet, *op. cit.*, n° 638.
7. L. n° 2009-526, 12 mai 2009 de simplification et de clarification du droit et d'allègement des procédures, *JO* 13 mai, p. 7920.
8. L. n° 2008-776, 4 août 2008 de modernisation de l'économie, *JO* 5 août, p. 12471.
9. Boituzat, « Le droit de préemption des communes sur les cessions de fond de commerce et artisanaux et les baux commerciaux », *RDI* 2008. 313.
10. SUR CES DROITS de préemption : Dagot et Lepeltier, *Droit de préemption du locataire d'habitation*, Litec, 1984 – Lafond, Roux, *Les baux d'habitation*, Litec, 7e éd., 2007, n°s 1209 s.
11. L. n° 75-1351, 31 déc. 1975 relative à la protection des occupants des locaux à usage d'habitation.
12. SUR CE DROIT de préemption : J.-CL. COPR., fasc. 116, 118 – J.-CL., BAIL À LOYER, fasc. 234, Monéger, « Vente par lots ou par appartements et la loi du 31 décembre 1975 », *Loyers et copr.* janv. 2006. Étude 2.
13. L. n° 82-526, 22 juin 1982.
14. L. n° 89-462, 6 juill. 1989.
15. SUR CE DROIT de préemption : J.-CL. COPR., fasc. 110, 112 – J.-CL. BAIL À LOYER, fasc. 134 – Puygauthier, « Le congé pour vendre », *Defrénois* 2002, n° 10, p. 653; et *Defrénois*, n° 11, p. 727 – Hallard, « L'accord collectif de location du 16 mars 2005 », *IRC* sept. 2007. 16.

De telle sorte que le principe de la liberté du droit de céder est applicable si le lot est vendu occupé par le locataire auquel aucun congé n'a été notifié. C'est en ce sens que l'on a pu dire que le droit de préemption de l'article 15-II de la loi du 6 juillet 1989 est lié au mécanisme du congé.

272 Le troisième de ces droits de préemption, en cas de « vente à la découpe », résulte de la loi nº 2006-685 du 13 juin 2006[1]. Ce texte concerne la vente d'un immeuble, comportant plus de dix logements à usage d'habitation ou usage mixte (professionnel et habitation), en bloc et en une seule fois, sans que l'acquéreur s'engage à proroger les baux en cours à la date de la vente pour une durée de six ans à compter de la signature de l'acte authentique. La notification au locataire indique le prix et les conditions de la vente de la totalité de l'immeuble, le prix et les conditions de la vente du logement concerné, et comporte en annexe le règlement de copropriété et le diagnostic technique. En outre, la commune est aussi informée de la vente en vue d'exercer éventuellement son droit de préemption[2].

§ 2
Restrictions à la liberté de cession résultant du règlement de copropriété

273 Problème de la validité de ces clauses – Évolution de la jurisprudence. On peut parfaitement concevoir que des restrictions soient apportées par le règlement de copropriété à la liberté pour chaque copropriétaire de céder son lot. Ainsi, par exemple, peuvent se justifier les clauses interdisant de procéder à la division du lot préalablement à sa cession ou encore celles interdisant de céder les locaux accessoires (caves, greniers, chambres de domestiques...) indépendamment des locaux dont ils dépendent. Ces clauses ont, en effet, pour résultat d'éviter un accroissement excessif du nombre des copropriétaires ce qui est tout à fait légitime. Simplement et conformément au principe posé par l'article 8 alinéa 2 de la loi du 10 juillet 1965, ces clauses doivent être justifiées par la destination de l'immeuble.

Mais, précisément, la Cour de cassation avait adopté à propos de l'interprétation de cette condition, une position de principe dont l'application littérale était de nature à entraîner la nullité de toutes les clauses apportant des restrictions au droit de tout copropriétaire de disposer librement de son lot. En effet, par deux arrêts rendus le 17 juillet 1972[3] et le 6 mars 1973[4] elle avait estimé, en se fondant sur la rédaction donnée à l'article 9 de la loi du 10 juillet 1965, que les restrictions que peut justifier la destination de l'immeuble, ne concernaient que le droit d'usage et de jouissance des parties privatives et des parties communes à l'exclusion du droit de disposer des « parties privatives », qui, lui, devait être entièrement libre.

Cette position, trop dogmatique, était excessive. Aussi bien, la Cour de cassation, en avait atténué la portée, spécialement relativement aux clauses portant *interdiction de division*. Toutefois, à propos des mêmes clauses, des décisions plus récentes font preuve de plus de réticences pour en admettre la validité, si bien que le principe désormais posé est que la division des lots relève de la liberté des copropriétaires intéressés, sauf en ce qui concerne la modification de la répartition des charges et sous réserve de ne pas être contraire à la destination de l'immeuble[5].

Mais il existe d'autres clauses restrictives que celles stipulant l'interdiction de diviser dont la pratique révèle l'existence. Il convient dès lors de les examiner séparément, compte tenu de la directive ainsi donnée à propos de la division des lots qui, incontestablement se révèle être la plus fréquente.

274 Clauses d'inaliénabilité. Il n'existe pas de difficulté pour dire que les clauses d'inaliénabilité, même stipulées d'une manière temporaire, ne sont pas valables, car, ici, c'est le droit commun et plus précisément le principe de la libre disposition des biens qui est en cause[6].

Une réserve doit toutefois être apportée à propos des clauses de cette nature affectant des lots donnés ou légués et satisfaisant aux conditions posées par l'article 900-1 ajouté au code civil par la loi nº 71-526 du 3 juillet 1971. Aux termes de ce texte, l'inaliénabilité affectant un bien donné ou légué n'est valable que si elle est temporaire et justifiée par un intérêt sérieux et légitime. Et même dans ce cas, le donataire ou le légataire peut être judiciairement

1. *JO* 14 juin, p. 8944.
2. Lafond, Roux, *Les baux d'habitation*, Litec, 7e éd., nos 1421 s., sur les références de doctrine – Canu, « La vente à la découpe donne naissance à un nouveau droit de préemption du locataire d'habitation », *Administrer* août-sept. 2006, p. 26 s.
3. Civ. 3e, 17 juill. 1972, nº 71-11.248, *Bull. civ.* III, nº 463; *D.* 1972. 727, note E. F.; *JCP* 1972. II. 17241, note Guillot; *Gaz. Pal.* 1973, I, 73, act. jur. 1973. 316; *Journ. not.* 1973. 695, note Viatte; *Rec. gén. lois* 1973. 103, note Désiry; *Rev. loyers* 1972. 534, note Berthault; *RTD civ.* 1973. 148, obs. Bredin; *Defrénois* 1973. 457, note Souleau.
4. Civ. 3e, 6 mars 1973, nº 72-10.714, *Bull. civ.* III, nº 170, 123, *Gaz. Pal.* 1973. 2, 497; *JCP* 1973. IV. 151.
5. Civ. 3e, 26 mai 1988, nº 86-19.350, *Bull. civ.* III, nº 454; *D.* 1989. 421, note Atias.
6. EN CE SENS : Cabanac, « La destination de l'immeuble d'après la loi du 10 juill. 1965 », *IRC* 1965. 652 – KISCHINEWSKY-BROQUISSE, nº 229.

autorisé à disposer du bien si l'intérêt qui avait justifié la clause a disparu ou s'il advient qu'un intérêt plus important l'exige. Aux conditions ainsi imposées, il semble qu'il faille ajouter celle que le bien donné ou légué ne soit pas compris dans la réserve du gratifié.

275 Division des lots – Données de la question. En général, l'opération se situe dans le cadre de la possibilité pour le copropriétaire de céder (ou de louer) une ou des fractions du lot divisé.

Dans son principe, cette possibilité ne semble susciter aucun doute. Elle est reconnue par l'article 11 de la loi du 10 juillet 1965 qui fait expressément allusion à l'*aliénation séparée d'une ou de plusieurs fractions d'un lot*. De son côté l'article 4 du décret du 17 mars 1967, fait état de l'acte portant transfert de la propriété *d'un lot* ou *d'une fraction* de celui-ci.

Cependant, si l'on y réfléchit, la réalisation de l'opération pose un certain nombre de questions.

D'abord sur le plan de l'analyse théorique, la doctrine de la Cour de cassation est que la division d'un lot entraîne sa disparition et la création de nouveaux lots issus du fractionnement du lot initial[1]. Une modification du règlement de copropriété et de l'état descriptif de division s'impose. Aux nouveaux lots des tantièmes de copropriété et de charges doivent être affectés, ce qui implique également une modification de l'état de répartition des charges. Enfin, il y a tout lieu de penser que la division des lots peut se révéler contraire à la destination de l'immeuble en multipliant de manière excessive le nombre de logements ou en créant un déséquilibre entre les différentes catégories de locaux[2].

Dans ces conditions, il était impossible de s'en tenir à la position adoptée par la Cour de cassation dans ses arrêts précités (v. s^s n° 289) du 17 juillet 1972 et du 6 mars 1973 qui proclamaient la liberté de la cession. Des arrêts ultérieurs de la 3e chambre civile du 18 mai 1988 et du 5 juillet 1989 ont donc opportunément précisé les conditions de la division, d'une part en décidant (arrêt du 18 mai 1988)[3] que si la division relève de la liberté des copropriétaires intéressés, c'est « sauf en ce qui concerne la modification de la répartition des charges » et d'autre part (arrêt du 5 juill. 1989)[4] que le syndicat des copropriétaires peut s'y opposer si la division est contraire à la destination de l'immeuble.

276 Division des lots (suite) – État actuel de la question[5]. Finalement la division d'un lot est soumise à trois conditions.

La jurisprudence de la Cour de cassation déniant tout caractère contractuel à l'état descriptif de division a pour résultat de supprimer la condition qui était tirée de l'impossibilité de remettre en cause ce document[6].

La première est que la division soit matériellement possible en ce sens que les parties privatives de chaque lot aient un accès direct et immédiat aux parties communes.

La deuxième est qu'il soit procédé à la répartition des charges entre les nouveaux lots. Elle peut être fixée par le règlement de copropriété. Sinon, elle est soumise à l'assemblée générale statuant à la majorité simple, ce qui suppose qu'elle soit saisie d'un projet de répartition[7]. À défaut de décision prise dans ces conditions, le tribunal peut procéder à la nouvelle répartition rendue nécessaire (L. 10 juill. 1965, art. 11). Le syndic ne peut le faire de sa propre autorité. Les dispositions de l'article 10, *in fine*, permettent d'utiliser la même méthode de calcul pour harmoniser la répartition.

La troisième condition est que la division soit conforme à la destination de l'immeuble dont l'appréciation est faite souverainement par les juges du fond sous réserve d'une insuffisance des motifs justifiant le grief de défaut de base légale (v. s^s n° 196). Pour concrétiser cette condition, on peut d'abord supposer que le règlement de copropriété interdit la division (dérogeant au principe de la libre disposition des lots, elle doit être interprétée strictement[8]). Cette clause a pu être jugée non conforme à la destination de l'immeuble s'il s'agit d'une copropriété d'importance réduite qui ne permet pas une subdivision indéfinie des parties privatives et qui ne comporte pas de locaux accessoires (garages, débarras, caves) en nombre suffisant[9]. Elle a pu être jugée non conforme à la destination d'un immeuble de « très belle facture », situé dans un quartier résidentiel et dont la division de vastes appartements altérerait la qualité de vie des occupants[10].

1. Civ. 3e, 22 févr. 1989, n° 87-14.841, *Bull. civ.* III, n° 46; *D.* 1990. 128; *IRC* nov. 1989. 363, obs. Capoulade.
2. PAR EXEMPLE : Civ. 3e, 4 mai 1995, n° 93-10.785, NP, *RDI* 1995. 588; *Loyers et copr.* 1996. 332.
3. Civ. 3e, 18 mai 1988, n° 86-18.499, NP, *D.* 1989. 421, note Atias; *IRC* 1988. 369.
4. Civ. 3^e, 5 juill. 1989, n° 88-10.028, *Bull. civ.* III, n° 154; *AJDI* 1990. 21; *D.* 1990. 128; *RTD civ.* 1992. 146.
5. Vigneron, « La division de lot », *IRC* avr. 2008. 21.
6. Capoulade, *op. cit.*, *RDI* 1995. 449.
7. Civ. 3^e, 6 oct. 1999, n° 98-10.924, *Bull. civ.* III, n° 197; *AJDI* 2000. 321; *RDI* 2000. 237; *Administrer* 2000, 48, note Capoulade.
8. Versailles, 24 janv. 1989, RG n° 4799/87, *Juris-Data* n° 040340, *Gaz. Pal.* 1989. 2. Somm. 410; *RDI* 1989. 501.
9. Civ. 3e, 10 mars 1981, n° 79-12.950, *Bull. civ.* III, n° 52; *RDI* 1981. 412; *Administrer* nov. 1981. 21.
10. Paris, 19 nov. 1987, *RDI* 1988. 239.

La question s'est posée à propos de l'interdiction de diviser un lot constitué par une villa dans une copropriété de grand luxe en vingt-deux studios et six bureaux[1].

On peut, à l'inverse supposer que le règlement de copropriété prévoit la possibilité pour l'assemblée générale d'autoriser la division ou qui, sans condition, autorise expressément la division des lots. La conformité de la division à la destination l'immeuble est toujours recherchée, la charge de la preuve incombant à ceux qui la contestent[2].

En l'espèce, le lot subdivisé était un lot à usage de garage dont on avait fait 292 lots nouveaux, chacun consistant en un emplacement de stationnement; cette subdivision a été considérée comme n'emportant aucun bouleversement dans l'équilibre et le fonctionnement du syndicat et donc conforme à la destination de l'immeuble. M. Bouyeure émet des réserves sur cette solution[3].

Si le règlement de copropriété ne contient aucune stipulation particulière, la division est opérée librement mais sous réserve de sa conformité à la destination de l'immeuble[4]. Sur l'incidence d'un droit de jouissance privatif (v. s^s n° 104).

277 Clauses portant interdiction de céder des lots à d'autres qu'aux propriétaires. Ces clauses s'appliquent, en général, aux lots accessoires tels que caves, greniers, emplacements de stationnement, chambres de domestiques pour stipuler que ceux-ci ne pourront pas être cédés à d'autres personnes qu'à des copropriétaires ou, ce qui revient d'ailleurs au même, qu'ils devront être cédés en même temps que les lots principaux[5].

Une clause identique stipulée à l'effet d'interdire la location de ces lots à des personnes étrangères à la copropriété a été jugée valable[6].

La nullité de ces clauses ne faisait aucun doute au lendemain des arrêts précités (v. s^s n° 273) de la Cour de cassation de 1972 et de 1973 puisque précisément ils avaient été rendus à propos de l'application de clauses de cette nature. Ici encore, des atténuations ont été apportées à cette solution trop absolue (et qui avait été critiquée[7]). De telles clauses peuvent, en effet, trouver leur justification par la destination de l'immeuble qu'elles contribuent à maintenir, spécialement s'il s'agit d'un immeuble de luxe[8].

278 Clauses d'agrément et de préemption. Les solutions qui viennent d'être dégagées doivent être appliquées aux clauses d'agrément et de préemption qui d'ailleurs peuvent être considérées comme le complément de celles qui font l'objet du numéro précédent. Réputées non écrites à la suite de la jurisprudence de la Cour de cassation consécutive à ses arrêts de 1972 et de 1973[9], on voit mal comment le respect de la destination de l'immeuble pourrait les justifier[10]. L'agrément risque, en effet, de conduire à la ségrégation; mais il permet de s'assurer de l'honorabilité et de la solvabilité de l'acquéreur. En outre, la préemption peut permettre des regroupements de majorité et susciter des antagonismes. Dans son dernier état, la jurisprudence de la Cour de cassation admet cependant la validité d'une clause de préférence si elle se justifie par la destination de l'immeuble, dont l'appréciation relève de la souveraineté des juges du fonds[11].

279 Clause instituant un droit de priorité (aire de stationnement)[12]. La loi n° 2009-323 du 25 mars 2009[13] apporte dans son article 20 une exception à ces solutions en introduisant un article 8-1 dans la loi du 10 juillet 1965. Dans le louable souci d'humaniser l'urbanisme, le législateur s'est préoccupé de favoriser le stationnement du véhicule à proximité de l'habitation ou de l'activité des copropriétaires. L'article 8-1 autorise, à cet effet, le règlement de copropriété, sous certaines conditions, à

1. Civ. 3e, 8 déc. 1976, n° 75-13.290, *Bull. civ.* III, n° 454; *JCP N* 1977. II. 184, note Atias; *Administrer* mai 1977. 37; *Defrénois* 1977. 1324; *Gaz. Pal.* 1978. 1, 70.
2. Civ. 3e, 26 mai 1988, n° 86-19.350, *Bull. civ.* III, n° 98; *D.* 1988. 421, note Atias; *IRC* 1988. 389, note Capoulade.
3. Civ. 3e, 4 févr. 1987, *D.* 1987. 541, note Atias; *RDI* 1988. 238; *Gaz. Pal.* 1988. 1. Doctr. 95; *Gaz. Pal.* 1988. 1 Doctr. 95.
4. Capoulade, art. préc., *RDI* 1995, spéc. 452.
5. Paris, 3 nov. 2005, RG n° 04/24664, *Loyers et copr.* 2006. 90.
6. Paris, 27 avr. 1984, *Juris-Data* n° 022957, *D.* 1984. IR 385.
7. V. Laporte et Morand, « Préjudices résultant des ventes isolées des chambres de services dans un immeuble en copropriété », *Gaz. Pal.* 1977. 1 Doctr. 213.
8. EN CE SENS : Paris, 1er mars 1974, *Juris-Data* n° 235120, *JCP* 1977. II. 18740, note Atias – Reims, aud. sol., 3 févr. 1977, *JCP N* 1977. II. 139, note Atias; *JCP* 1978. II. 18848; *JCP* 1979. II. 19017, note Guillot – Civ. 3e, 10 mars 1981, n° 79-12.950, *Bull. civ.* III, n° 52; *RDI* 1981. 412; *Administrer* nov. 1981. 21 (v. s^s n° 203) – Civ. 3e, 4 juin 1998, n° 96-16.452, *IRC* 1999, *RDI* 1998. 416.
9. POUR une clause d'agrément : Civ. 3e, 17 juill. 1972, II, 17241, note Guillot; *D.* 1972. 727, note E. F.; *Rev. loyers* 1972. 534, note Berthault.
10. DANS LE SENS de la nullité d'une clause de préemption : Civ. 3e, 29 mai 1979, n° 78-11.530, *Bull. civ.* III, n° 118; *D.* 1979. 549, note E. E. F.; *JCP N* 1979. II. 237; *Journ. not.* 1980. 208, note J. V. – KISCHINEWSKY-BROQUISSE, n° 232.
11. POUR une clause de préférence : Civ. 3e, 9 juin 2010, n° 09-14.206, *Bull. civ.* III, n° 116 – Civ. 3e, 17 févr. 2011, n° 10-14.015, NP.
12. Atias, *AJDI* 2009. 284 et *Ann. loyers* 2009-959 – Capoulade, *JCP N* 2011 à paraître – Gélinet, *Rev. loyers* 2009-207 – Lafond, *JCP N*, 2009-224 – Périnet-Marquet, *Constr. urb.* 2009. Étude 6 – Rouzet, Feigna et Becqué-Deverre, *Defrénois* 2009-2061 – Vigneron, *Loyers et copr* 2009. Étude 6.
13. *JO* 27 mars, p. 5408.

prévoir une clause attribuant un *droit de priorité aux copropriétaires à l'occasion de la vente de lots exclusivement à usage de stationnement* au sein du syndicat.

Cette disposition enserre son application dans des conditions précises et d'interprétation stricte en raison de son caractère dérogatoire :

– « Le règlement de copropriété peut prévoir une clause attribuant un droit de priorité aux copropriétaires à l'occasion de la vente de lots exclusivement à usage de stationnement au sein de la copropriété ». Cette faculté est ouverte aux règlements nouveaux, mais si elle n'est pas prévue dès l'origine, elle ne pourra être introduite qu'à l'unanimité, l'article 26 ne concernant que les choses communes. En revanche, il semble bien que les règlements antérieurs puissent bénéficier de la pérennisation des adaptations à la majorité de l'article 24, du moins si la condition relative au permis de construire et aux exigences des documents d'urbanisme se trouvent remplies (v. ci-dessous).

– L'immeuble a dû être construit selon un permis de construire délivré conformément à un plan local d'urbanisme ou d'autres documents d'urbanisme imposant la réalisation d'aires de stationnement. Si le PLU n'existe que depuis la loi SRU du 13 décembre 2000, mais « d'autres documents d'urbanisme » ont pu formuler la même exigence; il convient, sans doute, entendre par là les POS, les PAZ, les SDAU et les SCOT...; néanmoins, une question de qualification et d'interprétation pourrait s'instaurer devant le juge administratif. En tout cas, le bénéfice de cette disposition paraît exclu pour les constructions irrégulières (non conformes à un permis) ou antérieures à l'institution du permis de construire.

– Il importe peu que les aires de stationnement se situent en infrastructure, en surface ou en superstructure, dès lors qu'elles se trouvent « au sein de la copropriété ».

– Le droit de priorité ne s'exerce qu'à l'occasion de la « vente de lots exclusivement à usage de stationnement » cette formulation suppose une autonomie du lot par rapport à d'autres lots, notamment à l'appartement, au magasin ou au bureau, par exemple. Il faut que ce soit un lot de copropriété, ce qui exclut le droit de jouissance sur parties communes.

Ces conditions de fond étant satisfaites, l'article 8-1 règle les modalités de mise en œuvre de ce droit. Un processus complexe et onéreux s'ouvre lorsque le propriétaire du lot décide de vendre.

– Préalablement à la conclusion de toute vente, le vendeur doit faire connaître au syndic, par lettre recommandée avec demande d'avis de réception, son intention de vendre, avec indication du prix et des conditions de la vente. On peut présumer que la Cour de cassation donnera à cette expression la même signification qu'en matière de la préemption par le locataire d'habitation ou par l'autorité publique. Toute négociation se trouve ainsi exclue.

– Le syndic transmet cette information, sans délai, à chaque copropriétaire par lettre recommandée avec demande d'avis de réception, aux frais du vendeur. Le syndic reçoit ainsi une nouvelle mission impliquant frais et débours qui ne devraient pas relever des charges communes pouvant entrer dans le champ du privilège spécial immobilier occulte. Il s'agit d'une mission extérieure au mandat de gestion du syndic. En raison de sa nature, sa rémunération ne paraît donc pas relever des prestations particulières énumérées au contrat de syndic.

– Cette information vaut offre de vente pendant une durée de deux mois à compter de sa notification. Une ambiguïté naît entre les deux phrases de l'alinéa 3. La « transmission » de l'offre se fait-elle sans formalité particulière ou bien s'agit-il d'une « notification » soumise au formalisme de l'article 64 du décret de 1967 ? Cette dernière solution doit être retenue pour fixer le point de départ d'un délai. Ainsi s'instaure une véritable course entre les amateurs, dont le point de départ peut varier selon la date de réception de l'offre.

On peut redouter que, dans un syndicat comprenant de nombreux lots, le coût de l'offre se montre dissuasif et entraîne une rétention ou une augmentation du prix ou encore qu'il conduise à la location et non à la vente. Il n'élude pas l'accaparement par un seul ou par un groupe. Il n'est enfin assorti d'aucune sanction, laissant au juge le soin d'appliquer le droit des obligations.

L'article 8-1 ne règle pas le retour de l'information. Il abandonne les modalités de l'acceptation de l'offre à la sphère contractuelle. Le règlement de copropriété ou encore les conditions de l'offre peuvent contenir d'utiles précisions. Les amateurs auront donc le plus grand intérêt à se ménager la preuve de leur réponse.

À l'expiration du délai de deux mois, l'offre est frappée de caducité. Si aucun autre copropriétaire ne s'est manifesté, le vendeur dispose librement de son lot[1].

280 **Réunion de lots.** L'opération est possible toujours sous la même limite d'absence d'atteinte à la destination de l'immeuble et aux droits des autres copropriétaires[2]. Il faut en outre que les lots à réunir soient contigus, ce qui est logique[3]. Si ces conditions sont remplies le syndicat ne peut s'opposer à la réunion des lots.

1. Rép. min., n° 4844, *JOAN* 20 oct. 2009, p. 9924.
2. Paris, 17 mars 2005, n° 2004/10422, *AJDI* 2005. 582; *Loyers et copr.* 2005. 123.
3. Capoulade, art. préc., p. 453, col. 1.

En application du principe ainsi posé, un arrêt déclare un copropriétaire fondé à procéder, sans que le syndicat puisse l'en empêcher, à l'aménagement d'un escalier intérieur pour faire communiquer entre eux deux lots correspondants l'un à un appartement en rez-de-chaussée, l'autre à un local et à une cave du premier sous-sol destinés à rester à usage de débarras et situés en-dessous de l'appartement. À juste titre, M. Lafond émet des réserves sur cette décision car il semble bien que l'autorisation de l'assemblée générale eût été nécessaire en application de l'article 25 b de la loi du 10 juillet 1965[1].

Une modification de l'état descriptif de division s'impose. C'est au copropriétaire des lots réunis d'y procéder[2].

SECTION 2
FORMALITÉS DE LA CESSION

281 Formalités particulières à la cession des lots dépendant des immeubles en copropriété[3]. Conformément à la pratique suivie en matière de vente immobilière, l'acte portant cession d'un lot dépendant d'un immeuble en copropriété est passé devant notaire et contient les mentions habituelles aux actes de cette nature. C'est ainsi que le lot cédé doit faire l'objet d'une désignation précise, mentionnant son numéro, sa destination et les (tantièmes) quotes-parts de parties communes qui lui sont affectées et ce, par référence à l'état descriptif de division.

Mais dans le dessein de prévenir les difficultés dont la cession d'un lot risque d'être l'occasion, la loi du 10 juillet 1965 et le décret du 17 mars 1967 ont prévu, par des dispositions impératives, l'accomplissement de formalités particulières.

Les unes sont destinées à informer l'acquéreur; les autres tendant à l'information du syndic en vue de l'accomplissement des diligences particulières auxquelles il est tenu[4].

1. Versailles, 28 oct. 1990, *D.* 1992. Somm. 132, note Lafond.
2. KISCHINEWSKY-BROQUISSE, n° 235.
3. Prohasza, « La cession d'un lot de copropriété : s'informer pour informer », *Administrer* juin 2005. 14 – Cohet-Cordey, « La cession d'un lot de copropriété : contractualiser pour prévenir », *Administrer* juin 2005. 20.
4. Guillot, « Les activités du syndic en cas de vente de lot », *Administrer* juin 1991, 9 – Maurocq, « Les obligations du syndic à l'occasion de la vente d'un lot », *Administrer* nov. 2000. 8 – Lafond, « Vente d'un lot de copropriété à une date proche d'une réunion d'assemblée », *JCP N* 1995, prat. 1059 – Mantelet, « Théorie et pratique de la gestion des mutations de lots », *Administrer* févr. 1996. 4 – Lafond, « Vente de lot – Fiche pratique », *JCP N* 2001, prat. 462.

§ 1
Formalités destinées à informer l'acquéreur[5]

282 Distinction. Dans l'optique « consumériste » qui, aujourd'hui, est celle du droit de la vente et plus spécialement de la cession de lots d'immeubles soumis au statut de la copropriété, ces formalités sont nombreuses car elles poursuivent plusieurs objectifs[6]. Les unes concernent plus particulièrement l'immeuble et le lot qui fait l'objet de la vente; d'autres ont pour objet d'assurer l'opposabilité à l'acquéreur des actes concernant l'immeuble, enfin il convient que l'acquéreur soit informé des engagements dont le vendeur peut être tenu vis-à-vis du syndicat.

A.
Informations relatives à l'immeuble et au lot cédé[7]

283 Contenu de ces informations. On peut d'abord faire état, bien qu'elles ne concernent pas spécialement la cession des lots de copropriété, des informations dictées par des considérations de protection de la santé (1). Ce sont, ensuite les informations concernant l'état matériel de l'immeuble (2), enfin il faut faire mention de l'obligation de mentionner la superficie de la partie privative du lot ou de la fraction du lot vendu (3).

1°
Informations dictées par des considérations de protection de la santé

284 Énumération. Répondent notamment à cette préoccupation : le dispositif amiante, la protection contre les termites et autres insectes xylophages, la lutte contre le saturnisme, les installations intérieures de gaz naturel, l'état des risques naturels et technologiques, le diagnostic de performance énergétique, l'état de l'installation électrique, la détection des fumées. Depuis une dizaine d'années, une multitude de textes législatifs et réglementaires ont imposé au vendeur de fournir à l'acquéreur d'un bien immobilier divers constats, états et diagnostics afin de le renseigner sur l'état sanitaire et matériel du bien. La grande dispersion des sources ne facilitait pas le respect de ces obligations et nuisait à l'efficacité des dispositifs mis en place. L'ordonnance n° 2005-655 du 8 juin 2005 relative au logement et à la construction, prise en

5. Lafond, *Les diagnostics immobiliers*, Litec 2008.
6. Jean, « Panorama de jurisprudence sur les obligations de recherche et d'information du vendeur d'immeuble (termites, amiante, plomb) », *Defrénois* 2006. 1274.
7. Périnet-Marquet, « L'impact de la loi SRU sur la vente immobilière », *JCP N* 2001, p. 533.

application de la loi d'habilitation n° 2004-1343 du 9 décembre 2004 sur la simplification du droit, a heureusement rassemblé l'ensemble de ces informations dans un document unique, le *dossier de diagnostic technique*. En outre, cette ordonnance a précisé les critères à remplir par les personnes habilitées à délivrer les documents. Dans le cadre de ce traité, on se bornera à signaler les textes essentiels et les principaux commentaires qu'ils ont provoqués [1].

285 Le dossier de diagnostic technique [2]. Selon les dispositions de l'article L. 271-4 du code de la construction et de l'habitation [3], « en cas de vente de tout ou partie d'un immeuble bâti, un dossier de diagnostic technique, fourni par le vendeur, est annexé à la promesse de vente ou, à défaut de promesse, à l'acte authentique de vente. En cas de vente publique, le dossier de diagnostic technique est annexé au cahier des charges ».

Chacun des documents qui le constitue, continue d'obéir à son régime propre. Il peut ne pas comprendre tous les états, constats et diagnostics énumérés par l'article L. 271-4. Il ne comporte, en effet, que les documents exigés dans le cas de la vente considérée. Sous cette dernière réserve, le dossier de diagnostic technique comprend huit documents.

1° Le constat de risque d'exposition au *plomb* prévu aux articles L. 1334-5 et L. 1334-6 du code de la santé publique;

2° L'état mentionnant la présence ou l'absence de matériaux ou produits contenant de *l'amiante* prévu à l'article L. 1334-13 du code de la santé publique;

3° L'état relatif à la présence de *termites* dans le bâtiment prévu à l'article L. 133-6 du code de l'habitation et de la construction;

4° L'état de l'installation intérieure de *gaz naturel* prévu à l'article L. 134-6 du code de la construction et de l'habitation;

5° Dans les zones mentionnées au I de l'article L. 125-5 du code de l'environnement, l'état des *risques naturels et technologiques* prévu au deuxième alinéa du I du même article;

6° Le diagnostic de *performance énergétique* prévu à l'article L. 134-1 du code de la construction et de l'habitation;

7° L'état de l'installation intérieure d'électricité prévu à l'article L. 134-7;

8° Le diagnostic des installations d'assainissement non collectif prévu par l'article L. 1331-1-1 du code de la santé publique.

Chaque document a une durée de validité qui lui est propre, de telle sorte que s'il se périme entre la signature de la promesse de vente et la date de la signature de l'acte authentique de vente, il est remplacé par un nouveau document pour être annexé à cet acte.

286 Le diagnostiqueur [4]. Le nombre et la technicité des documents à établir, ainsi que le poids des responsabilités éventuellement encourues, exigeaient que le législateur réglementa l'activité des personnes appelées à dresser ces documents. L'état des risques naturels et technologiques mis à part, l'article L. 271-6 du code de la construction et de l'habitation soumet l'exercice de l'activité de diagnostiqueur à quatre conditions.

Chaque diagnostiqueur doit présenter des garanties de compétence par sa qualification technique et son expérience professionnelle. La validation des compétences pour chacun des domaines d'intervention est accordée par un organisme accrédité par le COFRAC sous l'égide de la Direction Générale de l'Urbanisme, de l'Habitat et de la Construction (DGUHC). Un arrêté ministériel concerne chaque qualification; la certification est valable cinq ans, renouvelables.

Il doit aussi disposer d'une « organisation et de moyens appropriés » afin de procéder aux constatations, mesures et analyses que requiert sa prestation et de rendre fiables ses conclusions.

Il est tenu de « souscrire une assurance permettant de couvrir les conséquences d'un engagement de sa responsabilité ». Une lacune ou une erreur peuvent engendrer des dommages importants [5].

Enfin, son impartialité et son indépendance doivent s'affranchir de tout lien qui pourrait les altérer, soit avec les parties, soit avec une entreprise pouvant réaliser des travaux sur les ouvrages, installations ou équipements faisant l'objet de ses investigations.

1. SUR L'ENSEMBLE : J.-CL. COPR., fasc. 107.10 – Th. Béthune, « Amiante, plomb, termites, pot-pourri », *Defrénois* 2001. 37350 – Steinlé-Feuerbach, « La nouvelle obligation d'information sur les risques technologiques et naturels en matière de transaction immobilière : art. 77; L. n° 2003-699 du 30 juill. 2003 », *JCP* 2003. I. 171 – V. Annexe, *V° Amiante* – Lafond, *Les diagnostics immobiliers*. Litec, 2008 – Suppl. *IRC* oct. 2008; Diagnostic immobilier.
2. Coutant-Lapalus, « Présentation de l'ordonnance du 8 juin 2005 relative au logement et à la construction », *Loyers et copr.* juill.-août 2005. Étude 9 – Wertenschlag et Abinader, « Le dossier de diagnostic technique », *AJDI* sept. 2005. 624 s. – Rép. min., QE n° 766, *JO* 5 nov. 2007, p. 1991 – Lafond, n°s 542 à 552.
3. Rédaction issue de l'ordonnance n° 2005-655 du 8 juin 2005, art. 18, *JO* 9 juin.
4. Rép. min., QE n° 253, *JOAN Q* 13 nov. 2007, p. 7106 – Lafond, *op. cit.*, n°s 2 à 21 – Saint-Geniest, « La responsabilité des diagnostiqueurs ». *AJDI* 2012. 167.
5. LAFOND, n° 15 – Bird, « La responsabilité des organismes agrées », *AJDI* 2003. 566 – Civ. 3e, 2 juill. 2003, n° 01-16.246, *Bull. civ.* III, n° 141.

Un décret en Conseil d'État détermine les conditions et modalités d'application de l'article L. 271-6 (sur les sanctions pénales, v. CCH, art. R. 271-4.)[1].

L'activité de diagnostiqueur présente un caractère commercial, dès lors qu'elle est exercée de manière habituelle et à titre onéreux[2].

287 Amiante. Le « dispositif amiante » a été aménagé à l'origine, par le décret n° 96-97 du 7 février 1996[3], modifié par le décret n° 97-855 du 12 septembre 1997 (CSP, art. L. 1334-13). Il consistait dans la mise à la charge des propriétaires d'immeubles bâtis dont le permis de construire a été délivré avant le 1er juillet 1997, l'obligation de faire diagnostiquer l'éventuelle présence de flocages, calorifugeages ou faux plafonds, contenant de l'amiante, dans leurs bâtiments et, le cas échéant, de faire procéder à des travaux d'isolation ou d'enlèvement de ce produit[4]. L'état indique la présence ou l'absence de matériaux amiantés, leur localisation et leur état. Sa validité ne connaît pas de limitation de durée.

Ce dispositif avait été complété par la loi du 13 décembre 2000, dite SRU, créant l'article L. 1334-7 du code de la santé publique qui institue l'obligation d'annexer à « tout contrat de promesse de vente ou d'achat et à toute vente d'immeuble un *état* mentionnant la présence ou l'absence de matériaux ou produits de la construction contenant de l'amiante; en l'absence d'un tel état, aucune clause d'exonération de la garantie des vices cachés liés à l'amiante ne pouvait être stipulée ».

Une circulaire du 26 avril 1996[5] précise l'application du dispositif aux immeubles soumis au statut de la copropriété.

Le dispositif ainsi mis en place par le décret du 7 février 1996 a fait l'objet d'une réforme d'ensemble par le décret n° 2001-840 du 13 septembre 2001[6] complété par le décret n° 2002-839 du 3 mai 2002[7] destiné à rendre applicable l'article L. 1334-7 du code de la santé publique.

L'ensemble de ces dispositions est repris dans les dispositions réglementaires du code de la santé publique codifiées par les décrets nos 2003-461 et 2003-462 du 21 mai 2003 qui, pour ce qui concerne l'amiante, ont abrogé le décret du 7 février 1996 qui, désormais font l'objet des articles R. 1334-14 à R. 1334-29 et R. 1336-2 à R. 1336-5 de ce code. Le lecteur est invité à s'y reporter. Un arrêté du 22 août 2002[8] détermine les matériaux et produits devant faire l'objet d'un repérage qui est réalisé par un diagnostiqueur certifié. Un autre arrêté du 19 août 2011[9] fixe les modalités de réalisation des mesures d'empoussièrement dans l'air des immeubles bâtis.

Un délai maximal devait être observé pour constituer le « dossier technique amiante » concernant les immeubles dont le permis de construire a été délivré antérieurement au 1er janvier 1997.

L'article R. 1334-25 prescrit au syndic de tenir à jour le « dossier technique amiante », ainsi que la « fiche récapitulative » et de le tenir à disposition des occupants de l'immeuble.

L'acquéreur reçoit communication de la fiche récapitulative qui est annexée, selon le cas, à la promesse de vente ou à l'acte de vente.

Enfin, un arrêté du 23 décembre 2002 définit le contenu et les modalités de certification de la formation des contrôleurs techniques qui effectuent des missions de repérage et de diagnostic de l'état de conservation des matériaux et produits contenant de l'amiante[10].

Le syndicat des copropriétaires étant seul habilité à intervenir sur les parties communes, le copropriétaire vendeur ne s'engage donc que sur les parties privatives[11]. L'état négatif permet de s'exonérer de

1. Décr. n° 2010-1200, 11 oct. 2010, *JO* 13 oct., p. 18387.
2. Com. 5 déc. 2006, n° 04-20.039, *Bull. civ.* IV, n° 236; *D.* 2007. AJ 89, note Chevrier; *JCP N* 2008. IV. 1057, note Grimonprez; *IRC* juin 2007. 16, note Guevel.
3. *JO* 8 févr.
4. PRINCIPAUX ARTICLES sur ce « dispositif » : Baudouin et Kalantarian, « Amiante et copropriété », *Administrer* mai 1997. 10 s. – Destame, « Situation de l'immeuble au regard de la réglementation relative à l'amiante », *JCP N* 1996, prat. 3649 – Kalantarian, « Réglementation en matière d'amiante, éléments complémentaires », *Administrer* déc. 1997. 17 – Lafond, *op cit.*, nos 523 s. – Vigneron, « L'amiante dans les immeubles en copropriété », *Loyers et copr.* nov. 1997. 4 – Wertenschlag, « L'amiante dans les immeubles bâtis », *AJPI* 1997. 1031 – Olmer-Brin et Borel, « Les voies d'indemnisation ouvertes aux victimes de l'amiante. Étude des dernières évolutions du droit positif », *Gaz. Pal.* 14 janv. 2003.
5. *JCP N* 1996, prat. 3824. 1333; *Administrer* juill. 1996. 34.
6. SUR CE NOUVEAU RÉGIME : Wertenschlag, « Le nouveau dispositif amiante », *AJDI* 2001. 885 – Keravecn, « Amiante; Les nouvelles obligations pour les propriétaires d'immeubles », *JCP N* 2001. 1441 – SUR LES DÉLAIS à respecter : Bartaburu, *Gaz. Pal.* 19 juin 2003.
7. Nathalie Côte, « Vente d'un immeuble bâti, production du constat d'amiante », *JCP N* 2003. 1173 – L'auteur soutient que le propriétaire vendeur conserve la possibilité de ne produire le constat amiante qu'au moment de la constatation par le notaire de la vente.
8. *JO* 19 sept.
9. *JO* 1er sept.
10. *JO* 28 déc., p. 21886; *Administrer* févr. 2003. 65.
11. EN CE SENS : rép. min., QE, *JOAN Q* 3 déc. 2002, p. 4811 – SUR LES difficultés résultant de ce qu'aucun contrôle n'a été effectué sur les parties communes : Lafond, « Amiante et vente des lots de copropriété », *JCP N* 2003. 1228 – Et, sur les dangers qui peuvent s'ensuivre aussi bien pour le vendeur que pour l'acquéreur : *Dossier Csab* mars 2003 – Lafond, « Dossier technique amiante et parties communes dans les immeubles en copropriété », *JCP N* 2003. 1282 – V. Annexe, *V° Termites.*

la garantie du vice caché dû à l'amiante. Sur la charge de la dépense de désamiantage[1].

288 Termites et autres insectes xylophages[2]. La prévention et la lutte contre les termites et autres insectes xylophages sont régies par la loi n° 99-471 du 8 juin 1999[3] complétée par le décret n° 2000-613 du 3 juillet 2000, le décret n° 2006-1114 du 5 sept. 2006[4] (CCH, art. R. 112-2 à 112-4) et le décret n° 2006-1114 du 5 septembre 2006 (CCH, art. R. 133-3 à 133-7).

Les zones contaminées ou pouvant l'être rapidement, sont délimitées par arrêté préfectoral pris sur proposition ou après consultation des conseils municipaux intéressés. En cas de vente d'un immeuble bâti situé dans une de ces zones, un *état parasitaire* du bâtiment doit être annexé à l'acte authentique constatant la réalisation de la vente pour que la clause d'exonération de garantie pour vice caché puisse être stipulée. Cet état doit avoir été établi depuis moins de six mois à la date de l'acte authentique (L. 8 juin 1999, art. 3 et 8) pour les parties privatives à la diligence du vendeur et pour les parties communes à celle du syndicat. Il est établi conformément au modèle défini par l'arrêté du 29 mars 2007[5] du ministre chargé de la construction et de l'habitation[6].

À noter que, depuis le 31 juillet 2003, un état parasitaire de moins de six mois doit être annexé à l'acte authentique constatant la réalisation de toute vente immobilière sur Paris.

En cas de présence de termites ou autres insectes xylophages, une obligation de déclaration en mairie pèse sur l'occupant pour les parties privatives et sur le syndic pour les parties communes.

L'état parasitaire entre dans la composition du dossier de diagnostic technique.

La loi de simplification du 17 mai 2011 a précisé les pouvoirs d'injonction du maire et d'exécution d'office[7].

289 Lutte contre le saturnisme[8]. Les mesures d'urgence contre le saturnisme sont prévues et définies :

- par la loi n° 98-637 du 29 juillet 1998 d'orientation contre les exclusions dont l'article 123 a créé au Chapitre IV du titre Ier du livre Ier du code de la santé publique une section intitulée « Mesures d'urgence contre le saturnisme », dont les dispositions sont insérées dans ce code;
- par le décret n° 99-483 du 9 juin 1999[9];
- par le décret n° 99-484 du 8 juin 1999[10];
- trois arrêtés du 12 juillet 1999[11];
- un arrêté du 3 janvier 2003 portant création d'un comité technique du plomb et une circulaire du 13 août 2007[12].

Enfin, la loi n° 2004-806 du 9 août 2004[13] modifiée par l'ordonnance du 8 juin 2005 (CCH, art. L. 271-4 à 6) modifie un certain nombre d'articles du code de la santé publique (CSP art. L. 1334-5) et prévoit que le constat de risque d'exposition au plomb (CREP) doit être annexé au contrat de location (v. Annexe). Les décrets n° 2006-474 du 25 avril 2006[14] et n° 2006-1114 du 5 sept. 2006[15] en ont précisé les conditions d'application (CSP, art. R. 1334-1 à 1334-13)[16].

Essentiellement, ce constat doit être annexé à toute promesse unilatérale de vente ou d'achat, à tout contrat réalisant ou constatant la vente d'un immeuble affecté en tout ou partie à l'habitation, construit avant le 1er janvier 1949, faute de quoi la

1. Civ. 3e, 7 mai 2003, n° 02-11.218, *Bull. civ.* III, n° 100; *Administrer* juill. 2003. 44, obs. Bouyeure; *Loyers et copr.* 2003. 445, note Dechelette-Tolot; *AJDI* 2003. 766 : POUR un flocage incorporé au plafond d'un local de garage – Civ. 3e, 27 mars 2007, *Administrer* juill. 2007. 34, obs. Bouyeure : POUR des travaux rendant l'immeuble brut de décoffrage – Civ. 3e, 20 juin 2007, n° 06-11.175, n° 06-12.783, NP : recherche pour déterminer la majorité applicable en cas de travaux plus amples que les travaux obligatoires.
2. PRINCIPAUX ARTICLES : Destame, « La lutte contre les termites, une nouvelle obligation pour les occupants et propriétaires d'immeubles », *JCP N* 1999. 957 – Et, pour le décret : *JCP N* 2000. 1268 – Lebatteux : « La loi du 8 juin 1999 tendant à protéger les acquéreurs et propriétaires d'immeubles contre les termites et autres insectes xylophages », *Administrer* déc. 1999. 17 – Gallet, « La protection des immeubles contre les termites et autres insectes xylophages », *Rev. loyers* 2001. 112 – Lafond, *op. cit.*, n°s 287 s., 562 s.
3. L. n° 99-471, 8 juin 1999, *JO* 9 juin. CCH, art. L. 133-4 à 6.
4. Décr. n° 2006-1114, 5 sept. 2006, *JO* 7 sept., p. 13270.
5. *JO* 28 mars.
6. Il entre dans les pouvoirs propres du syndic pour la conservation de l'immeuble de faire établir un état parasitaire concernant les parties communes, sans décision de l'assemblée générale : Civ. 3e, 4 janv. 2006, n° 04-19.771, *Bull. civ.* III, n° 5; *Administrer* avr. 2006. 36, obs. Bouyeure.
7. L. n° 2011-525, de simplification et d'amélioration de la qualité du droit, *JO* 18 mai, p. 8537).
8. Wertenschlag, « Les mesures de lutte contre le saturnisme », *JCP N* 1999. 340 – Delesalle, « Les difficultés de mise en œuvre de la lutte contre le saturnisme », *JCP N* 2001. 948 – V. Annexe, *V° Saturnisme* – Lafond, n°s 192 s., 609 s. – Hinfray, « La lutte entre le saturnisme », *AJDI* 1999. 778.
9. D. n° 99-483, 9 juin 1999, *JO* 11 juin.
10. D. n° 99-484, 8 juin 1999, *JO* 11 juin.
11. A. [trois] 12 juill. 1999, *JO* 31 juill., p. 11455, *JO* 3 août, p. 11632 et *JO* 5 août, p. 11835.
12. Circ. p. n° 2007-321, 13 août 2007, *Bull. Santé* 9/2007.
13. L. n° 2004-806, 9 août 2004, *JO* 11 août.
14. Décr. n° 2006-474, 25 avr. 2006, *JO* 26 avr.
15. Décr. n° 2006-1114, 5 sept. 2006, *JO* 7 sept.
16. *Administrer* juin 2006. 60 s. sur sa directive européenne de 1998, Garrigues, *Rev. hab.* juill.-août 2008, p. 16.

clause d'exonération des vices cachés ne peut être stipulée; sur la durée de validité du constat[1]. Le constat valable un an est établi à la diligence du copropriétaire pour les parties privatives (ce qui suffit pour la vente d'un lot) et à celle du syndic pour les parties communes. La validité est permanente si aucune trace de plomb n'est détectée. Sur les pouvoirs du maire, v. loi de simplification du droit du 17 mai 2011 préc.

290 Installation intérieure de gaz naturel[2]. La loi n° 2003-8 du 3 janvier 2003, relative aux marchés du gaz et de l'électricité et au service public de l'énergie, l'ordonnance n° 2005-655 du 8 juin 2005 (art. 17-2° et 5° - art. L. 134-6 CCH) et le décret n° 2006-1147 du 14 septembre 2006[3] disposent, qu'en cas de vente d'un bien immobilier à usage d'habitation comportant une installation intérieure de gaz naturel réalisée depuis plus de quinze ans, la clause d'exonération de garantie pour vice caché prévue à l'article 1643 du code civil ne peut être stipulée que si un diagnostic de cette installation pour les parties privatives est annexé à la promesse de vente ou, à défaut, à l'acte authentique constatant la réalisation de la vente; ce certificat doit avoir été établi, par un diagnostiqueur certifié, depuis moins de trois ans à la date de l'acte authentique. Il a pour objet d'évaluer les risques pouvant compromettre la sécurité des personnes. Il est produit dans les conditions prévues aux articles L. 271-4 à 6 du code de la construction et de l'habitation.

Ce diagnostic a pour objet l'évaluation des risques pouvant compromettre la sécurité des personnes; il fait parti du dossier de diagnostic technique (CCH, art. L. 271-4-1).

291 Zones couvertes par un plan de prévention des risques technologiques ou des risques naturels prévisibles ou dans les zones de sismicité. Aux termes du nouvel article L. 125-5-1 du code de l'environnement (L. 2003-699, 30 juill. 2003, art. 77 mod. par l'ordonnance du 8 juin 2005 complétée par Décr. n° 2005-134 du 15 juin 2005), un état de ces risques est annexé à toute promesse unilatérale de vente ou d'achat et à tout contrat réalisant ou constatant la vente d'un immeuble. Cette disposition est complétée par l'obligation faite au vendeur de l'immeuble d'informer par écrit l'acquéreur de tout sinistre ayant donné lieu au versement d'une indemnité survenu pendant l'époque où il était propriétaire de l'immeuble et dont il était lui-même informé[4].

L'obligation prévue à l'article L. 125-5-1 du code de l'environnement s'applique[5] aux biens situés dans les zones d'exposition aux risques délimitées par un plan de prévention des risques technologiques (PPRT) approuvé, par un plan de prévention des risques naturels (PPRN) prévisibles approuvé ou dont certaines dispositions sont rendues immédiatement applicables, par le périmètre mis à l'étude pour l'élaboration d'un PPRT ou d'un PPRN ou dans une zone de sismicité[6].

Pour chaque commune concernée, le préfet arrête la liste des risques naturels et technologiques, ainsi que la liste des documents de références (C. envir., art. R. 563-4).

L'état des risques établi par le vendeur conformément à un arrêté ministériel[7], moins de six mois avant la date de la convention et produit conformément aux articles L. 271-4 et 5 du code de la construction et de l'habitation. Le vendeur informe aussi l'acquéreur des sinistres antérieurs (C. envir., art. L. 125-5, § IV). En cas de modification des plans entre la promesse et la vente, le dossier de diagnostic technique, dont cet état est une composante, est complété ou mis à jour lors de la vente.

En l'absence d'état de risques naturels et technologiques lors de la signature de l'acte authentique de vente, l'acquéreur peut poursuivre la résolution du contrat ou demander au juge une diminution du prix (CCH, art. 271-4, II, al. 2).

292 Le diagnostic de performance énergétique[8]. En application d'une directive européenne (dir. n° 2002/91, 16 déc. 2002), la loi n° 2004-1343, du 9 décembre 2004, modifiée par l'ordonnance du 8 juin 2005, a institué le « *diagnostic de performance énergétique* » (CCH, art. L. 134-1 s.) applicable à tous les immeubles. Ce diagnostic indique, à titre informatif, la quantité d'énergie effectivement consommée ou estimée pour une utilisation standardisée du logement (chauffage, éclairage, eau chaude et climatisation) et mentionne la quantité des effets de serre rejetés.

Il ne concerne que la partie privative du lot de copropriété et s'accompagne de recommandations destinées à améliorer les performances.

Valable dix ans, il fait partie du dossier de diagnostic technique (ord. n° 2005-655, 8 juin 2005).

1. Lafond, n°s 233 s.
2. Lafond, n°s 469 à 478.
3. Décr. n° 2006-1147, 14 sept. 2006, *JO* 15 sept. – CCH, art. R. 134-6 à R. 134-9, applicable à compter du 1er nov. 2007.
4. V. Magois, *JCP N* 2004. 1170 – Capoulade, « Petite chronique de l'été législatif », *IRC* avr. 2004. 7 – Duflot, « L'immeuble face aux risques naturels et technologiques », *IRC* juin 2005. 11 s. – Lafond, n°s 343 à 362.
5. Décr. n° 2005-134, 15 févr. 2005, *JO* 17 févr., p. 2683; C. envir., art. R. 125-25 à 27.
6. Décr. n° 91-461, 14 mai 1991, mod., art. 4 (zones Ia, Ib, II, III).
7. A. 13 oct. 2005 et son annexe, *JO* 18 nov., p. 17988.
8. Lafond, n°s 423 à 444.

Il est obligatoirement annexé, à titre informatif, à toute promesse de vente et, à défaut, à l'acte authentique de vente à compter du 1er juillet 2006. Il sera remis au preneur et annexé au contrat de location à partir du 1er juillet 2007.

Le diagnostiqueur doit être compétent et indépendant. Un décret en Conseil d'État[1] précise les modalités d'application de ces dispositions[2].

293 L'état de l'installation intérieure de l'électricité[3]**.** La loi n° 2006-872 du 13 juillet 2006 a inséré un nouvel article L. 134-7 dans le code de la construction et de l'habitation, qui institue un « *état de l'installation intérieure d'électricité* ». Il a pour objet d'évaluer les risques pouvant porter atteinte à la sécurité des personnes.

Cet état est produit en cas de vente de tout ou partie d'un immeuble à usage d'habitation lorsque l'installation électrique a été réalisée depuis plus de quinze ans.

Il fait partie du dossier de diagnostic technique (v. ss nos 285 et 296). Il est établi par un contrôleur technique certifié; sa durée est de trois ans.

Un décret en Conseil d'État définit les modalités d'application de cette disposition[4].

294 Autres informations. Le principe de précaution a conduit les pouvoirs publics à prescrire d'autres mesures d'information des propriétaires d'immeubles, soumis ou non au statut de la copropriété. Elles concernent l'assainissement, le radon et le mérule.

L'assainissement[5] : pour répondre à la directive européenne n° 2000-60 du 23 octobre 2000, la loi n° 2006-1772 du 30 décembre 2006[6] sur l'eau et les milieux aquatiques comporte des dispositions relatives à l'assainissement. L'article L. 1331-1 introduit par cette loi dans le CSP, prévoit un raccordement obligatoire dans les deux ans de la mise en service du réseau public de collecte des eaux domestiques, sauf dispense qui doit être mentionnée à l'acte de vente.

En l'absence de réseau public, la commune seule assure le contrôle des installations d'assainissement non collectif (CGCT, art. L. 2224-8 § III). À compter du 1er janvier 2013, le document de contrôle, daté de moins de trois ans, est joint au diagnostic technique. Si le contrôle est inexistant ou s'il remonte à plus de trois ans, le vendeur doit en faire réaliser un à ses frais. Sinon, le vendeur ne peut s'exonérer des vices cachés, avec, en conséquence, une diminution du prix ou l'annulation de la vente.

Le radon[7] : l'article R. 1333-15 du CSP (Décr. n° 2002-460, 4 avr. 2002, mod. par Décr. n° 2007-1582, 7 nov. 2007) oblige les propriétaires des lieux ouverts au public, dans les zones géographiques déterminées (arr. 22 juill. 2004) de prendre des mesures de l'activité du radon. Ces mesures doivent être réalisées tous les dix ans.

Des actions prévues par l'arrêté du 27 juillet 2004 sont entreprises suivant le niveau de concentration du radon. Un rapport d'intervention est transmis au propriétaire qui tient un registre. Des organismes spécifiques reçoivent communication de ces documents.

Le mérule[8] : le droit positif n'édicte pas actuellement l'obligation d'établir un diagnostic relatif à l'existence du mérule, mais la jurisprudence considère que la rédaction de ce document relève du devoir de conseil des professionnels intervenants, notamment s'il reste une apparence de contamination ou dans les régions infestées. Néanmoins, les textes ne prévoient pas la transmission de cet état, sauf à tenir compte de la qualité de professionnel ou de la mauvaise foi du vendeur pour l'appréciation de la validité de la clause de non-garantie.

2°
Informations concernant l'état matériel de l'immeuble

295 Contenu de ces informations. Ces informations imposées par la loi n° 2000-1208 du 13 décembre 2000 et consignées dans de nouveaux articles ajoutés à la loi du 10 juillet 1965 sont relatives au *diagnostic technique* préalable à la mise en copropriété de l'immeuble qui doit être porté à la connaissance de tout acquéreur (L. 10 juill. 1965, art. 46-1) et au *carnet d'entretien* dont tout candidat à l'acquisition d'un lot peut prendre connaissance (L. 10 juill. 1965, art. 45-1)[9].

Le diagnostic technique (v. ss nos 285 et 296) qui concerne la mise en copropriété d'un immeuble de plus de quinze ans, se distingue par sa finalité et son contenu du dossier de diagnostic technique (v. ss nos 284 s.) qui est annexé à la convention, dans tous les cas, de promesse ou d'acte authentique de vente portant sur tout ou partie d'un immeuble, bien qu'ils soient, l'un et l'autre, prévus au code de la construction et de l'habitation.

1. Décr. n° 06-1147, 14 sept. 2006, *JO* 15 sept.
2. SUR LA méthode de calcul : arr. 15 sept. 2006, *JO* 28.
3. Lafond, nos 479 à 482 et les études citées.
4. Décr. n° 2008-384, 22 avr. 2008, *JO* 24 avr., p. 6776; *Administrer* juill. 2008. 41.
5. Lafond, nos 446 à 468.
6. *JO* 31 déc., p. 20285.
7. Lafond, nos 364 à 374.
8. Lafond, nos 375 à 377 – Pascal et Pringent, *AJDI* 2008. 616.
9. Art. 44, mod. L. 23 déc. 1986, art. 193, dite loi SRU.

296 **1) Diagnostic technique.** L'établissement de ce document est prévu par le nouvel article L. 111-6-2 introduit dans le code de la construction, lors du débat parlementaire [1], par l'article 74-1 de la loi du 13 décembre 2000. Aux termes de cet article : « *toute mise en copropriété d'un immeuble construit depuis plus de 15 ans est précédée d'un diagnostic technique portant constat de l'état apparent de la solidité du clos et du couvert et de celui de l'état des conduits et canalisations collectives ainsi que des équipements communs et de sécurité* ».

La disposition est complétée par celle de l'article 46-1 ajoutée à la loi du 10 juillet 1965 par la loi précitée du 13 décembre 2000. Cet article prévoit que le « diagnostic technique préalable à la mise en copropriété d'un immeuble construit depuis plus de quinze ans est porté à la connaissance de tout acquéreur par le notaire lors de la première vente des lots issus de la division et lors de toute nouvelle mutation réalisée dans un délai de trois ans à compter de la date du diagnostic ». Par ailleurs l'article 45-1 nouveau de la loi du 10 juillet 1965 prévoit que « tout candidat à l'acquisition d'un lot de copropriété, tout bénéficiaire d'une promesse unilatérale de vente ou d'achat ou d'un contrat réalisant la vente d'un lot ou d'une fraction de lot peut, à sa demande, prendre connaissance du carnet d'entretien de l'immeuble et tenu à jour par le syndic, ainsi que du diagnostic technique établi dans les conditions de l'article L. 111-6-2 du code de la construction et de l'habitation ».

297 **2) Carnet d'entretien** [2]**.** Aux termes de l'article 18 alinéa 1 tiret 3 de la loi du 10 juillet 1965, ajouté par la loi n° 2000-1208 du 13 décembre 2000, « *le syndic est chargé d'établir et de tenir à jour un carnet d'entretien de l'immeuble conformément à un contenu défini par décret* ». Ce texte est complété, pour ce qui concerne plus spécialement la cession des lots, par l'article 45-1 ajouté à la loi de 1965 par la loi précitée du 13 décembre 2000. Il ouvre à tout candidat à l'acquisition d'un lot de copropriété, et d'une manière plus générale aux personnes qui peuvent prendre connaissance du diagnostic technique, la possibilité de prendre également connaissance de ce carnet d'entretien.

Le contenu de ce document a été défini par le décret n° 2001-477 du 30 mai 2001 [3].

La commission relative à la copropriété, dans sa recommandation n° 16, avait appelé l'attention sur l'opportunité de créer et de mettre à jour un carnet de *maintenance* dont la finalité était d'être un outil « au service du syndicat » devant permettre, à la fois, un meilleur suivi et une plus grande transparence dans la gestion, de mieux vérifier l'opportunité des travaux à réaliser et de faciliter l'entretien courant de l'immeuble [4]. Dans cette conception, le carnet d'entretien n'avait pas pour objet de renseigner les acquéreurs éventuels de lots : c'est là une obligation du vendeur, qui relève du droit de la vente et qui est étrangère au statut de la copropriété. C'est donc par la voie d'un amendement, présenté lors du débat parlementaire, que l'article 45-1 a été ajouté à la loi du 10 juillet 1965 [5]. Mais, du même coup, la finalité originaire du carnet d'entretien a été perdue de vue; il n'est plus l'outil de gestion au service du syndicat qui aurait dû se conjuguer avec une visite annuelle de l'immeuble par le syndic accompagné du conseil syndical [6].

Ce changement d'orientation s'est répercuté sur le contenu du carnet d'entretien tel que le définit le décret du 30 mai 2001. Ce contenu est, en effet, celui d'un document destiné à l'information des acquéreurs éventuels de lots ou de fractions de lots; il ne présente guère d'utilité en tant qu'outil de gestion interne de l'immeuble; comme la remarque en a été justement faite, les mentions prescrites n'offrent aucune vue prospective [7]. Cela pose la question de savoir si l'assemblée générale ne pourrait pas décider la tenue d'un carnet de maintenance, tel que l'avait conçu la commission relative à la copropriété, intégré au carnet d'entretien ou si le pouvoir réglementaire ne devrait pas prévoir la tenue de ce carnet indépendamment du carnet d'entretien, dont la fonction serait limitée à l'information, des « candidats acquéreurs » dont on a pu mesurer l'imprécision à propos du diagnostic technique [8].

Un nouvel article 4-4 ajouté du décret du 17 mars 1967 par le décret n° 2004-479 du 27 mai 2004, précise que « *lorsque le candidat à l'acquisition d'un lot ou d'une fraction de lot le demande, le propriétaire cédant est tenu de porter à sa connaissance le carnet d'entretien de l'immeuble ainsi que le diagnostic technique* », et l'article 33, al. 3, du même décret

1. *JOAN CR* 2000, p. 2114 et 6143 et *JO Sénat CR*, p. 2540 et 2543.
2. SUR CE document : Capoulade, « Commentaire de la loi du 13 décembre 2000 », *Administrer* avr. 2001. 29 – Vigneron, « Dispositions relatives au fonctionnement du syndicat », *Loyers et copr.* n° spécial, mai 2001. 13, col. 2.
3. Décr. n° 2001-477, 30 mai 2001 – SUR ce décret : comm., Capoulade, *Administrer* août-sept. 2001. 25 – Giverdon, *Loyers et copr.* sept. 2001.
4. V. décl. Rimbert, rapporteur du projet de la loi SRU à l'Assemblée nationale, *Rapport* n° 2229, t. I, p. 223 et 224.
5. Amendement n° 150 de Jarlier, rapporteur du projet de loi au Sénat, *JO Sénat CR*, 10 mai 2000, p. 2556.
6. SUR LES différentes conceptions possibles du carnet d'entretien : Capoulade, comm. préc. du décret du 30 mai 2001, *Administrer* sept. 2001. 25, col. 2.
7. Capoulade, comm., p. 27, col. 2 – AUSSI : Giverdon, comm. préc.
8. Capoulade, *loc. cit.*

ajoute que le syndic remet copie de ces documents au copropriétaire qui en fait la demande et à ses frais.

3°
Obligation de mentionner la superficie du lot ou la fraction du lot cédé (L. n° 96-1107, 18 déc. 1996 et Décr. n° 97-532, 23 mai 1997)

298 Présentation de la loi et du décret. La loi n° 96-1107 du 18 décembre 1996, désignée par la pratique sous le nom de loi Carrez[1], améliorant la protection des acquéreurs de lots de copropriété, a pour origine une proposition de loi n° 2432 déposée le 12 décembre 1995 sur le bureau de l'Assemblée nationale par M. Carrez, député.

Précédée du rapport de M. Warsmann au nom de la commission des lois, elle a été discutée devant l'Assemblée nationale et adoptée dans la 2e séance du 18 avril 1996[2]. Transmise au Sénat, rapportée par M. Blaizot[3], elle est discutée et adoptée lors de la séance du 22 octobre 1996[4].

Il est procédé à une deuxième lecture devant l'Assemblée nationale lors de la 2e séance du 10 décembre 1996[5] à l'issue de laquelle l'ensemble de la proposition a été adopté.

Elle a été déclarée applicable au terme d'un délai de six mois à compter de sa promulgation, donc à compter du 18 juin 1997[6].

L'intitulé de la loi « améliorant la protection des acquéreurs de lots de copropriété » a été substitué lors du débat parlementaire à l'intitulé de la proposition qui était « amélioration de la protection des acquéreurs de logements anciens ». Cette substitution s'explique par l'insertion du texte de la loi dans l'article 46 de la loi du 10 juillet 1965, qui avait été abrogé par la loi n° 66-1006 du 28 décembre 1968. En conséquence, l'article 46 a été ajouté à l'article 43 pour figurer au nombre de ceux qui déclarent non écrites les clauses contraires à leurs dispositions[7]. On a pu faire remarquer, pour justifier l'adoption de la loi, le paradoxe d'une situation où l'acquisition d'un logement « acte important et complexe »[8] était moins protégée que celle d'un réfrigérateur ou d'une machine à laver[9].

Le texte s'inscrit donc également dans la philosophie « consumériste » qui inspire de plus en plus le droit de la vente et, une nouvelle fois, il est permis de regretter que l'on ait opté d'en faire une « pièce rapportée » au statut de la copropriété qui perd de plus en plus son statut de gestion d'un bien présentant une structure définie[10]. Une insertion dans le code civil ou même un texte autonome eussent été préférables.

Complétée par le décret n° 97-532 du 23 mai 1997, dont les dispositions ont été insérées dans les articles 4-1, 4-2 et 4-3 du décret du 17 mars 1967, la loi dite Carrez a provoqué une littérature abondante[11] et une jurisprudence non négligeable[12].

299 Loi du 10 juillet 1965, article 46 – Économie essentielle. Ramenée à l'essentiel, l'économie de l'article 46 de la loi du 10 juillet 1965, dont on rappelle le caractère impératif, est la suivante.

L'*absence* de toute mention de superficie dans une promesse unilatérale de vente ou d'achat ou dans tout contrat réalisant ou constatant la vente d'un lot entraîne la nullité de l'acte.

1. L. n° 96-1107, 18 déc. 1996, dite loi Carrez.
2. *JOAN CR*, p. 2411.
3. Blaizot, *Rapport* n° 473.
4. *JO Sénat CR*, p. 4919.
5. *JOAN CR*, p. 8191 et rapport n° 3214 de Warsmann.
6. Capoulade et Giverdon, n° 27.
7. SUR LA NOTION de « clauses contraires » : Dagot, comm., s^s n° 10, n° 69.
8. Intervention de Périssol, min. Logement, *JO Sénat CR* 1996, p. 4919.
9. Intervention de Carrez, *JOAN CR* 1996, p. 2414.
10. EN CE SENS : Dagot, comm. n° 4 et n° 77; Lebatteux cité s^s n° 274, note 13.
11. PRINCIPALES ÉTUDES : Benoit-Cattin, Loi Carrez, *Bull. Cridon Ouest*, janv. 1998 – Capoulade et Giverdon, *RDI* 1997. 31 s. – Dagot, « Garantie de contenance du lot de copropriété », *JCP N* 1997, prat. 4005. 503 – Destame, « L'indication de la superficie et la clause de garantie de contenance après la loi Carrez », *JCP N* 1997. I. 781 s. – Lafond, « Les mutations de lots de copropriété soumises à l'obligation de garantie de superficie », *Loyers et copr.* oct. 1997; *Gaz. Pal.* 1997. 2; *D.* 1997. 1411; « L'indication de la superficie dans la vente d'immeuble après la loi du 18 déc. 1996 », *Administrer* avr. 1997. 12 « Les diagnostics immobiliers », p. 251 s. – Porte, « Protection des acquéreurs de lots de copropriété », *Ann. loyers* 1997. 39 s. – Philippot, « Ventes immobilières, l'indication de la surface », *Rev. hab. fr.* janv. 1997. 17 – Rouzet, « Du bon usage de la loi Carrez », *Defrénois* 1997. 36637 – Sizaire, « Vente d'immeuble à construire et garantie de la superficie : une application conventionnelle », *JCP N* 1998. 148 – AUSSI : Attard, « Des effets de la loi Carrez sur les financements bancaires », *JCP N* 1999. 301; *Bull. Cridon Paris,* 1er-15 déc. 1996, n° 23, I, 125; 1-15 déc. 1997, n° 23, II, 167, articles de Bosgiraud – Destame, « Étude et formules », *JCP N* 1997, prat. 781 – CSN, Avis sur l'application de la loi Carrez, *JCP N* 1998. 145; *Loyers et copr.* févr. 1998. 7 – « Institut notarial de l'immobilier; à propos de la loi du 18 décembre 1996 », *Dr. et patr.* janv. 1998 – Commission relative à la copropriété, recomm. n° 17 (v. s^s annexe).
12. V. l'arrêt le plus important : Civ. 3e, 3 oct. 2002, n° 00-18.395, *Bull. civ.* III, n° 199; *AJDI* 2003. 41; *D.* 2003. 1475, qui exclut du domaine d'application de la loi les ventes sur poursuite de saisie immobilière – Lebatteux, « Les dispositions légales destinées à faire connaître la surface réelle des lots vendus, au regard des décisions de justice les plus récentes », *Administrer* juill. 2008. 23 s.

Si la superficie est supérieure à celle indiquée, l'excédent de mesure ne donne lieu à aucun supplément de prix. Si la superficie est inférieure de plus d'un vingtième à celle indiquée, le vendeur, à la demande de l'acquéreur, supporte une diminution du prix proportionnelle à la moindre mesure.

Le calcul de la superficie à prendre en compte est précisé par les articles 4-1 et 4-2 du décret du 17 mars 1967.

Une information spéciale des parties est prévue par l'article 4-3 de ce même décret.

300 Loi 10 juillet 1965, article 46 – Domaine d'application. Il résulte de l'article 46 de la loi, modifiée, du 10 juillet 1965 que l'obligation de mentionner la superficie s'applique :

- à toute promesse unilatérale de vente ou d'achat;
- à tout contrat réalisant ou constatant la vente;
- d'un lot ou d'une fraction de lot de copropriété.

Peu importe la forme de l'acte.

Par la généralité de leurs termes, les articles L. 262-1 et L. 262-4 du CCH, ont étendu l'application de l'article 46 à la vente d'un immeuble bâti à rénover, ce qui comprend la maison individuelle.

301 Promesse unilatérale de vente ou d'achat. Le visa de ces actes a été justifié par le souci d'imposer l'obligation de mentionner la superficie « le plus en amont possible dans les contrats entre le vendeur et l'acheteur potentiel »[1]. On a discuté le point de savoir s'il fallait, sous cette désignation, inclure le congé pour vendre délivré au locataire en application de l'article 15-II de la loi du 6 juillet 1989 qui vaut offre de vente au profit du locataire, ou les notifications aux fins de purge d'un droit de préemption, ou encore le cahier des charges déposé au greffe en application de l'article 688 du code de procédure civile (ancien) qui précède l'adjudication ou encore le cahier des conditions de la vente (L. 22 déc. 1966, art. 25). La question a été réglée pour le congé pour vendre par la loi du 13 décembre 2000, dite loi SRU (L. 13 déc. 2000, art. 190) qui a complété le premier alinéa du II de l'article 15 de la loi du 6 juillet 1989 pour préciser que les dispositions de l'article 46 de la loi du 10 juillet 1965 ne sont pas applicables au congé fondé sur la décision de vendre le logement. En outre, sous réserve des décisions de justice passées en force de chose jugée, sont validés les mêmes congés qui n'auraient pas satisfait aux dispositions de l'article 46 (L. 13 déc. 2000, art. 190, § II)[2].

En revanche, aucune disposition n'est prévue pour les notifications aux fins de purge (M. Dagot, estime indispensable, en pratique, d'indiquer la superficie dans la notification[3]) ou le cahier des charges déposé dans le cadre de la procédure de saisie-immobilière (Capoulade et Giverdon, se prononcent dans le sens de l'indication de la superficie[4]). Mais l'exclusion par la jurisprudence de l'adjudication sur saisie immobilière du domaine de l'article 46 a pour conséquence de dispenser de la mention de la superficie dans le cahier des charges (v. s[s] n° 302).

302 Tout contrat réalisant ou constatant la vente. La formule est large; mais toutefois limitée à la seule vente, c'est-à-dire un transfert de propriété en contrepartie d'un prix[5].

Elle vise les ventes sur adjudication, réalisées notamment à la barre du tribunal[6] (sauf saisie immobilière), la location-accession[7], la location-vente[8], l'échange[9].

En revanche l'obligation de mentionner la superficie ne concerne pas : les cessions de parts représentatives d'un lot de sociétés d'attribution[10], l'apport en société[11], le partage, les cessions de droits indivis au profit d'un indivisaire, les donations (sur la vente à construire v. s[s] n° 303), les cessions amiables après déclaration d'utilité publique[12].

La question avait été discutée pour le jugement d'adjudication sur saisie immobilière[13]. Finalement, elle a été tranchée par un arrêt de la 2e cham-

1. Intervention de Warsmann, rapporteur, *JOAN CR* 1996, p. 2412 – POUR les annonces : Capoulade et Giverdon, n° 6.
2. V. Raclet, « Le congé donné par le bailleur : actualité législative et jurisprudentielle », *Administrer* août-sept. 2001. 10.
3. Dagot, comm., *JCP N* 1997, prat. 504, 14.
4. Capoulade et Giverdon, comm. *RDI* 1997, spéc. 33, col. 2.
5. V. TGI Dijon, 8 nov. 1999, *D.* 2000. IR 73 – AUSSI : rép. min. QE, *JOAN Q* 31 mars 1997, p. 1683; *JCP N* 1997. 15, En bref, p. 502 – AUSSI : Bosque, « La loi Carrez et les ventes réalisées à la barre du tribunal », *Gaz. Pal.* 1997. 2. Doctr.
6. Rouzet, art. préc., *Defrénois* 1997. 36637, 1042.
7. Capoulade et Giverdon, comm. *RDI* 1997. 31 – Dagot, comm., *JCP N* 1997, prat 505, note 17 – CSN, avis, *Loyers et copr.* févr. 1998. 7 – EN SENS CONTRAIRE : Paris, 17 janv. 2002, *AJDI* 2002. 307, note Rouquet.
8. Capoulade et Giverdon, *loc. cit.*
9. Dagot, comm., p. 505, n° 23 – EN SENS CONTRAIRE : Rouquet, *op.* et *loc. cit.*
10. Capoulade et Giverdon, *loc. cit.* – Dagot, comm., p. 505, note 19.
11. CSN, avis préc.
12. Lafond, *op. cit.*, n° 650.
13. DANS LE SENS de l'application de la loi : TGI Dijon, 8 nov. 1999, *D.* 2000. IR 73 – AUSSI : rép. min., QE, *JOAN Q* 31 mars 1997, p. 1683; *JCP N* 1997. 15, En bref, 502 – AUSSI : Bosque, « La loi Carrez et les ventes réalisées à la barre du tribunal », *Gaz. Pal.* 1997. 2. Doctr.; *D.* 2003. 1322, et SC 1475, note Mauger-Vielpeau.

bre civile de la Cour de cassation du 3 octobre 2002[1] qui déclare sans application aux ventes sur poursuites de saisie immobilière les dispositions de la loi du 18 décembre 1996 au motif qu'un jugement d'adjudication ne constitue pas un contrat réalisant ou constatant une vente.

Un arrêt de la cour de Paris du 15 mai 2001, n° 2000-00847[2] précise que les acquéreurs d'un lot de copropriété ne peuvent invoquer la nullité de l'avant-contrat de vente pour défaut de mention de superficie dès lors que cette dernière a été indiquée dans un acte additif.

303 Vente d'un lot ou d'une fraction de lot de copropriété. En tant qu'elle s'applique à un lot de copropriété, la formule est également très large. Elle vise tous les lots quelle que soit leur affectation; sont donc concernés, non seulement les lots à usage d'habitation, mais aussi ceux à usage professionnel ou commercial[3]. Il en est de même pour les lots pavillonnaires inclus dans une copropriété horizontale[4].

Par ailleurs, le lot doit être un lot dépendant d'un immeuble bâti. En conséquence, sont exclus les lots à usage d'habitation dépendant d'immeubles à construire pour lesquels l'article R. 261-13 du code de la construction et de l'habitation impose d'indiquer la superficie avec un plan coté du local[5]. Sont également exclues les ventes de terrains à bâtir[6], les ventes « en volumes »[7] et la vente d'un appartement constitué de la réunion de plusieurs lots dont certains ont une superficie inférieure d'un vingtième de celle indiquée dans l'acte[8], mais, selon les décisions les plus récentes, la superficie à considérer étant celle de l'appartement, tel qu'il se présente matériellement, en tant qu'*unité d'habitation*[9].

Pour le cas de ventes de plusieurs lots de vendeurs différents constatées dans le même acte[10] ou de vente d'un appartement et d'un garage ou d'un appartement et d'une chambre de service[11] d'une unité d'habitation avec jardin et piscine (exclusion de ces derniers biens[12]).

304 Exclusions. L'article 46, en son alinéa 3, dispense de la mention de superficie les caves, garages[13], emplacements de stationnement ainsi que lots ou fractions de lots d'une superficie inférieure au seuil fixé par décret, mais une salle de jeu et un dégagement, situés en sous-sol, dont la superficie est supérieure au seuil minimal, ne constituent pas des caves[14]. Du décret du 22 mai 1997, introduit dans l'article 4-2 du décret du 17 mars 1967, il résulte que ce seuil est fixé à 8 mètres carrés. Les pièces d'une superficie inférieure ne sont donc pas prises en compte (sur le calcul de la superficie v. s^s^ n° 305).

Pour les greniers, ceux-ci ont été volontairement omis au motif qu'un grenier peut être aménagé et voir sa valeur évoluer du moins s'il est aménageable au sens du code de l'urbanisme[15]. Pour les loggias, balcons ou vérandas, voir l'avis du Conseil du notariat précité[16], qui se prononce pour l'affirmative dès lors qu'ils sont fermés, et pour les mezzanines, même construits illicitement[17].

En outre, il n'y a pas lieu de tenir compte d'un droit de jouissance sur partie commune (jardin) qui n'étant pas un droit de propriété, ne peut constituer la partie privative d'un lot[18]. Pas davantage pour une buanderie, située au sous-sol, avec une seule bouche d'aération, et sans fenêtre, alimentée

1. Civ. 2e, 3 oct. 2002, n° 00-18.395, *Bull. civ.* III, n° 199; *D.* 2003. Somm. 1332, obs. Giverdon; *AJDI* 2003. 41, note Rouquet, Sillard; *Gaz. Pal.* 2002. 2, 2514 – Paris, 17 janv. 2002, RG n° 2000/12211, *AJDI* 2002. 307, note Rouquet.
2. *AJDI* 2003. 60, note Cohet-Cordet, Lebatteux, *op. cit.*, p. 27. B.
3. Capoulade et Giverdon, comm., n° 10.
4. Capoulade et Giverdon, *loc. cit.* – AUSSI : CSN, avis préc. Mais il est regrettable que pour justifier l'obligation de mentionner la superficie l'avis se fonde sur la notion d'ensemble immobilier par référence à l'alinéa 2 de l'article 1er de la loi de 1965. Cette notion, on l'a vu, ne se confond pas avec la copropriété dite horizontale.
5. Capoulade et Giverdon, comm., n° 10 – AUSSI : CSN, avis préc. – Rouquet, art. préc. note 120.
6. Capoulade et Giverdon, *loc. cit.*
7. EN CE SENS : CSN, avis, préc. s^s^ n° 278.
8. Paris, 16 juin 2003, *Juris-Data* n° 35516, *Gaz. Pal.* 18 mars 2004.
9. Civ. 3e, 13 avr. 2005, n° 03-21.004, n° 03-21.015, *Bull. civ.* III, n° 91; *Loyers et copr.* juin 2005. 124, obs. Vigneron – Civ. 3e, 28 mars 2007, n° 06-13.796, *Bull. civ.* III, n° 45 – Civ. 3e, 7 nov. 2007, n° 06-18.519, *Bull. civ.* III, n° 195 – Civ. 3e, 16 janv. 2008, n° 06.21.696, *Bull. civ.* III, n° 9; *AJDI* 2008. 947; *D.* 2008. 2690; *Administrer* juin 2007. 55 – RAPPR. SUR LA DISTINCTION entre les sous-sols (chaufferie Civ. 3e, 5 juin 2007, n° 06-12.264, NP, *AJDI* 2007. 670) (local commercial annexé, Civ. 3e, 10 mai 2007, n° 06-11.321, NP, *Administrer* 56, n° 402).
10. Dagot, comm., n° 278 – Lafond, *op. cit.*, n° 677.
11. Dagot, comm., n° 278.
12. Civ. 3e, 16 janv. 2008, n° 06-21.696, *Bull. civ.* III, n° 9; *AJDI* 2008. 947; *D.* 2008. 2690; *Administrer* avr. 2008. 45; *Defrénois* 2008. 705, obs. Savaux.
13. Civ. 3e, 8 avr. 2008, *Administrer* juill. 2008. 56, obs. Bouyeure.
14. Civ. 3e, 11 oct. 2005, n° 04-16.729, *Administrer* janv. 2006. 49; ni la grande pièce jouxtant une cave, Civ. 3e, 5 déc. 2007, n° 06-19.550, *Bull. civ.* III, n° 217; *Administrer* mars 2008, 4.
15. V. *JO Sénat CR*, 22 oct. 1996, p. 4924.
16. CSN, avis préc., n° 16.
17. Civ. 3e, 11 oct. 2005, *Administrer* janv. 2006. 49 – SAUF structure légère : Civ. 3e, 22 nov. 2006, n° 05-17.420, *Bull. civ.* III, n° 232; *D.* 2007. 1297; *AJDI* 2007. 664, obs. Capoulade.
18. Civ. 3e, 16 janv. 2008, n° 06-15.314, *Bull. civ.* III, n° 8; *AJDI* 2008. 946; *D.* 2008. 2690; *Administrer* avr. 2008. 46.

en électricité par des fils volants, les murs et le sous-sol étant en matériaux bruts[1].

305 L. 10 juillet 1965, article 46 – Décret 17 mars 1967, article 4-1 – Mention de la superficie. Cette mention constitue l'essentiel du texte. Elle vise la superficie de la partie privative du lot ou de la fraction du lot vendu.

La superficie[2] *- terme substitué à celui de surface sur proposition de la commission des lois du Sénat*[3] *pour la raison qu'il mesure l'étendue d'une surface et, de ce fait, mieux approprié - est définie par l'article 4-1 nouveau du décret du 17 mars 1967 comme étant la superficie des planchers des locaux clos et couverts après déduction des surfaces occupées par les murs, cloisons, marches et cages d'escalier, gaines, embrasures de portes et fenêtres, précision faite qu'il n'est pas tenu compte des planchers des parties des locaux d'une hauteur inférieure à 1,80 mètre*[4]*. Il n'est pas sûr que cette définition réponde au vœu des initiateurs de la loi d'être suffisamment simple pour pouvoir être mise en œuvre par les particuliers eux-mêmes sans recourir aux services d'un professionnel*[5]*. Bien que ce recours ait été vivement conseillé*[6]*, rien ne s'oppose à ce que le mesurage soit effectué par le vendeur (sous sa responsabilité) ou par l'acquéreur.*

L'avis du Conseil supérieur du notariat (CSN) précise que le notaire n'a pas l'obligation de vérifier ou faire vérifier la superficie indiquée par le vendeur[7], mais si les documents dont dispose le notaire, sont de nature à le faire douter de l'exactitude des surfaces déclarées, il convient de rechercher s'il remplit son obligation d'appeler l'attention des parties sur l'incidence juridique d'une éventuelle moindre mesure[8].

Mais quel que soit l'auteur du mesurage, il convient qu'il prenne soin de caractériser la nature des surfaces déduites[9].

De la partie privative du lot ou de la fraction du lot. Il est évident que les parties communes ne sont pas concernées bien que leurs quotes-parts soient liées indivisiblement à chaque partie privative pour constituer un lot.

1. Civ. 3e, 8 juin 2011, no 10-12.004, NP.
2. V. Cordier, « Comment calculer la surface privative d'un lot de copropriété », *IRC* 1998. 19 – Bloy, « Loi Carrez : mode de calcul de la surface privative », *IRC* avr. 1998. 16.
3. Rapport no 478 de Blaizot, p. 11.
4. Civ. 3e, 6 déc. 2005, no 04-15.984, NP, *AJDI* avr. 2006. 287 ; *Administrer* mars 2006. 49, obs. Bouyeure.
5. Rapport préc. de Blaizot, p. 7.
6. Rouzet, art. préc., *Defrénois* 1997. 36637, spéc. p. 1044 – AUSSI : Dagot, comm., no 41.
7. CSN, avis préc. p. 17 et 19.
8. Civ. 1re, 25 mars 2010, no 09-66.282, *Bull. civ.* I, no 73.
9. Civ. 3e, 7 nov. 2001, no 99-20.199, *Bull. civ.* III, no 124 ; *AJDI* 2002. 304 ; *D.* 2003. 1332.

306 Loi 10 juillet 1965, article 46 – Sanction de l'absence de mention. *En cas d'absence de toute mention de superficie*, la nullité de l'acte peut être invoquée, elle concerne aussi bien la promesse unilatérale de vente ou d'achat que le contrat réalisant ou constatant la vente du lot.

La qualité pour agir appartient, aux termes de l'article 46 alinéa 4, au bénéficiaire en cas de promesse de vente, au promettant en cas de promesse d'achat ou à l'acquéreur en cas de vente.

L'action doit être intentée au plus tard à l'expiration d'un *délai* d'un mois à compter de l'acte authentique constatant la réalisation de la vente; la computation de ce délai s'effectue selon les règles posées par l'article 641 du code de procédure civile.

Si l'acte authentique constatant la réalisation de la vente est daté du 28 février, le délai expirera le 28 mars; la demande devra être formalisée au plus tard ce jour même à 24 heures, à moins qu'il s'agisse d'un samedi, d'un dimanche ou d'un jour férié ou chômé (C. pr. civ., art. 642). Si l'acte authentique de vente est daté du 30 janvier, le délai expire le 28 ou le 29 février selon que l'année est ou n'est pas bissextile[10].

Il s'agit d'un délai préfix dont l'expiration entraîne, sous réserve des dispositions du 5e alinéa de l'article 46, la déchéance du droit d'agir.

Aux termes, en effet, de cet alinéa - qui doit être complété par l'article 4-3 nouveau du décret du 17 mars 1967 –, « *la signature de l'acte authentique constatant la réalisation de la vente mentionnant la superficie de la partie privative du lot ou de la fraction de lot entraîne la déchéance du droit à engager ou à poursuivre une action en nullité de la promesse ou du contrat qui l'a précédé, fondé sur l'absence de mention de cette superficie* ». Cette disposition, qui a été introduite dans la proposition de loi lors du débat parlementaire à la suite d'un amendement proposé par la commission des lois du Sénat[11], dans le dessein d'éviter le prononcé de la nullité, a pour résultat que la signature de l'acte *authentique de vente*, mentionnant la superficie, entraîne la « purge » du vice qui, par suite du défaut de mention, affectait la promesse ou le contrat précédant l'acte authentique. Des réserves ont été formulées par les commentateurs[12] car, d'une part l'efficacité juridique de la promesse ou du contrat précédent et, plus généralement de l'avant-contrat se trouve gravement altérée[13] et, d'autre part, la purge ainsi réalisée enlève toute efficacité à la sanction de la nullité

10. POUR LE CAS de signature à des dates différentes : DAGOT, comm., no 46.
11. *JO Sénat CR*, p. 4925.
12. Capoulade et Giverdon, comm., nos 21 et 22 – Dagot, comm., no 53.
13. Capoulade et Giverdon, *loc. cit.*

et permet d'émettre des doutes sur l'opportunité du système mis en place par la loi du 18 décembre 1996 dont on aurait pu se passer par la mise en œuvre des principes du droit commun [1].

L'article 4-3 du décret du 17 mars 1967 est ainsi rédigé : « Le jour de la signature de l'acte authentique constatant la réalisation de la vente, le notaire ou l'autorité administrative qui authentifie la convention remet aux parties contre émargement ou récépissé, une copie simple de l'acte signé ou un certificat reproduisant la clause de l'acte mentionnant la superficie de la partie privative du lot ou de la fraction du lot vendu ainsi qu'une copie des dispositions de l'article 46 de la loi du 10 juillet 1965, lorsque ces dispositions ne sont pas reprises intégralement dans l'acte ou le certificat. »

307 L. 10 juillet 1965, art. 46 – Sanction de l'erreur dans la mention. L'erreur peut résulter de ce que la superficie mesurée est supérieure ou inférieure à celle mentionnée dans l'acte.

Si la superficie est supérieure, l'excédent de mesure ne donne lieu à aucun supplément de prix. Cette disposition est critiquable : sur le plan juridique, elle est la négation de la notion même de contrat synallagmatique [2].

Si la superficie est *inférieure* de plus d'un vingtième à celle exprimée dans l'acte, le vendeur, à la demande de l'acquéreur, supporte une diminution de prix proportionnelle à la moindre mesure (L. 10 juill. 1965, art. 46, al. 7). L'action en diminution du prix doit être intentée par l'acquéreur dans un délai d'un an à compter de l'acte authentique constatant la réalisation de la vente, à peine de déchéance (L. 10 juill. 1965, art. 46, al. dern.) [3].

L'action en diminution de prix est la seule qui soit ouverte à l'acheteur [4] elle n'est pas transmise au sous-acquéreur [5].

Sur le plan technique, le seuil du vingtième n'est qu'une condition d'exercice de l'action [6] : il ne constitue pas une franchise. L'exercice de l'action n'est pas subordonnée à la preuve d'un préjudice et la bonne ou la mauvaise foi de l'acquéreur importe peu [7]. La détermination de la somme à reverser à l'acheteur repose sur l'écart de superficie de la totalité de la superficie manquante par rapport à la superficie exacte [8].

Exemple. Si l'opération porte sur plusieurs lots, dont l'un a une superficie inférieure au seuil et l'autre une superficie supérieure, M. Dagot estime qu'il n'est pas possible de procéder à une compensation pour ne retenir que le résultat global [9].

Lafond et Stemmer [10] citent l'exemple suivant : un appartement a été vendu 2,40 MF. La superficie indiquée dans l'acte était de 150 m^2. Elle est en réalité de 140. Il manque donc 10 m^2 sur les 150, soit un quinzième : le prix à restituer est de :

$$\frac{2\,400\,000 \times 10}{150} = 160\,000 \text{ F}$$

Selon la Cour de cassation, dans le cas d'un prix fixé globalement, la réduction correspondant à la moindre mesure se calcule sur le prix diminué de la valeur des biens et lots exclus du champ d'application de l'article 46 de la loi du 10 juillet 1965 [11].

Enfin, on peut admettre que la loi du 18 décembre 1996 n'exclut pas une action en indemnisation. Mais une telle action ne peut se fonder que sur le droit commun de la responsabilité civile; l'existence d'une faute du vendeur en lien direct avec le dommage éprouvé par l'acheteur doit donc être démontrée [12].

Le vendeur dispose-t-il d'un recours ? Le notaire instrumentaire n'a pas l'obligation de vérifier ou de faire vérifier la superficie indiquée par le vendeur, son devoir de conseil étant limité à appeler l'attention des parties sur les conséquences de l'absence de mention ou d'une mention erronée de superficie [13], mais il engage sa responsabilité professionnelle s'il n'observe pas les formalités prescrites par l'article 4-3

1. Capoulade et Giverdon, comm., n° 28.
2. Capoulade et Giverdon, comm., n° 25.
3. L'assignation donné dans le délai devant un juge incompétent interrompt la prescription, Ch. mixte. 24 nov. 2006, n° 04-18.610, *Bull. Mixte*, n° 11; *D.* 2007, 1112; *RTD civ.* 2007, 169, 175, P+B+R+I.
4. Capoulade et Giverdon, comm., n° 26 – Dagot, comm. n° 61.
5. Dagot, comm., n° 54.
6. Celle-ci ne s'exerce pas pour une différence inférieure au vingtième par rapport à la superficie exprimée dans l'acte sous seing privé qui a fixé le prix. Civ. 3e, 13 mars 2007, n° 06-12.199, NP, *Administrer* 49, n° 399, obs. Bouyeure.
7. Civ. 3e, 5 déc. 2007, n° 06-19.676, *Bull. civ.* III, n° 218; *Administrer* mars 2008. 40. Rapp. : Civ. 1re, 11 mars 2010, n° 09-12.214, NP, cassation pour non réponse à conclusions des vendeurs qui soutenaient que le mesurage litigieux de l'acquéreur ne pouvait être retenu comme fiable dès lors que ce dernier avait, à l'occasion de la revente, fait figurer, dans une petite annonce, un chiffrage plus important.
8. Capoulade et Giverdon, comm., n° 26.
9. Dagot, comm., n° 57.
10. Lafond, Roux et Stemmer, art. L. 46, n° 10.
11. Civ. 3e, 16 janv. 2008, n° 06-21.696, *Bull. civ.* III, n° 9; *AJDI* 2008. 947; *D.* 2008. 2690.
12. Paris, 23e ch. A, 11 févr. 2003, RG n° 2001/12160, Sci Concermont c/Dreyfus a., NP.
13. Avis du Conseil supérieur du notariat, *Loyers et copr.* févr. 1998. 7 – sur l'accomplissement des formalités par le notaire : Civ. 3e, 5 juill. 2006, n° 05-16.469, *Bull. civ.* III, n° 168; *D.* 2007. 2184; *Administrer* 49, n° 393, note Capoulade – Présentations d'un mesurage ne se référant pas à l'art. 46 – Civ. 3e, 3 oct. 2007, *Administrer* avr. 2008. 45 – Civ. 1re, 25 mars 2010, n° 09-66.282, *Bull. civ.* I, n° 73.

du décret du 17 mars 1967 (v. s[s] n° 306). L'appel en garantie des vendeurs contre la personne qui a établi le mesurage ne peut être accueilli car la diminution du prix résultant de l'insuffisance de superficie représente une restitution de l'indu et ne constitue pas par elle-même un préjudice indemnisable [1].

B.

Formalités destinées à assurer l'opposabilité à l'acquéreur des actes concernant l'immeuble – Règlement de copropriété et état descriptif de division

308 L'article 4 du décret du 17 mars 1967. Normalement l'opposabilité du règlement de copropriété et de l'état descriptif de division à l'acquéreur d'un lot ou d'une fraction de lot, qui est un ayant cause à titre particulier, résulte de la publication de ces actes au fichier immobilier (L. 10 juill. 1965, art. 13). Mais l'article 4 du décret du 17 mars 1967, dans le dessein d'assurer une information effective de l'acquéreur et également du titulaire d'un droit réel immobilier constitué sur le lot, a prévu des formalités particulières. Elles s'expliquent, d'une part, pour la raison qu'il est indispensable que l'acquéreur (ou le titulaire du droit réel immobilier) soit informé de la destination de l'immeuble, de l'affectation des parties privatives [2], de la situation et de la consistance du lot vendu et, d'autre part, de ce qu'il peut arriver que certains règlements de copropriété anciens n'aient pas été publiés.

Les formalités prévues varient donc selon que le règlement de copropriété (et l'état descriptif de division) ont été ou non publiés. Mais on suppose, spécialement pour le règlement de copropriété, qu'il a bien été établi. Il résulte, en effet, d'une jurisprudence, à notre avis justifiée [3], que l'existence préalable du règlement de copropriété est une condition de validité de la vente dont il constitue une qualité substantielle sanctionnée par la nullité de l'acte [4] mais la jurisprudence la plus récente est nuancée [5].

Supposant donc le règlement de copropriété établi, l'économie de l'article 4 du décret de 1967 repose sur la distinction selon qu'il a été ou non publié.

Si le règlement de copropriété et l'état descriptif de division, ainsi que les actes qui les ont modifiés, ont déjà été publiés, l'acte conventionnel [6] constatant le transfert de propriété du lot (ou d'une fraction de celui-ci) doit mentionner que l'acquéreur en a eu préalablement connaissance (Décr. 17 mars 1967, art. 4, al. 1er et 2) [7].

Dans l'hypothèse inverse, le règlement de copropriété et l'état descriptif de division, ainsi que les actes qui les ont modifiés, ne s'imposent à l'acquéreur que s'il est expressément constaté dans l'acte de cession qu'il en a eu préalablement connaissance et qu'il a adhéré aux obligations qui en résultent (Décr. 17 mars 1967, art. 4, al. 3). L'emploi de la conjonction « et » impose au rédacteur de l'acte de mentionner cette double constatation [8].

La sanction de ces formalités, dont on rappelle le caractère impératif, est en relation avec le but en vue duquel elles ont été édictées.

Si le règlement de copropriété et l'état descriptif de division ont déjà été publiés au fichier immobilier, le défaut de mention de leur connaissance préalable par l'acquéreur ne les empêche pas de leur être opposables. Cette opposabilité résulte, en effet,

1. Civ. 3e, 4 janv. 2006, n° 04-15.922, n° 04-18.130, NP, *AJDI* 2006. 575, note Capoulade; *Administrer* mars 2006. 49 – Civ. 3e, 25 oct. 2006, n° 05-17.427, *Bull. civ.* III, n° 205; *D.* 2007. 1297, 2184; *Defrénois* 2007. 976, obs. Atias; *IRC* mai 2007. 17, note Valdès – Civ. 3e, 1er mars 2011, n° 10-30.214, NP. AVEC NUANCE : Paris, 3 nov. 2005, n° 2004/10579 – *AJDI* 2006, 576. Le mesurage représente une prestation topographique, sur la compétence du géomètre-expert : Civ. 3e, 21 juin 2006, n° 04-20.660, *Bull. civ.* III, n° 157.
2. Renseignements que ne fournit pas la seule publication au fichier immobilier; seul le règlement de copropriété, à l'exclusion de l'acte de vente, peut les donner valablement : Civ. 3e, 27 juin 1972, *JCP* 1972. II. 17226, note Guillot.
3. Paris, 4 janv. 2000, RG n° 1998/05674, *RDI* 2000. 235 – Paris, 15 mars 1995, *Juris-Data* n° 20437 – AUSSI : les congés du bailleur, *Colloque Unpi* 1998, p. 12 et 14 – CEP. : Civ. 3e, 21 juin 2000, n° 98-14.043, *Bull. civ.* III, n° 121; *RDI* 2000. 386; *D.* 2001. 172, 347; *Administrer* juin 2000, concl. Weber, note Capoulade, dont il résulte à propos du congé pour vendre qu'il importe peu que le règlement de copropriété et l'état descriptif de division ne soient pas encore établis au moment du congé – EN CE SENS, pour l'état descriptif de division : Civ. 3e, 22 janv. 2000, n° 01-13.909, *Bull. civ.* III, n° 11; *AJDI* 2003. 349; *D.* 2004. 841 – EN SENS CONTRAIRE : L. 31 déc. 1975, art. 10-I § I-A.
4. Alors que cette existence préalable n'est pas une condition d'existence de la copropriété. Civ. 3e, 17 nov. 2010, n° 10-11.287, *Bull. civ. III*, n° 205.
5. Il suffit que les lots soient individualisés (Civ. 3e, 17 nov. 2010, préc.), que l'objet de la vente soit déterminable (Civ. 3e, 10 sept. 2008, n° 07-16.858 : à propos des combles et d'un couloir), mais sous réserve que les parties n'aient pas fait de la détermination de la quote-part de propriété une condition de la vente : Civ. 3e, 11 févr. 2009, n° 07-20.237.
6. D'où l'exclusion des actes judiciaires – AUSSI : LAFOND, ROUX ET STEMMER, art. D. 4, n° 1.
7. La publication de ces documents antérieurement à l'acte de vente est une nécessité : Civ. 3e, 31 janv. 1996, n° 93-18.318, *Bull. civ.* III, n° 29; *RDI* 1996. 275.
8. Ces dispositions n'ont pas pour effet d'établir un mode mineur ou subsidiaire de publicité, mais un palliatif pour répondre à l'urgence de la rédaction d'un acte : *AJDI* 2001. 990, obs. Capoulade.

de toute manière, de la publicité qui a été effectuée; elle est de plus affirmée par la loi (art. 13) à l'encontre de laquelle aucune disposition du décret ne peut prévaloir. En conséquence, si l'acquéreur éprouve un préjudice du fait de cette opposabilité, il lui appartient de mettre en jeu la responsabilité du rédacteur de l'acte et notamment du notaire qui n'a pas reproduit la mention exigée[1].

Si le règlement de copropriété et l'état descriptif de division n'ont pas été publiés, il convient, en revanche, de décider qu'ils ne sont pas opposables à l'acquéreur si l'acte de transfert ne porte pas la double mention qu'il en a eu connaissance et qu'il a adhéré aux obligations qui en résultent[2].

C. Formalité destinée à assurer l'information de l'acquéreur des engagements du vendeur à l'égard du syndicat. L'état daté

309 **L'article 5 du décret du 17 mars 1967, modifié par le décret du 27 mai 2004**[3]**.** Aux termes de cet article ainsi modifié, le syndic adresse, avant l'établissement de l'un des actes visés à l'article 4, au notaire chargé de recevoir l'acte, à la demande de ce dernier ou à celle du copropriétaire qui transfère tout ou partie de ses droits sur le lot, un état daté comportant trois parties.

Dans la première partie, le syndic indique, d'une manière même approximative, et sous réserve de l'apurement des comptes, les sommes pouvant rester dues, pour le lot considéré, au syndicat par le copropriétaire cédant au titre :

- des provisions exigibles du budget prévisionnel;
- des provisions exigibles des dépenses non comprises dans le budget prévisionnel;
- des charges impayées sur les exercices antérieurs;
- des sommes visées à l'article 33 de la loi du 10 juillet 1965;
- des avances exigibles.

Ces indications sont communiquées par le syndic au notaire ou au propriétaire cédant à charge pour eux de les porter à la connaissance, le cas échéant, des créanciers inscrits.

Dans la deuxième partie, le syndic indique, d'une manière même approximative, et sous réserve de l'apurement des comptes, les sommes dont le syndicat pourrait être débiteur, pour le lot concerné, à l'égard du copropriétaire cédant au titre :

- des avances mentionnées à l'article 45-1;
- des provisions du budget prévisionnel pour les périodes postérieures à la période en cours et rendues exigibles en raison de la déchéance du terme prévu par l'article 19-2 de la loi du 10 juillet 1965.

Dans la troisième partie, le syndic indique les sommes qui devraient incomber au nouveau copropriétaire, pour le lot concerné, au titre :

- de la reconstitution des avances mentionnées à l'article 45-1 et ce d'une manière même approximative;
- des provisions non encore exigibles du budget prévisionnel;
- des provisions non encore exigibles dans les dépenses non comprises dans le budget prévisionnel.

Dans une annexe à la troisième partie de l'état daté, le syndic indique la somme correspondant, pour les deux exercices précédents, à la quote-part afférente au lot concerné dans le budget prévisionnel et dans le total des dépenses hors budget prévisionnel. Il mentionne, s'il y a lieu, l'objet et l'état des procédures en cours dans lesquelles le syndicat est partie.

On aura constaté que l'information ainsi donnée est beaucoup plus complète que celle que fournissait l'ancien article 5 même après sa modification par le décret n° 95-162 du 15 février 1995.

Plus particulièrement, la rédaction nouvelle met l'information en harmonie avec les dispositions concernant les provisions exigibles du budget prévisionnel (v. s^s n° 444) et celles des dépenses non comprises dans ce budget (v. s^s n° 445), en précisant que les indications ainsi prévues peuvent être communiquées aux créanciers inscrits. Mais, de même que pour l'état daté prévu par l'ancien article 5, l'information donnée aux créanciers inscrits n'a pas pour objet de les renseigner sur les créances susceptibles de les primer en vertu du privilège; cette fonction est remplie par les énonciations que doit contenir l'opposition notifiée en vue de l'application des dispositions de l'article 20 de la loi (v. s^s n°s 328 s.)[4].

On aura également remarqué que l'information sur les « procédures en cours », dans lesquelles le syndicat est partie, est expressément prévue et que leur objet et leur état doivent être mentionnés. Il devra être mentionné si la procédure est en appel ou portée devant la Cour de cassation[5].

1. Lafond, Roux et Stemmer, D. art. 4, note 2.
2. Lafond, Roux et Stemmer, *loc. cit.*
3. Atias, *Guide de la copropriété*, 2005, n°s 337 s., *Dicopropriété, V° État daté* – Sabatié, « La mutation d'un lot de copropriété », *AJDI* oct. 2006. 714 – Prohaszka, « La cession d'un lot de copropriété », *Administrer* juin 2005, p. 14 – Lafond, « Les mutations de lots de copropriété après le décret du 27 mai 2004 », *JCP N* 2004, p. 1411.
4. Lafond, Roux et Stemmer, D. art. 5, n° 1052.
5. « Nouveau questionnaire syndic, établi par les professionnels », *JCP N* 2004. 1547.

310 L'article 5 du décret du 17 mars 1967, modifié par le décret du 27 mai 2004 (suite). Les précisions données par le nouvel article 5, dont on ne saurait mésestimer l'importance pratique, n'affectent cependant pas les solutions qui avaient été dégagées sous l'empire de l'ancien texte.

C'est ainsi :

- que les parties peuvent toujours prendre au sujet des sommes ainsi visées toutes les conventions qu'elles estiment opportunes; mais celles-ci ne sont pas opposables au syndicat[1]. Par exemple, si le vendeur a pris l'engagement vis-à-vis de l'acquéreur d'acquitter des sommes dont le syndicat pourrait être son débiteur, pour le lot concerné, le syndic ne peut se prévaloir de cet accord pour demander le paiement au vendeur[2];

- que si, ni le notaire, ni le vendeur n'ont pris la précaution de demander cet état, le devoir du vendeur est de renseigner son acquéreur sous peine d'engager sa responsabilité[3];

- que la fourniture de renseignements inexacts engage la responsabilité du syndic[4];

- que les « indications » à fournir sont mentionnées à titre limitatif. Le syndic n'est pas tenu de fournir une information plus étendue[5] ou si demandé par le notaire. Elles ne visent que le lot concerné et non tous les lots dont le vendeur est propriétaire dans l'immeuble[6].

À la suite du décret du 27 mai 2004, les professionnels ont publié un « nouveau questionnaire syndic » qui comporte de nombreux renseignements que l'article 5 du décret n'exige pas, comme la situation technique et financière des travaux, les assurances, le patrimoine du syndicat, les mesures administratives concernant l'immeuble; il prévoit même une cession de créance et inclut une partie du dossier de diagnostic technique. Ce formulaire n'a aucun caractère officiel.

Modifiant l'article 10-1 de la loi du 10 juillet 1965, l'article 90 de la loi n° 2006-872 du 13 juillet 2006 impute au seul copropriétaire concerné « les honoraires du syndic afférents aux prestations qu'il doit effectuer pour l'établissement de l'état daté à l'occasion de la mutation à titre onéreux d'un lot ou d'une fraction de lot ».

La Cour de cassation rappelle, à ce propos, le principe selon lequel les décisions d'assemblée générale ne régissent pas les rapports entre chaque copropriétaire et le syndic[7]. Ces honoraires transitent donc par la comptabilité du syndicat.

§ 2
Formalités destinées à informer le syndic

311 Énumération. La cession de lots impose au syndic un certain nombre d'obligations[8] pour l'accomplissement desquelles une information lui est indispensable.

Tout d'abord, il convient que le syndic soit informé du transfert de propriété d'un lot ou d'une fraction de lot ou de la constitution ou du transfert d'un droit réel sur ce lot ou cette fraction.

Il convient ensuite de faire mention d'une formalité qui s'inscrit dans le cadre du pouvoir qui lui est donné par l'article 20, modifié, de la loi du 10 juillet 1965, de faire opposition au versement des fonds pour obtenir le paiement des sommes restant dues par l'ancien propriétaire : à cela correspond l'avis de mutation qui est commenté ci-après (v. s^s n° 324).

312 Notification du transfert de propriété ou de la constitution de droits réels (Décr. 17 mars 1967, art. 6). Aux termes de l'article 6 modifié du décret du 17 mars 1967 « *tout transfert de propriété d'un lot ou d'une fraction de lot... est notifié sans délai au syndic soit par les parties, soit par le notaire qui a établi l'acte, soit par l'avocat ou soit par l'avoué qui a obtenu la décision judiciaire, acte ou décision qui, suivant le cas, constate ce transfert* ». La même obligation pèse sur les mêmes personnes pour la constitution sur un lot d'un droit d'usufruit, de nue-propriété, d'usage ou d'habitation (v. Recommandation n° 9 de la commission relative à la copropriété).

On précise qu'en visant « les parties » le texte n'impose pas « qu'elles procèdent toutes deux ensembles ou séparément à la notification du transfert de

1. Civ. 3e, 8 oct. 1991, n° 90-15.403, NP, *RDI* 1992. 112 – Paris, 19 déc. 1997, RG n° 96/19885, *Juris-Data* n° 023809, *Loyers et copr.* juin 1998. 178.
2. Versailles, 20 févr. 1984, *Inf. imm.* juill.-août 1985, 7 – Lafond, Roux et Stemmer, D. art. 5, n° 15.
3. Civ. 3e, 7 janv. 1987, *Administrer* avr. 1987. 30, note Guillot – Paris, 31 mars 1998, RG n° 96/14456, *Dossier Csab* déc. 1998, n° 70, p. 10 : le vendeur n'avait pas informé l'acheteur de l'intention du syndicat de procéder au ravalement.
4. Paris, 17 déc. 1984, *Rev. loyers* 1985. 135; *IRC* nov. 1985. 231.
5. Civ. 3e, 17 nov. 1999, n° 98-15.882, *Bull. civ.* III, n° 219; *AJDI* 2000. 413; *RDI* 2000. 94; *D.* 2000. Somm. 136, note Bouyeure; *Loyers et copr.* 2000. 33.
6. Paris, 18 mai 2000, RG n° 1998/23039, *Loyers et copr.* 2000. 272.
7. Civ. 3e, 11 oct. 2005, n° 04-17.178, *AJDI* 2006. 285, obs. Capoulade – Civ. 3e, 30 janv. 2008, n° 07-10.750, *Bull. civ.* III, n° 17; *AJDI* 2008; *Administrer* mai 2008. 62, note Bouyeure.
8. V. Guillot, « Les activités du syndic en cas de vente d'un lot », *Administrer* juin 1991, 9 s. – Combarieu, « Le vendeur, l'acquéreur et les charges de copropriété », *JCP* 2000. IV. 1715 – Boussageon, « Rédaction et notification des actes inhérents à la vente amiable ou forcée d'un lot », *AJPI* 1996. 390.

propriété »[1]; elle peut n'être le fait que de l'acquéreur.

On précise également qu'en cas de résolution de la vente, le transfert de propriété consécutif doit être notifié au syndic[2].

Cette notification précise l'alinéa 2 du même article, comporte la désignation du lot ou de la fraction de lot intéressé, ainsi que l'indication des nom, prénoms, domicile réel ou élu de l'acquéreur[3], et, le cas échéant, du mandataire commun prévu à l'article 23, alinéa 2, de la loi du 10 juillet 1965[4]. Conformément à l'article 64 du décret du 17 mars 1967, elle est faite par lettre recommandée avec demande d'avis de réception. Mais le syndic doit tenir compte de la notification qui lui a été faite par une lettre simple dès lors qu'il l'a bien reçue[5], mais la jurisprudence récente se montre plus rigoureuse en exigeant une notification réglementaire, sans s'attacher à une connaissance personnelle de la mutation[6]. L'acquéreur dont la vente a été résolue ou annulée en doit notification au syndicat, sans pouvoir invoquer la publication du jugement opérant transfert de la propriété[7].

Le but de l'ensemble de ces dispositions est d'informer le syndic de tous les transferts de propriété (et aussi des constitutions de certains droits réels) dont les lots sont l'objet et de lui permettre de tenir effectivement le rôle de gestion documentaire qui lui est dévolu par la loi (art. D. 32, v. s^s^ n° 1004). C'est la raison pour laquelle la notification doit être faite « sans délai »[8] et qu'un large domaine d'application lui est reconnu, ainsi qu'en témoigne l'emploi des termes « tout transfert de propriété » qui visent aussi bien les transferts à titre gratuit que les transferts à titre onéreux[9] En cas d'expropriation pour cause d'utilité publique, l'autorité expropriante doit signifier au syndic l'ordonnance d'expropriation du lot afin de permettre à celui-ci d'établir le montant des charges échues au jour de l'ordonnance et de lui faire connaître le nom et l'adresse du bénéficiaire de l'expropriation seul débiteur des charges à venir.

313 Notification du transfert de propriété ou de la constitution de droits réels (suite) – Effets. La notification au syndic du transfert de propriété, en plus de lui permettre d'assurer son rôle de gestion documentaire, est essentiellement destinée à rendre le transfert de propriété du lot (ou la constitution de droits réels sur ce lot) opposable au syndicat[10]. En cela, elle diffère de l'avis de mutation qui est une pièce essentielle du mécanisme de l'opposition au versement des fonds prévue par l'article 20 de la loi du 10 juillet. C'est la raison pour laquelle le dernier alinéa ajouté à l'article 6 du décret du 17 mars 1967 par le décret du 15 février 1995 impose que la notification doit être faite indépendamment de l'avis de mutation.

Si la notification n'a pas été faite, l'ancien propriétaire conserve sa qualité à l'égard du syndicat[11], il est donc valablement convoqué à l'assemblée générale, et c'est lui qui a qualité pour exercer l'action en nullité des décisions prises[12]. Pour la même raison, l'ancien propriétaire est valablement assigné en paiement des charges[13]. Il en sera ainsi

1. Paris, 13 mars 1991, *RDI* 1991. 378; *JCP N* 1991, prat. 1962, 13, Chron. Lafond.
2. Civ. 3e, 31 mars 1993, n° 90-17.698, *RDI* 1993. 256, *Loyers et copr.* 1993. 236.
3. L'indication précise du domicile réel ou élu de l'acquéreur, qui figure également dans l'avis de mutation, revêt une particulière importance à la suite de la mise en vigueur de la nouvelle procédure de recouvrement des créances prévue par l'article 19.2 de la loi de 1965 : *AJDI* 2001. 890, col. 1, obs. Capoulade.
4. Il s'agit du mandataire, qui aux termes de l'article 23 alinéa 2 de la loi du 10 juill. 1965, représente les « intéressés » aux assemblées générales en cas d'indivision ou d'usufruit d'un lot (v. s^s^ n° 589).
5. Paris, 13 mars 1991, RG n° 89/13.019, *Juris-Data* n° 020604, préc. – AUSSI : Paris, 14 févr. 1990, RG n° 87/17693, *Juris-Data* n° 021393, *JCP* 1991, Chron. Lafond, préc.; *Administrer* mars 1992. 49, qui précise qu'il n'est pas nécessaire de notifier au syndic une copie de l'acte de vente.
6. Civ. 3e, 26 sept. 2007, n° 06-16.394, NP, *Administrer* déc. 2007, p. 90, n° 405, obs. Bouyeure – Civ. 3e, 24 sept. 2008, n° 07-17.360, NP.
7. Toulouse, 5 sept. 2005, n° 2005/292166, *Loyers et copr.* 116.
8. C'est-à-dire immédiatement après l'intervention des opérations visées au texte, précision faite que les termes « tout transfert de propriété » impliquent que c'est le « compromis » de vente qui doit être notifié : LAFOND, ROUX ET STEMMER, R. art. 6, n° 2.
9. LAFOND, ROUX ET STEMMER, *op.* et *loc. cit.*
10. Atias, *Guide de la copropriété*, 2005, n° 375 – Civ. 3e, 26 sept. 2007, n° 06-16.394, NP, *Administrer* 90, n° 405, obs. Bouyeure – Civ. 3e, 24 sept. 2008, n° 07-17.360, NP.
11. Civ. 3e, 3 oct. 1972, n° 71-10.926, *Bull. civ.* III, n° 487; *JCP* 1972. II. 17259, note Guillot – Civ. 3e, 11 juin 1986, *Rev. loyers* 1986. 327 – Civ. 3e 6 nov. 1991, n° 90-11.602, *Bull. civ.* III, n° 264; *AJDI* 1992. 447 – Cette solution repose sur la considération selon laquelle les règles de la publicité foncière sont inapplicables entre un copropriétaire et le syndicat.
12. Paris, 19 janv. 1993, *Loyers et copr.* 1993. 235 – SUR L'ENSEMBLE DE LA QUESTION : Lafond, « vente d'un lot de copropriété à une date proche de l'assemblée générale », *JCP N* 1995, prat. 3434 – Il faut, bien entendu, que le demandeur soit opposant ou défaillant.
13. Civ. 3e, 3 juill. 1974, n° 73-11.379, *Bull. civ.* III, n° 287; *JCP* 1974. IV 307 – Paris, 23 sept. 1994, RG n° 93/004702, *Juris-Data* n° 022797, *D.* 1996. Somm. 159, note Bouyeure – AUSSI : Bouyeure, « La contestation des décisions de l'assemblée générale en cas de mutation », *Administrer* oct. 1992. 4 – Paris, 29 janv. 1993, RG n° 92/10908, *Juris-Data* n° 020553, *Loyers et copr.* 1995. 235 – MAIS l'échange des consentements a rendu la ▶

tant que le transfert de propriété n'aura pas été notifié[1]. Le notaire, auquel est imputable le défaut de notification, peut être déclaré responsable des conséquences préjudiciables qui en résultent pour l'acquéreur[2].

On précise par ailleurs que le syndic ne peut prétendre, à l'occasion de la mutation d'un lot, à rémunération ou à un remboursement de frais, spécialement en contrepartie de l'« inscription » de l'acquéreur dans les comptes de la copropriété[3].

Pour les frais afférents à l'état daté (v. s[s] n° 310).

SECTION 3 EFFETS DE LA CESSION

§ 1 Généralités

314 Effets généraux – Application du droit commun de la vente. La cession d'un lot d'un immeuble en copropriété que l'on supposera, sauf précision contraire, constituer une mutation à titre onéreux, s'analyse juridiquement en une vente immobilière. Les droits et les obligations respectifs du vendeur et de l'acheteur sont donc déterminés par référence au droit commun de la vente; il en est spécialement ainsi pour les obligations de délivrance[4] et de garantie dont le vendeur est tenu et pour l'obligation de payer le prix qui incombe à l'acheteur. Toutefois, le fait que la vente porte sur un lot dépendant d'un immeuble en copropriété peut imprimer à l'obligation de délivrance des aspects particuliers. L'obligation de délivrance comprend notamment la remise d'une copie du règlement de copropriété. C'est ainsi par exemple qu'il a pu être jugé que le vendeur s'engage à transmettre à l'acquéreur un état descriptif de division permettant de publier la vente du lot[5]. En revanche, la perte de sa qualité de propriétaire du lot, consécutive à la vente, rend caduque une autorisation donnée à titre personnel à un voisin et donc intransmissible en cas de cession[6]. Et surtout, le paiement du prix et sa répartition appellent des développements particuliers.

315 Effet particulier : substitution au sein du syndicat du nouveau propriétaire à l'ancien. La cession du lot produit également l'effet particulier de faire entrer dans le syndicat, en qualité de copropriétaire, le nouveau propriétaire de ce lot. Celui-ci devient donc titulaire des droits du cédant; mais il est aussi assujetti à ses obligations et notamment à celles qui peuvent résulter du règlement de copropriété, auxquelles l'acte de vente ne peut déroger[7]. De même doit-il se conformer aux décisions antérieurement prises par l'assemblée générale et devenues définitives et, bien entendu, acquitter les charges et dépenses dont l'apurement des comptes le fait apparaître comme débiteur (v. s[s] n° 319).

En revanche l'acquéreur du lot n'a pas de droits sur le compte créditeur du vendeur dans les livres du syndicat[8].

La nullité de certaines clauses du règlement de copropriété ne s'étend pas nécessairement aux clauses de nature semblable qui peuvent figurer à l'acte de vente. Il en est ainsi pour les clauses de non-concurrence. Il a pu, par conséquent, être jugé, qu'était valable l'engagement pris par le vendeur de plusieurs lots à usage de commerce de ne vendre (ou de louer) aucun local en vue de l'exercice de commerces similaires[9]. Un tel engagement se situe, en effet, dans le cadre de la vente; il est étranger aux dispositions de la loi du 10 juillet 1965.

En revanche, l'acquéreur peut poursuivre l'instance en nullité d'une décision introduite par le vendeur et encore pendante au moment de la vente[10] (sur le problème particulier de la validité des décisions de l'assemblée générale lorsqu'il se pose à l'occasion d'une cession de lots, v. Atias, « Pour servir à la pratique des cessions de lots dépendant d'une autorisation de l'assemblée des

► vente parfaite entre les parties; par conséquent celle qui a payé les charges pour la période pendant laquelle elle avait aliéné la propriété de son lot peut disposer d'un recours.

1. MAIS le syndic n'est pas tenu de faire état de l'inopposabilité : Paris, 14 févr. 1990, RG n° 88/19770, *Juris-Data* n° 020552, *Loyers et copr.* 1990. 234 – Lafond, Chron. *Administrer* mars 1992. 49 – POUR LE CAS où deux mutations ont fait l'objet d'une notification concomitante au syndic : Civ. 3e, 17 janv. 1996, n° 94-12.715, *RDI* 1996. 268.
2. TGI Paris, 29 oct. 1979, *Gaz. Pal.* 1980. 1, 317; *JCP* 1982. II. 19736, note Guillot. Delesalle, « Le service après-vente d'un lot de copropriété par le notaire »; *AJDI* 2007. 730.
3. EN CE SENS : rép. min., QE n° 69910, *JOAN Q* 30 sept. 1985, p. 4624.
4. Civ. 3e, 7 juill. 2010, n° 09-13.498, NP. Le vendeur est tenu de délivrer le lot tel qu'il est défini par le règlement de copropriété, peu important les actes signés par les parties pour constater la vente et la dissolution de la copropriété postérieure à la vente.
5. Civ. 3e, 19 janv. 1977, n° 75-11.990, *Bull. civ.* III, n° 32; *JCP N* 1977, prat. 6513.
6. Civ. 3e, 8 févr. 1995, n° 92-22.124, *IRC* juin 1995. 10, note Atias : en l'espèce l'autorisation portait sur le passage d'une canalisation dans les parties privatives du lot du cédant.
7. Civ. 3e, 27 juin 1972, n° 71-11.379, *Bull. civ.* III, n° 426; *JCP* 1972. II. 17226.
8. Civ. 3e, 1er déc. 1992, n° 91-13.780, NP, *RDI* 1993. 123.
9. Civ. 3e, 21 juin 1977, *D.* 1978. Somm. 23.
10. KISCHINEWSKY-BROQUISSE, n° 227.

copropriétaires »[1].) La décision[2] modifiant le règlement de copropriété n'est opposable au copropriétaire qui a acquis son lot postérieurement que si elle a été publiée au fichier immobilier ou si le titre d'acquisition du lot contient une mention relative à cette décision et à son adhésion (Décr. 17 mars 1967, art. 4, al. 3).

La question se pose de savoir à partir de quel moment ces effets se produisent. L'application des principes du droit commun conduit à décider que, dans les rapports des parties entre elles, la cession est conclue dès qu'elles se sont mises d'accord, alors qu'à l'égard des tiers, l'acquéreur du lot n'en devient propriétaire qu'à compter de la publication de l'acte de vente au fichier immobilier. À l'égard du syndicat, qui n'est pas un tiers vis-à-vis des parties, le cédant demeure propriétaire tant que la cession n'a pas été notifiée au syndic selon les formes prescrites (sur les conséquences à tirer pour la convocation de l'assemblée générale v. s[s] n° 819)[3].

En cas de résolution de la vente (judiciairement ou par le jeu d'une clause résolutoire) le propriétaire primitif est redevable à l'égard du syndicat de toutes les charges afférentes au lot vendu jusqu'à la date de revente de celui-ci à de nouveaux acquéreurs[4].

Au cas où la vente est suivie d'une revente qui sont notifiées simultanément au syndicat, il a été jugé que le copropriétaire intermédiaire n'avait jamais eu cette qualité[5]. Si la copropriété ne comporte que deux copropriétaires, la convention conclue entre le vendeur et l'acquéreur du lot est maintenue[6].

§ 2
Répartition des charges et des dépenses consécutives à la cession

Principes

316 État de la question. La répartition entre le cédant et le cessionnaire des charges et dépenses consécutives à la cession a suscité une importante doctrine et une jurisprudence considérable[7]. Sur le plan des principes, une distinction rationnelle s'impose selon que l'on envisage les rapports du cédant et du cessionnaire à l'égard du syndicat (obligation) et les rapports entre le cédant et le cessionnaire (contribution), l'hypothèse étant celle d'une mutation à titre onéreux.

Dans les rapports entre le cédant et le cessionnaire d'une part et le syndicat d'autre part, les principes sont que le cédant demeure tenu vis-à-vis du syndicat des dettes et charges liquides et exigibles à son encontre à la date de la mutation et que le cessionnaire est tenu des dettes et charges devenus liquides et exigibles postérieurement au transfert de propriété, précision faite que, vis-à-vis du syndicat, ce transfert n'a lieu qu'à partir de la notification qui est faite au syndic conformément à l'article 6 du décret du 17 mars 1967[8]; la prise de possession tardive du lot ne dispense pas le cessionnaire du paiement de ces dépenses[9].

Dans les rapports du cédant et du cessionnaire, rien ne s'oppose à ce que leur contribution soit aménagée comme ils l'entendent. Ils peuvent notamment convenir que les créances du syndicat, exigibles au moment de la cession, seront prises en charge par l'acquéreur[10]. Toutefois, cette clause est inopposable au syndicat[11] en ce sens qu'elle n'a pas pour effet de libérer le vendeur à son égard[12]; le syndic peut donc procéder aux appels de fonds dans les conditions prévues par la loi ou le règlement de copropriété[13].

1. *JCP N* 1988. I. 204 et *G* I 3356.
2. Versailles, 7 déc. 1989, *Administrer* août-sept. 1990. 50.
3. Civ. 3e, 26 sept. 2007, n° 06-16.394, NP, *Administrer* 90, n° 405, obs. Bouyeure – Civ. 3e, 24 sept. 2008, n° 07-17.360, NP.
4. Civ. 3e, 3 janv. 1984, *JCP N* 1984, prat. 9156 – Versailles, 25 juin 1992, *RDI* 1993. 122 – Civ. 3e, 31 mars 1993, n° 90-17.698, *RDI* 1993. 256, *Loyers et copr.* 1993. 236.
5. Civ. 3e, 4 janv. 1996, n° 93-18.228, NP, *RDI* 1996. 268.
6. Civ. 3e, 12 juin 2003, *Loyers et copr.* 2003. 122.
7. SUR L'ENSEMBLE DE LA QUESTION : Lot, « Le recouvrement des dépenses et le paiement des dettes du syndicat », *Gaz. Pal.* 1975. 1 – Ysnel, « Le paiement des charges lors de la vente d'un lot », *Rapport 73e Congrès des notaires*, Strasbourg, 1979, p. 23 s. – Lafond, pan. jur., *JCP N* 1984, prat. 9192 – Bost, « Un motif potentiel de discorde, le recouvrement des charges lors de la vente d'un lot de copropriété », *IRC* 1985. 51 s. – Lescaillon, « L'acquéreur d'un lot doit-il supporter les charges de copropriété dont le fait générateur est antérieur à la cession ? », *Rev. huissiers* 1990. 1241 – Roux, « La répartition des charges de copropriété entre vendeur et acquéreur de lot », *Administrer* juill. 2005. 30.
8. EN CE SENS : SIZAIRE, n° 99 – Guillot, « Créances certaines, liquides, exigibles », *Administrer* déc. 1982. 10 – Civ. 3e, 25 sept. 2002, n° 00-22.630, NP, *Loyers et copr.* 2003. 19.
9. Civ. 3e, 8 mars 1989, *Administrer* juill. 1990. 53.
10. Paris, 28 oct. 1982, *Juris-Data* n° 027023, *D.* 1983. IR 335 – Paris, 19 janv. 1984, *Juris-Data* n° 020641, *D.* 1984. IR 383.
11. Civ. 3e, 11 oct. 2005, n° 04-17.178, 2e moyen, NP, *AJDI* avr. 2006. 285, obs. Capoulade; *Administrer* janv. 2006. 48, obs. Bouyeure; *Loyers et copr.* 2006. 24, obs. Vigneron – Décr. 17 mars 1967, MOD. PAR Décr. 27 mai 2004, art. 6-3.
12. Paris, 1er avr. 1994, RG n° 93/000526, *Juris-Data* n° 020641, *D.* 1994. Somm. 202 – Civ. 3e, 8 oct. 1991, n° 90-15.403, NP, *RDI* 1992. 112 – Civ. 3e, 16 sept. 2003, n° 02-16.348, NP, *Loyers et copr.* 2003. 245.
13. Paris, 18 mai 1990, RG n° 87/014728, *Juris-Data* n° 023280, *Loyers et copr.* 1990. 360.

Mais l'application effective de ces principes appelle des précisions. La première a trait à ce qu'il faut entendre par créance liquide et exigible à la date de la mutation. La seconde concerne la pratique qui s'était instaurée dans les rapports entre cédant et cessionnaire de stipuler une clause de solidarité.

1°
Notion de créance liquide et exigible au moment de la mutation

317 Importance de cette notion. Outre le fait qu'elle est à la base des principes énoncés ci-dessus sur le plan des rapports du syndicat, d'une part, et le vendeur et/ou l'acquéreur d'un lot, d'autre part, elle conditionne la délivrance de l'opposition prévue par l'article 20 de la loi du 10 juillet 1965 (Décr. 17 mars 1967, art. 5-1) laquelle vaut au profit du syndicat mise en œuvre du privilège immobilier spécial mentionné à l'article 19-1.

On conçoit donc qu'elle ait suscité une importante jurisprudence qui, toutefois, a perdu une grande partie de son intérêt compte tenu des précisions apportées par le décret du 27 mai 2004 qui a modifié le décret du 17 mars 1967, en lui ajoutant un article 6-2 et en en modifiant l'article 35.

L'un et l'autre doivent faciliter l'apurement des comptes nécessité par la mutation à titre onéreux.

318 Apurement des comptes nécessité par la mutation à titre onéreux – L'article 6-2 du décret du 17 mars 1967 modifié par le décret du 27 mai 2004. Solutions antérieures. Cet article a pour but de régler les difficultés de règlement des comptes qui surgissent lors de la vente d'un lot entre le syndicat, d'une part, et le cédant ou l'acquéreur d'un lot, d'autre part. Jusqu'alors c'était la référence à la notion de dettes et charges liquides et exigibles au moment de la cession qui servait de référence : le cédant était tenu vis-à-vis du syndicat des dettes et charges exigibles au moment de la cession; le cessionnaire était tenu des dettes et charges devenues liquides et exigibles postérieurement au transfert de propriété qui n'a lieu qu'à partir de la notification qui en est faite au syndic.

Mais c'était la notion de dettes et charges liquides et exigibles qui soulevait des difficultés, spécialement lorsque l'assemblée générale avait pris la décision d'entreprendre des travaux (par exemple de ravalement qui n'étaient pas encore exécutés au moment de la cession) [1]. Un arrêt de la Cour de cassation du 19 juillet 1983 [2] avait décidé que constituent des créances liquides et exigibles les appels de fonds votés par l'assemblée générale fût-ce pour le financement de travaux non encore exécutés mais décidés [3]. Ainsi, le moment où il était procédé aux appels de fonds votés était celui où, dans les relations copropriétaire/syndicat, les créances de ce dernier devenaient liquides et exigibles; le propriétaire à cette date en était le débiteur [4]; en revanche, l'acquéreur était tenu d'acquitter les appels de fonds postérieurs à la cession, même pour des travaux antérieurs [5].

Enfin des difficultés se présentaient pour la reconstitution du fonds de roulement alimenté par les provisions et celle du fonds de prévoyance qui pouvait avoir été créé [6].

319 L'article 6-2 du décret du 17 mars 1967 modifié [7]. Les solutions ci-dessus rappelées qui reposaient sur la notion d'appel de fonds ne pouvaient plus être maintenues à partir du moment où les articles 14-1 et 14-2 nouveaux de la loi du 10 juillet 1965 ont fixé la date d'exigibilité des provisions liées à l'exécution du budget prévisionnel et celle des sommes non comprises dans ce budget. La référence à la technique des appels de fonds ne s'imposait plus dès lors que l'exigibilité constitue le point de référence.

En conséquence, un nouvel article 6-2 a été ajouté au décret du 17 mars 1967. Il est rédigé en ces termes :

« À l'occasion de la mutation à titre onéreux d'un lot :

1°) le paiement de la provision exigible du budget prévisionnel, en application de l'alinéa 3, de l'article 14-1 de la loi du 10 juillet 1965, incombe au vendeur;

2°) le paiement des provisions des dépenses non comprises dans le budget prévisionnel incombe à

1. V. Guillot, « Créances certaines, liquides et exigibles », *Administrer* déc. 1982. 10.

2. Civ. 3e, 19 juill. 1983, no 82-12.393, *Bull. civ.* III, no 167; *D.* 1984. 293, note Souleau; *RDI* 1984. 229; *Administrer* janv. 1984. 42; *Defrénois* 1984. 360.
3. Civ. 3e, 25 juin 1993, *Loyers et copr.* 1994. 212 – Civ. 3e, 19 déc. 2007, no 06-21.012, *Bull. civ.* III, no 227; *D.* 2008. 2690.
4. Civ. 3e, 6 oct. 1999, no 98-10.711, *Bull. civ.* III, no 198; *AJDI* 2000. 238; *Administrer* janv. 2000. 30, note Capoulade.
5. Civ. 3e, 6 oct. 1999, no 98-10.711, *Bull. civ.* III, no 198; *AJDI* 2000. 238 – Civ. 3e, 2 oct. 2001, no 00-10.890, *AJDI* 2002. 137.
6. Civ. 3e, 11 janv. 1984, *Juris-Data* no 700190, *Administrer* févr. 1985. 21.
7. Capoulade, art. 6-2 du décret du 17 mars 1967, *AJDI* 2007. 713 – Rapports financiers entre le syndicat, le vendeur et l'acheteur d'un lot, *IRC* juill.-août 2007. 17 – Lafond, *JCP* 2004. IV. 1526 – Roux, « Répartition des charges entre vendeur et acquéreur », *Administrer* juill. 2005. 30 – Sabatié, « Mutation d'un lot », *AJDI* 2005. 714 – Rocher, « Débiteurs de charges en cas de mutation », *IRC* nov. 2004. 18.

celui, vendeur ou acquéreur, qui est copropriétaire au moment de l'exigibilité;

3°) le trop ou moins perçu sur provisions, révélé par l'approbation des comptes, est porté au crédit ou au débit du compte de celui qui est copropriétaire lors de l'approbation des comptes. »

Et un article 6-3 précise : « Toute convention contraire aux dispositions de l'article 6-2 n'a d'effet qu'entre les parties à la mutation à titre onéreux ».

Pour la compréhension de ce texte, il faut indiquer (pour de plus amples développements v. s[s] n° 444) que l'exigibilité de la provision du budget prévisionnel se situe le premier jour de chaque trimestre (ou le premier jour de la période fixée par l'assemblée générale) et que l'exigibilité des provisions des dépenses non comprises dans le budget prévisionnel est fixée par l'assemblée générale.

C'est donc au vendeur qu'incombe le paiement, en principe, à chaque trimestre de la provision du budget prévisionnel, égale au quart du budget voté et à celui, vendeur ou acquéreur, qui est copropriétaire au moment fixé par l'assemblée générale pour les dépenses « non budgétisées » (sur ces dépenses v. s[s] n° 445).

Très opportunément, l'article 6-2, complète ce dispositif en se référant à l'approbation des comptes de l'exercice qui se situe au moment de l'assemblée générale réunie à cette fin. Le trop ou le moins perçu sur provisions est porté au crédit (pour le trop perçu) et au débit (pour le moins perçu) de celui qui est copropriétaire lors de l'approbation des comptes.

L'ensemble de ces dispositions impose d'apporter une attention encore plus grande à la notification qui doit être faite au syndic en application de l'article 6 du décret qui seule établit la qualité de copropriétaire à l'égard du syndic et du syndicat.

320 L'article 35, modifié, du décret du 17 mars 1967[1]. Les dispositions de l'article 6-2, dont la finalité est de permettre l'apurement des comptes entre le vendeur et l'acheteur sont complétées par celles de l'article 35 du décret du 17 mars 1957, modifié par le décret du 27 mai 2004.

Ce texte a pour objet de déterminer les sommes dont le syndic peut *exiger* le versement. Outre les provisions du budget prévisionnel (L. 1965, art. 14, al. 2 et 3) et les provisions pour les dépenses non comprises dans ce budget (L. 1965, art. 14-2), les sommes visées par l'article 35 sont :

- *l'avance* constituant la réserve prévue au règlement de copropriété laquelle ne peut excéder 1/6 du montant du budget prévisionnel, qualifiée antérieurement *fonds de roulement*;
- *les avances* correspondant à l'échéancier prévu dans le plan pluriannuel de travaux adopté par l'assemblée générale;
- *les avances* constituées par les provisions spéciales prévues au 6e alinéa de l'article 18 de la loi du 10 juillet 1965.

1. 8e recomm. de la commission relative à la copropriété, publiée le 10 mars 2008.

L'article 35-1 ajouté au décret du 17 mars 1967 précise que « L'assemblée générale décide, s'il y a lieu, du placement des fonds recueillis et de l'affectation des intérêts produits par ce placement. »

L'ensemble de ces sommes satisfait à la condition d'exigibilité[2].

À l'inverse de ce que l'on a pu relever à propos des provisions du budget prévisionnel et des provisions des dépenses non comprises dans ce budget, la condition de l'appel de fonds reprend pour ces sommes toute sa signification.

Spécialement, pour les travaux, la Cour de cassation rappelle que le juge doit rechercher à quelle date les appels de fonds relatifs aux travaux considérés étaient devenus effectivement liquides et exigibles[3]. Ce n'est pas la date d'exécution des travaux, ni celle de la décision de principe qu'il faut considérer[4]. Ne constituent donc pas une créance liquide et exigible les frais provisionnels[5] ou des créances éventuelles[6].

De ce que la Cour de cassation a admis la restitution des avances versées par les copropriétaires au syndic pour des travaux non votés[7] ainsi que des provisions pour travaux non utilisées avant la vente des lots[8], il résulte que ces sommes ne sont pas liquides et exigibles et ne sauraient notamment faire l'objet d'une opposition régie par l'article 20 de la loi de 1965.

2°
La clause dite de solidarité

321 Notion. La stipulation dans le règlement de copropriété de la clause de solidarité intervenait dans le cadre de l'aménagement contractuel des rapports entre le cédant et le cessionnaire d'un lot. Sous réserve de variantes, elle était généralement ainsi rédigée : « en cas de mutation de propriété, le cessionnaire sera solidairement responsable avec le

2. Paris, 23e ch. B, 30 nov. 2000, RG n° 1999/11153, Syndicat 116-118 rue Oberkampf à Paris.
3. Civ. 3e, 17 nov. 1993, n° 91-11.123, NP, *RDI* 1994. 97.
4. Civ. 3e, 19 juill. 1983, n° 82-12.393, *Bull. civ.* III, n° 167.
5. Civ. 3e, 24 mai 1989, n° 88-10.714, NP, *D.* 1990. 478, note Souleau.
6. Grenoble, 7 mai 1996, *Administrer* déc. 1996. 40, obs. Bouyeure.
7. Civ. 3e, 4 juin 1997, n° 95-13.559, NP, *RDI* 1997. 481.
8. Civ. 3e, 17 juin 1997, n° 95-21.470, NP, *RDI* 1997. 480.

cédant, vis-à-vis du syndicat des copropriétaires, sans bénéfice de discussion, de toutes sommes afférentes au lot vendu, dues au jour de ladite mutation »[1].

Des discussions s'étaient élevées sur sa validité.

Dans le sens de la nullité de la clause, on faisait principalement valoir : 1) qu'elle est étrangère à l'objet du règlement de copropriété; 2) qu'elle a pour résultat de créer un privilège non prévu par la loi; 3) qu'elle a pour résultat de créer un cautionnement solidaire que l'article 2015 du code civil interdit de présumer.

Dans le sens de sa validité, on répliquait notamment que : 1) tendant à assurer le paiement des charges, elle relevait bien de l'objet du règlement de copropriété et 2) que la publication du règlement de copropriété au fichier immobilier la rendait opposable au cessionnaire.

La jurisprudence s'était finalement orientée dans le sens de sa nullité, mais pour des motifs qui n'étaient pas identiques. Alors, en effet, que pour certaines décisions et spécialement d'arrêts de la cour d'appel de Paris[2], la clause de solidarité avait été censurée pour le motif essentiel que le règlement de copropriété ne pouvait, sans revêtir un caractère réglementaire qu'il ne possède pas, régler les rapports personnels entre un copropriétaire et une personne qui ne l'est plus ou ne l'est pas encore, la Cour de cassation[3] oppose à la clause l'article 20 de la loi du 10 juillet 1965 qui contient, dit-elle, « des dispositions qui régissent le cas de mutation à titre onéreux d'un lot et les formalités de recouvrement, en ce cas, des créances du syndicat contre un propriétaire pour les sommes restant dues par celui-ci »; cela exclut que la clause puisse être valablement stipulée dans le règlement de copropriété.

Dans les relations entre indivisaires conventionnels[4], la cour de cassation admet que la clause de solidarité contenue dans le règlement de copropriété s'impose en cas d'indivision conventionnelle ou successorale ou entre nu-propriétaire et usufruitier.

1. Lafond, Roux et Stemmer, L. art. 20, n° 5 – Morand, « Clause de solidarité dans les règlements de copropriété », *Gaz. Pal.* 1979. 2. Doctr. 630 – Souleau, *Defrénois*, 1977, 1, 977.
2. Paris, 13 juill. 1979, *Juris-Data* n° 235219, *D.* 1980. 112; *RDI* 1979. 449 – Paris, 9 oct. 1979, *RDI* 1980. 138 – Paris, 22 janv. 1980, *Juris-Data* n° 762746, *D.* 1980. IR 240; *RDI* 1980. 379; *RDI* 1980. 20.
3. Civ. 3e, 1er juill. 1980, n° 78-15.721, *Bull. civ.* III, n° 127; *D.* 1981. 1, note Giverdon, Capoulade; *JCP N* 1980. II. 236, note Atias; *Administrer* nov. 1980. 25; *RDI* 1980. 456; *RDI* 1980. 794; *Journ. not.* 1980. 1637, note Viatte; *Defrénois* 1981. 451, note Souleau.
4. Civ. 3e, 1er déc. 2004, n° 03-17.518, *Bull. civ.* III, n° 221; *AJDI* 2005. 487; *Administrer* févr. 2005. 53, obs. Bouyeure; *Loyers et copr.* 2005. 36.

322 Clause de solidarité (suite) – Adjudication sur saisie – Cahier des charges[5]**.** La référence ainsi faite à l'article 20 de la loi de 1965 permettait de limiter la porté de la nullité ainsi proclamée en ce sens que celle-ci ne s'appliquait que dans les rapports du cédant et du cessionnaire avec le syndicat; il demeurait, en revanche possible, que dans ses rapports avec le cédant, le cessionnaire s'engage solidairement avec lui à payer les charges dont il est redevable. La clause relève alors du droit de la vente et non plus de l'application du statut de la copropriété[6].

Par ailleurs, il avait été jugé que le cessionnaire, qui a accepté de payer au syndic les arriérés de charges dues par son vendeur, ne pouvait, en dépit de la nullité de la clause de solidarité qu'il a néanmoins exécutée, demander au syndicat la restitution des sommes versées[7].

Mais on pouvait se demander si la prohibition de la clause de solidarité n'était pas remise en question en cas de vente des lots sur saisie immobilière et ce, par le biais de l'insertion, sous la forme d'un dire dans le cahier des charges de l'adjudication, d'une clause stipulant que l'adjudicataire sera tenu, à titre de supplément de prix, de payer les charges énoncées dans ce dire[8].

Cette manière de procéder pouvait se justifier sur la considération que l'insertion d'un dire au cahier des charges, si elle n'est pas contestée à l'audience éventuelle, devient un contrat et s'impose dans les rapports entre le saisissant, les créanciers du saisi, le saisi lui-même et l'adjudicataire. Quelques décisions en avait admis la transposition dans le cas de l'adjudication de lots de copropriété dès lors du moins qu'il était constant que l'adjudicataire avait été mis à même de prendre connaissance du dire[9]. Cependant, la Cour de cassation manifestait une tendance restrictive en décidant que l'adjudicataire ne pouvait être condamné à payer les charges arrié-

5. V. Roux, « La répartition des charges de copropriété entre vendeur et acquéreur de lot », *Administrer* juill. 2005. 30.
6. En ce sens : Giverdon et Capoulade, note préc., *D.* 1981. 1.
7. Paris, 25 nov. 1983, *Juris-Data* n° 029278, *D.* 1984. IR 384.
8. Sur cette pratique : Lafond, Roux et Stemmer, L. 20, n° 6 – Vigneron, « Le recouvrement des charges impayées auprès de l'adjudicataire de lots », *Loyers et copr.* janv. 1988. 2 – Guillot, « Le sort de la créance du syndicat des copropriétaires sur la saisie lors de la vente judiciaire d'un lot », *Administrer* juin 1988. 12.
9. Civ. 3e, 6 nov. 1984, n° 83-13.749, *Bull. civ.* III, n° 149; *RDI* 1985. 184; *RTD civ.* 1985. 414; *Defrénois* 1985, I, 1080; *D.* 1985. 547, note Souleau – Paris, 15 avr. 1986, *D.* 1986. IR 319 – Versailles, 26 janv. 1987, *RDI* 1987. 274 – Paris, 10 nov. 1988, *Loyers et copr.* 1989. 39 – Civ. 2e, 11 oct. 1989, n° 88-15.303, *Bull. civ.* II, n° 164; *D.* 1989. IR 278; *RDI* 1990. 116, 241.

rées lorsque le cahier des charges ne lui avait pas été communiqué et que les conditions d'insertion du dire étaient restées inconnues[1]; *a fortiori* en était-il ainsi lorsque le dire se bornait à rappeler l'existence d'une clause de solidarité dans le règlement de copropriété[2].

Finalement, la Cour de cassation, par un arrêt du 6 mai 1991 auquel le caractère d'arrêt de principe avait été reconnu[3], avait annulé la clause d'un dire faisant supporter à l'adjudicataire les charges de copropriété impayées, sur le visa des articles 2093 et 2094 du code civil, en considérant que cette clause « avantagerait spécialement le créancier poursuivant (en l'occurrence le syndicat) au détriment des autres ». Des arrêts ultérieurs ayant confirmé cette solution[4] on pouvait penser que la question était réglée. Mais un arrêt de la 2e chambre civile du 16 février 1999[5] avait jeté un doute en déclarant que « l'adjudicataire n'était pas recevable à invoquer l'illicéité d'une clause de nature à modifier directement ou indirectement l'ordre dans lequel le prix de vente sera réparti entre les créanciers ». Ce doute a été levé par un second arrêt de la 2e chambre civile du 21 décembre 2000, no 99-11.333[6, 7] qui estime que l'adjudicataire d'un bien immobilier, ayant pris connaissance du cahier des charges, dont il avait accepté toutes les clauses et conditions, ne peut pas contester l'exécution d'une clause insérée dans un cahier des charges lui imposant le paiement des charges de copropriété dues par son prédécesseur. La portée de l'arrêt est néanmoins réduite en ce sens qu'il relève que l'adjudicataire n'avait pas contesté en temps utile les clauses et conditions du cahier des charges, ce qui est une invitation à le faire. La jurisprudence actuelle tend à considérer que le cahier des charges relève d'avantage de règles d'ordre public que du droit contractuel.

1. Civ. 3e, 25 nov. 1985, *Rev. loyers* 1986. 135.
2. Civ. 3e, 4 janv. 1991, no 89-10.689, NP, *RDI* 1991. 92.
3. Civ. 3e, 6 mai 1991, no 88-17-828, *Bull. civ.* III, no 76; *D.* 1992. 113, note Souleau; *Defrénois* 1991. 1308; *IRC* 1991. 384; *RDI* 1991. 256, 373, *AJDI* 1991. 513; *D.* 1992. 113.
4. Civ. 3e, 17 juin 1992, no 89-19.328, *Bull. civ.* III, no 209; *AJPI* 1993. 711; *RDI* 1992. 370; *IRC* 1992. 354, note Ritschy – Civ. 2e, 8 janv. 1992, no 90-18.508, *Bull. civ.* II, no 6; *Gaz. Pal.* 8 déc. 1992. Somm. comm., note Véron – Civ. 2e, 2 déc. 1992, no 91-16.582, *Bull. civ.* III, no 296; *IRC* 1993. 341, note Capoulade; *RTD civ.* 1993. 203, obs. Perrot; *RDI* 1993. 541 – Civ. 3e, 22 mai 1995, no 93-21.631, *Loyers et copr.* 1995. 389.
5. *Gaz. Pal.* 2 sept. 1999; Bosqué, « Adjudication et charges de copropriété : vers un retour des clauses de solidarité », *Gaz. Pal.* 1999, Doctr. 1685.
6. *Loyers et copr.* 2001, no 98, obs. Vigneron – *JCP N* 2002. 6, note Cermolacce.
7. Civ. 2e, 21 déc. 2000, no 99-11.333 – Cermolacce, « validité des clauses de paiement des charges de copropriété insérées dans un cahier des charges », *JCP N* 2002. 1616.

§ 3
Paiement et répartition du prix

323 État de la question. L'apurement des comptes auquel il a été procédé lors de la mutation du lot (v. ss no 320) a fait apparaître les créances du syndicat effectivement liquides et exigibles et spécialement celles dont le paiement incombe au vendeur. On conçoit facilement, dans ces conditions, que l'on doive se préoccuper du règlement de ces créances avant que le prix de la vente, et plus précisément son solde, soit effectivement versé au vendeur. Le rôle prépondérant en la matière est alors dévolu au notaire.

L'économie du système mis en place par l'article 20 de la loi est schématiquement la suivante.

Lors de la mutation à titre onéreux du lot, le vendeur peut d'abord être en mesure de présenter au notaire un *certificat du syndic*, ayant moins d'un mois de date, attestant qu'il est libre de toute obligation à l'égard du syndicat. Cette condition est très rarement satisfaite sauf peut-être dans les très petits syndicats et encore les règles de la comptabilité des syndicats risquent de constituer un obstacle permanent[8].

À défaut pour le syndic de pouvoir présenter cet avis, le notaire doit donner au syndic *avis de la mutation*. Avant l'expiration d'un délai de quinze jours à compter de la réception de cet avis, le syndic doit former *opposition au versement des fonds* et pour mettre en œuvre le *privilège immobilier spécial* du syndicat.

Il convient donc d'examiner successivement :
- l'avis de mutation;
- l'opposition;
- le privilège immobilier spécial du syndicat et conclure en exposant les modalités de la distribution du prix.

A.
L'avis de mutation

324 Objet et formes. L'avis de mutation doit être distingué de l'état daté (Décr. 17 mars 1967,

8. SUR CE POINT : J.-CL. COPR., fasc. 107.20 par Lafond, no 84 qui examine le jour auquel on doit se placer pour savoir si le certificat a moins d'un mois de date. L'auteur se prononce pour le jour de la notification du transfert de propriété prévue par l'article 6 du décret du 17 mars 1967. La question de savoir si l'avis de mutation doit être notifié lorsque le prix (ou partie de celui-ci) est stipulé payé par l'acquéreur en dehors de la comptabilité du notaire est également examinée (no 89).

art. 5) et de la notification prévue par l'article 6 du même décret[1]. Il est un rouage essentiel de la mise en œuvre de « l'opposition de l'article 20 » et, de ce fait, du privilège immobilier spécial du syndicat[2].

Il constitue donc une formalité substantielle[3]. Il doit être donné par le notaire au syndic par LRAR dans un délai de 15 jours à compter de la date de transfert de propriété (art. 20)[4].

Son *objet* est de fixer le point de départ du délai, qui est également de quinze jours, imparti au syndic pour faire opposition. On en déduit cette conséquence que s'il n'est pas donné, ce dernier délai ne peut pas courir et que le syndic risque de priver le syndicat de la possibilité de faire opposition et de mettre en œuvre le privilège immobilier spécial des articles 2374 (anc^t 2103) du code civil et 19-1 de la loi de 1965[5]. La responsabilité du notaire peut être engagée[6].

Mais aucune forclusion ne peut être opposée au syndicat en l'absence d'envoi de l'avis de mutation et celui-ci peut valablement conclure devant le tribunal saisi de l'attribution du prix de vente, pour obtenir paiement de ses créances garanties par le privilège immobilier spécial (V. ÉGAL^T : s^s n° 334)[7].

Si le syndic a connaissance de la mutation à titre onéreux, nonobstant l'absence de l'avis de mutation, il lui est toujours possible de faire opposition, précision faite qu'il n'est pas dispensé de l'observation des conditions de fond et de forme que l'article 20 met à la régularité de l'opposition[8]. Mais le syndicat peut formaliser son opposition, à tout moment, dans la limite de la prescription de son droit.

325 Personnes tenues de donner l'avis de mutation. L'avis de mutation est, depuis la loi du 21 juillet 1994, donné au syndic par le notaire; l'article 5-1 du décret du 17 mars 1967 précise que l'avis est donné en cas de vente sur licitation ou sur saisie-immobilière, selon le cas, soit par le notaire, soit par l'avocat du demandeur ou du créancier poursuivant; si le lot fait l'objet d'une expropriation pour cause d'utilité publique ou de l'exercice d'un droit de préemption publique, il est donné (toujours au syndic) selon le cas, soit par le notaire, soit par l'expropriant, soit par le titulaire du droit de préemption[9]; si l'acte est reçu en la forme administrative, il est donné (au syndic) par l'autorité qui authentifie la convention[10].

La question se pose de savoir si le délai de quinze jours, imparti, pour donner l'avis s'impose aux personnes ainsi visées alors que l'article 20 de la loi ne mentionne que le notaire. La cohérence souhaitable dans l'application des textes justifie l'application du délai de quinze jours à toutes les personnes mentionnées[11].

Il n'est pas précisé que la personne qui délivre l'avis mentionne son domicile élu. Il a été jugé à cet égard que l'avis de mutation ne peut être déclaré nul à défaut de cette mention claire et précise et d'indication sur les modalités pratiques de l'opposition que le syndic ne peut ignorer[12]. Toutefois, l'élection de domicile paraît bien implicite en raison de la qualité de la personne chargée de donner l'avis de mutation[13].

1. CEP. : Paris, 2e ch. A, 1er oct. 2002, *AJDI*, qui déclare « sans incidence » la référence, certes erronée, faite dans l'avis de mutation à l'article 6 du décret de 1967 aux lieu et place de l'article 5.1, dès lors que l'avis porte expressément invitation au destinataire de former opposition et que le texte de l'article 20 de la loi du 10 juill. 1965 est intégralement reproduit.
2. Il est en quelque sorte inséparable de l'opposition comme en témoignent les études consacrées à celle-ci : NOT. Bouyeure, « Problèmes posés par l'aliénation d'un lot en copropriété », *Rev. hab. fr.* mai 1972. 327 – Souleau, « Les effets de l'opposition au paiement du prix de vente d'un appartement formé par le syndic de copropriété », *Defrénois*, 1978, 817 – Guillot, « Les activités du syndic en cas de vente d'un lot », *Administrer* juin 1991, 9 – Gélinet, « L'opposition de l'article 20 de la loi du 10 juill. 1965 », *Administrer* nov. 1992. 25 – Atias, « l'opposition du syndic au versement du prix de cession d'un lot », *IRC* avr. 2000. 22 – Capoulade, « L'opposition "article 20" et le privilège occulte de l'article 19-1 », *IRC* juill.-août 2001, 6 – J.-CL. COPR., fasc. 107-20.
3. Civ. 3e, 13 déc. 1995, n° 94-13.761, NP, *IRC* mars 1996, 8, note Capoulade; *RDI* 1996. 107 – Paris, 12 mars 2002 n° 01-12236, *AJDI* 2002. 770, note Capoulade, précise que la signification de l'ordonnance d'expropriation ne constitue pas l'avis de mutation prescrit par l'article 20 de la loi de 1965.
4. Cette disposition, ajoutée par la loi du 13 déc. 2000, dite loi SRU, suppose la connaissance de la date du transfert qui n'est pas toujours immédiat.
5. Civ. 3e, 11 janv. 1977, n° 75-13.768, *Bull. civ.* III, n° 11; *D.* 1978, I, 24; *Administrer* juin 1977. 37; *Defrénois* 1977. 716 – Civ. 3e, 11 mars 1992, n° 90-11.401, *Bull. civ.* III, n° 82; *Administrer* nov. 1992. 71, obs. Guillot – Civ. 3e, 13 déc. 1995, n° 94-13.761, NP, *RDI* 1996. 107.
6. LAFOND, ROUX ET STEMMER, L. art. 20, n° 15.
7. Civ. 3e, 18 juill. 2001, n° 00-13.404, *Bull. civ.* III, n° 99; *AJDI* 2001. 886, note Capoulade; *Administrer* nov. 2001. 34.
8. EN CE SENS : Capoulade, note s^s Civ. 3e, 18 déc. 1996, n° 94-18.754, *Bull. civ.* III, n° 99; *AJDI* 1997. 657; *RDI* 1997. 125; *IRC* mars 1977, 9.
9. La signification de l'ordonnance d'expropriation peut correspondre à l'avis prévu par l'article 6 du décret de 1967 : Paris, 12 mars 2002, préc.
10. Lorsque le syndicat est le créancier poursuivant, l'avis de mutation doit être donné par l'avocat du poursuivant personnellement au titre de ses obligations professionnelles : Civ. 3e, 28 févr. 2001, *Administrer* juin 2001. 37, note Capoulade – Civ. 3e, 18 juill. 2001, n° 00-13.404, *Bull. civ.* III, n° 240; *AJDI* 2001. 886, note Capoulade.
11. Capoulade, art. préc., *IRC* juill.-août 2001, 6.
12. Paris, 2e ch. A, 10 oct. 2000, n° 2000-01903, *AJDI* juin 2001.
13. Capoulade, art. préc.

Le notaire n'a pas l'obligation d'indiquer le montant du prix dans l'avis de mutation[1].

B.
L'opposition proprement dite

326 **Nature**[2]. Les dispositions de l'article 20 de la loi du 10 juillet 1965 relatives à l'opposition sur le prix de vente du lot ont un caractère *autonome*; elles ne se combinent pas avec celles de la loi du 9 juillet 1991 sur les procédures civiles d'exécution[3] [codifiée en 2012 dans le code des procédures civiles d'exécution]. L'« opposition article 20 » est, notamment, distincte de la procédure de saisie-arrêt; elle ne requiert pas l'introduction d'une instance en validité[4]; elle porte sur des sommes exigibles et liquides, mais n'impose pas un principe certain de créance[5].

On peut également préciser qu'elle n'est pas un acte de procédure au sens des articles 114 et 117 du code de procédure civile (v. s^s^ n° 328) et qu'elle relève des dispositions de fond du statut de la copropriété.

Enfin, à supposer qu'elle concerne des créances antérieures à la publication du jugement ouvrant une procédure collective, elle n'a pas valeur de publication au sens de l'article 50 de la loi du 25 janvier 1985 (devenu C. com., art. L. 621-43[6]). On verra ci-après (v. s^s^ n° 335) les conséquences très importantes de cette solution.

327 **Délai.** Le syndic doit formaliser l'opposition du syndicat avant l'expiration d'un délai de *quinze jours* à compter de la réception de l'avis de mutation (L. 10 juill. 1965, art. 20)[7].

La computation de ce délai semble pouvoir s'opérer comme en matière d'acte de procédure bien que l'opposition n'ait pas cette qualification; il commence donc à courir le lendemain du jour de la réception de l'avis en observant, quant à son expiration les dispositions des articles 641 et 642 du code de procédure civile.

On pose cependant la question de savoir si les nouvelles dispositions réglementaires de l'article 68 du décret du 17 mars 1967 résultant du décret n° 2000-293 du 4 avril 2000, n'ont pas pour effet de substituer à la réception de l'avis le jour de la première présentation; l'avis de mutation, donné par LRAR, constitue, en effet une « notification » au sens de cet article. L'exigence de la formulation de l'opposition par acte extrajudiciaire paraît constituer un obstacle à cette substitution (en ce sens, Capoulade)[8].

Le respect de ce délai est capital; l'opposition tardive est privée de tout effet; le paiement du prix de vente est opposable au syndicat[9] et l'opposition ne vaut plus mise en œuvre du privilège immobilier spécial du syndicat. La responsabilité du syndic est engagée.

Mais le fait pour le syndic, auquel un avis de mutation a été délivré, de ne pas faire opposition, n'a pas pour effet d'éteindre la dette du vendeur résultant du non-paiement des charges[10].

Sur le point de savoir si l'opposition doit être formée lorsque le prix est stipulé payé en dehors de la comptabilité du notaire (v. s^s^ n° 324).

1°
Formes de l'opposition

328 **Acte d'huissier de justice.** L'article 20 dispose que l'opposition est faite par « acte extrajudiciaire », autrement dit par acte d'huissier de justice[11]. Après quelques hésitations, quelques décisions, se référant aux dispositions générales de l'ancien article 63 du décret du 17 mars 1967, prévoyant que les notifications se font par LRAR, avaient déclaré valide une opposition faite par lettre recommandée avec ou sans AR ou même par simple let-

1. Civ. 3e, 26 mai 1994, n° 92-17.143, *AJDI* 1994. 927, *RDI* 1994. 690; mais en cas de vente sur adjudication, le prix est connu du syndic par suite de la signification du jugement d'adjudication qui remplace l'avis de mutation.
2. Atias, « L'opposition du syndic au versement du prix de cession d'un lot », *IRC* avr. 2000 – Gélinet, « L'opposition de l'article 20 de la loi du 10 juill. 1965 », *Administrer* août-sept. 2005. 36.
3. Civ. 2e, 6 mai 1999, n° 97-10.121, *Bull. civ.* II, n° 86; *RDI* 1999. 514; *Administrer* 1999, 64, note Capoulade; *Loyers et copr.* 2000. 219; *Defrénois* 1999. 1003; *RDI* 1999. 456 – AUSSI : Guillot, note s^s^ : Civ. 3e, 24 mai 1989, n° 88-10.714, NP, *Administrer* juin 1990. 47.
4. Civ. 3e, 14 avr. 1982, n° 80-16.285, *Bull. civ.* III, n° 87 – Cass., avis, 16 juin 1995, n° 09-50.007, *Bull. avis*; *JCP N* 1995. II. 241; *Administrer* 1996, 69; *RDI* 1996. 106 – En cas de difficulté, le syndicat assigne *au fond* pour faire consacrer l'existence, le montant et le rang de sa créance.
5. Civ. 2e, 6 mai 1999, n° 97-10.121, *Bull. civ.* II, n° 86; *RDI* 1999. 456, préc.
6. Paris, 8 févr. 2001, n° 2000-19.179, *AJDI* 2001. 887, note Capoulade; *Loyers et copr.* 2001. 273.
7. Le délai était de huit jours avant la modification de l'article 29 par la loi du 21 juill. 1994.
8. Capoulade, art. préc., *IRC* juill.-août 2001, 6 s.
9. Civ. 3e, 26 mai 1994, n° 92-17.143, NP, *AJDI* 1994. 927, obs. Giverdon; *RDI* 1994. 690 – POUR UNE NOUVELLE OPPOSITION, dans le délai : Civ. 3e, 18 juill. 2001, n° 00-13.404, *Bull. civ.* III, n° 99; *AJDI* nov. 2001. 886, note Capoulade – Civ. 2e, 20 oct. 2005, n° 03-17.550, *Bull. civ.* II, n° 264; *D.* 2006. 1855; *Loyers et copr.* janv. 2006. 23.
10. Versailles, 27 févr. 1980, *Rev. loyers* 1981. 97.
11. AVEC cette précision que l'opposition est un acte dont l'accomplissement est prévu par la loi, au sens de l'article 32 de la loi du 9 juill. 1991 : Civ. 3e, 16 mai 2001, n° 99-18.024, *Bull. civ.* III, n° 64; *AJDI* 2001. 709, note Capoulade.

tre[1]. Cette interprétation avait été rejetée par la plupart des cours d'appel[2]. La jurisprudence est fixée depuis un arrêt de principe de la 3e chambre civile de la Cour de cassation du 18 décembre 1996[3] rejetant un pourvoi contre un arrêt de la cour d'appel de Chambéry du 29 juin 1993[4] qui « ayant constaté que l'opposition fondée sur l'article 20 de la loi du 10 juillet 1965, avait été formée par lettre, a retenu à bon droit qu'elle ne pouvait produire effet ».

Il faut relever ce recours à la notion d'inefficacité, car, répondant au moyen, la Cour de cassation a écarté l'irrégularité de fond (C. pr. civ., art. 117) et le vice de forme (C. pr. civ., art. 114); ce faisant, elle marque que l'« opposition de l'article 20 » ne reçoit pas la qualification d'acte de procédure, mais relève des dispositions de fond du statut de la copropriété[5].

329 Énonciation. De l'article 20 de la loi du 10 juillet 165, il résulte également que l'acte extrajudiciaire formalisant l'opposition contient *élection de domicile* et doit énoncer, à peine de nullité, *le montant et les causes de la créance.*

Et, aux termes de l'article 6-1 du décret du 17 mars 1967, « le notaire, ou, selon le cas, l'une des personnes mentionnées au dernier alinéa de l'article 5-1 (sur ces personnes v. ss no 325), *informe les créanciers inscrits de l'opposition formée par le syndic et, sur leur demande, leur en adresse copie* ».

330 Élection de domicile. Il résulte de l'article 20 que cette formalité se présente sous un double aspect.

D'abord, lorsque cet article dispose que cette opposition contient élection de domicile dans le ressort du tribunal de grande instance de la situation de l'immeuble, il vise implicitement le syndic en tant qu'auteur de l'opposition; il faut noter que la nouvelle rédaction du texte n'édicte plus la nullité comme sanction de l'obligation d'élire domicile.

C'est bien entendu, le syndic régulièrement en fonction qui est habilité à formaliser l'opposition[6].

Ensuite, lorsque l'article 20 dispose que le syndic peut former opposition au domicile élu, il sous-entend que l'auteur de l'avis de mutation fasse une élection de domicile claire et précise[7] (v. ss no 331).

331 Destinataire de l'opposition. La question est liée à l'élection de domicile. L'opposition, en effet, doit être faite auprès d'une personne qui a qualité pour en être le destinataire et qui peut utilement la recevoir[8]. En conséquence, c'est le détenteur du prix qui est le mieux à même d'assurer l'efficacité de l'opposition par blocage du prix; en outre, l'opposition étant destinée à informer les créanciers du montant et des causes de créance du syndicat bénéficiant du privilège occulte, on en déduit qu'elle doit être faite auprès du créancier poursuivant et qu'elle soit notifiée à l'avocat du syndicat[9]. L'opposition signifiée par le syndic entre les mains du bâtonnier de l'ordre en tant que séquestre des fonds est inefficace[10]; il en est de même de l'opposition signifiée à l'adjudicataire[11].

En réalité, les difficultés proviennent, en cas de vente sur licitation ou sur saisie immobilière, d'une rédaction maladroite de l'élection de domicile dans l'avis de mutation, d'où le souhait que, pour éviter toute confusion, l'avis de mutation mentionne le domicile de la personne habile à recevoir l'opposition[12].

332 Montant et causes de la créance. Cette mention présente une importance capitale. Elle se justifie par la double fonction que revêt l'opposition, à savoir le blocage partiel du prix et la mise en œuvre du privilège immobilier spécial du syndicat. Il y a unité de procédure mais dualité d'effets, ce qui conduit un commentateur à poser la question de savoir si l'acte d'opposition n'a pas une portée différente suivant qu'il contient l'opposition ou qu'il met en œuvre le privilège[13]. C'est en considération de cette fonction de mise en œuvre du privilège du syndicat et pour en assurer l'efficacité que l'article 20 de la loi du 10 juillet 1965, complété par l'article 5-1 du décret du 17 mars 1967 (rédaction Décr. 95-162, 15 févr. 1995), exige l'énonciation précise, à peine de nullité, du montant et des causes de la créance

1. Amiens, 6 févr. 1978, *Juris-Data* no 600201, *IRC* 1978. 129; *JCP* 1979. II. 19070, note Atias.
2. Versailles, 29 févr. 1984, *Juris-Data* no 600730, *D.* 1985. IR 425, obs. Giverdon; *Administrer* juin 1984. 35, obs. Lot – Paris, 21 mai 1993, *Administrer* févr. 1994. 58, obs. Dunes – Paris, 11 févr. 1994, *D.* 1994. Somm. 202, obs. Giverdon; *RDI* 1994. 294.
3. Civ. 3e, 18 déc. 1996, no 94-183.754, *Bull. civ.* III, no 240; *Administrer* 1997, 49, note Bouyeure; *JCP* 1997. II. 22859, note Djigo; *AJPI* 1997. 656, note Guittard; *RDI* 1997. 125; *IRC* 1997. 9, note Capoulade.
4. Chambéry, 29 juin 1993, Syndicat « Le splendide » et le « Royal » c/Girod, NP.
5. EN CE SENS : Capoulade, art. cité, *IRC* juill.-août 2001.
6. Versailles, 9 juill. 1992, RG no 658/91, *Juris-Data* no 043502, *Administrer* janv. 1993. 48.
7. Paris, 10 oct. 2000, RG no 2000-01903, *AJDI* 2001. 614, obs. Capoulade.
8. Civ. 3e, 28 févr. 2001, no 99-15.330, *Bull. civ.* III, no 24; *Administrer* juin 2001. 37, note Capoulade.
9. Capoulade, note ss Paris, 10 oct. 2000, no 00-01903, *AJDI* 2001. 614 – Paris, 2e ch. A., 1er oct. 2002, no 2000-02.676, *AJDI* 2003. 200.
10. Paris, 20 janv. 1999, *Gaz. Pal.* 2 sept. 1999.
11. Paris, 1er oct. 2002, préc.
12. EN CE SENS : Capoulade, note préc.
13. Capoulade, note *Administrer* août-sept. 2002. 54.

du syndicat[1] en distinguant clairement les quatre types de créances, les sommes réclamées pour la recevabilité du privilège pouvant figurer dans un document faisant corps avec l'opposition de l'huissier de justice[2]. Cependant, l'absence de distinction entre les quatre types de créances ne fait pas cesser les créances d'exister, mais leur fait perdre leur caractère de créances privilégiées[3]. Par suite, en effet, du caractère occulte du privilège du syndicat l'opposition se substitue à l'inscription; elle doit donc indiquer exactement les créances du syndicat assorties du privilège. À défaut de cette indication l'opposition est nulle[4].

Rappel étant fait qu'au regard de ces créances, l'article 5-1 du décret dispose qu'il n'est tenu compte que des créances du syndicat effectivement liquides et exigibles à la date de la mutation telles que définies ci-dessus (v. s^s n° 319), l'article 5-1 du décret répartit les créances du syndicat en quatre catégories, selon leur mode de garantie, leur période d'application, leur assiette et leur objet. Cette distinction permet de déterminer les effets de l'opposition et facilite la distribution du prix. « *L'opposition doit donc énoncer d'une manière précise* »[5] :

- le montant et les causes des créances du syndicat afférentes aux charges et travaux mentionnés aux articles 10 et 30 de la loi de 1965 d'une part, pour l'année courante et les deux dernières années échues (1° privilège prééminent) et, d'autre part, pour les deux années antérieures aux deux dernières années échues (2° privilège conjoint).

Il s'agit de la quote-part du lot, objet de la mutation, dans les charges entraînées par les services collectifs et les éléments d'équipement communs, dans les charges relatives à la conservation, à l'entretien et à l'administration des parties communes, ainsi que du prix des travaux d'amélioration mentionnés à l'article 30 (al. 1er).

Ainsi se trouvent exclus du bénéfice du privilège le montant d'une condamnation du copropriétaire à dommages-intérêts envers le syndicat ou d'une clause pénale[6], les frais de questionnaire et les frais *prorata temporis*, les honoraires d'opposition, droit de recouvrement et coût de la signification de l'opposition[7];

- le montant et les causes des créances de toute nature du syndicat garanties par une hypothèque légale non comprises dans les créances privilégiées énumérées précédemment (3°) qu'il s'agisse de provision ou de paiement définitif (L. 1965, art. 19);

- le montant et les causes des créances de toute nature du syndicat non comprises dans les créances énumérées.

Dans ces deux derniers cas, la nature et l'origine de la créance importent peu, dès lors qu'elle est liquide et exigible à la date de la mutation. Elle peut être afférente à l'un quelconque des lots possédés par le copropriétaire intéressé, pour ce qui concerne le blocage des fonds, mais l'opposition ne vaut que pour le lot vendu en ce qu'elle met en œuvre le privilège et ne peut porter à cet égard sur plusieurs lots vendus par le même copropriétaire[8]. Dans chaque catégorie de créance, il convient d'en évaluer et d'en justifier le montant.

Mais les frais nécessaires exposés par le syndicat à compter de la mise en demeure pour le recouvrement d'une créance justifiée à l'encontre d'un copropriétaire, imputables à ce seul copropriétaire, ne sont pas des charges de copropriété au sens de l'article 10 de la loi de 1965 et n'ont donc pas à être mentionnés dans l'opposition.

2°
Effets de l'opposition

333 Blocage du prix de vente. L'opposition ne peut avoir pour effet de faire obstacle au transfert de propriété[9].

À la condition d'être régulière, elle produit, depuis la mise en vigueur de la loi du 21 juillet 1994[10], les deux effets énoncés par l'article 20.

1. POUR UNE HYPOTHÈSE exceptionnelle d'évaluation forfaitaire : Civ. 3e, 9 mai 2007, *Administrer* 57, n° 402.
2. Civ. 3e, 15 déc. 2004, n° 03-15.174, *Bull. civ.* III, n° 244; *Loyers et copr.* févr. 2005. 40 – Civ. 3e, 20 oct. 2005, n° 03-17.550, *Bull. civ.* III, n° 264; *D.* 2006. 1855; *Loyers et copr.* janv. 2006. 18.
3. Paris, 19 mai 2005, RG n° 04/18420, *AJDI* déc. 2005. 910, obs. Capoulade.
4. Paris, 20 janv. 2000, *D.* 2000. IR 58 – Civ. 3e, 20 oct. 2005, n° 03-17.550, *Bull. civ.* III, n° 264; *D.* 2006. 1855; *Loyers et copr.* 2006. 18.
5. POUR UNE APPLICATION rigoureuse de cette précision : Paris, 2e ch. A, 1er oct. 2002, n° 2000-02.676, *AJDI* 2003. 200; *Loyers et copr.* 2003. 52, qui estime qu'en notifiant des montants de créances sur deux années, sans ventilation, au motif que l'exercice comptable de la copropriété s'étend du 1er oct. au 30 sept. de l'année suivante, le syndicat n'a pas satisfait aux exigences de l'article 5-2 du décret du 17 mars 1967 – AUSSI : Paris, 2 janv. 2000, *D.* 2000. IR 58, qui déclare nulle toute opposition qui ne procède pas à une ventilation entre les différents chefs de créance, selon leur nature, lorsqu'elles relèvent de catégories juridiques différentes du point de vue des garanties de paiement dont elles sont assorties – Civ. 3e, 25 oct. 2006, n° 05-16.835, *Bull. civ.* III, n° 206; *D.* 2007. 2184; *Administrer* 57. 395, obs. Bouyeure; *Loyers et copr.* 2007. 17.
6. Chron. préc. *AJPI* 1995. 378.
7. Paris, 15 mars 1995, *Loyers et copr.* 1995. 442 – Paris, 23e ch. B, 30 nov. 2000, préc.
8. Civ. 3e, 3 nov. 2011, n° 10-20.182, *Bull. civ.* III, [à paraître]; *Gaz. Pal.* 16-17 nov. 2011, p. 26.
9. Paris, 3 nov. 1982, *RDI* 1983. 99.
10. 1er janv. 1995, même pour les créances nées antérieurement.

En premier lieu, elle emporte *blocage du prix de vente* pour le montant de la créance du syndicat énoncé à l'acte : tout paiement ou transfert amiable ou judiciaire du prix opéré en violation de l'article 20 est inopposable au syndicat. Le syndic peut se prévaloir de cette indisponibilité de tout ou partie du prix de vente en fonction du montant des créances énoncées; cette indisponibilité paralyse l'effet attributif des saisies-attribution ou des avis à tiers détenteur (L. 9 juill. 1991, art. 43, al. 1er, qui subordonne l'effet attributif à la condition que la créance soit disponible) [1].

On précise que c'est l'attribution immédiate qui est paralysée; le premier saisissant ne tire donc de la saisie aucun autre avantage que celui qui résulterait d'un paiement volontaire. S'il est chirographaire, il conserve cette qualité; s'il est privilégié, c'est à la naissance de la créance qu'il faut rechercher si elle est privilégiée et non à la mise en œuvre de la saisie. Le créancier, même ayant pratiqué une saisie-attribution, vient en concours avec d'éventuels opposants, la somme étant répartie entre eux au marc-le-franc [2].

334 Mise en œuvre du privilège immobilier spécial du syndicat. Le deuxième effet de l'opposition est de valoir, au profit du syndicat, mise en œuvre du privilège immobilier spécial de l'article 2374 (anct 2103) du code civil jusque-là occulte. Par le seul effet de la loi, à l'insu des autres créanciers, cette mise en œuvre génère un effet novatoire qui transforme une créance, jusque-là hypothécaire ou chirographaire, en créance privilégiée venant soit en premier rang soit en rang concurrent [3].

En principe, l'opposition se suffit à elle-même. Jugé notamment que l'article 20 n'exige pas, pour la mise en œuvre du privilège immobilier prévu par l'article 2374 du code civil, un titre liquidatif de la créance du syndicat des copropriétaires.

Deux précisions doivent être apportées à la suite d'un arrêt de la Cour de cassation (3e civ.) du 18 juillet 2001, n° 00-13.404 [4].

La première, déjà évoquée ci-dessus (v. ss n° 324), est que si l'avis de mutation n'a pas été délivré, le syndicat peut valablement conclure devant le tribunal, saisi de l'attribution du prix de vente, pour obtenir paiement de ses créances garanties par le privilège immobilier spécial; dès lors que ces conclusions contiennent avec précision l'indication des différentes catégories de créances, elles valent opposition régulière. Cela revient à admettre une équivalence entre les conclusions et l'opposition.

La seconde précision est qu'une fois qu'une opposition a été formée, il n'est pas possible d'en former une autre postérieurement quand bien même la première serait nulle ou inefficace. Toutefois, un tempérament est admis en ce sens qu'une nouvelle opposition est possible à condition d'être formalisée dans les quinze jours de l'avis de mutation s'il en a été adressé un ou, dans la négative, avant l'expiration du délai de quinze jours à compter de la date de l'opposition initiale [5].

335 Cas particulier de l'ouverture d'une procédure collective [6]. L'article L. 621-43 du code de commerce dispose qu'à partir de la publication du jugement d'ouverture, tous les créanciers dont la créance a son origine antérieurement à ce jugement, doivent, à l'exception des créanciers titulaires d'une sûreté ayant fait l'objet d'une publication, déclarer leurs créances au représentant des créanciers. Et il résulte de l'article L. 621-46 qu'à défaut de déclaration dans le délai de deux mois de la publication du jugement d'ouverture au *BODACC*, les créanciers ne sont pas admis dans les répartitions à moins que le juge commissaire ne les relève de leur forclusion, celle-ci n'étant pas opposable aux créanciers titulaires d'une sûreté ayant fait l'objet d'une publication dès lors qu'ils n'ont pas été avisés personnellement.

Ces principes rappelés, la question se pose de savoir si l'opposition de l'article 20 de la loi du 10 juillet 1965 qui « révèle » le privilège occulte du syndicat lui permet d'invoquer le droit d'être avisé personnellement. L'arrêt, déjà évoqué ci-dessus (v. ss n° 326) de la cour de Paris du 8 février 2001 n'ayant pas admis l'équivalence entre l'opposition et la publication, il en résulte que le syndicat est tenu de déclarer sa créance par l'intermédiaire du syndic sous peine de forclusion et donc de perdre le bénéfice de son privilège et d'être colloqué comme simple chirographaire [7].

1. J.-Cl. copr., fasc. 107-20, n° 76.
2. Théry, *Bull. spéc. Cridon* Paris, 1993, p. 38-39.
3. Capoulade, art. cité, *IRC* juill.-août 2001.
4. *AJDI* 2001. 886, note Capoulade; *JCP N* 2002. 1464, Chron. Périnet-Marquet n° 16; *Constr. urb.* 2001, n° 203, obs. Sizaire.
5. Civ. 3e, 18 juill. 2001, n° 00-13.404, *Bull. civ.* III, n° 99; *AJDI* nov. 2001. 886, note Capoulade – Civ. 3e, 20 oct. 2005, n° 03-17.550, *Bull. civ.* III, n° 264; *D.* 2006. 1855; *Loyers et copr.* janv. 2006. 23.
6. Sur l'ensemble de la question : Malherbe, « La liquidation judiciaire et le syndicat des copropriétaires », *Gaz. Pal.* 2000, doct. 1606 – Isabelle Fosset-Lefebvre, « Le privilège spécial immobilier du syndicat des copropriétaires et l'article L. 631-32 du code du commerce », *Rev. proc. coll.* mars 2002, p. 8 – Jaccoux d'Eyssautier, « Charges de copropriété, opposition et procédure collective », *AJDI* 1999. 504.
7. Paris, 8 févr. 2001, n° 2000-19.179, *AJDI* 2001. 888, note Capoulade – Paris, 12 mars 2000, n° 2001-12.236, *AJDI* 2002. 770, note Capoulade, qui affirme que les privilèges occultes accordés au syndicat des copropriétaires ne peuvent être assimilés à ceux ayant ▶

Il est superflu de dire que cette jurisprudence, complétée par l'avis rendu par la Cour de cassation le 21 janvier 2002, dont il sera question ci-après (v. s[s] n° 355) réduit considérablement l'efficacité du privilège immobilier spécial. On en déduit cette conséquence que le syndicat a intérêt à inscrire son hypothèque légale, non seulement en raison de l'étendue des créances qu'elle garantit, mais surtout pour bénéficier de l'avertissement personnel que le seul jeu de l'opposition de l'article 20 ne lui permet pas d'invoquer[1]. Il est également superflu de dire que la responsabilité, déjà lourde (v. s[s] n° 336), du syndic qui n'a pas déclaré la créance du syndicat, est sérieusement engagée.

336 Responsabilité du syndic. L'application des dispositions de l'article 20 impose donc au syndic un certain nombre d'initiatives, qui peuvent engager sa responsabilité tant vis-à-vis du syndicat que des parties à la vente du lot[2].

Il en est ainsi lorsqu'il néglige de faire opposition au paiement du prix de vente[3] ou s'il fait opposition en méconnaissance des dispositions légales[4].

Inversement, sa responsabilité est engagée s'il forme opposition alors que le syndicat ne peut invoquer une créance exigible et liquide[5].

C'est généralement à propos de la contestation de l'opposition que cette responsabilité est mise en jeu.

337 Contestation de l'opposition – Causes des contestations. Les contestations relatives à l'opposition, en général soulevées lors de l'élaboration du projet de distribution du prix, peuvent tenir à plusieurs causes, les unes de forme, les autres de fond.

Relativement à la forme, il résulte notamment des développements précédents que la nullité (ou l'inefficacité de l'opposition) peut être invoquée si elle a été faite par lettre (v. s[s] n° 328) ou si elle n'indique pas de manière précise le montant et les causes de la créance (v. s[s] n° 332).

On estime même que si l'opposition a été donnée par lettre, il y aurait faute de la part du notaire à en tenir compte et qu'il doit déférer à la demande du vendeur et lui remettre la totalité du prix sans en informer préalablement le syndic[6].

L'opposition peut aussi être contestée pour des *raisons de fond*, par exemple parce que le vendeur prétend ne pas être débiteur des sommes réclamées ou parce qu'il considère que la créance du syndicat n'est ni liquide, ni exigible ou encore parce que l'opposition a été faite par une personne non habilitée.

Quelle que soit la nature du vice invoqué, fond ou forme, le notaire n'est pas juge de la validité; il doit, pour libérer les fonds, exiger du vendeur la production d'une mainlevée amiable ou judiciaire[7]. Toutefois, un arrêt de la Cour de cassation (3e civ.) du 8 mars 1995, a admis le refus de condamner un notaire qui avait libéré le prix malgré une opposition après constatation faite que le syndic ne fournissait aucun document justifiant l'existence et le montant des charges restant dues par le vendeur[8]. En d'autres termes, le notaire pourrait se faire juge de la validité de l'opposition dans tous les cas où la nullité de celle-ci est manifeste[9].

En revanche, si la contestation porte sur une raison de fond, le principe selon lequel le notaire n'est pas juge de la validité de l'opposition, ne souffre aucune restriction; il doit en tenir compte tant que le vendeur ne lui en aura pas rapporté la mainlevée amiable ou judiciaire[10].

338 Contestation de l'opposition (suite) – Juge compétent. L'article 57 du décret du 17 mars 1967, modifié par le décret du 31 juillet 1992 attribuait compétence au JEX pour statuer sur l'opposition formée par le syndic de copropriété; cet article a été abrogé par le décret du 15 février 1995 et n'a été remplacé par aucun texte. L'opposition, présentant un caractère autonome par rapport aux procédures civiles d'exécution, il faut en déduire que la compétence appartient au tribunal de grande instance du lieu de situation de l'immeuble que le syndic devra saisir au fond s'il veut faire valider l'opposition; si le vendeur veut en obtenir la mainlevée il doit s'adresser au président de ce tribunal statuant en référé[11]. Le Jex est donc incompétent[12].

► fait l'objet d'une publication au regard des articles L. 621-43 et L. 621-46 du code de commerce – EN CE SENS : Paris, 15 nov. 2002, *Loyers et copr.* 2003. 120 – JURISPRUDENCE confirmée par Civ. 3e, mars 2003, *Loyers et copr.* 2003. 119; *Administrer* oct. 2003. 53, note Capoulade.

1. Capoulade, note préc., *AJDI* 2002. 770.
2. SUR L'ENSEMBLE DE LA QUESTION : J.-CL. COPR., fasc. 107.20.
3. Paris, 21 juin 1991, *Loyers et copr.* 1991. 400.
4. Paris, 14 juin 1993, RG n° 92/6959, *Juris-Data* n° 022179, *Loyers et copr.* 1993. 405.
5. Paris, 12 janv. 1979, *D.* 1980. IR 154 – Civ. 3e, 27 mai 1999, n° 95-14.713, NP, *RDI* 1999. 454, 456, 464.
6. J.-CL. COPR., fasc. 107/20, n° 40.
7. Civ. 2e, 4 mars 1960, *Bull. civ.* II, n° 177 – Civ. 1re, 8 oct. 1985, *JCP N* 1986, prat. 9922.
8. Civ. 3e, 8 mars 1995, n° 93-15.320, NP, Aff. Syndicat copr. 99 rue Émile Cossoneau à Neuilly-sur-Marne c/Ferreira, cité J.-CL. COPR., fasc. 107.20, n° 41.
9. J.-CL. COPR., *loc. cit.*
10. J.-CL. COPR., fasc. 107.20, n° 43.
11. Un arrêt de la cour de Paris du 15 janv. 1997 (*Bull. Procédures* 1997, 203) s'était prononcé pour la compétence du Jex en qualifiant l'opposition de l'article 20 de mesure conservatoire.
12. J.-CL. COPR., fasc. 107.20, n° 30.

C. Privilège immobilier spécial du syndicat

339 Origine[1]. Le privilège immobilier spécial du syndicat des copropriétaires a été créé par la loi n° 94-624 du 21 juillet 1994, relative à l'habitat dans le cadre de ses dispositions indiquées comme « devant tendre à l'amélioration du fonctionnement des copropriétés ». Cette loi est entrée en vigueur le 1er janvier 1995, même pour les créances nées antérieurement[2].

Seules les mutations des lots des immeubles soumis au régime de la copropriété intervenues après cette date permettent aux syndicats des copropriétaires de bénéficier, de manière rétroactive du privilège. Si la mutation est intervenue avant cette date, le syndicat ne peut déclarer sa créance qu'à titre chirographaire sauf à bénéficier d'une hypothèque légale ou judiciaire[3].

Cette création répondait aux préoccupations des organisations professionnelles regroupant les syndics de copropriété dénonçant les difficultés auxquelles ils se heurtaient pour recouvrer les charges impayées. Spécialement, ils faisaient valoir que l'hypothèque légale du syndicat nécessitait des inscriptions répétitives et onéreuses et surtout de ce que le prix de vente des lots cédés se trouvait trop souvent absorbé par des créances privilégiées ou antérieurement inscrites. Par ailleurs, la « clause de solidarité » n'avait pas donné les résultats attendus (v. ss n° 322).

Pour répondre à cette attente, l'idée avait été lancée de conférer, par une fiction de la loi, un caractère réel à la créance du syndicat des copropriétaires. Elle fut rapidement abandonnée en présence de graves objections qu'elle soulevait tant sur le plan pratique que doctrinal.

Il est, en effet, de principe que l'obligation aux charges est attachée à la qualité de propriétaire d'un lot et que la contribution aux charges conserve un caractère personnel. Par ailleurs, le caractère réel était incompatible avec la nature de certaines charges (prestations de services, fournitures) sans lien immédiat avec l'immeuble. En outre, le prix de vente devenait difficilement déterminable avant inventaire du passif, ce qui rendait délicate la signature des promesses de vente.

C'est dans ce contexte que, dans le cadre de l'élaboration de la loi du 21 juillet 1994, la création sur le prix du lot vendu d'un privilège immobilier spécial fut retenue et concrétisée par l'adjonction à la loi du 10 juillet 1965 d'un article 19-1 ainsi rédigé : « L'obligation de participer aux charges et aux travaux mentionnés aux articles 10 et 30 est garantie par le privilège immobilier spécial prévu par l'article 2103 du code civil. »[4]

340 Traits spécifiques – Caractère occulte. Comme pour tout privilège, le régime du privilège immobilier spécial du syndicat doit faire l'objet d'une *interprétation stricte* puisque dérogeant au principe de l'égalité des créanciers posé par l'article 2085 (anct 2093) du code civil : toute extension par un raisonnement par analogie ou *a contrario* est proscrite.

Mais surtout ce privilège présente cette caractéristique d'être *occulte*. Elle est exprimée en ces termes par l'article 2378 (anct 2107) du code civil : « *Sont exceptées de la formalité de l'inscription [...] les créances du syndicat des copropriétaires énumérées à l'article 2374* »[5]. On a pu faire à juste titre remarquer que ce caractère est tout à fait opposé à l'esprit qui a présidé à l'évolution du droit des sûretés et à la réforme hypothécaire de 1955[6] et de 2006. Les difficultés ont également surgi pour l'appliquer aux départements d'Alsace-Lorraine en raison des dispositions de la loi du 1er juin 1924 (art. 47). La loi n° 98-261 du 6 avril 1998 portant réforme de la publicité foncière a dû également prévoir la dis-

1. BIBLIOGRAPHIE PARTICULIÈRE : Sizaire, « Le privilège immobilier spécial », *IRC* 1995. 16 – Giverdon et Capoulade : « L'amélioration du fonctionnement des syndicats de copropriétaires », *AJPI* 1995. 374 – Th. Tarroux, « Le privilège du syndicat des copropriétaires et la saisie du prix de vente d'un immeuble », *Rev. huissiers* 1998. 1161 – Capoulade, « Les incertitudes de la loi sur l'habitat », *IRC* oct. 1994 – Combarieu, « L'incidence sur la pratique notariale du superprivilège reconnu au syndicat de copropriété », *Dr. et ville* 1995, n° 39, p. 177 – Christian du Thezelat, « Le privilège du syndicat des copropriétaires », *Gaz. Pal.* 5 janv. 1995, Doctr. – Hacquard, « L'été républicain et la naissance d'un privilège », *Gaz. Pal.* 5 janv. 1995, Doctr. – Lafond, J.-CL. COPR., fasc. 107-20.
2. Tomasin, « Les apports de la loi relative à l'habitat, au droit de la copropriété », *Dr. et ville* 1995, n° 39, p. 151 – Lebatteux, « Le recouvrement des charges de copropriété après l'entrée en vigueur des dispositions de la loi du 21 juill. 1994 sur la copropriété », *Administrer* avr. 1995. 4 – Philippot, « La loi sur l'habitat et la copropriété », *Rev. hab. fr.* oct. 1994. 373.
3. Malherbe, *Gaz. Pal.* 2000. 1608, col. 1.
4. C. civ., art. 2374 nouv.
5. La jurisprudence dont la Cour de cassation en déduit que ce privilège ne peut être assimilé à une sûreté ayant fait l'objet d'une publication – V. NOT. : Com. 4 mars 2003, n° 00-11.952, *Bull. civ.* III, n° 35; *Administrer* 2003, 55, note Capoulade.
6. Sizaire, art. préc. – Giverdon et Capoulade, art. préc. – Le privilège immobilier qui avait été institué par la loi du 28 juin 1938 (art. 11) et qui était destiné à garantir le paiement de la part contributive d'un copropriétaire, avancée par la collectivité avait été assorti d'une publicité (montant de l'avance constatée contradictoirement par acte authentique inscrit sur les registres du conservateur des hypothèques).

pense de la formalité d'inscription dans la législation de ces départements[1].

Mais surtout ce caractère occulte se heurte à des difficultés techniques. Certaines ont été évoquées dans les développements consacrés à l'opposition de l'article 20 de la loi du 10 juillet 1965 en tant que valant mise en œuvre du privilège et l'on a vu que, dans l'éventualité de l'ouverture d'une procédure collective, l'inscription de l'hypothèque légale du syndicat se révélait nécessaire de manière à permettre au syndicat d'être avisé personnellement, de faire la déclaration de sa créance (v. s[s] n° 548).

Mais d'autres conséquences doivent être tirées de ce caractère occulte.

341 Caractère occulte (suite). Au nombre de ces conséquences, la plus importante est sans doute celle selon laquelle le privilège du syndicat *ne peut être assorti du droit de suite* en raison de l'impossibilité où l'on se trouve de procéder aux formalités de purge.

Cette impossibilité est, en effet, la conséquence directe de la disposition précitée de l'article 2378 (anc[t] 2107) du code civil qui énonce la dispense de la formalité de l'inscription (v. s[s] n° 340). Le syndicat des copropriétaires ne peut donc figurer au nombre des créanciers inscrits au sens et pour l'application de l'article 2183 (nouv. art. 2478) du code civil qui sont les seuls auxquels les notifications à fin de purge doivent être adressées. De ce fait, l'article 2167 (nouv. art. 2462) devient applicable. Or, il dispose que le tiers détenteur, qui ne procède pas aux formalités de purge, demeure obligé, par l'effet seul des inscriptions, à toutes les dettes hypothécaires. On verra, dans le cadre de la répartition du prix, les conséquences de cette situation, mais d'ores et déjà, il convient de retenir que *le privilège immobilier spécial du syndicat n'est assorti que du seul droit de préférence sur le prix*, à l'exclusion du droit de suite[2]. Il n'est donc pas excessif de dire que le privilège a déçu les attentes des professionnels[3]. La raison vient sans doute de ce que la création de ce privilège a été trop précipitée sans que soit instaurée une véritable concertation qui aurait permis de dégager une technique de publication et de mieux mesurer les conséquences de ce qui était une innovation. Mais il faut aussi relever que la mise en place d'une procédure accélérée pour le recouvrement des charges inscrites au budget prévisionnel a enlevé une partie de l'intérêt du privilège (v. s[s] n° 548).

342 Rang du privilège – Article 2103-1 *bis* (nouv. art. 2374) du code civil. Il résulte de cet article que le privilège du syndicat des copropriétaires s'exerce sur le lot vendu conjointement avec le vendeur et, le cas échéant, avec le prêteur de deniers, pour le paiement des charges et travaux mentionnés aux articles 10 et 30 de la loi du 10 juillet 1965, relatifs à l'année courante et aux quatre dernières années échues. Toutefois, le syndicat est préféré au vendeur et au prêteur de deniers pour les créances afférentes aux charges et travaux de l'année courante et des deux dernières années échues.

Pour l'année en cours et les deux dernières années échues, on est donc en présence d'un *privilège préférentiel ou prééminent* et non d'un superprivilège.

En effet, le privilège du syndicat est primé par les privilèges généraux prévus par les articles 2101 et 2104 (nouv. art. 2331 et 2375) du code civil, savoir : les privilèges attachés aux créances salariales (privilèges et superprivilèges qui jouent en cas de procédure collective, privilèges de l'AGS), le privilège attaché aux frais de justice, le privilège prévu au profit de certains créanciers de la procédure collective (C. com., art. L. 621-32 [anc[t] L. 29 janv. 1985, art. 40]) et le privilège des auteurs compositeurs et artistes.

Il s'agit, pour les troisième et quatrième années échues précédant l'année en cours, d'un *privilège conjoint* qui met en présence le syndicat des copropriétaires, le vendeur et le prêteur de deniers, la répartition devant, semble-t-il, s'opérer entre eux par concurrence au marc-le-franc[4].

À l'effet de déterminer l'année courante et les années échues et d'en fixer le point de départ, on se réfère à l'article 5-2 ajouté au décret du 17 mars 1967 par le décret du 15 février 1995 selon lequel « l'année au sens de l'article 2103-1° *bis* (nouv. art. 2374) s'entend de l'année civile comptée du 1er janvier au 31 décembre ». On ajoute, en général, que le terme de l'année courante se situe à la date de la mutation. Par conséquent, si l'on suppose que la date de la mutation est le 28 janvier 2003, l'année courante s'arrêtera à cette date[5], les quatre années antérieures étant les années 2002, 2001, 2000 et 1999 du 1er janvier au 31 décembre. Les créances antérieures au 1er janvier 1999 seront chirographaires à moins que l'hypothèque légale ait été inscrite. Toutefois, il a été suggéré de faire

1. V. Sander, « Privilège du syndicat des copropriétaires et régime hypothécaire », *JCP N* 1998. 1525 – Lebatteux, « Rendez-nous les lots d'Alsace-Lorraine », *Administrer* août-sept. 1995. 13.
2. V. Orabona, « Distribution du prix de vente du lot de copropriété », *Cridon* Paris, 13 nov. 1996.
3. Giverdon et Capoulade, *op. cit.*, *AJPI* 1995.
4. EN CE SENS : Giverdon et Capoulade, art. préc., *AJDI* 1995. 377, col. 1 – Sizaire, *IRC loc. cit.*
5. EN CE SENS : le rapport de Mariton, Doc. parl. AN, 1994, n° 137, p. 78.

concorder « l'année courante » avec « l'exercice budgétaire » qui est de douze mois. Cette réforme a été réalisée par le décret du 20 avril 2010. Désormais, l'article 5-2 du décret de 1967 précise que, pour calculer le montant de la créance privilégiée du syndicat, l'année s'entend (depuis le 1er juin 2010) de l'exercice comptable au sens de l'article 5 du décret du 14 mars 2005 relatif aux comptes du syndicat des copropriétaires. Cette modification s'explique par une considération pratique. Dans de nombreux syndicats, l'exercice comptable ne serait pas calé sur l'année civile; il en résultait que la détermination de la créance privilégiée du syndicat nécessitait une adaptation à la période considérée.

343 Bénéficiaires du privilège. Les textes (C. civ., art. 2103-1 *bis* [nouv. art. 2374]; L. 10 juill. 1965, art. 20, *in fine*) accordent expressément le bénéfice du privilège au syndicat des copropriétaires sans distinguer s'il est principal ou secondaire.

En revanche, au nom d'une interprétation restrictive des textes, le privilège ne peut bénéficier... à des copropriétaires qui ont été autorisés à réaliser, à leurs frais exclusifs, des travaux d'amélioration affectant les parties communes de l'immeuble, par exemple la mise en place d'un ascenseur; ... à une union de syndicats, compte tenu de ce que l'article 19-1 de la loi de 1965 est compris dans l'énumération de l'article 43 qui répute non écrites toutes clauses contraires[1].

344 Assiette du privilège. Aux termes de l'article 2103-1° *bis* (nouv. art. 2374) du code civil, le privilège a pour assiette le seul lot vendu et porte sur son prix de vente ou sur le remboursement des deniers prêtés pour son acquisition[2]. Un arrêt de la Cour de cassation (3e civ.) du 15 mai 2002, auquel il convient de reconnaître le caractère d'un arrêt de principe[3], en tire la conséquence que le privilège, ainsi institué pour permettre le paiement des charges afférentes aux lots vendus, ne peut garantir des sommes qui, alors même qu'elles rentrent dans les prévisions de l'article 10 de la loi de 1965, portent sur des lots invendus.

Il ne s'exerce qu'en cas de vente[4]. Peu importe que la vente soit amiable ou forcée ou résulte de l'exercice d'un droit de préemption publique ou d'une expropriation pour cause d'utilité publique[5].

En revanche, il ne peut être mis en œuvre à l'occasion d'un partage successoral ou post-communautaire, d'une donation, d'une donation-partage ou d'une admission à l'état des créances en cas de liquidation judiciaire (v. ss no 331). On peut hésiter pour l'apport en société et l'échange avec soulte, à moins que l'importance de celle-ci impose la requalification[6].

345 Créances garanties - Charges. Des termes concordants des textes, il résulte que le privilège a été institué pour garantir le paiement des charges et des travaux mentionnés aux articles 10 et 30 de la loi du 10 juillet 1965.

Ici encore, l'interprétation stricte qui s'impose (v. ss no 352), entraîne cette conséquence que toute dépense qui ne peut être qualifiée « charge » n'est pas garantie par le privilège immobilier spécial. Tel est le cas, notamment, en application de l'article 10-1 ajouté à la loi de 1965 par la loi du 13 décembre 2000, et modifié par la loi du 13 juillet 2006 (art. 90), des frais nécessaires et honoraires imputables au seul copropriétaire intéressé, qui ne peuvent être qualifiés de charges[7]. Sont également exclues... la condamnation d'un copropriétaire à payer des dommages-intérêts au syndicat... l'application d'une clause pénale... les indemnités dues aux copropriétaires pour diminution définitive de la valeur de leurs lots[8].

En outre, il faut ici aussi faire état de l'arrêt précité de la Cour de cassation (3e civ.) du 15 mai 2002 qui a décidé que n'est pas assimilable au paiement de charges de copropriété le remboursement anticipé pour cause de cession de lot, d'une quote-part du capital d'un emprunt contracté par le syndicat pour effectuer des travaux de conservation et d'entretien d'un immeuble; en conséquence les sommes remboursées ne bénéficient pas de la garantie du privilège immobilier spécial[9].

On ajoute que les intérêts dus sur la créance du syndicat ne sont pas garantis par le privilège[10] et

1. Giverdon et Capoulade, *op. cit.*, *AJPI* 1995. 377, col. 2, qui ajoutent que si la subrogation légale était possible, elle supposerait la mise en œuvre préalable du privilège (v. ss no 332).
2. Capoulade, note *Administrer* août-sept. 1992. 54, col. 2.
3. Civ. 3e, 15 mai 2002, no 00-19.832, *Bull. civ.* III, no 103; *AJDI* 2003. 39; *D.* 2003. 1333; *Administrer* août-sept. 2002. 53, note Capoulade – Civ. 3e, 6 mai 2003, no 02-10.712, *Bull. civ.* III, no 96; *Administrer* août-sept. 2003. 51. Somm., note Bouyeure.
4. Civ. 3e, 15 févr. 2006, no 04-19.095, *Bull. civ.* III, no 40; *RTD civ.* 2006, 599; *Administrer* 48. 388, obs. Bouyeure; *Loyers et copr.* 2006. 89, obs. Vigneron.
5. Encore que, les dispositions des articles L. 12-2, al. 1, et L. 12-3, al. 1, du code de l'expropriation se concilient mal avec la mise en œuvre d'un privilège occulte.
6. Giverdon et Capoulade, *op. cit.*, *AJPI* 1995. 377, col. 2.
7. La jurisprudence excluant déjà les frais de relance, jusqu'à la loi dite ENL (art. 90), intérêts de retard et frais de dossier contentieux : Paris, 4 févr. 1999, *Juris-Data* no 913563, *AJDI* 1999. 629.
8. Giverdon et Capoulade, *AJPI* 1995. 378, col. 1.
9. Civ. 3e, 15 mai 2002, no 00-19.832, *Bull. civ.* III, no 103; *D.* 2003. 1333; *AJDI* 2003. 39, note Capoulade, arrêt qui semble cependant admettre la subrogation dans une incidente de ses motifs.
10. Civ. 3e, 6 mai 2003, no 02-10.712, *Bull. civ.* III, no 96; *Loyers et copr.* 2003. 167.

qu'il n'y a pas lieu de distinguer entre les provisions « budgétisées » (14-1) ou pas (14-2).

346 Créances garanties – Travaux. Des hésitations se sont manifestées sur l'interprétation à donner des termes « travaux mentionnés à l'article 30 ». Il s'agit très certainement des travaux d'amélioration décidés par l'assemblée générale tels que les entend ce texte. Mais la discussion est ouverte pour des travaux d'amélioration qui ne sont pas mentionnés à l'article 30, par exemple les travaux mentionnés à l'article 25, e à j ou encore des travaux visés par l'article 26-1. La question est plus théorique que pratique car les dépenses entraînées par ces travaux sont qualifiées charges au sens de l'article 10[1].

Il est en tout cas certain que les créances garanties par le privilège immobilier spécial du syndicat sont beaucoup moins importantes que celles qui le sont par l'hypothèque légale puisque celle-ci s'étend aux « créances de toute nature » du syndicat à l'encontre de chaque copropriétaire, de là un intérêt supplémentaire à inscrire l'hypothèque légale.

D.
Distribution du prix

347 État de la question. La mise en œuvre du privilège immobilier spécial, pas plus que celle de l'hypothèque légale du syndicat, ne permet pas le règlement immédiat du prix. Les fonds sont bloqués en conséquence de l'opposition; il y a donc des diligences à effectuer pour permettre au syndicat d'obtenir un titre au vu duquel le règlement sera effectif[2].

Pour l'exposé de ces diligences, une distinction doit être faite selon que le syndicat est seul créancier ou qu'il est en concours avec d'autres créanciers.

1°
Le syndicat est seul créancier

348 Diligences à effectuer. Le notaire doit s'assurer qu'il n'existe pas de créancier inscrit ou privilégié sur l'immeuble; pour ce faire, il lui faut obtenir un état hypothécaire sur formalité. Cela fait, s'il apparaît qu'il n'y a pas de créancier inscrit, le notaire doit obtenir l'accord du vendeur avant de désintéresser le syndicat et de lui remettre le solde[3].

1. EN CE SENS : J.-CL. COPR., fasc. 107.20, n° 58 – Bouyeure, « Commentaire de la loi n° 94-624 du 21 juillet 1994, relative à l'habitat », *Administrer* oct. 1994. 14.
2. Leborgne, « Saisie immobilière d'un lot dans un immeuble en copropriété », *AJDI* juill.-août 2008. 569, spéc. 572 s.
3. J.-CL. COPR., fasc. 107.20, n° 70.

2°
Le syndicat est en concours avec plusieurs créanciers

349 Distinction à faire. Il faut, à nouveau, distinguer selon que le prix est suffisant pour désintéresser tous les créanciers ou qu'il ne l'est pas.

350 Le prix est suffisant. Pour l'apprécier, le notaire doit, ici également, obtenir l'état hypothécaire sur formalité. Si les créanciers garantis par des inscriptions révélées par cet état ont été réglés en totalité, ce dont le notaire devra s'enquérir, il doit, avant tout règlement au syndicat ou au vendeur, obtenir l'accord de celui-ci. Il est inutile de rechercher si la créance du syndicat est ou non privilégiée puisqu'elle peut être réglée en même temps que les autres créanciers[4].

351 Le prix est insuffisant. Sa distribution implique que l'on établisse l'ordre dans lequel les créanciers, y compris le syndicat, doivent être payés : cela dépend des garanties dont leurs créances sont assorties. Tout règlement isolé est proscrit : avant d'y procéder il faut soit l'accord de tous les créanciers, spécialement sous le contrôle du juge procédure de distribution ou ordre s'il existe des créanciers inscrits – pour la nouvelle procédure (v. s[s] n° 356). Mais surtout, il faut introduire une autre distinction selon que l'on se trouve en dehors d'une procédure collective ou, si au contraire, celle-ci a été ouverte.

352 Une procédure collective n'est pas ouverte. Plusieurs éventualités doivent être envisagées.

La première est celle où *le syndicat est en présence de créanciers chirographaires ou de créanciers non inscrits* (qui peut être lui-même en tant que titulaire de son privilège occulte). Il faut dire immédiatement qu'il n'est pas possible d'ouvrir une procédure d'ordre, ni amiable, ni judiciaire puisque celle-ci suppose la présence de créanciers *inscrits*, ce qui n'est le cas, ni des chirographaires, ni du syndicat, bénéficiaire du privilège occulte. On ouvrira donc, selon les cas, la procédure de distribution des deniers provenant de l'exécution régie par les articles 283 à 293 du décret n° 92-755 du 31 juillet 1992 (devant le JEX) ou la procédure de distribution en dehors de toute procédure d'exécution régie par les articles 1281-1 à 1281-12 du code de procédure civile (devant le tribunal de grande instance). Il faut par ailleurs rappeler que l'indisponibilité de tout ou partie du prix consécutive à l'opposition de l'article 20 de la loi de 1965 paralyse l'effet attributif d'une saisie-attribution ou d'un avis à tiers-détenteur.

La seconde éventualité est celle où le syndicat *est en présence de créanciers inscrits* (hypothécaires ou

4. J.-CL. COPR., fasc. 197.20, n° 72.

privilégiés, par exemple le vendeur ou le prêteur de deniers qui, eux, doivent inscrire leur privilège).

Une procédure d'ordre peut (ou doit) d'abord être ouverte puisqu'ici les sommations à fin de purge sont possibles (Décr. 27 déc. 1995, art. 140, 141, 142). Le destinataire de l'opposition « article 20 » doit informer le juge aux ordres de cette opposition dont la formulation ne vaut pas publication et, en l'absence d'inscription de l'hypothèque légale, pour faire convoquer le syndicat à la procédure. En l'absence de cette information et de cette formalité, le syndicat est recevable à faire opposition au procès-verbal de règlement de l'ordre amiable [1].

On procédera au règlement des créances selon l'ordre de préférence prévu par la loi, en tenant compte du privilège occulte du syndicat.

L'ordre pourrait être le suivant :

- le syndicat, selon 2103-1 *bis* (nouv. art. 2374) du code civil, pour son privilège préférentiel;
- le syndicat en concours avec le vendeur ou le prêteur de deniers, pour son privilège conjoint;
- les créanciers hypothécaires ayant inscrit, notamment le syndicat pour son hypothèque légale supposée inscrite;
- les créanciers chirographaires.

353 Une procédure collective (et notamment la liquidation judiciaire) est ouverte (supposée régie par la loi du 25 janv. 1985). Un jugement d'ouverture est donc prononcé. On rappelle qu'il arrête le cours des inscriptions et interdit le paiement de toute créance née antérieurement (C. com., art. L. 621-4) et qu'il arrête aussi les poursuites individuelles (C. com., art. L. 621-40) [2].

Mais surtout, au moins pour la question ici traitée, il impose de distinguer les créances antérieures au jugement des créances nées régulièrement après (C. com., art. L. 621-32).

354 Créances antérieures au jugement d'ouverture. D'abord, le créancier a l'obligation de *déclarer* sa créance et notamment, celles du syndicat qui sont garanties par le privilège immobilier spécial occulte. Dans cette déclaration, s'il s'agit de la créance du syndicat, le syndic doit prendre soin d'indiquer le caractère privilégié de celle-ci si le jugement d'ouverture est postérieur au 1er janvier 1995 (date de mise en vigueur de la loi du 21 juillet 1994, créant le privilège) et, plus généralement mentionner les privilèges qui y sont attachés [3].

Cela dit, l'ordre du règlement sera établi selon les périodes de temps fixées par la loi. Il pourrait être le suivant (en supposant, bien entendu, que la créance antérieure ne soit pas prescrite) :

- AGS - Frais de justice;
- syndicat pour son privilège préférentiel (année courante et deux dernières années);
- conjointement : syndicat (deux années précédentes) vendeur, prêteur de deniers (à condition qu'ils aient inscrit leur privilège), avec éventuellement, répartition au marc-le-franc;
- créanciers hypothécaires ayant inscrit, parmi lesquels le syndicat en tant que bénéficiant de son hypothèque légale;
- créancier chirographaires.

355 Créances postérieures au jugement d'ouverture [4]. La particularité tient ici au fait que le jugement d'ouverture fait apparaître un nouveau privilège, le privilège de la procédure collective qui fait l'objet de l'article L. 621-32 du code de commerce (L. 25 janv. 1985, anct art. 40 [5]). Dans ce privilège, le syndicat des copropriétaires vient en rang 5, après le vendeur et le prêteur de deniers, par conséquent dans un rang moins favorable que pour les créances antérieures. La question s'est donc posée de savoir quel texte l'on doit appliquer pour colloquer le syndicat des copropriétaires dans le cadre de la liquidation judiciaire de son débiteur : l'article L. 621-32 du code de commerce (L. 25 janv. 1985, anct art. 40) ou l'article 2103-1° *bis*, al. 2, (nouv. art. 2374), du code civil issu de la loi du 21 juillet 1994 (qui prévoit le privilège préférentiel).

Elle a été posée, sous forme de demande d'avis à la Cour de cassation qui a émis le 21 juillet 2002 l'avis suivant : la collocation d'un syndicat des copropriétaires, en raison des créances garanties en vertu de l'article 2103-1° *bis* du code civil dont il est titulaire à l'encontre d'un copropriétaire mis en liquidation judiciaire est soumise, s'agissant de créances postérieures au jugement d'ouverture, aux dispositions de l'article 40-5° de la loi du 25 janvier 1985, devenu l'article L. 621-32. III. 5° du code de commerce [6].

1. Civ. 3e, juin 2008, no 07-10.051, *Bull. civ.* III, no 99; *D.* 2008. 2690, *Administrer* août-sept. 2008. 39, note Capoulade.
2. POUR un jugement de redressement judiciaire simplifié d'une SCI : Civ. 2e, 11 mai 2006, no 04-15.918, *Bull. civ.* II, no 126; *D.* 2006. AJ 1530, obs. Lienhard.
3. Paris, 23e ch. B, 28 févr. 2002, *Administrer* janv. 2003. Somm. 52.
4. V. Hocquard, « Privilèges du syndicat des copropriétaires et procédures collectives : de la divine surprise à la divine comédie », *Administrer* oct. 2002. 8 – Sylviane Jaccoud d'Eyssautier, « Charges de copropriété. Opposition et procédures collectives », *AJDI* 1999. 504 – Grundeler, « L'article 40 de la loi de 1985 et le droit immobilier », *Administrer* mars 2006. 25 s.
5. C. com., art. L. 621-32.
6. POUR l'hypothèse d'un plan de continuation ou d'un plan de cession : Hocquard, « Privilèges du syndicat des copropriétaires et procédures collectives », *Administrer* oct. 2002. 8, spéc. 12.

En conséquence, l'ordre de règlement pourrait être le suivant[1] :

- AGS (C. trav., art. L. 3253-2 et L. 3253-3);
- frais de justice (C. civ., art. 2104);
- AGS au titre du privilège des salaires;
- vendeur et prêteur de deniers ayant inscrit leur privilège;
- privilège du syndicat des copropriétaires, sous réserve de la déclaration de sa créance;
- créanciers hypothécaires ayant inscrit selon l'ordre d'inscription;
- créanciers chirographaires.

356 **La nouvelle procédure**[2]. Le décret n° 2006-936 du 27 juin 2006 a profondément modifié la procédure de distribution du prix en privilégiant la distribution amiable. Elle s'applique après saisie-immobilière (nouvelle procédure) ou, en l'absence de procédure collective, en cas de pluralité de créanciers et d'insuffisance du prix.

La distribution amiable s'ouvre sur une demande d'actualisation des créances à la diligence de la partie poursuivant la distribution. Cette même partie établit ensuite un projet de distributions qu'elle notifie aux créanciers (Décr. 27 juin 2006, art. 116). En l'absence de contestation, elle présente une requête au juge de l'exécution (JEX) aux fins d'homologation du projet. Après vérification que tous les créanciers ont été à même de faire valoir leurs droits et, à défaut de contestation, le juge de l'exécution prononce l'homologation du projet.

En cas de contestations, la partie poursuivante convoque les autres parties en vue de trouver un accord sur la distribution du prix. Si cet accord est trouvé, le JEX, après vérifications, donne force exécutoire au procès-verbal d'accord.

Dans la négative, si le désaccord persiste ou en cas de refus d'homologation, s'ouvre une distribution judiciaire.

La distribution judiciaire se déroule devant le JEX saisi par requête de la partie poursuivant la distribution et, à défaut, par un autre créancier. Au vu du procès-verbal de difficulté, le JEX entend les parties à l'audience; il établit ensuite l'état de répartitions et ordonne la radiation des inscriptions.

Des difficultés peuvent se présenter et ralentir le déroulement des opérations dans la mesure où le syndicat des copropriétaires ne disposerait pas d'un titre exécutoire.

3°
Efficacité réelle du privilège[3]

357 **Conclusions.** Si l'on veut bien tirer une conclusion, il apparaît que le privilège immobilier spécial institué au profit du syndicat des copropriétaires par la loi du 21 juillet 1994 se présente avec un certain nombre de handicaps dont le plus important est son caractère occulte, mais aussi l'interprétation stricte qui s'impose en présence d'un privilège et aussi une technique de mise en œuvre sous la forme mal adaptée de l'opposition de l'article 20 de la loi du 10 juillet 1965. L'ouverture d'une procédure collective impliquant le copropriétaire débiteur, conjuguée avec l'avis rendu par la Cour de cassation le 21 juillet 2002, a eu pour résultat de situer, un peu dédaigneusement, le paiement des créances du syndicat nées après le jugement d'ouverture en cas de liquidation judiciaire en même temps que celui des « autres créances ». En réalité, c'est la mise en place d'une procédure accélérée de recouvrement des arriérés de charges qui constitue, sans doute, la solution la plus efficace (v. s^{s} n° 61).

1. L'intérêt pratique de la question est évident : l'article 2103 (nouv. art. 2374) du code civil permet, en effet, au syndicat des copropriétaires d'être soit prioritaire soit en concurrence conjointe avec le vendeur ou le prêteur de deniers, alors que l'article L. 621-32-III du code de commerce fait primer le vendeur et prêteur de deniers sur le syndicat des copropriétaires.
2. Sillard, « L'homologation dans la distribution amiable du prix de vente d'un immeuble saisi », *D.* 2008. 1783.
3. Giverdon, « L'efficacité du privilège immobilier spécial du syndicat des copropriétaires est-elle compromise ? », *Loyers et copr.* janv. 2003. 4; *JCP N* 2003. 1406 – Le point sur la mise en œuvre du privilège immobilier spécial occulte du syndicat des copropriétaires institué par la loi n° 94-624 du 21 juill. 1994, *Administrer* mars 2004. 15.

CHAPITRE

3. Constitution de droits réels sur les lots

SECTION 0
ORIENTEUR

Plan du chapitre.

§ 1 Usufruit. Usage et habitation

§ 2 Hypothèque

§ 3 Servitude

Textes applicables.

• C. civ., art. 605 et 606, 2429.

• Code de l'urbanisme, art. L. 471-1 à 471-4, R. 451-1 à 451-3.

• Décret du 17 mars 1967, portant application de la loi du 10 juill. 1965, art. 5 et 6.

Jurisprudence de référence.

• **Civ. 3e, 30 nov. 2004, n° 00-11.201**, NP.

* V. s[s] n° 360.

• **Civ. 3e, 15 déc. 1999, n° 97-22.161**, NP.

* V. s[s] n° 368.

« La "servitude de cour commune" est créée pour satisfaire aux prescriptions des règlements; elle ne profite pas à un fonds dominant; elle est instituée dans l'intérêt de la collectivité.

Le règlement de copropriété de l'immeuble ne peut contrevenir à ce traité et les clauses contraires à la charge instituée dans l'intérêt de la collectivité doivent être réputées non écrites.

En cas de construction irrégulière, le copropriétaire qui subirait une gène dans la jouissance de son lot, ainsi que le syndicat, pour la sauvegarde juridique de l'immeuble ont l'un et l'autre intérêt à agir. »

Bibliographie indicative.

KISCHINEWSKY-BROQUISSE, *La copropriété des immeubles bâtis*, 4e éd. nos 250 s.

358 Principe. Tout copropriétaire, pouvant céder son lot, peut, *a fortiori*, consentir sur ce lot des constitutions de droits réels ou transférer l'un de ces droits. Le décret du 17 mars 1967 mentionne expressément les droits d'usufruit, de nue-propriété, d'usage ou d'habitation (Décr. 17 mars 1967, art. 6); mais c'est surtout la constitution d'hypothèque qui présente un réel intérêt pratique.

En revanche, l'incompatibilité qui semble exister entre la notion de lot et celle de servitude, en rend la constitution difficilement concevable, notamment dans une copropriété verticale classique. Admise cependant par la jurisprudence actuelle de la Cour de cassation, elle se heurte néanmoins à des objections doctrinales et reste mal reçue du point de vue psychologique.

§ 1
Usufruit. Usage et habitation

359 Nature des questions posées. Il est fréquent que la propriété d'un lot soit démembrée entre un nu-propriétaire et un usufruitier en conséquence d'une *disposition légale* et, notamment à la suite d'une dévolution successorale. En revanche, la *convention* par laquelle, un copropriétaire consent sur son lot la constitution d'un usufruit ou d'un droit d'usage ou d'habitation était peu usitée. Mais, dans ces dernières années, la constitution de ces droits a été utilisée soit dans le cadre des résidences de loisir à temps partagé, soit dans celui des « résidences-services » destinées aux personnes âgées.

Un arrêt de la Cour de cassation[1] est intervenu à propos d'un droit d'usage et d'habitation, sur un lot appartenant à l'ex mari à titre de prestation compensatoire[2].

1. Civ. 3e, 23 févr. 2000, n° 98-17.231, *Bull. civ.* III, n° 40; *AJDI* 2000. 825; *RDI* 2000. 149; *RTD civ.* 2000. 555; *JCP N* 2000. 11190.
2. V. Chambelland et Isaac-Hoppenot, « Une nouvelle utilisation du droit d'usage et d'habitation : faciliter la création de résidences-services pour personnes âgées », *Bull. inf. Cneil* – Et pour les problèmes de publicité foncière en cas de concession de périodes d'usufruit, VPJC, « Multijouissance et publicité foncière », *JCP N* 1984, prat. 8969.

Mais quelle que soit son origine, le démembrement que la constitution des droits de cette nature entraîne sur le droit de propriété du lot, pose des problèmes qui sont tout à la fois de fond et de forme [1].

360 Problèmes de fond – Répartition des charges. L'existence sur un lot dépendant d'un immeuble en copropriété *d'un droit d'usufruit* est susceptible de soulever des difficultés à propos de la répartition, entre le nu-propriétaire et l'usufruitier, de charges afférentes à ce lot et relativement à l'exercice du droit du vote aux assemblées générales. Laissant de côté cette dernière question qui sera examinée ultérieurement (v. s^s^ n° 822), quelques précisions seront données ici au sujet de la première.

La répartition entre le nu-propriétaire et l'usufruitier des charges afférentes au lot en usufruit doit être opérée sur la base de la distinction faite par les articles 605 et 606 du code civil entre les *réparations d'entretien* et les *grosses réparations*. Plus précisément « le nu propriétaire a à sa charge ce qui est nécessaire à la conservation de la structure de l'immeuble, ces dépenses étant payées sur le capital et celles d'entretien sur les revenus lesquels sont perçus par l'usufruitier » [2].

Les charges correspondant aux *réparations d'entretien*, supportées par l'usufruitier comportent notamment toutes les dépenses d'entretien des parties communes et des éléments d'équipement communs, les primes d'assurance des parties communes, les honoraires du syndic et même le ravalement de l'immeuble qui est considéré comme relevant de l'entretien de celui-ci.

Selon l'arrêt de la cour de Paris du 11 janvier 2000, incombent à l'usufruitier :... le changement du mode de chauffage en vue d'une économie ultérieure d'énergie pour l'utilisateur... des travaux de reprise de l'étanchéité... la pose de moteurs et armoires de manœuvres neufs rendus nécessaire dans un ascenseur vétuste (v. plus particulièrement, à propos du remplacement d'un ascenseur ou des parties essentielles d'une installation de chauffage [3]). À noter que l'appréciation du caractère des réparations est abandonnée à l'appréciation souveraine des tribunaux [4].

1. Guillot, *La pratique de la copropriété*, n° 9-15 – Lafond, Roux et Stemmer, L. 10, n° VIII K p. 115 (pour les charges) – Kischinewsky-Broquisse, n°s 238 s. ; « Démembrement du droit de propriété d'un lot en nue-propriété et usufruit », *IRC* 1969. 1 s. – Ferme, « L'usufruitier et le nu-propriétaire dans la copropriété », *Administrer* févr. 1978. 14.
2. Paris, 11 janv. 2000, RG n° 1997/12200, *RDI* 2000. 237.
3. Robine, *IRC* 1963. 290 ; *Rev. loyers* 1963. 336.
4. Civ. 2e, 7 déc. 1961, *Bull. civ.* II.

Les charges correspondant aux *grosses réparations*, supportées par le nu-propriétaire, sont celles énumérées par l'article 606 du code civil, observation étant faite que l'énumération faite par ce texte doit être l'objet d'une interprétation évolutive à l'effet de tenir compte de l'existence de certains éléments d'équipement communs, tels que les ascenseurs [5] ou les installations de chauffage qui ne pouvaient être visées.

On précise que les mêmes solutions sont applicables au titulaire d'un droit d'usage et d'habitation lorsque ce droit porte sur la totalité de l'appartement, objet d'un lot de copropriété [6].

L'obligation du syndic de procéder à la répartition des charges entre nu-propriétaire et usufruitier est discutée [7].

Mais se pose la question de savoir si l'usufruitier (ou le titulaire d'un droit d'usage) et le nu-propriétaire sont tenus *in solidum* et dans la négative si une clause du règlement de copropriété peut stipuler la solidarité.

Dans un premier temps, la tendance était de déclarer une telle clause comme étant réputée non écrite, cela en raison de l'indépendance qui existe entre les deux droits réels que sont l'usufruit (ou le droit d'usage) et la nue-propriété [8], ce qui, du même coup, justifiait l'absence de solidarité [9].

Mais un arrêt plus récent de la Cour de cassation du 22 février 2000 [10] décide, au moins sur le plan de l'obligation, qu'a justifié légalement sa décision, la cour d'appel qui, sur assignation du syndicat, a condamné *in solidum* le propriétaire et le titulaire d'un droit d'usage – mais celui-ci étant incessible, le syndic ne peut en poursuivre la vente forcée.

Plus récemment, la Cour de cassation a admis la validité de clauses de solidarité figurant au règlement de copropriété entre le nu-propriétaire et l'usufruitier [11].

5. Le remplacement d'un ascenseur constitue une dépense d'investissement incombant au nu-propriétaire : Paris, 23e ch., 12 janv. 2006, RG n° 05/02714, *Loyers copr.* 2005. 86 – en sens contraire : Paris, 21 oct. 1994, *Loyers et copr.* 1995. 179.
6. Civ. 3e, 14 nov. 1996, n° 94-14.846, *Bull. civ.* III, n° 218 ; *JCP* 1997. IV. 56 ; *RDI* 1997. 401.
7. Sur la question : v. s^s^ n° 537 ; Paris, 12 déc. 2002, RG n° 2002/13609, *Loyers et copr.* 2003. 163.
8. Paris, 21 déc. 1994, RG n° 93-9247, *Juris-Data* n° 024761, *Loyers et copr.* 1995. 180.
9. Paris, 4 déc. 1985, *IRC* avr. 1986. 67 – Versailles, 28 juin 1990, *Administrer* nov. 1990. 54.
10. Civ. 3e, 22 févr. 2000, n° 98-17.231, *Bull. civ.* III, n° 40 ; *JCP N* 2000. 1190, note Djijo ; *Gaz. Pal.* 1er déc. 2000, *AJDI* 2000. 824, obs. Giverdon ; *Administrer* août-sept. 2000. 36, note Capoulade, *RDI* 200, 149.
11. Civ. 3e, 30 nov. 2004, n° 03-11.201, NP, *Administrer* avr. 2005. 34, note Alfandari.

361 Formalités à suivre[1]. La constitution sur un lot d'un droit réel d'usufruit, d'usage ou d'habitation, doit s'accompagner d'un certain nombre de formalités.

En premier lieu, les actes conventionnels réalisant la constitution, sur un lot ou une fraction de lot, d'un droit réel, doivent contenir les *mentions propres à rendre éventuellement opposables* au titulaire de ce droit *le règlement de copropriété et l'état descriptif de division*, mentions qui sont prévues par l'article 4 du décret du 17 mars 1967. La même portée doit leur être assignée que dans l'éventualité où elles doivent figurer sur les actes conventionnels réalisant ou constatant le transfert de propriété d'un lot.

En second lieu, toute constitution sur un lot (ou une fraction de lot) d'un droit d'usufruit, de nue-propriété, d'usage ou d'habitation, de même que tout transfert de l'un de ces droits, doivent être notifiés, sans délai, au syndic dans les conditions prévues à l'article 6 du décret du 17 mars 1967 ce qui oblige le syndic à tenir à jour l'état de l'article 32 du décret de 1967. La jurisprudence avait fondé l'absence de solidarité sur cette notification au vu de laquelle le syndic devait procéder à une ventilation entre les charges imputables à l'usufruitier et celles imputables au nu-propriétaire.

Enfin, avant l'établissement d'un acte conventionnel réalisant ou constatant la constitution sur un lot d'un droit réel, le syndic doit adresser au notaire chargé de recevoir cet acte, l'*état daté* prévu par l'article 5 alinéa 2 du décret du 17 mars 1967 modifié par le décret du 27 mai 2004 (sur cet état et ses mentions v. s^s n° 322). La cession à titre onéreux de l'usufruit ou de la nue-propriété donne lieu à un versement qui justifie l'opposition du syndic en application de l'article 20 de la loi du 10 juillet 1965.

§ 2
Hypothèque

362 Portée des développements. Il ne fait aucun doute que le propriétaire d'un lot dépendant d'un immeuble en copropriété peut l'hypothéquer.

Toutefois, l'opération ne présente que peu d'intérêts pratiques. D'abord, en tant que garantie offerte au syndicat, celui-ci dispose de l'hypothèque légale (L. 10 juill. 1965, art. 19) et du privilège immobilier spécial occulte institué par la loi du 21 juillet 1994 mais dont l'efficacité ne correspond pas à ce que l'on en attendait.

Ensuite, de leur côté, le vendeur et le prêteur de deniers bénéficient également du privilège immobilier spécial de l'article 2103-1 et 2e (nouv. art. 2374) du code civil, mais sous réserve d'inscription.

En conséquence, les présents développements ne concernent que l'hypothèque conventionnelle que le copropriétaire peut toujours consentir sur son lot en excluant celle qui pourrait être consentie lors de la construction de l'immeuble.

On suppose donc l'hypothèque consentie sur les lots d'un *immeuble bâti préalablement divisé*. On peut ajouter la caution réelle qui pourrait être donnée en offrant le lot comme garantie.

363 Application des principes généraux. La portée des développements étant ainsi précisée, les questions que soulève la constitution d'hypothèques sur un lot ne suscitent pas de difficultés particulières; elles sont, en principe, résolues par application des principes généraux. Il suffit donc de présenter quelques observations, la plus importante concernant sans nul doute l'assiette de l'hypothèque[2].

364 Assiette de l'hypothèque – Loi du 2 janvier 1979. Théoriquement, l'assiette de l'hypothèque est toujours constituée par le lot qui en est grevé, c'est-à-dire dans sa partie privative et la quote-part des parties communes qui lui est affectée.

Mais, ainsi qu'on l'a déjà relevé, la loi n° 79-2 du 2 janvier 1979, relative aux droits grevant les lots d'un immeuble soumis au statut de la copropriété a ajouté au code civil un article 2429 aux termes duquel « *pour les besoins de leur inscription les privilèges et les hypothèques portant sur des lots dépendant d'un immeuble soumis au statut de la copropriété sont réputés ne pas grever la quote-part de parties communes comprise dans le lot* ». Cette disposition est le complément nécessaire de la « purge légale », instituée par le nouvel article 6-1 de la loi du 10 juillet 1965, de tous les droits réels soumis à publicité (donc les privilèges et les hypothèques), grevant les quotes-parts de parties communes amenées à quitter un lot.

Mais la portée de cette purge est limitée aux besoins de la publicité foncière et, plus précisément de la tenue du fichier immobilier.

C'est pourquoi, l'alinéa 2 de l'article 2429 ajoute que « néanmoins les créanciers inscrits exercent leurs droits sur ladite quote-part prise dans sa consistance au moment de la mutation dont le prix forme l'objet de la distribution » et que « cette quote-part est tenue pour grevée des mêmes sûretés que les parties privatives et de ces seules sûretés ».

1. V. KISCHINEWSKY-BROQUISSE, n°s 239 s.

2. POUR plus de détails : KISCHINEWSKY-BROQUISSE, n°s 250 s. – « L'hypothèque d'un lot en copropriété dans un immeuble bâti », *IRC* 1970. 65 et 81.

C'est donc à juste titre que l'on a pu dire que la loi du 2 janvier 1979 n'avait pas remis en cause la notion de lot de copropriété[1].

365 Mentions particulières de l'acte de l'hypothèque. L'acte constitutif d'hypothèque doit contenir les mentions qui sont prévues à l'article 4 du décret du 17 mars 1967 et dont le résultat est de rendre éventuellement opposables au créancier hypothécaire le règlement de copropriété et l'état descriptif de division, ainsi que les actes qui ont pu les modifier.

Par ailleurs, le syndic doit, avant l'établissement de l'acte, adresser au notaire l'état prévu à l'article 5 alinéa 2 du décret du 17 mars 1967 modifié par le décret du 27 mai 2004.

En revanche, la constitution d'hypothèque n'a pas à être notifiée au syndic en application de l'article 6 du décret précité. L'hypothèque ne figure pas, en effet, au nombre des droits dont la constitution doit être ainsi notifiée, ce qui peut s'expliquer par le fait que les créanciers hypothécaires, ne participant pas aux assemblées générales, le besoin d'information du syndic est donc moins pressant. La constitution d'hypothèque n'a pas, non plus, à être notifiée au syndic en application de l'article 20 de la loi du 10 juillet 1965.

366 Mentions imposées en conséquence de la publicité foncière. Conformément au droit commun, l'hypothèque conventionnelle ayant pour assiette un lot d'un immeuble en copropriété doit être publiée au fichier immobilier. En conséquence, l'acte constitutif de l'hypothèque doit comporter à la fois la désignation des *fractions* hypothéquées et celle de l'*ensemble* de l'immeuble (Décr. 4 janv. 1955, art. 7, al. 3).

La désignation des fractions hypothéquées (c'est-à-dire des lots) est faite par référence aux numéros qui leur sont affectés dans l'état descriptif de division.

La désignation de l'immeuble est faite en conformité des dispositions de l'article 7 alinéa 1er du décret précité. Mais en conséquence de l'article 2429 ajouté au code civil par la loi du 2 janvier 1979, précitée, les bordereaux d'inscription n'ont pas à mentionner la quote-part de parties communes[2].

367 Vente du lot hypothéqué – Droit pour l'acquéreur de purger. Si le lot grevé d'une hypothèque fait l'objet d'une cession, il peut être procédé à la purge dans les conditions du droit commun[3].

Mais, très souvent, et notamment lorsque l'hypothèque a été constituée au profit du Crédit foncier de France pour garantie d'un prêt spécial à la construction, l'acquéreur est substitué au vendeur et ce, sans aucune formalité[4]. En cas de partage d'un immeuble indivis après division en lots de copropriété, l'hypothèque consentie sur la part indivise est, par l'effet déclaratif du partage, reportée sans nouvelle inscription et de plein droit sur les lots de copropriété reçus en partage[5].

§ 3
Servitude

368 Servitudes de cour commune. On a vu, en exposant la structure du lot de copropriété (v. ss no 130), que la constitution d'une servitude « interne » à la copropriété posait la question de sa compatibilité avec cette structure. En revanche, on a également constaté qu'une servitude pouvait parfaitement être établie entre fonds en copropriété et un fonds tiers. Dans ce cadre des dispositions particulières sont édictées par le code de l'urbanisme pour la création de servitudes « dites de cour commune » dont la finalité est d'assurer le respect des règles d'urbanisme, notamment en matière de densité des constructions et de prospect entre plusieurs fonds voisins, cela dans l'intérêt de la collectivité (C. urb., art. L. 471-1 à L. 471-4).

À cet effet, à défaut de convention conclue de gré à gré, les articles R. 451-1 et suivants du code de l'urbanisme ont prévu la mise en place d'une procédure spéciale devant le juge, statuant comme en matière de référé, pour instituer judiciairement cette servitude et indemniser les propriétaires des terrains grevés (C. urb., art. R. 451-3). L'indemnité peut d'ailleurs être fixée à titre approximatif et prévisionnel par l'ordonnance de référé.

La question s'est posée de savoir quel est le préjudice indemnisable[6]. Pour certains, ce préjudice se mesure à la restriction de constructibilité résultant

1. Dagot, « Les modifications de la copropriété et le droit de la publicité foncière », *JCP N* 1979. I. 125 s. – SUR les questions que peut soulever l'appréciation de la valeur du lot en tant que gage hypothécaire : KISCHINEWSKY-BROQUISSE, no 252.
2. V. Instr. 1er août 1979, nos 30 s., reproduite en annexe.
3. KISCHINEWSKY-BROQUISSE, no 275.
4. KISCHINEWSKY-BROQUISSE, *loc. cit.*
5. Paris, 18 déc. 1978, *Juris-Data* no 625006, *JCP* 1979. IV. 282.
6. Aux termes de l'article R. 451-4 du code de l'urbanisme : « Si le terrain sur lequel porte la servitude se trouve en indivision en application de la loi no 65-557 du 10 juill. 1965 fixant le statut de la copropriété des immeubles bâtis et si le syndicat des copropriétaires consent, dans les conditions prévues par le chapitre II de cette loi, à la création de ces servitudes, l'ordonnance est réputée contradictoire à l'égard de ceux des propriétaires minoritaires qui ne se seraient pas fait représenter au jour de l'audience. L'ordonnance du président et le tribunal peuvent fixer des indemnités approximatives et prévisionnelles et des indemnités définitives différentes pour chacun des copropriétaires, compte tenu de l'importance du préjudice subi par chacun d'eux ».

de l'institution de la servitude[1] alors que pour d'autres, il faut tenir compte de tous autres éléments accessoires pouvant profiter directement ou indirectement à l'un ou l'autre des propriétaires : valeur d'agrément, d'aspect, ou d'aménagement[2].

Un arrêt de la Cour de cassation, troisième chambre civile, du 20 janvier 1993, n° 90-14.349[3] a estimé que l'indemnité due pour la seule création de la servitude de cour commune ne doit tenir compte que de l'atteinte au droit réel de propriété qui en résulte.

En réalité, il y a à la fois le préjudice *collectif* ressenti par le syndicat en raison de l'établissement de la servitude sur le sol commun, qui justifie son droit d'agir et le préjudice *individuel* subi personnellement par certains copropriétaires du fait de la perte de valeur affectant les parties privatives de leurs lots qui justifie leur droit d'agir à titre individuel. Le syndicat ne peut, agir, au nom de la collectivité, pour un préjudice qui n'est pas subi de la même manière par tous les copropriétaires.

1. EN CE SENS : Bouyeure, « Création judiciaire de servitudes de cour commune », *AJPI* 1968. 27.
2. EN CE SENS : Rossignol et Hugot, J.-CL. CONSTR., fasc. 263 A, n° 83.
3. *IRC* 1993. 80, note Capoulade – AUSSI : Civ. 3e, 15 déc. 1999, n° 97-22.161, *Bull. civ.* III, n° 250; *RDI* 2000. 232 : qui se borne à admettre l'action concurrente des copropriétaires et du syndicat sur la base de leur intérêt respectif.

CHAPITRE

4. Location des lots

SECTION 0 ORIENTEUR

Plan du chapitre.

Textes applicables.

• C. civ. art. 1724.

• L. n° 86-1290 23 déc. 1968, modifiée par la loi n° 2000-1208 du 13 déc. 2000.

• L. n° 90-449 31 mai 1990, visant à la mise en œuvre du droit au logement.

• L. n° 89-462 6 juill. 1989, tendant à améliorer les rapports locatifs.

Jurisprudence de référence.

• Civ. 3e, 19 janv. 2000, n° 98-12.658, *Bull. civ.* III, n° 9; *JCP* 2001. II. 10585.

Bibliographie indicative.

ATIAS, *Dicopropriété*, Edialix 2007, *V° Location en copropriété* – DAGOT et LEPELTIER, *Location-accession*, Litec 1985 – LAFONT, *Les baux d'habitation*, Litec 2007 – LAFOND, ROUX et STEMMER, C. annoté art. L. 10-VIII § I, K et L – TOMASIN, « Le contrat de location dans un immeuble en copropriété », *Droit et ville* 1984, p. 11 s.

369 État de la question. Les copropriétaires qui peuvent consentir sur leurs lots des actes de disposition, peuvent, *a fortiori*, les donner en location[1].

Toute clause du règlement de copropriété qui aurait pour résultat d'apporter des restrictions à ce droit doit, en principe, être réputée non écrite. Tel est le cas de la clause subordonnant la conclusion du bail à l'autorisation du conseil syndical[2], imposant de confier au syndic le soin d'assurer la gérance des lots en location[3], la clause imposant le paiement, par le copropriétaire d'un supplément de charges en cas de location[4], imposant la location du lot au syndicat pour être affecté au logement du gardien de l'immeuble[5].

Toutefois, il est admis, assez exceptionnellement il est vrai, que la destination de l'immeuble peut justifier des clauses restrictives du règlement de copropriété. Ainsi, le caractère d'immeuble de luxe peut légitimer la clause interdisant la location des

1. Atias, *Guide de la copropriété*, 2005, n°s 39 s. – Dicopropriété, *V° Location en copropriété*.
2. Lyon, 22 janv. 1969, *AJDI* 1969. 418, note Bouyeure.
3. Cabanac, « La loi du 10 juillet 1965 et les clauses abusives des règlements de copropriété », *Gaz. Pal.* 1965. 2. Doctr. 78.
4. Paris, 31 janv. 1976, *AJDI* 1976. 880.
5. *Loyers et copr.* 1997. 182.

chambres de service à des personnes étrangères à la copropriété[1] (également dans le même sens pour l'exercice par un locataire de l'activité de loueur professionnel en meublé alors que le règlement de copropriété interdisait dans les locaux d'habitation toute activité commerciale[2] ou la location de chambres garnies engendrant un va-et-vient incessant de personnes étrangères à l'immeuble et modifiant les conditions d'habitation[3]). Ces clauses, qui doivent être interprétées restrictivement, sont l'application de l'article 8 alinéa 2 de la loi du 10 juillet 1965 duquel il résulte que la destination de l'immeuble peut justifier des restrictions aux droits des copropriétaires. Toutefois il convient de veiller à ne pas commettre une « discrimination » dont le législateur a une conception extensive.

L'état matériel des lieux et notamment le fait qu'ils soient impropres à location pourrait aussi constituer un obstacle[4].

Il faut également tenir compte des conséquences attachées à l'obligation faite au bailleur de délivrer un logement décent (C. civ., art. 1719, mod. par L. n° 2000-1208, 13 déc. 2000)[5].

Enfin, on notera que la location peut être érigée en obligation. Tel est le cas dans les « *résidences de tourisme* » au sens et pour l'application de l'arrêté du ministre du Commerce extérieur et du Tourisme du 22 juillet 1983[6]. Si l'immeuble est en copropriété, le règlement de copropriété doit, en effet, stipuler une obligation durable de location des chambres ou appartements meublés qui ne saurait être inférieure à 9 ans[7].

1. Paris, 12 févr. 1976, *JCP* 1977. IV. 138; *D.* 1977. IR 42, obs. Giverdon – Civ. 3e, 8 déc. 1976, n° 75-13.290, *Bull. civ.* III, n° 454; *JCP N* 1977, prat. 6683; *Gaz. Pal.* 1978. 1, 70; *Journ. not.* 1978. 54253, 472, obs. Viatte – Paris, 12 avr. 1984, *D.* 1984. IR 385; *RTD civ.* 1984. 385 – Paris, 23e ch., 4 juin 1997, RG n° 95-17773, *Juris-Data* n° 021296 – Paris, 25e ch. B, 14 nov. 1997, *Loyers et copr.* 1998. 110; *Juris-Data* n° 02-3438.
2. Civ. 3e, 4 janv. 1991, n° 89-10.959, *Bull. civ.* III, n° 2; *RDI* 1991. 248; *RTD civ.* 1992. 138; *JCP* 1991. IV. 73; *Administrer* juill. 1991. 39 – Roux, « Guide des locations meublées », *Ann. loyers* nov. 2009, éd. Edilaix, not. n° 83.
3. Civ. 3e, 25 avr. 2006, n° 05-13.096, NP, *Administrer* juill. 2006. 57 – Atias, *Dicopropriété*, *V° Location en copropriété*, n° 2 – Mais la location de chambres meublées ou de chambres d'hôtes pourrait être admise si le règlement prévoyait l'exercice de professions qui n'engendreraient pas davantage de fréquentations, Civ. 3e, 8 juin 2011, n° 10-15.891, NP.
4. Civ. 3e, 30 mars 1978, n° 76-14.567, *Bull. civ.* III, n° 135; *JCP* 1978. IV. 176.
5. V. Giverdon, « Solidarité et renouvellement urbains : les modifications apportées par la loi du 13 déc. 2000 au contrat de location des locaux à usage d'habitation ou à usage professionnel et d'habitation », *Loyers et copr.* févr. 2001. 5.
6. A. min. Commerce extérieur et Tourisme, 22 juill. 1983, *JO* 13 sept.

370 Spécificité de la location des lots. Le fait qu'un lot de copropriété soit le composé indivisible d'une partie privative et d'une quote-part des parties communes imprime à sa location, comme à sa cession, des caractères spécifiques.

La location consentie peut être régie par le droit commun du louage (C. civ., art. 1713 s.) ou par une des réglementations particulières aux baux commerciaux ou aux locations de locaux d'habitation ou à usage professionnel ou à usage mixte, mais le fait que son objet est un lot de copropriété entraîne inévitablement l'établissement, en droit comme en fait, de relations entre les locataires, utilisateurs des parties communes, et le syndicat des copropriétaires. Ces relations doivent donc se conjuguer avec celles qui sont nouées entre le copropriétaire bailleur et le locataire.

Les unes et les autres constituent le droit commun.

Il faut ajouter celles qui résultent des *législations spéciales* et notamment celles dont l'objet est de préciser la place des locataires dans l'organisation collective de la copropriété[8].

Après l'exposé des unes et des autres, on consacrera quelques développements aux cas particuliers de la *location accession* (L. n° 84-595, 12 juill. 1984) et du *bail à réhabilitation* (L. n° 90-449, 31 mai 1990) dans leurs relations avec le statut de la copropriété.

SECTION 1
DISPOSITIONS GÉNÉRALES RÉGISSANT LA LOCATION D'UN LOT DE COPROPRIÉTÉ

371 Énumération : Ces dispositions concernent :

- les relations entre le locataire et le syndicat des copropriétaires;
- les relations du locataire et du copropriétaire bailleur.

§ 1
Relations entre le locataire et le syndicat des copropriétaires

372 Plan. Ces relations sont régies par un principe à savoir, l'absence de lien de droit entre le locataire et le syndicat. Le locataire n'est pas membre de l'assemblée générale, et ne peut la saisir d'une question que par le truchement du copropriétaire

7. V. Peisse, « La résidence de tourisme : consécration légale de la parahôtellerie », *Administrer* avr. 1984, p. 18 – Civ. 3e, 16 juill. 1993, *IRC* 1993. 378.
8. Jaffuel, « Copropriété et bail d'habitation », *Loyers et copr.* févr. 2007. Étude 3.

bailleur. Mais à ce principe, par suite du fait que l'objet de la location est un lot de copropriété, des limites de plus en plus nombreuses sont apportées.

A. Principe : il n'y a pas de lien de droit entre le locataire et le syndicat des copropriétaires

373 Énoncé : Le syndicat n'est pas partie au contrat de location; il ne peut donc pas s'en prévaloir ni s'en voir opposer les clauses[1]. Il en résulte plusieurs conséquences.

374 Conséquences : D'abord, le syndicat n'a pas qualité pour agir contre les locataires pour les questions relatives à l'exécution du contrat de location. Le loyer doit être payé au bailleur et non au syndic[2] sous réserve d'un accord contraire entre bailleur, locataire et syndic[3].

Les **charges de copropriété** doivent être acquittées par le bailleur au syndic qui peut toujours poursuivre le bailleur en paiement alors même qu'une clause du bail aurait fait de ce paiement une obligation personnelle du locataire[4].

Le syndic n'a pas qualité pour agir en **validation du congé**[5] **ou pour demander la résiliation du bail en cas de violation par le locataire du règlement de copropriété**[6]**. Toutefois, l'action oblique** du syndicat contre le locataire, dont l'activité est source de nuisance et de dépréciation de l'immeuble, est recevable[7].

A fortiori, le syndicat a pu être jugé recevable à intervenir à l'instance en résiliation du bail intentée par le copropriétaire si le comportement du locataire a entraîné des troubles insupportables pour la copropriété[8].

375 Ensuite et réciproquement, le locataire n'a pas qualité pour exercer les actions que le statut de la copropriété réserve au copropriétaire. Le copropriétaire bailleur a, en effet, seul qualité pour invoquer les dispositions de la loi du 10 juillet 1965[9].

Tel est le cas :

- pour les actions en nullité des décisions de l'assemblée générale[10]; d'une manière générale, les locataires ne peuvent participer aux réunions de l'assemblée générale, prendre part au vote ou demander l'inscription d'une question à l'ordre du jour[11], cela sous réserve des dispositions des législations particulières;
- pour les demandes d'autorisation d'exécuter des travaux sur les parties communes[12], il appartient au copropriétaire bailleur, sollicité par le preneur, de présenter la demande;
- pour demander au syndicat de modifier les conditions de jouissance des parties communes[13], (pour l'utilisation d'aires de stationnement, parties communes par la clientèle du locataire) ou pour demander que soient pris en charge par le syndicat de travaux dont l'exécution a été imposée au locataire par l'administration[14].

376 En cas de troubles apportés à la jouissance des locataires, les locataires doivent s'adresser à leur bailleur. Il est le seul tenu à leur égard de l'obligation de garantie[15]. Cela s'explique aussi par l'absence de lien de droit entre le locataire et le syndicat. C'est aussi le bailleur qui, en principe, doit garantir les troubles provenant de l'utilisation des parties communes (libération d'un couloir partie commune[16]). Le syndicat doit, de son côté, garantir le bailleur responsable envers son locataire des troubles de jouissance causés du fait des travaux exécutés dans l'immeuble sur le fondement de l'article 9 de la loi[17].

1. Civ. 3e, 16 juill. 1993, *IRC* 1993. 378 – Paris, 14 mars 2002, RG n° 01/15125.
2. Civ. 3e, 19 juill. 1961, *JCP* 1961. II. 12431.
3. Civ. 3e, 19 juill. 1961, préc.
4. Paris, 20 janv. 1983, *Juris-Data* n° 021937, *D.* 1983. IR 335, obs. Giverdon – Quignard, « Charges de copropriété et charges locatives », *IRC* mars 1998. 20.
5. TGI Seine, 6 janv. 1960, *D.* 1960. Somm. 89.
6. Paris, 3 nov. 1971, *Gaz. Pal.* 1972, I, 441.
7. Paris, 10 mars 1992, *Administrer* mai 1993, note Guillot – Versailles, 21 janv. 1993, *Administrer* nov. 1993. Somm. jur. 60 – Paris, 28 janv. 1994, *Juris-Data* n° 02-0144; *D.* 1994. Somm. 128, note Atias – Civ. 3e, 20 déc. 1994, n° 92-19.490, *Bull. civ.* III, n° 225; *Loyers et copr.* 1995. 215; *AJDI* 1995. 314; *RDI* 1995. 154; *Administrer* juin 1995. 30, note Capoulade; *D.* 1997. Somm. 245.
8. Paris, 8 mars 1993, *Loyers et copr.* 1993. 283.
9. Civ. 3e, 16 juin 1993, n° 91-14.267, *Bull. civ.* III, n° 91; *RDI* 1993. 410; *IRC* 1993. 378.
10. Paris, 27 mai 1981, *D.* 1983. IR 335; *RDI* 1983. 263.
11. Civ. 3e, 23 mars 1988, n° 86-15.368, *Bull. civ.* III, n° 64; *RDI* 1988. 240; *IRC* 1988. 334; *Gaz. Pal.* 1989. 1. Somm. 256, note Souleau.
12. Paris, 18 mars 1987, *RDI* 1987. 273 – Paris, 4 juin 1991 – Civ. 3e, 16 juin 1993, n° 91-14.267, *Bull. civ.* III, n° 91; *RDI* 1993. 410; *IRC* 1993. 378; *Administrer* août-sept. 1991. 65 – SUR LA manière de procéder : Lafond, « Copropriété et location à usage d'habitation et professionnel », *IRC* nov. 1992. 366, col. 2.
13. Civ. 3e, 23 mars 1988, n° 86-15.368, *Bull. civ.* III, n° 64; *RDI* 1988. 240; *Gaz. Pal.* 1989. Somm. 256, note Souleau; *Defrénois* 1989. 366.
14. Civ. 3e, 20 juill. 1988, n° 87-11.478, *Bull. civ.* III, n° 134; *RDI* 1989. 386; *Gaz. Pal.* 1. Somm. 253; *Defrénois* 1989. 367, note Souleau.
15. Civ. 1re, 18 nov. 1965, *IRC* 1966. 30 – Civ. 3e, 18 nov. 1992, n° 91-12.984, NP, *RDI* 1993. 123; *Administrer* juill. 1993. 36.
16. Paris, 28 avr. 1988, *D.* 1988. IR 154 – Civ. 3e, 31 mars 1993, n° 90-14.924, NP, *IRC* 1993. 187.
17. Paris, 26 avr. 2000, *Loyers et copr.* 2000. 238.

Toutefois si les troubles éprouvés sont imputables à des vices ou défauts des parties communes, le locataire peut en tant que tiers agir directement contre le syndicat soit sur le fondement de l'article 14 de la loi du 10 juillet 1965[1] (sur un dégât des eaux subi par les locataires[2]), soit sur le fondement de l'article 1384 du code civil[3]. Dans le premier cas (L. 10 juill. 1965, art. 14) le locataire demandeur devra rapporter la preuve du vice de construction ou du défaut d'entretien : dans le second (C. civ., art. 1384), la cause du dommage peut être inconnue, mais la responsabilité du syndicat, en tant que gardien, ne pourra être encourue que si « le fait de la chose » est établi; il a donc pu être décidé qu'il n'était pas responsable de la chute d'un locataire dans l'escalier qui « était en parfait état dans son ensemble »[4].

377 Responsabilité du copropriétaire bailleur. Réciproquement, les troubles de jouissance causés par le preneur aux autres copropriétaires engagent la responsabilité du copropriétaire bailleur. Toutes les fois qu'un manquement au règlement de copropriété est constaté, le bailleur doit réparation (v. une espèce dans laquelle le locataire avait effectué des travaux sans l'autorisation du syndicat[5]). Le copropriétaire bailleur a l'obligation de respecter et de faire respecter par ses locataires le règlement de copropriété : à défaut, il engage sa responsabilité contractuelle à l'égard des copropriétaires de l'immeuble et du syndicat de copropriété : en revanche, sa responsabilité devient quasi-délictuelle envers les locataires d'autres lots affectés par les troubles provenant du local donné en location[6]. Mais l'action directe d'un copropriétaire contre le locataire, auteur d'un trouble de voisinage, sur le fondement de l'article 1382 du code civil, est recevable. Ainsi, le copropriétaire victime des troubles anormaux de voisinage peut agir à l'encontre aussi bien du locataire responsable de ces troubles que du copropriétaire bailleur sans que ce dernier puisse se prévaloir de l'article 1732 du code civil, applicable uniquement dans les rapports entre propriétaire et locataire[7].

1. Versailles, 24 oct. 1983, *Gaz. Pal.* 1984, I, 323, obs. Souleau.
2. V. Civ. 3e, 28 nov. 1977, *D.* 1977. IR 128, obs. Giverdon – AUSSI : Civ. 3e, 25 mars 1998, *JCP* 1998. II. 1221 – Paris, 23e ch., 22 nov. 1991, *Loyers et copr.* 1992. 140 – SUR L'ENSEMBLE DE LA QUESTION : Abram, « Les recours du locataire en cas de déficiences des parties communes », *AJDI* 2003. 831.
3. Civ. 2e, 1er avr. 1999, n° 97-17.909, *Bull. civ.* II, n° 65; *Loyers et copr.* 1999. 168.
4. Civ. 1re, 3 juill. 1962, *Bull. civ.* I, n° 333; *AJPI* 1962. 933, note Cabanac.
5. PAR EXEMPLE : Paris, 18 mars 1987, *Juris-Data* n° 600177, *D.* 1987; *IRC* 99.
6. Paris, 31 mai 2000, RG n° 1998/01495, *Juris-Data* n° 118253, *Loyers et copr.* 2001. 20.

La jurisprudence la plus récente sur les rapports de voisinage permet d'agir contre l'auteur du trouble en tant qu'occupant occasionnel (L. 6 juill. 1989, mod., v. art. 6-1, v. ss n° 398).

B. Limites au principe. Opposabilité au locataire du règlement de copropriété et des décisions de l'assemblée générale

378 Solutions indiscutables. L'objet de la location étant, par hypothèse, un lot d'immeuble en copropriété, il s'ensuit que le locataire a, non seulement la jouissance des parties privatives de ce lot, mais aussi celle des parties communes dont une quote-part est affectée au lot. De ce fait, le locataire se trouve intégré à l'organisation collective de la copropriété[8].

Généralement le bail consacrait cette situation en stipulant une clause aux termes de laquelle le locataire s'engageait à respecter le règlement de copropriété. Mais à défaut d'une telle clause on discutait le point de savoir si une action pouvait être engagée par le syndic (ou un copropriétaire) contre un locataire auquel il était reproché une infraction au règlement de copropriété. L'article 13 de la loi du 10 juillet 1965 qui déclare opposables, à dater de leur publication, au fichier immobilier, le règlement de copropriété et les modifications qui peuvent lui être apportées, aux ayants cause à titre particulier des copropriétaires, constituait un solide argument en faveur de l'opposabilité de ces documents aux locataires.

À l'heure actuelle, on peut dire que la question ne se pose plus : une jurisprudence, qu'il était permis de considérer comme acquise avant même l'entrée en vigueur de la loi du 10 juillet 1965, déclarait opposables aux locataires les clauses du règlement de copropriété, ainsi que les décisions des assemblées générales concernant la destination des parties privatives et communes ainsi que les conditions de leur jouissance[9]. Les dispositions des réglementations spéciales du contrat de location des locaux à usage d'habitation ou à usage professionnel et d'habitation et notamment de la loi du 22 juin 1982 reprises par celle du 6 juillet 1989, imposant que des extraits du règlement de copropriété soient annexés au contrat de location, ont rendu ces solutions indiscutables[10].

7. Paris, 28 janv. 1999, RG n° 1998/05476, *Juris-Data* n° 020054, *Loyers et copr.* 1999. 166.
8. LAFOND, ROUX ET STEMMER, L. art. 9, n° 50.
9. V. NOT. : Civ. 1re, 13 déc. 1965, *AJDI* 1966. II. 511. V. CEP. : Civ. 3e, 3 mars 2004, n° 02-14.396, *Bull. civ.* III, n° 47; *AJDI* juill.-août 2004, obs. Giverdon.
10. Lafond, *op. cit.*, nos 623 s. et 1265 s.; Tomasin, *op. cit.*, nos 24 s. – POUR une rare hypothèse où le preneur a pu faire admettre qu'il ignorait l'existence de la copropriété : Civ. 3e, 3 mars 2004, n° 02-14.396, *Bull. civ.* III, n° 47.

379 En conséquence, les clauses du règlement de copropriété déterminant l'affection des parties privatives et la nature des activités pouvant y être exercées sont opposables aux locataires[1], ceux-ci ne pouvant disposer de droits plus étendus que ceux dont le bailleur est lui-même titulaire. Ils ne peuvent former tierce opposition à la décision ayant enjoint au bailleur copropriétaire de cesser de poursuivre une exploitation (discothèque) par le règlement de copropriété[2].

380 Le syndicat peut donc agir directement contre le locataire qui ne respecte pas le règlement de copropriété ou les décisions de l'assemblée générale[3]. Il peut aussi agir contre les copropriétaires[4] notamment s'ils consentent une location en violation du règlement[5] ou encore, plus fréquemment, du fait des troubles causés à la copropriété par leurs locataires[6] spécialement si le règlement de copropriété stipule que les copropriétaires sont responsables des nuisances causées par leurs locataires[7] (pour un trouble causé par les agissements d'un occupant[8]). Le syndic, agissant au nom du syndicat, a qualité pour agir non seulement à l'encontre des copropriétaires bailleurs, mais aussi à l'encontre des locataires[9].

381 Bien entendu, le copropriétaire bailleur dispose d'une action récursoire contre son locataire[10]. Par ailleurs, une condamnation *in solidum* du copropriétaire et de son locataire peut être prononcée[11]. Ce pourra être le cas dans l'éventualité où l'action est introduite, à titre individuel, par un copropriétaire[12] auquel le locataire a causé un trouble personnel, contre le copropriétaire bailleur.

1. Civ. 3e, 4 janv. 1991, no 89-10.959, *Bull. civ.* III, no 2; *RDI* 1991. 248, *JCP* 1991. IV. 73.
2. Civ. 2e, 18 nov. 1992, no 91-14.164, NP, *Loyers et copr.* 1993. 68.
3. Civ. 1re, 13 déc. 1965, préc.
4. Civ. 3e, 18 déc. 1991, no 90-12.737, NP, *Loyers et copr.* 1992. 84 – Paris, 23 déc. 1994, *Loyers et copr.* 1995. 237.
5. EN CE SENS : Lafond, Chron. *Administrer* mars 1992. 46.
6. Paris, 18 mars 1987, *Juris-Data* no 600177, *RDI* 1987. 273.
7. Civ. 3e, 16 juill. 1996, no 94-20.836, NP, *RDI* 1996. 605 – Paris, 13 avr. 1999, RG no 1995/07347, *Loyers et copr.* 1999. 248.
8. Civ. 3e, 27 nov. 1991, no 89-18.745, NP, *RDI* 1992. 113.
9. Lafond, Chron. préc., *Administrer*. Civ. 3e, 9 juin 1999, no 97-18.739.
10. Civ. 3e, 30 mars 1989, *Rev. loyers* 1989. 224.
11. Paris, 28 oct. 1998, RG no 1997/14708 – TGI Paris, 10 avr. 1975, *D.* 1976. IR 62.
12. SUR CETTE ÉVENTUALITÉ : Civ. 3e, 22 mai 1975, *Bull. civ.* III – SUR L'ENSEMBLE DE LA QUESTION : Guillot, *Responsabilité des copropriétaires en cas de location.*

Voir cependant, l'arrêt de la Cour de cassation du 3 mars 2004[13]; assez curieusement cet arrêt admet que le locataire peut ne pas avoir été informé de l'existence de la copropriété.

Une réserve importante s'impose toutefois : l'établissement du règlement de copropriété ou la décision de l'assemblée générale ne peut porter atteinte à des droits acquis au locataire[14]. Les droits qu'un locataire tiendrait de son bail conclu antérieurement à la mise en copropriété de l'immeuble, ne peuvent être restreints par le règlement.

Enfin, il est logique que les locataires puissent se prévaloir du règlement de copropriété[15].

§ 2
Relations entre locataire et copropriétaire bailleur

382 Ces relations sont régies par le contrat que le locataire et le copropriétaire bailleur ont conclu. Si – ce qui est l'hypothèse présentement discutée – ce contrat relève du droit commun du louage (C. civ., art. 1713 s.), le copropriétaire bailleur est libre d'en déterminer le contenu et d'en fixer le loyer.

Le statut de la copropriété est donc, en principe, étranger aux rapports entre le bailleur et le preneur tels que les aménage le contrat de location. C'est ainsi, par exemple, que la clause de non-concurrence prohibée dans les règlements de copropriété peut être prévue dans le bail : le bailleur de plusieurs locaux situés dans un immeuble en copropriété peut s'engager à ne pas louer pour l'exercice de commerces ou d'activités concurrents[16].

383 Cependant, il n'est pas possible de faire totalement abstraction du statut de la copropriété. C'est pourquoi presque toujours, une clause du bail stipule que le preneur a pris connaissance du règlement de copropriété et qu'il s'engage à le respecter, de même qu'il s'engage à se soumettre aux décisions régulièrement prises par l'assemblée générale le tout à peine de résiliation.

On peut aussi citer la clause selon laquelle le preneur déclare faire son affaire personnelle de l'obten-

13. Civ. 3e, 3 mars 2004, no 02-14.396, *Bull. civ.* III, no 47; *Loyers et copr.* 2004. 73 – AUSSI : Atias, *AJDI* 2004. 541.
14. Versailles, 11 oct. 1983, *D.* 1984. IR 409; *RTD civ.* 1984. 335.
15. POUR APPLICATION : Civ. 3e, 3 juill. 1991, no 89-19.145, *Loyers et copr.* 1991. 353 – SUR CET ARRÊT : Lafond, « Copropriété et location à usage d'habitation et professionnel », *IRC* 1992. 368, col. 1.
16. Civ. 3e, 7 mars 1984, no 82-12.495, *Bull. civ.* III, no 63; *D.* 1984. IR 334; *D.* 1985. IR 157, obs. Serre – Atias, *Dicopropriété*, *V° Location*, no 6 not. sur les conséquences de la déspécialisation.

tion des autorisations nécessaires pour l'exercice de son activité mais cette clause ne dispense pas le bailleur d'obtenir les autorisations nécessaires notamment celle de l'assemblée générale pour exécuter des travaux[1].

384 Le bailleur doit, par ailleurs, vérifier la conformité des locaux loués avec le contenu de l'obligation de délivrance pour un usage donné. Il engage sa responsabilité vis-à-vis du locataire s'il loue pour l'exercice d'une activité interdite par le règlement de copropriété[2].

Le bailleur peut voir sa responsabilité engagée à l'égard du locataire pour non-exécution de son obligation de délivrance s'il apparaît qu'il s'est désintéressé de l'obtention de l'autorisation nécessaire de la copropriété pour l'exécution des travaux sur les parties communes prévue par le bail[3].

En conséquence, il a pu être jugé qu'il incombait à un copropriétaire bailleur de sélectionner ses locataires en s'assurant que leurs activités sont compatibles avec l'état des locaux commerciaux proposés ou que ceux-ci pourront être rendus conformes à ces activités[4].

385 Deux points ont retenu plus particulièrement l'attention : la responsabilité du preneur en cas d'incendie, d'une part et la répartition des charges de l'autre.

386 a) Responsabilité du preneur en cas d'incendie. La question est de savoir s'il faut appliquer les articles 1733 et 1734 du code civil.

Le premier déclare que le preneur répond de l'incendie à moins qu'il ne prouve que l'incendie est arrivé par cas fortuit ou force majeure, ou par vice de construction ou que le feu a été communiqué par une maison voisine.

Le second vise, l'hypothèse ou il y a plusieurs locataires, le principe étant que tous sont responsables de l'incendie proportionnellement à la valeur locative de la partie de l'immeuble qu'ils occupent, à moins qu'ils ne prouvent que l'incendie a commencé dans l'habitation de l'un d'eux ou que quelques-uns prouvent que l'incendie n'a pu commencer chez eux.

On est d'accord pour estimer que ces textes ne concernent que les rapports du bailleur et du preneur et non les copropriétaires qui sont considérés comme des tiers les uns vis-à-vis des autres[5]. C'est donc par application de l'article 1384 alinéa 2 que la responsabilité d'un copropriétaire chez qui le feu a pris naissance pourra être retenue[6].

387 Responsabilité (suite) L'application des articles 1733 et 1734 suppose que l'incendie a commencé dans les parties privatives dont le locataire a la jouissance. *A priori* pourtant la location portant sur le lot et non sur les seules parties privatives, les parties communes devraient être soumises au régime particulier des articles 1733 et 1734 du code civil, alors surtout que le bailleur n'en assume pas la surveillance. Toutefois, tenant compte de la jouissance indivise qui rend impossible la détermination du responsable, la Cour de cassation considère que l'incendie commencé dans les parties communes a pris naissance en dehors du local loué[7].

Si l'application de ces textes ne fait pas difficulté dans le cas où un copropriétaire loue un seul lot à un locataire unique, on a pu douter de leur mise en œuvre lorsque le propriétaire de plusieurs lots les louent à des locataires différents. L'indépendance respective de chaque lot justifierait l'exclusion de l'article 1734, en tant qu'il affirme la responsabilité collective de tous les locataires.

En réalité, la couverture du risque incendie par l'assurance réduit considérablement l'intérêt pratique de cette discussion.

On précise, du point de vue de l'assurance des risques locatifs, qu'il suffit au preneur de limiter la somme pour laquelle il entend être couvert à la valeur du lot qui lui a été loué[8]. On notera que la loi du 6 juillet 1989, pas plus que celles qui l'ont précédée, n'a d'incidences directes sur les dispositions des articles 1733 et 1734 du code civil[9]; hormis le jeu de la clause de résiliation de plein droit pour non-souscription de l'assurance contre les risques locatifs (L. 6 juill. 1989, art. 7).

388 b) Répartition des charges. Le contrat de location étant supposé régi par le droit commun du louage, la détermination des charges dépend de la convention des parties (sous les réserves ci-dessous, n°s 389 s.). Celles-ci sont libres d'aménager comme elles l'entendent leurs rapports et toute clause est

1. Paris, 31 janv. 1992, *D.* 1992. IR 122 – Civ. 3e, 26 mars 1997, n° 95-14.103, *Bull. civ.* III, n° 308; *Loyers et copr.* 1997. 183.
2. Civ. 3e, 21 déc. 1987, n° 86-11.186, *Loyers et copr.* 1988. 82 – Civ. 3e, 9 janv. 1991, n° 89-20.095, NP, *Loyers et copr.* 1991. 132 – AUSSI : Lafond, « Copropriété et location à usage d'habitation et professionnel », *IRC* nov. 1992. 363, spéc. 364, col. 2.
3. Civ. 3e, 9 janv. 1991, n° 89-20.095, préc. – AUSSI : Lafond, Chron. *JCP N* 1991, prat. 291.
4. Civ. 3e, 3 mars 1999, n° 97-14.392, *Bull. civ.* III, n° 57; *RDI* 1999. 308; *JCP* 1999. I. 1882; *AJDI* 1999. 705, note Giverdon.
5. Civ. 3e, 22 juin 1953, *Bull. civ.* III, n° 144.
6. Atias, Dicopropriété, *V° Location*, p. 377.
7. Civ. 1re, 7 juin 1968, *Bull. civ.* I, n° 158; *Gaz. Pal.* 1968. 2, 209 – Civ. 1re, 18 juill. 1978, n° 77-11.503, *Bull. civ.* I, n° 275; *JCP N* 1979, prat. p. 205.
8. Picard et Besson, *Traité général des assurances terrestres*, t. III, p. 63, n° 19.
9. V. Giverdon, *Nouveaux rapports de location*, n° 410.

envisageable même celle qui stipulerait que le preneur doit rembourser au bailleur la totalité des charges acquittées en tant que copropriétaire. Le bail peut également prévoir que les charges seront directement acquittées par le preneur entre les mains du syndic, clause qui, on l'a vu (v. s[s] n° 387) ne donne pas pouvoir au syndic de s'adresser au preneur pour en poursuivre le recouvrement, sauf convention expresse intervenue entre le bailleur, le preneur et le syndic.

Ces solutions sont également valables si le lot loué fait l'objet d'un bail commercial.

SECTION 2
DISPOSITIONS DES LÉGISLATIONS SPÉCIALES

389 Les « législations spéciales » concernées sont celles qui régissent les locations de locaux à usage d'habitation principale ou à usage mixte professionnel et d'habitation. On exclura donc les baux à loyer d'immeubles ou de locaux à usage commercial, industriel ou artisanal aujourd'hui régis, depuis la codification « à droit constant », par les articles L. 145-1 et suivants du code du commerce; ces baux n'ont en effet, aucune incidence spéciale sur le statut de la copropriété supposé applicable à l'immeuble ou aux locaux loués. On rappellera simplement, dans le cadre de l'obligation de délivrance, que le bailleur doit vérifier que l'état des locaux, notamment commerciaux, proposés est compatible avec la nature des activitésexercées (sauf droit de préemption des communes en cas de cession de fonds ou de bail, C. urb., art. L. 214-1 ci-dessus).

Il faut également exclure la loi du 1er septembre 1948 dont le domaine d'application est devenu très restreint et dont l'article 38 (remboursement des charges locatives) a été placé sous le régime de l'article 23 de la loi n° 89-462 du 6 juillet 1989.

390 Succession de législations spéciales. Ces précisions apportées, les « législations spéciales » qui se sont succédées sont :

- la loi n° 82-526 du 22 juin 1982, relative aux droits et obligations des locataires et bailleurs, aujourd'hui abrogée[1];

- la loi n° 86-1290 du 22 décembre 1986 tendant à favoriser l'investissement locatif, l'accession à la propriété des logements sociaux et le développement de l'offre foncière[2];

- la loi n° 89-462 du 6 juillet 1989 tendant à améliorer les rapports locatifs et portant modification de la loi du 22 décembre 1986[3]; la loi du 6 juillet 1989 a été elle-même modifiée par la loi n° 94-624 du 21 juillet 1994, par la loi n° 2000-1208 du 13 décembre 2000, relative à la solidarité et au renouvellement urbains, dite loi SRU[4], par la loi n° 2002-73 du 17 janvier 2002 de modernisation sociale, par la loi du 13 janvier 2006, dite ENL[5] portant engagement national pour le logement, par la loi n° 2007-290 du 5 mars 2007 concernant le droit au logement opposable[6] et par la loi n° 2007-297 du 5 mars 2007 relative à la prévention de la déliquance[7]. Il faut encore citer les modifications mineures apportées par la loi n° 2005-52 du 18 janvier 2005 et par l'ordonnance n° 2005-655 du 8 juin 2005.

Dans le cadre des incidences de cette législation sur le statut de la copropriété, on doit retenir à l'heure actuelle la loi du 6 juillet 1989 et les dispositions modifiées par celle-ci de la loi du 22 décembre 1986. L'organisation des « rapports collectifs de location » qui constituait un aspect essentiel de la loi du 22 juin 1982 a été abandonnée; des « procédures de concertation », de portée plus limitée, lui ont été substituées.

Il faut, en effet, rappeler que le domaine d'application de ces dispositions est, sous réserve d'autres précisions, celui que définit l'article 2 de la loi du 6 juillet 1989[8].

391 Logement décent. De son côté, la loi n° 2000-1208 du 13 décembre 2000 précitée contient un certain nombre de dispositions qui intéressent les rapports locatifs et sont susceptibles d'avoir des incidences sur la location en copropriété.

Parmi ces dispositions, les plus importantes sont celles, qui imposent au bailleur l'obligation de délivrer un logement décent (L. 13 déc. 2000, art. 187). Cette obligation est prévue par la voie d'un complément apporté à l'article 1719 du code civil, dont le deuxième alinéa est désormais ainsi rédigé :

Le bailleur est obligé par la nature du contrat, et sans qu'il soit besoin d'aucune stipulation particulière de délivrer au preneur la chose louée et, s'il s'agit de son habitation principale, un logement

1. L. n° 82-526, 22 juin 1982, *JO* 23 juin 1982.
2. L. n° 86-1290, 22 déc. 1986, *JO* 24 déc. 1986.
3. L. n° 89-462, 6 juill. 1989, *JO* 8 juill. 1989.
4. L. n° 2000-1208, 13 déc. 2000, *JO* 14 déc. 2000 – Giverdon, *Loyers et copr.* févr. 2001. 8 – Lafond, « La loi SRU et les baux d'habitation », *JCP N*, 2008, 573.
5. L. n° 2006-872, 13 juill. 2006, *JO* 16 juill. – Raclet, « Loi ENL et les évolutions en matière de bail d'habitations », *IRC* sept. 2006. 26 – Canu, « Ce que change la loi en matière de baux d'habitations », *Administrer* oct. 2006. 12 – Lafond, « La loi du 13 juillet 2006 et la gestion locative », *JCP N* 2006. 1309.
6. *JO* 6 mars.
7. *JO* 7 mars.
8. SUR CE DOMAINE : Lafond, *Les baux d'habitation*, 7e éd., n°s 120 s. – J.-CL. BAIL À LOYER, fasc. 110 et 112 – J.-Cl. civ., art. 1708 à 1762, fasc. 110 et 112.

décent. Cette disposition est complétée par des modifications apportées à la loi du 6 juillet 1989, notamment à son article 6.

D'abord, au 2e alinéa de celui-ci dont il résulte que la seule exception apportée à l'obligation de délivrer un logement décent concerne les locations à caractère saisonnier; elle est, en revanche, applicable à toutes les autres locations que l'article 2 alinéa 2 excluent du domaine d'application de la loi de 1989 à savoir les locaux meublés, les logements-foyers, les logements attribués ou loués en raison de l'exercice d'une fonction ou de l'occupation d'un emploi.

Ensuite, l'article 6 est complété par deux alinéas précisant ce qu'il faut entendre par logement décent et renvoyant à un décret en Conseil d'État la définition des caractéristiques correspondantes, exclusion faite pour les logements-foyers qui sont soumis à des réglementations spécifiques (Décr. no 2002-120, 30 janv. 2002).

Enfin, un article 20-1 ajouté à la loi du 6 juillet 1989 prévoit la mise en conformité, à la demande du locataire, du logement loué[1].

La question qui risque de se poser lorsque le logement considéré est situé dans un immeuble soumis au statut de la copropriété apparaît lorsque les caractéristiques définies par décret concerneraient aussi les parties communes de l'immeuble; leur mise aux normes supposerait l'intervention de l'assemblée générale qui pourrait alors refuser d'entreprendre les travaux prescrits et qui équivaudrait à une impossibilité de louer, ce qui pose la question de savoir si la responsabilité du syndicat peut être retenue.

Par ailleurs, la loi du 13 décembre 2000, en ce qu'elle prévoit une procédure de règlement amiable des conflits locatifs et le développement de la négociation, peut avoir des conséquences sur la location de lots de copropriété.

392 Dispositions visées. De la sorte, si l'on s'en tient à la loi du 6 juillet 1989 et à la loi modifiée du 23 décembre 1986, les dispositions spéciales aux contrats de location régis par la première de locaux situés dans un immeuble soumis au statut de la copropriété concernent :

- l'information des locataires;
- les modalités de jouissance des parties privatives;
- les procédures de concertation;
- et, en outre, quelques incidences peuvent résulter de l'application de la loi du 13 décembre 2000.

1. Lafond, *op. cit.*, nos 283 s.

§ 1
L'information des locataires

393 Contenu. Bien que ne concernant pas seulement l'information des locataires, mais présentant un caractère général, il faut signaler la disposition de la loi no 2000-1208 du 13 décembre 2000 relative à la solidarité et au renouvellement urbains (L. 13 déc. 2000, art. 193) qui ajoute un quatrième alinéa à l'article 44 de la loi du 23 décembre 1986 aux termes duquel « *les décisions prises en assemblées des copropriétaires et relatives à l'entretien de l'immeuble et aux travaux font l'objet d'un procès-verbal abrégé affiché dans les parties communes de l'immeuble* ». Cette disposition, applicable dès la mise en vigueur de la loi du 13 décembre 2000, doit être ajoutée à celles appelées à jouer dans le cadre des procédures de concertation sans se confondre avec elles et notamment avec celles relatives à l'affichage réservé aux associations (L. 23 déc. 1986, art. 44, al. 5, mod. par L. 13 déc. 2000). Reste à savoir ce qu'il faut entendre par procès-verbal abrégé. On estime, en général, qu'il consiste en un extrait du procès-verbal qui se borne à relater la décision prise par l'assemblée générale sur la matérialité de l'entretien et les travaux[2].

394 Contenu (Règlement). L'information des locataires est directement assurée par l'obligation imposée au copropriétaire bailleur par l'article 3 alinéa 5, lorsque l'immeuble est soumis au statut de la copropriété, **de communiquer au locataire les extraits du règlement de copropriété** concernant la destination de l'immeuble, la jouissance et l'usage des parties privatives et communes et précisant la quote-part afférente au lot loué dans chacune des catégories de charges[3].

Si un règlement intérieur a été établi, le copropriétaire bailleur doit aussi le communiquer au locataire; ce document, en effet, précise, en général, les conditions de jouissance des parties communes. Toutefois, l'article 4 i), de la loi du 6 juillet 1989 répute non écrite la clause qui autoriserait le bailleur à percevoir des amendes en cas d'infraction aux clauses d'un contrat de location ou d'un règlement intérieur de l'immeuble.

On rappelle que cette obligation de communiquer au locataire les extraits du règlement de copropriété a confirmé la jurisprudence qui avait déclaré

2. Capoulade, « Commentaire loi du 13 décembre 2000 », *Administrer* avr. 2001. 29, col. 1 – AUSSI : Latrille, *Dossier Csab*, no 95, oct. 2001, p. 24.
3. SUR l'application de cette disposition : J.-CL. BAIL À LOYER, fasc. 120 – Code civil, art. 1708 à 1762, fasc. 120 – Répertoire notarial, *V° Bail à loyer*, fasc. 120 – *Répertoire pratique de droit privé, V° Bail à loyer*, fasc. 120.

opposables aux locataires les clauses définissant la destination des parties privatives et communes, ainsi que les conditions de leur jouissance[1].

L'information sur l'état de l'immeuble s'ajoute à l'information juridique. Certains états, constats et diagnostics, constituant le dossier de diagnostic technique, doivent être communiqués au locataire et même annexés au contrat de location (L. 6 juill. 1989, art. 3-1) (v. s^s^ n°s 284 s.[2]).

En outre, en cas de changement de bailleur (vente de lot, constitution d'un usufruit), le nouveau bailleur doit notifier au preneur son nom ou dénomination, son domicile ou siège social, ainsi que, le cas échéant, ceux de son mandataire (L. 6 juill. 1989, art. 3 *in fine*).

Enfin, le bailleur fournit au preneur une information sur les modalités de réception des services de télévision dans l'immeuble (L. 6 janv. 1989, art. 3-2 issu de L. n° 2007-309 du 5 mars 2007, art. 12[3]).

395 Contenu (Charges locatives). L'information des locataires est également prévue **à propos de la répartition des charges locatives.** L'article 23 de la loi du 6 juillet 1989 en définit la consistance et comporte un dernier alinéa aux termes duquel le bailleur doit, un mois au moins avant la régularisation du versement des provisions, communiquer au locataire le décompte par nature de charges, ainsi que, dans les immeubles collectifs, le mode de répartition entre les locataires; durant un mois à compter de l'envoi de ce décompte, les pièces justificatives sont tenues à la disposition des locataires.

On remarque que c'est le bailleur (et non plus le syndic, comme sous l'empire de la loi du 22 juin 1982), qui est tenu de ces obligations[4].

Spécialement, si l'immeuble est placé sous le régime de la copropriété, il est possible de suivre, pour la répartition des charges entre les locataires, celle prévue par le règlement de copropriété[5].

La loi ENL du 13 juillet 2006 (art. 88) classe certaines dépenses d'entretien des ascenseurs et de désincarcération des personnes parmi les dépenses récupérables (L. 6 juill. 1989, art. 23, al. 3, 2° et CCH, art. L. 442-3, al. 3).

396 Le dossier de diagnostic technique. Lors de la conclusion ou du renouvellement du contrat de location, le bailleur doit communiquer au preneur le dossier de diagnostic technique et l'annexer au bail. Ce dossier comprend trois éléments :

– **Le diagnostic de performance énergétique (DPE)** (CCH, art. L. 134-1 s.) renseigne sur la consommation effective ou estimée pour une utilisation standardisée, une classification en fonction de valeurs de référence, de recommandations en vue d'une amélioration de la performance. Le DPE est valable pendant dix ans. Le classement énergétique doit figurer, selon des normes réglementaires, sur toute mesure de publicité en vue de la location (annonces, affiche ou Internet)[6].

– **Le constat de risque d'exposition au plomb** (CREP) (CSP, art. L. 1334-5 s.) ne concerne que les parties privatives du lot dans un immeuble en copropriété. Le CREP comporte un repérage des revêtements contenant du plomb et un relevé de la dégradation du bâti. Le constat négatif a une valeur illimitée; s'il est positif, il doit dater de moins de six ans à la signature de l'engagement de location. Le bailleur en supporte les frais et il peut engager sa responsabilité pénale s'il ne remédie pas à l'exposition ou s'il n'annexe pas le CREP au contrat.

– **L'état des risques naturels et technologiques.** Le dossier de diagnostic technique comprend aussi un état des risques naturels et technologiques, dans les zones comprises dans un plan de prévention des risques naturels (PPRN) ou d'un plan de prévention des risques technologiques (PPRT), ainsi que dans les zones de sismicité. L'administration préfectorale fournit les éléments à mentionner à cet état qui est valable pendant six mois et qui doit être mis à jour à chaque changement de locataire. Il appartient aussi au bailleur d'informer le preneur de la sinistralité qui a pu affecter le bâtiment et donner lieu au versement d'une indemnité[7].

§ 2
Modalités de jouissance des parties privatives

397 Énoncé. Deux dispositions de la loi du 6 juillet 1989 concernant les obligations du locataire sont susceptibles d'interférer avec les clauses du règlement de copropriété ou avec le statut de la copropriété.

398 Article 4 j) de le loi de 1989. Il s'agit d'abord de celle de l'article 4 j), qui répute non écrite la clause du contrat de location **interdisant au locataire l'exercice d'une activité politique, syndicale, associative ou confessionnelle.** La question est de savoir si cette disposition est applicable à la

1. Civ. 3e, 3 mars 2004, n° 02-14.396, *Bull. civ.* III, n° 47.
2. Lafond, *op. cit.*, n°s 625 s.
3. Lafond, *op. cit.*, n°s 625 s.
4. SUR le contenu de ces obligations : J.-CL. BAIL À LOYER, fasc. 148 – Quignard, « Les charges récupérables par le bailleur », *AJDI* 1995. 484 s.
5. Atias, *op. cit*, *V° Location*, n° 5. Lafond, *op. cit.* n°s 790 s.
6. Décr. n° 2010-1662, 28 déc. 2010, *JO* 30 déc., p. 23221.
7. État selon modèle type – V. arr. 13 oct. 2005, *JO* 18 oct.

clause d'un règlement de copropriété qui, précisément, interdirait l'exercice de telles activités dans les parties privatives des lots loués.

On estime, en général, que si cette interdiction est justifiée par la destination de l'immeuble, par exemple une destination exclusivement bourgeoise, le règlement de copropriété doit l'emporter. Le règlement de copropriété constitue la « charte de l'immeuble »; le principe de la hiérarchie des normes justifie qu'il emporte même sur le texte légal qui concerne le contrat de location.

L'article 6-1 de la loi du 6 juillet 1989 rappelle les « pouvoirs propres » du bailleur pour faire cesser les troubles de voisinage causés par les occupants d'un local d'habitation.

399 **Article 7 e) de la loi de 1989.** L'autre disposition qui présente un intérêt lorsque l'immeuble dont dépendent les locaux loués est régi par le statut est celle de l'article 7 e) de la loi du 6 juillet 1989. Aux termes de cet article, le locataire est obligé « **de laisser exécuter dans les lieux loués les travaux d'amélioration** des parties communes ou des parties privatives du même immeuble, ainsi que les travaux nécessaires au maintien en état et à l'entretien normal des locaux loués; les dispositions des deuxième et troisième alinéas de l'article 1724 du code civil sont applicables à ces travaux ».

Le locataire ne peut donc pas s'opposer à la réalisation des travaux d'entretien ou de réfection des parties communes ou des travaux d'amélioration visés à l'article 30 de la loi du 10 juillet 1965 décidés par l'assemblée générale des copropriétaires; s'il en résulte pour lui un préjudice, il disposera du recours prévu à l'article 1724 du code civil auprès de son bailleur[1] : le preneur n'a droit à aucune indemnisation pour les travaux de réfection de la toiture de l'immeuble[2].

§ 3
Incidences des « procédures de concertation »

400 **État de la question.** Les « procédures de concertation » ont été, par les effets conjugués de la loi du 23 décembre 1986 et de la loi du 6 juillet 1989, substitués aux accords collectifs de location qui constituaient le dispositif majeur de la loi du 22 juin 1982.

Ces procédures font l'objet **des articles 41 et suivants** de la loi du 23 décembre 1986, **modifiés** substantiellement par la loi du 6 juillet 1989. Plus particulièrement, la procédure des accords collectifs de location que la loi du 23 décembre 1986 avait limitée au secteur dit des « bailleurs institutionnels », est de nouveau appliquée à tous les bailleurs de logements.

Ces accords peuvent être conclus à l'échelon national au sein de la commission nationale de concertation (L. 23 déc. 1986, art. 41 et 41 *bis)* ou à l'échelon départemental au sein des commissions départementales des rapports locatifs (L. 23 déc. 1986, art. 42) par l'intermédiaire des associations de locataires dont les critères de représentativité sont fixés (L. 23 déc. 1986, art. 42, al. 2 et 43).

Ces accords portent notamment sur les loyers, les suppléments de loyers pour les organismes d'habitation à loyer modéré, la maîtrise de l'évolution des charges récupérables, la grille de vétusté, l'amélioration et l'entretien des logements et des parties communes, les locaux résidentiels à usage commun.

Les bailleurs peuvent, en outre, proposer directement aux locataires des accords de même nature (L. 23 déc. 1986, art. 42).

401 **Incidences sur le statut.** Du point de vue des incidences sur le statut de la copropriété supposé applicable aux immeubles concernés, celles-ci concernent les droits reconnus aux représentants des associations de locataires.

En effet, il résulte de l'article 44 de la loi du 23 décembre 1986, modifiée par la loi du 6 juillet 1989 et par la loi n° 2000-1208 du 13 décembre 2000 relative à la solidarité et au renouvellement urbains que, dans un immeuble ou groupe d'immeubles, tout groupement de locataires affilié à une organisation siégeant à la commission nationale de concertation ou toute association qui représente au moins 10 % des locataires ou est affiliée à une organisation siégeant à la commission nationale de concertation désigne au bailleur et, le cas échéant, au syndic de copropriété, par lettre recommandée avec demande d'avis de réception, le nom de trois au plus de ses représentants choisis parmi les locataires de l'immeuble ou du groupe d'immeubles.

Les associations ci-dessus désignées doivent œuvrer dans le domaine du logement. Elles doivent être indépendantes de tout parti politique ou organisation philosophique, confessionnelle, ethnique ou raciale. En outre, elles œuvrent dans le secteur locatif social et ne doivent pas poursuivre des intérêts collectifs qui seraient en contradiction avec les objectifs du logement social fixés par le code de la construction et de l'habitation, et notamment par les articles L. 411 et L. 441, ou du droit à la ville tel que défini par la loi n° 91-662 du 13 juillet 1991 d'orientation pour la ville (L. 23 déc. 1986, art. 44, al. 1er), ainsi complété.

1. Sur ce recours : J.-Cl. Bail à loyer, fasc. 270.
2. Paris, 21 sept. 1999, RG n° 1997/24166, *Loyers et copr.* 2000. 133.

Ces représentants ont accès aux différents documents concernant la détermination et l'évolution des charges locatives. À leur demande, le bailleur ou, s'il y a lieu, l'administrateur de la copropriété les consulte chaque semestre sur les différents aspects de la gestion de l'immeuble ou du groupe d'immeubles (L. 23 déc. 1986, art. 44, al. 2).

Dans les immeubles soumis au statut de la copropriété, le syndic de la copropriété informe les représentants des associations, par lettre recommandée avec demande d'avis de réception, de la date, de l'heure, du lieu et de l'ordre du jour de l'assemblée générale (L. 23 déc. 1986, art. 44, al. 3). **Les représentants des associations** désignés ci-dessus peuvent assister à l'assemblée générale des copropriétaires, formuler des observations sur les questions inscrites à l'ordre du jour de l'assemblée générale.

Les décisions prises en assemblée des copropriétaires et relatives à l'entretien de l'immeuble et aux travaux font l'objet d'un **procès-verbal abrégé** affiché dans les parties communes de l'immeuble (L. 23 déc. 1986, art. 44, al. 4, ajouté par L. n° 2000-1208, 13 déc. 2000).

Dans chaque bâtiment d'habitation, **un panneau d'affichage** doit être mis à la disposition des associations, pour leurs communications portant sur le logement et l'habitat dans un lieu de passage des locataires (L. 23 déc. 1986, art. 44, al. 5) [1].

402 Plan de concertation locative. Il faut également relever que trois articles 44 *bis*, 44 *ter* et 44 *quater* ajoutés à la loi du 23 décembre 1986 par la loi du 13 décembre 2000, impose aux « **bailleurs institutionnels** » (mentionnés à l'art. 41 *ter* al. 3, 4, et 5) l'obligation d'élaborer avec les représentants des associations de locataires un **plan de concertation locative** définissant les modalités pratiques de la concertation applicables aux immeubles ou aux ensembles immobiliers de leur patrimoine. Ce plan doit être élaboré dans le délai de neuf mois après la publication de la loi du 13 décembre 2000.

§ 4
Autres incidences de la loi n° 2000-1206 du 13 décembre 2000

403 Énoncé. En plus des dispositions de cette loi qui viennent d'être évoquées dans le cadre des procédures de concertation, il en faut signaler d'autres qui sont susceptibles d'avoir des incidences sur les locations ayant pour objet des lots de copropriété.

1. SUR l'application de ces dispositions : Lafond, *Les baux d'habitation*, 3e éd., nos 76 s.

Si l'on se réfère à l'ordre dans lequel elles sont présentées dans la loi, ce sont :

404 Litige locatif. L'article 24-1, ajouté à la loi du 6 juillet 1989 qui vise le cas où un ou plusieurs locataires ont avec un même bailleur un litige locatif ayant une origine commune. Il est évident que cette éventualité peut se présenter dans un immeuble en copropriété dans lequel un copropriétaire possède plusieurs lots qu'il loue.

Aux termes de l'article 24-1, ces locataires peuvent donner par écrit mandat d'agir en justice en leur nom et pour leur compte à une association siégeant à la commission nationale de conciliation et agréée à cette fin.

Le texte précise en outre que si le litige porte sur les caractéristiques du logement retenus pour faire de celui-ci un logement « décent » au sens de l'article 6 de la loi du 6 juillet 1989 complété par le décret en Conseil d'État du 30 janvier 2002 appelé à définir ces caractéristiques, ce mandat peut aussi être donné à une association de défense des personnes en situation d'exclusion par le logement mentionnées à l'article 31 de la loi n° 98-657 du 29 juillet 1998 et agréée à cette fin.

405 Compétence de la commission de conciliation. L'article 20, modifié, de la loi du 6 juillet 1989 étend la compétence de la commission départementale de conciliation à l'examen :

– Des litiges relatifs à l'état des lieux, au dépôt de garantie, aux charges collectives et aux réparations.

– Des difficultés résultant de l'application des accords collectifs nationaux ou locaux prévus aux articles 41 *ter* et 42 de la loi n° 86-1290 du 23 décembre 1986 précitée, de l'application du plan de concertation locative prévu à l'article 44 *bis* de la même loi et des modalités de fonctionnement de l'immeuble ou du groupe d'immeubles.

Il précise en outre que pour le règlement de ces litiges, la commission départementale de conciliation peut être saisie par le bailleur ou le locataire. Pour le règlement de ces difficultés, elle peut être saisie par le bailleur, plusieurs locataires ou une association représentative de locataires. À défaut de conciliation entre les parties, elle rend un avis qui peut être transmis au juge saisi par l'une ou l'autre des parties.

406 Superficie de la partie privative objet du congé. Le premier alinéa du II de l'article 15 de la loi n° 89-462 du 6 juillet 1989 est complété par la loi n° 2000-1208 du 13 décembre 2000 en ajoutant : « les dispositions de l'article 46 de la loi... du 10 juillet 1965 ne sont pas applicables au congé fondé sur la décision de vendre le logement ». Le congé n'a donc pas à mentionner la superficie de la partie privative du lot objet du congé (sur cette disposition v. aussi s[s] n°s 287 s. - V. la loi du 13 juin 2006 en annexe).

SECTION 3
LOCATION-ACCESSION ET STATUT DE LA COPROPRIÉTÉ

407 État de la question - Loi du 12 juillet 1984[1]. La loi n° 84-595 du 12 juillet 1984, depuis abrogée et transposée dans le CCH, définissant la location-accession à la propriété immobilière, dont l'objectif officiel est de permettre de relancer le marché du logement et de la construction immobilière, se présente juridiquement comme mettant en place une convention originale devant réaliser l'accession à la propriété en faisant précéder celle-ci d'une jouissance préalable. Aux termes, en effet, de l'article 1er alinéa 1er de cette loi « *est qualifié de location-accession* [...] *le contrat par lequel un vendeur s'engage envers un accédant à lui transférer, par la manifestation ultérieure de sa volonté* [...] *et après une période de jouissance à titre onéreux, la propriété de tout ou partie d'un immeuble moyennant le paiement fractionné ou différé du prix de vente et le versement d'une redevance jusqu'à la levée de l'option* ».

Dans ces conditions, de même qu'un contrat de location classique peut avoir pour objet un lot dépendant d'un immeuble soumis au statut de la copropriété, un tel lot peut être l'objet d'un contrat de location-accession. Et c'est évidemment durant le cours de la période de jouissance qu'il importait que les incidences de la conclusion d'un tel contrat avec le statut de copropriété fussent précisées. Une fois le transfert de propriété réalisé, l'accédant devient en effet copropriétaire à part entière avec toutes les conséquences attachées à cette qualité[2]. Tel est l'objet d'un certain nombre de dispositions de la loi précitée, dont l'idée inspiratrice est de considérer fictivement l'accédant comme étant déjà un copropriétaire.

De telle sorte que, schématiquement, ces dispositions se présentent de la manière suivante. Après avoir défini la technique sur la base de laquelle l'accédant se trouve intégré dans la copropriété, il convenait :

- de régler le problème de la *répartition des charges entre l'accédant et le vendeur*;
- d'aménager, en conséquence, leur *droit de vote respectif* aux assemblées générales;
- de se préoccuper de tirer les conséquences des *travaux d'amélioration* auxquels le vendeur est contraint de participer.

On pouvait redouter que la coexistence, au sein d'une même copropriété, d'accédants, de vendeurs et peut-être aussi de copropriétaires à part entière en rende la gestion particulièrement délicate en alourdissant considérablement la tâche des syndics.

Cette crainte s'est révélée vaine, car la formule de la « location-accession » n'a pratiquement pas été utilisée. C'est donc sous le bénéfice de cette observation que sont commentées les dispositions concernant la location-accession.

§ 1
Définition de la technique de l'insertion de l'accédant au sein de la copropriété.

408 Assimilation de la conclusion du contrat de location-accession à la cession du lot. Alors qu'en règle générale, le locataire d'un lot dépendant d'un immeuble soumis au statut de la copropriété demeure, en principe, étranger à celle-ci, l'accédant, lui, s'y trouve intégré selon une technique présentée en ces termes : « *Pour l'application des dispositions de la loi n° 65-557 du 10 juillet 1965 fixant le statut de la copropriété des immeubles bâtis, la signature d'un contrat de location-accession est assimilée à une mutation et l'accédant est subrogé dans les droits et obligations du vendeur* » (sous réserve de certaines dispositions). C'est donc bien par l'effet d'une fiction que l'accédant, qui n'est titulaire que d'un droit de jouissance, dont la nature de droit personnel est indiscutable, se trouve intégré au sein de la copropriété. La conclusion du contrat de location-accession est assimilée à la cession du lot et l'accédant prend, sous certaines limites, la place du vendeur. On a pu, à juste titre faire remarquer que l'emploi du terme « subrogé » est contradictoire par rapport à la notion de mutation; celle-ci eut, en effet, impliqué que l'accédant fut l'ayant cause du vendeur[3]. On en déduira cette conséquence que la

1. Dagot et Lepeltier, *La location-accession*, Litec, 1985 - Lancereau et Schaufelberger, « Commentaire de la loi du 12 juillet 1984 », *ALD* 1984. 14, 16 et 17 - Araud, *REDI* n° 107, 33 - Durance, « La location-accession à la propriété immobilière », *AJPI* 1984. 591 - Roger et Corinne Saint-Alary, « La location-accession à la propriété immobilière », *RDI* 1985. 1 - Corinne Saint-Alary-Houin, « La réglementation de la location-accession », Rapport Colloque Cercol janv. 1985, *RDI* n° spécial f. II s. - PLUS SPÉCIALEMENT, sur les rapports du contrat de location-accession avec le statut de la copropriété : Bouyeure, Rapport Colloque Cercol, janv. 1985, *RDI* n[os] spécial, 59 s. - Vigneron, « La loi n° 84-515 du 12 juill. 1984 sur la location-accession et le statut de la copropriété », *JCP N* 1985. I. 115 - J.-CL. COPR., fasc. 297 - Debrot et Hinfray, « Location-accession et la propriété immobilière », *Gaz. Pal.* 27 août 1985 - Sizaire. « Les quasi-copropriétaires », *Administrer* juill. 1987. 7.
2. J.-CL. COPR., fasc. 297, n° 75.
3. Bouyeure, p. 64.

conclusion du contrat de location doit être notifiée au syndic en application de l'article 6 du décret du 17 mars 1967[1] et que le notaire, qui constate cette même conclusion doit notifier l'avis de mutation prévue par l'article 20 de la loi du 10 juillet 1965[2]. Mais c'est principalement au regard des droits et des obligations de l'accédant que doivent être tirées les conséquences de l'assimilation de la signature du contrat de location-accession à une mutation.

409 Conséquences – Droits de l'accédant. De ce que l'accédant est subrogé aux droits du vendeur, on doit déduire :

1) qu'il a le droit d'être convoqué aux assemblées générales[3] – il convient, toutefois, que la notification au syndic de la conclusion du contrat de location-accession ait été faite; le défaut de convocation de l'accédant serait sanctionné par la nullité de l'assemblée[4];

2) qu'il a le droit d'être membre du conseil syndical et même président de celui-ci[5] (l'opinion ainsi exprimée est confirmée par la nouvelle rédaction donnée à l'article 21 de la loi du 10 juillet 1965 par la loi du 31 décembre 1985 mentionnant expressément les accédants comme pouvant être membres du conseil syndical, v. art. 21, al. 5);

3) qu'il a le droit de demander à l'assemblée générale l'autorisation d'exécuter à ses frais des travaux affectant les parties communes ou l'aspect extérieur de l'immeuble et, en cas de refus, de demander cette autorisation au tribunal (L. 10 juill. 1965, art. 25 b) et 30, al. 4)[6] – Mais comment concilier ce droit avec la jurisprudence de la Cour de cassation selon laquelle le copropriétaire qui demande l'autorisation d'exécuter ces travaux doit avoir la qualité de propriétaire indivis de l'élément d'équipement ou des parties communes à aménager ? Cette qualité n'appartient pas à l'accédant pendant la période de jouissance;

4) qu'il a le droit de demander le paiement de l'indemnité prévue à l'article 9 (al. 4 et 5) et à l'article 36 de la loi du 10 juillet 1965 modifiée par la loi du 31 décembre 1985 en cas de préjudice subi par suite de l'exécution de travaux[7];

5) qu'il a qualité pour exercer les actions en justice concernant la jouissance de son lot. Des difficultés se présenteront à propos de l'action en réparation des malfaçons. L'accédant, en cas de défaillance du vendeur, reçoit le droit de mettre en œuvre les garanties prévues au code des assurances et concernant l'assurance de dommages en matière de construction.

410 Obligations de l'accédant. L'accédant, subrogé au vendeur au sein de la copropriété, est tenu des obligations qui incombaient à ce dernier. Parmi celles-ci, celle d'acquitter sa quote-part dans les charges communes est assurément la plus importante. D'une manière générale l'accédant doit se conformer aux clauses du règlement de copropriété et spécialement respecter l'affectation donnée aux parties communes. Le règlement de copropriété doit d'ailleurs être joint au projet de contrat de location-accession que le vendeur doit notifier à l'accédant. Le syndic a qualité pour agir à l'encontre de l'accédant qui méconnaîtrait cette obligation[8].

Au surplus, le contrat de location-accession ne saurait lui-même prévoir une destination du lot, qui en fait l'objet, contraire aux stipulations du règlement de copropriété. Si, par exemple, celles-ci prévoient une destination à usage exclusif d'habitation, le contrat de location-accession ne pourrait y adjoindre un usage professionnel. Le contrat de location-accession peut, en effet, porter sur des immeubles à usage d'habitation ou à usage professionnel et d'habitation.

411 Limites. Toutefois, comme toute fiction, celle qui consiste à assimiler l'accédant au cessionnaire du lot doit être assortie de certaines limites.

C'est ainsi que, comme on l'a déjà vu (v. s[s] n° 56), la conclusion d'un contrat de location-accession ne peut être considérée comme répartissant la « propriété » de l'immeuble, appartenant à un seul propriétaire, en lots au sens et pour l'application de l'article 1er alinéa 1er de la loi du 10 juillet 1965.

De même en cas de vente du lot, objet du contrat de location-accession, sur saisie-immobilière de ce lot, l'adjudicataire ne peut se voir opposer le contrat de location-accession antérieurement conclu[9].

§ 2
Répartition des charges de copropriété entre le vendeur et l'accédant

412 Principe – Distinction des charges d'entretien et de réparation et des charges relatives aux gros ouvrages. La répartition des charges entre le vendeur et l'accédant s'opère de la manière suivante.

1. Bouyeure, *op.* et *loc. cit.*, p. 64.
2. Bouyeure, *op.* et *loc. cit.*, p. 64.
3. Bouyeure, p. 67 – J.-CL. COPR., fasc. 297, n° 15.
4. V. Guillot, « Les assemblées générales de copropriétaires après les lois des 22 juin 1982 et 12 juill. 1984 », *Administrer* juin 1985, 7, col. 1.
5. Bouyeure, *op.* et *loc. cit.*, p. 67.
6. Bouyeure, *op.* et *loc. cit.*, p. 67.
7. Bouyeure, *op.* et *loc. cit.*, p. 67.
8. EN CE SENS : J.-CL. COPR., fasc. 297, n° 54.
9. EN CE SENS : Bouyeure, p. 70.

Les *charges* qui sont *relatives à l'entretien et aux réparations de l'immeuble* incombent à l'accédant. Le contrat de location-accession doit préciser ces « catégories de charges » et fournir une estimation de leur montant prévisionnel pour la première année d'exécution du contrat.

En revanche, incombent au vendeur les charges afférentes aux « réparations relatives aux éléments porteurs concourant à la stabilité ou à la solidité du bâtiment, ainsi qu'à tous autres éléments qui leur sont intégrés ou forment corps avec eux, et aux éléments qui assurent le clos, le couvert et l'étanchéité à l'exclusion de leurs parties mobiles ». Il s'agit des réparations relatives aux gros ouvrages que définit, dans les mêmes termes, l'article R. 111-26 du code de la construction et de l'habitation. Le vendeur supporte également les dépenses consécutives aux travaux d'amélioration portant sur ces ouvrages.

Jugé que le mandat donné par le propriétaire au locataire accédant pour le représenter d'une manière générale aux assemblées générales n'implique nullement le transfert de ces charges [1].

Le syndic se trouve ainsi contraint d'établir pour chaque lot, objet d'un contrat de location-accession, deux comptes de charges : l'un pour le vendeur et l'autre pour l'accédant. Cela constitue pour lui une importante sujétion, d'autant qu'il va se heurter aux difficultés d'application que cette distinction ne manquera pas de susciter.

413 Difficultés d'application. La distinction ainsi opérée pose inévitablement des problèmes pour :

- les charges relatives à l'administration de l'immeuble telles que honoraires du syndic, location d'une salle pour la tenue de l'assemblée générale, primes d'assurances. Il paraît difficile qu'elles soient supportées par le seul accédant [2];

- les dépenses entraînées par le *ravalement* de l'immeuble qui, si elles sont généralement incluses dans les dépenses d'entretien [3], peuvent concerner les gros-œuvres, voire constituer une amélioration;

- l'ensemble des charges « entraînées » par les services collectifs et les éléments d'équipement commun qui sont réparties selon l'utilité présentée pour chaque lot par ces services et éléments; il est superflu de dire que ce critère est loin de cadrer parfaitement avec la distinction « entretien et réparations » et « réparations concernant les gros ouvrages » ou leur amélioration. Par exemple l'installation d'un chauffage central ou les charpentes fixes d'un ascenseur sont qualifiées gros ouvrages. Compte tenu de ce que l'« utilité » est objectivement appréciée au regard de chaque lot, comment va-t-on faire la ventilation entre le vendeur et l'accédant ? [4]

414 Garantie due par le vendeur. Logiquement et telle est d'ailleurs la règle, le paiement des charges est effectué soit par le vendeur, soit par l'accédant, en fonction du critère de distinction ci-dessus exposé et le syndic dispose à l'égard de chacun des garanties dont ce paiement est assorti. Mais compte tenu du fait que l'accédant n'est pas propriétaire du lot, la loi a mis à la charge du vendeur l'obligation de garantir le paiement des charges dues par l'accédant; en d'autres termes le vendeur est érigé, de plein droit, en caution de l'accédant vis-à-vis du syndicat. Il est superflu de dire que cette obligation risque fort d'atténuer considérablement les « attraits » du contrat de location-accession pour le vendeur... On notera toutefois qu'en cas de résiliation du contrat de location-accession, l'accédant est tenu du paiement des frais dont le vendeur est lui-même tenu.

Par ailleurs le même texte prévoit que l'*hypothèque légale* prévue par l'article 19 de la loi du 10 juillet 1965, sera inscrite du chef du vendeur après toutefois qu'une mise en demeure, restée infructueuse, lui ait été adressée par le syndic.

Bien entendu, ces garanties, ne concernent que les charges dues par l'accédant, ce qui constitue une raison supplémentaire de les définir avec le maximum de précision. Or, on vient de voir que cela n'est pas facile.

Certes le contrat de location-accession doit préciser « les catégories de charges » incombant à l'accédant. Mais, bien qu'aucune disposition de la loi n'en affirme le caractère d'ordre public, il est difficile de ne pas reconnaître ce caractère à ses articles qui concernent la répartition entre le vendeur et l'accédant des charges de copropriété et ce, d'autant plus qu'il est fait référence à la loi du 10 juillet 1965 qui, elle, est impérative pour ce qui concerne la répartition des charges.

415 Action en révision de répartitions lésionnaires ou en nullité de répartitions contraires aux dispositions d'ordre public de la loi de 1965. On verra ultérieurement que l'article 12 de la loi du 10 juillet 1965 ouvre à « chaque copropriétaire », sous certaines conditions, la possibilité d'obtenir la révision judiciaire d'une répartition lésionnaire des charges (v. s[s] n°s 498 s.) et que la jurisprudence a reconnu à tout copropriétaire le droit de demander qu'une répartition qui serait contraire aux disposi-

1. Paris, 22 nov. 1991, *Loyers et copr.* 1992. Somm. 136.
2. EN CE SENS : J.-CL. COPR., fasc. 297, n° 39 – AVEC des nuances : Bouyeure, p. 65.
3. CEP. : Guillot, *op. cit., Administrer* juin 1985, spéc. 8, col. 2.
4. À CE SUJET : Guillot, *op.* et *loc. cit.* – Civ. 3e, 10 févr. 2009, n° 08-11.870, NP.

tions d'ordre public de cette même loi soit réputée non écrite. De même l'article 42 alinéa 3 permet à « un copropriétaire » de saisir le tribunal d'une contestation de la décision de l'assemblée générale de modifier les bases de la répartition des charges.

La question se pose de savoir qui de l'accédant ou du vendeur a qualité pour agir dans ces différentes éventualités. Faute de disposition expresse apportant une réponse et compte tenu de l'impossibilité d'opérer une distinction sur la base du critère de répartition auquel elle se réfère, nous pensons également que la solution la meilleure est celle qui préconise l'exercice conjoint de ces actions par le vendeur et l'accédant[1]. Il est superflu de dire qu'il en résultera inévitablement des complications.

L'une d'elles a trait à la détermination du point de départ du délai imparti par l'article 12 de la loi du 10 juillet 1965 à l'effet d'intenter l'action en révision. Outre le délai de 5 ans à compter de la publication du règlement de copropriété au fichier immobilier, cet article, en son alinéa 2, prévoit que l'action peut être exercée par le propriétaire d'un lot avant l'expiration d'un délai de 2 ans à compter de la première mutation à titre onéreux de ce lot. Cette disposition peut, semble-t-il, être appliquée à l'accédant puisque la signature du contrat de location-accession est assimilée à une mutation.

§ 3
Exercice du droit de vote aux assemblées générales et contestation des décisions prises

416 Étendue du droit de vote de l'accédant et du vendeur[2]**.** L'accédant, qui est subrogé dans les droits du vendeur, est donc en principe titulaire du droit d'assister aux assemblées générales et d'y voter. Le vendeur dispose également du droit de vote pour toutes les décisions concernant des réparations relatives aux gros ouvrages ainsi que pour les décisions portant sur un acte de disposition visé aux articles 26 ou 35 de la loi du 10 juillet 1965, c'est-à-dire les actes de disposition autres que ceux visés à l'article 25 d et l'aliénation du droit de surélever aux fins de créer des nouveaux locaux à usage privatif. En pareil cas, l'article 35 alinéa 2 exige, outre la majorité prévue à l'article 26, l'accord des copropriétaires de l'étage supérieur du bâtiment à surélever. La question se pose donc de savoir si, au cas où des lots composant cet étage supérieur sont l'objet d'un contrat de location-accession, l'accord ainsi exigé doit être donné par le vendeur ou l'accédant. Nous pensons, mais sous les réserves d'usage, que c'est l'accédant qui doit donner son accord.

Par ailleurs, chacune des deux parties au contrat de location-accession peut *assister* à l'assemblée générale des copropriétaires et y formuler toutes observations sur les questions pour lesquelles elle ne dispose pas du droit de vote.

De l'ensemble de ces dispositions, on peut déduire que le droit de vote du vendeur est l'exception et doit demeurer limité aux deux séries de décisions énoncées à l'article 32. C'est ainsi, notamment que l'accédant dispose du droit de vote pour toutes les décisions relevant de l'article 25 de la loi du 10 juillet 1965[3] (v. Guillot, qui cite également comme relevant du droit de vote de l'accédant les décisions [...] d'acquérir des parties privatives [...] de créer un syndicat secondaire ou de constituer une copropriété séparée [...] de s'opposer à l'exercice d'un des droits accessoires visé à l'article 3 de la loi du 10 juillet 1965[4]) et pour celles qui concernent la modification du règlement de copropriété[5].

Mais, nonobstant cette directive, on peut redouter les nombreuses difficultés qui vont inévitablement se présenter à propos de certaines décisions, que l'on a qualifiées de « complexes »[6] (telles que l'approbation des comptes ou le vote du budget prévisionnel) et sont, en même temps, les plus fréquentes que toute assemblée générale est appelée à prendre.

De plus et surtout, l'attribution « distributive » du droit de vote suscite de très graves difficultés tant au niveau des convocations à l'assemblée générale qu'à celui de sa tenue.

417 Convocations à l'assemblée générale et tenue de celle-ci. En matière de *convocation*, il conviendrait logiquement de distinguer selon que le destinataire de celle-ci (accédant ou vendeur) dispose du droit de vote ou n'a que la possibilité d'y assister pour présenter des observations. C'est, en effet, seulement dans le premier cas que la convocation doit être faite dans les formes prévues par la loi et être assortie des notifications complémentaires. Mais l'application de cette distinction supposerait de la part de l'auteur de la convocation, et spécialement du syndic, un délicat travail de ventilation selon la nature des points figurant à l'ordre du jour. C'est la raison pour laquelle, on peut supposer que

1. EN CE SENS : J.-CL. COPR., fasc. 297, n° 48 – Bouyeure, Rapport préc., p. 68.
2. SUR L'ENSEMBLE DE LA QUESTION : article déjà cité de Guillot, « Les assemblées de copropriétaires », après les lois du 22 juin 1982 et du 12 juill. 1984, *Administrer* juin 1985. 6 s.
3. J.-CL. COPR., fasc. 297, n° 18.
4. Guillot, *op. cit.*, p. 9, col. 1.
5. J.-CL. COPR., fasc. 297, n° 25 – Saint-Alary, *op. cit.*, n° 55.
6. BOUYEURE, p. 69.

les convocations seront indifféremment adressées, selon les formes requises, aussi bien au vendeur qu'à l'accédant[1].

Les difficultés vont surgir au *niveau de la tenue* de l'assemblée. La plus délicate est celle où se manifeste un désaccord entre le vendeur et l'accédant, chacun prétendant exercer le droit de vote. D'autres difficultés sont à prévoir, telle par exemple la rédaction de la feuille de présence[2], ou celle du procès-verbal en cas de contestation sur le droit de vote[3]. Aucune procédure, ni même aucune directive, n'ont été prévues en pareil cas par la loi et c'est vraisemblablement par la voie de la contestation de la décision par la partie qui se prétendait titulaire du droit de vote que la difficulté trouvera son dénouement (le conseiller Guillot préconise que le président de l'assemblée essaie d'abord de concilier les intéressés[4]).

418 Contestation des décisions de l'assemblée générale. Le vendeur « *exerce les actions qui ont pour objet de contester les décisions sur lesquelles il dispose du droit de vote* ». Il est donc facile de déduire que l'accédant a qualité pour exercer les actions ayant pour objet de contester toutes les autres décisions pour lesquelles précisément il dispose du droit de vote.

La mise en œuvre de cette distinction serait aisée s'il était possible de faire avec certitude la distinction entre les deux séries de décisions. Il suffirait, en effet, que la notification de la décision fut faite à la partie (vendeur ou accédant) concernée. Mais on a vu que tel n'était pas le cas. De la sorte, en cas de doute, le syndic notifiera la décision à la fois au vendeur et à l'accédant, ce qui entraînera complications et frais. Bien entendu, il conviendra, en outre, que la partie supposée qualifiée pour agir, vendeur ou accédant, ait été opposant ou défaillant au sens et pour l'application de l'article 42 alinéa 2 de loi du 10 juillet 1965.

§ 4
Travaux d'amélioration

419 Travaux d'amélioration. Le vendeur qui, avant la date de la levée de l'option, est contraint de réaliser ou de participer au paiement de travaux d'amélioration d'un montant supérieur à 10 % du prix de l'immeuble qui lui seraient imposés dans le cadre de la copropriété et porteraient sur un des éléments visés à l'article 29, peut proposer à l'accédant une modification correspondante des charges incombant à l'accédant ainsi qu'une réévaluation du prix de l'immeuble compensant la dépense qu'il a faite « cette réévaluation de prix ne peut excéder la dépense réellement effectuée éventuellement révisée dans les conditions prévues ». À défaut d'accord entre le vendeur et l'accédant, ce dernier peut mettre fin au contrat, sans être tenu de verser une indemnité au vendeur.

Ce texte, qui constitue l'une des rares dispositions de nature à rendre le contrat de location-accession acceptable pour le vendeur - encore que l'on puisse juger excessif le seuil de 10 %[5] -, n'en soulève pas moins des difficultés d'interprétation.

420 Difficultés d'interprétation - Travaux concernés. En premier lieu, en effet, les seuls travaux d'amélioration visés sont ceux qui portent sur les gros ouvrages, tels que les définit l'article 29 (v. s^s^ n° 412). Il faut en déduire que les dépenses consécutives aux travaux d'amélioration qui ne portent pas sur les éléments constitutifs des gros ouvrages, sont à la charge de l'accédant[6].

421 Difficulté d'interprétation (suite) - Titulaire du droit de vote pour les décisions relatives aux travaux d'amélioration. Il est effectivement permis de se demander dans quelle mesure le vendeur dispose du droit de vote, alors même qu'il s'agit de travaux d'amélioration portant sur des éléments constituant des gros ouvrages. D'une part, que le vendeur ne conserve à sa charge que les « *réparations* » relatives aux éléments constituant des gros ouvrages et d'autre part, que le vendeur ne dispose du droit de vote que pour les décisions de l'assemblée générale concernant les *réparations* ainsi mises à sa charge. À l'appui de cette solution, on peut aussi invoquer la rédaction même de l'article 30 puisque celui-ci se réfère au vendeur qui, avant la levée de l'option, « *est contraint* » de réaliser ou de participer au paiement des travaux d'amélioration; cela laisse supposer que la décision est prise en dehors de lui[7].

On peut certes objecter le caractère irrationnel de cette solution; elle nous paraît cependant s'imposer en l'état actuel des textes.

1. EN CE SENS : J.-CL. COPR., fasc. 297, n° 16 – Guillot, *op. cit.*, p. 9, col. 2.
2. Guillot, *op. cit.*, p. 8, col. 1.
3. Guillot, *op. cit.*, p. 9, col. 1 – J.-CL. COPR., fasc. 297, n° 37.
4. Guillot, *op.* et *lot. cit.*
5. V. BOUYEURE, p. 66.
6. EN CE SENS : J.-CL. COPR., fasc. 297, n° 26 – BOUYEURE, p. 66 – L'application du critère ainsi énoncé ne sera pas toujours facile. Qu'en est-il, par exemple, pour les travaux d'isolation thermique ? – AUSSI, à propos du remplacement d'éléments d'équipement vétustes et devenus inutilisables : Guillot, *op. cit.*, p. 8, col. 2.
7. CEP. : J.-CL. COPR., fasc. 297, n° 26.

SECTION 4
BAIL À RÉHABILITATION ET STATUT DE LA COPROPRIÉTÉ

422 Définition et traits spécifiques du contrat. Le bail à réhabilitation a été créé par l'article 11 de la loi n° 90-449 du 31 mai 1990 visant à la mise en œuvre du droit au logement[1] (v. ÉGAL^T : circ. n° 91-09, 28 janv. 1991, relative à L. n° 90-449, 31 mai 1990, visant la mise en œuvre du droit au logement et aux instructions relatives au bail à réhabilitation[2]). Il est défini en ces termes par l'article L. 252-1 du code de la construction et de l'habitation.

Est qualifié de bail à réhabilitation et soumis aux dispositions du présent chapitre le contrat par lequel soit un organisme d'habitations à loyer modéré, soit une société d'économie mixte dont l'objet est de construire ou de donner à bail des logements, soit une collectivité territoriale, soit un organisme dont l'un des objets est de contribuer au logement des personnes défavorisées et agréé à cette fin par le représentant de l'État dans le département, s'engage à réaliser dans un délai déterminé des travaux d'amélioration sur l'immeuble du bailleur et à le conserver en bon état d'entretien et de réparations de toute nature en vue de louer cet immeuble à usage d'habitation pendant la durée du bail.

Il résulte de cette définition que le bail à réhabilitation se caractérise par les deux engagements assumés par le preneur, d'une part réaliser des travaux d'amélioration sur « l'immeuble du bailleur » et d'autre part, le conserver en bon état d'entretien et de réparation. On ajoute que le preneur est titulaire d'un droit réel immobilier (CCH, art. L. 252-2).

423 Incidences du statut de la copropriété. Il est regrettable qu'aucune disposition n'ait été prévue pour le cas où l'immeuble à réhabiliter est soumis au statut de la copropriété. C'est la raison pour laquelle on consultera avec intérêt le *Guide du bail à réhabilitation* édité par le ministère de l'Équipement qui envisage[3] le « cas spécifique » du bail à réhabilitation dans les copropriétés (v. aussi, circ. 28 janv. 1991[4]). Compte tenu du fait que le preneur assume l'obligation de louer l'« immeuble du bailleur » pendant la durée du bail à réhabilitation, ce dernier ne semble pouvoir être conclu que par le ou les propriétaires d'un ou de lots composant l'immeuble par hypothèse soumis à ce statut. Il est facile d'imaginer la complexité de la situation qui va en résulter. Notamment, pour ce qui concerne les travaux à exécuter sur les parties communes, la compétence pour les décider continuera d'appartenir à l'assemblée générale des copropriétaires, alors que leur coût sera supporté par le preneur.

Celui-ci étant titulaire d'un droit réel portant sur le lot du copropriétaire, partie au bail, il en résulte une situation que, toute proportion gardée, on peut comparer à celle du lot en usufruit. Il conviendra donc que le bail à réhabilitation contienne une clause qui institue le preneur mandataire du copropriétaire-bailleur pour les décisions à prendre relativement aux travaux concernant les parties communes et, éventuellement, à la modification de la répartition des charges « rendues nécessaires », par application de l'article 11 de la loi du 10 juillet 1965. En outre, la limitation du nombre des mandats devra être respectée.

En réalité, en tant qu'il concerne les immeubles « en copropriété », le bail à réhabilitation est surtout conçu comme devant permettre une intervention publique dans une perspective de remise, à terme, des logements sur le marché locatif immobilier. Cela suppose son insertion dans le cadre d'un dispositif d'ensemble qui dépasse la conclusion de ce contrat au coup par coup.

1. V. Hugot, « Un nouveau-né : le bail à réhabilitation », *JCP N* 1990. I. 217 – J.-CL. BAIL À LOYER, fasc. 645.
2. Circ. n° 91-09, 28 janv. 1991, relative à L. n° 90-449, 31 mai 1990, visant la mise en œuvre du droit au logement et aux instructions relatives au bail à réhabilitation, *Defrénois* 1991. 1195 – V. Annexe.
3. Min. Équipement, *Guide du bail à réhabilitation*, p. 16 et 17.
4. Circ. 28 janv. 1991, préc.

TITRE

4. Les obligations des copropriétaires

SECTION 0
ORIENTEUR

Plan du titre.

424 Généralités et plan. Titulaires de prérogatives sur les parties privatives de leurs lots et sur les parties communes de l'immeuble, propriétaires de leurs lots et, à ce titre habilités à accomplir sur ceux-ci toutes les opérations qu'implique cette qualité, les copropriétaires sont également assujettis à un certain nombre d'obligations. D'une manière générale, tout propriétaire doit respecter les obligations que lui imposent « la loi et les règlements ». Mais il est certain que la situation particulière des propriétaires de lots dans un immeuble en copropriété, situation qui se caractérise par une communauté si étroite que l'on a dû pourvoir à son organisation, imprime à la question de savoir quelles sont leurs obligations une physionomie elle-même particulière.

Le statut de la copropriété, reposant précisément pour l'essentiel, sur la coexistence des droits individuels de chacun et des droits de la collectivité, on conçoit que les copropriétaires soient tenus d'obligations *les uns envers les autres* et d'obligations *vis-à-vis de la collectivité.*

Seront donc examinés dans deux chapitres :

- les obligations des copropriétaires dans leurs rapports entre eux (chap. 1);

- les obligations des copropriétaires dans leurs rapports avec la collectivité (chap. 2).

CHAPITRE

1. Obligations des copropriétaires dans leurs rapports entre eux

SECTION 0
ORIENTEUR

Plan du chapitre.

Sect. 1 Principe

Sect. 2 Conséquences

Textes applicables.

• C. civ., art. 1384.

• L. du 16 novembre 1922.

Jurisprudence de référence.

• **Civ. 21 nov. 1955,** *JCP* 1955. II. 9004.

* V s^s n° 428.

Bibliographie indicative.

DESCHAMPS, *L'assurance et la copropriété, AJDI* 1965. 172.

SECTION 1
PRINCIPE

425 Indépendance réciproque. Les « copropriétaires », étant, individuellement, propriétaires des lots entre lesquels la propriété de l'immeuble est « répartie », il est *a priori* logique de les considérer comme étant indépendants les uns des autres, encore que l'on ne puisse faire abstraction de leur appartenance à une communauté[1].

C'est pourquoi, on ne peut pas dire qu'un copropriétaire est un tiers par rapport aux autres copropriétaires (ainsi a été exclue l'application de l'article 555 du code civil à une construction élevée par l'un d'eux[2]).

1. Atias, « Propriété et communauté dans la copropriété des immeubles bâtis », *JCP* 1980. I. 2971, spéc. 11.
2. Civ. 3e, 28 févr. 1969, *JCP* 1970. II. 16220; *RTD civ.* 1970. 377, Chron. Bredin.

De cette situation particulière découlent un certain nombre de conséquences spécifiques, notamment sur le plan de l'exercice des actions en justice.

SECTION 2
CONSÉQUENCES

426 Responsabilité en cas d'incendie. L'indépendance réciproque des copropriétaires conduit, notamment, à décider qu'en cas d'incendie, ayant pris naissance dans le lot de l'un d'eux il faut faire application de la loi du 16 novembre 1922 complétant l'article 1384 du code civil : la responsabilité du propriétaire de ce lot, en cas de communication du feu au lot voisin et, au-delà, à l'ensemble de l'immeuble, ne sera engagée que si l'on rapporte la preuve d'une faute commise par lui ou par les gens qu'il a à son service[3].

Sur le plan de l'assurance, la responsabilité que le copropriétaire est susceptible d'encourir relève de la garantie recours des voisins[4]. En fait, une assurance unique, couvrant les responsabilités de tous les copropriétaires est souscrite par le syndic[5].

Les principes sont les mêmes à propos des dommages que l'un des copropriétaires pourrait d'une manière générale causer aux lots des autres, dégâts des eaux par exemple[6].

427 Respect des obligations de voisinage. C'est également l'indépendance réciproque des coproprié-

3. Picard et Besson, *Traité théorique et pratique des assurances terrestres,* t. III, n° 24, p. 75 – Paris, 27 nov. 1991, *RDI* 1992. 244.
4. Picard et Besson, *Traité théorique et pratique des assurances terrestres,* t. III, n° 19, p. 63 – Deschamps, « L'assurance et la copropriété », *AJPI* 1965. 172, 6.
5. KISCHINEWSKY-BROQUISSE, n° 202.
6. Deschamps, « L'assurance et la copropriété », *AJPI* 1965. 172, 6.

taires qui est à l'origine de la jurisprudence, ci-dessus évoquée (v. s^s n° 183), faisant application, dans leurs rapports entre eux, des principes de la responsabilité civile encourue en cas de troubles de voisinage.

Mais on a pu aussi constater que ces principes se trouvent, en général, complétés par les clauses des règlements de copropriété dont le résultat est de transposer, sur le plan des relations conventionnelles entre les copropriétaires, les obligations qui résultent de ces clauses. Il en résulte inéluctablement une altération très sensible du principe d'indépendance réciproque qui se traduit notamment par le fait de l'exclusion des actions possessoires dans les relations des copropriétaires entre eux[1].

428 Absence de solidarité entre les copropriétaires. C'est encore le principe de l'indépendance des copropriétaires qui justifie l'absence de solidarité entre eux. (V. toutefois, la clause du règlement de copropriété stipulant l'indivisibilité entre indivisaires [v. s^s n°s 251 et 527] et la solidarité entre nu-propriétaire et usufruitier [v. s^s n° 360]).

La loi le dit expressément pour le paiement des charges (L. 10 juill. 1965, art. 10) : chacun y participe dans la mesure de l'utilité que les services collectifs ou les éléments d'équipement commun présentent à l'égard de son lot, ou de la quote-part des parties communes comprises dans son lot. Mais cette absence de solidarité doit être étendue à toutes les hypothèses où les copropriétaires sont tenus d'une dette commune, cette dette fût-elle assortie d'un privilège affectant l'immeuble dans son ensemble[2].

1. Civ. 3e, 6 mars 1991, n° 89-14.374, *Bull. civ.* III, n° 75; *RDI* 1991. 247; *D.* 1991. 355; *D.* 1992. 131.

2. Aix-en-Provence, 7 nov. 1945, *S.* 1946, 2, 107; *JCP* 1946. II. 3054, note Becqué; *RTD civ.* 1946. 238, obs. Solus – ET, SUR POURVOI : Civ. 21 nov. 1955, *JCP* 1955. II. 9004; *RTD civ.* 1956. 158, obs. Solus – AUSSI : Azoulai, *Defrénois*, n°s 282 s.

CHAPITRE

2. Obligations des copropriétaires dans leurs rapports avec la collectivité

SECTION 0 ORIENTEUR

Plan du chapitre.

Textes applicables.

• L. n° 65-557, 10 janv. 1965, fixant le statut de la copropriété des immeubles bâtis, art. 11-12-14-1 à 14-3, 19 et 19-2 et 43.

• CCH, art. R. 131-2 et R. 131-3.

Jurisprudence de référence.

• **Civ. 3e, 10 févr. 1988, n° 86-17.210**, NP, *JCP N* 1988. II. 258.

* V. s^s n° 453.

« Les copropriétaires sont tenus de participer aux charges relatives à la conservation, à l'entretien et à l'administration des parties communes, proportionnellement aux valeurs relatives des parties privatives comprises dans leurs lots, les dépenses de ravalement obéissent à cette règle. »

• **Civ. 3e, 23 mai 1978, n° 76-15.376**, *Bull. civ.* III, n° 210.

* V. s^s n° 458.

« La cour d'appel qui décide que la répartition des charges du chauffage collectif d'un immeuble en copropriété doit s'effectuer d'après les volumes chauffés, ne fait ainsi que choisir, dans le cadre des dispositions de l'article 10 alinéa 1er de la loi du 10 juillet 1965, la méthode qu'elle estime préférable. »

• **Civ. 3e, 9 déc. 1998, n° 97-11.320**, *Bull. civ.* III, n° 239.

* V. s^s n° 460.

« Ayant constaté que les colonnes de l'installation collective qui traversent le lot, pour la desserte des étages supérieurs ne comportaient aucun té de dérivation, la cour d'appel a pu en déduire, sans être tenue de se prononcer sur l'utilité virtuelle de l'installation commune pour le lot du fait de travaux de raccordement éventuels, (...) que les services procurés par l'installation collective du chauffage n'avaient aucune utilité pour le propriétaire de ce lot. »

• **Civ. 3e, 18 déc. 1996, n° 94-18.754**, *Bull. civ.* III, n° 240, p. 157; *Administrer* juin 1997.

* V. s^s n° 531.

Viole l'article 11, 4°, du décret du 17 mars 1967 l'arrêt qui, pour débouter un copropriétaire de sa demande d'annulation de la décision de l'assemblée générale ayant renouvelé le mandat du syndic, retient que l'absence de transmission avec la convocation du projet de contrat, renouvelant ce mandat, s'explique par le fait que le renouvellement a été voté aux mêmes conditions que les années précédentes, sans rechercher si les copropriétaires avaient été préalablement informés de ce que le mandat de syndic pourrait être renouvelé aux conditions antérieures, ainsi que de ces conditions.

• **Civ. 3e, 9 mars 1988, n° 86-17.869**, *Bull. civ.* III, n° 54.

* V. s^s n° 514.

« Une clause réputée non écrite étant censée n'avoir jamais existé, le syndicat des copropriétaires, comme tout copropriétaire intéressé peut, à tout moment, faire constater l'absence de conformité des clauses du règlement de copropriétaire aux dispositions légales et établir une répartition des charges conformes à ces disposition. »

• **Civ. 3e, 30 nov. 2004, n° 03-11.201**, NP.

* V. s^s n° 526.

« La clause de solidarité entre un usufruitier et un nu-propriétaire stipulée au règlement de copropriété pour le paiement des charges leur étant opposable, la cour d'appel a exactement déduit qu'ils étaient solidairement tenus de verser au syndicat des copropriétaires le solde des charges de copropriété. »

• **Civ. 3e, 26 mars 2008, n° 07-12.085**, NP.

* V. s^s n° 527.

« L'administrateur provisoire de la succession a seul qualité pour représenter l'indivision successorale en cause et le syndicat des copropriétaires qui avait assigné cet administrateur n'était pas tenu de changer la dénomination ou le fondement de sa demande en paiement des charges de copropriété, l'intervention volontaire de l'héritier étant irrecevable. »

• **Civ. 3e, 23 mai 2007, n° 06-13.459**, *Bull. civ.* III, n° 82; *AJDI* 2008. 297.

* V. s^s n° 527.

« Si la solidarité ne s'attache de plein droit ni à la qualité d'indivisaire, ni à la circonstance que l'un d'eux ait agit comme mandataire des autres, la clause de solidarité stipulée dans un règlement de copropriété n'est pas prohibée entre indivisaires d'un lot, quelle que soit l'origine de l'indivision. En l'état d'une telle clause dans le règlement de copropriété, il s'en déduit qu'il existait une solidarité entre les co-indivisaires pour le paiement des charges. »

Bibliographie indicative.

Arnaud et Bouyeure, *Millièmes et charges de copropriété*, AJ, 3e éd. 1982 – Atias, *Dicoproriété*, Edilax 2007, *V° Charges*, 194 s. – Atias, *Guide de la copropriété*, Edilaix 2007, art. 10 – Gaudemet, *Clause réputée non écrite*, th. 2007, Economica.

429 Énumération. Deux séries d'obligations incombent essentiellement à chaque copropriétaire dans ses rapports avec la collectivité :

- respecter les clauses du règlement de copropriété;
- acquitter sa part contributive dans les charges communes et, plus généralement, participer aux dépenses communes.

On mentionnera également, l'obligation, imposée par l'article 65 du décret du 17 mars 1967 à chaque copropriétaire ou titulaire d'un droit d'usufruit ou de nue-propriété sur un lot ou une fraction de lot, de notifier au syndic son domicile réel ou élu, ainsi que, s'il le souhaite, son numéro de télécopie[1].

SECTION 1 OBLIGATION DE RESPECTER LE RÈGLEMENT DE COPROPRIÉTÉ

430 Rappel – Portée des développements. L'étude des diverses prérogatives des copropriétaires, tant sur les parties privatives de leurs lots que sur les parties communes de l'immeuble, a déjà révélé l'obligation, pour chacun d'eux, de respecter le règlement de copropriété.

Droits et obligations se trouvent, en effet, imbriqués et l'on ne peut aborder les uns sans évoquer les autres. La raison tient au fait - essentiel - que le statut de la copropriété doit aménager la coexistence des droits individuels de chacun et de l'organisation collective. Aussi bien, n'est-il pas question de refaire ici un exposé des différents cas concrets où cette obligation se manifeste. Il suffit d'en préciser la nature juridique et d'en dégager la sanction.

§ 1 Nature des obligations assumées par les copropriétaires

431 Caractère contractuel. Une jurisprudence solidement affirmée[2], approuvée par la doctrine[3], décide que les obligations imposées aux copropriétaires par le règlement de copropriété sont des obligations *contractuelles*. La solution se justifie par le caractère conventionnel qui est assigné au règlement de copropriété (pour la discussion de cette solution, v. s[s] n° 582).

Le principe ainsi posé n'est pas en contradiction avec celui de l'indépendance des copropriétaires entre eux, qui vient d'être affirmé. La question ne se présente pas, en effet, sous le même angle. Nous sommes ici dans le domaine des relations des copropriétaires avec la *collectivité*, alors que, précédemment, nous étions dans celui des relations des copropriétaires *entre eux*.

On en déduit cette conséquence logique que la violation de ces obligations ne saurait donner lieu à une action possessoire[4].

§ 2 Sanction de la méconnaissance par un copropriétaire de cette obligation

432 Nature de la sanction. De l'analyse ainsi donnée, il résulte que le copropriétaire qui a méconnu une clause du règlement de copropriété, met en jeu sa responsabilité contractuelle et encourt, de ce fait, des dommages-intérêts. Spécialement, la remise en état des lieux à la suite de travaux exécutés irrégulièrement par un copropriétaire peut même être ordonnée sans qu'il soit exigé que le demandeur (copropriétaire ou syndicat) ait à faire preuve d'un préjudice[5].

Généralement les règlements de copropriété précisent la portée de cette sanction. Tel est le cas notamment de la clause, pratiquement de style, aux termes de laquelle les copropriétaires *qui, par leur fait, aggraveraient les charges communes*, auront à supporter seuls les dépenses occasionnées par cette aggravation.

En revanche est dépourvue de toute efficacité, la clause d'un règlement de copropriété qui imposerait au copropriétaire contrevenant l'obligation de vendre son lot. Le fait que le statut de la copropriété suppose une appropriation individuelle des lots s'oppose à la validité de cette clause.

Par ailleurs, le statut de la copropriété n'affecte que les droits et les obligations des copropriétaires

1. LAFOND, ROUX ET STEMMER, D. 65, n°s 2 à 5.
2. V. NOT. : Civ. 12 déc. 1956, *Dict. prat. copr.*, p. 86 – Civ. 3e, 22 févr. 1965, *AJPI* 1965. II. 778; *D.* 1966. 37, note Esmein – Civ. 3e, 13 oct. 1965, *Gaz. Pal.* 1966. 1, 41, note Cabanac – AUSSI : Paris, 26 mars 1962, *D.* 1962. 695 – Paris, 3 juin 1965, *Gaz. Pal.* 1965. 2, 332, note Cabanac; *RTD civ.* 1966. 108, obs. Bredin.
3. Cabanac, note *AJPI* 1963. II. 91 – Esmein, note préc. – Cabanac et Michalopoulos, « Le règlement de copropriété », *AJPI* 1961. I. spéc. 136.
4. Civ. 3e, 22 févr. 1965, préc. – Civ. 3e, 13 oct. 1965, préc. – Paris, 3 juin 1965, préc. – Civ. 3e, 29 févr. 1968, *AJPI* 1969. II. 25; *AJPI* 1972. 536, note Cabanac – Civ. 3e, 10 juin 1980, *Gaz. Pal.* 1980. 2. pan. jur. 506, *V° Actions possessoires*; *D.* 1981. IR 315 – Civ. 3e, 6 mars 1991, n° 89-14.374, *Bull. civ.* III, n° 74; *RDI* 1991. 247 – AUSSI : Frank, « Copropriété, servitudes et actions possessoires », *Administrer* oct. 1991. 6 – Civ. 3e, 9 juin 1999, n° 97-18.739, *Bull. civ.* III, n° 136; *RDI* 1999. 367, note Bergel et Bruschir.
5. Civ. 3e, 1er mars 2011, n° 10-15.337, NP.

en tant que titulaires de lots. Il ne s'applique donc pas aux droits et aux obligations qui sont étrangers à cette qualité.

En conséquence, si un copropriétaire est, en même temps, propriétaire du terrain qui joint l'immeuble en copropriété, il a le droit d'acquérir la mitoyenneté du mur de cet immeuble comme le ferait un propriétaire ordinaire [1].

SECTION 2
OBLIGATION DE CONTRIBUER AU PAIEMENT DES CHARGES ET DÉPENSES COMMUNES

433 Évolution de la législation. L'obligation de participer aux charges et dépenses communes est, avec celle de respecter le règlement de copropriété, l'obligation essentielle de chaque copropriétaire, du moins dans le cadre du statut de la copropriété. On a même pu dire qu'elle « a toujours été un problème » en matière de copropriété [2]. On comprend, dès lors, que le législateur s'en soit de tout temps préoccupé.

L'article 664 du code civil était à peu près exclusivement consacré à établir la répartition des charges entre les « divers propriétaires » des « différents étages » de la « maison » (v. texte de l'article 664 s[s] n° 6). Cette répartition était fort sommaire, puisqu'elle ne concernait que les frais de réparation et de reconstruction des gros murs et du toit. Les planchers et les escaliers étaient entretenus par ceux qui les utilisaient. La doctrine et la jurisprudence s'étaient mises d'accord pour étendre cette répartition à l'ensemble des parties communes; mais l'insuffisance du texte avait suscité de nombreuses difficultés.

Il résulte de l'enquête réalisée pour le compte des ministères de la Justice et de l'Équipement que, pour ce qui concerne les juridictions qui en ont été l'objet, le contentieux des charges et plus spécialement les litiges relatifs à leur non-paiement sont statiquement (avec celui des assemblées générales) les plus nombreux [3].

434 Loi du 28 juin 1938. La loi du 28 juin 1938 avait marqué un progrès évident. L'article 6 alinéa 2 avait considérablement augmenté le domaine des charges communes qui, à côté des frais de conservation et d'entretien des parties communes, comprenait les frais d'administration de ces mêmes parties.

En outre, le même article s'était préoccupé de fixer la base de répartition de ces charges : celle-ci se faisait « proportionnellement aux valeurs respectives des fractions divises de l'immeuble eu égard à leur étendue et situation ». En d'autres termes, la répartition se faisait *forfaitairement* en fonction de la valeur respective de chaque fraction privative de l'immeuble par rapport à l'ensemble [4]. Toutefois cette disposition n'était pas impérative et un autre système pouvait être adopté par le règlement de copropriété. Mais, faute de stipulation particulière, le système légal était de plein droit applicable [5]. En fait, on usait largement de cette liberté, car on reprochait au système légal de manquer de souplesse et de conduire à des résultats injustes. Pour éviter que certains copropriétaires aient à supporter les charges d'éléments d'équipement qui ne présentaient pour eux aucune utilité, on divisait les charges en deux catégories (v. le règlement de copropriété type mis au point en 1958 par le Conseil supérieur du notariat, art. 8 [6]) : les charges générales de l'immeuble, pour lesquelles la base de répartition définie par la loi pouvait être utilisée – les charges relatives aux éléments d'équipement commun pour lesquelles était adoptée une répartition fondée sur l'utilité procurée à chacun par ces éléments.

La rigidité du système légal se manifestait encore en ce que les bases de répartition adoptées par le règlement de copropriété ne pouvaient être modifiées que de l'accord unanime des copropriétaires. L'assemblée générale ne pouvait, à quelque majorité que ce fût, changer la répartition ou le mode de répartition des dépenses communes à moins qu'il n'y ait eu vice du consentement.

Cette solution était indiscutée en jurisprudence depuis un arrêt de la Cour de cassation du 8 janvier

1. EN CE SENS : Civ. 3e, 25 avr. 1972, n° 71-10.119, *Bull. civ.* III, n° 258; *JCP* 1972. II. 17152, note Guillot; *RTD civ.* 1972. 798, obs. Bredin.
2. KISCHINEWSKY-BROQUISSE, n° 131.
3. En 2005, sur plus de six millions de logements en copropriété, le contentieux représente 33 500 affaires (soit 0,2 %) dont 21 700 pour les charges impayées et 2 700 pour les assemblées générales – *Contentieux de la copropriété 1982-2005*, ministère de la justice – En 2008, sur plus de sept millions de logements en copropriété, 34 500 affaires ont été portées devant les tribunaux de première instance (soit 0,5 %), dont 22 500 pour les charges impayées et moins de 2 700 demandes en nullité d'une délibération d'assemblée générale – *Les contentieux de la copropriété, Évolution des demandes 1988-2008*, mai 2009, ministère de la Justice. En 2009, le contentieux locatif (187 000) est cinq fois plus abondant que le contentieux de la copropriété (38 100); le contentieux des impayés représente près de 26 000 affaires, et celui des assemblées générales 2 690 demandes (même source pour 2009).
4. Chevalier, « Commentaire de la loi du 28 juin 1938 », *DP* 1939. 4, 80.
5. Civ. 4 déc. 1963, *AJPI* 1964. II. 677.
6. Règl. de copropriété type mis au point en 1958 par le Conseil supérieur du notariat.

1962[1]; la même solution était défendue par la doctrine[2].

La même interdiction était faite aux tribunaux. Cette solution était justifiée par la nature conventionnelle du règlement de copropriété : celui-ci, aux termes de l'article 1134 du code civil, faisait la loi des parties. Cette rigidité était considérée comme excessive, car bien souvent, les promoteurs d'une opération immobilière ou le propriétaire, qui procédait à la division de son immeuble, introduisaient des inégalités, peu justifiables, dans la répartition des charges[3].

435 Loi du 10 juillet 1965 – Caractère impératif – Application dans le temps. On comprend, dans ces conditions que la loi du 10 juillet 1965 ait apporté des modifications importantes à l'état de droit antérieur. Trois innovations essentielles ont été apportées par cette loi[4] :

1° la distinction entre les charges relatives aux éléments d'équipement commun et les charges communes générales est expressément consacrée (L. 10 juill. 1965, art. 10);

2° une action judiciaire en *révision* de la répartition des charges est admise sous certaines conditions (L. 10 juill. 1965, art. 12);

3° une modification de la répartition des charges peut intervenir sur décision de l'assemblée générale statuant à une *majorité* spéciale (L. 10 juill. 1965, art. 11, al. 1er et 2, et 25).

Par ailleurs, ces dispositions ont un *caractère impératif* (L. 10 juill. 1965, art. 43). Ce principe a soulevé quelques difficultés dans sa formulation et dans son application.

Dans sa *formulation* d'abord : la répartition des charges de conservation, d'entretien et d'administration des parties communes est faite, par l'article 10 alinéa 2, d'une manière forfaitaire, selon la méthode de calcul, proposée par l'article 5, pour l'établissement des tantièmes de parties communes. Le caractère simplement supplétif de ce dernier pose la question de savoir si la méthode, lorsqu'elle est appliquée au calcul des charges, ne devient pas impérative. On a vu (v. ss n° 114) qu'il convenait de répondre par l'affirmative et que cette solution conduisait à distinguer les *tantièmes de charges et les tantièmes de propriété*. Cette distinction est, au surplus, évidente lorsque les charges considérées sont celles qui sont entraînées par les services collectifs et les éléments d'équipement, puisqu'elles sont établies sur des bases différentes, qui sont également impératives.

Ce caractère impératif a également soulevé quelques difficultés dans le domaine du *droit transitoire*. En principe et compte tenu précisément de ce caractère, la loi du 10 juillet 1965 a été déclarée immédiatement applicable. En conséquence, les règlements de copropriété rédigés postérieurement à sa mise en vigueur doivent en respecter les dispositions, sous peine de voir réputées non écrites les clauses qui y dérogeraient. Quant aux règlements de copropriété antérieurs, toutes les clauses qui étaient contraires aux règles nouvelles ont pu faire l'objet d'une action en révision ou pouvaient se voir réputées non écrites. C'est la raison pour laquelle l'opportunité de l'*adaptation* des règlements de copropriété prévue par l'article 49 ajouté à la loi du 10 juillet 1965 par la loi du 13 décembre 2000, dite loi SRU, est plus que discutable lorsque l'on en envisage l'application aux charges (v. ss n° 605).

436 Le problème des charges depuis la mise en vigueur de la loi du 10 juillet 1965[5]. Une constatation s'impose : d'années en années le poids des charges s'est alourdi[6]. Ce furent d'abord les charges de chauffage par suite de la hausse considérable des dépenses d'énergie consécutives aux « chocs pétroliers » de 1973 et de 1975. C'est aujourd'hui l'ensemble des charges qui est affecté par ce mouvement (gardiennage, entretien, assurances, travaux).

En conséquence, c'est sur le plan de la maîtrise des charges que les efforts se sont principalement portés; doivent être citées, en ce sens, les mesures devant permettre la personnalisation de la consommation, par la généralisation de techniques de comptage, dont la conformité avec les principes posés par la loi peut être discutée. Il faut citer aussi les engagements de modération pris par les organisations professionnelles des syndics et administrateurs de biens et répercutés dans les contrats de syndic ou le rôle joué par les associations qui se sont données pour mission de promouvoir une politique d'économies d'énergie.

Enfin, on ne saurait omettre les mesures prises dans le souci d'améliorer le *recouvrement des charges*; l'apport, sur ce point, de la loi du 13 décembre 2000, dite loi SRU, est considérable.

1. Civ. 3e, 8 janv. 1962, *JCP* 1962. II. 12600.
2. V. NOT. : Ponsard, « Remarque sur le principe majoritaire dans les syndicats de copropriété », dans *Mélanges Hamel*, p. 277.
3. V. Bredin, obs. *RTD civ.* 1963. 759.
4. Il est difficile de donner ici une bibliographie générale sur la question. Pour s'en tenir aux ouvrages (à l'exception des articles) on peut citer, Arnaud et Bouyeure, *Millièmes et charges de copropriété*, 3e éd., 1982 – J.-CL. COPR., fasc. 70 à 75.
5. V. Baudoin, « Chronique de cinq ans de jurisprudence sur les charges de copropriété », *Administrer* mars 1996. 4.
6. V. L'enquête de la Cnab, *Administrer* juin 1985. 58; juill. 2006. 27; janv. 2008. 14 – Lafond, art. L. 10, n° 1.

437 **Plan.** Sous le bénéfice de ces observations, seront étudiées successivement : les différentes catégories de charges et leur répartition ; la modification et la révision de la répartition des charges ; le paiement des charges et les garanties de ce paiement.

SOUS-SECTION 1
LES DIFFÉRENTES CATÉGORIES DE CHARGES

438 **Plan.** Ainsi qu'on vient de le constater, l'article 10 de la loi du 10 juillet 1965 distingue deux catégories de charges : les charges entraînées par les services collectifs et les éléments d'équipement communs (L. 10 juill. 1965, art. 10, al. 1er), et les charges relatives à la conservation, à l'entretien et à l'administration des parties communes (L. 10 juill. 1965, art. 10, al. 2). Pour chacune d'elles, une méthode de répartition différente est imposée. Il importe donc de déterminer, de la manière la plus précise possible, les charges qui relèvent de l'une ou de l'autre catégorie avant d'exposer les méthodes de répartition qui doivent être suivies[1].

Mais il convient au préalable de déterminer la notion même de « charges de copropriété » qui conditionne la mise en œuvre des méthodes de recouvrement ainsi évoquées, le privilège immobilier spécial du syndicat et les procédures éventuelles de recouvrement.

§ 1
Notion de charges de copropriété

439 **Charges – Provisions – Avances.** Aux termes de l'article 45-1 nouveau du décret du 17 mars 1967 modifié par le décret du 27 mai 2004, les charges sont les dépenses incombant *définitivement* aux copropriétaires, chacun pour sa quote-part.

Le même texte dispose qu'au sens et pour l'application des règles comptables du syndicat, sont nommées *provisions sur charges* les sommes versées ou à verser en attente du solde définitif qui résultera de l'approbation des comptes du syndicat et sont nommées *avances* les fonds destinés, par le règlement de copropriété ou une décision de l'assemblée générale, à constituer des réserves, ou qui représentent un emprunt du syndicat auprès des copropriétaires ou de certains d'entre eux, qui correspondent aux anciennes avances de trésorerie, précision faite que les avances sont remboursables.

Ainsi, conformément d'ailleurs au critère qui avait été dégagé par la jurisprudence[2], les charges se caractérisent par leur caractère définitif, alors que les avances, de même que les provisions, telles que définies, sont remboursables. On continuera donc d'admettre que la décision de l'assemblée générale imposant le versement d'avances ne constitue pas une modification de la répartition des charges, telle que stipulée par une clause du règlement de copropriété[3]. Un régime particulier doit toutefois être maintenu pour l'avance constituant *la réserve prévue au règlement de copropriété*, qui ne peut excéder le 1/6 du montant du budget prévisionnel, dont le syndic peut exiger le versement (Décr. 17 mars 1967, art. 35 nouv.). Il en est de même des avances constituées par les provisions spéciales prévues au sixième alinéa de l'article 18 de la loi du 10 juillet 1965 en vue de faire face à des *travaux d'entretien ou de conservation, éventuellement nécessaires* dans les trois ans, non encore décidés, et dont le syndic peut aussi exiger le versement.

Enfin, une importante jurisprudence s'était instaurée à propos des *avances de trésorerie* que les syndics consentaient au syndicat ; dans son dernier état, cette jurisprudence estimait que de telles avances constituaient une anomalie de gestion ce qui en justifiait le non-remboursement[4]. La question est désormais tranchée par la qualification « emprunt » qui leur est donnée. Les dispositions de la loi SRU relatives au budget prévisionnel devraient mettre un terme à cette pratique.

440 **Notion de charges (suite) – Dépenses n'ayant pas le caractère de charges.** Selon la jurisprudence antérieure à la réforme opérée par la loi du 13 décembre 2000 et dont les solutions sont toujours valables, ne constituent pas des charges de copropriété parce que n'incombant pas définitivement aux copropriétaires :

– les frais exposés pour l'achèvement d'un immeuble acquis en copropriété après que le pro-

1. Civ. 3e, 9 févr. 2011, no 09-70.951, *Bull. civ.* III, no 22 ; *D.* 2011. 595, obs. Rouquet ; *AJDI* 2011. 537, note Tomasin.

2. Civ. 3e, 1er juin 1970, no 68-14.219, *Bull. civ.* III, no 394 ; *JCP* 1970. II. 16465, note Guillot ; *RTD civ.* 1970. 796, obs. Bredin. Civ. 3e, 17 juin 1997, no 95-21.470, *RDI* 1997. 481 – Civ. 3e, 30 juin 1998, no 96-18.819, *RDI* 1998. 689.
3. Civ. 3e, 1er juin 1970, préc.
4. Djigo, « Des avances de trésorerie consenties par le syndic de copropriété », *Loyers et copr.* déc. 1999 – da Silva, « Avances de trésorerie, état de la jurisprudence », *JCP N* 1999. 964 – Civ. 3e, 14 mars 2001, no 99-16.015, *AJDI* 2001. 528 ; *D.* 2002. 1523 ; *Administrer* juin 2001. 94, note Capoulade : qui retrace l'évolution de la jurisprudence – Civ. 3e, 9 janv. 2002, no 00-15.782, *Gaz. Pal.* 2002. 31 – Civ. 3e, 18 nov. 2009, no 08-20.595, *Administrer* févr. 2010. 57, obs. Bouyeure ; *D.* 2009. 2865, obs. Rouquet ; *IRC* mars 2010. 11, obs. Ritschy ; *Rev. loyers* 2010. 83, obs. Guégan.

moteur ait été déclaré en liquidation judiciaire des biens[1];

- les sommes versées en cas de prêt transférable aux accédants à la propriété, même si le syndic recueille les versements en exécution de mandats individuels et non comme représentant de la collectivité[2];

- le versement de la quote-part de la rente viagère due à un précédent propriétaire de l'immeuble[3];

- la contribution qu'un immeuble en copropriété verse à un immeuble voisin en contrepartie d'un droit de passage et d'usage d'un élément d'équipement de cet immeuble[4];

- les taxes qui peuvent être perçues sur le fondement d'un usage et non d'un droit de propriété[5];

- l'abonnement à un « service antenne » (v. s[s] n° 474);

- le remboursement d'un emprunt contracté par le syndicat pour effectuer des travaux[6];

- la participation aux dépenses d'une association syndicale libre.

Bien entendu, la distinction entre charges de copropriété et charges locatives demeure[7].

441 Dépenses n'ayant pas le caractère de charges (suite) – Frais de recouvrement. Aux dépenses qui viennent d'être mentionnées et auxquelles traditionnellement la qualification de charges au sens des articles 10 et 30 de la loi de 1965 était refusée, il faut ajouter, depuis l'adjonction à cette loi de l'article 10-1 par la loi SRU du 13 décembre 2000, complété par la loi ENL du 13 juillet 2006, les frais nécessaires exposés par le syndicat, notamment les frais de mise en demeure, de relance et de prise d'hypothèque à compter de la mise en demeure, pour le recouvrement d'une créance justifiée à l'encontre d'un copropriétaire ainsi que les droits et émoluments des actes d'huissier de justice et le droit de recouvrement ou d'encaissement à la charge du débiteur. Il faut ajouter les honoraires du syndic pour l'établissement de l'état daté; ces frais sont, en effet, désormais imputables à ce seul copropriétaire et ce, par dérogation aux dispositions du 2e alinéa de l'article 10 qui définit la consistance des charges dites générales, lesquelles jusqu'alors comprenaient les frais de procédure exposés par le syndicat pour le recouvrement de ses créances, fussent-elles justifiées, contre un copropriétaire. (v. commentaire art. 10-1 s[s] n° 558). Les frais « imputables », dont la consistance sera ultérieurement définie ne sont donc plus des charges visées aux articles 10 et 30[8].

442 Provisions – Distinction. La loi SRU du 13 décembre 2000 a profondément modifié le régime comptable des provisions. Des articles 14-1 et 14-2 nouveaux de la loi du 10 juillet 1965, complétés par les articles 43, 44 et 45 du décret du 17 mars 1967, modifié par le décret n° 2004-479 du 27 mai 2004, il résulte qu'il convient désormais de distinguer les provisions budgétisées (L. 1965, art. 14-1) des sommes exigibles correspondant aux dépenses non comprises dans le budget prévisionnel (L. 1965, art. 14-2).

443 Provisions correspondant aux dépenses budgétisées. Aux termes de l'article 14-1 nouveau de la loi du 10 juillet 1965, le syndicat vote chaque année un budget prévisionnel pour « faire face aux *dépenses courantes de maintenance, de fonctionnement et d'administration des parties communes et éléments d'équipement commun de l'immeuble* ».

L'article 42 nouveau du décret du 17 mars 1967 précise que « les travaux de maintenance sont les travaux d'entretien courant, exécutés en vue de maintenir l'état de l'immeuble ou de prévenir la défaillance d'un élément d'équipement commun; ils comprennent les menues réparations » et (al. 2) « sont assimilés à des travaux de maintenance les travaux de remplacement d'éléments d'équipement communs, tels que ceux de la chaudière ou de l'ascenseur lorsque le prix de ce remplacement est compris forfaitairement dans le contrat de maintenance ou d'entretien y afférent ». Et aux termes de l'alinéa 3 du même article, « sont aussi assimilés à des travaux de maintenance les vérifications périodiques imposées par les réglementations en vigueur sur les éléments d'équipement commun ». On peut citer à titre d'exemple les opérations impliquées par le contrôle périodique de l'état de fonctionnement des ascenseurs imposées par la loi n° 2003-590 du 2 juillet 2003 (CCH, art. L. 125-2-3 et L. 125-2-4) et le décret n° 2004-964 du 9 septembre 2004 (v. annexe).

444 Provisions budgétisées (suite). Le budget prévisionnel couvre un exercice comptable de douze mois; il est voté avant le début de l'exercice qu'il concerne (Décr. 17 mars 1967, art. 43 nouv.) (pour le cas où le budget prévisionnel ne peut être voté qu'au cours de l'exercice comptable qu'il concerne, v. art. 43, al. 2, et son commentaire, s[s] n° 1042).

1. Civ. 3e, 20 déc. 1976, *D.* 1977. IR 320; *JCP* 1978. II. 18800, note Guillot, *RTD civ.* 1977. 576.
2. V. Chron. *RDI* 1991. 254, col. 1.
3. Civ. 3e, 5 févr. 1991, n° 89-20.502, *RDI* 1991. 253.
4. Civ. 3e, 4 déc. 1991, n° 90-11.834, *Bull. civ.* III, n° 304; *RDI* 1992. 114 : l'arrêt ne se prononce pas sur la question, c'est l'arrêt attaqué (Paris, 1er déc. 1989) qui avait admis la négative.
5. POUR la taxe sur les balcons : Paris, 19 janv. 1990, RG n° 88/002172, *Juris-Data* n° 020265, *Loyers et copr.* 1900. 143; *RDI* 1990. 246.
6. Civ. 3e, 15 mai 2002, n° 00-19.832, [ARRÊT DE PRINCIPE], *AJDI* 2003. 39; *D.* 2003. 1333; *Administrer* août-sept. 2002. 53, note Capoulade.
7. V. Quignard, Charges de copropriété et charges locatives.
8. Capoulade, *Administrer* 2001, 63.

Le budget prévisionnel supposé voté, les copropriétaires versent au syndicat *des provisions égales au quart de ce budget*; toutefois l'assemblée générale peut fixer des modalités différentes (L. 10 juill. 1965, art. 14-1 nouveau, al. 2 et 3). La *provision est exigible* le premier jour de chaque trimestre *ou le premier jour de la période fixée par l'assemblée générale* (L. 10 juill. 1965, art. 14-1, al. 3). Normalement cette exigibilité est automatique; elle ne suppose pas l'accomplissement de formalités spéciales. Toutefois afin d'assurer l'information des copropriétaires, l'article 35-2 nouveau du décret du 17 mars 1967 prévoit que pour « l'exécution du budget prévisionnel, le syndic adresse à chaque copropriétaire, par lettre simple, préalablement à la date d'exigibilité déterminée par la loi, un avis indiquant le montant de la provision exigible ». Toutefois, l'omission de cette formalité ne paraît pas compromettre l'exigibilité de la provision, ni sa date qui sont impérativement fixées par la loi : la provision est exigible, ainsi que l'indique le texte lui-même, le premier jour de la période considérée. Le décret du 20 avril 2010 ajoutant un troisième alinéa à l'article 10 du décret de 1967, celui-ci prévoit désormais que l'avis d'exigibilité rappelle les dispositions sur les demandes des copropriétaires en vue d'une inscription à l'ordre du jour de l'assemblée générale [1].

Enfin, il faut rappeler que le défaut de versement, à sa date d'exigibilité, de la provision permet la mise en œuvre de la procédure accélérée de recouvrement prévue par l'article 19-2 nouveau de la loi de 1965 (sur cette procédure v. s^{s} n°s 548 s. et sur le budget prévisionnel en général v. s^{s} n°s 1039 s. dans le cadre de la comptabilité du syndicat).

445 Les provisions correspondant aux dépenses non comprises dans le budget prévisionnel. Aux termes de l'article 14-2 nouveau de la loi du 10 juillet 1965, ne sont pas comprises dans le budget prévisionnel les dépenses pour travaux dont la liste sera fixée par décret en Conseil d'État.

Cette liste est donnée par l'article 44 nouveau du décret du 17 mars 1967, modifié par le décret du 27 mai 2004. Ce sont :

- les travaux de conservation ou d'entretien de l'immeuble, autres que ceux de maintenance;
- les travaux portant sur les éléments d'équipement commun, autres que ceux de maintenance;
- les travaux d'amélioration, tels que la transformation d'un ou de plusieurs éléments d'équipement existants, l'adjonction d'éléments nouveaux, l'aménagement de locaux affectés à l'usage commun ou la création de tels locaux, l'affouillement du sol et la surélévation des bâtiments;
- les dépenses afférentes aux études techniques, telles que diagnostics et consultations;
- d'une manière générale, les travaux qui ne concourent pas à la maintenance et à l'administration des parties communes ou à la maintenance et au fonctionnement des équipements communs de l'immeuble.

L'article 14-2 nouveau de la loi du 10 juillet 1965 précise que les sommes afférentes à ces dépenses sont exigibles selon les modalités votées par l'assemblée générale. Il convient donc que l'assemblée générale soit convoquée et réunie pour fixer ces « modalités », qui auront la nature juridique de provisions, mais pour le recouvrement desquelles la procédure accélérée de l'article 19-2 de la loi n'est pas applicable. Mais, l'article 35-2 nouveau du décret du 17 mars 1967 précise, en son alinéa 2, que « pour les dépenses non comprises dans le budget prévisionnel, le syndic adresse à chaque copropriétaire par lettre simple préalablement à la date d'exigibilité déterminée par décision d'assemblée générale, un avis indiquant le montant de la somme exigible et l'objet de la dépense. » Ici également, le défaut de délivrance de cet avis ne paraît pas affecter l'exigibilité qui est décidée par l'assemblée générale.

Le projet de décret contenait une disposition aux termes de laquelle chacune des dépenses énumérées à l'article 44 devait faire l'objet d'un vote séparé; elle n'a pas été reprise dans le texte définitif. [2]

La même assemblée doit fixer, par un vote séparé, les honoraires du syndic pour les travaux non compris dans le budget prévisionnel.

446 Conclusion. Budgétisées ou non les provisions représentent, du point de vue comptable, les sommes versées en attente du solde définitif des comptes. En principe, elles ne sont pas remboursables et sont reportées sur l'exercice suivant sauf en cas de vente du lot qui entraîne l'arrêté de compte.

Il convient donc de bien distinguer :

- les *charges* qui sont les dépenses incombant *définitivement* aux copropriétaires, chacun pour sa quote-part;
- les *avances* destinées à constituer des réserves ou qui représentent un emprunt du syndicat auprès des copropriétaires ou de certains d'entre eux; elles sont remboursables;
- les *provisions* qui sont les sommes versées ou à verser en attente du solde définitif des comptes et reportées, en principe, sur l'exercice suivant.

1. En outre, le « relevé de charges » informe, jusqu'au 30 nov. 2011, les copropriétaires concernant l'accès à la TNT (art. 18, al. 9).

2. D'une manière générale, la cour de cassation exige un vote par questions : Civ. 3e, 14 janv. 2009, n° 08-10.624, *Bull. civ.* III, n° 11; *D.* 2010. 112, AJ 298; *AJDI* 2009. 549 obs. Capoulade.

Si désormais, on s'en tient aux charges *stricto sensu*, il convient de définir le contenu des deux catégories de charges.

§ 2
Contenu des deux catégories de charges

447 État de la question. La distinction opérée par l'article 10 de la loi du 10 juillet 1965 entre les charges entraînées par les services collectifs et les éléments d'équipement commun (L. 10 juill. 1965, art. 10, al. 1er) - que l'on qualifie généralement de *charges spéciales* - et les charges relatives à la conservation, à l'entretien et à l'administration des parties communes (L. 10 juill. 1965, art. 10, al. 2) - que l'on désigne sous le nom de *charges générales*[1] - ne devrait, *a priori*, soulever aucune difficulté de mise en œuvre[2].

La réalité est cependant différente pour la raison que la notion de services collectifs et celle d'élément d'équipement commun sont des notions beaucoup plus techniques que juridiques. Juridiquement, en effet, les éléments d'équipement commun constituent des parties communes; il est dès lors difficilement évitable que des interférences se produisent entre les charges « entraînées » par ces éléments et celles qui sont « relatives à la conservation, à l'entretien et à l'administration des parties communes ». Il est cependant indispensable qu'une délimitation rigoureuse soit opérée entre ces deux catégories de charges puisqu'elles ne sont pas réparties selon les mêmes bases et que, de surcroît, ces bases sont impérativement définies.

A.
Charges entraînées par les services collectifs et les éléments d'équipement commun

448 Données de droit et de fait. Comme on vient de l'observer, il n'est pas facile de cerner exactement le domaine de ces charges par rapport à celui des charges « générales ».

En ce qui concerne les éléments d'équipement commun, la difficulté est moindre en ce sens que cette qualification s'impose pour certaines installations, comme par exemple le chauffage ou les ascenseurs que l'on peut qualifier éléments d'équipement commun « par nature ». En revanche, la notion de service collectif suscite davantage de difficultés, non pas tant d'ailleurs dans sa définition (le gardiennage ou l'entretien des espaces verts sont sûrement des services collectifs) que sur le plan de l'application du critère de répartition : utilité ou quotes-parts de parties communes.

La difficulté provient de ce que les copropriétaires de certains lots, extérieurs au bâtiment, comme par exemple des parkings[3] ou constituant des entités distinctes, par exemple, des boutiques, mis en présence d'une répartition des charges sur la base des tantièmes de propriété en tant que charges relatives à l'entretien ou à la conservation des parties communes, prétendent s'en exonérer en démontrant que ces services collectifs ne présentent aucune utilité pour leurs lots; du fait de la situation de ces lots dans l'immeuble, ils prétendent tirer une « présomption d'inutilité » de ces services.

De la sorte, c'est souvent par le biais de la contestation sur l'utilité du service ou de l'élément litigieux que la question de la qualification des charges est tranchée[4].

Le principe est, sans nul doute, que le point de référence doit être le règlement de copropriété sans que l'on puisse, toutefois, faire abstraction de l'intervention toujours possible de la notion d'utilité[5].

449 Référence au règlement de copropriété – Portée. Le rôle du règlement de copropriété étant, notamment, de déterminer la consistance des parties privatives et des parties communes et comprenant obligatoirement l'état de répartition des charges fixant la quote-part afférente à chaque lot dans chacune des catégories de charges, il est logique de poser en principe que c'est à ce document qu'il appartient d'opérer la distinction entre les charges entraînées par les éléments d'équipement commun et les services collectifs, d'une part, et les dépenses qui relèvent de la conservation et de l'entretien des parties communes, de l'autre. Les clauses claires et précises du règlement doivent être appliquées[6].

1. SUR L'ENSEMBLE DE LA QUESTION : Guillot, « La difficulté du classement des charges communes dans l'une ou l'autre des catégories définies par les alinéas 1 et 2 de l'article 10 de la loi du 10 juill. 1965 », *Administrer* juill. 1988. 8 – Morand et Zurfluh, « La répartition des charges d'équipement et des services collectifs dans les immeubles en copropriété », *JCP N* 1978. I. 243; *Gaz. Pal.* 1977, I, Doctr. 41 – Vigneron, « La répartition des charges de copropriété et ses subtilités », *Loyers et copr.* avr. 1999. 5 – Atias, « les deux critères de répartition des charges de copropriété », *IRC* mars 2004. 22.
2. Costa-Ferrandi, « Détermination des charges et expertise judiciaire », *AJDI* 2008. 539.
3. V. Bouyeure, « Parkings et charges de copropriété », *Administrer* avr. 1982. 15 – Arnaud et Bouyeure, *Millièmes et charges de copropriété*, p. 155.
4. EN CE SENS : LOMBOIS, D. 1966, lég. p. 95, n° 25.
5. Civ. 3e, 6 mai 2003, n° 02-10.828, *Bull. civ.* III, n° 95; *AJDI* 2003. 766, obs. Giverdon – Civ. 3e, 23 juin 2010, n° 09-67.529, *Bull. civ. III*, n° 129.
6. Civ. 3e, 1er déc. 2010, n° 09-72.402, NP : si le copropriétaire qui a voté l'approbation des comptes non contestée ne peut refuser de régler sa quote-part de charges, il peut toutefois invoquer le fait que la répartition des charges n'a pas été calculée conformément au règlement de copropriété.

C'est ainsi que si le règlement de copropriété stipule que des dépenses, telles que le gardiennage ou l'entretien des espaces verts relèvent de la catégorie des charges générales, réparties sur la base des tantièmes de copropriété, cette clause doit être appliquée. Un copropriétaire ne peut prétendre y échapper sous le prétexte que ces services ne présentent aucune utilité pour son lot[1] ou pour l'exercice de son activité[2].

À l'inverse, si le règlement de copropriété stipule qu'une voie de desserte, partie commune, est réservée à l'usage exclusif de locaux à usage commercial dépendant de la copropriété, les dépenses entraînées par la réfection de cette voie constituent une charge spéciale pour les propriétaires de ces locaux[3]. La même solution vaut pour les charges spéciales afférentes aux parties communes spéciales[4].

Ainsi a-t-il été jugé que dès lors que le règlement de copropriété interdisait aux copropriétaires de parkings le lavage des voitures et l'alimentation en eau des radiateurs, ces copropriétaires pouvaient être exonérés de toute contribution aux dépenses d'eau froide[5].

Toutefois, une clause du règlement de copropriété qui stipulerait une répartition manifestement contraire aux dispositions de l'article 10 de la loi du 10 juillet 1965 devrait être réputée non écrite[6].

Tel est le cas, par exemple, pour une clause exonérant un lot des charges communes générales - en l'espèce de gardiennage - sur la constatation qu'elles ne correspondent à aucune utilité pour ce lot[7].

L'appréciation de la conformité de la répartition relève de la souveraineté du juge du fond, mais sous réserve du contrôle de la motivation[8] prenant, précisément, en compte la situation du lot dans l'immeuble[9]. Spécialement, il a pu être jugé que la répartition des dépenses entraînées par un équipement commun (en l'occurrence le chauffage collectif) sur la base des quotes-parts de parties communes est possible si elle apparaît conforme au critère de l'utilité objective[10], mais il faut que soit recherché, pour l'immeuble considéré, si la répartition selon les quotes-parts des parties communes a bien été faite en fonction de l'utilité que l'équipement présente au regard de chaque lot[11].

On constate donc un certain flottement. L'obligation imposée pour tout règlement de copropriété, publié à compter du 31 décembre 2002, par l'alinéa 4 ajouté à l'article 10 de la loi du 10 juillet 1965 par la loi du 13 décembre 2000, dite loi SRU, d'indiquer les éléments pris en considération et la méthode de calcul permettant de fixer la répartition des charges devrait faciliter cette recherche[12].

450 Interprétation des termes « charges entraînées ». Les termes « charges entraînées par les services collectifs et les éléments d'équipement commun » avaient soulevé, immédiatement après la mise en vigueur de la loi du 10 juillet 1965, une difficulté d'interprétation.

Si, en effet, il ne faisait aucun doute que ces termes désignaient les *dépenses d'entretien et de fonctionnement*, on discutait le point de savoir s'ils visaient aussi les dépenses consécutives à la *réfection*, au *remplacement* ou à la *mise en conformité* de ces services ou éléments.

La jurisprudence s'est fixée dans le sens de l'interprétation extensive des termes « charges entraînées ». La jurisprudence peut être considérée comme fixée sur ce point depuis l'arrêt de la Cour de cassation du 5 juin 1970[13]. Il en résulte notamment

1. Civ. 3e, 4 janv. 1989, *D.* 1989. 260, Souleau – Civ. 3e, 4 janv. 1991, n° 89-15.602, *Bull. civ.* III, n° 3; *Loyers et copr.* 1991. 135; *Administrer* juill. 1991. 39 – Civ. 3e, 27 nov. 1991, n° 90-12.289, *Bull. civ.* III, n° 290; *RDI* 1992. 115 – Civ. 3e, 11 juin 1992, n° 90-15.517, *Defrénois* 1993. 356, Chron. Aubert – Civ. 3e, 13 juill. 1993, n° 91-16.897, *RDI* 1993. 539.
2. Civ. 3e, 20 juill. 1994, n° 92-14.905, *RDI* 1994. 693 – Civ. 3e, 12 janv. 1995, *Loyers et copr.* 1995. 437 – Capoulade, « Deux années de jurisprudence de la Cour de cassation », *AJPI* 1997. 282.
3. Civ. 3e, 6 juill. 1988, n° 87-12.734, *RDI* 1988. 499.
4. Civ. 3e, 8 juin 2011, n° 10-15.551, NP.
5. Paris, 5 juill. 1977, *Juris-Data* n° 235052, *D.* 1978. IR 294.
6. Civ. 3e, 22 juin 2005, n° 04-12.659, *Bull. civ.* III, n° 139; *Administrer* oct. 2005. 51, note Capoulade; *Loyers et copr.* 2005. 186 – Civ. 3e, 7 juin 2011, n° 09-15.863, NP. Il appartient au juge qui répute une clause non écrite de procéder à une nouvelle répartition des charges et de fixer toutes les modalités que le respect des dispositions d'ordre public impose, y compris la création de charges spéciales lorsqu'elle s'avère indispensable au regard de la loi – RAPPR. : Civ. 3e, 1er févr. 2006, n° 05-10.398, Casale c/Syndicat 118 rue Marcadet à Paris, *Administrer* 2006, n° 387, 37, obs. Bouyeure.
7. Paris, 21 févr. 1996, RG n° 95-23761, *Juris-Data* n° 020345, *Loyers et copr.* 1996. 274.
8. Capoulade, obs. préc., *AJPI* 1997. 282.
9. Civ. 3e, 29 oct. 1984, *JCP* 1985. IV. 12 – PAR EXEMPLE : sur cette prise en compte : Paris, 15 janv. 1997, *Loyers et copr.* 1997. 150.
10. Civ. 3e, 8 févr. 1977, n° 76-70.222, *Bull. civ.* III, n° 234; *D.* 1978. 22, note Souleau; *JCP* 1979. II. 19068, note Atias – Civ. 3e, 9 juin 1993, n° 91-14.792, *RDI* 1993. 413; *IRC* janv. 1994 415, note Capoulade – Civ. 3e, 9 nov. 1994, n° 92-21.494, *Bull. civ.* III, n° 186; *RDI* 1995. 155; *Administrer* 26. 266, note Capoulade, en l'espèce le règlement de copropriété ne contenait aucune clause.
11. Civ. 3e, 18 déc. 1991, n° 90-17.601, *Bull. civ.* III, n° 324; *AJDI* 1992. 784, *RDI* 1992. 115 – POUR un ascenseur : Civ. 3e, 23 juin 2010, n° 09-67.529, *Bull. civ.* III, n° 129.
12. Gillier, *Détermination des charges*, *AJDI* 2008. 545.
13. Civ. 3e, 5 juin 1970, n° 69-10.929, *Bull. civ.*, III n° 386; *D.* 1970. 751, note Givord et Giverdon; *JCP* 1970. II. 16537, note Guillot; *Rev. loyers* 1971. 48; *Gaz. Pal.* 1970. 2, 80 – Civ. 3e, 19 juin 1992, *Loyers et copr.* 1992. 442.

cette conséquence que les charges de réfection ou de mise en conformité d'un ascenseur vétuste ou ne répondant plus aux normes exigées[1] ne sauraient être supportées par les copropriétaires qui ne tirent aucune utilité de celui-ci.

La Cour de cassation en a décidé de même à propos de la dépense afférente à la pose de parois de verre isolant la cage de l'ascenseur de l'escalier[2] en cassant un arrêt[3] qui avait décidé de répartir cette dépense entre tous les copropriétaires en proportion des millièmes de copropriété affectés à leurs lots, au motif que ladite dépense avait le caractère d'un investissement destiné à compléter la structure même des parties communes de l'immeuble.

Depuis la mise en vigueur de la loi n° 2000-1208 du 13 décembre 2000, complétant la loi du 10 juillet 1965 et compte tenu des précisions apportées par le décret du 17 mars 1967, modifié par le décret du 27 mai 2004, la plupart de ces dépenses sont comprises dans les dépenses courantes de maintenance, de fonctionnement et d'administration des parties communes et *équipements communs* de l'immeuble faisant l'objet du budget prévisionnel voté chaque année par l'assemblée et donnant lieu aux provisions exigibles dans les conditions prévues par l'article 14-1 alinéa 3 et 19-2 nouveaux de la loi du 10 juillet 1965. Dans la mesure où les dépenses concernent les équipements communs leur répartition doit continuer de se faire sur la base du critère de l'utilité (à noter, à ce sujet, les précisions données par l'article 45 alinéas 2 et 3 nouveaux du décret modifié du 17 mars 1967, v. s^s n° 452).

451 Principales dépenses considérées comme entraînées par les services collectifs et les éléments d'équipement commun. Compte tenu des précisions données ci-dessus et de la jurisprudence la plus récente, ces dépenses sont, sans que cette énumération soit limitative[4], celles :

- relatives aux ascenseurs et monte-charge;
- afférentes au chauffage collectif;
- afférentes à la production et à la distribution de l'eau chaude;
- relatives à la climatisation et au conditionnement d'air;
- entraînées par l'installation de compresseurs destinés à assurer l'alimentation en eau des étages supérieurs;
- relatives aux antennes collectives et réseaux câblés;
- relatives aux services de sécurité ou de télésurveillance;
- relatives aux gaines de vide-ordures, mais pas au vidoir d'étage dont les dépenses d'entretien et de réparation sont considérées comme charges générales.

En revanche, sont considérées (du moins en général) comme charges générales :

- les frais de gardiennage[5];
- l'entretien et l'éclairage des parties communes;
- l'entretien des parcs et jardins;
- les interphones et digicodes[6];
- les primes d'assurance y compris celles garantissant le syndicat contre les accidents du fait des ascenseurs[7], ainsi que les surprimes d'assurances[8];
- les dépenses d'entretien des escaliers à l'exclusion des revêtements et tapis.

Bien entendu, on ne saurait trop recommander aux rédacteurs des règlements de copropriété d'être aussi précis que possible surtout par suite de l'application de l'alinéa 4 ajouté l'article 10 de la loi du 10 juillet 1965.

B. Charges relatives à la conservation, à l'entretien et à l'administration des parties communes

452 Contenu de ces charges – Travaux de maintenance. En prévoyant les charges relatives à la conservation, à l'entretien et à l'administration des *parties communes* – que l'on désigne le plus souvent sous le nom de *charges générales* – la loi a exclu tou-

1. Civ. 3e, 5 juin 1970, n° 69-10.929, *Bull. civ.* III., n° 386, préc.
2. Civ. 3e, 19 févr. 1976, n° 74-12.679, *D.* 1976. Somm. 43; *JCP* 1977. II. 18525, note Guillot; *RTD civ.* 1976. 585; *Gaz. Pal.* 1976. 1.
3. Rouen, 13 mars 1974, *D.* 1974. Somm. 65 – AUSSI : ATIAS, « La copropriété des immeubles bâtis dans la jurisprudence », p. 312.
4. POUR une liste plus détaillée avec références à l'appui : Vigneron, « La répartition des charges de copropriété et ses subtilités », *Loyers et copr.* avr. 1999. 5 – AUSSI : LAFOND, ROUX ET STEMMER, D. art. 1er II – POUR LE CONTENU du service de distribution du courrier : Paris, 7 déc. 2000, *AJDI* 2001. 441.
5. Paris, 23 nov. 1993, RG n° 92-12587, *Juris-Data* n° 023885, *Loyers et copr.* 1994. 125.
6. Paris, 7 déc. 1993, RG n° 92-13955, *Juris-Data* n° 023884, *Loyers et copr.* 1994. 124.
7. Paris, 7 déc. 1993, RG n° 92-13955, *Juris-Data* n° 023884, préc.
8. Civ. 3e, 4 juin 2009, n° 08-14.889, *AJDI* 2009. 799, obs. Capoulade, « Assurance à frais commun pour tout l'immeuble, l'existence de la discothèque étant prévue au règlement » – Civ. 3e, 17 mars 2010, n° 09-12.196, *AJDI* déc. 2010. 196, note Tomasin. Clause réputée non écrite qui tendait à faire supporter la surprime par le copropriétaire qui en était responsable.

tes les dépenses ayant trait aux parties privatives, telle la taxe sur les balcons qui n'est pas due pour un balcon, partie privative[1].

La solution est logique : le droit exclusif, dont chaque propriétaire est titulaire sur la fraction divise de son lot, a pour conséquence de lui laisser entière liberté pour l'entretien et l'aménagement de celle-ci[2]. Toutefois, elle peut présenter des inconvénients à propos de certaines parties considérées généralement comme privatives, tels les fenêtres et balcons, mais dont l'entretien intéresse l'ensemble de l'immeuble. Le plus souvent, une clause du règlement de copropriété stipule que l'entretien, et notamment la peinture, de ces parties devront faire l'objet de mesures d'ensemble décidées par l'assemblée générale des copropriétaires[3]. Mais ces dépenses ne constituent pas des charges communes, même si elles sont effectuées dans le cadre d'une réfection collective, par exemple, d'un ravalement[4].

Cette précision étant donnée, l'article 10 alinéa 2 de la loi du 10 juillet 1965 mentionne donc les charges relatives à la conservation, à l'entretien et à l'administration des parties communes. Ces charges que l'article 14-1 nouveau ajouté à la loi du 10 juillet 1965 par la loi du 13 décembre 2000 qualifie *dépenses courantes de maintenance*, de fonctionnement et d'administration des parties communes et équipements communs de l'immeuble sont comprises dans le budget prévisionnel voté chaque année par l'assemblée générale et faisant l'objet des provisions exigibles dans les conditions prévues par l'article 14-1 alinéa 3 et 19-2 nouveaux de la loi du 10 juillet 1965 (L. 13 déc. 2000).

1° On pourra continuer d'admettre que **les charges relatives à conservation des parties communes** au sens de l'article 10 alinéa 2 comprennent si, du moins, elles relèvent de la maintenance[5], les dépenses de *réparation* ou de *réfection* des toitures, escaliers (dans la mesure où l'escalier est compris dans le gros-œuvre[6]), façades, canalisations communes, terrasses.

Il faut réserver l'hypothèse où la terrasse serait stipulée partie privative et surtout celle où, sur une terrasse, qui demeure partie commune, un copropriétaire est titulaire d'un droit de jouissance privatif; une distinction doit alors être faite, au moins en principe, entre l'entretien du revêtement dont la charge incombe au copropriétaire titulaire du droit de jouissance et l'entretien et la réfection de l'étanchéité qui incombe au syndicat et qui, par conséquent, figure au nombre des charges relatives à la conservation des parties communes[7]. S'agissant d'une cour-terrasse servant d'assiette à cinq immeubles dépendant de la même copropriété, la cour d'appel de Paris a réparti la charge d'entretien du gros-œuvre proportionnellement à la surface d'implantation des immeubles[8].

On discute le point de savoir si l'éclairage des parties communes doit, ou non, être compris dans ces charges ou dans celles entraînées par les services collectifs et les éléments d'équipement commun. Il convient d'appliquer les clauses du règlement de copropriété opérant la qualification de ces charges.

Les frais de nettoyage et d'éclairage des parties communes sont compris dans les « charges générales »[9].

2° Les charges relatives à l'entretien des parties communes. Elles comprennent toutes les dépenses occasionnées par le souci de maintenir les parties communes en bon état. On peut citer :

– les dépenses consécutives à l'achat des produits nécessaires au maintien de l'immeuble en état de propreté;

– les sommes versées aux différentes personnes ou entreprises chargées de pourvoir au nettoyage ou à l'entretien de certaines parties communes (lavage de vitres) ou à l'entretien d'un jardin ou d'une voie privée desservant l'immeuble[10].

3° Les charges relatives à l'administration de l'immeuble. Doivent, notamment, figurer sous cette rubrique[11] les honoraires du syndic, la location d'une salle de réunion[12], les frais de convocation de

1. Paris, 7 déc. 1993, RG n° 92-13955, *Juris-Data* n° 023884, *Loyers et copr.* 1994. 123.
2. EN CE SENS : LOMBOIS, D. 1966. 93, n° 25.
3. Sizaire, note 172 *bis*.
4. Paris, 6 nov. 1985, RG n° E. 12612, *Juris-Data* n° 027697, *RDI* 1986. 238 – Paris, 29 juin 2000, RG n° 1999/04054, *Loyers et copr.* 2001, n° 54 – V. spéc. Atias, *Dicopropriété, V° Ravalement*, n° 4 qui évoquent les « parties privatives accessoires » pouvant faire l'objet de travaux d'application collective, liés aux parties privatives. V. POUR les travaux d'économie d'énergie : art. 25 g de la loi de 1965 (loi ENE du 12 juill. 2010).
5. POUR une liste détaillée : KISCHINEWSKY-BROQUISSE, n° 134 – LAFOND, ROUX ET STEMMER, D. art. 1, n° 2 – J.-CL. COPR., fasc. 70 – GUILLOT, art. 10, 12, n°s 7, 01 s.
6. Paris, 15 déc. 1989, RG n° 88/005490, *Juris-Data* n° 026529, *RDI* 1990. 246 – MAIS POUR les éléments d'équipement de l'escalier : Paris, 5 avr. 1991, *Loyers et copr.* 1991. 270.
7. Civ. 3e, 30 mai 1973, n° 72-12.963, *AJPI* 1979. 1173 – Civ. 3e, 16 mai 1976, *Rev. loyers* 1977. 103 – Civ. 3e, 29 déc. 2006, *Administrer* avr. 2007. 52, obs. Bouyeure – LAFOND, ROUX ET STEMMER, L. 10, n° 24 pour les balcons et 49 pour les terrasses.
8. Paris, 2 déc. 1985, *IRC* 1987. 17.
9. Civ. 3e, 4 janv. 1989, n° 87-16.234, *D.* 1989. 260, note Souleau.
10. KISCHINEWSKY-BROQUISSE, n° 135 – LAFOND, ROUX ET STEMMER, D. art. 1, n°s 2 et 3 – Civ. 3e, 6 juill. 1988, *RDI* 1988. 500.
11. POUR une liste détaillée : J.-CL. COPR., fasc. 70.
12. KISCHINEWSKY-BROQUISSE, n° 136.

l'assemblée générale[1], le salaire du conservateur des hypothèques, requis d'inscrire l'hypothèque légale prévue par l'article 19 de la loi du 10 juillet 1965, les frais de justice en cas de procès engagé par ou contre le syndicat[2], sauf frais imputables ou dispense légale ou judiciaire (art. 10-1).

On peut encore mentionner : les primes et surprimes afférentes aux contrats d'assurance souscrits par le syndic[3], les impôts et taxes de toutes natures grevant l'immeuble dans son ensemble (la taxe d'enlèvement des ordures ménagères[4]; ou l'ancienne taxe sur les balcons et les redevances dues au titre d'autorisation de voirie[5]); les honoraires versés à des auxiliaires de justice pour le recouvrement des charges[6]; les frais nécessités par le fonctionnement du conseil syndical et les honoraires des techniciens auxquels celui-ci a pu faire appel pour l'assister (Décr. 17 mars 1967, art. 27, al. 3 - pour le gardiennage v. s[s] n° 295, note 1).

453 Contenu de ces charges (suite) - Ravalement[7]. Le principe est que les charges de ravalement sont considérées comme relevant des charges relatives à la conservation de l'immeuble non comprises dans le budget prévisionnel parce que dépassant la « maintenance ».

Elles doivent, par conséquent être réparties entre les copropriétaires proportionnellement aux tantièmes de copropriété affectés à leurs lots[8]. Il est donc indifférent qu'un copropriétaire ne « profite pas » des travaux, ceux-ci ayant été réalisés pour partie[9].

En conséquence de la qualification ainsi donnée, les copropriétaires des lots définis comme *boutiques* doivent participer aux dépenses de ravalement en proportion des tantièmes de copropriété affectées à ces lots[10]. Dès lors que ces lots font partie de la façade, partie commune, ils doivent participer au ravalement en proportion des quotes-parts qui leur sont affectées[11] même s'ils doivent entretenir la devanture en bon état. La clause du règlement de copropriété dispensant les lots du rez-de-chaussée ou du sous-sol des charges de ravalement doit être réputée non écrite[12]. Toutefois, si, dans un groupe d'immeubles bâtis, un lot ne dispose d'aucune quote-part de droits indivis dans les parties communes qui font l'objet du ravalement, son propriétaire ne peut se voir imposer l'obligation d'y contribuer en raison de l'indépendance des bâtiments[13].

On pourrait donc envisager une clause du règlement de copropriété stipulant que la façade correspondant à la devanture des boutiques est partie privative : mais cette clause doit être claire et précise, néanmoins, elle paraît avoir peu de chance de prospérer. On ne saurait déduire le caractère de partie privée de la façade de la présence de glaces sous toute la largeur de la devanture[14].

Une autre conséquence de la qualification des charges de ravalement, charges relatives à la conservation des parties communes, est qu'elles doivent concerner des éléments de l'immeuble ayant le caractère de parties communes.

Il en résulte que si le ravalement porte à la fois sur des parties communes et des parties privées, il convient d'opérer une ventilation des frais afférents aux parties communes et à une facturation séparée de ceux qui concernent les parties privatives[15]

1. Civ. 3e, 21 mai 2003, n° 02-11.221, *Bull. civ.* III, n° 107; *Pep. civ.* 3; *Administrer* août-sept. 2003. 52.
2. Paris, 6 déc. 1979, *D.* 1980. IR 237 – Paris, 22 févr. 1990, *RDI* 1990. 409 – Civ. 3e, 28 mars 1990, n° 88-15.364, *AJDI* 1990. 516, *D.* 1990. 508, IR 94; *JCP* 1990. IV. 232.
3. KISCHINEWSKY-BROQUISSE, n° 134 – Civ. 3e, 17 mars 2010, n° 09-12.196, préc. s[s] n° 451. Antérieurement, il était décidé que les surprimes, consécutives à l'exercice de certaines activités dans une partie privative, devaient être supportées par le copropriétaire concerné. Rép. min., *JOAN* 25 janv. 1974; *Gaz. Pal.* 2 févr. 1974 – AUSSI : TGI Pontoise, 8 juill. 1976, *Gaz. Pal.* 1977. 1. Somm. 128, par exemple, établissement recevant du public (cinéma).
4. Paris, 5 juill. 1977, *D.* 1978. IR 294.
5. Civ. 3e, 27 janv. 1988, n° 86-15.877, *Loyers et copr.* 1988. 134.
6. Paris, 23 mai 2001, *Loyers et copr.* 2001. 269 – Civ. 3e, 28 mai 2002, n° 01-03.277, NP, *Loyers et copr.* 2002, n° 245.
7. SUR L'ENSEMBLE DE LA QUESTION : KISCHINEWSKY-BROQUISSE, n° 134, note 511 – LAFOND, ROUX ET STEMMER, L. art. 10, n° 46 – J.-CL. COPR., fasc. 70 – Giverdon, « Les travaux de ravalement dans les immeubles en copropriété », *Inf. imm.* juin 1988 – Vigneron, « Le ravalement des immeubles en copropriété », *Loyers et copr.* août-sept. 1988. 2; *JCP N* 1988, prat. 770 – Atias, *Dicopropriété, V° Ravalement.*
8. DANS LE SENS que *le ravalement* relève de la conservation des parties communes : Civ. 3e, 26 oct. 1971, n° 70-11.055, *Bull. civ.* III, n° 511; *D.* 1972. 296; *Rev. loyers* 1972. 47 – TGI Paris, 11 févr. 1980, *D.* 1981. IR 214 – Et, SUR APPEL : Paris, 24 juin 1981, *RTD civ.* 1982. 444; *D.* 1982. IR 435 – Civ. 3e, 10 févr. 1988, n° 86-17.210, NP, *JCP N* 1988. II. 258, note Atias; *JCP* 1988. II. 2118; *Administrer* nov. 1988. 39 – Paris, 29 mars 1991, *Loyers et copr.* 1991. 275.
9. Civ. 3e, 10 févr. 1988, n° 86-17.210, préc.
10. Paris, 24 juin 1998, *Loyers et copr.* 1999. 18; *D.* 1998. IR 16.
11. Civ. 3e, 8 juill. 1998, n° 96-21.629, *Bull. civ.* III, n° 161; *RDI* 1998. 682; *D.* 2000. 134; *Administrer* févr. 1999. 59, note Bouyeure; *RDI* 1998. 682.
12. Paris, 24 juin 1981, *D.* 1982. IR 435; *RTD civ.* 1982. 444.
13. Paris, 29 juin 2000, *Loyers et copr.* 2001. 53, obs. Vigneron – Civ. 3e, 1er févr. 2006, n° 05-10.398, *Administrer* 2006, 37, n° 387, obs. Bouyeure.
14. Civ. 3e, 8 juill. 1998, n° 96-21.629, *Bull. civ.* III, n° 161; *RDI* 1998. 682; *D.* 2000. 134, préc. [SOL. IMPL.].
15. TGI Paris, 15 févr. 1975, *D.* 1976. IR 67 – Paris, 22 févr. 1995, *Loyers et copr.* 1995. 289.

(mais une décision unique semble suffisante[1]), précision étant faite que les travaux de ravalement doivent néanmoins avoir été confiés à la même entreprise afin que soit respectée l'harmonie générale de l'immeuble[2]. Cette obligation rend évidemment plus délicate la ventilation entre les dépenses selon qu'elles concernent les parties privatives ou les parties communes[3]. C'est la raison pour laquelle on peut, semble-t-il, admettre la validité de la clause du règlement de copropriété stipulant qu'il sera fait une masse unique des frais de ravalement de façades et de ceux des persiennes, garde-corps, balustrades, appuis des balcons, parties privatives dès lors que ces derniers sont la conséquence d'un ravalement général[4].

Enfin, si le ravalement est accompagné d'améliorations, par exemple sur les plans thermique ou phonique, ou encore améliorant l'étanchéité, ce sont les dispositions de l'article 30 de la loi du 10 juillet 1965 qui sont applicables[5] et la garantie décennale peut être invoquée[6].

L'application de la loi dite « Grenelle II », (12 juill. 2010), est de nature à rendre fréquents ces dernières hypothèses, en particulier pour les fenêtres (v. art. 25 g et 10-1 e).

SOUS-SECTION 2
RÉPARTITION DES DEUX CATÉGORIES DE CHARGES

454 Distinction. Conformément aux dispositions des alinéas 1 et 2 de l'article 10 de la loi du 10 juillet 1965, il faut distinguer la répartition des charges entraînées par les services collectifs et les éléments d'équipement commun de celle des charges relatives à la conservation, à l'entretien et à l'administration des parties communes[7].

Il faut aussi rappeler qu'aux termes du 4e alinéa ajouté à l'article 10 par la loi n° 2000-1208 du 13 décembre 2000, tout règlement de copropriété publié à compter du 31 décembre 2002 doit indiquer les éléments pris en considération et la méthode de calcul permettant de fixer les quotes-parts des parties communes et la répartition des charges.

§ 1
Répartition des charges entraînées par les services collectifs et les éléments d'équipement commun

455 Critère de l'« utilité ». Aux termes de l'article 10 alinéa 1er de la loi du 10 juillet 1965 « *les charges entraînées par les services collectifs et les éléments d'équipement commun sont réparties en fonction de l'utilité que ces services et ces éléments présentent à l'égard de chaque lot* » (L. 10 juill. 1965, art. 10, al. 1er). L'appréciation de la notion d'utilité doit se faire d'une manière objective, c'est-à-dire abstraction faite de l'usage réellement fait par les copropriétaires des services ou éléments d'équipement considérés[8].

Cette interprétation est justifiée non seulement par la lettre du texte mais aussi par les travaux préparatoires de la loi du 10 juillet 1965. Le texte du projet de loi et celui qui avait été adopté en première lecture par l'Assemblée nationale, se référaient à l'utilité présentée « à l'égard de chacun des copropriétaires ». C'est à la demande du Sénat qu'on y a substitué l'utilité « à l'égard de chaque lot » afin « de ne pas introduire dans l'appréciation de cette notion un élément subjectif difficile à saisir »[9]. À noter qu'il ne faut pas confondre le critère de l'utilité auquel se réfère l'article 10 et celui de l'avantage auquel se réfère l'article 30[10] (v. aussi ss n° 1105).

Il s'agit là d'une règle d'ordre public : toute clause du règlement de copropriété qui y serait contraire doit être réputée non écrite[11].

À l'effet d'apprécier cette utilité, différents éléments entrent en ligne de compte. C'est d'abord la

1. Paris, 29 juin 2000, RG n° 1999/04054, *Juris-Data* n° 121047, *Loyers et copr.* 2001. 54.
2. Paris, 28 avr. 1987, RG n° M 5633, *Juris-Data* n° 022528, *RDI* 1987. 476.
3. Paris, 5 nov. 2004, *AJDI* 2005. 486, obs. Capoulade.
4. EN CE SENS : Vigneron, art. préc. – Paris, 22 mars 2007, RG n° 06/11839, *Juris-Data* n° 329313, *Loyers et copr.* 2007. 160, obs. Vigneron.
5. TGI Nanterre, 7 janv. 1981, *D.* 1982. IR 434; *Gaz. Pal.* 1981. 1, 374; *Rev. loyers* 1981. 496.
6. V. Civ. 3e, 3 mai 1990, n° 88-19.642, *Bull. civ.* III, n° 105; *RDI* 1990. 373.
7. V. Berthault, « Le contentieux de la répartition des charges », *Rev. loyers* 1994. 72. Costa-Ferrandi, préc. 539 – Civ. 3e, 9 févr. 2011, n° 09-70.951, *Bull. civ.* III, n° 22.
8. EN CE SENS : KISCHINEWSKY-BROQUISSE, n° 142 – SIZAIRE, n° 7 – LAFOND, ROUX ET STEMMER, L. art. 10, n° 0281 – GUILLOT, art. 10, n° 12, 6-01 s. – ARNAUD ET BOUYEURE, p. 165 – Guillot, « L'utilité pour un lot d'un service collectif ou d'un élément d'équipement commun », *Administrer* oct. 1984. 3 – Atias, Dicopropriété, *V° Charges (utilité)*, p. 242.
9. V. *Rapp. Voyant*, n° 178, Sénat, 1re lecture, p. 92.
10. V. Morand, « Aspects de jurisprudence nouvelle sur les charges d'ascenseur », *Gaz. Pal.* 1968. 2, D. 87 – Peynet et Morand, « Création et charges d'équipement à répartir suivant l'avantage ou suivant l'utilité », *Gaz. Pal.* 1973. 2 – Bouyeure, « Le régime juridique des travaux d'amélioration et de modernisation dans les immeubles en copropriété », *Administrer* nov. 1984. 8, spéc. n° 20 – BOUYEURE, n° 142 – ATIAS, n° 139.
11. Civ. 3e, 9 juin 2010, n° 09-13.067, *Bull. civ.* III, n° 115.

situation du lot dans l'immeuble : par exemple, les lots du rez-de-chaussée ne participent pas aux charges d'ascenseur ou encore, les lots dits « périphériques » peuvent justifier une base de répartition des charges du chauffage collectif reposant sur le « volume chauffé » (v. s^s^ n° 458). Mais ce sont aussi *l'utilisation* de chaque lot et sa *superficie* qui sont prises en compte, spécialement en vue de la répartition des charges entraînées par l'ascenseur[1].

En cas de changement d'usage des parties privatives, il est possible d'obtenir la modification de la répartition initiale des charges par décision majoritaire de l'assemblée générale ou, à défaut sur autorisation du tribunal (art. 25 f). On notera que si l'exercice d'une profession peut justifier une augmentation de la quote-part des charges d'ascenseur afférentes au lot dans lequel cette profession est exercée, il est, en revanche, impossible de stipuler une augmentation de la quote-part des charges générales incombant à ce lot[2]. La charge du *service collectif de sécurité* doit être répartie en tenant compte du fait que l'utilité de ce service est plus marquée pour le copropriétaire de lots à usage d'hôtel ou de bureaux que pour ceux affectés à usage commercial ou d'habitation[3].

En dépit de ces précisions, il n'en reste pas moins que la détermination de la quote-part exacte des charges afférentes à chaque lot demeure délicate, car aucun mode de répartition ne peut prétendre exprimer exactement l'utilité que présentent, pour chaque lot, tous les services et éléments d'équipement commun. L'obligation d'indiquer dans le règlement de copropriété la méthode de calcul doit permettre de dégager un ensemble de règles à suivre.

Il convient donc, dans chaque cas, de déterminer la base de répartition la plus équitable et le recours à un expert se révélera souvent utile, à condition qu'il ne dépasse pas le cadre de ses compétences.

Les immeubles dits « mixtes », c'est-à-dire comportant la juxtaposition de locaux commerciaux généralement au rez-de-chaussée, de bureaux et de professions libérales (le plus souvent en étages) constituent un cas particulier[4].

1. SIZAIRE, note 162, 1° *c)* – LAFOND, ROUX ET STEMMER, L. art. 10, n°s 10 s. – AUSSI : Morand, « Incidences pratiques du nouveau statut de la copropriété », *Gaz. Pal.* 1966. 1. Doctr. 81 – ARNAUD ET BOUYEURE, p. 152 – TGI Seine, 19 mai 1969, *Rev. loyers* 1969. 304.
2. TGI Seine, 19 mai 1969, *Rev. loyers* 1969. 304.
3. Civ. 3e, 14 déc. 2004, n° 03-14.226, *AJDI* mars 2005. 219. POUR LES TRAVAUX de sécurisation et de gardiennage d'un lot transitoire : Civ. 3e, 10 oct. 2007, n° 06-18.122, *Bull. civ.* III, n° 171; *AJDI* 2008. 489; *D.* 2008. 2690; *Loyers et copr.* 2007. 254, obs. Vigneron.
4. V. Quignard, *Gaz. Pal.* 2 févr. 2002, Doctr.

A. Ascenseurs

456 État de la question. C'est sans doute pour la répartition des charges entraînées aussi bien par le fonctionnement et l'entretien que par le remplacement ou la mise en conformité des ascenseurs que le critère de l'utilité, tel qu'il vient d'être défini, est le plus rationnel et le mieux adapté encore que les experts divergent sur la méthode la meilleure à l'effet de déterminer cette utilité exacte[5].

De ce critère, on déduit, en tout cas, cette conséquence qui peut être considérée comme acquise, que les propriétaires des lots situés au *rez-de-chaussée* de l'immeuble n'ont à participer pour ces lots à *aucune* de ces charges : toute clause contraire, figurerait-elle dans un règlement de copropriété antérieur à la mise en vigueur de la loi du 10 juillet 1965, est réputée non écrite[6]. Mais conformément à la notion d'utilité objective, une utilité *potentielle* suffit[7] (telle l'installation d'un dispositif d'alarme destiné à renforcer la sécurité[8]); dès l'instant donc où un copropriétaire a la possibilité juridique et matérielle, de par la situation de son lot, d'utiliser l'ascenseur, il doit participer aux charges qu'il « entraîne » alors même qu'il n'assurerait pas l'accès direct ou le plus commode à ce lot[9] (bâti-

5. SUR L'ENSEMBLE DE LA QUESTION : ARNAUD ET BOUYEURE, p. 233 s. – LAFOND, ROUX ET STEMMER, L. art. 10, n° 23 – KISCHINEWSKY-BROQUISSE, n° 143 – J.-CL. COPR., fasc. 70, n°s 82 s. – AUSSI : de Morant, « Les bases et les calculs de la répartition des charges des installations d'ascenseurs dans la copropriété », *Gaz. Pal.* 1972. 1. Doctr. 169; *Ann. loyers* 1972. 578; Morand, « Les ascenseurs dans les immeubles en copropriété », *Gaz. Pal.* 1972. 1. Doctr. 169; *Ann. loyers* 1972. 578 – Lalanne, « Réflexions sur le problème des ascenseurs », *Rev. hab. fr.* oct. 1968. 691 – Morand, « Le problème des ascenseurs », *REDI* n° 30. 1757 – Gallet, « L'installation d'un ascenseur dans un immeuble en copropriété », *Rev. loyers* 1991. 180 et 225 – Quignard, « La répartition des frais d'exploitation des ascenseurs », AJPI 1981. 197; « Un copropriétaire doit-il payer les charges d'ascenseur et de chauffage en cas d'inoccupation de ses locaux ? », *Gaz. Pal.* 1987, I, Doctr. 71 – Cordier, « La répartition des charges d'ascenseur est-elle toujours équitable ? », *IRC* sept. 1994. 20 s. – Quignard, *Répartition des frais d'installation d'ascenseur* – Quignard, *Ascenseur et copropriété*, Eyrolles, 2000 – Costa-Ferrand*i*, *op. cit.*, 5.
6. Civ. 3e, 21 févr. 2001, n° 99-14.485, NP, *Rev. loyers* 2001. 22.
7. Civ. 3e, 29 nov. 1977, *Juris-Data* n° 700413, *D.* 1978. 522, note Souleau; *JCP* 1978. II. 18868, concl. Paucot; *Gaz. Pal.* 1978. 1, 237, note Morand; *Administrer* mars 1978. 32 – Civ. 3e, 19 juin 1979, *D.* 1980. IR 238.
8. Paris, 15 nov. 1989, RG n° 86/17082, *Juris-Data* n° 025556, *D.* 1990. Somm. 130; *Loyers et copr.* 1990. 54. AUSSI pour travaux de réparation : Civ. 3e, 23 juin 2010, n° 09-67.529, *Bull. civ.* III, n° 129.
9. Paris, 17 déc. 1982, *D.* 1983. IR 357.

ment à flanc de coteau, desserte partielle pour le dernier étage).

Pour la même raison, si des lots à usage de parkings, situés en sous-sol, sont desservis par l'ascenseur, les copropriétaires des lots du rez-de-chaussée, propriétaires de ces parkings, doivent en supporter les charges [1] pour ces derniers lots seulement [2].

On peut également faire mention de quelques cas particuliers : lots transitoires [3], lots en duplex [4]; ascenseur partie commune à certains copropriétaires; contraintes de complexité et de temps d'accès qui rendent objectivement l'utilité d'un monte-charges sans intérêt [5].

À noter aussi les articles L. 125-1 et L. 125-2 du code de la construction et de l'habitation réglementant la sécurité des ascenseurs prohibant ce que l'on a appelé la « paroi lisse » [6] sur la répartition des dépenses en cas d'usufruit (v. s^s n° 360) sur les travaux de sécurité (CCH, art. R. 125-1-1 s.) et leur étalement dans le temps (3 juill. 2008, 2013, 2018) et sur le contrôle périodique (CCH, art. R. 125-2-4) [7].

B. Chauffage collectif

457 État de la question. Les modalités de répartition des charges « entraînées » par le chauffage collectif, dont le caractère d'élément d'équipement commun et de service collectif ne peut être discuté, sont à l'origine d'un contentieux important qui a donné lieu à une jurisprudence abondante et a suscité de nombreuses études doctrinales ou techniques [8]. Plusieurs raisons expliquent cet état de chose. La première tient à la difficulté de mettre en œuvre le critère de *l'utilité*; la seconde réside dans le fait que les charges entraînées par le chauffage collectif sont différenciées puisqu'à côté des *frais fixes* (entretien, réparation, remplacement des installations) il faut mentionner les *frais de combustible et d'énergie*. Enfin et surtout, la troisième raison tient au fait que ce sont les charges de chauffage qui, dans ces dernières années, ont accusé les plus fortes augmentations et qui donc ont très largement contribué à la hausse générale des charges de copropriété et locatives. On conçoit dès lors que les mesures législatives et réglementaires prises en vue de réaliser des *économies d'énergie* aient eu des incidences directes sur les modalités de répartition des charges de chauffage.

458 Chauffage collectif (suite) – Définition du critère de l'utilité. La définition du critère de l'utilité en matière de chauffage collectif se révèle délicate en raison du fait que, thermiquement parlant, tous les appartements du même immeuble ne se trouvent pas dans une situation identique; spécialement, il convient de prévoir des dispositions particulières pour les locaux dits « périphériques ».

Aussi bien, est-ce en considération de cette situation qu'un arrêt de la Cour de cassation du 24 mai 1978 [9] a repris à son compte le considérant d'un arrêt d'une cour d'appel [10] selon lequel « être utile en ce qui concerne le chauffage collectif, consiste à fournir à chaque lot, suivant sa destination, un confort thermique convenable et identique ».

Il appartient alors à l'expert et au rédacteur du règlement de copropriété de déterminer la méthode la meilleure à l'effet de traduire l'utilité ainsi définie. Peuvent être retenues à cet effet la *surface des planchers* [11] *(cette méthode s'impose pratiquement en cas de chauffage par le sol) ou la surface de chauffe* des radiateurs [12]. On estime, dans ce dernier cas, que le relevé des surfaces adopté par l'assemblée générale ne constitue pas une modification du règlement de copropriété au sens de l'article 13 de la loi du 10 juillet 1965 et n'a pas à être publié au fichier immobilier afin d'être opposable aux ayants cause à titre particulier de copropriétaires [13].

1. TGI Paris, 21 avr. 1977, *D.* 1978. IR 215 – Civ. 3e, 12 févr. 1980, *D.* 1980. IR 447; *Defrénois* 1980. 1450, note Souleau; *Administrer* mai 1980. 26.
2. Civ. 3e, 26 oct. 1983, *D.* 1984. 313, note Souleau; *Administrer* nov. 1984. 40; *Rev. loyers* 1984. 310; *Defrénois* 1984. 356.
3. Civ. 3e, 11 mai 1987, *RDI* 1987. 478.
4. Paris, 10 févr. 2000, RG n° 1998/17322, *RDI* 2000. 238.
5. Civ. 3e, 15 mars 2011, n° 10-13.899, NP.
6. Quignard, « À propos des parois lisses », *AJPI* 1987. 926.
7. Lafond, « Les diagnostics immobiliers », n°s 484 à 494.
8. V. KISCHINEWSKY-BROQUISSE, n° 142 et les nombreux articles cités, note 557 – LAFOND, ROUX ET STEMMER, L. art. 10, IV § 6, n°s 26 s. – V. NOT., parmi les études les plus récentes : ARNAUD ET BOUYEURE, p. 239 s. – Morand et Peynet, « Chauffage, répartition des charges de copropriété », *Administrer* mars 1973. 14 – Olivié, « Le point sur la répartition des charges de chauffage dans une copropriété », *Gaz. Pal.* 1982. 1. Doctr. 125 – J.-CL. COPR., fasc. 70, n°s 87 s. – Forestier, « Installations et charges de chauffage dans un immeuble en copropriété », *Administrer* nov. 1983. 8 – Martin, « Le point sur le chauffage commun des immeubles en copropriété », *Ann. loyers* 1985. 1221 – Giverdon, *Inf. imm.* nov. 1986 – Vigneron, « Tantièmes et charges de chauffage », *JCP N* 1991. I. 423. Costa-Ferrandi, *op. cit.*, 542.
9. Civ. 3e, 23 mai 1978, n° 76-15.376, *Bull. civ.* III, n° 210; *RTD civ.* 1979. 892; *D.* 1978. IR 433; *Gaz. Pal.* 1978. 2. Somm. 350.
10. Lyon, 12 févr. 1976, *D.* 1976. Somm. 13; *RTD civ.* 1976. 375; *JCP* 1976. II. 18437, note Guillot; *Administrer* févr. 1977. 38; *Gaz. Pal.* 1977. 1, 303, note Morand.
11. TGI Créteil, 26 sept. 1979, *Gaz. Pal.* 1980. 1, 320; *D.* 1980. IR 447.
12. TGI Paris, 28 oct. 1976, *D.* 1977. IR 320.
13. Civ. 3e, 27 févr. 1991, n° 89-16.352, *Bull. civ.* III, n° 69, 40, *RDI* 1991. 254, *D.* 1992. Somm. 133, note Bouyeure – Lafond, Chron., *Administrer* mars 1992. 44 – AUSSI : Paris, 6 juill. 1994, *Loyers et copr.* 1994. 484 et 485.

Mais en général, on estime que la répartition la plus équitable, en ce que c'est celle qui tient le mieux compte des locaux périphériques qui protègent les autres, est la répartition qui prend pour base le *volume chauffé*[1]. Toutefois, aucun de ces critères ne peut prétendre traduire exactement l'utilité ainsi entendue; ils sont aussi valables les uns que les autres; ils peuvent être combinés et même écartés au profit d'un critère mieux adapté[2].

En tout cas, il n'appartient pas au juge de modifier unilatéralement un règlement de copropriété ayant adopté une base de répartition conforme à la loi (par exemple, la surface des locaux) pour y substituer une répartition sur la base du volume chauffé sous prétexte qu'elle serait techniquement préférable[3].

Si le règlement de copropriété ne contient aucune clause organisant la répartition des charges de chauffage, il appartient au juge de désigner un expert avec mission de déterminer les bases de cette répartition[4], mais en résistant « à la fascination qu'est susceptible d'exercer sur lui une approche exclusivement technique du problème posé »[5].

Enfin, il y a lieu de noter qu'en application du nouvel alinéa 4 de l'article 10 de la loi du 10 juillet 1965 (L. n° 2000-1208, 13 déc. 2000), tout règlement de copropriété publié à compter du 31 décembre 2002 doit indiquer les éléments pris en considération et la méthode de calcul permettant de fixer la répartition des charges. Cette obligation concerne sans aucun doute la répartition des charges de chauffage; reste à savoir si cette indication ne « contractualise » pas la méthode de calcul, mais le risque ne paraît pas couru dans la mesure où le règlement se borne à énoncer des éléments de calcul.

459 Chauffage collectif – Application du critère de l'utilité (suite) – Répartition sur la base des tantièmes de parties communes. Devant les difficultés rencontrées pour la recherche et l'application des différentes méthodes exposées ci-dessus, il arrive assez fréquemment que des règlements de copropriété opèrent la répartition sur la base des quotes-parts de parties communes affectées à chaque lot, comme s'il s'agissait de charges générales. Cette pratique est également suivie en l'absence de règlement de copropriété ou lorsque celui-ci ne contient aucune disposition réglant la question.

Certaines décisions l'ont condamnée formellement[6] ou ne l'ont admise que sous réserve de ne l'utiliser qu'avec précaution et là où les circonstances de fait peuvent la justifier, précision faite que ce n'est pas la meilleure et la plus juste[7]. Finalement, la jurisprudence et spécialement la Cour de cassation, s'est prononcée pour une solution refusant la prise d'une position de principe mais tenant compte de la situation de l'immeuble concerné[8] et sous réserve qu'il ait été vérifié que la répartition selon les quotes-parts de parties communes est conforme au critère de l'utilité imposé par l'article 10 alinéa 1 de la loi du 10 juillet 1965[9].

A ainsi été cassé pour manque de base légale l'arrêt d'une cour d'appel ayant retenu qu'au plan des principes, il existe entre les millièmes de copropriété et l'importance des éléments de chauffage, un rapport tel qu'une répartition de leurs charges de fonctionnement sur la base des millièmes n'est pas contraire aux dispositions de l'article 10 alinéa 1er[10].

460 Chauffage collectif (suite) – Critère de l'utilité – Problème des lots non raccordés. La notion même d'utilité objective en tant que critère de la répartition des charges entraînées par les services collectifs et les éléments d'équipement commun et donc par le chauffage collectif entraîne cette conséquence que tout copropriétaire d'un lot équipé pour recevoir ce service doit participer aux charges qu'il entraîne, quand bien même il n'en userait pas parce que, par exemple, il dispose d'une installation individuelle de chauffage[11] ou que son

1. Civ. 3e, 23 mai 1978, *Juris-Data* n° 098210, et Lyon, 12 févr. 1976, préc. – AUSSI : Souleau, note *D.* 1978. 22 – Paris, 29 sept. 2005, *Loyers et copr.* janv. 2006. 20, obs. Vigneron.
2. EN CE SENS : Paris, 11 janv. 1990, RG n° 88/20027, *Juris-Data* n° 020298, *Loyers et copr.* 1990. 144; *RDI* 1990. 247.
3. EN CE SENS : Paris, 21 oct. 1980, *Juris-Data* n° 090484, *D.* 1981. IR 216 – Civ. 3e, 18 nov. 1980, *Gaz. Pal.* 1981. 1. pan. jur. 94, *V° Copropriété* – EN SENS CONTRAIRE : Lyon, 12 févr. 1976 et Civ. 3e, 23 mai 1978, n° 76-15.376, préc. – TGI Paris, 23 déc. 1980, *Gaz. Pal.* 1981. 1. Somm. 151; *RTD civ.* 1981. 878; *RDI* 1981. 530.
4. TGI Paris, 25 juin 1980, *RDI* 1981. 413.
5. EN CE SENS : Gelinet, note ss l'arrêt, Paris, 18 déc. 1987, *Juris-Data* n° 029696, *Administrer* févr. 1989. 36.
6. Paris, 11 janv. 1990, RG n° 88/20027, *Juris-Data* n° 020298, *Loyers et copr.* 1990. 144; *RDI* 1990. 247; Paris, 15 nov. 2000, RG n° 1998/00565, *AJDI* 2001. 36.
7. Paris, 18 déc. 1987, *Juris-Data* n° 029696, *D.* 1990. Somm. 130; *RDI* 1988. 241; *Administrer* févr. 1989. 25.
8. Civ. 3e, 9 juin 1993, n° 91-14.792, *RDI* 1993. 413; *IRC* 1994. 415, note Capoulade.
9. Civ. 3e, 9 nov. 1994, n° 92-21.494, *Bull. civ.* III, n° 186; *RDI* 1995. 155; *Administrer* avr. 1995. 26; *Gaz. Pal.* 28 oct. 1995, SC, note Gélinet; *Loyers et copr.* 1994. 80; *D.* 1997. Somm. 247; *IRC* févr. 1995, obs. Capoulade.
10. V. Civ. 3e, 18 déc. 1991, n° 90-17.601, *Bull. civ.* III, n° 324; *AJDI* 1992. 784; *RDI* 1992. 115.
11. Paris, 26 oct. 1979, *D.* 1981. IR 97 – Civ. 3e, 13 mai 1980, n° 78-16.211, *Bull. civ.* III, n° 97; *IRC* 1980. 448; *JCP* 1980. IV. 278 – Paris, 2 oct. 1981, *D.* 1982. IR 434 – Paris, 26 févr. 1987, RG n° M 01714, *Juris-Data* n° 020956, *D.* 1987. IR 67; *RDI* 1987. 277.

lot n'est pas occupé[1]. Pour la même raison, l'autorisation donnée à certains copropriétaires d'installer un système individuel de chauffage ne les dispense pas de participer aux charges entraînées par le chauffage collectif[2].

Toutefois, il est de pratique courante que certains lots – ce sont généralement les lots à destination de commerce – ne soient pas raccordés à l'installation collective de chauffage. Les copropriétaires de ces lots peuvent-ils prétendre être dispensés de contribuer aux charges que cette installation entraîne ?[3] Deux situations doivent être distinguées, selon que le lot considéré est équipé et peut être raccordé ou qu'il n'est pas équipé[4].

Si le lot est équipé, mais en fait n'est pas raccordé, son propriétaire doit contribuer aux charges[5] : la possibilité de raccordement, non utilisée par simple convenance personnelle, justifie la participation aux charges[6].

Si le lot n'est pas équipé mais que le raccordement est techniquement possible, la non-participation aux charges ne peut être décidée qu'après vérification faite qu'en raison des conditions matérielles et techniques des installations la fourniture du chauffage n'avait cependant pas une utilité pour les lots non raccordés[7].

En revanche, s'il n'existe aucune possibilité de raccordement, par suite, par exemple, de l'absence de vannes, de dérivation ou de robinets d'attente, le chauffage ne présente aucune utilité pour le lot considéré qui doit être exonéré de toute contribution aux charges sans qu'il soit possible d'admettre une contribution réduite sur le fondement d'une utilité « résiduelle » par suite de la présence de colonnes montantes[8].

La même solution doit être appliquée au cas où un ensemble de lots dispose d'une installation qui lui est spéciale (ainsi pour des lots composant un hôtel inclus dans une copropriété mais disposant d'une installation spéciale[9]; v. aussi pour un lot intégré dans un centre commercial totalement indépendant du reste de l'immeuble[10]).

À noter enfin que si le règlement de copropriété accorde aux propriétaires des lots non reliés la faculté de se raccorder au chauffage collectif de l'immeuble, l'option dans le sens du raccordement est irrévocable si elle a été exercée lors de l'achèvement de l'immeuble[11]. Sur la décision de supprimer une installation de chauffage en état de marche (v. s^{s} n° 210).

461 Chauffage collectif (suite) – Économies d'énergie[12] – Régime des lois de 1974-1977 – Textes. L'article 2 de la loi n° 74-908 du 29 octobre 1974 relative aux économies d'énergie, modifiée par l'article 6 de la loi n° 77-804 du 19 juillet 1977, dont les dispositions ont été reprises par l'ancien article L. 131-1 du code de la construction et de l'habitation, prescrit que la mise en œuvre des installations de chauffage et de climatisation par tous

1. Civ. 3e, 19 juin 1979, *Juris-Data* n° 799073, *D.* 1980. IR 238; *Administrer* févr. 1980. 22; *RDI* 1980. 200; *RTD civ.* 1980. 378 – V. Quignard, « Un copropriétaire doit-il payer les charges d'ascenseur et de chauffage en cas d'inoccupation de ses locaux ? », *Gaz. Pal.* 1987. 1. Doctr. 71.
2. Civ. 3e, 26 nov. 1985, n° 84-15.809, *JCP* 1986. IV. 55; *Gaz. Pal.* 10 juill. 1986. Somm. ann. 327, *V° Copropriété*, note Souleau; *Defrénois* 1986. 800 – Civ. 3e, 26 oct. 1983, n° 81-16.768, *Bull. civ.* III, n° 201; *Administrer* nov. 1984. 39 – RAPPR. : Paris, 20 oct. 1986, *Loyers et copr.* 1987. 45.
3. SUR CETTE QUESTION : Forestier, « Installations et charges de chauffage dans un immeuble en copropriété », *Administrer* nov. 1983. 8 – Martin, « Le point sur le chauffage commun des immeubles en copropriété », *Ann. loyers* 1985. 1224 – Zurfluh et Barnier-Sztabowicz, « Le chauffage collectif des immeubles en copropriété : lots non raccordés, lots débranchés et installation de chaudières individuelles », *Administrer* juill. 1987. 116 – LAFOND, ROUX ET STEMMER, L. art. 10, n° 0298 – Lafond, Chron. *JCP N* 1987, prat. 268.
4. Même problématique pour la ventilation – SUR LA CHARGE de la preuve de la possibilité technique de raccordement : Civ. 3e, 11 oct. 2006, n° 05-15.208, *Bull. civ.* III, n° 195; *Loyers et copr.* 2006. 207. obs. Vigneron; *Défrenois* 2007, 975, obs. Atias; *Administrer* déc. 2006. 75, obs. Bouyeure.
5. Paris, 2 oct. 1981, *D.* 1982. IR 434 – Civ. 3e, 26 oct. 1983, *Administrer* nov. 1984. 39 – Paris, 25 nov. 1994, *Loyers et copr.* 1995. 126.
6. Civ. 3e, 13 avr. 1988, n° 87-10.746, *D.* 1990. Somm. 131.
7. Civ. 3e, 13 juin 1984, n° 82-16.492, *RDI* 1985. 186; *D.* 1984. IR 386; *Defrénois* 1985, I, 387, note Souleau – Civ. 3e, 8 oct. 1985, *RDI* 1986. 103.
8. Civ. 3e, 10 mai 1994, n° 92-19.305, *RDI* 1994. 492; *D.* 1996. Somm. 159; *Administrer* oct. 1994. 49, note Capoulade – ET SUR RENVOI après cassation : Civ. 3e, 9 déc. 1998, n° 97-11.320, *Bull. civ.* III, n° 239; *AJDI* 1999. 529, note Giverdon; *RDI* 1999. 146 – Civ. 3e, 27 sept. 2005, n° 04-11.735, *Administrer* mars 2006. 48, obs. Bouyeure.
9. Civ. 3e, 29 juin 1988, n° 87-12.205, *D.* 1990. Somm. 131; *RDI* 1988. 500; *Loyers et copr.* 1988. 408.
10. Civ. 3e, 9 déc. 1998, n° 97-11.320, préc.
11. Civ. 3e, 26 oct. 1983, n° 81-16.768, *Bull. civ.* III, n° 201; *D.* 1984. 353, note Souleau; *RDI* 1984. 231; *Defrénois* 1984. 358; *Administrer* nov. 1984. 39; *Rev. loyers* 1984. 311.
12. SUR L'ENSEMBLE DE LA QUESTION : Bouyeure, « Les mesures récentes en faveur des économies d'énergie et le statut de la copropriété », *AJPI* 1980. 467 – Morand, Sevilla, Robine et Soulais, « La nouvelle réglementation sur la répartition du coût du chauffage dans les immeubles collectifs », *Gaz. Pal.* 1980. 1, D. 171 – Isaac-Hoppenot, *Bull. inf. Cneil* 1981, n°s 171-172, p. 36 s. – Sablon, « Économies de chauffage et copropriété », *Gaz. Pal.* 1975. 2, *D.* 430 – Bouyeure et Souleau, « L'application de la réglementation relative aux compteurs de chaleur à la date du 31 déc. 1985 », *Administrer* oct. 1985. 21 – J.-CL. COPR., fasc. 102.30.

exploitants ou utilisateurs doit être assurée de façon à limiter la température de chauffage et de climatisation des locaux à des valeurs fixées par décrets en Conseil d'État, après avis du comité consultatif pour l'utilisation de l'énergie et du comité national interprofessionnel pour les économies d'énergie.

Cette disposition a été complétée par celle de l'article L. 131-3 du même code, aux termes de laquelle « tout immeuble collectif pourvu d'un chauffage commun doit comporter, quand la technique le permet, une installation permettant de déterminer la quantité de chaleur et d'eau chaude fournie à chaque local occupé à titre privatif ».

L'article R. 131-1 du code de la construction et de l'habitation a donc précisé qu'un immeuble collectif pourvu d'un chauffage commun est un immeuble qui comprend au moins deux locaux destinés à être occupés à titre privatif et chauffés par une même installation et qu'un local occupé à titre privatif est constitué par la pièce ou l'ensemble des pièces réservées à la jouissance exclusive des personnes physiques ou morales.

« Nonobstant toute disposition, convention ou usage contraires, les frais de chauffage et de fourniture d'eau chaude mis à la charge des occupants comprennent, en plus des frais fixes, le coût des quantités de chaleur calculées comme il est dit ci-dessus ».

« Un décret pris en Conseil d'État, après avis du comité consultatif pour l'utilisation de l'énergie, fixe les conditions d'application du présent article et, notamment, la part des frais fixes visés au précédent alinéa, les délais d'exécution des travaux prescrits, ainsi que les cas et conditions dans lesquels il peut être dérogé à l'obligation prévue au premier alinéa, en raison d'une impossibilité technique ou d'un coût excessif ».

Le décret ainsi visé est celui n° 91-999 du 30 septembre 1991, dont les dispositions sont consignées dans les articles R. 131-2 à R. 131-7 du code de la construction et de l'habitation. Leur mise en œuvre a fait l'objet de la 7e recommandation de la commission relative à la copropriété, rapportée en annexe du traité[1]. Cette recommandation n'a pas encore été actualisée, dans l'attente de l'ensemble des textes à prendre à la suite de la loi ENE du 12 juillet 2010.

462 Chauffage collectif – Économie d'énergie (suite) – Dispositions générales. Ces dispositions peuvent être résumées ainsi :

a) Tout immeuble collectif, à l'exception de ceux visés à l'article R. 131-3, équipé d'un chauffage commun à tout ou partie des locaux occupés à titre privatif et fournissant à chacun de ces locaux une quantité de chaleur réglable par l'occupant, doit être muni d'appareils permettant d'individualiser les frais de chauffage collectif.

Parmi les immeubles collectifs dans lesquels la mise en place des appareils de mesure ne s'impose pas, on notera ceux ayant fait l'objet d'une demande de permis de construire avant le 31 décembre 1988 et non équipés de systèmes de répartition des frais de chauffage, pour lesquels les frais de combustible ou d'énergie pour le chauffage d'une année de référence, rapportés à la surface chauffée, sont inférieurs à un seuil fixé par arrêté conjoint du ministre chargé de la construction et de l'habitation et du ministre chargé de l'énergie, ou pour lesquels il est techniquement impossible de poser des appareils de mesure. Ce seuil est choisi de sorte que, pour les immeubles faisant l'objet de l'obligation d'équipement en appareils permettant d'individualiser les frais de chauffage collectif, la charge financière annuelle de ces appareils, comprenant l'amortissement sur dix années et les frais de fonctionnement, soit inférieure au dixième des frais annuels de combustible ou d'énergie. Ce seuil a été fixé par l'arrêté du 30 septembre 1991[2] à 40 francs TTC par mètre carré pour la saison de chauffe 1988-1989.

Ces appareils doivent permettre de mesurer la quantité de chaleur fournie ou une grandeur représentative de celle-ci.

b) Pour les immeubles collectifs qui ont fait l'objet d'une demande de permis de construire après le 31 décembre 1988, la date limite pour la mise en service des appareils ainsi prévus a été fixée au 1er octobre 1991.

Les appareils de mesure équipant les immeubles collectifs ayant fait l'objet d'une demande de permis de construire après le 31 décembre 1988 doivent être disposés de telle manière que les relevés soient faits sans qu'il soit besoin de pénétrer dans les locaux privatifs.

c) Dans les immeubles collectifs équipés des appareils prévus à l'article R. 131-2, les frais de chauffage afférents à l'installation commune sont divisés, d'une part, en frais de combustible ou d'énergie, d'autre part, en autres frais de chauffage tels que les frais relatifs à la conduite et à l'entretien des installations de chauffage et les frais relatifs à l'utilisation d'énergie électrique (ou éventuellement d'autres formes d'énergie) pour le fonctionnement des appareillages, tels que les instruments de régulation, les pompes, les brûleurs, les ventilateurs, etc.

1. SUR le décret du 30 sept. 1991 : comm. Vigneron, *JCP N* 1991. I. 423; *Loyers et copr.* déc. 1991. 1 – Quignard, *JCP N* 1991, prat. 2016 – Travers, *AJPI* 1991. 805 – Bouyeure, *Administrer* janv. 1992. 13 – Saulais, *Administrer* janv. 1992. 17.

2. A. 30 sept. 1991, *JO* 1er oct.

1) Les frais de combustible ou d'énergie sont répartis entre les locaux desservis en distinguant des frais communs et des frais individuels.

Les frais communs de combustible ou d'énergie sont obtenus en multipliant le total des dépenses de combustible ou d'énergie par un coefficient égal à 0,50. Ce coefficient peut toutefois être choisi entre 0,25 inclus et 0,50 sur décision de l'assemblée générale des copropriétaires... Pour les immeubles collectifs ayant fait l'objet d'une demande de permis de construire postérieurement au 31 décembre 1988, ce coefficient peut, dans les mêmes conditions, être choisi entre 0 et 0,50 inclus.

Ces frais communs sont répartis dans les conditions fixées par le règlement de copropriété, comme il l'a été dit ci-dessus (v. s^s n° 458).

La différence entre le total des frais de combustible ou d'énergie et les frais communs ainsi calculés exprime le total des frais individuels. Ce total est réparti en fonction des indications fournies par les compteurs, avec cette précision que toutefois les situations ou configurations thermiquement défavorables des locaux peuvent être prises en compte; leurs limites de correction ont été fixées par arrêté du ministre chargé de l'industrie après consultation du ministre chargé de l'énergie et du ministre chargé de la construction.

2) Les « autres frais de chauffage » sont répartis dans les conditions fixées par le règlement de copropriété.

Le tableau ci-dessous permet de schématiser cette réglementation :

Frais de chauffage afférents à l'installation commune		
Frais de combustible ou d'énergie		*Autres frais* (conduite et entretien des installations, frais relatifs à l'utilisation d'énergie électrique...)
Frais communs (selon les dispositions du règlement de copropriété)	Frais individuels	
	répartis en fonction des indications des compteurs	selon les dispositions du règlement de copropriété

Ce tableau fait immédiatement apparaître que la part des frais répartie selon les indications fournies par les appareils de mesure est relativement modeste. On pourrait se poser la question de savoir si cette répartition n'est pas contraire à la loi, et plus précisément au critère de l'utilité objective tel que s'entend l'article 10 alinéa 1 de la loi du 10 juillet 1965 et ce, compte tenu du but avoué de la mise en place des appareils de mesure[1] qui est « d'individualiser » les frais de chauffage.

On peut néanmoins estimer que la législation sur les économies d'énergie supprime cette contradiction en édictant des règles spécifiques qui ne se réfèrent pas exclusivement à la notion d'utilité définie par l'article 10 alinéa 1 de la loi du 10 juillet 1965.

On précisera, en outre :

1) que c'est à l'assemblée générale qu'il appartient de décider s'il y a lieu d'installer les appareils de mesure et de définir le mode de répartition des dépenses d'entretien et de réparation, la majorité requise paraissant être celle de l'article 25 de la loi du 10 juillet 1965[2] (le bénéfice de l'article 25 suppose le respect des dispositions du décret de 1977);

2) que, nonobstant la date limite du 1er octobre 1991, aucune sanction n'était prévue, ce qui explique que les assemblées générales n'ont mis que peu d'empressement à décider les modalités d'installations qui, de toute manière, ne présentent qu'un intérêt pratique très limité et qui, de surcroît, peuvent enregistrer des résultats « aberrants »[3].

463 Chauffage collectif (suite) économie d'énergie – Loi du 12 juillet 2010. Dans sa recherche d'économie énergétique et de réduction des émissions de gaz à effet de serre, la loi n° 2010-788 du 12 juillet 2010 a prévu trois mesures (v. s^s n° 465).

D'une part, l'article L. 134-4-1 du code de la construction et de l'habitation prescrit l'établissement, dans un délai de cinq ans à compter du 1er janvier 2012 d'un diagnostic de performance énergétique (DPE) ou, si les bâtiments à usage principal d'habitation en copropriété comportent cinquante lots et plus, et si le permis de construire est antérieur au 1er juin 2001, d'un « audit énergétique ».

Ce document établi, le nouvel article 24-3 de la loi de 1965 prévoit que le syndic de « tout immeuble équipé d'une installation collective de chauffage ou de refroidissement » inscrit à l'ordre du jour de l'assemblée générale la question d'un « *plan de travaux d'économie d'énergie ou d'un contrat de performance énergétique* ».

D'autre part, l'article 7 (3°) de la loi ENE modifie le petit g de l'article 25 de la loi de 1965. Aux termes de cette nouvelle disposition des « *travaux d'intérêt collectif* peuvent être réalisés sur les parties privatives du lot aux frais du copropriétaire », ce qui conduit à permettre l'accès dans lesdites parties aux conditions de l'article 9. Un décret en Conseil d'État, doit préciser les conditions d'application du « présent g ».

1. SUR CETTE QUESTION : Capoulade, note *IRC* – AUSSI : rép. min. QE, *JOAN Q* 5 sept. 1988, p. 2478; *JCP N* 1988, prat. 736; *JOAN Q* 17 avr. 1989, p. 1788; *Loyers et copr.* 1989. 245.
2. EN CE SENS : rép. min. QE, *JOAN Q* 22 juill. 1985, p. 3467; *Administrer* oct. 1985. 35.
3. Civ. 3e, 17 janv. 1990, n° 88-15.653, *Administrer* mars 1992. 44, Chron. Lafond.

Enfin, l'article 25 est complété par un petit o qui permet à la majorité de cet article et, le cas échéant, à celle de l'article 25-1 de décider « *l'installation de compteurs d'énergie thermique ou de répartiteur de frais de chauffage* » à l'intérieur des parties privatives.

La question se pose de savoir si l'article 25 g (rédaction 1985) subsiste jusqu'à la publication du décret d'application de l'article 25 g (rédaction 2010). Dans le sens de l'affirmative, on fait valoir que l'article g (rédaction) n'a pas été expressément abrogé. Dans le sens de la négative, on relève la rédaction à l'indicatif présent de la loi du 12 juillet 2010, immédiatement entrée en vigueur. Seule son application est différée jusqu'à la publication du décret en Conseil d'État. Cette dernière opinion semble confortée par la modification substantielle subie par les articles L. 131-1 à L. 131-3 du code de la construction et de l'habitation et les nouvelles dispositions des articles L. 241-1 à L. 241-11 du code de l'énergie, après l'intervention de l'ordonnance n° 2011-504 du 9 mai 2011.

464 Chauffage collectif (suite) CCH – Loi du 12 juillet 2010. Afin de mettre en œuvre les principes nouveaux gouvernant la consommation d'énergie et le chauffage des immeubles, les dispositions législatives du code de la construction et de l'environnement ont été remaniées par la loi n° 2010-788 du 12 juillet 2010 et par l'ordonnance n° 2011-504 du 9 mai 2011.

Après avoir traité des constructions nouvelles (CCH, art. L. 111-9 et L. 111-9-1, R. 111-20-1 à 5 et R. 111-22 s.), la loi ENE du 12 juillet 2010 a circonscrit le champ des décrets d'application aux travaux affectant les bâtiments existants (CCH, art. L. 111-10). Un décret en Conseil d'État doit déterminer les différents éléments à considérer pour apprécier les caractéristiques énergétiques et environnementales et la performance énergétique et environnementale : émission des gaz à effet de serre, maîtrise de l'énergie, consommation d'eau, en fonction des catégories de bâtiments, du type de travaux et du rapport coût des travaux et valeur du bâtiment. Il précisera les catégories de bâtiments existants dont une étude de faisabilité précédera le commencement des travaux en évaluant les diverses solutions d'approvisionnement en énergie, ainsi que le contenu et les modalités de cette étude. Enfin, il fixera les caractéristiques thermiques par catégorie des nouveaux équipements, ouvrages ou installations en fonction de l'existant.

L'autorité publique peut demander communication des études et diagnostics visés aux articles L. 111-9, L. 111-10-4 du code de la construction et de l'habitation, qui doit s'effectuer dans les deux mois, sous peine de poursuites et des sanctions prévues pour les articles L. 152-1 à L. 152-10 (CCH, art. L. 111-10-1).

À l'achèvement des travaux de réhabilitation thermiques des bâtiments existants et soumis à autorisation de construire, le maître de l'ouvrage fournit à l'autorité publique une attestation de respect de la réglementation thermique, établie par certaines personnes qualifiées (CCH, art. L. 111-10-2).

Dans les huit ans à compter du 1er janvier 2012, les travaux d'amélioration de la performance énergétique sont réalisés dans les existants à usage tertiaire ou de service public. Un décret en Conseil d'État détermine la nature et les modalités de cette obligation, ainsi que les conditions et modalités du constat du respect de cette obligation qui est établi et publié en annexe des contrats de vente ou de location (CCH, art. L. 111-10-3).

Enfin, d'autres décrets doivent prévoir les catégories de bâtiment, où sera établi, avant travaux, un « diagnostic relatif à la gestion des déchets », selon leur quantité et leur nature, provenant de la démolition ou de la réhabilitation lourde (CCH, art. L. 111-10).

465 Chauffage collectif (suite) CCH – Ordonnance du 9 mai 2011. L'ordonnance n° 2011-504 du 9 mai 2011, d'une part, modifie les articles L. 131-1 à L. 131-3 du code de la construction et de l'habitation qui désormais renvoient au code de l'énergie, tout en conservant les articles L. 131-5 et L. 131-7 qui avaient été modifiés par la loi n° 2006-1772 du 30 décembre 2006, et, d'autre part, crée les articles L. 241-1 à L. 241-11 du code de l'énergie.

a) La mise en œuvre des installations de chauffage et de climatisation : (CCH, art. L. 131-1 et art. L. 131-5; C. énergie, art. L. 241-1). Ces installations doivent être mises en œuvre de telle manière que la température de chauffage et de climatisation des locaux, de chauffage de l'eau sanitaire et de l'eau des piscines soit limitée à une valeur réglementaire.

Les équipements, le fonctionnement et le contrôle des installations de chauffage et de climatisation des locaux existants doivent répondre à des normes réglementaires fixées par les décrets prévus à l'article L. 111-10 du code de la construction et de la consommation. Ces mêmes décrets déterminent notamment les délais d'exécution des travaux prescrits, ainsi que les cas et conditions des dérogations.

Ces dispositions s'appliquent aux contrats en cours dès la date d'entrée en vigueur des textes d'application. À défaut d'accord entre les parties, l'une d'entre elles peut demander en justice la révision du contrat (C. énergie, art. L. 241-1).

b) Les contrats d'exploitation (CCH, art. L. 131-2 – C. énergie, art. L. 241-2 s.).

L'article L. 131-2 du code de la construction renvoie à l'article L. 241-2 du code de l'énergie pour régir les conventions relatives à l'exploitation des installations de chauffage et de climatisation. En réalité, les articles L. 241-2 à L. 241-8 du code de l'énergie s'intéressent à ces conventions, notamment à leur durée, à leur rémunération et à leur contenu.

L'article L. 241-3 limite la durée de ces contrats à seize ans dans deux cas : s'ils comportent une clause de garantie totale de tout ou partie du matériel ou si l'exploitant fait appel aux moyens et techniques nouvelles. La durée se réduit à huit saisons complètes de chauffe si la convention inclut une clause de paiement forfaitaire indépendant des conditions climatiques. Enfin, la durée correspond à cinq saisons complètes de chauffe dans les autres cas.

Si la convention prévoit un paiement forfaitaire, l'exploitant informe son cocontractant des quantités de combustible ou d'énergie effectivement consommées en fin de période contractuelle ou, sur demande, à la fin de la saison de chauffe (C. énergie, art. L. 241-4).

Une clause des contrats de fourniture d'énergie calorifique ou frigorifique prévoit une facturation correspondant aux quantités d'énergie livrées (C. énergie, art. L. 241-6).

Un avenant définissant de nouvelles clauses de paiement du combustible ou de l'énergie intervient à la demande de l'une des parties dans trois cas : mise en œuvre d'énergies ou de techniques nouvelles, réalisation de travaux d'amélioration, économie supérieure à 10 % par rapport à la consommation initiale. La substitution d'énergie entraîne une résiliation du contrat, avec indemnisation de son titulaire.

Est nulle et de nul effet toute clause qui comporte des modalités de rémunération des services favorisant l'accroissement de la quantité d'énergie consommée (C. énergie, art. L. 241-2).

Des décrets en Conseil d'État préciseront les conditions d'application des articles L. 241-2 à L. 241-7 du code de l'énergie. Ils pourront imposer des clauses types et rendre obligatoires des clauses techniques des marchés publics afin de permettre des économies d'énergie et la révision du contrat pourra alors être demandée en justice à défaut d'accord (C. énergie, art. L. 241-8).

Enfin, les dispositions des articles L. 241-5 ne s'appliquent pas aux régies municipales de chauffage urbain, aux contrats publics de concession ou d'affermage, aux contrats privés de chauffage urbain et d'installation de production et de distribution de fluides industriels déterminés par voie réglementaire (art. L. 241-7 du même code).

c) Les dispositions particulières aux immeubles collectifs (CCH, art. L. 131-3 – C. énergie, art. L. 241-9).

L'article L. 131-3 du code de la construction et de l'habitation renvoie à l'article L. 241-9 du code de l'énergie pour les dispositions relatives aux immeubles collectifs pourvus d'un chauffage commun.

L'installation du chauffage dans ces immeubles doit permettre de déterminer la quantité de chaleur et d'eau chaude fournie à chaque local occupé à titre privatif, du moins lorsque la technique le permet. Un décret en Conseil d'État déterminera les cas et conditions autorisant les dérogations, en raison d'une impossibilité technique ou d'un coût excessif. Cette disposition consacre donc le principe du comptage de la consommation et de l'individualisation de la dépense avec pour finalité une économie d'énergie.

Dans son dernier alinéa, l'article L. 241-9 du code de l'énergie reprend d'ailleurs un principe du régime antérieur en énonçant que « *nonobstant toute disposition, convention ou usage contraires, les frais de chauffage et de fourniture d'eau chaude mis à la charge des occupants comprennent, en plus, des frais fixes, le coût des quantités de chaleur calculée comme il est dit ci-dessus* ».

Pour l'application de ces dispositions, des décrets en Conseil d'État fixent notamment la part des frais fixes et les délais d'exécution des travaux prescrits.

Enfin, l'article L. 241-10 du code de l'énergie édicte des dispositions particulières pour les bâtiments réhabilités raccordés à un réseau de distribution de chaleur, notamment pour le « réajustement » des contrats existants.

Ainsi donc, le texte législatif se borne à poser les principes, notamment dans le domaine contractuel et renvoie très largement au règlement le soin d'arrêter les mesures techniques. Ce mouvement marquera l'intrusion de la technique dans le droit.

C. Eau froide

466 État de la question[1]. En ajoutant à l'article 25 de la loi du 10 juillet 1965 un « m » permettant d'adopter à la majorité des voix de tous les copropriétaires, avec retour possible à la majorité de l'article 24 (L. 10 juill. 1965, art. 25-1), la décision d'installer des compteurs d'eau froide divisionnaires, la loi du 13 décembre 2000, dite loi SRU (L. 13 déc. 2000, art. 81-6°), a mis un terme aux

1. Atias, *op. cit.*, *V° Eau*.

difficultés que la prise d'une telle décision avait suscitées (unanimité)[1]. L'interdiction faite à un copropriétaire d'installer de sa propre initiative un compteur semble devoir être maintenue[2].

La décision doit néanmoins faire l'objet d'une rédaction attentive de manière à régler les différentes questions susceptibles de se poser. Un auteur cite au nombre de ces questions, le modèle de compteur, avec ou sans relevé à distance, l'organisation du relevage des compteurs, l'achat, la location et l'entretien du compteur, la qualification d'équipement commun ou privatif, le comptage de la consommation nécessaire aux services communs et à l'entretien des parties communes, la répartition de la différence entre la consommation marquée au compteur divisionnaire et la somme des relevés des compteurs individuels, prorata des quotes-parts ou prorata des consommations, imputation de la dépense en cas de panne. On peut aussi se demander si la pose de compteurs individuels entraîne nécessairement la substitution du comptage à la répartition par millièmes. La loi ne le prévoit pas expressément, mais la logique et l'article 11 iraient en ce sens[3].

La disposition nouvelle doit être complétée par celle de l'article 93 de la loi SRU précitée qui impose à tout service de distribution d'eau destinée à la consommation humaine de procéder à l'individualisation des contrats de fourniture d'eau à l'intérieur des immeubles collectifs d'habitation et des ensembles immobiliers de logements dès lors que le propriétaire en fait la demande. Pour ce qui concerne les immeubles en copropriété, c'est le syndicat qui doit en faire la demande. Il supporte alors la charge financière de la pose des compteurs ainsi que des études et travaux nécessaires à l'individualisation. Les conditions d'application de cet article sont fixées par le décret n° 2003-408 du 28 avril 2003[4].

D.
Eau chaude

467 État de la question. Le décret n° 75-496 du 19 juin 1975 (complété par Décr. n° 76-631, 22 juin 1976, réglementant la catégorie des compteurs d'eau chaude[5] et par l'arrêté du 25 août 1976[6]) pris en application de la loi précitée n° 74-908 du 29 octobre 1974, relative aux économies d'énergie et dont les dispositions sont reprises par les articles R. 131-9 et suivants du code de la construction, et de l'habitation impose une distinction entre les frais de combustible ou d'énergie et les frais fixes ou non (sur les dérogations, v. CCH, art. R. 131-12 et 13) (sur les dérogations, v. CCH, art. R. 131-12 et 13).

En ce qui concerne les frais de combustible ou d'énergie, ce décret a rendu obligatoire l'installation de compteurs destinés à mesurer ces frais :

– immédiatement, pour les immeubles ayant fait l'objet d'une demande de permis de construire postérieure au 30 juin 1975 (immeubles dits de classe A);

– à dater du 15 septembre 1977, pour les autres immeubles (dits de classe B). Les articles 4 et 5 du décret du 19 juillet 1975 devenus les articles R. 131-11 et R. 131-12 du code de la construction et de l'habitation prévoient des dérogations; le lecteur est invité à s'y reporter.

En ce qui concerne les frais fixes ou non et les charges afférentes à la fourniture d'eau chaude autres que les frais de combustible ou d'énergie, ce sont les dispositions du règlement de copropriété qui sont applicables (Décr. 19 juin 1975, art. 2), repris par l'article R. 131-10 du code de la construction et dc l'habitation.

Sous l'empire de ces textes, il a été jugé que la décision de l'assemblée générale d'appliquer un forfait annuel de consommation aux copropriétaires qui n'ont pas fait relever leurs compteurs est une mesure de gestion destinée à pallier la carence de ces copropriétaires et non une modification de la répartition des charges d'eau chaude[7]. Cependant, l'imputation d'une consommation forfaitaire aux locaux démunis de compteurs n'est pas conforme à la loi dans un immeuble qui est pourvu d'une production d'eau chaude collective et dont le règlement de copropriété prévoit l'installation de compteurs dans tous les locaux[8].

Ces dispositions ont fait place à une nouvelle réglementation qui, dans l'ensemble, reprend les mêmes principes (C. énergie, art. L. 241-9 – V. ss n° 464). Néanmoins, l'ensemble des mesures d'application, n'a pas encore été adopté et on peut s'interroger sur la survivance provisoire de l'état du droit antérieur (v. ss n° 463).

1. SUR CES DIFFICULTÉS : Atias, « L'installation de compteurs individuels d'eau froide », *IRC* févr. 1997. 23.
2. Civ. 3e, 10 oct. 1990, n° 88-17.701, *RDI* 1991. 255.
3. Capoulade, « La copropriété dans la loi SRU », *Administrer* avr. 2001, spéc. 31.
4. SUR CE décret : Capoulade, « Petite chronique de l'été législatif », *IRC* avr. 2004, spéc. p. 11 – T. confl. 21 juin 2004, *AJDI* 2005. 311, obs. Capoulade – Circ. n° 2004-3 UHC/QC4/3, relative aux modalités et individualisation des contrats de fourniture d'eau, *AJDI* 2004. 238.
5. D. n° 76-631, 22 juin 1976, *JO* 13 juill., p. 4209.
6. A. 25 août 1976, *JO* 3 sept., p. 5344.
7. Paris, 28 févr. 1990, RG n° 38/011392, *Juris-Data* n° 020458, *RDI* 1990. 410.
8. Versailles, 23 janv. 2006, RG n° 04/04284, *Administrer* avr. 2006. 39.

§ 2
Répartition des charges relatives à la conservation de l'immeuble, à l'entretien et à l'administration des parties communes

A.
Principe

468 Répartition sur la base des tantièmes de parties communes[1]. Aux termes de l'article 10 alinéa 2 de la loi du 10 juillet 1965, « *les charges relatives à la conservation, à l'entretien et à l'administration des parties communes sont réparties proportionnellement aux valeurs relatives des parties privatives comprises dans chaque lot, telles que ces valeurs résultent des dispositions de l'article 5* ».

La répartition est donc opérée en principe sur la base des tantièmes de parties communes affectés à chaque lot.

Méconnaît donc la disposition de l'article 10 alinéa 2, l'assemblée générale qui décide de mettre une partie des frais d'entretien de l'escalier à la charge de certains copropriétaires, sous forme d'une taxation forfaitaire[2].

Mais il convient de rappeler que la méthode de calcul définie par l'article 5 de la loi du 10 juillet 1965, qui n'est que facultative pour la détermination des tantièmes de parties communes, en tant que quote-part de propriété, devient impérative lorsqu'elle est appliquée à celle des quotes-parts de charges générales qui incombent à chaque lot[3]. On en tire notamment cette conséquence que si l'utilisation des lots (par exemple leur affectation à l'usage commercial) peut être prise en considération pour déterminer la consistance des tantièmes de parties communes affectés à ces lots, elle ne peut plus l'être lorsqu'il s'agit de fixer la quote-part des charges générales afférente à ces mêmes lots[4]. En revanche, une répartition qui, au départ, ne tient compte que de la valeur du terrain à laquelle, par la suite, sont appliqués des coefficients de pondération faisant référence à l'article 5, est valable[5].

Par ailleurs, dès lors que la répartition des charges est fondée sur la quote-part des parties communes afférentes à chaque lot, l'ensemble de ceux-ci doit y participer sans que leurs propriétaires puissent prétendre n'avoir aucune utilisation de certaines parties communes et donc n'en tirer aucune utilité[6]. La répartition des charges générales échappe au critère de l'utilité. Seule la qualification indiscutable de service collectif ou d'élément d'équipement commun constitue un obstacle à ce que la répartition des charges entraînées par ce service ou cet élément puisse s'opérer sur la base des tantièmes de parties communes.

La possibilité de prévoir des répartitions particulières des charges générales permet toutefois, sous certaines conditions, de pallier la rigueur du principe ainsi posé.

B.
Répartitions particulières

469 État de la question. L'opportunité de prévoir des répartitions particulières de charges est évidente lorsque l'immeuble comporte plusieurs bâtiments. En pareille hypothèse, il est, en général, créé des parties communes particulières auxquelles sont affectés des tantièmes particuliers de copropriété[7], l'opération pouvant être assortie ou non de la constitution d'un ou de syndicats secondaires : une répartition particulière des charges s'ensuit alors automatiquement[8].

1. Costa-Ferrandi, *op. cit.*, p. 540 – Gillier, *op. cit.*, p. 544.
2. Paris, 9 oct. 1989, RG n° 87/019155, *Juris-Data* n° 024869, *Loyers et copr.* 1989. 543.
3. ARNAUD ET BOUYEURE, p. 168 – Morand, « Répartition des droits de copropriété et répartition des charges », *Gaz. Pal.* 1971, Doctr. 262 – TGI Paris, 7 janv. 1969, *D.* 1969. 521 ; *Gaz. Pal.* 1969. 1, 87 ; *AJPI* 1969. II. 221, note Bouyeure ; *IRC* 1969. 26 – AUSSI : Gélinet, note s/s Versailles, 20 déc. 1988, *Administrer* avr. 1990. 49 ; *RDI* 1995, Chron. 781 ; *RDI* 1998. 683, *Administrer* févr. 1999. 52.
4. EN CE SENS : Paris, 12 juill. 1971, 548, concl. Cabannes ; *AJPI* 1971. 762, note Bouyeure ; *JCP* 1972. II. 17146, note R. D. ; *RTD civ.* 1972. 152, obs. Bredin – Civ. 3e, 21 juin 1977, *Juris-Data* n° 798271, *D.* 1978. IR 23 ; *JCP* 1977. IV. 214 ; *Gaz. Pal.* 1978. 1, 69 ; *RTD civ.* 1977. 797 ; *Defrénois* 1978. 364 – AUSSI : Morand, « Droits de propriété et répartition des charges générales », *AJPI* 1970. 213 – Cointat, « L'expertise et le calcul des millièmes de copropriété et de charges », *Gaz. Pal.* 1972. 1. Doctr. 96 – Morand, « Règlement de copropriété et répartition des charges », *Gaz. Pal.* 1976. 2, 543 – LAFOND, ROUX ET STEMMER, L. art. 10, § III-B, nos 17 s.
5. Civ. 3e, 6 juill. 1988, n° 86-19.498 et n° 87-10.292, *RDI* 1988. 499 ; *Administrer* mars 1989. 23 ; *Loyers et copr.* 1988. 406.
6. Civ. 3e, 8 févr. 1995, n° 92-15.799, *RDI* 1995. 375 ; *D.* 1998. 267 ; *Administrer* mars 1996. 73, note Sizaire – Civ. 3e, 12 juill. 1995, n° 93-20.414, *RDI* 1995. 781.
7. Civ. 3e, 27 sept. 2005, n° 04-11.735, *Administrer* janv. 2006. 47, obs. Bouyeure. Civ. 3e, 4 févr. 2009, n° 07-20.314, NP.
8. EN CE SENS : ARNAUD ET BOUYEURE, p. 171 – Bouyeure, « Les limites de la spécialisation des charges », *AJPI* 1980. 464 – KISCHINEWSKY-BROQUISSE, n° 144 – Morand, « Répartition des charges par bâtiment », *IRC* 1986. 246 – Paris, 20 mars 1971, *JCP* 1972. II. 17213 – TGI Paris, 5 déc. 1974, *D.* 1976. IR 67. Civ. 3e, 8 juin 2011, n° 10-15.551, NP.

Mais la création de quotes-parts particulières de charges n'est pas nécessairement liée à la constitution de tantièmes particuliers de parties communes. La structure matérielle de l'immeuble et l'agencement technique des lots peuvent justifier que certains de ceux-ci (emplacements de stationnement, boutiques) soient affranchis de toute participation aux charges relatives à certaines parties communes (entretien de l'escalier, des halls d'entrée, ravalement des façades). Ce résultat ne peut être obtenu en utilisant le critère de l'utilité pour pondérer les charges générales en fonction des caractéristiques de certains lots [1].

Cette pondération ne peut être assurée que par application des critères de consistance, de superficie ou de situation [2].

En application de l'article 43 de la loi du 10 juillet 1965, il appartient au juge qui répute une clause non écrite, de fixer toutes les modalités qu'impose le respect des dispositions d'ordre public, y compris la création de charges spéciales lorsqu'elle s'avère indispensable au regard de la loi [3].

Par ailleurs, ces clauses ne peuvent aller à l'encontre des dispositions impératives de la loi, ce qui serait le cas si elles avaient pour résultat de disqualifier une partie commune présentant sans aucun doute le caractère d'un élément d'équipement commun.

470 Antennes collectives et réseau câblé. Laissant de côté les conditions de l'installation ou de la modification d'une antenne collective ou d'un réseau interne à l'immeuble raccordé à un réseau câblé, exposées dans une autre partie du traité (v. s^{s} n° 913), on se bornera à indiquer ici sur quelles bases doivent être réparties les charges entraînées par ces équipements.

Bien que la question ait été discutée [4], il ne paraît pas douteux qu'il s'agit là d'éléments d'équipement commun au sens de l'article 10 alinéa 1 de la loi du 10 juillet 1965 [5]. En conséquence, les charges qu'ils entraînent, y compris celles de l'installation, sont réparties en fonction de l'utilité qu'ils présentent à l'égard de chaque lot. Cette utilité est une « utilité objective résultant de circonstances matérielles et techniques » [6]. Dès lors qu'elle est constatée, il est indifférent que le propriétaire du lot, par exemple affecté à un commerce, n'habite pas l'immeuble [7]. Pour la même raison, un copropriétaire ayant procédé à l'installation d'une antenne individuelle avant la pose de l'antenne collective, ne peut, pour cette seule raison, être dispensé de participer aux frais d'entretien de cette dernière [8].

Toutefois, l'article 3 du décret n° 67-1171 du 22 décembre 1967 se réfère à une notion de quote-part par usager en disposant que la « quote-part des dépenses... d'entretien est égale au quotient du total des frais exposés par le nombre total de branchements de l'installation. Seuls ceux qui utilisent leur branchement sont appelés à verser leur quote-part des dépenses d'installation ». Cette disposition, dont le résultat est de prendre en compte un critère d'utilisation effective, est directement contraire à celle impérative de l'article 10 alinéa 1 de la loi du 10 juillet 1965 qui, comme on le sait, se réfère à une utilisation objective; ce dernier doit donc l'emporter sur un texte de nature réglementaire [9]. Toutefois, s'il apparaît qu'une répartition sur la base des tantièmes de copropriété n'est pas incompatible avec le critère de l'utilité, elle peut être retenue [10] en tant que quotes-parts de charges communes.

L'autorisation d'installer et spécialement de faire réaliser les travaux de raccordement peut être donnée à un groupe de copropriétaires à leurs frais; il appartient alors à ceux-ci de décider entre eux de la répartition du coût; les autres copropriétaires ne pourront alors bénéficier de l'équipement qu'après avoir versé leur quote-part du coût des installations conformément à l'article 30 alinéa 4 de la loi du 10 juillet 1965.

Enfin, ce que l'on appelle le « service antenne » est un service personnel dont l'abonnement ne

1. Civ. 3e, 8 févr. 1995, n° 92-15.799, *Bull. civ.* III, n° 41; *RDI* 1995. 375; *D.* 1998. 267 et Civ. 3e, 12 juill. 1995, n° 93-20.414, *RDI* 1995. 781, préc.
2. V. Chron. *RDI* 1995. 781 et *RDI* 1998. 683 – AUSSI : Civ. 3e, 18 déc. 1996, n° 94-17.620, *RDI* 1997. 281; *Loyers et copr.* 1997. 82.
3. Civ. 3e, 22 juin 2005, n° 04-12.659, *Bull. civ.* III, n° 139; *Administrer* oct. 2005. 51, note Capoulade; *Loyers et copr.* oct. 2005. 186 – Civ. 3e, 1er févr. 2006, n° 05-10.398, NP, *Administrer* avr. 2006. 37; *IRC* juin 2006, note Capoulade.
4. V. Atias, « Télévision et copropriété immobilière », *IRC* juin 1998. 17 – Vigneron, « Antennes collectives et réseaux câblés », *IRC* 1998. 8 – Barnier-Sztabowicz, « Câblage et installation d'antennes paraboliques dans les immeubles en copropriété », *Administrer* janv. 1996. 12 s. – Commission relative à la copropriété, recomm. n° 19 – Gil, « Le droit à l'antenne », *Administrer* mars 2007, II, – Atias, *Dicopropriété, V° Antenne* – Lafond, art. L. 10 § IV-A, n°s 22 s.
5. GUILLOT, art. 10 à 12 n° 5.07 – Civ. 3e, 9 déc. 1987, *Administrer* mai 1988. 52; *IRC* 1988. 89 – Bouyeure, *Administrer* févr. 1988. 10 – Lafond, *Administrer* nov. 1993. 6.
6. Civ. 3e, 10 mai 1994, n° 92-12.460, *RDI* 1994. 488; *AJDI* 1995. 593, note Gélinet; *IRC* sept. 1994. 8.
7. Paris, 10 nov. 1989, *Loyers et copr.* 1990. 53; *D.* 1990. Somm. 130.
8. Civ. 3e, 10 mai 1994, n° 92-12.460, *AJDI* 1995. 593, *RDI*, 1994, 488, préc.
9. V. Chron., *RDI* 1994. 488.
10. Paris, 10 mars 1988, RG n° 87/16739, *Juris-Data* n° 021454, *Loyers et copr.* 1988. 243.

constitue pas une charge de copropriété (v. s[s] n° 198).

471 Problèmes soulevés par les prestations spécifiques aux résidences dites « de troisième âge ». On entend par-là des résidences spécialement conçues pour faire bénéficier leurs habitants de services et prestations spécifiques liées à leur état (restauration, surveillance médicale et paramédicale, transports...). Toutes, loin de là, ne sont pas placées sous le régime de la copropriété. Souvent ce sont des sociétés privées qui sont propriétaires et qui gèrent ces résidences locatives, médicalisées ou non, pour personnes âgées [1].

Il faut donc supposer, pour que les problèmes se posent, des résidences de ce type soumises au régime de la copropriété; la situation est relativement fréquente; elle a suscité un certain nombre d'études doctrinales [2] et provoqué une importante jurisprudence [3], spécialement de la Cour de cassation, dont il en est résulté un corps de solutions qui ne font pas l'unanimité.

472 Prestations spécifiques aux résidences de 3e âge (suite) – Recherche de solutions. La difficulté existe lorsque les services rendus aux résidents sont intégrés dans les charges de copropriété et sont assimilés aux charges immobilières. Il faut remarquer que faire régir les résidences avec services par le statut de la copropriété est une création jurisprudentielle qui se situe à côté de la loi du 10 juillet 1965 (*praeter legem*) qui ne mentionnait pas, dans ses dispositions, ce type de syndicat.

Une autre possibilité pour le syndicat est de confier la gestion des services à un organisme autonome (coopérative de consommation, société de prestation de services, association syndicale) agissant seul ou de concert avec le syndicat [4]. La jurisprudence reconnaît la validité d'une telle convention [5]; il revient au règlement de copropriété de préciser les conditions de l'adhésion des copropriétaires qui, si elle est obligatoire, doit intervenir au moment de l'acquisition du logement.

Un arrêt de la cour de Versailles du 5 avril 2000 [6] est de nature à faciliter la mise en place d'un tel service, dans des conditions équivalentes censées être plus économiques, en déclarant qu'elle ne porte pas atteinte aux modalités de jouissance des parties communes; l'unanimité n'est donc pas exigée. Mais la circonstance que le contrat passé avec le prestataire de services a été intégré au règlement de copropriété n'a pas pour effet de rendre les facturations assimilables aux charges communes de l'article 10 [7].

On a également proposé, dans le dessein d'évincer le statut de la copropriété en tant que structure de gestion des services spécifiques, l'utilisation du droit d'usage ou d'habitation [8].

473 Prestations spécifiques aux résidences du 3e âge (suite) – Problème législatif. Un aménagement par la voie réglementaire n'apparaissait pas possible, en l'absence de tout fondement légal sur lequel on pourrait s'appuyer. Seule une loi pouvait y parvenir. À l'occasion de son avis lors de la préparation des lois du 21 juillet 1994 puis du 13 décembre 2000, la commission relative à la copropriété avait recherché vainement une solution tout en soulignant la gravité de la situation et la nécessité d'y remédier malgré les difficultés rencontrées.

Le ministère de la Justice a donc constitué un groupe de travail spécialement chargé de rechercher les remèdes à l'état actuel de la question. Après de nombreuses auditions, ce groupe a remis un rapport et proposé un projet de texte qui a été repris sous forme d'amendement lors du vote de la loi engagement national pour le logement du 13 juillet 2006 [9]. Les résidences avec services soumises au régime de la copropriété des immeubles bâtis feront donc l'objet de développements ultérieurs, sous le titre du syndicat des copropriétaires (v. s[s] n°s 716 s.).

1. SUR les différentes formules possibles : Souleau, « De la résidence avec services aux services avec résidence », *RDI* 1992. 155 – J.-CL. COPR., fasc. 350.
2. Bouyeure, « Résidences du 3e âge et charges de copropriété », *Gaz. Pal.* 1975. 2, D. 541 ; « Les résidences du 3e âge », *Administrer* mai 1984, 2 – Barbièri, « Copropriété du 3e âge et jouvence de la loi de 1965 », *JCP N* 1983. I. 253 ; *JCP* 1983. I. 3122 – Martin, « Les charges des unités de retraites », *Ann. loyers* 1984. 502 ; *Rev. huissiers* 1995. 1314 – Atias, « Services personnels en copropriété immobilière », *D.* 1994, Chron. 170 ; *IRC* 1995. 15 – Giverdon, *Administrer* mars 1996, 9 – Vigneron, J.-CL. COPR., fasc. 350 – Capoulade et autres, t. III, p. 201 s. – SUR un plan plus général : Beaugendre, « Services personnels en copropriété immobilière et droit des sociétés », *AJDI* 2000. 197.
3. Paris, 23e Ch., 20 oct. 2005, RG n° 04/23350, *Loyers et copr.* 2006. 44.
4. V. J.-CL. COPR., fasc. 350 – AUSSI : CAPOULADE ET AUTRES, t. III, p. 209 s.
5. Civ. 3e, 15 juin 1982, n° 80-15.819, *JCP* 1983. II. 19974, note J.-J. B. ; *D.* 1983. IR 337 ; *Administrer* févr. 1983. 24 ; *RTD civ.* 1983. 156 ; *RDI* 1983. 97 – Toulouse, 23 juill. 1981, *JCP N* 1982. I. 260 – ET, SUR POURVOI : Civ. 3e, 8 juin 1983, *JCP N* 1983. II. 305, note Barbièri – Paris, 8 juill. 1985, *Gaz. Pal.* 21-22 avr. 1986 ; *JCP N* 1986, prat., 461.
6. Versailles, 5 avr. 2000, *Juris-Data* n° 133709, *JCP N* 2001. 11, note Yann Stemmer.
7. Civ. 3e, 12 mars 2003, n° 98-20.419, *Bull. civ.* III, n° 59, 55, *AJDI* 2003. 673 ; *Loyers et copr.* 2003. 142.
8. V. Chambelland et Isaac Happenot, « Une nouvelle utilisation du droit d'usage et d'habitation : faciliter la création des résidences pour personnes âgées », *Bull. inf. Cneil.*
9. *JO* 16 juill.

474 Service antenne. Des services offerts par les résidences du 3e âge, on peut rapprocher la question que soulève l'offre d'un « service antenne », abusivement présenté comme un service collectif audiovisuel, alors qu'il s'agit, en réalité, d'un service individuel[1]. Il importe, en effet, de bien préciser les termes de la question. Par « service antenne » il faut entendre la souscription d'un abonnement comprenant la réception d'une sélection de chaînes hertziennes, câblées, ou à très haut débit. Ainsi entendu, ce service ne doit donc pas être confondu avec l'installation ou la modification d'une antenne collective ou d'un réseau interne à l'immeuble raccordé à un réseau câblé, ou à un réseau de très haut débit. Il s'agit là sans aucun doute d'un équipement commun dont l'installation ou la modification relève des pouvoirs de l'assemblée générale et dont les charges entraînées par cette installation, sa modification ou l'entretien constituent des dépenses de copropriété appelées auprès des copropriétaires conformément à l'article 10 de la loi du 10 juillet 1965.

Le « service antenne » est tout à fait différent. Il consiste, comme il vient d'être dit, à proposer à chaque copropriétaire un abonnement comprenant une sélection de chaînes hertziennes ou câblées, ou à un très haut débit. C'est là un service personnel dont l'acceptation relève de la volonté individuelle des copropriétaires; le syndicat des copropriétaires ne peut imposer un tel abonnement ni contraindre les copropriétaires à en supporter les charges[2].

C'est donc à juste titre que la commission relative à la copropriété recommande au syndic de ne pas porter à l'ordre du jour de l'assemblée générale une seule question portant à la fois sur l'installation ou la modification d'une antenne collective ou d'un réseau interne à l'immeuble raccordé à un réseau câblé, ou à très haut débit et ou la souscription d'un « service antenne ». En revanche, le syndic peut toujours transmettre les propositions de programmes offertes à un tarif préférentiel pour un abonnement groupé. Cette souscription n'est pas opposable en cas de transfert de propriété.

475 Très haut débit en fibre optiques. La problématique est voisine de celle concernant l'antenne quant à l'autorisation à donner sur la demande d'un copropriétaire ou d'un locataire (loi de Modernisation de l'économie, modifiant la loi nº 66-457 du 2 juill. 1966 et le code des postes et des communications électroniques, créant un art. 24-2 dans la loi du 10 juill. 1965) et celle relative au service antenne.

Après autorisation de l'installation donnée par l'assemblée générale des copropriétaires, l'opérateur prend en charge les frais d'installation, de gestion, d'entretien et de remplacement de l'installation. Celle-ci n'entraîne donc aucune dépense pour les copropriétaires. En revanche, le copropriétaire (ou son locataire) demeure libre de souscrire un abonnement à ses frais.

476 Équipements sportifs. La présence de tels équipements (courts de tennis, piscines...) est de plus en plus fréquemment relevée dans les groupes d'immeubles bâtis ou les ensembles immobiliers placés sous le régime de la copropriété.

Il s'agit incontestablement d'éléments d'équipement communs, mais la répartition des charges qu'ils entraînent sur la base de l'utilité objective procurée aux lots se révèle difficile à mettre en œuvre. En réalité, il s'agit plutôt de services personnels, analogues à ceux fournis dans les résidences dites du troisième âge (v. ss nº 471) qui s'accommodent fort mal avec les structures « réelles » qui sont celles du statut de la copropriété[3]. C'est pourquoi il est, en général, fait appel à des structures extérieures telles que Sci ou encore associations syndicales.

Le problème qui, le plus souvent, se pose, est provoqué par le désir de certains associés ou sociétaires, qui ne trouvent aucun avantage à ces équipements, de se retirer. Et bien évidemment il y a aussi un problème de récupération des charges[4].

Deux arrêts de la Cour de cassation sont intervenus sur la question : l'un du 8 juillet 1998[5] et l'autre rendu par l'assemblée plénière le 9 février 2001[6]. L'un et l'autre appellent l'attention sur le

1. V. recomm. nº 19 de la commission relative à la copropriété – EN SENS CONTRAIRE AUSSI : Allemand, « Le service audiovisuel collectif dans les copropriétés », *AJDI* 2000. 190.
2. EN CE SENS : Civ. 3e, 1er déc. 1999, *Loyers et copr.* 2000. 47 – SUR CET ARRÊT : Djigo, « Charges communes, réseau câblé et bien propre de l'un des époux », *JCP N* 2000. 643 – Capoulade, « Synthèse de jurisprudence », *AJDI* 2000, spéc. 598, col. 2.
3. SUR L'ENSEMBLE DE LA QUESTION : Beaugendre, « Services personnels en copropriété immobilière et droit des sociétés », *AJDI* 2000. 197.
4. NOT. : Vigneron, « La récupération des charges des courts de tennis », *JCP N* 1990, prat. 1282; *Loyers et copr.* oct. 1989. 1.
5. Civ. 3e, 8 juill. 1998, nº 96-20.583, *Bull. civ.* III, nº 162; *AJDI* 2000. 197, *RDI* 1998. 679; *JCP N* 1999. II. 257, note Sizaire.
6. Cass., Ass. plén., 9 févr. 2001, nº 99-17.642, *Bull. AP* nº 3; *R.*, p. 385; *BICC* 15 mars 2001, rapp. Sempère, concl. Guérin; *D.* 2001. 1493, note Alfandari; *Defrénois* 2001. 795, obs. Atias; *JCP N* 2001. 1301, note Thioye; *AJDI* 2001. 611, obs. Giverdon; *Rev. sociétés* 2001. 357, note Guyon; *D.* 2002. 1522, note Giverdon; *D.* 2003. 1334, note Giverdon – EN CE SENS AUSSI : Civ. 3e, 12 juin 2003, nº 02-10.778, *Bull. civ.* III, nº 125; *R.*, p. 369; *BICC* 15 oct. 2003, nº 1207, et note; *D.* 2003. AJ 1694, obs. Rouquet; *D.* 2004. 367, note Bénard; *JCP* 2003. II. 10190, note Auque; ▶

choix de la formule compatible avec la liberté d'adhésion ou de retrait (association syndicale ou association loi 1901, puis ord. 1er juill. 2004).

477 Lots en attente de vente ou non livrés. Dans le cadre de l'aménagement conventionnel des règles de la répartition des charges telles qu'elles sont formulées par l'article 10 de la loi du 10 juillet 1965, il était fréquent de relever dans les règlements de copropriété une clause aux termes de laquelle les lots non encore vendus ou livrés seraient exonérés de toute contribution aux charges. Ainsi rédigée, la clause suppose que les lots qu'elle vise font partie d'un immeuble bâti, dont les lots sont en attente de commercialisation. L'hypothèse qu'elle traduit est donc différente de celle, ci-dessus examinée (v. ss nº 56) où l'on se trouve en présence de lots dits « transitoires », c'est-à-dire de lots qui correspondent aux tranches non encore bâties de programmes réalisés sous cette forme.

Cette précision donnée, il n'est pas douteux que la clause ainsi évoquée doit être réputée non écrite comme contraire aux dispositions d'ordre public de l'article 10[1]. Les charges incombent au vendeur dans cette hypothèse (la participation des lots non bâtis ne peut être minorée[2]). Toutefois, si cette solution est incontestable pour les charges relatives à la conservation, à l'entretien et à l'administration des parties communes[3], il convient de la nuancer à propos des charges entraînées par les services collectifs et les éléments d'équipement commun et spécialement par le chauffage collectif. Si, en effet, la preuve est rapportée que les lots ainsi visés ne sont pas reliés à l'installation de chauffage, on peut estimer que celle-ci ne présente pour eux aucune utilité et les exonérer des charges qu'elle entraîne sous réserve de la possibilité de branchement.

478 Lots inutilisables. Il est possible que des lots deviennent inutilisables par suite d'un arrêté de péril, d'une interdiction d'habiter, d'un sinistre (incendie ou dégât des eaux, inondation). Après quelques arrêts de cours d'appel exonérant le copropriétaire, la Cour de cassation a refusé de tenir compte de circonstances contingentes et temporaires et a jugé que toutes les charges sans distinctions restaient exigibles[4].

C. Formes de la répartition : l'état de répartition des charges

479 Absence d'état de répartition des charges. En l'absence de règlement de copropriété et donc d'état de répartition des charges – hypothèse de moins en moins fréquente mais non encore inconnue – il appartient au juge de désigner un expert avec mission d'établir un état de répartition des charges.

En ce sens, pour les charges de chauffage, mais dont la solution peut être généralisée[5], solution confirmée par l'arrêt de la Cour de cassation du 15 novembre 1989[6], qui sera ci-après évoqué (v. ss nº 592) reconnaissant au juge le pouvoir d'établir le règlement de copropriété à défaut d'accord entre les copropriétaires.

480 Rôle et contenu de l'état de répartition des charges. La loi du 10 juillet 1965 (L. 10 juill. 1965, art. 10, al. 3) s'était bornée à indiquer que le règlement de copropriété « *fixe la quote-part afférente à chaque lot dans chacune des catégories de charges* ». Cette disposition a été très utilement complétée par le décret du 17 mars 1967 qui, en son article 1er, précise le rôle de l'état de répartition des charges, dont l'existence n'était qu'indirectement consacrée par la loi.

Ce rôle est double. En premier lieu, l'état de répartition des charges doit définir les différentes catégories de charges et distinguer celles afférentes à la conservation, à l'entretien et à l'administration de l'immeuble, celles relatives au fonctionnement et à l'entretien de chacun des éléments d'équipement commun et celles entraînées par chaque service collectif. Ainsi, il importe que l'état de répartition des charges – qui, on le rappelle, est partie intégrante du règlement de copropriété et a donc valeur contractuelle – fasse la répartition des différentes charges entre les catégories ainsi prévues avec toutes les précisions désirables. On a toutefois pu observer que, par suite de l'imprécision des ter-

► *JCP E* 2003. 1791, note Boutonnet; *JCP E* 2004. 334, nº 7, obs. Raynaud; *AJDI* 2003. 663, note Blatter; *Rev. loyers* 2003. 436, obs. Guilluy-Friant; *LPA* 30 avr. 2004, note Kéita; *RTD civ.* 2003. 771, obs. Raynard; *RTD com.* 2004. 72, obs. Monéger; *Rev. sociétés* 2003. 880, note Coquelet; *RDC* 2004. 231, obs. Rochfeld; *RDC* 348, obs. Lardeux; *RDC* 465, obs. Marais; *RTD civ.* 2004. 280, obs. Mestre et Fages.

1. EN CE SENS : KISCHINEWSKY-BROQUISSE, nº 142, note 557 – TGI Paris, 11 mai 1973, *Gaz. Pal.* 1973. 2, 733 – Civ. 3e, 24 mars 1981, *D.* 1982. IR 432; *Bull. civ.* III, nº 69; *Defrénois* 1981. 264 – Civ. 3e, 8 déc. 1981, nº 80-13.722, *Bull. civ.* III, nº 205; *Rev. loyers* 1982. 90; *D.* 1982. IR 432.
2. Civ. 3e, 8 févr. 1995, nº 92-15.799, *Gaz. Pal.* 1995, pan. jur. 217; *Administrer* mars 1996. 73, note Sizaire.
3. Civ. 3e, 2 mars 2010, nº 09-10.059, NP.
4. Civ. 3e, 13 juill. 1993, nº 91-19.762, *Loyers et copr.* 1993. 404 – Civ. 3e, 17 mai 1995, nº 87-15.213, *Loyers et copr.* 1995. 388.
5. TGI Paris, 25 juin 1980, *D.* 1982. IR 434; *RTD civ.* 1982. 655; *RDI* 1981. 413.
6. Civ. 3e, 15 nov. 1989, nº 87-15.213, *Bull. civ. III*, nº 214.

mes « services collectifs et élément d'équipement commun », les rédacteurs du règlement de copropriété et, plus spécialement, de l'état de répartition des charges, disposent d'une certaine latitude à l'effet d'appliquer cette qualification à certains services ou éléments d'équipement. Cependant, cette latitude ne saurait aller jusqu'à permettre des qualifications arbitraires, par exemple refuser celle d'équipement à un ascenseur ou à une installation de chauffage collectif. De telles clauses doivent être réputées non écrites.

En deuxième lieu, l'état de répartition des charges doit fixer, conformément aux dispositions de l'article 10 (L. 10 juill. 1965, art. 10, al. 3) et, s'il y a lieu, de l'article 24 alinéa 4, de la loi du 10 juillet 1965, la quote-part qui incombe à chaque lot, dans chacune des catégories de charges; à défaut, il indique les bases selon lesquelles la répartition est faite pour une ou plusieurs catégories de charges.

Enfin, aux termes de l'alinéa 4 ajouté à l'article 10 de la loi du 10 juillet 1965 par la loi du 13 décembre 2000, dite loi SRU, tout règlement de copropriété publié à compter du 31 décembre 2002 indique les éléments pris en considération et la méthode de calcul permettant de fixer les quotes-parts de parties communes et la répartition des charges.

481 **Indication de la méthode suivie** (loi de 1965, art. 10, al. 4). Il est évident que l'établissement de l'état de répartition des charges est concerné par cette disposition que l'on présente, en général, comme de nature à faciliter l'exercice de l'action en révision de la répartition et surtout de l'action tendant à faire réputer une clause non écrite[1]. On peut cependant se demander si l'incidence de cette obligation n'est pas plus profonde en ce qu'elle entraînerait une « contractualisation » de la méthode de calcul retenue. Plus précisément, on peut s'interroger sur le point de savoir ce que comporte l'indication de la méthode de calcul. Suffit-il, par exemple, de dire que pour la répartition des charges de chauffage la méthode adoptée a été celle du volume chauffé ou de la surface de chauffe ou faut-il aussi indiquer les différents paramètres adoptés ? Ou encore pour les charges générales, faut-il faire état des pondérations retenues ? En d'autres termes, doit-on s'en tenir au principe de répartition sans s'arrêter aux modalités techniques ? La première branche de l'alternative est sans doute préférable. On pourrait ainsi maintenir la jurisprudence antérieure selon laquelle une détermination ultérieure des modalités de mise en œuvre de la base de répartition ne constitue pas une modification devant être publiée au fichier immobilier, par exemple, le relevé des surfaces de chauffe adoptée comme méthode de calcul de charges de chauffage[2]. Il est regrettable que le législateur n'ait pas mieux précisé sa pensée. En tout cas, la disposition nouvelle de l'alinéa 4 ne présente d'intérêt que pour les quotes-parts de charges. Elle est inutile pour les quotes-parts de parties communes en tant que quote-part de propriété puisqu'elles sont librement déterminées et intangibles.

Se pose la question de savoir s'il ne serait pas opportun d'organiser une procédure de rectification des erreurs matérielles qui auraient pu se glisser dans l'établissement de l'état de répartition des charges[3] (sur le point de savoir si les « adaptations » apportées au règlement de copropriété en application de l'article 49 nouveau de la loi de 1965 concernant l'état de répartition des charges, v. s[s] n° 605).

SOUS-SECTION 3

MODIFICATION ET RÉVISION DE LA RÉPARTITION DES CHARGES – RÉPARTITIONS RÉPUTÉES NON ÉCRITES

482 **État de la question.** Antérieurement à la loi du 10 juillet 1965, le principe était qu'aucune modification, ni aucune révision, ne pouvaient intervenir dans la répartition des charges, qu'elles fussent le fait de l'assemblée générale des copropriétaires ou d'une décision de justice. Elles n'étaient possibles que de l'accord unanime des copropriétaires.

Ce principe demeure; il fait même l'objet de la disposition de l'article 11 alinéa 1er aux termes de laquelle la répartition des charges ne peut être modifiée que par une décision prise à l'unanimité des copropriétaires (il s'agit, bien entendu, de l'ensemble des copropriétaires composant le syndicat). Les tribunaux veillent à son application en annulant toute décision majoritaire de l'assemblée générale dont le résultat serait de modifier directement ou indirectement[4] la répartition des charges telle qu'elle résulte du règlement de copropriété ou même d'une simple situation de fait[5]. Mais c'est le règlement de copropriété qui doit être pris en considération; il ne peut y avoir de modification sur la base des indications fournies par un expert[6]. Cette modification ne peut

1. EN CE SENS : Capoulade, « La copropriété dans la loi SRU », *Administrer* avr. 2001, spéc. 33, col. 1.

2. Civ. 3e, 27 févr. 1991, n° 89-16.352, *RDI* 1991. 254; *D.* 1992. 133.
3. PAR EXEMPLE : Civ. 3e, 30 juin 1998, n° 96-21.879, *AJDI* 1998. 1071; *RDI* 1998. 684.
4. NOT. : Civ. 3e, 8 févr. 1977, *JCP* 1979. II. 19068, note Atias.
5. Rouen, 17 avr. 1991, *Gaz. Pal.* 30 sept. 1993. Somm.
6. Civ. 3e, 30 mars 1993, n° 91-14.212, *IRC* 1994. 417.

non plus procéder d'un protocole d'accord ou de tout acte signé par les copropriétaires [1].

Toutefois, la règle ainsi posée n'est applicable qu'aux charges proprement dites, ce qui exclut les avances que le syndic peut être appelé à demander aux copropriétaires [2]; elle ne s'applique pas non plus si la modification de la répartition des charges est la conséquence directe et nécessaire de la création d'un syndicat secondaire [3] ou de la surélévation de l'immeuble ou de l'adjonction de nouveaux bâtiments.

Il a été jugé également qu'il n'y a pas modification au sens de l'article 11, si l'assemblée générale décide d'appliquer une disposition du règlement de copropriété, qui avait été provisoirement écartée et qui est, au surplus, conforme aux bases de répartition fixées par l'article 10; cette décision peut donc être prise à la majorité simple qui était d'ailleurs prévue dans le règlement de copropriété [4]. Il n'y a pas non plus modification lorsqu'une décision de l'assemblée générale applique un forfait annuel de consommation d'eau chaude aux copropriétaires qui n'ont pas fait relever leur compteur [5].

De plus et surtout, le principe est immédiatement assorti par la suite de l'article 11 et par l'article 12 de réserves importantes.

D'une part, en effet, l'assemblée générale peut, par une décision majoritaire, apporter des modifications à la répartition initiale des charges dans un certain nombre de cas limitativement prévus. D'autre part, une action est ouverte à l'effet d'obtenir la révision judiciaire des répartitions présentant un caractère lésionnaire ou de voir réputées non écrites les clauses du règlement de copropriété stipulant des répartitions contraires à la loi.

§ 1
Modification de la répartition des charges par décision de l'assemblée générale

483 Généralités – Économie des dispositions légales [6]**.** L'assemblée générale est habilitée à modifier par une décision simplement majoritaire mais expresse et non implicite la répartition initiale des charges dans trois séries de cas qui sont énumérées par les alinéas 1er et 2 de l'article 11 et par l'article 25 f de la loi du 10 juillet 1965. Ce pouvoir dévolu a l'assemblée est exclusif, mais non discrétionnaire. Exclusif, en ce sens qu'il ne peut être procédé à la modification par un acte signé de l'ensemble des copropriétaires ou par l'effet d'une consultation écrite [7]. Mais non discrétionnaire en ce sens que les trois cas prévus par l'article 11 sont les seuls où le pouvoir est reconnu à l'assemblée générale; celle-ci ne peut pas décider à la majorité – serait-elle la majorité renforcée de l'article 26 – de tenir pour non avenue une clause du règlement de copropriété stipulant une répartition contraire aux dispositions impératives de la loi et pourtant réputée non écrite par l'article 43. Seule l'autorité judiciaire dispose d'un tel pouvoir. Par ailleurs, dans deux cas sur trois, à défaut de décision, un recours peut être porté devant le tribunal; en outre, lorsque l'assemblée générale a décidé d'apporter la modification demandée, le tribunal peut être saisi d'une contestation à l'encontre de cette décision et ce, dans tous les cas.

Il est donc logique d'étudier successivement :

- les cas dans lesquels l'assemblée générale est habilitée à décider une modification de la répartition initiale des charges;
- l'intervention du tribunal.

A.
Cas où l'assemblée générale est habilitée à décider une modification de la répartition initiale des charges

484 Énumération. Il résulte des articles 11 (al. 1er et 2), 25 f et 30 de la loi du 10 juillet 1965, que l'assemblée générale des copropriétaires, statuant à la majorité, est habilitée à procéder à la modification de la répartition initiale des charges dans trois cas :

1° dans le cas où des travaux ou des actes d'acquisition ou de disposition, effectués ou accomplis sur l'immeuble, rendent « nécessaire » cette modification (L. 10 juill. 1965, art. 11, al. 1er, et 30);

2° dans le cas d'aliénation séparée d'une ou plusieurs fractions d'un lot (L. 10 juill. 1965, art. 11, al. 2) auquel il convient d'assimiler la réunion de plusieurs lots en un seul;

1. Civ. 3e, 8 avr. 2008, n° 07-14.020, NP.
2. Civ. 3e, 10 juin 1970, n° 68-14.219, *Bull. civ.* III, n° 394; *JCP* 1970. II. 16465, note Guillot; *RTD civ.* 1970. 796.
3. Civ. 3e, 10 mars 1981, n° 79-15.801, *Bull. civ.* III, n° 51; *JCP* 1981. IV. 189; *D.* 1981. IR 396.
4. TGI Paris, 16 nov. 1973, *Gaz. Pal.* 1974. 1, 1, 24.
5. Paris, 28 févr. 1990, RG n° 88/011392, *Juris-Data* n° 020458, *RDI* 1990. 410.
6. SUR L'ENSEMBLE DE LA QUESTION : SIZAIRE, n°s 85 s. – LAFOND, ROUX ET STEMMER, L. art. 11 – KISCHINEWSKY-BROQUISSE, n°s 145 s. – ARNAUD ET BOUYEURE, p. 182 s. – J.-CL. COPR., fasc. 72 – Bouyeure, « La modification de la répartition des charges », *Administrer* mars 1996. 16 – Ph. Viard, « Modification de la répartition des charges de copropriété », *AJDI* 2000. 220.
7. V. s^s^ n° 849.

3° dans le cas de changement d'usage d'une ou plusieurs fractions privatives (L. 10 juill. 1965, art. 25 f).

Par ailleurs on pose la question de savoir si, sous couvert d'adaptation rendue nécessaire du règlement de copropriété prévue par l'article 49 nouveau de la loi du 10 juillet 1965, une modification d'une répartition de charges peut être envisagée[1].

485 Modification consécutive à l'exécution de travaux ou à des actes d'acquisition ou de disposition. L'assemblée générale, statuant à la majorité renforcée de l'article 26, peut décider d'exécuter des travaux dans l'immeuble (L. 10 juill. 1965, art. 26 et 30), ou de passer des actes d'acquisition immobilière ou de disposition (L. 10 juill. 1965, art. 26) conformes à la destination de l'immeuble. Elle peut aussi, à la majorité moins stricte de l'article 25, consentir des actes de disposition sur des parties communes, ou sur des droits accessoires à celles-ci, lorsque ces actes résultent d'obligations légales ou réglementaires (L. 10 juill. 1965, art. 25 d), et autoriser les travaux « rendus obligatoires » en vertu de ces mêmes obligations (L. 10 juill. 1965, art. 25 e), ou dont l'exécution se fera aux frais de certains copropriétaires (L. 10 juill. 1965, art. 25 b).

La cession par la « copropriété » à un copropriétaire d'un droit de jouissance exclusive entre dans la catégorie des actes de disposition; elle peut donc entraîner la modification corrélative de la répartition des charges[2]. En revanche, l'installation d'un compteur de calories par un copropriétaire ne rend pas nécessaire la modification de la répartition des charges en application de l'article 11 de la loi de 1965. Il en irait autrement si la pose de compteur était généralisée et le comptage substitué à l'utilité en application de la réglementation en vigueur.

Il est évident que ces décisions peuvent avoir des incidences sur la répartition des charges. C'est pourquoi, la loi a expressément prévu que, lorsque l'assemblée générale a décidé ces travaux ou ces actes d'acquisition ou de disposition, elle peut décider, « à la même majorité », la modification de la répartition des charges ainsi « rendue nécessaire ».

Observation étant faite que l'intervention de l'assemblée générale n'est toujours que facultative, la modification de la répartition des charges est subordonnée à deux conditions : la première est qu'elle soit « rendue nécessaire » par les travaux ou actes d'acquisition ou de disposition préalablement décidés; la seconde a trait à la majorité requise.

486 Modifications consécutives à l'exécution des travaux ou à des actes d'acquisition ou de disposition (suite) – Conditions :

La première condition est que la modification de la répartition des charges soit « *rendue nécessaire* » par les travaux ou les actes d'acquisition ou de disposition *préalablement décidés*.

Appliquée aux charges entraînées par les services collectifs et les éléments d'équipement commun, cette condition s'explique fort bien. Il est, en effet, probable que des travaux impliquant la transformation d'un ou de plusieurs éléments d'équipement existant, et, *a fortiori*, l'adjonction d'éléments nouveaux (L. 10 juill. 1965, art. 30, al. 1er), modifieront « l'utilité » que ces éléments et services présentaient auparavant à l'égard de chaque lot et « rendent nécessaire » la modification de la répartition initiale des charges qui leur étaient afférentes. Cela est si vrai que l'assemblée générale doit décider de la nouvelle répartition des charges de fonctionnement et d'entretien des éléments transformés ou créés (L. 10 juill. 1965, art. 30, al. 3) *en même temps* qu'elle prend la décision d'effectuer les travaux.

En ce qui concerne, en revanche, les charges relatives à la conservation, à l'entretien et à l'administration des parties communes, la nécessité de procéder à une nouvelle répartition apparaît beaucoup moins évidente. On ne voit pas, par exemple, en quoi l'aménagement de locaux affectés à l'usage commun, ou la création de tels locaux (L. 10 juill. 1965, art. 30, al. 1er), aurait pour résultat de rendre « nécessaire » la modification de la répartition des charges générales. Ce n'est que dans le cas où de nouvelles parties privatives, et par conséquent de nouveaux lots, sont créés, par exemple en cas de surélévation, qu'une nouvelle répartition de ces charges se révèle indispensable : la valeur de chacune des parties privatives par rapport à l'ensemble des valeurs desdites parties se trouve, en effet, affectée.

487 Modifications consécutives à l'exécution des travaux (suite) – Conditions de majorité. La seconde condition mise à la possibilité pour l'assemblée générale de décider la modification de la répartition initiale des charges, à la suite des travaux effectués ou des actes consentis, est que la décision de l'assemblée générale soit prise à la même majorité que celle qui était requise pour décider ces travaux ou ces actes (les dispositions de l'article 11 ne sont donc pas applicables si les travaux n'ont pas été décidés ni même autorisés par l'assemblée générale[3]). Cette majorité sera donc, selon les cas, celle

1. Bouyeure, « Adaptation des règlements de copropriété anciens et répartition des charges », *Administrer* juill. 2001. 16 – Lebatteux, « Le nouvel article 49 de la loi du 10 juill. 1965 modifiée, la chose la plus étonnante », *Gaz. Pal.* 26 avr. 2001, Doctr. – Commission Relative à la Copropriété, recomm. n° 24.
2. Paris, 10 déc. 1992, RG nos 90/11212 et 92/13079, *Juris-Data* n° 023902, *Loyers et copr.* 1993. 147.
3. Civ. 3e, 29 oct. 1984, *JCP* 1985. IV. 12; *Administrer* mai 1985. 37, note Guillot.

de l'article 26 ou celle de l'article 25, et éventuellement de l'article 24 par application des dispositions de l'article 25-1 (sur les incidences de ces dispositions sur la notion de « défaut de décision » conditionnant la saisine du tribunal au sens de l'alinéa 3 de l'article 11, v. s[s] n° 585).

488 Aliénation séparée d'une ou plusieurs fractions d'un lot. L'aliénation d'une ou plusieurs fractions séparées d'un lot suppose la division préalable de celui-ci dont les conditions ont été exposées (v. s[s] n°s 275 s.). On rappellera simplement que cette division entraîne la disparition du lot divisé et son remplacement par les différents lots issus du fractionnement.

L'article 11 alinéa 2 de la loi du 10 juillet 1965 n'intervient qu'*en cas d'aliénation* (à laquelle il faut assimiler la donation ou l'échange) d'un ou des lots divisés; tant qu'il n'en est pas ainsi, le propriétaire unique du lot divisé n'a pas à demander à l'assemblée générale l'approbation de la répartition des charges opérée entre les lots. C'est à partir de l'aliénation (ou des opérations assimilées) que s'opère une novation de la situation en ce sens que l'auteur de la division perd sa qualité de propriétaire [1]; la nouvelle répartition des charges prend tout son sens, car le syndic va devoir l'appliquer et c'est alors que l'article 11 alinéa 2 intervient pour dire que, si cette répartition n'est pas fixée par le règlement de copropriété, elle est soumise à l'approbation de l'assemblée générale statuant à la majorité prévue à l'article 24 (donc à la majorité des voix exprimées des copropriétaires présents ou représentés).

On a pu discuter la légitimité de cette intervention d'autant qu'elle est exigée même si le total des quotes-parts des nouveaux lots est égal à la quote-part qui était attachée au lot divisé [2]. Il convient pourtant que soit contrôlée la correspondance des quotes-parts du lot divisé, qui est supprimé, avec le total des quotes-parts des nouveaux lots et que l'on s'assure du respect des critères légaux [3] et de la méthode de calcul prévue au règlement (L. 1965, art. 10, al. 4).

Cela dit, les dispositions de l'article 11 alinéa 2; ne s'appliquant qu'aux lots issus de la division; la nouvelle répartition entre les lots divisés ne doit pas entraîner une modification de la répartition des charges de l'ensemble de la copropriété qui requiert l'unanimité [4].

Si la répartition des charges entre les lots divisés n'a pas été fixée par le règlement de copropriété, l'assemblée générale doit être saisie aux fins d'approuver la répartition. Il faut donc une décision [5] qui doit être expresse (elle ne peut résulter de l'approbation des comptes de la copropriété comportant la répartition entre les lots nouveaux [6]) et ne porter que sur les quotes-parts de charges et non sur les quotes-parts de parties communes en tant que quotes-parts de propriété [7]. En cas de refus d'approbation, l'assemblée ne peut procéder elle-même à la nouvelle répartition.

Le défaut d'approbation par l'assemblée générale n'affecte pas la validité de la vente [8]. En cas d'absence de toute clause dans le règlement de copropriété et de toute approbation par l'assemblée générale, le syndic semble fondé à réclamer le paiement des charges au propriétaire du nouveau lot le plus important [9].

Mais, à défaut de décision, tout copropriétaire peut saisir le tribunal à l'effet de faire procéder à la nouvelle répartition (L. 10 juill. 1965, art. 11, al. 3).

489 Changement d'usage d'une ou de plusieurs parties privatives [10]. C'est l'article 25 f de la loi du 10 juillet 1965 (et non plus l'article 11) qui prévoit cette éventualité en disposant que la « modification de la répartition des charges visées à l'alinéa 1er de l'article 10, rendue nécessaire par un changement de l'usage d'une ou de plusieurs parties privatives » est décidée à la majorité des voix de tous les copropriétaires (il pourrait y avoir application cumulative de l'article 25 f et de l'article 11, par exemple si le changement d'usage est accompagné d'une division de lots [11]).

1. EN CE SENS : Capoulade, note s[s] Civ. 3e, 6 oct. 1999, n° 98-10.924; *Administrer* févr. 2000. 49.
2. Civ. 3e, 11 oct. 1995, n° 93-15.310, *Bull. civ.* III, n° 217 ; *RDI* 1996. 105; *RDI* 1996. 266; *D.* 1996. Somm. 92, note Atias; *JCP N* 1997. 19077, note Sizaire; *RDI* 1996. 104.
3. Capoulade, note préc.
4. Civ. 3e, 22 mars 1995, n° 93-15.614, *RDI* 1995. 589; *D.* 1998. 266; *Loyers et copr.* 1995. 334.
5. Civ. 3e, 11 oct. 1995, n° 93-15.310, *D.* 1995. IR 235; *D.* 1996. Somm. 92, note Atias; *RDI* 1996. 105, *RDI* 1996. 266; *JCP N* 1977. II. 611, note Sizaire; *Loyers et copr.* 1996. 41.
6. Civ. 3e, 3 oct. 1991, n° 89-20.904, *Bull. civ.* III, n° 224; *ADJI* 1992, 278; *RDI* 1992. 112; *IRC* 1992. 88, note Capoulade.
7. Capoulade, note préc.
8. KISCHINEWSKY-BROQUISSE, n° 47.
9. Civ. 3e, 6 oct. 1999, n° 98-10.924, *Bull. civ.* III, n° 197; *AJDI* 2000. 321; *RDI* 2000. 237, obs. Capoulade; *Administrer* févr. 2000. 49 et la note.
10. SUR L'ENSEMBLE DE LA QUESTION : LAFOND, ROUX ET STEMMER, L. art. 25, n°s 38 s. – Barnier-Sztabowicz et Souleau-Mougin, « Le changement d'usage d'une partie privative et la modification corrélative de la répartition des charges », *Administrer* août-sept. 2001. 20.
11. Civ. 3e, 3 févr. 1993, 2 arrêts, n° 90-21.307 et n° 90-21.306, *RDI* 1993. 258.

L'application de ces dispositions est subordonnée à trois conditions :

– La première est qu'il y ait un changement de l'usage d'une ou de plusieurs parties privatives. Tel est le cas si des locaux d'habitation sont affectés à un usage professionnel ou commercial ou inversement[1] ou si des pièces, jusque-là inhabitables, sont affectées à l'habitation[2] précision faite que ce nouvel usage doit être conforme à la destination de l'immeuble. Le point de savoir s'il y a changement de l'usage doit être apprécié en tenant compte du règlement de copropriété : si celui-ci a prévu, dès l'origine, l'affectation du lot, par exemple à usage professionnel, il n'y a pas changement d'usage au sens de l'article 25 si cette affectation est, ensuite donnée à ce lot[3]. En revanche, s'il est prévu une affectation générale ne concernant pas un lot déterminé, l'affectation effectivement donnée par la suite donne lieu à l'application de l'article 25 f.

Spécialement, si le règlement de copropriété stipule une simple tolérance pour l'exercice de professions libérales[4].

Le changement de l'usage doit être celui d'une ou de plusieurs parties privatives et non du fonctionnement d'un élément d'équipement, comme, par exemple, la désolidarisation d'un lot au chauffage collectif par suite de l'installation d'un chauffage individuel[5].

– La deuxième condition est que le changement de l'usage doit rendre nécessaire la modification de la répartition des charges. Il en résulte qu'un simple changement d'utilisation et, plus particulièrement de la nature de l'activité exercée, ne peut être pris en considération[6] (un changement de fait est, en principe indifférent[7] ou, *a fortiori*, un changement des habitudes de vie d'un copropriétaire[8]). Les juges du fond apprécient souverainement le caractère nécessaire de la modification de la répartition des charges.

– Enfin, la troisième condition est que les charges dont la modification est possible soient celles visées à l'alinéa 1er de l'article 10, c'est-à-dire les charges entraînées par les services collectifs et les éléments d'équipement commun. Cette condition est justifiée, car c'est la répartition de ces charges et non celles relatives à la conservation, à l'entretien et à l'administration des parties communes qui risque d'être affectée par le changement de l'usage des parties privatives. En effet, le critère de l'utilité qui détermine la répartition des charges entraînées par les services collectifs et les éléments d'équipement commun oblige à prendre en considération l'usage du lot auquel ces charges sont affectées. En général, les charges concernées sont celles d'ascenseur, plus rarement celles d'entretien du hall et des escaliers[9].

Il convient par ailleurs de remarquer qu'à défaut de décision de l'assemblée générale opérant la modification, le tribunal ne peut être saisi d'une demande tendant à ce qu'une nouvelle répartition soit opérée. Le recours au tribunal n'est, en effet ouvert par l'article 11 alinéa 3 de la loi du 10 juillet 1965 « que dans les cas prévus aux alinéas précédents »; or, la modification rendue nécessaire par le changement d'usage des parties privatives est prévue par l'article 25 f. En revanche, le tribunal pourra toujours être saisi d'un recours contre la décision de l'assemblée générale modifiant la répartition initiale des charges et ce, en vertu de l'article 42 alinéa 3 et en cas de refus de l'assemblée générale, en vertu de l'article 42 alinéa 2[10].

490 Conditions communes – Publicité de la modification au fichier immobilier – Notification complémentaire. Quelles que soient les circonstances dans lesquelles elle intervient, la modification de la répartition des charges n'est opposable aux tiers, et notamment aux ayants cause particuliers des copropriétaires, que si elle a fait l'objet d'une publication au fichier immobilier[11]. Il est rappelé toutefois que si l'acte modificatif n'a pas été publié, il est cependant opposable à l'acquéreur du lot (ou au titulaire d'un droit réel sur ce lot), s'il est constaté expressément dans l'acte opérant le transfert de propriété (ou constatant la constitution de droit réel) que l'acquéreur (ou le titulaire du droit) en a eu connaissance et qu'il a adhéré aux obligations qui en résultent (Décr. 17 mars 1967, art. 4, al. 3).

Mais elle s'impose aux copropriétaires dès le vote jusqu'à l'annulation de la décision. Par ailleurs et en application de l'article 11 § I-6° du décret du

1. TGI Paris, 17 oct. 1975, *D.* 1976. IR 303, n° 31 – Paris, 27 févr. 1987, *RDI* 1987. 277.
2. Paris, 10 mars 1986, *IRC* 1986. 154.
3. Lyon, 5 déc. 1979, *JCP N* 1981. II 256; *Administrer* juill. 1980. 32, note Guillot; *D.* 1980. IR 448, obs. Giverdon; *RDI* 1980. 342; *AJPI* 1980. 397.
4. Civ. 3e, 20 juin 2001, n° 00-10.476, *Administrer* août-sept. 2001. 37, note Capoulade.
5. Paris, 6 juin 1984, *Juris-Data* n° 023161, *D.* 1984. IR 408; *RTD civ.* 1984. 533.
6. Lyon, 5 déc. 1979, préc. – AUSSI : KISCHINEWSKY-BROQUISSE, n° 149 – ARNAUD ET BOUYEURE, p. 186.
7. Civ. 3e, 22 mars 1995, n° 93-15.614, *RDI* 1995. 590; *D.* 1998. 266, *Loyers et copr.* 1995. 334.
8. SIZAIRE, note 204.
9. Barnier-Sztabowicz et Souleau-Mougin, art. préc., spéc. p. 21, col. 2.
10. Capoulade, note préc.
11. EN CE SENS : Civ. 3e, 8 avr. 1970, n° 68-13.253, *Bull. civ.* III, n° 228; *D.* 1971. 382, *Gaz. Pal.* 1970. 2, 207, note Morand – TGI Paris, 27 mars 1971, *Gaz. Pal.* 1971. 2, 428; *JCP* 1971. II. 16985.

17 mars 1967 modifié par le décret du 27 mai 2004, le projet de nouvel état de répartition des charges doit être notifié au plus tard en même temps que l'ordre du jour de l'assemblée générale, à peine de nullité de la décision prise.

B. Intervention du tribunal

491 Distinction. Le tribunal de grande instance du lieu de la situation de l'immeuble (L. 10 juill. 1965, art. 11, al. 3 - Décr. 17 mars 1967, art. 62), peut être saisi dans deux séries de circonstances.

En premier lieu, à défaut de décision de l'assemblée générale, il peut lui être demandé, par « tout copropriétaire », de procéder à la nouvelle répartition « rendue nécessaire »; mais - comme on vient de l'observer - ce recours n'est ouvert que dans les cas prévus aux deux premiers alinéas de l'article 11.

En second lieu, d'une manière générale, le tribunal peut être « saisi par un copropriétaire d'une demande en contestation de la modification opérée » (L. 10 juill. 1965, art. 42, al. 3), dans tous les cas où la faculté de modifier les bases de la répartition des charges est reconnue à l'assemblée générale.

1° Substitution du tribunal à l'assemblée générale (L. 10 juill. 1965, art. 11, al. 3)

492 Absence de décision de l'assemblée générale. L'article 11 alinéa 3 de la loi du 10 juillet 1965 ne prévoit le recours au tribunal qu'à défaut de décision de l'assemblée générale modifiant les bases de répartition des charges, dans les deux cas prévus aux alinéas précédents.

La question est de savoir ce qu'il faut entendre par les termes « *à défaut de décision de l'assemblée générale* ». Tel n'est pas le cas lorsque l'assemblée générale ayant autorisé des travaux ou des actes d'acquisition ou de disposition a voté en même temps la nouvelle répartition des charges; une décision a été prise. Il en est de même si l'assemblée générale, sollicitée de se prononcer, a refusé expressément de se prononcer sur la modification; il y a, en pareil cas, une décision de refus.

Dans ces deux hypothèses, la contestation de la décision doit être portée devant le tribunal dans le délai de deux mois prévu par l'article 42, al. 2, de la loi du 10 juillet 1965 [1].

Mais que faut-il décider lorsque l'assemblée générale n'est pas saisie ou ne se prononce pas. Peut-on saisir le tribunal ?

1. LAFOND, ROUX ET STEMMER, L. art. 11, n° 12.

Un arrêt de la Cour de cassation du 6 octobre 1999 qui, bien que de rejet, peut être considéré comme un arrêt de principe [2], déclare prématurée la saisine du tribunal tant que l'assemblée générale n'est pas saisie et n'a donc pas pris de décision. Il convient donc de saisir l'assemblée générale pour lui demander de statuer sur la nouvelle répartition ou de compléter son vote [3].

493 Délai pour agir. Du fait que l'article 11, alinéa 3, ne prévoit aucun délai dans le cas présentement examiné d'absence de décision, tout copropriétaire peut demander au tribunal de procéder à la nouvelle répartition qui s'impose, cela pendant le délai de dix ans prévu par l'article 42, alinéa 1, de la loi du 10 juillet 1965 qui est le délai de prescription de droit commun pour les actions personnelles nées de l'application de la loi. Mais la solution la plus sage est sans doute de saisir l'assemblée générale pour lui demander de compléter son vote.

494 Qualité pour agir et pour défendre. La qualité pour agir appartient à « tout copropriétaire » et non pas seulement aux copropriétaires opposants ou défaillants, comme en cas de contestation des décisions des assemblées générales. Mais la nécessité de justifier d'un intérêt permet d'éviter un exercice inconsidéré du recours : c'est ainsi, notamment, que dans le cas où la nouvelle répartition est fondée sur l'aliénation séparée d'une ou plusieurs fractions d'un lot, le recours des copropriétaires, non parties à la convention, ne se conçoit que si la répartition globale des charges se trouve affectée : or, cette circonstance se produira très rarement : la modification n'intervient qu'à l'intérieur du lot divisé et, de ce fait n'intéresse pas la collectivité [4].

Quant à la qualité pour défendre, elle appartient, bien entendu, au syndicat [5]. Il en résulte quelques particularités au point de vue de la procédure à suivre.

495 Procédure - Pouvoirs du tribunal. Aux termes de l'article 11, alinéa 3, le tribunal, qui est le tribunal de grande instance de la situation de l'immeuble, procède à la nouvelle répartition ren-

2. Civ. 3e, 6 oct. 1999, n° 98-10.924; *Bull. civ.* III, n° 197; *AJDI* 2000. 321; *Administrer* févr. 2002. 48, note Capoulade; *RDI* 2000. 237, obs. Capoulade – Civ. 3e, 4 janv. 2006, n° 04-15.723, *IRC* mars 2006. 18, note Roux; *Loyers et copr.* 2006. 65; *AJDI* 2006. 574, obs. Capoulade.
3. Paris, 12 oct. 1994, *D.* 1995. IR 37 – Paris, 15 déc. 1995, *Juris-Data* n° 024239, *Loyers et copr.* avr. 1996. 177 – Civ. 3e, 4 janv. 2006, n° 04-15.723, NP, *AJDI* 2006. 574, obs. Capoulade – LAFOND, ROUX ET STEMMER, L. art. 11, n° 12 – Atias, *Guide des charges*, n° 151.
4. AUSSI : SIZAIRE, note 201 – Civ. 3e, 22 mars 1995, n° 93-15.614, *RDI* 1995. 589.
5. EN CE SENS : SIZAIRE, note 201 *bis*.

due nécessaire. L'objet de la demande étant d'obtenir cette nouvelle répartition, il est logique que le tribunal soit obligé d'y procéder[1]. Il peut se faire assister d'un expert.

Mais il y a tout intérêt à ce que le jugement puisse être opposable à l'ensemble des copropriétaires. Pour parvenir à ce résultat, le décret du 17 mars 1967 prescrit deux mesures, l'une obligatoire et générale, l'autre facultative et particulière.

La première mesure, obligatoire et générale, est prescrite par l'article 59. Elle fait obligation au syndic, dans tous les litiges qui concernent le fonctionnement d'un syndicat ou dans lesquels le syndicat est partie, d'aviser chaque copropriétaire de l'existence et de l'objet de l'instance. Cette obligation, dont on examinera ultérieurement la portée, a évidemment pour effet de provoquer l'intervention des copropriétaires qui ne sont pas parties au litige.

Mais cette mesure a paru insuffisante dans les procès à l'issue desquels pourrait intervenir une modification des bases initiales de la répartition des charges. C'est pourquoi, les auteurs du décret l'ont complétée par une autre facultative, celle-ci. Aux termes, en effet, de l'article 54 : chaque fois qu'une action en justice intentée contre le syndicat, a pour objet ou peut avoir pour conséquence une révision de la répartition des charges, et indépendamment du droit de tout copropriétaire d'intervenir personnellement dans l'instance, le syndic, ou tout copropriétaire, peut, s'il existe des oppositions d'intérêts entre les copropriétaires qui ne sont pas demandeurs, présenter requête au président du tribunal de grande instance en vue de la désignation d'un mandataire *ad hoc*. Dans ce cas, poursuit le texte en son alinéa second, la signification des actes de procédure est valablement faite aux copropriétaires intervenants ainsi qu'au mandataire *ad hoc*. Ainsi, le mandataire *ad hoc* se voit reconnaître un véritable mandat *ad litem*, qui l'habilite à représenter les copropriétaires, qui ne seraient pas parties à la procédure, ce qui permet de rendre le jugement opposable à tous.

2°
Contestation de la décision de l'assemblée générale (L. 10 juill. 1965, art. 42, al. 3)

496 Régime du recours. Il résulte de l'article 42 alinéa 3 de la loi du 10 juillet 1965, que dans tous les cas où l'assemblée générale a usé de la faculté qui lui est reconnue de modifier les bases de la répartition des charges et a pris une décision en ce sens (donc y compris le cas où cette modification a été décidée en cas de changement de l'usage des parties privatives), le tribunal de grande instance du lieu de situation de l'immeuble peut être saisi, dans le délai de deux mois prévu par l'article 42 alinéa 2 de la loi du 10 juillet 1965, par un copropriétaire, d'une contestation relative à cette modification. Hormis la précision relative à la condition de délai, le texte est rédigé dans les termes les plus larges (une contestation, un copropriétaire).

Le délai commence à courir à compter de la notification de la décision de l'assemblée générale qui sera faite à la diligence du syndic, précision étant faite que le syndic doit procéder à la notification dans le délai de 2 mois à compter de la tenue de l'assemblée générale mais la méconnaissance de ce délai n'est assortie d'aucune sanction, sauf à engager la responsabilité en cas de tardiveté causant un préjudice (L. 10 juill. 1965, art. 42, al. 2, mod. par L. 31 déc. 1985). La question se pose de savoir si ce délai est encore applicable lorsque l'assemblée générale a procédé à une nouvelle répartition qui, prévue par une clause du règlement de copropriété, serait réputée non écrite (v. s^s^ n° 515).

L'action en contestation est intentée par « un copropriétaire ». Il n'est pas dit que celui-ci doit être opposant ou défaillant au sens de l'article 42, al. 2. Il semble cependant que les principes généraux, tant en matière de contestation des délibérations des assemblées générales, que d'exercice des actions en justice, conduisent à dénier à un copropriétaire qui, par son vote, a approuvé la décision de l'assemblée générale, la possibilité de la contester ensuite. L'action ne sera donc recevable que si le copropriétaire demandeur a la qualité de copropriétaire opposant ou défaillant au sens de la loi[2] en raison de son défaut d'intérêt à agir.

L'article 42 alinéa 3 ne précise pas davantage l'objet de la contestation dont est saisi le tribunal. Cet objet est susceptible de varier selon les circonstances. La contestation peut être relative à la régularité formelle de la décision de l'assemblée générale. Si le tribunal en admet la nullité, il renverra à une autre assemblée générale le soin de décider, régulièrement cette fois, de la modification à apporter. Mais la contestation peut porter – et, vraisemblablement, portera le plus souvent – sur la modification elle-même à laquelle il est reproché d'avoir été opérée au mépris des dispositions de la loi ou simplement de n'être pas équitable. Dans ce cas, le tribunal doit procéder à la nouvelle répartition s'il en est requis par les conclusions de demandeur[3]. Certes, l'article 42 alinéa 3 dispose que, si l'action est reconnue fondée, le tribunal pourra procéder à

1. TGI Lyon, 30 nov. 1967, *AJPI* 1968. II. 687, note Cabanac – SIZAIRE, n° 90.
2. EN CE SENS : SIZAIRE, n° 90, note 203.
3. EN CE SENS : SIZAIRE, n° 90.

la nouvelle répartition, ce qui laisse supposer que ce n'est pour lui qu'une faculté.

À notre avis, l'emploi du verbe « pourra » s'explique par le fait que l'objet de la contestation (à la différence de ce qui se produit dans le cas de l'article 11 alinéa 3), peut-être tel qu'il n'est pas nécessaire que le tribunal procède toujours à la nouvelle répartition (ce qui est le cas lorsque c'est la validité de la décision qui est contestée). Mais les principes généraux de la procédure imposent au tribunal de procéder lui-même à la modification, s'il a été saisi d'une demande tendant à cette fin.

Enfin, toujours du point de vue de la procédure, les dispositions des articles 54 et 59 du décret du 17 mars 1967, sont applicables puisque, d'une part, l'action est intentée contre le syndicat et que, d'autre part, elle concerne un procès à l'issue duquel peut intervenir une modification des bases initiales de la répartition des charges.

§ 2
Action en révision de la répartition des charges et action tendant à voir réputer non écrites des répartitions contraires à la loi

497 Sens de la distinction. C'est la loi du 31 décembre 1985 qui, en ajoutant un second alinéa à l'article 43 de la loi du 10 juillet 1965, a consacré, après que la jurisprudence et la doctrine[1] l'avaient admise, la distinction entre l'action en révision des charges et l'action tendant à faire réputer non écrites des clauses du règlement de copropriété opérant des répartitions contraires aux critères légaux. Cette distinction repose sur le fondement de l'action qui est fonction de son objet.

Implicitement admise par l'arrêt de la Cour de cassation du 5 juin 1970[2], cette distinction a été expressément consacrée par des arrêts ultérieurs[3].

Si l'action tend à discuter le quantum de la quote-part en raison d'une application prétendument erronée des éléments à prendre en considération, elle relève de la révision (L. 10 juill. 1965, art. 12)[4]; si l'action tend à critiquer le principe même de la répartition, qui n'a pas été opérée selon les critères légaux, elle relève de l'application des dispositions de l'article 43 de la loi[5]; ce serait le cas d'une clause stipulant la répartition des charges entraînées par un élément d'équipement commun sur une base autre que celle de l'utilité présentée par cet élément.

Deux conséquences de la distinction ont été tirées sur le plan de la procédure. La première, par un jugement du tribunal de grande instance de Paris du 14 novembre 1973[6] qui déclare irrecevable la demande subsidiaire en nullité d'une répartition prétendue, au principal, lésionnaire; la seconde, par un arrêt de la cour d'appel de Paris du 22 mars 1979[7] qui considère comme demande nouvelle, irrecevable en cause d'appel, la demande en révision pour lésion formulée après une demande en nullité de la répartition des charges portée devant le premier juge.

A.
Action en révision

498 Textes (L. 10 juill. 1965, art. 12 et 45)[8]. Deux articles de la loi du 10 juillet 1965 ouvrent, sous certaines conditions, aux copropriétaires la possibilité de demander en justice la révision de la répartition des charges, telle que celle-ci a été opérée par le règlement de copropriété. Le premier, l'article 12, revêt un caractère permanent, puisque destiné à s'appliquer aux règlements de copropriété établis postérieurement à la loi.

Le second, l'article 45, ne revêtait, au contraire qu'un caractère temporaire, puisqu'il ouvrait, dans un délai limité qui a expiré le 13 juillet 1967, la possibilité de demander cette révision pour les copropriétés antérieures à la loi. Mais, l'un et l'autre s'inspirent du même dessein, qui est de mettre fin à certaines pratiques dont le résultat était d'octroyer des avantages injustifiés à ceux qui ont pris l'initiative de la construction de l'immeuble ensuite divisé ou au propriétaire de l'immeuble qui l'a divisé en vue de le placer sous le régime de la copropriété.

Une disposition d'inspiration semblable est prévue par l'article 10 alinéa 4 de la loi n° 71-579 du

1. LAFOND, ROUX ET STEMMER, L. art. 12, n°s 9 à 11 – ARNAUD ET BOUYEURE, p. 208 – KISCHINEWSKY-BROQUISSE, n° 538.
2. Civ. 3e, 5 juin 1970. 69-10.929, *Bull. civ.* III, n° 386; *D.* 1970. 751, note Givord et Giverdon; *JCP* 1970. II. 16537, note Guillot; *Gaz. Pal.* 1970. 2, 280; *AJPI* 1971. 338, note Bouyeure; *RTD civ.* 1971. 174, note Bredin.
3. Civ. 3e, 24 mars 1981, n° 79-16.560, *Bull. civ.* III, n° 69; *Defrénois* 1981. 1304 – Civ. 3e, 8 déc. 1981, n° 80-13.722, *Bull. civ.* III, n° 205; *D.* 1982. IR 432; *RTD civ.* 1981. 490 – Civ. 3e, 1er avr. 1987, n° 85-18.044, *Bull. civ.* III, n° 72, *JCP N* 1988. 21028; *RDI* 1988. 246.
4. Paris, 15 sept. 2005, *Administrer* févr. 2006. 39.
5. *RDI* 1999. 457, Chron. Capoulade, Giverdon sur Civ. 3e, 9 juin 1999, n° 98-10.801, *RDI* 1999. 457.
6. TGI Paris, 14 nov. 1973, *AJPI* 1974. 619, note Bouyeure.
7. Paris, 22 mars 1979, *D.* 1980. IR 241; *RTD civ.* 1979. 817.
8. LAFOND, ROUX ET STEMMER, L. art. 12, n°s 2 à 8 – Rép. civ., Atias, *V° Copropriété* – KISCHINEWSKY-BROQUISSE, n°s 154 s. – Quignard, « Révision des charges de copropriété », *JCP N* 1990, prat. 677 – Atias, *Guide des charges*, n°s 158 s.

16 juillet 1971 à propos des charges dont sont tenus les associés d'une société constituée en vue de l'attribution à ceux-ci de l'immeuble en fractions divises. Cette disposition figure aujourd'hui dans l'article L. 216-6 alinéa 4 du code de la construction et de l'habitation.

1°
Objet et qualification de l'action en révision

499 Principe. Il résulte de l'article 12 de la loi du 10 juillet 1965 que l'action régie par ce texte est une action en révision d'une répartition lésionnaire des charges résultant du règlement de copropriété.

1° Une action en révision qui est distincte de l'action en interprétation des dispositions contradictoires du règlement de copropriété[1] (en pareille hypothèse la demande en remboursement des charges indûment versées sur la base d'une interprétation erronée est admise[2]) ou de l'action en remboursement des charges réclamées à tort à un copropriétaire par inapplication des dispositions du règlement de copropriété, qui s'analyse en une action en répétition de l'indu[3].

2° Une répartition lésionnaire des quotes-parts de charges qui, bien qu'opérées selon les bases prévues par la loi, est préjudiciable au copropriétaire demandeur, ce en quoi l'action diffère de celle tendant à voir réputée non écrite une clause contraire aux dispositions impératives de la loi[4].

3° Une répartition opérée par le règlement de copropriété que celui-ci soit antérieur ou postérieur à la mise en vigueur de la loi du 10 juillet 1965; sont donc exclues les modifications dans la répartition des charges qui, exceptionnellement, peuvent être décidées par l'assemblée générale et auxquelles il pourrait être reproché de présenter un caractère lésionnaire. Les modifications décidées par l'assemblée générale sont, en effet, l'objet de l'action en contestation qui est prévue par l'article 42 alinéa 3 de la loi du 10 juillet 1965 et ce, à l'exclusion de toute autre action et notamment de l'action en révision de l'article 12[5] et même de l'action en « nullité ».

2°
Recevabilité de l'action en révision

500 Qualité pour agir et pour défendre. Il résulte de l'article 12 de la loi du 10 juillet 1965 que l'action en révision est intentée par « chaque propriétaire ». Toutefois, conformément aux principes généraux qui régissent la recevabilité des actions en justice, il convient de préciser que le copropriétaire demandeur doit justifier d'un intérêt légitime au succès de cette action (C. pr. civ., art. 31), ce qui signifie, en l'occurrence, qu'il doit être personnellement lésé par la répartition initiale[6].

Quand à la qualité pour défendre à l'action, elle est déterminée par les articles 52 et 53 du décret du 17 mars 1967 à partir de la distinction suivante.

Si l'action est fondée sur le fait que la part dans l'une ou l'autre catégorie des charges incombant au demandeur est supérieure de plus d'un quart à celle qui résulterait d'une répartition conforme à l'article 10, elle est intentée contre le syndicat, représenté par le syndic, ès-qualités[7].

Si l'action est fondée sur le fait que la part d'un copropriétaire est inférieure de plus d'un quart dans l'une ou l'autre des catégories de charges à celle qui résulterait d'une répartition conforme à l'article 10, elle est intentée contre ce copropriétaire. Mais le syndicat doit être appelé en cause à peine d'irrecevabilité.

501 Publication au fichier immobilier (Non). Une discussion s'était instaurée sur ce point[8]. La Cour de cassation s'est prononcée dans le sens qu'il n'y a pas lieu de procéder à cette publication au motif que l'action en révision des charges ne figure pas parmi celles qui sont soumises à publicité en application des articles 30-5° du décret du 4 janvier 1955 et 28-1 et 4 de ce même décret[9].

502 Délai pour agir. Le délai pendant lequel l'action en révision est recevable faisait l'objet d'une distinction selon que l'on était en présence de copropriétés établies antérieurement ou postérieurement à la mise en vigueur de la loi du 10 juillet 1965.

1. Civ. 3e, 29 janv. 1974, cité par Bouyeure, *AJPI* 1974. 887.
2. Paris, 28 avr. 1982, *Juris-Data* n° 600723, *Administrer* juill. 1982. 19, note Lot.
3. Paris, 7 juin 1982, *Juris-Data* n° 022072, *D.* 1982. IR 432.
4. TGI Paris, 9 janv. 1975, *AJPI* 1975. 412, note Bouyeure; *RTD civ.* 1975. 572; *Gaz. Pal.* 1977. 1. Somm. – Lyon, 5 déc. 1979, *D.* 1980. IR 448; *RDI* 1980. 343; *JCP N* 1981. II. 256.
5. EN CE SENS : SIZAIRE, n° 91 et note 211 *bis* – LOMBOIS, D. 1966, lég. 93, nos 39 à 41 – Civ. 3e, 7 janv. 1976, n° 74-12.541, *Bull. civ.* III, n° 7; *RTD civ.* 1976. 808, Chron. Giverdon.
6. EN CE SENS : SIZAIRE, n° 77 et note 177 – Lafond, Roux, Stemmer, *op. cit.*, ss art. L. 12, III, n° 6.
7. Civ. 3e, 5 déc. 1972, 71-13.293, *Bull. civ.* III, n° 654; *JCP* 1973. II. 173348, note Guillot; *RTD civ.* 1974. 837.
8. DANS LE SENS de la publication : Paris, 16 juin 1992, RG n° 91-5945, *Juris-Data* n° 022073, *RDI* 1992. 541; *Loyers et copr.* 1992. 443.
9. Civ. 3e, 18 déc. 1996, n° 94-21.573, *Bull. civ.* III, n° 243; *Loyers et copr.* 1997. 85; *Administrer* juin 1997. 46, note Capoulade; *JCP N* 1998. 517, note Frémond – EN CE SENS : Paris, 13 mars 1998, *Loyers et copr.* 1998. 279 – Civ. 3e, 21 nov. 2000, n° 99-14.614, *AJDI* 2002. 361, Chron. Capoulade.

Le cas des copropriétés établies antérieurement peut être laissé de côté, puisque pour celles-ci le délai est expiré depuis le 13 juillet 1967, qui a marqué l'expiration du délai de deux ans à partir duquel la loi a été applicable. Pour les copropriétés établies postérieurement à la loi du 10 juillet 1965, il résulte de l'article 12 que l'action peut être intentée – ou bien dans le délai de 5 ans de la publication du règlement de copropriété au fichier immobilier (L. 10 juill. 1965, art. 12, al. 1er) – ou bien avant l'expiration d'un délai de deux ans à compter de la première mutation à titre onéreux du lot, dont le demandeur est propriétaire, intervenue depuis la publication du règlement de copropriété (L. 10 juill. 1965, art. 12, al. 2).

503 Délai de cinq ans à compter de la publication du règlement de copropriété. L'action est d'abord recevable pendant le délai de cinq ans qui court à compter de la publication du règlement de copropriété au fichier immobilier. Ce point de départ, qui a été fixé par le législateur dans un souci de plus grande certitude, peut soulever des difficultés lorsque le règlement de copropriété est publié avant l'établissement proprement dit de la copropriété.

C'est, en effet, sur un amendement présenté par le garde des Sceaux que la publication du règlement de copropriété a été retenue comme point de départ du délai au lieu de l'établissement de la copropriété auquel se référait le projet [1].

L'hypothèse est réalisée en cas de vente d'immeuble à construire puisque le règlement de copropriété doit, après communication préalable à chaque acquéreur, lui être remis lors de la signature du contrat (CCH, art. L. 261-11); or, à ce moment-là, la copropriété n'est pas forcément « établie ». Elle l'est aussi en cas de constitution préalable d'une société de construction-attribution où le statut de la copropriété ne devient applicable qu'à compter du transfert à chaque associé de sa part divise lors de l'approbation des comptes qui marque la clôture de la liquidation.

Dans le premier cas (vente d'immeuble à construire), il convient de s'en tenir à la lettre de la loi et de prendre pour point de départ la publication du règlement de copropriété au fichier immobilier, cette publication pouvant d'ailleurs être différée jusqu'à la constatation de l'achèvement de l'immeuble qui se révèle alors être un immeuble bâti et qui, de ce fait, est soumis au statut de la copropriété.

Dans le second cas, en revanche, tant que la société n'est pas dissoute, il n'y a pas à proprement parler de règlement de propriété, mais un règlement de jouissance; dans ces conditions, le délai de cinq ans ne peut commencer à courir qu'au moment où le règlement de jouissance devient règlement de copropriété, c'est-à-dire lors de la clôture de la liquidation de la société [2] et du partage général ou de la première attribution [3], observation faite que la transformation du règlement de jouissance en règlement de copropriété ne fait plus l'objet d'une publication, mais seulement l'acte de partage ou d'attribution.

Il est rappelé en outre que les associés ont qualité pour exercer, pendant la durée de la société, l'action en révision des répartitions de charges lésionnaires, CCH, art. L. 212-6, al. 4 – le fait pour un associé de ne pas avoir exercé cette action ne le prive pas du droit d'exercer celle de l'article 12 de la loi du 10 juillet 1965 puisque celle-ci prend naissance lors de l'attribution de la propriété de son lot à l'associé [4].

504 Délai de deux ans à compter de la première mutation à titre onéreux du lot. L'action peut encore être exercée avant l'expiration d'un délai de deux ans à compter de la première mutation à titre onéreux du lot intervenue depuis la publication du règlement de copropriété. Mais la notion de première mutation qui sert de point de départ au nouveau délai, prête à confusion. Les travaux préparatoires révèlent que cette disposition a été introduite à l'effet de pallier les conséquences de la négligence des propriétaires originaires du lot [5]. Dans ces conditions, par première mutation à titre onéreux du lot – ce qui exclut les mutations à titre gratuit et aussi les attributions après dissolution d'une société de construction-attribution –, il faut entendre la première cession consentie, après l'établissement de la copropriété, par le propriétaire d'origine de ce lot. La possibilité de l'exercice de l'action en révision peut donc se trouver reportée loin après la publication du règlement de copropriété, ce qui introduit une instabilité dont les inconvénients sont évidents.

La mutation qui fixe le point de départ de l'établissement de la copropriété (vente en l'état futur d'achèvement ou à terme; vente par fractions à laquelle procède le propriétaire, jusqu'alors unique de l'immeuble) n'est donc pas prise en considération [6].

1. V. *JOAN* 22 avr. 1965. 826.

2. EN CE SENS : TGI Paris, 28 janv. 1974, *Gaz. Pal.* 1974. 1, 331; *Rev. loyers* 1974. 409; *Rec. gén. lois* 1974, 623, note Désiry – TGI Paris, 29 févr. 1976, *D.* 1976. IR 309 – Civ. 3e, 9 déc. 1980, *Juris-Data* n° 035331, *Gaz. Pal.* 1981. 1. pan. jur. 116; *RTD civ.* 1981. 491; *JCP* 1981. IV. 77.
3. Paris, 16 juin 1981, *Juris-Data* n° 029490, *D.* 1982. IR 141.
4. EN CE SENS : J.-CL. COPR., fasc. 72, n° 63 – LAFOND, ROUX ET STEMMER, L. art. 12, n° 3.
5. V. *JO Sénat* 8 juin 1965. 523, *JOAN* 15 juin 1965. 2139.
6. COMP. : SIZAIRE, n° 82, et note 110 – KISCHINEWSKY-BROQUISSE, n° 159 – LOMBOIS, n° 32 – J.-CL. COPR., fasc. 72, n° 67.

Par ailleurs, l'existence de ces deux délais pose le problème de leur coordination. Conformément à l'interprétation la plus généralement donnée, il faut considérer le délai de cinq ans comme étant le délai normal d'exercice de l'action en révision [1]. Le délai de deux ans à compter de la première mutation à titre onéreux, ne joue efficacement que dans la mesure où il supplée (ou prolonge) le délai de cinq ans [2]. Il ne peut avoir pour résultat de le réduire si, par exemple, la première mutation intervient dans les trois années qui suivent le règlement de copropriété [3].

505 Conséquences de l'expiration du délai – Opposabilité de la lésion par voie d'exception. L'expiration des délais impartis pour l'exercice de l'action en révision entraîne sans aucun doute l'irrecevabilité de celle-ci [4]. Plus précisément, elle constitue une fin de non-recevoir qui peut être opposée en tout état de cause [5].

Et s'agissant de surcroît de délais de forclusion dont l'expiration entraîne l'extinction du droit d'agir, la révision ne peut être invoquée par voie d'exception en référence à l'adage *quae temporalia sunt ad agendum, perpetuanda sunt ad excipiendum* [6].

506 Incidence de l'article 49, nouveau de la loi du 10 juillet 1965 (L. 13 déc. 2000, dite loi SRU). Cet article dont on commentera les dispositions dans le cadre des développements consacrés au règlement de copropriété (v. s^{s} n° 595) prévoit que, l'assemblée générale décide les adaptations du règlement de copropriété rendues nécessaires par les modifications législatives depuis son établissement. Cette disposition, d'abord temporaire, a été pérennisée par la loi n° 2009-323 du 25 mars 2009, de mobilisation pour le logement et de lutte contre l'exclusion, [7] en raison de nombreuses modifications apportées à la loi de 1965 et au décret de 1967 depuis leur entrée en vigueur.

La question peut donc se poser de savoir si ce texte pourrait être invoqué en présence de règlements de copropriété antérieurs à la date d'entrée en vigueur de la loi du 10 juillet 1965, qui opéreraient des répartitions de charges manifestement lésionnaires et dont la révision n'aurait pas été demandée. Il ne le semble pas car une erreur de calcul affectant le quantum des charges, qui ne remet pas en cause le critère légal, ne résulte pas d'une modification législative et ne relève pas d'une adaptation [8]. Une suggestion tendant à permettre, sous certaines conditions, une mise en conformité de la répartition des charges n'a pas prospéré.

3°
Condition de succès de l'action

507 Lésion de plus du quart. Dans le souci d'éviter que les demandes en révision soient trop nombreuses, la loi en a subordonné le succès à l'existence d'une lésion dont elle a précisé la quotité.

Deux hypothèses ont été retenues :

- ou bien, la part correspondant au lot du demandeur dans l'une ou l'autre catégorie de charges est supérieure de plus du quart à celle qui résulterait d'une répartition conforme aux dispositions de l'article 10;
- ou bien, la part correspondant à celle d'un autre copropriétaire est, dans l'une ou l'autre catégorie de charges, inférieure de plus d'un quart à celle qui résulterait d'une répartition conforme à l'article 10. En ce cas, il n'est pas nécessaire que la part correspondant au lot du demandeur subisse une « surcharge » de plus d'un quart [9].

La révision peut concerner l'une ou l'autre des catégories de charges, c'est-à-dire, aussi bien les charges entraînées par les services collectifs et les éléments d'équipement commun que celles qui sont relatives à la conservation, à l'entretien et à l'administration des parties communes; mais il n'est pas nécessaire que la révision les concerne à la fois [10].

L'appréciation de la différence en plus ou en moins de 25 % doit se faire par rapport à une répartition idéale conforme à l'article 10 et non en fonction des inégalités de charges existant en fait entre deux lots [11]. On précise, en outre, que pour recher-

1. EN CE SENS : SIZAIRE, n° 83 – ARNAUD ET BOUYEURE, p. 117 – KISCHINEWSKY-BROQUISSE, n° 159, p. 152.
2. EN CE SENS : SIZAIRE, n° 83 – LAFOND, ROUX ET STEMMER, L. art. 12, n° 4.
3. EN SENS CONTRAIRE : Thiout, « La répartition des charges et le délai de révision de l'article 45 », *Ann. loyers* 1968. 1546.
4. SIZAIRE, n° 84 – KISCHINEWSKY-BROQUISSE, n° 147 – ARNAUD ET BOUYEURE, p. 200 – Civ. 3e, 20 déc. 1976, *JCP* 1978. II. 18800.
5. Civ. 3e, 2 juin 1981. 80-11.635, *Bull. civ.* III, n° 106; *D.* 1982. IR, 432, obs. Giverdon; *JCP* 1981. IV. 296.
6. TGI Paris, 15 déc. 1976, TGI Paris, 21 déc. 1976, TGI Paris, 12 janv. 1977 et TGI Paris, 25 avr. 1977, *D.* 1978. IR 127 – ARNAUD ET BOUYEURE, p. 200 – KISCHINEWSKY-BROQUISSE, n° 156.
7. L. n° 2009-323, 25 mars 2009, de mobilisation pour le logement et de lutte contre l'exclusion, *JO* 27 mars, p. 5408, après décision n° 2009-578 DC du Conseil constitutionnel du 18 mars 2009.
8. EN CE SENS : Capoulade, « Libres propos sur les adaptations du règlement de copropriété », *Administrer* févr. 2000. 8; *Rev. hab. fr.* janv. 2002. 10 – AUSSI : Bouyeure, « Adaptation des règlements de copropriété anciens et répartition des charges », *Administrer* juill. 2001. 16.
9. EN CE SENS : SIZAIRE, n° 75 – ARNAUD ET BOUYEURE, p. 194.
10. ARNAUD ET BOUYEURE, p. 194 – Civ. 3e, 6 mars 1991, n° 89-16.943, *Bull. civ.* III, n° 82, 49; *AJDI* 1991. 340; *RDI* 1991. 92; *IRC* 1991. 152.
11. Civ. 3e, 5 déc. 1972, n° 71-13.293, *Bull. civ.* III, n° 654; *JCP* 1973. II. 17348.

cher si la part de charges supportée par un copropriétaire excède de plus d'un quart celle qui résulterait d'une répartition conforme à l'article 10, il convient de vérifier la situation de chaque lot et non de comparer globalement les charges pour un ensemble de lots appartenant au même copropriétaire [1].

Enfin, c'est à la date de l'établissement du règlement de copropriété que le juge doit se placer pour apprécier la lésion; il ne peut tenir compte des modifications qui ont pu être apportées ultérieurement par un copropriétaire et à ses frais, à la consistance, au confort, à l'installation et à l'équipement des lots [2]. En revanche si des travaux ont été décidés par l'assemblée générale et ont été financés par l'ensemble des copropriétaires, ils doivent être pris en compte s'ils ont modifié la consistance, le confort, l'installation ou l'équipement des lots [3]. Pratiquement, l'appréciation de la lésion implique la commission d'un technicien, lequel doit recevoir la mission de procéder à un examen d'ensemble et de proposer un nouvel état de répartition des charges [4].

4°
Compétence et procédure

508 Tribunal compétent. À l'inverse de l'article 11 et de l'article 42 alinéa 3, l'article 12 ne précise pas le tribunal compétent pour connaître de la demande en révision. Il n'est pas douteux que ce tribunal est le tribunal de grande instance du lieu de situation de l'immeuble. L'objet de l'action étant que le tribunal procède à une nouvelle répartition, la demande doit être considérée comme indéterminée et ne peut donc être soumise à une juridiction qui, comme le tribunal d'instance, voit sa compétence limitée à une certaine somme [5].

509 Procédure. Le jugement devant comporter une modification de la répartition des charges, il est indispensable qu'il soit opposable à tous les copropriétaires. C'est pourquoi, lorsque l'action est intentée contre un copropriétaire, le syndicat doit, à peine d'irrecevabilité, être mis en cause (Décr. 17 mars 1967, art. 53, al. 2). Le syndic doit alors, en application des dispositions de l'article 59 du décret, aviser chaque copropriétaire de l'existence et de l'objet de l'instance; il peut, en outre, provoquer la désignation du mandataire *ad hoc*, dans les conditions prévues par l'article 54 du même décret.

1. TGI Lyon, 15 janv. 1976, *JCP* 1976. IV. 385.
2. SIZAIRE, n° 75 – LAFOND, ROUX ET STEMMER, L. art. 12 – Paris, 18 mai 1972, *AJPI* 1973. 1021, note Bouyeure.
3. EN CE SENS : ARNAUD ET BOUYEURE, p. 194.
4. Paris, 16 févr. 1968, *D.* 1968. Somm. 97; *Gaz. Pal.* 1968. 2, 178; *Ann. loyers* 1969. 1, 4903.
5. EN CE SENS : SIZAIRE, note 180 *bis* – TI Nîmes, 4 juin 1974, *JCP* 1975. IV. 6476; *Rec. gén. lois* 1975, p. 355, n° 175.

5°
Rôle du tribunal. Portée de la décision rendue

510 Modification de la répartition initiale des charges – Incidences sur les tantièmes de copropriété. Si l'action est reconnue fondée, le tribunal procède à la nouvelle répartition des charges (L. 10 juill. 1965, art. 12, al. 1er *in fine*) en général, après avoir commis un expert, précision faite que la responsabilité du syndicat peut être engagée s'il est opposé sans motif valable à la répartition proposée par l'expert [6]. Le caractère judiciaire de la révision s'oppose à ce que le tribunal puisse déléguer cette tâche à l'assemblée générale. Le jugement doit donc établir un nouvel état de répartition des charges en prenant soin de distinguer les deux catégories de charges prévues par l'article 10 [7]. Le nouvel état de répartition des charges, qui constitue un « acte judiciaire » au sens de l'article 3 du décret du 17 mars 1967, doit être publié au fichier immobilier en tant qu'acte modificatif au règlement de copropriété [8]. Tant que cette formalité n'est pas accomplie, la nouvelle répartition n'est pas opposable aux ayants cause des copropriétaires.

La nouvelle répartition à laquelle procède le tribunal n'affecte pas celle des tantièmes de parties communes en tant que quotes-parts de propriété [9]; il n'y a donc pas de changement à apporter à l'état descriptif de division; par ailleurs, le nombre de voix dont disposaient les copropriétaires avant la modification n'est pas modifié. En revanche, la nouvelle répartition des charges décidée par le tribunal entraîne une modification dans les quotes-parts de charges qui étaient antérieurement afférentes à chaque lot [10].

511 Autorité du jugement. L'objet de l'instance étant indivisible, le jugement ordonnant la nouvelle répartition des charges doit être assorti de l'autorité absolue de la chose jugée. C'est la raison pour laquelle l'article 54 du décret du 17 mars

6. Civ. 3e, 15 mars 1983, *Administrer* 1983, 27, n° 43, note Guillot.
7. Civ. 3e, 4 janv. 1973, n° 71-14.376, *Bull. civ.* III, n° 12; *Gaz. Pal.* 1973. 1, 284; *JCP* 1973. IV. 68 – RAPPR. : Civ. 3e, 5 déc. 1972, n° 71-13.293, *Bull. civ.* III, n° 654; *JCP* 1973. II. 17318, note Guillot.
8. J.-CL. COPR., fasc. 72.
9. Paris, 18 mai 1972, *AJPI* 1973. 1024, note Bouyeure – Versailles, 28 mai 1985, *Rev. loyers* 1986. 36 – SIZAIRE, n° 38, note 184 – KISCHINEWSKY-BROQUISSE, n° 156 – ARNAUD ET BOUYEURE, *op. cit.* 202.
10. Paris, 16 févr. 1968, *Gaz. Pal.* 1968. 2, 178.

1967, ouvre au syndic ou à tout copropriétaire, lorsque l'action en justice intentée contre le syndicat a pour objet ou peut avoir pour conséquence une révision de la répartition des charges, la possibilité, s'il existe des oppositions d'intérêts entre les copropriétaires qui ne sont pas demandeurs, de présenter requête au président du tribunal de grande instance en vue de la désignation d'un mandataire *ad hoc*.

Toutefois, comme l'action est, selon les cas, intentée contre le syndicat (Décr. 17 mars 1967, art. 52) ou à l'encontre du copropriétaire dont la part est inférieure de plus d'un quart (Décr. 17 mars 1967, art. 53) mais avec appel du syndicat en cause, à peine d'irrecevabilité de l'action, les copropriétaires qui ne sont pas demandeurs, ne peuvent justifier de l'intérêt distinct qui leur permettrait de former tierce opposition contre le jugement même en cas de non-désignation du mandataire *ad hoc*.

512 Point de départ et effets de la révision. La révision des charges à laquelle procède le tribunal ne produit d'effet que pour l'avenir[1]. En conséquence, le tribunal ne peut revenir sur la répartition antérieure et le copropriétaire qui a obtenu la révision ne peut réclamer le remboursement des sommes qu'il a déjà versées en exécution de l'ancienne répartition[2].

Mais ce principe posé, encore convenait-il de déterminer le moment précis à partir duquel la révision prend effet. Après quelques hésitations, la solution, qui peut être considérée aujourd'hui comme acquise, consiste à fixer le point de départ de la révision au jour du jugement qui y procède[3], avec cette précision qu'en cas de confirmation par la cour, c'est également la date du jugement confirmé qui est retenue[4].

B. Action tendant à voir réputer non écrites les répartitions de charges contraires aux critères légaux[5]

1° Objet et domaine de l'action

513 Évolution de la jurisprudence. Alors que relève de la révision l'action dont l'objet est de discuter le quantum de la quote-part des charges par suite d'une erreur dans l'application des éléments à prendre en considération, l'action dont il est ici question a pour objet de critiquer le principe même de la répartition prétendument non opérée conformément aux critères légaux[6].

Le cas de figure est celui d'une répartition des dépenses entraînées par un service collectif ou un élément d'équipement commun sur une base autre que l'utilité procurée aux lots par ce service ou cet élément (par ex. clause répartissant les charges d'ascenseur « par parts égales entre les copropriétaires »[7]; ou clause stipulant la participation des copropriétaires du rez-de-chaussée aux charges d'ascenseur[8]).

En revanche, pour les charges relatives à la conservation, l'entretien ou l'administration des parties communes, il fut longtemps décidé qu'il ne pouvait que s'agir d'une erreur de calcul des tantièmes de parties communes affectés à chaque lot qui se répercutait sur le quantum des charges réclamées; seule l'action en révision était concevable[9] alors surtout que l'objet de la demande était de contester

1. Cabanac et Michalopoulos, « La loi du 10 juill. 1965 et les procédures en matière de copropriété », *AJPI* 1966. I. spéc. 592 – CABANAC, n° 331 – KISCHINEWSKY-BROQUISSE, n° 167 – ARNAUD ET BOUYEURE, p. 203 – J.-CL. COPR., fasc. 72 – LAFOND, ROUX ET STEMMER, L. art. 12, n° 391.
2. TGI Seine, 28 sept. 1967, *Gaz. Pal.* 1967. 1, 64.
3. Civ. 3e, 24 oct. 1972, n° 71-11.870, *Bull. civ.* III, n° 538; *D.* 1972. 749, note E. F.; *JCP* 1973. II. 17291, note Guillot; *Gaz. Pal.* 1973. 1, 37; *AJPI* 1973. 802; *Defrénois* 1973. 460, note Souleau; *Rec. gén. lois* 1973, 189, note Désiry; *RTD civ.* 1973, IV, p. 68; *Gaz. Pal.* 1973. 1, 284; *AJPI* 1973. 801 – Civ. 3e, 18 mars 1974, *Gaz. Pal.* 6 juin 1974 – Civ. 3e, 9 déc. 1980, *Gaz. Pal.* 1981. 1, pan. jur. 116 – Civ. 3e, 10 nov. 1987, n° 86-14.766, *Loyers et copr.* 1987. 465 – AUSSI : Morand, « Date de prise d'effet des révisions de charges », *Gaz. Pal.* 1972. 2. Doctr. 690 – Brun, « La date de prise d'effet des révisions de charges », *AJPI* 1973. 781.
4. Civ. 3e, 23 avr. 1992, n° 89-21.086, *RDI* 1992. 539; *AJDI* 1994. 294, note Lebatteux et Barnier Stzabowicz.
5. SUR LA théorie générale : Gaudemet, *La clause réputée non écrite*, thèse 2007, Economica.
6. SUR L'ENSEMBLE DE LA QUESTION : ARNAUD ET BOUYEURE, p. 204 s. – KISCHINEWSKY-BROQUISSE, n° 567 – LAFOND, ROUX ET STEMMER, L. art. 12, § IV, nos 9 s. – Bouyeure, « Répartition des charges non conformes à la loi du 10 juill. 1965 : action en révision ou en nullité », *Administrer* déc. 1986. 11 – Clauses réputées non écrites : le problème de l'application dans le temps de la sanction, *Administrer* oct. 2011. 35 – Roux, « L'action en nullité de la répartition des charges de copropriété »; *Administrer* févr. 2006. 11 s. – Atias, « Action de déclarations d'illégalité de la répartition des charges et actions en révision pour lésion », *AJDI* 2008. 546 s. – Capoulade, « La clause réputée non écrite en copropriété immobilière », *Administrer* avr. 2008. 13 s. – Artz, « Les clauses reputées non écrites en droit de la copropriété », *Mélanges Calais-Auloy*, 2004.
7. TGI Brest, 9 déc. 1975, *D.* 1976. Somm. 43; *JCP* 1976. II. 18472; *RTD civ.* 1976. 586; *Administrer* 1977, 32.
8. TI Nantes, 20 févr. 1974, *Gaz. Pal.* 1975. 1; *Rec. gén. lois* 1975, 538, note Désiry; *RTD civ.* 1975. 572 – TGI Paris, 9 janv. 1975, *AJPI* 1975. 412, note Bouyeure – TGI Paris, 30 oct. 1980, *Gaz. Pal.* 1981. 2, 728; *Administrer* mars 1982. 14.
9. Paris, 2 févr. 1984, *RTD civ.* 1984. 531 – Paris, 24 nov. 1987, *RDI* 1988. 140.

ce quantum [1] (v. aussi une contestation portant sur l'évaluation comparée de la valeur des lots [2]; en cas d'interversion des charges entre deux lots [3]).

Par la suite, la jurisprudence s'est précisée en présence de demandes dont l'objet était la répartition des charges dont la conformité aux critères légaux était contestée, allégation qui pouvait s'appliquer également aux charges « générales » non calculées selon les règles posées par l'article 5 de la loi du 10 juillet 1965 et qui débouchait sur l'établissement d'un nouvel état de répartition des charges [4].

Le principe a été alors posé qu'une répartition contraire à ces critères devait être réputée non écrite mais à charge pour les juges de rechercher sur quels éléments fonder cette non-conformité [5], ce qui revient à imposer la charge de la preuve au demandeur [6]. Pourra donc être retenue une répartition constituant une infraction caractérisée [7] (par ex., tenir compte de l'utilisation des lots pour calculer la quote-part des charges [8]), ce qui exclut la seule mise en cause du coefficient de pondération [9] ou une inversion des quotes-parts entre deux lots dès lors que la répartition résultant de cette erreur n'est pas contraire aux critères légaux [10].

C'est un procédé de sauvetage du contrat (règlement de copropriété) tout en rendant inefficace la clause illicite.

2°
Conditions d'exercice de l'action

514 Exercice de l'action. La jurisprudence a progressivement dégagé les conditions de la mise en œuvre de l'article 43 de la loi du 10 juillet 1965. La Cour de cassation a admis la recevabilité de la demande formée par un copropriétaire sans qu'il ait à justifier d'un préjudice ou d'un intérêt personnel et direct [11]. De même, « Le syndicat des copropriétaires, comme tout copropriétaire intéressé, peut faire constater l'absence de conformité des clauses du règlement de copropriété aux dispositions légales » [12] car il lui appartient de veiller à la conformité du règlement à la loi [13]. On peut se demander si un tiers intéressé, ayant un intérêt personnel et direct ou à qui la clause ferait grief (syndic, employé du syndicat) pourrait se prévaloir de l'article 43. Certains le pensent [14] mais la question reste discutée.

Aucun texte n'exige une consultation préalable de l'assemblée générale pour introduire l'action mettant en œuvre l'article 43 [15], sous réserve du respect de l'article 55 du décret lorsque le syndicat est demandeur (pour les demandes reconventionnelles, v. s^s^ n° 1255).

515 Délai. C'est relativement au délai imparti pour exercer l'action tendant à faire déclarer non écrites les répartitions contraires aux critères légaux que la différence avec celui concernant l'action en révision est la plus marquée.

La jurisprudence a évolué quant à la durée de ce délai.

Alors qu'il avait d'abord été décidé que ce délai était celui de dix ans prévu par l'alinéa 1er de l'article 42 de la loi du 10 juillet 1965 [16], puis le délai de trente ans [17], finalement, la jurisprudence et spécialement la Cour de cassation, en posant le principe selon lequel les clauses réputées non écrites par l'article 43 de la loi du 10 juillet 1965 sont

1. Civ. 3e, 27 nov. 1990, n° 89-12.270, *RDI* 1991. 101; *Administrer* mai 1991. 53, note Guillot.
2. Civ. 3e, 6 mars 1991, n° 89-16.943, *Bull. civ.* III, n° 82; *D.* 1992. Somm. 134, note Bouyeure; *Defrénois* 1991. 1016 – *Journ. not.* 1992. 380, Chron. de la Marnierre; *RDI* 1991. 101; *IRC* 1991. 152, note Capoulade.
3. Civ. 3e, 30 avr. 2002, n° 00-17.332, *AJDI* 2002. 697, obs. Giverdon.
4. Civ. 3e, 12 juin 1991, n° 89-18.331, *Bull. civ.* III, n° 170; *D.* 1992. Somm. 135, note Giverdon; *RDI* 1991. 379; *IRC* 1992. 86, note Capoulade – AUSSI : Civ. 3e, 20 janv. 1993, n° 91-17.509, *RDI* 1993. 259 – Civ. 3e, 11 janv. 1995, n° 93-10.237, *RDI* 1995. 371, *Loyers et copr.* 1995. 178.
5. Civ. 3e, 30 juin 1998, n° 96-21.879, *Bull. civ.* III, n° 141; *AJDI* 1998. 1071; *RDI* 1998. 684.
6. EN CE SENS : Capoulade, *IRC* mars 2000. 35, col. 2 – Civ. 3e, 27 févr. 2001, n° 99-15.585, *AJDI* 2001. 707, obs. Giverdon.
7. Paris, 24 nov. 1999, *Administrer* mars 2000. 40, note Bouyeure.
8. Civ. 3e, 11 janv. 1995, n° 93-10.237, *RDI* 1995. 371; *Loyers et copr.* 1995. 178.
9. Civ. 3e, 12 janv. 2000, n° 98-16.848, *Administrer* mars 2000. 34, note Capoulade.
10. Civ. 3e, 30 juin 1998, n° 96-21.879, *Bull. civ.* III, n° 141; *AJDI* 1998. 1071; *RDI* 1998. 684, préc.
11. Civ. 3e, 9 févr. 1982, n° 80-11.710, *Bull. civ.* III, n° 38; *D.* 1982. IR 252, obs. Giverdon.
12. Civ. 3e, 24 mars 1981, n° 79-16.560, *Bull. civ.* III, n° 69 – Civ. 3e, 9 mars 1988, n° 86-17.869, *Bull. civ.* III, n° 54.
13. Civ. 3e, 3 mai 2001, n° 99-19.974, *Rev. loyers* 2001. 394, obs. Gélinet.
14. LAFOND, ROUX ET STEMMER, art. L. 43 n° 8.
15. Civ. 3e, 9 févr. 1982, n° 80-11.710, *Bull. civ.* III, n° 38.
16. TGI Paris, 3 févr. 1977, *D.* 1978. IR 127 – TGI Paris, 30 oct. 1980, *RDI* 1982. 131 – Bouyeure, « La prescription de dix ans en matière de copropriété », *Administrer* mars 1981. 12 – Rép. min., QE, *JCP N* 1977, prat. 6672; *Defrénois* 1977. 1351 – Paris, 9 janv. 1989, *D.* 1989. IR 44 – AUSSI : Guillot, « La jurisprudence dans l'application de l'article 42 alinéa 1 de la loi du 10 juillet 1965 », *Administrer* juill. 1986. 3 – Martin, « Les délais de prescription dans la copropriété », *Ann. loyers* 1984. 498 – Bouyeure, « La prescription en matière de copropriété », *Administrer* juill. 1990. 7, art. 2, préc.
17. Paris, 24 sept. 1982 et Paris, 20 oct. 1982, *D.* 1983. IR 465; *RDI* 1983. 105; *RTD civ.* 1983. 162 – Paris, 5 déc. 1984, *Gaz. Pal.* 1985. 492, note Bouyeure; *RDI* 1985. 422 – Paris, 7 déc. 1988, *Loyers et copr.* 1989. 90; *RDI* 1989. 248.

non avenues par le seul effet de la loi[1] a posé le caractère pratiquement imprescriptible de l'action fondée sur cet article qui peut être exercée « *à tout moment* »[2].

Toutefois, il convient de préciser la portée de cette « imprescriptibilité ». Une clause « non écrite » ou, plus précisément, « non avenue par le seul effet de la loi » n'est pas assimilable à une clause nulle ou inexistante. Une clause, dont la nullité a été prononcée, ne peut plus, par la suite, produire aucun effet, et, en principe, la sanction s'applique rétroactivement alors qu'une non-conformité peut disparaître si sa cause disparaît elle-même, ce qui suppose que la loi soit modifiée. Par conséquent, des clauses non conformes, à supposer qu'elles soient seulement mises en sommeil, pourraient recouvrer leur efficacité et une action en justice pourrait être exercée à cette fin[3]. Certes, cette éventualité est théorique, d'autant que si l'on considère que le réputé non écrit correspond à un « gommage », c'est-à-dire à une disparition de la clause, celle-ci pour devenir effective, devrait être rétablie, observation faite cependant que la clause litigieuse est réputée et non pas déclarée non écrite. Mais cette constatation n'altère pas la pureté des concepts : une non-conformité n'est pas une annulation. Par sa nature et ses conséquences, la non-conformité se distingue nettement de la nullité, traduisant ainsi son autonomie. Sur le point de savoir si la notion de non-conformité et, par conséquent, la disposition de l'article 43 alinéa 2 de la loi du 10 juillet 1965, peuvent être appliquées aux décisions de l'assemblée générale (v. ss n° 953).

516 Compétence et procédure. Dans la mesure où, toutefois, la constatation des répartitions irrégulières de charges emprunte, comme c'est généralement le cas, la voie d'une action en justice, celle-ci relève de la compétence du tribunal de grande instance du lieu de situation de l'immeuble et, comme par ailleurs, la non conformité constatée est de nature à remettre en question la répartition des charges prévue par le règlement de copropriété, il y a lieu d'appliquer les dispositions des articles 53 alinéa 2 et surtout 59 du décret du 17 mars 1967. Elle échappe à la compétence du juge des référés, mais la question demeure de savoir si le président, statuant comme en matière de référé saisi sur le fondement de l'article 19-2 de la loi de 1965, pourrait appliquer l'article 43 de la loi du 10 juillet 1965 sur une exception soulevée devant lui au cours d'une procédure en recouvrement de provision[4].

En tout cas, le caractère non écrit d'une clause ne peut être soulevé pour la première fois devant la Cour de cassation.

L'action n'a pas pour préalable la publication de l'assignation à la conservation des hypothèques[5].

3°
Résultats de l'action

517 Constatation de l'irrégularité de la répartition – Nouvelle répartition. Le tribunal, qui estime la demande bien fondée, doit, bien entendu, déclarer non écrites les clauses stipulant la répartition contestée. Mais, comme il s'agit, par hypothèse, de répartition de charges, il est quasiment inévitable que la non-conformité ainsi constatée entraîne l'obligation de procéder à une nouvelle répartition et donc à l'établissement d'un nouvel état de répartition des charges, à moins que la clause réputée non écrite puisse faire l'objet d'un « retranchement » qui ne s'oppose pas à ce que la répartition opérée puisse continuer de s'appliquer. Le juge ne peut procéder à une nouvelle répartition sans constater que la répartition des charges était contraire aux critères de l'article 10 de la loi de 1965[6].

Tel est le cas de la clause qui stipulait que les lots non encore livrés ou vendus seront dispensés de participer aux charges générales. Des millièmes de copropriété étant affectés à ces lots, il suffit de constater l'inefficacité de la clause et de répartir des charges sur la base de ces millièmes[7].

À supposer qu'il y ait lieu de procéder à une nouvelle répartition, deux questions se posent : la première est résolue par la loi; la seconde demeure en suspend.

La première, aujourd'hui résolue, était de savoir si le juge peut procéder lui-même à la nouvelle répartition. L'article 43 alinéa 2 de la loi du 10 juillet 1965, modifié par la loi du 31 décembre 1985, dispose en effet, que lorsque le juge répute non écrite une clause relative à la répartition des charges, il procède à leur nouvelle répartition. Ce

1. Civ. 3e, 13 juin 1984, n° 82-16.492, *D.* 1984. IR 14; *RDI* 1985. 187; *RTD civ.* 1985. 418.
2. Civ. 3e, 1er avr. 1987, n° 85-15.010, *Bull. civ.* III, n° 69; *RDI* 1987. 278 – Civ. 3e, 9 mars 1988, *D.* 1989. 143, note Atias; *JCP N* 1988. II. 323; *Loyers et copr.* 1988. 183 – Civ. 3e, 26 avr. 1989, n° 87-18.384, *D.* 1989. IR 149; *Gaz. Pal.* 1989. 1. Somm. ann. – Civ. 3e, 26 mai 1990, *IRC* 1990. 13, note Capoulade – Civ. 3e, 12 juin 1991, n° 89-18.331, *RDI* 1991. 379.
3. V. Chron. Capoulade et Giverdon, *RDI* 1991. 257 – Gélinet, « Clauses réputées non écrites et copropriété », *Administrer* févr. 1999. 30 – Cottereau, « La clause réputée non écrite », *JCP* 1993. I. 3691.
4. Civ. 3e, 20 juin 2006, n° 05-19.522, NP, *Administrer* oct. 2006. 64, obs. Bouyeure.
5. Civ. 3e, 28 janv. 2003, n° 01-16.257, NP – Civ. 3e, 21 janv. 2004, n° 02-16.571, *Bull. civ.* III, n° 11.
6. Civ. 3e, 9 juin 2010, n° 09-13.067, *Bull. civ.* III, n° 115.
7. EN CE SENS : ARNAUD ET BOUYEURE, p. 209 – AUSSI : Civ. 3e, 20 déc. 2000, n° 99-16.059, *D.* 2001. 3579.

pouvoir implique celui d'ordonner la publication de la nouvelle répartition au fichier immobilier [1].

La seconde question concerne le point de départ de la nouvelle répartition. Logiquement, elle devrait être rétroactive, ce qui devrait entraîner la restitution des charges antérieurement réparties. Mais conscientes des difficultés pratiques qu'une telle solution entraînerait, doctrine et jurisprudence s'étaient prononcées pour admettre soit que la nouvelle répartition prendrait effet, au jour de la décision qui l'ordonne [2], soit au jour de l'assignation [3]. Mais un arrêt de la 3e chambre civile de la Cour de cassation du 20 décembre 2000 [4] jette un doute. Il casse, en effet, un arrêt qui avait décidé que la répartition des charges appelées avait été effectuée conformément au règlement de copropriété et que l'annulation de certaines clauses de ce règlement ne peut avoir d'effet qu'à compter de sa décision au motif qu'« en statuant ainsi, alors qu'une clause réputée non écrite est censée n'avoir jamais existé, la cour d'appel a violé l'article 43 de la loi du 10 juillet 1965 ». L'accord semble s'être fait pour ne pas voir dans cet arrêt un arrêt de principe pour la raison qu'en l'espèce, il ne s'agissait pas d'une nouvelle répartition mais d'un retranchement [5]. Les solutions antérieures justifiées essentiellement pour des raisons pratiques semblent donc maintenues. D'autant qu'un arrêt postérieur de la 3e chambre civile du 11 juillet 2001 reprend la formule traditionnelle [6]. Depuis, deux arrêts de cours d'appel ayant condamné un copropriétaire à payer des charges dont la répartition contractuelle n'était pas conforme aux critères légaux, ont été cassés au motif qu'une « clause réputée non écrite est censée n'avoir jamais existé » [7]. Si la solution est juridiquement exacte, les commentateurs s'interrogent sur les conséquences de cette solution quant aux charges antérieures à l'entrée en application de la nouvelle répartition conforme à la loi, mais ces deux arrêts présentent des particularités qu'expliquent les données de l'espèce et la procédure (engagée sur le fondement de la nullité) [8]. Dans sa jurisprudence la plus récente, la Cour de cassation confirme ses solutions antérieures : le syndic ne peut modifier les répartitions des charges de sa propre autorité et le syndicat peut recouvrer les charges arriérées, sans avoir à restituer ce qu'il a reçu en exécution de la clause litigieuse [9]. C'est ainsi que « les clauses du règlement de copropriété doivent recevoir application tant qu'elles n'ont pas été déclarées non écrites par le juge » [10]. Il ne peut faire prévaloir les dispositions légales sur les clauses non conformes « sans déclarer dans son dispositif que les clauses étaient réputées non écrites » [11] et « sans procéder à une nouvelle répartition des charges » [12].

Les caractères du réputé non écrit se dégagent de cette jurisprudence en matière de copropriété : exclusivité du juge, constatation automatique de la non-conformité, remplacement immédiat de la répartition illicite. L'action marque bien ainsi son autonomie.

Si elles ont surtout trouvé à s'appliquer en matière de répartition des charges, en raison des conditions très strictes imposées à l'action en révision, les dispositions de l'article 43 concernent aussi toutes les dispositions de la loi et du décret visées par cet article. Les juridictions ont rencontré les mêmes difficultés et seront orientées vers des solutions identiques.

SOUS-SECTION 4
RECOUVREMENT DES CHARGES

518 Généralités. Le statut de la copropriété ne peut se borner à fixer, dans son principe, la quote-

1. Paris, 15 déc. 1989; *Loyers et copr.* 1990. 146; *RDI* 1990. 247.
2. Civ. 3e, 16 juill. 1975, n° 74-11.299, *Bull. civ.* III, n° 256 – Civ. 3e, 20 oct. 1981, n° 80-10.708, *Bull. civ.* III, n° 163 – Civ. 3e, 10 oct. 1995, n° 94-13.393, *Loyers et copr.* 1996. 42 – OU ENCORE la date de la décision devenue définitive : Civ. 3e, 16 mars 1983, n° 81-15.912, *Bull. civ.* III, n° 79; *Administrer* févr. 1994. 28, note Guillot – Civ. 3e, 16 juill. 1996, n° 94-13.610, *RDI* 1996. 611.
3. Civ. 3e, 4 janv. 1973, n° 71-14.376, *Bull. civ.* III, n° 12.
4. Civ. 3e, 20 déc. 2000, n° 99-16.059, *Bull. civ.* III, n° 198; *Administrer* juill. 2001. 40, note Capoulade; *D.* 2001. Somm. 3574, note Bouyeure; *JCP* 2001. I. 358, n° 10, Chron. Périnet-Marquet.
5. V. Bouyeure et Capoulade, notes préc.
6. Civ. 3e, 11 juill. 2001, n° 99-19.089, *AJDI* 2001. 805 – CEP. : comm. de cet arrêt par Périnet-Marquet, Chron. *JCP* 2002. I. 126, n° 14.
7. Civ. 3e, 2 mars 2005, n° 03-16.731, *Bull. civ.* III, n° 2005, 53, 47, *Administrer* juin 2005. 43, obs. Bouyeure; *Loyers et copr.* mai 2005. 98, obs. Vigneron; *Defrénois* 2005. 1504, obs. Atias; *Rev. loyers* 2005. 273, obs. Dechelette-Tolot – Civ. 3e, 27 sept. 2005, n° 03-12.402, *Loyers et copr.* déc. 2005. 229.
8. Bouyeure, *D.* 2001. Somm. 3579; Capoulade, préc., 17, 3e col.; Gaudemet, *op. cit.*, n° 169.
9. Civ. 3e, 3 juill. 1996, n° 94-17.001, *RDI* 1996. 611 – Civ. 3e, 16 juill. 1996, n° 94-19.558, *RDI* 1996. 611.
10. Civ. 3e, 21 juin 2006, n° 05-13.607, *Bull. civ.* III, n° 159; *D.* 2006. 2764; *D.* 2007. 2184; *Administrer* oct. 2006. 62, obs. Bouyeure; *Loyers et copr.* déc. 2006. 213, obs. Vigneron. Civ. 3e, 28 avr. 2011, n° 10-14.298, *Bull. civ.* III, n° 57; v. Bouyeure préc. s^{s} n° 479 – Atias, « Le droit transitoire de la copropriété des immeubles bâtis (réduction prétorienne de la portée de la loi n° 65-557 du 10 juillet 1965) », *AJDI* 2010. 450.
11. Civ. 3e, 21 juill. 2007, n° 06-15.599, NP, *AJDI* 2008. 398, obs. Capoulade; *D.* 2008. 2690; pan. Atias, Capoulade ; *Administrer* nov. 2007. 51, obs. Bouyeure.
12. Civ. 3e, 30 janv. 2008, n° 06-19.773, *Bull. civ.* III, n° 18.

part de chacun dans l'ensemble des charges communes. Il lui faut encore en assurer, par des mesures appropriées, le paiement effectif auquel est subordonné le bon fonctionnement de tout syndicat. Cette préoccupation s'est toujours imposée; mais, dans ces dernières années, elle est devenue de plus en plus pressante. L'« impayé de copropriété » est présenté comme un « problème contemporain »[1], à l'encontre duquel il convient d'agir « efficacement »[2].

Il fallait donc mettre en place des mesures propres à en assurer le recouvrement effectif afin d'éviter le recours aux procédures judiciaires. Parmi ces mesures, celles consistant à donner des garanties au syndicat en tant que créancier des copropriétaires, ont provoqué l'intervention du législateur. Il a fallu aussi mettre en place des procédures rapides et efficaces de recouvrement; l'apport de la loi du 13 décembre 2000, dite loi SRU, est, à cet égard, capital.

Mais l'ensemble de ces mesures doit tenir compte de ce qui constitue la spécificité du problème à résoudre, à savoir que le syndicat, bien que personne morale, n'a pas, à proprement parler de patrimoine qui pourrait être le gage commun de ses créanciers. Cette situation est à l'origine d'une technique, elle-même spécifique, qui repose sur l'engagement corrélatif des copropriétaires. De la sorte, si, par suite des circonstances économiques, ceux-ci se trouvent mis en difficulté, c'est l'ensemble du syndicat qui est concerné[3]. Le législateur a dû prendre en compte cette situation qui, sans doute, n'est pas encore parfaitement maîtrisée.

Dans le cadre des présents développements, il faut donc examiner :

- le mécanisme technique sur lequel repose le recouvrement des charges;
- le recouvrement proprement dit[4].

§ 1
Le mécanisme technique sur lequel repose le recouvrement des charges

519 Énoncé. Les charges de copropriété sont juridiquement engagées par le syndicat en conséquence des décisions de l'assemblée générale. C'est donc lui qui en est le débiteur. Mais faute pour celui-ci d'avoir un patrimoine qui en permettrait le paiement immédiat, ces charges sont réparties entre les copropriétaires sur les bases ci-dessus définies. De la sorte, à la dette du syndicat correspond automatiquement une créance de celui-ci sur chacun des copropriétaires dont la contribution sert de soutien à son obligation[5].

Ainsi que l'observe un auteur, le patrimoine du syndicat s'exprime sous la forme d'un droit de créance sur chaque copropriétaire pour les participations non versées[6].

On en déduisait cette conséquence qu'il était difficilement concevable que le syndicat puisse se trouver en état de cessation des paiements car il aurait fallu pour cela que l'ensemble des copropriétaires fut insolvable[7]; la notion de syndicat « en difficulté » était inconnue. Avec le développement des situations de surendettement et d'exclusion contre lesquelles le législateur a dû réagir, cette conception ne correspond aujourd'hui que très imparfaitement à la réalité. Des palliatifs ont dû être imaginés sans que, cependant, un véritable « financement des arriérés » ait pu être organisé encore que l'éventail des aides publiques soit largement ouvert.

Toutefois, la technique du recouvrement demeure pour l'essentiel en ce sens que les charges de la copropriété imputées au syndicat le sont, en même

1. Giraudel et Monédiaire, « Approche du phénomène contemporain de l'impayé de copropriété », *Administrer* juill. 1993. 2.
2. Dhont, « Agir efficacement contre les impayés dans la copropriété », *IRC*. 1994. 488.
3. Capoulade, « L'endettement du copropriétaire, du syndic et du syndicat », *RDI* 1995. 669.
4. SUR L'ENSEMBLE DE LA QUESTION : Cabanac, « Le recouvrement des charges impayées », *REDI* 1968, n° 32, 1800; « Divers modes de recouvrement des charges de copropriété », *IRC* 1968. 1; « Les charges communes, leur recouvrement et ses difficultés », *IRC* 1972. 145 – Bidault de l'Isle, « Les garanties du crédit à la construction et à la copropriété », *Gaz. Pal.* 1962. 2. Doctr. 183 – Viatte, « Le recouvrement des créances du syndicat », *Rev. loyers* 1972. 394 – ARNAUD ET BOUYEURE, p. 271 s. – Kischinewsky-Broquisse, « La récupération des charges d'un copropriétaire défaillant sous le régime de la copropriété des immeubles bâtis », *IRC* janv. 1975 – Lot, « Le recouvrement des dépenses et le paiement des dettes du syndicat », *Gaz. Pal.* 1975. 1. Doctr. – Guillot, « Le recouvrement des charges et autres créances du syndicat des copropriétaires », *Administrer* mars 1980. 18 – Vigneron, « La gestion financière de la copropriété », *JCP N* 1976. I. 2811, n°s 60 s. – J.-CL. COPR., fasc. 74 – Bouscant, « Le paiement des dettes d'administration de l'immeuble en copropriété; étude comparée des droits allemand et français », *Rev. loyers* 1995. 255 et 318 – Ritschy, « Le règlement des charges de copropriété », Revue de jurisprudence, *IRC* nov. 1997. 10 s. – Guitard : « Le recouvrement des charges de copropriété », *IRC* mars 2004. 16.
5. LOMBOIS, L. 1965, *D.* 1966, n° 70 – SIZAIRE, n° 92 – Atias, n° 199, n°s 795 et 796 – TGI Paris, 14 nov. 1980, *RDI* 1981. 414 – Civ. 3e, 30 oct. 1984, n° 83-10.202, *Bull. civ.* III, n° 180.
6. V. Bredin, *RTD civ.* 1969. 357.
7. TGI Paris, 12 juin 1979, *Juris-Data* n° 761709, *D.* 1980. IR 273; *RDI* 1980. 91 – Paris, 24 oct. 1977, *Juris-Data* n° 603040, *D.* 1980. IR 449; *RDI* 1980. 344 – EN SENS CONTRAIRE : ATIAS, n° 198 – Paris, 22 mai 1984, *Juris-Data* n° 022471, *RDI* 1984. 448.

temps, aux copropriétaires. C'est la logique même du statut de la copropriété et, plus précisément, la conséquence de la personnalité morale, très particulière, du syndicat, personnalité atypique car elle est sujet de droits et d'obligations mais avec un patrimoine sans consistance réelle.

Il faut donc examiner successivement l'imputation de principe des charges au syndicat et leur imputation effective aux copropriétaires selon les règles comptables posées par la loi du 13 décembre 2000, dite loi SRU, complétée par les dispositions du nouveau titre VI du décret du 17 mars 1967 modifié par le décret du 27 mai 2004.

A. L'imputation au syndicat

520 Division. Le syndicat devient débiteur par l'effet de l'exécution des décisions régulièrement prises par l'assemblée générale et notamment celles de voter le budget prévisionnel et les dépenses pour travaux selon les modalités prévues par les articles 14-1 et 14-2 nouveaux de la loi du 10 juillet 1965. Il peut l'être également en conséquence de l'exercice par le syndic de son pouvoir d'initiative conformément à l'article 37 du décret du 17 mars 1967. Il peut l'être encore par l'effet de décisions de justice mettant à sa charge la réparation des préjudices causés par sa faute à des tiers ou à des copropriétaires ou dont il serait présumé responsable en application des articles 1384 et 1386 du code civil.

Les modalités de cette imputation varient selon que la comptabilité du syndicat est une comptabilité de trésorerie ou une comptabilité d'engagement.

521 La comptabilité du syndicat est une comptabilité de trésorerie. C'était le cas jusqu'au 31 décembre 2006 (L. n° 2000-1208, 13 déc. 2000, art. 75-III mod.). Dans cette éventualité, qui est celle d'une comptabilité se bornant à identifier les mouvements fonds en débit et en crédit et à dégager la situation de trésorerie à la date prévue par le règlement de copropriété, la constatation des engagements du syndicat s'est d'abord faite de manière tout à fait empirique. Un compte enregistre les dépenses que l'assemblée générale a décidé d'engager et les appels de fonds constituent les recettes, l'ensemble étant soumis au vote de l'assemblée générale sous la rubrique de l'approbation des comptes.

La loi du 31 décembre 1985, complétée par le décret n° 86-768 du 9 juin 1986, avait apporté quelques précisions en consacrant officiellement le budget prévisionnel (dont le contenu n'était pas défini) et en imposant au syndic l'obligation de tenir pour chaque syndicat une comptabilité séparée faisant apparaître la position de chaque copropriétaire ainsi que la situation de trésorerie du syndicat (L. 10 juill. 1965, art. 18, tiret 3, réd. antérieure à L. 13 déc. 2000 – ces dispositions figuraient déjà dans le décret du 17 mars 1967 en tant que dispositions réglementaires; elles sont devenues législatives avec la loi du 31 déc. 1985).

La pratique, généralement suivie, était, après l'approbation des comptes de l'exercice écoulé, de soumettre à l'assemblée générale le budget prévisionnel établi au vu des comptes de cet exercice; il représentait, pour l'exercice à venir, les engagements que le syndicat acceptait d'assumer. Ces engagements étaient simultanément ceux du syndicat et ceux corrélatifs des copropriétaires par suite de l'approbation des comptes. Mais cette comptabilité permettait simplement de connaître la situation de trésorerie en fin d'exercice sans vue prospective. La comptabilité d'engagement imposée par la loi SRU a précisément pour objectif de permettre une comptabilité « d'anticipation » en facilitant le suivi des mouvements de fonds.

522 La comptabilité du syndicat est une comptabilité d'engagement. L'article 14-3 nouveau de la loi du 10 juillet 1965, modifié par la loi du 18 janvier 2005 (art. 120), qui ne devrait entrer en application que le 1er janvier 2007, en pose les principes[1] (sauf exception, L. 13 juill. 2006, art. 92).

D'abord, en son alinéa 1er, il définit, la composition des comptes du syndicat; ils comprennent : le budget prévisionnel, les charges et produits de l'exercice, la situation de trésorerie, ainsi que les annexes au budget prévisionnels, tous ces comptes étant établis conformément à des règles comptables spécifiques qui doivent être fixées par décret avec cette précision que les comptes sont présentés avec comparatif des comptes de l'exercice précédant approuvé.

Ensuite – et surtout – en son alinéa 2, cet article détermine le mode de tenue de la comptabilité du syndicat en substituant la comptabilité d'engagement à la comptabilité de trésorerie par la disposition suivante « les charges et les produits du syndicat prévus au plan comptable sont enregistrés dès leur engagement juridique par le syndic indépen-

1. V. Le Masson, « La nouvelle comptabilité du syndicat des copropriétaires; Méconnaissance de la dimension économique du syndicat », *AJDI* 2002. 6, spéc. 11 – Giverdon et Jaffuel, « Le dispositif comptable », *Loyers et copr.* mai 2001, hors série n° 17 – Jaffuel, « La loi SRU, le dispositif comptable de la réforme », *Maison et habitat*, avr.-mai 2001, 5 – Le Masson, « La nouvelle comptabilité du syndicat des coproptiétaires : les outils financiers », *AJDI* 2002. 103 – Philippot, « Comptabilité du syndicat, de nouvelles règles pour la copropriété », *Rev. hab. fr.* déc. 2001. 14 – Laporte, *Comptabilité de la copropriété*, Delmas, 2e éd., 2011-2012.

damment de leur règlement ou dès réception par lui des produits. L'engagement est soldé par le règlement ».

Le décret n° 2005-240 du 14 mars 2005, complété par un arrêté interministériel du même jour[1], fixent les règles comptables spécifiques aux syndicats de copropriétaires (v. s[s] n°s 1024 s.). Toutefois, la loi ENL (art. 92), complétant un article 14-3 (al. 2) de la loi de 1965 dispense certains syndicats de tenir une comptabilité en partie double, sauf à constater les engagements en fin d'exercice[2]. Il s'agit des « petits syndicats » (moins de dix lots à usage de logements, de bureaux ou de commerces, budget prévisionnel moyen sur trois exercices inférieurs à 15 000 euros) On se contentera donc ici de ne retenir que ce qui peut concerner l'enregistrement des charges avec les réserves d'usage qu'impose l'absence du plan comptable officiel devant prévoir ces charges.

523 Comptabilité d'engagement et enregistrement des charges. La difficulté est de définir la notion d'« engagement juridique par le syndic », indépendamment du règlement appelé à « solder cet engagement ». L'engagement ne correspond pas à la conclusion d'un contrat, à la signature d'un ordre de service ou à la décision de l'assemblée générale, mais à la constatation de l'opération. Cet enregistrement se place à la date de l'exigibilité pour les produits et à celle de la réalisation des travaux ou de la fourniture des prestations pour les charges[3].

En l'état actuel du texte, il semble qu'il faille opérer les distinctions suivantes.

En ce qui concerne les provisions correspondant aux dépenses qui relèvent du budget prévisionnel, leur engagement juridique résulte de l'exigibilité des provisions votées. Si ce budget n'a pas été voté au cours de l'exercice comptable qu'il concerne, l'engagement résulte de l'appel par le syndic des provisions trimestrielles visées par l'article 43, alinéa 2 nouveau, du décret du 17 mars 1967, modifié par le décret n° 2004-479 du 27 mai 2004[4].

Pour les sommes correspondant à des travaux non compris dans le budget prévisionnel, l'engagement juridique se situe pour les produits à la date d'exigibilité des provisions votées par l'assemblée générale et pour les charges à celle de l'exécution des travaux ou fournitures.

1. *JO* 18 mars 2005, p. 4575 et p. 4590.
2. LAFOND, ROUX ET STEMMER, art. L. 14-3, note 2.
3. Arr. 14 mars 2005, art. 3 et 4 – Laporte, J.-CL. COPR., fasc. 250, n° 23.
4. Décr. n° 2004-479, 27 mai 2004 modifiant Décr. n° 67-223, 17 mars 1967 pris pour l'application de la loi n° 65-557 du 10 juill. 1965 fixant le statut de la copropriété des immeubles bâtis, *JO* 4 juin, p. 9871.

Pour les autres sommes dont le syndic peut exiger le versement en application de l'article 35 nouveau du décret du 17 mars 1967 (avance de trésorerie, avances correspondant à l'échéancier prévu dans le plan pluriannuel de travaux adopté par l'assemblée générale – provisions spéciales prévues par l'alinéa 6 de l'article 18 de la loi de 1965) l'engagement juridique par le syndic résulte de la date d'exigibilité fixée par le règlement de copropriété pour l'avance de trésorerie, par l'échéancier voté, ou par la décision de l'assemblée générale instituant la provision spéciale.

En définitive, il apparaît que l'engagement juridique au sens de l'article 14-3 de la loi de 1965 est une notion purement comptable se traduisant par une écriture que doit compléter le règlement qui soldera l'engagement, ce qui suppose que l'imputation aux copropriétaires aura été effectuée.

B. L'imputation aux copropriétaires

524 État de la question. Que la comptabilité soit une comptabilité de trésorerie ou une comptabilité d'engagement, l'imputation à chaque copropriétaire de sa quote-part de charges et de dépenses communes ne peut résulter juridiquement que de la décision de l'assemblée générale approuvant les comptes après clôture de l'exercice. C'est alors que les règlements effectués dans la comptabilité d'engagement « solderont » les engagements.

Mais, aux termes de l'alinéa 1er *in fine* de l'article 45-1 nouveau du décret du 17 mars 1967, l'approbation des comptes du syndicat par l'assemblée générale du syndicat ne constitue pas une approbation du compte individuel de chacun des copropriétaires[5].

La règle est d'ailleurs traditionnelle; un contentieux peut donc s'élever entre le syndicat et un copropriétaire à propos de l'exigibilité à son égard de la somme qui lui est réclamée.

Plusieurs questions peuvent alors se poser; elles sont de savoir : – si le copropriétaire concerné est bien débiteur, – à partir de quel moment il l'est, – quelle est la nature juridique de sa dette vis-à-vis du syndicat. Il faut aussi tenir compte des « incidents » qui peuvent survenir, par exemple, la mise en règlement judiciaire du copropriétaire ou l'ouverture d'une procédure de surendettement.

Enfin, l'engagement corrélatif des copropriétaires à l'obligation du syndicat pose la question de la nature des relations appelées à s'établir entre les créanciers du syndicat et les copropriétaires.

5. Paris, 9 mars 2006, RG n° 05/08603, *Juris-Data* n° 295465, *Loyers et copr.* 2006. 183.

1°
Qui est débiteur pour sa quote-part ?

525 Principe. En principe, c'est chaque copropriétaire[1] qui, en tant que propriétaire de son lot, est débiteur vis-à-vis du syndicat de sa quote-part dans les charges communes[2]. On précise qu'il s'agit d'une dette personnelle dont l'existence doit être constatée, sous peine de cassation pour défaut de base légale[3], et que la qualité de copropriétaire est indépendante de l'occupation effective du lot (v. par ex. le lot ayant fait l'objet d'une interdiction d'habiter par suite d'un arrêté préfectoral d'insalubrité[4]) ; le lot doit être un lot existant[5].

Après controverse, la Cour de cassation a jugé, dans un arrêt de principe, que le copropriétaire ne pouvait faire abandon de son lot au profit du syndicat car « le caractère contractuel du règlement de copropriété implique qu'un copropriétaire ne peut se dégager unilatéralement de ses obligations sans le consentement des autres copropriétaires »[6].

De ce que la dette de charges est attachée à la qualité de copropriétaire, on tire la conséquence que l'associé d'une société d'attribution, titulaire d'un droit de jouissance, ne possède pas cette qualité et que le débiteur des charges est la société, propriétaire des lots[7].

Pour une société civile, en application de l'article 1858 du code civil, l'associé ne peut être poursuivi qu'après que le syndic ait fait reconnaître sa créance contre la société et que la poursuite a été vaine[8].

En cas de vente à terme, la société venderesse reste propriétaire des biens vendus pendant la période de paiement du prix; elle demeure donc tenue envers le syndicat du paiement des charges même si les acquéreurs se sont engagés dès leur entrée en jouissance à respecter toutes les obligations résultant du règlement de copropriété[9].

En revanche, dans la location-accession, qui était régie par la loi n° 84-595 du 12 juillet 1984, l'entretien et les réparations incombent à l'accédant, sauf exception (art. 29 et 32).

Si l'immeuble en copropriété se trouve situé dans le périmètre d'une association syndicale libre, les copropriétaires (et non le syndicat) sont individuellement débiteurs des charges de l'association[10] en tant que propriétaires de leurs lots.

526 Lot en usufruit – Droit d'usage et d'habitation. Pour les *lots grevés d'un usufruit*[11], le principe est qu'il n'y a pas de solidarité entre le nu-propriétaire et l'usufruitier sauf clause contraire; dès lors que le syndic a été avisé en application de l'article 6 du décret du 17 mars 1967, il doit, selon une doctrine dominante et la jurisprudence, procéder à une ventilation entre les charges imputables à l'usufruitier et celles imputables au nu-propriétaire[12]. La répartition se fait selon les principes posés par les articles 605 s. du code civil[13]. On a discuté le point de savoir si une clause du règlement de copropriété peut stipuler la solidarité entre le nu-propriétaire et l'usufruitier, mais la Cour de cassation a admis qu'elle leur était opposable[14].

En ce qui concerne les lots grevés d'un droit d'usage ou d'habitation[15], le propriétaire du lot en conserve la propriété et aucun texte ne l'exonère de la participation aux charges, au moins pour les grosses réparations[16]. Le syndicat peut donc poursuivre pour une condamnation *in* solidum le pro-

1. POUR les personnes de droit public : État, CE 11 févr. 1994, *D.* 1994, jur. 493, note Davignon; collectivité territoriale, Civ. 3e, 11 mai 1994, *D.* 1996. Somm. 159, obs. Giverdon.
2. Civ. 3e, 6 juill. 1988, n° 86-18.903, *Bull. civ.* III, n° 121 – Roux, « Le débiteur des charges », *AJDI* 2008. 554 s.
3. Civ. 3e, 24 févr. 1998, n° 96-17.073, *Loyers et copr.* 1998. 135.
4. Civ. 3e, 17 mai 1995, n° 93-16.624, *RDI* 1995. 591; *Loyers et copr.* 1995. 388.
5. Civ. 3e, 18 juill. 2001, n° 99-11.987, *AJDI* 2002. 136.
6. Civ. 3e, 7 avr 2004, n° 02-14.670, *Bull. civ.* III, n° 75; *AJDI* 2004. 733, note Giverdon – *Administrer* juill.-août 2004. 34, obs. Bouyeure – Atias, « L'abandon d'un lot de copropriété », *Defrénois* 2005. 1867.
7. Civ. 3e, 9 juin 1993, n° 90-18.971, *Bull. civ.* III, n° 81; *AJDI* 1994. 214, *D.* 1994. Somm. 125, note Atias; *RDI* 1993. 414; *IRC* 1993. 380; *JCP N* 1994. II. 33, note Djigo – Roux, *op. cit.*, p. 556.
8. Civ. 3e, 26 mai 1994, n° 92-18.361, *RDI* 1994. 493.
9. Civ. 3e, 29 mai 2002, n° 00-17.446, *AJDI* 2003. 199.
10. Civ. 3e, 9 déc. 1998, n° 97-12.163, *AJDI* 1999. 327; *RDI* 1999. 143; *D.* 2000. 133.
11. V. Capoulade, « Usufruit et charges de copropriété », *Rev. hab. fr.* avr. 2000. 15 – Lafond, *Le particulier immobilier,* 1986, p. 43 s. – LAFOND, ROUX ET STEMMER, L. art. 10, nos 86 et 87.
12. Paris, 27 oct. 1989, RG n° 88 014276, *Juris-Data* n° 025063, *Loyers et copr.* 1989. 541 – Versailles, 28 juin 1990, *Administrer* nov. 1990. 54 – Paris, 21 déc. 1994, RG n° 93-9247, *Juris-Data* n° 024761, *D.* 1997. Somm. 246, note Bouyeure. Atias, Dicopropriété, *V° Usufruit, op. cit.*; Guide de la copropriété des immeubles bâtis, n° 504, *op. cit.*; Boyeure, « L'administration de la copropriété », p. 52, éd. Moniteur 1978; CONTRA : Paris, 12 déc. 2002, RG n° 2002/13600; *Loyers et copr.* 2003. 163.
13. J.-CL. COPR., fasc. 68.
14. SUR la licéité de la clause : Civ. 3e, 30 nov. 2004, n° 03-11.201, *Administrer* avr. 2005. 34, obs. Alfandari – Paris, 15 juin 2000, RG n° 1998/26878, *Loyers et copr.* 2001. 16 – EN SENS CONTRAIRE : Paris, 23e ch., 21 déc. 1994, RG n° 93-9247, *Juris-Data* n° 024761, *D.* 1997. Somm. 246, note Bouyeure; *Loyers et copr.* 1995. 180.
15. LAFOND, ROUX ET STEMMER, L. art. 10, 0314 – Guillot, *Administrer* févr. 1979. 16 – Aix-en-Provence, 13 avr. 2007, *Loyers et copr.* 2007. 230.
16. KISCHINEWSKY-BROQUISSE, n° 243.

priétaire et le titulaire du droit d'usage[1]. Mais saisi d'une demande de paiement *in* solidum, le juge n'est pas tenu de régler les rapports entre les titulaires des droits démembrés[2]. La contribution peut être réglée par le titre constitutif; à défaut, on applique les mêmes règles qu'en matière d'usufruit[3].

527 Lot en indivision. Selon une jurisprudence bien établie, il n'y a pas de solidarité entre les indivisaires pour le paiement des charges; chacun d'eux est tenu d'acquitter sa quote-part en fonction de ses droits dans l'indivision[4]. On discute ici aussi la validité de la clause du règlement de copropriété instituant une solidarité entre les indivisaires[5], auquel tous ont adhéré. Après avoir admis que la clause de solidarité insérée dans le règlement de copropriété n'est pas prohibée entre indivisaires conventionnels d'un lot, tenus de désigner un mandataire commun[6], la Cour de cassation a, dans un arrêt de principe, jugé que « si la solidarité ne s'attache pas de plein droit ni à la qualité d'indivisaire, ni à la circonstance que l'un deux ait agi comme mandataire des autres, la clause de solidarité stipulée dans un règlement de copropriété n'est pas prohibée entre indivisaires d'un lot, quelle que soit l'origine de l'indivision ». En l'état d'une telle clause, il existe une solidarité entre tous les propriétaires indivis du lot pour le paiement des charges[7] (lorsqu'un administrateur provisoire d'une succession a seul qualité pour les représenter[8]).

528 Époux. Des distinctions s'imposent[9].

Pendant le mariage, si le lot est un bien commun, le recouvrement des charges est poursuivi sur ce lot.

Si le lot est propre à l'un des époux, c'est ce dernier qui est débiteur des charges.

Si le lot constitue le logement de la famille, les charges de copropriété qui lui sont afférentes sont, en général, considérées comme des dettes ménagères dont les époux sont solidairement responsables en application de l'article 220 du code civil[10].

Pendant l'instance en divorce, les époux restent obligés à l'égard du syndicat jusqu'à la liquidation et au partage[11], mais sans solidarité[12].

Après le divorce, les anciens époux ne sont tenus au paiement des charges de copropriété que pour moitié[13]. Jusqu'à la liquidation, c'est une indivision post-communautaire. Après la liquidation, c'est à l'époux attributaire ou à l'acquéreur, en cas de vente, à payer[14].

529 Pacs. La loi n° 2006-728 du 23 juin 2006 modifie le régime patrimonial des partenaires[15]; chacun d'eux conserve la libre disposition de ses biens personnels, mais la convention peut prévoir la soumission au régime de l'indivision des biens qu'ils acquièrent ensemble ou séparément après l'enregistrement de la convention (C. civ., art. 515-5 et 515-5-1). S'il y a indivision, on applique les règles posées en pareille hypothèse; mais l'article 515-4 du code civil précise que les partenaires d'un pacs sont tenus solidairement à l'égard des tiers (donc du syndicat de copropriétaires) des dettes contractées par l'un d'eux pour les besoins de la vie courante et donc les dépenses

1. Civ. 3e, 22 févr. 2000, n° 98-17.231, *Loyers et copr.* 2000. 150; *JCP N* 2000. II. 1190, note Djigo; *Administrer* août-sept. 2000. 36, note Capoulade; *AJDI* 2000. 824, note Giverdon.
2. Civ. 3e, 22 févr. 2000, n° 98-17.231, préc.
3. Lafond, Roux et Stemmer, L. art. 10, n° 85 – en cas de conversion en rente viagère : Paris, 1er mars 2007, *Loyers et copr.* 2007. 137.
4. Civ. 1re, 16 juill. 1992, n° 90-17.972, *D.* 1993. 171; *RDI* 1993. 260 – Civ. 3e, 20 janv. 1993, n° 90-15.112, *IRC* 1993. 78, note Capoulade – Civ. 3e, 22 juin 1994, *Loyers et copr.* 1994. 141 – Paris, 7 janv. 1999, *AJDI* 1999. 243 – sur l'ensemble de la question : Dagot, « Le lot de copropriété en indivision », *JCP N* 1979, prat. 464 – Lafond, Roux et Stemmer, L. art. 10, 0313.
5. dans le sens de l'illicéité de la clause : Paris, 24 sept. 1993, RG n° 92/016529, *Juris-Data* n° 022989, *Loyers et copr.* 1994, n° 129 – Paris, 8 oct. 1997, RG n° 96-12021, *Juris-Data* n° 022721, *Loyers et copr.* 1998. 78 – Paris, 18 sept. 1997, *Loyers et copr.* 1998. 79 – Paris, 24 févr. 1999, RG n° 1995/26630, *Loyers et copr.* 1999. 217 – en sens contraire : dans le sens de la validité : Paris, 26 sept. 2000, *AJDI* 2000. 962 – Lyon, 15 mars 2000, *Loyers et copr.* 2000. 282 – Paris, 31 janv. 2000, *Administrer* juill. 2002. 37, obs. Alphandary.
6. Civ. 3e, 1er déc. 2004, n° 03-17.518, *Bull. civ.* III, n° 221; *AJDI* 2005. 487, obs. Giverdon; *Administrer* févr. 2005. 53, obs. Bouyeure; *D.* 2005. IR 169; *JCP* 2005. I. 119, obs. Périnet-Marquet; *JCP N* 2005. 1206, note Djigo – Gil, « Le paiement des charges afférentes à un lot indivis », *Administrer* févr. 2005. 9.
7. Civ. 3e, 23 mai 2007, n° 06-13.459, *Bull. civ.* III, n° 82; *AJDI* 2008. 297; *Administrer* 402, obs. Bouyeure; *Loyers et copr.* 2007. 158, obs. Vigneron; Vigneron, « Quand la clause de solidarité retouve sa légitimité », *Loyers et copr.* 2007. Étude. II.
8. Civ. 3e, 26 mars 2008, n° 07-12.085, NP.
9. sur l'ensemble de la question : Lafond, « La réforme des régimes matrimoniaux et la pratique des administrateurs de biens », *Administrer* 1986, 8 s.
10. Civ. 3e, 1er déc. 1999, n° 98-11.726, NP, *Loyers et copr.* 2000. 49.
11. Paris, 24 sept. 1993, RG n° 92/016529, *Juris-Data* n° 022989, *JCP N* 1994. II. 166, note Djigo – Paris, 3 nov. 1999, RG n° 1998/17590, *Juris-Data* n° 100429, *Administrer* avr. 2000. 54, obs. Bouyeure.
12. Paris, 7 avr. 1995, *Juris-Data* n° 020844, *Loyers et copr.* 1995. 437.
13. Paris, 24 sept. 1993, RG n° 92/016529, *Juris-Data* n° 022989, *JCP N* 1994. II. 116, note Djigo.
14. Roux, *Divorce et copropriété*, 30 – Civ. 1re, mars 2008, n° 05-13.459, NP.
15. Fulchiron, « Le nouveau Pacs est arrivé », *Defrénois* 2006. 162.

relatives au logement, ce qui englobe les charges de copropriété [1].

Pour savoir si un copropriétaire a conclu un pacs, le syndic s'adresse au greffe du tribunal d'instance dans le ressort duquel le pacs a été déclaré (Décr. n° 99-1090, 21 déc. 1999 [2]). En outre, la déclaration du pacs est mentionnée en marge de l'acte de naissance de chacun des contractants avec indication de l'identité de son partenaire (C. civ., art. 515-3-1).

530 **Décès d'un copropriétaire.** Les règles à suivre sont celles qui régissent la dévolution de la succession (v. s^s n° 244) [3].

Si la succession est acceptée sous bénéfice d'inventaire, le copropriétaire qui a opté en ce sens peut exercer la faculté d'abandon offerte par l'article 802 du code civil; en ce cas, la demande du syndicat en paiement des charges n'est pas fondée [4].

La loi n° 2006-728 du 23 juin 2006 portant réforme des successions et des libéralités a supprimé cette faculté à compter du 1er janvier 2007 [5]. Les articles 787 et suivants du code civil prévoient une « acceptation de la succession à concurrence de l'actif net » par déclaration au greffe du tribunal de grande instance. La déclaration des créances non assorties de sûretés se fait dans les quinze mois de la déclaration à peine d'extinction. La déclaration d'acceptation arrête, pendant quinze mois, toutes nouvelles inscriptions de sûreté et interdit toute voie d'exécution, sauf titre exécutoire, contre le défunt après signification à l'héritier. Le syndicat a donc le plus grand intérêt à inscrire son hypothèque légale ou à prendre jugement avant décès. Après le décès du copropriétaire, il est possible que les charges de copropriété soient acquittées temporairement par l'exécuteur testamentaire (C. civ., art. 1025), ou par un mandataire posthume (C. civ., art. 812).

En cas de vacance : le syndic doit poursuivre la procédure de désignation de l'administration des domaines en qualité de curateur à la succession qui paie les charges sur les fonds disponibles [6] (v. Décr. n° 2011-1043, 1er sept. 2011, *JO* 2 sept., relatif aux mesures conservatoires prises après ouverture d'une succession).

2°
À partir de quel moment l'imputation a-t-elle lieu ?

531 **Principe.** Le principe est que chaque copropriétaire devient, vis-à-vis du syndicat, débiteur de sa quote-part des charges à partir du moment où les comptes ont été approuvés par un vote de l'assemblée générale. Plus précisément, le copropriétaire qui n'a pas contesté dans le délai prévu par l'article 42 alinéa 2 de la loi du 10 juillet 1965, la décision de l'assemblée générale ayant approuvé les comptes et la répartition des charges dans les écritures du syndicat, n'est pas fondé à refuser de payer les sommes qui lui sont réclamées [7].

Il ne peut refuser en sollicitant une expertise à l'effet de vérifier les comptes [8] du syndicat, ni en invoquant avoir refusé d'approuver des travaux régulièrement décidés [9], en invoquant des désordres dans les parties privatives de son lot [10] ou encore l'inexécution des travaux décidés [11].

En d'autres termes, l'approbation des comptes a pour résultat de constituer le titre en vertu duquel le syndic peut poursuivre judiciairement le recouvrement des charges [12]; toutefois, elle ne vaut pas approbation du compte individuel de chaque copropriétaire [13]; une demande en rectification de ce compte est recevable, de même que la demande corrélative en restitution d'un trop perçu [14] – étant précisé que cette restitution ne porte intérêts que du jour où elle est demandée [15].

En cas de cession du lot, le débiteur du moins perçu (ou créancier du trop perçu) est le copropriétaire lors de l'approbation des comptes (Décr. 17 mars 1967, art. 6-2, 3°; mod. par Décr. 27 mai 2004).

1. LAFOND, ROUX ET STEMMER, La loi du 23 juin 2006 est applicable à compter du 1er janvier 2007, L. art. 10, n° 88.
2. D. n° 99-1090, 21 déc. 1999, *JO* 24 déc. 1999.
3. V. Le Masson, « Le lot de copropriété dans la dévolution successorale légale », *Administrer* oct. 1998. 20 – Guillot, « Le paiement des charges d'un lot compris dans une succession », *Administrer* mai 1982, 8 s.
4. Lafond, Roux et Stemmer, L. art. 10, n° 87 – Ferme, « Le bénéfice d'inventaire et la copropriété : ses graves conséquences », *Administrer* mars 1982. 15 s.
5. L. n° 2006-728, 23 juin 2006, *JO* 24 juin; *Gaz. Pal.* 28-29 juin 2006. 51.
6. LAFOND, ROUX ET STEMMER, L. art. 10, n° 78.
7. Civ. 3e, 9 mars 1988, *Loyers et copr.* 1988. 188; *Administrer* oct. 1988. 36 – Civ. 3e, 26 nov. 1990, *Loyers et copr.* 1991. 89.
8. J.-CL. COPR., fasc. 74.
9. TGI Paris, 13 déc. 1974, *Gaz. Pal.* 1975. 2, 654.
10. Civ. 3e, 13 juill. 1993, n° 91-19.762, *Loyers et copr.* 1993. 404; *RDI* 1993. 541.
11. Civ. 3e, 10 juill. 2007, n° 06-16.701, *Administrer* nov. 2007. 50, note Bouyeure – Civ. 3e, 19 déc. 2007, n° 06-21.012, *Bull. civ.* III, n° 227; *Administrer* juin 2005. 47, obs. Bouyeure; *Gaz. Pal.* 5 sept. 2008. 17.
12. Versailles, 30 janv. 1992, RG n° 3006/91, *Juris-Data* n° 049203; *Administrer* mai 1994.
13. Paris, 25 oct. 1993, *Loyers et copr.* 1994. 40 – Civ. 3e, 20 juill. 1999, n° 98-11.215, *RDI* 1999. 681.
14. Civ. 3e, 6 juill. 1994, n° 92-14.317, *RDI* 1994. 694; *AJPI* 1994. 926, note Giverdon.
15. Civ. 3e, 18 déc. 1996, n° 94-18.754, *AJPI* 1997. 656, *RDI* 1997. 125.

532 Réserve concernant les provisions. Les principes ci-dessus énoncés ne sont valables que pour les charges *stricto sensu* au sens du décret modifié du 17 mars 1967.

Ils n'affectent pas l'exigibilité des provisions qui doivent être versées en exécution du budget prévisionnel (L. 10 juill. 1965, art. 14-1 nouv.) ou pour les sommes afférentes aux dépenses non comprises dans ce budget exigibles selon les modalités votées par l'assemblée générale (L. 10 juill. 1965, art. 14-2 nouv.).

Les copropriétaires n'ont pas à attendre l'approbation des comptes pour acquitter ces provisions ou ces sommes.

3°
Nature juridique de la dette des copropriétaires vis-à-vis du syndicat

533 Caractère personnel. Le mécanisme technique sur lequel repose le recouvrement des charges a pour conséquence de conférer un caractère personnel à l'obligation des copropriétaires à l'égard du syndicat. Si, en effet, toute dette imputée au syndicat en suppose l'imputation à chaque copropriétaire pour sa quote-part, il en résulte que celui-ci est tenu personnellement sur son patrimoine.

La solution est, aujourd'hui, indiscutable.

Toutefois, après la mise en vigueur de la loi du 28 juin 1938, certains auteurs avaient assigné un caractère réel à cette obligation; cette thèse avait été soutenue pour justifier la faculté d'abandon que ces mêmes auteurs proposaient de reconnaître aux copropriétaires débiteurs comme un moyen d'échapper aux décisions de l'assemblée générale qu'ils estimaient trop onéreuses. Cette question avait suscité de nombreuses études [1].

Mais, finalement, il n'est plus discuté aujourd'hui que l'obligation des copropriétaires de payer au syndicat leurs quotes-parts de charges ou de provisions est une obligation personnelle. L'idée d'une obligation *propter rem* doit être abandonnée.

L'idée avait été reprise au moment de la discussion du projet qui devait aboutir au vote de la loi du 21 juillet 1994. La qualification d'obligation *propter rem* donnée à celle d'acquitter la quote-part des charges permettait d'en faciliter la transmission aux acquéreurs de lots. Elle avait été abandonnée. Récemment encore, un auteur [2] a cru pouvoir déduire d'un arrêt de la 3e chambre civile de la Cour de cassation du 12 décembre 2001 que les charges avaient été hissées au rang d'obligation propter rem. Mais l'arrêt n'a certainement pas cette portée; il se borne, en effet, à dire que du fait que l'obligation de régler les charges résulte du règlement de copropriété, le paiement des charges a une cause réelle. Il faut, sans aucun doute, entendre par là qu'il a une cause véritable qui est le règlement de copropriété lui-même et au-delà le statut de la copropriété [3]. Rappelons que depuis la mise en vigueur de l'ordonnance du 1er juillet 2004, les droits et obligations qui dérivent de la constitution d'une association syndicale de propriétaires sont attachés aux immeubles compris dans le périmètre de l'association et les suivent en quelques mains qu'ils passent (v. ss no 173).

4°
« Incidents » pouvant survenir lors de l'imputation de la quote-part du copropriétaire

534 Énumération. Il faut retenir, en l'état actuel du droit positif, l'immunité diplomatique, l'ouverture d'une procédure de règlement amiable, le règlement ou la liquidation judiciaires du copropriétaire débiteur, la situation de surendettement de celui-ci, la déclaration d'acceptation de la succession à concurrence de l'actif net (v. ss no 530).

L'immunité diplomatique. Les États étrangers bénéficient, par principe, de l'immunité d'exécution forcée et, dès lors, les procédures de recouvrement ne peuvent être suivies pour les charges de copropriété afférentes aux biens immobiliers affectés aux services de l'ambassade et à ses annexes, ainsi qu'à la résidence de l'ambassadeur et, d'une manière générale, aux biens qui sont utilisés pour l'exercice d'une activité liée à la souveraineté. Toutefois, ce principe connaît des limites; il ne s'applique pas aux biens qui se rattachent à une activité économique, commerciale ou civile relevant du droit privé, même servant au logement du personnel diplomatique, sous les réserves ci-dessus [4].

1. Voici, à titre documentaire, quelques-unes de ces études, Beraud et Rat, « De la faculté d'abandon dans les immeubles en copropriété », Rép. Commaille 1956, I, 161 – Becqué, note *JCP* 1943. II. 2392 – Bouvet et Cabanac, « Du paiement des charges communes et de la faculté d'abandon », *AJPI* 1955. I. 173 – Breton, « Théorie générale de la renonciation aux droits réels », *RTD civ.* 1928, nos 15 et 68 – de Juglart, *Obligations réelles et servitudes en droit privé français*, thèse, Bordeaux, 1937.

2. Périnet-Marquet, Chron. *JCP* 2002. I. 126, 15.
3. V. Giverdon, note ss arrêt préc., *AJDI* 2002. 227.
4. Civ. 1re, 25 janv. 2005, no 03-18.176, *Bull. civ.* I, no 39; *D.* 2005. 616, concl. Sainte-Rose; *Gaz. Pal.* 27-28 mai 2005, note Lespour; *Rev. crit. DIP* 2006. 123, note H. M. W. – Roux, « Paiement des charges et immunités diplomatiques », *IRC* mai 2007. 19 – POUR l'intercession du ministère des Affaires étrangères : rép. min., QE no 40703, 20 mars 2000, *JOAN Q* p. 1774.

535 Règlement amiable[1]. Lorsqu'une entreprise connaît des difficultés de nature à compromettre la continuité de l'exploitation, le président du tribunal de commerce peut convoquer ses dirigeants pour envisager les mesures propres à remédier à la situation. Il peut aussi obtenir communication de renseignements de nature à lui donner une exacte information sur la situation économique et financière du débiteur (C. com., art. L. 611-2). À la demande de ce dernier, il peut désigner un mandataire *ad hoc* dont il détermine la mission (C. com., art. L. 611-3).

De son côté, l'article L. 611-4 du code de commerce organise devant le tribunal de commerce, une *procédure de conciliation* dont peuvent bénéficier les débiteurs exerçant une activité commerciale ou artisanale qui éprouvent une difficulté juridique, économique ou financière, avérée ou prévisible, et ne se trouvant pas en cessation des paiements depuis plus de quarante-cinq jours. L'initiative de l'ouverture de cette procédure appartient au président du tribunal de commerce qui désigne un conciliateur pour toute entreprise commerciale ou artisanale en difficulté pour une durée maximale de quatre mois, avec prolongation d'un mois (C. com., art. L. 611-6). Il peut désigner un expert et obtenir des établissements bancaires ou financiers tout renseignement de nature à donner une exacte information sur la situation économique et financière du débiteur (C. com., art. L. 611-6, al. 5). Le conciliateur a pour mission de favoriser la conclusion entre le débiteur et ses principaux créanciers d'un accord amiable destiné à mettre fin aux difficultés de l'entreprise (C. com., art. L. 611-7, al. 1er). Le conciliateur rend compte au président du tribunal du déroulement de sa mission. Si au cours de la procédure, le débiteur est mis en demeure ou poursuivi par un créancier, il peut obtenir le bénéfice des articles 1244-1 à 1244-3 du code civil.

Deux éventualités sont prévues.

La première est celle où un accord intervient au moins avec les principaux créanciers; il est homologué par le tribunal reçoit force exécutoire et son homologation met fin à la procédure de conciliation (C. com., art. L. 611-8 et L. 611-9); il ne préjudicie pas aux intérêts des créanciers non signataires, sous réserve, le cas échéant, de l'application des articles 1244-1 à 1244-3 du code civil pour les autres créances. Ce sera souvent le cas des charges à défaut par l'assemblée générale d'accepter des délais ou des remises de dette. Pendant la durée de l'exécution de l'accord constaté ou homologué, toute action en justice est interrompue ou interdite et toute poursuite individuelle arrêtée ou interdite (C. com., art. L. 611-10). En cas d'inexecution des engagements résultant de cet accord, celui-ci est judiciairement résolu et la déchéance de tout délai de paiement peut être prononcée (C. com., art. L. 611-3).

La seconde éventualité est celle où il n'y a pas eu d'accord entre le débiteur et les créanciers. Après avis de ces derniers, le président du tribunal de commerce, saisi par le conciliateur, peut, par ordonnance, suspendre ou interdire toute action en justice pour les créances nées antérieurement et qui tendent à la condamnation au paiement d'une somme d'argent ou à la résolution d'un contrat pour défaut de paiement, arrêter ou interdire toute voie d'exécution sur les meubles et immeubles, suspendre les délais impartis à peine de déchéance ou de résolution.

Le débiteur ne peut acquitter, en tout ou en partie, une créance quelconque (donc celle portant sur les charges de copropriété) née antérieurement, ni faire un acte de disposition étranger à la gestion normale de l'entreprise.

Pour les créanciers antérieurs à l'ouverture, ils peuvent demander au juge l'autorisation d'aliéner, mais sous conditions (C. com., art. L. 622-7).

536 Procédure de sauvegarde. L'article L. 620-1 du code du commerce institue une procédure de sauvegarde ouverte sur la demande d'un débiteur exerçant une activité commerciale, artisanale, agricole, ou une activité professionnelle indépendante, sans être en cessation des paiements, justifiant de difficultés qu'il n'est pas en mesure de surmonter. Cette procédure donne lieu à un plan arrêté par jugement à l'issue d'une période d'observation (C. com., art. L. 620-1).

Le plan désigne les personnes tenues de l'exécution et mentionne l'ensemble des engagements souscrits (art. L. 626-10). Le tribunal fixe sa durée qui ne peut excéder dix ans et le jugement en rend ses dispositions opposables à tous.

Les biens indispensables à la poursuite de l'exploitation peuvent être déclarés inaliénables pendant la durée du plan, sauf autorisation du tribunal.

Le tribunal donne acte des délais et remises consentis par les créanciers, mais le syndic, ès qualités, ne peut accepter une remise ou une réduction de la créance du syndicat sans l'accord de l'assemblée générale.

Un commissaire est chargé de veiller à l'exécution du plan et il rend compte au président du tribunal et au ministère public du défaut d'exécution (C. com., art. L. 626-25). Il procède au recouvre-

1. V. Capoulade, « L'endettement du copropriétaire, du syndic et du syndicat », *RDI* 1995. 669, spéc. 671, col. 1 – Refus délai de grâce, Civ. 4 déc. 1992, *Administrer* août-sept. 1993. 49 – Ord. 18 déc. 2008, *JO*, p. 19462 sur les entreprises en difficultés, modifiant les lois de 1984 et 1994.

ment des dividendes à défaut de leur règlement par le débiteur.

L'inexécution de ses engagements par le débiteur ou la cessation des paiements peut entraîner la résolution du plan, ce qui met fin à la procédure de sauvegarde et à l'ouverture d'une procédure de redressement judiciaire ou de liquidation judiciaire, selon le cas. Le jugement prononçant la résolution fait recouvrer tous leurs droits aux créditeurs, sous déduction des sommes déjà perçues.

537 Le redressement judiciaire. Le redressement judiciaire (C. com., art. L. 631-1 s.) est une procédure ouverte à tout débiteur exerçant une activité commerciale ou artisanale ou à toute personne physique exerçant une activité professionnelle indépendante qui, dans l'impossibilité de faire face au passif exigible avec son actif disponible, est en cessation des paiements (C. com., art. L. 631-1, al. 1er). Elle a pour objet de permettre la poursuite de l'activité de l'entreprise, le maintien de l'emploi et l'apurement du passif (al. 2).

La procédure est ouverte d'office, à la demande du débiteur, d'un créancier ou en cas d'échec de la conciliation. Elle débute par un jugement et elle se déroule ensuite comme la procédure de sauvegarde (C. com., art. L. 631-8 et L. 631-9) avec une période d'observation. Il est dressé un inventaire du patrimoine et à la prisée des actifs, des titres représentatifs du capital qui deviennent indisponibles, sauf décision du tribunal. L'administrateur, s'il en est désigné un, peut recevoir une mission de représentation.

Il est mis fin à la procédure, s'il apparaît que le débiteur dispose des sommes suffisantes pour désintéresser les créanciers et acquitter les frais et dettes de la procédure (C. com., art. L. 631-16).

Il est dressé un plan de redressement, dans les mêmes conditions que le plan de sauvegarde (C. com., art. L. 631-19).

Le tribunal peut aussi ordonner la cessation partielle de l'activité, ordonner la cession totale ou partielle si le débiteur est dans l'impossibilité d'assurer le redressement ou prononcer la liquidation judiciaire si le redressement est manifestement impossible (C. com., art. L. 631-15).

Le privilège immobilier spécial du syndicat n'étant pas publié et l'opposition sur le prix de vente du ou des lots vendus ne pouvant être assimilée à une publication [1], il en résulte que le syndicat ne peut invoquer l'absence d'avis personnel pour que la forclusion résultant du défaut de déclaration de sa créance ne lui soit pas opposable [2]. En conséquence, le syndicat a toujours intérêt à inscrire son hypothèque légale car cette inscription permet au syndicat de bénéficier de l'avertissement personnel prévu par l'article L. 621-43 du code de commerce.

Après le jugement d'ouverture, les charges échues postérieurement sont payées à leur échéance lorsque l'activité est poursuivie (C. com., art. L. 641-13). Il en est de même de celles nées régulièrement après le jugement d'ouverture de la procédure de sauvegarde ou de redressement judiciaire en cas de prononcé de la liquidation judiciaire (C. com., art. L. 641-13, al. 2). Lorsqu'elles ne sont pas payées à l'échéance, ces créances sont payées par privilège avant toutes les autres créances à l'exception de celles mentionnées au § II de l'article L. 641-13 du code de commerce. Le § III du même article fixe l'ordre des paiements et retient : 1° les créances des notaires dont le montant n'a pas été avancé; 2° les prêts consentis, ainsi que les créances résultant des contrats en cours d'exécution dont le cocontractant accepte de recevoir un paiement différé, à l'exception des indemnités et pénalités en cas de résiliation d'un contrat régulièrement poursuivi; 3° les sommes avancées en application de l'article L. 143-11-1 (3°) du code du travail; 4° les autres créances, selon leur rang. En outre, les créanciers privilégiés et hypothécaires, non remplis sur le prix des immeubles, concourent avec les créanciers chirographaires pour ce qui leur reste dû (C. com., art. L. 643-6).

Il faut rappeler que, sous l'empire des dispositions antérieures du code de commerce, en cas de liquidation judiciaire, le privilège de la procédure collective qui naît du jugement d'ouverture (C. com., art. L. 621-32), vient en concurrence avec le privilège immobilier spécial du syndicat. Un avis de la Cour de cassation émis le 21 juillet 2002, déclare que la collocation du syndicat est soumise aux dispositions de l'article L. 621-32 III 5° du code de commerce [3], ce qui a pour conséquence de faire primer le vendeur et le prêteur de deniers sur le syndicat des copropriétaires.

538 La liquidation judiciaire [4] : (C. com., art. L. 641-1 s.). Le jugement qui ouvre la liquidation

1. Paris, 8 févr. 2001, *AJDI* 2001. 888, note Capoulade – Paris, 12 mars 2002, *AJPI* 2002. 770, note Capoulade.
2. Com. 4 mars 2003, n° 00-11.952, *AJDI* 2003, note Giverdon.
3. SUR CET avis : Hocquard, « Privilège du syndicat des copropriétaires et procédures collectives, de la divine surprise à la divine comédie », *Administrer* oct. 2002. 8.
4. Législation antérieure – LAFOND, ROUX ET STEMMER, L. art. 10, 75 – Ferme, « La copropriété face à la situation d'un copropriétaire défaillant dans le cas du nouveau régime des entreprises en difficultés », *Administrer* mai 1986 et juin 1986 – Grundeler, « Le recouvrement des charges contre le copropriétaire surendetté ou "en faillite" », *Administrer* mars 1996. 53 – Capoulade, *op. cit.*, note 1 s^{s} n° 500 – Levinston, « Recouvrement des charges et faillite du copropriétaire », *AJPI* 1994. 26. Ord. 18 déc. 2008 modifiant les lois de 1984 et 1994.

judiciaire, fixe la date de cessation des paiements, désigne le juge-commissaire, un mandataire judiciaire en qualité de liquidateur, ainsi que, le cas échéant, des experts. Il emporte dessaisissement du débiteur pour l'administration et la disposition de ses biens (C. com., art. L. 641-9). Il est procédé à l'inventaire et à la prisée de l'actif du débiteur.

Les créanciers ont l'obligation de déclarer au liquidateur leurs créances antérieures au jugement d'ouverture. Pour le syndicat, (créances de charges, de provisions et d'avances) dans les mêmes formes que celles prévues à la procédure de sauvegarde (C. com., art. L. 622-24 à L. 622-33) dans les deux mois de la publication du jugement d'ouverture au *Bulletin officiel des annonces civiles et commerciales* (*Bodacc* – C. com., art. R. 622-24) et en spécifiant les sûretés dont ils bénéficient. À défaut, le syndicat n'est pas admis dans les répartitions, à moins que le juge-commissaire ne le relève de sa forclusion, mais cette créance n'éteint pas la créance du syndicat à l'égard du garant financier du syndic [1]. Toutefois, la forclusion n'est pas opposable aux créanciers titulaires d'une sûreté ayant fait l'objet d'une publication, dès lors qu'ils n'ont pas été avisés personnellement.

539 Surendettement. Dans son dernier état résultant de la loi n° 2003-710 du 2 août 2003 [2] d'orientation et de programmation pour la ville et la rénovation urbaine et du décret n° 2004-181 du 24 février 2004, la procédure de traitement du surendettement des particuliers a, d'une part, apporté quelques retouches à la législation existante et, d'autre part, surtout créé une nouvelle procédure dite du « rétablissement personnel ». Cet état de droit a été, de nouveau, modifié et renouvelé par trois lois successives : la loi n° 2010-737 du 1er juillet 2010, la loi n° 2010-1249 du 22 octobre 2010 et la loi n° 2010-1609 du 22 décembre 2010. L'ensemble de ces dispositions ont été insérées dans le code de la consommation, sous les articles L. 330-1, L. 331-1 à L. 331-12 et L. 332-1 à L. 332-4.

1. Cass., Ass. plén., 4 juin 1999, n° 96-18.094, *RDI* 1999. 438; *RTD civ.* 2000. 175, *Bull. AP* n° 4; *R.*, p. 338; *BICC* 15 juill. 1999, concl. Joinet, rapp. Toitot; *D. Affaires* 1999. 1082, obs. A. L.; *JCP* 1999. II. 10152, note Behar-Touchais; *JCP* 2000. I. 209, n° 8, obs. Simler; *CCC* 1999, n° 171, note Leveneur; *LPA* 27 déc. 1999, note Lemaitre-Basset et Schroeder; *RDI* 1999. 438, obs. Tomasin; *RDI* 1999. 462, obs. P. C.; *LPA* 10 févr. 2000, note Féviliyé-Dawey; *RTD civ.* 1999. 665, obs. Crocq; *RTD com.* 2000. 175, obs. Martin-Serf; *Banque et droit* sept.-oct. 1999, p. 46, obs. Rontchevsky – Civ. 1re, 25 juin 2002, n° 00-12.212, *AJDI* 2003. 529, note Thioye.
2. V. Charbonneau et Pansier, « Préservation des dispositions relatives au surendettement dans la loi d'orientation et de programmation pour la ville et la rénovation urbaine », *Gaz. Pal.* 9 oct. 2003, n° 281, p. 3.

540 Le traitement du surendettement. Selon l'article L. 330-1 du code de la consommation, « La situation de surendettement des personnes physiques est caractérisée par l'impossibilité manifeste pour le débiteur de bonne foi de faire face à l'ensemble de ses dettes non professionnelles exigibles et à échoir ».

Des mesures de traitement peuvent être envisagées devant la commission de surendettement des particuliers lorsque les ressources ou l'actif réalisable du débiteur le permettent. Toutefois, lorsque la situation est irrémédiablement compromise, la commission de surendettement peut soit recommander un rétablissement personnel sans liquidation judiciaire en raison du peu de valeur marchande des biens, soit saisir, avec l'accord du débiteur, le juge d'instance en vue d'un rétablissement personnel avec liquidation judiciaire.

Le juge d'instance a compétence pour connaître de la décision d'orientation, ainsi que du traitement du surendettement par la commission ou de la procédure de rétablissement personnel.

a) La commission de surendettement

La commission de surendettement a pour mission de traiter la situation de surendettement des personnes physiques, conformément aux dispositions du code de la consommation, en tenant compte du « reste à vivre ».

Le débiteur déclenche la procédure devant la commission. Il lui déclare les éléments d'actif et de passif de son patrimoine et la commission dispose d'un délai de trois mois pour apprécier la recevabilité ou l'irrecevabilité de la demande. Elle dresse l'état d'endettement et les créanciers disposent d'un délai de trente jours pour fournir la justification de leurs droits. Les procédures sont alors suspendues et interdites jusqu'à l'approbation du plan conventionnel de redressement, sans pouvoir excéder un an.

Après communication de l'état du passif, le débiteur dispose d'un délai de vingt jours afin de demander la saisine du juge d'instance pour vérification de la validité des créances et de leurs montants.

L'article L. 331-6 du code de la consommation attribue à la commission la mission de concilier les parties en vue d'élaborer un plan conventionnel de redressement qui ne peut excéder huit années. Sauf exception (C. consom., art. L. 331-7, al. 8). Le plan peut prévoir un report ou un rééchelonnement des paiements, des remises de dettes, de réduction ou de suppression des intérêts, l'institution de garanties nouvelles, l'accomplissement par le débiteur d'actes propres à faciliter ou à garantir les paiements.

En cas d'échec de la conciliation, la commission peut imposer certaines mesures comme le rééchelonnement des paiements (sans dépasser huit ans), l'imputation prioritaire des paiements sur le capital, l'assujettissement des sommes reportées ou rééchelonnées, la suspension de l'exigibilité de créances autres qu'alimentaires pour deux ans au plus. Elle peut aussi recommander, par proposition spéciale et motivée, la réduction des échéances restant dues d'un prêt immobilier, après vente du logement principal, ou encore l'effacement partiel des créances (C. consom., art. L. 331-7-1).

Si la situation devient irrémédiablement compromise au cours de l'exécution du plan, le débiteur peut demander à bénéficier d'une procédure de rétablissement personnel, avec ou sans liquidation judiciaire.

b)
Le juge d'instance

Une partie peut, dans les quinze jours de la notification qui lui en est faite, contester, devant le juge du tribunal d'instance, les mesures imposées (C. consom., art. L. 331-7) ou recommandées (art. L. 331-7-1 et L. 331-7-2 du même code) par la commission.

Le juge peut alors vérifier, même d'office, la validité et le montant des créances, ainsi que la situation du débiteur. Il peut prescrire toute mesure d'instruction, les frais étant à la charge de l'État, et obtenir tout renseignement sur l'exacte situation du débiteur. Il prend tout ou partie des mesures mentionnées ci-dessus et l'effacement d'une créance vaut régularisation de l'incident de paiement (C. consom., art. L. 332-4).

S'il n'est saisi d'aucune contestation, le juge du tribunal d'instance « confère force exécutoire » aux mesures recommandées par la commission (réduction des prêts, art. L. 2-331-7-1, 1°) après en avoir vérifié la régularité, ainsi qu'aux mesures recommandées (effacement partiel des créances, art. L. 331-7, 2°) après en avoir vérifié la régularité et le bien-fondé. Il peut aussi suggérer un accompagnement social personnalisé.

Il faut noter la suppression du régime dérogatoire qu'écartait les dettes fiscales du rééchelonnement. La question s'était posée de savoir si cette procédure s'appliquerait aux relations entre copropriétaires et syndicat[1] ou s'il convenait d'en limiter le domaine. La pratique a suivi l'interprétation administrative donnée par une réponse ministérielle à une question écrite déclarant que le traitement du surendettement s'applique aux charges de copropriété[2].

541 Le rétablissement personnel. Cette procédure, qui est une innovation de la loi du 2 août 2003 complétée par le décret n° 2004-180 du 24 février 2004, concerne le cas où le débiteur se trouve dans une situation irrémédiablement compromise, caractérisée par l'« impossibilité manifeste de mettre en œuvre des mesures de traitement » (C. consom., art. L. 330-1). Elle présente donc un caractère exceptionnel. Elle fait l'objet des articles L. 332-5 à L. 332-12 du code de la Consommation. Le juge compétent est le juge de l'exécution qui, normalement est saisi, par la commission de surendettement, mais le débiteur peut le saisir dans les deux cas visés par l'article L. 332-5 du code de la Consommation.

La procédure, régie par les articles L. 332-6 à L. 332-11, se décompose en quatre étapes qui sont :

- le jugement d'ouverture;
- la déclaration de créance;
- la liquidation du patrimoine;
- la clôture.

Il suffit de relever les points suivants qui sont susceptibles d'influer sur le recouvrement des charges de copropriété.

Le jugement d'ouverture entraîne la suspension des poursuites d'exécution.

La déclaration de créance doit produire les mêmes effets qu'en cas d'ouverture d'une procédure collective, à savoir que le syndic doit déclarer la créance du syndicat.

La liquidation du patrimoine porte sur la totalité du patrimoine du débiteur à l'exception des meubles meublants nécessaires à la vie courante et des biens non professionnels indispensables pour l'exercice de l'activité du débiteur. Le lot dont le copropriétaire débiteur est titulaire, est donc inclus dans cette liquidation.

La distribution des actifs réalisés se fait en respectant le rang de préférence des créanciers. Le syndicat pourra donc se prévaloir du privilège immobilier, dans les conditions prévues, en cas de vente[3].

La clôture opère effacement de toutes les dettes non professionnelles du débiteur à l'exception de celles dont le prix a été payé aux lieu et place du débiteur par la caution ou le coobligé (C. consom., art. L. 332-9) : c'est même l'objectif essentiel de la

1. Sizaire et Lebatteux, art. préc. – LAFOND, ROUX ET STEMMER, art. L. 10, n° 92.

2. Rép. min. 25 oct. 1990, *JO Sénat* Q 2 mai 1991, p. 946; *Loyers et copr.* 1991. 271.
3. Civ. 3e, 15 févr. 2006, n° 04-19.095, *Bull. civ.* III, n° 40; *D.* 2006. IR 602, obs. Rouquet; *JCP* 2006. I. 185, n° 12, obs. Cabrillac; *JCP N* 2006. 1278, n° 11, obs. Piedelièvre; *RTD civ.* 2006. 599, obs. Crocq.

procédure. La dette constituée par les charges de copropriété sera donc effacée.

5°
Relations entre les créanciers du syndicat et les copropriétaires

542 Action oblique. Chaque copropriétaire se trouvant corrélativement débiteur du syndicat pour sa quote-part, les conditions de recevabilité de l'action oblique intentée par les créanciers du syndicat contre les copropriétaires défaillants sont réunies dès lors que le syndicat néglige d'exercer ses droits[1].

En revanche, bien qu'un arrêt de la Cour de cassation du 30 octobre 1984[2] ait pu donner à penser le contraire, *l'action directe* des créanciers du syndicat contre les copropriétaires n'est pas possible.

Mais l'action oblique par ses caractéristiques mêmes, ne donne pas entière satisfaction. Son succès est subordonné à la preuve de la carence du syndicat[3]. Ensuite et surtout, le droit d'agir du créancier contre chaque copropriétaire prend la mesure du droit du syndicat contre son propre débiteur en ce sens que la somme réclamée à chacun doit l'être dans les proportions prévues au règlement de copropriété[4].

C'est ce qui explique qu'il n'a été fait que rarement appel à cette action, les créanciers du syndicat préférant mettre en œuvre des procédures de recouvrement plus efficaces, surtout depuis la mise en vigueur de la loi du 13 décembre 2000.

§ 2
Procédures et garanties de recouvrement

543 État de la question. Le recouvrement effectif par le syndicat des charges de copropriété à l'égard des « copropriétaires récalcitrants » a toujours posé un problème[5]. Il réside dans la constatation, maintes fois faite au cours des développements précédents, que ce sont les copropriétaires, en tant que débiteurs de leurs quotes-parts, qui procurent au syndicat le moyen de faire face à ses engagements : on conçoit dès lors que le paiement ponctuel par chacun de sa quote-part ait été érigé en « ardente obligation ».

Mais il ne suffisait pas de l'affirmer; le statut de la copropriété devait aussi prévoir les moyens propres à en assurer l'exécution effective. Ils convergent autour de l'action en recouvrement de sa créance intentée par le syndicat. Toutefois, avant d'en arriver là, il a semblé opportun d'imaginer une technique préventive destinée à assurer au syndicat la trésorerie indispensable au paiement de ses dettes : ce fut la technique des provisions et avances imaginée bien avant la loi du 10 juillet 1965, en amont de l'action en recouvrement. La loi du 13 décembre 2000, dite loi SRU, a institué une procédure de recouvrement accélérée qui fait l'objet de l'article 19-2 nouveau de la loi du 10 juillet 1965 et a, en même temps, prévue une disposition spéciale, l'article 10-1 pour l'imputation des frais de procédure. Enfin, des garanties spéciales ont été aménagées.

Il faut donc examiner successivement :

- les techniques préventives : avances et provisions;
- l'action en recouvrement;
- la procédure accélérée prévue par l'article 19-2 nouveau;
- l'imputation des frais de procédure;
- les garanties de recouvrement.

A.
Les techniques préventives : provisions et avances

544 L'article 35 du décret du 17 mars 1967, modifié. La trésorerie du syndicat doit permettre au syndicat d'acquitter toutes les dépenses nécessaires à l'administration du syndicat, à la conservation et à l'entretien de l'immeuble. Il convient donc de réglementer de façon précise la manière d'alimenter cette trésorerie. C'est l'objet de l'article 35 du décret du 17 mars 1967, modifié par le décret du 27 mai 2004, qui énumère les versements que le syndic peut exiger.

À ces versements, s'ajoutent éventuellement ceux visés par l'article 37 pour le cas de travaux urgents et par l'article 45-1 qui vise les fonds qui représentent un emprunt du syndicat auprès des copropriétaires ou certains d'entre eux qui correspondent aux anciennes avances de trésorerie.

Il faut évidemment ajouter les provisions ou avances qui, contrairement aux charges, n'ont pas un caractère définitif, les unes et les autres étant

1. Thibierge, Rapport Congrès notaires, p. 37 – Sizaire, n° 92 – Civ. 3e, 7 nov. 1990, n° 88-18.907, *RDI* 1991. 258, obs. Capoulade. – Civ. 3e, 13 juill. 1999, n° 98-10.542, *RDI* 1999. 679 – Civ. 3e, 26 oct. 2005, n° 04-16.664, *Bull. civ.* III, n° 205; *Administrer* févr. 2006. 44, obs. Bouyeure; *Administrer* 2007, 14, Étude Planckeel – *Loyers et copr.* 2006. 21.
2. Civ. 3e, 30 oct. 1984, n° 83-10.202, *Bull. civ.* III, n° 180; *D.* 1985. IR 128; *RTD civ.* 1985. 418; *Defrénois* 1985, I, 390, obs. Souleau; *Administrer* avr. 1985. 40, obs. Guillot; *RDI* 1985. 187; *Rev. loyers* 1985. 36.
3. Civ. 3e, 7 nov. 1990, n° 88-18.907, n° 88-18.907, *RDI* 1991. 258, préc.
4. Capoulade, obs. préc.
5. Franck, « Les difficultés de recouvrement des charges de copropriété à l'encontre des copropriétaires récalcitrants », *Administrer* juin 1994. 18.

remboursables (ce qui est le cas pour les avances), ou constituant un versement provisoire en attendant leur imputation définitive (ce qui est le cas pour les provisions).

B. Action en recouvrement des charges

545 État de la question. L'exercice à l'encontre des copropriétaires « récalcitrants » de l'action au fond en paiement des charges arriérées apparaît, *a priori*, comme étant le moyen normal, pour le syndicat, d'obtenir la reconnaissance d'une créance certaine, liquide et exigible permettant le recours aux voies d'exécution forcée.

Mais la pratique a révélé que cette action était assez rarement exercée; d'abord, on vient de le voir, la pratique des avances et provisions doit permettre de prévenir les « impayés »; par ailleurs, d'autres moyens de contrainte ont été imaginés, mais leur légalité ou leur efficacité étaient discutables.

De plus, les possibilités ouvertes par la loi du 13 décembre 2000, spécialement la procédure accélérée de recouvrement des provisions budgétisées, doivent logiquement rendre encore moins fréquent le recours à l'action de droit commun en recouvrement.

En définitive, depuis la mise en vigueur des réformes opérées par la loi du 13 décembre 2000, la procédure de recouvrement au fond ne devrait être utilisée que pour le recouvrement des provisions non budgétisées et, plus généralement, pour le recouvrement de toutes les charges (en cas d'insuffisance des provisions après approbation des comptes).

C'est donc sous le bénéfice de cette observation qu'il faut préciser, d'une part, les conditions de recevabilité de l'action et, d'autre part, ses conditions de succès.

546 Conditions de recevabilité de l'action. Du point de vue de la qualité pour agir, l'action appartient au syndicat qui l'exerce par l'intermédiaire du syndic régulièrement désigné[1] ou par l'administrateur provisoire. Sa nature d'action en recouvrement de créance dispense le syndic d'obtenir l'autorisation de l'assemblée générale (Décr. 17 mars 1967, art. 55); il doit simplement rendre compte à la prochaine assemblée générale de l'action introduite (même texte).

L'action n'est pas soumise à la prescription de cinq ans de l'article 2277 du code civil mais à la prescription de dix ans prévue par l'article 42 alinéa 1 de la loi du 10 juillet 1965 (les charges sont, en effet, indéterminées et variables[2]).

La demande est portée, en fonction de son montant, soit devant le tribunal d'instance ou la juridiction de proximité, soit devant le tribunal de grande instance du lieu de la situation de l'immeuble. Si la créance du syndicat n'est pas sérieusement contestable, on peut envisager la saisine du juge des référés en vue d'obtenir l'allocation d'une provision à l'exclusion de sommes accessoires[3]. Peut aussi être envisagée la procédure d'injonction de payer; mais l'opposition en compromet l'efficacité.

En revanche, le juge de proximité institué par la loi n° 2002-1138 du 9 septembre 2002[4] ne paraissait pas pouvoir être saisi en raison de la qualité de personne morale du syndicat, mais la loi n° 2005-47 du 26 janvier 2005 a supprimé cette condition. La compétence du juge de proximité s'étend aux actions personnelles ou mobilières jusqu'à 4 000 € en dernier ressort et des demandes indéterminées ayant pour origine l'exécution d'une obligation inférieure à 4 000 € (COJ, art. L. 331-1).

547 Conditions de succès de l'action. Le succès de la demande, en d'autres termes son bien fondé, est subordonné à la preuve, rapportée par le syndicat, que le copropriétaire poursuivi est effectivement débiteur des sommes qui lui sont réclamées[5].

À cet effet, il doit produire tous les documents utiles pour justifier sa demande[6]. Les juges du fond apprécient souverainement la valeur probante des documents qui leur sont soumis à condition de ne pas modifier l'objet du litige et de faire une analyse du document produit[7].

Ainsi n'a pas été admis un document, simple décompte établi par le syndicat, dont le juge du fond n'avait fait aucune analyse[8].

1. Civ. 2e, 6 mai 1999, n° 97-10.121, *RDI* 1999. 456; *Administrer* 1999, 64, n° 314, note Capoulade.
2. Paris, 17 févr. 1993, *Loyers et copr.* 1997. 237 – Civ. 3e, 22 mai 1968, *D.* 1968. Somm. 102 – Civ. 3e, 30 mai 1995, n° 93-15.993, NP, *RDI* 1995. 595, obs Capoulade et Giverdon – Civ. 3e, 17 nov. 1999, n° 98-13.114, *Bull. civ.* III, n° 218; *AJDI* 2000. 532; *Administrer* mars 2000. 37, et note.
3. Baudoin, « Modalités pratiques de recouvrement des charges de copropriété », *Administrer* févr. 2003, 20, col. 1.
4. L. n° 2002-1138, 9 sept. 2002.
5. Civ. 3e, 9 déc. 1987, n° 86-14.270, *RDI* 1988. 241; *Administrer* juin 1988. 49 – Civ. 3e, 16 oct. 1991, n° 89-15.991, et Civ. 3e, 14 nov. 1991, n° 90-10.929, *RDI* 1992. 116.
6. V. Chiaroni, « Les pièces nécessaires à une action en recouvrement des charges de copropriété et incidences du décret du 28 déc. 1998 », *Administrer* avr. 2000. 40 – AUSSI : Baudoin, « Modalités pratiques du recouvrement des charges de copropriété », *Administrer* févr. 2003, spéc. 20, col. 2 – Civ. 3e, 3 déc. 2002, n° 01-12.006, *AJDI* mai 2003, note Capoulade.
7. Civ. 3e, 20 oct. 1993, n° 91-21.329, *RDI* 1994. 98 – Civ. 3e, 9 nov. 1994, n° 93-10.972, *RDI* 1995. 157; *Loyers et copr.* 1995. 157.
8. Civ. 3e, 16 oct. 1991, n° 89-15.991, *RDI* 1992. 116.

On précise également que l'objet de la preuve à fournir ne doit pas constituer une inversion de la charge de la preuve qui imposerait au syndicat la preuve d'un fait négatif alors que le copropriétaire assigné est parfaitement en mesure de rapporter la preuve directe de ses versements [1].

En général, sont considérés comme documents utiles le procès-verbal de l'assemblée générale portant approbation des comptes, les comptes individuels des copropriétaires débiteurs et le décompte de répartition des charges [2].

En revanche, il est peut-être excessif d'exiger, avec un arrêt de la cour d'appel de Paris du 14 janvier 1994 [3], le procès-verbal de l'assemblée générale approuvant les comptes de l'exercice précédent et adoptant le budget prévisionnel de l'exercice à venir, le procès-verbal de l'assemblée générale de l'année suivante, éventuellement nécessaire, la totalité des décomptes de charges, les relevés des appels de fonds et un état récapitulatif détaillé de sa créance.

Par ailleurs, l'avocat postulant étant le garant de la régularité et de la sincérité de la communication des pièces, ne peut utilement jouer ce rôle qu'à la condition qu'il ait visé, par l'apposition de leur cachet professionnel, les pièces qu'ils communiquent; à défaut, il y a lieu de rejeter d'office les pièces dépourvues de cachet [4] en observant la réglementation des communications électroniques.

Mais, le juge a l'obligation de rechercher, sous peine de cassation pour défaut de base légale, si des prélèvements opérés sur le compte postal d'un copropriétaire au profit du compte ouvert auprès d'une banque n'avaient pas bénéficié au syndicat titulaire de ce compte [5].

C. Procédure accélérée prévue par l'article 19-2 de la loi du 10 juillet 1965

548 Présentation générale [6] – Domaine d'application. Aux termes mêmes de l'article 19-2, la procédure régie par cet article, est mise en œuvre « à défaut du versement, à sa date d'exigibilité, d'une provision prévue à l'article 14-1 ».

Sous réserve de plus amples développements dans le cadre de la comptabilité du syndicat, il convient de noter à l'effet de déterminer le domaine d'application de la procédure que l'article 14-1, ajouté à la loi du 10 juillet 1965 par celle du 13 décembre 2000, entré en vigueur le 1er janvier 2002, impose au syndicat le vote, chaque année, d'un budget prévisionnel pour faire face aux dépenses courantes de maintenance, de fonctionnement et d'administration des parties communes et équipements communs de l'immeuble. Ces dépenses que l'on qualifie de « budgétisées » doivent être distinguées des dépenses pour travaux visées par l'article 14-2 et dont la liste est fixée par l'article 44 du décret modifié du 17 mars 1967; ce sont les dépenses « non budgétisées ».

Les copropriétaires doivent verser au syndicat des provisions égales au quart du budget voté, la provision étant exigible le premier jour de chaque trimestre, des modalités différentes pouvant être prévues par l'assemblée générale qui peut également fixer les périodes d'exigibilité des provisions, la date d'exigibilité demeurant constante, à savoir le premier jour de la période considérée. C'est donc à défaut de paiement d'une provision à sa date d'exigibilité que la procédure de l'article 19-2 peut être mise en œuvre; elle constitue une pièce du budget prévisionnel dont elle assure la « promotion » [7]; elle ne peut être utilisée pour le recouvrement des dépenses non comprises dans ce budget pour le recouvrement desquelles la procédure au fond ci-dessus décrite est applicable [8]. Il semblerait que jusqu'à présent il n'en ait pas été fait un grand usage [9], le syndicat préférant souvent demander une provision correspondant pour partie aux charges et pour partie aux provisions, mais cette solution ne permet pas d'obtenir la déchéance du terme et d'anticiper sur les provisions budgétisées à venir.

1. Civ. 3e, 14 nov. 1991, no 90-10.929, *Loyers et copr.* 1992. 356; *RDI* 1992. 116.
2. Civ. 3e, 17 déc. 1996, no 95-12.984, *RDI* 1997. 128 – Civ. 3e, 3 déc. 2002, no 01-12.006, NP, préc.
3. Paris, 14 janv. 1994, *D.* 1994. Somm. 124.
4. *Bull. barreau de Paris – Bull. avoués* 14 nov. 2000, no 33, p. 253.
5. Civ. 3e, 27 févr. 2001, no 99-15.716, *AJDI* 2001. 613, note Giverdon.
6. SUR l'article 19-2 : Taormina, « La loi SRU et le recouvrement des charges de copropriété », *AJDI* 2001. 858 – Atias, « Le nouveau juge au recouvrement des charges de copropriété : un puissant modèle réduit », *D.* 2001, Point de vue 1731 – Atias, « Le recouvrement des provisions du budget prévisionnel », *Defrénois* 2006. 1547 – Recomm. no 21 de la commission relative à la copropriété – Barnier-Sztabowicz, « Le recouvrement accéléré des provisions et charges », *Administrer* févr. 2003. 23 – Baladine et Carteron, « *Procédures* de recouvrement des charges de copropriété », *AJDI* 2003. 646 – Guitard, « Le recouvrement des charges de copropriété », *IRC* mars et avr. 2004 – Capoulade, « La copropriété dans la loi SRU », *Administrer* avr. 2001. 24.
7. Jaffuel et Giverdon, « Loi SRU, le dispositif comptable », *Loyers et copr.* hors série, mai 2001. 11, col. 1.
8. EN CE SENS : Barnier-Sztabowicz, art. préc. – Civ. 3e, 22 sept. 2010, no 09-16.678, *Bull. civ.* III, no 167.
9. EN CE SENS : Barnier-Sztabowicz, art. préc. Toutefois, une évolution semble se dessiner à cet égard : *Les contentieux de la copropriété 1988-2008*, ministère de la Justice.

Il convient d'examiner successivement les différentes phases de la procédure, à savoir :

- la mise en demeure;
- la saisine et le rôle du juge;
- l'ordonnance du juge et son exécution.

1°
La mise en demeure

549 Formes. La mise en demeure est formée par lettre recommandée avec demande d'avis de réception; il est possible de procéder par acte d'huissier de justice.

Un auteur fait remarquer que le coût de l'acte d'huissier n'entre pas dans le cadre des « frais nécessaires », ce qui est discutable[1], mais la loi ENL a réglé cette question dans le sens de l'affirmative (L. n° 2006-872, 13 juill. 2006, *JO* 16 juill., art. 10-1, a; sous réserve de l'alinéa 3 et des pouvoirs du juge).

La loi ne précise pas de délai pour l'envoi de la mise en demeure; il peut intervenir théoriquement dès l'exigibilité de la provision en l'absence de versement (il n'y a plus, en effet, d'appel de fonds). En fait, un délai « raisonnable » (une quinzaine de jours) est respecté. Il ne paraît pas utile de rappeler l'intégralité des dispositions de l'article 19-2[2], ce texte aura en effet été très vraisemblablement rappelé lors du vote du budget prévisionnel et dans la lettre simple que le syndic aura dû adresser à chaque copropriétaire préalablement à la date d'exigibilité de la provision dont le montant est indiquée (Décr. 17 mars 1967, art. 35-2 nouv.).

550 Effets de la mise en demeure. Au-delà du délai de trente jours à compter du lendemain du jour de la première présentation de la lettre recommandée avec demande d'avis de réception au dernier domicile réel ou élu de son destinataire, indiqué ou notifié au syndic par le copropriétaire (v. Décr. 17 mars 1967, art. 64, complété par Décr. n° 2000-293, 4 avr. 2000), les autres provisions prévues à l'article 14-1 non encore échues, deviennent immédiatement exigibles.

En outre, l'expiration du délai permet au syndic d'assigner le copropriétaire débiteur devant le juge compétent.

Sur l'éventualité où la lettre est retournée au syndic parce que le copropriétaire n'habite pas l'adresse indiquée, un auteur estime que le délai risque de ne pas courir[3], ce qui est incertain, si la lettre est expédiée à l'adresse notifiée au syndic.

1. EN CE SENS : Barnier-Sztabowicz, art. préc., p. 25, col. 2.
2. Rappel que préconise Madame Barnier-Sztabowicz.
3. Barnier-Sztabowicz.

2°
Saisine et rôle du juge

551 Juge compétent. Il résulte de l'article 19-2 de la loi du 10 juillet 1965 que le juge qui doit être saisi est le président du tribunal de grande instance statuant comme en matière de référé[4]. Ce n'est donc pas le juge des référés mais un juge statuant au fond saisi par une assignation à jour fixe; les conditions du référé (urgence, absence de contestation sérieuse) ne sont pas exigées[5]. On a proposé de l'appeler le « juge de l'impayé des charges[6] de copropriété ». Les parties peuvent comparaître en personne ou se faire représenter par un avocat[7].

552 Rôle du juge. Le juge doit d'abord faire un certain nombre de constatations, à savoir :

- que le budget prévisionnel a été voté;
- que la mise en demeure a bien été faite par lettre recommandée, avec accusé de réception;
- que le délai de 30 jours est bien expiré;
- que la mise en demeure est restée infructueuse.

Ces constatations faites, il peut condamner le copropriétaire défaillant au versement des provisions prévues à l'article 14-1 devenues exigibles. Cette condamnation peut être partielle, par exemple ne viser que les provisions échues et donc en excluant les provisions à échoir[8]. Des délais de grâce peuvent être accordés dans les conditions prévues par l'article 1244-1 et suivants du code civil[9, 10]. Les frais de la mise en demeure pourront être imputés directement au copropriétaire débiteur en application de l'article 10-1 nouveau de la loi du 10 juillet 1965; ce copropriétaire pourra être condamné aux dépens et aux dommages-intérêts au titre de l'article 700 du code de procédure civile. À cet effet, le président rend une ordonnance.

3°
L'ordonnance

553 Nature. L'ordonnance n'est pas une ordonnance de référé, mais une décision au fond qui a l'autorité de la chose jugée relativement à la contes-

4. C. pr. civ., art. 492-1, (Décr. n° 2011-1043, 1er sept. 2011 relatif à la procedure en la forme des référés, *JO* 2 sept.) – Foulon et Strickler, « Commentaire du décret », *D.* 2011, n° 2668 – RAPPR. : Civ. 3e, 16 déc. 2009, n° 08-21.200, *Bull. civ.* III, n° 285 et Civ. 3e, 6 juill. 2011, n° 10-14.780, *Bull. civ.* III, n° 124.
5. Barnier-Sztabowicz, art. préc., p. 26, col. 1.
6. En réalité, ce juge ne connaît pas des charges, mais seulement des provisions budgétisées. V. Barnier-Sztabowicz, *op. cit.*
7. Barnier-Sztabowicz, *op.* et *loc. cit.*
8. Barnier-Sztabowicz, art. préc., p. 27, col. 1.
9. Barnier-Sztabowicz, *op.* et *loc. cit.*
10. C. pr. civ., art. 492-1-2°.

tation tranchée, que l'article 19-2 déclare assortie de l'exécution provisoire de plein droit, à moins que le juge en décide autrement [1].

Une ordonnance du président du tribunal de grande instance de Lyon du 23 décembre 2002 [2] en tire les conséquences sur le plan rédactionnel en précisant :

- qu'en tête de la décision doit figurer la mention « ordonnance » et non ordonnance de référé;

- que la mention ne doit pas être « sur quoi, nous, juge des référés », mais « sur quoi, nous président du tribunal de grande instance »;

- que la mention « tous droits et moyens des parties réservés » ne doit pas figurer dans le dispositif.

554 Effets et voies de recours. L'ordonnance est assortie de l'exécution provisoire de plein droit, sauf décision contraire du juge.

L'article 19-2, en son alinéa 3, précise que si la mesure d'exécution porte sur une créance à exécution successive du débiteur du copropriétaire défaillant, notamment une créance de loyer ou d'indemnité d'occupation, cette mesure se poursuit jusqu'à l'extinction de la créance du syndicat résultant de l'ordonnance. Si donc le syndicat a procédé à une saisie-attribution sur les loyers, ou l'indemnité d'occupation, il n'est pas nécessaire de renouveler la saisie à chaque échéance.

Il faut ici faire état de l'arrêt rendu en chambre mixte par la Cour de cassation, le 22 novembre 2002 [3], qui, mettant fin à une controverse, déclare que le créancier qui, avant la mise en redressement ou en liquidation judiciaires de son débiteur, a procédé à une saisie-attribution sur des créances à exécution successive, est en droit de continuer de percevoir les sommes échues postérieurement au jugement d'ouverture. En conséquence, si le syndicat a mis en œuvre la procédure de l'article 19-2, l'ouverture d'une procédure collective à l'encontre du copropriétaire débiteur n'est pas un obstacle à la poursuite de la mesure d'exécution jusqu'à l'extinction de la créance du syndicat.

L'article 13 alinéa 2 de la loi du 9 juillet 1991 prévoit une disposition d'inspiration semblable [devenu art. L. 112-1 du code des procédures civiles d'exécution].

Le copropriétaire condamné peut relever appel de l'ordonnance dans le délai de quinze jours de sa notification; mais son exécution n'est pas paralysée en raison de l'exécution provisoire.

En cas de réformation de la décision exécutée par provision, il y avait lieu d'appliquer la jurisprudence selon laquelle celui qui doit restituer les sommes reçues ne doit les intérêts au taux légal que du jour de la sommation d'avoir à restituer lesdites sommes [4], la sommation pouvant résulter de la signification des conclusions demandant la restitution [5].

4°
Imputation des frais de recouvrement et de l'exécution forcée

a)
État de la question

555 Principes applicables – Conséquences. Juridiquement, il n'est pas douteux que les frais engagés par le syndicat tant pour le recouvrement des provisions et charges impayées que pour l'exécution de la décision de condamnation du copropriétaire défaillant sont des charges de copropriété relevant de l'administration des parties communes. Ils devaient donc être répartis sur la base définie par l'article 10 alinéa 2 de la loi du 10 juillet 1965, c'est-à-dire proportionnellement aux quotes-parts des parties communes affectées à chaque lot. Il en résultait que tous les copropriétaires et pas seulement le copropriétaire défaillant devaient y participer. Le résultat était choquant puisque les copropriétaires ayant satisfait à leurs obligations étaient tenus de contribuer à des charges – souvent importantes – provoquées par la négligence de certains. Bien entendu, le copropriétaire défaillant, lorsqu'il est condamné, conserve ses propres frais à sa charge et supporte les frais taxables.

La solution, pour juridique qu'elle soit, était critiquable en équité; on conçoit que des moyens de nature à en éviter l'application aient été recherchés. Cette recherche s'imposait d'autant plus que l'article 32 de la loi n° 91-650 du 9 juillet 1991 [devenu art. L. 111-8 du code des procédures civiles d'exécution], portant réforme des procédures civiles d'exécution en avait aggravé les conséquences.

Cet article distingue en effet les frais de l'exécution forcée des frais de recouvrement, dont la Cour de cassation se réserve le contrôle de la qualification [6].

1. C. pr. civ., art. 492-1-3°.
2. J.-Cl. pr. civ., mars 2003, n° 67 – aussi : TGI Paris, 20 oct. 2003, *Loyers et copr.* avr. 2004. 4 s., Chron. Giverdon.
3. Ch. mixte, 22 nov. 2002, n° 99-13.935, *D.* 2002. 3270; *D.* 2003. 445, note Larroumet; *JCP* 2003. II. 10033; *RTD civ.* 2003. 146, obs. Perrot.
4. Civ. 1re, 17 mars 1992, n° 90-13.957, *Bull. civ.* I, n° 87 – Civ. 1re, 25 mai 1993, n° 91-21.872, *D.* 1993. IR 156.
5. Civ. 2e, 13 avr. 1992, n° 90-21.555, *Bull. civ.* III, n° 121; *RTD civ.* 1993. 195, obs. Perrot.
6. Civ. 3e, 15 déc. 1999, n° 97-20.655, *RDI* 2000. 91 – Civ. 3e, 9 févr. 2000, n° 97-15.452, *AJDI* 2000. 824, *RDI* 2000. 239.

Les frais de l'exécution forcée[1] sont à la charge du débiteur (donc du copropriétaire défaillant), sauf s'il est manifeste qu'ils n'étaient pas nécessaires au moment où ils ont été exposés.

Les frais de recouvrement, entrepris sans titre exécutoire, restent à la charge du créancier (donc du syndicat des copropriétaires), sauf s'ils concernent un acte dont l'accomplissement est prescrit par la loi; toute stipulation contraire est réputée non écrite.

Cette dernière précision pouvait concerner des clauses du règlement de copropriété dont l'objet était « d'organiser » le recouvrement. Deux clauses avaient été notamment proposées : l'une prévoyait des frais de relance, l'autre avait été désignée sous le nom de clause d'aggravation des charges. Ni l'une ni l'autre ne pouvaient rencontrer le succès espéré.

L'alinéa 3 de l'article 32 [devenu art. L. 111-8 du code des procédures civiles d'exécution] précise toutefois que le créancier qui justifie du caractère nécessaire des démarches entreprises pour recouvrer sa créance peut demander au juge de l'exécution de laisser tout ou partie des frais exposés à la charge du débiteur de mauvaise foi.

556 La pratique des frais de relance. Cette pratique, imaginée par les syndics, consistait dans l'envoi par ceux-ci aux copropriétaires défaillants d'une lettre dite de « relance », opérant mise en demeure, fixant forfaitairement les frais, dont le montant était progressif, des diverses interventions du syndic (1er rappel, 2e rappel, frais de constitution du dossier et de remise à l'avocat...)[2]. Stipulée dans les contrats de syndic, elle ne se confondait pas avec les clauses pénales qui peuvent, sous certaines conditions, être stipulées dans les règlements de copropriété[3].

Très rapidement, la jurisprudence l'a condamnée en estimant que le syndic ne pouvait pas, en vertu soit d'une décision de l'assemblée générale, soit d'une clause du contrat de syndic, demander directement à un copropriétaire, sans passer par la comptabilité commune du syndicat, le paiement de « frais de relance »; ces frais sont effet exposés par le syndicat et non par le syndic personnellement au titre des charges d'administration générale[4]. Les décisions de l'assemblée générale ne régissent pas les rapports entre chaque copropriétaire et le syndic pris personnellement[5] et les rapports entre un syndicat de copropriétaires et ses membres sont régis par le règlement de copropriété et non par le contrat de syndic[6].

Les dispositions de l'article 10-1 de la loi du 10 juillet 1965, dans sa rédaction de la loi du 13 décembre 2000, ne permettaient plus l'imputation des frais de relance, même au copropriétaire défaillant, mais la loi du 13 juillet 2006, dite loi ENL, a modifié sur ce point l'article 10-1, alinéa 1er (v. s^{s} n°s 558 s.).

557 La clause d'aggravation des charges[7]. Elle a déjà été évoquée dans cet ouvrage (v. s^{s} n° 432). On a pu constater qu'en tant qu'elle stipule que les copropriétaires qui, par leur fait ou celui des personnes dont elles répondent, aggraveraient les charges communes, auront à supporter seuls les dépenses occasionnées par cette aggravation, elle est certainement valable[8].

Mais n'étant que l'application des principes qui régissent la responsabilité civile de droit commun, son efficacité est subordonnée à la preuve d'une faute du copropriétaire poursuivi, génératrice du dommage éprouvé par le syndicat[9]. L'appréciation de la faute du défendeur doit résulter d'une décision judiciaire et non d'une décision de l'assemblée générale[10]. Cette motivation explique notamment que la surprime d'assurance pour une activité régulièrement exercée dans l'immeuble constitue une charge commune à

1. SUR CES frais : J.-CL. PR. CIV., fasc. 2160.
2. SUR DES frais générés « artificiellement » : Paris, 30 nov. 2005, n° 06-11.443, *AJDI* 2007. 142.
3. SUR LA pratique des « frais de relance » : LAFOND, ROUX ET STEMMER, D. art. 29, n° 31 – Gélinet, « Les frais et honoraires afférents au recouvrement des charges de copropriété », *Administrer* mars 1996. 33.
4. Civ. 3e, 22 nov. 1994, n° 93-10.469, NP, [ARRÊT DE PRINCIPE], *RDI* 1995. 156, obs. Capoulade, Giverdon; *Administrer* avr. 1995. 27; *D.* 1997. Somm. 249, note Capoulade.
5. Civ. 3e, 22 nov. 1994, n° 93-10.469, *RDI* 1995. 156, obs. Capoulade, Giverdon; *Administrer* avr. 1995. 27; *D.* 1997. Somm. 249, note Capoulade, préc.
6. Civ. 3e, 24 mai 1989, n° 87-20.047, *Bull. civ.* III, n° 117; *Administrer* févr. 1990. 36, note Guillot; *IRC* 1989. 325, obs. Capoulade; *RTD civ.* 1989. 388 – Civ. 3e, 22 nov. 2000, n° 98-23.465, *AJDI* 2001. 142, obs. Capoulade. – Civ. 3e, 5 mai 2009, n° 08-13.855, NP.
7. V. Giverdon, « La clause d'aggravation des charges en jurisprudence », *AJPI* 1996. 205 – Chiaroni, « Les clauses d'aggravation des charges, réflexion sur l'évolution jurisprudentielle », *Administrer* févr. 1999. 35 – Vigneron, « La clause dite d'aggravation des charges et son efficacité », *Loyers et copr.* mars 1993, 1 s.
8. Paris, 23 mai 1989, RG n° 88/013591, *Juris-Data* n° 022501, *Loyers et copr.* 1989. 404 – Paris, 29 mai 1992, *Loyers et copr.* 1992. 401 – Paris, 5 mars 1993, RG n° 91/014708, *Juris-Data* n° 020552, *Gaz. Pal.* 3 févr. 1994, note Saluden – Civ. 3e, 22 juin 1994, n° 92-19.571, *AJDI* 1994. 924, *RDI* 1994. 692, *D.* 1996. Somm. 160.
9. Paris, 5 mars 1993, RG n° 91/014708, *Juris-Data* n° 020552, préc. – Civ. 3e, 1er déc. 1993, n° 91-22.048, *RDI* 1994. 99, *JCP* 1994. IV. 347 – Giverdon, « La clause d'aggravation des charges en jurisprudence », *AJPI* 1996. 205 – Vigneron, art. préc.
10. Civ. 3e, 26 janv. 2000, n° 98-15.900, *AJDI* 2000. 711; *D.* 2000. 238, IR 58 – Civ. 3e, 30 janv. 2007, n° 05-19.475, *AJDI* 2008. 128; *D.* 2007. 2184, NP, *Loyers et copr.* 2007. 85.

répartir entre tous les copropriétaires, comme contribuant à la conservation de l'immeuble[1].

À propos de son application aux frais de recouvrement des charges à l'encontre du copropriétaire défaillant, un facteur d'incertitude a été introduit lorsque ces frais (honoraires d'avocat, rémunération du syndic...) ont été visés en tant qu'indemnités à percevoir par le syndicat. La position de la jurisprudence a été alors de dire que l'application de la clause ne pouvait résulter du seul fait qu'elle figure dans le règlement de copropriété : une condamnation judiciaire du copropriétaire défaillant pour faute est nécessaire[2].

Les dispositions de l'article 32 [devenu art. L. 111-8 du code des procédures civiles d'exécution] de la loi du 9 juillet 1991 ont introduit un nouveau facteur d'incertitude. La question s'est immédiatement posée de savoir si les frais de recouvrement des charges de copropriété étaient concernés et, dans l'affirmative si la clause devait être réputée non écrite, sauf pour le syndicat à rapporter la preuve du caractère « nécessaire » de ses démarches entreprises afin d'obtenir du juge de l'exécution qu'il laisse tout ou partie des frais exposés à la charge du débiteur de mauvaise foi, ou que les frais de recouvrement concernaient des actes dont l'accomplissement était prescrit par la loi. Elle a été abondamment débattue et a provoqué une importante jurisprudence[3] dont il résultait que l'article 32 alinéa 3 [devenu art. L. 111-8 du code des procédures civiles d'exécution] était applicable aux frais de recouvrement des charges communes lorsque le syndicat ne pouvait invoquer un titre exécutoire.

Dans cette éventualité, il avait été jugé que le syndicat ne pouvait réclamer, en sus des charges impayées, que les intérêts de droit au taux légal à compter de la mise en demeure[4], que les dépens exposés en vue de l'établissement judiciaire de sa créance[5] ou encore une indemnité au titre de l'article 700 du code de procédure civile ou des dommages-intérêts pour résistance abusive[6]. Il avait également été jugé que les frais de l'opposition pratiquée en application de l'article 20 de la loi du 10 juillet 1965 correspondaient à un acte dont l'accomplissement est prévu par la loi[7].

Ces solutions sont aujourd'hui devenues sans intérêt car l'imputation directe au copropriétaire défaillant des frais nécessaires au recouvrement d'une créance justifiée du syndicat prévue par l'article 10-1 nouveau de la loi du 10 juillet 1965 a absorbé la pratique de la clause d'aggravation pour le recouvrement des charges; l'application de l'article 32 [devenu art. L. 111-8 du code des procédures civiles d'exécution] de la loi du 9 juillet 1991 se trouve, de ce fait, exclue (v. s^{s} n^{os} suivants).

b) L'imputation directe (L. 10 juill. 1965, art. 10-1 nouv.)

558 Économie de l'article 10-1 nouveau. Très opportunément la loi du 13 décembre 2000, dite loi SRU, a abandonné la voie de la consécration de la clause d'aggravation des charges, un moment envisagée lors de la discussion parlementaire, pour adopter un texte qui est devenu l'article 10-1 de la loi du 10 juillet 1965. La caractéristique de cet article est de s'intégrer à l'application des règles comptables spécifiques aux syndicats de copropriétaires et à la procédure accélérée pour le recouvrement des provisions exigibles en exécution du budget prévisionnel.

Très précisément, l'article 10-1, ainsi adopté, comporte trois alinéas qui énoncent trois règles.

La première pose le principe de l'imputation au seul copropriétaire intéressé de trois catégories de dépenses : les frais nécessaires exposés pour le recouvrement d'une créance justifiée du syndicat (a), les honoraires du syndic afférents à l'établissement de l'état daté (b), les dépenses pour travaux d'intérêt collectif sur parties privatives (c).

La deuxième est de prévoir une dispense de toute participation à la dépense des frais de procédure pour le copropriétaire qui, à l'issue d'une procédure judiciaire l'opposant au syndicat, a vu sa prétention déclarée fondée (L. 10 juill. 1965, art. 10-1, al. 2).

La troisième est de laisser au juge le pouvoir d'en décider autrement en considération de l'équité ou de la situation économique des parties au litige (L. 10 juill. 1965, art. 10-1, al. antépénultième). Le copropriétaire intéressé n'a pas besoin de présenter une demande en ce sens.

Seules sont concernées par les développements qui vont suivre l'imputation directe des frais nécessaires exposés par le syndicat et la réserve du pouvoir du juge d'en décider autrement. La dispense de participer aux frais de procédure reconnue au copro-

1. V. s^{s} n° 452 – Civ. 3e, 17 mars 2010, n° 09-12.196, *AJDI* 2010. 897, note Tomasin.
2. Paris, 25 oct. 1993, RG n° 92-23791, *Juris-Data* n° 023079, *Administrer* mai 1994. 55 – Paris, 18 févr. 1994, RG n° 92/023742, *Juris-Data* n° 020171, *D.* 1994. Somm. 201.
3. Bouyeure, « Les dispositions de la loi du 9 juill. 1991 portant réforme des procédures d'exécution relatives aux clauses d'aggravation des charges », *Administrer* nov. 1993. 4 – Giverdon, art. préc. – Chiaroni, art. préc.
4. Paris, 25 juin 1998, RG n° 97/25887, *RDI* 1999. 147; *AJDI* 1999. 628.
5. Paris, 15 juin 1998, préc. – Versailles, 11 déc. 1993, *Administrer* juin 1993. 44.
6. Paris, 24 avr. 1998, RG n° 97/01094, *Loyers et copr.* 1998. 315.
7. Civ. 3e, 16 mai 2001, n° 99-18.024, *Bull. civ.* III, n° 64; *AJDI* 2001. 709; *Administrer* oct. 2001. 63, note Capoulade.

priétaire gagnant est commentée dans le cadre du contentieux de la copropriété. L'imputation du coût des travaux d'intérêt commun sur parties privatives a été traitée à propos de l'article 25 g (v. s[s] n° 910).

559 L'alinéa 1er de l'article 10-1 nouveau. Cet alinéa était ainsi rédigé : « par dérogation aux dispositions du 2e alinéa de l'article 10, les frais nécessaires exposés par le syndicat à compter de la mise en demeure pour le recouvrement d'une créance justifiée à l'encontre d'un copropriétaire sont imputables à ce seul copropriétaire. »

La loi n° 2006-872 du 13 juillet 2006, dite engagement national pour le logement, a profondément remanié l'alinéa 1er de l'article 10-1. Il dispose désormais que « par dérogation aux dispositions du deuxième alinéa de l'article 10, sont imputables au seul propriétaire concerné :

a) « Les frais nécessaires exposés par le syndicat, notamment les frais de mise en demeure, de relance et de prise d'hypothèque à compter de la mise en demeure, pour le recouvrement d'une créance justifiée à l'encontre d'un copropriétaire ainsi que les droits et émoluments des actes d'huissier de justice et de droit de recouvrement ou d'encaissement à la charge du débiteur ».

Un principe général d'imputabilité dérogeant aux dispositions du 2e alinéa de l'article 10 de la loi du 10 juillet 1965 des frais exposés par le syndicat pour le recouvrement d'une créance justifiée à l'encontre d'un copropriétaire, mais des seuls frais nécessaires, est ainsi posé.

560 Principe général d'imputabilité. En déclarant que cette imputabilité déroge aux dispositions du 2e alinéa de l'article 10, le législateur a entendu abandonner, pour les « frais de justice » la qualification de charges de copropriété pour en faire une dette personnelle du copropriétaire remboursable au syndicat qui en a fait l'avance[1]. De ce changement de qualification, il résulte notamment que la créance que le syndicat acquiert ainsi contre le copropriétaire n'est pas garantie par le privilège immobilier spécial institué au profit du syndicat par l'article 2374 du code civil et l'article 19-1 nouveau de la loi du 10 juillet 1965. En revanche, l'opposition prévue par l'article 20 de la même loi peut toujours être notifiée; elle entraînera son effet de blocage partiel mais ne pourra, à cet égard, valoir mise en œuvre du privilège.

561 Frais de recouvrement d'une créance justifiée du syndicat à l'encontre d'un copropriétaire. Il s'agit donc d'une créance de toute nature et pas nécessairement d'une créance résultant du non-paiement des charges ou de provisions. On cite comme exemple une indemnité due au syndicat par suite de dégradation aux parties communes. Mais ce doit être une créance du syndicat à l'encontre d'un copropriétaire et non d'un tiers et même du syndic.

Cette créance doit être justifiée. Le juge décide, dans l'exercice de son pouvoir souverain d'appréciation que les frais dont le syndicat des copropriétaires réclame le paiement ne sont pas justifiés[2]. À l'effet de déterminer si cette condition est satisfaite, il faut distinguer selon que la créance invoquée par le syndicat est une créance constituée par des charges ou des provisions ou une créance d'une autre nature. Dans ce dernier cas, la justification de la créance résultera de la preuve rapportée par le syndicat du bien fondé de sa créance et spécialement du jugement de condamnation rendu à son profit.

Si la créance du syndicat est une créance de charges ou de provisions, une sous-distinction doit être faite selon qu'il s'agit de provisions pour des dépenses comprises dans le budget prévisionnel ou de dépenses non comprises dans ce budget.

S'il s'agit de provisions pour des dépenses comprises dans le budget prévisionnel (dites « budgétisées »), la justification de la créance du syndicat résultera de la réunion, des conditions mises à l'exigibilité des provisions posées par les articles 14-1 nouveau et 19-2 nouveau de la loi du 10 juillet 1965, à savoir, vote du budget prévisionnel, envoi de la LRAR valant mise en demeure et, éventuellement, ordonnance du président constatant la déchéance du terme et condamnant le copropriétaire au versement des provisions.

S'il s'agit de dépenses non comprises dans le budget prévisionnel (sur ces dépenses v. s[s] n° 445), la créance du syndicat est justifiée par le recours aux procédures de droit commun pour obtenir un jugement exécutoire dont les frais seront imputés directement au copropriétaire défaillant.

Mais, dans tous les cas, les frais exposés doivent être des frais nécessaires.

562 Frais nécessaires. La détermination de ce qu'il faut entendre par « frais nécessaires » est la question délicate dont dépend finalement l'efficacité du mécanisme de l'imputation directe mis en place par l'article 10-1. Elle a suscité des divergences d'appréciation[3].

1. EN CE SENS : Capoulade, note s[s] Civ. 3e, 16 mai 2001, n° 99-18.024, *Administrer* 2001, spéc. 64, col. 2 – Giverdon, « Libres propos sur l'article 10-1 nouveau de la loi du 10 juillet 1965 », *Administrer* avr. 2002. 21, n° 5.

2. Civ. 3e, 14 déc. 2010, n° 10-10.725, NP.

3. V. Bouyeure, « Les frais nécessaires de recouvrement : vraie solution ou coup d'épée dans l'eau », *Administrer* oct. 2001. 33 – Fradin, « Aspects de procédure civile et de procédures d'exécution en matière de copropriété », *Bull. procédures* juin 2001, n° 10, p. 6 – Atias, Dicopropriété, *V° Charges (frais de recouvrement)*, p. 211.

Un point d'abord paraît certain : la notion de « frais nécessaires » ne doit pas être confondue avec les frais des actes dont l'accomplissement est prescrit par la loi qui étaient visés par l'article 32 de la loi du 9 juillet 1991 [devenu art. L. 111-8 du code des procédures civiles d'exécution], dont un arrêt de la Cour de cassation du 16 mai 2001 dit que ce sont les frais d'assignation et ceux relatifs à l'opposition de l'article 20 [1]. Le juge doit rechercher si la somme réclamée était, dans la procédure, nécessaire au recouvrement de la créance justifiée [2].

Il est également indiscutable que la qualification de frais nécessaires doit être donnée à la mise en demeure [3], qu'elle résulte de l'envoi d'une lettre recommandée avec demande d'accusé de réception ou de la signification d'un acte d'huissier de justice. Elle est notifiée aussi bien pour le recouvrement des provisions sur les dépenses budgétisées que sur celles qui ne le sont pas, encore que les fonctions de la mise en demeure ne sont pas les mêmes dans l'un ou l'autre cas. La mise en demeure qui est notifiée pour la mise en œuvre de la procédure accélérée de recouvrement des dépenses budgétisées (L. 10 juill. 1965, art. 19-2 nouv.) est une pièce nécessaire du mécanisme mis en place; seule la mise en demeure peut le déclencher [4]. Pour le recouvrement des dépenses non budgétisées, la mise en demeure joue son rôle traditionnel. Peuvent y être ajoutés les frais des autres mises en demeure que l'évolution de la créance imposerait de notifier [5].

D'ores et déjà, la jurisprudence admettait que les frais de notification de l'état civil du débiteur par un huissier de justice et ceux d'inscription d'hypothèque incombaient au copropriétaire débiteur [6] et, en tout cas, le coût de ces formalités entrait dans les frais d'exécution si elles étaient postérieures à une condamnation. En outre, tous les frais de justice à compter de l'assignation entrent dans les dépens, ce qui recoupe, au moins en partie, les droits et émoluments des huissiers de justice. Les juges veillent à ce que la même somme ne soit pas réclamée deux ou trois fois (charges, frais, art. 700) [7] et rappellent que les honoraires d'avoué ou de postulation sont des dépens, ainsi que les frais d'assignation [8] et que les honoraires d'avocat entrent dans les frais de l'article 700 du code de procédure civile [9], ainsi que les honoraires du syndic pour le suivi du dossier [10].

À partir de l'assignation, les frais entrent dans les dépens et dans les frais d'exécution dont les articles 695 et 696 du code de procédure civile déterminent la consistance et règlent l'imputation [11]. Il en résulte cette conséquence que les honoraires d'avocats [12] doivent être considérés comme des frais exposés non compris dans les dépens, relevant, comme tels, de l'article 700 du code de procédure civile dont le bénéfice doit être demandé assorti, au besoin, d'une demande de dommages-intérêts du syndicat pour le préjudice éprouvé par suite de la défaillance fautive du copropriétaire débiteur.

Mais on objecte que le recours à l'article 700 se révèle souvent insuffisant car il ne permet généralement que le remboursement partiel des honoraires effectivement versés [13].

En réalité, le nouvel article 10-1 (al. 1er) ne paraît avoir d'intérêt que pour les frais de relance. La doctrine était réservée à leur égard [14] et on avait pu constater la condamnation par la jurisprudence de cette pratique aussi bien en tant qu'elle aurait pour effet de permettre au syndic le recouvrement de ces frais à l'encontre des copropriétaires qu'à l'encontre du syndicat [15]. La Commission des clauses abusives s'y était montrée défavorable [16]. Néanmoins, la première chambre de la Cour de cassation

1. Civ. 3e, 16 mai 2001, n° 99-18.024, *Bull. civ.* III, n° 64; *Administrer* oct. 2001. 63, note Capoulade; *AJDI* 2001. 709 – POUR l'assignation : Civ. 3e, 5 mai 2009, n° 08-13.858, NP.
2. Civ. 3e, 7 oct. 2009, n°s 08-19.631 et 08-19.001, *Bull. civ.* III, n° 214.
3. Civ. 3e, 21 juin 2010, n° 10-16.055, NP.
4. Capoulade, note préc., *Administrer.*
5. Capoulade, « La copropriété dans la loi SRU », *Administrer* avr. 2001. 26, col. 1.
6. Paris, 11 mai 1995, *Juris-Data* n° 021328, *Loyers et copr.* 1995, n° 441; *Rev. huissiers* 1996. 110 – Observation faite que la certification peut émaner d'un notaire, d'un avocat ou d'un administrateur judiciaire qui ne sont pas visés par l'article 10-1.
7. Paris, 28 févr. 2008, RG n° 06/06706 – Paris, 13 mars 2008, RG n° 07/10227. Ayant accordé certains frais justifiés (frais de vente sur saisie), le juge doit rechercher si les autres frais étaient nécessaires au recouvrement de la créance : Civ. 3e, 30 nov. 2010, n° 09 17.219, NP, v. Recomm. de la commission des clauses abusives n° 11-01, 15 sept. 2011, points 17 et 19.
8. Paris, 28 févr. 2008, RG n° 06/06706, préc.
9. Paris, 13 mars 2008, RG n° 07/10227, préc. – Civ. 3e, 21 juin 2011, n° 10-16.055, NP.
10. Paris, 5 avril 2007, RG n° 06/13654, *AJDI* 2007. 668.
11. EN CE SENS : Capoulade, « La loi SRU et la copropriété », *Administrer* avr. 2001. 26, col. 2.
12. SUR LE remboursement par le syndic des honoraires de résultat payés à un avocat sans autorisation de l'assemblée générale : Paris, 12 oct. 2006, *AJDI* 2007. 45.
13. Bouyeure, art. préc.
14. *La copropriété*, 5e éd., « Dalloz Action », 2005, n° 526 – Giverdon, « Libres propos sur l'article 10-1 nouveau de la loi de 1965 », *Administrer* avr. 2002, spéc. 23, n° 11.
15. EN CE SENS : Paris, 11 janv. 2001, RG n° 1999/14050, et Paris, 18 janv. 2001, *Administrer* févr. 2001. 37, note Bouyeure – Paris, 3 mai 2001, RG n° 2000/04478, *Loyers et copr.* 2001. 268 – SUR LES FRAIS de constitution du dossier aussi : Paris, 21 févr. 2002, *Loyers et copr.* 2002. 185 – EN SENS CONTRAIRE : TI Boulogne-Billancourt, 7 juin 2001, *Administrer* oct. 2001. 65 – Paris, 1er mars 2001, *AJDI* 2001. Somm. 715.
16. Commission des clauses abusives, recomm. n 96-01, point 7.

n'avait pas admis le caractère abusif de clauses prévoyant ces frais [1].

L'article 10-1 nouveau pose, à cet égard, une règle d'imputation, sans créer une action directe et le juge peut en décider autrement (art. 10-1, al. 3), notamment si les différents frais engagés apparaissent frustratoires. Il lui appartiendra désormais de tenir compte de l'imputation de ces frais pour fixer le montant de l'indemnité au titre de l'article 700 du code de procédure civile. Les charges impayées ne se compensent pas avec l'indemnité au titre de l'article 700 du code de procédure civile [2].

L'article de la loi portant engagement national pour le logement apprend qu'est réputée non écrite, dans les contrats de location, la clause « qui fait supporter au locataire des frais de relance... ainsi que les frais de procédure en plus des sommes versées au titre des dépens et de l'article 700 du code de procédure civile » (loi ENL, art. 84, complétant L. n° 89-462, 6 juill. 1989, art. 4, p).

563 **Essai de synthèse.** Si l'on veut faire le point sur la portée des dispositions de l'alinéa 1er de l'article 10-1 nouveau de la loi du 10 juillet 1965, et sous réserve des honoraires pour l'état daté et des dépenses pour travaux d'intérêt collectif sur parties privatives, il semble possible de dire :

1) que ce texte prévoit une imputation directe au copropriétaire débiteur des frais nécessaires exposés par le syndicat pour le recouvrement de sa créance; cette imputation semble être de plein droit; il n'est donc pas nécessaire d'en faire la demande;

2) qu'en conséquence ce recouvrement est assuré par la notification de la mise en demeure prévue par l'article 19-2 nouveau de la loi du 10 juillet 1965 suivie, si elle est infructueuse, de l'assignation du débiteur devant le président du tribunal de grande instance statuant comme juge du fond ou devant la juridiction collégiale pour ce qui n'entre pas dans les provisions « budgétisées »);

3) cette manière de procéder est limitée aux « frais nécessaires » exposés par le syndicat et dont l'article 10 (al. 1er) donne une énumération indicative;

4) les autres frais de la procédure et de l'exécution constituent des dépens au sens et pour l'application des articles 695 et 696 du code de procédure civile et recouvrés comme tels. Il en est ainsi notamment des frais et débours de postulation des avocats;

5) le recouvrement des frais non compris dans les dépens, notamment les honoraires des avocats, est assuré par la mise en œuvre de l'article 700 du code de procédure civile qui doit faire l'objet d'un chef de demande formulée dans les conclusions.

Un « honoraire de résultat » n'est dû que s'il a été prévu par une convention préalable [3] approuvée par l'assemblée générale (v. s^s n° 1130);

6) sous la même condition d'un chef de demande le formulant, le copropriétaire débiteur peut être condamné à verser des dommages-intérêts au syndicat pour le préjudice éprouvé par cette défaillance si elle est reconnue comme fautive.

En d'autres termes, il faut distinguer :

- les frais nécessaires;
- les dépens;
- l'indemnité de l'article 700;
- les dommages-intérêts supplémentaires recouvrables selon les règles qui leur sont spécifiques.

564 **Le dernier alinéa de l'article 10-1 nouveau [4].** Cet alinéa, directement inspiré de l'article 700 du code de procédure civile, ouvre au juge la possibilité de décider autrement que le prévoient les alinéas 1 (a) et 2, en considération de l'équité ou de la situation économique des parties au litige (par exemple brusque perte d'emploi, maladie...). Le juge dispose à cet effet d'un pouvoir discrétionnaire qui, cependant ne le dispense pas de l'obligation de motiver sa décision.

Une application « curieusc » dc cc pouvoir a été faite par un arrêt de la cour de Paris du 1er février 2001 [5]. Le litige opposait une copropriétaire que l'arrêt décrit comme « irascible », à la gardienne de l'immeuble, ce qui s'était traduit par une décision de l'assemblée générale prise par 74 voix contre 3 de prendre à sa charge la condamnation de la gardienne et les frais de la procédure. La gardienne avait été condamnée pour s'être rendue coupable de violences à l'égard de la copropriétaire qui donc avait vu sa prétention déclarée fondée; mais le juge a estimé que, eu égard aux circonstances, il était équitable que la copropriétaire ne soit pas dispensée d'acquitter sa quote-part à la dépense commune constituée par les frais de condamnation de la gardienne.

565 **L'article 10-1 est-il applicable aux instances en cours ?** La question est discutée. La réponse dépend en effet, de la qualification qui est donnée aux dispositions de cet article. La loi du 13 décembre 2000, dite loi SRU, d'où est issu l'article 10-1 ne fournit aucune indication à ce sujet. Cet article, comme d'autres (par exemple l'article 49 sur

1. Civ. 1re, 1er févr. 2005, n° 03-19.692, *Bull. civ.* I, n° 64; *AJDI* 2005. 742, note Capoulade, *RTD civ.* 2005. 393.
2. Civ. 1re, 12 mai 2010, *AJDI* 2010. 556.
3. Civ. 3e, 12 juin 2002, n° 01-00.856, *Administrer* oct. 2002. 34, note Bouyeure.
4. Atias, *Dicopropriété*, V° *Charges*, p. 209.
5. Paris, 1er févr. 2001, RG n° 1999/02573, 2000/12940, *AJDI* 2001. 713.

« l'adaptation » des règlements de copropriété), est mentionné dans l'article 81-1° de la loi dite SRU qui ne précise pas s'il concerne les instances en cours. On doit en déduire qu'il n'y a pas lieu de faire application de cette disposition aux instances en cours[1]. Si l'on y voit une règle de procédure, il est immédiatement applicable aux instances en cours[2]. Si l'on y voit une disposition de fond dérogeant à la règle de répartition des charges posée par l'alinéa 2 de l'article 10, il est d'application immédiate mais uniquement aux instances nouvelles. L'imputation est une règle de fond.

5°
Les garanties de recouvrement

566 Énumération et division. Par suite du fait que les charges et les dépenses communes sont acquittées par le syndicat, qui les recouvre ensuite contre les copropriétaires, le législateur se devait d'aménager les garanties les plus propres à assurer ce recouvrement effectif. Mais la recherche de garanties peut aussi être une des préoccupations des rédacteurs du règlement de copropriété. Enfin, les possibilités ouvertes par les voies d'exécution du droit commun ne doivent pas être négligées.

Garanties de recouvrement résultant du statut de la copropriété

567 Énumération. La loi du 10 juillet 1965 avait prévu, en son article 19, l'hypothèque légale du syndicat pour la garantie de ses créances de toute nature sur le lot de chaque copropriétaire et pour les mêmes créances, le privilège prévu par l'article 2332 (anc^t art. 2102, 1°) du code civil.

Il fallait aussi et peut-être surtout tenir compte de la possibilité ouverte au syndic de faire opposition, en cas de mutation à titre onéreux d'un lot, au versement des fonds pour obtenir le paiement des sommes restant dues par l'ancien propriétaire (L. 10 juill. 1965, art. 20), opposition qui, depuis la loi n° 94-624 du 21 juillet 1994, vaut, au profit du syndicat, mise en œuvre du privilège immobilier spécial pour la garantie de l'obligation de participer aux charges et aux travaux mentionnés aux articles 10 et 30.

Le décret du 17 mars 1967 avait ajouté, en son article 58, le recours possible à la procédure de saisie-gagerie (anc. C. pr. civ., art. 819, 821, 824 et 825) et, en son article 60, la procédure d'injonction de payer. Par suite de la réforme des procédures civiles d'exécution, l'article 58 a été abrogé (Décr. n° 92-755, 31 juill. 1992), mais on peut recourir à la saisie conservatoire (Décr. 31 juill. 1992, art. 220 s.)[3]. La procédure d'injonction de payer est toujours possible.

Le privilège immobilier spécial ayant été étudié dans le cadre des développements consacrés à la cession des lots (v. s^s n°s 339 s.), on examinera ici : l'hypothèque légale du syndicat, le privilège mobilier et la procédure d'injonction de payer.

6°
L'hypothèque légale du syndicat

568 Titulaires de l'hypothèque légale[4]. L'hypothèque légale appartient au syndicat. Elle garantit, en effet, les créances de toute nature du « syndicat » (L. 10 juill. 1965, art. 19, al. 1er). De la sorte, il convient de décider que si le syndic ou un copropriétaire acquitte personnellement la dette d'un autre copropriétaire, il n'est pas subrogé dans cette hypothèque légale[5].

En revanche, un créancier subrogé au syndicat peut inscrire à son profit l'hypothèque légale.

Tel est le cas, en particulier, lorsqu'une assurance a été souscrite pour cautionner les charges demeurées impayées; l'hypothèque légale peut être inscrite par l'établissement auprès duquel l'assurance a été souscrite et qui se trouve subrogé au syndicat[6].

569 Créances garanties. L'hypothèque légale garantit les « *créances de toute nature du syndicat à l'encontre de chaque copropriétaire... qu'il s'agisse de provision ou de paiement définitif* » (L. 10 juill. 1965, art. 19, al. 1er). Ce texte appelle deux remarques. La première est que toutes les créances du syndicat contre les copropriétaires sont assorties de l'hypothèque légale (et non pas seulement celles qui sont relatives au paiement des charges ou aux travaux mentionnés à l'article 30); c'est (outre la publicité au fichier immobilier) la différence essentielle entre le privilège immobilier spécial et l'hypothèque légale qui conserve toute son utilité[7].

1. EN CE SENS : Civ. 3e, 12 févr. 2003, *Administrer* avr. 2003. 50, note Capoulade.
2. C'est ce qui résulte notamment des arrêts précités de la cour d'appel de Paris du 11 janv. 2001, RG n° 1999/14050, et du 1er mars 2001.
3. V. Bourdillat, « La place laissée par la défunte saisie-gagerie », *Rev. huissiers* 1993. 376.
4. Vigneron, « Formules commentés. Copropriété. Hypothèque légale du syndicat », *JCP N* 1970. IV. 101 – Bouyeure, « L'hypothèque légale du syndicat des copropriétaires », *Administrer* févr. 1989. 9 – LAFOND, ROUX ET STEMMER, L. art. 19 – Roux, « L'hypothèque légale du syndicat des copropriétaires » : *utilité et actualité, IRC* juill. 2007. 14 – Atias, *Dicopropriété, V° Charges (Hypothèque)*, p. 213.
5. EN CE SENS : KISCHINEWSKY-BROQUISSE, n° 195 – SIZAIRE, note 215 *bis*.
6. EN CE SENS : rép. min., *JCP N* 1968. IV. 184; *AJPI* 1969. 94.
7. V. Vigneron, « Privilège immobilier et hypothèque légale du syndicat : une complémentarité », *JCP N* 1976, prat. 3793.

En outre, comme on l'a constaté (v. s^s^ n° 335) l'hypothèque légale inscrite permet au syndicat d'être informé de l'ouverture d'une procédure de mise en redressement ou liquidation judiciaires ou de redressement personnel et, ainsi, d'être mis en mesure de déclarer sa créance, ce que le privilège immobilier spécial ne permet pas par suite de son caractère occulte.

Sont donc garantis par l'hypothèque légale le paiement des annuités prévues par l'article 33 de la loi du 10 juillet 1965, les créances résultant d'une condamnation d'un copropriétaire à verser des dommages-intérêts au syndicat, la créance des frais de justice consécutifs aux actions intentées par le syndicat contre un copropriétaire, etc. On notera que les provisions sont garanties aussi bien que les charges proprement dites.

Aucune inscription ou inscription complémentaire ne peut être requise pour des créances exigibles de plus de cinq ans (L. 10 juill. 1965, art. 19, al. 4). L'exigibilité de la créance se produit dans les conditions prévues à l'article 14-1, alinéa 3, de la loi du 10 juillet 1965 pour les provisions afférentes aux dépenses budgétisées et selon les modalités votées par l'assemblée générale pour les dépenses non « budgétisées ».

570 Assiette de l'hypothèque. L'hypothèque légale porte sur le lot de chaque copropriétaire, débiteur des dettes ainsi définies. Cette solution est conforme au principe selon lequel seul le lot, dans son ensemble en tant qu'assiette d'un droit de propriété, peut donner lieu à des actes de disposition. Mais il résulte de l'article 2425 du code civil (anc^t^ art. 2148-1) ajouté au code civil par la loi du 2 janvier 1979 que l'hypothèque est réputée ne pas grever la quote-part des parties communes comprises dans le lot.

571 Inscription de l'hypothèque[1]. Le syndic a qualité pour faire inscrire l'hypothèque légale au profit du syndicat, sans intervention de l'assemblée générale (L. 10 juill. 1965, art. 19, al. 2)[2]. Il doit cependant se plier à certaines conditions.

a) Si la dette, pour la garantie de laquelle l'inscription est demandée, est exigible, une mise en demeure de payer doit être adressée au copropriétaire défaillant et celle-ci doit « rester infructueuse ». La mise en demeure doit être notifiée par un acte extrajudiciaire dont la délivrance relève du pouvoir d'initiative propre du syndic (Décr. 17 mars 1967, art. 64, al. 1er) – cette mise en demeure, même signifiée par acte extrajudiciaire, ne peut être assimilée au commandement valant saisie immobilière. À juste titre, l'autorité réglementaire a pensé que la notification par lettre recommandée avec demande d'avis de réception (qui constitue le procédé normal des notifications délivrées en application du statut de la copropriété, Décr. 17 mars 1967, même article), ne traduirait pas suffisamment la gravité de la mesure prise.

b) Le bordereau d'inscription doit contenir, sous peine de rejet de la formalité, l'état civil complet des parties certifié par notaires, huissier de justice, avocat et l'élection de domicile du créancier dans le ressort du tribunal de grande instance de la situation du bien (C. civ., art. 2148 et art. 2428 anc^t^ – Décr. 4 janv. 1955, art. 4). Le recours à l'huissier de justice étant justifié, le syndicat est fondé à recouvrer le montant des honoraires qu'il lui a réglés sur le débiteur des charges. Ce sont des frais nécessaires au sens et pour l'application de l'article 10-1 nouveau de la loi du 10 juillet 1965.

c) Ni la loi du 10 juillet 1965, ni le décret de 1967 ne fixent un délai au-delà duquel la mise en demeure est considérée comme infructueuse; le règlement de copropriété peut, semble-t-il, fixer ce délai[3] et la mise en demeure doit normalement le fixer ou le mentionner.

d) Si un copropriétaire invoque la possibilité, qui lui est ouverte par l'article 33 de la loi du 10 juillet 1965, d'acquitter par annuités la part du coût des travaux auxquels il n'avait pas consenti, l'inscription peut être immédiatement requise par le syndic (par « immédiatement », il faut entendre le moment même où la participation différée est demandée[4]). Cette solution résulte de l'emploi des termes « dès que » par l'article 19 alinéa 1er *in fine*, pour viser cette situation. Elle est valable pour toutes les dettes à terme.

e) Dans le cas particulier où le lot qui doit constituer l'assiette de l'hypothèque fait l'objet d'un contrat de location-accession (anciennement régi par la loi n° 84-595 du 12 juill. 1984), l'hypothèque légale, dans la mesure où elle s'applique à l'obligation imposée au vendeur de garantir le paiement des charges incombant à l'accédant, ne peut être inscrite, aux termes de l'article 32 de cette loi, qu'après mise en demeure restée infructueuse adressée par le syndic au vendeur. Bien que la loi ne le précise pas, il convient, semble-t-il, que cette mise en demeure soit délivrée par acte extrajudiciaire.

1. V. Lecœur, « L'inscription de l'hypothèque légale garantissant les créances du syndicat à l'encontre des copropriétaires », *BO Cnab* juin 1967 – AUSSI : KISCHINEWSKY-BROQUISSE, n° 182 *bis*.
2. KISCHINEWSKY-BROQUISSE, n° 194.
3. KISCHINEWSKY-BROQUISSE, n° 192.
4. LAFOND, ROUX ET STEMMER, L. art. 19, n° 7.

f) Les événements qui arrêtent le cours des inscriptions sont applicables à celle de l'hypothèque légale du syndicat[1].

572 Effets de l'inscription. Conformément au droit commun, l'inscription de l'hypothèque légale en assure la conservation et en détermine le rang, sous réserve de l'incidence du privilège spécial immobilier mis en œuvre dans les conditions prévues par l'article 20 de la loi du 10 juillet 1965. En cas d'ouverture d'une procédure collective, le syndic est avisé d'avoir à déclarer la créance du syndicat.

573 Mainlevée et radiation de l'hypothèque. La mainlevée et la radiation de l'hypothèque légale peuvent d'abord être consenties par le syndic, sans intervention de l'assemblée générale, en cas d'extinction de la dette (L. 10 juill. 1965, art. 19, al. 2). Le règlement de copropriété pourrait, en outre, semble-t-il, habiliter le syndic à consentir la mainlevée sans paiement préalable[2], la majorité requise étant celle de l'article 26 de la loi du 10 juillet 1965[3].

Le syndic ne peut refuser la mainlevée pour le seul motif qu'il n'a pas perçu ses honoraires correspondant à cette mainlevée[4].

La mainlevée totale ou partielle de l'hypothèque peut également être demandée par le copropriétaire défaillant au président du tribunal de grande instance (du lieu de situation de l'immeuble) statuant comme en matière de référés (L. 10 juill. 1965, art. 19, al. 3). Cette demande, qui peut être introduite « même en cas d'instance au principal », doit être accompagnée, soit d'une offre de paiement suffisante, soit d'une offre de garantie équivalente. Il appartient au juge d'apprécier cette suffisance ou cette équivalence. La garantie offerte peut aussi consister dans la consignation d'une somme entre les mains d'un séquestre, elle peut aussi résulter d'une inscription d'hypothèque prise en rang utile sur un autre immeuble du débiteur ou de la caution d'un établissement bancaire[5]. Sur cette somme dont on se demande si elle est un gage, le syndicat dispose d'un privilège.

La décision du président ne lie évidemment pas le tribunal appelé à se prononcer sur le fond de la créance invoquée par le syndicat[6].

1. Lafond, Roux et Stemmer, L. art. 19, n° 5.
2. Kischinewsky-Broquisse, n° 196.
3. Lafond, Roux et Stemmer, L. art. 19, n° 8.
4. Civ. 3e, 26 juin 2002, n° 01-02.697, *Bull. civ.* III, n° 151, 128, *JCP* 2002. I. 117, n° 15, Chron. Périnet-Marquet; *Administrer* mars 2002, note Capoulade.
5. Kischinewsky-Broquisse, n° 197 – Sizaire, note 217.

7°
Le privilège mobilier

574 Généralités. L'article 19 alinéa 5 de la loi du 10 juillet 1965, assortit les créances garanties par l'hypothèque légale du privilège prévu par l'article 2332, 1° du code civil (anct art. 2102, 1°) en faveur du bailleur.

Ce privilège porte « sur tout ce qui garnit les lieux ». En sont toutefois exclues les installations ayant le caractère d'immeubles par destination[7]. Mais le caractère mobilier du privilège s'oppose à ce qu'il puisse s'exercer sur le prix provenant de la cession que le copropriétaire débiteur a consentie de son lot[8]. En revanche, ce même caractère permet au syndicat de bénéficier du privilège sans avoir à accomplir de formalités particulières et, notamment, de s'en prévaloir en cas de règlement judiciaire ou de liquidation des biens du copropriétaire débiteur[9].

On complétera ces observations par les deux précisions suivantes : la première est que le privilège du syndicat est, comme le privilège du bailleur, assorti du droit de suite prévu par l'article 2332, 1° du code civil, au cas où les meubles qui garnissaient les lieux auraient été déplacés, auquel cas on peut recourir à la saisie-revendication; la seconde précision est que le privilège du syndicat est indivisible.

575 Cas de location du lot. Si le lot du copropriétaire débiteur fait l'objet d'une location meublée, le privilège porte également sur les meubles qui garnissent les lieux. S'il s'agit d'une location non meublée, il est reporté sur les loyers dus par le locataire (L. 10 juill. 1965, art. 19, *in fine*). En conséquence, le syndic peut pratiquer une saisie sur ces loyers, mais à la condition qu'ils soient encore dus et non déjà versés par le locataire[10]. En raison, en effet, de la fongibilité des espèces, le privilège ne peut être conservé que si le créancier (ici le syndicat) a fait

6. Cabanac, *op. cit.*, *AJPI* 1966. I. 871 – Cabanac et Michalopoulos, « La loi du 10 juill. 1965 et les procédures en matière de copropriété », *AJPI* 1966. I. 588, spéc. 590 – Grimaud, « Les actions en justice de la loi du 10 juill. 1965 », *Gaz. Pal.* 1967. 2. Doctr. 110 – Vigneron, *op. cit.*, *JCP N* 1970. IV. 107, n° 19.
7. Colmar, 13 janv. 1966, *JCP* 1967. II. 14971, note Wiederkehr.
8. TGI Paris, 15 nov. 1972, *Gaz. Pal.* 1972. 2, 837; *Defrénois* 1973. 38, note Malaurie; *Journ. not.* 1973. 438, note Viatte; *D.* 1973. 51, note Giverdon; *Rec. gén. lois* 1973, 191, note Desiry; *AJPI* 1973. 520, note Solal – aussi : Lot, « Copropriété, privilège », *Gaz. Pal.* 1972. 2. Doctr. 599 (v. ss n° 187, note 4).
9. Paris, 18 févr. 1971, *Gaz. Pal.* 1971. 2, 431, note Morand.
10. Paris, 19 févr. 1978, *D.* 1979. IR 448; *RDI* 1979. 242; *RTD civ.* 1979. 408; *Administrer* mars 1979. 37.

isoler et individualiser les loyers pour éviter qu'ils se confondent avec les autres biens du débiteur pour composer le gage commun de ses créanciers.

Enfin, il convient de remarquer que le privilège de l'article 19 alinéa 5 de la loi du 10 juillet 1965 ne peut s'appliquer, faute de disposition expresse en ce sens, aux redevances dues par l'accédant au vendeur dans le cadre d'un contrat de location-accession (anciennement régie par la loi n° 84-595 du 12 juill. 1984).

a)
Garanties de recouvrement stipulées par le règlement de copropriété

576 Clauses d'intérêts et clauses pénales. En principe, les sommes dont le syndic peut exiger le versement en application de l'article 35 du décret modifié du 17 mars 1967[1] portent intérêt au profit du syndicat. Cet intérêt, fixé au taux légal en matière civile, est dû à compter de la mise en demeure adressée par le syndic au copropriétaire défaillant (Décr. 17 mars 1967, art. 36) pour les sommes effectivement dues à la date de sa délivrance, mais non pour les sommes à venir[2].

Ce même article réserve la stipulation contraire du règlement de copropriété. Mais il résulte d'un arrêt de la Cour de cassation du 11 juin 1992[3] que le règlement de copropriété ne peut stipuler un taux d'intérêt supérieur ou inférieur au taux légal; en revanche, il peut prévoir la dispense de payer tout intérêt.

À l'effet de limiter la portée de ces solutions, se pose la question de savoir s'il est possible de prévoir dans le règlement de copropriété des pénalités de retard (par exemple 1 % par mois) à titre de clause pénale. La réponse est, en principe, affirmative[4], sous cette réserve que le jeu de la clause pénale ayant pour objet de sanctionner un retard dans le paiement, est exclusif de l'allocation d'intérêts moratoires[5]. Une pénalité fixée de manière raisonnable peut permettre de pallier la rigueur de cette solution en assurant une réparation plus avantageuse que l'allocation des intérêts légaux[6]. On rappelle que le juge a le pouvoir de la réduire.

b)
Garanties de recouvrement résultant des voies d'exécution du droit commun

577 Principes généraux. Il n'y a aucune difficulté à admettre que le jugement de condamnation que le syndic, agissant au nom du syndicat, a obtenu à la suite de l'action en paiement qu'il a dû introduire contre un copropriétaire n'ayant pas acquitté ses quotes-parts de charges, puisse être assorti des voies d'exécution du droit commun.

C'est fréquemment une saisie immobilière[7]. On précise que, après les notifications prévues à l'article 11 du décret de 1967, l'autorisation de l'assemblée générale est alors nécessaire en application de l'article 55 du décret du 17 mars 1967, modifié par le décret du 6 juin 1986, qui vise la « saisie en vue de la vente du lot ». L'assemblée générale doit aussi constater la dépréciation de créances douteuses et fixer le montant de la mise à prix[8]; elle doit aussi déterminer le copropriétaire qui en est l'objet. Mais il n'est pas nécessaire que le procès-verbal de saisie mentionne que le syndicat risque d'être déclaré adjudicataire à défaut d'enchérisseur[9]. Il conviendra de tenir compte de la réforme de la publicité légale opérée par le décret n° 2002-77 du 2 février 2002[10].

Le syndic peut aussi procéder à une saisie conservatoire ou à une saisie-attribution ou à une saisie vente dans les conditions prévues aux articles 55 [devenu art. R. 211-1 s. du code des procédures civiles d'exécution] et suivants (saisie-attribution) ou 81 [devenu art. R. 221-1 s. du code des procédures civiles d'exécution] et suivants (saisie-vente) ou 220 [devenu art. R. 521-1 s. du code des procédures civiles d'exécution] et suivants (saisie conservatoire) du décret n° 92-755 du 31 juillet 1992.

Il a même été admis que le syndicat pouvait conduire simultanément une procédure de saisie-arrêt (devenue saisie-attribution) et une procédure de saisie immobilière[11]. Mais cette manière de procéder risque de se heurter à la disposition de

1. V. Bihr, « Les intérêts moratoires en copropriété et dans les locations », *IRC* févr. 1994. 457 s. – LAFOND, ROUX ET STEMMER, D. art. 36.
2. Civ. 3e, 17 janv. 2006, n° 05-10.505, *Loyers et copr.* 2006. 63.
3. Civ. 3e, 11 juin 1992, n° 90-18.767, *Bull. civ.* III, n° 197; *AJDI* 1993. 617; *IRC* déc. 1992. 390, note Capoulade; *Administrer* mars 1993 - Guillot, mars 1994, p. 47, note Franck; *RDI* 1992. 541; *AJPI* 1993. 617, note Gélinet – Civ. 3e, 3 mars 1999, n° 97-14.392, *JCP* 1999. IV. 1762.
4. Paris, 30 oct. 1970, *D.* 1980. IR 239; *RDI* 1987. 479 – EN SENS CONTRAIRE : Paris, 9 févr. 1996, *Juris-Data* n° 020333, *Loyers et copr.* 1998. 277, qui se fonde sur l'article 32 de la loi du 9 juill. 1991.
5. Bihr, art. préc. – SUR LA DISTINCTION entre amende et clause pénale : note Paisant, *D.* 1987. 360.
6. Bihr, *op. cit.*
7. V. Ferme, « Le syndicat de copropriété et la saisie-immobilière », *Administrer* juin 1981.
8. Décret n° 2005-240 du 14 mars 2005.
9. Paris, 13 mai 1991, RG n° 90/9227, *Juris-Data* n° 021883, *Loyers et copr.* 1992. 87.
10. V. comm., Laporte, *JCP* 2002. 103 – Sillard, *Gaz. Pal.* 2 févr. 2002, Doctr.
11. Paris, 20 nov. 1991, RG n° 89-14788, *Juris-Data* n° 024294, *RDI* 1992. 246.

l'article 22 de la loi n° 91-650 du 9 juillet 1991 [devenu art. L. 111-7 du code des procédures civiles d'exécution] aux termes de laquelle le créancier a le choix des mesures propres à assurer l'exécution ou la conservation de sa créance, précision faite que « l'exécution de ces mesures ne peut excéder ce qui se révèle nécessaire pour obtenir le paiement de l'obligation » et alors surtout que l'alinéa 2 du même article [devenu art. L. 121-2 du code des procédures civiles d'exécution] donne pouvoir au juge de l'exécution d'ordonner la mainlevée de toute mesure inutile et de condamner le créancier à des dommages-intérêts en cas d'abus de saisie.

c)
La procédure d'injonction de payer

578 L'article 60 du décret du 17 mars 1967[1]**.** Cet article comble une lacune de la loi du 10 juillet 1965 en ce qu'il prévoit la possibilité pour le syndicat de former à l'encontre d'un ou plusieurs copropriétaires une demande selon la procédure d'injonction de payer.

Cette procédure est régie par les articles 1405 et suivants du code de procédure civile à laquelle il est renvoyé sous réserve des précisions suivantes et observation faite que la loi du 13 décembre 2000, dite loi SRU, n'y apporte aucune modification[2].

La particularité la plus importante est celle indiquée par l'article 60 lui-même aux termes duquel « nonobstant toutes dispositions contraires, toute demande formée par le syndicat suivant la procédure d'injonction de payer est portée devant la juridiction du lieu de la situation de l'immeuble ». Quant à la compétence d'attribution pour la présentation de la requête, elle est, si la créance est civile, le tribunal d'instance quel que soit le montant de la demande[3] ou, si le copropriétaire débiteur est un commerçant exerçant dans l'immeuble, le président du tribunal de commerce[4].

Le syndic peut présenter lui-même la requête; le ministère d'un avocat n'est pas nécessaire[5].

S'il est fait opposition à l'ordonnance d'injonction de payer, le tribunal d'instance statue dans les limites de sa compétence d'attribution[6]. Contrairement à ce qui a été soutenu[7] il ne semble pas que ce soit le juge de l'impayé des charges de copropriété, c'est-à-dire le président du tribunal statuant comme en matière de référé (L. 10 juill. 1965, art. 19-2, al. 2), qui soit compétent. La demande additionnelle du syndicat, postérieure à l'opposition, d'une somme au titre des charges de copropriété, est recevable[8].

1. V. Fricero, « Le recouvrement des charges par injonction de payer », *IRC* mai 1994. 30 s. – Taormina, « Loi SRU et recouvrement des charges de copropriété », *AJDI* 2001. 858, spéc. 861.
2. SUR LA PRESCRIPTION : Civ. 3e, 26 janv. 2010, n° 09-12.366, NP.
3. Fricero, « Le recouvrement des charges par injonction de payer », *IRC* mai 1994. 130 – AUSSI : Mantelet, « Le recouvrement des charges devant le tribunal d'instance », *Administrer* mars 1996. 24.
4. Fricero, *op.* et *loc. cit.*
5. Civ. 2e, 5 nov. 1975, n° 73-14.636, *Bull. civ.* II, n° 285; *Administrer* avr. 1976. 38, note Guillot.
6. Limoges, 16 janv. 1991, *RTD civ.* 1991. 807, obs. Perrot; *D.* 1992. Somm. 124, obs. Julien – EN SENS CONTRAIRE : Paris, 20 avr. 1988, *RTD civ.* 1988. 581, obs. Perrot.
7. V. Taormina, « Loi SRU et recouvrement des charges de copropriété », *AJDI* 2001. 858.
8. Civ. 2e, 18 mars 1992, n° 90-20.457, *JCP* 1992. IV. 1508.

LIVRE

3. L'ORGANISATION COLLECTIVE DE LA COPROPRIÉTÉ

SECTION 0 ORIENTEUR

Plan du livre.

Titre 1	**Le règlement de copropriété**
Chap. 1	Généralités
Chap. 2	Établissement, modification, adaptations et publication du règlement de copropriété
Chap. 3	Contenu du règlement de copropriété
Chap. 4	Effets du règlement de copropriété
Titre 2	**Le syndicat des copropriétaires**
Chap. 1	Dispositions générales
Chap. 2	Résidences- services
Chap. 3	Division du syndicat. Administration. Propriété
Chap. 4	Syndicat en difficulté
Titre 3	**L'assemblée générale des copropriétaires**
Chap. 1	Assemblées générales communes et assemblées particulières
Chap. 2	Convocation et tenue de l'assemblée
Chap. 3	Pouvoirs des assemblées générales
Chap. 4	Sanction des règles concernant l'assemblée générale
Titre 4	**Le syndic**
Chap. 1	Généralités sur la fonction de syndic
Chap. 2	Nomination et cessation des fonctions du syndic
Chap. 3	Attributions du syndic
Chap. 4	Obligations et responsabilités du syndic
Titre 5	**Le conseil syndical**
Chap. unique	Le conseil syndical

579 **Division.** L'examen auquel il a été procédé dans les deux premières parties de cet ouvrage a révélé l'existence, au sein de l'immeuble divisé par lots, de propriétaires exerçant leurs droits tant sur les parties privatives que sur les parties communes, et soumis en contrepartie à diverses obligations. L'existence de cette collectivité fait nécessairement naître des rapports entre ces copropriétaires. Le progrès du droit en la matière a consisté à organiser ces rapports collectifs : ce fut d'abord l'œuvre de la pratique, puis celle de la loi du 28 juin 1938 – dont l'apport sur ce point reste essentiel – et dont la loi du 10 juillet 1965 reprend et précise les dispositions. L'existence de cette organisation collective n'a pas transformé la nature juridique des droits qui coexistent dans la copropriété immobilière. Comme on l'a écrit, « il y a copropriété et non société, mais cette copropriété est organisée sur le modèle d'une société »[1]. L'organisation de la société repose, en effet, sur l'existence de ses statuts et de ses organes sociaux : celle de la copropriété sur l'existence du *règlement de copropriété*, qui est la base de l'organisation, et d'un *syndicat*, qui en assure le fonctionnement. La logique commande donc de procéder à l'étude préalable du règlement de copropriété avant même d'entreprendre celle du syndicat, tant dans sa constitution même que dans ses organes. On suivra donc le plan suivant :

- Le règlement de copropriété (titre 1);
- Le syndicat (titre 2);
- L'assemblée générale (titre 3);
- Le syndic (titre 4);
- Le conseil syndical (titre 5).

1. Ripert et Boulanger, *Droit civil*, 2, n° 2657 – Terré et Simler, *Droit civil, Les biens*, 6e éd., n° 641, note 2.

TITRE

1. Le règlement de copropriété

SECTION 0
ORIENTEUR

Plan du titre.

CHAPITRE

1. Généralités

SECTION 0
ORIENTEUR

Textes applicables.

• C. civ., art. 1134.

• L. n° 65-557 du 10 janvier 1965, fixant le statut de la copropriété des immeubles bâtis, art. 8.

• Décr. n° 67-223 du 17 mars 1967, fixant l'application de la loi du 10 juillet 1965, art. 1 et 3.

• Décr. n° 55-22 du 4 janvier 1955, portant réforme de la publicité foncière.

• Décr. n° 55-1350 du 14 octobre 1955, pour l'application du décret du 4 janvier 1955.

Jurisprudence de référence.

• **Civ. 3e, 3 oct. 1969,** *IRC* 1970. 77.

* V. s^s n° 581.

• **Civ. 3e, 13 sept. 2005,** n° 04-15.768, NP.

* V. s^s n° 581.

« Une cour d'appel justifie sa décision en retenant qu'un règlement de copropriété dressé par un expert avait été homologué par une décision judiciaire irrévocable et que la désignation par ordonnance d'un notaire pour la mise en forme et la publication de ce règlement était opportune dans l'intérêt du syndicat des copropriétaires. »

Bibliographie indicative.

Cabanac, « La responsabilité civile des auteurs de règlement de copropriété », *IRC* oct. 1981. 161.

Roux, « Le notaire et la rédaction du règlement de copropriété : entre liberté contractuelle et ordre public », *Loyers et copr.* sept. 2007. Étude 9.

580 Objet et fonction[1]. L'article 8 de la loi du 10 juillet 1965 impose l'établissement d'un « *règlement conventionnel de copropriété* », qui fixe les droits et les obligations des copropriétaires en même temps que la vie même de la copropriété. L'existence de ce règlement est imposée par la nature même de la copropriété : « L'usage des parties communes est un usage commun : il importe donc de le réglementer et le règlement de copropriété est fait surtout pour cela[2] ».

Dans le cadre de la comparaison entre la copropriété par lots et la société politique, le règlement de copropriété apparaît, toutes proportions gardées, comme la Constitution, que doivent respecter le pouvoir délibérant (assemblée générale) et le pouvoir exécutif (syndic)[3].

Le règlement de copropriété n'est pas une création de la loi du 10 juillet 1965 : il était déjà prévu par la loi du 28 juin 1938, bien qu'à titre facultatif, et connu de la pratique antérieure à cette dernière loi. Il semble, en fait, avoir été la première manifestation de l'organisation collective, avant le syndicat et ses assemblées générales. Son autorité était d'autant plus grande sous le régime de la loi du 28 juin 1938 que celle-ci était interprétative dans la plupart de ses dispositions, ce qui laissait une place importante au règlement de copropriété.

581 Caractère impératif. L'article 8 figure parmi les dispositions de la loi auxquelles l'article 43 attribue un caractère impératif; il en résulte que le règlement de copropriété constitue un document obligatoire[4] (néanmoins, l'absence de règlement de

1. ÉTUDES GÉNÉRALES : KISCHINEWSKY-BROQUISSE, n°s 536 s. – Rép. civ., ATIAS, V^is *Copropriété des immeubles bâtis*, n°s 123 s. – « Le règlement de copropriété », *Loyers et copr.* 2005. 84 – LAFOND, ROUX ET STEMMER, L. art. 8; D. art. 4 – SIZAIRE, n° 180 – J.-CL. COPR., fasc. 76 et 77 – GUILLOT, art. 8 et 9 – Thibierge, « Formules de règlement de copropriété », *Defrénois* 1967, III, 193 – Daublon, « Formules de règlement de copropriété », *Defrénois* 2002. 37495 et 37520.
2. LOMBOIS, L. 1965, *D.* 1966. lég. p. 93, n° 19 – Terré et Simler, *Les biens*, 8e éd., n° 641.
3. Cabanac, *Gaz. Pal.* 1996. 1. Doctr. 97.
4. Civ. 3e 3 oct. 1969, *IRC* 1970. 77 – Grenoble, 24 févr. 1967, *D.* 1967. 352, note Givord et Giverdon – CABANAC, n° 369 – KISCHINEWSKY-BROQUISSE, n° 538 – SIZAIRE, n° 108 – LAFOND, ROUX ET STEMMER, art. L. 8, n° 2.

copropriété n'empêche pas l'application de la loi du 10 juillet 1965 [1]), alors que, sous l'empire de la loi du 28 juin 1938, il était seulement facultatif et la pratique judiciaire révèle encore l'existence de certains syndicats, inorganisés [2]. L'absence de règlement était cependant en fait exceptionnelle, car il est difficile que fonctionne normalement un syndicat sans cet acte qui en constitue la « charte commune » [3].

Dans le même esprit, il a été décidé que, en l'absence de règlement de copropriété, s'imposait l'application pure et simple de la loi du 10 juillet 1965 et du décret du 17 mars 1967, considérés comme le droit commun en la matière, d'où il résulte notamment que le syndic a qualité pour demander aux copropriétaires le paiement des charges en application de l'article 10 [4].

Celui-ci fait encore parfois défaut, soit dans des syndicats très anciens (antérieurs notamment à la loi du 28 juin 1938), soit même dans des syndicats récents, résultant du partage des lots d'immeubles anciens : on se contente soit de faire un acte de partage, soit même d'établir un état descriptif de division sans aucun règlement de copropriété [5] (ce qui peut mettre en jeu la responsabilité du notaire). En présence de telles situations, il faut pallier l'absence de réglementation contractuelle en faisant appel, avec plus ou moins de bonheur, soit aux droits existants, soit à la situation de fait.

En l'absence de règlement de copropriété, il a été jugé qu'il fallait faire application de l'article 9 de la loi du 10 juillet 1965 aux termes duquel : « Chaque copropriétaire [...] use et jouit librement des parties privatives et des parties communes, sous la condition de ne porter atteinte ni aux droits des autres copropriétaires, ni à la destination de l'immeuble », ce qui a conduit notamment la cour de Bastia à interdire la transformation d'un local d'habitation en restaurant [6].

On ajoutera immédiatement que le caractère impératif de la loi se manifeste non seulement quant à l'existence du règlement, mais quant à son contenu; la liberté des rédacteurs est limitée dans le cadre de la loi; néanmoins une marge d'initiative non négligeable demeure (v. s^s n° 590). De ce caractère impératif, la Cour de cassation a tiré la conséquence que les juges pouvaient ordonner au syndicat de voter un règlement de copropriété, ou de mettre ses dispositions en harmonie avec la loi nouvelle [7] et même se substituer à l'assemblée générale pour établir le règlement de copropriété ou encore de désigner un notaire pour mettre en forme et publier un règlement de copropriété dressé par un expert et homologué par le tribunal [8]. Enfin, c'est en raison du caractère impératif du règlement de copropriété que sa mention dans l'acte de vente du lot est considérée comme une qualité substantielle [9] et qu'il présente un caractère officiel qui le distingue d'un règlement intérieur, document officieux [10].

582 Nature juridique – Caractère contractuel. La nature juridique du règlement de copropriété est et demeure discutée. On y voit le plus souvent un contrat entre copropriétaires [11]. L'article 8 de la loi du 10 juillet 1965 et l'article 3 du décret du 17 mars 1967 confirment cette opinion, puisque le premier de ces textes vise le « règlement conventionnel de copropriété », et que le second précise que le règlement peut « faire l'objet d'un acte conventionnel ou résulter d'un acte judiciaire ».

1. TGI Marseille, 25 oct. 1977, *Ann. loyers* 1978. 700 – TGI Brest, 8 avr. 1970, *AJPI* 1970. 1221; *Gaz. Pal.* 1972. 1, 445 – Civ. 3e, 15 nov. 1989, *Bull. civ.* III, n° 214 – Civ. 3e, 29 mai 2002, n° 00-17.542, *Administrer* oct. 2002. 35, obs. Bouyeure.
2. V. Civ. 3 mars 1953, *D.* 1953. 320; *Rev. loyers* 1953. 429 – Com. 24 mars 1953, *D.* 1953. 370 – Angers, 7 juin 1943, *JCP* 1943. 2392 – T. civ. Lyon, 23 janv. 1956, *JCP* 1956. II. 9202 – TGI Nantes, 3 juin 1970, *Journ. not.* 1971. 664, note Viatte – COMP. : Com. 24 mars 1953, *D.* 1953. 370; *RTD civ.* 1953. 558, obs. Solus.
3. CHEVALLIER, comm., L. 1938, *D.* 1939, IV, 82.
4. TGI Nice, 10 mars 1979, *AJPI* 1980. 797.
5. Civ. 3^e, 29 mai 2002, n° 00-17.542, *Bull. civ.* III, n° 113; *AJDI* 2003. 124, obs. Giverdon; *D.* 2003. Somm. 1330, obs. Giverdon; *Administrer* oct. 2002. 35, obs. Bouyeure.
6. Bastia, 3 avr. 1979, *JCP* 1980. II. 19370, note Guillot; *RDI* 1980. 341; *RTD civ.* 1980. 585; *Rev. loyers* 1979. 313; *Ann. loyers* 1980. 832.
7. Civ. 3^e, 25 mai 1976, n° 75-10.126, *Bull. civ.* III, n° 226; *D.* 1976. IR 252; *JCP* 1976. IV. 238; *Gaz. Pal.* 1976. 2. Somm. 202; *RTD civ.* 1976. 806; *Rev. loyers* 1976. 506; *Administrer* nov. 1976. 63 – EN CE SENS AUSSI : Bastia, 23 janv. 1979, *D.* 1981. 210, note Giverdon.
8. Civ. 3e, 13 sept. 2005, n° 04-15.768, *AJDI* 2006. 34.
9. Paris, 4 janv. 2000, *D.* 2000. IR 62. Jugé que l'absence de règlement « ne fait pas obstacle à la vente des lots dès lors qu'ils sont individualisés » : Civ. 3e, 17 nov. 2010, n° 10-11.287, *Bull. civ.* III, n° 205; *Defrénois* 2011. 471, note Atias – Lorsqu'il existe, les lots doivent être délivrés tels que définis par le règlement : Civ. 3e, 7 juill. 2010, n° 09-13.498, NP, et les quotes-parts de parties communes constituent l'élément essentiel de la vente du lot : Civ. 3e, 11 févr. 2009, n° 07-20.237, *Bull. civ.* III, n° 37.
10. Versailles, 16 avr. 1992, *Administrer* nov. 1992. Somm. 82.
11. KISCHINEWSKY-BROQUISSE, n° 513 – LAFOND, ROUX ET STEMMER, L. art. 8, 3 et 4 – Civ. 3e, 4 janv. 1990, n° 88-13.136, *Administrer* oct. 1990. 50, obs. Guillot – V. rép. min., QE, 23 févr. 1981, *JOAN Q*, p. 1280 : le règlement de copropriété, en application de l'article 1134 du code civil, a force de loi entre tous les copropriétaires, réserve faite de ses dispositions qui seraient jugées contraires aux impératifs d'ordre public de la loi – AVEC DES RÉSERVES, Terré et Simler, *Les biens*, 8e éd., n° 642.

Certains auteurs néanmoins préfèrent lui assigner un caractère statutaire en raison de certains effets qu'il produit et qui semblent déborder le cadre du contrat[1]. À notre avis, la vérité se situe à mi-chemin entre ces deux conceptions extrêmes : le règlement de copropriété nous semble constituer une institution originale ou *sui generis* liée au statut de la copropriété[2]. Le dualisme permet d'invoquer la comparaison avec les statuts de la société anonyme et plus encore, peut-être, avec la convention collective de travail[3].

Si l'on se réfère à la jurisprudence, force est de constater que le caractère contractuel est fortement affirmé par certains arrêts. Tel est le cas de l'arrêt de la cour de Paris du 13 juillet 1979, selon lequel le règlement de copropriété définit les droits et les obligations des copropriétaires entre eux ainsi qu'à l'égard du syndicat, mais « ne saurait, sans revêtir un caractère réglementaire qu'il ne possède pas, régir les contrats de vente passés par un copropriétaire, ni régler les rapports personnels entre un copropriétaire et une personne qui ne l'est plus ou qui ne l'est pas encore »[4]. Un autre arrêt de la cour de Paris du 21 décembre 1990[5] exprime la même tendance en affirmant que le règlement de copropriété est un « contrat d'adhésion qui constitue la loi entre les parties; ses dispositions sont donc opposables à l'acquéreur d'un lot quels que soient les engagements pris par le vendeur qui ne relèvent que de sa propre responsabilité » (il en a été déduit que le règlement de copropriété peut comporter une stipulation pour autrui au profit d'un tiers, en l'espèce les copropriétaires d'un immeuble voisin à édifier[6]).

À la vérité, ce caractère contractuel est sans doute celui qui correspond le mieux aux solutions données par la jurisprudence aux questions que pose son application, qu'il s'agisse de son interprétation ou des sanctions attachées à la méconnaissance de ses clauses (v. s^s n° 642). Par ailleurs, il ne faut pas oublier que, pour la rédaction des « clauses habituelles » qu'il contient, ses rédacteurs disposent d'une marge d'initiative non négligeable (par exemple pour la distinction des parties communes et des parties privatives ou pour la ventilation entre les deux catégories de charges, v. s^s n°s 69 et 449).

583 Interprétation du règlement de copropriété. En raison de son caractère contractuel, et en tout cas privé (v. s^s n° 584), l'interprétation du règlement de copropriété est assurée par la jurisprudence dans des conditions analogues à celle du contrat, et relève par conséquent de « l'appréciation souveraine des juges du fond »[7], sous la seule réserve d'usage de la dénaturation de clauses claires et précises[8] (du caractère privé du règlement de copropriété, la Cour de cassation déduit en outre la conséquence que le moyen tiré de son application, s'il n'a pas été invoqué devant les juges du fond, constitue un moyen nouveau, qui ne peut être invoqué pour la première fois devant la Cour de cassation[9]). La jurisprudence se montre dans l'ensemble assez libérale : voir, par exemple, l'interprétation d'une clause d'habitation bourgeoise (v. s^s n° 194), celle, plus discutable, d'une clause interdisant d'avoir un chien, comme limitée aux « chiens bruyants »[10], celle de l'interdiction d'exercer un « commerce incommode, malodorant, insalubre ou dangereux », comme ne valant cependant pas référence à la loi du 19 décembre 1917 sur les établissements classés[11]. Mais il y a dénaturation du règlement de copropriété à décider qu'une décision est « unanime » au sens de ce règlement, alors qu'il y a eu trois abstentions[12], ou qu'une modification dans la répartition des charges relevait du régime des additions de constructions et non de celui du changement dans la répartition des charges[13].

Il y a lieu de préciser que cette interprétation relève exclusivement des tribunaux de l'ordre judiciaire, à l'exclusion des tribunaux administratifs – alors même que le règlement de copropriété serait l'œuvre de l'autorité administrative, par exemple

1. Carbonnier, *Droit civil*, t. II, n° 60 – LOMBOIS, L. 1965, D. 1966, lég. p. 43 – SIZAIRE, n° 112 – ATIAS, n° 161, l'analyse comme un « acte-régle » et en tire la conséquence que les décisions rendues à son propos ont une autorité de chose jugée renforcée – AUSSI : Lafond, « La copropriété : contrat ou institution », *Administrer* mars 1977, 2.
2. LOMBOIS, n° 53.
3. Durand, « Le dualisme de la convention collective de travail », *RTD civ.* 1939. 353 s.
4. Paris, 13 juill. 1979, *Juris-Data* n° 235219, *Gaz. Pal.* 1979. 322; *D.* 1980. 1, note Capoulade, Giverdon.
5. Paris, 21 déc. 1990, RG n° 90/008702, *Juris-Data* n° 025283, *RDI* 1991. 257.
6. Lyon, 17 mars 1991.
7. GUILLOT, art. 8 et 9 – LAFOND, ROUX ET STEMMER, L. art. 8, 5 – Civ. 3e, 24 févr. 1981, *Gaz. Pal.* 1981. 2. pan. 221; *JCP N* 1982 prat., 230 – Civ. 3e, 5 déc. 1990, n° 89-13.642, *RDI* 1991. 92.
8. Civ. 3e, 18 déc. 1973, n° 72-14.435, *Bull. civ.* III, n° 637; *JCP* 1974. II. 17682; *Gaz. Pal.* 1974. 1. Somm. 86; *Rev. loyers* 1964. 232 et 344 – Civ. 6 juill. 1976, n° 75-12.845, *Bull. civ.* III, n° 297; *JCP* 1977. II. 18537; *RTD civ.* 1977. 347; *Journ. not.* 1978. 577 – Civ. 16 oct. 1979, *Gaz. Pal.* 1980. 1. Somm. 35; *Administrer* janv. 1980 – Civ. 3e, 5 déc. 1990, n° 89-12.541, *RDI* 1991. 92 – SUR « le commerce de bouche » : Civ. 3e, 15 déc. 2009, n° 09-65.008, *AJDI* 2010. 456, note Denizot.
9. Civ. 1re, 25 janv. 1965, *Bull. civ.* I, n° 63.
10. Civ. 12 nov. 1963, *D.* 1964. 281, note Azoulai.
11. Civ. 10 févr. 1964, *Ann. loyers* 1964. 910.
12. Civ. 7 mai 1962, *D.* 1962. 568; *JCP* 1962. II. 12829; *Gaz. Pal.* 1962. 2, 129.
13. Civ. 8 janv. 1962, *Rev. loyers* 1962. 290; *Ann. loyers* 1963. 440.

dans le cadre de la législation sur les dommages de guerre[1].

En cas de silence ou d'insuffisance du règlement de copropriété, il est généralement admis, au moins par la voie de l'interprétation, qu'il y a lieu d'appliquer les dispositions de la loi elle-même[2]. On a également soutenu que les particularités concrètes de l'immeuble, spécialement l'aménagement de ses diverses parties, ou l'usage constant des copropriétaires, influent directement sur l'interprétation du règlement de copropriété[3].

584 Nature juridique – Intervention judiciaire[4]. Si le règlement de copropriété présente un caractère contractuel, il peut cependant résulter d'un acte judiciaire (auquel fait allusion Décr. 17 mars 1967, art. 3, al. 1er), et ce, dans deux hypothèses.

D'une part, le tribunal peut imposer un règlement de copropriété dans l'hypothèse d'un *partage.* À la demande de certains indivisaires, le tribunal peut ordonner le partage en nature d'un immeuble avec attribution de lots, à chacun des copartageants[5]. Dans ce cas, le tribunal désigne habituellement un expert à l'effet de faire établir un projet de règlement et, à défaut d'accord entre les copropriétaires, il peut imposer le règlement, portant non seulement sur l'administration des parties communes, mais également sur la répartition des lots et l'attribution des tantièmes de parties communes et de charges.

D'autre part, *en l'absence de règlement de copropriété* dans un immeuble dont la structure est conforme à celle définie par l'article 1er alinéa 1 de la loi du 10 juillet 1965, le tribunal peut intervenir pour imposer un règlement (v. ss no 581). Pour sa publication (v. ss no 581).

1. Rouen, 3 févr. 1960, *AJPI* 1960. 2, 88, note Cabanac.
2. Civ. 14 mai 1962, préc.
3. EN CE SENS : Rép. civ., ATIAS, V^is *Copropriété des immeubles bâtis*, no 160; *IRC* nov. 1997. 15. Capoulade, « Règlement de copropriété et liberté contractuelle », *Dr. et ville* no 72/2011, p. 115.
4. ROUX, Colloque « La copropriété immobilière inorganisée – La copropriété immobilière désorganisée », 8 avr. 2011, Université de Corse, *Ann. Loyer* 2011. 835, Edilaix.
5. GUILLOT, art. 8 et 9, 1.11 – KISCHINEWSKY-BROQUISSE, no 540.

CHAPITRE

2. Établissement, modification, adaptations et publication du règlement de copropriété

SECTION 0
ORIENTEUR

Plan du chapitre.

Textes applicables.

• L. n° 65-557 du 10 janvier 1965, fixant le statut de la copropriété des immeubles bâtis, art. 8, 9 et 49 (mod.)

• Décr. n° 67-223 du 17 mars 1967, fixant l'application de la loi du 10 juill. 1965, art. 3.

Jurisprudence de référence.

• **Civ. 3e, 15 nov. 1989, n° 87-15.213,** *D.* 1990. 195.

* V. s^{s} n°s 589, 592.

« Le statut de la copropriété des immeubles bâtis s'applique de plein droit dès lors que sont remplies les seules conditions prévues par l'article 1er, alinéa 1, de la loi du 10 juillet 1965.

À défaut d'accord entre les parties, le règlement de copropriété peut résulter d'un acte judiciaire constatant la division de l'immeuble dans les conditions fixées par la loi du 10 juillet 1965. »

• **Civ. 3e, 11 mai 2006 n° 05-10.924,** *Bull. civ.* III, n° 120.

* V. s^{s} n° 594.

« Viole les articles 1382 du code civil et 9 de la loi du 10 juillet 1965, l'arrêt qui retient que l'attribution de places de stationnement délimitées dans la cour commune, en nombre insuffisant pour satisfaire l'ensemble des occupants, effectuées en fonction de critères objectifs et prédéterminés, en l'occurrence la qualité de copropriétaire résidant à titre d'habitation où à titre professionnel et le nombre des millièmes de copropriété, est conforme à l'intérêt collectif, alors que cette décision entraînait une rupture d'égalité dans les conditions de jouissance des parties communes sans contre partie pour les copropriétaires lésés. »

Bibliographie indicative.

LAFOND et STEMMER, C. annoté, art 8, 9, 49 – ATIAS, *Dicopropriété*, Edilaix 2007, *V° Règlement de copropriété*, 467 s. – Atias, *Guide de la copropriété*, Edilaix, n°s 179 s. – Michalopoulos, *Vivre en copropriété*, DPE, 2008, p. 100 s. – Terré et Simler, *Les biens*, Dalloz, 2010, 8e éd., n°s 617 s.

585 Brièveté de la réglementation légale[1]. L'article 8 de la loi du 10 juillet 1965 tient, au moins implicitement, pour acquise l'existence du règlement de copropriété, mais ne dit rien des conditions de son établissement. L'article 26 *b* reconnaît à l'assemblée générale la faculté de voter « *éventuellement l'établissement du règlement de copropriété* ».

1. SUR LES conditions d'établissement du règlement de copropriété : CABANAC, n° 367 – GUILLOT, art. 8, 9, 7 s. – Lombois, n°s 49 s. – SIZAIRE, n°s 110-111 – LAFOND, ROUX ET STEMMER, s^{s} L. art. 8, n°s 6 s.

Enfin, l'article 3 du décret du 17 mars 1967 dispose que le règlement « *peut faire l'objet d'un acte conventionnel ou résulter d'un acte judiciaire* ».

Ce caractère sommaire de la réglementation n'est pas surprenant en ce sens que le règlement de copropriété préexiste de façon presque constante au syndicat lui-même, et que, par suite, le législateur a estimé inutile de réglementer ce qui existait déjà : c'est dans le cas exceptionnel où ce règlement n'existe pas qu'il y a lieu de prévoir comment il sera établi. Comme on l'a justement écrit, « sans le dire expressément, la loi fait la distinction entre règlement préalable et règlement ultérieur » [1].

L'article 3 du décret du 17 mars 1967 n'apporte pas sur ce point de modification sensible. Le texte dispose sans doute que « *les règlements, états et conventions [...] peuvent faire l'objet d'un acte conventionnel ou résulter d'un acte judiciaire, suivant le cas, ayant pour objet de réaliser, constater ou ordonner la division de la propriété d'un immeuble dans les conditions fixées par l'article 1er de la loi du 10 juillet 1965* ». Mais le texte ne précise pas dans quel cas il y aura soit « acte conventionnel », soit « acte judiciaire »; c'est à la jurisprudence qu'est revenu le soin de combler cette lacune. Il faut aussi tenir compte de l'intervention du notaire pour « recevoir » l'acte, ce qui peut être, pour lui, source de responsabilité [2]. Le rôle du notaire est variable : tantôt, il reproduit dans le règlement des actes antérieurs, par exemple, un règlement de lotissement ou l'acte créateur d'une ZAC; il doit en reproduire les clauses sans aucune dénaturation, v. pour un testament [3]; tantôt, pour l'insertion de certaines clauses, il doit exercer son devoir de conseil, par exemple, pour une clause qui serait réputée non écrite et dont il suspecte l'importance [4].

SECTION 1
RÈGLEMENT PRÉALABLE

586 Caractère habituel. Dans la plupart des cas, le règlement de copropriété est préalable à l'existence du syndicat, soit qu'il s'agisse de la construction d'un immeuble destiné à être vendu par lots, soit qu'il s'agisse de la division en lots d'un immeuble appartenant à un seul, par la volonté du copropriétaire, ou dans le cadre d'un partage amiable ou judiciaire. En bref, les choses se passent dans les conditions suivantes.

587 a) S'il s'agit de la construction d'un immeuble. Il y a lieu de distinguer suivant que l'acquéreur souscrit des parts (ou actions) dans une société de construction-attribution, ou achète directement un lot en copropriété. Dans la première hypothèse, le règlement ne vaut que comme *règlement de jouissance* jusqu'à dissolution de la société ou retrait d'un associé [5]; mais depuis la loi du 16 juillet 1971, ce règlement de jouissance est soumis dans une large mesure aux dispositions de la loi du 10 juillet 1965. Dans la seconde hypothèse, l'acquéreur du lot vendu en copropriété « adhère » à ce règlement au moment de son acquisition, ledit règlement étant habituellement annexé à son acte d'acquisition.

À noter que s'il s'agit d'une vente en l'état futur d'achèvement ou d'une vente à terme, le CCH ne fait pas obligation d'établir préalablement le règlement. Cependant, l'article L. 261-11 du CCH prévoit que le règlement est remis à chaque acquéreur lors de la signature du contrat et lui est communiqué préalablement.

588 b) S'il s'agit au contraire de la division d'un immeuble appartenant à un seul propriétaire. Le règlement de copropriété est établi par ses soins et il est également joint aux actes de vente.

On observera que, dans ces deux cas, qui sont les plus fréquents, l'établissement du règlement de copropriété présente un caractère unilatéral : il ne prend un caractère conventionnel qu'au moment de la passation des actes de vente, dans les rapports entre le promoteur ou le vendeur et les acquéreurs. Il y a « contrat d'adhésion » ou « contrat-règlement », comme il a été dit au cours des travaux préparatoires [6]. Mais chaque acquéreur, ayant cause du ven-

1. LOMBOIS, n° 51. Capoulade, « Règlement de copropriété et liberté contractuelle », *Dr. et ville* n° 72/2011, p. 115.
2. *RDI* 1995. 788, col. 1 – Cornille, note *JCP N* 1995. II. 1588 – Cabanac, « La responsabilité civile des auteurs de règlement de copropriété », *IRC* oct. 1981. 161 – Roux, « Le notaire et la rédaction du règlement de copropriété : entre liberté contractuelle et ordre public », *Loyers et copr.* 2007. Étude 9.
3. Civ. 3e, 12 juill. 1995, n° 93-17.641, *RDI* 1995. 787.
4. Civ. 3e, 20 juill. 1999, n° 98-10.367, *RDI* 1999. 682.
5. Civ. 27 mai 1971, *Gaz. Pal.* 1971. 2, 558 – Civ. 3e, 3 juill. 2007, n° 06-15.335, *Administrer* nov. 2007. 50.
6. SUR la portée du mandat donné au promoteur par les acquéreurs en vue d'établir le règlement de copropriété, et sur les abus susceptibles de se produire NOT., l'arrêt [très motivé] de : Paris, 5 févr. 1980, *Juris-Data* n° 089071, *Gaz. Pal.* 1980. 2, 635, note Morand – SUR la nature du « contrat d'adhésion du règlement de copropriété » : Paris, 21 déc. 1990, RG n° 90/008702, *Juris-Data* n° 025283; *RDI* 1991 – Malinvaud et Jestaz, *Droit de la promotion immobilière*, n° 307 – SUR L'HYPOTHÈSE où le promoteur s'est réservé la possibilité de modifier le règlement de copropriété, tant que la construction n'est pas terminée : Paris, 29 mars 1962, *AJPI* 1964. II. 36, note Cabanac; *Ann. loyers* 1964. 908 – TGI Seine, 14 oct. 1960, *Gaz. Pal.* 1961. 1, 148; *D.* 1961. Somm. 46; *AJPI* 1961. II. 12, note Cabanac – V. Atias, n° 19 – À PROPOS de la demande d'un permis de construire modificatif : CE 8 juill. 1988, *JCP N* 1989 II, 141, note Stemmer.

deur, pourra en exiger le respect de la part des autres acquéreurs. Et dans tous les cas, il y a lieu d'observer les dispositions impératives de la loi.

589 c) Dans l'hypothèse d'une copropriété résultant d'un partage amiable ou judiciaire. L'analyse est un peu différente. S'il s'agit d'un partage amiable, le règlement de copropriété est établi en accord entre les copartageants et présente, dans sa constitution même, un caractère contractuel; il s'impose ensuite aux ayants cause des copartageants suivant l'analyse donnée ci-dessus.

En cas de partage judiciaire, le règlement de copropriété est imposé par la décision judiciaire (et pratiquement établi par le notaire chargé de la liquidation) : dans ce cas, son établissement échappe à la volonté des intéressés[1]. L'article 3 du décret du 17 mars 1967 confirme d'ailleurs la possibilité de l'établissement du règlement de copropriété par un « acte judiciaire ».

590 Liberté d'établissement du règlement préalable. Il est utile de souligner[2] que l'établissement d'un règlement de copropriété préalable à la naissance du syndicat est réalisé dans des conditions de liberté plus étendues que celles d'un règlement ultérieur. Quelques limites sont, cependant, apportées à cette liberté par la loi du 10 juillet 1965, en raison du caractère impératif d'un grand nombre de ses dispositions (L. 10 juill. 1965, art. 43) et de l'interdiction d'apporter « aucune restriction aux droits des copropriétaires », à l'exception de celles justifiées par la destination de l'immeuble (L. 10 juill. 1965, art. 8, al. 2), ce qui imposait notamment l'obligation de mettre les règlements antérieurs en harmonie avec les dispositions de la loi du 10 juillet 1965[3]. En l'absence de cette mise en harmonie, rarement effectuée, il y a lieu de tenir pour non écrites les dispositions des règlements antérieurs contraires à la loi (L. 10 juill. 1965, art. 43), sous réserve de la possibilité d'adaptation. C'est au demeurant la solution qui a été admise par la pratique, notamment en ce qui concerne les exigences concernant les majorités dans les assemblées générales (v. s^s n°s 621 s.).

C'est une règle évidente que celle selon laquelle le développement d'un droit impératif limite le domaine de la liberté contractuelle. La portée exacte de ces limitations à la liberté sera examinée ci-dessous dans le cadre du contenu du règlement de copropriété (v. s^s n°s 626 s.).

1. SIZAIRE, n° 112, note 252 – T. civ. Seine, 15 oct. 1954, *AJPI* 1955. 157 – Civ. 3e, 15 nov. 1989, n° 87-15.213, *Bull. civ.* III, n° 214.
2. SUR CETTE QUESTION : KISCHINEWSKY-BROQUISSE, n° 562.
3. Conf. ancien article 46 de la loi du 10 juillet 1965, abrogé par la loi n° 66-1006 du 28 déc. 1966.

SECTION 2
RÈGLEMENT ULTÉRIEUR

591 Caractère exceptionnel – Pouvoirs limités de l'assemblée générale. Étant donné le caractère obligatoire que présente le règlement, la loi du 10 juillet 1965 a dû préciser dans quelles conditions il serait établi; elle reconnaît à cet égard la compétence du syndicat (L. 10 juill. 1965, art. 14, al. 3) par l'organe de l'assemblée générale statuant dans les conditions prévues à l'article 26 *b*. Dans cette hypothèse exceptionnelle, le règlement de copropriété peut être *imposé* par une majorité à une minorité, et l'on a justement relevé qu'il était alors difficile de parler de « règlement conventionnel »[4].

On voit la différence entre cette hypothèse et celle du règlement préalable. L'assemblée générale, chargée d'établir le règlement de copropriété, se trouve en présence des « droits acquis » préexistants de chacun des copropriétaires, dont le droit commun et l'article 26 *b* imposent le respect. Il en résulte que les pouvoirs de l'assemblée générale dans l'établissement de ce règlement seront limités non seulement par le droit commun et par la loi du 10 juillet 1965, mais en outre par le respect nécessaire de ces droits acquis[5].

Par ailleurs, l'intervention de l'assemblée générale n'est prévue par l'article 26 *b* que dans la mesure où le règlement « *concerne la jouissance, l'usage et l'administration des parties communes* », ce qui lui ôte tout pouvoir d'une part quant aux problèmes *de propriété* (répartition des tantièmes et par voie de conséquence des charges) et quant aux parties privatives.

592 Impossibilité de voter le règlement de copropriété – Règlement de copropriété établi judiciairement. Dans l'éventualité où le vote du règlement de copropriété se révélait impossible, on discutait la question de savoir si le juge, saisi à la demande de tout intéressé, pouvait, en faisant notamment appel à un expert, établir lui-même le règlement de copropriété.

Une partie de la doctrine s'était montrée opposée à cette possibilité[6], jugeant l'intervention du juge incompatible avec le caractère conventionnel du règlement de copropriété.

4. LAFOND, ROUX ET STEMMER, s^s L. art. 8, 7. Il s'impose à tous en vertu de la « loi majoritaire ».
5. SIZAIRE, n° 113 – GUILLOT, art. 8 et 9, 1.09 – KISCHINEWSKY-BROQUISSE, n° 541.
6. KISCHINEWSKY-BROQUISSE, n° 540 – GUILLOT, art. 8 et 9, 1.10 – AUSSI : TGI Brest, 8 avr. 1970, *AJPI* 1970. 1221, note Bouyeure – TOUTEFOIS en cas de partage judiciaire : T. civ. Bordeaux, 24 nov. 1952, *Gaz. Pal.* 1953. 1, 95.

Un arrêt de la troisième chambre civile de la Cour de cassation du 15 novembre 1989[1], dont le caractère d'arrêt de principe est incontestable, a levé ces hésitations en décidant qu'à défaut d'accord entre les parties, le règlement de copropriété peut résulter d'un acte judiciaire constatant la division de l'immeuble dans les conditions fixées par la loi du 10 juillet 1965 (ce règlement doit, semble-t-il, ne concerner que la « jouissance, l'usage et l'administration des parties communes » et sans doute aussi la répartition des charges et la détermination des tantièmes de parties communes[2]). Cette solution est d'autant plus justifiée que l'article 3 du décret du 17 mars 1967 précise que le règlement de copropriété peut résulter d'un « acte judiciaire » et que la « division de l'immeuble dans les conditions fixées par la loi du 10 juillet 1965 » entraîne automatiquement l'application du statut (v. s[s] n° 52).

Bien entendu, le règlement judicieusement établi doit observer les dispositions d'ordre public en général, les dispositions impératives de la loi du 10 juillet 1965 et les droits acquis. Le juge devra aussi trancher les contestations qui peuvent lui être soumises au cours de l'élaboration de ce règlement[3].

SECTION 3
MODIFICATION DU RÈGLEMENT DE COPROPRIÉTÉ

593 Mise à jour – Adaptation. Le règlement de copropriété qui représente la « charte commune » de l'immeuble, doit présenter une stabilité suffisante. Cependant, des circonstances nouvelles peuvent imposer une mise à jour ou une modification. Par ailleurs, l'article 49 nouveau de la loi du 10 juillet 1965 dans la rédaction que lui a donnée la loi n° 2000-1208 du 13 décembre 2000, modifiée par la loi ENL, a conféré le pouvoir à l'assemblée générale de décider les adaptations du règlement de copropriété « rendues nécessaires par les modifications législatives depuis son établissement ». La loi du 25 mars 2009, de mobilisation pour le logement et de lutte contre l'exclusion, a pérennisé cette faculté d'adaptation et l'a étendue aux dispositions réglementaires. Un paragraphe spécial étant consacré à cette dernière possibilité, il ne sera ici question que de la modification et de la mise à jour.

On précisera donc que la mise à jour a une portée moindre que la modification en ce que, normalement, elle n'entraîne pas un changement d'affectation des lots[4], celle-ci demeurant celle fixée par le règlement initial toujours opposable aux copropriétaires (une assemblée générale ayant décidé la mise à jour n'avait pas voté la suppression de l'article 8 du règlement initial stipulant l'interdiction de l'activité de restauration dans l'immeuble; la Cour de cassation a approuvé la cour d'appel qui avait jugé que cette mise à jour était, malgré sa publication, sans effet sur les stipulations du règlement initial[5]).

594 Modification – Pouvoirs limités de l'assemblée générale. L'article 26 de la loi du 10 juillet 1965 donne pouvoir à l'assemblée générale de prendre la décision concernant la modification du règlement de copropriété à la majorité prévue par cet article[6]; mais ce pouvoir est limité à ce qui concerne la jouissance, l'usage et l'administration des parties communes; qui plus est, aucune décision majoritaire ne peut imposer « *à un copropriétaire une modification à la destination de ses parties privatives ou aux modalités de leur jouissance* ».

Ces textes ne sont qu'une application du principe plus général que le syndicat ne possède de pouvoirs que sur les parties communes, et que, par conséquent, l'assemblée générale des copropriétaires n'est pas une assemblée omnipotente (v. s[s] n° 892).

Par exemple, l'assemblée générale peut autoriser le stationnement sur une partie commune où il était précédemment interdit[7], mais sans rompre l'égalité entre les copropriétaires[8]. Elle ne peut autoriser une dérogation individuelle à un principe général posé par le règlement de copropriété sans modifier celui-ci[9].

Mais elle ne peut, en aucun cas, sauf unanimité, modifier le règlement en dehors du domaine de l'administration des parties communes, par exem-

1. Civ. 3e, 15 nov. 1989, n° 87-15.213, *D.* 1990. 195, note Capoulade, Giverdon; *JCP N* 1990, prat. 1503, note Lafond; *Rev. huissiers* 1990. 974; *RDI* 1990. 121; *Administrer* juill. 1990. 54, note Guillot.
2. EN CE SENS : LAFOND, ROUX ET STEMMER, s[s] L. art. 8, n° 8.
3. Civ. 3e, 13 sept. 2005, n° 04-15.768, NP, *AJDI* oct. 2006. 34, note Capoulade – Roux, « La copropriété inorganisée », préc.
4. SUR LA DIFFÉRENCE entre la modification et l'adaptation : Bordeaux, 1re ch., 26 févr. 2010, n° 08-03367, Les jardins du Moulleau, *Juris-Data* n° 00375; *Loyers et copr.* 2010, n° 201, obs. Vigneron.
5. Civ. 3e, 16 juill. 1996, n° 94-12.020, *RDI* 1996. 610.
6. PAS de modification du règlement hors assemblée générale : Civ. 3e, 8 juin 2011, n° 10-18.220, *Bull. civ.* III, [à paraître]; *D.* 2011. Actu. 1686, obs. Rouquet; *Loyers et copr.* 2011, n° 256, obs. Vigneron; *JCP* 2011. 1298, n° 13, obs. Périnet-Marquet; *Defrénois* 2011. 1687, obs. Atias; *Rev. loyers* 2011. 381, obs. Plaidy.
7. TGI Lyon, 2 févr. 1972, *JCP* 1972. II. 17076.
8. Civ. 3e, 11 mai 2006, n° 05-10.924, *Bull. civ.* III, n° 120; *D.* 2006. 2373, note Atias; *D.* 2006. 2764, Ch. A., Capoulade – EN CE SENS AUSSI pour l'utilisation d'un local à poubelles : Civ. 3e, 11 mars 2009, n° 08-10.566, NP, *D.* 2010. 112.
9. Civ. 3e, 10 oct. 2007, n° 06-17.932, *Bull. civ.* III, n° 172; *AJDI* 2008. 683, obs. Capoulade; *Administrer* janv. 2008. 58, obs. Bouyeure; *Loyers et copr.* 2007. 256; *Defrénois* 2008. 888, obs. Atias.

ple modifier les droits des propriétaires sur leurs parties privatives (instituer une taxe sur le déménagement, le droit de déménager se rattachant à la jouissance des parties privatives[1]), ni la destination de l'immeuble[2] et, plus généralement, tout ce qui touche à la propriété elle-même et notamment la répartition des parties privatives et des parties communes (ou encore adopter une clause contraire en dépassant l'objet du syndicat, même à l'unanimité).

Les modifications du règlement de copropriété sont applicables dès leur adoption régulière par l'assemblée générale (sauf en cas d'adoption conditionnelle, par exemple de la mise en conformité des autres chapitres avec les textes en vigueur[3]) mais elles ne sont opposables aux ayants cause à titre particulier et notamment aux acquéreurs ou aux locataires que si elles sont publiées au fichier immobilier ou après adhésion[4].

SECTION 4

ADAPTATIONS DU RÈGLEMENT DE COPROPRIÉTÉ (L. 10 JUILL. 1965, ART. 49 NOUV.)

595 L'article 49 nouveau de la loi du 10 juillet 1965[5]**.** Cet article a été introduit dans la loi du 10 juillet 1965 par la loi du 13 décembre 2000, dite loi SRU. Il était rédigé en ces termes : « *Dans les cinq ans suivant la promulgation de la loi n° 2000-1208 du 13 décembre 2000 relative à la solidarité et au renouvellement urbains, l'assemblée générale décide, à la majorité prévue à l'article 24 les adaptations* du *règlement de copropriété rendues nécessaires* par les *modifications législatives* depuis son *établissement. La publication de ces modifications du règlement de copropriété sera effectuée au droit fixe.* » La loi ENL (art. 94, I) a porté le délai de cinq à huit ans. La loi du 25 mars 2009, de mobilisation pour le logement et de lutte contre l'exclusion a de nouveau modifié les dispositions de l'article 49 pour les rendre pérennes et les étendre aux évolutions réglementaires. Dans son état actuel, l'article 49 dispose : « l'assemblée générale adopte, à la majorité prévue à l'article 24, les adaptations du règlement de copropriété rendues nécessaires par les modifications législatives et réglementaires intervenues depuis son établissement. »

Dès sa publication, en 2000, ce texte a suscité des difficultés qui vont jusqu'à en discuter la finalité. On peut, en effet, se demander s'il permet, par une décision prise à la majorité de l'article 24, de « mettre à jour » les règlements de copropriété ce qui ouvrirait de larges possibilités[6] que l'on justifie par le souci de mieux informer les accédants à la copropriété, ou bien s'il n'ouvre à l'assemblée générale qu'une marge de manœuvre restreinte[7]. De l'ensemble des études publiées et aussi de la recommandation émise par la commission relative à la copropriété (v. texte en annexe), une tendance se dégage dans le sens d'une application « raisonnée ». Le nombre et la difficulté des questions posées par l'application de cet article, résultat de plusieurs amendements déposés lors de la discussion parlementaire du projet qui devait aboutir à la loi du 13 décembre 2000[8], conduisent à observer une grande prudence. Spécialement, il convient d'éviter que, sous prétexte d'adaptations, les oppositions au sein des syndicats soient cristallisées pour longtemps et que leur administration en soit rendue plus difficile.

Bref, comme on l'a fait justement remarquer[9], l'article 49 nouveau est un texte à consommer avec discernement.

C'est donc, sous le bénéfice de ce conseil, qu'il faut d'abord dégager les *conditions générales* d'application que révèle la lecture du texte, pour, ensuite,

1. Lyon, 22 janv. 1969, *Rev. loyers* 1969. 185.
2. Civ. 3e, 7 avr. 2004, n° 02-12.811, *Administrer* juill. 2004. 36, obs. Bouyeure – Civ. 3e, 31 mars 2004, n° 02-20.964, *Rev. loyers* 2004. 522.
3. Civ. 3e, 7 juin 1983, *Juris-Data* n° 701220, *RDI* 1984. 93 – Civ. 3e, 4 nov. 1993, n° 91-17.087, *Bull. civ.* III, n° 136; *RDI* 1994. 102.
4. Civ. 3e, 7 juin 1983, *Juris-Data* n° 701220, *RDI* 1984. 93 – Civ. 3e, 31 janv. 1996, n° 93-18.318, *D.* 1996. IR 98; *RDI* 1996. 275 – Civ. 3e, 11 juill. 2001, n° 99-18.625, *AJDI* 2001. 990 – AUSSI : Paris, 25 mars 1988, *D.* 1988. IR 139 – Civ. 3e, 8 sept. 2009, n° 08-15.146, NP, *Administrer* n° 427. 51 – Civ. 3e, 22 sept. 2009, n° 08-16.120, NP, *AJDI* 2009. 142, obs. Capoulade.
5. PRINCIPAUX ARTICLES : Atias, « Modifications et adaptations du règlement de copropriété », *IRC* oct. 2002. 24 – Bouyeure, « Adaptation des règlements de copropriété et répartition des charges », *Administrer* juill. 2001. 16; « L'opposabilité des modifications du règlement de copropriété », *Gaz. Pal.* 15-16 mars 2002, 2 – Capoulade, « Les adaptations du règlement de copropriété », *Administrer* 2000, 8; *IRC* juin 2002. 14; *Rev. hab. fr.* 2002. 10; « Nouveaux regards sur l'adaptation des règlements de copropriété », *Rev. hab. fr.* 2003. 13 – Gélinet, « L'adaptation des règlements de copropriété après la loi SRU », *Rev. loyers* 2003. 205 et 206 – Lafond, « L'adaptation des règlements de copropriété anciens à l'évolution de la législation », *JCP N* 2003. 1500 – Lebatteux, « Le nouvel article 49 de la loi du 10 juill. 1965 modifiée : la chose la plus étonnante », *Gaz. Pal.* 26 avr. 2003, Doctr. – Vigneron, « La grande toilette des règlements de copropriété », *Loyers et copr.* avr. 2002, Chron. 4; « Nouvelles réflexions sur l'article 49 de la loi du 10 juillet 1965 », *Loyers et copr.* févr. 2004, Chron. – Le Masson, « La mise à jour des règlements de copropriété », *AJDI* 2003. 837 – Commission relative à la copropriété, 24e recomm.
6. Gélinet, préc.
7. Atias, préc.
8. SUR CETTE DISCUSSION : Lebatteux, préc. – Bordeaux, 26 févr. 2010, v. ss n° 556.
9. Capoulade, préc., *Rev. hab. fr.* 2003. 13.

examiner les *difficultés* qu'elle soulève et déterminer *la procédure à suivre* pour réaliser l'adaptation supposée possible.

§ 1
Conditions générales d'application

596 Distinction. Une lecture rapide du nouvel article 49 révèle que l'adaptation des règlements de copropriété suppose la réunion de conditions de forme et de fond.

597 Conditions de forme. – L'assemblée générale reçoit compétence exclusive pour décider des adaptations; elle ne peut déléguer cette prérogative à quiconque.

– La décision se prend à la majorité simplifiée de l'article 24, alors que les décisions à prendre relèvent ordinairement de la majorité de l'article 26, voire de l'unanimité.

L'assemblée générale disposait, à cet effet, d'un délai de cinq ans, porté à huit ans (L. 13 juill. 2006, art. 94, I) suivant la promulgation de la loi du 13 décembre 2000 et non de sa publication ou de son entrée en vigueur. Le nombre et la fréquence des modifications intervenues au cours de ces dernières années ont conduit le législateur à pérenniser les dispositions de l'article 49, mais il ne faut pas oublier que chaque adaptation a un coût financier.

598 Conditions de fond. – Il s'agit d'une « adaptation » et non une « mise en conformité » ou une « mise en harmonie » (v. s^{s} n° 593).

– Le document à adapter est le « *règlement de copropriété* » qui doit avoir été *établi antérieurement* aux modifications législatives qui motivent l'adaptation.

Enfin, ces modifications législatives doivent *rendre nécessaires les adaptations*. La loi du 25 mars 2009 étend les adaptations aux évolutions réglementaires.

§ 2
Difficultés d'application

599 Énumération. Les conditions générales mises à l'application du nouvel article 49 permettent de dégager les difficultés d'interprétation qu'elles soulèvent. Certaines concernent le texte lui-même quant à sa portée; les autres, plus importantes, sont suscitées par les termes employés.

A.
Difficultés quant à la portée du texte

600 État de la question. Deux choses sont certaines. La première est que l'article 49 nouveau est un *texte d'exception* qui déroge aux dispositions ordinaires de la loi du 10 juillet 1965; il est donc d'interprétation stricte[1].

La seconde est que son *application était jusqu'à présent limitée dans le temps. Les* adaptations à apporter au règlement de copropriété devaient être décidées dans les huit ans suivant la promulgation de la loi n° 2000-1208 du 19 décembre 2000. On notera que le texte visait la promulgation (c'est-à-dire la signature par le président de la République). Compte tenu des diligences qu'impose l'application du texte (v. s^{s} n° 608), il était recommandé aux syndicats d'y procéder sans trop tarder[2]. Mais beaucoup de questions préalables doivent être résolues, ce qui a conduit la commission relative à la copropriété de leur conseiller d'attendre la publication des décrets d'application avant de saisir l'assemblée pour l'adoption définitive du projet de modification (v. en annexe la Recommandation de la commission). Mais ils couraient le risque de voir survenir la date butoir avant que la modification soit adoptée. Dorénavant, l'application de l'article 49 est devenue permanente.

601 En revanche, une troisième question est discutée. Elle est de savoir *quelle est la force obligatoire de l'article 49*; plus précisément, ouvre-t-il une faculté ou impose-t-il une obligation ? Les deux opinions sont soutenues. D'un côté, on remarque l'emploi du verbe à l'indicatif présent : « l'assemblée décide » (L. 13 déc. 2000), ou « adopte » (L. 25 mars 2009), ce qui est la marque d'un texte impératif. Mais, d'un autre côté, on souligne que l'article 49 se place après l'article 43 qui ne l'énumère pas comme tel.

Les travaux parlementaires enseignent que si l'adaptation de la loi dite SRU a été jugée « intéressante » ou « souhaitable », le rapporteur au Sénat a noté que l'amendement ne semblait pas « vraiment indispensable », les lois impératives ayant vocation à s'appliquer en l'absence même d'harmonisation des règlements[3] et l'article 43 permettant au juge de rétablir un règlement conforme à l'état de droit.

Mais à supposer que l'article 49 présente un caractère obligatoire, il faut en mesurer la portée. La loi, en effet, n'en assortit la méconnaissance d'aucune sanction; spécialement il ne se substitue pas aux voies parallèles. En définitive, il offre une facilité dans les limites de son domaine. S'il n'en est pas fait usage, les adaptations seront toujours possibles ou seront soumises à la sanction judiciaire de la clause réputée écrite. M. Lafond[4] précise davantage en estimant que ce qui est obligatoire

1. Capoulade, préc., *Rev. hab. fr.* 2003. 13.
2. Capoulade, *loc. cit.*
3. Lebatteux, préc., *Gaz. Pal.* 25-26 avr. 2003.
4. Art. préc., *JCP N* 2003. 1500, n° 24.

c'est que l'assemblée décide, autrement dit que la question lui soit soumise, et qu'elle prenne une décision quant à la nécessité d'adapter ou non le règlement de copropriété.

B.
Difficultés inhérentes aux termes employés

602 Énumération. La lecture de l'article 49 nouveau révèle qu'il se réfère à des termes qui prêtent à discussion. C'est le cas pour « adaptation », « référence exclusive au règlement de copropriété », « modification législative », adaptation « rendue nécessaire ».

603 Adaptation. Ce terme a été adopté par préférence à ceux d'harmonisation ou de mise en conformité[1]. Selon le Larousse, adapter consiste à appliquer une chose à une autre; il s'agit donc de rendre les clauses du règlement de copropriété compatibles avec les dispositions législatives ou réglementaires intervenues postérieurement à l'établissement de ce document. Ainsi qu'on l'a fait observer[2], le législateur a voulu que les copropriétaires puissent disposer, au fil des réformes, d'un règlement de copropriété toujours conforme au droit positif. Il convient, par exemple, pour les règlements de copropriété qui leur sont antérieurs, de tenir compte de la simplification (L. 10 juill. 1965, art. 24) ou du glissement (L. 10 juill. 1965, art. 25) des majorités aménagé par des lois postérieures, sans avoir à exercer l'action tendant à faire constater judiciairement que la clause est réputée non écrite. En d'autres termes, il s'agit seulement de remplacer les clauses rédigées conformément aux dispositions légales antérieures par de nouvelles stipulations tenant compte des réformes intervenues après l'établissement du règlement[3]. Il convient donc de ne pas dépasser la notion d'adaptation. L'article 49 ne permet pas de voter un règlement intérieur, ni de régulariser des tolérances, des accaparements ou des empiétements, de suivre les évolutions factuelles de l'immeuble[4] et de modifier le classement des parties privatives et des parties communes[5].

Toutefois, l'article 49 permet sans doute d'insérer dans le règlement une stipulation nouvelle reprise d'une nouvelle disposition impérative, comme la possibilité d'adopter la forme coopérative (L. 10 juill. 1965, art. 14, al. 2), après la loi du 31 décembre 1985, ou encore, lorsqu'ils sont connus, de préciser les éléments de détermination des quotes-parts de charges (L. 10 juill. 1965, art. 10, al. 4) après la loi SRU.

Par ailleurs, dans certains cas, l'adaptation peut présenter des inconvénients. Ce serait le cas en présence d'une décision d'assemblée contenant une transaction insérée dans le règlement et devenue contraire à une modification législative postérieure. L'article 49 permet de revenir à la légalité en anéantissant un accord parfois unanime[6]. M. Lafond[7] relève trois types de procédés qui lui paraissent devoir être utilisés (au besoin combinés entre eux) pour réaliser l'adaptation : la substitution de clauses, la suppression de clauses, l'addition de clauses nouvelles.

604 Document à adapter : le règlement de copropriété. L'article 49 se référant exclusivement au règlement de copropriété, la question est de savoir si cela exclut les autres documents de la copropriété. La réponse affirmative paraît s'imposer : l'article 49, qui est inclus dans la loi du 10 juillet 1965, ne peut concerner que le règlement de copropriété au sens de cette loi (L. 10 juill. 1965, art. 8) et du décret du 17 mars 1967 (Décr. 17 mars 1967, art. 1er et art. 3) et conforme à l'objet du syndicat tel que défini par l'article 14 de la loi.

Il s'en déduit que la procédure simplifiée d'adaptation ne permet pas d'adapter l'état descriptif de division, document purement administratif, les conventions mentionnées à l'article 37 de la loi du 10 juillet 1965, ainsi que les conventions extérieures, telles que les conventions de servitudes actives ou passives avec les fonds voisins, les conventions entre copropriétaires, les statuts des associations syndicales[8].

En outre, l'adaptation n'est envisageable que si *l'établissement du règlement se situe antérieurement* à la modification législative ou réglementaire. Par « établissement » du règlement, il convient de se placer à la date de l'acte en écartant, en principe, celle du dépôt du sous-seing privé au rang des minutes du notaire, celui-ci n'ayant pas à en contrôler le contenu, ainsi que celle de la publication au fichier immobilier, laquelle est nécessairement postérieure à la rédaction de l'acte[9].

Mais le règlement de copropriété contient aussi *l'état de répartition des charges* dont les stipulations constituent aussi le règlement de copropriété au sens et pour l'application de la loi. La question se pose alors de savoir s'il entre dans les prévisions de l'« adaptation ».

1. *JO Sénat* 10 mai 2000, p. 2568.
2. Lafond, préc., *JCP N* 2003. I. 1500, n° 11.
3. Atias, préc.; *IRC* oct. 2002. 24.
4. Capoulade, préc., *Rev. hab. fr.* 2003. 13.
5. Bordeaux, 26 févr. 2010, n° 556.
6. Capoulade, *op.* et *loc. cit.*
7. Art. préc., *JCP N* 2003. I. 1500, nos 13 s.
8. Capoulade, préc., *Rev. hab. fr.* 2003. 13.
9. Capoulade, *op.* et *loc. cit.*

605 L'adaptation concerne-t-elle l'état de répartition des charges ? Il s'agit là de la question la plus délicate que pose l'application de l'article 49.

Bien des nuances affectent la réponse.

Quelques points sont cependant certains.

D'abord, pour ce qui concerne les critères de répartition fixés par l'article 10 de la loi (utilité et proportionnalité), l'adaptation ne peut concerner que les règlements antérieurs à la loi du 10 juillet 1965.

Ensuite, l'adaptation ne peut, en aucun cas, porter sur les quotes-parts de parties communes en tant que quotes-parts de propriété qui relèvent de la liberté contractuelle et qui sont intangibles.

Mais les hésitations sont permises si l'adaptation envisagée concerne les quotes-parts de charges communes (L. 10 juill. 1965, art. 10, al. 2). Si ces quotes-parts ne sont pas calculées conformément aux règles posées par l'article 5 de la loi, l'adaptation suppose la méconnaissance des critères légaux, à moins d'aboutir au même résultat quel que soit le critère (exemple pour le chauffage : volume chauffé, surface de chauffe). La différence de quantum, l'erreur de calcul ou l'erreur d'attribution ne suffisent pas [1].

Et à supposer que l'on admette l'adaptation au regard des critères de proportionnalité ou d'utilité lorsqu'ils sont manifestement contraires à la loi (par exemple, des parts égales des dépenses d'ascenseur pour toutes les parties privatives) doit-on aussi admettre qu'elle implique l'établissement d'une nouvelle répartition des charges ? La logique le voudrait mais l'article 10 énonce des principes et non des modalités de répartition. Il n'est pas certain que l'on soit en présence d'une « modification législative ou réglementaire » permettant de procéder à une nouvelle répartition à la majorité simplifiée de l'article 24. L'hésitation est permise et la prudence de règle.

Toutefois, une possibilité s'ouvre pour tous les règlements antérieurs à la loi du 13 décembre 2000 avec l'article 10-1 ajouté par cette loi à la loi du 10 juillet 1965 à propos des frais exposés en justice et également des articles 14-1 et 14-2 sur le budget prévisionnel, les dépenses hors budget et l'exigibilité des appels de fonds. Ainsi qu'avec l'article 25 m sur la pose de compteurs divisionnaires d'eau froide [2], ou le transfert des dispositions sur la fermeture de l'immeuble des articles 26-1 et 26-2 à l'article 25 n. Le même raisonnement s'applique notamment aux articles 24-5 et 24-6 (L. 12 juill. 2010), 25 g (lequel implique une nouvelle catégorie de parties privatives d'intérêt collectif, énumérées par décret), 25 o, 25 [b ou l], 26 c et 26 e.

606 Modifications législatives. À prendre le texte à la lettre, l'adaptation ne devait concerner que les dispositions d'ordre public ou celles dont les clauses contraires seraient réputées non écrites.

Mais, les commentateurs du nouvel article 49 s'accordaient pour admettre que les dispositions du décret du 17 mars 1967, prises pour l'application de la loi du 10 juillet 1965 qui leur servent de support, bénéficient de l'article 49; elles en constituent le prolongement et font corps avec elles. La loi du 25 mars 2009 a consacré heureusement cette interprétation.

En revanche, on ne peut admettre l'adaptation de dispositions, même d'ordre public, qui concerneraient les immeubles en général, comme la protection des risques sanitaires ou la propagation des ondes hertziennes, mais qui n'intéressent pas spécialement l'organisation et le fonctionnement des syndicats. De toute manière, ces textes d'ordre public s'appliquent de plein droit [3].

On discute le point de savoir si l'on peut insérer dans le règlement une clause reprenant une jurisprudence acquise. Outre la prohibition des arrêts du règlement et le risque d'évolution de la jurisprudence, l'interprétation stricte de l'article 49, qui ne vise que les modifications législatives ou réglementaires, ne permet pas de telles adaptations. La même réponse s'impose à propos des recommandations de la commission relative à la copropriété [4] et, plus encore, en ce qui concerne les accords conclus entre copropriétaires en dehors de l'assemblée générale qui ne constituent que de simples conventions sous seing privé sans valeur décisoire [5].

On rappelle que la « modification législative ou réglementaire » doit être postérieure à l'établissement du règlement de copropriété. Pour connaître la postériorité de la modification par rapport à l'établissement du règlement il y a lieu de se référer aux indications de chaque texte qui, suivant le cas, le rendent applicable à compter de la promulgation, de la publication, d'une date déterminée ou de son entrée en vigueur conformément à l'article 1er du code civil.

607 Adaptations « rendues nécessaires ». On entend par là qu'il y a lieu de transposer dans le

1. EN CE SENS : Capoulade, art. cité; *Rev. hab. fr.* avr. 2003. 13 – Lebatteux, préc., *Gaz. Pal.*, 25-26 avr. 2003, p. 8 – AVEC PLUS DE RÉSERVES, Lafond, préc., *JCP N* 2003. 1500, nos 20 s. – EN SENS CONTRAIRE : pour une conception extensive, Vigneron, préc., *Loyers et copr.* avr. 2002, Chron. 4 – Gélinet, préc., *Rev. loyers* 2003. 205 et 206.
2. Capoulade, *Rev. hab. fr.* 2003. 13.
3. EN SENS CONTRAIRE : Lafond, préc., *JCP N* 2003. I. 1500, no 4.
4. Capoulade, préc., *Rev. hab. fr.* 2003. 13 – Lafond, *loc. cit.*
5. Civ. 3e, form. plén., 27 févr. 2002, no 00-13.907, 00-14.942, *Bull. civ.* III, no 52; *Administrer* juill. 2002. 23.

règlement de copropriété les modifications législatives ou réglementaires, soit pour retrancher ce qui est contraire à la loi nouvelle, ou au nouveau décret, soit pour insérer une clause conforme ou compatible avec la loi, soit pour substituer le texte nouveau à celui de la loi ancienne.

Plusieurs paramètres entrent en jeu pour apprécier cette nécessité : le caractère obligatoire ou facultatif de l'adaptation, le caractère impératif ou non de la disposition nouvelle, la fonction du règlement conçu comme le *vade mecum* du copropriétaire ou de l'acquéreur, ce qui est de nature à entraîner la caducité de certaines clauses en fonction des évolutions législatives ou réglementaires, ou, au contraire, comme un document spécifiquement adapté à l'immeuble et au syndicat de l'espèce.

Une grande marge de subjectivité existe donc.

§ 3
Procédure à suivre pour réaliser l'adaptation

608 Généralités. L'adaptation d'un règlement de copropriété aux modifications législatives ou réglementaires représente un travail minutieux et délicat. Si l'initiative peut venir du syndic, du conseil syndical ou de copropriétaires, l'élaboration de l'adaptation du règlement exige beaucoup de réflexion, mais aussi beaucoup de prudence. Elle est le fruit d'une certaine maturation et d'une large concertation. Il faut recenser ce qui entre dans le domaine de l'article 49 et ce qui lui échappe. Plusieurs étapes sont à franchir en observant aussi rigoureusement que possible les textes afin d'éviter des contestations ultérieures qui introduiraient des désordres dans le syndicat et qui risqueraient d'envenimer les relations entre les intéressés pendant quelques années. Ces étapes abordent successivement la *préparation* de l'adaptation, la *décision* à prendre par l'assemblée générale, *l'exécution* de cette décision [1].

A.
Préparation de l'adaptation

609 Diligences à accomplir. La préparation de l'adaptation mérite beaucoup de soins. Lorsqu'il apparaît qu'elle est « rendue nécessaire », il appartient au syndic d'en saisir l'assemblée générale afin d'exercer son devoir de conseil en éclairant les copropriétaires sur ce que l'on peut faire et sur ce que l'on ne peut pas faire tout en leur représentant les conséquences juridiques et financières de l'opération.

L'ordre du jour et la décision porteront sur le principe et sur le crédit pour les études. À ce stade, la notification d'un projet de modification ne s'impose pas [2].

Dans l'hypothèse où la décision serait positive, la consultation de spécialistes (avocat, notaire, géomètre, ingénieur) peut se révéler nécessaire selon l'objet, la nature et l'importance des adaptations envisagées. L'ordre du jour portera donc sur les études indispensables, avec la notification préalable (Décr. 17 mars 1967, art. 11-II-3°) des conditions essentielles du ou des contrats d'études (nature de l'étude, identité et spécialité du cocontractant, délai, coût). Les frais entraînés n'entrent pas, en effet, dans le budget prévisionnel et l'assemblée doit décider de leur montant et, le cas échéant, de l'échéancier. Le syndic ne trouve pas, en effet, dans ses pouvoirs propres, celui de décider de telles études et d'engager la dépense correspondante [3].

B.
Décision de l'assemblée générale

610 Diligences à accomplir. Une fois les études préalables achevées, il appartient au syndic de convoquer les copropriétaires en portant à l'ordre du jour de l'assemblée la question de l'adaptation du règlement de copropriété.

Le projet d'adaptation doit, à peine de nullité de la décision, être intégralement notifié, au plus tard en même temps que la convocation, par lettre recommandée avec demande d'avis de réception (Décr. 17 mars 1967, mod. par Décr. 27 mai 2004 art. 11-I-6°). Pour la Cour de cassation « reprendre » ou « adapter » le règlement équivaut à le « modifier » [4].

Si la concertation et les études avaient démontré la nécessité ou l'intérêt de procéder à des modifications du règlement qui ne constitueraient pas des adaptations, le syndic peut porter une autre rubrique à l'ordre du jour : par ex. « modification du règlement de copropriété ». Une notification préalable du projet est aussi indispensable. Les deux questions et les deux projets doivent être nettement séparés puisque les décisions relèvent de majorités différentes qu'il peut être opportun de rappeler au moins verbalement.

1. POUR UN EXPOSÉ PLUS COMPLET : Lafond, préc., *JCP N* 2003. 1500, n°s 25 s. – AUSSI la 23e recomm. de la commission relative à la copropriété du 21 mai 2003.

2. Civ. 3e, 14 oct. 1980, *D.* 1981. IR 399, obs. Giverdon.
3. POUR un architecte : Civ. 3e, 15 mai 2002, n° 00-19.467, *Bull. civ.* III, n° 100 ; *AJDI* 2002. 772 ; *Administrer* août-sept. 2002. 56.
4. Civ. 3e, 28 juin 1995, n° 93-18.091, *Bull. civ.* III, n° 160 ; *RDI* 1995. 784.

Dans l'un et l'autre cas, l'assemblée aura encore à délibérer sur un ordre du jour portant sur :

- la liquidation des frais d'études;
- les frais d'actes et de publicité;
- l'autorisation donnée au syndic de déposer le procès-verbal de l'assemblée au rang des minutes d'un notaire et de publier l'acte au fichier immobilier (inscription sur la fiche d'immeuble).

Dans un souci de simplification, on pourrait penser à un vote global, bloqué pour l'ensemble du projet. Cette méthode serait plus expédiante, mais aussi plus aléatoire, car elle risquerait d'entraîner un rejet par suite de la coalition des oppositions sur différents points.

Plus laborieux, mais, sans doute, plus efficace et surtout plus conforme à la jurisprudence de la Cour de cassation qui exige un seul objet par décision[1] apparaît *le vote par division*[2] qui permet de discuter de chaque adaptation et, le cas échéant, d'amender le projet. Chaque adaptation sera ainsi adoptée ou rejetée après amendement ou ajustement. L'inconvénient vient de la nécessité de dresser un procès-verbal plus long puisqu'il faut décompter à chaque vote le nombre de voix.

C. Exécution de la décision

611 Diligences à accomplir. C'est au syndic qu'il incombe de procéder à l'exécution de la décision de l'assemblée. Le procès-verbal, certifié conforme, est déposé au rang des minutes d'un notaire aux fins d'authentification. Celui-ci est ensuite présenté à la Conservation des hypothèques pour accomplir les formalités de publicité foncière (inscriptions sur la fiche d'immeuble) au droit fixe (art. L. 49, *in fine*).

La décision d'adaptation, comme toute décision, s'impose aux copropriétaires dès qu'elle est votée et, tant qu'elle n'a pas été définitivement annulée par le juge.

En revanche, elle n'est opposable aux ayants cause à titre particulier qu'à compter de la publication au fichier immobilier (v. ss nos 612 s.).

La décision d'adaptation peut être contestée par les opposants et défaillants dans les deux mois de sa notification. Cependant, la Cour de cassation, revenant sur sa précédente jurisprudence, a admis qu'une décision, insérée ou non dans le règlement, contraire aux critères de l'article 10 de la loi du 10 juillet 1965, en matière de répartition des charges, pouvait être contestée au-delà du délai de l'article 42 alinéa 2[3].

1. Civ. 3e, 14 janv. 2009, no 08-10.624, *Bull. civ.* III, no 11; *AJDI* 2009. 549; *D.* 2010. 112.
2. EN CE SENS : Lafond, préc., *JCP N* 2003. 1500, no 32, qui propose également un vote par « blocs uniformes ».

Cette jurisprudence ne peut qu'inciter à beaucoup de prudence en ce domaine.

SECTION 5 PUBLICITÉ DU RÈGLEMENT DE COPROPRIÉTÉ

612 Généralités. Compte tenu de la réforme de la publicité foncière opérée par les décrets du 4 janvier et du 14 octobre 1955 et les textes subséquents, l'article 13 de la loi du 10 juillet 1965 se borne à indiquer que le « règlement de copropriété et les modifications qui peuvent lui être apportées ne sont opposables aux ayants cause à titre particulier des copropriétaires qu'à dater de leur publication au fichier immobilier ».

Cet article est complété par l'article 4 du décret du 17 mars 1967 pour tout acte conventionnel réalisant ou constatant le transfert de propriété d'un lot ou d'une fraction de lot ou la constitution sur ces derniers d'un droit réel. On précise qu'il n'institue pas un mode mineur ou subsidiaire de publicité, mais un palliatif pour répondre à l'urgence de la rédaction d'un acte de vente[4]. Il ne dispense pas de la publicité même si la formalité est accomplie postérieurement à la mutation; il en résulte que les modifications du règlement de copropriété doivent être publiées pour être opposables à l'acquéreur à moins qu'il n'y ait adhéré dans l'acte de vente, ce qui ne le dispense pas de publier[5].

613 Portée de la publicité. L'obligation de publier qui concerne le règlement de copropriété et ses modifications n'a pas pour effet de différer jusqu'à sa date les conséquences de l'existence même du syndicat qui résulte de plein droit de la première aliénation[6]. Elle ne s'impose pas pour le plan de division en lots des niveaux de l'immeuble[7].

3. Civ. 3e, 27 sept. 2000, no 98-22.792, *Bull. civ.* III, no 154; *D.* 2001. 408, NOTE CRIT. Capoulade et Giverdon; *Loyers et copr.* 2000, no 279, obs. Vigneron; *JCP N* 2001, no 3, p. 89, note Sizaire; *Administrer* févr. 2001. 34, note Capoulade – AUSSI concernant cet arrêt : Atias, *D.* 2001. 878; *RDI* 2000. 597 – DANS LE MÊME SENS : Versailles, 16 mai 1991, *RDI* 1991. 505 – CONTRA, cassant l'arrêt qui, pour accueillir une demande d'annulation d'une délibération, énonce que celle-ci viole les dispositions d'ordre public de l'art. 10, al. 2, et doit être réputée non écrite par application de l'art. 43, alors que la stipulation critiquée avait été introduite dans le règlement de copropriété par une décision de l'assemblée générale et que la cour d'appel n'a pas recherché, comme il lui était demandé, si le requérant était encore recevable à contester cette délibération.
4. V. obs. Capoulade, *AJDI* 2001. 990.
5. Civ. 3e, 11 juill. 2001, no 99-18.625, *AJDI* 2001. 990.
6. Paris, 8e ch. A, 14 janv. 2003, Synd. des copr. 9, rue Théodule Ribot c/SA Sede Aquagest, NP.
7. Paris, 23 nov. 1993, *Loyers et copr.* 1994. 204.

Ainsi il a été jugé que la clause d'un règlement de copropriété stipulant que les locaux d'habitation ne pouvaient être occupés et utilisés pendant vingt ans qu'à usage d'habitation pour étudiants entraîne seulement une limitation aux droits d'user et d'administrer et non une restriction au droit de disposer qui devrait être publiée à peine d'inopposabilité[1].

614 Personnes pouvant se prévaloir de l'absence de publicité. Quant aux personnes qui peuvent se prévaloir du défaut de publicité, l'article 13 de la loi du 10 juillet 1965 vise les ayants cause à titre particulier des copropriétaires. On en déduit qu'en ce qui concerne les copropriétaires eux-mêmes et leurs ayants cause universels ou à titre universel, le règlement (et ses modifications) leur est opposable qu'il ait été ou non publié[2].

Par « ayants cause à titre particulier », on entend, notamment : les donataires, les légataires à titre particulier et les acquéreurs soit par vente amiable, soit par adjudication (vente amiable[3]; vente par adjudication[4]). On en avait discuté à propos des locataires pour la raison que le règlement de copropriété leur était opposable en vertu du principe qu'ils ne disposent pas de droits plus étendus que ceux dont jouit le bailleur lui-même. La question est aujourd'hui tranchée compte tenu, notamment, de l'obligation imposée par les législations spéciales de donner connaissance au locataire des dispositions du règlement de copropriété[5] (v. s^s n° 821).

615 Mise en œuvre. L'obligation de publier le règlement de copropriété et ses modifications impose le respect de certaines règles de forme, soit en ce qui concerne le règlement lui-même, soit en ce qui concerne les modifications qui lui sont apportées.

616 a) En ce qui concerne le règlement de copropriété. Il faut distinguer suivant qu'il résulte d'un acte, d'un accord, ou d'une délibération de l'assemblée des copropriétaires.

Si le règlement de copropriété résulte d'un acte (soit acte unilatéral établi par le propriétaire qui divise son immeuble, soit accord entre copropriétaires après division), il doit s'agir soit d'un acte authentique, soit d'un acte sous seings privés déposé, (avec reconnaissance d'écritures et de signatures) aux minutes d'un notaire.

Si au contraire, le règlement résulte d'une délibération de l'assemblée générale des copropriétaires (L. 10 juill. 1965, art. 26 b), le procès-verbal de l'assemblée doit être dressé en la forme authentique, et le notaire doit certifier, sur la copie du procès-verbal destinée à la publicité, l'identité des copropriétaires présents à l'assemblée (il n'y a pas à certifier celle des copropriétaires absents, qui ne comparaissent pas).

617 b) Additions ou modifications du règlement[6]. En cas de modifications au règlement, dans le cadre de l'article 26 b, la forme authentique n'est pas exigée.

Si le procès-verbal est dressé en la forme authentique, on applique les règles ci-dessus indiquées quant à la certification des identités.

Si le procès-verbal est fait sous seings privés, ce qui sera le cas le plus fréquent, le syndic devra déposer une copie ou un extrait certifié conforme (mais sans reconnaissance d'écritures et de signatures) au rang des minutes d'un notaire. Le notaire qui reçoit le dépôt doit être celui qui est détenteur de la minute du règlement de copropriété (s'il résulte d'un document notarié) ou dépositaire de ce règlement (s'il a été établi par acte sous seings privés) (une réponse ministérielle a porté sur les émoluments du notaire en pareille hypothèse)[7].

La loi n'impose pas de certifier l'identité des copropriétaires.

1. Civ. 3e, 9 oct. 1996, n° 94-20.435, *Bull. civ.* III, n° 207; *RDI* 1997. 131.
2. Civ. 3e, 23 juin 1976, n° 75-10.575, *Bull. civ.* III, n° 285, 218; *JCP* 1976. IV. 274; *Defrénois* 1977. 442, note Souleau.
3. Civ. 3e, 8 avr. 1970, *JCP* 1970. 16390, note Guillot.
4. Civ. 3e, 30 juin 1971, n° 70-10.226, *Bull. civ.* III, n° 425; *JCP N* 1972, prat. 5222.
5. TOUTEFOIS : Civ. 3e, 3 mars 2004, n° 02-14.396; *Bull. civ.* III, n° 47; *AJDI* 2004. 558, note Giverdon – AUSSI : Atias, *ibid.*, p. 54.
6. Civ. 3e, 10 oct. 2007, n° 06-17.932, *Bull. civ.* III, n° 172; *AJDI* 2008. 683 – Toutes dérogations au règlement de copropriété, accordée par l'assemblée générale, nécessite une modification du règlement.
7. Rép. min., QE, *JOAN Q* 13 nov. 1995, p. 4821; *JCP N* 1995, En bref, 1708.

CHAPITRE

3. Contenu du règlement de copropriété

SECTION 0
ORIENTEUR

Plan du chapitre.

Textes applicables.

• L. n° 65-557 du 10 janvier 1965, fixant le statut de la copropriété des immeubles bâtis, art. 8 et 10 *in fine*.

• Décr. n° 67-223, du 17 mars 1967, fixant l'application de la loi du 10 juill. 1965, art. 1 et 3.

Jurisprudence de référence.

• **TGI Grenoble 6 avr. 1964,** *D.* 1964. 317, concl. Chanaron.

* V. s[s] n° 620.

Si un copropriétaire utilise son logement, ainsi que les parties communes de l'immeuble, pour se livrer au racolage, les autres copropriétaires ne peuvent l'obliger à vendre, comme il est prévu au règlement de copropriété, alors qu'il résulte des principes généraux du droit et notamment de l'article 545 du code civil que l'exercice du droit de copropriété ne peut être limité que par les lois et règlements et que nul ne peut être privé de sa propriété en dehors des cas limitativement prévus par une disposition légale.

Les pouvoirs du syndicat, statuant ou non par voie de règlement, sont limités aux mesures d'application collective concernant exclusivement la jouissance et l'administration des parties communes.

• **Civ. 3e, 12 févr. 2003, n° 01-12.360,** *Bull. civ.* III, n° 32.

* V. s[s] n° 622.

« L'autorisation d'extension du lot d'un copropriétaire sur les parties communes ayant été donnée par les acquéreurs d'un lot dans l'acte de vente consentie à ces derniers, les dispositions de l'article 43 de la loi du 10 juillet 1965 ne déclarant non écrites que les clauses du règlement de copropriété, n'étaient pas applicables en l'espèce. »

• **Civ. 3e, 2 févr. 1999, n° 97-15.870,** NP.

* V. s[s] n° 623.

« Aucune stipulation d'ordre général ne peut déroger par anticipation à l'exigence d'une autorisation spécifique de l'assemblée générale des copropriétaires préalable à des travaux modifiant l'aspect extérieur ou affectant les parties communes d'un immeuble soumis au régime de la copropriété. »

• **Civ. 3e, 18 déc. 2002, n° 01-12.269,** *Bull. civ.* III, n° 268.

* V. s[s] n° 623.

« Ayant relevé qu'en vertu des dispositions d'ordre public de l'article 21 de la loi du 10 juillet 1965, tout copropriétaire peut être désigné par l'assemblée générale comme membre du conseil syndical, la cour d'appel, qui a réputé non écrite en application de l'article 43 de cette même loi, la clause du règlement de copropriété prévoyant que les fonctions de membre du conseil syndical ne pouvaient être exercées que par des copropriétaires à jour de leurs obligations financières envers le syndicat, a légalement justifié sa décision. »

Bibliographie indicative.

ATIAS, *Dicopropriété*, Edilaix 2007, *V° Règlement de copropriété* – KISCHINEWSKY-BROQUISSE, *La copropriété des immeubles bâtis*, Librairies Techniques, n°s 545 s. – Roux, « Le notaire et la rédaction du règlement de copropriété : entre liberté contractuelle et ordre public », *Loyers et copr.* sept. 2007. Étude 9 – Capoulade, « Règlement de copropriété et liberté contractuelle », *Droit et ville* n° 72/2011, p. 115.

618 Évolution de la réglementation. L'article 8 de la loi du 10 juillet 1965 se borne à indiquer que le règlement de copropriété fixe, d'une part « *la destination des parties tant privatives que communes et les conditions de leur jouissance* », d'autre part, « *les règles concernant l'administration des parties communes* ». L'article 1er alinéa 1er du décret du 17 mars 1967 apporte quelques précisions complémentaires en disposant que le règlement de copropriété « *comporte les stipulations relatives aux objets visés par l'alinéa 1er (de l'article 1er de la loi du 10 juillet 1965) ainsi que l'état de répartition des charges prévu au dernier alinéa de l'article 10 de ladite loi* »; l'alinéa 2 de ce même article 1er impose une répartition très précise des différentes charges. En outre, l'article 2 du décret du 17 mars 1967 prévoit, mais à titre facultatif, que le règlement de copropriété *peut* comporter l'état descriptif de division de l'immeuble, et certaines conventions prévues à l'article 37 de la loi. Dans cette éventualité, précise l'alinéa 2 de l'article 3, le règlement de copropriété doit être rédigé de manière à éviter toute confusion entre ses différentes parties et les clauses particulières au règlement de copropriété doivent se distinguer nettement des autres. *Seules les stipulations dont l'objet est précisé à l'article 1er constituent le règlement au sens et pour l'application de la loi.*

Il résulte de ces dispositions sommaires que le règlement de copropriété doit obligatoirement comporter des clauses concernant :

- la destination des parties tant privatives que communes;

- les conditions de leur jouissance;

- la (ou les) répartition des charges [1].

Il faut ajouter que depuis la mise en vigueur de la loi du 13 décembre 2000 dite SRU, un quatrième alinéa ajouté à l'article 10 de la loi du 10 juillet 1965 impose à *tout règlement de copropriété publié à compter du 31 décembre 2002 d'indiquer les éléments pris en considération et la méthode de calcul permettant de fixer les quotes-parts de parties communes et la répartition des charges* (sur cette obligation v. ss no 124). Et depuis la mise en vigueur de la loi no 85-1470 du 31 décembre 1985, le règlement de copropriété doit expressément prévoir le syndicat de forme coopérative comme modalité de gestion.

Il peut aussi prévoir des obligations assumées par le syndicat au profit de tiers en conséquence d'une stipulation pour autrui dont le syndicat est le promettant [2].

1. SUR L'ENSEMBLE DE LA QUESTION : Atias, Dicopropriété, *V° Règlement*, Edilaix 2007 – Guillot, *Pratique de la copropriété*, art. 8 et 9, 2.01 s. – SIZAIRE, nos 113 s. – KISCHINEWSKY-BROQUISSE, nos 545 s. – LAFOND, ROUX ET STEMMER, ss L. art. 8, nos 9 et 10 – J.-CL. COPR., fasc. 76.
2. V. Lyon, 13 mars 1971, *JCP* 1971. IV. 237 : CAS des services conventionnés dans les résidences-services.

Un plan de division de l'immeuble peut être joint, mais il n'est opposable à chacun des copropriétaires que s'il est constaté qu'il leur a été remis à l'occasion de l'acquisition de leur lot [3].

Le caractère contractuel, en général reconnu au règlement de copropriété, impose de rechercher quelle part doit être assignée à la liberté contractuelle dans la détermination de son contenu.

SECTION 1
RÈGLEMENT DE COPROPRIÉTÉ ET LIBERTÉ CONTRACTUELLE

619 Principes. Sauf hypothèse exceptionnelle, le règlement de copropriété est un acte juridique, soit unilatéral, soit plurilatéral. Sa rédaction relève donc en principe de la liberté contractuelle applicable à tous les actes juridiques. Mais cette liberté, presque illimitée jusqu'à la loi du 10 juillet 1965, est aujourd'hui plus restreinte. Tout rédacteur du règlement de copropriété se heurte en effet à trois catégories de limitations :

- le respect de l'ordre public et des bonnes mœurs, conformément au droit commun de l'article 6 du code civil;

- le respect des dispositions impératives de la loi du 10 juillet 1965 et du décret du 17 mars 1967;

- le respect des droits des copropriétaires.

Deux précisions, de portée apparemment contradictoires, doivent être apportées. D'une part, en effet, les rédacteurs du règlement de copropriété, nonobstant le caractère impératif des dispositions du statut, disposent d'une marge d'initiative qui est loin d'être négligeable et l'on peut regretter qu'ils n'en fassent pas davantage usage. Mais d'autre part, à l'inverse, il arrive fréquemment, spécialement dans les syndicats importants, que le règlement de copropriété, *stricto sensu*, tel que l'entend la disposition précitée de l'article 3 alinéa 3 du décret du 17 mars 1967, s'insère dans un *environnement juridique* plus vaste dont le contenu constitue une limite au pouvoir d'initiative de ses rédacteurs. Tel est le cas, notamment où un ou des syndicats sont instituées à l'intérieur d'un lotissement ou d'une ZAC. Le règlement de lotissement, en raison de son caractère réglementaire [4] et le plan d'aménagement de la zone, pour la même raison, édictent des dispositions qui sont hiérarchiquement supérieures au règlement de copropriété et que celui-ci ne peut transgresser. Il en est de même des clauses du cahier

3. Paris, 23 nov. 1993, RG no 92-14483, *Juris-Data* no 023879, *Loyers et copr.* 1994. 204.
4. SUR CE POINT : Guillot, « Immeuble en copropriété dans un lotissement », *Administrer* août-sept. 1990. 13.

des charges d'un lotissement. Généralement d'ailleurs, ces dispositions sont rappelées dans le règlement de copropriété et il est stipulé que les copropriétaires y ont adhéré par la connaissance qui leur en a été donnée. Il importe alors, conformément à la directive donnée par l'alinéa 3 de l'article 3 du décret du 17 mars 1967, de distinguer les clauses qui sont particulières au règlement de copropriété.

Sous la même condition de notification expresse et en connaissance de cause par les copropriétaires, les conventions que le promoteur a pu passer antérieurement à l'établissement du syndicat, leur sont opposables[1].

On ne saurait donc trop conseiller au praticien appelé à lire et à appliquer un règlement de copropriété d'être particulièrement attentif à cette distinction entre les clauses qui lui sont particulières et celles qui lui sont « extérieures ». Sous cette réserve, la portée de la liberté contractuelle dans l'établissement du règlement de copropriété implique une double démarche. La première est de déterminer ce qui est interdit, la seconde consiste à déterminer les clauses autorisées, voire imposées[2].

§ 1
Clauses contraires à l'ordre public et aux bonnes mœurs

620 **Clauses interdites.** Le règlement de copropriété ne doit contenir aucune disposition contraire à l'ordre public et aux bonnes mœurs (art. 6) et, plus largement, à toutes les dispositions impératives du droit commun. Sur ce point, rarement examiné par la doctrine et la jurisprudence, la loi du 10 juillet 1965 n'a apporté aucun changement.

À titre d'exemple de clauses susceptibles d'être interdites dans le cadre du droit commun, on mentionnera :

– une clause frappant d'inaliénabilité le lot des copropriétaires, comme contraire à la liberté de disposition;

– une clause imposant à un copropriétaire l'obligation de vendre son lot, notamment à titre de sanction, une telle clause étant contraire à l'article 545 du code civil, aux termes duquel « nul ne peut être contraint de céder sa propriété »[3].

§ 2
Clauses contraires à la loi de 1965 et au règlement d'administration publique

621 **Clauses interdites.** L'article 43 (mod. par L. 31 déc. 1985) répute « *non écrites* » les clauses contraires à de nombreuses dispositions de la loi (art. 6 à 37, 41-1 à 42 et 46) et de son décret d'application. Il est remarquable que les articles 1er et 43 de la loi ne sont pas mentionnés mais la jurisprudence a reconnu le caractérise impératif de l'article 1er de la loi qui définit les conditions d'application du statut[4]. Par identité de motif, il eût été paradoxal que l'article 43 lui-même ne soit pas impératif. À aucun moment, la loi de 1965 ne déclare certaines de ses dispositions « d'ordre public » mais elle répute seulement non écrites les clauses contraires à certaines dispositions. En outre, elle ne frappe de « nullité de plein droit » que le mandat du syndic qui contrevient aux dispositions de l'article 18 (al. 7). Étant donné l'importance fondamentale de ces limitations, applicables à tous les règlements de copropriété déjà existants[5], il paraît indispensable de dresser le relevé, bien entendu non exhaustif, des dispositions qui restent permises et de celles qui sont prohibées; sauf à en faire l'examen détaillé à l'occasion des divers problèmes qu'elles concernent.

622 **Dispositions impératives**[6]. Le règlement de copropriété ne peut pas contenir de clauses contraires aux dispositions ci-dessous énumérées de la loi du 10 juillet 1965.

1. À PROPOS d'une convention intervenue entre le promoteur et une commune comportant cession de droits réels : Civ. 3e, 11 juill. 1990, no 88-14.074, NP, *Loyers et copr.* 1990. 402 – AUSSI : Versailles, 28 nov. 1984, *RDI* 1985. 282 – Civ. 3e, 6 nov. 1984, *Administrer* mai 1986. 36; *JCP N* 1985. II. 137, note Stemmer; *RDI* 1985. 283 – Convention conclue avec EDF par le promoteur opposable au syndicat : Civ. 3e, 7 juill. 2010, no 09-69.204, NP.
2. Atias, *Dicopropriété*, p. 375 s.
3. COMP. : TGI Grenoble, 6 avr. 1964, *D.* 1964. 367, concl. Chanaron; *Gaz. Pal.* 1964. 1, 399; *JCP* 1964. II. 13633, note Savatier; *Rev. loyers* 1964. 452, concl. Chanaron – EN L'ESPÈCE, la nullité de la clause était d'autant plus certaine qu'elle avait été introduite *après coup* dans un règlement de copropriété déjà existant (pour l'interdiction de la vente séparée des chambres de service, v. ss no 277).
4. Civ. 3e, 30 juin 1998, *Defrénois* 1998. 38-877, obs. Atias.
5. Bouyeure, « Application de la loi du 10 juillet 1965 aux règlements de copropriété antérieurs », *AJPI* 1970. I. 737 – Morand, « Mise à jour des règlements de copropriété », *Gaz. Pal.* 1967. 2. Doctr. 72 – Paris, 24 mai 1983, *Juris-Data* no 024585, *RDI* 1983. 493, obs. Givord et Giverdon – Lafond, Roux et Stemmer, ss L. art. 43, nos 2 à 7 et 0901.
6. Un arrêt limite le domaine d'application de l'article 43 aux clauses figurant dans le règlement de copropriété, excluant ainsi celles stipulées dans un acte séparé, Civ. 3e. 12 févr. 2003, no 01-12.360, *Bull. civ.* III, no 32; *Administrer* oct. 2003. 55, note Guegan; *JCP* 2003. 1869, obs. Périnet-Marquet; *Defrénois* 2003. 990, obs. Atias.

– *Interdiction de prévoir* le partage ou la licitation forcée des parties communes et des droits qui y sont accessoires (L. 10 juill. 1965, art. 6).

– *Présomption de mitoyenneté* des cloisons ou murs, séparant les parties privatives et non comprises dans le gros-œuvre (L. 10 juill. 1965, art. 7 – V. cep. nos réserves s^s^ n° 76).

– *Participation aux charges* dans les conditions prévues par l'article 10 alinéas 1er et 2 : sans doute, l'alinéa 3 prévoit l'intervention du règlement de copropriété, mais à la condition que celui-ci respecte les directives des alinéas 1 et 2.

– *Caractère obligatoire du syndicat* (L. 10 juill. 1965, art. 14).

– *Nomination et révocation du syndic* (L. 10 juill. 1965, art. 17 et 25 – sur l'incidence de l'article 29 nouveau du décret du 17 mars 1967, modifié par le décret du 27 mai 2004, v. s^s^ n° 972).

– *Pouvoirs et obligations du syndic* (L. 10 juill. 1965, art. 18, 18-1 et 18-2).

– *Hypothèque légale du syndicat* (L. 10 juill. 1965, art. 19 s.).

– Décision de ne pas instituer *un conseil syndical* dans un syndicat ordinaire (L. 10 juill. 1965, art. 21, al. 1er), mais surtout de ne pas instituer un tel conseil dans les syndicats à forme coopérative (art. 17-1) et dans les syndicats de résidence avec services (art. 41-2).

– *Attribution des voix* au sein des assemblées générales, *réglementation du mandat* (L. 10 juill. 1965, art. 22 et 23, al. 1er).

– Conditions de majorité et pouvoirs des assemblées générales (L. 10 juill. 1965, art. 24, 25 et 26).

– Faculté de prévoir *des assemblées spéciales* (L. 10 juill. 1965, art. 27).

– *Régime des améliorations* (L. 10 juill. 1965, art. 30 s.).

– *Exercice du droit de surélévation* (L. 10 juill. 1965, art. 35 et 36).

– Réglementation des conventions concernant *l'exercice des droits accessoires visés à l'article 3* (L. 10 juill. 1965, art. 37).

– *Prescription et exercice des actions en nullité* d'assemblées générales (L. 10 juill. 1965, art. 42).

Enfin l'article 43 de la loi, tel que modifié par les lois n° 85-1470 du 31 décembre 1985, n° 96-1107 du 18 décembre 1996 et n° 2006-872 du 13 juillet 2006, dispose que toutes clauses contraires aux dispositions des articles 6 à 37, 41-1 à 42 et 46 et celles du règlement d'administration publique prises pour leur application sont réputées non écrites.

623 Dispositions impératives (suite) – Clauses réputées non écrites[1]. On a déjà noté l'application de la notion de « clauses réputées non écrites » à propos des répartitions de charges contraires aux dispositions de l'article 10 de la loi (v. s^s^ n° 513).

On peut également relever, sans que cette énumération soit limitative :

– la clause du règlement prévoyant une interdiction de circulation des véhicules à moteur qui, dans un immeuble où les activités commerciales sont autorisées, empêcherait les commerçants d'être livrés[2];

– la clause du règlement d'un immeuble à usage mixte prohibant l'apposition d'enseignes sur la façade[3] ou de panneaux de publicité sur les murs de l'immeuble[4];

– la clause fixant les intérêts dus au syndicat par un copropriétaire à un taux supérieur au taux légal, en violation des dispositions de l'article 36 du décret du 17 mars 1967[5];

– la clause autorisant un copropriétaire, même précisément identifié, à effectuer, sans autorisation de l'assemblée générale, des travaux, même précisément définis, sur les parties communes ou affectant l'aspect extérieur de l'immeuble[6];

– la clause doublant les charges en cas de changement de destination du lot[7];

– la clause contrevenant à un traité créant une servitude de cour commune[8];

– la clause prévoyant la constitution d'une association loi 1901 pour la gestion d'un centre sportif

1. SUR L'ENSEMBLE DE LA QUESTION : Atias, *Dicopropriété, V° Règlement de copropriété*, n°s 7 s. – CAPOULADE ET AUTRES, II, 78. « La clause réputée non écrite en copropriété immobilière », *Administrer* avr. 2001 – Gélinet, « Clauses réputées non écrites et copropriété », *Administrer* févr. 1999. 30 – Cottereau, « La clause réputée non écrite », *JCP* 1993. I. 3691 – Kullmann, « Remarques sur les clauses réputées non écrites », *D.* 1993, Chron. 59 – Destame, « Copropriété et liberté, panorama *Juris-Data* », *JCP N* 1993, prat. 2742 – Artz, « Les clauses réputées non écrites en droit de la copropriété », *Mélanges* Calais-Auloy – Capoulade, « La clause réputée non écrite en copropriété immobilière », *Administrer* 2008, n° 409, p. 13 – Bouyeure, « Le problème de l'application dans le temps de la sanction », *Administrer* oct. 2011. 35.
2. Paris, 9 avr. 1987, RG n° 86 003918, *Juris-Data* n° 021567, *D.* 1987. IR 130.
3. Paris, 28 juin 1995, *Juris-Data* n° 021674, *Rev. loyers* 1995. 535.
4. Paris, 4 mai 1993, RG n° 92-20048, *Juris-Data* n° 022384, *Administrer* févr. 1994. 60, obs. Dunes.
5. Civ. 3e, 3 mars 1999, n° 97-14.392, *Bull. civ.* III, n° 57; *Administrer* 1999, 72, n° 314, obs. Bouyeure; *AJDI* 1999. 705, note Giverdon; *RDI* 1999. 308; *IRC* juill.-août 1999, 7, note Capoulade.
6. Civ. 3e, 2 févr. 1999, n° 97-15.870, NP, *RDI* 1999. 312; *IRC* juin 1999. 13, note Capoulade; *D.* 2000. Somm. 141, obs. Capoulade. – Civ. 3e, 25 juin 1997, n° 96-10.139, *Bull. civ.* III, n° 155; *RDI* 1997. 487, copropriétaire précisément identifié – Civ. 3e, 12 mars 1997, n° 95-15.953, *Bull. civ.* III, n° 58; *Administrer* 1997, 57, n° 293, note Capoulade, travaux précisément définis.
7. Paris, 25 févr. 1999, RG n° 1997/25186, *Loyers et copr.* 1999. 225.
8. Civ. 3e, 15 déc. 1999, n° 97-22.161, *Bull. civ.* III, n° 250; *Gaz. Pal.*, 17 févr. 2000, pan. jur.

et stipulant l'adhésion de plein droit de tout propriétaire d'un lot[1];

- la clause tendant à interdire la détention d'un animal dans un local d'habitation, dans la mesure où elle concerne un animal familier (L. 10 juill. 1970, art. 10-1)[2];

- la clause prévoyant que les fonctions de membre du conseil syndical ne pouvaient être exercées que par des copropriétaires à jour de leurs obligations financières envers le syndicat[3];

- les clauses portant atteinte aux prérogatives de l'assemblée générale;

- la clause créant un syndicat secondaire en méconnaissance de l'article 27 de la loi de 1965[4];

- la clause faisant supporter la surprime d'assurance au copropriétaire intéressé[5].

En revanche, il a été jugé que la destination de l'immeuble (centre commercial) pouvait justifier la clause du règlement de copropriété prévoyant l'obligation pour tout acquéreur de lot de souscrire les actions d'une société regroupant les commerçants[6] ou d'adhérer à un GIE[7], de même que l'autorisation d'exercer une profession libérale dans l'immeuble rend injustifiable l'interdiction des locations meublées de courte durée, eu égard à la destination de l'immeuble[8].

624 Clauses réputées non écrites (suite) – Portée. Selon la doctrine de la Cour de cassation, déjà évoquée à propos des clauses relatives à la répartition des charges, les clauses réputées non écrites sont considérées comme « non avenues par le seul effet de la loi »[9].

Il en résulte deux conséquences.

La première se situe sur le plan, évoqué ci-dessus, de la « mise en harmonie » des règlements de copropriété anciens avec les dispositions du statut de 1965-1967. Celle-ci, en effet, s'est réalisée automatiquement en ce sens que les clauses contraires à ces dispositions se sont trouvées privées d'efficacité sur la seule constatation du juge. C'est ce qu'explique qu'il n'ait été que, très rarement, procédé à cette mise en harmonie, ce qui donne à penser que « l'adaptation » prévue par l'article 49 de la loi du 10 juillet 1965, dans sa rédaction consécutive à la mise en vigueur de la loi n° 2000-1208 du 13 décembre 2000, ne s'imposait peut-être pas, du moins avant que la Cour de cassation donne au réputé non écrit un caractère judiciaire.

La seconde conséquence se situe sur le plan de l'exercice de l'action tendant à la constatation de l'absence de conformité d'une clause et aux résultats de cet exercice.

Relativement à l'exercice de l'action, on relèvera que selon la Cour de cassation, une clause réputée non écrite étant censée n'avoir jamais existé le *syndicat des copropriétaires comme tout propriétaire* intéressé, peut, *à tout moment*, faire constater l'absence de conformité des clauses du règlement de copropriété aux dispositions légales[10]. La solution est parfaitement conforme à la logique même de la non conformité qui n'est pas assimilable à une nullité ni à une inexistence. Ainsi qu'on l'a déjà relevé à propos des répartitions de charges réputées non écrites (v. s[s] n° 515), la clause réputée non écrite est privée d'efficacité tant que la non conformité peut être constatée[11]. La question pourrait se poser

1. Cass., Ass. plén., 9 févr. 2001, n° 99-17.642, *Bull. AP* n° 3; *R.*, p. 385; *BICC* 15 mars 2001, rapp. Sempère, concl. Guérin; *D.* 2001. 1493, note Alfandari; *Defrénois* 2001. 795, obs. Atias; *JCP N* 2001. 1301, note Thioye; *AJDI* 2001. 611, obs. Giverdon; *Rev. sociétés* 2001. 357, note Guyon; *D.* 2002. 1522, note Giverdon; *D.* 2003. 1334, note Giverdon – EN CE SENS AUSSI : Civ. 3e, 12 juin 2003, n° 02-10.778, *Bull. civ.* III, n° 125; *R.*, p. 369; *BICC* 15 oct. 2003, n° 1207, et note; *D.* 2003. AJ 1694, obs. Rouquet; *D.* 2004. 367, note Bénard; *JCP* 2003. II. 10190, note Auque; *JCP E* 2003. 1791, note Boutonnet; *JCP E* 2004. 334, n° 7, obs. Raynaud; *AJDI* 2003. 663, note Blatter; *Rev. loyers* 2003. 436, obs. Guilluy-Friant; *LPA* 30 avr. 2004, note Kéita; *RTD civ.* 2003. 771, obs. Raynard; *RTD com.* 2004. 72, obs. Monéger; *Rev. sociétés* 2003. 880, note Coquelet; *RDC* 2004. 231, obs. Rochfeld; *ibid.* 348, obs. Lardeux; *ibid.* 465, obs. Marais; *RTD civ.* 2004. 280, obs. Mestre et Fages – Civ. 3e, 18 déc. 1996, n° 93-19.241, NP, *RDI* 1997. 122.
2. SUR CETTE disposition : rép. min., QE, *JOAN Q* 18 août 1988, p. 1678 – Lot, « Détention d'un animal dans un immeuble », *Administrer* déc. 1983. 8 – Lafond, Roux et Stemmer, s[s] L. art. 8, n°s 31 et 32 – Roux, « L'animal en copropriété », *IRC* mars 2007. 23.
3. Civ. 3e, 18 déc. 2002, n° 01-12.269, *Bull. civ.* III, n° 268; *D.* 2003. IR 252; *JCP* 2003. I. 172; obs. Périnet-Marquet; *Administrer* mai 2003. 43, obs. Capoulade.
4. Civ. 3e, 20 mai 2009, n° 07-22.051, *Bull. civ.* III, n° 113; *AJDI* 2010. 472, note Capoulade; *Administrer* août-sept. 2009. 59, n° 424, obs. Bouyeure.
5. Civ. 3e, 4 juin 2009, n° 08-14.889, *Bull. civ.* III, n° 131; *AJDI* 2009. 799, note. Capoulade – Civ. 3e, 17 mars 2010, n° 09-12.196, NP, *AJDI* 2010. 897, note Tomasin.
6. Civ. 3e, 12 févr. 1997, n° 95-12.125, *Bull. civ.* III, n° 33; *IRC* sept. 1997. 11, note Atias; *AJPI* 1998. 496.
7. Civ. 3e, 21 juill. 1999, n° 98-11.181, NP, *RDI* 1999. 683.
8. Civ. 3e, 8 juin 2011, n° 10-15.891, *Bull. civ.* III, n° 97.
9. V. Biasca, « Les clauses réputées non écrites des règlements de copropriété », *Gaz. Pal.* 1969. 2. Doctr. 29 – Civ. 3e, 9 mars 1988, n° 86-17.869, *D.* 1989. 143, note Atias; *JCP N* 1988. II. 323; *RDI* 1988. 246; *JCP* 1989. II. 21248; *Loyers et copr.* 1988. 183; *IRC* 1990. 13, note Capoulade – Civ. 3e, 12 juin 1991, n° 89-18.331, *Bull. civ.* III, n° 170; *RDI* 1991. 379 – Capoulade, v. s[s] n° 623.
10. Civ. 3e, 16 juill. 1996, n° 94-13.610, NP, *RDI* 1996. 611 – Civ. 3e, 9 juin 1999, n° 98-10.801, NP, *RDI* 1999. 457 – Civ. 3e, 27 sept. 2000, n° 98-22.792, *Bull. civ.* III, n° 154; *D.* 2000. IR 260; *Administrer* févr. 2001. 34; *RDI* 2000. 597.
11. Peut-être vaudrait-il mieux parler de « clause sans effet » comme le code civil québécois.

de savoir si la disposition impérative vient à disparaître, alors que la clause n'a pas été annulée, celle-ci peut redevenir efficace; mais tant que le texte existe, la non conformité peut être constatée « à tout moment » sans qu'il puisse être question de prescription décennale ou même trentenaire.

Sur le plan des résultats de l'exercice de l'action, un tempérament est apporté en ce sens que si la mesure, consécutive au caractère non écrit de la clause (par exemple une nouvelle répartition des charges) suppose une décision du juge, cette mesure ne prend effet qu'à compter de cette décision [1] mais le juge qui répute non écrite une répartition des charges a l'obligation d'en établir une autre en conformité avec les critères légaux en application de l'article 43, alinéa 2.

§ 3
Interdiction d'imposer des restrictions aux droits des copropriétaires

625 Principe (L. 10 juill. 1965, art. 8, al. 2) – Destination de l'immeuble. Aux termes de l'article 8 alinéa 2, « *le règlement de copropriété ne peut imposer aucune restriction aux droits des copropriétaires en dehors de celles qui seraient justifiées par la destination de l'immeuble, telle qu'elle est définie aux actes, par ses caractères et sa situation* ».

Par cette disposition, le législateur a voulu, en 1965, réagir contre ce que l'on appelait « les clauses abusives des règlements de copropriété » (par ex., la clause imposant l'intervention d'un notaire déterminé pour la passation des actes de ventes ou celle du syndic en tant que gérant ou imposant aux copropriétaires l'obligation de prendre la même assurance que le syndicat [2]). Un principe a donc été posé : le règlement de copropriété ne peut imposer aucune restriction aux droits des copropriétaires, mais aussitôt assorti d'un tempérament pour les restrictions qui seraient justifiées par la destination de l'immeuble. Un rôle essentiel est donné à cette notion à laquelle plusieurs articles font référence (L. 10 juill. 1965, art. 8, 9, 25 *b*, 26, al. 2 et 3, 30, 34). Mais aucune définition n'en a été donnée. C'est par conséquent à la doctrine et à la jurisprudence qu'il a appartenu d'en préciser la portée. C'est essentiellement autour des clauses définissant l'affectation des parties privatives et des conditions de leur jouissance que les efforts se sont portés. On comprend donc que c'est dans ce cadre qu'il a été fait état, dans ce traité, des directives que l'on peut dégager à partir d'une jurisprudence abondante et parfois confuse spécialement à propos des relations à établir entre le règlement de copropriété et la destination de l'immeuble (v. s[s] n°s 180 s. et spécialement n° 195). Mais le rôle de la destination de l'immeuble va au-delà de ces clauses [3]. Elle intervient à propos de la restructuration des lots par division ou par réunion [4] ou de l'exécution des travaux, spécialement d'amélioration (v. s[s] n° 1120) [5].

On a également observé que la notion est envisagée sous un double aspect : tantôt, elle intervient pour assurer la protection des copropriétaires en facilitant l'exercice de leurs prérogatives (division ou réunion de lots, ou encore exécution de travaux); à l'inverse, elle est appelée à fournir la justification des restrictions à leurs droits (L. 10 juill. 1965, art. 8, al. 2). Cette constatation ne facilite pas la recherche d'une notion précise dégagée des circonstances particulières à chaque espèce. C'est pourquoi, il faut prendre son parti de cet empirisme en se bornant à assigner à la destination de l'immeuble une fonction d'équilibre entre, d'une part, les exigences tirées de l'intérêt de l'immeuble, et d'autre part, celles justifiées par la protection des droits individuels des copropriétaires [6].

§ 4
Clauses autorisées ou imposées

626 Consistance. On a déjà relevé que, nonobstant le caractère impératif des dispositions constituant le statut de la copropriété (L. 10 juill. 1965 et Décr. 17 mars 1967), les rédacteurs du règlement de copropriété disposent d'une marge d'initiative non négligeable. Celle-ci, en effet, peut s'exercer dans différents domaines; ce sont d'abord ceux que le statut reconnaît expressément comme relevant logiquement du règlement. En second lieu, un certain nombre de dispositions du statut font réserve d'aménagements possibles de la part du règlement de copropriété. Enfin, plus rarement, certaines stipulations sont imposées.

1. Civ. 3e, 16 juill. 1996, n° 94-13.610, *RDI* 1996. 611, préc.
2. V. Cabanac, « De la clause instituant le syndic gérant obligatoire des locaux donnés en location par un copropriétaire », *REDI* 1966. 1018 – Sizaire, n° 120, note 263.
3. La journée d'études dédiée à Henri Souleau dont le thème était la destination de l'immeuble en copropriété (*RDI* 1985. 407) l'a complètement démontré.
4. Capoulade, « Destination de l'immeuble et restructuration des lots et des syndicats », *RDI* 1995. 453.
5. V. Lebatteux, « Travaux d'amélioration et destination de l'immeuble », *RDI* 1995. 429. Sur l'installation d'antennes de téléphonie mobile en raison du risque potentiel : Paris, 7 avr. 2005, RG n° 04/06013, *Loyers et copr.* 2005. 144.
6. Aubert, « Rapport de synthèse : Journée d'études Souleau », *RDI* 1995. 469 – Capoulade, étude préc. – Aussi : Larroumet, « L'intérêt collectif et les droits individuels des copropriétaires dans la copropriété des immeubles bâtis », *JCP* 1976. I. 2812.

627 **a) Domaine normalement dévolu au règlement de copropriété.** Sous réserve des développements donnés ci-après, le règlement de copropriété :

- distingue les parties privatives et les parties communes;
- détermine la destination ou affectation des unes et des autres;
- détermine la quote-part des parties communes afférentes à chaque lot;
- détermine les conditions de jouissance des parties privatives et des parties communes, tant générales que spéciales;
- détermine les équipements communs et énonce les services collectifs;
- fixe la répartition des charges communes, spécialement en précisant la distinction entre les charges générales et les charges entraînées par les services collectifs et les éléments d'équipement commun;
- peut créer des droits accessoires aux parties communes;
- peut prévoir des dispositions particulières en vue de la reconstruction de l'immeuble.

628 **b) Dispositions du statut ouvrant des possibilités d'aménagement au règlement de copropriété.** Sans que cette liste soit exhaustive, on peut citer :

- parmi les dispositions de la loi :
  - celles de l'article 18 qui, malgré son caractère impératif, réserve des pouvoirs qui seraient conférés au syndic par une délibération de l'assemblée générale;
  - celle de l'article 22 alinéa 1 : le règlement de copropriété détermine les règles de fonctionnement et les pouvoirs des assemblées générales (possibilité du reste assez limitée);
  - celle de l'article 24 alinéa 2 : mise à la charge de certains copropriétaires seulement de dépenses d'entretien ou de fonctionnement et limitation à ces copropriétaires du droit de vote sur ces dépenses;
  - celle de l'article 8-1 (L. 25 mars 2009) : possibilité, dans certains cas, de prévoir un droit de priorité en cas de vente d'une aire de stationnement;
- parmi les dispositions du décret :
  - celles de l'article 9 alinéas 2 et 3 : stipulation d'un délai plus long pour la convocation des assemblées générales et fixation du lieu de réunion;
  - celles de l'article 18 (*in fine*) : en cas d'empêchement ou de carence du syndic;
  - celle de l'article 22 : fixation des règles relatives à l'organisation et au fonctionnement du conseil syndical;
  - celle de l'article 36 qui s'interprète dans le sens de la possibilité de ne stipuler aucun intérêt pour les sommes dues au syndicat.

Le décret du 17 mars 1967 ménage aussi quelques espaces de liberté (v. s^s^ n° 637).

629 **c) Stipulation imposée.** Il s'agit de celle que vise l'article 14 alinéa 2 de la loi dans la rédaction que lui a donnée la loi du 31 décembre 1985 selon laquelle, s'agissant du syndicat coopératif, « le règlement de copropriétaire doit expressément prévoir cette modalité de gestion ».

De même, la loi du 13 décembre 2000 impose au règlement de copropriété publié à compter du 31 décembre 2002 d'indiquer « *les éléments pris en considération et la méthode de calcul permettant de fixer les quotes-parts de parties communes et la répartition des charges* ». Rappel que les quotes-parts de propriété sont librement déterminées, à moins qu'elles ne soient utilisées pour la répartition des charges communes. Il s'agit de permettre de suivre les mêmes règles en cas de division ou de réunion de lots et de permettre plus aisément la pertinence de l'action en révision.

Enfin, le décret d'application de l'article 25 g (rédaction de la loi du 12 juill. 2010) définit lui-même les parties privatives d'intérêt collectif.

SECTION 2
CLAUSES HABITUELLES DU RÈGLEMENT DE COPROPRIÉTÉ

630 **Rôle de la loi et des usages.** Le contenu du règlement de copropriété dépend essentiellement des usages et de la pratique, notamment notariale.

On a déjà noté que ses rédacteurs utilisaient fréquemment des formulaires ou des contrats types qu'ils adaptaient à telle ou telle situation déterminée. Il résulte de certaines dispositions de la loi ou du décret que le règlement de copropriété contient logiquement un certain nombre de clauses dans les domaines qui lui sont dévolus. La qualité première d'un règlement de copropriété est son adaptation à l'immeuble considéré.

La tradition française d'un droit exagérément écrit exerce son influence dans le domaine de la copropriété, comme dans tout autre domaine. La plupart des règlements de copropriété sont des documents d'une extrême longueur, dans lesquels on retrouve, plus ou moins heureusement confondues, les clauses des formulaires et les textes législatifs et réglementaires. Cette méthode paraît regrettable[1] : outre que la multiplication des clauses augmente les risques de contradictions et par conséquent les difficultés d'interprétation, elle entraîne surtout la conséquence que les acquéreurs d'un lot n'ont pas une connaissance réelle du règlement auquel ils adhèrent par leur acquisition, soit qu'ils renoncent à lire ce document trop complexe, soit qu'ils en

1. Cabanac, note *AJPI* 1960. II. 29 – Roux, étude préc.

comprennent mal la portée. Il en résulte notamment qu'ils n'ont pas *une connaissance réelle* des clauses restrictives de leurs droits ou créant des obligations particulières, dont ils ne découvrent que trop tard l'existence.

Il serait donc souhaitable que les rédacteurs des règlements de copropriété en simplifient la rédaction : à quoi bon, par exemple, détailler dans un règlement de copropriété les pouvoirs des assemblées générales en application des articles 25 et 26 de la loi ? Il suffirait de renvoyer à la disposition intéressée sans la reproduire.

L'inflation législative et réglementaire à laquelle nous assistons depuis quelques années rend encore plus impérieuse la simplification de la rédaction qui devrait s'attacher à préciser les particularités de l'immeuble et à appeler l'attention des acquéreurs des lots sur les obligations ou les restrictions présentant un caractère exceptionnel et spécialement celles résultant des documents régissant la zone d'aménagement dans laquelle l'immeuble « en copropriété » peut se trouver situé, et d'une manière générale, les conventions que le promoteur pourrait conclure ultérieurement. À quoi bon, en effet, recopier des textes législatifs ou réglementaires qui varient fréquemment. Mieux vaut annexer les textes arrêtés à une date donnée; leur incorporation n'apporte rien. Bien au contraire, en cas de modification législative ou réglementaire, des copropriétaires risquent de se méprendre et de se trouver obligés, soit d'adapter le règlement avec les coûts consécutifs soit d'ouvrir un contentieux.

631 Dualité du règlement[1]**.** En pratique, la quasi-totalité des règlements comportent deux parties, et cette dualité est implicitement confirmée par l'article 2 du décret du 17 mars 1967.

La première partie, de caractère facultatif, est consacrée à la description de l'immeuble et à l'état descriptif de division (cette distinction est d'autant plus importante que les règles concernant la modification de l'état descriptif de division et sa publicité – Décr. 14 oct. 1955, art. 71-D-3 – sont entièrement indépendantes de celles concernant la modification du règlement de copropriété[2]). L'article 8 de la loi mentionne en effet un règlement « *incluant ou non* l'état descriptif de division », et l'article 2 du décret du 17 mars 1967 précise que « le règlement de copropriété *peut* également comporter : 1° l'état descriptif de division... ».

La deuxième partie constitue le « règlement de copropriété proprement dit ». L'article 3 alinéa 3 du décret du 17 mars 1967 le précise nettement en mentionnant que « seules les stipulations dont l'objet est précisé à l'article 1er du présent décret constituent le règlement de copropriété au sens et pour l'application de la [...] loi ».

Pour bien marquer la distinction entre ces deux éléments possibles du règlement, l'article 3 alinéa 2 du décret du 17 mars 1967 dispose que « *si le règlement de copropriété comprend un état descriptif de division et les conventions visées à l'article 2 ci-dessus* (conventions de l'article 37 de la loi et relatives à l'exercice des droits accessoires) *il doit être rédigé de manière à éviter toute confusion entre ces différentes parties et les clauses particulières au règlement de copropriété doivent se distinguer nettement des autres* ».

632 Clauses d'un règlement type. On fera seulement mention de ce qu'on appelle les « têtes de chapitre » que l'on peut grouper dans les catégories suivantes.

633 a) Distinction des parties privatives et des parties communes. Précision faite que la distinction, en elle-même, présente un caractère impératif (v. ss n° 638), les rédacteurs du règlement de copropriété déterminent librement la consistance des parties privatives et des parties communes; la loi ne s'applique que dans le silence ou la contradiction des titres (L. 10 juill. 1965, art. 3). Il différencie les parties communes des équipements communs et ces derniers des services collectifs afin d'asseoir une répartition des quotes-parts de charges.

Cela dit, on constate trop souvent que les dispositions des règlements de copropriété opérant cette distinction ne sont pas rédigées avec toute la clarté désirable. Sans revenir sur celles qui présentent une fraction de l'immeuble à la fois comme une partie commune et comme constituant un lot, la désignation même des parties communes ou des parties privatives prête souvent à confusion. Il en est trop fréquemment ainsi souvent à propos des balcons[3], des terrasses, des combles[4] ou de la minuterie. L'utilisation de certains termes gagnerait également à être précisée[5]. Il convient de bannir une clause fréquente réputant commun tout ce qui n'est pas privatif et inversement, ce qui ne peut que laisser l'interprète dans l'incertitude.

634 b) Affectation des parties privatives et des parties communes. Ici également, on ne saurait trop insister sur l'importance d'une rédaction claire et précise. Comme on a tenté de le démontrer (v. ss n° 226), elle est la condition de l'application de la

1. SUR cette dualité : LAFOND, ROUX ET STEMMER, ss D. art. 3, nos 2 et 3.
2. V. GUILLOT, art. 8 et 9, 6.01 s.
3. Civ. 3e, 20 juin 2005, *Administrer* oct. 2006. 61.
4. Civ. 3e, 2 mars 2010, n° 09-13.090, NP, *AJDI* 2010. 896 – Civ. 3e, 15 déc. 2009, n° 09-12.908, NP, *Administrer* 2010, n° 430, p. 45.
5. PAR EXEMPLE, « boutiques », « combles », « appartements », « bureaux ».

clause définissant cette destination (mieux vaut dire cette affectation) en assurant son efficacité en face de l'intervention « perturbatrice » de la destination de l'immeuble. La clarté et la précision de la rédaction permettent à la Cour de cassation, par le biais du contrôle de dénaturation, de couper court à une interprétation qui ne s'impose pas (v. s^{s} n° 204).

Par exemple, il pourrait être opportun de préciser les modalités d'utilisation des jardins privatifs (jeux d'enfants, hauteur des arbres, nature des plantations, entretien des gazons), de distinguer nettement à propos des terrasses, le « gros-œuvre », l'étanchéité, le revêtement superficiel ou la dalle de protection, de définir précisément ce que l'on entend par « appareil de fermeture » et spécialement s'il comporte un dispositif assurant son fonctionnement, d'interdire la modification des revêtements de sol[1] ou encore de qualifier les calorifères d'équipement commun ou privatif.

635 **c) Droits et obligations des copropriétaires concernant l'usage des parties communes ou des parties privatives.** Conformément aux indications données ci-dessus, (conditions d'exécution des travaux même privatifs, troubles phoniques, revêtement des sols, caractère commun du droit de jouissance des parties communes, mesurage des consommations d'eau chaude, d'eau froide, de chaleur).

636 **d) Répartition des charges.** Le caractère impératif des dispositions de la loi (L. 10 juill. 1965, art. 10) laisse, *a priori*, peu de place à l'initiative des rédacteurs des règlements de copropriété. Toutefois, un certain nombre de points et non des moindres gagneraient à être précisés. C'est ainsi que la répartition des dépenses de chauffage sur la base du critère de l'utilité serait utilement complétée par une indication sur les critères adoptés (art. 10 *in fine* de la loi). Il conviendrait aussi que des clauses précises permettent d'opérer, entre les différents lots, une ventilation entre les différentes catégories de charges. Les termes utilisés par la loi « services collectifs », « éléments d'équipement commun » sont suffisamment larges pour laisser aux rédacteurs des règlements de copropriété une marge d'initiative qu'ils n'utilisent pas assez. Si le règlement prévoit des parties communes spéciales et des charges spéciales, il est utile qu'il indique si le vote des dépenses est ou non réservé aux copropriétaires intéressés[2].

Enfin, la loi du 13 décembre 2000, dite loi SRU, a ajouté un alinéa 4 à l'article 10 de la loi du 10 juillet 1965 pour dire que tout règlement de copropriété, publié à compter du 31 décembre 2001, indique les éléments pris en considération et la méthode permettant de fixer les quotes-parts de parties communes et la répartition des charges (pour le commentaire de cette disposition v. s^{s} n° 124).

637 **e) Organisation de la collectivité.** Le règlement comporte de façon constante les dispositions concernant les organes de la copropriété : syndic, conseil syndical, assemblée générale des copropriétaires (convocation, tenue...). C'est sur ces différents points que des allégements rédactionnels seraient souhaitables. Il suffirait de renvoyer au texte législatif ou réglementaire sans le recopier.

En revanche, malgré son caractère impératif, l'organisation de la collectivité laisse de nombreuses plages de liberté trop peu utilisées.

L'article 18 (*in fine*) ouvre au règlement la possibilité de pourvoir à l'empêchement ou à la carence du syndic sans recours au juge. De même, il pourrait régler les modalités de la démission du syndic; à qui la présenter, à l'assemblée, qui l'a désigné, au président du conseil syndical, à chacun des copropriétaires ?

L'article 22 du décret du 17 mars 1967 confie au règlement de copropriété le soin de fixer les règles relatives à l'organisation et au fonctionnement du conseil syndical. Cependant, ce document demeure, en général, taisant sur la majorité requise pour l'élection du président et l'adoption des avis. Sans doute, la périodicité des réunions, les modalités de convocation, la rédaction du procès-verbal pourraient retenir l'attention, mais l'opportunité de régler dans le détail le fonctionnement du conseil syndical reste discutable, surtout dans un syndicat constitué d'un nombre restreint de copropriétaires.

La jurisprudence a déjà validé une clause instituant une solidarité entre les intéressés en cas d'indivision ou de démembrement du droit de propriété pour le paiement des provisions, avances et charges. Elle retient aussi la possibilité de supprimer les intérêts de retard.

Le règlement de copropriété pourrait aussi combler une lacune de l'article 29-1 A de la loi de 1965 quant à l'information des copropriétaires par le conseil syndical ou par le syndic sur le montant des impayés dépassant 25 % des sommes exigibles.

Toutefois, on peut douter que le règlement de copropriété soit habile, en cas de dissolution, à désigner le liquidateur, ni même à organiser l'assemblée des anciens copropriétaires en vue de cette désignation, puisqu'il est censé perdre sa force dès la dissolution.

638 **f) Dispositions diverses.** La plupart des règlements de copropriété comportent des dispositions concernant la reconstruction de l'immeuble, les emprunts hypothécaires, une élection de domicile en cas de litige.

1. CATTAN, « Le changement du revêtement du sol », *Administrer* 2005, n° 381, p. 21.
2. Civ. 3e, 8 juin 2011, n° 10-15.551, *Bull. civ.* III, n° 95.

CHAPITRE

4. Effets du règlement de copropriété

SECTION 0 ORIENTEUR

Plan du chapitre.

Sect. 1 Caractère obligatoire. Portée

Sect. 2 Sanctions

Textes applicables.

• C. civ. art. 1142 et 1143.

• L. n° 65-557, 10 janv. 1965, fixant le statut de la copropriété des immeubles bâtis, art. 13.

• Décr. n° 67-223 du 17 mars 1967, art. 4.

Jurisprudence de référence.

• **Civ. 3e, 30 avr. 2002, n° 00-17.356,** *Bull. civ.* III, n° 89.

* V. ss n° 639.

« Le juste titre est celui qui, considéré en soi, serait de nature à transférer la propriété à la partie qui invoque la prescription. L'état descriptif de division d'un immeuble en copropriété ne confère aucun droit particulier au syndicat des copropriétaires de cet immeuble et ne constitue pas le juste titre requis pour se prévaloir par usucapion d'une servitude de surplomb du fonds voisin. »

• **Civ. 3e, 22 mars 2000, n° 98-13.345,** *Bull. civ.* III, n° 64.

* V. ss n° 642.

« Le règlement de copropriété ayant la nature d'un contrat, chaque copropriétaire a le droit d'en exiger le respect par les autres; l'action individuelle d'un copropriétaire est recevable sans qu'il soit astreint à démontrer qu'il subit un préjudice personnel et spécial distinct de celui dont souffre la collectivité des membres du syndicat, son intérêt à agir trouvant sa source dans le respect du règlement de copropriété. »

• **Civ. 3e, 7 mars 2007, n° 06-12.702,** *Bull. civ.* III, n° 34.

* V. ss n° 644.

« L'article 647 du code civil n'étant pas d'ordre public, les stipulations du règlement de copropriété interdisant la clôture des garages contigus s'imposent à tous les copropriétaires. »

• **Civ. 3e, 8 juin 2006, n° 05-14.774,** *Bull. civ.* III, n° 140.

* V. ss n° 644.

« La liberté religieuse, pour fondamentale qu'elle soit, ne peut avoir pour effet de rendre licites les violations des dispositions d'un règlement de copropriété. Ayant relevé qu'un ouvrage prohibé par ce règlement et portant atteinte à l'harmonie générale de l'immeuble puisque visible de la rue, la cour d'appel en a exactement déduit que l'assemblée générale est fondée à autoriser son syndic pour agir en justice en vue de l'enlèvement des objets ou constructions. »

Bibliographie indicative.

KISCHINEWSKY-BROQUISSE, *La copropriété des immeubles bâtis*, Librairies Techniques, nos 538-539.

SECTION 1 CARACTÈRE OBLIGATOIRE. PORTÉE

639 Caractère obligatoire[1]. Le règlement de copropriété, par son but même, doit être obligatoire pour tous les copropriétaires et leurs ayants cause universels ou à titre universel (en revanche, le règlement de copropriété est évidemment inopposable aux tiers, et notamment aux voisins[2]); il importe peu qu'on explique cet effet obligatoire par son caractère contractuel (C. civ., art. 1134) ou par son caractère statutaire. Il en résulte que tous les copropriétaires sont tenus de respecter les obligations qu'il stipule (destination, réglementation de la jouissance des parties communes, participation aux charges financières...) comme ils peuvent en invoquer les droits[3] (un arrêt de la Cour de cassa-

1. Frémont, « De la forme obligatoire des règlements de copropriété et de leurs modifications éventuelles », *Administrer* mars 1998. 13.
2. GUILLOT, art. 8 et 9, 1.17 – Civ. 29 juin 1977, 2. Somm. 308; *RTD civ.* 1977. 798.
3. Civ. 3e, 11 déc. 1973, n° 72-12.352, *Bull. civ.* III, n° 623; *JCP* 1974. IV. 13.

tion du 18 janvier 1972 décide qu'un copropriétaire peut demander la remise en état d'une partie commune, même si la modification intervenue est insignifiante, dès lors qu'elle constitue une infraction au règlement de copropriété[1]). Sauf dispositions contraires, cet effet obligatoire se produit au moment de la naissance du syndicat dès lors qu'il s'agit du règlement « préalable »[2]. La jurisprudence en a justement conclu que les mentions contenues dans l'acte de vente d'un lot sont sans influence sur les droits de l'acquéreur au sein du syndicat[3] ce qui peut poser un problème de responsabilité, tant pour le vendeur que pour le notaire rédacteur de l'acte. Cependant, l'acte de vente, à la différence de l'état descriptif de division[4], peut constituer un juste titre permettant d'usucaper[5].

640 Conséquences. Il en résulte qu'un copropriétaire ne peut pas se soustraire, par une décision unilatérale, aux obligations qui résultent pour lui du règlement. La question s'est posée au sujet des frais entraînés par les services collectifs (chauffage, distribution d'eau chaude); le copropriétaire a le droit d'utiliser ces services, mais a l'obligation de contribuer à leurs charges. Il ne peut pas se soustraire à ces dernières en prétendant ne pas utiliser son droit[6]. De même, un copropriétaire ne peut pas se soustraire à ses obligations sous prétexte que certains copropriétaires ne respectent pas les leurs[7], ou encore que la répartition des charges n'est pas équitable[8]. Il va de soi que, inversement, le copropriétaire peut exiger la fourniture des services collectifs qui lui sont promis par le règlement de copropriété, malgré l'avis contraire des autres copropriétaires[9].

Il résulte également du caractère obligatoire du règlement de copropriété que la convention comportant renonciation par le syndicat à un droit créé par le règlement de copropriété et dont le maintien est nécessaire à la destination de l'immeuble doit être approuvée à l'unanimité[10].

641 Dispositions tendant à faciliter la connaissance du règlement de copropriété. Pour faciliter la connaissance du règlement de copropriété par l'acquéreur d'un lot ou le bénéficiaire d'un droit réel, l'article 4 du décret du 17 mars 1967 prévoit que l'acte doit contenir un certain nombre de mentions dont la finalité est d'assurer que l'acquéreur a bien eu connaissance du règlement de copropriété avec cette précision qu'il ne s'agit pas d'un mode mineur ou subsidiaire de publicité (sur l'opposabilité du règlement de copropriété aux locataires v. s[s] n° 821).

SECTION 2
SANCTIONS

642 Caractère contractuel de l'action. Que l'on voit dans le règlement de copropriété un acte de nature contractuelle, ou un statut de nature institutionnelle, il est nécessaire d'en préciser les sanctions en cas de violation de ses dispositions, soit par refus d'en exécuter les obligations (non-paiement des charges), soit par accomplissement d'actes interdits (constructions irrégulières...)[11]. C'est peut-être sur ce point que la jurisprudence reste le plus attaché au caractère contractuel du règlement de copropriété : elle affirme de façon constante que la violation d'un tel règlement constitue la violation d'une obligation contractuelle[12], ce qui entraîne

1. Civ. 3e, 18 janv. 1972, *JCP* 1972. IV. 52 – Cabanac et Michalopoulos, *AJPI* 1963. 658 – Atias, *Dicopropriété, V° Règlement*, n° 16 – Civ. 3e, 27 janv. 2009, n° 07-15.993, NP.
2. GUILLOT, art. 8 et 9, 1.13 s. – Civ 12 déc. 1956, *Ann. loyers* 1957. 540 – Lyon, 15 oct. 1975, *JCP* 1976. II. 18488; *Ann. loyers* 1976. 1193; *AJPI* 1977. 212; *Rev. loyers* 1977. 230 – TGI Paris, 3 oct. 1975, *D.* 1976. IR 312.
3. Civ. 3e, 27 juin 1972, n° 71-11.379, *Bull. civ.* III, n° 426; *D.* 1973. 26; *JCP* 1972. II. 17226 – Civ. 5 mai 1981, *Administrer* oct. 1981, n° 117 – SUR la possibilité d'appliquer le règlement de copropriété avant même sa publicité : Civ. 3e, 23 juin 1976, n° 75-10.575, *Bull. civ.* III, n° 285; *Rev. loyers* 1976. 458; *Gaz. Pal.* 1976. 2, 242; *RTD civ.* 1977. 166; *Journ. not.* 1977. 13.116.
4. Civ. 3e, 30 avr. 2002, n° 00-17.356, *Bull. civ.* III, n° 89; *Administrer* nov. 2002. 35, obs. Bouyeure; *JCP* 2003. I. 172, n° 1, obs. Périnet-Marquet; *D.* 2002. 2510.
5. Civ. 3e, 30 avr. 2003, n° 01-15.078, *Bull. civ.* III, n° 91; *AJDI* 2003. 768, obs. Giverdon; *D.* 2003. Somm. 2047, obs. Mallet-Bricout.
6. Civ. 23 mars 1968, *JCP* 1968. IV. 80 – Rouen, 29 avr. 1966, *Gaz. Pal.* 1966. 2, 23 – T. civ. Seine, 9 mai 1955, *D.* 1955. Somm. 27; *AJPI* 1955. II. 245, note Boussageon.
7. T. paix Paris, 17 juin 1953, *La loi* 29 juill. 1953; *Ann. loyers* 1955. 4, 76 – COMP. : T. civ. Seine, 18 mars 1954, *Ch. propr.* août-sept. 1955. 471 – 13 mars 1952, *Gaz. Pal.* 1952. 1, 372.
8. Civ. 3 nov. 1965, *Gaz. Pal.* 1965. 2, 271 – Civ. 15 janv. 1963, *JCP* 1963. IV. 21 – TGI Seine, 21 oct., *Ann. loyers* 1962. 94 – Ces arrêts concernent notamment la contribution des copropriétaires du rez-de-chaussée aux charges de l'ascenseur.
9. Paris, 18 mars 1940, *Gaz. Pal.* 1940. 1, 265; *DH* 1940, 104; *S.* 1940, 2, 22 – Civ. 3e, 28 nov. 1973, n° 72-13.290, *Bull. civ.* III, n° 608; *D.* 1974. Somm. 14; *JCP* 1974. IV. 13 : INTERDICTION faite à l'assemblée de supprimer le chauffage collectif.
10. Civ. 3e, 31 oct. 1989, n° 88-12.169, *Loyers et copr.* 1990. 51.
11. Esmein, note s[s] Civ. 9 janv. 1962, *D.* 1962. 219 – Cabanac et Morand, « L'abus de jouissance des parties communes… et sa répression », *Gaz. Pal.* 1970. 2. Doctr. 128 – GUILLOT, art. 8 et 9, 3.01 s. – KISCHINEWSKY-BROQUISSE, n° 543 – SIZAIRE, n° 303.
12. Civ. 13 oct. 1965, *Gaz. Pal.* 1966. 1, 41, note Cabanac – Civ. 22 févr. 1965, *AJPI* 1965. 778, note Cabanac.

notamment l'application des textes du code civil en la matière, et ce qui exclut au contraire, en principe, l'utilisation des actions possessoires [1] et, à plus forte raison, le recours à la voie pénale (même dans les ensembles immobiliers ou groupes d'immeubles bâtis où existeraient des gardes assermentés [2]).

Selon la lettre et l'esprit tant de l'article 1184 que des articles 1142 et 1143 du code civil, on est donc naturellement amené à constater qu'il existe deux sanctions : l'une tend à obtenir le respect du règlement (exécution des obligations, cessation du trouble), l'autre à obtenir des dommages-intérêts – les deux actions étant fréquemment cumulatives (seul le tribunal a qualité pour constater qu'un copropriétaire a violé le règlement de copropriété et en tirer les conséquences sur le plan des sanctions [3]). Du caractère contractuel reconnu à l'action, on déduit cette conséquence que la cessation du trouble et notamment la démolition de constructions irrégulièrement faites doit être ordonnée sans qu'il soit nécessaire que le demandeur, (en général le syndicat), ait à justifier d'un préjudice [4] (sur la qualité pour agir v. s^s n°s 1197 s.).

On précise que l'action peut être engagée contre l'acquéreur d'un lot, sauf son recours éventuel contre son propre vendeur.

643 **a) Exécution des obligations.** Des actions susceptibles d'être introduites, la plus simple est l'action en exécution des obligations, notamment celle intentée par le syndic contre un copropriétaire qui prétend se soustraire au paiement des charges qui lui incombent [5].

644 **b) Cessation du trouble.** La jurisprudence offre de nombreux exemples d'actions tendant à obtenir la suppression d'installations irrégulières (la démolition d'une clôture interdite [6] ou le rétablissement d'installations enlevées sans droit) : empiétement sur les parties communes [7], enlèvement d'une marquise ou d'une enseigne, ou d'installations diverses (conduits de fumée, toit-terrasse, claustra...) [8].

Par un arrêt de principe, la Cour de cassation a jugé que la liberté religieuse, pour fondamentale qu'elle soit, ne peut avoir pour effet de rendre licites les violations des dispositions d'un règlement de copropriété [9].

À cet égard, certaines décisions, faisant application de l'article 1142 du code civil, aux termes duquel toute obligation de faire ou de ne pas faire « se résout en dommages-intérêts en cas d'inexécution », avaient cru pouvoir ne pas ordonner l'enlèvement d'installations irrégulières lorsque celles-ci ne causaient qu'un préjudice minime [10]. Mais la Cour de cassation, a rappelé que l'article 1143 du code civil autorisait le créancier à demander la destruction de « tout ce qui aurait été fait par contravention à l'engagement » et que par conséquent l'enlèvement des installations irrégulières devait être ordonné, s'il n'est pas impossible, même si cette suppression est « hors de proportion avec le préjudice causé » [11], et même si l'emprise sur les parties communes est minime [12]. Toutefois, la Cour de cassation a admis la faculté de réparer une installation illicite lorsque l'action en respect du règlement était prescrite.

645 **c) Dommages-intérêts.** Enfin, la violation du règlement de copropriété peut causer un préjudice soit au syndicat lui-même (notamment dans l'hypothèse d'une atteinte matérielle aux parties communes), soit surtout aux copropriétaires ou à certains d'entre eux. Dans ce cas, l'auteur du trouble peut évidemment être condamné à des dommages-intérêts.

1. Civ. 22 févr. 1965, préc. – Civ. 3e, 29 févr. 1968, *Bull. civ.* III, n° 80 – Civ. 3e, 3 nov. 1971, n° 70-10.708, *Bull. civ.* III, n° 529; *AJPI* 1972. 536 – Civ. 3e, 22 juin 1976, n° 75-10.475, *Bull. civ.* III, n° 274; *Ann. loyers* 1977. 811 – L'action possessoire reste évidemment possible si le trouble incriminé émane d'un tiers.
2. Rép. min., n° 2205, 12 mars 1981, *JO Sénat* 21 mai 1981 – EN CE SENS AUSSI : rép. min., *JOAN* 19 nov. 1967; *JCP N* 1977 prat. 489.
3. GUILLOT, art. 8 et 9, 3.06 – TGI Paris, 9 juin 1980, *D.* 1981. IR 215; *Administrer* déc. 1981. 119; *Rev. loyers* 1980. 502.
4. Civ. 3e, 13 oct. 1981, n° 80-10.595, *JCP* 1982. IV. 5 – ET SURTOUT : Civ. 3e, 22 mars 2000, n° 98-13.345, *Bull. civ.* III, n° 64; *Administrer* mai 2000. 51, note Capoulade; *RDI* 2000. 248.
5. Civ. 3 nov. 1965, *Gaz. Pal.* 1965. 2, 371, quant aux frais de remplacement de l'ascenseur – COMP. : Civ. 1re, 24 juin 1964, *Bull. civ.* I, n° 340; *RDI* 2000. 248; *D.* 2001. 345, cet arrêt concerne le refus d'un copropriétaire de payer les frais d'étanchéité qui lui incombent.
6. Prédominance du règlement sur l'article 647 C. civ., Civ. 3e, 7 mars 2007, n° 06-12.702, *Bull. civ.* III, n° 34; *Administrer* n° 400, 55.
7. Civ. 3e, 18 déc. 2001, n° 00-18.344, NP, *Administrer* – Civ. 3e, 29 janv. 2003, n° 01-10.743, *Bull. civ.* III, n° 19; *JCP* 2003. 1505.
8. Civ. 3e, 12 sept. 2006, *Administrer* déc. 2006. 78.
9. Civ. 3e, 8 juin 2005, n° 05-14.774, *Bull. civ.* III, n° 140; *Administrer* 45, n° 393, obs. Bouyeure; *Loyers et copr.* 2006. 189; *AJDI* 2007. 311, obs. Capoulade – Solution contraire en droit québécois.
10. Aix, 17 déc. 1963, *Ann. loyers* 1964. 702 – Paris, 23e ch. A, 24 févr. 1981, S^té Sebia c/Bonnot.
11. Civ. 13 déc. 1965, *D.* 1966. Somm. 37 – Civ. 3e, 1er déc. 1981, *Juris-Data* n° 703310, *RDI* 1983. 96; *Gaz. Pal.* 1982. 1. pan. 146 – Civ. 3e, 13 oct. 1981, n° 80-10.595; *Bull. civ.* III, 152; *D.* 1982. IR 290; *Gaz. Pal.* 1982. 1. pan. 90.
12. Civ. 3e, 17 avr. 1991, n° 89-15.172, NP, *RDI* 1991. 377.

646 Clause pénale - Astreinte. On a précédemment indiqué que le règlement de copropriété ne pouvait prévoir de clause « d'exclusion » du copropriétaire en cas d'infraction au règlement de copropriété, une telle clause étant contraire au principe d'ordre public de la liberté de disposition en matière de propriété (C. civ., art. 545)[1] - à plus forte raison, sera nulle la clause rendant certains copropriétaires responsables de dégâts causés par un inconnu[2]. Rien au contraire n'interdit d'introduire dans le règlement une clause pénale, conforme aux dispositions de l'article 1153 du code civil, dont elle tire sa force obligatoire[3] et à plus forte raison de prévoir un intérêt en cas de retard par un copropriétaire dans le paiement de ses charges qui ne peut être supérieur au taux légal[4]. On peut estimer préférable d'écarter la notion d'intérêt, pour retenir celle de clause pénale, ce qui permet de prévoir une pénalité plus forte, le taux d'intérêt légal étant nettement inférieur aux taux de l'intérêt dans la vie des affaires, mais sous réserve du pouvoir modérateur du juge.

À défaut d'une clause pénale, rien n'interdit aux tribunaux, spécialement au juge des référés, de condamner les copropriétaires défaillants à cesser leurs infractions sous astreinte, au besoin même non comminatoire[5].

En outre, si un ou plusieurs copropriétaires font l'objet d'une condamnation pour infraction aux clauses du règlement de copropriété, par exemple stationnement interdit, le tribunal peut ordonner la publicité de son jugement sous forme d'affiche sur un tableau de l'immeuble prévu à cet effet[6].

1. T. civ. Grenoble, 6 avr. 1964, *D.* 1964. 367, concl. Chanaron; *JCP* 1965. II. 13633, note Savatier; *Ann. loyers* 1964. 1, 399; *Rev. loyers* 1964. 452; *AJPI* 1965. 23.
2. GUILLOT, art. 8 et 9.
3. GUILLOT, art. 8 et 9, 2.29 – Paris, 30 oct. 1979, *D.* 1980. IR 329 – TI Cannes, *AJPI* 1969. 2, 544, note Cabanac – Civ. 3e, 17 janv. 1990, no 88-16.016, NP, *Administrer* août-sept. 1990. 52, pour sanctionner le stationnement interdit d'une voiture – SUR LA DISTINCTION entre clause pénale et amende, Paisant, note 9, 1987, 380.
4. GUILLOT, art. 8 et 9 2.32 – Paris, 12 févr. 1979, *D.* 1980. IR 149 – Paris, 25 sept. 1979, *D.* 1981. IR 99 – Paris, 30 oct. 1979, *D.* 1980. IR 99 et 239.
5. Cabanac et Morand, *Gaz. Pal.* 1968. 228 – Atias, no 151.
6. COMP. : TGI Lyon, 2 févr. 1972, *JCP* 1972. II. 17076 – Guillot, note ss Civ. 3e, 12 févr. 1980, *Administrer* oct. 1980.

TITRE

2. Le syndicat des copropriétaires

SECTION 0

ORIENTEUR

Plan du titre.

CHAPITRE

1. Dispositions générales

SECTION 0

ORIENTEUR

Plan du chapitre.

Textes applicables.

• L. n° 65-557, 10 janv. 1965, fixant le statut de la copropriété des immeubles bâtis, art. 14-29.

• Décr. n° 67-223, 17 mars 1967, art. 55-63 à 63-4.

• C. pénal, art. 121-2.

• C. civ., art. 1382-1383-1384-1385 et 1386.

Jurisprudence de référence.

• **Civ. 3e, 27 sept. 2000, n° 98-22.189,** *Bull. civ.* III, n° 152.

* V. ss nos 649, 681.

« Une association syndicale libre ayant été créée pour regrouper les copropriétaires de quatre syndicats avec pour objet la propriété, la garde, la gestion d'équipements communs, et étant placée en redressement judiciaire après avoir conclu une convention avec un prestataire de service, viole l'article 1371 du code civil et les principes régissant l'enrichissement sans cause, la cour d'appel qui, pour condamner les syndicats à payer le prestataire, ne constate pas que les prestations fournies étaient entrées dans le patrimoine de chacun des syndicats et par des motifs qui ne suffisent pas à caractériser l'enrichissement sans cause du syndicat. »

• **Civ. 3e, 26 oct. 2005, n° 04-16.664,** *Bull. civ.* III, n° 205.

* V. ss nos 649, 655.

« Le syndicat étant une personne morale de droit privé dont le patrimoine est distinct de celui de ses membres, que celui-ci n'étant pas responsable à l'égard des tiers ou de l'un des copropriétaires de son passif, le créancier du syndicat dispose d'une action oblique et non d'une action directe à l'égard des copropriétaires en paiement des sommes qui lui sont dues. »

• **Civ. 3e, 17 déc. 1997, n° 96-12.260,** *Bull. civ.* III, n° 323.

* V. ss nos 681, 683.

« Viole l'article 1386 du code civil, ensemble l'article 4 de la loi du 10 juillet 1965, l'arrêt qui, pour écarter l'application de l'article 1386 du code civil et retenir la responsabilité du syndicat des copropriétaires sur le fondement de l'article 1384 alinéa 1 du même code, énonce que le premier de ces textes n'est relatif qu'à la responsabilité du seul propriétaire du bâtiment et que le syndicat des copropriétaires n'a pas cette qualité, mais seulement celle de gardien des parties communes de l'immeuble. »

• **Civ. 3e, 4 juill. 2007, n° 06-11.015,** *Bull. civ.* III, n° 121.

* V. ss n° 699.

« La réunion de tous les lots entre les mains d'un même copropriétaire entraîne de plein droit la disparition de la copropriété et la dissolution du syndicat qui ne survit que pour les besoins de sa liquidation ».

Bibliographie indicative.

ATIAS, *Dicopropriété, V° Syndicat des copropriétaires* – KISCHINEWSKY-BROQUISSE, *La copropriété des immeubles bâtis*, Librairies Techniques, n°s 300 s.

647 Principe – Caractère légal et impératif. Aux termes de l'article 14 de la loi du 10 juillet 1965, « la collectivité des copropriétaires est constituée en un syndicat qui a la personnalité civile ». Sur ce point, cette loi reprend la disposition de loi du 28 juin 1938, qui avait introduit le caractère légal du groupement des copropriétaires pour remédier aux difficultés que soulevait, sous le régime de l'article 664 du code civil, l'absence de groupement, lorsque celui-ci n'était pas conventionnellement organisé[1].

Le groupement des copropriétaires, qualifié de syndicat, existe de plein droit[2], en application de l'article 14, sans que la volonté des copropriétaires ait à se manifester par un acte quelconque[3] (le syndicat, comme la copropriété, existe dès lors qu'il y a deux copropriétaires[4], même en l'absence de règlement de copropriété[5]). En outre, ce groupement présente un caractère impératif, l'article 14 figurant parmi les textes auquel l'article 43 reconnaît le caractère d'ordre public[6]. Il en découle la nullité de l'association syndicale libre créée par la société promotrice *postérieurement* aux premières ventes[7]. Antérieurement à la loi du 10 juillet 1965, on pouvait admettre l'existence d'un groupement conventionnel des copropriétaires distinct du syndicat prévu par la loi[8]. L'existence d'un groupement de copropriétaires au sein duquel joue le principe majoritaire est admise dans la quasi-totalité des pays qui connaissent un régime analogue à celui de la copropriété[9].

Il résulte de là que le syndicat des copropriétaires, délibérant en assemblée générale, a seul qualité pour décider du mode de gestion des équipements communs et des services d'intérêts collectifs, et qu'il a le droit de mettre fin aux contrats passés par la société promotrice en vue d'assurer la gestion d'un groupe d'immeubles. Du fait de la naissance automatique du syndicat des copropriétaires, l'action en garantie décennale ou biennale est transmise de plein droit au syndicat et aux copropriétaires, si bien que la société promotrice n'a plus d'action directe contre les constructeurs[10], à moins qu'elle ait conservé un intérêt à agir (ayant procédé à des réparations; ayant été assignée par un acquéreur; ayant conservé la propriété de lots).

Le syndicat, avec les pouvoirs qui lui sont dévolus et qui sont exercés par ses organes, exprime ainsi l'*autonomie* de la collectivité des copropriétaires[11]. Cette autonomie doit être respectée.

C'est ainsi que la représentation de plusieurs syndicats par un même syndic n'implique pas l'existence d'une unité économique et sociale entraînant la constitution d'un comité d'entreprise ou la désignation d'un délégué syndical pour la représentation syndicale des concierges, gardiens, employés et femmes de ménages d'immeubles à usage d'habitation, préposés de chaque syndicat et non pas du syndic[12].

De même, l'autonomie de chaque collectivité de copropriétaires doit être respectée, lorsque plusieurs syndicats concluent une convention de gestion commune de leurs immeubles. Outre la publicité nécessaire de cette convention au fichier immobilier, il convient que celle-ci ne porte pas atteinte à la compétence des organes de chaque syndicat, spécialement de leurs assemblées générales, seules habilitées à prendre les décisions[13].

Lorsque l'immeuble comporte plusieurs bâtiments, il existe une faculté de créer un ou plusieurs syndicats secondaires (L. 10 juill. 1965, art. 27 - V. s^s n°s 733 s.), à côté du syndicat principal.

Chaque syndicat peut aussi revêtir la forme d'un syndicat coopératif (L. 10 juill. 1965, art. 14 - V. s^s n°s 701 s.).

1. KISCHINEWSKY-BROQUISSE, n° 298 – Sizaire, n°s 130 s. – GUILLOT, art. 14 à 16-1 – LAFOND, ROUX ET STEMMER, art. L. 14, § I et II – Marty et Reynaud, *Droit civil*, t. I, vol. 2, n° 24.
2. Civ. 3e, 13 nov. 1974, *Bull. civ.* III, n° 413 – Civ. 3e, 15 nov. 1989, n° 87-15.213, *Bull. civ.* III, n° 214; *D.* 1990. 195, note Capoulade, Giverdon; *RDI* 1990. 113.
3. Alibert, *Ann. loyers* 1965. 751 – CABANAC, n°s 382 s. – Dutheil, Le Syndicat de copropriété, personne morale – GUILLOT, art. 14, n° 16-1, qui souligne l'impossibilité d'exclure un copropriétaire – LOMBOIS, n°s 49 et 50 – PLANIOL ET RIPERT, t. III, n° 325 – LAFOND, ROUX ET STEMMER, art. 14, n° 1 – Rép. civ., Atias, *V° Copropriété*, n° 190.
4. Montpellier, 13 oct. 1964, *Gaz. Pal.* 1965. 1, 8 – Paris, 30 janv. 1979, *D.* 1979. IR 441, obs. Giverdon – Civ. 3e, 19 juin 1995, n° 94-19.328, *IRC* févr. 1997. 9, note Capoulade; *RDI* 1996. 613.
5. Civ. 3e, 29 mai 2002, n° 00-17.542, *Bull. civ.* III, n° 113; *Constr. urb.* 2002, n° 207, obs. Sizaire; *Defrénois* 2002. 1313, obs. Atias; *JCP N* 2002. 1106; *AJDI* 2003. 124, obs. Giverdon; *D.* 2003. 1331, note Giverdon.
6. CABANAC, n° 384 – SIZAIRE, n° 130.
7. Civ. 3e, 9 févr. 1982, n° 80-12.101, *Bull. civ.* III, n° 39; *D.* 1982. IR 436; *RDI* 1982. 423.
8. Aubry et Rau, *Droit civil*, n° 346 – Denis, *op. cit.*, p. 113.
9. V. Ionesco, *op. cit.*, p. 324.
10. Paris, 12 janv. 1983, *Juris-Data* n° 021287, *D.* 1983. IR 333 – Auby et Perinet-Marquet, *Droit de l'urbanisme et de la construction*, n°s 1304-1305.
11. ATIAS, n° 202.
12. TI Lyon, 6 mars 2000, *Administrer* juill. 2000. 42, note Gélinet – Soc. 23 mai 2000, n° 99-60.006, *Bull. civ.* V, n° 201; *RDI* 2000. 601.
13. Civ. 3e, 12 juin 1991, n° 90-13.708, *Bull. civ.* III, n° 172; *RDI* 1991. 379; *Loyers et copr.* 1991. 393; *Gaz. Pal.* 23 juill. 1992. Somm. comm.; *Defrénois* 1992. 368 – COMP. : Civ. 3e, 12 juin 2002, n° 00-20.610, NP.

Enfin, l'administration d'un « syndicat en difficulté » (L. 10 juill. 1965, art. 29-1) et d'un syndicat de résidences-services (art. 41-1) obéit à des règles particulières (v. s^{s} n°s 716 s. et 771 s.).

648 Nature juridique du syndicat. La doctrine s'est efforcée de rechercher la nature juridique de ce groupement que le législateur qualifie de syndicat. Il est superflu de souligner que, malgré la terminologie employée, ce groupement ne présente aucune analogie avec les syndicats professionnels définis par la loi de 1884[1]. Il est également impossible de rapprocher ce groupement de la société, au sens traditionnel du terme, étant donné l'absence de recherche de bénéfice (C. civ., art. 1832)[2]. C'est en définitive peut-être de l'association que ce groupement est le moins éloigné, et divers auteurs ont proposé d'admettre cette analogie, et d'en tirer notamment la conséquence que, dans le silence de la loi, il y aurait lieu d'appliquer les dispositions de la loi du 1er juillet 1901[3] (remplacée par l'ordonnance n° 2004-632 du 1er juill. 2004). En réalité, cette discussion d'ordre théorique semble sans intérêt pratique. La meilleure solution est de reconnaître que le syndicat des copropriétaires, chacun titulaire d'un droit réel, « création originale du législateur »[4], constitue un groupement *sui generis*, dont il convient de préciser la personnalité, les pouvoirs et la responsabilité.

SECTION 1
PERSONNALITÉ MORALE DU SYNDICAT

§ 1
Principes

649 Reconnaissance de la personnalité morale du syndicat[5]. La loi du 28 juin 1938 n'avait pas expressément reconnu l'existence de la personnalité morale au syndicat. Mais une doctrine et une jurisprudence quasi unanimes – partant du principe fondamental que tout groupement qui possède des droits et des obligations, constitue une personne morale (ainsi du comité d'établissement[6] – de la masse de la faillite[7] – il faut réserver l'accomplissement des formalités légales pour les associations syndicales et les sociétés) – avaient déjà reconnu la personnalité du syndicat[8]. Aux termes de l'article 14 alinéa 1er de la loi du 10 juillet 1965, le syndicat « *a la personnalité civile* ». Ce texte constitue une innovation législative. Il s'agit donc d'une consécration législative, beaucoup plus que d'une création, dont l'utilité essentielle sera de faciliter la pleine reconnaissance des effets de cette personnalité, que certaines décisions tendaient à minimiser[9] (on avait au contraire à bon droit refusé d'admettre la personnalité morale d'un groupement de fait de copropriétaires, distinct du syndicat[10]).

Il résulte de la reconnaissance du syndicat en tant que personne morale que les copropriétaires sont des tiers par rapport au syndicat. Le patrimoine du syndicat est distinct de celui de chaque copropriétaire[11]. Dès lors, les créanciers du syndicat peuvent pratiquer une saisie-attribution entre

1. Alibert, « Le syndicat », *Ann. loyers* 1958. 120 – KISCHINEWSKY-BROQUISSE, n° 300.
2. Alibert, « Le syndicat », p. 129 – KISCHINEWSKY-BROQUISSE, n° 300.
3. V. DENIS, p. 114 – Julliot, *Journ. not.*, 1938, n° 23, p. 44 – SUR LA comparaison avec l'association syndicale des lois des 21 juin 1865 et 22 décembre 1888 : KISCHINEWSKY-BROQUISSE, n° 300.
4. COMP. : ALIBERT, p. 123 – Aubry et Rau, *Droit civil*, p. 346 – Cabanac, note *AJPI* 1961. I. 55 – KISCHINEWSKY-BROQUISSE, n° 300 – Robert, « Une énigme juridique… », *Gaz. Pal.* 1938. 2. Doctr. 18 – ATIAS, n° 213, écrit très justement que le syndicat « n'est rien d'autre » qu'une technique d'organisation – Lafond, « La copropriété : contrat ou institution ? », *Administrer* mars 1977, 2.
5. V. Cabanac, « La personnalité morale du syndicat des copropriétaires d'après la loi du 10 juillet 1965 », *AJPI* 1965. 1, 1071 – GUILLOT, art. 14 à 16-1, 1-06 – Guillot, « La personnalité morale du syndicat des copropriétaires », *Administrer* juin 1979, n° 92 – KISCHINEWSKY-BROQUISSE, n°s 301 s. – Laroumet, « L'intérêt collectif et les droits individuels des copropriétaires dans la copropriété des immeubles bâtis », *JCP* 1976. I. 2812 – Atias, *Les biens*, t. II, n°s 102 s. – Terré et Simler, *Les biens*, 8e éd., n° 655 – Duteril, *Le syndicat des copropriétaires, personne morale*, thèse Rennes 1978 – CAPOULADE ET AUTRES, p. 58, n° 76.
6. Civ. 28 janv. 1954, *D.* 1954. 217, note Levasseur; *S.* 1954, 1, 168; *JCP* 1954. II. 7978, concl. Lemoine; *Gaz. Pal.* 1954. 1, 205.
7. Com. 17 janv. 1956, *D.* 1956. 165, note Houin; *JCP* 1956. II. 9601, note Granger.
8. Alibert, *Le syndicat*, p. 124 – Bredin, *RTD civ.* 1963. 575 – CHEVALLIER, COMMENTAIRE, p. 81-82 – Cabanac et Michalopoulos, *AJPI* 1963. 1, 664 – Lyon, 3 mai 1963, *AJPI* 1963. 510 – TGI Seine, 26 févr. 1959, *Rev. loyers* 1960. 341; *Journ. not.* 1960. 282, note Denis – Thibierge, *Le statut des immeubles en copropriété*, p. 34 F – Kischinewsky-Broquisse, *Statut de la copropriété des immeubles bâtis et sociétés de construction*, 1958, n° 314.
9. V. Paris, 19 déc. 1961, *D.* 1962. 476, note Esmein; *AJPI* 1961. 2, 333; *JCP* 1962. II. 12519; *S.* 1962, 224 – Civ. 1re, 22 juin 1964, *AJPI* févr. 1965, III, note Cabanac – Lyon, 3 mai 1963, *AJPI* 1963. 2, 510 – TGI Seine, 14 avr. 1963, *JCP* 1963. II. 13244, note Esmein; *RTD civ.* 1963. 576, obs. Bredin; *Ann. loyers* 1964. 696; CRITIQUÉES PAR LA DOCTRINE, ces deux dernières décisions ont nié la personnalité morale du syndicat – SUR LA QUESTION : CABANAC, p. 22.
10. Paris, 11 juin 1963, *Gaz. Pal.* 1963. 2, 192; *Ann. loyers* 1964. 696.
11. Civ. 3e, 26 oct. 2005, n° 04-16.664 *Bull. civ.* III, n° 205, 186.

les mains des copropriétaires, chacun pour sa quote-part[1] (solution contraire pour les associations syndicales libres[2]), mais lorsque le syndicat n'est pas le véritable bénéficiaire des prestations, qu'il s'est borné à répartir entre les copropriétaires, l'action de *in rem verso* ne peut être exercée à son encontre que sur la constatation que les prestations fournies sont entrées dans son patrimoine[3].

650 Naissance du syndicat. Le syndicat des copropriétaires prend naissance, de plein droit, au moment même où l'immeuble se trouve en copropriété, c'est-à-dire au moment où sont remplies les conditions de l'article 1er (al. 1er) de la loi du 10 juillet 1965[4]. Il en est ainsi par le premier retrait d'un associé, après approbation des comptes de la société promotrice[5] (v. ss no 55). Le syndicat, personne morale, n'est pas, à notre sens, l'ayant droit de la société promotrice, d'où il résulte que les engagements de la société ne se transmettent pas au syndicat personne morale[6]. Il est prudent dans l'acte ou les actes aboutissant à la disparition de la société promotrice de prévoir le sort des engagements pesant sur cette société. Il va de soi au contraire que les travaux commandés postérieurement à la naissance du syndicat (en l'espèce aménagement d'espaces verts) pèsent sur le syndicat et non sur le promoteur-vendeur[7]. C'est ainsi que ne sont pas considérées comme charges de copropriété le versement de la rente viagère due à l'ancien propriétaire de l'immeuble[8], le coût des travaux nécessaires à l'achèvement de l'immeuble[9]. Mais une assemblée générale peut réintégrer dans les charges communes les détournements des promoteurs et les dépenses de restauration des parties communes[10].

1. Morand, « Les mesures conservatoires contre le syndicat de copropriété » (rapport Lot), *Gaz. Pal.* 1970. 1. Doctr. 89 – Gélinet, « Les rapports financiers entre un syndicat de copropriétaires et les tiers », *Administrer* avr. 1996. 14 s. – Civ. 3e, 30 oct. 1984, no 83-10.202, *Gaz. Pal.* 1985, pan. no 42, note Souleau – Civ. 3e, 7 nov. 1990, no 88-18.769, NP, *IRC* avr. 1991. 114, note Capoulade.
2. Civ. 3e, 12 juin 2002, no 00-19.207, *Bull. civ.* III, no 134, 116; *AJDI* 2002. 878; *D.* 2003. 1288.
3. Civ. 3e, 27 sept. 2000, no 98-22.189, *Bull. civ.* III, no 152; *RDI* 2000. 598, obs. Capoulade.
4. Atias, *Guide*, préc., no 551.
5. Guillot, 1.02.
6. TGI Paris, 16 févr. 1972, *Gaz. Pal.* 1972. 2, 820 – en sens contraire : Paris, 4 oct. 1979, *D.* 1981. IR 105.
7. Paris, 18 oct. 1979, *D.* 1981. IR 94.
8. Civ. 3e, 5 févr. 1991, no 89-20.502, *RDI* 1991. 253.
9. Civ. 3e, 20 déc. 1976, *D.* 1977. IR 320, obs. Giverdon; *Administrer* avr. 1977. 24, note Guillot. Civ. 3e, 6 nov. 2007, no 05-17.567, NP, qui casse toutefois en déclarant irrecevable l'action du syndicat contre le promoteur et son garant sans rechercher si les sommes avancées pour l'achèvement de l'immeuble n'avaient pas pour objet la sauvegarde des droits afférant à l'immeuble.

651 Syndicat et procédures collectives. Le syndicat de copropriétaires ne peut plus être mis en redressement ou en liquidation judiciaires, depuis la loi du 21 juillet 1994 (L. 10 juill. 1965, art. 29-6, mod. par L. 21 juill. 1994, art. 35-III)[11].

Antérieurement à cette loi, il appartenait au créancier d'établir que le syndicat n'était pas en mesure de faire face au passif exigible avec son actif disponible[12]. L'intérêt de l'application des lois du 13 juillet 1967, 1er mars 1984 et 15 janvier 1985 (Livre VI du code de commerce) était contestable en fait, en raison des moyens juridiques dont le syndicat dispose pour obtenir le paiement des charges par les copropriétaires. Néanmoins, cette application n'était pas juridiquement impossible, malgré l'absence de patrimoine propre. Le liquidateur pouvait poursuivre les débiteurs (copropriétaires retardataires) et, à défaut de paiement, il aurait pu procéder à la saisie immobilière des lots. Les dispositions du chapitre VI de la loi du 13 juillet 1967 concernant les dirigeants des personnes morales déclarées en état de règlement judiciaire ou de liquidation de biens n'étaient pas applicables en matière de copropriété par appartement[13].

L'article 29-1 de la loi du 10 juillet 1965, (mod. par L. 21 juill. 1974 et L. 13 déc. 2000) prévoit une modification de l'organisation collective et du fonctionnement des organes d'administration lorsque le syndicat est en « difficulté », c'est-à-dire, lorsque son équilibre financier est gravement compromis ou qu'il est dans l'impossibilité de pourvoir à la conservation de l'immeuble[14] (v. ss no 782). Il reçoit ainsi une vocation perpétuelle tant que les conditions relatives à la structure du bien demeurent réunies (L. 10 juill. 1965, art. 1er, al. 1er)[15].

652 Comment dénommer le syndicat en tant qu'entité juridique ? La question se pose notamment en matière de procédure[16]. L'article 48 du

10. Civ. 3e, 5 déc. 2007, no 07-11.188, no 07-11.204, *Bull. civ.* III, no 220; *D.* 2008. 87; *AJDI* 2008. 861.
11. Sur la controverse antérieure à cette loi, Guillot, art. 14 à 16-1, 1.14 – Paris, 24 oct. 1977, *Juris-Data* no 603040, et Paris, 14 mai 1980, *Gaz. Pal.* 1980. 2, 419; *RDI* 1980. 344; *Ann. loyers* 1980. 1244; *RTD civ.* 1980. 589, obs. Giverdon – TGI Nanterre, 19 nov. 1991, *Rev. huissiers* 1992. 496 et 799 – en sens contraire : TGI Paris, 2 nov. 1970 et TGI Paris, 12 juin 1979, *Gaz. Pal.* 1980; *RDI* 1980. 91; *D.* 1980. IR 449.
12. Com. 2 avr. 1996, no 93-21.861, *D.* 1996. IR 123.
13. V. Guillot, 1, 15 – aussi : Lot, « La faillite des syndicats de copropriété », *Administrer* déc. 1980. 14 – Cabanac, « Un syndicat de copropriétaires peut-il être déclaré en état de règlement judiciaire », *REDI* no 89. 23 – Lafond, Chron, *Administrer* nov. 1981, p. 48.
14. Capoulade, « L'endettement du copropriétaire, du syndic et du syndicat », *RDI* 1995. 669 s.
15. Atias, no 200.
16. Atias, « L'identification du syndicat », *IRC* oct. 1996. 23.

code de procédure civile revêtant une portée générale, la désignation du syndicat, personne morale, résultera de l'expression : « syndicat des copropriétaires de l'immeuble sis à..., pris en la personne de M. X... domicilié à... (ou de la société X..., ayant son siège social à...), son syndic en exercice[1] », mais l'erreur dans la désignation du syndic ne constitue pas une irrégularité de fond[2] (v. aussi une signification à l'ancien syndic[3]). L'interprétation souveraine des actes de procédure par les juges du fond a conduit à admettre l'équivalence des mots « syndicat » et « copropriété »[4]. Pour une association syndicale libre, l'autorité de la chose jugée a été retenue pour deux instances successives introduites sous les dénominations « syndicat des copropriétaires de la cité Debergue » et « syndicat des copropriétaires riverains de la cité Debergue »[5].

653 Lieu d'implantation du syndicat. L'article 65 alinéa 3 du décret du 17 mars 1967 consacre l'existence du siège du syndicat[6], mais aucun texte n'en précise le lieu d'implantation. On peut induire de plusieurs dispositions qu'il se situe à l'adresse de l'immeuble. L'article 20 de la loi du 10 juillet 1965 prévoit l'élection de domicile dans le ressort de la situation de l'immeuble pour faire opposition, les articles 60 et 62 du décret du 17 mars 1967 donnent compétence territoriale à la juridiction de situation de l'immeuble. Néanmoins, les significations et notifications sont formalisées au domicile du syndic, car les copropriétaires occupants ou le personnel du syndicat ne sauraient avoir qualité pour recevoir ces actes.

§ 2
Attributs

654 Patrimoine. La reconnaissance de la personnalité morale au profit du syndicat entraîne la reconnaissance des attributs attachés à toute personnalité, et dont le premier est l'existence d'un patrimoine, comprenant des droits et des obligations[7]. Il n'est pas douteux en effet que le syndicat des copropriétaires possède des droits, dont certains sont légalement reconnus (par ex., l'hypothèque légale sur les biens des copropriétaires, le privilège spécial immobilier occulte pour charges et travaux en cas de vente du lot) et qu'il est tenu d'obligations (responsabilité pour vices de construction, défaut d'entretien, ruine du bâtiment...). En pratique, le syndicat dispose généralement d'un patrimoine mobilier, constitué notamment par les avances ou provisions versées par les copropriétaires et les créances de charges à leur encontre[8]. Le syndicat peut aussi posséder des biens immobiliers[9] (il en est ainsi de la loge de gardien, partie privative d'un lot acquis par le syndicat, sans pour autant constituer une partie commune[10], ou du lot, en l'absence d'enchérisseur, dans l'ancienne procédure, sur une saisie immobilière poursuivie par le syndicat), hypothèse prévue par divers textes de la loi du 10 juillet 1965 (L. 10 juill. 1965, art. 16, al. 2, 26).

Mais, pour éviter toute confusion, il importe de souligner une donnée fondamentale de la conception française de la copropriété (conception dualiste) : le syndicat n'est ni propriétaire de l'immeuble en copropriété[11] (toutefois, le syndicat a été qualifié de « propriétaire actuel des biens » pour retenir sa responsabilité de voisinage[12]; il ne peut s'agir que d'un *lapsus calami*, les attributions reconnues au syndicat ont toujours suffi pour lui accorder la garantie décennale, sans faire appel à la qualité de « propriétaire ». La transposition de cette solution s'imposait en matière de responsabilité de voisinage), ni même propriétaire des parties communes de l'immeuble[13]. S'il en allait autrement, les « copropriétaires » ne disposeraient plus d'un droit réel, mais seulement d'un droit de jouissance

1. Notes s^s : Civ. 3e, 6 juill. 1988, *IRC* mai 1989. 162 – ET s^s : Civ. 3e, 30 juin 1993, n° 91-11.290, NP, *RDI* 1993. 547 – Atias, note 11.
2. Civ. 2e, 14 janv. 1987, n° 85-16.017, *Bull. civ.* II, n° 5; *RTD civ.* 1988. 175, obs. Perrot.
3. Civ. 3^e, 15 mars 1989, n° 87-14.634, *Bull. civ.* III, n° 64; *IRC* janv. 1990. 12, obs. Capoulade.
4. Civ. 3e, 9 nov. 1994, n° 93-10.731, et Civ. 3e, 23 nov. 1994, n° 92-21.586, *RDI* 1995. 165 – Atias, note 11.
5. Civ. 3e, 23 juin 1999, n° 98-10.806, n° 1131, NP.
6. Atias, n° 197.
7. Alibert, p. 126 – Guillot, art. 14 à 16, n° 108 – Kischinewsky-Broquisse, n°s 302-303 – Capoulade et autres, p. 61, n° 82 – Roux, « Le patrimoine du syndicat des copropriétaires », *Dr. et patr.* juill.-août 2004, p. 53.
8. Juillot, p. 45 – Kischinewsky-Broquisse, n°s 302-303; c'est un « patrimoine de transit », D. 1966, lég. 104 – Atias, *Droit civil, Les biens*, 8e éd., n° 250 – Terré et Simler, *Droit civil, Les biens*, 8e éd., n° 656, « patrimoine-relais » – Cordier, « Dettes, créances et trésorerie du syndicat », *IRC* août 2000. 12 – Civ. 3e, 3 mars 1999, n° 97-14.392, *Bull. civ.* III, n° 57; *RDI* 1999. 308, pour les intérêts des sommes dues au syndicat.
9. Kischinewsky-Broquisse, n° 303 – Terré et Simler, *Les biens*, 8e éd., n° 656, qui admettent l'acquisition d'immeubles pour les affecter à usage commun – Atias, n° 208.
10. Civ. 3e, 26 oct. 1983, *Juris-Data* n° 702271, *D.* 1984. IR 381, obs. Giverdon.
11. Cabanac et Micholopoulos, *AJPI* 1963. I. 664 – Kischinewsky-Broquisse, n° 303 – Morand, *Gaz. Pal.* 1962. 2. Doctr. 818 – Sizaire, n° 132 – Terré et Simler, *Les biens*, 8e éd., n° 656 – Civ. 21 nov. 1965, *Rev. loyers* 1956. 8 – Civ. 10 mai 1969, *D.* 1969. 45, note Giverdon – Paris, 3 juin 1955, *Gaz. Pal.* 1965. 2, 332, note Cabanac; *D.* 1966. 29 – Civ. 3e, 29 nov. 1966, *JCP* 1967. II. 15267.
12. Civ. 3e, 11 mai 2000, n° 98-18.249, *Bull. civ.* III, n° 106; *D.* 2000. IR 165; *RDI* 2000. 313; *AJDI* 2001. 346; *D.* 2001. 2231.
13. Terré et Simler, *Les biens*, 8e éd., n° 656.

(on en reviendrait au régime des sociétés d'attribution à temps complet ou à temps partagé [1]), d'une part, et la notion de lot ne correspondrait plus à la définition d'ordre public de l'article 1er alinéa 1 de la loi du 10 juillet 1965, d'autre part, la propriété ne porterait plus que sur les parties privatives; le lot de copropriété manquerait d'un élément composant indissociable (la quote-part de parties communes).

Malgré l'accentuation du caractère collectif de la copropriété des immeubles bâtis, le législateur de 1965 n'a pas attribué au syndicat la propriété des choses communes, qui continue à être réparties entre les copropriétaires à proportion de leur quote-part de propriété.

On a pu regretter le rejet d'un système unitaire par le législateur français [2], mais la solution adoptée se montre respectueuse d'un droit réel de propriété de chacun sur son lot; c'est l'état actuel du droit positif. Sans doute, cette solution ne présente pas que des avantages [3] (ainsi, selon la formule imagée de M. Atias c'est « une personnalité encombrante » pour de faibles « moyens » [4]). Il en est résulté, d'une part, des difficultés en cas d'aliénation ou d'expropriation pour cause d'utilité publique des parties communes (v. ss nos 132 et 658) et, d'autre part, des moyens d'action limités pour les créanciers du syndicat (refus de l'action possessoire au profit du syndicat, non propriétaire [5]). En tous cas, la solution est certaine et on dira donc avec la jurisprudence traditionnelle que « le syndicat n'est pas propriétaire de l'immeuble » [6]. En conséquence, si un syndicat est compris dans le périmètre d'une association syndicale libre, ce sont les copropriétaires qui sont membres de l'association et qui doivent en acquitter les charges [7].

655 Capacité - Contrats. Le syndicat, en tant que personne morale, a la pleine capacité de contracter : engagement du personnel (concierge), marchés de travaux, acquisitions et aliénations [8]. Étant donné le patrimoine dérisoire dont dispose le syndicat, les cocontractants (et notamment les entrepreneurs) agiront prudemment en demandant des garanties quant au règlement de leurs créances [9]. Il est très incertain que les créanciers du syndicat puissent, en l'absence de texte législatif, exercer une action directe contre chaque copropriétaire [10], mais la jurisprudence leur reconnaît l'exercice de l'action oblique à proportion de la quote-part de chaque copropriétaire [11]. La responsabilité personnelle du syndic a été retenue pour faute consistant à commander des travaux pour un coût important tout en connaissant la situation obérée du syndicat et sans procéder à des appels de fonds [12]. Dans une autre espèce, l'entrepreneur a fait nommer un administrateur provisoire, uniquement chargé, en raison de la carence du syndic, de procéder aux appels de fonds destinés à régler le montant d'une condamnation.

Cette capacité est d'autant plus certaine que des actes d'aliénation et de disposition de caractère immobilier sont expressément prévus par les articles 25 et 26 de la loi du 10 juillet 1965, qui précisent à quelle majorité peuvent être décidés ces actes (v. ss nos 901 s.). Si la solution est incontestable sur le plan des principes, il est nécessaire d'appeler l'attention sur les complications d'ordre pratique ou les difficultés d'ordre juridique qu'elle est susceptible de soulever.

656 Acquisitions. L'acquisition peut porter sur des biens mobiliers ou sur des biens immobiliers. Bien que les textes ne fixent aucune limite précise à ce sujet, on doit admettre, conformément à la règle de la spécialité des personnes morales, que ces acquisitions doivent demeurer dans les limites de l'objet du syndicat [13] - ce qui lui interdit notam-

1. Terré et Simler, *Les biens*, 8e éd., no 656 et nos 551, 552 et 615 – Cordier, « Les sociétés d'attribution et les syndicats de copropriétaires », *IRC* juill.-août 2002. 20.
2. SUR l'analyse de cette théorie : TERRÉ ET SIMLER, nos 627 s. – V. ss nos 111 s.
3. V. Morand, *Gaz. Pal.* 1970, E. 89.
4. Atias, *Droit civil*, t. II, *Les biens*, no 201.
5. Paris, 8 nov. 1966, *Gaz. Pal.* 1967. 1, 143 – EN SENS CONTRAIRE : TGI Paris, 2 nov. 1970, *Gaz. Pal.* 1971. 1, 16, note J.-B. M.
6. Civ. 21 déc. 1955, *Gaz. Pal.* 1956. 1, 52 – COMP. : Aix-en-Provence, 5 nov. 1966, *Gaz. Pal.* 1956. 1, 52 – Aix-en-Provence, 26 avr. 1960, *Gaz. Pal.* 1960. 2, 137 – Durin, *D.* 1962, Chron. 229.
7. Civ. 3e, 20 nov. 1985, no 84-14.113, *Administrer* juill. 1986. 40 – Civ. 3e, 2 juill. 1986, *Juris-Data* no 002174, *RDI* 1986. 494.
8. CABANAC, no 396 – GUILLOT, art. 14 à 16.1.1.12 s. – KISCHINEWSKY-BROQUISSE, no 309 – LOMBOIS, D. 1966. 1, no 70 – SIZAIRE, no 92.
9. V. Morand, *Gaz. Pal.* 1970, Doctr. 89.
10. V. CEP. : Civ. 1re, 21 nov. 1955, *Gaz. Pal.* 1956. 1, 52, alors que la question portait sur la solidarité passive – Civ. 3e, 10 mai 1968, *D.* 1969, jur. 45, note Giverdon; *RTD civ.* 1969. 357, obs. Bredin, avec allusion à la carence du syndicat. Faits antérieurs à la loi de 1965, dans les deux espèces.
11. Civ. 3e, 30 oct. 1984, no 83-10.202, *Bull. civ.* III, no 180; *D.* 1985. IR 128; *RTD civ.* 1985. 418, obs. Giverdon; *Defrénois* 1985. 1, 390, obs. Souleau; *Administrer* avr. 1985. 38, obs. Guillot – Civ. 3e, 22 mai 1990, no 88-17.958, NP, *IRC* avr. 1991. 114, note Capoulade – Civ. 3e, 26 oct. 2005, no 04-16.664, *Bull. civ.* III, no 205 – Planckeel, chr. *Administrer* janv. 2007. 14.
12. Civ. 3e, 16 mai 2001, no 99-19.838, *Bull. civ.* III, no 65; *AJDI* 2001. 712; *D.* 2001. 2706.
13. L'acquisition de parts sociales d'une SCI extérieure à l'assiette foncière du syndicat, Civ. 3e, 4 nov. 2009, no 08-18.979, *Bull. civ.* III, no 242; *AJDI* 2010. 470, obs. Capoulade.

ment de se livrer à des opérations de spéculation immobilière[1].

Lorsqu'il acquiert des biens mobiliers ou qu'il commande des travaux, à la condition qu'ils entrent dans son patrimoine, le syndicat devient-il un consommateur ? La réponse demeure incertaine dans la mesure où il est fait une application extensive du consumérisme, alors même qu'il existe des solutions de droit commun. Ainsi, une association pourrait être considérée comme professionnel[2] et un syndicat de copropriétaires ou un parti politique comme consommateur[3]. Cependant, un arrêt récent a cassé, pour manque de base légale, une décision qui avait accueilli la demande d'une société, prestataire de services, en se bornant à énoncer que le syndicat, qui est une personne morale, ne peut se prévaloir de l'article L. 136-1 du code de la consommation qui « vise exclusivement les personnes physiques », alors que les personnes morales ne sont pas exclues de la catégorie des non-professionnels bénéficiant des dispositions de ce texte[4].

En revanche, le syndicat est assujetti à la TVA pour les opérations soumises à l'imposition, à l'exclusion, toutefois, du seul remboursement des charges liées aux dépenses de conservation et d'entretien des parties communes des immeubles habités[5].

L'article 26 de la loi du 10 juillet 1965 autorise le syndicat a procéder à l'acquisition de biens immobiliers. On peut ainsi concevoir qu'il acquiert des locaux à usage commun : loge de la concierge, bureau administratif, jardin, parking...[6] Cette question ne soulève pas de difficulté au point de vue juridique, en ce sens que le syndicat - personne morale - achète normalement pour son compte des locaux ou immeubles dont il devient propriétaire. L'article 16 alinéa 2 prévoit l'hypothèse et autorise le syndicat à acquérir « *à titre onéreux ou gratuit, des parties privatives sans que celles-ci perdent pour autant leur caractère privatif* ». Le syndicat peut ainsi se constituer un patrimoine immobilier distinct des parties communes, qui ne lui appartiennent pas. Il y a donc nécessairement dualité de régime juridique entre *le patrimoine propre* du syndicat et les *parties communes*, qui appartiennent aux copropriétaires[7].

Il en résulte une certaine complexité sur le plan pratique. Le syndicat devient lui-même propriétaire dans le cadre du statut de la copropriété, à l'intérieur de laquelle il possède son « lot », étant d'ores et déjà précisé que le syndicat n'aura pas droit de vote à l'assemblée générale. (L. 10 juill. 1965, art. 16, al. 2).

657 Aliénations.

a) Aliénations. Les articles 25 - dans l'hypothèse exceptionnelle « d'actes résultant d'obligations légales ou réglementaires telles que celles relatives à l'établissement de servitude de cour commune, d'autres servitudes ou à la cession de droit de mitoyenneté » (L. 10 juill. 1965, art. 25 b). M. Guillot fait en outre mention de *l'expropriation* et semble admettre l'application de ce texte en cas de déclaration d'utilité publique suivie d'un accord pour une aliénation amiable[8] - et 26 reconnaissent également au syndicat la faculté d'aliéner, qui découle d'ailleurs directement de sa personnalité. Il n'y a pas de difficulté théorique si le syndicat aliène un local ou un immeuble dont il est lui-même propriétaire[9]. Pour l'aliénation d'un droit accessoire aux parties communes (droit de surélever), v. s^s n°s 658 s.).

Mais ces deux textes, dans des conditions dont le détail sera étudié à l'occasion des pouvoirs de l'assemblée générale, envisagent l'hypothèse particulièrement curieuse de l'aliénation par le syndicat *de parties communes* de l'immeuble, c'est-à-dire que le syndicat, représenté par le syndic (L. 10 juill. 1965, art. 16), *aliène des biens qui ne lui appartiennent pas.* M. Lombois a souligné le caractère exorbitant de cette disposition par laquelle une personne passe un acte juridique sur un bien dont elle n'est pas propriétaire, ce qui aboutit à une véritable expropriation privée, et il avait noté la difficulté pratique posée par la publication de cet acte consenti par un non-copropriétaire, compte tenu de l'organisation de la publicité foncière[10], difficulté réglée par la loi du 2 janvier 1979, introduisant notamment l'article 6-1 dans la loi du 10 juillet 1965. Il est probable que les difficultés d'ordre théorique et pratique que l'on vient de souligner se présente-

1. V. Denis, p. 47 – Guillot, art. 14 à 16, 8 et 9 – Puill, « L'activité commerciale de la copropriété », *RTD com.* 1979. 393 – Atias, n° 206 – Terré et Simler, *Les biens*, 8e éd., n° 656 – Kischinewsky-Broquisse, n° 308.
2. Calais-Aulnoy et Steinmetz, *Droit du consommateur*, n° 4.
3. Calais-Aulnoy et Steinmetz, *Droit du consommateur*, n° 8 et note s^s 2 – DANS LE SENS de l'affirmative, Paris, 8e ch. B, 13 nov. 1997, RG n° 95/09970, *Juris-Data* n° 024035, *RDI* 1998. 298, obs. Giverdon. [CRITIQUE] – RAPPR. : Civ. 1re, 1er févr. 2005, n° 03-19.692, *Bull. civ.* I, n° 64; *AJDI* 2005. 742, note Capoulade; *Administrer* mars 2006. 46, obs. Bouyeure.
4. Civ. 1re, 23 juin 2011, n° 10-30.845, *Gaz. Pal.* 20 juill. 2011. AUSSI : Code de la copropriété, Dalloz, s^s art. L. 14, n° 2 *bis* et les références après l'entrée en vigueur de la loi n° 2008-3 du 3 janv. 2008.
5. CE sect., 7 déc. 2001, Req. n° 212273, *AJDI* 2002. 382, obs. Giverdon.
6. Kischinewsky-Broquisse, n° 305 – Sizaire, n° 188.
7. COMP. : Kischinewsky-Broquisse, n° 305.
8. Guillot, art. 14 à 16-1, 8.06.
9. Roux, « L'aliénation des parties communes par le syndicat », *IRC* nov. 2007. 24.
10. Lombois, p. 96 – Cabanac, *Gaz. Pal.* 1966. 1. Doctr. 97.

ront assez rarement, car la vente des parties communes est assez exceptionnelle.

L'article 16-2 alinéa 2 de la loi du 10 juillet 1965 [1] adopte la même solution, en cas d'expropriation pour cause d'utilité publique portant uniquement sur des parties communes à l'ensemble des copropriétaires, qui sont alors légalement représentés à la procédure par le syndicat.

b) Constitution de droits réels. Le syndicat peut, bien entendu, passer des actes de constitution de droits réels (servitude, hypothèque...) au sujet desquels les articles 25 et 26 prévoient, selon les cas, les conditions de majorité requises [2]. Certains estiment cependant, dans le silence de l'article 16 alinéa 2, que le syndicat ne pourrait pas hypothéquer les lots dont il est devenu propriétaire [3]. Toutefois, le syndicat ne peut hypothéquer les parties communes, ni l'immeuble en son entier, n'en étant pas propriétaire. Les aliénations et constitutions de droit réel doivent être conformes à la destination de l'immeuble, sous réserve de l'article 26-3 (L. 13 déc. 2000, art. 81-9°), ni porter atteinte aux droits d'un copropriétaire sans l'accord de celui-ci.

c) Emprunts pour le financement de travaux. Le syndicat peut contracter auprès des établissements de crédit, généralement spécialisés, des emprunts en vue du financement de différentes catégories de travaux [4] : le contrat, préalablement notifié à la décision de l'assemblée générale, doit faire l'objet d'un examen très attentif quant au montant des intérêts, aux garanties éventuellement exigées, aux modalités de remboursement soit anticipé, soit à échéance [5].

Jusqu'à présent, l'article 45-1 du décret de 1967 n'envisageait expressément qu'un emprûnt contracté par le syndicat des copropriétaires ou de certains d'entre eux. Dans la perspective d'assurer le maintien en bon état du patrimoine immobilier, notamment pour financer les travaux régulièrement votés concernant les parties communes ou d'intérêt collectif sur parties privatives et même d'actes d'acquisition conformes à l'objet du syndicat, la loi n° 2012-387 du 22 mars 2012 tend à faciliter la conclusion d'un emrprûnt bancaire par le syndicat des copropriétaires.

Le nouvel article 26-4 de la loi prévoit que le prêt conclu à ces fins par le syndicat lorsqu'il engage l'ensemble des copropriétaires ne peut être décidé qu'à l'unanimité. En revanche, s'il porte seulement sur les travaux et s'il n'intéresse que les copropriétaires qui décident d'y participer, il est voté à la même majorité que celle nécessaire à la décision sur les travaux. Ces copropriétaires notifient alors, dans un délai imparti, leur volonté de bénéficier du prêt. Le contrat signé par le syndic, ès qualités, doit être conforme au projet notifié et adopté par l'assemblée (art. 26-5).

Le montant de l'emprûnt, versé au syndic, ès qualités, ne peut excèder la somme correspondant aux quotes-parts des copropriétaires participants qui sont seuls tenus du remboursement et du paiement des intérêts, frais et honoraires (art. 26-6).

Une entreprise d'assurance ou un établissement de crédit s'engage, par écrit, à garantir le syndicat en totalité, en cas de défaillance d'un corpropriétaire. Le privilège spécial immobilier occulte s'applique à cette dette avec subrogation du garant (art. 26-7).

L'article 26-8 rend les sommes dues immédiatement exigibles en cas de vente du lot ou de son apport en société. Il complète l'article 33 de la loi de 1965.

Ces dispositions s'appliqueront deux mois après l'entrée en vigueur du décret d'application.

Ces nouveaux articles obéissent au principe de l'autonomie de la volonté. Le syndicat peut financer ces travaux; l'entrepreneur reçoit l'assurance d'être payé et le prêteur retrouve sa mise. Des relations équilibrées se trouvent ainsi établies.

Il peut aussi présenter des demandes de subvention, notamment auprès de l'Agence nationale pour l'amélioration de l'habitat (Anah) [6].

658 Aliénation ou acquisition de parties communes – Changement d'emprise de la copropriété. Les actes d'aliénation (volontaire ou forcée), comme ceux d'acquisition, des parties communes ont pour conséquence de réaliser un changement d'emprise de la copropriété. Il en résulte également une modification de la consistance des parties communes et donc de la quote-part de celles-ci attachée à chaque lot. Il convient dès lors d'appliquer la disposition de principe de l'article 6-1 ajouté à la loi du 10 juillet 1965 par celle du 2 janvier 1979, disposition qui, comme on l'a déjà vu (v. s^s n° 132), prévoit la purge légale des droits soumis ou admis à publicité, dont les lots sont l'objet, ces droits s'éteignant sur les quotes-parts qui en sont détachées pour s'étendre à celles qui y sont rattachées.

Ce principe est également applicable en cas de changement de l'emprise de la copropriété résultant de l'aliénation volontaire ou forcée ou de l'acquisi-

1. L. 14 nov. 1996, art. 34-1.
2. KISCHINEWSKY-BROQUISSE, n° 307.
3. GUILLOT, art. 14 à 16, 9.06.
4. SUR LE RÉGIME de ces prêts : BOUYEURE, n°s 281 s. – Décr. 17 mars 1967, art. 45-1 *in fine*, et D. 15 mars 2005.
5. L. n° 2012-387, 22 mars 2012 relative à la simplification du droit et à l'allègement des démarches administratives, *JO* 23 mars, p. 5226.
6. BOUYEURE, n° 289 – AUSSI : art. 39-1, Décr. 17 mars 1967, mod.

tion de parties communes. Aux termes, en effet, de l'alinéa 2 de l'article 6-1, dans cette éventualité, les droits soumis ou admis à publicité, autres que les servitudes, dont les lots sont l'objet, s'éteignent sur le bien cédé et s'étendent au bien acquis. Mais outre les servitudes qui sont expressément exclues des droits ainsi visés par la loi (sur la portée de cette exclusion, v. Instr. Dir. gén. Impôts, 1er août 1979[1], nos 23 et 24), le caractère automatique de la constatation des extensions ou extinctions de droits, résultant de la disposition de l'article 16-1 ajouté au décret du 14 octobre 1955 par le décret du 21 mai 1979, pris pour l'application de la loi du 2 janvier 1979 (v. ss no 107), reçoit une exception au moins pour parvenir à l'extension des droits sur les biens acquis. Selon, en effet, l'alinéa 3 de l'article 6-1, cette extension « qui s'opère avec le rang attaché à la publicité primitive, n'a lieu que par la publication au fichier immobilier de la déclaration faite par le syndic ou un créancier que le bien acquis est libre de tout droit de même nature au jour de la mutation ou qu'il est devenu libre de ces mêmes droits ». L'inexactitude de cette déclaration entraîne le rejet de la formalité de publicité. Cette disposition, dont les modalités d'application sont précisées par l'article 16-1 du décret du 14 octobre 1955, alinéas 2 et 3 et l'Instruction du 1er août 1969, s'explique par le souci d'éviter tout conflit d'intérêt entre les titulaires de droits déjà publiés, les uns sur le terrain acquis, les autres sur les lots ou sur l'ensemble de la copropriété. Sans cette disposition, les premiers eussent couru le risque, dans un règlement du conflit sur la base des dates des formalités respectives, de se voir primés par les seconds qui auraient bénéficié d'une sorte d'enrichissement sans cause (Instr. 1er août 1979, no 25 – et pour les modalités d'application, Instr. 1er août 1979, nos 23 et 24, préc.).

659 Attribution des sommes représentant le prix des parties communes cédées. En général et dans la mesure où elles sont effectivement pratiquées, les cessions de parties communes se font pour un prix très modique; c'est la raison pour laquelle la loi du 10 juillet 1965, dans sa version originaire, ne comportait aucune disposition en prévoyant les modalités d'attribution. C'est la raison pour laquelle la loi précitée du 2 janvier 1979 a ajouté à la loi du 10 juillet 1965, un article 16-1 qui détermine les modalités d'attribution des sommes représentant les parties communes cédées. Aux termes du texte, qu'il suffit de transcrire, ces sommes « *se divisent de plein droit entre les copropriétaires dans les lots desquels figuraient ces parties communes et proportionnellement à la quotité de ces parties afférentes à chaque lot. La part revenant à chaque copropriétaire lui est remise directement par le syndic et ce, nonobstant l'existence de toute sûreté grevant son lot* ». Il est toutefois précisé que ces dispositions ne dérogent pas à celles que l'article L. 12-3 du code de l'expropriation pour cause d'utilité publique (L. 10 juill. 1965, art. 16-1, *in fine*). Par ailleurs, l'article 8 de la loi du 2 janvier 1979 a prévu un droit d'opposition à la remise des fonds au profit des créanciers inscrits antérieurement à la mise en vigueur de la loi.

660 Passation des actes. L'article 16 alinéa 1er précise que les actes d'acquisition d'aliénation et de constitution de droits réels seront passés « *par le syndicat lui-même et de son chef* », le syndicat étant évidemment représenté par le syndic, conformément aux dispositions de l'article 18. Conformément aux principes de la représentation, le syndicat est engagé par les actes du syndic (par ex. travaux commandés à un entrepreneur[2]), au moins dans l'exercice de ses pouvoirs d'initiative (administration courante; travaux urgents nécessaires à la sauvegarde de l'immeuble)[3]. Il faut réserver l'hypothèse d'une fraude concertée avec un tiers[4]. Dans les premières années d'application de la loi, il semble qu'il y ait eu une certaine hésitation sur ce point, soit dans la pratique notariale, soit en ce qui concerne la publicité foncière. L'intervention du syndicat seul paraît aujourd'hui bien acquise[5].

La formule de l'article 16 est partiellement inexacte et en tout cas équivoque : les actes visés par l'article 16 seront bien passés « par le syndicat et de son chef », s'il s'agit d'actes portant sur des biens appartenant au syndicat ou acquis privativement par lui. Si au contraire, il s'agit de l'aliénation de parties communes ou de l'acquisition au profit des parties communes, il serait plus exact de dire que le syndicat agit pour le compte de la collectivité des copropriétaires. Sur ce point encore, le législateur n'a pas suffisamment distingué les pouvoirs du syndicat en tant que propriétaire de certains biens et ceux qu'il exerce pour le compte des copropriétaires, propriétaires des parties communes : on retrouve une fois de plus la confusion célèbre entre les problèmes de pouvoir et de capacité[6].

Pour les actes qui ne requièrent aucun formalisme particulier, comme les marchés de travaux, la question se pose de savoir si le contrat se forme par l'acceptation de l'offre (ou marché) par l'assemblée générale, lorsque son intervention est nécessaire, ou

1. Instr. 1er août 1979, *BOI* 10 E-1-79, 1er août 1979, reproduite en annexe.

2. TGI Seine, 7 févr. 1961, *Ann. loyers* 1963. 424.
3. RAPPR. : Civ. 3e, 15 mai 2002, no 00-19.467, *Bull. civ.* III, no 100, 89; *D.* 2002. IR 1806; *AJDI* 2002. 772.
4. V. TGI Lyon, 28 oct. 1959, *AJPI* 1960. II. 133.
5. V. KISCHINEWSKY-BROQUISSE, no 309.
6. V. Morand, « Communauté de biens entre époux et copropriété », *Gaz. Pal.* 1970. 1. Doctr. 51.

bien par la signature du syndic, en exécution de la décision de l'assemblée générale. Sans introduire de formalisme superflu, cette dernière solution paraît plus conforme aux pouvoirs respectifs des différents organes du syndicat. Elle est aussi de nature à faciliter la preuve du contrat, à respecter certaines exigences des textes sur la transparence (L. 3 janv. 1991) et le consumérisme (CCH, art. 271-1 - C. consom., art. L. 312-14 et L. 312-16). Elle s'impose pour les marchés à forfait. En tout cas, l'entrepreneur agira sagement en attendant l'ordre de service du syndic [1].

661 Actions en justice. Le syndicat, comme toute personne morale a le droit d'ester en justice comme demandeur et comme défendeur (v. une espèce sur la qualité exclusive du syndicat à défendre en justice, notamment dans le domaine d'une action en nullité sur le fondement de l'article 42 [2]). Il en résulte que l'action doit être exercée *contre le syndicat* et non contre le syndic (ou *a fortiori* contre les copropriétaires) [3]. En cas de litige concernant la copropriété toute entière, le syndicat général a seul qualité pour agir en justice, à l'exclusion du syndicat secondaire [4].

L'un des buts certains de la loi du 10 juillet 1965, tant par la définition des attributs du syndicat et du syndic, que par la reconnaissance formelle de la personnalité civile, a été de faciliter l'exercice de certaines actions intéressant l'ensemble de l'immeuble par le syndic [5]. Il y a là un problème d'une très grande importance pratique qui fera l'objet d'un examen détaillé avec l'ensemble des litiges qui relèvent du domaine de la copropriété des immeubles bâtis (v. s^{s} n°s 1179 s.). Le syndicat a la capacité d'agir, le syndic la qualité de représenter et, sauf exceptions, l'assemblée générale lui en confère spécialement le pouvoir.

SECTION 2
POUVOIRS DU SYNDICAT

§ 1
Pouvoirs du syndicat

662 Pouvoirs de conservation et d'administration des parties communes. L'article 14 alinéas 3 et 4 définit, en termes très généraux, les pouvoirs du syndicat : « il établit, s'il y a lieu, et modifie le règlement de copropriété » (L. 10 juill. 1965, art. 14, al. 3).

« Il a pour objet la conservation de l'immeuble et l'administration des parties communes » (L. 10 juill. 1965, art. 14, al. 4).

L'importance réelle de ces deux dispositions est profondément différente. Le rôle du syndicat en ce qui concerne le règlement de copropriété est en fait très restreint [6], car, le plus souvent, ce règlement est « préexistant » (v. s^{s} n° 586); son pouvoir de modifier ou éventuellement d'établir ce règlement est étroitement limité par les dispositions de l'article 26. Toutefois, l'article 49 de la loi du 10 juillet 1965 (réd. L. 13 déc. 2000, art. 81-17° mod. par la loi du 25 mars 2009, de mobilisation pour le logement et contre l'exclusion), autorise, l'assemblée générale de décider, à la majorité simple, « les adaptations rendues nécessaires par les modifications législatives ou réglementaires depuis son établissement » [7] (v. s^{s} n° 595).

C'est donc l'alinéa 4 qui donne la vraie définition traditionnelle des pouvoirs du syndicat, essentiellement chargé de la « conservation de l'immeuble » et de « l'administration des parties communes » (v. L. 28 juin 1938, art. 7) [8]. La cour de Paris a conclu de l'article 14 que le jugement qui annulait une décision d'assemblée générale prise en violation de cet article n'avait pas qualité pour imposer une autre décision et a renvoyé à une nouvelle assemblée générale [9].

Conformément au principe de la spécialité des personnes morales, le syndicat ne peut prendre aucune décision excédant ou contraire à cet objet. Le syndicat n'est exonéré de TVA que dans le cadre de son objet, mais non pour ses prestations dans les résidences-services (v. s^{s} n° 471). Un syndicat ne peut fonder ses prétentions sur la défense de l'inté-

1. POUR l'aliénation de la loge : Civ. 3e, 30 janv. 2008, n° 06-18.589, NP, *Administrer* mai 2008. 67, obs. Bouyeure.
2. Civ. 3e, 10 juin 1981, *RDI* 1982. 132.
3. Paris, 26 janv. 1983, *Juris-Data* n° 021106, *D.* 1983. IR 458.
4. Civ. 3e, 14 déc. 1982, n° 81-13.737, *Gaz. Pal.* 1983. 1. pan. 101 – Civ. 3e, 26 janv. 2005, n° 03-12.690, NP.
5. GUILLOT, art. 14 à 16-1, 1, 09 – KISCHINEWSKY-BROQUISSE, n° 301 – COMP. : TGI Seine, 16 mars 1965, *Gaz. Pal.* 1965. 2, 38, note Cabanac.
6. Cabanac, « Dans quelles mesures un syndicat de copropriétaires peut-il apporter des additions ou des modifications au règlement de copropriété préexistant », *AJPI* 1962. 1, 726.
7. Capoulade, « La copropriété dans la loi SRU », *Administrer* avr. 2001. 33 et 34 – Vigneron, « Dispositions relatives au fonctionnement du syndicat », *Loyers et copr.* mai 2001, 5 *bis*, 14, 1°) 27 à 30 – Latrille, « Contenu des règlements de copropriété », *Dossier Csab*, n° 95, oct. 2001, III, 15 s. – Capoulade, « Les adaptations du règlement de copropriété », *Administrer* févr. 2002. 8; « Adaptation des règlements de copropriété anciens », *Rev. hab. fr.* janv. 2002. 10, 2003, 11; « L'adaptation des règlements de copropriété », *IRC* 2002. 14 – Lebatteux, « Le nouvel article 49 de la loi du 10 juillet 1965 : la chose la plus étonnante », *Gaz. Pal.*, 25-26 avr. 2003. 3.
8. GUILLOT, art. 14-16.1, 4.01 s. – KISCHINEWSKY-BROQUISSE, n° 312 – SIZAIRE, n° 133.
9. Paris, 10 déc. 1979, *D.* 1980. IR 273.

rêt public, de l'emploi des deniers publics ou sur un droit de contrôle des citoyens à l'égard des opérations immobilières d'une collectivité territoriale[1]. Il n'entre pas dans l'objet légal du syndicat d'agir contre un notaire, en raison de l'absence de mention des garanties dans les actes de vente[2]. De même, l'abonnement aux chaînes câblées n'entre pas dans les services collectifs du syndicat[3].

Cet objet étant défini par une disposition impérative de la loi, le syndicat, même à l'unanimité de ses membres, ne peut le modifier. Pour les résidences-services, la Cour de cassation a considéré que la destination de l'immeuble justifiait que la gestion des services entre dans l'objet du syndicat[4]. - En sens contraire ces services n'ont pas vocation à satisfaire les besoins relevant du secteur social et le personnel doit bénéficier du repos hebdomadaire[5]. Ces difficultés justifient l'intervention du législateur sur ce point (L. n° 2006-872, 11 juill. 2006; v. s^s n°s 716 s.). Pour l'extension de l'objet du syndicat secondaire (L. 10 juill. 1965, art. 27, al. 2 - V. s^s n° 743).

663 Limitation des pouvoirs du syndicat - Évolution législative[6]**.** La formule même de l'article 14 souligne, dès l'abord, l'étendue limitée des pouvoirs du syndicat : conservation de l'immeuble, administration des parties communes, ce qui implique qu'il fait respecter le règlement de copropriété[7]. Cette limitation s'explique par la conception même et par l'organisation juridique, notamment la spécialité des personnes morales. En face de la collectivité groupée dans le syndicat, existent les copropriétaires envisagés *ut singuli*. La difficulté réside dans la recherche d'un juste équilibre entre ces pôles antagonistes afin que le syndicat puisse réaliser son objet. Les rapports entre collectivité et copropriétaires sont fixés d'abord par le règlement de copropriété, charte de la copropriété, qui s'impose au syndicat comme aux propriétaires. En dehors même des limitations qui peuvent résulter des dispositions impératives de la loi, les pouvoirs du syndicat sont donc *a priori* limités par le double respect des droits individuels des copropriétaires et du règlement de copropriété : il y a là une sorte de « *domaine réservé* » qui échappe au pouvoir du syndicat.

Si cette limitation est un phénomène constant du statut de la copropriété des immeubles bâtis, il est essentiel de souligner l'évolution dans un double sens que l'on peut à cet égard relever dans la loi du 10 juillet 1965. D'une part, le législateur a affirmé sa volonté de renforcer les droits collectifs par rapport aux droits individuels, d'insuffler un esprit communautaire, et ce dans l'intérêt général « de l'immeuble »; ceci explique le développement des pouvoirs du syndicat - notamment en ce qui concerne la défense de l'immeuble (L. 10 juill. 1965, art. 15) et son amélioration largement entendue (L. 10 juill. 1965, art. 26 et 30). D'autre part, au contraire, le législateur a eu le souci de renforcer l'autorité du règlement de copropriété, et de mieux sauvegarder les droits individuels des copropriétaires : ceci explique les pouvoirs exceptionnellement limités du syndicat en ce qui concerne la modification (ou éventuellement, l'établissement) du règlement de copropriété, et notamment l'interdiction de porter quelque atteinte que ce soit à la « destination » de l'immeuble (L. 10 juill. 1965, art. 26), sauf à l'unanimité, sous la réserve temporaire des adaptations aux évolutions législatives (L. 10 juill. 1965, art. 49). En bref, les pouvoirs du syndicat sont conçus en fonction de l'intérêt collectif de l'immeuble et trouvent leur limite dans le respect des droits individuels des copropriétaires garantis par le règlement de copropriété et dans l'inviolabilité du domicile. C'est autour de ces idées directrices qu'on peut fixer dans leurs grandes lignes les pouvoirs du syndicat et ses limitations.

Cette double tendance se retrouve dans les textes les plus récents, d'une part, institution d'un privilège, d'une procédure de recouvrement accéléré des provisions prévues au budget prévisionnel, abaissement des majorités, mesures d'application collective, d'autre part, l'individualisation des frais de recouvrement et de procédure, pose de compteurs individuels d'eau froide.

664 Exercice des pouvoirs par les organes du syndicat. On précisera immédiatement que le syndicat, comme toute personne morale, ne peut agir que par ses organes : assemblée générale, syndic, conseil syndical, entre lesquels il s'opère une sorte de répartition de fonctions, dans le cadre de l'organisation hiérarchique.

Le règlement ne peut empiéter sur les prérogatives de l'assemblée générale en autorisant par antici-

1. Civ. 3e, 15 mai 2002, n° 00-16.167, *Bull. civ.* III, n° 102; *AJDI* 2002. 861, obs. Giverdon.
2. Civ. 3e, 20 nov. 1996, n° 94-20.593, *Bull. civ.* III, n° 221; *RDI* 1997. 135.
3. Civ. 3e, 1er déc. 1999, n° 98-11.726, NP, *D.* 2001. 346; *Administrer* août-sept. 2000. 38, note Bouyeure – 19e recomm. de la commission de la copropriété – EN SENS CONTRAIRE : Allemand, *AJDI* 2000. 190.
4. Civ. 3e, 29 nov. 1977, *Juris-Data* n° 700414, *D.* 1978. IR 294, obs. Giverdon – Civ. 3e, 5 janv. 1994, n° 92-10.480, *Bull. civ.* III, n° 2; *AJPI* 1994. 750, obs. Giverdon.
5. Paris, 1re ch. A, 12 mai 1998, *Administrer* août-sept. 2000. 46, note Gélinet.
6. Alibert, « Commentaire de la loi du 10 juillet 1965 », *Ann. loyers* 1965. 752, 53. Il va de soi que les pouvoirs du syndicat sont en outre limités, suivant le droit commun, par le respect de l'ordre public et des bonnes mœurs, *Dict. prat. copropriété*, p. 19.
7. Civ. 3e, 16 juill. 1996, n° 94-12.762, NP, *RDI* 1996. 613.

pation des travaux privatifs sur parties communes[1], même au profit d'un copropriétaire précisément déterminé[2], même pour des travaux définis[3]. En donnant tout pouvoir au syndic pour régulariser, à première demande, une convention d'occupation précaire ou la vente d'un local pour un prix ferme et définitif au profit d'un copropriétaire[4], les copropriétaires ne peuvent, même à l'unanimité, décider en dehors de l'assemblée générale[5].

Mais il va de soi que les limites des pouvoirs du syndicat s'imposent sans distinction à chacun de ses organes. De ce que le syndicat a pour objet la conservation de l'immeuble, on déduit la conséquence que les copropriétaires ne sont pas habilités à se substituer d'office au syndicat pour faire exécuter des travaux de réparation ou d'entretien des parties communes et réclamer ensuite le remboursement des dépenses qu'ils ont exposées, sauf à démontrer l'urgence qu'il y avait à remédier à un état de fait dommageable pour eux[6], sur le fondement de la gestion d'affaires[7]. Le juge doit rechercher si, compte tenu de la nature et du siège des travaux, leur utilité n'impliquait pas qu'ils fussent exécutés avec une célérité exceptionnelle, pour assurer la sauvegarde de l'immeuble, de nature à conférer le caractère de la gestion d'affaires aux initiatives de certains copropriétaires[8].

Par suite, la logique commande, dans le cadre de la présente section, de fixer seulement dans leurs grandes lignes les *pouvoirs* du syndicat, dont l'étude détaillée sera faite avec celle des différents organes qui les exercent, mais au contraire de préciser très exactement *les limitations de ces pouvoirs*, puisqu'elles s'imposent à tous les organes du syndicat.

665 Intérêt général de l'immeuble – Renvoi. Les pouvoirs du syndicat sont essentiellement conçus en fonction des intérêts collectifs de l'immeuble, dont la loi du 10 juillet 1965 a voulu faciliter la protection[9]. Trois propositions résument ces pouvoirs dont l'étude détaillée sera faite avec celle des organes qui les exercent.

1° Le syndicat est chargé *de la conservation de l'immeuble et de l'administration des parties communes*. Ce double pouvoir, qui était déjà reconnu par la loi et la jurisprudence antérieures à 1965, relève, selon les cas, de l'assemblée générale ou du syndic, qui, d'une manière générale, est chargé de l'exécution des décisions de l'assemblée. La loi du 10 juillet 1965 et les lois qui l'ont modifiée, ont étendu, sur ce point, les pouvoirs du syndicat en autorisant, à côté des actes d'administration proprement dits, certains actes de disposition et surtout des actes d'amélioration des parties communes et des éléments d'équipement commun de l'immeuble (L. 10 juill. 1965, art. 25, 26, 30). Depuis 1994, le législateur s'est préoccupé de la sauvegarde matérielle des immeubles dépendant des syndicats en difficulté (L. 10 juill. 1965, art. 29-1 s.).

2° Le syndicat est chargé de la « *défense de l'immeuble* ». La lettre du texte conduit à admettre que le syndicat a la charge de la conservation de l'immeuble dans son ensemble, y compris les parties privatives, alors qu'il n'a l'administration que des parties communes[10]. La distinction entre la conservation et l'administration n'est pas toujours aisée, et la jurisprudence a pratiquement admis le droit pour le syndicat de gérer certains services personnels des copropriétaires[11].

Cette fonction relève essentiellement du syndic (L. 10 juill. 1965, art. 15), mais, le plus souvent, un pouvoir spécial de l'assemblée générale est nécessaire (Décr. 17 mars 1967, art. 55). La jurisprudence a facilité l'exercice des voies de recours et a admis l'exercice d'une action syndicale en cas de préjudice personnel subis de la même manière par l'ensemble des copropriétaires.

3° Le syndicat peut enfin procéder *à la modification ou éventuellement à l'établissement d'un règlement de copropriété* (L. 10 juill. 1965, art. 26). Mais ses pouvoirs sur ce point sont étroitement limités par la loi au domaine de la jouissance, de l'usage et de l'administration des parties communes, outre l'obligation de respecter la destination de l'immeuble et celle des parties privatives. Il peut adapter le règlement, mais seulement dans la mesure des modifications législatives ou réglementaires qui lui

1. Civ. 3e, 2 févr. 1999, no 97-15.870, NP, *RDI* 1999. 312; *IRC* juin 1999. 13, note Capoulade; *D.* 2000. 141.
2. Civ. 3e, 25 juin 1997, no 96-10.139, *Bull. civ.* III, no 155; *RDI* 1997. 487.
3. Civ. 3e, 12 mars 1997, no 95-15.953, *Bull. civ.* III, no 58; *Administrer* oct. 1997. 57, note Capoulade.
4. Civ. 3e, 11 févr. 2009, no 07-21.318, *Bull. civ.* III, no 35; *D.* 2010. 112.
5. Civ. 3e, 27 févr. 2002, no 00-13.907, *Bull. civ.* III, no 52; *AJDI* 2002. 775, note Capoulade. – Civ. 3e, 24 sept. 2008, no 07-16.038, NP.
6. Civ. 3e, 18 mars 1987, *RDI* 1988. 244; *Loyers et copr.* 1987. 198.
7. Paris, 21 mai 1986, *RTD civ.* 1986. 786.
8. Civ. 3e, 4 nov. 1993, no 91-17.087, *Bull. civ.* III, no 136, 89, *RDI* 1994. 102, 104.
9. CABANAC, nos 197 s. – LOMBOIS, no 91.
10. GUILLOT, art. 14 à 16.1, 4.02 s.
11. Civ. 3e, 29 nov. 1977, no 76-12.001, *Bull. civ.* III, no 413; *D.* 1978. 522; *JCP* 1978. II. 18868; *Rev. loyers* 1978. 104; *Gaz. Pal.* 1978. 1, 237; *RTD civ.* 1978. 387 – Civ. 3e, 4 mars 1980, no 78-13.302, *Bull. civ.* III, no 49; *RDI* 342; *JCP* 1980. IV. 195; *AJPI* 1980. 796; *Journ. not.* 1980. 1517 et 1538; *RTD civ.* 1980. 587; *Gaz. Pal.* 1982. Somm. 341; *Ann. loyers* 1980. 1239 (v. ss nos 716 s.). DANS LE même sens : art. 39-1 du décret de 1967 (rédaction du décret du 27 mai 2004) pour l'octroi de subventions publiques pour la réalisation de travaux sur parties communes.

sont postérieures (art. 49). En tout cas, le syndicat doit assurer le respect du règlement de copropriété.

L'étude détaillée de ces différents problèmes sera faite à propos du syndic et de l'assemblée générale.

§ 2
Limitations aux pouvoirs du syndicat

666 Respect des droits individuels et du règlement de copropriété. Comme on l'a précédemment indiqué, les pouvoirs du syndicat sont limités par le respect tant des droits individuels des copropriétaires que du règlement de copropriété. Il est nécessaire sur ce point de souligner la différence profonde qui sépare la copropriété d'autres formes de groupements, et notamment de la société anonyme avec laquelle on a parfois tenté la comparaison. La société anonyme est un groupement essentiellement évolutif, et la loi reconnaît à son assemblée générale le pouvoir de modifier les statuts « *dans toutes leurs dispositions* ». Même si ce pouvoir comporte le respect de certains droits essentiels de l'actionnaire, l'exercice de ces droits demeure soumis à la loi majoritaire de la société. La situation est toute autre en matière de copropriété, qui est et demeure, peut-être parce qu'elle est une forme de la propriété, un groupement essentiellement « figé », ce qui exclut le principe de l'omnipotence de l'assemblée générale. Ces limitations aux pouvoirs du syndicat, dégagées par la jurisprudence antérieure, et précisées par la loi du 10 juillet 1965, peuvent s'inscrire autour de trois idées. Il va en outre de soi que le syndicat n'a aucun pouvoir à l'égard des tiers et ne peut donc pas décider, même à l'unanimité, la suppression d'une servitude grevant l'immeuble et le lot de chacun des copropriétaires[1]. De même, le syndicat ne peut, en application du principe de la spécialité de son objet, décider la réfection d'un mur, propriété exclusive et entière des voisins, cette réfection fut-elle justifiée par un souci de protection de l'environnement[2].

1° Le syndicat n'exerce ses pouvoirs que sur les parties communes : il n'a aucun pouvoir sur les parties privatives ni sur les droits individuels des copropriétaires[3]. Néanmoins, le syndicat peut, sous certaines conditions, intervenir à l'intérieur des parties privatives (depuis la loi du 31 déc. 1985) et même sur certaines parties privatives (loi Grenelle II). Il ne peut remettre en cause le droit de jouissance exclusif et privatif sur une fraction des parties communes, attribué par le règlement à un copropriétaire sans le consentement de celui-ci[4].

2° Le syndicat n'a, même sur les parties communes, que des pouvoirs de conservation et d'administration, (voire d'amélioration et, le cas échéant, de reconstruction).

3° Le syndicat doit respecter et faire respecter le règlement de copropriété et notamment la « destination de l'immeuble »[5]. Sous réserve de ne pas méconnaître l'objet légal, les limitations aux pouvoirs du syndicat ne disparaissent qu'en cas d'accord unanime de tous les copropriétaires[6].

A.
Respect des droits individuels des copropriétaires

667 Absence de pouvoir sur les droits des copropriétaires. La loi du 28 juin 1938 limitait les pouvoirs du syndicat aux mesures d'application collective concernant l'administration et la jouissance des parties communes (L. 28 juin 1938, art. 7), et la jurisprudence antérieure à la loi du 10 juillet 1965 avait refusé au syndicat tout pouvoir sur les droits des copropriétaires[7]. La loi du 10 juillet 1965 n'apporte aucune modification sur ce point qui est de l'essence même du statut de la copropriété des immeubles bâtis : « le syndicat n'a de pouvoir que sur les parties communes »[8]; il n'a pas de pouvoir sur les parties privatives – sous réserve des dispositions de l'article 9 alinéas 2 et suivants (L. 31 déc. 1985, art. 12-1) pour l'exécution dans les parties privatives de certains travaux régulièrement et expressément décidés par l'assemblée générale et pour l'application à certaines parties privatives de mesures d'application collective (loi Grenelle II : art. 25 g, L. 10 juill. 1965) –, ni plus généralement sur les droits et obligations du copropriétaire attachés à son lot[9]. Le principe résulte implicitement de

1. TGI Seine, 30 sept. 1967, *Gaz. Pal.* 1968. 1, 57, note Cabanac.
2. Versailles, 11 mars 1993, RG n° 1162/92, *Juris-Data* n° 040395, *Administrer* déc. 1993. Somm. 52.
3. Civ. 3e, 2 mars 1969, *Bull. civ.* III, n° 218 – Larroumet, « L'intérêt collectif et les droits individuels des copropriétaires dans la copropriété des immeubles bâtis », *JCP* 1976. II. 2812 – LAFOND, ROUX ET STEMMER, sous L. art. 14, § V.
4. Civ. 3e, 4 mars 1992, n° 90-13.145, *Bull. civ.* III, n° 73; *AJDI* 1993. 88; *RDI* 1992. 240; *D.* 1992. 386.
5. KISCHINEWSKY-BROQUISSE, n° 302.
6. V. Morand, « Modes de réalisation de l'unanimité des copropriétaires pour les actes exigeant le consentement de chacun », *Gaz. Pal.* 1969. 2. Doctr. 45 – COMP. : Civ. 3e, 16 avr. 1970, *JCP* 1970. IV. 143.
7. SUR LA situation antérieure à la loi de 1938 : Aubry et Rau, *op. cit.*, n° 316 – Kischinewsky-Broquisse, 1re éd., n° 333 – Seguin, note à *JCP* 1966. II. 11730, ss Civ. 6 oct. 1965.
8. LOMBOIS, n° 91 – Paris, 4 mars 1966, *Gaz. Pal.* 1966. 2, 6, note Cabanac.
9. POUR un droit de jouissance exclusif et privatif sur parties communes : Civ. 3e, 4 mars 1992, n° 90-13.145, *Bull. civ.* III, n° 73; *AJDI* 1993. 88; *RDI* 1992. 240; *D.* 1992. 386.

l'article 14 lui-même aux termes duquel le syndicat « *a pour objet la conservation de l'immeuble et l'administration des parties communes* »; il est formellement inscrit dans l'article 26 alinéa 3 aux termes duquel « *l'assemblée générale ne peut, à quelque majorité que ce soit, imposer à un copropriétaire une modification à la destination de ses parties privatives ou aux modalités de leur jouissance telles qu'elles résultent du règlement de copropriété* ». Ce texte précise clairement la situation : le propriétaire de lots d'un immeuble régi par le statut de la copropriété ne dispose pas d'un droit absolu (au sens de ce terme dans C. civ., art. 544, mais d'un droit exclusif), en ce sens que la destination et les conditions de jouissance des parties privatives peuvent être limitées par le règlement de copropriété, en conformité avec la destination de l'immeuble.

Le règlement de copropriété doit, en principe, être « préalable » [1]. L'assemblée ne peut « établir ou modifier » le règlement que « dans la mesure où il concerne la jouissance et l'administration des parties communes » (L. 10 juill. 1965, art. 26). S'il est établi *a posteriori*, il doit respecter les « droits acquis » [2]. Destination et modalité de jouissance des parties privatives sont donc, en principe, fixées *ne varietur* au moment où une personne entre dans un syndicat de copropriétaires. La loi du 10 juillet 1965, la jurisprudence antérieure et la pratique permettent de dégager diverses applications de ce principe fondamental.

668 **1° Droit de disposition et de jouissance des parties privatives.** Le syndicat ne peut exercer aucun pouvoir dans le double domaine de la propriété et de l'administration des parties privatives : il y a là au premier chef un des « droits essentiels » du copropriétaire. On en a tiré les conséquences suivantes :

669 **a) Sur le plan de la propriété et de la disposition,** l'assemblée générale ne peut pas introduire dans un règlement de copropriété une clause imposant au copropriétaire *l'obligation de vendre* son lot, notamment à titre de sanction [3]; elle ne peut pas davantage introduire dans le règlement de copropriété une clause interdisant *le fractionnement du lot* ou la réunion de lots, alors que le titre du copropriétaire ne comportait aucune limitation à la jouissance ou à la disposition du lot [4] (v. s^{s} n°s 625 s.). Pour le même motif, on doit décider que l'assemblée générale ne peut pas introduire une clause limitant le droit d'aliéner (clause d'agrément ou de préemption [5]). Mais la destination de l'immeuble peut, dans certains cas, justifier une telle clause du règlement [6], à supposer qu'une telle clause puisse encore figurer dans un règlement de copropriété. (Pour le droit de priorité en cas de vente d'un emplacement de stationnement, art. 8-1 créé par la loi du 25 mars 2008.) De même, le syndicat est irrecevable à intervenir dans une procédure qui porte uniquement sur les droits du copropriétaire sur son lot. Le syndicat ne représente pas les copropriétaires pour la défense de leurs droits sur les parties privatives [7].

670 **b) Sur le plan de l'administration,** le syndicat n'a qualité ni pour louer l'appartement d'un copropriétaire, ni pour en percevoir les loyers (toutefois, le syndicat peut opérer une saisie sur loyers, L. 10 juill. 1965, art. 19 al. 6 et 19.2, al. 3; il pourrait aussi, en cas d'infractions graves, obtenir la résiliation d'une location par la voie de l'action oblique), ni pour interdire aux copropriétaires une modification touchant aux seules parties privatives [8] (les travaux sur les parties privatives relèvent du seul propriétaire du lot, dès lors qu'ils n'entraînent aucune modification des parties communes), ni pour limiter la destination des parties privatives autorisées par le règlement de copropriété (ou dans le silence de celui-ci), en l'absence d'affectation particulière des locaux [9]. Ni une clause du règlement de copropriété, ni une décision de l'assemblée générale ne peuvent instituer une restriction aux droits d'un copropriétaire d'un lot (lot affecté à la loge [10]). Toutefois, la loi Grenelle II autorise l'assemblée générale, en cas de dispositif commun de chauffage, de décider des travaux d'intérêt collectif sur certaines parties communes (portes ou fenêtres) pour réaliser des économies d'énergie ou

1. LOMBOIS, n° 91.
2. Le Masson, « Les "droits acquis" en copropriété », *Administrer* mai 2002. 11 s.
3. TGI Grenoble, 6 avr. 1964, *D.* 1964. 317, concl. Chanaron; *JCP* 1964. II. 13633, note Savatier; *Ann. loyers* 1964. 908, l'infraction au règlement de copropriété résultait en l'espèce de l'exercice de la prostitution.
4. KISCHINEWSKY-BROQUISSE, n° 313 – LAFOND, ROUX ET STEMMER, s^{s} art. L. 8, n° 9 – Lafond, « Le droit de diviser son lot », *Administrer* mai 1979. 10 – Vigneron, « Propos sur les restrictions au droit de diviser un lot de copropriété », *Loyers et copr.* juill. 1987 – SUR LA licéité d'une clause restrictive à l'exercice de la location en meublé : Civ. 3e, 25 avr. 2006, n° 05-13.096, NP.
5. Civ. 3e, 6 mars 1973, n° 72-10.714, *Bull. civ.* III, n° 170, la clause figurait dans le règlement.
6. Civ. 3e, 4 juin 1998, n° 96-16.452, NP, *RDI* 1998. 416 – AUSSI : Civ. 3e, 29 mai 1979, *Juris-Data* n° 095118, *D.* 1979, jur. 548, note E. E. F.
7. Civ. 3e, 1er avr. 1998, n° 95-19.929, NP, *RDI* 1998. 420; *Administrer* juill. 1998. 48; *Administrer* oct. 1998. 56.
8. Civ. 3e, 20 nov. 1996, n° 95-12.036; NP, *RDI* 1997. 124 – Civ. 3e, 20 mai 1998, n° 96-20.889, NP, *RDI* 1998. 419.
9. Civ. 3e, 30 sept. 1998, n° 96-21.904, *Bull. civ.* III, n° 182; *RDI* 1998. 691; *D.* 2000. 135.
10. Civ. 3e, 4 janv. 1989, n° 87-14.545, *Bull. civ.* III, n° 3.

réduire des émissions de gaz à effet de serre (L. 10 juill. 1965, art. 25 g et 9).

671 **2° Obligations des copropriétaires – Répartition des charges communes.** Pas plus qu'il ne peut porter atteinte aux droits des copropriétaires, le syndicat ne peut modifier leurs obligations, et notamment leurs charges : « *sous réserve des dispositions de l'article 12 ci-dessous, la répartition des charges ne peut être modifiée qu'à l'unanimité des copropriétaires* »[1] ; la Cour de cassation précise qu'il faut l'unanimité des copropriétaires, et non pas une délibération unanime d'assemblée générale[2]. La solution s'impose, d'une part, parce que la répartition des charges est normalement fonction de la quote-part dans les parties communes, et, d'autre part, parce que la participation déterminée à ces charges constitue au premier chef une des conditions de la jouissance du lot.

La jurisprudence antérieure à la loi du 10 juillet 1965, particulièrement abondante dans ce domaine, avait déjà posé le principe que la répartition des charges ne pouvait être modifiée que par une décision unanime[3]. Cette solution a été confirmée par la jurisprudence postérieure à la loi du 10 juillet 1965[4]. La Cour de cassation admet implicitement que les copropriétaires qui ont voté la modification de la répartition des charges seraient tenus par leur vote, ce que le conseiller Guillot explique par l'idée de protection et par conséquent de nullité relative, qui ne peut être demandée que par les opposants ou les abstentionnistes (v. cep. un arrêt qui admet « à titre exceptionnel » la modification de la répartition des charges par une décision majoritaire[5]).

672 **Renvois.** Sur les cas dans lesquels la répartition des charges peut être modifiée ou révisée en application des articles 11 et 12, v. s^s^ n°s 483 s. – En cas d'adaptation d'une modification législative ou réglementaire en application de l'article 49 de la loi du 10 juillet 1965, v. s^s^ n°s 595 s.

B. Pouvoirs limités à l'administration et à la jouissance des parties communes

673 **Absence de pouvoirs de disposition sur les parties communes.** Même sur les parties communes, les pouvoirs du syndicat, statuant par décision majoritaire, sont limités aux questions d'administration et de jouissance. Il est de principe que le syndicat qui n'en est pas propriétaire (toutefois, la jurisprudence reconnaît au syndicat, sur le fondement de l'article 14 de la loi du 10 juillet 1965, l'exercice de l'action en garantie décennale pour des parties communes ou même, pour l'entier immeuble.), n'a pas normalement qualité pour disposer des parties communes ou pour constituer sur elles un droit réel (servitude, hypothèque – sauf dispositions légales contraires : L. 10 juill. 1965, art. 25, 26, 26-3, 28). La règle était affirmée dès avant la loi du 10 juillet 1965[6] et doctrine et jurisprudence en tiraient diverses conséquences (mais le déplacement d'une servitude de passage, en application de l'article 701 du code civil a été considéré comme un acte d'administration rentrant dans les pouvoirs de l'assemblée générale[7]).

674 ***a) La plus importante concerne la modification de la répartition entre les parties privatives et les parties communes[8] ou la modification de la répartition des quote-part de parties communes,*** en tant qu'elles représentent le droit de propriété, sont intangibles[9]. Ces diverses modifications porteraient atteinte à la fois au droit de propriété sur les parties communes et sur les parties privatives. – Dans le même esprit,

1. Cabanac, n° 538 – Durin, *D.* 1962, Chron. 229.
2. Civ. 3e, 8 févr. 1977, *Gaz. Pal.* 1977. 1. Somm. 170; *D.* 1977. IR 319, note Giverdon; *D.* 1978. 22, note Souleau.
3. Civ. 1re, 18 mai 1966, *Bull. civ.* I, n° 307; *JCP* 1966. IV. 94 – Civ. 1re, 8 janv. 1962, *JCP* 1962. II. 12600; *D.* 1962. Somm. 110; *AJPI* 1962. II. 248; *Rev. loyers* 1962. 290 – Civ. 1re, 12 déc. 1956, *Dict. prat. copropriété*, p. 86 – Paris, 16 janv. 1963, *D.* 1963. Somm. 106; *Gaz. Pal.* 1963. 2, 74; *Ann. loyers* 1964. 699; *RTD civ.* 1963. 759, note Bredin – Paris, 9 mai 1959, *D.* 1959. Somm. 114; *Gaz. Pal.* 1959. 2, 247; *AJPI* 1960. II. 116, note Cabanac; *Rev. loyers* 1960. 93; *Ann. loyers* 1961. 898; *RTD civ.* 1960. 338, obs. Solus – Grenoble, 10 janv. 1966, *Journ. Grenoble* 1966, 214 – TGI Seine, 14 oct. 1960, *D.* 1961. Somm. 46 – TGI Seine, 16 mars 1965, *Gaz. Pal.* 1965. 2, 38 – T. civ. Lyon, 23 janv. 1956, *JCP* 1956. II. 9202, note Cabanac – T. civ. Nice, 15 juin 1956, *Dict. prat. copropriété*, p. 20.
4. Civ. 3e, 16 avr. 1970, n° 69-10.440, *Bull. civ.* III, n° 247; *Gaz. Pal.* 1970. 2, 208, note Morand, *JCP* 1970. II. 16405, note Guillot; *Rev. loyers* 1970. 367 – comp., en matière de modification des charges dans une société de construction : Paris, 17 févr. 1970, *Gaz. Pal.* 1970. 1, 342, concl. Ricalens – TGI Paris, 7 janv. 1969, *D.* 1969. 521, note Giverdon; *Gaz. Pal.* 1969. 1, 187, note A. M. – Civ. 1re, 8 févr. 1967, *Bull. civ.* I, n° 41 – L'assemblée générale peut au contraire voter une résolution concernant les avances demandées aux copropriétaires pour faire face aux charges de copropriété : Civ. 3e, 10 juin 1970, n° 68-14.219, *Bull. civ.* III, n° 394; *JCP* 1970. II. 16465.
5. T. civ. Grenoble, 3 juill. 1952, *Rev. loyers* 1953. 167 – v. en outre : Chevallier, commentaire, p. 90 – Planiol, Ripert et Picard, t. III, n° 325 – Ponsard, dans *Mélanges Hamel*, p. 277 – Solus, obs. *RTD civ.* 1960. 338.
6. Kischinewsky-Broquisse, 1re éd., n° 327.
7. Civ. 3e, 11 oct. 1961, *D.* 1962. 32; *AJPI* 1962. II. 328, note Cabanac; *Rev. gen. lois*, 1962, 101, note Désiry; *Rev. loyers* 1962. 292; *Ann. loyers* 1963. 431.
8. Chevallier, p. 85.
9. Civ. 3e, 6 mars 1991, n° 89-17.050, *Bull. civ.* III, n° 80; *RDI* 1991. 99; *IRC* 1991. 152, note Capoulade.

il avait été jugé que le syndicat n'avait pas qualité pour agir dans un litige portant sur la distinction entre les parties privatives et les parties communes (en l'espèce action en revendication à titre de choses commune d'une parcelle de terrain, dirigée contre certains copropriétaires)[1]; cette solution peut rester exacte dans le régime actuel si l'on admet que la distinction entre les parties communes et les parties privatives n'intéresse pas « la sauvegarde des droits afférents à l'immeuble » (L. 10 juill. 1965, art. 15), ce qui est au moins discutable.

675 ***b) Il est également certain qu'un vote majoritaire ne peut pas décider le partage de l'immeuble ou d'une chose commune telle qu'une cour***[2], ni la dissolution du syndicat, ni la vente de l'entier immeuble (y compris des parties privatives !), ce qui aboutirait à la suppression de la copropriété.

676 **Faculté limitée d'aliénation.** L'absence de droit de disposition du syndicat sur les parties communes comporte cependant une atténuation, en ce sens que l'article 26 dernier alinéa n'interdit, sauf vote unanime, que « *l'aliénation des parties communes dont la conservation est nécessaire au respect de la destination de l'immeuble* ». Sur ce point, il y a donc une extension des pouvoirs du syndicat, dont la portée pratique est assez limitée, car la conservation de la plupart des parties communes est presque toujours nécessaire; de la faculté d'aliéner les parties communes, il y a lieu de rapprocher celle concernant l'aliénation du droit de surélévation, (v. s^{s} n°s 1152 s.[3]), ce qui nous met en présence de la troisième limitation du pouvoir du syndicat, celle résultant du règlement de copropriété et de la destination de l'immeuble (v. s^{s} n°s 620 s.).

Pour permettre de redynamiser et de remodeler certains immeubles, en application de la loi du 14 novembre 1996 relative à la mise en œuvre du pacte de relance pour la ville, la loi SRU du 13 décembre 2000 (art. 81, 9°) a introduit, dans la loi du 10 juillet 1965, un nouvel article 26-3 qui autorise l'assemblée générale à décider, à la majorité de l'article 26 (al. 1er), les aliénations, à cette fin, de parties communes, même nécessaires au respect de la destination de l'immeuble, ainsi que des travaux à effectuer sur celles-ci[4].

677 **Pouvoir étendu de défendre la copropriété.** Une importante partie de la doctrine et de la jurisprudence avait étendu au domaine des actions en justice, la limitation des pouvoirs du syndicat aux questions concernant l'administration et la jouissance des parties communes, en refusant notamment au syndic le pouvoir d'agir en justice, au nom du syndicat, dans toutes les actions touchant – directement ou indirectement – à la propriété même de l'immeuble (action pétitoire, action en garantie décennale...). Les inconvénients pratiques de cette solution étaient certains, aussi bien sur le plan de l'administration proprement dite (le syndic étant le mieux qualifié pour agir en justice), que sur celui de la procédure (la mise en cause de tous les copropriétaires multipliant les actes de procédure). Le législateur de 1965 a voulu sur ce point accroître les pouvoirs du syndic, et par conséquent du syndicat, en lui donnant qualité pour agir en justice « *notamment en vue de la sauvegarde des droits afférents à l'immeuble* ». On examinera ailleurs la portée exacte de ce texte, dont l'importance pratique est certaine (v. s^{s} n°s 1183 s.). Il suffit de noter ici qu'il atténue la limitation antérieure des pouvoirs du syndicat, et ceci dans « l'intérêt de l'immeuble ».

C. Respect du règlement de copropriété. Destination de l'immeuble

678 **Le syndicat et le règlement de copropriété.** Une lecture hâtive des dispositions de l'article 26 pourrait faire illusion. Ce texte reconnaît en effet à l'assemblée générale le pouvoir de modifier ou éventuellement d'établir le règlement de copropriété, d'où l'on serait tenté de conclure que le règlement de copropriété ne limite pas les pouvoirs du syndicat. Une telle conclusion serait gravement erronée, car l'article 26 ne reconnaît au syndicat de pouvoir, dans le domaine du règlement de copropriété, que « *dans la mesure où il concerne la jouissance, l'usage et l'administration des parties communes* », ce qui est une nouvelle façon de réaffirmer la limitation des pouvoirs déjà inscrite dans l'article 14. L'article 26 alinéa 3 marque plus nettement encore cette limitation en précisant que l'assemblée générale ne peut « *imposer à un copropriétaire une modification à la destination de ses parties privatives ou aux modalités de leur jouissance, telles qu'elles résultent du règlement de copropriété* » – réserve faite des dispositions des articles 9 alinéa 2 et 25 g de la loi du 10 juillet 1965[5]. Ce texte essentiel marque la différence de pouvoir entre le règlement de copropriété

1. TGI Seine, 3 févr. 1962, *Rev. loyers* 1962. 214; *Ann. loyers* 1963. 422 – COMP. : TGI Seine, 13 déc. 1963, *Ann. loyers* 1964. 904; *Gaz. Pal.* 1964. 1, 289.
2. T. civ. Dijon, 25 janv. 1954, *AJPI* 1955. II. 157 – COMP. : Michalopoulos, n° 83.
3. V. GUILLOT, art. 14 à 16, 8.03 s.
4. SUR LA finalité de cette disposition, déclaration du sénateur Lagauche, relevant que l'Epareca privilégie la négociation amiable à l'expropriation, mais que l'unanimité est pratiquement impossible à obtenir en raison de la désaffection des copropriétaires : *JO Sénat CR* 2000, p. 2564.
5. Civ. 3e, 19 nov. 1997, n° 96-11.195, *RDI* 1998. 136.

et le syndicat, et la subordination de celui-ci à celui-là; le règlement de copropriété peut apporter certaines restrictions soit à la destination, soit à la jouissance des parties privatives (v. s^s n°s 140 s.); le syndicat n'a pas ce pouvoir. Il doit respecter les droits acquis des copropriétaires, résultant du règlement (ou de l'absence de règlement) [1]. La jurisprudence en a tiré, dès avant la loi du 10 juillet 1965, les conséquences suivantes, qui restent exactes aujourd'hui.

a) L'assemblée générale ne peut pas imposer une clause d'habitation bourgeoise, ou une clause limitant l'exercice des activités commerciales ou industrielles dans les locaux du rez-de-chaussée, si cette clause ne figure pas dans le règlement de copropriété [2].

b) L'assemblée générale ne peut pas affecter à l'usage commercial d'un seul une partie de l'immeuble (couloir par ex.), servant à tous les copropriétaires [3], ni réciproquement retirer à un copropriétaire la jouissance d'une partie commune [4]. Réserve faite des dispositions de l'article 13 de la loi du 4 août 2008, sur la modernisation de l'économie (LME) d'exercer une activité professionnelle ou commerciale dans le local d'habitation, sauf clause contraire du règlement de copropriété (CCH, art. L. 631-7-4 et L. 631-7-2).

c) À plus forte raison, l'assemblée générale ne peut pas introduire une clause imposant à titre de sanction l'aliénation du lot [5].

La jurisprudence n'admet pas cependant une priorité absolue du règlement de copropriété, en ce sens que celui-ci doit lui-même respecter les dispositions impératives de la loi du 10 juillet 1965 et du décret de 1967, d'où il résulte que sont réputées non écrites les clauses du règlement de copropriété autorisant les copropriétaires de tel ou tel lot à procéder à des travaux d'aménagement que seule peut autoriser l'assemblée générale (v. s^s n° 1126).

1. Civ. 3e, 4 janv. 1989, n° 87-14.545, *Bull. civ.* III, n° 3 – Civ. 3e, 30 sept. 1998, n° 96-16.689, *Bull. civ.* III, n° 181; *AJDI* 1999. 704; *RDI* 199, 145.
2. Civ. 3e, 26 avr. 2006, n° 05-12.045, NP, pour l'hypothèse inverse.
3. Civ. 3e, 14 mai 1962, *D.* 1962. Somm. 2; *AJPI* 1962. II. 737, note Cabanac; *Ann. loyers* 1963. 435 – Toulouse, 10 juill. 1962, *Rev. hab. fr.* 1962. 766, note Seguin; *Ann. loyers* 1963. 435 – TGI Chambéry, 6 déc. 1967, *D.* 1968. 92, note Givord; *JCP* 1968. IV. 75. Cette décision annule la délibération d'une assemblée générale autorisant l'exercice de « tous commerces » dans un immeuble à usage d'habitation – COMP. : avant la loi du 10 juillet 1965, Lyon, 23 janv. 1956, *JCP* 1956. II. 9202.
4. Civ. 3e, 4 mars 1992, n° 90-13.145, *Bull. civ.* III, n° 73; *RDI* 1993. 88; *D.* 1993. 162 – Civ. 3e, 10 mars 2009, n° 08-10.566 (rupture d'égalité).
5. TGI Grenoble, 6 avr. 1964, préc.

679 L'établissement du règlement de copropriété. Les indications ci-dessus marquent nettement la limite des pouvoirs de l'assemblée générale, quand elle procède à l'établissement d'un règlement de copropriété aujourd'hui obligatoire [6], dans les cas exceptionnels où ce règlement n'existait pas avant la loi du 10 juillet 1965 ou n'aurait pas été établi au moment de la naissance de la copropriété [7]. Ce règlement ne pourra porter que sur l'administration et la jouissance des parties communes, à l'exclusion de toute clause sur celles des parties privatives.

En l'absence d'un règlement antérieur, les droits des copropriétaires sont ceux qui résultent du droit commun de l'article 544 du code civil et de l'article 9 de la loi du 10 juillet 1965, qui constituent des « droits acquis » auxquels le syndicat ne peut porter aucune atteinte – les conventions antérieures restent cependant opposables [8].

680 Le respect de la destination de l'immeuble [9]. On a précédemment montré que la loi, dans l'article 8 concernant le règlement de copropriété, avait introduit la notion nouvelle et fort indéterminée, de « destination de l'immeuble » (v. s^s n° 188). Cette notion – qui limite les pouvoirs du règlement de copropriété lui-même – limite à plus forte raison ceux du syndicat. L'article 26, dernier alinéa, le rappelle expressément quant à l'aliénation des parties communes, qui demeure prohibée en ce qui concerne celles dont « *la conservation est nécessaire au respect de la destination de l'immeuble* » (sous réserve des dispositions de L. 10 juill. 1965, art. 26-3). Mais ce même respect s'impose évidemment pour toute autre décision du syndicat. Celui-ci ne peut ni modifier cette destination de l'immeuble, qui est l'un des éléments essentiels de la jouissance des propriétaires, ni introduire dans le règlement de copropriété des clauses non justifiées par cette destination, puisque l'article 8 les prohibe en termes généraux (v. s^s n° 625).

En bref, le syndicat des copropriétaires ne peut ni modifier les éléments (d'ordre matériel ou juridique) qui fixent la destination de l'immeuble, ni introduire des restrictions non justifiés par cette destination : nous ne revenons pas sur ce double

6. Civ. 3e, 15 nov. 1989, n° 87-15.213, *RDI* 1990. 113; *D.* 1990, jur. 195, note Capoulade, Giverdon.
7. Civ. 3e, 15 nov. 1989, n° 87-15.213, *D.* 1990. 195, note Capoulade, Giverdon; *JCP N* 1990, prat. 1503, note Lafond; *Administrer* juill. 1990. 54, note Guillot; *RDI* 1990. 121.
8. Civ. 3e, 11 juill. 1990, n° 88-14.074, cité par Giverdon, « Panorama de jurisprudence de la Cour de cassation », *Rev. huissiers* 1993. 1335, n° 12 – Le Masson, « Les "droits acquis" en copropriété », *Administrer* mai 2002. 11.
9. KISCHINEWSKY-BROQUISSE, n° 312.

problème précédemment examiné (v. s[s] n°s 625 s.). On peut rattacher au respect de la « destination » de l'immeuble l'interdiction faite au syndicat de supprimer les éléments d'équipement collectif prévus au règlement de copropriété[1] (v. cep., un arrêt concernant, dans un cas exceptionnel, la faculté de supprimer l'ascenseur[2] ou encore les conditions de remplacement d'un chauffage collectif par un chauffage individuel).

Il est en tout cas certain que cette « destination de l'immeuble » apporte une importante limitation aux pouvoirs du syndicat, dont la jurisprudence s'est efforcée de fixer la portée exacte.

SECTION 3
RESPONSABILITÉ DU SYNDICAT

681 Principe – L'article 14[3]. Aux termes de l'article 14 alinéa 4 *in fine*, de la loi du 10 juillet 1965, *le syndicat « est responsable des dommages causés aux copropriétaires ou aux tiers par le vice de construction ou le défaut d'entretien des parties communes sans préjudice de toutes actions récursoires »*. On a voulu voir, tout d'abord, dans le texte, une transposition des principes de l'article 1386 du code civil[4], mais la responsabilité du syndicat déborde largement du domaine de l'article 14.

La responsabilité est, en effet, la contrepartie du pouvoir : là où est l'autorité, là est la responsabilité. Le principe trouve son application en matière de copropriété des immeubles bâtis, dans les deux domaines traditionnels de la responsabilité : responsabilité sans faute et responsabilité pour faute prouvée, responsabilité contractuelle et responsabilité délictuelle.

D'une part, le syndicat est responsable, tant de l'immeuble lui-même que de ses accessoires, sur le fondement de l'article 14 de la loi du 10 juillet 1965[5] ainsi que sur celui de l'article 1386 du code civil (applicable à la ruine d'un immeuble en copropriété[6]), mais aussi sur le fondement de l'article 1384 (al. 1er) du code civil (les dispositions de l'article 14 de la loi du 10 juillet 1965 n'interdisent pas aux tiers victimes d'un dommage causé par l'immeuble ou un élément d'équipement d'invoquer celles de l'article 1384 alinéa 1 du code civil[7]) ou celui de l'article 1384 alinéa 5 du même code[8]. D'autre part, en dehors des présomption de responsabilité édictées par ces textes, la responsabilité du syndicat peut être engagée sur le plan de la faute prouvée, en application de l'article 1382 du code civil[9]. Enfin, le syndicat peut encourir une responsabilité de voisinage[10], extérieure aux ordres contractuel et délictuel de responsabilité.

Il n'est pas exclu que le débat puisse se situer parfois sur le terrain de l'enrichissement sans cause[11] ou sur celui de la gestion d'affaires[12].

Les pouvoirs qui appartiennent au syndicat sont en réalité de véritables fonctions, qui présentent pour lui un caractère d'obligations. Si le syndicat ne remplit pas ses fonctions, ou les remplit mal, il est responsable du préjudice causé, soit personnellement, soit comme responsable de l'activité de ses organes et notamment du syndic[13], ou de ses préposés. C'est donc sur le plan de la garde et sur celui de la faute qu'il convient d'examiner la responsabilité du syndicat.

§ 1
Responsabilité du fait de l'immeuble et de ses accessoires

682 1° Extension de l'article 1386 du code civil par l'article 14 de la loi du 10 juillet 1965.

683 a) L'article 1386 : L'article 14 s'apparente notamment à l'article 1386 du code civil, dont il a été considéré comme l'extension à la copropriété. Certes, les deux textes visent « le défaut d'entretien et le vice de construction »[14] (par ex. trouble causé à

1. Bredin, *RTD civ.* 1963. 577.
2. Civ. 20 avr. 1950, *D.* 1950. 451.
3. Alibert, « La responsabilité du fait de l'immeuble en copropriété », *Ann. loyers* 1957. 145 – Atias, *Dicopropriété, V° Syndicat des copropriétaires* (Responsabilité civile) – Cabanac, « La responsabilité du fait de l'immeuble en copropriété », *Ann. loyers* 1957. 145 – Cabanac, « La responsabilité du syndicat des copropriétaires », *REDI* 1966. 1145 – KISCHINEWSKY-BROQUISSE, n°s 316 s. – LOMBOIS, n° 94 – ATIAS, n°s 213 s. – GUILLOT, art. 14 à 16-I, § 5 – LAFOND, ROUX ET STEMMER, s[s] L. 14 § V – ROUX, « La responsabilité spéciale du syndicat des copropriétaires », *Administrer* janv. 2005. 11 s.
4. Alibert, *Ann. loyers* 1965. 753 s.
5. Civ. 3e, 28 mars 1990, n° 88-15.364, *Bull. civ.* III, n° 88; *IRC* 1990. 171, note Capoulade.
6. Civ. 2e, 17 déc. 1997, n° 96-12.260, *Bull. civ.* II, n° 323.
7. Civ. 3e, 27 janv. 1977, n° 75-13.156, *Bull. civ.* III, n° 50.
8. Alibert, « Les concierges des immeubles en copropriété », *Ann. loyers* 1957. 337 s. – Civ. 3e, 27 avr. 1994, n° 91-15.023, *D.* 1996. Somm. 165, obs. Giverdon.
9. Civ. 3e, 22 juin 1983, *Juris-Data* n° 701553, *D.* 1984. 253, note Souleau : action jugée abusive contre le syndic.
10. Civ. 3e, 11 mai 2000, n° 98-18.249, *AJDI* 2001. 346, *D.* 2000. IR 165; *RDI* 2000. 313.
11. Civ. 3e, 27 sept. 2000, n° 98-22.189, *RDI* 2000. 598.
12. Civ. 3e, 8 nov. 2000, n° 98-15.696, *AJDI* 2001. 145, obs. Giverdon.
13. KISCHINEWSKY-BROQUISSE, n° 317, notes 112 s.
14. SUR LA QUESTION GÉNÉRALE de la responsabilité du fait de l'immeuble : Mignon, « Les fondements juridiques essentiels de la responsabilité civile du propriétaire d'un immeuble », *AJPI* 1950. 803 – Deschamps, « Les responsabilités du propriétaire d'immeuble et leur assurance », *AJPI* 1954. 25.

un locataire par le défaut d'étanchéité d'une terrasse[1]), mais il existe entre eux des différences importantes. L'article 1386 exige la « ruine du bâtiment » ce qui implique une interprétation restrictive, excluant la simple défectuosité. Il en rend responsable le propriétaire de l'immeuble (il avait même été admis que la responsabilité pesait sur les copropriétaires individuellement[2], mais l'opinion dominante admettait la responsabilité du syndicat considéré comme gardien[3]), ce que n'est pas le syndicat des copropriétaires. En outre, il avait été soutenu que seuls les tiers pouvaient invoquer cette disposition, à la différence des copropriétaires en raison de la règle du non-cumul des responsabilités et de leur participation à l'usage gratuit de la chose[4]. Malgré ces doutes, la Cour de cassation a admis l'application de l'article 1386 du code civil à un immeuble en copropriété[5] (l'effondrement de l'immeuble en copropriété était dû à la ruine d'un mur de refend, partie commune).

684 **b) L'article 14 :** L'article 14 retient expressément la responsabilité du syndicat, personne morale. L'action sera donc dirigée contre le syndic *ès qualités*. Elle suppose un dommage causé par les parties communes (le juge devant rechercher si le dommage provient d'une partie commune ou d'un ouvrage dont un copropriétaire aurait un usage exclusif[6]) et non un trouble provenant des parties privatives (si la victime du dommage est un locataire d'un copropriétaire, il est fréquent qu'il agisse contre son bailleur, qui appelle en cause et en garantie le syndicat[7], mais le locataire peut agir directement contre le syndicat[8]). Il importe peu que la victime soit un copropriétaire ou un tiers (par ex. locataire[9]), simplement l'action sera contractuelle dans un cas et délictuelle dans l'autre. Comme l'article 1386 du code civil, l'article 14 rattache la responsabilité du syndicat à deux événements complètement différents dans leur cause : le défaut d'entretien et le vice de construction (le syndicat est responsable pour vice de construction, sans que lui soit reproché un défaut d'entretien[10]).

Le premier implique une négligence présumée[11]. La décision de refus du syndicat d'entreprendre les travaux n'a pas à être contestée selon le processus décrit à l'article 42 alinéa 2 de la loi[12], la déficience des parties communes traduisant une carence du syndicat dans leur entretien, qui engage sa responsabilité, comme un manquement à son obligation de conservation et d'entretien[13].

Le second se rapproche de la responsabilité présumée du droit de la construction, dès lors que les parties communes de l'immeuble et leurs accessoires sont en cause. Est rejetée la demande en l'état de l'indétermination des circonstances de l'accident et l'absence de fait précis établissant le défaut d'entretien, ainsi pour une chute provoquée par la présence prétendue de graisse sur le palier[14].

La responsabilité du syndicat a été retenue par suite d'un défaut d'entretien des parties communes, en raison de la démolition d'un bâtiment, frappé d'un arrêté de péril[15], des infiltrations dues à la vétusté du pignon et à l'engorgement de la descente des eaux[16], d'un conduit de fumée devenu inutilisable et rendant indispensable la substitution d'un chauffage au gaz au chauffage au charbon[17],

1. Civ. 19 juill. 1961, *Ann. loyers* 1963. 418 – TGI Marseille, 22 févr. 1962, *Ann. loyers* 1963. 419.
2. Lalou, *Traité pratique de la responsabilité civile*, 6e éd., par Azard, n° 1227 *sexies* et 1396.
3. Aubry et Rau, *op. cit.*, n° 341 – Savatier, *Traité pratique de la responsabilité civile*, 2e éd., n° 360 – Grenoble, 1er mars 1955, *D.* 1955. 496; *Gaz. Pal.* 1955. 1, 341; *RTD civ.* 1955. 156 – Grenoble, 21 nov. 1966, *D.* 1968. 90 – T. civ. Seine, 11 janv. 1937, *Gaz. Pal.* 1937. 230, obs. Demogue – COMP. : Paris, 19 déc. 1961, *JCP* 1962. II. 12589. Cet arrêt, rendu en matière de responsabilité pour faute, fait état de l'absence de personnalité morale du syndicat pour exiger que le copropriétaire prétendument lésé par une décision de l'assemblée générale assigne tous les copropriétaires; T. civ. Seine, 11 janv. 1937, *Gaz. Pal.* 1937. 2, 475 ss note.
4. V. Azoulai, note ss TGI Seine, 2 juill. 1963, *D.* 1964. 221.
5. Civ. 2e, 17 déc. 1997, n° 96-12.260, *Bull. civ.* II, n° 323; *JCP* 1998. IV. 1347; *RCA* 1998, 75.
6. POUR un radier : Civ. 3e, 19 juill. 1995, n° 93-21.044, *RDI* 1995. 792.
7. Civ. 19 juill. 1961 (préc. ss n° 654, note 5).
8. EN CE SENS : KISCHINEWSKY-BROQUISSE, n° 317.
9. Civ. 3e, 28 nov. 1978, n° 77-12.972, *Bull. civ.* III, n° 359; *JCP* 1979. IV. 46.
10. TGI Draguignan, 29 janv. 1981, *Rev. loyers* avr. 1982. 212.
11. EN CE SENS : BOUYEURE, n° 91.
12. Paris, 3 oct. 1990, RG n° 88/12193, *Juris-Data* n° 023817, *D.* 1991. Somm. 84.
13. Civ. 3e, 16 janv. 1991, n° 89-11.206, *RDI* 1991. 257. Le syndicat répond des conséquences apparentes ou cachées d'un défaut d'entretien – Paris, 31 mai 1989, RG n° 87-12681, *Juris-Data* n° 024170, *D.* 1989. IR 197 selon lequel la constatation du dommage est suffisante à établir « la faute du syndicat » – SUR le point de savoir si le syndicat peut être contraint judiciairement à exécuter les travaux : BOUYEURE, nos 86 s. – Un copropriétaire peut recevoir une part de la responsabilité en raison de l'aggravation du dommage en relation avec les travaux anarchiques qu'il a réalisés : Civ. 3e, 14 mars 2007, n° 05-20.716 *Administrer* juin 2007. 56.
14. Civ. 3e, 17 déc. 1997, n° 95-10.581, *RDI* 1997. 289.
15. TGI Paris, 6 févr. 1976, *IRC* mai 1976. 77.
16. Civ. 3e, 16 janv. 1991, n° 89-11.206, *RDI* 1991. 257, abstention à faire procéder à des sondages pour vérifier si les structures porteuses sont détériorées par l'eau, Paris, 12 sept. 2001, *Loyers et copr.* mars 2002. 77.
17. Civ. 3e, 5 janv. 1994, n° 91-18.299, *IRC* mars 1994. 488, note Capoulade; *Loyers et copr.* 1994. 214. Cette affaire conduit à distinguer vétusté et défaut d'entretien. Le défaut d'entretien causant un dommage au locataire entraîne la responsabilité *in solidum* du syndicat et du bailleur qui a loué nonobstant l'état de délabrement, Paris, 22 nov. 1991, *Loyers et copr.* 1992. 140.

de l'effondrement d'un plancher vermoulu[1], de la réparation tardive de fuites en parties communes[2], du défaut de réparation de la porte automatique d'un garage, suite à un incendie, permettant l'intrusion de cambrioleurs[3] des infiltrations par le conduit de cheminée[4], un défaut d'entretien du système de chauffage[5]. Le syndicat ne peut s'exonérer de sa responsabilité en invoquant l'absence de trésorerie nécessaire aux travaux d'entretien de l'immeuble, mais la demande en réparation du copropriétaire est rejetée lorsque son importante dette de charges n'a pas permis de procéder à un entretien normal de l'immeuble[6]. Le dommage commun dû à la faute de l'architecte et au défaut d'entretien du syndicat entraîne une condamnation *in solidum*[7].

Le syndicat a été rendu responsable pour vice de construction en raison de la pénétration d'eau en provenance de la toiture terrasse dont les éléments étaient dégradés ou avaient été mal exécutés[8], de ponts thermiques entraînant la formation de moisissures dans un appartement[9], du mauvais aménagement des lieux par le promoteur, même en l'absence de ruine du bâtiment[10], de la solidarité du mécanisme de la chaufferie et de la structure de l'immeuble, de l'inefficacité du système de ventilation, des vibrations dues à une mauvaise exécution d'une chape et à l'insuffisance de l'isolation[11], d'une anomalie dangereuse affectant le fonctionnement de l'ascenseur[12], de la remontée de la nappe phréatique inondant le sous-sol, en l'absence de cuvelage acceptée lors de la livraison[13], de la violation pendant la construction des plans du permis de construire et des servitudes de hauteur[14].

L'application de l'article 14 appelle deux observations. D'une part, l'article 1792 du code civil ne se référant plus au vice de construction, mais au dommage, la tendance se manifeste, d'ores et déjà, d'admettre une interprétation large du vice de construction visé par l'article 14. D'autre part, l'action du copropriétaire à l'encontre du syndicat se prescrit par dix ans, en vertu de l'article 42 alinéa 1 et non de l'article 1792-4-1 (anc[t] art. 2270) du code civil, et le délai court du jour de l'apparition des dommages dans les parties privatives, et non à compter de la réception des ouvrages[15].

685 Quelle est la force de la responsabilité pour vice de construction ? Il ne semble pas que ce soit une présomption irréfragable et le syndicat pourrait, sans doute, s'exonérer en établissant la cause étrangère non imputable (ainsi, en cas de remontée de la nappe phréatique, qui ne constitue ni un cas fortuit, ni une force majeure, le vendeur ayant connu le vice, ses ayants cause à titre particulier étaient irrecevables à agir contre les constructeurs[16]), mais la preuve de l'absence de faute ne suffirait pas. En revanche, la faute de la victime, à moins qu'elle soit exclusive, pourrait aboutir à un partage de responsabilité (par ex., faute d'inattention d'une personne âgée[17]). Enfin, une clause d'exonération de toute responsabilité serait réputée non écrite, mais a été admise une exonération partielle comme condition posée par l'assemblée à une autorisation de transformation de locaux[18].

686 La responsabilité de voisinage[19]. Progressivement, la jurisprudence a dégagé le principe de l'autonomie de la responsabilité de voisinage sur le fondement de l'adage « nul ne doit causer à autrui un trouble excédent les inconvénients normaux de voisinage », devenu règle de droit. Cette responsabilité sans faute repose de plein droit sur la seule constatation de l'anormalité d'un dommage causé

1. TGI Rennes, 6 nov. 1972, *Gaz. Pal.* 1973. 1, 460, note Durand.
2. Civ. 3e, 19 juill. 1995, n° 94-11.183, *RDI* 1995. 792.
3. Civ. 3e, 21 janv. 2004, 02-16.386, *AJDI* 2004. 211.
4. Paris, 9 oct. 2008, n° 06-08.653, NP.
5. Civ. 3e, 5 juill. 2011, n° 10-17.609, NP.
6. Civ. 3e, 17 mai 1995, n° 93-17.843, *RDI* 1995. 593 – Civ. 3e, 13 déc. 1995, n° 94-12.703, *Bull. civ.* III, n° 258, 174, *RDI* 1996. 115.
7. Civ. 3e, 20 mai 1998, n° 96-16.235, *RDI* 1998. 412 – Civ. 2e, 16 juin 2011, n° 10-11.591, NP.
8. Civ. 3e, 8 févr. 1995, n° 92-20.755, *RDI* 1995. 379.
9. Civ. 3e, 30 janv. 1996, n° 94-14.859, *RDI* 1996. 276.
10. Civ. 3e, 27 nov. 1991, n° 89-17.185, *RDI* 1992. 117; *Administrer* oct. 1992. 89, note Guillot; *IRC* 1992. 123, note Capoulade – POUR un défaut d'aménagement du sol : Aix-en-Provence, 12 janv. 1982, *Rev. loyers* 1982. 519 – Une mauvaise conception d'une aire de jeux, TGI Paris, 14 juin 1976, *D.* 1976. IR 318.
11. Civ. 3e, 28 mars 1990, n° 88-15.364, *Bull. civ.* III, n° 88; *D.* 1990. 508, obs. Souleau; *IRC* juin 1990. 171, note Capoulade; *AJPI* août 1990. 515, note Boussageon.
12. Civ. 3e, 24 oct. 1973, n° 72-13.210, *Bull. civ.* III, n° 545; *Gaz. Pal.* 1973. 2. Somm. 266; *Rev. loyers* 1974. 37 – Civ. 3e, 18 juill. 1979, *D.* 1980. IR 274; *Gaz. Pal.* 1980, I. Somm. 35; *Ann. loyers* 1980. 833 – Civ. 3e, 3 janv. 1980, *Administrer* avr. 1980. 101 – Civ. 3e, 19 mai 1981, *Administrer* oct. 1981. 117 – Paris, 18 janv. 1979, *D.* 1980. IR 156 – V. Quignard, « Assurance et ascenseur », *Gaz. Pal.* 1984. 2. Doctr. 395.
13. Civ. 3e, 19 juill. 1995, n° 93-11.984, *RDI* 1995. 793.
14. Civ. 3e, 7 mai 2003, n° 01-16.676, NP.
15. Civ. 3e, 26 mai 1992, n° 90-16.228, *Bull. civ.* III, n° 169; *IRC* janv. 1993, note Capoulade; *Defrénois* 1992. 1524, obs. J.-L. A.; *JCP* 1992. IV. 2127 – Civ. 3e, 12 juin 2002, n° 01-02.154, *Bull. civ.* III, n° 137.
16. Civ. 3e, 19 juill. 1995, n° 93-11.984, *RDI* 1995. 793.
17. Versailles, 5e ch., 26 nov. 1987, *RDI* 1988. 143, obs. Givord.
18. Paris, 23e ch. B, 17 mars 1995, *Juris-Data* n° 020858, *RDI* 1995. 380.
19. V. Graffan, « Les troubles de voisinage et le régime de la copropriété », *IRC* 1987. 219.

par un voisin; il importe peu que soit observée la réglementation administrative ou les règles de l'art.

Cette responsabilité pèse, en principe, sur le propriétaire actuel du fonds, peu important que la cause ou l'origine du trouble soit antérieure à son acquisition, sauf action récursoire. Renonçant à fonder cette responsabilité sur la faute ou sur la garde, la jurisprudence actuelle accorde un sens large au mot voisin qui peut comprendre un voisin « occasionnel » ou « éphémère », sans droit réel sur le fond, comme un entrepreneur[1].

Le syndicat des copropriétaires peut encourir une responsabilité de voisinage en raison notamment du comportement des copropriétaires (v. l'ex. d'une dégradation des clôtures voisines par la circulation automobile sur l'aire commune de stationnement, dépérissement des plantations du voisin par les gaz d'échappement des véhicules, jets d'objets et de détritus sur la villa voisine depuis les ouvertures de l'immeuble en copropriété[2]), des plantations sur le sol commun (v. l'ex. d'un arbre planté dans le sol commun dont les feuilles envahissent le toit et la terrasse du pavillon voisin, au point de nuire au bon écoulement des eaux et dont les racines provoquent des infiltrations[3]), mais surtout en raison de l'édification de l'immeuble, même si les travaux dommageables ont été exécutés avant la constitution du syndicat (décompression du sol au cours de la construction d'un immeuble provoquant lézardes, basculement du mur, du plancher et du pignon du pavillon voisin). Nombreuses décisions en cas de fissurations, implantations de tirants d'ancrage, éclatement de canalisations... par le constructeur, auteur des copropriétaires[4]. Pour retenir la responsabilité de voisinage, la Cour de cassation[5] qualifie le syndicat de « propriétaire de l'immeuble », ce qu'il n'est pas. Si l'on veut éviter de le considérer comme « gardien » de la chose et en rattachant cette responsabilité à la propriété, et non seulement au voisinage, il suffirait de mentionner « le syndicat constitué par la collectivité des copropriétaires ». Le syndicat dispose d'un recours à l'encontre des entrepreneurs en prouvant la faute[6], à moins qu'il ne soit subrogé après paiement dans les droits et actions du voisin[7].

Toutefois, par dérogation au principe de la préoccupation de voisinage[8], l'article L. 112-16 du code de la construction et de l'habitation exclut la réparation du dommage dans les cas et conditions qu'il prévoit, mais cette disposition ne s'applique qu'entre fonds voisins et non entre copropriétaires d'un même immeuble[9].

687 2° Application de l'article 1384 alinéa 1er du code civil. La jurisprudence antérieure à la loi du 10 juillet 1965 avait parfois admis la possibilité d'appliquer les dispositions de l'article 1384 alinéa 1er[10] lorsque le dommage causé par l'immeuble, ou surtout par ses accessoires (ascenseur notamment), ne rentrait pas dans les prévisions de l'article 1386 du code civil. Au lendemain de la loi du 10 juillet 1965, on a pu se demander si les dispositions de l'article 14 présentaient un caractère limitatif, excluant toute action en responsabilité si le dommage causé par l'immeuble ne provenait pas d'un défaut d'entretien ou d'un vice de construction[11]. Mais doctrine et jurisprudence ont écarté cette interprétation restrictive, en rappelant que les dispositions de l'article 1384 alinéa 1er ont une portée absolument générale, et qu'il n'est pas permis de les écarter au seul prétexte du silence du législateur[12].

1. Civ. 3e, 30 juin 1998, n° 96-13.039, *Bull. civ.* III, n° 144; *RDI* 1998, obs. Malinvaud et Boubli; *JCP* 1999. I. 120, obs. Périnet-Marquet – Civ. 3e, 22 juill. 1998, n° 97-10.076, *RDI* 1998. 646 – Villien, « Vers une unification des régimes de responsabilité en matière de troubles de voisinage dans la construction immobilière », *R.*, 263 s. – *RDI* 2000. 275 s. – Périnet-Marquet, « Remarques sur l'extension du champ d'application de la théorie des troubles de voisinage », *RDI* 2005. 161 s., n° 3 – SUR LE voisin occasionnel : Civ. 3e, 9 févr. 2011, n° 09-71.570, n° 09-72.494, *Bull. civ.* III, n° 21; *RDI* 2011. 227, obs. Malinvaud.
2. Civ. 3e, 24 janv. 1973, n° 72-10.585, *Bull. civ.* III, n° 78; *Rev. loyers* 1973. 280.
3. Civ. 3e, 19 juin 2002, n° 00-20.104, *AJDI* 2003. 40, obs. Capoulade.
4. Civ. 3e, 11 mai 2000, n° 98-18.249, *D.* 2000. IR 165; *RDI* 2000. 313, obs. Bergel.
5. Civ. 3e, 24 janv. 1973, préc. – Civ. 3e, 11 mai 2000, n° 98-18.249, *AJDI* 2001. 346; *RDI* 2000. 313; *D.* 2001. 2231, préc.
6. Civ. 3e, 24 mars 1999, n° 96-19.775, *Bull. civ.* III, n° 74; *RDI* 1999. 361, obs. Bergel et 412, obs. Malinvaud et Boubli.
7. Civ. 3e, 21 juill. 1999, n° 96-22.735, *Bull. civ.* III, n° 182; *RDI* 1999. 685.
8. *Travaux H. Capitant,* t. 27, 1976, p. 104 et notes 98 et 99.
9. Civ. 3e, 23 janv. 1991, n° 89-16.163, *Bull. civ.* III, n° 31; *RDI* 1991. 252, obs. Capoulade, Giverdon.
10. Civ. 3 juill. 1962, *AJPI* 1962. II. 933 – Civ. 11 mars 1965, *Gaz. Pal.* 1965. 2, 99 – Civ. 22 mars 1966, *AJPI* 1966. II. 892 – Civ. 11 mars 1964, *D.* 1964. Somm. 102 : ARRÊT qui reconnaît que le syndicat a la garde de l'ascenseur – Grenoble, 1er mars 1955, *Gaz. Pal.* 1955. 1, 341; *AJPI* 1955. II. 192, note Bouvet et Cabanac – COMP. : sur la responsabilité encourue par le syndicat à raison d'émanations d'oxyde de carbone : Civ. 19 févr. 1965, *AJPI* 1965. II. 484, note Cabanac.
11. SUR LA QUESTION GÉNÉRALE des accidents d'ascenseurs : Dautant, « Mise en conformité des ascenseurs en copropriété de la région parisienne », *AJPI* 1965. I. 562 – Mignon, « Accidents d'ascenseurs », *AJPI* 1956. I. 163 – Magnin, « La responsabilité des accidents causés par les ascenseurs et l'article 1384 du code civil », *RTD civ.* 1930. 18 s.
12. EN CE SENS : Alibert, *Ann. loyers* 1965. 753 s. – GUILLOT, art. 14 à 16-1, 5.01 – Civ. 3e, 27 janv. 1977, *Bull. civ.* III, ►

Par un arrêt de principe, la Cour de cassation a considéré qu'aucune des dispositions de l'article 14 de la loi du 10 juillet 1965 n'interdisaient aux tiers victimes d'un dommage d'invoquer celles de l'article 1384 alinéa 1 du code civil.

Dans l'hypothèse d'un dommage dont la cause est inconnue, la victime pourra donc exercer une action en responsabilité contre le syndicat considéré comme gardien de l'immeuble et de ses accessoires, par analogie sur ce dernier point avec les dispositions de l'article 14. L'attribution légale au syndicat de la garde des parties communes, en décharge, à notre sens, les copropriétaires *ut singuli*, ceux-ci demeurant gardiens de leurs seules parties privatives (v. ex. d'un accident d'ascenseur[1]). Le syndicat ne pourra s'exonérer de sa responsabilité lorsque le comportement de la victime ne présente pas un caractère imprévisible et irrésistible[2].

À plus forte raison, sera retenue la responsabilité du syndicat pour des faits relevant nettement de la garde de l'immeuble (les exemples sont nombreux : sinistre pour la vétusté de l'installation commune de gaz[3]; déficience de l'installation de VMC[4]; chute d'une personne dans le hall de l'immeuble sur un produit glissant[5]; chute d'un copropriétaire sur un sol gelé par suite d'une insuffisance d'entretien[6]; désordres résultant du vice d'un sous-sol[7]; infiltration affectant un appartement par suite de l'absence d'étanchéité de l'escalier[8]; insuffisance d'une digue destinée à assurer la sauvegarde de l'immeuble)[9].

Encore faut-il préciser que, pour l'application de l'article 1384 alinéa 1er comme pour celle de l'article 14 de la loi du 10 juillet 1965, le syndicat ne sera responsable que s'il y a « fait de la chose » imputable au syndicat (ainsi, le syndicat n'est pas gardien de la neige[10]). Il a été exactement jugé en ce sens que le syndicat n'était pas responsable du préjudice subi par un copropriétaire ayant glissé dans un escalier dont les marches n'étaient pas anormalement usées[11], ni de celui résultant d'un défaut d'entretien (ascenseur, troubles d'étanchéité), imputable au seul demandeur[12], ni à plus forte raison de troubles (phoniques en l'espèce) dûs à des aménagements privatifs[13].

Il a été jugé que la mission de surveillance confiée à une entreprise spécialisée n'avait pas pour effet d'opérer un transfert de la garde au sens de l'article 1384 § 1 du code civil et d'en décharger le syndicat[14].

§ 2
Responsabilité pour faute

688 Faute des organes ou des préposés du syndicat. Le syndicat, en tant que personne morale, ne commet pas de faute personnelle. Mais on retiendra la responsabilité pour faute du syndicat, soit en considérant qu'il agit par l'intermédiaire de ses organes (syndic, assemblée générale), soit sur le fondement de la responsabilité du fait des préposés (salariés, et notamment le concierge)[15]. Le problème est simple : si le syndicat, par ses organes, ou par ses préposés, ne remplit pas ses fonctions ou les remplit mal, il est responsable des dommages causés par cette faute de gestion (sur les fautes de gestion commises par le syndic, et engageant le syndicat, v. s^s^ n° 1062). Le syndicat n'est pas responsable quand le fait du préposé est détachable de ses fonctions[16] mais la jurisprudence actuelle recherche si l'acte fautif se place ou non dans l'accomplissement normal des fonctions ou en dehors de celui-ci; jugé que le syndicat n'est pas responsable des fautes du syndic, qui s'est comporté en maître

► n° 50; *Rev. loyers* 1977. 233; *D.* 1977. IR 321; *RTD civ.* 1977. 581; *Gaz. Pal.* 1977. 1. Somm. 170; *Ann. loyers* 1977. 1441 – Civ. 2e, 15 mars 1978, *D.* 1979. IR 128, obs. Giverdon; *Gaz. Pal.* 1978. 1. Somm. 71 – Civ. 2e, 6 févr. 1980, n° 78-13.789, *Bull. civ.* II, n° 30 : accès facile à un canal traversant la résidence, sans grille de protection à l'endroit où le canal s'enfonce sous terre.

1. Grenoble, 26 avr. 1967 et Grenoble, 17 oct. 1968, *Journ. Grenoble* 1968-69, p. 29 et 324.
2. Civ. 2e, 18 mars 2004, n° 02-19.454, *Bull. civ.* II, n° 139; *D.* 2005. 125, note Corpart.
3. Civ. 2e, 24 févr. 1988, n° 85-17.796, *IRC* 1988. 294.
4. Civ. 3e, 12 juin 1991, n° 89-21.761, *Loyers et copr.* 1991. 352.
5. Civ. 2e, 16 févr. 1994, n° 92-17.344, *Loyers et copr.* 1994. 256; *Administrer* févr. 1994. 30, note Guillot.
6. Civ. 2e, 17 mai 1983, n° 82-10.423, *Bull. civ.* II, n° 113, *Gaz. Pal.* 1983. 2. pan. 256.
7. Aix-en-Provence, 1er janv. 1982, *Gaz. Pal.* 1983. 1. pan. 28 – COMP. : Civ. 3e, 28 nov. 1978, n° 77-12.972, *Bull. civ.* III, n° 359, *Gaz. Pal.* 1978. 1. Somm. 119; *D.* 1979. IR 128; *Journ. not.* 1979. 66, note Désiry.
8. Civ. 3e, 6 déc. 2005, n° 04-17.431, NP.
9. Civ. 3e, 19 juin 2007, n° 06-16.497, *Administrer* 90, n° 403, obs. Bouyeure.
10. Paris, 18 sept. 1989, *Loyers et copr.* janv. 1991. 43.
11. Civ. 3 juill. 1962, *AJPI* 1962. 2, 933, note Cabanac; *Ann. loyers* 1963. 425; *D.* 1964. 221, note Azard – V. Cabanac, *AJPI* 1962. 2, 933.
12. Civ. 11 mars 1965, *Gaz. Pal.* 1965. 2, 99, note Cabanac – TGI Nanterre, 1er avr. 1981, *Gaz. Pal.* 1981. 2, note Morand; *RDI* 1982. 130 – COMP. : Paris, 7 mai 1963, *Gaz. Pal.* 1963. 2, table, *V° Propriété*, n° 15.
13. Paris, 2 mai 1983, *Juris-Data* n° 023263, *Gaz. Pal.* 1983. 2, 457, note Morand.
14. Civ. 1re, 16 juin 1998, n° 96-20.640, *Bull. civ.* I, n° 217, *RDI* 1998. 690, *RTD civ.* 1998. 917.
15. Alibert, « Le syndicat des copropriétaires », *Ann. loyers* 1958. 119; « Les concierges des immeubles en copropriété », *Ann. loyers* 1957. 337 s. – KISCHINEWSKY-BROQUISSE, n° 321.
16. Paris, 29 mars 1979, *Administrer* août-sept. 1979, n° 94.

d'œuvre pour l'exécution de travaux décidés par l'assemblée générale[1]. En cas de dépassement de pouvoir du syndic, le syndicat n'est responsable que s'il ratifie expressément ou tacitement[2].

La pratique révèle que la responsabilité du syndicat peut être engagée dans trois hypothèses essentielles : faute dommageable d'un préposé, non-respect du règlement de copropriété (faute de surveillance ou d'administration de l'immeuble), préjudice causé par une décision de l'assemblée générale.

689 a) Faute dommageable commise par un préposé. La présomption de responsabilité édictée par l'article 1384 § 5 du code civil pèse sur les commettants pour les dommages causés par la faute de leur préposé. Cette responsabilité implique un rapport d'autorité et de subordination, ce qui n'est pas exclusif de l'absence de contrat et peut même reposer sur un rapport de complaisance[3]. La présomption est irréfragable dès que la faute est prouvée, mais elle ne s'applique pas « si le préposé a agi hors des fonctions auxquelles il était employé, sans autorisation et à des fins étrangères à ses attributions »[4].

Le syndicat encourt donc une responsabilité par application de l'article 1384 § 5 du code civil pour les dommages causés par une faute des préposés, liés à lui par contrat de travail (concierges, employés d'immeubles, jardiniers, femmes de ménage, chauffeurs...), observation faite que le syndic n'est pas un préposé du syndicat, mais son représentant légal, lié par un contrat de mandat et que les préposés du syndic n'ont pas lien de droit avec le syndicat.

Les recueils de jurisprudence fournissent de nombreux exemples de fautes commises par les concierges entraînant la responsabilité du syndicat : transmission du virus du VIH à la suite d'une piqûre par une aiguille contaminée placée dans un sac poubelle situé hors du container à ordures[5], chute à la suite d'un produit anormalement glissant répandu sur le sol[6], ou du lavage des marches extérieures par temps de gel générateur de verglas[7], contamination par le virus du sida d'un éboueur piqué par une seringue contenue dans un sac poubelle abandonné avec les détritus d'un marché[8], carence à ne pas signaler la présence habituelle dans un studio de marginaux (*squatters*[9]).

Quant à la sauvegarde des biens et des personnes, la jurisprudence retient généralement une obligation de moyen et non une obligation de résultat. Les juges du fond doivent rechercher si le préposé à la télésurveillance exerçait aussi d'autres fonctions qui l'auraient distrait de son observation au moment des faits[10]. La Cour de cassation a même admis la validité d'une clause exclusive de responsabilité dans un règlement de copropriété, une association assurant l'accueil, mais non le contrôle des personnes, d'autant que la victime n'avait pas enclenché le dispositif d'alerte[11].

690 b) Non-respect du règlement de copropriété. La violation du règlement de copropriété constitue une faute (v. s[s] n°s 643 s.). Si elle est commise personnellement par le syndic, qui, par exemple, autorise sans droit l'exécution de travaux causant un préjudice à certains copropriétaires, sa responsabilité est évidemment engagée[12]. Plus souvent, cette violation sera le fait soit d'un copropriétaire, soit d'un tiers dont le syndic n'est pas en principe responsable : si l'on reprend la terminologie habituelle dans les rapports locatifs, on dira que l'on est en présence d'un « trouble de fait » dont le syndicat n'a pas à répondre[13]. Mais le syndicat, par l'intermédiaire du syndic, a la charge de faire respecter le règlement de copropriété. Le syndicat encourt donc une responsabilité pour inaction du syndic, même bénévole[14], mais il ne saurait se faire justice à lui-même et agir sans autorisation du juge

1. Civ. 3e, 8 janv. 1985, n° 83-15.905, NP.
2. Paris, 14 juin 1993, RG n° 92-6959, *Juris-Data* n° 022179, *Loyers et copr.* 1993. 405.
3. Flour et Auber, *Les obligations,* t. II, *Le fait juridique*, n° 310.
4. Cass., Ass. plén., 19 mai 1988, n° 87-82.654, *Bull. crim.* 1988. 218, *AP,* n° 5; *R.*, p. 223; *D.* 1988. 513, note Larroumet; *Gaz. Pal.* 1988. 2, 640, concl. Dorwling-Carter; *Defrénois* 1988. 1097, obs. Aubert; *RTD civ.* 1989. 89, obs. Jourdain; Gavalda et Stoufflet, *Droit bancaire*, 7e éd., 2008, Litec; Devèze, Couret et Hirigoyen, *Lamy Droit du financement*, n° 2933 – Cass., Ass. plén., 17 juin 1983, n° 82-91.632, *Bull. AP,* n° 8; *R.*, p. 38; *GAJC*, 11e éd., n° 211-215 (III); *D.* 1984. 134, note Denis; *JCP* 1983. II. 20120, concl. Sadon, note Chabas; *RTD civ.* 1984. 315, obs. Durry – OU ENCORE : Cass., Ass. plén., 15 nov. 1985, n° 84-12.601, *Bull. AP,* n° 9; *R.*, p. 123; *D.* 1986. 81, note Aubert; *JCP* 1986. II. 20568, note Viney; *RTD civ.* 1986. 128, obs. Huet – Civ. 2e, 17 mars 2011, n° 10-14.468, *Bull. civ.* III, n° 69, et Civ. 2e, 12 mai 2011, n° 10-20.590, *Bull. civ.* III, n° 110, sur l'abus de fonction et la note Mekki, *Gaz. Pal.* 5 oct. 2011.
5. Civ. 2e, 2 juin 2005, n° 03-20.011, *Bull. civ.* II, n° 146; *AJDI* 2005. 912, note Rouquet.
6. Civ. 2e, 9 mai 1985, n° 83-15.943, *Defrénois* 1985. 1451, obs. Souleau.
7. TGI Paris, 31 oct. 1974, *D.* 1976. IR 74.
8. TGI Paris, 1re ch., 29 sept. 1977, *Administrer* déc. 1977. 45, note Forestier.
9. Civ. 3e, 27 avr. 1994, n° 91-15.023, *RDI* 1994. 500, *D.* 1996. Somm. 165, obs. Giverdon; *Administrer* nov. 1994. 48, note Capoulade; *AJPI* 1995. 130, note Gélinet.
10. Civ. 3e, 14 juin 1995, n° 93-16.283, *RDI* 1995. 793.
11. Civ. 3e, 17 juill. 1997, n° 95-20.532, *RDI* 1997. 625.
12. Toulouse, 10 juill. 1962, *Ann. loyers* 1963. 425.
13. COMP. : Paris, 8 mars 1963, *D.* 1963. Somm. 74 – Aubry et Rau, par Esmein, *Les biens,* t. II, n° 342.
14. Civ. 3e, 8 mars 1995, n° 93-13.742, *Bull. civ.* III, n° 75, *AJPI* 1995. 798, *D.* 1998, 275.

pour y parvenir[1]. Le syndicat doit indemniser le propriétaire d'un véhicule immobilisé dans un « box » dont la propriété est incertaine, par suite du changement de serrure qu'il a opéré lui-même[2].

Si le syndic tolère une infraction au règlement qu'il a le devoir de faire respecter, il engage la responsabilité du syndicat envers les copropriétaires qui subissent un préjudice[3]. La Cour de cassation a ainsi admis la responsabilité du syndicat qui n'avait pas pris les dispositions nécessaires pour faire cesser, dans une cour, partie commune, un stationnement abusif de véhicules, interdit par le règlement de copropriété[4], étant précisé que, compte tenu de la nature des obligations qui découlent du règlement de copropriété, il s'agit en l'espèce d'une responsabilité d'ordre contractuel[5]. Syndicat et syndic peuvent être déclarés responsables solidaires en cas d'encombrement des parties communes[6]. Le syndicat lui-même doit observer le règlement de copropriété et, lorsque celui-ci le prévoit, mettre gratuitement une loge à la disposition du concierge qui peut se prévaloir de cet engagement unilatéral des copropriétaires[7]. Il ne pourrait impunément tergiverser et faire preuve d'inertie pour convoquer l'assemblée générale à la demande d'un copropriétaire pour modifier des tantièmes de charges[8] ou multiplier les vaines protestations, faire perdurer le litige et prolonger la procédure en révision des charges initiée par un copropriétaire, l'obligeant ainsi à régler les charges plus élevées pendant plusieurs années[9].

691 c) Faute de surveillance ou d'administration de l'immeuble. En cas de dommage causé soit à un copropriétaire, soit à un tiers par suite d'une faute de surveillance ou d'administration de l'immeuble, il paraît certain que la responsabilité pour faute du syndicat est engagée, étant précisé d'une part qu'il s'agit d'une faute délictuelle ou quasi délictuelle à l'égard des tiers et d'une faute contractuelle à l'égard des copropriétaires, et d'autre part que cette responsabilité civile peut être complétée par la responsabilité pénale du syndic (v. s^s n°s 1067 s.). Il semble d'ailleurs que, en cas de « défaut d'entretien »[10], la responsabilité de plein droit de l'article 14 se confondra le plus souvent avec la responsabilité pour faute. Le syndicat répondra, par exemple, du préjudice causé par le fonctionnement d'un ascenseur mal entretenu[11], de la chute d'une personne dans une trappe restée ouverte dans une partie commune démunie d'éclairage[12], de la non-installation d'un garde-fou dans un endroit dangereux[13], des troubles résultant des infiltrations d'eau dues à un défaut d'entretien de la toiture ou de l'étanchéité[14], de l'intoxication due à un mauvais entretien des gaines de cheminée[15], de l'effondrement d'un plancher[16], du défaut de remplacement d'une lampe éclairant les parties communes[17], de l'effondrement d'une rambarde de balcon en raison de sa fragilité[18], des retards à réparer les parties privatives tout en exécutant des travaux d'aménagement intérieur avant la réfection du gros-œuvre[19], des infiltrations résultant de la réalisation irrégulière de lanterneaux en toiture[20], de la négligence de prendre en considération les réclamations des copropriétaires pour absence de chauffage[21], de l'inachèvement, défectueux en l'état, du bâtiment financée par l'assurance incendie[22].

La faute de surveillance pourra être celle du concierge, préposé du syndicat et non pas préposé

1. Paris, 14e ch., 28 nov. 2001, *Loyers et copr.* avr. 2002. 103.
2. Civ. 3e, 10 juill. 2002, n° 01-00.313, NP.
3. Esmein, note au *D.* 1962. 219, s^s Civ. 9 janv. 1962 – KISCHINEWSKY-BROQUISSE, n° 321 – V. TGI Paris, 15 avr. 1969, *AJPI* 1970. II. 136, note Cabanac – Civ. 2e, 20 déc. 1962, *Bull. civ.* II, n° 824 – Civ. 3e, 6 juill. 1994, n° 92-16.026, *RDI* 1994. 700; le syndic avait laissé entreprendre des travaux irréguliers.
4. Civ. 13 oct. 1965, *D.* 1966. 102; *Gaz. Pal.* 1966. 1, 41, note Cabanac – EN CE SENS : TGI Marseille, 6 mai 1964, *Ann. loyers* 1964. 909 – TGI Paris, 9 oct. 1962, *Ann. loyers* 1963. 414; Ce jugement concerne la responsabilité du vendeur d'immeuble par lots, qui, syndic provisoire, n'a pas pris les dispositions nécessaires pour convoquer l'assemblée générale aux fins de nomination du syndic définitif.
5. V. obs. Bredin, *RTD civ.* 1966. 319.
6. Civ. 3e, 8 mars 1995, n° 93-13.742, *Bull. civ.* III, n° 75; *AJDI* 1995. 798; *D.* 1998. 275, *Gaz. Pal.* 1995. 1, 217.
7. Soc. 27 mars 2001, n° 98-44.292, *Bull. civ.* V, n° 106.
8. Civ. 3e, 11 mars 2003, n° 01-16.709, NP.
9. Civ. 3e, 10 juill. 2002, n° 00-22.024, NP – EN CAS de poursuite à tort à l'encontre d'un copropriétaire : Paris, 26 mars 1981, *Juris-Data* n° 022156, *D.* 1982. IR 436.
10. TGI Paris, 3 janv. 1969, *Gaz. Pal.* 1969. 1, 197; *AJPI* 1979. 1, 908, note Bouyeure – TGI Paris, 24 mai 1984, *Gaz. Pal.* 1984. 2, 520, note Bouyeure.
11. Civ. 11 mars 1983, *AJPI* 1964. 2, 948.
12. TGI Seine, 9 févr. 1965, *JCP* 1965. IV. 74.
13. Civ. 3e, 5 avr. 1968, *Bull. civ.* III, n° 158 – Civ. 3e, 10 janv. 1973, *Gaz. Pal.* 1973. 1. Somm. 55 – Civ. 3e, 10 mars 1973, *D.* 1973. IR 36 – Paris, 20 oct. 1970, *D.* 1971. 318 – Paris, 30 nov. 1970, *Gaz. Pal.* 1971. 1, 240 – TGI Paris, 19 avr. 1969, *Gaz. Pal.* 1969. 1, 365.
14. TGI Paris, 3 janv. 1969, préc. note s^s n° 662, note 14 – Civ. 3e, 15 mars 2011, n° 10-16.327, NP.
15. Grenoble, 29 juin 1953, *Dict. Copropriété*, p. 60.
16. TGI Rennes, 6 nov. 1972, *Gaz. Pal.* 1973. 1, 460, note Morand.
17. Versailles, 26 nov. 1987, *RDI* 1988. 143.
18. Civ. 3e, 20 mai 1998, n° 96-19.572, *RDI* 1998. 411.
19. Civ. 3e, 7 mars 1990, n° 88-14.048, *IRC* 1990. 137, note Capoulade.
20. Civ. 3e, 6 juill. 1994, n° 92-16.026, *RDI* 1994. 700.
21. Civ. 3e, 20 janv. 2004, n° 02-14.606, NP.
22. Civ. 3e, 15 févr. 2006, n° 05-11.263, NP, *Loyers et copr.* 2006, n° 91.

du syndic[1]. En cas de vol, il est nécessaire de rapporter la preuve positive de la faute du concierge et de la relation de causalité entre la faute et le dommage[2].

En cas de carence *caractérisée* du syndicat, on peut admettre la possibilité pour un copropriétaire de faire procéder de son propre chef aux réparations nécessaires pour assurer l'entretien et la conservation de l'immeuble (v. une décision intervenue dans un litige où il y avait par ailleurs un abus caractérisé de majorité, souligné par le jugement[3]).

La responsabilité du syndicat a été écartée, pour absence de faute, lorsque le syndicat ne se fait pas assister d'un architecte pour la réalisation de travaux[4], lorsqu'une négligence n'est pas établie dans les démarches nécessaires à l'obtention d'une indemnité d'assurance pour un copropriétaire dont l'appartement a été sinistré par un désordre en partie commune[5], lorsqu'il utilise une provision pour des travaux urgents que le constructeur refuse d'exécuter[6], lorsque le chauffage collectif est remplacé par un chauffage individuel dont l'installation incombe à chaque copropriétaire[7].

692 **d) Délibération de l'assemblée générale.** On envisage principalement l'hypothèse d'une délibération de l'assemblée générale irrégulière ou présentant un caractère abusif (v. s^{s} n°s 952 et 953). En cas d'abus de majorité, une responsabilité *in solidum* peut être retenue[8] (la parenté des copropriétaires majoritaires ne suffit pas, en soi, à caractériser l'abus de droit[9] – toutefois, le refus de ratifier les travaux prévus à un permis modificatif, mais affouillant le sol commun, ne constitue pas un abus de droit[10]). Dans la mesure où la délibération, qui constitue une faute imputable au syndicat, a causé un préjudice soit à un copropriétaire, soit à un tiers, la responsabilité du syndicat peut être engagée. Le problème s'est posé dans l'hypothèse d'une révocation abusive du syndic[11], dans celle de travaux irrégulièrement autorisés[12], ou inversement, du refus d'autoriser les travaux nécessaires[13] (refus d'intervenir sur un conduit de fumée commun et dangereux peut entraîner la condamnation du syndicat à remplacer, à ses frais, le chauffage au charbon par un chauffage au gaz[14]; refus de prendre en charge la réparation du gros-œuvre, partie commune, d'un appentis à usage privatif d'un copropriétaire[15]).

L'assemblée générale commet une faute lorsqu'elle opte pour « la solution la plus économique » dans le choix des techniques de travaux, prenant, par une volonté délibérée, un risque de nature à compromettre la réparation du préjudice[16]. Le syndicat ne peut reprocher au syndic de ne pas avoir fait entreprendre des travaux urgents nécessaires à la sauvegarde de l'immeuble, dès lors que l'assemblée, informée des diligences déjà exécutées, s'oppose à leur exécution[17].

La responsabilité du syndicat peut aussi être engagée s'il n'a pas pris soin de veiller à l'exécution d'une décision prise par l'assemblée générale[18]. En pareil cas, la faute du syndicat concourt, avec celle du syndic, à la réalisation de l'entier dommage, d'où une responsabilité *in solidum*[19].

693 **Preuve de la faute.** Si toute activité fautive du syndicat peut engager sa responsabilité, encore faut-il (sous réserve du vice de construction ou du défaut d'entretien, à supposer celui-ci distinct de la faute), que la preuve de la faute – contractuelle ou délictuelle – soit rapportée[20] (absence de responsabilité pour le retard dans la perception d'une indemnité d'assurance en l'absence de négligence[21]). Il

1. V. Paris, 10 nov. 1944, *D.* 1945. 65; *Gaz. Pal.* 1944. 2, 179 – COMP. : Civ. 9 janv. 1962, *D.* 1962. 219 – Paris, 29 nov. 1961, *Ann. loyers* 1963. 420 – T. civ. Seine, 19 janv. 1957, *JCP* 1957. II. 9774, *Ann. loyers* 1957. 442 (ces dernières décisions confirment que le concierge a qualité de préposé du syndicat, mais ne concernent pas le problème de responsabilité).
2. Civ. 11 oct. 1978, *Gaz. Pal.* 1979. 1. Somm. 20; *D.* 1979. IR 128, note Giverdon.
3. TGI Paris, 24 mai 1984, *Juris-Data* n° 000547, *Gaz. Pal.* 1984. 2, 520, note Bouyeure.
4. Civ. 3e, 6 mai 1998, n° 95-18.357, *RDI* 1998. 417.
5. Civ. 3e, 6 mai 1998, n° 96-16.400, *RDI* 1998. 418.
6. Civ. 3e, 17 déc. 1997, n° 96-12.629, NP, *Constr. urb.* 1998, n° 142.
7. Civ. 3e, 22 juill. 1998, n° 97-10.526, *RDI* 1998. 681.
8. Reims, aud. sol., 14 juin 1994, *JCP N* 1996. II. 37.
9. Civ. 3e, 10 juill. 2002, n° 01-01.825, NP.
10. Civ. 3e, 10 juill. 2002, n° 01-01.825, NP, préc.
11. TGI Nice, 3 avr. 1963, *AJPI* 1964. II. 123, note Cabanac.
12. Toulouse, 10 juill. 1962, *Ann. loyers* 1963. 425 – COMP. : Civ. 10 déc. 1963, *Ann. loyers* 9164. 695, qui admet la responsabilité du syndicat et non du syndic, à raison des dommages causés par l'exécution de travaux décidés par l'assemblée générale.
13. TGI Brest, 8 avr. 1970, *AJPI* 1970. II. 221, note Bouyeure – V. CEP. : TGI Cusset, 18 mars 1970, *IRC* 1971. 8, note Cabanac.
14. Civ. 3e, 15 janv. 1994, n° 91-18.299, *IRC* mars 1994. 488, *AJDI* 1995. 411.
15. Civ. 3e, 17 déc. 1996, n° 95-12.510, NP.
16. Civ. 3e, 10 juill. 1996, n° 95-10.297, *RDI* 1996. 615.
17. Civ. 3e, 6 févr. 2002, n° 00-17.324, *Bull. civ.* III, n° 33; *Loyers et copr.* juin 2002. 163.
18. Paris, 19 févr. 1991, RG n° 89/5.991, *Juris-Data* n° 020187, *Loyers et copr.* 1991. 177; en l'espèce, par suite de la carence du syndic, l'autorisation d'introduire un référé-expertise n'avait pas été utilisée; l'arrêt déclare le syndicat partiellement responsable pour avoir participé à son propre dommage.
19. Civ. 3e, 19 mai 1981, *Defrénois* 1981. 32797, note Souleau; *Administrer* oct. 1981. 37, note Guillot.
20. Civ. 16 nov. 1972, *Gaz. Pal.* 1973. 1, 10 – Paris, 7 mai 1963, *Gaz. Pal.* 1963. 2, Tables, *V° Propriété*, n° 15 – Civ. 11 oct. 1978, *Gaz. Pal.* 1979. 1. Somm. 20.
21. Civ. 3e, 6 mai 1998, n° 96-16.400, *RDI* 1998. 418.

convient également que le lien de causalité entre cette faute et le dommage invoqué soit établi[1] (absence de causalité lorsque le libre accès des piétons aux locaux commerciaux n'est pas affecté par la fermeture du parc de stationnement[2]).

C'est ainsi qu'a été rejetée l'action d'un copropriétaire demandant la réparation du préjudice causé par le refus du syndicat d'autoriser certains travaux, ce refus étant justifié par le risque que pouvaient présenter les installations projetées (installation d'un chauffage au gaz)[3], par l'affaissement non autorisé du sol commun[4], par le défaut de remplacement de l'ascenseur dont la mise hors service avait été décidée par l'assemblée générale[5]. Il n'y avait pas faute du syndic, ni responsabilité du syndicat[6].

Mais le syndicat des copropriétaires ne peut être exonéré de son obligation d'entretenir la toiture au motif que le copropriétaire, victime du défaut d'entretien, s'est abstenu de régler sa quote-part des charges[7] (v. un ex. de partage, en cas de charges impayées[8]). Toutefois, la Cour de cassation a admis que le copropriétaire pouvait être débouté de sa demande d'indemnité ou de sa demande de travaux, lorsqu'il était débiteur d'une importante dette de charges[9].

§ 3
Réparation du préjudice

694 Modalités de réparation. Dans l'hypothèse où la responsabilité du syndicat est engagée, se pose le problème des modalités de la réparation, qui dépend bien entendu de la nature de la responsabilité encourue par le syndicat et de la nature du préjudice éprouvé par la victime.

Si le préjudice résulte de l'exécution fautive de travaux, la réparation en nature, sauf impossibilité absolue d'exécution, s'impose, conformément aux dispositions de l'article 1143 du code civil (v. un jugement imposant le déplacement d'une chaufferie collective dont le nouvel emplacement gênait un copropriétaire[10]), sans qu'il soit nécessaire de rapporter la preuve d'un préjudice[11].

Si le préjudice résulte de troubles de jouissance, soit dans les parties privatives, soit dans les parties communes, la réparation sera effectuée sous forme de dommages-intérêts, souvent calculés en fonction des loyers ou indemnités d'occupation dont le copropriétaire a pu être privé[12].

Le juge apprécie la mesure la plus adéquate à faire cesser le trouble de voisinage (abattage d'arbre, ou suppression des tirants d'ancrage, exhaussement des cheminées ou substitution de mode de chauffage, indemnisation...).

Le syndicat et le syndic peuvent être condamnés solidairement ou *in solidum*, selon les cas[13], ou encore les deux syndicats voisins.[14].

Enfin, le copropriétaire qui subit le préjudice, ne peut être exonéré de sa participation, selon sa quote-part, aux dépenses de travaux et aux dommages-intérêts[15] – sauf frais de procédure (L. 10 juill. 1965, art. 10-1, al. 2, mod. par L. 30 déc. 2000).

§ 4
Charge de la responsabilité et actions récursoires

695 Charge de la réparation. Dans l'hypothèse où la responsabilité du syndicat est engagée, se pose le problème de la répartition *définitive* de la charge des indemnités entre les copropriétaires. L'intervention des assurances de responsabilité, qui sont pratiquement constantes, enlève heureusement la majeure partie de son intérêt pratique à ce problème, dont la solution théorique reste difficile. On a, en effet, l'alternative suivante : ou bien répartition par parts viriles, solution qu'on devrait admet-

1. Civ. 3e, 19 juill. 1995, n° 93-21.044, *RDI* 1995. 792.
2. Civ. 3e, 4 avr. 2001, n° 99-17.148, NP.
3. Civ. 1re, 28 juin 1964, *Bull. civ.* I, n° 343 – COMP. : Civ. 1re, 22 févr. 1965, *Bull. civ.* I, n° 107.
4. Civ. 3e, 10 juill. 2002, préc. ss n° 663, note 17.
5. TGI Seine, 14 avr. 1963, *JCP* 1963. II. 13244, note Esmein; *RTD civ.* 1963. 575, obs. Bredin. Le jugement n'examine pas le point de savoir si la délibération de l'assemblée générale refusant le remplacement de l'ascenseur était régulière – COMP. : Civ. 2e, 11 mars 1965, *Bull. civ.* II, n° 180; *Gaz. Pal.* 1965. 2, 99.
6. Versailles, 26 nov. 1987, *RDI* 1988. 143.
7. Paris, 27 juin 1980, *D.* 1981. IR 102 – Paris, 28 sept. 1979, *D.* 1981. IR 104 – Paris, 6 oct. 1987, *Loyers et copr.* 1987. 4.
8. Versailles, 26 nov. 1987, *RDI* 1988. 143.
9. Civ. 3e, 17 mai 1995, n° 93-17.843, *RDI* 1995. 593 – Civ. 3e, 13 déc. 1995, n° 94-12.703, *RDI* 1996. 115.
10. TGI Paris, 5 déc. 1975, *D.* 1976. IR 317.
11. Civ. 3e, 13 oct. 1981, n° 80-10.595, *Bull. civ.* III, n° 152 – COMP. : Civ. 3e, 6 mai 1980, n° 78-16.390, *Bull. civ.* III, n° 91.
12. TGI Paris, 15 avr. 1976, *D.* 1976. IR 318 – COMP. : POUR l'utilisation abusive d'une cour : Paris, 30 nov. 1970, *Gaz. Pal.* 1971. 1, 240 – TGI Paris, 19 avr. 1969, *Gaz. Pal.* 1969. 1, 325, *Rev. loyers* 1969. 429 – EN CAS de privation de jouissance avec des parties privatives à la suite de travaux communs : Civ. 3e, 12 janv. 2000, n° 98-13.379, NP – Civ. 3e, 22 mars 2000, n° 98-13.036, NP.
13. Civ. 3e, 19 mai 1981, *Administrer* oct. 1981. 37, note Guillot.
14. Civ. 3e, 6 déc. 2005, n° 04-17.431, préc. ss n° 658, note 11.
15. Civ. 3e, 28 mars 1990, n° 88-15.364, *Bull. civ.* III, n° 88-15.364; *AJDI* 1990. 516; *RDI* 1990. 408; *D.* 1990. 508; *IRC* 1990. 171, note Capoulade.

tre si la responsabilité pesait sur tous les copropriétaires considérés comme gardiens, et non sur le syndicat, ou bien répartition en proportion des charges de copropriété, solution qui nous paraît plus conforme à l'esprit général de la copropriété, même s'il est difficile de dire que les dommages-intérêts constituent des « charges de copropriété ».

Actions récursoires. L'article 14 réserve expressément les actions récursoires, qui existent de plein droit, et qui peuvent être essentiellement de trois sortes : ou bien action récursoire contre le syndic ou tout autre préposé dont la faute a engagé la responsabilité du syndicat, ou bien action récursoire contre les tiers, responsables de l'accident[1], dans le cadre de leur responsabilité contractuelle ou éventuellement délictuelle, notamment contre les entrepreneurs (tenus d'une obligation de résultat ou d'une garantie légale, selon les cas) ou encore contre un copropriétaire auteur d'une infraction au règlement de copropriété[2]. Encore faut-il prouver la faute de l'appelé en garantie : d'où rejet de l'action récursoire dirigée contre une entreprise chargée de l'entretien de l'ascenseur, l'accident provenant d'un défaut de qualité de quatre boulons[3]; on précisera à ce sujet que le contrat d'entretien passé avec une entreprise ne dégage pas le propriétaire de l'immeuble (ou le syndicat) de la garde de l'ascenseur[4].

Dans un certain nombre d'hypothèse, notamment en matière de vice de construction, après l'expiration des délais, la responsabilité du syndicat prend la nature d'une véritable obligation de garantie.

§ 5
Responsabilité pénale

696 La responsabilité pénale du syndicat. La doctrine ne s'est guère exprimée sur la responsabilité pénale du syndicat des copropriétaires. Il est vrai que le principe de la responsabilité pénale des personnes morales, et donc du syndicat, a été introduit en droit positif par la loi du 22 juillet 1992 portant réforme des dispositions du code pénal, laquelle ne s'est appliquée qu'à compter du 1er mars 1994.

Aux termes de l'article 121-2 du code pénal (réd. loi de 1992), « les personnes morales, à l'exclusion de l'État, sont responsables pénalement selon les distinctions des articles 121-4 à 121-7 *et dans les cas prévus par la loi ou les règlements*, des infractions commises, pour leur compte, par leurs organes ou représentants ». Les articles 121-4 à 121-7, visés dans l'article 121-2, définissent les notions d'auteur, de tentative et de complicité. Les articles 131-37 à 131-48 (section II, chapitre I, titre III) adaptent le régime des peines à la commission de l'infraction par une personne morale.

L'article 121-2 était donc sélectif. La responsabilité pénale des personnes morales obéissait au principe de la spécialité, ce qui excluait toute responsabilité pénale si un texte ne prévoyait pas expressément, pour une infraction déterminée, que la personne morale pouvait être sanctionnée pour des faits répréhensibles commis pour son compte, par ses organes ou représentants. Il fallait donc rechercher, pour chaque incrimination, si la responsabilité pénale de la personne morale pouvait être retenue et sanctionnée. Les atteintes involontaires à l'intégrité de la personne offrent un exemple typique (C. pén., art. 222-19, 222-20 et 222-21). Le syndicat des copropriétaires aurait pu commettre une telle infraction par un manquement à une obligation de sécurité ou de prudence imposée par la loi ou les règlements; la déclaration de sa culpabilité aurait entraîné une sanction pénale, expressément prévue par le code pénal. C'est ainsi que la Chambre criminelle de la Cour de cassation a admis que « les personnes morales demeurent responsables pénalement de toute faute non intentionnelle de leurs organes ou représentants ayant entraîné une atteinte à l'intégrité physique, alors même qu'en l'absence de faute délibérée ou caractérisée au sens de l'article 121-3, alinéa 4, nouveau, la responsabilité pénale des personnes physiques ne pouvait être recherchée »[5].

La Chambre criminelle a d'ailleurs utilisé la définition suffisamment large des auteurs d'une infraction pour juger que la personne morale était répréhensible[6].

L'article 54 de la loi du 9 mars 2004[7] a modifié l'article 121-2 du code pénal et supprimé les mots « et dans les cas prévus par la loi ou les règlements ». Il réalise ainsi une généralisation de la responsabilité pénale des personnes morales (sauf délit de presse ou commission par un moyen de communi-

1. Lyon, 21 févr. 1956, *AJPI* 1956. II. 91 – Rouen, 1er déc. 1964, *Ann. loyers* 1966. 156.
2. Civ. 13 oct. 1965, *Gaz. Pal.* 1966. 1, 41, note Cabanac; *D.* 1966. 102.
3. Paris, 2 avr. 1965, *D.* 1965. 555; *Ann. loyers* 9166. 334.
4. Orléans, 25 mars 1931, *DH* 1931, 373 – T. civ. Seine, 9 févr. 1954, *D.* 1954. 235.
5. Commaret, « La responsabilité pénale des décideurs en matière de délits non institutionnels depuis la loi du 10 juillet 2000 », *Gaz. Pal.* 10-11 sept. 2004. 4.
6. Sordino, « La disparition du principe de spécialité de la responsabilité des personnes morales : une fin espérée... adoptée dans la plus grande discrétion », *Gaz. Pal.* 10-11 sept 2004, 13 s.
7. Applicable depuis le 31 décembre 2005.

cation audiovisuel)[1], de la sorte, la personne morale est responsable pénalement dès lors que l'infraction a été commise « *pour son compte, par ses organes ou représentants* » (sauf la réserve de l'article 121-3, al. 4).

L'infraction peut donc être commise par le syndic, représentant légal du syndicat, agissant pour le compte de celui-ci. Selon les cas, il sera possible de retenir le syndicat, mais aussi le syndic, dans les liens de la prévention. C'est une question de causalité qui se posera alors. L'infraction peut aussi être commise par les organes du syndicat, outre le syndic, par l'assemblé générale qui, par exemple, refusera majoritairement d'observer une prescription réglementaire. Ce ne seront pas alors les copropriétaires qui seront personnellement poursuivis, mais le syndicat, en tant que personne morale.

SECTION 4
DISSOLUTION DU SYNDICAT

697 La problématique[2]. La dissolution du syndicat est une hypothèse pratique mais qui était rare jusqu'à ces dernières années. Les opérations de rénovation urbaine, la scission des syndicats en difficulté, le développement économique ont multiplié les cas de disparitions de syndicats et provoqué une intéressante construction jurisprudentielle[3]. La loi du 10 juillet 1965 ne contient aucune disposition expresse à cet égard et le sujet avait donné lieu à très peu de jurisprudence. On ne peut raisonner par analogie avec le droit des associations (dissolution judiciaire) ou celui des sociétés (dissolution pour justes motifs). Le syndicat n'a cependant pas une vocation éternelle. La dissolution du syndicat ne suppose pas nécessairement la disparition de l'immeuble, mais se confond, au contraire, avec celle du statut de la copropriété.

Aux termes de son article 1er, la loi du 10 juillet 1965 régit en effet tout immeuble bâti ou groupe d'immeubles bâtis, dont la propriété est répartie par lots entre plusieurs personnes. Dès l'instant que cesse l'un des éléments visés audit article 1er, il n'y a plus application du statut, et par conséquent, il y a dissolution ou mieux, « disparition » du syndicat.

Il suffit donc de reprendre les termes même de l'article 1er de la loi du 10 juillet 1965 pour constater que la dissolution se produit :

- ou bien quand il y a *disparition matérielle* de l'immeuble;
- ou bien quand il y a *disparition juridique* de la copropriété, tous les lots se trouvant réunis sur la même tête.

En toute hypothèse, la dissolution du syndicat entraîne un problème de liquidation[4] qu'il est préférable d'examiner à l'occasion de chacune des causes de dissolution.

§ 1
Destruction matérielle de l'immeuble

698 Disparition matérielle de l'immeuble. Le statut de la copropriété suppose un ou des immeubles *bâtis*. Par suite, si l'immeuble est totalement détruit (incendie, effondrement, ruine par vétusté, explosion) sa disparition devrait normalement entraîner la dissolution pure et simple du syndicat[5].

Cependant, dans ce cas, la dissolution n'est pas automatique, en ce sens que l'assemblée générale peut décider la reconstruction, dans les conditions prévues par les articles 38 et suivants (v. ss nos 1159 s.)[6]. Le syndicat a qualité pour recevoir l'indemnité d'assurance, pour agir en justice au nom de tous les copropriétaires, en réparation du préjudice qui résulte pour eux de la destruction totale du bâtiment dont la reconstruction a été décidée et le droit du syndicat de demander réparation du dommage causé par la démolition de l'entier immeuble réserve la réparation du préjudice personnellement éprouvé par chacun des copropriétaires[7]. C'est seulement si l'assemblée générale décide de ne pas reconstruire qu'il y a dissolution du syndicat, dont la liquidation s'effectue dans les

1. Sordino, « La disparition du principe de spécialité de la responsabilité des personnes morales : une fin espérée... adoptée dans la plus grande discrétion », *Gaz. Pal.* 10-11 sept. 2004. 13 s. – Roujou de Boubée, « Responsabilité des personnes morales », *RDI* 2004. 377.
2. CABANAC, no 626 – KISCHINEWSKY-BROQUISSE, nos 325 s. – Guillot, « La disparition du syndicat », *Administrer* avr. 1979, no 90 – LAFOND, ROUX ET STEMMER, L. art. 14, no 434 – Capoulade, Dissolution et liquidation du syndicat des copropriétaires, *Habitat français* juin 2008. 10; le point de la jurisprudence relative à la dissolution et à la liquidation du syndicat des copropriétaires, *IRC* 2009 – Rouzet, « Réunion des lots en une seule main : quelles conséquences ? », *Defrénois* 2009, no 10, 38945.
3. Paris, 23e ch. B, 15 sept. 1995, *Juris-Data* no 022451, syndicat 22 à 26 rue de la Goutte d'or à Paris, Daoudi NP – TGI Paris, référé, 20 févr. 2007, *AJDI* avr. 2007. 129.
4. V. Bouvet et Cabanac, *Le syndicat*, p. 73 – Guillot note à juste titre que le syndic n'a plus qualité pour représenter le syndicat personne morale, GUILLOT, art. 17 et 18, 4.23 – Capoulade, « Quand le syndicat des copropriétaires est voué à disparaître », *Rev. géomètre* oct. 1998. 42 s.
5. CABANAC, no 624.
6. Versailles, 16 mars 1982, *Juris-Data* no 042203, *D.* 1983. IR 463, obs. Giverdon.
7. Paris, 23e ch. B, 19 mai 1989, *Gaz. Pal.* 1989. 2, jur. 952, obs. Bouyeure; *IRC* janv. 1990. 14, note Morand.

conditions examinées dans le chapitre consacré au problème de la reconstruction (v. s[s] n° 1159).

Si la destruction n'est que partielle et si la reconstruction n'est pas décidée (v. s[s] n° 1160), les copropriétaires sinistrés se trouvent en indivision avec les autres pour les parties communes générales et ils doivent en recevoir la contre-valeur à concurrence de leur quote-part[1].

La faculté de décider la reconstruction suppose la survie du syndicat au moins jusqu'à ce que l'assemblée générale statue sur la reconstruction. Si sa décision est négative, le syndicat, comme toute personne morale, est dissout et se survit néanmoins pour les besoins de sa liquidation.

§ 2
Disparition juridique de la copropriété

699 Disparition juridique de la copropriété par lots – Cause unique : suppression de la copropriété. Antérieurement à la loi du 10 juillet 1965, les auteurs admettaient la possibilité d'une dissolution par l'« institution d'une organisation contraire », dont on ne cite aucun exemple (on notera que, si les lots sont apportés à une société immobilière, il y a bien création d'un nouvel organisme, mais la société est devenue seule propriétaire de l'immeuble, ce qui justifie le changement du statut juridique de l'immeuble et implique un transfert à la société de l'ensemble des droits de propriété). Ayant admis le caractère impératif de l'organisation de la copropriété par la loi du 10 juillet 1965, cette cause, au moins théorique, de dissolution du syndicat a disparu.

Par suite, la seule cause juridique de dissolution du syndicat tient à la disparition des conditions légales mises à la soumission au régime de la copropriété, c'est-à-dire à la réunion de tous les lots en un seul patrimoine. Il y a alors reconstitution d'une propriété privative unifiée, (à laquelle ne s'applique plus l'article 46 en cas de revente globale[2]) au lieu et place de la copropriété[3].

Cette disparition « juridique » de la copropriété et, par conséquent du syndicat, est en pratique susceptible de se produire dans les hypothèses suivantes :

– *expropriation* de la totalité de l'immeuble pour cause d'utilité publique[4], lot par lot, (il faut distinguer de cette hypothèse celle de l'expropriation portant seulement sur un ou plusieurs lots, chaque lot étant considéré comme un « immeuble distinct » donnant lieu à une expropriation distincte[5] – dans cette hypothèse, le statut demeure applicable, l'administration expropriante devenant elle-même l'un des membres du syndicat[6]) ;

– *apport en société* de la totalité des lots composant l'immeuble. Il s'agit du phénomène inverse de celui qui résulte du partage de la société d'attribution, qui crée ainsi la copropriété ;

– *acquisition de tous les lots par une même personne physique ou morale* : s'il est vrai que cette opération est peu concevable dans les syndicats modernes groupant un grand nombre de lots, elle est au contraire susceptible de se produire dans les syndicats comportant peu de lots, puisqu'on sait que le statut s'applique même à l'immeuble qui ne comprend que deux lots.

Dans ces deux dernières hypothèses, la disparition de la copropriété par lots et du syndicat résulte d'un phénomène juridique comparable à celui de la « confusion » entre la qualité de créancier et celle de débiteur (C. civ., art. 1300). Or, il est traditionnellement admis par la doctrine et la jurisprudence[7] que la confusion n'est pas un véritable mode d'extinction des obligations, mais seulement de suspension ou de paralysie, si bien que l'obligation est susceptible de renaître lorsque cesse la confusion. Il ne paraît pas possible d'étendre cette solution à l'hypothèse examinée, qui relève du droit des biens et non de celui des obligations. Sans doute, l'aliénation ultérieure d'un ou de plusieurs lots reconstituera les conditions légales d'application du statut, mais naîtra une nouvelle personne morale et, par conséquent, un nouveau syndicat. Nous ne croyons pas possible d'admettre que ce soit le même syndicat. En particulier, il sera nécessaire d'établir un nouveau règlement de copropriété, l'ancien ayant définitivement disparu avec la dissolution du syndicat précédent ainsi qu'un nouvel état descriptif de divisions (sauf à reproduire l'état antérieur).

Toutefois, une telle réunification de la propriété peut se concevoir, dans une « copropriété en difficulté », dans le cas d'une « opération de portage ».

Il en est de même dans le cadre d'une copropriété horizontale, avec *attribution de chaque lot aux copropriétaires*, à titre de propriété privative, avec trans-

1. Civ. 3e, 8 mars 1989, n° 87-13.267, *Bull. civ.* III, n° 57 ; *RDI*, 1990, 255 ; *D.* 1989. IR 103 ; *Defrénois* 1990. 374, obs. Souleau ; *Gaz. Pal.* 1990. 1. Somm. annotés 215, obs. Souleau ; *IRC* janv. 1990. 10, note Capoulade.
2. Civ. 3e, 28 janv. 2009, n° 06-19.650, *Bull. civ.* III, n° 25 ; *AJDI* 2009. 550, obs. Capoulade ; *D.* 2010. 112.
3. Cabanac, n° 624 – Civ. 3e, 4 juill. 2007, n° 06-11.015, *Bull. civ.* III, n° 121 ; *D.* 2007. 2389 ; *Administrer* n° 404, p. 53, obs. Bouyeure ; *IRC* juin 2008. 488, note Capoulade.
4. Alibert, *Le syndicat*, n° 392 – Cabanac, n° 624.
5. Cass. ch. expr., 4 févr. 1966, *Gaz. Pal.* 27 mai 1966 ; *JCP* 1966. II. 14782, note Homont.
6. Paris, 15 sept. 1995, *Loyers et copr.* 1996. 44.
7. V. Planiol et Ripert, *Traité pratique de droit civil,* t. VII, n°s 1299 s.

fert à une entité nouvelle de la voirie et autres installations communes, s'il en existe[1].

Dans plusieurs arrêts récents, la Cour de cassation a posé le principe, selon lequel : « la réunion de tous les lots entre les mains d'un même propriétaire entraîne de plein droit la disparition de la copropriété et la dissolution du syndicat qui survit pour les besoins de sa liquidation »[2].

Avant que l'article 29-4 (devenu art. 29-6) de la loi du 10 juillet 1965 rendent les lois du 1er mars 1984 et 25 janvier 1985 inapplicables aux syndicats de copropriétaires, on pouvait noter, au contraire, que ces textes n'entraînaient pas la disparition de la copropriété, en tant que mode d'appréhension des biens, et laissaient subsister l'ensemble des lots, mais n'atteignaient que le syndicat, en tant que personne morale, ce qui pouvait poser des problèmes de compétences difficiles à résoudre entre les pouvoirs du syndic à la liquidation de biens et ceux des organes habituels de la copropriété (syndic de copropriété, assemblée générale).

§ 3
Liquidation du syndicat

700 Liquidation du syndicat[3]. Alors que dans l'hypothèse de la destruction matérielle de l'immeuble, se pose ou peut se poser un problème d'indemnisation et de répartition de l'indemnité (v. ss n° 698), la situation est plus simple en cas de disparition juridique. Chaque copropriétaire touche son indemnité d'expropriation, ou reçoit les parts ou actions correspondantes à son apport, ou le prix de son lot, et ne peut donc prétendre à aucune autre indemnité.

Si la situation est plus simple, elle ne supprime pas cependant tout problème de liquidation. On a en effet montré que le syndicat, personne morale, avait un patrimoine distinct de celui des copropriétaires, comportant un actif et un passif dont la liquidation s'impose. Il a été soutenu que l'acquéreur de la totalité de l'immeuble se trouvait de plein droit substitué activement et passivement aux droits et obligations du syndicat[4]. Cette analyse paraît erronée. L'acquéreur des lots, sous quelque forme que ce soit, est aux droits et obligations des *copropriétaires*, et non pas du syndicat, à la liquidation duquel il est donc nécessaire de procéder. Dans le silence de la loi, la Cour de cassation a étendu à cette hypothèse la solution de la survie de la personnalité morale pour les besoins de la liquidation[5] : un représentant de la personne morale syndicat (syndic ou liquidateur désigné à cet effet), sera chargé de la liquidation, sans que le fondement juridique, les modalités de cette désignation aient été précisées. La doctrine hésite entre le régime de l'indivision, celui des sociétés civiles (*contra*[6]). La Cour de cassation ne semble pas avoir retenu que la désignation du liquidateur reposait sur les dispositions de l'article 1844-8 du code civil mais qu'elle pouvait résulter de l'accord amiable des anciens copropriétaires réunis après la dissolution du syndicat[7]. Il est douteux que ce liquidateur puisse être désigné par le règlement de copropriété ou par l'assemblée générale des copropriétaires, qui n'ont de pouvoirs que pendant l'application du statut.

Les éléments de cette liquidation peuvent être résumés sommairement comme suit[8].

a) Le liquidateur recouvre les créances éventuelles contre les anciens copropriétaires, tenus du paiement des charges à la date de notification au syndic de l'aliénation de leur lot, et procède au règlement des dettes du syndicat.

b) Si le passif est supérieur à l'actif, la différence sera répartie entre les anciens copropriétaires dans les conditions prévues pour la *répartition des charges*.

c) Si au contraire l'actif est supérieur au passif, le solde disponible sera réparti entre les mêmes ex-copropriétaires en proportion de leurs *millièmes anciens de copropriété*.

Il va de soi que, dans l'hypothèse d'un apport collectif à une société ou de la vente de tous les lots à un seul, d'autres dispositions peuvent être prises contractuellement : la solution la plus simple sera le plus souvent de transférer au propriétaire unique la totalité des droits et des obligations du syndicat. Mais cette solution *contractuelle* ne peut résulter que d'un accord spécial conclu à cet effet[9].

Dans ce sens, la Cour de cassation a jugé, s'agissant de l'assurance dommage ouvrage qui est une

1. V. rép. min. n° 38-970, 1er oct. 1980, *JOAN CR* 6 avr. 1980, p. 1499.
2. Civ. 3e, 4 juill. 2007, n° 06-11.015, préc. ss n° 670, note 6 – Civ. 3e, 12 sept. 2007, n° 06-11.282, n° 06-11.558, n° 06-11.588, *Bull. civ.* III, n° 138; *RDI* 2008. 107, obs. Leguay; *JCP E* 2007. 2241 ; *IRC* mars 2008. 22 – Civ. 3e, 5 déc. 2007, n° 07-11.188, n° 07-11.204, *Bull. civ.* III, n° 220; *Administrer* févr. 2008. 37 obs. Bouyeure; *Administrer* mai 2008. 56, note Capoulade; *AJDI* 2008. 861, obs. Capoulade.
3. Cabanac, nos 626 s.
4. Kischinewsky-Broquisse, n° 329.
5. Civ. 3e, 4 juill. 2007 et 5 déc. 2007, n° 07-11.188, n° 07-11.204, préc. ss n° 670, note 3.
6. Atias, *Guide de la copropriété*, 2007, n° 28-1.
7. Civ. 3e, 5 déc 2007, n° 07-11.188, n° 07-11.204, préc. sur le 1er moyen.
8. Alibert, *Le syndicat*, n° 428 – Kischinewsky-Broquisse, n° 329 – Civ. 3e, 12 sept. 2007, n° 06-11.282, 06-11.558 et 06-11.588 – *Bull. civ.* III, n° 138; *IRC* mars 2008. 22, *RDI* 2008. 107.
9. Sur le sort du terrain : Cabanac, n° 628.

assurance de chose, qu'en l'absence de règlement d'avances ou de préfinancement par le syndicat des travaux de réparation, l'acquéreur devenu propriétaire unique se trouvait l'ayant cause du syndicat, et que l'action contre l'assureur ne relevait pas de celles pour lesquelles le syndicat survivait pour les besoins de la liquidation de son patrimoine[1].

SECTION 5
SYNDICAT DE FORME COOPÉRATIVE

701 Une forme nouvelle[2]**.** Aux termes de l'article 14, alinéa 2, de la loi du 10 juillet 1965, « *Le syndicat peut revêtir la forme d'un syndicat coopératif...* ». C'est une transposition dans le domaine de la copropriété de la formule coopérative, qui, selon l'article Ier de la loi du 10 septembre 1947, a pour objectif essentiel de réduire, au bénéfice des coopérateurs, le prix de revient de certains services en assumant, par un effort commun, les fonctions d'intermédiaires dont la rémunération grèverait ce prix. En application de cette formule à la copropriété, « *le syndicat coopératif est en réalité un syndicat qui s'administre lui-même par l'intermédiaire de ses organes de gestion intérieurs, sans recours à un syndic professionnel* »[3].

La copropriété coopérative constitue une création originale de la loi de 1965. Le projet de loi déposé par le gouvernement ne prévoyait pas cette forme de syndicat. Son institution résulte d'un amendement présenté par la commission des lois de l'Assemblée nationale à la demande du mouvement coopératif. Aussi, cette forme nouvelle de syndicat a-t-elle surpris certains commentateurs de la loi de 1965, qui ont eu parfois quelques hésitations à en préciser la portée[4].

En réalité, le syndicat de forme coopérative prenait le relais des sociétés coopératives de construction, dont il conservait, en l'adaptant, l'encadrement juridique. Il permettait aussi de continuer d'accéder aux organismes de crédit coopératif. Enfin, il incitait les copropriétaires coopératifs, tout en les responsabilisant, à gérer eux-mêmes leur immeuble sans recourir à des professionnels[5].

La loi du 31 décembre 1985 et celle du 13 décembre 2000 ont confirmé l'intérêt que le législateur attachait à cette forme de syndicat. Elles ont apporté quelques compléments aux dispositions antérieures et les ont remaniées en les consacrant dans les articles 14 (al. 2) et 17 (al. 1er) de la loi du 10 juillet 1965. Il en a été de même des textes d'application. Leur étude fait l'objet des développements qui suivent.

702 Caractéristiques de la forme coopérative. La forme coopérative doit être soigneusement distinguée de l'autogestion. Toutes deux sont cependant régies par les dispositions de la loi du 10 juillet 1965, mais avec des exceptions pour la forme coopérative.

a) L'article 14, alinéa 2 de la loi de 1965 pose expressément le principe que *le syndicat de forme coopérative est régi par les dispositions de la loi du 10 juillet 1965*. Cette affirmation est importante. Elle signifie que les règles édictées par la loi du 10 septembre 1947 ne s'appliquent qu'à titre subsidiaire, même si le syndicat à forme coopérative poursuit des finalités identiques adaptées à la gestion immobilière.

Selon la loi de 1965 modifiée et ses textes d'application, le syndicat de forme coopérative se distingue du syndicat ordinaire, du point de vue organique, à trois égards :

Le syndicat comporte *obligatoirement*, depuis 1965, un *conseil syndical* (L. 10 juill. 1968, art. 17-1, al. 1er). Cette caractéristique s'est cependant atténuée depuis la loi du 30 décembre 1985 qui a rendu obligatoire l'existence d'un conseil syndical, pour tout syndicat, mais, à la différence du syndicat de forme coopérative, l'assemblée générale du syndicat ordinaire peut décider de ne pas instituer de conseil syndical[6].

Le syndic n'est pas élu par l'assemblée générale des copropriétaires, mais au suffrage indirect par le conseil syndical, parmi ses membres.

Le syndic *préside le conseil syndical* dont il est membre.

1. Civ. 3e, 12 sept. 2007, nos 06-11.282; 06-11.558 et 06-11.588, préc. : SUR les conséquences de la disparition des parties communes – Civ. 3e, 22 oct. 2008, no 07-17.473, NP, *AJDI* 2009, obs. Tomasin.
2. Alibert, « Le nouveau statut des immeubles bâtis », *Ann. loyers* oct. 1965. 753; commentaire du décret du 17 mars 1967, *Ann. loyers* juill. 1967. 1167 – ATIAS, nos 221 s. – CABANAC, nos 385 s.; *AJDI* 1966. I. 773 et 1967. I. 301; *Guide de la copropriété*, 29; « Une formule originale : le syndicat coopératif », *IRC* févr. 1969. 24 – Commagnac et Capoulade, « Le décret du 17 mars 1967 », *REDI* no 24. 1403 – GUILLOT, art. 14 à 16-1 § 2 – KISCHINEWSKY-BROQUISSE, nos 332 s. – Kespern, « Le syndicat coopératif de copropriété », *IRC* févr. 1987. 39 – Lebatteux, « Syndicats coopératifs », hors série, *Loyers et copr.* mai 2001. 16 s. – LAFOND, ROUX ET STEMMER, s5 art. L. 14 § III et L. 17-1 – LOMBOIS, no 24 – SIZAIRE, no 132 – Atias, *Dicopropriété*, *V° Syndicat coopératif*, 547 s., avant la loi de 1985, Saint-Alary, « Le syndicat coopératif », *RTD com.* 1965. 869.
3. Cabanac, Le nouveau statut, préc.
4. KISCHINEWSKY-BROQUISSE, no 322 – SIZAIRE, no 298.
5. LOMBOIS, préc.
6. Il peut en être ainsi dans un syndicat comportant peu de copropriétaires.

b) *L'autogestion* ne fait l'objet d'aucune disposition particulière. Sa caractéristique réside dans le seul fait que le syndic est un copropriétaire, ou son conjoint, dès lors qu'il agit à titre non professionnel (L. 2 janv. 1970, art. 2, al. 3). Il ne suppose aucune modification organique. Le régime ordinaire de la copropriété s'applique pleinement dans ce cas; toutefois, le syndic ne peut être dispensé d'ouvrir un compte séparé au nom du syndicat (L. 2 janv. 1970, art. 8).

703 Régime juridique et constitution. Le syndicat de forme coopérative est régi, comme tout syndicat de copropriétaires, par les dispositions de la loi du 10 juillet 1965, mais sous les réserves exprimées par l'article 17-1 de cette loi[1]. Les dispositions de la section 5 du décret de 1967, modifié, ainsi que les autres dispositions non contraires, de ce même décret (art. 40, al. 1er), s'appliquent, en outre, au syndicat coopératif prévu par l'article 14 (al. 1er) de la loi de 1965. Le syndicat peut revêtir la forme coopérative dès l'origine, notamment lorsqu'il est issu d'une société coopérative de construction, mais il peut aussi adopter cette forme après sa constitution. L'article 40 (al. 2) du décret du 17 mars 1967, dans sa rédaction d'origine, en tirait cette conséquence que le syndicat ordinaire pouvait se transformer en syndicat coopératif par une décision de l'assemblée générale prise à la majorité de l'article 26, en raison des modifications organiques qu'impliquaient cette décision[2].

La loi du 30 décembre 1985 a complété l'article 14 (al. 2) de la loi de 1965 par une seconde phrase, aux termes de laquelle « *Le règlement de copropriété doit expressément prévoir cette modalité de gestion* ». Cette disposition, selon l'article 17 de la loi de 1985, s'impose aux règlements de copropriété établis postérieurement à l'entrée en vigueur de cette loi[3], sans, toutefois, que l'article 40 (al. 2) du décret de 1967 ait été alors modifié. Au cours des débats parlementaires, le Gouvernement avait d'ailleurs souhaité conserver la majorité de l'article 26, aux motifs que le choix de la forme coopérative nécessitait un consensus et marquait une attitude volontariste[4], ce qui ne relevait pas seulement des normes juridiques. Cette nouvelle disposition, purement informative de l'article 14 (al. 2) de la loi, n'introduisait aucune novation[5].

La discussion du projet de la loi SRU a conduit à l'adoption d'un amendement parlementaire complétant le nouvel article 17-1 par un quatrième alinéa prévoyant que « *l'adoption ou l'abandon de la forme coopérative du syndicat est décidée à la majorité de l'article 25 et, le cas échéant, de l'article 25-1* ». Les auteurs de l'amendement ont expliqué qu'il s'agissait de rétablir l'égalité entre, d'une part, les syndics professionnels et les syndics « bénévoles » et, d'autre part, le syndicat coopératif[6]. Ce texte est de nature à dissiper l'ambiguïté résultant de la loi du 30 décembre 1985[7].

Cet article conduit à distinguer selon que le règlement de copropriété a ou non prévu l'adoption de la forme coopérative. S'il a prévu le changement de forme[8], celui-ci relève de l'article 25 et, le cas échéant, de l'article 25-1. S'il ne l'a pas prévu[9], il semble bien qu'il faille, en tout cas, modifier le règlement à la majorité de l'article 26 pour prévoir la possibilité de transformation. Mais depuis la promulgation de la loi du 13 décembre 2000, cette question peut faire l'objet d'une adaptation (art. 49) pour les règlements antérieurs aux évolutions législatives.

En revanche, l'article 17-1 de la loi organise, d'une manière impérative, les règles de fonctionnement du syndicat coopératif; elles s'imposent à tous dès lors que cette forme de gestion a été adoptée, que le règlement les ait ou non mentionnées.

Cependant, la nécessité de préciser la forme coopérative dans les actes et documents établis au nom du syndicat[10] pourrait bien exiger la modification du règlement afin de mentionner cette forme

Si un règlement de copropriété ne prévoyait que la forme coopérative, il suffirait, semble-t-il, de supprimer la stipulation concernée et de voter le changement de forme à la majorité de l'article 25 et, le cas échéant, de l'article 25-1 de la loi, sans avoir à insérer au règlement les principes impératifs

1. Sauf les principes posés par l'article 14, alinéa 2, de la loi de 1965, l'article 17-1 rassemble, depuis la loi du 13 décembre 2000, les autres dispositions relatives aux syndicats de forme coopérative.
2. Décr. 17 mars 1967, art. 40, al. 2 – Givord et Giverdon, 3e éd., no 630 – Guillot, art. 14 à 16-1, no 2-04 – Kischinewsky-Broquisse, no 323.
3. En l'absence de modification consécutive de l'article 40, alinéa 2, du décret de 1965, la doctrine a donc maintenu son opinion dans les éditions postérieures à 1985 jusqu'à la loi SRU.
4. Déclaration de M. Auroux, ministre de l'Urbanisme et du Logement, *JOAN* 28 nov. 1985; *D.* 5026.
5. Bouyeure et Souleau, *Gaz. Pal.* 1986, I, Doctr. 155 – Kischinewsky-Broquisse, no 322 – Lafond, Roux et Stemmer, ss art. L. 14, no 0414 – Vigneron, *JCP* 1986. I. 91.
6. *JOAN* 2000, p. 2127, p. 2553; remarque faite que la structure organique des deux formes de syndicats, ainsi que les modalités de désignation des syndics, diffèrent profondément.
7. Lebatteux, *Loyers et copr.*, préc.
8. En principe, règlement postérieur à l'entrée en vigueur de la loi de 1985.
9. En principe, règlement antérieur à l'entrée en vigueur de la loi de 1985.
10. Décr. 17 mars 1967, art. 41; mod. par Décr. 27 mai 2004, art. 29.

régissant l'organisation et le fonctionnement du syndicat ordinaire.

704 Organisation. Le nouvel article 17-1 détermine l'organisation du syndicat de forme coopérative : « La constitution d'un conseil syndical est obligatoire et le syndic est élu par les membres de ce conseil et choisi parmi ceux-ci ».

Cette disposition doit être rapprochée de celle de l'article 21 de la loi de 1965. Le syndicat coopératif ne bénéficie pas de la faculté ouverte au syndicat ordinaire de décider, à la majorité de l'article 26 de la loi, de ne pas instituer un *conseil syndical*. Celui-ci apparaît ainsi comme un rouage essentiel du syndicat coopératif. Les conseillers sont élus par l'assemblée générale des copropriétaires, parmi les membres du syndicat, leurs conjoints, les usufruitiers ou leurs représentants légaux, à la majorité de l'article 25 et, le cas échéant, de l'article 25-1 (L. 10 juill. 1965, art. 21, al. 5). Le règlement de copropriété fixe le nombre de conseillers, et, à défaut, seront désignés tous ceux qui auront obtenu la majorité requise.

Le *syndic* est élu à la majorité[1] des membres du conseil syndical et il est choisi parmi les membres de ce conseil. Le coopérateur ne dispose donc pas du pouvoir de participer directement à la désignation du représentant du syndicat; l'élection du syndic, au suffrage indirect, constitue une cooptation par le conseil syndical en son sein, lequel joue, en quelque sorte, le rôle d'un « collège de grands électeurs ».

Les fonctions du syndic coopératif cessent par la révocation prononcée dans les mêmes conditions par le conseil syndical, par la démission, par l'expiration des fonctions de membre du conseil syndical (Décr. 17 mars 1967, art. 41 nouv.)[2], par la perte de la qualité de copropriétaire (ou de conjoint, de partenaire, d'usufruitier, ou de représentant légal) ou par l'annulation de la désignation du conseil syndical[3]. Le syndic coopératif ne peut donc pas être révoqué par l'assemblée générale, mais la révocation par celle-ci des membres du conseil ou l'annulation judiciaire définitive de leur élection entraîne la cessation des fonctions du syndic coopératif. Il ne peut donc plus être révoqué par le juge[4].

En cas de vacance de la fonction de syndic et si le conseil syndical n'y pourvoit pas ou ne peut y pourvoir, le juge ne peut que nommer un administrateur provisoire (Décr. 17 mars 1967, art. 47) et non un syndic (Décr. 17 mars 1967, art. 46).

Le nouvel article 17-1 (al. 1, *in fine*) de la loi de 1965 prévoit qu'« en outre, le conseil syndical peut élire, dans les mêmes conditions, un vice-président qui supplée le syndic en cas d'empêchement de celui-ci » À moins que le règlement de copropriété ait expressément prévu l'existence d'un vice-président, sa désignation est purement facultative, mais elle peut se révéler utile. La cessation des fonctions du vice-président, notamment en cas de révocation, intervient dans les mêmes conditions que pour le syndic.

Le régime de la copropriété ordinaire s'applique à l'assemblée générale des copropriétaires du syndicat coopératif, marquant aussi la prééminence de la loi du 10 juillet 1965 sur celle du 10 septembre 1947. En particulier, le décompte des voix ne se fait pas selon le principe « un homme, une voix », mais à proportion de la quote-part de parties communes correspondant au lot.

705 Fonctionnement. L'article 17-1 (al. 1er) dispose que le syndic du syndicat coopératif « *exerce de plein droit les fonctions de président du conseil syndical* ». Il existe donc, dans cette forme de syndicat, une dualité obligée d'organes. Le syndic étant élu, non par l'assemblée générale, mais par le conseil syndical qu'il préside, il est à la fois le contrôlé et le président de l'organe de surveillance et de contrôle; il reçoit les avis à l'élaboration desquels il participe.

Sous ces réserves, le syndic du syndicat coopératif dispose des mêmes droits et des mêmes obligations que le syndic professionnel ou autogestionnaire. En particulier, il a le droit de convoquer l'assemblée

1. L'article 41, alinéa 1, du décret de 1967 prévoyait que « le syndic coopératif était élu par le conseil syndical à la majorité des membres qui le constituent », c'est-à-dire à la majorité absolue. Cet article a été transposé dans le nouvel article 17-1 de la loi qui se borne à énoncer que « le syndic est élu par les membres de ce conseil » sans autre précision. On pourrait en déduire, dans le silence du texte, que suffirait la simple majorité des votants ou même celle des suffrages exprimés. Le règlement de copropriété peut utilement régler ce point.
2. Civ. 3e, 21 nov. 1978, no 77-14.719, *D.* 1979. IR 448 – Civ. 3e, 17 janv. 1997, no 95-20.329, *RDI* 1997. 626 – Paris, aud. sol., 13 janv. 1999, *RDI* 199. 311; *IRC* janv. 2000. 17 – Aix, en Provence, 26 déc. 2001, *JCP* 2002. IV. 2175 – Civ. 3e, 13 janv. 2009, no 05-12.741, NP, *AJDI* 2009. 205, obs. Capoulade.
3. Civ. 3e, 17 nov. 1999, no 98-14.687, *RDI* 2000. 245; *IRC* avr. 2000. 12, note Capoulade, qui tient compte de l'effet suspensif de l'appel – Civ. 3e, 26 avr. 2006, no 05-11.986, *Bull. civ.* III, no 104; *D.* 2006. IR 1330; *AJDI* 2007. 208, note Capoulade; *D.* 2006. 2764, obs. Capoulade, Chr. A., arrêt qui confirme la rétroactivité de l'annulation sur une assignation en paiement antérieur – Civ. 3e, 13 janv. 2009, no 05-12.741, *AJDI* 2009. 549, *D.* 2010. 112, NP.
4. Civ. 3e, 20 juin 1978, no 76-15.154, *Bull. civ.* III, no 253 – Civ. 3e, 6 oct. 1999, no 98-11.985, *Bull. civ.* III, no 199; *D.* 2000. IR 139, note Capoulade; *AJDI* 2000. 431, obs. Guitard; *Gaz. Pal.* 1999. 1, 523, note du Rusquec; *Administrer* janv. 2000. 33, note Capoulade – AUSSI : Tudela, *Gaz. Pal.* 2000. 2. Doctr. 1611.

générale[1]. Après l'expiration simultanée de son mandat de syndic et de membre du conseil syndical, il ne peut continuer à administrer et à représenter le syndicat jusqu'à la désignation d'un nouveau syndic[2]. Ne répondant pas, par hypothèse, aux conditions de l'article 18 de la loi de 1965, le syndic du syndicat de forme coopérative a l'obligation d'ouvrir un compte au nom du syndicat, sans pouvoir en être dispensé par décision de l'assemblée générale[3].

Selon l'article 17-1 (al. 1, *in fine*), le vice-président, lorsqu'il en existe un, « *supplée le syndic en cas d'empêchement de celui-ci* ». Le mot « empêchement » s'entend au sens de l'article 18 (*in fine*) de la loi, c'est-à-dire qu'il vise l'impossibilité dans laquelle se trouve le syndic, pour une raison quelconque, d'accomplir sa mission (éloignement, maladie...)[4]. La loi se substitue ici au règlement, mais sans application à l'hypothèse de carence[5].

En application des dispositions de l'article 18 (antépénultième alinéa), le syndic ne peut se faire substituer[6]. Le conseil syndical demeure un organe d'avis et de conseil et ne constitue pas un organe d'administration collégiale[7]. Le nouvel article 42 du décret de 1967, modifié, précise que « *le syndic peut, en outre, sous sa responsabilité, confier l'exécution de certaines tâches à une union coopérative ou à d'autres prestataires extérieurs* ». Il ne peut s'agir que de tâches matérielles, comme la tenue de la comptabilité, sans délégation de signature, ni pouvoir de décision.

Tenant compte de ce que ni le syndic, ni les membres du conseil syndical du syndicat de forme coopérative ne sont des spécialistes de la gestion immobilière, le nouvel article 42 du décret de 1967, par référence à l'article 27, alinéa 2 du même décret, autorise « *le syndic ou le conseil syndical* » à « *prendre conseil auprès de toute personne de son choix. Ils peuvent aussi, pour l'exécution de leur mission, sur une question particulière, demander un avis technique à un professionnel de la spécialité* ». On remarquera qu'il ne s'agit pas d'une mission d'assistance, mais de conseil, de consultation et d'avis technique.

Les fonctions de syndic et de membres du conseil syndical d'un syndicat de forme coopérative ne donnent lieu à aucune rémunération, sous réserve du remboursement de frais exposés, sur justification et selon les stipulations du règlement et les décisions de l'assemblée générale.

Aussi, les dispositions générales, de l'article 27 (al. 3) du décret, applicables au syndicat de forme coopérative, prévoient-elles que « *les dépenses nécessitées par le fonctionnement du conseil syndical constituent des dépenses courantes d'administration* ». Il s'agit de l'application d'une règle classique en matière de copropriété.

Les particularités du syndicat de forme coopérative expliquent les nouvelles dispositions de l'article 41 du décret de 1967 qui exigent que « *les actes et documents établis au nom du syndicat* » précisent « *sa forme coopérative* ».

706 Contrôle des comptes[8]. La loi du 13 décembre 2000 (art. 75-IV) a introduit une disposition fort innovante en matière de copropriété coopérative. Il est, en effet, apparu au législateur qu'il convenait d'assurer l'autonomie et l'indépendance du contrôleur par rapport au contrôlé.

Le nouvel article 17-1 (al. 2) *in fine* de la loi de 1965 prévoit désormais que « L'assemblée générale désigne une ou plusieurs personnes physiques ou morales qui peuvent être des copropriétaires ou des personnes extérieures qualifiées pour assurer le contrôle des comptes du syndicat ». De son côté, le décret du 27 mai 2004 complète le décret du 17 mars 1967 par un nouvel article 42-1 qui contient les mesures d'application de la loi.

L'assemblée générale désigne, à la majorité de l'article 24, pour une durée qui ne peut excéder trois ans renouvelables, un ou plusieurs copropriétaires chargés de contrôler les comptes du syndicat (art. 42-1, al. 1er et 3).

Cette mission ne donne lieu à aucune rémunération (al. 3).

Bien entendu, pour donner à la mesure sa pleine efficacité, l'article 42-1 (al. 4) édicte des incompatibilités. Le ou les copropriétaires désignés à cet effet « *ne peuvent être le conjoint, les descendants, ascendants ou préposés du syndic ou d'un des membres du conseil syndical ou être liés à eux par un pacte civil de solidarité* ».

L'assemblée générale, statuant à la majorité de l'article 24, dispose aussi de la faculté de confier cette mission à un expert-comptable ou à un commissaire aux comptes (art. 42-1, al. 2). Dans ce cas, le décret ne limite pas la durée de la mission qui est alors rémunérée. Il est indispensable que la convention avec le professionnel, dont les conditions essentielles, notamment le montant des honoraires,

1. Civ. 3e, 9 nov. 1976, no 75-11.931, *Gaz. Pal.* 1977. 1. Somm. 95.
2. Civ. 3e, 21 nov. 1978, no 77-14.719, *Bull. civ.* III, no 348; *D.* 1979. IR 448. En particulier, il ne pourrait convoquer l'assemblée générale ou procéder à un appel de fonds.
3. Kischinewsky-Broquisse, no 324.
4. Lafond, Roux et Stemmer, ss art. D. 49.
5. Cette hypothèse serait réglée par l'article 49 du décret de 1967, Lebatteux, « Syndicats coopératifs », *Loyers et copr.*, hors série, mai 2001. 17, note 1.
6. Il ne peut donner un « mandat *ad hoc* » à l'un des membres du conseil syndical.
7. toutefois : Lebatteux, *op. cit.*, ss no 676, note 5.
8. Lebatteux, p. 17.

préalablement notifiées (art. 11, 3°, du décret), soit approuvée par l'assemblée générale. Ce technicien de la comptabilité peut être une personne physique ou morale et le syndic coopératif pourrait à cet égard recourir aux services d'une association dans la mouvance coopérative afin de diminuer le coût de la prestation.

La personne ainsi désignée doit rendre compte, chaque année, à l'assemblée générale, de l'exécution de sa mission (art. 42-1, al. 2). La forme de cette communication, ainsi que sa notification aux copropriétaires, ne sont pas précisées par les textes. La prudence commande qu'un rapport écrit soit présenté à l'assemblée et annexé au procès-verbal.

On ne peut que souhaiter que le choix de l'assemblée générale se porte sur des copropriétaires ayant des connaissances comptables ou sur des techniciens avertis des spécificités de la copropriété.

SECTION 6
UNION DE SYNDICATS

707 Évolution législative[1]. L'article 29 de la loi du 10 juillet 1965 disposait, dans sa rédaction d'origine : « Les sociétés de construction et les syndicats qui existent dans le cadre d'un même ensemble immobilier peuvent constituer entre eux des unions ». L'union de syndicats était ainsi destinée à organiser la gestion des éléments communs dépendant d'un ensemble immobilier, que cet ensemble résulte dès l'origine des constructions ou de la division de la propriété. Cette faculté avait été clairement énoncée au cours des travaux parlementaires[2]. Dans la même perspective, l'article 44 de la loi de 1965 autorisait les associations syndicales existantes à se transformer en union de syndicats coopératifs, sans que cette opération entraîne la création d'une nouvelle personne morale.

Les articles 43 à 45 du décret du 17 mars 1967 précisaient la nature, l'objet, l'organisation et le fonctionnement des unions. Ils prévoyaient, en particulier, que l'union pouvait recevoir l'adhésion de sociétés immobilières et de tous autres propriétaires dont les immeubles sont contigus ou voisins de ceux de ses membres et que les syndicats décidaient d'adhérer à la majorité de l'article 26 de la loi. Les unions coopératives étaient ouvertes à des syndicats non coopératifs sans que ceux-ci perdent leur forme initiale.

La loi du 31 décembre 1985 a élargi le champ d'application de l'union, à la fois, quant à l'objet en prévoyant la création et la gestion de services destinés à faciliter l'administration des immeubles, sauf à laisser le choix entre les services offerts, ainsi que la vie sociale des copropriétés[3], et quant au territoire en permettant aux syndicats coopératifs et aux syndicats autogérés d'adhérer à une même union, même s'ils n'appartenaient pas au même ensemble immobilier. Il s'agissait donc de faciliter la gestion des syndicats par les copropriétaires eux-mêmes et de promouvoir l'animation des ensembles. Les dispositions réglementaires d'application demeuraient inchangées.

La loi du 13 décembre 2000, dite loi SRU, (art. 81-16°) a profondément remanié les unions de syndicats, abrogeant d'anciennes dispositions déjà remaniées précédemment, transférant dans la loi des dispositions figurant jusque-là dans le décret, ajoutant enfin des éléments nouveaux destinés à les structurer. Les unions de syndicats ont ainsi subi un sérieux rajeunissement et une adaptation plus affinée aux évolutions. Il est vrai que le projet gouvernemental qui se préoccupait d'urbanisme, ne pouvait rester indifférent à la gestion des équipements communs des ensembles immobiliers qui demeurent à l'origine de nombreuses difficultés. Si un regret peut cependant s'exprimer, il réside dans l'absence d'une réflexion en profondeur qui aurait enfin permis d'organiser une gestion adaptée et rationnelle des éléments communs de l'ensemble immobilier, en la détachant de la loi sur la copropriété, ce que le législateur de 1965 appelait déjà de ses vœux.

Le décret n° 2004-479 du 27 mai 2004 a, en conséquence, modifié le décret du 17 mars 1967, en créant les articles 63 et 63-4.

La loi du 13 juillet 2006, dite loi ENL (art. 93), a expressément recréé, par voie d'amendement, les « unions coopératives » qui étaient comprises depuis le décret de 2004 dans la définition générale de l'article 29 de la loi du 10 juillet 1965, sans toutefois modifier ce dernier article, spécifiant seulement que les dispositions de la section 8 du décret du 17 mars 1967 n'appliquaient pas à ces « unions de l'article 93 ».

708 Objet et nature des unions de syndicats. Le nouvel article 29 (al. 1er) de la loi de 1965 reprend,

1. Atias, Guide, nos 1082 s. – CABANAC, nos 390 s. – GUILLOT, art. 29 et 44 – KISCHINEWSKY-BROQUISSE, nos 357 s. – SIZAIRE, nos 220 s. – Cabanac, « Les unions de syndicats de copropriétaires », *IRC* nov. 1986. 227 – Morand, « Nature juridique des unions de syndicats de copropriétaires », *Gaz. Pal.* 1976, I, Doctr. 267 – Roux, « Les unions de syndicats », *IRC* déc. 2007. 16.
2. Rapport de M. Zimmermann, doc. parl. AN, 1965, n° 1311, p. 68 – Rapport de M. Voyant, doc. parl. Sénat, n° 178, p. 48.
3. Il faut certainement lire « des copropriétaires ». Comment les « copropriétés » (en réalité, les syndicats) auraient-elles une « vie sociale ».

à quelques nuances près, le texte de l'article 43 (al. 1er) du décret de 1967. Il dispose que l'union de syndicats est un « *groupement doté de la personnalité civile, dont l'objet est d'assurer la création, la gestion et l'entretien d'éléments d'équipement commun ainsi que la gestion de services d'intérêt commun* ».

De son côté, l'article 63 du décret de 1967[1] prévoit, comme antérieurement, que l'union « *peut être propriétaire des biens nécessaires à son objet* ». Depuis 1965, l'union conserve le même objet. Toutefois, le texte nouveau substitue « la gestion de services d'intérêt commun » à la « satisfaction d'intérêts communs ». Sans doute inspirée de la rédaction de la loi de 1985 (art. 29, al. 2, particulier aux syndicats coopératifs et autogérés), cette variante ne paraît pas entraîner de conséquences importantes. Les services, comme les équipements, peuvent être très divers[2], dès lors qu'ils tendent à satisfaire l'intérêt commun. Cet objet est très proche de celui d'une association syndicale. La formule est très large et permet, comme par le passé, notamment la création d'un terrain de jeux, la construction ou l'aménagement de locaux socioculturels[3], elle permet aussi d'organiser des prestations de services[4], comme le ramassage des déchets, l'organisation d'un service de gardiennage ou de surveillance, voire une assistance à la tenue des comptabilités des différents membres de l'union.

Néanmoins, l'intérêt commun s'attache aux membres de l'union et ne concerne pas directement les personnes des propriétaires et copropriétaires[5], ce qui n'exclut ni l'installation d'un central téléphonique, ni la gestion d'un restaurant interentreprises lorsque plusieurs membres de l'union possèdent des locaux industriels ou commerciaux.

L'innovation la plus marquante, mais plus formelle que véritable, réside dans la reconnaissance expresse de la personnalité morale à l'union. Le doute n'existait guère puisqu'il s'agissait d'un groupement légalement organisé et reconnu et qui pouvait posséder les biens nécessaires à la satisfaction de son objet. Elle peut donc agir en justice et contracter dans les limites de son objet.

1. Dans sa rédaction issue du décret du 27 mai 2004.
2. Les services sont assujettis à la TVA si les conditions de réalisation de l'opération s'analysent en une activité économique, mais la TVA ne s'applique pas au remboursement de la dépense si l'union agit en exécution d'un mandat préalable et explicite entre les fournisseurs et les adhérents, art. 367, II, 2° du CGI – Rép. min., QE, *JOAN Q* 11 mai 1992, p. 2114.
3. EN CE SENS : SIZAIRE, n° 221.
4. Rép. min., QE, *JOAN Q* 25 avr. 1969, p. 1089.
5. EN SENS CONTRAIRE : LAFOND, ROUX ET STEMMER, s^s art. L. 29, n° 8 – RAPPR. : Capoulade, « Commentaire de la loi du 13 décembre 2000 », *Administrer* avr. 2001. 19.

709 Composition de l'union. Dans la conception initiale, selon l'article 29 de la loi de 1965, l'union pouvait se constituer entre « les sociétés de construction et les syndicats qui existent dans le cadre d'un même ensemble immobilier ». L'article 43 (al. 2) du décret du 17 mars 1967 a étendu l'adhésion à l'union aux « sociétés immobilières » et « à tous autres propriétaires dont les immeubles sont contigus ou voisins de ceux de ses membres ». La loi du 31 décembre 1985, ajoutant un deuxième alinéa à l'article 29 de la loi de 1965, a encore accentué cet élargissement, mais seulement au profit des syndicats coopératifs et des syndicats autogérés en les détachant complètement de la notion d'ensemble immobilier. La doctrine distinguait donc entre, d'une part, les unions de voisinage, (art. 29, al. 1er) et, d'autre part, les unions coopératives (art. 29, al. 2)[6].

La loi du 13 décembre 2000 a reformulé sans innover[7] la composition de l'union dans les termes suivants : « *Cette union peut recevoir l'adhésion d'un ou plusieurs syndicats de copropriétaires, de sociétés immobilières, de sociétés d'attributions régies par les articles L. 212-1 et suivants du code de la construction et de l'habitation et de tous autres propriétaires dont les immeubles sont contigus ou voisins de ceux de ses membres* ».

La redéfinition de la composition de l'Union n'apporte aucun changement. Les « sociétés immobilières » de 1965 englobaient déjà les sociétés de construction-vente, les sociétés d'attribution et même les sociétés propriétaires d'immeubles. Le « noyau dur » de l'union se compose donc de personnes morales dont les immeubles peuvent ne pas être contigus ou voisins. L'extension aux copropriétaires des immeubles contigus ou voisins concerne aussi bien des personnes physiques que des personnes morales, mais à la condition que leur immeuble bâti – et pas seulement leur fonds – soit contigu ou voisin de ceux des membres de l'union.

Le texte n'évoque plus l'ensemble immobilier, mais il se trouve sous-jacent puisque les membres de l'union, propriétaires de fonds séparés et autonomes, ont en commun des éléments d'équipement[8]; c'est le propre de l'ensemble immobilier qui peut recevoir une assiette territoriale très étendue[9].

710 Constitution de l'union. L'ancien article 29 visait « les sociétés de construction et les syndicats qui existent », la dénomination même de l'union conduisait à penser qu'elle s'organisait autour de

6. LEBATTEUX, n° 51.
7. LAFOND, ROUX ET STEMMER, s^s art. L. 29, n° 4.
8. LEBATTEUX, n° 59, [AVEC NUANCE].
9. Civ. 3e, 21 juin 2000, n° 98-20.897, *RDI* 2000. 382, obs. Giverdon; *Administrer* nov. 2000. 38, note Capoulade.

syndicats de copropriétaires, ce qui impliquait que soient réunies les conditions de l'article 1er (al. 1er) de la loi de 1965. La formation d'une union supposait donc l'existence préalable d'un syndicat et donc l'édification de l'immeuble en copropriété. Le doute subsistait sur la création de l'union dès l'origine ainsi que sur la participation nécessaire de plusieurs syndicats[1].

La rédaction donnée par la loi du 13 décembre 2000 au nouvel article 29 lève toute équivoque.

D'une part, sur l'unicité ou la pluralité de syndicats et, d'autre part, sur la constitution *a priori* ou à posteriori de l'union. L'alinéa 2 de cet article prévoit désormais que « *cette union peut recevoir l'adhésion d'un ou de plusieurs syndicats de copropriétaires* » et l'alinéa 8 permet « *l'adhésion à une union constituée ou à constituer* ».

Encore faut-il noter que, lors de sa création, l'union doit comprendre au moins un syndicat, au sens de l'article 1er (al. 1er) de la loi du 10 juillet 1965, alors qu'une société immobilière, qu'elle qu'en soit le régime, existe dès son inscription au registre du commerce et des sociétés.

L'alinéa 4 de l'article 29 règle les modalités d'adhésion des syndicats à l'union constituée ou à constituer. La décision est prise par l'assemblée générale du syndicat intéressé à la majorité de l'article 25, c'est-à-dire à la majorité absolue des voix du syndicat, sans recours éventuel aux dispositions de l'article 25-1 de la loi. C'est une majorité encore importante, mais qui marque la nécessaire adhésion majoritaire à un organisme qui peut avoir ses contraintes. C'est aussi une majorité favorable puisqu'elle se substitue à la double majorité de l'article 26 prévue depuis 1965. L'union est valablement constituée dès lors que la preuve est rapportée de l'adhésion régulièrement décidée par les syndicats qui en sont membres[2]. La loi laisse aux statuts le soin de stipuler éventuellement la nécessité d'un agrément et de ses conditions, en cas d'adhésion à une union déjà constituée.

En revanche, l'article 29 (al. 3) pose le principe que les statuts « *ne peuvent interdire à l'un de ses membres de se retirer de l'union* ». Cette disposition rejoint l'analyse parfois faite qui rapproche l'union de l'association[3]. Les statuts de l'union ne pourraient donc soumettre ce retrait à un accord, à un agrément ou à des conditions qui le rendrait pratiquement impossible. Il est cependant indéniable que ce retrait unilatéral est de nature à perturber plus ou moins gravement l'équilibre de l'union. Le législateur en a tenu compte, puisque rompant avec le parallélisme des formes, il exige que ce retrait soit décidé par l'assemblée du syndicat concerné à la double majorité de l'article 26. Néanmoins, des auteurs critiquent cette faculté; ils y voient une faiblesse de l'union.

711 **Régime juridique de l'union.** Comme l'ancien article 43 (al. 1er) du décret de 1967, le nouvel article 29 (al. 3) de la loi de 1965, modifiée, reprend le principe que « *les statuts de l'union déterminent les conditions de son fonctionnement sous réserve des dispositions de la présente loi* »[4]. Ce texte qui est impératif[5], appelle une double précision : il s'agit, d'une part, des seuls articles 29 et 44 de la loi et, d'autre part, de celles de la section 8 du décret d'application.

Sous réserve de ces dispositions législatives et réglementaires ainsi précisées, les statuts de l'union relèvent de la *liberté contractuelle* et ne se trouvent donc pas soumis aux autres dispositions, même impératives, de la loi du 10 juillet 1965, notamment en ce qui concerne les règles de fonctionnement de la personne morale et la répartition des dépenses[6]. Cette solution s'explique parfaitement, puisque les statuts de l'union constituent la « convention contraire créant une organisation différente » destinée à régir la gestion des éléments fédérateurs

1. GUILLOT, art. 29 et 44, n° 2-01 – KISCHINEWSKY-BROQUISE, n° 359 et note 174 – LAFOND, ROUX ET STEMMER, s[s] art. L. 29, n° 0823 – SIZAIRE, n° 222 et note 521 – LEBATTEUX, n° 60.
2. TGI Paris, 28 mars 1990, *Rev. hab. fr.* 1991. 99, obs. Paucot.
3. SUR CETTE ANALYSE, pour la création d'un comité d'entreprise : Soc. 4 avr. 1990, n° 88-11.746, *Bull. civ.* V, n° 164 – SUR la faculté de se retirer d'une association de la loi de 1901 : Cass., Ass. plén. 9 févr. 2001, 5 arrêts, n° 99-17.642, *Bull. AP* n° 3; *R.*, p. 385; *BICC* 15 mars 2001, rapp. Sempère, concl. Guérin; *D.* 2001. 1493, note Alfandari; *Defrénois* 2001. 795, obs. Atias; *JCP N* 2001. 1301, note Thioye; *AJDI* 2001. 612, obs. Giverdon; *Rev. sociétés* 2001. 357, note Guyon; *D.* 2002. 1522, note Giverdon; *D.* 2003. 1334, note Giverdon – EN CE SENS AUSSI : Civ. 3e, 12 juin 2003, n° 02-10.778, *Bull. civ.* III, n° 125; *R.*, p. 369; *BICC* 15 oct. 2003, n° 1207, et note; *D.* 2003. AJ 1694, obs. Rouquet; *D.* 2004. 367, note Bénard; *JCP* 2003. II. 10190, note Auque; *JCP E* 2003. 1791, note Boutonnet; *JCP E* 2004. 334, n° 7, obs. Raynaud; *AJDI* 2003. 663, note Blatter; *Rev. loyers* 2003. 436, obs. Guilluy-Friant; *LPA* 30 avr. 2004, note Kéita; *RTD civ.* 2003. 771, obs. Raynard; *RTD com.* 2004. 72, obs. Monéger; *Rev. sociétés* 2003. 880, note Coquelet; *RDC* 2004. 231, obs. Rochfeld; *RDC* 348, obs. Lardeux; *RDC* 465, obs. Marais; *RTD civ.* 2004. 280, obs. Mestre et Fages; *R.*, p. 385; *D.* 2001. 1493, note Alfandari; *Defrénois* 2001. 795, obs. Atias; *JCP N* 2001. 1301, note Thioye.
4. Le texte antérieur réservait les dispositions de la « présente section »; le texte de celle-ci a été largement transposé dans le texte législatif (art. 29).
5. Il est compris dans l'énumération de l'article 43 de la loi.
6. Non-application de la loi à propos de la gestion d'une installation de chauffage et de la répartition des charges en découlant : Civ. 3e, 8 juill. 1992, n° 90-20.389, *Bull. civ.* III, n° 243; *RDI* 1992. 546; *AJDI* 1994. 123.

de l'ensemble immobilier[1]. Cette solution est acquise en jurisprudence[2].

La convention contenant les statuts de l'union résulte donc d'un acte écrit, publié pour être opposable aux tiers, et doit se différencier suffisamment des règles gouvernant l'administration d'un syndicat.

Dans une espèce, l'existence du mandat apparent d'un syndic a été admise pour représenter une « union de fait » de six syndicats qui étaient gérés depuis toujours, comme une entité unique, dans un « cadre » accepté de façon unanime[3].

Cependant, si les règles du plan comptable spécifique au syndicat ne s'appliquent pas à l'union, les statuts de celle-ci peuvent toutefois prévoir que les comptes seront tenus conformément à ces règles.

712 L'organisation et le fonctionnement de l'union – a) L'assemblée générale : la loi du 13 décembre 2000 et le décret du 27 mai 2004 ont structuré davantage les différents organes de l'union et précisé ses règles de fonctionnement, lesquelles étaient jusque-là embryonnaires.

L'article 29 (al. 5) de la loi de 1965, reprend les dispositions de l'article 44 (al. 2 et 3) du décret de 1967 : « L'assemblée générale de l'union est constituée par les syndics des syndicats, par le représentant légal de chaque société et par les propriétaires qui ont adhéré à l'union. Les syndics participent à cette assemblée générale en qualité de mandataire du ou des syndicats qu'ils représentent ».

Sauf le cas des propriétaires, personnes physiques, dont les immeubles sont contigus ou voisins, les autres membres de l'union sont des personnes morales; il incombe donc à leurs représentants légaux de composer l'assemblée de l'union; ils y participent en qualité de mandataire du ou des syndicats qu'ils représentent[4]. Malgré le silence des textes, la même solution s'applique aux représentants des autres personnes morales. L'assemblée se compose ainsi de personnes peu nombreuses, rompues à l'administration des biens. Cet avantage n'est pas sans inconvénient car une même personne peut disposer de la majorité absolue ou même constituer seule l'assemblée.

Les membres de l'assemblée de l'union ont seuls qualité pour contester les décisions de cette assemblée, à l'exclusion des copropriétaires et des associés; les syndics disposent à cet égard d'un pouvoir autonome[5], dans le délai prévu par les statuts ou, à défaut, le droit commun. De même, il appartient aux statuts d'arrêter les règles de convocation et de tenue des assemblées, ainsi que les majorités applicables, de déterminer la proportionnalité des voix et de fixer la répartition des quotes-parts de charges.

Pour permettre une meilleure représentativité des syndicats et comme le pratiquent déjà de nombreuses unions, l'article 63 (al. 2) du décret de 1967, modifié par celui du 27 mai 2004, prévoit une *consultation préalable, pour avis, par le syndic, de l'assemblée des copropriétaires concernée, sur les questions portées à l'ordre du jour de l'assemblée de l'union*. Ce formalisme est de nature à prévenir bien des objections. Il nécessite, en tout cas, une préparation minutieuse et suffisamment à l'avance des assemblées de l'union[6]. Sensible à la lourdeur de ce formalisme et à l'annualité de l'assemblée des copropriétaires, l'article 63 (al. 2) autorise « le cas échéant », la consultation du conseil syndical.

Le syndic rend compte à l'assemblée de son syndicat des décisions de l'assemblée de l'union. Il serait bon que le rapport moral véhicule cette information, et que, éventuellement, selon les modalités statutaires, un avis puisse être rapidement diffusé dans certains cas (travaux, engagement de dépense).

b) Le président de l'union : aux termes de l'article 29, antépénultième alinéa, « l'exécution des décisions de l'union est confiée à un président de l'union désigné par l'assemblée générale de l'union ».

L'application de la loi du 2 janvier 1970 conduit à penser que ce président sera un professionnel de

1. Une convention de gestion commune entre plusieurs syndicats ne constituerait pas les statuts de l'union, en l'absence d'éléments communs entre eux : Civ. 3e, 31 janv. 1996, no 93-18.318, *RDI* 1996. 275.
2. SUR LE PRINCIPE : Civ. 3e, 28 nov. 2001, no 00-14.539, *Administrer* mars 2002. 42, obs. Bouyeure; *AJDI* 2002. 138, obs. Rouquet – POUR la fermeture d'une voie privée : Paris, 30 juin 1998, RG no 96/04517, *Loyers et copr.* 1999. 57 – POUR la répartition des charges : Paris, 2 juin 1990, *Loyers et copr.* 1990. 406 – POUR le délai d'action en contestation des décisions de l'assemblée : Montpellier, 20 avr. 1989, *Juris-Data* no 034316, *Rev. loyers* 1990. 88 – Paris, 8 mars 1995, *Juris-Data* no 020855, *Loyers et copr.* 1995. 379.
3. Civ. 3e, 24 mai 2005, no 04-11.812, *AJDI* 2005. 664 – AUSSI : Civ. 3e, 12 juin 2002, no 00-20.610, NP – TOUTEFOIS, à propos d'un congé avec offre de vente, la Cour de cassation a jugé que le mandat apparent ne peut tenir en échec les règles impératives de la loi du 2 janvier 1970 et de son décret du 20 juillet 1972 en matière de gestion immobilière : Civ. 1re, 5 juin 2008, no 04-16.368, *Bull. civ.* I, no 163; *AJDI* nov. 2008. 882, note Moussa Thioye.
4. Le conseiller Guillot ne voit pas, à juste titre, en quelle autre qualité ils pourraient participer à l'assemblée, art. 29, no 304.
5. Montpellier, 20 avr. 1989, *Juris-Data* no 034316, *Rev. loyers* févr. 1990. 88 – Civ. 3e, 26 févr. 2003, no 00-21.235, *Bull. civ.* III, no 50; *D.* 2003, jur. 995, note Atias [CRITIQUE].
6. Civ. 3e, 21 juin 2005, no 04-14.407, NP : la gestion commune par l'union de budget voté en amont par les syndicats n'entraîne aucune limitation des pouvoirs de ces syndicats dans le recouvrement des charges.

la gestion immobilière[1] ou, à défaut, une personne physique ou morale, disposant d'un droit réel indivis sur les biens communs[2].

Dans le silence de la loi, il convient que les statuts précisent la majorité applicable[3]. Il serait aussi utile qu'ils l'autorisent à prendre des mesures de sauvegarde et à faire exécuter les travaux d'entretien courant.

c) Le conseil de l'union : le dernier alinéa de l'article 29 (rédaction de la loi du 13 déc. 2000, art. 81, 16°) institue « *un conseil de l'union chargé d'assister le président et de contrôler sa gestion* ». La fonction de ce conseil démarque celle du conseil syndical du syndicat des copropriétaires (L. 1965, art. 21). Les dispositions du décret du 27 mai 2004 accentuent encore cette ressemblance. Le conseil de l'union « *donne son avis au président ou à l'assemblée générale de l'union sur toutes les questions concernant l'union, pour lesquelles il est consulté ou dont il se saisit lui-même* ». Il est ainsi le correspondant du président, mais aussi de l'assemblée, à la suite de leur saisine ou sur sa propre initiative. Cet organe permanent, même s'il n'a pas la personnalité morale et si son rôle est purement consultatif, représente une aide précieuse aussi bien pour l'organe délibérant que pour l'organe exécutif de l'union. Les informations dont il peut disposer, ainsi que sa représentativité, lui permettent d'assumer pleinement sa double fonction d'assistance et de contrôle.

Le conseil de l'union, un ou plusieurs de ses membres spécialement délégués à cette mission, peuvent, en effet, comme le prévoit l'article 63-1 (al. 2) du décret de 1967, modifié, « *prendre connaissance et copie, à sa demande, de toutes pièces ou documents, correspondances ou registres se rapportant à la gestion du président et, d'une manière générale, à l'administration de l'union* ». Cette information est reçue « *au bureau du président ou à un lieu arrêté un accord et avec lui* ».

« Ce conseil est composé », selon l'article 29 *in fine* de la loi, « d'un représentant désigné par chaque membre de l'union », pour une durée qui « ne peut excéder trois ans renouvelables », sans donner lieu à rémunération (Décr. 1967 mod., art. 63-2). Toutefois, il « n'est plus régulièrement constitué si plus d'un quart des sièges devient vacant pour quelque cause que ce soit ». Il convient alors de le compléter par de nouvelles désignations. Pour pallier cet inconvénient, il est aussi prévu que des membres suppléants peuvent être désignés, mais ils ne siègent au conseil de l'union qu'à la cessation définitive des fonctions du membre titulaire du conseil et pour la durée du mandat restant à courir (Décr. 1967 mod., art. 63-4).

Les membres titulaires et suppléants qui représentent un syndicat de copropriétaires au conseil de l'union sont désignés, par l'assemblée générale des copropriétaires du syndicat concerné, à la majorité de l'article 24 de la loi de 1965, parmi les copropriétaires, les associés visés par l'article 23 de la même loi, les accédants ou acquéreurs à terme de l'article 443-6-5 du CCH (L. 12 juill. 1984, art. 41), leurs conjoints, les partenaires liés à eux par un pacte civil de solidarité ou leurs représentants légaux (Décr. 1967 mod., art. 63-3, al. 1er). Les personnes morales ainsi désignées sont représentées au conseil de l'union par leur représentant légal ou statutaire et, à défaut, par un fondé de pouvoir spécialement habilité à cet effet (même décret, art. 63-3, al. 3).

Les statuts auront donc à préciser les conditions de désignation des représentants des sociétés et des propriétaires, ainsi que le nombre de représentants attribués à chaque immeuble, sans doute proportionnellement à son importance.

713 Transformation des associations syndicales en union de syndicats. Cette opération est prévue par l'article 44 de la loi du 10 juillet 1965 (dans sa rédaction d'origine) qui dispose que « les associations syndicales existantes sont autorisées à se transformer en union de syndicats coopératifs définie à l'article 29 ci-dessus sans que cette opération entraîne la création d'une nouvelle personne morale ». Sans aucun doute, le texte a pour but de permettre à des associations syndicales de propriétaires, régies notamment par la loi du 21 juin 1865, ou maintenant par l'ordonnance n° 2004-632 du 1er juillet 2004, de se transformer en union de syndicats. Cette opération a pour intérêt pratique de permettre aux associations syndicales transformées d'avoir le même objet que les unions de syndicats, objet qui est plus large que celui des associations syndicales[4].

Toutefois, la rédaction de cet article rend possible la seule transformation des associations syndicales aboutissant à une union de syndicats coopératifs que l'article 29, dans son alinéa 1er, ne vise d'ailleurs pas expressément puisqu'il ne mentionne que les unions de syndicats, sans autre précision, aussi bien dans sa rédaction de 1965 que dans celle de 2000. Aussi, ne faut-il pas prendre l'article 44 à la lettre et

1. Il ne peut recevoir, ni demander, directement ou indirectement, d'autres rémunérations que celle dont les conditions sont précisées dans un mandat écrit préalablement à sa désignation ou dans la décision de nomination : Civ. 3e, 27 mars 2008, n° 06-21.728, *Bull. civ.* III, n° 61 ; *D.* 2008. AJ 1147 – Civ. 3e, 8 juin 2011, n° 09-71.214.
2. L'appropriation des biens par l'union, ce que permet l'article 29 alinéa 1 de la loi, est exclusive de tout autre droit réel.
3. À la fois le quantum et la base de calcul.
4. Lafond, Roux et Stemmer, ss art. L. 29, n° 1.

il convient d'admettre que les associations syndicales existantes peuvent se transformer en union de syndicats coopératifs ou non coopératifs[1]. En réalité, l'article 44 aurait dû être mis en conformité avec l'article 29 qui, à la suite d'un amendement, supprimant la référence aux syndicats coopératifs, seuls visés dans le projet, prévoit la constitution des unions entre tous les syndicats coopératifs ou non.

714 Union de syndicats coopératifs – Évolution. L'article 45 du décret du 17 mars 1967 prévoyait que les *syndicats coopératifs* visés à l'article 13 (al. 2) de la loi du 10 juillet 1965 pouvaient *adhérer à des unions coopératives* auxquelles s'appliquaient les dispositions régissant les unions de syndicats. Ce même article précisait, en son alinéa 2, que des syndicats non coopératifs pouvaient adhérer à des unions coopératives, avec l'accord de ces dernières, sans perdre de plein droit leur forme initiale. La portée et l'utilité de la création de ces unions coopératives, tout autant que la conciliation de l'organisation de l'union avec la technique propre à la coopération, pouvaient être délicates à préciser. L'article 29, dans son alinéa 2 issu de la loi du 31 décembre 1985, avait permis la constitution d'une union entre syndicats coopératifs et syndicats autogérés, même s'ils n'appartenaient pas au même ensemble immobilier, notamment en vue de « faciliter la vie sociale des copropriétés ».

Néanmoins, dans le remaniement des dispositions concernant les syndicats coopératifs par la loi du 13 décembre 2000, les articles 29 (al. 2) de la loi et 45 du décret n'ont pas été repris par le législateur. Il est tout à fait concevable que les syndicats coopératifs constitués au sein d'un même ensemble puissent se regrouper en union régie par les dispositions générales en la matière.

À cet égard, l'assemblée générale de l'union constitue un collège électoral plus restreint que le conseil de l'union et celui-ci, indépendant du président, joue un rôle de surveillance et de contrôle. Cependant, les statuts peuvent organiser les services selon les besoins des syndicats coopératifs, mais ils doivent observer les dispositions d'ordre public sur l'organisation et le fonctionnement de l'union.

Sous réserve de l'ouverture qui serait stipulée par les statuts d'une telle union, régis par le droit commun de l'union, l'adhésion d'un syndicat autogéré à une union de syndicats coopératifs paraît toujours possible, mais il faut observer une certaine prudence en cette matière, car le syndicat autogéré peut désigner, à un certain moment, un syndic professionnel, avec toutes les conséquences que pourrait alors entraîner le retrait ou l'exclusion.

715 Union de syndicats coopératifs – Loi ENL. L'article 93 de la loi n° 2006-872 du 13 juillet 2006, portant engagement national pour le logement, a réintroduit l'existence des « unions coopératives », en les excluant de l'application des dispositions du décret du 17 mars 1967 (section 8 consacrée aux unions de copropriétaires), sans toutefois reprendre les dispositions antérieures de la loi du 31 décembre 1985.

Ces unions peuvent regrouper des syndicats de forme coopérative et des syndicats gérés par un copropriétaire, syndic non professionnel, c'est-à-dire des syndicats autogérés, mais aussi recevoir l'adhésion d'associations syndicales libres dont la finalité, le statut, l'organisation et le fonctionnement sont étrangers à la loi de 1965. En revanche, comme les unions de droit commun (L. 1965, art. 29), ces unions coopératives peuvent se constituer même si les immeubles ne sont pas contigus ou voisins, mais avec un objet plus restreint qui consiste à créer et à gérer des services destinés à faciliter leur gestion.

L'assemblée générale de l'union coopérative est constituée par les syndics et les présidents des syndicats et associations adhérents et cette assemblée élit le conseil d'administration dont les membres, élus pour trois ans renouvelables, ne perçoivent aucune rémunération. Il n'est prévu aucune consultation préalable des propriétaires et copropriétaires, membres des syndicats et associations et l'administration paraît collégiale.

Chaque syndicat et associations décide, parmi les services proposés, ceux dont il veut bénéficier.

Le texte ne leur confère pas expressément la personnalité morale, mais on peut déduire implicitement qu'elle leur est reconnue comme à tout groupement qui est propriétaire des biens nécessaires à son objet.

L'article 93 de la loi du 13 juillet 2006 demeure autonome; il n'a pas été introduit dans la loi du 10 juillet 1965. L'exclusion de certaines dispositions du décret de 1967 souligne cette autonomie. Néanmoins, en présence de la coexistence de l'article 29 de la loi de 1965 et de l'article 93 de la loi de 2006, il est permis de penser qu'un syndicat autogéré ou même un syndicat de forme coopérative dispose de la liberté de choisir et peut adhérer à l'un ou l'autre type d'union.

1. Lafond, Roux et Stemmer, s^s art. L. 44 – Sizaire, n° 225.

CHAPITRE

2. Résidences-services

SECTION 0
ORIENTEUR

Plan du chapitre.

Sect. 1 Le constat

Sect. 2 La réforme

Textes applicables.

• L. n° 65-557 du 10 janvier 1965, fixant le statut de la copropriété des immeubles bâtis, art. 41-1 à 41-5.

• Décr. n° 67-223 du 17 mars 1967, art. 39-2 à 39-7 (Décr. n° 2010-391, 20 avr. 2010, art. 22).

Jurisprudence de référence.

• **Civ. 3e, 29 nov. 1977, n° 76-12.001,** *Bull. civ.* III, n° 413 (arrêt antérieur à la loi n° 2006-872, 13 juill. 2006) (Conl. contr. av. gén. Paucot).

* V. s^{s} n° 718.

« Le règlement de copropriété d'un immeuble composé de lots identiques destinés à des retraités peut valablement répartir les charges du personnel des services communs, identiques pour tous les lots, l'utilité de ces services étant la même pour tous.

Chaque copropriétaire est tenu de participer aux frais des services constitutifs et des éléments d'équipement commun, dont aucune disposition légale ne donne une liste limitative, dès lors qu'il a la possibilité de les utiliser, sans qu'il puisse s'en dispenser au motif que, pour une raison personnelle, il s'abstiendrait d'en user. »

Bibliographie indicative.

SOULEAU, *Les résidences avec services.*

Capoulade, *AJDI* 2010. 530; *Administrer* juin 2010. 7; *IRC* juill.-août 2010-14; Gélinet, *Rev. loyers*, 2010, 242; Lafond, *JCP N* 2010. 1219; Vigneron, *Loyers et copr.* 2010. Étude 8.

SECTION 1
LE CONSTAT

716 Description comparative. Un certain nombre d'établissements publics ou privés conventionnés ou non, médicalisés ou non, se sont proposés d'offrir à leurs résidents hébergement et services. Il en est résulté une certaine confusion et la différenciation entre ces établissements réside dans les conditions matérielles et juridiques de l'hébergement, dans la nature des services adaptés à l'âge et à la santé des résidents et dans le caractère collectif ou personnalisé de ces services.

Certains, comme les *logements foyers*, mettent à la disposition de résidents qui ont souscrit un « contrat d'hébergement », ou un « contrat de résidence », un logement ou une chambre autonome avec des services collectifs, mais facultatifs.

D'autres, comme les *maisons de retraite*, offrent une prise en charge globale par l'hébergement, la restauration, les services essentiels de la vie courante, l'animation, dans un cadre communautaire. Il n'existe pas de logement privatif, mais un hébergement en chambre ou en lit, avec fournitures de prestations prévues et obligatoires, moyennant un prix convenu.

Il faut aussi compter avec *les résidences médico-sociales* placées sous le contrôle de l'Administration, du secteur privé, après agrément et contrôle administratifs. Ici encore, la personne dépendante fait l'objet d'une prise en charge globale, moyennant un prix de pension à la journée, sans qu'il existe une attribution privative du local.

Enfin, depuis une trentaine d'années, sous différentes appellations, telles que « résidences-services » ou « avec services », « résidences du troisième âge », « résidences pour personnes âgées », « résidences-retraite », s'est développée la commercialisation d'immeubles, soit par accession à la propriété de lots, soit par la location de lots, en offrant un logement non meublé, ainsi que des services plus ou moins diversifiés. Le régime juridique repose soit sur le statut de la copropriété des immeubles bâtis, soit sur la souscription d'un bail, mais accompagné de la fourniture de services tout en respectant l'autonomie et l'indépendance des résidants. Le logement représente le principal et les services l'accessoire. Les services vont même parfois jusqu'aux soins infirmiers ou médicaux et la question se pose alors de leur distinction avec les établissements médicalisés dont le statut est différent.

Dans son étude remarquable, le professeur Henri Souleau a pu écrire : « Les résidences-services pour personnes âgées sont des produits immobiliers du secteur privé, spécialement conçus et organisés, matériellement et juridiquement, pour que les personnes âgées y trouvent à acheter ou à louer des logements d'habitation et s'y procurent en commun des services destinés à faciliter et à animer la vie quotidienne »[1].

L'étude ne portera que sur les résidences ayant pour fondement le statut de la copropriété des immeubles bâtis en examinant l'analyse qu'en ont faites les juridictions administratives et les juridictions judiciaires.

717 La démarche administrative (aide sociale). L'intervention des juridictions de l'ordre administratif se situe au double point de vue du droit sanitaire et social, et du droit fiscal.

Par leur mode de fonctionnement et par les services procurés, certaines résidences-services peuvent relever du régime d'autorisation du code de l'action sociale et des familles (CASF). L'article L. 312-1 du CASF soumet, en effet, aux dispositions de ce code, « les établissements et les services, y compris les foyers d'accueil médicalisé, qui accueillent des personnes adultes handicapées, quel que soit leur degré de handicap ou leur âge, ou des personnes atteintes de pathologie chronique, qui leur apportent à domicile une assistance dans les actes quotidiens de la vie, des prestations de soins ou une aide à l'insertion sociale ou bien qui leur assurent un accompagnement médico-social en milieu ouvert ».

Entrent donc dans ce champ des établissements sociaux ou médico-sociaux, les établissements qui prononcent une admission et délivrent des prestations à titre obligatoire. Ils poursuivent une mission d'intérêt général et d'utilité sociale pour un public exprimant un besoin de prise en charge sociale ou médico-sociale.

Dans un arrêt du 29 décembre 1995[2], le Conseil d'État a dégagé les critères de distinction entre une « résidence-services » et un établissement social ou médico-social. Dans ce dernier établissement, une simple chambre avec cabinet de toilette, est mise à disposition privative, l'aménagement des locaux, les installations sanitaires, la cuisine et salle à manger sont conçus pour une utilisation collective. Une organisation fonctionnelle répond aux normes d'organisation et de fonctionnement. L'activité déployée relève d'un exercice professionnel avec des qualifications homologuées. Les prestations assurent la totalité des besoins quotidiens de prise en charge d'un public composé en quasi-totalité de personnes âgées et dont la qualité de locataire implique de plein droit celle de membre de l'association.

Un autre arrêt du Conseil d'État, en date du 16 octobre 1998[3] reprend les mêmes critères quant à l'aménagement de l'immeuble et à l'organisation des services et précise que « la résiliation de la convention de prestations de services destinée à assurer la totalité des besoins quotidiens des personnes âgées entraîne la résiliation du bail ».

On aperçoit donc la différence avec la résidence-services qui représente une activité marchande s'adressant à un consommateur disposant de l'autonomie de sa volonté pour choisir parmi les services proposés ceux qui lui conviennent.

718 La démarche judiciaire (copropriété). La Cour de cassation a connu des questions posées par les résidences-services en copropriété, sous l'angle du paiement des charges et plus particulièrement des services liés à la personne qui ont été soumis aux règles des équipements et services liés à l'immeuble.

Dans un premier arrêt du 29 novembre 1977, la troisième chambre civile considère que « chaque copropriétaire est tenu de participer aux frais de ces services et éléments d'équipement, dès lors qu'il a la possibilité de les utiliser sans qu'il puisse, s'en dispenser, au motif que, pour une raison personnelle, il s'abstiendrait d'en user »[4].

La Cour de cassation a maintenu cette solution par des arrêts postérieurs en date des 10 mars 1993[5] et 5 janvier 1994[6], en s'appuyant sur deux principes.

1. Souleau, *Les résidences avec services*, p. 57.
2. CE 29 déc. 1995, req. n° 145008, NP, SCI Résidences services c/président du conseil général du Nord, *RDSS* 1996. 381, obs. Lhuillier – CE 29 déc. 1995, req. n° 146270, Dpt Nord c/Debaillie, *Lebon* 461; *RDSS* 1996. 381, obs. Lhuillier et 1996, 604, note Prétot.
3. CE 16 oct. 1998, req. n° 171017, Sarl Société rhodanienne d'intendance et de services c/Président du conseil général du Rhône.
4. Civ. 3e, 29 nov. 1977, n° 76-12.001, *Bull. civ.* III, n° 413; *D.* 1978. IR 294; *D.* 1978. 522, note Souleau; *JCP* 1978. II. 18868, concl. contr. av. gén. Paucot; *JCP N* 1978. II. 61, note Atias; *Gaz. Pal.* 1978. 1, 237, note Morand; *RTD civ.* 1978. 388; *RDI* 1980. 342; *Defrénois* 1980. 1588.
5. Civ. 3e, 10 mars 1993, n° 91-12.717, *Bull. civ.* III, n° 31; *RDI* 1993. 257; *IRC* 1993. 150, note Capoulade; *Administrer* janv. 1994. 36, note Guillot; *AJPI* 1994. 364, note Gélinet; *Defrénois* 1993. 772; *JCP N* 1993, prat. 2803.
6. Civ. 3e, 5 janv. 1994, n° 92-10.480, *Bull. civ.* III, n° 2; *RDI* 1994. 295, obs. Capoulade, Giverdon; *AJPI* 1994. 750, note Giverdon; *D.* 1996. Somm. 160, note Giverdon; *AJDI* 1994. 750, obs. Giverdon; *Loyers et copr.* 1994. 127 – SUR RENVOI : Caen, 18 janv. 1996, *RDI* 1996. 108.

Le premier est que les dispositions des articles 8 et 14 de la loi du 10 juillet 1965 affirment que la *destination de l'immeuble*, définie par ses caractères et sa situation est fixée librement (L. 10 juill. 1965, art. 8) sans que soit exclue la mise en place des services collectifs et des éléments d'équipement communs conformes à cette destination (L. 10 juill. 1965, art. 14). En d'autres termes, aucune disposition légale n'interdit d'affecter fonctionnellement une copropriété.

Le second réside dans les dispositions de l'article 10 de la loi du 10 juillet 1965 qui répartit les charges entraînées par ces services collectifs et éléments d'équipement communs en fonction de *l'utilité* qu'ils présentent à l'égard de chaque lot, indépendamment de l'utilisation effective qu'en font les copropriétaires. En conséquence, le défaut ou le refus d'utilisation n'exonérerait pas de la participation, spécialement de celle des héritiers lorsque le copropriétaire résidant est décédé.

Cette conception dite « contractualiste » n'est pas partagée par l'ensemble de la doctrine. On lui oppose la conception dite « légaliste » qui repose sur la spécificité de la personne morale que constitue le syndicat des copropriétaires qui, aux termes de l'article 14 de la loi du 10 juillet 1965, a pour objet la conservation et l'administration de l'immeuble. Ce sont là des « *qualifications réelles* » en relation avec la notion de lot, qui sont incompatibles avec les prestations personnelles offertes par les résidences considérées [1].

La Cour de cassation a aussi jugé que le « contrat de services » autorisait un prestataire de services à facturer directement aux copropriétaires le coût de ses prestations, même en cas de non-occupation, lorsque ce contrat est intégré au règlement de copropriété et approuvé par des assemblées générales non contestées. Il n'avait donc pas pour effet de rendre ces prestations et facturations assimilables à des charges de copropriété et que le coût des prestations relatives aux services généraux était dû même si l'appartement avait été rendu vacant par le décès de son occupant [2].

719 L'analyse fiscaliste. Selon l'Administration fiscale (Instr. 27 avr. 1998 [3]), alors que les remboursements des charges de fonctionnement des syndicats de copropriétaires d'immeubles utilisés pour l'habitation ou pour une occupation professionnelle bénéficient de l'exclusion de la base d'imposition prévue par l'article 267-88-2° du code général des impôts, les services supplémentaires, restauration, soins, blanchissage, services de coiffure... et, le cas échéant, les livraisons de biens sont soumis à la TVA selon les modalités décrites dans l'Instruction du 4 novembre 1988 [4]. Par décision du 23 novembre 2001, le Conseil d'État [5] a déclaré irrecevable le recours en annulation d'un syndicat des copropriétaires en ce que cette instruction précisait que l'activité exercée par les résidences de services ne revêtait pas un caractère social ou philanthropique au sens du 7-1°-b de l'article 261 du code général des impôts [6].

La jurisprudence fiscale en a tiré les conséquences en distinguant entre les charges de copropriété, *stricto sensu*, exonérées de la TVA et les coûts des services spécifiques soumis à taxation, selon le taux applicable à leur catégorie.

720 La problématique. Le statut de la copropriété étant retenu comme donnée première, il en résulte une situation peu satisfaisante qui a suscité beaucoup d'interrogations et même de l'inquiétude de la part des usagers et plus particulièrement de leurs héritiers. Le règlement de l'ensemble des charges, en cas d'hospitalisation de longue durée ou de décès du copropriétaire, entamait le capital investi; cet inconvénient pouvait détourner de la formule. De nombreuses questions écrites s'étaient fait l'écho de ces difficultés [7].

Dispenser les copropriétaires et leurs héritiers du paiement des charges en cas d'inoccupation des lots ne saurait être envisagé. Cette solution reviendrait à faire supporter par les seuls propriétaires des lots occupés les charges fixes, d'équipement et de personnel. Sur le plan juridique, ce serait contraire aux principes de répartition prévus par la loi du 10 juillet 1965. Sur le plan économique, le poids des charges varierait en fonction du degré d'occupation, sans exclure une certaine potestativité de la part d'héritiers.

La doctrine et la pratique se sont orientées vers la recherche d'une définition spécifique des charges que constituent les prestations offertes par ces résidences. Une distinction a été proposée entre les charges de fonctionnement nécessaires à la permanence du service liées à la structure du bâtiment et à sa conservation, comme l'engagement du personnel ou le gardiennage, et les charges liées à l'usage personnel des services, comme la restauration et l'animation. Alors que le critère de l'utilité objective

1. V. Atias, « Services personnels en copropriété immobilière », *D.* 1994, Chron. 170; *IRC* 1995. 15, Capoulade, note préc.; *IRC* 1993. 150.
2. Civ. 3e, 12 mars 2003, n° 98-20.419, *Bull. civ.* III, n° 59, *AJDI* 2003. 673 – AUSSI : Civ. 3e, 15 juin 1982, n° 80-15.819, *Bull. civ.* III, n° 154.
3. Instr. 27 avr. 1998, *BOI* 3 A-3-98.
4. Instr. 14 nov. 1988, *BOI* 3 C-18-88.
5. CE 21 nov. 2001, req. n° 21273, Syndicat des copropriétaires des Réaux, NP.
6. Rép. min., QE, *JCP N* 1995, prat. 3275.
7. NOT. QE n° 15953, Guillet, *JOAN* 19 oct. 1998, p. 5736; QE n° 44820, Devedjian, *JOAN* 26 juin 2000, p. 3845; QE, n° 49253, Jeanjean, *JOAN Q* 26 oct. 2004.

peut être appliqué aux premières, c'est l'utilisation effective qui est faite des secondes qui serait le critère de répartition. Cette spécificité est cependant difficile à établir en raison de la double qualification que pourraient justifier certaines charges.

Une autre possibilité pour le syndicat des copropriétaires serait de confier des services à un organisme autonome (société de prestations de services, union de résidences-services, association syndicale, société coopérative de consommation), agissant seul ou de concert avec le syndicat[1]. La jurisprudence a reconnu la validité d'une telle convention[2]. Il revient au règlement de copropriété de préciser les conditions d'adhésion des copropriétaires qui, si elle est obligatoire, doit intervenir au moment de l'acquisition du logement. Néanmoins, le problème de l'inoccupation des locaux se reporte sur la structure secondaire et se répercute sur la pérennité des services ou même sur celle du gestionnaire.

On a également proposé, dans le dessein d'évincer le statut de la copropriété en tant que structure de gestion des services spécifiques, l'utilisation du droit d'usage et d'habitation[3]. Cette formule n'attire cependant pas la clientèle âgée soucieuse de transmettre son capital à ses héritiers.

Il avait été aussi suggéré de remettre en cause la vocation du syndicat et de reconsidérer l'existence des services à la personne, à une échéance périodique plus ou moins longue. C'était bouleverser la stabilité contractuelle et transformer la cause des engagements[4]. La valeur économique des lots s'en trouvait influencée surtout à proximité de l'échéance. L'unanimité aurait dû être requise, ce qui condamnait cette proposition. Toute solution majoritaire risquait d'entraîner des préjudices et d'inciter en fin de période à des manœuvres spéculatives.

SECTION 2
LA RÉFORME

721 L'élaboration. La préparation de la loi du 21 juillet 1994 et celle de la loi du 13 décembre 2000 avaient donné lieu à des réflexions approfondies tendant à apporter des réponses législatives aux problèmes tant juridiques qu'économiques et sociaux posés par les résidences-services. Néanmoins, la commission relative à la copropriété, saisie pour avis de ces projets de lois, n'avait pas abouti à des solutions satisfaisantes et cette question a été disjointe des propositions relatives à ces textes.

Par la suite, le ministère de la Justice a constitué un groupe de travail spécialement chargé d'élaborer un avant-projet de loi. Après dépouillement d'une abondante documentation et après avoir procédé à de nombreuses auditions, le groupe de travail a pu remettre un rapport concluant à une intervention législative. La proposition élaborée a été largement reprise sous forme d'amendement au cours des débats parlementaires ayant abouti à la loi n° 2006-872 du 13 juillet 2006 portant engagement national pour le logement[5]. L'article 95 de cette loi insère un chapitre IV *bis*, intitulé « *résidences-services* », comprenant cinq articles, les articles 41-1 à 41-5, dans la loi du 10 juillet 1965. L'article 43 de la loi de la loi de 1965, modifié en conséquence, répute non écrite toutes clauses contraires à ces nouveaux articles[6].

Le nouveau chapitre IV *bis* aborde la détermination de l'objet des « résidences-services », le rôle du conseil syndical, la différenciation des charges et l'évolution des services.

Le décret n° 2010-391 du 20 avril 2010[7] consacre un chapitre II avec « Dispositions particulières aux résidences-services ». Son article 22 insère dans le décret du 17 mars 1967 une section IV *bis* comprenant les articles 39-2 à 39-7 qui, dans le sillage de la loi ENE distingue le conventionnement et l'intégration des services.

722 L'objet des résidences-service[8]. L'article 41-1 délimite l'objet des résidences-services. Il tranche trois questions :

a) Extension contractuelle de l'objet du syndicat. Désormais, cette qualification relève davantage de l'extension de l'objet du syndicat que de la destination de l'immeuble. On sait les doutes qui ont envahi la doctrine au sujet de la compatibilité de la fourniture de services rendus à la personne par un syndicat qui a pour objet légal la conservation de l'immeuble et l'administration des parties communes, selon l'article 14 de la loi de 1965 et dont les clauses contraires sont réputées non écrites par l'article 43 de la même loi. L'alinéa 1er de l'article 41-1

1. J.-CL. COPR. fasc. 350 ; CAPOULADE ET AUTRES, « La copropriété dans la cité », p. 209 s. ; *JCP N* 1983. II. 305, note Barbièri – AUSSI : s[s] n° 471.
2. Civ. 3e, 15 juin 1982, n° 80-15.819, *JCP* 1983. II. 1974, note J.-J. B. ; *D.* 1983. IR 337 ; *Administrer* févr. 1983. 24 ; *RTD civ.* 1983. 156 ; *RDI* 1983. 97 – Civ. 3e, 8 juin 1983.
3. Chambelland et Isaac Hoppenot, « Une nouvelle utilisation du droit d'usage et d'habitation : faciliter la création des résidences pour personnes âgées », *Bull. inf. Cneil.*
4. Depuis, il a d'ailleurs été jugé que la modification d'un lot avec services en un lot sans services porte atteinte à la destination de l'immeuble : Paris, 10 janv. 2008, *AJDI* 2008. 299.
5. *JO* 16 juill. 2006.
6. Vigneron, « Au bonheur des retraités », *Loyers et copr.* mars 2006. Étude 4.
7. *JO* 21 avr. 2010.
8. Capoulade, « Les résidences-services », *AJDI* juill.-août 2008. 574.

prévoit expressément que le règlement de copropriété peut étendre l'objet du syndicat à destination de résidences-services à la fourniture aux occupants (copropriétaires ou locataires) de services spécifiques. Certes, le texte ne donne qu'une liste indicative de ces services; il ne pouvait donner une liste exhaustive, mais il en résulte que les exemples mentionnés, restauration, surveillance, aide ou loisirs, traduisent bien que ces services sont liés aux occupants et non à l'immeuble lui-même.

b) Exclusion des services relevant de l'action sociale. L'ambiguïté qui pouvait naître de la situation antérieure, notamment lorsque les services liés à la personne comprenaient des soins, se trouve dissipée. Désormais, la distinction entre le secteur donnant lieu à autorisation et contrôle administratifs et le secteur libre résulte clairement du texte de l'article 41-1 (al. 2). L'octroi de soins, d'aide ou d'accompagnement exclusivement liés à la personne relève des établissements et services soumis aux dispositions de l'article L. 312-1 du code de l'action sociale et des familles. Les « résidences-services » de la loi de 1965 ne peuvent dispenser de tels services. Toutefois, l'article L. 7232-4 du code du travail permet, dans certains cas, d'agréer les résidences-services de la loi du 10 juillet 1965. Les services de l'article 41-1 alinéa 1er comprennent les services à la personne à domicile et destinés, à titre individuel aux résidents qui répondent aux conditions des articles L. 7231-1 et L. 7234-4 du code du travail (assistance aux personnes âgées, aux personnes handicapées, services aux personnes à domicile relatifs aux tâches ménagères ou familiales...). La loi n° 2010-853 du 23 juillet 2010 (art. 31-1, 9°), en modifiant l'article L. 7232-1-2 du code du travail, a clarifié le champ d'application réciproque des deux alinéas de l'article 41-1 de la loi de 1965 en dispensant « de la condition d'activité exclusive fixée par les articles L. 7232-1-1, L. 7233-2 et L. 7233-3... 4° pour les services et aide à domicile rendus aux personnes mentionnées à l'article L. 7231-1 qui y résident, les résidences-services relevant du chapitre IV *bis* de la loi du 10 juillet 1965... ». Cette disposition vise les services à la personne portant notamment sur (2°) l'assistance aux personnes âgées, aux personnes handicapées ou autres personnes qui ont besoin d'une aide personnelle à leur domicile ou d'une aide à la mobilité de proximité ou encore (3°) les personnes à leur domicile, relatifs aux tâches ménagères. Le texte suppose donc que la personne aidée ait son domicile à la résidence.

c) Option entre services intégrés et services conventionnés. L'article 41-1 laisse aux syndicats le soin de choisir entre les services spécifiques intégrés et les services spécifiques conventionnés. Lorsque le syndicat « résidences-services » n'assume pas lui-même les services, mais les confie à un tiers par une convention, le fonctionnement du syndicat et notamment le rôle du conseil syndical peut en être modifié. Dans ce cas, la convention conclue avec le tiers doit être structurée et déterminée, ses conditions essentielles : durée, renouvellement, dénonciation, coût des services ou fournitures, redevance d'occupation des locaux communs, surveillance et information du conseil syndical. À défaut d'une disposition législative spéciale, l'assemblée générale décide l'adoption de la convention de prestation de services avec un tiers à la majorité de l'article 24.

723 Conseil syndical. Le souci de faire participer les usagers à la gestion des services spécifiques pour en assurer une meilleure qualité et un bon équilibre financier a conduit le législateur à confier au conseil syndical un rôle renforcé.

– Le syndicat de « résidences-services » ne peut se dispenser de *l'obligation d'instituer un conseil syndical* (art. 41-2, al. 1er). Comme pour les syndicats de forme coopérative, il est ainsi dérogé à la faculté ouverte par l'article 21 (al. 9) de la loi de 1965. À défaut de désignation par l'assemblée générale, sa composition peut résulter d'une nomination par le juge dans les conditions de l'article 21 *in fine* de la loi de 1965.

– L'assemblée générale peut *déléguer* au conseil syndical les décisions relatives à la gestion courante des services spécifiques. L'article 41-2 comporte, à cet égard, une double dérogation qui correspond à l'importance accrue du conseil. D'une part, la délégation des pouvoirs est conférée à la *majorité absolue des voix* du syndicat des copropriétaires, sans la passerelle de l'article 25-1. D'autre part, la délégation ne porte pas sur un acte ou une décision déterminés, mais sur « *les décisions relatives à la gestion courante des services spécifiques* », limitant ainsi les pouvoirs attribués ordinairement au syndic. C'est une extension notable des pouvoirs du conseil syndical qui, par dérogation aux principes de l'article 21 de la loi, prend des « *décisions* ». La teneur de cette délégation doit être préalablement notifiée aux copropriétaires, à peine de nullité de la décision de l'assemblée (Décr. 17 mars 1967, art. 11 § I, 12°, mod.).

Le conseil syndical émet obligatoirement un *avis sur le projet de convention* avec le tiers, auquel la fourniture des services spécifiques est confiée, mais la décision revient toujours à l'assemblée générale. Pour la validité de cette décision, l'avis du conseil syndical doit être préalablement notifié aux copropriétaires (Décr. 17 mars 1967, art. 11 § I, 12°, mod.).

– Son *pouvoir de surveillance* ne s'exerce pas seulement sur la gestion du syndic, mais aussi, en l'absence de délégation portant sur les décisions de gestion courante, sur la *bonne exécution de la convention*.

- Le conseil syndical, en l'absence d'une telle délégation, présente, à l'assemblée générale, un « *bilan* » annuel (L. 1965, art. 41-2, al. 2) qui porte sur « les conditions financières d'exécution de la convention, ainsi que sur la qualité du ou des services dispensés au titre de cette convention »[1].

724 Le conventionnement des services (le contrat). L'article 41-1 (al. 2) de la loi de 1965 prévoit que les services spécifiques puissent être procurés « *en exécution d'une convention passée avec des tiers* ». Fallait-il réglementer le contrat de fournitures passé entre personnes privées pour la satisfaction d'intérêts personnels ? On pouvait penser que les parties contractantes se trouvaient à même de négocier et d'arrêter librement leurs relations. On pouvait aussi craindre que la partie économiquement la plus forte impose sa loi. Dans le secteur des résidences-services destinées à abriter surtout des personnes âgées, il apparaissait cependant opportun et utile d'édicter quelques mesures protectrices.

L'article 39-2 du décret de 1967 (dans sa rédaction du décret du 20 avr. 2010) adopte une position mesurée; il énumère sans limitation (« notamment ») les principales questions que doit régler le contrat et se borne à énoncer l'intitulé des chapitres les plus importants qu'il appartiendra aux parties de compléter dans les limites de la liberté contractuelle : la durée du contrat sous réserve de l'appréciation judiciaire de la « durée raisonnable », l'objet du contrat (nature, qualité, quantité, fréquence des prestations), les conditions financières de son exécution (rémunération, prix fixe, indexé ou révisé des fournitures), les conditions de son renouvellement (tacitement, formalisme de la demande, durée de la nouvelle période) ou de sa dénonciation (préavis, indemnité), les conditions matérielles, juridiques et financières d'occupations et d'utilisation des parties et équipements communs (matériels, cuisine, réserves, salles diverses...), les modalités de la surveillance par le syndicat (conseil syndical ou syndic), ainsi que celles concernant la communication par le prestataire des documents relatifs à cette exécution.

Pour la validité de la décision de l'assemblée générale, le projet de convention, ainsi que l'avis du conseil syndical, lorsqu'il n'a pas reçu délégation pour la gestion courante des services spécifiques (L. 1965, art. 41-2, al. 2), doivent être obligatoirement notifiés aux copropriétaires au plus tard en même temps que l'ordre du jour (Décr. 17 mars 1967, art. 11 § I, 12°).

Comme pour tout contrat, la mise en concurrence et, le cas échéant, l'autorisation spéciale de l'assemblée, lorsqu'il existe des liens d'intérêts, s'effectuent dans les conditions prévues aux articles 18-2 et 39 du décret 1967.

725 Le conventionnement des services (exécution). Les copropriétaires étant personnellement intéressés à la bonne exécution des services spécifiques et, par conséquent, de la convention destinée à les leur procurer, l'article 41-2 (al. 1er) a, par une dérogation remarquable, autorisé l'assemblée générale à donner délégation au conseil syndical pour « *prendre les décisions relatives à la gestion courante des services spécifiques* »[2]. Organe de conseil, il peut ainsi recevoir un pouvoir de décision limitée à la gestion courante des services spécifiques. Organe collégial, sans personnalité morale, aucun texte ne réglemente son processus décisionnel. Le règlement intérieur du conseil, dans le respect des clauses du règlement de copropriété, définit les modalités de la prise de décision.

À moins qu'il n'ait reçu délégation pour décider de la gestion courante, l'article 41-2 (al. 2, *in fine*) de la loi de 1965 confie au conseil syndical la surveillance de la bonne exécution de la convention conclue avec le prestataire.

En raison de la surveillance exercée et des informations recueillies, le conseil syndical reçoit la charge de « *présenter un bilan chaque année à l'assemblée générale* » (art. 41-2, préc.). L'article 39-3 du décret de 1967 (rédaction du décret du 20 avr. 2010) explicite le contenu du bilan; il « porte sur conditions financières d'exécution de la convention, ainsi que sur la qualité du ou des services dispensés au titre de cette convention » (al. 1er). Le bilan, dressé par le conseil syndical, est signé par son président, ce qui implique son accord à une délibération unanime, sinon au moins majoritaire du conseil. L'importance que revêt ce document conduit à espérer qu'il consignera les avis dissidents ou nuancés, exprimés par des conseillers minoritaires. Bien qu'aucun texte n'en règle la forme, il paraît difficile que le bilan ne prenne pas la forme écrite puisqu'il doit être notifié par le syndic pour l'information des copropriétaires, conformément aux dispositions de l'article 11 § II, 4°. Il incombe, en effet, à la personne qui convoque l'assemblée, et non au conseil syndical, de notifier le bilan comme les autres documents annexes, au plus tard en même temps que l'ordre du jour, dans les formes prescrites par l'article 64 du décret de 1967.

Il peut advenir que le tiers prestataire méconnaisse ses engagements contractuels au cours de l'exécution de la convention. Le conseil syndical,

1. V. s[s] n° 725. Le mot « bilan » entre, pour la première fois, dans le droit de la copropriété.

2. V. s[s] n° 723.

soit au titre de sa mission de surveillance, soit au titre de la gestion courante, aura la primeur de l'information. Il mentionnera le fait dans son support annuel, mais, ne représentant pas le syndicat, il ne lui appartient pas d'intervenir auprès du prestataire à la place du syndic en sa qualité représentant le syndicat, partie au contrat. L'article 39-3 (al. 3) du décret de 1967 prescrit alors au conseil syndical d'informer *sans délai* « le syndic qui prend les mesures appropriées ». Suivant la gravité du manquement, le syndic peut effectuer une démarche auprès du prestataire, le mettre en demeure d'exécuter ses obligations contractuelles ou encore convoquer l'assemblée aux fins de résilier la convention si les conditions en sont remplies et de se faire autoriser à agir en justice (clause pénale, dommages-intérêts, résiliation judiciaire).

L'article 39-5 du décret de 1967 défère « tous les litiges relatifs à la convention » à la « compétence de la juridiction du lieu de situation de l'immeuble ». Cet article permet d'attraire devant cette juridiction le prestataire sans implantation locale, notamment lorsqu'il dépend d'une structure régionale ou nationale. Il applique un principe bien établi dans le droit de la copropriété afin de concentrer le contentieux à la juridiction territorialement compétente en raison du siège du syndicat (Décr. 17 mars 1967, art. 60 et 61-1).

Le contentieux de la convention visée par l'article 41-1 de la loi de 1965 se distingue, en effet, des contentieux mentionnés par les articles 60 et 61-1 du décret de 1967. Dans ces derniers cas, le litige naît directement de l'application de la loi et du décret, alors que celui prévu par l'article 39-5 résulte de la méconnaissance d'obligations contractuelles extérieures au droit de la copropriété et contractées pour la satisfaction de l'intérêt personnel des résidents et non de l'intérêt collectif.

726 Le service intégré. L'article 41-1 de la loi de 1965 laisse au syndicat la faculté de procurer lui-même les services spécifiques aux résidents. On dit alors que le service est intégré. Comme en cas de conventionnement, l'article 41-2 (al. 1er) prévoit que l'assemblée générale peut déléguer au conseil syndical « *les décisions relatives à la gestion courante des services spécifiques* » à la majorité absolue des voix du syndicat, après notification du projet de délégation dans les conditions prévues aux articles 11 § I, 12° et 64 du décret de 1967[1]. Cette faculté présente un intérêt particulier en ce qu'elle confie la gestion courante des services spécifiques à une émanation des résidents, bénéficiaires personnellement de ces services. Cette délégation limite d'autant les pouvoirs du syndic, mais elle ne saurait dépasser la « gestion courante ». Comme pour toute délégation, le conseil syndical rend compte, chaque année, à l'assemblée générale, de l'exécution de sa mission. Il mentionne les incidents d'exécution, mais il ne peut lui-même y donner d'autre suite que la saisine du syndic qui avisera en sa qualité de représentant du syndicat[2].

Lorsque le syndicat choisit de rendre lui-même les services spécifiques aux résidents, l'article 39-4 du décret de 1967 prévoit que le syndicat tient une *comptabilité auxiliaire* pour ces services, en observant les dispositions du décret n° 2005-240 du 14 mars 2005 et de l'arrêté de la même date relatifs aux comptes du syndicat des copropriétaires[3].

Cette mesure de clarification et de transparence permet de distinguer dans la comptabilité du syndicat, les comptes inhérents à l'administration de l'immeuble en copropriété et les comptes particuliers aux services spécifiques. Cette distinction est particulièrement utile pour une double raison. D'une part, l'article 41-3 de la loi de 1965, sur la nature et les répartitions du coût des services spécifiques, précise que les dépenses afférentes aux prestations individualisées ne constituent pas des charges de copropriété. D'autre part, le droit fiscal différencie les taxes, applicables en fonction de l'objet de la dépense.

727 Charges. La ventilation et la répartition des différentes catégories des charges spécifiques se situent au cœur des difficultés rencontrées. L'article 41-3 de la loi du 10 juillet 1965 distingue, à cet égard, deux catégories de charges et en précise les modes de répartition. Il s'inspire, dans une certaine mesure, des suggestions émises par la doctrine.

Si les dépenses communes relatives à la structure du bâtiment et à sa conservation entrent dans les dépenses communes visées par l'article 10 (al. 2) de la loi, les dépenses relatives aux services spécifiques qui ont été crées dans la résidence-services entrent dans les dépenses afférentes aux services et éléments d'équipement communs; elles sont, en conséquence, réparties selon le critère de l'utilité (art. 10, al. 1er). Les dépenses de fonctionnement de ces services constituent des dépenses courantes; elles présentent, en effet, un caractère permanent et l'article 41-3 les fait entrer, à juste titre, dans les éléments du budget prévisionnel, avec toutes les conséquences qui en découlent : provisions fixées par l'assemblée, exigibles le premier jour de la période en principe trimestrielle, sauf décision différente de l'assemblée et recouvrement selon la procédure accélérée de l'article 19-2. Il s'agit, en réalité, de dépenses à répartir et à recouvrer par

1. V. ss n° 725.

2. V. ss n° 725.

3. V. ss nos 1023 s.

provisions et non de charges après approbation des comptes.

En revanche, les dépenses afférentes aux prestations individualisées ne constituent pas des charges de copropriété (art. 41-3, al. 2), que les services spécifiques soient intégrés ou conventionnés. Cette disposition met fin à l'une des principales difficultés des résidences-services. Le recouvrement s'effectuera donc par le prestataire selon les modalités adoptées. En cas de services intégrés, il est indispensable que le syndicat tienne une comptabilité améliorée.

728 **Suppression des services.** Dans son principe, cette difficulté n'est pas propre aux « résidences-services »; elle est connue dans tout syndicat de copropriétaires, mais, ici, elle revêt une importance essentielle car elle concerne, à la fois le respect du contrat, la destination de l'immeuble. Dans tous les cas, la suppression d'un service spécifique porte atteinte aux conditions de jouissance des parties privatives du lot et à la vie quotidienne des résidents. Par principe, la solution dépend de l'unanimité[1]. Aussi le législateur a-t-il, sur ce point, modifié les règles de prise de décision et prévu, le cas échéant, dans les hypothèses les plus sensibles, le recours au juge. Le syndicat dispose d'une option, soit décider la suppression du service en assemblée générale, soit obtenir du juge la suspension ou la suppression du service déficitaire.

L'assemblée générale des copropriétaires qui a, dans ses prérogatives, l'établissement ou la modification du règlement de copropriété, l'adoption de la convention et, sauf délégation au conseil syndical, les décisions relatives à la gestion courante des services spécifiques, reçoit la mission de supprimer un ou plusieurs des services spécifiques visés à l'article 41-1 nouveau de la loi. Elle décide cette suppression à la majorité des membres du syndicat représentant au moins les deux tiers des voix. Néanmoins, si cette majorité n'est pas atteinte, la décision peut être prise à la majorité prévue au dernier alinéa de l'article 26, c'est-à-dire, lors d'une nouvelle assemblée convoquée à cet effet, à la majorité en nombre de tous les copropriétaires représentant au moins les deux tiers des voix présentes ou représentées (et non plus du syndicat) lorsque le projet a recueilli cette double majorité lors de la première assemblée. Les dispositions de l'article 19-1 du décret du 17 mars 1967 trouvent alors à s'appliquer. Le syndic notifie préalablement aux copropriétaires, pour la validité de la décision, la situation du ou des services dont la suppression est envisagée en application de l'article 41-2 de la loi (Décr. 17 mars 1967, art. 11 § I, 13°). Dans ce cas, la suppression de service peut être motivée par d'autres considérations que la situation financière.

Afin d'éviter de mettre le syndicat en difficulté (L. 1965, art. 29-1), le nouvel article 41-5 prévoit un recours au juge qui intervient ainsi une nouvelle fois dans l'organisation et la gestion de la copropriété. Lorsque l'assemblée générale n'a pu parvenir à voter la suppression d'un ou de services spécifiques, des copropriétaires représentant au moins 15 % des voix du syndicat peuvent saisir le président du tribunal de grande instance, statuant comme en matière de référé, l'instance étant dirigée contre le syndicat des copropriétaires (résidents ou non), et, le cas échéant, contre le tiers qui fournit le ou les services (Décr. 17 mars 1967, art. 39-6). Le juge peut entendre le président du conseil syndical (Décr. 17 mars 1967, art. 39-6) qui est à même de fournir de précieux éléments d'appréciation puisque ses fonctions lui confèrent soit un pouvoir de surveillance en cas de service conventionné, soit un pouvoir de contrôle en cas de service intégré et même un pouvoir de décision, si le conseil syndical a reçu délégation à cet effet en cas de conventionnement. Le juge peut alors décider la suspension ou la suppression du ou de services spécifiques lorsque l'équilibre financier d'un ou de services est gravement compromis. Cette décision entraîne la cessation et, à tout le moins, la modification de la convention, mais aussi, implicitement et jusqu'à nouvelle décision de l'assemblée générale, l'inefficacité de la clause du règlement de copropriété s'il prévoyait expressément le service suspendu ou supprimé.

La gravité de la décision judiciaire exige une information des copropriétaires qui n'étaient pas partie à l'instance. Certes, ils ont eu connaissance de l'instance par l'avis que leur a envoyé le syndic (Décr. 1967, art. 59, al. 1er), mais il importe, s'ils ne sont pas intervenus volontairement, qu'ils aient connaissance de la décision judiciaire. L'article 39-7 du décret de 1967 charge le syndic, ès qualités, de porter la décision à la connaissance de ces copropriétaires, dans le mois du prononcé et précise que cette diligence se réalise par la remise contre émargement ou par lettre recommandée avec demande d'avis de réception.

On notera que le texte ne distingue pas selon le niveau de la décision judiciaire et n'impose pas la mention des recours possibles. Cette diligence ayant, sans doute, pour objet de mettre les intéressés à même d'exercer les recours nécessaires à la défense de leurs intérêts, on peut admettre qu'elle équivaut à une signification de la décision – comme la jurisprudence l'a admis en matière de syndicat en difficulté où existe une formule identique – et que le délai de recours éventuel ne court qu'après l'accomplissement de cette formalité. Toutefois,

1. Paris, 10 janv. 2008, *AJDI* 2008. 299.

l'article 41-5 de la loi de 1965 n'ayant pas précisé si les copropriétaires agissaient « ensemble » (action indivisible), l'exercice d'un recours peut soulever une difficulté.

Enfin, suivant un principe constant dans le droit de la copropriété, l'article 39-5 du décret de 1967 attribue compétence à la juridiction du lieu de situation de l'immeuble pour tous les litiges relatifs à l'exécution de la convention. Cette disposition était nécessaire puisque ces litiges échappaient à la règle de l'article 62 et que le cocontractant pouvait ne pas avoir une implantation locale, mais dépendre d'une structure régionale ou nationale.

Les dispositions relatives aux « résidences-services » sont entrées en application le premier jour du septième mois suivant la date de publication du décret du 20 avril 2010, soit le 1er octobre 2010[1].

1. Décr. n° 2010-391, 20 avr. 2010, *JO* 21 avr., p. 7365.

CHAPITRE

3. Division du syndicat. Administration. Propriété

SECTION 0

ORIENTEUR

Plan du chapitre.

Textes applicables.

• L. n° 65-557 du 10 janvier 1965, fixant le statut de la copropriété des immeubles bâtis, art. 27 et 28.

Jurisprudence de référence.

• **Civ. 2e, 8 juin 2006, n° 05-11.190,** *Bull. civ.* III, n° 141.

* V. s^s^ n° 739.

« La constitution d'un syndicat secondaire ne peut être décidée que par une assemblée générale spéciale des copropriétaires concernés et une telle décision ne peut être implicite. »

• **Civ. 3e, 4 févr. 2004, n° 02-14.742,** *Bull. civ.* III, n° 21.

* V. ss nos 739, 740, 741.

« Ayant retenu que lors de l'assemblée générale, la création du syndicat secondaire avait été votée à la majorité de 6 582/10 000e, que la majorité exigée par les articles 25 et 27 de la loi du 10 juillet 1965 avait été dépassée, la cour d'appel, dès lors que la constitution du syndicat secondaire ne résultait que des votes de l'assemblée générale des copropriétaires du bâtiment concerné et ne dépendait pas des formalités de publicité foncière, a légalement justifié sa décision. »

• **Civ. 1re, 29 janv. 1997, n° 94-19.548,** *Bull. civ.* III, n° 26.

* V. ss nos 755, 757, 763.

« Ayant relevé que l'association diocésaine n'avait acquis qu'un lot constitué d'un droit de construire et d'un droit de jouissance sur un terrain, la cour d'appel, qui en a exactement déduit que le terrain était demeuré partie commune et qui a retenu, à bon droit, que l'article 28 de la loi du 10 juillet 1965 ne donne pas au juge le pouvoir de statuer sur une demande de retrait de la copropriété, a légalement justifié sa décision. »

Bibliographie indicative.

Auby et Périnet-Marquet, *op. cit.*, nos 827, 886 et 952 – LAFOND, ROUX et STEMMER, *Code de la copropriété* sous art. L. 27 et 28.

729 Généralités. La division du syndicat porte soit sur l'administration, soit sur la propriété. Dans le premier cas, un ou plusieurs syndicats secondaires se constituent pour la gestion de certains bâtiments, sans préjudicier à l'existence d'un syndicat principal. Dans le second cas, le syndicat initial éclate en un ou plusieurs nouveaux syndicats autonomes, ou en propriété, sauf à prévoir la gestion d'éléments restant communs, selon les règles conventionnelles ou légales s'appliquant aux ensembles immobiliers.

730 Intention du législateur. La constitution de syndicats secondaires ou de syndicats autonomes répond à un souci bien précis du législateur de rapprocher l'administration des copropriétaires, soit par la décentralisation des décisions, soit par la réduction de la structure du bien. La première hypothèse est prévue par l'article 27 de la loi du 10 juillet 1965 et la seconde par l'article 28, complété par l'article 29, de la même loi.

La loi du 10 juillet 1965 est, en effet, impérativement applicable aux groupes d'immeubles bâtis dont la propriété est répartie par lots (L. 10 juill. 1965, art. 1, al. 1er - V. ss n° 52), et elle est appelée à régir, à titre supplétif, en l'absence d'une « organisation différente », les ensembles immobiliers au sens de l'article 1er, alinéa 2 (v. ss n° 154).

Les dimensions de l'immeuble auquel le statut de la copropriété se trouve ainsi applicable peuvent, par conséquent, être considérables et le nombre de copropriétaires réunis dans un même syndicat, par hypothèse unique, être très important.

Le gigantisme ne permet pas une application efficace du statut de la copropriété, ni une adaptation équilibrée à la solution de problèmes qui s'apparentent à ceux posés par une gestion communale. Les divergences d'intérêts, la diversité et la technicité des questions à résoudre, l'importance et le coût des travaux à mettre en œuvre, la convocation et la tenue des assemblées générales imposent des contraintes telles que l'on aboutit rapidement à des situations de blocage. Dans ces conditions, la constitution d'un ou de plusieurs syndicats secondaires ou la scission du syndicat d'origine se révèlent d'utiles palliatifs.

Il ne s'agit cependant que de palliatifs. Il convient de se placer dans la perspective plus vaste de la recherche d'une structure spécifique à la gestion des ensembles immobiliers. Si les auteurs de la loi de 1965 ont été conscients de cette nécessité, ils ne sont pas parvenus pour autant à définir cette structure (v. ss n° 160). Les groupes de travail réunis à cet effet ont procédé à des constatations intéressantes, dégagé quelques lignes d'action, mais se sont séparés sans formuler de propositions précises. Il est vrai que le problème devrait se poser avec moins d'acuité dans l'avenir, car le régime des divisions de sols permet, dans une large mesure, d'éviter les errements du passé.

Les textes ultérieurs ont apporté quelques menues améliorations, sans régler véritablement les difficultés. La loi du 31 décembre 1985, complétée par le décret du 9 juin 1986, a simplement voulu, par le biais d'une modification de l'article 29 de la loi de 1965, faciliter la constitution d'unions de syndicats, notamment au profit de syndicats composés d'un nombre restreint de lots afin qu'ils puissent mettre certains services en commun.

La loi du 13 décembre 2000, et son décret d'application du 27 mai 2004, n'a pas abordé le fond du droit, mais elle a considérablement assoupli les conditions de la scission de propriété, de la formation et du fonctionnement des unions.

Sous le bénéfice de ces observations, ce chapitre sera consacré à l'examen des deux « techniques » offertes par les articles 27 et 28 de la loi du 10 juillet 1965, à savoir :

- la constitution d'un ou plusieurs syndicats secondaires;
- la scission de la propriété du syndicat initial.

Au préalable, il convient de présenter deux observations.

731 Caractère impératif des articles 27 et 28 de la loi du 10 juillet 1965. Les articles 27 et 28 figurent au nombre de ceux auxquels l'article 43 attache un caractère impératif. Toute stipulation contraire du règlement de copropriété est donc réputée non écrite[1]. La possibilité de provoquer une réduction des dimensions de la collectivité, ou de l'immeuble, constitue donc un droit absolu pour les copropriétaires, dans les limites des articles 27 et 28, et aucune clause du règlement de copropriété ne saurait les en priver.

Contrairement à ce qui est souvent exposé, les articles 27 et 28 ne concernent que les groupes de bâtiments. Ils ne s'appliquent pas aux ensembles immobiliers, même si, à titre supplétif, ils se trouvent régis par la loi de 1965. Certes, les immeubles bâtis ou groupe d'immeubles bâtis soumis au régime de la copropriété, en tant qu'élément constitutif de l'ensemble, peuvent utiliser les dispositions de ces articles pour eux-mêmes, mais il est exclu qu'ils puissent concerner d'autres éléments constitutifs qui ne sont pas soumis à la loi de 1965, comme les immeubles appartenant à une société. Quant aux éléments fédérateurs, ils font l'objet d'une appropriation indivise ou collective, suivant les cas, et seule leur gestion est régie, à titre supplétif, par la loi de 1965.

732 Constitution de syndicats secondaires ou de syndicats séparés dès l'établissement de la copropriété. La constitution de syndicats secondaires ou de syndicats autonomes peut être organisée dès la mise en copropriété d'un groupe d'immeubles bâtis. C'est là une pratique que l'on peut recommander et qui est, du reste, généralement suivie dans les groupes d'immeubles bâtis auxquels le statut de la copropriété s'applique impérativement. La construction par tranches de différents bâtiments du groupe facilite cette opération.

Dès lors que les conditions de fond[2] se trouvent respectées, la constitution de syndicats secondaires ou celle de syndicats autonomes résulte directement d'une clause du règlement de copropriété. Sous réserve de l'observation des dispositions de l'article 13 de la loi de 1965, cette clause s'impose aux

1. Versailles, 16 mai 1991, RG n° 3898/90, *Juris-Data* n° 041583, *RDI* 1991. 509 - Civ. 3e, 20 mai 2009, n° 07-22.051, *Bull. civ.* III, n° 113.
2. Civ. 3e, 20 mai 2009, préc.

acquéreurs de lots. La situation se trouve contractuellement réglée, sans qu'il y ait lieu de réunir l'assemblée.

SECTION 1
CONSTITUTION D'UN OU DE SYNDICATS SECONDAIRES

733 L'article 27 de la loi du 10 juillet 1965 [1]. L'article 27 de la loi du 10 juillet 1965 - dont les dispositions doivent être complétées par celles de l'article 24 du décret du 17 mars 1967 - se préoccupe successivement :

- de déterminer les conditions auxquelles est subordonnée la constitution d'un (ou de) syndicat secondaire;
- de définir l'objet et les pouvoirs de ce syndicat;
- d'en indiquer (très sommairement) l'organisation et le fonctionnement.

§ 1
Conditions de constitution d'un syndicat secondaire

734 Énoncé. Aux termes de l'article 27, alinéa 1er, de la loi du 10 juillet 1965, lorsque l'immeuble comporte plusieurs bâtiments, les copropriétaires, dont les lots composent l'un ou plusieurs de ces bâtiments peuvent, réunis en assemblée spéciale, décider, aux conditions de majorité prévues à l'article 25, la constitution entre eux d'un syndicat dit secondaire. Deux conditions sont ainsi mises par le texte à la constitution d'un syndicat secondaire : la pluralité de bâtiments, d'une part, et la tenue d'une assemblée spéciale, prenant sa décision aux conditions de majorité prévues par l'article 25, d'autre part.

Ces deux conditions sont à la fois nécessaires et suffisantes, notamment, la création d'un syndicat secondaire ne peut être subordonnée à la présence, dans le règlement de copropriété, d'une clause qui l'autoriserait ou l'organiserait expressément.

A.
Pluralité de bâtiments

735 Distinction. La condition, telle que formulée par l'article 27, en réalité se dédouble, car à la matérialité de la pluralité des bâtiments se joint le fait que ceux-ci doivent être composés des lots des copropriétaires à l'initiative desquels le syndicat secondaire est constitué.

736 La notion de bâtiment [2]. L'article 27, alinéa 1er, de la loi du 10 juillet 1965 soumet la constitution de syndicats secondaires à la condition que « *l'immeuble comporte plusieurs bâtiments* », mais sans préciser ce qu'il faut entendre par bâtiment. L'exposé des motifs du projet de loi expliquait que cette notion n'est « pas de nature à faire l'objet d'une définition juridique », ce qui a pu surprendre [3] car ce mot est ambigu [4], mais le législateur a adopté la même position dans la loi du 4 janvier 1978 sur l'assurance-construction. Selon une réponse ministérielle [5] il faut entendre par bâtiments « des constructions indépendantes les unes des autres, même si ces constructions sont desservies par des équipements ou des aménagements communs ». Il s'agirait donc « d'édifices matériellement distincts, séparés par un espace » [6], même s'ils disposent d'équipements communs, comme le chauffage.

Cependant, cette interprétation, même assortie de ce correctif, a pu paraître trop restrictive parce que s'accommodant mal avec les techniques nouvelles de construction où les bâtiments se trouvent souvent imbriqués les uns dans les autres. La doctrine, dans son ensemble, se montre favorable à une interprétation souple [7]. Selon cette conception, la pluralité de bâtiments existerait en présence d'une construction, fût-elle unique, dès lors qu'elle se compose de parties techniquement indépendantes (existence d'un joint de dilatation), de parties ou tranches verticalement distinctes d'un édifice unique, dotées d'entrées séparées, sans communications internes [8], d'un immeuble, comportant plusieurs parties, même techniquement imbriquées au point de constituer un seul ouvrage [9].

1. BIBLIOGRAPHIE GÉNÉRALE : CABANAC, nos 591 s. – KISCHINEWSKY-BROQUISSE, nos 331 s. – SIZAIRE, nos 200 s. – ZURFLUH ET TRAIZET-FROT, nos 377 s. – AUSSI : Cabanac, « Les syndicats secondaires », *Bull. Cnab* juill. 1969, § 69-185 – Bouyeure, « La création de syndicats secondaires », *AJPI* 1968. 764 – Baudouin et Bouyeure, « Les syndicats secondaires de copropriété », *AJPI* 1981. 717 – J.-CL. COPR., fasc. 82 – LAFONT ET STEMMER, ss art. L. 27 – Santacreu, « Création d'un syndicat secondaire », *Ann. loyers* 1982. 135 s. – de Riquès Marjolin, « Le syndicat secondaire », *Administrer* févr. 1993. 14 – Bouyeure, « Les syndicats secondaires de copropriétaires », *Administrer* févr. 1999. 11 s.
2. Atias, « Qu'est-ce qu'un bâtiment », *IRC* févr. 2002. 25.
3. LOMBOIS, D. 1966, L. 93, no 54.
4. Terré et Simler, *Droit civil*, *Les biens*, Dalloz, 8e éd., no 663.
5. Rép. min., QE Équipement, *JOAN Q* 27 août 1966; *AJPI* 1967, IV, 160.
6. Terré et Simler, ss no 663, préc.
7. KISCHINEWSKY-BROQUISSE, no 333 – RAPPR. : Viatte, « La scission de copropriété », *Rev. loyers* 1974. 12.
8. Terré et Simler, ss no 663.
9. Thibierge, « Formules de règlement de copropriété », *Defrénois* 1967. 198.

La jurisprudence des cours et tribunaux se montre plus restrictive.

Il n'y a pas pluralité de bâtiments lorsqu'une cage d'escalier unique dessert deux bâtiments formant un ensemble architectural unique nécessitant une gestion commune[1], lorsque les bâtiments ne sont pas suffisamment indépendants pour permettre une gestion particulière subordonnée à une séparation matérielle des bâtiments[2], lorsque l'objet du syndicat secondaire se borne à une cage d'escalier[3], lorsqu'il ne s'agit que de groupe d'intérêts distincts[4]. Toutefois la validité d'un syndicat secondaire a été admise pour les « aires souterraines de stationnement situées sous un bâtiment, avec une couverture commune »[5].

Pour sa part, la Cour de cassation a refusé de considérer un immeuble, comportant deux numéros, comme composé de deux bâtiments indépendants, alors que le gros-œuvre était le même et qu'un seul local commercial occupait l'intégralité du rez-de-chaussée[6]. Il a été jugé plus récemment encore que « l'unicité du gros-œuvre... empêchait de constater l'existence des parties indépendantes et donc l'existence d'immeubles séparés susceptibles de se constituer en syndicats secondaires[7] » et que la partie surélevée d'un immeuble ne répondait pas à l'exigence de l'article 27[8]. Un syndicat secondaire prévu par le règlement de copropriété ne peut se constituer tant que le bâtiment concerné n'est pas édifié[9]. Par un arrêt de principe du 20 mai 2009, la Cour de cassation a rappelé que le législateur avait voulu qu'il ne puisse y avoir de syndicats secondaires que lorsque l'immeuble comporte plusieurs bâtiments et que la condition matérielle de la destruction des bâtiments prévue par la loi pour permettre la création de syndicats secondaires n'étant pas caractérisée, la clause du règlement qui institue, dans ces conditions, des syndicats secondaires, doit être réputée non écrite. Dans ce cas, les syndicats secondaires n'en ont pas moins acquis, dès leur constitution, et jusqu'à la décision ordonnant leur suppression, une personnalité juridique opposable au tiers[10].

La constitution d'un syndicat secondaire ayant essentiellement pour objet d'instituer une gestion de proximité, peut-être conviendrait-il de s'attacher surtout à l'idée d'une unité de gestion indépendante et homogène.

737 Les bâtiments doivent être composés des lots des copropriétaires à l'initiative desquels le syndicat secondaire est constitué. L'interprétation de cette condition est délicate.

À la vérité, il ne faut pas entendre la notion de « lot » à laquelle se réfère l'article 27 dans le sens juridique qui a été donné à ce terme (v. s^s^ n°s 127 et 244); dans cette acception, en effet, chaque lot comporte une partie privative à laquelle est affectée une quote-part des parties communes et cette quote-part peut parfaitement être calculée sur l'ensemble des bâtiments compris dans le groupe de bâtiments soumis au statut de la copropriété. Il est bien évident que cette circonstance, qui est certainement celle où l'éclatement de la gestion s'impose le plus impérieusement, ne doit pas être un obstacle à la constitution d'un syndicat secondaire. En réalité, les lots, au sens de l'article 27, représentent les parties privatives qui sont comprises dans les « bâtiments que l'on veut soustraire de la gestion commune »[11].

Le pluriel utilisé par l'article 27 (« les propriétaires... ») implique que le propriétaire unique de tous les lots, au sens précisé ci-dessus, composant un bâtiment ne pourrait demander à ériger ce bâtiment en syndicat secondaire[12]. L'existence d'un syndicat nécessite, en effet, la répartition des lots entre plusieurs personnes (L. 10 juill. 1965, art. 1er, al. 1er). La réunion d'une assemblée suppose une pluralité de personnes pour délibérer. Inversement, il apparaît que la réunion dans les mêmes mains de toutes les parties privatives des lots dépendant du syndicat secondaire emporte dissolution de ce syndicat.

Une solution différente est expressément admise, depuis la loi du 13 décembre 2000, dite loi SRU, pour la division en propriété, puisqu'il peut en résulter la constitution d'une propriété séparée[13].

1. Lyon, 22 janv. 1981, *Juris-Data* n° 600797, *D.* 1981. IR 396; *RDI* 1981. 417; *RTD civ.* 1981. 656, obs. Giverdon.
2. Paris, 28 juin 1989, RG n° 87/018825, *Juris-Data* n° 023164, *D.* 1989. IR 238; *RDI* 1990. 123.
3. Versailles, 16 mai 1991, RG n° 3898/90, *Juris-Data* n° 041583, *RDI* 1991. 509; *JCP N* 1992 II, 166.
4. Paris, 11 févr. 1994, RG n° 92/023552, *Juris-Data* n° 020227, *Loyers et copr.* juill. 1994. 310.
5. Paris, 15 janv. 1993, RG n° 91/019756, *Juris-Data* n° 020199, *RDI* 1993. 269; *Administrer* déc. 1993. Somm. 58; *Loyers et copr.* 1993. 194.
6. Civ. 3e, 22 janv. 1973, *Administrer* juill. 1973. 34; *AJPI* 1973. 1028, note Bouyeure; *Gaz. Pal.* 1973, I, 334, note Morand.
7. Civ. 3e, 26 févr. 1997, n° 95-12.709, *RDI* 1997. 290.
8. Civ. 3e, 20 oct. 2001, n° 00-12.525, *AJDI* 2002. 40, obs. Giverdon; *D.* 2003. 1330 .
9. Civ. 3e, 20 nov. 2007, n° 07-12.000, *Administrer* févr. 2008. 36, obs. Bouyeure.
10. Civ. 3e, 20 mai 2009, n° 07-22.051, *Bull. civ.* III, n° 113, *AJDI* 2010. 472, *D.* 2009. 1483, obs. Rouquet.
11. EN CE SENS : LOMBOIS, D. 1966, L. 93, n° 57 – AUSSI : Jestaz, « Les personnes pouvant prétendre à se retirer d'un ensemble immobilier », *D.* 1972, Chron. 23, 7 – J.-CL. COPR., fasc. 82, n° 10.
12. TGI Paris, 21 oct. 1976, *D.* 1978. IR 317.
13. ANTÉRIEUREMENT DÉJÀ pour un lot transitoire : Civ. 3e, 28 janv. 1998, n° 95-21.590, NP, *Administrer* janv. 1999. 68, note Capoulade; *Loyers et copr.* janv. 1999. 25, obs. Vigneron; *RDI* 1998. 299, obs. Capoulade, Giverdon.

B.
Décision d'une assemblée spéciale

738 Division. Cette condition se dédouble également en ce sens qu'il convient de préciser les règles relatives à la tenue de cette assemblée d'abord et la portée de la majorité exigée ensuite. Enfin il importe de déterminer les conséquences de la décision prise à cette majorité.

739 Tenue d'une assemblée spéciale. Dès lors que le bâtiment comprend une pluralité de lots appartenant à des propriétaires différents, la tenue d'une assemblée spéciale des copropriétaires de ces lots est à la fois nécessaire et suffisante. La constitution d'un syndicat secondaire ne peut être décidée que par une assemblée générale spéciale des copropriétaires concernés et cette décision ne peut être implicite [1]. Elle est nécessaire, en ce sens, que si la totalité des lots formant un bâtiment appartient à un seul propriétaire, celui-ci est irrecevable en sa demande tendant à se voir autoriser à constituer un syndicat secondaire [2]. Mais elle est suffisante, en ce sens que l'accord du syndicat principal n'est pas requis [3]. La constitution du syndicat secondaire ne résulte que des votes de l'assemblée des copropriétaires du bâtiment concerné et ne dépend pas des formalités de publicité foncière [4]. Elle ne pourrait découler d'un vote opérant un classement entre les parties communes générales et les parties communes spéciales à chaque bâtiment [5]. Cette création ne nécessite pas l'accord du syndicat principal.

Les règles de *convocation* de cette assemblée sont celles qui sont fixées, d'une manière générale, pour les assemblées de copropriétaires (v. s[s] n°s 848 s.) [6]. L'initiative de la convocation appartient donc, en principe, au syndic du syndicat jusqu'alors unique. Il peut aussi lui être demandé de la prendre par le conseil syndical, ou par un ou plusieurs copropriétaires représentant, au moins, un quart des voix de tous les copropriétaires, à moins que le règlement de copropriété ne prévoie un nombre inférieur (Décr. 17 mars 1967, art. 8, al. 1er). La convocation de l'assemblée est alors de droit (même texte). De la référence ainsi faite à « tous les copropriétaires », il résulte que le quart des voix (ou le nombre retenu par le règlement de copropriété) doit être décompté sur l'ensemble des copropriétaires du bâtiment pour la gestion duquel la création du syndicat secondaire est envisagée [7].

S'il n'existe pas, ou s'il n'a pas été désigné de conseil syndical, ou si le président de ce conseil ne procède pas à la convocation de l'assemblée, tout copropriétaire peut provoquer ladite convocation dans les conditions prévues à l'article 50 du décret du 17 mars 1967 (v. s[s] n° 857).

Le syndic qui entraverait la constitution d'un syndicat secondaire engagerait sa responsabilité.

L'ordre du jour de l'assemblée doit faire état de la proposition de constitution du syndicat secondaire. Il est notifié aux copropriétaires convoqués conformément aux dispositions de l'article 9 du décret du 17 mars 1967; il faut, en outre, leur notifier le projet de règlement de copropriété et de l'état de répartition des charges, qui devront être approuvés si la constitution du syndicat secondaire est adoptée (Décr. 17 mars 1967, art. 11-3°). Dans cette même hypothèse, il peut être utile d'inscrire à l'ordre du jour la nomination du syndic, la durée de ses fonctions, l'approbation du contrat de mandat, la dispense ou non de l'ouverture d'un compte séparé, la désignation des membres du conseil syndical et de notifier les documents nécessaires aux prises de décision.

L'assemblée spéciale doit se tenir conformément aux règles générales (sur ces règles v. s[s] n°s 873 s.). Elle est indépendante de l'assemblée générale de l'ensemble des copropriétaires du groupe de bâtiments, dont elle ne saurait représenter ou constituer une simple section [8].

740 Majorité de l'article 25. La décision de constituer un syndicat secondaire est prise aux « *conditions de majorité prévues à l'article 25* », c'est-à-dire à la majorité des voix de tous les copropriétaires que le syndicat secondaire doit regrouper [9]. Si l'un des copropriétaires que le syndicat secondaire doit regrouper dispose d'une quote-part de parties communes supérieure à moitié, le nombre de ses voix est réduit par application de l'article 22 de la loi du 10 juillet 1965. Si les quotes-parts de copro-

1. Civ. 3e, 8 juin, 2006, n° 05-11.190, *Bull. civ.* III, n° 141.
2. TGI Paris, 21 oct. 1976, *D.* 1978. IR 311.
3. Lombois, D. 1966, I, 93, n° 62 – Sizaire, n° 201 – Cabanac, n° 600 – Kischinewsky-Broquisse, n° 321 – Bouyeure, « Les syndicats secondaires de copropriétaires », *Administrer* févr. 1999. 12, n° 3 – Lafond, Roux et Stemmer, s[s] art. L. 27, n° 791 – Civ. 3e, 22 sept. 2004, n° 03-10.069, *Bull. civ.* III, n° 156; *D.* 2004. IR 2547; *Administrer* nov. 2004. 40, obs. Bouyeure.
4. Civ. 3e, 4 févr. 2004, n° 02-14.742, *Bull. civ.* III, n° 21; *Administrer* mai 2004. 39, note Capoulade; *AJDI* 2004. 557, obs. Capoulade.; *Defrénois* 2004. 1170, obs. Atias – rappr. : Civ. 3e, 30 juin 1992, n° 90-17.436, *Bull. civ.* III, n° 230; *AJDI* 1993. 864; *RDI* 1992. 372.
5. Versailles, 17 nov. 1995, *Juris-Data* n° 052400, *RDI* 1996. 417; *Gaz. Pal.* 18 avr. 1996 Somm.
6. Sizaire, n° 202, note 484 *bis* – Kischinewsky-Broquisse, n° 321 – Bouyeure, *op. cit., AJPI* 1968. 766 – Lafond, Roux et Stemmer, préc.
7. En ce sens : Bouyeure, *op. cit., AJPI* 1968. 766; Baudouin et Bouyeure, *op. cit., AJPI* 1981.
8. Paris, 6 mai 1998, *Loyers et copr.* déc. 1998. 304; *Bull. Csab* n° 70 déc. 1998, n° 172.
9. Bouyeure, p. 13.

priété, affectées à chaque lot, qui déterminent le nombre des voix dont dispose le propriétaire de ce lot, ont été calculées sur la masse de toutes les parties communes des bâtiments, il faut décompter la majorité en ne prenant pour base que le total des tantièmes affectés aux lots dont se composent le ou les bâtiments pour la gestion desquels la constitution du syndicat secondaire est envisagée [1]. À défaut d'obtenir cette majorité, le renvoi « aux conditions de majorité » autorise l'application de l'article 25-1. L'assemblée décidera donc à la majorité de l'article 24, soit au cours d'un second scrutin, soit au cours d'une seconde assemblée selon que sont remplies les « conditions » prévues à l'article 25-1 [2].

Le procès-verbal de l'assemblée spéciale est notifié aux copropriétaires opposants ou défaillants de cette assemblée, mais il n'a pas à être notifié aux copropriétaires des autres bâtiments pas plus qu'au syndic du syndicat principal.

La décision peut-être contestée si la contestation émane des copropriétaires dont les lots sont compris dans le bâtiment pour la gestion duquel le syndicat secondaire est créé, le délai pour agir est celui de deux mois impartis par l'article 42, alinéa 2 [3]. On précise même en pareille hypothèse que le juge des référés peut, en application de l'article 808 du code de procédure civile, obliger provisoirement les copropriétaires appelés à composer le syndicat secondaire à répondre aux appels de fonds du syndicat principal [4].

La question est discutée de savoir si les copropriétaires des autres bâtiments pourraient contester cette création ? Un arrêt avait admis que la décision s'imposait à eux sans contestation possible [5]. Néanmoins, ils peuvent y avoir intérêt si les conditions de l'article 27 ne sont pas remplies ou en cas d'abus de droit [6]. Aussi, est-il généralement jugé qu'ils sont recevables à agir [7] et que le délai imparti à cet effet est celui de dix ans prévus par l'article 42, alinéa 1er, de la loi du 10 juillet 1965 [8].

1. Lombois, D. 1966, L. 93, n° 62 – Kischinewsky-Broquisse, n° 335.
2. Kischinewsky-Broquisse, n° 335, note 39 et les références.
3. J.-Cl. copr., fasc. 82, n° 9.
4. TGI Paris, 11 févr. 1981, *RTD civ.* 1981. 416; *RDI* 1981. 251.
5. Paris, 5 févr. 1993, RG n° 91/017907, *Juris-Data* n° 022690, *Loyers et copr.* 1993. 240.
6. Gélinet, « Les modalités de contestation de décisions d'un syndicat secondaire de copropriété », *Administrer* mai 1998. 38 – Paris, 1er déc. 1989, *Loyers et copr.* 1990. 98 : il n'y a pas abus de droit à créer un syndicat secondaire afin d'échapper aux frais de ravalement lourd d'un autre bâtiment.
7. Civ. 3e, 4 févr. 2004, n° 02-14.742, *Bull. civ.* III, n° 21 [sol. impl.]; *AJDI* 2004. 557.
8. Paris, 4 mai 1979, *RDI* 1980. 344; *D.* 1980. IR 450.

741 Conséquences de la décision. La décision prise à la majorité légalement requise emporte immédiatement et par elle-même [9], la création du syndicat secondaire, même si les mesures d'accompagnement (modification et publication du règlement de copropriété et de la nouvelle répartition des charges, désignation du syndic et du conseil syndical...) n'ont pas été arrêtées par l'assemblée spéciale [10].

La création du syndicat secondaire entraîne plusieurs conséquences, les unes certaines, les autres discutées.

Tout d'abord, le syndicat initial devient le syndicat principal, sans modification de la personne morale, et il continue à administrer directement les parties communes à l'ensemble des bâtiments, ainsi que les autres bâtiments qui ne se sont pas constitués en syndicat secondaire [11].

Il est certain que la constitution du syndicat secondaire entraîne une *modification de la répartition initiale des charges*; plus précisément, cette constitution entraîne une ventilation des charges entre le syndicat principal et le syndicat secondaire, ainsi qu'une spécialisation des charges communes qui jusqu'alors étaient réparties entre tous les lots [12]. Cette spécialisation ne constitue que « la conséquence directe et nécessaire de la création du syndicat secondaire » résultant du vote émis à la majorité de l'article 25 par l'assemblée spéciale.

Elle ne requiert pas le consentement unanime et peut être décidée à la majorité des voix à tous les copropriétaires [13]. Cette nouvelle répartition prend effet au jour de la constitution du syndicat secondaire [14].

Il est également indiscutable que cette constitution impose d'apporter des modifications au règlement de copropriété initial [15]. L'assemblée spéciale doit être appelée à se prononcer sur ces modifica-

9. Civ. 3e, 4 févr. 2004, n° 02-14.742, *Bull. civ.* III, n° 21; *AJDI* 2004. 557.
10. Paris, 17 janv. 1975, *IRC* 1975. 59.
11. Paris, 4 mai 1979, *D.* 1980. IR 450.
12. Paris, 16 mars 1973, *Gaz. Pal.* 1973. 2, 729; *Rev. loyers* 1973. 2, 729, note Viatte – Zurfluh, « La création de syndicats secondaires et la répartition des charges de copropriété », *REDI* n° 48 – Bouyeure et Baudoin, « Les syndicats secondaires de copropriétaires », *Administrer* 1999, 16.
13. Civ. 3e, 10 mars 1981, n° 79-15.801, *Bull. civ.* III, n° 51; *D.* 1981. IR 396; *RTD civ.* 1981. 656; *Administrer* août-sept. 1981. 35; *RDI* 1981. 418; *Rev. loyers* 1981. 385.
14. Paris, 17 janv. 1975, préc. s^s n° 698, note 10.
15. Rép. min., QE, *JOAN Q* 1966, p. 2879; *JCP N* 1966 prat. 4085; ces modifications peuvent résulter automatiquement de la constitution du syndicat secondaire; c'est ainsi que la clause du règlement de copropriété mettant à la charge de tous les copropriétaires l'entretien de chaque bâtiment devient sans objet : TGI Paris, 29 avr. 1977, *D.* 1977. IR 137.

tions, les décisions ainsi prises étant consignées au procès-verbal et publiées au fichier immobilier, afin de les rendre opposables aux ayants droit des copropriétaires[1]. L'établissement d'un règlement de copropriété particulier au syndicat secondaire n'est pas une obligation, mais il peut paraître opportun d'y procéder[2].

Il convient aussi que l'assemblée - si possible l'assemblée constitutive - désigne le syndic et le conseil syndical du syndicat secondaire. Chacun des membres du syndicat secondaire aura ainsi à supporter sa quote-part des honoraires du syndic du syndicat principal et celle des honoraires du syndic du syndicat secondaire.

En revanche, la question de savoir si la constitution d'un syndicat secondaire doit entraîner *une redistribution des quotes-parts de parties communes* est discutée. Il y est, en général, répondu par la négative[3]. Bien que l'intérêt pratique de cette discussion soit assez limitée, nous pensons que la redistribution de ces quotes-parts et donc la création de millièmes particuliers est préférable et ce tant pour des raisons pratiques que pour des considérations d'ordre théorique. Sur le plan pratique cette solution est préférable car elle permet à l'assemblée générale du syndicat secondaire de prendre *l'ensemble* des décisions qu'une assemblée de copropriété est normalement habilitée à prendre et pas seulement les décisions relatives à la répartition des charges[4]. Sur le plan théorique, cette solution permet également d'assurer la composition en lots, au sens juridique du terme, du ou des bâtiments dont la gestion est assurée par le syndicat secondaire[5].

Elle est par ailleurs la conséquence de l'existence de parties communes générales et de parties communes spéciales au bâtiment constitué en syndicat secondaire, mais elle ne saurait modifier les droits des copropriétaires sur l'ensemble des parties communes générales.

§ 2
Objet et pouvoirs du syndicat secondaire

742 Objet normal : gestion, entretien et amélioration interne du ou des bâtiments. Il résulte de l'article 27, alinéa 2, de la loi du 10 juillet 1965 que l'objet du syndicat secondaire est d'assurer la gestion, l'entretien et l'amélioration *interne* du ou des bâtiments à partir duquel (ou desquels) il a été constitué. Les charges afférentes à cette gestion et à cet entretien incombent aux seuls copropriétaires réunis dans le syndicat secondaire[6]. Ces copropriétaires décident également seuls, dans les conditions prévues par les articles 26 et 30 de la loi du 10 juillet 1965, des améliorations à apporter au bâtiment composé de leurs lots[7]. Mais si les parties communes « affectées » par ces travaux ne sont pas comprises dans les parties communes spéciales au syndicat secondaire, l'autorisation relève de l'assemblée générale du syndicat principal[8].

En revanche, ils ne participent ni aux charges ni aux dépenses d'amélioration des parties communes des autres bâtiments[9].

La limitation des pouvoirs du syndicat secondaire à la gestion, l'entretien ou l'amélioration *interne* du ou des bâtiments auxquels il se rapporte, doit être raisonnablement entendue. Aucune difficulté ne se présente lorsque les dépenses d'entretien ou d'amélioration s'appliquent à l'intérieur même de ces bâtiments. Mais il appartient aussi au syndicat secondaire de pourvoir à l'entretien et à l'amélioration des parties communes de ce ou de ces bâtiments, alors même que cet entretien où cette amélioration s'appliquerait à l'aspect extérieur de ces parties communes; c'est ainsi que peuvent être

1. EN PRINCIPE, ces modifications sont adoptées à la majorité de l'article 25, à moins que leur portée dépasse les conséquences normalement attachées à la constitution du syndicat secondaire, auquel cas la majorité de l'article 26 serait requise : Bouyeure, *op. cit., AJPI* 1968. 766 – KISCHINEWSKY-BROQUISSE, n° 324 – SIZAIRE, n° 209.
2. J.-CL. COPR., fasc. 82, n° 50.
3. EN CE SENS : KISCHINEWSKY-BROQUISSE, n° 525 – CABANAC, n° 607 – SIZAIRE, n° 203, note 48 *ter* – Bouyeure, *op. cit., AJPI* 1968. 765 – La position adoptée par tous ces auteurs est justifiée par eux sur la considération que la création de tantièmes de copropriété particuliers supposerait le consentement unanime des copropriétaires – AUSSI : TGI Paris, 2 juin 1973, *Gaz. Pal.* 1974. 2, 804; *RTD civ.* 1975. 343.
4. L'affectation de tantièmes de copropriété aux lots des copropriétaires du ou des bâtiments compris dans le syndicat secondaire permet notamment l'adoption de décisions portant aliénation ou acquisition de parties communes.
5. La cohésion ainsi conférée aux lots assure aux copropriétaires l'exercice complet de leur droit de vote dans les assemblées générales du syndicat secondaire et assortit de sa pleine efficacité la reconnaissance de la personnalité civile de ce syndicat.
6. EN CE SENS : KISCHINEWSKY-BROQUISSE, n°s 323 et 329 – SIZAIRE, n° 205 – ZURFLUH ET MORAND, n° 94, note 3, *AJPI* 1970. 10.
7. POUR la même raison, les travaux affectant les parties communes visés à l'article 25-b sont autorisés par l'assemblée générale du syndicat secondaire : TGI Paris, 2 juin 1973, *Gaz. Pal.* 1974. 2, 803; *Administrer* mars 1975. 21.
8. EN CE SENS : GUILLOT, *La pratique de la copropriété*, art. 27 et 28, n° 2 – AUSSI : TGI Paris, 2 juin 1973, *Gaz. Pal.* 1974. 1803; *Administrer* mars 1974. 21.
9. EN CE SENS : SIZAIRE, n° 205, note 492. Mais ils doivent participer aux charges relatives à la conservation et à l'entretien des parties restées communes à l'ensemble de la copropriété.

entrepris des travaux de réfection de la toiture ou de ravalement[1]. Le bien-fondé de cette interprétation est d'ailleurs attesté par la suite même du texte de l'article 27, alinéa 2, qui fait réserve des « droits résultant pour les autres copropriétaires des dispositions du règlement de copropriété »[2]. Cette réserve n'est concevable que dans la mesure où les décisions du syndicat secondaire risquent d'avoir des répercussions à l'égard des autres copropriétaires, ce qui ne se produirait pas si ces décisions étaient strictement limitées à l'intérieur du ou des bâtiments concernés[3]. C'est ainsi, par exemple, que si le droit de surélévation est réputé droit accessoire à l'ensemble des parties communes soit par le règlement de copropriété, soit par l'effet de la loi (L. 10 juill. 1965, art. 3), les copropriétaires du bâtiment, pour la gestion duquel un syndicat secondaire a été constitué, ne sauraient décider de surélever, sans l'accord unanime de tous les copropriétaires du groupe (L. 10 juill. 1965, art. 35, al. 1er). Si c'est l'aliénation du droit de surélever qui est envisagée, la décision doit être prise par *l'ensemble* des copropriétaires, à la majorité de l'art. 26 (L. 10 juill. 1965, art. 35, al. 2). Il faut, en outre, l'accord des copropriétaires de l'étage supérieur du bâtiment à surélever et la confirmation par l'assemblée spéciale des copropriétaires des lots composant le bâtiment à surélever, statuant à la même majorité (même texte). En cas de constitution d'un syndicat secondaire, la confirmation, ainsi prévue, résultera donc d'une décision prise par l'assemblée générale du syndicat secondaire[4].

743 Modification de l'objet du syndicat secondaire. L'article 27 (al. 2 première phrase) de la loi du 10 juillet 1965 définit l'objet du syndicat secondaire. Est-il possible de modifier cet objet, soit en l'étendant, soit en le restreignant, par une clause du règlement de copropriété, ou par une décision de l'assemblée générale ?

L'extension de l'objet normal du syndicat secondaire, tel que défini par la loi, peut être décidée avec l'accord de l'assemblée générale de l'ensemble des copropriétaires statuant à la majorité prévue à l'article 24 (L. 10 juill. 1965, art. 27, al. 2 *in fine*). C'est ainsi que le syndicat secondaire ne peut étendre sa compétence à l'entretien d'espaces verts dont il a la jouissance provisoire, sans une décision de l'assemblée générale de l'ensemble des copropriétaires du syndicat principal[5]. La « curiosité » de cette disposition, dont l'utilité pratique n'est d'ailleurs pas contestable[6], a été à juste titre soulignée[7]. Une telle décision s'analyse, en effet, en une délégation de pouvoir pour la validité de laquelle est normalement requise une majorité plus élevée que pour la décision à prendre en vertu de cette délégation (L. 10 juill. 1965, art. 25). Or, ici, la disposition dérogatoire de l'article 24 (al. 4, *in fine*) permet à l'assemblée générale de donner délégation à une majorité (celle de l'art. 24) souvent inférieure à celle requise pour la décision à prendre (qui peut être celle de l'art. 25 ou même 26).

En revanche, l'objet du syndicat secondaire ne doit, en aucun cas, être restreint[8]. Le caractère impératif de l'article 27 s'attache aussi à la définition de l'objet du syndicat. Or, l'article 27 définit l'objet légal du syndicat secondaire, il en prévoit l'extension, sous certaines conditions, mais il n'envisage pas de le restreindre. En conséquence, le prétendu syndicat secondaire se trouve dépourvu d'objet légal lorsque son objet a été volontairement restreint « à la gestion, à l'entretien et à l'amélioration de la cage d'escalier d'un bâtiment »[9].

744 Pouvoirs du syndicat secondaire. La coexistence du syndicat principal et d'un ou de plusieurs syndicats secondaires pose la question de la délimitation de leurs pouvoirs respectifs et suscite alors un certain nombre de difficultés.

Cette délimitation des pouvoirs obéit aux principes suivants :

1°) Tout ce qui est de la compétence du syndicat secondaire échappe désormais à celle du syndicat principal[10]. Toutes les décisions du syndicat principal qui empiéteraient sur les pouvoirs du syndicat secondaire sont donc nulles[11]. Lorsque le syndicat principal a réclamé à un seul syndicat secondaire la totalité des charges afférentes à l'ensemble des par-

1. EN CE SENS : CABANAC, n° 601 ; KISCHINEWSKY-BROQUISSE, n° 327 – BOUYEURE, *op. cit., AJPI* 1978. 765 ; SIZAIRE, n° 205 – Civ. 3e, 26 janv. 2005, n° 03-12.690, *Administrer* nov. 2005. 39, obs. Bouyeure : pour une toiture-terrasse stipulée partie commune générale.
2. Civ. 3e, 4 déc. 1979, n° 78-12.345, *Bull. civ.* III, n° 218.
3. À TITRE D'EXEMPLE, on cite le cas où le règlement de copropriété du groupe d'immeubles a stipulé que les couleurs extérieures des constructions seraient d'une teinte uniforme ; le syndicat secondaire est tenu de respecter cette clause : CABANAC, *op. et loc. cit.*
4. LOMBOIS, n° 151 – POUR la cession d'une partie commune générale : Paris, 22 janv. 1987, RG n° 85-015272, *Juris-Data* n° 020336, *Loyers et copr.* 1987. 145.
5. Civ. 3e, 28 janv. 1998, n° 95-21.590, *RDI* 1998. 299.
6. C'est ainsi que le syndicat secondaire peut être habilité à apporter des améliorations extérieures, telle que la création d'un parking : SIZAIRE, n° 205, note 490 – AUSSI : CABANAC, *op. et loc. cit.* – KISCHINEWSKY-BROQUISSE, n° 330.
7. LOMBOIS, n° 62.
8. Versailles, 1re ch., 16 mai 1991, RG n° 3898/90, *Juris-Data* n° 041583, *RDI* 1991. 508.
9. Versailles, 1re ch., 16 mai 1991, RG n° 3898/90, préc.
10. LOMBOIS, D. 1966, L. 93, n° 91.
11. Paris, 25 sept. 1980, *Juris-Data* n° 092417, *Journ. not.* 1981. 810.

ties communes générales, le syndicat secondaire peut agir en restitution contre le syndicat principal[1].

2°) À l'inverse, le syndicat secondaire n'a aucun pouvoir de décision sur les questions qui continuent de relever du syndicat principal[2]. Même en cas de constitution d'un syndicat secondaire, le syndicat principal conserve le droit d'agir en justice pour la défense des intérêts relevant de l'ensemble du syndicat[3]. Dès qu'un contentieux intéresse l'ensemble du syndicat du groupe de bâtiments, le syndicat principal a qualité pour agir au besoin conjointement avec le ou les syndicats secondaires ou avec des copropriétaires[4].

On discute, en revanche, la question de savoir s'il entre dans les pouvoirs du syndicat secondaire d'acquérir ou d'aliéner des parties communes ou de constituer des droits réels immobiliers au profit ou à la charge de ces dernières. Dès lors que l'on admet que la constitution du syndicat secondaire a pour résultat d'entraîner la création de quotes-parts de parties communes spéciales aux bâtiments auxquels il se rapporte, il est logique de lui reconnaître de tels pouvoirs, dès lors du moins que les parties communes concernées sont propres à ces bâtiments[5].

§ 3
Organisation et fonctionnement du syndicat secondaire

745 Personnalité civile. De même que le syndicat principal, le syndicat secondaire est doté de la personnalité civile, (L. 10 juillet 1965, art. 27, al. 3). Cela lui permet d'avoir un patrimoine propre[6] et notamment d'acquérir des parties communes spéciales ou des lots de copropriété (à ce sujet pour le syndicat en général v. s[s] n° 647). Cela lui permet également d'agir en justice, spécialement en vue d'obtenir la réparation des malfaçons et non-façons affectant les parties communes du bâtiment pour la gestion duquel il a été constitué[7] ou en vue d'obtenir le recouvrement des sommes dues par les copropriétaires au titre de ce bâtiment ou la restitution de trop-perçu par le syndicat principal. Pour garantir ou avoir paiement de ces sommes, il peut inscrire l'hypothèque légale (L. 10 juill. 1965, art. 19), faire opposition au paiement du prix de vente (article 20 de la loi), mettre en œuvre le privilège spécial immobilier occulte (L. 10 juill. 1965, art. 19-1), procéder à une saisie immobilière. L'existence d'un règlement de copropriété spécifique au syndicat secondaire ne peut que lui faciliter l'exercice de cette personnalité morale[8].

Le syndicat secondaire peut revêtir la forme d'un syndicat coopératif[9], mais il apparaît douteux que sa compétence restreinte à l'administration d'un bâtiment lui permette d'adhérer à une union de syndicats.

Le syndic principal demeure seul compétent pour le recouvrement des charges communes générales.

746 Fonctionnement du syndicat secondaire. La constitution d'un syndicat secondaire n'a pas pour résultat d'entraîner la constitution d'un autre syndicat secondaire pour la gestion des autres bâtiments[10]. Le fonctionnement du syndicat secondaire n'a fait l'objet que de dispositions fort sommaires de la loi de 1965 et du décret de 1967[11]. L'article 27, alinéa 3, se borne, en effet à indiquer qu'il fonctionne dans les conditions prévues par la loi.

On en déduit donc :

1° qu'il doit avoir son propre syndic[12];

1. Civ. 3e, 16 févr. 1994, n° 92-12.002, *Bull. civ.* III, n° 23; *RDI* 1994. 307, obs. Capoulade, Giverdon; *D.* 1996. 166, Capoulade.
2. Kischinewsky-Broquisse, n° 328 – Sizaire, n° 205, note 489 – Lombois, D. 1988. L. 93, nos 61 et 63 – Bouyeure, *op. cit.*, *AJPI* 1978. 768 – Rép. min., QE, *JOAN Q* 29 juin 1978. 3625 – TGI Paris, 6 juill. 1978, *Gaz. Pal.* 1979, I. Somm. 55 – Civ. 3e, 14 déc. 1982, n° 81-13.737, *Administrer* 1983 n° 135, *Rev. loyers* 1983. 162 – Paris, 23e ch. B, 19 juin 1985, RG n° K 16280, *Juris-Data* n° 024111.
3. Civ. 3e, 11 mai 2000, n° 98-17.268, *Bull. civ.* III, n° 102; *RDI* 2000. 394; *D.* 2000. IR 211.
4. Paris, 23e ch. B, 15 févr. 2001, RG n° 1999-17025, *AJDI* 2001. 445, sur l'opposabilité au syndicat secondaire d'une expertise ordonnée avant sa constitution dans une instance où le syndicat principal était partie.
5. En ce sens : Sizaire, n° 205, note 489 – en sens contraire : Lombois, n° 61; Bouyeure, *op. cit.*, *AJPI* 1968. 768; Cabanac, n° 601.
6. Sizaire, n° 206 – Kischinewsky-Broquisse, n° 331 – Civ. 3e, 4 déc. 1979, n° 78-12.345, *Bull. civ.* III, n° 218; *D.* 1980. IR 274; *RTD civ.* 1980. 380; *Administrer* mars 1980. 28.
7. Toutefois, le syndicat secondaire ne peut, en intervenant volontairement en cause d'appel reprendre à son compte à l'encontre de copropriétaires les demandes d'un syndicat principal, partie en 1re instance : Paris, 17 oct. 1984, *Juris-Data* n° 025349, *Bull. ch. avoués Paris* n° 92, p. 124.
8. En ce sens : Sizaire, n° 210; Kischinewsky-Broquisse, n° 331, p. 319.
9. On rappellera, en effet, que le syndic est, dans un tel syndicat, l'élu du conseil syndical.
10. Paris, 4 mai 1979, *D.* 1980. IR 450; *RTD civ.* 1980. 795.
11. Sur l'ensemble de la question : V. Zurfluh, « Les rapports entre le syndicat principal et les syndicats secondaires de copropriété dans les grands ensembles immobiliers », *Dr. et ville* n° 4, p. 13.
12. Qui devra être différent du syndic du syndicat principal si l'on veut que l'indépendance des syndicats secondaires soit assurée : Cabanac, n° 603 – Il pourra aussi être pris en dehors des copropriétaires : rép. min., QE n° 19184, *JOAN Q* 27 août 1966.

2° qu'un conseil syndical y est institué de plein droit[1], sauf décision contraire prise à la majorité de l'article 26;

3° qu'il doit se réunir en assemblées générales pour lesquelles, en application des dispositions de l'article 20 du décret du 17 mars 1967, il sera procédé de la même manière que pour les assemblées générales des copropriétaires;

4° qu'il peut établir son propre règlement de copropriété;

5° qu'il doit tenir son carnet d'entretien;

6° qu'il doit faire voter son propre budget prévisionnel et tenir sa comptabilité propre conformément aux règles comptables spécifiques;

7° qu'il doit disposer d'un compte séparé, sauf dispense décidée par l'assemblée générale.

Par ailleurs, à partir de la création d'un syndicat secondaire, les décisions entrant dans l'objet de ce syndicat doivent être exclusivement prises, en raison du principe de l'autonomie et de la spécialité des personnes morales, par les copropriétaires intéressés réunis en une assemblée particulière du syndicat secondaire et non délibérant, même par section ou par « ordre », au sein de l'assemblée générale du syndicat principal[2].

Il lui appartient, et a lui seul, de procéder au recouvrement des dépenses relatives à l'exécution de son objet, les dépenses afférentes à l'administration et à l'entretien des parties communes générales étant décidées et recouvrées directement par le syndicat principal[3].

747 Fonctionnement du syndicat principal. Il avait été évoqué, au cours des travaux préparatoires de la loi du 10 juillet 1965, que l'assemblée générale du syndicat principal se composât des syndicats secondaires eux-mêmes et non de leurs membres[4], mais cette possibilité a été finalement abandonnée sur l'intervention du Garde des Sceaux[5]. Cette solution présentait l'avantage de ne réunir qu'un petit nombre de personnes, mais elle se heurtait à des objections de principe. Elle impliquait, en effet, l'adoption d'une conception fédérative des syndicats[6]. Elle postulait que la constitution d'un syndicat secondaire entraînait la constitution automatique et de plein droit d'un autre syndicat secondaire pour la gestion des autres bâtiments. Elle aboutissait à une représentation forcée des copropriétaires et à la réunion d'une assemblée de syndicats et non de copropriétaires. Or, telle n'était pas l'architecture de la loi, ni l'intention du législateur qui, finalement, n'a fait du syndicat secondaire qu'un instrument destiné aux copropriétaires dont les lots comprenaient les parties privatives d'un bâtiment, d'en décider la gestion autonome, mais sans que cette décision interfère, au-delà du strict nécessaire, sur l'organisation même du syndicat[7].

Les copropriétaires groupés au sein d'un syndicat secondaire (et non le syndicat lui-même)[8] sont membres du syndicat principal[9]. En conséquence, tous les copropriétaires regroupés dans un syndicat secondaire sont membres de l'assemblée générale des copropriétaires du syndicat principal et doivent être convoqués à cette assemblée[10].

Deux remarques s'imposent :

La première résulte de la disposition de l'article 22 (al. 3) de la loi du 10 juillet 1965, modifiée par la loi du 31 décembre 1985, et selon laquelle la limitation à trois délégations de vote du nombre des mandats que peut recevoir un mandataire (v. s^s^ n° 827), ne s'applique pas lorsque ce mandataire participe à l'assemblée générale d'un syndicat principal et que tous ses mandants appartiennent à un même syndicat secondaire[11].

La seconde se fonde sur la modification apportée à cet article par la loi du 31 décembre 1985 afin de permettre le libre choix de son mandataire par le copropriétaire[12], sauf interdictions légales (art. 22 *in fine*). Tous les copropriétaires, même ceux qui composent un syndicat secondaire sont membres de l'assemblée générale du syndicat principal et doivent y être convoqués[13]. Le syndicat secondaire, pas plus que les « présidents » des syndicats secondai-

1. Cela en conséquence de la loi du 31 déc. 1985.
2. Paris, 25 sept. 1980, *Juris-Data* n° 092417, *D.* 1981. IR 397; *RTD civ.* 1980. 795; *Administrer* juill. 1981. 32 – Paris, 1er mars 1974, *D.* 1984. IR 441; *RTD civ.* 1984. 532 – Paris, 6 mai 1998, *Juris-Data* n° 021480, *D.* 1999. Somm. 75, obs. Atias.
3. Même solution pour la participation aux dépenses d'une ASL ou d'une AFUL.
4. *JOAN Q* 1955, p. 834.
5. *JOAN Q* 2e séance, 15 juin 1965.
6. Lombois, n° 63.
7. Kischinewsky-Broquisse, n° 333.
8. Paris, 6 déc. 1991, RG n° 89/005268, *Juris-Data* n° 024899, *Administrer* mars 1992. 52.
9. En ce sens : Sizaire, nos 207 et 208, note 499 – Bouyeure, *op. cit.*, *AJPI* 1968. 768 – Kischinewsky-Broquisse, n° 333 – Orléans, 11 mai 1969 *AJPI* 1970. 446, note Bouyeure.
10. Paris, 4 mai 1979, *D.* 1980. IR 450; *RTD civ.* 1980. 795 – Paris, 23 févr. 1996, RG n° 94/027998, *Juris-Data* n° 020348, *D.* 1997. Somm. 9, obs. Atias; *Loyers et copr.* juin 1996. 278 – Paris, 6 déc. 1996, RG n° 95/021048, *Juris-Data* n° 023721, *Loyers et copr.* 1997. 154.
11. Sur les incidences de cette disposition : Sizaire, n° 207, note 496.
12. Antérieurement : Civ. 3e, 11 févr. 1975, n° 73-13.338, *Bull. civ.* III, n° 52.
13. Paris, 23 févr. 1996, RG n° 94/027998, *Juris-Data* n° 020348, préc. note 9 – Rép. min., QE n° 2117, *JOAN Q* 29 juin 1978, p. 3625.

res [1], ne saurait donc composer l'assemblée du syndicat principal et y représenter obligatoirement les copropriétaires groupés en syndicat secondaire.

748 Représentation du syndicat secondaire au sein du conseil syndical du syndicat principal. La participation « organique » du syndicat secondaire au syndicat principal est cependant esquissée par l'article 27, alinéa 3 *in fine*, de la loi du 10 juillet 1965 qui précise que le syndicat secondaire « est représenté au conseil syndical du syndicat principal, s'il en existe un », ce qui désormais doit être, en principe, le cas.

L'article 24 du décret du 17 mars 1967 qui n'a pas été modifié, prévoit les modalités de cette représentation en fixant d'abord la proportion dans laquelle elle est assurée et en déterminant ensuite les conditions selon lesquelles les représentants du syndicat secondaire au conseil syndical du syndicat principal sont désignés.

Il fixe d'abord dans *quelle proportion* la représentation du syndicat secondaire au conseil syndical du syndicat principal est assurée. Lorsque, dispose le texte, en son alinéa 1er, il existe un ou plusieurs syndicats secondaires, la représentation au conseil syndical du syndicat principal, attribuée à un syndicat secondaire, est proportionnelle à l'importance du ou des lots, qui constituent ce syndicat secondaire par rapport à celle de l'ensemble des lots qui composent le syndicat principal. On remarquera que l'application de ces dispositions suppose que le syndicat secondaire soit constitué de véritables lots, comportant une affectation de quotes-parts de parties communes.

Deux précisions sont, en outre, apportées : la première, par l'article 22, dernier alinéa, du décret du 17 mars 1967, aux termes duquel chaque syndicat secondaire dispose de plein droit d'un siège au moins; la seconde par l'article 24, alinéa 2, du même décret selon lequel le ou les copropriétaires du ou des lots, qui ne sont pas constitués en syndicat secondaire, disposent ensemble, s'il y a lieu, des autres sièges au conseil syndical du syndicat principal (art. 24, al, 2).

L'article 24 du décret du 17 mars 1967 détermine ensuite *selon quelles conditions* sont désignés les représentants des copropriétaires au conseil syndical du syndicat principal. Aux termes de l'article 24, alinéa 3, en l'absence de stipulation particulière du règlement de copropriété du syndicat principal, les copropriétaires désignent leurs représentants au conseil syndical du syndicat principal, s'ils sont regroupés en un syndicat secondaire, au cours de l'assemblée générale de ce syndicat (Décr. 17 mars 1967, art. 24, al. 1er et 3) et les autres copropriétaires, au cours de l'assemblée générale du syndicat principal (Décr. 17 mars 1967, art. 24, al. 1er et 2), lors d'un vote auquel ils participent seuls. La majorité requise dans les deux cas est celle de l'article 25 de la loi et, le cas échéant, de l'article 25-1.

À défaut de désignation dans les conditions ainsi prévues, il est possible de faire application de l'article 48, alinéa 2, modifié du décret du 17 mars 1967 qui habilite le président du tribunal de grande instance du lieu de situation de l'immeuble, statuant sur requête du syndic du syndicat principal, ou du syndic du syndicat secondaire, selon le cas, à désigner les membres du conseil syndical.

SECTION 2
DIVISION EN PROPRIÉTÉ DU SYNDICAT

749 Généralités – L'article 28 de la loi du 10 juillet 1965 [2]. Alors que la constitution d'un syndicat secondaire ne permet que d'assurer l'autonomie de la gestion interne du ou des bâtiments dont ce syndicat réunit les copropriétaires, la division en propriété du syndicat – on dit aussi scission ou retrait du syndicat initial – rendue possible par l'article 28 de la loi du 10 juillet 1965, réalise, à proprement parler, une réduction des dimensions de l'immeuble qui était jusque-là soumis dans son intégralité au statut de la copropriété. Mieux que la mise en place d'un ou plusieurs syndicats secondaires, l'établissement de syndicats ou de propriétés séparés permet de résoudre les problèmes posés par la gestion des groupes d'immeubles bâtis dont les dimensions rendent difficiles l'application du statut. Cette technique est de peu de secours cependant pour la réduction des ensembles immobiliers placés sous le régime de la loi du 10 juillet 1965; elle ne peut servir qu'à diviser les éléments fédérés euxmêmes ou à les faire sortir de l'ensemble, en renonçant vraisemblablement au bénéfice des équipements et services fédérateurs, mais elle paraît mal adaptée à cet effet, d'autant que le législateur se préoccupe de la pérennité des équipements communs.

1. Civ. 3e, 16 mai 1977, n° 76-11.544, *Bull. civ.* III, n° 207; *JCP N* 1977. II. 203, note Atias; *D.* 1978. Somm. 25; *Rev. loyers* 1978. 106, note Viatte, antérieur à la loi de 1985, ARRÊT UNANIMEMENT CRITIQUÉ (LAFOND, ROUX ET STEMMER, s^s^ L. 27, n° 8).

2. SUR L'ENSEMBLE DE LA QUESTION, avant la loi du 13 décembre 2000, dite loi SRU : Jestaz, « Les personnes pouvant prétendre à se retirer d'un ensemble immobilier », *D.* 1972, Chron. 23 – Olivié, « Scission d'une copropriété : quelques difficultés d'application de l'article 28 », *Administrer* avr. 1979. 15 – Santacreu, « La scission de copropriété », *Ann. loyers* 1979. 1198 – SUR une proposition de modification du texte : note Bouyeure et Ritschy, *Gaz. Pal.* 1988. 1, 393.

Si l'intérêt pratique de l'opération est facile à dégager, sa réalisation concrète reste délicate, alors que la conception originaire de l'opération s'est quelque peu modifiée depuis 1965. Conçue comme devant faciliter l'administration des bâtiments, elle est devenue assez fréquemment l'instrument d'une opération d'urbanisme. Or, la réalisation de telles opérations pose de délicates questions, notamment quant aux densités constructibles encore utilisables, sans compter les bouleversements qui peuvent affecter l'environnement matériel et juridique, des immeubles, ainsi que leur destination primitive[1], malgré les réserves de n'y point porter atteinte[2].

750 Généralités. - Loi du 13 décembre 2000, dite loi SRU[3]. Désireux de « reconstruire la ville sur la ville », de libérer des terrains à bâtir à l'intérieur des villes, de faciliter la terminaison d'une queue de programme, et aussi d'isoler les bâtiments à difficultés de l'enceinte d'un syndicat afin d'en rétablir le fonctionnement normal, le législateur a, dans la loi SRU du 13 décembre 2000, assoupli et précisé le mécanisme de la division en propriété d'un syndicat de copropriétaires. À cet effet, l'article 28 de la loi du 10 juillet 1965 a été remanié d'une manière substantielle et une incitation fiscale a accompagné les aménagements juridiques.

Sans modifier les conditions de fond de la scission, le nouvel article 28 ouvre davantage la faculté de solliciter le retrait du syndicat. Il en confère qualité pour le demander à un propriétaire unique d'un ou plusieurs lots correspondant à un ou plusieurs bâtiments, permettant ainsi, le cas échéant, de créer une propriété séparée, et non plus exclusivement, comme par le passé, de constituer des syndicats autonomes.

Soucieux d'éviter l'échec de l'opération par une insuffisante préparation qui, après une décision de principe, ne permettait pas d'aboutir, le nouveau texte prévoit la mise au point de l'ensemble du projet dès la saisine de l'assemblée générale du syndicat initial.

S'il est apparu que la scission représentait une opération trop importante pour qu'elle ne soit pas décidée par une majorité significative, du moins, la loi de 2000 a-t-elle abaissé la majorité pour statuer sur les mesures nécessaires d'exécution.

Enfin, la loi accorde des exonérations fiscales en matière de partage d'immeubles bâtis ou de groupes d'immeubles bâtis soumis au statut de la copropriété[4]. Cette mesure, réclamée depuis longtemps, constitue un atout non négligeable pour la réalisation effective des divisions en propriété de syndicats de copropriétaires.

§ 1
Conditions de la scission

751 Conditions de fond et de forme. L'article 28 de la loi du 10 juillet 1965, modifié, énonce les conditions de fond et les conditions de forme et décrit le processus à observer pour parvenir à la division en propriété du syndicat.

Pour que cette division puisse être envisagée, *deux conditions de fond* doivent exister :

1) Par hypothèse, il s'agit d'un *groupe de bâtiments* ressortissants d'un *syndicat unique*.

2) La *division en propriété du sol* doit être possible.

Du point de vue de la *forme*, les étapes successives sont les suivantes :

1) La formulation d'une demande de division en propriété du sol.

2) L'entérinement de cette division et la détermination de ses conditions par l'assemblée générale du syndicat initial.

3) L'adaptation des actes à la situation nouvelle par l'assemblée de chaque nouveau syndicat.

La division effective emporte alors la dissolution du syndicat initial.

A.
Conditions de fond

752 Pluralité de bâtiments. Dans sa conception d'origine, l'article 28 envisageait seulement la division d'un syndicat comportant plusieurs bâtiments construits sur un tènement homogène, afin de constituer des syndicats indépendants, sauf à ce qu'ils se fédèrent dans un ensemble immobilier pour gérer les équipements restant en commun.

Cette conception restrictive présentait des inconvénients pratiques et une partie de la doctrine proposait une interprétation très large du texte[5]. Quand existait-il plusieurs bâtiments ?[6] Une mai-

1. Capoulade, « Destination de l'immeuble et restructuration des lots et des syndicats, Journée Henri Souleau », *RDI* 1995. 453 s.
2. TGI Paris, 9 mai 1990, *Gaz. Pal.* 27 juill. 199 1, Baudoin; *RDI* 1991. 509.
3. Capoulade, « La copropriété dans la loi SRU », *Administrer* avr. 2001. 34, 5 C – Lebatteux, « Syndicats coopératifs, scission de copropriété et unions de syndicats », *Loyers et copr.* hors série, mai 2001. 16 – Lafond, « Scission de copropriété : comment faire après la loi SRU », *JCP N* 2001. 1539 – Sizaire, « Sortir d'une copropriété : la division de l'article 28 nouveau de la loi du 10 juillet 1965 », *Administrer* févr. 2003. 6 s.
4. Lafond, « Scission de copropriété, incidences fiscales », *JCP N* 2001. 1718.
5. Delorme, Rapport au 73e Congrès des notaires.
6. Jestaz, « Les personnes pouvant se retirer d'un ensemble immobilier », *D.* 1972, Chron. 23.

son individuelle[1] ou un terrain non bâti[2] pouvait-il être distrait du syndicat initial[3] ?

Aussi, la nouvelle rédaction donnée à l'article 28 par la loi SRU du 13 décembre 2000 a-t-elle conservé l'hypothèse primitive de l'éclatement du syndicat initial en plusieurs syndicats (§ I b), mais elle rend désormais possible le détachement de bâtiments appartenant à un même propriétaire, ainsi que la séparation de lots transitoires pour constituer une propriété séparée (§ I a).

La pluralité de bâtiments, au sein d'un même syndicat, appelle les mêmes développements que pour l'application de l'article 27 de la loi (v. s^s^ n° 736), sous deux réserves.

D'une part, la division peut être demandée par le propriétaire unique de lots correspondants à un ou plusieurs bâtiments, dans le cas visé au § 1 a, ce qui diffère, d'une manière importante, avec les dispositions de l'article 27 pour la constitution d'un syndicat secondaire, laquelle suppose un bâtiment comprenant plusieurs lots appartenant à des propriétaires différents.

D'autre part, la notion de bâtiments doit ici, être interprétée restrictivement car, à la pluralité de bâtiments, s'ajoute la nécessaire possibilité de la division de la propriété du sol, ce qui exclut toute idée d'imbrication ou de superposition[4] et accentue l'importance de la séparation effective des bâtiments[5]. Un bâtiment unique ne pourrait être divisé en deux syndicats autonomes.

753 Demandeurs de retrait ou de scission. Après la loi du 13 décembre 2000, dite loi SRU, le paragraphe 1er de l'article 28 prévoit deux hypothèses : la première étant nouvelle (a), la seconde reprenant les anciennes dispositions (b).

1. Le petit a de ce paragraphe dispose : « le propriétaire d'un ou de plusieurs lots correspondant à un ou plusieurs bâtiments peut demander que ce ou ces bâtiments soient retirés du syndicat initial pour constituer une propriété séparée ». Cette disposition recouvre plusieurs situations. Le propriétaire est toujours unique et le retrait aboutit à l'existence d'une propriété individuelle et autonome. C'est là que réside la nouveauté. Dans le syndicat initial, la même personne possédait donc un lot correspondant à un ou à plusieurs bâtiments ou bien encore plusieurs lots correspondant à un ou à plusieurs bâtiments.

Il n'est donc plus nécessaire que la demande émane d'un groupe de copropriétaires, ni que l'opération aboutisse à la constitution de plusieurs syndicats. Ainsi, la séparation de la maison individuelle ou du bâtiment formant les parties privatives d'un seul lot se trouve légalisée.

2. *Le petit b* de ce paragraphe reprend, à une réserve près, le texte antérieur et prévoit que la demande de division peut émaner des « *propriétaires dont les lots correspondent* (au lieu de "composent") *à un ou plusieurs bâtiments* ». Si la division peut porter sur un bâtiment unique ou un groupe de bâtiments, il existe toujours une pluralité de copropriétaires et une pluralité de lots. L'opération a pour finalité la dissolution et la liquidation du syndicat initial, après constitution de plusieurs syndicats autonomes.

La substitution du verbe « représenter » dans la rédaction des deux alinéas du § I, par la loi SRU, au verbe « composer » de la rédaction d'origine, traduit une conception abstraite du lot à la place d'une conception concrète. La doctrine en déduit justement que désormais la scission peut s'appliquer aux lots transitoires[6]. La loi consacre ainsi un mouvement jurisprudentiel qui s'était dégagé en ce sens[7] et assimilait très largement le lot transitoire au lot construit[8].

Toutefois, l'expression « *un ou plusieurs lots correspondant à un ou plusieurs bâtiments* » paraît exclure de la division un terrain nu ou un lot non construit, sans autre précision, et à réserver le bénéfice de l'article 28 aux véritables lots transitoires. Les actes précisent alors définitivement les conditions de la construction du point de vue matériel et juridique et prévoient un droit exclusif d'utiliser une surface déterminée du sol pour y édifier un ou plusieurs bâtiments conformément à un permis de construire, les quotes-parts de propriété et, plus

1. Aix, 22 déc. 1984, *Gaz. Pal.* 1985. 2. Somm. 235 – Bouyeure et Ritschy, note *Gaz. Pal.* 1988. 1, 389 – Versailles, 25 avr. 1989, RG n° 613/88, *Juris-Data* n° 041303, *RDI* 1989. 385.
2. Santacreu, « La scission de copropriété », *Ann. loyers* 1979. 1198.
3. Kischinewsky-Broquisse, n° 351.
4. Rappr. : Civ. 3e, 26 févr. 1997, n° 95-12.709, NP, *RDI* 1997. 290, obs. Capoulade, Giverdon.
5. Lafond, Roux et Stemmer, s^s^ L. 28, n° 801.
6. Capoulade, « La copropriété dans la loi SRU », *Administrer* avr. 2001. 34 – Sizaire, « Sortie d'une copropriété : la division de l'article 28 nouveau de la loi du 10 juillet 1965 », *Administrer* janv. 2003. 7, n° 5.
7. Civ. 3e, 30 sept. 1998, n° 96-21.904, *Bull. civ.* III, n° 182; *JCP* 1998. 45/46; *Administrer* janv. 1999. 68, note Capoulade; *Loyers et copr.* 1999. 25 – Aix-en-Provence, 16 avr. 1992, RG n° 89/13594, *Juris-Data* n° 049199, *RDI* 1992. 545; *JCP N* 1993 II 130, obs. Stemmer – Aix-en-Provence, 30 mars 1995, *Juris-Data* n° 041574, *Loyers et copr.* 1996. 35 – Aix-en-Provence, 9 mars 2000, RG n° 96/13695, *Juris-Data* n° 124375, *D.* 2000. Somm. 215, obs. Atias.
8. Pour la saisie immobilière : Civ. 3e, 15 nov. 1989, n° 87-18.188, *Bull. civ.* III, n° 213; *RDI* 1990. 240; *D.* 1990. 123; *RTD civ.* 304 – Pour la qualité de copropriétaires : Civ. 3e, 14 nov. 1991, n° 89-21.167, *Bull. civ.* III, n° 275; *AJDI* 1992. 599; *RDI* 1992. 109; *D.* 1992. 277.

généralement, de parties communes[1] étant d'ores et déjà fixées et le régime de la copropriété s'appliquant de plein droit dès que les conditions de l'article 1er (al. 1er) de la loi se trouvent remplies.

754 Division en propriété du sol. La portée de cette condition se révèle délicate à préciser. La question est, en effet, de savoir si la possibilité de diviser la propriété du sol doit être simplement une possibilité purement matérielle, ou si cette division doit être aussi juridiquement possible, tant du point de vue de la division parcellaire réalisant un morcellement foncier que du point de vue des règles d'urbanisme, notamment de la constructibilité du sol.

Chacune des branches de cette alternative a ses partisans. Pour les uns[2], la division du sol est possible dès lors que sa division matérielle l'est aussi; pour d'autres, en revanche[3], il est à tout le moins préférable, dans le doute, d'obtenir les autorisations administratives requises en cas de division parcellaire et, spécialement de lotissement, et de vérifier la compatibilité de chaque élément issu de la division avec les règles d'urbanisme.

Certes, la législation sur les lotissements ne s'applique pas lorsqu'il s'agit de la division d'un terrain bâti, puisqu'il n'y a lotissement que si la division foncière s'opère « en vue de l'implantation de bâtiments ». Le retrait d'une parcelle construite ne constitue pas une opération de lotissement. Toutefois, le nouvel article L. 442-1-2 du code de l'urbanisme (ord. n° 2011-1916, 22 déc. 2011) prévoit désormais que le périmètre du lotissement peut inclure des parties déjà bâties.

Si la loi SRU a supprimé l'autorisation administrative en cas de détachement d'un terrain non bâti[4], il convient d'obtenir un certificat pour déterminer la Shon construite, afin d'évaluer la constructibilité résiduelle de chaque tènement foncier issu de la division[5] ainsi que le prévoit l'article L. 111-5 du code de l'urbanisme.

En revanche, l'article L. 111-3 du code de l'urbanisme permet la reconstruction après sinistre d'un immeuble régulièrement édifié - ce qui implique ni surélévation, ni agrandissement.

1. Civ. 3e, 15 nov. 1989, n° 87-18.188, *Bull. civ.* III, n° 213, *RDI* 1990. 240; *D.* 1990. 123; *RTD civ.* 304.
2. Michalopoulos, « La loi du 10 juillet 1965 et les ensembles immobiliers », *REDI* 1966, n° 18, p. 1083 – Cabanac, « Les ensembles immobiliers et la loi du 10 juillet 1965 », *Gaz. Pal.* 1966, I, 116.
3. Kischinewsky-Broquisse, n° 351 – Sizaire, n° 213, note 507 et Chron. préc., *Administrer* janv. 2003. 6, n° 3.
4. C. urb., art. L. 123-11 – Liet-Veaux, « Le débat sur les densités constructibles en cas de distractions de parcelles », *JCP N* 2002 1481.
5. Civ. 3e, 4 juill. 1990, n° 88-18.191, *Bull. civ.* III, n° 165; *RDI* 1990. 532, obs. Capoulade, Giverdon; *AJDI* 1991. 186.

Cependant, si l'on détachait plus de deux terrains non bâtis sur une période de dix ans, la législation sur les lotissements trouvait application. Il convenait alors de faire dresser un plan de division (C. urb., art. R. 315. 54). Désormais, l'article L. 442-1 du code de l'urbanisme ne prévoit plus la période de dix ans (ord. n° 2011-1916, préc.).

755 Division en propriété du sol (suite). Cette division appelle encore trois observations :

1. La scission du syndicat entraîne la nécessité de partager les parties communes. Selon l'article 3 de la loi de 1965, celles-ci comprennent, dans le silence ou la contradiction des titres, des droits qui leur sont accessoires, comme le droit de surélever, de construire, d'affouiller. Ces droits peuvent d'ailleurs être intégrés à un lot et ainsi recevoir la qualification de droits privatifs. Qu'ils soient communs ou privatifs, il convient d'en tenir compte pour déterminer la constructibilité du sol, notamment en ce qui concerne la surface minimale exigée pour construire. Les copropriétaires doivent être renseignés à cet égard, car il s'agit d'une condition à la fois matérielle et juridique[6].

2. La scission concerne le droit de propriété sur le sol. Or, le droit de jouissance exclusif, sur les parties communes, même assorti du droit de construire, ne modifie pas la qualification juridique de celles-ci. Le sol, partie commune, demeure commun. Le droit de construire un bâtiment sur le sol commun ne confère pas au propriétaire de ce bâtiment l'unique propriété du sol[7]. En l'absence d'un droit de copropriété sur le sol, la division est impossible et la demande de retrait irrecevable[8].

3. Quelle que soit la portée qu'on lui assigne, cette possibilité de diviser le sol en propriété représente une condition essentielle de la scission du syndicat[9]. Il importe donc que la demande de retrait établisse cette possibilité. La Cour de cassation reconnaît aux juges du fond le pouvoir de rechercher s'il résulte des documents produits que

6. Civ. 3e, 4 juill. 1990, n° 88-18.191, *Bull. civ.* III, n° 165; *RDI* 1990. 532, obs. Capoulade, Giverdon; *AJDI* 1991. 186.
7. Civ. 3e, 11 janv. 1995, n° 93-70.204, NP, *RDI* 1995. 369, obs. Capoulade, Giverdon; *D.* 1998. 264, Capoulade – Civ. 3e, 25 janv. 1995, n° 92-19.600, *Bull. civ.* III, n° 29; *AJDI* 1995. 868, obs. Léost; *D.* 1998. 265, note Capoulade; *RDI* 1995. 383, obs. Capoulade, Giverdon; *RDI* 1995. 370, obs. Capoulade, Giverdon. et les arrêts cités – Civ. 3e, 9 mai 2007, n° 06-12.474, NP, *RDI* 2007. 336, obs. Trébulle.
8. Civ. 3e, 4 juill. 1990, n° 88-18.191, *RDI* 1990. 532, obs. Capoulade, Giverdon; *AJDI* 1991. 186 – Civ. 3e, 29 janv. 1997, n° 94-19.548, *Bull. civ.* III, n° 26; *Administrer* juin 1997. 42, note Capoulade; *RDI* 1997. 291; *JCP* 1997. IV. 614; *Loyers et copr.* 1997. 92.
9. En ce sens : Bouyeure et Ritschy, note préc., *Gaz. Pal.* 1988. 1, 392, col. 2.

la division en propriété du sol est réalisable et que les conditions et les conséquences matérielles et pécuniaires du retrait soient précisées [1], sous réserve d'une censure pour défaut de base légale en cas d'insuffisance de motifs sur la possibilité et la nécessité même de la division du sol [2]. En particulier, les juges du fond doivent préciser en quoi la division du sol est nécessaire pour le transfert à une association syndicale de l'intégralité des parties communes et des ouvrages d'intérêt commun à tous les copropriétaires.

B. Conditions de forme

756 Demande de division. À supposer remplies les deux conditions de fond (v. s[s] n°s 754, 755) la première étape de l'opération consiste dans la formulation d'une demande de division en propriété du sol. Cette demande se présentera différemment selon son auteur (v. s[s] n° 753).

1. *Dans l'hypothèse du nouvel article 28 (§ I a)*, le propriétaire unique « d'un ou plusieurs lots correspondant à un ou plusieurs bâtiments » formulera son intention d'en obtenir le retrait du syndicat initial pour former une propriété séparée en notifiant au syndic, dans les conditions prévues à l'article 10 du décret de 1967, modifié, une demande de convocation de l'assemblée générale de tous les copropriétaires composant le syndicat [3]. Cette demande explicitera clairement son objet et sera accompagnée des documents nécessaires à l'information des copropriétaires, ainsi que de ceux nécessaires à la validité et à l'effectivité de la décision, observation étant faite qu'il a été jugé que, dans ce cas et ce à ce stade, il n'y avait pas à notifier le projet modificatif de règlement de copropriété, ni celui de l'état de répartition des charges lorsqu'il n'était sollicité qu'un vote de principe sur le retrait [4].

Tout logiquement, on passe directement, dans ce cas, à la réunion de l'assemblée générale de tous les copropriétaires, ce qui constitue la seconde étape dans l'autre hypothèse (art. 28 § I b) ci-dessous examinée.

2. *Dans l'hypothèse de l'article 28 (§ I b)*, il appartient, comme antérieurement, aux « copropriétaires dont les lots correspondent à un ou plusieurs bâtiments » de provoquer la convocation d'une assemblée spéciale réunissant ces copropriétaires. La demande est adressée, comme il est dit à l'article 10 du décret de 1967, modifié, au syndic principal, s'il n'existe pas de syndicat secondaire ou si les bâtiments concernés dépendent de plusieurs syndicats secondaires. Si le ou les bâtiments constituent un seul syndicat secondaire, le syndic secondaire apparaît le seul compétent pour recevoir la demande et y donner suite. Il est procédé pour cette assemblée spéciale comme pour les assemblées générales de copropriétaires (Décr. 17 mars 1967, art. 10), notamment, en cas de refus ou d'inertie du syndic, les copropriétaires peuvent invoquer les dispositions des articles 8 et 50 du décret de 1967.

Ici encore, il conviendra de notifier aux copropriétaires tous les documents nécessaires à leur information et à une décision prise en connaissance de cause sur le principe, sur les conditions matérielles, juridiques et financières et, d'une manière générale, sur les conséquences de la scission. Il s'agit, en effet, d'arrêter les projets qui seront ensuite soumis, dans la seconde étape, à l'appréciation de l'assemblée générale de tous les copropriétaires composant le syndicat initial. Il est, en effet, préférable que le dossier complet de l'opération soit préparé dès le départ afin qu'elle puisse être menée plus sûrement jusqu'à son terme [5]. Souvent, en effet, les désaccords apparaissent sur les modalités d'exécution et paralysent l'effectivité du principe même.

L'assemblée spéciale statue alors « *à la majorité des voix de tous les copropriétaires composant cette assemblée* », c'est-à-dire des « copropriétaires dont les lots correspondent à un ou plusieurs bâtiments », candidats au retrait ainsi que l'exprime le début de la phrase. C'est la formation même de l'assemblée spéciale que vise le texte, levant ainsi l'incertitude que créait la rédaction antérieure qui renvoyait « à la majorité de l'article 25 », sur la possibilité d'utiliser la passerelle de l'ancien article 25, alinéa 2 [6].

757 Assemblée générale du syndicat initial (la division). La demande de retrait, qu'elle soit formulée par un copropriétaire (art. 28 § I a) ou par une décision de l'assemblée spéciale (art. 28 § I b) est soumise à l'appréciation d'une assemblée générale de la collectivité des copropriétaires, y compris ceux qui constituent l'assemblée spéciale [7]. Cette assemblée reçoit une double mission, statuer d'une part, sur la demande de division et, d'autre part, sur les conditions matérielles juridiques et financières nécessitées par la division.

1. Civ. 3e, 4 juill. 1990, n° 88-18.191, *RDI* 1990. 532, obs. Capoulade, Giverdon; *AJDI* 1991. 186.
2. Civ. 3e, 7 mars 1990, n° 88-13.386, *Bull. civ.* III, n° 71; *D.* 1990. 363, note Atias.
3. S'il existe des syndicats secondaires, l'assemblée à convoquer est exclusivement celle du syndicat principal.
4. Versailles, 7 avr. 1995, *Juris-Data* n° 041325, *Rev. loyers* 1995. 454.
5. Sizaire, Chron. préc., p. 8.
6. EN CE SENS : LAFOND, ROUX ET STEMMER, s[s] art. L. 28, n° 7.
7. LOMBOIS, D. 1966. L. 93, n° 60.

Cette assemblée générale statue sur toutes ces questions « à la majorité des voix de tous les copropriétaires ». Le texte ne renvoie plus à la « majorité prévue à l'article 25 », comme auparavant, mais à la *majorité absolue des voix composant le syndicat initial*. Il indique expressément la majorité nécessaire, excluant ainsi toute possibilité d'utiliser la passerelle de l'article 25-1 pour décider à la majorité de l'article 24. Il est, en effet, apparu au législateur que la question de la scission était trop grave pour qu'elle puisse être décidée à la majorité simple.

L'assemblée générale du syndicat est soumise aux règles de convocation et de tenue applicable à toutes les assemblées générales. Le refus d'un retrait est justifié dès lors que les documents énoncés à l'article 11-4 du décret de 1967, modifié, n'ont pas été notifiés aux copropriétaires en même temps que l'ordre du jour[1].

La décision de l'assemblée générale sur la scission est-elle discrétionnaire, souveraine ou contrôlée par le juge ? Cette question a longtemps préoccupé la doctrine[2] et divisé la jurisprudence[3]. La Cour de cassation a pris parti, sur ce point, de la manière la plus nette : « L'article 28 de la loi du 10 juillet 1965 ne donne pas au juge le pouvoir de statuer sur une demande de retrait de la copropriété, qui relève de la seule assemblée générale des copropriétaires »[4]. Il appartient donc à cette seule assemblée générale de statuer; l'annulation de sa décision de refus n'emporte pas, par elle-même, autorisation judiciaire du retrait[5]. Le contrôle du juge ne s'exerce ainsi que pour irrégularité ou pour abus de droit.

Encore faut-il que soit prise une décision de diviser la propriété au sol; il n'en est pas ainsi de la décision qui accepte la séparation d'un lot en ce qui concerne l'établissement et le paiement des charges et des travaux et qui ne peut, à elle seule, entraîner la dissolution du syndicat, ainsi que la méconnaissance du règlement[6].

1. Paris, 12 janv. 2006, RG n° 05/04451, *Loyers et copr.* 2006. 114.
2. SUR la scission : Bouyeure et Ritschy, note *Gaz. Pal.* 1988. 1393, col. 1 – KISCHINEWSKY-BROQUISSE, n° 353 – LAFOND, ROUX ET STEMMER, 1996, sous art. L. 28, § D 7 – ET, PLUS GÉNÉRALEMENT : Tomasin, *Mélanges Perrot*, p. 499 – Chevreau, *ibid.* – Capoulade, *IRC* mai 1996. 11.
3. Aix-en-Provence, 23 oct. 1979, *Bull. Aix* n° 288, p. 53 – TGI Paris, 10 juill. 1974, *D.* 1976. IR 63 et 68; *Gaz. Pal.* 1974. 2, 863 – TGI Annecy, 21 oct. 1987, *Gaz. Pal.* 1988. 391, note Bouyeure et Ritschy – Civ. 3e, 4 juill. 1990, n° 88-16.282, *Bull. civ.* III, n° 166; *RDI* 1990. 532; *AJDI* 1991. 26; *D.* 1991. 523.
4. Civ. 3e, 29 janv. 1997, n° 94-19.548, *Bull. civ.* III, n° 26; *Administrer* juin 1997. 42, note Capoulade; *RDI* 1997. 291; *JCP* 1997. IV. 614; *Loyers et copr.* 1997. 92.
5. Civ. 3e, 14 mars 2001, n° 99-18.530, *Administrer* juin 2001. 42, obs. Bouyeure.

758 Assemblée générale du syndicat initial (suite). Déjà, la jurisprudence de la Cour de cassation exigeait, pour que la décision de retrait ne soit pas seulement de principe, qu'en soient précisées « les conditions et les conséquences matérielles et pécuniaires »[7] ou encore que soit constatée la réunion des conditions nécessaires à la dissolution du syndicat[8]. Le règlement initial de copropriété continuait de s'appliquer, sans qu'il y ait à distinguer, entre ses différentes stipulations et le syndicat initial ne pouvait être dissous[9].

S'inspirant de cette jurisprudence, l'article 28, modifié par la loi SRU, prévoit que, « *dans les deux cas* », après avoir statué sur la division et l'avoir admise (art. 28 § I), « *l'assemblée générale du syndicat initial statue, à la même majorité, sur les conditions matérielles, juridiques et financières nécessitées par la division* » (art. 28 § II, al. 1er). Il est apparu préférable au législateur que l'ensemble de l'opération soit délibéré dès le départ plutôt que laisser une décision de principe demeurer sans exécution à défaut d'entente sur les conditions d'application, ainsi qu'il advenait trop souvent sous l'empire du texte antérieur.

Cette disposition pose trois séries de questions – quelles sont ces conditions ? Quels documents convient-il de notifier préalablement ? Quels sont les pouvoirs des assemblées ?

759 Assemblée générale du syndicat initial (les conditions). Les textes en vigueur ne donnent aucune précision d'ordre général sur la nature et l'objet de ces conditions. Il est impossible d'en dresser une liste exhaustive; elles dépendent intimement des circonstances particulières à chaque situation. Toutefois, quelques exemples permettent d'illustrer les nouvelles dispositions de l'article 28.

Deux remarques préliminaires s'imposent à cet égard :

L'assemblée générale statue sur ces conditions à la *majorité des voix de tous les copropriétaires du syndicat initial*, comme sur le principe de la demande de division (v. s^s n° 757).

Ces conditions doivent être « *nécessitées par la division* » (art. 28, § II, al. 1er). La loi impose donc une limitation aux exigences éventuelles des copropriétaires. Ce qui n'est pas nécessaire à la division ne peut être décidé qu'à la majorité applicable selon

6. Civ. 3e, 28 juin 1995, n° 93-12.692, *Bull. civ.* III, n° 156; *D.* 1998. Somm. 275; *RDI* 1995. 794.
7. Civ. 3e, 4 juill. 1990, n° 88-18.191, *Bull. civ.* III, n° 165; *IRC* déc. 1990. 355, note Capoulade; *AJDI* 1991. 186; *RDI* 1990. 528; *D.* 1991, 85.
8. Civ. 3e, 28 juin 1995, n° 93-12.692, *Bull. civ.* III, n° 156; *D.* 1998. Somm. 275 et obs.; *RDI* 1995. 794.
9. Mêmes arrêts.

l'objet de la décision. L'appréciation de la nécessité peut susciter des contestations[1].

C. Conditions matérielles

760 Les conditions matérielles. Il s'agit de fixer l'emplacement de la ligne divisoire, de déterminer l'aspect de la clôture, sous réserve de la réglementation de l'urbanisme (C. urb., art. L. 441-1 s., R. 441)[2], d'arrêter les moyens d'accéder à chaque fonds, de décider si certains équipements peuvent ou non être divisés, en fonction de leur emplacement et de leur capacité de production (production et distribution de la chaleur et de l'eau chaude...).

D. Conditions juridiques

761 Les conditions matérielles reçoivent très généralement une traduction juridique. Il convient d'apprécier si l'opération qui représente une cession de droits réels, constitue un partage[3] ou un échange[4] de quotes-parts de propriété, de redistribuer ou non les différents équipements et, selon les règles d'urbanisme et les clauses du règlement initial, d'instituer ou non des servitudes de passage, de prospect, de hauteur[5], d'organiser enfin la gestion et l'entretien des ouvrages et équipements subsistants en communauté.

Il reste à régler deux questions délicates :

La constructibilité de chaque fraction issue de la division doit être précisée lorsque l'une ou plusieurs de ces fractions conserve un potentiel de constructibilité. Après consultations d'un certificat d'urbanisme, il y a lieu de régler cette question en distinguant selon que le droit de construire est un droit accessoire aux parties communes ou un droit privatif, en tenant compte de la SHO construite sur le terrain.

La destination de l'immeuble, telle que définie par l'article 8 (al. 2) de la loi de 1965, ne se trouve pas expressément visée par l'article 28 (§ 2, al. 1er). La désignation prévue aux actes s'impose aux syndicats et aux propriétés issus de la division. L'assemblée générale du syndicat initial ne peut donc, conformément au droit commun de la copropriété, statuer sur cette question qu'à l'unanimité des voix de tous les copropriétaires, du moins pour ce qui concerne le syndicat initial. Cette assemblée n'a pas compétence pour apporter sur ce point des modifications aux règlements des nouveaux syndicats. Toutefois, les assemblées générales des syndicats issus de la division pourraient ensuite à l'unanimité modifier les clauses du règlement relatives à la destination de l'immeuble. Cependant, aucune disposition n'interdit à l'assemblée générale du syndicat initial d'ériger, à la majorité des voix de tous les copropriétaires, en condition de la division, soit le maintien de la destination (affectation des lots, exclusion ou admission d'activités, caractère de l'immeuble), prévue au règlement initial, soit un changement de destination, que la demande soit collective ou individuelle[6], sous réserve d'un recours pour abus de droit.

E. Conditions financières

762 De quoi s'agit-il ? Il s'agit de déterminer le coût de l'opération (rédaction d'actes, établissement des plans, coût des travaux, liquidation du syndicat initial), d'en imputer la charge et de fixer, s'il y a lieu, la répartition de la dépense et de la recette.

763 Assemblée générale du syndicat initial (notification et compétence). Comme les membres de l'assemblée spéciale (art. 28 § I, b), tous les membres de l'assemblée générale du syndicat initial doivent être informés aussi complètement que possible sur le principe et les conditions de la division de propriété, dès lors qu'ils ne sont pas sollicités d'émettre un simple vote de principe sur le retrait[7]. Les documents d'information ont déjà été examinés et délibérés par l'assemblée spéciale ou préparés par le candidat au retrait[8]. Ces documents sont notifiés aux copropriétaires, par lettre recommandée avec demande d'avis de réception, au plus tard en même temps que la convocation et l'ordre du jour[9].

Le décret du 17 mars 1967, dans ses rédactions successives, ne consacre aucune disposition particulière aux pièces à notifier à l'occasion de la décision sur la division. Il faut donc se reporter à l'énu-

1. Sizaire, Chron. préc., nos 13, 14 et 17 – Capoulade, Chron. préc., § C, p. 34 et 35.
2. Drobenko, *Droit de l'urbanisme*, p. 216 et 217.
3. Sizaire, no 214.
4. Atias, *La copropriété des immeubles bâtis*, no 82 – Rép. civ., *V° Copropriété*, nos 893 et 895 – Lafond, Roux et Stemmer, ss art. L. 28, no 11 – rappr. : Civ. 3e, 24 sept. 2003, no 02-10.910, NP – au point de vue fiscal : CGI, art. 749 A, mod. par l'art. 85 de la loi SRU.
5. Lafond, Roux et Stemmer, ss art. L. 28, no 803. Le non-respect de ces obligations pourrait entraîner l'annulation des ventes intervenues après scission : Civ. 1re, 13 févr. 2000, no 98-19.440, NP, cité par Lafond, Roux et Stemmer.
6. En sens contraire : Sizaire, nos 16 et 20.
7. Versailles, 7 avr. 1995, *Juris-Data* no 041325, *Rev. loyers* 1995. 454.
8. Même arrêt.
9. Paris, 12 janv. 2006, RG no 05/04371, préc. (v. ss no 757).

mération de l'article 11 de ce décret pour déterminer les documents « nécessaires à la validité » de la décision et « nécessités par la division ». Il s'agit notamment du projet de cession des quotes-parts de propriété (parties communes et éléments d'équipement commun divisibles), ce qui implique un plan indiquant l'emplacement de la ligne divisoire, un projet de convention comportant le partage de l'ensemble des droits accessoires aux parties communes et l'indication précise de l'affectation que les copropriétaires envisagent de donner au lot détaché au profit d'un promoteur immobilier[1], les projets d'actes créant des servitudes, notamment de mitoyenneté[2], si la division nécessite de telles servitudes, le projet de statut de l'organisme qui sera chargé de gérer les éléments d'équipement impartageables et, s'il y a lieu, le projet de cession de la propriété de ces éléments à cet organisme et, d'une manière très générale, les conditions essentielles (cocontractant, objet et prix) de tous contrats et marchés de travaux nécessités par la division, avec précision des dates et montant des appels de fonds.

La jurisprudence a toujours témoigné d'une certaine exigence pour les documents à notifier en vue de statuer sur la division[3]. Elle impose, par exemple, que les projets de nouveau règlement de copropriété, d'état descriptif de division et d'état de répartition des charges soient « joints » à la convocation de l'assemblée générale du syndicat initial[4]. Cependant, il appartient à l'assemblée de chaque nouveau syndicat d'en décider, mais il importe que le syndicat initial puisse apprécier l'ensemble des conditions juridiques de la scission, veiller au respect de contraintes collectives extérieures, comme un règlement de ZAC ou d'un cahier des charges de lotissement[5] et vérifier, comme en cas de division ou de réunion de lots, la conformité de la ventilation aux règles antérieures et aux critères légaux.

Ainsi donc, l'assemblée générale du syndicat initial connaît du principe et des conditions de l'opération nécessitées par la division, mais il revient à « *l'assemblée générale du ou des nouveaux syndicats, sauf en ce qui concerne la destination de l'immeuble* » de procéder « *aux adaptations du règlement initial de copropriété et de l'état de répartition des charges rendues nécessaires par la division* » (art. 28 § II, al. 1er et 2).

§ 2
Conséquences de la division du syndicat

764 Principes. La division du syndicat demandée par l'assemblée spéciale des copropriétaires concernés ou par le propriétaire de lots correspondant à un ou plusieurs bâtiments, sur laquelle statue l'assemblée générale de tous les copropriétaires du syndicat initial, a pour conséquence d'entraîner, d'une part, la création d'entités séparées (syndicats nouveaux et même, dans le cas de l'article art. 28, § I, al. 1, d'une ou plusieurs propriétés autonomes) et, d'autre part, la dissolution et la liquidation du syndicat initial.

A.
Création d'entités séparées

765 Assemblée générale du ou des nouveaux syndicats (principes). Dans sa teneur d'origine, l'article 28 prévoyait « l'établissement d'un nouveau règlement de copropriété par chacun des syndicats », sans autre précision.

L'article 28 (§ II, al. 2) actuel dispose que « l'assemblée générale du ou des nouveaux syndicats, sauf en ce qui concerne la destination de l'immeuble, procède à la majorité de l'article 24, aux adaptations du règlement initial de copropriété et de l'état de répartition des charges rendues nécessaires par la division ».

Cette assemblée générale paraît bien relever d'un genre particulier. En principe, l'assemblée générale constitue l'organe de décision d'une personne morale. Or, en l'espèce, la personne morale n'existe pas encore; elle est en cours de constitution puisque, aux termes du dernier alinéa de l'article 28, « la division ne prend effet » et donc le ou les nouveaux syndicats ne sont créés, « que lorsque sont prises les décisions mentionnées aux alinéas précédents ». Or, d'une part, l'adaptation du règlement initial par cette assemblée figure aux alinéas précédents et conditionne précisément la division et la naissance du syndicat et, d'autre part, le règlement initial reste applicable jusque-là.

En définitive, peu importe, semble-t-il, qu'il s'agisse d'une assemblée anticipée ou virtuelle, puisque la loi en prévoit formellement l'existence et en fixe les pouvoirs.

Tout aussi délicate est la détermination de la personne habile à convoquer l'assemblée générale du ou des nouveaux syndicats. Les projets de règlement

1. TGI Paris, 9 mai 1990, *RDI* 1991. 509; *Gaz. Pal.* 27 juill. 1991, note Baudouin.
2. TGI Paris, 9 mai 1990, préc.
3. Civ. 3e, 28 juin 1995, no 93-12.692, *Bull. civ.* III, no 156 (2°); *RDI* 1995. 794; *D.* 1998. 275 – Civ. 3e, 29 janv. 1997, no 94-19.548, 2e moyen, *Bull. civ.* III, no 26 (2); *Administrer* juin 1997. 42, note Capoulade; *Gaz. Pal.* 3 déc. 1997 no 337-338; *JCP* 1997. 614; *D.* 1997. 19 – Paris, 12 janv. 2006, RG no 05/04371, préc. ss no 757, note 6 et ss no 763, note 4.
4. Civ. 3e, 24 sept. 2003, no 02-10.910, NP.
5. Civ. 3e, 26 oct. 1988, no 87-12.432, *Bull. civ.* III, no 147 – Civ. 3e, 19 janv. 1994, no 91-20.050, *Bull. civ.* III, no 7; *RDI* 1994. 291; *D.* 1994. 203.

examinés par l'assemblée du syndicat initial (art. 28 § II, al. 1er) auraient pu prévoir, par anticipation, un syndic provisoire, mais, en l'absence de toute disposition législative, à la différence de l'assemblée elle-même, il n'est pas certain qu'il détienne cette qualité tant que le syndicat lui-même n'est pas créé. On pourrait alors songer à la désignation d'un mandataire de justice nommé à cet effet par le juge. Toutefois, la solution apparaît plus simple. La division n'étant pas encore effective et le règlement initial continuant de s'appliquer, le syndic du syndicat initial détient le pouvoir de convoquer les assemblées qui correspondent alors aux démembrements de l'assemblée générale du syndicat initial.

Les principes généraux conduisent, en tout cas, à conférer à la personne qui a qualité pour convoquer, le pouvoir d'établir l'ordre du jour.

766 Assemblée générale du ou des nouveaux syndicats (adaptations nécessaires). La création de syndicats nouveaux impose que chacun d'eux soit doté d'un règlement de copropriété qui lui soit propre. Il appartient tout naturellement à l'assemblée générale des copropriétaires, que regroupe chacun de ces syndicats, d'adopter ce règlement. La question se pose alors de savoir de quels pouvoirs dispose cette assemblée, et à quelle majorité elle décide.

L'actuel article 28 (§ 2, al. 2) lève, sur ce point, bien des ambiguïtés que suscitait le laconisme du texte antérieur[1]. Il ne s'agit plus de « l'établissement d'un nouveau règlement de copropriété par chacun des syndicats », mais, plus simplement, de procéder, « à la majorité de l'art. 24 », à « *l'adaptation* du règlement initial de copropriété et de l'état de répartition des charges *rendues nécessaires par la division* ».

Pour son interprétation, l'article 28 doit être rapproché de l'article 49 (v. ss nos 595 s.), en raison de la similitude des termes employés. Selon la définition donnée par les lexicologues, l'adaptation consiste à ajuster ce qui est nécessaire et qui ne peut pas ne pas être. L'assemblée ne statue à la majorité simplifiée que dans les seules limites de l'adaptation rendue nécessaire par la division, en ce qui concerne le règlement de copropriété et l'état de répartition des charges. Ces documents revêtent, en effet, un caractère contractuel.

Les dispositions de l'article 28 qui renvoient à la majorité de l'article 24, sont plus favorables que celles de l'article 11 (al. 1, seconde phrase) qui prévoient la modification nécessaire de la répartition des charges, à la majorité applicable aux travaux ou aux actes de disposition. On pourrait aussi s'interroger sur l'applicabilité à ce cas du dernier alinéa de l'article 11 de la loi qui permet la saisine du Tribunal, à défaut de décision modificative prise par l'assemblée générale. Certes, l'article 28 ne prévoit pas ce recours et ne se réfère pas à l'article 11, mais, dans le sens d'une solution positive, on peut observer que la division s'analyse en un acte de disposition et que l'article 28 ne déroge à l'article 11 qu'en ce qui concerne la majorité décisoire[2].

En revanche, l'état descriptif de division se trouve exclu du bénéfice de cette disposition, puisqu'il constitue un document administratif, dressé pour les besoins de la publicité foncière, dont la confection et la modification ne relèvent pas des pouvoirs de l'assemblée générale.

767 Assemblée générale du ou des nouveaux syndicats (autres modifications). En dehors des « adaptations... rendues nécessaires par la division », les autres modifications du règlement de copropriété et de l'état de répartition des charges relèvent des dispositions du droit commun de la copropriété.

Les *pouvoirs* dont dispose l'assemblée sont donc fonction du fait que le règlement du nouveau syndicat constitue un règlement « ultérieur » (sur cette appellation v. ss no 591).

Dans ces conditions, l'assemblée adopte à la majorité de l'article 26 des modifications, au sens large du terme, concernant la jouissance, l'usage et l'administration des parties communes, dès lors qu'il ne s'agit pas d'adaptations rendues nécessaires par la division. Il convient aussi de respecter les droits acquis aux copropriétaires dans la copropriété initiale, sans pouvoir imposer à un copropriétaire une modification à l'usage de ses parties privatives ou aux modalités de leur jouissance, telles qu'elles résultaient du règlement primitif[3].

La même solution s'impose et les dispositions de l'article 11 de la loi de 1965 trouveraient application si la modification de l'état de répartition des charges ne constituait pas une adaptation en conséquence directe et nécessaire de la scission, par exemple, en cas d'amélioration par la pose d'un nouvel équipement (installation d'un ascenseur) ou la création d'un service nouveau.

768 Redistribution des quotes-parts de propriété. La création de syndicats nouveaux, dotés naturellement de la personnalité civile, a d'abord pour conséquence une redistribution des quotes-parts de propriété, lorsque, du moins, ces quotes-parts afférentes à chaque lot avaient été établies sur la base

1. Givord, Giverdon, Capoulade, 4e éd., 1992, nos 463 et 465.

2. TGI Paris, 10 févr. 1972, *Journ. not.* 1973. 1148, note Viatte et, SUR APPEL : Paris, 16 mars 1973, *Rev. loyers* 1973. 2, 729, note Viatte.

3. L. 10 juill. 1965, art. 26, al. 2 – EN CE SENS : KISCHINEWSKY-BROQUISSE, no 354; SIZAIRE, no 216.

de l'ensemble des parties communes. Cette redistribution, qui, d'une part, s'analyse juridiquement en une cession (partage ou échange v. s^{s} n° 760) et qui, d'autre part, est la conséquence directe et nécessaire de la scission du syndicat initial, s'opère sans requérir le consentement unanime des copropriétaires. Matériellement, elle est réalisée par voie de modification de l'état descriptif de division initiale, le syndic de chacune des nouvelles copropriétés ayant, de par le seul effet de la décision de scission de la propriété, le pouvoir de signer les actes nécessaires et de requérir leur publication au fichier immobilier [1].

Cette redistribution représente une adaptation rendue nécessaire et consiste dans une opération arithmétique conservant la même proportionnalité (application d'une règle de trois pour tenir compte du changement de dénominateur).

De ce que le retrait d'un ou de bâtiments du syndicat initial et la constitution de ceux-ci en syndicats séparés constituent une cession, il en résulte cette conséquence que la consistance du patrimoine de chaque copropriétaire se trouve modifiée, cette modification se concrétisant dans la redistribution des quotes-parts de propriété. Il s'ensuivait de graves difficultés lorsque, comme la chose est fréquente, les lots des copropriétaires concernés étaient grevés d'hypothèques : le consentement des créanciers inscrits était requis pour que les mainlevées, nécessaires à la tenue du fichier immobilier, puissent être données [2]. La loi n° 79-2 du 2 janvier 1979 a heureusement mis fin à ces difficultés d'une part grâce à la purge légale des droits grevant les quotes-parts des parties communes affectées à chaque lot en cas de modification de ces quotes-parts (L. 10 juill. 1965, art. 6-1, al. 1er) et d'autre part en ajoutant au code civil l'article 2428 duquel il résulte que, pour les besoins de leur inscription, les privilèges et les hypothèques grevant les lots des immeubles en copropriété, sont réputés ne pas grever la quote-part des parties communes comprises dans ces lots.

Sur le *plan fiscal*, l'Administration a d'abord assimilé la scission du syndicat, impliquant une redistribution des parties communes, à un échange, justifiant la perception d'un droit de 1 % ayant pour assiette, dans un premier temps, le montant de l'actif net partagé (valeurs cumulées des parties communes et des parties privatives) [3], puis, dans un second temps, la valeur déclarée de l'ensemble des parties communes soumises au partage [4]. En raison du montant des droits à acquitter, cette analyse dissuadait de pratiquer une scission de propriété; il n'en résultait donc, en fait, aucune recette fiscale.

Aussi, la loi SRU, soucieuse de favoriser les scissions, a-t-elle, dans son article 85, opéré une réforme demandée depuis longtemps. Généralisant une disposition jusque-là limitée à certaines zones, l'article 749 A du code général des impôts exonère désormais du droit d'enregistrement ou de taxe de publicité foncière les *partages* d'immeubles bâtis, de groupe d'immeubles bâtis ou d'ensemble immobilier soumis à la loi du 10 juillet 1965, ainsi que la redistribution des parties communes qui en est la conséquence. Cette exonération représente un atout majeur pour la réalisation des scissions d'immeubles ou de groupes d'immeubles en copropriété. En revanche, les ensembles immobiliers supposant déjà, par hypothèse, un foncier éclaté en propriété, le partage ne peut concerner que les éléments fédérateurs, ce qui est concevable, mais très rare en pratique.

B. Dissolution du syndicat initial

769 Éléments communs indivisibles. Il va de soi qu'il ne peut y avoir scission s'il existe encore des parties communes ou des ouvrages d'intérêt commun à l'ensemble des copropriétaires [5]. Sous des formes différentes, l'article 28, dans sa rédaction de 1965, comme dans celle de 2000, réaffirme ce principe fondamental.

Néanmoins, l'application de ce principe peut se heurter à certaines impossibilités techniques ou pratiques. Dans ce cas, un ensemble immobilier, au sens de l'article 1er (al. 2) de la loi de 1965 se trouve constitué. Après l'éclatement du foncier, il convient de régler le statut des éléments fédérateurs (chaufferie, VRD...).

À cette fin, l'article 28, dans sa rédaction de 1965, réservait expressément l'hypothèse où « il serait pourvu d'une autre manière à l'entretien, à la gestion et, éventuellement, à l'exécution de ces ouvrages » restant communs, notamment par une association syndicale régie par la loi du 21 juin 1865.

L'actuel article 28 (§ II, al. 2) confie à l'assemblée générale du syndicat initial qui, par hypothèse, n'est pas encore dissous, le soin de statuer sur l'organisme chargé de « *la création, la gestion et l'entretien des éléments communs qui ne peuvent être divisés* », tout en demeurant dans le champ d'application de la loi du 10 juillet 1965. Si, à cette fin, l'assemblée « *décide de constituer une union de syndi-*

1. EN CE SENS : SIZAIRE, n° 214 – POUR UNE habilitation spéciale : KISCHINEWSKY-BROQUISSE, n° 340.
2. SUR CES DIFFICULTÉS : rapport de M. Delorme, 73e congrès des notaires, Strasbourg 1976.
3. Rép. min., QE, *JOAN Q* 29 mars 1975, p. 1130.
4. Rép. min., QE, *JOAN Q* 29 sept. 1980, p. 4117.
5. Civ. 3e, 8 févr. 1995, n° 92-16.876, *Bull. civ.* III, n° 42; *D.* 1996. Somm. 90; *RDI* 1995. 380.

cats... la décision est prise à la majorité de l'article 24 ». Cette disposition assouplit singulièrement la prise en charge des « éléments fédérateurs » et favorise la constitution d'une union de syndicats, puisqu'en principe l'adhésion à une telle union relève de la majorité de l'article 25 (v. s^s^ n° 710), renvoi qui, selon nous, ne permet pas d'utiliser la « passerelle » de l'article 25-1.

Le choix de l'assemblée du syndicat initial peut aussi se porter sur une autre organisation, ce qui est logique en matière d'ensembles immobiliers (v. s^s^ n°s 159 s.). Tel serait le cas des associations syndicales de propriétaires fonciers régies par la loi du 21 juin 1865 et maintenant l'ordonnance du 1er juillet 2004, des associations foncières urbaines régies par les articles L. 322. 2 et suivants du code de l'urbanisme ou par une société civile des articles 1845 et suivants du code civil. Dans ce cas, la constitution de cet organisme est régie par ses règles propres. Le statut de la copropriété est, en effet, étranger au régime de ces divers organismes et les dispositions de l'article 28 ne sauraient déroger aux conditions de leur formation [1]. Il est encore possible de laisser les parties communes devant être gérées en indivision forcée entre tous les copropriétaires [2].

Enfin, l'article 28 appelle trois observations :

- le transfert à l'union ou à un autre organisme peut porter sur l'administration, mais aussi sur la propriété des éléments d'équipement qui ne peuvent être divisés;

- l'emploi du mot « création » (« exécution » en 1965) d'éléments communs laisse supposer que la scission peut intervenir avant l'achèvement complet du programme de construction;

- plus exigeant que l'ancien, le texte actuel impose que les éléments d'équipements communs ne puissent être divisés.

770 Dissolution du syndicat initial. La division de la propriété du sol entre des propriétés autonomes ou des syndicats indépendants, dotés chacun de son propre règlement de copropriété, et le statut des parties ou ouvrages qui ne peuvent être divisés, étant fixé, il est logique que le syndicat initial qui n'a plus d'objet, soit dissous. Il ne s'agit pas, en effet, d'un démembrement du syndicat initial au profit d'un propriétaire ou d'un autre syndicat. Il n'est plus identique à lui-même et une autre personne morale doit lui succéder.

La dissolution du syndicat est liée de plein droit à l'effectivité de la division. L'article 28 (§ II, al. 5) dispose, en effet, « *la division ne prend effet que lorsque sont prises les décisions mentionnées aux alinéas précédents. Elle emporte la dissolution du syndicat initial* ». Ce texte ne distingue pas selon que les décisions relèvent de la compétence de l'assemblée générale du syndicat initial ou de celle des assemblées générales de chacun des syndicats issus de la division; il ne distingue pas davantage entre les différentes décisions rendues nécessaires. Le principe de la scission étant acquis, ses conditions matérielles, juridiques et financières doivent être arrêtées, les adaptations ainsi rendues nécessaires du règlement de copropriété et de l'état de répartition des charges décidées et le régime des éléments d'équipement indivisible réglé.

Le syndicat initial étant ainsi dissous se survit seulement pour les besoins de sa liquidation. Le mandat du syndic prend fin de plein droit par la disparition de la personne morale qu'il représentait. Il appartient à un liquidateur désigné soit par l'assemblée générale du syndicat initial, soit par le juge, de procéder à la liquidation des comptes du syndicat dissous [3].

Jusque-là, il convient d'éviter la vacuité de la représentation de la collectivité et d'assurer la permanence de l'administration des biens communs à l'ensemble des copropriétaires [4]. L'article 28 (§ II, al. 4) dispose donc que « *le règlement de copropriété du syndicat initial reste applicable jusqu'à l'établissement d'un nouveau règlement de copropriété du syndicat ou de chacun des syndicats selon le cas* ».

1. MÊME arrêt, AUSSI : SIZAIRE, n° 218.
2. Cabanac, « Les ensembles immobiliers et le nouveau statut de la copropriété », *IRC* 1966. 67 – À CE SUJET : Civ. 3e, 7 mars 1990, n° 88-13.386, *D.* 1990. 363, note Atias; *IRC* 1990. 134, note Capoulade : cassation à défaut de préciser en quoi la division du sol était nécessaire pour transférer à l'association syndicale l'intégralité des parties communes à tous les copropriétaires de l'ensemble immobilier.
3. Paris, 23e ch. B, 15 sept. 1995, *Juris-Data* n° 022451, *D.* 1998. Somm. 275, obs. Giverdon.
4. Civ. 3e, 28 juin 1995, n° 93-12.692, *Loyers et copr.* 1995. 492; *RDI* 1995. 794; *D.* 1998. 275.

CHAPITRE

4. Syndicat en difficulté

SECTION 0 ORIENTEUR

Plan du chapitre.

Textes applicables.

• L. n° 65-557 du 10 janvier 1965, fixant le statut de la copropriété des immeubles bâtis, art. 29-1A et 29-1B à 29-5.

• Décr. n° 67-223 du 17 mars 1967, art. 62-1 à 62-15.

• Code de la construction et de l'habitation, art. L. 615-6 et L. 615-7.

Jurisprudence de référence.

• **Civ. 3e, 10 déc. 1986, n° 85-16.144,** *Bull. civ.* III, n° 181.

* V. ss n° 790.

« L'ordonnance d'un premier président de cour d'appel applique, à bon droit, les règles relatives à la taxe pour fixer le montant des frais et honoraires de l'administrateur provisoire d'un syndicat de copropriétaires, dès lors que, investi de sa mission par décision judiciaire, il avait, à titre occasionnel, la qualité d'auxiliaire de justice au sens de l'article 719 du code de procédure civile. »

• **Civ. 3e, 22 juin 2005, n° 04-12.644,** *Bull. civ.* III, n° 138.

* V. ss nos 793, 799.

« Ayant retenu que nonobstant le dispositif de l'ordonnance de référé, l'administrateur provisoire du syndicat des copropriétaires ne pouvait conférer aucune délégation de pouvoirs à l'ancien syndic dont le mandat avait cessé de plein droit à la date de l'ordonnance et que l'assignation délivrée à un copropriétaire en paiement de charges arriérées mentionnait, en qualité de demandeur, le syndicat des copropriétaires représenté par son syndic en exercice, la signification de la décision portant les mêmes mentions, la cour d'appel en a exactement déduit que l'assignation et le jugement subséquent étaient nuls. »

• **Civ. 3e, 16 déc. 1992, n° 91-04.128,** *Bull. civ.* III, n° 317.

* V. ss n° 801.

« Les dispositions spéciales de l'article 12 de la loi du 31 décembre 1989 dérogent au droit commun exprimé par l'article 1244 du code civil. Il s'en suit que le juge ne peut cumuler le délai de droit commun avec le délai dérogatoire. »

Bibliographie indicative.

ROUX, « Les syndicats en difficulté », J.-CL. COPROPRIÉTÉ, fasc. 84.

Debrieu, Mariani, Riela, « La copropriété en difficulté financière », Annales des loyers, mai-juin 2011 p. 902.

SECTION 1 INTRODUCTION

771 Évolution[1]. Les « copropriétés » en difficulté, déjà connues en pratique sous le vocable de « copropriétés dégradées », sont entrées dans le droit positif avec la loi n° 94-624 du 21 juillet 1994,

1. APRÈS LA LOI DU 21 JUILLET 1994 : Atias, « Le redressement des copropriétés en difficulté », *IRC* sept. 1995. 21 s. – Capoulade, « Les incertitudes de la loi sur l'habitat, 3e partie », *IRC* déc. 1994 – ROUX, Les syndicats en diffilculté, J.-CL. COPR., fasc. 84 – Giverdon et Capoulade, « L'amélioration du fonctionnement des syndicats de copropriétaires », *AJDI* 1995. 374 – JAFFUEL et NEIDHART, « Les syndicats de copropriétaires en difficulté », *Administrer* avr. 1996. 7 – Lafond, « La réforme du statut de la copropriété par la loi du 21 juillet », 1994, *JCP N* 1994, prat. 3188 – Ruffet, « Les syndicats de copropriétaires en difficulté », *IRC* mai 2007. 21 et juin 2007. 24.

relative à l'habitat. Les dispositions de cette loi avaient pour objectif « l'amélioration du fonctionnement des copropriétés » et le « rétablissement de leur fonctionnement normal ». L'institution d'un privilège spécial immobilier occulte (v. s^s n°s 339 s.) s'inscrivait dans la même perspective.

Les dispositions de la loi du 21 juillet 1994, en ce qu'elles concernent les « copropriétés » en difficulté font aujourd'hui l'objet de la section II du chapitre II de la loi du 10 juillet 1965 (articles 29-1 s.). Corrélativement, l'article 7 du décret n° 95-162 du 15 février 1995 a prévu, après l'article 62 du décret du 17 mars 1967, l'insertion d'une sous-section II, portant le même intitulé et comportant quatorze articles (62-1 à 62-14) traitant surtout de la procédure.

Répondant aux critiques et aux insuffisances de la précédente loi, la loi n° 2000-1208 du 13 décembre 2000, relative à la solidarité et au renouvellement urbains a apporté trois modifications importantes à la loi du 10 juillet 1965 : le transfert de tous les pouvoirs du syndic à l'administrateur provisoire (art. 29-1), une liaison plus étroite entre justice et administration (art. 29-5), et la scission judiciaire du syndicat en difficulté (art. 29-4). Le décret du 27 mai 2004 a modifié, en conséquence, les dispositions du décret de 1967 (notamment en ajoutant un art. 62-15).

Enfin, la loi n° 2003-710 du 1er août 2003, d'orientation et de programmation pour la ville et la rénovation urbaine, a de nouveau modifié l'article 29-1 pour permettre à l'administrateur provisoire de se faire *assister* par un tiers. Enfin, le décret n° 2010-391 du 20 avril 2010 a modifié les articles 62-2 et 62-11 du décret du 17 mars 1967 afin de préciser le rôle du conseil syndical.

L'ensemble de ces dispositions a été complété par la loi du 25 mars 2009, de mobilisation pour le logement et de lutte contre l'exclusion qui fait précéder l'article 29-1 de la loi du 10 juillet 1965 par les articles 29-1A et 29-1B qui instituent une procédure d'alerte pour les syndicats en « pré-difficulté ».

Il faut encore noter que la loi précitée du 1er août 2003 (art. 20) a complété le code de la construction et de l'habitation par deux articles L. 615-6 et L. 615-7, prévoyant un « état de carence ». En outre, la même loi (art. 22) permet d'accorder l'aide juridique aux syndicats de copropriétaires en difficulté ou dont l'immeuble fait l'objet d'un plan de sauvegarde, « pour l'exercice des actions de recouvrement des créances, tant en demande qu'en défense ». La loi du 25 mars 2009 [1] a complètement remanié les articles L. 615-6 et L. 615-7 afin d'accélérer la procédure qui doit aboutir à l'expropriation. Ces deux séries de dispositions font l'objet du présent chapitre.

772 Observations préliminaires. Il convient de relever immédiatement l'inadéquation de l'expression « copropriété en difficulté » figurant dans les textes législatifs ou réglementaires. La « copropriété » au sens juridique du terme est, en effet, comme on l'a relevé maintes fois dans cet ouvrage, le régime d'administration d'un immeuble présentant une structure définie par l'article 1er, alinéa 1, de la loi du 10 juillet 1965. On ne voit pas en quoi la copropriété, en tant qu'institution juridique, peut se trouver « en difficulté ».

Si difficulté, il y a, c'est le « syndicat des copropriétaires », personne morale constituée de la collectivité des copropriétaires, qui est concerné. On peut même préciser que les difficultés qui atteignent le syndicat ne sont, très généralement, que le reflet des difficultés que connaissent les copropriétaires eux-mêmes ou encore qui existent entre les copropriétaires [2].

On remarquera, d'ailleurs, que l'article 29-1 qui décrit la situation de la « copropriété en difficulté », vise bien le « *syndicat* » dont l'équilibre financier est gravement compromis ou qui est dans l'impossibilité de pourvoir à la conservation de l'immeuble et qui doit être pourvu d'un administrateur provisoire [3].

Les termes de « syndicat en difficulté », juridiquement exacts, seront seuls employés dans les développements qui suivent. Ils sont adoptés par le décret du 27 mai 2004 (titre VII).

773 L'approche classique. Le syndicat en difficulté représente une situation nouvelle, tant en droit qu'en fait. Le législateur de 1965 ne l'avait pas imaginé dans le contexte de l'époque. Les causes en sont multiples [4] : juridiques, techniques et socio-économiques, avec des « facteurs constants » et des « éléments aggravants » [5]. Le plus souvent, les charges de copropriété dont l'abaissement des majorités facilite l'engagement, se sont ajoutées aux charges du crédit immobilier, voire des crédits à la consommation. Les accédants les plus modestes ont été fragilisés

1. L. n° 2009-323, 25 mars 2009 de mobilisation pour le logement et de lutte contre l'exclusion, *JO* 27 mars, p. 5408; Capoulade, « La loi Boutin et la copropriété », *Administrer* juin 2009.
2. Capoulade, « L'endettement du copropriétaire, du syndic et du syndicat », *RDI* 1995. 669.
3. L'article 22 de la loi du 1er août 2003 utilise une périphrase « syndicat des copropriétaires [...] lorsqu'un administrateur est désigné en application de l'article 29-1 de la loi n° 65-557 du 10 juillet 1965 [...] ».
4. Bouyeure, « L'Administration provisoire de la loi du 21 juillet 1994 et du décret du 15 février 1995 », *AJPI* 1997. 636.
5. Jaffuel et Neidhart, « Les syndicats de copropriétaires en difficulté », *Administrer* avr. 1996. 7.

et la survenance des accidents de la vie (maladie, perte de l'emploi, divorce) les ont alors déstabilisés. Les difficultés financières des syndicats reflètent, avant tout, les difficultés financières des copropriétaires[1].

On a pu songer alors à appliquer les dispositions législatives relatives à la prévention et au règlement amiable des difficultés des entreprises (L. n° 84-148, 1er mars 1984) ou au redressement et à la liquidation judiciaire des entreprises (L. n° 85-98, 25 janv. 1985, mod. par L. n° 94-375, 10 juin 1994). Quelques décisions ont, en effet, déclaré « ouverte la procédure du régime général de redressement judiciaire à l'égard de syndicats de copropriétaires », fixant la date de cessation des paiements et la durée d'une période d'observation[2]. Dans une affaire, la liquidation judiciaire de la « copropriété » a même été prononcée d'office après constatation de l'impossibilité de présenter un plan de redressement permettant d'apurer le passif, par suite de la destruction partielle de l'immeuble consécutive à un incendie[3].

Seules, des circonstances exceptionnelles auraient pu justifier cette solution. Il était, en effet, difficilement concevable qu'un syndicat de copropriétaires pût se trouver en état de cessation des paiements[4]. Un syndicat ne dispose, généralement, d'aucun patrimoine en dehors des contributions versées par les copropriétaires. Il est douteux que sa liquidation apure le passif et, en tout cas, sa constitution est obligatoire, dès lors que les conditions de l'article 1er, alinéa 1, de la loi de 1965 se trouvent remplies. La liquidation supposerait l'insolvabilité de tous les copropriétaires et la réunion de l'ensemble des lots en une seule main par suite de la vente de chacun des lots. Du point de vue social elle poserait, en outre, le douloureux problème de l'éviction des copropriétaires occupants et, par suite, de leur éventuel relogement.

Aussi, le législateur n'a-t-il pas exploré cette orientation et, bien au contraire, l'a expressément exclue dans l'article 29-6 (anct art. 29-4) de la loi de 1965.

774 Le choix du législateur. En réalité, le législateur a pu penser alors qu'il s'agissait de surmonter une crise passagère et qu'il convenait de rétablir le fonctionnement normal du syndicat. Les difficultés théoriques et pratiques posées par la dissolution et la liquidation du syndicat se trouvaient ainsi écartées.

L'actuel article 29-6 (ant art. 29-4) de la loi du 10 juillet 1965 prévoit, en effet, que « les dispositions de la loi n° 84-148 du 1er mars 1984 relative à la prévention et au règlement amiable des difficultés des entreprises et de la loi n° 85-98 du 25 janvier 1985 relative au redressement et à la liquidation judiciaires des entreprises ne sont pas applicables aux syndicats de copropriétaires ». Après actualisation par la loi n° 2009-526 du 12 mai 2009, l'article 29-6 dispose maintenant que « le Livre VI du code de commerce n'est pas applicable aux syndicats de copropriétaires ».

La portée de cette disposition doit être précisée. L'exclusion des procédures collectives s'applique au syndicat débiteur, mais non au syndicat créancier. Elle ne dispense pas, en effet, le syndicat de déclarer sa créance lorsque son débiteur est mis en redressement ou en liquidation judiciaire ou en « rétablissement personnel » (v. ss nos 537 s.); cette omission, sauf relevé de forclusion, est sanctionnée par la déchéance.

Néanmoins, une transposition du dispositif de ces textes aurait pu présenter quelques avantages pour le syndicat en pré-difficulté ou même en difficulté en permettant l'ouverture d'une période d'observation, pour faire l'inventaire de la nature et de l'importance des difficultés, afin de préparer, d'établir et d'adopter un plan adapté de redressement, sous le contrôle étroit du juge. Une exploration des ressources qu'offrirait l'observation de la pré-difficulté et de ses remèdes, pourrait constituer une prévention efficace de la difficulté[5].

L'économie générale du mécanisme mis en place consiste en une sorte de *pronunciamiento légal*, confiant des pouvoirs quasi *dictatoriaux* à un administrateur provisoire judiciairement désigné. Il s'agit d'une « réponse juridique »[6] qui peut ne pas se révéler parfaitement adaptée aux difficultés sociales ou financières auxquelles se heurte le syndicat.

La loi SRU a poursuivi dans cette voie en organisant l'information de l'administration, en prévoyant la scission du syndicat, prélude possible à une opération de « portage », voire d'expropriation.

Pour sa part, la loi du 1er août 2003 place, sous la surveillance de l'administration, le syndicat en « graves difficultés financières » et « dans l'incapacité d'exercer ses missions de gestion » ou lorsque « la sécurité des occupants est gravement menacée »

1. Atias, « Le redressement des copropriétés en difficulté », *IRC* sept. 1995. 21 s. – Capoulade, « L'endettement du copropriétaire, du syndic et du syndicat », *RDI* 1995. 669 – Giverdon et Capoulade, « Amélioration du fonctionnement du syndicat », *AJPI* 1995. 374.
2. TGI Nanterre, 19 nov. 1991, Copropriété Roche.
3. TGI Nanterre, 21 juin 1994, Copropriété Roche.
4. Givord, Giverdon, Capoulade, 4e éd., 1992, n° 331.
5. Vigneron, « L'avenir des copropriétés en difficulté », *Loyers et copr.* oct. 1995. Étude 11.
6. Bouyeure, n° 3, note 1; « L'administration provisoire de la loi du 21 juillet 1994 et du décret du 15 février 1995 », *AJPI* 1997. 636.

aboutissant à la « déclaration de l'état de carence » et à *l'expropriation*.

Enfin, la loi n° 2009-323 du 25 mars 2009 a organisé une procédure d'alerte préventive lorsque le syndicat se trouve en « pré-difficulté ».

L'étude portera donc successivement sur :

La procédure d'alerte et d'observation, la détermination du syndicat en difficulté, la procédure de désignation de l'administrateur provisoire, la mission de l'administrateur provisoire, l'aménagement du passif, la division du syndicat, l'état de carence.

SECTION 2
LA PROCÉDURE D'ALERTE ET D'OBSERVATION

775 État de la question. Jusqu'à la loi du 25 mars 2009, l'ensemble du dispositif mis en place tendait à endiguer un phénomène existant en rétablissant une situation normale. Il comprenait donc essentiellement des mesures curatives, destinées à remédier aux difficultés, apparues avec plus ou moins de succès selon la gravité de la situation, ce qui parfois confinait à une mission impossible.

Ainsi, les pouvoirs publics, collectivités territoriales, élus, praticiens, ont-ils été amenés à réfléchir sur l'intérêt d'un diagnostic d'alerte permettant de déceler les syndicats qui commencent à rencontrer des difficultés[1], or il n'existait « aucun outil particulier d'observation externe à la copropriété » permettant de dégager l'évolution pathologique du syndicat avant que n'apparaissent des symptômes manifestant une dégradation avancée. Il en ressortait la nécessité de rechercher et d'expérimenter une meilleure prévention de la fragilisation des syndicats, en instituant une période d'observation en amont de la difficulté[2].

Considérant que l'application du principe de précaution conduisait à prévenir plutôt qu'à guérir, et qu'il était socialement plus satisfaisant et financièrement plus efficace d'éviter, par une observation attentive, que les syndicats basculent dans la difficulté ou la carence, la commission relative à la copropriété, après de nombreuses auditions, a établi un rapport sur les syndicats en « pré-difficulté ».

Sans doute, la problématique est complexe[3]. Les causes des dégradations sont nombreuses, d'ordre différent, et souvent croisées. Déterminer la personne chargée de donner l'alerte dépend de l'intérêt à agir et de la nature du facteur déclenchant, afin d'éviter les interventions intempestives ou malveillantes. Identifier le destinataire de l'alerte exige prudence et discernement, en tenant compte de la proximité, de la connaissance du tissu social et de l'environnement urbain. Faut-il s'orienter vers l'autorité administrative ou vers l'autorité judiciaire ? Si le choix penche vers le juge judiciaire, gardien traditionnel et constitutionnel de la propriété privée, il convient de prévoir une procédure souple, et peu onéreuse, entre la voie gracieuse et celle contentieuse. L'observateur averti doit détecter rapidement l'origine du dysfonctionnement et proposer le ou les remèdes adaptés, sans exclure l'assistance et la médiation.

C'est ainsi que la loi pour le logement et la lutte contre l'exclusion, a prévu dans son article 6 (devenu L. 25 mars 2009, art. 19) une « *procédure d'alerte préventive* » conduisant à la désignation d'un observateur nommé en justice, chargé de remettre un rapport sur « *l'état financier de la copropriété et l'état de l'immeuble* ». Ces dispositions ont pour but de « *répondre en amont aux problèmes financiers d'une copropriété avant qu'il ne devienne difficile et coûteux d'y remédier* ».[4]

En définitive, le législateur n'a pas souhaité séparer la « pré-difficulté » de la difficulté. La loi du 25 mars 2009 place les nouvelles dispositions relatives aux syndicats en « pré-difficulté » en tête de la section 2, intitulée « dispositions particulières aux copropriétés en difficulté », dans le chapitre II de la loi du 10 juillet 1965 concernant « l'administration de la copropriété ». Ainsi les articles 29-1 et suivants, issus de la loi du 21 juillet 1994, sur les syndicats en difficulté, se trouvent-ils précédés par les nouveaux articles 29-1A et 29-1B, sur la procédure d'alerte[5].

Complétant le décret du 17 mars 1967, le décret n° 2010-391 du 20 avril 2010[6] a pour objet, dans certaines de ses dispositions, de porter application de ces deux nouveaux articles de la loi de 1965. Son article 27 a donc introduit, dans la section VII « procédure » du décret de 1967, une sous-section 2 intitulée « procédure préventive » contenant les nouveaux articles 61-2 à 61-11.

Ces dispositions législatives et réglementaires retiennent l'attention à plusieurs égards : le déclenchement de l'alerte (les facteurs et les auteurs), la procédure judiciaire (saisine et décision), le mandataire *ad hoc*[7].

1. Colloque du 7 déc. 2004, Clichy sous bois.
2. Étude du conseil régional d'Île-de-France sur le diagnostic fonctionnel de la copropriété.
3. Capoulade, « Prévenir, repérer et traiter les syndicats en "pré-difficulté" », *AJDI* 2007. 193.
4. Exposé des motifs du projet de loi.
5. La technique utilisée ici se démarque de celle utilisée pour le code civil, où les anciens textes ont été transposés, sans aucune modification, mais sous une numérotation différente.
6. *JO* 21 avr., p. 7365.
7. SUR LA LOI du 25 mars 2009 : Atias, *D.* 2010, Pan. 112; *Ann. loyers* 2009. 959; Capoulade, *Administrer* juin 2009. 10; Gelinet, *Rev. loyers* 2009. 207; Lafond, *JCP N* 2009. 1224; Périnet-Marquet, *Const. urb.* 2009. Étude 6; ▶

776 L'alerte préventive – La pré-difficulté – Les impayés. Malgré la multiplicité et la complexité des causes, l'article 29-1A ne considère que les difficultés financières du syndicat, alors que l'article 29-1 retient aussi l'impossibilité de pourvoir à la conservation de l'immeuble pour caractériser l'état de difficulté. Par là, le législateur marque la différence entre la difficulté et la pré-difficulté; il ne retient pas celle-ci comme insurmontable, ni comme constituant l'antichambre de l'état de difficulté. Néanmoins, il tient à s'assurer que ces difficultés financières ne se traduisent pas déjà par une dégradation matérielle de l'immeuble. L'article 29-1B assigne au rapport non seulement l'analyse de la situation financière du syndicat, mais aussi celle de l'état de l'immeuble, ainsi que les préconisations pour rétablir l'équilibre financier et le cas échéant, pour assurer la sécurité de l'immeuble et pour rétablir des relations harmonieuses entre les différents auteurs.

Aux termes de l'article 29-1A, deux facteurs sont de nature à déclencher l'alerte, selon les personnes qui en sont chargées :

– D'une part (al. 1er), *l'existence, à la clôture des comptes, d'impayés atteignant 25 % des sommes exigibles en vertu des articles 14-1 et 14-2* de la loi du 10 juillet 1965. Même si elle demeure imprécise, la clôture des comptes se distingue de l'approbation des comptes par l'assemblée générale qui lui est nécessairement postérieure. Les comptes sont, en effet, arrêtés à la date de clôture de l'exercice, ce qui, contrairement aux pratiques antérieures, évite tout chevauchement et toute compensation entre les exercices[1]. La situation doit s'apprécier à la clôture de l'exercice, c'est-à-dire à la date de l'arrêt des écritures comptables afférentes à l'exercice clos. Cela suppose aussi pour que l'appréciation soit objective, que cette clôture ne soit pas contemporaine d'une date d'éligibilité de provision. L'interprétation stricte de cette disposition impérative[2] conduit à ne considérer que les sommes exigibles en vertu des articles 14-1 et 14-2 de la loi, c'est-à-dire les provisions du budget prévisionnel voté, ainsi que les dépenses pour travaux figurant aux articles 35 (2° et 3°), 44 et 45 du décret de 1967 et exigibles selon les modalités votées par l'assemblée générale. La détermination du seuil de 25 % d'impayés ne comptabilise donc pas les sommes dues pour la constitution de la réserve (ancien fonds de roulement), les provisions pour travaux éventuels dans les trois années à venir, les sommes correspondant à des travaux non votés, les sommes bénéficiant d'un sursis judiciaire à paiement jusqu'à l'expiration du délai, l'indemnisation de préjudice. En revanche, doivent être comptabilisées les provisions rendues exigibles après déchéance du terme en application de l'article 19-2 de la loi de 1965.

L'article 61-2 du décret de 1967 apporte une précision importante pour déterminer le seuil des impayés. Il ne considère pas comme tel, pour l'application de l'article 29-1-A de la loi, *les sommes devenues exigibles dans le mois précédant la clôture de l'exercice*. Ce ne sont que des impayés provisoires qui ne tiennent qu'à la contemporanéité de la date d'exigibilité et de celle de la clôture de l'exercice[3].

– D'autre part (al. 3), *lorsque les factures d'abonnement et de fourniture d'eau ou d'énergie (électricité, chauffage...) ou les factures de travaux, votées par l'assemblée générale et exécutées, restent impayées depuis six mois, un commandement de payer adressé au syndic ès qualités, étant resté infructueux*. L'article 29-1 A retient aussi certaines dettes impayées du syndicat comme étant de nature à ouvrir la procédure d'alerte. L'énumération qu'il en donne est limitative. Il suffirait d'ailleurs d'une sommation infructueuse de payer, sans attendre un commandement après condamnation.

Dans les deux cas la loi appréhende donc une situation objective. Elle n'exige pas la recherche d'actions tendant au paiement des dettes ou créances. Il importerait peu que, dans les premiers cas, les procédures aient été vainement exercées et, dans le second cas, qu'un administrateur provisoire ait été désigné avec pour mission de recouvrer les fonds nécessaires (Décr. 17 mars 1967, art. 49[4]).

777 La qualité de demandeur. En l'état d'une situation d'impayés au sens de l'article 29-1 A de la loi de 1965 et 61-2 du décret, la loi donne qualité à trois catégories de demandeurs pour saisir le juge, selon la cause justifiant l'alerte.

a) Le syndic : Tenant la comptabilité du syndicat et ayant procédé à la clôture des comptes, le syndic est, au premier chef, le mieux à même de constater, à cette date, l'existence de 25 % d'impayés. L'article 29-1 A (al. 1er) de la loi lui fait alors obli-

► Roux, *Loyers et copr.* 2009. Etude 6; Ruffet, *IRC* oct 2009, 14; Sabatié, *AJDI* 2010. 284 – SUR le décret du 20 avr. 2010 : Capoulade, *AJDI* 2010. 533; *Administrer* juin 2010, 7; *IRC* juill.-août 2010. 14; Gelinet, *Rev. loyers* 2010. 242; Lafond, *JCP N* 2010. 1219; Vigneron, *Loyers et copr.* 2010. Étude 8; Sabatié, Le mandat *ad hoc*, Colloque ASPAJ, 20 mai 2010. 16.

1. Laporte, *Comptabilité de la copropriété*, Delmas 2011/2012, n° 102.13.
2. L'art. 29-1-A de la loi se trouve inclus dans l'énumération de l'art. 63.
3. EN REVANCHE, la commission relative à la copropriété (recomm. n° 26, 9 juin 2010) recommande d'inclure notamment dans les impayés à la date de clôture les subventions notifiées, les prêts à recevoir, l'avance constituant la réserve prévue au règlement de copropriété.
4. Civ. 3e, 12 nov. 2003, n° 82-16.309, NP, *AJDI* 2004. 40.

gation de saisir le juge, sans avoir à se faire autoriser par l'assemblée générale (Décr. 1967, art. 55, al. 2). La situation est critique et il convient de ne perdre ni temps, ni argent. Toutefois, une certaine prudence s'impose car des versements tardifs pourraient intervenir.

Le syndic informe de la situation sans délai (c'est-à-dire immédiatement) chacun des membres du conseil syndical qui, à cette date, ne connaissent pas encore l'état financier du syndicat. L'article 61-4 du décret de 1967 déroge, à cet égard, à la disposition générale de l'article 26 (al. 4) de ce même décret. À cet effet, le syndic adresse à chacun d'eux « *l'état des impayés avant répartition à la date de clôture de l'exercice comptable* ». Aucune disposition n'impose une forme particulière à cette communication, mais le syndic aura le plus grand intérêt à se ménager la preuve de cette diligence qui présente une grande importance car son omission paralyse l'action des copropriétaires. Il appartiendra ensuite aux membres du conseil syndical de diffuser cette information auprès des copropriétaires par tous moyens qu'ils jugeront appropriés. Le syndic encourrait une responsabilité s'il négligeait d'accomplir ces diligences et si la situation dégénérait causant ainsi un préjudice au syndicat.

b) Des copropriétaires : L'article 29-1 A (al. 2) sanctionne l'absence de saisine du juge par le syndic dans le mois de la clôture des comptes en ouvrant l'action à « *des copropriétaires représentant ensemble au moins 15 % des voix du syndicat* ». Les textes n'ayant organisé aucune mesure d'information au profit des copropriétaires avant la convocation de l'assemblée, leur connaissance de la situation financière du syndicat reposera donc sur les diligences des membres du conseil syndical.

L'action des copropriétaires présente un caractère *subsidiaire*; son exercice suppose une inertie du syndic dans le mois de la clôture des comptes. Cette action est *indivisible*; les copropriétaires agissent « ensemble », ce qui peut entraîner une irrecevabilité en cas de désistement ou d'absence de recours de certains d'entre eux. Le pourcentage requis pour agir se calcule sur le nombre de voix composant le syndicat (15 %), c'est-à-dire des quotes-parts de propriété. Cette disposition est à rapprocher de celle de l'article 29-1 de la loi pour placer le syndicat en difficulté.

c) Un créancier : L'ouverture de l'action à des tiers, plus exactement à certains créanciers, marque la différence de finalité entre la procédure de l'article 29-1 A et celle de l'article 29-1 de la loi de 1965. Dans le premier cas, l'action tend à établir un diagnostic de l'état financier, matériel et moral du syndicat. La connaissance complète des dettes et des créances suppose le concours des tiers les plus intéressés à un fonctionnement régulier du syndicat. Il convient de jauger les forces vives du syndicat afin de le redynamiser. Dans le second cas, le législateur a écarté, à juste titre, tout recours à une procédure collective car il s'agit précisément de maintenir, si possible, le syndicat en vie et d'éviter sa disparition.

L'article 29-1 A, ne prévoit pas une action en paiement, mais une mesure d'observation. Il suffit d'un seul créancier impayé pour déclencher l'alerte; il n'ouvre pas l'action à tous les créanciers, mais seulement à ceux dont les prestations sont essentielles à la permanence de la vie collective. La créance répond donc à des conditions d'objet, d'ancienneté et de forme[1].

Se trouvent donc exclus les créanciers de factures impayées qui ne répondent pas aux conditions de l'article 29-1 A (al. 3) de la loi (par exemple, primes d'assurances, indemnités dues à des tiers ou à des copropriétaires, travaux non votés par l'assemblée générale).

778 Le juge et sa saisine. L'action tend à la désignation d'un « mandataire *ad hoc* »; elle est portée, dans tous les cas, devant le juge judiciaire, gardien traditionnel et constitutionnel de la propriété immobilière.

a) Le juge compétent : Les articles 29-1 A et 29-1 B attribuent compétence au « *président du tribunal de grande instance* », sauf délégation à un magistrat du siège. L'article 61-3 du décret précise que le tribunal territorialement compétent est celui du « *lieu de la situation de l'immeuble* ».

Le législateur n'a pas retenu la compétence du tribunal d'instance, malgré sa proximité et sa connaissance du tissu social en raison des procédures en injonction de payer ou en recouvrement des créances relativement modestes. Néanmoins, le tribunal de grande instance apparaît comme le juge naturel de la copropriété[2]. Il connaît des questions relatives à la propriété immobilière, aux syndicats en difficulté, au contentieux des assemblées générales, au recouvrement accéléré des provisions budgétisées.

b) La saisine du juge : L'article 29-1 A différencie les modalités de la saisine du juge selon la qualité du demandeur et le facteur déclenchant l'alerte. La demande tend à la désignation d'un « mandataire *ad hoc* ». Lorsque le syndic, ès qualités, initie la procédure, il représente le syndicat et n'a pas de contradicteur. Il saisit le juge par voie de requête et la procédure revêt un caractère *gracieux*.

Lorsque la demande émane de copropriétaires ou d'un créancier, le juge est saisi en référé (art. 29-1 A, al. 2 et 3). L'instance est dirigée contre le syn-

1. V. s[s] n° 776.
2. V. rapport du recteur Guinchard.

dicat représenté par le syndic en exercice. Dans ce cas, le syndic représente, en effet, le défendeur qui dénie que la situation requiert la désignation d'un observateur. La procédure présente alors un caractère *contradictoire.*

Dans ces deux derniers cas[1] la demande est formée par « *une assignation dirigée contre le syndicat, dans les conditions prévues à l'article 485 du code de procédure civile* ».

Cette dernière disposition figure dans la sous-section concernant les ordonnances de référé; selon la lettre même du texte, elle s'applique à la demande portée à une audience de référé. Le décret a, sans doute, voulu marquer que le juge, saisi en référé, statue en référé, et non, comme le prévoit l'article 29-1 B (al. 1er) de la loi, comme en matière de référé, c'est-à-dire au fond. Il est vrai qu'il s'agisse de décider en référé ou comme en matière de référé, la saisine du juge a lieu par voie d'assignation.

Qu'elle soit formée par requête ou par assignation, la demande doit toujours être accompagnée des pièces de nature à justifier les prétentions du demandeur (art. 61-7 du décret). Le syndic qui dispose de tous les documents comptables, apportera facilement cette justification. Le fournisseur produira la police d'abonnement, la commande, les factures et la sommation. L'entrepreneur se ménagera notamment la preuve de la commande votée par l'assemblée, du mémoire, de la sommation de payer et du constat d'exécution des travaux. Les copropriétaires détiennent les annexes comptables et surtout les documents comptables communiqués aux membres du conseil syndical.

c) L'information de l'administration : L'article 29-1 A (al. 4) de la loi de 1965 prescrit que, dans tous les cas, le ou les demandeurs informe l'administration de la saisine du juge. Cette information résulte de l'envoi d'une copie de la requête ou de l'assignation au représentant de l'État dans le département, au maire de la commune d'implantation de l'immeuble et, le cas échéant, au président de l'organe délibérant de l'établissement public de coopération intercommunale (EPCI) compétent en matière d'habitat. Cette transmission se réalise sans forme particulière. À la différence de la procédure tendant à la nomination d'un administrateur provisoire au syndicat en difficulté, le procureur de la République ne se trouve pas impliqué dans la procédure d'alerte préventive.

Aucune sanction n'assortit l'omission de cette formalité, notamment quant à la recevabilité de l'action. Cependant, la transmission de cette information présente l'avantage de rendre attentives à la situation des autorités qui pourraient ensuite intervenir utilement, notamment par l'octroi de subventions ou d'aides diverses.

779 La décision du juge. Si le juge a l'obligation de statuer sur la demande qui lui est faite, il dispose de la faculté d'apprécier tous les éléments de la situation du syndicat. Avant de statuer, il peut entendre tous les membres du conseil syndical (Décr. 17 mars 1967, art. 61-7, al. 2), mais, à la différence du droit des entreprises en difficulté, il ne possède aucun droit d'ingérence dans l'administration du syndicat et ne peut suggérer des préconisations au mandataire *ad hoc*.

Une triple option s'ouvre au juge. Il peut, tout d'abord, déclarer la demande irrecevable en raison du défaut de qualité du demandeur ou de l'irrégularité de la saisine. Il peut aussi la déclarer mal fondée en raison de l'absence ou de l'insuffisance d'éléments justificatifs. Il peut enfin la déclarer recevable et fondée, il désigne alors un « *mandataire ad hoc* ».

L'ordonnance rendue sur la demande des copropriétaires ou de créanciers n'est pas exécutoire de droit à titre provisoire (Décr. 17 mars 1967, art. 61-8). Lorsque la procédure a été introduite par le syndic ou par des copropriétaires, l'ordonnance précise l'« *imputation des frais* entre le syndicat des copropriétaires et le syndic, ou le partage des frais entre eux ». Cette disposition pose une délicate question. Le syndic ne figure à la procédure préventive qu'en qualité de représentant du syndicat, et non à titre personnel. Dès lors, condamner le syndic aux frais, revient à condamner le syndicat. Il n'en irait autrement que si le syndic avait la qualité d'intervenant volontaire ou forcé. En revanche, les créanciers supportent les frais s'ils ont initié la procédure (art. 29-1 B, al. 2 de la loi). Ces frais comprennent notamment les dépens, la rémunération du mandataire *ad hoc*, les débours du syndic.

Le mandataire *ad hoc*, ainsi désigné, porte, « sans délai », c'est-à-dire immédiatement, l'ordonnance à la connaissance des copropriétaires, qu'ils soient parties, intervenants ou non à l'instance. Il accomplit cette formalité par remise contre émargement ou par lettre recommandée avec demande d'avis de réception.

En outre, l'article 61-9 (al. 2) du décret de 1967 prescrit de mentionner, dans cette communication, les voies de recours dont cette ordonnance peut faire l'objet. Elle doit, en effet, reproduire « le texte de l'article 490 du code de procédure civile lorsque le président a statué comme en matière de référé ou celui de l'article 496 du même code s'il a statué sur requête »[2]. Cet article du décret se réfère donc

1. Décr. 1967, art. 61-6.

2. Paris, 6 juill. 2007, *AJDI*, 2008, 37.

à l'article 29-1 B (al. 1er) de la loi. Il a été jugé que l'omission de ces mentions n'entachait pas le « porté à la connaissance » de nullité.

Les deux formules de l'article 61-9 (al. 1er et 2) sont reprises de l'article 62-5 en matière de syndicat en difficulté. Interprétant cette dernière disposition, la jurisprudence a admis l'assimilation du « porté à la connaissance » à une signification faisant courir les délais de recours[1] et que l'omission de mentionner les articles 490 et 496 du code de procédure civile n'entachait pas la formalité de nullité[2].

En raison de l'analogie des textes, on peut supposer que ces solutions seront étendues à la procédure d'alerte.

La détermination de la nature de la décision juridictionnelle pose un problème d'ordre processuel. Certes, le président du tribunal de grande instance, saisi par une requête du syndic, statue incontestablement par une ordonnance sur requête. L'ambiguïté des textes rend la réponse plus délicate en cas de saisine par des copropriétaires ou par un créancier. D'une part, l'article 29-1 A (al. 2 et 3) de la loi de 1965 prévoit une saisine « en référé », c'est-à-dire au provisoire et sur l'apparence. D'autre part, l'article 29-1 B (al. 1er) de la même loi dispose que le juge statue comme « en matière de référé », c'est-à-dire au fond.

Il a été jugé une impossibilité de passer du provisoire au fond[3]. Par contre, on invoque un arrêt retenant que, sur appel d'une ordonnance de référé rendue par le juge aux affaires matrimoniales, la cour ne peut se prononcer que dans les limites du juge du premier degré[4]. Sans doute, l'article 61-6 (al. 1er) du décret prévoit-il une assignation dans les conditions de l'article 485 du code de procédure civile qui règle l'introduction de la demande en référé, ce qui est conforme à l'article 29-1 A de la loi.

Mais l'article 61-8 du décret prive la demande mentionnée à l'article 61-6 de l'exécution de droit à titre provisoire ce qui caractérise, en principe, une décision au fond, dérogeant ainsi aux dispositions de l'article 489 du code de procédure civile.

L'incertitude demeure jusqu'à l'intervention d'une modification législative ou d'un arrêt de la cour régulatrice. Si l'ordonnance de l'article 29-1 B de la loi et les articles 61-6 et 61-8 répond bien aux caractères de l'ordonnance statuant comme en matière de référé (C. pr. civ., art. 4921), l'assignation ne peut être faite en référé. De plus, cette ordonnance ne tranche aucune contestation, mais prend une mesure provisoire.

780 Le mandataire *ad hoc*. Cette appellation s'inspire des procédures collectives, mais un risque de confusion pourrait s'instaurer avec le mandataire *ad hoc*, déjà prévu par les articles 54 et 56 du décret du 17 mars 1967, désigné par ordonnance sur requête pour représenter le syndicat des copropriétaires, en cas de conflits d'intérêts, Or, le mandataire *ad hoc* de l'article 29-1 B est certes un mandataire de justice, désigné par le juge. Il n'a aucune qualité pour représenter les copropriétaires, le syndicat, et les créanciers de ce dernier. Il reçoit une mission spécifique : c'est un observateur, un préconisateur, éventuellement un médiateur et un conciliateur[5].

Son choix est délicat, en l'absence de toute formation spécialisée. La technicité et l'expérience constituent des critères de solution car sa personnalité doit être adaptée à la situation du syndicat. Ses connaissances techniques relèvent de disciplines fort diverses : comptabilité, construction, financement, gestion économique et son expérience doit révéler psychologie, pédagogie, humanité, un caractère conciliant et apaisant. Aussi, l'article 61-10 du décret de 1967 prévoit-il, à juste titre, que le juge peut autoriser le mandataire *ad hoc*, sur sa demande et à ses frais, « à se faire assister de tout technicien pour l'accomplissement de sa mission, sur une question particulière ». Il doit, indique la recommandation, présenter des qualités morales « d'indépendance, d'objectivité et de compétence ». Son ambition ne doit pas le conduire à devenir l'administrateur provisoire ou le syndic, mais à supprimer ou, à tout le moins, à apaiser les tensions au sein du syndicat et à en atténuer les dysfonctionnements.

781 La mission du mandataire *ad hoc*. La décision présidentielle détermine la mission du mandataire *ad hoc* et en fixe la durée.

Cette mission se trouve largement configurée dans l'article 29-1 B (al. 3) de la loi de 1965. Elle consiste dans « l'analyse de la situation financière

1. Civ. 3e, 10 févr. 2010, no 08-21.862, *Bull. civ.* III, no 38; D. 2010. AJ 586, obs. Rouquet.
2. Paris, 6 juill. 2007, *AJDI*, 2008, 37.
3. Paris, 14e ch. A, 26 mars 2008, no 07/19669, NP. Selon cet arrêt, la cour ne peut statuer au fond, si la décision du premier juge est de nature provisoire – Foulon et Strickler, « Le décret no 2011-1043 du 1er septembre 2011 et la procédure en la forme des référés », *D.* 2011. 2668. V. art. 492-1 C. pr. Civ. (Décr. no 2011-1043, 1er sept. 2011, *JO* 2 sept., p. 14884) sur le statuant « comme en matière de référé » ou « en la forme des référés ».
4. Civ. 1re, 28 oct. 2009, no 08-11.245, *Bull. civ.* I, no 213, *AJ fam.* déc. 2009. 450, obs. Gallmeister. La pertinence de cette référence peut être contestée. D'une part, le JAF peut statuer en référé dans tous les domaines. D'autre part, la question posée portait sur l'étendue de la compétence de la cour.
5. Recomm. no 26 de la commission relative à la copropriété du 9 juin 2010.

du syndicat des copropriétaires et de l'état de l'immeuble, les préconisations faites pour rétablir l'équilibre financier du syndicat et, le cas échéant, assurer la sécurité de l'immeuble, aussi le résultat des actions de médiation ou de négociation... éventuellement menées avec les parties en cause ».

Cette énonciation n'est pas limitative et le juge peut toujours moduler la mission afin qu'elle soit adaptée aux difficultés du syndicat concerné, notamment en fonction des éléments révélés par les justifications produites et les explications reçues. Les documents de la cause peuvent révéler une situation complexe, dont la solution dépend de techniques spécialisées et dont l'examen relève d'une équipe pluridisciplinaire. L'article 61-10 du décret en donne la possibilité[1], mais le juge a confié la mission au mandataire *ad hoc* qui en assume seul la direction et la responsabilité.

L'article 20-1 B (al. 3) accorde au mandataire *ad hoc* un délai de trois mois, renouvelable une fois par décision du juge, pour adresser son rapport au président du tribunal de grande instance.

Il faut aller plus vite pour éviter une dégradation de la situation.

À noter que les textes n'organisent pas de concertation entre le juge et son mandataire pour adapter et orienter les recherches comme en matière d'entreprise en difficulté. Ils demeurent taisants sur l'éventuel dépôt d'un pré-rapport ou de rapport d'attente ou d'étape, comme en matière de syndicat en difficulté; il est vrai que le délai imparti est très bref. Enfin, ils ne prévoient pas les communications du rapport avant son dépôt pour recevoir les observations des parties (par analogie avec les dires en cas d'expertise).

À son tour, le greffe du tribunal de grande instance adresse le rapport au syndic, au conseil syndical[2], ainsi qu'aux autorités publiques avisées du déclenchement de la procédure : le maire de la commune où est implanté l'immeuble, le cas échéant, au président de l'organe délibérément de l'EPCI compétent en matière d'habitat, ainsi qu'au représentant de l'État dans le département.

L'article 61-11 du décret de 1967 charge le syndic d'informer les copropriétaires de ce qu'ils peuvent prendre connaissance du rapport dans les mêmes conditions que celles prévues pour l'article 62-12 du décret pour les syndicats en difficulté. Le rapport leur est donc communiqué au bureau du syndic ou en tout autre lieu fixé par l'assemblée générale, pendant les heures ouvrables, dans le mois qui suit cette information donnée par remise contre émargement ou par lettre recommandée avec demande d'avis de réception. L'article 61-11 (*in fine*) prévoit aussi que le syndic délivre copie du rapport aux copropriétaires qui en font la demande et à leurs frais.

Aux termes de l'article 29-1 B (al. 5), il appartient au syndic d'accomplir les diligences nécessaires à la mise en œuvre du rapport. À cet effet, il fera établir des études, devis, offres de financement, les dossiers contentieux ou sociaux, puis préparer les projets de résolution à soumettre aux décisions de l'assemblée générale dont il arrêtera l'ordre du jour, en concertation avec le conseil syndical. Il procédera aux notifications prévues à l'article 11 du décret de 1967 pour la validité des décisions et l'information des copropriétaires. Il aura soin d'observer les nouvelles dispositions de cet article 11 (§ I, 10°) qui imposent, à peine de nullité de la décision, la notification préalable des « conclusions du rapport du mandataire *ad hoc*, lorsque l'assemblée est appelée à statuer sur les projets de résolution nécessaires à la mise en œuvre de ce rapport ». L'assemblée générale décide ensuite aux majorités légales selon l'objet des propositions.

Éclairée par ce rapport, la collectivité des copropriétaires reste maître de son destin. Les modifications apportées par le décret du 20 avril 2010 au décret du 17 mars 1967, relatives à la procédure préventive, sont entrées en application à partir du 1er juin 2010.

SECTION 3
DÉTERMINATION DU SYNDICAT EN DIFFICULTÉ

782 Le syndicat en difficulté. Un administrateur provisoire du syndicat des copropriétaires peut être désigné lorsque le syndicat est jugé en difficulté, c'est-à-dire aux termes de l'article 29-1, alinéa 1, de la loi du 10 juillet 1965, « si l'équilibre financier du syndicat est gravement compromis ou si le syndicat est dans l'impossibilité de pourvoir à la conservation de l'immeuble ».

Une définition du syndicat en difficulté ne résulte pas, à proprement parler, de cette disposition qui donne seulement des critères de pur fait, laissés à l'appréciation des juges, afin d'écarter l'application du régime ordinaire de gestion d'un immeuble en copropriété au profit d'un régime d'exception. La technique utilisée est d'autant plus remarquable que l'un et l'autre régime sont organisés par des dispositions d'ordre public.

Deux situations alternatives (et non cumulatives) peuvent caractériser le syndicat en difficulté.

a) L'équilibre financier du syndicat est gravement compromis. La situation financière du syndi-

1. V. ss no 780.
2. La communication écrite étant légalement prévue est valablement faite au président du conseil syndical (Décr. 17 mars 1967, art. 26, al. 4).

cat est obérée et ne permet plus de faire face aux dépenses ordinaires et nécessaires. L'équilibre se trouve rompu et le dysfonctionnement est suffisamment important pour rendre aléatoire et, en tout cas, périlleux, le retour à une situation normale. On se situe à mi-chemin entre la précarité que le régime ordinaire de la copropriété permet de juguler et la cessation des paiements qui supposerait l'insolvabilité de l'ensemble des copropriétaires et traduirait une situation insurmontable par quelque moyen que ce soit. Les causes peuvent en être multiples[1].

b) L'impossibilité de pourvoir à la conservation de l'immeuble. Selon son origine, cette impossibilité peut revêtir différentes formes : *L'impossibilité financière* résulte de l'impécuniosité des copropriétaires qui ne disposent pas des moyens nécessaires pour s'acquitter du montant des réparations ou des arrérages d'un emprunt destiné à les régler. *L'impossibilité juridique* réside dans l'opposition ou l'inertie des copropriétaires à la réalisation des travaux; cette impossibilité peut être une cause seconde dans la mesure où le refus ne représente qu'une conséquence de l'impécuniosité. La mésentente au sein de l'assemblée ne constitue pas, en elle-même, le syndicat en difficulté[2], mais elle peut avoir pour conséquence une carence ou une impossibilité de pourvoir à la conservation de l'immeuble. Enfin, *l'impossibilité technique* tient à l'existence de dommages irréparables ou ruineux, tel serait le cas de la remontée de la nappe phréatique submergeant les sous-sols. La pérennité même de l'immeuble se trouve compromise, sans que la dégradation justifie l'application de la législation sur les locaux insalubres ou sur l'état de péril. Cette situation est à comparer avec celle décrite par les nouveaux articles L. 129-1 et suivants, L. 615-6 et suivants du code de la construction et de l'habitation, issus de la loi n° 2003-710 du 1er août 2003 (v. ss n° 809).

En droit, on ne parle de « syndicat en difficulté » que si cet état a été constaté par une décision juridictionnelle.

783 Existence de causes structurelles. Le point de convergence de l'ensemble de ces données réside dans le fait que la crise atteint *le syndicat lui-même*, par suite de causes qui lui sont *structurelles*, quelle qu'en soit l'origine; la crise grave et profonde perdure et elle ne peut être conjurée par le droit commun de la copropriété, mais seulement par des moyens d'exception. Il ne convient donc pas d'interpréter les situations visées à l'alinéa 1 de l'article 29-1 à la seule lumière de l'expression « rétablissement du fonctionnement normal de la copropriété » qui figure à l'alinéa 2 du même article. Cette expression ne concerne pas la situation du syndicat; elle assigne seulement une finalité aux mesures à prendre.

Dans le régime ordinaire de la copropriété, un syndicat peut, en effet, connaître des dysfonctionnements, sans que, pour autant, son équilibre financier soit compromis ou la conservation de l'immeuble menacée. La crise qui affecte le syndicat, est alors *circonstancielle*, éphémère et procède du syndic[3]. C'est le cas, par exemple, si l'assemblée ne parvient pas à désigner un syndic (Décr. 17 mars 1967, art. 46), ou si le syndicat est dépourvu de syndic (Décr. 17 mars 1967, art. 47) ou encore si le syndic est en état d'empêchement ou de carence (L. 10 juill. 1965, art. 18 *in fine*; Décr. 17 mars 1967, art. 49) (v. ss nos 981 s.). On peut encore citer l'hypothèse du syndic qui ne convoque pas l'assemblée ou qui ne reçoit pas, en temps voulu, les documents et fonds de la part de son prédécesseur (L. 10 juill. 1965, art. 18-1; Décr. 17 mars 1967, art. 9 et 50). Le syndicat ne subit pas alors une crise intrinsèque et les mesures d'accompagnement du régime ordinaire de la copropriété permettent de surmonter ces incidents ponctuels.

Ces deux types de situation ne doivent pas être confondus, sous prétexte qu'un administrateur provisoire est désigné par le juge dans ces différentes hypothèses[4]. Elles doivent être, au contraire, soigneusement distinguées[5] car elles diffèrent par le fondement légal de l'intervention judiciaire, la procédure, ainsi que par la finalité et le contenu de la mission confiée à l'administrateur provisoire.

L'article 29-1 ne peut être utilisé s'il n'est pas établi que ses conditions d'application se trouvent réunies[6].

La désignation d'un administrateur provisoire pour veiller à la réalisation de travaux prévoyant un changement du mode de chauffage ne relève pas de l'article 29-1[7].

1. BOUYEURE, n° 4, note 1 – Capoulade, « Les ordonnances présidentielles et les syndicats en difficulté », *Gaz. Pal.* 2000, Doctr. 1556 – Lafond, « Copropriétés en difficulté et loi du 13 décembre 2000 », hors série, *Loyers et copr.* mai 2001. 25.
2. Civ. 3e, 8 avr. 2009, n° 08-11.759, NP.
3. Gélinet, « L'administration provisoire du syndicat dans le droit commun de la loi du 10 juillet 1965 », *AJPI* 1997. 630.
4. POUR DES EXEMPLES d'interférences : TGI Créteil, 14 oct. 1994, *Loyers et copr.* janv. 1995, n° 1 – AUSSI : TGI Nanterre, réf., 15 avr. 1996 et Paris, 4 oct. 1996, RG n° 95/016374, *Juris-Data* n° 022714, *D.* 1997, jur. 239, note Giverdon.
5. Paris, 9 avr. 2004, RG n° 2003-53868, *AJDI* 2005. 310, obs. Capoulade.
6. Civ. 3e, 4 déc. 2002, n° 00-22.226, *Administrer* avr. 2003. 53, note Capoulade; *AJDI* 2003. 423.
7. Civ. 3e, 4 déc. 2002, n° 00-22.226, *Administrer* avr. 2003. 53; note Capoulade; *AJDI* 2003. 423.

Il appartient au juge du fond de constater les circonstances de nature à justifier l'application de l'article 29-1. Cette disposition n'énonçant que des circonstances de pur fait, la Cour de cassation ne peut donc exercer qu'un contrôle de motivation et de déduction.

Les dispositions du régime d'exception ne peuvent se cumuler avec celles du régime ordinaire de la copropriété[1], ni se substituer à elles[2].

Un syndicat ne peut être pourvu d'un administrateur provisoire de l'art. 29-1 que s'il est doté d'un syndic en exercice[3].

SECTION 4
PROCÉDURE DE DÉSIGNATION DE L'ADMINISTRATEUR PROVISOIRE

784 Juge compétent. Selon l'article 29-1 de la loi de 1965, « Le président du tribunal de grande instance statuant comme en matière de référé ou sur requête peut désigner un administrateur provisoire du syndicat ».

a) Compétence d'attribution. Elle est exclusivement dévolue au président du tribunal de grande instance, sauf délégation de celui-ci. Selon les cas, il statue « sur requête » ou « comme en matière de référé ». Les traits spécifiques de la procédure des référés (principe de contradiction, exécution provisoire) sont applicables, même en l'absence d'urgence, de dommage imminent, de trouble manifestement illicite ou en présence d'une contestation sérieuse.

b) Compétence territoriale. Elle est attribuée au magistrat compétent du tribunal de grande instance de la situation de l'immeuble. L'article 62-1 (réd. Décr. 15 févr. 1995) reprend à cet égard le principe général déjà posé par l'article 62 du décret de 1967.

§ 1
La qualité pour saisir le juge

785 Saisine du juge. L'article 29-1 (al. 1er) de la loi de 1965 prévoit que « le président du tribunal de grande instance ne peut être saisi que par des copropriétaires représentant ensemble 15 % au moins des voix du syndicat, par le syndic après consultation du conseil syndical ou par le procureur de la République » Seules les personnes ainsi énoncées reçoivent qualité pour présenter la demande de désignation d'un administrateur provisoire.

Il s'en déduit que le président du conseil syndical n'a pas qualité à cet effet[4]. Il en est de même d'un ou plusieurs créanciers ou, encore d'une manière plus générale, d'un tiers intéressé par la conservation de l'immeuble.

§ 2
Les modalités de saisine du juge

786 Modalités de saisine. La demande émanant de *copropriétaires*, représentant ensemble au moins quinze pour cent des voix du syndicat est portée devant le président du tribunal de grande instance, statuant comme en matière de référé. C'est la seule voie ouverte aux copropriétaires qui ne peuvent procéder par voie de requête. Elle est formée collectivement par voie d'assignation dirigée contre le syndicat, représenté par son syndic en exercice (Décr. 17 mars 1967, art. 62, al. 1er).

Comme toute assignation, ses motifs explicitent le fondement de la demande tant en droit qu'en fait. La recevabilité de l'assignation suppose donc que le syndicat soit pourvu d'un syndic en exercice[5]. À défaut, il y a lieu de faire désigner préalablement un syndic, suivant la procédure des articles 46 ou 47 du décret, selon le cas.

Les copropriétaires peuvent se faire représenter ou assister par un avocat, sans que celui-ci ait à justifier d'un pouvoir spécial. L'article 36 du code de procédure civile ne les autorise à ne délivrer qu'une seule assignation[6].

– Lorsque la demande émane du *syndic* en exercice[7], la saisine s'opère par voie de *requête* qui est accompagnée des pièces de nature à justifier la demande (Décr. 17 mars 1967, art. 62-2, al. 2). Il doit établir que le syndicat est en difficulté, au sens et pour l'application de l'article 29-1 de la loi de 1965. Pour présenter cette requête, le syndic n'a pas à se faire autoriser par l'assemblée générale, mais il

1. EN L'ESPÈCE, la mission de l'article 29-1 et celle de l'article 49 du décret : Paris, 29 janv. 1999, RG n° 1998/10380, *RDI* 1999. 309; *D.* 1999. IR 153.
2. Paris, 21 oct. 1998, RG n° 1998/09995, *RDI* 1999. 153.
3. Paris, 21 oct. 1998, RG n° 1998/09995, *RDI* 1999. 153.
4. Il en est de même du conseil syndical qui n'est pas visé par l'article 29-1 et qui, de plus, ne constitue pas une entité juridique.
5. Paris, 14e ch. A, 21 oct. 1998, RG n° 1998/09995, *RDI* 1999. 153.
6. Solus et Perrot, *Traité de droit judiciaire privé*, t. III, n° 1329.
7. La requête ne peut être présentée ni par la société constituée pour gérer le cabinet du syndic (Aix, en Provence, 9 mars 2000, *Juris-Data* n° 124375, *D.* 2000. Somm. 217, obs. Atias), ni par l'ancien syndic, ni par le syndic démissionnaire, ni par le syndic dont le mandat est expiré : Paris, 14e ch. A, 21 oct. 1998, RG n° 1998/09995, *Loyers et copr.* 1999. 78, obs. Vigneron.

doit préalablement consulter le conseil syndical (même art., rédaction du décret du 27 mai 2004) [1].

Le syndic avise chaque copropriétaire de sa demande (Décr. 17 mars 1967, art. 59, al. 1er) [2], mais l'omission de cette formalité n'affecte ni la validité, ni la recevabilité de la requête.

L'article 62-3 du décret de 1967 prescrit de communiquer au procureur de la République toute demande de désignation d'un administrateur provisoire du syndicat, que la demande soit initiée par des copropriétaires ou par le syndic. La communication se fait à la diligence du juge et la violation de cette disposition d'ordre public entraîne la nullité de la décision [3]. Le procureur de la République est avisé de la date de l'audience (Décr. 17 mars 1967, art. 62-3).

– Lorsque la demande émane du *procureur de la République*, celui-ci « présente au président du tribunal de grande instance *une requête indiquant les faits de nature à motiver cette demande* » (Décr. 17 mars 1967, art. 62-2, al. 3). Le président, par les soins du greffier, fait alors convoquer le syndicat, représenté par son syndic en exercice, à la date fixée, par acte d'huissier de justice, copie de la requête est jointe à la convocation.

L'introduction de cette procédure suppose encore que le syndicat soit pourvu d'un syndic. À défaut, il appartient au procureur de la République d'en faire désigner un, en procédant selon les dispositions de l'article 47 du décret [4], mais la voie de l'article 46 ne lui est pas ouverte.

Le procureur de la République reçoit ainsi une mission d'administration civile que les textes les plus récents ont encore accentué. Hors le cas de troubles à l'ordre public ou d'atteinte à l'intégrité des personnes, l'intervention du parquet sera généralement provoquée par les doléances des personnes auxquelles la loi n'a pas ouvert la saisine du juge : autorités administratives, notamment le maire, des voisins, des créanciers ou encore des copropriétaires minoritaires, le président du conseil syndical ou les membres du conseil [5].

787 Décision du juge [6]. Selon l'article 29-1 de la loi de 1965 (réd. L. 21 juill. 1994), « *le président du tribunal de grande instance [...] peut désigner un administrateur provisoire du syndicat* ». Le président dispose donc d'une faculté d'appréciation; son choix s'exerce entre trois solutions.

– Il peut, tout d'abord, *rejeter* la demande comme irrecevable pour défaut de qualité ou irrégularité de forme ou la déclarer mal fondée en raison de l'absence ou de l'insuffisance de la justification de l'une des situations prévues par l'article 29-1.

– Il peut aussi ordonner une *mesure d'information.* À la différence des lois du 1er mars 1984 et 25 janvier 1985, le législateur, tant en 1994 qu'en 2000, n'a pas organisé une période d'observation. Cependant, une mesure d'information peut se révéler fort utile pour apprécier l'exacte situation, ses véritables causes et guider ainsi le choix de l'administrateur et la durée de sa mission. Aussi, l'article 62-4 du décret de 1967 prévoit-il que « *le président [...] peut ordonner toutes les mesures d'instruction légalement admissibles* ». À cet effet, il peut nommer un constatant, un consultant, un technicien, un expert ou même un collège pluridisciplinaire. On peut même espérer que cet « audit » puisse dénouer la crise que connaît un syndicat qui, en réalité, se trouverait seulement en « pré-difficulté ». L'article 62-4 prévoit expressément que le président peut entendre le président du conseil syndical. La procédure d'alerte préventive, instituée par la loi n° 2009-323 du 25 mars 2009 répond à cette attente, mais elle est entièrement distincte de celle prévue à l'article 29-1.

– Il peut enfin désigner un *administrateur provisoire.* L'ordonnance doit constater les faits de nature à caractériser l'une des deux situations décrites par l'article 29-1 de la loi. Le président considère alors le *syndicat en difficulté* et le place sous administration provisoire. « *L'ordonnance qui désigne l'administrateur provisoire fixe [...] l'étendue de sa mission* » (Décr. 17 mars 1967, art. 62-5, al. 1er). *Elle le charge de « prendre les mesures nécessaires au rétablissement du fonctionnement normal de la copropriété »* (L. 10 juill. 1965, art. 29-1, al. 2).

1. L'avis du conseil syndical représente une pièce à joindre à la requête.
2. LAFOND, ROUX ET STEMMER, ss art. L. 29-1, n° 0833.
3. Civ. 3e, 24 janv. 2001, n° 99-14.666, *AJDI* 527, obs. Capoulade; *Bull. Csab*, n° 94 oct. 2001, n° 238; *Bull. civ.* III, n° 8; *Loyers et copr.* 2001. 129 – Civ. 3e, 13 sept. 2005, n° 04-15.768, *AJDI* 2006. 205, obs. Capoulade; *Administrer* févr. 2006. 44 obs. Bouyeure – Paris, 16 juill. 2004, RG n° 2004-4304, *AJDI* 2005. 394 – RAPPR. : art. 428 du C. pr. civ., disposition générale qui prévoit que la communication est faite à la diligence du juge.
4. TOUTEFOIS, en cas de « nullité de plein droit » pour inobservation de l'article 18 (al. 1er – tiret 6) de la loi de 1965, le procureur de la République, étant un tiers, ne pourra provoquer la désignation d'un syndic qu'après constatation de la nullité à la diligence d'un copropriétaire : Civ. 3e, 23 juin 1999, n° 97-22.606, n° 97-16.176, *Bull. civ.* III, n° 149; *RDI* 1999. 459; *Gaz. Pal.* 1999. 2 pan. Cass. 261.
5. Les dispositions de l'article 62-2 alinéa 3 sont inspirées de l'article 9 du décret n° 85-1388 du 27 décembre 1985, modifié, relatif au redressement et à la liquidation judiciaire des entreprises.
6. Capoulade, « Les ordonnances présidentielles et les syndicats en difficulté », *Gaz. Pal.* 13-14 sept. 2000. 11 s.; « Du nouveau du côté des syndicats en difficulté », *Gaz. Pal.* 15-16 mars 2002, 6 s. – Giverdon et Capoulade, « L'amélioration du fonctionnement des syndicats de copropriété », *AJPI* 1995. 384.

Le juge n'a pas à s'immiscer dans l'administration du syndicat en prescrivant l'exécution d'une mesure particulière[1]. La mission générale suffit; il appartient à l'administrateur provisoire d'apprécier, sous sa responsabilité, les mesures propres à atteindre l'objectif légal du rétablissement du fonctionnement normal du syndicat. Il peut toujours, en tant que de besoin, déposer un pré rapport.

Le dispositif de l'ordonnance doit, en revanche, énumérer avec précision les pouvoirs de l'assemblée générale et ceux du conseil syndical qui sont transférés à l'administrateur provisoire pour l'exécution de sa mission.

L'ordonnance de désignation fixe la *durée*, qui ne peut être inférieure à douze mois, *de la mission* (L. 10 juill. 1965, art. 29-1, al. 3 mod. par la loi du 25 mars 2009, et Décr. 17 mars 1967, art. 62-5), mais « *le président du tribunal de grande instance peut à tout moment modifier la mission [...], la prolonger ou y mettre fin* ». Depuis la loi SRU modifiant l'article 29-1 précité, la demande de modification doit émaner « *de l'administrateur provisoire, d'un ou plusieurs copropriétaires, du représentant de l'État dans le département (L. 25 mars 2009, art. 19-2) du procureur de la République* »[2]. Le président apprécie, s'il y a lieu, de donner suite, mais, comme par le passé, il peut aussi se prononcer « d'office », ce qu'il décidera en fonction des éléments dont il a connaissance.

Pour accélérer les mesures de rétablissement, il importe que l'ordonnance sur requête soit exécutoire par provision et sur minute, à charge d'en référer pour tout intéressé.

788 Communication de l'ordonnance. *a) Copropriétaires.* Déjà l'article 62-5 (al. 2 et 3) du décret de 1967, dans sa rédaction du décret du 15 février 1995, prévoyait que l'ordonnance désignant un administrateur provisoire était « *portée à la connaissance des copropriétaires* ». Désormais, le principe est posé par l'article 29-5 (al. 1er), introduit dans la loi de 1965 par la loi du 13 décembre 2000 (art. 81-14°). « *L'ordonnance de nomination de l'administrateur provisoire [...] (est) portée à la connaissance des copropriétaires* » Le nouvel article 62-5 (al. 1er) du décret de 1967 (rédaction du décret du 27 mai 2004) précise que cette ordonnance « *est portée à la connaissance des copropriétaires dans le mois de son prononcé, à l'initiative de l'administrateur provisoire, soit par remise contre émargement, soit par la lettre recommandée, avec demande d'avis de réception* ».

L'alinéa 2 du même article ajoute « cette communication reproduit soit le texte de l'article 490 du code de procédure civile s'il s'agit d'une ordonnance du président statuant comme en matière de référé, soit le texte de l'article 496 du même code s'il s'agit d'une ordonnance sur requête ».

Bien que le texte ne le spécifie pas, son caractère impératif implique que l'omission de rappeler les dispositions du code de procédure civile emporte nullité de la communication[3]. Tant que la communication régulière n'a pas eu lieu, le délai de recours ne court pas, mais le recours peut être exercé.

Le texte de l'article 62-5 (al. 1er) est inspiré de l'ancienne disposition de l'article 59 (al. 3) du décret de 1967. Les modalités suivant lesquelles l'ordonnance est « portée à la connaissance » des copropriétaires s'apparentent à celles des notifications en matière de copropriété, telles que prévues par l'article 64 du décret.

Si on a pu s'interroger sur le point de savoir si cette communication valait signification de l'ordonnance et faisait courir le délai de recours, la réponse apparaît positive en raison des modalités de la communication et de la mention obligatoire des dispositions du code procédure civile organisant les recours.

Ainsi, les copropriétaires se trouvent-ils à même d'exercer les voies de recours contre l'ordonnance de désignation, mais rien n'est dit, en revanche, lorsque l'ordonnance rejette la demande de désignation.

b) *Procureur de la République :* Le nouvel article 29-5 (al. 1er) de la loi de 1965, issu de la loi SRU, prescrit de porter l'ordonnance désignant l'administrateur provisoire à la connaissance du procureur de la République.

Aucune mesure réglementaire n'a été prise pour l'application de cette communication. Celle-ci, d'ailleurs, ne présente d'utilité que pour la désignation sur la demande de copropriétaires ou du syndic. Dans ces deux hypothèses, on peut concevoir que, par analogie, la communication s'effectue selon les modalités prévues à l'article 62-5 (al. 1er) du décret[4].

1. PAR EXEMPLE, comme on l'a lu dans certains dispositifs : licencier le concierge, réaliser le changement du mode de chauffage, approuver les comptes après expertise, se faire remettre les fonds et documents du syndicat, poursuivre le recouvrement des impayés jusque et y compris la saisie immobilière... Il en irait autrement pour une mesure ne concourant pas nécessairement à l'objectif légal, comme la recherche des causes des difficultés et des responsabilités éventuellement encourues.
2. SUR la procédure à suivre : LAFOND, ROUX ET STEMMER, L. 29-1, n° 5.
3. NÉANMOINS, il a été jugé que le non-respect du délai d'information et le défaut de mention des voies de recours ne sont pas prescrits à peine de nullité : Paris, 6 juill. 2007, RG n° 07-02.150, *AJDI* 2008. 37 – EN SENS CONTRAIRE : Paris, 14 ch. A, 21 oct. 1998, RG n° 1998/09995, *RDI* 1999. 310.
4. EN CE SENS AUSSI : LAFOND, ROUX ET STEMMER, D. 62-5.

c) *Administration :* Jusqu'à la loi du 13 décembre 2000, dite loi SRU, l'Administration demeurait étrangère au déroulement de la procédure judiciaire relative à la désignation de l'administrateur provisoire du syndicat en difficulté. La loi SRU a organisé, à cet égard, la liaison entre la Justice et l'Administration.

L'article 81-14°, de la loi SRU, insérant un article 29-5 (al. 2) dans la loi de 1967, prévoit que « le procureur de la République informe de cette nomination le préfet et le maire de la commune de situation des immeubles concernés ».

Cette liaison nouvelle permet d'informer les autorités administratives de la situation difficile de certains syndicats de copropriétaires. Elles se trouvent ainsi à même d'intervenir éventuellement par une assistance financière ou sociale, par des mesures administratives, notamment pour apprécier l'opportunité de mettre en œuvre un plan de sauvegarde.

789 Voies de recours[1]. Le droit commun des recours s'applique, aussi bien lorsque le président statue comme en matière de référé que sur requête, qu'il rejette la demande ou, au contraire, la déclare fondée et désigne, en conséquence, un administrateur provisoire du syndicat.

a) En cas de rejet. Il résulte des textes eux-mêmes que le nouvel article 29-5 de la loi et l'article 62-5 du décret (dans son ancienne et sa nouvelle rédaction) ne visent que le cas de l'ordonnance désignant un administrateur provisoire. Il s'en déduit que l'ordonnance de rejet ne fait l'objet d'aucune communication, mais que les principes fondamentaux de la procédure civile conduisent à admettre que la partie qui a saisi le juge, ne peut être privée de recours.

Si la demande émane des *copropriétaires*, ils pourront appeler de l'ordonnance, rendue comme en matière de référé, dans les quinze jours de son prononcé (C. pr. civ., art. 490). L'appel est dirigé contre le syndicat représenté par son syndic en exercice et les appelants doivent énoncer les moyens qu'ils invoquent. La procédure comporte la représentation obligatoire.

L'article 29-1 prévoyant que l'assignation est délivrée par des copropriétaires, représentant *ensemble* au moins quinze pour cent des voix du syndicat institue, semble-t-il, une indivisibilité entre eux et l'appel deviendrait irrecevable si les appelants ne représentaient plus ce pourcentage.

Si la demande émane du *syndic* ou du *procureur de la République*, l'appel est interjeté dans les quinze jours du prononcé de l'ordonnance rejetant la requête (C. pr. civ., art. 496), ordonnance remise le jour même de son prononcé au requérant[2]. L'appel est formé, instruit et jugé comme en matière gracieuse.

b) En cas de désignation d'un administrateur provisoire. *Si l'ordonnance est rendue comme en matière de référé,* l'appel est ouvert au syndicat (représenté par son syndic en exercice), aux copropriétaires demandeurs ou au procureur de la République. Le délai court du lendemain du prononcé de l'ordonnance pour le syndic, *ès qualités*, et pour le procureur de la République, et à compter du lendemain de la communication qui leur est faite pour les copropriétaires non-demandeurs.

L'appel est formé, instruit et jugé selon les règles de la procédure avec représentation obligatoire.

Sur la possibilité de tierce opposition[3].

Si l'ordonnance est rendue sur requête, le principe de la réserve de référé s'applique : « *Tout intéressé* peut en référer au juge qui a rendu l'ordonnance », ce qui a pour résultat d'ouvrir une procédure contradictoire. L'ordonnance de référé pourra, à son tour, être frappée d'appel. La rétractation de l'ordonnance désignant l'administrateur provisoire produit effet à l'égard de tous les copropriétaires en raison de l'indivisibilité.

Le recours en rétractation peut se fonder sur l'absence de circonstances établissant que le syndicat se trouve en difficulté[4], ou sur un vice de procédure[5].

SECTION 5
ADMINISTRATION PROVISOIRE

790 Statut de l'administrateur provisoire. Nommé par décision de justice, l'administrateur provisoire reçoit une mission légale qui peut être, dans une certaine mesure, modulée par le juge. Quelle que soit sa profession, il devient, au moins à titre occasionnel, un auxiliaire de justice, au sens de l'article 719 du code de procédure civile[6], mais, étant investi des pouvoirs du syndic, il représente le syndicat en justice et dans les actes de la vie civile, il n'est pas, pour autant, le mandataire du syndicat. Il s'ensuit

1. Giverdon et Capoulade, *AJPI* 1995. 385 – LAFOND, ROUX ET STEMMER, D. 62-5 – Roux, *op. cit.*, nos 39 et 40.
2. Civ. 2e, 16 juill. 1992, no 90-21.922, *Bull. civ.* III, no 212 ; *D.* 1993. 194, *RTD civ.* 1993. 194.
3. Paris, 21 oct. 1998, RG no 1998/09995, *RDI* 1999. 310.
4. Civ. 3e, 4 déc. 2002, no 00-22.226, *Administrer* avr. 2003. 53, note Capoulade ; *AJDI* 2003. 423.
5. Civ. 3e, 3 avr. 2002, no 01-00.591, *Bull. Csab*, no 99, juin 2002, no 92 (absence de communication au procureur de la République et de notification à un copropriétaire).
6. Civ. 2e, 10 déc. 1986, no 85-14.078, *Bull. civ.* II, no 181 ; *RDI* 1987. 483.

qu'il encourt, le cas échéant, une responsabilité délictuelle ou quasi-délictuelle envers le syndicat et chaque copropriétaire. Placé sous la surveillance du ministère public, il peut aussi encourir une responsabilité disciplinaire.

En principe, à défaut de disposition particulière dans la loi de 1965, complétée par celle de 1994, l'administrateur provisoire du syndicat en difficulté sera choisi parmi les administrateurs judiciaires, en matière civile, dont la profession est régie par la loi n° 85-99 du 25 janvier 1985, modifiée [1]. Aux termes de l'article 1er de cette loi : « les administrateurs judiciaires sont les mandataires chargés par décision de justice d'administrer les biens d'autrui ou d'exercer les fonctions d'assistance ou de surveillance dans la gestion de ces biens ». L'article 2 de cette loi précise que « nul ne peut être désigné en justice pour exercer ces fonctions, s'il n'est inscrit sur une liste établie par la commission nationale » [2].

Des exceptions sont cependant prévues par l'article 2 de la loi dans certaines matières ou au profit des membres des professions juridiques ou judiciaires (art. 2, al. 1, *in fine*). L'alinéa 2 du même article élargit encore l'exception en disposant : « Toutefois, à titre exceptionnel, les tribunaux peuvent, par décision motivée, désigner comme administrateur judiciaire des personnes physiques ayant une expérience et une qualification particulière, même non inscrites sur la liste ». Ces personnes doivent justifier d'une assurance, « le cas échéant, auprès de la Caisse de garantie » (L. 25 janv. 1985, art. 34) couvrant leur responsabilité civile professionnelle, ainsi que d'une garantie affectée au remboursement des fonds, effets ou valeurs. Ils faut noter que « les modalités de cette assurance sont fixées, après avis du commissaire du gouvernement, par accord entre l'administrateur judiciaire non inscrit et la caisse de garantie » [3].

L'ordonnance désignant un administrateur non inscrit sur la liste nationale doit contenir une motivation spéciale sur l'aptitude de la personne et sur les circonstances particulières qui conduisent le juge à procéder à cette désignation. En outre, il serait bon de rappeler dans l'ordonnance l'exigence d'assurance et de garantie [4]. Il n'existe pas jusqu'à présent une pré-sélection de personnes qui par leur formation et leur expérience soient spécialisées dans l'administration des syndicats en difficulté.

Plusieurs dispositions législatives autorisent, sous certaines conditions, les offices publics d'aménagement et de construction (Opac) [5] et les sociétés anonymes d'habitation à loyer modéré (Sahlm) [6] à devenir syndic de syndicats connaissant des difficultés importantes de fonctionnement.

791 Rémunération de l'administrateur provisoire. Ni la loi du 21 juillet 1994, ni celle du 13 décembre 2000 ne contiennent de disposition particulière à cet égard. Il y a donc lieu de se référer aux principes de droit commun. C'est une question délicate en raison des difficultés financières que connaît le syndicat en difficulté.

La rémunération de l'administrateur provisoire constitue une charge d'administration générale (L. 10 juill. 1965, art. 10, al. 2) qui entre dans les dépenses courantes du syndicat.

L'administrateur provisoire étant un auxiliaire de justice, sa rémunération est soumise aux dispositions de l'article 704 et suivants du code de procédure civile, en matière de taxe [7].

Le président de la juridiction appelé à statuer sur la proposition de taxe, fixe le montant des frais et honoraires de l'administrateur « sans avoir à s'arrêter à l'allégation par la copropriété d'une instance en remboursement d'une partie contestée des honoraires prélevés par l'administrateur provisoire, une fois sa mission terminée, qui ne pouvait influer sur sa décision » [8].

Si, en raison de la matière, l'application des dispositions de l'article R. 93 (6° et 7°) du code de procédure pénale est exclue, en revanche, le 4° du même article ouvre une possibilité *d'avance* par le Trésor public « des frais exposés à la requête du ministère public lorsque celui-ci est partie principale ou partie jointe en matière civile et des dépens qui peuvent être laissés à la charge du ministère public, partie principale, en application de l'article 696 du code de procédure civile ». Or, en la matière, le ministère public est partie principale ou partie jointe, selon le cas.

Les administrateurs provisoires risquent d'éprouver quelques difficultés pour recouvrer leurs honoraires, sous réserve de l'octroi d'aides publiques.

792 Mission de l'administrateur provisoire – Généralités. La mission générale de l'administrateur provisoire est définie par la loi elle-même. Selon l'article 29-1, alinéa 2, le président « *charge l'administrateur provisoire de prendre les mesures nécessaires au rétablissement du fonctionnement normal de la copropriété* ».

1. Olivier, « Choix et obligations des administrateurs judiciaires », *AJPI* juill.-août 1997. 640 – Atias, « Le choix de l'administrateur provisoire du syndicat en difficulté », *IRC* sept. 2000. 23.
2. SUR les conditions d'inscriptions : L. 25 janv. 1985, préc., art. 4 s.
3. D. n° 85-1389, 27 déc. 1985, art. 79.
4. Olivier, préc., p. 644.
5. CCH, art. 421-1 ; complété par L. 21 juill. 1994, art. 40.
6. CCH, art. 422-1 ; mod. par L. 21 juill. 1994, art. 40.
7. Civ. 2e, 10 déc. 1986, n° 85-14.078, *Bull. civ.* II, n° 181.
8. Civ. 2e, 10 déc. 1986, n° 85-14.078, *Bull. civ.* II, n° 181.

Ce même article précise qu'« À cette fin, il lui confie tous les pouvoirs du syndic [...] et tout ou partie des pouvoirs de l'assemblée générale des copropriétaires, à l'exception de ceux prévus aux a et b de l'article 26, et du conseil syndical ».

Compte tenu des particularités de chaque espèce que mettent en lumière la motivation des demandes, mais surtout les mesures d'information (v. s[s] n° 787), le président doit distinguer avec précision les pouvoirs conservés par l'assemblée générale et le conseil syndical, d'une part, et ceux transmis à l'administrateur provisoire, d'autre part. Les pouvoirs qui ne lui sont pas transférés, sont conservés. Cette partition demeure délicate, même après la loi du 13 décembre 2000 qui l'a simplifiée en ce qui concerne le syndic dont tous les pouvoirs sont transférés (v. s[s] n° 793).

Dès lors que la mission tend à rétablir le fonctionnement normal du syndicat, ce qui relève de la responsabilité personnelle de l'administrateur provisoire, et l'ordonnance présidentielle ayant opéré la répartition des pouvoirs, le président n'a pas, pour le surplus, à se substituer au mandataire de justice.

En outre, l'administrateur provisoire dispose de pouvoirs propres, comme la convocation et la présidence de l'assemblée générale et du conseil syndical, le dépôt de pré-rapports et d'un rapport.

793 **Pouvoirs du syndic.** Les modifications successives de l'article 29-1 démontrent les hésitations du législateur, mais surtout la difficulté de la solution.

La loi du 21 juillet 1994 avait prévu que le président pouvait confier à l'administrateur provisoire « tout ou partie des pouvoirs du syndic », l'ordonnance présidentielle devant, selon l'ancien article 62-5 du décret de 1967, fixer « l'étendue des pouvoirs de l'administrateur provisoire par rapport à ceux qui sont, notamment, maintenus au syndic ».

Outre la difficile répartition des pouvoirs et les incertitudes qui résultaient de formules parfois ambiguës ou imprécises [1], cette solution présentait l'inconvénient de placer le syndicat en difficulté sous une administration bicéphale, avec la charge d'une double rémunération, ainsi que, le cas échéant, en présence des conflits de compétence et une dilution des responsabilités [2].

La loi du 13 décembre 2000 a, au contraire, adopté une « solution radicale » [3], opérant un transfert global des pouvoirs du syndic. Aux fins du redressement du syndicat en difficulté, le président confie à l'administrateur provisoire « *tous les pouvoirs du syndic dont le mandat cesse de plein droit sans indemnité* » [4].

L'article 29-1 ainsi modifié pose deux principes :

Le juge confie tous les pouvoirs du syndic à l'administrateur provisoire. Il s'agit d'un transfert légal que l'ordonnance présidentielle réalise dans chaque cas d'espèce, en application d'une disposition impérative. L'administrateur provisoire, tout en restant auxiliaire de justice, reçoit, sous certaines exceptions, « tous les droits et obligations du syndic » [5]. Il devient le représentant du syndicat dans les actes de la vie civile et en justice.

Le mandat du syndic cesse de plein droit et sans indemnité. Il s'agit donc d'une cessation légale des fonctions. Une situation économique et sociale préoccupante était à régler en dehors de tout contexte de responsabilité.

Après avoir envisagé d'interdire la désignation du syndic existant comme administrateur du syndicat [6], il avait été proposé que l'administrateur provisoire puisse, sous sa responsabilité, confier au syndic la « gestion » courante du syndicat [7]. Cette solution avait l'avantage de permettre à l'administrateur provisoire, déchargé des missions accessoires, de se consacrer complètement au redressement du syndicat. Toutefois, elle contrevenait à l'interdiction de substitution (art. 18, antépénultième alinéa) [8], ainsi qu'à la discipline des administrateurs judiciaires (L. 25 janv. 1985, art. 19, 30 et 37) [9].

Cette difficulté a trouvé son épilogue dans l'article 19 de la loi n° 2003-710 du 1er août 2003 d'orientation et de programmation pour la ville et la rénovation urbaine, qui a complété l'avant dernier alinéa de l'article 29-1 par trois phrases ainsi rédigés : « *L'administrateur provisoire exécute personnellement la mission qui lui est confiée. Il peut toutefois, lorsque le bon déroulement de la mission le requiert, se faire assister par un tiers désigné par le président du tribunal de grande instance sur sa proposition et rétribué sur sa rémunération. Dans tous les cas, le syndic en place ne peut être désigné au titre d'administrateur provisoire de la copropriété* ».

1. Bouyeure, « L'administration provisoire de la loi du 21 juillet 1994 et du décret du 15 février 1995 », *AJPI* 1997. 636, § II.
2. Civ. 3e, 30 sept. 1998, n° 96-21.078, *RDI* 1999. 151 et 152.
3. Jarlier, rapporteur au Sénat, doc. parl., avis n° 307.
4. Capoulade, « Du nouveau du côté des syndicats en difficulté », *Gaz. Pal.* 2002, Doctr. 450.
5. Civ. 3e, 14 janv. 1998, n° 96-12.513, *Bull. civ.* III, n° 7; *Gaz. Pal.* 1999. 2. pan. 228, dans le cas de l'article 47 du décret de 1967, *RDI* 1993. 370.
6. Amendement n° 814, *JO Sénat* 2000, p. 2565.
7. Amendement, n° 161, *JO Sénat* 2000, p. 2566.
8. Civ. 3e, 22 juin 2005, n° 04-12.644, *Bull. civ.* III, n° 138; *AJDI* 2006. 129, note Capoulade; *Loyers et copr.* 2006. 188; prohibition d'une délégation de pouvoirs à l'ancien syndic.
9. Crim. 26 sept. 2001, n° 00-86.525, *Bull. crim.*, n° 190; *D.* 2001. 3198, note Lienhard; *RSC* 2002. 340; *RTD com.* 2002. 181 et 381 .

Ainsi, le syndic dont les fonctions ont cessé de plein droit, en application de la loi, par la constatation de l'état de difficulté du syndicat, ne peut être désigné en qualité d'administrateur provisoire de ce syndicat en difficulté.

Si l'administrateur provisoire demeure personnellement et seul responsable de l'exécution de sa mission, il peut néanmoins se faire assister par d'autres personnes que ses préposés, sans que la charge financière en retombe sur le syndicat. L'assistant peut être un spécialiste du bâtiment, de la finance, de la comptabilité, de la gestion administrative, voire de l'aide sociale ou psychologique. Cette assistance s'opère sous le contrôle du juge qui appréciera la nécessité et les conditions de l'assistance, ainsi que la personnalité et la compétence du candidat proposé.

C'est donc la plénitude des fonctions de syndic que l'administrateur provisoire assume et, même davantage, puisque, à la différence du syndic, il convoque et préside le conseil syndical et l'assemblée générale.

Ce transfert de pouvoirs implique, ainsi que le prescrit le nouvel article 62-6 du décret de 1967, que « l'ancien syndic » soit « tenu à l'égard de l'administrateur provisoire des obligations prévues à l'article 18-2 de la loi du 10 juillet 1965 ». L'administrateur provisoire reçoit tous les fonds disponibles, ainsi que toutes les pièces et documents, qui sont la propriété du syndicat. La référence aux obligations prévues à l'article 18-2 paraît bien rendre ce texte applicable, notamment quant aux conditions de délai et de procédure (bordereau de transmission de pièces, art. 33-1).

Lorsqu'il reçoit tout ou partie des pouvoirs de l'assemblée générale, l'administrateur provisoire, avant de décider à la place de l'assemblée, lorsque le pouvoir lui est dévolu, doit *obligatoirement, sauf urgence, prendre avis du conseil syndical* (Décr. 17 mars 1967, art. 62-7, al. 1er). Pour la validité de sa décision, il convient que la réunion et l'avis du conseil syndical soient consignés dans un procès-verbal.

En dehors de la convocation de l'assemblée générale pour exercer les pouvoirs qu'elle conserve, l'administrateur provisoire « *peut aussi convoquer les copropriétaires pour les informer et les entendre* » (Décr. 17 mars 1967, art. 62-7, al. 2) [1].

Dans ces deux dernières occasions, « il doit préciser le mode de financement pour la mise en œuvre de la ou des décisions envisagées ». Il devra donc observer les dispositions des nouveaux articles 14-1 et 14-2 de la loi du 10 juillet 1965, en séparant les dépenses relevant du budget prévisionnel et chacune des dépenses hors budget. En outre, il lui appartiendra d'indiquer si la dépense sera financée par des appels de fonds, un emprunt, des aides ou des subventions.

En l'absence de dérogation, les règles spécifiques de comptabilité continue de s'appliquer au syndicat en difficulté.

794 Pouvoirs de l'assemblée générale. Le transfert peut porter sur « tout ou partie des pouvoirs de l'assemblée générale des copropriétaires, à l'exception de ceux prévus aux articles a et b de l'article 26 » (L. 10 juill. 1965, art. 29-1, al. 2). Le pouvoir transféré réside dans un *pouvoir de décider*, c'est-à-dire d'adopter une mesure de nature à recevoir une efficacité juridique.

En principe, le transfert porte sur « tout ou partie des pouvoirs », mais l'article 29-1 comporte une *exception* concernant les pouvoirs visés à l'article 26 a et b de la loi de 1965; il s'agit des décisions concernant les actes d'acquisitions immobilières et les actes de disposition autres que ceux visés à l'article 25 d (actes de disposition sur les parties communes ou sur les droits accessoires résultant d'obligations légales ou réglementaires), ainsi que des décisions modifiant ou établissant le règlement de copropriété dans la mesure où il concerne la jouissance, l'usage et l'administration des parties communes.

À cette énumération, il faut ajouter, à plus forte raison, malgré l'omission de la loi, les décisions visées aux alinéas 2 et 3 de l'article 26 relatives à la modification des conditions ou des modalités de jouissance des parties privatives, telles qu'elles résultent du règlement de copropriété, ainsi que l'aliénation de parties communes nécessaires au respect de la destination de l'immeuble.

Il appartient au président de moduler le transfert des pouvoirs en fonction de la situation particulière du syndicat, mais, le plus souvent, tous les pouvoirs transférables sont confiés à l'administrateur provisoire pour assurer l'efficacité de sa mission. Ainsi, se réalise une dépossession provisoire, au moins partielle, de l'exercice du droit de propriété.

Pour les pouvoirs conservés par l'assemblée générale, l'administrateur provisoire convoque les copropriétaires en observant les formalités prévues par le décret de 1967, mais il préside l'assemblée. En raison du non-cumul de la présidence et du secrétariat [2], il est indispensable de désigner un copropriétaire en qualité de secrétaire de la séance. La rédaction et la notification du procès-verbal obéissent aussi aux dispositions du droit commun

1. Roux, nº 49 – Lafond, Roux et Stemmer, D. 62-7, note 4.

2. Civ. 3e, 6 nov. 2002, nº 01-10.800, *Bull. civ.* III, nº 216; *D.* 2003. Somm. 1335, obs. Atias; *Administrer* févr. 2003. 43, note Capoulade; *Loyers et copr.* 2003. 14, obs. Vigneron.

de la copropriété et la contestation éventuelle s'exerce dans les conditions et délais de l'article 42, alinéa 2, de la loi.

En revanche, lorsqu'il exerce les pouvoirs de l'assemblée générale qui lui sont dévolus, l'administrateur provisoire peut « convoquer les copropriétaires pour les informer et les entendre » (Décr. 17 mars 1967, art. 62-7, al. 2). En l'absence de toute disposition réglementaire, les modalités de la convocation sont laissées à l'appréciation de l'administrateur provisoire; il n'a pas à suivre, à cet égard, les dispositions du décret de 1967 sur la convocation et la tenue des assemblées. Il s'agit, en réalité, d'une réunion informelle qui ne peut prendre aucune décision; elle a seulement pour objet d'informer et d'entendre les copropriétaires[1].

Soit au cours de la réunion informelle, soit au cours de l'assemblée, l'administrateur doit préciser le mode de financement pour la mise en œuvre de la ou des décisions envisagées (Décr. 17 mars 1967, art. 62-7, al. 3). Autrement dit, une contrepartie financière doit correspondre à chacune des dépenses à engager, ce qui constitue une très sage mesure.

À ce titre, il prend la décision à la place de l'assemblée générale après avoir, sauf urgence, recueilli l'avis du conseil syndical (Décr. 17 mars 1967, art. 62-7, al. 1er) qu'il convoque et préside. La décision est mentionnée, à sa date, sur le registre des décisions prévu à l'article 17 du décret de 1967 (Décr. 17 mars 1967, art. 62-8). Il « adresse copie aux copropriétaires de la ou des décisions prises et joint, s'il y a lieu, l'appel de fonds correspondant » (Décr. 17 mars 1967, art. 62-9).

Les textes ne précisent pas la forme de cet envoi; les dispositions de l'article 64 du décret ne s'imposent pas nécessairement dans ce cas. Il y a lieu de penser qu'il peut être effectué sous simple pli; c'est, en effet, le mode ordinaire des appels de provisions.

La question se pose de savoir quelle sanction entraînerait la violation de ces dispositions réglementaires de caractère impératif. Ces articles, soit emploient le verbe avoir, soit s'expriment au mode indicatif. En tout cas, ils sont pris pour l'application des articles 29-1 s. qui, selon l'article 43 de la loi, sont impératifs.

Quelle force obligatoire revêtira la décision ainsi prise par l'administrateur provisoire ? En l'absence de vote[2], et de copropriétaires opposants ou défaillants, l'action en contestation de l'article 42, alinéa 2, de la loi du 10 juillet 1965 ne saurait trouver application. La nullité pour vice de forme pourrait être envisagée dans les conditions du droit commun, mais surtout la responsabilité civile (quasi-délictuelle) de l'administrateur apparaît bien pouvoir être mise en jeu par un copropriétaire à qui la décision querellée ferait grief. C'est ainsi qu'ayant reçu tous les pouvoirs de l'assemblée, à l'exception de ceux que la loi interdit de lui donner, il appartient à l'administrateur provisoire, sans réunir d'assemblée, d'approuver les comptes et d'établir le budget, les copropriétaires n'étant pas fondés à contester les décisions ainsi prises, et les juges peuvent condamner les copropriétaires au paiement des provisions sur charges[3].

795 Pouvoirs du conseil syndical. Selon l'article 29-1, alinéa 2, de la loi de 1965, le président peut transférer à l'administrateur provisoire « *tout ou partie des pouvoirs du conseil syndical* ».

Le mot « pouvoirs » appelle immédiatement des réserves de terminologie. Le conseil syndical étant un organe de conseil, d'assistance et de contrôle (L. 10 juill. 1965, art. 21), il est, par principe, dépourvu de pouvoirs à moins de qualifier ainsi les droits qu'il tient de la loi de se saisir, pour avis, de toute question intéressant le syndicat, d'être consulté sur des marchés ou contrats, de prendre connaissance, copies ou communication des documents du syndicat et des pièces comptables. Il dispose, en réalité, de certaines attributions.

Le texte ne mentionne pas certaines attributions que le président du conseil syndical tient des textes, par exemple d'assigner l'ancien syndic en remise des fonds et documents du syndicat (L. 10 juill. 1965, art. 18-2), ou de convoquer l'assemblée générale dans les conditions de l'article 8 du décret de 1967. Cependant, l'article 29-1 de la loi vise, d'une manière globale, le conseil syndical dont son président est membre. Il s'en déduit que les attributions du président du conseil syndical, analysées ou non comme « pouvoirs propres », peuvent être transférées. Au demeurant, ces pouvoirs ne paraissent guère de nature à s'exercer en l'état de la constatation d'un syndicat en difficulté.

En définitive, il ne s'agit pas de transfert des pouvoirs dont ne dispose pas le conseil syndical, mais de supprimer temporairement les attributions du conseil et de son président.

Néanmoins, le transfert peut n'être que partiel et sélectif; en revanche, le conseil syndical reçoit le droit d'être consulté avant toute prise de décision par l'administrateur provisoire pourvu des pouvoirs de l'assemblée générale (art. 62-7, al. 1er).

1. EN SENS CONTRAIRE : LAFOND, ROUX ET STEMMER, D. 62-7, n° 4.
2. Civ. 3e, 4 juill. 1990, n° 88-14.438, NP, *Gaz. Pal.* 1990. 2. pan. 198.
3. Civ. 3e, 17 nov. 1999, n° 98-12.946, NP, *Bull. Csab*, n° 81, janv. 2000, n° 11.

796 Rapport et pré-rapports. La loi du 13 décembre 2000, ajoutant les articles 29-4 et 29-5 à la loi du 10 juillet 1965, prévoit que l'administrateur provisoire dépose un rapport, en vue, d'une part, de sa transmission au procureur de la République (art. 29-5) et, d'autre part, de la préconisation d'une scission du syndicat (art. 29-4). Cette loi comble ainsi une lacune de la loi du 21 juillet 1994 qui n'envisageait pas que l'administrateur provisoire rende compte de sa mission, ce qui constitue une obligation essentielle de toute administration des biens d'autrui. Fort opportunément, le décret du 15 février 1995, introduisant les articles 62-11 à 62-14, avait apporté une contribution substantielle à l'obligation de rendre compte. Le décret du 27 mai 2004 a modifié ces dispositions réglementaires, pour les mettre en harmonie avec la loi du 13 décembre 2000.

L'article 62-11 du décret de 1967 pose le principe que « *l'administrateur provisoire du syndicat rend compte par écrit de sa mission au président du tribunal de grande instance...* ». Le compte rendu est fait à la demande du président, mais, en tout état de cause, il est établi, à l'initiative de l'administrateur provisoire, à la fin de sa mission. Il existe donc quatre catégories de rapports : d'une part, le rapport demandé et le rapport d'initiative, d'autre part, le rapport intermédiaire et le rapport définitif. Le nouvel article 29-4 vise le rapport définitif lorsqu'il conclut à la scission du syndicat. L'administrateur provisoire dépose son rapport au secrétariat-greffe de la juridiction qui en adresse une copie au procureur de la République.

Lors du dépôt du rapport définitif, le fonctionnement normal du syndicat est rétabli. Un syndic est donc désigné, soit par l'administrateur provisoire pourvu des pouvoirs de l'assemblée à cet effet (L. 10 juill. 1965, art. 25 b), soit par l'assemblée générale convoquée à cette fin. Dès lors, le secrétariat greffe adresse une copie du rapport au syndic désigné (Décr. 17 mars 1967, art. 62-11, al. 2), à charge par lui d'informer les copropriétaires, par lettre recommandée avec demande d'avis de réception ou par remise contre émargement, qu'ils peuvent prendre connaissance du rapport de l'administrateur provisoire à son bureau, ou en tout autre lieu fixé par l'assemblée générale, pendant les heures ouvrables, dans le mois qui suit. Le syndic désigné peut joindre un extrait du rapport à sa lettre. Il adresse copie de tout ou partie du rapport aux copropriétaires qui en feraient la demande et à leurs frais (Décr. 17 mars 1967, art. 62-11). Le secrétariat-greffe adresse également une copie du rapport au président du conseil syndical, lorsqu'il en a été désigné un, et, à défaut, à chacun de ses membres (adjonction du décret du 20 avr. 2010).

L'administrateur provisoire peut aussi rédiger des *pré-rapports*, ou rapports d'étape, soit en présence d'une difficulté particulière, soit pour traduire les résultats d'ores et déjà obtenus. « Si aucun rapport mentionné à l'article 29-1B n'a été établi au cours de l'année précédente, par le mandataire *ad hoc*, l'administrateur rend, au plus tard à l'issue des six premiers mois de sa mission, un rapport intermédiaire présentant les mesures à adopter pour redresser la situation financière du syndicat » (L. 25 mars 2009, art. 19-2, modifiant L. 10 juill. 1965, art. 29-1, al. 9). Il déposera ces pré-rapports au secrétariat-greffe qui en adresse copie au procureur de la République et au président du conseil syndical (Décr. 17 mars 1967, art. 62-11, al. 3). En outre, l'administrateur provisoire porte le dépôt du pré-rapport à la connaissance des copropriétaires qui peuvent consulter ce document à son bureau ou en tout autre lieu qu'il fixe.

Ainsi, les copropriétaires peuvent-ils recevoir connaissance soit par copie (art. 62-12), soit par consultation (art. 62-13) des rapports et pré-rapports dans leur version intégrale, bien que ces documents peuvent évoquer ou faire allusion à des situations personnelles.

Lorsque le rapport ou un pré-rapport préconise que certaines questions soient soumises à l'assemblée générale, l'article 62-14 du décret de 1967 prescrit de les porter à l'ordre du jour de la prochaine assemblée générale ou d'une assemblée spécialement convoquée à cet effet. L'application de cet article suppose soit que l'administrateur provisoire n'a pas reçu le pouvoir correspondant de l'assemblée générale qu'il va convoquer et présider, soit que sa mission est accomplie et que le syndic désigné convoque l'assemblée selon les règles du régime ordinaire de la copropriété. Dans ce dernier cas, il existerait une liaison entre les deux régimes.

797 L'information de l'administration. Jusqu'à présent, l'administration demeurait étrangère à la procédure judiciaire aboutissant à la constatation que le syndicat était en difficulté et à la désignation d'un administrateur provisoire. Aucun texte ne prévoyait l'information de l'Administration sur le déroulement de cette procédure.

Pour la première fois, la loi dite SRU (art. 81-14°) a organisé, à cet effet, une liaison entre le parquet du tribunal de grande instance et l'Administration afin qu'elle connaisse les immeubles en copropriété dont le syndicat est en difficulté, ainsi que le suivi et les préconisations de l'administrateur provisoire.

Le préfet du département et le maire de la commune de la situation de l'immeuble sont informés de la *nomination* de l'administrateur provisoire du syndicat en difficulté (v. s[s] n° 788). En outre, le nouvel article 29-5 de la loi de 1965 prévoit qu'à la demande de ces autorités administratives, le procureur de la République leur transmet les *conclusions* du rapport établi en fin de mission par l'administrateur provisoire. Cette transmission porte seulement sur les conclusions et non sur le rapport dans son intégralité, car les développements pourraient évoquer des situations individuelles [1].

Le rapport peut conclure au rétablissement du fonctionnement normal du syndicat, mais il peut aussi comprendre des constatations, suggestions ou proposition de décision dont le préfet et le maire auront ainsi connaissance. Les conclusions du rapport définitif présenteront le plus grand intérêt pour l'Administration lorsqu'elles proposeront la scission du syndicat prévue au nouvel article 29-4 de la loi de 1965.

Les informations ainsi transmises permettent aux autorités administratives d'apprécier l'opportunité d'une intervention éventuelle, notamment par des aides financières ou sociales ou par la mise en œuvre d'un plan de sauvegarde [2].

SECTION 6
TRAITEMENT DU PASSIF

798 L'absence de procédure collective. L'article 29-4, devenu l'article 29-6 de la loi du 10 juillet 1965, exclut formellement l'application au syndicat en difficulté des procédures collectives organisées par la loi n° 84-148 du 1er mars 1984 et la loi n° 85-98 du 25 janvier 1985 concernant les entreprises (devenues le Livre VI du C. com.). Toutefois, ces procédures demeurent à la disposition du syndicat en difficulté à l'encontre de ces débiteurs, notamment des copropriétaires ou des locateurs d'ouvrages.

Par principe, la loi du 21 juillet 1994 n'a organisé aucune procédure collective à l'encontre du syndicat. L'administrateur provisoire n'a donc à recevoir aucune déclaration de créance, ni à dresser un état du passif et le juge n'a pas à prononcer une mesure générale à l'égard de tous les créanciers du syndicat.

L'article 29-2 met à la disposition de l'administrateur provisoire, agissant au nom et pour le compte du syndicat, des actions individuelles, à l'égard de certains créanciers du syndicat, ce qui peut engendrer une multitude de procédure et une source importante de dépense.

1. Jarlier, *JO Sénat* 10 mai 2000, p. 1567.
2. NOT. : Capoulade, « Du nouveau du côté des syndicats en difficulté », *Gaz. Pal.* 2002, Doctr. 450.

Aussi, la loi n° 2003-710 du 1er août 2003 (art. 22) [3] a-t-elle complété l'article 2 de la loi n° 91-647 du 10 juillet 1991 relative à l'aide juridique et ainsi accordé aux syndicats des copropriétaires, lorsque l'immeuble fait l'objet d'un plan de sauvegarde [4] ou lorsque le syndicat en difficulté est pourvu d'un administrateur provisoire, le bénéfice de l'aide juridique « pour l'exercice des actions de recouvrement des créances tant en demande qu'en défense » [5].

799 Le titulaire de l'action. L'article 29-2 de la loi de 1965 crée une *action attitrée* et en *réserve l'exercice exclusif à l'administrateur provisoire* qui, désormais, sans discussion possible, représente le syndicat en justice. Il ne peut déléguer cette représentation à quiconque (notamment pour le recouvrement des impayés) [6].

Il ne peut intenter cette action que « *pour les nécessités de l'accomplissement de la mission* » qui lui est confiée, c'est-à-dire le rétablissement du fonctionnement normal du syndicat qui constitue la finalité première de la mission. La demande, comme la décision du juge, doivent contenir une motivation sur ce point. Faute de satisfaire à cette condition, la demande serait irrecevable, car elle ne répondrait pas aux exigences de la loi impérative.

L'administrateur provisoire ne peut introduire cette action que pendant la durée de sa mission, mais seulement postérieurement à sa désignation et non pas concomitamment [7]. Le juge ne peut accorder les mesures, objet de cette action, même en appel, dès lors que l'administration provisoire a pris fin. La représentation du syndicat incombe alors au syndic; l'action manque de cause en raison du rétablissement du fonctionnement normal du syndicat et les procédures exceptionnelles ne peuvent s'appliquer. Il en serait ainsi quand bien même l'administrateur provisoire du syndicat en difficulté serait devenu, après la cessation de sa mission, administrateur provisoire du syndicat au titre de l'article 47 du décret de 1967 [8] ou même syndic de l'immeuble. Ce changement de qualité correspond, en effet, à la résurgence du régime ordinaire de la copropriété.

800 L'objet de l'action La demande de l'administrateur de l'article 29-1 doit avoir pour objet, aux termes de l'article 29-2 de la loi, de « suspendre ou

3. *JO* 2 août 2003, p. 13281.
4. CCH, art. L. 615-1.
5. Rép. min. n° 39710, *JOAN Q* 2 sept. 1996, p. 4714.
6. Civ. 3e, 22 juin 2005, n° 04-12.644, *Bull. civ.* III, n° 138; *AJDI* 2006. 129, note Capoulade; *Loyers et copr.* 2006. 188, pour l'ancien syndic.
7. TGI Créteil, réf., 14 oct. 1994, *Loyers et copr.* janv. 1995. 1.
8. Paris, 29 janv. 1999, RG n° 1998/10380, *D.* 1999. IR 69; *RDI* 1999. 309, obs. Giverdon.

interdire [...] toute action en justice de la part des créanciers dont la créance contractuelle à son origine antérieurement » à la désignation « et tendant :

- à la condamnation du syndicat débiteur au paiement d'une somme d'argent,

- à la résolution d'un contrat de fourniture d'eau, gaz, d'électricité ou de chaleur pour défaut de paiement d'une somme d'argent ».

La rédaction de l'article 29-2 est inspirée du droit des procédures collectives. Néanmoins, le texte appelle quelques remarques de terminologie. S'agissant de contrats à exécution successive, il s'agit plus de résiliation que de résolution. L'interdiction d'une action non encore engagée ne correspond-elle pas davantage à une irrecevabilité en l'état ?

On remarquera surtout que la créance doit avoir une *origine contractuelle*, ce qui correspond aux contrats souscrits avec des tiers ou encore aux relations copropriétaires-syndicat et syndicat-syndic [1].

Il a été soutenu que l'art. 29-2 s'applique à l'action d'un copropriétaire contre le syndicat sur le fondement d'un défaut d'entretien des parties communes [2].

La créance doit aussi avoir une *origine antérieure* à l'ordonnance désignant l'administrateur provisoire [3], ce qui est le cas de la créance d'honoraires du syndic ou encore du remboursement de ses avances.

Toutefois, en l'absence de traitement collectif du passif, l'administrateur provisoire pourrait régler intégralement l'un quelconque des créanciers du syndicat sur les fonds disponibles, quand bien même cette créance aurait fait l'objet de l'une des mesures prévues à l'article 29-2 de la loi [4].

L'objet des mesures autant que leur finalité se trouvent donc limitativement déterminés par les termes de l'article 29-2, alinéa 1, de la loi de 1965. Le droit commun continue de s'appliquer exclusivement pour les autres créances, soit qu'elles aient un autre objet ou une autre cause, soit qu'elles soient nées postérieurement à la désignation d'un administrateur provisoire de l'article 29-1.

801 La procédure d'aménagement. La demande est formée par l'administrateur provisoire, par une assignation du créancier, devant le président du tribunal de grande instance, statuant comme en matière de référé. Selon l'article 29-2, alinéa 1, de la loi, le président « *peut [...] suspendre ou interdire, pour une période d'au plus six mois renouvelable une fois, toute action en justice de la part des créanciers* » titulaires de l'une des créances spécifiées ci-dessus (v. s^s n° 799). Le délai octroyé peut être renouvelé une fois, à la seule demande de l'administrateur provisoire, mais, après l'expiration du ou des délais, les poursuites reprennent leur cours normal, à moins que la situation se soit rétablie entre temps, mettant ainsi fin au régime d'exception.

L'action ou, plus exactement l'instance, est suspendue si elle est déjà en cours. Elle est interdite, ou mieux, elle devient momentanément irrecevable si elle n'a pas déjà été exercée. Dans le silence du texte, la mesure d'interdiction ou de suspension prend effet au jour de l'ordonnance, avec exécution provisoire, comme en matière de référé, et non à partir de la signification de l'ordonnance.

L'exigibilité des créances n'est pas affectée; le président accorde, en quelque sorte, un moratoire; la suspension ou l'interdiction ne paraissent pas s'opposer à la mise en œuvre des mesures conservatoires.

L'article 29-2, alinéa 2, précise que « la décision de suspension ou d'interdiction provisoire des poursuites arrête toute voie d'exécution à l'encontre du syndicat et suspend les délais impartis à peine de déchéance ou de résolution des droits ». Cet arrêt des voies d'exécution s'opère donc de plein droit par le seul effet de l'ordonnance présidentielle, sans intervention du juge de l'exécution. Toutefois, si une difficulté s'élevait à l'occasion de cet arrêt, elle devrait être portée, non devant le président, mais devant le juge de l'exécution qui connaît des contestations à l'occasion de l'exécution forcée [5].

En raison de la généralité des dispositions finales de l'article 29-2, alinéa 2, il semble bien que l'interdiction et la suspension s'appliquent même aux délais préfix, bien qu'en principe, ces délais ne peuvent donner lieu à suspension, mais seulement à interruption.

On notera enfin la brièveté des délais mis par l'article 29-1 à la disposition du président; « au plus six mois renouvelable une fois ». Cette disposition ne signifie pas que l'administrateur provisoire doit rétablir la situation en un an, mais seulement qu'il trouve les financements nécessaires pour honorer les dettes antérieures du syndicat pendant ce délai.

Le régime d'exception est donc moins avantageux et moins protecteur que le droit commun qui

1. Bouyeure : *Administrer* oct. 1994. 18 – EN SENS CONTRAIRE : Giverdon et Capoulade, *AJDI* 1995. 391.
2. EN SENS CONTRAIRE : Giverdon et Capoulade, *AJDI* 1995. 391.
3. Paris, 14 nov. 1997, RG n° 95/22630, *Juris-Data* n° 023438, *RDI* 1998. 298.
4. Paris, 29 janv. 1999, 19e ch. B, RG n° 1998/10380, *D.* 1999. IR 69; *RDI* 1999. 309, obs. Giverdon.
5. COJ, art. L. 311-12-1, al. 1er et 4 : « Tout autre juge que le juge de l'exécution doit relever d'office son incompétence. »

résulte des articles 1244-1 et 1244-2 du code civil qui permettent d'obtenir des délais et des modalités de paiement plus intéressants. Mais la Cour de cassation n'admet pas le cumul des deux régimes qui s'excluent l'un l'autre, les dispositions spéciales dérogeant au droit commun [1].

Enfin, l'article 29-3 de la loi de 1965, issu de la loi du 21 juillet 1994 (art. 35 III) règle le sort des autres actions et voies d'exécution de la manière la plus simple, en ces termes : « *Les actions en justice et les voies d'exécution autres que celles suspendues, interdites ou arrêtées dans les conditions prévues à l'article 29-2 sont poursuivies à l'encontre du syndicat après mise en cause de l'administrateur provisoire* ». Autrement dit, le syndicat en difficulté est, à cet égard, soumis au droit commun et ne bénéficie d'aucune protection particulière et la représentation du syndicat en justice ne pose plus aucun problème depuis que la totalité des pouvoirs du syndic sont confiés à l'administrateur provisoire.

SECTION 7
DIVISION DU SYNDICAT EN DIFFICULTÉ

802 La problématique [2]. Dans certains cas, la situation est désespérée. Les obligations du syndicat ayant pour support la contribution des copropriétaires aux dépenses communes, il advient, si des copropriétaires sont insolvables, que la situation du syndicat soit complètement obérée. Il ne peut ni honorer ses propres créanciers, ni faire face aux dépenses nécessaires pour remédier à la dégradation ou aux désordres affectant l'immeuble ou les équipements communs. Réflexions et études menées à ce sujet font apparaître que les solutions se heurtent généralement à *l'organisation structurelle* de la copropriété.

Le moyen le meilleur consisterait, sans doute, à procéder à une saisie immobilière à mesure d'impayés importants, à la condition que le prix d'adjudication couvre les charges arriérées et que l'acquéreur puisse financer les réparations. Dans ce cas, la structure demeure inchangée; on essaie de substituer des copropriétaires solvables à des insolvables. Une vente globale de l'entier immeuble par le syndicat à un seul acquéreur, même décidée à l'unanimité, ne peut s'imaginer en raison de la nullité de la vente de la chose d'autrui. La négociation lot par lot suppose une volonté commune; c'est une hypothèse d'école. L'expropriation nécessite une déclaration d'utilité publique largement entendue avec une estimation lot par lot. Dans aucun cas, le relogement, au moins provisoire, des occupants n'est vraiment résolu.

Peut-être la solution passe-t-elle d'abord par la réduction du gigantisme en ramenant le syndicat à une échelle plus humaine. Peut-être aussi faut-il isoler le ou les bâtiments posant les problèmes les plus graves. Le recours ultime réside, au moins dans un premier temps, dans la scission du syndicat, ce qui permet d'appliquer à chaque nouvelle entité le traitement qui lui est le mieux adapté.

Observation faite que l'article 29-4 ne peut s'appliquer qu'à un syndicat de copropriétaires, constitué d'un groupe de bâtiments, et non pas à un ensemble immobilier dont le foncier est déjà éclaté, le régime de la copropriété, à défaut d'organisation différente, s'appliquant aux éléments fédérateurs seulement pour leur gestion et non pour leur appropriation.

803 Le nouvel article 29-4. Le projet de loi sur la solidarité et le renouvellement urbains prévoyait que le juge chargeait l'administrateur provisoire, sur un pré-rapport précisant les conditions de la division, de prendre les mesures nécessaires à la division du syndicat pour constituer plusieurs syndicats autonomes ou même pour séparer et juxtaposer propriété et syndicat; l'administrateur provisoire recevait, à cet effet, les pouvoirs de l'assemblée générale (art. 31, § V du projet).

L'Assemblée nationale a confié la décision au juge [3] et le Sénat a exigé la consultation des copropriétaires [4]. En définitive, le nouvel article 29-4, inséré dans la loi de 1965, par la loi SRU, dispose : « *Sur le rapport de l'administrateur provisoire précisant les conditions matérielles, juridiques et financières mentionnées à l'article 28 et consignant l'avis des copropriétaires, le président du tribunal de grande instance, statuant comme en matière de référé, peut prononcer aux conditions qu'il fixe la division si d'autres mesures ne permettent pas le rétablissement du fonctionnement normal de la copropriété* ».

Cette possibilité de division du syndicat en difficulté, qui doit rester exceptionnelle, prend appui sur le droit commun de l'article 28 de la loi de 1965 et bénéficie de l'assouplissement du mécanisme de la scission prévu par cet article depuis la loi du 13 décembre 2000. À cette référence au droit commun de l'article 28 s'ajoute l'organisation d'une procédure spécifique. L'article 62-15, introduit

1. Civ. 1re, 16 déc. 1992, n° 91-04.128, *Bull. civ.* I, n° 317; *D.* 1994. Somm. 18, obs. Fortis; *Gaz. Pal.* 1993. 1. pan. 78, *RTD com.* 1993. 174.
2. Roux, « La scission judiciaire de copropriété », *Loyers et copr.* févr. 2006. 5 et « Syndicats en difficulté », J.-CL. COPR., fasc. 84, nos 76 s. – Lafond, « Scission de copropriété, incidences fiscales », *Loyers et copr.* mai 2001. 25 s.
3. *JOAN Q* 2000, p. 2126.
4. *JO Sénat* 2000, p. 2567 et avis n° 307, p. 17.

dans le décret de 1967 par le décret du 27 mai 2004, apporte une réponse aux interrogations que posait le texte de la loi.

L'article 29-4 respecte ainsi le principe fondamental que l'autorité judiciaire, gardienne de la propriété privée, a compétence exclusive aux fins de prononcer la division de la propriété du sol et d'en fixer les conditions, modifiant aussi la situation contractuelle d'origine, Le juge reçoit la charge particulièrement lourde et délicate de prononcer la division du syndicat en difficulté, d'en fixer les conditions et d'arrêter les termes des documents applicables aux entités nouvelles.

804 Rapport de l'administrateur provisoire. Le rapport de l'administrateur provisoire concluant à la division du syndicat constitue un document de synthèse qui accompagne la fin de la mission. Il contient des informations précises et documentées afin de fournir au juge tous les éléments d'appréciation nécessaires à la décision. Sa rédaction nécessite des études préalables par des techniciens relevant de disciplines diverses (notaire, architecte, avocat, géomètre...).

En raison du coût engendré par ces consultations, il est vraisemblable que l'administrateur provisoire se sera au préalable rapproché du juge et aura déposé un pré-rapport.

Le rapport détaillé doit démontrer que la division s'impose, les conditions de l'article 28 de la loi étant remplies[1] et il doit consigner l'avis des copropriétaires.

L'analyse de la situation : Le rapport analyse d'abord la situation et son évolution et démontre que la scission du syndicat constitue le seul remède permettant, sinon de résoudre la crise, du moins de l'atténuer. Il doit en résulter que « *d'autres mesures ne permettent pas le rétablissement du fonctionnement normal de la copropriété* » (art. 29-4).

Les conditions matérielles, juridiques et financières mentionnées à l'article 28 de la loi sont nécessaires pour opérer la division. L'article 29-4 renvoie, sur ce point, purement et simplement aux dispositions de l'article 28 qui règlent la scission dans le régime ordinaire de la copropriété (v. s^{s} n° 759).

Il faut, à cet égard, se borner à rappeler que l'article 28, impose deux séries de conditions : des conditions de principe (pluralité de bâtiments et possibilité juridique et matérielle de la division du sol), d'une part, et des conditions d'application (matérielles, juridiques et financières), d'autre part.

1. TGI Nanterre, 5 oct. 2004, *AJDI* 2005. 395, obs. Giverdon; *Loyers et copr.* 2005. 20, obs. Vigneron. La division du sol étant possible, s'agissant d'une « copropriété à deux », les deux copropriétaires étant en relations conflictuelles depuis vingt ans.

L'avis des copropriétaires : La consultation des copropriétaires du groupe de bâtiments se déroulera nécessairement avant la fin de l'administration provisoire puisque leur avis doit figurer dans le rapport définitif.

Aucun texte ne précise comment sera recueilli cet avis. Il semble bien que les dispositions de l'article 62-7 (al. 2) du décret puissent trouver application. Cet article ouvre la possibilité à l'administrateur provisoire de convoquer les copropriétaires pour les informer et les entendre au cours d'une réunion informelle. L'article 62-7 (al. 2) du décret semble bien la dessaisir de ses pouvoirs sur ce point, puisque la décision de scinder le syndicat appartient au juge. En tout cas, si le pouvoir de consulter l'assemblée sur un projet de scission avait été réservé, l'administrateur provisoire convoquerait l'assemblée dans les formes du régime ordinaire de la copropriété et la présiderait, mais l'assemblée ne pourrait émettre qu'un avis, le pouvoir de décider lui ayant été retiré par la loi.

En tout cas, il serait utile, pour une complète et meilleure information du juge, que le rapport mentionne l'avis majoritaire, mais aussi l'avis minoritaire, ainsi que les avis dissidents qui peuvent apporter des nuances intéressantes aux deux grands courants qui se dégageraient de la réunion.

805 Procédure. Le décret du 27 mai 2004 a complété, d'une manière fort utile, le décret du 17 mars 1967 par un article 62-15 qui détermine les modalités de saisine du juge, ainsi que les personnes qui reçoivent qualité pour demander et défendre. Le texte réglementaire répond ainsi aux irritantes questions que posait le texte législatif. L'article 62-15 s'inspire largement de l'article 29-1, sans en constituer le prolongement.

– *Compétence.* L'article 29-4 (al. 1er) de la loi attribue compétence exclusive au président du tribunal de grande instance du lieu de situation de l'immeuble, statuant comme en matière de référé. La même autorité judiciaire qui a constaté l'état de difficulté du syndicat et désigné l'administrateur provisoire, statue sur le rapport définitif de celui-ci et prononce ou non la division du syndicat. Cette intervention directe sur la consistance de la propriété et sur l'adaptation des documents contractuels relève donc de l'autorité judiciaire, gardienne constitutionnelle de la propriété privée.

– *Demandeurs.* La mission de l'administrateur provisoire se termine avec le dépôt du rapport définitif. Son rôle se limite donc au dépôt du rapport concluant à la division du syndicat (v. s^{s} n° 804), mais lui-même n'initie aucune instance. Ce n'est donc qu'après le dépôt de ce rapport qu'est introduite la procédure tendant à obtenir la division du syndicat.

Aux termes du nouvel article 62-15 du décret de 1967, trois catégories de personnes peuvent demander la division :

a) *des copropriétaires représentant ensemble 15 % au moins des voix du syndicat.* L'article 62-15 du décret reprend donc, à cet égard, la formulation de l'article 29-1 (al. 1er) de la loi. Il n'est cependant pas exigé que ce soit les mêmes copropriétaires. Un regroupement peut s'opérer pendant le cours de l'administration provisoire. Il s'instaure ainsi, semble-t-il, une indivisibilité, de telle sorte que la demande deviendrait irrecevable si certains se désistaient, après l'introduction de la demande.

b) *le procureur de la République :* Les raisons qui ont conduit le législateur à lui ouvrir l'instance en désignation de l'administrateur provisoire, se retrouvent au stade de la division du syndicat (v. s[s] n° 785). L'ordre public doit exiger la scission (art. 62-15).

– *Défendeur.* La collectivité des copropriétaires, c'est-à-dire le *syndicat*, se trouve nécessairement le défendeur à la demande de division. Or, l'administration provisoire ayant cessé avec le dépôt du rapport définitif, le syndicat est désormais représenté par un syndic. C'est tout naturellement que l'article 62-15 désigne le syndic, *ès qualités*, comme défendeur à la demande.

– *Procédure :* La procédure contradictoire est introduite par une assignation. L'article 62-15 (al. 2) du décret prescrit au « syndic désigné » *d'informer les copropriétaires de la date de l'audience.* Aucun texte ne réglemente la manière dont cette information est donnée; on pourrait en déduire qu'aucune forme particulière n'est requise, qu'elle peut être collective par affichage ou individuelle par lettre simple. La même disposition ajoute que ceux des copropriétaires qui se présentent à l'audience peuvent être entendus par le juge. Cette faculté donnée au juge lui permet de recueillir des éléments complémentaires d'appréciation et donne à la procédure un caractère largement contradictoire. Le juge statue sur le fond du droit. Le droit commun s'appliquant en l'absence de disposition spéciale, l'ordonnance n'est pas exécutoire par provision, mais si elle est demandée, elle peut être accordée. Néanmoins, l'importance et la gravité de la décision peuvent rendre inopportune une exécution provisoire. Les voies de recours de droit commun sont ouvertes contre l'ordonnance statuant comme en matière de référé.

806 La décision du juge. L'article 29-4 donnant au président la possibilité (« peut ») de prononcer la division du syndicat, ce magistrat dispose d'une triple option, comme pour la désignation de l'administration provisoire.

a) Il peut, tout d'abord, déclarer la demande *irrecevable* pour défaut de qualité de l'une des parties en raison de l'irrégularité de la saisine. Il peut aussi *rejeter* la demande s'il estime que l'argumentation du rapport est insuffisamment pertinente, que les conditions légales de la scission ne sont pas réunies, qu'il subsiste une autre solution ou encore que la scission serait inopportune. La motivation de l'ordonnance doit démontrer que la demande est mal fondée en droit et/ou en fait.

Les frais d'études et de consultation auront été vainement exposés, ils resteront à la charge du syndicat au titre des dépenses d'administration, à moins qu'ils puissent être pris en charge par une aide publique.

b) Il peut aussi surseoir à statuer et demander des éléments supplémentaires d'information, ordonner une mesure complémentaire d'instruction sur le plan technique, juridique ou financier. Il peut procéder lui-même à des auditions, notamment celles du président ou des membres du conseil syndical, des copropriétaires qui, notamment à l'audience, auraient fait des objections ou des suggestions intéressantes, ou encore toute autre personne à même de lui donner un éclairage particulier sur la situation véritable du syndicat.

Tôt ou tard, il faudra néanmoins vider la saisine soit par un rejet, soit par une décision de scission.

c) Il peut enfin, tenant compte des conclusions de l'administrateur provisoire, prononcer la *division du syndicat*, après s'être assuré que toutes les conditions légales, tant générales que spécifiques, étaient bien remplies. L'ordonnance devra donc rappeler l'existence du rapport, contenir une motivation justifiant qu'il n'existe pas d'autre solution que la scission[1] et analyser l'avis des copropriétaires. Le contrôle de la Cour de cassation portera, d'une part, sur la régularité de la procédure et le respect des conditions légales, mais aussi, d'autre part, sur la motivation et la déduction quant aux éléments de fait.

Prononçant la scission, le juge reçoit de l'article 29-4 de la loi, la mission essentielle de *fixer les conditions* de la scission. L'ordonnance arrête donc les conditions matérielles, juridiques et financières de la scission, ce qui représente de très nombreuses questions à trancher, depuis l'emplacement de la ligne divisoire, la séparation ou non des équipements communs, l'établissement des règlements de copropriété et l'adaptation des états de répartition des quotes-parts de propriété et de charges, la convention applicable aux équipements restant en communauté, jusqu'à la fixation des redevances éventuellement dues et à la répartition des frais entraînés par la scission.

1. TGI Nanterre, 5 oct. 2004, préc. s[s] n° 749, note 1.

La délicate mise au point de ces documents se trouve préparée par le travail préliminaire de l'administrateur provisoire dont le rapport contiendra des propositions sur les différentes questions à trancher. Le juge n'est pas tenu de suivre les propositions du rapport. Il se prononce au vu des observations qu'il a pu recueillir soit au cours du sursis à statuer, soit au cours de l'audience. La division du sol emportant une mutation de propriété implique sa publication au fichier immobilier; le rapport devra donc permettre l'identification des copropriétaires, conformément aux dispositions du décret du 14 octobre 1955.

807 Mise en place des nouveaux syndicats. L'article 29-4, alinéa 2, prévoit que le président, statuant comme en matière de référé, « désigne, pour chaque syndicat des copropriétaires né de la division, la personne chargée de convoquer l'assemblée générale en vue de la désignation d'un syndic ». Il s'agit d'une adaptation de l'article 47 du décret. Pour la validité de la désignation, l'assemblée générale de ces nouveaux syndicats ne peut être convoquée et se tenir avant la naissance de ces nouvelles entités. Or, dès que la décision judiciaire prononçant la division est devenue définitive, la division prend effet et emporte dissolution du syndicat initial. Il apparaît, en conséquence, que la personne désignée par application de l'article 29-4, alinéa 2, exercera les fonctions de syndic tant que l'assemblée de chaque nouveau syndicat n'aura pas désigné son syndic.

Dans le silence de la loi, il est douteux que le président puisse désigner la personne chargée de convoquer l'assemblée de la structure de gestion des équipements qui ne peuvent être divisés. Cette difficulté doit trouver sa solution dans les pouvoirs que le juge des référés tient du droit commun en matière de groupement.

808 Mesures fiscales d'accompagnement. *L'article 85* de la loi SRU a inséré un nouvel article 749 A du code général des impôts qui exonère des droits d'enregistrement ou de la taxe de publicité foncière les partages d'immeubles bâtis, de groupes d'immeubles bâtis ou d'ensembles immobiliers soumis à la loi du 10 juillet 1965, ainsi que la redistribution des parcelles qui leur est consécutive.

Cette mesure réalise une réforme souhaitée depuis longtemps et supprime l'un des principaux obstacles à la scission des syndicats. Cette exonération concerne principalement les syndicats constitués par un groupe d'immeubles bâtis.

De son côté, *l'article 83* de la loi SRU a complété l'article 1384 A du même code afin de prolonger pendant cinq ans à compter de 2001 la durée de l'exonération de la taxe foncière pour les logements en accession à la propriété, situés dans un groupe d'immeubles ou dans un ensemble immobilier.

L'étude des aides financières publiques ne relève pas à proprement parler du droit de la copropriété; elle n'entre donc pas dans l'objet de notre étude. De plus, leur réglementation peut se modifier en fonction des décisions du conseil d'administration de l'Anah ou des dispositions fiscales sur le FSL. La création de l'Agence nationale pour la rénovation urbaine (Anru) par la loi n° 2003-710, du 1er août 2003, d'orientation et de programmation pour la ville et la rénovation urbaine, pourrait aussi apporter des novations notables en cette matière[1].

SECTION 8
LA CARENCE

809 Sécurité et sauvegarde. La loi n° 2003-710 du 1er août 2003 d'orientation et de programmation pour la ville et la rénovation urbaine[2], contient, dans ses articles 18 et 20, des dispositions générales qui s'appliquent aux immeubles en copropriété, dès lors qu'ils entrent dans la catégorie des « immeubles collectifs à usage principal d'habitation ». Ces dispositions insèrent de nouveaux articles dans le code de la construction et de l'habitation : d'une part, les articles L. 129-1 à L. 129-7 sur la sécurité des équipements communs et, d'autre part, les articles L. 615-6 et L. 615-7 sur les mesures de sauvegarde en cas de carence dans la gestion et la conservation de l'immeuble.

Les articles L. 129-1 à L. 129-7 du code de la construction et de l'habitation ont été modifiés par la loi n° 2006-872 du 13 juillet 2006 et les dispositions des articles R. 129-1 à R. 129-11 du même code, issus des décrets n° 2004-1442 du 23 décembre 2004 et n° 2006-1359 du 8 novembre 2006 en ont précisé les conditions d'application. Ce dispositif a été complété par deux arrêtés du 3 mai 2007 en cas de défaillance des paiements. Puis, les articles L. 129-2, L. 129-3, L. 129-4 et L. 129-6 ont été, de nouveau, modifiés par la loi n° 2009-323 du 29 mars 2009 (art. 91 et 92).

La loi n° 2009-323 du 25 mars 2009 de mobilisation dans le logement et la lutte contre l'exclusion[3] (art. 23) a remplacé les articles L. 615-6 et L. 615-7 du code de la construction et de l'habitation pour les nouveaux articles L. 615-6 à L. 615-8 du même code.

Ces dispositions tendent à remédier rapidement à des situations ponctuelles, sans modifier l'organi-

1. Roux, *JCP* préc. nos 127 s.
2. *JO* 2 août 2003, p. 13281.
3. *JO* 27 mars 2009.

sation et le fonctionnement du syndicat des copropriétaires, à la différence de l'état de difficulté visé par les articles 29-1 et suivants de la loi du 10 juill. 1965. Les procédures mises en place s'inspirent de celles instaurées pour les immeubles insalubres et les immeubles menaçant ruine. Elles peuvent directement ou indirectement aboutir à l'expropriation.

L'imprécision de ces textes[1] implique une appréciation qualitative de situations factuelles non exclusives, par conséquent, d'une certaine subjectivité. Leur interprétation et leur application se trouvent ainsi rendues délicates et vont très largement relever de l'appréciation souveraine des juges du fond.

SECTION 9
L'ÉTAT DE CARENCE

810 Le syndicat en état de carence. Les articles L. 615-6 et L. 615-7 insérés dans le code de la construction et de l'habitation par la loi du 1er août 2003[2], (art. 20), ont été remplacés et complétés (CCH, art. L. 615-6 à L. 615-8) par la loi du 25 mars 2009 de mobilisation pour le logement et de lutte contre l'exclusion. Ces articles prévoient un *état de carence* et organisent une procédure initiée et égidée par l'autorité administrative, avec la saisine du juge judiciaire. Elle se déroule en deux temps : le premier tend à une déclaration de carence et le second à l'expropriation pour cause d'utilité publique. Chacune de ces phases comprend d'abord l'intervention de l'administration puis celle du juge judiciaire. Les causes et les auteurs présentent une certaine analogie avec les prévisions de l'article 29-1 de la loi de 1965, mais l'objectif est différent; dans un cas, il vise le rétablissement de la situation du syndicat, dans l'autre, le transfert de la propriété en vue de la dissolution ou de la réhabilitation de l'immeuble. La procédure tendant à la déclaration de carence, puis à l'expropriation de l'immeuble, n'est d'ailleurs pas spécifique au syndicat des copropriétaires.

811 La déclaration de carence. L'objet. L'état de carence des articles L. 615-6 à L. 615-8 du CCH concerne « *tout immeuble collectif à usage principal d'habitation* », dès lors que les causes de la carence se trouvent caractérisées. Ce peut être le cas d'un immeuble à usage mixte. Il importe peu qu'il soit en copropriété ou qu'il dépende d'une société immobilière, d'une société d'attribution, d'une société coopérative de construction ou qu'il appartienne à un propriétaire, personne physique ou morale.

La situation. Le syndicat doit se trouver « *dans l'incapacité d'assurer la conservation de l'immeuble ou la sécurité des occupants* ». La condition est donc alternative. L'expression est différente de la précédente qui ne visait « la sécurité des occupants » que si elle était « gravement menacée » et retenait les « difficultés de gestion » comme cause et non comme effet. Le lien devient plus logique car le mauvais état de l'immeuble nuit à la sécurité des occupants, mais, à cet égard, il faut souligner que la simple menace suffit à caractériser la situation.

La cause. Cette situation doit résulter de causes précises : les « *graves difficultés financières ou de gestion et l'importance des travaux à mettre en œuvre* ». C'est la reprise du texte précédent. Les difficultés peuvent découler soit de la situation financière, soit du dysfonctionnement de la gestion, mais la cause est cumulative car son appréciation repose sur la proportionnalité entre les « graves difficultés financières » (endettement, impayés...) « ou de gestion » (mésentente, refus de voter les dépenses...) et l'importance des travaux à exécuter. Cette situation rappelle la description du syndicat en difficulté, sans toutefois la reproduire à l'identique[3].

La saisine du juge. La compétence est dévolue au président du tribunal de grande instance du lieu de situation de l'immeuble; il statue sur requête ou comme en matière de référé. Le maire de la commune ou le président de l'Epci compétent en matière d'habitat, sur le territoire duquel est implanté l'immeuble, reçoivent qualité pour saisir le juge, mais avec l'accord de l'un ou de l'autre de ces autorités communales, la saisine peut aussi émaner du représentant de l'État dans le département, du syndic, de l'administrateur provisoire de l'article 29-1 ou de copropriétaires représentant 15 % au moins des voix du syndicat. Sauf dans le cas où la cause est communicable, le procureur de la république n'intervient pas dans la procédure et ne dispose pas du pouvoir de saisir le juge.

La décision du juge. Le juge vérifie la régularité de la saisine, apprécie les éléments factuels et constate la situation du syndicat. Il exerce son choix entre trois solutions : l'irrecevabilité, le rejet ou le bien fondé. Dans ce cas, il désigne un ou plusieurs experts; les investigations peuvent, en effet, relever de disciplines très diverses.

L'expertise. La loi elle-même définit la mission d'expertise qui consiste à « *constater l'importance du déséquilibre financier du syndicat, ainsi que la nature et l'importance des travaux à mettre en œuvre* ». La

1. CCH annoté, 2005, p. 78.
2. L. n° 2003-710, 1er août 2003, d'orientation et de programmation pour la ville et la rénovation urbaine, *JO* 2 août, p. 13281, art. 20.
3. TGI Paris, 3 oct. 2006, *D.* 2006. 2690, obs. Rouquet; *AJDI* 2007. 313, obs. Capoulade.

mission porte donc à la fois sur la technique du bâtiment et sur la technique comptable. En l'absence de disposition particulière, le demandeur avancera les frais d'expertise.

Les « résultats de l'expertise », - Faut-il entendre par là les seules conclusions ou le rapport en son entier ? Ils sont notifiés au syndicat des copropriétaires, c'est-à-dire à son représentant, le syndic ou l'administrateur provisoire, selon le cas. Il appartient à celui-ci d'en informer les copropriétaires. Le représentant de L'État dans le département, le maire de la commune ou le président de l'EPCI reçoivent aussi notification de ces « résultats ».

Ces notifications s'effectuent selon les règles de la procédure civile et non pas celles de l'article 64 du décret de 1967.

Le nouvel article L. 615-6 présente une différence profonde avec l'ancien texte, car il ne prévoit aucune contre-expertise. On ne peut que souhaiter que le décret d'application s'explique sur le déroulement des opérations d'expertise, sur leur caractère contradictoire.

La déclaration de carence. Le président du tribunal de grande instance a la faculté de déclarer le syndicat en « *état de carence* ». Il se prononce « au vu des conclusions de l'expertise » - Ce qui pourrait accréditer l'interprétation des « résultats » comme signifiant les « conclusions », et « après avoir entendu les parties dûment convoquées », ce qui confère un caractère contradictoire à la procédure. À défaut par la loi de l'avoir prévu - mais la question relève de la compétence réglementaire - Il appartiendra au texte d'application de préciser si le président statue en référé ou comme en matière de référé - Ces deux procédures étant également contradictoires. Le greffe procédera à la convocation des parties, demandeur et défendeur, mais, dans certains cas, leur détermination peut poser problème, notamment lorsque le syndic, *ès qualités*, a pris l'initiative de la saisine.

La modification de l'ordonnance. Les trois derniers alinéas de l'article L. 615-6 du CCH traitent de la modification de l'ordonnance présidentielle et de sa communication pour information. Le syndicat, représenté par son syndic ou par l'administrateur provisoire, l'auteur de la saisine, le maire de la commune et le président de l'EPCI compétent en matière d'habitat, reçoivent notification de l'ordonnance déclarant le syndicat en état de carence. Un texte réglementaire devrait indiquer le mode de notification, ainsi que l'expéditeur de celle-ci et les mentions des voies de recours.

D'ores et déjà, l'article L. 615-6 reprenant son ancienne rédaction prévoit qu'« *à défaut de connaître l'adresse des personnes "destinataires de la notification", ou de pouvoir les identifier, la notification les concernant est valablement effectuée par affichage à la mairie de la commune, ou à Paris, Marseille et Lyon, de l'arrondissement où est situé l'immeuble, ainsi que par affichage sur la façade de l'immeuble* ».

En outre, « *l'ordonnance est transmise* (et non plus notifiée) *au représentant de L'État dans le département* ».

812 L'expropriation. Comme par le passé, « *lorsque L'état de carence a été déclaré, l'expropriation de l'immeuble est poursuivie* », mais la liste des bénéficiaires a été allongée. Elle comprenait, en 2003, la commune et l'Epci compétent en matière de logement (et maintenant, d'habitat), mais l'expropriation peut aussi être maintenant poursuivie au profit « d'un organisme y ayant vocation, d'un concessionnaire d'une opération d'aménagement visé à l'article 300-4 du code de l'urbanisme ou d'une société de construction dans laquelle L'État détient la majorité du capital ».

L'expropriation a désormais pour finalité « *soit la réhabilitation aux fins d'habitat ou d'un autre usage, soit la démolition totale ou partielle de l'immeuble* ». La procédure d'expropriation se compose de trois phases successives : deux phases administratives respectivement au niveau communal, puis au niveau départemental, et d'une phase judiciaire.

a) L'administration communale. Le maire ou le président de l'EPCI constitue un dossier en considération de l'ordonnance déclarant l'état de carence et des conclusions de l'expertise. Il le soumet au vote de l'assemblée délibérante (CCH, art. 615-7, al. 2). Ce dossier présente le « projet simplifié d'acquisition publique » qui comporte :

- une évaluation sommaire du coût de l'opération,
- un plan de relogement des occupants répondant aux conditions de l'article L. 314-1 et suivants du code de l'urbanisme,
- l'indication de la collectivité publique ou de l'organisme bénéficiaire de l'expropriation.

Après délibération de l'assemblée délibérante - et vraisemblablement si elle est positive - le dossier est mis à la disposition du public, pour qu'il formule ses observations. La durée de cette consultation est au minimum de un mois et elle se déroule dans les conditions fixées par un arrêté du maire. C'est donc une enquête publique simplifiée.

b) L'administration départementale.
« *Par dérogation aux dispositions du code de l'expropriation pour cause d'utilité publique* », l'article L. 615-7 al. 5 prévoit la transmission au représentant de L'État dans le département du dossier composé de l'ordonnance déclarant la carence, du projet simplifié d'acquisition publique, du plan de relogement et des observations du public.

Par arrêté, le représentant de l'État dans le département :

- déclare l'utilité publique du projet d'acquisition;

- détermine la liste des immeubles, terrains ou droits réels, immobiliers à exproprier;

- indique l'identité des propriétaires de ces droits réels;

- mentionne la collectivité publique ou l'organisme qui bénéficiera de l'expropriation;

- fixe le montant de l'indemnité provisionnel allouée aux copropriétaires et preneurs commerçants ou professionnels, sans qu'elle puisse être inférieure à l'évaluation domaniale;

- détermine la date de la prise de possession après paiement ou consignation de l'indemnité provisionnelle, sans que la prise de possession puisse intervenir moins de deux mois après la déclaration d'utilité publique.

L'arrêté est notifié aux personnes et dans les conditions prévues à l'article L. 615-6 (al. 4 et 5). L'arrêté est affiché à la mairie du lieu de la situation de l'immeuble et publié au recueil des actes administratifs du département.

c) La phase judiciaire.

L'expropriation pour cause d'utilité publique se poursuit dans le mois qui suit la prise de possession, à la diligence du représentant de l'État dans le département (CCH, art. L. 615-7).

Après l'intervention de l'arrêté du représentant de l'État dans le département, une cession amiable peut être consentie par chacun des copropriétaires pour son ou ses lots et, le cas échéant, par le syndicat s'il était propriétaire du lot. On sait que cette cession amiable bénéficie de certains avantages. Comme la cession amiable, l'ordonnance d'expropriation produit les effets visés à l'article L. 12-2 du code de l'expropriation pour cause d'utilité publique (extinction des droits réels ou personnels, péremption des inscriptions hypothécaires).

Les dispositions du code de l'expropriation pour cause d'utilité publique s'appliquent aux modalités de transfert de propriété des immeubles ou des droits réels immobiliers, ainsi qu'à l'indemnisation des propriétaires (CCH, art. L. 615-8).

SECTION 10
LA SÉCURITÉ DES ÉQUIPEMENTS COMMUNS

813 La sécurité des équipements communs. Les conditions. L'article L. 129-1 (al. 1er) du code de la construction et de l'habitation décrit la situation de carence du syndicat qui va provoquer l'intervention de l'administration. Les autres dispositions organisent la procédure, d'abord administrative, puis juridictionnelle devant le juge administratif, selon qu'il existe ou non une « urgence ou une menace grave et imminente ».

L'objet. Comme dans le cas précédent, l'article L. 129-1 s'applique aux immeubles collectifs à usage principal d'habitation, ce qui exclut les immeubles individuels, ainsi que les immeubles collectifs à dominance de commerce, de bureaux, d'industrie ou d'artisanat.

La situation. Les deux conditions d'application ont un caractère alternatif. Selon la première condition, « *Des équipements communs... présentent un fonctionnement défectueux ou un défaut d'entretien* ». La défectuosité concerne donc des « équipements communs », qu'ils soient classés équipement ou, le cas échéant, parties communes par le règlement de copropriété. Malgré les hésitations qui tiennent à l'emploi du mot « des », à la fois article défini et article indéfini, il semble bien que la défectuosité ou la négligence peut ne porter que sur un élément de l'équipement commun, dès lors que le fonctionnement de l'équipement est compromis.

Il suffit, pour que la dangerosité soit caractérisée, que le chauffage s'arrête en plein hiver, que l'ascenseur desservant plus de quatre étages soit déréglé ou que la ventilation soit contaminée. La liste des équipements communs, énumérés par le décret n° 2004-1442 du 23 décembre 2004[1] (CCH, art. R. 129-1), en application de l'article L. 129-7, suffit à convaincre de cette interprétation. Cette liste ne préjuge en rien la qualification d'équipement commun pour l'application de la loi du 10 juillet 1965.

La seconde condition également alternative s'attache aux conséquences. La défectuosité doit être « *de nature à créer des risques sérieux pour la sécurité des occupants ou à compromettre gravement leurs conditions d'habitation* ». La motivation de la décision administrative doit donc relever ces conditions, sinon les mesures prévues par le code de la construction de l'habitation ne trouveraient pas à s'appliquer.

La cause de la situation réside dans la carence du syndicat soit à remédier au fonctionnement défectueux, soit à assurer l'entretien de l'équipement. Cette carence correspond à une négligence ou à une omission, quel qu'en soit le responsable, sauf recours éventuel.

814 La sécurité des équipements communs : la procédure. *La procédure administrative* comporte un arrêté du maire, puis à l'issue d'une procédure contradictoire dont les modalités sont définies par un décret en Conseil d'État (CCH, art. L. 129-2, R. 129-2 et R. 129-5) l'arrêté qui prescrit la remise en état ou le remplacement de l'équipement, impartit un délai pour l'exécution des travaux et fixe un jour pour une éventuelle expertise. L'arrêté est valablement notifié au syndicat des copropriétaires, pris en la

1. *JO* 30 déc., p. 22295.

personne du syndic qui transmet l'information aux copropriétaires dans un délai qui ne peut excéder vingt et un jours. Le syndic dispose d'un délai de deux mois pour présenter ses observations. Le maire exerce cette prorogative au nom de l'État. En cas d'inaction du maire, le représentant de l'État dans le département peut se substituer à lui (CCH, art. L. 129-6). À Paris, le préfet de police reçoit compétence à la place du maire (CCH, art. L. 129-5).

Selon le nouvel article L. 129-2 du CCH (L. ENL), lorsque les mesures prescrites par l'arrêté n'ont pas été exécutées dans le délai fixé, le maire met en demeure le syndicat des copropriétaires d'y procéder dans un délai déterminé et qui ne peut être inférieur à un mois. Le syndic transmet cette mise en demeure aux copropriétaires dans les 21 jours. À défaut, le maire, par décision motivée, fait procéder d'office à leur exécution.

Lorsque les travaux prescrits portent sur les parties communes et que l'inexécution résulte de la défaillance de certains copropriétaires, la commune peut se substituer à eux pour les sommes exigibles à la date votée par l'assemblée générale. La décision est alors notifiée au syndicat, ainsi qu'aux copropriétaires défaillants, en leur indiquant les sommes versées pour leur compte (CCH, art. R. 129-8). Un arrêté du 3 mai 2007[1] mentionne les renseignements que le syndic doit fournir à la commune afin de lui permettre le recouvrement de sa créance contre le ou les copropriétaires défaillants. Elle est alors subrogée dans les droits et actions du syndicat à concurrence des sommes qu'elle a versées. Lorsque la commune n'a pu recouvrer la totalité de sa créance sur un copropriétaire défaillant, le syndic notifie sans délai la mutation du lot à la commune pour lui permettre de faire valoir ses droits (CCH, art. R. 129-9). Toutefois, il ne peut y avoir substitution si tous les copropriétaires sont défaillants.

L'arrêté est notifié au syndicat des copropriétaires, c'est-à-dire au syndic ou à l'administrateur provisoire, *ès qualités*. À défaut d'en connaître les nom et adresse, l'arrêté est affiché à la mairie de la commune ou à Paris, Lyon et Marseille, à celle de l'arrondissement, ainsi que sur la façade de l'immeuble.

En cas d'urgence, ou de menace grave et imminente, le maire ordonne préalablement les mesures provisoires indispensables pour écarter le danger, dans les conditions de l'article L. 129-3 du code de la construction et de l'habitation.

815 La procédure d'urgence. L'article L. 129-3 du code de la construction et de l'habitation prévoit une procédure particulière en cas *d'urgence ou de menace grave et imminente* en raison de la défectuosité des équipements communs (CCH, art. L. 129-1). Dans ce cas, le maire avise le syndic ou l'administrateur provisoire, *ès qualités*, et, le cas échéant, par voie d'affichage. Il demande ensuite à la juridiction administrative (L. ENL), et non plus au juge d'instance, de désigner un expert chargé d'examiner l'état des équipements communs dans un délai de vingt-quatre heures de sa désignation.

Si le rapport de l'expert confirme l'état d'urgence ou la menace grave et imminente, le maire ordonne les mesures provisoires permettant de garantir la sécurité des occupants et, au besoin, ordonne l'évacuation de l'immeuble. À défaut d'exécution des mesures provisoires dans le délai imparti, le maire peut les faire exécuter d'office et aux frais du syndicat.

À la suite de ces mesures provisoires, il est procédé selon les procédures ordinaires, si les mesures exécutées n'ont pas permis de mettre fin aux risques sérieux pour la sécurité des occupants ou de rétablir les conditions d'habitabilité.

Dans tous les cas, les frais d'exécution d'office des mesures prescrites sont avancés par la commune et recouvrés comme en matière d'impôts directs. La commune procédera donc sur le compte séparé du syndicat ou sur le compte unique ouvert au nom du syndic, selon le cas.

En raison des délais d'exécution impartis, et si des travaux devaient être votés par l'assemblée générale, la convocation de celle-ci relèvera des dispositions réglementaires en matière d'urgence (Décr. 17 mars 1967, art. 9 et 37). Lorsque se substituant aux copropriétaires défaillants et procédant d'office, la commune agit en lieu et place des copropriétaires, pour leur compte et à leurs frais, la dépense est recouvrée comme en matière d'impôts directs. Les créances irrecouvrées sont mises à la charge de l'État ou, par subrogation, d'une personne publique s'y substituant (CCH, art. L. 129-4).

1. *JO* 12 mai.

TITRE

3. L'assemblée générale des copropriétaires

SECTION 0 ORIENTEUR

Plan du titre.

816 L'organe délibérant[1]. L'article 17, alinéa 1, de la loi du 10 juillet 1965 pose un principe fondamental : « *Les décisions du syndicat sont prises en assemblée générale des copropriétaires* ». C'est le rassemblement de la « collectivité des copropriétaires », la « personnification du « syndicat »[2]. L'assemblée générale « constitue le seul mode d'expression juridique de la volonté du syndicat »[3]. C'est le « Parlement » du syndicat, organe délibérant et organe décideur[4]. À chaque syndicat correspond une assemblée générale distincte - le syndic commun à plusieurs syndicats géographiquement voisins, mais indépendants les uns des autres, ne peut les réunir en une même assemblée[5].

L'assemblée générale des copropriétaires représente l'organe suprême dont les prérogatives doivent être respectées, sans être souverain, car ses pouvoirs se trouvent limités par la loi et par l'objet du syndicat, et soumis au contrôle de légalité et de régularité du juge judiciaire[6]. Il s'en suit que la décision de l'assemblée générale s'impose aux copropriétaires et au syndic, tant que le juge n'en a pas prononcé l'annulation ou constaté la nullité, selon les cas (v. ss nos 881 et 952).

1. Bouyeure, « Assemblées générales, Exercice du droit de vote », *Administrer* janv. 1973. 5 – Bouyeure, « Les assemblées générales de copropriété », *Administrer* 2008, suppl. 2009 – Cabanac, « L'assemblée générale des copropriétaires », *IRC* 1973. 33 – Cabanac et Michalopoulos, « Les assemblées de copropriété sous le régime de la loi du 10 juillet 1965 et le décret du 17 mars 1967 », *AJPI* 1967. 1 – de Morant, « Les assemblées générales de copropriété », *Ann. loyers* 1973. 417 – Faure, « Les assemblées générales de copropriétaires », *AJPI* 1975. 795 – Guillot, « L'assemblée générale des copropriétaires », *Administrer* oct. 1989. 13; *Administrer* nov. 1989. 12 – Michalopoulos, « Le droit des assemblées dans la loi du 21 juillet 1994 », *IRC* sept. 1995. 12 – Lafond, Roux et Stemmer, L. art. 17, § I.
2. Terré et Simler, *Les biens*, Dalloz, 8e éd., no 667.
3. Civ. 3e, 13 avr. 1988, no 86-19.171, *JCP N* 1988, prat. 590; *Administrer* févr. 1989. 25.
4. Paris, 4 mars 1999, RG no 1997/24638, *Loyers et copr.* 1999. 249.
5. Rép. min., QE, *JCP N* 1993, prat. 2771 – cependant : Civ. 3e, 12 juin 2002, no 00-20.610, NP.
6. Tomasin, « Le juge et la copropriété », dans *Mélanges Perrot*, p. 499 – Chevreau, « Le juge ou les juges de la copropriété », *Mélanges Perrot*, p. 35 – Capoulade, « Le juge et la copropriété », *IRC* mai 1996. 11 – Gélinet, *Faut-il un juge de la copropriété ?*, Congrès de la Cnec, 2005 – Capoulade, « Le juge en copropriété des immeubles bâtis », *Ann. loyers*, Colloque du quarantenaire à Aix-en-Provence, 2005.

L'assemblée générale est indépendante des autres organes du syndicat, sous réserve de la régularité de sa convocation, car elle ne pourrait se réunir spontanément. Il s'en déduit qu'aucune « décision », même recueillant l'accord unanime des copropriétaires, ne peut être valablement prise en dehors de l'assemblée générale [1]. Ni une consultation officieuse des copropriétaires, ni une lettre émanant de la majorité d'entre eux, ni un protocole d'accord [2] ne peut avoir valeur juridique. Une transaction conclue entre un copropriétaire et les autres et le syndic est inopposable au syndicat si elle n'est pas expressément ratifiée par l'assemblée générale [3].

Chaque assemblée demeure autonome par rapport aux autres [4], hormis l'application de l'article 25-1 et de l'article 26, *in fine* de la loi du 10 juillet 1965. De même, chacune de ses décisions reste autonome par rapport aux autres, s'il n'existe entre elles un lien d'indivisibilité ou de connexité ou si elle ne conditionne pas la régularité même de l'assemblée.

L'assemblée générale obéit à la loi majoritaire. Toutefois, dans quelques cas de moins en moins nombreux, la loi exige l'unanimité. La majorité requise varie suivant l'objet de la décision, mais il n'existe *aucun quorum* pour la validité de l'assemblée.

Enfin, l'assemblée générale est réunie au moins une fois par an, mais la personne qualifiée pour la convoquer peut la réunir aussi souvent que nécessaire. Il n'existe *aucune hiérarchie entre les assemblées*, ce qui exclut les notions d'assemblée annuelle, d'assemblée ordinaire et d'assemblée extraordinaire [5].

Si un certain rôle est laissé au règlement de copropriété, il est encadré par les dispositions impératives de la loi du 10 juillet 1965 et du décret de 1967, modifié, qui précisent la composition de l'assemblée générale et ses pouvoirs [6] et par celles réglementant les modalités de convocation et de tenue de l'assemblée [7]. Sur plus de 6 millions (7 millions et demi en 2006) de logements en copropriété, le contentieux des assemblées générales représentait, en 1999, en 1re instance, 2 532 affaires sur 27 020 affaires de copropriété et, en appel, 535 sur 2 791, en 2005, en 1re instance, 2 700 sur 33 500 et en appel 593 dont 207 confirmations sur 2 459 recours en 2009, en première instance 2 690 sur 38 137 et en appel 655 (dont 195 confirmations et 83 infirmations totales) sur 2 714 [8].

1. Guillot, art. 22 et 23, n° 1-01 – Kischinewsky-Broquisse, n° 571 – Sizaire, n° 138 – Terré et Simler, *Les biens*, 8e éd., n° 667– Civ. 3e, 23 oct. 1979, NP, *JCP* 1980. IV. 6 – Civ. 3e, 19 juin 1996, n° 94-19.328, *IRC* févr. 1997. 9, obs. Capoulade – Civ. 3e, 27 févr. 2002, nos 00-13.907, 00-14.942, *Bull. civ.* III, n° 52; *Administrer* juill. 2002. 23, note Capoulade.
2. Paris, 4 nov. 1988, RG nos 86/09324, 86/012000, 88/003263, *Juris-Data* n° 026786, *RDI* 1989. 249.
3. Paris, 23 ch. A, 21 févr. 1995, *D.* 1998. Somm. 271.
4. Giverdon obs. ss : Paris, 10 mai 1995, *Juris-Data* n° 021393, *D.* 1998. Somm. 270 – Civ. 3e, 19 juin 1996, n° 94-19.328, NP, *RDI* 1996. 613; *IRC* févr. 1997. 9, note Capoulade – Civ. 3e, 2 oct. 2001, n° 00-10.247, NP, *AJDI* 2001. 991, note Capoulade.
5. Aix-en-Provence, 20 oct. 2006, RG n° 04/02402, *Loyers et copr.* mai 2007. 106.
6. Kischinewsky-Broquisse, n° 572; Cabanac, n° 512; « Les particularités des assemblées de copropriété sous le régime de la loi du 10 juillet 1965 », *Gaz. Pal.* 1966. 1. Doctr. 97 – Michalopoulos, « Le régime des assemblées de copropriété », *REDI* 1965. 915 – Morand, « Unité ou diversité des pouvoirs de l'assemblée générale », *Gaz. Pal.* 1968. 1. Doctr. 41.
7. Cabanac, « Commentaire du décret du 17 mars 1967 », *AJPI* 1967. I. 288 – Commagnac et Capoulade, « Le décret du 17 mars 1967 », *REDI* 1967, nos 24, 1356 s.
8. Contentieux de la copropriété, ministère de la justice.

CHAPITRE

1. Assemblées générales communes et assemblées particulières

SECTION 0
ORIENTEUR

Plan du chapitre.

Sect. 1 Les assemblées générales communes
- § 1 Participation
- § 2 Répartition des voix
- § 3 Représentation – Incapacités – Régimes matrimoniaux
  - A. La représentation conventionnelle
  - B. La représentation des incapables
  - C. Influence du régime matrimonial

Sect. 2 Assemblées particulières ou spéciales
- § 1 Répartition particulière des charges
- § 2 Autres assemblées spéciales

Textes applicables.

• L. n° 65-557 du 10 janvier 1965, fixant le statut de la copropriété des immeubles bâtis, art. 16, 17, 22 et 24 (al. 4).

• Code civil, art. 437, 447, 477, 485, 515-1 à 515-7, 812 et 1421.

• L. n° 2007-308 du 5 mars 2007, portant réforme de la protection juridique des majeurs.

Jurisprudence de référence.

• **Civ. 3e, 27 févr. 2002, nos 00-13.907, 00-14.942,** *Bull. civ.* III, n° 52.

* V. ss n° 817.

Même signé de tous les copropriétaires, un accord n'a pas valeur de décision d'assemblée générale et les restrictions apportées par l'article 42 de la loi du 10 juillet 1965 au droit d'agir des copropriétaires ne s'applique pas au copropriétaire qui invoque seulement la nullité et l'inefficacité d'un acte sous seing privé entre copropriétaires dont se prévalait l'un d'eux pour notifier les travaux affectant les parties communes et modifiant l'aspect extérieur de l'immeuble qu'il avait accomplis sans autorisation de l'assemblée générale des copropriétaires.

• **Civ. 3e, 2 juill. 2008, n° 07-14.619,** *Bull. civ.* III, n° 118.

* V. ss n° 825.

Cassation pour violation de l'article 22 de la loi du 10 juillet 1965 de l'arrêt qui, pour rejeter la demande en annulation d'une décision d'assemblée générale de copropriétaires, retient que le calcul de la réduction des voix doit être fait lors de chaque assemblée générale et à l'occasion de chaque note, en fonction des voix des copropriétaires minoritaires présents ou représentés.

• **Civ. 3e, 16 mars 2011, nos 10-14.005, 10-14.591** réunis, sur les deuxièmes moyens des pourvois.

* V. ss n° 830.

Tout copropriétaire peut déléguer son droit de vote et le mandataire a la faculté de subdélégation dès lors qu'elle ne lui est pas interdite.

Bibliographie indicative.

Bouyeure, *Les assemblées générales de copropriété*, Publications *Administrer* 2008 – Atias, *Dicopropriété*, *V° Assemblée*, éd. Edilaix 2007 – Bergel et a., « Les biens », nos 515 s., Lgdj, 2010.

817 L'assemblée nécessaire. L'absence d'organisation collective jusqu'en 1938, puis une organisation largement conventionnelle jusqu'en 1965, pouvaient laisser à penser qu'une limitation, plutôt qu'une exception, pouvait se concevoir lorsqu'en dehors de l'assemblée générale, les copropriétaires s'accordaient unanimement. Il avait été soutenu que, par leur accord unanime, les copropriétaires s'affranchissaient des contraintes du régime de la copropriété. Cependant, outre les dispositions impératives de l'article 17 alinéa 1 de la loi du 10 juillet 1965, les textes, s'ils exigeaient parfois de recueillir l'unanimité, prévoyaient une *décision* unanime et non un « accord » de tous les copropriétaires.

En conséquence de la reconnaissance de sa personnalité morale, le syndicat, formé par la collectivité des copropriétaires, dont chacun conserve sa propre personnalité, ne peut exprimer la volonté collective que par le truchement de son organe délibérant, l'assemblée générale[1]. C'est « le seul organe doté du pouvoir d'engager le syndicat [...] en réunion effective »[2] - réserve faite de l'application de l'article 29.1 de la loi de 1965, au syndicat en difficulté (v. s[s] n° 794). Les décisions prises en assemblée générale émanent du syndicat, en tant que personne morale. Les volontés individuelles des copropriétaires se fondent dans le creuset de l'assemblée générale pour constituer une volonté collective. L'analyse de la nature juridique du syndicat et les dispositions impératives de la loi excluent que l'addition de la volonté unanime des copropriétaires, s'exprimant divisément et en dehors de toute réunion régulière, ait valeur de décision d'assemblée générale[3].

La doctrine[4] ainsi que la jurisprudence[5] se prononcent en ce sens. Dès lors, une consultation officieuse des copropriétaires[6], une lettre ou une pétition émanant de la majorité des copropriétaires[7], un accord donné divisément[8], même unanime mais hors assemblée[9], une convention sous seing privé entre les copropriétaires intéressés[10] ne sauraient être assimilés à une décision de l'assemblée générale. Cette solution s'applique quand bien même le syndicat ne comprendrait que deux copropriétaires[11]. Bien mieux, de tels accords, conventions ou autorisations ne peuvent être ratifiés par l'assemblée générale et seule une décision distincte de l'assemblée, sur une même question figurant à l'ordre du jour, peut être valablement prise[12].

Le vice de forme et de fond est tellement grave que les auteurs se réfèrent aux notions d'inexistence[13] ou encore d'irrégularités majeures[14] et, sans que la qualification influe sur la solution, la question peut se poser de savoir s'il s'agit d'inexistence, de nullité, d'inefficacité. La Cour de cassation se borne à dénier « valeur de décision d'assemblée générale » à un tel acte[15].

818 Notion d'assemblée. Organe délibérant du syndicat, l'assemblée générale implique le droit pour tous les copropriétaires de participer aux délibérations et aux votations ou de s'y faire représenter[16]. *Nul copropriétaire ne peut être privé de ce droit fondamental*[17], sous le prétexte qu'il est demandeur en autorisation, qu'il ne contribue pas à la dépense (sous réserve des dispositions de l'article 24 al. 4), qu'il est débiteur de charges ou contrevenant au règlement. Inversement, nul ne peut exercer ce droit s'il n'est copropriétaire ou assimilé ou son mandataire[18].

Est illégale la clause du règlement qui ne donne qu'une voix consultative aux copropriétaires de boutiques pour les travaux de ravalement pour lesquels ils doivent néanmoins participer à la dépense[19].

Par définition, la notion même d'assemblée suppose la réunion d'une pluralité de personnes. Si le législateur n'a fixé aucune limite inférieure quant au nombre de membres de cette assemblée, qui peut n'en comprendre que deux (« la copropriété à deux » n'est pas rare, mais ne fait l'objet d'aucune réglementation particulière), il paraît, au contraire, certain qu'un seul copropriétaire ne peut constituer une assemblée à lui tout seul[20].

1. GUILLOT, art. 22 et 23, n° 1-10.
2. Rép. civ., ATIAS, *V° Copropriété des immeubles bâtis*, n°s 249 et 250 – BERGEL et a., *op. cit.*, n° 610.
3. Civ. 3e, 27 févr. 2002, n° 00-13.907, *Bull. civ.* III, n° 52; *AJDI* juill.-août 2002. 775, obs. Capoulade; *Administrer* juill. 2002. 23, note Capoulade; *RDI* 2002. 307.
4. Rép. civ., ATIAS, *V° Copropriété des immeubles bâtis*, n°s 249 et 250; *Dicopropriété*, *V° Assemblée*, n° 5 – Giverdon, note s[s]: Paris, 2 déc. 1981, *Juris-Data* n° 025786, *D.* 1982. IR 439 – GUILLOT, art. 22 et 23 à 1-10 – LAFOND, ROUX ET STEMMER, s[s] art. L. 17, n° 1 et L. 42, n° 11 – Terré et Simler, *Les biens*, 8e éd., n° 667 – Lafond, « Est-il toujours nécessaire de réunir l'assemblée des copropriétaires ? », *JCP N* 1982, prat. 8337.
5. Paris, 4 nov. 1988, RG n°s 86/09324, 86/012000, 88/003263, *Juris-Data* n° 026786, *RDI* 1989. 250 – Civ. 3e, 22 mai 1973, n° 72-10.427, *Bull. civ.* III, n° 360 – Civ. 3e, 13 nov. 1974, n° 73-13.499, *Bull. civ.* III, n° 414 – Paris, 18 févr. 1992, RG n° 90-13587, *Juris-Data* n° 020210, *Loyers et copr.* 1992. 183 – Civ. 3e, 19 juin 1996, n° 94-12.980, NP, *IRC* févr. 1997. 8, note Capoulade – Civ. 3e, 27 févr. 2002, n° 00-13.907, *Bull. civ.* III, n° 52; *AJDI* juill.-août 2002. 775, obs. Capoulade; *Administrer* juill. 2002. 23, note Capoulade, *RDI* 2002. 307.
6. TGI Paris, 25 janv. 1968, *AJPI* 1969. 224.
7. TGI Paris, 25 févr. 1969, *IRC* janv. 1970. 11.
8. Paris, 23e ch. B, 2 déc. 1981, *Juris-Data* n° 025786, *D.* 1982. IR 439, obs. Giverdon.
9. Civ. 3e, 23 oct. 1979, *JCP* 1979. IV. 6; *Defrénois* 1980. 948.
10. Civ. 3e, 27 févr. 2002, n° 00-13.907, *Bull. civ.* III, n° 52; *AJDI* juill.-août 2002. 775, obs. Capoulade; *Administrer* juill. 2002. 23, note Capoulade, *RDI* 2002. 307.
11. Civ. 3e, 19 juin 1996, n° 94-19.328, *IRC* févr. 1997. 8, note Capoulade; *RDI* 1996. 613.
12. Paris, 23e ch. B, 2 déc. 1981, *Juris-Data* n° 025786, préc., note 8.
13. Bouyeure, *Administrer* mai 1992, 3.
14. LAFOND, ROUX ET STEMMER, s[s] L. art. 42, n° 18.
15. Civ. 3e, 27 févr. 2002, n° 00-13.907, *Bull. civ.* III, n° 52; *AJDI* juill.-août 2002. 775, obs. Capoulade; *Administrer* juill. 2002. 23, note Capoulade, *RDI* 2002. 307.
16. Atias, « La vocation des copropriétaires à participer au vote en assemblée générale », *IRC* oct. 1995. 23 – Terré et Simler, *Les biens*, 8e éd., n° 670.
17. Civ. 3e, 22 févr. 1989, n° 87-17.497, *Bull. civ.* III, n° 47; *D.* 1989. IR 87; *RTD civ.* 1989. 254, obs. Giverdon.
18. Civ. 3e, 9 nov. 1994, n° 92-14.836, *RDI* 1995. 160.
19. Paris, 23e ch. B, 21 févr. 2002, RG n° 2001/09167, *Loyers et copr.* juill. 2002. 181.
20. Paris, réf., 18 oct. 1982, cité par Bouyeure, *AJPI* 1984. 74 – EN CE SENS : GUILLOT, art. 24 à 26, n°s 1.04 et 1.05; SIZAIRE, note 311; KISCHINEWSKY-BROQUISSE, n° 573, note 7 – Zurfluh, « L'assemblée des copropriétaires », *Administrer* mars 1977. 19, la modification de l'article 27 confirme cette thèse.

La notion d'assemblée appelle cependant quatre précisions :

L'article 24 alinéa 4 de la loi du 10 juillet 1965 permet au règlement de copropriété de prévoir, lorsqu'il met à la charge de certains copropriétaires seulement les dépenses d'entretien d'une partie de l'immeuble ou celles d'entretien et de fonctionnement d'un élément d'équipement, que ces copropriétaires seuls prennent part au vote sur les décisions qui concernent ces dépenses (v. s^s n° 896).

Les propriétaires de parties communes spéciales participent seuls aux votes concernant ces parties.

L'article 22 alinéa 2 de la loi du 10 juillet 1965 réduit le nombre de voix dont dispose un copropriétaire qui possède une quote-part des parties communes supérieure à la moitié, à la somme des voix des autres copropriétaires.

Cette disposition évite que ce copropriétaire soit le maître absolu de l'assemblée, lorsque le vote avait lieu aux majorités des articles 24 et 25 de la loi, ce qui, en fait, aurait rendu inopérante la réunion de l'assemblée.

L'article 16 alinéa 2 de la loi du 10 juillet 1965 prévoit que le syndicat ne dispose d'aucune voix pour les lots qu'il possède. Cette exception s'explique par le caractère transparent de cette appropriation et des charges consécutives (v. s^s n° 820).

La notion d'assemblée, ainsi que le texte impératif des articles 17 et 24 de la loi du 10 juillet 1965, ne permettent pas d'envisager la votation par correspondance (v. s^s n° 831).

SECTION 1
LES ASSEMBLÉES GÉNÉRALES COMMUNES

§ 1
Participation

819 Participation obligatoire de tous les copropriétaires. Il n'est pas de principe plus nécessaire que l'égalité d'accès aux assemblées générales[1]. L'article 22 alinéa 2 le consacre (« chaque copropriétaire dispose d'un nombre de voix... »). Tous les copropriétaires font partie de l'assemblée générale[2] et doivent y être « régulièrement convoqués »[3].

Ainsi, lorsque deux époux possèdent chacun un lot, comme bien propre, chacun d'eux doit être convoqué à l'assemblée générale, quand bien même les deux lots seraient réunis pour former un duplex[4].

Il s'agit d'un droit absolu[5]; mais un copropriétaire défaillant ou opposant ne pourrait se prévaloir de l'absence de convocation d'un autre copropriétaire à l'assemblée générale[6]. Aucune exclusion n'est possible, ni par le règlement (v. par exemple une clause ne donnant qu'une voix consultative, pour les travaux de ravalement, aux copropriétaires des boutiques, bien qu'ils participent à la dépense[7] ou une clause excluant le copropriétaire en raison de sommes impayées ou d'infraction au règlement), ni par l'effet d'une décision d'assemblée générale[8]. En particulier, tous les copropriétaires des lots livrés ou non livrés[9], ainsi que les propriétaires de lots transitoires[10] doivent être convoqués à l'assemblée générale.

Il est donc impossible de retirer le droit de vote à un copropriétaire, sous quelque prétexte que ce soit[11]. Ce serait le priver de l'un des attributs essentiels de son droit de propriétaire de lot. L'exclusion d'un copropriétaire entraînerait la nullité de l'assemblée générale[12], sans qu'il y ait à rechercher si son vote aurait eu une influence sur la majorité requise[13].

1. CHEVALLIER, comm., *D.* 1939, IV, 84.
2. Civ. 3e, 17 juill. 1975, n° 70-02.60, *D.* 1976, jur. 59, note Souleau; *JCP* 1975. II. 18169, note Guillot.
3. Civ. 3e, 24 janv. 2001, n° 99-14.904, *AJDI* 2001. 613; *Administrer* juin 2001, obs. Bouyeure.
4. Colmar, 2e ch. A, 14 mars 1997, RG n° 2 A 9504313, *Juris-Data* n° 056038, *RDI* 1998. 290.
5. Le syndic peut voter à l'assemblée générale, s'il a personnellement la qualité de copropriétaire : TGI Nice, 23 avr. 1971, *Ann Loyers* 1972, 505.
6. Civ. 3e, 23 mai 2007, n° 06-14.974, *Bull. civ.* III, n° 83; *AJDI* 2008. 396, obs. Capoulade; *D.* 2007. 2184; *RTD civ.* 2998. 535 – Civ. 3e, 14 nov. 2007, n° 06-16.392, *Bull. civ.* III, n° 210, obs. Capoulade; *AJDI* 2008. 771; *D.* 2007. 3064 – EN SENS CONTRAIRE : Paris, 23e ch. B, 31 mars 1995, *Juris-Data* n° 021129, *D.* 1998. Somm. 269, obs. Bouyeure.
7. Paris, 23e ch. B, 21 févr. 2002, RG n° 2001/09167, *Loyers et copr.* juill. 2002. 181.
8. KISCHINEWSKY-BROQUISSE, n° 573; LAFOND, ROUX ET STEMMER, s^s L. art. 17, n° 1; SIZAIRE, n° 139 – Terré et Simler, *Les biens*, 8e éd., n° 670 – Chambéry, 14 nov. 2001, RG n° 1997/02415, *Loyers et copr.* juill. 2002. 182 : nullité de l'assemblée générale à laquelle n'ont été convoqués que les copropriétaires des parties de l'immeuble concernées par les travaux communs à entreprendre, en l'absence de l'existence d'un syndicat secondaire.
9. Civ. 3e, 16 mai 2001, n° 99-17.617, *Bull. civ.* III, n° 66; *AJDI* 2001. 989; *Gaz. Pal.* 23 août 2001, pan. jur., *V° Copropriété*.
10. Civ. 3e, 30 juin 1998, n° 96-18.819, *Administrer* janv. 1999. 62, note Capoulade.
11. Atias, « La vocation des copropriétaires à participer au vote en assemblée générale », *IRC* oct. 1995. 23.
12. Civ. 3e, 17 juill. 1975, *JCP* 1975. II. 18169, note Guillot – Paris, 14 avr. 1980, *Juris-Data* n° 762526, *D.* 1980. IR 451.
13. Civ. 3e, 22 févr. 1989, n° 87-17.497, *Bull. civ.* III, n° 47; *D.* 1989. IR 87; *Defrénois* 1989. 1400, note Souleau; *IRC* 1989. 364, obs. Capoulade; *Administrer* août-sept. 1989. 62; *Rev. huissiers* 1990. 514 – Paris, 12 janv. 1993, RG n° 91-16507, *Juris-Data* n° 020108, *D.* 1994. Somm. 199.

Cependant, la reconnaissance du droit d'accès et de vote à l'assemblée générale, au profit de chaque copropriétaire, ne comporte pas une obligation de présence et de vote [1]. Il en résulte un phénomène de défaillance dans les assemblées de copropriétaires, rendant difficile, parfois, une bonne administration de l'immeuble. Mais le non-exercice par un copropriétaire de son droit de vote ne peut aboutir à réduire les conditions d'exercice de son droit de propriété [2]. Ce phénomène préoccupant a pour conséquence une tendance du législateur à abaisser les majorités afin de faciliter les prises de décision.

Les copropriétaires ont le droit de participer à l'assemblée générale et de prendre part au vote, même sur les questions qui ne les concernent pas [3] – sous réserve des dispositions de l'article 24 (al. 4) de la loi du 10 juillet 1965, si le règlement comporte une stipulation précise à cet égard –, mais tous les copropriétaires sont intéressés par les questions relatives aux parties communes générales. Ainsi, la décision favorable ou défavorable peut dépendre du vote de copropriétaires qui n'y ont aucun intérêt [4].

Les copropriétaires participent à l'assemblée générale et prennent part au vote, notamment lorsqu'il s'agit de modifier le règlement de copropriété [5] ou lorsqu'il s'agit de décider le principe autorisant la construction d'un ascenseur par escalier, les travaux ayant une incidence sur l'ensemble des parties communes et, à défaut de création d'un syndicat secondaire, la réunion restreinte aux copropriétaires d'un escalier ne peut prendre une telle décision [6].

Le droit de participer aux assemblées suppose que la qualité de copropriétaire, au sens de la loi du 10 juillet 1965, est reconnue aux participants à la réunion.

Aux copropriétaires, il convient d'assimiler les associés des sociétés visées à l'article 23 alinéa 1 de la loi du 10 juillet 1965, (le gérant de la société, laquelle est pourtant copropriétaire, n'a que voix consultative, Décr. 17 mars 1967, art. 12), le locataire-accédant, le représentant de la société HLM et son acquéreur à terme, le preneur du bail à construction, pendant la durée du bail [7].

La jurisprudence refuse, en conséquence, le droit d'accès et de vote aux personnes qui n'ont aucune qualité de copropriétaire actuel (sauf mandat) ou futur, notamment à l'acquéreur tant que le syndic n'a pas reçu la notification prévue par l'article 6 du décret de 1967.

Pour le cas de convocation d'un acquéreur (sous résolution), en l'absence de la notification prévue par l'article 6 du décret du 17 mars 1967, même si le syndic a pu avoir une connaissance personnelle de la mutation (résolution judiciaire non notifiée) [8].

L'assemblée générale n'est pas une réunion publique; elle revêt le caractère d'une réunion privée [9]. Seuls, les copropriétaires et le syndic y ont accès. Dès lors, se pose la question de la présence de personnes étrangères au syndicat [10]. Il est admis que le juge peut commettre un huissier de justice, assisté, le cas échéant, d'une secrétaire ou d'une sténotypiste, pour relater le déroulement des débats, constater le résultat des votes et dresser le procès-verbal de l'assemblée [11]. L'assemblée générale peut aussi, à la majorité de l'article 24, autoriser un tiers à assister à la réunion, notamment pour informer ou conseiller l'assemblée (expert, architecte, notaire, avocat... – le syndic peut au cours de l'assemblée générale consulter un avocat par téléphone [12]). D'une manière générale, il est admis, que la présence d'un tiers n'est pas une cause d'annulation des décisions votées, « en l'absence de texte interdisant la présence d'un tiers lors d'une assemblée générale et en l'absence de protestations de quiconque de nature à provoquer une délibération spéciale

1. Atias, « La présence à l'assemblée générale des copropriétaires », *Ann. loyers* 1993. 835.
2. EN CE SENS : rép. min., QE n° 11380, *JO Sénat* 20 nov. 1990; *Administrer* févr. 1991. 27.
3. V. Civ. 3e, 18 juin 1985, n° 84-11.767, *Bull. civ.* III, n° 97; *Loyers et ferm.* 1985. 435; *Administrer* déc. 1985. 39, obs. Guillot – Civ. 3e, 30 juin 1992, n° 90-17.436, *Bull. civ.* III, n° 230; *AJDI* 1993. 864; *RDI* 1992. 372.
4. Guillot, « Les décisions qui n'intéressent que certains copropriétaires », *Administrer* avr. 1981. 2 – GUILLOT, art. 22 et 23, n° 2-14 – Aix-en-Provence, 22 avr. 1969, *D.* 1970. Somm. 14; *AJPI* 1969. 720, note Cabanac; *Gaz. Pal.* 1969. 2, 257; *Rev. loyers* 1969. 429.
5. Civ. 3e, 31 mai 2000, n° 98-19.629, NP.
6. Civ. 3e, 22 févr. 1995, n° 93-12.677, *Bull. civ.* III, n° 58; *IRC* déc. 1995. 9, note Capoulade; *AJDI* 1995. 966; *D.* 1998. 264.
7. Paris, 24 févr. 2005, RG n° 04/09181, *Loyers et copr.* 2005. 162, obs. Vigneron.
8. TGI Paris, 25 mai 1988, *Rev. loyers* 1989. 21 – Civ. 3e, 22 mai 1990, n° 88-16.191, *IRC* 1990. 314, note Capoulade.
9. Atias, « La vocation des copropriétaires à participer au vote en assemblée générale », *IRC* oct. 1995, p. 23 – KISCHINEWSKY-BROQUISSE, n° 573, note 6 et suppl. p. 90 – Lafond, « Droit de la copropriété », *Administrer* mars 1989. 42, n° 11.
10. Guillot, « Présence d'un non copropriétaire à l'assemblée générale des copropriétaires », *Administrer* mars 1981, 7 – Atias, « Assemblées générales ouvertes ou fermées », *IRC* févr. 1998. 22.
11. TGI Marseille, 4 mars 1969, *AJPI* 1969. 636, note Cabanac – Paris, 23 oct. 1990, RG nos 87/9553, 88/15233, *Juris-Data* n° 024101, *Loyers et copr.* déc. 1990. 489; *RDI* 1991. 102 – Paris, 5 déc. 1985, RG n° M 5/060, *Juris-Data* n° 027248, IR 428, note Giverdon – Civ. 3e, 8 avr. 1998, n° 96-17.074, NP, *RDI* 1998. 414.
12. Paris, 4 avr. 1991, RG n° 90/9334, *Juris-Data* n° 021108, *JCP* 1991. 39, *Administrer* janv. 1992. 64, obs. Guillot.

de l'assemblée générale sur ce point »[1], mais cette présence ne doit pas affecter la liberté de décision[2].

820 Exception concernant le syndicat. Le principe ci-dessus comporte une seule exception légale, qui résulte de l'article 16 (al. 2) de la loi du 10 juillet 1965. Si le syndicat acquiert un ou plusieurs lots de l'immeuble en copropriété, « *il ne dispose pas de voix aux assemblées générales, au titre des parties privatives acquises par lui* »[3]. Il n'y a donc pas lieu de le convoquer et il ne participe pas au vote. Les voix correspondant aux lots du syndicat sont défalquées du nombre de voix constituant le syndicat pour le calcul des majorités (les décisions auxquelles le syndicat a pris part sont nulles[4]), ce qui conduit à modifier, en fait, les majorités applicables[5]. Cette solution est logique, puisque, par l'effet de la transparence, ce lot est, en quelque sorte, neutralisé. Chacun des copropriétaires, en qualité de membre de la collectivité, participe au vote et aux dépenses afférentes aux lots du syndicat et à proportion de ses propres quotes-parts. Cette analyse suppose, bien entendu, que le lot ne perde pas sa qualification. La situation serait, en effet, différente si l'assemblée décidait de le supprimer et d'incorporer les parties privatives du lot dans les parties communes.

821 Situation des locataires. La location d'un lot qui confère un droit personnel de jouissance temporaire, ne donne pas à son bénéficiaire les prérogatives attachées au droit réel de propriété. Le locataire ne devient pas membre du syndicat et n'a pas qualité pour participer aux assemblées générales et pour y voter[6]. Il est un tiers par rapport au syndicat. Il ne peut contester les décisions de l'assemblée générale.

Toutefois, la loi du 6 juillet 1989, modifiant l'article 4 de la loi du 23 décembre 1986, a repris les dispositions de la loi du 22 juin 1982. Ces dispositions ont été précisées par la loi n° 2000-1208 du 13 décembre 2000. L'application de ce texte suppose la création d'associations de locataires représentant dans un immeuble ou un groupe d'immeubles au moins 10 % des locataires ou qui est affiliée à une organisation siégeant à la commission nationale de concertation. Les représentants de ces associations au nombre de trois au plus, choisis par les locataires et dont les noms ont été notifiés au syndic reçoivent la possibilité d'assister à l'assemblée générale des copropriétaires et de formuler des observations sur les questions inscrites à l'ordre du jour. Le syndic informe ces représentants par lettre recommandée, avec demande d'avis de réception, de la date, de l'heure, du lieu et de l'ordre du jour de l'assemblée générale des copropriétaires. Néanmoins, cette faculté n'ouvre pas aux locataires ou à leurs représentants le droit de participer et de voter, mais un locataire peut recevoir une délégation de vote de la part d'un copropriétaire. En revanche, les groupements de locataires, prévus par l'article 193 de la loi du 13 décembre 2000 ne peuvent être représentés à l'assemblée générale des copropriétaires.

822 Indivision – Usufruit. L'accès à l'assemblée générale a soulevé des difficultés dans l'hypothèse où, dans un immeuble en copropriété, un lot est l'objet de propriété indivise ou est réparti entre un nu-propriétaire et un usufruitier ou encore est grevé d'un droit d'usage et d'habitation, l'une et l'autre hypothèses résultant fréquemment de la dévolution successorale[7]. Dans le premier cas, il y a concours de la copropriété traditionnelle avec la copropriété par lots des immeubles bâtis[8]; dans le second, il y a dissociation des droits réels portant sur le lot.

L'article 23 alinéa 2 de la loi du 10 juillet 1965, consacrant la solution généralement adoptée par la pratique antérieure, pose le principe suivant : « *En cas d'indivision ou d'usufruit d'un lot, les intéressés doivent, sauf stipulation contraire du règlement de copropriété, être représenté par un mandataire commun qui sera, à défaut d'accord, désigné par le président du tribunal de grande instance à la requête de l'un d'entre eux ou du syndic.* » Cette disposition s'explique par l'indivisibilité du vote pour chaque lot[9].

Ce texte conduit à distinguer plusieurs hypothèses :

a) Le règlement de copropriété contient une stipulation particulière sur la représentation des intéressés en cas d'indivision ou de démembrement du droit de propriété[10]. Cette clause doit être respectée

1. Civ. 3e, 29 mars 2000, n° 98-18.296, NP, *Administrer* juin 2000. 57, obs. Bouyeure.
2. Paris, 9 oct. 1997, RG n° 94/12048, *Juris-Data* n° 022718, *Loyers et copr.* févr. 1998, n° 50.
3. Cabanac, n° 410 – Kischinewsky-Broquisse, n° 574 – Civ. 3e, 21 juin 2006, n° 05-12.278, *Bull. civ.* III, n° 160; *Administrer* oct. 2006. 59.
4. Paris, 23e ch., 13 mai 1980, *Juris-Data* n° 089242, *D.* 1981. IR 95, n° 11.
5. Cabanac, n° 401; Sizaire, n° 139.
6. Rép. civ., Atias, *V° Copropriété des immeubles bâtis*, n° 632 – Lafond, *Les baux d'habitation*, 7e éd., Litec, 2007 – Lafond, Roux, Stemmer, ss annexe 26, p. 886 s., Litec 2011, Bouyeure, *op. cit.* n° 23.
7. Le Masson, « Le lot de copropriété dans la dévolution successorale légale », *Administrer* oct. 1998. 20 s.
8. Dagot, « Le lot de copropriété en indivision », *JCP* 1979. I. 2959 – Gélinet, « Indivision et copropriété », *Administrer* mai 1996. 22 s.
9. Civ. 3e, 20 juill. 1994, n° 92-12.973, *Bull. civ.* III, n° 157.
10. Cabanac, n° 276 – Kischinewsky-Broquisse, nos 247 et 417 – Lafond, Roux et Stemmer, ss L. art. 23 § III – Kisch, « Démembrement du droit de propriété du lot », *Defrénois* 1969, I, 453.

et elle exclut toute désignation judiciaire d'un mandataire commun [1]. Le règlement peut prévoir, en cas de démembrement du droit de propriété, que, sauf convention contraire entre les intéressés, notifiée au syndic, le nu-propriétaire, ou inversement l'usufruitier, sera seul convoqué et votera à l'assemblée [2].

Il peut aussi régler la représentation selon l'objet de la décision à prendre, mais une telle stipulation présente des inconvénients.

Elle peut conduire à convoquer l'un et l'autre à l'assemblée selon la nature de l'objet [3]; l'accord des intéressés permettrait alors à l'un d'eux de donner un mandat conventionnel à l'autre. En outre, une discussion, avec un risque contentieux, peut s'instaurer pour savoir ce qui relève de l'usufruit ou de la nue-propriété. En cas de location-accession, la loi du 12 juillet 1984 (art. 32) contenait des dispositions spéciales à cet égard.

Il n'existe aucune solidarité, impliquant une représentation réciproque en cas de démembrement de la propriété du lot entre usufruitier et nu-propriétaire [4]. Le règlement peut aussi régler la représentation des indivisaires [5] et prévoir, par exemple, qu'il suffit de convoquer l'un quelconque des indivisaires [6].

Les solutions légales ou contractuelles en matière d'usufruit peuvent être transposées lorsqu'il existe un droit d'usage ou d'habitation [7].

Les décisions de l'assemblée générale ne s'imposent pas au titulaire du droit d'usage et d'habitation, lorsque le règlement de copropriété stipule que les convocations lui seraient valablement adressées, alors que le titulaire de ce droit n'avait jamais été convoqué, qu'il ne se présentait plus aux réunions où il n'était pas représenté, et cela, en méconnaissance du droit réel dont il était titulaire [8].

b) Dans le silence du règlement de copropriété, la loi impose la représentation par un mandataire commun [9]. Les intéressés peuvent se mettre d'accord sur leur représentation et désigner conventionnellement leur mandataire commun. Cette désignation peut d'ailleurs se faire suivant les règles de l'indivision (C. civ., art. 815-3, 815-6 et 1873-5) qui précisent l'étendue des pouvoirs du mandataire commun (actes d'administration, exploitation normale). Ils peuvent encore, à défaut d'entente, le faire désigner par le président du tribunal de grande instance à la requête de l'un d'entre eux (v. Décr. 17 mars 1967, art. 61 qui précise les conditions dans lesquelles le juge procède à cette désignation). Il y a lieu de notifier au syndic cette désignation conventionnelle ou judiciaire.

Si les intéressés n'ont pas usé de la faculté de procéder eux-mêmes ou de faire procéder par le juge à cette désignation, l'article 23 (al. 2) ouvre au syndic le droit de saisir le juge à cette fin. Le syndicat a, en effet, intérêt à la désignation d'un mandataire commun, sinon il peut éprouver des difficultés [10], soit que les co-indivisaires ne s'accordent pas sur le sens de leur vote, soit que la qualité de mandataire commun de l'un d'eux soit ensuite contestée par les autres.

c) Le mandat doit être écrit [11], d'après la loi du 10 juillet 1965. mais la jurisprudence admet qu'un mandataire commun peut être tacitement désigné par les co-indivisaires, comme en matière d'indivision successorale ou d'indivision communautaire.

Dans le premier cas, on cite l'exemple d'une veuve, propriétaire indivis avec ses enfants, héritiers de leur père, qui avait reçu mandat tacite par les cohéritiers, ainsi qu'ils le reconnaissaient, de gérer les lots indivis et d'agir en contestation de décision [12]. Dans le même sens, l'indivisaire qui a pris en main la gestion de l'indivision successorale, au su des autres, est censé avoir reçu un mandat tacite, jusqu'à opposition des autres [13].

Dans le second cas, un mari, qui avait toujours représenté l'indivision dans les assemblées générales, au su de son épouse, sans susciter d'opposition de sa part, a été considéré comme ayant reçu un mandat tacite, alors que le syndic n'a pas été informé d'un désaccord sur la continuation de cette

1. Paris, 14 avr. 1980, *Juris-Data* n° 762526, *D.* 1980. IR 451, obs. Giverdon.
2. Civ. 3e, 6 déc. 1983, *Administrer* oct. 1984. 43, note Guillot.
3. V. Le Masson, *op. cit.*, n° 58.
4. Paris, 21 déc. 1994, RG n° 93-9247, *Juris-Data* n° 024761, *JCP N* 1995, n° 24, en bref, 903.
5. Lafond, « La loi du 31 décembre 1976 relative à l'organisation de l'indivision », *Administrer* janv. 1981. 32 s.
6. Paris, 1er mars 1994, RG n° 93-9247, *Juris-Data* n° 024761, *Loyers et copr.* 1994. 401.
7. Civ. 3e, 19 juin 1996, n° 94-12.980, NP, *RDI* 1996. 607.
8. AUSSI : Civ. 3e, 28 juin 1995, n° 93-16.559, NP, *RDI* 1995. 786 – Paris, 14 avr. 1980, *Juris-Data* n° 762526, *D.* 1980. IR 451 – Paris, 14 janv. 1994, RG n° 93/016524, *Juris-Data* n° 020325, *D.* 1994. Somm. 121, note Atias.
9. Gélinet, « Le mandataire commun de l'article 23 de la loi du 10 juillet 1965 », *Administrer* nov. 1994. 11.
10. Paris, 20 déc. 2001, *Loyers et copr.* 2002, n° 158.
11. EN CAS de contestation de l'authenticité de la signature : Civ. 3e, 14 févr. 2006, n° 04-20.488, *Administrer* mai 2006. 47.
12. Civ. 3e, 12 mars 1997, n° 94-16.766, *Bull. civ.* III, n° 59; *D.* 1997. Somm. 329, obs. Atias; *Administrer* nov. 1997. 75, note Capoulade; *RDI* 1997. 282; *JCP N* 1463, note Djigo; *Gaz. Pal.* 1999. 2. Somm. 557, note du Rusquec.
13. Civ. 3e, 11 oct. 2000, n° 99-10.216, NP, *AJDI* 2001. 33, obs. Capoulade; *D.* 2001. 3580 – Paris, 8 avr. 2004, RG n° 2003/16709, *AJDI* 2004. 461 – Paris, 3 juin 2004, RG n° 2003/18473, *AJDI* 2004. 737; *Administrer* févr. 2005. 50, obs. Bouyeure.

représentation[1]. Toutefois, lorsque deux époux possèdent, en propre, chacun un lot, même si les deux lots forment un duplex, chacun des époux doit être convoqué séparément. Il ne s'agit pas alors d'une indivision et les articles 23 alinéa 2 de la loi du 10 juin 1965 et 1421 du code civil sont alors inapplicables[2].

Dans ces hypothèses, il est vrai, un texte spécifique prévoit le *mandat tacite*[3].

L'indivisaire qui vote, au titre du lot indivis, utilise sans partage toutes les voix attribuées à ce lot et chacun des indivisaires peut recevoir plus de trois mandats, à la condition qu'il ne dispose pas par lui même et par ses mandants de plus de 5 % des voix du syndicat[4].

823 Lots en société[5]. L'article 23, alinéa 1, de la loi du 10 juillet 1965 dispose que : « *Lorsque plusieurs lots sont attribués à des personnes qui ont constitué une société propriétaire d'un lot, chaque associé participe néanmoins à l'assemblée du syndicat, et y dispose d'un nombre de voix égal à la quote-part dans les parties communes, correspondant au lot dont il a la jouissance* » cette disposition ne concerne que les sociétés d'attribution[6]. Les travaux préparatoires démontrent, et notamment les déclarations du rapporteur à l'Assemblée nationale[7], que le législateur a entendu viser, dans ce texte, l'hypothèse d'une société de construction qui procède à des attributions anticipées de lots à certains associés après approbation des comptes de construction. C'est le cas du partage partiel par retrait d'un ou plusieurs associés (CCH, art. L. 212-9). Ces attributions, même limitées à un seul lot, soumettent, de plein droit, l'immeuble au régime de la copropriété (v. s^s^ n° 58). Désormais, le syndicat est formé de la société qui reste propriétaire des lots non encore attribués, et du ou des copropriétaires allotis.

Anticipant sur l'entier partage de la société et l'attribution en propriété de l'ensemble des lots et pour associer tous les futurs copropriétaires à la vie collective, l'article 23, faisant application de l'idée de « transparence juridique », a décidé que les associés seraient convoqués, assisteraient personnellement aux assemblées de copropriétaires et participeraient aux votes avec un nombre de voix proportionnel au nombre de quotes-parts attribuées au lot auquel ils ont vocation[8]. La réduction des voix (v. s^s^ n° 591), prévue par l'article 22 alinéa 2 s'effectue en considérant le nombre de voix dont dispose chaque associé et non pas l'ensemble des voix de la société[9].

De cette transparence juridique, la Cour de cassation a tiré la conséquence qu'un associé d'une société d'attribution, laquelle est copropriétaire de l'immeuble, a qualité pour demander, au moins par voie d'exception, la nullité d'une clause de non-concurrence que ne justifierait pas la destination de l'immeuble, (v. s^s^ n° 196), alors qu'une telle clause aurait été valable si le statut de la copropriété n'était pas applicable[10].

Cette assimilation de l'associé au copropriétaire représentant une exception légale au principe de la personnalité morale des sociétés est de droit strict.

En raison du caractère restrictif de l'article 23 alinéa 1, l'associé ne peut pas demander communication de la comptabilité du syndicat, dont la société est seule copropriétaire[11].

Elle ne vaut que pour la convocation, la participation et le vote à l'assemblée générale (le gérant de la société est également convoqué et assiste à l'assemblée avec voix consultative) et ne peut être étendue, notamment à la contestation des décisions qui, en l'état de l'article 42, alinéa 2, n'appartient qu'aux copropriétaires, c'est-à-dire à la société qui a

1. Civ. 3e, 11 mars 1998, n° 96-12.479, *Bull. civ.* III, n° 59; *RDI* 1998. 289 s.; *D.* 2000. 136; *Administrer* août-sept. 1998. 52, note Capoulade; *Loyers et copr.* mai 1998. 133, obs. Vigneron; *RDI* 1998. 289 Civ. 3e, 12 janv. 2005, n° 03-14.573, NP, *AJDI* 2005. 219; *Administrer* août-sept. 2005. 71, obs. Bouyeure – AUSSI : Paris, 19e ch. B, 4 oct. 1996, RG n°s 95/12018, 95/23971, *Juris-Data* n° 022715, *Loyers et copr.* 1996. 486.
2. Colmar, 2e ch. A, 14 mars 1997, RG n° 2 A 9504313, *Juris-Data* n° 056038, *RDI* 1998. 290 : EN OUTRE, cet arrêt rejette la théorie du mandat apparent – SUR CE POINT : Civ. 3e, 19 juill. 1995, n° 93-17.911, *Bull. civ.* III, n° 203; *AJDI* 1996. 50; *RDI* 1995. 787; *D.* 1996. Somm. 91, note Atias.
3. LAFOND, ROUX ET STEMMER, L. art. 22, n° 14 – Vigneron, « La taciturnité en copropriété », *Loyers et copr.* mai 2008. Étude 6, p. 6.
4. Civ. 3e, 20 juill. 1994, n° 92-12.973, *Bull. civ.* III, n° 157; *RDI* 1994. 697; *Administrer* nov. 1994. 45, note Capoulade; *D.* 1996. Somm. 161 – AUSSI : rép. min., QE n° 41132, *JOAN Q* 27 févr. 1984, p. 993 – Rép. min., QE n° 9673, *JOAN Q* 7 mars 1994, p. 1170 – EN SENS CONTRAIRE : Vieille, « Droits de vote des indivisaires aux assemblées générales de copropriété », *Rev. loyers* 1984.
5. Roux, « La société copropriétaire », *Administrer* oct. 2007. 59 s.
6. Civ. 3e, 9 nov. 2005, n° 04-13.570, *Bull. civ.* III, n° 217; *AJDI*, 2005, 386; *D.* 2006. 1855; *RTD com.* 2006. 148.
7. Cabanac, « Les particularités des assemblées des copropriétaires, sous le régime de la loi du 10 juillet 1965 », *Gaz. Pal.* 26 avr. 1966 – Zurfluh et Lebatteux, « Coexistence dans un syndicat de copropriété des associés de la société de construction et des copropriétaires », *Administrer* nov. 1982. 15 – Sizaire, « Les quasi-copropriétaires » *Administrer* juill. 1987. 7 s.
8. Civ. 3e, 6 mars 2002, n° 00-10.405, *Bull. civ.* III, n° 58; *AJDI* 2002. 465, obs. Capoulade.
9. TGI Paris, 20 avr. 1977, *D.* 1978. IR 123, 85.
10. Civ. 3e, 27 mai 1971, *Gaz. Pal.* 1971. 2, 558, note M. M.; *JCP* 1971. II. 16819, note Guillot.
11. Paris, 16 nov. 1981, *D.* 1981. IR 105 – Gélinet, « Société d'attribution et charges de copropriété », *Administrer* juin 1995, 4.

seule cette qualité[1] (v. s[s] n° 947). À cette fin, l'article 18 du décret du 17 mars 1967 prévoit la notification du procès-verbal de l'assemblée générale au gérant de la société, lorsque un ou plusieurs associés se sont opposés ou ont été défaillants.

Les dispositions de l'article 23 s'appliquent aussi dans l'hypothèse où certains propriétaires de lots constitueraient entre eux une société par apport de leurs lots, avec attribution en jouissance. En revanche, l'article 23 ne s'applique pas aux sociétés d'attribution d'immeubles en jouissance à temps partagé. Une telle société, membre d'un syndicat de copropriétaires, est représentée à l'assemblée générale des copropriétaires par toute personne désignée par l'assemblée générale de la société (L. n° 86-18, 6 janv. 1986, art. 17).

§ 2
Répartition des voix

824 Répartition proportionnelle à la quote-part de parties indivises. Aux termes de l'article 22 (al. 2), « chaque copropriétaire dispose d'un nombre de voix correspondant à sa quote-part dans les parties communes ». La répartition des voix est donc proportionnelle à l'importance des droits de chacun dans les parties communes de l'immeuble. Cette règle présente aujourd'hui un caractère d'ordre public.

La quote-part de parties communes, en tant que quote-part de propriété, est déterminée librement par le règlement de copropriété[2]. Elle est intangible[3]. L'article 5 de la loi du 10 juillet 1965 ne contient à cet égard qu'une règle indicative, selon laquelle cette quote-part est « *proportionnelle à la valeur relative de chaque partie privative par rapport à l'ensemble des valeurs desdites parties, telles que ces valeurs résultent lors de l'établissement de la copropriété, de la consistance, de la superficie, de la situation des lots, sans égard à leur utilisation* ». En revanche, cette règle est impérative pour la détermination des quotes-parts de parties communes, en tant que quotes-parts des charges relatives à la conservation, à l'entretien et à l'administration des parties communes, lesquelles peuvent être modifiées dans certaines conditions (art. 11-12-43).

La quote-part de charges générales d'un lot correspond, le plus souvent, à la quote-part de propriété, mais il n'en va pas nécessairement ainsi. Il convient donc pour déterminer l'importance du vote afférent à chaque lot de retenir exclusivement la quote-part de parties communes, en tant que quote-part de propriété, sous réserve de la réduction en cas de « copropriété en main dominante » (v. s[s] n° 825).

Toutefois, il existe une exception dans l'hypothèse très précise de l'article 24 alinéa 4 où la participation au vote est proportionnelle à la participation à la dépense. Les parties communes générales doivent alors être distinguées des parties communes spéciales[4]. L'article 22 alinéa 2 établit le principe d'un lien formel entre le droit de vote et la quote-part de propriété, alors que l'article 24 alinéa 4 ne lie expressément le droit de vote et la participation aux charges que dans les seules assemblées spéciales qu'il vise (v. s[s] n° 840).

Le mode de répartition des voix doit être impérativement respecté, et toute clause prévoyant un autre mode de répartition, notamment une répartition par lots ou par tête, serait réputée non écrite par application de l'article 43 de la loi[5].

Un copropriétaire ne peut être exclu du vote au motif qu'il est débiteur de charges impayées ou encore qu'il n'est pas directement concerné par la proposition[6]. Une voix seulement consultative ne peut être attribuée aux lots « boutiques » dès lors qu'ils participent aux dépenses de ravalement[7].

825 Copropriétaires disposant de la majorité absolue[8]. La loi du 28 décembre 1966 a apporté un tempérament au principe de la proportionnalité des voix à la quote-part de parties communes, représentative du droit de propriété, lorsqu'un copropriétaire possède plus de la moitié de ces quotes-parts; l'article 3 de cette loi a ajouté une seconde phrase au deuxième alinéa de l'article 22 de la loi du 10 juillet 1965. Dans ce cas, ce copropriétaire majoritaire devient le maître absolu de l'assemblée

1. Civ. 3e, 4 nov. 1977, n° 76-10.487, *Bull. civ.* III, n° 371, *Gaz. Pal.* 1978, I, 123, note Cabanac et Michalopoulos – Paris, 4 mai 1980, *RDI* 1980. 344 – Guillot, « La contestation des décisions d'une assemblée générale de copropriétaires par une société de construction copropriétaire », *Administrer* janv. 1985. 2 s.
2. DANS L'HYPOTHÈSE où le règlement de copropriété ne comporte pas cette répartition : Civ. 3e, 3 oct. 1969, *D.* 1970. Somm. 75; *JCP* 1970. II. 16201 : faits antérieurs à la loi de 1965 – Civ. 3e, 14 janv. 1987, n° 85-15.153, *Loyers et copr.* 1987. 99.
3. GUILLOT, art. 22-23, n° 4-01 – Michalopoulos, « Le régime des assemblées de copropriété », *REDI* 1965, n° 15 – KISCHINEWSKY-BROQUISSE, n° 574 – BOUYEURE, *op. cit.*, n° 214.
4. Paris, 4 nov. 1994, *Juris-Data* n° 024877, *Loyers et copr.* 1995. 337 – Bouyeure, n°s 216, 217.
5. Paris, 4 mai 1968, *Journ. not.* 1969. 368, note Viatte; *Gaz. Pal.* 1968. 2, 127, note Morand; *Rev. loyers* 1968. 432 – DÉJÀ AVANT 1965 : Com. 24 mars 1953, *Bull. civ.* III, n° 119; *AJPI* 1953. I. 450.
6. Civ. 3e, 18 juin 1985, *Administrer* déc. 1985, p. 38, note Guillot.
7. Paris, 23e ch. B, 21 févr. 2002, *Loyers et copr.* 2002, n° 181.
8. Bouyeure, n°s 219 s.

générale (au moins dans le cadre des articles 24 et 25). On dit que « la copropriété est en main dominante ».

Pour éviter le risque grave d'abus qui résultait de cette situation [1], l'article 22 alinéa 2 dispose désormais que « *Toutefois, lorsqu'un copropriétaire possède une quote-part des parties communes supérieure à la moitié, le nombre de voix dont il dispose est réduit à la somme des voix des autres copropriétaires* ».

Ce texte impératif est d'interprétation stricte. Les lots doivent être entre les mêmes mains. Il ne s'applique pas si les quotes-parts se trouvent réparties entre trois sociétés civiles immobilières, même si ces sociétés comportent les deux mêmes associés [2], si un lot est le bien propre d'un époux et l'autre est commun entre les deux époux [3], si les membres du syndicat sont à la fois copropriétaires de certains lots et usufruitiers d'autres lots [4], si plusieurs copropriétaires qui, réunissant leurs voix, détiennent à eux seuls la majorité et se coalisent, ou sont unis par des liens de parenté [5]. L'existence d'intérêts communs entre des copropriétaires distincts ne suffit pas à elle seule à constituer une présomption de fraude; les copropriétaires opposants doivent alors établir l'abus de majorité [6].

La réduction des voix du copropriétaire majoritaire à la somme des voix des autres copropriétaires conduit à abaisser le nombre total des voix constituant le syndicat [7] (si un copropriétaire détient 60 % des quotes-parts et les autres 40 %, le nombre total de voix se trouve réduit de 1 000 à 800). Il a été parfois soutenu que cette réduction s'opérait sur les voix présentes ou représentées à l'assemblée [8]. Cette interprétation qui était très contestable, a été censurée par la Cour de cassation [9].

Cette disposition a été vivement critiquée par une grande partie de la doctrine [10] qui lui adresse le double reproche d'être peu efficace (l'absence ou l'abstention d'un seul copropriétaire permet au copropriétaire majoritaire de redevenir le maître de l'assemblée) et de conduire à des conflits insolubles en cas de partage des voix. Sauf, si le désaccord persiste, à préférer par une disposition législative, le nombre de quotes-parts représentant le plus grand nombre de copropriétaires.

Certaines juridictions ont accepté d'arbitrer ce conflit [11], encore que le contrôle judiciaire ne porte pas sur l'opportunité de la décision (sauf art. 25 et 30, al. 4) [12] Néanmoins, ces inconvénients restent, à notre sens, moindres que ceux tenant à la toute puissance d'un seul, ce qui fausse le mécanisme majoritaire sur lequel repose l'organisation du syndicat.

Pour tourner la réduction des voix, certains copropriétaires majoritaires ont imaginé de procéder à l'aliénation fictive, à titre onéreux ou gratuit, de lots ayant une utilité relative : cave, grenier, débarras, cellier (pour une donation [13], pour une donation partage [14], pour une société fictive [15] : application globale de la sanction à l'ensemble des voix de la société où le copropriétaire majoritaire détenait, en outre, 98 % des parts).

Les tribunaux ont condamné cette pratique frauduleuse, soit en annulant les décisions ainsi obte-

1. B. R. B., « Modifications apportées au statut de la copropriété par la loi du 28 décembre 1966 », *AJPI* 1967. I. 23 – Bouyeure, « La réduction des voix du copropriétaire majoritaire », *Administrer* mars 1993. 13.
2. TGI Angers, 24 avr. 1979, *AJPI* 1979. 86, note Bouyeure; *D.* 1982. IR 276 – Paris, 23e ch, 29 sept. 2005, RG no 04/20867, *Administrer* nov. 2006. 43.
3. Lyon, 19 oct. 1994, RG no 2632/92, *Juris-Data* no 052578, *Loyers et copr.* janv. 1996. 45 – Civ. 3e, 25 sept. 2002, no 01-00.161, *Bull. civ.* III, no 179; *D.* 2003. 2999; *AJDI* 2003. 595, note Capoulade.
4. Paris, 5 oct. 1989, RG no 88/16517, *Juris-Data* no 024870, *Loyers et copr.* 1989. 545.
5. Civ. 3e, 10 juill. 2002, no 01-01.825, NP.
6. Versailles, 1re ch. 25 mai 1992, RG no 4722/91, *Juris-Data* no 042234, *RDI* 1993. 129; *Rev. huissiers* 1992. 915. Somm.
7. Commagnac, « Le calcul des majorités dans les assemblées générales de copropriété », *AJPI* 1967. I. 195.
8. Paris, 19e ch. B, 23 oct. 1998, RG no 1996/16173, *Loyers et copr.* mars 1999. 73 – M. M., « Centre de recherche sur la construction et la copropriété », *Gaz. Pal.* 5 déc. 1971.
9. Civ. 3e, 2 juill. 2008, no 07-14.619, *Bull. civ.* III, no 118; *D.* 2008. 2742; *D.* 2010. 112; *IRC* janv.-févr. 2009. 17, obs. Capoulade; *Administrer* nov. 2008. 55, obs. Bouyeure; *D.* 2008. AJ 2000, obs. Rouquet.
10. Alibert, « La loi du 28 décembre 1966 modifiant l'article 22 de la loi du 10 juillet 1965 », *Ann. loyers* 1967. 193 – Boussageon, « modifications apportées au statut de la copropriété par la loi du 28 décembre 1966 », *AJPI* 1967. 1, 23 – Cabanac, no 514 – Morand, « Un coup d'épée dans l'eau », *Gaz. Pal.* 1967, I, Doctr. 67; « Méfaits et inutilité de la réduction des voix du copropriétaire majoritaire », *Gaz. Pal.* 1969. 2. Doctr. 1999; « Du mode de calcul des majorités absolues en cas de réduction des voix du copropriétaire majoritaire », *Gaz. Pal.* 1969. 2. Doctr. 327 – Kischinewsky-Broquisse, no 575 – Sizaire, no 139 – Vigneron, J.-Cl. copr., fasc 84-10 – Bouyeure, « La réduction des voix du copropriétaire majoritaire », *Adminitrer* mars 1993. 13.
11. Paris, 6 févr. 1969, *Gaz. Pal.* 1969. 2. Somm. 10 – Lyon, 25 nov. 1969, *IRC* oct. 1970. 141 – TGI Brest, 8 avr. 1970, *Gaz. Pal.* 1972. 1, 445; *AJPI* 1970. 2, 1221, notre Bouyeure; *Rev. loyers* 1971. 107, note Viatte.
12. V. Tomasin, « Le juge et la copropriété », dans *Mélanges Perrot*, p. 499.
13. Civ. 3e, 21 févr. 1995, no 93-13.162, *Loyers et copr.* juin 1995. 296.
14. TGI Paris, 14 févr. 1996, *Administrer* mai 1996. 44, obs. Bouyeure.
15. Civ. 3e, 20 janv. 1993, no 90-21.997, *D.* 1994. Somm. 201, obs. Bouyeure; *RDI* 1993. 265; *Rev. huissiers* 1993. 543.

nues[1], soit en annulant la vente frauduleuse[2], soit en la déclarant inopposable aux autres copropriétaires[3]. La nullité de l'assemblée générale, tenue ultérieurement, avec la participation de l'acquéreur fictif, a même été prononcée[4]. Toutefois, la sanction ne s'applique pas lorsque le transfert de propriété se justifie par des motifs légitimes, hors toute intention frauduleuse[5]. Toutefois, l'article L. 443-15 apporte une exception aux règles posées par l'article 22 (al. 2) de la loi du 10 juillet 1965 au profit de l'organisme HLM vendeur. La réduction des voix prévue par l'article 22 (al. 2) ne s'applique pas à cet organisme, même s'il détient plus de la moitié des voix. Il vote donc avec le nombre de voix correspondant aux lots qui lui appartiennent, qu'il soit ou non syndic de l'immeuble. L'article 16 du décret de 1967 a été complété en ce sens[6]. Il prévoit désormais que le calcul des voix doit tenir compte des réductions résultant de l'article 22 (al. 2) de la loi de 1965 et sous réserve de l'article 443-15 (antépénultième alinéa) du code de la construction et de l'habitation.

§ 3
Représentation – Incapacités – Régimes matrimoniaux

A.
La représentation conventionnelle

826 Représentation conventionnelle – Principe[7]. L'article 22, alinéa 3, de la loi du 10 juillet 1965 pose le principe que « *tout copropriétaire peut déléguer son droit de vote à un mandataire* » et la loi du 31 décembre 1985 (L. 31 déc. 1985, art. 6) ajoute à ce texte et précise « *que ce dernier soit ou non membre du syndicat* ». La jurisprudence[8] qui admettait la licéité des clauses du règlement restreignant le choix, se trouve ainsi caduque.

Ce principe est impératif et un copropriétaire (par analogie, tout associé, locataire accédant, acquéreur à terme[9] ou usufruitier[10]) ne peut être privé du droit fondamental de déléguer son vote à l'assemblée, ni de choisir librement son délégataire. Toute limitation à ces droits qui serait prévue dans le règlement de copropriété se trouverait réputée non écrite[11] et ne pourrait se justifier par la destination de l'immeuble[12].

Le copropriétaire peut donc déléguer son pouvoir à un locataire ou au gérant de son lot[13], s'il n'est pas le syndic (v. s^s n° 827).

Ces dispositions ont pour objet de faciliter la participation aux assemblée générales et de lutter contre l'absentéisme[14].

La personne morale qui est copropriétaire, est représentée de plein droit par son représentant légal ou statutaire ou par un fondé de pouvoirs ayant une délégation générale. L'intéressé doit justifier de sa qualité et tout se passe comme si la personne morale agissait elle-même[15]. Elle peut aussi se faire représenter par un mandataire au sens de l'article 22; il faut distinguer les deux situations, notamment pour l'application de l'article 22 sur la limitation des délégations de vote qu'il est possible de recevoir[16]. En raison de l'autonomie des assemblées, le mandat conventionnel donné pour une

1. GUILLOT, art. 22 et 23, n° 4-07 – Aix-en-Provence, 21 oct. 1971, 2, *AJPI* 1972. 431, obs. Boussageon; *Rev. loyers* 1972. 336 – TGI Paris, 21 avr. 1977, *AJPI* 1978. 814, note Souleau – TGI Grasse, 15 déc. 1978, *D.* 1980. IR 276; *JCP* 1979. II. 19146 note Guillot; *RTD civ.* 1980. 381, obs. Giverdon – Civ. 3e, 4 juin 1973, n° 72-10.449, *Bull. civ.* III, n° 392.
2. Civ. 3e, 6 juin 1982, *D.* 1983. IR 461; *Administrer* avr. 1983. 39, note Guillot; *Defrénois* 1983. 33027, note Souleau.
3. Civ. 3e, 9 déc. 1986, *D.* 1988. 228, note Souleau; *Administrer* juill. 1987. 39 – TGI Paris, 24 mai 1984, *Gaz. Pal.* 30 août 1984, note Bouyeure – Lafond, Chron. *JCP N* 1987, prat. 268 – Morand, « Majorités abusives par connivence », *Gaz. Pal.* 1987, I, 70.
4. Civ. 3e, 9 déc. 1986, *D.* 1988. 228 – Civ. 3e, 20 juin 2006, n° 05-15.315, *Administrer* oct. 2006. 58.
5. Civ. 3e, 28 juin 1995, n° 93-16.559, *RDI* 1995. 786; *Administrer* déc. 1996. 39; *Loyers et copr.* oct. 1995, n° 445.
6. Décr. n° 2010-391, 20 avr. 2010, art. 10.
7. Bouyeure, « La représentation à l'assemblée générale », *Gaz. Pal.* 12-14 sept. 2000. 5 s. – Guillot, « La délégation de pouvoirs aux assemblées générales de copropriétaires », *Administrer* juin 1987, 7 – Lafond, « La représentation aux assemblées », *IRC* 1991. 17 – Rép. civ., ATIAS, *V° Copropriété des immeubles bâtis*, n°s 276 et 339 s. – CABANAC, n° 515 – GUILLOT, art. 22-23 § 3 – KISCHINEWSKY-BROQUISSE, n° 577 – LAFOND, ROUX ET STEMMER, L. art. 22 § VI – Terré et Simler, *Les biens*, 8e éd., n° 670.
8. Civ. 3e, 11 févr. 1975, *D.* 1975. IR 99; *JCP* 1975. II. 18013, note Guillot.
9. GUILLOT, art. 22-23, n° 3-01.
10. GUILLOT, art. 22-23, n° 3-02.
11. SUR le mandat donné au gardien de l'immeuble : rép. min., QE, *JOAN Q* 6 avr. 1998, p. 1980; *Administrer* juin 1998. 56.
12. Terré et Simler, *Les biens*, 8e éd., n° 670.
13. SUR le mandat de gestion et sa pluralité : rép. min., QE n° 59977, Bloche, *JOAN Q* 17 mai 2005, p. 5162; *AJDI* 2005. 769 – TGI Lille, 4e ch, 22 déc. 2006, n° 06/08878, Dhenin et Beringeur c/synd. Les Jardins de l'olympe, NP.
14. SUR l'inopportunité de revenir sur cette solution : rép. min., QE, *Administrer* juill. 1995. 59.
15. Le retrait d'un mandat régulier entraîne la nullité de l'assemblée : Civ. 3e, 20 oct. 2004, n° 03-12.684, NP, *AJDI* 2005. 395, obs. Giverdon – DÉJÀ : Civ. 3e, 22 févr. 1989, n° 87-17.692, *Bull. civ.* III, n° 47.
16. Bouyeure, « La représentation à l'assemblée générale », *Gaz. Pal.* 12-14 sept. 2000. 5 s., note 1.

assemblée générale n'a d'effet que pour celle-ci [1]. La représentation ne vaut que pour les questions inscrites à l'ordre du jour [2]. Un mandat donné en termes généraux est valable quand bien même l'ordre du jour mentionne très exactement et de manière détaillée les questions à débattre [3]. Il a même été jugé que, si la délégation de pouvoir ne comporte aucune réserve, le mandataire engage valablement le mandant, même si, lors de la réunion, l'assemblée a été amenée à se prononcer sur un projet différent de celui proposé à l'ordre du jour [4]. (Par exemple, une clé de répartition différente des frais d'installation et de fonctionnement d'un ascenseur [5]. Sur la distinction entre nullité du mandat et dépassement du pouvoir, v. Paris, 30 juin 1988 [6].)

Lorsque l'ordre du jour porte sur la vente de parties communes, le mandataire n'a pas besoin d'un mandat spécial [7].

En revanche, il a été admis que le mandat d'administration générale confié par un copropriétaire à un administrateur de biens comprend la représentation à l'assemblée et la délégation de vote. Il s'exerce sur la simple présentation du mandat général et la durée de sa validité est celle du mandat de gestion. Ce mandat est soumis à la réglementation spécifique prévue par les dispositions d'ordre public de la loi du 2 janvier 1970 et de son décret d'application, lesquelles n'imposent aucune limitation pour l'exercice cumulé de plusieurs mandats de gestion par la même personne [8]. Dans ce cas, c'est le mandataire qui, en principe, doit être convoqué, sauf notification d'instruction contraire du mandant. Mais la question se posait de savoir si l'exécution de ces délégations de vote à l'assemblée générale se trouvait ou non régie par l'article 22 de la loi du 10 juillet 1965. Le texte de ce dernier article a été précisé à cet égard par la loi n° 2009-526 du 12 mai 2009 (art. 7-5°) qui soumet désormais le mandat d'administration générale aux limitations en nombre et en pourcentage mentionnées par l'article 22, lesquelles s'appliquent désormais aux mandats délivrés « *à quelque titre que ce soit* ».

Le copropriétaire de plusieurs lots ne peut, selon une réponse ministérielle, désigner des mandataires différents pour chacun de ses lots, cela en raison de l'unité de vote [9]. Cependant, s'agissant de lots différents, l'intérêt d'une décision peut varier selon les lots.

827 Limitation légale du mandat. Compte tenu de l'expérience antérieurement acquise [10], le législateur de 1965 a voulu réagir à la fois contre la désertion des assemblées générales et contre l'omnipotence du syndic.

Des copropriétaires choisissaient très souvent le syndic comme mandataire; en outre, il pouvait utiliser les mandats en blanc. De la sorte, le syndic disposait fréquemment de la majorité des voix.

Pour ce faire, deux dispositions, dont l'une a été tempérée par la loi du 31 décembre 1985, ont été prévues.

a) « *Le syndic, son conjoint, le partenaire lié à lui par un pacte civil de solidarité et ses préposés ne peuvent [...] recevoir mandat pour représenter un copropriétaire* ». Ce texte de l'article 22 alinéa 4 de la loi du 10 juillet 1965 a un caractère impératif.

Cette interdiction s'applique à tout syndic, professionnel ou non, quel que soit son mode de nomination, ainsi qu'à l'administrateur provisoire désigné en application des articles 47 et 50 du décret du 17 mars 1967 [11], quand bien même il serait lui-même copropriétaire. Elle s'applique aussi à l'ancien syndic lorsque l'assemblée générale est appelée à statuer sur ses comptes et son *quitus* [12].

L'exclusion des « préposés » concerne ceux du syndic, même s'ils sont copropriétaires, mais non les préposés du syndicat [13].

1. Paris, 14 janv. 1994, RG n° 93/016524, *Juris-Data* n° 020325, *Loyers et copr.* 1994. 311.
2. Rouen, 14 févr. 1996, RG n° 9405342, *Juris-Data* n° 041314, *RDI* 1996. 610; *JCP N* 1997. II. 275, note Djigo.
3. Civ. 3e, 10 oct. 1984, n° 83-12.946, *Bull. civ.* III, n° 166; *Loyers ferm.* 1985. 25; *Administrer* avr. 1985. 41, note Guillot; *D.* 1985. 358, note Souleau.
4. Roux, « Le mandataire infidèle », *Loyers et copr.* nov. 2008. 8.
5. Paris, 13 juin 1990, RG n° 89/1103, *Juris-Data* n° 022375, *Loyers et copr.* 1990. 407 – Lafond, « Panorama de doctrine et de jurisprudence », *Administrer* mars 1989. 42; *Administrer* févr. 1992. 54.
6. Paris, 30 juin 1988, *RDI* 1989. 250.
7. Civ. 3e, 22 févr. 1989, n° 87-17.497, *Bull. civ.* III, n° 47; *RDI* 1989. 254; *Administrer* août-sept. 1989. 62.
8. Aix-en-Provence, 7 déc. 2000, RG n° 99/14160, *Juris-Data* n° 154469, *AJDI* 2001. 148, note Giverdon – Paris, 19e ch. B, 22 nov. 2001, RG n° 1999/24302, *Loyers et copr.* mai 2002, n° 128 – AUSSI : *RDI* 1991. 382 – Lafond, *Administrer* févr. 1992. 55 – BOUYEURE, n° 205 – EN SENS CONTRAIRE : TGI Lille, 22 déc. 2006, préc.
9. Rép. min., QE, 27 févr. 1984, *JCP N* 1984, prat. 9084, 2; cité par Bouyeure, « La représentation à l'assemblée générale », *Gaz. Pal.* 12-14 sept. 2000. 5 s. – BOUYEURE, n° 191.
10. CHEVALLIER, n° 84.
11. Paris, 18 oct. 1985, *Juris-Data* n° 026673, *RDI* 1986. 244 – Civ. 3e, 18 févr. 2004, n° 02-15.645, *Administrer* juin 2004. 48.
12. Civ. 3e, 11 mars 1987, n° 85-17.070, *Bull. civ.* III, n° 45; *D.* 1987. IR 67 – Ritschy, « L'ancien syndic peut-il recevoir des pouvoirs », *IRC* 1995. 19.
13. Rép. min., QE, *JOAN* 19 févr. 1996; *Rev. huissiers* 1996. 425 – Civ. 3e, 5 juill. 2011, n° 10-20.352 : nécessité d'établir le lien de subordination au syndic de l'employé de la société actionnaire à 95 % de la société syndic.

La nullité affecterait les décisions (voire l'assemblée en son entier en cas de participation généralisée) auxquelles le syndic, son conjoint, son partenaire pacsé, ses préposés auraient participé comme mandataires, sans égard à l'influence du vote sur la décision[1]. L'interdiction étant de droit strict ne peut s'étendre, à défaut de disposition législative, au concubin notoire.

b) « *Chaque mandataire ne peut recevoir plus de trois délégations de vote* ». Cette limitation résulte de l'article 22, alinéa 3, deuxième phrase, de la loi du 10 juillet 1965, sous réserve du tempérament en cas de syndicat secondaire (v. s^s n° 747)[2]. La violation de cette règle impérative est aussi sanctionnée par la nullité de la décision, voire de l'assemblée en cas de participation généralisée.

Cette disposition tend à éviter l'absentéisme, en favorisant la présence d'un nombre minimal de participants et en empêchant la concentration des pouvoirs entre les mains d'une ou deux personnes. Cependant, elle conduisait, parfois, dans les syndicats importants à priver certains copropriétaires de représentation, à défaut de trouver un nombre suffisant de mandataires. Aussi, le législateur a-t-il apporté deux tempéraments à cette limitation du nombre de mandats.

Un premier assouplissement permet de détenir jusqu'à 5 % des voix : « *Un mandataire peut recevoir plus de trois délégations de vote si le total des voix dont il dispose lui-même et celles de ses mandants n'excède pas 5 % des voix du syndicat.* » Cette disposition résulte de la loi du 31 décembre 1985, modifiant l'alinéa 3 de l'article 22. La rédaction de ce texte conduit à ne prendre en compte que les quotes-parts des parties communes générales[3].

Pour le calcul de la limitation du nombre de délégations, il y a lieu de considérer qu'une femme mariée ne dispose pas du droit de vote attaché aux lots dont elle est indivisément propriétaire avec son époux, dès lors que ce droit a été exercé par ce dernier comme mandataire commun de l'indivision[4], ce qui permet à l'un et à l'autre de recevoir mandats dans les limites légales.

Un second assouplissement concerne la représentation des membres d'un syndicat secondaire à l'assemblée générale du syndicat principal. « *Le mandataire peut, en outre, recevoir plus de trois délégations de vote s'il participe à l'assemblée générale d'un syndicat principal et si tous ses mandants appartiennent à un même syndicat secondaire.* » L'article 22, alinéa 2, ouvrait déjà cette faculté dans sa rédaction originaire; cette disposition se propose de contenir le nombre de participants à l'assemblée du syndicat principal et repose sur l'idée que les membres du syndicat secondaire peuvent avoir une communauté d'intérêts dans l'administration du syndicat principal[5].

En outre, la Cour de cassation admet qu'avant le vote de l'assemblée générale, un mandataire peut, afin de ramener le nombre de pouvoirs qu'il détient, à celui légalement autorisé, user de la faculté de subdéléguer les pouvoirs qui lui avaient été confiés par certains de ses mandants, sauf interdiction expresse contenue dans le mandat[6].

828 Les formes du mandat. La loi du 10 juillet 1965 ne contient aucune disposition relative à la forme de la délégation de vote. Dans le silence de la loi, l'unanimité des auteurs[7] et la jurisprudence[8] exigent un *mandat écrit* (exclusion des mandats donnés par téléphone, télégramme ou fax[9]). Ce formalisme découle de l'ensemble des dispositions réglementaires sur la tenue de l'assemblée, en particulier sur la confection de la feuille de présence (Décr. 17 mars 1967, art. 14) et la délivrance par le syndic d'une copie des pièces annexées au procès-verbal (Décr. 17 mars 1967, art. 33)[10]. En conséquence, se trouvent exclus le mandat verbal et le mandat apparent[11] dont la justification est impossi-

1. Civ. 3e, 11 déc. 1975, *JCP* 1976. II. 180, 13, note Guillot.
2. EN CAS de pluralité de mandats généraux de gestion : v. s^s n° 826.
3. Paris, 6 mars 1992, RG n° 90/021288, *Juris-Data* n° 021200, *RDI* 1992. 371 – Bouyeure, *op. cit.* n°s 193 s.
4. Civ. 3e, 20 juill. 1994, n° 92-12.973, *Bull. civ.* III, n° 157, *Administrer* nov. 1994. 45, note Capoulade; *RDI* 1994. 697; *D.* 1996. Somm. 161 – Civ. 3e, 25 sept. 2002, n° 01-00.161, *Bull. civ.* III, n° 179; *AJDI* 2003. 595, note Capoulade; *D.* 2003. 2999 – SUR le nombre de pouvoirs que peuvent recevoir les indivisaires : rép. min., QE, *JOAN* 7 mars 1994, p. 1170; *JCP N* 1994, prat. 572, n° 3099.
5. Rép. min., QE, *JOAN Q* 27 févr. 1984, p. 923; *JCP N* 1984, prat. 9084-2.
6. Civ. 3e, 18 déc. 2002, n° 01-02.867, *Bull. civ.* III; n° 269; *D.* 2003. IR 178, obs.; *Administrer* mai 2003. 41, note Capoulade – BOUYEURE, n° 198 – Commission relation à la copropriété (recomm. n° 4).
7. CABANAC, n° 515 – KISCHINEWSKY-BROQUISSE, n° 578 – LAFOND, ROUX ET STEMMER, L. art. 22, n° 8 – Guillot, « La délégation de pouvoir aux assemblées générales de copropriétaires », *Administrer* juin 1987, 7 – Lafond, « La représentation aux assemblées de copropriété », *IRC* janv. 1991. 17 – Bouyeure, « La représentation à l'assemblée générale », *Gaz. Pal.* 13-14 sept. 2000. 6, n° 9; Bouyeure, *op. cit.*, n°s 196 s.
8. Civ. 3e, 19 juill. 1995, n° 93-17.911, *Bull. civ.* III, n° 203; *D.* 1996. Somm. 91, obs. Atias; *RDI* 1995. 787; *AJDI* 1996. 50.
9. Bouyeure, « La représentation générale », *Gaz. Pal.* 12-14 sept. 2000. 5 s.
10. Civ. 3e, 4 janv. 1996, n° 94-12.167, *Bull. civ.* III, n° 3; *Administrer* avr. 1996. 49; *IRC* avr. 1996. 8, note Capoulade; *Loyers et copr.* mars 1996. 139; *RDI* 1996. 274.
11. Civ. 3e, 19 juill. 1995, *Bull. civ.* III, n° 203; *D.* 1996. Somm. 91, obs. Atias; *IRC* oct. 1996. 14, obs. Ritschy.

ble lors de la vérification des pouvoirs[1] et de l'établissement de la feuille de présence. Les mêmes raisons conduisent à écarter le mandat tacite; toutefois, la jurisprudence l'a retenue lorsqu'un texte spécifique le prévoyait expressément (indivision matrimoniale et successorale, v. s^s n° 825)[2].

On reconnaît la plus grande liberté quant à la forme de l'écrit, qui peut être notamment une lettre missive adressée au mandataire. En pratique, une formule imprimée ou ronéotypée est jointe à la convocation que le mandataire n'a plus qu'à remplir. Les textes n'énumèrent aucune mention à porter obligatoirement sur la délégation de vote. Son existence même suppose l'indication de la date de l'assemblée, ainsi que la dénomination et la signature du mandant, précédée de la mention manuscrite traditionnelle mais superfaitatoire « Bon pour pouvoir »[3]. En outre, pour faciliter la tenue de la feuille de présence, on peut souhaiter que le mandat indique l'adresse du mandant, et, si le mandat est nominatif, les nom et adresse du mandataire.

L'inscription du nom sur un pouvoir n'est pas soumise à l'utilisation impérative d'un moyen particulier d'écriture; le mandat est valable en cas de mention du nom au crayon[4].

L'acceptation par le mandataire résulte de la présentation de l'*instrumentum* et de la signature du mandataire sur la feuille de présence, mais, pour le bon ordre, il serait préférable que le mandat porte la signature du mandataire avec la mention « Bon pour acceptation », encore que cette acceptation résulte de la seule présentation et de la signature de la feuille de présence.

La régularité des pouvoirs subordonne la régularité des décisions. La vérification des pouvoirs constitue donc une formalité essentielle et parfois délicate qui mérite toute l'attention du syndic et du bureau de l'assemblée générale (selon l'expression de M. Bouyeure, ils « peuvent être amenés à choisir entre la peste et le choléra »[5]). Le rejet d'un mandat régulier[6], comme l'admission d'un mandat irrégulier[7], entache l'assemblée générale de nullité, sans qu'il y ait à rechercher l'influence du mandat litigieux sur le vote.

Sauf mandat d'administration générale, le mandat est donné pour une assemblée déterminée, au vu de l'ordre du jour figurant dans la convocation (v. s^s n° 851). Dans cette limite, le vote du mandataire engage le mandant, même s'il ne respecte pas les instructions. Il peut voter un acte d'aliénation en exécution d'un mandat conçu en termes généraux, dès lors que la question figure à l'ordre du jour. La participation à la décision collective n'équivaut pas à la signature de l'acte de disposition lui-même[8]. Il s'en déduit que le mandant conserve la faculté de contester si le mandataire a voté sur une question ne figurant pas à l'ordre du jour[9], à moins que le mandat soit donné en termes généraux.

829 Mandat impératif[10]. Celui qui donne un mandat peut-il imposer à son mandataire de voter dans un sens déterminé ? La question demeure très controversée[11]. *Dans le sens de la négative*, on fait valoir que le vote par correspondance et la consultation écrite étant exclus, la décision collective se forme en assemblée par la contribution de chacun[12] et que cette forme de mandat est incompatible avec la notion d'assemblée. Si, en effet, dit-on, tous les copropriétaires donnent un mandat impératif, le vote étant acquis d'avance, il n'est plus besoin de tenir une assemblée et, cette hypothèse peut s'assimiler à une consultation écrite ou à un vote par correspondance, le mandataire devient alors un porte-parole. Or, les notifications préalables contribuent à l'information en vue d'une discussion éclairée, mais ne suffisent pas à se forger une idée définitive, car les débats peuvent infléchir les opinions. Les projets étant susceptibles d'amendement, le mandat impératif n'autorise plus le vote sur un projet modifié sans dénaturation et le mandant n'est plus représenté, sauf au mandataire à

1. SUR les conditions de la preuve du mandat : *RDI* 1997. 623.
2. Civ. 3e, 12 mars 1997, n° 94-16.766, *Bull. civ.* III, n° 59; *D.* 1997. Somm. 329, obs. Atias; *JCP N* 1997. II. 1463, note Djigo – Civ. 3e, 11 mars 1998, n° 96-12.479, *D.* 1998. 13; *JCP* 1998. IV. 1979 – Paris, 11 sept. 1992, RG n° 91/013406, *Juris-Data* n° 022572, *Administrer* août-sept. 1993. 26, note Guillot – POUR des indivisaires : Paris, 8 avr. 2004, RG n° 2003-16709, *AJDI* 2004. 461 – Paris, 3 juin 2004, RG n° 2003-18473, *AJDI* 2004. 737 – POUR des époux communs en biens : Civ. 3e, 12 janv. 2005, n° 03-14.573, *AJDI* 2005. 219 – Bouyeure, *op. cit.*, n° 201.
3. Bouyeure, *op. cit.*, n° 196.
4. Paris, 19e ch. B, 21 nov. 2001, *Loyers et copr.* mai 2002. 129.
5. Bouyeure, « La représentation à l'assemblée générale », *Gaz. Pal.* 12-14 sept. 2000. 5 s., 10, n° 19 – Bouyeure, *op. cit.*, n° 207.
6. Civ. 3e, 22 févr. 1989, n° 87-17.497, *Bull. civ.* III, n° 47; *IRC* 1989. 464, note Capoulade; *Rev. loyers* 1989. 430.
7. Civ. 3e, 11 févr. 1975, *JCP* 1975. II. 18013, note Guillot.
8. Civ. 3e, 10 oct. 1984, n° 83-12.946, *Administrer* avr. 1985. 41.
9. Civ. 3e, 17 juin 1997, n° 95-18.684, *RDI* 1997. 482 – Roux, « Le mandataire infidèle », préc.
10. Bouyeure, *op. cit.*, n° 206 – ATIAS, *Dicopropriété, Délégation de pouvoirs*, n° 10.
11. Rép. civ., ATIAS, *V° Copropriété des immeubles bâtis*, n° 344 – CHEVALIER, n° 84 – Bouyeure, « La représentation à l'assemblée », *Gaz. Pal.* 13-14 sept. 2000. 6, n° 11 – KISCHINEWSKY-BROQUISSE, n° 578, note 80 – J.-CL. COPR., fasc. 84, n° 78, citant Michalapoulos – LAFOND, ROUX ET STEMMER, L. art. 22.
12. Bouyeure, « La représentation à l'assemblée générale », *Gaz. Pal.* 12-14 sept. 2000. 5 et 10.

engager sa responsabilité vis-à-vis du mandant. Enfin, il est admis en doctrine, que le mandataire « prend certainement la qualité de préposé si le mandant lui donne des instructions précises sur la manière de remplir son mandat »[1]. Or, « le mandataire n'est pas un subordonné, ni un porte-parole »[2]. Le mandat lie le mandant et le mandataire, le syndicat étant tiers. Le mandaté impératif pourrait être considéré comme inopposable au syndicat[3].

Dans le sens de l'affirmative, on souligne que la loi ouvre très largement la faculté de se faire représenter, sans exclusive précise à l'égard du mandat impératif, d'autant que les textes organisent une information suffisante sur les questions à débattre et que l'assemblée ne décide que sur les questions portées à l'ordre du jour. On observe alors que « la manifestation de volonté individuelle prend le pas sur la délibération collective »[4]. Le mandat impératif pourrait permettre aussi de remédier à l'interdiction de représenter faite au syndic, à son conjoint et à ses préposés, puisqu'ils ne disposeraient plus d'aucune possibilité de peser sur le vote.

La Cour de cassation n'a pas encore eu l'occasion de se prononcer sur cette question, mais les cours d'appel opinent généralement pour la validité du mandat impératif[5].

830 Les pouvoirs en blanc[6]. La pratique du pouvoir en blanc représente un moyen d'éluder l'absentéisme, mais elle prive le copropriétaire ainsi représenté de recevoir notification du procès-verbal. Cette pratique risque d'ailleurs de priver le copropriétaire de toute représentation, sauf subdélégation, en raison de la limitation du nombre des mandats. Mais surtout, cette pratique permet au syndic de composer une majorité favorable en éludant l'interdiction édictée par l'article 22, qui est d'ordre public (v. s[s] n° 827). C'est dire que les pouvoirs en blanc suscitent quelques difficultés et constituent un facteur de contestation de nature à entraîner la nullité de l'assemblée générale (v. s[s] n° 936).

S'inspirant d'une jurisprudence constante selon laquelle « le pouvoir remis sans désignation du mandataire constitue un mandat de choisir celuici »[7], il a été, tout d'abord, admis que « le syndic ne peut, sans méconnaître les dispositions de l'article 22, recevoir, même implicitement, mandat de désigner le mandataire d'un copropriétaire, ni détenir un pouvoir de subdélégation »[8]. Ainsi, le syndic recevrait bien un mandat du copropriétaire, ne fût-ce que pour désigner le mandataire à l'assemblée[9]. L'application de ce principe entraîne l'interdiction absolue d'adresser au syndic tout mandat en blanc, lequel ne peut être régulier que s'il est adressé à une autre personne que celles visées par l'article 22 *in fine* (mandat remis à l'épouse du syndic[10]).

Devant les critiques de la pratique, la doctrine a suggéré d'adresser ces mandats, soit au président du conseil syndical ou à un membre de ce conseil, qui les répartira lors de la signature de la feuille de présence[11], soit au président de l'assemblée qui les répartira après son élection (compte tenu du principe énoncé ci-dessus, on pourrait se demander si chacun pourrait recevoir plus de 3 possibilités de subdélégation[12]).

On a fait remarquer que, dans ce cas, les mandats ne pourraient être utilisés avant l'élection du président; l'objection n'est pas dirimante, les mandats pouvant être retenus pour les décisions ultérieures.

1. Flour et Aubert, *Les obligations*, t. II, *Le fait juridique*, n° 209.
2. Rép. civ., le Tourneau, *V° Mandat*, n° 205.
3. Paris, 25 sept. 1992, *Loyers et copr.* 1992. 49 – Paris, 14 janv. 1994, RG n° 92/024556, *Juris-Data* n° 020326, préc. – Toulouse, 23e ch., 11 févr. 1985, RG n° 2773/81, *Juris-Data* n° 040366, cité par LAFOND, ROUX ET STEMMER, sous L. 22 – Paris, 31 mai 2000, *Loyers et copr.* 2000, n° 233 – Paris, 7 mai 2002, *Loyers et copr.* 2002, n° 264, cités par Bouyeure.
4. Note s[s] : Paris, 23e ch. B, 14 janv. 1994, RG n° 92/024556, *Juris-Data* n° 020326, *D.* 1994. Somm. 127.
5. Paris, 25 sept. 1992, *Loyers et copr.* 1992. 49 – Paris, 14 janv. 1994, RG n° 92/024556, *Juris-Data* n° 020326, préc. – Toulouse, 23e ch., 11 févr. 1985, RG n° 2773/81, *Juris-Data* n° 040366, cité par LAFOND, ROUX ET STEMMER, s[s] L. 22 – Paris, 31 mai 2000, *Loyers et copr.* 2000, n° 233 – Paris, 7 mai 2002, *Loyers et copr.* 2002, n° 264, cités par Bouyeure.
6. ATIAS, n° 341 – KISCHINEWSKY-BROQUISSE, n° 578 – GUILLOT, art. 22-23, n° 3-03 – LAFOND, ROUX ET STEMMER, s[s] L. art. 22, § VIII – Ryf, « La représentation des copropriétaires aux assemblées et les pouvoirs en blanc », *Ann. loyers* 1968. 26 – Serres, « Assemblées et pouvoirs en blanc », *Journ. fin.* 1969. 272 – Guillot, « Le pouvoir en blanc aux assemblées générales de copropriétaires », *Administrer* mars 1984. 11 – Vialle, « Sur l'usage des pouvoirs en blanc », *Ann. loyers* 1980. 1127 – Vigneron, « La pratique des pouvoirs en blanc », *Loyers et copr.* juill. 1990. 1; *JCP N* 1990, prat. 1576 – Lebatteux, « Les pouvoirs en blanc », *Administrer* avr. 1998. 18 – Bouyeure, « La représentation à l'assemblée générale », *Gaz. Pal.* 13-14 sept. 2000. 7, n° 12 – Bouyeure, n° 202, Civ. 3e, 11 janv. 1975, *Bull. civ.* III, n° 52.
7. Civ. 1re, 28 févr. 1989, n° 87-17.350, *Bull. civ.* I, n° 98.
8. Rép. min., n° 1916, 25 oct. 1968, *Rev. loyers* 1969. 309 – Décl. min. Urb. et Log., *JOAN* 28 nov. 1985, p. 5028.
9. Paris, 22 janv. 1980, RG n° 087045, *D.* 1980. IR 275; obs. Giverdon; *RDI* 1981. 67 – Paris, 10 juin 1981, *Juris-Data* n° 023623, *D.* 1982. IR 441 – Paris, 11 juill. 1985, *D.* 1986. IR 82.
10. Paris, 15 déc. 1997, *Loyers et copr.* 1998. 166.
11. Civ. 3e, 4 nov. 1993, n° 91-21.739, NP, *RDI* 1994. 102 – Paris, 6 mars 1992, RG n° 90/021288, *Juris-Data* n° 021200, *Loyers et copr.* mai 1992. 224.
12. GUILLOT, art. 22-23, n° 3-11.

Cependant, la Cour de cassation s'est efforcée d'atténuer la rigueur du principe en tenant compte de sa motivation. Ainsi a-t-il été jugé que « l'article 22 ne prohibe pas l'envoi des pouvoirs en blanc dès lors qu'ils ne sont pas distribués par le syndic à des mandataires choisis par lui »[1]. Un arrêt plus récent a précisé la doctrine de la cour régulatrice en admettant la validité des mandats en blanc adressés au syndic « dès lors que la preuve n'est pas rapportée que le syndic ait utilisé ce mandat de manière à fausser le résultat du vote pour nuire aux intérêts de la copropriété »[2] ou d'un copropriétaire ou d'un groupe de copropriétaires. Cette solution écarte ainsi la présomption jurisprudentielle sur le mandat en blanc incluant pour son porteur le mandat de désigner le mandataire à moins qu'il soit constaté que « toute faculté de subdélégation était interdite au mandataire »[3]. Elle inverse, en réalité, la charge de la preuve en imposant au demandeur d'établir la fraude (par tous moyens).

La commission relative à la copropriété a adopté une position plus réservée en recommandant d'adresser des pouvoirs nominatifs, dans toute la mesure du possible, et qu'à défaut le pouvoir donné en blanc soit remis au président du conseil syndical ou au président de l'assemblée[4].

Il convient d'agir avec circonspection dans ce domaine et il a été suggéré, à juste titre, de consigner au procès-verbal le mode d'attribution des pouvoirs en blanc retenus et mis en œuvre afin d'éliminer tout risque de contestation[5].

831 **Vote par correspondance.** On pourrait voir dans le vote par correspondance un remède à l'absentéisme des copropriétaires aux assemblées générales et à la difficulté de réunir de telles assemblées. À cet effet, on souligne que le copropriétaire dispose d'une information suffisante lui permettant de se forger une opinion avant l'assemblée et ainsi d'exprimer utilement un vote, même en dehors de la réunion de l'assemblée générale. Observation faite cependant qu'il conviendrait de prévoir la généralisation des documents d'information et des projets de décision, ce qui n'est pas le cas, en l'état.

En sens inverse, on fait valoir que le vote par correspondance constitue la négation d'une réunion d'assemblée, la suppression de tout débat contradictoire et l'impossibilité de tout amendement[6], si ce n'est dans des réunions d'information préparatoires encore plus désertées que les assemblées décisoires. À cette objection théorique s'ajoutent des objections pratiques tenant à la nécessité d'assurer la sûreté des votes et leur acheminement régulier, ce qui risque de conduire à un formalisme lourd et onéreux.

La loi du 10 juillet 1965 n'envisage pas l'hypothèse du vote par correspondance. Une doctrine pratiquement unanime[7] exclut cette possibilité, et cette exclusion se trouve implicitement confirmée par deux dispositions législatives. L'article 17 précise que « les décisions du syndicat sont prises *en assemblées générales* des copropriétaires » et l'article 24 que ces décisions sont prises « à la majorité des voix des copropriétaires *présents ou représentés* ».

Une jurisprudence constante se prononce pour la nullité du vote par correspondance[8].

Le résultat d'une telle consultation ne correspond pas à une décision et ne pourrait donc faire l'objet d'une ratification[9].

B.
La représentation des incapables

832 **La difficulté[10] – Les mineurs.** Il peut arriver qu'un lot en copropriété soit la propriété d'un incapable, c'est-à-dire le plus souvent d'un mineur. Dans le silence de la loi du 10 juillet 1965, la question se pose de savoir comment ce mineur sera représenté aux assemblées générales de la copropriété.

Quant au principe de la représentation, il n'y a aucune difficulté. Le mineur, incapable, ne peut pas participer aux délibérations de l'assemblée générale,

1. Civ. 3e, 28 mars 1990, no 88-16.259, *Bull. civ.* III, no 87; *D.* 1991. 89, note Atias; *D.* 1991. Somm. 83; *Administrer* 1990, 48, note Guillot; *Gaz. Pal.* 1990. 2. pan. 137 – Civ. 3e, 4 nov. 1993, no 91-21.739, *RDI* 1994. 102; *Rev. loyers* 1994. 107.
2. Civ. 3e, 20 nov. 1996, no 95-10.134, *RDI* 1997. 130.
3. Civ. 3e, 16 mars 2011, nos 10-14.005 et 10-14.591, *Bull. civ.* III, no 38, sur les deuxièmes moyens des pourvois réunis.
4. Commission relative à la copropriété, 2e recomm. no 2.2.1, *JCP N* 1989, prat. 992; *Loyers et copr.* 1989, no 292 (v. ss annexe).
5. GUILLOT, art. 22-23, no 3-09 – Bouyeure, « La représentation à l'assemblée générale », *Gaz. Pal.* 13-14 sept. 2000. 8.
6. TGI Paris, 19 déc. 1975, *D.* 1976. IR 307 – COMP. : Civ. 3e, 15 oct. 1970, *Rev. hab. fr.* mai 1971. 365.
7. Bouyeure, *Les assemblées générales de copropriété*, 1984, p. 74 s. – CABANAC, no 515 – GUILLOT, art. 22-23, no 14-01 – KISCHINEWSKY-BROQUISSE, no 578, notes 85 s.
8. Civ. 3e, 22 mai 1973, *Gaz. Pal.* 1973. 2, 29, note Morand – Civ. 3e, 14 mai 1974, no 098190, *JCP* 1974. II. 17795, note Guillot; *AJPI* 1975. 120 – Aix-en-Provence, 21 oct. 1975, *AJPI* 1976. 798 – Paris, 2 déc. 1981 – TGI Nice, 17 oct. 1977, *D.* 1978. IR 431; *Administrer* févr. 1979. 45.
9. Paris, 23e ch. 2 déc. 1981, *Juris-Data* no 026422, *D.* 1982. IR 439, Dyrda, cité par Bouyeure.
10. GUILLOT, art. 22-23, 2.11 s. – KISCHINEWSKY-BROQUISSE, no 417 – Bouyeure, *op. cit.*, nos 186 s.

ni y voter : il sera donc représenté, soit par son administrateur légal, soit par son tuteur [1].

Le problème se pose de savoir comment le syndic est informé de l'incapacité. En l'absence de toute disposition réglementaire prévoyant la notification de l'existence et de la nature de l'incapacité, le syndic était placé dans la même situation que tous les tiers, sauf si l'incapacité existe au moment de la mutation ou du démembrement du droit de propriété, car elle apparaîtra dans l'avis notifié en application de l'article 6 du décret du 17 mars 1967. Le conseiller Guillot mentionne à juste titre que le syndic doit être informé de l'état de minorité (ou d'une autre cause d'incapacité) du copropriétaire par le notaire ou par le représentant légal (v. s[s] n° 312). Ainsi, a-t-il été envisagé d'obliger le tuteur ou le curateur d'un copropriétaire ainsi que l'administrateur légal d'un mineur copropriétaire, de notifier son mandat au syndic. L'article 32 du décret de 1967 a été modifié en ce sens par le décret n° 2010-391 du 20 avril 2010. Désormais, « *Lorsqu'un copropriétaire fait l'objet d'une mesure de protection en application des articles 447, 437, 477 ou 485 du code civil, le tuteur ou, selon le cas, le curateur, le mandataire spécial, le mandataire de prestation future, lorsque son mandat prend effet, ou le mandataire* ad hoc *notifie son mandat au syndic qui porte cette mention sur la liste prévue au premier alinéa* » de l'article 32. Encore faut-il que la notification soit faite dans les formes de l'article 64 du décret de 1967 et que le syndic la mentionne sur l'état des copropriétaires. C'est une obligation qui incombe à l'un et à l'autre.

833 Pouvoirs du représentant légal du mineur. La difficulté consiste à déterminer les pouvoirs du représentant légal du mineur. La doctrine fait une distinction traditionnelle suivant la nature des décisions soumises au vote de l'assemblée générale : le représentant légal agit librement lorsque cette assemblée délibère dans le cadre de ses pouvoirs d'administration; le représentant légal devrait, au contraire, solliciter une habilitation pour le vote de certaines décisions excédant l'administration de l'immeuble. Si le principe de cette distinction paraît certain, elle soulève une double difficulté. Pour quelle décision le représentant légal doit-il être habilité ? Quelle doit être cette habilitation ?

a) Sur le premier point, qui soulève la difficile question de la distinction entre les actes d'administration et les actes de disposition, il semble rationnel de se reporter aux articles 24, 25 et 26 de la loi du 10 juillet 1965 qui ont consacré au moins implicitement cette distinction. L'article 24 concerne les assemblées générales qui, en principe, statuent sur des questions d'administration courante : le représentant légal du mineur y représentera le mineur sans aucune habilitation. L'article 26 concerne les assemblées générales qui statuent sur des questions particulièrement graves, qui relèvent indiscutablement des pouvoirs de disposition (acquisitions immobilières, actes de disposition, modification du règlement de copropriété...) : le représentant légal devra être habilité. Reste l'article 25 qui vise, d'une part les actes d'administration plus graves que ceux visés à l'article 24, d'autre part des actes de disposition ou de réalisation de travaux, mais présentant un caractère *légalement obligatoire*. Nous estimons que les actes mentionnés à l'article 25, soit par leur nature, soit en raison de leur caractère obligatoire, relèvent encore de la gestion largement entendue, et que le représentant légal peut représenter le mineur sans habilitation particulière.

b) En ce qui concerne les modalités de l'habilitation, après la réforme de la protection des incapables par les lois des 23 décembre 1985 et 4 mars 2002, on doit à notre sens admettre les solutions suivantes.

1) En cas d'administration pure et simple, et en application de l'article 389-5, les parents en cas de l'exercice de l'autorité parentale en commun ou par celui qui a l'exercice unilatéral de cette autorité (C. civ., art. 389 et 372), peuvent représenter le mineur aux assemblées générales, sauf autorisation du juge des tutelles, en cas de désaccord entre les parents (comp. Kischinewsky-Broquisse qui estime que les parents doivent s'entendre pour désigner l'un d'eux ou un mandataire commun [2]).

2) En cas d'administration légale sous contrôle judiciaire [3], l'administrateur légal « doit se pourvoir d'une autorisation du juge des tutelles » (C. civ., art. 389-6°, réd. L. 11 juillet 1975 pour accomplir les actes qu'un tuteur ne pourrait faire qu'avec son autorisation. Il peut faire seul les autres actes).

3) En cas de tutelle, le tuteur aux biens doit avoir l'autorisation du conseil de famille (C. civ., art. 417, al. 1er), sous réserve de l'hypothèse prévue par l'article 468, prévoyant dans quelles conditions l'autorisation du juge des tutelles pourra remplacer celle du conseil de famille.

Il est superflu de souligner que ces dispositions restent compliquées : il est peu probable qu'elles soient, en fait, respectées. En tout cas, si la décision de l'assemblée générale n'est pas contestée dans le délai de deux mois, il semble qu'elle devienne défi-

1. SUR la situation des incapables majeurs : GUILLOT, art. 22-23, n°s 2.11 s. – KISCHINEWSKY-BROQUISSE, n° 417, notes 404 s.
2. KISCHINEWSKY-BROQUISSE, n° 417, note 401.
3. Un des parents décédé ou privé de l'autorité parentale ou exercice unilatéral de l'autorité parentale.

nitive, mais le représentant engage sa responsabilité personnelle.

834 Mineur émancipé – Incapables majeurs. Le mineur émancipé, étant en principe pleinement capable depuis la loi du 14 décembre 1964, peut certainement participer et voter à toutes les assemblées générales de la copropriété (C. civ., art. 481).

En ce qui concerne les incapables majeurs, le majeur placé sous sauvegarde de justice conserve l'exercice de ses droits; il est donc convoqué en personne, à moins qu'il n'ait constitué un mandataire conventionnel pour administrer ses biens. En cas de traitement dans un établissement spécialisé, la convocation doit être adressée au directeur de l'établissement.

Le majeur en curatelle a besoin de l'assistance du curateur pour accomplir les actes qui, sous le régime de la tutelle des majeurs, requerraient une autorisation du conseil de famille (C. civ., art. 510), mais, d'une manière générale, toute notification doit être faite au majeur en curatelle, ainsi qu'à son curateur (C. civ., art. 510-2).

Si le majeur est en tutelle[1], c'est le tuteur qui est convoqué.

Pour asseoir légalement sa décision le juge doit rechercher à quelles dates l'intéressé a été placé sous un régime de protection et à quelles assemblées générales il n'avait pas été régulièrement convoqué[2]. Cette recherche doit être faite pour chacun des indivisaires s'ils ne jouissent pas ensemble de leur pleine capacité civile[3].

Le mandat de protection future (C. civ., art. 477 à 494 - Décr. n° 2007-1702 et arrêté du 30 nov. 2007, *JO* 2 déc., p. 19537 et p. 19542) mérite aussi attention, à compter du 1er janvier 2009, date à laquelle cette réforme entre en vigueur[4].

C.
Influence du régime matrimonial

835 Le problème. Compte tenu du principe désormais constant de la pleine capacité de la femme mariée, aucun problème ne se pose dans l'hypothèse d'un régime de séparation de biens. L'époux propriétaire d'un lot - mari ou femme - participe seul, sans difficulté, aux assemblées générales de copropriété avec cette précision que la convocation du mari à la place de la femme seule copropriétaire équivaut à l'absence de convocation[5]. Le seul problème qui subsiste est celui du lot de copropriété dans le cadre d'un régime de communauté (pour les convocations v. ss n° 872.)

836 Communauté. On distinguera les situations suivantes[6].

a) Si le lot de copropriété est un bien commun, l'article 1421 (réd. L. 23 déc. 1985) du code civil aux termes duquel « chacun des époux a le pouvoir d'administrer seul les biens communs et d'en disposer », conduit à reconnaître à chacun des deux époux la faculté d'assister à l'assemblée générale des copropriétaires, sauf à exiger l'accord des deux époux, si la décision à prendre comporte l'aliénation d'une partie des choses communes (C. civ., art. 1424, réd. L. 23 déc. 1985). Chaque époux dispose d'un pouvoir propre, sauf à répondre de ses fautes et de sa fraude et sauf, en cas de désaccord, à faire désigner un mandataire commun ou à demander judiciairement à être substitué (C. civ., art. 1426). Mais, un seul des deux époux devant voter, ils doivent désigner l'un d'eux pour ce faire[7] ou, comme en cas d'indivision, désigner un mandataire commun[8]; en cas de désaccord celui-ci sera désigné par le président du tribunal de grande instance statuant par ordonnance sur requête[9] ou encore à demander judiciairement à être substitué (C. civ., art. 1426). Le règlement de copropriété peut contenir une disposition réglant la situation[10] - mais si le lot commun est utilisé dans son entier par un époux pour l'exercice de sa profession, la convocation lui est adressée en application de l'article 1421 alinéa 2 du code civil[11].

b) Si le lot de copropriété est un bien propre, l'époux propriétaire a seul qualité pour assister aux assemblées de copropriété, quelle que soit la nature de la décision à prendre sur la présomption de

1. Kischinewsky-Broquisse, n° 417, notes 404 à 407.
2. Civ. 3e, 6 nov. 1991, n° 90-13.800, *RDI* 1992. 116; *AJDI* 1992. 277.
3. Civ. 1re, 14 janv. 1997, n° 94-19.060, *RDI* 1997. 285; *Loyers et copr.* 1997. 116.
4. Forgeard et Levillain, « Le mandat de protection future », *Defrénois* 2008, nos 5 et 6, p. 529 et 640.
5. Kischinewsky-Broquisse, n° 417 – V. TGI Paris, 20 mars 1976, *D.* 1976. IR 306.
6. Lafond, « La réforme des régimes matrimoniaux et la pratique des administrateurs de biens », *Administrer* juill. 1986. 8 s. – Marin et Roux, « Les époux et les assemblées générales de copropriétaires », *Rev. loyers* févr. 2007. 66; Bouyeure, *op. cit.*, n° 183.
7. Paris, 7 mars 1996, RG n° 93/14640, *Juris-Data* n° 020627, *JCP* 1997. II. 22755, note Djigo; *JCP* 1997 N, II, 1257. sur la représentation tacite de l'indivision matrimoniale : Civ. 3e, 11 mars 1998, n° 96-12.479, *RDI* 1998. 289; *Administrer* sept. 1998. 52, note Capoulade; *D.* 2000. 136 – Civ. 3e, 12 janv. 2005, n° 03-14.573, *AJDI* 2005. 219.
8. Kischinewsky-Broquisse, n° 417, note 397.
9. Kischinewsky-Broquisse, n° 417, note 397.
10. Lafond, « La réforme des régimes matrimoniaux et la pratique des administrateurs de biens », *Administrer* juill. 1986. 12 – pour la convocation d'époux communs en biens, v. ss n° 872.
11. Lafond, *ibid.*

mandat tacite pour l'administration et la jouissance du tiers propre d'un époux par l'autre époux (C. civ., art. 1432).

837 Partenariat. Il résulte des dispositions de l'article 515-5, alinéa 2, du code civil, issues de la loi du 15 novembre 1999 relative au pacte civil de solidarité, que chacun des partenaires conserve la propriété exclusive des immeubles possédés avant la souscription de la convention. Il sera donc seul convoqué à l'assemblée générale des copropriétaires, si cet immeuble consiste en un lot de copropriété.

La loi n° 2006-728 du 23 juin 2006 a profondément modifié les rapports patrimoniaux entre partenaires. Chacun conserve l'administration, la jouissance et la libre disposition de ses biens personnels et il peut en apporter la preuve par tous moyens (C. civ., art. 515-5, al. 1er et 2). À défaut de justifier d'une propriété exclusive sur un bien, celui-ci est réputé appartenir indivisement, à chacun par moitié. Les partenaires peuvent aussi convenir de soumettre au régime de l'indivision les biens qu'ils acquièrent, ensemble ou séparément, à compter de l'enregistrement de la convention initiale ou modificative; ces biens sont alors réputés indivis par moitié (C. civ., art. 515-5-1). Sauf dépenses excessives, les partenaires sont tenus solidairement à l'égard des tiers des dettes contractées par l'un d'eux pour les besoins de la vie courante (C. civ., art. 515-4). Il convient donc de déterminer, pour la convocation à l'assemblée générale, si le lot de copropriété appartient à l'un des partenaires ou s'il se trouve en indivision présumée ou conventionnelle. Sauf convention contraire, chacun des partenaires, en cas d'indivision, est gérant de l'indivision (C. civ., art. 515-5-3) [1].

Les immeubles acquis postérieurement à la conclusion du pacte sont présumés indivis. Il conviendra donc d'observer les principes dégagé en matière d'indivision contractuelle pour la convocation et la participation à l'assemblée générale - peu important pour les assemblées générales que l'acte d'acquisition prévoit pour chacun une quote-part indivise différente de la moitié. Les règles sur l'indivision s'appliqueront (v. ss n° 822). Toutefois l'acte d'acquisition peut en disposer autrement, c'est-à-dire qu'il peut stipuler que l'acquisition se fait au profit d'un seul des deux partenaires; celui-là sera donc le seul propriétaire.

La notification de la mutation, prévue par l'article 6 du décret, renseignera le syndic à cet égard.

1. Fulchiron, *Defrénois* 2006. 1621 – Simler et Hilt, *JCP* 2006. I. 161 – Sauvage, *RLDC* 2007, 34, n° 2367.

SECTION 2
ASSEMBLÉES PARTICULIÈRES OU SPÉCIALES

838 Tenue d'assemblées particulières. Rappel fait qu'aucune assemblée de copropriétaires ne peut prétendre à la qualification d'extraordinaire [2], le statut de la copropriété prévoit la tenue d'assemblées spéciales dans certaines hypothèses, notamment lorsque le règlement de copropriété prévoit une répartition particulière des charges.

§ 1
Répartition particulière des charges

839 Assemblées particulières. L'article 24, alinéa 4 de la loi du 10 juillet 1965 (anc. al. 2 avant la loi du 2 juill. 2003), envisage l'hypothèse, révélée par la pratique antérieure, à savoir celle où la charge de certaines dépenses incombe à une partie seulement des copropriétaires. Les exemples sont multiples : propriétaires du rez-de-chaussée dispensés des charges de l'ascenseur ou des frais de peinture et d'entretien (tapis) de l'escalier [3], terrasse à la disposition des copropriétaires d'un seul étage, garages affectés à certains copropriétaires à l'exclusion des autres... [4] Compte tenu de cette situation, des règlements de copropriété distinguent, d'une part, les charges communes à tous, et d'autre part, les charges limitées à certains copropriétaires; en complément de cette répartition complexe, les règlements organisent des « assemblées particulières », auxquelles ont seuls accès les débiteurs de ces charges particulières.

La loi du 10 juillet 1965 a confirmé la validité de cette pratique, à la condition qu'elle soit formellement prévue par le règlement de copropriété [5]. Aux termes, en effet, de l'article 24 alinéa 4, « *lorsque le règlement de copropriété met à la charge de certains copropriétaires les dépenses d'entretien d'une partie de l'immeuble ou celles d'entretien et de fonctionnement d'un élément d'équipement, il peut être prévu par ledit règlement que ces copropriétaires seuls prennent part au vote sur les décisions qui concernent ces dépenses. Chacun d'eux vote avec un nombre de voix proportionnel à sa participation auxdites dépenses* » (L. 10 juill.

2. Paris, 20 déc. 1989, RG n° 88/18552, *Juris-Data* n° 027620, *Loyers et copr.* 1990. 149 – Capoulade, « Sémantique et copropriété », *Administrer* 29, n° 303.
3. Civ. 30 janv. 1973, NP, *Gaz. Pal.* 29 mai 1973, note Morand.
4. CABANAC, nos 537 s. – KISCHINEWSKY-BROQUISSE, n° 583 – SIZAIRE, n° 140 – LAFOND, ROUX ET STEMMER, L. art. 24, n° 10.
5. Aix-en-Provence, 22 avr. 1969, *AJPI* 1969. 721 – TGI Paris, 23 nov. 1970, *IRC* 1971. 28.

1965, art. 24, al. 4)[1]. L'application de ce texte implique la réunion de trois conditions : la dépense concerne des frais d'entretien, l'imputation contractuelle de la dépense à certains copropriétaires seulement, le vote réservé par le règlement aux seuls contributeurs.

Il résulte de ce texte que l'insertion dans le règlement de copropriété de la stipulation visée est facultative. Mais si elle y figure, la délibération concernant les charges particulières est nulle si elle a été votée par une assemblée générale groupant l'ensemble des copropriétaires[2]. En revanche, l'assemblée spéciale ne peut délibérer que si les charges concernées sont limitées à certains copropriétaires; elle ne peut être saisie lorsqu'il s'agit de dépenses concernant tous les copropriétaires, même si elles font l'objet de répartitions spéciales distinctes de la répartition générale des charges[3] (v. le cas de la construction d'un ascenseur dans une cage d'escalier d'un immeuble qui en comporte plusieurs, en l'absence de répartition spéciale et de syndicat secondaire[4]).

Dans ces assemblées particulières, chaque copropriétaire a un droit de vote proportionnel à sa participation aux dépenses particulières. Étant donné que le vote est ici proportionnel aux dépenses, et non pas aux millièmes de copropriété, la répartition des voix n'est pas intangible, car la participation aux dépenses peut être modifiée. M. Cabanac relève très exactement que « le changement de la répartition des dépenses d'entretien doit entraîner *ipso facto* la modification des voix, car il y a légalement *liaison directe* entre les unes et les autres ». On discute le point de savoir si la tenue d'une assemblée particulière est limitée aux décisions relevant de l'article 24 ou si elle concerne également les décisions relevant des articles 25 et 26[5].

Le fait que la tenue des assemblées spéciales est prévue par l'article 24, alinéa 4, et l'économie même de cet alinéa nous conduisent à penser que la compétence de ces assemblées est limitée aux décisions relevant de ces articles.

On discute aussi celui de savoir si le seul fait que le règlement de copropriété prévoit l'existence de parties communes spéciales entraîne l'obligation de réunir une assemblée elle-même spéciale (sur ce point v. s^{s} n° 101). Bien entendu, les assemblées spéciales sont soumises aux mêmes règles de convocation et de tenue que les assemblées générales communes. Une assemblée spéciale peut se tenir lors de la même réunion que l'assemblée générale commune; la convocation peut-être unique, mais les questions inscrites à l'ordre du jour doivent être différenciées et la règle de la spécialisation des votes doit être respectée. Des précautions particulières devront être prises dans la rédaction du procès-verbal.

La décision relève de l'assemblée générale si elle concerne des parties communes générales, quand bien même, en fait, elle ne présente d'intérêt que pour certains copropriétaires[6]. C'est le cas de travaux (par exemple, ravalement) concernant un seul bâtiment mais affectant l'aspect extérieur et l'harmonie du groupe de bâtiment (même arrêt).

§ 2
Autres assemblées spéciales

840 Assemblées spéciales. Il y a lieu d'envisager d'autres assemblées spéciales des copropriétaires des lots intéressés dans les cas suivants[7] :

a) Création d'un syndicat secondaire (v. L. 10 juill. 1965, art. 27 - V. s^{s} n° 739).

b) Scission de la copropriété initiale (v. L. 10 juill. 1965, art. 28 - V. s^{s} n° 756).

c) Aliénation du droit de surélévation (v. L. 10 juill. 1965, art. 35 - V. s^{s} n° 1152).

d) Destruction totale ou partielle de l'immeuble et reconstruction (v. L. 10 juill. 1965, art. 38 - V. s^{s} n° 1159).

Dans toutes ces hypothèses, l'article 20 du décret du 17 mars 1967 dispose qu'il est procédé « de la même manière que pour les assemblées générales de copropriétaires ». La même réglementation s'applique donc à toutes les assemblées de copropriétaires, qu'elles soient générales ou spéciales.

1. SUR cette disposition : Guillot, « Les décisions qui n'intéressent que certains copropriétaires », *Administrer* avr. 1981. 2 s. – BOUYEURE, *op. cit.*, n°s 35 s.
2. Civ. 3e, 30 janv. 1973, *Gaz. Pal.* 1973. 1, note Morand.
3. Versailles, 27 avr. 1989, RG n° 552/88, *Juris-Data* n° 041299, *RDI* 1989. 390.
4. Civ. 3e, 22 févr. 1995, n° 93-12.677, *Bull. civ.* III, n° 58; *AJDI* 1995. 966; *D.* 1998. 264; *IRC* déc. 1995. 9, note Capoulade.
5. POUR la limitation aux décisions relevant de l'article 24 : Civ. 3e, 4 déc. 2007, *Administrer* juin 2008. 44, obs. Bouyeure, KISCHINEWSKY-BROQUISSE, n° 583 – BOUYEURE, *Les assemblées générales de copropriété*, n°s 39 et 42 – EN SENS CONTRAIRE : SIZAIRE, n° 140.
6. Civ. 3e, 25 juin 1997, *Administrer* mars 1998. 45, note Capoulade.
7. CABANAC, n°s 536 s. – KISCHINEWSKY-BROQUISSE, n°s 584 s. – BOUYEURE, *op. cit.*, n° 47.

CHAPITRE

2. Convocation et tenue de l'assemblée

SECTION 0 ORIENTEUR

Plan du chapitre.

Textes applicables.

• Décr. n° 67-223 du 17 mars 1967, fixant l'application de la loi du 10 juill. 1965, art. 7 à 17 et art. 64.

Jurisprudence de référence.

• **Civ. 3e, 8 juin 1994, n° 92-17.607,** *Bull. civ.* III, n° 117.

* V. ss n° 855.

« Manque de base légale au regard de l'article 18-1 de la loi du 10 juillet 1965, l'arrêt qui, pour annuler les décisions d'assemblée générale, ne recherche pas si l'assemblée générale avait antérieurement arrêté des modalités de consultation des pièces et sans constater la défaillance du syndic à tenir les pièces à la disposition des copropriétaires. »

• **Civ. 3e, 28 mars 2007, n° 06-11.947,** NP.

* V. ss n° 880.

« L'autorisation accordée à un copropriétaire d'effectuer à ses frais des travaux affectant les parties communes de l'immeuble en copropriété ne peut être implicite et doit être donnée par une décision de l'assemblée générale des copropriétaires. »

• **Civ. 3e, 7 nov. 2007, n° 06-18.882,** *Bull. civ.*, n° 196.

* V. ss nos 851, 879.

« Une décision qui a été votée conformément à l'ordre du jour ne peut être complétée par une autre qui n'y était pas inscrite. »

• **Civ. 3e, 14 nov. 2007, n° 06-16.392,** *Bull. civ.* III, n° 210.

* V. ss nos 848, 869.

« Seul le copropriétaire non convoqué ou irrégulièrement convoqué peut se prévaloir de l'absence ou de l'irrégularité de sa convocation à l'assemblée générale. Le moyen de nullité relatif au point de départ du délai de convocation d'un copropriétaire, invoqué par un autre copropriétaire pour obtenir l'annulation de l'assemblée générale ne peut être accueilli. »

Bibliographie indicative.

Bouyeure, « Les assemblées générales de copropriété », éd. *Rev. Administrer* 2008, Commission relative à la copropriété, Recommandations nos 1-2-3.

841 Réglementation conventionnelle et légale. Aux termes de l'article 22, alinéa 1, de la loi du 10 juillet 1965, « *le règlement de copropriété détermine les règles de fonctionnement [...] des assemblées générales* ». La lecture de ce texte permettait *a priori* de penser que, comme sous le régime de la loi du 28 juin 1938, il n'existait pas de réglementation en la matière et que le règlement de copropriété régissait conventionnellement l'ensemble des règles applicables.

Le décret d'application de 1967 contient sur ce point de nombreuses précisions (Décr. 17 mars 1967, art. 7 s.) [1] qui présentent, pour la plupart, un caractère impératif.

1. Cabanac, « Les règles pratiques sur la convocation des assemblées générales de copropriété », *IRC* 1972. 113 – Porte, « Convocation aux assemblées générales de copropriété », *Ann. loyers* 1969. 159 – Lafond, « Les convocations aux assemblées de copropriétaires », *IRC* 1990. 185 et 221 – Guiraud, « De la participation aux ▶

Il en résulte que les règles concernant la convocation et la tenue des assemblées générales relèvent d'abord du règlement d'administration publique, ensuite du règlement de copropriété et, enfin, dans le silence ou l'insuffisance de l'un ou de l'autre, des règles généralement appliquées en matière d'assemblées délibérantes [1]. La réglementation s'est efforcée d'unifier et de préciser les règles applicables afin d'éviter des disparités entre les syndicats et d'assurer la protection des copropriétaires, d'où une certaine minutie [2].

SECTION 1
CONVOCATION DE L'ASSEMBLÉE GÉNÉRALE

842 Fréquence des assemblées. Aux termes de l'article 7, alinéa 1, du décret de 1967, « *dans tout syndicat de copropriété, il est tenu au moins une fois chaque année, une assemblée générale des copropriétaires* » [3]. Ce texte impératif consacre un usage largement suivi. Il affirme le principe de la périodicité de l'assemblée générale. La décision d'une assemblée générale autorisant le conseil syndical à supprimer la périodicité annuelle des assemblées générales est nulle [4].

Il fallait éviter que, par des réunions trop espacées, l'assemblée ne soit dépouillée de son rôle prépondérant, sans que des réunions trop fréquentes lassent les copropriétaires. Il fallait aussi que les copropriétaires soient à même de décider, en temps opportun, sur les questions que posent la conservation et l'entretien de l'immeuble. En définitive, le décret lie la périodicité de l'assemblée générale au vote du budget prévisionnel (L. 10 juill. 1965, art. 14-1) et à la reddition de comptes des syndics professionnels (Décr. 20 juill. 1972, art. 66).

Cette exigence réglementaire de *l'annualité* de l'assemblée constitue un minimum. D'une part, le règlement de copropriété peut imposer la tenue d'assemblées plus fréquentes. Ce qui est rare et généralement peu souhaitable, mais devrait être respecté. Inversement, devrait être réputée non écrite la clause prévoyant une assemblée à périodicité plus espacée que l'année et serait annulable la décision d'assemblée générale organisant une périodicité plus longue.

D'autre part, et surtout, l'assemblée générale peut être convoquée à d'autres reprises, selon les nécessités, sans que les unes soient qualifiées d'ordinaires et les autres d'extraordinaires [5], distinction inexistante en copropriété [6].

Le syndic qui méconnaîtrait cette obligation, engagerait sa responsabilité contractuelle à l'égard du syndicat et délictuelle à l'égard des copropriétaires et serait tenu à réparer les préjudices en résultant [7].

La convocation doit émaner d'une personne qui a qualité et pouvoir à cet effet [8].

§ 1
Qui peut convoquer l'assemblée ?

843 Pouvoirs et obligations du syndic. Le droit, et éventuellement l'obligation, de convoquer l'assemblée générale appartiennent normalement au syndic en exercice. Ce droit est expressément prévu par l'article 7 alinéa 2 ainsi que par les articles 8, alinéas 2 et 3, 47 et 50 du décret : « *l'assemblée générale est convoquée par le syndic* » [9]. Il lui appartient donc de décider de la tenue de la réunion et de procéder aux formalités de convocation. L'assemblée générale ne peut se constituer spontanément ou à l'initiative de copropriétaires. Une personne qui n'a pas la qualité de syndic, même si elle est copropriétaire, n'a aucune qualité pour convoquer une assemblée générale [10]. Un huissier de justice n'a pas le pouvoir de convoquer l'assemblée générale [11]. Ce serait une réunion de fait, sans pouvoir décisionnel et sans ratification possible.

► assemblées de copropriété », *IRC* nov. 1994. 17 s. – SIZAIRE, n°s 144 s. – Terré et Simler, *Les biens*, 8e éd. n° 672 – KISCHINEWSKY-BROQUISSE, n° 57.

1. Atias, « La protection des propriétaires en assemblée », *Journ. fin* 25 mars 1982 – Cabanac, *AJPI* 1967. I. 285 et 308 – LAFOND, ROUX ET STEMMER, D. art. 7 s.
2. Commagnac et Capoulade, « Le décret du 17 mars 1967 », *REDI* 1967. 1356.
3. Cabanac, *AJPI* 1967. 289 – Commagnac et Capoulade, « Le décret du 17 mars 1967 », *REDI* 1967. 1358 – KISCHINEWSKY-BROQUISSE, n° 411 – 1re recomm. de la commission relative à la copropriété, 7 mars 2006 – Atias, *Dicopropriété*, p. 98, n° 3; Bouyeure, *op. cit.*, n° 56.
4. Civ. 3e, 25 mai 1976, n° 75-10.126, *Bull. civ.* III, n° 226; *D.* 1976. IR 282; *JCP* 1976. IV. 238; *Gaz. Pal.* 1972. 6 Somm. 202; *Rev. loyers* 1976. 506.
5. Paris, 20 déc. 1989, RG n° 88/18552, *Juris-Data* n° 027620, *Loyers et copr.* 1990. 149.
6. Capoulade, Chron. sémantique et copropriété, *Administrer* août-sept. 1998. 29. Les mots de la copropriété, *IRC* 2009.
7. Civ. 3e, 7 févr. 1990, n° 87-19.565, *Administrer* nov. 1990. 25 – Bergel et a., *op. cit.*, n° 613, note 124.
8. Civ. 3e, 26 mars 2003, n° 01-16.010, NP – Civ. 3e, 8 juin 2011, n° 10-20.231, *Bull. civ.* III, n° 99.
9. ATIAS, n° 285 – Cabanac, *AJPI* 1967. 289 – GUILLOT, art. 22-23 n° 5-01 – KISCHINEWSKY-BROQUISSE, n° 411 – LAFOND, ROUX ET STEMMER, D. art. 7, n° 2 – SIZAIRE, n° 144 – Bouyeure, *op. cit.*, n°s 65 s.
10. TGI Marseille 19 déc. 1973, *Ann. loyers* 1974. 794 – Civ. 3e, 14 déc 2010, n° 09-71.919, NP.
11. Paris, 19 sept. 1990, *Juris-Data* n° 023459, *Loyers et copr.* 1990. 444 – Lafond, Panorama de jurisprudence, *Administrer* févr. 1992. 52.

Le droit de convoquer l'assemblée générale constitue une obligation pour le syndic, soit qu'il s'agisse de la convocation de l'assemblée annuelle (v. s^s^ n° 842), soit que la convocation lui ait été demandée par le conseil syndical ou par un groupe de copropriétaires (v. s^s^ n° 844) [1], soit encore qu'il ait, de sa propre initiative, commandé des travaux urgents de sauvegarde (Décr. 17 mars 1967, art. 37).

Le syndic perd le droit de convoquer l'assemblée générale dès que ses fonctions sont venues à expiration, pour quelque cause que ce soit [2].

Après expiration du mandat [3], après annulation de sa nomination [4], en cas de démission - vainement était-il invoqué que le conseil syndical avait demandé à l'ancien syndic de procéder à la convocation [5].

Toutefois, la convocation notifiée avant l'expiration du mandat, est régulière, même si l'assemblée doit se tenir ensuite [6].

Si l'auteur de la convocation doit être identifiable [7], en revanche, le défaut de signature par le syndic ne représente pas une cause de nullité [8].

Lorsque la convocation a été expédiée, ses effets ne peuvent être arrêtés ou suspendus, même judiciairement [9]. Toutefois, l'irrégularité manifeste de la convocation pourrait constituer un trouble manifestement illicite permettant au juge des référés d'en interdire la tenue (convocation par le président d'un conseil syndical qui n'est plus régulièrement constitué) [10].

Ces mêmes règles s'appliquent à l'administrateur provisoire (Décr. 17 mars 1967, art. 47) [11] ou au syndic judiciairement nommé (Décr. 17 mars 1967, art. 46). Toutefois, le décret du 20 avril 2010 a complété les articles 7 et 8 du décret de 1967 pour rappeler que les règles édictées par ces articles ne s'appliquent pas lorsque l'administrateur provisoire, judiciairement désigné au syndicat en difficulté (art. 29-1 de la loi) est investi de tous les pouvoirs de l'assemblée générale. Cependant, lorsqu'il n'est investi que d'une partie de ces pouvoirs, les dispositions du deuxième alinéa de l'article 7 et celles de l'article 8 (convocation de l'assemblée générale) ne s'appliquent que dans les limites des pouvoirs conservés par l'assemblée.

844 Convocation à la demande du conseil syndical ou de copropriétaires [12]. Selon l'article 8, alinéa 1er, du décret de 1967, « *la convocation de l'assemblée est de droit* » dans deux cas spécifiés audit article, sans être alors dépossédé de son pouvoir de convocation, le syndic a l'obligation d'y procéder; il ne dispose d'aucun pouvoir d'appréciation, sans pour autant que l'accomplissement de cette obligation soit enserré dans un délai. Toutefois, si le syndic ne s'exécutait pas, le décret organise une procédure pour parvenir néanmoins à la réunion de l'assemblée générale (v. s^s^ n°s 845 et 846).

Cette obligation existe dans les deux cas suivants :

- la demande de convocation émane du conseil syndical, soit qu'il en ait lui-même pris l'initiative [13], soit qu'il agisse à l'instigation d'un ou plusieurs copropriétaires. Dans ce cas, le conseil exerce sa mission générale de contrôle et de surveillance et cet organe consultatif prend alors une véritable décision, celle de demander la réunion de l'assem-

1. TGI Paris, 18 nov. 1975, *D.* 1976. IR 306 – TGI Nantes, 6 mars 1979, *Administrer* mai 1980.
2. Civ. 3e, 26 mars 1997, n° 95-15.915, *Bull. civ.* III, n° 72; *AJDI* 1997. 659; *D.* 1997. Somm. 328, obs. Atias; *RDI* 1997. 281 – SUR LA QUESTION des nullités en chaîne : Civ. 3e, 7 juill. 1999, n° 97-19.799, *Bull. civ.* III, n° 163; *RDI* 1999. 681; *JCP* 1999. IV. 2649; *AJDI* 2000. 531; *D.* 1999. 456 – Lafond, Panorama de jurisprudence, *Administrer* mars 1989. 41, n° 7 – PUIS : Civ. 3e, 6 févr. 2002, n° 00-19.132, *Bull. civ.* III, n° 32; *AJDI* 2002. 611; *Loyers et copr.* mai 2002. 126.
3. Civ. 3e, 24 janv. 2001, n° 99-14.666, *Bull. civ.* III, n° 8; *AJDI* 2001. 527; *D.* 2002. 1526 – PAR l'annulation de sa désignation, le syndic perd qualité pour convoquer l'assemblée générale, même antérieurement à la décision d'annulation, ce qui rend annulable l'assemblée ainsi convoquée : Civ. 3e, 30 janv; 2007, n° 05-19.475, NP, *AJDI* 2008. 128, obs. Capoulade, à la condition que l'assemblée convoquée ait été contestée dans le délai imparti.
4. Civ. 3e, 3 oct. 2001, n° 00-15.622, *Bull. civ.* III, n° 112; *AJDI* 2001. 994 – Civ. 3e, 6 juill. 2005, n° 04-13.659, *Loyers et copr.* 2005. 185 – Civ. 3e, 24 avr. 2007, n° 06-13.813, NP, *Loyers et copr.* 2007. 154, obs. Vigneron – L'annulation de la désignation du syndic rend rétroactivement annulables les assemblées qu'il a convoquées, depuis l'assignation en nullité, si du moins les assemblées intermédiaires ont été réguliérement contestées pour ce motif – Bouyeure, n° 70.
5. Civ. 3e, 23 janv. 1991, n° 89-17.054, *Bull. civ.* III, n° 32; *D.* 1992. Somm. 139, *AJDI* 1991. 837.
6. Paris, 14 janv. 1998, RG n° 96/18136, *Loyers et copr.* 1998. 175 – Paris, 23e ch. B, 6 sept. 2001, RG n° 2000/13765, *Loyers et copr.* févr. 2002. 41.
7. Paris, 25 janv. 1994, *RDI* 1994. 297.
8. Paris, 5 févr. 1993, RG n° 91/017907, *Juris-Data* n° 022690, *Loyers et copr.* 1993. 242.
9. Civ. 3e, 22 mai 1990, n° 88-16.191, NP, *Gaz. Pal.* 19 mai 1991 n° 139-141, *Loyers et copr.* 1990. 324.
10. TGI. Paris, réf., 19 janv. 2004, *Administrer* avr. 2004. 48; *IRC* nov. 2004. 16.
11. Civ. 3e, 1er mars 2011, n° 10-10.222, NP.
12. ATIAS, n°s 285 s., *Dicopropriété*, p. 99, n° 5 – CABANAC, n°s 521, 522; *AJPI* 1967. 1, 289 – KISCHINEWSKY-BROQUISSE, n° 411 – GUILLOT, art. 22-23, n°s 5-08 s. – LAFOND, ROUX ET STEMMER, D. art. 8 – Commagnac et Capoulade, « Le décret du 17 mars 1967 », *REDI* 1967. 1358 s. – Bouyeure, *op. cit.*, n°s 74 à 76.
13. Les textes ne précisent pas si la décision est prise à l'unanimité ou à la majorité. Sans doute, faut-il s'en rapporter soit au règlement de copropriété, soit au règlement intérieur du conseil.

blée. En fait, la demande sera formée par le président du conseil syndical au nom de celui-ci;

- la demande de convocation émane d'un ou plusieurs copropriétaires représentant au moins le quart des voix du syndicat, si le règlement de copropriété ne prévoit un pourcentage moindre. La détermination de cette proportion doit tenir compte de la réduction des voix du copropriétaire majoritaire (L. 10 juill. 1965, art. 22, al. 2).

Dans ces deux cas, la demande est notifiée au syndic par lettre recommandée, avec demande d'avis de réception ou par télécopie avec récépissé (Décr. 17 mars 1967, art. 64), en précisant « les questions dont l'inscription à l'ordre du jour de l'assemblée est demandée » et en communiquant les documents à annexer[1]. Peu importe l'inobservation de ce formalisme, le syndic pouvant à tout moment convoquer l'assemblée de sa propre initiative[2].

845 Convocation par le président du conseil syndical[3]. L'article 8 du décret de 1967 institue une procédure de sauvegarde pour parvenir, contre le gré du syndic, à la convocation de l'assemblée générale, lorsqu'elle lui est demandée dans les conditions du premier alinéa de cet article (demande du conseil syndical ou d'un ou plusieurs copropriétaires représentant un certain pourcentage des voix du syndicat; v. s[s] n° 844). La demande doit énoncer les questions à porter à l'ordre du jour, les projets des résolutions et joindre les documents à notifier. L'alinéa 2 de ce même article prévoit une première étape dont il confie l'exécution au président du conseil syndical, sous réserve que le conseil syndical soit encore régulièrement composé[4].

Si le syndic refuse ou néglige de donner suite à la demande de convocation formulée dans les conditions de l'article 8, alinéa 1, le président du conseil syndical doit mettre le syndic en demeure d'exécuter son obligation[5]. La mise en demeure doit être distincte de la convocation. Elle peut être réalisée en même temps que la notification de la demande. Cette mise en demeure est faite dans les formes prévues à l'article 64 du décret (acte d'huissier de justice ou lettre recommandée avec demande d'avis de réception par télécopie avec récépissé) - et non par une simple lettre missive - comportant une interpellation suffisante.

Les juges du fond sont souverains pour interpréter et déterminer le sens et la portée des documents mentionnés et analysés dans leur décision et dire qu'il résulte de l'échange de correspondance que le refus du syndic était acquis dès le départ, qu'une lettre recommandée lui avait bien été envoyée et le refus maintenu[6].

Si la mise en demeure reste vaine pendant au moins huit jours, la convocation de l'assemblée générale est *de droit* à la diligence du président du conseil syndical, mais seulement avec l'ordre du jour spécifié dans la mise en demeure[7]. Le président du conseil syndical n'a besoin d'aucune autorisation ou habilitation pour convoquer ainsi directement l'assemblée générale, mais il doit notifier la convocation au syndic (Décr. 17 mars 1967, art. 8, al. 4). Jugé que le défaut de cette notification n'entraîne pas la nullité de cette assemblée[8].

846 Convocation par tout copropriétaire habilité par l'autorité judiciaire[9]. Toujours avec la même finalité et dans les cas décrits à son premier alinéa (v. s[s] n° 844), l'article 8, alinéa 3, du décret organise une seconde et dernière étape de la procédure de sauvegarde. Ce texte (écrit en 1967) envisage trois hypothèses.

- il n'existe pas de conseil syndical (obligatoire depuis 1985, sauf décision spéciale à la majorité de l'article 26 - V. s[s] n° 1070),

- les membres du conseil syndical n'ont été désignés ni par l'assemblée, ni par le juge, ou n'est plus régulièrement composé par suite de démissions; cette situation de fait, correspond à l'absence de conseil syndical (v. s[s] n° 1071),

- le président du conseil syndical ne procède pas à la convocation de l'assemblée générale, comme il peut le faire, sans même, peut-être, mettre le syndic en demeure.

Selon l'article 8, al. 3, tout copropriétaire peut alors provoquer ladite convocation dans les conditions prévues à l'article 50 du décret, qui règle la procédure à suivre. Il importe peu que ce coproprié-

1. Paris, 6 oct. 2006, RG n° 06/04598, *Administrer* 51, n° 395, note Capoulade - Rép. min., QE n° 24515, *JOAN* 14 déc. 2006, p. 3110.
2. Civ. 3e, 8 avr. 2008, n° 07-10.981, NP, *Administrer* juill. 2008. 53, obs. Bouyeure.
3. Atias, n°s 273 et 274 - Kischinewsky-Broquisse, n° 412 - Guillot, art. 22 et 23, n° 5-10 - Lafond, Roux et Stemmer, D. art. 8, n° 4 - Vigneron, n° 289 - Commagnac et Capoulade, p. 1359 - Bouyeure, n° 77.
4. V. s[s] n° 782 - Bouyeure, n° 78.
5. Paris, 7 févr. 1990, RG n° 89/5127, *Juris-Data* n° 020455, *Administrer* janv. 1991. 67, note Guillot - Guillot, art. 22-23, n° 5-10.
6. Civ. 3e, 14 janv. 1998, n° 96-12.513, *Bull. civ.* III, n° 7; *Administrer* juin 1998. 45, note Capoulade; *RDI* 1998. 290; *Loyers et copr.* mars 1998. 73.
7. TGI Toulouse, réf., 11 janv. 1977, *JCP* 1978. II. 18878, note Guillot.
8. Paris, 24 mars 2005, RG n° 04/13585, *Loyers et copr.* 2005. 182.
9. Atias, n°s 288 s. - Kischinewsky-Broquisse, n° 412 - Guillot, art. 22-23, n°s 5-11 s. - Lafond, Roux et Stemmer, D. art. 8, n° 4 et D. art. 50 - Commagnac et Capoulade, p. 1360 - J.-Cl. copr., fasc. 84, n°s 99 s. - Bouyeure, *op. cit.*, n° 78.

taire soit ou non membre du conseil syndical ou qu'il ait participé à la demande notifiée au syndic. À cet effet, il saisit le président du tribunal de grande instance, statuant en référé. À peine d'irrecevabilité, cette saisine doit être précédée d'une mise en demeure[1], dans les formes prévues par l'article 64 du décret, adressée au syndic et, le cas échéant, au président du conseil syndical et restée vaine pendant au moins huit jours.

La mise en demeure du syndic suppose qu'il existe un syndic en exercice, régulièrement nommé; en l'absence de syndic, il convient d'en faire nommer un en application soit de l'article 46, soit de l'article 47 du décret, selon le cas[2].

Le demandeur assigne le syndic et, le cas échéant, le président du conseil syndical. La procédure contradictoire permet au juge de recevoir les explications des parties et d'apprécier s'il convient de réunir l'assemblée. Dans l'affirmative, le juge n'ordonne pas lui-même la convocation de l'assemblée générale, mais il habilite un copropriétaire, demandeur ou non, ou il désigne un mandataire de justice, à l'effet de procéder aux formalités de convocation.

Cette situation traduisant un certain malaise au sein du syndicat, l'article 50, par dérogation aux principes, permet au juge, s'il l'estime opportun, de charger la personne qu'il désigne pour convoquer l'assemblée, de la présider. L'ordre du jour ne peut porter que sur les questions précédemment notifiées au syndic (v. s[s] n° 844).

Nulle autre personne que le syndic (ou l'administrateur provisoire désigné) ou, si les formalités prescrites ont été observées, le président du conseil syndical ou la personne désignée par le juge, n'a qualité pour convoquer l'assemblée[3]; en cas de non respect de ces formalités, la réunion des copropriétaires ne pourrait recevoir la qualification d'assemblée[4].

847 Absence de syndic – Carence – Administrateur provisoire. Lorsque le syndic néglige ou refuse de convoquer l'assemblée générale, il se trouve en état de carence. Toutefois, il convient de distinguer l'application de l'article 18 *in fine* de la loi et celle de l'article 8 du décret.

Dans le premier cas, la carence du syndic « à exercer les droits et actions du syndicat », notamment à réunir une assemblée tous les ans ou à procéder à des appels de fonds pour acquitter une dette, entre dans le champ d'application de l'article 18 *in fine* de la loi. Aucune demande d'assemblée n'a été précédemment formulée par quiconque.

C'est alors la procédure de l'article 49 qui doit être utilisée (sauf à ce que l'article 18 *in fine* réserve expressément l'application des stipulations du règlement destinées à régler cette situation[5]) et l'article 49 réserve formellement les dispositions des articles 8 et 50 du décret.

Dans le second cas, il existe une carence à réunir une assemblée dont la convocation a été expressément demandée soit par le conseil syndical, soit par des copropriétaires. Les articles 8 et 50 du décret organisent alors la procédure à suivre.

L'abstention peut aussi avoir pour cause l'absence de syndic. Dans ce cas, il doit être pourvu à la désignation du représentant de la personne morale. Si une assemblée a été préalablement convoquée sans pouvoir désigner le syndic, l'article 46 du décret s'applique en vue de la nomination d'un syndic par voie de justice (sur requête). Si la vacance résulte d'une autre cause, l'article 47 permet à toute personne intéressée de saisir le président du tribunal de grande instance, par voie de requête (et non sur assignation) aux fins de nommer un administrateur provisoire qui sera chargé, à titre provisoire, des fonctions de syndic et notamment de convoquer l'assemblée. Cet administrateur du syndicat a les mêmes droits et les mêmes obligations que le syndic, sauf disposition contraire de l'ordonnance présidentielle (v. s[s] n° 983).

§ 2 Formes et contenu de la convocation

A. Formes

848 Forme de la convocation. Le décret du 17 mars 1967 ne précise pas expressément la forme de la convocation. En raison des énonciations qu'elle doit comporter (lieu, date et heure, ordre du jour, consultation des pièces) et des modalités de sa notification (envoi postal ou remise), il s'en déduit, à l'évidence, qu'elle ne peut revêtir que la *forme écrite*[6].

La notification de la convocation est faite conformément aux règles générales de l'article 64 du décret,

1. SUR la nécessité de la mise en demeure : Paris, 7 févr. 1990, RG n° 89/5127, *Juris-Data* n° 020455, *RDI* 1990. 411.
2. Paris, 8 juin 1968, *JCP* 1969. IV. 119.
3. V. s[s] n° 781 – Versailles, 6 juill. 1987, *Rev. loyers* 1987. 113.
4. Paris, 14 juin 1996, RG n° 95/007742, *Juris-Data* n° 021718, *RDI* 1996. 606.
5. Civ. 3e, 18 mai 1971, n° 70-10.893, *Bull. civ.* III, n° 310; *JCP* 1971. IV. 165; *Gaz. Pal.* 1971. 2, 647, note Morand – GIL, « La carence du syndic », *Administrer* juill. 2006. 21.
6. Bouyeure, *op. cit.*, n°s 80 à 85 – KISCHINEWSKY-BROQUISSE, n° 413 – GUILLOT, art. 22-23, n° 6-01 – LAFOND, ROUX ET STEMMER, D. art. 9, n° 4 – SIZAIRE, n° 145 – Commagnac et Capoulade, « Le décret du 17 mars 1967 », *REDI* 1967. 1365.

c'est-à-dire par lettre recommandée, avec demande d'avis de réception (Décr. 17 mars 1967, art. 64, al. 1[1]), mais elle peut aussi « valablement résulter d'une remise contre récépissé ou émargement » (Décr. 17 mars 1967, art. 64, al. 2 - en cas de remise par émargement, le remettant doit s'assurer que l'identité de la personne qui reçoit, correspond à celle du destinataire, ou de son fondé de pouvoirs[2]). Elle ne pourrait se faire par lettre simple[3], par lettre recommandée sans demande d'avis de réception[4], par affichage[5], par le dépôt d'un avis dans les boîtes aux lettres[6], par une invitation à retirer la convocation[7]. Modifiant l'article 64, le décret du 1er mars 2007 a ajouté un troisième mode de notification de la convocation à l'assemblée générale : « *la télécopie avec récépissé* », l'emploi de ce nouveau mode suppose que le destinataire à convoquer ait préalablement notifié au syndic son numéro de télécopie. Dans ce cas, le délai court du lendemain du jour de la réception de la télécopie, ce qui implique que le récépissé émane de l'appareil récepteur et non de l'appareil émetteur[8].

Il existe actuellement une forte demande de la part des syndics de copropriété et des opérateurs pour que, avec l'accord du copropriétaire, la notification puisse s'effectuer par courrier électronique. Des études techniques sont menées en ce sens afin d'assurer la sécurité, la conservation et la preuve irréfutable de la réception. Cette nouvelle pratique si elle était consacrée par l'article 64 du décret de 1967, ne se réaliserait que dans le cadre du volontariat.

Le défaut de signature de la convocation par le syndic ne constitue pas une cause de nullité[9], mais l'auteur de la convocation doit être identifiable[10]. La loi du 2 janvier 1970 et le décret du 20 juillet 1972 prescrivent aux syndics soumis à cette réglementation de porter certaines mentions sur leur correspondance à usage professionnel (nom ou raison sociale, adresse, activité exercée -, numéro et lieu de délivrance de la carte, nom et adresse du garant[11]) et, s'il y a lieu, la forme sociale et l'immatriculation au registre du commerce et des sociétés - (Décr. 20 juill. 1972, art. 92 mod.).

La convocation de tous les copropriétaires ou assimilés (y compris le gérant de la société d'attribution, encore propriétaire de lots), composant soit l'assemblée générale, soit l'assemblée spéciale, suivant le cas, constitue une formalité substantielle dont l'inobservation entraîne la nullité de l'assemblée.

L'annulation est prononcée sans qu'il y ait à établir un grief[12] - Mais l'annulation ne peut être prononcée qu'à la demande du copropriétaire non convoqué ou irrégulièrement convoqué[13].

La convocation est envoyée par le syndic au dernier domicile que lui a notifié le copropriétaire, (on assimile au copropriétaire, le titulaire d'un droit d'usufruit ou de nue-propriété, le vendeur et acheteur en location-accession - pour les associés v. Décr. 17 mars 1967, art. 12) en exécution de l'article 64 du décret[14]. La notification s'effectue régulièrement au dernier domicile connu du syndic, notamment si l'ordre de réexpédition, même temporaire, ne lui a pas été notifié dans les formes réglementaires[15]. En revanche, l'annulation de l'assemblée est encourue si la convocation a été envoyée à une adresse erronée du fait du syndic[16].

1. Mantelet, « Le régime des notifications postales dans le statut de la copropriété », *Administrer* nov. 1997. 47 – Monégier, « La convocation par voie postale de l'assemblée générale », *Loyers et copr.* juill.-août 2000, 1.
2. Civ. 3e, 3 juill. 1996, no 93-19.677, NP, *Administrer* janv. 1997. 46, note Capoulade; *RDI* 1996. 605.
3. Civ. 3e, 24 janv. 2001, no 99-14.692, *Bull. civ.* III, no 7; *AJDI* 2001. 440; *D.* 2002. 1523.
4. Paris, 31 mai 1983, *Administrer* avr. 1984. 41, note Guillot.
5. Paris, 23e ch. A, 3 mars 1999, *Administrer* juin 2000. 57, obs. Bouyeure.
6. Paris, 25 sept. 1982, *D.* 1983. IR 460 – Paris, 19 mars 1993, *Juris-Data* no 021402, *Administrer* avr. 1994. 53, obs. Lafond.
7. TGI Paris, 29 oct. 1976, *D.* 1987. IR 120.
8. Lebatteux, « Les articles 64 et 65 du décret donnent-ils le "OK" », *Administrer* mai 2007. 12 – Capoulade, « Quarante ans après », *AJDI* 2007. 360 – Bouyeure, *Les assemblées générales de copropriété*, Publication *Administrer* no 82; Décr. no 2007-285, 1er mars 2007, art. 2-1° à compter du 1er avr. 2007 – V. Lebatteux, « Commentaire du décret », *Administrer* mai 2007. 12.
9. Civ. 3e, 9 juill. 1986, no 85-11.603, *Bull. civ.* III, no 107; *Administrer* nov. 1986. 23; *RDI* 1987. 92 – Paris, 5 févr. 1993, RG no 91/017907, *Juris-Data* no 022690, *Loyers et copr.* 1993. 242.
10. Paris, 25 janv. 1994, *RDI* 1994. 297.
11. V. Guillot, art. 22-23, nos 6-03 et 6-04 – Capoulade, *Les professions immobilières*, nos 374 et 512; Décr. 20 juill. 1972, art. 92 dans sa rédaction des 29 juin 1995 et 21 oct. 2005.
12. Civ. 3e, 3 oct. 1991, NP, *RDI* 1991. 504 – Civ. 3e, 17 avr. 1991, no 89-19.290, *Bull. civ.* III, no 121; *JCP N* 1992. 217, note Djigo; *Defrénois* 1991. 1306, note Souleau; *AJDI* 1992. 29; *RDI* 1991. 380; *D.* 1992. 137 – Paris, 23e ch. A, 12 janv. 1993, RG no 91-16507, *Juris-Data* no 020108, *D.* 1994. Somm. 199, obs. Bouyeure.
13. Civ. 3e, 14 nov. 2007, no 06-16.392, *Bull. civ.* III, no 210; *D.* 2007. AJ 3064, obs. Rouquet; Capoulade, pan., *AJDI* 2008. 749 – en sens contraire : Paris, 23e ch. B, 31 mars 1995, *Juris-Data* no 021129, *JCP N* 1996. II. 831, note Djigo.
14. Paris, 15 mars 2001, *Juris-Data* no 165525, *AJDI* 2001. 889, obs. Capoulade. – Paris, 8e ch. A, 6 déc. 1994, RG no 93/18017, *Juris-Data* no 023781, *JCP* 1995. IV. 652 – Rép. min., QE no 11656, *JOAN Q* 5 oct. 2004, p. 7784.
15. Paris, 1er juill. 1995, *Loyers et copr.* juill. 1995. 339.
16. Paris, 23e ch. B, 1er mars 1996, RG no 95/021975, *Juris-Data* no 020639, *Loyers et copr.* juill. 1996. 323.

Les formes de la convocation doivent être respectées, même si l'assemblée générale ou le règlement de copropriété a fixé une date de réunion [1].

La preuve de la régularité de la convocation incombe au syndic (jurispr. constante [2]).

B. Contenu

849 Le contenu des convocations – a) Généralités. Aux termes des dispositions impératives de l'article 9 du décret du 17 mars 1967, la convocation contient :

- l'indication des lieu, date et heure de la réunion (v. s^s^ n° 850);

- l'ordre du jour qui précise chacune des questions soumises à la délibération de l'assemblée (v. s^s^ n°s 851 s.) et les projets de décision lorsqu'ils sont réglementairement prévus (Décr. 17 mars 1967, art. 11 § I);

- le rappel des modalités de consultation des pièces justificatives des charges, telles qu'elles ont été arrêtées par l'assemblée générale en application de l'article 18-1 de la loi du 10 juillet 1965 (v. s^s^ n° 855). La mention de ce rappel résulte d'une adjonction introduite par le décret du 9 juin 1986 (art. 1er).

Il faut en outre tenir compte des notifications complémentaires qui doivent être jointes à l'ordre du jour, à titre informatif (Décr. 17 mars 1967, art. 11 § 2).

850 b) Lieu, date et heure. La convocation précise obligatoirement, comme le prescrit l'article 9, alinéa 1, du décret, « *l'indication des lieu, date et heure de la réunion* ». De tels renseignements sont de l'essence de toute convocation.

La personne qui convoque l'assemblée « fixe le lieu et l'heure de la réunion » [3] en tenant compte, s'il en existe, des stipulations du règlement de copropriété et des décisions de l'assemblée générale (Décr. 17 mars 1967, art. 9, al. 1er – sur le lieu v. s^s^ n° 873) [4]. (Par exemple, la nullité résultant d'une convocation erronée délivrée pour le 20 au lieu du 21 décembre [5] ou pour une date qui n'existe pas [6]).

Après une convocation par lettre recommandée avec demande d'avis de réception pour une date ou un lieu déterminé, il n'y a pas à tenir compte d'une lettre simple rectificative qui est sans valeur. L'assemblée se tient à la date fixée, nonobstant le report demandé par des copropriétaires [7]. L'assemblée ne peut se poursuivre régulièrement, ni prendre aucune décision, ni se prolonger en un autre lieu à la seule initiative du président [8]. La date, l'heure et le lieu ne peuvent être modifiés, sauf à procéder à une nouvelle convocation notifiée dans les délais et annulant la précédente.

Certains règlements de copropriété prévoient la période, voire la date, de la réunion annuelle. Ces stipulations doivent être observées, mais elles n'excluent pas, si nécessaire, une autre réunion à une date ou période différente. De telles stipulations créent une certaine contrainte, mais elles peuvent être utiles pour des immeubles situés dans des stations touristiques.

Sous ces réserves, il n'est pas interdit de convoquer l'assemblée générale pour un dimanche [9] ou un jour férié.

La détermination de l'heure n'est pas sans influence sur la présence des copropriétaires, compte tenu de leur vie sociale.

Les travailleurs salariés se plaignent souvent d'être convoqués à des jours et heures ouvrables, l'assemblée générale étant alors transformée en « assemblée de mandataires », en « assemblées de femmes » ou étant purement et simplement désertées. Rappel fait que la rémunération du syndic et de ses préposés varie selon que la vacation a lieu ou non pendant des heures ouvrables.

851 c) Ordre du jour [10]. « *La convocation contient... l'ordre du jour qui précise chacune des questions*

1. Paris, 10 avr. 1992, RG n° 88/020202, *Juris-Data* n° 020948, *D.* 1987. Somm. 10.
2. Civ. 3e, 9 nov. 1994, n° 93-10.732, *D.* 1994. IR 264; *RDI* 1995. 158; *Administrer* avr. 1995. 28, note Capoulade; *Loyers et copr.* 1995. 85; *D.* 1997. Somm. 248.
3. Civ. 3e, 10 juin 1970, n° 68-14.219, *Bull. civ.* III, n° 394; *JCP* 1970. II. 16465, note Guillot; *Rev. loyers* 1970. 422.
4. Commagnac et Capoulade, « Le décret du 17 mars 1967 », *REDI* 1967. 1363.
5. TGI Marseille 28 févr. 1978, *Administrer* juill. 1979, n° 93; *Ann. loyers* 1979. 230.
6. Paris, 3 mai 2002, *Administrer* juill.-août 2002. 58, obs. Bouyeure.
7. Paris, 2 juill. 1993, RG n° 92/016784, *Juris-Data* n° 022185, *RDI* 1993. 542.
8. Civ. 3e, 6 nov. 2002, n° 01-10.800, *Bull. civ.* III, n° 216; *D.* 2003. Somm. 1335, obs. Atias; *AJDI* 2003. 276, note Capoulade; *Administrer* févr. 2003. 43 et note.
9. Civ. 3e, 22 mai 1990, n° 88-16.987, NP, *RDI* 1990. 196; *D.* 1991. 142, note Souleau; *D.* 1991. IR 79; *IRC* 1990. 351, note Capoulade; *Administrer* mars 1991. 54.
10. SUR L'ENSEMBLE DE LA QUESTION : ATIAS, n°s 297 s. – Bouyeure, *op. cit.*, n°s 105 s. – Baudouin, « L'ordre du jour de l'assemblée », *Administrer* nov. 1997. 54 – GUILLOT, art. 23, n° 7-01 – KISCHINEWSKY-BROQUISSE, n° 415 – LAFOND, ROUX ET STEMMER, D. art. 9, n° 5 – Guiraud, « L'ordre du jour des assemblées de copropriété », *IRC* 1986-104 – Atias, « L'ordre du jour des assemblées de copropriétaires », *Journ. fin.* 28 févr. 1987 – Atias, « Le pouvoir de déterminer l'ordre du jour de l'assemblée générale des copropriétaires », *IRC* mai 2005. 26 – 2e recomm. de la commission relative à la copropriété, 7 mars 2006.

soumises à la délibération de l'assemblée » (Décr. 17 mars 1967, art. 9, al. 1er).

Il convient de distinguer soigneusement les « *questions* » (Décr. 17 mars 1967, art. 9) figurant à l'ordre du jour, d'une part, et les « *projets de résolution* » (Décr. 17 mars 1967, art. 11, 5°) devant, éventuellement, faire l'objet de notifications complémentaires, d'autre part. (v. ss no 861) [1].

Le libellé des questions mérite attention [2]. Chaque projet de résolution ne peut avoir qu'un seul objet [3]. Les questions doivent être rédigées de manière aussi précise que possible, en évitant des formules vagues, « trop imprécises ou équivoques dont le détail n'est pas énoncé à l'ordre du jour » [4].

Toutefois, la mention « Fermeture de l'immeuble » a été jugée suffisante pour informer de l'objet du débat, alors que de précédentes assemblées avaient déjà examiné cette question laissée sans réponse [5].

Il en est de même des questions complexes ou ambiguës [6] de nature à justifier des réponses distinctes et relevant de majorités différentes. Il convient aussi de séparer les questions soumises aux délibérations de l'assemblée, par exemple sur un ordre du jour prévoyant l'approbation des comptes, l'assemblée ne peut, par une seule et même décision, donner quitus au syndic, en l'absence d'indivisibilité [7]. Il s'agit en effet, d'assurer la clarté des votes et l'adoption de décision à la portée indiscutable. En revanche, la décision sur le contrat du syndic peut porter également sur la rémunération du mandataire, celle-ci ne représentant qu'une clause du mandat [8] (Décr. 17 mars 1967 mod., art. 29).

La rédaction de la question à poser pour statuer sur une question à prendre à la suite d'une décision déjà adoptée est délicate. L'assemblée pour choisir un entrepreneur et arrêter le financement des travaux ne peut remettre en cause la décision définitive sur les travaux [9].

Il ne peut y avoir de question implicite, l'ordre du jour doit donc être explicite [10].

Par exemple la question du *quitus* à donner au syndic n'autorise pas l'examen de la prise en charge des faibles réparations des volets, laquelle ne figure pas à l'ordre du jour [11]. De même, « une décision qui a été votée conformément à l'ordre du jour ne peut être complétée par une autre qui n'y était pas inscrite » [12].

Les questions diverses ou les questions non portées à l'ordre du jour ne peuvent faire l'objet que d'un échange de vues, notamment dans la perspective de leur inscription à l'ordre du jour d'une prochaine assemblée générale ou pour émettre une simple opinion sur des questions relevant des seuls pouvoirs du syndic [13]. Toute « décision » serait irrégulière, même si elle ne constituait que le rappel d'une clause du règlement de copropriété et de décisions antérieures [14].

852 Ordre du jour (suite) - Contenu [15]. L'inscription des questions à l'ordre du jour produit des effets importants. D'une part, l'assemblée générale est saisie de toutes les questions portées à son ordre du jour et peut exiger de délibérer à leur sujet. Ni le

1. 1re recomm. de la commission relative à la copropriété, v. annexe – Capoulade, « Vers une normalisation des pratiques en matière de copropriété », *IRC* 1989. 151.
2. 1re recomm. de la commission relative à la copropriété, qui cite, à titre d'exemples à éviter, « problèmes des parties communes », « sécurité de l'immeuble », « travaux de couverture ».
3. 2e recomm. de la commission relative à la copropriété, Civ. 3e, 26 sept. 2007, no 06-11.191, *Bull. civ.* III, no 152; *Loyers et copr.* 2007. 25, obs. Vigneron; *Administrer* déc. 2007. 89, obs. Bouyeure; *D.* 2008. 2690.
4. Civ. 3e, 17 déc. 1997, no 96-13.178, *Bull. civ.* III, no 228; *RDI* 1998. 131; *Administrer* juill. 1998. 42, note Capoulade; *AJDI* 1998. 362 – Civ. 3e, 23 oct. 2002, *Administrer* févr. 2003, p. 50.
5. Civ. 3e, 17 juin 1997, no 95-21.939, NP, *RDI* 1997. 483; *Rev. loyers* 1998. 559, note Gélinet.
6. Civ. 3e, 17 juin 1997, no 95-21.939, NP, *RDI* 1997. 483 – Civ. 3e, 17 déc. 1997, no 96-13.178, *Bull. civ.* III, no 229; *RDI* 1998. 131; *AJPI* 1998. 361, note Guitard; *Administrer* juill. 1998. 42, note Capoulade – Civ. 3e, 11 mars 1998, no 96-12.479, *Bull. civ.* III, no 60; *RDI* 1998. 294, note Capoulade; *D.* 2000. 136 – Paris, 13 janv. 1999, RG no 1998/07245, *RDI* 1999. 302 – Bouyeure, *op. cit.*, no 111.
7. Civ. 3e, 6 juill. 1994, no 89-16.212, *Bull. civ.* III, no 142; *D.* 1994. IR 203; *D.* 1996. Somm. 162, obs. Capoulade; *RDI* 1994. 698; *Administrer* oct. 1994. 50, note Capoulade; *IRC* nov. 1994. 15.
8. Civ. 3e, 19 déc. 2007, no 07-13.703, NP, *AJDI* 2008. 748, pan. Capoulade.
9. Civ. 3e, 9 juin 1993, no 91-15.791, *Bull. civ.* III, no 83, *RDI* 1993. 416; *D.* 1994. Somm. 123, obs. Atias; *Administrer* mai 1994. 27, obs. Lafond.
10. Civ. 3e, 6 juin 1994, *Administrer* oct. 1994. 50, note Capoulade – SUR LE COMPTE : Civ. 3e, 21 juin 2006, no 05-15.752, *Bull. civ.* III, no 156; *Loyers et copr.* 2006, no 206.
11. Civ. 3e, 12 mai 1981, no 79-16.909, *Bull. civ.* III, no 39, *D.* 1982. IR 399, obs. Giverdon; *Administrer* oct. 1981. 32; *Defrénois* 1981. 1306 note Souleau.
12. Civ. 3e, 7 nov. 2007, no 06-18.882, *Bull. civ.* III, no 196; *AJDI* 2008. 748, pan. Capoulade; *D.* 2008. 2690.
13. Commission relative à la copropriété, 1re recomm.
14. Civ. 3e, 26 mars 2003, no 01-13.896, NP, *Administrer* juill. 2003. 43.
15. Le refus de l'assemblée de se prononcer sur une partie de l'ordre du jour n'entraîne pas la nullité de l'assemblée, mais peut ouvrir droit à des dommages-intérêts en cas de refus abusif (Paris, 30 nov. 1983, *Juris-Data* no 600141, *Gaz. Pal.* 1984. 1, 109, note Morand – RAPPR. : rép. min., QE, *JCP N* 1992, prat. 586). Cet arrêt précise que l'assemblée doit statuer même si la décision doit être prise à l'unanimité des copropriétaires (v. ss no 584). Dans ce cas, en l'absence d'unanimité, la proposition est répétée.

président de séance, ni le syndic ne peuvent retirer une question de l'ordre du jour après la saisine de l'assemblée, mais celle-ci peut, à la majorité de l'article 24, renvoyer l'examen de cette question, si elle n'est pas devenue sans objet, à une assemblée ultérieure. D'autre part, et réciproquement, l'assemblée générale ne peut délibérer que sur les seules questions portées à son ordre du jour. Cette solution est conforme à une exigence traditionnelle de toutes les assemblées délibérantes, notamment destinée à la protection des absents ou même des personnes représentées [1].

La décision prise sur une question ne figurant pas à l'ordre du jour encourt l'annulation [2], si, du moins, elle est contestée dans le délai de l'article 42 (al. 2) de la loi [3]. Dans sa rédaction du décret du 27 mai 2004, l'article 13 du décret de 1967 souligne bien que l'assemblée « *ne prend de décision valide que sur une question inscrite à l'ordre du jour* », mais qu'elle peut examiner les questions non inscrites « *sans effet décisoire* », ce qui paraît bien retirer tout intérêt à une contestation dans le délai de l'article 42 (al. 2) de la loi.

L'urgence n'autorise pas de voter sur une question non inscrite à l'ordre du jour de l'assemblée [4, 5].

Le pouvoir donné à un mandataire pour une assemblée ne peut concerner que les questions figurant à l'ordre du jour [6], à moins que le mandat ne soit rédigé en termes généraux [7].

S'il s'agit de l'« étude » d'une question, par exemple de travaux importants à entreprendre, la question portée à l'ordre du jour doit préciser que cette étude ne peut donner lieu à une décision de principe sur les travaux [8]. Si des frais sont envisagés pour la réalisation de cette étude, ce point doit être précisé dans l'ordre du jour, avec fixation d'une somme maximale (Décr. 17 mars 1967, art. 44, 4e nouv.) [9].

La limitation de la compétence de l'assemblée à l'examen des seules questions inscrites à l'ordre du jour suscite une difficulté dans l'éventualité de l'« incident de séance ». Par analogie avec la solution admise en matière de société anonyme, il convient, à notre avis, d'étendre cette solution aux assemblées de copropriétaires. L'assemblée doit être autorisée à voter sur un problème non porté à l'ordre du jour, apparu au cours de l'assemblée ou depuis sa convocation [10], démission du syndic, révocation du syndic pour faute grave révélée au cours de l'assemblée, travaux urgents. En ce sens, la Cour de cassation a reconnu la validité de la décision acceptant la démission du syndic donnée en cours de séance [11].

1. Givord, « L'ordre du jour dans les sociétés anonymes », *RTD com.* 1968 – SUR le principe ainsi posé pour les assemblées de copropriétaires : Aix, 21 oct. 1971, *Rev. loyers* 1972. 336, note Viatte – Lyon, 20 oct. 1971, *Rev. loyers* 1972. 341, note Viatte.
2. Civ. 3e, 17 déc. 1996, n° 95-12.510, NP – Civ. 3e, 8 juill. 1980, n° 79-13.009, *Bull. civ.* III, n° 133; *D.* 1981. IR 399, obs. Giverdon – Civ. 3e, 30 mars 1994, n° 92-15.921, NP, *Rev. loyers* 1994. 453 – Le copropriétaire qui demande, lors de l'assemblée, qu'une question non portée à l'ordre du jour soit examinée, ne peut se prévaloir de la nullité, Civ. 3e, 19 juin 1973, n° 72-11.136, *Bull. civ.* III, n° 423; *D.* 1974. 313.
3. Civ. 3e, 14 janv. 1998, n° 95-19.548, *Bull. civ.* III, n° 8; *Administrer* mai 1998. 43; *RDI* 1998. 291, *AJDI* 1998. 1070 – EN SENS CONTRAIRE : un arrêt avait admis que la résolution votée, sans avoir été portée à l'ordre du jour, constitue un simple fait juridique dont l'existence peut être constatée, sans qu'il y ait lieu de respecter le délai de deux mois prévu à l'article 42 (Paris, 10 juin 1981, *Juris-Data* n° 023623, *D.* 1982. IR 442, obs. Giverdon). EN l'absence de vote et donc de décision, pas de contestation possible : Civ. 3e 9 juill. 1997, n° 95-18.854, *RDI* 1997. 621.
4. EN SENS CONTRAIRE : en cas d'urgence : Toulouse, 12 oct. 1992, *RDI* 1993. 128 – Cependant, faute d'inscription de la question (ouverture ou non d'un compte séparé), à l'ordre du jour de l'assemblée générale délibérant sur la désignation d'un nouveau syndic, il appartient à celui-ci de convoquer immédiatement une nouvelle assemblée générale pour en délibérer, Civ. 3e, 30 juin 1993, n° 91-11.575, *Bull. civ.* III, n° 104; *IRC* nov. 1993. 342, note Capoulade, *RDI* 1993. 543.
5. Paris, 23e ch. B, 2 nov. 2000, *Administrer* janv. 2001. 45, note Bouyeure, jugeant que l'assemblée générale peut, en raison de faits survenus entre le départ des convocations et la tenue de l'assemblée, délibérer valablement sur une question imprévue, non expressément portée à l'ordre du jour, mais s'y rattachant directement et nécessitant une solution immédiate.
6. Paris, 30 avr. 1990, RG n° 89/22993, *Juris-Data* n° 023935, *Loyers et copr.* 1990. 278 – Paris, 19e ch. B, 19 sept. 1990, *Juris-Data* n° 023459, *Loyers et copr.* 1990. 446 – Civ. 3e, 17 juin 1997, n° 95-18.684, *RDI* 1997. 482 – En sorte que le mandant considéré comme non représenté peut contester la décision prise.
7. Paris, 23e ch. A, 13 juin 1990, RG n° 89/1103, *Juris-Data* n° 022375, *Loyers et copr.* 1990. 407 – Lafond, pan., *Administrer* mars 1989. 42-43; *Administrer* févr. 1992. 54.
8. Civ. 3e, 14 févr. 1984, n° 82-16.276, *Bull. civ.* III, n° 35; *D.* 1984. IR 247; *Administrer* juill. 1984. 44, rejet du pourvoi contre Versailles, 28 juin 1982, *Rev. loyers* 1984. 211.
9. 1re recomm. de la commission relative à la copropriété, 4e (v. annexe) qui ajoute que « dans tous les cas, il convient que les documents puissent être joints à la convocation ».
10. Paris, 2 nov. 2000, *Administrer* janv. 2001. 45, note Bouyeure.
11. Civ. 3e, 18 mai 1971, n° 70-10.893, *Bull. civ.* III, n° 310; *D.* 1972. Somm. 20; *JCP* 1971. II. 16831, note Guillot; *Gaz. Pal.* 1971. 2, 647; *AJPI* 1972. 28; KISCHINEWSKY-BROQUISSE, n° 415, notes 386 à 389 – Le refus de *quitus* n'équivaut pas à la révocation du syndic et ne justifie pas une décision sur cette révocation, ni la nomination d'un nouveau syndic, questions ne figurant pas à l'ordre du jour : Paris, 19 sept. 1990, *Juris-Data* n° 023459, *Loyers et copr.* 1990. 445.

Le pouvoir d'injonction du juge des référés étant limité à la prévention d'un dommage imminent ou à la cessation d'un trouble manifestement illicite, ce juge n'a pas le pouvoir de suspendre les effets de la convocation pour une assemblée de copropriétaires [1], sous réserve, semble-t-il, de l'existence d'un trouble manifestement illicite [2].

853 L'Ordre du jour (suite) – Contenu. a) Avant sa modification par le décret du 27 mai 2004, l'article 10 du décret du 17 mars 1967 permettait à tout copropriétaire et au conseil syndical de demander l'inscription d'une question à « l'ordre du jour complémentaire [3] ». Cette demande était notifiée dans les six jours de la convocation à l'auteur de celle-ci – généralement, le syndic ou un administrateur provisoire – et ce dernier devait notifier un état de ces questions aux copropriétaires cinq jours au moins avant la date de la réunion.

À partir de l'envoi de la convocation, le syndic perdait la maîtrise de l'ordre du jour qui était ouvert pendant quelques jours aux copropriétaires. Cependant, l'application de l'article 10 n'allait pas sans inconvénients, ni sans susciter un contentieux délicat [4]. Elle engendrait des frais importants à la charge du syndicat [5], elle imposait trois notifications en quinze jours [6], ce qui constituait une source de précipitation peu propice à la sérénité, tant pour l'obtention de nouveaux devis que pour l'édition et l'expédition de l'ordre du jour complémentaire. Le plus souvent, une mauvaise formulation [7] et l'absence des documents indispensables ne permettaient pas de prendre une décision régulière [8].

Pour pallier ces inconvénients, le texte initial de l'article 10 a été modifié à deux reprises : d'une part, le décret n° 2004-476 du 27 mai 2004 a donné une nouvelle rédaction à l'alinéa 1er; d'autre part, le décret n° 2010-391 du 20 avril 2010 a ajouté deux alinéas à cet article.

b) Le nouvel article 10 supprime l'ordre du jour complémentaire, tout en laissant au syndic le soin d'établir l'ordre du jour et en conservant aux copropriétaires la faculté de soumettre une question à l'examen de l'assemblée générale : « *À tout moment, un ou plusieurs copropriétaires, ou le conseil syndical, peuvent notifier au syndic la ou les questions dont ils demandent qu'elles soient inscrites à l'ordre du jour d'une assemblée générale* » [9].

C'est donc un accès permanent qui est ainsi ouvert aux copropriétaires et au conseil syndical. De la sorte, un dialogue fructueux pourra s'établir entre le syndic et le demandeur soit pour dissuader ce dernier de maintenir sa question, soit pour lui en suggérer une meilleure rédaction, soit encore pour l'inviter à établir un projet de résolution et à produire les documents nécessaires à la validité formelle de la décision. Le syndic trouvera à exercer ainsi son devoir de conseil, soit en appelant l'attention du demandeur lorsque la question ne peut prospérer pour quelque motif que ce soit, soit en l'invitant à remédier aux imperfections de la demande (commission relative à la copropriété). La demande d'inscription doit être formellement exprimée [10]. Elle doit être accompagnée du projet de résolution et des documents à notifier. La notification est faite conformément aux dispositions de l'article 64 du décret [11] et ne peut résulter de l'envoi d'un fax ou d'un chronopost.

Le nouvel article 10 précise encore que « *Le syndic porte ces questions à l'ordre du jour de la convocation de la prochaine assemblée générale* ». Bien que le texte ne vise que le syndic, détenteur des archives et, le plus généralement, auteur de la convocation, il n'est pas douteux que la même faculté demeure lorsqu'un administrateur provisoire (Décr., art. 47) a été désigné. Le texte qui emploie l'indicatif présent, fait donc obligation au syndic de porter la

1. Civ. 3e, 22 mai 1990, n° 88-16.987, NP, *Loyers et copr.* 1990. 324; *IRC* 1990. 351, note Capoulade; *D.* 1991. 79; *RDI* 1990. 411.
2. TGI Paris, réf., 19 janv. 2004, préc. s^{s} n° 782.
3. Bouyeure, « L'ordre du jour complémentaire : sanctions et responsabilités », *Administrer* juill. 1982. 6 – Michalopoulos, « L'ordre du jour complémentaire », *IRC* 1978. 201 – de Bonalcazar, « L'ordre du jour complémentaire », *Administrer* juin 2001, 8 – Rép. civ., Atias, *V° Copropriété*, n°s 306 s. – Commagnac et Capoulade, *REDI* 1367 et 1368 – Kischinewsky-Broquisse, n° 421 – Lafond, Roux et Stemmer, s^{s} art. D. 10.
4. En cas de refus du syndic d'inscrire la question : Civ. 3e, 12 mars 2008, n° 07-14.792, NP, *Administrer* juin 2008. 44, obs. Bouyeure – Absence de relation avec les autres questions soumises à l'assemblée générale : Civ. 3e, 20 déc. 2006, n° 05-20.384, NP, *Loyers et copr.* 2007. 60.
5. Rép. min., QE n° 6463, 27 janv. 1968, *JOAN* 1968, p. 1003 – TGI Marseille, 4 mars 1969, *AJPI* 1969. 639, note Cabanac.
6. Sur le caractère impératif du délai : Guillot, art. 22-23, n° 07-09.
7. Observations personnelles du demandeur : Paris, 29 nov. 1995, *Juris-Data* n° 024231, *Loyers et copr.* 1996. 136 – *Administrer* déc. 1996. 35, obs. Bouyeure – Discussion sur la gestion : Civ. 3e, 16 nov. 1989, *Loyers et copr.* 1990. 41 – Formulation d'un simple vœu : Civ. 3e, 17 déc. 1997, n° 96-13.178, *Bull. civ.* III, n° 229; *Administrer* juill. 1998. 52, note Capoulade; *Bull. Csab* n° 98, mars 2002. 44; *AJDI* 1998. 362; *D.* 1998. 131.
8. 2e recomm. de la commission relative à la copropriété, 2.1.1 (v. annexe) – Par exemple : *JCP N* 1989, mat. 942 – Guillot, n° 22-23, n° 7-12 – Pour les projets de décision : Civ. 3e, 15 mars 1983, *JCP* 1983 IV 172.
9. Atias, « Le changement de nature de l'ordre du jour des assemblées générales de copropriétaires », *Administrer* oct. 2004. 47 – Rocher, « Le nouvel ordre du jour, la liberté "à tout moment" », *Administrer* juill. 2005. 22.
10. Civ. 3e, 21 juill. 1999, n° 98-11.785, *RDI* 1999. 680.
11. Paris, 23e ch. B, 29 mars 2001, *Bull. Csab* n° 98, mars 2002, n° 57.

question à l'ordre du jour de l'assemblée. Comme par le passé, il n'est pas juge de la valeur et de l'opportunité de la question[1]. Il engagerait sa responsabilité[2], voire celle du syndicat[3], envers le copropriétaire demandeur, s'il s'abstenait de comprendre la question dans l'ordre du jour. Cette omission n'entraînerait pas, en principe, la nullité de l'assemblée générale, régulièrement convoquée pour le surplus[4]. Cependant, les décisions prises pourraient se trouver viciées si la ou les questions omises avaient influencé la décision de l'assemblée[5], les juges du fond ayant l'obligation de rechercher si les questions omises étaient ou non de nature à influencer le vote des copropriétaires sur les autres questions figurant à l'ordre du jour[6].

L'article 10 ajoute opportunément : « *Toutefois, si la ou les questions notifiées ne peuvent être inscrites à cette (prochaine) assemblée, compte tenu de la date de réception de la demande par le syndic, elles le sont à l'assemblée suivante* ».

L'obligation pour le syndic de saisir l'assemblée se trouve ainsi confirmée. Le texte est impératif (« elles - les questions - le sont à l'assemblée suivante »), mais, en même temps, cet article pose des interrogations qui pourraient alimenter le contentieux. À partir de quel moment la notification de la question sera-t-elle considérée comme tardive ? Ce sera, sans doute, au plus tard, la date d'expédition de la convocation, mais peut-on remonter en de ça, notamment à la mise sous pli de la convocation. Il y a là une question de pur fait dont l'appréciation relève du pouvoir souverain des juges du fond, que trois facteurs pourraient générer : ne pas retomber dans un ordre du jour complémentaire, ne pas retarder l'expédition des convocations, ni en accroître le coût, ne pas fragiliser le lien avec les autres questions inscrites. De toute manière, l'inscription se trouve acquise pour l'assemblée suivante. Il ne saurait être fixé une date limite pour la notification des questions, qui serait très éloignée de l'expédition des convocations.

1. Paris, 26 janv. 1977, *Juris-Data* n° 235026, *AJPI* 1979. 22, note Bouyeure – Paris, 19e ch., 15 déc. 1995, *Juris-Data* n° 024239, *Loyers et copr.* avr. 1996. 182.
2. COMMAGNAC ET CAPOULADE, p. 1369 – KISCHINEWSKY-BROQUISSE, n° 421 – SIZAIRE, note 340 – Civ. 3e, 10 mai 1983, n° 81-16.318, *AJPI* 1984. 81, *Rev. loyers* 1983. 378; *JCP* 1983. IV. 223.
3. Paris, 9 oct. 1991, RG n° 89-2673, *Juris-Data* n° 023383, *Administrer* oct. 1992. 87.
4. GUILLOT, art. 22-23, n° 7-14 – Paris, 7 nov. 1980, *Juris-Data* n° 091533, *RDI* 1980. 249.
5. Civ. 3e, 10 mai 1983, n° 81-16.318, *Bull. civ.* III, n° 112 – Civ. 3e, 9 juill. 1986, n° 85-11.603, *Bull. civ.* III, n° 107; *Administrer* nov. 1986. 23, note Guillot – Paris, 23e ch. B, 28 juin 2001, RG n° 2000/12125, *Loyers et copr.* févr. 2002. 43.
6. Civ. 3e, 3 févr. 1999, n° 97-14.477, *RDI* 1999. 299, préc.

Ces dispositions concernent aussi bien le syndic que l'administrateur provisoire qui, sauf décision contraire dans l'ordonnance de nomination dispose des mêmes droits et se trouve soumis aux mêmes obligations que le syndic.

c) Le décret n° 2010-391 du 20 avril 2010 a ajouté deux alinéas à l'article 10. Ils ont pour objet de rappeler aux copropriétaires et au conseil syndical qu'il convient de joindre le projet de résolution et, selon le cas, les documents complémentaires à la demande d'inscription de la question à l'ordre du jour. Les auteurs de la demande prennent ainsi la responsabilité du libellé de la décision de l'assemblée générale, sauf amendement en cours de séance. Ils permettent ainsi les autres copropriétaires de délibérer sur leur projet en toute connaissance de cause.

D'une part, les auteurs de la demande « *notifient au syndic,... le projet de résolution lorsque cette notification est requise en application des 7° et 8° du I de l'article 11* ». L'article 11 § I mentionne les documents à notifier au plus tard en même temps que l'ordre du jour « pour la validité de la décision » (v. ss n° 791). Le 7° vise « *le projet de résolution* » lorsque l'assemblée est appelée à statuer sur l'une des questions mentionnées par la loi du 10 juillet 1965 aux articles 14-1, 2e alinéa (montant des provisions) et 3e alinéa (fixation des périodes d'exigibilité des provisions du budget prévisionnel), 14-2, 2° alinéa (modalités d'exigibilité des provisions pour les dépenses hors budget), 18, alinéa 7 (dispense d'ouverture du compte séparé), 24, alinéas 2 et 3 (travaux d'accessibilité aux personnes handicapées ou à mobilité réduite), 25, 26, 30, alinéas 1er, 2° et 3° (travaux d'amélioration), 35 (surélévation), 37, alinéas 3 et 4 (opposition au droit réservé) et 39 (travaux d'amélioration ou d'addition après sinistre).

D'autre part, « *le projet de résolution est accompagné d'un document précisant l'implantation et la consistance des travaux* » lorsque le projet de résolution porte sur l'application du troisième alinéa de l'article 24 et du b de l'article 25 de la loi de 1965, c'est-à-dire lorsque la question tend à une autorisation de travaux privatifs sur parties communes, aux frais du copropriétaire. Tel est le cas de la construction d'un ascenseur à l'initiative et aux frais d'un ou de plusieurs copropriétaires. Ces nouvelles dispositions ne peuvent que faciliter la prise de décision et l'exécution des travaux. Le syndic aura le plus grand intérêt à conserver ces documents pour le cas où surviendraient ultérieurement des désordres aux travaux ou causés par eux.

Enfin, le troisième alinéa de l'article 10 prescrit qu'« *à l'occasion de chaque appel de fonds qu'il adresse aux copropriétaires, le syndic rappelle les dispositions de l'alinéa précédent* » concernant l'accompagnement de la demande d'un projet de résolution et, s'il y a lieu, des documents techniques relatifs aux travaux. Ce troisième alinéa ne distingue pas entre les demandes de provisions budgétisées ou de provisions hors budget. Ce rappel périodique présente un caractère purement informatif et son omission, aussi regrettable soit-elle, ne paraît pas de nature à entacher l'appel de provision, ni à dispenser le demandeur de produire le projet de résolution et les documents techniques. En revanche, on peut admettre que la demande notifiée sans ces projets et documents soit irrecevable, sauf le risque d'ouvrir un contentieux sur la valeur des pièces produites.

En outre, il n'est pas inutile de rappeler que l'ordre du jour de l'assemblée générale est établi en concertation avec le conseil syndical.

854 **Ordre du jour (suite).** On observe une tendance des textes législatifs les plus récents à prescrire au syndic l'inscription de certaines questions à l'ordre du jour de l'assemblée générale, qu'il s'agisse de l'intérêt du bon fonctionnement du syndicat ou du souhait d'une meilleure desserte technologique de l'immeuble.

– L'article 18 (al. 1, tiret 5) de la loi de 1965 (loi du 21 juillet 1994, art. 36) charge le syndic de soumettre, lors de sa première désignation et au moins tous les trois ans, au vote de l'assemblée générale la constitution de provisions spéciales pour travaux d'entretien ou de conservations susceptibles de devenir nécessaires dans les trois années à échoir et non encore décidés (v. s^s n° 439).

– L'article 29-1 B (al. 5) de la loi de 1965 (loi du 25 mars 2009, art. 19) prévoit que le syndic inscrit à l'ordre du jour de la prochaine assemblée générale les projets de résolution nécessaires à la mise en œuvre du rapport déposé par le mandataire *ad hoc* au cours de la procédure d'alerte [v. s^s n° 778 d)].

– L'article 62-14 du décret de 1967 (décret du 15 février 1995, art. 8) oblige, selon le cas, le syndic ou l'administrateur provisoire du syndicat en difficulté à saisir la prochaine assemblée générale, voire à la convoquer spécialement, certaines questions préconisées par le rapport ou le prérapport de cet administrateur (v. s^s n° 782).

– L'article 24-1 de la loi de 1965 (loi du 5 mars 2007, art. 9, 1°) dispose que l'ordre du jour de l'assemblée générale comporte de droit l'examen de l'offre au mode numérique du distributeur de services lorsque l'installation ne permet pas encore l'accès aux services nationaux en clair de télévision par voie hertzienne terrestre en mode numérique (v. s^s n° 610).

– L'article 24.2 de la même loi (loi du 4 août 2008, art. 109-1) comporte une disposition identique. Lorsque l'immeuble n'est pas équipé de lignes de communication électroniques à très haut débit en fibre optique, toutes propositions émanant d'un opérateur électronique d'installer, à ses frais, de telles lignes en vue de permettre la desserte des occupants est inscrite de droit à l'ordre du jour de la prochaine assemblée générale (v. s^s n° 610).

– L'article 24.3, introduit dans la loi du 10 juillet 1965 par la loi n° 2009-258 du 5 mars 2009 relative à la communication audiovisuelle et au nouveau service public de la télévision, fait inscrire de plein droit à l'ordre du jour de l'assemblée générale un projet de résolution sur les travaux nécessaires à la réception de la télévision numérique par l'antenne collective de l'immeuble installée pour la réception de la télévision par voie hertzienne terrestre (v. s^s n° 470).

– L'article 24-4 de la loi de 1965 (L. n° 2010-788, 12 juill. 2010) prescrit au syndic de tout immeuble en copropriété équipé d'une installation collective de chauffage ou de refroidissement d'inscrire à l'ordre du jour de l'assemblée générale qui suit l'établissement d'un diagnostic de performance énergétique prévu à l'article L. 134-1 du code de la construction et de l'habitation ou d'un audit énergétique prévu à l'article L. 134-4-1 du même code la question d'un plan de travaux d'économie d'énergie ou d'un contrat de performance énergétique (v. s^s n° 910).

– L'article 24-5 de la loi de 1965 (L. 12 juill. 2010) prévoit que le syndic inscrive à l'ordre du jour de l'assemblée générale la question des travaux permettant la recharge des véhicules électriques ou hybrides et des conditions de gestion ultérieure du nouveau réseau électrique, ainsi que la présentation des devis élaborés à cet effet, lorsque l'immeuble en copropriété possède des emplacements de stationnement d'accès sécurisé à usage privatif sans être équipé des installations électriques intérieures permettant l'alimentation de ces emplacements pour la recharge de ces véhicules et le comptage individuel des consommations (v. s^s n° 915).

– L'article 24-6 de la loi de 1965 (L. 12 juill. 2010) impose au syndic d'inscrire à l'ordre du jour de l'assemblée générale l'information sur l'exercice par les copropriétaires du droit de délaissement prévu à l'article L. 515-16 du code de l'environnement lorsque l'immeuble en copropriété est situé dans l'un des secteurs visés au § II de ce dernier article.

L'introduction de ces trois nouveaux articles par la loi dite « Grenelle II », après l'article 24 est d'autant plus remarquable que la majorité décisoire relève de l'article 24 ou de l'article 25, selon le cas, pour l'article 24-4, de l'article 25 pour l'article 24-5 et que l'article 24-6 organise une simple mesure d'information et de constatation, sans que l'assemblée ait à décider.

855 d) Rappel des modalités de consultation des pièces justificatives de charges (Décr. 17 mars 1967, art. 9, al. 1er) [1]. L'article 9, alinéa 1, du décret du 17 mars 1967, complété par le décret du 9 juin 1986, exige, impérativement que la convocation rappelle les modalités de consultation des pièces justificatives des charges, telles que ces modalités ont été arrêtées par l'assemblée générale en application de l'article 18-1 de la loi du 10 juillet 1965, modifiée par la loi de 1985. Cette disposition oblige, en effet, le syndic à tenir à la disposition, *de tous les copropriétaires*, et plus seulement à celle des membres du conseil syndical, les pièces justificatives de charges, pendant le délai s'écoulant entre la convocation de l'assemblée générale appelée à connaître des comptes et la tenue de celle-ci, selon les modalités définies par l'assemblée générale. Ce même texte précise aussi les différentes modalités de consultation (v. ss nos 1035, 1036).

Cette formalité s'impose pour chaque assemblée générale appelée à statuer sur les comptes du syndicat. La connaissance qu'aurait eu un copropriétaire de sa faculté de consulter les pièces justificatives, avant la réunion, ne dispense pas le syndic de respecter les dispositions réglementaires.

La méconnaissance de cette mention obligatoire n'affecte de nullité que les décisions concernant les comptes du syndicat [2].

L'application de ce texte suppose néanmoins l'antériorité de la définition des modalités de consultation des pièces par l'assemblée générale [3], décision prise à la majorité de l'article 24 de la loi. L'absence de décision ne remet pas en cause le principe selon lequel le syndic doit tenir les pièces à la disposition des copropriétaires, au moins un jour ouvré, pendant le délai prescrit [4]. La contestation doit être rejetée, dès lors que le syndic a tenu les pièces à disposition et précisé dans la convocation les modalités légales de consultation [5]. En tout cas, ne saurait correspondre aux exigences des textes la décision d'assemblée invitant les copropriétaires à se joindre aux membres du conseil syndical lors de la vérification des comptes effectuée préalablement à l'envoi de la convocation [6]. La loi ouvre un droit de consultation et non un droit de copie [7].

Saisi de conclusions tendant à l'annulation de la décision sur les comptes, en raison de l'omission de ce rappel, le juge ne peut les accueillir sans rechercher si l'assemblée avait antérieurement arrêté les modalités de consultation et sans constater la défaillance du syndic à tenir les pièces à la disposition des copropriétaires [8].

Cette communication par le syndic entre dans les actes de gestion courante [9].

C. Notifications complémentaires

856 Notifications complémentaires [10] **:** l'article 11 du décret du 17 mars 1967 [11] « qui est l'une des dispositions les plus importantes et les plus originales » de ce texte [12], inspiré du droit des sociétés, impose de joindre à l'ordre du jour un certain nombre de documents ou projets selon l'objet des questions soumises à l'assemblée. Cette mesure est destinée à informer les copropriétaires afin qu'ils puissent se prononcer par un vote éclairé et délibérer en connaissance de cause à l'assemblée.

1. Lafond, « La mise à disposition des copropriétaires des pièces justificatives des charges de copropriété », *Administrer* déc. 1988. 14 – Vigneron, *JCP, V° Copropriété*, fasc. 630.
2. Paris, 13 juin 1990, n° 89/1103, *Juris-Data* n° 022375, *D.* 1990. IR 190 ; *RDI* 1990. 411 ; *D.* 1992. Somm. 136 – Civ. 3e, 19 janv. 1994, n° 92-15.624, *D.* 1996. Somm. 161, obs. Capoulade ; *RDI* 1994. 297 – Paris, 21 oct. 2004, *Administrer* févr. 2005. 51, obs. Bouyeure – Civ. 3e, 12 avr. 2005, *Administrer* juill. 2005. 51, obs. Bouyeure.
3. Civ. 3e, 4 janv. 1991, n° 89-15.779, *Bull. civ.* III, n° 4 ; *D.* 1992. Somm. 136, obs. Lafond ; *IRC* 1991. 190, obs. Sizaire – Civ. 3e, 8 juin 1994, n° 92-17.607, *Bull. civ.* III, n° 117 ; *D.* 1996. Somm. 162, obs. Capoulade ; *AJDI* 1994. 642 ; *RDI* 1994. 498.
4. SUR la communication des charges impayées : Paris, 13 nov. 1992, RG n° 89/1103, *Juris-Data* n° 022947, *Loyers et copr.* 1993. 73 – SUR le décompte des intérêts de retard dus par un copropriétaire, qui n'a pas à être notifié : Paris, 11 janv. 1994, *Juris-Data* n° 020327, *D.* 1994. Somm. 128, obs. Atias.
5. Civ. 3e, 12 avr. 2005, n° 03-18.027, *Administrer* juill. 2005. 51, obs. Bouyeure.
6. Paris, 23e ch. B, 15 mars 2001, RG n° 1999/18413, *Dossier Csab* n° 98, mars 2002, n° 46.
7. Paris, 10 mai 2000, *Dossier Csab* n° 87, oct. 2000, n° 96.
8. Civ. 3e, 19 janv. 1994, n° 92-15.624, *D.* 1996. Somm. 162, obs. Capoulade *RDI* 1994. 297 – Civ. 3e, 8 juin 1994, n° 92-17.607, *Bull. civ.* III, n° 117 ; *D.* 1996. Somm. 162, obs. Capoulade ; *AJDI* 1994. 642 ; *RDI* 1994. 498.
9. Lafond, Roux, Stemmer, *op. cit.*, ss L. 18-1, n° 8.
10. KISCHINEWSKY-BROQUISSE, nos 422 s. – GUILLOT, art. 22-23, nos 8-01 s. – LAFOND, ROUX ET STEMMER, ss art. D. 11 – COMMAGNAC ET CAPOULADE, p. 1366 – Bouyeure, « Les notifications devant être faites aux copropriétaires en vue des assemblées générales », *Rev. hab. fr.* oct. 1980. 699 – Morand, « Notifications préalables à l'assemblée générale », *Gaz. Pal.* 1971. 2, 766 – Lafond, « Les documents à notifier aux copropriétaires lors de la convocation des assemblées », *IRC* 1990. 291 – Rocher, « Notifications et délais en copropriété », *IRC* juill.-août 2000 – Michalopoulos, « Les notifications complémentaires », *IRC* déc. 2005. 22 – Bouyeure, *op. cit.*, nos 129 s. – Capoulade, « La copropriété de l'an 2000 », *Administrer* oct. 2004. 29.
11. Modifié et complété par les décrets des 9 juin 1986, 15 févr. 1995, 27 mai 2004 et 20 avr. 2010.
12. COMMAGNAC ET CAPOULADE, préc.

L'observation de l'article 11 § I revêt d'autant plus d'importance qu'elle conditionne la validité de la décision de l'assemblée générale qui, selon l'article 13 du décret « *ne prend de décision valide que... dans la mesure où les notifications ont été faites conformément aux dispositions des articles 9 à 11-I* » du décret[1].

Les documents et projets mentionnés par l'article 11 doivent être *notifiés*, dans les formes de l'article 64 du décret, *au plus tard en même temps que l'ordre du jour :* c'est le terme à ne pas dépasser afin de ménager un temps suffisant de réflexion. Il s'agit bien d'une notification et non d'un envoi simple, d'un affichage, d'une communication[2], d'une simple distribution, d'une lecture[3], avant ou pendant la réunion, d'un dépôt sur le bureau de l'assemblée. Il ne peut être suppléé à la notification par une prise de connaissance, une information, par des sources personnelles d'information des copropriétaires[4], une mise à disposition ou par le procès-verbal d'une précédente assemblée[5]. Il ne serait pas suffisant pour donner une base légale à sa décision que le juge relève que les documents aient été adressés, envoyés, transmis, remis, postés, déposés. En raison de l'autonomie des assemblées, la notification doit être renouvelée si la première assemblée n'a pas eu lieu[6] ou si la question est une nouvelle fois portée à l'ordre du jour[7]. Toutefois, les notifications n'ont pas à être renouvelées lorsqu'une seconde assemblée est réunie, en application de l'article 25-1 de la loi, et si l'ordre du jour ne porte que sur les questions inscrites à l'ordre du jour de la précédente assemblée (Décr., art. 19)[8].

Le texte de l'article 11 § I présente un caractère *impératif*, mais aussi *limitatif*[9]. *C'est ainsi que les notifications prévues à l'article 11 n'apparaissent pas nécessaires s'il s'agit seulement de voter sur la mise à « l'étude des modifications qu'il serait souhaitable d'apporter au règlement de copropriété »*[10] *ou, d'une manière générale, s'il s'agit de procéder à un vote sur une question non susceptible d'effectivité.*

Il appartient à celui qui convoque l'assemblée (notamment au syndic ou à l'administrateur provisoire) d'établir que les documents exigés par l'article 11 ont bien été notifiés au plus tard en même temps que l'ordre du jour[11].

Actuellement, l'article 11 prévoit dix-huit cas de notification selon la nature et l'objet de la décision à prendre, en distinguant selon que la notification est faite pour la validité de la décision (13 cas – V. s^{s} n°s 857 à 863) ou pour l'information des copropriétaires (5 cas – V. s^{s} n° 868). Cette distinction entraîne des conséquences quant à la sanction attribuée à l'absence ou à l'irrégularité de la notification complémentaire (v. s^{s} n° 868).

857 Notifications complémentaires – Comptes et budget (art. 11, 1° et 2°).

a) Approbation des comptes (art. 11-1er) « *Lorsque l'assemblée est appelée à approuver les comptes* », l'article 11, 1er, prévoit la notification de plusieurs documents relatifs aux comptes à approu-

1. La jurisprudence est constante pour admettre la nullité des décisions votées sans que la notification prescrite par l'article 11 § I ait été respectée en la forme, peu important que l'inobservation fasse ou non grief au demandeur, qu'elle porte ou non atteinte à ses intérêts; il s'agit ici d'une question de fond et non de procédure – Civ. 3e, 8 juill. 1980, n° 79-13.009, *Bull. civ.* III, n° 133; *D.* 1981. IR 399; *AJPI* 1981. 279; *Administrer* déc. 1980. 31 – Civ. 3e, 5 juill. 1989, n° 87-18.947, *Bull. civ.* III, n° 155; *JCP* 1989. 42; *Gaz. Pal.* 25 mai 1990 n° 145-146; *Defrénois* 30 mars 1990 n° 6; *IRC* 1990. 172, note Capoulade – Civ. 3e, 14 janv. 1998, n° 96-14.099, *IRC* juill. 1998. 16, note Capoulade; *RDI* 1998. 292 – Le moyen tiré du défaut de notification, étant mélangé de fait et de droit, ne peut être invoqué pour la première fois devant la Cour de cassation : Civ. 3e, 25 nov. 1980, *D.* 1981. IR 399. EN CAS de demande en nullité inspirée par des soucis purement dilatoires : TGI Paris 13 sept. 1989, *Administrer* juin 1990. 50, note Gélinet.
2. Civ. 3e, 4 janv. 1996, n° 93-19.238, *Bull. civ.* III, n° 1; *D.* 1997. 15; *RDI* 1996. 270 – Civ. 3e, 9 juill. 1997, n° 95-12.040; *RDI* 1997. 621 – Civ. 3e, 11 mars 1998, n° 96-12.479, *Bull. civ.* III, n° 59; *RDI* 1998. 292; *D.* 2000. 136; *Administrer* avr. 1998. 49, note Capoulade. – Paris, 17 déc. 1998, RG n° 1998/05361, *RDI* 1999, 148 – Civ. 3e, 11 mars 1998, n° 96-12.479, *Bull. civ.* III, n° 59; *RDI* 1998. 292; *D.* 2000. 136, *Administrer* avr. 1998. 49, note Capoulade.
3. Civ. 3e, 14 mars 2001, n° 99-16.369, *AJDI* 2001. 710; *Administrer* juin 2001. 40, obs. Bouyeure.
4. Paris, 21 sept. 1994, RG n° 93-5395, *Juris-Data* n° 022798, *RDI* 1995. 159.
5. Paris, 10 mai 1995, *Juris-Data* n° 021393, *Loyers et copr.* 1995. 446.
6. Civ. 3e, 2 oct. 2001, n° 00-10.247, *AJDI* 2001. 991, obs. Capoulade; *Loyers et copr.* 2002, n° 18 – Paris, 23e B, 12 nov. 1998, RG n° 1996/20646, *RDI* 1999. 148.
7. V. *RDI* 1994. 298, col. 1.
8. Des décisions ont aussi admis que, si l'assemblée générale a été convoquée d'urgence, le syndic pouvait soumettre les devis des travaux urgents au cours de la réunion (TGI Paris, 25 juin 1980, *D.* 1981. IR 398), ou encore remettre un rapport d'expert, lorsqu'il s'agit d'arrêter les comptes de la précédente gestion pour permettre au nouveau syndic de dégager sa responsabilité à cet égard : Paris, 10 nov. 1995, *Juris-Data* n° 023561, *Loyers et copr.* avr. 1996. 183.
9. SUR le caractère limitatif : Civ. 3e, 13 déc. 1977, n° 76-12.240, *Bull. civ.* III, n° 443, *Administrer* sept. 1978. 29 – Paris, 10 mai 1979, *D.* 1980. IR 451.
10. Civ. 3e, 20 oct. 1981, *Gaz. Pal.* 1982. 1. pan. 103 – Civ. 3e, 14 oct. 1980, *D.* 1981. IR 399; *Administrer* mars 1981. 28.
11. Civ. 3e, 26 oct. 1983, *Administrer* avr. 1994. 42, note Guillot – Civ. 3e, 22 juin 1994, n° 92-18.669, *Bull. civ.* III, n° 128; *RDI* 1994. 494 – Civ. 3e, 6 mars 2002, n° 00-18.811, *AJDI* 2002. 534, obs. Capoulade. – RAPPR. en cas de refus du pli recommandé : Paris, 22 sept. 2005, RG n° 04/19552, *Loyers et copr.* févr. 2006. 40.

ver[1, 2] : « *L'état financier du syndicat, son compte de gestion général, avec comparatif des comptes de l'exercice précédent approuvé* ».

Ces documents doivent être présentés en conformité aux modèles types établis par le décret n° 2005-240 du 14 mars 2005 relatif aux comptes du syndicat et à ses annexes[3], à compter de l'entrée en vigueur de ce décret (exercices ouverts à compter du 1er janv. 2007). Jusqu'à cette date, les dispositions antérieures demeuraient en vigueur.

L'article 11 n'énumère plus l'état des dettes et des créances qui correspondait à une comptabilité de trésorerie, mais permettait de relever les copropriétaires défaillants[4]. Désormais, la liste individualisée, avec le nom et le montant de la dette, est jointe à l'annexe I (comptes 45 et 459, renvoi 2).

Comme par le passé, il ne s'agit pas de notifier la totalité des pièces permettant d'apprécier les modalités de la gestion du syndic[5], ni de joindre les factures et autres justificatifs[6]. En revanche, il ne suffirait pas que le conseil syndical collationne les factures[7] ou que soit notifiée la seule situation de trésorerie.

L'identification précise des documents configurés par les annexes, évitera les partages de jurisprudence et de doctrine sous l'empire de la réglementation antérieure[8].

Bien que la loi du 13 décembre 2000, modifiant l'article 18 de la loi de 1965, impose l'ouverture par le syndic d'un compte séparé au nom du syndicat, sauf dispense, le décret d'application ne prévoit plus la notification du solde de ce compte, lorsqu'il est ouvert[9].

L'approbation des comptes généraux du syndicat se différencie totalement du *quitus* au syndic. Ces deux questions, étrangères l'une à l'autre, font l'objet de votes séparés et il n'existe entre elles aucune indivisibilité de droit ou de fait[10]. Les documents notifiés pour l'approbation des comptes ne peuvent servir pour le *quitus* et aucun texte n'exige la notification de documents particuliers pour cette dernière question. Il appartient, le cas échéant, au syndic d'apprécier l'opportunité ou l'intérêt d'établir un « rapport moral ».

b) Budget prévisionnel. (art. 11, 2e) « *Lorsque l'assemblée est appelée à voter le budget prévisionnel* », l'article 11, 2e prescrit la notification du « *projet du budget présenté avec comparatif du dernier budget prévisionnel voté* ». Le décret de 1967 exigeait déjà la notification du projet de budget prévisionnel qu'il instituait. Il s'agit désormais du budget prévisionnel prévu par l'article 14-1 de la loi et qui concerne les « dépenses courantes de maintenance, de fonctionnement et d'administration des parties communes et équipements communs de l'immeuble » (v. ss nos 1040 s.). Son vote subordonne l'utilisation éventuelle de la procédure de recouvrement accéléré des provisions (loi de 1965, art. 19-1). Il ne saurait comprendre les dépenses hors budget qui relèvent de l'article 11, 3e du décret.

Le budget prévisionnel notifié s'accompagne d'un comparatif avec le dernier budget prévisionnel voté.

1. Civ. 3e, 15 mars 1983, *JCP* 1983. IV. 172 – Paris, 15 oct. 1990, RG n° 88/8.657, *Juris-Data* n° 023928, *D.* 1990. IR 274 – La notification ne concerne pas l'arrêté des comptes pour permettre à un nouveau syndic de commencer sa gestion : Paris, 4 juill. 1984, *D.* 1984. IR 407, obs. Giverdon – Ces documents ne concernent que les comptes du syndicat, à l'exclusion de la période antérieure à son existence : Civ. 3e, 11 mars 1998, n° 96-17.728, *RDI* 1998. 295.
2. Civ. 3e, 18 déc. 1996, n° 94-18.906, *AJPI* 1997. 655; *Administrer* mai 1997, note Bouyeure.
3. Rép. min., QE n° 70679, Chr. Jeanjean, *JOAN* 18 juill. 2006, p. 7621 : absence de distinction entre les annexes.
4. Rép. min., QE, *JCP* IV, 82, qui précise que la loi du 6 janvier 1978 informatique et liberté ne s'oppose pas à cette désignation dans l'état des créances – EN CE SENS : Paris, 13 nov. 1993, *Loyers et copr.* 1993. 73 – Désormais, cette désignation ne pourrait donc résulter que par différence dans l'absence de recettes.
5. Paris, 11 sept. 1992, RG n° 90/003952, *Juris-Data* n° 022415, *Administrer* juin 1993. 29, obs. Guillot.
6. Civ. 3e, 22 juin 1994, n° 92-18.669, *RDI* 1994. 494 – De même, il ne suffirait pas que le syndic notifie tous les trimestres le relevé des dépenses trimestrielles, Paris, 2 juin 1987, *Juris-Data* n° 023245, *Loyers et copr.* 1987. 423 – EN SENS CONTRAIRE : Paris, 27 sept. 1984, *Juris-Data* n° 025745, *Administrer* mars 1985. 39.
7. Dans son dernier état, la jurisprudence admettait « l'équivalence » des documents, dès lors que les documents notifiés, sans répondre strictement à la réglementation, permettaient aux copropriétaires de connaître exactement la situation comptable du syndicat. Néanmoins, cette appréciation ne relevait pas, comme dans un premier temps, du pouvoir souverain des juges du fond. Il leur appartenait d'analyser les documents querellés et d'en déduire une connaissance suffisante de la situation par le copropriétaire. Sauf dénaturation, la Cour de cassation se réservait un contrôle léger de déduction, marqué par l'expression « a pu » : Civ. 3e, 13 juin 1990, n° 88-15.826, *Bull. civ.* III, n° 146; *RDI* 1990. 528; *JCP* 1990. IV. 305; *AJDI* 1991. 25; *D.* 1991. 80 : annulation d'une approbation de comptes au vu du seul état détaillé des dépenses – EN CE SENS : Civ. 3e, 8 janv. 1992, n° 89-16.303, *RDI* 1992. 246; *IRC* 1992. 277, note Capoulade; *D.* 1992. IR 52 – Civ. 3e, 6 juill. 1994, n° 89-16.212, *Bull. civ.* III, n° 142; *Administrer* janv. 1995. 56, note Capoulade; *RDI* 1994. 698; *D.* 1996. 162.
8. Civ. 3e, 6 juill. 1994, n° 89-16.212, *Bull. civ.* III, n° 142; *D.* 1996. Somm. 162, obs. Capoulade; *Administrer* janv. 1995. 56, note Capoulade; *RDI* 1994. 698.
9. Rép. min. nos 14889, 35492, *JOAN Q* 30 juin 2009, p. 6691.
10. Civ. 3e, 24 sept. 2003, n° 02-12.588, NP – Civ. 3e, 26 sept. 2007, n° 06-11.191, *Bull. civ.* III, n° 152 (v. ss n° 851).

Ce budget est présenté en conformité avec le modèle établi par le décret relatif aux comptes du syndicat. Jusqu'à la date de l'entrée en vigueur de ce décret, la présentation de ce budget se faisait suivant le texte antérieur. La question se pose de savoir quelle forme revêtiront les documents à notifier lorsque le syndicat est dispensé de tenir une comptabilité en partie double (L. ENL, art. 92, mod. L. 1965, art. 14-3).

Il importe que l'assemblée générale décide de la périodicité et du quantum des échéances, à défaut les trimestrialités légales représentant le quart du budget s'imposeront. La date d'exigibilité (premier jour de la période) est seule invariable (L. 1965, art. 14-1, al. 2).

858 Notifications complémentaires – Les contrats (art. 11, 3ᵉ). « *Lorsque l'assemblée est appelée à approuver un contrat, un devis ou un marché, notamment pour la réalisation de travaux* », l'article 11, 3ᵉ prévoit la notification des « *conditions essentielles du contrat ou, en cas d'appel à la concurrence, des contrats proposés* ». Cette disposition appelle une série d'observations :

Cette nouvelle rédaction reçoit une application plus large que celle de l'ancien article 11-4ᵉ du décret. Elle intéresse tous les contrats, devis ou marchés, relatifs ou non à la réalisation de travaux[1, 2], y compris ceux de l'article 26-3[3], ce qui englobe toujours les transactions[4], les actes d'acquisitions et de dispositions immobilières (art. 26 a et 26-3) et les modalités des actes de dispositions résultant d'obligations légales ou réglementaires (art. 26 d)[5]. Quant au contrat de syndic, il est spécialement visé par l'article 11, 4ᵉ du décret, et ceux de l'article 39 sont désormais énumérés spécifiquement (art. 11-5ᵉ).

La même difficulté se rencontre à propos du contenu des « conditions essentielles » (16ᵉ recommandation de la commission relative à la copropriété, v. en annexe). L'article 11, 3ᵉ n'exige nullement la notification de tous les documents préalables, ni du devis lui-même, ni de l'intégralité des conditions du contrat; la notification des conditions essentielles suffit[6]. La nature et l'importance de ces conditions varient avec la nature du contrat[7].

Pour une vente qui se forme par l'accord sur la chose et le prix, l'identification de la chose et le montant du prix représentent les éléments essentiels du contrat[8].

Pour un marché de travaux, un arrêt retient le coût global des travaux, sa répartition par corps d'état et par bâtiment, la présence de l'architecte à l'assemblée pouvant fournir aux copropriétaires présents toutes les précisions utiles[9]. Encourraient l'annulation les décisions prises en raison de l'insuffisance d'informations sur les conditions essentielles du contrat à la suite d'une convocation se bornant à mentionner « la réfection du réseau d'égout pour 550 000 F[10] », « la lecture d'un marché lors d'une assemblée générale antérieure[11] », « aux conditions d'un devis actualisé[12] », le coût global des travaux[13].

1. Sous l'empire de l'ancien texte, jugé que les anciennes dispositions ne s'appliquaient pas aux conventions qui n'étaient pas relatives à la réalisation de travaux, notamment à la réalisation d'espaces verts : Civ. 3ᵉ, 13 déc. 1977, nº 76-12.240, *Bull. civ.* III, nº 443; *D.* 1978. IR 295; *Administrer* sept. 1978. 29.
2. Ces notifications ne s'imposent pas pour les simples travaux d'entretien, à l'initiative du syndic et qui sont inclus dans le budget prévisionnel.
3. Paris, 24 nov. 1992, *Juris-Data* nº 024192, *Loyers et copr.* 1993. 113, qui considère que l'obligation de notification préalable ne concerne pas les travaux que le syndic décide d'exécuter en cas d'urgence.
4. TGI Paris, 4 mars 1976, *D.* 1976. IR 305 – Il ne peut être opposé à l'obligation de notifier les conditions essentielles d'une transaction, la confidentialité de la correspondance entre avocats, car le syndicat ne peut être privé de la possibilité d'examiner, d'approuver ou de désapprouver les agissements de son conseil : *Bull. Csab* nº 98, mars 2002, nº 56.
5. Civ. 3ᵉ, 27 juin 1978, *D.* 1979. IR 125; *Administrer* juill. 1979. 32, à propos de la communication d'un protocole d'accord notifié en vue de la ratification d'une convention de cour commune.
6. Civ. 3ᵉ, 3 juill. 1996, nº 94-12.631, *IRC* févr. 1997. 7, note Capoulade; *RDI*, 1996, 607 – Paris, 16 mars 1989, RG nº 87/016272, *Juris-Data* nº 020988, *RDI* 1989. 392 et 504.
7. Michalopoulos, « Les notifications, article 11 nouveau du décret du 17 mars 1967 », *IRC* déc 2005, 22.
8. Civ. 3ᵉ, 3 févr. 1999, nº 97-13.389, *Bull. civ.* III, nº 28; *RDI* 1999. 300; *Administrer* juin 1999. 43, note Capoulade; *JCP* 1999. IV 1572; *AJPI* sept. 1999. 799, note Guitard.
9. EN CE SENS : Paris, 7 mai 1991, RG nº 89/17.507, *Juris-Data* nº 021795, *Loyers et copr.* 1991. 317 – POUR utile qu'elle soit, la présence de l'architecte ne peut cependant pas pallier l'insuffisance des documents notifiés : obs. Givord et Giverdon, sˢ Paris, 16 mars 1989, RG nº 87/016272, *Juris-Data* nº 020988, *RDI* 1989. 392 et 504, préc. – POUR LAFOND, ROUX ET STEMMER (sous D. 11), les conditions essentielles sont *a priori*, les suivantes : état détaillé des travaux à exécuter, les matériaux utilisés, le prix par articles des prestations prévues avec évaluation de la main d'œuvre, des matériaux et fournitures, l'indication du caractère ferme ou révisable des prix proposés, les conditions d'exécution et de paiement – V. 16ᵉ recomm. de la commission relative à la copropriété – GUILLOT, art. 22, 23, nᵒˢ 8-28 et 29.
10. Paris, 18 févr. 1987, RG nᵒˢ L 5871 et M 4172, *Juris-Data* nº 020428, *RDI* 1987. 284, qui tire de l'annulation de la décision la conséquence que les demandeurs n'ont pas à payer les appels de fonds afférents aux travaux, ni les frais de procédure.
11. Civ. 3ᵉ, 18 déc. 1996, nº 94-18.906, *Bull. civ.* III, nº 241; *IRC* juill. 1997. 8, note Capoulade; *AJDI* 1996. 655.
12. Civ. 3ᵉ, 22 mars 2000, nº 98-12.779, *RDI* 2000. 239; *AJDI* 2001. 255, note Guitard.
13. Paris, 18 févr. 1987, nᵒˢ L 5871 et M 4172, *Juris-Data* nº 020428, *RDI* 1987. 284, obs. Givord et Giverdon.

Il a été admis que les conditions essentielles du contrat proposé pouvaient être comprises dans l'intitulé de la question [1].

S'appuyant sur la lettre même du texte qui est au singulier, la Cour de cassation a jugé que le syndic pouvait ne notifier qu'*un seul devis* [2]. Néanmoins, l'assemblée générale arrête désormais le montant des marchés et contrats à partir duquel une mise en concurrence est obligatoire. Lorsque l'assemblée n'en a pas fixé les conditions, la mise en concurrence résulte d'une pluralité de devis ou de l'établissement d'un devis descriptif des travaux soumis à l'évaluation de plusieurs entreprises. La notification d'un tableau comparatif présente le plus grand intérêt pour aider à la décision [3].

Dans la mesure où les dépenses relèvent de l'article 14-2 de la loi, l'échelonnement des paiements présente de l'intérêt puisqu'il va déterminer la date de chaque appel de fonds, s'agissant de dépenses hors budget (art. 11. 7ᵉ). L'assemblée générale a seule qualité pour fixer les modalités d'exigibilité des sommes afférentes à ces dépenses.

Le caractère suffisant de l'information, déduit des constatations de fait et de l'analyse des documents, fait l'objet d'un « contrôle léger » de la Cour de cassation [4].

859 Notifications complémentaires, conventions avec le syndic (art. 11-4ᵉ et 5ᵉ). Lorsque l'ordre du jour de l'assemblée générale porte sur le vote d'une convention entre le syndicat et le syndic [5], l'article 11 exige la notification du projet de contrat et non seulement de ses conditions essentielles.

a) - *Le contrat de syndic* (v. sˢ nᵒ 1060) (art. 11, 4ᵉ) [6]. Doivent être notifiés au plus tard en même temps que l'ordre du jour « *le ou les projets de contrat du syndic, lorsque l'assemblée est appelée à désigner le représentant légal du syndicat* ». Ainsi, le contrat de syndic qui n'est autre que les conditions du mandat, fait son apparition dans un texte réglementaire. Il ne suffit plus de notifier les conditions essentielles (rémunération [7], mission, conditions d'exécution, durée du mandat), mais, selon la lettre même du texte, le projet de contrat lui-même. Cette notification est obligatoire même en cas de « renouvellement » du mandat [8], ce qui s'analyse juridiquement en une désignation, (art. 28, al. 3 du décret). Il ne suffirait pas de se référer au précédent contrat, approuvé lors d'une assemblée antérieure. En cas de candidatures multiples, le projet de contrat de chaque candidat fera l'objet d'une notification [9]. La consultation préalable du conseil syndical sur le contrat n'est pas obligatoire [10].

Il résulte des nouvelles dispositions de l'article 29, alinéa 2, du décret que l'assemblée prend une seule décision pour désigner le syndic et approuver le contrat de mandat.

La dispense d'ouverture d'un compte séparé fait l'objet d'une question et d'un vote distincts de la question, portant sur la désignation du syndic et le contrat de mandat [11].

b) *Les conventions de l'article 39* (art. 11, 5ᵉ). Les décrets des 27 mai 2004 et 20 avril 2010 soumettent les conventions passées entre le syndicat, le syndic (notamment le contrat de syndic « outre les projets mentionnés au 4° ci-dessus »), ses préposés, son conjoint, le partenaire lié à lui par un Pacs, ses parents ou alliés jusqu'au troisième degré inclus, à une autorisation spéciale de l'assemblée générale des copropriétaires. À cette occasion, la notification concerne :

- la convention entre le syndicat et ces personnes (art. 39, al. 1ᵉʳ) ;

1. Paris, 9 oct. 1992, *RDI* 1993. 127 – SUR POURVOI : Civ. 3ᵉ, 23 nov. 1994, nᵒ 92-21.367, *Bull. civ.* III, nᵒ 199; *Loyers et copr.* 1995. 87; *AJPI* 1995. 215; *RDI* 1995. 161; *D.* 1997. Somm. 248, obs. Capoulade; *Gaz. Pal.* 28 oct. 1995. Somm. comm. *V° Copropriété*, note Gélinet – EN L'ESPÈCE, l'ordre du jour relatif à l'acquisition de parties communes par deux copropriétaires, précisait l'assiette de chaque acquisition, le prix proposé, les modalités de la remise en état, ainsi que sa charge; il contenait à lui seul les conditions des contrats proposés et les informations fournies étaient suffisantes.
2. Civ. 3ᵉ, 3 juill. 1996, nᵒ 94-12.631, *IRC* 1997. 7, note Capoulade; *RDI* 1996. 607.
3. PAR EXEMPLE : Rapport de synthèse d'un homme de l'art – V. Commission relative à la copropriété, 16ᵉ recomm.
4. Civ. 3ᵉ, 13 juin 1990, nᵒ 88-15.826, *Bull. civ.* III, nᵒ 146; *AJDI* 1991. 25; *D.* 1991. 80 – Civ. 3ᵉ, 8 janv. 1992, nᵒ 89-16.303, *Bull. civ.* III, nᵒ 1; *IRC* 1992. 277, note Capoulade; *RDI* 1992; *Administrer* sept. 1992. 49, note Guillot.
5. Civ. 3ᵉ, 22 nov. 1994, nᵒ 93-10.469, *D.* 1997. Somm. 249, *RDI* 1995. 156 – Civ. 3ᵉ, 11 oct. 2005, nᵒ 04-17.178, *AJDI* 2006. 285; *Loyers et copr.* 2006. 23.
6. GUILLOT, art. 22 – 23, nᵒ 8-26 – KISCHINEWSKY-BROQUISSE, nᴼˢ 371 et 426-3ᵉ – LAFOND, ROUX ET STEMMER, sˢ D. 11, nᵒ 16.
7. Nullité du mandat si les honoraires de base n'étaient pas indiqués, Paris, 14 oct. 1994, RG nᵒ 94/001975, *Juris-Data* nᵒ 023257, *RDI* 1995. 160; et les exigences légales non satisfaites, Versailles, 8 mars 1982; *Administrer* sept. 1983. 28, obs. Guillot.
8. Civ. 3ᵉ, 18 déc. 1996, nᵒ 94-18.906, *Bull. civ.* III, nᵒ 241; *Administrer* mai 1997. 44 et la note; *AJPI* 1997. 655 et la note; *AJPI* 1997. 655; *IRC* juill.-août 1997, 8, note Capoulade – Bouyeure, *op. cit.*, nᵒ 149, « Le renouvellement du mandat du syndic est une notion vide de sens sur le plan juridique ».
9. Civ. 3ᵉ, 17 déc. 1997, nᵒ 96-13.032, *Administrer* avr. 1998. 49; *RDI* 1998. 132.
10. Paris, 10 nov. 2005, RG nᵒ 05/01415, *AJDI* 2006. 131.
11. Rép. min. nᵒ 70678, Jeanjean, *JOAN Q* 20 déc. 2005, p. 11827 – Civ. 3ᵉ, 21 juin 2006, nᵒ 05-15.752, *Bull. civ.* III, nᵒ 156; *Loyers et copr.* 2006. 206, obs. Vigneron; *AJDI* 2007. 209; *D.* 2006. 2764.

– la convention entre le syndicat et une entreprise dont ces personnes sont propriétaires ou détiennent une participation dans son capital, ou dans lesquelles elles exercent des fonctions de direction ou de contrôle, ou dont elles sont salariées ou préposées (art. 39, al. 2);

– la convention, lorsqu'il s'agit d'autoriser le syndic, personne morale, à contracter pour le compte du syndicat avec une entreprise qui détient, directement ou indirectement, une participation dans son capital (art. 39, al. 3).

La notification ne porte plus, comme par le passé, sur les seules conditions essentielles du contrat proposé, mais sur la convention elle-même. La précision sur la nature des liens qui rendent l'autorisation obligatoire présente un grand intérêt pour éclairer l'assemblée sur la nature et les conditions de l'autorisation à accorder. Il peut être opportun de consigner cette déclaration au procès-verbal. Toutefois, la loi n'assortit cette obligation d'aucune sanction.

L'article 11 prévoit désormais expressément la notification préalable du ou des projets de contrat du syndic (4e), et celle de la convention mentionnée à l'article 39, (5e).

860 Notifications complémentaires – Les actes statutaires (art. 11-6°). L'article 11-6e exige la notification du « *projet de règlement de copropriété, de l'état descriptif de division, de l'état de répartition des charges ou du projet de modification desdits actes, lorsque l'assemblée est appelée, suivant le cas, à établir ou à modifier ces actes* ».

La notification du projet s'impose non seulement en cas d'établissement, de modification ou même d'adaptation[1] du règlement de copropriété, de l'état descriptif de division ou de l'état de répartition des charges[2]. Pour la notification d'un projet incomplet[3].

La nouvelle rédaction pose le principe, d'une manière générale, sans qu'il soit besoin de reprendre l'énumération d'ailleurs énonciative de l'ancien article 11 (3e). Les hypothèses demeurent nombreuses : modification de la répartition des charges par vote unanime, par nécessité à la suite de travaux notamment d'amélioration, par division ou réunion de lots, par changement d'usage de parties privatives, par création de syndicat secondaire ou par scission du syndicat, modification du règlement de copropriété en cas de création de syndicats secondaires, de division du syndicat[4]. Le retrait de lots emporte la nécessité de notifier les projets de tous les actes impliqués par la nouvelle configuration des syndicats[5]. Il en va de même du projet modifiant ou complétant une clause du règlement relative aux conditions d'un droit de jouissance privative sur parties communes[6].

Toutefois, la notification ne s'impose pas lorsque l'assemblée n'est consultée que sur l'éventualité d'une modification[7]. Dans le cas de décision favorable, il conviendra de statuer, lors d'une prochaine assemblée, sur les modalités et les frais de l'étude, ce qui impliquera la notification du projet de contrat.

En cas de nouvelle répartition des charges, l'application des dispositions de l'article 10 (al. 4) de la loi entraîne une modification du règlement de copropriété afin d'indiquer la méthode de calcul permettant de fixer les quotes-parts de charges.

861 Notifications complémentaires – Projets de résolution (art. 11-7°). Dans certains cas, il est apparu nécessaire, pour la clarté et l'approfondissement des débats, que la délibération se noue autour d'un projet précis. Le nouvel article 11-7e reprend donc le principe déjà dégagé par l'ancien article 11-5e du décret (ouverture ou non du compte séparé, délégation de pouvoirs, autorisation de travaux privatifs sur parties communes, améliorations communes, surélévation, construction et reconstruction).

Mais de nouvelles dispositions appellent trois observations préliminaires :

1) – L'article 11, 7e élargit le champ d'application de cette formalité par rapport à l'ancien article 11-5e. Cet élargissement traduit le souhait de soumettre une proposition écrite pour mieux clarifier les délibérations et faciliter la rédaction du procès-verbal qui doit être signé en fin de séance

2) – La notification de la proposition est exigée, il convient de le souligner, *pour la validité de la décision.*

3) – La notification du projet de résolution accompagne, dans un certain nombre de cas, la notification des conditions essentielles du contrat et même, parfois, du contrat en sa teneur intégrale.

Le projet de résolution doit, en effet, être notifié, au plus tard en même temps que l'ordre du jour,

1. Civ. 3e, 28 juin 1995, n° 93-18.091, *RDI* 1995. 784 – Il en est ainsi, en particulier, pour l'application des dispositions de l'article 49.
2. Nullité d'une décision concernant la modification du règlement de copropriété non précisé dans l'ordre du jour, Civ. 3e, 30 oct. 1981, *Administrer* avr. 1982. 37; *Gaz. Pal.* 1982. 1. pan. 103.
3. Paris, 22 sept. 2005, RG n° 04/19552, *AJDI* 2005. 914.
4. Civ. 3e, 24 sept. 2003, n° 02-10.910, *Administrer* févr. 2004. 53, obs. Bouyeure – Paris, 12 janv. 2006, RG n° 05/04651, *Loyers et copr.* 2006. 114.
5. Civ. 3e, 29 janv. 1997, n° 94-19.548, *Bull. civ.* III, n° 26; *RDI* 1997. 291; *Administrer* 1997, 42, n° 290, note Capoulade.
6. Civ. 3e, 6 mai 1996, n° 94-11.026, *IRC* nov. 1996. 10, note Atias; *Loyers et copr.* août-sept. 1996. 369; *RDI* 1994. 414.
7. Civ. 3e, 14 oct. 1980, *Rev. loyers* 1981. 97.

lorsque l'assemblée générale est appelée à statuer sur les questions suivantes :

a) – La fixation des modalités et la périodicité des provisions budgétisés (art. 14-1, al. 2 et 3);

b) – Les modalités d'exigibilité des sommes afférentes aux dépenses hors budget (art. 14-2, al. 2);

c) – La dispense d'ouverture du compte séparé au nom du syndicat et la durée de sa validité (art. 18, al. 7);

d) – Les travaux d'accessibilité aux personnes handicapés ou à mobilité réduite, prévus à l'article 24 alinéa 2;

e) – L'autorisation à certains copropriétaires d'effectuer, à leurs frais, les travaux d'accessibilité aux personnes handicapées ou à mobilité réduite, prévus par l'article 24 alinéa 3;

f) – Toutes les questions énoncées par l'article 25 de la loi de 1965. Il s'agit, en effet, de la désignation d'organes du syndicat (syndic et conseil syndical, art. 25 c), de l'autorisation accordée aux forces de l'ordre de pénétrer dans les parties communes (art. 25 k), mais aussi de conventions ou de marché de travaux et délégations de pouvoirs (art. 25 a, b, d, e, g, h, i, j, l, m et n) ou de modifications de la répartition des charges (art. 25 f) ou encore des mesures d'application de la loi du 12 juillet 2010 (25 k, économie d'énergie, 25 l, recharge des véhicules électriques ou hybrides, 25 o, compteurs d'énergie thermique);

g) – Toutes les questions énoncées à l'article 26 de la loi de 1965, comme les périodes de fermeture totale des portes de l'immeuble (art. 26 e), les actes d'acquisition ou de disposition immobilière (sauf celles visées au 25 d), les modifications ou l'établissement du règlement de copropriété concernant les parties communes, les travaux d'amélioration, de transformation ou d'addition (sauf ceux visés à l'art. 25), la demande d'individualisation des contrats de fourniture d'eau (art. 26 d), la suppression du gardiennage et l'aliénation du local affecté à cet usage (art. 26 f);

h) – Les travaux d'amélioration à frais communs et la répartition du coût des travaux et des dépenses de fonctionnement qui en seraient la conséquence (art. 30, al. 1, 2 et 3);

i) – La surélévation, la construction de bâtiments aux fins de créer de nouveaux locaux à usage privatif, aux frais du syndicat, (art. 35, al. 1er);

j) – L'aliénation aux mêmes fins du droit de surélever un bâtiment (art. 35 al. 2);

k) – L'opposition à l'exercice par un copropriétaire ou par un tiers de la réserve d'un droit accessoire visé à l'article 3 (art. 37, al. 3);

l) – Toute convention réservant à un copropriétaire ou à un tiers l'exercice d'un droit accessoire visé à l'article 3 (art. 37, al. 4);

m) – Les travaux d'amélioration ou d'addition après sinistre, par rapport à l'état antérieur du bâtiment (art. 39);

n) – L'offre de l'opérateur en mode numérique (art. 24-1), la proposition de l'opérateur de communications électroniques (art. 24-2), la description, les devis des travaux pour l'adaptation de l'antenne collective de télévision à la réception en mode numérique (art. 24-3).

Afin de mieux circonscrire les débats, de faciliter et d'accélérer la rédaction du procès-verbal, il est recommandé de notifier un projet de résolution, alors même qu'il n'est pas exigé pour la validité de la décision.

862 Demande en justice (art. 11-8°). À la suite de l'ancien article 11 (5°), le nouvel article 11 (8°) exige la notification d'un *projet de résolution* lorsque l'assemblée est appelée à autoriser le syndic à « *introduire une demande en justice* ». C'est un acte grave pour lequel le syndic doit expressément recevoir un pouvoir. L'article 55 du décret de 1967 en pose le principe et en détermine les exceptions (v. s^s^ n°s 1170 s.). Le projet de résolution permet de déterminer l'objet et la nature de l'action, ainsi que d'identifier la partie défenderesse. Le texte vise la demande, mais ni la défense, ni l'exercice des voies de recours (v. s^s^ n° 1233). Le plus grand soin doit être apporté à la rédaction du projet de résolution puisque la décision prise définira l'étendue des pouvoirs du syndic[1].

La Commission relative à la copropriété a émis, à propos de cette rédaction, la recommandation suivante : la rédaction des projets de résolution doit tenir compte de la spécialisation du mandat du syndic, ce qui impose, pour les actions en justice dont l'objet est de mettre en jeu la garantie des constructeurs, que les désordres pour la réparation desquels l'action est introduite soient exactement décrits; en revanche, l'autorisation peut être donnée de poursuivre les « responsables des désordres » sans plus de précision, quant aux personnes, art. 1792-1. Il s'agit de répondre à l'exigence de toute citation se fondant sur l'article 1792 du code civil. La recommandation vise ensuite le cas particulier où l'autorisation est donnée pour la mise en œuvre de la saisie en vue de la vente d'un lot; il est rappelé que cette autorisation doit être donnée *préalablement à la signification* du commandement et qu'elle doit déterminer le montant de la *mise à prix* et identifier le défendeur (v. s^s^ n°s 1233 s.). Le régime comptable spécifique des syndicats (décret et arrêté du 14 mars 2005) devrait amener à exiger la notification du projet de résolution autorisant la saisie immobilière d'un lot, le montant de la mise à prix

1. Bouyeure, *op. cit.*, n°s 158 à 160.

et le montant des sommes considérées comme définitivement perdues (v. s^s n° 865).

863 Conclusions de l'administrateur provisoire (art. 11-9°). Le 9° de l'article 11 reprend les dispositions de l'ancien 7° du même article. À la fin de sa mission, l'administrateur provisoire du syndicat en difficulté dépose un rapport au secrétariat - greffe du tribunal de grande instance. Ce rapport peut préconiser certaines mesures de nature à rétablir ou à parfaire le rétablissement du fonctionnement normal du syndicat. Certaines d'entre elles peuvent nécessiter des décisions de l'assemblée générale. Il convient de *notifier les conclusions* du rapport, en même temps que l'ordre du jour, *lorsque l'assemblée est appelée à statuer sur une question dont l'examen résulte du rapport.*

La notification ne porte que sur les conclusions du rapport, qui suggèrent des décisions à prendre en assemblée. Le rapport en lui-même contient une analyse générale de la situation, ainsi qu'éventuellement des développements sur des situations individuelles qui n'ont pas à être divulguées.

864 Rapport du mandataire *ad hoc* (art. 29-1-A *in fine*) (art. 11-10°). L'article 29-1-A, inséré dans la loi du 10 juillet 1965 par la loi du 25 mars 2009, prescrit au syndic d'inscrire « à l'ordre du jour de la prochaine assemblée générale des projets de résolution nécessaires à la mise en œuvre (de ce) du rapport » du mandataire *ad hoc*. Il incombe donc au syndic de porter à l'ordre du jour notifié les questions qui découlent de ce rapport accompagnées des projets de décision nécessaires à cette mise en œuvre. En même temps que les convocations seront donc notifiés les documents prévus par l'article 11 § I du décret du 17 mars 1967 et nécessaires à la validité des décisions projetées, ainsi que ceux mentionnés à l'article 11 § II pour information des copropriétaires. Ce 10° transpose aux syndicats en pré-difficulté ce que prévoit le 9° pour les syndicats en difficulté.

865 Saisine immobilière (art. 11-11°). Depuis la loi n° 86-768 du 9 juin 1986, le syndic doit se faire autoriser par l'assemblée pour introduire une procédure de saisine immobilière. Le 5° de l'article 11 incluait le projet de résolution autorisant l'action en justice.

Depuis lors, la jurisprudence a prohibé les autorisations générales anticipées[1] et le décret n° 2005-240 du 14 mars 2005 relatif aux comptes du syndicat des copropriétaires exige que l'assemblée décidant des poursuites constate la dépréciation de la créance douteuse[2]. La régularité de la procédure nécessitait donc de préciser les questions à soumettre à l'assemblée générale. Le projet de résolution à notifier doit donc :

- *autoriser la saisie immobilière d'un lot, ce qui implique l'identification du lot à saisir et la désignation du copropriétaire débiteur;*
- *fixer le montant de la mise à prix;*
- *déterminer le montant des sommes estimées définitivement perdues* (v. s^s n° 862).

866 Résidences-services (art. 11-12°). Les services spécifiques concernent la vie quotidienne des résidents. La gestion de ces services peut être intégrée ou conventionnée. L'article 41-2 de la loi de 1965 définit le rôle du conseil syndical dans chacune de ces hypothèses, soit qu'il reçoive délégation de pouvoirs pour décider de la gestion courante, soit qu'il donne son avis sur le conventionnement sur le tiers prestataire. L'article 11 (12°) du décret de 1967 (rédaction du décret du 20 avr. 2010, applicable à compter du 1er nov. 2010) prévoit donc la *notification préalable* à l'assemblée générale :

- soit du *projet de convention et l'avis du conseil syndical* (L. 1965, art. 41-2, al. 2);
- soit de la *teneur de la délégation au conseil syndical* (L. 1965, art. 41-2, al. 1er).

867 Résidences-services (art. 11-13°). Afin de permettre l'adaptation des services spécifiques aux besoins et aux ressources des résidents, les articles 41-4 et 41-5 de la loi de 1965 ont envisagé la suppression de ces services soit par une décision majoritaire de l'assemblée générale, soit par une décision judiciaire, après délibération de l'assemblée générale. En particulier, le président du tribunal de grande instance, sur la demande de copropriétaires représentant au moins 15 % des voix du syndicat peut décider la suspension ou la suppression du ou des services dont l'équilibre financier est gravement compromis. Pour éclairer l'assemblée générale, l'article 11-13° du décret de 1967 (rédaction du décret du 20 avr. 2010, applicable à compter du 1er nov. 2010) prévoit la notification préalable de « *la situation financière du ou des services dont la suppression est envisagée en application de l'article 41-4* » *de la loi de 1965*. La question peut se poser de savoir s'il ne conviendrait pas, par identité de motifs, d'étendre cette notification préalable à l'assemblée prévue par l'article 41-5 avant la saisine du juge.

868 Notification complémentaire - Documents informatifs (art. 11 § II). L'article 11 § II organise une autre catégorie de notifications, faites en même temps que l'ordre du jour de l'assemblée, mais seulement pour l'information complémentaire des

1. Civ. 3e, 15 févr. 2006, *Bull. civ.* III, n° 39; *Administrer* mai 2006. 44, note Capoulade.

2. Art. 4, al. 4.

copropriétaires. Les dispositions de l'article 11 – § II, corroborées par celles de l'article 13 *in fine*, exclut toute votation sur le contenu de ces documents. C'est, en effet, à propos du budget prévisionnel, de la rémunération du syndic et des décisions nécessitant l'avis obligatoire du conseil syndical, que la discussion ne nouera et les informations prévues par l'article 11 – § II apporteront les éléments nécessaires à un débat approfondi. Quels sont ces documents ?

1° – Les annexes au budget prévisionnel : (art. 11. § II, 1°). Le décret relatif aux comptes du syndicat fixe le modèle de ces annexes; leur notification s'impose depuis l'entrée en vigueur du décret du 14 mars 2005, c'est-à-dire pour les exercices comptables ouverts après le 1er janvier 2007.

2° – L'état détaillé des sommes perçues par le syndic pour sa rémunération (art. 11 § II, 2°) : Ce nouvel état permet aux copropriétaires d'établir une comparaison utile avec les prévisions de la rémunération du « contrat de syndic » et celles du budget prévisionnel, aussi bien de l'exercice antérieur que de l'exercice futur. C'est la projection concrète des prévisions contractuelles; elle permet de déterminer exactement le montant des rémunérations perçues aux différents titres et d'évaluer le coût exact de la gestion.

3° – L'avis obligatoire du conseil syndical : (art. 11 § II, 3°) : Désormais, la notification préalable des avis obligatoires du conseil syndical n'entraîne plus la nullité de la décision concernée de l'assemblée générale. Il s'agit des avis émis relativement aux marchés et contrats dont le montant dépasse le seuil arrêté par l'assemblée générale à la majorité de l'article 25 (v. s^{s} n° 581).

Comme par le passé, cette notification ne s'applique pas aux avis émis par le conseil syndical à sa propre initiative ou à la demande du syndic. En outre, la notification impose la forme écrite à ces avis obligatoires[1].

Avec le décret du 20 avril 2010, l'article 11 § II s'est enrichi de deux alinéas nouveaux. Après le 3° du § II, sont, en effet, insérées deux nouvelles rubriques.

4° – L'exécution de la mission du conseil syndical (art. 11 § 2, 4°). L'accroissement des missions confiées au conseil syndical justifiait qu'il put informer les copropriétaires, avant l'assemblée, de leur accomplissement. Tel est l'objet de l'article 11 § 2, 4° qui retient deux situations :

– *Dans tous les cas*, la notification porte sur « *le compte-rendu de l'exécution de la mission du conseil syndical prévu au deuxième alinéa de l'article 22 du présent décret* » (de 1967). Cette obligation annuelle du conseil syndical résulte du décret du 27 mai 2004 qui l'a instituée dans tout syndicat de copropriétaires. Ce rapport qui peut être écrit ou verbal, sauf clause particulière du règlement de copropriété[2] doit être objectif et ne comporter aucune imputation injurieuse ou diffamatoire à l'égard de quiconque. Cette obligation générale ne se confond pas avec l'obligation particulière, prévue par l'article 25 de la loi de 1965, mais rien n'interdit que ces deux obligations soient exécutées dans un même document. Le compte rendu écrit constitue une pièce annexée au procès-verbal. Il ne peut qu'être recommandé que le compte-rendu oral soit mentionné et analysé, au moins dans ses grandes lignes, dans le procès-verbal de la séance.

– *Dans les résidences-services*, outre le compte-rendu annuel comme dans tout syndicat de copropriétaires, l'article 41-2 (al. 2) de la loi de 1965 modifiée prescrit au conseil syndical, lorsqu'il ne reçoit pas délégation relativement aux décisions de gestion courante des services spécifiques, de présenter un bilan chaque année à l'assemblée générale (v. s^{s} n° 725). En conséquence, l'article 11 § 2 (4°) du décret de 1967 – dans sa rédaction du décret du 20 avril 210 – prévoit la notification préalable, à titre d'information, du « *bilan établi par le conseil syndical en application de l'article 41-2 de la loi du 10 juillet 1965* ». Ce bilan qui ne peut que revêtir la forme écrite, « porte sur les conditions financières d'exécution de la convention, ainsi que sur la qualité des services dispensés au titre de cette convention » (Décr. 1967, art. 39-3 dans la rédaction du Décr. 20 avr. 2010). Il est donc à la fois quantitatif et qualitatif. Le conseil syndical puisera les éléments nécessaires à la rédaction du bilan dans les observations qu'il aura faites dans l'accomplissement de sa mission de surveillance, mais aussi dans les documents communiqués au syndic par le tiers prestataire.

5° – La répartition des comptes. En dehors des documents prévus au § I-1° de l'article 11 et conformes aux modèles normalisés (Décr. et Arr. 14 mars 2005, v. annexes), le 5° du § II du même article prévoit, à titre informatif, la notification « *en vue de l'approbation des comptes par l'assemblée générale* » du « *projet d'état individuel de répartition des comptes de chaque copropriétaire* ». Ce nouveau document comptable, moins technique et plus personnel que les documents normalisés a été demandé par tous les acteurs de la copropriété. Il permet à chacun des copropriétaires de vérifier l'exactitude de la répartition des charges et d'apprécier la part qui lui incombe.

1. La commission relative à la copropriété estime que la consultation du conseil syndical rendue obligatoire ne dispense pas de l'obtention d'une décision de l'assemblée générale autorisant la conclusion des marchés et contrats.

2. Applicable depuis le 1er juin 2010.

In fine, l'article 11 § 2 précise que « *le contenu de ces documents ne fait pas l'objet d'un vote par l'assemblée générale* ». Néanmoins, ils contiennent de précieux renseignements de nature à fonder une argumentation et à alimenter, le cas échéant, une discussion au cours de l'assemblée.

6° – L'état actualisé des lots délaissés prévus au second alinéa de l'article 24-5 de la loi du 10 juillet 1965[1]. La connaissance de cet état est d'une grande importance pour permettre aux copropriétaires qui ne sont pas encore déterminés d'opter pour le délaissement.

§ 3
Délai de convocation

869 Principe. Le délai de convocation prévu par l'article 9 (al. 2) du décret du 17 mars 1967 constitue un délai de réflexion, de consultation et de concertation pour les copropriétaires. Initialement fixé à « au moins quinze jours », il a été porté à « au moins vingt-et-un jours » par le décret n° 2007, 285 du 1er mars 2007 qui a modifié à cet égard l'article 9 du décret de 1967[2]. Cet allongement du délai est la conséquence directe de la suppression de l'obligation d'élection de domicile pour les copropriétaires résidant ou domiciliés hors du territoire de situation de l'immeuble mais aussi de l'avis motivé de la commission européenne, en date du 4 avril 2006 qui considère que cette obligation représente une entrave à la libre circulation des capitaux et des personnes. Cette suppression présente, en effet, de nombreux inconvénients car elle oblige le copropriétaire intéressé, soit à être défaillant, soit à donner un pouvoir en blanc, soit à organiser son voyage. Sauf à utiliser la télécopie (v. ss n° 848), l'auteur de la convocation doit expédier celle-ci, au moins quatre semaines avant la date de la réunion, non sans un acheminement aléatoire et sans réduire d'autant la durée pour demander l'inscription d'une question à l'ordre du jour[3].

Le non-respect de ce délai, même pour un seul jour[4], entraîne la nullité de l'assemblée générale, sans qu'il soit nécessaire, pour le copropriétaire qui s'en prévaut, de justifier d'un grief causé par l'envoi tardif de la convocation à lui-même[5] sans que sa présence à l'assemblée générale le prive du droit de demander la nullité de cette assemblée[6], même s'il participe aux votes sans émettre de protestation[7]. Toutefois, les dispositions de l'article 5 du code de procédure civile conduit à n'annuler que la décision critiquée, dès lors que le copropriétaire, présent à l'assemblée, et ne s'étant pas opposé aux autres décisions, sollicite expressément la nullité de cette seule décision et qu'il n'existe pas d'indivisibilité entre celle-ci et les autres[8].

En cas de mutation de lot, le syndic doit convoquer le nouveau copropriétaire, sans se faire juge de la date de la présentation du pli recommandé, dès lors qu'il a officiellement connaissance du nouveau copropriétaire avant le délai d'au moins 21 jours[9].

Le mode de calcul du délai, à la suite d'une convocation par voie postale, a suscité des difficultés et provoqué des divergences de jurisprudence[10], auxquelles a mis fin le décret n° 2000-293 du 4 avril 2000[11] qui a complété l'article 63 (devenu 64) alinéa 1 du décret de 1967. Désormais, *le délai* que fait courir la convocation par lettre recommandée, avec demande d'avis de réception, « *a pour point de départ le lendemain du jour de la première présentation de la lettre recommandée au domi-*

1. Décr. n° 2012-475, 12 avr. 2012, *JO* 14 avr., p. 6842.
2. Guillot, ss Civ. 3e, 7 déc. 1971, n° 70-12.974, *Bull. civ.* III, n° 601 ; *JCP* 1972. II. 17001.
3. Lebatteux, « Les articles 64 et 65 du décret (du 1er mars 2007) donnent-ils le "OK ?" », *Administrer* mai 2007. 12 – Capoulade, « Quarante ans après », *AJDI* mai 2007. 360 – Bouyeure, *Les assemblées générales de copropriété*, n° 82.
4. Civ. 3e, 12 avr. 1972, n° 71-14.032, *Bull. civ.* III, n° 212.
5. Civ. 3e, 17 avr. 1991, n° 89-19.290, *Bull. civ.* III, n° 121 ; *AJDI* 1992. 29 ; *D.* 1992. 137 ; *RDI* 1991. 380 – Civ. 3e, 25 nov. 1998, n° 96-20.863, *Bull. civ.* III, n° 223 ; *AJDI* mai 1999. 526, obs. Capoulade ; *JCP* 1999. IV. 1066 – Paris, 23e ch. A, 1er déc. 1993, RG n° 92-13398, *Juris-Data* n° 023151, *D.* 1994. Somm. 199, obs. Giverdon – EN SENS CONTRAIRE : Paris, 23e ch. B, 18 déc. 1992, RG n° 91/018751, *Juris-Data* n° 024166, *D.* 1994. Somm. 199, obs. Bouyeure – mais, abandonnant sa jurisprudence antérieure, la Cour de cassation considère désormais que seul le copropriétaire irrégulièrement convoqué ou non convoqué peut agir en annulation : Civ. 3e, 14 nov. 2007, 06-16.392, *Bull. civ.* III, n° 210 ; *AJDI* 2008. 771 ; *D.* 2007. 3064.
6. Civ. 3e, 17 avr. 1991, n° 89-19.290, *Bull. civ.* III, n° 121 ; *D.* 1992. Somm. 137, obs. Lafond ; *Administrer* févr. 1992. 46, obs. Guillot ; *AJDI* 1992. 29 ; *RDI* 1991. 380 – Civ. 3e, 25 nov. 1998, n° 96-20.863, *Bull. civ.* III, n° 223 ; *AJDI* mai 1999. 526, obs. Capoulade ; *JCP* 1999. IV. 1066.
7. Civ. 3e, 3 oct. 1991, n° 90-11.479, *RDI* 1991. 504 – Paris, 23e ch. A, 1er déc. 1993, RG n° 92-13398, *Juris-Data* n° 023151, *D.* 1994. Somm. 199, obs. Giverdon.
8. Paris, 23e ch. A, 1er déc. 1993, RG n° 92-13398, *Juris-Data* n° 023151, *D.* 1994. Somm. 199, obs. Giverdon.
9. Versailles, 22 mars 2004, RG n° 03/00869, *Administrer* janv. 2005. 43, note Capoulade – CONVOCATION de l'ancien copropriétaire en l'absence d'avis de mutation : Civ. 3e, 26 sept. 2007, n° 06-16.394, NP, *Administrer* déc. 2007. 90, obs. Bouyeure.
10. LAFOND, ROUX ET STEMMER, ss D. art. 9, § VI – Civ. 3e, 30 juin 1998, n° 96-21.787, *Bull. civ.* III, n° 143 ; *IRC* févr. 1999. 22, note Capoulade, *RDI* 1998. 685.
11. Bouyeure, « Commentaire du décret », *Administrer* juin 2000, 8.

cile du destinataire » (v. une application « anticipée » de ce texte[1]).

Le recours en annulation de cette disposition a été rejeté par un arrêt du Conseil d'État du 30 décembre 2002[2], qui précise que les requérants ne peuvent utilement invoquer la violation des articles 668 et 669 du code de procédure civile qui ne sont pas applicables aux notifications nécessaires au fonctionnement du régime de la copropriété des immeubles bâtis.

Il importe peu que le dépassement du délai soit imputable à un dysfonctionnement ou à une défaillance des services postaux[3], dès lors que la convocation a été adressée dans des délais suffisants[4] ou à un ordre de réexpédition du courrier donné par le copropriétaire à la poste, mais dont le syndic n'a pas connaissance[5] (v. un cas de méconnaissance de Décr. 17 mars 1967, art. 64[6]).

En cas de convocation par émargement, c'est la date de celui-ci qui détermine le point de départ du délai[7].

En cas de convocation par télécopie, le délai court « du lendemain du jour de la réception de la télécopie par le destinataire »[8], ce qui implique, par rapprochement avec les autres modes de notification et aussi par le texte même, qu'il s'agit de récépissé de réception émis par l'appareil du destinataire.

S'agissant d'un délai exprimé en jours, celui de la notification, comme celui de l'émargement ou de la télécopie, ne compte pas (C. pr. civ., art. 641, al. 1°)[9]. Le délai ne commence donc à courir que le lendemain du jour de la première présentation de la lettre recommandée (avec demande d'avis de réception) ou le lendemain du jour de l'émargement ou le lendemain du jour de la réception par télécopie, selon le cas. La précision des textes réglementaires ne permet pas au juge du fond d'apprécier souverainement si le délai a été effectivement respecté, ainsi que la Cour de cassation l'avait initialement affirmé[10].

870 Exceptions. Le délai d'« au moins vingt-et-un jours », prévu par l'article 9 (al. 2) du décret de 1967, comporte quatre exceptions, dont deux figurent dans ce texte :

1° - Règlement de copropriété. L'article 9 (al. 2) du décret de 1967, ménage les stipulations du règlement de copropriété qui prévoiraient « un délai plus long », sans fixer de délai maximal, mais un délai trop long pourrait être interprété comme une absence de délai. Il apparaît bien que le délai minimal présente un caractère impératif, un minimum à ne pas réduire.

2° - Urgence. Ce même article 9 (al. 2) réserve le cas de l'urgence qui dispense de respecter le délai d'« au moins vingt et un jours ». Les juges du fond apprécient souverainement l'urgence[11]. L'urgence ne doit pas être de convenance ou de commodité[12]. L'assemblée générale ne peut alors adopter d'autres décisions que celles destinées à répondre à l'état d'urgence invoqué à juste titre[13, 14, 15] et que mentionne la convocation[16].

Jugé qu'il y a urgence, au sens de l'article 9 (al. 2) du décret du 17 mars 1967, justifiant la réduction du délai de convocation, dès lors que la proposition transactionnelle transmise par un créancier du syndicat n'est valable que huit jours[17] ou que le tribunal de commerce a audiancer l'opposition du syndicat à une ordonnance du juge-commissaire acceptant l'offre d'achat d'un lot appartenant à une société en liquidation judiciaire[18].

3° - Seconde convocation. L'article 25-1 (al. 2) de la loi de 1965, modifiée, prévoit que si le projet n'a pas obtenu au moins le tiers des voix du syndicat, une nouvelle assemblée peut statuer à la majo-

1. Paris, 23e ch. B, 1er mars 2001, RG n° 1999/21883, *AJDI* sept. 2001. 714, obs. Giverdon – AUSSI : Paris, 23e ch. B, 15 mars 2001, RG n° 2000/11489, *Bull. Csab* n° 98, mars 2002, n° 48.
2. CE 30 déc. 2002, *Procédures* 2003, 119.
3. Paris, 23e, ch. B, 3 déc. 1998, RG n° 1997/17806, *Administrer* mai 1999, 5, obs. Bouyeure – Paris, 23e ch. B, 6 sept. 2001, RG n° 2000/13285, *Loyers et copr.* févr. 2002. 42 – Paris, 21 sept. 2006, *AJDI* 2006. 915.
4. Civ. 3e, 6 déc. 2005, n° 04-18.485, *Administrer* avr. 2006. 35, obs. Bouyeure.
5. Paris, 23e ch. B, 18 mai 2000, RG n° 1998/22690, *Administrer* oct. 2000. 70, obs. Bouyeure.
6. Paris, 1er mars 2001 et 15 mars 2001, RG n° 1999-21883, RG n° 1999-23341, *AJDI* 2001. 889, obs. Capoulade.
7. Civ. 3e, 23 janv. 1979, n° 77-15.315, *Bull. civ.* III, n° 21; *D.* 1979. IR 445; *JCP* 1979. IV. 106.
8. Décr. 17 mars 1967, art. 64, al. 1, mod. par Décr. 1er mars 2007, art 2.
9. Civ. 3e, 26 mars 1997, n° 94-21.498, *Bull. civ.* III, n° 73; *D.* 1997, 329.
10. Civ. 3e, 22 janv. 1974, *Administrer* janv. 1975. 23; *JCP* 1974. II. 17690.
11. Civ. 3e, 23 mai 1991, n° 89-20.253, *RDI* 1991. 380.
12. V. obs. *RDI* 1992. 248 sous Civ. 3e, 1er avr. 1992, n° 90-14.291, *Bull. civ.* III, n° 111; *AJDI* 1993. 179; *RDI* 1992. 248 – La date d'expiration du mandat du syndic étant connue d'avance, le « renouvellement » du mandat ne caractérise pas l'urgence; il en est de même de la survenance d'un sinistre, s'il n'est pas proposé à l'assemblée de prendre une décision, Paris, 23e ch. B, 18 janv. 2001, RG n° 1999-16794, *AJDI* 2001. 615.
13. Paris, 10 mai 1991, *RDI* 1991. 505.
14. Décr. 17 mars 1967, art. 37.
15. TGI Paris, 25 juin 1980, *D.* 1981. IR 398.
16. Versailles, 23 févr. 2005, *Administrer* oct. 2005. 55.
17. Paris, 16 janv. 2003, *Administrer* juill. 2003. 43 – Paris, 29 janv. 2009, *Loyers et copr.* 2009, n° 272.
18. Civ. 3e, 21 oct. 2009, n° 08-18.835, *Bull. civ.* III, n° 228; *AJDI* 2010. 389, note Capoulade; *Administrer* janv. 2010. 61, obs. Bouyeure; *Rev. loyers* 2010. 31, obs. Déchelette-Tolot.

rité de l'article 24. Néanmoins, cette seconde assemblée doit être réunie dans le délai maximal de trois mois.

Reprenant, dans ce cas, les anciennes dispositions à l'article 19 du décret de 1967, l'article 19 (al. 3) précise que le délai de convocation peut être réduit à huit jours, à la condition que l'ordre du jour de la seconde assemblée ne porte que sur des questions inscrites à l'ordre du jour de la précédente assemblée. Ce délai de huit jours ne peut être lui-même abrégé, même en cas d'urgence[1] sur les questions particulières à cette seconde convocation. En outre, et sous les mêmes conditions, les notifications complémentaires n'avaient pas à être renouvelées[2].

L'article 19 (al. 4) donne au délai maximal de trois mois, prévu par l'article 25-1 (al. 2), pour point de départ le jour de la première assemblée et il se termine au jour de la convocation.

Les dispositions dérogatoires de l'article 19 du décret ne s'appliquent que si la seconde assemblée est convoquée dans ce délai. Elles ne bénéficient pas aux questions nouvelles, qui demeurent soumises au droit commun des convocations. Il en serait de même si l'assemblée excluait une nouvelle réunion dans ce délai et renvoyait à l'examen d'une assemblée ultérieure (art. 19, al. 1, *in fine* du décret).

L'article 19-1 du décret de 1967 dispense aussi de la notification des documents mentionnés par l'article 11 du même décret lorsqu'une seconde assemblée est convoquée dans les conditions de l'article 26 *in fine*. Cette disposition permet, en effet, à une seconde assemblée de décider les travaux d'amélioration du c) de l'article 26 lorsque le projet a recueilli, au cours de la première assemblée, la majorité des membres du syndicat représentant au moins les deux tiers des voix des copropriétaires présents ou représentés. La seconde assemblée décide à cette dernière majorité et la dispense de notifications complémentaires suppose que l'ordre du jour porte sur les mêmes questions; à la différence de l'article 19 du décret pour l'application de l'article 25 de la loi, l'article 19-1 du décret n'exige aucun délai particulier pour la réunion de la seconde assemblée.

4° – La catastrophe technologique. Le nouvel article 38-1 de la loi n° 2003-699 du 30 juillet 2003, prévoit, en cas de catastrophe technologique que l'assemblée est *convoquée « sous quinze jours »* et que la réunion se tient dans les deux mois de la catastrophe[3].

1. Paris, 12 mars 1987, *D.* 1987. IR 84.
2. Paris, 28 mars 1980, *D.* 1981. IR 94, n° 8 – LAFOND, ROUX ET STEMMER, s^s art. D. 19, n° 1.
3. Capoulade, « Petite chronique de l'été législatif », *IRC* avr. 2004. 8.

§ 4
Destinataire de la convocation

871 Principe – Renseignements à fournir. La convocation et les notifications complémentaires sont adressées à chacun des copropriétaires. C'est la conséquence du principe selon lequel tous les copropriétaires sont obligatoirement membres de l'assemblée générale (v. s[s] n° 818).

Afin d'assurer l'application effective de ce principe, l'article 65, alinéa 1, du décret du 17 mars 1967 impose à chaque copropriétaire ou titulaire d'un droit d'usufruit ou de nue-propriété sur un lot ou une fraction de lot de notifier au syndic son domicile réel ou élu, ainsi que s'il le souhaite, son numéro de télécopie. Le décret du 1er mars 2007 a supprimé l'obligation que ce domicile soit situé en France métropolitaine, si l'immeuble y est implanté, soit dans le département ou le territoire d'outre-mer de la situation de l'immeuble (v. s[s] n° 803).

L'article 65 alinéa 2 ajoute : « *les notifications et mises en demeure [...] sont valablement faites au dernier domicile ou au dernier numéro de télécopie notifié au syndic* ».

La disposition concerne, non seulement les convocations aux assemblées générales, mais encore toutes les notifications ou mises en demeure visées à l'article 64, c'est-à-dire toutes notifications ou mises en demeure effectuées en application de la loi du 10 juillet 1965 et du décret de 1967.

Le domicile élu chez un avocat qui occupe, dans une instance, ne s'étend pas à la convocation aux assemblées, alors surtout que le copropriétaire a demandé que celle-ci lui soit adressée directement[4].

La disposition n'interfère pas, dans le domaine processuel, sur l'application des dispositions du code de procédure civile.

Pour l'accomplissement d'actes graves, comme une saisie immobilière, le syndic doit communiquer aux officiers ministériels et auxiliaires de justice tous les éléments utiles d'informations en sa possession pour la bonne réalisation de leur mission.

Les dispositions de l'article 65[5] doivent d'ailleurs être combinées avec celles de l'article 6 de ce même décret. Aux termes de ce dernier texte, le transfert de propriété d'un lot (ou fraction de lot), la constitution ou le transfert d'un droit d'usufruit, de nue-propriété, d'usage ou d'habitation sur un lot doit être notifié sans délai au syndic (v. s[s] n° 312). Tant que cette notification n'est pas faite, le syndic convoque régulièrement l'ancien propriétaire qui demeure le copropriétaire à l'égard du syndicat, y compris

4. Paris, 23e ch. B, 17 déc. 1998, RG n° 1998/05361, *RDI* 1999. 148, obs. Giverdon.
5. Rép. min. n° 11656, *JOAN Q* 5 oct. 2004, p. 7784.

pour le paiement des charges [1]. Seule la notification selon le formalisme de l'art. 6 du décret rend la mutation opposable au syndicat [2]. À l'inverse, l'acquéreur d'un lot demeure copropriétaire à l'égard du syndicat tant que la résolution judiciaire de la vente n'a pas été, par application de l'article 6 précité, notifiée au syndic; cet acquéreur est donc valablement convoqué, nonobstant la connaissance personnelle que le syndic aurait pu avoir de la mutation [3].

Il appartient donc au rédacteur de l'acte de transfert ou de constitution de droit réel de faire préciser l'adresse exacte et complète, telle qu'elle figurera dans l'avis de la mutation donnée au syndic (Décr. 17 mars 1967, art. 6). Il incombe ensuite au copropriétaire de notifier au syndic son changement de domicile réel ou élu et, s'il le souhaite, son numéro de télécopie.

La convocation ne peut être adressée au mandataire d'un copropriétaire si celui-ci n'a pas régulièrement notifié son domicile élu chez ce mandataire [4].

Le syndic, ni le syndicat, n'encourent de responsabilité en procédant aux notifications au dernier domicile réel ou élu ou au dernier numéro de télécopie que lui a notifié le copropriétaire, sans avoir à faire de diligence aux fins de rechercher l'adresse exacte du copropriétaire [5].

Il est à peine besoin de souligner les inconvénients que peut entraîner une méconnaissance des dispositions de l'article 65 du décret, en raison des dispositions de l'article 19.2 de la loi.

§ 5
Hypothèses particulières

872 **Rappel.** On rappellera simplement les dispositions particulières concernant :

- les lots en indivision ou en usufruit (v. s[s] n° 822);

- les lots en société : chaque associé, participant à l'assemblée générale du syndicat, doit être convoqué (v. s[s] n° 823). L'article 12 du décret prévoit un certain nombre de dispositions destinées à faciliter la convocation des associés. Après avoir rappelé que pour l'application de l'article 23 de la loi du 10 juillet 1965, chacun des associés reçoit notification des convocations, ainsi que des documents visés au précédent article, et qu'il participe aux assemblées générales du syndicat dans les mêmes conditions que les copropriétaires, le texte indique qu'à cet effet, le représentant légal de la société est tenu de communiquer, sans frais, au syndic ainsi que, le cas échéant, à toute personne habilitée à convoquer l'assemblée, et à la demande de ces derniers, les nom et domicile, de chacun des associés. Il doit immédiatement informer le syndic de toute modification des renseignements ainsi communiqués. À l'égard du syndicat, la qualité d'associé résulte suffisamment de la communication faite en application de cette disposition. Enfin, selon le dernier alinéa de cet article 12, la convocation de l'assemblée générale des copropriétaires est également notifiée au représentant légal de la société visée audit article 23 alinéa 1er; ce dernier peut assister à la réunion avec voix consultative [6];

- les lots, objet d'un contrat de location-accession (v. s[s] n°s 239 s.).

On a également dégagé les règles à suivre lorsque des lots appartiennent à des incapables (majeurs ou mineurs) (v. s[s] n°s 832 s.).

- En cas de notification de la mutation de lot avant l'expiration du délai de convocation (v. s[s] n° 869, et note 7) ou encore aux partenaires du PACS, selon qu'il s'agit de biens personnels ou de biens indivis.

- Pour les époux communs en biens, la convocation, doit être « libellée au nom des deux » [7]. Elle est régulièrement effectuée au nom de « M. ou Mme » [8].

SECTION 2
TENUE DE L'ASSEMBLÉE GÉNÉRALE

873 **Siège de la réunion.** L'article 9 du décret de 1967 comporte, à cet égard, une distinction [9]. D'une part, son alinéa 1er dispose « *à défaut de stipulation du règlement de copropriété ou décision de l'assemblée générale, la personne qui convoque l'assemblée fixe le lieu [...] de la réunion* ». D'autre part, l'alinéa 3 du même article poursuit : « *Sous réserve des stipulations du règlement de copropriété, l'assem-*

1. Civ. 3e, 31 mars 1993, n° 90-17.698, *IRC* 1993. 228, note Capoulade; *RDI* 1993. 256 – Paris, 23e ch. B, 23 mars 2000, *Administrer* 2000, 59, n° 323, 59, obs. Bouyeure.
2. Civ. 3e, 22 mars 2000, n° 98-14.409, NP.
3. Civ. 3e, 22 mai 1990, n° 88-16.191, *Loyers et copr.* 1990. 319; *IRC* 1990. 314, note Capoulade.
4. TGI Paris, 9 mars 1976, *AJPI* 1976. 402; *Administrer* oct. 1976, note Guillot.
5. Paris, 23e ch. B, 1er mars 2001 et 15 mars 2001, RG n° 1999-21883 et RG n° 1999-23341, *AJDI* 2001. 889, note Capoulade – Civ. 3e, 11 mai 2004, n° 03-10.637, *Administrer* juill. 2005. 34.
6. SUR L'ENSEMBLE DE CES DISPOSITIONS : Sizaire, « Les quasi-copropriétaires », *Administrer* juill. 1987. 7 s.
7. Civ. 3e, 23 mai 2007, n° 06-14.974, *Bull. civ.* III, n° 83; *R.*; *Administrer* août-sept. 2007. 46, note Capoulade; *Loyers et copr.* 2007. 155; *AJDI* 2008. 396, obs. Capoulade.
8. Civ. 3e, 19 déc. 2007, n° 07-13.703, NP, *Administrer* mars 2008. 40.
9. COMMAGNAC ET CAPOULADE, p. 1363.

blée générale est réunie dans la commune de situation de l'immeuble ».

Ces dispositions ont été diversement appréciées par la doctrine. Utiles pour les copropriétaires de résidences principales [1], elles peuvent devenir moins opportunes pour les copropriétaires de résidences secondaires dans des stations touristiques [2].

Un premier principe se dégage de l'article 9 alinéa 3. L'assemblée est réunie dans la commune de la situation de l'immeuble. Ce texte retient un critère de proximité et de centre d'intérêt. Toutefois, le règlement de copropriété peut contenir une clause dérogatoire et prévoir que la réunion se tiendra dans une autre commune. En l'absence d'une telle clause et pour permettre une réunion en dehors de la commune de situation de l'immeuble, l'assemblée doit décider à la majorité de l'article 26 en modifiant ou en complétant le règlement sur ce point.

En l'absence de toute stipulation, est encourue la nullité d'une assemblée tenue à Bruxelles pour un immeuble en copropriété situé à Juan-les-Pins [3]. Une difficulté peut se présenter lorsque le règlement prévoit que l'assemblée se tiendra dans un département et que celui-ci vient à être divisé.

Un second principe résulte de l'article 9 alinéa 1. Le choix du lieu de la réunion incombe à la personne qui convoque l'assemblée, mais sous réserve de respecter une stipulation du règlement de copropriété ou encore sous réserve d'une décision de l'assemblée générale. Le choix du lieu de réunion ne relevant pas de l'administration générale de la copropriété et ne représentant pas un acte relatif à l'administration des parties communes, il peut être décidé à la majorité des copropriétaires présents ou représentés. C'est ainsi que la réunion peut se tenir dans un local commun, s'il en existe, dans l'appartement d'un copropriétaire [4] ou au bureau du syndic [5] (sur la date, v. s^s n° 850). Dans une espèce où il s'agissait, à l'intérieur de la commune, de désigner l'arrondissement où se tiendrait la réunion [6]. C'est un cas de nullité sans grief [7].

Tout changement du lieu indiqué dans la convocation exige une nouvelle convocation régulière [8].

1. KISCHINEWSKY-BROQUISSE, n° 414, et note 372.
2. Grenoble, 21 févr. 1989, *RDI* 1989. 251.
3. Civ. 3e, 22 mai 1990, n° 88-13.638, *RDI* 1990. 411; *IRC* oct. 1990. 278, note Capoulade; *D.* 1991. IR 81; obs. Giverdon; *D.* 1991. 142, obs. Souleau; *Administrer* mars 1991. 59, obs. Guillot; *Defrénois* 1990. 1337, obs. Souleau.
4. TGI Paris, 5 avr. 1976, *D.* 1976. IR 308.
5. TGI Paris, 4 janv. 1969, *AJPI* 1970. 230.
6. Civ. 3e, 10 juin 1970, *Bull. civ.* III, n° 394; *JCP* 1970. II. 16 465, note Guillot; *Rev. loyers* 1970. 422 – EN CE SENS : TGI Paris, 15 nov. 1975, *D.* 1976. IR 319.
7. Paris, 11 oct. 1996, RG n° 95/013142, *Juris-Data* n° 022701, *Loyers et copr.* 1997. 23.

Sur un changement de lieu en cours de réunion (v. s^s n° 850, note 3).

874 Opération qu'implique la tenue de l'assemblée générale [9]. Une assemblée délibérante doit correspondre à chaque entité juridique. S'il existe un syndicat principal et un ou plusieurs syndicats secondaires, il ne peut être tenue une assemblée générale unique. Chaque syndicat principal ou secondaire doit tenir séparément son assemblée [10] (v. s^s n° 816).

La tenue d'une assemblée générale de copropriétaires implique l'accomplissement des opérations suivantes :

– la tenue d'une feuille de présence (v. s^s n° 809);

– la désignation d'un président et de scrutateurs (v. s^s n° 810);

– les délibérations et le vote des décisions (v. s^s n° 813);

– la rédaction et la signature du procès-verbal (v. s^s n° 816) [11].

§ 1
Feuille de présence

875 Contenu et rôle [12] **:** l'article 14 (al. 1°) du décret impose l'établissement d'« *une feuille de présence, qui peut comporter plusieurs feuillets, indiquant les nom et domicile de chaque copropriétaire ou associé et, le cas échéant, de son mandataire, ainsi que le nombre de voix dont il dispose* ». Cette dernière indication tient compte, comme le précise ensuite le texte, des dispositions de l'article 22 (al. 2 et 3), modifié [13], et de l'article 24 (al. 4) [14] de la loi du 10 juillet 1965.

8. Civ. 3e, 26 juin 2002, *Bull. civ.* III, n° 152; *D.* 2002. IR 2304; *Administrer* janv. 2003. 47, note Capoulade; *Administrer* oct. 2002. 32, obs. Bouyeure.
9. 4e recomm. de la commission relative à la copropriété, 27 juin 2006.
10. TGI 25 mai 1988, *Gaz. Pal.* 1988. 2. Somm. 441.
11. 4e recomm. de la commission relative à la copropriété (v. annexe).
12. ATIAS, n°s 325 s. et 413 – COMMAGNAC ET CAPOULADE, 1369 – GUILLOT, art. 22-23, n°s 11-01 s. – KISCHINEWSKY-BROQUISSE, n° 430 – LAFOND, ROUX ET STEMMER, s^s art. D. 14 – BOUYEURE, n° 230; Roux, *La feuille de présence* – 4e recomm. de la commission relative à la copropriété, n° 4-1.
13. L'article 22, alinéa 2, concerne la réduction des voix du copropriétaire majoritaire (v. s^s n° 825) et l'alinéa 3 les délégations de vote (v. s^s n° 827). Il s'ensuit qu'il est procédé à la vérification des mandats nominativement donnés.
14. L'article 24, alinéa 4, prévoit un vote proportionnellement à la participation aux dépenses dans l'hypothèse qu'il régit, en application d'une clause spéciale du règlement (v. s^s n° 824).

Si la feuille de présence demeure unique, elle peut désormais comprendre plusieurs feuillets, chacun concernant un bâtiment ou même chaque catégorie de lots (habitation, garage, aire de stationnement) [1]. Le plus grand soin sera donc apporté à la conservation des feuillets afin d'éviter tout risque de perte, ce qui pourrait fragiliser l'assemblée en cas de contestation judiciaire.

L'article 14 (al 2) précise que cette feuille est « *émargée par chaque copropriétaire ou associé présent, ou par son mandataire* » [2]. Elle est préparée par celui qui convoque l'assemblée, en principe le syndic qui détient la liste des titulaires de droits réels, et elle est établie avant l'ouverture de la séance. Il convient alors de s'assurer de l'exactitude des mentions portées sur le document, de s'assurer de l'identité des signataires et de collecter les délégations de vote [3].

« *La feuille de présence est certifiée par le président de l'assemblée* » [4]. Les indications fournies par la feuille de présence, utilisée comme feuille de vote, permettent de suppléer aux insuffisances du procès-verbal [5], mais elle ne peuvent réparer les carences du procès-verbal si elle n'est pas certifié par le président [6].

Déposée sur le bureau de l'assemblée, la feuille de présence peut être consultée, au cours de la réunion, par les membres de l'assemblée, sous la responsabilité du président de séance [7]. Propriété du syndicat, elle fait partie de ses archives et le syndic ne peut s'en dessaisir [8], mais il doit en délivrer copie à un copropriétaire [9]. L'article 14 (al. 3) du décret de 1967, modifié, consacre cette solution en édictant que « *la feuille de présence constitue une annexe du procès-verbal avec lequel elle est conservée* » [10].

À défaut d'établir la feuille de présence, l'assemblée est nulle [11], mais de simples erreurs matérielles, qui peuvent être aisément rétablies, demeurent sans incidence sur la validité du document et donc de l'assemblée [12].

La feuille de présence fait preuve de la présence à l'assemblée des copropriétaires (associés, accédants...) ou de leurs mandataires [13]. Elle doit donc être actualisée à mesure du déroulement de la réu-

1. Déjà, EN CE SENS : Civ. 3e, 11 mai 2000, n° 98-17.029, *RDI* 2000. 389; *AJDI* 2001. 346; *Administrer* 71, n° 326, obs. Bouyeure.
2. Certaines décisions anciennes, il est vrai, ont admis la régularité de la feuille de présence comportant le nom des copropriétaires présents ou représentés, chaque copropriétaire pouvant contrôler le résultat des votes : Civ. 3e, 7 déc. 1971, *D.* 1972. 399; *JCP* 1972. II. 185, note Guillot; *AJPI* 1973. 225; *Rev. loyers* 1972. 170 – TGI Paris, 6 févr. 1980, *D.* 1981. IR 400; *Rev. loyers* 1972. 170 – TGI Paris 6 févr. 1980, *D.* 1981. IR 400; *Rev. loyers* 1980. 504 – NÉANMOINS, une telle pratique ne peut se concevoir que pour des assemblées comprenant peu de membres. L'effectivité du contrôle et la facilité du décompte des voix supposent, en effet, conformément aux dispositions réglementaires, que la feuille de présence mentionne le nombre de voix détenues par chaque copropriétaire. SUR les précisions à apporter pour les personnes morales : rép. min., QE, *Rev. loyers* 1973. 349 – SUR le cas particulier du copropriétaire présent mais qui refuse d'émarger : Civ. 3e, 22 juill. 1998, *Administrer* févr. 1999. 49, note Capoulade.
3. Ces opérations préliminaires devraient être réalisées par un président provisoire, mais elles le sont généralement par le syndic, en tant que secrétaire provisoire – Paris, 4 avr. 1991, RG n° 90/9334, *Juris-Data* n° 021108, *RDI* 1991. 382 – CEP., ATIAS, n° 325.
4. TGI Grasse, 12 juin 1997, *Administrer* déc. 1997. 52, obs. Bouyeure, décision qui a admis que la signature apposée après la clôture de l'assemblée ne viciait pas la feuille de présence, si le copropriétaire avait été effectivement présent à la réunion.
5. Lyon, 13 juin 2001, RG n° 2000/00083, *Loyers et copr.* févr. 2002. 44.
6. Paris, 23e ch. A, 10 févr. 1999, RG n° 1997/12908, *RDI* 1999. 302.
7. Vigneron, n° 383.
8. Civ. 3e, 11 mai 2000, n° 98-17.029, *Bull. civ.* III, n° 104; *AJDI* 2001. 322; *RDI* 2000. 389, obs. Capoulade; *Administrer* oct. 2000. 71, obs. Bouyeure.
9. Se fondant sur le caractère de pièce annexe du procès-verbal, la jurisprudence s'était établie en ce sens que le syndic pouvait délivrer à un copropriétaire copie de la feuille de présence, dans la mesure où cette demande correspond à l'intérêt à agir et ne présente aucun caractère abusif, rép. min., QE, 6 juin 1970, *JOAN Q* p. 2323 – Rép. min., *JOAN Q* 23 mars 1974, p. 1286 – Rép. min. n° 89837, Jeanjean, *JOAN Q* 20 juin 2006, p. 6581 – Paris, 24 mars 1987, RG n° 86 13859, *Juris-Data* n° 021561, *RDI* 1987. 376; *Administrer* oct. 1987. 46, obs. Gélinet – Civ. 3e, 4 janv. 1996, n° 94-12.167, *Bull. civ.* III, n° 3; *Administrer* avr. 1996. 49, note Capoulade; *RDI* 1996. 274; *IRC* avr. 1996. 8; *JCP* 1996. IV. 421; *Loyers et copr.* 1996. 139 – Civ. 3e, 28 févr. 2006, n° 05-12.992, *Loyers et copr.* 2006. 109, obs. Vigneron; *D.* 2006. 2764.
10. Paris, 21 nov. 1980, *D.* 1981. IR 400 – Lyon, 23 avr. 1968, *IRC* 1968. 93. Civ. 3e, 4 janv. 1996, n° 94-12.167, *Bull. civ.* III, n° 3; *Gaz. Pal.* 8 nov. 1996 n° 313-314; *D.* 1996. 6; *JCP* 1996. 9; *Loyers et copr.* 1996, n° 139 – Civ. 3e, 28 févr. 2006, n° 05-12.992, NP : « Le syndic est tenu de délivrer des copies ou des extraits, certifiés conformes, du procès-verbal de l'assemblée générale avec ses annexes » notamment la feuille de présence.
11. TGI Paris, 6 févr. 1980, *D.* 1981. IR 400 – TGI Paris, 12 nov. 1980, *D.* 1981. IR 400, obs. Giverdon – C'est le cas du copropriétaire qui justifie de sa présence, mais noté défaillant, dès lors que ses voix sont comptabilisées.
12. V. Giverdon, Chron. *RTD civ.* 1981. 882 – Pau, 14 avr. 1980, *D.* 1981. IR 399; *Rev. loyers* 1981. 98 – Il importe donc que la feuille de présence contienne les éléments suffisants pour permettre d'identifier les copropriétaires qui ont assisté à la réunion ou qui y ont été représentés, Civ. 3e, 7 déc. 1971, *D.* 1972. 399 – SUR LES indications de nature à permettre l'identification : Rép. min., *JOAN Q* 1972, p. 2275; *JCP N* 1972 prat. 5256.
13. Bouyeure, « Assemblée générale, absence, abstention, départ », *Rev. hab. fr.* mai 1986. 247 s.

nion afin de noter les arrivées tardives, les absences momentanées ou les départs prématurés[1]. Le copropriétaire ou son mandataire devra prendre soin de faire mentionner ses allées et venues sur la feuille de présence[2]. Ces annotations influent directement sur la recevabilité d'un éventuel recours. Il a, en effet, été jugé, en cas d'arrivée tardive, sans mention particulière, que le copropriétaire est censé être présent dès le début de la réunion et avoir voté en faveur des décisions déjà prises[3], et, inversement, en cas de départ prématuré, sans indication de ce départ, le copropriétaire est considéré comme ayant été présent pendant toute la durée de l'assemblée et avoir voté en faveur des décisions prises après son départ[4]. Toutefois, la preuve contraire est admise[5] par tous moyens, sans qu'elle puisse résulter des seuls témoignages des copropriétaires demeurés présents.

Innovant pour tenir compte des évolutions technologiques et législatives, l'article 13 (al. 4) du décret, complété par le décret du 27 mai 2004, permet de tenir la feuille de présence « *sous forme électronique* », dans les conditions définies par les articles 1316-1 et suivants du code civil.

Il n'y a pas lieu d'adresser une copie de la feuille de présence à chaque copropriétaire après la réunion de l'assemblée. Ce document a été à leur disposition pendant la séance et ils peuvent ultérieurement en demander copie au syndic[6].

§ 2
Présidence de l'assemblée, scrutateurs et secrétaire

876 **A) Présidence de l'assemblée.** Toute assemblée comporte nécessairement un président. L'article 15 (al. 1er) du décret de 1967 dispose, en conséquence, qu'« *au début de chaque réunion, l'assemblée générale désigne, sous réserve des dispositions de l'article 29-1 de la loi du 10 juillet 1965 et de l'article 50* (al. 1er)[7] *du présent décret, son président* ».

La désignation d'un président est obligatoire. C'est une prérogative de l'assemblée générale, auquel le règlement ne peut porter atteinte (sauf les exceptions des articles 50, al. 1er, du décret et 29-1 de la loi). Il n'existe donc pas de président permanent ou de président de droit de l'assemblée. La mission du président élu en début de réunion, expire à la clôture de la séance. La clause du règlement qui le désignerait par avance serait donc réputée non écrite[8].

L'assemblée générale désigne le président de séance, parmi ses membres, copropriétaires, accédants ou associés présents[9], ou parmi leurs mandataires[10].

Le syndic, son conjoint, son partenaire pacsé (L. 12 mai 2009) et ses préposés, même copropriétaires, ne peuvent présider l'assemblée (L. 1965, art. 22, al. 4). Il en est de même pour l'administrateur provisoire, désigné par application de l'article 47 du décret[11]. Cette interdiction doit s'étendre, semble-t-il, au conjoint, au partenaire pacsé et aux préposés. En revanche, le président peut-être désigné

1. Civ. 3e, 5 oct. 1994, no 92-22.095, *Bull. civ.* III, no 164; *RDI* 1994. 696; *D.* 1997. 247; *Administrer* juill. 1995. 41, note Gélinet – Rép. min., *JOAN* 16 août 1993, p. 258; *IRC* 1993. 384 – BOUYEURE, nos 241 s.
2. Civ. 3e, 11 janv. 1977, *IRC* 1977. 45.
3. Civ. 3e, 10 déc. 1985, no 84-13.937, *Bull. civ.* III, no 164; *RDI* 1986. 245; *Defrénois* 1986. 33745, obs. Souleau – AUSSI : LAFOND, ROUX ET STEMMER, ss art. 14, no 3 – CEP., Paris 30 oct. 1992, RG no 91/014708, *Juris-Data* no 024428, *Loyers et copr.* 1993. 38.
4. Civ. 3e, 5 oct. 1994, no 92-22.095, *Bull. civ.* III, no 164; *D.* 1997. Somm. 247; *Administrer* juill. 1995. 41, note Gélinet; *RDI* 1994. 696 – Peut-on les considérer comme n'ayant pas pris part au vote ? Paris, 19 déc. 1991, RG no 91/2804, *Juris-Data* no 024645, *JCP* 1992. IV. 1375.
5. Pau, 1er avr. 1980, *D.* 1981. IR 399 – Rép. min., *JOAN* 16 août 1993, p. 258 et *IRC* 1993. 384 – 4e recomm. de la commission relative à la copropriété, § 4-1.
6. Civ. 3e, 24 sept. 2008, no 07-16.334, *Bull. civ.* III, no 137; *D.* 2008. AJ 2505, obs. Rouquet; *Administrer* déc. 2008. 67, obs. Bouyeure.
7. L'article 50 du décret comporte une exception aux prérogatives de l'assemblée, lorsque le président du tribunal désigne, sur la requête d'un copropriétaire, un mandataire pour convoquer l'assemblée; l'ordonnance peut alors charger ce mandataire de présider l'assemblée. Il en est de même de l'article 29 (al. 2) qui confie la présidence de l'assemblée générale du syndicat en difficulté à l'administrateur provisoire de ce syndicat.
8. KISCHINEWSKY-BROQUISSE, no 590 – GUILLOT, art. 22-23, no 12-03 – RAPPR. . Civ. 3e, 14 janv. 1998, no 96-12.513, *RDI* 1998. 293 (syndicat Chesnay-Trianon) – TOUTEFOIS, on peut se demander si le règlement ne pourrait désigner un président provisoire, pour procéder aux opérations préliminaires : Paris, 4 avr. 1991, RG no 90/9334, *Juris-Data* no 021108, *RDI* 1991. 382. Toutefois, une telle clause qui porterait atteinte aux prérogatives de l'assemblée, pourrait être réputée non écrite, ce qui rendrait l'assemblée annulable – Cette solution ne peut, en tout cas, s'envisager pour la réunion elle-même, Versailles, 30 juin 1995, *Juris-Data* no 044513, *Administrer* nov. 1995. 63, obs. Bouyeure – Pau, 18 janv. 1990, *Juris-Data* no 600241, *D.* 1991. IR 82.
9. Civ. 3e, 6 mars 2002, no 00-10.405, *Bull. civ.* III, no 58; *AJDI* 2002. 465, obs. Capoulade.
10. Civ. 3e, 5 mai 1970, NP, cité par GUILLOT, art. 22-23 no 12-13 – EN SENS CONTRAIRE : Paris, 19 sept. 1990, *Juris-Data* no 023459, *Loyers et copr.* 1990. 443 – LAFOND, ROUX ET STEMMER, ss art. D. 15, no 1.
11. Civ. 3e, 14 janv. 1998, no 96-12.513, *Bull. civ.* III, no 7; *RDI* 1998. 293; *Administrer* juin 1998. 45, note Capoulade (Résidence Passy), même si l'ordonnance de nomination l'a chargé, à tort, de cette mission, cet administrateur étant soumis aux mêmes devoirs et obligations que le syndic.

par le juge en application de l'article 50 (al. 1er) du décret et l'administrateur provisoire du syndicat en difficulté exerce la présidence de plein droit (loi, art. 29-1).

Le président de séance est désigné par un vote séparé [1], à la majorité de l'article 24, dont le résultat doit figurer au procès-verbal [2]. Cette désignation constitue une véritable décision qui comporte un élément substantiel (le nom de l'élu) et un élément formel (le résultat du vote) [3]. Il s'agit d'une *formalité substantielle* [4], dont l'inobservation entraîne la nullité de l'assemblée toute entière [5]. Il ne suffirait pas que le procès-verbal relate qu'il a été procédé à la désignation du président (et du bureau), sans que soient élevées de protestations [6], que la désignation a eu lieu avec l'approbation, le consensus, l'accord ou sans réserve de la part des participants [7].

Le rôle du président est important, outre la direction des débats et, éventuellement, la police de la séance, il doit :

- vérifier la feuille de présence [8];

- vérifier les pouvoirs des mandataires et, éventuellement, distribuer ceux en blanc, qui lui sont remis (v. ss nos 596 s.);

- vérifier que les dispositions relatives à l'ordre du jour [9], ainsi qu'au délai de convocation de l'assemblée, ont été respectées;

- ouvrir la séance [10] et la clore en fin de séance;

- signer le procès-verbal, s'il reçoit son accord.

La fonction de président ne peut se cumuler, au cours de la même réunion, avec celle de secrétaire [11], et encore moins avec celle du syndic [12].

877 B) Scrutateurs [13]. Dans sa rédaction initiale, l'article 15 (al. 1er) du décret de 1967 énonçait que l'assemblée désignait « le cas échéant, son bureau », d'où certaines incertitudes [14] donnant lieu à un abondant contentieux [15].

Le texte actuel de l'article 15 (al. 1er), issu du décret no 2004-479 du 27 mai 2004, adopte une nouvelle rédaction : « *et, s'il y a lieu, un ou plusieurs scrutateurs* ». Il ne résout cependant pas toutes les

1. Civ. 3e, 16 juin 1993, no 91-20.492, *Bull. civ.* III, no 92; *AJDI* 2004. 292; *Administrer* avr. 1994. 51, obs. Lafond; *IRC* 1993. 339, note Capoulade; *RDI* 1993. 421 – Civ. 3e, 17 févr. 1999, no 97-14.454, *Bull. civ.* III, no 43; *Administrer* avr. 1999. 35, note Capoulade; *RDI* 1999. 301; *D.* 2000. Somm. 137, obs. Giverdon.
2. Le procès-verbal doit mentionner les conditions du vote, conformément à l'article 17 du décret, Civ. 3e, 16 juin 1993, no 91-20.492, *Bull. civ.* III, no 92; *AJDI* 1994. 292; *RDI* 1993. 421, préc. – Civ. 3e, 17 févr. 1999, no 97-14.454, *Bull. civ.* III, no 43; *RDI* 1999. 301; *D.* 2000. 137, préc. – POUR la présidence : Paris, 5 déc. 1993, *Loyers et copr.* 1994. 83; *AJPI* 1994. 292, note Gélinet – Civ. 3e, 22 mars 1995, no 93-13.373, *Bull. civ.* III, no 88; *RDI* 1995. 592; *D.* 1998. 273 ; *Loyers et copr.* 1995. 341.
3. Civ. 3e, 21 juin 2006, no 05-15.752, *Bull. civ.* III, no 156; *AJDI* 2007. 209; *D.* 2006. 2764; *Administrer* oct. 2000. 60 – Civ. 3e, 13 févr. 2008, no 07-19.88, *Administrer* mai 2008-64.
4. Civ. 3e, 17 févr. 1999, no 97-14.454, *Bull. civ.* III, no 43; *RDI* 1999. 301; *D.* 2000. 137, préc.
5. Civ. 3e, 21 nov. 2000, no 99-10.602, no 1560, NP – La nullité du mandat du président de séance entraîne celle de toutes les décisions, Paris, 23e ch. A, 12 sept. 2001, RG no 2000/09198, *Loyers et copr.* 2002. 97.
6. Civ. 3e, 11 juill. 2001, no 99-19.989, *AJDI* 2002. 226, obs. Capoulade.
7. Civ. 3e, 22 mars 1995, no 93-13.373, *Bull. civ.* III, no 88, *RDI* 1995. 592; *D.* 1998. 273 – Civ. 3e, 11 oct. 1995, no 93-13.374, *RDI* 1996. 110.
8. Aix, 30 mars 1995, *Loyers et copr.* 1995. 297.
9. Rép. min. no 21293, *JO Sénat* Q 3 sept. 1992, p. 2021; *Rev. huissiers* 1992. 892 – Lors de l'assemblée générale, le président de séance doit veiller à ce que l'assemblée vote sur toutes les questions inscrites à l'ordre du jour.
10. KISCHINEWSKY-BROQUISSE, no 590 – V. Recomm. de la commission relative à la copropriété.
11. Civ. 3e, 6 nov. 2002, no 01-10.800, *Bull. civ.* III, no 216; *AJDI* 2003. 276, *D.* 2003. 1335, *Administrer* 43, no 352, note Capoulade.
12. POUR une élection en cours de séance : Civ. 3e, 9 juin 2010, no 08-19.696, *Bull. civ.* III, no 117; *AJDI* juill. 2011. 535, note Capoulade.
13. BOUYEURE, nos 250-251.
14. Incertitude sur la composition du bureau. Le président en faisait-il partie ? Ou bien comprenait-il seulement le président et le secrétaire ? Ou bien est-il constitué par le ou les scrutateurs et le secrétaire ? Incertitude aussi sur son caractère obligatoire : Civ. 3e, 14 janv. 1998, no 96-12.513, *Bull. civ.* III, no 7; *RDI* 1998. 290, 293, 298, *Administrer* juin 1998. 45, note Capoulade – TGI Nanterre, 28 juin 1996, *Administrer* févr. 1997. 31, note Gélinet – Ou facultatif : KISCHINEWSKY-BROQUISSE, no 591 – LAFOND, ROUX ET STEMMER, ss art. D. 14, no 2.
15. OBSERVATION des clauses du règlement exigeant l'élection d'un bureau : Civ. 3e, 17 nov. 1993, no 91-14.649, *Administrer* juill. 1994. 28, note Capoulade; *RDI* 1994. 101; *Rev. loyers* 1994. 85; et fixant le nombre et la fonction de ses membres, Civ. 3e, 17 nov. 1993, no 91-14.649, *IRC* 1994. 452, note Capoulade; *RDI* 1994. 101 – Paris, 19e B, 2 avr. 2001, RG no 1998/09931, *Bull. Csab* mars 2002, no 42 – EXIGENCE d'un vote séparé et d'un scrutin uninominal : Civ. 3e, 17 févr. 1999, no 97-14.454, *JCP* 1999. IV. 1665; *Administrer* avr. 1999. 35, note Capoulade; *RDI* 1999. 301 – Civ. 3e, 15 mai 2001, no 99-18.537 ; *AJDI* 2001. 805 – Civ. 3e, 11 juill. 2001, no 99-19.989; *AJDI* 2002. 226 – MENTION des conditions et du résultat du vote au procès-verbal : Civ. 3e, 17 nov. 1993, *IRC* 1993. 452; *Administrer* juill. 1994. 28, note Capoulade; *Loyers et copr.* 1994. 35 – Civ. 3e, 16 juin 1993, no 91-20.492, *Bull. civ.* III, no 92; *Defrénois* 1994. 418, obs. Aubert; *Administrer* avr. 1994. 51, note Lafond – Civ. 3e, 22 mars 1995, no 93-13.373, *Bull. civ.* III, no 88; *RDI* 1995. 592; *D.* 1998. 273 – Civ. 3e, 14 mars 1988, *D.* 1988. IR 57 – Civ. 3e, 17 févr. 1999, no 97-14.454, *RDI* 1999. 301; *D.* 2000. Somm. 138, obs. Giverdon – Paris, 23e, B 11 oct. 2001, RG no 2000/16551, *Bull. Csab* mars 2002, no 43, à peine de nullité de l'assemblée, même sans grief.

questions, mais, comme par le passé, il assure la possibilité d'une adaptation à toutes les situations[1].

S'il est donc indispensable que toute assemblée soit pourvue, au début de chaque réunion, d'un président et d'un secrétaire, la faculté demeure ouverte, suivant les besoins, de désigner ou non un ou plusieurs scrutateurs pour assister le président, en fonction de l'importance de l'assemblée ou du nombre de copropriétaires. Le rôle des intéressés se trouve désormais précisé : ce sont des *scrutateurs*, chargés, par conséquent, de décompter les votes lors des scrutins. Ce ne sont pas des assesseurs et ils ne peuvent substituer le président.

Le règlement de copropriété ou, à défaut, une décision de l'assemblée, peut fixer le nombre de scrutateurs (ce qui peut se révéler inopportun et dangereux à défaut pour l'assemblée d'élire le nombre suffisant de scrutateurs), mais il ne pourrait les désigner, par avance, sans porter atteinte aux prérogatives de l'assemblée. Jusqu'à son abrogation ou sa modification, la clause ou décision doit être observée, à peine de nullité sans grief[2], comme pour toute violation de contrat, notamment si le nombre fixé n'était pas atteint[3].

Les décisions nommant le ou les scrutateurs relèvent de la majorité de l'article 24; sous réserve d'une clause ou décision fixant leur nombre, seront élus les candidats ayant recueilli cette majorité. Il ne peut être procédé à un scrutin de liste, mais seulement à un scrutin uninominal[4]. Un arrêt a cependant admis un vote groupé en présence d'une liste unique comportant autant de candidats que de sièges à pourvoir, dont le nombre était fixé par le règlement. (*Quid* en cas de pluralité de listes et de panachage ?)

Il ne semble pas qu'il y ait désormais place pour un vice-président, de sorte que si le président démissionnait ou s'absentait en cours de séance, un scrutateur ne pourrait le remplacer et il conviendrait d'élire un nouveau président.

Enfin, le procès-verbal doit relater les conditions et le résultat de chaque vote. Chaque désignation constitue une décision[5]; elle doit donc satisfaire aux conditions de fond et de forme exigées pour sa validité. L'inobservation des *formalités substantielles* prévues aux articles 15 et 17 du décret de 1965 emporte la nullité de l'assemblée, dans son ensemble, sans que le copropriétaire ait à établir un grief[6].

878 C) Secrétaire[7]. L'article 15 alinéa 2 n'ayant subi aucune modification, « *le syndic assure le secrétariat de la séance, sauf décision contraire de l'assemblée générale* ». La préoccupation qui a fait écarter le syndic de la présidence de l'assemblée pouvait aussi le faire écarter du secrétariat. Toutefois, le rôle de secrétaire suppose la connaissance des documents nécessaires aux débats, ainsi que la pratique rédactionnelle des procès-verbaux, lesquels sont d'ailleurs conservés et notifiés par le syndic[8]. L'article 15, alinéa 2, représente la seule disposition réglementaire qui affirme la présence du syndic à l'assemblée[9].

Le texte présente une souplesse suffisante. Le syndic est de droit secrétaire de l'assemblée, mais une décision contraire prise à la majorité de l'article 24 pourrait expressément conférer le secrétariat à un autre membre de l'assemblée.

Ce pourrait être le cas si la réunion avait pour objet la révocation du syndic, si celui-ci démissionnait en cours de séance ou si, d'une manière plus générale, une certaine tension se manifestait entre le syndic et les copropriétaires.

La désignation d'un secrétaire de séance constitue une formalité substantielle[10] (l'assemblée générale ne se tient pas régulièrement en l'absence de secrétaire[11]), peu important que cette désignation résulte ou non d'un vote si le procès-verbal constate que le secrétaire a été désigné à l'unanimité[12]. La nomination du syndic ne valant que pour l'avenir, il n'est cependant pas interdit que le salarié de l'un des syndics candidats soit désigné en qualité de secrétaire de séance; il en est ainsi notamment lorsque le syndicat se trouve dépourvu de syndic[13]. Néanmoins, le procès-verbal doit relater les condi-

1. COMMAGNAC ET CAPOULADE, p. 1372. Il ne se déduit pas de la nouvelle formule (« s'il y a lieu ») que la désignation d'au moins un scrutateur soit devenue obligatoire – Bouyeure, « Les assemblées générales », n° 250.
2. POUR clause désignant comme scrutateurs « les deux membres de l'assemblée possédant le plus grand nombre de quotes-parts de copropriété » : Civ. 3e, 28 avr. 2011, n° 10-14.298, *Bull. civ.* III, n° 61.
3. RAPPR. : Civ. 3e, 17 nov. 1993, n° 91-14.649, *RDI* 1994. 101 – Civ. 3e, 11 oct. 2005, n° 04-16.894, *Administrer* janv. 2006. 45, obs. Bouyeure; *Loyers et copr.* 2006. 17.
4. On peut penser que la jurisprudence antérieure se maintiendra : Civ. 3e, 17 févr. 1999, n° 97-14.454, *Bull. civ.* III, n° 43; *RDI* 1999. 301; *D.* 2000. 137, Civ. 3e, 15 mai, n° 99-18.537, *AJDI* 2001. 804, et Civ. 3e, 11 juill. 2001, n° 99-19.989, *AJDI* 2002. 226.
5. Civ. 3e, 13 févr. 2008, n° 07-19.88, préc. ss n° 876.
6. Civ. 3e, 16 juin, n° 91-20.492, *Bull. civ.* III, n° 92; *AJDI* 1994. 292; *RDI* 1993. 421, et Civ. 3e, 17 nov. 1993, n° 91-14.649, *RDI* 1994. 101, et 17 févr. 1999, n° 97-14.454, *Bull. civ.* III, n° 43; *RDI* 1999. 301; *D.* 2000. 137.
7. Le Masson, « Le secrétaire de séance », *IRC* sept. 2009. 12.
8. *RDI* 1991. 383.
9. COMMAGNAC ET CAPOULADE, p. 1371.
10. Paris, 23e ch. A, 6 mai 1998, RG n° 96/16899, *D.* 1999. Somm. 76, obs. Atias.
11. Civ. 3e, 6 nov. 2002, n° 01-10.800, *Bull. civ.* III, n° 216; *D.* 2003. 1335; *AJDI* avr. 2003. 276, obs. Capoulade; *Administrer* févr. 2003. 43, note Capoulade.
12. Paris, 23e ch. A, 14 nov. 2001, *Bull. Csab* 1998, mars 2002, n° 45.
13. Civ. 3e, 17 juill. 1996, n° 94-15.140, *RDI* 1996. 609.

tions de désignation du secrétaire, notamment le résultat du vote lorsque le syndic n'assume pas le secrétariat[1]. Pour éviter toute contestation fondée sur l'inobservation de l'article 13 du décret du 17 mars 1967, il est utile de prévoir une rubrique « désignation du secrétaire de séance » à l'ordre du jour[2].

§ 3
Délibération et vote

879 Scrutin[3]. Le président soumet à l'assemblée générale, dont il *dirige* les débats, les diverses questions portées à l'ordre du jour. D'une part, l'assemblée est en droit de délibérer sur toutes les questions portées à l'ordre du jour[4] (v. s[s] n° 851) et, d'autre part, toute décision votée avant la désignation du président, et des assesseurs, est nulle[5]. L'assemblée est appelée à *voter sur chacune de ces questions* et uniquement sur celles-ci, dans la mesure où les notifications ont été faites conformément aux règles ci-dessus exposées (v. s[s] n°s 852 s.). Chaque question est soumise distinctement au vote de l'assemblée[6]. Le vote groupé se trouve prohibé[7]. Chaque vote répond à une question[8].

Ainsi, la Cour de cassation casse un arrêt n'ayant pas constaté que l'assemblée s'était prononcée par des votes différents sur chacun des points de l'ordre du jour[9].

La spécificité de chaque décision la rend indépendante des autres et ne peut influer sur leur validité (sauf en ce qui concerne la désignation du président de séance, et [du bureau] des assesseurs, v. s[s] n°s 876 s.), à moins qu'il n'existe entre elles un lien de dépendance ou de connexité. On peut penser que, sur une question complexe relevant globalement de la même majorité, puisse intervenir un vote par division.

Il se peut aussi que les décisions prises au cours d'une même assemblée relèvent de majorités différentes, ce qui explique l'absence de *quorum* et d'assemblée ordinaire ou extraordinaire.

Le scrutin est nécessairement *public*. Même pour la désignation des personnes, tout vote secret est impossible (il s'agit, en effet, d'une part, de décompter les voix et, d'autre part, de réserver le recours aux seuls opposants ou défaillants[10]). Dans les assemblées peu nombreuses le vote a donc lieu par appel nominal ou à main levée[11], à la condition que chaque votant fasse connaître la quote-part dont il dispose[12]; souvent, le vote se fait, surtout dans les assemblées nombreuses, par bulletin individualisé par l'identification ou la signature de chaque votant (sur les difficultés dans les assemblées nombreuses v. Guillot[13]).

Le calcul des majorités se fait en fonction du nombre de voix correspondant à l'importance de la quote-part dans les parties communes, c'est-à-dire de la quote-part de propriété. Toutefois, d'une part, l'article 24 tient compte des seuls suffrages exprimés et, d'autre part, l'article 26 qui prévoit une double majorité, tient compte du nombre de copropriétaires. Il n'est appliqué de neutralisation des votes que pour les lots appartenant au syndicat (L. 10 juill. 1965, art. 22), mais non pour les lots non attribués[14]; s'il était fait abstraction de ces lots, la nullité de la décision serait encourue sans égard à l'influence de leurs voix sur le vote. Il est tenu compte, s'il y a lieu, de la réduction des voix du copropriétaire majoritaire (v. s[s] n° 827, loi de 1965 et aussi CCH, art. L. 443-15). Toutefois, dans les

1. Paris, 23e ch. A, 2 juin 1986, RG n[os] K 19991 et 15931, *Juris-Data* n° 023198, *D.* 1986. IR 297.
2. Le Masson, « Du bon usage du procès-verbal d'assemblée générale », *Administrer.* août-sept. 2003. 14.
3. Atias, note s[s] 19 juill. 1995, *D.* 1996. Somm. 91, n° 4 – Le Masson, « La responsabilité des copropriétaires en raison de leur vote », *Administrer* nov. 1997. 30 – Lot, « La tenue des assemblées générales. Les votes », *Administrer* févr. 1983. 1 – Guillot, « L'assemblée générale des copropriétaires », *Administrer* oct. 1989. 13.
4. Rép. min. n° 21293, *JO Sénat* Q 3 sept. 1992, p. 2021.
5. Paris, 21 févr. 1976, *Administrer* déc. 1976. 64; *AJPI* 1976. 403.
6. Recomm. de la commission relative à la copropriété concernant les questions à inscrire à l'ordre du jour 1° et 2° – dans le sens de la différenciation des questions et des votes : Atias, *Questions de copropriétaires*, p. 30 – Vigneron, n°s 308 et 385.
7. Paris, 16 déc. 1999, RG n° 1998/13544, *Loyers et copr.* 2000. 98 – Paris, 27 oct. 1999, *Administrer* mai 2000. 54, obs. Bouyeure – cep. : Paris, 13 janv. 1999, note 2.
8. Civ. 3e, 11 mars 1998, n° 96-12.479, *Bull. civ.* III, n° 59; *RDI* 1998. 294; *D.* 2000. 136, *Administrer* août-sept. 1998. 32 – par exemple : vote séparé sur le *quitus*, d'une part, et sur l'approbation des comptes, d'autre part. Civ. 3e, 14 janv. 2009, n° 08.10.624, *Bull. civ.* III, n° 11; *AJDI* 2009. 549; *D.* 2010, 112.
9. Civ. 3e, 6 juill. 1994, n° 89-16.212, *Bull. civ.* III, n° 142; *RDI* 1994. 698; *D.* 1996. 162 – Civ. 3e, 22 mars 1995, n° 93-13.373, *Bull. civ.* III, n° 88 – Civ. 3e, 17 févr. 1999, n° 97-14.454, *Bull. civ.* III, n° 43; *RDI* 1999. 301; *D.* 2000. 137 – solution contraire, toutefois, sur renvoi : Paris, aud. sol., 13 janv. 1999, *RDI* 1999. 302.
10. Atias, *Questions de copropriétaires*, p. 31 – Cabanac, n° 545 – Commagnac et Capoulade, p. 1378 – Guillot, art. 22-23, n° 14-02 – Kischinewsky-Broquisse, n° 592 – Lombois, n° 83 – Sizaire, n° 150.
11. Civ. 3e, 4 mars 1980, n° 78-13.302, *Bull. civ.* III, n° 49; *Administrer* nov. 1980. 24; *D.* 1980. IR 452; *RDI* 1981. 121.
12. Pau, 1er avr. 1980, *D.* 1981. IR 401; *Rev. loyers* 1981. 93.
13. Guillot, art. 22-23, n° 14-03.
14. Civ. 3e, 20 nov. 1996, n° 94-19.140, *Bull. civ.* III, n° 220; *RDI* 1997. 129.

assemblées spéciales prévues par l'article 24 alinéa 4 de la loi, la majorité se calcule en fonction de la répartition de la dépense (v. s^s n° 839).

Lorsqu'un projet de décision est ou doit être, selon le cas, notifié en même temps que l'ordre du jour, l'assemblée dispose d'un *pouvoir d'amendement*. Le projet n'est pas figé dans un texte intangible; c'est le propre d'une assemblée de permettre la discussion - ce qui exclut tout ce qui lie par avance la liberté de discussion. Il n'est pas nécessaire que le texte de la modification proposée ait été préalablement notifié ou communiqué à l'ensemble des copropriétaires; il suffit qu'il soit libellé clairement et soumis à la délibération lors des débats [1]. Toutefois, l'amendement ne doit pas dénaturer ou modifier le fond même du projet. En revanche, une décision votée conformément à l'ordre du jour ne peut être complétée ou altérée par une autre qui n'y figurait pas [2].

880 Résultat du vote. *Le dépouillement des votes* doit nécessairement être entrepris au cours de l'assemblée et la proclamation des résultats intervenir avant que les copropriétaires ne se séparent à la fin de celle-ci [3]. Tant que le résultat du scrutin n'a pas été proclamé par le président de l'assemblée, il est admis qu'un copropriétaire puisse modifier son vote [4].

L'assemblée est considérée comme valablement tenue, même si elle n'a pu, faute de temps, épuiser son ordre du jour [5]; les questions non traitées figureront à l'ordre du jour de la prochaine assemblée générale [6].

La décision ne porte que sur ce qui a été *explicitement décidé*. Il n'y a pas place en copropriété pour une décision implicite [7]. Si une décision d'assemblée peut être interprétée, c'est à la condition de ne pas tirer du texte une volonté non explicitée. De même, il n'est pas permis de reconstituer une décision en procédant à une enquête [8]. La Cour de cassation refuse toute extrapolation du contenu des décisions d'assemblée, telles que mentionnées au procès-verbal (par exemple, l'autorisation de percer deux dalles communes pour le passage d'un ascenseur n'implique pas l'autorisation de créer une aire de stationnement qui serait ainsi desservi) [9] et se réserve un contrôle de dénaturation des termes clairs et précis des décisions [10].

L'assemblée peut prendre une *décision préventive* à la condition que la question figure à l'ordre du jour et qu'elle soit conforme à l'intérêt commun des copropriétaires, comme entrant dans l'objet du syndicat [11].

Une assemblée générale peut-elle, sur une même question, *revenir sur une décision* antérieure ou, en tout cas, adopter, une décision différente ? Il est acquis en jurisprudence qu'une assemblée ne peut revenir sur un droit conféré à un copropriétaire par une assemblée antérieure [12], mais elle « conserve la faculté de prendre ultérieurement une décision contraire à la précédente à la condition de ne pas porter atteinte aux droits acquis d'un copropriétaire en vertu de la première décision », notamment en présence d'éléments nouveaux ou de circonstances nouvelles [13], ou si la précédente décision n'a pas encore été exécutée [14]. La modification doit être expressément portée à l'ordre du jour de l'assemblée [15]. En respectant les droits acquis, la nouvelle décision peut préciser ou compléter la décision précédente [16], sans avoir le même objet et en restant indépendant de la première [17].

1. Civ. 3e, 5 juill. 1989, n° 87-17.768, *RDI* 1989. 503; *IRC* 190, 172, note Capoulade; *Defrénois* 1990. 369, note Souleau – AUSSI : Paris, 19 janv. 1983, *D.* 1983. IR 461 – Paris, 15 nov. 2001, *Loyers et copr.* avr. 2002. 96.
2. Civ. 3e, 7 nov. 2007, n° 06-18.882, *Bull. civ.* III, n° 196; *D.* 2008. 2690; *AJDI* 2008, obs. Capoulade; *Administrer* févr. 2008. 33, obs. Bouyeure.
3. TGI Paris, 20 janv. 1988, *Gaz. Pal.* 1988. 2. Somm. 388 – Paris, 28 avr. 1987, *Gaz. Pal.* 1987. 2. pan. jur. 341.
4. TGI Paris, 13 juill. 1983, *AJPI* 1986. 81, note Bouyeure; *Gaz. Pal.* 1983. 2 pan. jur. 341.
5. TGI Paris, 4 janv. 1969, *AJPI* 1970. 320, note Bouyeure – KISCHINEWSKY-BROQUISSE, n° 592, note 162.
6. KISCHINEWSKY-BROQUISSE, n° 592, note 162.
7. Civ. 3e, 28 mars 2007, n° 06-11.947, NP, *Rev. loyers* 2007. 241, note Roux.
8. Civ. 3e, 23 mai 1991, n° 89-14.404, *RDI* 1991. 384 et 386.
9. Civ. 3e, 3 oct. 1991, n° 89-20.904, *AJDI* 1992. 278; *RDI* 1992. 112 – Civ. 3e, 12 mai 1993, n° 91-17.676, *RDI* 1993. 420 – Civ. 3e, 10 juill. 2002, n° 01-03.227, NP.
10. Civ. 3e, 17 janv. 1996, n° 93-21.155, *RDI* 1996. 272.
11. Paris, 19e ch. B, 12 oct. 1995; *D.* 1996. Somm. 91, obs. Atias; *RDI* 1996. 271.
12. Civ. 3e, 6 oct. 1999, n° 98-10.711, *Bull. civ.* III, n° 198; *AJDI* 2000. 238, *D.* 1999. IR 243; *RDI* 2000. 240 – Paris, 19e ch. A, 19 janv. 1993, *RDI* 1993. 263; *D.* 1993. IR 114; *Loyers et copr.* 1993. 195 – Civ. 3e, 12 avr. 2005, n° 04-10.507, *Administrer* juill. 2005. 50; *AJDI* 2005. 488 – POUR la doctrine : Rép. civ., Atias, *V° Copropriété*, n° 258 – LAFOND, ROUX ET STEMMER, s^s L. art. 24, n° 7.
13. TGI Créteil, 27 mai 1987, *Gaz. Pal.* 1987. 2, 657.
14. TGI Paris, 1er déc. 2005, *Administrer* mai 2006. 46, obs. Bouyeure.
15. Civ. 3e, 9 juin 1993, n° 91-15.791, *Bull. civ.* III, n° 83; *D.* 1994. 123; *RDI* 1993. 416; *Administrer* mai 1994. 27, note Lafond; *Loyers et copr.* 1993. 365 – Paris, 29 nov. 1995, *D.* 1997. Somm. 13, obs. Atias.
16. Paris, 19 janv. 1993, RG n° 92/16.977, *Juris-Data* n° 024231, *D.* 1993. IR 114; *RDI* 1993. 263, *Loyers et copr.* 1993. 193.
17. Civ. 3e, 17 mars 1993, n° 91-17.808, *RDI* 1993. 263 – SUR L'ENSEMBLE DE LA QUESTION : Vigneron, « La pratique des votes successifs sur une même question », *Loyers et copr.* juin 1998, 4 – EN CAS de votes contradictoires au cours d'une même assemblée : Paris, 27 mars 1998, *Loyers et copr.* 1998. 168.

Un acquéreur en opposition d'intérêt avec le syndicat qui avait obtenu, après l'achat, l'annulation de décisions confirmatives prises antérieurement, peut faire tierce opposition[1].

881 Effets des décisions à l'égard des copropriétaires[2]. Une doctrine unanime et une jurisprudence constante affirment le principe que les décisions prises par l'assemblée générale *s'imposent à tous les copropriétaires tant qu'elles n'ont pas été judiciairement annulées*[3] par une décision judiciaire passée en force de chose jugée; il en est ainsi avant même que la décision ait été notifiée[4] (sauf suspension pendant la durée du délai de contestation pour les travaux décidés en application des articles 25 et 26 et sous réserve de l'urgence [adjonction de L. 31 déc. 1985] - V. s[s] n° 951). Un récent arrêt affirme nettement le principe, à propos de l'élection du syndic, que « *sauf disposition contraire, les décisions d'assemblées générales sont immédiatement exécutoires, sans constater que la décision* nommant de nouveau syndic *reportait* le point de départ de son mandat *après la fin de la réunion* »[5].

Les copropriétaires ne peuvent, sous cette dernière réserve, refuser d'exécuter les obligations que ces décisions leur imposent s'ils n'en ont demandé[6] et obtenu l'annulation; il en est ainsi de l'obligation de chacun d'acquitter la quote-part des charges ou dépenses résultant de ces décisions[7]. Ce principe s'applique aux décisions qui peuvent être considérées comme l'accessoire de décisions antérieures régulièrement prises et non contestées[8]. Cette *force obligatoire* ne saurait être éludée sur l'allégation que le procès-verbal n'aurait pas été notifié, dès lors que les copropriétaires ont eu, par d'autres voies, connaissance des délibérations qu'ils contestent[9]. Rien n'interdit aux copropriétaires de donner un accord de principe dans une résolution qui ne les engage pas financièrement, dès lors qu'ils peuvent rejeter à la majorité requise tous les travaux projetés tant que les devis n'ont pas été acceptés[10]. Toutefois, la notion d'opposabilité, et non celle de force obligatoire, est retenue dans deux cas : à l'égard du copropriétaire opposant qui a fait juger que les travaux présentent un caractère somptuaire (L. 10 juill. 1965, art. 33) et lorsque le titulaire du droit d'usage et d'habitation n'a pas été convoqué aux assemblées générales[11].

La pratique révèle néanmoins que trop souvent les copropriétaires ignorent l'obligation qui leur est faite de procéder par la voie de la *contestation judiciaire* des décisions qu'ils estiment avoir de bonnes raisons de ne pas exécuter. L'envoi au syndic d'une lettre, même recommandée, avec demande d'avis de réception, comportant des réserves ou exprimant une contestation de la décision, est inopérante et n'emporte aucun effet. Cette contestation judiciaire doit, de plus, être introduite dans le délai de l'article 42 alinéa 2 de la loi du 10 juillet 1965, dont l'expiration produit, en principe, un effet de « purge » de toutes les irrégularités affectant la décision querellée (v. s[s] n° 949). L'annulation doit résulter d'une décision judiciaire passée en force de chose jugée, de telle sorte que la décision annulant la désignation du syndic, lorsqu'elle est frappée d'appel, n'autorise pas la nomination d'un administrateur provisoire et permet l'exercice régulier d'une action en recouvrement des charges[12].

En revanche, l'opposabilité des décisions d'assemblées générales modifiant le règlement de copropriété (détermination des conditions d'exploitation des locaux commerciaux) aux ayants cause à titre particulier d'un copropriétaire est liée à la publication de cette décision ou à une adhésion de cet ayant cause[13].

882 Effets des décisions à l'égard des tiers. À l'égard des tiers, les décisions de l'assemblée générale ne présentent pas un caractère réglementaire[14]. Il importe peu que la décision ait été publiée au fichier immobilier. Les décisions d'assemblée générale ne régissent pas les rapports entre chaque copropriétaire individuellement et le syndic, pris

1. Civ. 3e, 2 févr. 1994, n° 91-12.676, *RDI* 1994. 306; *D.* 1994. 124.
2. Atias, « La durée des effets d'une décision d'assemblée générale », *IRC* juill.-août 2005. 25 – Atias, « L'opposabilité des décisions majoritaires en copropriété », *Defrénois* 2007. 1257.
3. Atias, « Qu'est-ce qu'une contestation d'assemblée générale ? », *IRC* juin 1999 – Civ. 3e, 9 mars 1988, n° 86-17.869, *Bull. civ.* III, n° 54 – Civ. 3e, 10 oct. 1990, n° 88-19.999, *Bull. civ.* III, n° 183; *RDI* 1991. 92, *IRC* 1991. 115, note Capoulade; *Defrénois* 1991. 34987, obs. Souleau; *Administrer* avr. 1991. 32; *JCP N* 1991, prat. 1962. 501, Chron. Lafond.
4. Civ. 3e, 29 avr. 1987, n° 85-18.656, *Bull. civ.* III, n° 94; *D.* 1987. IR 120.
5. Civ. 3e, 9 juin 2010, n° 08-19.696, *Bull. civ.* III, n° 117; *AJDI* juill. 2011. 535, note Capoulade.
6. Civ. 3e, 4 nov. 2004, n° 04-14.343, *Loyers et copr.* 2005. 18.
7. Civ. 3e, 6 oct. 1999, n° 98-10.711, *Bull. civ.* III, n° 198; *AJDI* 2000. 238, *D.* 1999. IR 243; *RDI* 2000. 240.
8. Paris, 11 déc. 1990, *RDI* 1991. 101.
9. Civ. 3e, 29 avr. 1987, n° 85-18.656, *Bull. civ.* III, n° 94; *D.* 1987. IR 120.
10. Civ. 3e, 4 janv. 2006, n° 04-19.771; *Bull. civ.* III, n° 5; *Administrer* avr. 2006. 36, obs. Bouyeure.
11. Civ. 3e, 28 juin 1995, n° 93-16.559, *RDI* 1995. 786.
12. Civ. 3e, 20 juill. 1999, n° 98-10.870, *RDI* 1999. 681 – Civ. 2e, 16 oct. 2003, n° 01-13.505, *AJDI* 2004. 384, obs. Giverdon.
13. Civ. 3e, 11 juill. 2001, n° 99-18.625, *AJDI* 2001. 990, obs. Capoulade.
14. Civ. 3e, 9 juill. 1970, n° 69-10.579, *Bull. civ.* III, n° 473.

personnellement[1]. La question se pose surtout lorsque l'assemblée adopte un devis de travaux pour savoir si le marché se forme par la rencontre de l'offre de l'entrepreneur et la manifestation de la volonté collective approuvant le contrat. En réalité, l'assemblée ne connaît, en principe, que les conditions essentielles du contrat. Outre une question de preuve, le contrat ne se formerait que par la signature du syndic, en tant qu'organe d'exécution des décisions du syndicat[2]. C'est à cette date que la dépense est effectivement engagée.

§ 4 Procès-verbal

883 **A) Établissement du procès-verbal**[3]. Le procès-verbal de la séance constitue un document d'une importance capitale pour assurer l'exécution des décisions de l'assemblée et pour apprécier le bien fondé des contestations. C'est dire les soins attentifs qui doivent entourer sa rédaction.

L'établissement d'un procès-verbal des décisions de chaque assemblée générale est imposé par les dispositions impératives de l'article 17 (al. 1er) du décret du 17 mars 1967.

Cet article prévoit que le procès-verbal est « signé, à la fin de la séance par le président, par le secrétaire et par le ou les scrutateurs » (rédaction du décret du 27 mai 2004).

L'absence ou la nullité du procès-verbal rend l'assemblée annulable[4]. Le défaut de la signature du président, du secrétaire ou, *a fortiori*, des scrutateurs (des membres du bureau) n'est pas considéré, en général, comme entraînant la nullité du procès-verbal, ni celle de l'assemblée[5], mais la force probante du procès-verbal dépourvu de toute signature peut être contestée comme ne faisant pas preuve des décisions prises par l'assemblée[6]. La nullité peut être prononcée s'il existe des exemplaires différents du procès-verbal[7].

Le décret ne précise pas *qui rédige* le procès-verbal; aucun texte n'exige qu'il soit rédigé par une personne déterminée; il est à penser que ce travail administratif incombe au secrétaire de séance, fonction remplie, en principe, par le syndic, mais le fait d'assumer le secrétariat n'implique pas une compétence exclusive pour établir le procès-verbal[8]. Un huissier de justice peut aussi être chargé de dresser le procès-verbal[9] qui fait foi jusqu'à une inscription de faux[10].

À la différence de la situation antérieure[11], l'article 17 précise désormais, depuis sa modification par le décret du 27 mai 2004, que le procès-

1. Civ. 3e, 24 mai 1989, *Loyers et copr.* 1989. 403 – Civ. 3e, 11 oct. 2005, n° 04-17.178, *Loyers et copr.* 2006. 23 – Civ. 3e, 30 janv. 2008, n° 07-10.750, *Bull. civ.* III, n° 17; *AJDI* 2009. 33, *Administrer* mai 2008. 60, note Capoulade.
2. V. Chron. Giverdon, Capoulade, *RDI* 1991. 507.
3. ATIAS, n°s 384 s. – KISCHINEWSKY-BROQUISSE, n° 431 – Cabanac, *AJPI* 1967. 294 – Cabanac et Faure, « Les procès-verbaux des assemblées générales de copropriétaires », *REDI* n° 59. 58 – COMMAGNAC ET CAPOULADE, p. 1372 s. – Guillot, « Le procès-verbal de l'assemblée générale des copropriétaires », *Administrer* mai 1979, 4 – Guillot, « L'assemblée générale des copropriétaires : le procès-verbal », *Administrer* févr. 1990. 7 – Guillot, *Guide de la copropriété*, art. 22-23, § 14 – LAFOND, ROUX ET STEMMER, s^s^ art. D. 17 § 1 – J.-CL. COPR., fasc. 85, n°s 58 s. – Atias, « Qu'est-ce qu'un procès-verbal d'assemblée générale ? », *IRC* sept. 2005. 19 – Roux, « *L'établissement du procès-verbal* », *IRC* oct. 2008. 16 – Le Masson, « Du bon usage du procès-verbal d'assemblée générale », *Administrer* août-sept. 2003. 14.
4. TGI Paris, 23 avr. 1975, *Rev. loyers* 1975. 312 – TGI Paris, 14 nov. 1976, *D.* 1976. IR 124 – LAFOND, ROUX ET STEMMER, s^s^ art. D. 17, n° 1; chaque assemblée étant indépendante, jugé qu'il ne peut être suppléé aux lacunes et omissions du procès-verbal d'une assemblée par le renvoi à des mentions du procès-verbal d'une autre assemblée, dont l'objet n'était pas le même, Paris, 7 oct. 1987, RG n° M 10653, *Juris-Data* n° 026509, *RDI* 1988. 141.
5. Civ. 3e, 16 nov. 1976, *D.* 1977. Somm. 153; *Administrer* oct. 1977. 45 : SUR la signature du secrétaire de séance – Civ. 3e, 17 juill. 1986, *Administrer* nov. 1986. 22, obs. Guillot, *Gaz. Pal.* 1986. 2. pan. jur. 201 : SUR la signature des membres du bureau – Paris, 20 déc. 1979, *D.* 1980. IR 276, obs. Giverdon – Paris, 23e ch. B, 12 nov. 1998, *RDI* 1999. 148 : SUR la signature du secrétaire et des membres du bureau – Paris, 23e ch. B, 29 mars 2001, RG n° 2000/00996, *Bull. Csab* mars 2002, n° 61 : SUR un procès-verbal signé par le président et deux scrutateurs, mais par ordre pour le secrétaire.
6. Civ. 3e, 28 oct. 1985, *Gaz. Pal.* 1986, I, pan. jur. 23 Paris, 26 mai 1986, *IRC* 1986. 158 – Civ. 3e, 6 déc. 2005, n° 04-17.630, *Loyers et copr.* 2006. 39; *Administrer* avr. 2006. 37, obs. Bouyeure; *AJDI* 2006. 389, obs. Capoulade.
7. Civ. 3e, 4 juill. 1990, n° 88-17.006, *Bull. civ.* III, n° 167; *RDI* 1990. 528; *D.* 1991. 84; *IRC* 1991. 9, note Capoulade; *Gaz. Pal.* 1991. 1. pan. jur. 8 – ATIAS, n° 384.
8. ATIAS, n° 385 – COMMAGNAC ET CAPOULADE, *ibid.* – Paris, 23e B, 29 mars 2001, *Bull. Csab* mars 2002, n° 61, obs. Dunes.
9. Le syndic peut charger un huissier de justice de cette rédaction, Paris, 5 déc. 1984, *D.* 1985. IR 48, obs. Giverdon – Un copropriétaire peut aussi demander la désignation, à cet effet, d'un huissier de justice par ordonnance présidentielle, ce qui, en soi, ne constitue pas une faute : Civ. 3e, 8 avr. 1998, n° 96-17.138, NP.
10. Paris, 23e ch. A, 26 janv. 2001, *Administrer* août-sept. 2001. 39, note Bouyeure.
11. Il était recommandé de rédiger le procès-verbal sur le champ, GUILLOT, art. 22-23, n° 15-40 à 15-42 – Mais aucune disposition ne l'exigeait – TOUTEFOIS, un arrêt avait annulé un procès-verbal établi après la séance : Paris, 29 avr. 1987, *Gaz. Pal.* 1987. 2, 596.

verbal est signé « *à la fin de la séance* », ce qui implique qu'il soit établi en cours de séance[1, 2].

Les procès-verbaux des séances sont inscrits, à la suite les uns des autres, sur un registre spécialement ouvert à cet effet (art. 17 al. 4), sans qu'il soit coté et paraphé. Le registre peut être tenu sous forme électronique (C. civ., art. 1316-1 s.) et les signatures sont alors établies conformément à l'article 1316-4 du code civil (art. 17 al. 1er). Registres et imprimés font partie des archives du syndicat (v. ss no 1006)[3].

Aucune disposition n'impose de faire approuver le procès-verbal[4]. L'erreur matérielle contenue dans une décision d'assemblée peut être rectifiée, à la condition de ne pas la dénaturer, de ne pas substituer une décision nouvelle à celle effectivement prise et de ne pas reconstituer les votes[5]. En cas de refus des signatures du procès-verbal, la demande peut être portée devant le tribunal de grande instance, mais seulement pour rectification d'une erreur purement matérielle (v. ss no 885).

884 Procès-verbal – Mentions[6]. Aux termes de l'article 17 du décret de 1967, modifié, « *le procès-verbal comporte, sous l'objet de chaque question inscrite à l'ordre du jour, le résultat du vote. Il précise les noms des copropriétaires ou associés qui se sont opposés à la décision et leur nombre de voix, ainsi que les noms des copropriétaires ou associés qui se sont abstenus et leur nombre de voix* » (al. 2). Il ajoute « *Le procès-verbal mentionne les réserves éventuellement formulées sur la régularité des décisions* » (al. 3).

Ces dispositions, bien que précises et claires dans leur formulation, doivent être largement explicitées, car une expérience prolongée révèle, même après plus de 40 ans d'application de la loi, l'imprécision et l'insuffisance notoire de trop nombreux procès-verbaux. Trop souvent, ils contiennent des considérations parfaitement inutiles, telles que les interventions des uns ou des autres, alors que les mentions essentielles n'y figurent pas, confondant ainsi compte-rendu et procès-verbal. La Commission relative à la copropriété a donc, dans ses recommandations, souhaité mettre fin à ces errements[7].

Les mentions destinées à constater la régularité formelle de l'assemblée compléteront utilement les indications données par l'article 17 (al. 2 et 3).

885 Procès-verbal – Constatation de la régularité formelle de la séance. Une pratique utile et bien établie révèle que le procès-verbal rappelle la date de la convocation, les questions figurant à l'ordre du jour et, surtout, mentionne les copropriétaires et associés présents ou représentés, en précisant le nombre de leurs voix (sur la mention des noms des représentants statutaires des associations de locataires, v. Guillot[8]). À vrai dire, ces mentions relatives à la convocation et à l'ordre du jour ne s'imposent d'elles-mêmes que dans la mesure où la convocation ne se trouve pas annexée au procès-verbal.

En revanche, l'énumération nominative donnée en tête du procès-verbal dispense de la répéter à l'occasion de chaque décision[9], puisqu'il est admis de décompter les voix favorables par différence[10]. La feuille de présence devrait fournir cette énumération (v. ss no 875), ce qui explique que l'article 17 ne vise pas cette énumération au titre des mentions à faire figurer au procès-verbal. Si la feuille de présence a été établie et annexée au procès-verbal et si celui-ci contient une erreur matérielle quant au nombre des copropriétaires présents ou représentés, celle-ci peut être réparée par rapprochement avec les indications de la feuille de présence[11] (sur la possibilité d'utiliser les indications de la feuille de présence pour corriger les lacunes du procès-verbal, v. ss no 887). En outre, elle permet de suppléer la perte de la feuille de présence[12].

La même pratique conduit à mentionner en tête du procès-verbal la date de la réunion et l'heure d'ouverture et de clôture de la séance, ce qui est inhérent à tout procès-verbal. L'opposabilité de la

1. La notification des projets de décision prévue par l'article 11 du décret et la proclamation des votes en cours de séance permettent la rédaction et donc la signature du procès-verbal avant la fin de la séance, ce qui suppose une préparation attentive de la réunion.
2. Rép. min. no 60506, *JOAN Q* 20 déc. 2005, p. 11826 – Bouyeure, nos 266-268.
3. Le défaut de tenue du registre n'est pas une cause de nullité de l'assemblée générale, mais il est de nature à engager la responsabilité du syndic : Paris, 20 déc. 1979, *D.* 1980. IR 276.
4. Rép. min., QE, 26 janv. 1974, *JOAN Q* 1974, p. 508 – Le règlement pourrait prévoir cette approbation, Lafond, Roux et Stemmer, sous art. D. 17, no 2, ce qui implique une rédaction au cours de la séance; ce ne serait pas sans risque si l'approbation devait intervenir au cours d'une réunion ultérieure.
5. Civ. 3e, 17 janv. 1996, no 93-21.155, *RDI* 1996. 272 : pour la dénaturation – Civ. 3e, 4 juin 1998, no 96-19.811, *AJDI* 1998. 930; *RDI* 1998. 415; *AJPI* 1998. 929, note Guitard, sur l'affectation des fonds appelés.
6. Roux, « Le contenu du procès-verbal », *IRC* déc. 2008. 17.
7. Not. les 4e, 15e et 16e recomm.
8. Guillot, art. 22-23, no 15-17.
9. Civ. 3e, 7 nov. 1978, no 77-11.421, *Bull. civ.* III, no 333; *D.* 1979. 446; *Gaz. Pal.* 1979. 1. Somm. 19; *Rev. loyers* 1979. 42; *Administrer* févr. 1979. 28.
10. Civ. 3e, 8 avr. 1998, no 96-17.074, *RDI* 1998. 414 – Civ. 3e, 11 mai 2000, no 98-17.029, *AJDI* 2001. 346; Souad Yadimi-Naudot; *AJDI* 2001. 322; *RDI* 2000. 389.
11. TGI Paris, 12 nov. 1980, *D.* 1981. IR 400; *Gaz. Pal.* 1981. 1. Somm. 15.
12. En ce sens : Guillot, art. 22-23, no 15. 31.

date de l'assemblée obéit à un régime propre, sans que les formalités de l'article 1328 du code civil ait été observées [1].

886 Procès-verbal – Mentions imposées par l'article 17 du décret [2]. Aux termes de cet article, le procès-verbal doit :

a) comporter l'objet de chaque question inscrite à l'ordre du jour (al. 2). Le texte antérieur visait « le texte de chaque délibération ». Il ne s'agissait nullement de relater les débats [3], mais de consigner le texte adopté par l'assemblée. Dans sa rédaction actuelle, l'article 17 (al. 2) ne fait aucune référence aux décisions, mais il n'est pas douteux que le procès-verbal comporte le *texte de chaque décision*, puisque c'est son objet même, ainsi que le définit l'alinéa 1er de cet article [4].

Désormais, le procès-verbal reproduit obligatoirement « l'*objet de chaque question inscrite à l'ordre du jour* ». Ainsi, le procès-verbal se trouve structuré et divisé en autant de parties que de questions à l'ordre du jour. Pas davantage que par le passé, l'article 17 prescrit de reproduire le projet de décision notifié « en même temps que l'ordre du jour » [5]. Cette reproduction est indispensable si le texte du projet n'est pas amendé car, suivi du résultat du vote, il va constituer la décision elle-même. En revanche, cette reproduction ne présente d'utilité, en cas de modification, que pour apprécier l'existence d'une éventuelle dénaturation [6]. Le texte exprimant la volonté collective constitue l'*élément substantiel* de la décision qui doit être expresse et non implicite [7, 8].

b) Indiquer le résultat de chaque vote (al. 2). C'est l'*élément formel* de la décision. La simple mention d'un vote, et encore plus d'un « consensus », n'indique pas qu'une décision ait été prise [9]. Il y a lieu à annulation lorsque le procès-verbal ne permet pas de déduire ni dans quelles conditions le scrutin est intervenu, ni le sens des votes [10].

Le résultat de chaque vote s'entend, en effet, de l'indication du nombre de voix pour (au moins par déduction, v. *infra*, c) et contre le projet ou la proposition et du nombre des voix des abstentionnistes. Le procès-verbal doit mentionner le nombre exact du total des voix des copropriétaires, sans en retrancher aucune [11].

Contrairement à l'opinion d'une partie de la doctrine [12] et d'une pratique répandue, le rédacteur du procès-verbal n'a pas à mentionner si le projet a été adopté ou repoussé. Une telle mention est, en effet, soit inutile, soit dangereuse. Inutile lorsque le sens du vote est évident. Dangereuse lorsque la majorité légalement requise est discutée. Le rédacteur du procès-verbal n'a pas à se faire juge de la question en portant sa propre appréciation sur le procès-verbal, ce qui, de surcroît, risquerait d'engager sa responsabilité [13].

En revanche, l'indication précise du résultat de chaque vote doit être fournie [14]. À chaque rubrique de l'ordre du jour correspond un vote particulier [15]

1. Rép. civ., Atias, *V° Copropriété*, n° 395.
2. Roux, « *Le contenu du procès-verbal* », *IRC* déc. 2008. 17.
3. TGI Paris, 18 déc. 1974, *D.* 1976. IR 66 – TGI Marseille, 17 janv. 1978, *Ann. loyers* 1979. 232 – Guillot, art. 22-23, n° 15-17 – Il a été admis qu'un compte-rendu succinct pouvait éclairer le sens de la décision prise, Paris, 18 janv. 1991, RG n° 89/006074, *Juris-Data* n° 020188, *D.* 1992. Somm. 138, obs. Lafond.
4. Le texte actuel substitue le mot « décision » qui traduit la volonté collective au mot « délibération » plus imprécis et qui, au sens large, englobe les débats.
5. En ce sens : recomm. de la commission relative à la copropriété.
6. Civ. 3e, 17 janv. 1996, n° 93-21.155, *RDI* 1996. 272.
7. Ne constitue pas une véritable décision la mention selon laquelle un copropriétaire est autorisé à clore sa véranda, mais qu'il devra, au préalable, fournir un exemplaire du projet, alors que cette indication n'est précédée, ni suivie de la mention d'un vote, Versailles, 30 avr. 1990, *RDI* 1990. 413 (sur la notion de décision v. ss n° 942).
8. Paris, 19e ch. B, 11 déc. 1997, RG n° 95/2169, *Juris-Data* n° 023821, *Bull. Csab* 1998, n° 51. Tel est le cas lorsque le procès-verbal ne permet pas de déterminer, en ce qui concerne l'ensemble des décisions portées sous une rubrique, ni sur quoi les délibérations portent exactement, faute de textes précis, ni ce qui a été adopté, faute du résultat de chaque vote.
9. Civ. 3e, 21 janv. 2004, n° 02-11.586, *Administrer* avr. 2004. 49.
10. Civ. 3e, 11 juill. 2001, n° 99-19.989, *AJDI* 2002. 226, obs. Capoulade. – Rappr. : Civ. 3e, 27 févr. 2001, n° 99-17.512, *AJDI* 2002. 586 – Le procès-verbal se bornait à faire état de l'examen d'une question, à mentionner l'opinion respective de chacun, sans indiquer, le nombre de voix nécessaires à l'adoption du projet – Toutefois : Paris, 18 janv. 1991, RG n° 89/006074, *Juris-Data* n° 020188, *D.* 1992. Somm. 138, admettant que le procès-verbal n'indique pas les « millièmes » en présence.
11. Civ. 3e, 20 nov. 1996, n° 94-19.140, *Loyers et copr.* 1997. 24 – Civ. 3e, 3 juin 1998, n° 96-22.250, *Administrer* mai 1999. 42, obs. Bouyeure.
12. Guillot, art. 22-23, n° 15-20 – Stemmer, « La traduction des votes dans les procès-verbaux d'assemblées de copropriétaires », *JCP N* 1990 prat. 1201.
13. En ce sens : Paris, 6 sept. 1996, RG nos 94/2196 et 94/11211, *Juris-Data* n° 022262, *JCP N* 1997. II, prat. 1577, note Stemmer.
14. Civ. 3e, 31 oct. 2001, n° 00-13.685, *AJDI* 2002. 226, obs. Capoulade. – Paris, 28 janv. 1982, *D.* 1982, *Juris-Data* n° 020922, IR 441.
15. Sur le vote global : Civ. 3e, 21 nov. 2000, n° 96-17.101, *AJDI* 2001. 146 – Paris, 19e ch. B., 11 déc. 1997, RG n° 95/2169, *Juris-Data* n° 023821, *Bull. Csab* 1998, n° 51 – Paris, 23e ch. B, 8 févr. 2001, RG n° 1999/18765, *Bull. Csab* mars 2002, n° 55 – Paris, 23e ch. B, 11 oct. 2001, RG n° 2000/16551, *Bull. Csab* mars 2002, n° 43 – Paris, 23e ch. A, 14 nov. 2001, *Bull. Csab* mars 2002, n° 62.

et les mentions du procès-verbal doivent permettre de déterminer avec certitude dans quelles conditions le scrutin est intervenu.[1]

c) Préciser les noms des copropriétaires ou associés qui se sont opposés à la décision et leur nombre de voix, ainsi que les noms des copropriétaires ou associés qui se sont abstenus et leur nombre de voix (al. 2). La rédaction actuelle est très proche de l'ancienne. Toutefois, elle exige désormais de décompter le nombre de voix des abstentionnistes afin de déterminer la nouvelle majorité de l'article 24 de la loi, qui ne comptabilise plus les abstentions. Dans le même esprit, elle ne vise plus les copropriétaires qui n'ont pas pris part au vote[2]. Le nom des défaillants résulte de l'énumération initiale, si, du moins, il n'y a pas eu de variation en cours de séance.

Il est facile de déterminer les abstentionnistes, mais la notion d'opposant a donné lieu à débat. Est opposant celui qui a voté contre la décision prise, c'est-à-dire soit contre le projet adopté, soit pour le projet rejeté[3,4]; le copropriétaire qui émet un vote favorable mais sous condition n'a pas été jugé opposant[5]. En revanche, on pouvait hésiter sur le point de savoir ce qu'il fallait entendre par copropriétaires « n'ayant pas pris part au vote »; le décret du 27 mai 2004 a donc mis fin à une situation ambiguë[6].

Pour la validité du procès-verbal, il serait insuffisant d'indiquer seulement les votes favorables[7] ou à l'inverse les votes défavorables[8], mais les exigences légales seraient satisfaites si le procès-verbal précisait que « toutes les décisions pour lesquelles ne seront pas indiqués les noms des copropriétaires, qui ont voté contre, ont été prises à l'unanimité » des présents et représentés[9]. En tout cas, il est essentiel que le procès-verbal fasse clairement apparaître le nom des opposants et celui des abstentionnistes, à l'occasion de chaque vote, ainsi que celui des absents qui figure généralement en tête, afin de limiter l'exercice de l'action attitrée.

d) Mentionner les réserves éventuellement formulées sur la régularité des décisions (al. 3). Le nouveau texte reprend des dispositions antérieures et ouvre cette faculté aux seuls opposants[10].

Ces réserves doivent s'exprimer au cours de l'assemblée[11] et ne porter que sur la régularité de la décision[12] et non sur son opportunité, sur la discussion ou sur le fond du droit.

Il n'y a pas lieu de consigner les observations que les représentants des associations de locataires pourraient formuler sur les questions inscrites à l'ordre du jour, en application de l'article 44 de la loi du 23 décembre 1986, modifié par la loi du 6 juillet 1989[13].

887 Procès-verbal – Sanction de l'inobservation des dispositions réglementaires[14]. L'omission des mentions que doit comporter le procès-verbal entraîne la nullité des décisions prises[15]. Les décisions doivent être annulées lorsque la rédaction du procès-verbal ne permet pas de déduire ni dans quelles conditions le scrutin est intervenu, ni le

1. Paris, 7 oct. 1987, RG n° M 10653, *Juris-Data* n° 026509, *D.* 1987. IR 220 – V. LAFOND, ROUX ET STEMMER, s^s art. D. 17, n° 5.
2. Atias, « La position juridique du copropriétaire ne prenant pas part au vote », *D.* 1994, Chron. 123.
3. Civ. 3e, 24 janv. 2001, n° 99-14.692, *Bull. civ.* III, n° 7; *AJDI* 2001. 440, obs. Giverdon; *D.* 2002. 1523, *Administrer* juill. 2001. 39, note Bouyeure – Paris, 23e ch. B, 14 févr. 2002, RG n° 2001/08350, 469, obs. Capoulade.
4. Il n'y a pas lieu d'indiquer les motifs particuliers du vote des opposants : Paris, 5 déc. 1984, *RDI* 1984. 189.
5. Civ. 3e, 30 mars 2005, n° 04-11.614, *Administrer* juin 2005. 47.
6. Morand, « Décompte des votes : le problème des copropriétaires qui ne prennent pas part au vote », *IRC* 1984. 74 – Le copropriétaire présent et mandataire d'un autre ne pourra plus, dans le même scrutin, voter en une qualité et déclaré ne pas prendre part au vote en l'autre qualité.
7. Paris, 11 sept. 1992, RG n° 90/009524, *Juris-Data* n° 022423, *RDI* 1993. 130; *Administrer* juill. 1993. 35, obs. Guillot; *Loyers et copr.* 1992, n° 490.
8. Civ. 3e, 11 mai 2000, n° 98-17.029, *Bull. civ.* III, n° 104; *RDI* 2000. 389; *AJDI* 2001. 346 – Paris, 10 mars 1993, RG n° 90-19263, *Juris-Data* n° 021405, *Loyers et copr.* 1993. 276.
9. Civ. 3e, 8 avr. 1998, n° 96-17.074, *RDI* 1998. 414 – Civ. 3e, 17 févr. 1999, n° 97-14.454, *Bull. civ.* III, n° 43; *RDI* 1999. 301, *D.* 2000. 137, *Loyers et copr.* 1999. 157 – Cette méthode de calcul par différence ne correspond cependant pas rigoureusement au texte de l'article 17 du décret et n'est pas sans danger; elle laisse au lecteur le soin de calculer le nombre de voix « pour » et « contre » – AUSSI : Civ. 3e, 21 oct. 2009, *Administrer* janv. 2010. 69, obs. Bouyeure; SUR les risques et les dangers de cette méthode : Crim. 20 juin 2007, *Administrer* oct. 2007. 86, obs. Bouyeure.
10. Si, en raison des circonstances particulières de l'espèce, l'abstention peut être assimilée à une opposition, par exemple l'intéressé expliquant son abstention par le seul fait qu'il est seul opposant et qu'il souhaite maintenir une bonne harmonie au sein du syndicat : Civ. 3e, 10 sept. 2008, n° 07-16.448, *Bull. civ.* III, n° 127; *AJDI* 2009 – V. LAFOND, ROUX ET STEMMER, s^s art. D. 17, n° 7.
11. Et non sous la forme d'une lettre, même recommandée avec demande d'avis de réception, adressée au syndic ou sous la forme d'une protestation par acte d'huissier de justice : Civ. 3e, 16 nov. 1988, *Loyers et copr.* janv. 1989. 41 – AUSSI : rép. min., QE, 17 sept. 1971, *JO Sénat*, p. 1666.
12. Ce qui exclut des réserves sur des éléments des comptes approuvés : Paris, 29 avr. 1987, *D.* 1987. IR 173; *Gaz. Pal.* 1987. 2, 596, note Morand.
13. AVEC quelques nuances : Lafond, *Les baux d'habitation, après la loi du 6 juillet 1989*, n° 35, p. 26.
14. Bouyeure, *op. cit.*, n° 278.
15. Paris, 7 oct. 1987, RG n° 86/113, *Juris-Data* n° 023982, *D.* 1987. IR 220.

sens des votes, notamment lorsqu'il ne comporte pas le texte de chaque décision et n'indique pas le résultat de chaque vote[1] ou contient une indication volontairement erronée de ce résultat (par exemple, présenter une décision comme étant prise à l'unanimité, alors qu'il existe une abstention[2]), ou qu'elle n'a recueilli que l'unanimité des présents ou représentés.

Il existe une corrélation obligée entre chaque question portée à l'ordre du jour et l'existence du vote correspondant. Le procès-verbal doit, en particulier, préciser le nom du président et des scrutateurs (membres du bureau) et le nombre de voix recueillies par chacun d'eux et, d'une manière plus générale, lorsque, comme dans ce cas, l'assemblée se prononce par un seul vote sur plusieurs questions[3], même si elles sont voisines[4].

Dans un premier temps, la jurisprudence a manifesté un certain libéralisme (mentions suffisantes si elles permettent de reconstituer le sens du vote[5] ou si la feuille de présence permet de compléter les lacunes du procès-verbal[6], nécessité d'un grief[7]), mais l'orientation la plus récente témoigne d'une certaine rigueur, sans doute, en raison des insuffisances relevées, de plus en plus souvent, dans la rédaction des procès-verbaux. Un arrêt récent a même retenu que l'irrégularité du procès-verbal quant aux conditions de désignation du président et du bureau, constitutive d'une inobservation des formalités substantielles d'établissement du procès-verbal, entraînait la nullité de l'assemblée générale et excluait le délai de deux mois pour contester[8].

La jurisprudence est désormais bien établie pour abandonner l'influence sur le vote ou la preuve d'un grief (il s'agit, en effet, d'une règle de fond à caractère impératif et non d'une règle de procédure[9]). pour exiger la mention du résultat de chaque vote en refusant, par exemple, des rectificatifs établis pour les besoins de la cause[10] ou pour refuser que les autres mentions du procès-verbal puissent réparer les irrégularités commises (notamment dans le cas où les exemplaires notifiés ne sont pas conformes au procès-verbal annexé au registre[11]).

888 **Procès-verbal – Force probante**[12]. Le procès-verbal étant un acte sous seing privé tire sa force de l'observation des dispositions légales et réglementaires et de la signature du président, du secrétaire et des scrutateurs (des membres du bureau auparavant). Il fait foi jusqu'à *preuve contraire* des constatations qu'il opère[13] et qui portent seulement sur ce que l'assemblée a connu[14], spécialement, la mention du texte de chaque délibération fait foi de sa régularité formelle. Cependant, la force du procès-verbal est fragilisée, voire anéantie, lorsque les deux conditions de sa valeur probante ne sont pas remplies; sa véracité peut alors être contestée par tous moyens[15].

L'inexactitude peut résulter d'une contradiction interne ou d'une invraisemblance (invraisemblance d'une unanimité impliquant le vote d'un copropriétaire en faveur de poursuites contre lui-même[16]). Toutefois, dans son dernier état, la jurisprudence exige que l'absence de crédibilité d'une énonciation soit confortée par des éléments extrinsèques[17]. On peut relever parmi ces éléments les témoignages ou attestations d'autres copropriétaires ou de leurs mandataires présents ou des correspondances

1. Paris, 19e ch. B, 11 déc. 1997, RG n° 95/2169, *Juris-Data* n° 023821, *Bull. Csab* 1998, n° 51 – Paris, 21 janv. 1991, RG n° 90/4.489, *Juris-Data* n° 020194, *Loyers et copr.* 1991. 180 – Paris, 9 oct. 1991, RG n° 90/023751, *Juris-Data* n° 023931, *Administrer* oct. 1992. 87 – Paris, 25 févr. 1992, RG n° 89-7883, *Juris-Data* n° 021204, *Loyers et copr.* 1992. 225.
2. Civ. 3e, 11 janv. 1977, *D.* 1977. IR 45 – SUR POURVOI DE : Paris, 24 avr. 1975, *Administrer* août 1975. 26 – AUSSI : une décision prise à l'unanimité des copropriétaires, alors qu'elle n'a recueilli que l'unanimité des présents et représentés.
3. Civ. 3e, 16 juin 1993, n° 91-20.492, *Bull. civ.* III, n° 92 – Paris, 23e ch. B, 11 oct. 2001, *Bull. Csab* mars 2002. 43 – Paris, 23e ch. B, 8 févr. 2001, *Bull. Csab* mars 2002.
4. Civ. 3e, 11 mars 1998, n° 96-12.479, *Bull. civ.* III, n° 59; *RDI* 1998. 289, 292, 294, 296; *D.* 2000. 136.
5. Civ. 3e, 7 déc. 1971, *JCP* 1972. II. 16985, note Guillot.
6. Civ. 3e, 7 nov. 1978, n° 77-11.421, *JCP* 1979. IV. 21 – Civ. 3e, 26 oct. 1983, n° 82-10.605, *JCP N* 1984. II. 129, note Atias; *Administrer* 1984, 42, n° 145, obs. Guillot.
7. Civ. 3e, 16 nov. 1976, *D.* 1977. Somm. 153.
8. Civ. 3e, 20 déc. 2006, n° 05-20.384, NP, *D.* 2007. 2184; *Administrer* 53, n° 397, obs. Bouyeure; *Loyers et copr.* 2007. 59, obs. Vigneron – EN SENS CONTRAIRE : Civ. 3e, 7 juin 2006, n° 05-17.330, NP, *Loyers et copr.* 2006. 184.
9. Civ. 3e, 4 févr. 1987, *D.* 1988. 140, note Atias – Civ. 3e, 22 févr. 1989, *IRC* 1989. 364, note Capoulade.
10. Paris, 13 juin 1990, RG nos 89/3557 et 89/4147, *Juris-Data* n° 022643, *RDI* 1990. 414.
11. Civ. 3e, 4 juill. 1990, n° 88-17.006, *D.* 1991. Somm. 84; *RDI* 1990. 531; *Administrer* mars 1990. 60.
12. Bouyeure, « La force probante du procès-verbal de l'assemblée générale des copropriétaires », *Administrer* août-sept. 2000. 10, et *op. cit.*, n° 279.
13. Civ. 3e, 23 mai 2007, n° 06-13.521, *Bull. civ.* III, n° 84; *Administrer* 54, n° 402, obs. Bouyeure – Paris, 18 mars 1998, RG n° 96/10598, *Loyers et copr.* 1998. 195 – SPÉCIALEMENT pour la date : Aix-en-Provence, 26 juin 1973, *Ann. loyers* 1974. 796 – Paris, 5 mai 2004, n° 2003-11075, *AJDI* 2004. 646.
14. Paris, 23e ch. A, 10 déc. 1997, *Bull. Csab* 1998, n° 49.
15. Civ. 3e, 11 janv. 1977, *IRC* 1977. 45.
16. Civ. 3e, 11 janv. 1977, *IRC* 1977. 45.
17. Civ. 3e, 28 juin 1995, n° 93-11.751, *Bull. civ.* III, n° 159; *RDI* 1995. 784; *D.* 1998. 277 – Civ. 3e, 6 nov. 1996, *Loyers et copr.* 1997. 55 – Paris, 4 oct. 1994, RG n° 93-7022, *Juris-Data* n° 023780, *RDI* 1995. 161.

échangées sur la question litigieuse avec le syndic avant ou après la réunion, sans oublier que nul ne peut se constituer une preuve à soi-même.

Une photocopie peut recevoir une valeur probatoire plus ou moins grande selon qu'elle est ou non contestée, qu'elle peut ou non être comparée à l'original. Lorsque l'original est perdu ou détruit, la photocopie peut valoir commencement de preuve par écrit[1].

Il appartient au juge d'apprécier souverainement la valeur probante des éléments de preuve qui lui sont soumis[2].

La demande en nullité d'une décision doit être soigneusement distinguée d'une demande en rectification[3] du procès-verbal pour erreur purement matérielle[4], ce qui suppose que l'assemblée n'ait pas à intervenir de nouveau, sinon pour prendre une autre décision. La demande est présentée au « bureau » et, en cas de refus, au juge.

Constitue une erreur rectifiable le refus de travaux à une majorité alors qu'une majorité inférieure et recueillie était applicable[5], mais constitue une décision, la mention que les appels de fonds correspondent à des créances irrécouvrables[6], que des travaux ne figurant pas à l'ordre du jour et non votés avaient été autorisés[7].

889 Notification du procès-verbal[8]. L'article 18 du décret n'érige pas la notification du procès-verbal en formalité autonome; il en fait un instrument d'application de l'article 42, alinéa 2, de la loi pour déterminer le point de départ du délai accordé aux copropriétaires opposants ou défaillants afin de contester les décisions (v. s^s n°s 948 s.). C'est sous cet aspect que le syndic a l'obligation d'effectuer la notification prévue par l'article 18. Il convient donc de distinguer trois séries d'envoi.

En fait, l'usage s'est heureusement instauré d'adresser, par courrier simple, par dépôt dans une boîte aux lettres ou par remise contre émargement[9], à chaque copropriétaire non opposant, ni défaillant, une copie intégrale du procès-verbal, à titre de pure information (dans ce cas, la reproduction de l'article 42 alinéa 2 de la loi n'est pas obligatoire).

La notification prévue par l'article 18 du décret concerne seulement les copropriétaires opposants ou défaillants, c'est-à-dire ceux qui ont qualité pour exercer l'action en contestation qui leur est réservée. En droit, l'article 18 n'impose de notifier aux copropriétaires opposants que les décisions pour lesquelles ils ont émis un vote défavorable. En revanche, la notification aux copropriétaires défaillants porte sur toutes les décisions prises en leur absence. C'est pourquoi, en fait, l'usage s'est établi de notifier l'intégralité du procès-verbal aux copropriétaires opposants ou défaillants, ce qui n'a pas pour effet de leur ouvrir plus de droits que ceux qu'ils tiennent de l'article 42 alinéa 2 de la loi.

Dans le cas prévu à l'article 23 alinéa 1er de la loi, la notification de l'article 18 est adressée au représentant légal de la société, lorsqu'un ou plusieurs associés se sont opposés ou ont été défaillants. En outre, ce même représentant reçoit notification d'un extrait du procès-verbal lorsqu'il n'a pas assisté à l'assemblée.

La notification doit respecter les conditions de forme et de délai prévues par l'article 18 du décret. Trois aspects de cette question retiendront ici l'attention.

La loi du 31 décembre 1985 a complété l'article 42 alinéa 2, 1re phrase, de la loi du 10 juillet 1965 en précisant que la notification devait se faire « *dans un délai de deux mois à compter de la tenue de l'assemblée générale* ». D'une part, il a été jugé qu'aucune sanction n'assortissait la méconnaissance de cette disposition[10], mais, en l'absence de toute notification, le délai de contestation est de dix ans à compter de l'assemblée[11]. La tardiveté de la notification du procès-verbal à un copropriétaire n'a pas d'autre conséquence juridique que de lui ouvrir le droit de contester les décisions de l'assemblée dans les deux mois à compter de cette notification[12]. Il n'existe donc pas d'expiration uniforme du délai d'action. D'autre part, la doctrine[13] et la jurisprudence des cours d'appel[14] ont considéré que la reproduction intégrale de l'article 42 alinéa 2 de la

1. Civ. 1re, 14 févr. 1995, n° 92-17.061, *JCP* 1995. II. 22402; *D.* 1995, jur. 341; *RTD civ.* 1996. 170.
2. Civ. 3e, 28 oct. 1985, n° 84-13.397, *Bull. civ.* III, n° 134.
3. Vigneron, « La conception des décisions d'assemblée générale », *Loyers et copr.* 1991. 2, col. 2.
4. Paris, 26 févr. 2004, n° 2003-15287, *AJDI* 2004. 294.
5. Versailles, 30 mars 1989, *RDI* 1989. 390.
6. Civ. 3e, 4 juin 1998, n° 96-19.811, *Bull. civ.* III, n° 116; *RDI* 1998. 415; *AJDI* 1998. 930.
7. Civ. 3e, 17 juin 1997, n° 95-18.684, *Bull. civ.* III, n° 116; *RDI* 1997. 482.
8. Bouyeure, *op. cit.*, n°s 285 s.
9. Kischinewsky-Broquisse, n° 435, note 553.
10. Paris, 23e ch. B, 15 nov. 2001, RG n° 2000/20669, *Loyers et copr.* avr. 2002. 99.
11. Paris, 23e ch. B, 11 oct. 2001, n° 2000-16551, *AJDI* févr. 2002. 141.
12. Civ. 3e, 11 mars 2003, n° 01-17.529, *Administrer* juill. 2003. 42.
13. Kischinewsky-Broquisse, n° 437, note 561 – Giverdon, *Inf. imm.* mai 1986, p. 19 – Lafond, Roux et Stemmer, s^s D. art. 18, § 1, n° 1 – Vigneron, n°s 402 et 542.
14. Paris, 25 nov. 1994, RG n° 93/019209, *Juris-Data* n° 024460, *RDI* 1995. 162, obs. Giverdon – Paris, 24 janv. 1995, et 14 févr. 1994; *Juris-Data* n° 020430, *Administrer* nov. 1995. 63, obs. Bouyeure [réserves] – Paris, 4 janv. 1997, *Loyers et copr.* déc. 1997. 319 – Paris, 13 janv. 1995, *Juris-Data* n° 020461, *Loyers et copr.* juill. 1995. 342.

loi du 10 juillet 1965 constituait une formalité substantielle, à peine de nullité de la notification, même sans grief, et qu'elle ne faisait donc pas courir le délai d'action. Toutefois, selon un arrêt de la Cour de cassation [1], la notification du procès-verbal est régulière, bien que l'ajout de la loi de 1985 ne soit pas reproduit, ce qui n'entraîne aucune conséquence lorsque la notification est effectuée dans le délai imparti.

La notification, au sens et pour l'application de l'article 18, doit être faite par lettre recommandée, avec demande d'avis de réception, par télécopie avec récépissé ou par acte d'huissier de justice [2], à l'exclusion d'une lettre simple ou même d'une lettre recommandée sans avis de réception ou d'une télécopie sans récépissé délivré par l'appareil récepteur, lesquelles ne feraient pas courir le délai. La preuve de la réception s'administre selon les règles éditées par le code des télécommunications [3]. La notification est faite à la personne du copropriétaire ou à la personne habilitée [4], mais non à son mandataire, ni au titulaire d'un mandat de gestion, sauf élection de domicile notifiée au syndic [5], et jusqu'à notification d'instruction contraire [6].

La Commission relative à la copropriété recommande au syndic de procéder, à la notification, le plus rapidement possible, sans attendre l'expiration du délai de deux mois, le délai pour contester ne courant que du lendemain de la notification [7].

Enfin, tout copropriétaire peut, sur sa demande, obtenir du syndic copie du procès-verbal [8], ainsi que de ses annexes (Décr. 17 mars 1967, art. 33 al. 2).

890 Affichage du procès-verbal abrégé. L'article 193 de la loi du 13 décembre 2000 (loi SRU) ajoute un alinéa, après le troisième alinéa de l'article 44 de la loi n° 80-1290 du 23 décembre 1986, déjà modifié par la loi n° 89-462 du 6 juillet 1989.

Selon cette disposition « les décisions prises en assemblée des copropriétaires et relatives à l'entretien de l'immeuble et aux travaux font l'objet d'un *procès-verbal abrégé* affiché dans les parties communes de l'immeuble ». Cette mesure d'information n'a pas été reportée dans la législation sur la copropriété des immeubles bâtis, mais elle s'impose néanmoins au syndic. Elle se distingue de l'affichage réservé aux associations, déjà prévu par l'article 44 *in fine* de la loi susvisée de 1986.

En l'absence de toute précision, il apparaît que le « procès-verbal abrégé » consiste en un extrait de procès-verbal qui se borne à mentionner les décisions prises relatives à l'entretien, d'une part, et aux travaux, d'autre part, sans qu'il soit besoin d'indiquer le nombre de voix recueillies, ni le montant de la dépense.

Cet affichage est apposé dans les parties communes de l'immeuble, de préférence dans un lieu de passage. Mesure d'administration, il incombe au syndic de l'organiser et aux copropriétaires, même non bailleurs, d'en supporter les frais.

1. Civ. 3e, 31 mai 2000, n° 98-19.223, *Bull. civ.* III, n° 118, *RDI* 2000. 390; *D.* 2001. Somm. 346, obs. Capoulade.
2. Civ. 3e, 14 févr. 1996, n° 94-11.617, *Bull. civ.* III, n° 43; *RDI* 1996. 273; *IRC* mai 1996, 8, note Capoulade; Atias, *RRJ* 1996. 3, p. 1051 – SUR la notification effective après remise du procès-verbal à un huissier de justice : Civ. 3e, 26 mai 2004, n° 02-11.324, *AJDI* 2005. 393, obs. Giverdon.
3. Civ. 3e, 25 janv. 1994, n° 92-14.252, *D.* 1994. Somm. 200; *RDI* 1994. 299.
4. Civ. 3e, 2 déc. 1992, n° 90-22.031, *RDI* 1993. 131, *IRC* 1993. 45, note Capoulade.
5. Paris, 30 avr. 1997, RG n° 90-21011, *Juris-Data* n° 021017, *Administrer* avr. 1998. 45, obs. Bouyeure.
6. Civ. 3e, 27 févr. 2001, n° 99-17.238, *AJDI* 2002. 586.
7. Civ. 3e, 27 avr. 2000, n° 98-19.305, *AJDI* 2000. 711; *Administrer* juill. 2000. 36, note Capoulade; *RDI* 2000. 389.
8. Rép. min., QE, *JOAN* 19 mai 1976, p. 3181; *JCP* 1976. IV. 396.

CHAPITRE

3. Pouvoirs des assemblées générales

SECTION 0
ORIENTEUR

Plan du chapitre.

Textes applicables.

• L. n° 65-557, 10 juill. 1965 fixant le statut de la copropriété des immeubles bâtis, art. 17-24 à 26-3.

• Décr. 17 mars 1967, pris pour l'application de la loi du 10 juill. 1965, art. 19-1 et 19-2.

Jurisprudence de référence.

• **Civ. 3e, 1er déc. 1999, n° 98-11.726,** NP, *Administrer* août 2000. 38.

* V. s^s n° 913.

Aucune disposition légale n'autorise un syndicat de copropriétaires à imposer aux personnes se raccordant à un réseau câblé interne à l'immeuble un abonnement à un ensemble de chaînes, nul ne pouvant être contraint de s'abonner à des programmes télévisuels.

Bibliographie indicative.

ATIAS, *Dicopropriété*, Edilaix 2007, *V° Assemblée Générale*, p. 89 et s.; *Guide de la copropriété*, Edilaix 2007, art. 24, 24-1, 25 et 30, 26 – BOUYEURE, *Les assemblées générales de copropriétaire*, n°s 219 s. – GUILLOT, *La pratique de la copropriété, Administrer* 1992, art. 24 à 26-2 – KISCHINEWSKY-BROQUISSE, *La copropriété des immeubles bâtis*, Litec 1994, n°s 571 à 699 – LAFOND, ROUX ET STEMMER, Code annoté, art. L. 24, 25, 25-1, 26, 26-3.

SECTION 1
GÉNÉRALITÉS

891 Principe. L'article 17 alinéa 1 de la loi du 10 juillet 1965 opère une répartition des fonctions de décision, d'exécution et de contrôle entre les différents organes du syndicat[1].

« *Les décisions du syndicat sont prises en assemblées générales des copropriétaires; leur exécution est confiée à un syndic placé éventuellement sous le contrôle d'un conseil syndical.* » L'assemblée exprimant la volonté collective des copropriétaires, apparaît ainsi comme l'organe décisionnaire du syndicat, le syndic étant le représentant légal de la personne morale, chargé de l'exécution des décisions collectives (v. s^s n°s 955 s.). La formule légale ne doit pas cependant faire illusion, ni sur le plan théorique, ni sur le plan pratique, d'autant que l'un des organes est éphémère et l'autre permanent[2].

Sur le plan théorique, l'organisation collective de la copropriété présente un caractère institutionnel. La distinction entre les deux organes délibérant, d'une part, exécutif et représentatif, d'autre part, participe à la *répartition* des pouvoirs; elle présente un caractère impératif et ne peut être écartée par la volonté des parties, c'est-à-dire par le règlement de copropriété ou une décision unanime de l'assemblée. Le syndic dispose de pouvoirs propres, soit directement prévus par la loi, soit fixés par le décret d'application; l'existence de ces pouvoirs nécessaires constitue une limite, au moins indirecte, aux pouvoirs de l'assemblée générale.

C'est encore plus vrai sur le plan pratique. L'expérience démontre qu'un organe délibérant qui ne peut agir en permanence, ne joue qu'un rôle relativement limité dans la vie du syndicat. Aussi essentiel qu'il soit, son rôle, indispensable pour les actes importants et la détermination des objectifs, laisse place à l'intervention constante du syndic pour assumer l'administration courante du syndi-

1. Rép. civ., Atias, *V° Copropriété*, n° 257.
2. Atias, « Pouvoir majoritaire et pouvoir du syndic », *IRC* oct. 2000. 26.

cat. Il joue un rôle prépondérant dans la préparation des délibérations de l'assemblée. Ici encore, l'expérience permet d'affirmer que le fonctionnement satisfaisant ou non du syndicat repose très largement sur l'activité et la compétence du syndic.

892 **Absence d'omnipotence**[1]. Les pouvoirs et le rôle de l'assemblée générale sont, certes, limités par les pouvoirs propres du syndic, mais aussi par la loi et l'objet du syndicat (v. s[s] n°s 664 s.), et surtout, par la nature même des droits que révèle l'immeuble soumis au statut de la copropriété. L'assemblée générale ne peut empiéter sur les droits propres de chaque copropriétaire sur son lot.

Inversement, le copropriétaire ne peut empiéter sur les attributions de l'assemblée. Sauf urgence, il ne peut se substituer à l'assemblée en commandant des travaux communs; il en supporterait seul la charge[2].

La loi de 1938 énonçait clairement cette règle, mais la loi du 10 juillet 1965 et les lois modificatives l'ont infléchie, avec la volonté d'étendre les pouvoirs du syndicat, et donc ceux de l'assemblée générale, insufflant un esprit plus communautaire à la copropriété[3].

En particulier, il n'appartient qu'à l'assemblée générale, et non à un copropriétaire, d'apprécier les mesures à prendre à la suite de l'annulation d'une décision[4]. Au-delà de l'administration, l'assemblée dispose désormais de véritables pouvoirs de disposition. L'article 26-3, issu de la loi du 13 décembre 2000, dite loi SRU, permet à la majorité de l'article 26 d'aliéner des parties communes et de décider de travaux communs pour la mise en œuvre du pacte de relance pour la ville, même s'ils sont contraires à la destination de l'immeuble.

Toutefois, la limitation subsiste en ce qui concerne les droits individuels des copropriétaires sur leurs lots et, plus généralement, les droits résultant de la destination de l'immeuble. Ce domaine échappe, par sa nature même (droits individuels)[5] ou par son objet (destination de l'immeuble) à la loi majoritaire de l'assemblée générale. Encore que des textes récents aient limité les prérogatives du copropriétaire sur son lot et plus particulièrement sur les parties privatives : la loi du 31 décembre 1985 modifiant l'article 9 de la loi de 1965 permet, sous certaines conditions, d'exécuter certains travaux communs dans les parties privatives (v. s[s] n° 213) et la loi du 12 juillet 2010, dans sa réécriture de l'article 25 g, donne pouvoir à l'assemblée générale, parfois même à la majorité simple, de décider de travaux d'intérêt collectif sur les parties privatives (v. s[s] n° 910).

L'assemblée générale n'a pas le pouvoir de mettre à la charge d'un copropriétaire la responsabilité d'un dommage[6] ou de mettre une dépense à sa charge pour aggravation des charges communes[7] (sur les surprimes d'assurance[8]), mais elle a compétence pour répartir une indemnité entre les copropriétaires[9].

Par exemple, le syndicat, et donc l'assemblée, excèdent leurs pouvoirs en interdisant l'utilisation de locaux d'habitation bourgeoise par une association[10].

L'assemblée ne recouvre la plénitude de ses pouvoirs qu'en cas de décisions unanimes, prises en conformité avec l'objet du syndicat et dans le respect des dispositions impératives de la loi, précision faite qu'une décision unanime suppose l'adhésion de tous les copropriétaires composant le syndicat[11].

Enfin, les décisions de l'assemblée ne revêtent pas le caractère réglementaire à l'égard des tiers. La conclusion d'un contrat adopté par l'assemblée suppose l'accord de ce tiers[12].

893 **L'assemblée générale et le juge.** On a signalé, comme étant un des traits caractéristiques du statut de la copropriété issu de la loi du 10 juillet 1965, le rôle très important dévolu à l'autorité judiciaire (v. s[s] n°s 31 s.). Cependant, ce rôle doit être compatible avec le caractère fondamentalement conventionnel du régime de la copropriété, caractère qui trouve son expression dans la compétence exclusive de l'assemblée générale à l'effet de prendre les décisions du syndicat. L'assemblée générale est *souveraine* dans les limites fixées par la loi et par le règlement de copropriété[13], lui-même conforme à la loi, mais sous le contrôle du juge.

1. Lebatteux, « Les limites aux pouvoirs de l'assemblée générale », *Administrer* nov. 1997. 42.
2. Paris, 19 juin 1992, *Loyers et copr.* 1992. 447.
3. V. Boutard, *RTD civ.* 1965. 883 – Cabanac, « Les particularités des assemblées de copropriété sous le régime de la loi du 10 juillet 1965 » *Gaz. Pal.* 1965, I, Doctr. 97.
4. Civ. 3e, 6 oct. 1999, n° 98-11.988, NP, *RDI* 2000. 92, obs. Giverdon; *RDI* 200, 243, obs. Capoulade; *AJDI* 2000. 431, obs. Guitard.
5. Civ. 3e, 11 mai 2006, n° 05-10.924, *Bull. civ.* III, n° 120; *D.* 2006. 2373; *D.* 2006. 2764 : POUR un cas de rupture d'égalité entre copropriétaires.
6. TGI Paris, 9 juin 1980, *Administrer* déc. 1981. 32.
7. Giverdon, « La clause d'aggravation des charges en jurisprudence », *AJPI* 1996. 205 – Paris, 19e ch. B, 25 juin 1998, *Juris-Data* n° 913562, *RDI* 1999. 147, obs. Giverdon. – Paris, 23e ch. B, 25 févr. 1999, RG n° 1997/25186, *RDI* 1999. 299, obs. Giverdon. – Paris, 21 déc. 2000, n° 1999-22869, *AJDI* 2001. 150.
8. Civ. 3e, 17 mars 2010, n° 09-12.196, NP.
9. Civ. 3e, 31 mars 2010, n° 09-13.254, *Bull. civ.* III, n° 71.
10. TGI Paris, 3 nov. 1971 *Gaz. Pal.* 1972, I, 441.
11. Civ. 3e, 26 févr. 1975, *D.* 1975. 776; *JCP* 1975. II. 18021, note Guillot; *Defrénois* 1976, I, 553, obs. Souleau.
12. Civ. 9 juill. 1970, *D.* 1971. Somm. 51; *JCP* 1970. IV. 235.
13. Paris, 23e ch. B, 4 mars 1999, RG n° 1997/24638, *Bull. Csab* 1999, n° 79.

Toutefois, ce contrôle consiste à censurer ce qui est irrégulier, c'est un *contrôle de légalité et de régularité*. Il ne permet pas au juge de substituer sa volonté à celle de l'assemblée générale, ou d'intervenir dans l'administration du syndicat, en dehors d'une habilitation expresse de la loi. Sous cette réserve, il ne dispose pas d'un droit d'ingérence.

Tel est le cas pour le syndicat en difficulté; le juge désigne un administrateur provisoire pour rétablir le fonctionnement normal du syndicat, mais sans prescrire lui-même les mesures nécessaires (solution identique en procédure préventive, art. 29-1 B de la loi de 1965); en revanche, il décide de la division du syndicat en application de L. 10 juill. 1965, (art. 29.4).

Constituent une telle habilitation, les dispositions des articles 11 alinéa 3, 29-4, 30 alinéa 4, 34, 41-5, 43 alinéa 2[1], de la loi du 10 juillet 1965. Spécialement, en dehors de ces dispositions, le juge ne dispose pas du pouvoir de ratifier *a posteriori*, à la place de l'assemblée générale, des initiatives que des copropriétaires auraient pu prendre en enfreignant les règles du statut. Il en est ainsi lorsque des copropriétaires ont, de leur seule autorité, procédé à des travaux affectant les parties communes ou l'aspect extérieur de l'immeuble; ils ne peuvent demander au juge de leur donner l'autorisation qu'ils n'ont pas sollicité de l'assemblée générale (v. s^s^ n° 1138)[2]. Le juge n'a pas à apprécier l'opportunité de la solution technique proposée par le copropriétaire, ayant exécuté les travaux sans l'autorisation du syndicat[3].

894 Différenciation des majorités et l'absence de *quorum*. Dans ses articles 24, 25 et 26, la loi du 10 juillet 1965 prévoit des règles de majorité distinctes en fonction de la gravité des décisions à prendre, sans établir de distinction, et encore moins de hiérarchie, entre les assemblées générales[4]. De plus, l'annualité de l'assemblée générale, prévue par l'article 7 du décret du 17 mars 1967, n'implique nullement la tenue d'assemblée générale ordinaire et d'assemblée générale extraordinaire[5], la majorité décisoire ne dépend pas de la nature de l'assemblée, mais de *l'objet de la décision* à prendre. Une même assemblée peut être appelée ainsi à voter des décisions relevant de majorités et de textes différents[6]. Il s'en déduit tout naturellement qu'il n'existe pas de *quorum* dans les assemblées générales de copropriétaires[7].

Compte tenu de cette diversité, il n'est pas inutile que soit précisée verbalement, au moins à titre indicatif, la majorité nécessaire à l'adoption de chaque décision, observation faite que la majorité de principe est celle de l'article 24 et que les majorités des articles 25 et 26 ne s'appliquent que dans les cas limitativement fixés par le législateur[8] (sous réserve de la modification de l'article 24 par la loi du 2 juill. 2003).

895 Caractère impératif de la réglementation légale. Les articles 24, 25 et 26, fixant les pouvoirs et les conditions de majorité des assemblées générales de copropriétaires, présentent un caractère *impératif*; on dit qu'ils sont « d'ordre public »[9]. Ce caractère résulte, d'une part, de l'article 43 qui répute « *non écrites* » les clauses contraires à certaines dispositions, et notamment de celles des articles 6 à 37, 41-1 à 42 et 46[10] (auxquelles la jurisprudence assimile les décisions contraires à ces textes), et, d'autre part, de l'article 22 aux termes duquel « le règlement de copropriété détermine les règles de fonctionnement et les pouvoirs des assemblées générales, sous réserve des dispositions du présent article, *ainsi que de celles des articles 24 à 26 ci-dessous* ».

L'opinion, un moment soutenu par certains auteurs[11], selon laquelle le règlement de copropriété pouvait imposer des exigences plus strictes, paraît directement contraire tant à la lettre des articles 22 et 43 qu'à l'esprit général de la loi. Comme l'a écrit très justement M. Lombois[12] :

1. EN CE SENS : note au *D.* 1989. 237.
2. Civ. 3e, 20 avr. 1988, *D.* 1989. 237, note Capoulade, Giverdon; *RDI* 1988. 347; *RDI* 1989. 244; *Defrénois* 1989. 369 – Civ. 3e, 25 avr. 1990, n° 88-13.814, *Bull. civ.* III, n° 102; *D.* 1990. 411; *AJDI* 1990. 777, IR 126; *Loyers et copr.* 1990. 329 – AUSSI : Paris, 5 févr. 1990, *Juris-Data* n° 020300, *RDI* 1990. 245, qui, considérant que le juge ne saurait disposer de plus de droit que la collectivité, lui dénie le pouvoir d'autoriser la réduction de l'assiette d'un droit de jouissance d'une partie commune non accepté par le copropriétaire concerné.
3. Paris, 19 nov. 1997, RG n°s 96/14278 et 96/21263, *Juris-Data* n° 024034, *Loyers et copr.* 1998. 136.
4. Capoulade, « Variations sur les majorités », *IRC* juin 2007. 18.
5. Rép. civ., Atias, *V° Copropriété*, n° 346 – Bouyeure, *op. cit.*, n° 292.
6. Morand, « Unité ou diversité et pouvoirs de l'assemblée générale », *Gaz. Pal.* 1968. 1. Doctr. 41 – Commagnac, « Le calcul des majorités dans les assemblées générales », *AJPI* 1967. I. 195 – KISCHINEWSKY-BROQUISSE, n° 595.
7. Paris, 23e ch. A, 23 sept. 1986, RG n° L 4831, *Juris-Data* n° 025239, Sci Sofima – ATIAS, n° 347.
8. Capoulade, « Les bulletins blancs ou nuls et le calcul des majorités dans les assemblées », *AJPI* 1972. I. 142.
9. ATIAS, n° 345 – KISCHINEWSKY-BROQUISSE, n° 595 – LOMBOIS, n° 77 – SIZAIRE, n° 155 – ZURFLUH, LEBATTEUX, BARNIER-SZTABOWICZ, t. II, n° 359 – Michalopoulos, « Le régime des assemblées de copropriété », *REDI* 1965. 293.
10. Civ. 25 févr. 1971, *JCP* 1971. IV. 84 – COMP. : Civ. 11 févr. 1971, *JCP* 1971. IV. 73.
11. V. Sizaire, « *Aspect nouveau du droit de la construction et de la copropriété* », dans Rapport au 3e congrès de l'ANA, p. 83.
12. LOMBOIS, n° 77.

« Tout chiffre de majorité, parce qu'il représente la conciliation opérée d'office par la loi, entre l'intérêt individuel et l'intérêt collectif, est à la fois un minimum et un maximum[1] ».

Toutefois, dans le cas bien précis de l'article 35 concernant la surélévation, la loi elle-même autorise le règlement à modifier le régime de la majorité légale (v. s[s] n° 1152).

SECTION 2
PRINCIPE – L'ARTICLE 24

896 Principe – La majorité de principe – La majorité simple. Dans sa rédaction actuelle (issue de L. 13 déc. 2000, dite SRU, art. 81, 7°, d'application immédiate sur ce point[2]), l'article 24, alinéa 1, dispose que « *les décisions de l'assemblée générale sont prises à la majorité des voix exprimées des copropriétaires présents ou représentés, s'il n'en est autrement ordonné par la loi* ». Toute la réforme de la loi SRU réside dans l'adjonction du mot « exprimé », ce qui aboutit à une *majorité simplifiée* et plus facile à obtenir. Le reproche était fait à la rédaction initiale, claire et précise, de prendre en compte les voix des copropriétaires déclarant ne pas prendre part au vote ou s'abstenant, dans la détermination de la majorité (soit 600 voix présentes ou représentées, 100 abstentions, majorité simple 301, 260 voix pour, 241 contre : projet rejeté). Du point de vue arithmétique, la position de ces copropriétaires équivalait à une opposition, ce qui ne traduisait pas leur indifférence et ne correspondait pas à la jurisprudence[3] qui les privait de l'action en contestation, à la différence des opposants et des défaillants[4].

La majorité de l'article 24 constitue donc la *majorité de principe* (« s'il n'en est autrement ordonné par la loi »)[5] et l'application de cette majorité n'implique *aucune condition de quorum*. Elle se calcule désormais en fonction des seules voix des copropriétaires présents ou représentés qui se sont *exprimés*, c'est-à-dire qui ont voté pour ou contre le projet, abstraction faite des copropriétaires absents, abstentionnistes ou déclarant ne pas prendre part au vote (soit 600 voix présentes ou représentées, 100 abstentions, majorité 251, 260 voix pour, 241 contre : projet adopté). La nouvelle rédaction achève de pénaliser l'abstention, mais reste sans influence sur l'absentéisme.

Cette majorité de principe tient compte, bien entendu, de la réduction des voix en cas de « copropriété en main dominante » (L. 10 juill. 1965, art. 22 - V. s[s] n° 825). Toutefois, il convient de noter un tempérament dans le cas de l'article 24, alinéa 4 (l'alinéa 2 est devenu l'alinéa 4, après la loi du 2 juill. 2003), où le collège ne comporte que les copropriétaires intéressés par la dépense, lorsque le règlement de copropriété le prévoit expressément[6], et des exceptions dans les cas prévus aux articles 25, 26, 26-3, 30 et 35 de la loi.

Les énonciations des procès-verbaux doivent permettre de vérifier les conditions et le résultat du vote (v. s[s] n° 884). Jugé qu'il appartient au syndicat des copropriétaires et non au copropriétaire contestant de rapporter la preuve que la majorité requise pour la décision, en raison de sa nature, était celle de l'article 24 et non une autre[7].

897 Décisions relevant de la majorité de l'article 24 – Administration et entretien courants. Les pouvoirs de l'assemblée générale votant à la majorité de l'article 24 peuvent être déterminés *a contrario* en fonction, d'une part, des pouvoirs du syndic et, d'autre part, des dispositions des articles 25, 26, 26-3, 30 et 35[8]. L'article 24 est donc applicable aux actes d'administration courante, excédant les pouvoirs du syndic (v. s[s] n°s 1009 et 1010), à l'exclusion des actes graves prévus par les articles 25 et 26. En raison du nombre important et de la très grande diversité des pouvoirs entrant dans le champ de l'article 24, une énumération exhaustive est impossible, et seul un classement peut être tenté.

1. Actes juridiques d'administration. L'assemblée générale, délibérant aux conditions prévues par l'article 24, a compétence pour autoriser le syndic à ester en justice (v. s[s] n°s 1233 s.)[9], pour fixer ses honoraires[10] (sous réserve de l'article 29 du décret, depuis le décret du 27 mai 2004), pour approuver

1. Quignard, *JCP N* 1993, prat. 2477 : tableau synoptique des différentes majorités (antér. 1994) – Roux, « Réflexions sur l'assouplissement des conditions d'adoption des décisions en assemblée générale de copropriété », *Loyers et copr.* juin 2007. Étude 6.
2. Capoulade, « La copropriété dans la loi SRU », *Administrer* avr. 2001. 29 s. – Guitard, « Loi SRU et copropriété », *AJDI* 2001. 221 – Vigneron, « Dispositions relatives au fonctionnement du syndicat », *Loyers et copr.* hors série mai 2001. 12.
3. Civ. 3e, 25 avr. 1972, *JCP* 1972. II. 17130, note Guillot – Civ. 3e, 5 juill. 1995, n° 93-12.902, *Bull. civ.* III, n° 172.
4. Atias, « Le piège de l'abstention en assemblée générale », *IRC* déc. 2000. 20.
5. Bouyeure, *op. cit.*, n° 293.
6. GUILLOT, art. 24 à 26-2, § 2 – Guillot, « Les décisions qui n'intéressent que certains copropriétaires », *Administrer* avr. 1981. 2.
7. Aix-en-Provence, 13 mars 1997, *D.* 1998. Somm. 121, obs. Atias.
8. GUILLOT, art. 24 à 26-2, § 1 – KISCHINEWSKY-BROQUISSE, n°s 597 s. – LAFOND, ROUX ET STEMMER, s[s] L. art. 24, n° 1 – LOMBOIS, n° 84 – SIZAIRE, n° 246 – J.-CL. COPR., fasc. 86.
9. Capoulade, « L'autorisation du syndic d'agir en justice », *IRC* mai 1997. 11.
10. Orléans, 11 mars 1969, *AJPI* 1970. 2, 446, note Bouyeure.

les comptes, pour donner *quitus*, pour fixer le lieu de réunion sur le territoire de la commune[1], pour transiger sur une action judiciaire contre un copropriétaire[2], pour décider des assurances du syndicat[3], pour arrêter le budget prévisionnel, pour autoriser l'installation d'une antenne de téléphone mobile sur la terrasse commune[4].

Même si la décision se prend à la même majorité, l'approbation des comptes et le *quitus* relèvent de questions et de décisions distinctes et différentes par le formalisme préalable, l'objet et la portée de la décision, la nullité de l'une n'emporte pas nullité de l'autre[5].

2. Entretien de l'immeuble. L'entretien de l'immeuble, qui comporte les décisions en matière de réparation et de réfection, relèvent certainement des dispositions de l'article 24, (sauf pouvoirs propres du syndic, pour le menu entretien et, en cas d'urgence, pour la sauvegarde de l'immeuble). Cet entretien peut comporter des dépenses importantes : réfection de la toiture, réfection de l'étanchéité d'une toiture-terrasse[6], peinture des escaliers, ravalement[7], travaux de conformation des balcons[8]. L'entretien de l'immeuble constitue non seulement un droit, mais une obligation des copropriétaires : « la destination de l'immeuble pourra être invoquée par tout copropriétaire, qui ne peut être tenu d'accepter qu'une majorité de ladres laisse l'immeuble se dégrader »[9]. L'assemblée générale a compétence pour choisir l'entrepreneur[10].

Des difficultés se présentent cependant pour distinguer, dans certains cas, les travaux qui relèvent de l'article 24 et ceux qui ressortissent, d'une part, de la majorité de l'article 26 et, d'autre part, de la majorité de l'article 25.

Parfois, une installation existante, vétuste et hors d'usage, nécessite une réparation, mais elle se révèle irremplaçable à l'identique (disparition des matériaux, évolution des techniques, rendement insuffisant, coût prohibitif, confort actuel). Les travaux relèvent de l'article 24 (entretien et remplacement), mais aussi de l'article 26 (amélioration). Ce sont des *travaux mixtes*. La jurisprudence donne à cet égard une interprétation extensive à l'article 24, en décidant que les travaux entrent dans le champ de cet article, même si cette réfection ou ce remplacement emporte transformation ou amélioration[11] (v. s^s n° 1099).

On citera à titre d'exemple :

- la transformation d'une distribution d'eau chaude[12], avec substitution d'un mode d'énergie[13]
- le remplacement d'un ascenseur hors d'usage par un ascenseur conforme aux techniques modernes (électrique et non plus hydraulique)[14];
- l'aménagement d'une conciergerie pour la rendre conforme aux exigences d'une hygiène normale[15];
- le remplacement d'une chaudière à charbon vétuste par une chaudière à gaz[16], d'une chaudière à gaz vétuste et dangereuse par une chaudière au fuel[17], de deux chaudières défaillantes par une chaudière unique, conforme à la réglementation en vigueur[18];
- le remplacement du revêtement d'un mur extérieur par un enduit étanche à la place de carreaux de faïence devenus introuvables[19];
- les travaux d'entretien des parties privatives extérieures par les travaux collectifs, en l'état d'une clause du règlement et d'une décision d'assemblée générale prévoyant la réalisation du ravalement[20].

Si les travaux rendus obligatoires (L. 10 juill. 1965, art. 25 e) relèvent de l'entretien courant ou de la conservation de l'immeuble, la doctrine[21] admet que la décision relative à la réalisation des travaux peut être prise à la majorité de l'article 24[22]. L'assemblée reste compétente à la majorité de l'article 24, même si les travaux nécessaires à la sécurité de l'immeuble affectent de façon indivise les parties communes et les parties privatives.

1. Civ. 3e, 10 juin 1970, n° 68-14.219, *Bull. civ.* III, n° 394.
2. TGI Marseille, 18 janv. 1979, *Administrer* sept. 1979. 94.
3. Bouyeure, *op. cit.*, n° 295.
4. Paris, 7 mai 2002, RG n° 2001/04367, *Loyers et copr.* nov. 2002. 263.
5. Civ. 3e, 17 mars 1999, n° 97-18.705, NP.
6. Civ. 3e, 25 mars 1992, *RDI* 1992. 241.
7. Civ. 3e, 26 oct. 1971, n° 70-11.055, *Bull. civ.* III, n° 511; *D.* 1972. 296 – Civ. 3e, 18 nov. 1997, *RDI* 1998. 134 – Cabanac et Morand, « À quelle majorité doit-on décider les ravalements », *Gaz. Pal.* 1971. 1. Doctr. 1931.
8. TGI Paris, 4 juin 1976, *D.* 1976. IR 307.
9. Lombois, n° 94.
10. Civ. 13 sept. 1977, *D.* 1978. IR 295, obs. Giverdon; *Gaz. Pal.* 1978. 1. Somm. note Morand.
11. Atias, n° 337 – Kischinewsky-Broquisse, n° 598.
12. Civ. 3e, 25 mars 1971, n° 69-13670, *Bull. civ.* III, n° 216.
13. Civ. 3e, 22 mai 1997, n° 95-13.824, *Bull. civ.* III, n° 111; *RDI* 1997. 488; *D.* 1997. 328.
14. Civ. 3e, 6 nov. 1969, *D.* 1970. 286 – Bouyeure, « Le remplacement de l'ascenseur vétuste », *AJPI* 1970. 1078 – Givord, « Les travaux d'administration et les charges de copropriété ». *Gaz. Pal.* 1967. 2. Doctr. 94.
15. Paris, 18 juill. 1982, *D.* 1983. IR 462.
16. Paris, 31 oct. 1980, *Juris-Data* n° 094540, *D.* 1981. IR 402 – Paris, 2 déc. 1980, *Juris-Data* n° 092576, *D.* 1981. IR 402.
17. Nancy, 29 janv. 1980, *D.* 1981. IR 402, obs. Giverdon; *AJPI* 1980. 797; *JCP* 1981. II. 19700.
18. Paris, 2 déc. 1980, préc.
19. Civ. 3e, 18 nov. 1997, n° 96-13.926, *RDI* 1998. 134.
20. Paris, réf., 5 nov. 2004, n° 04-7251, *AJDI* 2005. 486, obs. Capoulade.
21. Lafond, Roux et Stemmer, s^s L. art. 24, n° 3.
22. En ce sens : pour un revêtement exécuté après injonction administrative, Civ. 3e, 26 oct. 1971, n° 70-11.055, *Bull. civ.* III, n° 511.

La décision de transformer les portes de garages en portes automatiques, avec systèmes de sécurité, est considérée comme un travail d'entretien, en raison des problèmes d'insécurité[1]. En revanche, un acte de diagnostic thermique a été présenté comme n'étant pas un acte d'entretien courant[2].

3. Jouissance des parties communes. L'assemblée générale, délibérant dans les conditions de l'article 24, peut aussi statuer sur les conditions de jouissance des parties communes, à la condition de ne pas apporter d'atteinte grave aux droits résultant du règlement de copropriété ou aux modalités de jouissance des parties privatives.

On peut encore citer comme relevant de la majorité simple :

- la location de la loge de la concierge[3];
- la décision d'aménager des plantations pour l'agrément, même si le règlement de copropriété interdit tout dépôt sur les parties communes[4];
- l'autorisation de dépassement de prix important sur des travaux dont le coût a été insuffisamment estimé[5];
- la ratification de dépenses engagées par un copropriétaire à une époque où le syndicat était dépourvu de syndic, afin d'effectuer des travaux urgents sur les parties communes[6];
- l'installation d'une main courante[7];
- l'autorisation d'occuper des parties communes à titre précaire[8];
- l'autorisation donnée au propriétaire du terrain contigu d'implanter des tirants d'ancrage dans le sous-sol du syndicat[9].

898 Décisions relevant de l'article 24 - Extensions. L'article 81 (10° et 17°) de la loi du 13 décembre 2000 a étendu le champ d'application de l'article 24, d'une part, à certaines conséquences de la division en propriété et, d'autre part, à l'adaptation du règlement de copropriété mais aussi à des travaux d'amélioration que le législateur a particulièrement privilégiés (télévision numérique, fibre optique, adaptation de l'antenne collective).

1. Les conséquences de la scission. La majorité de l'article 24 s'applique dans deux hypothèses après que la division du syndicat ait été décidée.

D'une part, l'assemblée générale du ou des nouveaux syndicats procède à la majorité de l'article 24, aux *adaptations du règlement initial de copropriété* (et non plus à celle de l'article 26) *et de l'état de répartition des charges* (et non plus à l'unanimité) rendues nécessaires par la division (v. ss n° 766). Toutefois, l'unanimité demeure requise en ce qui concerne la modification de la destination des immeubles. En réalité, il s'agit de tirer les conséquences de la division. Ce ne sont que des mesures d'exécution, comme la nouvelle description des immeubles, la redistribution et la nouvelle numérotation des lots, la répartition des équipements communs lorsqu'ils peuvent être partagés, la nouvelle répartition des différentes quotes-parts en effectuant une règle de trois qui n'altère pas les proportions antérieures[10].

D'autre part, l'assemblée générale du syndicat initial décide, à la majorité de l'article 24, de constituer une *union de syndicats* pour la création, la gestion et l'entretien des éléments d'équipement communs qui ne peuvent être divisés (l'article 44 du décret du 17 mars 1967, antérieurement en vigueur, soumettait l'adhésion à une union de syndicats à la majorité de l'article 26 - V. ss nos 764 s.). En dehors de la scission, l'adhésion d'un syndicat à une union constituée l'adhésion à une union de syndicats à la majorité de l'article 26 - V. ss nos 764 s.). En dehors de la scission, l'adhésion d'un syndicat à une union constituée ou à constituer nécessite la majorité de l'article 25, c'est-à-dire la majorité absolue des voix composant le syndicat. Ces dispositions favorisent la dévolution des équipements communs et accélère le processus de la scission. Observation faite que l'adhésion à d'autres modes de gestion des équipements demeurés communs exige l'unanimité (association syndicale, société civile...)[11].

2. L'adaptation du règlement de copropriété aux évolutions législatives[12]. L'article 49 de la loi du 10 juillet 1965, modifié par la loi du 13 décembre 2000, permet à l'assemblée générale des coproprié-

1. TGI Versailles, 18 juin 1980, *D.* 1981. IR 402; *Gaz. Pal.* 1980. 2, 646, note Morand.
2. Rép. min., *JO Sénat* Q 28 févr. 1985, p. 382; *Administrer* avr. 1985. 20. L'article 25 g (L. 12 juill. 2010) réserve l'article 24 pour les travaux qui en relèvent.
3. Paris, 15 juin 1990, RG nos 88/015535, 88/015795 et 88/019890, *Juris-Data* n° 023460, *Loyers et copr.* 1990. 403 – Paris, 25 juin 2009, *AJDI* 2009. 879 – CONTRA : Aix-en-Provence, 30 mars 1999, *D.* 1999. Somm. 314, obs. Atias.
4. Civ. 3e, 24 févr. 1981, *Gaz. Pal.* 1981, II. Somm. 221.
5. Paris, 4 mai 1981, *Juris-Data* n° 020855, *D.* 1982. IR 539.
6. Civ. 3e, 29 oct. 1986, n° 85-14.693, *Bull. civ.* III, n° 141; *Gaz. Pal.* 1986. 2. pan. jur. 279.
7. Rép. min., *JOAN Q* 1987, p. 5953.
8. Civ. 3e, 20 mars 2010, n° 09-13.090, NP, *AJDI* 2010. 391.
9. Paris, 28 oct. 1996, *Loyers et copr.* 1997, n° 93.
10. Lebatteux, « Scission de copropriété et union de syndicats », *Loyers et copr.* hors série mai 2001, p. 21.
11. Lebatteux, « Scission de copropriété et union de syndicats », préc.
12. APRÈS la loi de 2000 : Vigneron, « Dispositions relatives au fonctionnement du syndicat », *Loyers et copr.* hors série, mai 2001. 14 – Guitard, « Loi SRU et copropriété », *AJDI* 2001. 221 – Capoulade, « La copropriété dans la loi SRU », *Administrer* avr. 2001. 33; « Les adaptations du règlement de copropriété », *Administrer* févr. 2002. 8; *Rev. hab. fr.* janv. 2002. 10 – APRÈS la loi de 2009 : Atias, *AJDI* 2009. 284; Capoulade, *Administrer* juin 2009. 10; *IRC* oct. 2009. 20; Gélinet, *Rev. loyers* 2009. 207; KAN BALIVET, *LPA* 2009, n° 186, n° 3; Lafond, *JCP N* 2009. 1224; Périnet-Marquet, *Constr. urb.* 2009. Étude 6.

taires de décider, à la majorité de l'article 24, les adaptations du règlement de copropriété, rendues nécessaires par les modifications législatives depuis son établissement. Toutefois, cette faculté n'était ouverte que dans les huit ans à compter de la promulgation de la loi du 13 décembre 2000 (v. s[s] n° 595). Pour tenir compte des nombreuses interventions législatives, au cours de ces dernières années, la loi n° 2009-323 du 25 mars 2009[1] a rendu cette adaptation permanente et l'a étendue aux évolutions réglementaires.

L'article 49 ne permet que l'adaptation (et non la refonte) des règlements de copropriété aux évolutions législatives et réglementaires intervenues depuis l'établissement de ce document. Il ne permet pas de modifier la répartition entre parties privatives et parties communes, de modifier la destination de l'immeuble[2], ni de modifier la répartition des quotes-parts tant de propriété que de charges, ni de tenir compte des évolutions jurisprudentielles. L'adaptation consiste en la suppression de clauses devenues illicites ou inutiles, l'insertion de clauses conformes aux dispositions nouvelles ou en la substitution d'une clause conforme à l'ancienne clause devenue illicite.[3].

3. Travaux d'accessibilité aux personnes handicapées ou à mobilité réduite. L'article 93 de la loi n° 2003-590 du 2 juillet 2003, urbanisme et habitat, dispose que sont adoptés à la majorité de l'article 24 les travaux d'accessibilité aux personnes handicapées ou à mobilité réduite, sous réserve qu'ils n'affectent pas la structure de l'immeuble ou ses éléments d'équipement essentiel[4]. L'autorisation donnée à certains copropriétaires d'effectuer ces travaux, sous les mêmes conditions, est également adoptée à la même majorité. Ce faisant, la loi du 2 juillet 2003 a transposé dans l'article 24, alinéa 2, la disposition de l'article 25-i. Sont donc toujours visés :

– *les travaux d'accessibilité :* Ils concernent les parties communes afin de les rendre plus accessibles aux « personnes handicapées à mobilité réduite ». Il s'agit notamment d'élargir les portes, d'établir des plans inclinés, de poser des rampes le long d'un mur[5],

– *les personnes handicapées ou à mobilité réduite :* La précision de cette expression comprend les handicapés à mobilité réduite, mais aussi toute personne handicapée, quelle que soit la nature du handicap (le texte s'applique notamment aux malvoyants[6]),

– les travaux affectant la *structure de l'immeuble ou ses éléments d'équipement essentiels* sont exclus du bénéfice de l'article 24. Ces notions, manifestement imprécises, paraissent concerner les travaux affectant le gros-œuvre de l'immeuble, spécialement les murs porteurs[7] ou encore l'installation d'un ascenseur en tant qu'élément d'équipement essentiel[8]. L'adaptation de la cabine, en l'élargissant, serait possible, mais non l'agrandissement de la cage de l'ascenseur.[9]

La question de la répartition de la dépense semble bien avoir été tranchée dans le sens d'une répartition entre tous au prorata de l'utilité et non pas une fonction des avantages procurés[10].

Observation faite que les travaux de l'article 24 (al. 3), n'étant pas inclus dans ceux mentionnés à l'article 30, ne peuvent, en cas de refus de l'assemblée générale, être judiciairement autorisés.

899 Autres décisions relevant de la majorité de l'article 24 (suite) – Communications – Les articles 24-1, 24-2 et 24-3. À la différence des travaux d'accessibilité mentionnés à l'article 24 (al 1 et 2) (L. n° 2003-590, 2 juill. 2003, art. 93, al 1), deux lois ultérieures ont inséré, dans la loi du 10 juillet 1965, trois nouveaux articles; les articles 24-1 (L. n° 2007-309, 5 mars 2007) 24-2 (L. n° 2008-776, 4 août 2008) et 24-3 (L. n° 2009-258, 5 mars 2009 relative à la communication audiovisuelle et au nouveau service public de la télévision), à la suite de l'article 24 et qui se réfèrent à la majorité simplifiée de cet article. Le législateur s'est ainsi proposé une modernisation des immeubles collectifs par l'équipement des modes de transmission et d'information les plus avancés.

a) La télévision en mode numérique - Article 24-1[11].

L'application de l'article 24-1 (rédaction de la loi du 5 mars 2007) suppose remplies deux conditions : d'abord, le réseau de communication électronique interne à l'immeuble, distribuant des services de télévision, ne permettant pas encore l'accès aux services nationaux en clair de télévision par voie hertzienne terrestre en mode numérique et, ensuite, un

1. *JO* 27 mars.
2. Bordeaux, 26 févr. 2010, RG n° 08/03367, *Loyers et copr.* 2010, n° 201.
3. SUR la procédure d'adaptation : Commission relative à la copropriété, 24e recomm. établie avant la loi du 25 mars 2009.
4. Décr. n° 2007-436 du 25 mars 2007, *JO* 27 mars p. 5664 – Arr. 22 mars 2007, *JO* 5 avr., p. 6380.
5. LAFOND, ROUX ET STEMMER, s[s] L. art. 24, n°s 5 s. – KISCHINEWSKY-BROQUISSE, n° 637.
6. Selon LAFOND, ROUX ET STEMMER, s[s] art. L. 24 n° 5.
7. LAFOND, ROUX ET STEMMER, (s[s] art. L. 24 et *op. cit.)*, doc. parl. AN, n° 2950, p. 26.
8. Bouyeure, *Les travaux dans la copropriété*, Publication *Administrer* 2007. 172.
9. BOUYEURE, *Les assemblées générales de copropriété*, n° 298.
10. BOUYEURE, n° 174.
11. Ritschy, *IRC* avr. 2007. 10 – Capoulade, *IRC* juin 2007. 18.

distributeur de services disposant d'une offre en mode numérique. Cette proposition commerciale de mise à disposition de ses services en mode numérique, conforme aux dispositions de l'article 34-1 (al. 2, 2e phrase) de la loi n° 86-1067 du 30 septembre 1986, relative à la liberté de communication est inscrite de droit à l'ordre du jour de l'assemblée générale qui peut l'accepter à la majorité simplifiée de l'article 24 (al. 1er).

b) Le très haut débit en fibre optique - Article 24-2 [1].

L'article 24-2 (issu de la loi du 4 août 2008) exige, d'une part, que l'immeuble ne soit pas équipé de lignes de communication électroniques à très haut débit en fibre optique et, d'autre part, la proposition d'un opérateur de communications électroniques d'installer de telles lignes. Cette offre doit elle-même répondre à deux conditions : l'opérateur doit assumer l'intégralité des frais d'installation et celle-ci doit desservir l'ensemble des occupants par un réseau de communications électroniques à très haut débit ouvert au public dans le respect des articles L. 33-6 et L. 34-83 du code des postes et communications électroniques, notamment l'installation doit permettre la desserte par le réseau des autres opérateurs. L'assemblée générale est tenue de statuer sur cette offre inscrite de plein droit à l'ordre du jour de la prochaine réunion et la décision d'accepter est acquise à la majorité de l'article 24 (al. 1er). L'article 24-2 comporte deux différences avec l'article 24-1. Il prévoit expressément l'inscription de droit à l'ordre du jour, ce qui est à la charge de la personne qui convoque, et il impose à l'assemblée de statuer, ce qu'elle fait en toute liberté.

Le décret n° 2009-54 du 15 janvier 2009 [2] réglemente la convention entre opérateur et propriétaire au syndicat des copropriétaires pour l'installation, la gestion, l'entretien et le remplacement des lignes en fibre optique. Le décret n° 2009-52 du 15 janvier 2009 [3] concerne l'installation des lignes à très haut débit dans les bâtiments neufs (v. Convention type 2008 de l'ARCEP).

c) L'adaptation de l'antenne collective, article 24-3 [4].

L'article 24-3 (inséré par la loi n° 2009-258 du 5 mars 2009 relative à la communication audiovisuelle et au nouveau service public de la télévision) a pour objet l'adaptation de l'antenne collective de télévision par voie hertzienne à la télévision en mode numérique. Cette disposition provisoire s'applique jusqu'à la fin de la mise en œuvre dans la commune du schéma national d'arrêt de la distribution analogique et avant le basculement vers le numérique. Pendant cette période « *l'ordre du jour de l'assemblée générale comporte un projet de résolution sur les travaux et les modifications nécessaires à la réception en mode numérique par l'antenne collective* ». Comme il s'agit de réaliser une amélioration, l'article 24-3 précise que, « *par dérogation au j de l'article 25, la décision est acquise à la majorité prévue au premier alinéa de l'article 24* ».

En outre, l'alinéa 3 du même article, dérogeant à l'article 25 a, autorise l'assemblée générale à donner « mandat » à la majorité de l'article 24 (c'est-à-dire une délégation du pouvoir de décider) au conseil syndical ou, à défaut, au syndic pour conduire, dans la limite d'un montant de dépenses, les modifications nécessaires à la continuité de la réception des services de télévision par l'antenne collective. Le délégataire doit en tout cas rendre compte à l'assemblée.

d) Les articles 24-1, 24-2 et 24-3 appellent deux observations communes.

La validité du vote sur la proposition nécessite l'inscription de la question à l'ordre du jour de l'assemblée générale et la notification préalable, au plus tard en même temps que l'ordre du jour, des documents mentionnés à l'article 11§1 du décret du 17 mars 1967. C'est donc une obligation légale qui pèse sur la personne chargée de convoquer l'assemblée, en principe, le syndic (ou l'administrateur provisoire). Le manquement à cette obligation parait bien de nature à mettre en jeu sa responsabilité civile professionnelle. L'exigence de l'examen « de plein droit » n'implique pas une délibération et un vote en méconnaissance des prescriptions des articles 11 et 13 du décret du 17 mars 1967 [5].

Les deux articles 24-1, 24-2 et 24-3 dérogent expressément aux dispositions de l'article 25 (a et j). Ils permettent de décider, dès le premier vote, à la majorité de l'article 24 (al. 1er), c'est-à-dire à la majorité des voix présentes ou représentées. Ainsi se trouve éludée l'exigence du tiers des voix présentes ou représentées favorables à la proposition, la formalité du second vote et, le cas échéant, la convocation d'une seconde assemblée qui conduirait l'une et/ou l'autre à la majorité de l'article 24 (al. 1er). Il en découle une accélération de la décision, avec l'aléa d'un rejet.

En tous cas, il s'agit de décider de travaux d'équipement commun, mais nullement d'un abonnement individuel à un réseau.

1. Atias, *AJDI* 2008. 752.
2. *JO* 16 janv., p. 905.
3. *JO* 16 janv., p. 903.
4. Capoulade, D. 2010, Pan. 114 – *IRC* oct. 2009. 20 – Lafond, *JCP N* 2009. 1224 – Roux, *IRC* sept. 2009. 20.
5. Bouyeure, n° 298 – CONTRA : Rouquet, C. copr. Dalloz 2011, p. 246.

900 Autres décisions relevant de l'article 24 (suite) – Environnement – Les articles 24-4, 24-5 et 24-6. Ces trois articles ont été introduits par la loi nº 2010-788 du 12 juillet 2010 portant engagement national pour l'environnement : le premier concerne les économies d'énergie, le deuxième la recharge des véhicules électriques ou hybrides et le troisième le délaissement. Aucun n'explicite que la décision de l'assemblée, qu'ils mentionnent, relève de la majorité de l'article 24. L'article 24-6 organise un recensement des délaissements, et les décisions mentionnées aux articles 24-4 et 24-5 se prennent à la majorité des articles 25 et éventuellement 25-1. En réalité, ces trois articles portent sur les questions à porter à l'ordre du jour et créent des obligations spécifiques à la charge de la personne qui convoque l'assemblée.

SECTION 3
MAJORITÉ DE L'ARTICLE 25

901 Esprit général de l'article 25[1]. En 1965, le législateur avait retenu un certain nombre de décisions relevant pour la plupart de l'administration courante, mais qu'il estimait suffisamment graves ou importantes pour être prises à une majorité significative. Il a exprimé sa volonté, dans le premier alinéa de l'article 25, en formulant le principe : « *Ne sont adoptées qu'à la majorité des voix de tous les propriétaires...* »

Cependant, la nécessité de prendre certaines de ces décisions, comme la désignation du syndic ou les conditions de réalisation des travaux obligatoires, avait conduit le législateur à tempérer la rigueur de la règle. Dans le second alinéa de l'article 25, il avait déterminé les conditions dans lesquelles la décision pourrait intervenir à la majorité relative de l'article 24 au cours d'une seconde assemblée.

Il en est résulté deux conséquences :

D'une part, soucieux, notamment pour des raisons économiques et sociales, de favoriser l'adoption de certaines décisions, le législateur a, peu à peu, multiplié les cas prévus par l'article 25, en les portant de six à quinze[2], pour qu'ils bénéficient de la majorité simple au cours, selon le cas, d'un second scrutin ou, de la seconde assemblée. Le champ d'application de l'article 25 s'étend ainsi à des questions relevant normalement de l'article 26, mais qui représentent des « améliorations privilégiées ».

D'autre part, l'interprétation de l'article 25, alinéa 2, a longtemps divisé la doctrine (la controverse est née de l'expression « à défaut de décision prise dans les conditions de majorité prévues au présent article... »[3]), avant que la Cour de cassation ne statue par deux arrêts des 17 juillet 1997[4] et 17 décembre 1997[5] dont la signification a été elle-même discutée[6].

Aussi, la loi SRU du 13 décembre 2000 a-t-elle abrogé le second alinéa de l'article 25 et créé un article 25-1 qui détermine les conditions de convocation d'une seconde assemblée. Cette modification se répercute sur l'ensemble des textes, car, désormais, ces conditions ne sont ouvertes, selon

1. SUR l'article 25 avant la loi SRU : ATIAS, nos 357 s. – GUILLOT, art. 24 à 26, nos 3 s. – KISCHINEWSKY-BROQUISSE, nº 602 – LAFOND, ROUX ET STEMMER, ss L. art. 25, nº 1 – Terré et Simler, *Les biens*, 8e éd., nº 677 – SIZAIRE, nº 188 – J.-CL. COPR., fasc. 86 – Depuis la loi SRU : Giverdon, « Les majorités depuis la loi nº 2000-1208 du 13 décembre 2000 », *Loyers et copr.* hors série – Vigneron, « Dispositions relatives au fonctionnement du syndicat », *Loyers et copr.* hors série mai 2001, nos 4 à 6 – Capoulade, « Les nouvelles majorités dans les assemblées générales de copropriétaires », *Maisons et habitat* 2001; « La copropriété dans la loi SRU », *Administrer* avr. 2001. 30; « Les majorités dans les assemblées générales de copropriétaires », *IRC* sept. 2005. 14 – Latrille, « La loi SRU du 13 décembre 2000, et la copropriété », *Bull. Csab* nº 95, oct. 2001, p. 3 s. – Guitard, « Statut de la copropriété », *AJDI* 2001. 221.
2. Giverdon, « En attendant l'article 25 q », *Loyers et copr.*; chr. 2001.
3. Guillot, « La convocation de la nouvelle assemblée prévue par le dernier alinéa de l'article 25 », *Administrer* mai 1981, 4 – Duthil, « Quelques réflexions à propos du dernier alinéa de l'article 25 de la loi du 10 juillet 1965 », *JCP N* 1994. I. 137 – Sizaire, « L'application du dernier alinéa de l'article 25 de la loi du 10 juillet 1965 », *Administrer* juill. 1994. 21 – Pollin, « La majorité introuvable de l'article 25 de la loi du 10 juillet 1965 », *Administrer* juill 1994, 21 – EN SENS CONTRAIRE : ATIAS, nº 358 – Commagnac et Capoulade, *REDI* 1967. 1389 – Commagnac, « Les assemblées de copropriétaires statuant à la majorité absolue », *AJPI* 1968. 855 – Giverdon, « L'application du dernier alinéa de l'article 25 de la loi du 10 juillet 1965 », *Loyers et copr.* févr. 1993. 1 – Capoulade, « Propos sur l'article 25 de la loi du 10 juillet 1965 », *RDI* 1999. 339.
4. Aix-en-Provence, 14 déc. 1995, *Juris-Data* nº 600327, *Loyers et copr.* 1996. 185; *Administrer* juin 1996. 32, note Le Masson; *RDI* 1996. 415 – Civ. 3e, 17 juill. 1997, nº 95-18.979, *Bull. civ.* III, nº 168; *Administrer* nov. 1997. 70, note Bouyeure; *Loyers et copr.* 1997. 268, note Vigneron; *JCP N* 1998. I. 117, nº 11, Chron. Périnet-Marquet; *RDI* 1997. 623; *RDI* 1998. 132; *D.* 2000. 69 – Vigneron, « Une nouvelle étape dans l'interprétation de l'article 25 de la loi du 10 juillet 1965 », *Loyers et copr.* oct. 1997. 17.
5. Civ. 3e, 17 déc. 1997, nº 96-13.177, *Bull. civ.* III, nº 229; *AJPI* 1998. 360, note Guitard; *JCP N* 1998. 970, note Sizaire; *Administrer* juill. 1998. 39, note Capoulade; *Loyers et copr.* mars 1998. 86, note Vigneron – SUR les arrêts des 17 juillet et 17 décembre 1997 : *RDI* 1998. 138; *D.* 2000. 69, note Giverdon.
6. V. LES COMMENTAIRES PRÉCÉDENTS, AUSSI : Atias, « Les deux assemblées successives de l'article 25 de la loi du 10 juillet 1965 », *Administrer* févr. 1999. 8 – Pollin, « La majorité judiciairement introuvable de l'article 25 de la loi du 10 juillet 1965 », *Administrer* nov. 1998. 15.

nous, que si l'article 25-I se trouve expressément visé.

En outre, le législateur a déclassé certaines dispositions qui, par leur objet, relevaient de l'article 25 (travaux d'accessibilité et autorisations de travaux d'accessibilité, art. 24, al. 2 et 3 - délégation du pouvoir de décider art. 24-3 al. 3 - modification de l'antenne collective, art. 24-3) ou même de l'article 26 (amélioration 24 al. 2, 24-2 et 24-3) et ainsi permis de décider à la majorité simplifiée des voix exprimées par les copropriétaires présents ou représentés.

902 Calcul de la majorité absolue. La majorité est *calculée sur la totalité des voix des copropriétaires composant le syndicat.*

Il s'agit d'une *majorité absolue.* Peu importe que les copropriétaires soient ou non présents ou représentés ou qu'ils soient ou non intéressés par la décision à prendre[1]. Si le syndicat comporte plusieurs bâtiments, la majorité est calculée en fonction des voix de tous les copropriétaires, même si un syndicat secondaire a été créé, tel est le cas lorsque des travaux affectent l'aspect extérieur de tous les bâtiments du groupe[2]. Mais s'il est créé des parties communes spéciales à chaque bâtiment ou pour les décisions relevant de la compétence propre au syndicat secondaire, la majorité est calculée sur la base des voix des copropriétaires du bâtiment intéressé[3] ou pour les décisions relevant de la compétence propre au syndicat secondaire.

Il y a lieu de tenir compte éventuellement de la réduction des voix du copropriétaire majoritaire[4]. Si le syndicat est propriétaire de lots, les voix qui lui sont attachées, ne seront pas comptées[5].

903 Second vote et nouvelle assemblée (art. 25-1)[6]. L'articulation des articles 25 et 25. I conduit à distinguer plusieurs hypothèses.

a) Majorité absolue. « *Lorsque l'assemblée générale des copropriétaires n'a pas décidé à la majorité prévue à l'article précédent* », l'article 25-1 consacre ainsi la solution de l'arrêt de la troisième chambre civile du 17 décembre 1997. Quel que soit le nombre de voix présentes ou représentées à l'assemblée, dès lors que celle-ci a statué pour ou contre un projet à la majorité absolue (501/1 000e) des voix des copropriétaires composant le syndicat (v. s^{s} n° 66), la décision positive ou négative est définitivement prise. Dans ce cas, les dispositions de l'article 25-1 ne trouvent pas à s'appliquer, même si un tiers des voix du syndicat s'est prononcé en faveur du projet. Il n'y a place alors ni pour un second vote, ni pour une seconde assemblée.

b) Second vote. Dans le souci d'éviter la convocation d'une seconde assemblée, source de frais et de lassitude, et de décourager l'absentéisme, l'article 25-1 (al. 1er) de la loi et l'article 19 (al. 2) du décret, modifié, posent différentes conditions pour qu'un second vote intervienne au cours de la même assemblée.

Aucune décision définitive n'a été prise à la majorité absolue des voix de tous les copropriétaires composant le syndicat au cours d'une première votation.

En cas de concurrence, à l'occasion de l'approbation d'un contrat, d'un devis ou d'un marché, l'assemblée doit d'abord voter sur chacune des candidatures à la majorité de l'article 25. Elle doit donc examiner l'ensemble de la question mise à l'ordre du jour (décret, art. 19, al. 2).

Enfin, le projet qui n'a été ni adopté, ni repoussé, doit avoir recueilli le vote favorable d'au moins un tiers des voix du syndicat au cours de cette première votation.

Lorsque ces conditions sont satisfaites, l'article 25-I (al. 1er) organise un scrutin de « ballottage » et prévoit que « *la même assemblée peut décider à la majorité prévue par l'article 24 en procédant immédiatement à un second vote* ». Cette disposition ouvre donc la *faculté* de procéder à un second vote « *immédiatement* ».

L'assemblée doit-elle statuer sans désemparer, « immédiatement », dès la proclamation des résultats de ce vote, ou peut-elle renvoyer cette seconde votation à un autre moment de la même réunion. Le décret (art. 10, al. 1er) apporte, semble-t-il, une réponse libérale, en prévoyant ce vote « *au cours de la même réunion* », ce qui implique la possibilité d'évoquer la question à un autre moment de l'ordre du jour.

Le décret prévoit aussi que, si l'assemblée n'use pas de cette faculté, elle peut décider - et non seulement souhaiter - que la question sera inscrite à l'ordre du jour d'une assemblée ultérieure. Dans ce cas, cette autre assemblée ne décide pas à la majorité de l'article 24; ce bénéfice lui est refusé. On en revient au principe premier; l'assemblée décide à la majorité absolue des voix du syndicat.

Comment se prend la décision de voter immédiatement, de modifier l'ordre du jour ou de renvoyer à une assemblée ultérieure ? Il appartient à la

1. ATIAS, n°s 357 s. – KISCHINEWSKY-BROQUISSE, n° 602 – LAFOND, ROUX ET STEMMER, art. L. 25, n^{o} I.
2. GUILLOT, art. 24 à 26-2, n° 3-02 – Paris, 7 mai 1981, *D.* 1982. IR 139.
3. LAFOND, ROUX ET STEMMER, *op. cit.*
4. Kischinewsky-Broquisse, *op. cit.* – GUILLOT, art. 24 à 26.2, n°s 3.05 et 3.06.
5. L. 10 juill. 1965, art. 16, al. 2.
6. Bouyeure, *op. cit.*, n°s 302 s.

seule assemblée elle-même de régler cette question à la majorité de l'article 24. Le décret (art. 19, al. 1er) donne à cet égard une précieuse indication.

c) Nouvelle assemblée : Il s'agit maintenant de ménager un temps de réflexion et, en raison de l'intérêt ou du coût de la décision, d'inciter le plus possible de copropriétaires à être présents ou représentés. C'est un scrutin de rattrapage, un scrutin de la dernière chance, car cette nouvelle assemblée peut statuer à la majorité de l'article 24.

La convocation d'une nouvelle assemblée suppose réunies trois conditions :

- L'absence de décision définitive prise à la majorité absolue des voix du syndicat au cours de l'assemblée réunie sur première convocation.

- Lors de cette même assemblée, le projet a recueilli moins le tiers des voix du syndicat. Il importe peu que plus d'un tiers des voix se soient prononcées défavorablement.

Les copropriétaires défaillants à cette assemblée vont jouer le rôle d'arbitre.

- Cette seconde assemblée doit être convoquée dans un délai maximal de trois mois, à compter du jour où s'est tenue la première assemblée, qui n'a pu adopter de décision (Décr., art. 19, al. 4) mais il n'est pas nécessaire que la seconde assemblée se tienne dans les trois mois. Il n'y a pas lieu de retarder indéfiniment une décision qui peut être urgente comme les autorisations prévues à l'article 25 b et k ou importante comme la désignation du syndic. De plus, il convient d'éviter un changement de majorité qui pourrait résulter de la vente de lots.

Lorsque ces conditions se trouvent réalisées, les formalités de convocation sont assouplies, comme le prévoyait déjà l'ancienne rédaction de l'article 19 du décret. « *Si l'ordre du jour de la nouvelle assemblée ne porte que sur des questions inscrites à l'ordre du jour de la précédente assemblée, le délai de convocation peut être réduit à huit jours (au lieu d'au moins vingt et un jours) et les notifications prévues à l'article 11 du décret n'ont pas à être renouvelées* » (art. 19, al. 3). Ces dispositions, tout en affirmant l'autonomie de chaque assemblée (la « précédente », la « nouvelle » assemblée), créent, dans ce cas particulier et à titre exceptionnel, une certaine « passerelle » entre les deux assemblées.

904 Décisions prévues à l'article 25, a) – Délégation de pouvoir. La majorité de l'article 25, et, éventuellement, celle prévue à l'article 25-1, s'appliquent à « toute délégation du pouvoir de prendre l'une des décisions visées à l'article précédent » (art. 24). L'article 25 a limité expressément le pouvoir délégué aux décisions relevant de la majorité de l'article 24 de la loi, c'est-à-dire aux actes d'administration largement entendus (v. ss no 897). Cette disposition interdit notamment le pouvoir de désigner le syndic[1] qui serait, par exemple, délégué au conseil syndical[2], ou encore de décider des travaux d'amélioration relevant de la majorité de l'article 26[3] (sous réserve des nouvelles dispositions de l'article 24-3, al. 3) (v. ss no 899).

Les dispositions de l'article 25 a de la loi doivent être complétées par celle de l'article 21 du décret[4]. Il en résulte que :

- que la délégation de pouvoir peut être donné au syndic[5], au conseil syndical[6], ou à toute autre personne; ce pourrait être un expert-comptable en cas de reddition des comptes[7];

- que la délégation qui s'analyse, juridiquement, en un mandat[8], « ne peut porter que sur un acte ou une décision expressément déterminé » (Décr., art. 21, al. 1er)[9]. « *Elle peut autoriser son bénéficiaire à décider de dépenses dont la délégation détermine l'objet et fixe le montant maximum* » (art. 21, al. 2, mod.); la ligne de crédit ainsi ouverte n'est plus laissée à la discrétion du délégataire comme auparavant; elle ne peut être utilisée que pour l'objet défini par la délégation. Toutefois, l'assemblée fixe librement le montant de la dépense en fonction de son objet;

- que la délégation ne peut, en aucun cas, dessaisir l'assemblée de ses pouvoirs essentiels[10], ni la priver de son pouvoir de contrôle sur l'administration de l'immeuble et la gestion du syndic (art. 21, al. 3)[11];

1. Civ. 3e, 25 mai 1976, no 75-10.126, *Bull. civ.* III, no 226; *JCP* 1976. IV. 238; *RTD civ.* 1976. 806, obs. Giverdon.
2. Paris, 2 juin 1988, RG no 86/011366, *Juris-Data* no 024094, *RDI* 1988. 502; qui, de l'irrégularité de la délégation dont l'annulation n'avait pas été demandée dans le délai prescrit, déduit la conséquence, peut être excessive, que le caractère inopérant de cette délégation ne permettrait pas au syndic de convoquer valablement l'assemblée générale « qui n'en présente pas les caractères ».
3. Paris, 11 oct. 1979, *D.* 1980. IR 276.
4. Atias, nos 259 s., 361 s. – Guillot, art. 24 à 26. 2, nos 4 s. – Kischinewsky-Broquisse, no 605 – Lafond, Roux et Stemmer, ss art. L. 25 § II et D. 21 – Bouyeure, *op. cit.*, no 304.
5. La délégation donnée au syndic ne peut concerner les actes qui relèvent de ses pouvoirs propres.
6. Kischinewsky-Broquisse, no 605 – Sizaire, no 163 – Versailles, 7 oct. 1988, *IRC* 1991. 10, note Capoulade.
7. Des copropriétaires peuvent aussi être chargés d'étudier des devis et de choisir une entreprise : TGI Paris, 9 févr. 1980, *JCP* 1981. IV. 361; ou de veiller à la réalisation de travaux décidés par l'assemblée générale : Civ. 3e, 27 mars 1973, no 71-14.214, *Bull. civ.* III, no 226; *Gaz. Pal.* 1973, I. Somm. 133.
8. En ce sens : Lafond, Roux et Stemmer, ss art. D. 21, no 2.
9. La délégation est spéciale et non générale.
10. Comme la désignation du syndic.
11. Ce serait contraire aux dispositions impératives de l'article 17, alinéa 1, de la loi de 1965. L'assemblée ne peut déléguer au conseil syndical le pouvoir d'approuver les comptes ou de délivrer *quitus* au syndic Civ. 3e, ▶

– que le délégataire devra rendre compte à l'assemblée de l'exécution de sa mission (art. 21, al. 4). Ce compte rendu porte sur l'acte ou la décision délégué, ainsi que sur l'emploi des fonds éventuellement confiés. Ce texte n'indique pas si ce rapport prend la forme écrite ou verbale, mais il est utile de mentionner cette diligence au procès-verbal de l'assemblée. Si la délégation est confiée au syndic, il en rendra compte dans le rapport qui précède le vote du *quitus*; si elle a été donnée au conseil syndical, il en fera mention dans son rapport d'activité (v. s^s n° 868);

– que le projet de décision doit être notifié au plus tard en même temps que l'ordre du jour, lorsque l'assemblée est appelée à décider d'une délégation de pouvoir, comme de toute question visée à l'article 25 de la loi (Décr., art. 11, 7°, mod.) (v. s^s n° 861). La question de la délégation doit donc figurer à l'ordre du jour, suivie du projet de décision, afin d'en éviter l'annulation (Décr., art. 13), à la demande d'un copropriétaire opposant ou défaillant et non d'un tiers. La délégation ne constitue donc pas un expédient pour éviter qu'une délibération s'enlise ou pour résoudre une difficulté imprévue; elle doit être prévue dès la confection de l'ordre du jour (pour les résidences-services v. s^s n° 723).

Le projet notifié devra donc désigner le délégataire, préciser sa mission (décision ou acte délégué), fixer le montant maximal de la dépense autorisée.

905 **Article 25 b) – Autorisation d'effectuer certains travaux**[1]. L'assemblée générale, et elle seule, peut, à la majorité de l'article 25 et, le cas échéant, de l'article 25. 1, *autoriser « certains copropriétaires d'effectuer à leurs frais des travaux affectant les parties communes ou l'aspect extérieur de l'immeuble, et conforme à la destination de celui-ci »*[2]. Ces travaux ne doivent pas entraîner une aliénation de parties communes, sinon la majorité légale serait celle de l'article 26; ils doivent être conformes à la destination de l'immeuble, sinon l'unanimité s'imposerait (sauf l'exception de l'article 26. 3). Les travaux d'aménagement dans les parties privatives, n'ont pas besoin d'autorisation, dès lors qu'ils n'affectent ni les parties communes, ni l'aspect extérieur de l'immeuble[3]. En revanche, les travaux de remplacement ou de modification de travaux antérieurement autorisés dans les parties communes nécessitent une nouvelle autorisation de l'assemblée générale[4].

L'article 30 alinéa 4 complète utilement l'article 25 b, en permettant au juge d'autoriser ces travaux, en cas de refus de l'assemblée générale, mais seulement si ces travaux apportent une amélioration, même au profit d'un seul copropriétaire (sur tous ces points v. s^s n° 1133).

Ces dispositions présentent un grand intérêt pratique. Leur application a toujours suscité un abondant contentieux, qu'il s'agisse de la nature des travaux visés (v. s^s n°s 1121 s.) ou des modalités et de la portée de l'intervention du tribunal (v. s^s n°s 1138 et 1139).

On se bornera, pour le moment à rappeler que l'autorisation ne peut être tacite[5] et à souligner trois principes qui se dégagent des arrêts de la Cour de cassation :

Le copropriétaire qui a, de sa propre autorité, sans autorisation de l'assemblée générale, procédé à des travaux privatifs, affectant les parties communes ou l'aspect extérieur de l'immeuble, est irrecevable à demander l'autorisation judiciaire. Le juge ne peut autoriser *a posteriori*. Les travaux sont alors irréguliers et doivent être démolis[6].

La saisine du juge suppose un refus définitif et valide de l'assemblée générale[7].

Une stipulation du règlement de copropriété ne peut autoriser, par anticipation, un copropriétaire

► 25 mai 1976, n° 75-10.126, *Bull. civ.* III, n° 226; *D.* 1976. IR 252, ni déléguer au conseil syndical ou au syndic le pouvoir de décider de la saisie immobilière d'un lot ou d'engager l'action en justice au nom du syndicat pour « des problèmes urgents qui se présenteraient au cours de l'exercice », Paris, 6 févr. 1990, RG n° 87/19717, *Juris-Data* n° 020299, *RDI* 1990. 255.

1. Vigneron, « Digression sur l'exécution des travaux privatifs en copropriété », *Loyers et copr.* 2005. 8 – Bouyeure, *op. cit.*, n°s 305 s. – Atias, « Autorisations de travaux et droit acquis », *D.* 2000, chr. 233; Travaux minimes et dérogations, *IRC* oct. 1999. 25 – Lafond, « Autorisation de travaux dans le cas d'un lot en copropriété », *IRC* mars 2003. 27 – Capoulade, « Les travaux en copropriété », *IRC* oct. 2000. 16.

2. Même s'ils tendent à rendre l'immeuble conforme au règlement de copropriété ou à l'état descriptif de division : Civ. 3e, 2 mars 2005, n° 03-20.889, *Bull. civ.* III, n° 54; *Defrénois* 2005. 1505, obs. Atias, ou encore s'ils présentent un caractère obligatoire : Civ. 3e, 8 nov. 2005, n° 04-17.263, *D.* 2007, pan. 2188, obs. Capoulade; *Loyers et copr.* 2007. 19.

3. Travaux déstabilisant le bâtiment : Paris, 22 mars 2007, RG n° 06/11702, *Loyers et copr.* 2007. 161.

4. NÉANMOINS, le remplacement des installations irrégulières bénéficie d'une prescription courant depuis la réalisation des travaux d'origine : Civ. 3e, 22 oct. 2008, n° 07-17.780 NP, *AJDI* 2009. 131, obs. Capoulade.

5. Civ. 3e, 28 mars 2007, n° 06-11.947, NP, *AJDI* 2007. 574, obs. Rouquet; *Loyers et copr.* 2007. 136, note Vigneron; *Administrer* juin 2007. 59.

6. Civ. 3e, 20 avr. 1988, n° 87-10.402, *Bull. civ.* III, n° 77; *D.* 1989. 237, note Capoulade et Giverdon; *RDI* 1988. 347, obs. Givord; *Defrénois* 1989. 369 – Civ. 3e, 25 avr. 1990, n° 88-13.814, *Bull. civ.* III, n° 102; *IRC* 1990. 280, note Capoulade; *D.* 1990. IR 126.

7. Civ. 3e, 12 mars 1997, n° 95-15.953, *Bull. civ.* III, n° 58; *RDI* 1997. 291 – Civ. 3e, 25 juin 1997, n° 96-10.139, *Bull. civ.* III, n° 155; *RDI* 1997. 486.

déterminé à réaliser de tels travaux, même bien définis[1].

Ici encore, la régularité de l'autorisation implique la notification préalable d'un projet de décision (art. 11, 7°).

Ces textes, aussi bien que la jurisprudence, mettent en lumière la prééminence de l'assemblée générale par rapport à l'autorité judiciaire.

906 Article 25 c) – Désignation ou révocation du syndic et des membres du conseil syndical. Aux termes de l'article 25, « ne sont adoptées qu'à la majorité des voix de tous les copropriétaires les décisions concernant : [...] *c) la désignation ou la révocation du ou des syndics et des membres du conseil syndical* » (v. s[s] n°s 972 et 1079). Ces nominations relèvent, au premier chef, de l'administration des parties communes. La loi du 28 juin 1938 ne prévoyait, d'ailleurs, qu'une majorité relative, mais le législateur de 1965 a exigé la majorité absolue, en raison de l'importance de ces décisions et pour mieux asseoir l'autorité du syndic; il est vrai que, pour faciliter la désignation du représentant de la personne morale, il a ouvert la possibilité de décider, à la majorité simple de l'article 24, dans les cas et sous les conditions de l'article 25-1.

Notons que dans un syndicat de forme coopérative, l'assemblée générale n'élit que les membres du conseil syndical[2] qui, à leur tour, désignent le syndic parmi eux. L'article 25 b ne concerne alors que la désignation ou la révocation des membres du conseil syndical (v. s[s] n°s 704-705).

Le parallélisme des formes conduit à décider de la révocation du syndic et des membres du conseil syndical à la même majorité.

907 Article 25 d) – Actes de disposition obligatoire. Les dispositions des article 25 et, le cas échéant, 25-1, concernent : « *d) les conditions auxquelles sont réalisés les actes de disposition sur les parties communes ou sur les droits accessoires à ces parties communes, lorsque ces actes résultent de dispositions légales ou réglementaires, telles que celles relatives à l'établissement de cours communes, d'autres servitudes ou à la cession de droits de mitoyenneté* ».

Ce sont des actes de disposition relevant normalement de la majorité de l'article 26, et même de l'unanimité s'il y avait atteinte à la destination de l'immeuble. En raison du caractère obligatoire de l'acte, la décision ne porte pas sur le principe même de l'aliénation ou de la constitution du droit réel, mais seulement sur les conditions de réalisation[3]. Dès lors, le législateur a pensé que la décision pouvait relever de la majorité renforcée de l'article 25 et, le cas échéant, de l'article 25-1, puisque, en tout état de cause, l'acte doit être passé. Il s'agit, par exemple, d'une cession de mitoyenneté (C. civ., art. 683), de la constitution d'une servitude de cour commune[4] non contraire à la destination de l'immeuble[5], ou d'une servitude de passage pour cause d'enclave (C. civ., art. 681).

908 Article 25 e) – Travaux rendus obligatoires. « *Les modalités de réalisation et d'exécution des travaux rendus obligatoires en vertu des dispositions législatives ou réglementaires* » relèvent de la majorité prévue par l'article 25 et, le cas échéant, par l'article 25 I. La motivation rejoint celle précédemment exposée à propos de l'article 25 d (v. s[s] n° 907). Il convient cependant de préciser la portée de ce texte[6].

– L'assemblée générale ne débat pas du principe des travaux qui résulte de l'application d'un texte législatif ou réglementaire. Elle a seule compétence pour prendre la décision qui porte seulement sur « les modalités de réalisation et d'exécution », c'est-à-dire les conditions techniques et financières[7]. Le syndic et les tribunaux[8] seraient incompétents pour se substituer à l'assemblée[9].

Ces travaux concernent uniquement ceux à exécuter sur les parties communes ou l'aspect extérieur de l'immeuble. Les copropriétaires supportent la dépense, selon le cas, soit au prorata de leurs quotes-parts de parties communes, soit en fonction de l'utilité présentée pour leurs lots[10]. Sous réserve des dispositions de l'article 9, alinéa 2 et suivants de la loi, l'assemblée n'a pas le pouvoir de décider de travaux, même obligatoires, dans les parties privatives, le copropriétaire ne saurait exiger une décision à l'unanimité[11]. Au cas où les travaux obligatoires s'imposeraient à un copropriétaire, pour les parties priva-

1. Civ. 3e, 26 janv. 2000, n° 98-14.798, NP, *Constr. urb.* 2000, n° 96; *AJDI* 2000. 713, obs. Guitard; *RDI* 2000. 245, obs. Capoulade; *IRC* mai 2000. 21, note Capoulade – Paris, 14 déc. 1971, *D.* 1972. Somm. 99.
2. Civ. 3e, 11 mars 1998, n° 96-12.479, *Bull. civ.* III, n° 59; *JCP* 1998. 19; *JCP N* 1998. 48; *D.* 1998. 13; *Loyers et copr.* mai 1998. 137, obs. Vigneron.
3. Atias, n° 364 – Guillot, art. 24 à 26-2, n°s 11-01 s. – Kischinewsky-Broquisse, n° 626 – Sizaire, n° 171 – Lafond, Roux et Stemmer, s[s] L. art. 25, n° 33.
4. V. rép. min., QE, *JOAN Q* 7 juill. 1979, *JCP N* 1979, prat. 7235.
5. Paris, 7 nov. 1977, *AJPI* 1978. 814.
6. Bouyeure, Les travaux dans la copropriété, n°s 95 s. – Kischinewsky-Broquisse, n°s 628 s. – Guillot, art. 24 à 26-2, n°s 11 s. – Lafond, Roux et Stemmer, L. art. 25, n° 35.
7. Guillot, art. 24-26-2, n° 11-08.
8. Civ. 3e, 8 nov. 2006, n° 05-19.141, NP, *D.* 2007. 2184, note Atias; *Administrer* 396, p. 49, obs. Bouyeure; *Loyers et copr.* 2007. 19, obs. Vigneron.
9. Kischinewsky-Broquisse, n° 628 – Paris, 2 nov. 1978, *D.* 1979. IR 126, obs. Giverdon.
10. Kischinewsky-Broquisse, n° 629.
11. Paris, 23e ch. B, 26 avr. 2001, RG n° 2000/03123, *Bull. Csab* n° 98, mars 2002, n° 65.

tives de son lot, même s'ils impliquaient une intervention sur les parties communes ou l'aspect extérieur de l'immeuble, le copropriétaire devrait invoquer les dispositions de l'article 25 b (v. s[s] n°s 1120 s.) sous réserve cependant des mesures d'intérêt collectif visées à l'article 25 g.

Les travaux obligatoires doivent être déterminés, mais l'obligation peut exister en dehors de toute mise en demeure ou injonction [1].

Il a été jugé que la simple injonction d'un bureau d'hygiène, prescrivant d'exécuter des travaux sans en préciser la nature, pour remédier aux défectuosités d'une gaine de cheminée, ne permettait pas d'invoquer l'article 25 e [2].

Les travaux peuvent être des travaux d'assainissement, la construction d'une cheminée pour l'évacuation de gaz brûlés, la mise en conformité des portes de garages, l'installation d'appareils permettant de déterminer les quantités de chaleurs fournies, etc. Des textes récents ont d'ailleurs multiplié ces travaux (pour les ascenseurs, L. n° 86-13, 6 janv. 1986, art. 14, mod. par L. n° 86-1290, 23 déc. 1986, art. 60 [3]) - pour les portes automatiques de garages CCH, art. R. 125-3-1 s. [4]- pour la recherche de l'amiante et le désamiantage (Décr. n° 96-97, 7 févr. 1996, mod. - circ. 26 avr. 1997 - Décr. n° 2001-840, 13 sept. 2001 [5]) - pour la lutte contre le saturnisme (C. santé publ., art. L. 32-1 à L. 32-5 et R. 32-1 à R. 32-12) [6] - pour la recherche, la prévention de l'éradication des insectes xylophages (L. n° 99-471, 8 juin 1999 - CCH, art. L. 133-1) [7]. V. Annexes.

L'article L. 322. 9. 1 du code de l'urbanisme (réd. L. n° 85-729, 18 juill. 1985, art. 21) répute obligatoires, au sens de l'article 25 e, de la loi du 10 juillet 1965 les travaux sur lesquels porte l'objet de l'association foncière urbaine.

Une concurrence peut exister entre les articles 24 et 25. L'obligation légale ou réglementaire n'implique pas nécessairement l'application de l'article 25 e si les travaux relèvent de l'entretien courant. L'orientation de la doctrine et de la jurisprudence est d'admettre que si les travaux sont nécessaires pour assurer la conservation normale de l'immeuble (ravalement, par exemple) ou le fonctionnement d'un équipement commun (ascenseur), l'objet de la décision entre dans l'entretien ou la conservation largement entendu, en l'absence de toute amélioration ou transformation, et que l'assemblée peut, en conséquence, statuer à la majorité de l'article 24 (v. s[s] n° 897) [8].

En cas de refus de l'assemblée, l'administration dispose de moyens coercitifs divers; selon les cas : interdiction d'habiter, interdiction d'utiliser, exécution d'office des travaux aux frais du syndicat avec recouvrement comme en matière de contribution, sanction pénale.

909 Article 25 f) – Répartition des charges et changement d'usage [9]. L'article 25 f soumet à une décision prise à la majorité de l'article 25 et, le cas échéant, de l'article 25-1, « *la modification de la répartition des charges visées à l'alinéa 1er de l'article 10 [...] rendue nécessaire par un changement de l'usage d'une ou plusieurs parties privatives* » [10].

Il s'agit d'un ajustement des charges « spéciales » à l'utilité présentée pour l'usage d'un lot. C'est une mesure de justice. Aussi le législateur a-t-il écarté le principe de l'unanimité.

L'article 25 f requiert la réunion de plusieurs conditions pour son application (v. s[s] n° 489). Le changement d'usage des parties privatives (et non d'activité) peut intervenir à tout moment [11] et doit

1. Civ. 3e, 27 mars 1973, n° 71-13.330, *Bull. civ.* III, n° 225; *D.* 1973. Somm. 70; *JCP* 1973. II. 17431; *Gaz. Pal.* 1973. 2, 563; *Rev. loyers* 1973. 400.
2. TGI Lyon, 15 mars 1972, *D.* 1972. 331; *JCP* 1972. II. 16521, note Viatte [RÉSERVES]; *Rev. loyers* 1972. 573 – GUILLOT, art. 24 à 26-2, n° 11-03.
3. Quignard, *AJPI* 1986. 327.
4. Béthune, « Amiante, plomb, termites, pot-pourri », *Defrénois* 2001. 553.
5. Décr. n° 2001-840, 13 sept. 2001, *JO* 18 sept. – Baudoin et Kalantarian, « Amiante et copropriété », *Administrer* mai 1997. 10 – Bejat, sur la circulaire du 26 avril 1997, *Administrer* févr. 1997. 84; « Le risque amiante à l'échéance du 31 décembre 1998 », *AJPI* 1997. 84 – Destame, « Amiante et immeubles bâtis », *JCP N* 1997, prat. 1199 – Duflot, « Pour combattre l'amiante dans tous ses états », *IRC* janv. 1997. 19 – Kalantarian, « Réglementation en matière d'amiante, éléments complémentaires », *Administrer* déc. 1997. 17; « Les nouveautés en matière de réglementation sur l'amiante », *Administrer* mars 2002. 14 – Wertenschlag, « L'amiante dans les immeubles bâtis », *AJPI* 1997. 1031 – Vigneron, « L'amiante dans les immeubles en copropriété », *Loyers et copr.* nov. 1997. 4; « Décret n° 2002-839, circulaire Directives Urbanisme, Habitation, Constructions du 30 août 2002; Production d'un constat amiante », *Rev. hab. fr.* sept. 2002. 19.
6. Wertenschlag, « Les mesures de lutte contre le saturnisme », *JCP N* 1999. 7, 340.
7. V. *Rev. hab. fr.* juill.-août 1999. 9.
8. Civ. 3e, 26 oct. 1971, n° 70-11.055, *Bull. civ.* III, n° 511; *D.* 1972. 296 – Rép. min., QE n° 38988, *JOAN Q* 9 sept. 1991; *Administrer* nov. 1991. 72, renouvellement de l'ascenseur rendu nécessaire par le désamiantage – Civ. 3e, 23 mai 2007, n° 06-13.521, *Bull. civ.* III, n° 84; *Administrer* n° 402, 54, obs. Bouyeure; *Rev. loyers* 2007. 361, note Gelinet; *AJDI* 2008. 298.
9. Barnier-Sztabowicz et Souleau-Mougin, « Le changement d'usage d'une partie privative et la modification corrélative de la répartition des charges », *Administrer* août-sept. 2001. 20 – Bouyeure, *op. cit.*, n° 323.
10. ATIAS, n° 363 – GUILLOT, art. 24 à 26, n°s 12 s. – KISCHINEWSKY-BROQUISSE, n° 149 – LAFOND, ROUX ET STEMMER, s[s] L. art. 25, n° 18.
11. Civ. 3e, 20 juin 2001, n° 00-10.476, NP, *Administrer* août-sept. 2001. 37, note Capoulade.

être conforme à la destination de l'immeuble. Il doit rendre *nécessaire* (la nécessité étant souverainement appréciée par les juges du fond) une modification des charges entraînées par les services collectifs et les éléments d'équipement commun ou de certains d'entre eux (par exemple, ascenseur, minuterie...), en raison d'une plus grande utilité consécutive au nouvel usage, mais l'article 25 f ne concerne pas les charges générales (L. 10 juill. 1965, art. 10, al. 2 – à plus forte raison, ne concerne-t-il pas les quotes-parts de propriété[1]). Ne constitue pas une modification de la répartition la fixation d'un coefficient de tolérance pour les compteurs divisionnaires d'eau chaude[2] ou encore la détermination, d'une manière abstraite et sans implication individuelle, d'un pourcentage de majoration en cas d'usage professionnel[3].

La modification de la répartition des charges doit être inscrite à l'ordre du jour et le projet de la nouvelle répartition notifié au plus tard en même temps que l'ordre du jour (Décr. 17 mars 1967, art. 11)[4].

910 Article 25 g) – Travaux d'économie d'énergie[5]. L'article 25 g sur les travaux d'économie d'énergie a été plusieurs fois remanié. La rédaction de la loi nº 2010-788 du 12 juillet 2010 portant engagement national pour l'environnement (ENE – dite Grenelle II), a succédé à celle issue de la loi nº 74-908 du 29 octobre 1974, modifiée notamment par la loi nº 85-1470 du 31 décembre 1985.

a) *Loi du 31 décembre 1985.* L'article 25 g, dans sa rédaction de la loi du 31 décembre 1985, visait les travaux d'économie d'énergie, à moins qu'ils ne relèvent de la majorité de l'article 24. Il précisait les conditions d'une prise de décision à la majorité de l'article 25.

Il définissait la *finalité* des travaux, qui résidait dans une économie d'énergie. Il énonçait la *catégorie* de travaux bénéficiant de cette majorité : l'isolation thermique du bâtiment, le renouvellement de l'air, le système de chauffage, la production d'eau chaude[6]. Il fixait *l'amortissement* de la dépense sur une période inférieure à dix ans (le calcul retient le coût de l'énergie et celui des travaux à la date de la décision de l'assemblée générale des copropriétaires). L'annexe au décret nº 87-764 du 15 septembre 1987[7] énumérait les travaux d'économie d'énergie, décidés à la majorité de l'article 25 et comprenait les rubriques ci-après : amélioration du rendement du chauffage, comptage et équilibrage du chauffage, régulation du chauffage et de l'eau chaude sanitaire, recours aux énergies nouvelles ou insuffisamment exploitées et aux techniques nouvelles, amélioration de l'isolation thermique du bâtiment, amélioration de l'éclairage des parties communes[8] (v. Arr. 2 avr. 1991[9]).

Renvoyant aux commentaires consacrés à la répartition des charges entraînées par le chauffage collectif[10] (v. s^s^ n°s 461 et 462 – la pose d'un compteur de calories n'exige pas, par nature, qu'une nouvelle répartition des charges soit rendue nécessaire[11]) on se limitera ici aux indications suivantes :

1. La nomenclature donnée par le décret et son annexe, textes d'exception, est limitative et d'interprétation stricte[12].

2. La référence au « système de chauffage » ne permet pas d'admettre que puisse être décidé à la majorité de l'article 25 la suppression d'une installation collective au profit d'une installation individuelle[13].

3. La réserve des travaux relevant de la majorité de l'article 24 concerne ceux qui peuvent être considérés comme d'entretien et d'administration courante. Toutefois, la jurisprudence admet la validité d'une décision à la majorité de l'article 24 lorsqu'il s'agit de *travaux mixtes* (v. s^s^ nº 897 – impossibilité de remplacer à l'identique, en raison du coût exorbitant ou de la disparition des matériaux ou du coût excessif de l'exploitation d'un système ancien). Mais constituerait une amélioration relevant de la majorité de l'article 26 : la substitution d'une source d'énergie à une autre (passage du fuel au gaz, à moins qu'il ne s'agisse d'énergies nouvelles

1. Civ. 3e, 22 juill. 1998, nº 97-10.936, *Loyers et copr.* nov. 1998. 277 ; *RDI* 1998. 683.
2. Civ. 3e, 9 juill. 1997, nº 95-19.227, NP, *RDI* 1997. 622, obs. Capoulade, Giverdon.
3. Civ. 3e, 17 juill. 1996, nº 94-19.509, *Bull. civ.* III, nº 194 ; *AJDI* 1996. 1022.
4. Guillot, art. 24 à 26.2, nº 12.07.
5. Sur l'ensemble de la question : note Bouyeure, « Les mesures récentes en faveur des économies d'énergie et le statut de la copropriété », *AJPI* 1980. 467 s. ; *Rev. hab. fr.* juin 1980. 405 – Robine, *Administrer* sept. 1980. 21 – Olivié, « Le point sur la répartition des charges de chauffage dans une copropriété », *Gaz. Pal.* 1982. 1. Doctr. 125 – Isaac-Hoppenot, « L'installation des répartiteurs des frais de chauffage dans les immeubles existants », *Bull. inf. Cneil* déc. 1981. 36 s. – Bouyeure, « Les travaux d'économie d'énergie dans la copropriété », *Administrer* oct. 1988. 24 – Bouyeure, *Les travaux dans la copropriété*, n°s 158 s.
6. Pour l'installateur de panneaux solaires : rép. min., QE nº 13416, *Joan Q* 8 avr. 2008, p. 3094.
7. D. nº 87-764, 15 sept. 1987, *JO* 19 sept.
8. Bouyeure, *Les travaux dans la copropriété*, n°s 164 s.
9. Arr. 2 avr. 1991, *JO* 9 avr.
10. Commission relative à la copropriété, 7e recomm., *JCP N* 1992, prat. 2205.
11. Civ. 3e, 12 févr. 2003, nº 01-12.872, *Administrer* 2003, note Capoulade.
12. Lafond, Roux et Stemmer, s^s^ L. art. 25, nº 33.
13. Civ. 3e, 25 janv. 1984, nº 700072, *Administrer* 1884, 146 ; *Loyers et ferm.* 1984. 210 ; *D.* 1984. IR 8, obs. Giverdon ; *Gaz. Pal.* 25-26 juill. 1984, pan. 184, obs. Souleau.

ou sous-exploitées [1]) ou le changement de générateur (annexe au décret, note I, pour un générateur fonctionnant à l'électricité) [2], à moins qu'il en résulte une amélioration thermique de l'installation.

4. Il convient d'exclure les travaux qui entraîneraient l'altération de manière durable de l'affectation, de la consistance ou de la jouissance des parties privatives.

En cas d'abaissement de la température de l'eau sur une façade, le juge doit s'assurer qu'il n'en résulte pas une modification des modalités de jouissance des parties privatives, telles que prévues au règlement de copropriété, sinon l'article 26 serait applicable [3].

Le juge doit s'assurer que les travaux entraînent une amélioration thermique de l'installation [4].

b) *Loi du 12 juillet 2010* [5]. La loi n° 2009-967 du 3 août 2009 [6] de programmation relative à la mise en œuvre du Grenelle de l'environnement fixait comme objectif « la mise en œuvre de travaux d'amélioration de la performance énergétique des bâtiments, notamment l'isolation extérieure... » (art. 78) et prévoyait « *un plan de rénovation énergétique et thermique des bâtiments existants* » (art. 3).

Pour l'exécution de ce programme, la loi n° 2010-788 du 12 juillet 2010 [7] portant engagement national pour l'environnement dispose dans son article 7 que, dans tout immeuble équipé d'une installation collective de chauffage ou de refroidissement, le syndic inscrit à l'ordre du jour de l'assemblée générale qui suit l'établissement d'un diagnostic de performance énergétique [8] ou d'un audit énergétique [9], la question d'un plan de travaux ou d'un contrat de performance énergétique (L. 1965, art. 24-4).

Sur le fondement du diagnostic de performance énergétique et du rapport synthétique de l'audit, le syndic, après mise en concurrence des entrepreneurs et prestataires et avis du conseil syndical (pour le contrat de performance énergétique, L. 1965, art. 24-4, al. 2), soumet à l'assemblée générale, selon le cas, le plan ou le contrat. En raison de la technicité des questions soulevées, du coût des mesures à prendre et de leur financement, il apparaît opportun que, préalablement au vote, soit organisée une séance de présentation des travaux par les techniciens qui ont procédé aux études.

Quant aux travaux, le même article 7 réécrit l'article 25 g de la loi de 1965 qui est ainsi rédigé : « *g) À moins qu'ils ne relèvent de la majorité prévue par l'article 24, les travaux d'économie d'énergie ou de réduction des gaz à effet de serre. Ces travaux peuvent comprendre des travaux d'intérêt collectif sur les parties privatives et aux frais du copropriétaire du lot concerné, sauf dans le cas où ce dernier est en mesure de produire la preuve de la réalisation de travaux équivalents dans les dix années précédentes. Pour la réalisation des travaux d'intérêt collectif réalisés sur les parties privatives, le syndicat exerce les pouvoirs du maître d'ouvrage jusqu'à la réception des travaux.*

Un décret en Conseil d'État précise les conditions d'application du présent g ».

Le champ d'application de l'article 25 g s'en trouve doublement élargi. D'une part, il ne vise plus seulement les travaux d'économie d'énergie, mais aussi la réduction des gaz à effet de serre. D'autre part, il n'intéresse plus seulement les parties ou équipements communs, mais aussi les travaux d'intérêt collectif, s'ils portent *sur* des parties privatives. Pour autant, ces parties d'immeuble ne perdent pas leur caractère privatif. Un décret en Conseil d'État précisera la nature des travaux; il mentionne notamment le calfeutrage des fenêtres et des portes extérieures, la régulation des émetteurs de chauffage ou de refroidissement et aussi l'amélioration des équipements de ventilation privatifs.

L'exécution des travaux d'intérêt collectif *sur* les parties privatives ne suppose pas un accord du copropriétaire intéressé, dès lors que l'assemblée générale les a décidés. Les conditions prévues par l'article 9 de la loi de 1965 pour une intervention du syndicat *dans* les parties privatives paraissent s'appliquer à ces travaux. Cette mesure constitue donc une nouvelle restriction au droit de propriété du copropriétaire sur les parties privatives de son lot, mais que justifie l'intérêt collectif.

1. Doc. parl. AN, n° 2960, p. 25 – Civ. 3e, 6 nov. 1996, n° 94-20.078, *Bull. civ.* III, n° 213; *RDI* 1997. 133, obs. Capoulade, Giverdon; *Administrer* févr. 1997. 29, note Capoulade; *Loyers et copr.* 1996. 32.
2. Paris, 5 nov. 1993, RG nos 92/006564 et 92/024262, *Juris-Data* n° 023358, *Loyers et copr.* 1994. 38.
3. Civ. 3e, 7 oct. 1998, n° 96-22.541, *Bull. civ.* III, n° 192; *RDI* 1999. 146.
4. Civ. 3e, 6 nov. 1996, n° 94-20.078, *Bull. civ.* III, n° 213; *RDI* 1997. 133, obs. Capoulade, Giverdon; *Administrer* févr. 1997. 29, note Capoulade; *Loyers et copr.* 1996. 32.
5. C'est une grande première, Rouquet, C. copr., Dalloz, 2011, p. 255.
6. *JO* 5 août, p. 13031.
7. *JO* 13 juill., p. 12905.
8. CCH, art. L. 134-1 et L. 134-4-1. Le diagnostic doit être réalisé dans un délai de dix ans à compter du 1er janv. 2012 (Arr. 8 févr. 2012, *JO*,15 févr., p. 4763; Décr. n° 2012-305, 5 mars 2012, *JO* 7 mars, p. 4208).
9. CCH, Art. L. 134-4-1. Un audit énergétique doit être établi dans les bâtiments à usage principal d'habitation de plus de 50 lots dont la demande de permis de construire a été déposée avant le 1er juin 2001. Un décret en Conseil d'État définit le contenu et les modalités de réalisation de l'audit : Décr. n° 2012-111, 27 janv. 2012, *JO* 29 janv., p. 1704.

Si l'exigence d'une durée d'amortissement disparaît, en revanche, il est probable que la jurisprudence antérieure se maintiendra pour déterminer les travaux dont la décision reste soumise à la majorité de l'article 24 (travaux d'entretien et de conservation - travaux mixtes). De plus, les dispositions de l'article 25-1 permettent, si les conditions en sont remplies, de décider à la majorité de l'article 24.

Toutefois, le copropriétaire peut échapper à l'application de cette décision collective, s'il établit que des travaux équivalents à ceux votés, ont été réalisés sur les parties privatives de son lot depuis moins de dix ans. Sans doute, serait-il souhaitable que cette preuve soit apportée avant la décision de l'assemblée.

Bien qu'il s'agisse d'intérêt collectif et que le syndicat conserve la qualité de maître de l'ouvrage jusqu'à la réception, la dépense reste individualisée[1]. Ensuite, il appartient au copropriétaire concerné de mettre en œuvre les garanties souscrites par le syndicat.

En l'état, l'article 25 g « ainsi rédigé » se substitue à la précédente rédaction, mais ne s'applique qu'après l'entrée en vigueur des décrets annoncés[2].

Les prescriptions de l'article 11 devront être observées.

911 Article 25 h) – Mise en conformité à des normes[3]. La loi du 31 décembre 1985 a ajouté un « h » à l'article 25, permettant de décider à la majorité de cet article, et, le cas échéant, à celle de l'article 25-1, de travaux qui, par nature, constituent des travaux d'amélioration de l'habitat et qui devraient, par conséquent, relever de la majorité de l'article 26. Il s'agit de :

– la pose dans les parties communes de canalisation et de gaines;

– la réalisation des ouvrages permettant d'assurer la mise en conformité des logements avec les normes de salubrité, de sécurité et d'équipements définies par les dispositions prises pour l'application de l'article 1er de la loi n° 67-561 du 12 juillet 1967 relative à l'amélioration de l'habitat.

Le décret n° 68-976 du 9 novembre 1968 avait fixé les conditions d'application de cette loi. Les travaux à entreprendre devaient avoir pour but exclusif de mettre les locaux, après réalisation, en conformité avec une ou plusieurs des normes décrites, sans aboutir à dépasser ces normes. Le décret n° 2002-120 du 30 janvier 2002 (art. 6) a abrogé les articles 1er, 5 à 14 du décret du 9 novembre 1948, de telle sorte que ce dernier texte ne détermine plus que les locaux où s'appliquent les dispositions de la loi du 12 juillet 1967. Cette abrogation partielle conduit à penser que l'article 25 h s'applique aux travaux de mise en conformité avec les normes de décence prévues par le décret n° 2002-120 du 30 janvier 2002 pris en application de l'article 187 de la loi dite SRU[4].

La décision de l'assemblée ne concerne que les travaux à réaliser dans les parties communes; néanmoins, les dispositions de l'article 9 alinéa 2 et suivants de la loi du 10 juillet 1965, modifiée par la même loi du 31 décembre 1985, permet de prolonger l'exécution de ces travaux dans les parties privatives des lots, dans les conditions et selon les modalités fixées par cet article.

Selon la cour d'appel de Paris, l'article 25 h ne s'applique pas à l'installation d'un interphone dans une cabine d'ascenseur[5].

Cependant, l'hésitation est permise sur le point de savoir si les travaux de mise en conformité aux normes de confort entrent bien dans les prévisions de l'article 25 h, hormis les travaux tendant à rendre le logement décent.

Bien entendu, ces travaux ne peuvent, sous réserve des dispositions de l'article 9 de la loi, affecter les conditions de jouissance des parties privatives, ni porter atteinte à la destination de l'immeuble, sinon la décision devrait être prise à l'unanimité.

912 Article 25 i) – Suppression des vide-ordures. La loi n° 2003-590 du 2 juillet 2003 qui soumet à la majorité de l'article 24 les travaux d'accessibilité aux personnes handicapées à mobilité réduite, a, en conséquence, rendu disponible le petit i de l'article 25. Cette même loi a donc consacré le 25 i à la possibilité de supprimer les vide-ordures, élément d'équipement commun, à la majorité de l'article 25 et, le cas échéant, à celle de l'article 25-1, pour des impératifs d'hygiène. On a relevé que cette rédaction laisse une large marge d'appréciation[6]. La décision à la majorité de l'article 25 suppose donc qu'il soit justifié de raisons impérieuses d'hygiène (présence d'insectes ou de bactéries, propagation d'odeurs...)[7].

1. Art. 10-1, petit « e » de la loi du 10 juill. 1965, v. s^s^ n°s 310 et 345.
2. Art. 24-4 *in fine*, et art. 25 g *in fine*.
3. Benoit-Cattin, « Subventions et incitations à la mise aux normes de l'immeuble »; Delpérier, « Le rôle du professionnel dans la mise aux normes de l'immeuble », *Defrénois*, 2004, p. 927 et 938.
4. EN CE SENS : LAFOND, ROUX ET STEMMER, s^s^ art. 25, n° 45 – Bouyeure, *op. cit.*, n° 325.
5. Paris, 23e ch. A, 6 mai 1998, RG n° 96/02839, *Loyers et copr.* nov. 1998. 286.
6. Vigneron, « Nouveautés estivales », *Loyers et copr.* nov. 2003. 5 – Dropsy, « La suppression des vide-ordures en copropriété », *Administrer* août-sept. 2004. 17.
7. Civ. 3e, 22 sept. 2009, n° 08-19.411, *AJDI* 2010. 320, obs. Capoulade.

913 Article 25 j) – Antenne et câble[1]. L'article 25 j, modifié en dernier lieu[2] par les lois n° 92-653 du 13 juillet 1992 (art. I°-I) et n° 2007-309 du 5 mars 2007 (art. 9) vise : « *L'installation ou la modification d'une antenne collective ou d'un réseau de communications électroniques interne à l'immeuble, dès lors qu'elle porte sur des parties communes* ». L'article 25 j modifié n'exige plus que le réseau soit raccordé au réseau câblé, établi ou autorisé en application de l'article 84 de la loi n° 86-1067 du 30 septembre 1986 relative à la liberté de communication.

L'article 25 j ne concerne que la décision relative à un équipement collectif, tandis que l'article 25 b régit l'hypothèse de l'autorisation donnée à un ou à plusieurs copropriétaires d'établir un équipement particulier sur les parties communes (notamment pour l'antenne de radio-amateurs). Ces deux dispositions permettent l'application dans un immeuble en copropriété des textes généraux sur la transmission de radiodiffusion ou de télévision.

Le règlement de copropriété ne pourrait par une clause générale, interdire la pose d'antenne ou le raccordement au réseau câblé[3].

L'existence d'une antenne ou du raccordement à un réseau offrant un service au moins équivalent peut constituer un motif sérieux et légitime de refus d'une demande d'installation individuelle[4]. En cas d'opposition, la procédure prévue par la loi du 2 juillet 1966 et par le décret du 22 décembre 1966 doit être suivie, dans le délai imparti, devant le tribunal d'instance[5].

La lecture de l'article 25 j doit donc se faire à la lumière :

- d'une part, pour la radio télévision, de la loi n° 66-457 du 2 juillet 1966, relative à l'installation d'antennes réceptrices de radiodiffusion[6], modifiée par les lois n° 90-1170 du 29 décembre 1990 et n° 92-653 du 13 juillet 1992, et du décret n° 67-1171 du 22 décembre 1967[7], modifié par le décret n° 93-533 du 27 mars 1993;

- d'autre part, pour le câble, de la loi n° 86-1067 du 30 septembre 1986 relative à la liberté de communication, modifiée par la loi n° 92-653 du 13 juillet 1992 et du décret n° 93-534 du 27 mars 1993[8].

Cette législation a pour objet de faciliter et de développer la réception des émissions radiophoniques et télévisuelles; elle privilégie, à juste titre, pour des raisons d'esthétique et de sécurité, l'installation collective à la multiplication des équipements privatifs.

L'article 25 j bénéficie à deux catégories de travaux :

- l'installation ou la modification – et donc l'adaptation – d'une antenne collective de radiodiffusion et de télévision, que ce soit une antenne « râteau » ou parabolique[9]. En copropriété, cette antenne ne peut permettre que la réception, mais ne pourrait servir à l'émission d'une radio-amateur, laquelle ne peut qu'être individuelle. Le syndicat doit, en outre, observer les prescriptions de police et d'urbanisme;

- l'installation ou la modification d'un réseau interne à l'immeuble. Ce réseau interne, établi à frais communs ou aux frais du câble-opérateur, constitue un équipement commun. Son installation a pour conséquence le nécessaire établissement d'une servitude au profit de la commune ou du câble-opérateur pour la pose et l'entretien des câbles et les équipements annexes.

En raison de l'objet du syndicat et du droit exclusif sur les parties privatives, l'assemblée générale n'a pas compétence pour décider la souscription d'un « service-antenne » avec abonnement comprenant une sélection de chaînes hertziennes ou câblées. Cet abonnement relève de la liberté individuelle de chaque copropriétaire[10].

La répartition des frais d'installation et d'entretien de l'équipement commun se fait proportionnellement à l'utilité (art. 10, al. I) sans considération de l'utilisation effective.

1. Vigneron, « Le raccordement à un réseau câblé de télévision », *Loyers et copr.* nov. 1992. 1; *JCP N* 1993, prat. 2638; « Antenne collective et réseau câblé », *IRC* nov. 1998. 8; « Retour à l'antenne », *Loyers et copr.* oct. 1999. 4 – Lafond, « Télévision par câble et copropriété », *Administrer* nov. 1993. 6 – Allemand, « Réseaux câblés et copropriété », *JCP N* 1996, prat. 3809 – Barnier-Sztabowicz, « Câblage et installation d'antenne parabolique, dans les immeubles en copropriété », *Administrer* janv. 1996. 12 – Atias, « Télévision et copropriété immobilière », *IRC* juin 1998. 17 – Commission relative à la copropriété, 19e recomm., *JCP N* 1998. 1821; *Loyers et copr.* janv. 1999. 5 – Roux, « L'antenne et la copropriété », *Rev. loyers* 2007. 430 et 482.
2. SPÉCIALEMENT sur l'évolution législative : Barnier-Sztabowicz, *Administrer* janv. 1996. 12 – Gil, « Le droit à l'antenne », *Administrer* mars 2007. 11.
3. POUR une location : Versailles, 3 nov. 2005; POUR un syndicat : 24 oct. 2005, *Administrer* janv. 2006. 33, obs. Bouyeure.
4. Versailles, 13 oct. 1998, RG n° 96/00007480, *JCP* 1999. II. 10030.
5. Civ. 3e, 9 févr. 2000, *Administrer* avr. 2000. 50, obs. Capoulade; *AJDI* 2000. 135, obs. Giverdon.
6. L. n° 66-457, 2 juill. 1966, *JO* 5 juill., p. 5654.
7. D. n° 67-1171, 22 déc. 1967, *JO* 28 déc., p. 12830.
8. D. n° 93-534, 27 mars 1993, *JO* 28 mars, p. 5145.
9. Rép. min., QE, *JOAN Q* 27 août 1992, p. 1968.
10. Allemand, « Le service collectif audiovisuel dans les copropriétés », *AJDI* 2000. 190 – EN SENS CONTRAIRE : 19e recomm., Commission relative à la copropriété – Civ. 3e, 1er déc. 1999, n° 98-11.726, *Administrer* août-sept. 2000. 38, note Bouyeure; *RDI* 2001. 346.

Il y a lieu de rappeler que la loi n° 2007-309 du 5 mars 2007 a introduit un nouvel article 24-1 dans la loi du 10 juillet 1965 qui autorise l'assemblée générale à accepter, à la majorité de l'article 24, toute proposition commerciale pour l'accès aux services nationaux en clair de télévision par voie hertzienne en mode numérique (v. s[s] n° 899).

Par dérogation à l'article 25 j, la loi n° 2008-776 du 4 août 2008 (art. 109V) a créé un article 24-2 dans la loi du 10 juillet 1965 qui permet à l'assemblée générale de statuer, à la majorité de l'article 24, sur toute proposition d'un opérateur de communications électroniques d'installer, à ses frais, de telles communications à très haut débit en fibre optique pour la desserte de l'ensemble des occupants dans le respect du code des postes et communications (v. s[s] n° 899).

De même encore, l'article 24-3 (L. n° 2009-258, 5 mars 2009) permet à l'assemblée générale de décider à la majorité de l'article 24 (al. 1er) des travaux et modifications nécessaires à apporter à l'antenne collective de télévision analogique pour l'adapter à la réception de la télévision, en mode numérique. Ce même article permet aussi, à la même majorité, de déléguer au syndic ou au conseil syndical la décision des travaux nécessaires pour assurer la continuité des réceptions lors de l'arrêt de la télévision analogique et des changements de fréquence (v. s[s] n° 899).

L'article 30 de la loi n° 2006-D61 du 1er août 2006 a dispensé du paiement des droits d'auteur les syndicats de copropriétaires qui se livraient à une télédiffusion par voie hertzienne.[1]

914 Article 25 k) – Accès de la police et de la gendarmerie[2]. La loi n° 95-73 du 21 janvier 1995 (L. 21 janv. 1995, art. 13) d'orientation et de programmation relative à la sécurité[3] a ajouté un « k » à la liste de l'article 25, permettant à l'assemblée générale d'accorder « *l'autorisation permanente... à la police et à la gendarmerie nationale de pénétrer dans les parties communes* ».

Il ne s'agit plus d'une pénétration ponctuelle, en présence d'une infraction flagrante, sur réquisition du « chef de maison » que serait le syndic, en l'occurrence. L'article 25 k prévoit une autorisation permanente, valant de jour comme de nuit, donnée, jusqu'à révocation, par une décision majoritaire de l'assemblée générale des copropriétaires (art. 25 k et, le cas échéant, art. 25-1). L'autorisation, nécessaire pour entrer dans une propriété privée, ne permet, bien entendu, de n'accéder qu'aux parties communes, en raison de l'inviolabilité du domicile, hormis les cas spécifiés au code de procédure pénale.

En l'absence de mesure d'application, on peut penser que le syndic transmet une expédition de la décision de l'assemblée au commissaire de police ou au chef de la brigade de gendarmerie, territorialement compétents, et qu'il leur délivre la procédure d'accès à l'immeuble[4]. Pour être utile, cette information doit, le cas échéant, être actualisée. En outre, le syndic agira sagement en avisant le gardien de cette décision[5]. La loi n° 2010-1609 du 22 décembre 2010 (art. 3) a inséré un article L. 111-6-6 dans le code de la construction et de l'habitation selon lequel : « Le propriétaire ou, en cas de copropriété, le syndicat des copropriétaires représenté par le syndic permet aux huissiers de justice d'accéder, pour l'accomplissement de leur mission de signification et d'exécution, aux parties communes des immeubles d'habitation. » Un décret en Conseil d'État, en cours de préparation, doit définir les modalités d'application de cette disposition générale qui figure au code de la construction et de l'habitation et non dans la loi du 10 juillet 1965. Ce texte pose de nombreuses questions théoriques et pratiques. Il présente un caractère impératif, que la décision dépende du syndicat, c'est-à-dire de l'assemblée, ou du syndic; l'un ou l'autre « permet » par un ordre de la loi. Aussi, aucune majorité n'est-elle prévue pour décider. Toutefois, cette permission a pour objet précis et limité : la signification d'un acte ou l'exécution d'une décision judiciaire.

915 Article 25 l) – Alimentation en électricité des aires de stationnement. Des préoccupations écologiques et économiques ont conduit le législateur à favoriser l'utilisation des véhicules à traction électrique ou hybride. Or, l'autonomie assez réduite de ces véhicules rend nécessaire de multiplier les possibilités de leur ravitaillement énergétique. La loi du 10 juillet 1965 s'est ainsi enrichie d'un article 25 l. Dans un premier temps, ce texte a incité le secteur public à multiplier les points de recharge en

1. Civ. 1re, 1er mars 2005, n° 02-17.393, *Bull. civ.* I, n° 106; *RTD com.* 2005. 302, obs. Polland-Dulian; *Administrer* oct. 2005. 29, note Cohen, soumettant au paiement des droits d'auteur les syndicats de copropriétaires qui captaient et retransmettaient les programmes par un réseau câblé desservant chaque bâtiment, jurisprudence rendue caduque par l'article L. 132-20, 4° (loi n° 2006-961 du 1er août 2006, art. 30) et l'article L. 216-2 du code de la propriété intellectuelle.
2. Giverdon, « Gare aux passe-murailles », *Administrer* avr. 1995. 3 – Ch. Meyer, « Le gardiennage et la sécurité dans les immeubles privés », *AJPI* 1996. 119. RAPPR. : CCH, art. L. 126-1, pour les immeubles à usage d'habitation.
3. L. n° 95-73, 21 janv. 1995, *JO* 24 janv., p. 1249.
4. Rép. min., QE n° 38937, *JOAN Q* 13 janv. 1997, p. 136; *JCP N* 1997, prat. 382.
5. LAFOND, ROUX ET STEMMER, s[s] L. art. 25, § XV, *in fine*.

électricité, puis, dans un second temps, il a déféré aux syndicats de copropriétaires le soin de pourvoir à l'alimentation en électricité les aires privatives de stationnement.

a) Dans sa rédaction de la loi n° 96-1236 du 30 décembre 1996 (art. 24-IV) sur l'air et l'utilisation rationnelle de l'énergie, l'article 25 l visait « *l'installation ou la modification d'un réseau de distribution d'électricité public destiné à alimenter en courant électrique les emplacements de stationnement des véhicules. notamment pour permettre la charge des accumulateurs de véhicules électriques* »[1]. L'assemblée générale décidait ainsi, à la majorité absolue des voix du syndicat - sauf recours éventuel à l'article 25-1 de l'installation ou de la modification (ce qui incluait le prolongement, le renforcement ou l'adaptation) du réseau public de distribution de l'électricité pour une meilleure desserte les aires de stationnement. Toutefois, les modalités de comptage de la consommation électrique, à l'occasion de la charge ou de la recharge des véhicules, restaient à préciser.

b) La loi n° 2010 du 12 juillet 2010 portant engagement national pour l'environnement (art. 57-VI) soumet à la majorité de l'article 25 de la loi de 1965, avec, le cas échéant, recours à la « passerelle » de l'article 25-1, deux catégories de travaux[2]. Désormais, l'article 25 l « est ainsi rédigé » :

- « *l'installation ou la modification des installations électriques intérieures permettant l'alimentation des emplacements de stationnement d'accès sécurisé à usage privatif pour permettre la recherche des véhicules électriques ou hybrides...* ;

- *ainsi que la réalisation des installations de recharge électrique permettant un comptage individuel pour ces mêmes véhicules* ».

Cette décision concerne, selon l'article 24-5 de la loi de 1965 (rédaction de loi du 12 juill. 2010), les immeubles qui possèdent des emplacements de stationnement d'accès sécurisé à usage privatif et qui sont dépourvus de telles installations. Dans ces immeubles, le syndic a l'obligation de soumettre à l'assemblée générale :

- « *la question des travaux permettant la recharge des véhicules électriques ou hybrides* »;

- « *les conditions de gestion ultérieure du nouveau réseau électrique* ». L'article L. 111-6-5 du code de la construction et de l'habitation précise que ces conditions visent l'installation, la gestion et l'entretien des équipements et qu'elles font l'objet d'une convention entre le prestataire et le syndicat des copropriétaires.

- « *la présentation des devis élaborés à cet effet* ».

Bien que ces prescriptions figurent dans un article 24-5, les prises de décision relèvent de la majorité de l'article 25 et, le cas échéant, de l'article 25-1[3].

Sauf à observer la concertation pour l'établissement de l'ordre du jour de l'assemblée générale, ces dispositions n'envisagent pas une consultation obligatoire et préalable du conseil syndical.

Le syndic reçoit donc l'obligation de poser, à l'assemblée générale, la question des travaux et de lui soumettre (sans doute, à une assemblée ultérieure) plusieurs devis relatifs à ces travaux, ainsi que le projet de convention avec le prestataire. L'article 11 § 1 du décret de 1967 impose la notification préalable de ces documents.

En outre, le syndicat des copropriétaires ne peut s'opposer « à la demande d'un locataire ou d'un occupant de bonne foi » de procéder, « à ses frais », dans ces immeubles, aux travaux « d'installations dédiées à la recharge électrique » des véhicules concernés et « permettant le comptage individuel ». Des « motifs sérieux et légitimes » peuvent fonder une opposition du syndicat, telles la préexistence de semblables installations ou encore la décision du propriétaire (ou du syndicat) de réaliser de telles installations dans un délai raisonnable (CCH, art. L. 111-6-5).

Le décret n° 2011-873 du 25 juillet 2011 relatif aux installations dédiées à la recharge des véhicules électriques ou hybrides rechargeables dans les bâtiments et aux infrastructures pour le stationnement sécurisé des vélos[4], porte application des dispositions de l'article 57 de la loi ENE et plus particulièrement des articles L. 111-6-4 et L. 111-6-5 du code de la construction et de l'habitation. L'article R. 136-2[5] du même code, issu de ce décret, prévoit que le locataire ou l'occupant de bonne foi formule sa demande par lettre recommandée avec demande d'avis de réception, envoyée au copropriétaire bailleur et, le cas échéant, copie au syndic. Cette demande doit être accompagnée d'une description détaillée des travaux et d'un plan ou d'un schéma de l'installation.

Le copropriétaire dispose d'un délai de trois mois pour notifier au syndic la demande d'inscription de la question à l'ordre du jour de l'assemblée géné-

1. Lafond, Roux et Stemmer, s^s art. L. 25 § XVI – Giverdon « Commentaire de l'article 25 L de la loi du 10 juillet 1965 », *Administrer* avr. 1997. 21; Bouyeure, *op. cit.*, n° 329.
2. Lafond, Roux et Stemmer, *op. cit.*, s^s art. L. 25, XVI, n° 55.
3. Lafond, Roux et Stemmer, *op. cit.*, s^s art. L. 25, XVI, n° 55.
4. Décr. n° 2011-873, 25 juill. 2011, *JO* 27 juill., p. 12756. Arr. 20 févr. 2012, *JO* 23 févr., p. 3071.
5. Cet article concerne « les bâtiments à usage principal d'habitation groupant au moins deux logements et comprenant un parc de stationnement bâti, clos et couvert ».

rale, conformément aux dispositions de l'article 10 du décret de 1967.

Si le syndicat entend s'opposer aux travaux, il doit, à peine de forclusion, saisir le tribunal d'instance du lieu de situation de l'immeuble dans le délai de six mois suivant la réception de la demande, ce qui suppose que l'assemblée ait été convoqué et ait statué avant l'expiration de ce délai. Copie de la saisine est notifiée au demandeur par le syndicat ou, le cas échéant, au copropriétaire qui, à son tour, la notifie sans délai au demandeur.

Le syndicat peut justifier son opposition par la décision dans le délai de six mois de réaliser les travaux nécessaires à équiper l'immeuble de places de stationnement. À défaut d'exécuter cette décision dans les six mois suivants, le pétitionnaire peut procéder à la réalisation des travaux objet de la demande.

À la fin du bail, le régime applicable à ces travaux obéit aux règles légales en matière de travaux d'amélioration opérés par le locataire.

Les dispositions de l'article 25 g ne font pas obstacle à l'exécution de travaux par un copropriétaire et à ses frais après autorisation dans les conditions fixées par l'article 25 b et, éventuellement, dans les conditions fixées par l'article 30 de la loi de 1965.

Cette réglementation s'appliquera à partir du 1er janvier 2015.

916 Article 25 m) – Pose de compteurs d'eau froide[1]. La loi n° 2000-1208 du 13 décembre 2000 (art. 81-6°) relative à la solidarité et au renouvellement urbains[2] a inséré un alinéa à l'article 25. L'article 25 m permet de décider à la majorité de cet article et, le cas échéant, à celle de l'article 25-1 : « *L'installation de compteurs d'eau froide divisionnaires* ».

Cette nouvelle disposition correspond à une très ancienne revendication tendant à individualiser les dépenses d'eau et à responsabiliser l'usager. L'eau est rare et chère, il convient donc de l'économiser. Auparavant, ces travaux, considérés comme des améliorations, relevaient de la majorité de l'article 26; on discutait aussi du point de savoir si le comptage était compatible avec le critère de l'utilité prévu par l'article 10 alinéa 1 de la loi du 10 juillet 1965[3].

L'assemblée générale qui décidera l'installation de compteurs d'eau froide divisionnaires, aura à résoudre de nombreux problèmes : choix du compteur, (avec ou sans relevé à distance), régime juridique du compteur (achat ou location, équipement commun ou privatif), organisation du relevage, répartition du différentiel des consommations, facturation en cas de panne.

La dépense d'eau figurant au budget prévisionnel doit tenir compte du volume consommé, du prix de l'eau, mais aussi des frais annexes.

Il est logique de considérer que la décision d'installer des compteurs divisionnaires implique une répartition des consommations suivant la méthode du comptage. C'est d'ailleurs la finalité poursuivie par le législateur. Cependant, il n'a prévu aucune disposition dérogatoire à cet égard et la décision devrait être prise à l'unanimité, à moins d'utiliser les dispositions de l'article 11 alinéa 1, seconde phrase, de la loi du 10 juillet 1965.

À cet égard, il convient de rappeler que la Cour de cassation a jugé que les juges du fond apprécient souverainement si la pose d'un compteur de calories rend nécessaire, par sa nature, une nouvelle répartition des dépenses afférentes au chauffage[4].

Pour pallier la difficulté, l'article 93 de la loi SRU a prévu l'individualisation des contrats de fourniture d'eau par le service public de distribution, lorsque cette solution est juridiquement rendue possible par les conventions de concession. Par une fiction de la loi, le syndicat des copropriétaires est alors assimilé au propriétaire et doit demander à souscrire un contrat en conséquence. Il s'engage alors à supporter la charge financière des études et travaux nécessaires à l'individualisation, notamment la pose de compteurs, la mise en conformité des installations avec les exigences du code de la santé publique. Dans ce cas, la collectivité responsable du service public, son délégataire ou un organisme public ou privé assume la gestion des compteurs. Le décret n° 2003-408 du 28 avril 2003, relatif à l'individualisation des contrats de fourniture d'eau[5] porte application des dispositions de l'article 93 de la loi SRU. Il réglemente les conditions du processus de conclusion du contrat de la fourniture individualisée de l'eau entre la personne chargée du service public de distribution d'eau, le syndicat et les copropriétaires. Les prescriptions techniques ne peuvent ni imposer la pose d'un seul compteur par logement, ni exiger que les compteurs soient placés à l'extérieur des logements; elles réservent ainsi le relevé à distance. Les prescriptions

1. Vigneron, « Dispositions relatives au fonctionnement du syndicat », *Loyers et copr.* hors série, mai 2001, § D. 8, p. 13 – Capoulade, « La Copropriété dans la loi SRU », *Administrer* avr. 2001. 31.
2. L. n° 2000-1208, 13 déc. 2000, *JO* 14 déc., p. 19777.
3. Arnaud et Bouyeure, *Millièmes et charges de copropriété*, p. 167 – LAFOND, ROUX ET STEMMER, s[s] L. art. 25, n° 51.
4. Civ. 3e, 12 févr. 2003, n° 01-12.456, NP, *Administrer* 2003, note Capoulade.
5. Maes, « Individualiser les factures d'eau dans les copropriétés », *IRC* juill.-août 2003. 22 – Chosson et Rodrigues, « L'individualisation des contrats de fourniture d'eau », *AJDI* 2003. 743.

techniques doivent prévoir le respect des dispositions du code de la santé publique.

917 Article 25 n) – Les travaux à effectuer sur les parties communes en vue de prévenir les atteintes aux personnes et aux biens. La loi n° 2006-872 du 13 juillet 2006, portant engagement national pour le logement, a abrogé les articles 26-1 et 26-2 de la loi de 1965 (réd. L. 31 déc. 1985) et en a transféré l'essentiel des dispositions dans l'article 25 n. L'assemblée générale des copropriétaires décide donc à la majorité de l'article 25 et, le cas échéant, de l'article 25-1, « les travaux à effectuer sur les parties communes en vue de prévenir les atteintes aux personnes et aux biens » (v. s^s^ n° 211). Il s'ensuit que le vote de la dépense intervient à la même majorité (L. art. 11). L'article 9 modifié par la loi du 12 mai 2009 vise désormais le petit « n » et autorise donc l'exécution des travaux à l'intérieur des parties privative.

La loi du 5 mars 2007 a modifié la rédaction de l'article 25 n, issue de la loi ENL, en supprimant le second alinéa. Désormais, l'article 25 n concerne seulement les travaux à réaliser sur les parties communes. Les dispositions relatives à l'accès à l'immeuble qui faisaient l'objet de ce second alinéa ont été insérées dans l'article 26 e[1].

Ces travaux qui ne concernent pas seulement les accès à l'immeuble, mais, en général, la sécurité des personnes et des biens comme l'installation de la vidéo-surveillance[2] ou détection incendie, sont laissés à la libre discrétion de l'assemblée générale. Depuis la loi du 5 mars 2007 la décision sur les travaux est entièrement distincte et indépendante de celle sur les modalités d'accès à l'immeuble qui relève de la majorité de l'article 26 e. En revanche, la majorité de l'article 24 s'applique à l'adoption des contrats de maintenance des différentes installations.

918 Article 25 o) – L'installation de compteur d'énergie thermique ou de répartiteur des frais de chauffage. Déjà, la loi n° 74-908 du 29 octobre 1974 relative aux économies d'énergie, modifiée par la loi n° 77-804 du 19 juillet 1977, et codifiée au code de la construction et de l'habitation (art. L. 131-1 s.) obligeait, dans tout immeuble pourvu d'un chauffage commun, d'installer, quand la technique le permettait, un dispositif apte à déterminer la quantité de chaleur et d'eau chaude fournie à chaque local occupé à titre privatif. Son décret d'application fixait la part des frais de chauffage et de fourniture d'eau chaude, des frais fixes et le coût des quantités de chaleur[3]. Toutefois, il pouvait être dérogé à cette obligation dans plusieurs situations (CCH, art. R. 131-3). En outre, il distinguait suivant la date de délivrance du permis de construire (CCH, art. R. 131-4). Il était alors admis que la décision d'installer les compteurs se prenait à la majorité de l'article 25 (avec recours éventuel à l'article 25-1) lorsque la pose était obligatoire et à celle de l'article 26 dans le cas contraire.

L'article 7 (4°) de la loi du 12 juillet 2010 ajoute à l'article 25 de la loi de 1965 un petit « o » ainsi rédigé : « *o) l'installation de compteur d'énergie thermique ou de répartiteur de frais de chauffage* ». En l'état, le texte législatif revêt une portée générale et s'applique à toutes les décisions « d'installation des compteurs d'énergie thermique ou de répartition, des frais de chauffage », qu'elle soit obligatoire ou facultative. Il réalise donc un nouvel abaissement de la majorité requise pour décider d'une mesure qui s'analyse comme constituant à une amélioration[4].

Bien que la loi ne le prévoit pas expressément, on peut penser qu'une mesure réglementaire viendra apporter quelques précisions, notamment sur la répartition des frais et le relevé à distance, observation faite que l'article 9 de la loi ne mentionne pas le 25 « o ».

L'installation généralisée de compteurs implique une modification de la répartition des charges à la suite de travaux (L. 1965, art. 11), substituant la méthode du comptage à la répartition proportionnelle. L'assemblée devra aussi statuer sur l'adoption d'un contrat d'achat ou de location des compteurs, sur la gestion de leur relevé et de leur entretien. Enfin, il conviendra de prévoir la facturation en cas de panne, ainsi que la répartition du différentiel.

919 La transmission des images de vidéo-protection. La loi n° 2011-267 du 14 mars 2011 d'orientation et de programmation pour la performance de la sécurité intérieure[5], dite Loppsi, a complété l'article 25 de la loi de 1965 par un petit « p », ainsi rédigé : « *L'autorisation de transmettre aux services chargés du maintien de l'ordre les images réalisées en vue de la protection des parties communes, dans les conditions prévues à l'article L. 126-1-1 du code de la construction et de l'habitation* ».

L'assemblée générale décide la transmission, de vidéo-protection à la majorité de l'article 25 p, ce qui implique une éventuelle application de l'article 25-1, bien qu'il existait une différence avec l'article L. 126-1-1 du code de la construction et de

1. V. 25e recomm. de la communion relative à la copropriété du 1er juill. 2008.
2. Forestier, « La vidéo surveillance dans les immeubles collectifs », *AJDI* 2006. 691.
3. V. s^s^ n° 519.
4. Rouquet, Code copr. Dalloz 2011, commentaire s^s^ art. 9, L. 65-557, 10 juill. 1965.
5. L. n° 2011-267, 14 mars 2011, *JO* 15 mars, p. 4582.

l'habitation qui vise « la majorité des copropriétaires dans les conditions fixées à l'article 25... ». Un souci de cohérence s'impose.

En revanche, ni l'article L. 126-1-1 du code de la construction et de l'habitation, ni l'article 25 p de la loi de 1965 n'explicite la majorité applicable à l'installation même du dispositif de vidéo-protection, mais la question se trouve déjà réglée par l'article 25 o (v. ss n° 917).

La transmission des images ainsi prises a lieu lors de « *circonstances faisant redouter la commission imminente d'une atteinte grave aux biens ou aux personnes* ». L'imprécision de cette formule peut donner lieu à interprétation, mais il convient de noter que l'article L. 126-1-1 du code de la construction et de l'habitation se trouve éclairé par les articles qui le précèdent : L. 126-2 (occupation d'espaces communs, entrave à la libre circulation des occupants ou au bon fonctionnement des dispositifs de sécurité et de sûreté, atteinte à la tranquillité des lieux) et L. 126-3 (occupation en réunion d'espaces communs et les toits des immeubles collectifs d'habitation...). Toutefois, *ces images ne doivent concerner ni l'entrée des habitations privées, ni la voie publique*[1]. La transmission doit s'effectuer sur-le-champ et « *pendant le temps strictement limité* » à l'intervention des forces de l'ordre.

Le gestionnaire de l'immeuble conclut une convention avec le représentant de l'État dans le département. Cette convention précise les conditions et modalités de ce transfert; elle est transmise à la commission départementale de vidéo-protection qui apprécie la pertinence des garanties. Elle prévoit l'information par affichage sur le site de l'existence de la prise d'images et de leur transmission éventuelle aux forces de l'ordre (Décr. n° 2012-112, 27 janv. 2012, *JO* 29 janv., p. 1706. V. art. R. 217-161-3 et 161-4 CCH).

SECTION 4
L'ARTICLE 26

920 Principe – Double majorité[2]. L'article 26 concerne six décisions. Trois d'entre elles sont d'une gravité exceptionnelle, dont deux (a et c) débordent largement les pouvoirs d'administration du syndicat et dont le troisième (b) constitue une atteinte à la « loi contractuelle » du règlement de copropriété. Les trois autres, les quatrième, cinquième et sixième intéressent les conditions de jouissance des parties privatives prévues au règlement de copropriété.

Le texte initial imposait la majorité en nombre des « membres du syndicat représentant au moins les trois quarts des voix ». Cette double majorité, difficile à atteindre, avait été édictée pour assurer la stabilité des éléments essentiels du syndicat en protégeant les minoritaires. La loi du 31 décembre 1985, dans un souci de faciliter les prises de décisions importantes, notamment en matière de travaux d'amélioration, a maintenu l'exigence de la *majorité en nombre* des copropriétaires, mais « représentant *au moins les deux tiers des voix* » du syndicat.

La *majorité en nombre* se décompte par rapport à l'ensemble des membres composant le syndicat; peu importe si un ou plusieurs d'entre eux possèdent plusieurs lots, ils sont comptés pour une seule tête[3]. Les époux communs en biens, les indivisaires, les acquéreurs et vendeurs à terme (L. 10 juill. 1984), les partenaires liés par un pacs sont aussi comptés pour une seule personne. Dans l'hypothèse prévu par l'article 23 alinéa 1 (société d'attribution, propriétaire de lots dans un immeuble en copropriété), on doit tenir compte du nombre des associés pour le calcul de la majorité en nombre.

L'exigence d'une majorité en nombre a parfois conduit à la création frauduleuse d'une majorité plus ou moins fictive par l'aliénation de lots peu importants (cave, chambre de service, aire de stationnement) par un copropriétaire majoritaire à des « hommes de paille ». Les tribunaux ont sanctionné cette pratique frauduleuse.

La *majorité d'au moins deux tiers des voix* se calcule par rapport à l'ensemble des voix constituant le syndicat et appartenant à l'ensemble des copropriétaires. Dans l'hypothèse prévue par l'article 22 alinéa 2 (copropriétaire possédant plus de la moitié des quotes-parts de parties communes-propriété), on doit tenir compte de la réduction des quotes-parts pour le calcul des deux tiers des voix.

Il importe peu que le copropriétaire soit ou non présent ou représenté à l'assemblée et intéressé ou non à la décision à prendre[4]. Le syndicat propriétaire de lots doit être neutralisé pour la détermination du nombre et des voix des copropriétaires (art. 16, al. 2). La fraction caractérisant la majorité de l'article 26 se résume ainsi :

(C/ 2) + 1 et <; (2V/3)[5].

1. Civ. 3e, 11 mai 2011, n° 10-16 967 – *Bull. civ.* n° 72.
2. Rép. civ., Atias, *V° Copropriété des immeubles bâtis*, nos 371 s. – Guillot, art. 24 à 26-2, § 15 s. – Kischinewsky-Broquisse, nos 641 s. – Lafond, Roux et Stemmer, ss L. art. 26 – Terré et Simler, *Les biens*, 8e éd., n° 680 – J.-Cl. copr., fasc. 86 – Bouyeure, *op. cit.*, et n° 332.
3. Cabanac, « Le calcul de la double majorité de l'article 26 », *Administrer* 15 s., n° 54.
4. Aix-en-Provence, 22 avr. 1969, *AJPI* 1969. 720, note Cabanac.
5. Guillot, art. 24 à 26-2, nos 15-03 et 15-04 – Lafond, Roux et Stemmer, n° 1 *in fine*.

Sous réserve de l'exception prévue en cas de travaux d'amélioration (L. 10 juill. 1965, art. 25 c et 30, al. 4, issu de L. n° 94-624, 21 juill. 1994, art. 35-II – V. s[s] n° 1103), le projet qui n'obtient pas cette double majorité est rejeté et il n'est pas possible de convoquer une autre assemblée générale afin de voter dans des conditions de majorité moins rigoureuses[1], sous réserve de l'exception prévue par l'article 26 *in fine*.

L'assemblée générale, statuant à la double majorité de l'article 26, est compétente pour prendre six décisions, énumérées à ce texte, mais elle peut aussi intervenir dans d'autres hypothèses. (v. s[s] n° 921). Il importe, auparavant, de rappeler les limites au pouvoir majoritaire de l'assemblée générale et de l'exigence de l'unanimité prévue aux deuxième et troisième alinéas de l'article 26 (suivant le petit « f »).

921 Article 26 alinéas 2 et 3 – Exigence de l'unanimité[2]. Les pouvoirs de l'assemblée générale (et par conséquent les pouvoirs du syndicat), même statuant à la double majorité de l'article 26, trouvent une importante limitation dans l'exigence de « l'unanimité de tous les copropriétaires » [l'unanimité s'entend de celle de tous les copropriétaires composant le syndicat, qu'ils soient présents, représentés ou défaillants] imposée par les alinéas deux et trois de l'article 26 qui ont donné lieu, l'un et l'autre, à une jurisprudence assez abondante[3].

Une décision unanime doit être prise en assemblée générale (v. s[s] n° 817) mais la décision une fois prise, les actes d'exécution de celle-ci constituent des actes d'administration et relèvent de la majorité de l'article 24[4].

1. *« L'assemblée générale ne peut, à quelque majorité que ce soit, imposer à un copropriétaire une modification à la destination de ses parties privatives ou aux modalités de leur jouissance, telles qu'elles résultent du règlement de copropriété »* (L. 10 juill. 1965, art. 26, al. 2)[5].

La protection concerne, d'une part, la destination des parties privatives et, d'autre part, les conditions de leur jouissance, dans la mesure, du moins, où elles résultent du règlement de copropriété[6].

« Imposer » n'est pas incompatible avec autoriser un changement d'affectation avec l'accord (ou sur la demande) de l'intéressé, si ce changement respecte les stipulations précises du règlement sur la destination des parties privatives et la destination de l'immeuble. Dans une espèce, la modification autorisée consistait en ce que des lots à usage de garage fussent affectés à l'exploitation d'un établissement d'enseignement[7]. L'accord du propriétaire du lot inférieur est nécessaire pour permettre à un copropriétaire de construire un balcon en surplomb des parties communes et assombrissant les fenêtres des étages inférieurs[8].

L'application de l'article 26 alinéa 2 dépend essentiellement de la constatation de circonstances de fait propres à chaque espèce et de l'interprétation de clauses obscures ou ambiguës du règlement, ce qui relève du pouvoir souverain des juges du fond et limite le pouvoir de contrôle (dénaturation de clauses claires ou défaut de motivation) de la Cour de cassation[9].

Jugé, par exemple, s'agissant d'un immeuble à usage mixte, que la destination de l'immeuble à une unité d'enseignement universitaire n'est pas contraire à celle stipulée au règlement de copropriété[10].

L'article 26 alinéa 2 comporte de nombreuses applications, notamment dans les cas suivants :

– Limitation du fonctionnement de l'ascenseur aux mois d'été[11].

– Suppression du service de gardiennage[12], sauf substitution d'un service assurant des prestations

1. Rép. min., QE, *JOAN Q* 1969, p. 453 I.
2. Kischinewsky-Broquisse, « Les décisions à prendre à l'unanimité », *IRC* juin 1995. 13 s. – Roux, « Les décisions nécessitant l'unanimité en assemblée générale », *IRC* juill. 2008. 16 – Bouyeure, *op. cit.*, n°s 344 s.
3. Guillot, art. 24 à 26-2, § 20 – Kischinewsky-Broquisse, n° 679 – Lafond, Roux et Stemmer, s[s] L. art. 26, § VI.
4. Civ. 3e, 7 déc. 1971, *JCP* 1972. II. 16985, note Guillot.
5. Atias, « La sauvegarde des parties privatives (art. 26, al. 2) », *D.* 2000, Chron. 621.
6. Paris, 19e ch. B, 25 mars 1994, *D.* 1994. Somm. 200, obs. Giverdon; *Administrer* déc. 1994. 53 – Servitude d'accès à la piscine au profit des copropriétaires d'un syndicat voisin : Aix-en-Provence, 20 oct. 2006, RG n° 04/00210, *Loyers et copr.* 2007 108, obs. Vigneron.
7. Civ. 3e, 27 nov. 1991, n° 90-10.663, *Bull. civ.* III, n° 291; *RDI* 1992. 110; *Administrer* oct. 1992. 90, obs. Guillot; *AJDI* 1992. 278 – Civ. 3e, 25 janv. 1995, n° 93-11.537, *Bull. civ.* III, n° 30; *RDI* 1995. 372, obs. Capoulade, Giverdon; *D.* 1998. 271, note Capoulade; *Administrer* oct. 1995, obs. Bouyeure.
8. Civ. 3e, 6 janv. 1999, n° 96-20.669, NP – Rappr. : Paris, 17 janv. 1995, *Juris-Data* n° 020467, *IRC* nov. 1996. 15, obs. Ritschy.
9. Paris, 19e ch. B, 25 mars 1994, préc.
10. Paris, 23e ch. B, 29 mars 2001, RG n° 2000/02303, *Bull. Csab* mars 2002, n° 66.
11. Civ. 3e, 31 mai 1995, n° 93-15.867, *Bull. civ.* III, n° 135; *Administrer* nov. 1995. 64, obs. J.-R. B.; *D.* 1996. Somm. 90, obs. Atias; *RDI* 1995. 587.
12. Kischinewsky-Broquisse, « Concierge et conciergerie dans l'immeuble en copropriété », *Gaz. Pal.* 1993, II, Doctr. 1215; « Peut-on supprimer le service du concierge ? », *IRC* août 1992. 240 – Vigneron, « Le point sur le gardien d'immeuble », *JCP N* 1989, prat. 145 – Civ. 3e, 28 juin 1995, n° 93-15.642, *RDI* 1995. 780; *AJPI* 1996. 485, note Gallet – Paris, 16 oct. 1992, RG n° 90/015276, *Juris-Data* n° 022578, *D.* 1993. IR 29; *RDI* 1993. 120 – Paris, 8 nov. 1992, *Loyers et copr.* 1992. 88 – Paris, 12 févr. 1993, RG n° 91/885, *Juris-Data* n° 020360, *Loyers et copr.* 1993. 193 – Paris, 11 mai 1994, RG n° 91/6557, *Juris-Data* n° 022186, *D.* 1994. IR 163 – Lafond, Roux et Stemmer, L. 26 n° 13 – Bouyeure, n° 347.

équivalentes[1] et s'il n'en résulte pas d'atteinte à la destination de l'immeuble[2] et aux conditions de jouissance des parties privatives.

- Suppression du chauffage collectif et son remplacement par un chauffage individuel[3] (sauf travaux mixtes[4] ou amélioration[5]), ou la suppression ou la diminution du chauffage de base[6].

- Installation d'une boîte commune pour les paquets volumineux[7].

- L'éradication de l'amiante qui rend l'immeuble « brut de béton » portant atteinte aux parties privatives[8].

2. L'assemblée générale « *ne peut, sauf à l'unanimité des voix de tous les copropriétaires, décider l'aliénation des parties communes dont la conservation est nécessaire au respect de la destination de l'immeuble* » (L. 10 juill. 1965, art. 26, al. 3)[9].

Il en est ainsi de l'aliénation de la buanderie, partie commune, et de la modification de l'usage commun de la terrasse à usage de séchoir, avec passage entre elles, formant un tout cohérent[10] ou la cession à un copropriétaire d'un escalier, partie commune[11].

Toutefois, la cession des parties communes n'exige pas l'unanimité si elle ne porte pas atteinte aux conditions de jouissance des parties privatives, et n'est pas contraire à la destination de l'immeuble, par exemple une buanderie-lavoir[12], l'aménagement du stationnement[13], la création d'un emplacement de stationnement sur partie d'un jardin[14], l'aliénation de la loge après suppression du poste de concierge[15], l'aliénation d'une partie de palier[16].

Ici encore, la solution relève de l'appréciation souveraine des juges du fond, sauf contrôle de dénaturation ou de déduction.

922 Exception de l'article 26-3. Toutefois, l'article 26-3, issu de la loi du 13 décembre 2000, dite loi SRU, apporte une exception à l'article 26 alinéa 3 et opère un glissement de l'unanimité que prévoit celui-ci vers la double majorité de l'article 26 alinéa 1. Il dispose : « *Par dérogation aux dispositions de l'avant-dernier alinéa de l'article 26, l'assemblée générale décide, à la double majorité qualifiée prévue au premier alinéa dudit article, les aliénations de parties communes et les travaux à effectuer sur celles-ci, pour l'application de l'article 25 de la loi n° 96-987 du 14 novembre 1996 relative à la mise en œuvre du pacte de relance pour la ville.* »

Cette nouvelle disposition a pour objet de faciliter la mission de l'Établissement public d'aménagement et de restructuration des espaces commerciaux et artisanaux (Epareca), crée par la loi n° 96-987 du 14 novembre 1996. Cet organisme est chargé d'aménager et de restructurer les espaces commerciaux et artisanaux dans les quartiers prioritaires de la politique de la ville, après accord des collectivités locales intéressées. Or, la revitalisation des quartiers, le maintien des services de proximité exigent parfois l'acquisition de parties communes nécessaires au respect de la destination de l'immeuble en copropriété; la désaffection des copropriétaires rend alors difficile d'obtenir l'unanimité[17].

923 Autres décisions exigeant l'unanimité[18]. En dehors des dispositions de l'article 26, alinéas 2 et 3, la loi du 10 juillet 1965 ou les principes généraux du droit imposent que certaines décisions du syndicat soient prises à l'unanimité.

1. Versailles, 25 mai 1992, *Administrer* nov. 1992. 79.
2. Paris, 19e ch. A, 17 janv. 1995, *Juris-Data* n° 020460, *D.* 1998. Somm. 272, obs. J.-R. B.
3. Civ. 3e, 25 janv. 1984, *Juris-Data* n° 700072, *Administrer* 1984, 146, *Loyers et ferm.* 1984. 210, *D.* 1984. IR 408, obs. Giverdon.
4. Civ. 3e, 25 janv. 1994, n° 92-12.204, *IRC* avr. 1994, note Capoulade; *RDI* 1994. 304; *D.* 1994. 198.
5. Civ. 3e, 25 janv. 1984, *Juris-Data* n° 700072, *Administrer* 1984, 146; *Loyers et ferm.* 1984. 210; *D.* 1984. IR 407, obs. Giverdon.
6. Civ. 3e, 1er avr. 1987, n° 85-17.798, *RTD civ.* 1987. 371, obs. Giverdon et Salvage-Gerest.
7. Civ. 3e, 17 janv. 2006, n° 04-19.004, NP.
8. Civ. 3e, 27 mars 2007, n° 05-14.326, NP, *Administrer* juill. 2007. 34, obs. Bouyeure.
9. Guillot, art. 24 à 26-2, n° 20-01 – Lafond, Roux et Stemmer, ss L. art. 26, n° 11.
10. Civ. 3e, 2 févr. 1999, n° 97-17.501, *Bull. Csab* 1999, n° 64.
11. Paris, 25 mars 1987, *Juris-Data* n° 021237, *D.* 1987. IR 109.
12. Civ. 3e, 2 mai 1978, n° 76-14.937, *Bull. civ.* III, n° 170; *D.* 1978. IR 428, obs. Giverdon; *Rev. loyers* 1979. 204; *Gaz. Pal.* 1978, II. Somm. 271.
13. Civ. 3e, 3 oct. 1978, n° 77-10.792, *Bull. civ.* III, n° 298; *D.* 1979. IR 124; *Gaz. Pal.* 1979, I. Somm. 19; *Rev. loyers* 1979. 44.
14. Limoges, 1er juill. 1966, *D.* 1967. 11, note Givord; *JCP* 1967. II. 14888; *RTD civ.* 1967. 191.
15. Civ. 3e, 30 mars 1994, n° 92-16.763, *D.* 1996. Somm. 164, obs. Giverdon; *RDI* 1994. 292 et 487 – V. art. 25 f, ss n° 929.
16. Civ. 3e, 23 nov. 1994, n° 92-21.367, *Bull. civ.* III, n° 199; *D.* 1997. Somm. 248, obs. Capoulade; *Gaz. Pal.* 1995, II. Somm. 421, obs. Gélinet; *AJDI* 1995. 216; *RDI* 1995. 160-161.
17. V. explications de vote de l'auteur de l'amendement, Madame la Sénateur Lagauche, *JO Sénat* 2000, p. 2564 – Paris, 16 oct. 1992, RG n° 90/015276, *Juris-Data* n° 022578, *D.* 1993. IR 29; *RDI* 1993. 120 – Paris, 8 nov. 1992, *Loyers et copr.* 1992. 88 – Paris, 12 févr. 1993, RG n° 91/885, *Juris-Data* n° 020360, *Loyers et copr.* 1993. 193 – Paris, 11 mai 1994, RG n° 91/6557, *Juris-Data* n° 022186, *D.* 1994. IR 163.
18. Lafond, Roux et Stemmer, ss L. art. 26, nos 18 et 19 – Kischinewsky-Broquisse, « Les décisions à prendre à l'unanimité des assemblées générales », *IRC* juin 1995. 13 s.

1. Plusieurs dispositions de la loi du 10 juillet 1965 exigent expressément de réunir un vote unanime de tous les copropriétaires :

Article 11 : la modification de la répartition des charges, sauf les exceptions prévues par cet article (v. s[s] n°s 484 s.).

Article 25 b : l'autorisation de travaux privatifs sur parties communes ou affectant l'aspect extérieur de l'immeuble et non conformes à la destination de celui-ci.

Article 25 n : la fermeture totale de l'immeuble, en dehors des périodes compatibles avec une activité autorisée par le règlement de copropriété, lorsque le dispositif ne permet une ouverture à distance.

Article 30, alinéa 1 : les travaux communs d'amélioration non conformes à la destination de l'immeuble (v. s[s] n° 1097).

Article 35 : surélévation ou construction de bâtiments réalisés par les soins du syndicat (v. s[s] n° 1150).

2. Les principes généraux du droit de la copropriété, et même, plus généralement, du droit des biens, imposent aussi une décision unanime. À titre indicatif, il en est notamment ainsi pour :

– *toute atteinte au droit de propriété* : par exemple : opérer la fusion de plusieurs syndicats [1]. modifier la répartition des quotes-parts de parties communes, en tant que quotes-parts de propriété lesquelles sont intangibles [2], modifier la classification des parties privatives et des parties communes [3], transformer une partie commune en partie privative [4], ou inversement [5], restreindre le droit de louer ou de céder le lot (sauf respect de la destination de l'immeuble), instituer une indemnité forfaitaire à l'occasion de tout déménagement, insérer au règlement de copropriété une clause d'aggravation des charges [6], redistribuer les parties communes générales et les parties communes spéciales;

– *toute atteinte à la destination de l'immeuble* : par exemple, transformer l'usage d'habitation en usage mixte ou en usage commercial et inversement, en unité-retraite ou en résidence-service, en interdisant des activités autorisées par le règlement ou en permettant des activités interdites par le règlement;

– *toute opération étrangère à l'objet du syndicat*, tel que défini à l'article 14 de la loi : par exemple, la réalisation d'une opération spéculative (achat pour revendre), l'aliénation de parties communes ou de droits accessoires, à titre gratuit ou même à un prix symbolique.

Toutefois, a été admise la validité de la décision prise à la majorité de l'article 26 pour la cession d'un droit de jouissance exclusif sur parties communes, pour un franc symbolique [7] et conforme à la destination de l'immeuble.

Néanmoins, la question se pose de savoir si l'assemblée générale peut, même à l'unanimité, régulièrement délibérer sur une question étrangère à l'objet légal du syndicat [8]. Celui-ci, comme toute personne morale, a un objet spécifique, défini par une disposition impérative de la loi. De plus, la Cour de cassation fait application de l'article 43 aux clauses du règlement et aux décisions d'assemblée contraires à certaines dispositions de la loi dont l'article 14 [9].

924 Article 26 a) – Aliénations. L'article 26 a concerne « *les actes d'acquisition immobilière et les actes de disposition autres que ceux visés à l'article 25 d* ».

Pourvu de la personnalité morale qui lui est reconnue et dans la limite de son objet, le syndicat a la possibilité de procéder à des actes d'acquisition et, inversement, il peut procéder à des actes de disposition. Par acte de disposition, on entend non seulement l'aliénation d'une partie commune, ou d'un droit accessoire aux parties communes, mais aussi la constitution d'un droit réel (hypothèque, servitude au profit d'un autre fonds) ou encore l'octroi d'un droit de jouissance privative sur parties communes [10].

Un jugement a décidé que le classement d'un escalier comme monument historique serait l'équivalent d'une servitude constituée gratuitement, exigeant l'unanimité des votes des copropriétaires [11].

Il peut paraître juridiquement étrange que le syndicat puisse décider l'aliénation de choses commu-

1. TGI Monptellier 24 oct. 2005, Raynal, Synd. Av. Fg de Nîmes, *Loyers et copr.* 2006. 167.
2. Civ. 3e, 6 mars 1991, n° 89-16.943, *Bull. civ.* III, n° 82; *D.* 1991. IR 93; *RDI* 1991. 99; *IRC* 1991. 152, note Capoulade – Civ. 3e, 12 juin 1991, n° 89-18.331, *Bull. civ.* III, 190; *D.* 1992. 135; *RDI* 1991. 379; *Defrénois* 1991. 1016.
3. Civ. 3e, 23 oct. 1979, *Defrénois* 1980. 948, obs. Souleau.
4. Civ. 3e, 2 févr. 1999, n° 97-17.501, *Bull. Csab* 1999, n° 64.
5. Paris, 28 janv. 1998, RG n° 94/16119, *Loyers et copr.* 1998. 220.
6. Paris, 23e Ch. 10 nov. 2005, RG n° 04/24530, *Loyers et copr.* 2006. 64.
7. TGI Paris, 17 juill. 1994, *Administrer* nov. 1995. 65.
8. Civ. 3e, 4 nov. 2009, n° 08-18.979, *Bull. civ.* III, n° 242; *AJDI* 2010. 476, obs. Capoulade.
9. Civ. 3e, 27 sept. 2000, n° 98-22.792, *Bull. civ.* III, n° 154; *RDI* 2000. 597; *D.* 2001. 878; *D.* 2001, jur. 408.
10. POUR l'autorisation de construire une véranda sur un terrain, partie commune, avec droit de jouissance privative : Civ. 3e, 8 nov. 2006, n° 05-19.757, *Administrer* 59, n° 395, obs. Bouyeurre; *Loyers et copr.* 2007. 18 – Tomasin, obs. Civ. 3e, 2 déc. 2009, n° 08-20.310, *Bull. civ.* III, n° 266; *AJDI* 2010. 644.
11. TGI Aix-en-Provence, 5 nov. 1981, *Rev. loyers* 1982. 54.

nes dont il n'est pas propriétaire[1] (rappr. L. 10 juill. 1965, art. 16 et 16-2, al. 2 et 3).

Les acquisitions et aliénations de choses mobilières relèvent de l'article 24; l'article 26 a ne concerne donc que les immeubles dès lors que l'opération ne porte pas atteinte à la destination de l'immeuble (aliénation de la loge de concierge, après suppression du poste[2]; aliénation de parties communes qui n'ont d'utilité que pour les copropriétaires acquéreurs[3]). Cependant deux exceptions sont apportées en sens inverse. D'une part, l'article 25 d fixe la majorité nécessaire pour décider des conditions – et non du principe – des actes de disposition lorsque ces actes résultent d'obligations légales ou réglementaires (v. s^s n° 907). D'autre part, et en sens inverse, l'aliénation des parties communes « *dont la conservation est nécessaire au respect de la destination de l'immeuble* » ne peut être décidée qu'à l'unanimité, sauf le cas prévu par l'article 26-3 (v. s^s n° 921), lorsqu'il s'agit des aliénations de parties communes et de travaux à exécuter sur celles-ci pour l'application de l'article 25 de loi n° 96-987 du 14 novembre 1996 relative à la mise en œuvre du pacte de relance pour la ville (L. 10 juill. 1965, art. 26-3, v. s^s n° 921).

V., par exemple, une buanderie et une terrasse avec séchoirs formant un ensemble cohérent, à usage commun des copropriétaires[4].

Les actes, lorsqu'ils portent sur des parties communes ou les droits accessoires, sont conclus au nom du syndicat et signés par le syndic (L. 10 juill. 1965, art. 16 et 18).

La jurisprudence concernant l'application de l'article 26 a intéresse le plus souvent les éléments plus ou moins accessoires de l'immeuble.

Il peut s'agir d'une galerie, conciergerie, etc., de l'affectation à des copropriétaires d'emplacement de stationnement sur parties communes[5], d'octroi à un copropriétaire de la jouissance exclusive d'un couloir[6], d'un balcon[7].

1. KISCHINEWSKY-BROQUISSE, n° 642 – SIZAIRE, n° 187 – LOMBOIS, n° 96.
2. Civ. 3e, 30 mars 1994, n° 92-16.763, *D.* 1996. Somm. 164, obs. Giverdon; *RDI* 1994. 292 – Civ. 3e, 5 déc. 2007, n° 06-20.020, *Bull. civ.* III, n° 219.
3. Civ. 3e, 23 nov. 1994, n° 92-21.367, *Bull. civ.* III, n° 199; *AJDI* 1995. 216; *D.* 1997. 248; *RDI* 1995. 161; *Gaz. Pal.* 28 oct. 1995, SC, obs. Gélinet – L'opération suppose la constitution préalable d'un lot.
4. Civ. 3e, 2 févr. 1999, n° 97-17.501, *Bull. Csab* 1999, n° 64.
5. Civ. 3e, 2 mai 1978, n° 76-14.937, *Bull. civ.* III, n° 170; *Gaz. Pal.* 1978. 2. Somm. 271; *RTD civ.* 1979. 161; *Rev. loyers* 1979. 204.
6. Civ. 3e, 18 juill. 1986, n° 84-17.798, *Bull. civ.* III, n° 123.
7. Aix-en-Provence, 10 janv. 1985, RG n° 83/4917, *Juris-Data* n° 044024, *RDI* 1987. 901.

L'article 16-1 de la loi du 10 juillet 1965 règle la question de la répartition des fonds provenant de l'aliénation ou de l'expropriation pour cause d'utilité publique des parties communes (v. s^s n° 260).

925 Article 26 b) – Le règlement de copropriété. L'article 26 b vise « *la modification, ou éventuellement l'établissement, du règlement de copropriété dans la mesure où il concerne la jouissance, l'usage et l'administration des parties communes* ». Ce texte fixe clairement les limites des pouvoirs de l'assemblée générale quant au règlement de copropriété[8]. On conteste la possibilité de voter un règlement intérieur à la majorité simple de l'article 24[9].

– *Modification ou établissement* : l'assemblée générale a compétence à cet effet et statue à la double majorité de l'article 26. Très généralement, l'assemblée modifie le règlement par adjonction, retranchement ou amendement. Plus rarement, l'assemblée établit le règlement, celui-ci préexiste généralement au syndicat (sur la distinction du règlement préalable et du règlement ultérieur, v. s^s n°s 586 s., 591 s.). Le règlement peut aussi être établi (Décr. 17 mars 1967, art. 3) ou, dans les hypothèses expressément prévues par la loi, modifié par acte judiciaire (L. 10 juill. 1965, art. 11-12, 43, al. 2 et 45).

Il est légitime d'exiger, dans l'un et l'autre cas, une majorité renforcée, car le règlement de copropriété constitue la convention fondamentale, la « charte » du syndicat[10].

Par une disposition dérogatoire, l'article 49 de la loi du 10 juillet 1965, issu de la loi du 13 décembre 2000, dite loi SRU, a été pérennisé par la loi n° 2009-323 du 25 mars 2009 il permet à l'assemblée de décider, à la majorité de l'article 24, *les adaptations* du règlement rendues nécessaires par les modifications législatives et réglementaires intervenues depuis son établissement (v. s^s n°s 595 s.).

Jouissance, usage et administration des parties communes : le texte lui-même apporte une première limitation aux pouvoirs de l'assemblée qui ne peut statuer, à la double majorité de l'article 26, qu'en ce qui concerne la jouissance, l'usage et l'administration des parties communes. Elle ne peut dépasser ces objets, ce qui privilégie l'établissement préalable du règlement qui peut alors régler, notamment l'affectation des parties privatives, la destination de l'immeuble, la détermination des quotes-parts de propriété.

La modification éventuelle du règlement peut concerner des questions fort diverses : l'aspect géné-

8. KISCHINEWSKY-BROQUISSE, n° 643 – LAFOND, ROUX ET STEMMER, s^s art. L. 26 § III.
9. TGI Paris, 25 mars 1982, *IRC* mars 1982, note Lebatteux.
10. GUILLOT, art. 24-26-2, § 17.

ral de l'immeuble (teinte des peintures extérieures, etc.), réglementation du stationnement des véhicules sur les parties communes [1], la concession d'un droit de jouissance exclusif sur parties communes [2], l'installation d'un portier électronique [3], l'autorisation d'implanter une cuve à essence dans le sous-sol de l'immeuble [4], réglementer la pose de plaques professionnelles ou d'enseigne [5].

Absence de modification des droits des copropriétaires concernant la destination ou la jouissance de leurs lots (L. 10 juill. 1965, art. 26, al. 3), ce qui interdit toute atteinte aux droits antérieurement acquis par les copropriétaires (est nulle la décision interdisant à un copropriétaire d'utiliser un couloir commun [6]). Cette limitation de pouvoirs de l'assemblée générale ne joue pas si le service collectif dont la suppression est décidée (tennis, par exemple) n'existait pas lors de la première vente du lot en copropriété [7].

926 Article 26 c) – Travaux d'amélioration [8]. L'article 26 c, remanié à plusieurs reprises (L. n° 92-653, 13 juill. 1992, art. 1° II et L. n° 2000-1208, 13 déc. 2000, art. 81-8°), soumet à la double majorité « *les travaux comportant transformation, addition ou amélioration, à l'exception de ceux visés aux e, g, h, i, j, m et n de l'article 25* ». Un développement approfondi sera consacré à cette importante question (v. s^s n°s 1095 s.). Il suffira de souligner qu'il s'agit de travaux d'amélioration entrepris *à frais communs, à l'exception* de ceux qui bénéficient déjà d'un traitement plus favorable dans l'article 25 aux § e, g, h, i, j, m et n (v. s^s n°s 1118 s.).

Il convient cependant d'étudier, dès à présent, une particularité dans la votation exclusivement attachée à l'article 26 c. Désireux de favoriser l'adoption des travaux d'amélioration, le législateur a complété l'article 26 par un quatrième et dernier alinéa qui assouplit la prise de décision de ces travaux : « *À défaut d'avoir été approuvés dans les conditions de majorité prévues au premier paragraphe du présent article, les travaux d'amélioration mentionnés au petit c ci-dessus qui ont recueilli l'approbation de la majorité des membres du syndicat représentant au moins les 2/3 des voix des copropriétaires présents ou représentés peuvent être décidés par une nouvelle assemblée générale, convoquée à cet effet, qui statue à cette dernière majorité* » (L. n° 94-624, 21 juill. 1994, art. 35-II). Cette disposition a fait l'objet d'une mesure d'application avec l'article 19-1 du décret du 17 mars 1967 (réd. Décr. n° 95-162, 15 févr. 1995). Ces textes apportent une double dérogation aux principes de l'article 26 alinéa 1 quant à la majorité et quant à la réunion d'une seconde assemblée :

À défaut d'obtenir la majorité en nombre de tous les copropriétaires représentant au moins les deux tiers des voix du syndicat, le projet n'est pas immédiatement rejeté s'il a recueilli l'approbation de la moitié en nombre des copropriétaires composant le syndicat et représentant au moins les deux tiers des voix présentes et représentées à la réunion.

Une seconde assemblée générale doit être convoquée par le syndic. Aucun délai particulier n'est imparti à cet effet, mais, à défaut d'une dérogation à l'article 9 alinéa 2 du décret du 17 mars 1967, le délai de convocation d'au moins vingt et un jours doit être respecté.

Les notifications prévues à l'article 11 du décret n'ont pas à être renouvelées si l'ordre du jour de cette seconde assemblée porte sur des questions déjà inscrites à l'ordre du jour de la précédente assemblée (analogie avec l'article 19 pour l'application de l'article 25).

Mais la convocation doit mentionner que les décisions portant sur les travaux d'amélioration seront prises à la majorité de l'article 26 *in fine*.

Le projet des travaux d'amélioration sera définitivement approuvé s'il recueille, au cours de cette seconde assemblée, la majorité des copropriétaires qui composent le syndicat, représentant au moins les deux tiers des voix présentes ou représentées à cette nouvelle assemblée.

L'article 19-1 du décret précise bien que, dans le cas considéré, le syndic a l'obligation de convoquer la seconde assemblée et que ce sont les deux tiers des voix présentes ou représentées à cette seconde assemblée – et non à la première – qui doivent être retenus [9].

Lorsqu'une assemblée antérieure a adopté le principe de travaux relevant de la double majorité de l'article 26, les devis relatifs à ces travaux doivent être approuvés à la majorité du même article et non à celle de l'article 24 [10].

927 Article 26 d – Individualisation des contrats de fourniture d'eau. Aucune confusion ne doit

1. Civ. 3e, 19 déc. 1978, n° 77-13.266, *Gaz. Pal.* 1979. 604, *Administrer* juin 1979. 92.
2. Civ. 3e, 18 juill. 1986, n° 84-17.798, *Bull. civ.* III, n° 123; *Administrer* déc. 1986. 37.
3. Civ. 3e, 19 déc. 1978, n° 77-13.266, *Gaz. Pal.* 1979. 1. Somm. 221, *Administrer* juin 1979. 92.
4. Civ. 3e, 16 janv. 1979, *Administrer* oct. 1979. 20; *D.* 1979. IR 443.
5. Civ. 3e, 16 mars 1988, n° 86-17.127, *Bull. civ.* III, n° 60; *JCP* 1988. IV. 291.
6. Civ. 3e, 31 janv. 1984, n° 82-15.698, *Bull. civ.* III, n° 22; *Administrer* 1984, 148; *Rev. loyers* 1984. 213.
7. Aix-en-Provence, 5 nov. 1979, *IRC* 1980. 89.
8. BOUYEURE, n° 336 – LAFOND, ROUX ET STEMMER, art. L. 26 n° 6.
9. BOUYEURE, n° 339.
10. Civ. 3e, 9 avr. 2008, n° 07-11.120, *Administrer* juill. 2008. 58, obs. Bouyeure.

exister entre les décisions mentionnées à l'article 26 d, d'une part, et à l'article 25 m, d'autre part. Cette dernière disposition concerne l'installation de compteurs d'eau froide divisionnaires, propre à chaque local, impliquant l'adoption de la méthode du comptage pour la répartition des consommations. Pour sa part, l'article 26 d représente l'application à un immeuble en copropriété des dispositions de l'article 93 de la loi n° 2000-1208 du 13 décembre 2000, dite loi SRU, complétées par le décret n° 2003-408 du 28 août 2003. Son objet consiste à instituer une relation contractuelle entre le consommateur, occupant du local, et le fournisseur d'eau froide. L'article 93 (al. 1er) définit parfaitement cet objet : « tout service public de distribution d'eau destinée à la consommation humaine est tenu de procéder à l'individualisation des contrats de fourniture d'eau à l'intérieur des immeubles collectifs à usage principal d'habitation et des ensembles immobiliers de logements dès lors que le propriétaire en fait la demande ».

La souscription du contrat de fourniture individualisée d'eau froide intervient à l'issue d'un processus d'élaboration fixé par le décret du 28 avril 2003, initiée par une demande fournie par le syndicat des copropriétaires et après des études et des travaux réalisés aux frais du demandeur. L'article 26 d tend précisément à autoriser le syndicat des copropriétaires à formaliser cette demande. La double majorité de l'article 26 se justifie par l'amélioration résultant des travaux, d'autant que l'alinéa 2 de l'article 93 précise que la souscription du contrat s'impose à tout occupant qui devient ainsi le débiteur du fournisseur, sauf pour les consommations à usage commun, la dépense d'eau n'entre plus dans le budget prévisionnel.

928 Article 26 e – L'accès à l'immeuble[1]. L'article 26 e de la loi du 10 juillet 1965 reprend la question autrefois réglée par les articles 26-1 et 26-2, puis par l'article 25 m (al. 2). La loi n° 2007-297 du 5 mars 2007 a abrogé cette dernière disposions et à inséré un e) dans l'article 26, qui est ainsi conçu « *Les modalités d'ouverture des portes d'accès aux immeubles* ». Le nouveau texte dissocie la décision sur les travaux de sécurisation, prise à la majorité de l'article 25 n et la décision sur les modalités d'ouverture des accès à l'immeuble, qui relève de la majorité de l'article 26.

La décision sur les « modalités d'ouverture » suppose l'installation d'un dispositif de fermeture (art. 25 n). Mais « *en cas de fermeture totale de l'immeuble* », ce qui s'entend d'un « verrouillage permanent des accès à l'immeuble au moyen d'un dispositif spécifique empêchant le libre accès[2] », cette fermeture « *doit être compatible avec l'exercice d'une activité autorisée par le règlement de copropriété* ». Peu importe que cette autorisation résulte d'une clause générale (profession libérale, commerce...) ou d'une clause spécifique (médecin, avocats, notaire, dentiste,...). La compatibilité peut consister en un dispositif d'ouverture à distance activé pendant les heures d'exercice de l'activité autorisée[3]. Une concertation avec les copropriétaires, et notamment les copropriétaires intéressés peut-être de nature à aplanir bien des difficultés. La fermeture doit aussi être compatible avec l'existence d'une servitude au profit d'un fournisseur[4].

L'article 26 e précise que « *La décision d'ouverture est valable jusqu'à la tenue de l'assemblée générale suivante* ». Elle a donc un effet provisoire et devient caduque dès la réunion de « *l'assemblée générale suivante* ». S'agissant d'une question sensible, la doctrine estime généralement que le texte concerne l'assemblée annuelle, prévue à l'article 7 (al. 1er) du décret du 17 mars 1967 et non de toute autre assemblée générale[5]. Il appartient donc au syndic de porter la question chaque année à l'ordre du jour de l'assemblée. En l'absence d'une telle décision, la fermeture totale des accès à l'immeuble s'impose. On peut se demander s'il n'eut pas été plus apaisant de rendre la décision applicable jusqu'à révocation ou jusqu'à décision contraire.

929 Article 26 f – Suppression du gardiennage. Au cours des dernières décennies, de nombreux syndicats ont décidé de supprimer le gardiennage et d'aliéner le logement de fonction, désireux d'alléger ainsi la charge financière qui pesait sur eux jusqu'à représenter, dans certains cas, la moitié du budget prévisionnel. Cette situation a donc suscité une émotion légitime chez les intéressés qui ont souhaité valoriser et pérenniser leur profession. Il avait

1. Bouyeure, « Les nouvelles dispositions relatives à la fermeture et à l'ouverture des portes d'accès à l'immeuble en copropriété », *Administrer* mai 2007. 25 – Gélinet, Les modalités de fermeture des portes d'entrée des immeubles en copropriété après la loi du 5 mars 2007, *Rev. loyers* 2007. 318.
2. 25e recomm. de la commission relative à la copropriété, en date du 1er juill. 2008.
3. Jugé que, le portail pour voiture étant susceptible d'être ouvert avec la télécommande et que le portail pour piétons restant ouvert de 6 h à 22 h permettaient de se rendre au cabinet d'un dermatologue, dont les heures d'ouverture étaient moindres, et que les personnes invalides ne devaient pas constituer la majorité de la clientèle, la cour d'appel en a souverainement déduit que les périodes de fermeture totale étaient compatibles avec cette activité professionnelle, Civ. 3e, 20 déc. 2006, n° 05-19.675, *Administrer* mars 2007. 58.
4. Civ. 3e, 6 mars 2002, 00-18.812, NP.
5. Bouyeure, n° 341 – L'assemblée ne peut déléguer cette décision : Civ. 3e, 19 nov. 1997, n° 96-11.195, NP, *Rev. loyers* 1999. 341 ; *RDI* oct. 1998. 136, obs. Capoulade.

été noté que parfois des décisions étaient prises à la majorité simplifiée de l'article 24, comme constituant un acte de gestion ordinaire du syndicat. Aussi, pour assurer une meilleure protection des concierges et gardiens avait-il été suggéré d'exiger que ces décisions soient prises à la double majorité de l'article 26.

Dans ces conditions, un amendement fut présenté, lors de la discussion du projet de loi de mobilisation pour le logement et la lutte contre l'exclusion, tendant à compléter l'article 26 de la loi du 10 juillet 1965 par un petit f, ainsi rédigé : « f) la suppression du service du gardien et de la mise en vente de la loge ».

Certes, des arrêts avaient admis que le syndicat pouvait laisser le poste vacant pendant plusieurs années et ensuite aliéner le logement inoccupé à la majorité de l'article 24. La règle demeurait cependant que la suppression du gardiennage et l'aliénation du logement de fonction, s'il appartenait au syndicat, relevait de la majorité de l'article 26 et même de l'unanimité si ces décisions portaient atteinte, soit à la destination de l'immeuble, soit aux modalités de jouissance des parties privatives des lots.

En définitive, le projet risquait de présenter plus d'inconvénients que d'avantages, aussi bien pour les préposés que pour les copropriétaires qui, dans certains cas, perdaient la protection de l'unanimité.

Un sous-amendement a donc été suggéré par le ministère de la justice et voté par le Parlement, il a donné sa forme définitive à l'article 25 f ainsi conçu : « *La suppression du poste de concierge ou de gardien et l'aliénation du logement affecté au concierge ou au gardien lorsqu'il appartient au syndicat, sous réserve qu'elles ne portent pas atteinte à la destination de l'immeuble ou aux modalités de jouissance des parties privatives de l'immeuble* » sont prises à la majorité des membres du syndicat représentant au moins les deux tiers des voix. (L. n° 2009-323, 25 mars 2009, art. 24). Ce texte ne fait donc que consacrer un principe construit de la jurisprudence de la Cour de cassation.

Ce texte ne répond cependant pas complètement à la situation dénoncée. Il n'empêche pas le syndicat de décider de la vacance du poste, sans le supprimer. Toute décision de suppression ou d'aliénation prise à une majorité inférieure à celle de l'article 26 s'imposera si elle n'est pas annulée définitivement à la suite d'une contestation judiciaire introduite dans le délai imparti. Il retire aussi la souplesse admise par la jurisprudence lorsque le poste demeure vacant et le logement inoccupé pendant de nombreuses années.

CHAPITRE

4. Sanction des règles concernant l'assemblée générale

SECTION 0 ORIENTEUR

Plan du chapitre.

Textes applicables.

• L. n° 65-557 10 juill. 1965 fixant le statut de la copropriété des immeubles bâtis, art. 42 (al 2).

Jurisprudence de référence.

• **Civ. 3e, 12 oct. 2005, n° 04-14.602,** *Bull. civ.* III, n° 191.

* V. s^s n°s 932, 936, 944, 949.

« Même fondée sur une absence de convocation ou sur une convocation irrégulière, les actions qui ont pour objet de contester les décisions des assemblées générales doivent à peine de déchéance être introduites par les copropriétaires opposants ou défaillants dans un délai de deux mois à compter de la notification des dites décisions, qui leur est faite à la diligence du syndic dans un délai de deux mois à compter de la tenue de l'assemblée générale. »

• **Civ. 3e, 14 nov. 2007, n° 06-16.392,** *Bull. civ.* III, n° 210; *R.* 2007.

* V. s^s n° 933.

Seul le copropriétaire non convoqué ou irrégulièrement convoqué peut se prévaloir de l'absence ou de l'irrégularité de la convocation.

• **Civ. 3e, 10 oct. 1990, n° 88-19.999,** *Bull. civ.* III, n° 183.

* V. s^s n° 952.

« Les décisions de l'assemblée générale s'imposent aux copropriétaires tant que la nullité n'en a pas été prononcée. »

• **Civ. 3e, 9 janv. 1973, n° 71-12.689,** *Bull. civ.* III, n° 32.

* V. s^s n° 949.

« L'article 2, alinéa 2, de la loi du 10 juillet 1965 qui fixe à deux mois le délai dans lequel doivent être introduites les actions ayant pour objet de contester les décisions des assemblées générales, ne fait aucune distinction entre ces actions. »

• **Civ. 3e, 27 mai 1974, n° 73-10.888,** *Bull. civ.* III, n° 223.

* V. s^s n° 949.

« La déchéance instituée par l'article 42, alinéa 2, de la loi du 10 juillet 1965 est absolue; la contestation tardive d'une décision de l'assemblée générale n'est pas recevable même par voie d'exception. »

• **Civ. 3e, 25 avr. 1972, n° 70-14.334,** *Bull. civ.* III, n° 254.

* V. s^s n° 947.

« Une copropriétaire qui, présent ou représenté à l'assemblée générale n'a pas été opposant à une décision, est irrecevable à en demander la nullité; cette irrecevabilité peut être relevée d'office par les juges du fond. »

Bibliographie indicative.

ATIAS, *Guide de la copropriété*, Edilaix 2007, art. 42, n°s 1148 à 1200; *Dicopropriété*, Edilaix 2005, *V° Annulation des décisions d'assemblée générale* – BOUYEURE, *les assemblées générales de copropriété*, Édition Publication *Administrer* 2007 – GUILLOT, *La pratique de la copropriété*, *Administrer* 2005, art. 42 – KISCHINEWSKY-BROQUISSE, *La copropriété des immeubles bâtis*, Librairies Techniques, n°s 773 à 801.

930 Réglementation succincte du problème[1]. Le législateur de 1938 n'avait pas réglementé le « contentieux » des assemblées générales, au risque de permettre à la majorité d'exercer un « pouvoir tyrannique » sur la minorité[2]. Le législateur de 1965 a tenu compte de cette critique en modulant les majorités et en instituant un contrôle judiciaire, notamment dans le domaine des décisions concernant les améliorations (v. s[s] n°s 1107 et 1138) et la répartition des charges (v. s[s] n° 498).

Néanmoins, les dispositions législatives restent succinctes et se limitent à l'article 42, alinéa 2, de la loi du 10 juillet 1965, selon lequel « *les actions qui ont pour objet de contester des décisions des assemblées générales doivent, à peine de déchéance, être introduites par les copropriétaires opposants ou défaillants, dans un délai de deux mois à compter de la notification desdites décisions qui leur est faite à la diligence du syndic dans un délai de deux mois à compter de la tenue de l'assemblée générale* ». L'article 18 du décret du 17 mars 1967 complète ce texte, mais l'un et l'autre article se bornent à préciser le délai d'exercice d'une éventuelle action en nullité.

Cependant, l'article 42 a été complété par la loi du 31 décembre 1985 qui règle le problème de la suspension de certains travaux pendant le délai d'action et par la loi du 21 juillet 1994 qui augmente l'amende civile en cas de contestation infondée d'une décision concernant les travaux d'amélioration.

1. SUR L'ENSEMBLE DE LA QUESTION : Rép. civ., ATIAS, *V° Copropriété des immeubles bâtis*, n°s 406 s.; *Questions de copropriétaires*, n°s 19 s. – Atias, « Qu'est-ce qu'une contestation d'assemblée générale ? », *IRC* juin 1999. 22 – Atias, *Dicopropriété, V° Annulation des décisions d'assemblée générale*; *Guide de la copropriété*, art. 42 – GUILLOT, art. 42 – KISCHINEWSKY-BROQUISSE, n°s 680 s. – LAFOND, ROUX ET STEMMER, s[s] L. art. 42, n°s 12 s. – Terré et Simler, *Les biens*, 8e éd., n°s 685 s. – V. Serres, « Irrégularités dans les assemblées de copropriété », *Journ. fin.* 18 sept. 1975 – Berthault, « L'action en contestation des décisions d'assemblées générales de copropriété », *Rev. loyers* 1981. 401 – Guillot, « Les décisions illégales des assemblées de copropriétaires », *Administrer* janv. 1981. 2 – Bouyeure, « La nullité des assemblées générales de copropriétaires », *Rev. hab. fr.* mars 1972. 167 – *Les assemblées générales de copropriété*, p. 207 s. – Givord, « La nullité d'assemblées générales de copropriété », *Administrer* sept. 1976. 20 – Zurfluh, « Le contentieux des assemblées générales de copropriétaires », *Administrer* juill. 1975. 5 – Guillot, « L'annulation des décisions de l'assemblée générale », *Administrer* juin 1990. 10 – Ruffet, « Annulation d'assemblée générale et responsabilité du syndic », *IRC* juin 1999. 15 s. – Yadini-Naudot, « Formalités substantielles et contestation des décisions prises en assemblée générale », *AJDI* 2001. 322.
2. CHEVALLIER, COMMENTAIRES, p. 83 – MICHALOPOULOS, p. 269.

Cette réglementation limitée ne présente pas d'inconvénient grave L'application du droit commun, notamment dans le domaine du fonctionnement des assemblées délibérantes, permet de déterminer sans difficulté majeure, d'une part, les causes de nullité de l'assemblée générale et de ses décisions et, d'autre part, les conditions d'exercice de l'action en nullité[3], à laquelle le bénéficiaire peut éventuellement renoncer, soit tacitement, soit expressément[4].

Le copropriétaire qui demande la nullité d'une assemblée générale ou d'une décision est recevable à engager cette action, sans même avoir à justifier d'un intérêt personnel, ou d'un grief, ce copropriétaire ayant intérêt à faire respecter la réglementation légale impérative concernant les assemblées générales[5].

Trois grands principes gouvernent le contentieux des assemblées : chaque assemblée, chaque décision est, en principe *autonome*, l'action en contestation est une *action attitrée*[6]; le pouvoir du juge est limité par *l'absence d'ingérence*, sauf disposition expresse de la loi.

SECTION 1
CAS D'ACTIONS EN NULLITÉ

931 Classification. Les auteurs ont essentiellement distingué trois catégories d'actions en nullité[7].

- l'inobservation des formalités légales;
- le dépassement de pouvoir par l'assemblée;
- la fraude ou l'abus de majorité.

Hormis le cas de l'article 18 de la loi relatif au compte séparé du syndicat, il n'existe pas, en principe, de nullité de plein droit, mais seulement des causes d'annulabilité, ce qui impose l'introduction d'une action en nullité[8].

La demande d'annulation ne peut être fondée que sur la violation de la loi du 10 juillet 1965 ou sur les grands principes gouvernant les assemblées

3. Cabanac, *Le Syndicat*, p. 59 s. – GUILLOT, art. 42, n°s 3 s. – KISCHINEWSKY-BROQUISSE, n° 680 – SUR LA nécessité de motiver l'assignation en droit : Civ. 2e, 6 avr. 2006, n° 04-11.737, *Bull. civ.* III, n° 1305; *AJDI* 2007. 208.
4. TGI Paris, 20 janv. 1968, *Gaz. Pal.* 1968. 2, 133, note Morand.
5. KISCHINEWSKY-BROQUISSE, n° 682, note 787 – Civ. 3e, 4 févr. 1987, n° 85-15.284, *JCP* 1987. IV. 119 – Civ. 3e, 3 janv. 2006, n° 04-20.369, *Administrer* mars 2006. 45 – Civ. 3e, 6 avr. 2006, *IRC* oct. 2006. 17, obs. Ritschy.
6. Paris, 18 nov. 2009, *AJDI* 2010. 477, obs. Capoulade.
7. V. GUILLOT, art. 22 à 23, n°s 9.01 s. – ATIAS, *Dicopropriété, V° Annulations*, p. 42 s.
8. Paris, 20 oct. 1970, *JCP* 1971. II. 16, 765, note Désiry – Bouyeure, *op. cit.* n° 382.

délibérantes[1]. Sauf disposition particulière de la loi (L. 10 juill. 1965, art. 11, al. 3, 12, 30, 41-5, 43, al. 2 et 29-1), le juge judiciaire a seulement compétence pour apprécier la régularité de l'assemblée ou de la décision, mais non pour en apprécier l'opportunité[2], dès lors qu'elle ne porte pas atteinte aux droits de certains copropriétaires[3]. Sous cette même réserve, le juge ne peut substituer sa décision à celle de l'assemblée sauf dans les cas où la loi l'y autorise expressément (par ex., L. 1965, art. 43, al. 2).

La définition d'une politique législative en matière d'annulation des assemblées générales se révèle d'ailleurs délicate. D'un côté, une annulation peut être lourde de conséquences, aussi bien sur le plan psychologique que sur le plan financier, mais, d'un autre côté, la convocation et la tenue des assemblées générales doivent être entourées d'un formalisme protecteur du copropriétaire en général et des minoritaires en particulier.

L'équilibre peut apparaître difficile à trouver entre ces impératifs contradictoires, ce qui explique les hésitations, voire les revirements de la jurisprudence. Le souci d'assurer une information aussi complète que possible des copropriétaires, ainsi que le respect de dispositions impératives, semble bien inspirer une tendance rigoriste dans les arrêts de la Cour de cassation, mais, dans la jurisprudence récente, la Haute Juridiction ne se montre pas insensible au fonctionnement régulier et stable du syndicat.

932 Annulation de l'assemblée et annulation de décisions[4]**.** L'article 42 alinéa 2 ne vise que la contestation des décisions de l'assemblée générale. Tel est, en effet, le plus souvent l'objet de l'action. Toutefois, l'énumération (v. s^s n° 934) des catégories d'actions en nullité laisse supposer que certaines d'entre elles concernent la nullité de l'assemblée elle-même; c'est le cas, notamment, pour les actions dont l'objet est de prétendre qu'il existe une inobservation des formalités légales qui affectent la convocation, la formation et la tenue de l'assemblée générale. Ces inobservations ont pour conséquence d'entacher, en définitive, la réunion elle-même et donc tout ce qui a pu y être fait ou décidé.

Par exemple, inobservation du délai d'au moins vingt et un jours; convocation par lettre simple; assemblée présidée par le syndic; inobservation des stipulations du règlement sur la composition du bureau (nombre et désignation de scrutateurs); cumul des fonctions de président et de secrétaire par la même personne, éviction d'un mandataire.

Il convient aussi de distinguer soigneusement la nullité du procès-verbal et la nullité de l'assemblée générale ou des décisions prises par celle-ci. L'annulation du procès-verbal ne concerne que la constatation matérielle de décisions qui ont pu être régulièrement prises et dont l'existence peut être établie suivant les modes de preuve admissibles.

En tout cas, les principes directeurs du procès et spécialement ceux ayant trait à l'objet du litige (C. pr. civ., art. 4 et 5) imposent aux copropriétaires demandeurs de préciser nettement dans leur assignation si celle-ci tend à l'annulation de l'assemblée elle-même ou simplement de certaines décisions qu'il convient alors de spécifier[5]. La rédaction de l'assignation en annulation mérite un soin très attentif, car le rejet de la demande concernant l'assemblée toute entière rend ensuite irrecevable la demande relative à une seule décision de cette assemblée[6].

§ 1
Inobservation des formes légales ou réglementaires concernant la tenue des assemblées

933 Évolution de la jurisprudence. Les dispositions concernant la tenue des assemblées peuvent résulter, soit de la loi elle-même (interdiction faite au syndic de présider l'assemblée ou de recevoir des mandats, réglementation des délégations de vote), soit du décret d'application (délai de convocation, exigence de l'ordre du jour et des notifications complémentaires), soit du règlement de copropriété dont les stipulations conformes aux dispositions légales ou réglementaires doivent être observées (allongement du délai de convocation).

Dans le premier temps d'application de la loi, la doctrine et la jurisprudence réservaient la nullité à

1. Paris, 23e ch. A, 27 janv. 1999, RG n° 1995/25388, *RDI* 1999. 300 – L'arrêt annulant une décision d'assemblée doit préciser le fondement de l'annulation : Civ. 3e, 3 juill. 2007, n° 06-15.840, NP, *Administrer* janv. 2008. 56 – Atias, « Qu'est-ce qu'une contestation d'assemblée générale ? », *IRC* juin 1999. 22.
2. Tomasin, « Le juge et la copropriété », dans *Mélanges Perrot*, p. 499 s. – Capoulade, « Le juge et la copropriété », *IRC* mai 1996. 11 s. – « Le juge en copropriété immobilière », *Ann. loyers* 2006 – Chevreau, « Le juge ou les juges de la copropriété ? », *Mélanges Perrot*, 1996, 35 – Gélinet, *Faut-il un juge de la copropriété ?*, Congrès cnec, oct. 2005.
3. V. Lyon, 22 juin 1989, cité à propos de Civ. 3e, 17 avr. 1991, n° 89-18.499, *RDI* 1991. 383 – TOUTEFOIS : Civ. 3e, 3 juill. 2007, n° 06-15.840, NP, *Administrer* janv. 2008. 56, obs. Bouyeure.
4. Atias, « Les décisions d'assemblée générale illégales », *IRC* oct. 2005. 32.
5. Atias, *D.* 1997. Somm. 15 – Civ. 3e, 15 mars 2006, n° 04-19.919, *Bull. civ.* III, n° 66; *AJDI* 2006. 837, obs. Capoulade.
6. Paris, 18 nov. 2004, RG n° 04/01616, *Administrer* févr. 2005. 52, obs. Bouyeure – IRRECEVABILITÉ aussi dans l'hypothèse inverse : Civ. 3e, 12 oct. 2005, n° 04-14.602, *Administrer* févr. 2005. 43, obs. Bouyeure.

la violation d'une formalité substantielle, c'est-à-dire tendant à assurer la protection des copropriétaires. L'une et l'autre écartaient la demande en annulation si le copropriétaire n'avait subi aucun préjudice du fait de la violation d'une règle concernant la convocation[1]. Cette orientation exigeait que la victime d'une méconnaissance de la loi impérative établisse, d'abord, le préjudice personnel qu'elle éprouvait et l'expérience a démontré qu'un certain laxisme se trouvait ainsi favorisé.

Dans un second temps, un renversement de tendance s'est donc opéré. La Cour de cassation a condamné l'interprétation libérale, en décidant que la violation d'une règle impérative en matière d'assemblée générale devait entraîner, en toute hypothèse, même sans grief, l'annulation de la décision prise[2], s'agissant d'une règle de fond et non d'une règle de procédure. Il en résulte, en l'état actuel de cette jurisprudence, que le défaut de convocation du copropriétaire[3] peut entraîner l'annulation de l'assemblée générale, mais non son inexistence, même si son vote demeurait sans influence sur le sens de la décision prise (notamment en cas de mandat irrégulier)[4], et la présence à l'assemblée du copropriétaire non convoqué ne couvre pas l'irrégularité[5].

On en tire deux directives importantes. D'une part, la charge de la preuve incombe au syndic, *ès qualités*, d'établir la régularité de la convocation[6]. D'autre part, lorsque la recherche lui est demandée, le juge doit vérifier si la convocation est ou non entachée d'irrégularité[7].

1. Civ. 3e, 7 déc. 1971, *JCP* 1972. II. 16985, note Guillot – Civ. 3e, 30 mai 1972, *JCP* 1973. II. 17322, note Guillot.
2. Civ. 3e, 3 oct. 1974, *JCP* 1975. II. 18007 et 18199 *bis*, note Guillot; *D.* 1975. 130; *RTD civ.* 1975. 574; *AJPI* 1975. 414; *Rev. loyers* 1974. 563; *Gaz. Pal.* 1974, II. Somm. 275 – Civ. 3e, 19 janv. 1994, no 92-15.624, *RDI* 1994. 297; *D.* 1996. 161 – Civ. 3e, 3 janv. 2006, no 04-20.369, *Administrer* mars 2006. 45.
3. Seul le copropriétaire non convoqué ou irrégulièrement convoqué peut se prévaloir de l'absence ou de l'irrégularité de sa convocation : Civ. 3e, 14 nov. 2007, no 06-16.392, *Bull. civ.* III, no 210; *R.*, 2007; *AJDI* 2008. 771, obs. Capoulade; *D.* 2007. 3064, obs. Rouquet; *Administrer* févr. 2008. 32, obs. Bouyeure.
4. Civ. 3e, 11 févr. 1975, no 73-13.338, *Bull. civ.* III, no 52; *JCP* 1975. II. 18013, note Guillot – Civ. 3e, 22 févr. 1989, no 87-17.497, *Bull. civ.* III, no 47; *JCP N* 1989. 39; *D.* 1989. IR 87; *Administrer* août-sept. 1989. 62, note Guillot; *D.* 1990. 128, note Giverdon; *IRC* 1989. 365, note Capoulade; *Defrénois* 1989. 1400, note Souleau.
5. Civ. 3e, 3 déc. 2002, no 01-02.444, NP.
6. Atias, *Questions de copropriétaires*, no 92 – Vigneron, no 300 – Lafond, Roux et Stemmer, ss D. art. 9, no 15 – Civ. 3e, 26 oct. 1983, no 82-10.605, *Bull. civ.* III, no 202; *Administrer* avr. 1984. 42, note Guillot; *Defrénois* 1984. 860, note Souleau; *JCP* 1984. II. 20305 – Civ. 3e, 9 nov. 1994, no 93-10.732, *Bull. civ.* III, no 188; *Administrer* avr. 1995. 28, note Capoulade; *D.* 1997. Somm. 248; *RDI* 1995. 158.

A. Violation des règles concernant la convocation et la tenue de l'assemblée

934 Convocations et tenue. Le décret du 17 mars 1967 détermine avec précision les conditions de la convocation (forme, contenu, délai...) que peut encore compléter le règlement de copropriété (v. ss nos 841 s.).

a) Toute irrégularité dans la convocation est de nature à entraîner la nullité de l'assemblée, même en l'absence de grief. Il en est ainsi :

- lorsque le copropriétaire n'a pas été convoqué[8] ou a été irrégulièrement convoqué, même s'il a assisté à la réunion et participé au vote[9];
- lorsqu'une personne n'ayant pas la qualité de copropriétaire a été convoqué et a assisté à l'assemblée[10];
- lorsque le délai de convocation (sauf urgence) n'a pas été respecté, même si le copropriétaire a disposé d'un temps suffisant de réflexion[11];
- lorsque la convocation émane d'un syndic irrégulièrement désigné, d'un syndic de fait, d'un syndic dont le mandat est expiré ou d'un syndic dont les pouvoirs sont expirés[12] à la date de la convocation;

7. Civ. 3e, 22 juin 1994, no 92-16.415, *Bull. civ.* III, no 129; *D.* 1996. Somm. 164, obs. Giverdon; *Administrer* mars 1995. 40, note Capoulade; *RDI* 1994. 698 – Civ. 3e, 24 janv. 2001, no 99-14.666, *Bull. civ.* III, no 8; *D.* 2002. 1526; *AJDI* 2001. 527 – Civ. 3e, 8 mars 2000, no 97-17.517, *Bull. civ.* III, no 51; *RDI* 2000. 240; *AJDI* 2001. 255, obs. Guittard – Civ. 3e, 19 févr. 2002, no 00-21.724, *Administrer* juill. 2002. 36, note Alfandari; *AJDI* 2002. 611.
8. Civ. 3e, 19 déc. 2007, no 06-21.410, *Bull. civ.* III, no 228; *AJDI* 2008, obs. Capoulade; *Administrer* mars 2008. 36, obs. Bouyeure; *D.* 2008, pan. 2690, obs. Chr. A, Capoulade.
9. Atias, « L'omission de convoquer un copropriétaire à l'assemblée », *IRC* nov. 1994. 25 – Civ. 3e, 3 déc. 2002, no 01-02.444, *Dossier Csab* no 104, févr. 2003, no 30 – Civ. 3e, 25 nov. 1995, no 96-20.863, *Bull. civ.* III, no 223; *D.* 1999. IR 4; *JCP N* 1999, no 9-10, obs. Djego; *AJDI* 199, 527.
10. Civ. 3e, 19 déc. 2007, no 06-21.410, *Bull. civ.* III, no 228; *AJDI* 2008, obs. Capoulade; *Administrer* mars 2008. 36, obs. Bouyeure; *D.* 2008, pan. 2690, obs. Chr. A., Capoulade.
11. Civ. 3e, 3 oct. 1974, *D.* 1975. 130; *JCP* 1975. II. 18007 et 18199 *bis*, note Guillot; *RTD civ.* 1975. 574; *AJPI* 1975. 414; *Rev. loyers* 1974. 563; *Gaz. Pal.* 1974, II Somm. 275 – Civ. 3e, 14 juin 1984, *Administrer* févr. 1985. 22.
12. Civ. 3e, 7 juill. 1999, no 99-19.799, *Bull. civ.* III, no 163; *D.* 1999. 456, note Atias; *RDI* 1999. 681; *JCP* 1999. IV. 2649 – Civ. 3e, 7 avr. 2004, no 02-14.496, *Bull. civ.* III, no 77; *D.* 2006. 1855 – Civ. 3e, 6 oct. 2004, no 03-13.133, *Bull. civ.* III, no 165 – Rétroactivité de l'annulation de la désignation du syndic, obs. Atias, *Defrénois* 2007. 970.

- lorsque la convocation a été faite par lettre simple ou par lettre recommandée sans demande d'avis de réception [1].

D'une manière générale, la nullité de l'assemblée toute entière sera encourue lorsque les conditions de délivrance de la convocation la rendent illusoire.

La méconnaissance des textes sur l'organisation de l'assemblée générale est aussi de nature à entraîner la nullité de l'assemblée toute entière. Il en est ainsi :

- lorsque la désignation du président résulte d'une stipulation du règlement et non d'un vote de l'assemblée générale. Cette désignation constitue une formalité substantielle. Jusqu'à son accomplissement, l'assemblée n'a pu décider régulièrement (Décr. 17 mars 1967, art. 15) [2];

- lorsque l'assemblée est présidée par le syndic, son conjoint le partenaire lié à lui par un pacte civil de solidarité (L. n° 2009-526 du 12 mai 2009, art. 7, 4°) ou l'un de ses préposés (L. 10 juill. 1965, art. 22 *in fine*), l'administrateur provisoire désigné en application de l'article 47 du décret [3], ou un tiers au syndicat (hormis un associé visé par l'article 23 de la loi ou mandataire d'un copropriétaire [4]);

- lorsque la désignation du président et des membres du bureau (scrutateurs) intervient au scrutin de liste et non au scrutin uninominal [5]; toutefois, la validité de l'élection au scrutin de liste a été admise lorsque le nombre de noms figurant sur la liste ayant recueilli la majorité des voix correspond au nombre (de membres du bureau) de scrutateurs prévu au règlement de copropriété;

- lorsque les stipulations du règlement sur la composition du bureau ne sont pas respectées [6]; ou la désignation du nombre de scrutateurs [7];

- lorsque la même personne cumule les fonctions de président et de secrétaire [8], la désignation d'un secrétaire de séance étant considérée comme une formalité substantielle [9].

Les irrégularités ci-dessus évoquées ont pour conséquence d'entraîner la nullité de l'assemblée elle-même, en son entier, et, par conséquence, de toutes les décisions qu'elle a pu prendre.

Le plus souvent, la critique intéresse certaines décisions. Il importe alors de bien les individualiser dans l'assignation (v. s^s n° 932). Tel serait le cas d'une décision pour laquelle les notifications complémentaires prévues par l'article 11 § I du décret du 17 mars 1967 n'auraient pas été accomplies dans les conditions de forme et de temps ou dont il ne résulterait pas une information suffisante des copropriétaires [10], par exemple, la notification des documents pour l'approbation des comptes [11]. Dans ce cas, la validité de la décision prise serait seule affectée et non celle de l'assemblée tout entière [12].

935 Questions non portées à l'ordre du jour [13]. En application de l'article 13 du décret du 17 mars 1967, l'assemblée générale ne prend de décision valide que sur des questions portées à son ordre du jour, sous réserve de « l'incident de séance » (v. s[s] n° 852) [14]. L'ordre du jour fixe en quelque sorte la « compétence » de l'assemblée [15], laquelle excède ses pouvoirs en statuant sur une question qui ne figure pas à son ordre du jour. Ce défaut d'inscription entraîne la nullité de la décision, laquelle doit être prononcée [16] (un arrêt en avait même admis l'inexistence [17]). Tel est le cas du *quitus* donné au syndic alors que l'ordre du jour ne portait que sur l'approbation des comptes [18] ou de l'autorisation donnée à un copropriétaire d'exécuter certains travaux, alors que ceux-ci ne figuraient pas à l'ordre

1. Civ. 3e, 17 juill. 1975, n° 74-11.939, *Bull. civ.* III, n° 260; *JCP* 1975. II. 18169, note Guillot; *AJPI* 1976. 301, note Bouyeure – Civ. 3e, 23 janv. 1979, n° 77-15.315, *Bull. civ.* III, n° 21; *Loyers et ferm.* 1979. 206; *D.* 1979. IR 445 – Paris, 12 janv. 1993, RG n° 91-16507, *Juris-Data* n° 020108, *Loyers et copr.* 1993. 196.
2. Paris, 3 févr. 1984, *Administrer* mai 1985. 23.
3. Civ. 3e, 14 janv. 1998, n° 96-12.513, *Bull. civ.* III, n° 7, *RDI* 1993. 290 s.; *Administrer* juin 1998. 45, note Capoulade.
4. Paris, 19 sept. 1990, *Juris-Data* n° 023459, *Loyers et copr.* 1990. 443.
5. Civ. 3e, 17 févr. 1999, n° 97-14.454, *Bull. civ.* III, n° 43; *Administrer* avr. 1999. 35, note Capoulade; *RDI* 1999. 301; *D.* 2000. 137.
6. Civ. 3e, 17 oct. 1993, *IRC* févr. 1994. 452, note Capoulade.
7. Civ. 3e, 11 oct. 2005, n° 04-16.894, *Loyers et copr.* janv. 2006. 17.
8. Civ. 3e, 6 nov. 2002, n° 01-10.800, *Bull. civ.* III, n° 216; *Administrer* févr. 2003. 43, note Capoulade; *Dossier Csab* n° 104, févr. 2003, n° 29; *AJDI* 2003. 276; *D.* 2003. 1335.
9. Paris, 6 mai 1998, RG n° 96/16899, *D.* 1999. Somm. 76, obs. Atias.
10. Civ. 3e, 14 janv. 1998, n° 96-14.099, NP, *IRC* juill.-août 1998. 16, note Capoulade; *RDI* 1998. 292.
11. Civ. 3e, 12 avr. 2005, n° 04-11.609, *Administrer* juill. 2005. 51.
12. Civ. 3e, 15 mars 2006, n° 04-19.919, *Bull. civ.* III, n° 66; *AJDI* 2006. 837, obs. Capoulade.
13. Roux, « Les questions non portées à l'ordre du jour de l'assemblée générale », *IRC* sept. 2007. 13.
14. Tel ne parait pas le cas lorsque l'ordre du jour comporte de droit une question qui n'y est cependant pas mentionnée (v. s[s] n° 899).
15. Civ. 3e, 4 juin 1973, *D.* 1973. Somm. 142.
16. Guillot, art. 22 et 23, n° 7-04 – Civ. 3e, 17 juin 1997, n° 95-18.684, NP, *RDI* 1997. 482.
17. Paris, 10 juin 1981, *Juris-Data* n° 023623, *RTD civ.* 1982. 63, obs. Giverdon – Civ. 3e, 12 mai 1981, n° 79-16.909, *Bull. civ.* III, n° 93; *Administrer* 1981, 117; *D.* 1982. IR 399.
18. Civ. 3e, 6 juill. 1994, n° 89-16.212, *Bull. civ.* III, n° 142; *IRC* nov. 1994. 15, note Capoulade; *JCP N* 1995. 12; *D.* 1994. 31.

du jour qui visait d'autres travaux [1]. Il est donc indispensable de libeller de manière claire et précise les questions portées à l'ordre du jour [2].

Dans ces hypothèses, la nullité n'affecte pas l'assemblée dans son ensemble, mais seulement ce qui a été délibéré sur l'objet ne figurant pas à l'ordre du jour [3].

La jurisprudence admettait cependant, après l'expiration du délai de l'article 42 alinéa 2 de la loi, que la décision adoptée dans de telles conditions ne peut plus être contestée [4]. Toutefois, les dispositions impératives de l'article 13, alinéa 2, dans sa rédaction au décret du 27 mai 2004, précisent que l'assemblée peut « examiner sans effet décisoire toutes questions non inscrites à l'ordre du jour ».

Inversement, la jurisprudence n'admet pas que l'omission de statuer sur une question inscrite à l'ordre du jour puisse entraîner la nullité de l'assemblée [5]. Il en irait autrement, et l'annulation pourrait atteindre plusieurs décisions, s'il existait un lien de dépendance ou d'indivisibilité entre l'omission et les décisions votées [6]. L'omission de statuer, si elle avait causé un préjudice à un copropriétaire, pouvait justifier une action en dommages-intérêts.

B.
Irrégularité dans la composition de l'assemblée

936 Composition. En pratique, la composition irrégulière de l'assemblée peut résulter de l'absence de convocation régulière d'un copropriétaire (v. s[s] n° 819) [7]. Ce vice rend l'assemblée générale annulable dans son ensemble, mais non inexistante [8]; il ne peut être invoqué que par le copropriétaire intéressé (v. s[s] n°s 709).

Cette nullité ne peut être couverte [9, 10], mais, mélangé de fait et de droit, le moyen ne peut être soulevé pour la première fois devant la Cour de cassation [11].

Elle résulte le plus souvent de la violation des dispositions légales ou conventionnelles concernant le mandat : dépassement du nombre de mandats ou de voix par un mandataire [12], syndic, son conjoint, son partenaire lié à lui par un pacte civil de solidarité ou l'un de ses préposés ayant voté en qualité de mandataire [13], absence de réduction des voix d'un copropriétaire détenant plus de la moitié des voix [14].

La Cour de cassation a décidé que la participation irrégulière d'un mandataire à l'assemblée entraînait la nullité de celle-ci, quand bien même son vote n'aurait pas pu modifier le sens de la décision adoptée [15]. Il en serait de même si un mandataire était exclu de la votation ou si un copropriétaire était expulsé [16].

937 Irrégularité dans la computation des voix. La loi du 10 juillet 1965 a fixé de façon impérative le mode de computation des voix.

La violation des règles en la matière est sanctionnée par la nullité. Ce sera notamment le cas d'une assemblée dans laquelle les voix seraient décomptés par tête ou auraient été attribuées en fonction du nombre de lots ou de la participation aux charges (sauf application de L. 10 juill. 1965, art. 24, al. 4) et non pas en fonction des quotes-parts de parties communes, en tant que quotes-parts de propriété. On ne peut, non plus, neutraliser certaines voix sous prétexte qu'il s'agit de lots non vendus ou non construits ou en raison de la nature des lots [17], ni écarter du vote un mandataire muni d'une déléga-

1. Civ. 3e, 17 juin 1997, n° 95-18.684, NP, *RDI* 1997. 482.
2. Civ. 3e, 25 sept. 2002, n° 01-00.161, *Bull. civ.* III, n° 179; *AJDI* 2003. 595; *D.* 2003. 2999 – Civ. 3e, 23 oct. 2002, n° 01-03.286, *Dossier Csab* n° 104, févr. 2003, n° 32 – Civ. 3e, 29 janv. 2003, n° 01-01.685, *Bull. civ.* III, n° 22; Commission relative à la copropriété, 1re recomm.
3. Civ. 3e, 10 mai 1983, n° 81-16.318, *Loyers et ferm.* 1983. 378; *AJPI* 1984. 80; *RDI* 1984. 94.
4. Civ. 3e, 14 janv. 1998, n° 95-19.548, *Bull. civ.* III, n° 8; *Administrer* mai 1998. 43, note Capoulade; *RDI* 1998. 291; *AJDI* 1998. 1070.
5. Civ. 3e, 19 nov. 1997, n° 96-11.888, *Bull. civ.* III, n° 207; *Administrer* avr. 1998. 52, note Capoulade; *JCP* 1998. II. 10040, note Djego; *Defrénois* 1998. 399, obs. Atias; *AJDI* 1998. 184; *RDI* 1998. 135.
6. Civ. 3e, 10 mai 1983, n° 81-16.318, *Loyers et ferm.* 1983. 378; *AJPI* 1984. 80; *RDI* 1984. 94.
7. Civ. 3e, 15 juin 1975, *JCP* 1975. II. 18169, note Guillot.
8. Civ. 3e, 19 déc. 2007, n° 06-21.410, *Bull. civ.* III, n° 228; *AJDI* 2008. 772, obs. Capoulade; *D.* 2008, pan. 2690, obs. Chr. A., Capoulade; *Administrer* mars 2008. 36, obs. Bouyeure.
9. Paris, 14 avr. 1980, *D.* 1980. IR 451.
10. Elle pouvait être invoquée pendant dix ans : Civ. 3e, 17 juill. 1975, n° 74-11.939, *Bull. civ.* III, n° 260; *Loyers et ferm.* 1975. 441; *D.* 1976. 59, note Souleau – Civ. 3e, 18 juin 2003, n° 01-12.180, *Bull. civ.* III, n° 132; *AJDI* 2003. 858; *D.* 2003. 2999; AVANT LA jurisprudence issue de Civ. 3e, 12 oct. 2005, n° 04-14.602, *Bull. civ.* III, n° 191 (v. s[s] n° 949); *AJDI* 2006. 35; *D.* 2006. 1855.
11. Civ. 3e, 30 juin 1998, n° 96-21.787, *Bull. civ.* III, n° 143; *IRC* oct. 1999. 15; *RDI* 1998. 685 – Aix-en-Provence 22 juin 2000, *D.* 2001. Somm. 352, obs. Atias.
12. Civ. 3e, 22 févr. 1989, n° 87-17.497, *Bull. civ.* III, n° 47; *D.* 1989. IR 87, obs. Giverdon; *IRC* 1989. 364, obs. Capoulade.
13. Civ. 3e, 11 févr. 1975, *JCP* 1976. II. 18013, note Guillot.
14. Paris, 23 févr. 1996, *Loyers et copr.* juin 1996. 278.
15. Civ. 3e, 11 févr. 1975, n° 73-13.338, *Bull. civ.* III, n° 52; *JCP* 1976. II. 18013, note Guillot – Paris, 3 juin 1994, RG n°s 92.013607 et 92.013256, *Juris-Data* n° 021516, *Administrer* août-sept. 1994. 32, note Bouyeure.
16. Paris, 2 févr. 2006, RG n° 05/06801, *Loyers et copr.* 2006. 117.
17. Civ. 3e, 20 nov. 1996, n° 94-19.140, *Bull. civ.* III, n° 220; *Administrer* avr. 1997. 40, note Capoulade; *RDI* 1997. 129; *Defrénois* 1997. 363, obs. Atias.

tion de vote. On ne peut prendre en compte les voix d'un copropriétaire qui n'a pas participé au vote[1] ou simplement en cas d'erreur du procès-verbal dans la comptabilisation des voix[2].

D'une manière générale, « toute atteinte au droit fondamental des copropriétaires de participer ou de se faire représenter à l'assemblée générale » frappe les décisions de nullité, sans qu'il y ait à en rechercher l'influence sur le résultat du vote[3].

C. Violation des conditions de majorité

938 Les majorités. Si le droit de la copropriété, à la différence du droit des sociétés, ne connaît pas d'assemblée ordinaire, ni d'assemblée extraordinaire, ni de *quorum*, en revanche, la loi du 10 juillet 1965 institue une gradation des majorités légalement applicables selon l'objet de la décision à prendre et, dans certains cas, selon que l'assemblée statue sur première ou seconde convocation, par un premier ou un second scrutin. Ces majorités prescrites par des dispositions impératives doivent être rigoureusement respectées pour la validité de la décision. À cet égard, les informations données par la feuille de présence et par les énonciations du procès-verbal revêtent le plus grand intérêt.

La question se pose désormais pour toutes les majorités prévues aux articles 24, 25 et 26 de la loi. La majorité légalement prévue doit être respectée pour que la décision soit régulièrement prise. Tel ne serait pas le cas si les abstentions entraient en compte pour déterminer la majorité de l'article 24, si la désignation ou la révocation du syndic ou des membres du conseil syndical ne reposait pas sur une majorité qui ne serait pas calculée sur l'ensemble des voix du syndicat, lors du premier scrutin sur première convocation, ou encore si le vote des questions prévues à l'article 26, comme la modification du règlement de copropriété, ne respectait pas la double majorité requise par le texte. Une décision votée dans de telles conditions serait évidemment annulable.

Toutefois, la méconnaissance de la majorité légale n'ouvre pas un délai de contestation différent de celui de l'article 42 alinéa 2. L'absence de recours dans ce délai rend la décision définitive, malgré le vice qui l'entache. « L'expiration du délai de deux mois éteint l'action même si elle est dirigée contre une décision adoptée à une majorité insuffisante au regard des textes en vigueur[4]. »

La violation des conditions de majorité appelle trois observations. Le procès-verbal doit exprimer clairement si l'unanimité est celle des présents et représentés ou celle de toutes les voix du syndicat. L'indication sur l'ordre du jour de la majorité requise pour chaque décision, déjà rendue plus complexe par les dernières réformes (L. 10 juill. 1965, art. 25-1 et 26 *in fine*), ne présente qu'un caractère indicatif, l'appréciation définitive revenant au juge en cas de contestation. Il en est de même de la mention de l'adoption du projet après la proclamation du résultat du vote.

§ 2 Dépassement des pouvoirs par l'assemblée

939 Excès de pouvoir. L'assemblée dépasse ses pouvoirs dans trois hypothèses : lorsqu'elle se prononce sur une question dont elle n'est pas saisie, lorsqu'elle commet un abus de majorité et lorsqu'elle excède les objets du syndicat. La sanction du dépassement de pouvoirs diffère dans ces trois hypothèses.

Les pouvoirs du syndicat, et par conséquent ceux de l'assemblée, sont limités par les dispositions impératives de l'article 14 alinéa 4 de la loi du 10 juillet 1965 « à la conservation de l'immeuble et à l'administration des parties communes » et aux résidences-services, si le règlement de copropriété le prévoit expressément (L. 10 juill. 1965, art. 41-1). L'assemblée ne peut donc, en aucun cas, porter atteinte aux droits des copropriétaires sur les parties privatives de leur lot (par exemple par transformation des droits sur des parties qualifiées de privatives par le règlement de copropriété et aboutissant à en faire des parties communes[5]), ni modifier leurs droits en ce qui concerne la jouissance des parties communes, ni porter atteinte au droit de propriété sur le lot[6].

Toute délibération d'assemblée générale, même prise à la double majorité de l'article 26, est nulle si elle sort du domaine réservé du syndicat[7], personne morale soumise à la règle de la spécialité de son objet. Elle ne pourrait trancher un litige et prendre une décision à caractère juridictionnel, en disant le droit[8]. La contestation de la décision pourrait alors,

1. Lyon, 2 avr. 1981, *Juris-Data* n° 040139, *Rev. loyers* 1982. 36.
2. Versailles, 14 nov. 1991, RG n° 10668/90, *Juris-Data* n° 047344, *JCP* 1992. IV. 814.
3. Civ. 3e, 22 févr. 1989, n° 87-17.497 ; *Bull. civ.* III, n° 47 ; *Administrer* sept. 1989. 62 ; *D.* 1989. IR 87.
4. Paris, 19e ch. B, 6 sept. 1996, RG nos 94/2196 et 94/11211, *Juris-Data* n° 022262, *JCP N* 1997. 52 ; *RDI* 1996. 609.
5. TGI Bayonne, 4 nov. 1974, *JCP* 1975. II. 17951, note R. B.
6. Paris, 23e ch. A, 17 avr. 1996, RG n° 94-4430, *Juris-Data* n° 020786, *D.* 1997, jur. 90, note Bouyeure.
7. Kischinewsky-Broquisse, n° 686.
8. TGI Paris, 8 Ch. 1er févr. 2007. *Administrer* juill. 2007. 31, obs. Bouyeure.

semble-t-il, être recevable au-delà du délai de deux mois, lequel ne concerne que les décisions relevant du statut légal [1].

En application de ce principe, la nullité d'une décision d'assemblée générale avait déjà été prononcée, sous l'empire de la loi de 1938, lorsque la décision introduisait dans le règlement de copropriété une clause imposant la vente de l'appartement en cas d'infraction au règlement de copropriété [2], une telle clause étant contraire à l'article 545 du code civil, ou portant atteinte aux conditions de jouissance des parties privatives, notamment par l'interdiction d'utiliser un passage commun [3]. Il en irait de même si le droit de vote ou l'accès à l'assemblée ou l'éligibilité au conseil syndical [4] était refusé à un copropriétaire qui ne serait pas à jour dans le paiement de ses charges ou qui aurait commis une violation du règlement. De même, le syndicat méconnaîtrait le droit de propriété à valeur constitutionnelle et violerait l'article 1599 du code civil prohibant la vente de la chose d'autrui, s'il décidait d'aliéner l'entier immeuble.

§ 3
Fraude et abus de majorité [5]

940 Notion. Bien qu'on ait parfois cherché à distinguer les deux problèmes [6] il s'agit, en réalité, de deux aspects de la même question. L'assemblée générale a voté une décision qui présente une apparence de régularité en la forme et au fond, mais « sa décision peut être le résultat d'un ensemble de manœuvres tendant à obtenir un vote contraire aux intérêts collectifs véritables » [7].

L'abus de majorité (notion classique en matière de société [8]) consiste à utiliser la majorité dans un intérêt autre que l'intérêt collectif [9] ou dans un intérêt qui lui est contraire, soit, le plus souvent, dans un intérêt personnel [10], soit dans l'intérêt exclusif du groupe majoritaire au détriment du groupe minoritaire (cas du droit de stationnement [11]), soit rompant l'équilibre entre les copropriétaires [12], soit avec intention de nuire [13].

Il peut s'agir de l'octroi d'un avantage à un copropriétaire, sans contrepartie, de la transformation d'une partie d'escalier ou de couloir en partie privative [14]. Mais l'assemblée générale peut se contenter d'un prix raisonnable sans avoir pour objectif obligatoire le plus fort bénéfice [15]; on cite aussi le cas de carence fautive et d'inertie à modifier des charges lésionnaires [16].

En revanche, l'assemblée est parfaitement en droit de mettre fin à une tolérance, même ancienne, consistant à laisser stationner les véhicules d'un copropriétaire dans la cour; la tolérance ne confère, en effet, aucun droit et elle reste révocable à tout moment, sans décision abusive [17]. De même, la fraude ne serait pas caractérisée lorsqu'un vendeur qui n'a jamais été copropriétaire du lot cédé, procède à une vente fictive pour constituer une majorité tenant en échec le troisième copropriétaire [18].

Cette notion d'abus de majorité, largement entendue [19], a donné lieu à une jurisprudence assez

1. Paris, 17 avr. 1996, RG n° 94-4430, *Juris-Data* n° 020786, *D.* 1997, jur. 90, note Bouyeure.
2. TGI Grenoble, 6 avr. 1964, *D.* 1964, jur. 367, concl. Chanaron; *JCP* 1964. II. 13633, note Savatier.
3. Civ. 3e, 31 janv. 1984, n° 82-15.698, *Bull. civ.* III, n° 22; *D.* 1984. IR 184.
4. Civ. 3e, 18 déc. 2002, n° 01-02.867, *Bull. civ.* III, n° 269; *Administrer* 2003, 43, n° 355, obs. Capoulade.
5. KISCHINEWSKY-BROQUISSE, n° 687 – Lafond, « L'abus de majorité dans les assemblées de copropriété », *Administrer* janv. 1988. 14 – Kischinewsky-Broquisse, « L'abus de majorité en copropriété », *IRC* févr. 1994. 466 s. – Ritschy, « L'abus de majorité dans le droit de la copropriété », *IRC* avr. 1996. 16 – LAFOND, ROUX ET STEMMER, ss L. art. 24, § V – Bouyeure, *op. cit.*, n° 358.
6. GUILLOT, art. 22 et 23, nos 1-14 s. – MICHALOPOULOS, nos 173, 177 et 85 s. – Cabanac, *AJPI* 1965. II. 112.
7. Cabanac, « La déviation de la loi majoritaire dans les assemblées de copropriétaires », *Gaz. Pal.* 1965, II, Doctr. 45 – Ponsard, « Remarques sur le principe majoritaire dans les syndicats de copropriété par appartements », dans *Étude Hamel*, p. 269 s.
8. Decujis, « L'abus du droit dans les sociétés par actions », *Journ. sociétés* 1925, 287 et 841 – Noirot, *La société anonyme devant la jurisprudence française*, 1958, n° 362.
9. Civ. 3e, 8 févr. 1989, n° 87-14.322, *Rev. loyers* 1989. 187 – Refus de procéder aux réparations indispensables, et d'exercer ses pouvoirs – Civ. 3e, 29 oct. 1969, *Gaz. Pal.* 1970. 1, 229, note Morand – TGI Paris, 24 mai 1984, *Gaz. Pal.* 1984 II, 220.
10. Paris, 2 mars 1993, RG n° 91-22635, *Juris-Data* n° 020542, *Loyers et copr.* 1993. 243 – Civ. 3e, 19 nov. 1997, n° 95-20.078, *RDI* 1998. 139; *Loyers et copr.* févr. 1998. 47 – Civ. 3e, 27 févr. 2002, nos 00-13.907 et 00-14.942, *Bull. civ.* III, n° 52.
11. Civ. 3e, 10 mars 1993, n° 91-16.581, NP, *RDI* 1993. 417 – Paris, 2 avr. 1993, RG n° 91/1748, *Juris-Data* n° 020943, *D.* 1993. IR 143.
12. Civ. 3e, 11 mai 2006, n° 05-10.924, *Bull. civ.* III, n° 120; *D.* 2006. 2373, note Atias; *D.* 2006, pan. 2764, obs. Capoulade et Chr. A.
13. Civ. 3e, 8 févr. 1989, n° 87-14.322, *Rev. loyers* 1989. 187.
14. Paris, 12 nov. 1991, RG n° 89-11889, *Juris-Data* n° 024892, *Loyers et copr.* 1992. 90 – Paris, 19 déc. 1994, *Loyers et copr.* 1995. 182.
15. Civ. 3e, 8 mars 1995, n° 93-15.380, NP, *RDI* 1995. 379; *Loyers et copr.* 1995. 293 – Paris, 23e ch. B, 24 sept. 1998, RG nos 97/13099 et 97/16136, *Dossier Csab* 1999, n° 74.
16. Civ. 3e, 11 mars 2003, n° 01-16.709, NP.
17. Paris, 23e ch. B, 11 févr. 1999, RG n° 1997/19476, *Dossier Csab* 1999, n° 80.
18. Paris, 23e ch. B, 29 mars 2001, RG n° 2000/00182, *Dossier Csab* mars 2002, n° 64.
19. POUR UN EXEMPLE caractéristique : Civ. 3e, 15 déc. 1993, n° 92-10.619, NP, *Loyers et copr.* 1994. 84.

limitée au sujet de laquelle on peut présenter les observations suivantes :

1. Il appartient aux copropriétaires demandeurs de rapporter la preuve de la fraude ou du dol (par tous moyens) ou de l'abus du droit avec suffisamment de vraisemblance, mais l'erreur[1] n'est pas admise.

Constitue une argumentation trop sommaire le fait de prétendre que la décision critiquée a été prise par deux copropriétaires majoritaires[2] ou le fait d'alléguer simplement que la décision est défavorable aux minoritaires[3].

2. La difficulté de preuve de l'abus du droit tient au fait qu'il existe souvent une concordance entre l'intérêt individuel du copropriétaire et l'intérêt collectif du syndicat.

En matière de travaux d'entretien et d'amélioration, c'est le cas, par exemple, de la réfection de la toiture fuyarde et des infiltrations subies par le lot situé au dernier étage. Mais la concordance n'existe pas en cas de refus d'indemniser un copropriétaire sinistré dans les parties privatives de son lot par suite de désordre dans les parties communes, émis par la majorité des copropriétaires non sinistrés[4], en cas de décisions inspirées par des considérations partisanes[5], en cas de décision non justifiée par un motif valable[6], en cas de refus d'activité de restauration dans les locaux commerciaux du rez-de-chaussée à destination commerciale, en l'absence de nuisance[7].

3. L'assemblée n'a pas à motiver sa décision dans le procès-verbal (qui n'est pas un compte-rendu des débats), mais le syndicat doit *a posteriori* pouvoir justifier de motifs sérieux et légitimes en contre preuve de l'abus articulé en demande.

Si le juge ne peut pas apprécier l'opportunité d'une décision d'assemblée légalement prise, il ne peut négliger un aspect subjectif lorsqu'il est fait état d'un abus de droit[8].

L'examen de la jurisprudence démontre que les juridictions ont été saisies, à diverses reprises, de la nullité de certaines décisions d'assemblée générale, en faisant un appel plus ou moins indirect à la notion d'intention de nuire, d'abus du droit ou d'abus de majorité.

Il advient aussi plus rarement qu'un abus de minorité soit invoqué. La jurisprudence est peu abondante à cet égard. Ce serait le cas où une minorité empêcherait systématiquement et abusivement une prise de décision[9] (sur la responsabilité du copropriétaire[10]), par exemple en cas de retard consécutif à la réalisation de travaux.

Pour une hypothèse de faux intellectuel[11].

SECTION 2
EXERCICE DE L'ACTION EN NULLITÉ

941 L'article 42, alinéa 2, de la loi du 10 juillet 1965[12]**.** L'action en nullité des décisions d'assemblée générale est prévue par l'article 42 (al. 2) de la loi du 10 juillet 1965. Il résulte de ce texte :

a) que cette action doit être engagée, à peine de déchéance (v. s^s n° 949), dans les deux mois de la notification de la décision (v. s^s n° 948);

b) qu'elle doit être portée devant le tribunal de grande instance du lieu de situation de l'immeuble; à l'exception, par conséquent, du tribunal d'instance, mais cette dernière juridiction est compétente pour statuer sur le moyen de défense tiré d'une nullité de l'assemblée[13]; le juge des référés est incompétent pour apprécier la validité d'une décision d'assemblée[14] et même pour statuer sur la demande tendant à ce qu'il soit sursis à la tenue de l'assemblée, en raison de l'irrégularité alléguée de la convocation[15] ou à la tenue d'une seconde assem-

1. Civ. 3e, 27 mars 1979, *JCP* 1980. IV. 230.
2. Civ. 3e, 8 févr. 1989, n° 87-14.322, *RDI* 1989. 187.
3. Paris, 27 avr. 1990, RG n° 88/006756, *Juris-Data* n° 021397, *Loyers et copr.* 1990. 326.
4. Paris, 22 nov. 1989, RG n° 88/17539, *Juris-Data* n° 027036 *Loyers et copr.* 1990. 100.
5. Civ. 3e, 17 janv. 1978, *Juris-Data* n° 098041, *D.* 1978. IR 434; *RDI* 1979. 896.
6. Civ. 3e, 11 janv. 1984, *RDI* 1984. 450.
7. Civ. 3e, 6 oct. 1999, n° 98-10.463, NP, n° 15281 – Civ. 3e, 14 déc. 2010, n° 09-71.134, *AJDI* 2011. 536, obs. Capoulade – Atias, « La destination des parties privatives », *AJDI* 2011. 433.
8. COMP. : Paris, 23e ch. A, 27 janv. 1999, RG n° 1997/27183, *Dossier Csab* 1999, n° 77.
9. Paris, 23e ch. A, 8 avr. 1998, RG n° 96/19918, *Loyers et copr.* déc. 1998. 310.
10. Civ. 3e, 11 mars 2003, n° 96/19918, NP (v. s^s n° 383) – TGI Paris, 1er mars 1974, *AJDI* 1974. 811; *Administrer* juin 1975. 10 – Le Masson, « La responsabilité des copropriétaires en raison de leur vote », *Administrer* nov. 1997. 30.
11. Crim. 20 juin 2007, *Administrer* n° 403, 86 obs. Bouyeure.
12. KISCHINEWSKY-BROQUISSE, n° 693 – GUILLOT, art. 42 – LAFOND, ROUX ET STEMMER, s^s L. art. 42, n°s 12 s. – Duthil, « La déchéance de l'article 42 alinéa 2 de la loi du 10 juillet 1965 », *JCP N* 1994. I. 227 – Ryf, « L'action en nullité des décisions des assemblées générales de copropriété », *Ann. loyers* 1972. 1580 – Berthault, « L'action en contestation des décisions des assemblées générales de copropriétaires », *Rev. loyers* 1981. 401 – Atias, *Guide de la copropriété*, n°s 1177 s. – *Dicopropriété*, *V^{is} Annulation*, p. 59 s. – BOUYEURE, n°s 193 et 213.
13. Civ. 3e, 5 févr. 1985, *Gaz. Pal.* 1985. Somm. 245; *RDI* 1986. 108.
14. Paris, 15 mai 1984, *D.* 1984. IR 409.
15. JUGÉ TOUTEFOIS qu'en l'état de la constatation d'une convocation irrégulière (président d'un conseil syndical qui n'est plus régulièrement composé), le juge des référés peut dire n'y avoir lieu de tenir la réunion, en se fondant sur un trouble manifestement illicite : TGI Paris, réf., 19 janv. 2004, *IRC* nov. 2004. 16; *Administrer* avr. 2004. 48.

blée pour décider de la réalisation de travaux eux-mêmes contestés[1];

c) qu'à peine d'irrecevabilité elle doit être dirigée contre le syndicat des copropriétaires, représenté par son syndic en exercice ou par l'administrateur provisoire en fonction (Décr. 17 mars 1967, art. 47 – L. 10 juill. 1965, art. 29-1) au moment de l'assignation[2] et non contre le syndic pris personnellement ou contre les copropriétaires;

Il a été admis, toutefois, que l'assignation peut être validée (C. pr. civ., art. 121), dans ce cas, par l'intervention volontaire du syndicat représenté par son syndic, *ès qualités*, en exercice. La régularisation est discutée devant la cour d'appel[3].

d) que, s'agissant d'une *action attitrée*, ses titulaires (copropriétaires opposants ou défaillants) peuvent seuls agir[4];

e) qu'elle est exercée par voie d'action principale, l'assignation doit être motivée en droit[5], et non par voie de conclusion formant une demande additionnelle ou connexe[6] (la voie de la tierce opposition n'est pas ouverte à un copropriétaire qui était représenté à l'instance par le syndicat[7]). Il s'agit, en effet, d'introduire une action et d'interrompre un délai préfix et les assemblées ou les décisions d'assemblée sont autonomes les unes par rapport aux autres. Toutefois, la doctrine[8] et la jurisprudence admettent que l'annulation peut être demandée par voie de simples conclusions additionnelles quand il existe un lien suffisant de connexité ou de dépendance (souverainement apprécié par les juges du fond) entre cette demande et celle originairement formulée par assignation, à la condition que les conclusions additionnelles interviennent dans le délai de contestation légalement imparti.

Il en est ainsi, par exemple, pour une question soumise à une première assemblée, puis à une seconde par application de l'article 25-1 de la loi, ou encore d'une nouvelle décision qui précise, complète ou conforte la précédente décision contestée[9]. Cette jurisprudence évite les pertes de temps et la multiplication des instances[10].

Cependant, la demande en nullité d'assemblée ou de décision, formée pour la première fois en cause d'appel, constitue une prétention nouvelle et, partant, se trouve irrecevable en application de l'article 564 du code de procédure civile[11].

En tout cas, l'action en justice constitue la seule voie de contestation. L'envoi au syndic d'une lettre recommandée avec demande d'avis de réception, indiquant que celle-ci constitue une contestation de l'assemblée ou d'une décision « dans les termes de l'article 42 alinéa 2 de la loi du 10 juillet 1965 » est dénué de toute efficacité[12].

f) qu'enfin, la demande en nullité n'a pas à être publiée au fichier immobilier, car elle ne tend pas à la résolution, à la révocation, à l'annulation ou à la rescision de droits résultant d'actes soumis à publicité[13].

Ces précisions apportées, il convient de rechercher, quant au fond même, le sens et la portée de l'article 42, en précisant la notion de décision, en déterminant la qualité et le délai pour agir, rappel fait que les tribunaux sanctionnent, par des dommages intérêts, sur le fondement de l'abus du droit d'agir en justice, l'exercice de l'action pour des motifs dont le mal fondé est évident (et amende civile en cas d'action dilatoire ou abusive en nullité d'une décision concernant les travaux d'amélioration de l'article 26 c, depuis L. 21 juill. 1994, art. 42, al. 4[14]).

§ 1
La notion de « décision »

942 Conditions. Les actions visées à l'article 42, alinéa 2, sont celles ayant *« pour objet de contester les décisions des assemblées générales »*. L'application de ce texte suppose réunies plusieurs conditions. Il faut, tout d'abord, qu'une assemblée générale se soit effectivement tenue[15] (les copropriétaires ne peuvent décider qu'en assemblée générale[16]),

1. Pau, 26 oct. 1988, *Rev. huissiers* 1990. 878.
2. Civ. 3e, 11 déc. 1984, *Administrer* juill. 1985. 34, obs. Guillot – Civ. 3e, 20 juill. 1994, no 92-18.872, NP, *RDI* 1994. 698; *D.* 1996. Somm. 162, obs. Capoulade.
3. Versailles, 4e ch., 15 janv. 2001, *Dossier Csab* no 98, mars 2002, no 50.
4. Paris, 18 nov. 2009, *AJDI* 2010. 477, obs. Capoulade.
5. Civ. 2e, 6 avr. 2006, no 04-11.737, *Bull. civ.* II, no 103; *AJDI* 2007. 208.
6. Civ. 3e, 16 mars 2005, no 03-19.198, *Administrer* juin 2005. 48; *IRC* nov. 2005. 13, no 15.
7. Giverdon, « Copropriété et tierce opposition », *Administrer* mars 2002. 10 s.
8. Lafond, Roux et Stemmer, ss L. art. 42, no 44.
9. Civ. 3e, 9 juill. 1997, no 95-19.227, NP, *RDI* 1997. 622 – Civ. 3e, 7 oct. 1998, no 97-10.401, NP, *RDI* 1999. 149 – Civ. 3e, 4 avr. 2002, no 96-12.284, NP, *Bull. civ.* III, no 79; *IRC* juin 2002, 8, note Atias.
10. Paris, 1er mars 1996, RG no 95/021975, *Juris-Data* no 020639, *D.* 1997. Somm. 15, obs. Atias.
11. Civ. 3e, 14 juin 2000, no 98-23.056, NP, *Administrer* nov. 2000. 43, note Bouyeure – Paris, 23e ch. B, 29 juin 2000, *Juris-Data* no 136167, *RDI* 2000. 599, obs. Giverdon.
12. Paris, 28 janv. 1994, RG no 92/021152, *Juris-Data* no 020154, *D.* 1994. Somm. 129, obs. Atias.
13. Civ. 3e, 11 mai 2005, no 04-10.242, *Bull. civ.* III, no 106; *Administrer* juill. 2005. 52, obs. Bouyeure; *Loyers et copr.* 2005. 142, obs. Vigneron; *IRC* nov. 2005. 12, no 14.
14. Paris, 12 janv. 1987, RG no M 10883, *Juris-Data* no 020021, *Loyers et copr.* 1987. 143.
15. Paris, 25 janv. 1994, *D.* 1994. Somm. 129, obs. Atias.
16. Civ. 3e, 27 févr. 2002, no 00-13.907, no 00-14.942, *Bull. civ.* III, no 52; *AJDI* 2002. 775; *RDI* 2002. 307; *Administrer* 2002, 23, note Capoulade.

qu'ensuite, elle ait exprimé sa volonté par un vote [1] (un arrêt voit le critère de la décision dans « l'élaboration d'un texte, un vote et un décompte des voix » [2]).

943 **La notion même de décision** s'apprécie tant du point de vue substantiel que du point de vue formel.

a) *Du point de vue substantiel*, le syndicat décide lorsqu'il prend un engagement, confère un droit ou une faculté ou créé un préjudice. Une décision, au sens et pour l'application de l'article 42 alinéa 2, consiste, par exemple, dans la désignation, par un vote, du président et des scrutateurs de l'assemblée [3] dans un projet suivi d'une délibération et d'un vote donnant à une clause du règlement de copropriété une signification différente de celle qui avait prévalue jusqu'alors [4], dans l'autorisation donnée, à la majorité, à certains copropriétaires, de conserver la jouissance exclusive de constructions édifiées par eux [5], dans une décision « préparatoire » qu'un lien d'indivisibilité réunit à la décision définitive [6], dans le refus opposé à une demande d'autorisation [7] ou à un accord [8]. Par conséquent, lorsque l'assemblée a voté des travaux déterminés et approuvé la dépense, les copropriétaires ont l'obligation de régler leurs quotes-parts, même si les travaux sont suspendus [9] (en cas de répartition de la dépense [10]) ou inexécutés.

La véritable « décision » consiste en une disposition adoptée par l'assemblée qui revêt une efficacité juridique et qui se distingue des mesures préparatoires ou de résolutions de principe [11], ou de résolutions par lesquelles les copropriétaires ne prennent aucun engagement pour la réalisation de travaux futurs [12].

Il a été jugé que l'adoption ou le rejet d'un texte qui n'est que la reproduction d'une disposition légale d'ordre public ne peut produire aucun effet juridique [13]. Le vote de la réitération d'une décision antérieure constitue une décision de l'assemblée générale de nature à ouvrir un recours en annulation [14]. L'absence de décision judiciaire sur ce recours ne fait pas obstacle à la recevabilité de l'action en nullité contre les décisions antérieures [15].

De même, il convient de distinguer entre la décision de procéder à l'étude d'une question et la décision de principe sur cette question; l'étude d'une question exclut que soit prise une décision, fût-elle de principe, sur l'objet de cette étude.

Les articles 14.1 et 14.2 de la loi considèrent que les frais d'étude ne représentent pas des frais de maintenance compris dans le budget prévisionnel et doivent être spécialement votés, ainsi que les modalités des appels de fonds correspondant [16].

La décision de principe peut être assortie de conditions [17] et son application tient compte de son contexte [18]. Ainsi, constitue une décision de principe qui ne comporte ni approbation d'un contrat, ni engagement financier du syndicat et qui nécessite une autre assemblée pour décider de l'exécution des travaux [19].

L'absence d'une véritable décision d'assemblée rend irrecevable l'action en contestation de l'article 42 alinéa 2, lorsque l'assemblée a émis un simple vœu [20] ou un simple souhait [21], procédé à une

1. Bouyeure, « Réflexions sur la notion de décision en matière d'assemblées générales de copropriétaires », *Administrer* août-sept. 1986. 10 – Guillot, « Les décisions illégales des assemblées de copropriétaires », *Administrer* janv. 1981. 2 – Ysnel, « La notion de décision au sens de l'article 42 alinéa 2 de la loi du 10 juillet 1965 », *Rapport au 73e Congrès des notaires de France*, p. 86 – Paris, 4 juill. 1980, *D.* 1981. IR 96, n° 18, qui affirme la nécessité de la réunion des deux conditions. LAFOND, ROUX ET STEMMER, art. L. 42 n°s 12 s.
2. Paris, 11 déc. 1992, *Administrer* août-sept. 1993. 49.
3. Civ. 3e, 13 févr. 2008, n° 07-12.988, *Administrer* mai 2008. 64, obs. Bouyeure.
4. Paris, 1er déc. 1989, RG n° 86/009510, *Juris-Data* n° 026066, *D.* 1990. IR 12.
5. Civ. 3e, 12 juill. 1988, *Loyers et copr.* 1988. 460.
6. V. *RDI* 1989. 391, col. 1.
7. Civ. 3e, 26 janv. 2000, n° 98-14.798, *AJDI* 2000. 713; *RDI* 2000. 245; *IRC* mai 2000. 12, note Capoulade.
8. Civ. 3e, 12 juill. 1988, *JCP N* 1989, prat. 53; *IRC* 1989. 10.
9. Paris, 25 sept. 1992, *Loyers et copr.* 1992. 483.
10. Paris, 23e ch. B, 29 juin 2000, RG n° 1999/04054, *RDI* 2000. 599.
11. Civ. 3e, 28 avr. 1993, n° 91-14.007, *Bull. civ.* III, n° 59; *AJDI* 1994. 43; *RDI* 1993. 418; *D.* 1993. IR 135; *Loyers et copr.* 1993. 277; *AJPI* 1994. 43, note Gélinet; *IRC* 1994. 486, note Capoulade; *Administrer* févr. 1994. 56, obs. Guillot; *Defrénois* 1993. 1428, obs. Aubert.
12. Civ. 3e, 4 janv. 2006, n° 04-19.771, *Bull. civ.* III, n° 5; *Administrer* 36, n° 387, obs. Bouyeure; *Loyers et copr.* 2006. 60.
13. Paris, 23e ch. B, 13 déc. 2001, n° 2001-02360, *AJDI* 2002. 466, obs. Capoulade.
14. Civ. 3e, 25 oct. 2006, n° 05-17.278, *Bull. civ.* III, n° 207; *Administrer* 56, n° 395, obs. Bouyeure; *Loyers et copr.* 2007. 12.
15. Civ. 3e, 26 sept. 2007, n° 06-17.069, *Administrer* déc. 2007. 91, obs. Bouyeure.
16. Civ. 3e, 10 nov. 1992, n° 90-17.278, NP, *RDI* 1993. 130.
17. Paris, 28 févr. 1996, RG n° 94-15077, *Juris-Data* n° 020344, *Loyers et copr.* 1996. 279.
18. Paris, 28 juin 1995, *Juris-Data* n° 021676, *D.* 1997. Somm. 11 – Paris, 17 avr. 1996, RG n° 94-4430, *Juris-Data* n° 020786, *D.* 1997. Somm. 12 – Versailles, 30 juin 1995, *Juris-Data* n° 044513, *D.* 1997. Somm. 11.
19. Civ. 3e, 4 janv. 2006, n° 04-19.771, *Bull. civ.* III, n° 5; *Loyers et copr.* 2006. 60, obs. Vigneron.
20. Paris, 20 oct. 1970, *D.* 1971. 329, note Giverdon.
21. Paris, 10 mars 1993, RG n° 90-19263, *Juris-Data* n° 021405, *RDI* 1993. 419 – Civ. 3e, 19 nov. 1997, n° 96-11.888, *Bull. civ.* III, n° 207; *AJPI* 1998. 184; *RDI* 1998. 135; *JCP* 1998. II. 10040, note Djego – Civ. 3e, 9 juill. 1997, n° 95-18.854, *RDI* 1997. 621.

simple déclaration[1], à un échange de vues[2] (ou encore lorsqu'il s'agit de l'exposé d'un débat contradictoire entre copropriétaires[3]), à une constatation, ou au rappel d'une situation[4], donné un accord de principe[5], décidé l'inscription de la question à l'ordre du jour d'une assemblée ultérieure[6] demandé les documents nécessaires à l'examen d'une autorisation de travaux[7].

La manifestation de volonté du syndicat doit être explicite et résulte exclusivement d'un vote[8]. En revanche, la jurisprudence ne reconnaît aucune valeur à une décision « implicite »[9], c'est-à-dire qui n'est pas exprimée d'une manière expresse. Encore moins, le juge ne peut-il reconstituer une décision[10].

En définitive, du point de vue substantiel, la décision suppose *l'adoption expresse d'une position définitive consacrée par un vote.*

b) *Du point de vue formel*, la « décision » véritable se caractérise par un vote majoritaire recueilli en assemblée générale[11]. La Cour de cassation considère comme une « décision matériellement inexistante », celle qui n'a pas fait l'objet d'un vote et qui se trouve ainsi sans valeur[12]. Lorsque l'assemblée ne se prononce pas par un vote, l'action de l'article 42 alinéa 2 de la loi du 10 juillet 1965 est irrecevable, en l'absence d'une décision au sens de ce texte[13]. Il convient qu'il y ait au moins une apparence de décision et non pas un simple fait sans valeur juridique, tel un vote par correspondance ou un vote émis sur une question ne figurant pas à l'ordre du jour[14] (v. s^s n° 852) ou un mandat d'agir en justice donné en dehors de toute assemblée[15]. Il a été aussi jugé que la simple mention figurant au procès-verbal, ni précédée, ni suivie de l'indication d'un vote, ne constitue pas une décision au sens de l'article 42 alinéa 2[16].

La décision peut être positive ou négative; un copropriétaire (dès lors, qu'il est opposant ou défaillant, v. s^s n° 946) peut critiquer, en application de l'article 42, aussi bien la décision prise par l'assemblée générale d'exécuter certains travaux, que le refus d'autorisation concernant une amélioration qu'il demandait d'exécuter à ses frais[17].

944 La notion de décision majoritaire. Pour qu'il y ait décision encore faut-il que l'assemblée l'ait votée à la majorité légalement requise. Mieux encore, quelle valeur accordée à une décision prise à une majorité alors qu'elle relevait de l'unanimité ? La question a beaucoup préoccupé la doctrine au lendemain de l'entrée en vigueur de la loi[18].

L'application littérale autant que logique des textes pourrait conduire à dénier l'existence d'une « décision », puisque le nombre de voix légalement requis ne se trouvait pas réuni. Le concours des volontés était insuffisant pour caractériser la volonté collective. La jurisprudence a généralement admis (v. cep. une décision en sens contraire[19]) qu'une décision existait, au moins matériellement, dès lors que l'assemblée avait adopté une position consacrée par un vote, tant que le juge ne l'avait pas annulée à la suite d'une contestation judiciaire dans le délai (v. une espèce à propos d'une modification de la répartition des charges non décidée à l'unanimité[20]

1. Paris, 21 déc. 1989, *Loyers et copr.* 1990. 151.
2. Civ. 3e, 14 oct. 1980, *Administrer* mars 1981. 21 – Paris, 10 févr. 1988, RG n° 86-07228, *Juris-Data* n° 021255, *Loyers et copr.* 1988. 196.
3. Civ. 3e, 11 févr. 1998, n° 96-13.124, NP, *RDI* 1998. 229; *D.* 2000. 142, *Dossier Csab* n° 63, avr. 1998, n° 67 – Paris, 11 janv. 2001, n° 1999-13521, *AJDI* 2001. 442, obs. Capoulade.
4. Rouen, 30 mai 1997, *RDI* 1996. 110, obs. Giverdon – Paris, 30 mai 1997, RG n° 96/002938, *Juris-Data* n° 021297, *Administrer* août-sept. 1997. 45, obs. Bouyeure – Paris, 23e ch. B, 20 mai 1999, RG n° 1997/13116, *IRC* sept. 1999. 9, obs. Capoulade.
5. Civ. 3e, 26 nov. 1985, n° 84-15.809, *RDI* 1986. 496 – Civ. 3e, 14 févr. 1984, n° 82-16.276, *D.* 1984. IR 247.
6. Paris, 23e ch. A, 10 mars 1999, *Dossier Csab* 1999, n° 78.
7. Civ. 3e, 10 mai 2006, n° 05-13.690, *Administrer* 51, n° 391.
8. Civ. 3e, 11 janv. 1995, n° 93-11.939, *Bull. civ.* III, n° 15; *AJDI* 1997. 211; *RDI* 1995. 377; *D.* 1998. 271 – Civ. 3e, 9 juill. 1997, n° 95-18.854, NP, *RDI* 1997. 621 – Paris, 11 janv. 2001, n° 1999-13521, *AJDI* 2001. 442, note Capoulade.
9. Civ. 3e, 9 oct. 1991, n° 89-20.904, *AJDI* 1992. 278; *RDI* 1992. 112 – Civ. 3e, 12 mai 1993, n° 91-17.676, *RDI* 1993. 420 – Civ. 3e, 11 janv. 1995, n° 93-11.939, *RDI* 1995. 377; *D.* 1995. IR 49 – Civ. 3e, 1er déc. 1999, n° 98-13.438, NP – Civ. 3e, 10 juill. 2002, n° 01-00.313, NP.
10. Dijon, 16 janv. 1996, RG n° 00001005/94, *Juris-Data* n° 040920, *D.* 1997. Somm. 12, obs. Atias.
11. Civ. 3e, 23 mai 1991, n° 89-14.404, *IRC* juill. 1992. 235; *RDI* 1991. 384 et 386.
12. Civ. 3e, 30 avr. 2002, n° 00-22.365, NP – Civ. 3e, 4 nov. 2004, n° 03-11.741, *Bull. civ.* III, n° 189; *AJDI* 2005. 311; *Loyers et copr.* 2005. 14 – Civ. 3e, 13 sept. 2006, n° 05-15.497, NP, *Loyers et copr.* 2007. 411.
13. Civ. 3e, 26 févr. 2003, n° 01-16.417, *Bull. civ.* III, n° 49; *Administrer* 2003, 48, n° 356, note Capoulade.
14. Paris, 9 févr. 1983, *Juris-Data* n° 021941, *D.* 1983. IR 462 – Civ. 3e, 4 nov. 2004, n° 03-11.741, *Bull. civ.* III, n° 189; *AJDI* 2005. 311; *Loyers et copr.* 2005. 14.
15. Civ. 3e, 14 mai 1974, n° 73-10.204, *Bull. civ.* III, n° 190; *JCP* 1974. II. 17795, note Guillot.
16. Civ. 3e, 4 juill. 1990, n° 88-16.282, *AJDI* 1991. 26; *RDI* 1990. 528; *D.* 1991. 523; *Gaz. Pal.* 1990. 2. pan. jur. 198.
17. Versailles, 30 avr. 1990, *D.* 1991. Somm. 83.
18. V. Giverdon, obs. *RTD civ.* 1976. 808.
19. TGI Bayonne, 4 nov. 1974, *JCP* 1975. II. 17951, note J.-R. B.; *RTD civ.* 1975. 346.
20. Civ. 3e, 7 janv. 1976, *Bull. civ.* III, n° 7; *JCP* 1976. IV. 67; *RTD civ.* 1976. 808 – EN CE SENS AUSSI : rép. min., QE, *JOAN Q* 23 mars 1981, p. 1280.

– réserve faite cependant d'un dépassement de l'objet du syndicat, ce qui ne relève pas l'article 42 alinéa 2 de la loi de 1965[1]).

Par un arrêt du 9 janvier 1973 (il avait été décidé de réaliser des travaux communs dans les parties privatives d'un lot et le copropriétaire soutenait que la forclusion ne pouvait couvrir une atteinte à son droit individuel et fondamental de propriété[2]), la Cour de cassation s'est, en définitive, prononcée en ce sens qu'il existait bien une « décision », dès lors que l'assemblée avait voté une proposition, sans que soit réunie la majorité légale. Le conclusif de cet arrêt énonce très nettement que « *l'article 42 alinéa 2, de la loi du 10 juillet 1965, d'ordre public, ne fait aucune distinction entre les actions qui ont pour objet de contester les décisions des assemblées générales de copropriétaires* ». Dans son commentaire autorisé, le conseiller rapporteur justifie cette solution, à la fois, par l'intention du législateur, l'exposé des motifs faisant mention du fait que l'expiration du délai aura pour effet de couvrir même les décisions illégales et par le fait qu'il appartient à chaque copropriétaire de faire valoir ses droits, l'effet de toute déchéance étant « de faire perdre un droit, ou, au moins, l'exercice de ce droit »[3].

Cette solution aboutit, par l'effet du temps et de l'inertie, à valider comme décision ce qui n'en est pas une, en l'absence d'une détermination suffisante des copropriétaires. Elle présente aussi l'inconvénient de qualifier de décision une mention qui émane du rédacteur du procès-verbal (secrétaire et donc, en pratique, le syndic) alors que la véritable « décision » est celle qui résulte du vote de la *majorité qualifiée* de l'assemblée générale.

Ainsi, l'indication du résultat de chaque vote indiqué au procès-verbal doit se borner à celle des voix « pour », « contre » ou « abstention », mais sans mentionner si la proposition est adoptée ou non, le juge pouvant seul apprécier, en cas de contestation, la majorité applicable. Il est conseillé à tout copropriétaire opposant, en désaccord avec l'interprétation donnée par le rédacteur du procès-verbal, de faire noter ses réserves et, surtout, de saisir le tribunal dans le délai imparti. Il est, en tout cas, discutable que l'on puisse procéder, en pareil cas, à une rectification du procès-verbal (v. s^s n°s 885 s.).

Par la suite, la Cour de cassation a tempéré la rigueur de sa jurisprudence et admis que le délai préfix de deux mois n'était pas « opposable aux copropriétaires qui n'avaient pas été régulièrement convoqués à une assemblée générale ». Il en a été jugé ainsi lorsqu'un copropriétaire n'a pas été convoqué[4], lorsque la convocation émane d'une personne qui n'est pas ou n'est plus qualifiée à cet effet[5], lorsque le délai de convocation n'est pas observé[6].

L'irrégularité de la convocation, dont la notion peut se révéler très compréhensive, était de nature à retirer le caractère de décision aux résolutions adoptées au cours de cette assemblée, au moins au regard des copropriétaires concernés. La « purge » des irrégularités, que l'on avait pu déduire de l'arrêt de 1973, se trouvait ainsi tempérée par des arrêts plus récents[7].

Ultérieurement, la Cour de cassation a encore restreint le domaine de la déchéance. Revenant sur un précédent arrêt[8], un arrêt du 27 septembre 2000[9] a jugé qu'en l'état d'une décision d'assemblée générale contraire aux critères posés par l'article 10 de la loi du 10 juillet 1965 en matière de répartition des charges, le délai prévu par l'article 42 alinéa 2 de cette loi ne s'applique pas aux actions relatives aux clauses réputées non écrites.

Cependant, par un important arrêt de principe[10], la Cour de cassation est revenue à sa jurisprudence première et donne à l'expiration du délai de contestation un effet général et absolu (v. s^s n° 949).

1. Bouyeure, « Réflexions sur la notion de décision en matière d'assemblées générales de copropriété », *Administrer* août-sept. 1986. 10 s.
2. Civ. 3e, 9 janv. 1973, *Bull. civ.* III, n° 32; *JCP* 1973. II. 17374, note Guillot; *AJPI* 1973. 614; *Gaz. Pal.* 1973. 2, 564; *Rev. loyers* 1973. 284.
3. EN CE SENS : Civ. 3e, 27 mai 1974, *JCP* 1974. II. 17836; *D.* 1974. Somm. 101; *Gaz. Pal.* 1974. 2. Somm. 181; *Rev. loyers* 1974. 562 – V. Guillot, « Les décisions illégales des assemblées de copropriétaires », *Administrer* janv. 1981. 2.
4. Civ. 3e, 17 juill. 1975, n° 74-11.939, *Bull. civ.* III, n° 260; *D.* 1976. 59, note Souleau; *JCP* 1975. II. 18169, note Guillot; *RTD civ.* 1976. 171 obs. Giverdon; *AJPI* 1976. 301, note Bouyeure; *IRC* 1975. 174.
5. Civ. 3e, 7 déc. 1988, n° 87-13.534, *Bull. civ.* III, n° 179 – Civ. 3e, 23 janv. 1991, n° 89-17.054, *Bull. civ.* III, n° 32; *AJDI* 1991. 837; *D.* 1991. IR 45; *RDI* 1991. 259 – AUSSI : note Capoulade s^s : Civ. 3e, 22 juin 1994, n° 92-16.415, *Bull. civ.* III, n° 129; *Administrer* mars 1995. 40.
6. Civ. 3e, 16 nov. 1988, n° 87-16.671, *Bull. civ.* III, n° 160; *Defrénois* 1989. 781, note Souleau; *D.* 1988. IR 238; *RDI* 1988. 98.
7. Civ. 3e, 17 juill. 1991, n° 89-21.756, *Bull. civ.* III, n° 214; *D.* 1991. IR 213; *RDI* 1991. 505; *Administrer* mars 1992. 40; *IRC* mai 1992. 159, note Capoulade.
8. Civ. 3e, 27 sept. 2000, n° 98-22.792, *RDI* 2000. 597, *D.* 2001, jur. 408 et 878, note Capoulade, Giverdon [CRITIQUE]; *JCP N* 2001. 89, note Sizaire – Atias, « Principe majoritaire et modification réputée non écrite du règlement de copropriété », *D.* 2001, Chron. 878.
9. *Rapport Ysnel*, préc. Rapport au 73e congrès des notaires de France, p. 86 – Obs. préliminaires par LAFOND, ROUX ET STEMMER, L. art. 42 – Bouyeure, « Les effets de l'expiration du délai de contestation et la notion de décision de l'assemblée générale », *Administrer* mai 1994, I; *Dr. et ville* n° 37, 199.
10. Civ. 3e, 12 oct. 2005, n° 04-14.602, *Bull. civ.* III, n° 191; *Administrer* janv. 2006. 40; *AJDI* 2006. 35, note Capoulade; *D.* 2006. 1855.

§ 2
Qualité pour agir

945 Copropriétaires et tiers[1]. L'article 42 (al. 2) de la loi du 10 juillet 1965 dispose que les actions qui ont « *pour objet de contester les décisions des assemblées générales doivent... être introduites par les copropriétaires opposants ou défaillants* ». Cette formule est reprise par l'article 18, alinéa 1, du décret du 17 mars 1967, mais elle diffère légèrement de celle employée par l'article 17, alinéa 2, qui prévoit l'indication au procès-verbal, pour chaque vote, du nom des « copropriétaires qui se sont opposés à la décision... et de ceux qui se sont abstenus », mais les deux articles n'ont pas, il est vrai, le même objet. L'article 42 réserve l'action aux seuls copropriétaires, à l'exclusion des tiers, et elle crée une « *action attitrée* » au profit des « copropriétaires opposants ou défaillants »; les abstentionnistes, les associés d'une société civile (art. 23) disposent-ils d'un recours ?

1. Les copropriétaires. En premier lieu, le demandeur doit avoir la qualité de copropriétaire au jour de l'assemblée qui a pris la décision[2] (v. le cas de la demande formée par deux co-demandeurs dont un seul est copropriétaire[3]) ou, plus précisément, au moment où le vote est formulé[4], même s'il a vendu son lot ultérieurement, dès lors qu'il justifie d'un « intérêt légitime » au support de sa prétention[5]. L'action en contestation revêt un caractère personnel et ne se transmet pas comme un accessoire de la chose[6], à moins que l'acquéreur ait été subrogé dans les droits du vendeur[7] ou que celui-ci lui ait cédé le droit d'agir (v. pour la différence entre l'action intentée et l'action poursuivie, Paris, 12 oct. 1995[8]). Si la vente est intervenue et a été notifiée au syndic avant l'assemblée, l'ancien propriétaire n'a plus qualité pour contester et la décision ne peut produire effet à son égard[9].

Le titulaire du droit d'usage et d'habitation, qui n'a pas la qualité de mandataire commun, n'est pas habilité à agir, même s'il a été convoqué à l'assemblée[10]. Il en est de même pour l'usufruitier.

Un seul des époux propriétaire indivis d'un lot, ayant assigné en annulation, sans justifier d'un mandat tacite de gestion, ni même l'alléguer, est irrecevable, dès lors que son conjoint s'est joint à l'action après l'expiration du délai de recours[11].

Sous réserve des dispositions de l'article 815-3 du code civil (mod. par L. n° 2006-728, 23 juin 2006, *JO* 24 juin, p. 9513), un indivisaire ne peut contester seul[12].

2. Les tiers. En revanche, les tiers, c'est-à-dire les non-copropriétaires, bien qu'ils peuvent être concernés par une décision de l'assemblée générale, n'ont pas qualité pour demander la nullité de l'assemblée générale ou de l'une de ses décisions. Cette question intéresse, en effet, le fonctionnement du syndicat; elle est donc interne à celui-ci.

Tel est le cas d'un locataire dont les droits de jouissance locative seraient compromis par une décision de l'assemblée[13], du concierge licencié par le syndic dont il conteste la régularité de la nomination ou à la suite d'une décision d'assemblée prise en infraction aux clauses du règlement de copropriété[14], du syndic révoqué par l'assemblée générale[15] ou l'ancien syndic dont le mandat n'a pas été renouvelé[16]. Ni le syndicat[17], ni *a fortiori* un groupement de défense des copropriétaires[18] n'ont qua-

1. Lafond, « Le vote des copropriétaires aux assemblées », *IRC* 1992. 14 – Bouyeure, n° 405.
2. Civ. 3e, 3 mai 1990, n° 88-20.286, *Bull. civ.* III, n° 108; *AJDI* 1991. 103; *Administrer* mars 1991. 58, note Guillot; *D.* 1990. IR 131; *IRC* 1991. 78, note Capoulade – Civ. 3e, 3 févr. 1993, n° 91-10.604, *RDI* 1993. 266; *IRC* avr. 1993. 118, note Capoulade – Paris, 28 mai 1993, RG n° 92/004380, *Juris-Data* n° 022325, *Loyers et copr.* 1993. 410 – Civ. 3e, 25 mars 1997, n° 95-18.275, *RDI* 1997. 283.
3. Civ. 3e, 10 juin 1981, n° 79-16.503, *JCP* 1981. IV. 307.
4. Paris, 15 nov. 1991, *Loyers et copr.* 1992. 91 – Bouyeure, « La contestation des décisions de l'assemblée générale en cas de mutation », *Administrer* oct. 1992.
5. Paris, 15 nov. 1991, RG n° 90/006272, *Juris-Data* n° 024292, *Loyers et copr.* 1992. 91.
6. Paris, 28 févr. 1996, *Loyers et copr.* 1996. 280 – Civ. 3e, 16 mars 2005, n° 04-10.787, *Administrer* juin 2005. 48, obs. Bouyeure; *IRC* nov. 2005. 11, n° 5.
7. Paris, 4 mars 1999, RG n° 1997/27485, *Loyers et copr.* 1999. 254.
8. Paris, 12 oct. 1995, *Juris-Data* n° 023326, *D.* 1996. Somm. 91, obs. Atias.
9. Civ. 3e, 26 mai 1994, n° 92-16.335, *D.* 1996. Somm. 163, obs. Bouyeure; *Administrer* oct. 1994. 48; *RDI* 1994. 490 – Civ. 3e, 5 avr. 1995, n° 93-16.576, *Loyers et copr.* 1995. 343; *RDI* 1995. 595; *Administrer* mai 1996. 42, note Gélinet.
10. Paris, 23e ch. B, 14 juin 2001, RG n° 2000/10233, *BICC* 2002, n° 17.
11. Civ. 3e, 6 juill. 2005, n° 03-20.065, *Administrer* oct. 2005. 54; *Loyers et copr.* 2005. 184.
12. Civ. 3e, 6 juin 2005, n° 03-20.065, *Administrer* oct. 2005-54.
13. Paris, 27 oct. 1981, *Juris-Data* n° 025773, *D.* 1983. IR 355; *RDI* 1983. 103 – Versailles, 11 oct. 1983, *D.* 1984. IR 409 – Paris, 5 juill. 1994, *Rev. loyers* 1994. 512.
14. Civ. 3e, 7 déc. 1988, n° 86-18.874, *Bull. civ.* III, n° 180; *D.* 1988. IR 300; *Administrer* mai 1989, obs. Guillot – Civ. 3e, 8 juill. 1992, n° 90-18.729, *RDI* 1992. 543.
15. Paris, 19 oct. 1990, *D.* 1992. Somm. 139, obs. Lafond – Paris, 4 juill. 1995, *D.* 1997. Somm. 14, obs. Atias; *RDI* 1995. 789 – Civ. 3e, 23 juin 1999, n° 97-16.176, *Loyers et copr.* 1999, n° 244 – Paris, 4 juill. 1995, *D.* 1997. Somm. 14.
16. Paris, 18 janv. 2006, RG n° 05/11561, *Loyers et copr.* 2006. 166.
17. Civ. 3e, 4 juin 1985, n° 84-11.344, *Bull. civ.* III, n° 88; *D.* 1985. IR 430, obs. Giverdon – Civ. 3e, 3 mai 2001, n° 99-19.974, *AJDI* 2001. 803; *Administrer* août 2001, 9, obs. J.-R. B.
18. TGI Marseille, 4 mars 1969, *AJPI* 1969. 636.

lité pour former une telle demande. Il en est de même pour l'associé d'une société civile immobilière[1], pour l'associé d'une société de vente ou encore pour l'associé d'une société d'attribution, titulaire seulement d'un droit de jouissance[2], dès lors qu'il ne se prévaut pas de la qualité de liquidateur, représentant la société en liquidation au jour de l'assignation.[3].

Si les tiers ne peuvent contester la validité des décisions de l'assemblée générale, rien ne s'oppose à ce qu'ils demandent des dommages intérêts pour le préjudice qu'elles leur causent[4].

À propos de l'exception de nullité, tirée de l'irrégularité de fond pour défaut de pouvoir du syndic, soulevée notamment par les responsables des désordres de construction (promoteur, architecte, entrepreneur, bureaux d'études et leurs assureurs) assignés en responsabilité et réparation par le syndicat, la Cour de cassation a solennellement affirmé qu'ils sont irrecevables à faire prononcer la nullité de l'assignation en invoquant la nullité de la décision de l'assemblée qui n'avait pas régulièrement autorisé le syndic à agir en justice, ni ratifié en connaissance de cause l'action de celui-ci, alors que ces responsables n'avaient pas la qualité de copropriétaires[5].

946 Copropriétaires opposants ou défaillants. Pour être recevable à contester une décision d'assemblée générale, il ne suffit pas d'être copropriétaire; il est nécessaire d'être « *opposant ou défaillant* »[6].

a) Il est certain que le copropriétaire qui a voté une décision n'est pas admis à la contester. Cette solution est logique, conforme aux principes généraux en matière d'assemblée générale[7]. Les dispositions de l'article 42 alinéa 2 de la loi du 10 juillet 1965 sont explicites à cet égard. L'action qu'elles prévoient, constitue une « *action attitrée* » dont elles réservent l'exercice aux copropriétaires « opposants ou défaillants ». Celui qui a voté la décision a manifesté sa volonté d'adhésion et il ne peut se plaindre d'une volonté collective à la création de laquelle il a contribué et qui correspond à la sienne propre[8].

La jurisprudence est bien établie en ce sens. C'est ainsi que le copropriétaire qui a voté la décision est irrecevable à la contester, sous le prétexte que l'unanimité non réunie était nécessaire[9], ou que le projet n'avait pas été préalablement notifié[10]. De même le copropriétaire qui a demandé à l'assemblée d'examiner une question ne figurant pas à l'ordre du jour ne peut se prévaloir de ce défaut d'inscription[11]. Il ne peut non plus invoquer une erreur qui aurait vicié son consentement[12], mais, en revanche, il pourrait exciper d'un dol, à la condition rarement remplie, d'en rapporter la preuve[13].

Jugé dans le même sens que les copropriétaires qui ont approuvé les comptes et donné *quitus* sont irrecevables à critiquer ces décisions lorsque l'anomalie relevée concernant la vérification des comptes représente une erreur purement formelle[14]. Le copropriétaire qui a voté pour une décision, mais sous condition, n'est pas considéré comme opposant et sa contestation a été jugée irrecevable[15].

La solution est la même si le copropriétaire était représenté par un mandataire[16], mais si un vote a été acquis à l'unanimité des copropriétaires présents ou représentés sur des questions non inscrites à l'ordre du jour, le mandant est recevable à contester les décisions ainsi prises, car le pouvoir qu'il a donné ne peut les concerner[17].

b) Les copropriétaires opposants[18] ont évidemment qualité pour agir en nullité des décisions à l'encontre

1. Civ. 3e, 9 nov. 2005, no 04-13.570, *Bull. civ.* III, no 217; *AJDI* 2006. 470; *D.* 2006. 1855.
2. Civ. 3e, 22 janv. 1992, no 88-13.980, *Bull. civ.* III, no 26; *AJDI* 1992. 857; *AJDI* 1993. 27; *RDI* 1992. 249; *IRC* nov. 1992. 351, note Capoulade – Civ. 3e, 7 déc. 1994, no 92-15.482, *D.* 1997. Somm. 249, obs. Capoulade – Paris, 23e ch. B, 18 mars 1994, RG no 91/024698, *Juris-Data* no 022343, *D.* 1994. Somm. 200, obs. Giverdon – Civ. 3e, 26 nov. 2003, no 02-12.756, NP.
3. Civ. 3e, 3 févr. 1993, no 90-14.234, *Bull. civ.* III, no 15.
4. Civ. 3e, 7 déc. 1988, no 86-18.874, *Bull. civ.* III, no 180; *D.* 1988. IR 300; *Administrer* mai 1989, obs. Guillot – Civ. 3e, 8 juill. 1992, no 90-18.729, *RDI* 1992. 543.
5. Civ. 3e, 16 avr. 1986, no 84-16.112, *Bull. civ.* III, no 43 – Cass., Ass. plén., 15 mai 1992, no 89-18.021, *Bull. AP*, no 5; *RDI* 1992. 376; *BICC* 1er juill. 1992, concl. av. gén. Sodini; *IRC* sept. 1992. 278, note Capoulade; *JCP* 1992. II. 21940, note Capoulade, Giverdon; *Administrer* févr. 1993. 35, note Guillot; *Defrénois* 1993. 774, obs. Aubert.
6. Civ. 3e, 18 févr. 2004, no 02-18.553, *Administrer* avr. 2004. 53, obs. Bouyeure – Roux, « Le copropriétaire opposant », *Loyers et copr.* déc. 2006. 24.
7. LAFOND, ROUX ET STEMMER, ss L. art. 42, no 25 – GUILLOT, art. 42, nos 4-01 s.
8. Grimaud, « Les actions en justice de la loi du 10 juillet 1965 », *Gaz. Pal.* 1967. 2. Doctr. 100.
9. Civ. 3e, 15 janv. 1997, no 95-11.472, *RDI* 1997. 284.
10. Civ. 3e, 26 mars 1997, no 95-15.757, *RDI* 1997. 285 – EN CAS de vote unanime : Civ. 3e, 7 nov. 2007, no 06-17.361, *Bull. civ.* III, no 197; *Administrer* janv. 2008. 57, obs. Bouyeure.
11. Civ. 3e, 19 juin 1973, no 72-40.489, *Bull. civ.* III, no 423; *JCP* 1973. II. 17518, note Guillot; *D.* 1974. 313, note F. E. – BOUYEURE, p. 233.
12. Civ. 3e, 14 oct. 1980, *Administrer* mars 1981. 311.
13. TGI Paris, 30 oct. 1980, *Juris-Data* no 080261, *Gaz. Pal.* 1981. 2, 728, note Morand.
14. Civ. 3e, 5 juill. 2000, no 98-20.965, NP.
15. Civ. 3e, 30 mars 2005, no 04-11.614, *Administrer* juin 2005. 47; *IRC* nov. 2005. 11, no 6.
16. Civ. 3e, 10 oct. 1984, no 83-10.202, *Rev. loyers* 1985.
17. Paris, 4 avr. 1990, RG no 88/12547, *Juris-Data* no 021165, *Loyers et copr.* 1990. 278 – Paris, 4 avr. 2007, RG no 06/01137, *Loyers et copr.* 2007. 157 – Roux, « Le mandataire infidèle », *Loyers et copr.* nov. 2008. 8.
18. Lot, « Copropriété, vote pour, vote contre », *Administrer* 1985, 156 – Roux, « Le copropriétaire opposant », *Loyers et copr.* déc. 2006. 5 s.

desquelles ils ont voté. Le droit d'agir en nullité appartient au copropriétaire non convoqué parce que le syndic n'avait pas reçu la notification préalable à l'article 20, la naissance des droits du copropriétaire étant indépendante de cette notification [1], mais il a été plus récemment jugé qu'en l'absence d'une telle notification, le syndic n'avait pas à convoquer ce copropriétaire à l'assemblée générale [2]. La notion d'opposant est d'abord apparue complexe [3] et imprécise. Le vote « contre » demande à être affiné. L'article 17 du décret du 17 mars 1967 précise que l'opposant est celui qui s'est « *opposé à la décision* ». Possède la qualité d'opposant le copropriétaire qui a voté *contre* la décision adoptée par la majorité aussi bien que celui qui a voté *pour* une proposition rejetée majoritairement par l'assemblée (est opposant « le copropriétaire ayant voté pour une résolution non adoptée par la majorité des autres copropriétaires représentant plus de la moitié des voix » [4]).

Il n'est pas nécessaire que l'opposant ait formulé des réserves au cours de la discussion [5], ni qu'il établisse le grief que lui causerait la décision contestée [6]. L'opposition aux modalités de consultation de l'assemblée générale, contraires aux dispositions légales, s'interprète comme une opposition aux décisions ainsi prises [7]. Opposant à une décision, le copropriétaire peut contester celles qui lui sont indivisiblement liées, même s'il s'est abstenu pour ces dernières [8].

c) Les copropriétaires défaillants ont aussi qualité pour contester les décisions de l'assemblée générale. Est, en principe, considéré comme défaillant le copropriétaire non convoqué ou régulièrement convoqué, mais qui n'est ni présent, ni représenté à l'assemblée [9], pour quelle que raison que ce soit. La définition de la défaillance à l'assemblée présente trois aspects :

Le mandant [10] : le copropriétaire qui a été représenté, n'est pas défaillant [11], mais le mandant non présent est considéré comme défaillant pour les questions non portées à l'ordre du jour, quelle que soit l'attitude de son mandataire, puisque celui-ci n'ayant pu recevoir pouvoir [12], ou encore pour les scrutins auxquels le mandataire n'a pas pris part.

d) Le copropriétaire qui ne prend pas part au vote [13] : l'article 17 alinéa 2 du décret du 17 mars 1967 prévoyait expressément la mention au procès-verbal du nom des copropriétaires qui n'ont pas pris part au vote et qu'il distinguait des abstentionnistes. Du rapprochement des articles 17 et 18 du décret, on pouvait déduire qu'il s'agissait des copropriétaires défaillants, ce qui ne présente aucune difficulté. Il n'en va pas de même si ce copropriétaire est présent, mais refuse d'émarger la feuille de présence et déclare ne pas prendre part au vote. Cette attitude pouvait, semble-t-il, s'assimiler à une abstention [14], mais la Cour de cassation, se référant au procès-verbal, a considéré ce copropriétaire comme défaillant, bien que présent, dès lors qu'il n'a pas signé la feuille de présence et que ses voix personnelles n'ont pas été prises en compte [15]. La nouvelle rédaction de l'article 17 du décret, par le décret du 27 mai 2004, a supprimé cette catégorie de copropriétaires.

Les arrivées tardives et les départs anticipés [16]. Lorsqu'un copropriétaire ou son mandataire s'absente

1. Civ. 3e, 7 déc. 1971, *JCP* 1972. II. 17001, note Guillot; *D.* 1972. Somm. 109; *Rev. loyers* 1972. 283, note Viatte.
2. Civ. 3e, 26 sept. 2007, no 06-16.394, NP, *Administrer* 2007, 90, no 405, obs. Bouyeure.
3. LOMBOIS, D. 1966, lég. 93 s., 425 s.
4. Civ. 3e, 24 janv. 2001, no 99-14.692, *Bull. civ.* III, no 7; *AJDI* 2001. 440, obs. Giverdon; *D.* 2002. 1523, *Administrer* juill. 2001. 37, obs. Bouyeure; *IRC* juin 2001, note Capoulade; *Dossier Csab* 2001, no 241 – Civ. 3e, 12 mars 2003, no 01-13.612, *Administrer* juill. 2003. 43, obs. Bouyeure – Paris, 13 déc. 2001, *Juris-Data* no 179861, *AJDI* 2002. 466, obs. Capoulade – Paris, 14 févr. 2002, *Juris-Data* no 179862, *AJDI* 2002. 469 – EN CAS de refus d'autorisation de travaux : Civ. 3e, 26 mars 1997, no 95-15.757, *RDI* 1997. 285 – Paris, 1er févr. 2001, RG no 1999/17479, *IRC* juin 2001. 13.
5. Civ. 3e, 26 oct. 1983, *JCP* 1984. II. 20305, note Atias; *Administrer* avr. 1984. 42; *Defrénois* 1984. 33342, note Souleau.
6. Civ. 3e, 3 oct. 1974, *D.* 1975, II, 18007; *Defrénois* 1975. 454, obs. Souleau – Civ. 3e, 4 févr. 1987, *D.* 1988. 140, note Atias – Paris, 10 mars 1988, *Juris-Data* no 021454, *JCP N* 1989. II. 212.
7. Civ. 3e, 6 déc. 2005, no 04-20.007, *AJDI* 2006. 205; *Loyers et copr.* 2006. 41 – Civ. 3e, 10 sept. 2008, no 07-16.448, *Bull. civ.* III, no 127; *AJDI* 2009. 459, obs. Capoulade; *D.* 2008. 2742; *D.* 2010. 112.
8. Douai, 20 nov. 1995, *Administrer* juin 1996. 48.
9. LAFOND, ROUX ET STEMMER, ss L. art. 42, no 130.
10. Vigneron, « La « défaillance » du copropriétaire par procuration », *Loyers et copr.* fevr. 1995. 1.
11. Civ. 3e, 14 oct. 1980, *Administrer* mars 1981. 28.
12. Paris, 30 avr. 1990, RG no 89/22993, *Juris-Data* no 023935, *Loyers et copr.* 1990. 278 – Rouen, 14 févr. 1996, *JCP N* 1997. 275, note Djego – Paris, 23e ch. A, 27 avr. 2002, *Administrer* mars 1981. 28.
13. Civ. 3e, 5 oct. 1994, no 92-22.095, *Bull. civ.* III, no 164; *RDI* 1994. 696; *D.* 1997. Somm. 247, obs. Bouyeure; *Administrer* juill. 1995. 41, note Gélinet; *JCP N* 1995. II. 383; *IRC* 1994. 15, note Atias.
14. Morand, « Décompte des votes : le problème des copropriétaires qui ne prennent pas part au vote », *IRC* 1987. 74 – Atias, « La position juridique du copropriétaire ne prenant pas part au vote », *D.* 1994, Chron. 123 – Civ. 3e, 22 juill. 1998, no 97-11.120, *Administrer* févr. 1999. 49, note Capoulade; *RDI* 1998. 686; *Dossier Csab* 1998, no 139; *Loyers et copr.* oct. 1998. 247.
15. Civ. 3e, 11 janv. 1977, *IRC* 1977. 45 – Rép. civ., Atias, *V° Copropriété*, nos 406 et 407 – KISCHINEWSKY-BROQUISSE, no 435 – LAFOND, ROUX ET STEMMER, ss L. art. 42, no 24 – Terré et Simler, *Les biens*, 8e éd., no 685.
16. Bouyeure, *IRC* 1991. 264; *D.* 1997. Somm. 247, obs. Bouyeure; *Administrer* juill. 1995. 41, note Gélinet; *JCP N* 1995. II. 383; *IRC* 1994. 15, note Atias.

avant le vote et n'y prend pas part, la demande de ce copropriétaire en annulation de la décision est recevable, précaution prise de faire noter cette absence momentanée sur la feuille de présence[1]. Il est alors considéré comme défaillant.

947 Qualité pour agir (suite) – Abstentionnistes, associés d'une société propriétaire. a) **Les abstentionnistes.** L'abstention équivaut-elle à une opposition ?[2]

Cette assimilation peut se justifier, en fait, du point de vue arithmétique, notamment lorsque l'unanimité est requise[3], mais il pourrait alors sembler incohérent de refuser l'action en contestation à l'abstentionniste. Il en va différemment du point de vue rationnel et psychologique, ce qui justifie l'irrecevabilité de l'action[4].

L'article 42 alinéa 2 de la loi du 10 juillet 1965, qui énonce les copropriétaires ayant qualité pour contester les décisions d'assemblée, ne vise pas les abstentionnistes, mais l'article 17 du décret du 17 mars 1967 ne les méconnaît pas. L'abstention manifeste l'indifférence et dès lors, la recevabilité de la contestation ne se justifie pas. Il résulte d'une jurisprudence bien établie de la Cour de cassation qu'est *irrecevable* l'action en nullité engagée par un copropriétaire présent ou représenté qui s'est abstenu dans le vote de la décision adoptée[5]. Se référant aux énonciations du procès-verbal - sous réserve de la preuve contraire -, la Cour de cassation considère que l'abstention ne peut, en principe, être assimilée à une opposition[6]. On ne peut admettre la recevabilité de celui qui, mentionné au procès-verbal comme abstentionniste, avait lui-même proposé le projet rejeté.

Parfois, la détermination de l'abstentionniste présente des difficultés. L'action est ainsi déclarée recevable lorsque l'abstentionniste a formulé des réserves à l'encontre de l'adoption d'une décision le concernant personnellement[7] ou lorsque la décision est liée de façon indivisible à une précédente décision à laquelle il s'est opposé[8]. En revanche, la situation du copropriétaire présent, mais qui déclare ne pas prendre part au vote, n'émarge pas la feuille de présence et dont les voix ne sont pas décomptées, s'analyse en une défaillance (v. s^s n° 946 c).

b) Les associés d'une société propriétaire d'un lot. L'associé d'une société d'attribution (L. 10 juill. 1965, art. 23) participe à l'assemblée générale, mais, titulaire d'un droit de jouissance sur des lots d'un immeuble en copropriété et simple porteur de parts, il ne possède pas la qualité de copropriétaire à titre personnel. La qualité pour exercer l'action de l'article 42, alinéa 2, de la loi du 10 juillet 1965 appartient à la seule société propriétaire, dès lors que l'un des associés a été opposant ou défaillant. La Cour de cassation en a déduit que l'associé, même opposant ou défaillant, n'avait pas lui-même la qualité requise pour contester[9]. Cette solution a été étendue en cas de rachat de parts d'un associé d'origine[10]. Il en irait autrement si l'associé avait la qualité de liquidateur, car il représenterait alors la société.

La contestation n'est pas non plus ouverte à l'associé d'une société civile immobilière[11].

SECTION 3
DÉLAI POUR AGIR

§ 1
Durée et point de départ[12]

948 Point de départ. Aux termes de l'article 42 alinéa 2 de la loi du 10 juillet 1965, modifiée par la loi du 31 décembre 1985 : « *Les actions qui ont pour*

1. Civ. 3e, 5 oct. 1994, n° 92-22.095, *Bull. civ.* III, n° 164; *RDI* 1994. 696; *D.* 1997. 247.
2. GIVORD et GIVERDON, 1re éd. – Atias, *IRC* déc. 2000.
3. Civ. 3e, 7 mai 1962, *AJPI* 1962. 739, note Cabanac.
4. EN CE SENS : GUILLOT, art. 22-23 n° 15-21 – LAFOND, ROUX ET STEMMER, s^s D. art. 17, n°s 4 et 6 – Bouyeure, *op. cit.*, n° 411.
5. Civ. 3e, 25 avr. 1972, n° 70-14.334, *Bull. civ.* III, n° 254; *JCP* 1972. II. 17130, note Guillot; *D.* 1970. Somm. 184; *Rev. loyers* 1973. 110; *RTD civ.* 1972. 618, note Bredin; *Journ. not.* 1972. 1523, note Viatte – EN CE SENS : Civ. 3e, 14 oct. 1980, *Administrer* mars 1981, n° 111.
6. Civ. 3e, 3 juill. 1996, n° 94-17.868, *Bull. civ.* III, n° 172; *AJPI* 1996. 1023; *RDI* 1996. 608; *Administrer* mai 1997. 46, note Bouyeure; Chron. Périnet-Marquet; *JCP* 1997. I. 4010, n° 17; *Dossier Csab* 1996, n° 230 – CASSANT, Versailles, 9 juin 1994, RG n° 1672/93, *Juris-Data* n° 045447, *D.* 1996. Somm. 163, obs. Bouyeure.
7. Paris, 26 oct. 1979, *D.* 1980. IR 275, note Guillot; *RTD civ.* 1980. 140; *Administrer* juill. 1980. 31 – Paris, 3 déc. 1993, *Loyers et copr.* 1994. 85 – Civ. 3e, 10 sept. 2008, n° 07-16.448, *Bull. civ.* III, n° 127; *D.* 2008, Chron., 2742; *AJDI* 2009. 459; *D.* 2010. 112.
8. Douai, 20 nov. 1995, *D.* 1996. Somm. 163, obs. Bouyeure.
9. Martin, « Le recours contre les décisions de l'assemblée générale de syndicat des copropriétaires par une société d'attribution ou ses associés », *Ann. loyers* 1986. 55 – Civ. 3e, 22 janv. 1992, n° 88-13.980, *AJDI* 1992. 857; *AJDI* 1993. 28; *IRC* 1992. 351, note Capoulade; *RDI* 1992. 249; *Administrer* nov. 1992. 73 – Civ. 3e, 3 févr. 1993, n° 91-10.604, *RDI* 1993. 266; *IRC* avr. 1993. 118, note Capoulade – Civ. 3e, 7 déc. 1994, n° 92-15.482, *D.* 1997. Somm. 249, obs. Capoulade. – Paris, 18 mars 1994, *D.* 1994. Somm. 200, obs. Giverdon.
10. EN CE SENS : pour tout associé non-retrayant, Paris, 11 févr. 1988, *Loyers et copr.* 1988. 187.
11. Civ. 3e, 9 nov. 2005, n° 04-13.570, *Bull. civ.* III, n° 217.
12. Lebatteux, Barnier-Sztabowicz, « Des délais de convocation et de contestation des assemblées générales », *Administrer* févr. 1999. 20 – Bouyeure, *op. cit.*, n° 394.

objet de contester les décisions des assemblées générales doivent, à peine de déchéance, être introduites [...] dans un délai de deux mois à compter de la notification desdites décisions qui leur est faite à la diligence du syndic dans un délai de deux mois à compter de la tenue de l'assemblée générale. » L'article 18 du décret du 17 mars 1967 complète cette disposition en prévoyant que le délai prévu à l'article 42, alinéa 2, de la loi pour contester les décisions de l'assemblée générale « *court à compter de la notification régulière à chacun des copropriétaires opposants ou défaillants* », même en cas de découverte tardive de l'irrégularité [1].

Le syndic adresse la notification au gérant de la société d'attribution, propriétaire de lots, lorsque l'un ou plusieurs associés ont été opposants ou défaillants. En outre, un extrait du procès-verbal est notifié au représentant légal ou statutaire de la société, s'il n'a pas assisté à la réunion (Décr. 17 mars 1967, art. 18).

Le délai a pour point de départ *le lendemain du jour de la première présentation* de la lettre recommandée, avec demande d'avis de réception, au domicile du destinataire (depuis la modification de Décr. 17 mars 1967, art. 64, al. 1, par Décr. n° 2000-293, 4 avr. 2000) le lendemain du jour de la réception de la télécopie par le destinataire (Décr. n° 2007-285, 1er mars 2007, art. 2, 2°). Auparavant, la Cour de cassation avait retenu la date de la réception par le destinataire [2] et faisait application du délai de l'article 642 du code de procédure civile [3]. Conséquence sur le délai de la demande d'obtention de l'aide juridictionnelle [4].

Le juge ne peut déclarer le demandeur comme forclos, sans rechercher et préciser à quelle date a été notifié le procès-verbal de l'assemblée générale [5].

Il appartient au syndicat d'établir la notification du procès-verbal aux copropriétaires opposants ou défaillants [6]. En particulier, la notification peut résulter d'un acte d'huissier de justice, encore faut-il que le procès-verbal ait été remis au copropriétaire par un acte valant notification [7].

1. Civ. 3e, 19 déc. 2007, n° 06-21.410, *Bull. civ.* III, n° 228; *D.* 2008, pan. 2690, obs. Capoulade, Chr. A.; *AJDI* 2008. 772, obs. Capoulade; *Administrer* mars 2008. 36, note Bouyeure.
2. Civ. 3e, 11 mars 2003, n° 01-17.529, NP.
3. Civ. 3e, 26 mars 1997, n° 94-21.498, *Bull. civ.* III, n° 73; *Administrer* janv. 1998. 53, note Gélinet.
4. Versailles, 4e ch., 29 oct. 2007, *Administrer* janv. 2008. 56, obs. Bouyeure.
5. Civ. 3e, 17 juill. 1997, n° 95-20.329, NP, *RDI* 1997. 626 – Civ. 3e, 18 janv. 2006, n° 04-17.461, NP, *Loyers et copr.* 2006. 62.
6. Civ. 3e, 21 janv. 2004, n° 02-16.571, *Bull. civ.* III, n° 11; *IRC* nov. 2005. 12.
7. Civ. 3e, 26 mai 2004, n° 02-11.324, *AJDI* 2005. 393 obs. Giverdon.

L'existence d'un grief ou d'un préjudice n'est pas requise pour la recevabilité de la demande [8]. Il s'agit, en effet, de dispositions de fond et non de procédure. Le copropriétaire a, en effet, intérêt à ce que les dispositions impératives et protectrices de la loi soient respectées, ce qui justifie l'intérêt à agir.

En cas de contestation de la signature apposée sur l'accusé de réception, il appartient au juge d'ordonner une vérification de l'écrit contesté [9].

Ces dispositions ont suscité une abondante jurisprudence dont le résultat a été de préciser le domaine de la déchéance ainsi édictée, les formes de la notification, le mode de calcul du délai, le point de savoir si la décision contestée peut être exécutée pendant le cours du délai et enfin les effets de l'annulation de la décision contestée.

949 Domaine de la déchéance. Le délai de deux mois prévu par l'article 42, alinéa 2, constitue un délai préfix [10] devenu « délai de forclusion » (L. 17 juin 2008, C. civ. art. 2220), et non un délai de prescription, dont la déchéance du droit d'agir sanctionne l'expiration [11]. Les irrégularités affectant l'assignation doivent être couvertes dans le délai de l'article 42 (al. 2), à peine d'irrecevabilité de la demande [12]. La déchéance est opposable à l'acquéreur du lot, dès lors que le vendeur a laissé s'écouler le délai [13]. Ce délai n'est donc pas susceptible de suspension et il ne peut être interrompu que par une instance judiciaire [14], notamment par une assignation devant le tribunal de grande instance du lieu de situation de l'immeuble (précision faite que l'interruption peut résulter de l'assignation devant un tribunal incompétent, si l'assignation est délivrée dans le délai imparti [15]). Il peut aussi être interrompu par une demande d'aide juridiction-

8. Paris, 1er juin 1993, RG n° 92-2387, *Juris-Data* n° 022191, *Loyers et copr.* 1993. 409; *RDI* 1993. 542 – Paris, 14 févr. 1994, RG n° 93-2377, *Juris-Data* n° 020226, *Loyers et copr.* 1994. 357 – Paris, 13 janv. 1995, *Juris-Data* n° 020461, *Loyers et copr.* 1995. 342 – Civ. 3e, 5 juill. 1989, *Rev. loyers* 1989. 430.
9. Civ. 3e, 9 mars 2005, n° 03-16.806, *Bull. civ.* III, n° 64; *D.* 2006. 545, *Administrer* juill. 2005. 51, obs. Bouyeure; *Loyers et copr.* 2005. 97, obs. Vigneron.
10. Civ. 3e, 15 mai 2002, n° 00-22.175, *Bull. civ.* III, n° 101; *AJDI* 2002. 616; *D.* 2002. 2499; *D.* 2003. 1326, *Dossier Csab* n° 101, oct. 2002, n° 131 – Civ. 3e, 3 déc. 2002, n° 01-14.042, *AJDI* avr. 2002, obs. Capoulade; *Dossier Csab* n° 104, févr. 2003, n° 31; *AJDI* 2003. 422.
11. Civ. 3e, 27 mai 1974, n° 73-10.888, *Bull. civ.* III, n° 223, *JCP* 1974. II. 17836, note Guillot.
12. Paris, 25 nov. 2004, n° 04-02.819, *AJDI* 2005. 143.
13. Paris, 30 avr. 1993, RG n° 92/005140, *Juris-Data* n° 022023, *RDI* 1993. 418.
14. V. note Atias, ss Paris, 10 nov. 1995, *Juris-Data* n° 023561, *D.* 1996. Somm. 89.
15. Civ. 3e, 8 juill. 1998, n° 97-10.781, *RDI* 1998. 686, obs. Giverdon; *Administrer* mai 1999. 48; *D.* 1999. 373, note Rouquet; *Loyers et copr.* oct. 1998. 248.

nelle[1], par voie de conclusions[2] signifiées dans le délai légal[3], à titre de demande additionnelle ou de demande reconventionnelle si elle se rattache à la demande principale par un lien suffisant[4]. Formée pour la première fois en appel, la demande en nullité constituant une prétention nouvelle, est, comme telle, irrecevable[5]. Il n'est pas certain que la nullité puisse être invoquée par voie d'exception[6], sauf comme moyen de défense.

L'action est exercée contre le syndicat des copropriétaires, représenté par son syndic en exercice, et non pas contre le syndic, pris à titre personnel[7]. Il convient que la demande qui doit être motivée en droit[8], indique si la critique porte sur l'assemblée dans son ensemble ou sur telle ou telle décision.

L'acte introductif d'instance qui sollicite l'annulation de certaines décisions, rend irrecevable, après l'expiration du délai légal, l'extension de la contestation à d'autres décisions, voire à l'assemblée elle-même[9].

La signification de l'acte introductif, et non le placement de l'assignation au greffe, doit intervenir dans le délai de deux mois à compter de la notification du procès-verbal de l'assemblée. L'enrôlement de l'affaire obéit à la règle de l'article 757 du code de procédure civile et se réalise dans les quatre mois de l'assignation, afin que celle-ci évite la caducité et supprime l'effet interruptif[10].

La déchéance encourue l'est à propos de toute décision irrégulièrement adoptée et pour toute contestation relative à la validité même de l'assemblée. Selon un arrêt de principe[11], la loi n'opère aucune distinction entre les actions ayant pour objet la contestation des décisions d'assemblée. *La déchéance est générale et absolue quelle que soit la gravité du vice.* Elle « s'applique, sans distinction, à tous les cas d'irrégularité formelle qui ne font pas obstacle à l'existence d'une décision »[12]. Il en est ainsi, par exemple, pour la décision prise sur une question non inscrite à l'ordre du jour[13], pour les erreurs entachant le décompte individuel après approbation des comptes généraux[14].

Toutefois, pendant une trentaine d'année, la jurisprudence a tempéré ce que cette solution avait de rigoureux (v. s^s^ n° 944)[15]. La Cour de cassation a jugé que le délai préfix n'était pas « opposable aux copropriétaires qui n'avaient pas été régulièrement convoqués à l'assemblée »[16]. Que fallait-il entendre par l'expression « régulièrement convoqué » ?[17] L'analyse de la jurisprudence de la Cour de cassation montrait qu'il en était ainsi lorsqu'un copropriétaire n'avait pas été convoqué[18], lorsque le délai d'au moins quinze jours (maintenant vingt et un jours) n'avait pas été respecté[19], lorsque la convocation émanait d'une personne sans qualité à cet effet[20] (mais le délai de deux mois s'applique au copropriétaire qui, sans qualité à cet effet, a convoqué l'assemblée[21]).

Plus récemment, la Cour de cassation a exclu la déchéance tirée du délai préfix lorsqu'une décision, assimilée à une clause, est réputée non écrite[22].

1. Paris, 28 juin 1988, RG n° L 16157, *Juris-Data* n° 023248, *RDI* 1988. 503 – Paris, 1er avr. 1999, RG n° 1997/26793, *Loyers et copr.* 1999. 243.
2. Civ. 3e, 13 mars 1979, *JCP* 1979. IV. 176 – EN SENS CONTRAIRE : Civ. 3e, 4 juill. 2007, n° 06-13.186, NP.
3. Paris, 1er mars 1996, RG n° 95/021975, *Juris-Data* n° 020639, *Gaz. Pal.* 1996. 2. Somm. 501, note Vray et Table analytique copropriété, n° 47.
4. Civ. 3e, 2 févr. 1999, n° 97-15.143, NP, *Loyers et copr.* 1999. 136 – Civ. 3e, 6 déc. 2000, n° 98-20.726, *Dossier Csab* mars 2001, n° 165 – Paris, 10 nov. 1995, *Juris-Data* n° 023561, *D.* 1996. Somm. 89, obs. Atias.
5. Civ. 3e, 14 juin 2000, n° 99-11.311, *Administrer* nov. 2000, note Bouyeure.
6. Civ. 3e, 13 mars 1979, *JCP* 1979. IV. 176 – EN SENS CONTRAIRE : Civ. 3e, 4 janv. 2007, n° 06-13.186, NP.
7. Civ. 3e, 20 juill. 1994, n° 92-18.872, *RDI* 1996. 698, *D.* 1996. Somm. 162, obs. Giverdon – Civ. 3e, 11 déc. 1984, *Administrer* juill. 1985. 34, obs. Guillot – Civ. 3e, 27 juin 2001, n° 00-11.514, NP.
8. Civ. 2e, 6 avr. 2006, n° 04-11.737, *Bull. civ.* II, n° 103.
9. Paris, 10 nov. 1995, *Juris-Data* n° 023561, *D.* 1996. Somm. 89, obs. Atias.
10. Civ. 3e, 15 mai 2002, n° 00-22.175, *AJDI* sept. 2002. 616, obs. Capoulade, Giverdon *D.* 2002. 2499, *D.* 2003. 1326 – Civ. 3e, 26 juin 2002, n° 00-22.557, *Bull. civ.* III, n° 152; *Administrer* janv. 2003. 45, note Capoulade – Civ. 3e, 3 déc. 2002, n° 01-14.012, *AJDI* avr. 2003, 422.
11. Civ. 3e, 9 janv. 1973, n° 71-12.689, *Bull. civ.* III, n° 32; *JCP* 1973. II. 17374, note Guillot; *AJPI* 1973. 614; *Gaz. Pal.* 1973. 2, 564; *Rev. loyers* 1973. 284.
12. Paris, 20 oct. 1982, *RDI* 1983. 104; *RTD civ.* 1983. 161.
13. Civ. 3e, 14 janv. 1998, n° 95-19.548, *Bull. civ.* III, n° 8; *AJDI* 1998. 1070; *RDI* 1998. 291.
14. Civ. 3e, 20 juill. 1999, n° 98-11.215, *RDI* 1999. 681.
15. SUR le domaine de la déchéance : Le Masson, s^s^ TGI Paris, 25 janv. 1995, *Administrer* juin 1996. 45.
16. Civ. 3e, 22 juin 1994, n° 92-18.872, *D.* 1996. Somm. 164, obs. Giverdon; *JCP N* 1994. II. 356, note Djigo; *RDI* 1994. 698.
17. V. *Administrer* mars 1995. 40.
18. Civ. 3e, 17 juill. 1975, n° 74-11.939, *Bull. civ.* III, n° 260; *D.* 1976. jur. 59, note Souleau; *JCP* 1975. II. 18169, note Guillot; *RTD civ.* 1976. 171, obs. Giverdon; *AJPI* 1976. 301, note Bouyeure – Civ. 3e, 7 juill. 1999, n° 97-19.799, *Bull. civ.* III, n° 163; *JCP* 1999. IV. 2649; *RDI* 1999. 681, obs. Capoulade – Paris, 23e ch. B, 15 mars 2001, RG n° 1999/18417, *Dossier Csab* n° 98, mars 2002, n° 54.
19. Civ. 3e, 16 nov. 1988, n° 87-16.671, *Bull. civ.* III, n° 160; *Defrénois* 1989. 781, note Souleau; *D.* 1988. IR 238; *RDI* 1988. 98.
20. Civ. 3e, 23 janv. 1991, n° 89-17.054, *Bull. civ.* III, n° 32; *D.* 1991. IR 45; *RDI* 1991. 259, note Capoulade s^s^ Civ. 3e, 22 juin 1994, n° 92-16.415, *Bull. civ.* III, n° 129; *Administrer* 1995, 40.
21. Civ. 3e, 15 janv. 2003, n° 01-14.955, *Bull. civ.* III, n° 3; *Administrer* mai 2003, obs. Bouyeure.
22. Civ. 3e, 27 sept. 2000, n° 98-22.792, *D.* 2001, J 408, note Capoulade, Giverdon [CRITIQUE] – *JCP N* 2001. 89, note Sizaire.

D'une manière générale, l'absence de « décision », au sens et pour l'application de l'article 42 alinéa 2, constitue une limite au domaine de la déchéance prévue par cette disposition. C'est alors le délai de principe qui s'applique, par exemple pour un accord conclu entre copropriétaire hors assemblée, pour un objet dépassant la compétence du syndicat, pour une pseudo-décision, matériellement inexistante, en l'absence de vote[1]. Par un très important arrêt de principe[2], la Cour de cassation a renoué avec sa conception première de la déchéance générale et absolue : « *Même fondée sur une absence de convocation ou sur une convocation irrégulière, les actions qui ont pour objet de contester les décisions des assemblées générales doivent à peine de déchéance être introduites par les copropriétaires opposants ou défaillants dans un délai de deux mois à compter de la notification desdites décisions, qui leur est faite à la diligence du syndic dans un délai de deux mois à compter de la tenue de l'assemblée générale* ». Cet arrêt répond aux interrogations de la doctrine[3] sur la détermination du champ de la déchéance et correspond à l'intention exprimée par le législateur[4]. Il a le mérite d'uniformiser le délai de contestation des décisions, mais on peut se demander si l'absence ou l'omission de convocation engendre seulement une annulabilité ou une véritable inexistence de l'assemblée qui ne réunit plus la collectivité des copropriétaires. Néanmoins, la Cour de cassation rejette toute notion d'inexistence en matière d'assemblée générale des copropriétaires[5]. En tout cas, cette jurisprudence conduit le juge de la contestation à vérifier, chaque fois que la question est soulevée, que l'action a bien été intentée dans le délai imparti[6] et, par conséquent, à rechercher la date de la première présentation au domicile du demandeur de la lettre recommandée, avec demande d'avis de réception, notifiant la décision de l'assemblée[7].

1. Civ. 3e, 26 févr. 2003, no 01-16.417, *Bull. civ.* III, no 49; *Administrer* 48, no 356 – RAPPR. : Civ. 3e, 30 avr. 2002, no 00-22.365, NP – Paris, 27 sept. 1994, *RDI* 1995. 161.
2. Civ. 3e, 12 oct. 2005, no 04-14.602, *Bull. civ.* III, no 191; *Administrer* janv. 2006. 40, note Capoulade; *D.* 2006. 1855, *AJDI* 2006. 35, obs.; Atias, *Ann. loyers* 2006; *Loyers et copr.* 2005. 227, obs. Vigneron.
3. Le Masson, *Administrer* juin 1996. 45 – Atias, *IRC* sept. 2002. 29; Bouyeure, *Administrer* mai 2005. 40 et 42 – Capoulade, *Administrer* juin 2005. 28.
4. Doc. parl. AN, no 1311, p. 22 et 84 (v. ss no 191); *JOAN* 1965, p. 841; *S.* 533.
5. Civ. 3e, 19 déc. 2007, no 06-21.410, *Bull. civ.* III, no 228; *AJDI* 2008. 772, obs. Capoulade; *D.* 2008, pan. 2690, obs. Capoulade, Ch. A.
6. Civ. 3e, 14 févr. 2006, no 05-11.474; *Loyers et copr.* 2006. 84; *Administrer* 53, no 390, note Capoulade.
7. Civ. 3e, 20 juin. 2007, no 06-13.641, *AJDI* 2008. 397 obs. Capoulade.

950 Formes et effets de la notification de la décision. Des dispositions combinées des articles 18 et 64 du décret du 17 mars 1967, il résulte que :

1. La notification des décisions doit être faite aux copropriétaires défaillants et celle de la ou des décisions auxquelles ils se sont opposés, aux copropriétaires opposants. Pratiquement, le syndic procède à la notification du procès-verbal, dans son intégralité.

Il est possible de procéder par exploit d'huissier de justice[8]. La pratique opère souvent ainsi après retour à l'expéditeur de la lettre recommandée, sans que ce soit une obligation[9].

2. La notification doit être faite par lettre recommandée, avec demande d'avis de réception, aux copropriétaires ou à une personne habilitée à cet effet[10] (par exemple au gérant de la société propriétaire de lots[11], ou au gérant d'immeuble s'il a reçu mandat à cet effet[12]). Une lettre simple[13] ou une lettre recommandée sans demande d'avis de réception, une remise contre émargement[14], un envoi par Chronopost[15] ou une communication de pièces en cours de procédure[16] ne sont pas de nature à constituer une notification régulière et ne font donc pas courir de délai de forclusion. Le décret no 2007-285 du 1er mars 2007, ajoutant à l'article 64 du décret, prévoit aussi la notification par *télécopie avec récépissé.* Dans ce cas, le délai d'action court du lendemain du jour de la réception de la télécopie par le destinataire (sur les incertitudes[17]).

3. La notification est faite à la diligence du syndic ou de l'administrateur provisoire, selon le cas. Il appartient à l'un et à l'autre d'établir la régularité de la notification.

4. La notification doit contenir le texte de la décision, indiquer le résultat du vote et « reproduire le texte de l'article 42 alinéa 2 » de la loi. La jurisprudence des cours et tribunaux considère que la

8. Civ. 3e, 14 févr. 1996, *Bull. civ.* III, no 43; *RDI* 1996. 273, obs. Capoulade – Civ. 3e, 26 mai 2004, *AJDI* 2005. 393, obs. Giverdon.
9. OBSERVATIONS CRITIQUES : Givord et Giverdon, *RDI* 1983. 104; Guillot, *Administrer* déc. 1982. 27 ss Versailles, 12 juill. 1982 – Civ. 3e, 26 mai 2004, no 02-11.324, *AJDI* 2005. 393, obs. Giverdon.
10. Civ. 3e, 2 déc. 1992, no 90-22.031, *RDI* 1993. 131.
11. Civ. 3e, 4 nov. 1977, no 76-10.487, *Rev. loyers* 1978. 108, note Viatte; *RTD civ.* 1978. 171, obs. Giverdon.
12. Paris, 10 mars 1995, *Juris-Data* no 020856, *D.* 1998. Somm. 273, obs. Giverdon.
13. Civ. 3e, 14 févr. 1996, no 94-11.617, *Bull. civ.* III, no 43; *RDI* 1996. 273; *Gaz. Pal.* 1996. 2. pan. 279; *Dossier Csab* 1996, no 173.
14. Paris, 7 nov. 1990, *D.* 1992. Somm. 138, obs. Lafond.
15. TGI Évry, 3 nov. 1997, *Administrer* avr. 1998. 44, obs. Bouyeure.
16. Paris, 15 mars 1989, RG no 86/017540, *Juris-Data* no 020986, *RDI* 1989. 499.
17. TGI Paris, 19 nov. 2009, *AJDI* 2010. 390 – *Gaz. Pal.* 2010. 1, 244, obs. Morfoisse.

reproduction intégrale de ce texte, comprenant l'adjonction de la loi du 31 décembre 1985, constitue une formalité substantielle; son absence rend la notification irrégulière et empêche le délai préfix de courir[1] (toutefois, la volonté du législateur est respectée si la notification s'accompagne d'une lettre circulaire reproduisant l'article 42 alinéa 2[2]). Cependant, la Cour de cassation a admis la validité de la notification reproduisant le texte antérieur à 1985, dès lors que la notification était opérée dans les deux mois de la tenue de l'assemblée[3].

5. Depuis la loi du 31 décembre 1985, la notification doit avoir lieu dans un délai de « deux mois à compter de la tenue de l'assemblée ». Cette obligation est dépourvue de sanction[4]. Ni la décision, ni la notification tardive n'encourt nullité, caducité ou inopposabilité, en cas d'inobservation de ce délai[5]. « La tardiveté de la notification du procès-verbal d'une assemblée générale à un copropriétaire n'a aucune autre conséquence juridique que de lui ouvrir au jour de cette notification le droit de contester dans le délai préfix de deux mois les décisions de cette assemblée »[6] et de différer, le cas échéant, l'exécution des travaux décidés à la majorité des articles 25 et 26 de la loi. Le syndic engagerait toutefois sa responsabilité en cas de préjudice.

6. L'effet de la notification, faite dans les formes prescrites, est de faire courir le délai imparti par l'article 42, alinéa 2, pour exercer l'action en contestation des décisions d'assemblée générale. (Il a été jugé que la notification à la diligence d'un syndic irrégulièrement désigné fait courir le délai)[7]. À défaut de notification régulière, les copropriétaires opposants ou défaillants peuvent agir en nullité pendant le délai de dix ans (L. 10 juill. 1965, art. 42, al. 1er) à compter de l'assemblée. Rien ne s'oppose à ce que l'action soit introduite avant toute notification[8].

Mais il est impossible d'éluder le respect du délai, soit par une demande d'expertise[9], soit en ajoutant une demande tardive à une première demande recevable[10].

7. Depuis le décret n° 2000-293 du 4 avril 2000, modifiant l'article 63 (devenu art. 64) alinéa 1, seconde phrase, le délai préfix « a pour point de départ le lendemain du jour de la première présentation de la lettre recommandée au domicile du destinataire » ou le lendemain du jour de la réception de la télécopie par le destinataire.

La demande d'annulation du décret du 4 avril 2000 a été rejetée par un arrêt du Conseil d'État du 30 décembre 2002[11] qui juge les articles 668 et 669 du code de procédure civile inapplicables aux notifications nécessaires au fonctionnement du régime de la copropriété.

Le délai pour agir expire le jour du deuxième mois, qui porte le même quantième que le jour du point de départ du délai (en cas de quantième non identique, il semble bien que le délai expire le dernier jour du deuxième mois - C. pr. civ., art. 641, al. 2, *in fine* - et que le délai soit prorogé au premier jour ouvrable lorsqu'il expire un jour non ouvré[12]).

8. Si le destinataire de la notification conteste sa signature figurant sur l'avis de réception, le juge fait procéder à une vérification d'écriture et de signature, procédure prévue par les articles 1324 du code civil et 287 et 288 du code de procédure civile[13].

§ 2
Effet suspensif du délai préfix et de la procédure[14]

951 Portée. Dans son texte initial, la loi du 10 juillet 1965 ne comportait aucune disposition sur l'effet suspensif, tant du délai de deux mois que de l'introduction d'une procédure en application de cet article. Sur ces problèmes, la jurisprudence

1. POUR LA DOCTRINE : Bouyeure, *Administrer* nov. 1995. 63 – LAFOND, ROUX ET STEMMER, s[s] D. art. 18, n° 1 – VIGNERON, n° 542 – POUR LA JURISPRUDENCE : NOT. Paris, 1er juin 1993, RG n° 92-2387, *Juris-Data* n° 022191, *RDI* 1993. 542 – Paris, 25 nov. 1994, RG n° 93/019209, *Juris-Data* n° 024460, *RDI* 1995. 162.
2. Civ. 3e, 4 juin 2003, n° 02-11.134, *AJDI* 2003. 676, obs. Capoulade.
3. Civ. 3e, 31 mai 2000, n° 98-19.223, *Bull. civ.* III, n° 118; *RDI* 2000. 390, obs. Capoulade; *Administrer* 2000, 60, n° 326, note Capoulade.
4. Paris, 10 nov. 1989, RG n° 88/005320, *Juris-Data* n° 025560, *Loyers et copr.* 1990. 58 – Paris, 23e ch. B, 15 nov. 2001, *Dossier Csab* n° 98, mars 2002, n° 60.
5. Versailles, 14 nov. 1991, RG n° 10668/90, *Juris-Data* n° 047344, *JCP* 1992. IV. 814 – EN L'ABSENCE de toute notification : Civ. 3e, 7 févr. 1990, n° 87-19.565, *Loyers et copr.* 1990. 191.
6. Civ. 3e, 4 juin 2003, n° 02-11.134, *AJDI* 2003. 676, obs. Capoulade.
7. Paris, 3 avr. 2008, n° 06-21.041, *AJDI* 2008. 490.
8. GUILLOT, art. 42, n° 5-09 – Sizaire, nos 32 s. – Civ. 3e, 13 nov. 1975, n° 74-11.703, *Bull. civ.* III, n° 331 – Civ. 3e, 7 janv. 1976, n° 74-12.541, *Bull. civ.* III, n° 7.
9. Paris, 11 janv. 1979, *D.* 1980. IR 143.
10. Paris, 30 sept. 1977, *Gaz. Pal.* 1978, I. Somm. 214; *Rev. loyers* 1978. 391.
11. CE 30 déc. 2002, Req n° 221746, *AJDI* 2003. 424, obs. Capoulade.
12. Civ. 3e, 26 mars 1997, n° 94-21.498, *Bull. civ.* III, n° 73; *D.* 1997. 329; *Administrer* janv. 1998. 53, note Gélinet – BOUYEURE, nos 394 s.
13. Civ. 3e, 9 mars 2005, *Administrer* juill. 2005. 51.
14. Atias, « La suspension d'exécution des délibérations contestées d'une assemblée générale de copropriétaires », *D.* 1992, Chron. 321 – Lafond, « L'exécution des délibérations de l'assemblée de copropriété ayant décidé des travaux », *Loyers et copr.* mars 1997, 4.

demeurait incertaine pour ne pas dire contradictoire[1].

La loi du 31 décembre 1985 a complété, sur ce point, l'article 42 alinéa 2, en précisant que « sauf en cas d'urgence, l'exécution par le syndic des travaux décidés par l'assemblée générale en application des articles 25 et 26 est suspendue jusqu'à l'expiration du délai » donné aux copropriétaires pour contester les décisions de l'assemblée générale.

De ce texte, il résulte les directives suivantes :

1. Le silence même du texte pour les décisions autres que celles concernant les travaux décidés en application des articles 25 et 26 conduit à écarter l'effet suspensif de deux mois pour les autres travaux, notamment ceux décidés à la majorité de d'article 24 (il s'agit de travaux d'entretien ou de réparations courants[2]) ou autorisés en vertu de l'article 25 b (ces travaux, aux frais d'un, ou plusieurs copropriétaires, et non à frais communs, sont autorisés et non décidés par l'assemblée[3]). La même exclusion de l'effet suspensif paraît aussi concerner les travaux obligatoires de l'article 25 dont les seules modalités d'exécution sont décidées par l'assemblée.

2. Toutefois, la suspension des travaux ainsi décidés par application des articles 25 et 26 ne s'applique pas en cas d'urgence. Il appartient au juge d'apprécier souverainement cette situation.

Dans ce cas, le juge des référés paraît compétent[4], même en l'absence de toute disposition donnant une compétence exceptionnelle au juge des référés pour statuer sur la suspension des travaux.

3. La suspension d'exécution s'applique exclusivement pendant le délai de deux mois pour exercer l'action en contestation de la décision. Elle ne se prolonge pas pendant la durée de l'instance en annulation. Cet illogisme a été souvent dénoncé. La solution contraire pourrait entraîner des retards considérables, avec, le cas échéant, une conséquence sur le coût des travaux et sur les appels de fonds en cas de vente du lot. L'expérience démontre que les syndics prudents hésitent à exécuter les décisions querellées lorsque la contestation apparaît sérieuse. En outre, il y a lieu de rappeler qu'en cas d'action dilatoire ou abusive, le copropriétaire débouté peut être condamné à indemniser le syndicat pour le préjudice causé par le surcoût et, s'il s'agit de travaux visés à l'article 26 c (améliorations), à une amende civile de 150 euros à 3 000 euros.

Toute partie à un procès conserve le droit de discuter les pièces versées aux débats sans être pour autant taxée de mauvaise foi et l'attribution aux appelants d'un but supposé, autre que l'annulation de la décision contestée, ne constitue pas la démonstration de leur intention de nuire[5].

Les copropriétaires qui contestent les décisions d'assemblée, pourraient, en tout cas, utilement demander une autorisation d'assigner à jour fixe.

SECTION 4
EFFETS DE L'ANNULATION

952 Portée et conséquences[6]**.** Selon une jurisprudence constante, les décisions de l'assemblée générale s'imposent aux copropriétaires tant que leur nullité n'a pas été constatée ou leur annulation prononcée[7] par une décision judiciaire passée en force de chose jugée. Après qu'elle ait été prononcée, la nullité de la décision contestée est opposable à tous les copropriétaires[8]. La décision de l'assemblée statuant sur plusieurs objets par un vote unique forme un tout et il ne peut y avoir, dans ce cas, une annulation partielle[9].

L'annulation d'une décision d'assemblée n'a pas autorité de la chose jugée à l'égard de la contestation d'assemblées ultérieures, même si ces dernières composées de manière identique, ont pris la même décision et si la demande d'annulation repose sur le même fondement juridique[10]. Cependant, l'annulation d'une décision n'interdit pas à une autre assemblée de prendre régulièrement une nouvelle décision identique, mais sans effet rétroactif[11].

L'annulation une fois prononcée entraîne la disparition rétroactive de la décision d'assemblée. Cependant, cette conséquence de toute annulation

1. GUILLOT, art. 42, n°s 7-01 s. – DANS LE SENS de l'effet suspensif, TGI Toulon, 21 mars 1978, *D.* 1979. IR 445, obs. Giverdon; *AJPI* 1979. 49, note Bouyeure – EN SENS CONTRAIRE : Paris, 21 févr. 1976, *D.* 1980. IR 452, obs. Giverdon – AYANT CONSTATÉ que la décision était devenu définitive, la Cour de cassation n'a pas eu à trancher cette difficulté : Civ. 3e, 16 févr. 1977, n° 75-14.251, *Bull. civ.* III, n° 80.
2. LAFOND, ROUX ET STEMMER, s^{s} L. art. 42, n° 18.
3. Civ. 3e, 28 janv. 2003, n° 01-16.489, NP.
4. Atias, *D.* 1992, ch. 321.
5. Civ. 3e, 28 janv. 2003, n° 01-16.489, NP.
6. Bouyeure, n°s 421 s.
7. Civ. 3e, 10 oct. 1990, n° 88-19.999, *Bull. civ.* III, n° 183; *IRC* 1991. 115, note Capoulade; *RDI* 1991. 101 et arrêts cités.
8. Civ. 3e, 12 déc. 2001, n° 00-14.010, NP, *AJDI* 2002. 532, obs. Capoulade.
9. Civ. 3e, 11 mars 1998, n° 96-12.479, *Bull. civ.* III, n° 59; *RDI* 1998. 289, 292, 294 et 296; *D.* 1998. IR 94; *D.* 2000. 136.
10. Civ. 3e, 2 févr. 1994, n° 91-17.370, *Bull. civ.* III, n° 14; *D.* 1996. Somm. 162, obs. Bouyeure; *Administrer* août 1994. 30, note Gélinet.
11. GUILLOT, art. 22-23, n° 1-14 – LAFOND, ROUX ET STEMMER, s^{s} L. art. 42, n° 23 – Civ. 3e, 30 avr. 1974, *JCP* 1974. IV. 220 – Civ. 3e, 20 déc. 2000, n° 99-15.531, NP, *AJDI* 2001. 526, obs. Capoulade; *Dossier Csab* 2001, n° 240.

peut être tempérée pour tenir compte de la situation apparente qui a pu être créée. En cas de nullité de plein droit du mandat du syndic, l'article 18 de la loi (rédactions 1985 et 2000) précise que les actes passés avec les tiers de bonne foi demeurent valables.

Le syndic continue d'exercer régulièrement ses fonctions si le jugement annulant sa désignation est frappé d'appel[1], en raison de l'effet suspensif de ce recours. L'annulation de l'assemblée générale demeure sans influence sur l'obligation de régler les charges résultant du règlement de copropriété, s'agissant des charges courantes de réparation ou d'amélioration, en raison de la « réalité » de la cause[2]; de même, l'annulation de la désignation du syndic n'emporte pas le droit à restitution des versements effectués à la suite des appels de fonds[3]. De même encore, l'absence de ratification du syndic provisoire n'emporte pas nullité des décisions prises par la première assemble qu'il a convoquée[4].

Si l'annulation porte sur une délibération ayant autorisé certains travaux, la situation antérieure doit être rétablie, ce qui doit inciter les intéressés et, tout d'abord, le syndic à observer la plus grande prudence en cas d'action envisagée ou formée contre une décision ayant autorisé les travaux (v. s^s n° précédent - action tendant à la suppression des travaux qu'un copropriétaire a été autorisé à réaliser[5]).

Si la décision annulée modifiait le règlement de copropriété et si la modification avait été publiée par les soins du syndic, il y a lieu d'ordonner la transcription du jugement sur le registre des décisions de l'assemblée générale et sa publication au fichier immobilier.

Le juge peut aussi ordonner une mesure de publicité de la décision judiciaire d'annulation, par exemple, sur le tableau d'affichage de l'immeuble, à la diligence du syndic[6].

Les conséquences de la nullité d'une assemblée ou d'une décision d'assemblée ne sont pas sans poser parfois de délicates questions.

L'annulation ou la nullité de la désignation du syndic, sans entraîner, en raison de l'autonomie des assemblées, la nullité automatique[7] des assemblées ultérieurement convoquées par le syndic devenu sans qualité à cet effet[8], les rend annulables[9], pour ce seul motif, à la condition que la demande en soit faite au juge (C. pr. civ., art. 5) dans le délai de forclusion de chacune des assemblées contestées (art. 42 et al. 2). Abandonnant sa jurisprudence antérieure admettant la demande en annulation dans un délai de dix ans à compter de la tenue de l'assemblée[10], la Cour de cassation exige actuellement que les contestations de chacune des assemblées ultérieures soit introduite dans le délai de l'article 42 (al. 2) pour que la rétroactivité de l'annulation de la désignation du syndic produise son plein effet[11]. Il appartient au juge de rechercher, lorsque la demande lui en est faite, si la convocation des assemblées ultérieures est entachée d'irrégularité[12], mais le juge ne peut, par une même décision, annuler la désignation du syndic et débouter un copropriétaire de sa demande en annulation de l'assemblée suivante convoquée par ce syndic[13] et contestée en temps utile.

L'absence de décision judiciaire sur l'action en nullité d'une assemblée générale ne fait pas obstacle à l'action en nullité exercée contre les décisions antérieures (exercées dans le délai imparti[14]).

L'annulation d'une décision d'assemblée n'implique pas pour le juge le pouvoir de prendre une déci-

1. Civ. 3e, 20 juill. 1999, n° 98-10.870, *RDI* 1999. 681 – EN CAS de jugement frappé d'appel non suspensif pour non-dépôt de conclusions dans le délai : Civ. 3e, 16 oct. 2003, n° 01-13.505, *Bull. civ.* III, n° 304; *AJDI* 2004. 384, obs. Giverdon.
2. Civ. 3e, 6 oct. 2004, n° 03-13.133, *Bull. civ.* III, n° 165; *Administrer* mai 2005. 42, obs. Bouyeure.
3. Civ. 3e, 12 déc. 2001, n° 00-13.824, *Bull. civ.* III, n° 151; *AJDI* 2002. 227, obs. Giverdon.
4. Civ. 3e, 24 oct. 1972, n° 71-11.035, *Bull. civ.* III, n° 539.
5. Civ. 3e, 20 mars 1979, n° 77-15.880, *Bull. civ.* III, n° 70; *D.* 1979. IR 450 (v. s^{s} n°s 1225 s.).
6. TGI Lyon, 2 févr. 1972, *JCP* 1972. II. 17076, note R. D.
7. Civ. 3e, 6 févr. 2002, n° 00-19.132, *Bull. civ.* III, n° 32; *Administrer* mai 2002, obs. Guégan; *IRC* oct. 2002. 14, note Capoulade; *AJDI* 2002. 611, note Guitard; *Dossier Csab* n° 105, mars 2003. 25, obs. Lafond.
8. Civ. 3e, 7 déc. 1988, n° 87-13.534, *Bull. civ.* III, n° 179 – Civ. 3e, 22 juin 1994, n° 92-16.415, *Bull. civ.* III, n° 129; *RDI* 1994. 698; *D.* 1996. 164; *Administrer* mars 1995. 40, note Capoulade.
9. Civ. 3e, 7 juill. 1999, n° 97-19.799, *Bull. civ.* III, n° 163; *AJDI* 2000. 531; *D.* 1999. 456, note Atias; *RDI* 1999. 681.
10. Civ. 3e, 22 juin 1994, n° 92-16.415, *Bull. civ.* III, n° 129; *RDI* 1994. 698; *D.* 1996. 164; *Administrer* mars 1995. 40, note Capoulade – Civ. 3e, 24 janv. 2001, n° 99-14.692, *AJDI* 2001. 440 – Civ. 3e, 19 févr. 2002, *Administrer* juill. 2002. 36, obs. Alfandari – Ritschy, « Que reste-t-il des nullités en cascade ? », *IRC* déc. 2006. 20.
11. Civ. 3e, 7 avr. 2004, n° 02-14.496, *Bull. civ.* III, n° 77; *D.* 2004. IR 1211; *Administrer* mai 2005. 40, obs. Bouyeure; Capoulade, *Administrer* juin 2005. 28 s. – Civ. 3e, 20 déc. 2006, n° 05-20.384, *IRC* avr. 2007. 15 – Tomasin, « La nullité des assemblées générales de copropriétaires consécutives », *Mélanges* Roger Saint-Alary, p. 589, éd. législatives 2006.
12. Civ. 3e, 8 mars 2000, n° 97-17.517, *Bull. civ.* III, n° 51; *RDI* 2000. 240, obs. Giverdon – Civ. 3e, 19 févr. 2002, n° 00-21.724, NP, *AJDI* 2002. 611, note Guitard – Civ. 3e, 6 juill. 2005, n° 04-13.659, *AJDI* 2006. 130, obs. Capoulade.
13. Civ. 3e, 6 déc. 2005, n° 04-18.485, NP, *Administrer* avr. 2006. 35, obs. Capoulade.
14. Civ. 3e, 26 sept. 2007, n° 06-17,069, *Administrer* déc. 2007.91, obs. Bouyeure; *Loyers et copr.* 2007. 250, obs. Vigneron.

sion à sa place[1], sous réserve des pouvoirs qui lui sont expressément conférés par la loi (L. 10 juill. 1965, art. 11, 12, 41-5, 43, al. 2 et 29-I). Il ne peut « reconstituer » la décision annulée[2].

On cite cependant deux arrêts accordant l'autorisation de travaux refusée par le syndicat, mais leur portée doit être relativisée en raison des circonstances des espèces[3]. L'une des espèces répondait aux conditions de l'article 30 qui n'était cependant pas invoqué.

953 Hypothèse particulière – Décision contraire à une disposition d'ordre public de la loi. Il faut supposer que l'assemblée générale a pris une décision dont l'objet est contraire aux dispositions d'ordre public de la loi (ou à celles du décret prises pour leur application) et que cette décision a été insérée ou introduite dans le règlement de copropriété. Par exemple, il est décidé de faire supporter une taxation forfaitaire aux propriétaires des chambres de service en compensation de la surcharge d'entretien qui en résulte pour l'escalier. Il n'est pas douteux qu'une clause de ce genre, si elle avait été stipulée dans le règlement de copropriété, eut été réputée non écrite, par application de l'article 43 alinéa 1er de la loi du 10 juillet 1965, comme étant contraire aux dispositions d'ordre public de l'article 10 alinéa 2 de cette même loi et que la demande tendant à le faire constater eût été recevable sans que l'on puisse opposer quelque prescription que ce soit.

La question est de savoir si l'annulation d'une telle clause introduite dans le règlement de copropriété par une décision de l'assemblée générale doit être poursuivie dans le délai de deux mois édictée par l'article 42 alinéa 2.

Par un arrêt du 17 juillet 1991 (cassant pour un manque de base légale en ce que l'arrêt attaqué[4] n'avait pas recherché si la demanderesse était encore recevable à contester la décision[5]), la Cour de cassation s'est prononcée en ce sens, mais par un autre arrêt du 27 septembre 2000[6,7], la 3e chambre casse, pour violation de la loi, un arrêt qui, ayant relevé que la décision de l'assemblée générale était contraire aux critères posés par l'article 10 de la loi du 10 juillet 1965, avait déclaré l'action prescrite, « alors que le délai de l'article 42 alinéa 2 de cette loi ne s'applique pas aux actions relatives aux clauses réputées non écrites ».

On a pu reprocher un certain illogisme à la première solution. Elle pouvait, dans certains cas, consacrer une illégalité et aboutir à un résultat contraire au souhait du législateur; le respect de la loi se trouvait tributaire de la forme du support selon que la règle figurait dans une clause initiale du règlement ou qu'elle résultait d'une décision ultérieure de l'assemblée. Aussi, les juges du fond n'ont-ils pas toujours suivi cette orientation.

Et cependant, l'illogisme dénoncé n'est qu'apparent. Les notions de « décisions » et de « clauses » ont une spécificité propre qui tolère mal que l'on puisse substituer l'une à l'autre. La loi a défini, par une disposition impérative, des conditions très différentes de recours contre l'illégalité des unes et celles des autres. Elle édicte une déchéance dans un cas, sans établir de prééminence entre les dispositions impératives. La décision d'assemblée, à défaut de contestation judiciaire, recueille, en définitive, un consensus général, tandis que le règlement de copropriété est un contrat d'adhésion, une « charte octroyée », de telle sorte que le copropriétaire n'est pas à même d'en discuter les clauses. Dans ce dernier cas, il apparaît normal d'ouvrir plus largement le droit de critique au copropriétaire. Il semble opportun d'éviter une superposition des actions et une confusion des genres.

La doctrine[8] cite aussi d'autres situations où une confrontation existe entre plusieurs dispositions impératives de la loi : dépassement de l'objet du syndicat ou de la compétence de l'assemblée générale, participation d'un copropriétaire à une assemblée dont il n'est pas membre.

La même question peut aussi se poser pour l'application de l'article 18 (al. 1er, 6°) lorsque le syndic n'ouvre pas un compte séparé au nom du

1. Civ. 3e, 10 févr. 1988, no 86-17.890, *Administrer* nov. 1988. 39; *Loyers et copr.* 1988. 189 – KISCHINEWSKY-BROQUISSE, no 699 – Tomasin, « Le juge et la copropriété », dans *Mélanges Perrot*, p. 499 – Capoulade, *IRC* mai 1996. 11 s. – Vigneron, *Loyers et copr.* févr. 2003. 5.
2. Civ. 3e, 23 mai 1991, *IRC* 1992. 235, note Capoulade.
3. Civ. 3e, 4 juill. 1990, no 88-16.282, *Bull. civ.* III, no 166; *AJDI* 1991. 26, *RDI* 1990. 528, *D.* 1991. 523, note Atias – Civ. 3e, 9 juill. 1999, no 1171 D, synd., 25, rue Quentin Bauchart à Paris, NP : le refus du syndicat s'apparentant à un trouble manifestement illicite; dans une autre l'autorisation a été donnée en référé.
4. Paris, 9 oct. 1989, RG no 87/019155, *Juris-Data* no 024869, NP.
5. Civ. 3e, 17 juill. 1991, no 89-21.756, *Bull. civ.* III, no 214; *RDI* 1991; *D.* 1992. 138; IR 213; *Administrer* mars 1992. 40; *RDI* 1991. 505; *IRC* 1992. 159, note Capoulade; *JCP N* 1992, prat. 2320 – Vigneron, « De l'effet absolutoire des décisions d'assemblée », *Loyers et copr.* avr. 1992. 1.
6. Civ. 3e, 27 sept. 2000, no 98-22.792, *Bull. civ.* III, no 54; *RDI* 2000. 597; *D.* 2001, jur. 384, note Giverdon, Capoulade – Atias, « Principe majoritaire et modification réputée non écrite du règlement de copropriété », *D.* 2001, Chron. 878.
7. EN SENS CONTRAIRE : Versailles, 16 mai 1991, *RDI* 1991. 505 – Paris, 12 sept. 1994, RG no 93-5961, *Juris-Data* no 022375, *Loyers et copr.* 1995. 34 – Paris, 30 nov. 1994, RG no 91/23911, *Juris-Data* no 023449, *Loyers et copr.* 1995. 242 – Paris, 17 mars 1995, *Loyers et copr.* 1995. 387.
8. BOUYEURE, nos 399 s.

syndicat dans les trois mois de sa désignation, bien qu'il ne soit pas dispensé de cette obligation. La constatation de la nullité de plein droit ne peut intervenir qu'à l'expiration du délai de grâce de trois mois qui lui est accordé pour se conformer à la loi. Le délai de deux mois de l'article 42 (al. 2) ne s'applique manifestement pas alors.

Observation faite que la demande en annulation d'une décision d'assemblée ou de l'assemblée elle-même, se fondant sur l'article 43, de la loi, ne peut prospérer que si la clause invoquée a été préalablement déclarée non écrite ou, à tout le moins, si l'action tend cumulativement à faire réputer la clause non écrite et à faire annuler la décision querellée ou l'assemblée en son entier[1].

1. Civ. 3e, 28 avr. 2011, nos 10-20.514 et 10-14.298, *Bull. civ.* III, no 62.

TITRE

4. Le syndic

SECTION 0

ORIENTEUR

Plan du titre.

CHAPITRE

1. Généralités sur la fonction de syndic

SECTION 0
ORIENTEUR

Plan du chapitre.

Textes applicables.

• L. n° 65-557, 10 juill. 1965, fixant le statut de la copropriété des immeubles bâtis, art. 17 et 18 à 18-2.

• L. n° 70-9, 2 janv. 1970, réglementant les conditions d'exercice des activités relatives à certaines opérations portant sur les immeubles et les fonds de commerce, et D. n° 72-678, 20 juill. 1972, fixant les conditions de la Loi du 10 juillet 1970.

• D. n° 67-223, 17 mars 1967, art. 29.

Jurisprudence de référence.

• **Civ. 3e, 27 mars 2008, n° 06-21.728,** *Bull. civ.* III, n° 61.

* V. s[s] n° 963.

• **Civ. 3e, 27 mars 2008, n° 06-21.648,** NP.

* V. s[s] n° 963.

« Le gestionnaire professionnel d'une union de syndicats, comme le syndic de copropriété, ne peut demander ni recevoir, directement ou indirectement, d'autres rémunérations, à l'occasion des opérations de gestion et d'administration, que celles dont les conditions sont précisées dans un mandat écrit préalable à sa désignation ou dans les décisions de nomination, peu important que la durée des fonctions ait été irrégulière, qu'elles aient été renouvelées annuellement et que *quitus* après approbation des comptes ait été donné. »

Bibliographie indicative.

Atias, *Dicopropriété*, Edilaix 2007, *V° Syndic (fonctions)*; *Guide de la copropriété* article 18 – Capoulade, *Les professions immobilières*, Éd. de l'Actualité juridique 1974, note n°s 504, 505, 512 et s. – Guillot, *La pratique de la copropriété*, Publication *Administrer* 1992, art. 17 et 18-2 – Lafond, Roux et Stemmer, C. annoté, art. L. 18 – Kischinewsky-Broquisse, *La copropriété des immeubles bâtis*, Litec 1994, n°s 363 à 365 – Moussa Thiode, *Droit des intermédiaires immobiliers*, Litec 2010 – Vigneron, *Le syndic de copropriété*, Litec 2005.

SECTION 1
QUALIFICATION DES RELATIONS SYNDIC-SYNDICAT

954 Le syndic, agent officiel du syndicat[1]**.** Reprenant les dispositions de la loi du 28 juin 1938, la loi du 10 juillet 1965 prévoit la désignation d'un syndic qu'on a justement qualifié d'« agent officiel du syndicat »[2]. L'article 17 caractérise bien le rôle du syndic en indiquant que l'exécution des décisions du syndicat « *est confiée à un syndic placé éventuellement sous le contrôle d'un conseil syndical* ».

Le syndicat des copropriétaires, comme toute personne morale, se trouve représenté, à un stade médiat ou immédiat, par une personne physique, à même d'agir concrètement. Le syndic représente le

1. Sur la fonction du syndic, en général : Alibert, « Le syndic de l'immeuble en copropriété. La loi du 10 juillet 1965 », *Ann. loyers* 1965. 762 s. – Atias, *Dicopropriété*, *V° Syndic (fonctions)* – *Guide*, art. 18 – Cabanac, « Quelques remarques sur la condition du syndic de copropriété depuis la loi du 10 juillet 1965 », *AJPI* 1967. I. 188 – Kischinewsky-Broquisse, n°s 363 et 365 – Lombois, p. 105 – Sizaire, n° 229 – Calfan, « Les fonctions de syndic de copropriété en rapport avec leur nature juridique », *JCP* 1979. I. 2948; *JCP N* 1979. I. 316; « Le syndic de l'immeuble en copropriété », *Gaz. Pal.* 1971. 2. Doctr. 351 – J.-Cl. copr., fasc. 88 et 90 – Capoulade, *Les professions immobilières* n°s 504 s. – Lafond, Roux et Stemmer, L. art. 18 – Lot, « Le mandat du syndic », *Administrer* 4 s., n°s 68, 6 s., n°s 70, 9 s., n° 71 – Guillot, art. 18 – J.-Cl. civ., Blaisse A., app. art. 544 à 577, fasc. 42 – Bouyeure, « Les cinq difficultés du métier de syndic de copropriété », *Rev. géomètre* oct. 1998. Vigneron, Le syndic de copropriété, p. 39 s.
2. Kischinewsky-Broquisse, n° 363.

seul organe permanent de la copropriété. L'existence d'un tel organe est une nécessité, tant sur le plan théorique que sur le plan fonctionnel. Les actes d'administration courante, comme l'exécution des décisions collectives, ne peuvent être assurés par un organisme collégial; on en déduit qu'il ne peut y avoir plusieurs syndics (v. s^s n° 970).

La répartition des fonctions entre le syndicat et le syndic peut être comparée à celle entre le conseil d'administration et le président-directeur général de la société anonyme, et ceci d'autant plus que le syndic, comme le président-directeur général, dispose de « pouvoirs propres » dans le cadre de l'organisation hiérarchique du syndicat.

On a parfois noté que la réglementation était inspirée d'une certaine méfiance à l'égard du syndic : durée limitée des fonctions, interdiction de présider l'assemblée générale, de recevoir des mandats, contrôle de la gestion financière et comptable[1]. En réalité, le législateur a souhaité séparer l'organe délibérant de l'organe exécutif, en quelque sorte le « législatif » de l'« exécutif », et assurer, autant que possible, le difficile équilibre entre les pouvoirs.

955 Le syndic, organe obligatoire du syndicat[2]. Le caractère obligatoire de la fonction de syndic découle de la nature des choses. La reconnaissance de la personnalité morale du syndicat implique la nécessité de sa représentation dans les actes de la vie civile et en justice. L'exercice des prérogatives attachées au caractère collectif des parties communes ne pouvait être abandonné à la discrétion de chaque copropriétaire et nécessitait qu'il soit confié à un mandataire commun.

Le législateur en a tiré toutes conséquences dans l'article 17 de la loi du 10 juillet 1965 qui confie au syndic l'exécution des décisions prises par le syndicat en assemblée générale. L'article 18 et suivants (sans omettre les art. 24-4 à 24-6) précise ses principales attributions et les articles 17 alinéa 3 et 25 ses modes de désignation.

La loi du 31 décembre 1985 a donné à l'article 18 un caractère impératif qu'il n'avait pas à l'origine. Sa rédaction fait ainsi apparaître que les missions énumérées constituent un socle impératif auquel l'assemblée générale peut adjoindre d'autres missions.

1. Cabanac, « Quelques remarques sur la condition du syndic de copropriété depuis la loi du 10 juillet 1965 », *AJPI* 1967. I. 188; « Les prohibitions faites au syndic », *IRC* 1966. 81 – Sizaire, n° 228.
2. Alibert, « Le syndic de l'immeuble en copropriété. La loi du 10 juillet 1965 », *Ann. loyers* 1965. 763 – Guillot, art. 17 et 18-2, 1-01 – Kischinewsky-Broquisse, n° 365 – Sizaire, n° 230 – Zurfluh et Traizet-Frot, n° 251 – Commagnac et Capoulade, *REDI* n° 24. 1386 – Terré et Simler, *Les biens*, 8e éd., n°s 692 s. – Vigneron, n°s 1 et 2.

L'article 43 attache un caractère impératif à ces dispositions et répute non écrite toute clause contraire ; peu importe le nombre des copropriétaires (par ex. un syndicat ne comportant que deux copropriétaires[3]), tout syndicat doit être obligatoirement pourvu d'un syndic ou d'un administrateur provisoire[4].

En outre, les articles 46, 47 et 49 du décret d'application organisent la désignation judiciaire du représentant du syndicat et témoignent du souci d'assurer la permanence de la représentation de la personne morale.

956 Le syndic « mandataire » du syndicat[5]. Quelle est la nature juridique du lien qui unit le syndic au syndicat ? S'il exerce une mission de représentation de la personne morale et s'il accomplit des actes juridiques au nom du syndicat, son activité comporte aussi l'exécution d'actes matériels. Son rôle peut être rapproché de celui des dirigeants de la société anonyme, tant sur le plan de la nomination que sur celui des pouvoirs. Ce caractère particulier de la mission du syndic a conduit parfois à penser qu'il exerçait une fonction *sui generis*, à caractère institutionnel ou statutaire[6].

Cependant les rapporteurs de la loi du 10 juillet 1965 considéraient que le syndic exécutait un contrat de mandat (« sa qualité de mandataire du syndicat se trouve formellement établie par l'article 18 qui confirme les solutions jurisprudentielles antérieures[7] »), mais la loi s'abstenait, jusqu'à sa modification, par la loi du 13 décembre 2000, de qualifier le lien de droit. Néanmoins, le décret d'application du 17 mars 1967 s'est formellement prononcé en faveur du mandat dans plusieurs de ses articles (Décr. 17 mars 1967, art. 46, al. 3, 47, al. 3, 50, 54, 56).

3. Civ. 3e, 19 juin 1996, n° 94-19.328, NP, *RDI* 1996. 613 – Versailles, 2 juin 1980, *Juris-Data* n° 699250, *Rev. loyers* 1981. 93.
4. Vigneron, n° 1.
5. Atias, *Dicopropriété*, *V° Syndic*, p. 517 et n° 2 – Alibert, p. 9 – Cabanac, n° 422 – Guillot, art. 17 et 18-2, n°s 3-01 s. – Kischinewsky-Broquisse, n°s 363 s. – Capoulade, n° 504 – Lafond, Roux et Stemmer, L. art. 18, n° 1 – Marty et Raynaud, *Droit civil*, t. II, n° 249 – Lot, « Le mandat du syndic de copropriété », *Administrer* juin 1977, 4 – Peiffer, « Syndic de copropriété : La nature juridique de l'activité ou un essai transformé », *Gaz. Pal.* 6 oct. 1987 – Zurfluh et Traizet-Frot, n° 254 – Calfan, « Les fonctions de syndic de copropriété en rapport avec leur nature juridique », *JCP* 1979. I. 2948 – Vigneron, n° 3.
6. Béraud, « La nature des fonctions de syndic », *Ann. loyers* 1955. 31.
7. Zimmermann, doc. parl. AN, 1965, n° 1311, p. 15 – Voyant voit dans le syndic le mandataire du syndicat, doc. parl. Sénat, 1965, n° 178, p. 13 – rappr. : art. 321, C. civ. Québec.

La doctrine quasi unanime partage cette analyse, même s'il existe parfois quelques nuances : mandat fonction[1]; mandat légal[2]; situation hybride[3].

Les règles du mandat constituent, en effet, le droit commun de la représentation. C'est ainsi que le mandat du syndic présente un caractère personnel[4], dérivant d'une relation de confiance, ce qui lui interdit de se faire substituer, notamment de faire exercer ses fonctions par une société prestataire de services, dont il serait le gérant[5].

Quant aux modalités de sa nomination (v. s^s^ n°s 972 s.), la référence au mandat est à peu près satisfaisante lorsque le syndic est désigné par l'assemblée générale des copropriétaires (encore que la désignation par un vote majoritaire ne puisse être assimilée à celle résultant d'un contrat), mais elle est peu exacte dans l'hypothèse d'une nomination judiciaire.

S'agissant des pouvoirs (v. s^s^ n°s 1000 s.), l'idée de mandat n'est acceptable que dans la mesure où le syndic tient directement ses pouvoirs d'une décision de l'assemblée du syndicat. Or, la loi du 10 juillet 1965 reconnaît au syndic des attributions propres, déterminées soit par la loi elle-même, soit par son décret d'application. L'article 18 de la loi souligne nettement le pouvoir autonome du syndic, profondément différent de celui d'un mandataire.

La Cour de cassation a reconnu la spécificité du mandat du syndic, en affirmant la primauté des dispositions impératives de la loi du 10 juillet 1965 sur les dispositions supplétives du code civil, notamment à propos des avances de fonds consenties par le syndic au syndicat[6].

Selon un auteur, « l'infrastructure du contrat de syndic telle que définie par la loi de 1965 prend le pas sur la superstructure offerte par les dispositions de droit commun »[7], un autre auteur note que le syndic est à la fois « un mandataire légal et obligatoire pour tous les actes dont la loi du 10 juillet 1965 et le décret du 17 mars 1967 l'ont expressément chargé » et « un mandataire conventionnel pour les actes dont il est chargé par le règlement de copropriété ou par l'assemblée générale »[8]; un arrêt qualifie le syndic de « mandataire conventionnel et représentant légal du syndicat »[9].

La mission du syndic trouve son fondement juridique dans un mandat de type particulier, prévu et façonné par la loi, mais aussi largement modelé par la volonté des parties[10]. Pour reprendre une terminologie du droit des sociétés anonymes, le syndic est, en quelque sorte, l'organe d'exécution du syndicat, dont l'assemblée est l'organe délibérant - la terminologie traditionnelle de « mandat » sera donc conservée dans cet ouvrage.

957 Le syndic, organe du syndicat[11]**.** Le syndic est l'organe ou le mandataire de la collectivité des copropriétaires constituant le syndicat doté de la personnalité morale.

Il est donc utile que les tiers puissent connaître l'identité et l'adresse du représentant légal du syndicat par une mesure quelconque d'information, peut-être par un affichage systématique dans l'immeuble[12].

Il a qualité pour représenter le syndicat dans les actes de la vie civile et en justice[13].

Il en résulte que le syndicat est régulièrement représenté en justice par le syndic en exercice[14]; les actes sont valablement signifiés au syndicat à l'adresse du syndic et à un membre habilité de son personnel[15]; il en est ainsi, dès lors, que l'action est exercée contre le syndicat et non contre le syndic personnellement, même si l'identité de ce dernier, pris *ès qualités*, n'est pas correctement libellée[16] (v. s^s^ n° 1177).

Dans les contrats conclus avec les tiers, il doit prendre soin de préciser qu'il intervient au nom et pour le compte du syndicat, faute de quoi il resterait personnellement débiteur des sommes dues à l'entreprise avec laquelle il a traité[17]. Agissant pour

1. GIVERDON, « Le syndic, un mandataire », *Administrer* 1997, 19, n° 287.
2. Alibert, Debeaurain, Fau, Porte et Ryf, *Le syndic de l'immeuble en copropriété, Ann. loyers*, n° 48.
3. KISCHINEWSKY-BROQUISSE, n° 350.
4. CAPOULADE, N° 508, 2°.
5. Civ. 3e, 6 déc. 1989, n° 87-19.537, *Bull. civ.* III, n° 226; *D.* 1990. IR 3.
6. NOT. : Civ. 3e, 29 mars 2000, n° 88-16.682, NP, *RDI* 2000. 241; *Administrer* 2000, 40, n° 324, note Capoulade; *Gaz. Pal.* 7-8 févr. 2001. 26, note Gélinet; *RDI* 2000. 241, obs. Capoulade – Civ. 3e, 29 mai 2002, n° 00-21.739, *Bull. civ.* III, n° 115 (v. s^s^ n° 964).
7. Gélinet, « Les avances du syndic au syndicat des copropriétaires », *Dr. et ville* n° 52/2001, 163 s.
8. GUILLOT, art. 17 et 18, n° 3-02.
9. Paris, 22 sept. 1978, *D.* 1979. IR 127.
10. CAPOULADE, n° 504.
11. Atias, *Dicopropriété, V° Syndic (fonctions)*, n°s 2 s.
12. Rép. min., QE, n° 25176, *JOAN Q* 14 juin 1999, p. 3693.
13. C'est un trait distinctif du mandat par rapport à la prestation de services au contrat d'entreprise qui sont exclusifs de représentation.
14. Civ. 3e, 6 févr. 2002, n° 00-17.630, NP, *AJDI* juill.-août 2002. 533, obs. Giverdon – NÉCESSITÉ pour le juge de s'assurer que la personne qui se présente pour le syndicat a bien la qualité de syndic en exercice : Civ. 3e, 8 févr. 2011, n° 10-10.425, NP – Civ 3e, 15 mars 2011, n° 10-11.899, NP.
15. Civ. 3e, 3 avr. 2002, *Dossier Csab* 2002, n° 90.
16. Civ. 3e, 6 mai 1998, n° 96-15.696, *Bull. civ.* III, n° 96; *D.* 1999. 75; *Administrer* juill. 1998. 46, obs. Bouyeure; *RDI* 1998. 421.
17. Civ. 3e, 10 févr. 1988, *Loyers et copr.* 1988. 142 – Civ. 2e, 9 nov. 1994, n° 92-20.446, *Bull. civ.* III, n° 187; *RDI* 1995. 162; *D.* 1997. 249 – EN SENS CONTRAIRE : Civ. 3e, 11 mars 1998, n° 96-18.339, NP, *RDI* 1998. 296 – Rennes, 7 mai 1996, *Administrer* mai 1997. 57, note Gélinet.

le syndicat, il ne s'engage pas lui-même vis-à-vis des tiers[1]. Le syndic, détenant les fonds du syndicat est toutefois considéré comme un tiers par rapport au syndicat, ce qui permet à un créancier du syndicat d'opérer une saisie-attribution entre les mains du syndic[2].

En revanche, le syndic ne représente pas le copropriétaire *ut singuli*, avec lequel il n'a pas de rapport contractuel. Il ne peut agir, en qualité de syndic, au nom d'un copropriétaire. À noter cependant que l'article 8-1 de la loi du 10 juillet 1965, dans sa rédaction de la loi 2009-323 du 25 mars 2009, charge le syndic de transmettre à tous les copropriétaires de l'immeuble l'information selon laquelle le copropriétaire d'une aire de stationnement manifeste l'intention de vendre ce lot et de transmettre aussi une offre de vente.

Il le peut si le copropriétaire lui a confié un mandat particulier, comme à toute autre personne, par exemple pour gérer le lot; le syndic possède alors une double qualité, celle de syndic de l'immeuble et celle de gérant du lot et c'est en cette dernière qualité qu'il agit alors. Néanmoins, ce mandat de gestion ne lui permet pas de représenter le propriétaire du lot à l'assemblée des copropriétaires.

De ce principe, la jurisprudence tire la conséquence que le copropriétaire ne dispose d'aucune action directe contre le syndic, pris en cette qualité, en reddition de comptes, en révocation[3] ou en responsabilité contractuelle (mais seulement en responsabilité délictuelle ou quasi-délictuelle)[4].

On en déduit encore que les rapports entre le syndic et les copropriétaires sont régis par le règlement de copropriété et non par le contrat de mandat ou de syndic qui ne lie que les parties contractantes, c'est-à-dire le syndic et le syndicat[5].

Pour l'analyse approfondie des rapports existant entre le syndic et le syndicat, d'une part, et entre le syndic et un copropriétaire, d'autre part, à propos des honoraires en raison du versement d'une indemnité de sinistre à un copropriétaire[6].

C'est ainsi qu'en l'absence d'une convention contraire créant une organisation différente de celle prévue par la loi du 10 juillet 1965 pour l'administration des biens communs dépendant d'un ensemble immobilier, le syndic d'un syndicat ne pouvait, en cette qualité, représenter de plein droit les copropriétaires à l'assemblée générale de l'ensemble dont les copropriétaires eux-mêmes – et non les syndicats – sont membres[7].

Des textes législatifs récents ont cependant atténué la rigueur de ces principes, laissant imprécis à cet égard la qualification juridique de l'intervention du syndic. D'une part, l'article 8-1 de la loi du 10 juillet 1965, dans sa rédaction de la loi n° 2009-323 du 25 mars 2009, charge le syndic de transmettre à tous les copropriétaires de l'immeuble, l'information selon laquelle le copropriétaire d'une aire de stationnement manifeste l'intention de vendre ce lot et de transmettre ainsi une offre de vente, aux frais du vendeur. D'autre part, alors qu'en principe la campagne de ravalement est notifiée au propriétaire de l'immeuble (art. L. 132-2 CCH), la même loi du 25 mars 2009, (art. 21) prévoit que « la notification aux copropriétaires est valablement faite au seul syndicat des copropriétaires pris en la personne du syndic qui doit en informer sans délai chaque copropriétaire par lettre recommandée avec demande d'avis de réception », observation faite que le syndicat n'est pas en principe propriétaire ou copropriétaire de l'immeuble, à moins qu'il ne possède lui-même un ou plusieurs lots. Enfin la loi n° 2011-525 du 17 mai 2011 (art. L. 133-1 et L. 13333-2 CCH) a étendu ce dispositif à la recherche d'éradication des termites.

958 Le syndic n'est pas un préposé du syndicat. L'analyse des fonctions du syndic de copropriété démontre qu'il n'est pas lié au syndicat par un contrat de travail ou par un contrat de louage de services. Il n'est ni un préposé, ni un entrepreneur[8].

La représentation du syndicat par le syndic est essentiellement différente de la représentation de l'employeur par l'employé. S'il entre dans les attributions du syndic d'exécuter les décisions de l'assemblée générale, il dispose de pouvoirs propres qui soulignent son indépendance. Même rémunéré par un « salaire » au sens du mandat, ce qui est communément appelé rémunération ou honorai-

1. Civ. 3e, 16 déc. 1978, *D.* 1979. IR 447, obs. Giverdon – Paris, 19 sept. 1980, *Juris-Data* n° 097515, *D.* 1981. IR 397, obs. Giverdon.
2. Paris, 30 juin 1983, *D.* 1983. IR 447; *Administrer* mai 1984. 47, obs. Guillot – Paris, 28 sept. 1995, *Juris-Data* n° 022733, *Loyers et copr.* 1996. 85; *IRC* déc. 1996. 14, obs. Ritschy.
3. Civ. 3e, 6 oct. 1999, n° 98-11.985, *Bull. civ.* III, n° 199; *AJDI* 2000. 431; *D.* 2000. 139, *Administrer* 33, n° 318, note Capoulade.
4. Civ. 3e, 25 janv. 1994, n° 92-16.203, NP, *RDI* 1994. 299; *D.* 1994. Somm. 207, obs. Capoulade; *Defrénois* 1994. 876, obs. Aubert – Civ. 3e, 17 mars 1976, *D.* 1976. Somm. 54.
5. Civ. 3e, 24 mai 1989, n° 87-20.047, *Bull. civ.* III, n° 117; *IRC* 1989. 325, note Capoulade; *RDI* 1989. 388 – Civ. 3e, 26 oct. 2004, n° 03-11.599, NP, *Administrer* mars 2005. 41 – Civ. 3e, 11 oct. 2005, n° 04-17.178, NP, *AJDI* 2006. 285.
6. Civ. 3e, 25 mars 1997, n° 95-18.140, NP, *RDI* 1997. 286.
7. Civ. 3e, 4 nov. 1993, n° 91-21.257, *Bull. civ.* III, n° 138; *RDI* 1994. 92; *D.* 1994. Somm. 129, obs. Atias; *RDI* 1994. 92 : SOLUTION CONTRAIRE en cas d'union des syndicats.
8. ATIAS, n°s 436 et 437 – GUILLOT, art. 17 et 18, n° 3-04 – KISCHINEWSKY-BROQUISSE, n° 365 – SIZAIRE, n° 134, note 305 et n° 136, note 307 – VIGNERON, n° 3 – CAPOULADE, n° 504.

res, le syndic n'est pas un « salarié » du syndicat. C'est ainsi que le syndicat n'a pas à affilier le syndic à la sécurité sociale[1]. Mais il faudra rechercher, au point de vue de la responsabilité, si la notion large de responsabilité au sens de l'article 1384 alinéa 5 du code civil, ne peut pas être étendue au syndic (v. s^s^ n° 689).

959 Caractère civil ou commercial de l'activité[2]. Selon Portalis, gérer un immeuble représente un acte de nature civile. Les fonctions de syndic sont donc civiles par nature. Dès lors, elles peuvent être exercées, sous réserve de la réglementation des activités relatives à certaines opérations portant sur les immeubles (L. n° 70-9, 2 janv. 1970, mod. par ord. n° 2004-634, 1er juill. 2004 - V. ss n° 966), ainsi que du statut professionnel de l'intéressé[3], par une personne développant une activité civile : un avocat[4]; un notaire[5]; un avoué[6]; un clerc de notaire[7]; un gardien de la paix[8].

Certaines réglementations admettent l'exercice des fonctions de syndic de copropriété, mais seulement à titre accessoire : huissier de justice, architecte, géomètre-expert...

Cependant, les fonctions de syndic sont généralement exercées par un mandataire professionnel, ayant la qualité de commerçant. Il en est ainsi soit en raison de son activité commerciale, principale ou conjointe, (administrateur de biens, agent immobilier, bureau d'affaires...), soit en raison de la forme de l'exercice (société anonyme, Sarl...). Si la fonction de syndic de copropriété est civile par nature, elle prend alors le caractère commercial du côté du syndic[9].

Néanmoins, l'intervention d'un syndic professionnel, disposant d'une organisation structurée et ayant la qualité de commerçant, au moins par sa forme, est une nécessité pratique pour administrer des syndicats composés d'un nombre important de lots et groupant parfois de nombreux locataires. L'article 30 du décret du 17 mars 1967 autorise d'ailleurs expressément le syndic à se faire représenter, dans l'exercice de sa mission, par l'un de ses préposés[10].

« Les préposés qui représentent, sous sa responsabilité, le syndic à l'occasion de l'exécution de sa mission doivent être détenteurs de l'attestation établie par l'employeur et visée par le préfet... » (D. 20 juill. 1972, art. 9, mod. par D. 21 oct. 2005, art. 8-1°).

Pour renforcer leur image, certains syndics professionnels sont convenus d'une charte qui leur permet de recevoir un label. Cette pratique qui relève du consumérisme, a suscité des critiques en raison de son application à la gestion immobilière[11]. Elle paraît aujourd'hui abandonnée. D'autres ont adopté un « code de déontologie ».

960 Activité rémunérée ou gratuite. Le mandat est, de sa nature, gratuit, mais non de son essence[12]. Les fonctions de syndic sont gratuites ou salariées; sauf convention contraire. Le mandat est gratuit (C. civ., art. 1986), mais la jurisprudence a constamment admis que le mandat conféré à une personne faisant profession de s'occuper des affaires d'autrui était présumé « salarié »[13]. Il est logique, en pratique, que les fonctions de syndic soient toujours rémunérées lorsqu'elles sont confiées à un professionnel (administrateur de biens, architecte, géomètre expert...); sur la rémunération (v. ss nos 961 s.).

En revanche, elles sont le plus souvent gratuites lorsqu'elles sont exercées par un non-professionnel, notamment par l'un des copropriétaires ou par son conjoint qui agit à titre non professionnel. C'est le système de *l'autogestion*. On parle alors de « syndic bénévole »[14], mais l'expression usuelle est inexacte. L'autogestion n'est pas, en effet, incompatible avec

1. Colmar, 17 mars 1973, *AJPI* 1974. 810; *Ann. loyers* 1975. 1015.
2. ALIBERT, nos 61 à 69 – CABANAC, n° 421 – KISCHINEWSKY-BROQUISSE, n° 364 – ZURFLUH ET TRAIZET-FROT, n° 255 – SIZAIRE, note 534 – CAPOULADE, n° 505.
3. LAFOND, ROUX ET STEMMER, D. art. 28, n° 9.
4. Civ. 1re, 11 juill. 1988, n° 86-18.642, *Bull. civ.* I, n° 235; *JCP* 1989. II. 21267, note Cadiet, sans réserve du règlement de l'Ordre – AUSSI : Peiffer, « Syndic de copropriété : La nature juridique de l'activité ou un essai transformé », *Gaz. Pal.* 6 oct. 1987.
5. Rép. min. Justice QE, *JCP N* 1964. IV. 194.
6. Rép. min. Justice QE, *JO Sénat* 1967, 314; *JCP N* 1967. IV. 4234.
7. Rép. min. QE, *JOAN Q* 1973, p. 3316.
8. Rép. préfet Police Paris, *Bull. municipal Paris* 4 oct. 1957.
9. GUILLOT, art. 17 et 18, n° 3-06 – LAFOND, ROUX ET STEMMER, D. art. 28, n° 8 – CAPOULADE, n° 505. La mission de syndic consiste à gérer à la différence de celle de l'intermédiaire chargé de négocier. L'intervention du premier est permanente et continue, celle du second ponctuelle.
10. Rép. min., QE n° 61700, *JOAN Q* 10 sept. 2001, p. 5253 – Roux, « Les préposés du syndic », *IRC* juin 2008. 21.
11. Giverdon, « La certification des services est-elle applicable aux syndics de copropriété ? », *AJPI* 1996. 366; « Observations sur la certification des services se rapportant aux activités de gestion assurées par les syndics de copropriété »; *Loyers et copr.* mai 1996 – Vigneron, « Contrat de syndic et code de bonne conduite », *Loyers et copr.* oct. 1996 – Vigneron, *op. cit.*, n° 55.
12. Mazeaud et de Juglard, *Leçons de droit civil,* t. III, n° 1388.
13. DEPUIS : Req. 28 mars 1887, *S.* 1888, I, 77 – Civ. 1re, 11 févr. 1981, n° 79-16.473, *Bull. civ.* I, n° 50.
14. KISCHINEWSKY-BROQUISSE, « Le point sur le syndic non professionnel », *REDI* n° 87. 41; « Du syndic bénévole », *Ann. loyers* 1978. 749 – Atias, *Dicopropriété*, p. 507 – Vigneron, n° 8 – Vigneron, « Le syndic bénévole », *Loyers et copr.* janv. 1990, I; *JCP N* 1990, prat. 1446 – Lebatteux, « Syndics professionnels et amateurisme », *Administrer* mars 1979. 13 – Michalopoulos, *IRC* 1982. 41 – LAFOND, ROUX ET STEMMER, D. art. 28 § III, NOT. sur le régime fiscal et la TVA.

le remboursement des frais réellement exposés ou avec une rémunération variable selon l'importance des services rendus et le nombre de lots[1]; cependant, un arrêt a exclu l'autogestion pour un ensemble résidentiel composé de plusieurs immeubles, comprenant des centaines d'appartements[2].

En fait, le recours à l'autogestion (syndic copropriétaire désigné par l'assemblée générale) - qu'il faut distinguer soigneusement de la forme coopérative où le syndic est élu par le conseil syndical parmi ses membres - ne se conçoit que pour administrer des syndicats constitués d'un nombre limité de lots. Rémunéré ou non, agissant à titre professionnel ou non, le syndic, s'il ne possède pas par lui-même ou son conjoint des droits divis ou indivis sur l'immeuble, est soumis à la réglementation professionnelle (v. s^{s} n° 966).

Selon un arrêt, l'exercice des fonctions de syndic d'un important groupe de bâtiments ou d'un ensemble immobilier qui nécessite l'organisation d'un secrétariat et l'utilisation de la bureautique, avec une rémunération presque aussi élevée que celle habituellement pratiquée, s'apparente à une activité professionnelle[3]. En outre, un syndic non professionnel ne peut gérer, pour le compte d'autres copropriétaires, les parties privatives comprises dans les lots de ces derniers, sans observer les dispositions de la loi du 2 janvier 1970[4].

SECTION 2
RÉMUNÉRATION DU SYNDIC

961 Rémunération du syndic – Généralités[5]. « *Le mandat est gratuit, s'il n'y a convention contraire* » (C. civ., art. 1986) et la doctrine moderne considère que le mandat est gratuit « de sa nature mais non de son essence »[6]. La jurisprudence admet, depuis le XIXe siècle, que le mandat conféré à un professionnel est rémunéré. En application de l'ordonnance du 30 janvier 1945, les honoraires des syndics ont d'abord été soumis à la taxation par arrêté préfectoral. Ils ont ensuite fait l'objet :

- d'un *accord de modération*[7] : à la suite de la promulgation de la loi du 22 juin 1982, dite loi Quilliot, augmentant la charge des syndics, notamment dans leurs rapports avec les locataires ou les associations de locataires, une réponse du ministère de la Justice mentionne que « si la loi du 22 juin 1982 n'a pas modifié les conditions de rémunération des syndics de copropriété, elle n'a pas non plus accru leurs obligations de manière significative »[8] - la loi n° 86-1290 du 23 décembre 1986 dont le titre Ier définit les nouveaux rapports entre bailleurs et locataires n'avait pas repris ces dispositions qui ont cependant été partiellement réitérées par la loi du 6 juillet 1989[9];

- puis d'*accords de régulation*[10] et d'engagements de lutte contre l'inflation[11].

La liberté des prix et des services a été rétablie par *l'ordonnance du 1er décembre 1986*[12], sous les conditions prévues par l'arrêté du 3 décembre 1987 relatif à l'information des consommateurs sur les prix[13]. Il est à noter que le syndic professionnel est considéré fiscalement comme exerçant une activité commerciale; ses honoraires sont donc soumis à la TVA (sur la pratique dite des « frais de relance » v. s^{s} n° 556)[14].

Désormais, la rémunération du syndic, librement débattue entre le syndic et la collectivité des copropriétaires, fait l'objet d'une convention expresse sous forme de stipulations particulières insérées dans le contrat de mandat, dit « contrat de syndic », qui lie le syndic avec le syndicat et non avec chaque copropriétaire personnellement[15]. L'assemblée générale

1. SUR LA NOTION de syndic « bénévole » : Ripert et Jouvel, *Le syndic bénévole de copropriété*, Litec, 1990.
2. TGI Marseille, 5 mai 1978, *Juris-Data* n° 761360, *Gaz. Pal.* 1979. 1, 31; *Rev. loyers* 1979. 162, note Viatte; *Administrer* juill. 1979, p. 38 – AUSSI : Aix-en-Provence, 24 avr. 1979, *Juris-Data* n° 761867, *Gaz. Pal.* 1980. 1, 80 – Rép. min., QE, *JOAN Q* 28 juin 1976. 4836 – Rép. min., *JO Sénat* Q 5 févr. 1981, p. 182 – Civ. 3e, 30 sept. 1998, n° 96-21.053, NP, *RDI* 1999. 151; *Loyers et copr.* 1999. 2.
3. Aix-en-Provence, 24 avr. 1979, *Juris-Data* n° 761867, *Gaz. Pal.* 1980, I, 80, note Morand.
4. Rép. min. QE, n° 44, 188, *JOAN Q* 9 avr. 1984, p. 1695.
5. Rémunération du syndic : Cabanac, *AJPI* 1967. I. 299 – GUILLOT, art. 17 et 18, 9-01 s. – CAPOULADE, N° 510 – KISCHINEWSKY-BROQUISSE, n° 371 – LAFOND, ROUX ET STEMMER, D. art. 29 – VIGNERON, n°s 56 s. – Porte, « Honoraires des administrateurs et syndics », *Ann. loyers* 1969. 173 – Vigneron, « Les honoraires du syndic professionnel », *Loyers et copr.* juin 2000, 5.
6. Mazeaud et de Juglard, *Le cours de droit civil*, 3e éd., n° 1388.
7. SUR CET engagement de modération : Bouyeure, « La libéralisation des honoraires de syndic de copropriété », *AJPI* 1981. 85 – GUILLOT, art. 17 et 18, 8-03 s. et note 2 – TGI Paris, 24 mai 1984, *Gaz. Pal.* 1984. 2, 520, note Bouyeure : concernant le non-respect de cet engagement.
8. SUR CETTE QUESTION : obs. Giverdon, *RDI* 1984. 87.
9. Lafond, *Les baux d'habitation après la loi du 6 juillet 1989*, n°s 34 s.
10. Accord 16 janv. 1982.
11. Accord 14 févr. 1984 et Accord 24 janv. 1986.
12. Ord. 1er déc. 1986, *JO* 9 déc. 1986; *RDI* 1987. 70.
13. Arr. 3 déc. 1987, relatif à l'information des consommateurs sur les prix, *JO* 1987, p. 14354; *D.* 1988, lég. 7.
14. Rép. min., *JO Sénat* Q 27 févr. 1968, p. 5960; *JCP N* 1968. IV. 75 – CE 27 févr 1985, *Dr. fisc.* 1985, p. 984.
15. Civ. 3e, 24 mai 1989, n° 87-20.047, *Bull. civ.* III, n° 117 – Civ. 3e, 22 nov. 1994, n° 93-10.469, NP, *AJPI* 1997. 283; *RDI* 1995. 156; *D.* 1997. 249 – Civ. 3e, 25 mars 1997, n° 95-18.140, NP, *RDI* 1997. 286 – Civ. 1re, 26 oct. 2004, n° 03-11.599, *Administrer* mars 2005. 41 – Civ. 3e, 11 oct. 2005, n° 04-17.178, NP, *AJDI* 2006. 285; *Loyers et copr.* 2006. 24.

qui est le mandant - et non le conseil syndical ou son président[1] - a compétence exclusive[2] pour fixer les conditions de la rémunération du syndic, en tenant compte des dispositions du décret du 17 mars 1967 et, de plus, pour les syndics professionnels, des dispositions de la loi du 2 janvier 1970 et du décret du 20 juillet 1972, des recommandations de la commission des clauses abusives (rec. n° 96-01, 17 nov. 1995[3] et n° 11-01, 15 sept. 2011), ainsi que de l'avis du conseil national de la consommation du 27 septembre 2007 relatif à l'amélioration de la transparence tarifaire des prestations des syndics de copropriété (v. texte en annexe)[4].

À la suite de cet avis, trois syndicats professionnels (CNAB, FNAIM, UNIT) ont, sous leur responsabilité, établi un contrat type[5].

962 Rémunération du syndic - Principes. L'article 29 du décret de 1967 confirme expressément la possibilité de rémunérer le syndic. Dans sa teneur initiale, ce texte précisait, en effet, que « les conditions de la rémunération du syndic [...][6] ainsi que les modalités particulières d'exécution de son mandat sont fixées [...] à la majorité prévue par l'article 24 de (cette) la loi ». En fait, ces différentes questions étaient discutées et votées à l'occasion de l'examen du « contrat de syndic ». Or, souvent, le syndic subordonnait l'acceptation de son mandat à l'adoption de telle ou telle clause du contrat. Il en résultait une distorsion entre la désignation du syndic qui relevait légalement de la majorité de l'article 25 et l'adoption du contrat, notamment quant à la rémunération, qui relevait de la majorité de l'article 24.

Il est apparu qu'en réalité le contrat de mandat ou « de syndic » formait un tout et comprenait à la fois le choix de la personne, les conditions de sa rémunération, les modalités d'exécution et la durée du mandat. Aussi, le décret du 27 mai 2004 a-t-il modifié l'article 29 qui désormais prévoit dans son alinéa 2 que « *la décision qui désigne le syndic et approuve son contrat de mandat* est votée par l'assemblée générale à la *majorité de l'article 25 et, le cas échéant, de l'article 25-1* de la loi du 10 juillet 1965 ». Cette rédaction a été de nouveau remaniée par le décret n° 2010-391 du 20 avril 2010 (applicable à compter du 1er juin 2010) et dispose : « *Le contrat de mandat du syndic... précise... des éléments de détermination de la rémunération du syndic...* ». L'alinéa 2 du même article ajoute que « *La décision qui désigne le syndic et qui approuve le contrat de mandat est votée... à la majorité de l'article 25...* ». Ces dispositions s'expliquent donc parfaitement eu égard au processus de la formation du contrat, d'autant que les articles 25 et 25-1 de la loi de 1965, modifiée, facilitent l'obtention du vote majoritaire.

En outre, le nouvel article 11 - § II (2e) du décret de 1967, dispose que « *l'état détaillé des sommes perçues par le syndic au titre de sa rémunération* » est *notifié* à chaque copropriétaire, *à titre d'information*, au plus tard en même temps que l'ordre du jour, mais le contenu de ce document ne fait pas l'objet d'un vote par l'assemblée. Il est diffusé à titre informatif et permet d'apprécier la totalité des sommes perçues à l'occasion de l'exécution du mandat.

De son côté, la loi du 2 janvier 1970 et son décret d'application du 20 juillet 1972 comportent des prescriptions particulières aux conventions conclues avec les personnes qui, d'une manière habituelle, se livrent ou prêtent leur concours aux opérations de gestion immobilière portant sur les biens d'autrui, ce qui est le cas des syndics professionnels.

Selon l'article 6 de cette loi, le contrat doit « *préciser les conditions de détermination de la rémunération* ». Autrement dit, si le contrat ne fixe pas une rémunération déterminée, il doit, au moins, énoncer les éléments de comptes à prendre en considération pour calculer la rémunération.

En outre, l'article 66 du décret du 20 juillet 1972 prévoit que « le mandataire ne peut demander ni recevoir, directement ou indirectement, d'autre rémunération à l'occasion des opérations dont il est chargé que celles dont les conditions de détermination sont précisées dans... la décision de nomination, ni de personnes autres que de celles qui y sont désignées ».

963 Rémunération du syndic - Application. S'appuyant sur la distinction introduite par l'article 18 (al. 1er) de la loi de 1965, l'usage s'est instauré de prévoir, dans le contrat de mandat, dit « de syndic », d'une part, la rémunération pour les actes de gestion courante et, d'autre part, une rétribution pour des missions particulières[7]. Générale-

1. Paris, 21 oct. 1992, RG n° 91/25509 – Paris, 29 sept. 1992, *RDI* 1993. 133.
2. Paris, 28 févr. 1997, RG n° 96/002192, *Loyers et copr.* mai 1997. 152 – Rép. min., QE, 30 oct. 1985, *JOAN Q* 1985, 4624.
3. *BOCC* 24 janv. 1996 – *BOCC RF* 24 avr. 2012.
4. *AJDI* nov. 2007. 801.
5. *Administrer* mai 2008. 13 s.
6. En 1967, des arrêtés préfectoraux fixaient les honoraires des syndics.
7. L'arrêté du 2 décembre 1986 prévoit, d'ailleurs, cette partition : « un décompte détaillé des honoraires auxquels peut prétendre le syndic doit être fourni à l'assemblée générale des copropriétaires et faire ressortir le montant total des honoraires, ainsi que la répartition selon les différents types de rémunération : honoraires de gestion courante et autres honoraires de gestion le cas échéant, assiette des honoraires à percevoir en cas de travaux exceptionnels et autres honoraires pour prestations particulières notamment ». L'observation des nouvelles dispositions de l'article 29 (al. 2) du décret de 1967 facilite la comparaison avec les propositions initiales.

ment, les honoraires de gestion courante reposent sur un forfait pour l'ensemble de l'immeuble ou sur une valeur fixe par lot de copropriété (au moins pour les lots « principaux »). Quant aux honoraires pour missions particulières, ils sont calculés soit selon un forfait pour une prestation donnée, soit selon un tarif horaire par vacation. Cette solution a été retenue par l'avis du conseil national de la consommation du 27 septembre 2007 qui a établi une liste des « prestations » de gestion courante pour tous les syndicats (v. s^s n° 850[1]).

À cet égard, la commission des clauses abusives avait recommandé de ne pas restreindre la gestion courante par l'accumulation des missions particulières et le recours à la rubrique « divers », et de ne pas prévoir une clause de révision des honoraires dont les éléments ne sont pas suffisamment explicités et qui n'est pas illustrée par une application chiffrée. La même Commission cite les clauses relatives aux prestations particulières redondantes par rapport à des prestations de gestion courante[2].

Le syndic ne peut arrêter lui-même unilatéralement ses honoraires[3] et le juge ne peut pas fixer *a posteriori* la rémunération du syndic en l'absence de convention préalable entre les parties (syndicat) déterminant le salaire du mandataire[4]. Par principe, le syndic ne peut demander de rémunération que selon les stipulations du contrat qui le lie au syndicat[5], en justifiant d'un mandat écrit ou d'une décision de nomination de l'assemblée générale fixant sa rémunération *préalablement* a l'accomplissement de sa mission[6].

La souscription d'un contrat d'économie de charges[7] lui permet de percevoir des honoraires pour recherche d'économie et de maîtrise des charges. En revanche, la rémunération du syndic pour le chauffage et l'eau chaude ne peut être liée à l'augmentation de la dépense d'énergie[8].

Il ne peut recevoir de « commissions exceptionnelles » de la part des entrepreneurs à l'occasion de travaux votés par l'assemblée, notamment pour des prétendues études ou recherches préalables, ni conserver pour lui-même les ristournes que les locateurs d'ouvrage ou les prestataires de services consentiraient au syndicat[9].

Le syndic peut aussi se faire rétribuer pour la gestion administrative d'un marché de travaux (conclusion, suivi et réception)[10]. Généralement, les honoraires sur travaux étaient fixés par le contrat de syndic, au titre des prestations particulières, et représentaient un pourcentage du coût des travaux. La loi n° 2009-323 du 25 mars 2009 a introduit un article 18-1A dans la loi du 10 juillet 1965 afin d'établir une distinction claire entre les honoraires de gestion courante et ceux des autres prestations. Désormais, les travaux compris dans le budget prévisionnel ne donnent lieu à aucun honoraire particulier, la rémunération étant comprise dans les honoraires de gestion courante. Seuls les travaux visés par l'article 14-2 de la loi de 1965 peuvent justifier d'honoraires spécifiques, à la condition qu'ils soient votés par l'assemblée générale, en application des articles 24 (hors budget prévisionnel, comme un ravalement simple), 25, 26, 26-3 et 30, et par la même assemblée que celle qui a décidé de ces travaux et à la même majorité que

1. *AJDI* nov. 2007. 801.
2. Recomm. n° 11-01 § 2.
3. Paris, 28 sept 1992, *D.* 1992. IR 272 – Paris, 6 mai 1994, *Loyers et copr.* 1994. 405.
4. Civ. 3e, 12 juin 1991, n° 89-19.170, *Bull. civ.* III, n° 175; *AJDI* 1992. 279, *D.* 1991. IR 178; *D.* 1992. Somm. 140; *RDI* 1991. 385 et 1992, 87; *Defrénois* 1992. 370 – TGI Paris, 21 avr. 1977, *D.* 1978. IR 133 – Paris, 28 févr. 1997, RG n° 96/002192, *Loyers et copr.* 1997. 152.
5. Le syndic ne peut réclamer d'honoraires pour missions particulières sans une autorisation de l'assemblée générale dans le silence de son contrat : Paris, 28 févr. 1997, RG n° 96/002192, *Loyers et copr.* mai 1997. 152 – Ce qui prive le syndic de fait de toute rémunération : Civ. 3e, 27 mars 2008, n° 07-10.196, NP – Il ne peut appliquer un forfait si le contrat prévoit une rémunération à la vacation : Paris, 23e B, 26 oct. 2000, RG n° 1999/21613, *Dossier Csab* n° 92, avr. 2001, n° 198 – Civ. 3e, 12 juin 2002, n° 01-00.856, NP, *Loyers et copr.* 2002. 244; *Administrer* oct. 2002. 34, obs. Bouyeure.
6. Civ. 3e, 27 mars 2008, n° 07-10.192, NP, 10 arrêts, *D.* 2008. AJ 1061; *AJDI* 2008. 773, note Tomasin; *Administrer* juill. 2008. 49, obs. Bouyeure – Civ. 3^e, 8 juin 2011, n° 09-71.215, NP – POUR le gestionnaire d'une Union de syndicats : Civ. 3e, 27 mars 2008, n° 06-21.728, *Bull. civ.* III, n° 61; *D.* 2008. AJ 1147; *D.* 2008. 2690, obs. Chr. A., Capoulade – Civ. 3e, 8 juin 2011, n° 09-71.214, NP.
7. *BOCC* 9 mars 1985, p. 73.
8. CCH, art. L. 131-2.
9. Rép. min., QE, *JOAN Q* 29 juill. 1991; *Administrer* oct. 1991; *D.* 1991. IR 178; *JCP N* 1991 prat. 2019; *Defrénois* 1992. 35209 – Faits constitutifs du délit prévu et puni par l'art. 18, 2e de la loi du 2 janvier 1970. Toutefois, la Cour de cassation a admis, que le syndic pouvait percevoir de la société de chauffage urbain une rémunération en raison du calcul effectué, pour le compte du chauffagiste, de la répartition entre les copropriétaires usagers, des charges fixes et variables de chauffage selon un barème, s'agissant de prestations différentes, ne faisant pas double emploi avec les honoraires payés par les copropriétaires pour la gestion courante du syndicat : Civ. 3e, 21 mars 2000, n° 98-16.651, NP, *Administrer* 2000, 60, n° 323, obs. Bouyeure.
10. Généralement par un pourcentage de 2 à 4 % – Le syndic ne pourrait prétendre à des honoraires pour surveillance des travaux, à les supposer prévus au mandat, qu'en établissant sa présence assidue sur le chantier : Civ. 3e, 26 mai 1994, n° 92-17.582, n° 92-19.835, *Bull. civ.* III, n° 108; *RDI* 1994. 461, *Loyers et copr.* 1994. 451 – Mais il sera très imprudent de sa part s'il se comportait comme maître d'œuvre sans en avoir la qualification et sans être spécialement assuré à cet effet. V. art. 18-I-A (L. n° 2009-323, 25 mars 2009, *JO* 27 mars, p. 5408).

ceux-ci. Cette disposition ne distingue pas selon que le vote porte sur les travaux eux-mêmes ou les modalités d'exécution des travaux prescrits. Elle exige qu'une question soit spécialement posée à l'assemblée accompagnée de la notification d'un projet de résolution.

La commission des clauses abusives a recommandé de ne pas « imposer sans contrepartie au syndicat des copropriétaires la renonciation à percevoir les fruits et produits financiers des sommes placées sur un compte séparé »[1]. Lorsque les fonds des copropriétaires sont déposés sur un compte unique, au nom du syndic, dispensé d'ouvrir un compte séparé au nom du syndicat, il a été jugé que, sauf décision contraire de l'assemblée générale, les intérêts portés par ce compte constituaient « les fruits de la gestion des comptes bancaires du syndic »[2]. Le syndic doit à la banque les intérêts du compte unique débiteur, même si le débit est dû à l'impayé d'un copropriétaire, sans pouvoir demander la garantie du syndicat[3].

La même Commission des clauses abusives a aussi recommandé d'éliminer du contrat de syndic la clause tendant à « faire supporter au copropriétaire défaillant, une rémunération au profit du syndic à l'occasion des frais de relance et de recouvrement »[4]. La Cour de cassation s'est prononcée dans ce sens pour les frais de dossier contentieux[5]. De même, le syndic ne pourrait exiger une rémunération spéciale pour l'inscription de l'acquéreur sur la liste des copropriétaires[6], pour la transmission des dossiers à son successeur[7], pour la consultation des pièces justificatives des charges[8], pour la radiation d'une inscription hypothécaire après paiement intégral[9], pour le trimestre qui a suivi la fin de son mandat[10] ni de prévoir une double rémunération pour une même opération (suivi d'une procédure et clôture du compte contentieux [rec n° 11-01]).

Toutefois, l'article 33 (al. 2) nouveau du décret 1967 met à la charge du copropriétaire qui en fait la demande, les frais de copie du carnet d'entretien de l'immeuble ou du diagnostic technique[11]. Le nouvel article 8-1 dit loi de 1965 (L. 25 mars 2009, art. 20) adopte la même solution pour les frais de notification en cas de vente d'aires de stationnement. Après sa modification par la loi n° 2006-872 du 13 juillet 2006 portant engagement national pour le logement, l'article 10-1 met à la charge du copropriétaire concerné, d'une part, les frais nécessaires exposés par le syndicat, tels que les frais de relance pour le recouvrement d'une créance justifiée[12] et, d'autre part, les honoraires du syndic pour l'établissement de l'état daté à l'occasion de la mutation à titre onéreux d'un lot et enfin, après la loi du 12 juillet 2010, les dépenses pour travaux d'intérêts collectifs sur parties privatives du lot concerné.

En cas de rétention[13] ou de perception indue[14] de sommes à titre d'honoraires, le syndicat a seul qualité pour agir en remboursement.

1. Recomm. n° 96-01 préc., point 4.
2. Paris, ch. acc., 9 mars 1992, *Rev. banque* juill.-août 1992. 735, obs. Rives-Lange, exclut, dans ce cas, l'existence du délit d'abus de confiance, mais le commentateur s'interroge si, dans certaines conditions, les dispositions de l'article 6 de la loi du 2 janvier 1970 ne trouveraient pas application. SUR l'application de la TVA : CE 29 déc. 1997, *JCP N* 1998. 257.
3. Civ. 3e, 1er mars 2006, n° 03-10.383, *Bull. civ.* III, n° 52; *Administrer* juin 2006. 55.
4. Recomm. n° 96-01 préc., point 7.
5. Civ. 3e, 24 mai 1989, n° 87-20.047, *Bull. civ.* III, n° 117; *RDI* 1989. 388; *Loyers et copr.* 1989. 403; *Administrer* févr. 1990. 36, obs. Guillot; *IRC* 1989. 325, note Capoulade, aux motifs que les rapports entre le syndicat et les copropriétaires ne sont pas régis par le contrat de syndic, mais par le règlement de copropriété dont aucune clause n'était invoquée – EN CE SENS AUSSI : Civ. 3e, 22 nov. 1994, n° 93-10.469, NP, *RDI* 1995. 156; *D.* 1997. 249; *AJPI* 1997. 283 – DÉJÀ pour les frais de relance : Paris, 24 oct. 1985, RG n° K. 18112, *RDI* 1986. 240 – Civ. 3e, 22 nov. 2000, n° 98-23.465, NP, *AJDI* 2001. 147, obs. Capoulade. – NÉANMOINS, si le contrat de syndic contenait de telles clauses, elles ne pourraient avoir effet qu'à l'encontre du syndicat, comme frais d'administration commune, mais le syndic ne pourrait la recouvrer directement à l'encontre du copropriétaire, tiers par rapport au contrat de syndic.
6. Rép. min., QE n° 69910, *JOAN Q* 30 sept. 1985, p. 4624; *JCP N* 1986, prat. 9677, n° 3; POUR les frais informatiques engagés pour établir la liste des copropriétaires : Paris, 5 mai 1994, *Loyers et copr.* 1994. 405; POUR les frais de procédure et les honoraires après sinistre : Paris, 26 janv. 1996, RG n° 94/027640, *Loyers et copr.* 1996. 233.
7. Paris, 8e ch. A, 11 janv. 2000, RG n° 1996/81729, *D.* 2000. Somm. 219, obs. Atias; *Loyers et copr.* 2000. 153 – Paris, 23e ch. A, 17 juin 1999, RG n° 1998/03460, *Loyers et copr.* 1999. 301 – Paris, 23e ch. A, 13 mars 2002, *BPIM* mai 2002, p. 24 – Paris, 14e ch. B, 13 oct. 2000, RG n° 2000/10425, *Loyers et copr.* mars 2001. 81.
8. Paris, 23e ch. A, 23 janv. 2002, *AJDI* 2002. 385.
9. Civ. 3e, 26 juin 2002, n° 01-02.697, *Bull. civ.* III, n° 151; *Administrer* oct. 2002. 33, obs. Bouyeure.
10. Paris, 21 oct. 1992, RG n° 91/25509, *Loyers et copr.* 1992. 494.
11. POUR la délivrance d'une copie de la feuille de présence : Paris, 23e ch. B, 2 nov. 2000, *Dossier Csab* n° 92, avr. 2001, n° 200, obs. Dunes.
12. Roux, « La lecture jurisprudentielle des frais nécessaires de l'article 10-1 », *IRC* oct. 2006-20.
13. Civ. 3e, 14 avr. 1999, n° 97-15.634, NP.
14. Civ. 3e, 6 oct. 1999, n° 98-11.988, NP, *AJDI* 2000. 431, obs. Guitard; *RDI* 2000. 243, obs. Capoulade; *RDI* 2000. 92, obs. Giverdon : cet arrêt précise qu'un copropriétaire ne peut exercer une action subsidiaire contre le syndicat, à proportion de sa quote-part, son action ne naissant qu'après le recouvrement de la somme par le syndicat.

Enfin, en cas d'annulation pour irrégularité de la désignation du syndic qui avait, jusque-là géré et administré le syndicat, la Cour de cassation a admis que « rien n'empêchait le paiement des honoraires comme reposant sur un juste fondement et, par suite exigibles [1] », mais cette solution paraît bien remise en cause par les arrêts de la 3e chambre civile du 27 mars 2008 [2]. Après un avis du Conseil National de la consommation, du 27 septembre 2007 [3], la distinction entre les honoraires de gestion courante et les honoraires pour missions particulières a continué à faire l'objet de controverses. Fallait-il prévoir un honoraire forfaitaire pour la gestion courante et des honoraires pour missions particulières, ou, au contraire, fallait-il énumérer les actes de gestion courante et laisser à la liberté contractuelle les autres actes ? Un arrêté, pris le 19 mars 2010 [4], par le secrétariat d'État au commerce, à l'artisanat aux petites et moyennes entreprises, au tourisme, aux services et à la consommation, a adopté cette dernière solution (v. annexes).

La créance d'honoraires du syndic se prescrit selon les principes du droit commun (art. 2224 C. civ.).

964 Avances du syndic au syndicat [5]. Il est advenu que, pour pallier la défaillance de certains copropriétaires, le syndic consente, de sa seule initiative, des avances de fonds au syndicat afin d'assurer la continuité de son administration. Le fonctionnement d'un compte unique à l'ensemble des syndicats représentés favorise de telles avances, réalisant une « mutualisation » entre les syndicats. Généralement, le syndic en demande le remboursement au syndicat lorsque cessent ses fonctions. La doctrine a longuement débattu du fondement juridique de cette demande et une jurisprudence abondante et évolutive s'est forgée qui a trouvé un point d'équilibre en soulignant la spécificité du mandat du syndic par rapport au mandat de droit commun.

Peu à peu, l'enrichissement sans cause, justifiant une action subsidiaire [6], et la gestion d'affaires, exclusive de lien contractuel [7], ont été écartés.

Après avoir refusé le remboursement des avances de fonds du syndic au syndicat en les analysant comme « *une anomalie de gestion* » [8], la Cour de cassation a admis (notamment au profit du syndic provisoire qui ne peut faire voter d'appels de fonds [9], ou en raison de l'ouverture d'un compte séparé affecté à la gestion du syndicat [10]), le principe de la restitution qui, sous certaines conditions, trouvait son fondement dans les dispositions de l'article 1999 du code civil.

Ces conditions particulières pouvaient être le paiement effectif d'une dette du syndicat, dans son intérêt exclusif, pour les dépenses indispensables à la vie de celui-ci, sur les fonds propres du syndic, avant l'expiration de son mandat, la réalité du montant résultant de l'approbation des comptes [11].

Cependant, un arrêt de la 3e chambre civile du 29 mars 2000 [12] devait, à cet égard, concilier les deux conceptions du mandat. Les dispositions de la loi du 10 juillet 1965 (art. 18, 18-1 et 18-2) et du décret du 17 mars 1967 (art. 31) définissent de façon précise et limitative les pouvoirs et obligations du syndic et ne lui confèrent pas ceux de faire des avances de fonds pour le compte du syndicat, *en l'absence de circonstances exceptionnelles* pouvant justifier l'application des dispositions de l'article 1999 du code civil. En droit, les « avances » représentant des prêts, les dispositions de l'article 39 alinéa 1 du décret du 17 mars 1967, qui exigent une autorisation spéciale

1. Civ. 3e, 20 janv. 1999, n° 97-14.747, NP, *RDI* 1999. 304 et 305; *IRC* juin 1999, 8, note Capoulade. – Le rejet intervenant sur un pourvoi visant l'article 1153 du code civil laisse présumer que le fondement est indemnitaire – Civ. 3e, 10 mai 2007, n° 05-16.425, *Bull. civ.* III, n° 72; *AJDI* 2008. 396; *Defrénois* 2008. 886, obs. Atias.
2. Civ. 3e, 27 mars 2008, n° 07-10.192, NP, 10 arrêts, *D.* 2008. AJ 1061; *AJDI* 2008. 773, note Tomasin; *Administrer* juill. 2008. 49, obs. Bouyeure – POUR le gestionnaire d'une Union de syndicats : Civ. 3e, 27 mars 2008, n° 06-21.728, *Bull. civ.* III, n° 61; *D.* 2008. AJ 1147; *D.* 2008. 2690, obs. Chr. A., Capoulade.
3. *AJDI* 2007. 801.
4. Arr. 19 mars 2010, *JO* 21 mars, p. 5673 – Pavlovic, « Les archives du syndicat et la rémunération du syndic », *AJDI* 2010. 2133 – Sabatié, « Arrêté Novelli, un ultime arrêté ? », *AJDI* 2010. 369.
5. Da Silva Farge, « Avances de trésorerie, état de la jurisprudence », *JCP N* 1999. 964 – Djigo, « Des avances de trésorerie consenties par le syndic de copropriété », *Loyers et copr.* déc. 1999. 4 – Gélinet, « Les avances du syndic au syndicat des copropriétaires », *Dr. et ville* n° 52/2001, 163.
6. Civ. 3e, 20 janv. 1999, n° 97-16.470, *Bull. civ.* III, n° 17; *Gaz. Pal.* 2000. 47, note Gélinet; *AJDI* 2000. 51; *RDI* 1999. 306; *D.* 2000. 139; *Administrer* juill. 1999. 43.
7. Civ. 3e, 3 juin 1987, n° 85-18.650, *Bull. civ.* III, n° 115; *D.* 1987. IR 148.
8. Civ. 3e, 20 janv. 1999, n° 97-16.470, préc.
9. Civ. 3e, 14 avr. 1999, n° 97-18.008, *Bull. civ.* III, n° 111; *Administrer* août-sept. 1999. 67, note Capoulade, sous réserve des dispositions de l'article 35 du décret de 1967 (complété par décret du 20 avr. 2010).
10. Civ. 3e, 11 mai 1999, n° 97-15.199, NP, *RDI* 1999. 684; *Administrer* oct. 1999. 41, note Capoulade.
11. Civ. 3e, 13 juill. 1999, n° 98-10.450, *Bull. civ.* III, n° 173; *AJDI* 2000. 51; *RDI* 1999. 462; *D.* 2000. 139, obs. Capoulade; *Gaz. Pal.* 2000. 50, note Gélinet; *Administrer* oct. 1999. 41, note Capoulade – Civ. 3e, 20 juill. 1999, n° 98-11.789, NP, *RDI* 1999. 683; *D.* 2000. 139; *Administrer*, préc.; *Gaz. Pal.* 1999. 1. pan. cass. 102, préc.; *Loyers et copr.* 1999. 107, note Vigneron; *Defrénois* 1999. 800, note Atias.
12. Civ. 3e, 29 mars 2000, n° 88-16.682, *Bull. civ.* III, n° 74; *RDI* 2000. 241, obs. Capoulade; *Administrer* juill. 2000. 39, note Capoulade; *Gaz. Pal.* 7-8 févr. 2001. 26, note Gélinet.

par l'assemblée générale des conventions entre le syndic et le syndicat, n'avaient été observées dans aucune des espèces.

Les arrêts ultérieurs reprennent la même doctrine qui peut désormais être considérée comme acquise.

Une telle avance constitue donc une anomalie, compte tenu des pouvoirs dont le syndic dispose[1]; une faute du syndic qui a contracté un prêt, ce qui « ne rentre pas dans les modalités normales du fonctionnement du syndicat, ne saurait être rangée parmi les actes d'administration que le syndic avait le pouvoir de passer seul sans l'autorisation de l'assemblée générale, ni parmi les actes urgents et ne se justifiait pas comme une *nécessité impérieuse appelant une telle initiative* »[2], les avances ne relevant pas de circonstances dont le syndic n'avait pas la maîtrise[3].

965 Droit de rétention du syndic. Le syndic ne dispose d'aucune sûreté pour le paiement de ses honoraires, comme tout mandataire, pour le paiement de son salaire. Toutefois, en tant que ces honoraires constituent des dépenses afférentes à l'administration des parties communes, il bénéficie indirectement des garanties accordées au syndicat à l'encontre des copropriétaires : hypothèque légale, opposition en cas de vente, privilège spécial immobilier occulte (L. 10 juill. 1965, procédure de l'article 19-2).

C'est pourquoi, avant la loi du 31 décembre 1985, il était généralement admis par la doctrine[4] et par la jurisprudence dominante[5] que le syndic pouvait exercer un droit de rétention sur les documents et archives du syndicat. En cas de litige, il était admis que les documents pouvaient être remis entre les mains d'un séquestre[6]. Toutefois, le syndic devait faire preuve de beaucoup de prudence dans l'exercice de ce droit qui supposait l'existence d'un lien de connexité matérielle ou même juridique, ainsi que la consécration d'une créance certaine, liquide et exigible[7], et le mandataire ne pouvait opposer compensation envers le mandant pour les créances dues à l'occasion de l'exécution du mandat[8].

Afin d'assurer la continuité de la gestion du syndicat, l'article 18-2 de la loi du 10 juillet 1965, issu de la loi du 31 décembre 1985, en cas de changement de syndic, prescrit à l'ancien syndic (qui n'est pas seulement le dernier en date) de remettre les fonds et documents du syndicat au nouveau syndic, dans des délais déterminés (v. s^s n° 999). C'est « une obligation impérative dont aucune circonstance ne peut le dispenser », sans que le détenteur puisse se réserver un pouvoir d'apprécier l'utilité ou la nécessité de cette restitution[9].

La doctrine[10] et la jurisprudence[11] en ont très logiquement déduit que cet article avait supprimé le droit de rétention du syndic[12]. Cette obligation légale est exclusive, en tant que telle, de toute rémunération[13].

SECTION 3
RÉGLEMENTATION DE L'ACTIVITÉ DES SYNDICS PROFESSIONNELS

966 Loi du 2 janvier 1970[14]. La distinction entre les syndics professionnels et les syndics non profes-

1. Civ. 3e, 14 mars 2001, n° 99-16.015, *Bull. civ.* III, n° 33; *AJDI* 2001. 528, obs. Capoulade; *Administrer* juin 2000. 34; *D.* 2002. 1523.
2. Civ. 3e, 9 janv. 2002, n° 00-15.782, *Bull. civ.* III, n° 3; *AJDI* 2002. 306, obs. Capoulade.
3. Civ. 3e, 29 mai 2002, n° 00-21.739, *Bull. civ.* III, n° 115; *RTD civ.* 2003. 109 – Paris, 12 févr. 2004, RG n° 2003/13380; *Administrer* juin 2004. 53, obs. Alfandari.
4. Atias, n° 96 – Guillot, art. 17 et 18, n°s 9-14 s. – Kischinewsky-Broquisse, n° 509 – Lot, « Le droit de rétention du syndic sur les archives et pièces du syndicat », *Gaz. Pal.* 1970. 1. Doctr. 131 – Guillot, « Le droit de rétention », *Administrer* déc. 1975. 28.
5. Civ. 3e, 9 déc. 1970, n° 69-12.298; *Ann. loyers* 1971. 1174 – Civ. 3e, 10 juin 1970, n° 68-14.219, *Bull. civ.* III, n° 394; *JCP* 1970. II. 16465, note Guillot.
6. Civ. 3e, 9 déc. 1970, n° 69-12.298; *Ann. loyers* 1971. 1174.
7. Mazeaud, *Leçons de droit civil,* t. III, n°s 114 à 123.
8. Crim. 11 juin 1963, n° 62-91.068, *Bull. crim.*, n° 204.
9. Paris, 14e ch. A, 19 avr. 2000, *IRC* juill.-août 2000. 22, note Capoulade.
10. Giverdon, « Commentaire de la loi du 31 décembre 1985 », *D.* 1986. 44 – Guillot, *Administrer* févr. 1986. 5.
11. Paris, 23e ch. A, 23 juin 1999, RG n° 1997/12703, *Dossier Csab* n° 78, nov. 1999, n° 138.
12. En raison des difficultés rencontrées pour identifier les pièces transmises, le nouvel article 33-1 du décret dispose qu'« en cas de changement de syndic, la transmission des documents et archives du syndicat doit être accompagnée d'un bordereau récapitulatif des pièces. Copie de ce bordereau est remise au conseil syndical ».
13. Paris, 23e ch. B, 17 juin 1999, RG n° 1998/03460, *Loyers et copr.* 1999. 301; *Dossier Csab* n° 78, nov. 1999, n° 137; *Rec. cl. Abus* 11-01 § 2.
14. Avant l'ordonnance du 1er juill. 2004 : Capoulade, *Les professions immobilières*, éd. Moniteur, 1974 – Rémy, « La réglementation des professions d'agent immobilier, intermédiaires et administrateurs de biens », *Gaz. Pal.* 1974. 1. Doctr. 168 – Capoulade, « La nouvelle réglementation des professions immobilières », *AJPI* 1972. 789 – Hubrecht, « Commentaire de la loi du 2 janvier 1970, réglementant la profession d'agent immobilier », *Gaz. Pal.* 1970. I. Doctr. 94; « Commentaire du décret du 20 juillet 1972 réglementant les professions d'agent d'affaires et de gérant d'immeubles », *Gaz. Pal.* 1973. I. Doctr. 207 – Kischinewsky-Broquisse, n° 372 – Guillot, art. 17 et 18-2, n° 2.05 – Lafond, Roux et Stemmer, D. art. 28, n°s 3 s. – Après l'ordonnance du 1er juillet 2004 : Moyse et Amoyel, *Agent immobilier*, 15e éd., Delmas, 2011 – Beddeleem, *Ann. loyers* 2007 – Moussa Thioye, *Droit des intermédiaires immobiliers*, Litec, 2010.

sionnels est d'autant plus nécessaire que les syndics professionnels sont soumis à une réglementation à laquelle échappent les non professionnels [1].

Depuis le 1er janvier 1973, la loi du 2 janvier 1970 et son décret d'application du 20 juillet 1972 réglementent les conditions d'exercice de leurs activités par les personnes physiques ou morales qui, d'une manière habituelle, se livrent ou prêtent leur concours, même à titre accessoire, aux opérations portant sur les biens d'autrui et relatives aux opérations de gestion immobilière, ce qui inclut l'activité de syndic de copropriété. La loi du 2 janvier 1970 a été modifiée par l'ordonnance n° 2004-634 du 1er juillet 2004 [2], notamment quant aux incapacités d'exercice, à la location saisonnière et à la vente de listes, et par la loi du 30 décembre 2006 [3]. Ces modifications et celles du 23 juillet 2010 [4] ont entraîné une adaptation du décret du 20 juillet 1972, notamment par le décret n° 2005-1315, du 21 octobre 2005 [5] et par le décret n° 2009-766 du 22 juin 2009 [6] (sur les modalités d'exercice par les ressortissants communautaires) et par le décret n° 2010-1707 du 30 décembre 2010 [7]. Par application de ces textes, le syndic doit être titulaire *d'une carte professionnelle portant la mention « gestion immobilière »* – et non celle de « transactions sur immeubles et fonds de commerce » qui correspond à l'activité d'agent immobilier, mais qui peut se cumuler avec elle – qui est délivrée pour dix ans par le préfet du département où se trouve, suivant les cas, le principal établissement ou le siège social, sur la justification de quatre conditions : absence d'interdiction ou d'incapacité résultant de condamnations pénales ou de décisions commerciales, aptitude professionnelle, *garantie financière* permettant remboursement des fonds, effets ou valeurs déposés et spécialement affectée à ce dernier, (la garantie résultant de l'ouverture d'un compte à la Caisse des dépôts et consignations [CDC] n'est pas pratiquée en matière de gestion immobilière et la représentation d'un syndicat de copropriétaires est exclusive du non maniement de fonds), *assurance* contre les conséquences pécuniaires de la responsabilité civile professionnelle.

Toutefois, cette réglementation ne s'applique pas aux membres de certaines professions réglementées, aux organismes HLM (L. 2 janv. 1970, art. 2 et Décr. 20 juill. 1972, art. 95, mod. par Décr. n° 2002-642, 29 avr. 2002 [8] – pour les associations agréées pour la gestion du logement des plus démunis v. aussi Décr. 13 nov. 1998) et aux personnes ou à leurs conjoints qui, à titre non professionnel, administrent un syndicat dans lequel ils possèdent un ou plusieurs lots (L. 2 janv. 1970, art. 2).

Il est évident que ces dispositions vont au-delà de celles qui constituent le statut de la copropriété et spécialement de *l'article 28 du décret du 17 mars 1967* qui se borne à indiquer que « les fonctions de syndic peuvent être assumées par toute personne physique ou morale », sans mentionner l'exigence d'une aptitude professionnelle et de la possession de la carte professionnelle.

La question s'est donc posée de savoir si les dispositions de la loi du 2 janvier 1970 modifiée et de son décret d'application du 20 juillet 1972 modifié devaient être appliquées aux syndics professionnels, ajoutant ainsi l'obligation de satisfaire à des conditions non prévues par le statut de la copropriété. D'une jurisprudence que l'on peut, nonobstant quelques décisions dissidentes [9] mais anciennes, considérer comme acquise [10] et d'une doctrine quasiment unanime [11], il résulte que le syndic professionnel doit se soumettre aux dispositions de la loi du 2 janvier 1970 modifiée et du décret d'application, du 20 juillet 1972, spécialement en ce qui concerne la carte professionnelle, ainsi que l'assurance et la garantie financière (sur les conséquences v. ss nos 967 et 968).

Il incombe au titulaire de la carte portant la mention « gestion immobilière », et à lui seul, d'apprécier la qualification professionnelle de ses préposés [12]. Ceux d'entre eux qui représentent le syndic, sous sa responsabilité, notamment en prenant des engagements en son nom, à l'occasion de l'exécution de sa mission, doivent être détenteurs d'une attestation délivrée par l'employeur et visée par le préfet (Décr. 20 juill. 1972, art. 9 [13]).

967 Assurance de responsabilité civile professionnelle [14]. Le titulaire de la carte doit être « en mesure de justifier à tout moment d'un contrat d'assurance » couvrant sa responsabilité civile pro-

1. Crim. 8 nov. 1982, n° 81-94.019, *Bull. crim.*, n° 244 rejetant le pourvoi contre Aix-en-Provence, 20 mai 1981 ; *JCP* 1983. IV. 29; *RDI* 1983. 495.
2. *JO* 2 juill., p. 12056.
3. L. n° 2006-1770, 30 déc. 2006, *JO* 31 déc., p. 20210
4. L. n° 2010-853, 23 juill. 2010, *JO* 24 juill., p. 13650.
5. *JO* 23 juill., p. 16812.
6. Décr. n° 2009-766, 22 juin 2009, *JO* 24 juin, p. 10377.
7. Décr. n° 2010-1707, 30 déc 2010, *JO* 31 déc., p. 23455.
8. Décr. n° 2002-642, 29 avr. 2002, *JO* 30 avr., p. 7817.
9. PAR EX. : Paris, 2 nov. 1989, *RDI* 1990. 251.
10. TGI Paris, 11 juill. 1974, *AJPI* 1974. 1000, note Bouyeure – TI Paris 13e, 30 avr. 1981, *Rev. loyers* 1982. 2, 38 – Civ. 3e, 18 avr. 1985, n° 84-11.211, *Gaz. Pal.* 1985. 2. pan. jur. 279, NOTE DUBITATIVE Souleau; *RDI* 1986. 105 – Civ 3e, 2 juill. 2008, n° 06-17.202, *AJDI* 2009. 307, obs. Tomasin.
11. Capoulade, *AJPI* 1972. 789 – KISCHINEWSKY-BROQUISSE, n° 372.
12. Civ. 3e, 9 févr. 2000, n° 98-14.074, NP, *RDI* 2000. 242, obs. Capoulade.
13. Rép. min., QE n° 61-700, *JOAN Q* 10 sept. 2001, p. 5253.
14. Capoulade, nos 224 s. – LAFOND, ROUX ET STEMMER, D. 28, n° 8 – Moussa Thioye, *op. cit.* nos 260 s.

fessionnelle, souscrit auprès d'une entreprise d'assurance. Cette assurance (A. 1er sept. 1972, et ses annexes[1]) couvre la responsabilité civile en raison des dommages incorporels causés, dans l'exercice de l'activité professionnelle, par suite d'erreurs, omissions ou négligences commises par l'assuré, ses collaborateurs ou préposés ou par suite d'une perte ou de destruction de pièces ou documents à eux confiés : montant minimal de la garantie par année et par assuré, 75 000 euros.

Toutefois, une exclusion de garantie est notamment prévue en cas de dommages provenant d'une faute intentionnelle ou dolosive de l'assuré.

Il en va de même en cas de non-versement ou de non-restitution des fonds, effets ou valeurs reçus à quelque titre que ce soit par l'assuré, ses collaborateurs ou ses préposés.

Cette assurance ne garantit donc pas les détournements de fonds par les préposés, ni les dommages corporels, lesquels relèvent d'autres polices.

Il est parfois délicat de distinguer ce qui relève de l'assurance et de la garantie financière.

Le préfet qui a délivré la carte professionnelle est immédiatement informé de toute suspension, dénonciation, résiliation du contrat d'assurance (Décr. 20 juill. 1972, art. 50).

Un arrêt de la Cour de cassation relève la faute intentionnelle de l'ancien syndic, gérant et associé d'une Sci copropriétaire, qui s'était abstenu d'exiger le versement des appels de fonds dus par ce copropriétaire, pendant plusieurs années, d'une manière délibérée, avec l'intention d'avantager la Sci et lui-même indirectement et qui avait usé de moyens frauduleux pour masquer cette abstention aux autres copropriétaires[2].

La clause d'exclusion de la garantie de l'assurance ne s'applique pas à des règlements erronés ou abusifs qui constituent une faute professionnelle, tel est le cas du syndic, ayant reçu une indemnité d'assurance, après sinistre, avait réglé indûment le montant des réparations à des entreprises qui n'avaient que partiellement exécuté les travaux[3].

L'absence de désignation du syndic, titulaire d'une carte professionnelle, par l'assemblée générale des copropriétaires, constitue non pas la méconnaissance des conditions mises à l'exercice des activités, mais une faute dans l'exercice de cette activité, dont les conséquences sont garanties par l'assureur de responsabilité civile professionnelle[4].

1. Arr. 1er sept. 1972, *JO* 13 sept. 1972; mod. par Arr. 5 févr. 2002, *JO* 15 févr.
2. Civ. 3e, 9 janv. 2002, no 00-17.394, *Bull. civ.* III, no 2; *Administrer* avr. 2002. 46 et note; *RDI* 2002. 125; *AJDI* 2002. 120; *AJDI* 2002, 229, obs. Capoulade.
3. Civ. 3e, 8 avr. 1998, no 96-15.430, NP, *RDI* 1998. 417; *D.* 2000. 138.

968 Garantie financière[5]. La garantie financière a pour objet exclusif de permettre la restitution ou le remboursement des versements ou remises reçus à l'occasion de l'administration des biens d'autrui en cas de défaillance du syndic.

Cette garantie résulte d'un engagement écrit fourni par une entreprise d'assurance spécialement agréée, par un établissement de crédit ou par une institution mentionnée à l'article L. 518-1 du code monétaire et financier (garantie délivrée par une société de caution mutuelle, une entreprise d'assurance ou un établissement de crédit, consignation à la Caisse des dépôts et consignations encore que ce dernier mode de garantie ne soit pas usité en gestion immobilière). Son montant se réfère à la pointe maximale des fonds dont le syndic a été redevable au cours de l'exercice précédent, avec un minimum de 110 000 euros (Décr. no 2001-373, 27 avr. 2001), mais elle doit correspondre au montant des sommes dont le syndic est redevable à tout moment.

La garantie peut jouer notamment pour un prêt bancaire encaissé pour le compte du syndicat[6]. Elle ne joue que pour les fonds remis à l'adhérent dans l'exercice de son activité de syndic et qu'il n'a pas représentés; elle ne peut être étendue au-delà de ses limites et ne s'applique pas aux dommages-intérêts, ni aux intérêts moratoires éventuellement dus à une entreprise en raison du retard à payer par suite de la défaillance du syndic[7]. Le syndicat peut obtenir du garant une provision en référé[8].

En cas de non représentation des fonds, la garantie joue sur la réclamation du syndicat[9] et la justifi-

4. Civ. 3e, 3 mars 2004, no 02-18.565, NP, *Administrer* mai 2004. 42, note Capoulade – Bordeaux, 19 avr. 2005, RG no 2003/06032, *AJDI* 2005. 675, note Capoulade.
5. La garantie financière : CAPOULADE, nos 249 s. – Vignon, « La mise en œuvre de la garantie financière du syndic de copropriété défaillant », *AJPI* 1992. 769 – Zimmermann, « La mise en œuvre de la garantie financière en cas de redressement judiciaire du professionnel », *AJPI* 1992. 779 – Gaultier, « Garantie financière du syndic », *Rev. hab. fr.* oct. 1982. 583 – Guillot, « Le délit d'insuffisance de la garantie financière des professionnels de l'immobilier », *JCP N* 1978. I. 1 – Cabrillac, *Les garanties financières professionnelles*, thèse, Montpellier 1, janv. 2000 – LAFOND, ROUX ET STEMMER, D. 28, no 4 – Moussa Thioye, *op. cit.*, nos 270 s.
6. Paris, 23e ch. A, 6 nov. 1996, RG nos 95-12550 et 95-18639, *Loyers et copr.* janv. 1997. 30.
7. Civ. 1re, 1er déc. 1987, no 86-10.599, *Bull. civ.* I, no 322; *D.* 1987. IR 255 : la défaillance étant constitutive d'une faute, le sinistre relève de l'assurance.
8. Civ. 1re, 26 avr. 1988, no 86-16.610, *Bull. civ.* I, no 115; *RDI* 1988. 478; *AJPI* 1989. 697.
9. SUR la clause « réclamation de la victime » : note Tomasin, ss : Civ. 1re, 2 mars 1994, no 91-14.429, no 92-11.041, *Bull. civ.* III, no 82; *Administrer* mars 1995. 21; Paris, 8 janv. 2009, *AJDI* 2009. 371.

cation par lui, selon le droit commun, d'une créance certaine, liquide et exigible à l'encontre de son ancien syndic. Cette preuve s'avère souvent difficile et nécessite l'intervention d'une expertise comptable afin de déterminer l'ensemble des mouvements financiers concernant le syndicat[1]. La garantie est acquise au titulaire de la carte professionnelle portant la mention « gestion immobilière » aux conditions que la créance soit certaine, liquide et exigible et que la personne garantie soit défaillante[2], sans que le garant puisse exiger une action préalable contre le professionnel aux fins de recouvrement (Décr. 1972, art. 39).

Il n'est pas nécessaire que la créance soit exactement chiffrée au moment de la demande en paiement; la réclamation pour « un franc sauf à parfaire est régulière »[3]. Le syndicat ne peut se contenter de se prévaloir de documents manifestement insuffisants pour faire la preuve requise[4].

Selon le décret du 20 juillet 1972, la garantie nécessite, en cas de *liquidation judiciaire*, la déclaration de la créance au passif de la procédure collective du syndic[5].

Toutefois, la Cour de cassation a jugé qu'« en raison de son autonomie », cette garantie financière *n'est pas éteinte* si le syndicat ne déclare pas au passif sa créance de restitution des sommes versées et il peut *assigner directement le garant*[6].

1. Capoulade, « L'impossible preuve », *Rev. hab. fr.*, févr. 2010, p. 10.
2. Civ. 3e, 7 avr. 2004, n° 02-17.417, *Bull. civ.* III, n° 79; *AJDI* 2004. 575; *D.* 2006. 1855; *Administrer* nov. 2004, note Capoulade : solution pour une ASL transposable à la copropriété.
3. Civ. 1re, 26 avr. 1988, n° 86-16.610, *Bull. civ.* I, n° 115.
4. Civ. 3e, 30 sept. 1998, n° 96-21.078, NP, *RDI* 1999. 151, obs. Capoulade, rejetant le pourvoi contre : Paris, 23e ch. B, 13 sept. 1996, RG n° 95/013162, J.-CL. COPR., fasc. 88, nos 37 s., n° 492.
5. Civ. 1re, 10 janv. 1995, n° 93-10.140, *Bull. civ.*, n° 17; *JCP* 1995. IV, n° 580 – Paris, 6 nov. 1995, *Loyers et copr.* 1997. 30.
6. Cass., Ass. plén., 4 juin 1999, n° 96-18.094, *Bull. AP*, n° 4; *R.*, p. 338; *RDI* 1999. 438 et 463; *D.* 2000. 140; *RTD civ.* 1999. 665; *BICC* 15 juill. 1999, concl. Joinet, rapp. Toitot; *D. Affaires* 1999. 1082, obs. A. L.; *JCP* 1999. II. 10152, note Behar-Touchais; *JCP* 2000. I. 209, n° 8, obs. Simler; *CCC* 1999, n° 171, note Leveneur; *LPA* 27 déc. 1999, note Lemaitre-Basset et Schroeder; *RDI* 1999. 438, obs. Tomasin; *RDI* 1999. 462, obs. Capoulade; *LPA* 10 févr. 2000, note Féviliyé-Dawey; *RTD civ.* 1999. 665, obs. Crocq; *RTD com.* 2000. 175, obs. Martin-Serf; *Banque et Droit* sept.-oct. 1999, p. 46, obs. Rontchevsky – Civ. 1re, 25 juin 2002, n° 00-12.212, *AJDI* 2003. 529, note Thioye – Paris, 23e ch. A, 7 févr. 2001, synd., RG n° 2000/03042, 131, rue du Cherche Midi, NP – Simler et Delebecque, Chron. « Sûretés », *JCP* 1995. 3889, n° 2 – Capoulade, « La garantie des fonds du syndicat », *Administrer* 14, n° 278.

Si le montant total des créances retenues excédait le montant nominal de la garantie, la répartition s'effectuerait au *marc-le-franc* : il existe donc un intérêt, en cas de liquidation judiciaire du syndic, de produire au passif afin de parfaire éventuellement la somme reçue du garant.

Le garant a l'obligation légale d'exercer les *contrôles* nécessaires pour s'assurer que la garantie est au moins égale aux sommes détenues pour le compte de tiers[7]. Le manquement à cette obligation constitue une faute, lorsque le renouvellement ou l'augmentation de la garantie est accordé malgré les rapports comptables soulignant les insuffisances et les irrégularités de la comptabilité[8].

En cas de *cessation de la garantie*, le garant avise immédiatement le Préfet qui a délivré la carte professionnelle. La cessation de garantie fait l'objet de publication dans la presse (Décr. 20 juill. 1972, art. 44)[9]. L'avis précise si l'engagement du nouveau garant comporte une clause de reprise du passé; dans ce cas, il n'est pas expédié de lettres individuelles. Cet avis constitue le point de départ pour produire à défaut de la mention des parties versantes dans les registres. Le garant est, en outre, tenu d'en informer par lettre recommandée, avec demande d'avis de réception, le président, et, à défaut, les membres du Conseil syndical (Décr. 20 juill. 1972, art. 46, al. 2) – et non le syndic[10]. L'affichage à la porte de l'immeuble a été supprimé. Tous les fonds détenus pour le syndicat doivent être immédiatement versés à un compte bancaire et les retraits sont opérés avec l'accord du garant (Décr. 20 juill. 1972, art. 70). La demande en restitution est présentée au garant dès la constatation de la défaillance du syndic et, en cas de cessation de garantie, dans les trois mois de la publicité la plus tardive (délai préfix à observer à peine de forclusion – V. une demande tardive[11]).

Les versements effectués après la cessation de garantie (trois jours francs de la seconde publication), mais avant la notification au président du conseil syndical ne sont pas couverts[12].

7. Civ. 1re, 22 déc. 1981, n° 80-16.835, *Bull. civ.* I, n° 394 – Com. 25 janv. 1984, n° 82-15.680, *Bull. civ.* IV, n° 40 – CAPOULADE, n° 311.
8. Civ. 1re, 16 juin 1987, n° 85-17.200, *Bull. civ.* I, n° 196 – Civ. 1re, 27 nov. 1990, n° 89-10.628, *Bull. civ.* I, n° 271 – Civ. 1re, 18 nov. 1992, n° 89-19.712, *Bull. civ.* I, n° 287; *Loyers et copr.* 1993. 115 – Paris, 23e ch. B, 8 juin 2000, RG n° 1999/01639, *RDI* 2000. 604, obs. Capoulade. – Paris, 23e ch. A, 7 févr. 2001, RG n° 2000/03042, NP.
9. CAPOULADE, n° 295.
10. Civ. 3e, 28 oct. 1985, *Rev. loyers* 1986. 148.
11. Civ. 1re, 7 mars 1995, n° 93-13.887, *Bull. civ.* I, n° 109; *RDI* 1996. 92 et 93; *Gaz. Pal.* 1995. 98.
12. Civ. 3e, 19 juill. 1995, n° 93-12.536, NP, *RDI* 1995. 789; *D.* 1998. 273.

969 **Sanctions.** L'inobservation des dispositions de la loi du 2 janvier 1970 et maintenant de l'ordonnance du 1er juillet 2004 peut entraîner des conséquences sur le plan pénal et sur le plan civil.

- Sur le plan pénal, la loi du 2 janvier 1970 modifiée prévoit différentes incriminations spécifiques dans ses articles 14 à 18 qui édictent des peines correctionnelles à l'encontre des personnes qui, soumises à cette loi, exercent habituellement les fonctions de syndic, sans être titulaires de la carte professionnelle ou après avoir cessé de remplir les conditions légalement mises à la délivrance de la carte professionnelle ou qui, à l'occasion de leurs fonctions de syndic, auront reçu ou détenu des sommes ou biens sans observer les dispositions de l'article 6 de la loi (notamment réception de rémunérations non prévues au contrat). Il en irait de même pour les personnes qui méconnaîtraient les dispositions sur l'exigence de la garantie financière.

- Sur le plan civil, il est soutenu que la réglementation des activités professionnelles est d'ordre public et que son inobservation est pénalement sanctionnée, afin d'assurer la sécurité des syndicats et des copropriétaires. On en déduit que la méconnaissance de ces dispositions entraîne la nullité du mandat. En sens contraire, il est observé que l'exécution d'un mandat civil n'est assujettie à aucune condition de capacité, qu'il n'existe aucune interférence entre une réglementation de police administrative et les obligations civiles, alors qu'aucun texte n'édicte de nullité. Ces divergences doctrinales expliquent les nuances jurisprudentielles.

Une première tendance voyait dans l'absence ou le retrait de la garantie financière un empêchement à l'exercice des fonctions, ce qui justifiait la désignation d'un administrateur provisoire[1]. La Cour de cassation s'est prononcée dans le sens de nullité de la décision d'assemblée générale désignant un syndic qui n'était pas alors titulaire de la carte professionnelle pour exercer son activité; le syndic professionnel ne peut poursuivre ses fonctions en l'absence de renouvellement ou en cas de retrait de sa carte professionnelle[2] (s'agissant des conséquences de la nullité, il a été admis que le syndic sans carte peut agir en recouvrement des charges tant que sa désignation n'a pas été judiciairement annulée[3]). Cependant, par deux arrêts intermédiaires, avant de revenir à sa première position qui est celle actuellement admise, la même chambre de la Cour de cassation avait décidé que la nullité du mandat et des actes accomplis par le syndic de copropriété ne découlait pas de plein droit de la perte de garantie financière et de l'assurance de responsabilité civile professionnelle[4].

970 **Unité ou pluralité de syndics.** La plupart des dispositions de la loi du 10 juillet 1965 (comme auparavant de la loi du 28 juin 1938), parlent d'« un » syndic, et il est de pratique constante de n'avoir qu'un syndic dans un syndicat. Cependant, l'article 25 envisage expressément « la désignation ou la révocation du ou des syndics ».

Il convient néanmoins de maintenir le principe selon lequel il ne peut y avoir qu'un seul syndic, seul compatible avec le fait, ci-dessus relevé (v. ss n° 954) que les fonctions dévolues à l'organe ne peuvent pas être assurées par un collège. On explique alors l'emploi du pluriel par l'article 25 c comme se rapportant à l'hypothèse de la coexistence d'un syndicat principal et d'un ou plusieurs syndicats secondaires[5].

1. TGI Créteil, réf., 19 févr. 1981, *AJPI* 1981. 737, note Bouyeure – Paris, 14e ch. B, 17 mai 2002, RG n° 2002/02798, *Loyers et copr.* nov. 2002. 269 : le syndicat se trouve dépourvu de syndic si l'interdiction judiciaire de diriger, gérer ou administrer toute entreprise commerciale est prononcée à l'encontre de la SARL, syndic de l'immeuble (COMP. sur l'application du décret-loi du 8 août 1935 et la loi du 30 août 1947), Guillot, *Administrer* oct. 1985. 31 et 32.

2. Civ. 3e, 18 avr. 1985, n° 84-11.211, *Gaz. Pal.* 1985. 2. pan. 279, note Souleau [DUBITATIVE]; *Administrer* oct. 1985. 48, note Guillot [RÉSERVES]; *JCP* 1985. IV. 226; *RDI* 1986. 105 – Civ. 3e, 4 janv. 1996, n° 93-19.239, *Bull. civ.* III, n° 92; *RDI* 1996. 247, obs. Tomasin; *RDI* 1996. 278; *Administrer* août-sept. 1996. 37, note Capoulade; *D.* 1997. Somm. 15, obs. Atias – EN CE SENS DÉJÀ : TGI Paris, 11 juill. 1974, *AJPI* 1974. 1000, note Bouyeure – Paris, 9 oct. 1991, RG n° 89-2673, *Administrer* févr. 1992. 60 – Civ. 3e, 2 juill. 2008, n° 06-17.202, *Bull. civ.* III, n° 117; *AJDI* 2009. 307; *D.* 2008. 2690 et 2742 – EN SENS CONTRAIRE : Paris, 19e ch. B, 2 nov. 1989, RG n° 89/17113, *RDI* 1990. 251.

3. V. spéc. *RDI* 1996. 247, obs. Tomasin – Civ. 3e, 4 oct. 1995, n° 94-10.178, NP, *RDI* 1996. 111.

4. Civ. 3e, 30 mars 1989, n° 87-18.759, *Bull. civ.* III, n° 78; *D.* 1989. IR 122; *RDI* 1989. 393; *Loyers et copr.* mai 1989. 249 – Civ. 3e, 11 mai 1994, n° 92-10.605, *Bull. civ.* III, n° 92; *RDI* 1994. 498; *IRC* sept. 1996. 10, note Capoulade; *D.* 1996. Somm. 164, obs. Capoulade.

5. EN CE SENS : rép. min. QE, n° 22621, *JOAN Q* 1er juin 1987, p. 3205; *JCP N* 1987, prat. p. 547 – LAFOND, ROUX ET STEMMER, D. art. 28, n° 1214.

CHAPITRE

2. Nomination et cessation des fonctions du syndic

SECTION 0

ORIENTEUR

Plan du chapitre.

Textes applicables.

• L. n° 65-557 du 10 juill. 1965 fixant le statut de la copropriété des immeubles bâtis, art. 18, 18-1, 18-2 et 25.

• Décr. 17 mars 1967, pris pour l'application de la loi du 10 juill. 1965, art. 28, 46, 47 et 49.

Jurisprudence de référence.

• **Civ. 3e, 14 janv. 1998, n° 96-12.513,** *Bull. civ.* III, n° 7; *RDI* 1998. 293.

* V. ss nos 985, 987.

« L'administrateur provisoire, désigné en application de l'article 47 de la loi du 10 juillet 1965, remplissant à titre temporaire les fonctions de syndic, est soumis aux mêmes devoirs et obligations que celui-ci ».

• **Civ. 3e, 10 juill. 2007, n° 06-16.701,** NP, *AJDI* 2008. 489.

* V. ss nos 987, 999.

« L'administrateur provisoire qui a reçu mission du juge ne peut, sous sa propre responsabilité, déléguer en tout ou partie les pouvoirs reçus et donner mission à l'ancien syndic d'assurer la conservation et la gestion des fonds, documents et archives. »

• **Civ. 3e, 6 mai 2008, n° 06-14.965,** NP.

* V. ss n° 999.

« Il incombe à l'ancien syndic d'effectuer une remise régulière et en temps utile à son successeur des documents mentionnés par l'article 18.2 de la loi du 10 juillet 1965. »

• **Civ. 3e, 23 janv. 1991, n° 89-17.054,** *Bull. civ.* III, n° 32.

* V. ss nos 974, 983, 991, 995.

« Le syndic démissionnaire n'a pas qualité pour convoquer une assemblée générale bien que les copropriétaires aient ratifié la poursuite de son activité. »

Bibliographie indicative.

ATIAS, Guide de la copropriété, Edilaix 2007, sous R. 18 n° 21, 18.2; *Dicopropriété*, Edilaix 2007, *V° Syndic (bénévole), Syndic (désignation)* – CAPOULADE, *Les professions immobilières*, Éd. De l'Actualité juridique 1974, nos 506 à 507 – GUILLOT, *La pratique de la copropriété*, Publication *Administrer* 1992, le syndic art. 17 à 18-2 – LAFOND, ROUX et STEMMER, *Code de la copropriété*, Litec 2008, sous, art. L. 25 § IV et 18.2 et D. art. 46, 47 et 49 – KISCHINEWSKY-BROQUISSE, *La copropriété des immeubles bâtis*, Litec 1994, nos 392 à 428 – VIGNERON, *Le syndic de copropriété*, Litec 2005, p. 11 à 30.

On distinguera la nomination du syndic proprement dit de celle d'un administrateur provisoire.

SECTION 1

NOMINATION DU SYNDIC

971 Généralités et distinctions. Le syndic est le plus souvent nommé par l'assemblée générale (v. ss n° 972), mais il résulte de la loi du 10 juillet 1965 qu'il peut être désigné dans certains cas par d'autres modes : accord des parties (v. ss n° 973), décision de justice (v. ss n° 975) [1] ou, dans la forme coopérative, par le conseil syndical (v. ss n° 738).

Si le syndicat revêt la forme coopérative, le syndic, qui est obligatoirement un membre du conseil syndical, est élu par ce conseil (v. ss nos 702 et 976).

Enfin, lorsque le syndicat est issu, après division, de la vente de logements HLM à leurs locataires, le syndic est imposé par la loi (v. ss n° 977).

Dans l'hypothèse où l'immeuble appartient à une société d'attribution, la nomination du syndic ne peut intervenir que lorsqu'il y a passage de l'état de société à celui de copropriété, c'est-à-dire au moment de la première attribution partielle ou à

1. Terré et Simler, *Les biens*, 8e éd., n° 692.

celui de l'approbation du partage général[1] (v. ss n° 55).

Selon un arrêt de la Cour de cassation du 14 janvier 1987[2], l'erreur dans la désignation du syndic, représentant le syndicat des copropriétaires, personne morale, ne constitue pas, en elle-même, une irrégularité de fond au sens de l'article 117 du code de procédure civile.

Cette solution est l'application du principe plus large affirmé par la Cour de cassation, statuant en chambre mixte, selon lequel le défaut de désignation de l'organe représentant légalement une personne morale dans un acte de procédure, lorsque cette mention est prévue à peine de nullité, ne constitue qu'un vice de forme[3].

972 a) Nomination par l'assemblée générale[4]. Le procédé normal de désignation du syndic est la nomination par un vote de l'assemblée générale des copropriétaires statuant à la majorité de l'article 25 c de la loi de 1965, c'est-à-dire à la majorité absolue des voix composant le syndicat (v. ss nos 906, 902 et 903). En exigeant cette majorité forte, témoignage de la confiance, le législateur a entendu, non seulement souligner l'importance de la décision, mais aussi renforcer l'autorité du syndic et assurer la stabilité de son mandat[5].

Cependant, soucieux de pourvoir la personne morale d'un représentant, le législateur a privilégié la voie majoritaire à la voie judiciaire[6]. Il a donc permis, sous certaines conditions, de désigner le syndic à la *majorité de l'article 24* recueillie conformément aux dispositions de *l'article 25-1* de la loi[7], soit par un second scrutin au cours de la même assemblée, si la candidature a obtenu au moins un tiers des voix de tous les copropriétaires, soit, dans la négative, au cours d'une seconde assemblée convoquée dans les trois mois (v. Décr. 17 mars 1967, art. 19 et ss n° 834). La désignation du syndic représente, en effet, une prérogative de l'assemblée générale qui ne peut la déléguer à quiconque[8].

Ces dispositions relatives à la majorité légalement requise s'appliquent en cas de « renouvellement »[9] des fonctions du syndic, la loi visant la « désignation », sans distinguer entre la nomination et le renouvellement[10]. L'actuel art. 28 (al. 3) dispose que « *le syndic peut être de nouveau désigné...* ». La jurisprudence avait retenu que « le renouvellement pur et simple du syndic dans ses fonctions suppose que les conditions du contrat non modifiées sont reconduites en l'état »[11].

Le décret du 27 mai 2004, apporte deux innovations importantes. D'une part, la même décision désigne le syndic et approuve son contrat à la majorité de l'article 25 et, le cas échéant, de l'article 25-1 de la loi[12]. Ces deux questions se trouvent intimement liées; il est inutile d'élire d'abord le syndic si l'accord ne se fait pas ensuite sur le contrat de mandat (Recommandations de la commission des clauses abusives nos 97-02 du 18 sept. 1997 et 11-01 du 15 sept. 2011, v. annexes). D'autre part, l'assem-

1. Civ. 1re, 12 nov. 1963, *AJPI* 1964. II. 211, note Cabanac; *Ann. loyers* 1964. 492; *D.* 1964. 281, note Azoulai; *Rev. loyers* 1963. 556 – Paris, 4 juill. 1960, *JCP* 1961. II. 12230, note Seguin.
2. Civ. 2e, 14 janv. 1987, n° 85-15.111, *Bull. civ.* II, n° 5.
3. Ch. mixte, 22 févr. 2002, n° 00-19.639, n° 00-19.742, *Bull. mixte*, 2002, n° 1; *R.*, p. 491; *D.* 2002. 3261; *RTD civ.* 2002. 358; *BICC* 2002, 1er avr. 2002, p. 4, avis de Gouttes et note Peyrat; *D.* 2002. 2083, note Racine; *D.* 2002. 3261, note J.-Cl. Hallouin; *RTD civ.* 2002. 358, obs. Perrot; *Rev. huiss.* 2002. 230, note Fricero; *Procédures* 2002, 69, obs. Perrot, et 73, obs. Croze; *Bull. Joly sociétés* 2002. 688 et 663, Chron. Cholet; *Rev. sociétés* 2002. 293, note Chartier; *Dr. sociétés* 2002, n° 168, note Bonneau – Soc. 31 mars 2009, *JCP* 2009. IV. 1792.
4. Alibert, p. 301 – Atias, n° 449 – Cabanac, n° 345 – Capoulade, n° 506, 3e – Guillot, art. 24 à 26-2, § 9 – Kischinewsky-Broquisse, nos 374 s. – Lafond, Roux et Stemmer, art. L. 25 § IV – Vigneron, nos 20 s. – Atias, *Dicopropriété*, *V° Syndic (désignation)*, p. 508.
5. Commagnac et Capoulade, *REDI* n° 24. 1389.
6. Atias, « Syndicats de copropriétaires en quête d'un syndic », *Ann. loyers* 1993. 840; « La désignation judiciaire d'un syndic doit demeurer un remède ultime et subsidiaire ».
7. Cette nouvelle disposition met fin aux controverses issues de l'alinéa 2 de l'article 25, abrogé par la loi SRU.
8. Ni au conseil syndical, ni à un copropriétaire : Civ. 3e, 25 mai 1976, n° 75-10.126, *Bull. civ.* III, n° 226; *D.* 1976. IR 252, obs. Giverdon; *JCP N* 1977, prat. 6570 – Paris, 2 juin 1988, RG n° 86/011366, IR 204; *RDI* 1988. 502.
9. Guillot, « Le renouvellement du mandat du syndic », *Administrer* avr. 1989. 18 – Bouyeure, « Le renouvellement du mandat du syndic : thème et variations », *Administrer* oct. 1997. 31.
10. Civ. 3e, 14 juin 1989, n° 87-19.249, *Bull. civ.* III, n° 136; *AJDI* 1990. 93; *RDI* 1989. 394 et 504; *Administrer* mars 1990. 41; *Defrénois* 1990. 367, obs. Souleau; *IRC* 1989. 324, note Capoulade – Il n'y a jamais tacite reconduction des fonctions du syndic : Paris, 20 oct. 1982, *Juris-Data* n° 025942, *D.* 1983. IR 458.
11. Il s'en déduisait que la modification des conditions du contrat antérieur correspond, en réalité, à une désignation et que les conditions du nouveau contrat doivent être préalablement notifiées, obs. Capoulade ss : Paris, 23e ch. B, 29 juin 2000, RG n° 1999/03914, *RDI* 2000. 604 – Les copropriétaires doivent être informés des conditions du nouveau contrat : Civ. 3e, 18 déc. 1996, n° 94-18.906, *Bull. civ.* III, n° 241; *AJDI* 1997. 655; *Loyers et copr.* 1997. 124.
12. Décr. 17 mars 1967, art. 29, al. 2, modifié (v. ss n° 859) – Antérieurement, la désignation du syndic relevant des conditions de majorité prévues par l'article 25 (al. 1er et 2) Atias, *AJDI* juin 2004. 513, ; et, l'approbation du contrat de syndic de la majorité de l'article 24 : Civ. 3e, 11 mars 1998, n° 96-12.479, *Bull. civ.* III, n° 59; *RDI* 1998. 289, 292, 294 et 296; *D.* 2000. 136; *Loyers et copr.* mai 1998. 141 – en sens contraire : Paris, 23e ch. B, 8 juin 2000, RG n° 1999/01639, *RDI* 2000. 602, obs. Capoulade.

blée ne peut voter à la majorité de l'article 24 qu'après avoir voté sur chacune des candidatures à la majorité de l'art. 25 [1].

La question de la désignation du syndic doit être portée à l'ordre du jour et le ou les projets de contrat de mandat, dit « de syndic », notifier au plus tard en même temps que l'ordre du jour [2], ce qui implique que les candidatures doivent se manifester dans les délais suffisants pour figurer à l'ordre du jour [3] et non au cours de l'assemblée.

La question de la désignation du syndic doit se distinguer nettement de toute autre question, notamment du *quitus* et de l'approbation des comptes hormis celle de l'examen du contrat de mandat [4]. Les conditions de convocation, de vote et de rédaction du procès-verbal sont celles applicables à la tenue des assemblées générales. En cas de changement de syndic, et si celui-ci est un syndic professionnel, il est nécessaire que l'assemblée statue spécialement sur la dispense d'ouvrir un compte séparé, selon le mode de gestion envisagé par le nouveau syndic [5], par un scrutin séparé de celui désignant le syndic et approuvant le contrat de mandat [6] et sur une question portée à l'ordre du jour.

La contestation de la désignation du syndic doit être introduite par les copropriétaires opposants ou défaillants dans le délai de deux mois de la notification du procès-verbal de l'assemblée, à peine de déchéance [7].

La désignation du syndic par l'assemblée générale est de nature à soulever quelques difficultés en cas de « copropriété en main dominante », malgré les dispositions de la loi du 28 décembre 1966 (v. s^{s} n° 825) ou en cas de « copropriété à deux » avec des lots d'égale importance.

Enfin, en raison du principe de l'autonomie des personnes morales, il appartient à l'assemblée générale de chaque syndicat de désigner son syndic. Ainsi, le syndic d'un syndicat secondaire – fût-il déjà syndic du syndicat principal – doit-il être élu par l'assemblée du syndicat secondaire concerné et non désigné par les copropriétaires intéressés au cours de l'assemblée du syndicat principal (v. s^{s} n° 746).

973 b) Nomination par le règlement de copropriété (ou par tout autre accord des parties) [8]. Dans la pratique antérieure à la loi du 10 juillet 1965, il arrivait assez fréquemment que le syndic soit désigné par le règlement de copropriété, lequel était rédigé le plus souvent par le vendeur ou par le promoteur avant la mise en copropriété de l'immeuble. Ce procédé présente l'avantage de donner immédiatement un représentant au syndicat dès sa constitution de plein droit et d'assurer la pérennité de l'administration de l'immeuble, mais il présente l'inconvénient de laisser la désignation du syndic à la discrétion du rédacteur du règlement, même si, en définitive, le choix est unanimement accepté par l'adhésion des accédants à la copropriété [9].

Ces considérations ont conduit le législateur de 1965 à maintenir ce procédé dont l'utilité est indiscutable [10], mais en en limitant les dangers. D'où la disposition de l'article 17 alinéa 2 de la loi : « *Dans le cas où, avant la réunion de la première assemblée générale, un syndic a été désigné par le règlement de copropriété ou par tout autre accord des parties, cette désignation doit être soumise à la ratification de cette première assemblée générale.* » Cette disposition, d'ordre public, s'applique aux règlements de copropriété ou conventions antérieures à l'entrée en vigueur de la loi [11].

Outre une stipulation du règlement de copropriété, la désignation peut donc résulter de « tout autre accord des parties » nécessairement antérieur à la naissance du syndicat. On cite un accord entre les coïndivisaires avant le partage en nature (l'accord entre les futurs propriétaires ne pourrait résulter d'une consultation écrite [12]), ou une convention entre les associés d'une société d'attribution avant tout retrait partiel ou tout partage général. On précise qu'en l'absence d'un tel accord, le syndicat serait, au moment de sa naissance, dépourvu de syndic, ce qui imposerait de procéder conformément aux dispositions de l'article 47 du décret du 17 mars 1967 (v. s^{s} n° 986).

974 Ratification de la nomination. La désignation du syndic par le règlement de copropriété ou tout autre accord des parties est *provisoire* : d'où la

1. L'article 19 alinéa 2 du décret de 1967, modifié, permet l'examen de toutes les candidatures contrairement à la pratique antérieure : Aix-en-Provence, 7 avr. 1998, *Defrénois* 1998. 1181, obs. Atias.
2. Décr. 17 mars 1967, art. 11-4e, mod.
3. Décr. 17 mars 1967, art. 10, mod. SUR les clauses abusives : v. s^{s} n° 963.
4. Décr. 17 mars 1967, art. 29, al. 2 ; mod. par Décr. 27 mai 2004, art. 18.
5. Décr. 17 mars 1967, art. 29-1, mod.
6. Rép. min., QE n° 70678, *JOAN Q* 20 déc. 2005, p. 11827.
7. Civ. 3e, 6 oct. 2004, n° 03-13.133, *Bull. civ.* III, n° 165 ; *Administrer* mai 2005. 42.
8. ALIBERT, p. 40 – CABANAC, n° 434 – GUILLOT, art. 17 et 18-2, n° 1-03 – KISCHINEWSKY-BROQUISSE, n° 378 – Cabanac, « Promotion et copropriété », *IRC* 1975. 145 – ATIAS, n° 446 – LAFOND, ROUX ET STEMMER, L. art. 17, n° 496 – VIGNERON, n°s 18 s.
9. ALIBERT, p. 40.
10. Civ. 3e, 24 oct. 1972, n° 71-11.035, *Bull. civ.* III, n° 539 ; *JCP* 1972. IV. 277 ; *Rev. loyers* 1973. 107.
11. COMMAGNAC ET CAPOULADE, *REDI* n° 24. 1387 – EN SENS CONTRAIRE : Cabanac, « Quelques remarques sur la condition du syndic de copropriété depuis la loi du 10 juillet 1965 », *AJPI* 1967. 192.
12. Civ. 3e, 22 mai 1973, n° 72-10.427, *Bull. civ.* III, n° 360.

qualification de syndic « provisoire » qui lui est généralement attribuée.

Aux termes de l'article 17 alinéa 2 de la loi du 10 juillet 1965, elle doit être ratifiée[1] lors de la « première assemblée générale », qui doit se tenir dans l'année de la naissance de plein droit du syndicat, puisque, dans tout syndicat, une assemblée doit avoir lieu, chaque année (Décr. 17 mars 1967, art. 7).

La ratification a un caractère d'ordre public[2]; cette confirmation nécessaire de la désignation du syndic provisoire par l'assemblée générale supprime indirectement la notion même de syndic statutaire et les difficultés que soulevait sa révocation[3].

Cette ratification intervient dans les conditions de majorité prévue par les articles 25 et 25-1 alinéa 1 de la loi, qui constituent les dispositions de principe en matière de désignation et donc de ratification[4].

Le syndic provisoire ne peut bénéficier des dispositions de l'article 25-1 alinéa 2 de la loi, à défaut de ratification au cours de la première assemblée convoquée dans l'année. Ses fonctions cessant alors de plein droit, il n'a plus qualité pour convoquer la seconde assemblée prévue par l'article 25-1 alinéa 2 – c'était déjà le sens de la jurisprudence, bien que la seconde réunion fût alors prévue par l'article 25 alinéa 2 lui-même[5].

Le syndic provisoire, dont la nomination n'est pas ratifiée, n'a pas qualité pour demander aux copropriétaires le paiement des charges de copropriété, même si la situation irrégulière a duré plusieurs années[6].

À défaut de ratification par la première assemblée générale, les fonctions du syndic « provisoire » cessent de plein droit, mais les décisions de cette assemblée demeurent valables[7]. Sa mission provisoire ne peut donc excéder un an; elle ne peut se prolonger plusieurs années, comme syndic de fait, sans réunion de l'assemblée, même en l'absence d'opposition des copropriétaires[8].

Le syndic provisoire ne peut se faire substituer ni désigner un tiers pour exercer ses fonctions en ses lieu et place, entraînant ainsi la nullité des actes passés par ce tiers[9].

Lors de cette première assemblée, le syndic provisoire peut lui-même postuler un mandant de syndic pour prendre effet à compter de cette assemblée, à la condition de notifier préalablement un projet de « contrat de syndic ».

Si l'assemblée convoquée à l'effet de ratifier, ne prend aucune décision, soit pour ratifier le syndic provisoire, soit pour en désigner un autre (ce qui suppose la notification préalable du projet de contrat dit « de syndic »), il convient de présenter une requête au juge qui nomme un syndic (Décr. 17 mars 1967, art. 46). Si l'assemblée n'a pas été réunie, ou si la question de la ratification ne figure pas à l'ordre du jour de la première assemblée[10], il y a lieu de faire nommer un administrateur provisoire par le juge (Décr. 17 mars 1967, art. 47 – V. s^s n° 986). Il est à noter, toutefois, que si un syndic provisoire, désigné par le règlement de copropriété, n'a pas convoqué l'assemblée générale et n'a pas présenté ses comptes, la requête en désignation d'un administrateur provisoire doit être examinée contradictoirement[11].

975 **c) Nomination par la justice**[12]. L'article 17 alinéa 3 de la loi du 10 juillet 1965 pose le principe

1. Cabanac, *AJPI* 1967. I. 191 – Civ. 3e, 16 mai 1977, n° 76-11.544, *Bull. civ.* III, n° 207; *D.* 1978. IR 25; *Rev. loyers* 1973. 107 – Civ. 3e, 16 janv. 1979, *D.* 1979. IR 447; *JCP* 1979. IV. 98; *Gaz. Pal.* 1979. 1. Somm. 221; *Ann. loyers* 1979. 1477; *Administrer* juill. 1979. 29, note Guillot – Civ. 3e, 29 janv. 1980, n° 78-13.768, *Bull. civ.* III, n° 24; *D.* 1980. IR 275, obs. Giverdon; *JCP* 1980. IV. 144; *Gaz. Pal.* 1980. 2. Somm. 341; *AJPI* 1980. 397; *Rev. loyers* 1980, *Defrénois* 1980. 1276, note Souleau.
2. V. TGI Toulouse, *JCP* 1976. II. 18253; *Rev. loyers* 1975. 505; *Rev. loyers* 1976. 345; *Administrer* févr. 1976. 33.
3. V. Seguin, *Defrénois* 1964. 58.
4. Commagnac et Capoulade, *REDI* n° 24. 1388 – Cabanac, « La nomination du syndic de copropriété et la fin de ses fonctions », *IRC* 1966. 115 – Alibert, « Le syndic de l'immeuble en copropriété. La loi du 10 juillet 1965 », *Ann. loyers* 1967. 762.
5. Civ. 3e, 26 mars 1997, n° 95-15.915, *Bull. civ.* III, n° 72; *AJDI* 1997. 659; *D.* 1997, 328; *RDI* 1997. 281.
6. Civ. 3e, 29 janv. 1980, n° 78-13.768, *Bull. civ.* III, n° 24; *AJPI* 1980. 397.
7. Civ. 3e, 24 oct. 1972, n° 71-12.387, n° 71-12.388, *Bull. civ.* III, n° 559 – comp. : Civ. 3e, 8 janv. 1970, *Gaz. Pal.* 1970, I, 256, note Morand; *JCP* 1970. II. 16, 266, note Guillot; *D.* 1970. Somm. 84 – Civ. 3e, 16 janv. 1979 et Civ. 3e, 29 janv. 1980, *AJPI* 1980. 397.
8. Civ. 3e, 27 avr. 1994, n° 92-12.332, NP, *RDI* 1994. 497; *IRC* juin 1994. 27, note Capoulade – en ce sens pour un syndic démissionnaire : Civ. 3e, 23 janv. 1991, n° 89-17.054, *Bull. civ.* III, n° 32; *AJDI* 1991. 837; *D.* 1992. 137.
9. Civ. 3e, 6 déc. 1989, n° 87-19.537, *Bull. civ.* III, n° 226; *D.* 1990. IR 3.
10. Civ. 3e, 16 mai 1977, n° 76-11.544, *Bull. civ.* III, n° 207 – Guillot, n°s 1-08 et 1-09.
11. Civ. 3e, 2 juill. 1986, n° 85-12.513, *Bull. civ.* III, n° 103; *Defrénois* 1986. 1508, note Souleau; *JCP* 1986. IV. 266, *V° Procédure civile* – rappr. : Civ. 3e, 16 mai 1977, n° 76-11.544, *Bull. civ.* III, n° 207.
12. Alibert, « Le syndic de l'immeuble en copropriété. La loi du 10 juillet 1965 », *Ann. loyers* 1965. 762 – Bouyeure, « Les pouvoirs des tribunaux pour désigner, remplacer ou révoquer le syndic de copropriété », *AJPI* 1970. II. 113 – Cabanac, « L'intervention de l'autorité judiciaire dans le fonctionnement de la copropriété », *REDI* 1965. 898 – Atias, « Syndicats de copropriétaires en quête d'un syndic », *Ann. loyers* 1993. 830; « Le syndicat sans syndic », *IRC* mai 1995. 27 – Ritschy, « L'absence de syndic dans un immeuble en copropriété », *IRC* juill.-août 1997. 19 – Sizaire, n° 436 – Kischinewsky-Broquisse, n°s 380 s. – Guillot, art. 17 à 18-2, n°s 1-13 s. – Capoulade, n° 506, 5 – Vigneron, *op. cit.*, p. 14 – Gil, « Le syndic judiciaire », *IRC* nov. 2009-13 – Lafond, Roux, Stemmer, s^s art. D. 46.

que, à défaut de nomination par l'assemblée générale ou par l'effet d'un accord antérieur à la constitution du syndicat, « *le syndic est nommé par le président du tribunal, saisi à la requête d'un ou plusieurs copropriétaires* », sans qu'il ait à constater l'urgence [1]. Il s'agit d'une *modalité subsidiaire* qui correspond à une hypothèse exceptionnelle qui peut aboutir à la désignation de plusieurs syndics pour un même syndicat, par des magistrats différents [2]. Elle suppose soit une omission de statuer de l'assemblée générale, soit une impossibilité de parvenir à la désignation d'un syndic : absence de majorité, absence de candidats, refus successifs des syndics désignés.

(Ainsi avant la loi du 10 juillet 1965 [3], et depuis la loi du 10 juillet 1965 [4] – avec la difficulté tenant à la désignation de deux syndics, pour un même syndicat, par des magistrats différents).

L'article 46 alinéa 1 du décret du 17 mars 1967 précise que cette désignation judiciaire ne peut intervenir que si l'assemblée a été « *dûment convoquée* » à l'effet de nommer un syndic, mais sans y parvenir [5].

Il est possible de convoquer d'urgence l'assemblée pour élire un syndic, notamment en raison de la difficulté temporaire de réunir l'assemblée, avec le délai ordinaire de convocation, par exemple, en période de vacances ou de congés [6].

En dehors de cette hypothèse, le président du tribunal de grande instance du lieu de situation de l'immeuble, ni aucune autre juridiction n'ont aucun pouvoir pour procéder à une telle désignation.

Le champ d'application de l'article 46 du décret du 17 mars 1967 ne doit pas être confondu avec celui de l'article 47 du même décret [7] : dans le cas de l'article 46, l'absence de syndic tient à l'absence de décision de l'assemblée à choisir un syndic; dans celui l'article 47, cette absence tient à la personne même du syndic [8].

L'ordonnance présidentielle est rendue « *sur requête* (présentée par ministère d'avocat) *d'un ou plusieurs copropriétaires* » ou « sur requête *d'un ou plusieurs membres du conseil syndical* ». La voie de la requête s'explique par l'absence de différend et de contradicteur. L'article 11 du décret du 9 juin 1986 a supprimé les termes « en cas de syndicat coopératif » qui semblaient limiter les pouvoirs des membres du conseil syndical à la seule hypothèse du syndicat coopératif.

Il avait été soutenu que, dans le cas d'un syndicat coopératif, le syndic nommé par le juge devait être choisi parmi les membres du conseil syndical et sur la requête de ceux-ci [9].

Cette modification purement formelle en apparence, car les membres du conseil syndical sont généralement des copropriétaires, élargit, en réalité, les requérants par rapport à l'article 17 de la loi – article qui ne vise que les copropriétaires, alors que peuvent aussi être membres du conseil syndical des associés (L. 10 juill. 1965, art. 23) et des accédants ou acquéreurs à terme (L. 12 juill. 1984), ainsi que leurs conjoints, les partenaires liés à eux par un pacte civil de solidarité, ou leurs représentants légaux.

La faculté d'agir par voie de requête a pour effet qu'il n'est pas nécessaire de mettre en cause les autres copropriétaires, ce qui entraînerait des difficultés, des lenteurs et des frais de procédure, notamment dans les syndicats importants. Cependant, l'article 59 alinéa 3 du décret du 17 mars 1967, modifié par celui du 9 juin 1986, comporte une importante disposition prévoyant que le syndic désigné par le juge doit notifier l'ordonnance dans le mois de son prononcé « *à tous les copropriétaires qui peuvent en référer au président du tribunal de grande instance dans les quinze jours de cette notification* ».

Seuls les copropriétaires peuvent en référer, mais non l'ancien syndic [10] – l'article 59, alinéa 3, du décret du 17 mars 1967 l'emporte sur l'article 496 alinéa 2 du code de procédure civile (v. un cas de désignation du syndic, par ordonnance de référé [11]).

La notification est soumise aux dispositions de l'article 64 du décret du 17 mars 1967 permettant la notification « par lettre recommandée, avec demande d'avis de réception », ou par télécopie avec récépissé, mais la signification par huissier de justice demeure possible (C. pr. civ., art. 651, al. 3).

1. Civ. 3e, 8 janv. 1970, no 68-14.208, *Bull. civ.* III, no 19; *Gaz. Pal.* 1970, I, 256, note Morand; *JCP* 1970. II. 16266, Guillot; *D.* 1970. Somm. 84.
2. TGI Nice, 21 déc. 1967, *IRC* janv. 1968. 14.
3. Civ. 5 déc. 1962, *Gaz. Pal.* 1963, I, 245; *AJPI* 1963. 2, 249, note Cabanac; *Ann. loyers* 1963. 413, note Alibert.
4. Civ. 3e, 8 janv. 1970, no 68-14.208, *Bull. civ.* III, no 19; *Gaz. Pal.* 1970, I, 256, note Morand; *JCP* 1970. II. 16266, Guillot; *D.* 1970. Somm. 84.
5. Civ. 3e, 6 oct. 1999, no 99-11.988, NP, *JCP* 1999. IV. 2904.
6. Civ. 3e, 23 mai 1991, no 89-20.253, NP, *RDI* 1991. 380.
7. Civ. 3e, 20 févr. 2002, no 00-14.276, *Bull. civ.* III, no 44; *Administrer* mai 2002. 48, obs. Bouyeure; *AJDI* 2002. 534, obs. Capoulade; *JCP* 2002. IV. 1584; *Loyers et copr.* 2002. 161 – Civ. 3e, 6 oct. 1999, no 98-11.987, no 98-12.329, *Bull. civ.* III, no 200; *AJDI* 2000. 431; *Loyers et copr.* 1999. 300.
8. Carteron, « Les différents cas de désignation d'administrateur judiciaire et de syndic judiciaire au sein d'une copropriété », *AJDI* janv. 2003. 6 – Capoulade, « La vacance du syndic »; Dunogné-Gaffié, « La mission de l'administrateur judiciaire », Colloque ASPAJ 20 mai 2010, p. 10 et 12.
9. Commagnac et Capoulade, *REDI* 1967. 1390.
10. Civ. 3e, 12 mars 1997, no 95-11.869, *Bull. civ.* III, no 56; *AJPI* 1997. 659; *RDI* 1997. 286; *D.* 1997. 330.
11. Paris, 8 juin 1968, *AJPI* 1969. 815, note Bouyeure : désignation du syndic par ordonnance de référé.

Aucune sanction n'est attachée à l'inobservation du délai d'un mois. Le syndic judiciairement désigné peut donc exercer ses fonctions dès l'acceptation de sa mission. Il ne peut en être référé au-delà du délai de quinze jours de la notification mais l'ordonnance est inopposable aux copropriétaires tant qu'elle ne leur a pas été signifiée[1].

Il est possible pour les copropriétaires de demander la rétractation de l'ordonnance[2].

L'article 46 alinéa 2 du décret du 17 mars 1967 prévoit que l'ordonnance « *fixe la mission du syndic* ». La portée de cette disposition est plus apparente que réelle. Aussi, le décret n° 2010-391 du 20 avril 2010 l'a-t-il supprimée. L'alinéa 3 du même article mentionne, en effet, que le syndic judiciairement désigné « *administre la copropriété dans les conditions prévues par l'article 18, 18-1 et 18-2 de la loi du 10 juillet 1965 et par le présent décret* » « *indépendamment des missions particulières qui peuvent lui être confiées par l'ordonnance* ». Ces missions particulières tendent donc à augmenter ou à préciser, plutôt qu'à limiter, les pouvoirs de ce syndic. Si l'ordonnance prescrit l'ouverture d'un compte séparé au nom du syndicat, le syndic judiciairement nommé n'a pas à consulter l'assemblée sur ce point pendant la durée de sa mission[3].

Enfin, le syndic ainsi désigné a l'obligation de *convoquer* l'assemblée générale « *en vue de la désignation d'un syndic deux mois avant la fin de ses fonctions* » (Décr. 17 mars 1967, art. 46, al. 2). Cette disposition est d'autant plus importante que, selon l'alinéa 4 du même article, la mission du syndic judiciairement désigné « *cesse de plein droit à compter de l'acceptation de son mandat par le syndic désigné par l'assemblée générale* » (v. s^s n° 979)[4].

L'ordonnance présidentielle fixe la durée des fonctions du syndic qu'elle désigne. Cette durée ne peut excéder trois ans[5], mais elle « *peut être prorogée et il peut y être mis fin suivant la même procédure* »; le défaut de précision de cette durée n'entraîne pas la nullité de l'ordonnance[6].

L'article 46 du décret du 17 mars 1967 ne détermine pas les conditions de rémunération du syndic nommé par le juge, mais celles-ci sont fixées selon les dispositions des articles 704 à 719 du code de procédure civile[7].

1. Paris, 19 oct. 1990, *D.* 1992. Somm. 139.
2. Civ. 3e, 24 mai 1978, n° 77-11.553, *Bull. civ.* III, n° 218; *D.* 1979. IR 128, obs. Giverdon; *Gaz. Pal.* 1978. 2. Somm. 350; *JCP* 1979. II. 19054, note Atias; *RTD civ.* 1979. 165.
3. Civ. 3e, 7 avr. 2004, n° 02-18.669, *Bull. civ.* III, n° 76; *Administrer* juill. 2004. 37, obs. Bouyeure.
4. Rappr. : Civ. 3e, 9 juin 2010, n° 08-19.696, *Bull. civ.* III, n° 117; *AJDI* 2011. 535, obs. Capoulade.
5. Guillot, art. 17 à 18-2, n° 4-09.
6. TGI Lyon, 30 sept. 1970, *JCP* 1970. II. 16, 552, note R. D.

976 d) Nomination par le conseil syndical[8]**.** Dans l'hypothèse où le syndicat a pris la forme coopérative, l'article 17-1 de la loi du 10 juillet 1965[9] prévoit que le syndic est obligatoirement élu par les membres du conseil qui le choisissent parmi eux.

Il s'agit donc d'une élection au suffrage indirect et le syndic sera toujours un copropriétaire, un associé attributaire en jouissance, un accédant ou un acquéreur à terme, le conjoint, le partenaire lié à lui par un pacte de solidarité, ou le représentant légal de l'un d'eux (v. s^s n° 705).

La désignation se fait à la majorité des membres constituant le conseil syndical, c'est-à-dire à la majorité absolue des membres de ce conseil, chaque membre disposant d'une voix. Le conseil peut aussi élire un vice président qui supplée le syndic en cas d'empêchement. Le syndic exerce simultanément et de droit les fonctions de président du conseil syndical du syndicat de forme coopérative (Décr. 17 mars 1967, art. 41, al. 1er)[10].

Le syndic coopératif ne peut conserver ses fonctions lorsque son mandat de membre du conseil syndical a pris fin[11], pour quelque cause que ce soit (Décr. 17 mars 1967, art. 41, al. 4) : expiration de sa durée, révocation, perte de la qualité de copropriétaire ou de membre du conseil syndical, annulation de la désignation des membres du conseil syndical[12]. Il ne peut continuer à administrer et à représenter le syndicat jusqu'à la désignation d'un nouveau syndic[13]. Dans ce cas, le conseil doit élire un autre président.

Bien que l'article 17 alinéa 3 de la loi du 10 juillet 1965 ne prévoit que le défaut de nomination du syndic par l'assemblée générale, il ne paraît pas douteux que, dans un syndicat coopératif, le défaut de désignation par le conseil syndical, dûment convoqué à cet effet, ouvre le recours au juge; l'article 46 alinéa 1 du décret du 17 mars 1967 a toujours ménagé cette possibilité.

En revanche, l'assemblée générale ne peut révoquer le syndic coopératif; ce pouvoir n'appartient qu'au conseil syndical, mais la révocation de ce

7. Civ. 3e, 28 juin 1995, n° 93-15.684, *Bull. civ.* III, n° 157; *D.* 1995. IR 179; *RDI* 1995. 788.
8. Kischinewsky-Broquisse, n° 379 – Guillot, art. 17 et 18-2, n° 1-14 – Atias, n° 84.
9. Mod. par la loi du 13 déc. 2000.
10. Civ. 3e, 9 nov. 1976, n° 75-11.931, *Bull. civ.* III, n° 399; *Gaz. Pal.* 1977. Somm. 93.
11. Paris, 1re ch., 13 janv. 1999, RG n° 1997/24009, *IRC* janv. 2000. 17, obs. Ritschy.
12. Civ. 3e, 26 avr. 2006, n° 05-11.986, *Bull. civ.* III, n° 104; *D.* 2006. 2764; *AJDI* 2007. 208, obs. Capoulade – Civ. 3e, 13 janv. 2009, n° 05-12.741, NP, *AJDI* 2009, obs. Capoulade; *D.* 2010. 112.
13. Civ. 3e, 21 nov. 1978, n° 77-14.719, *Bull. civ.* III, n° 348; *D.* 1979. IR 448.

conseil par l'assemblée entraîne, par là même, la révocation du syndic.

La question reste à débattre de savoir si en cas de changement de forme du syndicat, de la forme ordinaire à la forme coopérative et inversement, les fonctions du conseil cessent de plein droit ou se poursuivent, en raison de la modification de ses attributions, notamment quant à la nomination du syndic.

977 **e) Nomination par la loi**[1]. Dans un cas particulier, le syndic de la copropriété est imposé par la loi. L'article 28 du décret du 17 mars 1967, dans ses rédactions successives, réserve expressément ce cas particulier qui concerne les organismes d'HLM.

Selon les dispositions de l'article 5 de la loi n° 65-556 du 10 juillet 1965, les fonctions de syndic d'un syndicat constitué entre un organisme d'HLM, tenu de vendre ses logements dans les conditions prévues par cette loi, et ses anciens locataires ayant acquis leur logement, sont obligatoirement exercées par l'organisme vendeur tant qu'il demeure propriétaire d'un lot.

Le nouveau texte (CCH, art. L. 443-15-1), dans sa rédaction résultant de la loi du 2 novembre 1983[2], dispose désormais que « *sauf s'il y renonce* », les fonctions de syndic de la copropriété sont assurées, en cas de vente conclue en application des dispositions des articles L. 443-7 et L. 443-8 du même code, « par l'organisme vendeur tant que celui-ci y demeure propriétaire de logements ». Ce texte a été repris par la loi n° 86-1290 du 23 décembre 1986 puis par la loi n° 2006-872 du 13 juillet 2006 (L. ENL - CCH, art. L. 443-15 actuel).

Ces dernières lois ont étendu le champ d'application de l'article L. 443-15 du code de la construction et de l'habitation « en cas de vente conclue en application de la présente section [section II du chapitre III du titre IV, CCH, art. L. 443-7 à L. 443-15-5 et R. 443-10 à R. 443-18], *par l'organisme vendeur* ». Or, cette section vise, en effet, les contrats de vente mais aussi les contrats de vente à terme (location-accession). Il conserve ces fonctions tant qu'il demeure propriétaire d'au moins un logement. L'organisme vendeur peut même assumer ces fonctions pour les immeubles vendus lorsqu'il n'est plus propriétaire d'aucun logement. Toutefois, l'assemblée générale des copropriétaires peut désigner un syndic autre de l'organisme vendeur dès lors que ce dernier détient moins de 40 % des voix du syndicat.

En outre, la loi du 23 décembre 1986 applique les dispositions de cette même section « à l'aliénation des logements acquis par les sociétés d'économie mixte en application du quatrième alinéa de l'article L. 443-11 » (CCH, art. L. 443-15-2).

Enfin, la loi du 21 juillet 1994 prévoit qu'avec l'accord du maire de la commune et du préfet du département, les offices publics d'aménagement et de construction (Opac) peuvent administrer les syndicats connaissant des difficultés et où se trouvent des logements dont la gestion a été confiée à ces offices (CCH, art. L. 422-2)[3].

978 **Conditions de capacité.** La loi de 1965 ne donne aucune indication sur les conditions de capacité exigées du syndic. Il peut être choisi parmi les copropriétaires ou en dehors d'eux[4]. L'article 28 du décret de 1967 dispose que les fonctions de syndic peuvent être exercées par « *toute personne physique ou morale*[5] ».

Quelle capacité exiger du syndic ? Si l'on considère, suivant la conception traditionnelle, le syndic comme un mandataire, on rappellera que, si aucune condition de capacité n'est requise de la part du mandataire, en ce qui concerne l'efficacité des actes qu'il a conclus pour le compte de son mandant, les obligations et la responsabilité qu'il assume à l'égard du mandant « supposent chez lui, la capacité de s'obliger[6] ». Étant donné que le syndic peut notamment encourir des responsabilités personnelles à l'égard du syndicat, des copropriétaires ou des tiers, dans l'exercice de ses fonctions, il est donc naturel d'exiger de la part du syndic la capacité de s'obliger. Par suite, on éliminera les mineurs et les majeurs en tutelle ou en curatelle[7] (placés sous la sauvegarde de la justice). Rien, au contraire, surtout depuis la loi du 23 décembre

1. Commagnac et Capoulade, *REDI* n° 24. 1386 – Capoulade, n° 506 – Guillot, art. 17 et 18, 2, n° 2-02 – Kischinewsky-Broquisse, n° 226.
2. Dagot, « La loi du 2 novembre 1983 », *JCP N* 1984. I. 71.
3. V. Wertenschlag, « Le logement social après la loi du 21 juillet 1994 relative à l'habitat », *JCP N* 1994, prat. 3121. 920.
4. Le syndic n'est en principe redevable vis-à-vis des organismes de sécurité sociale d'aucune cotisation pour le remboursement forfaitaire de ses frais exposés; toutefois, il peut bénéficier en contrepartie du versement d'une cotisation, de l'assurance personnelle en application de l'article L. 741-1 du code de la sécurité sociale : rép. min, QE n° 2305, *JOAN Q* 30 janv. 1989, p. 530; *JCP N* 1989, prat. 405; *Loyers et copr.* 1989. 95; *RDI* 1989. 502.
5. Sauf dans les syndicats de forme coopérative où le syndic est obligatoirement choisi parmi les membres du conseil syndical (L. 10 juill. 1965, art. 17-1). Sauf à observer les lois de police administratives lorsque le syndic ne répond pas aux situations visées par l'article 2 de la loi du 2 janv. 1970.
6. Planiol et Ripert, *Traité pratique de droit civil*, t. II, n° 1445.
7. Alibert, *Le syndic*, p. 13 – Cabanac, n° 423 – Kischinewsky-Broquisse, n° 368.

1985, n'interdit à une femme mariée d'être désignée en qualité de syndic[1], ni un étranger[2].

Une personne physique ou une personne morale (par exemple, société commerciale spécialisée dans la gestion d'immeubles), peut être désignée en qualité de syndic[3], ce que confirme l'article 28 du décret[4] (pour un avocat v. s^s^ n° 959).

La capacité de s'obliger pour exercer les fonctions de syndic (même « bénévole ») doit évidemment être distinguée de la capacité requise pour être commerçant lorsque l'activité est exercée, à titre professionnel, par une personne (physique ou morale) commerçante. En outre, la loi du 2 janvier 1970 (art. 9 s.), modifiée, prévoit des interdictions et des incapacités pour l'exercice de l'activité de syndic, à titre professionnel.

979 Acceptation des fonctions[5]. Quel que soit le mode de désignation du syndic, sa nomination ne devient effective que par son acceptation expresse ou tacite. Les mentions du procès-verbal devraient éviter toute ambiguïté à cet égard[6]. En l'absence d'une acceptation expresse, il convient de rechercher si l'existence d'une acceptation tacite se traduit par un acte positif manifestant l'intention d'accepter; la candidature à la fonction de syndic devrait faire présumer l'acceptation tacite, si, du moins, les clauses du contrat proposé ont été purement et simplement acceptées par l'assemblée générale ou bien ont été arrêtées en accord avec celle-ci s'exprimant à la majorité légalement requise. L'appréciation de l'intention d'accepter tacitement relève du pouvoir souverain des juges du fond. Ainsi, la Cour de cassation a admis que « la cour d'appel a souverainement retenu qu'en l'absence de toute décision contraire, la prise d'effet de la désignation s'était produite immédiatement *à l'instant même des résultats du vote* »[7]. Un arrêt récent reprend la même formule. S'agissant d'un copropriétaire, président de l'assemblée, candidat aux fonctions de syndic et élu au cours de la séance, la cour de Cassation censure, pour manque de base légale, l'arrêt qui avait annulé l'assemblée au motif que « sauf disposition contraire, les décisions d'assemblées générales sont immédiatement exécutoires, sans constater que la décision nommant le nouveau syndic reportait le point de départ de son mandat après la fin de la réunion »[8].

La commission à la copropriété recommande d'éviter le chevauchement des mandats et préconise l'application de l'article 2006 du code civil selon lequel la désignation d'un nouveau mandataire entraîne la révocation de l'ancien[9].

L'acceptation est nécessaire même lorsque le syndic est désigné par ordonnance présidentielle (Décr. 17 mars 1967, art. 47)[10].

L'expérience pratique permet d'indiquer que dans de nombreuses hypothèses, concernant des syndicats dits « difficiles », le refus du syndic désigné par le président du tribunal s'est manifesté par une simple lettre adressée à ce magistrat.

980 Délégation de fonctions[11]. La loi du 10 juillet 1965 interdit au syndic de se faire substituer (L. 10 juill. 1965, art. 18, al. 2). Cette règle se justifie par la désignation *intuitu personae* du syndic, fondée sur la confiance et la compétence. La relation entre le syndicat et le syndic n'est pas impersonnelle. Toutefois, le syndic peut se faire représenter, à l'occasion de l'exécution de sa mission, par l'un de ses préposés (Décr. 17 mars 1967, art. 30) titulaire de l'attestation prévue à l'article 9 du décret du 20 juillet 1972. L'assemblée générale ne peut charger une personne de désigner un syndic en ses lieu et place; c'est une de ses prérogatives essentielles que de désigner le représentant de la personne morale (sauf dans les syndicats de forme coopérative où la mission de désigner le syndic est confiée au conseil syndical). Elle ne pourrait non plus autoriser le syndic à se faire substituer par un tiers.

Certes, l'article 25 a de la loi du 10 juillet 1965 permet à l'assemblée générale de déléguer le pouvoir de décider, mais seulement pour les décisions visées par l'article 24, ce qui exclut celles énumérées par l'article 25, notamment la désignation du syndic. L'assemblée détermine l'objet et fixe le montant maximal de la dépense et le délégataire doit rendre compte de sa mission. L'article 21 alinéa 3 du décret du 17 mars 1967 interdit, d'ailleurs, que cette délégation soit de nature à priver l'assemblée de son pouvoir de contrôle sur l'administration du syndic et la gestion du syndicat.

1. Alibert, *op.* et *loc. cit.* – Kischinewsky-Broquisse, *op.* et *loc. cit.*
2. Alibert, *Le syndic*, p. 22.
3. Alibert, *Le syndic*, p. 21.
4. Cabanac, *AJPI* 1967. I. 298.
5. Roux, « Le syndic entrant », *Administrer* mai 2008. 37 s.
6. 15e recomm. de la commission relative à la copropriété : « utiliser des formules dénuées de toute ambiguïté ».
7. Civ. 3e, 20 janv. 1999, n° 97-14.747, NP, *RDI* 1999. 304. Il en était d'autant plus ainsi, en l'espèce, que « la question de la désignation avait été inscrite à l'initiative de l'administrateur judiciaire désigné à titre provisoire » (v. s^s^ n° 975).
8. Civ. 3e, 9 juin 2010, n° 08-19.696, *Bull. civ.* III, n° 117; *D.* 2010-1558.
9. Nouvelle rédaction de la recomm. n° 15.
10. En sens contraire : Guillot, art. 17 et 18.2, n° 1-15, selon lequel le syndic désigné par justice devrait faire opposition en application du C. pr. civ., art. 496.
11. Kischinewsky-Broquisse, n° 367, note 24 et n° 500 – Lot, « Gestion immobilière, copropriété, mandat : la substitution et la délégation », *Administrer* 1983, p. 6 – Lafond, Roux et Stemmer, s^s^ L. art. 18, § XV.

SECTION 2
NOMINATION D'UN ADMINISTRATEUR PROVISOIRE

981 L'administrateur provisoire. Il faut distinguer soigneusement l'hypothèse du syndic désigné en justice par ordonnance présidentielle, en application de l'article 17 alinéa 3 de la loi du 10 juillet 1965 et de l'article 46 du décret du 17 mars 1967, des trois hypothèses de nomination d'un administrateur provisoire prévues [1], la première par les articles 18 *in fine* de la loi du 10 juillet 1965 et 49 du décret du 17 mars 1967 (référé, tout intéressé, carence à exercer les droits et actions du syndicat), la deuxième par l'article 47 du décret du 17 mars 1967 (requête, tout intéressé, absence de syndic sans réunion préalable de l'assemblée) [2]. Et la troisième par l'article 29-1 de la loi du 10 juillet 1965 et les articles 62 et suivants du décret du 17 mars 1967 (référé ou requête, selon le cas, syndicat en difficulté, demande du syndic, de copropriétaires représentant 15 % des voix, ou du procureur de la République) [3]. Ces trois cas de désignation d'un administrateur provisoire du syndicat correspondent à des situations, à des procédures et à des missions très différentes qu'il convient de bien distinguer [4] et qui, en tout cas, se différencient de la nomination d'un syndic par voie de justice (assemblée préalable et infructueuse, requête, tout copropriétaire).

L'administrateur judiciaire ainsi désigné n'a pas la qualité d'expert mais celle d'*auxiliaire de justice* au sens de l'article 719 du code de procédure civile [5] (v. D. n° 98-1232, 29 déc. 1992 modifiant les D. n° 85-1388 et n° 85-1389, 27 déc. 1985). En cas de contestation, ses honoraires peuvent être fixés suivant la procédure de taxe prévue par les articles 704 et suivants du même code [6]. La vérification et la prise en compte des frais invoqués par l'administrateur sont indissociables de la détermination et du montant des honoraires et, jusqu'à la taxe des frais, il ne peut conserver les montants qu'il a prélevés sur le compte du syndicat.

Les sommes perçues ou revendiquées au titre des remboursements des frais, tels que frais de timbres, copies, tirages, secrétariat, vacations, honoraires d'un expert-comptable, entrent dans la rémunération de l'administrateur ou de son personnel; ils relèvent de la procédure de taxe et leur perception n'est pas justifiée jusqu'à l'ordonnance de taxe [7]. Sauf abus de droit du copropriétaire demandeur, la rémunération de l'administrateur provisoire est à la charge du syndicat [8].

982 A) Empêchement ou carence du syndic (L. 10 juill. 1965, art. 18 - Décr. 17 mars 1967, art. 49) [9]. Aux termes de l'article 18 dernier alinéa de la loi du 10 juillet 1965 : « *En cas d'empêchement du syndic pour quelque cause que ce soit, ou en cas de carence de sa part à exercer les droits et actions du syndicat, et à défaut de stipulation du règlement de copropriété, un administrateur provisoire peut être désigné par décision de justice.* »

Le « cas » ainsi prévu est celui où le syndicat est administré par un syndic en exercice, sans que sa défaillance à remplir ses fonctions, en tout ou en partie, justifie sa révocation [10]. Il n'y a donc pas lieu à nomination d'un autre syndic, mais seulement à celle d'un mandataire de justice qui est un simple administrateur dont la mission est limitée au temps et, le cas échéant, au domaine de l'« empêchement » et de la « carence » du syndic [11].

Cela étant précisé, il faut examiner successivement les conditions de fond et de procédure de la désignation de cet administrateur provisoire, ainsi que l'étendue de sa mission en se référant à l'article 49 du décret qui complète la disposition du dernier alinéa de l'article 18 de la loi.

983 a) Conditions de fond mises à la nomination de l'administrateur provisoire. 1° Il faut qu'il

1. Gélinet, « L'administrateur provisoire du syndicat dans le droit commun de la loi du 10 juillet 1965 », *AJPI* juill.-août 1997. 630 s.
2. Gélinet, « L'absence du syndic : les articles 46, 47 et 49 du décret du 17 mars 1967 », *Administrer* août-sept. 1993. 8 s.
3. Bouyeure, « L'administration provisoire de la loi du 21 juillet 1994 et du décret du 15 février 1995 », *AJPI* juill.-août 1997. 636 s. – SUR la différence de ces situations : Capoulade, « Les ordonnances présidentielles et les syndicats en difficulté », *Gaz. Pal.* 13-14 sept. 2000. 11 et 12 – Giverdon, note s[s] Paris, 14e ch. B, 4 oct. 1996, *Juris-Data* n° 600079, *D.* 1997, jur. 240.
4. Paris, 9 avr. 2004, n° 03-53.868, *AJDI* 2005. 310, obs. Capoulade. Le demandeur doit bien analyser la situation afin de déterminer la procédure qui lui correspond.
5. Olivié, « Choix et obligations des administrateurs judiciaires », *AJPI* juill.-août 1997. 640 s.
6. Civ. 2e, 10 déc. 1986, n° 85-14.078, *Bull. civ.* II, n° 181; *RDI* 1987. 483; *Gaz. Pal.* 1987. Somm. 714; *JCP* 1987. IV. 61 – Civ. 3e, 28 juin 1995, n° 93-15.684, *Bull. civ.* III, n° 157; *D.* 1995. IR 179; *RDI* 1995. 788; *Loyers et copr.* 1995. 498.
7. Paris, 23e ch. B, 30 mars 2000, RG n° 1998/20497, *Dossier Csab* n° 87, oct. 2000, n° 94.
8. Civ. 3e, 19 déc. 2006, n° 05-20.786, NP, *AJDI* 2007. 666; *Administrer* mars 2007. 52.
9. GUILLOT, art. 17, 18-2, n° 5 – KISCHINEWSKY-BROQUISSE, n°s 384 s. – CAPOULADE, n° 506-5° c – LAFOND, ROUX ET STEMMER, s[s] D. art. 49, n°s 1313 s. – Gil, « La carence du syndic », *Administrer* juill. 2006. 21.
10. Civ. 3e, 20 juin 1978, n° 76-15.154, *Bull. civ.* III, n° 253; *JCP* 1979. IV. 19054, note Atias – SUR LA DISTINCTION entre la révocation et les conséquences de la carence : Paris, 12 mars 1993, *RDI* 1993. 421.
11. EN CE SENS : Civ. 3e, 18 févr. 1987, n° 85-16.745, NP, *RDI* 1987. 283.

existe un « empêchement » ou une « carence »[1]. Il y a *empêchement* lorsque le syndic se trouve, pour une raison quelconque, dans l'impossibilité physique ou juridique de remplir sa mission (pour cause de maladie, d'éloignement, de disparition, de retrait de la carte professionnelle ou de la garantie financière ou de l'assurance de responsabilité professionnelle[2] - V. s[s] n° 969 -, de difficultés l'opposant aux copropriétaires et paralysant la gestion du syndicat[3]).

Il y a *carence* lorsque le syndic n'exerce pas « les droits et actions du syndicat »[4]. Dans ce cas, il ne s'agit pas d'une attitude générale de négligence ou d'un comportement fautif (exécution prématurée de travaux[5], irrégularités dans la tenue des assemblées générales engendrant des contestations[6]) qui ne saurait justifier une révocation ou une résiliation.

Le président du tribunal n'a pas le pouvoir de révoquer le syndic nommé par l'assemblée[7]; la démission du syndic n'est pas assimilable à une carence[8]; l'irrégularité de la désignation du syndic ne fait pas la carence (il n'appartient pas au juge des référés de dire quels sont les effets juridiques de l'annulation d'une assemblée générale)[9].

La carence du syndic résulte, par exemple, de l'absence de justification des comptes arrêtés en fin d'exercice, du défaut d'explication sur la persistance de la situation déficitaire du syndicat, de l'omission de préparer un budget prévisionnel, de procéder aux appels de provisions et de poursuivre le recouvrement des charges[10], de l'abstention à exercer les actions en justice au nom du syndicat (sauf refus de l'assemblée à autoriser l'action[11]), de la négligence dans l'exécution et le paiement de travaux[12]. En revanche, jugé que le fait de ne pas notifier l'ordre du jour complémentaire (anc[t] art. D. 10) à la demande d'un copropriétaire n'établissait pas la carence[13]. La carence s'apprécie à la date de l'assignation (peu importe que le syndic accomplisse par la suite la diligence omise[14]).

2° Il faut que *le règlement de copropriété ne comporte pas de stipulation à ce sujet*. Il pourrait organiser d'autres moyens à l'effet de pallier l'empêchement ou la carence du syndic. Il existe, à cet égard, une large marge d'initiative dont disposent les rédacteurs du règlement de copropriété et dont il est trop rarement fait usage. La procédure de l'article 49 constitue donc une *procédure subsidiaire* qui traduit, une nouvelle fois, la préférence du législateur pour la voie contractuelle et ne peut conférer au juge plus de pouvoir que n'en dispose le règlement.

3° Il faut que la carence du syndic ne porte pas sur la convocation de l'assemblée générale demandée dans les conditions prévues par l'article 8 alinéa 3 du décret du 17 mars 1967. Si les copropriétaires ont un droit à la réunion annuelle de l'assemblée, la carence du syndic, expressément réservée sur ce point par l'article 49 du décret relève alors, suivant l'article 8, des dispositions de l'article 50 qui prévoit la désignation particulière d'un mandataire de justice spécialement chargé de convoquer l'assemblée générale (v. s[s] n°s 845 et 846).

984 b) Conditions de procédure mises à la nomination de l'administrateur provisoire. Selon l'article 49 alinéa I du décret du 17 mars 1967, « tout intéressé » (c'est-à-dire tout copropriétaire, mais également les tiers, et notamment les créanciers du syndicat[15]) peut assigner le « syndic en fonction » devant le président du tribunal de grande instance statuant en matière de référé en vue de la désignation d'un administrateur provisoire du syndicat; l'article 49 exclut donc la compétence des juges du fonds[16] et ne permet au juge ainsi saisi de préjuger, ni de statuer au fond[17].

1. Zurfluh, « La carence du syndic », *Administrer* mars 1980. 23.
2. TGI Créteil, 19 févr. 1981, *Juris-Data* n° 763736, *D.* 1981. IR 397; *AJPI* 1981. 737, note Bouyeure.
3. Paris, 10 mai 1989, *Juris-Data* n° 600155, *D.* 1989. IR 166 – Paris, 14e ch. C, 6 févr. 1992, *RDI* 1992. 250.
4. SUR LA NOTION de carence : Paris, 20 nov. 1992, RG n° 91/25550, *Loyers et copr.* 1993. 74 – CARENCE insuffisamment caractérisée : Paris, 4 avr. 2004, n° 03-18.251, NP, *AJDI* 2004. 461.
5. Paris, 14e ch. B, 12 mars 1993, *RDI* 1993. 421.
6. Civ. 3e, 22 juin 1993, n° 91-19.327, NP, *RDI* 1993. 422.
7. Civ. 3e, 20 juin 1978, n° 76-15.154, *Bull. civ.* III, n° 253; *JCP* 1979. II. 19054, note Atias.
8. Civ. 3e, 23 janv. 1991, n° 89-17.054, *Bull. civ.* III, n° 32; *AJDI* 1991. 837; *RDI* 1991. 259; *D.* 1992. 139.
9. Civ. 3[e], 6 juill. 2011, n° 10-14.780, *Bull. civ.* III, n° 124; *D.* 2011. 1972, obs. Rouquet.
10. Paris, 14[e] ch. A, 9 juin 1999, *Juris-Data* n° 102202, *RDI* 1999. 461, Capoulade; *Dossier Csab* n° 78, nov. 1999, n° 133; *IRC* mars 2000. 12, note Capoulade.
11. Civ. 3e, 19 avr. 1974, *JCP N* 1975, prat. 6013.
12. Paris, 14e ch. A, 9 juin 1999, *Juris-Data* n° 102202, *RDI* 1999. 461, Capoulade; *Dossier Csab* n° 78, nov. 1999, n° 133; *IRC* mars 2000. 12, note Capoulade.
13. Paris, 10 mai 1989, *Juris-Data* n° 600155, *Rev. huissiers* 1990. 388 – Civ. 3e, 3 févr. 1999, n° 97-16.731, *Administrer* sept. 1999. 75, obs. Bouyeure – Civ. 3e, 6 juill. 2011, n° 10-14.780, *Bull. civ.* III, n° 124, l'irrégularité de la désignation du syndic ne fait pas sa carence (art. D. 49).
14. Civ. 3e, 18 févr. 1987, n° 85-16.745, NP, *RDI* 1987. 283.
15. GUILLOT, art. 17 à 18-2, n° 1-09.
16. TGI Paris, 1er juill. 1974, *Administrer* sept. 1974, n° 40 – TGI Paris, 11 juill. 1974, *AJPI* 1974. 1000; *Ann. loyers* 1975. 1015 – Paris, 7 janv. 1977, *D.* 1978. IR 31. Il s'agit du président du tribunal du lieu de situation de l'immeuble.
17. PAR EXEMPLE, il n'a pas à se prononcer sur la possibilité ou non de constituer un syndicat secondaire; le contentieux se déroulera ultérieurement au fond.

Mais le syndic n'a pas qualité pour demander la nomination d'un administrateur provisoire puisqu'il lui appartient d'assurer lui-même l'exécution de sa mission [1].

Le juge ne statue donc pas « en référé » mais « *en matière* de référé »; il n'y a pas à justifier de l'urgence ou d'un dommage imminent ou d'un trouble manifestement illicite [2]. En outre, la procédure revêt ainsi un *caractère contradictoire* qui permet au syndic de s'expliquer devant le juge sur l'empêchement ou la carence qui lui est reprochée. Ce caractère est d'ailleurs renforcé par la disposition du dernier alinéa de l'article 49 selon laquelle « sauf s'il y a urgence à faire procéder à certains travaux nécessaires à la sauvegarde de l'immeuble et au fonctionnement des services d'équipement commun [en dépit de l'utilisation de la conjonction « et », la situation est présentée comme alternative et non cumulative [3]], la demande ne sera recevable que s'il est justifié d'une mise en demeure adressée au syndic et demeurée infructueuse pendant plus de huit jours ». En cas de pluralité de demandeurs, il suffit que la mise en demeure émane de l'un d'entre eux [4]. L'observation de cette disposition doit être constatée pour la régularité de la décision, sauf l'hypothèse de l'urgence qui relève alors du droit commun du référé.

985 **c) Mission de l'administrateur provisoire.** La mission de l'administrateur provisoire est précisée par l'article 49 alinéa 2 du décret du 17 mars 1967 qui envisage, au moins implicitement, deux hypothèses.

Ou bien l'ordonnance limite la mission de l'administrateur « à un ou plusieurs objets » déterminés (par exemple, exécution de travaux urgents, appels de fonds pour le règlement d'une condamnation du syndicat ou le paiement de travaux), auquel cas il est inutile de préciser le terme de cette mission ponctuelle qui prendra fin lorsque ce ou ces objets seront remplis.

Ou bien, en cas d'empêchement du syndic, l'ordonnance confère à cet administrateur provisoire, pour la durée qu'elle fixe, la mission « qui est définie par l'article 18 de la loi [...] du 10 juillet 1965 et par le [...] décret », c'est-à-dire très exactement la mission d'un syndic. Dans ce cas, la désignation d'un administrateur provisoire se rapproche singulièrement de celle d'un syndic judiciaire prévue par l'article 17 [5] Sauf disposition contraire de l'ordonnance, l'administrateur provisoire dispose alors des mêmes droits et obligations que le syndic [6].

L'administrateur provisoire a, bien entendu, droit à des honoraires (v. s^{s} n° 981) et il doit rendre compte de sa gestion à l'assemblée générale [7]. Il peut être « remplacé » par une nouvelle ordonnance du président, mais non révoqué par l'assemblée générale.

On rappelle que la nomination d'un administrateur provisoire n'entraîne pas révocation du syndic (v. s^{s} n° 996). Le juge n'a pas le pouvoir de révoquer le syndic [8].

986 **B) Absence de syndic (Décr. 17 mars 1967, art. 47)** [9]. Selon l'article 47 du décret du 17 mars 1967 (mod. par Décr. 9 juin 1986), « *dans tous les cas autres que celui prévu par le précédent article* [Décr. 17 mars 1967, art. 46 - V. s^{s} n° 975], *où le syndicat est dépourvu de syndic, le président du tribunal de grande instance, statuant par ordonnance sur requête, à la demande de tout intéressé, désigne un administrateur provisoire de la copropriété qui est notamment chargé, dans les délais fixés par l'ordonnance, de se faire remettre les fonds et l'ensemble des documents et archives du syndicat et, sous réserve de l'application des dispositions de l'article 9 ci-dessus, de convoquer l'assemblée en vue de la désignation d'un syndic* ».

Les différences avec les hypothèses précédentes, désignation d'un syndic par le juge (L. 10 juill. 1965, art. 17 - Décr. 17 mars 1967, art. 46 - V. s^{s} n° 975) et désignation d'un administrateur provisoire en cas d'empêchement ou de carence du syn-

1. Paris, 14 oct. 1980, *D.* 1981. IR 397.
2. L'article 49 du décret de 1967, précisant que le président statue en matière de référé (et non comme en matière de référé) ne prévoit pas un mode de saisine du président du tribunal de grande instance lui donnant compétence du fond. Civ. 3e, 6 juill. 2011, n° 10-14.780, *Bull. civ.* III, n° 124; *D.* 2011. 1972, obs. Rouquet.
3. COMMAGNAC ET CAPOULADE, *REDI* n° 24, 1392 – KISCHINEWSKY-BROQUISSE, n° 385, note 163.
4. Civ. 3e, 23 oct. 2007, n° 07-15.762, NP, *Administrer* janv. 2008. 55.
5. Paris, 13 oct. 1970, *Rev. loyers* 1971. 465, qui reconnaît notamment à l'administrateur provisoire qualité pour interjeter appel au nom du syndicat – COMP. : Civ. 3e, 18 déc. 1972, n° 71-13.825, *Bull. civ.* III, n° 682; *Gaz. Pal.* 1973. 1. Somm. 17 – AUSSI : Civ. 1re, 26 avr. 1988, n° 86-18.875, *Bull. civ.* I, n° 116; *Rev. loyers* 1989. 23, qui énonce qu'il entre dans les attributions de l'administrateur de produire pour le compte du syndicat auprès de l'organisme de garantie.
6. Civ. 3e, 14 janv. 1998, n° 96-12.513, *Bull. civ.* III, n° 7; *RDI* 1998. 290, 293 et 297.
7. GUILLOT, art. 17 à 18-2, n° 5-14 – Civ. 3e, 9 avr. 1974, *D.* 1974, Somm. 95; *JCP N* 1975, prat. 220, en principe, l'administrateur provisoire doit rendre compte de sa mission au juge des référés qui l'a nommé.
8. Civ. 3e, 20 juin 1978, n° 76-15.154, *Bull. civ. III*, n° 253.
9. CAPOULADE, n° 506, 5 b – GUILLOT, art. 17 à 18-2, n°s 1, 13 s. – KISCHINEWSKY-BROQUISSE, n° 377 – LAFOND, ROUX ET STEMMER, s^{s} D. art. 47 – Sorgniard, « L'administrateur provisoire en l'absence de syndic », *Administrer* juill. 1994. 2 – Atias, « Le syndicat sans syndic », *IRC* mai 1995-26.

dic (Décr. 17 mars 1967, art. 49 - V. s[s] n° 982) se manifestent aussi bien quant aux conditions de fond que quant aux conditions procédurales [1].

a) *Au fond*, la différence est très nette entre l'article 47 qui envisage le cas *d'absence de syndic* tandis que l'article 49 s'applique en cas *d'empêchement ou de carence* du syndic en exercice.

La différence est plus ténue entre les articles 46 et 47 qui, tous deux, concernent l'hypothèse où le syndicat est dépourvu de syndic, mais la distinction de leur domaine d'application tient à la cause de l'absence de syndic. L'article 46 concerne le défaut de désignation du syndic par l'assemblée générale dûment convoquée à cet effet; l'absence de syndic tient à *l'indécision de l'assemblée*. L'article 47 s'applique dans tous les autres cas où le syndicat est dépourvu de syndic; la vacance tient à la personne du syndic (décès, démission ou expiration du mandat sans convocation préalable de l'assemblée [2], liquidation judiciaire [3] - en cas de liquidation judiciaire du syndic et de désignation d'un administrateur provisoire, la poursuite des marchés de travaux et des contrats de maîtrise d'œuvre conclus par l'ancien syndic n'est pas automatique [4]). La désignation d'un administrateur provisoire constitue alors la solution normale qui doit conduire à la désignation d'un syndic par l'assemblée générale [5], le juge n'étant pas alors, en l'absence de délibération préalable de l'assemblée, suffisamment éclairée pour désigner un syndic.

Un administrateur provisoire ne peut être désigné, en application de l'article 47 du décret du 17 mars 1967, que s'il est établi que le syndicat est dépourvu de syndic [6]. Il en est ainsi en cas de nullité de plein droit du mandat si l'assemblée n'a pas observé les prescriptions sur le compte séparé (L. 31 déc. 1985, art. 18) [7] ou si le syndic désigné n'a pas ouvert un compte séparé dans les trois mois, alors qu'il n'en était pas dispensé, mais le doute sur l'identité du syndic [8] ou la contestation sérieuse sur sa désignation [9] n'autorise pas l'application de l'article 47 du décret.

b) *En la forme*, les différences procédurales se justifient par la présence ou l'absence d'un syndic. La demande de nomination d'un administrateur provisoire est faite par une citation en référé, pour l'application de l'article 49, afin d'instaurer un débat contradictoire en cas de carence ou d'empêchement. Elle est faite par requête dans les hypothèses des articles 46 et 47 puisque, en l'absence de syndic, le syndicat n'a plus de représentant et qu'il est urgent et indispensable d'en désigner un, au moins à titre provisoire. Le juge n'a pas à procéder contradictoirement pour l'application de l'article 47 [10]. Il apprécie la situation à la date de l'ordonnance [11].

Pour l'application de l'article 47, la requête est présentée par *tout intéressé* (copropriétaire, membre du conseil syndical, créancier, locataire, gardien, voisin et même syndic sortant ou démissionnaire [12]). La requête de l'article 46 n'est ouverte qu'aux copropriétaires et aux membres du conseil syndical.

La procédure des articles 46 et 47 ne peut être utilisée s'il existe un syndic en place [13]. On ne pourrait pourvoir à son remplacement qu'en convoquant une assemblée générale [14] et après sa révocation (L. 1965, art. 25 et 25-1).

Aux termes de l'article 59 alinéa 3 du décret du 17 mars 1967 (mod. par Décr. 9 juin 1986), l'ordonnance est notifiée dans le mois de son prononcé, par l'administrateur provisoire désigné, à tous les copropriétaires, lesquels peuvent en *référer* au président du tribunal de grande instance dans quinze jours de cette notification.

Cette notification a pour objet de rendre l'ordonnance opposable aux copropriétaires et de faire courir le délai pour en référer [15]. Le non-respect du délai a pour effet de différer le point de départ du délai de recours [16].

1. POUR un exposé des différences entre les articles 46, 47, 49 et 62-1 du décret du 17 mars 1967 : Paris, 2 juill. 1991, RG n° 90/24.211, *Juris-Data* n° 022432, *JCP N* 1992. II. 166 – Capoulade, « Les ordonnances présidentielles et les syndicats en difficulté », *Gaz. Pal.* 13-14 sept. 2000, p. 11 et 12 – Paris, 8 juin 1968, *JCP N* 1969. II. 15843, note J. A.; *AJPI* 1969. II. 815, note Bouyeure; *Rev. loyers* 1969. 190.
2. Roux, « La désignation d'un administrateur provisoire à l'initiative de l'ancien syndic », *IRC* avr. 2006. 22.
3. Paris, 2 juill. 1991, RG n° 90/24.211, *Juris-Data* n° 022432, *JCP N* 1992. II. 166.
4. Civ. 3e, 12 déc. 2001, n° 00-12.482, *Bull. civ.* III, n° 149; *AJDI* 2002. 461, *Loyers et copr.* mars 2002. 67.
5. Rép. min., QE n° 30073, *JOAN Q* 12 févr. 1996, p. 804.
6. Civ. 3e, 28 mai 2002, n° 01-01.992, NP, *IRC* oct. 2002. 14, note Capoulade – RAPPR. : Civ. 3e, 18 déc. 2001, n° 00-14.992, NP, *AJDI* nov. 2002. 774, obs. Capoulade.
7. Nancy, 19 déc. 1990, RG n° 2.539/90, *Juris-Data* n° 050761, *Rev. huissiers* 1992. 481 – Civ. 3e, 28 juin 1995, n° 93-19.055, *Bull. civ.* III, n° 158; *RDI* 1995. 791, *D.* 1998. 274.
8. Paris, 6 févr. 1992, *RDI* 1992. 250.
9. Civ. 3e, 22 juin 1993, n° 91-19.327, NP, *RDI* 1993. 423.
10. Civ. 3e, 8 juin 2005, n° 04-12.515, *Bull. civ.* III, n° 126; *Administrer* sept. 2005. 71, obs. Bouyeure.
11. Civ. 3e, 12 sept. 2006, n° 05-16.747, NP, *Administrer* déc. 2006. 74; *IRC* janv. 2007. 19.
12. Civ. 3e, 4 févr. 2004, n° 02-14.742, *Bull. civ.* III, n° 21; *AJDI* 2004. 557, obs. Capoulade; *Administrer* mai 2004. 366.
13. PAS d'anticipation sur la décision annulant la désignation du syndic : Civ. 3e, 6 juill. 2005, *Administrer* déc. 2005. 73, note Capoulade.
14. Civ. 3e, 18 nov. 1992, n° 90-21.616, NP, *RDI* 1993. 132.
15. Paris, 19 oct. 1990, *D.* 1992. Somm. 139, obs. Lafond.
16. Civ. 3e, 30 mars 2005, n° 03-21.128, NP.

L'article 59, alinéa 3, n'oblige pas l'administrateur provisoire à notifier l'ordonnance à l'ancien syndic[1].

La demande de rétractation est réservée aux seuls copropriétaires[2], à l'exclusion de l'ancien syndic[3] et du syndicat lui-même[4].

Elle relève de la compétence du juge qui a rendu l'ordonnance, saisi comme en matière de référé, sans que cette compétence soit subordonnée à l'urgence ou à l'absence de contestation sérieuse[5].

La rétractation ne peut intervenir pour des motifs étrangers aux conditions d'application de l'article 47[6].

987 Absence de syndic (suite) – Rôle de l'administrateur provisoire. Le rôle de l'administrateur provisoire désigné en application de l'article 47 du décret du 17 mars 1967 est précisé par l'ordonnance de nomination. Le texte initial de l'article indiquait que l'administrateur était « notamment chargé [...] de convoquer l'assemblée en vue de la désignation d'un syndic ». C'est sa mission essentielle. Pour faciliter l'application du nouvel article 18-2 de la loi du 10 juillet 1965, le décret du 9 juin 1986 a ajouté les termes : « de se faire remettre les fonds et l'ensemble des documents et archives du syndicat ». Le « notamment » qui figure, tant dans le texte initial que dans le texte actuel ne tend pas à restreindre la mission de l'administrateur provisoire[7], mais à souligner sa mission prioritaire. Le président du tribunal jouit d'une grande latitude, mais comme le syndicat est dépourvu de syndic et que les missions prioritaires n'ont pas un caractère limitatif, l'administrateur provisoire doit être considéré comme remplissant les fonctions de syndic, sauf disposition restrictive dans l'ordonnance de nomination[8]. Il est soumis aux mêmes devoirs et obligations qu'un syndic[9]. Il est, en effet, indispensable que le syndicat soit géré jusqu'à la désignation d'un syndic par l'assemblée générale et, à défaut, par le juge.

C'est ainsi que lui a été reconnu le pouvoir de recouvrer les créances, de convoquer l'assemblée générale, de représenter le syndicat en justice[10], mais il ne peut présider l'assemblée (cette interdiction doit s'étendre, semble-t-il, au conjoint au partenaire lié à lui par un pacte civil de solidarité et aux préposés, même copropriétaires, aussi bien pour présider que pour recevoir mandat[11]). Il est un tiers par rapport au syndicat et les fonds détenus à titre professionnel pour le compte du syndicat peuvent être l'objet d'une saisie attribution[12].

Il ne peut sous-traiter que dans le respect de sa déontologie propre et de celle du syndic[13]. Il ne peut, sous sa responsabilité, déléguer, en tout ou partie, les pouvoirs reçus et donner mission à l'ancien syndic d'assurer la conservation des fonds et des documents[14]. Lorsque le syndic assume la gestion courante, sous le contrôle de l'administrateur provisoire, sans arrêter ses comptes, cette situation interdit de distinguer les deux administrations pendant cette période[15].

L'ordonnance fixe aussi *la durée de la mission*. À cet égard, il y a lieu de tenir compte des délais nécessaires à la convocation de l'assemblée générale[16] et, éventuellement, de deux réunions ainsi que de la situation particulière du syndicat[17].

1. Toulouse, 17 janv. 1994, *Juris-Data* n° 600561, *D.* 1994. Somm. 205, obs. Giverdon; *Administrer* déc. 1994. 34, note Ritschy.
2. Civ. 3e, 12 mars 1997, n° 95-11.869, *Bull. civ.* III, n° 56; *D.* 1997. Somm. 330, obs. Atias; *RDI* 1997. 286 – Civ. 3e, 26 mars 1997, n° 95-15.915, *Bull. civ.* III, n° 72; *RDI* 1997. 281, *AJPI* 1997. 559, obs. Guitard – Le texte déroge aux dispositions de l'article 496 du code de procédure civile.
3. Civ. 3e, 2 oct. 2001, n° 00-13.328, NP, *AJDI* 2001. 993, NP, *Administrer* févr. 2002. 35; *Loyers et copr.* janv. 2002. 141.
4. Civ. 3e, 12 janv. 2000, n° 98-12.737, *Bull. civ.* III, n° 3 – Civ. 3e, 25 janv. 2005, n° 03-14.716, NP, *Administrer* mai 2005. 46, obs. Bouyeure.
5. Com. 30 mai 2000, n° 97-18.457, *Bull. civ.* IV, n° 113; *RDI* 2000. 392; *D.* 2000. 320; *D.* 2001. 349; *RTD civ.* 2000. 858.
6. Paris, 14e ch. B, 21 déc. 2001, RG n° 2001-50261, *AJDI* nov. 2002. 776, obs. Guitard.
7. Civ. 3e, 18 déc. 1972, n° 71-13.825, *Bull. civ.* III, n° 682; *JCP* 1973. IV. 49.
8. Civ. 3e, 5 déc. 1990, n° 89-13.043, *Bull. civ.* III, n° 257; *RDI* 1991. 92; *Gaz. Pal.* 1991. 1. pan. jur. 88; *IRC* 1991. 151, note Capoulade.
9. Civ. 3e, 14 janv. 1998, n° 96-12.513, *Bull. civ.* III, n° 7; *RDI* 1998. 290, 293, 297.
10. SUR LA régularisation d'une procédure par l'intervention de l'administrateur provisoire : Civ. 3e, 7 juin 2001, n° 99-18.825, NP.
11. Civ. 3e, 14 janv. 1998, n° 96-12.513, *Bull. civ.* III, n° 7; *RDI* 1998. 293 – Paris, 23e ch., 18 oct. 1985, RG n° 17238, *Juris-Data* n° 026673, *RDI* 1986. 244.
12. Paris, 8e ch. B, 22 oct. 1998, RG n° 1998/00826, *RDI* 1999. 307, obs. Capoulade.
13. Civ. 3e, 12 déc. 2001, n° 00-12.482, *Bull. civ.* III, n° 149; *AJDI* 2002. 461, obs. Capoulade. – RAPPR. : Crim. 26 sept. 2001, n° 00-86.525, *Bull. crim.*, n° 190; *D. affaires* 2001. 3198, note Lienhard.
14. Civ. 3e, 10 juill. 2007, n° 06-16.701, NP, *AJDI* 2008. 489, obs. Capoulade; *Administrer* févr. 2008. 32, obs. Bouyeure; *Loyers et copr.* 2007. 201, obs. Vigneron.
15. Civ. 3e, 30 sept. 1998, n° 96-21.078, NP, *RDI* 1999. 151, obs. Capoulade.
16. SUR la convocation urgente de l'assemblée par application de l'article 9 alinéa 2 du décret du 17 mars 1967 : Civ. 3e, 23 mai 1991, n° 89-20.253, NP, *RDI* 1991. 380.
17. SUR la prorogation des pouvoirs de l'administrateur provisoire : Civ. 3e, 18 déc. 1972, n° 71-14.153, *Bull. civ.* III, n° 383.

988 Début et fin de la mission de l'administrateur provisoire. L'administrateur provisoire entre en fonction dès l'acceptation expresse ou tacite de sa mission[1].

L'article 47 alinéa 2 du décret du 17 mars 1967 dispose que l'administration provisoire cesse de plein droit à compter de l'acceptation de son mandat par le syndic désigné par l'assemblée générale. S'agissant d'une assemblée convoquée par l'administrateur provisoire pour élire un syndic, il est admis que, sauf décision contraire, le mandat du syndic prend effet et, par conséquent, la mission de l'administrateur provisoire prend fin, dès la proclamation des résultats du vote (v. s[s] n° 903). Il convient que l'assemblée générale délibère sur la dispense (ou non) de l'ouverture d'un compte séparé.

La mission de l'administrateur prend encore fin par la rétractation ou l'infirmation de la décision de nomination ou par la renonciation à sa mission.

SECTION 3
CESSATION DES FONCTIONS DU SYNDIC

989 Causes mettant fin aux fonctions du syndic. Diverses causes peuvent mettre fin à la mission du syndic. Elles varient selon la nature des rapports juridiques unissant le syndicat au syndic et avec le mode de nomination de celui-ci[2] : expiration de la durée des fonctions, démission, décès de la personne physique, liquidation du syndicat, scission du syndicat, dissolution de la personne morale, survenance d'une incapacité, nullité du mandat, révocation[3]. Mais le refus d'approbation des comptes n'entraîne pas de plein droit la révocation du mandat du syndic et l'impossibilité pour lui de continuer sa mission[4]. Elle l'oblige seulement à présenter de nouveaux comptes.

990 A) Expiration de la durée des fonctions. La mission du syndic cesse de plein droit par l'arrivée du terme ou l'expiration de la durée fixée par la décision de nomination ou par la loi[5].

À cet égard, l'article 28 alinéa 2 du décret du 17 mars 1967 pose un principe qui est d'ordre public en disposant que « la durée des fonctions du syndic ne peut excéder *trois années* » (d'où il résulte que la durée peut être plus courte[6]). Ce délai ne saurait être dépassé sous le prétexte d'une entrée en vigueur avec effet rétroactif à une date déterminée[7].

Les copropriétaires adoptent généralement un mandat d'une année, qui correspond au principe de l'annualité de l'assemblée et de l'exercice budgétaire, peut-être aussi pour éviter d'encourir une responsabilité éventuelle en cas de rupture abusive d'un contrat à durée déterminée; cependant, une durée aussi courte ne permet guère une gestion même à moyen terme, ni l'établissement sérieux d'un plan pluriannuel de travaux; si une durée plus longue peut être envisagée[8], elle ne saurait, en tout cas, excéder trois années[9].

Toutefois, ce principe connaît une double exception énoncée par l'article 28 lui-même.

a) D'une part, par application de l'article L. 443-15 du code de la construction et de l'habitation, l'organisme d'HLM, vendeur de ses logements à ses locataires, demeure syndic de droit par l'effet de la loi, sauf s'il y renonce, tant qu'il demeure propriétaire de logements (v. s[s] n° 977). Sa fonction se perpétue jusqu'à sa renonciation, à la vente du dernier logement au locataire ou à la vente des logements restant à un autre organisme d'HLM.

b) D'autre part, par application de l'article 28 alinéa 2 du décret du 17 mars 1967, la durée ne peut excéder une année pendant « les délais prévus à l'article 1792-4-1 du code civil, lorsque le syndic, son conjoint, le partenaire lié à lui par un pacte civil de solidarité, leurs commettants ou employeurs, leurs préposés, leurs parents ou alliés jusqu'au troisième degré inclus, ont directement ou indirectement, à quelque titre que ce soit, même par personne interposée, participé à la construction de l'immeuble ». On notera le caractère très large de cette disposition[10] qui vise notamment les dirigeants de fait et de droit et même les associés d'une société de construction, son but étant, en raison des responsabilités encourues par le syndicat (L. 10 juill. 1965, art. 14 *in fine*), de protéger les

1. Civ. 3e, 5 déc. 1990, n° 89-13.043, *Bull. civ.* III, n° 257; *RDI* 1991. 105; *IRC* 1991. 151, note Capoulade; *Administrer* juin 1991. 40.
2. Bouyeure, *AJPI* 1970. 113 – CABANAC, n°s 477 s. – GUILLOT, s[s] L. art. 17 et 18-2, n°s 4-01 s. – KISCHINEWSKY-BROQUISSE, n°s 387 s. – CAPOULADE, n° 507 – Zurfluh et Barnier-Sztabowicz, « L'absence de syndic », *Administrer* nov. 1989. 17 – VIGNERON, n°s 34 et 5.
3. Roux, « Le syndic sortant », *Administrer* févr. 2007. 11 s.
4. Civ. 3e, 21 nov. 2006, n° 06-10.118, NP, *Administrer* févr. 2007. 49.
5. Atias, « L'expiration des fonctions du syndic et les assemblées en cours », *IRC* mars 1998. 24 – LAFOND, ROUX ET STEMMER, s[s] D. art. 28, § IV.
6. TGI Paris, 25 févr. 1980, *Juris-Data* n° 762373, 1980, IR 450, *Administrer* mars 1981, n° 311; *Gaz. Pal.* 1980. 2, 647; *Rev. loyers* 1980. 453; *AJPI* 1981. 228; *RDI* 1982. 132.
7. Civ. 3e, 27 mai 1999, n° 97-18.860, NP, *Dossier Csab* 1999, n° 117.
8. TGI Marseille, 27 mai 1977, *Rev. loyers* 1978. 446.
9. Civ. 3e, 18 nov. 1997, n° 96-12.036, NP, *RDI* 1998. 137, obs. Capoulade, Giverdon; *IRC* juin 1998, 5, note Capoulade.
10. Et encore davantage étendu par le décret n° 2010-391 du 20 avr. 2010, art. 13, *JO* 21 avr., p. 7365.

copropriétaires contre le risque d'inertie dans l'exercice des actions en garantie.

Néanmoins, la question peut se poser depuis la loi du 4 janvier 1978 pour les réparations relevant de la garantie de parfait achèvement (réserves à la réception, vices apparents dans l'année de la réception) sauf à utiliser les dispositions de l'article 56 du décret du 17 mars 1967.

Cette disposition doit, à notre sens, recevoir application si le promoteur - ou la société de promotion tant au sens légal que jurisprudentiel du terme - a créé une société distincte d'agence immobilière, dont il assure le contrôle, susceptible d'exercer les fonctions de syndic de l'immeuble construit (v. nouvel article 39 du décret, s^s n° 970). La limitation de la durée du mandat s'impose même après que le syndic ait perdu la qualité de constructeur, jusqu'à l'expiration de la garantie décennale [1].

c) La question se pose de savoir si le syndic peut être désigné pour une durée indéterminée. Des réserves ont été émises à cet égard depuis l'entrée en vigueur du décret du 17 mars 1967 [2]; une réponse positive semble cependant pouvoir être donnée par application des dispositions de l'article 28 alinéa 2, mais cette mission prendra fin de plein droit à l'expiration d'une ou de trois années, suivant les distinctions faites par le texte. Dans ce cas, il appartiendra au syndic d'établir le caractère abusif de la révocation qui interviendrait dans ces mêmes délais.

991 Expiration de la durée des fonctions (suite) – Conséquences. L'article 28 (al. 3) du décret, modifié, prévoit expressément que « le syndic peut être de nouveau désigné par l'assemblée générale pour les durées prévues à l'alinéa 2 » (délais de l'art. 1792-4-1 C. civ.) [3]. Cette formulation est meilleure que celle du décret du 9 juin 1986 qui visait le « renouvellement » des fonctions [4]. L'article 25 de la loi applique les mêmes règles de majorité à toute désignation du syndic, sans distinguer entre la nomination, le renouvellement ou la reconduction [5]. Cette nouvelle désignation ne peut résulter que d'une décision prise en temps utile, sans rétroactivité [6], avec une notification préalable du contrat proposé [7]. En tout cas, la jurisprudence refuse toute possibilité de mandat tacite [8], de tacite reconduction [9]; le renouvellement, comme la reconduction, supposent que la nouvelle mission soit identique à la précédente [10].

À défaut d'une nouvelle désignation, les fonctions du syndic cessent à l'arrivée du terme prévu ou à l'expiration du délai fixé soit par l'assemblée générale, soit par le juge (syndic judiciairement nommé), en tout cas par l'article 28 du décret [11].

Cependant, un courant doctrinal et jurisprudentiel avait proposé de reconnaître au syndic un « pouvoir d'expédier les affaires courantes » jusqu'à la nomination de son successeur [12], soit sur le fondement de la théorie de l'apparence [13], soit sur celui

1. Civ. 3e, 2 déc. 2009, n° 08-20.073, *Bull. civ.* III, n° 267; *AJDI* 2010. 643, obs. Tomasin; *D.* 2010. AJ 17, obs. Rouquet; *Administrer* mars 2010.47, obs. Bouyeure; *JCP* 2010. 336, n° 15, obs. Perinet-Marquet; *IRC*, mars 2010. 10 obs. Ritschy.
2. Cabanac, *AJPI* 1967. 298.
3. Civ. 3e, 6 mars 2003, n° 00-10.405, *Bull. civ.* III, n° 58; *AJDI* juin 2002. 465. La durée de la nouvelle désignation du promoteur ne peut dépasser un an.
4. Guillot, « Le renouvellement du mandat du syndic », *Administrer* avr. 1989. 18 – Bouyeure, « Le renouvellement du mandat du syndic », thème et variations, *Administrer* oct. 1997. 31 – Capoulade, « La désignation du syndic par le renouvellement de son mandat », *IRC* mars 1999, 8.
5. Civ. 3e, 14 juin 1989, n° 87-19.249, *Bull. civ.* III, n° 136; *AJDI* 1990. 93, *Defrénois* 1990. 367, note Souleau; *IRC* 1989. 324, note Capoulade; *RDI* 1989. 394.
6. Versailles, 9 juill. 1992, *Gaz. Pal.* 10-12 janv. 1993; *Administrer* janv. 993, 48, obs. Dunès – EN CAS de ratification : Civ. 3e, 23 mai 1991, n° 89-14.404, NP, *IRC* 1992. 235, par *quitus* non contesté, *RDI* 1991. 384 et 386 : POUR réparation urgente – Civ. 3e, 29 oct. 1986, n° 85-14.693, *Bull. civ.* III, n° 141.
7. Civ. 3e, 18 déc. 1996, n° 94-18.906, *Bull. civ.* III, n° 241; *AJDI* 1997. 655; *Loyers et copr.* avr. 1997, n° 124.
8. Civ. 3e, 26 mars 1997, n° 95-15.915, *Bull. civ.* III, n° 72; *IRC* mai 1998. 11, note Capoulade; *AJDI* 1997. 659; *RDI* 1997. 281; *D.* 1997. 328.
9. Paris, 30 avr. 1982, *D.* 1982. IR 438 – Paris, 20 oct. 1982, *RTD civ.* 1983. 566 – Civ. 3e, 4 janv. 1978, n° 76-12.713, *AJPI* 1979. 51, note Bouyeure; *Administrer* févr. 1979. 30; *RTD civ.* 1979. 166.
10. Paris, 23e ch. B, 29 juin 2000, RG n° 1999/03914, *RDI* 2000. 604, obs. Capoulade. – Le non-renouvellement des fonctions du syndic ne constitue pas une révocation et ne peut donner lieu à dommages-intérêts pour abus de droit – CEPENDANT v. note Morand s^s Paris, 4 juin 1971, *Gaz. Pal.* 1971. 2. 648.
11. Il s'en suit que le syndic n'a plus qualité pour administrer et représenter le syndicat; agir en recouvrement des charges, même pour la période antérieure à l'expiration de son mandat (Paris, 29 août 1994, *RDI* 1994. 497), ni régulièrement convoquer une assemblée en vue d'une nouvelle désignation ou de la nomination d'un successeur (Paris, 25 mars 1988, *D.* 1988. IR 139) et il ne peut prétendre à des honoraires relatifs à l'exécution d'une mission qu'il n'a plus (Paris, 30 sept. 2004, *Administrer* mars 2005.43, obs. Bouyeure – Versailles, 5 juin 2000, *Dossier Csab* n° 89, févr. 2001, n° 134).
12. Paris, 23e, ch. B, 18 janv. 2001, n° 1999-16794, *AJDI* 2001. 615, note Capoulade – La désignation sans vote de l'ancien syndic pour assurer l'intérim jusqu'à la nomination d'un nouveau syndic ne représente pas une pratique *sui generis*.
13. PAR EXEMPLE : Lyon, 13 avr. 1976, *D.* 1977. IR 156, à propos du paiement de la consommation d'eau pour éviter l'interruption de cette fourniture – TGI Saint-Étienne, 27 févr. 1967, *Dossier Csab* nov. 1967. 28, sur la réclamation du paiement des charges d'un copropriétaire défaillant – AUSSI : Paris, 14 déc. 1978, *RTD civ.* 1979. 166 – Lot, « Le syndic mandataire apparent », *Administrer* oct. 1982. 12.

de la gestion d'affaires[1]. La Cour de cassation n'a pas admis la notion de gérant d'affaires[2], et refuse toute notion de syndic de fait[3]. La désignation d'un administrateur provisoire constitue alors la seule solution pour permettre une poursuite régulière de l'administration du syndicat[4].

Il faut, en outre, rappeler que les fonctions du syndic judiciairement désigné prennent fin par l'acceptation de sa mission par le syndic élu par l'assemblée (Décr. 17 mars 1967, art. 48 - V. s[s] n° 988) et que, dans un syndicat coopératif, la perte de la qualité de copropriétaire ou de celle de membre du conseil syndical entraîne la fin de la mission du syndic.

Il est donc indispensable que le syndic « sortant » convoque l'assemblée en temps utile pour qu'elle soit à même, au besoin lors d'une seconde réunion, de désigner un syndic[5], peu important que ce soit la même personne[6].

Il existe donc le plus grand intérêt à ce que la date de nomination soit suffisamment précise pour que la *date d'expiration* du mandat ne prête à aucune discussion[7]. Aussi, la commission relative à la copropriété a recommandé de s'abstenir de rédactions ambiguës ou équivoques et d'utiliser des formules précises[8]. Néanmoins, certaines formules dont la validité a cependant été admise un temps dès lors que le mandat n'excédait pas trois ans, engendrent un contentieux abondant et recèlent bien des risques[9]. Pour conjurer ces risques, l'article 29 (al. 1er) du décret, dans sa rédaction du décret du 27 mai 2004, imposait que « le contrat du mandat du syndic fixe *sa durée, sa date de prise d'effet...* ». La pratique a montré que ce texte ne permettait pas encore de supprimer toute incertitude sur la date d'expiration du mandat. Le décret du 20 avril 2010 a donc modifié, une nouvelle fois, l'article 29 (al. 1er) du décret de 1967 qui précise désormais que le mandat du syndic « *fixe sa durée et précise ses dates calendaires de prise d'effet et d'échéance...* ».

La durée est un espace de temps qui sépare les dates de début et de fin de mandat. Soucieuse d'évi-

1. Paris, 18 nov. 1987, RG n° 86/006366, *Juris-Data* n° 027874, *RDI* 1988. 142 – Lot, « Le syndic de copropriété, gérant d'affaires », *Administrer* avr. 1980. 7 – KISCHINEWSKY-BROQUISSE, n° 388 – GUILLOT, art. 17 à 18-2, n° 4-11.
2. Civ. 3e, 3 juin 1987, n° 85-18.650, *Bull. civ.* III, n° 115; *Administrer* févr. 1988. 39.
3. Civ. 3e, 14 oct. 1987, n° 85-18.749, *Bull. civ.* III, n° 172; *D.* 1988. 229, note Atias; *Administrer* mai 1988. 50, note Guillot; *RDI* 1988. 142 – AUSSI : Civ. 3e, 23 janv. 1991, n° 89-17.054, *AJDI* 1991. 837; *RDI* 1991. 259; *D.* 1992. 139; *Loyers et copr.* 1991. 178 – On admet toutefois la possibilité d'une ratification ultérieure d'une gestion de fait, notamment sous la forme d'un *quitus*, mais à la condition qu'elle soit prise en connaissance de cause et exempte de tout vice, notamment du vice originel.
4. Civ. 3e, 27 avr. 1994, n° 92-12.332, *RDI* 1994. 497 – Civ. 3e, 15 nov. 1995, n° 93-13.451, *Administrer* juin 1996. 47, note Le Masson – Le syndic n'a plus vocation à recevoir notification de l'ordonnance présidentielle et à agir en rétractation de celle-ci : Toulouse, 17 janv. 1994, *Juris-Data* n° 600561, *Administrer* déc. 1994. 34, note Ritschy.
5. Rép. min., QE, n° 30073, *JOAN Q* 12 févr. 1996. 804 – Remboursement par le syndic sortant des dépenses nécessitées par la désignation d'un administrateur provisoire. – Paris, 23e ch. A, 25 nov. 1998, RG n° 1997/12909, *Loyers et copr.* avr. 1999. 109 – Paris, 30 sept. 2004, *Administrer* mars 2005. 43, obs. Bouyeure – RAPPR. : Paris, 23e ch. B, 28 févr. 1997, RG n° 96/002192, *Juris-Data* n° 020257, *Loyers et copr.* mai 1997. 152 – Civ. 3e, 12 sept. 2006, n° 05-15.987, NP, *Loyers et copr.* déc. 2006. 205, obs. Vigneron; *IRC* janv. 2007. 16.
6. GUILLOT, art. 17 à 18-2, n°s 4-07 et 08 – V. encart à la suite de la note s[s] : Paris, 18 janv. 2001, *AJDI*, 2001. 615, préc.
7. Civ. 3e, 31 mai 2000, n° 98-16.794, NP, *RDI* 2000. 391, obs. Giverdon. Ambiguïté nécessitant une interprétation souveraine en raison du mélange de la durée du mandat et des conditions d'exécution de celui-ci. ÉLECTION pour un an jusqu'à l'assemblée délibérant sur les comptes, mandat limité à un an : Civ. 3e, 26 mai 2004, n° 02-21.361, et Civ. 3e, 22 sept. 2004, n° 02-21.416, *D.* 2006. 1855; *AJDI* 2005. 137, obs. Giverdon; *Administrer* nov. 2004. 39, obs. Bouyeure; Lafond, *Dossier Csab* n° 119, n° 5, p. 11.
8. 15e recomm., § I B; EN CE SENS : Civ. 3e, 12 sept. 2006, n° 05-15.987, NP.
9. « Jusqu'à l'assemblée devant statuer sur les comptes de tel exercice » (et l'assemblée ne se tient pas, Civ. 3e, 12 mars 1997, n° 95-11.869, *Bull. civ.* III, n° 56; *RDI* 1997. 286, obs. Capoulade, Giverdon; *AJDI* 1997. 659, obs. Guitard; *D.* 1997. 330, note Atias; *IRC* avr. 1998. 12, note Capoulade – Paris, 23e ch. B, 29 nov. 2001, RG n° 2001/08711, *Loyers et copr.* 2002. 137, obs. Vigneron) – « Jusqu'à la prochaine assemblée statuant sur ce point » et l'assemblée ne vote pas : Civ. 3e, 18 nov. 1997, n° 96-12.036, *RDI* 1998. 137; *IRC* Juin 1998, 5, note Capoulade – Civ. 3e, 23 févr. 2000, n° 98-14.926, *Bull. civ.* III, n° 41; *RDI* 2000. 243, obs. Giverdon [RÉSERVES]; *Loyers et copr.* 2000. 9; jusqu'à la prochaine assemblée appelée à statuer sur... ou à approuver les comptes : Civ. 3e, 6 mars 2002, n° 00-10.405, *AJDI* 2002. 465, obs. Capoulade; *Loyers et copr.* 2002. 162; *Dossier Csab* n° 105, mars 2003. 14, comm. Lafond, qui juge la pratique malencontreuse – Le mandat prend fin dès la réunion de l'assemblée – AUSSI : Paris, 23e ch. B, 29 juin 2000, *RDI* 2000. 602, obs. Capoulade [CRITIQUE] – Paris, 23e ch. B, 29 nov. 2001, RG n° 2001/08711, *Loyers et copr.* 2002. 137, obs. Vigneron, « Comme l'annulation de la désignation du syndic, la découverte *a posteriori* de l'achèvement de ses fonctions, sans réélection régulière, est un véritable cataclysme. Ce raz de marée perturbe durablement le fonctionnement du syndicat » : ATIAS, note s[s] Civ. 3e, 15 nov. 1995, n° 93-13.451, et Paris, 23e ch. B, 17 mai 1996, RG n°s 95/000966 et 96/002819, *Juris-Data* n° 021257, *IRC* sept. 1996. 7 – Le mandat est d'un an dans la formule « pour une année et jusqu'à la prochaine assemblée qui statuera sur les comptes arrêtés au... » Civ. 3e, 12 sept. 2006, n° 05-15.987, NP, *Administrer* déc. 2006. 77; *Loyers et copr.* 2006. 205.

ter tout chevauchement de mandat et de rémunération, la commission relative à la copropriété a rappelé que, selon les dispositions de l'article 2006 du code civil, la constitution d'un nouveau mandataire mettait fin à la mission du mandataire précédemment désigné.

992 **B) Disparition de la personne morale – Incapacité.** La désignation du syndic relève d'une prérogative essentielle de l'assemblée générale et le mandat confié est rigoureusement personnel.

a) *Le décès* du syndic, personne physique, met fin au mandat (C. civ., art. 2003) et la procédure prévue par l'article 47 du décret du 17 mars 1967 doit alors être mise en œuvre pour faire nommer un administrateur provisoire chargé notamment de convoquer l'assemblée générale en vue d'élire un syndic[1] (v. s^s^ n° 986).

b) Si une *personne morale* a été désignée en qualité de syndic, sa dissolution entraîne la fin de sa mission. C'est aussi la conséquence de la mise en liquidation judiciaire. Il convient encore de mettre en œuvre les dispositions de l'article 47 du décret du 17 mars 1967.

En cas de redressement judiciaire concernant un syndic professionnel, il continue ses fonctions tant que la liquidation judiciaire n'est pas prononcée[2]. En revanche, la personne morale subsistant, le mandat se poursuit si elle est pourvue d'un administrateur judiciaire.

Il entre dans les attributions de l'administrateur judiciaire d'un syndic de copropriété de produire pour le compte du syndicat des copropriétaires auprès du garant qui a dénoncé la garantie financière accordée au syndic[3].

Le mandat se poursuit encore lorsqu'un changement d'actionnariat ne crée pas une entité nouvelle et que le représentant social demeure le même[4]. Le respect des prérogatives de l'assemblée et l'interdiction de se faire substituer conduisent à exiger une décision préalable sur la désignation du nouveau syndic en cas de cession du fonds du syndic[5], de mise en location-gérance du fonds[6], de fusion absorption[7] (la société absorbée subsiste jusqu'à la publicité au RCS[8]), en cas de transformation d'une entreprise personnelle en une SARL[9], mais non pas en cas de transformation en EURL[10].

c) La *disparition du syndicat* à la suite d'une expropriation totale[11], d'une scission (L. 10 juill. 1965, art. 28), de réunion de l'ensemble des lots dans la même main, de liquidation en cas de destruction avec décision de ne pas reconstruire (L. 10 juill. 1965, art. 38 et 41), de la constatation du *syndicat en difficulté*, avec désignation d'un administrateur provisoire (L. 10 juill. 1965, art. 29-1 – le mandat cesse de plein droit sans indemnité) met fin au mandat du syndic.

d) L'inobservation de la réglementation professionnelle prévue par la loi du 2 janvier 1970 entraîne une interdiction d'exercer l'activité professionnelle (v. s^s^ n° 969). Le syndicat est dépourvu de syndic en cas d'interdiction judiciaire de diriger, gérer ou administrer une entreprise prononcée à l'encontre du gérant de la SARL syndic[12].

993 **C) Démission**[13]. La faculté de démissionner appartient certainement au syndic nommé pour une durée indéterminée mais néanmoins limitée à un ou trois ans, selon le cas. Elle doit être reconnue au syndic nommé pour une durée déterminée, en application des articles 2003 et 2007 alinéa 1 du code civil, sauf dommages-intérêts « si cette renonciation préjudicie au mandant » (C. civ., art. 2007, al. 2), c'est-à-dire au syndicat[14].

En raison du parallélisme des formes, le syndic ne peut adresser sa démission à lui-même. Il ne peut la remettre qu'à l'assemblée générale convoquée à cet effet et de qui il tient son mandat[15]. L'assemblée ne peut, en principe, refuser la démis-

1. DANS L'HYPOTHÈSE de co-syndic envisagée par Cabanac : *IRC* sept. 1966. 120 – KISCHINEWSKY-BROQUISSE, n° 394.
2. Alibert, *Le syndic*, p. 27.
3. Civ. 1re, 26 avr. 1988, n° 87-10.540, *Bull. civ.* I, n° 116; *D.* 1988. IR 132.
4. Rép. min., QE, n° 16177, *JOAN Q* 14 sept. 1998, p. 5112.
5. Paris, 24 janv. 1993, *Rev. loyers* 1993. 528.
6. Civ. 3e, 18 nov. 1997, n° 96-12.303, *RDI* 1998. 137, la location-gérance est inopposable au syndicat, Civ. 3e, 10 oct. 1995, n° 93-21.312, *RDI* 1996. 113 – Atias, « Mise en location-gérance et autres mutations du cabinet de syndic », *IRC* juin 1996. 25.
7. Civ. 3e, 10 nov. 1998, n° 97-12.369, *RDI* 1999. 152, obs. Capoulade; *D.* 1999. Somm. 77, obs. Atias; *Administrer* avr. 1999. 39, obs. Bouyeure – Civ. 3e, 30 mai 2000, n° 97-18.457, *Bull. civ.* III, n° 113; *RDI* 2000. 392, obs. Capoulade – Paris, 23e ch. B, 30 mars 2000, RG n° 1998/20649, *Dossier Csab* n° 89, févr. 2001, n° 144.
8. Paris, 3e ch. A, 4 juill. 2001, RG n° 2000/03484, *Loyers et copr.* 2002. 78.
9. Paris, 23e ch. B, 9 nov. 2000, RG n° 1999/08616, *Dossier Csab* n° 92, avr. 2001, n° 202 – Civ. 3e, 28 avr. 2011, n° 10-14.298, *Bull. civ.* III, n° 61.
10. Civ. 3e, 18 déc. 2001, n° 00-15.887, *Bull. Csab* 2002, n° 28.
11. Paris, 23e ch. B, 15 sept. 1995, *Juris-Data* n° 022451, *Dossier Csab* n° 33, 1996, n° 74.
12. Paris, 14e ch. B, 17 mai 2002, RG n° 2002/02798, *Loyers et copr.* nov. 2002. 267 – AVEC NUANCE : Paris, 19e ch. A, 13 déc. 1995, *Juris-Data* n° 024238, *Dossier Csab* n° 33, avr. 1996, n° 72.
13. Guillot, « La démission du syndic », *Administrer* déc. 1993. 4 – Michalopoulos, « La situation en cas de démission du syndic », *IRC* mars 1997. 14 s.
14. KISCHINEWSKY-BROQUISSE, n° 393 – SIZAIRE, n° 245, note 548 – LAFOND, ROUX ET STEMMER, s^s^ D. art. 28, n° 21.
15. GUILLOT, art. 17 à 18-2, n° 9-26.

sion, sauf à faire des réserves si elle est préjudiciable au syndicat[1].

L'assemblée ne pourrait confier « l'expédition des affaires courantes » au syndic démissionnaire[2]. En principe, la démission prend effet immédiatement. Il a été admis que la démission pouvait être présentée au cours d'une assemblée, même si elle n'était pas portée à l'ordre du jour, dès lors qu'elle est acceptée[3]. En cas de préjudice, le syndicat peut obtenir des dommages-intérêts pour une démission sans justes motifs et sans préavis[4], notamment lorsqu'à la suite de la démission, le syndicat se trouve alors dépourvu de syndic, il y a lieu à désignation d'un administrateur provisoire par application de l'article 47 du décret du 17 mars 1967, la requête pouvant être présentée par le syndic démissionnaire[5].

Si le syndic cesse d'accomplir ses fonctions sans prévenir le syndicat, il y a carence et non démission (ce sont alors les articles 18 *in fine* de la loi du 10 juillet 1965 et 49 du décret du 17 mars 1967 qui s'appliquent).

Aucun texte ne règle la forme de la démission; elle peut revêtir la forme écrite ou la forme orale, mais le règlement de copropriété pourrait soumettre la démission à certaines formes.

Appelle des réserves la clause du règlement de copropriété ou du contrat de syndic qui stipulerait que le syndic notifie sa démission au président du conseil syndical ou, à défaut, à tous les copropriétaires[6]. Cependant, a été jugée valide la démission notifiée par lettre recommandée à chacun des copropriétaires, ou au président du conseil syndical à charge d'en informer les copropriétaires[7], nonobstant la clause du règlement prévoyant une convocation de l'assemblée pour recevoir la démission[8].

La faculté de démission appartient aussi bien au syndic élu par l'assemblée générale qu'à celui désigné par le règlement de copropriété ou un accord des parties et même à l'organisme d'HLM qui peut renoncer, du moins depuis la loi du 2 novembre 1983 (CCH, art. L. 443-15).

Le syndic nommé par le juge peut demander au président du tribunal d'être déchargé de sa mission pour cause légitime; mais il ne pourrait l'abandonner de lui-même sans s'exposer à des sanctions disciplinaires et à une responsabilité civile en tant que mandataire de justice.

994 D) Nullité de la désignation. La désignation du syndic par l'assemblée générale peut être entachée de *nullité de plein droit* en cas de violation des dispositions sur l'ouverture d'un compte séparé au nom du syndicat.

a) Loi du 31 décembre 1985. L'article 18 (al. 1, 4e tiret), dans sa rédaction de la loi du 31 décembre 1985[9], édictait une nullité de plein droit du mandat du syndic si la question de l'ouverture ou non d'un compte bancaire ou postal, séparé ou non, du syndicat, n'avait pas été soumise à l'assemblée générale lors de la première désignation du syndic et au moins tous les trois ans. Cette règle ne connaissait que trois exceptions, d'une part, lorsqu'un copropriétaire exerçait, à titre non professionnel, la fonction de syndic de son immeuble[10], d'autre part, lorsqu'une assemblée convoquée par un tiers n'a pas été saisie de cette question et que celle-ci est soumise à une seconde assemblée convoquée ensuite très rapidement[11] et, enfin, lorsque l'ordonnance nommant le syndic ou l'administrateur judiciaire prescrivait

1. Paris, 23e ch. B, 26 juin 1992, RG no 91/019180, *Juris-Data* no 022077, *RDI* 1992. 544 – REJET DU POURVOI par Civ. 3e, 30 mars 1994, no 92-16.523, no 92-11.881, *RDI* 1994. 495; *Administrer* déc. 1994. 29, note Gélinet; *IRC* 1994. 494, note Capoulade – SUR L'HYPOTHÈSE d'une démission refusée par l'assemblée générale, mais sans nomination d'un nouveau syndic : Civ. 3e, 30 mars 1977, *AJPI* 1979. 40, p. 14, note Bouyeure – SUR LA POSSIBILITÉ pour le syndic de rétracter sa démission refusée par l'assemblée générale : Civ. 3e, 24 mai 1978, no 77-11.553, *Bull. civ.* III, no 218; *D.* 1979. IR 128, obs. Giverdon; *Gaz. Pal.* 1978. 2. Somm. 350; *JCP* 1979. II. 19054, note Atias – COMP. : Civ. 3e, 30 mars 1977, *AJPI* 1979. 40, p. 14, note Bouyeure.
2. Paris, 5 févr. 1993, RG no 91/017907, *Juris-Data* no 022690, *Loyers et copr.* 1993. 244.
3. Civ. 3e, 30 mars 1994, no 92-16.523, no 92-11.881, *RDI* 1994. 495; *Administrer* déc. 1994. 29, note Gélinet; *IRC* 1994. 494, note Capoulade – Rép. min., *JO Sénat Q* 20 juill. 1975 – Civ. 3e, 18 mai 1971, no 70-10.893, *Bull. civ.* III, no 310; *D.* 1972. Somm. 20.
4. EN CAS de préjudice, notamment les honoraires de l'administrateur provisoire : Civ. 3e, 4 févr. 2004, no 02-14.742, *AJDI* 2004. 557, *Defrénois* 2004. 1170, obs. Atias.
5. Civ. 3e, 4 févr. 2004, no 02-14.742, *AJDI* 2004. 557, obs. Capoulade; *Loyers et copr.* 2004. 74; v. Chron. Roux, préc. *IRC* avr. 2006. 22.
6. GUILLOT, préc.
7. Civ. 3e, 24 sept. 2003, no 01-17.047, *Administrer* mars 2004. 40, obs. Bouyeure.
8. Civ. 3e, 30 mars 1994, no 96-16.523, no 92-11.881, *RDI* 1994. 495; *Administrer* déc. 1994. 29, note Gélinet; *IRC* 1994. 494, note Capoulade.
9. COMMENTAIRES de la loi du 31 décembre 1985 et du décret du 6 juin 1986 : Bouyeure et Souleau, *Gaz. Pal.* 12-13 mai 1986, p. 3 – Bouyeure, *AJPI*, 1986, 600 – Guillot, *Administrer* févr. 1986. 9 – Vigneron, *JCP N* 1986. Doctr. 77 – Capoulade, « La garantie des fonds du syndicat », *Administrer* mai 1996. 14.
10. Civ. 3e, 23 avr. 1997, no 95-11.447, *Bull. civ.* III, no 87; *RDI* 1997. 484; *RDI* 1998. 120; *D.* 1997. 329 – Civ. 3e, 30 sept. 1998, no 96-21.053, *RDI* 1999. 150.
11. Civ. 3e, 30 juin 1993, no 91-11.575, *Bull. civ.* III, no 104; *RDI* 1993. 543; *IRC* 1993. 342, mais non plusieurs mois après – Civ. 3e, 11 févr. 1998, no 96-15.689, *RDI* 1998. 296 – ASSEZ RAPIDEMENT : Civ. 3e, 21 mars, no 98-14.974, et Civ. 3e, 14 juin 2000, no 98-21.134, *Administrer* 2000, 74, no 326, obs. Bouyeure.

l'ouverture d'un compte séparé. Le questionnement de l'assemblée s'imposait, même si le syndicat était déjà titulaire d'un compte séparé[1]. Cette nullité présentait un caractère mixte[2], mais elle ne pouvait être invoquée que par les copropriétaires[3]. Le délai d'action obéissait aux dispositions de l'article 42 (al. 2) de la loi si la demande contestait la validité de l'assemblée ou de la décision de désignation, mais il avait été admis qu'elle échappait à ce délai préfix si la demande portait sur la nullité du mandat[4]. La constatation de la nullité de plein droit par le juge lui permettant de nommer un administrateur provisoire (art. 47 du décret)[5], affectait la validité des actes accomplis en la qualité de syndic[6]. Toutefois, les actes passés avec les tiers de bonne foi demeuraient valables.

b) Loi du 13 décembre 2000. La loi SRU du 13 décembre 2000 (art. 77-1) a modifié assez substantiellement le dispositif de l'article 18 (al. 1, 6e tiret) de la loi de 1965. Désormais, le syndic a, en principe, l'obligation, dans les trois mois de sa désignation, d'ouvrir un compte séparé au nom du syndicat. La méconnaissance de cette obligation emporte la nullité de plein droit du mandat à l'expiration de ce délai[7]. Toutefois, l'assemblée générale peut décider à la majorité de l'article 25 de la loi, et le cas échéant, de l'article 25-1, de dispenser le syndic de cette obligation à la condition qu'il soit soumis à la loi du 2 janvier 1970 (ordonnance du 1er juill. 2004) ou à une réglementation professionnelle organisant le maniement des fonds (ce qui exclut le syndic dit « bénévole » et le syndic coopératif). Selon l'article 29-1 du décret de 1967 (mod. par Décr. 27 mai 2004), la décision fixe la durée de validité de la dispense[8]; elle est renouvelable, mais elle prend fin de plein droit en cas de désignation d'un autre syndic.

Le texte nouveau ne modifie pas le caractère mixte de la nullité de plein droit. En cas d'inobservation de la loi, le juge du fond la constatera et pourra désigner un administrateur provisoire, mais la demande qui ne peut alors concerner que la validité du mandat, ne pourra être formée que passé le délai de trois mois à compter de la décision de nomination, sans être, par conséquent, assujettie aux dispositions de l'article 42 (al. 2).

En cas d'inobservation des prescriptions légales, le texte pose la délicate question de la validité des actes accomplis pendant les trois premiers mois. La jurisprudence acquise antérieurement devrait conduire à la nullité rétroactive, malgré les apparences pendant un trimestre. La validité des actes est, en quelque sorte, subordonnée, à défaut de dispense, à la condition résolutoire de l'ouverture d'un compte séparé[9]. Toutefois, comme par le passé, les actes qui auraient été passés avec des tiers de bonne foi, demeurent valables.

995 Annulation de la désignation. L'annulation de la désignation du syndic peut aussi être judiciairement prononcée, à la demande d'un copropriétaire, en raison d'une irrégularité entachant soit l'assemblée, soit la décision, soit encore le mandat lui-même. La contestation est soumise aux conditions de qualité et de délai de l'article 42 alinéa 2 de la loi du 10 juillet 1965, – certaines décisions retiennent que l'action en annulation est dirigée contre le syndic[10]. Le juge appréciera la régularité de la décision et, s'il estime probant les éléments de preuve soumis à son examen, il prononcera *l'annulation* de la désignation. La désignation du syndic s'impose aux copropriétaires jusqu'à la décision judiciaire passée en force de chose jugée[11]. Il n'y a pas lieu à une désignation préalable d'un administrateur provisoire (le syndicat n'est pas encore dépourvu de syndic[12]), mais cette désignation peut intervenir par la décision judiciaire prononçant l'annulation[13].

L'annulation rétroagit au jour de la désignation. Elle vicie, en particulier, les convocations d'assemblées, les actions engagées, les voies de recours exercées mais, en revanche, elle laisse subsister les actes conclus avec les tiers de bonne foi, elle reste sans

1. Cass., Ass. plén., 27 nov. 1998, no 95-21.299, *Bull. AP* no 8; *RDI* 1999. 150, obs. Capoulade.
2. Note ss Civ. 3e, 28 juin 1995, no 93-19.055, *RDI* 1995. 790; *D.* 1998. 274; *Administrer* janv. 1996. 71.
3. Paris, 23e ch. B, 24 sept. 1993, RG no 92/013276, *Juris-Data* no 022841, *RDI* 1994. 103.
4. Civ. 3e, 28 juin 1995, no 93-19.055, *Bull. civ.* III, no 158; préc.; *RDI* 1995. 790, obs. Capoulade, Giverdon; *D.* 1998. 274, note Capoulade.
5. Civ. 3e, 11 oct. 1995, no 93-13.374, NP, *RDI* 1996. 110, obs. Capoulade, Giverdon – Civ. 3e, 4 janv. 1996, no 93-20.633, NP, *RDI* 1996. 279, obs. Capoulade, Giverdon.
6. Civ. 3e, 28 juin 1995, no 93-19.055, *RDI* 1995. 790; *D.* 1998. 274, préc. – Atias, *LPA* 30 juin 1986, p. 15, no 12; IRRECEVABILITÉ de l'appel interjeté par le syndic avant même la constatation de la nullité du mandat : Paris, 23e ch. B, 31 août 2000, *Dossier Csab* no 89, févr. 2001, no 137; POUR la demande elle-même : Paris, 23e ch. B, 28 oct. 1988, *Loyers et copr.* 1988. 555.
7. Pour les mandats en cours à la date de promulgation de la loi, l'obligation s'applique à compter du 31 décembre 2002 (loi SRU, art. 77-II).
8. V. recomm. no 22 *bis* de la commission relative à la copropriété, du 12 mai 2005.
9. Civ. 3e, 16 mars 2011, no 10-14.005, *Bull. civ. III*, no 38, ni dispense, ni ouverture de compte séparé au nom du syndicat dans les 3 mois. D'où la nullité de plein droit du mandat, ce qui, faute de qualité, rend irrecevable le pourvoi formé au nom des syndicats.
10. Paris, 10 avr. 1996, *D.* 1997. Somm. 16.
11. Civ. 3e, 27 janv. 2009, no 08-11.401.
12. Paris, 10 avr. 1996, *D.* 1997. Somm. 16.
13. Paris, 17 mai 1996, *D.* 1997. Somm. 16.

influence sur l'obligation des copropriétaires à régler les charges, qui trouve sa cause dans le règlement de copropriété et dans la loi.

Ainsi, les règlements effectués ne sont pas indus [1] et il n'y a pas lieu à restitution [2].

Dès que la décision d'annulation est devenue définitive, le syndic perd toute qualité et pouvoir pour représenter et administrer le syndicat [3]. Il doit cesser ses fonctions. Il ne pourrait demander le versement de provisions, le paiement des charges [4], le recouvrement des créances, ni conclure des contrats ou marchés. Il ne peut convoquer l'assemblée générale et les décisions que prendrait une assemblée irrégulièrement convoquée devraient être annulées [5]. Toutefois, il a été admis lorsque le syndic avait administré le syndicat jusqu'à la décision d'annulation, que rien n'empêchait de considérer ses comptes comme admissibles et le paiement de ses honoraires comme reposant sur un juste fondement [6].

La nullité ou l'annulation du mandat du syndic peut avoir une répercussion sur la régularité des assemblées ultérieurement convoquées [7]. Il a été soutenu un moment que l'assemblée avait été valablement convoquée, nonobstant une annulation ultérieure de la désignation du syndic, dès lors que celui-ci avait qualité au moment de la convocation. Mais la cour de Cassation a admis *l'effet rétractif* de l'annulation ou de la nullité de la désignation du syndic, de telle sorte que celui-ci perdait ainsi définitivement toute qualité lors de la convocation de l'assemblée [8]; elles sont donc *annulables* dans la mesure où, dans le dernier état de la jurisprudence, chacune des assemblées ultérieures a été contestée, dans le délai de l'article 42 (al. 2) de la loi, en raison du défaut de qualité de l'auteur de la convocation (v. s^s n° 843).

Lorsque la demande d'annulation de l'assemblée générale se fonde sur l'application de l'article 43 de la loi à une clause du règlement de copropriété (qui désigne les deux scrutateurs comme étant les copropriétaires ayant le plus grand nombre de quotes-parts de copropriété) l'annulation de l'assemblée générale ne peut être prononcée que si la clause litigieuse a été préalablement ou simultanément déclarée non écrite par le juge [9].

L'annulation de l'élection du conseil syndical d'un syndicat à forme coopérative entraîne la cessation des fonctions du syndic coopératif [10].

996 E) Révocation du syndic [11]. L'article 2004 du code civil pose le principe, en droit commun, que le mandat est révocable *ad nutum*. Ce principe s'applique au syndicat et, dans l'affirmative, à qui appartient la faculté de révocation ?

1. Le principe de révocabilité *ad nutum* était certain pour le syndic nommé pour une durée indéterminée, conformément à la règle générale selon laquelle tout contrat à durée indéterminée peut cesser par la volonté d'un seul [12]. Cette solution peut-elle s'appliquer lorsque le syndic est nommé pour une durée déterminée, comme c'est désormais le cas depuis le décret du 17 mars 1967 ? Certains auteurs ont tenté de soutenir la négative en invoquant vainement la théorie du mandat d'intérêt commun ou encore l'existence d'un contrat de services, notamment lorsque le syndic percevait une rémunération.

Le mandat d'intérêt commun ne saurait s'appliquer car il ne s'agit pas d'une entreprise menée en commun dans l'intérêt du syndicat et du syndic, mais du mandat de représentation obligatoire d'une personne morale; le syndic n'est pas lié au syndicat par un contrat de prestation de services mais par un « un mandat fonction » (v. s^s n° 956) [13].

1. Civ. 3e, 16 mai 2001, n° 99-13.883, NP, *AJDI* sept. 2002. 611, obs. Guitard.
2. Civ. 3e, 12 déc. 2001, n° 00-13.824, *Bull. civ.* III, n° 151; *D.* 2003. 1330, *AJDI* mars 2002. 227, obs. Giverdon.
3. Civ. 3e, 23 janv. 1991, n° 89-17.054, *Bull. civ.* III, n° 32; *AJDI* 1991. 837; *D.* 1992. 137; *Administrer* août-sept. 1991. 59, malgré une « ratification ».
4. Paris, 23e ch. B, 21 sept. 2000, *Dossier Csab* n° 89, févr. 2001, n° 136.
5. Civ. 3e, 7 déc. 1988, n° 87-13.534, *Bull. civ.* III, n° 179; *D.* 1988. IR 300; *Defrénois* 1989. 779, obs. Souleau – Civ. 3e, 23 mai 1991, n° 89-14.404, *RDI* 1991. 384 et 386, *IRC* 1992. 235, note Capoulade – Civ. 3e, 10 oct. 2006, n° 05-18.226, *Administrer* 2007, 56, n° 395 – V. obs. Atias, *Defrénois* 2007. 970.
6. Civ. 3e, 20 janv. 1999, n° 97-14.747, *RDI* 1999. 304 et 305, obs. Capoulade; *Dossier Csab* n° 75, juill. 1999, n° 70; *IRC* juin 1999, 8, note Capoulade – Solution qui paraît remise en cause par les arrêts, Civ. 3e, 27 mars 2008, n° 07-10.192, *D.* 2008. AJ 1061.
7. Civ. 3e, 24 avr. 2007, n° 06-13.813, *Administrer* 2007, 32, n° 401, obs. Bouyeure; *Loyers et copr.* 2007. 154, obs. Vigneron – Civ. 3e, 30 janv. 2007, 05-19.475, NP.
8. Civ. 3e, 10 févr. 2009, n° 08-10.864 et 9 sept. 2009, n°s 08-16.109 et 08-10.365, 8 juin 2011, n° 10-20.231, *Bull. civ.* III, n° 99.
9. Civ. 3e, 28 avr. 2011, n° 10-20.514, *Bull. civ.* III, n° 62 – RAPPR. : Civ. 3e, 28 avr. 2011, n° 10-14.298, *Bull. civ.* III, n° 61. AUSSI : Bouyeure préc., *Administrer* oct. 2011, p. 35.
10. Civ. 3e, 26 avr. 2006, n° 05-11.986, *Bull. civ.* III, 104; *D.* 2006. IR 1330; *AJDI* 2007. 208, obs. Capoulade; *Administrer* juill. 2006. 55, obs. Bouyeure; *AJDI* 2007-208 – Civ. 3e, 13 janv. 2009, n° 05-12.741, *AJDI* 2009. 549; *D.* 2010. 112, obs. Capoulade.
11. Vigneron, *op. cit.* n°s 36 s., Atias, *Dicopropriété, V° Révocation du syndic.*
12. Alibert, *Le syndic*, p. 25 – ATIAS, n°s 470 s. – CABANAC, n°s 478 s. – KISCHINEWSKY-BROQUISSE, n°s 390 s. – LAFOND, ROUX ET STEMMER, s^s L. art. 25, n° 30 – Faure, « La révocation du syndic », *REDI* n°s 57-58, p. 110 s.
13. Morand et Girard, « Le syndic est-il révocable *ad nutum* ? », *Gaz. Pal.* 1972. I. Doctr. 302.

Il n'est plus discuté aujourd'hui en doctrine que le mandat du syndic peut faire l'objet d'une dénonciation unilatérale (révocation ou démission). L'article 25 b de la loi du 10 juillet 1965 prévoit expressément la révocation du syndic [1]. La Cour de cassation a posé le principe que « le mandat d'un syndic de copropriété peut être révoqué à tout moment », malgré la durée prévue au contrat [2], mais les juges doivent rechercher si le syndic a commis un manquement à ses obligations de nature à justifier sa révocation sans indemnité, la révocation abusive pouvant donner lieu à l'allocation de dommages intérêts [3].

Le refus d'approuver les comptes ou de donner *quitus* n'équivaut pas à une révocation [4].

2. À qui appartient la faculté de révoquer ? La loi du 10 juillet 1965 et le décret du 17 mars 1967 reprennent la règle traditionnelle posée par l'article 10 alinéa 2 de la loi du 28 juin 1938. Deux principes gouvernent la matière : le principe de la concordance des formes et le principe de la personnalité juridique du syndicat.

L'article 25 b de la loi du 10 juillet 1965 prévoit expressément la « révocation du ou des syndics » par un vote de l'assemblée générale (v. s^s n° 906). Le syndic nommé par l'assemblée générale, en qualité de représentant du syndicat, ne peut être révoqué que par un vote contraire de la même assemblée, à la majorité prévue par ce texte [5].

Le président qui désigne un administrateur provisoire, en cas de carence ou d'empêchement du syndic, ne peut, par hypothèse, révoquer celui-ci. Les dispositions de l'article 42, alinéa 2, de la loi du 10 juillet 1965 ne permettent pas au syndic révoqué de contester la décision qui l'a révoqué [6].

Il est exclu que le syndic puisse faire l'objet d'une révocation individuelle de la part de copropriétaires, alors qu'il n'est pas le mandataire individuel de chacun d'eux [7].

L'article 46 du décret du 17 mars 1967 précise qu'il peut être mis fin à la mission du syndic judiciaire « suivant la même procédure ». Le caractère formel de ce texte impose que la révocation d'un syndic judiciaire soit prononcée par ordonnance présidentielle [8]. Cette révocation judiciaire sera pratiquement très rare, car la mission du syndic judiciaire prendra le plus souvent fin par le vote de l'assemblée désignant un syndic élu dont l'acceptation des fonctions emporte la fin de la mission du syndic judiciairement désigné (Décr. 17 mars 1967, art. 4).

997 **F) Résiliation judiciaire.** En dehors du problème de la révocation judiciaire du syndic nommé par justice et à côté de la révocation unilatérale du mandat du syndic par l'assemblée générale, il existe une faculté de résiliation judiciaire, en application de l'article 1184 du code civil [9]. Cette faculté est évidemment sans intérêt si la majorité de l'assemblée générale du syndicat peut prononcer la révocation unilatérale du syndic, mais elle pourrait être utile soit que l'on admette l'idée d'un mandat à temps irrévocable [10] (v. s^s n° 996), soit surtout si la demande de révocation émane d'une minorité de copropriétaires.

Dans le premier cas – mandat éventuellement irrévocable dont la durée ne peut, en tout cas, excéder trois ans – il n'est pas douteux que l'on doit reconnaître au syndicat la faculté de demander la révocation judiciaire du syndic en application de l'article 1184 du code civil, c'est-à-dire la résiliation du contrat, par exemple pour faute grave, pour incapacité ou pour inexécution totale ou partielle du mandat, suffisamment grave pour empêcher la continuation du contrat.

1. SUR la portée de la révocabilité *ad nutum* du mandat du syndic : Gélinet note s^s Paris, 7 juill. 1993, *Juris-Data* n° 765030, *Administrer* avr. 1994. 55.
2. Civ. 3e, 27 avr. 1988, n° 86-11.718, *Bull. civ.* III, n° 80; *D.* 1989. 351, note Atias; *RDI* 1988. 346; *Defrénois* 1988. 1450, obs. Souleau; *Administrer* oct. 1988. 44; *Gaz. Pal.* 1989, I. Somm. 163; *Loyers et copr.* 1988. 298 – Martin, « La révocation du syndic devant la Cour de cassation », *Ann. loyers* 1990. 39.
3. Civ. 3e, 27 avr. 1988, n° 86-11.718, *Bull. civ.* III, n° 80; *D.* 1989. 351, note Atias; *RDI* 1988. 346; *Defrénois* 1988. 1450, obs. Souleau; *Administrer* oct. 1988. 44; *Gaz. Pal.* 1989, I. Somm. 163; *Loyers et copr.* 1988. 298 – Paris, 23e ch. A, 6 nov. 1996, *Dossier Csab* n° 47, mars 1997, n° 80 : RÉVOCATION sans avertissement préalable après treize ans d'administration, les griefs articulés tardivement ne constituant pas des fautes – Paris, 4 juin 1971, *Gaz. Pal.* 1971. 648 : RÉVOCATION intempestive et sans cause légitime – Paris, 12 janv. 1990, RG n° 88/16814, *Juris-Data* n° 020059, *Administrer* janv. 1991. 65, obs. Guillot : RÉVOCATION sans que le syndic ait eu la possibilité d'exposer la situation aux copropriétaires.
4. Civ. 3e, 24 mai 1978, n° 77-11.553, *Bull. civ.* III, n° 218; *D.* 1979. IR 128; *JCP* 1989. II. 19054, note Atias; *RTD civ.* 1979. 165 – Paris, 19 sept. 1990, *Juris-Data* n° 023459, *Loyers et copr.* 1990. 445 – Michalopoulos, « Du *quitus* donné au syndic de copropriété », *IRC* 1988. 257.
5. Civ. 3e, 20 juin 1978, n° 76-15.154, *Bull. civ.* III, n° 253 – Civ. 3e, 19 déc. 1978, *D.* 1979. IR 447, obs. Giverdon.
6. TGI Marseille, 27 mai 1977, *D.* 1978. IR 128.
7. Civ. 3e, 6 oct. 1999, n° 98-11.988, *AJDI* 2000. 431, *RDI* 2000. 243, obs. Capoulade; *Dossier Csab* n° 81, janv. 2000, n° 18.
8. COMP. : sur la révocation du syndic provisoire qui est désigné par le règlement ou tout autre accord des parties, Paris, 4 juin 1971, *Gaz. Pal.* 1971. 2, 648, note Morand.
9. ALIBERT, p. 24 – ATIAS, n° 471 – CABANAC, n° 479.
10. Civ. 3e, 6 oct. 1999, n° 98-11.988, NP, *RDI* 2000. 92, obs. Giverdon; *RDI* 2000. 243, obs. Capoulade; *AJDI* 2000. 431, obs. Guitard.

On peut hésiter sur la majorité requise à cet effet : celle de l'article 25 de la loi (révocation) ou celle de l'article 24 (autorisation d'agir en justice), mais cette dernière paraît s'imposer puisque l'objet de la décision n'est pas de révoquer le syndic mais d'agir en justice en vue de résilier un contrat. Étant donné que le syndic ne peut évidemment pas engager contre lui-même une action en révocation, il sera nécessaire de faire désigner un administrateur *ad hoc* à cette fin.

La seconde hypothèse pose un problème beaucoup plus délicat car il soulève la difficile question des droits de la minorité en face de la majorité. Si la majorité de l'assemblée générale refuse de voter la révocation du syndic, il paraît *a priori* impossible d'envisager une action judiciaire à cette fin, pour ce motif déterminant que le syndic est le mandataire du syndicat et non pas des copropriétaires, et qu'une minorité de ceux-ci n'a pas qualité pour en demander la révocation. On entrevoit cependant au moins une hypothèse dans laquelle cette solution théorique ne peut pas être admise sans réserve, à savoir celle où l'un des copropriétaires dispose à lui seul de la moitié des voix, et peut donc faire échec soit à sa propre révocation, soit à celle d'un syndic à sa dévotion. Dans cette hypothèse extrême, les nécessités pratiques conduisent à autoriser une action en résiliation judiciaire qu'on peut théoriquement justifier en faisant appel à l'idée d'abus de majorité (v. s^s n° 940) [1]. De toute façon, la décision refusant la révocation pourrait être contestée pour irrégularité, mais cette annulation serait sans effet pratique, tant que l'assemblée n'a pas décidé d'agir en justice.

998 Effets de la révocation – Révocation abusive. La révocation du syndic entraîne des effets qui doivent être examinés dans les rapports entre le syndicat et le syndic et dans les rapports à l'égard des tiers [2].

1. Entre le syndicat et le syndic. Le syndic perd immédiatement, sauf décision contraire de l'assemblée, tout pouvoir d'agir au nom du syndicat dès la révocation de ses fonctions. Il commettrait une faute à l'égard du syndicat s'il continuait à les exercer.

L'assemblée générale a la possibilité de décider que la révocation ne prendra effet qu'avec la désignation du nouveau syndic [3]. Le syndic révoqué a l'obligation de remettre la comptabilité et les archives et engage sa responsabilité par une remise tardive [4]. Il ne peut demander d'honoraires pour la période où il n'a pas exercé ses fonctions [5] (v. s^s n° 963).

Du côté du syndic, l'application du principe de la révocabilité *ad nutum* ne permet pas en principe à celui-ci d'obtenir une indemnité pour cause de révocation. Mais ce principe est tempéré par l'application de la notion traditionnelle d'abus de droit [6]. Il convient de tenir compte des stipulations contractuelles [7]. La jurisprudence admet le caractère abusif de la révocation du syndic si celle-ci n'est pas justifiée par des motifs sérieux et légitimes et, à plus forte raison, si elle présente un caractère « intempestif et malicieux » [8] (v. s^s n° 940).

Le syndic peut demander des dommages-intérêts aux copropriétaires en cas d'insultes ou de diffamation [9].

Du point de vue de la charge de la preuve, il appartient au syndicat de prouver un manquement du syndic à ses obligations en cas de rupture anticipée du contrat à durée déterminée [10].

Au contraire, la preuve de la révocation abusive incombera au syndic en cas de contrat à durée indéterminée.

Il n'a pas qualité pour contester la décision de révocation [11], il peut seulement demander les dommages-intérêts pour révocation abusive.

2. Entre le syndicat et les tiers. La difficulté principale concerne les effets de la révocation à l'égard des tiers. On peut regretter que la loi n'ait prévu aucune disposition pour porter officiellement à la connaissance des tiers la cessation des fonctions du syndic, aussi bien du reste que sa nomination. Dans le silence de la loi, il paraît certain que s'appliquent les dispositions de l'article 2003 du code civil, aux termes duquel « la révocation notifiée au seul mandataire ne peut être opposée aux tiers qui ont traité dans l'ignorance de cette révocation, sauf au man-

1. T. civ. Lyon, 5 juill. 1960, *AJPI* 1960. II. 151, note Cabanac.
2. ALIBERT, p. 50.
3. TGI Paris, 5 mars 1976, *D.* 1976. IR 311.
4. Civ. 3e, 30 nov. 1971, n° 70-11.556, *Bull. civ.* III, n° 586; *JCP* 1972. IV. 11.
5. Paris, 30 sept. 1999, *Loyers et copr.* mars 1999. 84.
6. ALIBERT, p. 50 – ATIAS, n° 470 – CABANAC, *AJPI* 1960. II. 102 – KISCHINEWSKY-BROQUISSE, n° 378.
7. SOUS RÉSERVE de la recomm. n° 96.01, Commission des clauses abusives, not. des points 1 et 6.
8. Paris, 4 juin 1971, *Gaz. Pal.* 1971. 2, 648, note Morand; *D.* 1972. Somm. 35 – TGI Paris, 25 févr. 1969, *JCP* 1969. IV. 218 – TGI Nice, 3 avr. 1963, *AJPI* 1964. 123, note Cabanac; *Ann. loyers* 1964. 693 et 699 – TGI Nice, 15 déc. 1971, *Gaz. Pal.* 1972. 2, 821, note Morand; *Rev. loyers* 1973. 110, note Viatte – SUR la difficulté de prouver l'abus : Civ. 3e, 9 déc. 1970, n° 69-10.525, *Bull. civ.* III, n° 682; *IRC* mars 1971. 45.
9. GUILLOT, s^s L. art. 17 à 18, n° 9-30 – Rennes, 31 janv. 1979, *Administrer* juill. 1979. 93 – TGI Marseille, 10 oct. 1979, *Administrer* sept. 1980. 105 – TI Ecouen, 27 juin 1980, *Administrer* nov. 1980. 107.
10. Civ. 3e, 27 avr. 1988, n° 86-11.718, *Bull. civ.* III, n° 80; *D.* 1989. 351, note Atias; *RDI* 1988. 346; *Defrénois* 1988. 1450, obs. Souleau; *Administrer* oct. 1988. 44; *Gaz. Pal.* 1989, I. Somm. 163; *Loyers et copr.* 1988. 298.
11. TGI Paris, 6 mars 1975, *D.* 1976. IR 72.

dant son recours contre le mandataire » (disposition reprise d'ailleurs par l'article 2009 du code civil en ce qui concerne les causes de cessation du mandat autres que la révocation) [1]. Il en résulte que le nouveau syndic agira avec prudence en informant les tiers avec lesquels le précédent avait l'habitude de traiter (entrepreneurs, fournisseurs, etc.). Il ne semble cependant pas utile de procéder à une telle information par acte d'huissier. Dans une organisation plus complète de la copropriété, on peut souhaiter que soit organisé un système simple de publicité, notamment par insertion dans un journal d'annonces légales [2] ou encore par le moyen de l'existence d'un registre ouvert au greffe du tribunal d'instance ou de grande instance de la situation de l'immeuble. Le nouvel article 18-2 a mis à la charge de l'ancien syndic l'obligation d'informer le prestataire de services à qui il a confié les archives du syndicat du changement de syndic (L. 25 mars 2009, art. 18 -v. s[s] n° 999).

999 **G) Transmission des documents et des fonds** [3]. Indépendamment de l'obligation générale de rendre compte qui pèse sur tout syndic en fin d'exercice annuel ou à l'expiration de ses fonctions (v. s[s] n° 1055), il était admis, avant l'entrée en vigueur de la loi du 31 décembre 1985, que le syndic devait, en cas de cessation de ses fonctions, remettre au syndicat qui en est propriétaire, l'ensemble des documents administratifs et comptables [4] au besoin sous astreinte [5]. Mais il arrivait fréquemment que l'ancien syndic prétendait paralyser cette transmission en invoquant son droit de rétention [6] (v. s[s] n° 965).

En insérant, dans la loi de 1965, un nouvel article 18. 2, de caractère impératif, la loi du 31 décembre 1985 (art. 3) a supprimé le droit de rétention [7] et voulu assurer la continuité de la gestion, en permettant au nouveau syndic d'assumer immédiatement et pleinement l'administration du syndicat, tout en évitant la multiplication des appels de fonds [8].

À cet effet, « *en cas de changement de syndic* », le nouvel article 18-2 impose à l'ancien syndic des obligations qu'il doit accomplir dans un double délai.

Dans un premier temps, « l'ancien syndic est tenu de remettre spontanément [9] au nouveau syndic, dans un délai d'un mois à compter de la cessation de ses fonctions, la situation de trésorerie, la totalité des fonds immédiatement disponibles, et l'ensemble des documents et archives du syndicat ». Les archives sont portables [10].

Dans un second temps, « dans le délai de deux mois suivant l'expiration du délai mentionné ci-dessus, l'ancien syndic est tenu de verser au nouveau syndic le solde des fonds disponibles, après apurement des comptes et de lui fournir l'état des comptes des copropriétaires ainsi que celui des comptes du syndicat ».

La remise « régulière et en temps utile » [11]. ou la transmission des fonds et documents représente « une obligation impérative dont aucune circonstance ne peut dispenser » l'ancien syndic [12]. Une « obligation de *transmission spontanée* de l'entier dossier de la copropriété » pèse sur l'ancien syndic [13]. Le syndic a, en effet, l'obligation de détenir l'ensemble des documents nécessaires à la gestion du syndicat; il appartient donc à l'ancien syndic de transmettre l'ensemble des pièces à son successeur, de faire le nécessaire pour récupérer celles qui, le cas échéant, auraient pu être remises à une société d'archivage [14] et de se procurer des documents

1. COMP. : Planiol et Ripert, *Traité pratique de droit civil*, t. II, n° 1507 – Alibert, p. 50 – Req. 20 janv. 1934, *DH* 1934, 181.
2. COMP. EN CE SENS : Alibert, p. 51.
3. Atias, *Dicopropriété*, *V° Archives* – Gélinet « Les archives du syndicat des copropriétaires », *Rev. loyers* 2010. 3 s. – KISCHINEWSKY-BROQUISSE, n° 509 – LAFOND, ROUX ET STEMMER, s[s] art. L. 18-2 – Lafond, « Transmission des archives au successeur », *Dossier Csab* n° 119, n° 6 – Roux, « Le syndic sortant », *Administrer* févr. 2007. 11 – « Les archives du syndicat des copropriétaires », *IRC* juill.-août 2010, p. 8 s. – Vigneron, *op. cit.*, n°s 44 et 415 – Rocher, « L'article 18-2 : anatomie d'une courroie de transmission », *Administrer* juin 2010, p. 26.
4. Lot, « Passation des pouvoirs du syndic », *Administrer* janv. 1975. 12 – Civ. 3e, 30 nov. 1971, *AJPI* 1972. 816, note Cabanac; *Rev. loyers* 1972. 148 – Galimard, « Le contrôle financier de gestion en cas de changement de syndic par le conseil syndical », *Journ. not.* 1991. 935.
5. Colmar, 19 févr. 1976, *Administrer* 1977, 56.
6. Cabanac, « Le droit de rétention du syndic sur les archives du syndicat », *IRC* 1970. 97 – Lot, « Le droit de rétention pour le syndic de copropriété », *Gaz. Pal.* 1970. 1. Doctr. 131 – Guillot, « Le droit de rétention », *Administrer* déc. 1975. 28 – Civ. 3e, 10 juin 1970, *JCP* 1970. II. 16465, note Guillot.
7. Paris, 23e ch. A, 23 juin 1999, RG n° 1997/12703, *Dossier Csab* n° 78, nov. 1999, n° 138 (v. s[s] n° 965).
8. Giverdon, « Commentaires de la loi de 1985 », *D.* 1986. 44 – Guillot, *Administrer* févr. 1986. 5 – Vigneron, *JCP N* 1986. Doctr. 77.
9. Civ. 3e, 14 sept. 2005, n° 04-13.724, *AJDI* 2007. 42, obs. Capoulade.
10. Civ. 3e, 3 nov. 2011, n° 10-21.009, *Bull. civ.* [à paraître].
11. Civ. 3e, 6 mai 2008, n° 06-14.965, NP.
12. Paris, 14e ch. A, 19 avr. 2000, *IRC* juill.-août 2000. 22, note Capoulade; *Dossier Csab* n° 89, févr. 2001, n° 140, obs. Dunes.
13. Civ. 3e, 14 sept. 2005, n° 04-13.724, NP, *AJDI* 2007. 42 obs. Capoulade – Paris, 20 janv. 2006, *AJDI* 2006. 745, obs. Capoulade.
14. Civ. 3e, 5 oct. 2004, n° 03-14.138, *Bull. civ.* III, n° 162; *Administrer* janv. 2005. 50; *Loyers et copr.* 2004. 213; *RTD civ.* 2005. 419. Depuis, art. 18-2 mod. par les lois du 25 mars et 12 mai 2009.

importants, comme le certificat de conformité d'un IGH[1]. Toutefois, un arrêt[2] a jugé que l'article 18-2 était destiné à organiser la transmission des pièces et des fonds, mais n'avait pas pour objet de contraindre l'ancien syndic à établir postérieurement à son dessaisissement des documents qu'il n'avait pas détenus préalablement, même s'il le devait. La transmission porte sur toutes les pièces juridiques, comptables ou autres, notamment le grand livre[3], trop souvent omis dans les transmissions, et notamment toutes les pièces nécessaires au syndicat pour établir la responsabilité d'un entrepreneur et même celle d'un ancien syndic[4]. Sans que leur détenteur puisse se réserver le pouvoir d'apprécier l'utilité, l'opportunité ou la nécessité de cette remise[5] ni faire un tri entre les archives vivantes et les archives dormantes[6]. L'ancien syndic ne peut s'opposer à cette transmission en invoquant une contestation sur la désignation de son successeur[7], quand bien même celle-ci apparaîtrait irrégulière[8]. Il s'agit d'un acte de gestion courante, imposé par la loi, qui ne peut justifier la perception d'honoraires[9].

Le second temps s'explique dans l'hypothèse où l'ancien syndic n'a pu, dans le délai imparti, établir définitivement la comptabilité, arrêter la trésorerie du syndicat, et dresser l'état des comptes des copropriétaires, ce qui implique que, pour ce faire, il ne se soit pas dessaisi de l'ensemble des documents et archives du syndicat dans le mois de la cessation de ses fonctions. Un second temps a donc été ménagé à cet effet. La tenue informatisée d'une comptabilité d'engagement devrait d'ailleurs réduire considérablement le délai d'attente.

Pour éviter toute incertitude génératrice de contestation sérieuse[10], l'article 33-1 du décret de 1967, modifié par le décret du 27 mai 2004, prévoit qu'« *en cas de changement de syndic, la transmission des documents et archives du syndicat doit être accompagnée d'un bordereau récapitulatif des pièces* », dont la copie est remise au conseil syndical[11]. En raison du caractère légal de l'obligation, il incombe à l'ancien syndic d'en établir l'exécution[12] ou de démontrer qu'il n'a jamais détenu les pièces réclamées[13].

L'article 18 de la loi n° 2009-323 du 25 mars 2009 a complété d'une phrase le premier alinéa de l'article 18-2 de la loi de 1965. Elle concerne l'hypothèse où l'ancien syndic a fait le choix personnel de confier, sous sa responsabilité et à ses frais, tout ou partie des archives du syndicat à un prestataire spécialisé. Dans ce cas, l'ancien syndic est « *tenu, dans le mois de la cessation de ses fonctions, d'informer le prestataire de ce changement en communiquant les coordonnées du nouveau syndic* ». Cette obligation précise l'article 33-2 du décret de 1967 (rédaction du Décr. du 20 avr. 2010) « *ne se substitue pas à l'obligation faite à l'ancien syndic de transmettre les documents et archives du syndicat au nouveau syndic* » (déjà Civ. 3e, 5 oct. 2004, *Bull. civ.*, n° 162). La convention passée entre l'ancien syndic et le prestataire spécialisé ne saurait faire obstacle au transfert des documents.

Dans le cadre de son mandat et de ses honoraires, le syndic doit faire son affaire de l'archivage dont la loi lui a explicitement confié la responsabilité; en ne restituant pas l'intégralité des archives, il manque à ses obligations et il engage sa responsabilité en mettant à la charge du syndicat des factures d'archivages dont il doit le remboursement au syndicat[14].

1. Civ. 3e, 5 déc. 2007, n° 06-11.564, *AJDI* 2008, obs. Capoulade; *D.* 2008. 2690; *Administrer* mars 2008. 44, obs. Bouyeure.
2. Civ. 3e, 4 juin 2009, n° 08-15.737, *Bull. civ.* III, n° 132, obs. Bouyeure; *Administrer* oct 2009. 57, obs. Capoulade; *D.* 2010. 120 – Ritschy, *IRC* mars 2010. 10, obs. Roux; *Ann. loyers* 2009. 2560.
3. Paris, 14e ch. A, 23 mai 2001, *Juris-Data* n° 157507, *Loyers et copr.* janv. 2002, n° 22.
4. Civ. 3e, 22 nov. 2005, n° 04-18.368, NP, *Dossier Csab* févr. 2006, n° 121, obs. Dunes.
5. Paris, 18 févr. 2004, n° 2003-15187, *AJDI* 2004. 390 – Paris, 17 nov. 2010, n° 10/07758.
6. Paris, 18 janv. 2006, *AJDI* 2006. 745.
7. Civ. 3e, 4 oct. 1995, n° 93-18.424, *RDI* 1996. 112.
8. Paris, 19e ch. A, 4 juill. 1995, *RDI* 1995. 789; *Dossier Csab* n° 44, janv. 1997, p. 6; *D.* 1997. Somm. 14, obs. Atias.
9. Paris, 23e ch. B, 17 juin 1999, RG n° 1998/03460, *Dossier Csab* n° 78, nov. 1999, n° 137; *Loyers et copr.* 1999. 301 – Paris, 8e ch. A, 11 janv. 2000, RG n° 1996/81729, *Dossier Csab* n° 84, juin 2000, n° 57; *D.* 2000. Somm. 219, obs. Atias; *Loyers et copr.* 2000. 153 – Paris, 23e ch. A, 13 mars 2002, *Dossier Csab* n° 105, mars 2003, p. 13 – Civ. 3e, 7 mai 2003, n° 00-22.326, *Bull. civ.* III, n° 101; *AJDI* 2003, obs. Capoulade – Paris, 24 mars 2005, RG n° 04/13585, *Loyers et copr.* 2005. 189 – Civ. 3e, 1er mars 2011, n° 10-30.286, NP.
10. sur la portée de l'obligation de remettre les documents : Paris, 9 oct. 1992, RG n° 91-24557, *Juris-Data* n° 023630, *Loyers et copr.* 1994. 116. Certains arrêts anciens tendaient à restreindre cette obligation. Cette obligation ne peut s'appliquer qu'aux pièces que l'ancien syndic détenait effectivement, pièces transmises par son prédécesseur ou constituées pendant son administration, Civ. 3e, 22 oct. 2002, n° 01-11.919, NP, *Dossier Csab* n° 104, févr. 2003, n° 36 – Civ. 3e, 10 oct. 1990, n° 88-18.554, *Bull. civ.* III, n° 181; *AJDI* 1991. 753; *RDI* 1990. 532 : une cour d'appel justifie légalement sa décision de débouter le nouveau syndic de sa demande tendant à la remise des plans de construction de l'immeuble, en retenant que rien ne permettait de dire que l'ancien syndic détenait ces plans.
11. Roux, « La transmission des archives du syndicat des copropriétaires depuis le décret du 27 mai 2004 », *Constr. et urb.* mai 2005, 7. EXEMPLE de dénaturation du bordereau : Civ. 3e, 8 juin 2010, n° 09-16.352, NP.
12. Civ. 3e, 14 sept. 2005, n° 04-13.724, *AJDI* 2007. 742, obs. Capoulade.
13. Civ. 3e, 5 déc. 2007, *AJDI* 2009. 301, obs. Capoulade.
14. Civ. 3e, 1er mars 2011, n° 10-30.286, *AJDI* 2011. 628. Faits antérieurs au décret du 20 avr. 2010.

Le texte vise « l'ancien » syndic et non pas le syndic « précédent », d'où il résulte qu'il est applicable à tout « ancien » syndic, notamment au syndic provisoire[1] même s'il y a eu une interruption entre ses fonctions et celles du nouveau syndic. À noter également que le texte ne mentionne pas l'ancien « administrateur provisoire »; par identité de motifs, nous estimons que les obligations de l'article 18-2 pèsent sur lui, du moins s'il a effectivement rempli les fonctions de syndic et, d'une manière générale, sur toute personne qui s'est comportée comme syndic depuis la naissance du syndicat[2].

Par ailleurs, l'obligation concerne les pièces effectivement détenues par l'ancien syndic ou qui seraient détenues pour son compte[3].

Selon un arrêt, l'ancien syndic ne serait pas tenu, lors de la cessation de ses fonctions, de remettre des pièces et documents qu'il n'aurait jamais détenus[4], tels que les plans de construction, mais la jurisprudence actuelle paraît bien comprendre dans l'obligation les pièces qu'il est à même de se procurer ou de se faire délivrer, même en copie, et, d'une manière générale, qu'il est de son devoir de détenir : le règlement de copropriété, le grand livre des comptes, les procès-verbaux d'assemblée, les pièces annexes...

Le dernier alinéa du nouvel article 18-2 sanctionne très efficacement ces obligations de restitution : « après mise en demeure restée infructueuse, le syndic nouvellement désigné ou le président du conseil syndical, pourra demander au juge, statuant en référé, d'ordonner sous astreinte la remise des pièces et des fonds mentionnés aux deux premiers alinéas du présent article, ainsi que le versement des intérêts dus à compter du jour de la mise en demeure »[5].

La loi n° 2009-526 du 12 mai 2009 (art. 7-3°) a modifié cette disposition, en portant l'instance devant « le président du tribunal de grande instance, statuant comme en matière de référé » - c'est-à-dire au fond - ce qui permet à cette loi de compléter l'article 18-2 en précisant qu'il est ainsi statué « sans préjudice de tous dommages et intérêts ». Sans doute le syndicat devra-t-il établir que la non-transmission lui a causé un préjudice, mais, dans l'affirmative, il pourra obtenir réparation de ce préjudice, sans devoir, comme par le passé, intenter une autre procédure en responsabilité.

L'article 34 du décret du 17 mars 1967, modifié par celui du 9 juin 1986, précise au sujet de cette action que la mise en demeure est effectuée dans les formes prévues par l'article 64 (donc par lettre recommandée avec avis de réception) ou par acte d'huissier de justice adressé à l'ancien syndic et restée infructueuse pendant un délai de huit jours[6].

La loi confère donc au président du conseil syndical qualité pour représenter le syndicat et pouvoir pour agir en justice au nom du syndicat pour la mise en application des dispositions de l'article 18-2. Malgré le caractère alternatif marqué par la conjonction « ou », il est souhaitable que l'action soit exercée conjointement par le syndic actuel et le président du conseil syndical, ou, du moins, que le syndic actuel soit appelé en cause. Les fonds et documents appartiennent, en effet, au syndicat et seul le syndic, son représentant légal, peut les recevoir et les détenir, à moins que la loi n'ait entendu implicitement autoriser le président du conseil syndical à cet effet[7].

L'administrateur provisoire désigné en application de l'article 47 du décret est notamment chargé de se faire remettre les fonds et l'ensemble des documents et archives du syndicat. Il ne peut, sous sa propre responsabilité, donner mission à l'ancien syndic d'assurer la conservation des documents et des fonds, ainsi que leur gestion[8]; son intervention en appel couvre la nullité de l'instance[9].

La demande est portée devant le président du tribunal de grande instance du lieu de situation de l'immeuble, statuant comme en matière de référé; il reçoit, à cet effet, une compétence d'attribution exclusive même en dehors de l'urgence, du péril imminent ou du trouble manifestement illicite. L'ordonnance présidentielle peut ordonner la transmission au besoin sous astreinte[10] laquelle est liquidée, en principe, par le juge de l'exécution[11], à moins que le juge du fond n'en ait retenu sa liquidation.

1. Civ. 3e, 7 mai 2003, n° 00-22.326, *Bull. civ.* III, n° 101; *Administrer* oct. 2003. 57 et note; *Gaz. Pal.* 2004, I, 129, note Gélinet. POUR un « syndic de fait » : Civ. 3e, 7 mai 2003, n° 00-22.326, *Bull. civ.*, n° 101.
2. Paris, 18 févr. 2004, n° 2003-15187, *AJDI* 2004. 390, préc.
3. PAR EXEMPLE : par un préposé ou par le garant financier.
4. SUR l'existence d'une telle obligation, au cours de ses fonctions, rép. min., QE, *JOAN Q* 29 juill. 1978, p. 4254. TOUTEFOIS, en sens contraire, v. ss n° 1048.
5. À charge, bien entendu, de les remettre au syndic actuel, archiviste et trésorier du syndicat. La remise ne se fait pas nécessairement entre les mains d'un mandataire de justice, TGI Paris, 3 juin 1992, *Juris-Data* n° 600611, *Gaz. Pal.* 3 sept. 1992. Somm.
6. SUR LES effets d'une mise en demeure prématurée : Paris, 24 janv. 2007, Req n° 06/14192, *AJDI* 2007. 485.
7. Civ. 3e, 4 janv. 1990, *Administrer* oct. 1990. 51, note Guillot – Paris, 28 juin 1995, *Juris-Data* n° 021677, *Loyers et copr.* 1995. 541 – Paris, 4 juill. 1995, *Dossier Csab* n° 33, avr. 1996, nos 70 et 71.
8. Civ. 3e, 10 juill. 2007, n° 06-16.701, n° 06-16.701, *AJDI* 2008. 489, obs. Capoulade; *Loyers et copr.* 2007. 412.
9. Paris, 20 oct. 2004, n° 04-08.276, *AJDI* 2005. 146.
10. Paris, 28 juin 1995, *Juris-Data* n° 021677, préc.
11. Paris, 11 sept. 1992, *Loyers et copr.* 1992. 493.

On notera enfin qu'en cas de non-exécution de cette obligation, le syndicat est fondé à agir contre l'assureur de l'ancien syndic sur le fondement de la responsabilité civile professionnelle, notamment en abus de droit[1]. De même, la perte ou la destruction de documents est couverte par l'assurance de responsabilité civile professionnelle et en cas de défaillance du titulaire de la carte « gestion immobilière » à représenter les fonds détenus pour le syndicat, la garantie financière ne concerne que les fonds eux-mêmes, mais non l'astreinte, les intérêts et les dommages-intérêts qui restent à la charge du débiteur principal.

1. Paris, 17 déc. 2004, n° 04-12.470, *AJDI* 2005. 220.

CHAPITRE

3. Attributions du syndic

SECTION 0 ORIENTEUR

Plan du chapitre.

Textes applicables.

• L. n° 65-557 du 10 juill. 1965 fixant le statut de la copropriété des immeubles bâtis, art. 14-1 à 14-3, 18, 18-1, 18-2 et 45-1.

• Décr. 17 mars 1967, pris pour l'application de la loi du 10 juill. 1965, art. 32, 33, 35 à 37, et 43 à 45-1.

• D. n° 2005-240 du 14 mars 2005, relatifs aux comptes du syndicat des copropriétaires.

Jurisprudence de référence.

• **Civ. 3e, 17 janv. 2007, n° 05-17.119,** *Bull. civ.* III, n° 3; *AJDI* 2007. 483, note Capoulade.

* V. ss n° 1013.

« La ratification des travaux urgents, sans que le syndic ait convoqué immédiatement une assemblée générale, ne peut résulter implicitement de l'approbation des comptes. »

Bibliographie indicative.

ATIAS, *Dicopropriété*, Edilaix 2007, *V° Syndic (obligations, pouvoirs)* – KISCHINEWSKY-BROQUISSE, *La copropriété des immeubles bâtis*, Litec 1994, nos 397 à 443 – LAFOND, ROUX et STEMMER, *Code de la copropriété*, Litec 2008, art. L. 18 – LAPORTE, *Comptabilité de la copropriété*, Delmas 2011 – VIGNERON, *Le syndic de copropriété*, Litec 2005.

SECTION 1 RÔLE ET FONCTIONS DU SYNDIC EN GÉNÉRAL

1000 Répartition des fonctions entre le syndic et l'assemblée générale[1]. Dans le cadre de l'organisation collective de la copropriété, les pouvoirs du syndicat sont exercés par deux organes : le syndic et l'assemblée générale, ce qui impose entre eux une répartition des fonctions, les décisions les plus importantes relevant en principe de l'assemblée générale[2] dont le syndic apparaît comme l'agent d'exécution.

Un jugement relève que les pouvoirs du syndic seraient « subsidiaires » par rapport à ceux du syndicat, conception discutable, compte tenu en particulier des pouvoirs propres du syndic[3].

Cette vue du problème, sans être inexacte, mérite cependant des corrections. Le syndic est un organe *permanent*, tandis que l'assemblée générale est un organe *éphémère*. Le syndic joue donc un rôle moteur essentiel, dans la vie courante du syndicat[4], mais l'assemblée générale peut décider, en définitive, si elle est régulièrement saisie, soit par le syndic, soit par un ou plusieurs copropriétaires. Sur le plan théorique, et compte tenu de l'organisation

1. ALIBERT, p. 53 – CABANAC, nos 437 s., *AJPI* 1965. 182 – GUILLOT, art. 17 à 18-2, nos 6-01 s. – KISCHINEWSKY-BROQUISSE, nos 397 s. – LAFOND, ROUX ET STEMMER, ss art. L. 18 – ATIAS, nos 120 s.
2. Planiol, Ripert et Picard, *op. cit.*, t. III, n° 326.
3. TGI Seine, 14 avr. 1963, *JCP* 1963. II. 13244, note Esmein; *Ann. loyers* 1964. 693 – EN SENS CONTRAIRE : TGI Grenoble, 18 juin 1963, *Rev. loyers* 1963. 505; *Ann. loyers* 1964. 693.
4. Hervé Arnaud, *Le syndic de copropriété* – KISCHINEWSKY-BROQUISSE, n° 353.

qui résulte de la loi, le syndic, loin d'être un organe « subsidiaire » par rapport à l'assemblée générale, dispose de *pouvoirs propres* pour l'accomplissement de sa mission et aussi d'un pouvoir de proposition dans la préparation des assemblées puisqu'il est l'initiateur et le concepteur principal de l'ordre du jour qu'il établit en concertation avec le conseil syndical.

Il en résulte que le syndic agit parfois comme l'exécutant des décisions de l'assemblée générale, mais que, parfois, au contraire, il agit dans l'exercice de ses pouvoirs propres [1], non seulement en dehors de l'assemblée générale, mais, au besoin, en opposition avec celle-ci, ce qui souligne très nettement son absence de subordination [2].

Le mandat du syndic est cependant exclusif de la gestion d'affaires [3]; il ne peut, de sa propre initiative, faire réaliser des travaux qui ne seraient ni urgents, ni nécessaires à la sauvegarde de l'immeuble (v. s^s n°s 1010, 1012).

Il y a sur ce point un certain parallélisme avec l'organisation hiérarchique de la société anonyme, dans laquelle les pouvoirs des organes de direction et d'administration (conseil d'administration et président-directeur général) sont à la fois des pouvoirs propres et des pouvoirs subordonnés à ceux de l'assemblée générale des actionnaires. Le syndic est en quelque sorte l'*exécutif* et l'assemblée générale le *législatif*.

En cas de conflit persistant entre l'assemblée générale et le syndic, l'assemblée conserve évidemment la faculté de révoquer le syndic et celui-ci de se démettre. Dans le respect de la loi et du règlement, le dernier mot reste à l'assemblée. Il y a parfois collaboration nécessaire du syndic et de l'assemblée générale, notamment pour faire respecter le règlement de copropriété, le syndic a qualité pour faire constater les infractions (notamment en matière de stationnement) mais ne peut agir en justice qu'avec l'accord de l'assemblée générale. [4]

1. Cabanac, « Le pouvoir d'initiative du syndic de copropriété », *AJPI* 1965. 182; « Le statut actuel du syndic d'une copropriété », *AJPI* 1967. 1, 188 – GUILLOT, art. 17 à 18-2, n° 6-03 – KISCHINEWSKY-BROQUISSE, n° 388.
2. POUR le licenciement du concierge : Civ. 3e, 9 oct. 1969, *Bull. civ.* III, n° 631; *D.* 1970, jur. 202, note Givord; *JCP* 1970. II. 16193, note Guillot; *AJPI* 1970. II. 544, note J.-R. B.; *Journ. not.* 1970. 1351, note Viatte [CRITIQUE] – POUR l'exécution de travaux urgents : Civ. 3e, 29 oct. 1969, *Bull. civ.* III, n° 689; *Gaz. Pal.* 1970, I, 229, note Morand; *RTD civ.* 1970. 592, note Bredin – COMP. : Civ. 3e, 10 juin 1970, n° 68-14.219, *Bull. civ.* III, n° 394; *JCP N* 1970. II. 16465, note Guillot – Civ. 3e, 3 oct. 1969, *D.* 1970. Somm. 75.
3. Civ. 3e, 3 juin 1987, n° 85-18.650, *Bull. civ.* III, n° 115; *D.* 1987. IR 148.
4. TI Nice, 11 mai 1983, *Rev. loyers* 1984. 315.

De là résultent quelques ambiguïtés [5] dans l'étude des attributions du syndic : certaines décisions, celles visées notamment aux articles 25 et 26 de la loi, relèvent certainement du pouvoir exclusif des assemblées générales, dont les prérogatives, d'ordre public, doivent être respectées; certaines décisions d'administration courante relèvent certainement du pouvoir du syndic. Entre les unes et les autres, il subsiste une certaine indétermination d'autant plus marquée que ni la loi, ni le décret d'application n'apportent sur ce problème de très grandes précisions, ce qui permet à la volonté exprimée dans les règlements de copropriété ou dans les décisions d'assemblée générale d'étendre ou de limiter le pouvoir d'initiative du syndic.

Néanmoins, même avant la loi de 1985, le règlement de copropriété ne pouvait pas donner au syndic des pouvoirs réservés à l'assemblée générale, notamment dans le domaine des travaux [6].

C'est d'ailleurs ce qu'exprime l'article 18 de la loi de 1965, ce qu'il énonce en ces termes « indépendamment des pouvoirs qui lui sont conférés par d'autres dispositions de la présente loi ou par une délibération spéciale de l'assemblée générale ».

D'ailleurs, l'article 18 de la loi qui, pour l'essentiel, détermine les pouvoirs du syndic, ne figurait pas parmi les textes auxquels l'article 43 reconnaissait, à l'origine, un caractère impératif, mais d'autres articles de la loi dont les clauses contraires étaient réputées non écrites par l'article 43 – il en était de même pour les dispositions réglementaires prises pour leur application – précisaient les attributions du syndic.

Il en est ainsi, par exemple, de l'article 17 chargeant le syndic de l'exécution des décisions du syndicat, de l'article 19 lui conférant le droit d'inscrire l'hypothèque légale, de l'article 20 permettant de faire opposition sur le prix de vente d'un lot et de mettre en œuvre le privilège spécial immobilier, de l'article 22 lui interdisant de présider l'assemblée générale.

La loi du 31 décembre 1985 a, au contraire, inclus les articles 18, 18-1 et 18-2 dans les dispositions impératives désormais visées par l'article 43; des décisions de l'assemblée générale ne peuvent donc plus restreindre les pouvoirs reconnus au syndic par l'article 18 qui représente le « socle minimal » de ses attributions.

1001 Notions générales sur les fonctions du syndic. Les fonctions du syndic sont déterminées

5. EN CE SENS : LAFOND, ROUX ET STEMMER, s^s art. L. 18.
6. SUR CE POINT : GUILLOT, art. 17 à 18-2, n° 6-03 – Civ. 3e, 30 mai 1972, n° 71-10.724, *Bull. civ.* III, n° 350; *D.* 1972. Somm. 194; *JCP* 1972. II. 1774; *Rev. loyers* 1972. 479 – Paris, 6 sept. 1974, *Administrer* déc. 1974, janv. 1975. 43.

dans leurs grandes lignes par l'article 18, complété par la loi du 31 décembre 1985, duquel il résulte que ces fonctions peuvent être rangées dans plusieurs catégories [1].

En tant qu'organe d'administration, le syndic a l'obligation de convoquer l'assemblée générale et pourrait engager sa responsabilité en cas de défaillance [2].

D'une part, le syndic est l'agent d'exécution du syndicat. Il est chargé à ce titre « d'assurer l'exécution des dispositions du règlement de copropriété et des délibérations de l'assemblée générale ».

D'autre part, le syndic est chargé, au sens le plus large du terme, de l'administration des parties et équipements communs et du syndicat (conservation des archives, établissement de documents techniques). À ce titre, il reçoit la mission « d'administrer l'immeuble, de pourvoir à sa conservation, à sa garde et à son entretien et, en cas d'urgence, de faire procéder, de sa propre initiative, à l'exécution de tous travaux nécessaires à la sauvegarde de celui-ci ».

En troisième lieu, le syndic est le « représentant » du syndicat en ce sens qu'il agit au nom du syndicat *ès qualités*. Il est en effet chargé « de représenter le syndicat dans tous les actes civils et en justice dans les cas visés aux articles 15 et 16 de la loi ».

Enfin, il assume la *gestion* financière du syndicat. L'addition apportée par la loi du 31 décembre 1985 et par la loi SRU charge le syndic « d'établir le budget prévisionnel du syndicat et de le soumettre au vote de l'assemblée générale », diverses précisions étant apportées quant aux obligations du syndic sur le plan comptable et financier (appels de provisions, de charges et d'avances, ouverture de comptes).

On pourrait être tenté de suivre ce plan pour procéder à l'étude détaillée des fonctions du syndic. Mais cette solution ne serait pas satisfaisante, dans la mesure où la plupart des actes mettent en jeu plusieurs des fonctions du syndic. Si le règlement de copropriété impose la présence d'un concierge, le syndic qui procède à l'engagement d'un concierge, remplit en même temps plusieurs fonctions : exécution du règlement de copropriété, acte d'administration, acte de représentation dans la conclusion du contrat de travail, charges financières du salaire et de ses annexes. Si le syndic poursuit en justice un copropriétaire qui a violé le règlement de copropriété, il agit comme représentant du syndicat, comme agent d'exécution du règlement de copropriété et des décisions de l'assemblée générale lui donnant pouvoir à cet effet. On pourrait multiplier les exemples.

1. CABANAC, n°s 437 s. – KISCHINEWSKY-BROQUISSE, n°s 397 s.
2. V. Rép. min. n° 41-210, 5 déc. 1983, *JOAN Q* 1984, p. 554; *Rev. loyers* 1984. 326.

Il est donc préférable, d'une part, de déterminer le rôle et les fonctions du syndic, en distinguant à ce sujet son pouvoir propre et son rôle d'agent d'exécution, et, d'autre part, de préciser les modes d'exécution de sa mission, en étudiant successivement les engagements pris par le syndic et son rôle de représentation judiciaire.

1002 **Syndic et locataires** [3]. Le syndic, pas davantage que le syndicat qu'il représente, n'a de lien de droit avec les locataires. Les relations se nouent par l'intermédiaire du copropriétaire-bailleur. Ce dernier est lié, d'une part, avec le syndicat par les clauses du règlement de copropriété et, d'autre part, au locataire par les stipulations du contrat de location.

Néanmoins, les différents acteurs ne peuvent s'ignorer ni en fait, ni en droit. La soumission de l'immeuble au statut de la copropriété s'impose au locataire [4] et différentes lois successives, intervenues depuis 1982 [5], ont créé certaines obligations à la charge du syndic de copropriété.

Sauf accord contraire entre toutes les parties ou sauf saisie attribution, loyer et charges doivent être payées au bailleur et non au syndic [6]. Toutefois, le syndic reçoit ces sommes s'il a reçu mandat du copropriétaire de gérer le lot, mais, alors, il agit comme gérant d'immeuble, mandataire du propriétaire du lot loué, et non comme syndic de copropriété. Les comptes gérances [7] sont distincts du compte copropriété. Serait d'ailleurs réputée non écrite toute clause du règlement de copropriété qui imposerait de confier la gérance des lots au syndic [8].

Cependant, la jurisprudence a reconnu au syndicat des copropriétaires, représenté par son syndic, l'exercice de l'action oblique contre le locataire, en cas de carence du copropriétaire bailleur, en raison

3. J.-CL. CIV., GIVERDON, BAIL À LOYER, fasc. 610 – KISCHINEWSKY-BROQUISSE, n°s 266 s. – LAFOND, ROUX ET STEMMER, s^{s} art. L. 9, § I, G. – Lafond, « Les baux d'habitation », Litec 2007, n°s 623 et 624 – Tomasin, « Le contrat de location et le droit de la copropriété », *Dr. et ville* 1984.
4. Opposabilité aux ayants cause à titre particulier des copropriétaires du règlement publié (L. 10 juill. 1965, art. 13) – Communications au locataire des extraits du règlement de copropriété concernant la destination de l'immeuble, la jouissance et l'usage des parties privatives et communes et précisant la quote-part afférente au lot loué dans chacune des catégories de charges (L. 6 juill. 1989, art. 3, al. 5).
5. L. n° 82-526, 22 juin 1982 – L. n° 86-1290, 22 déc. 1986 – L. n° 89-462, 6 juill. 1989 – L. n° 94-624, 21 juill. 1994 – L. n° 2000-1208, 13 déc. 2000, dite loi SRU – L. n° 2010-788, 12 juill. 2010.
6. Civ. 3e, 19 juill. 1961, *JCP* 1961. II. 12431.
7. Cavaillé, « Des frais de gestion aux frais de gérance », *Administrer* juin 2003. 15.
8. Cabanac, « La loi du 10 juillet 1965 et les clauses abusives du règlement de copropriété », *Gaz. Pal.* 1965. 2. Doctr. 78.

de violation du règlement ou de troubles graves, afin d'obtenir notamment la résiliation du bail et l'expulsion[1].

Si les « procédures de concertation » qui s'appliquent à tous les bailleurs de logements[2] ne concernent pratiquement pas le statut de la copropriété, plusieurs dispositions législatives imposent certaines obligations aux syndics de copropriété.

Outre le panneau d'affichage mis à la disposition des associations de locataires, pour leurs communications portant sur le logement et l'habitat, dans un lieu de passage des locataires, dans chaque bâtiment[3], un procès-verbal abrégé des décisions d'assemblées générales, relatives à l'entretien de l'immeuble et aux travaux est affiché dans les parties communes de l'immeuble, à la diligence du syndic[4].

Le syndic consulte, chaque semestre, les représentants des associations, choisis parmi les locataires de l'immeuble et dont les noms lui ont été notifiés, au sujet des différents aspects de la gestion de l'immeuble. Ils ont accès aux différents documents concernant la détermination et l'évolution des charges locatives.

Trois représentants au plus sont choisis par chaque association qui représente au moins 10 % des locataires de l'immeuble ou par chaque association siégeant à la commission nationale de concertation[5].

Enfin, le syndic informe ces représentants, par lettre recommandée avec demande d'avis de réception, de la date, de l'heure, du lieu et de l'ordre du jour de l'assemblée générale.

Ils peuvent, en outre, assister à la réunion et formuler des observations sur les questions inscrites à l'ordre du jour[6].

SECTION 2
RÔLE ET FONCTIONS DU SYNDIC (GESTION ADMINISTRATIVE)

1003 Le syndic, organe d'administration. Qu'il agisse en vertu de ses pouvoirs propres ou comme agent d'exécution des décisions de l'assemblée générale, le syndic est essentiellement un organe d'administration, dont le rôle peut être comparé à celui des organes d'administration de la société anonyme. Il est chargé de la « gestion immobilière » et il assume aussi l'administration et la représentation du syndicat en tant que personne morale.

De la sorte, cette fonction peut être envisagée sous trois aspects.

Le syndic est chargé de la gestion du syndicat sur le plan des documents et de la comptabilité largement entendu.

Le syndic est chargé de l'administration de l'immeuble au sens traditionnel du terme : conservation et entretien.

Le syndic est chargé, en tant qu'agent d'exécution du syndicat, de l'exécution des décisions de l'assemblée générale.

Il faut aussi noter que la loi du 13 décembre 2000, dite loi SRU, et celle du 25 mars 2009 ont conféré de nouvelles fonctions au syndic.

Il faut, en outre, relever que le syndic peut cumuler (et cumule souvent) cette fonction avec celle d'administrateur de biens et devenir ainsi le mandataire d'un copropriétaire pour la gestion de son ou de ses lots. Ces deux qualités doivent être soigneusement distinguées, notamment au point de vue juridique et au point de vue comptable.

Enfin, dans les résidences avec services, il peut assumer la gestion des services spécifiques.

§ 1
Gestion documentaire

1004 Documents de la copropriété – Liste des copropriétaires. Le décret du 17 mars 1967 fait, en quelque sorte, du syndic le *secrétaire* du syndicat, chargé à ce titre de recueillir et tenir certains documents.

Aux termes de l'article 32 du décret, « *le syndic établit et tient à jour une liste de tous les copropriétaires avec l'indication des lots qui leur appartiennent, ainsi que de tous les titulaires des droits visés à l'article 6* [...] *Il mentionne leur état civil ainsi que leur domicile réel ou élu* ». L'identification d'une personne morale se fait en mentionnant sa forme, sa dénomination, son siège social et l'organe qui la représente légalement ou statutairement. Cette liste constitue le « casier civil » de l'immeuble en copropriété[7]. Le syndic dispose ainsi de l'identité de tous

1. Civ. 3e, 20 déc. 1994, no 92-19.490, *Bull. civ.* III, no 225; *D.* 1997. Somm. 245; *AJPI* 1995. 314; *RDI* 1995. 154; *Administrer* juin 1995. 30, note Capoulade.
2. L. no 89-462, 6 juill. 1989, modifiant art. 41 *ter* et 42 de L. no 86-1290, 23 déc. 1986, notamment, en ce qui concerne « la maîtrise de l'évolution des charges récupérables, la grille de vétusté, l'amélioration et l'entretien [...] des parties communes [...] ».
3. L. 23 déc. 1982, mod. par L. 6 juill. 1989, art. 44, al. 5.
4. L. 23 déc. 1982, mod. par art. 193 de la loi 13 déc. 2000, dite loi SRU, art. 44, al. 6. [L. 23 déc. 1982, art. 44, al. 6; mod. par L. 13 déc. 2000, dite loi SRU, art. 193].
5. L. 23 déc. 1986, mod., art. 44, al. 2.
6. L. 23 déc. 1986, mod., art. 44, al. 3.
7. V. Rép. min. no 12080, 24 oct. 1972; *Rev. loyers* 1973. 232 – CABANAC, no 441 – KISCHINEWSKY-BROQUISSE, no 407 – LAFOND, ROUX ET STEMMER, ss art. D. 32, no 1 – BOUYEURE, p. 135 – Lafond, « Les documents ou renseignements pouvant être réclamés aux syndics de copropriété », ►

les titulaires du droit de propriété ou d'un démembrement de ce droit avec l'indication de leur domicile réel ou élu, ainsi que de l'état des lots sur lesquels portent ces droits. Dans le silence du texte, il serait utile que le syndic fasse préciser le régime matrimonial[1].

Pour permettre l'établissement et la tenue à jour de cette liste, l'article 6 du décret impose que « *tout transfert de propriété d'un lot ou d'une fraction de lot, toute constitution sur ces derniers d'un droit d'usufruit, de nue-propriété, d'usage ou d'habitation, tout transfert de l'un de ces droits est notifié, sans délai, au syndic, soit par les parties, soit par le notaire qui établit l'acte, soit par l'avocat ou soit par l'avoué qui a obtenu la décision judiciaire, acte ou décision qui, suivant les cas, réalise, atteste, constate ce transfert ou cette constitution* ».

La 3e recommandation de la commission relative à la copropriété vise le rôle du notaire et de l'Administration des Domaines en cas de succession vacante, celui du notaire et de l'avocat en cas de vente aux enchères publiques, celui des tuteurs et curateurs en cas d'incapacité.

« Cette notification comporte la désignation du lot ou de la fraction de lot intéressé, ainsi que l'indication des nom, prénoms, domicile réel ou élu de l'acquéreur ou du titulaire du droit et, le cas échéant, du mandataire commun prévu à l'article 23, alinéa 2, de la loi du 10 juillet 1965. » Ce dernier membre de phrase vise le cas de l'usufruit ou de l'indivision d'un lot (v. ss no 822).

Cependant, la liste de l'article 32, dans sa rédaction initiale, demeurait lacuneuse. Dans un certain nombre de situations, les plus délicates (succession, incapacités...), le syndic pouvait se trouver en difficulté (appels de provision, convocation aux assemblées, prise d'hypothèque...). Aussi, le décret no 2010-391 du 20 avril 2010 a-t-il ajouté un second alinéa à l'article 32, ainsi conçu : « Lorsqu'un copropriétaire fait l'objet d'une mesure de protection en application des articles 447, 437, 477 ou 485 du code civil, le tuteur ou, selon le cas, le curateur, le mandataire spécial, le mandataire de prestation future, lorsque le mandat prend effet, ou le mandataire *ad hoc* notifie son mandat au syndic qui porte cette mention sur la liste prévue au premier alinéa ».

« Il en est de même de l'administrateur légal d'un mineur copropriétaire, du mandataire commun désigné en application de l'article 23 de la loi du 10 juillet 1965 en cas d'une session ou d'usufruit d'un lot de copropriété et du mandataire qui a reçu mission d'administrer ou de gérer à effet posthume un lot de copropriété en application de l'article 812 du code civil. »

Les dispositions de l'article 32 contiennent donc une double obligation :

– celle de notifier au syndic l'identité du titulaire de droit ou de son représentant;

– celle pour le syndic d'inscrire cette personne et ses coordonnées sur la liste de l'article 32 et de tenir cette liste à jour[2].

Le droit commun des notifications en matière de copropriété, réglementé par l'article 64, alinéa 1, du décret de 1967, s'applique à cette notification (lettre recommandée, avec demande d'avis de réception). L'article 6 rappelé ci-dessus n'exige pas que la notification soit renouvelée à chaque changement de syndic[3], elle est faite une fois pour toutes, à charge pour le syndic de la conserver dans les archives et de la transmettre à son successeur.

L'établissement et la mise à jour de la liste prévue à l'article 32 entrent dans la gestion normale et ne peuvent donner lieu à des honoraires particuliers, quelle que soit la méthode de traitement[4].

Elle peut être faite par lettre simple si la matérialité et la date de la réception ne sont pas contestées[5]. Mais il ne suffirait pas que le syndic ait eu une connaissance officieuse de la mutation[6]. Il est néanmoins prudent de la faire par lettre recommandée avec demande d'avis de réception.

Tant que les notifications ci-dessus indiquées n'ont pas été faites au syndic, il y a lieu d'admettre que celui-ci peut ignorer les mutations ou constitution de droits, et notamment demander le paiement des charges de copropriété à celui qui est demeuré inscrit sur la liste[7] ou convoquer celui-ci à l'assemblée générale[8].

Ainsi, tout copropriétaire qui cède son lot en demeure propriétaire à l'égard du syndicat jusqu'à

► *Administrer* nov. 1988. 48 – Prévue par une disposition réglementaire, la tenue de cette liste n'a pas à être soumise à la Cnil – Mantelet, « les archives du syndicat des copropriétaires ». *Administrer* juill. 1997. 95 – Roux, « Le syndic et la liste des copropriétaires », *IRC* mai 2008. 23 – Vigneron, *op. cit.*, no 409.

1. Le syndic doit se montrer vigilant en cas de réclamation d'un homonyme : Paris, 7 avr. 2005, no 2004/1486, *AJDI* 2005. 744.
2. Gélinet, *Rev. loyers* 2010. 242 – Lafond *JCP N* 2010. 1219 – Tomasin, *AJDI* 2010. 524 – Capoulade, *Administrer* juin 2010. 7; *IRC* juill.-août 2010. 14 – Vigneron, *Loyers et copr.* 2010. Étude 8.
3. Civ. 3e, 20 janv. 1993, *IRC* mars 1993. 78.
4. Paris, 6 mai 1994, *Loyers et copr.* 1994, no 405.
5. Paris, 13 mars 1991, RG no 89/13.019, *Juris-Data* no 020604, *D.* 1991. IR 106.
6. Paris, 26 janv. 1979, *D.* 1980. IR 156.
7. Civ. 3e, 3 oct. 1972, no 71-10.926, *Bull. civ.* III, no 487; *JCP* 1972. II. 17259, note Guillot – COMP. : Lyon, 9 févr. 1972, *JCP* 1972. IV. 201.
8. Civ. 3e, 22 mai 1990, no 88-16.191, *IRC* 1990. 314, note Capoulade.

ce que la notification du transfert ait été faite au syndic[1].

Il faut à notre sens réserver l'hypothèse où le syndic a une connaissance certaine des copropriétaires, et notamment le cas où il a convoqué les acquéreurs aux assemblées générales de copropriété, ce qui a été admis par certaines décisions, mais la Cour de cassation adopte la solution contraire dans le dernier état de sa jurisprudence. On notera que les indications cidessus ne découlent pas à elles seules des dispositions sur la publicité foncière, le syndic n'étant pas un « tiers » au sens de ce mot dans ce domaine.

Tout copropriétaire peut prendre connaissance de cette liste[2]; mais le syndic n'est pas tenu de l'adresser à chaque copropriétaire avant la tenue de l'assemblée[3].

La Commission relative à la copropriété (20e recommandation), recommande de ne communiquer les pièces que « dans le respect des règles relatives à la vie privée, et, si besoin est, avec l'autorisation du ou des copropriétaires intéressés » et « d'observer la plus grande prudence dans la communication sur la demande de tiers ».

De son côté, pour l'application de l'article 23 de la loi de 1965, l'article 12, alinéa 2, du décret de 1967 prévoit que le représentant légal de la société d'attribution, propriétaire de lots, *est tenu* de communiquer, *sans frais*, à la personne chargée de convoquer l'assemblée (généralement le syndic) et à la demande de ce dernier, les nom et domicile, réel ou élu, de chacun des associés et de l'informer immédiatement de toute modification des renseignements ainsi communiqués (v. ss n° 823).

1005 Documents de la copropriété – Carnet d'entretien. Des professionnels de l'immobilier et des professionnels du bâtiment, avaient, il y a quelques décennies, confectionné des carnets d'entretien, mais leur utilisation ne s'est guère répandue, en raison de leur complexité et de leur technicité.

Dans sa seizième recommandation[4], la commission relative à la copropriété avait suggéré d'ouvrir un « *cahier de maintenance* » qui mentionnerait, à l'occasion d'une visite annuelle ou d'un incident particulier, les désordres, dégradations ou dysfonctionnement, et qui permettrait ainsi d'établir un calendrier prévisionnel de travaux, avec leur évaluation approximative, et de proposer un programme pluriannuel de travaux. Le cahier, fruit d'une observation périodique, s'attachait donc à l'état actuel du bâtiment et aux modalités de la maintenance, du point de vue prospective. Une application pratique ne semble malheureusement pas s'en être suivie.

L'idée a été reprise par divers amendements au cours de l'élaboration de la loi n° 2000-1208 du 13 décembre 2000 relative à la solidarité et au renouvellement urbains, dans ses articles 78 et 79 modifiant la loi du 10 juillet 1965, mais avec pour objectif, de renseigner principalement l'acquéreur[5] sur le passé de l'immeuble.

L'article 18 (al. 1, tiret 3) de la loi de 1965 (loi SRU, art. 78) charge le syndic « d'établir et de tenir à jour un carnet d'entretien de l'immeuble conformément à un contenu défini par décret ».

L'article 45-1 de la même loi (loi SRU, art. 79-1) prévoit que « tout candidat à l'acquisition d'un lot de copropriété, tout bénéficiaire d'une promesse unilatérale de vente ou d'achat ou d'un contrat réalisant la vente d'un lot ou d'une fraction de lot peut, à sa demande, prendre connaissance du carnet d'entretien de l'immeuble établi et tenu à jour par le syndic... »[6].

Le décret n° 2001-477 du 30 mai 2001 a fixé le contenu du carnet d'entretien dont la tenue s'impose à chaque syndicat, principal ou secondaire, quelle que soit sa forme ou son importance. En cas de pluralité de bâtiments, il comporte un chapitre par bâtiment[7].

Chaque carnet contient trois catégories d'informations :

– des informations obligatoires (art. 3) : adresse de l'immeuble, identité du syndic en exercice, réfé-

1. Civ. 3e, 3 juill. 1974, n° 73-11.379, *Bull. civ.* III, n° 287.
2. Rép. min. *JOAN Q* 29 sept. 1973, p. 3910; rép. min. *JOAN Q* 12 avr. 1990, p. 1544 – Costa, « Les administrateurs de biens et les syndics de copropriété et les secrets de leurs clients », *Administrer* mai 1980, 2 s. – CEP. : Versailles, 13 juin 1988, *D.* 1988. IR 213; *Administrer* mai 1990, p. 50, qui juge que la demande des copropriétaires tendant à obtenir la communication du nom et de l'adresse des autres copropriétaires se heurte à une contestation sérieuse – Paris, 13 juin 1997, *Loyers et copr.* déc. 1997, n° 325 : la communication doit être nécessaire à la protection des droits du demandeur – Lafond, « Les documents et renseignements pouvant être réclamés au syndic de copropriété », *Administrer* nov. 1988. 8.
3. Rép. min. *JOAN Q* 31 juill. 1976, p. 5528; *JCP N* 1976, prat. 6403.
4. Déclaration du rapporteur au Sénat, M. Jarlier, *JO Sénat* 2000, p. 2557 – Rép. min., QE n° 66558, 1er oct. 2001, *JOAN Q* 3 déc. 2001, p. 6953.
5. Dispositions applicables depuis le 30 mai 2001 – Capoulade, « La copropriété dans la loi SRU », *Administrer* avr. 2001. 27 – Vigneron, « Dispositions relatives au fonctionnement du syndicat », *Loyers et copr.* hors série, mai 2001. 13, n° 16; « Les nouvelles obligations du syndic », *Gaz. Pal.* 15-16 mars 2002, p. 35.
6. *JO* 3 juin 2001; *Administrer* juill. 2001. 43; *Rev. hab. fr.* juin 2001. 21 – Capoulade, « Le carnet d'entretien », *Administrer* août-sept. 2001. 25; *IRC* oct. 2001. 3; *Rev. hab. fr.* sept. 2001. 11.
7. Le carnet du syndicat principal comporte un chapitre particulier pour les parties communes à tous les bâtiments (art. 2, al. 2).

rences des contrats d'assurances de l'immeuble avec leur date d'échéance;

- des informations obligatoires, mais éventuelles (« si elles existent ») (art. 4) : année de la réalisation des travaux importants avec l'identité du locateur d'ouvrage, référence des contrats d'assurance dommages-ouvrage dont la garantie est en cours, contrats d'entretien et de maintenance des équipements communs, avec leur date d'échéance, l'échéancier du programme pluriannuel de travaux;

- des informations complémentaires sur décisions de l'assemblée générale (art. 5).

L'article 45-1 permet à tout candidat acheteur de « *prendre connaissance* » du carnet et s'agissant d'un document du syndicat, l'article 33 (al. 3) du décret de 1967 (mod. par Décr. 27 mai 2004) a précisé que le syndic « *délivre au copropriétaire qui en fait la demande, et aux frais de ce dernier, copie du carnet d'entretien de l'immeuble...* ». La délivrance d'une copie correspond, en effet, à une prestation particulière du syndic. C'est donc par le truchement du copropriétaire que le candidat acquéreur prendra connaissance du carnet et non directement par une consultation au bureau du syndic.

Il résulte de réponses ministérielles que l'*établissement et la tenue* du carnet d'entretien « ne nécessitent aucun travail particulier de recherche » et fait « désormais partie de l'ensemble des obligations du syndic ». En conséquence, ces diligences « ne justifient pas une rémunération spécifique du syndic »[1] sauf pour les informations complémentaires à la demande de l'assemblée générale. L'omission des mentions prescrites « ne comporte aucune sanction spécifique », mais le syndic qui ne les exécute pas, encourt une responsabilité contractuelle à l'égard du syndicat, ce qui justifierait une éventuelle révocation[2].

1006 Documents de la copropriété – Archives. L'article 33 du décret du 17 mars 1967, modifié successivement par le décret du 9 juin 1986, celui du 27 mai 2004 et celui du 20 avril 2010, fait du syndic « *l'archiviste* » de la copropriété. Aux termes de ce texte (al. 1er) : « *Le syndic détient les archives du syndicat, notamment une expédition ou une copie des actes énumérés aux articles 1 à 3..., ainsi que toutes conventions, pièces, correspondances, plans, registres, documents et décisions de justice relatifs à l'immeuble et au syndicat. Il détient, en particulier, les registres contenant les procès-verbaux des assemblées générales des copropriétaires et les pièces annexes, ainsi que les documents comptables du syndicat, le carnet d'entretien de l'immeuble et, le cas échéant, les diagnostics techniques* »[3].

Cette énumération n'est qu'indicative[4].

Le syndic doit, d'abord, constituer les archives du syndicat. À cet effet, il est recommandé au maître de l'ouvrage ou au vendeur de remettre au syndic, et plus spécialement au premier désigné, le règlement de copropriété avec l'état de répartition des charges, l'état descriptif de division[5], la ou les conventions prévues par l'article 37 de la loi de 1965, la liste des copropriétaires, une copie du procès-verbal de réception, les contrats d'assurance de dommages ouvrage et d'assurances multirisques, la liste des intervenants avec indication de la nature de leurs travaux et de leurs polices d'assurances, les contrats d'exploitation et de maintenance, si possible le plan ou schéma des ouvrages et surtout le plan de recollement des réserves[6], le dossier d'intervention ultérieure (DIU)[7].

Au cours de la vie du syndicat, il appartient au syndic de se faire remettre les documents relatifs aux travaux, le carnet d'entretien des portes de garages[8], les livres et documents relatifs aux personnels du syndicat[9], le ou les bordereaux de transmission de pièces et, le cas échéant, les documents relatifs à la destruction d'archives, s'il y a lieu, le dossier technique « amiante »[10] et « plomb » pour les parties communes, et les diagnostics techniques, notamment les pièces de procédure et rapport d'expertise. Ce ne sont que des exemples, car il est impossible de dresser une liste exhaustive.

La constitution et la conservation des archives représentent une tâche importante, impliquant beaucoup d'ordre et d'organisation. Si cette obligation est de résultat pour les pièces établies par le syndicat ou en sa possession, elle paraît bien être de moyens pour les pièces qui n'émanent pas de lui ou dont il n'est pas le destinataire[11].

1. Rép. min., QE n° 72799, 11 févr. 2002, *JOAN Q* 8 avr. 2002, p. 1922; Rép. min., QE n° 69582, *JOAN* 16 mai 2006, p. 5193.
2. Rép. min., QE n° 66558, 1er oct. 2001, *JOAN Q* 3 déc. 2001, p. 6953.
3. ATIAS, n° 125 – BOUYEURE, p. 149 – CABANAC, n° 441 – CAPOULADE, n° 586 – KISCHINEWSKY-BROQUISSE, n° 409 – LAFOND, ROUX ET STEMMER, ss art. D. 33, § I – Mantelet, « Les archives du syndicat des copropriétaires », *Administrer* juill. 1997. 15 – Roux, « Les archives du syndicat des copropriétaires », *IRC* juill.-août 2010, p. 8.
4. POUR les plans des travaux sur les parties communes : Civ. 3e, 4 juill. 1990, n° 89-12.391, NP, *IRC* 1991. 80, note Capoulade.
5. D. n° 55-1350, 14 oct. 1955, art. 71.
6. 10e recomm. de la commission relative à la copropriété.
7. C. trav., art. R. 4532-97.
8. CCH, art. R. 125-5.
9. C. trav., art. R. 3243-1 s. et CSS, art. L. 243-12 et L. 244-3, NOT. : le livre de paye.
10. D. n° 96-97, 7 févr. 1996, art. 8 – D. n° 2001-840, 13 sept. 2001.
11. Civ. 3e, 10 oct. 1990, n° 88-18.554, *Bull. civ.* III, n° 181; *RDI* 1990. 528; *AJDI* 1991. 753; *IRC* 1990. 352, note Capoulade.

Les archives peuvent très vite constituer un volume important. Il convient alors de distinguer les « archives dormantes » des « archives vivantes », en tenant compte des documents fondamentaux, du suivi de certaines questions et des délais spécifiques de prescription. Aussi, il n'est pas exclu que le syndic puisse recourir, à titre personnel, à une entreprise d'archivage ou même à la destruction de pièces devenues inutiles, mais en s'entourant de précautions [1], observations faites que le microfilm n'a pas la valeur probante de la pièce originale.

La conservation et la gestion des archives constituent une obligation légale qui entre dans la mission courante du syndic [2] (v. rédaction de la loi n° 2009-323, 25 mars 2009, art. 18-2 et Décr. n° 2010-391, 20 avr. 2010, art. 33-2 : en cas de changement de syndic, obligation pour l'ancien syndic d'informer l'entreprise spécialisée qu'il a chargé de conserver les archives - Pour les honoraires, v. s^{s} n° 999).

1007 Documents du syndicat - Copie et communication [3]. Les archives appartiennent au syndicat, sous la garde du syndic en exercice. Se pose alors la délicate question de leur communication et de la délivrance de copies.

L'article 33 (al. 2) du décret du 17 mars 1967, modifié par ceux des 27 mai 2004 et 20 avril 2010 dispose que le syndic « *délivre, en les certifiant, des copies ou extraits, des procès-verbaux des assemblées générales et des annexes, ainsi que des copies des annexes de ces procès-verbaux* » [4]. L'alinéa 3 du même article ajoute : « *Il remet au copropriétaire qui en fait la demande, et aux frais de ce dernier, copie du carnet d'entretien de l'immeuble et, le cas échéant, des diagnostics techniques mentionnés au premier alinéa* ».

La rédaction donnée à l'article 33 par les décrets des 27 mai 2004 et 20 avril 2010 marque un progrès par rapport au texte antérieur, sans répondre cependant à toutes les interrogations.

En l'état, les textes règlent la communication de la comptabilité (v. s^{s} n°s 1035 et 1036), la délivrance de la copie du carnet d'entretien et des diagnostics techniques, les avis des instances concernant le syndicat (Décr. 17 mars 1967, art. 59). Il en est de même des procès-verbaux d'assemblée et de leurs annexes, ce qui inclut la feuille de présence [5] qui constitue une annexe (Décr. 17 mars 1967, art. 14), (et, sans doute, des procurations annexées à la feuille de présence) [6].

Les textes ne précisent pas non plus à qui peuvent ou doivent être délivrés les copies ou extraits des autres documents, notamment de la liste des titulaires de droits (v. s^{s} n° 1004). Ces documents étant propriété du syndicat formé de la collectivité des copropriétaires, il n'apparaît pas douteux que le syndic doit en délivrer copie ou extrait à tout copropriétaire qui en fait la demande [7], mais aux frais de celui-ci [8]. Le syndic exerçant une fonction dans le cadre d'un groupement privé [9], sans aucun caractère public, il ne paraît pas possible qu'il puisse divulguer les documents du syndicat à « tout intéressé » [10], sous réserve d'une injonction du juge par application des articles 138 à 142 du code de procédure civile.

Par « *décisions de justice* » relatives à *l'immeuble* et au *syndicat*, il semble qu'il faille aussi entendre celles rendues sur les actions intentées par des copro-

1. 20e recomm., Commission relative à la copropriété, § II.
2. Rép. min., QE n° 75154, Jeanjean, *JOAN Q* 10 janv. 2006, p. 299.
3. SOLUTION déjà admise par la jurisprudence : Civ. 3e, 4 janv. 1996, n° 94-12.167, *Bull. civ.* III, n° 3; *D.* 1996. IR 40; *RDI* 1996. 274; *IRC* oct. 1996. 14, obs. Ritschy; *Administrer* avr. 1996. 49, note Capoulade.
4. Civ. 3e, 28 févr. 2006, n° 05-12.992, *D.* 2006. 2764; *IRC* janv. 2007. 19.
5. Ce qui, en l'absence de texte, paraît inclure logiquement, l'ordre du jour, les convocations et les pouvoirs.
6. Délivrance d'une copie de la feuille de présence aux frais du copropriétaire demandeur, Paris, 24 mars 1987, *D.* 1987. IR 109; *RDI* 1987. 376, ainsi que copie des pouvoirs, Civ. 3e, 26 févr. 2006, n° 05-12.992, NP, *Administrer* mai 2006. 49; *Loyers et copr.* 2006. 109; *D.* 2006. 2764.
7. Tendance restrictive de la jurisprudence : le syndic n'est pas tenu de communiquer les pièces que le copropriétaire devrait posséder, tel que le règlement de copropriété, Paris, 23e ch. B, 30 nov. 2000, RG n° 1999/11090, *Dossier Csab* n° 92, avr. 2001, n° 201 – La demande de communication de divers contrats n'a pas lieu d'être accueillie en dehors de toute contestation et de toute critique à l'encontre des modalités de convocation d'assemblée les ayant examinées, Civ. 3e, 17 nov. 1999, n° 98-14.687, *RDI* 2000. 245, NP.
8. Le syndic n'est pas tenu de délivrer gratuitement copie des archives (feuille de présence et pouvoirs), Paris, 23e ch. B, 2 nov. 2000, *Dossier Csab* n° 92, avr. 2001, n° 200.
9. Civ. 3e, 4 nov. 1993, n° 91-17.087, *Bull. civ.* III, n° 136; *RDI* 1994. 104; le courtier d'assurance, en sa qualité de mandataire salarié de l'assuré (copropriétaire), avait l'obligation de vérifier l'exactitude des renseignements communiqués par un tiers (le syndic) et servant de base à la détermination du risque à garantir – Civ. 1re, 9 févr. 1994, n° 92-12.299, *Bull. civ.* I, n° 56 – Civ. 3e, 14 janv. 1998, n° 96-11.102, *Bull. civ.* III, n° 6; *AJDI* 1998. 1052, *RCA* 1998, comm. 145.
10. KISCHINEWSKY-BROQUISSE, n° 409 – Lafond, « Les documents ou renseignements pouvant être réclamés aux syndics de copropriété », *Administrer* nov. 1988. 48 – Costa, « Les administrateurs de biens et les syndics de copropriété et les secrets de leurs clients », *Administrer* mai 1980, 2 s. – Civ. 3e, 17 nov. 1999, n° 98-15.882, *Bull. civ.* III, n° 219; *RDI* 2000. 94, obs. Giverdon; *AJDI* 2000. 413, obs. Guitard; *D.* 2000. 136, note Bouyeure – Le syndic qui a répondu au questionnaire du notaire, n'a pas à remplir une mission d'information plus étendue que celle prévue par la loi; il n'a pas, en particulier, à aviser un tiers des infiltrations provenant de l'appartement qu'il se propose d'acquérir.

priétaires contre d'autres copropriétaires ou des tiers[1]. Le syndic conserve non seulement les pièces de procédure afférentes aux procès dans lesquels le syndicat aurait été partie, mais aussi les copies des assignations visées par l'article 51 du décret (d'une manière générale, sur la communication des pièces par le syndic v. 20e recommandation de la commission relative à la copropriété chapitre III – sur la transmission des archives v. ss nos 999[2]).

§ 2
Administration, conservation et entretien de l'immeuble

1008 Encadrement du mandat. Le pouvoir d'administration, largement entendu, constitue en définitive l'essentiel des fonctions du syndic. Le droit positif ne donnait, sur ce point, que peu d'indications[3], en considérant que le cadre tracé par l'assemblée générale, l'assistance et le contrôle du conseil syndical, devaient permettre au syndic d'adapter son action en fonction de l'état de l'immeuble et du type de syndicat. La loi SRU a complété ce dispositif par des principes de comptabilité, de financement (art. 14-1 à 14-3) et par une procédure rapide de recouvrement des provisions budgétisées (art. 19-2); le décret du 27 mai 2004 a défini les travaux de maintenance (art. 44 et 45) et renvoyé à la voie contractuelle l'encadrement du contrat de syndic dans le respect des principes fondamentaux posés par les articles 14 et 18 de la loi de 1965 (art. 29)[4].

Aux termes de l'article 18 de la loi de 1965, qui est impératif depuis la loi du 31 décembre 1985, le syndic est chargé « ... d'administrer l'immeuble, de pourvoir à sa conservation, à sa garde[5] et à son entretien et, en cas d'urgence, de faire procéder de sa propre initiative à l'exécution de tous travaux nécessaires à la sauvegarde de celui-ci ». Dans un immeuble de grande hauteur, la mission (CCH, art. R. 122-18) du mandataire chargé de représenter auprès de l'autorité administrative[6] n'est pas incompatible avec la mission générale du syndic de copropriété, résultant de l'article 18 de la loi du 10 juillet 1965[7].

Au-delà de ces textes et à défaut de pouvoir réglementer une action qui doit demeurer concrète et efficace, il est donc nécessaire, pour définir les pouvoirs du syndic, de faire appel soit à la jurisprudence, soit aux principes généraux gouvernant la portée des pouvoirs d'administration. Le règlement de copropriété dispose, à cet égard, d'une grande liberté pour apporter des précisions en ce qui concerne l'étendue exacte des pouvoirs du syndic, dès lors du moins qu'il n'est pas porté atteinte au caractère impératif que revêtent les dispositions de l'article 14 et, depuis la loi du 31 décembre 1985, celles de l'article 18 de la loi. En outre, les recommandations de la commission relatives à la copropriété sont de nature à apporter d'utiles conseils et éclaircissements.

1009 Pouvoirs propres du syndic – Limitation. En principe, dans le domaine de l'administration, de la conservation et de l'entretien de l'immeuble, le syndic dispose d'un pouvoir propre ou pouvoir d'initiative, c'est-à-dire qu'il peut décider et agir seul, sans demander l'autorisation de l'assemblée générale, ni l'avis du conseil syndical[8].

Ces initiatives peuvent se situer à l'occasion de l'exécution d'une obligation légale ou réglementaire[9]

1. Givord et Giverdon, « Commentaire du décret du 9 juin 1986 », *D.* 1986, Chron. 293, n° 3, au moins si des droits réels sont en cause.
2. SUR LA rémunération, s'agissant d'un acte de gestion courante : rép. min., QE n° 52238, *JOAN Q* 15 févr. 2005, p. 1742 (v. ss n° 999).
3. GIVORD, GIVERDON, CAPOULADE, 4e éd., n° 514 – Vigneron, *op. cit.*, Titre II.
4. Bien entendu, en observant les recommandations n° 96-01 de la commission des clauses abusives, relatives aux contrats proposés par les syndics de la copropriété.
5. ATIAS, nos 477 s. – CABANAC, n° 438 – GUILLOT, art. 17 à 18-2, § 6 et 7 – KISCHINEWSKY-BROQUISSE, nos 401 s. – LAFOND, ROUX ET STEMMER, ss art. L. 18, § VII et VIII – BOUYEURE, p. 136 s. – Vigneron, *op. cit.*, nos 164 s. – C'est le syndicat qui est gardien de l'immeuble, le syndic intervient seulement comme représentant du syndicat (v. ss n° 687) – Civ. 3e, 16 juin 1998, n° 96-20.640, *RDI* 1998. 690; *RTD civ.* 1998. 917 – La mission de surveillance d'un immeuble, confiée à une entreprise spécialisée, n'a pas pour effet d'opérer un transfert de la garde au sens de l'article 1384, alinéa 1, du code civil et d'en décharger le syndicat des copropriétaires.
6. Désigné en application de l'article R. 122-1 du code de la construction et de l'habitation.
7. Rép. min., QE n° 24200, 25 janv. 1999, *JOAN Q* 1er mars 1999, p. 1277 – Il appartient à ce mandataire qui peut être le syndic, d'obtenir de l'occupant des locaux la justification que « le potentiel calorifique des éléments mobiliers introduits dans l'immeuble n'excède pas les limites fixées par le règlement de sécurité ».
8. Alibert, « Considérations sur le pouvoir d'initiative du syndic », *Ann. loyers* 1958. 292 – Le syndicat est donc engagé envers la personne qui a traité avec le syndic, *ès qualités*, Paris, 19 sept. 1980, *Juris-Data* n° 097515, *D.* 1981. IR 397.
9. Mesures destinées à interdire l'accès au parc de stationnement couvert, à tous véhicules utilisant les gaz de pétrole liquéfiés dans leur système de propulsion lorsque le réservoir n'est pas muni d'une soupape de sécurité, A. min. 3 avr. 2000 – Rép. min. n° 37802, 10 janv. 2002, *JO Sénat* Q 21 févr. 2002, p. 560 – Réponse au questionnaire du notaire prévu par l'article 20 de la loi de 1965 – Mainlevée de l'hypothèque légale après paiement – Établissement trimestriel d'un état parasitaire pour un coup modique permettant une action immédiate, Civ. 3e, 4 janv. 2006, n° 04-19.771, *Bull. civ.* III, n° 5.

ou d'une décision d'assemblée [1] ou d'une clause du règlement de copropriété [2].

Cependant, ce pouvoir propre comporte des limitations qui font apparaître que le syndic ne dispose pas de la totalité des pouvoirs d'administration, dont une partie est réservée à l'assemblée générale (loi, art. 24) [3]. Encore faut-il préciser, d'une part, que l'assemblée générale reste libre de donner des directives au syndic, même dans le cadre de ses pouvoirs propres [4], et, d'autre part, que le syndic demande fréquemment, au moins par prudence, l'avis ou l'autorisation de l'assemblée générale [5].

1010 a) Conservation et entretien de l'immeuble. La conservation et l'entretien de l'immeuble, qui appartiennent à la catégorie des actes dits conservatoires, relèvent au premier chef des pouvoirs propres du syndic. À ce titre, le syndic a qualité pour prendre *seul* des dispositions concernant :

– *L'entretien courant* de l'immeuble. Le nouvel article 45 (al. 1er) du décret de 1965 (mod. par Décr. 27 mai 2004) définit les *travaux de maintenance* comme étant « les *travaux d'entretien courant exécutés en vue de maintenir l'état de l'immeuble ou de prévenir la défaillance d'un élément d'équipement commun; ils comprennent les menues réparations* ».

– Les deux autres alinéas de cet article assimilent aux travaux de maintenance, d'une part, les travaux de remplacement d'équipements communs lorsque leur prix est compris forfaitairement dans le contrat de maintenance (al. 2), et, d'autre part, les vérifications périodiques imposées par les réglementations en vigueur sur les éléments d'équipement communs (al. 3) [6].

Tous les travaux de maintenance n'entrent pas dans les pouvoirs propres du syndic. L'entretien courant et les menues réparations en dépendent seuls. En réalité, le nouvel article 45 ne tend pas à sérier les pouvoirs propres du syndic, mais à distinguer les travaux qui entrent dans le budget prévisionnel de ceux qui doivent faire l'objet d'un vote spécifique. En dehors des travaux d'entretien courant (nettoyage, produits d'entretien et du matériel de ménage, contrat d'entretien avec les entreprises spécialisées, dératisation, ramonage...) [7] et des menues réparations (remplacement de lampes ou de vitres cassées...), la détermination des pouvoirs propres du syndic passe par la recherche des « mesures nécessaire à la sauvegarde de l'immeuble auxquelles le syndic peut faire procéder, en cas d'urgence, de sa propre initiative » [8]. Le syndic est tenu, à cet égard, d'une obligation de diligence envers le syndicat. Il ne doit pas se contenter de simples démarches sans effet. Il doit veiller à l'exécution de ses instructions pour qu'il soit rapidement remédié aux désordres [9].

En revanche, le syndic outrepasse ses pouvoirs, lorsque, en dehors de l'urgence et sans autorisation

1. Mise à disposition des services de police et de la gendarmerie nationale des moyens d'accès à l'immeuble, après autorisation permanente donnée par l'assemblée – POUR les huissiers de justice, v. ss n° 914.
2. Clause interdisant l'encombrement de la voirie commune, d'où saisine écrite de l'autorité de police soit pour identifier le propriétaire du véhicule abandonné, afin de permettre la mise en demeure, soit pour procéder à l'enlèvement du véhicule après mise en demeure infructueuse : rép. min., QE n° 62341, 18 juin 2001, *JOAN Q* 6 août 2001, p. 4517.
3. Jugé, CEPENDANT, que, dans certains cas, le syndic peut agir, dans le cadre de ses pouvoirs propres, malgré l'opposition de l'assemblée générale : Civ. 3e, 9 oct. 1969, *D.* 1970. 202, note Givord; *JCP* 1970. II. 16 913, note Guillot; *Journ. not.* 1970. 1351, note Viatte; *AJPI* 1970. 544, note Bouyeure – KISCHINEWSKY-BROQUISSE, n° 402.
4. Aux termes de l'article 21 alinéa 2 de la loi de 1965, modifiée, l'assemblée générale arrête le montant des marchés à partir duquel la consultation du conseil syndical est obligatoire, ainsi que le montant des marchés et contrats à partir duquel une mise en concurrence est obligatoire. Selon l'article 14-1 et 14-2 de la loi de 1965, modifiée, l'assemblée générale décide largement des modalités des appels de fonds. Aux termes de l'article 39 du décret 1967 modifié, une autorisation spéciale de l'assemblée est nécessaire pour contracter avec certaines personnes.
5. Les actes accomplis par le syndic au-delà de ses pouvoirs sont sans valeur, sauf ratification par l'assemblée générale, Paris, 30 oct. 1992, RG n° 91/014426, *Juris-Data* n° 022874, *Loyers et copr.* 1993. 39 – POUR des travaux commandés sans que la qualité réelle du syndic soit indiquée : Civ. 3e, 9 nov. 1994, n° 92-20.446, *RDI* 1995. 162; *D.* 1997. 249 – POUR des travaux réalisés sans autorisation de l'assemblée, mais qui ne sont ni urgents, ni nécessaires à la sauvegarde de l'immeuble : Civ. 3e, 3 juin 1987, n° 85-18.650, *Bull. civ.* III, n° 115; *D.* 1987. IR 148.
6. Les clauses abusives dans les contrats de maintenance. Commission des clauses abusives, *JCP N* 1998. 428 – Versailles, 28 juin 1988, *D.* 1988. IR 263; *RDI* 1989. 101, un syndic ne peut sans autorisation de l'assemblée générale, conclure un contrat de longue durée d'une exploitation thermique, comportant l'approvisionnement en combustible, l'entretien courant et aussi une garantie totale des installations consistant à assurer le gros entretien d'une façon permanente – Vigneron, *op. cit.*, nos 155-156.
7. CABANAC, n° 438 – KISCHINEWSKY-BROQUISSE, n° 402. « Le diagnostic thermique, tout au moins lorsqu'il entraîne une étude approfondie nécessitant des diligences précises », ne constitue pas un acte d'administration courante, Rép. min., *JO Sénat* Q 1985, p. 382; *Administrer* avr. 1985. 20 – SUR LA DISTINCTION entre entretien courant et amélioration, v. ss n° 1098.
8. Civ. 3e, 15 nov. 1995, n° 93-17.844, *RDI* 1996. 112, à propos de l'achat d'extincteurs dont tout immeuble collectif doit être obligatoirement pourvu – Civ. 3e, 17 déc. 1996, n° 95-11.822, *RDI* 1997. 132, à propos du remplacement des serrures à la suite de cambriolages – AUSSI : Paris, 6 oct. 1995, *Juris-Data* n° 023328, *Loyers et copr.* 1996. 93 – Paris, 6 juill. 2006, Bouyeure, n° 212; *IRC* janv. 2007. 18.
9. Civ. 3e, 10 oct. 1990, n° 89-13.854, *D.* 1991. 85; *RDI* 1991. 106; *IRC* 1991. 298, note Capoulade – Civ. 3e, 12 juin 1991, n° 89-18.748, *RDI* 1991. 388.

préalable de l'assemblée, il commande des études rémunérées [1].

– *Les assurances de l'immeuble* (assurance de responsabilité [2], assurance couvrant les membres du conseil syndical – responsabilité et dommage corporel – assurance incendie, assurances multirisques, assurances dommages ouvrage lorsque le syndicat procède à des travaux concernés par la loi du 4 janv. 1978) [3]. Il semble en pratique que les syndics prennent fréquemment l'avis de l'assemblée générale à ce sujet. La conclusion d'un contrat d'assurance constitue, au premier chef, un acte conservatoire qui peut être conclu par un syndic sans autorisation [4], mais il serait imprudent de sa part de conclure une nouvelle police diminuant les garanties sans décision de l'assemblée.

– *L'administration courante de l'immeuble*, sans en avoir la « gestion immobilière », ce qui exclut des pouvoirs propres : la conclusion d'un bail, comme preneur ou comme bailleur d'un lot appartenant au syndicat [5] et, *a fortiori*, sur les parties communes qui appartiennent indivisément aux copropriétaires. Il ne pourrait évidemment pas, sans décision préalable de l'assemblée, consentir des actes de disposition [6] ou contracter un prêt au nom du syndicat pour financer des travaux [7].

1011 b) Engagement et congédiement du personnel [8]. L'article 31 du décret de 1967 (rédaction de D. 27 mai 2004) consacre expressément les pouvoirs du syndic sur ce point : « *le syndic engage et congédie le personnel employé par le syndicat et fixe les conditions de son travail suivant les usages locaux et les textes en vigueur* ».

Ce texte ne fait que confirmer la jurisprudence antérieure qui reconnaissait, d'une façon constante, au syndic le pouvoir d'engager ou de congédier le personnel du syndicat, et notamment le concierge [9]. Le syndic est, à cet égard, maître de sa décision ; il n'a pas à solliciter l'accord de l'assemblée et il peut même procéder au licenciement alors que l'assemblée n'est pas d'accord [10]. Le juge ne peut, à cet égard, faire une quelconque injonction au syndic [11]. Cependant, rien ne s'oppose à ce que l'assemblée générale puisse donner, à propos de l'engagement ou du congédiement du concierge, un avis ou des directives au syndic, ni à celui-ci de les solliciter s'il l'estime nécessaire [12] ; on ne peut que conseiller cette démarche. Jugé que si le règlement de copropriété prévoit une consultation préalable de l'assemblée, le syndic doit observer cette formalité [13].

Il fixe les modalités d'exécution du contrat de travail en tenant compte des usages et de la convention collective [14] (sur les charges récupérables [15]).

Le syndic agit, en effet, en qualité de mandataire du syndicat [16] ; il n'est pas l'employeur des préposés

1. Civ. 3e, 15 mai 2002, no 00-19.467, *Bull. civ.* III, no 100, *AJDI* nov. 2002. 772, obs. Capoulade; *Loyers et copr.* sept. 2002. 217 et oct. 2002. 243.
2. Rép. min., QE, *JOAN Q* 1979, p. 3485.
3. Rép. min., QE, *JOAN Q* 1980, p. 3504 – Valdès, « L'assurance dommages-ouvrage devant être souscrite par l'administrateur de biens », *Administrer* mars 1995, 5 – Cattan, « Les travaux entrepris en copropriété, l'assurance dommages-ouvrage », *Administrer* févr. 2005. 9.
4. Cabanac, no 438 – Delahaye, « La pratique de l'assurance et la copropriété », *AJPI* 1965. 1, 172 – Guillot, art. 17 à 18-2, no 9 – Arnaud, no 155 – Kischinewsky-Broquisse, no 402 – Lafond, Roux et Stemmer, ss art. L. 18, no 17 – Quignard, « Problèmes d'assurance en matière d'ascenseur », *JCP N* 1992, prat. 2149.
5. Aix, 4 févr. 1975, *Ann. loyers* 1975. 1015 – Guillot, art. 17 à 18-2, no 6-17.
6. Civ. 3e, 10 févr. 1993, no 90-20.974, *RDI* 1993. 267 : renonciation à une servitude de vue – Paris, 23e ch. A, 5 juin 2002, no 2000-774, *AJDI* déc. 2002. 863, obs. Capoulade; consentir à la pose de tirants d'ancrage au profit d'un tiers dans le sol de la copropriété.
7. Civ. 3e, 26 juin 2002, no 00-20.276, NP, *AJDI* mars 2003. 199, obs. Capoulade.
8. Atias, « Embauche et gestion du personnel », *IRC* mars 1996. 23 – Bouyeure, p. 139 s. – Cabanac, « Le syndic et les employés de maison », *AJPI* 1967. I. 229 – Kischinewsky-Broquisse, « Concierge et conciergerie dans un immeuble en copropriété », *Gaz. Pal.* 30 sept. 1993. Doctr. – Gélinet, « l'article L. 122-12 du code du travail et le droit immobilier. » *Administrer* févr. 2008. 13 s. – Gélinet, « Contrat de compte, clause d'indivisibilité et droit du travail. » *Administrer* févr. 2007. 20 – Gélinet, « Le syndic et son personnel », *Rev. loyers* 2005. 356 – Gélinet, « Les salariés de la copropriété », *AJDI* févr. 2011. 117 – Guillot, art. 17 à 18-2, no 6-35 – Lafond, Roux et Stemmer, ss art. D. 31, no 1 à 6 – Vigneron, *op. cit.*, nos 105 s.
9. Paris, 18 mars 1980, *D.* 1981. IR 100, 50.
10. Civ. 3e, 9 oct. 1969, *Bull. civ.* III, no 631; *D.* 1970. 202, note Givord; *JCP* 1970. II. 16193; *AJPI* 1970. 544, no 91 – Le concierge congédié se maintient dans les lieux d'une manière illicite, passé le délai accordé, et son expulsion peut être requise, Paris, 22 mars 1989, *Juris-Data* no 600852, *Gaz. Pal.* 19 oct. 1989, pan. jur. 24 – Le syndic n'a pas à recevoir mandat pour congédier le personnel du syndicat : Soc., 9 févr. 2010. 08-45.461, NP.
11. Civ. 3e, 10 juin 1970, no 68-14.219, *Bull. civ.* III, no 394; *JCP* 1970. II. 16465, note Guillot.
12. Paris, 31 oct. 1990, RG no 89/23737, *Juris-Data* no 025282, *Loyers et copr.* 1991. 45.
13. Ass. plén. 5 mars 2010. 08-42.843 et 48844, *Bull. civ.* Ass. plén. *D.* 2010. AJ 710 – *Rev. loyers* 2010. 286, obs. Guegnan.
14. Sur le repos hebdomadaire du dimanche : Paris, 2 juill. 1996, RG nos 96-9955 et 96-11607, *Juris-Data* no 022266, *Administrer* oct. 1997. 62, note Gélinet.
15. Les dépenses correspondants à la rémunération des personnes chargées de l'entretien des parties communes et de l'élimination des rejets ne sont récupérables par le bailleur à concurrence des trois-quarts que si ces tâches sont exercées cumulativement, exclusivement et intégralement par le personnel. Civ. 3e, 5 avr. 2011, no 10-12.863 et 3 mai 2011, no 10-14.018, NP.
16. Soc. 1er déc. 1988, no 82-15.688, *Bull. civ.* V, no 629, la recherche de cette qualité est nécessaire – V. Convention collective nationale du 11 déc. 1979, art. 1er, al. 3.

de celui-ci. Il les rémunère sur les fonds du syndicat[1] et règles les cotisations sociales et les « gratifications » sur ces mêmes fonds[2]; il agit à cet égard *ès qualités*. Il en résulte que l'ensemble des syndicats, indépendants les uns des autres, mais représentés par le même syndic, employeur *ès qualités* du personnel de chaque syndicat, ne constitue pas une unité économique et sociale entraînant la constitution d'un comité d'entreprise ou la désignation d'un délégué syndical[3].

Le second alinéa de l'article 33 opère, avec précision, la répartition des pouvoirs entre le syndic et l'assemblée des copropriétaires : « *L'assemblée générale a seule qualité pour fixer le nombre et la catégorie des emplois* ». Dès lors, c'est à bon droit que l'assemblée décide d'instituer un emploi de « directeur » chargé de la coordination du personnel et des entreprises[4]. À défaut d'une décision antérieure de l'assemblée, il ne suffit pas que les comptes de plusieurs exercices comportent la rémunération de nouveaux préposés du syndicat pour ratifier l'embauche de ces personnes par le syndic[5]. En transformant un emploi à temps partiel en un emploi à temps complet, pour se conformer à la Convention collective nationale, un syndic ne crée pas un emploi, il ne fait que déterminer les conditions d'exécution du contrat de travail[6].

Pour l'exécution de l'article R. 230-1 du code du travail, le syndic, ès qualité, transcrit et met à jour dans un document unique les résultats de l'évaluation des risques professionnels pour la sécurité et la santé des travailleurs[7]. Il doit mettre en œuvre les mesures propres à assurer la sécurité des personnes au service de la copropriété[8]. Il encourt une responsabilité pénale en cas de travail clandestin (v. s^s n° 1067).

Rappel fait que, consacrant la jurisprudence de la Cour de cassation, la loi du 25 mars 2009 (art. 24) prévoit que la suppression du poste de concierge ou l'aliénation du logement qui lui est affecté, s'il appartient au syndicat, suppose une décision de l'assemblée générale, prise à la double majorité de l'article 26f, et même de l'unanimité, si la décision porte atteinte à la destination de l'immeuble ou aux modalités de jouissance de parties privatives de l'immeuble.

Si plusieurs arrêts de cours d'appel ont admis le licenciement économique du concierge par le syndicat[9], la Chambre sociale de la cour de Cassation ne paraît pas encore s'être montrée sensible à cette solution.

1012 **c) Travaux – Urgence**[10]. Les pouvoirs propres du syndic sont limités aux travaux d'entretien courant et menues réparations (v. s^s n° 1010), mais il appartient à l'assemblée de décider des travaux de réparation ou de réfection (art. 24), et, à plus forte raison, des travaux d'addition, amélioration, transformation, surélévation ou construction, ces derniers relevant des dispositions des articles 25, 26 et 35 de la loi (v. s^s n°s 1094 s.).

Les grosses réparations mises à part, les réparations ou réfections à exécuter sur un immeuble constituent, en principe, des actes d'administration, mais le syndic ne peut cependant y faire procéder de sa propre autorité, dès lors que les travaux dépassent l'entretien courant ou les menues réparations. Il appartient à la collectivité des copropriétaires, maître de l'ouvrage, d'en décider, par respect pour les prérogatives de l'assemblée.

Dans tous les cas, le syndic doit prendre soin de libeller les ordres de service donnés aux locateurs d'ouvrage au nom du syndicat et non à son nom

1. Paris, 5 avr. 1990, *D.* 1990. IR 120 : la saisie sur les salaires d'un gardien est pratiquée à tort entre les mains du syndic à titre personnel.
2. Soc. 3 mai 1984, n° 82-15.688, *Bull. civ.* V, n° 168 – SUR LA qualité de débiteur des cotisations sociales lorsque le syndic a établi des bordereaux globaux récapitulatifs des cotisations mensuelles : Soc. 20 nov. 1975, n° 74-12.375, *Bull. civ.* V, n° 558; *JCP* 1975. II. 18 389, note Guillot; *Administrer* févr. 1976. 36; *RTD civ.* 1976. 803.
3. Soc. 23 mai 2000, n° 99-60.006, *Bull. civ.* V, n° 201; *RDI* 2000. 601.
4. Civ. 3e, 13 déc. 1995, n° 94-12.372, *RDI* 1996. 115; *Administrer* août-sept. 1997. 43, note Gélinet – Le mot « catégorie », au sens et pour l'application de l'article 31, alinéa 2, du décret 1967, n'a pas l'acception restrictive et technique de ce même mot dans les articles 18 et 21 de la convention collective.
5. Civ. 3e, 26 mai 1994, n° 92-16.395, *Bull. civ.* III, n° 109; *RDI* 1994. 499; *D.* 1996. Somm. 165, obs. Giverdon; *Administrer* mars 1995. 46, note Gélinet; *Gaz. Pal.* 16 mai 1996. Somm. jur.
6. Civ. 3e, 16 févr. 1994, n° 92-10.386, *Bull. civ.* III, n° 24; *D.* 1996. Somm. 165, obs. Giverdon; *Administrer* juill. 1994. 30, note Gélinet.
7. Gélinet, « Le document unique pour l'évaluation des risques professionnels et la copropriété », *Administrer* mars 2005. 20.
8. Civ. 3e, 26 avr. 2006, n° 05-10.837, *Bull. civ.* III, n° 105; *D.* 2006, pan. 2768, obs. Capoulade; *AJDI* 2007. 140, obs. Bérenger : agressions verbales ou physiques d'une concierge de la part de copropriétaires et de locataires.
9. V. les arrêts cités s^s Décr. n° 67-233, 17 mars 1967, art. 31 *in* C. copr. Dalloz, éd. 2012, spéc. note 7.
10. Atias, « Les travaux urgents en copropriété immobilière », *Administrer* oct. 1987. 2 – Cabanac, « Le pouvoir d'initiative du syndic », *AJPI* 1965. 183 – Bouyeure, p. 139 – Kischinewsky-Broquisse, « L'urgence en copropriété », *IRC* 1993. 88; *Gaz. Pal.* 21 avr. 1994. Doctr. 475 – GUILLOT, art. 17 à 18-2, n° 6 – 21 – LAFOND, ROUX ET STEMMER, s^s art. L. 18, n°s 23 s. et D. 37 – Vigneron, « Le syndic de copropriété », n°s 164 s. – Ritschy, « L'urgence dans le droit de la copropriété », *IRC* sept. 1998. 12 – Roux, « Les travaux urgents et le syndic de copropriété », *Administrer* juin 2006. 23.

personnel, sous peine d'être poursuivi personnellement en paiement des travaux [1]. Il n'a pas, en principe, la qualité de maître d'œuvre.

Si les travaux étaient exécutés sous la maîtrise d'œuvre du syndic – ce qui suppose une qualification professionnelle et la souscription des assurances correspondantes – le contrat de maîtrise d'œuvre est subordonné à une décision spéciale et préalable de l'assemblée (décret, art. 39) [2].

Reprenant une solution acquise en jurisprudence sous l'empire de la loi de 1938 [3], l'article 18 (al. 1-2) de la loi de 1965 dispose que : « *le syndic est chargé [...] en cas d'urgence, de faire procéder de sa propre initiative à l'exécution de tous travaux nécessaires à la sauvegarde de celui-ci* ». Ce principe se situe dans la ligne de l'objet du syndicat qui a la charge de la conservation de l'immeuble.

Pris pour l'application de ce texte, l'article 37, alinéa 1, du décret de 1967 prévoit que « lorsqu'en cas d'urgence, le syndic fait procéder, de sa propre initiative, à l'exécution de travaux nécessaires à la sauvegarde de l'immeuble, il en informe les copropriétaires et convoque immédiatement une assemblée générale ».

La difficulté a toujours consisté à distinguer les travaux d'entretien courant des travaux de réparation, de réfection ou de remplacement. La jurisprudence range dans cette dernière catégorie : la remise en état d'une canalisation brusquement fuyarde [4], le dégorgement d'un collecteur et le relevage des eaux usées pour les rejeter à l'égout [5], le bâchage et la reprise d'une toiture non étanche [6], la consolidation d'une cheminée menaçant ruine [7].

1013 Travaux, Urgence (conditions). L'article 37 pose deux conditions à l'exercice du pouvoir d'initiative : *l'urgence et la sauvegarde de l'immeuble.*

En cas d'urgence, tout retard dans la réalisation des travaux « compromettrait gravement l'état de l'immeuble » [8] ou « entraînerait un préjudice important » pour des copropriétaires [9]. L'urgence est une question de fait, souverainement appréciée par les juges du fond [10].

La sauvegarde matérielle de l'immeuble permet de le conserver en bon état d'utilisation, conformément à sa destination. « Il s'agit de garantir, de protéger l'immeuble par des travaux indispensables » [11], comme la réparation immédiate du système de fermeture du garage [12].

Néanmoins, l'application de ce texte pose la question de savoir s'il ne s'applique qu'aux mesures conservatoires, aux mesures provisoires de sauvegarde, aux travaux confortatifs justifiés par l'urgence et la sauvegarde (bâchage de la toiture, pose d'étais...) ou s'il englobe des travaux plus substantiels (consolidation d'un mur, remplacement partiel d'une climatisation). La réponse dépend ici de circonstances de fait, mais la jurisprudence ne témoigne pas d'une appréciation trop rigoriste. Le syndic exercera ce pouvoir avec prudence afin de ne pas courir le risque d'un désaveu par l'assemblée.

Le second alinéa de l'article 37, dérogeant exceptionnellement aux règles gouvernant les appels de fonds, permet au syndic « *dans ce cas, en vue de l'ouverture du chantier et de son premier approvisionnement, de demander sans délibération préalable de l'assemblée générale, mais après avoir pris l'avis du conseil syndical, s'il en existe un, le versement d'une provision qui ne peut excéder le tiers du montant du devis estimatif des travaux* ».

En application de l'article 37 du décret :

Le syndic décide des travaux urgents, nécessaires à la sauvegarde de l'immeuble, au besoin après avis d'un homme de l'art et sur devis d'un entrepreneur; il signe l'ordre de service au nom du syndicat.

Il informe les copropriétaires.

Il demande le versement d'une provision sur travaux, sans décision préalable de l'assemblée, mais après consultation du conseil syndical, s'il en existe un. Cette provision ne peut excéder le tiers du devis. L'avis favorable du conseil ne peut que conforter la décision du syndic.

Il convoque immédiatement l'assemblée générale, en suivant la procédure d'urgence prévue à l'article 9, alinéa 2, du décret de 1967 [13].

Il a même été jugé que le ou les devis pouvaient être soumis aux copropriétaires le jour de l'assemblée, sans avoir été annexés à la convocation [14].

Le décret n° 2010-391 du 20 avril 2010 a d'ailleurs ajouté un troisième alinéa à l'article 37, qui consacre la jurisprudence de la cour de Cassa-

1. Civ. 3e, 10 févr. 1988, n° 86-17.494, *JCP N* 1988. II. 353, note Atias; *Administrer* nov. 1988. 40.
2. Paris, 18 juin 1997, *Loyers et copr.* 1997. 324.
3. Kischinewsky-Broquisse, n° 403 et note 309.
4. Civ. 3e, 23 juin 1971, *IRC* 1973 – Paris, 5 avr. 2001; *Loyers et copr.* sept. 2001. 214.
5. Paris, 1er juin 1981, *Juris-Data* n° 023618, *D.* 1982. IR 146, 67, obs. Brane.
6. Paris, 14 juin 1983, *Juris-Data* n° 024606, *D.* 1984. IR 19.
7. TGI Paris, 7 janv. 1976, *D.* 1976. IR 319.
8. Kischinewsky-Broquisse, n° 403 et note 309.
9. Bouyeure, p. 137.
10. Civ. 3e, 1er avr. 1992, n° 90-14.291, *Bull. civ.* III, n° 111; *AJDI* 1993. 179; *RDI* 1992. 248 – Civ. 3e, 12 mai 1993, n° 91-19.946, *Bull. civ.* III, n° 66; *RDI* 1993. 430.
11. Kischinewsky-Broquisse, notes 3 et 8.
12. Paris, 6 juill. 2006, RG n° 05/20936, *Loyers et copr.* 2006. 212; *IRC* janv. 2007. 18.
13. Civ. 3e, 1er févr. 2005, n° 03-19.787, *Administrer* mai 2005. 43, note Bouyeure; *Loyers et copr.* 2005. 100, obs. Vigneron. « La clause du règlement prévoyant un délai minimal d'une certaine durée pourrait être non écrite ». Paris, 28 mai 1999, *Loyers et copr.* n° 280.
14. TGI Paris, 25 juin 1980, *Rev. loyers* 1981. 273.

tion. Le syndic « *ne peut demander de nouvelles provisions pour le paiement des travaux qu'en vertu d'une décision de l'assemblée générale qu'il doit convoquer immédiatement et selon les modalités prévues par le deuxième alinéa de l'article 14-2 de la loi...* ».

La convocation urgente de l'assemblée se justifie pour confirmer la commande des travaux, ratifier la demande de provisions pour couvrir le montant de la dépense et l'étalement des provisions [1]. L'assemblée retrouve ainsi ses prérogatives.

Le syndic qui négligerait de convoquer l'assemblée engagerait sa responsabilité envers le syndicat, en ayant commandé irrégulièrement les travaux, et ne pourrait réclamer aux copropriétaires le paiement de leur participation [2]. Sous prétexte de travaux urgents, le syndic ne peut décider de la réfection de désordres qui ne sont que la conséquence d'un défaut d'entretien, alors surtout que l'assemblée générale en refuse le financement, mais dans ces conditions, il n'encourt aucune responsabilité [3].

Si l'assemblée ne ratifiait pas l'initiative du syndic, le syndicat serait engagé vis-à-vis des tiers, sauf recours contre le syndic en cas de préjudice.

Dans le cas d'un syndicat dépourvu de syndic, l'assemblée ayant ratifié des travaux d'étanchéité réalisés aux frais avancés de certains copropriétaires, ceux-ci ont été remboursés de la quote-part des autres copropriétaires [4]. Il en irait autrement en l'absence d'urgence et alors que l'assemblée pouvait être saisie des travaux [5].

§ 3
Le syndic, agent d'exécution du syndicat

1014 **Rôle du syndic comme agent d'exécution** [6]. L'article 18, alinéa 1, de la loi de 1965 donne mission au syndic :

Tiret 1 : « d'assurer l'exécution des dispositions du règlement de copropriété et des délibérations de l'assemblée générale ».

Tiret 5 : « de représenter le syndicat dans tous les actes de la vie civile et en justice dans les cas visés aux articles 15 et 16 ».

Sous cet aspect, le syndic apparaît comme agent d'exécution du syndicat et comme son représentant en justice.

1015 **a) En ce qui concerne le règlement de propriété,** le syndic doit faire authentifier et publier au fichier immobilier les modifications votées par l'assemblée générale (v. s^s n° 1017). Il est tenu de faire respecter les clauses de la charte commune, notamment en veillant à l'utilisation normale des parties communes [7] à la constatation de tout encombrement [8], ou empiétement [9], à la mise en demeure des copropriétaires contrevenants [10], au recouvrement forcé, après commandement de payer, des provisions budgétisées et des charges impayées, au besoin par toute voie d'exécution (mais la saisie immobilière nécessite une décision de l'assemblée générale). Le syndic, mandataire du syndicat, a pour mission essentiellement de mettre en œuvre et de faire respecter le règlement de copropriété [11].

L'article 55 du décret de 1967 dispense le syndic de toute autorisation de l'assemblée pour le recouvrement des créances du syndicat, mais cette autorisation est nécessaire pour procéder à une saisie immobilière [12].

Il incombe au syndic, représentant du syndicat créancier, d'aviser le service du protocole du ministère des Affaires étrangères des dettes de copropriété éventuellement dues par les États étrangers, pour que ces informations puissent être prises en compte dans le cadre des rapports bilatéraux entre États [13].

Les États étrangers et les organismes qui en constituent l'émanation ne bénéficient de l'immunité

1. Civ. 3e, 30 oct. 1969, *D.* 1970. Somm. 75 – La ratification des travaux ne peut résulter implicitement de l'approbation des comptes : Civ. 3e, 17 janv. 2007, n° 05-17.119, *Bull. civ.* III, n° 3; *D.* 2007. AJ 372, obs. Rouquet.
2. Civ. 3e, 20 janv. 1999, n° 97-16.735, *Bull. civ.* III, n° 18; *RDI* 1999. 307; *AJDI* 2000. 130; *IRC* avr. 1999. 17, note Capoulade; *Loyers et copr.* avr. 1999. 112 – Civ. 3e, 17 janv. 2007, n° 05-17.119, *Bull. civ.*, III, n° 3; *AJDI* 2007. 483; *D.* 2007. 2184; *Administrer* 48, n° 398, note Capoulade; *Loyers et copr.* 2007. 65; *Defrénois* 2007. 974, obs. Atias.
3. Civ. 3e, 15 mai 1991, n° 89-10.614, *RDI* 1991. 387; *D.* 1992, jur. 374, note Souleau.
4. Civ. 3e, 29 oct. 1986, n° 85-14.693, *Bull. civ.* III, n° 141.
5. Civ. 3e, 18 mars 1987, *Rev. loyers* 1987. 284.
6. ATIAS, n°s 477 s. – CABANAC, n°s 437 s. – KISCHINEWSKY-BROQUISSE, n°s 399 s. – GUILLOT, art. 17 à 18-2 § 6 – LAFOND, ROUX ET STEMMER, s^s art. L. 18, n°s 5 à 12.
7. POUR l'enlèvement des dépôts dangereux : Paris, 12 mai 1987, *Juris-Data* n° 600176, *D.* 1987. IR 141.
8. Cabanac, « L'exercice de la police dans les grands ensembles », *AJPI* 1969. I. 703 – POUR le stationnement illicite sur les voies privées : Rép. min. n° 26098, 1er mars 1999, de Mme Zimmermann, *JOAN* 19 avr. 1999, p. 2387 – POUR l'enlèvement des véhicules abandonnés sur les voies privées : rép. min. n° 62341, 18 juin 2001, Mme Idrac, *JO* 6 août, p. 4517.
9. Civ. 1re, 19 juill. 1965, *Bull. civ.* I, n° 486; *D.* 1965, jur. 820.
10. KISCHINEWSKY-BROQUISSE, n° 399 – Morand et Cabanac, « L'abus de jouissance des parties communes en copropriété et sa répression », *Gaz. Pal.* 1970. 2. Doctr. 138.
11. Paris, 20 oct. 2005, n° 2004/23350, *AJDI* 2005. 37 : POUR le fonctionnement des services d'une « résidence-services ».
12. Civ. 3e, 17 janv. 1996, n° 93-17.128, *RDI* 1996. 284 – Civ. 3e, 6 mai 1998, n° 96-17.176, *RDI* 1998. 422 – Civ. 3e, 15 mai 2002, n° 00-21.802, *AJDI* 2002. 696, *D.* 2003. 1329, *Dossier Csab* n° 101, oct. 2002, n° 128.
13. Rép. min., n° 40703, 31 janv. 2000, Goasguen, *JOAN* 20 mars, 1774.

de juridiction qu'autant que l'acte qui donne lieu au litige participe, par sa nature ou sa finalité, à l'exercice de la souveraineté de cet État et n'est donc pas un acte de gestion [1]. L'Académie diplomatique internationale ne bénéficie pas de l'immunité de juridiction [2].

Il appartient au syndic de se faire autoriser par l'assemblée générale aux fins d'agir en justice pour faire cesser et sanctionner les infractions au règlement [3], qu'elles soient le fait d'un copropriétaire, d'un locataire ou d'un tiers ou encore pour faire procéder à une saisie immobilière (v. s^s n°s 1233 s.).

Toutefois, le syndic ne saurait, au nom du syndicat, se faire justice à lui-même en posant des bornes dans la cour commune pour empêcher le stationnement abusif ou anarchique, en posant des chaînes ou en fermant un portail à clé pour empêcher l'accès des véhicules; en procédant d'office au débarras d'une cave [4] il commettrait alors un abus de pouvoir [5] et causerait un trouble manifestement illicite [6].

1016 **b) En ce qui concerne l'exécution des décisions de l'assemblée générale** [7], sur lesquelles il n'a pas de jugement de valeur à porter, du point de vue tant de la régularité que de l'opportunité [8], il doit s'agir d'une véritable décision et non d'une décision de principe, sans effet juridique, ni même d'un accord majoritaire ou même unanime, hors assemblée. Il doit cependant observer le délai de deux mois, sauf urgence, pour les travaux décidés en application des articles 25 et 26 de la loi (art. 42, al. 2).

C'est un pouvoir subordonné. Le syndic doit faire exécuter la décision d'assemblée, sans disposer d'un pouvoir d'initiative. Toutefois, il est tenu d'une obligation de moyen qui n'exclut pas les initiatives dans l'exécution, ni une convocation de l'assemblée en cas de difficultés sérieuses. Il ne peut agir que s'il reçoit les moyens juridiques (en cas d'infraction au règlement, par exemple), ou financiers (pour exercer une action en justice ou faire exécuter des travaux [9]).

En tant qu'agent d'exécution, le syndic passera notamment les marchés nécessaires, pour exécuter les travaux décidés par l'assemblée générale, en surveiller et en poursuivre l'exécution. Il doit donner à son cocontractant une suffisante connaissance de ses pouvoirs, notamment en indiquant le syndicat représenté [10]. En tant que représentant du maître de l'ouvrage, il procède à la réception des travaux [11].

Le syndic peut recevoir mandat d'emprunter, au nom du syndicat, les fonds nécessaires aux travaux [12], mais le mandat ne peut être apparent [13] – L'assemblée doit avoir connaissance et approuver les clauses du contrat [14]. Ayant reçu pouvoir de l'assemblée d'exécuter une décision d'aliéner, le syndic a capacité et pouvoir pour signer l'acte authentique au nom du syndicat [15].

Le syndic a l'obligation de faire exécuter les décisions de justice rendues au profit du syndicat des copropriétaires, comme il a l'obligation d'exécuter celles rendues contre le syndicat [16].

1017 **Syndic et publicité foncière.** Le décret n° 55-22 du 4 janvier 1955 prévoit la publication au fichier immobilier de l'état descriptif de division (art. 7) et du règlement de copropriété (art. 35), ainsi que de leurs modifications. En l'absence de publication de l'état descriptif, tout intéressé peut requérir un notaire d'en établir un; il en va de même en cas de confusion de numéro de lots (art. 50-1).

L'article 71 du décret n° 55-1350 du 14 octobre 1955 précise le contenu de l'état descriptif de division, notamment en cas de modification par suite de réunion ou de division de lots.

Le syndic est en fait chargé de procéder aux réquisitions ou transmission de renseignements, puisque l'article 18, alinéa 1, dernier tiret, qui est impératif

1. Ch. mixte, 20 juin 2003, n° 00-45.629, n° 00-45.630, *Bull. mixte*, n° 4; *Gaz. Pal.* 2003, jur. 1832 – Civ. 1re, 25 janv. 2005, n° 03-18.176, *Bull. civ.* I, n° 39; *D.* 2005. 616.
2. Paris, 23e ch. B, 25 janv. 2001, RG n° 2000/02112, *Dossier Csab* n° 102, nov. 2002, n° 157.
3. Civ. 3e, 26 févr. 1975, n° 73-14.222, *Bull. civ.* III, n° 81; *AJPI* 1976. 219, note Bouyeure.
4. Civ. 3e, 20 oct. 2010, n° 09-11.244, NP.
5. Paris, 27 févr. 1985, *RDI* 1985. 189.
6. Civ. 3e, 6 nov. 1991, n° 89-19.079, *RDI* 1992. 118.
7. Kischinewsky-Broquisse, n° 400 – Lafond, Roux et Stemmer, s^s art. L. 18, n°s 8 s.
8. Guillot, art. 17 à 18-2, n° 6-14 – Il entre dans le devoir de conseil du syndic de mettre l'assemblée en garde sur l'illégalité d'une décision qu'elle envisage de prendre : Civ. 3e, 17 janv. 2006, n° 04-20.414, n° 04-20.427, NP, *Administrer* avr. 2006. 39.
9. Paris, 3 janv. 1969, *AJPI* 1969. 908, note Bouyeure.
10. Sinon, il devient alors débiteur direct, Civ. 3e, 9 nov. 1994, n° 92-20.446, *Bull. civ.* III, n° 187, *RDI* 1995. 162, *D.* 1997. 249, *Loyers et copr.* 1995. 88 – Rennes, 7 mai 1996, *Juris-Data* n° 600152, *Administrer* mai 1997. 57 – Lyon, 13 mars 2001, RG n° 600152, *Loyers et copr.* janv. 2002. 123 – Civ. 3e, 12 mai 2004, n° 02-17.793, *Bull. civ.* III, n° 94.
11. Capoulade, « Le syndic de copropriété, la réception et la prise de possession des ouvrages », *IRC* sept. 1998. 17.
12. Civ. 3e, 12 mai 1993, n° 91-18.413, *RDI* 1993. 425; *Loyers et copr.* 1993. 278 – Civ. 3e, 26 juin 2002, n° 00-20.276, *AJDI* mars 2003. 199, obs. Capoulade.
13. Paris, 1er oct. 1993, RG n° 91/5592, *Juris-Data* n° 023070, *Loyers et copr.* 1994. 39.
14. Sur le prêt d'interêt collectif : L. n° 2012-387, 22 mars 2012, *JO* 23 mars, p. 5226, v. s^s n° 657.
15. Civ. 3e, 30 juin 1998, n° 96-15.700, *RDI* 1998. 688.
16. TGI Paris, 26 mai 1976, *D.* 1976. IR 309 – En sens contraire : TGI Paris, 14 juin 1976, *D.* 1976. IR 319.

lui reconnaît qualité pour « représenter le syndicat [...] pour la publication de l'état descriptif de division, du règlement de copropriété ou des modifications apportées à ces actes [1] ».

L'acte sous seing privé ou, en cas de modification, la copie certifiée conforme du procès-verbal de l'assemblée sera déposé au rang des minutes d'un notaire, afin de lui donner la forme authentique avant d'être présenté à la conservation des hypothèques.

En outre, il appartient au syndic de faire procéder, le cas échéant, à *l'inscription de l'hypothèque légale du syndicat* en application de l'article 19 de la loi du 10 juillet 1965.

1018 Syndic et administrations publiques. En tant qu'organe et mandataire du syndicat des copropriétaires, le syndic représente le syndicat auprès des administrations publiques ou para-publiques. Rappelons le rôle joué par le syndic lors d'une expropriation pour cause d'utilité publique des parties communes (v. s^s^ n°s 255 et s.) ou en matière de déclaration fiscale des revenus procurés au syndicat qui bénéfice de la transparence (v. s^s^ n° 1050).

Pour favoriser l'équipement des immeubles en copropriété des moyens de réception de la télévision en mode numérique et la communication à haut débit en fibre optique, lorsque le syndicat reçoit une proposition des opérateurs, l'ordre du jour de l'assemblée générale, qui est rédigé et préparé par le syndic (en principe), comporte de droit l'examen de cette offre (art. 24-1, 24-2 et 24-3, v. s^s^ n° 899). De même, le syndic inscrit à l'ordre du jour de l'assemblée générale la question du plan de travaux d'économie d'énergie ou d'un contrat de performance énergétique en cas d'installation collective de chauffage ou de refroidissement (L. 1965, art. 24-4), ainsi que la question des travaux permettant la recharge des véhicules électriques ou hybrides et la gestion ultérieure de l'installation en cas d'accès sécurisés d'emplacements de stationnement privatif (L. 1965, art. 24-5) ou encore notifie l'état des copropriétaires délaissant leur lot.

Lorsque l'autorité publique fait procéder d'office aux travaux prescrits ou si des copropriétaires sont défaillants pour s'acquitter de leur part dans le coût de ces travaux, le syndic est chargé de les mettre en demeure et de transmettre les éléments d'information permettant, le cas échéant, la saisie immobilière de leur lot (arrêté du 3 mai 2007 pris pour l'application du D. n° 2006-1359 du 8 nov. 2006 relatif à la lutte contre l'habitat insalubre ou dangereux et à la sécurité des immeubles collectifs d'habitation et modifiant le code de la construction et de l'habitation et le code de la santé publique) (v. s^s^ n° 813) [2].

Le syndic peut encore saisir le président du tribunal de grande instance aux fins de désignation d'un administrateur provisoire au syndicat en difficulté et aux fins de désignation d'un mandataire *ad hoc* en cas de pré-difficulté [v. s^s^ n° 777 a) et s.]. Il reçoit, au nom du syndicat, la notification de l'injonction administrative de procéder au ravalement et il doit notifier cette injonction, sans délai, à chaque copropriétaire par lettre recommandée avec demande d'avis de réception (L. n° 2009-323, 25 mars 2009, art. 21, complétant CCH, art. L. 132-3). De même, il reçoit l'injonction du maire de procéder à la recherche des termites dans les six mois et, en cas de carence, la mise en demeure de procéder aux travaux d'éradication, à charge d'en informer chaque copropriétaire par lettre recommandée avec demande d'avis de réception [3].

Il doit aussi « notifier sans délai au représentant de l'État dans le département l'information selon laquelle les deux tiers des copropriétaires, représentant au moins un tiers des quotes-parts de parties communes ont exercé leur droit de délaissement dans les conditions du II de l'article L. 515-16-I du code de l'environnement » [4].

§ 4
Exercice par le syndic des actions en justice

1019 Généralités et renvoi. La loi du 10 juillet 1965 pose le principe que le syndicat a la personnalité civile (art. 14), qu'il a la *qualité* pour agir en justice (art. 15) et qu'il est représenté dans tous les actes de la vie civile et en justice par le syndic (art. 18) [5], tant en demande qu'en défense [6]. La présence de tous les copropriétaires dans l'instance ne supplée pas à l'absence de mise en cause du représentant légal du syndicat [7]. L'article 55 du décret du 17 mars 1967, modifié par ceux du 9 juin 1986 et du 20 avril 2010, règle la question du *pouvoir* du syndic en tant que représentant du syndicat, personne morale. Une chose est de décider d'agir en justice, une autre est de charger le syndic d'exercer cette action [8], en précisant les

1. V. Chron. Bulté, *JCP N* 1988, prat. 11.
2. *JO* 12 mai 2007, p. 8683.
3. CCH, art. L. 133-1 et L. 133-2 (L. n° 2011-525, 17 mai 2011, *JO* 18 mai).
4. Art. 18, al. 9, L. 10 juill. 1965, (L. 12 juill. 2010).
5. Civ. 2e, 14 janv. 1987, n° 85-15.200, *Bull. civ.* II, n° 4 – Civ. 3e, 11 oct. 2005, n° 04-15.952, NP, *AJDI* 2006. 284 obs. Capoulade.
6. Paris, 10 avr. 1996, RG n° 94-17613, *Juris-Data* n° 020643, *Dossier Csab* n° 40, sept. 1996, n° 175.
7. Civ. 3e, 18 juin 1997, n° 95-16.739, *RDI* 1997. 483.
8. *RDI* 1995. 378, colonne 1.

désordres à réparer[1], même lorsqu'il s'agit de faire respecter le règlement de copropriété ou les décisions de l'assemblée générale. L'article 55 (al. 1er) pose, en effet, à titre de principe que, « *le syndic ne peut agir en justice au nom du syndicat sans y avoir été autorisé par une décision de l'assemblée générale* ». La portée du principe ainsi posé et des tempéraments qui lui sont apportés, soit par la suite même du texte, soit par la jurisprudence, seront ultérieurement exposés (v. ss nos 1229 s.).

On se bornera donc ici à observer que, sauf recouvrement de créance[2] (exceptée la saisie-immobilière), mesure conservatoire, référé, défense à autrui, demande en désignation de mandataire *ad hoc* (art. 29-IA) et d'administrateur provisoire (art. 29-I) à l'état de carence (CCH, art. L. 615-5), l'autorisation de l'assemblée générale est nécessaire même pour agir contre un copropriétaire auteur d'une infraction au règlement de copropriété ou contre un tiers ayant porté atteinte aux droits du syndicat. Cette exigence risque de rendre difficiles les actions tendant au respect du règlement de copropriété, si la violation est effectuée (ou tolérée) par une majorité de copropriétaires. Du moins, le syndic qui aura saisi l'assemblée et satisfait à son devoir de conseil, pourra dégager sa responsabilité.

La jurisprudence a tempéré les inconvénients de cette solution en admettant largement l'action individuelle des copropriétaires (v. ss nos 1183 et 1220) en faisant un appel encore timide à l'idée d'abus de majorité (v. ss no 940) en ouvrant au syndic l'exercice des voies de recours (v. ss nos 1253 et 1254) et en admettant la ratification de l'irrégularité de fond que constitue son défaut de pouvoir (v. ss no 1243). L'erreur dans la désignation du syndic, représentant le syndicat des copropriétaires, intimé, ne constitue pas, en elle-même, une irrégularité de fond[3].

L'appel est régulier même si le syndic est inexactement dénommé dans l'acte d'appel, l'article 901 du code de procédure civile n'exigeant pas la dénomination de ce représentant[4].

Il a été jugé que le syndic, personne morale, qui ne précise pas sa forme juridique dans ses écritures, ne justifie pas de sa capacité à agir, la mention « Cabinet » est insuffisante et entraîne une irrégularité de fond[5].

La signification au syndicat des copropriétaires en la personne de son ancien syndic qui l'avait jusque-là représenté, n'affecte pas la validité de l'acte[6].

La signification doit être faite à personne et la signification à une personne morale est faite à personne lorsque l'acte est délivré à son représentant légal, à un fondé de pouvoir de ce dernier ou à toute autre personne habilitée à cet effet[7].

Le représentant du syndicat est tenu d'aviser les copropriétaires de l'existence et de l'objet de l'instance, à l'occasion de tous litiges dont est saisie une juridiction, concernant le fonctionnement du syndicat ou dans lesquels le syndicat est partie, mais non de communiquer toutes les pièces des procès[8].

SECTION 3
RÔLE ET FONCTIONS DU SYNDIC : GESTION FINANCIÈRE ET COMPTABLE

1020 **Évolution de la législation**[9]. Le syndic est à la fois *le comptable et le trésorier*, mais non le banquier du syndicat (v. ss no 964). Il joue un rôle essentiel dans la vie financière de la copropriété, notamment dans la prospective des recettes et des dépenses.

Cependant, à l'origine, le décret de 1967 comportait seul quelques dispositions embryonnaires sur la comptabilité du syndicat (art. 34) et le budget prévisionnel (art. 11), les sommes exigibles par le syndicat (art. 35) et les intérêts de retard (art. 36).

1. Civ. 3e, 12 juin 2002, no 00-19.824, *AJDI* 2003. 125; *D.* 2003. 1328, NP, *Dossier Csab* no 101, oct. 2002, no 129 – Capoulade, « L'autorisation du syndic d'agir en justice », *IRC* mai 1997. 11 – Roux, « La jurisprudence récente relative à l'habilitation du syndicat à agir en justice », *Constr. urb.* mars 2003, 6 – CAPOULADE, « L'autorisation du syndic d'agir en justice », *Administrer* oct. 2009.
2. Paris, 8 sept. 2005, no 04-24.651, *AJDI* 2006. 36, jugeant que le recouvrement des charges constitue un acte élémentaire de l'administration du syndicat.
3. Civ. 2e, 14 janv. 1987, no 85-16.017, *Bull. civ.* II, no 5.
4. Paris, 3 avr. 1996, RG no 94-16873, *Juris-Data* no 020630, *Dossier Csab* no 40, sept. 1996, no 178.
5. Versailles, 11 mai 2001, *Dossier Csab* no 98, mars 2002, no 40.
6. Civ. 3e, 15 mars 1989, no 87-14.634, *Bull. civ.* III, no 64; *IRC* 1990. 12, note Capoulade.
7. Civ. 3e, 6 févr. 2002, no 00-17.630, *AJDI* 2002. 533, NP, *Dossier Csab* no 99, juin 2002, no 101.
8. Civ. 3e, 6 mars 2002, no 00-20.949, *Bull. civ.* III, no 55; *AJDI* 2002. 533; *Dossier Csab* no 99, juin 2002, no 100.
9. ANTÉRIEUREMENT À LA LOI SRU : BOUYEURE, p. 70 s. – CABANAC, NO 442, 443; *AJPI* 1967. I. 300 – KISCHINEWSKY-BROQUISSE, no 440 – CAPOULADE, p. 591 – LAFOND, ROUX ET STEMMER, ss art. L. 18 chap. IX – Arnaud, « La comptabilité des syndicats de copropriété », *REDI* no 65. 32 – Morand et Richardière, « Gestion financière du syndicat, initiatives du syndic en cas d'urgence, exercice des actions contre ou par le syndic », *Gaz. Pal.* 1961. Doctr. 172 – Vigneron, « La gestion financière de la copropriété », *JCP N* 1976. I. 2811 – Mantelet, « Gestion administrative et comptable des syndicats de copropriétaires », *Administrer* 15, no 263 – Capoulade, « La garantie des fonds du syndicat », *Administrer* mai 1976. 14 s.; « L'endettement des copropriétaires, du syndicat, du syndic », *RDI* 1995. 669 – Cordier, « La vérification des comptes de copropriété », *IRC* juin 1991. 201 s.

La loi du 31 décembre 1985 a transposé, dans la loi de 1965, les dispositions réglementaires chargeant le syndic de tenir la comptabilité du syndicat, faisant apparaître la position comptable de chaque copropriétaire, ainsi que la situation de trésorerie du syndicat. En outre, il officialisait l'existence du budget prévisionnel (art. 18), organisait la transmission des fonds en cas de changement de syndic (art. 18-1), la consultation des pièces comptables par les copropriétaires (art. 18-2) et prévoyait la faculté d'ouvrir un compte bancaire ou postal séparé au nom du syndicat (art. 18).

Cependant, les copropriétaires, soucieux de la maîtrise des charges, souhaitaient une plus grande transparence des comptes et une lisibilité meilleure des décomptes individuels.

Dans un souci de normalisation, de clarification et d'unification, la commission relative à la copropriété[1] avait émis plusieurs suggestions qui, pour différentes raisons, n'ont reçu qu'un accueil très modéré.

« La faiblesse des principes de gestion comptable » étant apparue comme l'un des « obstacles au bon fonctionnement des copropriétés »[2] et le législateur étant soucieux « d'assurer plus de transparence envers chaque copropriétaire »[3], la loi du 13 décembre 2000, sur la solidarité et le renouvellement urbains, et les mesures réglementaires qui en sont la suite, ont modifié, d'une manière substantielle, les règles concernant la gestion financière et comptable des syndicats de copropriétaires (Décr. n° 2004-479, 27 mai 2004; Décr. n° 2005-240, 14 mars 2005 et arrêté interministériel du 14 mars 2005, *JO* 18 mars). On distinguera, d'une part, les dispositions financières et, d'autre part, la réglementation comptable[4].

1021 Définitions. L'expression « appel de fonds », inspirée du droit des sociétés civiles et souvent utilisée en copropriété immobilière, constituait un facteur de confusion. Ce vocable correspondait à des demandes de versements ayant une origine et une nature juridiques fort diverses que mêlaient souvent les assignations en paiement.

Dans un souci de clarification et d'uniformisation, l'article 45-1 du décret de 1967 apporte, à cet égard, une contribution fondamentale en donnant une définition des mots « charges », « provisions » et « avances ». Désormais, chacun d'eux recouvre une notion bien précise qui commande son régime juridique et les modalités de son recouvrement. Ces définitions éclairent, en particulier, l'information des parties lors de l'établissement de l'état daté (Décr. 17 mars 1967, art. 5), de l'apurement des comptes individuels (Décr. 17 mars 1967, art. 6-2) au moment d'une mutation à titre onéreux (v. s[s] n° 309) et pour les demandes de versement (art. 35).

a) Charges. Selon l'article 45-1, alinéa 1, « *les charges sont les dépenses incombant définitivement aux copropriétaires, chacun pour sa quote-part* ». Cette définition n'est pas nouvelle, elle est reprise de la jurisprudence de la Cour de cassation[5]. On ne devrait de charges qu'après l'approbation des comptes, qui rend définitive l'imputation de la dépense au syndicat et que chaque copropriétaire supportera en fonction de sa participation à la dépense considérée, selon la ventilation prévue par l'état de répartition des charges (règlement de copropriété) ou, en cas de travaux, par une décision spéciale de l'assemblée (L. 10 juill. 1965, art. 11 et 30)[6].

L'article 45-1 du décret précise dans la seconde phrase de son premier alinéa que « l'approbation des comptes du syndicat par l'assemblée générale ne constitue pas une approbation du compte individuel de chacun des copropriétaires[7] ». Cette règle constitue une application du principe suivant lequel les décisions de l'assemblée concernent seulement les rapports collectifs et non les relations entre le syndicat et un copropriétaire. Elle donne son juste sens aux énonciations des procès-verbaux d'assemblée portant « approbation des comptes en leur teneur et répartition ». Il ne peut s'agir que d'une ventilation générale selon les différentes clés de répartition (ou d'une répartition entre les différentes catégories de charges), mais non d'une imputation particulière à chaque copropriétaire individuellement.

b) Provisions. L'article 45-1 (al. 2, 1er tiret) précise encore que « *sont nommées provisions sur charges les sommes versées ou à verser en attente du solde*

1. 6e recomm., *Bomelte* n° 91-1.
2. Exposé des motifs de la loi SRU, p. 12.
3. *JOAN Q* 21 nov. 2000, p. 9095, Déclarations du ministre de l'Équipement.
4. PAR EXEMPLE, pour le régime antérieur sur la référence au précédent budget : Paris, 21 févr. 1976, *AJPI* 1976. 403 – POUR les travaux d'amélioration : rép. min., QE n° 26616, *JCP* 1976. IV. 196.
5. Civ. 3e, 10 juin 1970, n° 68-14.219, *Bull. civ.* III, n° 394 – Les appels de provisions ne constituent pas une modification de la répartition des charges.
6. Cette définition ne devrait pas entraver la rédaction de « l'opposition article 20 », en raison de la nomenclature donnée par les articles 5-1 et 6-2 du décret de 1967, modifié, mais pourrait seulement différer l'arrêt définitif des comptes, soit pour le blocage des fonds, soit surtout pour l'application du privilège. Cette interprétation est, d'ailleurs, confirmée par le texte de l'article 45-1, alinéa 2, premier tiret.
7. Paris, 8e ch. D, 30 mars 2000, RG n° 1998/20220, 1999/09747 et Paris, 23e ch. B, 22 févr. 2001, RG n° 1999/18917, *IRC* juill.-août 2001. 16 s., note Capoulade.

définitif qui résultera de l'approbation des comptes du syndicat ». Le texte ne distingue pas entre les provisions sur dépenses « budgétisées » et sur les dépenses « hors budget » (art. 14-2). La somme dont le versement est réclamé ne peut constituer qu'une provision, c'est-à-dire un versement provisoire, dès lors que l'imputation définitive n'est pas arrêtée. Toute provision est évidemment « à valoir » en plus ou en moins. Elle perd sa justification lors de l'approbation des comptes et s'impute sur le montant des charges correspondantes.

c) **Avances.** Le second tiret du même alinéa définit les avances comme étant « *les fonds destinés, par le règlement de copropriété ou une décision de l'assemblée générale, à constituer des réserves, ou qui représentent un emprunt du syndicat auprès des copropriétaires ou de certains d'entre eux* ». Il résulte du texte même que les « avances » se répartissent en deux catégories : d'une part, celles devant constituer des « réserves », et, d'autre part, celles représentant un « emprunt interne ».

Le nouvel article 35 du décret distingue lui-même entre les avances constituant la réserve prévue au règlement de copropriété (art. 35, 1er) – elle se substitue à l'avance permanente de trésorerie ou fonds de roulement – et les avances constituées par les provisions spéciales pour travaux indéterminés (L. 10 juill. 1965, art. 18, al. 1, tiret 5 et art. 35-4e).

En outre, cette même disposition apporte un éclairage important sur ce qu'on avait continué d'appeler les « appels de fonds solidarité » ou « avances solidarité » pour suppléer à la défaillance de certains copropriétaires. Ces avances sont analysées comme réalisant un emprunt du syndicat auprès de copropriétaires.

Enfin, l'article 45-1 apporte deux précisions intéressantes :

– d'une part, la définition des provisions sur charges et celle des avances est donnée « au sens et pour l'application des règles comptables du syndicat ».

– d'autre part, « les avances sont remboursables ». Bien que le texte ne l'exprime pas, il en va de même des provisions[1]. Toutefois, le solde créditeur peut alors être reporté sur l'exercice suivant, sauf aliénation du lot.

Cette conséquence dérive de la nature même de l'avance et de la provision, ainsi que du caractère personnel de l'obligation[2]. Dans la mesure où l'avance, qu'elle soit réserve ou provision spéciale, n'a pas été utilisée, elle doit être restituée (car le copropriétaire possède toujours son droit de créance sur le syndicat). S'il en était autrement, il existerait un acte de disposition au profit du syndicat, ce qui entraînerait un changement de nature juridique et de régime fiscal[3].

1022 Rapports comptables du syndicat et des copropriétaires. Le syndic doit fournir à chaque copropriétaire « en temps utile » les éléments nécessaires à la déclaration d'ensemble de ses revenus et notamment le détail des dépenses payées pendant l'année civile au nom du syndicat, afin, le cas échéant, d'en permettre la déduction[4].

L'approbation des comptes conférant le caractère de liquidité et d'exigibilité aux charges (à la différence des provisions), il était admis, avant le passage des comptes trimestriels à l'exercice annuel, que les intérêts dus par le bailleur pour la restitution tardive du dépôt de garantie ne couraient pas tant que le propriétaire bailleur n'avait pas reçu le décompte des charges[5].

En cas de contestation sur les comptes, il appartient au copropriétaire intéressé d'agir à l'encontre du syndicat, représenté par le syndic en exercice, et non à l'encontre de celui-ci personnellement, avec lequel il n'a aucun lien de droit[6].

La loi du 6 janvier 1978, relative à l'informatique, aux fichiers et à la liberté ne fait pas obstacle à la communication de la comptabilité séparée aux membres du syndicat[7]; la loi du 31 décembre 1985 a organisé la communication de cette comptabilité aux copropriétaires, en ajoutant un article 18-1 à la loi du 10 juillet 1965 (v. s^{s} n° 1036).

La clarification sémantique (Décr. 1967, art. 45-1) et comptable (L. 10 juill. 1965, art. 14-1 à 14-3) permet de définir les règles d'imputation pour l'apurement des comptes entre vendeur et acheteur de lot (Décr. 17 mars 1967, art. 6-2, 6-3 et 45-1)[8].

1. Civ. 3e, 4 et 17 juin 1997, n° 95-13.559, n° 95-21.470, *RDI* 1997. 481.
2. Civ. 3e, 17 juin 1997, n° 95-21.470, *IRC* mars 1998. 10, note Capoulade; *RDI* 1997. 481 – RAPPR. : Civ. 3e, 30 juin 1998, n° 96-18.819, *Bull. civ.* III, n° 140; *RDI* 1998. 689.
3. Atias, « Le remboursement des sommes payées en trop », *IRC* juin 2005. 21.
4. Rép. min., *JO Sénat* Q 15 oct. 1981, p. 2019 – SUR les charges déductibles : LAFOND, ROUX ET STEMMER, s^{s} art. L. 18, n° 535.
5. Civ. 3e, 13 mars 1992, *JCP* 1992. IV. 1489 – AUSSI : Laporte, « Introduction d'une norme comptable dans le statut de la copropriété », *Gaz. Pal.* 15-16 mars 2002. 25; la restitution peut, dans ce cas, ne pas être totale dans le délai : 75 à 80 % – Rép. min, QE n° 4514, 14 oct. 2002, *JOAN Q* 18 nov. 2002, p. 4297.
6. Paris, 26 janv. 1983, *Juris-Data* n° 021106, *D.* 1983. IR 458. L'action du copropriétaire contre le syndic personnellement se placerait sur le plan délictuel.
7. Rép. min. QE, *JOAN Q* 5 janv. 1987, p. 68.
8. Capoulade, « Les rapports financiers entre le syndicat des copropriétaires, le vendeur et l'acheteur d'un lot de copropriété », *IRC* juill. 2007. 17.

§ 1
Réglementation comptable

A.
Généralités

1023 Comptabilité du syndicat[1] **– Principes fondamentaux.** Le syndic est *le comptable et le caissier* de la copropriété. L'article 18 de la loi du 10 juillet 1965, reprenant l'article 34 du décret de 1967, depuis la loi du 31 décembre 1985, chargeait le syndic de « tenir pour chaque syndicat une comptabilité séparée qui fait apparaître la position de chaque copropriétaire à l'égard du syndicat, ainsi que la situation de trésorerie ».

La rédaction donnée à l'article 18 (al. 1, tiret 4) par la loi du 13 décembre 2000 n'a guère changée : « *Le syndic est chargé... d'établir... les comptes du syndicat et (ses) annexes, de les soumettre au vote de l'assemblée générale et de tenir pour chaque syndicat une comptabilité séparée qui fait apparaître la position de chaque copropriétaire à l'égard du syndicat*[2, 3] ».

Il résulte de ce texte que le syndic est tenu d'une triple obligation sur le plan comptable :

– Il doit d'abord tenir une *comptabilité distincte par syndicat*, chaque syndicat, principal ou secondaire, constituant une personne morale autonome. Il est, en effet, le représentant d'un syndicat; celui-ci doit être à même de connaître facilement sa position comptable et d'identifier tous les mouvements de fonds en débit, en crédit et en dépôt.

– Ensuite, cette comptabilité séparée doit permettre de dégager clairement « *la situation de trésorerie du syndicat* », notamment pour mettre le syndicat et, à travers lui, les copropriétaires, en face de leurs responsabilités en cas d'insuffisance de trésorerie, pour détecter éventuellement le syndicat en « pré-difficulté », voire même en difficulté et aussi pour faciliter la transmission des fonds en cas de changement de syndic (L. 10 juill. 1965, art. 18-2) ou de nomination d'un administrateur provisoire (L. 10 juill. 1965, art. 29-1), sans qu'il soit besoin d'investigations portant sur la comptabilité du cabinet du syndic.

– Enfin, cette comptabilité doit permettre de déterminer la *position comptable de chaque copropriétaire à l'égard du syndicat.* Plus précisément, elle doit faire apparaître clairement l'identification des copropriétaires débiteurs et l'évaluation de leurs dettes, aussi bien pour exercer une action en recouvrement que pour mettre en œuvre des sûretés (L. 10 juill. 1965, art. 19-1, 19-2).

Il n'y a plus, à cet égard, à différencier le syndic professionnel du syndic non professionnel, puisque ce dernier ne peut être dispensé d'ouvrir un compte séparé au nom du syndicat.

Ces principes fondamentaux demeurent, mais la loi SRU du 13 décembre 2000 les a complétés par des mesures techniques, à la fois innovantes et importantes. Les dispositions de l'article 14-3 de cette loi sont précisées par celles du décret du 14 mars 2005 relatif aux comptes du syndicat des copropriétaires et de l'arrêté interministériel du même jour ayant le même objet.

1024 Comptabilité du syndicat – Caractéristiques. Tout en répondant à ces principes fondamentaux, la comptabilité des syndicats, avant la loi SRU et le décret du 14 mars 2005, variait selon la méthode adoptée par le syndic. En général, les règles de la comptabilité domestique en deux colonnes recettes – dépenses gouvernaient la tenue de la comptabilité des syndicats et permettaient seulement de connaître la situation de la trésorerie en fin d'exercice, sans vue prospective.

Dans un souci de normalisation, la commission relative à la copropriété avait, en 1991, dans sa sixième recommandation, suggéré l'utilisation d'une terminologie commune, et la présentation uniforme des comptes[4], mais cette préconisation a été peu appliquée.

Cependant, les copropriétaires continuaient à se plaindre de la diversité dans la présentation des comptes et souhaitaient une plus grande transparence, une parfaite lisibilité et un meilleur suivi des fonds[5].

1. Antérieurement à la loi SRU : Kischinewsky-Broquisse, n° 441 – Lafond, Roux et Stemmer, s^s art. L. 18 chap. IX – 6e recomm. de la commission relative à la copropriété, *Bomelte*, n° 91-16 – Arnaud, « La comptabilité des syndicats de copropriété », *IRC* févr. 1975. 17 et mars 1975. 33 – Vigneron, « La gestion financière de la copropriété », *JCP N* 1976. I. 2811 – Cordier, « La vérification des comptes de la copropriété », *IRC* juin 1991. 201 – Postérieurement à la loi SRU : Laporte, *La nouvelle comptabilité de la copropriété*, Delmas – Atias, « Les comptes des syndicats de copropriétaire », *IRC* mai 2005. 21 – Giverdon et Jaffuel, « La comptabilité des syndicats de copropriétaires », *AJDI* 2005. 447 – Laporte, « La comptabilité d'engagement du syndicat des copropriétaires, charges, produits et créances douteuses », *AJDI* 2006. 818 – Capoulade, « La comptabilité et le syndicat des copropriétaires ». *Administrer* 2005, 9, n° 379.
2. Cette disposition est entrée en vigueur le 1er janv. 2007 pour ce qui concerne la comptabilité.
3. L'adhésion à un organisme de caution ne le dispensait pas avant la loi SRU d'ouvrir un compte séparé, rép. min., QE, 14 févr. 1983, *JOAN Q* 1983, p. 844, cette solution paraît devoir être maintenue.
4. À cet effet, deux tableaux de présentation des comptes avaient été joints, en annexe, à cette recommandation, *Bomelte*, n° 91-16.
5. *JO Sénat* 2000, p. 2549.

La loi SRU du 13 décembre 2000 a donc ajouté un article 14-3 à la loi du 10 juillet 1965, qui impose la tenue d'une comptabilité d'engagement, en conformité avec des règles comptables spécifiques fixées par décret[1].

Ces règles sont *spécifiques*. Le syndicat est une personne morale atypique dont l'objet, défini par l'article 14 de la loi, répond au principe de la spécialité. Il ne peut être rapproché d'une société ou d'une association et sa comptabilité ne peut être confondue avec celle du syndic, laquelle obéit à ses règles propres. À la spécificité d'un syndicat doit donc correspondre une spécificité de la comptabilité, écartant toute transposition du plan général comptable des entreprises et applicable à l'administration de biens. L'article 14-3 (al. 3) de la loi le souligne qui exclut l'application aux syndicats de copropriétaires des dispositions de la loi n° 98-261 du 6 avril 1998 (art. 1 à 5).

Ces règles spécifiques s'appliquent uniquement aux syndicats de copropriétaires[2] et non pas à la comptabilité du syndic, ni à celles d'autres entités, telles qu'unions de syndicats ou associations syndicales régies par la loi du 21 juin 1865 puis par l'ordonnance du 1er juillet 2004, mais les statuts de ces dernières peuvent les adopter, à moins qu'elles ne soient assujetties de plein droit au règlement n° 99-01 du Comité de la réglementation comptable.

Les règles spécifiques sont *obligatoires*. Nul syndicat, qu'il soit principal ou secondaire, de forme coopérative ou en difficulté, ne peut s'en affranchir. Ni le règlement de copropriété, ni une décision de l'assemblée, même unanime, ne peuvent dispenser le syndic de les observer. L'article 14-3 présente un caractère *impératif*, tant par sa formulation que par la sphère d'application de l'article 43 de la loi.

Les règles spécifiques sont *générales*. Elles s'imposent à tout syndicat de copropriétaires, quels que soient sa forme, son régime, son importance, la destination de l'immeuble, le statut du syndic. Toutefois, la loi ENL déroge à la loi SRU au profit de certains syndicats en raison de leur nombre restreint de lots et de la moyenne triennale de leur budget prévisionnel (L. ENL, art. 92, complétant L. 1965, art. 14-3 - V. ss n° 1034).

Les règles spécifiques, *fixées par décret*, sont *normatives*. L'article 14-3 réalise la normalisation souhaitée par les copropriétaires qui pourront suivre l'utilisation des fonds, ainsi que l'évolution des charges de leur immeuble et la rapprocher facilement de celle d'autres syndicats. Ces règles résultent des dispositions du décret du 14 mars 2005 relatif aux comptes du syndicat des copropriétaires.

Enfin, la comptabilité, tenue suivant les règles spécifiques, est *particulière à chaque syndicat*. C'est l'application du principe posé par l'article 18 et réaffirmé par l'article 14-1 (« Les comptes du syndicat... »). Il ne peut y avoir une comptabilité groupée, ni une comptabilité commune à plusieurs syndicats, en raison de l'autonomie de la personne morale[3].

1025 Comptabilité du syndicat – Principes techniques. L'article 14-3 (al. 1er), introduit dans la loi du 10 juillet 1965 par la loi du 13 décembre 2000 (art. 75-1), pose un premier principe : « *Les comptes du syndicat comprenant le budget prévisionnel, les charges et produits de l'exercice, la situation de trésorerie, ainsi que les annexes au budget prévisionnel sont établis conformément à des règles comptables spécifiques fixées par décret.* »

L'alinéa 2 du même article détermine le mode de tenue de la comptabilité du syndicat. Il opère, à cet égard, une mutation essentielle, en substituant la comptabilité d'engagement à la comptabilité de trésorerie : « *Les charges et les produits du syndicat, prévus au plan comptable, sont enregistrés dès leur engagement juridique, par le syndic indépendamment de leur règlement. L'engagement est soldé par le règlement*[4] ».

L'examen de ces dispositions conduit à envisager, d'abord, les documents comptables, puis la comptabilité d'engagement et enfin la tenue de la comptabilité elle-même.

B. Les règles juridiques

1026 La comptabilité d'engagement. Cette innovation de la loi SRU sous-tend désormais l'ensemble du dispositif comptable des syndicats de copropriétaires. Le projet de loi en posait déjà le principe; il a fait l'objet, sur ce point, de nombreux échanges de vues au Parlement[5]. Il en est résulté un temps une rédaction peu satisfaisante qui a été heureusement corrigée par la loi du 18 janvier 2005 qui a modifié la rédaction de l'article 14-3 (al. 2) de la loi du 10 juillet 1965 (v. ss n° 1025). La comptabilité repose, d'une part, sur des écritures « en partie double » et, d'autre part, sur la *nomenclature des*

1. *JOAN* 2000, p. 9180 – *JO Sénat* 2000, p. 5328.
2. Décr. 14 mars 2005, art. 1er.

3. Atias, préc. note 8, n° 944.
4. L'article 14-3, modifié par l'article 120 de la loi n° 2005-32 du 18 janvier 2005, n'est entré en application que le 1er janvier 2007, lors de l'entrée en vigueur du décret relatif aux comptes des syndicats de copropriétaires. Jusque-là, la comptabilité de trésorerie est restée applicable.
5. *JOAN* 2000, p. 2218 – *JO Sénat* 2000, p. 2549 – Rapp. de M. Jarlier au Sénat, p. 143.

comptes. Selon l'arrêté du 14 mars 2005 (art. 1er). « Dans ce système, tout mouvement ou variation enregistrée dans la comptabilité est représenté par une écriture qui établit une équivalence entre ce qui est porté au débit et ce qui est porté au crédit des différents comptes affectés par cette écriture ».

Ce système permet de suivre les mouvements de fonds en crédit et en débit, au besoin après ventilation et de dégager la situation des opérations non encore clôturée à la fin de l'exercice. La clarté des flux et reflux assure la transparence de la comptabilité. Le compte 47 en offre un excellent exemple « le compte d'attente doit être soldé en fin d'exercice ou à défaut justifié ligne à ligne ».

Il permet aussi de dégager une vue prospective des engagements affectant les exercices à venir.

1027 Enregistrement des opérations. L'article 14-3 de la loi du 10 juillet 1965 pose le principe selon lequel « *les charges et les produits du syndicat [...] sont enregistrés dès leur engagement juridique [...] indépendamment de leur règlement. L'engagement est soldé par le règlement* ». Les charges correspondent aux dépenses de toute nature et non pas aux charges, après approbation des comptes, au sens de l'article 45-1 du décret du 17 mars 1967. Les produits comprennent les recettes de toute nature et non pas des stocks de fournitures ou de matériel. *Apparaissent aussi les « opérations exceptionnelles »* (Décr. 14 mars 2005, art. 2) qui complètent très utilement les dépenses de maintenance et les dépenses de travaux, seules visées par la loi de 1965 et le décret de 1967.

Du point de vue *formel*, l'enregistrement se réalise par une écriture passée en « partie double » établissant une équivalence entre le débit et le crédit des différents comptes affectés par cette écriture (arrêté, art. 1er). L'enregistrement a lieu toutes taxes comprises, le montant et le taux des taxes étant indiqués lorsque plusieurs copropriétaires ont déclaré être assujettis à la TVA, soit par eux-mêmes, soit par leurs locataires (v. ss no 1031 - arrêté, art. 3). Tout enregistrement comporte un libellé permettant d'identifier la pièce justificative de l'écriture (date, numéro de facture, date et référence du paiement, période de la demande de fonds et son objet) (arrêté, art. 4). Les pièces justificatives, conservées en originaux pendant dix ans sauf dispositions expresses contraires, comportent la référence du syndicat (nom et adresse de l'immeuble)[1]. Elles doivent être datées et peuvent mentionner la date du paiement (Décr., art. 6).

Les pièces et documents comptables appartiennent au syndicat. Il incombe au syndic sortant de conserver copie des pièces nécessaires à la justification des opérations comptables, les originaux devant être transmis, sous bordereau à son successeur (Décr., art. 6, al. 2 - L. 1965, art. 18-2 - Décr. 1967, art. 33-1).

Du point de vue du *fond*, l'article 18 (al. 1, tiret 4) de la loi de 1965 prescrit la tenue d'une comptabilité distincte par syndicat, permettant de déterminer la position comptable de chaque copropriétaire à l'égard du syndicat. La comptabilité d'engagement distingue entre l'enregistrement qui s'opère immédiatement et le règlement qui est indépendant et correspond au dénouement de l'opération en trésorerie. Ainsi, sont rattachés à l'exercice les produits acquis (reçus ou à recevoir) et les charges supportées (réglées ou à régler) au titre de l'exercice.

1028 Charges. Les articles 3 et 4 du décret du 14 mars 2005 précisent les notions de charges et de produits du point de vue comptable et distinguent les opérations courantes (art. 3), d'une part, et les travaux et opérations exceptionnelles (art. 4), d'autre part.

Les charges constatées pour les « opérations courantes » comprennent les sommes, versées ou à verser, en contrepartie des fournitures et services dont a bénéficié le syndicat (Décr. 14 mars 2005, art. 3, al. 1er). Elles correspondent aux dépenses de maintenance, de fonctionnement et d'administration des parties communes et équipements communs de l'immeuble, mentionnées à l'article 14-1 de la loi de 1965 et que détermine l'article 43 du décret de 1967.

Les charges constatées pour les *travaux et opérations exceptionnelles* comprennent les sommes, versées ou à verser pour les dépenses qui ne sont pas comprises dans le budget prévisionnel, décidées en application de l'article 14-2 de la loi de 1965. L'article 44 du décret de 1967 donne une énumération catégorielle de ces travaux et études qui dépassent la maintenance et les travaux assimilés.

La comptabilisation des diverses charges par le syndicat a lieu au fur et à mesure de la réalisation des travaux ou de la fourniture des prestations (Décr. 14 mars 2005, art. 4).

Lorsqu'ils se déroulent sur plusieurs exercices, la dépense afférente aux travaux ou prestations sont comptabilisés au titre de l'exercice de leur réalisation (Décr. 14 mars 2005, art. 4, al. 2).

Les dépréciations sur créances douteuses constituent aussi des charges (Décr. 14 mars 2005, art. 4, al. 3). Lorsqu'elles existent à l'encontre de personnes autres que des copropriétaires, l'assemblée générale en arrête le montant, à la majorité de l'article 24, sur estimation proposée par le syndic. Cette décision exige donc l'inscription d'une ques-

1. Civ. 3e, 12 mai 2004, no 02-17.793, *Bull. civ.* III, no 94; *AJDI* 2004. 746.

tion particulière à l'ordre du jour et un exposé circonstancié du syndic, après quoi les écritures constatent l'existence de la créance douteuse. La constatation des créances douteuses à l'encontre d'un copropriétaire intervient après mise en œuvre des diligences nécessaires au recouvrement, au moment de la décision de l'assemblée générale autorisant le syndicat à procéder à une saisie immobilière, sans attendre la signification de la saisie sur les modifications préalables à l'assemblée (art. D. II-7°).

1029 **Produits.** Selon l'article 3 (al. 2) du décret du 14 mars 2005, les produits pour *opérations courantes* représentent les sommes reçues ou à recevoir de chaque copropriétaire en exécution des obligations lui incombant et selon les modalités fixées par l'assemblée générale. En principe, le montant de chaque versement correspond au quart du budget prévisionnel, s'il n'en a été autrement décidé, mais la date d'exigibilité est légalement fixée au *premier jour de la période* retenue par l'assemblée (L. 1965, art. 14-1, al. 2 et 3). Ces produits comprennent, en outre, les produits divers affectés aux opérations courantes suivant l'affectation décidée ou approuvée par l'assemblée générale.

Les produits pour les *travaux et opérations exceptionnelles* comprennent les sommes reçues ou à recevoir en application de l'article 14-2 de la loi du 10 juillet 1965. L'assemblée générale décide de la dépense à la majorité légalement requise selon la nature des travaux ou de l'opération et elle fixe le quantum et la date d'exigibilité de la provision.

En outre, ces mêmes produits incluent les emprunts contractés par le syndicat pour couvrir les dépenses pour travaux, les subventions notifiées, les indemnités d'assurance[1], les loyers des parties communes[2], les produits issus des placements décidés par le syndicat[3] et les intérêts des sommes dues au syndicat suivant l'affectation décidée par l'assemblée générale.

Ces produits sont à constater au titre de l'exercice de leur exigibilité.

Le décret du 14 mars 2005 pose des règles particulières pour les subventions qui sont à constater dès leur notification. Toutefois, les subventions dont le versement s'effectue sur plusieurs exercices, sont à mentionner dans l'état des travaux (annexes 5) dès leur notification et inscrites en comptabilité suivant les dispositions prévues par la décision d'octroi[4].

Enfin, pour éviter toute contestation sur l'imputation des versements et, par conséquent, de la tenue des comptes individuels, il est précisé, « conformément à l'article 1256 du code civil » que « les versements des copropriétaires sont affectés, à défaut d'indication contraire, au règlement de la dette la plus ancienne ». Le principe de l'imputation à la dette la plus ancienne plie devant la volonté exprimée par le copropriétaire débiteur lors du versement[5].

1030 **Exercice comptable.** La réglementation comptable spécifique retient le principe de *l'annualité de l'exercice comptable*[6]. Cette disposition rejoint le principe de l'annualité budgétaire[7] et de l'annualité des dépenses de charges et travaux garantis par le privilège spécial immobilier occulte[8]. Il existait à cet égard une nuance de rédaction. Tandis que l'exercice comptable couvre « une période de douze mois », l'année pour les créances privilégiées, « s'entend de l'année civile comptée du 1er janvier au 31 décembre ». Pour des raisons de simplification[9], il appartenait donc à l'assemblée générale, à la majorité de l'article 24, de faire coïncider l'exercice comptable avec l'année civile. Cependant, les professionnels et les praticiens souhaitaient que les annuités privilégiées correspondent à l'année comptable. Aussi, la rédaction de l'article 5-2 du décret de 1967 a-t-elle été modifiée en ce sens par l'article 3 du décret du 20 avril 2010 depuis le 1er juin 2010, « *Pour l'application du 1 bis de l'article 2374 du code civil, l'année s'entend de l'exercice comptable au sens de l'article 5 du décret du 14 mars 2005 relatif aux comptes du syndicat des copropriétaires* ». Cette nouvelle disposition paraît bien instituer la situation exceptionnelle motivant la dérogation prévue à l'article 5, alinéa 2 du décret du 14 mars 2005.

Toutefois, la réglementation prévoit deux dérogations exceptionnelles au principe de l'annualité comptable :

– « Pour le premier exercice, l'assemblée générale des copropriétaires fixe la date de clôture des comptes et la durée de cet exercice qui ne pourra excéder dix-huit mois » (Décr. 2005, art. 5, al. 1er). Le premier exercice s'entend de celui dont l'ouverture suit

1. L'indemnité versée au titre de l'assurance dommages-ouvrages est obligatoirement affectée à la réparation des dommages.
2. Loyers dus en raison de la location du panneau d'affichage, de lots appartenant au syndicat, de l'implantation d'antenne relais ou de rediffusion.
3. Décr. 17 mars 1965, art. 35-1 et art. 36 – Cela exclut toute participation aux intérêts portés par un compte unique (v. ss no 1050) mais non les intérêts prévus par l'article 36 du décret du 17 mars 1967.
4. Décr. 1er mars 2005, art. 4, al. 4; rect. *JO* 18 mars 2005, p. 4576, 1re col.
5. Décr. 14 mars 2005, art. 9, al. 2.
6. Décr. 14 mars 2005, art. 5, al. 1.
7. L. 10 juill. 1965, art. 14-1, al. 1.
8. C. civ., art. 2103, 1°, *bis*, et Décr. 17 mars 1967, art. 5-2.
9. Rédaction de l'opposition « article 20 », préparation et exécution du budget prévisionnel, déclaration et imposition fiscales.

l'entrée en vigueur du décret du 14 mars 2005, aussi bien que la naissance du syndicat.

– « La date de clôture de l'exercice pourra être modifiée sur décision motivée de l'assemblée générale des copropriétaires » (Décr. 2005, art. 5, al. 2). Cette faculté permet une meilleure adaptation à la vie de la copropriété (changement de syndic, résidence de vacances...). Il n'existe pas d'autre hypothèse de *décision motivée* en copropriété immobilière. La motivation paraît bien constituer un élément substantiel de la décision et son absence pourrait entraîner l'annulabilité de la décision. Toutefois, le texte apporte une limitation à cette faculté pour éviter instabilité et confusion dans les comptes : « Un délai minimum de cinq ans devra être respecté entre les deux décisions d'assemblées générales modifiant la date de clôture ».

Dans tous les cas, la constatation du mouvement se situe au cours d'un exercice bien déterminé. En principe, sont rattachés à l'exercice les produits acquis et les charges supportées au titre de l'exercice[1], mais le décret de 2005 apporte certaines précisions à cette règle :

– la comptabilisation des charges pour travaux et prestations votées, s'étalant sur plusieurs exercices, se place au cours de l'exercice de la réalisation de ces travaux ou prestations[2];

– la constatation des produits pour travaux et opérations exceptionnelles a lieu au titre de l'exercice de la réalisation de ces travaux et opérations[3];

– les subventions dont le versement s'étale sur plusieurs exercices, sont inscrites en comptabilité sur le fondement de la décision d'octroi[4];

– « *Les comptes sont arrêtés à la date de clôture de l'exercice* », dont l'assemblée générale fixe la date. Une procédure de clôture fixe alors la chronologie des écritures afin de garantir l'intangibilité des enregistrements;

– Le régime de comptabilité applicable se détermine par référence à celui applicable à la date d'ouverture de l'exercice.

C. Règles comptables

1031 **Écritures comptables.** L'arrêté du 14 mars 2005 énonce deux règles essentielles à la tenue d'une comptabilité afin d'éviter toute modification après enregistrement :

– Les documents comptables sont tenus sans altération et sans blanc (arrêté, art. 5);

– Une écriture erronée est annulée par une écriture contraire (*ibid.*);

– Tout enregistrement présente un libellé permettant l'identification de la pièce d'appui (arrêté, art. 4);

– Le livre journal et le grand livre des comptes sont côtés sans discontinuité (arrêté, art. 2, al. 4);

– Les enregistrements sont fixés à la date d'arrêté des comptes par une procédure de clôture (arrêté, art. 5, al. 2 – V. s[s] n° 1030);

– Les opérations sont enregistrées toutes taxes comprises, avec indication du montant et de la taxe.

Le syndic doit, en effet, fournir à chaque copropriétaire, « en temps utile », les éléments nécessaires à la déclaration de l'ensemble de ses revenus et notamment le détail des dépenses payées pendant l'année civile au nom de syndicat, afin, le cas échéant, d'en permettre la déduction[5]. Le syndicat étant une personne civile, transparente fiscalement, la Cour de cassation a jugé que le syndic n'avait pas à indiquer aux copropriétaires le montant de la TVA grevant chacun des postes de dépenses[6]. Toutefois, le renseignement peut être fourni spontanément ou sur demande, en application d'une clause particulière du contrat de mandat. Cette disposition met fin à une hésitation; il est, en effet, possible que des copropriétaires, par eux-mêmes ou leurs locataires, soient assujetties à la TVA; ainsi, le syndic sera à même de les renseigner, après avoir sollicité auprès d'eux une information, sur leur assujettissement et, le cas échéant, sur le taux applicable.

1032 **Registres comptables.** L'article 2 de l'arrêté du 14 mars 2005 donne d'utiles indications sur les registres comptables du syndicat, que doit tenir le syndic.

– « *Le livre journal*, tenu selon les dispositions du décret n° 83-1020 du 29 novembre 1983, enregistre chronologiquement les opérations ayant une incidence financière sur le fonctionnement du syndicat » (art. 2, al. 2).

« *Le grand livre* des comptes regroupe l'ensemble des comptes utilisés par le syndicat, opération par opération » (art. 2, al. 3).

Ces deux livres sont côtés sans discontinuité (art. 2, al. 4); ils peuvent être tenus sur supports informatiques numérotés et datés dès leur établissement, à la condition d'offrir toute garantie en matière de preuve (art. 2, al. 5).

1. Décr. 14 mars 2005, art. 2.
2. Décr. 14 mars 2005, art. 4, al. 2.
3. Décr. 14 mars 2005, art. 5, al. 5.
4. Décr. 14 mars 2005, art. 5, I *in fine*; rect. *JO* 16 avr. 2005.
5. Rép. min., *JO Sénat* Q 15 oct. 1981, p. 2019 – SUR les charges déductibles : LAFOND, ROUX ET STEMMER, s[s] art. L. 18, n° 29.
6. Canu, « La récupération de la TVA payée sur les charges de copropriété par le copropriétaire assujetti », *Administrer* juill. 1995. 18.

Les livres auxiliaires peuvent être tenus, en tant que de besoin, pour permettre un suivi plus détaillé en raison d'opérations multiples ou complexes. Il apparaît bien que ces livres auxiliaires peuvent être tenus sur supports informatiques offrant toute garantie de sécurité (C. civ., art. 1316-1)[1].

L'arrêté du 14 mars 2005 (art. 2 *in fine*) impose encore au syndic d'éditer *deux balances générales des comptes*, qui doivent être en concordance : l'une selon la nomenclature comptable, l'autre selon les clés de répartition des charges prévues par le règlement de copropriété.

Comme tout document comptable, les livres et les balances sont établis au nom du syndicat avec adresse de l'immeuble, précision de leur contenu et référence de l'exercice comptable concerné (arrêté, art. 11).

Le syndic tient à disposition, à l'occasion de toute vérification[2], le grand livre, le livre journal, les deux balances et, le cas échéant, les journaux auxiliaires. Il en doit la transmission au nouveau syndic (L. 1965, art. 18-2 et Décr. 1967, art. 33-1).

1033 Nomenclature des comptes. L'une des caractéristiques les plus essentielles de la réforme comptable, opérée par le décret et l'arrêté du 14 mars 2005, figure au titre II de l'arrêté. Ce titre se décompose en deux chapitres : le premier consacré à la « nomenclature des comptes » ou « référentiel » et le second au fonctionnement des comptes.

La nomenclature des comptes consiste en une « liste des comptes classés, numérotés et définis par une terminologie et des règles de fonctionnement » (arrêté, art. 6).

Ces classes de compte et comptes sont les seuls utilisables par le syndic pour l'enregistrement des opérations effectuées par le syndicat des copropriétaires, à l'exclusion des règles du plan comptable générales qui ne peuvent être utilisées pour détailler les comptes du syndicat. Toutefois, si la nomenclature se révèle insuffisante pour enregistrer distinctement les comptes du syndicat, le syndic peut ouvrir toute subdivision nécessaire (arrêté, art. 8, al. 1er et 2).

Afin d'assurer les différents mouvements affectant chaque compte du syndicat, « aucune compensation ne doit être effectuée entre les comptes dont le solde est débiteur et les comptes dont le solde est créditeur » (arrêté, art. 9, al. 1er).

Chaque compte est identifié par un nombre composé de deux chiffres, le premier correspondant à la classe de compte, chaque subdivision correspond à un nombre composé de trois chiffres et s'il est nécessaire, de quatre chiffres.

L'arrêté du 14 mars 2005 (art. 7) répartit les comptes en cinq classes :

- classe 1 : provisions, avances, subventions et emprunts, avec quatre comptes;
- classe 4 : copropriétaires et tiers, avec neuf comptes;
- classe 5 : comptes financiers, avec trois comptes;
- classe 6 : comptes de charges, avec huit comptes;
- classe 7 : comptes de produits, avec trois comptes.

Les classes 2 (immobilisations) et 3 (stocks) n'ont pas été retenues, étant considérées comme inadaptées, voire inutiles, pour la comptabilité des syndicats de copropriétaires.

Le décret du 14 mars 2005 (art. 7, al. 1er) prévoit aussi que « le syndic doit être en mesure de ventiler les sommes exigibles à recevoir de chaque copropriétaire » selon quatre rubriques correspondant à quatre sous-comptes : les créances sur opérations courantes (450-1) les créances sur les travaux ne relevant pas de la maintenance (L. art. 14-2) et opérations exceptionnelles (450-2), créances sur avances (450-3), créances sur emprunts du syndicat (450-4).

Le second alinéa du même article donne à l'assemblée générale des copropriétaires, statuant à la majorité de l'article 24 de la loi de 1965, la possibilité de décider que « le syndic procède à la ventilation comptable en quatre sous-comptes selon les rubriques ci-dessus dès l'enregistrement des opérations ». Selon le texte même du décret, cette disposition a pour objet d'« assurer un meilleur suivi des fonds versés par les copropriétaires ». Cette ventilation se réfère aux quatre catégories de sommes dont le syndicat peut exiger le versement de chaque copropriétaire en application de l'article 35 du décret du 17 mars 1967. Elle facilite aussi la détermination de la créance du syndicat pour la mise en œuvre de la procédure accélérée de recouvrement (L. 1965, art. 19-2) et du privilège spécial immobilier occulte. Néanmoins, elle a suscité de vives réticences en raison de la multiplication des écritures et, par conséquent, un accroissement des coûts et une augmentation des risques d'erreurs.

1034 L'exception : la dispense de comptabilité en partie double. Une vive polémique s'est développée autour de la généralisation de la comptabilité d'engagement[3] apparue à certains comme étant

1. Tenue d'une comptabilité auxiliaire par le syndicat de résidence-service lorsqu'il procure lui-même des services (Décr. 1967, art. 39-4).
2. Agent d'administration désigné par le préfet (Décr. 20 juill. 1972, art. 86, pour les professionnels), garant financier, membres du conseil syndical des copropriétaires (L. 1965, art. 18-2), comptable et expert-comptable du syndic ou du syndicat.
3. Giverdon, « Petites copropriétés : mythe ou réalité », *AJDI* 2004. 858.

trop complexe. On a craint qu'elle soit disproportionnée par rapport à la gestion comptable de « petits syndicats », trop technique pour un syndic non professionnel et peu compréhensible pour les copropriétaires. En revanche, on faisait valoir que cette comptabilité consistait essentiellement dans l'équivalence des écritures permettant de suivre avec précision les mouvements à enregistrer, qu'il n'existait pas de critères stables et fiables pour déterminer ce qui serait un « petit syndicat », que l'introduction de deux systèmes de comptabilité chez un syndic professionnel risquerait d'engendrer des confusions et nécessiterait un personnel très expérimenté.

Dans ce contexte, un amendement parlementaire a finalement été adopté pour devenir l'article 92 de la loi ENL qui a complété l'article 14-3 de la loi du 10 juillet 1965 par la phrase suivante : « *Toutefois, un syndicat comportant moins de dix lots à usage de logements, de bureaux ou de commerces, dont le budget prévisionnel moyen sur une période de trois exercices consécutifs est inférieur à quinze mille euros, n'est pas tenu à une comptabilité en partie double; ses engagements peuvent être constatés en fin d'exercice* ».

Cette disposition pose de nombreuses questions. On remarquera, tout d'abord, que ce texte ouvre une *simple faculté* aux syndicats répondant aux deux critères cumulatifs de ne pas tenir une comptabilité en partie double et de constater les engagements en fin d'exercice. Dès lors, ils disposent aussi de la faculté inverse, celle d'adopter la comptabilité d'engagement.

La loi fixe à dix le nombre maximal de lots afin de bénéficier de la dispense, mais s'appuie sur l'affectation catégorielle des lots et ne considère que les lots à usage de logements, de bureaux ou de commerces. Se trouvent ainsi exclus les lots à usage artisanal, industriel, culturel ou cultuel ou d'aire de stationnement. Même constitué en lot séparé, une indivisibilité peut exister avec un lot à usage de logement, de bureaux ou de commerce; il en est ainsi notamment, du point de vue fiscal, entre un lot à usage d'habitation et un lot à usage d'aire de stationnement situés à peu de distance.

Quant à la moyenne triennale des budgets prévisionnels, elle nécessite un établissement annuel et suppose une stabilité de la valeur monétaire. Elle ne tient aucun compte des dépenses effectuées, en particulier des dépenses hors budget qui, à l'occasion de travaux, peuvent représenter des sommes importantes. En outre, le budget prévisionnel peut être minoré et la véritable caractéristique devrait résider dans les comptes (au moins de maintenance) approuvés en fin d'exercice. La possibilité et non l'obligation de constater les engagements en fin d'exercice risque de ne pas permettre l'évaluation exacte de la situation financière du syndicat.

Le syndicat des copropriétaires ne pouvant tenir deux comptabilités différentes pour un même exercice, en cas de variation des critères en cours d'exercice, le syndicat ne doit se conformer au décret et à l'arrêté du 14 mars 2005 qu'à partir de la date d'ouverture de l'exercice suivant ce changement [1].

D.
L'information des copropriétaires

1035 Consultation des comptes par les copropriétaires – Principes [2]**.** Jusqu'à la loi du 31 décembre 1985, les membres du conseil syndical avaient seuls accès aux documents concernant l'administration du syndicat. S'inspirant des tendances modernes du consumérisme, la loi du 22 juin 1982 (art. 24) sur les rapports locatifs, aujourd'hui abrogée, avait organisé l'information des locataires sur les charges dans les immeubles « en copropriété ». La loi du 31 décembre 1985, en insérant un article 18-1 dans la loi de 1965, a consacré le droit d'accès des copropriétaires aux pièces justificatives des charges de copropriété. Ce droit est limité quant aux personnes; il l'est aussi dans le temps.

Quant aux *personnes*, cet accès est ouvert à tous les copropriétaires, eux-mêmes, aux acquéreurs à terme, ainsi qu'au mandataire commun en cas d'indivision ou d'usufruit, mais à l'exclusion des locataires, des occupants, des associés d'une société propriétaire de lots ou de tierces personnes.

Dans le temps, il s'exerce « *pendant le délai s'écoulant entre la convocation de l'assemblée générale appelée à connaître des comptes et la tenue de celle-ci* ». L'accès s'applique seulement aux propositions de décision concernant les comptes [3].

L'article 9, alinéa 1, du décret de 1967, complété par celui du 9 juin 1986 prévoit que cette convocation « rappelle des modalités de consultation des pièces justificatives des charges telles qu'elles ont été arrêtées par l'assemblée générale » (v. s^s^ n° 855). En l'absence de cette mention, l'assemblée ne peut délibérer validement sur les comptes [4]. Encore faut-il que l'assemblée générale ait arrêté les modalités de la consultation. Si l'assemblée générale, n'a pas encore arrêté les modalités de consultation des pièces justificatives des charges, la méconnaissance de

1. Rép. min., QE n° 110211, Jeanjean, *JOAN Q* 6 mars 2007, p. 2477.
2. Kischinewsky-Broquisse, n° 505 – Guillot, art. 17 à 18-2, n°s 6 – 76 s. – Lafond, Roux et Stemmer, s^s^ art. L. 18-1 – Lafond, « La mise à disposition des copropriétaires des pièces justificatives des charges de copropriété », *Administrer* déc. 1988, p. 14.
3. Paris, 13 juin 1990, *Juris-Data* n° 022643, *D.* 1992. Somm. 136, obs. Lafond.
4. Versailles, 30 janv. 1992, RG n° 3006/91, *Juris-Data* n° 049203, *RDI* 1993. 128.

cette exigence, impossible à respecter, ne peut entraîner la nullité de la décision; la seule obligation du syndic est alors de tenir les documents à la disposition des copropriétaires. L'absence de décision de l'assemblée ne remet pas en cause le principe et l'accès aux documents peut être ordonné par le juge des référés[1].

1036 Consultation des comptes par les copropriétaires – Portée et modalités. Ainsi organisée la communication des comptes aux copropriétaires porte sur « les pièces justificatives des charges de copropriété, notamment les factures, les contrats de fournitures et d'exploitation en cours et leurs avenants ainsi que la quantité consommée et le prix unitaire ou forfaitaire de chacune des catégories de charges ». La mention du syndicat concerné et celle du règlement effectué, prévue par les règles comptables spécifiques (v. s[s] n° 1024), faciliteront, à cet égard, la consultation; celle-ci ne porte que sur les pièces justificatives des charges[2] et seulement si l'assemblée est appelée à en connaître[3], mais, en revanche, elle concerne toutes les pièces ayant cet objet. Le droit d'accès des copropriétaires est donc moins étendu que celui des membres du conseil syndical (v. s[s] n° 1087). Il est limité non pas quant aux pièces, mais quant à leur objet.

Les pièces justificatives des charges « sont tenues à la disposition de tous les copropriétaires par le syndic » en vue d'une « consultation ». Ces termes impliquent que le syndic n'est pas obligé de donner copie de ces pièces aux copropriétaires, à moins que ceux-ci le demandent et qu'ils en acquittent les frais.

En revanche, la réception des copropriétaires et la mise à leur disposition des pièces justificatives des charges entrent dans les attributions courantes du syndic et ne justifient pas une rémunération particulière[4].

L'assemblée générale, appelée à définir les modalités de la « consultation », ne pourrait imposer au syndic l'obligation de délivrer copie; celui-ci opère donc le choix des pièces, mais, en cas de contestation, le juge pourrait être saisi.

La mise à disposition pour consultation a lieu « au moins un jour ouvré ». La loi en règle donc la durée minimale et exclut qu'elle puisse s'exercer des jours chômés ou fériés, ce qui tient compte des jours de travail du personnel du syndic.

Enfin, le droit s'exerce « selon les modalités définies par l'assemblée générale », statuant à la majorité de l'article 24 de la loi. Ces modalités doivent être arrêtées par une décision particulière de l'assemblée et ne sauraient résulter d'une clause insérée dans le « contrat de syndic ». Ces modalités fixeront le lieu, la méthode, la ou les dates et les heures de la consultation; celle-ci aura lieu, en principe, au bureau du syndic, où se trouvent les documents à consulter.

S'agissant d'un syndicat comportant 201 copropriétaires, de l'examen de deux exercices, le délai de deux heures est insuffisant et l'absence du syndic ne permet pas d'obtenir d'explication, les juges ont pu en déduire que les copropriétaires n'avaient pas été informés d'une manière suffisante, d'où nullité de la décision[5].

Le texte de l'article 18-1 de la loi implique que cette consultation puisse se réaliser de trois manières différentes :

– la consultation sera ouverte *spécialement à tous les copropriétaires* selon des modalités arrêtées par l'assemblée,

– ou bien, l'assemblée « peut décider que la consultation aura lieu un jour où le syndic reçoit le conseil syndical pour examiner les pièces » justificatives des charges. La consultation se fera *en commun*, les copropriétaires se joignant aux membres du conseil syndical, observation faite que ces derniers disposent d'un droit d'accès plus étendu et qu'ils peuvent prendre copie.

« Toutefois, tout copropriétaire ayant manifesté son opposition à cette procédure lors de l'assemblée générale, pourra consulter individuellement les pièces le même jour. » Cette opposition s'exprime par une réserve inscrite au procès-verbal de l'assemblée, suivie d'un vote hostile à la décision prise. À défaut d'adopter une consultation « groupée », chaque copropriétaire aura un accès personnel aux pièces, dans les conditions de lieu, de jour et d'heure fixées par l'assemblée pour l'ensemble des copropriétaires.

1037 Information des copropriétaires. « Pour la validité de la décision », l'article 11 § I du décret du 17 mars 1967 exige la notification, d'une part, de « l'état financier du syndicat des copropriétaires et son compte de gestion général, lorsque l'assemblée

1. Civ. 3e, 4 janv. 1991, 1, 11 n° 89-15.779, *Bull. civ.* III, n° 4; *D.* 1992. Somm. 136, obs. Lafond; *RC* 1991. 190, obs. Sizaire – Lafond, « Panorama de jurisprudence », *Administrer* févr. 1992. 53 – Civ. 3e, 8 juin 1994, 4, n° 92 –17.607, , *Bull. civ.* III, n° 117; *AJPI* 1994. 643, obs. Guitard – Paris, 11 sept. 1992, *Loyers et copr.* 1992. 489 – COMP. : Versailles, 22 nov. 1990, *Rev. huissiers* 1992. 735 – POSSIBILITÉ de saisine du juge des référés pour fixer les jours et heures de la consultation : TGI réf. Moulins, 17 mars 1986, *RDI* 1986. 243; *Defrénois* 1988. 1, 113, obs. Souleau.
2. Paris, 13 juin 1990, *D.* 1992. Somm. 136.
3. Paris, 26 mai 2006, *AJDI* 2006. 648.
4. Bouyeure, *Gaz. Pal.* 12-13 mars 1986, 4 – Souleau, « La réforme du statut de la copropriété des immeubles bâtis », *Defrénois* 1986. 33698, n° 14.
5. Civ. 3e, 15 janv. 2003, n° 01-00.766, *Dossier Csab* n° 116, mai 2003, n° 78.

est appelée à approuver les comptes » avec comparatif des comptes de l'exercice précédent approuvé (1°) et, d'autre part, « du projet du budget... lorsque l'assemblée est appelée à voter le budget prévisionnel », avec le comparatif du dernier budget prévisionnel voté (2°). En outre, le texte précise que la présentation de ces documents est « *conforme aux modèles établis par le décret relatif aux comptes du syndicat des copropriétaires et ses annexes* » (v. s^{s} n° 857).

Pour sa part, l'article 8 (al. 1er) du décret du 14 mars 2005 dispose que « les comptes arrêtés à la clôture de l'exercice font l'objet de *documents de synthèse* présentés aux copropriétaires ». Ces documents comprennent « nécessairement » l'état financier, le compte de gestion général du syndicat... et l'état des travaux hors budget et des opérations exceptionnelles votées et non encore clôturés à la fin de l'exercice. Ces états et comptes se présentent « sous forme de tableaux conformes aux modèles prévus à titre obligatoire aux annexes nos 1, 2, 3, 4 et 5 » du décret du 14 mars 2005. La présentation par nature et la ventilation catégorielle prévue par l'article 10 du décret du 14 mars 2005 et les deux balances prévues par l'article 2 de l'arrêté se trouvent intégrées dans les énonciations des tableaux annexés.

Chacun des documents se trouve ensuite décrit par l'article 8 :

L'état financier (art. 8, al. 2) présente l'état des créances et des dettes; il comporte la situation de trésorerie mentionnée à l'article 14-3 (al. 1er) de la loi de 1965; il fait apparaître le montant des emprunts restant dus. Cette terminologie a été adoptée par le Parlement, au motif que les copropriétaires étaient familiarisés avec elle, ce qui proscrit le mot « bilan » comme ne correspondant pas aux règles spécifiques[1]. Cet état ne devrait pas, en principe, comporter les comptes qui égalent zéro en fin d'exercice, mais il est souhaitable qu'il fasse apparaître les « engagements sur exercices futurs », dressant ainsi l'état d'endettement ou de santé financière du syndicat; il constituera ainsi un excellent outil de prospective financière.

Le compte de gestion générale (art. 8, al. 3) présente les charges et les produits de l'exercice. Il comprend, en les distinguant, le compte de gestion pour opérations courantes et le compte de gestion pour travaux hors budgets opérations exceptionnelles. L'état de ces travaux et opérations, votés et non encore clôturés à la fin de l'exercice, fait apparaître « le réalisé et le prévisionnel » de chaque opération.

Les excédents ou insuffisances des charges ou produits sur opérations courantes sont répartis à l'arrêté des comptes entre chacun des copropriétaires en fonction des quotes-parts afférentes à chaque lot dans chacune des catégories de charges, mais la répartition des charges et produits pour travaux hors budget et opérations exceptionnelles ne peut intervenir qu'à la clôture définitive de chacune des opérations concernées.

Les comptes de l'exercice clos sont à présenter pour l'approbation des comptes, avec le budget voté correspondant à cet exercice et le comparatif des comptes approuvés de l'exercice précédent.

En outre, le décret du 20 avril 2010 a complété le § II de l'article 11 du décret de 1967 en prévoyant, « pour l'information des copropriétaires », la modification préalable à l'assemblée générale devant statuer sur l'approbation des comptes du « *projet d'état individuel de répartition des comptes de chaque copropriétaire* ». Tous les acteurs de la copropriété souhaitaient l'établissement et la diffusion de cet état complémentaire individualisé.

Tous les documents comptables identifient le syndicat au nom duquel ils sont établis et l'exercice comptable auquel ils se rapportent.

1038 **Annexes.** Les annexes au décret du 14 mars 2005 (art. 8, 9 et 10 - V. s^{s} n° 1037) sont conservées avec copie du procès-verbal de l'assemblée générale approuvant les comptes et votant le budget prévisionnel. Ils font l'objet d'un classement particulier dans les archives du syndicat (art. 12).

- *L'annexe n° 1* s'intitule « l'état financier après répartition » à la date de clôture de l'exercice. Il se présente sous la forme d'un état des dettes et des créances et comprend la situation de trésorerie. La comparaison entre l'exercice précédent approuvé et l'exercice clos, ainsi que la liste nominative des copropriétaires débiteurs avec le montant de leur dette envers le syndicat et l'indication des créances douteuses figurent sur cet état qui répond à l'état financier de l'article 11 § 1, I° du décret de 1967.

- *L'annexe n° 2* concerne le « compte de gestion général de l'exercice clos réalisé (n) et le budget prévisionnel de l'exercice ($n + 2$) ». Pour les dépenses courantes, il établit une comparaison entre trois exercices : l'exercice précédent approuvé ($n - 1$), l'exercice antérieur clos à approuver (n), le budget prévisionnel voté pour l'exercice en cours ($n + 1$) et le budget prévisionnel à voter pour l'exercice suivant ($n + 2$). Pour les dépenses hors budget et opérations exceptionnelles, la comparaison ne peut porter que sur le devis voté ($n - 1$) et le compte à approuver (n). C'est en quelque sorte un compte de résultat.

- *L'annexe n° 3* est un « compte de gestion pour opérations courantes de l'exercice clos réalisé (n) et budget prévisionnel de l'exercice ($n + 2$) ». Il constitue un extrait de l'annexe n° 2 avec, pour entrée

1. *JO Sénat* 2000, 2549 et *JOAN* 2000, 2118.

principale, les catégories de charges courantes prévues au règlement de copropriété et, pour entrée secondaire, la répartition selon le référentiel.

- *L'annexe n° 4* représente le « compte de gestion pour travaux de l'article 14-2 et opérations exceptionnelles hors budget prévisionnel de l'exercice clos réalisés (*n*) ». C'est le pendant de l'annexe n° 2 pour les travaux *hors* budget et opérations exceptionnelles. Ce tableau conjugue l'indication des sommes selon les comptes de la nomenclature et les clés contractuelles de répartition. Il conclut à l'excédent ou à l'insuffisance des versements effectués par les copropriétaires.

- *L'annexe n° 5* présente « l'état des travaux de l'article 14-2 et opérations exceptionnelles votés et non encore clôturés à la fin de l'exercice ». Il expose, en fin d'exercice, l'état d'avancement des travaux et opérations exceptionnelles et de la programmation de leur financement, par marché ou opération et par clé de répartition. Il est purement indicatif.

Il convient d'éviter toute confusion entre l'arrêté des comptes qui représente une opération purement comptable de l'approbation des comptes qui relève de la compétence exclusive de l'assemblée générale. Jusque-là, les répartitions restent provisoires et ne constituent que des propositions, observation faite que l'approbation par l'assemblée des comptes généraux du syndicat n'emporte pas approbation du décompte individuel de charges de chacun des copropriétaires.

Enfin, la question se pose de savoir si la notification des cinq annexes est nécessaire pour la validité des décisions mentionnées à l'article 11 § 1° et 2°, du décret de 1967. Or, d'une part, l'annexe 5 est indicative et les éléments d'appréciation visés par l'article 11 § 1 (1° et 2°) se trouvent contenus dans les annexes n°s 1 à 4, et, d'autre part, la hiérarchie des normes privilégie le décret de 1967, modifié en 2004, pris en Conseil d'État par rapport au décret simple du 14 mars 2005 [1]. Sous réserve du cas prévu par l'article 14-3 (al. 2, *in fine*).

§ 2
Dispositions financières

1039 Budget prévisionnel : finalité. Reprenant le principe posé par l'article 34 du décret de 1967, l'article 18 de la loi de 1965, dans ses rédactions successives, *charge le syndic d'établir le budget prévisionnel et de le soumettre au vote de l'assemblée générale.* Cette obligation représente l'une des attributions essentielles du syndic. Le budget prévisionnel traduit la politique de gestion du syndicat au quotidien. Le syndic doit ainsi envisager et évaluer les dépenses prévisibles et les recettes correspondantes pour l'exercice à venir.

En l'absence de toute disposition plus précise, chaque syndic pouvait avoir une conception différente du budget prévisionnel. Tantôt le budget ne prévoyait que les dépenses courantes et répétitives, tantôt, au contraire, il incluait le coût de travaux importants. Tantôt, il n'avait qu'une valeur informative, sans effectivité opérationnelle, tantôt, au contraire, il justifiait l'exigence d'appels de provisions, périodiques et obligatoires.

En cas de contestation judiciaire ou de défaillance persistante, le syndicat pouvait se trouver démuni pour assumer un entretien constant et normal de l'immeuble. Préoccupée par le risque de dégradation des immeubles en copropriété et de dysfonctionnement des syndicats de copropriétaires, la loi SRU s'est donc proposée de permettre le financement régulier de l'entretien de l'immeuble. C'est la finalité du budget prévisionnel, lié au régime des provisions et à la procédure de leur recouvrement.

C'est ce qu'exprime l'article 14-1 de la loi de 1965, issu de la loi du 13 décembre 2000 (art. 75-1) : « *Pour faire face aux dépenses courantes de maintenance, de fonctionnement et d'administration des parties communes et équipements communs de l'immeuble, le syndicat des copropriétaires vote, chaque année, un budget prévisionnel [...].* » [2]

1040 Budget prévisionnel : contenu. L'article 14-1 de la loi de 1965 détermine donc désormais le contenu du budget prévisionnel [3] et instaure ainsi une règle d'unité des budgets prévisionnels et une différenciation avec les dépenses hors budget prévisionnel.

Certes, le terme « maintenance », qui apparaît pour la première fois dans le vocabulaire de la copropriété, peut prêter à interrogation, d'autant que la maintenance peut être préventive, conditionnelle ou corrective. Selon la norme X 60-010, la maintenance consiste, en général, dans « *l'ensemble des actions permettant de maintenir ou de rétablir un bien dans un état spécifié ou en mesure d'assurer un service déterminé* ».

Le nouvel article 45 (al. 1er) du décret de 1967 (rédaction du D. 27 mai 2004), énonce plus concrètement que « *les travaux de maintenance sont les travaux d'entretien courant exécutés en vue de maintenir l'état de l'immeuble ou de prévenir la défaillance d'un*

1. Giverdon et Jaffuel, « La comptabilité des syndicats de copropriétaires », *AJDI* 2005. 452.

2. Amendement n° 140, *JO Sénat* Q 2000, 2545.
3. Le législateur a conservé l'appellation antérieure sans la modifier, bien que tout budget soit nécessairement prévisionnel.

élément d'équipement commun, y compris les menues réparations ». Ces énonciations recouvrent donc très largement les pouvoirs propres du syndic en ce qui concerne l'entretien courant et les menues réparations (v. s^{s} n° 1010). Le texte apporte un éclairage intéressant pour l'appréciation de ces travaux en indiquant leur finalité : le maintien en état de l'immeuble, la prévention du dysfonctionnement d'un élément d'équipement commun [1].

Cependant, l'article 45, dans ses alinéas 2 et 3, élargit le domaine d'élection du budget prévisionnel en assimilant certains travaux aux travaux de maintenance. Sont, en effet, *assimilés aux travaux de maintenance* :

– « les travaux de remplacement d'éléments d'équipement communs, tels que ceux de la chaudière ou de l'ascenseur, lorsque le prix de ce remplacement est compris forfaitairement dans le contrat de maintenance ou d'entretien y afférent »;

– « *les vérifications périodiques imposées par les réglementations en vigueur sur les éléments d'équipement communs* ». Tel est encore le cas des ascenseurs, des portes automatiques de garage. Cette assimilation se justifie pleinement en raison de la répétitivité des opérations et de leur inclusion dans un contrat d'abonnement; ces contrats sont, en effet, comparables au contrat d'assurance. Sur la résiliation des contrats tacitement reconductibles, le syndicat des copropriétaires, par sa finalité juridique, son activité civile et son organisation spécifique et autonome, bénéficie des dispositions de l'article L. 136-1 du code de la consommation (L. 28 janv. 2005 et 3 janv. 2008) [2].

Les dépenses d'administration comprennent notamment les honoraires du syndic, la rémunération du personnel du syndicat, les frais de tenue des assemblées générales, les frais postaux, les frais de fonctionnement du conseil syndical et les honoraires des techniciens consultés par lui [3].

1041 Budget prévisionnel : établissement. a) Examen et vote. Le syndic prépare le budget prévisionnel et il est souhaitable que le conseil syndical soit associé à cette élaboration [4]. Pour la validité de la décision, le budget prévisionnel est notifié à chaque copropriétaire au plus tard en même temps que l'ordre du jour de l'assemblée appelée à le voter; il est alors présenté « avec *comparatif du dernier budget prévisionnel voté* » (Décr. 17 mars 1967, art. 11, 2e, mod.). Il est voté par l'assemblée générale du syndicat concerné à la majorité de l'article 24 de la loi, s'agissant d'un acte d'administration.

L'examen du budget prévisionnel figure sous une seule rubrique à l'ordre du jour de l'assemblée appelée à en débattre; sa présentation est globale. Le pouvoir d'amendement de l'assemblée implique que la discussion se noue ligne par ligne, mais, en définitive, il donne lieu à un vote sur le tout, en tenant compte des modifications éventuellement adoptées.

b) Présentation. Le budget prévisionnel peut présenter une difficulté de présentation, suivant l'importance du syndicat en raison du nombre de bâtiments qui le composent et de la complexité des équipements. Dans le cas le plus simple, les dépenses envisagées seront regroupées selon les rubriques de la nomenclature des comptes. Dans une situation plus complexe, il pourra aussi tenir compte des différents groupes de répartition des charges. Néanmoins, il y a lieu de distinguer l'établissement du budget prévisionnel du syndicat et la répartition entre les copropriétaires des provisions qu'ils auront à verser [5].

Les charges et produits du budget prévisionnel sont présentés dans un document récapitulatif « conforme aux modèles établis par le décret relatif aux comptes du syndicat des copropriétaires et ses annexes » (Décr. 17 mars 1967, art. 11, chap. 1, 2e, al. 2, mod.).

1042 Budget prévisionnel : périodicité. Selon l'article 14-1 (al. 1er seconde phrase) de la loi de 1965, modifiée, « *l'assemblée générale..., appelée à voter le budget prévisionnel, est réunie dans un délai de six mois à compter du dernier jour de l'exercice comptable précédent* ». Cette disposition a été largement discutée au cours des travaux parlementaires [6]. Une interprétation littérale conduirait à penser que le budget prévisionnel est voté au cours de l'exercice concerné [7], mais l'imprécision du texte permet de se référer à l'exercice comptable précédent le vote du budget. Ainsi, logiquement, le budget prévisionnel est adopté six mois avant le commencement de son exécution. Cette solution qui donne un sens au texte, correspond au vœu du législateur et à l'esprit de la loi.

1. Vigneron, « Les travaux de maintenance depuis le décret du 27 mai 2004 », *Loyers et copr.* janv. 2005. 6.
2. L. n° 2005-67, 28 janv. 2005, *JO* 1er févr., p. 1648; *Administrer* mars 2005, 8, créant un chapitre VI dans le code de la consommation – EN CE SENS : la loi du 3 janv. 2008 qui confirme l'application de l'article L. 136-1 du code de la consommation aux consommateurs et non professionnels – Rép. min., QE n° 23114, Lequiller, *JOAN Q* 28 oct. 2008, p. 9314.
3. V. *JO Sénat* 2000, p. 2550 et 13e recomm. de la commission relative à la copropriété I-III, 1re, *in fine*.
4. 13e recomm. de la commission relative à la copropriété, § I-III-4e, avant la tenue de l'assemblée.
5. Giverdon et Jaffuel, « Le dispositif comptable », *Loyers et copr.* hors série, mai 2001. 10, n°s 34 et 35.
6. *JOAN* 2000, p. 2116, *JO Sénat*, p. 2545 et 2546.
7. Cette méthode serait fâcheuse, M. Jarlier, rapporteur au Sénat, (v. s^{s} n° 1043).

Après avoir précisé que « *le budget prévisionnel couvre un exercice comptable de douze mois* », l'article 43 (al. 1er) du décret de 1967, dans sa rédaction du décret du 27 mai 2004, ajoute « *Il est voté avant le début de l'exercice qu'il concerne* » – ce qui confirme l'interprétation ci-dessus.

Tenant compte de difficultés éventuelles, le second alinéa de l'article 43 dispose : « Toutefois, si le budget prévisionnel ne peut être voté qu'au cours de l'exercice comptable qu'il concerne, le syndic, préalablement autorisé par l'assemblée générale..., *peut appeler successivement deux provisions trimestrielles, chacune égale au quart du budget précédemment voté. L'article 19-2 de la loi du 10 juillet 1965 ne s'applique pas à cette situation* ».

Cette expression n'est pas de pure commodité. Elle suppose une impossibilité (« ne peut ») dont il y aura lieu de justifier en cas de contestation. Son application nécessite l'intervention de l'assemblée qui conserve la maîtrise des provisions, lesquelles, dans ce cas, sont limitées à deux trimestres du budget antérieur. Le recouvrement de ces provisions relève des procédures de droit commun.

Aussi, se dégagent les caractères du budget prévisionnel : il est *obligatoire* pour tout syndicat (principal ou secondaire), lié à un exercice comptable de douze mois; il est *préalable* au commencement de l'exercice; il conditionne obligatoirement le versement de provisions dont le recouvrement est éventuellement assuré par la procédure particulière de l'article 19-2 de la loi[1].

1043 Budget prévisionnel : provisions « budgétisées ». Pour atteindre l'objectif qu'elle s'était fixée, la loi SRU a, dans ce domaine, introduit des dispositions innovantes dans la loi de 1965. L'article 14-1 prévoit que « *Les copropriétaires versent au syndicat des provisions égales au quart du budget voté. Toutefois, l'assemblée générale peut fixer des modalités différentes* » (al. 2) et que « *La provision est exigible le premier jour de chaque trimestre ou le premier jour de la période fixée par l'assemblée générale* » (al. 3)[2].

Pour la validité de la décision, un projet de résolution doit être notifié, au plus tard en même temps que l'ordre du jour, lorsque l'assemblée est appelée à statuer sur les questions visées à l'article 14-1 (al. 2 et 3) de la loi (Décr. 17 mars 1967, art. 11, 7°).

Ces dispositions réglementent le versement et l'exigibilité des « provisions budgétisées », qui sont nécessaires à l'exécution du budget prévisionnel.

Quant aux *versements,* l'article 14-1 (al. 2) retient, d'une part, la règle de versements périodiques et, d'autre part, la règle de quotités égales. S'inspirant de la pratique généralement observée, il adopte la trimestrialité de *versements égaux* au quart du budget. Tel est le principe. Tenant compte, cependant, de la situation particulière des copropriétaires et de l'existence d'échéances inégales, la loi permet à l'assemblée d'arrêter à la majorité de l'article 24, des « modalités différentes ». Cette décision expresse pourrait retenir par exemple, des versements semestriels ou mensuels, et des quotas inégaux par versement[3].

Quant à *l'exigibilité,* l'article 14-1 (al. 3) la fixe, par une disposition impérative, *au premier jour de la période de référence,* soit le premier jour de chaque trimestre, soit le premier jour de la période fixée par l'assemblée.

Il n'est au pouvoir ni de l'assemblée, ni du syndic de modifier *la date d'exigibilité, imposée par la loi.* Seule, la déchéance du terme par décision de justice, prévue par l'article 19-2 (al. 2) de la loi peut anticiper sur l'exigibilité des provisions à venir. Cette règle apporte simplification, clarification et uniformisation et facilite l'apurement des comptes en cas de cession du lot (Décr. 16 mars 1967, art. 6-2).

Les « provisions budgétisées », ainsi fixées par l'assemblée générale, et elles seules, bénéficient de la procédure accélérée prévue par l'article 19-2 de la loi.

« *Pour l'exécution du budget prévisionnel* », l'article 35-2 du décret de 1967 modifié prévoit que « *le syndic adresse à chaque copropriétaire, par lettre simple, préalablement à la date d'exigibilité déterminée par la loi, un avis indiquant le montant de la provision exigible*[4] ». Il s'agit d'un simple rappel car les décisions de l'assemblée fixant le budget prévisionnel, le montant des provisions et leur périodicité s'imposent aux copropriétaires, dès qu'elles ont été votées et tant qu'elles n'ont pas été judiciairement annulées. Cet avis constitue, de plus, un véhicule d'information pour rappeler aux copropriétaires la possibilité d'inscrire une question à l'ordre du jour de l'assemblée (Décr. 1967, art. 10, *in fine*).

Trois principes se dégagent donc de ces dispositions :

– le financement prévisionnel des dépenses courantes,

– l'intangibilité de la date d'exigibilité au premier jour de chaque période,

1. « Le budget prévisionnel est devenu la *pièce essentielle* de la procédure accélérée pour le paiement des provisions du budget prévisionnel voté » – Giverdon et Jaffuel, « Le dispositif comptable », *Loyers et copr.* hors série, mai 2001. 10, n° 36.
2. Amendement n° 142 présenté par M. Jarlier, *JO Sénat* 2000, p. 2547.
3. Rép. min., QE n° 2140, 2 sept. 2002, Raoult, *JOAN Q* 25 nov. 2002, p. 446.
4. 21e recomm. de la commission relative à la copropriété, oct. 2002.

– la faculté pour l'assemblée de fixer la périodicité des provisions, ainsi que le montant de chacune d'elle.

Le nouvel article 14-1 est entré en vigueur le 1er janvier 2002[1].

1044 Dépenses hors budget prévisionnel. Rompant avec certaines pratiques antérieures qui englobaient des travaux importants dans le budget prévisionnel et s'inspirant de la ligne déjà tracée par l'article 11 (1er et 4e) du décret de 1967, la loi de 1965 distingue désormais entre les dépenses courantes de maintenance (v. ss no 1040) et les autres dépenses de travaux. Le nouvel article 14-2 (al. 1er), inséré dans la loi de 1965 par la loi SRU, prévoit que « *Ne sont pas comprises dans le budget prévisionnel les dépenses pour travaux dont la liste sera fixée par décret en Conseil d'État* ». Ainsi donc, le législateur a voulu éviter que les dépenses pour travaux importants ne soient réintroduits dans le budget prévisionnel sans pour autant instituer un « budget extraordinaire » ou un « budget spécial » qui les prendraient en charge[2]. Il résulte des débats parlementaires que ces dépenses doivent faire l'objet d'un examen et d'un vote séparés, particuliers à chacune d'elle, sur le principe, les conditions d'exécution et les modalités de financement. Si ces travaux donnent ouverture à une rémunération spécifique du syndic, une proposition en ce sens doit être soumise à la même assemblée et le vote intervient à la même majorité (L. no 2009-323, 25 mars 2009, art. 17 [art. 18-1 A]).

L'article 41 du décret de 1967, modifié par le décret du 27 mai 2004, détermine les dépenses non comprises dans le budget prévisionnel, comme étant celles afférentes aux :

1) « *Travaux de conservation ou d'entretien de l'immeuble, autres que ceux de maintenance* ». Ce serait, par exemple, un ravalement, une reprise de l'étanchéité, la réfection des peintures intérieures, de la couverture.

2) « *Travaux portant sur les éléments d'équipement communs, autres que ceux de maintenance* ». Tel serait le cas des travaux mixtes, du remplacement à l'identique d'un carrelage, d'un pavage, d'un tapis d'escalier, d'une chaudière.

3) « *Travaux d'amélioration, tels que la transformation d'un ou de plusieurs éléments d'équipement existants, l'adjonction d'éléments nouveaux, l'aménagement de locaux affectés à l'usage commun ou la création de tels locaux, l'affouillement du sol et la surélévation de bâtiments* ». Cette énumération n'appelle pas de commentaires particuliers puisqu'elle reprend les termes de l'article 30 de la loi.

4) « *Études techniques, tels que les diagnostics, audits et consultations* ». Le décret reprend, à cet égard, la jurisprudence, notamment sur les études confiées aux architectes. Ce rappel est particulièrement opportun au moment où se multiplient les mesures de précautions en matière de santé publique et de l'état des existants.

5) « *Travaux qui ne concourent pas à la maintenance et à l'administration des parties communes ou à la maintenance et au fonctionnement des équipements communs de l'immeuble* ». C'est en quelque sorte une « disposition-balai » qui vise tout ce qui ne relève pas de la maintenance, de l'administration ou du fonctionnement des choses et équipements communs.

Pour le financement des dépenses hors budget, l'article 14-2 (al. 2) de la loi de 1965, modifié, dispose que « *les sommes afférentes à ces dépenses sont exigibles selon les modalités votées par l'assemblée générale* ». Ce texte impératif attribue donc à l'assemblée *compétence exclusive* pour décider à la majorité de l'article 24, des modalités de financement de la dépense à l'occasion du vote de chacune d'elle. Il en est ainsi même si la décision sur les travaux relève d'une autre majorité. Il lui appartient donc de fixer les dates d'exigibilité par référence, soit au calendrier, soit au déroulement des travaux, ainsi que le montant de chaque provision.

Pour la validité de la décision, sont notifiées, au plus tard en même temps que l'ordre du jour, les conditions essentielles du contrat proposé (Décr. 17 mars 1967, art. 11, 3e), mais aussi un projet de résolution sur les questions visées par l'article 14-2, alinéa 2, de la loi (montant et exigibilité des provisions, Décr. 17 mars 1967, art. 11, 7e).

En outre, l'article 35-2 alinéa 2 du décret 1967, modifié par celui du 27 mai 2004, adapte les prescriptions de son premier alinéa aux dépenses non comprises dans le budget prévisionnel (v. ss no 817). L'avis adressé par le syndic se réfère à la décision de l'assemblée pour *la date d'exigibilité* et indique le *montant de la somme exigible et l'objet de la dépense*.

L'article 14-2 de la loi est entré en vigueur le 1er janvier 2002 (L. 13 déc. 2000, dite loi SRU, art. 75, chap. III).

1045 Trésorerie du syndicat[3] (Décr. 17 mars 1967, art. 35). Le syndic, en tant que représentant

1. L. 13 déc. 2000, art. 75 III.
2. V. Déb. parl. *JO Sénat* 2000, p. 2548.
3. SITUATION ANTÉRIEURE AU DÉCRET DU 27 MAI 2004 : CABANAC, no 443 – KISCHINEWSKY-BROQUISSE, nos 172 s. – LAFOND, ROUX ET STEMMER, ss art. D. 35 – BOUYEURE, p. 34 s. – Viatte, « La trésorerie du syndicat de la copropriété », *Rev. loyers* 1967. 189 – Arnaud, « La trésorerie des syndicats de copropriétaires », *REDI* nos 75. 2 s. – Vigneron, « La gestion financière de la copropriété », *JCP N* 1976. I. 2811 – Cordier, « L'équilibre financier d'un syndicat de copropriétaires », *IRC* mars 1995. 17. ▶

du syndicat, remplit le rôle de « trésorier » ou de « caissier ». Il est chargé d'acquitter, au nom du syndicat, toutes les dépenses nécessaires à l'administration du syndicat, à la conservation et à l'entretien de l'immeuble. Il est aussi chargé de recouvrer, *ès qualités*, conformément aux dispositions légales et réglementaires, les fonds nécessaires à l'accomplissement de son mandat.

La trésorerie du syndicat est assurée par une participation du propriétaire de chaque lot, selon sa quote-part dans la répartition de chaque catégorie de charges. Le recouvrement de cette participation est garantie dans les conditions prévues aux articles 19, 20 de la loi de 1965 et, pour les charges et travaux visés aux articles 10 et 30 de la loi, par les articles 19-1 de la même loi et 2374, 1er du code civil. Il convenait donc de réglementer avec précision la manière d'alimenter la trésorerie du syndicat. C'est l'objet de l'article 35 du décret, mais les dispositions innovantes de la loi du 13 décembre 2000 et le décret du 27 mai 2004 ont entraîné une refonte de l'article 35.

Aux termes de ce dernier article, le syndic, *ès qualités*, « peut exiger » quatre catégories de versements pour faire face aux dépenses de la collectivité :

1) « *L'avance constituant la réserve prévue au règlement de copropriété, laquelle ne peut excéder un sixième du montant du budget prévisionnel* »[1]. Si le règlement ne la prévoit pas initialement, il peut être complété sur ce point par une décision de l'assemblée générale statuant à la majorité de l'article 26, sous réserve d'observer les formalités prévues par l'article 13 de la loi et par l'article 4 (al. 3) du décret[2]. Cette avance constitue une réserve[3] qui est restituable en cas de cession des lots, après imputation des impayés éventuels[4]. Elle constitue au compte du copropriétaire la première ligne de crédit.

Le règlement de copropriété, ni même l'assemblée générale, statuant à la majorité de l'article 26, ne fixe plus, comme auparavant, les conditions de détermination de cette avance. L'article 35 (1er) du décret lui assigne une limite maximale qui est de un sixième du budget prévisionnel. Ce montant correspond à deux mois de provisions « budgétisées » qui s'ajoute à cette provision pour la période en cours, soit une somme correspondant à cinq mois de dépenses courantes en début de période. Ce montant est apparu suffisant. Ainsi, une actualisation en plus ou en moins accompagnera chaque exercice en fonction du montant du budget prévisionnel; indirectement, la décision de l'assemblée influe donc sur le montant de l'avance[5].

2) « *Les provisions du budget prévisionnel prévues par l'article 14-1, alinéas 2 et 3, de la loi du 10 juillet 1965* ». Le versement de ces provisions ne peut être exigé, dans les conditions prévues par l'article 14-1 (al. 2 et 3) et éventuellement par l'article 19-2 de la loi, que si un budget prévisionnel a été voté[6], sous la réserve des dispositions de l'article 43 (al. 2) du décret, ces dernières n'emportant pas application de la procédure de l'article 19-2 de la loi[7].

Le régime institué par l'article 35 (2e) est infiniment plus simple que celui antérieurement prévu par l'article 35 (2e et 3e). Il constituait un système hybride qui le rendait compatible, soit avec l'application d'un budget prévisionnel que le décret de 1967 s'efforçait de promouvoir[8], soit avec le remboursement des dépenses à terme échu, inspiré du régime locatif[9]. Cette dernière pratique est inconciliable avec les nouvelles dispositions[10].

3) « *Les provisions pour les dépenses non comprises dans le budget prévisionnel, prévues à l'article 14-2 de la loi du 10 juillet 1965 énoncées à l'article 14 du présent décret* ». Cette disposition se substitue à l'ancien article 35 (4e) dans le même esprit que celui-ci[11]. L'appel de ces provisions suppose, en

► SITUATION POSTÉRIEURE AU DÉCRET DU 27 MAI 2004 : Capoulade, *Administrer* juin 2010. 7; *IRC* juill.-août 2010. 14 – Gélinet, *Rev. loyers* 2010. 242 – Lafond, *JCP N* 2010. 1219 – Tomasin, *AJDI* 2010. 524 – Vigneron, *Loyers et copr.* 2010. Étude 8.

1. SUR l'analyse du fonds de roulement : J.-CL. COPR., fasc. 260 – Paris, 18 oct. 1993, *Loyers et copr.* 1994, n° 31.
2. Formalités tendant à assurer l'opposabilité de la décision prise aux ayants cause à titre particulier des copropriétaires.
3. Décr. 17 mars 1967, art. 43.
4. SUR la restitution : Guillot, « Les activités du syndic en cas de vente d'un lot », *Administrer* juin 1991. 14 – Capoulade, « L'article 6-2 du décret du 17 mars 1967 », *AJDI* 2007. 713.
5. SUR la transition entre les deux régimes : 21e recomm., Commission relative à la copropriété, n° 2.
6. Désormais, les provisions de l'article 14-1, intimement liées au budget prévisionnel ne sont pas directement dépendantes de l'approbation des comptes de l'exercice écoulé; RAPPR. ANTÉRIEUREMENT : Civ. 3e, 9 juill. 1997, n° 95-16.672, *RDI* 1997. 625.
7. La procédure de l'article 19-2 de la loi de 1965 ne concerne que les provisions budgétisées (art. 14-1) de l'exercice en cours et non des exercices antérieurs. Civ. 3e, 22 sept. 2010, n° 09-16.678, *Bull. civ.* III, n° 167.
8. Jugé, sous l'état de droit antérieur, que le remboursement des dépenses effectives de préférence aux appels de fonds provisionnels est sans incidence sur les règles d'établissement annuel d'un budget prévisionnel : Paris, 25 sept. 1992, *Loyers et copr.* 1992. 484.
9. Laporte, préc., note 2, spéc. p. 25.
10. SUR la transition entre les deux régimes : 21e recomm. de la commission relative à la copropriété, nos 3 et 4 – Laporte, préc., note 9, chap. 4, p. 30.
11. Seuls, les travaux votés et non simplement envisagés pouvaient justifier l'exigence de la provision : Civ. 3e, 16 févr. 1994, n° 92-11.135, *Bull. civ.* III, n° 25, *D.* 1994. Somm. 201; *Administrer* juin 1994. 47, note Capoulade; *RDI* 1994. 301.

effet, que l'assemblée ait préalablement voté la dépense, mais aussi les modalités de l'exigibilité et le montant des provisions[1]. Elles représentent le financement de dépenses votées.

Une difficulté pourrait se présenter si une dépense relevant de l'article 14-2 avait été inscrite au budget prévisionnel. Certes, la majorité légalement requise peut être identique, mais les modalités d'appel de la provision sont différentes et elles n'auraient pas été fixées par l'assemblée; la procédure de l'article 19-2 ne pourrait être utilisée. Dans ce cas, le juge prononcera la nullité *parte in qua* de la décision. S'il se limitait à rétablir la véritable qualification, une nouvelle décision fixant les modalités d'appel de la provision requalifiée deviendrait indispensable.

Rappel fait qu'un projet de résolution doit être notifié, au plus tard en même temps que l'ordre du jour, lorsque l'assemblée est appelée à voter des provisions prévues par les articles 14-1 et 14-2 (Décr. 17 mars 1967, art. 11, 7e - V. s^s^ n° 861) et que, préalablement à l'échéance, le syndic adresse un avis à chaque copropriétaire (Décr. 17 mars 1967, art. 35-2) (v. s^s^ n° 1044).

4) « *Les avances constituées par les provisions spéciales prévues à l'article 18, alinéa 1er, tiret 5 de la loi du 10 juillet 1965* », modifiée par l'article 35 de la loi n° 94-624 du 21 juillet 1994. Ces dispositions, dont la proposition doit être soumise par le syndic à l'examen de l'assemblée générale lors de la première désignation et au moins tous les trois ans, ont pour vocation de « faire face aux travaux d'entretien ou de conservation des parties communes et des éléments d'équipement commun, *susceptibles d'être nécessaires dans les trois années à échoir et non encore décidés.* Cette décision est prise à la majorité mentionnée à l'article 25 de la loi ». Cette disposition, peu utilisée en pratique, avait pour objet d'élargir la faculté de constituer une réserve, après l'interprétation restrictive donnée à l'ancien article 35 (4e) du décret[2]. Elles représentent un « préfinancement » de travaux éventuels et futurs. L'article 45-1 du décret les qualifie désormais d'avance. Elles sont donc remboursables à défaut d'utilisation à l'expiration du délai de trois ans, sauf à prendre une nouvelle décision et, en tout cas, lors de sa mutation à titre onéreux du lot.

Le syndic n'a pas besoin d'une nouvelle autorisation de l'assemblée générale pour demander aux copropriétaires le versement des provisions ci-dessus mentionnées[3].

Aucune confusion ne doit exister entre les avances prévues à l'article 35 du décret, notamment entre les 4° et 5°[4].

1. Civ. 3e, 16 févr. 1994, n° 92-11.135, *Bull. civ.* III, n° 25; *D.* 1994. Somm. 201; *RDI* 1994. 301.
2. Vigneron, « Le préfinancement des investissements », *JCP N* 1990 prat. 1481.

1046 Trésorerie du syndicat (Décr. 17 mars 1967 – art. 35 *in fine*). Si une clause du règlement de copropriété ne prévoit pas le versement de fonds au syndic provisoire pendant l'année de sa mission, celui-ci se trouve fort dépourvu. La convocation de l'assemblée générale pour voter un budget marque la fin de son mandat. Certes, il pouvait faire des avances personnelles au syndicat, mais leur recouvrement apparaissait aléatoire, malgré une inflexion jurisprudentielle[5].

Afin de permettre au syndic provisoire de disposer d'une trésorerie jusqu'à la première assemblée générale, le décret du 20 avril 2010 a complété l'article 35 du décret de 1967 par deux alinéas nouveaux.

Désormais (depuis le 1er juin 2010), le syndic provisoire peut exiger le versement de la provision fixée par le règlement de copropriété. Cette disposition consacre donc une ancienne pratique, mais l'article 35 (antépénultième alinéa) spécifie que ces provisions sont destinées à « faire face aux dépenses de maintenance, de fonctionnement et d'administration des parties et équipements communs de l'immeuble », ce qui donne la mesure de la provision et constitue, en quelque sorte le premier « budget provisionnel » et contractuel de fonctionnement du nouveau syndicat.

Le dernier alinéa de l'article 35 envisage deux hypothèses où le syndic provisoire pourrait connaître des difficultés financières : l'absence de clause dans le règlement ou encore l'épuisement de la provision contractuelle. Le texte s'inspire alors de la pratique antérieure au décret du 27 mai 2004 (Décr. 1967, anc^t^ art. 35-3°). Certes, le syndic provisoire avancera les fonds, mais le remboursement relèvera du droit commun du mandat et échappera aux règles spécifiques de la gestion syndicale ordinaire.

Le syndic provisoire pourra appeler auprès des copropriétaires « le remboursement des sommes correspondantes aux dépenses régulièrement engagées » (dépenses courantes et d'initiative du syndic et dépenses afférentes à des contrats de fournitures ou d'entretien antérieurement conclus)[6] et effectivement acquittées (remboursement sur état).

Cette faculté lui est concédée et jusqu'à la première assemblée générale réunie à son initiative qui

3. En cas de révocation du syndic, les copropriétaires ne peuvent se soustraire aux demandes de versements présentées par le nouveau syndic, correspondant à des avances ou à des provisions régulièrement votées.
4. Rép. min., QE n° 76873, Jeanjean, *JOAN Q* 18 juill. 2006, p. 7622.
5. Civ. 3e, 14 avr. 1999 *Administrer* août-sept. 1999. 67, note Capoulade.
6. SUR l'opposabilité au syndicat d'une convention antérieurement conclue avec EDF : Civ. 3e, 7 juill. 2010, n° 09-69.204, NP.

votera le premier budget prévisionnel et approuvera les comptes de la période écoulée. Cette approbation arrêtera ainsi le montant de la dette du syndicat envers son syndic provisoire. Sa qualité ne l'autorisera pas, si un différend surgit, à contester la décision de l'assemblée, mais, semble-t-il, le contentieux relèvera du droit des obligations contractuelles et plus spécialement du mandat de droit commun.

1047 **Trésorerie du syndicat (Décr. 17 mars 1967, art. 37 et 45-1).** L'énumération de l'article 35 du décret n'est pas limitative et le syndic peut demander certains autres versements qui trouvent leur siège dans plusieurs autres dispositions réglementaires.

Tout d'abord, l'article 37 du décret prévoit, en cas de « *travaux urgents* »[1] et, par hypothèse, imprévus (v. s[s] n° 1012), que le syndic peut, de sa propre initiative, « *en vue de l'ouverture du chantier et de son premier approvisionnement, demander, sans délibération préalable de l'assemblée générale, mais après avoir pris l'avis du conseil syndical, s'il en existe un, le versement d'une provision qui ne peut excéder le tiers du montant du devis estimatif des travaux*[2] » mais il doit convoquer immédiatement l'assemblée[3]. L'article 37 (al. 3) – dans sa rédaction du décret du 20 avril 2010 – précise que de nouvelles provisions ne peuvent être demandées qu'en vertu d'une décision de l'assemblée immédiatement convoquée (v. s[s] n° 1013).

En outre, il advenait que le syndic se trouvait dans l'obligation de faire voter des appels de provisions pour pallier la carence d'un ou de plusieurs copropriétaires[4]. Le nouveau régime des provisions prévues par l'article 14-1 et la procédure accélérée de l'article 19-2 de la loi devraient raréfier cette situation. Celle-ci n'est cependant pas ignorée par le nouveau texte, lequel qualifie d'avances « les fonds qui représentent un emprunt du syndicat auprès des copropriétaires ou de certains d'entre eux » (art. 45-1, al. 2, tiret 2). Il est évident que la demande de versement d'une telle avance exige une délibération préalable de l'assemblée générale.

L'article 43 (al. 2) du décret, après autorisation préalable de l'assemblée générale, permet d'appeler successivement deux provisions trimestrielles calculées en fonction du budget prévisionnel précédent voté, lorsque le budget prévisionnel ne peut être voté qu'au cours de l'exercice comptable concerné (v. s[s] n° 1043).

La procédure accélérée de l'article 19-2 de la loi ne s'applique à aucune des trois hypothèses ci-dessus. Le recouvrement forcé relève des procédures de droit commun[5].

1048 **Compte bancaire ou postal séparé ou non**[6]. Longtemps, les syndics de copropriété ont été entièrement libres de choisir le mode de détention et de placement des fonds qu'*ès qualités* ils recevaient des copropriétaires. Le plus souvent, les syndics professionnels regroupent dans un ou plusieurs comptes, bancaires ou postaux, tout ou partie des fonds qu'ils reçoivent des copropriétaires et même, parfois, des locataires.

La loi du 31 décembre 1985 a limité cette complète liberté afin d'assurer à chaque syndicat une « gestion financière et comptable autonome »[7]. « Après d'âpres discussions[8] », au cours desquelles les arguments favorables et défavorables au compte séparé ou au compte unique ont été longuement développés, le Parlement a adopté une solution transactionnelle, en posant une *règle purement formelle* : le questionnement périodique de l'assemblée sur l'ouverture ou non d'un compte séparé, à peine de nullité de plein droit du mandat du syndic (v. s[s] n° 994).

L'article 18 (al. 1, tiret 5) a donné lieu à une jurisprudence et à une doctrine abondantes, tant ce texte a suscité d'interrogations (v. s[s] n° 994).

La loi SRU du 31 décembre 2000 (art. 774) a modifié substantiellement ce dispositif dans un souci de simplification et aussi de complémentarité par rapport à la réforme comptable. L'article 18 (al. 1, tiret 6) charge désormais le syndic « *d'ouvrir un compte bancaire ou postal séparé au nom du syndi-*

1. Sans que le nouvel article 35 (3e) vienne, à cet égard, en restreindre la portée, l'article 37 justifie la jurisprudence permettant à un copropriétaire de prendre l'initiative, en l'absence de syndic, de faire l'avance de travaux urgents, et d'en obtenir le remboursement, après ratification, par l'assemblée et mise en recouvrement des sommes nécessaires, Civ. 3e, 29 oct. 1986, n° 85-14.693, *Bull. civ.* III, n° 141; *JCP N* 1987, prat. 325; *Loyers et copr.* 1987. 53 – Paris, 21 mai 1986, *RDI* 1986. 786.
2. SUR les conséquences d'une absence de convocation de l'assemblée générale : Civ. 3e, 20 janv. 1999, n° 97-16.735, *Bull. civ.* III, n° 18; *AJDI* 2000. 130; *RDI* 1999. 307; *IRC* avr. 1999. 17, note Capoulade; *Loyers et copr.* avr. 1999. 112.
3. Civ. 3e, 1er févr. 2005, n° 03-19.787, *Administrer* mai 2005. 43 – Civ. 3e, 30 mars 2010, n° 09-65.542, NP, *AJDI* 2010. 391.
4. Civ. 3e, 10 juin 1970, n° 68-14.219, *Bull. civ.* III, n° 394; *JCP* II 16445, note Guillot.
5. La procédure de l'article 19-2 de la loi de 1965 ne concerne que les provisions budgétisées (art. 14-1) de l'exercice en cours et non des exercices antérieurs. Civ. 3e, 22 sept. 2010, n° 09-16.678, *Bull. civ.* III, n° 167.
6. ANTÉRIEUREMENT À LA LOI DU 13 DÉCEMBRE 2000 : (v. s[s] n° 994) – Capoulade, « La garantie des fonds du syndicat », *Administrer* mai 1996. 19 s.
7. M. Bonnemaison, rapporteur, doc. parl. AN, 1985, n° 1960, p. 3.
8. LAFOND, ROUX ET STEMMER, s[s] art. L. 18, § X.

cat sur lequel sont versées sans délai toutes les sommes ou valeurs reçues au nom et pour le compte du syndicat. L'assemblée générale peut en décider autrement à la majorité de l'article 25 et, le cas échéant, de l'article 25-1 lorsque l'immeuble est administré par un syndic soumis aux dispositions de la loi n° 70-9 du 2 janvier 1970 réglementant les conditions d'exercice des activités relatives à certaines opérations portant sur les immeubles et les fonds de commerce ou par un syndic dont l'activité est soumise à une réglementation professionnelle organisant le maniement des fonds du syndicat. La méconnaissance par le syndic de cette obligation emporte la nullité de plein droit de son mandat à compter de l'expiration du délai de trois mois suivant sa désignation. Toutefois, les actes qu'il aurait passés avec des tiers de bonne foi demeurent valables[1] ».

Cette nouvelle disposition a donc inversé le principe et posé une règle de fond. Le compte séparé au nom du syndicat constitue désormais une obligation légale, mais avec une faculté de dispense pour le syndic professionnel[2], selon décision de l'assemblée prise à la majorité de l'article 25 et, le cas échéant, de l'article 25-1.

La pratique du « sous-compte individualisé » ne peut s'analyser en un compte séparé; en l'absence de toute réglementation sur ce point, le régime des fonds comptabilisés au sous-compte dépend, en définitive, de circonstances de fait. Les syndics qui adoptent une telle pratique doivent donc se faire dispenser de l'ouverture d'un compte séparé[3]. Lorsque le compte du syndicat est ouvert au nom du syndic, la convention de compte courant est inopposable au syndicat et ce dernier qui est débiteur en raison de la carence d'un copropriétaire, ne doit pas garantie des intérêts au syndic[4]. Une convention de fusion ou de compensation entre les différents sous-comptes ne peut être mise en œuvre sans l'accord des syndicats. À défaut, chaque syndicat peut revendiquer le solde créditeur figurant à son sous-compte[5] et mettre en cause la responsabilité de la banque[6]. (Interférence entre les sous comptes[7]).

Le compte séparé doit être ouvert au nom du syndicat des copropriétaires, et non à celui du syndic[8]. Il fonctionne sous la seule signature du syndic en qualité de représentant légal en exercice du syndicat. Il ne peut déléguer cette signature qu'à un préposé habilité à cet effet. Ne pouvant être pourvu d'un pouvoir de représentation du syndicat, le président du conseil syndical ne peut, à aucun titre, contresigner les chèques.

Le délai de trois mois accordé au syndic pour ouvrir un compte séparé se calcule de quantième à quantième et part du jour de sa nomination[9].

Le décret du 27 mai 2004 a complété le décret de 1967 par un article 29-1 selon lequel la dispense accordée par l'assemblée générale fixe la durée de sa validité; elle est renouvelable[10]. Cette dispense qui est attachée à la confiance faite au syndic et à la réglementation de ses activités, prend fin de plein droit en cas de désignation d'un autre syndic (même art., al. 2).

Le nouvel article 18 ne modifie pas le caractère de la nullité de plein droit sanctionnant l'inobservation des dispositions légales[11]. Elle s'attache au mandat du syndic avec toutes ses conséquences et non à la décision de nomination, de telle sorte que la jurisprudence antérieure devrait se maintenir. La nullité sera constatée, mais non prononcée, par le juge, à l'initiative des seuls copropriétaires, et non des tiers. La demande ne pourra être présentée que passé le délai de trois mois, ce qui exclut toute application du délai préfix de l'article 42 (al. 2) et, en tout cas, avant l'expiration du mandat en cours,

1. Cette disposition est d'application immédiate, mais pour les mandats de syndic en cours à la date de promulgation de la loi, l'obligation ne s'est appliquée qu'à compter du 31 déc. 2002 (loi SRU, art. 77, § II).
2. Par syndic professionnel, il faut entendre le syndic soumis aux dispositions de la loi du 2 janv. 1970, qui bénéficie d'une garantie financière ou le syndic soumis à un règlement professionnel organisant le maniement des fonds. Le syndic copropriétaire se trouve ainsi soumis à l'obligation légale sans possibilité de dérogation.
3. Civ. 3e, 3 mai 2001, n° 99-19.592, NP, *AJDI* sept. 2001. 711, 22e recomm. de la commission relative à la copropriété.
4. Civ. 3e, 1er mars 2006, n° 03-10.383, *Bull. civ.* III, n° 52; *Administrer* juin 2006. 55; *Loyers et copr.* 2006. 108.
5. Entité et absence de la qualité de syndic, Civ. 3e, 23 sept. 2009, n° 08-18.355, *Bull. civ.* III, n° 198; *Administrer* 2010, n° 429, p. 49; *AJDI* 2010. 473, obs. Capoulade – Obligations non sérieusement contestables : Com. 2 mars 2010, n° 09-12.095, NP – Meyer « Les comptes bancaires et la garantie financière », *AJDI* 21 mars 2011.192.
6. Com. 17 janv. 2006, n° 03-17.129, *Bull. civ.* IV, n° 8; *R.*, p. 363; *D.* 2006. AJ 440, obs. Delpech; *RTD com.* 2006. 459, obs. Legeais; *AJDI* 2006. 914, obs. Capoulade; *JCP E* 2006, n° 9, 405; *RD banc. fin.* 2006, n° 90, obs. Crédot et Samin; *Banque et Droit* mai-juin 2006. 80, obs. Bonneau; *RJDA* 2006, n° 568; *RLDA* avr. 2006. 34, obs. Chemin-Bomben; *Loyers et copr.* 2006, n° 87, obs. Vigneron; *Administrer* juin 2006. 48, note Capoulade; *Rev. loyers* 2006. 246, obs. Déchelette-Tolot.
7. Civ. 3e, 27 févr. 2007, n° 06-11.752, NP.
8. Civ. 3e, 9 avr. 2008, n° 07-12.268, *Bull. civ.* III, n° 66; *AJDI* 2008, obs. Capoulade; *Administrer* juill. 2008.57, obs. Bouyeure; *D.* 2008. 2690, note Chr. A., Capoulade – Civ. 3e, 1er déc. 2009, n° 08-21.227, *Administrer* 2010, n° 430.48, obs. Bouyeure – Civ. 3e, 13 avr. 2010, n° 09-13.088, NP.
9. 22e recomm.
10. Civ. 3e, 2 déc. 2008, n° 07-12.268, *Administrer* n° 419, p. 62 – Civ. 3e, 8 avr. 2009, n° 08-11.965, *Administrer* n° 423, p. 56, obs. Bouyeure.
11. Atias « La dispense d'ouverture du compte d'un syndicat », *IRC* déc. 2004-27.

d'autant plus que la critique ne porte pas sur la régularité de la nomination. Dès lors, se pose, au moins en théorie, la question du délai de prescription, le premier alinéa de l'article 42 étant aussi inapplicable.

Les actes passés avec les tiers de bonne foi demeurent valables, comme par le passé. La rétroactivité de la nullité de plein droit devrait entacher les actes d'administration interne[1], subordonnés à la validité du mandat, à moins que l'apparence créée puisse leur conférer une certaine valeur. La responsabilité du syndic risque, en tout cas, d'être mise en jeu, dès lors qu'il n'a pas ouvert un compte séparé, sans avoir invité l'assemblée à délibérer sur la dispense.

1049 **Intérêts**[2]. Aux termes de l'article 36 du décret de 1967, « *sauf stipulation contraire du règlement de copropriété, les sommes dues au titre du précédent article portent intérêt au profit du syndicat. Cet intérêt, fixé au taux légal en matière civile, est dû à compter de la mise en demeure adressée par le syndic au copropriétaire défaillant* ».

Cet article contient deux séries de dispositions; la première qui est supplétive, porte sur le principe de la dette d'intérêts, la seconde qui est impérative, concerne les modalités d'application.

a) Principe. La première phrase de cet article pose le principe que, dans le silence du règlement de copropriété, les sommes dues par un copropriétaire au syndicat portent intérêt. Toutefois, ce principe est restreint aux versements expressément énoncés par l'article 35 du décret (v. s^s^ n° 1045). Le droit commun s'applique donc pour les autres dettes à l'égard du syndicat[3].

Cependant, le texte réserve la possibilité de déroger à ce principe et de stipuler que les sommes dues ne porteront pas intérêt. Cette dérogation ne peut résulter que d'une clause expresse du règlement de copropriété[4]. Une décision, même unanime, de l'assemblée ne suffirait pas à inverser le principe si elle n'est pas incorporée au règlement et publiée.

Certains règlements comportent une clause pénale[5] pour sanctionner le retard ou le défaut de versement. Cette clause est exclusive des intérêts moratoires[6] et, conformément au droit commun, le montant de la pénalité est réductible, s'il est manifestement excessif (v. s^{s} n°s 575 et 646).

b) Modalités. La seconde phrase de l'article 36 formule deux règles, sans faculté de dérogation, relatives au point de départ du cours des intérêts et à leur taux.

Les intérêts courent à compter de la mise en demeure[7]. Ils ne pourraient courir de plein droit, par l'effet d'une clause du règlement ou d'une décision de l'assemblée.

L'intérêt est fixé au taux légal en matière civile. Une controverse s'est instaurée pour savoir s'il était possible de stipuler un intérêt à un taux supérieur[8] ou à un taux inférieur[9]. Dans un arrêt du 11 juin 1992, la Cour de cassation a considéré qu'il s'agissait d'un taux fixe[10].

1050 **Placement des fonds**[11]. Le nouvel article 35-1 du décret (rédaction de D. 27 mai 2004) dispose que « *L'assemblée générale décide, s'il y a lieu, du pla-*

1. Quelle que soit la date de constatation de la nullité de plein droit du mandat du syndic, les assemblées générales ultérieurement convoquées par lui ne seront annulées que si la contestation est introduite conformément à l'article 42 (al. 2) de la loi – Civ. 3e, 12 oct. 2005, n° 04-14.602, *Bull. civ.* III, n° 191; *AJDI* 2006. 35; *D.* 2006. 1855.
2. Buhr, « Les intérêts moratoires en copropriété dans les locations », *IRC* févr. 1994.457.
3. On peut regretter que cette disposition restrictive ne permette pas d'appliquer l'article 36 aux provisions visées par les articles 37 et 43 alinéa 2 du décret.
4. Peu important que cette clause dérogatoire résulte du règlement dans sa teneur d'origine ou d'une modification décidée par l'assemblée générale, à la majorité de l'article 26 de la loi, incorporée au règlement et publiée au fichier immobilier.
5. Paris, 30 oct. 1979, *D.* 1980. IR 239.
6. Le mécanisme strict que constitue l'article 36 apparaît incompatible avec toute stipulation d'une clause pénale, Aubert, *Defrénois* 1993. 356.
7. Cette mise en demeure résulte d'une lettre recommandée avec demande d'avis de réception (Décr. 17 mars 1967, art. 63, al. 1er) contenant une interpellation suffisante. Elle peut aussi, conformément au droit commun, résulter d'une sommation de payer, d'un commandement, d'une assignation ou de conclusions. La mise en demeure peut faire courir le délai de l'article 19-2 de la loi et son coût est imputable au seul copropriétaire défaillant (L. 10 juill. 1965, art. 10-1, al. 1er) (v. s^{s} n° 562) – Civ. 3e, 9 juill. 1997, n° 95-16.672, *Bull. civ.* III, n° 164, *RDI* 1997. 625, *Administrer* déc. 1997. 53.
8. Bouyeure, p. 56 – Cabanac, *AJPI* 1967. 301 – Sizaire, note 226 *bis* – Paris, 24 févr. 1987, RG n° M12088, *Juris-Data* n° 020345, *JCP N* 1987. II. 204, obs. Vigneron; *RDI* 1987. 479.
9. Guillot, art. 10 à 12, n° 10-23 – Kischinewsky-Broquisse, n° 176, note 743 – Paris, 30 oct. 1979, *D.* 1980. IR 239, obs. Giverdon.
10. Civ. 3e, 11 juin 1992, n° 90-18.767, *Bull. civ.* III, n° 197; *AJDI* 1993. 617, obs. Jean-Maurice Gelinet; *RDI* 1992. 541, obs. Capoulade, Giverdon; *Administrer* mars 1993. 53, note Guillot; *IRC* déc. 1992. 390, note Capoulade; *RDI* 1992. 541; *JCP* 1992. IV. 2296 – Civ. 3e, 3 mars 1999, n° 97-14.392, *AJDI* 1999. 705, obs. Giverdon.
11. Martin, « Des comptes bancaires à affection spéciale ouverts à des professionnels », *Dr. bancaire* janv.-févr. 1992. 2 s. – Bouyeure, p. 71 à 73 – Bondu, « Comment gérer les fonds de la copropriété », *Inf. imm.* déc. 1994. 12 – Dhont, « Le syndic place votre argent », *Le particulier* févr. 1995. 16.

cement des fonds recueillis et de l'affectation des intérêts produits par ce placement ».

Ce texte, maintenant distinct de l'article 35, ne vise plus seulement les fonds recueillis en application de cet article; il s'applique désormais à l'ensemble des fonds disponibles. La décision est prise à la majorité de l'article 24 de la loi.

Les fonds recueillis sont versés soit au compte séparé ouvert au nom du syndicat, soit, lorsqu'il a été dispensé de cette obligation, à un compte ouvert au nom du syndic professionnel (v. s^s^ n° 1048). L'assemblée peut aussi décider d'autres placements, notamment pour les avances. Toutefois, le respect de l'objet social, défini par l'article 14 de la loi, lui interdit de se livrer à des opérations financières, voire spéculatives[1]. L'ouverture d'un livret d'épargne A a été autorisée par la loi, jusqu'à une somme de 75 000 euros, sans que les intérêts soient imposables. Ce placement au nom du syndicat pose la question de la propriété des fonds et de la répartition des intérêts produits. Le versement des fonds ainsi placés correspondra à un droit de créance sur le syndicat, dont la consistance dépendra de la cause du versement (avance, provision...)[2].

Les intérêts produits par le placement des fonds, au nom du syndicat, sont réputés être à la disposition (au moins comptable) des copropriétaires le jour même de leur encaissement par le syndicat, ils sont donc imposés au nom de chacun des membres du syndicat en proportion de leurs quotes-parts de propriété[3]. Le syndicat prenant, du point de vue fiscal, la qualité d'établissement payeur, est tenu de faire la déclaration annuelle prévue par l'article 242 *ter* du code général des impôts et de verser le prélèvement prévu par l'article 125 A du même code[4]. En cas de gains nets retirés des cessions à titre onéreux, effectués directement ou par personne interposée (le syndicat), de valeurs mobilières cotées, de droits portant sur ces valeurs ou de titres représentatifs de ces valeurs, chaque copropriétaire est imposable à l'impôt sur le revenu, en vertu de l'article 92 B du code général des impôts, à raison de sa quote-part des gains nets, dans la limite d'impositions par foyer fiscal[5].

Plusieurs questions se posent lorsque le compte ouvert au nom du syndic reçoit les fonds de différents syndicats.

Un courant jurisprudentiel admet que les créanciers du syndicat puissent opérer une *saisie-arrêt* (saisie-attribution) sur le compte ouvert au nom du syndic pour l'administration de plusieurs syndicats[6], sous réserve qu'il soit établi que le syndic détenait bien alors des fonds pour le syndicat concerné[7]. Cette solution pourrait être transposée aux saisies conservatoires et même à la saisie attribution, dans la limite d'une déclaration affirmative du syndic, considérée comme tiers détenteur[8].

Le sort des *intérêts* portés par les fonds du syndicat est réglé par une décision de l'assemblée générale ou une clause du contrat de mandat. En l'absence de toute convention à ce sujet, il a été jugé que le syndic ne commet pas le délit d'abus de confiance en conservant les intérêts[9] d'un compte ouvert à son nom[10]; il est néanmoins permis de s'interroger, toujours dans ce cas, sur une éventuelle application de l'article 1996 du code civil[11] et de l'article 6 de la loi du 2 janvier 1970[12].

La convention de fusion, de compensation ou d'unité de compte, conclue entre la banque et le syndic, titulaire nominal du compte, est inopposable aux syndicats de copropriétaires, dès lors que le banquier savait qu'un compte est alimenté par les fonds qui ne sont pas la propriété de son titulaire[13]; il appartient alors à la banque de refuser la fusion avec

1. PAR EXEMPLE, un prêt d'argent au profit d'une société commerciale ou l'acceptation de traites tirées sur le syndicat en paiement de marchandises inutiles, *IRC* déc. 1988. 366.
2. Art. 60 de la loi n° 2010-737, 1er juill. 2010 portant réforme du crédit à la consommation, et modifiant sur ce point le code monétaire et financier, *JO* 2 juill., p. 12001.
3. Rép. min., QE, Coussain, *JOAN Q* 29 juill. 1991, p. 2997.
4. Rép. min., QE n° 33926, 15 janv. 1996, Madalle, *JOAN Q* 10 juin 1996, p. 3111.
5. Rép. min., QE n° 5723, 3 nov. 1997, Besselat, *JOAN Q* 13 avr. 1998, p. 2144.
6. Paris, 14e ch. A, 23 juill. 1980, *Juris-Data* n° 098654, *D.* 1981. IR 398, obs. Giverdon – Paris, 15e ch. B, 30 juin 1983, *D.* 1983. IR 447.
7. Paris, 15e ch. A, 16 juin 1981, *Juris-Data* n° 022846, *D.* 1982. IR 146, obs. Brane.
8. Inversement, la Cour de cassation appliquant strictement la théorie de la titularité nominale, a admis que les créanciers du titulaire d'un compte puissent pratiquer une saisie-arrêt sur ce compte où sont encaissées des sommes au nom d'un tiers, en qualité de mandataire de ce dernier : Civ. 1re, 20 avr. 1983, n° 82-10.114, *Bull. civ.* I, n° 127; *D.* 1984. IR 78, obs. Vasseur; *Defrénois* 1983. 33132, 1141, note Larroumet.
9. CA ch. acc. Paris, 9 mars 1992, *Rev. loyers* 1992. 437, obs. Remy et Pialoux; *Rev. banque* juill.-août 1992. 735, obs. Rives-Lange : « Ils constituent le fruit de la gestion des comptes bancaires du syndic » en vertu de l'adage que l'accessoire suit le principal – Capoulade, « La garantie des fonds du syndicat », *Administrer* mai 1996. 19 s.
10. SUR les intérêts d'un compte débiteur : s^s^ n° 1048.
11. LAFOND, ROUX ET STEMMER, s^s^ art. D. 35, n° 2 – S'il s'agit d'une rémunération indirecte (Décr. 20 juill. 1972, art. 66), il y a lieu de notifier l'état de l'art. 11 § II 2°, du Décr. de 1967.
12. Rives-Lange, obs. préc.
13. Com. 10 févr. 1998, n° 94-21.596, *Bull. civ.* IV, n° 64; *RDI* 1998. 295; *D.* 2000. 138; *RTD civ.* 1998. 702; *RTD com.* 1998. 392.

d'autres comptes personnels du syndic[1], ou entre les sous-comptes individualisés dans le compte ouvert au nom du syndic. Devant savoir que le compte est ouvert par un mandataire, la banque commettrait une faute en mettant en œuvre la convention de fusion entre les sous-comptes individualisés, sans l'accord des syndicats intéressés[2]. Il en irait autrement si l'assemblée avait autorisé le syndic à conclure une telle convention ou encore si la banque ignorait que les sommes appartenaient à des tiers[3]. En dépit des recommandations de la commission relative à la copropriété[4], la pratique des *comptes « reflets »* et des *comptes « pivots »* s'est néanmoins développée. Cette pratique consiste pour un syndic de copropriété « de disposer librement des fonds » versés par les copropriétaires et « déposés sur des comptes mandants... et de les transférer dans un établissement de crédit tiers,... Ces transferts étaient effectués par le débit de comptes dits « reflets », ouverts au nom du syndic, qui faisaient l'objet de conventions de fusion avec les comptes mandants. Dans ces conditions, aucun débit n'apparaissait sur les comptes mandants alors que les soldes créditeurs de ces comptes étaient susceptibles d'être compensés avec les soldes débiteurs des comptes reflets »[5]. Il pouvait en résulter que ces fonds ne soient plus disponibles pour le fonctionnement des syndicats. En conséquence, l'Autorité de contrôle prudentiel a émis, le 26 janvier 2011, une recommandation sur la gestion par les établissements de crédit des comptes mandants des syndics de copropriété. Se fondant sur les articles L. 612-1 (§II-3°) et L. 612-29-1 du code monétaire et financier, l'Autorité (ACP) recommande aux établissements de crédit de ne pas accepter que « les fonds déposés dans les comptes mandants, recevant les versements des copropriétaires puissent être transférés vers d'autres établissements de crédit et de ne pas conclure de convention de fusion permettant de compenser les soldes créditeurs de ces comptes avec les soldes débiteurs d'autres comptes »[6].

En cas *de redressement ou de liquidation judiciaire*, les fonds déposés au compte unique du syndic ne se trouvent pas nécessairement compris dans le patrimoine du syndic. La titularité fonctionnelle peut s'opposer à la titularité réelle et la réponse dépend de l'individualisation suffisante des fonds pour assurer la conservation de la propriété. L'action est alors une action en restitution et non une action en revendication, ce qui n'implique donc pas une déclaration de créance[7], ni un relevé de forclusion. La solution dépend donc largement d'une appréciation souveraine des circonstances de fait. En tout cas, le syndic qui déclare la créance du syndicat, accomplit une mesure conservatoire qui ne nécessite pas une autorisation spéciale d'agir en justice, prévue par l'article 55 du décret de 1967[8].

1. Com. 14 mai 1991, n° 89-14.287, *Bull. civ.* IV, n° 161; *D.* 1992. 13; *D.* 1993. 556; *RTD com.* 1991. 621; *Rev. banque* sept. 1991. 869 et note Rives-Lange – Com. 4 oct. 1994, n° 91-22.038, *Quot. jur.* n° 99, 13 déc. 1994, p. 3 – Paris, 3e ch. A, 25 sept. 1990, RG n° 89-008533, *Juris-Data* n° 023840, *Rev. dr. bancaire* janv.-févr. 1991. 23, note n° 8, obs. Rives-Lange – Capoulade, préc. – J.-CL. BANQUE ET CRÉDIT, fasc. 250, nov. 1989, n° 76.
2. Com. 17 janv. 2006, n° 03-17.129, *Bull. civ.* IV, n° 8; *AJDI* 2006. 914; *D.* 2006. 440; *D.* 2006. 2764; *RTD com.* 2006. 459; *Loyers et copr.* 2006. 87; *Administrer* juin 2006. 48, note Capoulade.
3. Paris, 9 mai 1986, *Dr. bancaire* mars avr. 1987, p. 8, n° 4 – SUR LES PRINCIPES : Crédot, « Le principe de non-ingérence et le devoir de vigilance », *Banque et droit* n° spécial 1991.
4. Recommandation de 1996, sous le 1° tiret 3.
5. Analyse de l'Autorité de contrôle prudentiel – 2011-R-01 du 26 janv. 2011.
6. Recommandation de l'Autorité de contrôle prudentiel du 26 janv. 2011, n° 2011-R-01.
7. Civ. 3e, 8 juill. 1998, n° 96-21.439, *RDI* 1998. 687 – Com. 10 févr. 1998, n° 94-21.596, *Bull. civ.* IV, n° 64; *RDI* 1998. 295; *D.* 2000. 138; *RTD com.* 1998. 392; *D. aff.* 1998. 470, obs. J.-P. D.; *RTD civ.* juill.-sept. 1998. 702, obs. Gauthier – Paris, 3e ch. B, 6 oct. 1995, *Juris-Data* n° 023416, *D.* 1995. IR 268.
8. Civ. 3e, 29 janv. 2003, n° 00-21.945, *Bull. civ.* III, n° 21, *D.* 2003. Somm. 1330, note Giverdon; *Dossier Csab* n° 116, mai 2003, n° 74 – Com. 19 mai 2004, n° 02-14.805, *Bull. civ.* IV, n° 99; *AJDI* 2005. 137, obs. Giverdon; *AJDI* 2005. 35, obs. Capoulade.

CHAPITRE

4. Obligations et responsabilités du syndic

SECTION 0
ORIENTEUR

Plan du chapitre.

Textes applicables.

• L. n° 65-557 du 10 juill. 1965 fixant le statut de la copropriété des immeubles bâtis, art. 8-1, 18, et 18-1 et 18-2.

• Décr. 17 mars 1967, pris pour l'application de la loi du 10 juill. 1965, art. 11, et 39.

• C. civ., art. 1991, et 1994.

• L. n° 70-9 du 2 janvier 1970, art. 4-1.

• Code de la construction et de l'habitation, art. L. 132-3.

Jurisprudence de référence.

• **Civ. 3e, 6 déc. 1989, n° 87-19.537,** *Bull. civ.* III, n° 226.

* V. ss n° 1054.

« Seul responsable de sa gestion, le syndic ne peut se faire substituer par un tiers qu'il a désigné pour exercer ses fonctions en ses lieux et place. »

• **Civ. 3e, 6 juill. 1994, n° 89-16.212,** *Bull. civ.* III, n° 142.

* V. ss n° 1057.

« L'ordre du jour de l'assemblée générale ne portant que sur l'approbation des comptes, il ne peut être donné *quitus*, aucune indivisibilité n'existant entre le *quitus* et l'approbation des comptes. »

Bibliographie indicative.

ATIAS, *Dicopropriété*, Edilaix 2007, *V° Syndic*. Guide de la copropriété, Edilaix 2007, art. 18 et 18-1 – KISCHINEWSKY-BROQUISSE, *La copropriété des immeubles bâtis*, Litec 1994, nos 511 à 518 – LAFOND, ROUX et STEMMER, *Code de la copropriété*, Litec 2008, art. 18 – VIGNERON, *Le syndic de copropriété*, Litec 2005, nos 195 à 206.

SECTION 1
LES OBLIGATIONS DU SYNDIC

1051 Distinction avec les obligations du syndicat. Il faut bien préciser le problème pour éviter toute équivoque et ne pas confondre le problème des obligations du syndicat avec celui des obligations du syndic.

Les actes régulièrement accomplis par le syndic, dans le cadre de ses fonctions et dans la limite de ses pouvoirs, engagent le syndicat, mais n'engagent pas le syndic personnellement, suivant le principe fondamental, en matière de mandat, que seul le représenté est engagé par les actes réguliers du représentant. On fera plus loin des observations analogues au sujet du problème de la responsabilité du syndic (v. ss n° 1061).

Sous réserve de ces indications, le syndic est, en l'absence de dispositions particulières dans le règlement, tenu essentiellement de deux obligations, obligation d'exécuter sa mission, obligation de rendre des comptes. On y ajoute un devoir de conseil et une obligation d'information dont on a déjà vu la portée sur le plan comptable (v. ss nos 1035 et 1036), mais qui peut être étendu à d'autres domaines (dans le domaine des actions en justice concernant la copropriété v. Décr. 17 mars 1967, art. 59, ss n° 941).

1052 Obligation d'exécuter sa mission. Les obligations du syndic se confondent, dans une large mesure, avec ses pouvoirs. En tant qu'agent exécutif du syndicat, il est en effet tenu d'utiliser les pouvoirs dont il dispose, pour remplir sa mission. C'est le mandataire de la collectivité des copropriétaires ou plus exactement le représentant, l'organe ou l'agent officiel du syndicat. Comme l'écrit l'article 1991 du code civil à propos du mandataire, il « est tenu d'accomplir le mandat tant qu'il en demeure chargé, et répond des dommages-intérêts qui pourraient résulter de son inexécution ».

Il doit pourvoir à l'entretien, à la conservation et à l'administration de l'immeuble, soit en exécution des décisions de l'assemblée générale, soit en raison de ses pouvoirs propres. Il doit en particulier, faire procéder, de sa propre initiative, à l'exécution de tous travaux urgents, nécessaires à la sauvegarde de l'immeuble, sauf à convoquer l'assemblée immédiatement et sauf décision contraire de celle-ci [1], intervenir auprès des techniciens et entrepreneurs compétents pour remédier, sans délai, à des infiltrations dommageables [2]; Il doit souscrire les polices d'assurances de nature à couvrir les dommages causés à l'immeuble ou par l'immeuble [3], aux préposés du syndicat ou par eux, notamment une police dommages ouvrage. Il a l'obligation de faire constater les empiétements et les dégâts causés aux parties communes, d'en rechercher les causes et les remèdes afin de conserver les droits du syndicat [4]. Il reçoit les travaux communs ou d'intérêts collectifs au nom du syndicat [5].

1053 **Obligation de conseil** [6]. Le devoir de conseil ne doit pas être négligé parmi les obligations qui pèsent sur le syndic de copropriété. « Donné par un profane à un initié, tout mandat est générateur d'un devoir de conseil » [7]. Ce devoir repose sur la confiance, la connaissance, l'expérience et la sagacité. Il s'exécute avec compétence et exactitude. Il implique l'obligation de renseigner et celle de vérifier le renseignement.

Ce fondement de l'obligation de conseil justifie son application, dans son principe, au syndic « bénévole », sauf à apprécier plus légèrement sa responsabilité en raison de la gratuité du mandat [8].

L'inexécution ou la mauvaise exécution du devoir de conseil doit être distinguée de la négligence, de la carence ou de l'inertie.

La jurisprudence a consacré, à plusieurs reprises, l'obligation de conseil. Dans la préparation des délibérations [9] et la détermination de la majorité applicable [10], le syndic doit, en particulier, informer les copropriétaires d'une difficulté créant un risque réel d'annulation d'une décision de l'assemblée générale [11], de la différence entre l'amélioration et la surélévation [12]. Il incombe aussi au syndic de rappeler à l'assemblée, lorsqu'elle décide de travaux, que le syndicat, en tant que maître de l'ouvrage, a l'obligation civile de souscrire une police d'assurance « dommage-ouvrage » (C. assur., art. L. 242-1) et la conseiller en ce sens afin de permettre un préfinancement rapide en cas de désordres [13]. De même, le syndic doit signaler la nécessité d'avoir recours à un coordonnateur chargé de la prévention en matière de sécurité et de protection de la santé des travailleurs, lorsque l'assemblée décide de travaux impliquant l'intervention simultanée ou successive de plusieurs entreprises (C. trav., art. L. 4531-1 s.) [14]. Dans ces deux derniers cas, il appartient d'ailleurs au syndic de soumettre à l'assemblée les projets de contrat en même temps que les devis de travaux et sa demande d'honoraires. De même encore, le syndic doit conseiller à l'assemblée de diligenter à l'encontre des constructeurs « l'évidente procédure », dès lors que tout recours n'est pas illusoire, certains des locateurs d'ouvrage étant assurés [15].

1054 **Interdiction de substitution.** L'article 1934 du code civil autorise, en principe, le mandataire à se substituer un tiers pour l'exécution de son man-

1. PAR EXEMPLE, l'achat d'un extincteur d'incendie, le changement de serrure après un cambriolage : Civ. 3e, 6 févr. 2002, no 00-17.324, *Bull. civ.* III, no 33, *Dossier Csab* no 99, juin 2002, no 102 – Il a même été jugé que le syndic a le droit et le devoir d'exécuter, malgré les décisions contraires de l'assemblée, les travaux judiciairement reconnus comme indispensables à la conservation de l'immeuble : Civ. 3e, 29 oct. 1969, *Gaz. Pal.* 1970. 1239, note Morand.
2. Civ. 3e, 10 oct. 1990, no 89-13.854, *Bull. civ.* III, no 182; *D.* 1991. 85; *RDI* 1991. 106.
3. Civ. 3e, 23 nov. 1976, no 75-12.995, *Bull. civ.* III, no 416 – Civ. 3e, 8 janv. 1982, *Gaz. Pal.* 1982, II, pan. p. 337 – Civ. 3e, 20 juill. 1994, no 92-12.717, *RDI* 1994. 700.
4. Civ. 3e, 6 nov. 1991, no 90-14.150, NP.
5. Capoulade, « Le rôle du syndic dans la réception, la livraison et la prise de possession des ouvrages », *IRC* sept. 1998. 17 – Laporte, « La loi Spinetta et les administrateurs de biens », *Professions immobilières*, juin 1981 – Paris, 9 juin 1999, RG no 1998/00449, *Dossier Csab* no 78, nov. 1999, no 139.
6. Savatier, « Les contrats de conseil professionnel en droit privé », *DS* 1972, 1, 132 s. – Arnaud, « Le devoir de conseil du syndic de copropriété », *JCP N* 1977. I. 445 – Vigneron, *op. cit.* no 497.
7. Savatier, préc., nos 8 et 29.
8. Civ. 3e, 19 mai 2009, no 08-16.516, *AJDI* 2009. 555.
9. Civ. 3e, 16 févr. 2005, no 03-16.392, *Bull. civ.* III, no 38 – EN SENS CONTRAIRE : jugé que la faute du syndic ne saurait résulter de la seule annulation des résolutions qui ne sont pas son œuvre, mais celle de l'assemblée générale : Civ. 3e, 13 avr. 2005, no 03-20.760, NP, *Administrer* août-sept. 2005. 72, obs. Bouyeure.
10. Paris, 26 févr. 2004, RG no 2003/09867, *Loyers et copr.* 2004. 136.
11. Civ. 3e, 17 janv. 2006, no 04-20.414, NP, no 04-20.427, s'agissant du caractère discutable de la compatibilité de l'activité projetée avec les clauses du règlement de copropriété.
12. Civ. 3e, 6 mars 1991, no 89-18.758, *Bull. civ.* III, no 79; *AJDI* 1992. 109; *RDI* 1991. 261.
13. Civ. 3e, 25 janv. 1994, no 92-16.203, *RDI* 1994. 299; *D.* 1994. 207 – Laporte, « La loi Spinetta et les administrateurs de biens », *Professions immobilières* juin 1981.
14. Baudouin, « La coordination sur les chantiers de bâtiment et de génie civil », *Administrer* déc. 1996. 14 s. – Le syndic ne peut pas assumer le rôle de coordonnateur.
15. Civ. 3e, 26 févr. 1997, no 95-12.709, *RDI* 1997. 287.

dat. Cependant, dès avant la loi de 1938, la doctrine répondait, en principe, par la négative, à la question de savoir si le syndic pouvait se substituer un tiers[1]. La loi de 1965 consacre expressément cette interdiction dans son article 18 alinéa 2 : « *Seul responsable de sa gestion, il (le syndic) ne peut se faire substituer*[2] ». Cette solution se rattache au caractère « organique » des fonctions de syndic ; le mandat ainsi confié repose sur un rapport de confiance, ce qui lui confère un caractère *intuitu personae*[3]. Cette interdiction se trouve transgressée lorsque le syndic donne son fonds en location-gérance (v. s^s n° 992)[4], lorsqu'il regroupe son cabinet avec celui d'une société de gestion, même s'il en était le gérant[5] ou opère une fusion-absorption[6], lorsque, par une délégation ou une substitution, il transmet son mandat au cessionnaire de son entreprise, lorsqu'il transfère à un copropriétaire le soin de veiller au respect du règlement de copropriété[7].

Néanmoins, cette interdiction n'impose pas au syndic l'obligation d'exécuter matériellement lui-même tous les actes de sa fonction. Il dispose, en effet, de la faculté, ce qui est une nécessité pratique au moins pour les syndics professionnels et pour les personnes morales exerçant cette fonction[8], de se faire assister de collaborateurs salariés dont il répond. À cet effet, l'article 30 du décret de 1967 dispose : « *À l'occasion de l'exécution de sa mission, le syndic peut se faire représenter par l'un de ses préposés* ».[9] Il ne peut donc sous-traiter tout ou partie de sa mission, si ce n'est que pour des actes purement matériels n'impliquant aucune délégation de pouvoir.

Lorsque le syndic est une personne morale, il convient de bien distinguer cette personne morale de son ou de ses représentants légaux ou statutaires, notamment pour l'identification du syndic dans la décision de nomination, pour l'application de la réglementation des activités professionnelles[10], ainsi que pour la détermination des responsabilités[11].

La délégation de pouvoir[12] peut cependant tempérer l'interdiction de substitution. L'article 18, alinéa 2, de la loi de 1965 dispose : « *L'assemblée générale peut seule autoriser, à la majorité prévue par l'article 25, une délégation de pouvoir à une fin déterminée*[13] », ce qui exclut toute délégation implicite[14]. Un projet de résolution doit être préalablement notifié (v. s^s n° 861) et la délégation peut autoriser le délégataire à décider de dépense dont l'objet[15] et le montant maximal sont fixés par l'assemblée. Le délégataire doit rendre compte de l'exécution de sa mission. En aucun cas, cette délégation ne peut priver l'assemblée générale de son pouvoir de contrôle sur l'administration de l'immeuble et la gestion du syndic (loi, art. 21, al. 4). Parfois, la loi confie au président du conseil syndical des pouvoirs qui relèvent fonctionnellement de ceux du syndic (L. 1965, art. 18-2, 41-2, 24-3).

1055 Reddition de comptes[16]. Conformément au principe posé par l'article 1993 du code civil, le syndic, comme tout mandataire, est tenu de rendre compte de sa gestion au syndicat, son mandant, et non à chaque copropriétaire individuellement[17]. La reddition de compte ne consiste pas seulement dans la reddition des comptes. Elle précède les décisions relatives au *quitus* et à l'approbation des comptes. Le compte rendu porte à la fois sur l'accomplissement du mandat du syndic et sur les comptes du syndicat, le syndic recevant des versements des copropriétaires et procédant à des règlements[18].

1. Alibert, *Le syndic*, p. 124 s.
2. Atias, n° 452 – Cabanac, n° 446 – Capoulade, n° 508, 2e – Guillot, art. 17 à 18-2, n° 7-01 – Kischinewsky-Broquisse, n° 367, note 24, n° 500 – Lafond, Roux et Stemmer, sous art. L. 18, n° 53 – Sizaire, n° 594.
3. Civ. 3e, 6 déc. 1989, n° 87-19.537, *Bull. civ.* III, n° 226.
4. Paris, 27 févr. 1992, *Loyers et copr.* 1992. 227 – Civ. 3e, 4 oct. 1995, n° 93-21.312, *RDI* 1996. 113.
5. Paris, 4 janv. 1993, RG n° 91-18823, *Juris-Data* n° 020197, *Administrer* août-sept. 1993. 51, obs. Dunes.
6. Com. 30 mai 2000, n° 97-18.457, *Bull. civ.* IV, n° 113 ; *JCP* 2000. II. 10401, obs. Viandier ; *Administrer* oct. 2000. 66, note Capoulade ; *RDI* 2000. 392-393 ; *D.* 2000. 320 ; *D.* 2001. 349 ; *RTD civ.* 2000. 858.
7. Civ. 3e, 12 juin 1991, n° 90-11.039, *Bull. civ.* III, n° 171 ; *D.* 1991. IR 178 ; *RDI* 1991. 385 : à propos du respect d'une interdiction de laisser stationner les véhicules automobiles.
8. Cabanac, *AJPI* 1967. I. 189.
9. Le préposé qui est habilité à engager pour le compte du syndic justifie de sa qualité et de l'étendue de ses pouvoirs par une attestation délivrée par ce dernier (Décr. 20 juill. 1972, art. 9) – Roux, « Les préposés du syndic », *IRC* juin 2008. 21 – Atias, *Dicopropriété*, p. 533.
10. L. 2 janv. 1970 et D. 20 juill. 1972.
11. Civ. 3e, 22 janv. 1992, n° 90-15.829, *RDI* 1992. 252 et 253 – pour une entreprise de peinture, comp. : Civ. 3e, 18 juin 2003, n° 01-13.221, Chaouch et S^té Littoral Léontine c/syndicat de la Résidence Le Surplage, n° 768, FS-D, NP.
12. Cordier, « La délégation de pouvoir », *IRC* juin 1994, 8 et juill.-août 1994. 25.
13. par exemple, charger une entreprise spécialisée du contrôle permanent d'un élément d'équipement commun : Civ. 3e, 10 juill. 2002, n° 01-00.474, *Dossier Csab* n° 101, oct. 2002, n° 141.
14. pour un exemple de délégation tacite : Cordier, préc., *IRC* juin 1994. 11.
15. Pouvoir de décision relevant de la majorité de l'article 24.
16. Sorgniard, « Plaidoyer pour un compte rendu de mandat du syndic », *AJPI* 1977. 92.
17. Paris, 23e ch. B, 24 avr. 1984, *Juris-Data* n° 022540, *flash* 1715.
18. Alibert, p. 127 – Cabanac, « L'obligation pour le syndic de copropriété de rendre des comptes », *Rec. gén. lois* 1963, 321 ; *IRC* 1976. 33 – Kischinewsky-Broquisse, n° 507 – Sizaire, n° 278.

La reddition de compte est faite à l'assemblée générale, laquelle se tient au moins une fois chaque année[1]. On en déduit que la reddition de comptes doit être faite chaque année[2], mais le règlement de copropriété ou le contrat de syndic pourrait prévoir une fréquence plus rapprochée. Pour les syndics soumis à la loi du 2 janvier 1970, il est prévu que le contrat de syndic précise « les modalités de la reddition de comptes » (art. 6, al. 3) et l'article 66 (al. 1er) du décret du 20 juillet 1972 exige que la « *reddition de comptes doit intervenir au moins tous les ans* ». S'il est admis, dans le droit commun du mandat, que le mandataire peut être dispensé, même tacitement, de rendre compte, une convention spéciale ne pourrait dispenser les syndics soumis à cette réglementation qui est d'ordre public, de rendre compte de l'exécution de leur mandat[3].

1056 Reddition des comptes. Si le décret du 17 mars 1967 a réglementé l'information des copropriétaires sur la reddition des comptes du syndicat (v. ss nos 1037 s.), aucun texte n'a, en revanche, prévu « un rapport moral » sur les conditions d'exécution du mandat. Ce silence n'équivaut pas à une dispense, mais s'explique, sans doute, par une référence au droit commun du mandat[4]. Il est donc prudent qu'en vue de la décision sur la demande de *quitus*, le syndic établisse un « rapport moral » ou, au moins, qu'il en expose verbalement les termes, avec mention au procès-verbal (sur les conséquences du *quitus* sur les faits connus v. ss no 1057).

L'article 11 (§ 1, 1° et 2°) détermine les documents qu'il y a lieu de notifier aux copropriétaires au plus tard en même temps que la convocation à l'assemblée générale appelée à statuer sur les comptes (v. ss no 857). L'article 11, § II, 2° prévoit aussi la notification, pour information, des sommes perçues par le syndic au titre de sa rémunération. Les documents ainsi mentionnés n'excluent pas que le syndic présente un compte rendu plus détaillé. La convocation doit également rappeler les modalités de consultations par les copropriétaires des pièces justificatives des charges (L. 10 juill. 1965, art. 18-1 - Décr. 17 mars 1967, art. 9 - V. ss no 1036). La réunion est normalement précédée par la consultation par le Conseil syndical des documents afférents à la comptabilité du syndicat (L. 10 juill. 1965, art. 18-1 - Décr. 17 mars 1967, art. 26). Il peut, sur une question particulière, demander un avis technique à un professionnel de la spécialité (Décr. 17 mars 1967, art. 27, al. 2).

1057 Approbation des comptes et *quitus*[5]. Il convient de distinguer soigneusement l'approbation des comptes (rapport financier) qui porte sur la gestion financière et comptable et le *quitus* (rapport moral) qui porte sur la responsabilité de la gestion[6]. Si ces deux questions relèvent de la même majorité (L. 10 juill. 1965, art. 24), en revanche, elles diffèrent par leur *objet*, par les *formalités* préalables et par les *conséquences* attachées aux décisions[7]. L'ordre du jour ne portant que sur l'approbation des comptes, ne permet pas de donner *quitus* au syndic[8]. Pour éviter toute confusion, il est indispensable que ces deux questions fassent l'objet de deux rubriques différentes de l'ordre du jour et donnent lieu à des votes distincts[9].

Les effets de l'approbation des comptes et ceux du *quitus* sont très importants.

1058 *Quitus*[10]. L'intérêt du *quitus* est, d'une part, de supprimer toute discussion sur l'étendue des pouvoirs du syndic et, d'autre part, d'engager le syndicat en cas d'excès ou même d'absence de pouvoir du syndic[11]. Le *quitus* donné par l'assemblée générale vaut à l'égard du syndicat, mais il reste sans effet sur la responsabilité délictuelle ou quasi-délictuelle envers chaque copropriétaire individuel-

1. Décret 1967, art. 9, al. 1er – Rép. min., QE no 41210, *JOAN Q* 1984, p. 554.
2. Cabanac, no 456; Kischinewsky-Broquisse, no 507; Capoulade, no 605.
3. Civ. 1re, 12 nov. 1957, *Bull. civ.* I, no 431.
4. Vigneron, « Approbation des comptes et *quitus* au syndic », *IRC* sept. 1993. 279 – Vigneron, no 460.
5. Atias, « La confusion de l'approbation des comptes et du *quitus* », *IRC* mars 1995. 30 – Kischinewsky-Broquisse, no 508 – Lafond, Roux et Stemmer, ss art. D. 35. no 8 – Vigneron, « Reddition des comptes et *quitus* au syndic », *Loyers et copr.* juin 1989, 1 et *JCP N* 1990, prat. 1265 – Vigneron, « Approbation des comptes et *quitus* au syndic », *IRC* 1993. 277.
6. Sur la distinction : Civ. 3e, 20 juill. 1988, no 87-10.364, *IRC* 1989. 363, note Capoulade – Civ. 3e, 6 juill. 1994, no 89-16.212, *Bull. civ.* III, no 142; *Administrer* 1994. 260. 50, note Capoulade; *RDI* 1994. 698; *D.* 1996. 162 – Versailles, 18 janv. 1990, *RDI* 1990. 414 – Paris, 23e ch. A, 9 oct. 1991, RG no 89-2673, *Juris-Data* no 023383, *D.* 1992. Somm. 139; *Administrer* oct. 1992. 87.
7. Atias, nos 463 s. – Kischinewsky-Broquisse, no 508 – Guillot, art. 17 à 18-2, nos 10-16 et 10-17 – Vigneron, no 384.
8. Civ. 3e, 6 juill. 1994, no 89-16.212, *Bull. civ.* III, no 142; *Administrer* oct. 1994. 50, note Capoulade; *IRC* nov. 1994. 15 et la note; *Defrénois* 1995. 407, obs. Atias; *RDI* 1994. 698; *D.* 1996. 162.
9. Lafond, Roux et Stemmer, note 1 – Si les deux questions sont confondues dans une décision unique, son annulation totale ou partielle dépend du fondement juridique de la demande, note préc. ss Civ. 3e, 6 juill. 1994, no 89-16.212, susvisé.
10. Atias, *Dicopropriété V°* Quitus – Lafond et a. ss L. 18, no 71-72 et D. 35, no 12; Vigneron, *op. cit.* nos 460 s.
11. Hypothèse du syndic de fait ou du syndic dont la désignation a été annulée – Lafond, Roux et Stemmer, ss art. L. 18, no 70 – Vigneron, nos 110 et 127 – Versailles, 24 sept. 1992, RG no 7880/91, *Juris-Data* no 046175, *Administrer* mars 1993. 61, obs. Dunes.

lement[1]. Le *quitus* n'élude pas la responsabilité délictuelle ou quasi délictuelle encourue par le syndic envers un copropriétaire, en raison d'un préjudice personnel causé dans l'accomplissement de sa mission[2]. Le droit positif n'exige la notification d'aucun document particulier lorsque l'assemblée est appelée à se prononcer sur le *quitus*. On ne peut nier l'intérêt pratique de présenter un « rapport moral », même verbal en consignant les faits significatifs de la gestion au procès-verbal. Le *quitus* ne constitue pas une simple formalité. Il n'est, en effet, libératoire de responsabilité que pour les actes de gestion dont l'assemblée générale a eu connaissance et qu'elle a été à même d'apprécier en connaissance de cause[3], ce qui suppose un exposé complet, sincère et loyal. La portée du *quitus* est appréciée par une interprétation souveraine du procès-verbal[4]. Le *quitus* équivaut à une ratification, c'est-à-dire confirmation de l'initiative du syndic, pour les travaux commandés dans le cadre de ses pouvoirs propres, mais le syndicat serait engagé de plein droit et cette ratification ne serait pas nécessaire si le syndic était resté dans les limites de ses pouvoirs. Un *quitus* spécial doit être sollicité, en cas d'erreur grave[5].

1059 Approbation des comptes[6]. Les documents mentionnés par l'article 11 (§ I, 1° et 2°) du décret de 1967 doivent être notifiés à chaque copropriétaire au plus tard en même temps que la convocation de l'assemblée appelée à statuer sur les comptes, (v. s^s n° 857). Les copropriétaires doivent avoir eu la possibilité de consulter les comptes. Les comptes de l'exercice clos sont présentés avec le budget voté de cet exercice et le comparatif des comptes approuvés de l'exercice précédent. Cette approbation porte sur les comptes du syndicat et leur répartition entre chaque catégorie de charges. Un compte n'est arrêté que s'il a été discuté ou ratifié dans des conditions qui impliquent, dans la commune intention des parties, la volonté de fixer définitivement les situations respectives[7]. En raison de la compétence spécifique de l'assemblée, elle n'emporte pas approbation, par le copropriétaire concerné, de la position de son compte individuel[8], même s'il en a reçu préalablement notification[9]. L'approbation des comptes, dans leur intégralité et sans réserve, ne permet plus de les remettre en cause[10], ni d'ordonner une expertise[11], [12]. Un copropriétaire ne pourrait refuser de payer sa quote-part des travaux commandés alors que le coût des travaux figurait dans les comptes approuvés du syndicat et que le syndic avait reçu *quitus*[13].

Les décisions majoritaires de l'assemblée approuvant les comptes et donnant *quitus* s'imposent à tous les copropriétaires tant qu'elles n'ont pas été définitivement annulées sur une contestation judiciaire régulièrement introduite contre le syndicat[14] (v. s^s n° 952).

1. Paris, 9 janv. 1995, *Juris-Data* n° 020451, *Loyers et copr.* 1995. 188 – Paris, 19e ch. B, 21 févr. 1997, RG n° 93/17166, *Juris-Data* n° 020251, *Dossier Csab* n° 60, juill. 1998, n° 36 – AUSSI : Civ. 3e, 18 déc. 1996, n° 94-21.139, *RDI* 1996. 135, n° 1939, Galesa : en cas d'action individuelle d'une copropriétaire contre le syndic personnellement pour un acte d'administration.
2. Paris, 10 févr. 2005, RG n° 04/07762, *Loyers et copr.* 2005. 145, obs. Vigneron et arrêts cités.
3. Civ. 3e, 23 juin 1999, n° 97-17.085, *Dossier Csab* n° 76, sept. 1999, n° 118 – Civ. 3e, 4 janv. 1996, n° 93-19.238, *Bull. civ.* III, n° 1 ; *D.* 1997. 15; *RDI* 1996. 270 – Paris, 26 janv. 1996, RG n° 94/027640, *Juris-Data* n° 020100, *Loyers et copr.* 1996. 235.
4. Civ. 3e, 17 juill. 1996, n° 94-13.163, *RDI* 1996. 612 ; *IRC* mars 1997. 12, note Capoulade; EN L'ESPÈCE, la question était de savoir si le *quitus* précédemment donné par la même assemblée couvrait la responsabilité éventuellement encourue à l'occasion d'une garantie décennale figurant à la fin de l'ordre du jour pour des désordres évoqués au cours de nombreuses assemblées antérieures.
5. Paris, 11 déc. 1992, RG n° 90/16198, *Juris-Data* n° 024310, *Rev. loyers* mars 1992. 144.
6. LAFOND, ROUX ET STEMMER, art. L. 18 n° 31.
7. Planiol et Ripert, *Droit civil*, t. XI, n° 1479 – À PROPOS des comptes bancaires : Civ. 1re, 17 juill. 1984, n° 82-16.734, *Bull. civ.* I, n° 236.
8. Paris, 25 oct. 1993, RG n° 92-21799, *Juris-Data* n° 023077, *Loyers et copr.* 1994. 40.
9. Paris, 30 mars 2000 RG n°s 1998/20359, 1998/21460, et 22 févr. 2001, « Des comptes aux décomptes », note Capoulade, *IRC* juill.-août 2001. 16 – Le projet de l'état individuel de répartition des comptes de chaque copropriétaire n'est notifié préalablement que pour l'information du copropriétaire (Décr. 1967, art. 11 § II 5°).
10. Une approbation sous réserve de la vérification des pièces comptables par le conseil syndical ne vaut pas approbation définitive et nécessite une nouvelle délibération de l'assemblée, Versailles, 7 oct. 1988, *RDI* 1991. 104 – En aucun cas, l'assemblée ne peut déléguer au conseil syndical le pouvoir d'approuver les comptes ni de donner *quitus*.
11. Civ. 3e, 20 juill. 1988, n° 87-10.364, *IRC* 1989. 363, obs. Capoulade.
12. La question se pose de savoir si l'approbation des comptes est opposable à un locataire, qui selon les clauses du bail, devrait rembourser au bailleur tout ou partie des charges de copropriété. Il semble difficile d'admettre que l'ayant cause puisse contester les comptes qui s'imposent à son auteur.
13. Paris, 18 févr. 1983, *Juris-Data* n° 021948, *RDI* 1983. 265, qui distingue très exactement l'effet libératoire du *quitus* et l'obligation de payer les provisions en application de l'article 35 du décret.
14. Civ. 3e, 9 mars 1988, n° 86-17.869, *Bull. civ.* III, n° 54; *JCP* 1988. 20; *D.* 1988. IR 83 – Le syndicat n'a pas qualité pour agir en contestation du *quitus*, Paris, 8 déc. 1988, RG n°s 86/006556 et 86/010889, *Juris-Data* n° 026451, *Loyers et copr.* 1989. 146 – EN L'ABSENCE d'une contestation dans le délai de l'article 42 alinéa 2 une action individuelle ne pourrait ultérieurement remettre en cause cette décision : Paris, 17 nov. 1989, RG n° 88/000750, *Juris-Data* n° 027486, *Loyers et copr.* 1990, n° 414.

Certains éléments de comptes peuvent être réservés. Le *quitus* peut, de même, être limité[1]. L'effet libératoire est alors enserré dans les limites de la décision.

Le vote ne vaut décharge et ne couvre que les actes et les comptes du syndic portés à la connaissance de l'assemblée générale[2], sauf erreur, omission, double emploi ou présentation inexacte[3], mais il ne peut couvrir ce qui aurait été dissimulé volontairement ou par fraude[4] ou ce qui n'aurait été connu que postérieurement par l'assemblée[5].

Le refus des comptes oblige à en présenter de nouveaux et le refus de *quitus* n'équivaut pas à une révocation. Ces refus permettent au syndicat de rechercher la responsabilité éventuelle du syndic. De même, le *quitus* ne signifie pas le renouvellement implicite mandat[6].

1060 **Contrats entre le syndic et le syndicat**[7]**.** L'article 39 du décret de 1967, complété par les décrets des 27 mai 2004 et 20 avril 2010, introduisent, en ce qui concerne les contrats conclus entre le syndic ou certaines personnes physiques ou morales qui lui sont proches ou qui possèdent des intérêts liés, et le syndicat des copropriétaires, une disposition inspirée par celle du droit des sociétés, notamment des SARL et des sociétés anonymes quant aux contrats entre la société et ses gérants ou administrateurs. Sans interdire les conclusions de conventions en cas de lien d'intérêts, le décret exige une information des copropriétaires et une décision expresse de l'assemblée générale, à la majorité de l'article 24 de la loi de 1965.

a) Convention avec des personnes physiques. Aux termes du premier alinéa de l'article 39 : « Toute convention entre le syndicat et le syndic, ses préposés, parents ou alliés jusqu'au troisième degré inclus, la personne liée à lui par un pacte civil de solidarité[8], doit être préalablement et spécialement autorisée par une décision de l'assemblée générale ».

L'autorisation devant être *préalable et spéciale*, il n'est pas possible de voter une autorisation générale de passer toutes sortes de contrat ou même une catégorie de contrats. En raison du caractère impératif de ce texte, il y a lieu, à notre avis, d'admettre la nullité du contrat non précédé de cette autorisation spéciale[9]. Il en est ainsi pour les avances s'analysant juridiquement en un prêt d'argent, même sans intérêt (v. s^s n° 964), ou même encore pour une mission d'architecte[10].

L'exigence d'une autorisation spéciale et préalable ne vise pas seulement le syndic, mais aussi les personnes unies à lui ou à son conjoint par un lien de subordination ou, pour le syndic, par un lien de parenté ou d'alliance jusqu'au troisième degré ou le partenaire du Pacs. [...]

b) Convention avec des personnes morales. Déjà, le second alinéa de l'article 39, dans sa rédaction d'origine, formulait la même exigence lorsque le syndic concluait avec une entreprise dans laquelle les personnes mentionnées à l'alinéa premier possédaient des intérêts ou exerçaient certaines fonctions. Le deuxième alinéa de l'article 39, dans sa nouvelle rédaction, reprend la même exigence en des termes actualisés et légèrement plus larges pour les fonctions sociales : « *Il en est de même des conventions entre le syndicat et une entreprise dont les personnes mentionnées à l'alinéa précédent sont propriétaires ou détiennent une participation dans son capital, ou dans lesquelles elles exercent des fonctions de direction ou de contrôle, ou dont elles sont salariées ou préposées* ». Si le mot « entreprise » a une signification économique et non juridique, il est suffisamment large pour englober les coalitions d'intérêts et les « entreprises filiales », notamment les entreprises prestataires de services ou locateurs d'ouvrage, dans lesquelles le syndic, personne physique ou morale, aurait des intérêts ou exercerait des fonctions.

Le décret du 27 mai 2004 a ajouté un troisième alinéa à l'article 39 qui appréhende la situation en amont. « *Le syndic, lorsqu'il est une personne morale, ne peut, sans y avoir été spécialement autorisé par une décision de l'assemblée générale, contracter pour le compte du syndicat avec une entreprise qui détient, directement ou indirectement, une participation dans son capital* ». C'est, en particulier, l'hypothèse du « holding ». Le texte suppose une autorisation spéciale. Enfin, le décret du 20 avril 2010 ajoute deux alinéas à l'article 39. L'alinéa 4 prévoit que « *Le*

1. Rép. min., QE, *JOAN Q* 30 avr. 1976, p. 2442 ; *JCP* 1976. IV. 232.
2. Versailles, 18 janv. 1990, *RDI* 1990. 414.
3. C. pr. civ., art. 1269.
4. Cabanac, n° 460 – Kischinewsky-Broquisse, n° 508 – Civ. 3e, 17 juin 2003, n° 02-11.928, NP.
5. Paris, 31 janv. 1990, RG n° 88/22325, *Juris-Data* n° 020268, *Administrer* nov. 1990. 23, obs. Guillot – Versailles, 17 janv. 1991, RG n° 11037/89, *Juris-Data* n° 040196, *Rev. loyers* janv. 1992. 41.
6. Les décisions de l'assemblée ne peuvent être implicites, Rép. min., *JO Sénat* Q 1er oct. 1974 ; *JCP N* 1974. 406 ; *Rev. loyers* 1974. 351.
7. Cabanac, n° 449 – Kischinewsky-Broquisse, n° 504 – Guillot, art. 17 à 18-2, n°s 8-11 et 8-12 – Lafond, Roux et Stemmer, s^s art. D. 39. Sur la définition du conflit d'intérêts (loyauté et impartialité) : Moret-Bailly, D. 2011. 1100.
8. Le décret de 2010 a retiré de cette liste les parents ou alliés du conjoint jusqu'au troisième degré inclus.
9. En ce sens : la jurisprudence pour l'application de l'ancien article 40 de la loi du 24 juill. 1867. En ce sens Lafond et a., *op. cit.* s^s D. 39, n° 1.
10. Paris, 21 oct. 1992, RG n° 91/25509, *Juris-Data* n° 022868, *Loyers et copr.* 1992. 494.

syndic précise la nature des liens qui rendent nécessaires l'autorisation de la convention ». L'assemblée prendra ainsi sa décision en toute connaissance de cause. La nature de ces liens ainsi déclarés justifiera la décision de refus ou d'autorisation et permettra d'en fixer la mesure. Il ne paraît pas inutile de consigner la déclaration au procès-verbal afin d'en apprécier ultérieurement l'exactitude en cas de différent.

L'alinéa 5 tend à lever une hésitation en précisant que les décisions d'autorisation prévues à l'article 39 sont prises à la majorité de l'article 24.

c) Information des liens capitalistiques ou juridiques. Tandis que l'article 39 du décret de 1967 porte sur l'autorisation des conventions conclues par le syndic, *ès qualités*, avec des personnes ou des entreprises ayant des liens affectifs ou des liens d'intérêts avec lui, l'article 122 de la loi n° 2009-323 du 25 mars 2009 présente une portée beaucoup plus large. Il insère, en effet, un article 4-1 dans la loi n° 70-9 du 2 janvier 1970 qui concerne toutes les personnes visées par l'article 1er de cette loi et qui comprend notamment les syndics de copropriété. L'information exigée par ce texte doit être donnée par le syndic, même en dehors de la conclusion de toute convention, dès lors qu'il existe un lien capitalistique ou juridique entre le syndic et des banques ou des sociétés financières (holding, filiale, franchise...). Le professionnel doit se ménager la preuve de la réception de cette information par ses clients, en l'espèce par les copropriétaires, par exemple, par une mention dans le contrat de mandat ou, en cas de modification en cours d'exécution du mandat, par une déclaration à l'assemblée générale ou une indication dans les mois de versement de provision ou la présentation des comptes. Cette disposition ne prévoit aucune sanction particulière en cas de méconnaissance.

SECTION 2
RESPONSABILITÉ DU SYNDIC

§ 1
Responsabilité du syndicat et du syndic

1061 Responsabilité du syndicat et du syndic[1]. Avec plus de nuance, on doit faire la même distinction que celle présentée au sujet des engagements du syndicat et du syndic (v. ss n° 1051). En théorie au moins, il ne faut pas confondre les deux responsabilités, même si, en pratique, elles se recoupent assez fréquemment. La responsabilité du syndicat – personne morale – peut être engagée en dehors de toute faute, dans le cadre des articles 1384, alinéas 1er[2], et 1386[3] du code civil. Elle peut l'être sur le fondement de l'article 14, alinéa 5, de la loi du 10 juillet 1965[4] et aussi – bien que l'hypothèse soit rare – être engagée en vertu de l'article 1382 du code civil, en raison d'une faute de l'assemblée générale (abus de majorité, notamment) (v. ss n° 940). Elle peut encore être engagée par les fautes des préposés du syndicat, en application de l'article 1384, alinéa 5 (v. ss n° 689) Dans ces divers cas, il ne saurait être question d'une responsabilité personnelle du syndic, qui ne sera donc poursuivi qu'*ès qualités*, en tant que représentant du syndicat.

Au contraire, il s'opère une certaine confusion dans l'hypothèse d'une responsabilité fondée sur la faute commise par le syndic dans l'exécution de sa mission. Dans ce cas, le syndic peut être personnellement responsable en raison d'une telle faute[5], mais le syndicat l'est également en raison des agissements de son mandataire.

Enfin, il peut y avoir une responsabilité strictement personnelle du syndic. C'est tout d'abord, bien entendu, son éventuelle responsabilité pénale (v. ss n° 696). Ce peut être aussi sa responsabilité civile, lorsque la faute commise par lui résulte d'un dépassement de ses pouvoirs : travaux commandés sans autorisation, autorisation donnée à un tiers ou à un copropriétaire en dehors de ses pouvoirs, c'est-à-dire en violation du statut de la copropriété. L'application au syndic des règles traditionnelles du mandat conduit à décider qu'une telle faute ne peut engager le syndicat[6]. On peut se demander si cette conception trop « civiliste » des pouvoirs du syndic ne devrait pas être reconsidérée en fonction de la qualité d'organe reconnue au syndic, dans un cadre institutionnel.

1. Atias, nos 503 s., *Dicopropriété* V : Syndic (responsabilité), p. 542 s. – Kischinewsky-Broquisse, nos 510 s. – Capoulade, J.-Cl. Baux à loyers, fasc. 860 – Lafond, Roux et Stemmer, ss art. L. 18, § XIII – Guillot, art. 14. à 16-1, nos 5 s. – Terré et Simler, n° 654 – Guillot, « La responsabilité civile des administrateurs de biens, syndics de copropriété », *Administrer* févr.-mars 1975 – Rémy et Pialoux, « La responsabilité professionnelle des administrateurs de biens et syndics de copropriété », *Rev. loyers* 1985. 54 s. – Calfan, « Jurisprudence sur la responsabilité civile et pénale du syndic », *IRC* 1979. 1 – Vigneron, *op. cit.* Titre V, nos 483 s.
2. Civ. 2e, 14 nov. 2002, n° 00-12.780, *Bull. civ.* II, n° 258; *AJDI* janv. 2003, obs. Capoulade (v. ss n° 687) – Civ. 3e, 22 sept. 2009, n° 08-18.193, NP.
3. Civ. 2e, 17 déc. 1997, n° 96-12.260, *Bull. civ.* II, n° 323; *JCP* 1998. IV. 1347 (v. ss n° 683).
4. Civ. 3e, 10 juill. 1984, n° 83-12.126, *Bull. civ.* III, n° 138 : troubles de voisinage causés par une isolation phonique insuffisante du gros-œuvre et pour un défaut dans l'installation du chauffage central.
5. Paris, 20 mars 1987, RG n° M570, *Juris-Data* n° 021233, *D.* 1987. IR 99.
6. Civ. 3e, 15 mars 1989, n° 87-17.137, *RDI* 1989. 383.

Par suite, on examinera dans ce paragraphe, la responsabilité civile et la responsabilité pénale du syndic, à l'exclusion de la responsabilité propre du syndicat, étant cependant précisé que, sauf faute personnelle exclusive, la responsabilité du syndic engage celle du syndicat[1].

La responsabilité *in solidum* du syndicat et du syndic pourrait aussi être retenue dans certains cas envers les copropriétaires[2].

La responsabilité du syndicat peut être engagée pour chauffage insuffisant et retard à exécuter les travaux de réparation « solidairement » avec celle du syndic qui, en raison de l'urgence, pouvait faire entreprendre les travaux sur les parties communes ou équipements communs sans attendre l'autorisation de l'assemblée générale[3].

Il ne faut pas davantage confondre la responsabilité du syndic avec la responsabilité individuelle des copropriétaires. Sauf faute caractérisée de sa part, le plus souvent difficile à établir, le syndic n'est pas responsable du préjudice causé par un copropriétaire au syndicat ou aux autres copropriétaires, notamment pour troubles anormaux de voisinage[4].

§ 2
Responsabilité civile

1062 Responsabilité à l'égard du syndicat. Le syndic, considéré comme un mandataire, répond de sa gestion, en application de l'article 1992 du code civil, envers le syndicat, son mandant. Il répond aussi de ses fautes envers les copropriétaires et envers les tiers[5].

À l'égard du syndicat, il s'agit d'une responsabilité d'ordre contractuel qui découle du lien juridique l'unissant au syndicat. L'article 18 (antépénultième alinéa) affirme que le syndic est « seul responsable de sa gestion »[6].

Certes, ce caractère contractuel, consacré par la jurisprudence[7], pourrait être discuté dans la mesure où serait principalement retenu le caractère statutaire ou institutionnel de la fonction de syndic et, en toute hypothèse, dans le cas de la nomination du syndic désigné en justice. Toutefois, ce dernier aspect de la responsabilité du syndic envers le syndicat n'a été invoqué que d'une manière exceptionnelle et la jurisprudence retient constamment une responsabilité contractuelle fondée sur les règles du mandat.

On a parfois soutenu que la responsabilité du syndic n'était engagée que pour faute lourde. Il est cependant acquis que le syndic engage sa responsabilité envers son mandant comme tout mandataire. Dès lors, il répond, selon l'article 1992 du code civil, « non seulement de son dol, mais encore des fautes qu'il commet dans sa gestion; néanmoins, la responsabilité relative aux fautes est appliquée moins rigoureusement à celui dont le mandat est gratuit qu'à celui qui reçoit un salaire ». Il importe peu que la faute soit dolosive, lourde, grave[8] ou légère, sauf à distinguer suivant que le syndic exerce ou non des fonctions rémunérées. La faute, même simple[9], est appréciée *in abstracto* et le mandataire salarié doit agir avec un soin vigilant, une diligence attentive, un comportement averti, une attitude de « bon père de famille »[10]. Tenu d'une obligation de prudence[11] et de diligence[12], la responsabilité personnelle du syndic suppose une faute de sa part, mais il n'assume aucune obligation de sécurité ou de résultat à l'égard des copropriétaires[13].

Le syndic pourra donc s'exonérer de responsabilité à l'égard du syndicat en établissant qu'il n'a fait

1. Civ. 3e, 15 févr. 2006, no 05-11.263, NP, *Loyers et copr.* 2006. 91.
2. Civ. 2e, 16 juin 2011, no 10-11.591, NP – Civ. 3e, 2 mars 2010, no 09-13.755, NP.
3. Paris, 18 nov. 1999, RG no 1998/11919, *Dossier Csab* no 89, févr. 2001, no 143.
4. Civ. 3e, 20 avr. 1977, *AJPI* 1978. 288, note Bouyeure.
5. ALIBERT, nos 546 à 644 – ATIAS, nos 504 s. – CAPOULADE, no 511, I – KISCHINEWSKY-BROQUISSE, no 510 – GUILLOT, art. 17 à 18-2 § 11 – LAFOND, ROUX ET STEMMER, ss art. L. 18, § XIII – SIZAIRE, nos 275 s. – BOUYEURE, p. 169 s. – VIGNERON, nos 483 s.
6. Niel, « La faute de gestion du syndic de copropriété », *AJDI* 2009. 855.
7. POUR des travaux urgents : Civ. 3e, 10 oct. 1990, no 88-19.885, *RDI* 1991. 106, – POUR l'obligation de rendre compte : Civ. 3e, 23 juin 1999, no 97-17.085, *Dossier Csab* no 76, sept. 1999, no 118 – Civ. 3e, 17 janv. 2006, no 04-20.414, no 04-20.427, NP, *IRC* janv. 2007. 18; *Administrer* avr. 2006, obs. Bouyeure – Paris, 17 juin 1999, *RG* no 1998/03460, *Dossier* Csab no 78, nov. 1999, no 140 – POUR le devoir de conseil – Paris, 27 mai 1999, *RG* no 1998/10936, *Dossier Csab* no 141, pour le paiement tardif des charges sociales.
8. Civ. 3e, 26 févr. 1997, no 95-12.423, *RDI* 1997. 287 : non-incitation du syndicat à engager « l'évidente procédure » destinée à la protection de ses droits, négligence à agir en garantie engendrant une perte de chance – Civ. 3e, 7 avr. 2009, no 07-16.786, NP.
9. Civ. 3e, 7 févr. 1990, no 87-19.565, *Administrer* nov. 1990. 25 – *A fortiori*, lorsqu'il s'abstient de réunir l'assemblée pendant sa gestion, ne propose aucun budget et ne procède à aucun appel de fonds pour couvrir les charges courantes – Civ. 3e, 25 mars 1997, no 95-18.204, NP, *RDI* 1997. 288 (2o).
10. Mazeaud et de Juglard, *Leçons de droit civil*, t. III, no 1402.
11. Exécution de travaux déconseillés par l'architecte, Civ. 3e, 9 déc. 2004, no 02-19.425, NP, cité par Lafond, *Dossier Csab* no 119, p. 8.
12. Exécution de travaux décidés à la majorité de l'article 25, dès l'expiration du délai de notification, nonobstant une contestation judiciaire, Paris, 22 juill. 2005, RG no 2004/24147, cité par Lafond, *Dossier Csab* no 119, p. 8.
13. Civ. 3e, 12 juin 1991, no 89-18.748, *RDI* 1991. 388.

qu'exécuter une décision régulière de l'assemblée générale[1] ou en prouvant qu'il a agi avec diligence et compétence, mais il ne peut se décharger de sa mission en confiant certaines de ses obligations à un copropriétaire[2]. Rappelons que le *quitus* n'est libératoire que pour des faits connus de l'assemblée au moment de sa décision[3].

La responsabilité du syndic n'est pas engagée si, après avoir rappelé l'interdiction de stationner sur les parties communes, l'assemblée ne l'a pas autorisé à engager des poursuites contre les contrevenants. Cependant, nonobstant l'opposition de l'assemblée, il doit exécuter les travaux jugés par le tribunal indispensables à la conservation de l'immeuble[4].

Pour exemple de sa diligence, on évoquera ses réclamations infructueuses et réitérées d'informations sur des éléments techniques, à la société chargée de l'entretien de l'étanchéité et tenue d'un devoir de conseil[5].

1063 Responsabilité à l'égard des copropriétaires. Le syndic, représentant du syndicat, n'a aucun lien de droit avec chaque copropriétaire pris individuellement, dont il n'est pas le mandataire. En conséquence, le syndic est responsable à l'égard de chaque copropriétaire, sur le fondement délictuel ou quasi délictuel, des fautes commises dans l'accomplissement de sa mission[6], peu important que sa responsabilité soit engagée contractuellement envers le syndicat[7].

Cette responsabilité suppose nécessairement qu'une faute causale d'un préjudice direct et personnel[8], dont la preuve doit être rapportée par le copropriétaire demandeur, puisse être retenue à l'encontre du syndic.

Comme exemples de fautes ayant causé un préjudice direct et personnel, on retiendra : les conséquences erronées d'un vote émis par une assemblée générale[9]; la lettre adressée par le syndic contredisant une décision d'assemblée générale[10]; la voie de fait constituée par le retrait d'un panonceau apposé conformément au règlement de copropriété[11]; l'exercice abusif d'une saisie immobilière[12]; le débarras d'office d'une cave sans autorisation judiciaire[13], la convocation à l'assemblée d'un copropriétaire hors délai[14]. (Spécialement pour le syndic d'une résidence-service[15].)

Il importe peu que la faute soit ou non « détachable », « dissociable » de sa mission, « extérieure » ou « étrangère » à ses fonctions[16]. Cette notion, connue en droit administratif et en droit du travail, n'est pas transposable dans le droit de la copropriété. Elle n'ouvrirait, en effet, le recours de la personne lésée à l'encontre du mandataire qu'en cas de faute telle qu'elle ne peut être comprise dans l'exécution normale du mandat, sinon la victime ne pourrait agir qu'à l'encontre du mandant, sauf recours de celuici contre le mandataire[17]. Cette théorie a été formellement écartée par la Cour de cassation, car elle n'est pas conforme au droit du mandat, qu'il soit conventionnel ou institutionnel, sur lequel repose la relation entre le syndic et le syndicat, ainsi qu'au statut du syndic dans le régime de la copropriété (L. 10 juill. 1965, art. 18).

Le concours des responsabilités causales d'un même préjudice peut conduire à une condamnation *in solidum* du syndic et du syndicat[18]. Lorsque les préjudices sont distincts, les condamnations à réparer incombent à chacun selon sa propre intervention.

1. Civ. 3e, 22 juill. 1998, n° 97-10.526, *RDI* 1998. 681; *Dossier Csab* n° 68, oct. 1998, n° 148 – Civ. 3e, 6 févr. 2002, n° 00-17.324, *Bull. civ.* III, n° 33; *Dossier Csab* n° 99, juin 2002, n° 102 – Civ. 3e, 29 oct. 1969, *Gaz. Pal.* 1970. 1239, note Morand.
2. Civ. 3e, 12 juin 1991, n° 90-11.039, *Bull. civ.* III, n° 171; *D.* 1991. IR 78; *RDI* 1991. 385.
3. Paris, 23 mai 1997, RG n° 96/004552, *Juris-Data* n° 021298, *D.* 1997. Somm. 330, obs. Atias (v. ss n° 1057).
4. Civ. 3e, 22 juin 1983, *Juris-Data* n° 701553, *Administrer* 1984, 142, note Guillot; *D.* 1984, jur. 253, note Souleau.
5. Civ. 3e, 10 juill. 2002, n° 01-00.474, NP, *Dossier Csab* n° 101, oct. 2002, n° 141 – RAPPR. : Paris, 22 sept. 1978, *D.* 1979. IR 127, obs. Giverdon.
6. Civ. 3e, 6 mars 1991, n° 89-18.758, *Bull. civ.* III, n° 79; *RDI* 1991. 260, obs. Giverdon; *Administrer* oct. 1991. 42; *AJDI* 1992. 109 – Civ. 3e, 25 janv. 1994, n° 92-16.203, *D.* 1994. Somm. 207; *RDI* 1994. 299; *IRC* avr. 1994. 11, note Capoulade; *Administrer* juin 1994. 48; *Gaz. Pal.* 9 janv. 1996, note Saluden : omission de souscrire une assurance dommages-ouvrage.
7. Aix-en-Provence, 30 mai 1995, cité ss Civ. 3e, 8 oct. 1997, n° 95-18.773, *RDI* 1998. 138.
8. Civ. 3e, 7 mai 1997, n° 95-14.777, *RDI* 1997. 487 : ABSENCE de préjudice – Versailles, 3e ch., 25 juin 1999, *Dossier Csab* n° 78, nov. 1999, n° 143 : absence de cause.
9. Civ. 3e, 8 oct. 1997, n° 95-18.773, *RDI* 1998. 138, note Capoulade, Giverdon.
10. Civ. 3e, 13 avr. 1988, n° 87-10.746, *Bull. civ.* III, n° 70; *RDI* 1989. 393; *Defrénois* 1988. 1454, note Souleau.
11. Civ. 3e, 22 janv. 1992, n° 90-15.829, *RDI* 1992. 253.
12. Civ. 3e, 15 déc. 1999, n° 98-13.772, *RDI* 2000. 244, obs. Capoulade.
13. Civ. 3e, 20 oct. 2010, n° 09-14.244, *Bull. civ.* III, n° 188; *AJDI* 2011. 303, note Capoulade.
14. Civ. 3e, 21 oct. 2009, n° 08-19.111, *Bull. civ.* III, n° 227; *AJDI* 2010. 646, obs. Tomasin.
15. Paris, 23e ch., 20 oct. 2005, RG n° 04/23350, *Loyers et copr.* 2006. 44.
16. Civ. 3e, 6 mars 1991, n° 89-18.758, préc. et Civ. 3e, 25 janv. 1994, n° 92-16.203, préc.
17. Rémy et Pialoux, « La responsabilité professionnelle des administrateurs de biens et syndics de copropriété », *Rev. loyers* 1985. 54.
18. Paris, 18 nov. 1999, RG n° 1998/11919, *Dossier Csab* n° 89, févr. 2001, n° 143.

L'effet relatif du *quitus* donné par l'assemblée générale permet à un copropriétaire d'agir contre le syndic personnellement, même après la cessation de ses fonctions, au titre d'une faute délictuelle ou quasi délictuelle causale d'un préjudice direct et personnel[1], mais non d'un préjudice subi par tous en raison des aléas de la gestion collective[2]. La faute de la victime qui s'abstient notamment de contribuer aux charges de copropriété, peut être exonératoire de responsabilité en tout ou partie[3].

1064 Responsabilité du syndic à l'égard des tiers[4]. À l'égard des tiers, la responsabilité du syndic est évidemment d'ordre délictuel ou quasi délictuel (C. civ., art. 1382), mais, en dehors de cette différence de nature, il n'y a pas, à notre sens, de différence quant à l'appréciation de la faute avec le cas précédemment examiné. En effet, la faute du syndic à l'égard des tiers consiste à ne pas avoir correctement rempli ses fonctions de syndic, à ne pas s'être comporté « en bon père de famille ». C'est donc aussi en fonction des obligations du syndic que son comportement devra être examiné, même à l'égard des tiers. La mauvaise gestion, faute contractuelle à l'égard du syndicat, devient simplement une faute délictuelle à l'égard des tiers.

Un syndic engage sa responsabilité en raison des renseignements erronés donnés à l'acquéreur d'un lot sur la situation financière du syndicat[5] ou en lui dissimulant l'existence d'injonction administrative[6].

Certaines décisions ont exigé que la faute soit « détachable » de la qualité de mandataire du syndicat[7], mais cette distinction n'est plus faite par la Cour de cassation, dès lors qu'est établie une faute personnelle ayant causé un préjudice direct et personnel[8].

En dehors de toute responsabilité à l'égard du syndicat ou des copropriétaires, un syndic peut être rendu responsable d'une faute directement commise dans ses relations avec les tiers, à l'occasion de la conclusion de contrats au bénéfice du syndicat[9].

Si un syndic n'est pas responsable de l'impécuniosité du syndicat, il commet une faute envers un entrepreneur en lui commandant des travaux très importants, sans avoir préalablement recueilli les fonds nécessaires, en taisant sa connaissance de la situation obérée du syndicat[10].

Il faut rappeler le principe selon lequel le mandataire répond des fautes commises sur instructions du mandant, sauf recours contre celui-ci[11].

Enfin, la responsabilité civile du syndic sera toujours engagée en cas de faute pénale retenue contre lui (v. s^s^ n° 1067).

1065 Applications pratiques. L'examen de la jurisprudence permet d'établir que, dans le cadre de la mission qui incombe au syndic, sa responsabilité est le plus souvent engagée par trois catégories de fautes.

1° *D'une part, négligence ou inobservation des règlements dans l'entretien de l'immeuble ou de ses aménagements ou accessoires.* La plupart des décisions précédemment citées concernent cette hypothèse, dont le défaut d'entretien de l'ascenseur constitue l'exemple type[12].

Pour illustrer la négligence du syndic, on évoquera : un manquement à son obligation d'information (devis insuffisants et incomplets), de conseil (pas de réception même tacite et paiement sans contrôle) et de suivi administratif du chantier[13], l'absence de contrôle sur l'exécution des obligations du maître d'œuvre[14], l'absence de réserves sur les défauts de conformité des parties communes dans le délai de l'article 1642-1 du code civil[15], le manquement à son devoir de conseil en faisant voter des travaux très importants dont le financement devait être assuré par un système imprudent et illu-

1. Paris, 21 févr. 1997, RG n° 93/17166, *Juris-Data* n° 020251, *Dossier Csab* n° 60, juill. 1998, n° 36.
2. Paris, 21 oct. 1996, RG n° 94/23769, *Juris-Data* n° 022702, *Dossier Csab* n° 47, mars 1997, n° 79.
3. Civ. 3e, 13 juill. 1999, n° 98-10.542, *RDI* 1999. 679.
4. Alibert, p. 144 – Cabanac, n°s 469 s. – Kischinewsky-Broquisse, n° 515 – Lafond, Roux et Stemmer, s^{s} art. L. 18, n° 77 – Lombois, n° 86 – Vigneron, *op. cit.* n°s 503 s.
5. Civ. 14 juin 1967, *AJPI* 1968. II. 41.
6. Paris, 14 sept. 2006, RG n° 05/22025, *Loyers et copr.* 2007. 16.
7. Civ. 3e, 19 déc. 1978, n° 77-13.266, *Gaz. Pal.* 1979. 604; *D.* 1979. IR 447 – Vigneron, n° 508.
8. Ch. mixte, 26 mars 1971, n° 68-13.407, *Bull. mixte*, n° 6; *R.* 1970-1971, p. 64; *JCP* 1971. II. 16762 – en ce sens aussi : Civ. 1re, 23 févr. 1972, *JCP* 1972. II. 17135 – Civ. 3e, 5 janv. 1973, n° 71-11.264, n° 71-12.131, n° 71-12.974, *Bull. civ.* III, n° 27 – cep. : Civ. 2e, 18 janv. 1973, n° 71-14.282, *Bull. civ.* II, n° 27 – Com. 20 févr. 1978, n° 76-10.728, *Bull. civ.* IV, n° 71.
9. pour une appréciation souveraine de la connaissance du co-contractant de ce que le syndic concluait ès *qualités* : Civ. 3e, 11 mars 1998, n° 96-18.339, *RDI* 1998. 296 : Ou non, Civ. 3e, 9 nov. 1994, n° 92-20.446, *Bull. civ.* III, n° 187; *D.* 1997. 249; *RDI* 1995. 162.
10. Civ. 3e, 16 mai 2001, n° 99-19.838, *Bull. civ.* III, n° 65; *AJDI* 2001. 712, obs. Capoulade; *D.* 2001. 2706.
11. Civ. 1re, 20 avr. 1977, n° 75-14.232, *Bull. civ.* I, n° 181 – Civ. 1re, 1er févr. 1984, n° 82-12.843, *Bull. civ.* I, n° 47.
12. Spinosi, « Les accidents d'ascenseurs », *Ann. loyers* 1962. 182 s. – sur les responsabilités du bailleur et de l'ascensoriste : Civ. 3e, 1er avr. 2009, 08-10.070, *Bull. civ.* III, n° 71; *D.* 2009. 1083, obs. Forest; *D.* 2009. 2573; *D.* 2010. 1168; *RTD civ.* 2009. 539; *AJDI* 2009. 701.
13. Paris, 20 mars 2003, RG n° 2002/07372, *AJDI* 2003. 518.
14. Paris, 21 févr. 2003, RG n° 2001/09711, *AJDI* 2003. 530.
15. Paris, 9 juin 1999, RG n° 1998/00449, *Dossier Csab* n° 78, nov. 1999. 139.

soire[1], l'absence d'initiative pour réparer des poutres pourries, parties communes, à la suite d'infiltration, et rendant inhabitables les locaux inférieurs[2], la mise au vote d'un ravalement banal, avant sondage révélant la nécessité d'un ravalement lourd[3], la tardiveté d'une recherche de fuites malgré une consommation anormale d'eau[4], le manquement au devoir de se renseigner sur leur portée avant de signer les avenants au contrat de chauffage collectif[5], l'absence de mesures de protection contre la chute de la neige du toit[6] ou pour assurer le déneigement[7], la négligence à faire réparer immédiatement le système de fermeture du garage[8].

En outre, si le syndic n'est pas responsable du refus de l'assemblée de voter les travaux, il doit prendre les précautions nécessaires pour interdire l'utilisation d'un équipement dangereux[9].

2° *D'autre part, négligence, ou violation des règles concernant le statut de la copropriété dans l'administration générale de l'immeuble, et l'exécution des décisions de l'assemblée générale*[10], travaux irrégulièrement commandés, négligences dans la gestion ou dans le recouvrement des charges de copropriété[11], exercice abusif des actions en justice[12].

Ces fautes sont illustrées par les exemples suivants : l'absence de mise en œuvre du règlement de copropriété[13], l'absence de diligence pour préserver les droits du syndicat en n'inscrivant pas une hypothèque sur les lots des copropriétaires débiteurs[14] ou en ne mettant pas en œuvre le privilège spécial immobilier occulte en cas de vente du lot d'un copropriétaire débiteur[15] en délivrant un état daté ne comportant pas les renseignements prévus à l'article 5 du décret[16], des règlements erronés ou abusifs de travaux[17], le non-respect du délai de convocation de l'assemblée[18], la notification du procès-verbal après l'expiration du délai de deux mois après l'assemblée[19], l'absence de convocation de l'assemblée annuelle[20], l'absence de convocation de l'assemblée pendant la durée du mandat, de préparation du budget prévisionnel, et d'appels de fonds[21], le refus d'inscrire à l'ordre du jour complémentaire la candidature d'un syndic concurrent[22], l'ordre d'exécuter des travaux sans disposer de fonds suffisants[23], l'absence d'autorisation de l'assemblée pour commander des travaux[24], pour passer une convention d'honoraires de résultat avec un avocat[25], pour commander une étude à un architecte[26], une commande de travaux plus importants que ceux décidés[27].

On retiendra aussi : l'omission de souscrire une assurance couvrant la responsabilité civile du syndicat[28], ou une assurance dommages-ouvrage[29] la négligence à informer les copropriétaires des conséquences de l'expiration de la garantie décennale[30], la responsabilité *in solidum* du syndic et de l'avocat pour négligence dans la conduite d'une procé-

1. Paris, 16 oct. 1992, *D.* 1994. Somm. 207, obs. Bouyeure.
2. Paris, 19 sept. 2002, RG n° 2001/04119, *Loyers et copr.* févr. 2003. 53.
3. Civ. 3e, 17 juin 1997, n° 95-20.836, *RDI* 1997. 624.
4. Civ. 3e, 12 juin 1991, n° 89-18.748, *RDI* 1991. 388 – Lafond, « Panorama de jurisprudence », *Administrer* févr. 1992. 56 – EN CE SENS AUSSI : Civ. 3e, 22 janv. 1992, n° 90-15.829, *RDI* 1992. 253.
5. Civ. 1re, 16 juin 1998, n° 96-14.703, *RDI* 1998. 688.
6. Civ. 2e, 17 févr. 1961, *D.* 1961. Somm. 61.
7. Civ. 3e, 23 juin 2010, n° 09-14.407, NP, *AJDI* 2010. 647.
8. Paris, 6 juill. 2006, RG n° 05/20936, *Loyers et copr.* 2006. 212, obs. Vigneron.
9. Paris, 2 juill. 1959, *JCP* 1961. II. 12076.
10. Rép. min., QE n° 121380, *JOAN Q* 15 mai 2007, p. 4538.
11. SUR la responsabilité encourue lors de la cession des lots : v. ss n° 336.
12. Civ. 3e, 15 déc. 1999, n° 98-13.772, *RDI* 2000. 244, obs. Capoulade.
13. Paris, 20 oct. 2005, n° 04/23350, *AJDI* 2006. 37 : pour une résidence avec services.
14. Paris, 16 oct. 1992, *D.* 1994. Somm. 207, obs. Bouyeure – Paris, 18 déc. 1996, RG n° 023719, *Loyers et copr.* 1997, n° 125; *Dossier Csab* n° 60, juill. 1998, n° 34.
15. Paris, 16 déc. 2004, RG n° 04/01357, cité par Lafond, *Dossier Csab* n° 119, p. 9, n° 7.
16. Paris, 12 janv. 2006, RG n° 05/05138, *Loyers et copr.* 2006. 115.
17. Civ. 3e, 8 avr. 1998, n° 96-15.430, *RDI* 1998. 417; *Administrer* nov. 1998. 51, note Capoulade; *D.* 2000. 138.
18. Paris, 6 mars 1992, RG n° 91/4292, *Juris-Data* n° 020575, *Loyers et copr.* 1992. 228.
19. Paris, 15 nov. 2001, RG n° 2001/01992, *Loyers et copr.* avr. 2002. 9.
20. Civ. 3e, 7 févr. 1990, n° 87-19.565, *Administrer* nov. 1990. 25.
21. Civ. 3e, 25 mars 1997, n° 95-18.343, *RDI* 1997. 287; *RDI* 1998. 395 – NOT., envers une SCI copropriétaire : Civ. 3e, 9 janv. 2002, n° 00-17.394, *Bull. civ.* III, n° 2; *AJDI* mars 2002. 229; *RDI* 2002. 125.
22. Civ. 3e, 12 juin 2002, n° 00-20.610, NP, *Administrer* oct. 2002. 32, note Bouyeure; *Loyers et copr.* janv. 2003. 17.
23. Paris, 16 oct. 1992, *D.* 1994. Somm. 207, obs. Bouyeure.
24. Civ. 3e, 3 juin 1987, n° 85-18.650, *Bull. civ.* III, n° 115; *Gaz. Pal.* 1987. 2. pan. 201 : absence de gestion d'affaires et d'enrichissement sans cause.
25. Civ. 3e, 12 juin 2002, n° 01-00.856, NP, *Administrer* oct. 2002. 34, obs. Bouyeure; *Loyers et copr.* oct. 2002. 246 – Civ. 2e, 3 avr. 2008, n° 07-11.997, NP.
26. Paris, 18 juin 1997, RG n° 95-10489, *Juris-Data* n° 021734, *Dossier Csab* n° 60, juill. 1998, n° 31 – Civ. 3e, 15 mai 2002, n° 00-19.467, *Bull. civ.* III, n° 100; *IRC* sept. 2002. 17, note Capoulade; *AJDI* 2002. 772.
27. Civ. 3e, 15 mars 1989, n° 87-17.137, *Loyers et copr.* 1989. 250; *RDI* 1989. 393.
28. Civ. 3e, 8 juin 1982, *Juris-Data* n° 701235, *D.* 1983. IR 457; *Administrer* nov. 1982. 35; *RDI* 1983. 102; *Gaz. Pal.* 1982. 2. pan. 317.
29. Civ. 3e, 25 janv. 1994, n° 92-16.203, *D.* 1994. Somm. 207, obs. Capoulade; *RDI* 1994. 299.
30. Paris, 11 janv. 2007, RG n° 05/18571, *Loyers et copr.* 2007. 86.

dure[1], la négligence à exercer l'action en garantie décennale[2], l'habilitation irrégulière conduisant au rejet de l'action en garantie[3], l'omission d'autorisation pour exercer une action en garantie décennale[4], l'inertie à faire cesser des nuisances subies par un copropriétaire[5], l'omission de prendre les mesures nécessaires pour assurer la sécurité de la gardienne, son absence à l'audience de conciliation prud'homale[6] de simples démarches sans réitération pressante pour faire cesser des infiltrations d'eau[7], l'erreur avouée dans la répartition des charges sans en tirer les conséquences[8], la tardiveté de l'envoi des bordereaux et du paiement des cotisations sociales[9].

On notera l'impossibilité pour le syndic, après entier paiement, de subordonner la mainlevée de l'hypothèque au paiement de ses honoraires[10].

Au même titre on retiendra : le calcul de charges d'ascenseur selon un barème non contractuel[11], l'absence d'action utile pour recouvrer des charges devenues ensuite irrécupérables par prescription[12], l'absence d'appel de fonds envers une SCI dont le syndic est associé[13].

3° *Enfin, négligence dans son rôle d'agent officiel de la collectivité*, chargé de faire respecter le règlement de copropriété ou les décisions d'assemblées générales, notamment en ce qui concerne l'utilisation des parties communes[14], l'exécution des travaux intéressant l'immeuble ou sa mission de conseil.

On retiendra les exemples suivants : imputation de charges selon une répartition différente de celle prévue au règlement de copropriété[15], abstention de toute intervention pour corriger d'évidentes erreurs dans la répartition des quotes-parts[16], mentions erronées sur un bulletin de paye[17], le syndic ne peut se faire justice à lui-même pour faire appliquer le règlement[18], obligation d'assurer le respect du règlement sans en charger un copropriétaire[19], le choix d'un expert-comptable autre que celui désigné par l'assemblée[20], obligation d'assurer l'exécution d'une décision d'assemblée sans en charger un copropriétaire[21], lettre d'autorisation contredisant une décision d'assemblée[22], abus de majorité pour se faire élire syndic et décider de travaux sans devis[23], la demande en paiement de charges sans produire de facture, ni préciser les travaux ou prestations[24], autorisation de construire un box sans autorisation préalable de l'assemblée[25], l'exonération par la décision de l'assemblée prise sur la recommandation de l'avocat du syndic, présent à l'assemblée[26].

Il convient aussi de noter qu'un copropriétaire peut encourir une responsabilité envers le syndic à titre personnel[27]. Il en est notamment ainsi en cas de dénigrement systématique par des circulaires renouvelées[28], de procédure jugée abusive en l'absence de preuve de la faute prétendue[29], de projet de décision

1. Civ. 3e, 5 oct. 1994, no 92-19.769, no 92-19.764, *Bull. civ.* III, no 159; *D.* 1997. Somm. 250; *Administrer* avr. 1995. 30, note Franck.
2. Civ. 3e, 26 févr. 1997, no 95-12.423, *RDI* 1997. 287.
3. Civ. 3e, 16 févr. 2005, no 03-16.392, *Bull. civ.* III, no 38.
4. Versailles, 29 avr. 1993, RG no 3555/92, *Juris-Data* no 041789, *Administrer* mai 1994. 48, obs. Bouyeure.
5. Civ. 3e, 8 mars 1995, no 93-13.742, *Bull. civ.* III, no 75; *Administrer* juin 1995. 32, note Duthil; *AJDI* 1995. 798; *D.* 1998. 275.
6. Civ. 3e, 26 avr. 2006, no 05-10.837, *Bull. civ.* III, no 105; *D.* 2006, pan. 2768, obs. Capoulade; *AJDI* 2007. 140, obs. Bérenger; *Administrer* 56, no 390, obs. Bouyeure; *Loyers et copr.* 2006. 164 – Paris, 24 mai 2007, RG no 06/16114, *Loyers et copr.* 2007. 183.
7. Civ. 3e, 10 oct. 1990, no 89-13.854, *Bull. civ.* III, no 182; *D.* 1991. 85; *Administrer* avr. 1991. 33.
8. Civ. 3e, 25 mars 1997, no 95-18.204, *RDI* 1997. 287.
9. Paris, 27 mai 1999, RG no 1998/10936, *Dossier Csab* no 78, nov. 1999, no 141.
10. Civ. 3e, 26 juin 2002, no 01-02.697, *Bull. civ.* III, no 151; *Administrer* oct. 2002. 33; *Loyers et copr.* oct. 2002. 238.
11. Civ. 3e, 21 juin 2000, no 98-18.488, *IRC* sept. 2000. 12; *RDI* 2000. 395.
12. Versailles, aud. sol., 26 sept. 1997, *Dossier Csab* no 60, juill. 1998, no 32.
13. Civ. 3e, 9 janv. 2002, no 00-17.394, *Bull. civ.* III, no 2; *AJDI* mars 2002, p. 229; *RDI* 2002. 125.
14. Civ. 1re, 13 oct. 1965, *Bull. civ.* I, no 543; *D.* 1966, jur. 102; *Gaz. Pal.* 1966. 1, 41, note Cabanac; *RTD civ.* 1966. 319, note Bredin : stationnement abusif – Civ. 3e, 9 janv. 1973, no 71-130.038, *Bull. civ.* III, no 31; *D.* 1973. IR 36; *Gaz. Pal.* 1973, I, 258, note Morand; *JCP* 1973. II. 17588.
15. Civ. 3e, 21 juin 2000, no 98-18.488, NP, *IRC* sept. 2000. 12 – Paris, 10 oct. 2000, RG no 1998/08621.
16. Toulouse, 17 déc. 2001, RG no 1999/04588, *Loyers et copr.* sept. 2002. 216.
17. Paris, 21 avr. 2005, RG no 04/12843, cité par Lafond, *Dossier Csab* no 119, p. 9, no 7.
18. Paris, 28 nov. 2001, *Loyers et copr.* avr. 2002. 103.
19. Civ. 3e, 12 juin 1991, no 90-11.039, *Bull, civ.* III, no 171; *D.* 1991. IR 178; *RDI* 1991. 385.
20. Civ. 3e, 8 oct. 1997, no 95-18.773, *RDI* 1998. 138.
21. Civ. 3e, 4 oct. 1995, no 94-12.048, *RDI* 1996. 114; *D.* 1998. 274.
22. Civ. 3e, 13 avr. 1988, no 87-10.746, *Bull. civ.* III, no 70; *RDI* 1989. 393; *Defrénois* 1988. 1454, note Souleau; *D.* 1990. 131.
23. Civ. 3e, 27 févr. 2001, no 96-21.960, NP, *Dossier Csab* no 94, oct. 2001, no 246.
24. Civ. 3e, 3 juin 1998, no 96-19.941, *Dossier Csab* no 68, oct. 1998, no 147.
25. Aix, 21 oct. 1975, *AJPI* 1976. 798 – AUSSI : Paris, 18 mai 1990, RG nos 88-22012 et 90-3863, *Juris-Data* no 023938, *Loyers et copr.* 1990. 367.
26. Paris, 23 mai 1997, RG no 96/004552, *Juris-Data* no 021298, *Dossier Csab* no 60, juill. 1998, no 33.
27. Forestier, « Le droit à l'honneur et à la réputation de l'administrateur de biens », *Administrer* mai 1987. 16 s.
28. Paris, 13 oct. 1999, *Dossier Csab* no 84, juin 2000, no 58.
29. Paris, 20 janv. 2000, RG nos 1997/24397, 1998/00122, *Dossier Csab* no 84, juin 2000, no 19.

contenant des insinuations de malversations dans la gestion[1], de propos injurieux lors d'une assemblée[2].

1066 Action en responsabilité[3]**.** Qu'il s'agisse de la responsabilité envers les copropriétaires ou envers les tiers, l'action est de la compétence du tribunal de grande instance ou éventuellement du tribunal d'instance si le montant de la demande n'excède pas le taux de sa compétence. Une difficulté se présente sur le plan de la prescription : celle-ci est certainement la prescription de 10 ans en cas de fait ayant entraîné un dommage corporel. La question est plus délicate dans le cas de l'action engagée par le syndicat ou par un copropriétaire; l'article 42 soumet en effet à la prescription de 10 ans « les actions personnelles nées de l'application de la présente loi entre les copropriétaires ou entre un copropriétaire et le syndicat ». Cette prescription abrégée ne semble pas applicable à la matière, au double motif que le texte ne vise pas les actions contre le syndic, et qu'une action en responsabilité ne « naît pas » de l'application de la loi de 1965[4] Le délai est donc de 5 ans pour les actions personnelles et mobilières à l'encontre du syndic, sous réserve des dispositions de l'article 2226 du code civil (10 ans) en cas d'événement ayant entraîné un dommage corporel.

Quant au point de départ de la prescription, il résultait à notre sens de la réalisation du dommage résultant de la faute à l'origine de l'action. Il n'y a pas à le reculer à la date de la reddition de comptes ou de l'événement ayant mis fin au mandat. Selon l'article 2224 du code civil le délai court « à compter du jour où le titulaire d'un droit a connu ou aurait dû connaître les faits permettant de l'avérer ». Pour les dommages corporels, le point de départ se situe « à la consolidation du dommage initial ou aggravé » (C. civ., art. 2226).

§ 3
Responsabilité pénale

1067 Responsabilité pénale du syndic[5]**.** Les fautes commises par un syndic, dans l'accomplissement de ses fonctions, peuvent revêtir un caractère pénal; il ne peut être dressé une liste exhaustive des infractions, mais les exemples sont nombreux. Ces infractions peuvent être classées en trois catégories : les infractions volontairement commises dans la gestion financière (abus de confiance, escroquerie) ne soulèvent pas de problèmes particuliers, ensuite les infractions d'imprudence, de négligence ou d'inattention (homicide ou blessure par imprudence, mise en danger de la vie d'autrui), enfin les infractions aux lois ou règlements de police (infractions à la réglementation des activités[6], aux règles d'urbanisme et spécialement à celles relatives au permis de construire[7], aux règles d'hygiène, de sécurité et du travail, à des prescriptions environnementales[8], au règlement sanitaire[9], à la législation du travail[10]).

Cependant, il convient, tout d'abord, d'évoquer trois questions :

L'article 121-3 du code pénal a supprimé les délits purement matériels, réalisés par la seule commission du fait. L'auteur doit avoir conscience de violer la loi, mais l'élément moral peut résider dans l'imprudence, la négligence ou la mise en danger de la vie d'autrui.

L'article 121-2 du code pénal introduit désormais une généralisation de la responsabilité pénale

1. Civ. 3e, 3 oct. 2001, nº 97-15.727, NP, *Dossier Csab* nº 97, févr. 2002, nº 27.
2. Paris, 8e ch. B, 6 nov. 2001, RG nº 2000/20019, *Dossier Csab* nº 98, mars 2002, nº 49.
3. Cabanac, nº 467 – Kischinewsky-Broquisse, nº 516 – Sizaire, nº 276.
4. Kischinewsky-Broquisse, *op.* et *loc. cit.* – La loi nº 2008-561 du 17 juin 2008 portant réforme de la prescription en matière civile a profondément modifié les délais et leur point de départ. Fr. Ancel, commentaire *Gaz. Pal.* 12 juill. 2008, p. 2 – Saint-Didier et Zalewski, Copropriété et réforme de la prescription, *AJDI*, 2008, 738; *D.* 2008. 2511, Fauvarge-Cosson *et a.*; Berenger, *Administrer.*, déc. 2008. 44.
5. Cabanac, nos 471 s. – Capoulade, nº 511, 3° – Kischinewsky-Broquisse, nº 518 – Lafond, Roux et Stemmer, ss art. L. 18, nº 78 – Vigneron, nos 510 s. – Guillot, « La responsabilité pénale des administrateurs de biens, Syndics de copropriété », *Administrer* août-sept. 1987 – Lebatteux, « La responsabilité pénale des syndics », *Administrer* janv. 1995. 6.
6. Capoulade, nº 312 à 332 – J.-Cl. Pénal ann., *V° Agents immeubles, et administrateurs de biens*.
7. Crim. 3 mai 1978, nº 77-92.020, *Bull. crim.*, nº 138; *D.* 1978. IR 343; *RDI* 1979. 242; *Administrer* janv. 1979. 40 : à propos de l'exécution d'une construction non conforme aux prescriptions du permis de construire – Paris, 14 mars 1973, *Gaz. Pal.* 1973. 1, jur. 261 et Paris, 22 déc. 1980, *Juris-Data* nº 600447, *AJPI* 1981. 680 : le syndic, investi d'un simple pouvoir d'administration, ne saurait encourir les peines de l'article L. 152-11 du CCH pour méconnaissance de l'obligation de ravalement.
8. Crim. 13 juin 1991, nº 90-84.245, NP, *Loyers et copr.* 1992. 40 : négligence à prendre les mesures nécessaires au respect du décret du 5 mai 1988 sur le bruit, notamment en cas de fonctionnement bruyant de la chaudière commune.
9. Crim. 31 mai 2005, nº 04-86.864, NP, cité par Lafond, *Dossier Csab* nº 119, p. 10, nº 8.
10. Crim. 24 mai 2005, nº 04-86.813, *Bull. civ.* III, nº 154; *AJDI* 2005. 844; *Administrer* janv. 2006. 52, obs. Bouyeure; *RTD com.* 2005. 862; *RDI* 2005. 452 : absence de vérification de la situation régulière d'un entrepreneur au regard de l'immatriculation du RCS et à la sécurité sociale – Toulouse, 6 sept. 2005, nº 1003, RG nº 05/00361, *AJDI* 2006. 284, obs. Capoulade : absence de déclaration à la Sécurité sociale de la femme de ménage.

de la personne morale indépendamment de celle des personnes physiques.

Enfin, les associations de consommateurs et les syndicats professionnels, régulièrement déclarées et agréées, peuvent désormais se constituer partie civile pour les faits portant un préjudice direct ou indirect à l'intérêt collectif des consommateurs.

D'une manière générale, il y a lieu de distinguer selon que le syndic dispose ou non de pouvoirs propres. Dans l'accomplissement de sa mission, le syndic dispose, en effet, de pouvoirs qu'il exerce à son initiative; sa responsabilité pénale peut être engagée, en raison de sa négligence ou de l'inobservation des règlements, qui constitue une faute personnelle à sa charge dont la preuve doit être rapportée [1].

Ainsi, un syndic a-t-il été condamné pour n'avoir pas fait exécuter les travaux prescrits par l'autorité administrative [2] ou pour négliger à prendre les mesures nécessaires à empêcher les bruits provoqués par la chaufferie commune [3].

Le juge du fond doit préciser si la charge des travaux, prescrits en application du règlement sanitaire, incombent au syndicat ou à certains copropriétaires [4].

En revanche, pour l'exécution de certains travaux dont l'importance dépasse les pouvoirs propres du syndic, celui-ci doit, pour leur exécution, obtenir une autorisation de l'assemblée générale des copropriétaires. Le défaut d'exécution ne peut donc lui être reproché, soit que le syndicat ait refusé le vote des travaux, soit même que le syndic ait manqué de temps normalement nécessaire pour consulter l'assemblée, du moins s'il n'existe pas d'urgence lui permettant, de sa propre initiative, de prendre une mesure de sauvegarde (L. 10 juill. 1965, art. 18). En présence d'un élément d'équipement défectueux et dont le fonctionnement présente un caractère dangereux, il appartient au syndic d'en interdire l'utilisation et de prendre ou de faire prendre toute mesure utile pour en empêcher l'usage effectif.

Mais la chute d'un bloc de glace peut entraîner la responsabilité de l'assemblée si elle a refusé la mise en place d'un dispositif de protection [5]. Le refus par l'assemblée de la réparation ou du remplacement d'un ascenseur défectueux générateur d'un accident aura les mêmes conséquences [6].

Ainsi donc, une faute personnelle constituant un défaut de surveillance, une négligence, une imprudence, ou une mise en danger délibérée de la personne d'autrui est de nature à fonder la responsabilité pénale du syndic.

La qualification du délit d'abus de confiance, prévu et puni par l'article 314-1 du code pénal, peut s'appliquer à des actes très divers, comme le détournement de fonds, le changement d'utilisation des fonds, la non-restitution des archives du syndicat, l'appropriation des ristournes faites par les entrepreneurs et fournisseurs [7].

Les incriminations de la loi du 2 janvier 1970, modifiée, prévues par les articles 16, 17 et 18, sont très nombreuses : exercice des activités sans carte professionnelle, exercice après disparition de l'une des conditions légales, représentation sociale en cas d'inexistence ou de disparition des conditions légales, absence d'habilitation à s'engager, violation des interdictions et incapacités d'exercice, maniement de fonds sans détenir aucun document professionnel, perception de fonds en violation des règles sur le mandat, entrave ou obstacle au contrôle administratif [8]. Les intérêts portés par les sommes versées par les copropriétaires au compte unique du syndic méritent une mention spéciale en raison des controverses qu'ils suscitent [9] et qu'une clause du contrat de syndic devrait régler.

Le syndic, en tant que représentant du syndicat, doit vérifier, en application de l'article L. 4531-1 du code du travail, la situation de l'entrepreneur dont il utilise les services pour un ravalement, au regard de l'article L. 8221-3 et L. 8221-5 du même code, sous peine de commettre les infractions prévues et punies par l'article L. 8221-1 et L. 8222-2 du même code [10].

1. Paris, 25 juin 1986, RG n^{os} K7958, K5731, L3117, L16947, M8498, et M5798, *Juris-Data* n° 024588, *Administrer* janv. 1987. 48.
2. Paris, 2 juill. 1955, *JCP* 1959. II. 12076, note Désiry – T. pol. Saint-Denis, 22 févr. 1961, *AJPI* 1961. II. 156, note Cabanac.
3. Crim. 13 juin 1991, n° 90-84.245, *Loyers et copr.* 1992. 40.
4. Crim. 25 janv. 1961, *Ann. loyers* 1961. 893.
5. Grenoble, 7 mars 1987, *Administrer* avr. 1988. 37, note Guillot; *RDI* 1987. 279.
6. Paris, 22 janv. 1958, *Ann. loyers* 1960. 415, note Alibert.
7. V. Lebatteux, préc.
8. Capoulade, n°s 314 s.
9. Paris, 9 mars 1992, *Rev. banque* juill.-août 1992, p. 735, n° 525, obs. Rives-Lange : « ils constituent les fruits de la gestion des comptes bancaires du syndic », ce qui exclut le délit, mais COMMENTAIRE RÉSERVÉ qui s'interroge sur l'application éventuelle de l'article 6 de la loi du 2 janv. 1970.
10. Crim. 24 mai 2005, n° 04-86.813, *Bull. crim.* n° 154; *Administrer* 2006 n° 384; *AJDI*, 2005, 844.

TITRE

5. Le conseil syndical

SECTION 0

ORIENTEUR

Plan du titre.

CHAPITRE UNIQUE

Le conseil syndical

SECTION 0
ORIENTEUR

Plan du chapitre.

Textes applicables.

• L. n° 65-557 du 10 juill. 1965 fixant le statut de la copropriété des immeubles bâtis, art. 21-25 c, 26.

• Décr. 17 mars 1967, pris pour l'application de la loi du 10 juill. 1965, art. 22 à 27.

• Commission relative à la copropriété. Recommandations n° 13 (règles générales) du 8 juill. 2010; n° 13 *bis* (cas particuliers) du 5 janv. 2011.

Jurisprudence de référence.

• **Civ. 3e, 22 mai 1990, n° 89-11.659,** *Bull. civ.* III, n° 123.

* V. s^s n° 1088.

« L'autorisation d'agir en justice doit être donnée au syndic, seul habilité à représenter le syndicat, ce qui exclut quelle puisse être donnée au conseil syndical. »

• **Civ. 3e, 16 mars 2011, n° 10-10.553,** *Bull. civ.* III, n° 33.

* V. s^s n° 1079.

Cassation pour manque de base légale de l'arrêt qui déboute un copropriétaire de sa contestation de l'élection d'un membre du conseil syndical, sans rechercher, comme il lui était demandé, si le copropriétaire élu avait fait acte de candidature.

• **Civ. 3e, 2 mars 2011, n° 09-72.455,** *Bull. civ.* III, n° 28;

* V. s^s n° 1085.

Aucun texte ne s'oppose à ce que le syndic assiste aux séances du conseil syndical.

Bibliographie indicative.

ATIAS, *Dicopropriété*, Edilaix 2007, *V° Conseil syndical* – GUILLOT, *La pratique de la copropriété*, Publication *Administrer* 1992, art. 21 – KISCHINEWSKY-BROQUISSE, *La copropriété des immeubles bâtis*, Litec 1994, n°s 519 à 535 – LAFOND, ROUX et STEMMER, *Code de la copropriété*, Litec 2008, sous art. L. 21 et D. 22 à 27 – ROUX, *Le conseil syndical*, Litec 2011, notamment sur des éléments de droit comparé, p. 173.

1068 Pratique antérieure et évolution législative. La pratique antérieure, non seulement à la loi de 1965, mais aussi à celle de 1938[1], révélait l'existence assez fréquente, à côté du syndic, d'un conseil de copropriétaires, portant des noms variables suivant les règlements et suivant les usages : conseil syndical, conseil de gérance, conseil de surveillance, conseil de gestion..., organisme parfois comparé au conseil de surveillance prévu par l'article 14, alinéa 2, du décret du 10 novembre 1954 dans certaines sociétés de construction[2]. L'expérience avait démontré l'utilité de cet organisme, notamment dans les syndicats comportant de nombreux lots ou plusieurs bâtiments, où il apparaissait comme un trait d'union presque indispensable entre les copropriétaires et le syndic[3]. La loi de 1938 ignorait cependant cet organisme : il a été introduit, à titre facultatif, dans l'article 21 de la loi du 10 juillet 1965, sous le nom de conseil syndical, réglementé par les articles 22 et suivants du décret du 17 mars 1967. Ces dispositions légales et réglementaires ont été remaniées par la loi du 31 décembre 1985 (art. 21 nouv.) et par le décret du 9 juin 1986, qui a retiré du décret du 17 mars 1967 les dispositions reprises par le nouvel article 21 de la loi du 10 juillet 1965. Il doit occuper une « place éminente [...] en assurant un dialogue et une informa-

1. Alibert, « Le conseil de gérance », *Ann. loyers* 1961. 28 s. – CABANAC, n° 488 – KISCHINEWSKY-BROQUISSE, n° 334.
2. Bouvet et Cabanac, *AJPI* 1955. 1, 43 – Cabanac, « Institution, rôle, pouvoir du conseil de surveillance », *AJPI* 1963. II. 329.
3. ESMEIN, n° 20 – V. LES RÉSERVES de LOMBOIS, n° 89.

tion entre l'ensemble des copropriétaires et le syndic, ce qui est le meilleur moyen de maintenir un climat de confiance réciproque »[1]. Le décret du 27 mai 2004 a modifié plusieurs dispositions relatives au conseil syndical (art. 22, 26 et 27)[2]. La loi n° 2006-872 du 13 juillet 2006 lui a conféré un rôle important dans les syndicats de « résidences-services » et la loi n° 2009-323 du 25 mars 2009[3] lui a permis, à défaut d'actions du syndic, de jouer un rôle de « relation publique » en cas de pré-difficulté (alerte préventive). Enfin, le décret n° 2010-391 du 20 avril 2010[4] institue une concertation avec le syndic pour l'établissement de l'ordre du jour de l'assemblée générale. L'expérience acquise qui a démontré son utilité, ainsi que l'imprégnation contemporaine du consumérisme et de la participation, ont largement contribué à l'accroissement du rôle du conseil syndical.

SECTION 1
INSTITUTION DU CONSEIL SYNDICAL

1069 Caractère en principe obligatoire. Le texte initial de l'article 21 donnait au conseil syndical un caractère facultatif. Le nouveau texte lui confère en principe un caractère obligatoire : « *dans tout syndicat de copropriétaires, un conseil syndical assiste le syndic et contrôle sa gestion* »[5].

Mais le législateur a eu la prudence de tenir compte soit de la volonté des copropriétaires de ne pas constituer un conseil syndical, soit de l'impossibilité de parvenir à sa désignation. On comprendra sans peine l'inutilité de constituer un conseil syndical dans des syndicats groupant un très petit nombre de copropriétaires; il avait même été un moment envisagé, dans ce cas, de permettre la désignation d'un délégué syndical, mais cette proposition n'a pas prospéré.

Le conseil syndical représente l'un des trois organes fonctionnels du syndicat, à côté de l'assemblée générale et du syndic, mais, à la différence du syndicat, il ne constitue pas un groupement ou une entité et le législateur ne lui a pas reconnu la personnalité morale. Il ne peut donc agir en justice, ni accomplir un acte de la vie civile[6].

L'article 21, dans sa rédaction de la loi de 1985, a donc prévu deux hypothèses[7] :

1070 Décision de ne pas instituer de conseil syndical : « *Sauf dans le cas des syndicats coopératifs* (v. s^s n°s 704 et 1073) *et des résidences - services* (v. s^s n° 1015), *l'assemblée générale peut décider, par une délibération spéciale, à la majorité prévue par l'article 26, de ne pas instituer de conseil syndical. La décision contraire est prise à la majorité des voix de tous les copropriétaires* ». La rédaction de ce texte est équivoque. Le conseil syndical existant de plein droit, par l'effet de la loi, il eût été préférable que le texte emploie le verbe « constituer » plutôt que le verbe « instituer », quelle que soit la date d'établissement du règlement. Étant donné le caractère en principe obligatoire du conseil syndical, il apparaît donc qu'une résolution votée à la double majorité de l'article 26 peut décider de ne pas constituer (mais non de ne pas instituer[8]) de conseil syndical. Si une telle résolution est votée, il suffira ensuite d'une nouvelle résolution prise « à la majorité des voix de tous les copropriétaires » pour imposer la constitution d'un conseil syndical[9], l'emploi de ces termes s'opposant à ce qu'il puisse être statué à la majorité de l'article 25-1[10].

Lorsque l'assemblée générale est appelée à prendre l'une des décisions visées par l'article 21 (al. 9), le projet doit figurer à l'ordre du jour et être notifié aux copropriétaires, au plus tard en même temps que l'ordre du jour[11].

Toutefois, les syndicats de forme coopérative (v. s^s n° 1073) et les syndicats avec services (v. s^s n° 1074) ont l'obligation de constituer un conseil syndical.

1071 Impossibilité de composer le conseil syndical : « *Lorsque l'assemblée générale ne parvient pas, faute de candidature, ou faute pour les candidats*

1. M. Bonnemaison, rapporteur à l'Assemblée nationale de la loi du 31 décembre 1985, doc. parl. AN, 1985, n° 2960, p. 16.
2. SUR L'ENSEMBLE DE LA QUESTION : Commagnac et Capoulade, *REDI* 1967. 1379 – KISCHINEWSKY-BROQUISSE, n°s 519 s. – Morand, *Gaz. Pal.* 1967. 2. Doctr. 541 – Cabanac, « Le conseil syndical », *REDI* n° 90. 23 – Guillot, *Administrer* mars 1975, 8 – Arnaud, « Les relations entre le syndic et le conseil syndical », *IRC* juin 1975 – J.-CL. COPR., fasc. 92 – GUILLOT, art. 21 – LAFOND, ROUX ET STEMMER, s^s art. L. 21 – ATIAS, n° 128 – *Dicopropriété V° Conseil syndical*. Michalopoulos, « Les relations du syndic avec le conseil syndical », *IRC* févr. 1998. 16 – Pollin, « Le président du conseil syndical », *Administrer* juill. 1999. 22 – Recomm. n° 13 de la commission relative à la copropriété (v. annexe).
3. L. n° 2009-323, 25 mars 2009 de mobilisation pour le logement et la lutte contre l'exclusion, *JO* 27 mars, p. 5408.
4. Décr. 2010-391, 20 avr. 2010, *JO* 21 avr., p. 7365.
5. GUILLOT, art. 21, chap. 1 – LAFOND, ROUX ET STEMMER, s^s art. L. 21, chap. I – KISCHINEWSKY-BROQUISSE, n° 520.
6. Civ. 3e, 31 janv. 1996, n° 94-11.324, *RDI* 1996. 277; *Loyers et copr.* 1996. 236.
7. Civ. 3e, 21 juin 2000, n° 98-20.897, NP, *Administrer* 72, n° 326, obs. Bouyeure.
8. Civ. 3e, 31 janv. 1996, n° 94-11.324, NP, *RDI* 1996. 277, obs. Capoulade.
9. GUILLOT, *ibid.* – LAFOND, ROUX ET STEMMER, *ibid.*
10. Doc. parl. AN, 1985, n° 2490, p. 18.
11. GUILLOT, art. 21, n° 1-10.

d'obtenir la majorité requise, à la désignation des membres du conseil syndical, le procès-verbal, qui en fait explicitement mention, est notifié, dans un délai d'un mois, à tous les copropriétaires ». Dans ces deux hypothèses, il y aura donc absence de conseil syndical, faute de candidats ou faute de candidats élus à la majorité requise (art. 25 et 25-1). La seule conséquence immédiate est l'obligation pour le syndic de notifier, à tous les copropriétaires, dans le délai d'un mois, le procès-verbal faisant mention de cette carence[1] dans les formes de l'article 64 du décret. Il n'y a pas obligation, mais faculté, de faire procéder à une désignation judiciaire (v. s^{s} n° 1081)[2].

1072 Règlement de copropriété. En dehors du caractère obligatoire du conseil syndical en application de l'article 21, alinéa 1er, il est fréquent que les règlements de copropriété, notamment ceux postérieurs à la loi du 10 juillet 1965, prévoient la création de cet organisme, ce dont fait mention l'article 22 modifié du décret du 17 mars 1967. La question se pose de savoir si l'assemblée pourrait décider de supprimer le conseil syndical. Il est permis de s'interroger sur la légalité d'une telle décision en raison du caractère impératif de l'article 21 (al. 1er) de la loi de 1965. Néanmoins, il a été soutenu, en l'état de l'article 21, que la décision de supprimer le conseil syndical pourrait néanmoins être prise par une décision votée à la double majorité de l'article 26, qui permet la modification du règlement de copropriété. Cette décision pouvant être assimilée à la « délibération spéciale » de ne pas instituer de conseil syndical (art. 21, al. 9, 1re phrase), il sera donc possible de prendre ensuite une décision contraire à la majorité de tous les copropriétaires (même texte, 2e phrase)[3]. Cependant, une telle opinion paraît appeler de sérieuses réserves[4].

1073 Caractère impératif dans le syndicat coopératif. Dans l'hypothèse où le syndicat est organisé sous la forme d'un syndicat coopératif (v. s^{s} n°s 704 s.), « *la constitution d'un conseil syndical est obligatoire* » (L. 10 juill. 1965, art. 17, al. 4). Cette obligation est plus impérieuse que celle résultant du texte général de l'article 21, alinéa 1er, car il n'est pas possible de prendre la décision de ne pas instituer de conseil syndical. Le conseil syndical, en effet, n'est pas seulement un organe légal mais un organisme institutionnel dont l'existence est indispensable à caractériser la forme coopérative du syndicat.

Cette solution est justifiée à la fois par l'esprit même du groupement coopératif[5] et par l'organisation de ce groupement, le syndic étant élu par les membres du conseil syndical, et non par l'assemblée générale des copropriétaires, il est obligatoirement choisi parmi eux[6].

1074 Caractère impératif et rôle dans les résidences-services. Les syndicats de copropriétaires à destination de « résidence-service » ne peuvent se dispenser de constituer un conseil syndical (v. s^{s} n° 716). Il est destiné à assumer une participation active des copropriétaires à la vie de la résidence.

D'une part, l'assemblée générale peut lui déléguer les décisions relatives à la gestion courante des services spécifiques. Cette délégation ne s'étend pas à l'administration du syndicat résultant du droit commun du statut.

D'autre part, lorsque cette mission ne lui est pas confiée, son avis est obligatoirement pris sur le projet de convention en vue de la fourniture des services spécifiques par un tiers; il surveille alors la bonne exécution de la convention et en fait rapport, avec son avis, à chaque assemblée annuelle.

Ce rôle s'explique par l'existence de services rendus à la personne même des copropriétaires.

1075 La transformation du syndicat. La constitution impérative et le rôle particulier du conseil syndical dans le syndicat de forme coopérative et dans les syndicats avec services pose la question de savoir si la transformation du syndicat n'implique pas la cessation du mandat en cours des membres du conseil. Il peut advenir que le syndicat de forme coopérative décide d'abandonner cette forme pour adopter le régime de droit commun de la copropriété où l'assemblée générale élit directement le syndic. De même, un syndicat avec services peut décider de supprimer tous les services spécifiques. Quel est alors le devenir du conseil syndical et de ses membres ?

Si avant les transformations du syndicat, l'assemblée générale n'a pas décidé de ne pas instituer un conseil syndical, l'institution de ce conseil subsiste, mais le mandat de ses membres se perpétue-t-il jusqu'à l'expiration de leur mandat ? La question peut se poser. La mission du conseil devient alors bien différente. Il ne s'agit plus de désigner le syndic, ni de participer à la gestion ou au contrôle des services spécifiques. De plus, des incompatibilités édictées par l'article 21 (al. 6) de la loi de 1965 réapparaissent au moment où la forme coopérative

1. Mantelet, « Un texte peu connu (art. 21. al. 8) », *Lettre mensuelle de la copropriété* juill. 1999, p. 6.
2. RQM. 43.965, *JOAN* 14 avr. 1997, p. 1929. En l'absence de candidat, il n'y a pas lieu de réunir une seconde assemblée.
3. Lafond, Roux et Stemmer, 2007, s^{s} art. L. 21, n° 3 – Givord, Giverdon, Capoulade, 4e éd. n° 534, *in fine*.
4. Roux, *op. cit.*, n° 12.
5. L. n° 47-1775, 10 sept. 1947, art. 1er.
6. Kischinewsky-Broquisse, n° 324 – Cabanac, n° 490.

du syndicat disparaît. Aucun texte ne répond à cette question. La commission relative à la copropriété (recommandation 13 *bis* de janv. 2011) recommande aux assemblées générales de s'interroger à cet égard lorsqu'elle adopte le régime de droit commun de la copropriété.

SECTION 2
COMPOSITION DU CONSEIL SYNDICAL

1076 Liberté de composition. Bien que le conseil syndical soit en principe devenu obligatoire, ni l'article 21 de la loi, ni les articles 22 et suivants du décret, ne fixent la composition de ce conseil. Il en résulte aujourd'hui encore que le nombre des membres du conseil syndical est fixé soit par le règlement de copropriété, soit par l'assemblée générale, ce qui laisse la possibilité à chaque syndicat d'adapter la composition du conseil en fonction de sa particularité. Le nouvel article 22 du décret de 1967 (mod. par Décr. 27 mai 2004) dispose, en effet, que « *à moins que le règlement de copropriété n'ait fixé les règles relatives à l'organisation et au fonctionnement du conseil syndical, ces règles sont fixées ou modifiées par l'assemblée générale à la majorité de l'article 24* ».

Ce texte apporte un assouplissement notable par rapport au texte antérieur. D'une part, il abaisse la majorité applicable à celle de l'article 24 de la loi, ce que l'ancien texte (art. 25, *in fine*) permettait déjà d'atteindre sous certaines conditions. D'autre part, il n'exige plus que la décision soit seulement prise par l'assemblée générale qui désigne les membres du conseil syndical.

Deux directives se dégagent de cette disposition :

1) Il appartient au règlement de copropriété de fixer, en toute liberté, sous réserves des autres dispositions de la loi et celles du décret de 1967, notamment de sa section 3, les règles d'organisation et de fonctionnement du conseil syndical. Lorsque ces règles sont contenues dans le règlement, leur modification relève de la majorité de l'article 26 et nécessite une notification préalable du projet. En raison du caractère en principe obligatoire de ce conseil depuis la loi du 31 décembre 1985, les règlements postérieurs à l'entrée en vigueur de cette loi devraient contenir les stipulations nécessaires à assurer cette organisation et ce fonctionnement.

2) Lorsque le règlement de copropriété n'a pas établi ces règles, il appartient à l'assemblée générale de les fixer ou de les modifier « *à la majorité de l'article 24* ».

Il est permis de s'interroger sur la compétence du décret à l'effet de déterminer la majorité applicable et aussi, à défaut de pouvoir être incorporées au règlement de copropriété et publiées, sur l'opposabilité de telles décisions aux acquéreurs, sauf application de l'article 4 du décret.

Bien souvent, ni une clause du règlement, ni une décision de l'assemblée ne fixent le nombre de membres du conseil syndical, ce qui constitue un facteur de souplesse, en fonction du nombre de candidat et des majorités obtenues.

1077 Caractère collégial. Aucune disposition législative ou réglementaire n'impose un nombre minimal de membres du conseil syndical. Il incombe au règlement de copropriété ou, à défaut, à une décision de l'assemblée générale (v. s[s] n° 1076) d'en fixer le nombre minimal et, le cas échéant, maximal. À défaut de telles clauses ou décisions, seront élus membres de conseil syndical les candidats qui auront recueilli sur leurs noms le nombre de voix légalement requis.

Il est d'usage que ce nombre de membres ne soit pas inférieur à trois, ne fût-ce que pour permettre de dégager une majorité[1]. Si l'on suit cet usage et cette recommandation, le conseil syndical ne serait pas autrement composé que l'assemblée générale dans un syndicat ne comprenant que deux ou trois copropriétaires. Aussi, un arrêt a-t-il admis que le conseil pouvait ne comporter qu'un seul membre[2] d'où la proposition qui avait été faite, mais non retenue, de prévoir, dans ce cas, la désignation d'un délégué syndical. En revanche, la pluralité s'imposera d'elle-même au conseil syndical d'un syndicat principal comprenant plusieurs syndicats secondaires (v. s[s] n° 748).

Tout conseil est, par définition, constitué par une réunion de personnes qui délibèrent[3]. Le mot implique la collégialité. L'article 21 de la loi emploie toujours le pluriel lorsqu'il évoque le fonctionnement du conseil. Il a été jugé que le *caractère collégial* de cet organisme se déduit nécessairement de l'esprit et la lettre de la loi impérative, afin qu'il puisse délibérer[4].

Il est, en outre, recommandé de respecter la *règle de l'imparité* afin qu'une majorité se dégage. Il est enfin souhaitable que la composition de conseil syndical permette la représentation des groupes pouvant avoir des intérêts divergents, sinon opposés : représentants de chaque bâtiment, si le syndicat en comporte plusieurs, représentants des étages inférieurs et des étages supérieurs, représentants de

1. 13e recomm. de la commission relative à la copropriété chap. III, 2e, 1er.
2. Paris, 20 déc. 1995, *Juris-Data* n° 024228, *Loyers et copr.* 1996. 237 ; CONTRA : Paris, 24 févr. 1999, *RDI* 1999-308, obs. Giverdon ; *AJDI* 1999-345.
3. Larousse.
4. Paris, 232e ch. A, 24 févr. 1999, RG n° 1997/19667, *RDI* 1999. 308 ; *Dossier Csab* n° 75, juin 1999, n° 86.

professions en rapport avec le droit, le bâtiment et la comptabilité. Une répartition des tâches peut aussi être opérée au sein du conseil.

1078 Existence d'un ou plusieurs syndicats secondaires. Dans l'hypothèse où un ou plusieurs syndicats secondaires ont été institués en application de l'article 27 de la loi (v. s[s] n° 748), il y a lieu d'observer les dispositions combinées de l'article 22, alinéa 4, et de l'article 24 du décret de 1967, qui peuvent être résumées comme suit[1] :

a) « Chacun des syndicats secondaires dispose de plein droit d'un siège au moins au conseil syndical » (art. 22, al. 3, *in fine*).

b) La répartition des sièges entre syndicats secondaires « est proportionnelle à l'importance du ou des lots qui constituent ce syndicat secondaire par rapport à celle de l'ensemble des lots qui composent le syndicat principal » (art. 24, al. 1er).

c) « Le ou les copropriétaires du ou des lots qui ne sont pas constitués en syndicat secondaire disposent ensemble, s'il y a lieu, des autres sièges au conseil syndical du syndicat principal » (art. 24, al. 2).

d) Les membres du conseil syndical sont élus par l'assemblée du syndicat secondaire, soit par celle du syndicat général pour le ou les copropriétaires de lots ne faisant pas partie d'un syndicat secondaire (art. 24, al. 3, qui réserve une « stipulation particulière du règlement de copropriété »). Les textes ne prévoient pas une assemblée spéciale, mais une votation réservée aux copropriétaires concernés.

1079 Désignation des membres du conseil syndical[2]. Selon le texte impératif de l'article 21, alinéa 5, de la loi du 10 juillet 1965, modifié par celle du 31 décembre 1985 (art. 4), « *Les membres du conseil syndical sont désignés par l'assemblée générale* ». Il n'est donc plus possible de désigner les membres du conseil syndical par une clause du règlement de copropriété, ce qui prive le syndicat d'un conseil syndical jusqu'à la réunion de la première assemblée générale.

L'article 21 n'indique pas la majorité nécessaire à la désignation des membres du conseil syndical, car cette majorité est déjà déterminée par l'article 25 c de la loi, disposant que « *ne sont adoptés qu'à la majorité des voix de tous les copropriétaires des décisions concernant : [...] c) La désignation ou la révocation [...] des membres du conseil syndical* », avec la possibilité d'utiliser les dispositions de l'article 25-1 pour parvenir, le cas échéant, lors d'un second scrutin ou d'une seconde assemblée, selon le cas, à une désignation prise à la majorité simple de l'article 24.

Lorsque le règlement ou une décision d'assemblée fixe le nombre de membres du conseil, cette clause ou cette décision doit être respectée dans la mesure où se manifestent des candidatures en nombre suffisant (pour une désignation judiciaire v. s[s] n° 1081; pour une désignation en surnombre[3]). C'est ainsi que le vote émis par l'assemblée, ayant abouti à la désignation régulière, à la majorité requise, de dix membres du conseil sur les treize postes à pourvoir, seuls les sièges non pourvus, en l'absence d'une majorité suffisante, relèvent d'une décision ultérieure, prise conformément aux dispositions des articles 25 ou 25-1, selon les cas; la compétition pour les trois postes non pourvus se circonscrit alors aux candidats déclarés lors du premier scrutin; si de nouvelles candidatures se manifestaient, il conviendrait de procéder à la convocation d'une assemblée, dans les formes ordinaires, et celle-ci statuerait d'abord à la majorité absolue, avant de décider à la majorité relative au cours d'un second scrutin ou d'une seconde assemblée[4].

Les juges doivent répondre au moyen de nullité de la désignation des membres du conseil syndical par l'assemblée générale comme étant intervenue globalement[5]. La désignation d'une personne pour remplir une fonction constitue, en effet, une décision et l'article 25 c prévoit la désignation des membres du conseil syndical et non celle du conseil syndical globalement. Mais il est aussi soutenu que le scrutin de liste n'est pas formellement prohibé, dès lors que le nombre de candidats est égal au nombre de sièges à pourvoir et qu'aucun copropriétaire n'a demandé à ce qu'il soit procédé à une désignation individuelle, ce qui devrait être nécessairement accordé[6]. Cependant, si le nombre de candidats dépasse le nombre des sièges, un vote individuel sur chaque candidature est nécessaire[7].

Pour être élu au conseil syndical, le postulant doit faire acte de candidature[8], même s'il n'assiste pas à l'assemblée. Il ne suffirait pas d'accepter le

1. CABANAC, n° 493 – KISCHINEWSKY-BROQUISSE, n° 524 – LAFOND, ROUX ET STEMMER, D. art. 24.
2. GUILLOT, art. 21 chap. 2 – KISCHINEWSKY-BROQUISSE, n° 522 – LAFOND, ROUX ET STEMMER, s[s] art. L. 21 chap. III A – ROUX, *op. cit.*, n°s 60 s.
3. Civ. 3e, 21 juin 2006, n° 05-15.752, *Bull. civ.* III, n° 156; *D.* 2006. 2764, note Capoulade, Chr. A.; *AJDI* 2007. 2009, obs. Capoulade; *Loyers et copr.* 2006. 208.
4. Civ. 3[e], 11 mars 1998, n° 96-12.479, *Bull. civ.* III, n° 59; *D.* 2000. 136; *RDI* 1998. 297.
5. Civ. 3e, 15 mai 2001, n° 99-18.537, NP, *Administrer* août-sept. 2001, obs. Bouyeure; *AJDI* oct. 2001. 804, obs. Capoulade.
6. Versailles, 21 janv. 1993, *IRC* 1995. 11, note Sizaire – Paris, 1re ch. G, aud. sol., 7 mai 2003, Niglo c/syndicat 5/21, Bd Henri Poincaré à Sarcelles, RG n° 01/18208, NP.
7. Bouyeure, p. 42.
8. Civ. 3e, 16 mars 2011, n° 10-10.553, *Bull. civ.* III, n° 33; *AJDI*, obs. Capoulade.

mandat *a posteriori*. Selon la commission relative à la copropriété, les candidatures peuvent ne pas figurer à l'ordre du jour, dès lors que la question de l'élection des membres du conseil syndical y est mentionnée; elle recommande au président de séance d'accepter les candidatures jusqu'au moment de l'ouverture de scrutin [1].

Lorsque l'assemblée générale ne parvient pas à désigner les membres du conseil syndical, le procès-verbal, qui en fait mention, est notifié dans le mois à tous les copropriétaires (L. 10 juill. 1965, art. 21, al. 2, mod.) pour permettre, le cas échéant, la saisine du juge (v. s^s n° 1071) [2].

1080 Personnes éligibles au conseil syndical. L'article 21, alinéa 5, de la loi de 1965, modifiée [3], énumère les personnes éligibles au conseil syndical : « *Les membres du conseil syndical sont désignés [...] parmi les copropriétaires, les associés dans le cas prévu par le premier alinéa de l'article 23 de la présente loi, les accédants ou les acquéreurs à terme, leurs conjoints, les partenaires liés à eux par un pacte civil de solidarité, leurs représentants légaux ou leurs usufruitiers* ». Cette énumération est limitative.

D'une manière générale, « le législateur a donc voulu réserver la faculté d'être membre du conseil syndical aux seuls membres du syndicat des copropriétaires, titulaires de droit réels » (divis ou indivis) [4] « ou donnant vocation à de tels droits sur les lots de copropriété [5] ». Se trouvent donc exclus le titulaire d'un droit d'usage et d'habitation [6], le locataire [7] ou encore le préposé du syndicat, ou le concubin du copropriétaire, s'il n'est lui-même copropriétaire. De même se trouve exclu le titulaire d'un droit de jouissance privatif sur partie commune qui n'a pas la qualité de copropriétaire [8].

En revanche, les associés (copropriétaires en puissance) d'une société immobilière d'attribution, propriétaire de lots, en application du principe de transparence juridique posé par l'article 23 de la loi de 1965, de même les accédants par l'effet d'un contrat de location-attribution, qui est assimilé à une mutation et enfin les acquéreurs à terme peuvent être élus membres du conseil syndical.

En cette seule qualité, quel que soit leur régime matrimonial, les conjoints des copropriétaires, associés attributaires, accédants ou acquéreurs à terme, le partenaire pacsé, sont éligibles au conseil syndical, mais leur désignation nécessite un mandat exprès du titulaire du droit afin d'établir qu'il n'est pas lui-même candidat et accepte la candidature de son conjoint [9] ou de son partenaire. La révocation de ce mandat oblige le conjoint à se démettre de sa fonction [10]. Toutefois, le conjoint ou le partenaire, lui-même propriétaire d'un lot distinct, à titre personnel serait éligible, sans avoir besoin d'autorisations particulières.

Le représentant légal du titulaire du droit, lorsqu'il est incapable, peut aussi postuler, afin que, par le truchement de son représentant légal, le copropriétaire puisse exercer la plénitude de son droit [11].

Enfin, l'article 21 (al. 5, *in fine*) précise que « lorsqu'une personne morale est nommée en qualité de membre du conseil syndical, elle peut s'y faire représenter, à défaut de son représentant légal ou statutaire, par un fondé de pouvoir spécialement habilité à cet effet ».

Serait réputée non écrite la clause du règlement de copropriété prévoyant l'inéligibilité des copropriétaires qui ne seraient pas à jour de leurs contributions financières envers le syndicat [12].

1081 Désignation par justice [13]. L'article 21, dernier alinéa de la loi, prévoit, à titre subsidiaire, la désignation par justice des membres du conseil syndical dans les termes suivants :

« *À défaut des désignations par l'assemblée générale à la majorité requise et sous réserve des dispositions de l'alinéa précédent, le juge, saisi par un ou plusieurs copropriétaires ou par le syndic, peut, avec l'acceptation des intéressés, désigner les membres du conseil syndical; il peut également constater l'impossibilité d'instituer un conseil syndical* ». Dans le silence des textes, la logique voudrait que la requête puisse être

1. 13e recomm. du 8 juill. 2010.
2. Déclaration du ministre de l'Urbanisme, *JO Sénat* 5 nov. 1985, p. 2729 – Mantelet, « Un texte peu connu (art. 21, al. 8) », *Lettre mensuelle de la copropriété* juill. 1999, p. 6.
3. Art. 7, 4° de la L. n° 2009-526, 12 mai 2009, *JO* 13 mai, p. 7920, qui ajoute le partenaire pacsé et l'usufruitier.
4. Paris, 24 juin 1998, RG n° 97/12998, *Loyers et copr.* janv. 1999. 20.
5. Rép. min., QE n° 30586, *JOAN Q* 3 déc. 1990; *Administrer* févr. 1991. 27.
6. Rép. min., *JO Sénat* Q 26 févr. 1971, p. 59.
7. Rép. min., QE, *JOAN Q*, p. 741; *JCP* 1980. IV. 161.
8. Civ. 3e, 6 juin 2007, n° 06-13.477, *Administrer* août-sept. 2007.49, note Capoulade; *Defresnois* 2008, art. 3891, obs. Atias; *JCP N* 2007, n° 49, p. 18, obs. Perinet-Marquet.
9. Paris, 23e ch. B, 26 oct. 2000, RG n° 1999/19034, *Administrer* mars 2001. 46, obs. Bouyeure; *Dossier Csab* n° 92, avr. 2001, n° 191; *Rev. loyers* janv. 2001. 21, obs. Gélinet – Rouen, 30 mars 2005, RG n° 03/01083, *Loyers et copr.* 2005. 208.
10. Rép. min., QE, *JOAN Q* 5 mars 1990, p. 1088; *Loyers et copr.* mai 1990. 243.
11. Commagnac et Capoulade, *REDI* 1967, n° 24, p. 1382.
12. Civ. 3e, 18 déc. 2002, n° 01-12.269, *Bull. civ.* III, n° 268; *D.* 2003. IR 252; *Administrer* mai 2003.43, note Capoulade; *JCP* 2003. I. 172, n° 2, note Perinet-Marquet.
13. Commagnac et Capoulade, p. 1382 – Kischinewsky-Broquisse, n° 523 – Lafond, Roux et Stemmer, s^s art. L. 21, n° 652.

présentée par les associés et les acquéreurs à terme[1].

Ce texte doit évidemment être complété par l'article 48 du décret du 17 mars 1967, modifié par celui du 9 juin 1986, prévoyant la procédure pour saisir, par voie de requête, le président du tribunal de grande instance du lieu de destination de l'immeuble aux fins de désignation des membres du conseil syndical. Compte tenu du caractère, en principe obligatoire, de ce conseil, les pouvoirs du juge sont différents de ceux qu'il possédait avec le texte antérieur.

1. En principe (et sauf décision de l'assemblée générale de ne pas constituer de conseil syndical), le juge est obligé de faire droit à la demande de nomination des membres du conseil syndical, dans la mesure où les personnes désignées par lui accepteront leur mission. On notera que l'article 21 ne fixe pas la durée des fonctions des membres du conseil syndical ainsi désignés par le président : l'ordonnance fixe cette durée qui ne peut cependant excéder trois ans. On peut estimer, par analogie, que les dispositions sur la désignation en justice du syndic ou d'un administrateur provisoire et en raison de la prééminence de l'assemblée générale, que ces fonctions cesseront de plein droit, en cas d'acceptation de leur mandat, « par les membres du conseil syndical désignés par l'assemblée générale ».

2. Mais le juge ne peut pas imposer à un copropriétaire la qualité de membre du conseil syndical, ce qui implique des devoirs et des responsabilités. Aussi, le texte prévoit-il que la désignation doit être faite « *avec l'acceptation des intéressés* ». En pratique, le ou les demandeurs prendront la précaution de faire connaître au juge les noms de copropriétaires susceptibles d'accepter leur mission, le juge puisera aussi d'utiles renseignements dans le procès-verbal de l'assemblée : la désignation n'interviendra que lorsque le président, sous la forme qu'il jugera opportune, aura reçu confirmation de cette acceptation.

3. Les dispositions finales de l'article 21 de la loi prévoyaient que le juge « *peut également constater l'impossibilité de constituer le conseil syndical* ». Il semble plus exactement que, dans le contexte de cette disposition, le juge *constate* cette impossibilité, ce qui permet ultérieurement à l'assemblée générale, sans autre délibération, de procéder, si elle le veut, à la nomination des membres du conseil syndical, sinon, l'assemblée devrait décider d'abord, à la majorité des voix de tous les copropriétaires, de revenir sur la décision du juge.

1082 Durée des fonctions – Révocation – Démission. La *durée* des fonctions des membres du conseil syndical est fixée en ces termes par l'article 22, alinéa 3, du décret modifié de 1967 : « *le mandat des membres du conseil syndical ne peut excéder trois années renouvelables* ». Le règlement de copropriété ou la décision de nomination peut prévoir une durée moindre.

L'article 21 de la loi ne contenant aucune disposition à cet égard et l'article 23 du décret de 1967, dans sa rédaction initiale, ayant été abrogé par celui du 9 juin 1986, la *révocation* des membres du conseil syndical désignés par l'assemblée générale est décidée à la majorité de l'article 25 de la loi (art. 25-c), avec possibilité d'un second scrutin ou d'une seconde assemblée, selon le cas, dans les conditions prévues par le nouvel article 25-1.

Par transposition de la jurisprudence établie sur la révocation du syndic nommé par l'assemblée générale, il apparaît que les membres du conseil syndical, lorsqu'ils ont été désignés par l'assemblée, ne peuvent être révoqués par le juge, sauf, semble-t-il, les exceptions tirées de l'irrévocabilité de la mission ou de l'inobservation de la réduction des voix d'un copropriétaire majoritaire[2, 3].

En revanche, le principe de la « concordance des formes » conduit à ajouter que cette révocation peut intervenir sous la forme d'une ordonnance du président du tribunal de grande instance, statuant en référé, lorsque la désignation a eu lieu judiciairement.

Les fonctions de membre du conseil syndical *cessent de plein droit* par la perte de la qualité qui autorisait l'éligibilité (vente du lot, cession des parts ou actions, révocation du mandat donné par le conjoint, divorce, décès...) ou par l'annulation de la décision de nomination[4].

Aucun texte n'indique à qui les membres du conseil syndical remettent leur *démission*. En principe, la démission devrait être présentée à l'assemblée générale de qui ils tiennent leur mission, mais l'absence de permanence de cet organe conduit à penser que la démission peut être remise au syndic, en tant que représentant du syndicat. Sauf clause particulière du règlement de copropriété, la démission reçue par le président du conseil syndical devrait être transmise au syndic, *ès qualités*.

1. Roux, *op. cit.*, n° 75.

2. COMP. pour le syndic : Civ. 3e, 30 juin 1978, n° 76-15.154, *Bull. civ.* III, n° 253 – Civ. 3e, 6 oct. 1999, n° 98-11.985, *Bull. civ.* III, n° 199 ; *AJDI* 2000. 431 ; *D.* 2000. 139 ; *Administrer* janv. 2000. 33, note Capoulade.
3. Versailles, 4e ch. 6 avr. 1999, *Dossier Csab* n° 78, nov. 1999, n° 125.
4. Conséquence de cette annulation dans le cas d'un syndicat de forme coopérative : Civ. 3e, 26 avr. 2006, n° 05-11.986, *Bull. civ.* III, n° 104 ; *D.* 2006. IR 1330 ; *AJDI* 2007. 208, obs. Capoulade.

L'annulation de l'élection du conseil syndical d'un syndicat de forme coopérative entraîne l'annulation de la désignation du syndic dont il est nécessairement membre. Il est, dès lors, dépourvu de qualité pour représenter le syndicat[1].

1083 **Interdiction.** L'article 21, alinéa 6, de la loi modifiée reprend en les précisant les interdictions qui étaient mentionnées dans l'article 23, alinéa 2, du décret : « *Le syndic, son conjoint, le partenaire lié à lui par un pacte de solidarité*[2], *ses ascendants ou descendants, ses préposés, même s'ils sont copropriétaires, associés ou acquéreurs à terme, ne peuvent être membres du conseil syndical. Les dispositions du présent alinéa ne sont pas applicables au syndicat coopératif.* » Cette dernière réserve est évidente, puisque le syndic est alors obligatoirement choisi parmi les membres du conseil syndical.

D'abord limitée au syndic, à son conjoint et à ses préposés (Décr. 17 mars 1967, art. 23, al. 2) cette interdiction a été étendue, par la loi du 31 décembre 1985 (art. 4), aux ascendants et aux descendants du syndic (L. 10 juill. 1965, art. 21, al. 6). Il en est ainsi même s'ils sont copropriétaires, associés ou acquéreurs. On remarquera que ces interdictions ne s'appliquent pas aux ascendants, ni aux préposés du conjoint.

Ces interdictions sont de droit strict. La jurisprudence en a exclu, en conséquence, l'application dans deux hypothèses. Il a été jugé qu'un membre du conseil d'administration de la société anonyme, syndic de l'immeuble, ne pouvant être assimilé à la personne morale et n'étant ni un préposé de celle-ci, ni tenu à son égard par un lien quelconque de dépendance, n'entrait dans aucun des cas d'interdiction prévue par la loi[3]. C'est ainsi encore qu'une clause du règlement de copropriété prévoyant que les fonctions de membre du conseil syndical ne peuvent être exercées que par un copropriétaire à jour de ses obligations financières envers le syndicat, est réputée non écrite par application de l'article 43 de la loi.[4]

1084 **Membres suppléants**[5]. L'article 25 non modifié du décret permet la désignation de membres suppléants dont il précise très exactement les attributions : « *un ou plusieurs membres suppléants peuvent être désignés, dans les mêmes conditions que les membres titulaires. En cas de cessation définitive des fonctions des membres titulaires, ils siègent au conseil syndical, à mesure des vacances, dans l'ordre de leur élection s'il y en a plusieurs et jusqu'à la date d'expiration du mandat du membre titulaire qu'ils remplacent* ».

L'expression « dans l'ordre de leur élection » s'entend d'un ordre chronologique lorsque les membres suppléants ont été désignés à des dates différentes. Si leur élection a eu lieu au cours de la même assemblée, l'ordre dépend du nombre de voix obtenues par chacun d'eux; en cas d'égalité, le bénéficie de l'âge jouera.

Le même texte, en son second alinéa, précise que « *dans tous les cas, le conseil syndical n'est plus régulièrement constitué si plus d'un quart des sièges devient vacant pour quelque cause que ce soit* ». La vacance de plus du quart des sièges du conseil syndical ne met pas fin au mandat des membres restants[6]. La faculté d'élire des conseillers suppléants permet d'éviter l'application de cette disposition spécialement dans le cas où un des conseillers syndicaux cesserait définitivement ses fonctions (par ex., par suite de décès) dans un conseil syndical composé de trois membres[7]. En outre, cette disposition assure la pérennité de la représentation des différents intérêts, ainsi que celle des syndicats secondaires au sein du conseil syndical du syndicat principal.

En revanche, l'article 25 n'envisage pas la suppléance provisoire ou temporaire d'un membre titulaire. Le texte impératif ne vise que « le remplacement » en cas de cessation définitive des fonctions des membres titulaires. Une telle suppléance ne peut donc s'admettre dans le silence de la loi. Le règlement de copropriété ne pourrait l'organiser, car la clause se heurterait à l'esprit de la loi. Le texte, en effet, limite expressément la suppléance au remplacement définitif, afin d'assurer la permanence de la représentation et le suivi des affaires.

SECTION 3
ORGANISATION ET FONCTIONNEMENT DU CONSEIL SYNDICAL

1085 **Liberté d'organisation et de fonctionnement**[8]. L'organisation et le fonctionnement du

1. Civ. 3e, 13 janv. 2009, n° 05-12.741, *AJDI* 2009. 549, obs. Capoulade.
2. L. n° 2009-526, 12 mai 2009, art. 7, 4°, *JO* 13 mai, p. 7920.
3. Civ. 3e, 14 janv. 1998, n° 96-12.513, *Bull. civ.* III, n° 7; *RDI* 1998. 297; *Dossier Csab* n° 63, avr. 1998, n° 73; *Loyers et copr.* mars 1998. 81.
4. Civ. 3e, 18 déc. 2002, n° 01-12.269, *Bull. civ.* III, n° 268; *Administrer* mai 2003. 43, note Capoulade; *Loyers et copr.* mars 2003. 70.
5. Commagnac et Capoulade, p. 1383 – Guillot, art. 21, n° 3-07 – Kischinewsky-Broquisse, n° 526.
6. Civ. 3e, 6 oct. 2010, n° 09-15.248, *Bull. civ.* III, n° 181; *AJDI*, 2011, 302, obs. Capoulade; Roux, *op. cit.*, n° 98. Rapp. RMQ 29 juin 1976, *JOAN* 1976.4836.
7. En ce sens : rép. min., QE, *JOAN Q* 1978, p. 2756; *JCP* 1978. IV. 256.
8. Atias, *Le fonctionnement du conseil syndical*, *IRC* janv. 1996. 17 – Roux, *op. cit.*, nos 106 à 153.

conseil syndical sont, en principe, entièrement libres, l'article 22 (al. 1er) du décret de 1967, modifié, se bornant à noter qu'« *à moins que le règlement de copropriété n'ait fixé les règles relatives à l'organisation et au fonctionnement du conseil syndical, ces règles sont fixées ou modifiées par l'assemblée générale à la majorité de l'article 24* ».

Le règlement de copropriété trouve dans ces règles un domaine important, trop peu souvent exploité. S'il fixe les règles d'organisation et de fonctionnement, celles-ci ne peuvent être modifiées qu'à la majorité de l'article 26. Pour ce qui n'est pas réglé par le règlement, le décret du 27 mai 2004 renforce le rôle de l'assemblée générale puisque, d'une part, toute assemblée, et plus seulement celle qui désigne les membres du conseil syndical, reçoit compétence pour fixer les règles d'organisation et de fonctionnement du conseil et, d'autre part, la décision relève, dans ce cas, de la majorité de l'article 24.

Parmi les questions d'organisation que le règlement ou l'assemblée, selon le cas, aura à préciser, on peut notamment citer les modalités de la représentation des syndicats secondaires au conseil syndical du syndicat principal, en tenant compte des dispositions des articles 27 de la loi et 22 (al. 4) du décret, du nombre de membres du conseil, au moins dans les syndicats importants, des modalités de règlement des dépenses de fonctionnement. En revanche, il peut paraître inopportun de fixer un *quorum* et des règles de majorité qui peuvent être source de paralysie, s'agissant plus d'un avis et non d'une décision.

En tout cas, l'assemblée générale doit veiller à maintenir le conseil syndical dans le rôle tracé par la loi, assistance, conseil et contrôle, dans le souci d'améliorer et de faciliter l'administration du syndicat, et se garder de lui conférer les attributions d'un organe d'administration ou d'exécution, sous réserve des dispositions législatives concernant les « résidences-services » (v. ss no 716). La frontière peut être délicate à tracer entre ce qui relève d'une clause du règlement de copropriété, d'une décision de l'assemblée générale[1] ou encore d'un règlement intérieur élaboré par le conseil lui-même.

Il reste encore à régler les modalités de convocation des membres du conseil, la rédaction du procès-verbal, sa diffusion et sa conservation, la création de commissions internes, la présence ou non du syndic[2], la forme écrite ou verbale de ses avis, suivant les cas. Toute la difficulté réside dans le danger de verser dans le formalisme excessif pour un organisme consultatif dont le bon fonctionnement implique une certaine souplesse.

L'article 21 (al. 7) de la loi de 1965 dispose que « *le conseil syndical élit son président parmi ses membres* ». C'est la seule réserve impérative qui pèse sur l'organisation du conseil, étant observé qu'aucun texte ne précise si la majorité applicable à cette élection est celle de l'ensemble des membres ou seulement celle des membres présents.

L'administrateur provisoire du syndicat en difficulté reçoit, à titre exclusif, la présidence du conseil syndical (L. 10 juill. 1965, art. 29-1, al. 2, mod.).

Si les fonctions de président (sauf si elles sont exercées par l'administrateur provisoire du syndicat en difficulté) et de membres du conseil syndical, ne donnent lieu à aucune rémunération (Décr. 17 mars 1967, art. 27, al. 1er), il est néanmoins prévu par l'article 27, alinéa 3, du décret, que : « *les dépenses nécessitées par l'exécution de la mission du conseil syndical constituent des dépenses courantes d'administration* ». La somme représentative de ces dépenses entre donc dans le budget prévisionnel et ces dépenses sont payées par le syndic sur justification. Plusieurs textes prévoient qu'une notification ou une communication est faite au conseil syndical. Or, celui-ci n'a pas la personnalité morale et il n'existe aucune représentation juridique entre ses membres. Pour clarifier la situation, l'article 26 (al. 4) du décret de 1967[3] a posé des règles impératives :

– « *Lorsqu'une communication écrite est faite au conseil syndical, elle est valablement faite à la personne de son président, lorsqu'il en a été désigné un, ou, à défaut, à chacun de ses membres* » (exception art. 61-4 en matière de procédure préventive);

– « *Lorsque la communication est demandée par le conseil syndical, elle est faite à chacun de ses membres* »; sur les attributions particulières du président du conseil syndical (v. ss no 1089). sur l'organisation et le fonctionnement du conseil syndical de l'union de syndicats (v. ss no 713).

SECTION 4
ATTRIBUTIONS DU CONSEIL SYNDICAL

1086 Assistance – Conseil[4]**.** L'article 21, modifié, de la loi de 1965 dispose qu'« *un conseil syndical assiste le syndic et contrôle sa gestion* ». Ces termes

1. Rép. min., QE no 29474, 11 sept. 1995, Rémond, *JOAN Q* 18 mars 1996, p. 1522.
2. S'il appartient à son président de convoquer le conseil, on peut admettre que la convocation puisse aussi émaner du syndic lorsque l'avis ou la consultation du conseil est obligatoire. Roux, *op. cit.* no 136 – Il a été jugé que « si l'article 21 de la loi du 10 juillet 1965 interdit au syndic de faire parti du conseil syndical, aucun texte ne s'oppose à ce qu'il assiste aux séances ».
3. Civ. 3e, 2 mars 2011, no 09-72.455, *Bull. civ.* III, no 28; *AJDI* 2011. 710, obs. Capoulade – Rédaction du décret no 2010-391, art. 12.
4. Atias, nos 533 s. – Commagnac et Capoulade, p. 1385, – Guillot, art. 21 chap. 4 – Kischinewsky-Broquisse, nos 532 s. – Lafond, Roux et Stemmer, ss art. D. 22 chap. 1.

montrent suffisamment que le conseil syndical ne constitue pas un organe d'administration au sens véritable du terme et que la comparaison faite avec le conseil d'administration de la société anonyme demeure infondée[1]. Si les nouveaux textes de 1985 et de 1986 ont eu la volonté d'accroître le rôle du conseil syndical, il est certain qu'il ne dispose d'*aucun pouvoir de gestion*[2], *de décision*[3] *ou de représentation.* Il ne peut se substituer au syndic pour la gestion normale de l'immeuble[4]. Ne constituant pas une entité juridique dotée de la personnalité morale, il ne peut représenter le syndicat en justice, choisir l'avocat du syndicat, ni donner « son accord » pour « entériner » les travaux réalisés ou les infractions au règlement[5], ni passer d'actes de nature à engager le syndicat[6]. Il n'a pas qualité pour procéder au recouvrement des charges ou même des provisions, faire exécuter les clauses du règlement de copropriété, convoquer l'assemblée générale, tenir la comptabilité, diriger le personnel de l'immeuble.

Le rôle d'assistance du conseil syndical est défini par l'article 21, alinéa 2, de la loi modifiée du 10 juillet 1965 : « *Il donne son avis au syndic ou à l'assemblée générale* sur toutes les questions concernant le syndicat, pour lesquelles il est consulté ou dont il se saisit lui-même. L'assemblée générale des copropriétaires, statuant à la majorité de l'article 25, arrête un *montant des marchés et des contrats à partir duquel la consultation du conseil syndical est rendue obligatoire* ».

La mission d'assistance peut porter sur un avis concernant le choix du personnel ou de l'entreprise chargée du service de l'immeuble, de celle chargée de réaliser les travaux décidés par l'assemblée générale[7], l'examen comparé des devis produits par les entreprises, la nature des travaux à envisager. Il use des pouvoirs conférés par l'article 21 en émettant suggestion et avis sur la composition du budget prévisionnel ou encore en proposant la candidature d'un syndic dont la décision de nomination revient à l'assemblée elle-même[8]. Désormais, l'article 26 du décret de 1967[9] dispose que « *l'ordre du jour de l'assemblée générale est établi en concertation avec le conseil syndical* ».

On notera que le conseil syndical peut être saisi par le syndic ou se saisir lui-même et que sa consultation peut être obligatoire pour la passation des marchés et la conclusion des contrats dans les limites éventuellement fixées par l'assemblée, compte tenu notamment de la nature du contrat, du montant du marché ou du montant global des marchés conclus. « *L'avis rendu par le conseil syndical, lorsque sa consultation est légalement obligatoire est notifié au plus tard en même temps que l'ordre du jour, pour l'information des copropriétaires, sans donner lieu à un vote* » (Décr. 17 mars 1967, art. 14, al. 1, 3e et al. 2, mod. par Décr. 27 mai 2004).

On s'interroge sur le point de savoir si l'absence de consultation du conseil syndical, lorsqu'elle est obligatoire, est de nature à vicier la décision de l'assemblée de passer ces marchés ou contrats[10]. Les avis émis par le conseil syndical ne lient pas le syndic[11], ni l'assemblée générale.

Enfin, le conseil syndical est obligatoirement consulté, d'une part, par le syndic, avant de présenter requête en vue de la nomination de l'administrateur provisoire du syndicat en difficulté (Décr. 17 mars 1967, art. 62-2, al. 2, mod. par Décr. 27 mai 2004) et, d'autre part, par l'administrateur provisoire ainsi désigné, sauf urgence, avant d'exercer les pouvoirs de décision de l'assemblée générale, qui lui ont été dévolus (Décr. 17 mars 1967, art. 62-7, al. 1, mod.) et préalablement à l'inscription à l'ordre du jour de l'assemblée générale du projet de conclusion d'un contrat de performance énergétique (L. 1965, art. 24-4) et enfin avant de demander une provision pour la réalisation de travaux urgents (Décr. 1967, art. 37).

Dans les « résidences-service », il donne obligatoirement son avis sur le projet de convention en vue de la fourniture de services spécifiques lorsqu'elle est confiée à un tiers, à moins qu'il n'ait reçu délégation de l'assemblée générale pour décider de la gestion courante des services spécifiques (L. 1965, art. 41-2, rédaction de la loi du 13 juill. 2005).

En revanche, il ne joue qu'un rôle mineur dans la procédure d'alerte préventive - information des impayés par le syndic et réception du rapport du « mandataire *ad hoc* » (L. 1965, art. 29-1 A et B, après la loi du 25 mars 2009) et même aucun rôle,

1. Cabanac, *AJPI* 1966. I. 775 – Lombois, n° 87.
2. Sauf délégation pour la gestion des services dans les résidences-services.
3. 13e recomm. de la commission relative à la copropriété – sur les dispositions particulières pour les « résidences-services » : v. ss nos 685-2 s.
4. Civ. 3e, 22 mars 1990, cité par Michalopoulos, *IRC* févr. 1998. 16.
5. Civ. 3e, 25 janv. 1995, n° 92-19.600, *Bull. civ.* III, n° 29; *AJDI* 1995. 868; *RDI* 1995. 370; *D.* 1998. 265; *IRC* mai 1995, note Atias; *RDI* 1995. 383.
6. Paris, 31 mai 1969, *JCP* 1970. IV. 75 – Travaux confiés à un autre entrepreneur pour un prix plus élevé sur simple avis favorable du conseil syndical : Paris, 5 oct. 1993, *Loyers et copr.* 1995. 135.
7. Civ. 3e, 7 juill. 2010, n° 09-15.373, *Bull. civ.* III, n° 139.
8. Paris, 23e ch. B, 6 sept. 2001, RG n° 2000/13765, *Loyers et copr.* 2002. 46.
9. Rédaction du Décr. n° 2010-391, 20 avr. 2010.
10. Bouyeure et Souleau, « Commentaire de la loi du 31 décembre 1985 », *Gaz. Pal.* 1986. Doctr. 155, spéc. 159, col. 2.
11. TGI Rouen, 8 févr. 1979, *Gaz. Pal.* 1981. 1. Somm. 31.

même consultatif dans la procédure de carence (L. 25 mars 2009, CCH, art. 615-6 à 615-8).

1087 Contrôle. Le pouvoir de contrôle du conseil syndical, prévu par l'ancien article 21 du décret, a été précisé et étendu par l'article 21, alinéas 3 et 4, de la loi et par l'article 26 du décret de 1967, modifié.

Le texte de la loi précise les documents mis à la disposition du conseil syndical : « *Il peut prendre connaissance*[1] *et copie, à sa demande, et après en avoir donné avis au syndic, de toutes pièces, ou documents, correspondances ou registres se rapportant à la gestion du syndic et, d'une manière générale, à l'administration de la copropriété.* »

« *Il reçoit, en outre, sur sa demande, communication des documents intéressant le syndicat* ».

Le troisième alinéa de l'article 26 du décret dispose enfin : « un ou plusieurs membres du conseil syndical habilité à cet effet par ce dernier, peuvent *prendre connaissance et copie, au bureau du syndic ou au lieu arrêté en accord avec lui, des diverses catégories de documents mentionnés au 3e alinéa de l'article 21 de la loi du 10 juillet 1965* », et le décret du 27 mai 2004 ajoute « *notamment des documents afférents à la comptabilité du syndicat* ».

Cette disposition fort utile permet de ne pas procéder à un contrôle collégial, mais de confier ce soin à une délégation composée d'un ou plusieurs membres du conseil, spécialement désignés à cet effet.

Le texte du décret prévoit les modalités du contrôle : « *Le conseil syndical contrôle la gestion du syndic, notamment la comptabilité du syndicat, la répartition des dépenses, les conditions dans lesquelles sont passés et exécutés les marchés et tous autres contrats, ainsi que l'élaboration du budget prévisionnel dont il suit l'exécution* ».

Après une communication préalable des documents, le conseil syndical sera ainsi en mesure de présenter un rapport à l'assemblée générale et de signaler, le cas échéant, les anomalies constatées dans la gestion ou dans les comptes du syndic. Toutefois, les textes n'exigent pas ce rapport lorsqu'il n'est pas légalement obligatoire.

Les dispositions récentes ont eu la volonté d'augmenter les possibilités d'action du conseil syndical, dont l'expérience démontre qu'il joue un rôle non négligeable, notamment dans les syndicats composés de nombreux lots. Les copropriétaires participent irrégulièrement aux assemblées générales et sont le plus souvent dans l'impossibilité de suivre et de comprendre la gestion, notamment comptable, du syndic; toutefois, la normalisation de la comptabilité opérée par la loi SRU devrait atténuer cet inconvénient. Le conseil syndical, s'il est composé de membres qualifiés, peut utilement jouer le rôle de « corps intermédiaire » exerçant un véritable contrôle de la gestion du syndicat et assurant une liaison nécessaire entre les copropriétaires et le syndic.

Le conseil syndical dispose aussi des moyens lui permettant d'exercer un contrôle réel sur la gestion du syndic[2], le président du conseil syndical pouvant, le cas échéant, en cas d'anomalie ou de difficulté grave, convoquer l'assemblée générale en suivant la procédure prévue par l'article 8 du décret.

En cas de changement de syndic, le conseil syndical reçoit copie des bordereaux de transmission des pièces et document (Décr. 1967, art. 33-1), ce qui implique qu'il en assure la conservation.

1088 Autres attributions du conseil syndical. a) Missions et délégations : L'article 26, alinéa 2, du décret de 1967 dispose aussi que le conseil syndical « peut recevoir d'autres missions ou délégations de l'assemblée générale dans les conditions prévues à l'article 25 a de la loi du 10 juillet 1965 et à l'article 21 » du décret, sans toutefois, que l'assemblée puisse être, en aucun cas, privée de son pouvoir de contrôle sur l'administration de l'immeuble et la gestion du syndic (Décr. 17 mars 1967, art. 21, al. 3).

Cette délégation de l'assemblée « *ne peut porter que sur un acte ou décision déterminés* ». Son bénéficiaire peut décider de certaines dépenses jusqu'à un montant maximal déterminé par la délégation, limité à celui de la mise en concurrence et il doit rendre compte de sa mission. Les nouvelles dispositions de l'article 21 du décret modifié s'avèrent donc plus restrictives que l'interprétation jurisprudentielle du texte antérieur[3]. Mais n'a pas été considérée comme une délégation de pouvoirs la mission confiée au conseil syndical de vérifier la bonne exécution des travaux[4]. Tout délégataire rend compte de sa mission à l'assemblée (Décr. 17 mars 1967, art. 21, *in fine*).

Pour l'exécution de ses missions, le conseil syndical peut lui-même solliciter avis et *conseil auprès de toute personne de son choix*, dès lors qu'il estime que cette personne possède la compétence nécessaire. Ce peut être un autre copropriétaire en raison de sa profession, par exemple (Décr. 17 mars 1967, art. 27, al. 2)[5].

1. Ce qui implique que le syndic est amené à donner connaissance des originaux eux-mêmes – EN CE SENS : Bouyeure et Souleau, *op. cit.*

2. Rép. min., QE, Gambier, *JOAN Q* 9 nov. 1992, p. 5121.
3. Paris, 23e ch. B, 28 juin 2001, RG nos 2000/14364, 2000/18112, *Loyers et copr.* févr. 2002. 47; *Dossier Csab* no 70, déc. 2002, no 164.
4. Lyon, 6 déc. 2000, RG no 1999/03376, *Loyers et copr.* janv. 2002. 24.
5. Civ. 3e, 22 mai 1976, *D.* 1976. IR 252; *JCP* 1976. IV. 238.

« *Il peut aussi... sur une question particulière, demander un avis technique à un professionnel de la spécialité* » (Décr. 17 mars 1967, art. 27, al. 2, *in fine*). Cette consultation nécessairement limitée à un problème déterminé relève d'un professionnel spécialiste dans le domaine en question.

À cet effet, le conseil syndical peut engager des dépenses courantes d'administration, notamment pour frais de poste, déplacement ou avis technique. Enfin, aux termes du nouvel article 22 (al. 2) du décret, « *le conseil syndical rend compte à l'assemblée, chaque année, de l'exécution de sa mission* » (v. s^s n° 868). Aucun texte ne précise la forme de ce rapport qui prend la forme écrite pour les avis obligatoires (L. 10 juill. 1965, art. 21 et Décr. 17 mars 1967, art. 14, 3e). En tout cas, le compte rendu du conseil doit nécessairement figurer à l'ordre du jour de l'assemblée.

En vue du basculement de la transmission hertzienne à la transmission numérique, l'article 24-3 (al. 3) de la loi de 1965 autorise l'assemblée générale, décidant à la majorité simple, à donner mandat au conseil syndical pour conduire, dans les limites d'une enveloppe financière, les modifications nécessaires à la continuité de la réception par l'antenne collective des services de la télévision (rédaction de la loi n° 2009-258, 5 mars 2009, art. 78).

b) Autres attributions. D'une manière générale, la tendance qui se dégage en jurisprudence est de limiter les attributions du conseil syndical à celles qui lui sont conférées par la loi. Doivent donc être déclarées nulles la résolution d'une assemblée générale habilitant le conseil syndical à nommer le syndic, à approuver ses comptes et à supprimer la périodicité de l'assemblée générale ou à autoriser le conseil syndical à agir en justice[1], la clause d'un règlement de copropriété investissant le conseil syndical du pouvoir d'autoriser l'exercice d'une profession[2] ou la décision d'autoriser ou de ratifier des travaux[3]. Réserve doit être faite des missions que le conseil syndical des « résidences-services » peut recevoir quant aux services spécifiques (L. 1965, art. 41-1 et 2).

1089 Président du conseil syndical[4]. Un rôle particulier est dévolu au président du conseil syndical en application de la mission générale de surveillance du conseil.

– Il peut convoquer l'assemblée générale des copropriétaires, en observant la procédure prévue par l'article 8 du décret de 1967 (v. ss n° 845). La bonne exécution de cette mission implique qu'il dispose de la liste complète et actuelle des personnes à convoquer et qu'il fasse l'avance des frais consécutifs.

– Il a qualité, par application de l'article 18-2 de la loi, pour assigner l'ancien syndic, comme en matière de référé, en vue d'obtenir la restitution des fonds et des archives du syndicat (v. ss n° 999).

– Il peut être entendu par le président du tribunal de grande instance, saisi d'une demande tendant à dire le syndicat en difficulté et à nommer un administrateur provisoire (Décr. 17 mars 1967, art. 62-4 – V. ss n° 787), ou à suspendre ou supprimer un ou des services de résidence-service (Décr. 17 mars 1967, art. 39-6).

– Il reçoit du secrétariat-greffe, copie du ou des pré-rapports déposés par l'administrateur provisoire du syndicat en difficulté (Décr. 17 mars 1967, art. 62-11, al. 3 – V. ss n° 796).

– Il signe le bilan annuel de l'exécution de la convention passée avec un tiers (Décr. 1967, art. 39-2) dans les résidences-services.

En dehors de ces missions que lui confère la loi, le règlement de copropriété (v. ss n° 1085) peut préciser son rôle, notamment pour la convocation du conseil et la préparation de ses séances, et il peut recevoir délégation de l'assemblée générale.

SECTION 5
LA RESPONSABILITÉ DES MEMBRES DU CONSEIL SYNDICAL

1090 La responsabilité civile[5]. N'ayant pas la personnalité morale, la responsabilité du conseil syndical, en tant que groupement, ne peut être recherchée. En revanche, comme tout mandataire, chacun des membres du conseil syndical peut engager sa responsabilité par sa faute, celle-ci peut notamment résulter soit d'un contrôle insuffisant ou, au contraire, abusif de la gestion du syndic, soit d'une collusion dolosive avec celui-ci, soit de prise

1. Civ. 3e, 22 mai 1990, n° 89-11.659, *Bull. civ.* III, n° 123; *IRC* 1991. 8, note Capoulade; *RDI* 1990. 416; *RDI* 1991. 104.
2. Paris, 16 mai 1986, RG nos L. 06884 et L. 06885, *Juris-Data* n° 022435, *RDI* 1986. 388 et 501.
3. Civ. 3e, 25 janv. 1995, n° 92-19.600, *Bull. civ.* III, n° 29; *AJDI* 1995. 868; *RDI* 1995. 370; *D.* 1998. 265; *IRC* mai 1995, note Atias.
4. Roux, « Le président du conseil syndical », *Administrer* juin 2007. 13 s. – Roux, « Le conseil syndical », Litec 2011, nos 341 s.
5. Boussageon, « La responsabilité du conseil syndical et de ses membres », *AJPI* 1995. 209 – Sizaire, « La responsabilité des membres du conseil syndical », *Gaz. Pal.* 1975. 2. Doctr. 697 – Gélinet, « La responsabilité des membres du conseil syndical », *Rev. loyers* 2007. 375 s. – Guillot, art. 21, chap. 5 – Kischinewsky-Broquisse, n° 535 – Lafond, Roux et Stemmer, ss art. L. 21 chap. VII, n° 19 – 13e recomm. de la commission relative à la copropriété.

de décision empiétant sur les pouvoirs du syndic, soit un dépassement des pouvoirs délégués par l'assemblée et l'engagement irrégulier de dépense. La responsabilité civile du président du conseil syndical peut être plus fréquemment mise en cause en raison des pouvoirs particuliers que lui accorde la législation (transmission des pièces et documents en cas de changement de syndic, diligences pour parvenir à la convocation de l'assemblée générale devant le refus ou l'inertie du syndic...).

La responsabilité des membres du conseil syndical, et notamment de son président, s'apprécie sur le plan contractuel à l'égard du syndicat et sur le plan délictuel ou quasi délictuel envers le syndic et les copropriétaires [1].

En raison du caractère gratuit des fonctions, l'article 1992 (al. 2) du code civil s'applique et la « responsabilité relative aux fautes est appliquée moins rigoureusement à celui dont le mandat est gratuit, qu'à celui qui reçoit un salaire ». Il a été jugé que seule la faute grave est de nature à être sanctionnée en raison du caractère bénévole des fonctions [2]. Encore faut-il que le dépassement des pouvoirs ait causé un préjudice aux copropriétaires ou au syndicat [3]. La gratuité du mandat et le rôle consultatif du conseil syndical expliquent que la responsabilité de ses membres n'est mise en jeu qu'exceptionnellement.

Aussi, est-il recommandé, à toutes fins, que la police d'assurances de l'immeuble ou toute autre police souscrite à cet effet, aux frais du syndicat couvre la responsabilité de chacun des membres du conseil syndical [4].

1091 La responsabilité pénale. Chacun des membres du conseil syndical peut aussi encourir une responsabilité pénale, comme auteur ou complice d'une infraction pénalement sanctionnée. Les cas demeurent très rares, mais les recueils de jurisprudence en offrent quelques exemples. On pense aux coups et blessures volontaires au cours d'une réunion houleuse, à un faux en écritures privées en cas de falsifications de documents (procès-verbal du conseil ou de l'assemblée), à l'abus de confiance en cas de détournement de fonds dans l'exécution d'une délégation, ou encore, aux injures et diffamations envers le syndic, ou un copropriétaire [5].

1. Paris, 18 févr. 1994, RG n° 92/007566, *Juris-Data* n° 020233, *Loyers et copr.* 1994, n° 316.
2. Paris, 23e ch. B, 4 mars 1999, RG n° 1997/24638, *Dossier Csab* n° 75, juin 1999, n° 87.
3. Civ. 3e, 25 sept. 2002, n° 01-01.933, *Dossier Csab* n° 104, févr. 2003, n° 34.
4. 13e recomm de la commission relative à la copropriété – Rép. min., QE n° 19764, 21 oct. 1999, Hamel, *JO Sénat* 9 mars 2000, p. 888.
5. Roux, *op. cit.*, p. 191.

LIVRE

4. LES AMÉLIORATIONS – LA SURÉLÉVATION

SECTION 0 ORIENTEUR

Plan du livre.

Chap. 1	**Travaux comportant transformation, addition ou amélioration**
Sect. 1	Régime des améliorations à la charge du syndicat
Sect. 2	Améliorations réalisées aux frais de certains copropriétaires
Chap. 2	**Surélévation et addition de constructions**
Sect. 1	Exercice du droit de surélévation
Sect. 2	Conséquences de la surélévation
Chap. 3	**Reconstruction de l'immeuble**
Sect. 1	Majorités requises
Sect. 2	Décision de reconstruction
Sect. 3	Refus de reconstruire

1092 L'intervention législative dans ce domaine : La loi de 1965 consacre deux chapitres, le premier (chap. 3) aux « améliorations, additions de locaux privatifs et exercice du droit de surélévation », le second (chap. 4) à la reconstruction de l'immeuble. Le caractère commun de ces deux chapitres tient au fait que, dans les hypothèses prévues, il ne s'agit plus seulement pour le syndicat d'organiser la jouissance et l'administration des parties communes, mais de prévoir et d'autoriser la création d'éléments nouveaux, au sens le plus large du terme[1].

Sauf en ce qui concerne le droit de surélévation, il ne s'agit pas d'une innovation législative en ce sens que la loi de 1938 prévoyait déjà le régime des améliorations et celui de la reconstruction de l'immeuble. Mais le but du législateur de 1965, spécialement dans le domaine des améliorations, a été d'en faciliter la réalisation, malgré l'opposition ou l'impécuniosité de certains copropriétaires, dans l'intérêt collectif de l'immeuble, que favorise incontestablement l'adjonction d'éléments nouveaux tendant à assurer sa modernisation pour l'adapter à l'évolution des mœurs et des techniques. Il y a eu, sur ce point précis, et sous la garantie de certaines majorités et d'un contrôle judiciaire, un progrès très net par rapport au droit antérieur.

Toutefois, près d'un demi-siècle après la mise en vigueur du statut, on est contraint de reconnaître que les espoirs ainsi placés dans une législation dont un des objectifs était la « valorisation du patrimoine immobilier » (v. s^s n° 17), ne se sont que très partiellement réalisés. Pour des causes diverses

1. SUR L'ENSEMBLE DE LA QUESTION : ATIAS, n°s 678 s. – *Dico-propriété*, V^is *Améliorations*, *Construction*, *Surélévation* – CABANAC, n°s 427 s. – GUILLOT, art. 30, n° 30 – KISCHINEWSKY-BROQUISSE, n°s 646 s. – LAFOND, ROUX ET STEMMER, s^s art. L. 30 s. – LOMBOIS, n°s 97 s. – J.-CL. COPR., fasc. 94 – Bouyeure, *Les travaux dans la copropriété*, Sirey – Hermann, *Les travaux dans les immeubles en copropriété*, Le Moniteur – Bouyeure, « Le régime juridique des travaux d'amélioration et de modernisation dans les immeubles en copropriété », *Administrer* 1984, 8 – Capoulade, « Les travaux communs », *IRC* oct. 2000. 16 s.; « Les travaux privatifs dans un immeuble en copropriété », *IRC* sept. 2000. 16 s. – Désiry, « Travaux dans les immeubles en copropriété », *Gaz. Pal.* 1968. 501 – Lejwi, « Les travaux en copropriété », *Dossier Csab* n° 77, oct. 1999 – Morand, « Le nouveau statut de la copropriété, Principes et pratiques du régime des travaux affectant les parties communes », *Gaz. Pal.* 1967. 2. Doctr. 2; « Autorisation de certains travaux affectant les parties communes », *Gaz. Pal.* 1968. 2. Doctr. 55 – Ritschy, « Chronique de jurisprudence », *IRC* févr. 1999, 15 févr. 2000, 11 févr. 2001, 20 mars 2002. 10 mars 2003. 12 avr. 2004, 13 avr. 2005. 21 – Viatte, « Les améliorations sous le régime de la copropriété », *Rev. loyers* 1973. 491. 103e Congrès des notaires – Lyon 2007, p. 10025.

parmi lesquelles il faut sans doute citer le « surendettement » de beaucoup de copropriétaires et aussi la réalisation trop rapide de « programmes » dans des conditions techniquement défectueuses, une partie du parc des immeubles en copropriété est largement sinistrée[1]. Les pouvoirs publics en ont pris opportunément conscience en facilitant la prise de décision par l'abaissement des majorités pour des travaux privilégiés et en instituant une procédure d'alerte préventive, un régime spécifique pour l'administration des syndicats en difficulté et une procédure de carence qui aboutit à l'expropriation.

Il n'est malheureusement pas assuré que les remèdes envisagés soient toujours de nature à apporter une solution à ce qui est devenu un problème social et sans même que soit abordé l'aspect environnemental[2].

1. V. Ritschy, « Travaux et copropriété », *JCP N* 1988. I. 3338 s., 163.

2. Rép. min., QE n° 32203, 25 nov. 1995, Merville, *JOAN Q* 11 mars 1996, p. 1336.

CHAPITRE

1. Travaux comportant transformation, addition ou amélioration

SECTION 0
ORIENTEUR

Plan du chapitre.

Textes applicables.

• L. n° 65-557 du 10 juill. 1965 fixant le statut de la copropriété des immeubles bâtis, art. 25b-25-1 à 26, et 30.

Jurisprudence de référence.

• **Civ. 3e, 22 juin 1994, n° 92-19.196,** NP.

* V. ss n° 1098.

« Les travaux destinés à apporter une amélioration des conditions d'exploration du réseau d'assainissement par sa transformation complète et l'organisation d'éléments nouveaux, ne peuvent être décidés qu'à la majorité de l'article 26. »

• **Civ. 3e, 9 avr. 2008, n° 07-11.120,** NP.

* V. ss n° 1104.

« Une assemblée générale ayant décidé le principe de travaux relevant de la majorité de l'article 26 ne permet pas à une assemblée générale ultérieure d'adopter les devis correspondant à ces travaux à la majorité relative de l'article 24. »

• **Civ. 3e, 17 avr. 1991, n° 89-15.172,** NP.

* V. ss n° 1122.

« Tout empiétement, si minime soit-il, sur les parties communes, doit être sanctionné. »

• **Civ. 3e, 19 juill. 1995, n° 93-19.087,** *Bull. civ.* III, n° 202.

* V. ss nos 1132, 1134.

« Lorsque le renvoi par l'assemblée générale d'une demande en autorisation de travaux s'inscrit dans une suite d'atermoiements du syndicat depuis de nombreuses années et en l'absence d'un refus formel, ce renvoi ne peut s'analyser qu'en un refus déguisé qui permet au copropriétaire demandeur d'exercer le recours judiciaire prévu par l'article 30 de la loi de 1965. »

• **Civ. 3e, 30 juin 1992, n° 91-12.000,** NP.

* V. ss n° 1137.

« Les travaux consistants à faire communiquer entre eux, par un escalier intérieur, deux lots situés à des niveaux différents constituent une amélioration conforme à la destination de l'immeuble, même s'ils ne concernent que des intérêts particuliers. »

Bibliographie indicative.

ATIAS, *Dicopropriété*, Edilaix 2007, *V° Amélioration* – BOUYEURE, *Les travaux dans la copropriété*, Dalloz 1989 – KISCHINEWSKY-BROQUISSE, *La copropriété des immeubles bâtis*, Litec 1994 – LAFOND, ROUX et STEMMER, *Code de la copropriété*, Litec 2008, art. L. 25, 26 et 30 – MICHALOPOULOS, *Vivre en copropriété*, DPE 2008, chapitre V – LELIÈVRE, *L'appartenance du droit de construire en copropriété*, *AJDI* sept. 2011. 610 – SOLER-COUTEAUX, note ss CE 15 févr. 2012, *RDI* 2012. 237 : sur la justification de la qualité du demandeur en autorisation.

1093 Évolution du problème. Les dispositions de la loi de 1965 concernant « l'autorisation donnée à certains copropriétaires d'effectuer à leurs frais des travaux affectant les parties communes ou l'aspect extérieur de l'immeuble, et conformes à la destination de celui-ci » (art. 25 b), et la faculté pour le syndicat de voter des « travaux comportant transformation, addition ou amélioration » (art. 26 c et art. 30) constituaient certainement une des réformes essentielles réalisées par cette loi, dont l'exposé des motifs précisait que l'une de ses préoccupations était d'« admettre, sous le bénéfice de garanties très sérieuses, la possibilité pour la majorité de décider de travaux d'amélioration qui, dans le cadre de la loi de 1938, exigeaient l'unanimité »[1]. Plusieurs lois ultérieures ont poursuivi l'évolution et permis de décider de certaines améliorations à des majorités moins élevées (art. 25) et même à la majorité simple (art. 25-1 et 24)[2].

1094 Le régime des améliorations – Distinction. La loi de 1965 consacre de nombreuses dispositions, qui ne sont pas parfaitement cohérentes, au problème largement entendu des « améliorations » dont il y aura lieu de préciser la notion. Mais une distinction essentielle doit être faite, selon qu'il s'agit d'améliorations à la charge du syndicat, ou aux frais d'un copropriétaire ou d'un groupe de copropriétaires, étant précisé que l'ensemble des dispositions de la loi comporte un caractère impératif[3] (sur les travaux rendus obligatoires en vertu des dispositions législatives ou réglementaires v. s[s] n° 908).

1. EN CE SENS : les déclarations du rapporteur de la loi de 1938, M. Cautru. Pour son administration, la majorité engagera la minorité, mais pour les travaux d'amélioration, il faudra unanimité : n° 2190, *JOAN* 25 févr. 1934, p. 320.
2. NOT. : les lois des 31 déc. 1985, 13 juill. 1992, 30 déc. 1996, 13 déc. 2000, 2 juill. 2003.
3. Étant donné le caractère d'ordre public des dispositions sur la matière, les exigences contractuelles des règlements de copropriété antérieurs sont devenues caduques (Civ. 20 mai 1972, *D.* 1972. Somm. 14 – Aix, 28 janv. 1969, *Gaz. Pal.* 1969. 2, 1964). La jurisprudence a notamment décidé que la clause du règlement de copropriété autorisant un copropriétaire à procéder à certaines améliorations (transformation de combles notamment), sans autorisation de l'assemblée générale était nulle (non écrite), comme contraire aux dispositions de l'article 25 b de la loi de 1965, Civ. 3e, 9 févr. 1982, n° 80-11.710, *Bull. civ.* III, n° 38; *RDI* 1982. 422 – Civ. 3e, 2 févr. 1999, n° 97-14.585, *IRC* juin 1999. 12, note Capoulade; *RDI* 1999. 311 – Est également nulle la clause d'un règlement de copropriété interdisant l'installation d'un ascenseur : Civ. 3e, 27 mai 1971, n° 70-10.359, *Bull. civ.* III, n° 334 – DANS UN SENS ANALOGUE : Civ. 3e, 25 févr. 1971, n° 70-10.127, *Bull. civ.* III, n° 137.

SECTION 1
RÉGIME DES AMÉLIORATIONS À LA CHARGE DU SYNDICAT

1095 Principe directeur. Le principe posé par la loi de 1965 est donc le remplacement de la loi de l'unanimité par la loi majoritaire prévue, si l'on écarte provisoirement l'article 35 (qui vise la surélévation ou la construction de nouveaux bâtiments), par trois articles[4] :

- l'article 26 c (double majorité) qui concerne « *les travaux comportant transformation, addition ou amélioration*, à l'exception de ceux visés aux e, g, h, i, j, m, n et o de l'article 25 »;

- précisément, l'article 25 e, g, h, i, j, m, n et o qui concernent des *améliorations* votées à la majorité de cet article et, dans certaines conditions, à la majorité de l'article 25-1, c'est-à-dire à la majorité simple de l'article 24, de manière à en faciliter la prise de décision;

- l'article 30 qui dispose que l'assemblée générale peut également « à la double majorité prévue à l'article 26, à condition qu'elle soit conforme à la destination de l'immeuble, décider toute amélioration, telle que la transformation d'un ou de plusieurs éléments d'équipements existants, l'adjonction d'éléments nouveaux, l'aménagement de locaux affectés à usage commun, ou la création de tels locaux ».

L'article 24 (al. 2 et 3) qui favorise la prise de décision en matière de travaux d'accessibilité des lieux aux personnes handicapées ou à mobilité réduite[5]. En outre, les articles 24-1[6], 24-2[7] et 24-3 permettent à la majorité de l'article 24 (al. 1er) et par dérogation à l'article 25 j, d'accepter une proposition respectivement de desserte de l'immeuble par la télévision en mode numérique et d'installer un réseau de communication en fibre optique.

On constate donc qu'à l'exception des travaux visés aux e, g, h, i, j, m, n et o de l'article 25, la loi exige la majorité renforcée de l'article 26; elle prévoit, en outre, un contrôle de l'autorité judiciaire destiné à lutter aussi bien contre les abus de la majorité que contre ceux de la minorité[8]. Échap-

4. Cabanac, « Le régime des améliorations d'un immeuble en copropriété sous l'empire de la loi du 10 juillet 1965 », *AJPI* 1965. I. 947.
5. L. n° 2003-590, 2 juill. 2003, urbanisme et habitat.
6. L. n° 2007-309 du 5 mars 2007, art. 9, *JO* 7 mars, préc.
7. L. n° 2008-776 du 4 août 2008, art. 109, préc.
8. SUR la question générale de l'intervention de la justice en matière de copropriété par appartements : Cabanac, *AJPI* 1967. I. 285 – Tomasin, « Le juge et la copropriété », *Mélanges Perrot*, Dalloz, 1996, 499 – Chevreau, « Le juge ou les juges de la copropriété », *Mélanges Perrot*, p. 35 – Capoulade, « Le juge et la copropriété », ▶

pent également à la majorité renforcée de l'article 26, les travaux d'amélioration dans l'hypothèse très particulière de l'accessibilité des lieux pour les personnes handicapées ou à mobilité réduite, mais alors avec un contrôle judiciaire limité, et de ceux sur la modernisation des transmissions (mode numérique et fibre optique).

Les travaux visés aux e, g, h, i, j, m, n et o de l'article 25, ceux de l'article 24 (al. 2 et 3) et ceux prévus aux articles 24-1, 24-2 et 24-3 ayant été précisés lors du commentaire de ces articles (v. s[s] n°s 898, 908 s.), les présents développements seront limités aux travaux visés aux articles 26 et 30 dont il convient immédiatement de préciser la nature.

§ 1
Travaux concernés

1096 Domaine d'application des articles 26 et 30. Les deux textes s'expriment en termes légèrement différents, l'article 26 visant « les travaux concernant transformation, addition ou amélioration », l'article 30 mentionnant « toute amélioration, telle que la transformation d'un ou plusieurs éléments d'équipement existants, l'adjonction d'éléments nouveaux, l'aménagement de locaux affectés à l'usage commun ou la création de tels locaux ».

Mais l'article 30 fait mention d'une exigence complémentaire, à savoir que ces travaux soient « *conformes à la destination de l'immeuble* » et, de son côté, l'article 26, en son deuxième alinéa, a pour résultat de réserver les travaux qui imposeraient à un copropriétaire une modification à la destination de ses parties privatives ou aux modalités de leur jouissance.

On examinera d'abord ces deux « préalables » avant de préciser ce qu'il faut entendre par « amélioration » au sens de ces articles.

1097 Conditions préalables. Elles ont pour résultat, dans les deux éventualités ci-dessus citées, d'apporter une limitation à la compétence de la majorité en matière d'amélioration, pour faire place à l'unanimité, rappel étant fait que celle-ci doit s'entendre de tous les copropriétaires composant le syndicat (et non pas celle des copropriétaires présents ou représentés à l'assemblée)[1].

1. Tout d'abord, pour être décidés à la majorité, fût-elle renforcée, l'amélioration doit être conforme à la destination de l'immeuble[2]; la même exigence est d'ailleurs formulée à propos des travaux effectués aux frais d'un copropriétaire en application de l'article 25 b.

On a déjà relevé le caractère indéterminé et subjectif de cette notion qui, finalement, laisse un large pouvoir d'appréciation aux tribunaux (v. s[s] n° 926) que l'on observe tout naturellement dans les décisions, au demeurant assez rares, rendues en matière de travaux d'amélioration. Ainsi, ont été jugées conformes à la destination de l'immeuble... la création d'emplacements de stationnement, fût-ce par emprise partielle sur un espace vert[3]... l'installation d'un ascenseur qui répond à l'intérêt de la collectivité[4], par exemple, pour desservir des chambres de service transformées en appartements[5], ou l'alimentation en eau de ces chambres[6], l'esthétique de l'immeuble dût-elle en souffrir[7], à moins qu'il s'agisse d'un immeuble modeste ne comportant qu'un nombre d'étages limités[8], ou d'un escalier classé monument historique, ou d'un immeuble désuet, vieillot et plein de charme[9].

2. De son côté, le second alinéa de l'article 26 de la loi de 1965 impose que soient prises à l'unanimité des copropriétaires les décisions dont le résultat serait d'imposer à un copropriétaire une modification à la destination de ses parties privatives ou aux conditions de leur jouissance[10]. La Cour de cassation se réserve un contrôle léger sur l'absence de modification dans les modalités de jouissance des parties privatives. Dans le domaine des travaux, on a vu (v. s[s] n°s 213 et 921) que c'est relativement à

► *IRC* mai 1996. 11; « Le juge en copropriété des immeubles bâtis », *Ann. loyers* 2006 – Gelinet, « Faut-il un juge de la copropriété ? », *AJDI* 2006. 549.

1. Civ. 3e, 26 févr. 1975, n° 73-14.614, *Bull. civ.* III, n° 80; *D.* 1975. 776; *Administrer* juill. 1975, n° 49; *JCP* 75, II, 18 201; *Gaz. Pal.* 1975. 1. Somm. 72; *Rev. loyers* 1975. 302.

2. Lebatteux, « Travaux d'amélioration et destination de l'immeuble », *RDI* 1995. 429 – Travaux apparaissant contraires à l'intérêt collectif (transformation de petits commerces en grande surface) Civ. 3e, 19 oct. 2010, n° 09-70.515, NP.
3. Limoges, 1er juill. 1966, *JCP* 1966. II. 14888; *D.* 1967. 11, note Givord – TGI Paris, 28 févr. 1969, *AJPI* 1970. 22; *Ann. loyers* 1970. 1083 – Ces décisions exposent avec précision les motifs pour lesquels il n'y a pas atteinte à la destination de l'immeuble.
4. TGI Lyon, 15 mars 1972, *D.* 1972. 331; *Gaz. Pal.* 1972. 2, 278; *Rev. loyers* 1972. 573; *JCP* 1972. II. 17251 – TGI Paris, 6 nov. 1975, *D.* 1976. IR 303; TGI Paris, 9 janv. 1980, *Administrer* mai 1980. 102.
5. TGI Paris, 25 mars 1971, *D.* 1972. IR 125.
6. Paris, 18 mai 2000, RG n° 1998/26029, *IRC* févr. 2001. 22 – TOUTEFOIS, pour un sani-broyeur : Paris, 19 févr. 2004, *IRC* avr. 2005. 21, n° 2.
7. Paris, 30 janv. 1979, *Administrer* févr. 1980. 5.
8. Paris, 14 déc. 1971, *Gaz. Pal.* 1972. 176 – AUSSI : Bouyeure, n° 133.
9. Paris, 23e ch. B, 27 mai 1999, RG n° 1998/06846, *IRC* févr. 2000. 13.
10. Civ. 3e, 26 juin 2002, n° 00-16.340, NP, *IRC* avr. 2004. 13 – Aix-en-Provence, 30 nov. 2004, RG n° 00/02240, *Loyers et copr.* 2005. 190.

l'installation de dispositifs de fermeture des accès de l'immeuble[1] et à la suppression d'une installation collective de chauffage ou d'eau chaude[2], que l'application de cette disposition a donné lieu à une importante jurisprudence et suscité l'adjonction, par la loi du 31 décembre 1985, des articles 26-1 et 26-2, puis des articles 25 n et 26 e (L. n° 2007-297, 5 mars 2007)[3] à la loi du 10 juillet 1965[4].

Il n'y a pas atteinte aux modalités de jouissance des copropriétaires et le vote relève de la majorité de l'article 26 b de la loi en cas de service de substitution, assurant dans des conditions équivalentes, censées être plus économiques, les services antérieurs[5].

1098 Travaux d'amélioration au sens des articles 26 et 30. La loi du 10 juillet 1965 ne donne aucune définition de l'amélioration. Son article 30 (al. 1er) ne définit pas à proprement parler ce qu'il faut entendre par amélioration. Il se borne, en effet, à indiquer que l'assemblée générale *peut*, statuant à la double majorité prévue par l'article 26, décider « *toute amélioration* », conforme, bien entendu, à la destination de l'immeuble. Le texte de cet article procède ensuite à une énumération dont on s'accorde à dire qu'elle n'est pas limitative[6], mais néanmoins suffisamment étendue pour englober la quasi-totalité des améliorations concevables. Il appartient au juge du fond d'apprécier souverainement si les travaux litigieux constituent ou non une amélioration[7].

Il est cependant indispensable de distinguer les travaux d'amélioration des travaux d'entretien et de conservation de l'immeuble[8] pour différentes raisons : majorités différentes pour prendre la décision d'exécuter les uns ou les autres, dépenses inscrites au budget prévisionnel ou dépenses hors budget votées spécialement, règles de répartition différentes de leur montant, caractère facultatif des travaux d'amélioration alors que les travaux de conservation et d'entretien sont une obligation pour le syndicat, procédures de recouvrement différentes.

Il faut aussi distinguer les travaux d'amélioration de ceux de reconstruction[9]. Le « rétablissement » ou la remise en état d'une partie commune ne constitue pas une amélioration[10].

Considérée en elle-même, la notion d'amélioration implique l'idée d'un *changement en mieux*[11] : tel est, du reste, le critère que l'on retrouve sous jacent à l'énumération donnée par l'article 30. Qu'il s'agisse, en effet, de la *transformation* d'un ou de plusieurs éléments d'équipement existant, pour tenir compte des techniques nouvelles ou pour un rendement plus économique, *de l'adjonction* d'éléments *nouveaux*, pour obtenir un plus grand confort ou pour une adaptation à l'évolution des mœurs, de *l'aménagement* de locaux à usage commun ou de la *création* de tels locaux, pour plus de commodité, on relève toujours l'existence d'un « *plus* » ou, si l'on préfère, d'une nouveauté apportée à l'immeuble[12].

Il convient aussi de tenir compte du *critère de nécessité*. Les travaux qui, objectivement, présentent ce caractère sont des travaux de conservation ou d'entretien[13]. Le ravalement offre, à cet égard, l'exemple le plus typique : un ravalement banal ou léger unifie, répare, nettoie et relève de l'entretien[14], sauf s'il s'accompagne de réelles améliora-

1. Civ. 3e, 12 janv. 2000, n° 97-21.190, *Bull. civ.* III, n° 4; *RDI* 2000. 246; *D.* 2000. 209 – Paris, 23e ch. A, 26 nov. 1997, RG n° 93/12386, *Juris-Data* n° 023432, *IRC* févr. 1999. 15 – Rép. min., QE n° 30114, 2 oct. 1995, Carrez, *JOAN Q* 22 janv. 1996, p. 397.
2. Civ. 3e, 22 févr. 1995, n° 92-17.801, *D.* 1995. Somm. 276, obs. Capoulade.
3. *JO* 7 mars 2007.
4. POUR l'installation de dispositifs de surveillance ou de télésurveillance : Rép. min., *QE, JCP N* 1988, prat. 558; *Rev. huissiers* 1988. 79 – Paris, 15 janv. 2004, *RG* n° 2003/12119, *Loyers et copr.* 2004. 80 – PAR EX. AUSSI : validité de la suppression d'une buanderie-séchoir, décision qui a tenu compte manifestement du développement de l'électroménager actuel : Civ. 2 mai 1978, *Gaz. Pal.* 1978. 2. Somm. 271; *Administrer* févr. 1979, n° 88; *Rev. loyers* 1979. 204; *RTD civ.* 1979. 161 – PRIVATION de vue et d'ensoleillement : Civ. 3e, 4 juin 1998, n° 96-20.608, *Bull. civ.* III, n° 117 – UNANIMITÉ pour supprimer les boîtes aux lettres et les sonnettes de cinq lots distincts : TGI Lyon, 13 mai 1975, *Administrer* juill. 1976, n° 60; *JCP* 1976. II. 18 398; *Rev. loyers* 1976. 458; *RTD civ.* 1976. 804; *Gaz. Pal.* 1977. 2. Somm. 388 – UNANIMITÉ pour exécution de travaux supprimant toute vue pour les étages supérieurs : Civ. 20 oct. 1976, *D.* 1977. IR 62; *Gaz. Pal.* 1971. 1. Somm. 21; OU POUR autoriser un copropriétaire à recouvrir une courette intérieure : TGI Paris, 13 juill. 1976, *D.* 1976. IR 3.
5. Versailles, 25 avr. 2000, *Dossier csab* n° 87, oct. 2000, n° 114.
6. KISCHINEWSKY-BROQUISSE, n° 649 – GUILLOT, art. 30 à 34, n° 103 – LAFOND, ROUX ET STEMMER, s^s art. L. 30, n° 1 – SIZAIRE, n° 175.
7. Civ. 3e, 22 oct. 1970, n° 69-11.541, *Bull. civ.* III, n° 537; *JCP* 1971. II. 16 580.
8. Paris, 23e ch. B, 17 janv. 2002, RG n° 2001/06951, *AJDI* 2002. 390 – LAFOND, ROUX ET STEMMER, préc.
9. Paris, 25 nov. 1987, RG n° 028928, *RDI* 1988. 40.
10. Civ. 3e, 16 juill. 1996, n° 94-11.877, *RDI* 1996. 614 – Civ. 3e, 13 janv. 2010, n° 08-21.110, NP.
11. BOUYEURE, n° 113 – COMP. : en matière de bail, rép. min., QE, *Rev. huissiers* 1992. 474 – Toulouse, 22 juin 1992, RG n° 4610/90, *Juris-Data* n° 045451 : les travaux d'amélioration apportent des éléments supplémentaires de confort et d'habitabilité par rapport aux aménagements existants et procurent, de ce fait, une valorisation certaine de l'immeuble.
12. Paris, 13 déc. 1979, *D.* 1980. IR 277 – Civ. 3e, 22 juin 1994, n° 92-19.196, *RDI* 1994. 701 et la note.
13. LAFOND, ROUX ET STEMMER, s^s art. L. 30, n° 2.
14. Civ. 3e, 16 oct. 1971, *D.* 1972. 296.

tions sur le plan thermique ou phonique[1] et ajoute ainsi quelque chose.

Le problème se pose avec une particulière acuité lorsque les travaux sont rendus nécessaires par l'usure ou la vétusté d'un élément d'équipement (notion de travaux mixtes) (v. s[s] n° 897).

L'amélioration doit, en principe, intéresser l'ensemble des copropriétaires, ce qui ne signifie pas nécessairement la totalité[2].

1099 a) Transformation d'un ou de plusieurs éléments d'équipements. C'est précisément à propos de ce premier exemple d'« amélioration » retenu par l'article 30, alinéa 1er, que la distinction entre travaux d'amélioration et travaux d'entretien ou de conservation se révèle la plus délicate à opérer. Très souvent, en effet, les travaux exécutés concernent des éléments d'équipement vétustes, voire hors d'état de servir. Leur remplacement est donc une nécessité et relève de l'entretien ou de la conservation : mais il est pratiquement inévitable que l'élément d'équipement vétuste soit remplacé par un autre plus performant, tenant compte des progrès techniques. Il y a, par conséquent, à la fois réfection (donc conservation) et amélioration, mais aussi obligation de choisir une qualification unique[3]. Selon la doctrine[4] et la jurisprudence[5] dominantes, le principe est que dès lors que l'aspect conservation est prédominant par rapport à l'aspect entretien (ce qui est, en général, le cas), la transformation ainsi réalisée ne retire pas aux travaux leur caractère de travaux d'entretien ou de conservation. On ajoute cette considération que les progrès de la technique, qui sont intégrés dans l'élément transformé, justifient le maintien de la qualification entretien ou conservation[6]. Ces travaux sont qualifiés de « *travaux mixtes* » et relèvent de la majorité simple[7].

En revanche, le changement d'un élément d'équipement décidé, en dehors d'une nécessité suffisante, à seule fin d'améliorer celui-ci, donne lieu à l'application des dispositions des articles 30 et 26; on sort en effet du domaine de l'administration et de la conservation pour entrer dans celui de la transformation et de l'amélioration. On admettra par exemple que le remplacement d'une chaudière au charbon fonctionnant normalement par une chaudière au gaz constitue bien une transformation[8]; il en était de même de la neutralisation d'un vide-ordures[9] jusqu'à l'introduction de l'article 25 i.

1100 b) Adjonction d'éléments nouveaux. Le caractère d'« amélioration » de l'adjonction d'éléments nouveaux est indiscutable[10]; elle ne peut, en effet, être considérée comme un acte d'administration ou de conservation de l'immeuble. L'expérience démontre que l'installation d'un ascenseur est l'exemple le plus courant de cette catégorie d'adjonction[11].

1. Morand, « Ravalement et copropriété, Conservation et amélioration de l'immeuble », *Gaz. Pal.* 1981. 1. Doctr. 301 – Civ. 3e, 17 juin 1997, n° 95-20.836, *RDI* 1997. 624 : À PROPOS de la responsabilité d'un syndic – Civ. 3e, 8 juill. 1998, n° 96-21.629, *Bull. civ.* III, n° 161; *RDI* 1998. 682; *D.* 2000. 139.
2. Lyon, 23 avr. 1968, *AJPI* 1968. II. 584, note Cabanac – Paris, 23 nov. 1970, *Gaz. Pal.* 1971. 1. Somm. 4 – TGI Cusset, 9 mai 1968, *Gaz. Pal.* 1968. 2, 281, note Morand – Dans l'application de l'article 25 b de la loi, l'amélioration peut ne profiter qu'à un seul copropriétaire.
3. EN CE SENS : BOUYEURE, n° 260.
4. EN CE SENS : KISCHINEWSKY-BROQUISSE, n° 650 – LAFOND, ROUX ET STEMMER, s[s] art. L. 30, n° 2 – SIZAIRE, n° 175, note 415 – GUILLOT, art. 30 à 34, n° 1.08 – J.-CL. COPR., fasc. 94 – AUSSI : Givord, « Les travaux d'amélioration et les charges de la copropriété ». *Gaz. Pal.* 1967. 2. Doctr. 94 – Ch. Berthault, « L'extension par la jurisprudence de la notion d'entretien des parties communes », *Rev. loyers* 1984. 117 – Bouyeure, « Le remplacement de l'ascenseur vétuste dans l'immeuble en copropriété », *AJPI* 1970. 1078.
5. Hypothèse de l'ascenseur hydraulique, du chauffage distribué en parapluie – Civ. 3e, 13 déc. 1983, n° 82-14.804, *Bull. civ.* III, n° 258; *Loyers et ferm.* 1984. 142; *Administrer* 1984. 146, note Guillot; *D.* 1985. 86, note Saluden – Civ. 3e, 4 janv. 1989, n° 87-14.871, *Bull. civ.* III, n° 4; *D.* 1989. 240, note Souleau – Civ. 3e, 25 janv. 1994, n° 92-12.204, *IRC* avr. 1994. 9, note Capoulade; *RDI* 1994. 304; *D.* 1994. 198.
6. EN CE SENS : Bouyeure, n° 264 – Ne constituent pas non plus une amélioration les travaux indispensables exécutés dans une conciergerie pour la rendre conforme aux exigences d'une hygiène normale – Paris, 12 juill. 1982, *Juris-Data* n° 025291, *D.* 1983. IR 462.
7. SUBSTITUTION d'une armoire de commande : Paris, 1re ch. 19 oct. 2001, *IRC* mars 2002. 14 – EN CE SENS AUSSI : Paris, 23e ch. B, 31 août 2000, RG n° 1999/19607, *IRC* mars 2000. 14.
8. Civ. 3e, 22 février 1995, n° 92-17.801, *RDI* 1995. 381; *Rev. loyers* 1995. 332, *D.* 1998. 276 : SUBSTITUTION d'un chauffage individuel à un chauffage collectif vétuste – Civ. 3e, 22 mai 1997, n° 95-13.824, *Bull. civ.* III, n° 111; *RDI* 1997. 488; *D.* 1997. 328; *Administrer* nov. 1997. 72, note Capoulade; *D.* 1997. Somm. 328, obs. Atias; *RDI* 1997. 488 : SUBSTITUTION d'un mode d'énergie à un autre.
9. Rép. min., QE n° 4239, 14 oct. 2002, M. Estrosi, *JOAN Q* 17 févr. 2003, p. 1225 – La loi n° 2003-590 du 2 juill. 2003, urbanisme et habitat (art. 93, 2°) permet la suppression des vide-ordures pour des impératifs d'hygiène à la majorité de l'art. 25 et le cas échéant 25-1.
10. Jugé que la pose d'une batterie de boîtes aux lettres, avec une boîte commune pour les paquets constitue une adjonction et non une amélioration modifiant les conditions de jouissance des parties privatives et nécessite l'unanimité : Paris, 1er juill. 2004, RG n° 03/20380, NP, *AJDI* 2004. 739.
11. Quignard, « L'installation d'un ascenseur dans les bâtiments existants », *IRC* sept. 1994. 13 s. – Morand, « La construction d'ascenseur », *Gaz. Pal.* 1972. I. Doctr. 246 – Civ. 3e, 25 nov. 1980, *Rev. loyers* 1981. 212 – Civ. 3e, 27 mai 1999, n°s 95-14.713 et 95-15.872, *IRC* sept. 1999. 12, note Capoulade; *Dossier csab* 76, sept. 1999, n° 114 – EN CAS de pluralité de cages d'escalier : Civ. 3e, 22 févr. 1995, n° 93-12.677, *Bull. civ.* III, n° 58; *AJPI* 1995. 965, note Gélinet; *D.* 1998. 264 – SUR la mise aux normes : rép. min., QE n° 4206, 7 oct. 2002, Bourg-Broc, *JOAN Q* 23 déc. 2002, p. 5166.

On peut citer de nombreux autres exemples : aménagement d'un monte-charges [1], d'un système de distribution collective d'eau chaude ou d'eau courante [2], d'une installation de chauffage collectif [3], d'un interphone [4], création d'aires de stationnement [5], installation d'une antenne collective de télévision [6], d'un téléphone dans une cabine d'ascenseur [7], d'un adoucisseur d'eau [8], d'une boîte aux lettres [9], d'une colonne de terre [10], d'un local à poubelles [11], de l'installation de la video-surveillance et de la détection incendie dans un parking souterrain [12].

1101 c) Aménagement des locaux affectés à l'usage commun. L'article 30 vise sur ce point l'hypothèse de locaux faisant déjà partie des choses communes, des locaux existants déjà, mais il s'agit seulement de les aménager (le plus souvent en changeant la destination). On cite l'exemple d'entrepôts, de resserres, de dégagements... transformés en local de chaufferie, en garage à bicyclettes ou pour voitures d'enfants, en conciergerie ou en bureau du syndicat des copropriétaires [13], ou celui de l'aménagement d'une cour ou d'un jardin à usage de parking [14]. Certains de ces aménagements doivent faire l'objet d'un permis de construire en application de l'article L. 421-1 du code de l'urbanisme : tels sont ceux qui changent la destination de la construction qui en fait l'objet, ceux qui modifient son aspect extérieur et son volume et ceux dont le résultat est de créer des niveaux supplémentaires [15]. Le point de savoir si une assurance dommage-ouvrage doit être souscrite par le syndicat est discuté [16].

1102 Création de locaux affectés à l'usage commun. Le but est le même que ci-dessus : mais sa réalisation est différente, car les locaux à affecter à l'usage commun n'existent pas encore. En pratique, il y aura, ou bien construction (par exemple d'une conciergerie, d'une chaufferie, d'une salle de réunion ou de jeux, de locaux sociaux-éducatifs) sur un terrain dépendant des parties communes, ou achat (autorisé par l'art. 26 a) d'un local privatif aux mêmes fins [17].

S'il y a construction de locaux, fussent-ils à usage commun, celle-ci doit faire l'objet d'un permis de construire [18] et il y a lieu, sous la responsabilité pénale du syndic, à souscription de l'assurance dommage-ouvrage [19].

§ 2
Délibération de l'assemblée générale

1103 Majorité. L'article 30 prévoit que la décision est votée par l'assemblée générale, *statuant à la double majorité de l'article 26* (v. s^s n° 920), c'est-à-dire à la majorité en nombre des copropriétaires et à la majorité des deux tiers des quotes-parts de parties communes. L'exigence de cette double majorité est considérée comme la garantie nécessaire des droits de la minorité.

Les travaux doivent être conformes à la destination de l'immeuble et ne pas porter atteinte aux conditions de jouissance d'un copropriétaire [20].

L'assemblée générale est celle de tous les copropriétaires, même s'ils ne sont pas directement concernés par le projet [21], sauf les cas où une assemblée spéciale est compétente (syndicat secondaire ou parties communes spéciales [22]).

1. Rennes, 23 mai 1967, *IRC* mai 1970. 197 – SUR LA mise aux normes d'un monte-voitures : Rép. min., QE n° 4133, 6 oct. 1997, Ehrmann, *JOAN Q* 15 déc. 1997. 4682.
2. Civ. 3e, 13 mai 1971, *D.* 1971. 552 – Paris, 18 mai 2000, *IRC* févr. 2001. 22.
3. Paris, 16 déc. 1969, *BO Cnab* mars 1970, n° 28.
4. Aix, 22 avr. 1969, *D.* 1970. Somm. 4; *AJPI* 1969. 720; *Gaz. Pal.* 1969. 2, 257, avant l'art. 25 n.
5. Limoges, 1er juill. 1966, *D.* 1967. 11, note Givord; *JCP* 1966. II. 14 888, note Seguin – Larnaud, « Création de parkings sous les immeubles en copropriété », *Administrer* août-sept. 1992.
6. KISCHINEWSKY-BROQUISSE, n° 599.
7. Civ. 3e, 21 mars 2000, n° 98-17.587, NP, *IRC* févr. 2001. 24.
8. TGI Versailles, 9 mars 1977, *Ann. loyers* 1977. 1433.
9. Civ. 3e, 10 mai 1984, *Administrer* janv. 1985. 159; *RDI* 1985. 288 – Rép. min., QE, *JCP N* 1995 prat. 1715.
10. Rép. min., QE n° 21099, 9 déc. 1999, de Cuttoli, *JO Sénat* 9 mars 2000, p. 891.
11. Civ. 3e, 12 févr. 2003, n° 01-12.986, NP, *AJDI* avr. 2003. 276.
12. Civ. 3e, 24 mai 2005, n° 04-13.556, NP, *Administrer* août-sept. 2005. 73, obs. Bouyeure (sécurité), avant l'art. 25 n issu de la loi du 5 mars 2007.
13. CABANAC, n° 571 – KISCHINEWSKY-BROQUISSE, n° 616 – Morand, *Gaz. Pal.* 1967. 2. Doctr. 2.
14. Limoges, 1er juill. 1966, préc.
15. BOUYEURE, n°s 317 s.
16. V. BOUYEURE, n°s 324 s. – Malinvaud et Jestaz, « La définition des travaux de bâtiment dans l'assurance construction », *RDI* 1985. 217.
17. KISCHINEWSKY-BROQUISSE, n° 653 – LAFOND, ROUX ET STEMMER, s^s art. L. 30, n° 4 – GUILLOT, art. 30 à 34, n° I-07.
18. BOUYEURE, n° 316.
19. BOUYEURE, n° 323.
20. EN CAS d'accord du copropriétaire concerné : Civ. 3e, 25 janv. 1995, n° 93-11.537, *Bull. civ.* III, n° 30; *RDI* 1995. 372; *D.* 1995. 271; *Administrer* oct. 1995. 43, obs. Bouyeure; *Defrénois* 1995. 805, obs. Atias.
21. Civ. 3e, 22 févr. 1995, n° 93-12.677, *Bull. civ.* III, n° 58; *D.* 1998. 264; *AJPI* 1995. 965, note Gélinet; *IRC* déc. 1995. 9, note Capoulade : installation d'ascenseur décidés par les seuls copropriétaires de la cage d'escalier intéressée, alors que toutes les cages sont parties communes générales.
22. EN CE SENS : BOUYEURE, n° 138 – KISCHINEWSKY-BROQUISSE, n° 655 – Sont appelés à voter même les copropriétaires pour lesquels l'amélioration ne procure aucun avantage.

La convocation obéit aux règles normalement applicables (v. s[s] n°s 841 s.). La question est inscrite à l'ordre du jour, et il y a lieu de procéder aux notifications complémentaires, notamment à celles prescrites par l'article 11 du décret de 1967[1] (3°, les conditions essentielles du ou des contrats proposés; 6°, le projet de répartition des avantages et des charges, s'il y a lieu; 7°, le projet de résolution pour l'application des articles 14-2, al. 2 et 30, al. 1er et 2), à celle de l'avis du conseil syndical lorsqu'il est obligatoire et d'observer les dispositions sur la mise en concurrence.

Cependant, l'alinéa 4 de l'article 30 (ajouté par L. 21 juill. 1994, art. 35 II) institue un régime majoritaire particulier aux travaux d'amélioration visés à l'alinéa 1er c de l'article 26. Si ces travaux n'ont pas été approuvés à la double majorité de l'alinéa 1, le projet n'est pas pour autant définitivement rejeté s'il a recueilli un vote favorable de la majorité des membres du syndicat représentant au moins les deux tiers des voix des copropriétaires *présents ou représentés*. Dans ce cas, le syndic doit convoquer une nouvelle assemblée et le projet sera adopté s'il recueille alors cette dernière majorité, c'est-à-dire à la majorité des membres du syndicat représentant les deux-tiers des voix des copropriétaires présents ou représentés à cette nouvelle assemblée générale.

L'article 19-1 du décret de 1967 (rédaction du décret du 15 févr. 1995) organise un mécanisme de convocation inspiré de celui prévu par l'article 19[2], la convocation doit rappeler le dispositif de l'article 26 *in fine* de la loi.

En réalité, c'est l'objet de la décision à prendre qui suscite quelques difficultés.

1104 Objet de la délibération. La décision de procéder à une amélioration peut représenter une décision plus ou moins complexe selon la nature et l'importance de l'amélioration. L'assemblée peut être amenée à répondre à plusieurs questions, principales et accessoires, certaines relevant de l'article 26 et d'autres de l'article 24[3]. Il existe une différence de difficultés entre le remplacement d'un carrelage par des dalles de marbre et l'installation d'un chauffage collectif, d'un ascenseur ou d'une ventilation mécanique contrôlée.

Dans les cas simples, la décision constituera, en principe, l'aboutissement du processus d'élaboration d'une décision d'assemblée. L'adoption du projet et ses modalités d'exécution et de financement seront votées au cours d'une même réunion.

Dans des cas plus complexes, il convient de procéder par étapes[4]. Le syndic, ayant généralement consulté le conseil syndical, saisira l'assemblée pour une décision de principe[5] ou de prise en considération du projet, avec autorisation de faire procéder à une étude technique préalable et vote de la dépense correspondante[6]. Après mise au point des différentes questions techniques, financières et juridiques que peut soulever la réalisation de l'amélioration, le syndic porte les questions à l'ordre du jour de l'assemblée, avec notification des documents et projets de résolution nécessaires (décret de 1965, art. 11)[7] : adoption du marché (éventuellement, après mise en concurrence), financement hors budget prévisionnel, et, s'il y a lieu, de l'avis du conseil syndical, du contrat de maîtrise d'œuvre, du contrat de coordination[8], de l'assurance de dommages ouvrage[9], de dommages aux existants et de responsabilité civile, de la répartition du coût de la dépense, des indemnités éventuelles et des dépenses de fonctionnement[10, 11], voire du règlement de copropriété.

Lorsqu'une assemblée antérieure a décidé le principe de travaux relevant des majorités de l'article 26, les devis relatifs à ces travaux, soumis à une assemblée ultérieure, doivent être adoptés à la même majorité et non à celle de l'article 24[12].

Il est d'une prudence élémentaire de voter la répartition des charges de fonctionnement et

1. POUR des informations insuffisantes sur les travaux : Civ. 3e, 21 sept. 2011, n° 10-30.510, NP.
2. Dispense de notification des documents annexés si l'ordre du jour ne porte que sur les questions déjà inscrites à l'ordre du jour de la précédente assemblée (v. s[s] n° 903).
3. KISCHINEWSKY-BROQUISSE, n° 656 – LAFOND, ROUX ET STEMMER, s[s] art. L. 30, n°s 10 s.
4. 16e recomm. de la commission relative à la copropriété.
5. La décision de principe ne constitue pas une véritable décision et ne comporte aucune suite exécutoire : Civ. 3e, 10 nov. 1992, n° 90-17.278, *RDI* 1993. 130 – TGI Paris, 11 mai 1973, *Gaz. Pal.* 1973. 2, 734.
6. Le syndic doit être autorisé à conclure un contrat d'études avec un technicien, dont les conditions essentielles ont été notifiées (Décr. 17 mars 1967, art. 11) et la dépense ne relève pas du budget prévisionnel, mais de l'article 14-2 de la loi.
7. Paris, 23e ch. B, 11 févr. 1999, RG n° 1997/06059, *IRC* févr. 2000. 15 : POUR le rapport de la synthèse de l'architecte.
8. Rép. min., QE, n° 7308, 8 déc. 1997, Herr, *JOAN Q* 9 mars 1998, p. 1361 – Rép. min., QE, n° 10511, 23 févr. 1998, Lenoir, *JOAN Q* 28 sept. 1998, p. 5310.
9. Valdès, « L'assurance obligatoire dommages-ouvrage avant réception des travaux dans un immeuble en copropriété », *Administrer* févr. 2000. 24.
10. À défaut de répartition de la charge des travaux par l'assemblée générale, il n'y a aucune action en paiement contre les copropriétaires, TI Nice, 7 juin 1967, *D.* 1968. Somm. 44; *Rev. loyers* 1968. 389 – Paris, 2 déc. 1986, *Juris-Data* n° 027700, *Gaz. Pal.* 1988, I, 125, note Morand.
11. Ce qui implique une modification de l'état de répartition des charges et du règlement de copropriété.
12. Civ. 3e, 9 avr. 2008, n° 07-11.120, *Administrer* juill. 2008. 58, obs. Bouyeure.

d'entretien en même temps que celle des frais d'installation[1], sous peine de créer des difficultés quasi insurmontables[2]. Que signifie le mot « alors » ?[3] Que décider si les copropriétaires, après avoir voté une installation nouvelle, ne se mettent pas d'accord sur la répartition des charges ? Si cette répartition, au moins dans son principe, n'a pas été prévue par le règlement de copropriété, on pourrait évidemment admettre que, à défaut de décision sur cette répartition, celle-ci sera la même que celle des autres charges et qu'elle se fera en fonction des quotes-parts de parties communes. Une telle solution peut être gravement contraire à l'équité et, pour les services et équipements (art. 10, al. 1er), pourrait être contestée sur le fondement du critère de l'utilité. Il est fréquent que, dans un immeuble sans ascenseur, les charges de copropriété soient plus lourdes pour les lots situés aux étages inférieurs que pour ceux des étages supérieurs. Cette différence, légitime tant qu'il n'y a pas d'ascenseur, cesse de l'être après l'installation de celui-ci. Il serait aussi paradoxal que contraire à l'équité que, à défaut d'accord sur la répartition des charges de fonctionnement et d'entretien, les copropriétaires des étages inférieurs paient pour les frais d'ascenseur une participation plus forte que celle des étages supérieurs.

Il ne peut être exécutés d'autres travaux que ceux décidés par l'assemblée générale et non ceux préconisés par un expert en cours d'instance, mais qui n'ont pas été votés[4].

1105 a) Répartition des dépenses et indemnités entraînées par l'amélioration. Aux termes de l'article 30, alinéa 2, l'assemblée générale, qui vote l'amélioration, « fixe *alors à la même majorité*, la répartition du coût des travaux et de la charge des indemnités prévues à l'article 36, en proportion des *avantages* qui résulteront des travaux envisagés pour chacun des copropriétaires, sauf à tenir compte de l'accord de certains d'entre eux pour supporter une part des dépenses plus élevée ». Ce texte pose donc un principe et une exception[5].

Le principe est que les charges résultant de l'amélioration ne sont pas réparties proportionnellement aux millièmes de copropriété, comme l'ensemble des charges, mais en fonction « des *avantages* » résultant de l'amélioration pour chacun des copropriétaires. Les auteurs se sont efforcés de préciser la notion d'« avantage », spécialement en la comparant à celle d'utilité[6]. Comme le notent justement MM. Lafond, Roux et Stemmer, on n'en relève aucune définition dans la jurisprudence[7], la pratique étant d'appliquer le critère de l'utilité[8] et même la répartition selon les tantièmes de copropriété si l'avantage est le même pour tous[9]. L'exemple de l'ascenseur, cité plus haut, est caractéristique[10].

L'exception présente un caractère purement volontaire : un ou certains copropriétaires peuvent accepter de supporter une part de charges plus élevée que celle résultant de l'application du principe. Cet accord peut être consenti en fonction de considérations très diverses : désir d'un copropriétaire de faciliter l'amélioration projetée (il est superflu de souligner notamment les réticences des copropriétaires des premier et deuxième étages dans l'hypothèse de l'installation d'un ascenseur), avantage particulier consenti en contrepartie (par exemple, renonciation du syndicat au bénéfice d'une clause d'habitation bourgeoise, dispense de participation pour une indivision...)[11].

Les indemnités dues à certains copropriétaires, en application de l'article 9 (al. 5) de la loi (v. s^s nos 1105 et 1115), en raison d'un préjudice consécutif à la réalisation des travaux, sont réparties en proportion de la participation de chacun au coût des travaux[12], et donc en fonction des « avantages ».

1. Civ. 3e, 26 juin 1991, no 89-16.470, *Administrer* avr. 1992. 51, obs. Guillot : les juges du fond ont pu décider que l'acceptation des devis par l'assemblée générale qui demande des études supplémentaires n'implique pas la décision de procéder aux travaux.
2. Lafond, Roux et Stemmer, s^s art. L. 30, nos 865 et 866 – On peut considérer que la décision sur les travaux d'amélioration sous réserve de la question de la répartition des charges n'a qu'une valeur conditionnelle et ne deviendra définitive qu'après le vote de la répartition des charges.
3. V. *RDI* 1994. 500.
4. Civ. 3e, 18 déc. 2001, no 00-12.761, NP, *IRC* mai 2002. 12, obs. Capoulade et la distinction des pouvoirs du juge selon qu'il est saisi en application des art. 9 et 26 ou des art. 25 et 30 de la loi de 1965.
5. Kischinewsky-Broquisse, no 659 – Guillot, art. 30 à 34, nos 4.01 s. – Bouyeure, nos 141 s. – Lafond, Roux et Stemmer, s^s art. L. 30, no 866.
6. Bouyeure, no 142 : la notion d'avantage serait subjective alors que celle d'utilité est objective – Sizaire, no 177, qui insiste sur la « rupture d'égalité » que vise l'avantage – Kischinewsky-Broquisse, no 569; l'avantage se traduit notamment par l'accroissement de valeur donné à chaque lot – Lombois, p. 425, l'utilité est une « mesure de jouissance » et l'avantage « un gain en capital ».
7. Lafond, Roux et Stemmer, s^s art. L. 30, *loc. cit.*
8. Lafond, Roux et Stemmer, *loc. cit.* pour la pose d'un compteur d'eau individuel au motif de surconsommation par un copropriétaire : Civ. 3e, 4 nov. 1999, no 98-12.182, *Dossier csab* no 81, janv. 2000, no 12.
9. Lafond, Roux et Stemmer, *loc. cit.* – comp. : Bouyeure, no 147.
10. V. les grilles de répartition retenues par Bouyeure, no 145 – sur la possibilité de saisir le tribunal à l'effet de fixer la répartition : Bouyeure, no 148; Quignard, *Ascenseur et copropriété*, Eyrolles.
11. Civ. 3e, 27 mai 1999, no 95-14.713, no 95-15.872, NP, *RDI* 1999. 464, obs. Capoulade.
12. Dépôt d'une très épaisse couche de poussière : Paris, 23e ch. A, 26 avr. 2000, RG no 1999/06303, *IRC* mars 2002. 16.

Il n'est pas tenu compte de préjudices éventuels [1], mais, lorsqu'ils se réaliseront, l'indemnité sera répartie comme la dépense des travaux. Enfin, les préjudices subis également par tous ne sont pas indemnisables [2].

1106 **b) Répartition des dépenses de fonctionnement d'entretien et de remplacement.** L'article 30, alinéa 3, précise encore que l'assemblée générale, fixe, toujours à la double majorité de l'article 26, « *la répartition des dépenses de fonctionnement, d'entretien et de remplacement des parties communes ou des éléments transformés ou créés* ». Bien que ce troisième alinéa ne fasse pas référence directe au précédent, la doctrine admet que cette répartition se fera dans des conditions identiques, ou en tout cas analogues, à celles concernant le coût des travaux et la charge des indemnités, c'est-à-dire en tenant compte des « avantages » procurés, ce qui est conforme à l'esprit et même à la lettre de la loi [3]. Cependant, dans certains cas, la charge des dépenses de fonctionnement *lato sensu* tient compte d'éléments particuliers. En matière d'ascenseur, les locaux à usage professionnel supportent fréquemment une charge beaucoup plus importante, de telle sorte que l'on peut raisonnablement se demander si la répartition des dépenses de fonctionnement, d'entretien et de remplacement ne doit pas obéir aux principes de l'article 10 de la loi [4]. Il conviendra, en tout cas, que les éléments considérés et la méthode de calcul permettant de fixer la répartition des charges soient indiqués au règlement de copropriété (L. 10 juill. 1965, art. 10, al. 4).

Enfin, à défaut de toute nuance dans le texte, il se dégage de l'article 30 que la répartition du coût des travaux, des indemnités, des dépenses d'entretien et de fonctionnement se fait à la même majorité que la décision des travaux d'amélioration. En conséquence, les dispositions de l'article 26, dernier alinéa sont aussi applicables à ces décisions.

§ 3 Contrôle judiciaire

1107 **Intervention judiciaire dans le statut de la copropriété** [5]. Le contrôle judiciaire n'est pas une nouveauté absolue, en ce sens que les tribunaux admettaient déjà, et continueront, selon toute vraisemblance, à admettre un certain contrôle des décisions d'assemblées générales, notamment sur le fondement de l'abus de droit (abus de majorité essentiellement) (v. s^{s} n° 940). Mais l'innovation réalisée par la loi de 1965 résulte du fait que l'intervention judiciaire est prévue par le législateur lui-même, et que cette intervention est beaucoup plus efficace, en ce sens que le juge possède en la matière un certain pouvoir d'opportunité et presque d'administration. L'intervention judiciaire est en effet largement prévue par les articles 30 et 34, soit pour faire échec aux décisions de l'assemblée générale concernant l'amélioration, soit pour en modifier le contenu, soit au contraire pour permettre à certains copropriétaires de passer outre au refus opposé par l'assemblée générale (v. s^{s} n°s 1133 s.).

En définitive, le copropriétaire opposant à une décision adoptant la réalisation de travaux d'amélioration dispose d'un triple recours : soit contester sa régularité formelle ou sa légalité, en exerçant l'action prévue par l'article 42 (al. 2) de la loi, (v. s^{s} n°s 941 s.), soit en faisant juger les travaux somptuaires dans les conditions des articles 34 et 42 (al. 2) (v. s^{s} n° 1107 *bis*), soit, enfin, en demandant le bénéfice d'une participation différée en vertu de l'article 33 (v. s^{s} n° 1114). Il peut aussi critiquer la répartition des charges (v. s^{s} n°s 492 s.).

1108 **1° Recours contre la décision d'amélioration.** Aux termes de l'article 34 « *la décision prévue à l'article 30 n'est pas opposable au copropriétaire opposant qui a, dans le délai prévu à l'article 42, alinéa 2, saisi le tribunal de grande instance, en vue de faire reconnaître que l'amélioration décidée présente un caractère somptuaire, eu égard à l'état, aux caractéristiques et à la destination de l'immeuble* ». On déterminera les conditions d'exercice, le fondement et les effets de ce recours qu'il ne faut pas confondre avec celui ouvert par l'article 42, alinéa 2, de la loi de 1965 (v. s^{s} n°s 941 s.).

a) *Conditions d'exercice.* Le copropriétaire *opposant* doit saisir le tribunal de grande instance dans le délai de deux mois à partir de la notification de la décision, prévue d'une façon générale par l'article 42, alinéa 2 de la loi et auquel renvoie expressément l'article 34, pour contester une décision quelconque de l'assemblée générale. L'action doit être dirigée contre le syndicat et non pas contre l'ensemble des copropriétaires. Elle n'est pas ouverte au copropriétaire défaillant qui ne dispose que du recours de

1. Civ. 3e, 27 avr. 1994, n° 91-22.150, NP, *RDI* 1994. 500, obs. Capoulade, Giverdon.
2. Paris, 23e ch. B, 11 févr. 1999, RG n° 1997/06059, *IRC* févr. 2000. 15.
3. Civ. 3e, 30 mai 1972, 71-10.724, *Bull. civ.* III, n° 350; *Rev. loyers* 1972. 480, note Viatte; *JCP* 1972. II. 17714, note Guillot – LAFOND, ROUX ET STEMMER, s^{s} art. L. 30, n°s 12 et 13 – COMP. : rép. min., QE n° 22651, 25 févr. 1972, *Juris-Data* n° 000349, *Rev. loyers* 1972. 488.
4. Civ. 3e, 4 avr. 2002, n° 00-16.901, NP, *IRC* mars 2003. 18.
5. Grimaud, « Les actions en justice de la loi du 10 juillet 1965 », *Gaz. Pal.* 1967. 2, *D.* 100 – Cabanac, n°s 574 s. – KISCHINEWSKY-BROQUISSE, n°s 664 s. – Tomasin, « Le juge et la copropriété », *Mélanges Perrot* (v. s^{s} n° 1095, note).

l'article 42, al. 2 [1], ni à celui qui s'est abstenu ou qui n'a pas pris part au vote.

b) *Fondement.* Les motifs de l'opposition, qui fixent en même temps la compétence du tribunal, sont limités : le copropriétaire ne peut faire opposition à la décision critiquée qu'en établissant que l'amélioration présente un « *caractère somptuaire, eu égard à l'état, aux caractéristiques et à la destination de l'immeuble* ». Ce texte est très exactement le corollaire de l'article 30, qui n'autorise l'assemblée générale à voter que des améliorations conformes à la « destination » de l'immeuble. Il n'est pas douteux que ce texte confère au juge du fond un pouvoir souverain d'appréciation, sauf dénaturation des actes ou défaut ou contradiction de motifs. Il importe de souligner que le contrôle du juge porte sur la destination de l'immeuble, et sur le caractère justifié ou non de l'amélioration en fonction de l'immeuble, mais non pas du copropriétaire. Les articles 30 et 34 établissent, en effet, que la loi tient compte de l'intérêt de l'immeuble, beaucoup plus que de celui du copropriétaire; un copropriétaire ne pourra pas s'opposer à l'amélioration votée au motif que cette amélioration entraîne pour lui une dépense trop élevée, si elle est justifiée compte tenu de l'immeuble. Le contrôle judiciaire comporte donc un *caractère objectif*, en fonction de l'intérêt de l'immeuble, et non pas subjectif, en fonction de l'intérêt des copropriétaires [2].

c) *Effets de l'opposition.* Il faut distinguer son effet immédiat, et celui qui résulte de la décision judiciaire.

En ce qui concerne l'effet immédiat, le texte de l'article 34 est formel : du seul fait de l'opposition formé en application de l'article 34, dans le délai prévu, la décision d'amélioration n'est pas opposable [3] au copropriétaire opposant. Sur ce point, l'article 34 déroge à la règle traditionnelle que « tant qu'une décision du syndicat n'a pas été annulée, elle conserve sa valeur [4], et s'impose à tous les copropriétaires ». La saisine judiciaire suspend donc automatiquement la décision de l'assemblée générale, du moins à l'égard du copropriétaire opposant qui invoque le caractère somptuaire des travaux.

Pour le reste, et bien que l'article 34 ait omis de le préciser, il paraît certain que l'effet de l'opposition dépend de la décision à intervenir. Si le jugement (ou éventuellement l'arrêt) rejette l'opposition formée par le copropriétaire, la décision d'amélioration s'impose à lui, et il est tenu des obligations qu'elle entraîne à sa charge.

Si au contraire la décision à intervenir déclare fondée l'opposition du copropriétaire, les effets de l'opposition sont confirmés et la décision du syndicat est définitivement inopposable au copropriétaire, qui n'a pas à supporter les charges qui en découleraient normalement pour lui. Elle perd sa force obligatoire à son égard. Il en résulte que, non seulement il n'est tenu à aucune participation financière, tout en profitant de l'amélioration, mais qu'il n'est pas obligé de laisser exécuter les travaux votés à l'intérieur de ses parties privatives [5].

On observera que l'effet de l'opposition est limité au copropriétaire qui a exercé le recours de l'article 34. Cette opposition ne constitue pas une demande de nullité, mais seulement d'inopposabilité (ou d'inapplicabilité à son égard), si bien que, malgré la décision favorable rendue à la suite de l'opposition d'un copropriétaire, la décision de l'assemblée générale subsiste à l'égard des autres [6]. La solution est certaine en l'état du texte de l'article 34. Elle est cependant choquante sur le plan du fait, comme du droit lui-même : si, en effet, le recours du copropriétaire est fondé, la décision de justice établit, au moins indirectement, que l'amélioration décidée n'est pas conforme « à la destination de l'immeuble », et qu'elle ne rentrait donc pas dans les prévisions de l'article 30. Cette décision judiciaire a pour effet d'augmenter la charge des autres copropriétaires. On peut se demander s'il n'aurait pas été préférable, au moins sur le plan de l'équité, de prévoir, dans l'article 34, une véritable action en nullité [7]. Les recours fondés sur l'article 34 sont en fait demeurés exceptionnels et les décisions rendues à notre connaissance ont presque constamment écarté l'exception tirée du caractère prétendument somptuaire de l'installation [8].

1109 2° Recours contre la décision de répartition des charges. L'article 42, alinéa 3, de la loi,

1. BOUYEURE, n° 154 – KISCHINEWSKY-BROQUISSE, n° 664 – LAFOND, ROUX ET STEMMER, s^{s} art. L. 34, n° 1.
2. KISCHINEWSKY-BROQUISSE, n° 665 – LAFOND, ROUX ET STEMMER, s^{s} art. L. 34, *loc. cit.* et n° 2 – TGI Paris, 24 mai 1984, *Gaz. Pal.* 30 août 1984, note Bouyeure, sur le caractère non somptuaire de travaux de ravalement exécutés avec « l'agrément des monuments historiques et exécutés en fonction des exigences de ces administrations » – Civ. 25 nov. 1980, *Rev. loyers* 1981. 212.
3. Le mot « opposable » est remarquable en l'absence de toute publication.
4. CABANAC, n° 574 – GUILLOT, art. 30 à 34, n° 7-10 – KISCHINEWSKY-BROQUISSE, n° 666.
5. KISCHINEWSKY-BROQUISSE, n° 664.
6. BOUYEURE, n° 155.
7. EN CE SENS : SIZAIRE, n° 186.
8. PAR EXEMPLE : Paris, 17 nov. 1976, *Juris-Data* n° 235112, *Gaz. Pal.* 1977. 233; *Rev. loyers* 1977. 423 – TGI Paris, 10 avr. 1976, *D.* 1976. IR 303 – TGI Paris, 9 janv. 1980, *Administrer* mai 1980, n° 102 – À PLUS forte raison, le remplacement d'un ascenseur vétuste et dangereux relève de l'entretien de l'immeuble : Civ. 25 nov. 1980, *Rev. loyers* 1981. 212 (v. s^{s} n° 897).

prévoit la faculté pour un copropriétaire, notamment dans l'hypothèse des travaux d'amélioration votés en application de l'article 30, de contester la répartition des charges (soit en ce qui concerne le coût de l'amélioration elle-même, soit en ce qui concerne les frais de fonctionnement et d'entretien), décidée par l'assemblée générale : l'action doit être engagée devant le tribunal de grande instance dans le délai de deux mois à partir de la notification de la décision de l'assemblée générale. Dans ce cas, le copropriétaire critique non plus le principe de l'amélioration, mais la répartition des dépenses et/ou des charges votées accessoirement par l'assemblée générale. L'article 42 (al. 3) reconnaît sur ce point au tribunal un pouvoir qui en fait un véritable « organe de la copropriété ». Alors que normalement le tribunal est appelé à prononcer la nullité d'une décision d'assemblée générale, sans pouvoir lui substituer sa propre décision, dans le cas prévu par l'article 42 (al. 2), le tribunal qui annule la répartition décidée par l'assemblée générale procède lui-même « *à la nouvelle répartition* ». Les travaux doivent, par leur nature même, entraîner une modification de la répartition des charges, sinon le juge ne peut statuer sur la nouvelle répartition[1]. Il est certain que, lorsque les tribunaux seront saisis d'actions de cette nature, ils ordonneront une expertise à l'effet de rechercher si la répartition des charges a été correctement fixée « *en proportion des avantages qui résulteront des travaux envisagés pour chacun des copropriétaires* », suivant les prévisions de l'article 30[2].

Il est facile d'envisager les hypothèses dans lesquelles on pourra exercer le recours de l'article 42 (al. 3) qui suppose de la part du tribunal une appréciation plus subjective que dans le cas précédent. Le copropriétaire du rez-de-chaussée ne tire « *aucun avantage* » d'un ascenseur ou d'un monte-charge et ne doit donc pas supporter la charge de cette amélioration; dans un syndicat groupant plusieurs bâtiments, les améliorations apportées dans un seul ne doivent pas être supportées par les copropriétaires des autres bâtiments...

1110 Contestation abusive ou dilatoire. L'intérêt que le législateur attache aux travaux d'amélioration des immeubles en copropriété se traduit par l'adjonction d'un quatrième alinéa à l'article 42 de la loi de 1965, par la loi du 21 juillet 1994 (art. 35, IV).

Aux termes de cet article, le copropriétaire « qui agit en justice de manière dilatoire ou abusive... lorsque cette action a pour objet de contester une décision d'assemblée générale concernant les travaux mentionnés au c de l'article 26 est passible d'une amende civile de 150 à 3 000 euros ».

Ce taux majoré de l'amende civile prévue à l'article 32-1 du code de procédure civile ne porte que sur la contestation de la décision concernant les travaux d'amélioration visés à l'article 26 c de la loi de 1965. Elle ne s'applique pas aux autres décisions relatives à ces travaux, notamment à celles contestant la répartition du coût, des indemnités et des charges, ou encore aux contrats de maîtrise d'œuvre, de coordination ou d'assurances. Pour ces dernières actions, c'est le taux ordinaire qui est de nature à s'appliquer.

Néanmoins, l'application de l'article 42 (al. 2) suppose l'exercice *d'une action abusive ou dilatoire*, ce qui implique l'existence d'une faute. Il appartient aux juges du fond de caractériser cet exercice fautif, à peine de cassation.

§ 4
Effets de la décision d'amélioration

1111 Caractère obligatoire de la décision. La décision d'amélioration, régulièrement votée par l'assemblée générale, présente un caractère obligatoire pour tous les copropriétaires (sous la seule réserve des articles 34 et 42, alinéa 3, ci-dessus examinés, ainsi que de l'article 42, alinéa 2 commenté ci-après), même absents à l'assemblée générale, et même opposants, abstentionnistes ou ne prenant pas part au vote[3]. Ce caractère obligatoire, implicitement inscrit dans l'article 32 de la loi de 1965, est la conséquence nécessaire de la substitution en la matière du principe majoritaire à la règle de l'unanimité. Cet effet obligatoire se traduit sur un double plan. Tout copropriétaire doit participer, dans le présent comme dans l'avenir, aux charges financières résultant de l'amélioration votée. Il doit en outre subir la gêne résultant de l'exécution des travaux, même à l'intérieur de ses parties privatives[4].

1112 Suspension de l'exécution de la décision[5]. Si une décision d'assemblée générale est exécutoire

1. Civ. 3e, 12 févr. 2003, n° 01-12.456, NP, *Dossier csab* n° 116, mai 2003, n° 84 : APPRÉCIATION souveraine du juge sur la nécessité de modifier la répartition, à propos de l'installation d'un compteur de calories.
2. KISCHINEWSKY-BROQUISSE, n° 668 – SUR une application de ce texte : Paris, 17 nov. 1976, *Juris-Data* n° 235112, *Gaz. Pal.* 1977, I, 233; *Rev. loyers* 1977. 423.
3. KISCHINEWSKY-BROQUISSE, n° 669.
4. Civ. 3e, 17 mars 1971, n° 70-10.245, *Bull. civ.* III, n° 193; *D.* 1971. 552.
5. Atias, « La suspension d'exécution de délibérations contestées d'une assemblée de copropriétaires », *D.* 1992, Chron. 321 – Lafond, « L'exécution des délibérations de l'assemblée de copropriété ayant décidé des travaux », *Loyers et copr.* mars 1997, 4 – Capoulade, note ss Civ. 3e, 28 janv. 2003, n° 01-16.489, NP, *IRC* mai 2003. 12.

dès qu'elle a été prise, la loi du 31 décembre 1985 a introduit une exception dans l'article 42 (al. 2, seconde phrase). Cette disposition est ainsi rédigée : « *Sauf en cas d'urgence, l'exécution par le syndic des travaux décidés par l'assemblée générale en application des articles 25 et 26 est suspendue jusqu'à l'expiration du délai mentionné à la première phrase du présent alinéa* », c'est-à-dire le délai de deux mois à compter de la notification de la décision faite à la diligence du syndic aux copropriétaires opposants ou défaillants, lesquels ont seuls qualité pour exercer l'action en contestation de la décision.

Ce texte dérogatoire au principe de l'effet immédiat doit donc être strictement interprété. Il a pour but d'éviter que les contestataires soient placés devant le fait accompli par une exécution précipitée, d'autant que l'annulation de réaliser des travaux communs n'implique pas la démolition de ces travaux, si elle n'est pas expressément demandée et ordonnée.

La suspension s'applique seulement pendant le cours du délai et l'exécution devient possible dès l'expiration de ce délai, qu'un recours ai été ou non exercé. Toutefois, le juge des référés pourrait alors être saisi aux fins de suspendre l'exécution en raison soit de l'urgence, soit du trouble imminent, soit de la nécessité d'une mesure conservatoire.

Cependant, le texte prévoit expressément une exception au profit des *travaux urgents*, quand bien même ils n'auraient pas été décidés selon la procédure de l'article 37 du décret de 1967.

Selon les énonciations du texte lui-même, la suspension légale d'exécution concerne les « *travaux décidés... en application des articles 25 et 26* ». Il s'en déduit que, sauf urgence, la suspension ne s'applique qu'aux *travaux communs* mentionnés dans ces articles même si, en définitive, ils sont décidés à la majorité de l'article 24, par suite de l'application de l'article 25-1.

Échappent donc à cette suspension, les travaux communs décidés aux majorités des articles 25 et 26, mais non visés par eux. Il en est notamment ainsi des travaux des articles 26-1, 26-2[1], devenus 25 n, et 26-3, des travaux autorisés mais non décidés de l'article 25 b, les travaux dont l'assemblée arrête seulement les modalités d'exécution en vertu de l'article 25e et, bien entendu, des travaux d'entretien, de conservation et de réfection qui relèvent de l'article 24[2].

1113 1° Participation obligatoire aux charges et indemnités. Aux termes de l'article 32, « sous réserve des dispositions de l'article 34, la décision prise oblige les copropriétaires à participer dans la proportion fixée par l'assemblée au paiement des travaux, à la charge des indemnités prévue à l'article 36 ainsi qu'aux dépenses de fonctionnement, d'administration, d'entretien et de remplacement des parties communes ou des éléments transformés ou créés ». La participation financière est donc triple : paiement immédiat des frais de l'amélioration, paiement éventuel des indemnités, paiement futur des frais de fonctionnement largement entendus.

1114 Participation différée[3]. En principe, la charge résultant du coût des travaux d'amélioration pèse immédiatement sur chaque copropriétaire, qui doit payer sa quote-part, sur la demande du syndic, dans les conditions fixées par l'assemblée générale, en application de l'article 14-2. Cependant, l'article 33, alinéa 1er, de la loi de 1965 précise que « *la part du coût des travaux, des charges financières afférentes et des indemnités incombant aux copropriétaires qui n'ont pas donné leur accord à la décision prise, peut n'être payée que par annuités égales au dixième de cette part* ».

Le but de cette disposition est d'éviter d'imposer aux copropriétaires, qui n'ont pas voté l'amélioration, même légitime, une charge immédiate trop lourde, alors qu'ils ont manifesté leur volonté de la refuser. La participation différée atténue la charge qui leur est imposée, en leur permettant d'échelonner le paiement sur dix ans. C'est une mesure de protection des copropriétaires aux ressources modestes, tout en facilitant la décision et l'exécution des travaux améliorants.

Cette faculté constitue pour les copropriétaires en désaccord un droit qui ne peut leur être refusé et l'article 42 (al. 3) de la loi n'est pas applicable puisque cette demande ne remet pas en cause la décision concernant les travaux, ni la répartition de leur coût[4].

a) *Les bénéficiaires* : la faculté de paiement différé est reconnue à tous les copropriétaires « *qui n'ont pas donné leur accord* », c'est-à-dire aux opposants,

1. Paris, 19e, ch. A, 26 sept. 1995, *Juris-Data* n° 022729, *Administrer* juin 1996. 46, obs. Le Masson; *D.* 1997. Somm. 13, obs. Atias – Lafond, Roux et Stemmer, ss art. L. 42, nos 58 s.

2. Ravalement impliquant, en exécution du règlement de copropriété, une intervention sur les parties privatives extérieures (fenêtres, volets, ferronnerie...) : Paris, 5 nov. 2004, RG n° 2004/7251, *AJDI* 2005. 486, obs. Capoulade.

3. Bouyeure, nos 149 s. – Kischinewsky-Broquisse, n° 672 – Lafond, Roux et Stemmer, ss art. L. 33 – Lombois, n° 116, qui voit dans ce texte une « prime aux récalcitrants » – Michalopoulos, « Le bénéfice de la participation différée en matière de copropriété », *IRC* mars 1995. 13 – Le Masson, « Observations sur le droit de demander la participation différée », *Administrer* mars 1996. 61.

4. Paris, 15 févr. 1992, *D.* 1992. IR 147; *Loyers et copr.* 1992. 229.

mais aussi aux absents[1], aux abstentionnistes et à ceux qui n'ont pas pris part au vote[2];

Dans le silence du texte, la doctrine admet que le copropriétaire, qui n'a pas donné son accord aux travaux d'amélioration, n'a pas à faire connaître son opinion lors de l'assemblée, mais il convient qu'il le fasse sans tarder, dans un délai raisonnable[3], afin que le syndic puisse organiser le financement des travaux en temps utile[4]. Pour éviter toute prise de position tardive ou dilatoire, il a été ajouté une nouvelle phrase au 1er alinéa de l'article 33 de la loi de 1965. Désormais, les copropriétaires qui entendent bénéficier de cette possibilité, doivent, à peine de forclusion, notifier leur décision au syndic dans le délai de deux mois suivant la notification du procès-verbal de l'assemblée générale. L'hypothèque légale de l'article 19 de la loi peut être inscrite dès que le copropriétaire invoque les dispositions de l'article 33.

b) *Champ d'application* : le bénéfice de la participation différée ne joue que dans l'hypothèse de travaux d'amélioration librement décidés par l'assemblée générale. Elle ne peut pas être demandée lorsque l'assemblée décide seulement des modalités d'exécution de travaux « *imposés par le respect d'obligations légales ou réglementaires* » (art. 33, al. 3)[5] ou, à plus forte raison, par la nécessité de l'entretien de l'immeuble[6].

c) *Exigibilité immédiate* : aux termes de l'article 33, alinéa 2, les sommes dues par le bénéficiaire de la participation différée « deviennent immédiatement exigibles lors de la première mutation entre vifs du lot de l'intéressé, même si cette mutation est réalisée par voie d'apport en société ».

Tout transfert de propriété entre vifs (par vente, échange, donation, apport en société...) entraîne donc l'exigibilité de la part. Il en est de même de toute renonciation tacite à la participation différée[7].

Cette disposition ne joue pas en cas de mutation à cause de mort (même en cas de legs particulier), ce qui peut poser des difficultés, le légataire particulier n'étant pas tenu des dettes de son auteur[8].

d) *Charges financières* : l'article 33, alinéa 1er, distingue deux situations en ce qui concerne les charges financières de la participation différée.

Si le syndicat a contracté un emprunt pour la réalisation de l'amélioration, les charges financières sont incluses dans le coût total des travaux, en fonction duquel est calculé le paiement différé sur dix ans.

Si, au contraire, le syndicat n'a pas contracté d'emprunt, « les charges financières dues par les copropriétaires payant par annuités sont égales au taux légal d'intérêt en matière civile » (art. 33, al. 1er, *in fine*).

Le mandat donné au syndic de contracter un emprunt doit être suffisamment précis pour déterminer s'il engage le syndicat ou chacun des copropriétaires[9]. Dans ce dernier cas, il s'agit en tant que mandataire des copropriétaires emprunteurs[10]. L'assemblée n'a pas pouvoir d'autoriser le syndic à conclure au nom de certains copropriétaires. Le syndic engage sa responsabilité personnelle s'il reçoit les fonds en son nom propre ou s'il conclut un emprunt au nom du syndicat sans y avoir été autorisé par l'assemblée[11].

1115 Indemnités. Parmi les charges pécuniaires résultant des travaux d'amélioration figurent éventuellement les indemnités qui étaient prévues par l'article 36 de la loi du 10 juillet 1965. Cet article a

1. Le copropriétaire absent ne peut être assimilé à celui qui a donné son accord; Le copropriétaire défaillant doit contester la décision prévoyant le financement des travaux à l'aide de six appels de fonds échelonnés, Civ. 3e, 26 mai 1993, no 91-13.955, *Bull. civ.* III, no 72; *D.* 1993. IR 150; *RDI* 1993. 424, obs. Capoulade, Giverdon; *JCP N* 1994. II. 1, note Djigo; *Administrer* mars 1994. 45, obs. Guillot; *AJDI* 1995. 35, obs. Ritschy; *IRC* sept. 1993. 265, note Capoulade.
2. Cabanac, no 5827 – Kischinewsky-Broquisse, no 672 – Bouyeure, no 150.
3. Paris, 24 oct. 1997, RG no 96/12966, *Juris-Data* no 023035, *Loyers et copr.* 1998. 28; *IRC* févr. 1999. 19, avant l'exigibilité de la 1re échéance. Le copropriétaire serait considéré comme ayant renoncé au bénéfice de la participation différée s'il avait répondu aux premiers appels de fonds, Civ. 3e, 26 mai 1993, no 91-13.955, *Bull. civ.* III, no 72; *AJDI* 1995. 35; *RDI* 1993. 424. La modification de l'art. 33 de la loi no 2012-387 du 22 mars 2012 (*JO* 23 mars, p. 5226) fixe une règle générale, en évitant des solutions d'espèce.
4. La société d'attribution, propriétaire de lots (ni aucun de ses associés) ne serait en droit d'invoquer le bénéfice de l'article 33, Kischinewsky-Broquisse, no 672.
5. Paris, 23e ch. B, 10 avr. 2000, RG 98-20-707, NP, Rahe c/Syndicat 68-70 rue Marcadet à Paris.
6. Paris, 10 janv. 1997, RG no 95/021770, *Juris-Data* no 020006, *Loyers et copr.* 1997. 126.
7. Paris, 23 sept. 1996, RG no 94/22445, *Juris-Data* no 022268, *JCP N* 1997. II. 910, note Djigo; *Loyers et copr.* 1996, no 497.
8. Sur l'ensemble de la question : Kischinewsky-Broquisse, no 674.
9. Civ. 3e, 12 mai 1993, no 91-18.413, NP, *RDI* 1993. 425, obs. Capoulade, Giverdon – Civ. 3e, 30 juin 1993, no 91-14.986, NP, *RDI* 1993. 545, obs. Capoulade, Giverdon.
10. Rappr. : avec l'article 29-2 nouveau du décret de 1967, modifié par celui du 27 mai 2004 en cas de subventions publiques pour la réalisation de travaux sur parties communes.
11. Civ. 3e, 2 févr. 1994, no 92-12.343, NP, *RDI* 1994. 302, obs. Capoulade, Giverdon; *D.* 1994. Somm. 206, obs. Capoulade – Civ. 3e, 6 juill. 1994, no 92-16.243, NP, *RDI* 1994. 699, obs. Capoulade, Giverdon – Civ. 3e, 7 déc. 1994, no 93-11.636, NP, *Loyers et copr.* 1995. 136 – Civ. 3e, 8 mars 1995, no 93-14.749, NP, *Loyers et copr.* 1995. 298 – Paris, 10 déc. 1993, *Loyers et copr.* 1994. 168.

été modifié par la loi du 31 décembre 1985 et son domaine d'application est désormais limité aux préjudices causés aux copropriétaires par l'exécution des travaux de surélévation (v. s[s] n° 1146).

Les indemnités auxquelles peut donner lieu l'exécution de travaux, qui ne sont d'ailleurs pas seulement les travaux d'amélioration au sens de l'article 30, font désormais l'objet des dispositions des alinéas 4 et 5 ajoutés à l'article 9 de la loi de 1965 par la loi précitée du 31 décembre 1985 (pour leur commentaire v. s[s] n°s 217, 1105).

1116 Participation obligatoire aux frais de fonctionnement. Au-delà de l'obligation immédiate de participer au coût des travaux et à la charge des indemnités, chaque copropriétaire doit en outre participer pour l'avenir aux *dépenses de fonctionnement, d'administration, d'entretien et de remplacement*... (art. 32 *in fine*). La répartition de ces dépenses - qui peut être différente de celle du coût des travaux et indemnités - a été précédemment examinée (v. s[s] n° 1113). On notera seulement que cette répartition des charges présente un caractère définitif, comme la répartition des charges générales elles-mêmes, lorsqu'elle a été fixée par une décision non contestée de l'assemblée générale ou par une décision judiciaire définitive. Elle ne peut être modifiée que dans les hypothèses exceptionnelles où la loi de 1965 autorise cette modification. Le syndicat ne peut réserver l'utilisation de l'équipement réalisé à frais communs à certains copropriétaires[1].

1117 Obligation de laisser exécuter les travaux. L'exécution des travaux décidés par l'assemblée générale peut rendre nécessaire de procéder à certains travaux à l'intérieur des parties privatives : d'où l'obligation incombant à chaque copropriétaire, prévue à l'origine par l'article 31 de la loi du 10 juillet 1965 (abrogé) et aujourd'hui par l'article 9, alinéa 1, de ladite loi, modifiée par celle du 31 décembre 1985, dans les termes suivants : « *Toutefois, si les circonstances l'exigent, et à condition que l'affectation, la consistance, et la jouissance des parties privatives comprises dans son lot n'en soient pas altérées de manière durable, aucun des copropriétaires ou de leurs ayants droit ne peut faire obstacle à l'exécution, même à l'intérieur de ses parties privatives, des travaux régulièrement décidés par l'assemblée générale en vertu des : e, g, h, i et n de l'article 25*, du *d* de l'article 26 et de l'article 30 ». Le nouvel article 25 g de la loi du 10 juillet 1965[2] a retenu la même solution pour des travaux d'intérêt collectif sur parties privatives pour réaliser des travaux d'économie d'énergie. (v. ÉGAL[T] s[s] n°s 165 s.).

a) *Portée de l'obligation.* Ce texte impose à chaque copropriétaire de subir les travaux régulièrement décidés, non seulement en ce qui concerne les parties communes, mais également « *à l'intérieur de ses parties privatives* » ou « sur les parties privatives » (art. 25 g). Le copropriétaire pourra notamment être obligé de laisser l'entrepreneur, chargé de l'exécution des travaux, pénétrer dans les parties privatives de son lot[3]. En cas d'opposition du copropriétaire, il n'est pas douteux que le syndic pourra saisir le juge des référés aux fins d'obtenir l'autorisation de justice nécessaire pour faire pénétrer de force dans les locaux privatifs[4].

b) *Débiteurs de l'obligation.* L'obligation visée à l'article 9, alinéa 2, pèse sur les copropriétaires ou leurs ayants droit. Il ne paraît pas sérieusement discutable que parmi les ayants droit, le législateur vise spécialement le locataire[5]. Toute interprétation contraire rendrait pratiquement impossible l'exécution des travaux d'amélioration, dans l'hypothèse d'une location des lots.

c) Délai. L'article 9, alinéa 3, dispose que : « Les travaux entraînant un accès aux parties privatives doivent être notifiés au propriétaire au moins 8 jours avant le début de leur réalisation, sauf impératifs de sécurité, ou de conservation des biens ».

SECTION 2

AMÉLIORATIONS RÉALISÉES AUX FRAIS DE CERTAINS COPROPRIÉTAIRES

1118 Délimitations des développements. Il ne s'agit pas de présenter ici une étude exhaustive des différents travaux qui peuvent être effectués par les copropriétaires[6]. C'est ainsi qu'il ne saurait être question de revenir sur les travaux que les copropriétaires peuvent être amenés à exécuter sur les parties privatives de leurs lots.

1. Civ. 3e, 27 mai 1989, *RDI* 1989. 464; *Loyers et copr.* 1989. 281.
2. L. n° 2010-788, 12 juill. 2010, art. 7, dite Grenelle II.
3. Petit, « L'accès aux parties privatives à l'occasion de travaux affectant les parties communes », *Administrer* 1986, n° 167.
4. BOUYEURE, n°s 231 s. – SUR l'impossibilité pour un copropriétaire de s'opposer à l'exécution des travaux (en l'espèce pose de canalisations) même à l'intérieur de ses parties privatives – Mais le coffrage privatif des canalisations communes relève des parties privatives. Les frais de dépose et de repose, en cas de travaux sur canalisations communes, incombent aux copropriétaires. Civ. 3e, 7 juin 2009, n° 08-16.144, NP – Civ. 17 mars 1971, n° 70-10.245, *Bull. civ.* III, n° 193; *D.* 1971. 552; *JCP* 1971. IV. 113 – V. KISCHINEWSKY-BROQUISSE, n° 670 – LOMBOIS, n° 105 – Paris, 14e ch. A, 13 févr. 2002, *Dossier csab* n° 102, nov. 2002, n° 167.
5. CABANAC, *AJPI* 1965. I. 966 – KISCHINEWSKY-BROQUISSE, n° 671.
6. POUR cette étude : BOUYEURE, n° 331.

Seuls sont donc concernés par les développements qui vont suivre les travaux réalisés par un ou des copropriétaires à leurs frais, affectant les parties communes ou l'aspect extérieur de l'immeuble déjà évoqués dans la seconde partie de ce traité (v. s^s n° 224). La loi du 10 juillet 1965 adoptant ici encore une position plus libérale que celle à laquelle s'était arrêtée la loi du 28 juin 1938, soumet ces travaux au régime suivant :

- leur exécution est subordonnée à l'autorisation de l'assemblée générale statuant à la majorité de l'article 25, avec application, le cas échéant, de l'article 25-1; sur ce point, la loi de 1965 (art. 25 b) reprend, en les assouplissant, les dispositions de la loi de 1938 dont l'article 9 prévoyait qu'à la majorité des voix, le syndicat pourra autoriser aux frais des copropriétaires qui en feront la demande, tous travaux et toutes installations dont il ne pourrait résulter qu'un accroissement de valeur pour l'ensemble ou quelques parties de l'immeuble et ce, dans les conditions et aux charges d'indemnités ou autres qu'il déterminera dans l'intérêt des copropriétaires [1];

- à défaut d'obtenir cette autorisation, le ou les copropriétaires intéressés peuvent la demander au tribunal qui en fixe les conditions (L. 10 juillet 1965, art. 30, al. 4); cette intervention de l'autorité judiciaire, bien dans la ligne des principes directeurs de la loi de 1965, est, elle, une innovation par rapport au régime issu de la loi de 1938.

1119 Le régime de la loi de 1965 – Problèmes posés. La difficulté essentielle, née de l'application des dispositions de la loi de 1965, provient d'un défaut de coordination entre celles de l'article 25 b et celles de l'article 30, alinéa 4. L'article 25 b, en effet, se borne à mentionner les travaux affectant les parties communes ou l'aspect extérieur de l'immeuble pour les soumettre à l'autorisation de l'assemblée générale, en précisant qu'ils doivent être conformes à la destination de l'immeuble. On note immédiatement qu'il n'est fait aucune mention de la nécessité d'une « amélioration » résultant de ces travaux. Or, – et là réside la difficulté – l'article 30, alinéa 4, pour déterminer la portée de l'autorisation que le tribunal peut être appelé à donner, limite celle-ci aux « travaux d'amélioration visés à l'alinéa 1er ci-dessus ».

Il était inévitable qu'une controverse s'instaurât sur la portée du contrôle judiciaire. À cette difficulté essentielle devaient encore s'ajouter celles suscitées par la recherche de la nature exacte des travaux visés à l'article 25 et par la définition du statut juridique des installations ainsi réalisées par un ou des copropriétaires. On comprend, dans ces conditions, que ce que l'on a qualifié sous ce paragraphe « améliorations réalisées aux frais de certains copropriétaires » ait suscité plus d'études doctrinales et provoqué une jurisprudence plus abondante que les « améliorations à la charge de la copropriété ».

On examinera successivement :
- les travaux concernés;
- l'autorisation de l'assemblée générale;
- l'autorisation du tribunal;
- le statut juridique des améliorations réalisées.

§ 1
Travaux visés à l'article 25 b

1120 Conditions auxquelles répondent ces travaux – Conformité à la destination de l'immeuble. Aux termes de l'article 25 b de la loi du 10 juillet 1965, est adoptée à la majorité des voix de tous les copropriétaires (sur cette majorité v. s^s n°s 901 s.) [2] la décision « *concernant l'autorisation donnée à certains copropriétaires d'effectuer à leurs frais des travaux affectant les parties communes ou l'aspect extérieur de l'immeuble et conformes à la destination de celui-ci* ».

Relativement, à la *nature des travaux* visés, il résulte donc du texte :

- qu'ils affectent les parties communes ou l'aspect extérieur de l'immeuble;

- qu'ils sont effectués aux frais d'un ou de plusieurs copropriétaires;

- qu'ils doivent être conformes à la destination de l'immeuble.

On ne reviendra pas sur cette dernière condition dont l'appréciation s'opère selon les mêmes directives que pour les travaux d'amélioration décidés par le syndicat (v. s^s n°s 1098 s.) et dépend, par conséquent, de l'appréciation souveraine des juges du fond [3] sous réserve du grief de dénaturation ou de défaut de base légale.

Ainsi sont jugés non conformes à la destination de l'immeuble des travaux portant atteinte à son harmonie, à son esthétique [4] ou à son aspect archi-

1. Capoulade, « Les travaux privatifs », *IRC* sept. 2000. 23 – SUR le régime de la loi de 1938 : KISCHINEWSKY-BROQUISSE, n° 607.

2. Vérification de la majorité de l'art. 25 par le juge : Civ. 3e, 16 mars 2005, n° 03-18.153, *Administrer* juin 2005. 49 obs. Bouyeure.

3. LAFOND, ROUX ET STEMMER, s^s art. L. 25, n° 13 – BOUYEURE, n°s 356 s. – Civ. 3e, 26 oct. 1971, n° 70-11.707, *Bull. civ.* III, n° 512; *JCP* 1971. II. 16941, note Guillot; *D.* 1972. 278; *AJPI* 1972. 1179 – Civ. 3e, 10 juin 1981, n° 79-16.503, *D.* 1982. IR 290 – Surface commerciale entraînant un changement de catégorie de l'IGH : Civ. 3e, 17 févr. 2004, n° 02-19.628, NP, *Administrer* mai 2004. 49.

4. Le Masson, « Esthétique de l'immeuble et droit de copropriété, perspectives en droit de copropriété », ▶

tectural et ceux dont le résultat serait d'entraîner des modifications à la destination des parties privatives des autres copropriétaires ou aux modalités de leur jouissance[1].

Il faut aussi rappeler la difficulté qui s'est présentée sur le point de savoir si le percement d'un mur commun à l'effet de faire communiquer deux lots privatifs qu'un copropriétaire possède dans deux immeubles contigus est ou non conforme à cette destination (v. s^s^ n° 218).

Pour que les travaux de cette nature puissent être exécutés, une condition formelle doit être satisfaite : *l'autorisation de l'assemblée générale dont la décision doit être expresse*[2].

Sur un plan plus général, il a été jugé que les travaux ne doivent pas causer de préjudice aux autres copropriétaires[3], par exemple, vue limitée par le rehaussement d'un toit[4], ni que ces travaux soient interdits par un règlement administratif[5].

1121 Travaux affectant les parties communes ou l'aspect extérieur de l'immeuble (généralités). La pratique révèle, par de nombreuses décisions de justice qu'elle a provoquées, l'extrême variété de ces travaux. Il est impossible d'en dresser la liste même limitative[6]. Aussi bien se bornera-t-on à dégager, à partir de leur multiplicité, un certain nombre de précisions, soit de portée générale, soit relativement à chaque catégorie visée : travaux affectant les parties communes ou travaux affectant l'aspect extérieur de l'immeuble.

D'une manière générale, il n'est pas exigé que les travaux effectués apportent une amélioration à l'immeuble[7], s'il en est ainsi pour l'installation d'un ascenseur, en revanche, le passage de conduits ou de canalisations à travers les parties communes[8], l'installation d'auvents ou de marquises ou encore de plaques ou enseignes de caractère professionnel[9] de barreaux à un fenestron[10] ne sont pas de nature à être qualifiés de travaux d'amélioration, au sens de l'article 30.

Souvent, ces travaux affectent à la fois les parties communes et l'aspect extérieur de l'immeuble[11], mais il suffit de l'un de ces deux éléments pour qu'il y ait lieu à l'application de l'article 25 b.

Toutefois, le caractère améliorant des travaux est nécessaire pour solliciter l'autorisation judiciaire, en raison de la conjugaison des articles 25 b et 30 *in fine* de la loi de 1965.

1122 Travaux affectant les parties communes de l'immeuble[12]. En ce qui concerne les travaux affectant les parties communes, la difficulté essentielle est de déterminer la portée exacte qu'il convient de donner au terme « affecter ». Une jurisprudence, que l'on peut considérer comme solidement établie, estime, en effet, à juste titre, que, sous couvert d'« affecter », les travaux exécutés ne doivent pas réaliser une *emprise* sur les parties communes dont il résulterait une aliénation de celles-ci[13]. Dans cette éventualité, en effet, la décision à prendre

► *Administrer* juill. 2005. 25 – PAR EXEMPLE : Paris, 13 mars 1980, *Juris-Data* n° 090138, *D.* 1980. IR 445; *RDI* 1980. 340 – Paris, 10 mars 1989, *D.* 1987. IR 287 : percement du mur de façade d'un immeuble situé dans un quartier historique – SUR LA QUESTION de la modernisation de la devanture des magasins ou le parachèvement de locaux livrés bruts, KISCHINEWSKY-BROQUISSE, n° 613, note 374 – Bouyeure, « Les modifications apportées par les copropriétaires de boutique à la façade de l'immeuble en copropriété », *AJPI* 1973. II. 786 – Paris, 23e ch. B, 6 sept. 2001, RG n°s 2000/13298, 2000/13624, *IRC* mars 2002. 15 – POUR D'AUTRES EXEMPLES : BOUYEURE, n° 358.

1. Ces atteintes sont souvent évoquées à propos de la construction d'un ascenseur, BOUYEURE, n°s 359 s. – Installation d'un ascenseur et utilité de l'appareil existant, *Administrer* déc. 1980. 2 – KISCHINEWSKY-BROQUISSE, n° 614 – Gallet, « L'installation d'un ascenseur dans un immeuble en copropriété », *Rev. loyers* 1991. 180 et 225 – Civ. 3e, 21 juin 2000, n° 98-18.488, NP, *IRC* févr. 2001. 20 – Paris, 23e ch. B, 4 mai 2000, RG n° 1998/23517, *IRC* févr. 2001. 21 – Paris, 25 nov. 1980, *D.* 1981. IR 213, ascenseur permettant la communication entre l'escalier principal et l'escalier de service – Paris, 23e ch. A, 8 déc. 1999, RG n° 1997/20697, *IRC* févr. 2001. 20 : POUR le rétrécissement d'un couloir d'accès à la cour et à d'autres lots – Paris, 29 juin 2005, *Loyers et copr.* 2005. 211, restriction à l'accès des véhicules dans la cour commune.
2. Civ. 3e, 5 oct. 2010, n° 09-69.982, NP.
3. Civ. 3e, 4 juin 1998, n° 96-20.608, *Bull. civ.* III, n° 117; *AJDI* 1998. 1077; *RDI* 1998. 419 – Civ. 3e, 29 oct. 2003, n° 02-14.298, NP, *Loyers et copr.* 2004. 81 : conduit d'extraction des fumées d'un restaurant dégageant des odeurs.
4. Civ. 3e, 11 nov. 1984, *Administrer* juin 1985. 39.
5. Paris, 12 déc. 1978, *D.* 1980. IR 152.
6. NOMBREUX EXEMPLES cités par LAFOND, ROUX ET STEMMER, s^s^ art. L. 25 n°s 6 s. – AUSSI : J.-CL. COPR., fasc. 98.
7. EN CE SENS : Civ. 3e, 18 mai 1983, n° 82-10.831, *Loyers et ferm.* 1983. 494, note Berthault, *D.* 1983. IR 430, obs. Giverdon – LAFOND, ROUX ET STEMMER, s^s^ art. L. 25, n° 4 – Bouyeure, n° 347.
8. Paris, 23e ch. B, 20 juin 2002, RG n° 2002/00401, *IRC* mars 2003. 16 – Paris, 23e ch. A, 22 nov. 2000, RG n° 2000/02240, *IRC* mars 2000. 11 – Paris, 28 janv. 2004, RG n° 2003/04105, *IRC* avr. 2005. 22, n° 6.
9. Paris, 23e ch. A, 19 déc. 2001, RG n° 2000/08415, *IRC* mars 2003. 14, le percement de la cloison commune d'une cave pour créer une issue de secours pour une salle de restaurant en sous-sol.
10. Civ. 3e, 4 déc. 2007, n° 06-19.931, *Administrer* mars 2008. 45.
11. Construction d'un ascenseur exigeant le percement du mur mitoyen et cassant l'harmonie d'un hôtel du XVIIe siècle (unanimité) : Paris, 10 févr. 2005, RG n° 04/07348, *Loyers et copr.* 2005. 147.
12. LAFOND, ROUX ET STEMMER, s^s^ art. L. 25 chap. III, n° 5.
13. Civ. 3e, 1er déc. 1999, n° 98-13.438, *IRC* févr. 2001. 22 : affouillement du sol commun de la cave pour créer une piscine intérieure.

par l'assemblée générale doit être votée à la double majorité de l'article 26 car il y aurait aliénation d'une partie commune (à supposer qu'elle ne soit pas indispensable au respect de la destination de l'immeuble), ou d'un droit accessoire, et aucune autorisation du juge ne peut alors pallier l'absence d'autorisation de l'assemblée générale [1].

La difficulté provient de ce que le fait même d'« affecter » [2] les parties communes implique sur celles-ci une certaine emprise [3].

En réalité, il convient de s'entendre sur le sens à donner au terme d'emprise; il peut, en effet, être interprété d'un point de vue matériel, mais aussi d'un point de vue juridique.

Du point de vue matériel, l'emprise, que sous-entend le simple fait d'affecter, ne touche aux parties communes que d'une manière exclusive de toute aliénation : tel est le cas, par exemple, où des saillies créées sur la façade d'un immeuble débordent sur la cour [4]. On peut citer aussi l'implantation de la cage d'ascenseur dans l'escalier [5]. la pose d'un dispositif anti stationnement, d'aspect discret par ses formes et ses dimensions, fixé dans le sol par un ancrage léger et superficiel [6], mais il n'en est pas de même si la pose de « pares-stop » nécessitait un affouillement ou un percement, effectué dans des conditions non contrôlées, d'une dalle, partie commune [7].

On peut encore évoquer les simples travaux de branchement sur des canalisations communes [8], les travaux impliquant le passage de canalisations sur ou au travers des parties communes [9]. Dans ces hypothèses, il n'existe pas d'appropriation privative des parties communes et les conditions de leur usage et de leur jouissance ne s'en trouvent pas modifiées [10].

Du point de vue juridique, en revanche, l'emprise s'entend d'une appropriation de partie commune pour en faire une partie privative. Tel est le cas de portes ou de cloisons dont la pose a pour résultat de réaliser un empiétement sur parties communes (appropriation des bouts de couloir). Il est alors impossible au juge, constatant que l'empiétement est « insignifiant », de dire qu'il ne constitue pas une emprise véritable. Un empiétement existe ou n'existe pas; sur le terrain des principes, tout empiétement, si minime soit-il sur les parties communes, doit être sanctionné [11].

S'il est de principe que l'assemblée générale n'a pas à autoriser les travaux sur les parties privatives qui relèvent du seul propriétaire du lot [12], il en est autrement lorsque ces travaux portent sur des parties communes, comme le percement d'une dalle pour relier des lots superposés ou même à titre de sondage ou encore l'encastrement d'un plancher intermédiaire sur les poteaux de béton armé de l'immeuble [13], quand bien même il s'agirait de rendre les lieux conformes aux clauses du règlement [14].

Enfin, il faut rappeler que l'autorisation de l'assemblée générale doit être sollicitée pour les travaux affectant les parties communes faisant l'objet d'un droit de jouissance privatif, dès lors que l'exécution de ces travaux excède les prérogatives accordées par l'acte constitutif de ce droit (v. s[s] n° 223) [15]. C'est le cas, par exemple, des travaux consistant à affouiller le sol pour réaliser un garage souterrain, à transformer une aire de stationnement en garage

1. Paris, 23 févr. 1994, RG n° 92-14333, *Juris-Data* n° 020230, *Loyers et copr.* 1994. 301 – Civ. 3e, 4 nov. 2004, n° 03-11.741, *Bull. civ.* III, n° 189; *RDI* 2005. 351; *IRC* avr. 2005. 23 : CONSTRUCTION d'un garage sur parties communes avec droit de jouissance privatif.
2. SUR LA NOTION d'affectation : Civ. 3e, 12 mai 1993, n° 91-11.889, *RDI* 1993. 409.
3. EN CE SENS : Bouyeure, n° 346 – PAR EXEMPLE, l'ancrage des collets d'une gaine extérieure d'aération cumule affectation et emprise : Paris, 29 nov. 1995, *Juris-Data* n° 024232, *Loyers et copr.* 1995. 142 – Paris, 19 sept. 1997, RG n° 96/009475, *Juris-Data* n° 022461, *Loyers et copr.* 1998. 26.
4. Civ. 3e, 3 juill. 1979, *D.* 1980. IR 278 – COMP. : Civ. 3e, 16 janv. 1979, *D.* 1979. IR 447, obs. Giverdon; *Administrer* oct. 1979. 20, note Guillot, mais il peut y avoir atteinte à l'aspect extérieur de l'immeuble (saillie d'un climatiseur) : Civ. 3e, 16 nov. 2005, n° 05-06.369, *AJDI* 2006. 471; *IRC* avr. 2005. 22, 5 – Civ. 3e, 18 févr. 2004, n° 02-20.531, *Administrer* avr. 2004. 53.
5. Civ. 3e, 10 oct. 2006, n° 05-17.565, NP, *Administrer* janv. 2007. 60, obs. Bouyeure.
6. SUR un emplacement à jouissance privative : Civ. 3e, 19 nov. 1997, n° 95-20.079, *Bull. civ.* III, n° 206; *IRC* févr. 1999. 16; *RDI* 1998. 129; *AJPI* 1998. 273; *Loyers et copr.* 1998. 27; *Dossier csab* n° 62, mars 1998, n° 47.
7. Versailles, 14e ch. A, 10 mai 1996, *Dossier csab* n° 47, mars 1997, n° 81.
8. Civ. 3e, 10 mars 1981, n° 79-12.950, *D.* 1982. 290, note Giverdon; *Loyers et ferm.* 1981. 381, note Berthault; *JCP* 1982. II. 19675, note Guillot – Paris, 13 oct. 1983, *Juris-Data* n° 027640, *D.* 1984. IR 382, obs. Giverdon; raccordement des chambres de service aux réseaux d'alimentation et d'évacuation des eaux : Paris, 28 janv. 2004, RG n° 2003/04105, *IRC* avr. 2005. 22, n° 6.
9. Civ. 3e, 11 févr. 1975, n° 73-13.337, *Bull. civ.* III, n° 51; *JCP* 1975. II. 18024, note Guillot – Paris, 23e ch. B, 20 juin 2002, RG n° 2002/00401, *IRC* mars 2003. 16.
10. BOUYEURE, n° 348 – KISCHINEWSKY-BROQUISSE, n° 614.
11. Civ. 3e, 17 avr. 1991, n° 89-15.172, NP, *RDI* 1991. 377, obs. Capoulade, Giverdon.
12. Civ. 3e, 20 nov. 1996, n° 95-12.036, NP, *RDI* 1991. 124, obs. Capoulade, Giverdon; *Dossier csab* n° 47, mars 1997, n° 62.
13. Civ. 3e, 15 déc. 1999, n° 95-12.715, *IRC* févr. 2001. 28.
14. Civ. 3e, 2 mars 2005, n° 03-20.889, *Bull. civ.* III, n° 54; *Loyers et copr.* 2005. 101.
15. BOUYEURE, n° 351 – Paris, 23e ch. A, 10 déc. 1997, RG n° 96/19040, *Juris-Data* n° 023825, *IRC* févr. 1999. 18 – Civ. 3e, 4 nov. 2004, n° 03-11.741, *Bull. civ.* III, n° 189; *AJDI* 2005. 311; *IRC* avr. 2005. 23, 8.

fermé ou encore à fermer une loggia ou un balcon, de construire une véranda, lorsqu'il n'existe qu'un droit de jouissance privatif ne comprenant pas la faculté d'exécuter ces travaux. Il convient alors de modifier cet acte à la majorité de l'article 26 si la prérogative nouvelle est conforme à la destination de l'immeuble [1].

1123 Les travaux affectant l'aspect extérieur de l'immeuble [2]. Le plus souvent, les travaux affectent à la fois les parties communes et l'aspect extérieur de l'immeuble. C'est ainsi, par exemple, que la pose de plaques professionnelles ou d'enseignes sur la façade de l'immeuble, la pose d'un grillage sur un soupirail [3] ou l'installation d'une antenne parabolique sur le toit de l'immeuble affectent son aspect extérieur, mais aussi le mur ou la toiture, partie commune [4]. De la sorte, sont susceptibles d'affecter uniquement l'aspect extérieur de l'immeuble les travaux portant sur des parties privatives, mais visibles de l'extérieur [5]. On cite les travaux d'aménagement effectués sur les terrasses privatives (hormis le cas où ils constitueraient une surélévation), la pose de stores ou encore les travaux d'aménagement des devantures [6]. Une mention particulière doit être faite pour les travaux de fermeture d'une loggia [7], pour l'installation d'antennes paraboliques la pose de climatiseurs démontables ou non [8]. Ce dernier point, a donné lieu à une doctrine et à une jurisprudence particulièrement abondants (v. s^s^ n°s 207 et 913) [9]. Rappelons que la procédure prévue par la loi n° 66-457 du 2 juillet 1966 et le décret du 22 décembre 1967 doit être strictement suivie [10], et que le syndicat ne peut s'opposer que pour un motif sérieux et légitime de refus, notamment en offrant un service collectif permettant de capter les chaînes souhaitées par le demandeur [11] ou en invoquant l'harmonie et l'esthétique de l'immeuble, dès lors que l'installation est permise sur le toit du bâtiment [12] (v. s^s^ n° 844).

L'assemblée générale peut subordonner son accord à des conditions techniques destinées à garantir l'intégrité de l'immeuble [13], mais une clause de prohibition générale de la pose d'antennes paraboliques serait réputée non écrite [14].

D'une manière générale, la notion d'« affectation » de l'aspect extérieur de l'immeuble est de nature à être diversement interprétée. La question se pose de savoir si toute atteinte à l'aspect extérieur ou à l'harmonie ou à l'esthétique de l'immeuble, est prohibée en elle-même ou s'il est nécessaire que la modification soit visible de la voie publique et des avoisinants [15]. En tout cas, elle n'intègre pas de notion d'environnement [16].

1124 Exécution des travaux aux frais d'un ou de plusieurs copropriétaires [17]. C'est l'une des conditions de l'application de l'article 25 b de la loi de 1965, qui a été spécialement écrit pour cette hypothèse. À cet égard, il faut se garder de toute confusion entre la décision d'exécuter des travaux à frais

1. Civ. 3e, 8 nov. 2006, n° 05-19.757, NP, *Administrer* janv. 2007. 59 – Paris, 5 nov. 1993, RG n°s 92/006564 et 92/024262, *Juris-Data* n° 023358, *D.* 1994. Somm. 198.
2. LAFOND, ROUX ET STEMMER, s^s^ art. L. 25, n° 6.
3. Paris, 24 oct. 2002, RG n° 2002/06530, *IRC* avr. 2004. 16.
4. Civ. 3e, 30 mai 1972, n° 71-10.724, *Bull. civ.* III, n° 350; *D.* 1972. Somm. 194; *JCP* 1972. II. 17174, note Guillot – Civ. 3e, 9 févr. 2000, n° 98-15.495, *Bull. civ.* III, n° 30; *RDI* 2000, obs. Capoulade.
5. Civ. 3e, 16 mars 2005, n° 03-18.153, NP, *Administrer* juin 2005. 49.
6. BOUYEURE, *loc. cit.*, n° 354 – Civ. 3e, 8 juin 2006, n° 05-14.774, *Bull. civ.* III, n° 140; *AJDI* 2006. 609; *AJDI* 2007. 311; *D.* 2006. 2887; *RTD civ.* 2006. 722, édifice en végétaux sur un balcon à l'occasion de la fête des cabanes, portant atteinte à l'harmonie générale de l'immeuble comme visible de la rue.
7. V. Sizaire, « Sur la fermeture d'une loggia ou d'un balcon dans un immeuble en copropriété », *Administrer* oct. 1988. 20; « La fermeture des loggias d'un immeuble en copropriété dans le cadre d'une opération collective », *Administrer* juin 1989. 10 – AUSSI à propos des incidences sur les charges et les majorités exigées, rép. min., QE, *JCP N* 1988, prat. 94 – À PROPOS de la prescription de l'action : Paris, 2 avr. 1990, RG n° 88/14603, *Juris-Data* n° 021044; *Loyers et copr.* 1990. 273, selon qu'il y a simple aménagement ou appropriation de parties communes.
8. SUR la déclaration préalable : rép. min., QE n° 103197, *JOAN Q* 15 mai 2007, p. 4651.
9. Vigneron, « Le droit à l'antenne », *IRC* mai 2001, 8 – En général : Rép. min., QE, n° 23999, 18 janv. 1999, Zimmermann, *JOAN Q* 26 avr. 1999, p. 2543.
10. Paris, 14e ch. A, 27 juin 2001, RG n° 2001/04588, *Dossier csab* n° 102, nov. 2002, n° 162.
11. Ca Paris, 23e ch. A, 30 mai 2001, RG n° 2000/01205, *Dossier csab* n° 102, nov. 2002, n° 161.
12. Paris, 23e ch. B, 16 déc. 1999, RG n° 1998/14367, *RDI* 2000. 248, obs. PC.
13. Civ. 3e, 9 févr. 2000, n° 98-15.495, *Bull. civ.* III, n° 30; *RDI* 2000. 247, obs. Capoulade.
14. Paris, 23e ch. A, 30 mai 2001, RG n° 2000/01205, *Dossier csab* n° 102, nov. 2002, n° 161.
15. Paris, 20 déc. 1989, *Juris-Data* n° 027620, *Loyers et copr.* 1990, n° 137; *JCP N* 1991, p. 275, estime que l'aspect extérieur n'est pas modifié par la pose d'une fenêtre de type « velux » qui respecte la pente de la toiture et n'est pas assimilée à une ouverture de fenêtres au regard des règles d'urbanisme. Jugé que ne présente pas l'évidence requise en référé, l'abaissement du seuil d'une fenêtre, malgré les clauses du règlement de copropriété, mais marqué par une balustrade et invisible de l'extérieur : Paris, 1er sept. 2005, RG n° 2005/01414, *AJDI* 2005. 844.
16. Versailles, 11 mars 1993, *Administrer* déc. 1993. Somm. 52, un syndicat ne peut donc décider la réfection d'un mur, propriété exclusive des voisins.
17. LAFOND, ROUX ET STEMMER, s^s^ art. L. 25, n°s 3 s.

communs et l'autorisation donnée à certains copropriétaires de réaliser les travaux à leurs frais [1].

Il s'agit des frais d'origine [2], c'est-à-dire les frais d'études et d'exécution, y compris des frais accessoires d'assurances diverses et, le cas échéant, de coordonnateurs. Ces frais comprennent aussi le remboursement des dépenses qui pourraient être engagées par le syndicat lui-même à l'occasion de ces travaux, notamment pour s'assurer qu'ils ne présentaient aucun risque pour le gros-œuvre de l'immeuble [3]. La question des frais de fonctionnement ou d'exploitation fera l'objet d'un examen ultérieur.

La question se pose de savoir si l'assemblée générale pourrait, en contrepartie de l'autorisation donnée, imposer, en outre, le versement d'indemnité pour le préjudice subi par les autres copropriétaires; ce pourrait être le cas par suite de l'installation d'une enseigne lumineuse ou de la construction d'un ascenseur.

La loi de 1965 n'a pas repris les dispositions de l'article 9 de la loi du 28 juin 1938 prévoyant que le syndicat pouvait donner l'autorisation « aux charges d'indemnités ou autres qu'il déterminera dans l'intérêt des copropriétaires ». Il ne saurait en être déduit que le législateur a entendu supprimer toute indemnisation, puisqu'il l'a formellement prévue en cas d'installation à frais communs [4]. *A fortiori* peut-on en inférer logiquement qu'il a admis cette indemnisation en cas de réalisation individuelle [5], mais à notre sens, l'assemblée générale ne peut demander cette indemnité, soit au profit du syndicat (en cas, par exemple, d'utilisation des parties communes), soit éventuellement au profit d'un copropriétaire, que si l'installation nouvelle cause réellement un préjudice au syndicat ou à un copropriétaire. Il existerait un abus du droit, comparable à un détournement de pouvoir, si l'assemblée générale subordonnait sa décision favorable à l'octroi d'une indemnité ne correspondant à aucun préjudice [6] ou même une indemnité excessive [7].

1. POUR la construction d'un ascenseur et la poursuite de sa course : Civ. 3e, 21 juin 2000, n° 98-18.488, NP, *RDI* 2000. 395, obs. Capoulade.
2. KISCHINEWSKY-BROQUISSE, n° 617 – GUILLOT, art. 24 à 26-2, chap. 6 – Civ. 3e, 08 oct. 2003, n° 01-17.112, *IRC* avr. 2004. 17, n° 13; *AJDI* 2004. 209.
3. Civ. 3e, 24 nov. 1987, n° 86-13.990, *Loyers et copr.* 1988. 41.
4. L. 10 juill. 1965, art. 9, al. 4 et 5 (anc^t art. 36).
5. CABANAC, n° 587.
6. EN CE SENS : Civ. 3e, 17 janv. 1978, n° 76-12.896, *Bull. civ.* III, n° 41 – BOUYEURE, n° 385 – KISCHINEWSKY-BROQUISSE, n° 619.
7. Paris, 23e ch. A, 10 déc. 1997, RG n° 96/19040, *Juris-Data* n° 023825, *Loyers et copr.* mai 1998. 146.

Une autre question, infiniment plus délicate, se pose lorsque les travaux autorisés, doivent être réalisés aux frais exclusifs de plusieurs copropriétaires. Elle concerne le régime juridique de cette communauté de copropriétaires, ainsi que la propriété des travaux réalisés. Elle sera ultérieurement examinée (v. s^s n° 1142).

§ 2
L'autorisation de l'assemblée générale

1125 Généralités et plan. Dès lors que les travaux envisagés entrent dans le champ de l'article 25 b de la loi du 10 juillet 1965, *l'autorisation de l'assemblée générale est nécessaire.* À cet égard, la jurisprudence assimile les *travaux de remplacement*, même à l'identique, à des travaux nouveaux qui, par conséquent, nécessitent eux-mêmes une autorisation de l'assemblée générale [8], à moins qu'il y ait prescription depuis l'installation initiale.

Toutefois, il convient de distinguer une demande d'autorisation d'exécuter des travaux privatifs sur parties communes et le fait de solliciter le bénéfice d'équipements communs que l'assemblée générale ne peut refuser sans commettre un abus de majorité (par exemple, la demande d'attribution d'une boîte aux lettres) [9].

Il faut donc, d'abord, préciser la portée de cette nécessaire autorisation et donc la sanction encourue en cas de travaux non autorisés, mais qui auraient dû l'être. Il faut, ensuite, examiner les conditions et les effets de la décision prise par l'assemblée générale.

A.
Nécessité de l'autorisation – Sanction du défaut d'autorisation

1126 Nécessité de l'autorisation. Nul ne conteste le caractère indispensable de l'autorisation de l'assemblée générale pour l'exécution des travaux visés à l'article 25 b. Ce principe résulte du texte même de cet article. L'autorisation doit être *préalable*, mais la ratification *a posteriori* est admise (v. s^s n° 1127). Cette autorisation est donnée par une décision expresse prise à la majorité prévue par cet article, c'est-à-dire à la majorité absolue des voix du syndicat, mais l'article 25-1 permet, dans les condi-

8. Civ. 3e, 6 mars 1991, n° 88-16.770, *Bull. civ.* III, n° 81; *RDI* 1991. 251 – EN CAS de prescription de l'action en démolition des travaux irréguliers : Civ. 3e, 22 oct. 2008, n° 07-17.780, NP, *AJDI* 2009. 131, note Capoulade.
9. Paris, 21 déc. 1989, RG n° 88 012076, *Juris-Data* n° 026528, *Loyers et copr.* 1990. 148.

tions qu'il précise, de décider à la majorité relative de l'article 24 au cours d'un second scrutin lors de la même assemblée et, même le cas échéant, lors d'une seconde assemblée (v. s[s] n° 903).

L'assemblée générale a une compétence exclusive à cet effet. Elle ne peut être dépossédée de cette prérogative[1]. Ni le syndic[2], ni le conseil syndical[3] ne disposent d'un tel pouvoir; l'autorisation qu'ils pourraient délivrer, serait fautive et de nature à engager une responsabilité[4].

L'autorisation ne peut émaner d'un copropriétaire majoritaire[5] ni d'un accord des copropriétaires, même unanime, donné en dehors de l'assemblée générale[6].

Le règlement de copropriété lui-même ne pourrait autoriser des travaux privatifs sur parties communes[7]. Reprenant sa jurisprudence traditionnelle[8], la Cour de cassation juge que doit être réputée non écrite la clause d'un règlement de copropriété autorisant un copropriétaire, même précisément identifié[9], à effectuer sans autorisation de l'assemblée générale des travaux, même précisément définis[10], affectant les parties communes ou l'aspect extérieur de l'immeuble[11]. Toutefois, différents arrêts admettent que le règlement de copropriété peut autoriser, par avance, la clôture du « bout de couloir » dont il accorde la jouissance exclusive aux propriétaires des différents lots ainsi desservis[12]. De même, une autorisation de l'administration est inefficace pour régler les rapports copropriétaire - syndicat[13].

1127 Sanction du défaut d'autorisation. Une jurisprudence que l'on peut tenir pour constante, considère que les travaux exécutés sans autorisation de l'assemblée générale et en l'absence de toute régularisation, sont irréguliers et constitutifs d'une voie de fait.

Le syndic, par la voie de l'action syndicale, peut demander l'interruption des travaux ou obtenir la démolition de ceux qui ont été exécutés indûment[14], sans avoir à établir l'existence d'un préjudice qui résulte de la violation d'une obligation de la part du copropriétaire qui en est l'auteur[15]. De même, tout copropriétaire pourra former la même demande, par une action individuelle, dès lors qu'il existe une atteinte aux parties communes, la Cour de cassation n'exigeant plus, dans le dernier état de sa jurisprudence, la condition de prouver le préjudice subi de ce fait dans la propriété ou la jouissance soit des parties privatives comprises dans son lot, soit des parties communes[16]. Il a, de plus, été jugé que le syndicat engagerait sa responsabilité contractuelle à l'égard des copropriétaires, s'il omettait de prendre les initiatives qui s'imposent[17].

Le caractère de voie de fait ou l'existence d'un trouble manifestement illicite, en raison de travaux irrégulièrement entrepris[18], a pour conséquence de donner compétence au juge des référés à l'effet de prescrire la démolition des travaux irréguliers et le rétablissement des lieux dans leur état

1. Civ. 3e, 2 févr. 1999, n° 97-14.585, NP, *RDI* 1999. 311, obs. Capoulade; *Loyers et copr.* 1999. 111; *IRC* juin 1999. 12, note Capoulade; *Dossier csab* n° 75, juin 1999, n° 72.
2. Atias, « L'autorisation délivrée par le syndic », *IRC* janv. 1995. 29 – Civ. 3e, 30 mai 1972, n° 71-10.724, *Bull. civ.* III, n° 350; *D.* 1972. Somm. 194; *AJPI* 1973. 804 – Civ. 3e, 7 mai 1997, n° 95-14.777, *RDI* 1997. 487 – Paris, 6 oct. 1990, *Loyers et copr.* 1991. 37 – Civ. 3e, 3 avr. 2002, n° 01-00.553, *IRC* avr. 2004. 17. 12.
3. Civ. 3e, 25 janv. 1995, n° 92-19.600, *Bull. civ.* III, n° 29; *RDI* 1995. 383; *AJDI* 1995. 868; *D.* 1998. 265.
4. Paris, 23e ch. A, 18 oct. 2000, RG n° 1999/14912, *Loyers et copr.* 2001. 108.
5. TGI Paris, 1re ch., 1re sect., Mme Calderone c/Sté Actuel, *RDI* 1992. 254.
6. Civ. 3e, 13 avr. 1988, n° 87-10.746, *Bull. civ.* III, n° 70; *IRC* 1988. 333 et note.
7. Atias, « Autorisation de travaux et droits requis », art. 25 b, *D.* 2000, Chron. 233, n° 11 – Civ. 3e, 11 mai 2005, n° 03-19.183, *Bull. civ.* III, n° 104; *Administrer* juill. 2005. 54, obs. Bouyeure – Paris, 7 avr. 2005, RG n° 04/06013, *AJDI* 2005. 745.
8. Civ. 3e, 9 févr. 1982, n° 80-11.710, *Bull. civ.* III, n° 38; *RTD civ.* 1982. 629, obs. Giverdon; *JCP* 1982. IV. 151; *JCP N* 1983, prat. 8514, n° 15; *RDI* 1982. 442 et 1983, 100 – Lafond, « Est-il toujours nécessaire de réunir l'assemblée des copropriétaires », *JCP N* 1982 prat. 8337.
9. Civ. 3e, 25 juin 1997, n° 96-10.139, *Bull. civ.* III, n° 155; *RDI* 1997. 487.
10. Civ. 3e, 12 mars 1997, n° 95-15.953, *Bull. civ.* III, n° 58; *Administrer* oct. 1997, note Capoulade; *RDI* 1997. 292 – Civ. 3e, 2 févr. 1999, n° 97-15.870, *IRC* juin 1999. 12, note Capoulade; *Dossier csab* n° 75, juin 1999, n° 72 – Civ. 3e, 2 oct. 2001, n° 00-12.844, NP, *Administrer* févr. 2002. 41, obs. Bouyeure; *Dossier csab* n° 97, févr. 2002, n° 29; *IRC* mars 2003. 16.
11. Civ. 3e, 19 juin 1996, n° 94-19.328, *Loyers et copr.* nov. 1996. 452; *RDI* 1996. 613.
12. Civ. 3e, 25 janv. 2011, n° 09-65.731, *Administrer* mai 2011. 47, obs. Bouyeure – Civ. 3e, 21 oct. 2008, n° 07-18.971, *Adminisrter*, janv. 2009. 48, obs. Bouyeure.
13. Civ. 3e, 20 mars 1991, n° 89-17.465, *RDI* 1991. 250.
14. Civ. 3e, 18 juin 1975, n° 74-10.297, *Bull. civ.* III, n° 208; *D.* 1975; IR 207 – Civ. 3e, 25 nov. 1998, n° 96-20.863, *Bull. civ.* III, n° 223; *Dossier csab* n° 72, févr. 1999, n° 22 – AUSSI : Bouyeure, n° 365 – LAFOND, ROUX ET STEMMER, s[s] art. L. 25, n° 22.
15. Civ. 3e, 13 mars 1991, *Loyers et copr.* 1991. 186 – Civ. 3e, 15 janv. 2003, n° 01-10.337, *Dossier Csab* n° 116, mai 2003, n° 87 – Civ. 3e, 1er mars 2011, n° 10-15.337, NP.
16. Paris, 23e ch. A, 12 janv. 1994, *Juris-Data* n° 020328, *D.* 1994. Somm. 128 – Paris, 14 juin 1995, *Juris-Data* n° 021669, *Loyers et copr.* 1995. 490 – Paris, 24 janv. 1992, *Loyers et copr.* 1992. 185 – V. Civ. 3e, 3 mars 2004, n° 03-17.390, *AJPI* 2004, note Giverdon – Civ. 3e, 27 janv. 2009, n° 07-15.993, NP.
17. Paris, 12 janv. 1994, *Juris-Data* n° 020328, préc.
18. SUR l'évidence requise en référé : Paris, 1er sept. 2005, RG n° 2005/01414, *AJDI* 2005. 844.

antérieur[1], au besoin sous astreinte[2]. Les dispositions de l'article 809 (al. 1er) du code de procédure civile permet alors au juge des référés, même en présence d'une contestation sérieuse, de prescrire les mesures conservatoires ou de remise en état qui s'imposent, soit pour prévenir un dommage imminent, soit pour faire cesser un trouble manifestement illicite[3].

Les travaux seraient irréguliers quand bien même, en l'absence d'une nouvelle autorisation, ils seraient de même nature, mais plus importants que ceux autorisés[4], ou constitueraient le remplacement de travaux précédemment autorisés (sauf prescription de l'action pour les travaux initiaux[5]).

Le copropriétaire, auteur des travaux irréguliers, ne peut invoquer l'obtention d'une autorisation administrative, ni une tolérance du syndicat, laquelle n'est pas source de droit.

Trois réserves doivent toutefois être apportées : la première est que les travaux irréguliers peuvent être ratifiés par une décision ultérieure de l'assemblée générale[6], prise, en connaissance de cause, à la majorité nécessaire pour autoriser les travaux (L. 10 juill. 1965, art. 25 et 25-1). L'annulation judiciaire d'un refus d'autorisation par l'assemblée générale ne régularise pas, pour autant, les travaux exécutés sans autorisation. En revanche, l'autorisation donnée à des copropriétaires, par l'assemblée générale, de ne pas démolir l'ouvrage équivaut à une ratification[7]. En revanche, l'autorisation ne peut être tacite en raison de l'exigence de décision expresse en matière d'assemblée générale[8]. Le régime de la copropriété étant indépendant du droit de l'urbanisme, la ratification peut concerner des travaux exécutés sans autorisation administrative, mais le juge peut ordonner une recherche sur la compatibilité avec la réglementation administrative[9].

La seconde réserve est que le syndicat ne peut être habilité à procéder lui-même aux travaux de remise en état dans les parties privatives du copropriétaire intéressé[10].

La troisième résulte de la prescription de l'action en démolition, et en remise des lieux dans leur état antérieur.

B. Conditions de l'autorisation

1128 Convocation et tenue de l'assemblée générale. L'autorisation n'est exclusivement donnée que par une décision spéciale de l'assemblée générale[11], statuant à la majorité prévue par l'article 25 et, le cas échéant, par l'article 25-1 de la loi (v. ss n° 903)[12].

La convocation de l'assemblée générale obéit aux règles ordinaires de convocation, mais, en cas de pluralité de bâtiments, l'ensemble des copropriétaires doit être convoqué, s'il s'agit de l'aspect extérieur[13] ou encore de parties communes générales[14]. L'assemblée générale étant appelée à statuer sur une question visée par l'article 25 (b), il est indispensable de notifier le projet de résolution (Décr. 1967, mod., art. 11, 7e), au plus tard en même temps que l'ordre du jour, et non les conditions essentielles du contrat prévues à l'article 11 (3e), puisque le syndicat ne conclut aucune convention[15]. Le projet de résolution[16] doit être suffisamment précis sur le plan technique pour permettre une délibération, en pleine connaissance de cause, sur les incidences de

1. Civ. 3e, 17 janv. 1996, n° 94-13.702, *JCP* 1996. 12; *JCP N* 1996. 26; *D.* 1996. 7; *Loyers et copr.* 1996. 189; *Dossier csab* n° 36, juin 1996, n° 156 – Civ. 3e, 12 mars 1997, n° 95-15.593, *D.* 1997. Somm. 326, obs. Atias; *Loyers et copr.* 1997. 155; *Administrer* oct. 1997. 57; *RDI* 1997. 292; *JCP N* 1997. II. 1185, note Lafond.
2. Paris, 4 déc. 1992, RG n° 91/021312, *Juris-Data* n° 023792, *Loyers et copr.* 1993. 200 – Civ. 3e, 31 mars 1993, *IRC* 1993. 299, en l'absence de cas de force majeure et d'impossibilité d'exécution.
3. Civ. 3e, 6 mars 1991, n° 89-20.763, *RDI* 1991. 250 – Civ. 3e, 27 févr. 2001, n° 99-17.748, *Dossier csab* n° 94, oct. 2001, n° 245; *Rev. loyers* 2001. 240, obs. Gélinet.
4. Civ. 3e, 2 mars 1994, n° 92-11.222, *RDI* 1994. 303 – Lyon, 25 avr. 2001, RG n° 1999/07465, *IRC* mars 2003. 14.
5. V. ss n° 1125.
6. Civ. 3e, 30 mai 1971, *JCP* 1972. II. 17174, note Guillot – Civ. 3e, 20 nov. 1985, n° 84-16.414, *Bull. civ.* III, n° 150; *Administrer 1986, 167*; *Loyers et ferm. 1986. 270*; *JCP* 1986. IV. 47.
7. Civ. 3e, 19 nov. 1997, n° 96-10.771, *RDI* 1998. 135; *Dossier csab* n° 62, mars 1998, n° 46.
8. Civ. 3e, 30 sept. 1998, n° 96-16.689, *Bull. civ.* III, n° 181; *AJDI* 1999. 704; *RDI* 1999. 145; *Loyers et copr.* 1999. 28 – EN SENS CONTRAIRE : Civ. 3e, 29 mai 1973, *IRC* 1974. 15, note Cabanac; *JCP* 1873. IV. 113 – EN SENS CONTRAIRE : Civ. 3e, 2 avr. 1988, *IRC* 1988. 333.
9. Civ. 3e, 21 févr. 1995, n° 93-14.194, *RDI* 1995. 382.
10. Paris, 11 oct. 1988, *Juris-Data* n° 025389, *Loyers et copr.* 1988, n° 504.
11. POUR des aéro-condenseurs : Paris, 23e ch B, 19 nov. 1997, RG nos 96/14278 et 96/21263, *Juris-Data* n° 024034, *IRC* févr. 1999. 17 – Paris, 23e ch. A, 17 janv. 2001, RG n° 2000/00686, *IRC* mars 2002. 14.
12. À l'exclusion de l'accord du conseil syndical insuffisant à cet effet : Civ. 3e, 25 janv. 1995, n° 92-19.600, *Bull. civ.* III, n° 29; *RDI* 1995. 383; *AJDI* 1995. 868; *D.* 1998. 265, ou du syndic (v. ss n° 1126).
13. POUR les garde-corps à poser à la terrasse d'un bâtiment : Civ. 3e, 14 mars 2001, n° 99-16.292, NP, *IRC* mars 2002. 14 – Civ. 3e, 16 mars 2005, n° 04-10.727, NP, *Administrer* mai 2005. 49, obs. Bouyeure.
14. POUR l'installation d'un ascenseur dans un seul bâtiment : Civ. 3e, 22 févr. 1995, n° 93-12.677, *Bull. civ.* III, n° 58; *IRC* déc. 1995. 9, note Capoulade; *AJDI* 1995. 966; *D.* 1998, 264.
15. Paris, 23e ch. B, 10 mai 2001, RG n° 2000/04132, *IRC* mars 2003. 17.
16. Bouyeure, n° 381 – SUR la vérification de la majorité recueillie : Civ. 3e, 16 mars 2005, *Administrer* juin 2005. 49.

l'autorisation[1], contenir les indications relatives à la nature des travaux et aux modalités techniques de réalisation[2], et fournir aux copropriétaires des renseignements utiles et suffisants pour décider lors du vote, le laconisme de la question ne pouvant, de plus, pallier l'absence de projet de résolution[3].

La tenue de l'assemblée générale est soumise aux règles ordinaires en la matière, comme prévu par la loi de 1965 et le décret de 1967, modifiés.

Le procès-verbal[4] doit caractériser la majorité applicable, notamment les conditions d'un second scrutin ou d'une seconde assemblée[5].

Enfin, il est utile d'annexer au procès-verbal ou de conserver dans les archives les plans et documents techniques[6].

1129 Bénéficiaires de l'autorisation. Le ou les copropriétaires qui souhaitent bénéficier d'une autorisation, doivent demander à la personne qui a qualité pour convoquer l'assemblée, c'est-à-dire au syndic le plus généralement, de porter la question à l'ordre du jour de l'assemblée générale des copropriétaires. Cette demande contiendra le *projet de résolution* à soumettre à l'assemblée et qui précise les travaux envisagés (caractéristiques générales, nature, implantation...). En l'absence d'un tel projet qu'il n'appartient pas au syndic de rédiger et qui doit être notifié aux propriétaires, au plus tard en même temps que l'ordre du jour, l'assemblée ne peut délibérer validement (Décr. 17 mars 1967, art. 11, 7e et 13)[7]. Il n'est pas inutile de joindre à la demande un plan et un descriptif des travaux, ainsi que, s'il échet, la justification des assurances couvrant les risques inhérents à ces travaux; l'assemblée pourrait en exiger la production et leur conservation dans les archives du syndicat présente de l'intérêt soit pour le récolement des travaux autorisés et des travaux exécutés[8], soit en cas de réalisation de nouveaux travaux sur le site.

L'autorisation ne peut être demandée et obtenue que par *un ou plusieurs copropriétaires*[9], à l'exclusion de tiers – ce qui supposerait une aliénation des parties communes concernées – au nombre desquels figurent les locataires[10]. Si un locataire souhaite effectuer des travaux affectant les parties communes ou l'aspect extérieur de l'immeuble, il doit, d'abord, obtenir l'accord du bailleur et il incombe à celui-ci de demander l'autorisation nécessaire[11].

Le régime juridique des parties communes commande que le ou les copropriétaires, qui bénéficient de l'autorisation, soient titulaires du droit de propriété indivis sur la partie commune (ou l'élément d'équipement commun) affectée par les travaux[12]. La possibilité d'être autorisé à exécuter de tels travaux correspond à une modalité d'exercice du droit réel indivis[13]. Il en résulte des conséquences importantes lorsqu'il existe des parties communes spéciales; c'est ainsi que le copropriétaire de lots non desservis par l'ascenseur ou l'escalier principal ne peut demander de prolonger la course de cet escalier ou de cet ascenseur sur lequel il ne dispose d'aucun droit indivis, au motif que l'autorisation aurait pour effet de modifier la consistance des droits réels des autres copropriétaires, tels que contractuellement définis dès l'origine[14].

C.
Effet de la décision de l'assemblée générale

1130 Décision autorisant l'exécution des travaux (portée). L'autorisation accordée par l'assemblée n'oblige pas le ou les copropriétaires bénéficiaires à exécuter effectivement les travaux[15], mais elle ne dispense pas d'indemniser les dommages causés par l'exécution des travaux[16].

L'assemblée générale peut assortir l'autorisation de conditions particulières, ayant trait aux modalités techniques d'exécution des travaux, ou même

1. Paris, 23e ch. B, 10 mai 2001, RG no 2000/04132, *IRC* mars 2003. 17.
2. Paris, 23e ch. B, 1er févr. 2001, RG no 1999/17479, *IRC* mars 2002. 13.
3. Paris, 23e ch. A, 24 févr. 1999, RG no 1997/19667, *IRC* févr. 2000. 13.
4. Bouyeure, no 381.
5. COMP. : avec l'art. 26, Paris, 23e ch. B, 28 juin 2001, RG nos 2000/14364 et 2000/18112, *IRC* mars 2003. 18.
6. Civ. 3e, 4 juil. 1990, no 88-17.006, *Bull. civ.* III, no 167; *RDI* 1990. 529; *D.* 1991. 84 – RAPPR. : 16e recomm. de la commission relative à la copropriété, chap. 1, 7e.
7. Paris, 23e ch. A, 24 févr. 1999, RG no 1997/19667, *IRC* févr. 2000. 13.
8. Civ. 3e, 4 juill. 1990, no 89-12.391, *IRC* 1991. 80, note Capoulade; *RDI* 1990. 528.
9. Atias, « Autorisation de travaux dans le cas d'un lot en usufruit », *IRC* mars 2003. 27.
10. BOUYEURE, nos 374 et 375 – Civ. 3e, 20 juill. 1988, no 87-11.478, *Bull. civ.* III, no 134 – Civ. 3e, 16 juin 1993, no 91-14.267, *Bull. civ.* III, no 91; *RDI* 1993. 410 – Civ. 3e, 10 déc. 2003, no 02-15.523, NP, *IRC* avr. 2005. 7; *Administrer* avr. 2004. 55.
11. NOT. : Civ. 3e, 26 mars 1997, no 95-14.103, *Bull. civ.* III, no 70; *Administrer* mai 1998. 46, note Capoulade; *D.* 1997. 325.
12. Civ. 3e, 21 févr. 1978, no 76-14.288; *Bull. civ.* III, no 89; *D.* 1978. IR 431; *RTD civ.* 1978. 897; *JCP* 1979. II. 19149, note Atias; *JCP N* 1978. II. 267, note Atias – Paris, 23 ch. A, 10 déc. 1997, RG no 96/01683, *Juris-Data* no 023824, *IRC* févr. 1999. 18.
13. BOUYEURE, nos 374 et 375.
14. BOUYEURE, no 376, et « Installation d'un ascenseur et utilisation de l'appareil existant », *Administrer* févr. 1980. 2.
15. Civ. 3e, 5 déc. 1990, no 89-14.087, *Bull. civ.* III, no 258; *RDI* 1991. 95.
16. Civ. 3e, 6 nov. 1991, no 89-19.079, *RDI* 1992. 118 – Civ. 3e, 29 janv. 1997, no 94-16.714, *Loyers et copr.* 1997. 156.

de conditions extrinsèques à ces travaux, par exemple, le versement d'indemnités [1], la consultation de l'architecte de l'immeuble, la surveillance des travaux par un architecte, la souscription d'assurances (dommages ouvrages, dommages aux existants, responsabilité civile [2]).

L'objet de l'autorisation donnée doit se limiter aux modalités d'exécution des travaux de nature à sauvegarder les droits du syndicat et des autres copropriétaires, mais l'autorisation est valable même si les conditions d'utilisation par d'autres copropriétaires n'ont pas été précisées [3]. Il demeure interdit d'exécuter d'autres travaux que ceux autorisés [4] et les travaux réalisés doivent être conformes à ceux autorisés [5].

Ni le syndicat, ni l'assemblée générale n'ont compétence pour choisir les locateurs d'ouvrage, ni le mode de financement, car la qualité de maître de l'ouvrage n'appartient pas au syndicat, mais aux copropriétaires bénéficiaires [6]. Précisément, la question se pose, lorsqu'un groupe de copropriétaires bénéficie de l'autorisation, de savoir comment il convient d'organiser cette « communauté » ainsi autorisée (v. s^s n° 1142).

1131 Décision autorisant l'exécution des travaux (réglementation administrative). À supposer que le ou les copropriétaires autorisés décident d'exécuter effectivement les travaux envisagés, la nature de ceux-ci peut imposer l'observation de la réglementation administrative en matière de construction et d'urbanisme. L'autorisation du syndicat ne les dispense pas de l'autorisation administrative ou la déclaration préalable lorsqu'elle est nécessaire, même si ces deux autorisations n'interfèrent pas entre elles [7], mais l'Administration peut exiger la justification préalable de l'autorisation syndicale. La situation est identique que l'autorisation émane de l'assemblée générale ou du tribunal [8].

1132 Décision refusant d'autoriser l'exécution des travaux. La décision de l'assemblée générale refusant l'autorisation d'exécuter les travaux peut être contestée par le ou les copropriétaires demandeurs. Au refus exprès, il convient d'assimiler l'ajournement prolongé et injustifié d'une prise de décision [9] ou encore l'autorisation assortie de conditions impossibles ou déguisant un refus. Il peut y avoir abus du droit de refus [10], notamment lorsqu'il est constaté que les travaux envisagés ne modifient pas l'usage des parties communes et sont conformes à la destination de l'immeuble [11]. Il en irait de même si, dans un syndicat comprenant deux copropriétaires, le propriétaire qui place l'immeuble sous le statut de la copropriété et conserve un lot, autorise l'acquéreur à faire des travaux et s'y oppose ensuite lors de l'assemblée.

En revanche, un refus pourrait être opposé si les travaux étaient contraires à la destination ou à la solidité de l'immeuble [12], à l'aspect extérieur et à l'esthétique de l'immeuble [13], notamment lorsque la construction de l'ascenseur, est projetée dans un immeuble vieillot et désuet [14] ou que son implantation est de nature à engendrer des nuisances [15].

La question est controversée, en doctrine, de savoir si le juge pourrait, après annulation d'un refus de travaux qui ne sont pas contraires à la destination de l'immeuble, disposer du pouvoir d'ordonner les mesures propres à permettre au copropriétaire l'exercice de ses droits. Un arrêt qui paraît isolé,

1. Bouyeure, n° 387 – Paris, 23e ch. A, 10 déc. 1997, n° 96/01683, *Juris-Data* n° 023824, *IRC* févr. 1999. 19, notamment par dégradations des parties communes.
2. Commission relative à la copropriété, 18e recomm. sur le contrat d'assurance dommage-ouvrage, *JCP N* 1998. 1197 – Sailly, « La police dommage-ouvrage et les travaux exécutés dans la copropriété », *Gaz. Pal.* 10 mars 1992 – Valdès, « L'assurance obligatoire dommages ouvrage avant la réception des travaux dans un immeuble en copropriété », *Administrer* févr. 2000. 24.
3. Civ. 3e, 22 févr. 1995, n° 93-12.857, *RDI* 1995. 383.
4. Civ. 3e, 12 mai 1993, n° 91-17.676, *RDI* 1993. 420; *Loyers et copr.* 1993. 281.
5. Civ. 3e, 4 juill. 1990, n° 89-12.391, *IRC* 1991. 180, note Capoulade, *RDI* 1990. 528.
6. Bouyeure, n°s 388 et 393 – Lyon, 13 juill. 1989, *D.* 1990. Somm. 127; *Gaz. Pal.* 1989. 2. Somm. 9 nov. 1989.
7. Ord. du 8 déc. 2005 et Décr. 5 janv. 2007 : Lay, « Le permis de construire », *Administrer* juill. 2008. 7.
8. CE 28 juill. 1993, req. n° 101621, *RDI* 1994. 104; *Droit adm.* nov. 1993, n° 538, p. 20.
9. Civ. 3e, 19 juill. 1995, n° 93-19.087, *Bull. civ.* III, n° 202; *RDI* 1995. 795; *D.* 1996. Somm. 90, obs. Atias; *AJPI* 1996. 124, note Guitard; *Loyers et copr.* 1995. 499; *Dossier csab* n° 26, nov. 1995.
10. Paris, 23e ch. A, 20 juin 2001, RG n° 2000/11367, *IRC* 2003. 15 – Paris, 1er févr. 1994, RG n° 91/12359, *Juris-Data* n° 020680, *D.* 1994. Somm. 124 obs. Atias.
11. Civ. 3e, 2 févr. 1999, n° 97-14.585, *RDI* 1999. 311 – Civ. 3e, 20 juill. 1999, n° 98-11.663, *RDI* 1999. 686; *Loyers et copr.* 1999. 253 – pour un interphone : Paris, 23e, ch. A, 4 mars 1998, RG n° 96/88579, *IRC* févr. 1999. 18 – Civ. 3e, 12 févr. 2003, n° 01-12.360, *Bull. civ.* III, n° 32; *Administrer* oct. 2003. 55, note Guegan.
12. Civ. 3e, 9 févr. 2000, n° 98-15.495, *Bull. civ.* III, n° 30; *Rev. hab. fr.* avr. 2000, note Capoulade; *RDI* 2000. 247, obs. Capoulade – transformation d'un garage en supermarché : Civ. 3e, 13 sept. 2005, n° 04-15.905, NP, *Administrer* nov. 2005. 40, obs. Bouyeure, et déc. 2005. 71, note Capoulade – Paris, 17 mars 2005, RG n° 04/10422, *Loyers et copr.* 2005. 123 – Création d'une issue de secours : Paris, 4 mars 2004, *IRC* avr. 2005. 21, n° 3.
13. Civ. 3e, 21 mars 2008, n° 07-12.703 : transformation d'une fenêtre en porte-fenêtre sur rue.
14. Paris, 23e ch. B, 27 mai 1999, RG n° 1998/06846, *IRC* févr. 2000. 13 – Paris, 23e ch. B, 4 mai 2000, RG n° 1998/23517, *IRC* févr. 2001. 21.
15. Paris, 16 déc. 2004, RG n° 04/04383, *AJDI* 2005. 221.

l'a admis[1], mais la jurisprudence antérieure[2] et postérieure à cet arrêt statue en sens contraire.

§ 3 L'autorisation du tribunal de grande instance

1133 L'article 30, alinéa 4, de la loi du 10 juillet 1965. Cet article pose le principe de la possibilité pour tout copropriétaire ou groupe de copropriétaires, lorsque l'assemblée générale refuse l'autorisation prévue à l'article 25 b, d'être autorisé par le tribunal de grande instance, aux conditions fixées par lui, à exécuter « *tous travaux d'amélioration visés à l'article 1er ci-dessus* »[3].

Cette disposition a été immédiatement remarquée, d'une part, en tant qu'elle fait apparaître le rôle exceptionnel dévolu à l'autorité judiciaire par le statut de la copropriété, donnant ainsi au juge, sur ce point, la qualité exceptionnelle d'« organe » du syndicat, mais, d'autre part, aussi, pour souligner le caractère ambigu de sa rédaction qui, à propos des travaux prévus à l'article 25 b, renvoie à ceux visés à l'article 30, alinéa 1, ce qui devait susciter une controverse.

Dans ces conditions, la mise en œuvre de ce recours a suscité des difficultés qui ont donné lieu à une jurisprudence abondante[4]. On examinera successivement :

- les conditions de recevabilité de la demande d'autorisation;
- les travaux pouvant faire l'objet de l'autorisation;
- les pouvoirs du tribunal et la portée de sa décision.

A. Conditions de recevabilité de la demande d'autorisation

1134 Refus de l'assemblée. « Lorsque l'assemblée générale refuse l'autorisation prévue à l'article 25 b, tout copropriétaire ou groupe de copropriétaires peut être autorisé par le tribunal... ». Ainsi s'exprime l'article 30, alinéa 4, de la loi du 10 juillet 1965. La décision de l'assemblée générale refusant d'autoriser les travaux conditionne donc la saisine du tribunal de grande instance. Que faut-il entendre par « refus » ?[5]

Le refus correspond à une décision de l'assemblée répondant au double critère formel et substantiel de nature à caractériser une décision d'assemblée.

Le refus doit être préalable. La demande d'autorisation ne peut être portée devant le tribunal, à peine d'irrecevabilité, si l'assemblée n'en a pas été saisie ou si le propriétaire a procédé aux travaux de sa propre initiative. Les travaux sont alors irréguliers. Dans ce cas, le juge ne peut ratifier de tels travaux, à la différence de l'assemblée, car aucun texte ne lui confère un tel pouvoir[6]. Il en irait de même si l'assemblée ayant été saisie n'avait pas statué, sauf à interpréter des atermoiements successifs et injustifiés comme un refus[7].

Le refus doit être valide. Tel n'est pas le cas de la décision de refus annulée pour irrégularité par le tribunal saisi à la fois de la contestation de la validité du refus et d'une demande d'autorisation[8]. L'annulation du refus pour vice de forme entraîne l'anéantissement de la décision; la demande d'autorisation devient donc irrecevable en l'absence de décision de l'assemblée.

Le refus doit être définitif. Le refus n'existerait pas si l'assemblée avait seulement renvoyé sa décision à une réunion ultérieure en demandant un complément d'information ou la justification d'une condition préliminaire, comme l'avis de l'architecte de

1. Civ. 3e, 4 juill. 1990, no 88-16.282, *Bull. civ.* III, no 166; *D.* 1991. 523, note Atias; *AJDI* 1991. 26; *RDI* 1990. 528.
2. Civ. 3e, 5 oct. 1977, *Juris-Data* no 700328, *Loyers et ferm. 1977. 576, note Viatte*; *D.* 1978. IR 25, obs. Giverdon; *JCP* 1978. II. 18893, note Atias – Paris, 20 janv. 1988, RG no 87/16261, *Juris-Data* no 021230, *D.* 1988. IR 48 et 493 note Atias.
3. Guillot, art. 24 à 26-2, no 8-08.
4. Sur l'ensemble de la question : Atias, nos 701 s. – Bouyeure, nos 400 s. – Kischinewsky-Broquisse, nos 620 s. – Lafond, Roux et Stemmer, ss art. L. 30, chap. VII.
5. Civ. 3e, 18 déc. 1996, no 94-18.754, *Bull. civ.* III, no 240; *AJDI* 1997. 657, note Guitard; *RDI* 1997. 125, obs. Capoulade, Giverdon – Paris, 7 févr. 1997, RG no 95/024410, *Juris-Data* no 020256, *Loyers et copr.* 1997. 186.
6. Civ. 3e, 21 déc. 1987, no 86-11.186, *Bull. civ.* III, no 214; *D.* 1988. 338, note Atias; *AJPI* 1988. 226; *Administrer* juill. 1988. 41; *Loyers et copr.* 1988. 88 – Civ. 3e, 20 avr. 1988, no 87-10.402, *Bull. civ.* III, no 77; *D.* 1989. 237, note Capoulade et Giverdon; *RDI* 1988. 347, obs. Givord et 1989, 244; *Defrénois* 1989. 369, note Souleau; *Loyers et copr.* 1988. 299; *IRC* nov. 1988. 332 – Civ. 3e, 8 oct. 1991, no 90-16.622, *Loyers et copr.* 1991. 489 – Civ. 3e, 25 avr. 1990, no 88-13.814, *Bull. civ.* III, no 102; *D.* 1990. IR 126; *D.* 1991. 279, note Souleau; *Loyers et copr.* 1990. 329; *IRC* 1990. 280, note Capoulade – Civ. 3e, 19 janv. 1994, no 92-13.431, *RDI* 1994. 303; *Loyers et copr.* 1994. 173 – Civ. 3e, 14 mars 2001, no 99-16.292, *IRC* mars 2002. 10.
7. Civ. 3e, 19 juill. 1995, no 93-19.087, *Bull. civ.* III, no 202; *RDI* 1995. 795; *AJDI* 1996. 125, obs. Guitard; *D.* 1996. 90, note Atias.
8. Civ. 3e, 26 janv. 2000, no 98-14.798, NP, *RDI* 2000, note Capoulade; *IRC* mai 2000. 12, note Capoulade; *Administrer* mai 2000. 45, note Le Masson – Le Masson, « Autorisation judiciaire de travaux, analyse de la condition de refus par l'assemblée générale », *Administrer* mai 2000, 8.

l'immeuble ou la présentation d'une attestation d'assurance - sauf atermoiements injustifiés. Ce serait encore le cas tant que le mécanisme mis en place par le nouvel article 25-1 de la loi n'a pas été épuisé, soit par un second scrutin, soit par une seconde assemblée, si, du moins, les conditions requises pour y procéder se trouvent réunies.

1135 Délai pour saisir le tribunal[1]. L'article 30 (al. 4) de la loi du 10 juillet 1965, qui prévoit que le Tribunal peut donner l'autorisation refusée par l'assemblée, ne précise pas le délai de saisine après la décision de refus et sa notification. Dès lors, on a discuté la question de savoir si le ou les copropriétaires qui se sont heurtés au refus de l'assemblée générale, doivent saisir le tribunal de la demande d'autorisation dans le délai de deux mois à compter de la notification du procès-verbal prévu par l'article 42 (al. 2) de la loi de 1965 ou si la demande est encore recevable après l'expiration de ce délai, ce qui autoriserait alors la saisine dans les dix ans de la décision (art. 42, al. 1er).

En ce sens, on fait observer qu'il s'agit d'un recours judiciaire spécial qui n'a pas pour objet l'annulation de la décision de refus pour irrégularité de forme ou de fond. Les conséquences sont très différentes; la demande ne porte pas sur la validité de la décision de l'assemblée générale, mais tend, sans qu'il y ait à établir le caractère abusif ou illégal du refus, à obtenir une autorisation que l'assemblée a refusé dans ses conditions parfaitement régulières et dont la décision deviendra inopérante sans être annulée[2].

En sens contraire, il est invoqué le fait que le recours de l'article 30 (al. 4), en ce qu'il tend à obtenir une autorisation refusée par l'assemblée générale, introduit bien une contestation sur cette décision sans qu'un texte ne déroge expressément sur ce point au délai de l'article 42 (al. 2)[3].

Dans ces conditions, on peut se demander si la solution ne dépend pas de la manière dont l'assignation énonce l'objet de la demande et expose les moyens en fait et en droit, selon qu'il est présenté comme contestant la décision de refus ou qu'il tend seulement à solliciter l'autorisation du tribunal[4]. Par un arrêt de principe bien que de rejet, en date du 16 décembre 2009[5], la Cour de cassation a jugé que « l'action, introduite non pas pour contester la décision d'une assemblée générale mais pour obtenir une autorisation judiciaire d'exécuter les travaux projetés malgré le refus opposé, n'est pas soumise au délai d'un mois de l'article 42 alinéa 2 de la loi du 10 juillet 1965 ». Il s'en déduit, à défaut d'autres délais, que celui de dix ans (à compter de la décision) prévu par l'article 42, alinéa 1, de la loi de 1965, s'applique à cette action. Il est permis de se demander si le législateur ne devrait pas prévoir un délai particulier, en raison de l'importance du délai retenu en définitive par la jurisprudence.

1136 Qualité pour demander l'autorisation. Le ou les copropriétaires qui peuvent demander l'autorisation au tribunal sont ceux auxquels elle a été refusée par l'assemblée générale. Ce sont ceux qui auraient dû normalement être bénéficiaires de l'autorisation si l'assemblée générale la leur avait accordée[6]. Ils doivent être copropriétaires et titulaires de droits de propriété indivis sur la partie commune affectée par les travaux[7]. Le locataire, qui n'a pas qualité pour demander l'inscription de l'autorisation à l'ordre du jour de l'assemblée générale, n'est pas davantage recevable à saisir le tribunal, même si les travaux ont été prescrits par l'autorité administrative[8]. Il incombe au copropriétaire bailleur de saisir l'assemblée générale et, en cas de refus, de saisir le tribunal.

B.

Travaux pouvant faire l'objet de l'autorisation du tribunal

1137 Interprétation de l'article 30, alinéa 4. La rédaction de ce texte a suscité une difficulté d'interprétation. La référence faite par le texte aux « *travaux d'amélioration visés à l'alinéa 1er* » excluait, tout d'abord, la possibilité d'obtenir l'autorisation judiciaire en cas de refus concernant des travaux qui n'apportaient aucune amélioration au sens de l'article 30 (al. 1er). Pour ceux dont l'exécution apportait une telle amélioration, il a été soutenu que l'autorisation judiciaire ne pouvait être deman-

1. Bouyeure, nos 401 et 402 – Cabanac, t. II, no 558 – Kischinewsky-Broquisse, no 694, p. 793 et 794 – Lafond, Roux et Stemmer, ss art. L. 30, no 20 – Lombois, no 144 – Sizaire, no 720.
2. Paris, 27 janv. 1995, *Loyers et copr.* 1995. 336, note Souleau; *D.* 1980. 274.
3. TGI Nice, 30 avr. 1968, *IRC* août 1968. 106 et déc. 1968. 171; *Gaz. Pal.* 1968. 2, 284, note Morand – Paris, 23e ch. A, 6 mars 1989, *D.* 1990, J 318, note Atias [critique]; *AJPI* sept. 1990. 599 – Paris, 23e ch. B, 22 juin 2000, *RDI* 2000. 605, obs. Giverdon.
4. V. obs. Giverdon ss Paris, 22 juin 2000, préc.
5. Civ. 3e, 16 déc. 2009, no 09-12.654, *Bull. civ.* III, no 283; *BICC* p. 1509; *D.* 2010. *AJ* 209, obs. Rouquet; *D.* 2011, Pan. 207, obs. Atias; *Administrer* 2010.48, obs. Bouyeure; *IRC* avr. 2010.10, obs. Ritschy; *Rev. loyers* 2010. 88; *Loyers et copr.* 2010, no 85, obs. Vigneron.
6. Civ. 3e, 16 sept. 2003, no 02-10.487, *D.* 2003. 3004, NP, *IRC* avr. 2004. 17, no 13 : opposants ou défaillants – Civ. 3e, 10 déc. 2003, no 02-12.921, *Administrer* févr. 2004. 44.
7. Paris, 23e ch. B, 7 mars 2002, *IRC* mars 2003. 17.
8. Civ. 3e, 16 juin 1993, no 91-14.267, *Bull. civ.* III, no 91; *RDI* 1993. 410.

dée que pour des travaux de nature à procurer une amélioration à l'immeuble et au profit de la collectivité des copropriétaires, le tribunal ne pouvant se substituer à l'assemblée générale[1] pour des travaux n'intéressant qu'un seul copropriétaire et même un petit nombre de copropriétaires[2].

En définitive[3], la jurisprudence est aujourd'hui bien fixée en ce sens que les travaux pour l'exécution desquels l'autorisation du tribunal peut être demandée (et accordée) doivent être des travaux d'amélioration au sens de l'article 30 (al. 1er), mais sans qu'il soit nécessaire que cette amélioration bénéficie aux autres copropriétaires[4]. Peu importe qu'ils ne bénéficient qu'à un seul copropriétaire[5].

Le tribunal ne pourrait refuser l'autorisation sans constater que les travaux projetés ne respectent pas la destination de l'immeuble, et une affectation du local[6], et portent atteinte aux droits des autres copropriétaires[7], notamment en entraînant une modification de l'usage et de la jouissance des parties communes affectées par leur réalisation[8].

En définitive, l'autorisation judiciaire des travaux visés par les articles 25 b et 30 (al. 4), suppose :

- un droit de propriété sur la partie commune concernée,
- un refus préalable, définitif et valide de l'assemblée générale,
- le caractère améliorant des travaux,
- le respect de la destination de l'immeuble,
- l'absence d'atteinte aux droits des autres copropriétaires[9].

1. Civ. 3e, 14 mars 2001, no 99-16.292, NP, *IRC* mars 2002. 10.
2. Rouen, 12 mars 1968, *Gaz. Pal.* 1968, I, 370, note Cabanac; *RTD civ.* 1968. 782, obs. Bredin – SIZAIRE, no 169 et note 404 – Cabanac, « De l'application des articles 25 et 30 dernier alinéa », *Gaz. Pal.* 1968. 1. Doctr. 141.
3. SUR l'évolution de la jurisprudence : KISCHINEWSKY-BROQUISSE, no 622.
4. BOUYEURE, nos 413 et 414 – Civ. 3e, 22 oct. 1970, no 69-11.451, *Bull. civ.* III, no 537; *JCP* 1971. II. 16580; *Rev. loyers* 1971. 184 : ouverture d'une porte dans l'intérêt d'un seul copropriétaire – Civ. 3e, 13 févr. 1991, no 89-15.938, *Bull. civ.* III, no 54; *D.* 1992. Somm. 141, note Bouyeure; *RDI* 1991. 261.
5. Civ. 3e, 13 févr. 1991, no 89-15.938, *Bull. civ.* III, no 54; *D.* 1992. Somm. 141, note Bouyeure; *RDI* 1991. 261 – Civ. 3e, 30 juin 1992, no 91-12.000, *RDI* 1992. 547.
6. Civ. 3e, 20 juill. 1999, no 98-11.663, *RDI* 1999. 686, obs. Capoulade.
7. Civ. 3e, 2 févr. 1999, no 97-14.585, *RDI* 1999. 311, obs. Capoulade.
8. Civ. 3e, 20 juill. 1999, no 98-11.663, *RDI* 1999. 686, obs. Capoulade.
9. Ce qui inclut le respect de l'harmonie architecturale de l'immeuble (multiplicité des terrasses en décrochement) : Civ. 3e, 10 déc. 2003, no 02-14.251, NP, *Administrer* févr. 2004. 44, note Capoulade.

Sous la condition de la conformité à la destination de l'immeuble, les travaux rendus obligatoires en vertu des dispositions législatives ou réglementaires prévus par l'article 25 e, peuvent être aussi autorisés judiciairement[10].

C.
Pouvoirs du tribunal et portée de sa décision

1138 Pouvoirs du tribunal. Après avoir ordonné, si besoin est, une mesure d'instruction[11] et apprécié souverainement les avantages et les inconvénients respectifs des travaux[12], le tribunal constate les différents paramètres qui justifient sa décision motivée d'autorisation ou de refus[13].

Le ou les demandeurs ont l'obligation de fournir au juge les informations nécessaires sur les conditions de réalisation des travaux[14], et il pourrait refuser l'autorisation si « les conditions de réalisation des travaux restaient indéterminées, tant en ce qui concerne leur incidence éventuelle sur la vie de la copropriété susceptible d'être gênée par les nuisances sonores et olfactives, que sur l'aspect esthétique de l'immeuble[15] ».

L'autorisation judiciaire ne dispense pas de l'obligation le ou les copropriétaires autorisés de réparer les dommages causés par les travaux ou par l'ouvrage, soit aux parties communes, soit aux autres copropriétaires[16].

Le tribunal ne se borne pas à autoriser les travaux, il en fixe les conditions d'exécution, même de sa propre initiative. Il peut subordonner son autorisation à des conditions différentes de celles soumises à l'assemblée générale[17], par exemple, en tenant compte des observations techniques faites par l'expert ou en imposant la surveillance de l'exécution des travaux par l'architecte de l'immeuble[18], mais il ne pourrait autoriser des travaux sur lesquels l'assemblée n'aurait pas été appelée à statuer.

Rappelons que plusieurs arrêts ont admis la compétence du juge des référés pour autoriser des travaux, après refus du syndicat, en cas de trouble

10. Civ. 3e, 2 mars 1988, no 86-16.878, 2 arrêts, *Administrer* oct. 1988. 37; *Loyers et copr.* 1988. 191.
11. Paris, 30 janv. 1979, *D.* 1980. IR 151 – LAFOND, ROUX ET STEMMER, ss art. L. 30, no 24.
12. BOUYEURE, no 417.
13. Civ. 3e, 2 févr. 1999, no 97-14.585, NP, *RDI* 1999, obs. 311, obs, Capoulade; *Loyers et copr.* avr. 1999, no 111.
14. Paris, 7 nov. 1997, *Loyers et copr.* 1998. 145.
15. Civ. 3e, 20 juill. 1991, no 98-11.663, *RDI* 1999. 686, obs. Capoulade.
16. Civ. 3e, 6 nov. 1991, no 89-19.079, *RDI* 1992. 118.
17. Civ. 3e, 3 juin 1998, no 96-22.518, *Administrer* mai 1999. 52, obs. Bouyeure.
18. Paris, 23e ch. B, 5 oct. 2001, RG no 1999/17611, *Loyers et copr.* 2002. 81.

manifestement illicite[1] ou d'urgence[2], mais le juge des référés ne peut statuer que dans la stricte mesure de ses pouvoirs propres.

1139 Portée de la décision du tribunal – exécution des travaux – autorisation administrative. À supposer que le tribunal autorise le ou les copropriétaires intéressés à exécuter les travaux et que ceux-ci décident d'y procéder, la nature de ces travaux les contraindra, le plus souvent, à demander et à obtenir une autorisation administrative (permis de construire) ou à effectuer une déclaration préalable. La situation est d'ailleurs la même lorsque l'autorisation émane de l'assemblée générale (v. s[s] n° 1131). Cette obligation, en raison des dispositions du code de l'urbanisme et de leur interprétation par la jurisprudence administrative, a suscité des difficultés et provoqué un nombre important d'études doctrinales[3].

L'origine de ces difficultés se situe dans l'exigence formulée par l'article R. 421-1-1 du code de l'urbanisme selon laquelle la demande de permis de construire doit être présentée soit par le propriétaire ou son mandataire, soit par *une personne justifiant d'un titre l'habilitant à construire sur le terrain* et elle doit fournir les informations nécessaires sur les conditions de réalisation des travaux[4].

La même difficulté se rencontre en cas de changement d'affectation des locaux, accompagnée ou non de travaux soumis à autorisation administrative[5].

Sans entrer dans le détail de ces difficultés, pour lesquelles il convient de se reporter aux études précitées, on se bornera à indiquer ici que, selon le dernier état de la jurisprudence administrative[6], le ou les copropriétaires qui dépose une demande de permis de construire doit :

– indiquer que l'immeuble est soumis au régime de la copropriété des immeubles bâtis,

– justifier de sa qualité de copropriétaire ou, désormais, justifier du titre d'habitation,

– indiquer la nature des travaux envisagés[7].

Il n'est donc plus nécessaire comme par le passé, de :

– produire l'autorisation de l'assemblée générale ou celle du tribunal, d'où résulte le droit de construire ou d'apporter une modification à l'immeuble (au besoin après avenant à l'acte constitutif du droit de jouissance privative de parties communes ou cession des droits de construire), l'administration pouvant elle-même exiger cette production[8] ;

– ni de joindre le règlement de copropriété, dès lors qu'il comporte des clauses particulières concernant la réalisation de travaux affectant les parties communes ou l'aspect extérieur de l'immeuble (parties communes spéciales, lot transitoire, droit de surélévation ou cession de ce droit)[9].

Ainsi l'autorité administrative n'a plus à examiner si les travaux nécessitent une autorisation de l'assemblée générale[10]. Dès lors, le risque n'est plus couru d'une appréciation de l'application de règles de droit privé par la juridiction administrative et de contradiction entre les deux ordres de juridictions (par exemple, sur le point de savoir si les travaux affectent les parties communes ou l'aspect extérieur de l'immeuble et sur la détermination de la majorité applicable[11]). Le contentieux de l'autorisation

1. Civ. 3e, 9 juill. 1997, n° 95-15.680, NP : branchement d'un restaurant sur les canalisations communes d'alimentation et d'évacuation des eaux.
2. Civ. 3e, 16 juin 1993, n° 91-14.267, *Bull. civ.* III, n° 91 ; *RDI* 1993. 410 : solution implicite pour le respect de l'hygiène du travail – Lyon, 18 févr. 1998, *IRC* avr. 2000. 17, note Valdès.
3. Bouyeure et Ritschy, « Travaux sur l'immeuble en copropriété et permis de construire », *Gaz. Pal.* 1988. 1. Doctr. 348 – Lafond, « Permis de construire et copropriété », *Administrer* févr. 1990. 11 – Liet-Vaux, « Le permis de construire et le statut de la copropriété des immeubles », *AJDA* 1988. 371 – Liet-Vaux, « Précisions sur les permis de construire sollicités dans une copropriété », *Administrer* août-sept. 1995. 11 – Périnet-Marquet, « La qualité requise pour demander le permis de construire ou le nécessaire retour à l'unité du droit », *JCP N* 1985. I. 293 – Capoulade, Giraudel, Drobenko, *op. cit.*, p. 314 s. – Sizaire, « Copropriété, construction et urbanisme » – Stemmer, « Urbanisme et copropriété, vers l'inextricable ? », *JCP N* 1987, prat. 75 ; *IRC* févr. 1997 – Vigneron, « Permis de construire et copropriété », *Loyers et copr.* nov. 1987. Après la modification de l'art. R. 423-1 du C. urb. : TA Paris, 23 juin 2011 et 3 nov. 2011, *RDI* 2012. 181, obs. Soler-Couteaux – CE 15 févr. 2012, *RDI* 2012. 127 – Aubry, Périnet-Marquet, Noguellou, *Droit de l'urbanisme et construction*, n° 867 b, 9e éd., Montchrérien.
4. Paris, 7 nov. 1977, *Loyers et copr.* 1998. 145.
5. Liet-Vaux, « Des responsabilités en cas de changement d'affectation irrégulier de certains locaux (art. L. 631-7 CCH) », *Administrer* oct. 2001. 37 – Lassner, « Les changements d'affectation après la réforme du 8 juin 2005 », *AJDI* 2006. 265.
6. CE 22 mars 1985, Req n° 45484, Talbot, *JCP N* 1985. II. 195, note Stemmer – CE 6 juin 1986, Req n° 58211, *JCP N* 1986. 234, note Stemmer – CE 10 juill. 1987, Req. n° 57415, *Lebon* 267 ; *JCP N* 1987. II. 269, note Vandermeeren – CE 28 janv. 1988, *Lebon* 39 – TA Paris, 29 juin et 6 juill. 1987, *JCP N* 1987. II 293, note Vendermeeren.
7. CE 25 sept. 1994, *BJDU* juill. 1995. 50, concl. Fratteci, obs. Touvet.
8. CE 28 juill. 1993, *JCP N* 1994. II. 331, note Liet-Vaux et Sizaire – CE 26 sept. 1994, *D.* 1994. IR 245 – CE 5 juill. 1995, *AJPI* 10 janv. 1996, note Drobenko.
9. CE 27 mars 1995, Req n° 92651, *JCP N* 1995. 1777, note Stemmer.
10. CE 22 janv. 1993, Req n° 127088, *D.* 1993. IR 56.
11. Bouyeure, n° 491 – CE 10 juill. 1987, Req. n° 57415, *Lebon* 267 ; *LPA* 1987, n° 141, 25 nov. 1987, p. 4 – TA Paris, 29 juin et 6 juill. 1987, *JCP N* 1987. II. 293, note Vandermeeren.

administrative devient entièrement distinct de celui de la copropriété.

Le permis de construire délivré à un copropriétaire ou à un groupe de copropriétaires est notifié au syndicat des copropriétaires.

La jurisprudence administrative applicable au permis de construire, a été étendue à la déclaration préalable de travaux[1].

Toutefois, le juge judiciaire statue sans tenir compte de l'accomplissement des formalités administratives[2].

1140 Portée de la décision du tribunal – Conditions d'utilisation par les autres copropriétaires des installations réalisées. Aux termes de l'article 30, alinéa 4, le tribunal qui a autorisé l'exécution des travaux, « *fixe en outre les conditions dans lesquelles les autres copropriétaires pourront utiliser les installations ainsi réalisées* ». Le même alinéa poursuit « *lorsqu'il est possible d'en réserver l'usage à ceux des copropriétaires qui les ont exécutées, les autres copropriétaires ne pourront être autorisés à les utiliser qu'en versant leur quote-part du coût de ces installations évaluées à la date où cette faculté est exercée* ».

Le texte distingue donc deux situations :

– La première est celle où l'usage de l'installation bénéficie nécessairement et automatiquement aux autres copropriétaires; il est alors impossible d'en réserver l'usage aux copropriétaires qui l'ont financée (par ex., un embellissement du hall d'entrée). La question est alors de savoir si les copropriétaires qui ne l'ont pas financée et qui bénéficient cependant de l'installation, peuvent être contraints de participer à son coût, alors qu'il ne s'agit pas d'une amélioration commune décidée à la majorité de l'article 26. Certains auteurs admettent l'affirmative en se fondant sur la disposition précitée selon laquelle le tribunal fixe les conditions dans lesquelles les autres copropriétaires pourront utiliser les installations réalisées[3], sauf accord préalable des parties[4]. Cette opinion est contestable, car elle revient à donner au tribunal le pouvoir d'imposer les travaux aux autres copropriétaires en les contraignant à y participer. Or, d'une part, l'article 30 ne confère pas au tribunal un tel pouvoir et, d'autre part, l'admettre serait tourner les dispositions de l'article 26 qui prévoit les conditions dans lesquelles une amélioration peut être décidée par l'assemblée générale, à la charge de tous[5]. Il faut donc admettre que, dans cette hypothèse, les autres copropriétaires bénéficieront, en fait, de l'installation sans qu'ils aient eu à participer à son coût, sauf à participer aux charges de fonctionnement ou d'entretien[6] sur lesquelles le juge n'a pas à statuer si la demande ne lui en a pas été faite[7]. L'utilisation qu'ils en feront ne posera donc pas de problème particulier sauf à regretter l'illogisme de la situation.

– La seconde situation est celle où, au contraire, l'installation peut être réservée aux copropriétaires qui ont financé les travaux. Les autres copropriétaires, selon l'article 30, alinéa 4, ne pourront être autorisés à les utiliser qu'en versant leur quote-part de coût de ces installations évaluées à la date où cette faculté est exercée[8]. Cette hypothèse déborde le cas de l'autorisation de justice; elle se présente aussi lorsque l'autorisation est donnée par l'assemblée générale. Elle relève d'une question plus vaste qui est celle du statut juridique des améliorations réalisées aux frais de certains copropriétaires (v. s^{s} n° 1141).

D. Statut juridique des améliorations réalisées

1141 Problématique. Il faut supposer que les travaux correspondent à ceux que définit l'article 25 b et réalisent une amélioration, avec l'autorisation soit de l'assemblée générale, soit du tribunal, et qu'ils ont été réalisés et financés par un ou par un groupe de copropriétaires. L'exemple de l'ascenseur est celui qui concrétise le mieux l'hypothèse.

Trois questions se posent alors : la première est de savoir quel est le régime juridique de la collectivité des copropriétaires qui, à leurs frais exclusifs, ont réalisé l'installation. La deuxième est de déterminer selon quelles modalités des copropriétaires, qui n'ont pas participé à ce financement, pourront néanmoins utiliser l'installation créée, supposée réservée à l'origine aux seuls copropriétaires autorisés. La troisième enfin porte sur la propriété commune ou semi-commune des installations ainsi réalisées.

1142 Régime juridique de la collectivité des copropriétaires ayant réalisé l'amélioration[9]. Les

1. CE 23 juin 1995, Req n° 115561, *D.* 1996. Somm. 275.
2. Paris, 14 mars 2002, Req n° 243800, *Loyers et copr.* 2002, n° 248.
3. EN CE SENS : GUILLOT, art. 30 à 34, n° 8-16 – KISCHINEWSKY-BROQUISSE, n° 625.
4. Paris, 13 juill. 1993, RG n° 92-3605, *Juris-Data* n° 023066, *Loyers et copr.* 1994. 170.
5. EN CE SENS : BOUYEURE, n° 418.
6. Guillot, « La participation financière d'un copropriétaire qui demande à utiliser l'ascenseur construit à leurs frais par d'autres », *Administrer* févr. 1992. 14 – Vigneron, « La contribution du nouvel utilisateur aux frais de l'ascenseur », *JCP N* 1991, prat. 359 s.
7. Civ. 3e, 22 févr. 1995, n° 93-12.857, *RDI* 1995. 383, *Loyers et copr.* 1995. 244.
8. Quignard, « Rachat des quotes-parts d'ascenseur », *IRC* mars 1991. 92.
9. BOUYEURE, n° 394 – KISCHINEWSKY-BROQUISSE, n° 616 – GUILLOT, art. 30-34, n°s 8-22 et 8-23 – Lot, « La nature juridique des éléments d'équipement créés par certains copropriétaires », *Administrer* juin 1981.

améliorations réalisées dans les conditions qui viennent d'être indiquées, forment « *un îlot à part dans la copropriété* »[1], « *une sorte de copropriété de l'installation à l'intérieur de la copropriété* »[2]. *Encore faut-il préciser le régime juridique exact de cette « sorte de copropriété »; or, sur ce point, dans le silence des textes, l'apport de la jurisprudence est essentiel et configure progressivement le régime de ce « club privé » de copropriétaires.*

Deux arrêts de la cour d'appel de Paris des 11 et 13 juillet 1984[3] ont posé les principes suivants :

- le groupement des copropriétaires autorisés ne constitue pas une personne morale autonome, qui pourrait régulièrement décider en assemblée générale;

- cette communauté restreinte décide des modalités de financement et d'exécution des travaux par le consentement commun de ses membres, qui n'engagent qu'eux-mêmes sans obliger les autres copropriétaires;

- l'accord intervenu entre les copropriétaires consentant à la réalisation des travaux ne constitue pas une décision d'assemblée générale; ceux qui n'y ont pas été parties sont irrecevables à la contester sur le fondement de l'article 42 alinéa 2 de la loi de 1965[4].

Ces principes ont été ultérieurement complétés par l'arrêt de la 3e chambre civile de la Cour de cassation du 5 décembre 1990[5] duquel il résulte que si l'un des copropriétaires autorisés n'a pas participé, bien que régulièrement convoqué, à la réunion tenue par ceux-ci pour signer la convention destinée à régler les conditions de financement des travaux, ce copropriétaire est irrecevable à agir en démolition de l'équipement (en l'occurrence, un ascenseur); les copropriétaires autorisés ont donc pu, sans commettre un abus de droit, signer en l'absence de l'un d'eux, régulièrement convoqué, la convention relative à l'équipement; le non-signataire conserve toutefois la possibilité de se joindre et de souscrire à la condition d'acquitter sa quote-part des installations.

La jurisprudence a maintenu son analyse et confirmé son orientation à propos du financement des travaux. Le syndicat, qui a seulement donné une autorisation aux copropriétaires demandeurs, n'est pas concerné par le financement des travaux et ne dispose d'aucune action relative à leur paiement[6]. Les fonds destinés à ce financement ne doivent pas se confondre avec ceux du syndicat et s'ils ont été versés au syndic, en qualité de mandataire commun des copropriétaires autorisés, ces derniers demeurent redevables de l'entier paiement envers l'entrepreneur, sans que la remise de fonds au mandataire commun soit libératoire envers le cocontractant[7]. Parce que la convention conclue entre les copropriétaires autorisés relativement aux frais afférents aux travaux, ne trouve pas sa cause directe dans la loi du 10 juillet 1965, l'action tendant à l'exécution de ce contrat ne ressortit pas aux actions personnelles liées de l'application de la loi, prévues par l'article 42, alinéa 1er, et se prescrivent donc suivant les délais du droit commun[8].

La détermination du mandataire commun pose une question non réglée par les textes et qui ne laisse pas d'être délicate. On a pu soutenir que le groupement des copropriétaires autorisés avait « nécessairement le syndic comme mandataire commun, s'agissant de travaux (installation d'un ascenseur) qui, par leur nature, affectent les parties communes », mais que « ce mandat exclusif ne se confond pas avec le mandat syndical »[9]. Certes, de tels travaux impliquent une intervention sur les parties communes ou sur les parties extérieures de l'immeuble. Cette solution est, sans doute, la plus opportune, encore qu'il existe une différence entre la pose d'une plaque professionnelle et la construction d'un ascenseur. Cependant, aucun texte n'impose cette solution à partir du moment où l'autorisation a été régulièrement donnée. Le groupement étant autonome, les copropriétaires intéressés décident librement de choisir leur mandataire commun[10], qui peut être un architecte ou un entrepreneur. Il n'en demeure pas moins que le syndic de l'immeuble doit être informé des interventions et même associé à la réalisation des travaux.

1143 **Régime juridique de l'ouvrage réalisé.** Surgit alors une autre question qui n'est pas sans lien avec la précédente, celle de la propriété de l'ouvrage réalisé. Est-il commun, sous réserve de l'exclusivité

1. CABANAC, n° 590.
2. Précédentes éditions du présent ouvrage.
3. Paris, 23e ch. B, 11 et 13 juill. 1984, *Juris-Data* n° 024375, *Gaz. Pal.* 1984, I, 703, note Bouyeure; *RDI* 1984. 451; *RTD civ.* 1984. 745 et 749; *Defrénois* 1984. 1481, obs. Souleau; *IRC* 1985. 18.
4. Paris, 29 nov. 1995, *Juris-Data* n° 024233, *Loyers et copr.* 1996. 138.
5. Civ. 3e, 5 déc. 1990, n° 89-14.087, *Bull. civ.* III, n° 258; *D.* 1991. IR 3; *JCP N* 1991. II. 239; *Gaz. Pal.* 1991. 2. Somm. ann. 352, obs. Souleau; *Administrer* juin 1994. 39, obs. Guillot; *Defrénois* 1991. 748, obs. Souleau; *RDI* 1991. 95; *IRC* août 1991. 224, note Capoulade.
6. Lyon, 6e ch. 13 juill. 1989, *Gaz. Pal.* 1989. 2. Somm. cours et trib. 526.
7. Civ. 3e, 16 juill. 1996, n° 94-14.370, *RDI* 1996. 615; *Loyers et copr.* 1996. 408.
8. Paris, 23e ch. A, 28 juin 2000, *Dossier csab* n° 87, oct. 2000, n° 93.
9. Bastia, 1er mars 1994, NP, cité dans la note ss Civ. 3e, 16 juill. 1996, n° 94-14.370, NP, *RDI* 1996. 615, obs. Capoulade et Giverdon; *Loyers et copr.* 1996. 408.
10. BOUYEURE, n° 424.

d'usage ou bien reste-t-il particulier aux seuls constructeurs.

La réponse peut varier selon la nature de l'ouvrage et les termes de l'autorisation [1].

L'enseigne ou la plaque professionnelle ne s'incorpore pas au bâtiment. Le droit concédé consiste en une fixation ou un ancrage sur partie commune, ce qui s'analyse en un droit de jouissance privatif.

Si le syndicat a aliéné une partie commune à l'effet, par exemple, de réaliser un cabanon ou un cellier, l'ouvrage est propriété du ou des acquéreurs. Il en sera ainsi chaque fois que l'ouvrage autorisé ne peut recevoir une utilisation commune.

L'ascenseur représente l'exemple le plus fréquent. Cet élément d'équipement prend appui sur des parties communes, mais son utilisation est réservée à celui ou à ceux qui en ont financé la construction. La loi du 10 juillet 1965 est parfaitement compatible avec la présence de parties communes spéciales (article 4) ou avec celle d'équipements à l'usage de certains, dès lors que le sol reste propriété commune, sinon il existerait un ensemble immobilier.

Un arrêt avait admis que le règlement de copropriété pouvait, sans violer la loi du 10 juillet 1965, stipuler que l'ascenseur n'appartiendra qu'aux propriétaires dont les parties privatives des lots sont situés dans les étages créant ainsi une propriété commune distincte de celle concernant l'ensemble de l'immeuble [2]. Un autre courant jurisprudentiel considère, de son côté, que l'adjonction devient, dès l'origine, équipement commun à l'ensemble des copropriétaires, même si son utilisation est réservée aux constructeurs [3]. Dans sa jurisprudence la plus récente, la Cour de cassation a admis que la décision de l'assemblée générale pouvait classer l'ascenseur, ainsi construit, dans les parties privatives, mais qu'en l'absence de précision contractuelle sur la nature de l'équipement, l'application des critères de la loi de 1965 conduit à le considérer comme commun, ce qui permet aux autres copropriétaires de demander à en bénéficier, sauf à indemniser les constructeurs des frais exposés par eux [4].

La détermination de la propriété de l'immeuble présente un regain d'intérêt en raison des obligations que l'article 79 de la loi n° 2003-590 du 2 juillet 2003 et que le décret n° 2004-964 du 9 septembre 2004 mettent à la charge du ou des copropriétaires de l'ascenseur.

1. LAFOND, ROUX ET STEMMER, s^{s} art. L. 30, n° 30.
2. Civ. 3e, 6 nov. 1969, *Bull. civ.* III, n° 718; *IRC* 1989. 47; *RDI* 1989. 505 – SUR LA CRITIQUE DE CETTE SOLUTION : KISCHINEWSKY-BROQUISSE, n° 616 – GUILLOT, art. 30 à 34; n° 8-21.
3. Paris, 31 janv. 1969, *Gaz. Pal.* 1969, I, 102 – AUSSI : KISCHINEWSKY-BROQUISSE, n° 401, p. 703 et LOMBOIS, n° 145.
4. Civ. 3e, 8 oct. 2003, n° 01-17.112, *AJDI* 2004. 209, NP.

1144 Conditions auxquelles les copropriétaires qui n'ont pas financé l'installation peuvent l'utiliser [5]. Les copropriétaires doivent d'abord formuler une demande tendant à ce qu'ils puissent bénéficier de l'installation (généralement un ascenseur). Cette demande doit être adressée aux copropriétaires « installateurs » et, si elle est faite par voie d'assignation, ce sont les copropriétaires, et non le syndic, qui doivent être assignés [6].

Par application de l'article 30, alinéa 4, de la loi de 1965, ils doivent verser leur quote-part du coût des installations, évaluée à la date où cette faculté est exercée. Comment calculer cette quote-part ? D'un arrêt de la Cour de cassation du 12 octobre 1988 [7], il résulte que l'opération s'analyse ainsi : « la dépense faite à l'origine par des copropriétaires constructeurs comprend l'avance de la part de ceux qui, plus tard, exerceront la faculté d'utiliser l'équipement ». Au départ, l'avance est partagée entre les constructeurs; elle est ensuite résorbée au fur et à mesure de l'entrée des nouveaux utilisateurs dans la communauté, proportionnellement à « la part d'indivision » des nouveaux arrivants. La qualité de constructeur, ou non, demeure sans incidence sur l'avantage procuré à chacun d'eux et n'est pas de nature à remettre en cause le rapport existant entre les quotes-parts respectives d'ascenseur, d'après le barème définitivement adopté. Par la suite, ils seront tous à appeler à délibérer sur l'entretien, la réparation, la mise en conformité, le remplacement de l'appareil.

En cas de rachat par un autre copropriétaire, après l'aliénation de son lot par l'un des constructeurs, sa créance passe à l'acquéreur [8]. Il y a lieu à indexation de cette créance selon l'indice du coût de la construction Insee (sur le régime juridique de l'appareil v. s^{s} n° 1143).

5. Zurfluh, « Installation d'un ascenseur dans un immeuble aux frais de certains copropriétaires », *Administrer* nov. 1988. 16 – Quignard, « Le rachat des quotes-parts d'ascenseur », *AJPI* 1990. 669 – Vigneron, « La contribution du nouvel utilisateur aux frais de l'installation de l'ascenseur », *JCP N* 1991, prat. 1889; *Loyers et copr.* févr. 1991 – Guillot, « La participation financière du copropriétaire qui demande à utiliser l'ascenseur construit à leurs frais par d'autres », *Administrer* févr. 1992. 14 – KISCHINEWSKY-BROQUISSE, n° 625 – GUILLOT, art. 30 à 34, n° 8-22 – LAFOND, ROUX ET STEMMER, s^{s} art. L. 30, n° 29.
6. Civ. 3e, 21 juin 2000, n° 98-18.488, NP, *RDI* 2000. 395, obs. Capoulade; *IRC* sept. 2000. 12, note Capoulade – Bouyeure, n° 426.
7. Civ. 3e, 12 oct. 1988, n° 87-12.231, *IRC* 1989. 47, note Capoulade; *Administrer* mars 1989. 24, note Guillot; *Defrénois* 1990. 34750, note Souleau.
8. Paris, 31 mai 2001, RG n° 2000/08093, 2000/14494, *Loyers et copr.* 2001. 304.

CHAPITRE

2. Surélévation et addition de constructions

SECTION 0 ORIENTEUR

Plan du chapitre.

Textes applicables.

• L. n° 65-557 du 10 juill. 1965 fixant le statut de la copropriété des immeubles bâtis, art. 32, 35 et 36.

Jurisprudence de référence.

• **CE 6e et 2e ss sect., 28 juill. 1993, n° 101621,** *Dr. Adm.* nov. 1993, n° 538.

« Lorsque la totalité du sol est partie commune, toutes les demandes de permis de construire doivent être autorisées par l'assemblée générale. »

• **Civ. 3e, 6 oct. 1993, n° 91-19.936,** NP, *RDI* 1993. 5451.

* V. ss n° 1148.

« L'autorisation relève de la majorité de l'article 25 lorsque la construction ne prolonge pas verticalement la façade, qu'il n'y a pas exhaussement à un niveau plus élevé que la toiture de l'immeuble et que la terrasse était privative. »

Bibliographie indicative.

ATIAS, *Dicopropriété*, Edilaix 2007, *V° Surélévation* – BOUYEURE, *Les travaux dans la copropriété*, Dalloz 1999 – KISCHINEWSKY-BROQUISSE, *La copropriété des immeubles bâtis*, Litec 1994, nos 48 et s. – LAFOND, ROUX et STEMMER, *Code de la copropriété*, Litec 2008, sous art. 35 et 36 – MICHALOPOULOS, *Vivre en copropriété*, éd. DPE 2008, chapitre V – VIGNERON, *La copropriété* Juris Classeur fasc. 96.

Après la loi du 12 mai 2009, Atias, *Annales des loyers* 2009. 972; ROUQUET, *AJDI* 2009. 414; VIGNERON, *Loyers et copr.* 2009. Étude 8; Lafond, *JCP N* 2009. 1224.

1145 Le droit de surélévation avant la loi de 1965[1]. Le problème de la surélévation de l'immeuble en copropriété s'est posé, principalement au lendemain de la dernière guerre et dans les villes de développement récent. Les propriétaires d'un immeuble peu élevé (2 à 4 étages par exemple) ont constaté qu'ils avaient la possibilité, dans le cadre de la réglementation de la construction et de l'urbanisme, d'ajouter à leurs immeubles des étages supplémentaires (le plus souvent 1 ou 2).

Au point de vue juridique, cette faculté est la conséquence du droit du propriétaire du sol « sur le dessus » (C. civ., art. 551) et le droit de surélévation a été considéré comme un droit incorporel accessoire de l'immeuble[2] dont le propriétaire pouvait par conséquent jouir et disposer, soit en l'utilisant personnellement, soit en procédant à son aliénation au profit d'un tiers.

L'exercice du droit de surélévation ne soulève pas de difficulté juridique particulière dans l'hypothèse où, à l'origine, une seule personne est propriétaire de l'immeuble à surélever. Mais le droit de surélever attaché à un immeuble soumis au statut de la copropriété, est présumé faire partie des choses communes, et la question s'était posée, bien avant la loi de 1965, de savoir comment ce droit pourrait être exercé ou aliéné par la collectivité des copropriétaires.

Si une décision isolée du tribunal de Nice avait admis que tout copropriétaire pouvait en demander la licitation[3], doctrine et jurisprudence admettaient, le plus souvent, dans le silence du règlement de copropriété, que seule l'unanimité pouvait en disposer, soit en l'utilisant dans l'intérêt commun,

1. KISCHINEWSKY-BROQUISSE, 1re éd., nos 179 s.
2. KISCHINEWSKY-BROQUISSE, 1re éd., n° 180.
3. TGI Nice, 4 avr. 1952, *JCP* 1952. II. 7212, note Becqué; *D.* 1952. Somm. 76.

soit en l'aliénant au profit d'un tiers[1]. La loi de 1965 a repris au moins partiellement ces solutions.

1146 Loi du 10 juillet 1965, art. 35 et 36[2]. L'article 3 de la loi de 1965 confirme cette analyse en reconnaissant, dans le silence ou la contradiction des titres, le caractère d'un « *droit accessoire aux parties communes* » au « *droit de surélever un bâtiment affecté à l'usage commun ou comportant plusieurs locaux qui constituent des parties privatives différentes* » (art. 3 - V. s[s] n°s 90 s.). L'article 35 de la loi de 1965 concerne à la fois la *surélévation*, mais aussi la construction de bâtiments aux fins de *créer de nouveaux locaux à usage privatif*.

La pratique de la surélévation a, pendant un certain temps, perdu une partie de son importance en raison de la limitation de la constructibilité du sol, par le POS et le PLD, mais les principes de la loi SRU et de la loi MPL sont de nature à redonner à cette pratique un regain d'actualité.

Si *l'article 35* concerne *la construction de locaux à usage privatif*, les *articles 26 c et 30* sont, en revanche, applicables lorsqu'il s'agit des *locaux à usage commun* (v. s[s] n°s 926 et 1098). L'intérêt de la distinction est évident, car l'objet et le régime des travaux, ainsi que les majorités requises pour décider, sont différents[3].

L'article 35 distingue, en effet, deux hypothèses : celle où la surélévation ou la construction de bâtiments est *exercée par le syndicat* (al. 1er) et celle où le syndicat décide *d'aliéner le droit de surélever* ou celui de construire (al. 2). L'intervention du syndicat, dans l'une et l'autre de ces hypothèses, implique la mise en œuvre d'un droit accessoire aux parties communes (v. s[s] n°s 90 s.) qui est la qualification donnée, dans le silence ou la contradiction des titres, au droit de surélever ou d'édifier des bâtiments nouveaux sur les parties elles-mêmes communes (v. s[s] n° 1052).

Quant à *l'article 36*, dont le domaine a été réduit par la loi du 31 décembre 1985, il se borne à régler la question de *l'indemnisation* des copropriétaires qui subissent un préjudice par suite de l'exécution des travaux de surélévation prévus à l'article 35, ce préjudice devant répondre aux conditions fixées à l'article 9 (v. s[s] n° 1162).

1147 Caractère et portée de l'article 35[4]. Les dispositions de l'article 35 relatives au droit de surélévation font partie des dispositions impératives de la loi aux termes de l'article 43. Mais deux précisions s'imposent :

1. D'une part, l'article 35, alinéa 4, dispose que « si le règlement de copropriété stipule une majorité supérieure pour prendre la décision (d'aliéner le droit de surélévation), cette clause ne peut être modifiée qu'à cette même majorité ». Sur ce point, il y a donc lieu d'appliquer les dispositions du règlement de copropriété s'il comporte une exigence de majorité plus élevée que celle de l'article 26. Ce pourrait être, par exemple, les deux tiers des copropriétaires représentant les quatre cinquièmes des voix, mais le plus souvent, ce sera l'unanimité. À défaut de précision, il semble bien que la modification puisse se faire en plus ou en moins, mais sans descendre au-dessous de la majorité définie par l'article 26 de la loi, qui constitue un plancher, sous

1. Bouvet et Cabanac, « Le Droit d'exhausser en matière de copropriété », *Gaz. Pal.* 1955. 2. Doctr. 19 – Martellière, « La loi du 28 juin 1938 et la copropriété des immeubles ». *Gaz. Pal.* 1955. 2. Doctr. 19 – Planiol, Ripert et Picard, t. III, n° 312 – Civ. 3e, 13 juin 1961, *AJPI* 1961. II. 178 – Civ. 1re, 25 mai 1964, *Bull. civ.* I, n° 211 – Grenoble, 18 oct. 1955, *Dict. prat. copr.* 103 – T. civ. Alger, 15 déc. 1951, AJPI 1952. 96 - T. civ., Grenoble, 18 févr. 1954, AJPI 1955. 209, note Bouvet et Cabanac. Ce jugement prononce condamnation à des dommages-intérêts, mais n'ordonne pas la suppression de la surélévation – COMP. : Civ. 11 mai 1954, *Bull. civ.*, n° 144; *Gaz. Pal.* 1954. 2, 30; *AJPI* 1955. II. 114, qui paraît une décision de circonstance, la surélévation de l'immeuble étant considérée comme réalisant une bonne étanchéité de la toiture-terrasse et Civ. 20 nov. 1963, *D.* 1964. Somm. 70; *Gaz. Pal.* 1964. 1, 115, qui considère la surélévation comme réalisant une « amélioration » de l'immeuble pouvant être autorisée en application de l'article 9 de la loi de 1938.
2. SUR L'ENSEMBLE DE LA QUESTION depuis la loi de 1965 : BOUYEURE, n°s 196 s. et 430 s. – GUILLOT, art. 35-36 – KISCHINEWSKY-BROQUISSE, n°s 40 s. – LAFOND, ROUX ET STEMMER, s[s] art. L. 35 et 36 – Barnier-Sztabowicz et Souleau-Mougin, « Le régime juridique des constructions édifiées sur la terrasse de l'immeuble », *Administrer* août-sept. 1999. 30 s. – Barrière, « Le droit de surélévation en copropriété », *JCP N* 1992. I. 118 – Bouyeure, « La surélévation de l'immeuble en copropriété et la construction de bâtiments comportant de nouveaux locaux privatifs », *Gaz. Pal.* 1973. II. Doctr. 631 – Dahan, « La surélévation des immeubles bâtis », *JCP* 1975. I. 1990 – Gélinet, « Le droit de surélévation en vue de créer des locaux à usage privatif », *Administrer* déc. 1993. 9 – Guillot, « L'aménagement d'une terrasse par un copropriétaire », *Administrer* févr. 1985. 5 – Hocquard, « La surélévation à l'initiative du syndicat », *IRC* oct. 2003. 14 – Levinshon, « Surélévation et copropriété », *AJDI* 2000. 205 – Quentin, « Modalités et problèmes de cession du droit de surélévation », *REDI* 1982. 62 s. – Ruffet, « La surélévation de l'immeuble en copropriété », *IRC* mars 1990. 67 – Sizaire, « Quelques aspects du droit de surélévation d'un immeuble en copropriété », *IRC* 1982. 195 – Bedos, « Le droit de surélévation des immeubles en copropriété », *Maisons et habitat* janv. 2004. 16; « Le droit de surélévation exercé par un particulier », *Maisons et Habitat* févr. 2004. 28.
3. Barnier-Sztabowicz et Souleau-Mougin, préc. – Civ. 3e, 6 mars 1991, n° 89-18.758, *Bull. civ.* III, n° 79; *AJDI* 1992. 109; *RDI* 1991. 261, obs. Capoulade, Giverdon.
4. Ruffet, « La surélévation de l'immeuble en copropriété "Lift and loft" », *IRC* juill. 2006. 23.

réserve du troisième alinéa nouveau (loi n° 2009-526 du 12 mai 2009, art. 8).

2. D'autre part, les dispositions de l'article 3 qui prévoient le droit de surélever et de construire, ne sont pas impératives; elles ne reconnaissent au droit de surélévation le caractère de chose commune que « *dans le silence ou la contradiction des titres* ». Le règlement de copropriété, ou tout autre titre, peut donc conférer à un copropriétaire déterminé - en pratique, soit au propriétaire du dernier étage, soit, le plus souvent, au propriétaire qui a procédé à la division de l'immeuble par lots de copropriété - la propriété du droit de surélévation qui est alors érigée en lot comprenant l'affectation d'une quote-part de parties communes [1].

Cette hypothèse doit être distinguée de deux autres éventualités. Sauf clause particulière dans l'acte constitutif, le droit de jouissance privatif sur parties communes n'emporte pas transfert des droits accessoires de surélever ou de construire [2]. Entièrement différent est encore le cas du propriétaire qui se réserve l'exercice du droit de surélévation ou celui de construire des locaux nouveaux, qui relève de l'article 37, et non de l'application de l'article 35 [3].

La qualification de droit accessoire aux parties communes soulève aussi une difficulté lorsque la surélévation concerne une maison individuelle faisant partie d'un « ensemble pavillonnaire » qualifié par les actes de « copropriété horizontale ». On pourrait penser, *a priori*, que l'article 35 n'est pas applicable [4], néanmoins, on fait observer [5] que la surélévation entraîne la création de nouvelles parties privatives qui seront dotées de la quote-part correspondante des parties communes; or, cette attribution implique nécessairement la cession par les autres copropriétaires de cette quote-part [6].

Sous le bénéfice de ces observations et en supposant que le droit de surélever ou celui de construire de nouveaux locaux privatifs est exercé par le syndicat des copropriétaires, en tant que droit accessoire aux parties communes, on en examinera successivement les conditions et les effets, après avoir précisé la notion même de surélévation.

1148 La notion de surélévation. La notion de construction de nouveaux locaux, à usage privatif, ne suscite pas de difficulté majeure d'interprétation; ces constructions peuvent consister dans l'agrandissement au sol de constructions existantes ou dans l'implantation de bâtiments nouveaux [7], même en sous-sol [8]. En revanche, la notion de surélévation mérite d'être précisée.

Selon une réponse ministérielle, « on entend généralement par surélévation, à la fois un exhaussement des murs de façades ou latéraux et une élévation de la ligne de faîtage du toit avec création d'espaces habités ou combles ou greniers inhabités » [9], mais la surélévation n'implique pas nécessairement la création d'un niveau supérieur [10]. De cette réponse et de la jurisprudence [11], il résulte que quatre conditions cumulatives caractérisent la surélévation :

- il faut, en premier lieu, une construction bâtie en dur, assurant la fixité, la permanence et la pérennité de l'ancrage [12]. Tel ne serait pas le cas d'un aménagement constitué « d'éléments légers, facilement démontables, indépendants du gros-œuvre », lequel relève de l'article 25 b et non de l'article 35 [13];

1. Civ. 3e, 6 juill. 1975, *JCP* 1977. II. 18537 – Civ. 3e, 3 mai 1990, n° 88-16.329, NP, *D.* 1991. 77; *IRC* 1990. 281, note Capoulade : EN CAS de substitution d'un droit de surélévation à un autre – Paris, 11 oct. 1994, *Administrer* juin 1996. 49 : SUR le cas du droit de surélévation en tant qu'accessoire d'une partie privative.
2. JURISPRUDENCE CONSTANTE : Civ. 3e, 2 oct. 1975, *AJPI* 1976. 405 – Civ. 3e, 5 oct. 1994, n° 93-11.020; *RDI* 1994. 688; *D.* 1997. Somm. 243, obs. Capoulade – Civ. 3e, 4 mai 1995, n° 93-11.121, *Bull. civ.* III, n° 113; *AJDI* 1995. 893; *IRC* nov. 1995. 9, note Capoulade; *RDI* 1995. 584; *D.* 1998. 266 – Civ. 3e, 20 mars 2002, n° 99-16.065, *IRC* juin 2002, note Atias – Paris, 8e ch. A, 26 juin 2001, RG n° 2000/22818, *Dossier csab* n° 102, nov. 2002, n° 163 – Civ. 3e, 4 nov. 2004, n° 03-11.741, *AJDI* 2005. 311, obs. Giverdon; *Administrer* mars 2005. 42, obs. Boyeure.
3. Civ. 3e, 22 mars 1995, n° 92-19.599, *Loyers et copr.* 1995, n° 345 – Civ. 3e, 6 mars 2002, n° 00-21.425, *Bull. civ.* III, n° 56; *AJDI* 2002. 614, obs. Giverdon.
4. Versailles, 15 févr. 1983, *Juris-Data* n° 044346, *Gaz. Pal.* 1985. I. Somm. 22.
5. BOUYEURE, n° 44.
6. Zurfluh, « La surélévation des maisons individuelles en copropriété », *IRC* 1982. 195 – AUSSI : Paris, 13 mars 1998, *Administrer* févr. 1999. 68.
7. BOUYEURE, n° 200.
8. Civ. 3e, 20 juin 1973, n° 72-10.606, *Bull. civ.* III, n° 431; *JCP* 1973. II. 1750; *D.* 1973. Somm. 143.
9. Rép. min., QE, *JOAN Q* 1978, p. 650.
10. Paris, 15 nov. 1993, *Loyers et copr.* 1994. 133.
11. Civ. 3e, 26 avr. 1983, n° 82-11.865, *Bull. civ.* III, n° 92; *Administrer* oct. 1983. 30, note Guillot; *Defrénois* 1983. 33180, note Souleau – Civ. 3e, 6 oct. 1993, n° 91-19.936, *IRC* 1994. 453, note Capoulade; *D.* 1994. 203; *Loyers et copr.* 1993. 443; *RDI* 1993. 545 – Civ. 3e, 1er déc. 1993, n° 91-12.159, *RDI* 1994. 105.
12. Guillot, « L'aménagement d'une terrasse par un copropriétaire », *Administrer* févr. 1985. 5 s. – Barnier-Sztabowicz et Souleau-Mougin, « Le régime juridique des constructions édifiées sur la terrasse de l'immeuble », *Administrer* août-sept. 1999. 30 s. – Paris, 23e ch. A, 26 nov. 1997, RG n° 93/12386, *Juris-Data* n° 023432, *IRC* févr. 1999. 20.
13. Civ. 3e, 6 oct. 1993, n° 91-19.936, *RDI* 1993. 545; *D.* 1994. 203, préc. – Paris, 23e ch. B, 24 avr. 1998, RG n° 97/03892, *IRC* févr. 1999, obs. Ritschy.

- il faut, en deuxième lieu, une construction comportant une prolongation verticale des façades[1]. Tel n'est pas le cas de la réalisation d'un « chien-assis »[2], ou le percement d'une trémie, la pose d'un châssis permettant d'accéder directement à la terrasse, partie privative, et l'installation d'un garde-corps[3];

- il faut, en troisième lieu, que l'ouvrage consiste en un exhaussement de la panne faîtière de l'immeuble, en un rehaussement à un niveau plus élevé que le faîte de la toiture[4]. Tel n'est pas le cas d'un simple redressement de la toiture dès lors que le point haut de celle-ci reste inchangé[5];

- il faut, en quatrième lieu, enfin que la construction soit destinée à adjoindre des locaux privatifs[6]. Tel ne serait pas le cas du simple aménagement intérieur des combles[7], sans exhaussement du faîtage de la toiture.

Lorsque les conditions de la surélévation ne se trouvent pas réunies, les travaux affectant les parties communes ou l'aspect extérieur de l'immeuble, ne relèvent pas de l'article 35, mais de l'article 25 b, ce qui implique l'application d'une majorité moindre[8].

SECTION 1
EXERCICE DU DROIT DE SURÉLÉVATION

1149 Distinction. Le droit de surélever un immeuble en copropriété comprenant des parties privatives de lots peut relever de régimes juridiques différents suivant qu'il constitue un *accessoire des parties communes*[9], *un droit réservé* au profit d'un copropriétaire ou d'un tiers (l'art. 37 de la loi du 10 juill. 1965 détermine alors ses conditions d'exercice), qu'il est attaché à un lot comme « *accessoire des parties privatives*[10] » ou qu'il compose un « *lot transitoire* » avec des quotes-parts de parties communes[11] (L. 10 juill. 1965, art. 3).

L'article 35 de la loi du 10 juillet 1965 distingue l'exercice du droit de surélévation par les soins du syndicat, d'une part, et l'aliénation de ce droit par le syndicat, en tant qu'accessoire des parties communes, dans le silence ou la contradiction des titres, d'autre part. Toutefois, la substitution du droit de construire un appartement sur les garages au droit de surélévation du 8e étage, initialement prévu comme partie privative d'un lot, correspond à la création d'un lot entièrement nouveau, non compris à l'état descriptif d'origine et non à la division d'un lot[12].

§ 1
Exercice par les soins du syndicat

1150 Nécessité d'une décision unanime. Aux termes de l'article 35, la décision du syndicat de réaliser par ses soins la surélévation ou la construction de bâtiments aux fins de créer de nouveaux locaux à usage privatif doit être prise à *l'unanimité de ses membres*[13]. Cette décision ne peut être prise qu'en assemblée générale. Un accord écrit, même unanime et signé par tous les copropriétaires, ne saurait constituer une décision du syndicat (v. ss n° 942). Si les travaux (surélévation ou construction) présentent un double objet : création de parties privatives et création de parties communes, l'assemblée générale devra se décider par deux votes distincts[14].

On pourrait s'interroger sur le point de savoir si la surélévation ou la construction de bâtiment pour créer des parties privatives entre bien dans l'objet général du syndicat. La lecture de l'article 14 de la loi conduirait logiquement à une réponse négative. Une décision même unanime ne peut déroger à une disposition impérative de la loi, comme l'article 14. Le syndicat agit comme un promoteur, pour peu qu'il aliène les locaux construits. Cependant, la dérogation vient de la loi elle-même et son article 35 qui est impératif aux termes de l'article 43, élargit,

1. Civ. 3e, 6 oct. 1993, préc.et Civ. 3e, 26 avr. 1983, préc.
2. Civ. 3e, 26 avr. 1983, préc.
3. Civ. 3e, 16 mars 2005, n° 04-10.727, NP, *Administrer* juin 2005. 49, obs. Bouyeure; *Loyers et copr.* 2005. 102.
4. Civ. 3e, 6 mars 1991, n° 89-18.758, *Bull. civ.* III, n° 79; *RDI* 1991. 261; *AJDI* 1992. 109 – Civ. 3e, 16 nov. 1982, n° 81-12.087, *D.* 1983. IR 129; *AJPI* 1983. 309, note Forestier – Paris, 10 juill. 1991, RG n° 90/17325, *Juris-Data* n° 022460, *Loyers et copr.* 1991. 401 – TGI Paris, 8e ch., 30 juin 1993, Jacquart c/Syndicat du 16, rue Bourg-Tibourg à Paris, inédit.
5. Paris, 23e ch. B, 13 mars 1998, *IRC* févr. 2000. 18, obs. Ritschy.
6. Civ. 3e, 19 nov. 1997, n° 96-10.771, NP, *RDI* 1998. 135, obs. Capoulade, Giverdon; *Loyers et copr.* 1998, n° 56 – Paris, 26 nov. 1997, RG n° 93/12386, *Juris-Data* n° 023432, *Loyers et copr.* 1998. 140.
7. Civ. 3e, 15 nov. 1993, *Loyers et copr.* 1994. 133.
8. Bouyeure, n° 443.
9. Civ. 3e, 22 mars 1995, n° 92-19.599, NP, *AJDI* 1992. 599, obs. Marcel Morand; *RDI* 1995. 594 obs. Capoulade, Giverdon.
10. Civ. 3e, 6 nov. 1984, *Juris-Data* n° 799455, *JCP N* 1985. 137, note Stemmer.
11. Civ. 3e, 14 nov. 1991, n° 89-21.167, *Bull. civ.* III, n° 275; *AJDI* 1992. 599; *RDI* 1992. 109, obs. Capoulade, Giverdon; *D.* 1992. 277.
12. Civ. 3e, 3 mai 1990, n° 88-16.329, *D.* 1991. 77; *IRC* 1990. 281, note Capoulade.
13. Paris, 17 févr. 2005, RG n° 04/08559, *AJDI* 2005. 583.
14. Bouyeure, *Gaz. Pal.* 1973. Doctr. 631.

en réalité l'objet social du syndicat tel qu'il est déterminé par l'article 14[1].

1151 Qualité de maître d'ouvrage du syndicat. Lorsqu'il exerce le droit accessoire de surélever ou de construire, le syndicat des copropriétaires prend la qualité de maître de l'ouvrage[2]. Il doit, en conséquence, satisfaire aux formalités administratives et déposer une demande de permis de construire en y joignant une copie du procès-verbal relatant la décision de l'assemblée[3]. Il doit aussi souscrire une assurance « dommages-ouvrage »[4] et, si plusieurs entreprises interviennent sur le chantier, s'assurer du concours d'un coordonnateur. Selon la nature et l'implantation de l'ouvrage, il peut ne pas être sans intérêt pour le syndicat de se couvrir contre les conséquences des troubles anormaux de voisinage[5]. Le syndic assume à cet égard un devoir d'information et conseil[6] et doit porter ces questions à l'ordre du jour de l'assemblée qui décide des travaux, mais il ne lui appartient pas, à moins qu'il ne soit lui-même architecte, de remplir le rôle de maître d'œuvre. Cependant, s'il était qualifié (et assuré) et peut remplir ce rôle, le contrat de maîtrise d'œuvre du syndic devrait être soumis à l'approbation de l'assemblée générale (Décr. 17 mars 1967, art. 39)[7].

§ 2
Aliénation du droit de surélever

1152 Majorité requise et accord des copropriétaires de l'étage supérieur[8]**.** Aux termes de l'article 35, alinéa 2, de la loi du 10 juillet 1965, la décision d'aliéner le droit de surélever un bâtiment existant exige, outre la majorité prévue à l'article 26 de la loi, *l'accord des copropriétaires de l'étage supérieur du bâtiment à surélever*, même s'il s'agit d'une surélévation partielle[9]. Si le syndicat est constitué par un groupe de bâtiments, il faut aussi la *confirmation par une assemblée spéciale* des copropriétaires des lots composant le bâtiment à surélever statuant à la majorité de l'article 26.

Enfin, le 4e alinéa de l'article 35 précise que si le règlement de copropriété prévoit une majorité supérieure pour prendre la décision d'aliéner le droit de surélever, cette clause ne peut être modifiée qu'à cette même majorité.

Ces dispositions appellent les précisions suivantes[10] :

Si la construction ou la surélévation envisagée est contraire à la destination de l'immeuble, la décision doit être prise à l'unanimité des membres du syndicat[11].

L'accord des copropriétaires de l'étage supérieur du bâtiment à surélever[12] peut être recueilli par écrit[13]; il n'a donc pas à être exprimé exclusivement au cours d'une assemblée générale et consigné au procès-verbal[14].

L'accord de tous les copropriétaires de cet étage est requis, même en cas de surélévation partielle[15].

La confirmation par l'assemblée spéciale des copropriétaires des lots composant le bâtiment à surélever est destinée à compléter la majorité de l'article 26 exigée de l'ensemble des copropriétaires du syndicat, en cas de groupe de bâtiments[16].

Les dispositions de « l'article 35, alinéa 2 », et spécialement l'exigence de la majorité de l'article 26, supposent une « aliénation » à titre onéreux : une aliénation sans contrepartie requiert une décision unanime des membres du syndicat[17].

L'assemblée générale peut imposer au cessionnaire l'obligation de respecter certaines conditions, par exemple, des exigences de style[18]. La violation

1. Civ. 3e, 3 déc. 1970, no 69-12.129, *Bull. civ.* III, no 666; *Gaz. Pal.* 1970. 1, 167.
2. 16e recomm. de la commission relative à la copropriété.
3. CE 26 sept. 1994, Req no 128074, *JCP N* 1995. II. 28 – CE 25 mars 1995, *JCP N* 1995. II. 1777 – « Le permis de construire et le statut de la copropriété des immeubles », *AJDA* 1988. 371 – AUSSI : Atias, « Propriété indivise et usage privatif », *JCP N* 1987. 353 – BOUYEURE, no 490.
4. Civ. 3e, 25 janv. 1994, no 92-16.203, *D.* 1994. 207; *RDI* 1994. 299 – BOUYEURE, no 322; 18e recomm. de la commission relative à la copropriété.
5. Ph. Malinvaud, « Les dommages aux voisins dus aux opérations de construction », *RDI* 2001. 479.
6. Civ. 3e, 26 févr. 1997, no 95-12.423, *RDI* 1997. 287.
7. Paris, 17 juin 1997, *Loyers et copr.* 1997. 324.
8. Paris, 8 mars 2000, RG no 1999/01032, *Juris-Data* no 108730.
9. TGI Paris, 28 nov. 1974, *AJPI* 1975. 305, note Bouyeure.
10. SUR L'ENSEMBLE DE LA QUESTION : BOUYEURE, nos 446 s. – Quentin, « Modalités et problèmes de cession du droit de surélévation », *REDI* 96, p. 62 – Stemmer et Faure, « La surélévation de l'immeuble en copropriété par une personne autre que le syndicat. Formule commentée », *JCP N* 1980. I 83 – Guillot, « L'aménagement d'une terrasse par un copropriétaire », *Administrer* févr. 1985. 5 – Barnier-Sztabowicz et Souleau-Mougin, « Le régime juridique des constructions édifiées sur la terrasse de l'immeuble », *Administrer* août-sept. 1999. 30 s.
11. EN CE SENS : BOUYEURE, no 450 – LAFOND, ROUX ET STEMMER, ss art. L. 35, § IV, no 12.
12. SUR CETTE CONDITION, BOUYEURE : nos 453 s. et « La qualité de copropriétaire de l'étage supérieur du bâtiment à surélever », *RDI* 1980. 399.
13. Paris, 16 déc. 1980, *Gaz. Pal.* 1982, I, 35.
14. Paris, 16 déc. 1980, préc., TGI Paris, 18 mars 1977, *D.* 1978. IR 132 – BOUYEURE, no 460 – LAFOND, ROUX ET STEMMER, préc.
15. EN CE SENS : TGI Paris, 28 nov. 1974, *AJPI* 1975. 305, note Bouyeure [CRITIQUE].
16. LAFOND, ROUX ET STEMMER, ss art. L. 35, § IV – EN SENS CONTRAIRE : BOUYEURE, no 459.
17. EN CE SENS : LAFOND, ROUX ET STEMMER, ss art. L. 35 – EN SENS CONTRAIRE : Bouyeure, no 451.
18. Civ. 3e, 9 janv. 1967, *AJPI* 1967.

de cette obligation engage la responsabilité du cessionnaire qui peut être condamné à des dommages-intérêts ou même à la démolition.

L'assemblée générale doit arrêter les conditions techniques, juridiques et financières du projet de travaux, en particulier le descriptif des travaux, la création de lots nouveaux, la modification de l'état descriptif de division, du règlement de copropriété et de l'état de répartition des charges, la détermination des quotes-parts de propriété et des quotes-parts de charges, ce qui implique la notification préalable des documents (Décr. 17 mars 1967, art. 11)[1]. L'assemblée générale doit aussi donner son accord si la destination, l'aspect extérieur ou les parties communes sont concernés[2]. La copie certifiée conforme de la ou des décisions de l'assemblée générale doit être jointe à la demande de permis de construire[3].

1153 Situation particulière dans le périmètre d'exercice du droit de préemption urbain. Les orientations données à la politique de l'urbanisme par la loi SRU et les préoccupations exprimées lors du vote de la loi MPL ont influencé les conditions de majorité applicables à l'aliénation du droit de surélévation par le syndicat des copropriétaires.

Selon l'exposé des motifs de la loi n° 2009-526 du 12 mai 2009, le nouvel alinéa 3 de l'article 35 « tend à apporter un élément de réponse à la pénurie foncière dans les agglomérations, en simplifiant et assouplissant les dispositions relatives à la surélévation des immeubles... En permettant d'accroître l'offre de logements dans les zones urbaines plus facilement qu'en créant de nouveaux immeubles, cet article limitera les nuisances environnementales... En outre, le dispositif présente un intérêt direct pour les copropriétaires qui pourront ainsi valoriser leur bien. » Cette loi ajoute un troisième alinéa nouveau à l'article 35 qui, dans certaines zones géographiques, substitue la majorité absolue des voix à la double majorité de l'article 26.

Ce texte reçoit une assise territoriale limitée. Il ne s'applique qu'aux bâtiments situés « *dans un périmètre sur lequel est institué un droit de préemption urbain en application de l'article L. 211-1 du code de l'urbanisme* ». Aux termes de ce dernier article, les communes dotées d'un POS rendu public ou d'un PLU approuvé peuvent « instituer un droit de préemption urbain sur tout ou partie des zones urbaines et des zones d'urbanisation future délimitées par le plan..., ainsi que sur tout ou partie de leur territoire couvert par un plan de sauvegarde et de mise en valeur rendu public ou approuvé en application de l'article 313-1, lorsqu'il n'a pas été créé de ZAD ou de périmètre provisoire de ZAD sur ces territoires ».

Dans ces secteurs, le bénéfice de ces nouvelles dispositions suppose que le syndicat envisage d'aliéner le droit de surélever et non de l'exercer lui-même, car alors l'unanimité prévue au premier alinéa de l'article 35 continuerait à s'appliquer.

À titre dérogatoire, le nouvel alinéa trois permet de décider l'aliénation du droit de surélever à la majorité des voix de tous les copropriétaires composant le syndicat, réunis en assemblée générale et, si le syndicat comporte plusieurs bâtiments, de confirmer cette décision à la majorité des voix des copropriétaires concernés, réunis en assemblée spéciale, et dont les lots composent le bâtiment à surélever. Ainsi, la majorité des voix des copropriétaires constituant l'assemblée générale et, le cas échéant, l'assemblée spéciale, se substituent à la double majorité de l'article 26, exigée dans le régime ordinaire. Le législateur n'a pas estimé « souhaitable qu'une décision aussi importante puisse être prise sur le fondement d'une simple majorité des copropriétaires présents ou représentés »[4]. Il a ainsi exclu tout retour à l'article 24 par le truchement de l'article 25-1.

Dans un souci de protection, le nouvel alinéa trois continue donc d'exiger « *l'accord unanime des copropriétaires de l'étage supérieur du bâtiment à surélever* ».

Enfin, le troisième alinéa ancien de l'article 35 devient le quatrième et dernier alinéa de cet article, mais avec une légère modification de forme. Il reprend la solution antérieure et l'adapte aux actuels deuxième et troisième alinéas.

Il énonce désormais : « *Si le règlement de copropriété stipule une majorité supérieure pour prendre les décisions prévues aux deux alinéas précédents, cette clause ne peut être modifiée qu'à cette même majorité* ».

L'article 25, visé par l'article 43, revêt un caractère impératif. Il élude donc le dispositif d'adaptation du règlement aux évolutions législatives prévu par l'article 49. Si le règlement de copropriété édicte une majorité supérieure aux majorités légales, il conviendra d'abord de modifier le règlement à la majorité contractuelle avant de décider l'aliénation du droit de surélever à la majorité légale.

1. Guillot, art. 35-37, n°s 2 et 10 – Vigneron, *Le syndic*, p. 20.
2. Civ. 3e, 7 mars 1990, n° 88-14.392, *IRC* juill.-août 1990. 209.
3. CE 26 sept. 1994, n° 128074 et n° 130080, *JCP N* 1995. II. 28 – en cas d'aliénation ou de réserve : CE 25 mars 1995, *JCP N* 1995. II. 1777.
4. Avis de M. Souchet, rapporteur au Sénat.

SECTION 2 CONSÉQUENCES DE LA SURÉLÉVATION

§ 1 En cas de réalisation par le syndicat lui-même

1154 Propriété des constructions nouvelles. À qui appartiennent les constructions nouvelles résultant de la mise en œuvre du droit accessoire aux parties communes ? Les travaux ont été menés à frais communs par le syndicat en sa qualité de maître de l'ouvrage. Du point de vue de l'organisation, on ne peut songer à un « volume » indépendant, en raison de l'existence de parties communes [1], ni à un syndicat secondaire, en raison de l'unité du gros-œuvre [2], ni à un ensemble immobilier, en l'absence de foncier éclaté.

Pour certains auteurs, une telle surélévation appartient indivisément aux copropriétaires [3]. Dans ce cas, appliquera-t-on les règles de l'indivision dont les quotes-parts correspondraient aux quotes-parts de parties communes, mais avec les inconvénients de l'indivision. Pour d'autres auteurs, la surélévation appartient au syndicat [4], ce qui implique, en assemblée générale, une mutualisation des voix correspondant aux lots ainsi créés. La doctrine et la jurisprudence ne semblent pas avoir pris parti sur cette question plus théorique que pratique.

§ 2 En cas d'aliénation du droit de surélever

1155 Propriété des constructions nouvelles. En pareil cas, le cessionnaire du droit de surélever (ou de construire) a mené les travaux à ses frais, en qualité de maître de l'ouvrage [5]. Il devient donc propriétaire des lots de surélévation ou de constructions nouvelles. Il dispose donc des quotes-parts qui sont afférentes à ces lots pour la participation à la votation et aux charges.

1. RAPPR. : Civ. 3e, 29 mai 2002, no 00-17.542, *Bull. civ.* III, no 113; *AJDI* 2004, obs. Giverdon; *D.* 2003. 1331.
2. Civ. 3e, 26 févr. 1997, no 95-12.709, *RDI* 1997. 290 – Civ. 3e, 2 oct. 2001, no 00-12.525, NP, *AJDI* 2002. 40; *D.* 2003. 1330; *Administrer* févr. 2002. 40, obs. Bouyeure.
3. EN CE SENS : Stemmer et Faure, « La surélévation de l'immeuble en copropriété par le syndicat », *JCP N* 1976, no 2775.
4. BOUYEURE, no 209.
5. Bedos, « Le droit de surélévation exercé par un particulier, Informations immobilières », févr. 2004, 28; *Maisons et habitat* févr. 2004. 28.

§ 3 Conséquences communes

1156 Quotes-parts de propriété et de charges [6]**.** Le législateur n'a pas réglementé la modification de la quote-part de parties communes et celle des charges, que pose nécessairement l'exercice du droit de surélévation mais, en revanche, l'article 36 de la loi de 1965 a prévu l'indemnisation des préjudices subis par les copropriétaires à l'occasion des travaux de surélévation et en a réglé la répartition.

La création de nouveaux locaux augmente la consistance matérielle de l'immeuble lui-même, en même temps que le nombre de lots. Il y existera donc une augmentation du nombre de quotes-parts de copropriété, réparties entre un plus grand nombre de copropriétaires ou en tant de lots. Si ce dernier nombre se trouve porté de 5 à 7, il convient de ne pas diviser le dénominateur par 7 au lieu de 5, ce qui correspondrait, en réalité, à un transfert de propriété, par amputation des lots préexistants. Il convient, au contraire, d'augmenter, en conséquence, le dénominateur. Si un immeuble de quatre niveaux est porté à six nouveaux, les parties communes se trouveront augmentées approximativement de 50 % : chaque copropriétaire aura donc un certain nombre de 1 500e au lieu d'un certain nombre de 1 000e.

La question se pose de savoir comment sera prise la décision concernant la nouvelle répartition et quelles règles s'imposeront à ce sujet :

1. Les nouvelles répartitions seront *décidées* par l'assemblée générale qui statue sur l'exercice ou sur l'aliénation du droit de surélévation [7], c'est-à-dire, soit à l'unanimité, soit à la majorité de l'article 26, ou à celle de l'article 25, selon la distinction précédemment indiquée.

Cette solution est imposée en ce qui concerne les *charges* par l'article 11 (al. 1er), aux termes duquel « la modification de la répartition des charges... *rendue nécessaire* » par « *des travaux ou des actes d'acquisition ou de disposition* » est décidée aux mêmes conditions de majorité par l'assemblée générale qui décide de ces travaux, acquisitions ou aliénations (v. ss no 488).

S'il n'existe pas de texte correspondant quant à la répartition des *quotes-parts de parties communes*, il paraît cependant impossible d'envisager une autre solution.

6. BOUYEURE, no 476.
7. La « purge » des droits réels que réalise l'article 6-1, ajouté à la loi de 1965, par celle du 2 janvier 1979, a eu pour résultat de faciliter l'établissement des modificatifs à l'état descriptif de division – Bouyeure, « La loi du 2 janvier 1979 relative aux droits grevant les lots d'un immeuble soumis au statut de la copropriété et son décret d'application du 21 mai 1979 », *AJPI* 1979. 74.

2. Quant aux règles concernant la *répartition*, il y a lieu de procéder suivant la même distinction que celle précédemment indiquée entre la répartition des parties communes, en tant que quote-part de propriété, qui ne touche pas à l'ordre public, et celle des charges qui présente un caractère impératif. Il en résulte que la quote-part de parties communes, en tant que quote-part de *propriété*, (L. 10 juill. 1965, art. 5) et celle des *charges* « relatives à la conservation, à l'entretien et à l'administration des parties communes » seront normalement réparties en proportion de « la *valeur relative* de chaque partie privative par rapport à l'ensemble des valeurs desdites parties », étant précisé que cette répartition est impérative quant aux charges, mais qu'elle peut être écartée quant aux quotes-parts de parties communes, en tant que quotes-parts de propriété.

La répartition des « charges » entraînées par les services collectifs et les éléments d'équipement commun sera établie « en fonction de *l'utilité* que ces services et éléments présentent à l'égard de chaque lot », suivant les dispositions impératives de l'article 10 (al. 1er).

Ces répartitions devront tenir compte des nouvelles dispositions de l'article 10 (al. 4) sur les éléments à prendre en considération et la méthode de calcul pour déterminer les quotes-parts, soit que le règlement de copropriété les indique déjà, soit qu'on convienne de les mentionner pour l'avenir.

1157 L'indemnisation des préjudices. L'exécution des travaux de surélévation peut être de nature à entraîner des préjudices pour certains copropriétaires : fissuration des murs et plafond, bruit, infiltrations par défaut de bâchage ou de jointoiement. Après son remaniement par la loi du 31 décembre 1985, l'article 36 de la loi du 10 juillet 1965 détermine les conditions de l'indemnisation :

– Le préjudice indemnisable doit résulter des travaux de surélévation prévus à l'article 35, à l'exclusion de tous autres. La loi de 1985 a, en effet, inséré dans l'article 32 l'indemnisation des préjudices consécutifs aux travaux d'amélioration de l'article 30.

– Le préjudice indemnisable doit répondre aux conditions générales désormais prévues par l'article 9 de la loi : diminution définitive de la valeur d'un lot (perte d'ensoleillement, de luminosité, de vue...), trouble de jouissance grave, même s'il est temporaire, dégradation. Il appartient au demandeur d'établir l'existence et l'étendue de son préjudice.

– La charge de l'indemnisation est répartie sur l'ensemble des copropriétaires dans la proportion initiale des droits de chacun dans les parties communes[1]. La victime participe donc à la réparation de son propre préjudice, mais elle pourrait, sans doute, agir en dommages-intérêts pour sa part[2].

Toutefois, aucun texte ne précise l'autorité qui évalue le préjudice et détermine le montant de l'indemnité. Dans le silence de la loi, la doctrine hésite entre l'assemblée générale et le juge[3]. Si la question est posée à l'assemblée, le copropriétaire lésé disposera toujours de la faculté de contester la décision en justice dans le délai de l'article 42 (al. 2) de la loi. S'il paraît souhaitable que le montant total de la dépense apparaisse au moment de la décision sur les travaux, il semble difficile que l'assemblée générale soit à même d'évaluer le préjudice à ce même moment.

1. Gélinet, « Le droit de surélévation en vue de créer des locaux à usage privatif », *Administrer* déc. 1993. 9 – Civ. 3e, 29 janv. 1997, no 94-16.714, NP.
2. Vigneron, J.-Cl. copr., fasc. 96.
3. Lafond, Roux et Stemmer, ss art. L. 36, no 2 – Bedos, p. 29.

CHAPITRE

3. Reconstruction de l'immeuble

SECTION 0 ORIENTEUR

Plan du chapitre.

Textes applicables.

• L. n° 85-729, 18 juill. 1985, relative à la définition et à la mise en œuvre de principes d'aménagement, art. 38 à 41.

Jurisprudence de référence.

• **Civ. 3e, 8 mars 1989, n° 87-13.267,** *Bull. civ.* III, n° 57.

* V. s^s n°s 1159, 1164.

« Un syndicat de copropriétaires a qualité pour agir en justice au nom de tous les copropriétaires, en réparation du préjudice résultant pour eux de la destruction totale du bâtiment dont la reconstruction a été décidée. »

• **Civ. 3e, 16 juill. 1996, n° 94-21.672,** NP.

* V. ss n° 1163.

« La modification des charges résultant exclusivement des modifications apportées à l'immeuble par la réhabilitation à la suite d'un incendie ne requiert pas l'unanimité des voix mais seulement la majorité des voix de tous les copropriétaires. »

Bibliographie indicative.

ATIAS, *Guide de la copropriété*, Edilaix 2007, art. L. 38 à 41 – KISCHINEWSKY-BROQUISSE, *La copropriété des immeubles bâtis*, Litec 1994, n° 203 – LAFOND, ROUX et STEMMER, *Code de la copropriété*, Litec 2008, art. L. 38 à 41.

1158 Destruction de l'immeuble – Dispositions facultatives [1]. Le chapitre IV (art. 38 à 41) de la loi de 1965 est consacré à la « reconstruction » de l'immeuble; il reprend, en les modifiant, les dispositions de l'article 12 de la loi de 1938 [2]. L'importance pratique de ces dispositions est très limitée et la jurisprudence très réduite. *Les dispositions légales visent les « cas de destruction totale ou partielle »* et prévoient les conditions d'une éventuelle reconstruction. La loi ne définit pas la notion de « destruction », qui est essentiellement une notion de fait [3], qu'elle qu'en soit la cause (l'hypothèse de l'incendie, expressément visée par la loi de 1938, est la plus vraisemblable); elle suppose la perte de parties construites tant privatives que communes, mais non celle des équipements dont le remplacement ou la réparation relève de l'entretien [4]. En cas de difficulté, on pourra se référer à l'interprétation de ce terme dans le cadre de l'article 1722 du code civil, relatif à la destruction de la chose louée.

Les dispositions des articles 38 à 41, non mentionnées dans l'article 43, ne présentent pas un caractère impératif. Il s'agit donc d'un domaine où le règlement de copropriété peut déroger, en introduisant un régime conventionnel de reconstruction sous une réserve indiquée plus loin.

SECTION 1 MAJORITÉS REQUISES

1159 Principe. L'article 38 prévoit à cet égard une double règle.

1. ATIAS, n°s 879 s. – CABANAC, n°s 617 s. – GUILLOT, art. 38 à 41 – KISCHINEWSKY-BROQUISSE, n°s 203 s. – LAFOND, ROUX ET STEMMER, s^s art. L. 38 à 41 – SIZAIRE, n°s 191 s. – Bouyeure, « Les travaux dans la copropriété », n°s 214 s. – GUILLOT, n°s 191 s. – Guillot, « La remise en état d'un bâtiment sinistré faisant partie d'un groupe d'immeubles ». *Administrer* janv. 1982. 21 – Guillot, « La disparition du syndicat », *Administrer* avr. 1979. 90 – J.-CL. COPR., fasc. 96 – Martin « L'immeuble détruit », *Ann. loyers* 1990. 449.
2. KISCHINEWSKY-BROQUISSE, n° 203.
3. KISCHINEWSKY-BROQUISSE, n° 203 – On peut citer l'exemple de l'effondrement de l'immeuble provoqué par les opérations de construction menées sur chantier voisin : Civ. 3e, 8 mars 1989, n° 87-19.178, *IRC* 1990. 10, note Capoulade.
4. GUILLOT, n° 1-02.

En principe, la reconstruction du bâtiment (en cas de destruction totale) ou la remise en état de la partie endommagée (en cas de destruction partielle) est décidée par « *l'assemblée générale des copropriétaires dont les lots composent le bâtiment sinistré... à la majorité des voix de ces copropriétaires*[1] ». Ce texte appelle une remarque et suscite deux observations :

La remarque est que, logiquement, la destruction totale du bâtiment, à le supposer unique, devrait entraîner la disparition du syndicat et rendre inapplicable le statut de la copropriété. Il ne reste plus que le sol, partie commune, et les copropriétaires devraient donc se retrouver dans la situation des coïndivisaires de droit commun[2]. Or, précisément, l'article 38 de la loi ne tire pas cette conséquence; il prévoit au contraire la « survie » du syndicat et son maintien, au moins jusqu'à ce qu'une décision soit prise sur la reconstruction[3]. Il est certain qu'il en est, *a fortiori*, ainsi lorsque la destruction ne concerne qu'un seul des bâtiments d'une copropriété qui en comporte plusieurs[4].

Le texte suscite deux observations. La première est que l'assemblée compétente ne groupe que les copropriétaires du « bâtiment sinistré ». Bien que qualifiée de « générale » par la loi, il s'agit, en réalité, d'une « assemblée spéciale » (Décr. 1967, art. 20). Il n'y a pas lieu de consulter l'ensemble du syndicat, s'il groupe plusieurs immeubles. La seconde observation est que la décision est prise à la majorité des *voix* de « ces copropriétaires »; il ne paraît pas douteux que la majorité se calcule comme dans l'hypothèse de l'article 25[5], c'est-à-dire sur la totalité des voix des copropriétaires appelés à participer à l'assemblée spéciale et non pas sur la majorité des « présents ou représentés », comme dans le cas de l'article 24. En outre, l'article 38 ne prévoit pas de seconde réunion, avec majorité simple, à défaut de décision prise à la majorité de l'article 25. La gravité de la décision à prendre justifie, à notre sens, l'exigence minimale de la majorité réelle de tous les copropriétaires[6]. En ce qui concerne le droit de vote, en l'absence de dispositions particulières, on suivra les règles générales posées par l'article 22 (v. s^s^ n°s 824 s.).

Toutefois, il n'est pas douteux que le règlement de copropriété, pouvant déroger à l'article 38, a la faculté d'imposer une majorité plus forte pour prendre la décision.

1160 Destruction affectant moins de la moitié du bâtiment. L'article 38 introduit une seconde règle, qui ne figurait pas dans la loi de 1938. Si, en principe, la reconstruction est facultative, « *dans le cas où la destruction affecte moins de la moitié du bâtiment, la remise en état est obligatoire si la majorité des copropriétaires sinistrés la demande* ». Il s'agit de la majorité en *nombre* des copropriétaires intéressés[7]. On comprend aisément la volonté du législateur : dans la situation visée par le texte, la majorité des copropriétaires n'est pas directement touchée par le sinistre, et risque par conséquent d'être opposée à la décision de remise en état. La décision sera donc prise par la majorité, non pas des voix de tous les copropriétaires du bâtiment, mais seulement par la majorité des copropriétaires qui ont été directement atteints par le sinistre (le plus simple était sans doute de prévoir une assemblée spéciale de ces copropriétaires). La décision prise par ce groupement restreint s'imposera à l'ensemble des copropriétaires, dont on verra plus loin dans quelle mesure ils sont tenus de participer à la dépense.

Faut-il aller plus loin quant à l'interprétation de ce texte ? On a soutenu que le caractère « obligatoire » de la décision prise, en cas de destruction partielle, donnait à cette partie du texte un caractère impératif, et qu'il ne serait pas possible de déroger sur ce point à l'article 38. Cette interprétation est certainement souhaitable sur le plan de l'équité, dans la mesure où la disposition envisagée tend à assurer la protection d'une minorité de copropriétaires contre les risques d'abus de la majorité. Elle reste cependant discutable sur le plan juridique, puisqu'on a précédemment montré que, dans le silence de l'article 43, le règlement de copropriété pouvait déroger aux dispositions des articles 38 à 41.

1161 Améliorations ou additions. Aux termes de l'article 39, « en cas d'améliorations ou d'additions par rapport à l'état antérieur au sinistre, les dispositions du chapitre III sont applicables ». La solution est d'évidence et s'imposerait même en l'absence de toute disposition légale : la majorité absolue des copropriétaires peut décider la reconstruction ou la remise en état, sans amélioration. Si,

1. POUR APPLICATION : Paris, 20 mai 1999, RG n° 1997/13116, *Loyers et copr.* 2000. 26.
2. EN CE SENS : GUILLOT, art. 38 à 41, n° 3-12 – KISCHINEWSKY-BROQUISSE, n° 206.
3. Capoulade, note s^s^ Civ. 3e, 8 mars 1989, n° 87-13.267, *Bull. civ.* III, n° 57; *IRC* 1990. 10 : qui pose la question de savoir quelle est l'étendue de la compétence du syndicat entre la destruction de l'immeuble et la décision de reconstruire. Est-ce un syndicat « de plein exercice » ou sa compétence est-elle limitée à la décision de reconstruire ?
4. Versailles, 16 mars 1982, *Juris-Data* n° 042203, *D.* 1983. IR 463.
5. GUILLOT, n° 1-07 – KISCHINEWSKY-BROQUISSE, n° 203.
6. On précise que l'unanimité n'est pas requise pour décider la non-reconstruction de certaines parties communes non nécessaires au respect de la destination de l'immeuble : TGI Rennes, 7 janv. 1980, *Administrer* oct. 1980, n° 106.
7. V. KISCHINEWSKY-BROQUISSE, n° 203, note 921 – GUILLOT, n° 1-08 – LAFOND, ROUX ET STEMMER, s^s^ art. L. 38, n° 915.

au contraire, la reconstruction ou la remise en état comporte additions ou améliorations, on exige la double majorité de l'article 26 et, plus généralement, les conditions prévues par le chapitre III. Il n'est pas douteux que, sur ce point, les dispositions de la loi, qui renvoient aux dispositions impératives du chapitre III, sont elles-mêmes impératives; le règlement de copropriété ne peut pas modifier cette exigence[1]. Il y a donc lieu de prendre deux décisions à des majorités différentes[2].

1162 **Catastrophe technologique**[3]**.** La loi n° 2003-699 du 30 juillet 2003 (art. 20) a introduit un article 38-1 dans la loi du 10 juillet 1965 en cas de dommages causés aux immeubles en copropriété par une catastrophe technologique.

Le champ d'application de ce texte semble bien circonscrit :

Il vise les dommages en parties communes, ce qui exclut ceux causés aux parties privatives (portes, fenêtres, volets...). La question se pose donc de savoir si ce texte d'exception peut s'étendre aux équipements communs (ascenseur, chaudière, ventilation mécanique contrôlée...).

Il concerne la « remise en état » des parties communes endommagées. Il s'agit plus d'une réparation que d'une reconstruction, mais une remise en état, au sens large, pourrait englober une reconstruction partielle de parties communes exclusivement.

Les travaux que le syndic sera autorisé à exécuter, par l'assemblée générale, ne sont que des travaux rendus nécessaires par l'urgence, par exemple, le remplacement de la toiture. Ils vont donc au-delà de la sauvegarde et l'article 38-1 exclut donc les dispositions de l'article 37 du décret.

Les dommages en parties communes doivent provenir d'une catastrophe technologique, ce qui suppose que cette qualification résulte d'une décision de l'autorité administrative précisant les zones et la période de survenance des dommages (C. assur., art. L. 128-1).

La *procédure* est elle-même spécifique :

Le syndic convoque, sous quinzaine, l'assemblée générale des copropriétaires. Il adressera la convocation à la dernière adresse qui lui a été notifiée, bien que peu lui auront notifié leur adresse d'hébergement provisoire ou d'hospitalisation; la difficulté risque de venir des successions qui pourraient s'ouvrir dans l'intervalle. Le délai de convocation « sous quinzaine » déroge au délai de droit commun qui est « d'au moins vingt et un jours » (au moins quinze jours, en 2003).

L'assemblée se tient dans les deux mois suivant la catastrophe. Sans doute, le mois et demi séparant la convocation de la réunion sera mis à profit pour établir le descriptif des dommages avec l'assureur (C. assur., art. L. 128-3), faire dresser les devis nécessaires et négocier l'indemnisation avec l'assurance ou, le cas échéant, en l'absence d'assurance, avec le fonds de garantie (C. assur., art. L. 421-16). Le texte législatif ne précise pas le moment de notification des devis.

L'assemblée délibère alors « à la majorité des *copropriétaires présents ou représentés* », ce qui implique une majorité *en nombre* et non en voix.

SECTION 2
DÉCISION DE RECONSTRUCTION

1163 **Charge des dépenses.** La décision de reconstruction ou de remise en état s'impose évidemment à l'ensemble des copropriétaires et met donc à leur charge le coût des dépenses qui seront engagées à cet effet, dont la disposition finale de l'article 38 précise la répartition : « *les copropriétaires qui participent à l'entretien des bâtiments ayant subi les dommages sont tenus de participer dans les mêmes proportions et suivant les mêmes règles aux dépenses de travaux* ». La charge des travaux est donc proportionnelle à la répartition habituelle des dépenses d'entretien : il n'y a, sur le principe de cette répartition, aucune difficulté. Il en résulte, en cas de répartition des charges par bâtiment et si celui-ci ne constitue qu'un seul lot, que la charge de la reconstruction pèse sur le seul propriétaire de ce lot, sans que le syndicat ait à rembourser les sommes avancées pour ces travaux[4].

Mais un doute peut naître quant à la portée exacte de cette répartition, dont la loi précise qu'elle a lieu « *suivant les mêmes règles* » que pour l'entretien des bâtiments. Or, les dépenses d'entretien collectif ne concernent que les parties communes à l'exclusion des parties privatives, et l'on pourrait être tenté de soutenir que la solution doit être la même en cas de reconstruction ou de remise en état, la charge des dépenses afférentes aux parties privatives incombant alors à chaque copropriétaire sinistré.

Bien que la question puisse prêter à discussion, il n'y a pas lieu d'admettre cette interprétation restrictive. L'article 38 prévoit, en effet, le cas des

1. KISCHINEWSKY-BROQUISSE, n° 204 – SIZAIRE, n° 193 – LOMBOIS, n° 178 – GUILLOT, art. 38 à 41, n° 1-09.
2. GUILLOT, n°s 1-10 et 1-12.
3. Bouyeure, « Les dispositions législatives des 2 juillet, 30 juillet et 1er août 2003 modifiant le statut de la copropriété ou applicable aux immeubles en copropriété », *Administrer* janv. 2004. 8 – Capoulade, « Petite chronique de l'été législatif », *IRC* avr. 2004. 7.
4. Paris, 23e ch. B, 20 mai 1999, RG n° 1997/13116, *IRC* févr. 2001. 26.

« dépenses de travaux » *sans aucune distinction*. En cas de sinistre, il se crée une sorte de « solidarité » entre tous les copropriétaires de l'immeuble, qui doivent contribuer à la totalité des charges qui en résultent. L'existence de cette solidarité est notamment confirmée par les dispositions de l'article 41 (v. s^s n° 1167)[1]. De plus, les quotes-parts de charges communes sont proportionnelles à la valeur relative des lots, ce qui, en définitive, constitue un facteur d'équité à cet égard sur la nouvelle répartition des quotes-parts après reconstruction[2].

1164 Affectation des indemnités. L'article 40 reproduit dans des termes presque identiques les dispositions de l'article 12, alinéa 2, de la loi de 1938, et précise que « *les indemnités représentatives de l'immeuble détruit, sont, sous réserve des droits des créanciers inscrits, affectés par priorité à la reconstruction* ». Dans la pensée du législateur, ce texte concerne essentiellement les indemnités d'assurance. Mais il a une portée générale et s'applique également à toutes autres indemnités, notamment celles dues par l'auteur responsable du sinistre (ou éventuellement son assureur), ou celles, le cas échéant, allouées par la collectivité publique dans le cas, par exemple, d'un sinistre exceptionnel (tremblement de terre) pris en charge par celle-ci[3].

On précise que le syndicat a qualité pour demander la réparation du dommage causé par la démolition de l'entier immeuble, mais que ce sont les copropriétaires qui ont qualité pour demander la réparation du préjudice qu'ils éprouvent personnellement[4].

1165 Droit de priorité des créanciers inscrits. La réserve des droits des créanciers inscrits, qui figurait déjà dans l'article 12 de la loi de 1938, doit être sérieusement précisée, car sa signification n'est nullement évidente. À notre sens, l'article 40 de la loi du 10 juillet 1965 réserve les droits des créanciers inscrits qui sont reconnus, en vertu de dispositions légales présentement en vigueur, mais il ne crée pas ces droits. Cette disposition ne peut être invoquée par les créanciers inscrits que pour les seules indemnités qui sont considérées comme substituées à l'immeuble détruit, et non pour les autres. En pratique, l'article 40 s'applique dans l'hypothèse la plus fréquente, celle de l'indemnité d'assurance, en cas d'incendie (L. 13 juill. 1930, art. 37, al. 2).

Il est utile de préciser que la garantie reconnue aux créanciers inscrits – même dans les cas où elle peut jouer à leur profit – n'est pas un obstacle absolu à l'utilisation de l'indemnité pour la reconstruction de l'immeuble. On peut en effet envisager un accord entre le créancier inscrit et le syndicat, aux termes duquel ce dernier sera autorisé à utiliser l'indemnité aux fins de reconstruction (ou de remise en état) de l'immeuble, l'hypothèque étant reportée, et au besoin réinscrite, sur la nouvelle construction. Un tel accord devra nécessairement contenir les clauses nécessaires pour préciser dans quelles conditions, et suivant quelle garantie, le créancier inscrit donnera mainlevée de son opposition à la compagnie d'assurances débitrice de l'indemnité.

1166 Affectation prioritaire à la reconstruction. L'article 40 de la loi décide que les indemnités sont affectées « *par priorité à la reconstruction* » : le texte ne reprend dont pas le terme équivoque « par privilège » qui figurait dans la loi de 1938, et qui notamment avait donné lieu à discussion sur le plan du rang de ce privilège. Il n'en reste pas moins que de nombreuses difficultés peuvent se présenter, qu'on ne peut que signaler sans entrer dans une discussion dont on sait déjà le peu d'intérêt pratique. Ces difficultés nous paraissent de deux ordres.

D'une part, sur le plan des rapports avec le débiteur de l'indemnité (le plus souvent une compagnie d'assurances), comment réserver cette priorité d'affectation ? Il n'y aurait pas de difficulté si le syndicat était personnellement créancier des indemnités, qui entreraient donc directement dans son patrimoine, mais on sait que le syndicat n'est pas propriétaire de l'immeuble, et que, par suite, les indemnités seront normalement dues, individuellement, à chaque copropriétaire, soit dans le cadre de leur assurance personnelle, soit en raison des recours qu'ils auront exercés contre les tiers. L'affectation prioritaire permet-elle au syndicat de faire opposition entre les mains du débiteur au paiement de l'indemnité à chaque copropriétaire individuellement, en garantie du paiement de sa part dans la reconstruction ? On peut estimer que cette opposition est possible lorsque l'assemblée générale a pris la décision de reconstruire, puisque cette décision engage les copropriétaires à concurrence de leur quote-part et que le syndicat devient alors leur créancier de charges à due concurrence. Mais, avant toute décision, il n'existe aucune créance, autre qu'éventuelle, du syndicat, qui pourrait justifier une telle opposition. Rien ne peut donc interdire au débiteur (la compagnie d'assurances) de régler directement et individuellement tel ou tel copropriétaire.

1. Kischinewsky-Broquisse, n° 203 – Lafond, Roux et Stemmer, s^s art. L. 38, n° 4.
2. Civ. 3e, 16 juill. 1996, n° 94-21.672, *RDI* 1996. 614.
3. Kischinewsky-Broquisse, n° 204 – Lombois, n° 178 – Guillot, art. 38 à 41 – Sizaire, n° 193 – Bouyeure, n° 225.
4. Civ. 3e, 8 mars 1989, n° 87-13.267, *IRC* 1990. 10, note Capoulade : pour le cas où la destruction de l'immeuble a été provoquée par des travaux exécutés sur un chantier voisin – aussi : Versailles, 16 mars 1982, *Juris-Data* n° 042203, *D.* 1983. IR 463.

Une seconde difficulté pourra se présenter dans les rapports entre copropriétaires eux-mêmes, dont les droits à indemnité peuvent être profondément différents. Il suffit de citer l'exemple du copropriétaire bailleur, qui peut prouver que l'incendie a pris naissance dans l'appartement loué : son locataire est responsable de plein droit à son égard (C. civ., art. 1733), mais ne l'est pas nécessairement envers les autres copropriétaires, ou celui du copropriétaire insuffisamment assuré en présence d'autres qui ne le sont assez. Il nous paraît certain que les indemnités dues au profit de chaque copropriétaire ne forment pas un tout, mais qu'elles doivent être affectées individuellement à la dette de chacun d'eux, déterminée dans les conditions posées par l'article 38, dette qu'elles éteindront donc à due concurrence. Toute autre solution, notamment dans l'hypothèse d'une indemnité d'assurance incendie, aurait pour résultat inadmissible de sanctionner le propriétaire prévoyant par rapport à celui qui ne l'a pas été ou qui l'a été insuffisamment.

SECTION 3
REFUS DE RECONSTRUIRE

1167 **Liquidation des droits.** Aux termes de l'article 41, « si la décision est prise, dans les conditions prévues à l'article 38 ci-dessus, de ne pas remettre en état le bâtiment sinistré, il est procédé à la liquidation des droits dans la copropriété et à l'indemnisation de ceux des copropriétaires dont le lot n'est pas reconstitué ». Bien que le texte envisage l'hypothèse où la décision est prise de ne pas remettre en état le bâtiment sinistré, la question de la liquidation des droits, aussi bien que celle de l'indemnisation des copropriétaires dont le lot n'a pas été reconstitué, peuvent se poser dès lors qu'il est établi que cette remise en état est impossible, par exemple en cas de refus de l'Administration de l'autoriser. Il n'est pas possible, en pareil cas, de subordonner à une décision de l'assemblée générale la liquidation des droits[1].

Mais qu'il y ait ou non décision de l'assemblée générale, celle-ci se révèle délicate, la loi ne donnant aucune indication sur les modalités selon lesquelles elle doit s'opérer.

Il y a lieu de procéder selon la distinction suivante.

S'il n'y avait qu'un seul bâtiment et qu'il n'est pas reconstruit, il n'y a plus de parties privatives et les copropriétaires, pour ce qui subsiste des parties communes (pratiquement le sol), se trouvent dans un état d'indivision ordinaire, le statut légal de la copropriété ayant alors disparu et le syndicat dissous. Il y aura donc lieu de procéder à la vente à l'amiable, ou sur licitation, le prix étant partagé au prorata des tantièmes de copropriété[2]. Le syndicat est dissous et il y a lieu de procéder à sa liquidation, situation que la loi ne règle pas en l'état.

La question est plus délicate lorsque le syndicat comportait plusieurs bâtiments et qu'un seul n'est pas « remis en état ». On peut alors raisonner ainsi[3]. Du fait que les parties privatives des lots du bâtiment non reconstruit se trouvent détruites, leurs propriétaires ne possèdent plus qu'une quote-part dans les parties communes générales de l'immeuble. Ils se retrouvent donc, vis-à-vis des autres copropriétaires, dans une situation qui est celle du régime de l'indivision. Il est, dès lors, possible de faire application de la disposition de l'article 815 du code civil selon laquelle le tribunal peut attribuer à l'indivisaire souhaitant sortir de l'indivision, après expertise, sa part en argent. Cette attribution peut également résulter d'un accord amiable entre les copropriétaires des lots non reconstruits et le syndicat ou les copropriétaires des bâtiments non sinistrés[4].

1168 **Indemnisation.** Une remarque analogue s'applique à la disposition finale du texte qui prévoit « *l'indemnisation de ceux des copropriétaires dont le lot n'est pas reconstitué* ». Sans doute, le texte n'est pas inutile, en ce sens qu'il pose le principe d'un droit à indemnité au profit de cette catégorie de copropriétaires, que lèse la décision de l'assemblée générale de ne pas remettre en état. En l'absence de tout texte légal, et dans l'hypothèse d'un sinistre dû à un cas de force majeure, l'application de la *règle res perit domino* aurait pu conduire à refuser tout droit à indemnité, que l'équité n'impose pas avec évidence en pareille hypothèse. L'article 41 apparaît ainsi comme une nouvelle manifestation de l'idée de solidarité, dont on a précédemment souligné l'existence, dans le domaine de la copropriété. La perte partielle d'un immeuble doit se répartir entre tous, y compris ceux dont les lots n'ont pas été endommagés, ou l'ont été de façon limitée.

Mais au-delà de la reconnaissance du principe de l'indemnisation inscrit dans l'article 41, le législateur, comme pour la liquidation, ne donne aucun élément utile pour la mise en œuvre du principe, ni pour ses conditions d'exercice.

1. EN CE SENS : Paris, 19 mai 1989, RG n° 87/001718, *Juris-Data* n° 022500, *RDI* 1989. 347; *Gaz. Pal.* 1989. 2, 952, note Bouyeure; *Loyers et copr.* 1989. 347.

2. EN CE SENS : BOUYEURE : note préc. – KISCHINEWSKY-BROQUISSE, n° 206 – LAFOND, ROUX ET STEMMER, s[s] art. L. 41, n° 3.
3. V. Bouyeure, n° 229.
4. KISCHINEWSKY-BROQUISSE, *loc. cit.*

À défaut de disposition du règlement de copropriété définissant les modalités de cette indemnisation, on se bornera à indiquer que l'indemnisation ne porte pas sur la valeur des parties privatives détruites[1]; elle est limitée à la valeur des quotes-parts de parties communes affectées aux lots sinistrés, celles-ci étant supprimées ou cédées aux autres copropriétaires[2].

1. BOUYEURE, n° 230, qui réserve l'hypothèse où la destruction est imputable au fait du syndicat.
2. BOUYEURE, *loc. cit.*

LIVRE

5. LE CONTENTIEUX DE LA COPROPRIÉTÉ

SECTION 0

ORIENTEUR

Plan du livre.

1169 Généralités : évolution de la législation. La coexistence des prérogatives individuelles des copropriétaires et de l'organisation collective de la copropriété rend particulièrement délicat l'aménagement du contentieux de la copropriété.

La loi du 28 juin 1938 n'avait consacré que fort peu de dispositions à cet aspect de l'institution et, d'une manière générale, elle s'était montrée hostile à l'intrusion du pouvoir judiciaire dans son fonctionnement.

Deux dispositions exprimaient l'essentiel de la réglementation : l'article 7 alinéa 2 qui chargeait le syndic « agent officiel du syndicat » de le représenter en justice et l'article 8 alinéa 3 qui admettait la clause compromissoire dans le règlement de copropriété « en vue des difficultés relatives à son application ».

La loi du 10 juillet 1965 part d'une conception inverse et prévoit très largement l'intervention de l'autorité judiciaire dans le fonctionnement du syndicat : on a vu que c'était là un de ses principes directeurs (v. s[s] n° 18). On ne reviendra pas, dans la présente partie, sur cette intervention, dont on a étudié les manifestations que ce soit, par exemple, dans le domaine de la modification de la répartition des charges (v. s[s] n°s 485 s.), ou dans celui du contrôle de la validité des décisions des assemblées générales (v. s[s] n°s 941 s.), notamment en matière d'améliorations (v. s[s] n°s 1096 s.). À noter également l'intervention très large du juge à l'effet de prendre les mesures nécessaires à assurer la gestion de l'immeuble et le fonctionnement de la copropriété.

1170 Problèmes de procédure. C'est essentiellement aux problèmes de procédure – *lato sensu* – soulevés par les litiges provenant de l'application du statut de la copropriété que les développements qui vont suivre, sont consacrés.

Dans cette perspective, la première question – et assurément la plus délicate – qui se pose est de savoir, en présence d'une action donnée, qui a qualité, soit pour l'exercer, soit pour y défendre. Cette question est capitale du point de vue pratique : sa solution conditionne, en effet, la *recevabilité* même de l'action. Mais elle est également fondamentale du point de vue théorique, car elle rejoint les fondements mêmes du statut de la copropriété. La coexistence des prérogatives individuelles des copropriétaires et de l'organisation collective conduit ici, comme ailleurs en pareille occurrence, à distinguer la part qui revient à *l'action individuelle* de chaque copropriétaire, de celle qui revient à *l'action de la collectivité*, dont le syndicat constitue l'expression juridique. Un premier chapitre sera consacré à l'examen de ces problèmes. Dans les chapitres suivants, il sera traité plus spécialement des questions de compétence et de procédure *stricto sensu*.

CHAPITRE

1. Recevabilité des actions : qualités respectives du syndicat et des copropriétaires

SECTION 0
ORIENTEUR

Plan du chapitre.

Textes applicables.

• L. n° 65-557 10 juill. 1965 fixant le statut de la copropriété des immeubles bâtis, art. 14 et 15.

• Code de procédure civile, art. 30 et 31.

Jurisprudence de référence.

• **Civ. 3e, 10 oct. 1984, n° 83-14.811,** *Bull. civ.* III, n° 165.

* V. ss n° 1189.

« L'action menée par le syndicat des copropriétaires est recevable lorsque les troubles de jouissance provenant de l'émission de rafles de maïs par une usine de stockage de céréales proche d'un immeuble en copropriété sont, pour la plus grande part, subis par les copropriétaires individuellement, mais présentent par leur importance et leur étendue un caractère collectif. »

• **Civ. 3e, 18 mars 1987, n° 85-17.950,** *Bull. civ.* III, n° 55.

* V. ss nos 1189, 1190.

« L'action d'un copropriétaire et celle du syndicat des copropriétaires contre un constructeur, tendant à la réparation d'un même vice de construction, sont indivisibles. »

• **Civ. 3e, 4 nov. 2008, n° 07-18.067,** NP.

* V. ss n° 1202.

« Chaque copropriétaire a le droit d'exiger le respect du règlement de copropriété ou la cessation d'une atteinte aux parties communes, sans être tenue de démontrer qu'il subit un préjudice personnel et distinct de celui dont souffre la collectivité des membres du syndicat. »

• **Civ. 3e, 26 mars 2008, n° 07-11.817,** NP.

* V. ss n° 1177.

« En retenant que le syndicat des copropriétaires est représenté par M. R., représenté lui-même régulièrement par M. T., muni d'un pouvoir écrit, sans rechercher la qualité de M. R. à agir au nom du syndicat, le juge n'a pas donné de base légale à sa décision. »

Bibliographie indicative.

Atias, *Dicopropriété*, Edilaix 2007, *V° Action en justice du syndicat* – Atias, *Guide de la copropriété*, Edilaix 2007, art. L. 15 – Lafond, Roux et Stemmer, *Code de la copropriété*, Litec 2008, art. L. 15.

1171 État de la question. Déterminer les conditions de *recevabilité* de l'action (ou plus exactement de la demande) constitue l'opération préalable à la solution de tout litige issu du statut de la copropriété : beaucoup de procédures achoppent là, avant même que *le fond* soit abordé. En présence des insuffisances de la loi du 28 juin 1938, la jurisprudence avait élaboré un ensemble de solutions dont quelques études doctrinales avaient présenté la synthèse[1].

1. Cabanac, « Copropriété et action en justice », *AJPI* 1961. 1, 61 – Cabanac et Michalopoulos, « L'exercice des actions en justice sous le régime de la copropriété », *Gaz. Pal.* 1965. 119 – Grellière, « Actions syndicales et actions individuelles dans le droit de la copropriété des immeubles bâtis », *AJPI* 1976. 187 – Rép. civ., Atias, *Vis Copropriété des immeubles bâtis*, nos 824 s.

Parmi les questions posées et non résolues, la plus irritante concernait l'action en responsabilité contre les architectes et les entrepreneurs en cas de désordres affectant les parties communes qui, selon les décisions rendues, étaient qualifiées actions collectives ou actions individuelles.

La loi du 10 juillet 1965 s'est efforcée de pallier ces insuffisances, d'une part, en déclarant le syndicat qualifié pour agir en vue de la sauvegarde des droits afférents à l'immeuble et, d'autre part, en reconnaissant à chaque copropriétaire le droit d'exercer seul les actions concernant la propriété ou la jouissance de son lot.

La formulation, spécialement en ce qu'elle vise la sauvegarde des droits afférents à l'immeuble, est assez sibylline d'autant qu'elle n'est pas éclairée par les travaux préparatoires de la loi; on comprend que son interprétation ait donné lieu à des difficultés et qu'elle ait suscité une importante jurisprudence.

La recevabilité de l'action étant subordonnée au droit d'agir de celui qui l'exerce (C. pr. civ., art. 32), il importe d'apporter d'abord quelques précisions d'ordre général sur le droit d'agir, tel notamment que l'a conçu le statut de la copropriété.

SECTION 1
GÉNÉRALITÉS SUR LE DROIT D'AGIR DU SYNDICAT ET DES COPROPRIÉTAIRES

1172 Les textes à prendre en considération. Le droit d'agir du syndicat et celui des copropriétaires, à titre individuel, est conditionné, d'une manière générale, par les dispositions du code de procédure civile et, d'une manière spéciale, par l'article 15 de la loi du 10 juillet 1965.

1173 Le code de procédure civile. Dans le cadre de son livre premier, qui regroupe les dispositions communes à toutes les juridictions, le code de procédure civile consacre le titre II de ce livre à l'action qui est définie comme étant « *le droit pour l'auteur d'une prétention d'être entendu sur le fond de celle-ci afin que le juge la dise bien ou mal fondée* » (C. pr. civ., art. 30), précision faite que, pour être recevable, la prétention doit être émise par ou contre une personne ayant *le droit d'agir* (C. pr. civ., art. 32, *a contrario*), le défaut de droit d'agir étant sanctionné par une *fin de non-recevoir* (C. pr. civ., art. 122).

Et il résulte de l'article 31 que le droit d'agir appartient à tous ceux qui ont un *intérêt légitime* au succès ou au rejet d'une prétention[1], sous réserve des cas dans lesquels *la loi attribue* le droit d'agir aux seules personnes qu'elle qualifie pour élever ou combattre une prétention ou pour défendre un intérêt déterminé. L'action est alors dite « *attitrée* ».

1174 L'article 15 de la loi du 10 juillet 1965. Cet article figure au nombre de ceux dont le caractère impératif a pour conséquence de faire réputer non écrites les clauses qui lui seraient contraires (L. 10 juill. 1965, art. 43); il est rédigé en ces termes : « *Le syndicat a qualité pour agir en justice, tant en demandant qu'en défendant, même contre certains copropriétaires; il peut notamment agir, conjointement ou non, avec un ou plusieurs de ces derniers en vue de la sauvegarde des droits afférents à l'immeuble* ». Et l'alinéa 2, d'ajouter « *Tout copropriétaire peut néanmoins exercer seul les actions concernant la propriété ou la jouissance de son lot à charge d'en informer le syndic.* »

Il est complété par l'article 18 alinéa 1er tiret 7 de la loi du 10 juillet 1965 qui charge le syndic de représenter le syndicat... en justice. Il s'agit alors *ès qualités*, ce qui implique que le syndic doit être autorisé par l'assemblée générale pour exercer l'action (Décr. 17 mars 1967, art. 55 – V. ss nos 1233 s.).

Ces textes appellent les observations suivantes.

La première est qu'il aurait été plus logique de dire que le syndicat a capacité pour agir, tant en demandant qu'en défendant... plutôt que dire qu'il a qualité; la qualité, en effet, au sens processuel du terme, est dévolue au syndic.

La deuxième observation est que l'article 15 règle le concours de l'action individuelle et de l'action syndicale, le principe étant l'action syndicale. On a pu, en effet, à juste titre, remarquer que le syndicat est suffisamment lié à l'immeuble pour que le droit d'agir lui soit, en premier, reconnu[2]. Mais son action n'est cependant pas une action « attitrée » puisque son exercice conjoint avec l'action individuelle des copropriétaires est expressément prévu.

Mais, **troisième observation**, si l'action individuelle est prévue, c'est avec une « nuance dérogatoire » (néanmoins) sans toutefois présenter un caractère subsidiaire.

Enfin, la **dernière observation** et non la moindre, est que l'application de l'article 15 de la loi du 10 juillet 1965, texte spécial, est sous la dépendance des dispositions générales des articles 30 et 31 du code de procédure civile et notamment de la notion d'*intérêt légitime* qui conditionne le droit d'agir. On peut donc pressentir que cette notion est appelée à jouer un rôle capital dans la détermination des domaines respectifs de l'action syndicale et de l'action individuelle.

1. « L'intérêt à agir n'est pas subordonné à la démonstration préalable du bien-fondé de l'action; l'existence du droit invoqué par le demandeur n'est pas une condition de recevabilité de son action, mais de son succès ». Civ. 3e, 8 juin 2008, no 07-14.852, NP.
2. EN CE SENS : ATIAS, note ss Civ. 3e, 5 oct. 1994, no 92-19.517, *RDI* 1994. 703; *IRC* 1995. 13.

1175 Conditions préalables à remplir. Pour que le syndicat des copropriétaires ait le droit d'agir, tant en demandant qu'en défendant, et que son action, ou celle dirigée contre lui, soit recevable, plusieurs conditions préalables doivent être réunies.

1176 La première condition est qu'il ait une existence juridique. Tel n'est pas le cas d'un groupement de fait dépourvu de la personnalité morale.

On cite à titre d'illustration, une espèce qui a fait l'objet d'un arrêt de la 3e chambre civile de la Cour de cassation du 31 mars 1993 [1]. Une société promotrice avait fait édifier un groupe de bâtiments vendus par lots après achèvement, répartis en trois syndicats autonomes ayant chacun son règlement de copropriété. Aucune organisation commune n'avait été prévue. Ces trois syndicats avaient le même syndic. Des désordres étant apparus, ce syndic avait réuni les copropriétaires des trois bâtiments en une assemblée unique qui lui avait donné le pouvoir d'assigner en garantie la société venderesse. Cette « assemblée » n'était, en réalité, qu'un groupement de fait dépourvu de la personnalité morale qui ne pouvait émettre une volonté.

Il en aurait été autrement si une association syndicale ou une union de syndicats avait été régulièrement constituée et que la propriété des biens communs lui ait été transférée. En l'occurrence, seul chacun des syndicats avait la personnalité civile; il leur appartenait, au cours d'une assemblée générale, propre à chacun d'eux, de décider d'introduire l'action et d'autoriser son syndic à cet effet.

1177 La deuxième condition est que la désignation du syndicat dans les actes de procédure (spécialement dans l'assignation) soit opérée de manière précise. Il convient notamment d'éviter d'entretenir une confusion entre les termes « syndicat » et « copropriété » [2] et surtout entre le syndic et le syndicat qui laisse dans l'incertitude le point de savoir si le syndic est pris à titre personnel ou *ès qualités* de représentant du syndicat [3].

Pour éviter toute ambiguïté, on recommande la formule « le syndicat des copropriétaires de l'immeuble sis à [...], pris en la personne de son syndic en exercice ». La formule oblige les auxiliaires de justice à faire une recherche préalable [4], ainsi que les juges sur la qualité à agir au nom du syndicat [5]. En revanche, on estime généralement que l'article 648 du code de procédure civile, qui impose la mention de l'organe qui représente la personne morale n'exige pas celle de l'identité de la personne physique concernée; un arrêt en a déduit qu'il est indifférent que l'identité du syndic ne soit pas exactement mentionnée [6].

1178 La troisième condition, imposée par le principe de spécialité des personnes morales, est que l'objet de l'action soit conforme à l'objet du syndicat. Ainsi, il a été jugé que le syndicat ne peut agir en tant que défenseur de la légalité (respect des prescriptions du règlement sanitaire de la ville de Paris concernant l'occupation d'un lot [7]) ou de l'intérêt général [8].

SECTION 2
DOMAINE DE L'ACTION SYNDICALE

1179 État de la question. L'objet du syndicat étant, comme on l'a vu (v. ss no 1024), la conservation de l'immeuble et l'administration des parties communes, à quoi l'on ajoute le soin d'assurer le respect du règlement de copropriété, il en résulte que les actions qui tendent à ces fins ont *naturellement* la qualification d'actions syndicales.

Mais la réalité est plus complexe. D'une part, en effet, il faut tenir compte de la possibilité de l'action conjointe des copropriétaires pour *la sauvegarde des droits afférents* à l'immeuble qui entre dans le cadre de l'objet du syndicat. D'autre part, l'obligation pour le syndic d'obtenir l'autorisation de l'assemblée générale pour exercer l'action du syndicat a également pour résultat d'introduire la prise en considération des copropriétaires, en ce sens qu'une décision de refus peut les inciter à agir par la

1. Civ. 3e, 31 mars 1993, no 90-10.143, *RDI* 1993. 270 – EN SENS CONTRAIRE : Civ. 3e, 24 mai 2005, no 04-11.812, *AJDI* 2005. 664 – AUSSI : Civ. 3e, 16 sept. 2003, no 02-10.464, cité par Atias, *Guide de la copropriété*, 1965, no 613.
2. V. Chron. *RDI* 1995. 165 – Giverdon, « Conseils pratiques pour la rédaction des assignations introductives d'instance dans le cadre du statut de la copropriété », *Rev. huissiers* 1992. 985; *IRC* 1997. 21, Atias.
3. Civ. 3e, 30 juin 1993, no 91-11.290, *RDI* 1993. 547 – Civ. 3e, 9 nov. 1994, no 93-12.551, et Civ. 3e, 23 nov. 1994, no 92-21.586, *RDI* 1995. 165 – COMP. pour une désignation littéralement très proche : Civ. 3e, 23 juin 1999, no 98-10.806, NP, dans Capoulade, « Synthèse de jurisprudence », *AJDI* 2000. 595.
4. *RDI* 1993. 548, col. 1, et 547, col. 2, POUR le cas de changement de syndic : Chron. *RDI* 1993. 547 – À PROPOS de la signification d'un jugement en tant que faisant courir le délai d'appel : Civ. 3e, 6 févr. 2002, no 00-17.630, NP, *AJDI* 2002. 533, note Giverdon – Paris, 9 sept. 2004, no 03-20.731, *Administrer* nov. 2005. 34, obs. Bouyeure; *AJDI* 2005. 399.
5. Civ. 3e, 26 mars 2009, no 07-11.817, NP, *Administrer* juill. 2008, obs. Bouyeure.
6. Civ. 3e, 6 mai 1998, no 96-15.696, *Bull. civ.* III, no 96; *Loyers et copr.* 1998. 199; *RDI* 1998. 421; *D.* 1999. 75.
7. Paris, 6 oct. 1992, *RDI* 1993. 134.
8. Civ. 3e, 15 mai 2002, no 00-16.167, *Bull. civ.* III, no 102; *AJDI* 2002. 861 – SUR L'ENSEMBLE DE LA QUESTION : Chalaron, « Les actions en justice intentées par le syndicat des copropriétaires », *D.* 1967, Chron. 114.

voie individuelle, notamment en présence de violations du règlement de copropriété et ainsi de « concurrencer » l'action syndicale. Enfin, ouvrir la possibilité aux copropriétaires d'exercer seuls les actions concernant la propriété ou la jouissance de leurs lots, ne peut qu'exacerber cette concurrence.

C'est donc finalement dans une atmosphère de conflit avec l'action individuelle que le domaine de l'action syndicale doit être défini (de même d'ailleurs que le domaine de l'action individuelle doit être démarqué par rapport à celui de l'action syndicale), l'arbitre de ce conflit étant la notion d'*intérêt légitime* érigée en condition du droit d'agir (ou de défendre).

Sous le bénéfice de ces observations, on examinera successivement :

– les actions que l'on peut qualifier de « naturellement » ou d'« organiquement » syndicales;

– les actions syndicales en concurrence avec les actions individuelles.

§ 1 Actions « naturellement syndicales »

1180 Actions relatives à la conservation et à l'administration de l'immeuble. Sous les réserves qu'imposent les observations précédentes, peuvent être considérées comme « naturellement » syndicales :

– les actions en recouvrement des charges communes, pour lesquelles le syndic est dispensé d'obtenir l'autorisation de l'assemblée générale et que certains auteurs estiment être de la compétence exclusive du syndicat[1];

– les actions auxquelles peuvent donner lieu l'exécution des contrats passés pour l'entretien de l'immeuble[2] ou les relations avec le personnel domestique de l'immeuble (gardiens, concierges...) ou le syndic;

– les actions en contestation et en nullité des assemblées générales, où le syndicat est défendeur[3];

– l'action tendant à voir réputée non écrite une clause du règlement de copropriété, où le syndicat est également défendeur[4];

– les actions intentées par des tiers concernant l'administration de l'immeuble (entrepreneurs auxquels des travaux ont été commandés, exhaussement d'un mur mitoyen[5] par exemple) pour les parties communes[6] où le syndicat est défendeur. La question se pose de savoir, à propos de ces actions, s'il faut mettre en cause les copropriétaires personnellement. Normalement le syndic contre lequel l'action est intentée, *ès qualités*, ne représente pas les copropriétaires. S'ils sont individuellement concernés parce que l'action met en jeu leurs intérêts personnels, par exemple, si la demande tend, à ce qu'ils soient condamnés à payer des dommages intérêts au demandeur ou si elle affecte leurs droits privatifs, leur mise en cause s'impose[7] (sur la possibilité pour ces copropriétaires de faire tierce opposition, v. s^s n° 1262 – sur les actions possessoires et pétitoires s^s n° 1196) – sur l'action oblique des créanciers du syndicat contre les copropriétaires personnellement[8].

1181 Actions tendant à assurer le respect du règlement de copropriété. Logiquement, le caractère naturellement syndical de ces actions ne devrait susciter aucun doute.

L'article 18 alinéa 1 tiret 1 de la loi du 10 juillet 1965 charge le syndic d'assurer l'exécution des dispositions du règlement de copropriété. Le droit d'agir à cette fin appartient donc au syndicat; c'est d'ailleurs en prévision de cette situation que l'article 15 de la même loi précise que le syndicat a qualité pour agir, tant en demandant qu'en défendant, même contre certains des copropriétaires[9]. On dit même qu'il a une « compétence prépondérante »[10]. On en déduit la conséquence que les autres copropriétaires, que l'on peut considérer comme ayant été représentés à cette action en tant que membres du syndicat, ne sont pas recevables à former une *tierce opposition* au jugement qui leur est opposable[11]; il n'en est autrement que si le copropriétaire, tiers opposant, peut faire état d'un intérêt personnel et distinct de celui qui a motivé l'instance engagée

1. LAFOND, ROUX ET STEMMER, L. art. 15, n° 31.
2. KISCHINEWSKY-BROQUISSE, n° 466, note 710.
3. Civ. 3e, 10 juin 1981, n° 79-16.503, *D.* 1982. 290; *JCP* 1981. IV. 307 – Civ. 3e, 11 oct. 2005, n° 04-16.894, NP, *Administrer* janv. 2006. 45.
4. Civ. 3e, 9 mars 1988, n° 86-17.869, *Bull. civ.* III, n° 54; *IRC* mai 1988. 158.
5. Civ. 3e, 6 déc. 2006, n° 05-17.908, *AJDI* 2007. 465; *D.* 2007. 2184 – Civ. 3e, 13 mars 2007, n° 06-11.269, *Administrer* mai 2007. 47.
6. Civ. 3e, 13 mars 2007, n° 06-11.269, NP.
7. Civ. 24 juin 1964, *AJPI* 1965. II. 111 – Civ. 3e, 4 janv. 1989, n° 87-11.464, *Bull. civ.* III, n° 1.
8. Civ. 3e, 1er mars 2006, n° 05-11.522, *Bull. civ.* III, n° 51 – Civ. 3^e, 26 oct. 2005, n° 04-16.664, *Bull. civ.* III, n° 205.
9. Civ. 3^e, 7 nov. 1973, *JCP* 1974. II. 17644, note Guillot – Civ. 3e, 29 avr. 1977, *D.* 1978. IR 26 – Versailles, 29 avr. 1993, RG n° 2238/92, *Juris-Data* n° 041788, *D.* 1994. Somm. 197.
10. LAFOND, ROUX ET STEMMER, L. art. 15, (n° 30).
11. EN CE SENS : Civ. 3e, 17 juill. 1985, n° 84-12.519, *Bull. civ.* III, n° 111; *Administrer* 1985, 40, note Guillot; *Defrénois* 1986. 33694, note Souleau – Civ. 3e, 9 déc. 1992, n° 90-17.848, *RDI* 1993. 271 – Civ. 3e, 2 oct. 1996, n° 94-18.943, *RDI* 1997. 138 – SUR L'ENSEMBLE DE LA QUESTION : Giverdon, « Copropriété et tierce opposition », *Administrer* mars 2002. 10.

par le syndicat représenté par son syndic[1] - étant précisé que cet intérêt distinct ne doit pas être confondu avec l'intérêt opposé[2].

1182 Actions tendant à assurer le respect du règlement de copropriété (suite). La compétence « prépondérante » ainsi reconnue au syndicat pour exercer une action en vue d'assurer le respect du règlement de copropriété ne peut, en effet, donner naissance à une action organiquement syndicale.

On ne peut faire abstraction de l'intérêt personnel que des copropriétaires peuvent avoir au rejet ou au succès de la prétention soumise au juge. C'est donc un principe admis depuis un arrêt de la Cour de cassation du 9 janvier 1962 que le pouvoir du syndic de représenter le syndicat en justice tant en demandant qu'en défendant, n'est pas exclusif du droit qui appartient à l'un des copropriétaires de poursuivre individuellement la réparation du dommage personnel qui lui est causé par un autre copropriétaire[3].

Avant l'intervention de cet arrêt, la doctrine était partagée. Alors que certains auteurs se prononçaient dans le sens de l'irrecevabilité de l'action individuelle[4], d'autres soutenaient l'opinion inverse[5]. Un des arguments invoqués pour justifier l'irrecevabilité était de dire qu'en adhérant au règlement de copropriété, les copropriétaires avaient renoncé à exercer individuellement les actions nées à l'occasion de l'application du règlement[6].

Cet arrêt ne représente, comme on le verra, que le moment d'une évolution (v. s^s n°s 1198 s.). Ce que, pour l'instant, on peut en retenir, est qu'il fait de l'action tendant au respect du règlement de copropriété, une action syndicale en concurrence avec l'action individuelle.

1. Civ. 3e, 2 févr. 1994, n° 91-12.676, *RDI* 1994. 306; *D.* 1994. 124.
2. SUR CE POINT : Giverdon, « Copropriété et tierce opposition », *Administrer* mars 2002, spéc. p. 12, col. 2 – AUSSI : Souleau, note, *Defrénois* 1986. 33694.
3. Civ. 9 janv. 1962, *D.* 1962. 219, note Esmein; *JCP* 1962. II. 12586, note Stoufflet; *AJPI* 1962. II. 249, note Cabanac – AUSSI : Civ. 1re 12 oct. 1965, *Bull. civ.* I, n° 536; *D.* 1966. 225, note Piedelièvre; *AJPI* 1966. II. 810, note Cabanac; *RTD civ.* 1966. 107, obs. Bredin – AUSSI : Bouyeure, « Les copropriétaires peuvent-ils agir à titre individuel pour obtenir le respect du règlement de copropriété ? », *AJPI* 1970. 175.
4. *RTD civ.* 1953. 349, obs. Solus; *D.* 1962. 219, note Esmein – Marty et Raynaud, *Droit civil,* t. II, vol. 2, n° 249.
5. Hébraud, *RTD civ.* 1938, Chron. 23 s. – Ponsard, « Remarques sur le principe majoritaire dans les syndicats de copropriétaires d'appartements », dans *Études Hamel*, p. 286 s. – Giverdon, « L'action individuelle des membres d'un groupement », *JCP* 1995. I. 244 – Stoufflet, *JCP* 1962. II, note 12586.
6. Solus, *RTD civ.* 1953. 349 – AUSSI : Béraud, « L'action directe d'un copropriétaire contre un autre », *Ann. loyers* 1955. 318.

§ 2
Actions syndicales en concurrence avec l'action individuelle

1183 Les actions en vue de la sauvegarde des droits afférents à l'immeuble. Attribuer au syndicat le droit d'exercer ces actions fut une des innovations de la loi du 10 juillet 1965, qui a entendu, ce faisant, habiliter le syndicat à agir en vue d'assurer la sauvegarde aussi bien juridique que matérielle de l'immeuble. Mais ce droit d'agir excède les pouvoirs normaux du syndicat dont l'objet se limite à la conservation de l'immeuble et à l'administration des parties communes : la sauvegarde des droits afférents à l'immeuble s'étend, en effet, au droit de propriété de l'immeuble, droit qui n'est pas reconnu au syndicat mais aux copropriétaires entre lesquels la propriété de l'immeuble est répartie par lots comprenant une quote-part des parties communes.

Il est donc impossible ici de faire abstraction du droit de ceux-ci; aussi bien l'article 15 a-t-il expressément prévu que le syndicat agit *conjointement* ou non avec un ou plusieurs des copropriétaires et ceux-ci se sont vus reconnaître le droit d'exercer *seuls* les actions concernant la propriété ou la jouissance *de leurs lots*.

Il est inévitable, dans ces conditions, que des interférences se produisent entre l'action syndicale et l'action individuelle. Reste à savoir avec quelle portée.

Une énumération, même non exhaustive, des actions considérées comme exercées en vue de la sauvegarde des droits afférents à l'immeuble, fournit, à cet égard, une première approche.

1184 Actions concernées. Sous le bénéfice des observations qui viennent d'être présentées, on distingue les actions qui tendent à la sauvegarde matérielle de l'immeuble de celles qui tendent à sa sauvegarde juridique.

1185 Sauvegarde matérielle de l'immeuble. a) Tendent à la sauvegarde matérielle de l'immeuble, sans que cette énumération soit limitative :

– l'action tendant à la cessation d'empiétements sur les parties communes[7], d'accaparement d'un local[8] ou à la remise des lieux dans leur état primitif[9];

– les actions en garantie biennale ou décennale pour les malfaçons constatées dans les parties com-

7. V. Miquel, *Dr. et ville* déc. 1981. 146 s. – Civ. 3e, 26 oct. 1988, n° 87-14.188, *Bull. civ.* III, n° 148; *D.* 1988. IR 263; *Loyers et copr.* 1988. 559.
8. Civ. 3e, 4 nov. 2009, n° 06-21.647, NP.
9. Civ. 3e, 18 janv. 1972, n° 70-11.350, *Bull. civ.* III, n° 39; *JCP* 1972. IV. 52 – Civ. 3e, 20 mars 1979, n° 77-15.880, *Bull. civ.* III, n° 70; *IRC* 1980. 69.

munes ou, simultanément, dans les parties communes et les parties privatives[1] (désordre dans les parties communes et privatives étroitement imbriqués et affectant l'ensemble de l'immeuble[2], constitution de partie civile du syndicat pour obtenir réparation du préjudice causé par le défaut de souscription par le constructeur des assurances prévues par les articles L. 241-1 *et* L. 242-2 du code des assurances[3]);

– les actions du syndicat contre l'entrepreneur principal fondées sur la responsabilité contractuelle de droit commun[4];

– les actions en garantie des vices cachés contre le vendeur de l'immeuble construit ou à construire, alors même que les ventes ne porteraient que sur les fractions séparées de l'immeuble acquises par les différents copropriétaires[5];

– les actions en exécution des engagements que le vendeur ou le promoteur a pu souscrire à l'égard des futurs propriétaires.

On cite l'action en réparation du préjudice causé au syndicat en mettant indûment à la charge des copropriétaires l'amortissement des installations thermiques incluses dans les parties communes de l'immeuble par le règlement de copropriété[6] ou en réparation du préjudice causé par le promoteur vendeur qui a trompé les copropriétaires sur la consistance des parties communes en intégrant la conciergerie, présentée comme dépendance à usage collectif, dans une partie de l'immeuble destinée à l'habitation privative[7].

1186 Sauvegarde juridique de l'immeuble. b) Sont considérées comme tendant à la sauvegarde juridique de l'immeuble :

– les actions possessoires exercées à l'encontre de tiers auteurs de troubles ou de voies de fait sur les parties communes ou sur l'immeuble dans son ensemble[8], tel le stationnement irrégulier d'une caravane[9].

En revanche, l'action possessoire est irrecevable si elle est intentée par un copropriétaire contre un autre et fondée sur violation du règlement de copropriété[10] : dans ce cas, en effet, le trouble allégué constitue l'inexécution d'une convention, situation qui est exclusive de l'action possessoire[11];

– les actions pétitoires, par exemple l'action en revendication d'une partie commune de l'immeuble[12].

On cite la demande en démolition d'une terrasse édifiée contre un gros mur de la copropriété au mépris d'une servitude *non ædificandi*; l'action en contestation de la mitoyenneté[13], ou en acquisition de la mitoyenneté pour le compte de la copropriété[14]; l'action en revendication d'une partie commune, telle que le logement du gardien[15], ou une partie du sous-sol[16]; néanmoins, si une partie privative est comprise dans un lot, dont le syndicat est propriétaire, celui-ci a qualité pour agir en revendication[17];

– les actions tendant à faire respecter une servitude bénéficiant à la copropriété[18], par exemple, une servitude *non ædificandi* dont le syndicat est titulaire[19] (pour la poursuite et le prononcé de l'expropriation pour cause d'utilité publique de l'immeuble, v. s^s n°s 257 s.).

Enfin, la notion de lot, qui n'appelle pas une délimitation par une ligne divisoire, constitue un obstacle au bornage entre les lots; mais celui-ci peut intervenir pour délimiter le terrain d'assiette de la copropriété. Le droit d'agir appartient alors au syndicat.

1. DE NOMBREUX EXEMPLES de ces actions dans J.-CL. COPR., fasc. 100, n° 47 – AUSSI : LAFOND, ROUX ET STEMMER, L. art. 15, 0397 et 0425; AJ *Dr. crim.* 11 juin 1985 et 4 nov. 1986; *JCP* 1988. II. 21014.
2. Civ. 3e, 27 févr. 2008, n° 06-14.062, 06-14.255, *Administrer* mai 2008. 64 – Civ. 3e, 3 mars 2010, n° 07-21.950, NP.
3. Crim. 11 nov. 1986, n° 89-90.644, *Bull. crim.*, n° 316.
4. Civ. 3e, 26 mai 1992, n° 89-21.897, 90-10.721, *Bull. civ.* III, n° 168; *RDI* 1992. 333, 334, 363, 374, 375; *AJPI* 1993. 584, obs. Karila; *Administrer* janv. 1993. 24 – Civ. 3e, 4 nov. 1993, n° 87-15.007, *RDI* 1994. 107 (SUR CET ARRÊT V. ss n° 1186).
5. Civ. 3e, 21 nov. 1969, *JCP* 1970. II. 16189, note Guillot; *AJPI* 1970. 544, note Bouyeure; *D.* 1970. 321, note Giverdon – Civ. 3e, 18 mai 1971, n° 70-11.030, *Bull. civ.* III, n° 309; *IRC* mars 1972. 46.
6. Civ. 3e, 14 mars 1978, n° 76-13.052, *Bull. civ.* III, n° 113; *Ann. loyers* 1979. 229.
7. Civ. 3e, 19 févr. 1980, n° 78-15.164, *Bull. civ.* III, n° 41; *Administrer* juin 1980. 22, note Guillot; *D.* 1980. 452.
8. EN CE SENS : Bredin, obs. *RTD civ.* 1966. 108 – Viatte, « Protection possessoire et copropriété », *Rev. loyers* 1979. 283 – Paris, 8 nov. 1966, *Gaz. Pal.* 1967. 1, 143; *JCP* 1967. II. 15267, note R. D.; *Rev. loyers* 1967. 451; *Ann. loyers* 1968, II, 4051.
9. Civ. 3e, 3 mars 2010, n° 08-21.911, *Bull. civ.* III, n° 54.
10. Civ. 3e, 9 juin 1999, n° 97-18.739, *Bull. civ.* III, n° 136; *RDI* 1999. 367 et 457; *Loyers et copr.* 1999. 221.
11. Paris, 3 juin 1965, *RTD civ.* 1966. 108, obs. Bredin; *D.* 1966. Somm. 29 – Civ. 3e, 10 juin 1980, *Juris-Data* n° 035380, *D.* 1981. IR 395 – Civ. 3e, 18 janv. 1989, n° 87-14.824, *Bull. civ.* III, n° 16; *Rev. huissiers* 1990. 513; *RTD civ.* 1990. 527, obs. Fr. Zenati.
12. Sizaire, *Les actions pétitoires concernant les parties communes*, Journées d'études du Cneil, 22-23 nov. 1965 – KISCHINEWSKY-BROQUISSE, n° 472.
13. Paris, 16 mars 1984, *D.* 1989. IR 121.
14. Civ. 3e, 22 avr. 1971, *AJPI* 1971. 768.
15. Civ. 3e, 19 févr. 1980, n° 78-15.164, *Bull. civ.* III, n° 41; *D.* 1980. IR 452.
16. Paris, 11 avr. 1996, *Juris-Data* n° 600151.
17. Paris, 18 févr. 1986, RG n° L00729, *Juris-Data* n° 022237.
18. Rennes, 22 oct. 1991, RG n° 887/88, *Juris-Data* n° 048949.
19. Civ. 3e, 27 févr. 2002, n° 00-13.907, *Bull. civ.* III, n° 52; *AJDI* 2002. 775, note Capoulade.

1187 Incidence de l'action individuelle. Le seul énoncé des actions que l'on peut qualifier comme exercées pour la sauvegarde des droits afférents à l'immeuble permet, comme on pouvait le prévoir, de constater que la plupart d'entre elles « intéressent » les copropriétaires individuellement. C'est le cas, par exemple, de celles qui tendent à la cessation d'empiétements sur les parties communes ou à la remise des lieux dans leur état primitif. C'est d'ailleurs ce qui justifie que la loi en ait envisagé l'exercice conjoint avec les copropriétaires.

Mais une lecture attentive de l'article 15 laisse bien entendre que c'est au syndicat que revient l'initiative du droit d'agir à titre principal; c'est en cela que son action a pu être qualifiée « prépondérante » (v. s^s n° 1181). Il fallait donc éviter qu'une ouverture trop libérale de l'action individuelle vienne perturber la distribution des rôles ainsi prévue par la loi[1]. Or, comme on le constatera en étudiant le domaine de l'action individuelle, ce ne fut pas toujours le cas; spécialement, la reconnaissance à chaque copropriétaire du droit d'exercer les actions concernant la propriété ou la jouissance de son lot a jeté le trouble dans la recherche d'une délimitation précise des deux actions (v. s^s n°s 1197 s.).

La jurisprudence et spécialement la Cour de cassation, après hésitations et tâtonnements, sont parvenues aujourd'hui à trouver un équilibre qui s'ordonne autour de deux directives qui sont, d'une part, une interprétation stricte de la notion de sauvegarde des droits afférents à l'immeuble, pour canaliser l'action syndicale et, d'autre part, l'exigence de *l'intérêt légitime* comme condition du droit d'agir aussi bien du syndicat que des copropriétaires individuellement.

1188 Interprétation stricte de la notion d'action exercée pour la sauvegarde des droits afférents à l'immeuble. La question de savoir si l'action exercée par le syndicat l'est bien en vue de la sauvegarde des droits afférents à l'immeuble s'est posée dans des espèces où il n'y avait pas de lien contractuel entre le syndicat et les parties assignées, par exemple les constructeurs, architectes, promoteurs, notaire. Pour que l'action syndicale soit recevable, il faut admettre la transmission de l'action au syndicat, nonobstant le principe de la relativité des conventions, faute de quoi le droit propre de chaque copropriétaire né d'un contrat, où le syndicat est un tiers, relève de l'action individuelle.

La jurisprudence est hésitante. Sans difficulté, il a été admis que le syndicat pouvait agir pour obtenir la réparation du préjudice que lui avait causé le défaut de souscription par le constructeur des assurances prévues par les articles L. 241-1 et L. 242-2 du code des assurances[2].

Il a également été admis que l'action en responsabilité contractuelle du maître d'ouvrage contre l'entrepreneur pouvait être transmise au syndicat qui, de ce fait, avait le droit d'agir contre l'entrepreneur, malgré l'absence de lien de droit entre celui-ci et le syndicat[3].

En revanche, la cassation a été prononcée d'un arrêt qui avait déclaré recevable l'action du syndicat contre le notaire auquel il était reproché de ne pas avoir mentionné la garantie d'achèvement dans les actes de vente et d'avoir condamné le notaire solidairement avec le rénovateur à payer au syndicat les dépenses nécessaires à l'achèvement des parties communes. La cassation est fondée sur la violation de l'article 15 de la loi du 10 juillet 1965 au motif qu'il n'existait aucun lien contractuel entre le notaire et le rénovateur[4].

L'explication de cette divergence peut être trouvée dans le fait que l'obligation du notaire présentait un caractère personnel envers chacun des acheteurs; elle ne se rattachait pas aux droits afférents à l'immeuble à la différence de la garantie décennale et de son assurance.

On peut en dégager la conclusion que pour mériter la qualification d'action exercée en vue de la sauvegarde des droits afférents à l'immeuble, cette action doit être rattachée intimement à l'immeuble[5]. Le syndicat des copropriétaires peut agir seul pour assurer la sauvegarde des droits afférents à l'immeuble lorsqu'un tiers à la copropriété porte atteinte aux parties communes sans causer un préjudice propre à un copropriétaire qui n'invoque qu'une atteinte au droit de propriété indivis[6].

1. COMP. : la position plus laxiste adoptée par Atias, Rép. civ., ATIAS, V^is *Copropriété des immeubles bâtis*, spéc. n°s 837 s. – EN CAS d'action individuelle contre un tiers en raison d'une atteinte à un équipement commun (alimentation électrique), la jurisprudence exige la justification d'un préjudice personnel : Civ. 3e, 13 sept. 2006, n° 05-14.478, *D.* 2007. 2184, NP, *Administrer* déc. 2006. 73.
2. Crim. 11 juin 1985, n° 84-93.481, *Bull. crim.*, n° 222; Crim. 4 nov. 1986, n° 86-90.644, *Bull. crim.*, n° 316.
3. Civ. 3e, 26 mai 1992, n° 89-21.897, *Bull. civ.* III, n° 168; *RDI* 1992. 274; *AJDI* 1993. 584, obs. Karila – Civ. 3e, 4 nov. 1993, n° 87-15.007, *RDI* 1994. 107.
4. Civ. 3e, 20 nov. 1996, n° 94-20.593, *RDI* 1997. 135; *Administrer* avr. 1997. 143, concl. Weber, note Capoulade.
5. EN CE SENS : obs. *RDI* 1997. 135 – AUSSI : Rép. civ., ATIAS, V^is *Copropriété des immeubles bâtis*, n° 839; note *IRC* 1995. 4 – RAPPR. : Civ. 3e, 12 sept. 2007, n° 06-11.282, *Bull. civ.* III, n° 138; *RDI* 2008. 107.
6. DÉMOLITION par un voisin d'un mur, partie commune : Civ. 3e, 22 sept. 2004, n° 03-12.066, *Bull. civ.* III, n° 155; *R.*, p. 273; *AJDI* 2005. 141, note Giverdon; *Administrer* juin 2005. 45, obs. Bouyeure; *D.* 2006. 1855.

1189 La référence à l'intérêt légitime, condition du droit d'agir du syndicat. L'intérêt légitime que l'article 31 du code de procédure civile retient comme condition de l'ouverture du droit d'agir est celui qui est attaché au succès ou au rejet d'une prétention; succès, si l'action est envisagée du côté du demandeur et rejet, si elle l'est du côté du défendeur (v. ss no 1173). Appliquée à l'action du syndicat, la condition d'intérêt légitime lui permet d'assumer l'ensemble des intérêts de la collectivité des copropriétaires, ce qui explique que le jugement rendu leur soit opposable (v. ss no 1262).

Pour que cette condition soit satisfaite, il faut que le trouble subi soit *collectif*[1]; *« il appartient au juge de constater la matérialité des faits qui sont à l'origine du trouble; on estime, en général, qu'il dispose à cet effet d'un pouvoir souverain »*[2]; en revanche, un contrôle « léger » est souhaitable sur la qualification de préjudice collectif duquel résulte la légitimité de l'intérêt.

Ainsi, on peut admettre sans difficulté que le trouble est collectif et que le syndicat a le droit d'agir lorsque le dommage atteint indivisiblement toutes les parties communes[3] ou encore indivisiblement les parties communes et les parties privatives.

L'action syndicale et l'action individuelle peuvent tendre à la réparation du même vice ce qui entraîne l'indivisibilité[4].

Plus délicate est la situation dans laquelle l'action syndicale est exercée pour la réparation des préjudices personnels subis par les copropriétaires qui normalement relève de l'action individuelle. La Cour de cassation en a cependant admis la recevabilité mais à la condition que le trouble de jouissance soit supporté de la même manière :

– par l'ensemble des copropriétaires[5]; par exemple :

• pour des poussières de maïs se répandant dans tous les locaux; les troubles de jouissance étaient décrits, par les juges du fond, comme subis, pour « leur plus grande part », par les copropriétaires individuellement mais qui, par leur importance et leur étendue, présentent un caractère collectif; il aurait été logique qu'avant de rejeter le pourvoi, la Cour de cassation exige des juges du fond qu'ils précisent les éléments qui justifiaient cette importance et cette étendue, ce qui impliquerait une cassation pour défaut de base légale[6];

• pour le trouble de jouissance résultant de l'interruption du chauffage collectif, dès lors que ce trouble est général et ressenti de la même manière par tous les copropriétaires[7];

• pour les poussières et les chutes d'enduit provoquées par un ravalement auxquelles sont exposés tous les copropriétaires indistinctement[8];

• pour le préjudice causé aux copropriétaires (frais d'avance, endurer les tracasseries d'une longue procédure) par suite du défaut de paiement de ses charges par un copropriétaire[9] (sur l'ensemble de la question[10]).

Mais il ne semble pas que l'on puisse aller jusqu'à dire que si le désintérêt des copropriétaires est à craindre, l'action collective du syndicat puisse prendre le relais de l'action individuelle[11].

– ou par l'ensemble des lots.

La référence à des troubles affectant l'ensemble des lots implique l'existence du préjudice collectif subi par chaque copropriétaire individuellement, mais d'une manière générale et identique pour tous, tels les équipements sanitaires de tous les appartements entraînant des désordres acoustiques pour tous les copropriétaires[12], les nuisances sonores entraînées par le fonctionnement d'un transformateur électrique[13].

Un contrôle léger de la motivation s'impose alors afin de vérifier la matérialité de cette condition et plus précisément la légitimité de l'intérêt[14].

1190 Conséquences sur le plan de la prescription des actions. L'analyse à laquelle il vient d'être

1. Lafond, Roux et Stemmer, L. art. 15, nos 3 et 4.
2. Civ. 3e, 19 nov. 1997, no 95-20.078, *RDI* 1998. 138.
3. Civ. 3e, 24 févr. 1988, no 86-17.110, *Bull. civ.* III, no 41; *Loyers et copr.* 1988. 144.
4. Civ. 3e, 18 mars 1987, no 85-17.950, *Bull. civ.* III, no 55.
5. Ce qui n'est pas le cas pour l'absence de certificat de conformité : Civ. 3e, 26 avr. 2006, no 05-10.500, *Administrer* 55, no 390, obs. Bouyeure; *Loyers et copr.* 2006. 160.
6. Civ. 3e, 10 oct. 1984, no 83-14.811, *Bull. civ.* III, no 165; *RDI* 1985. 94.
7. Civ. 3e, 4 juin 1986, no 84-13.237, *Bull. civ.* III, no 88; *RDI* 1986. 502.
8. Paris, 23 juin 2004, RG no 2001/13761, *IRC* mai 2005, 3.
9. Civ. 3e, 27 nov. 1990, no 89-10.501, *Bull. civ.* III, no 250; *RDI* 1991. 107 – en ce sens : Civ. 3e, 27 sept. 2000, no 98-20.895, *Bull. civ.* III, no 153; *RDI* 2000. 153 – Civ. 3e, 21 nov. 2000, no 99-13.756, NP, *AJDI* 2002. 366, Chron. Capoulade.
10. Sur l'ensemble de la question : Vigneron, « Dans quelle mesure le syndicat est-il compétent pour demander la réparation des préjudices personnels », *Loyers et copr.* févr. 1998. 19.
11. Civ. 3e, 6 mars 1991, no 88-16.770, *Bull. civ.* III, no 81; *RDI* 1991. 251 – Paris, 16e ch. B, 21 juin 2002, RG no 2001/01341, 2001/15022, *AJDI* 2002. Somm. 698 – cep. : Rép. civ., Atias, *Vis Copropriété des immeubles bâtis*, no 837.
12. Civ. 3e, 14 nov. 1990, no 88-12.995, *Bull. civ.* III, no 230; *RDI* 1991. 92 – cep. : Civ. 3e, 23 juin 2004, no 03-10.475, *Bull. civ.* III, no 128; *R.*, p. 271; *AJDI* 2005. 139, note Giverdon; *RDI* 2004. 453.
13. CE 9 mai 2005, no 272071, *AJDI* 2005. 841, obs. Capoulade.
14. CE 9 mai 2005, no 272071, préc.

procédé entraîne des conséquences sur le plan de la prescription des actions[1].

C'est ainsi que l'ouverture de l'action collective lorsque le trouble est général et ressenti de la même manière par l'ensemble des copropriétaires, entraîne cette conséquence que l'exercice de cette action interrompt la prescription de l'action individuelle[2].

Il en est de même lorsque des désordres affectent les parties communes et les parties privatives de manière indivisible : l'action intentée par le syndicat interrompt la prescription de l'action individuelle[3]. C'est également le cas lorsque l'action syndicale et l'action individuelle tendent à la réparation du même vice[4].

Pour ces désordres, le syndicat peut intervenir à la procédure et se joindre à l'action pendant dix ans; mais si le syndicat n'est pas partie à la procédure, le copropriétaire n'a pas qualité pour le représenter et obtenir une indemnité destinée à réparer le dommage en partie commune ni à faire réaliser les travaux de réfection; de là l'intérêt à appeler le syndicat en intervention.

En revanche, l'action collective exercée par le syndicat pour la réparation de désordres affectant les parties communes n'interrompt pas le délai décennal de garantie de l'action individuelle des copropriétaires pour la réparation de leur préjudice individuel[5].

L'action syndicale qui tend à faire cesser l'appropriation des parties communes est une action réelle qui se prescrit par trente ans[6].

SECTION 3
LE DROIT D'AGIR DES COPROPRIÉTAIRES À TITRE INDIVIDUEL

1191 État de la question. L'article 15 de la loi du 10 juillet 1965 pose, comme on l'a vu (v. s[s] n° 1174), le principe de la répartition entre le domaine de l'action syndicale et celui de l'action individuelle. Après avoir admis l'exercice, éventuellement conjoint, de l'une et de l'autre en vue de la sauvegarde des droits afférents à l'immeuble, il dispose que tout copropriétaire peut néanmoins exercer seul les actions concernant la propriété ou la jouissance de son lot.

Sur le fondement de ces dispositions s'est développée une jurisprudence très abondante, mais souvent imprécise et fluctuante, parfois dénoncée comme contradictoire. Il convient, par conséquent, avant d'en retracer l'évolution, de présenter quelques observations d'ordre général[7].

1192 Observations préalables. Trois observations préalables doivent être présentées.

La première est que l'article 15 de la loi du 10 juillet 1965, vise l'exercice *seul* par le copropriétaire concerné de l'action individuelle; elle n'a donc pas le soutien de l'action syndicale comme en cas d'exercice conjoint. On en déduit que son exercice ne requiert pas la consultation de l'assemblée générale et surtout qu'elle ne revêt pas un caractère subsidiaire[8] : l'action individuelle d'un copropriétaire pour son dommage personnel n'est pas subordonnée à celle du syndicat[9] et, donc, l'intervention accessoire d'un copropriétaire dans le cadre de l'action syndicale, qui est liée à la recevabilité de celle-ci, est exclue[10]. En d'autres termes, elle est autonome (toutefois, pour une intervention pour la première fois en cause d'appel v. Civ. 3e, 22 mars 1995, n° 93-11.925[11]).

Le fait que l'action syndicale soit déclarée irrecevable n'empêche pas l'exercice de l'action individuelle[12]. Il a été jugé également que la transaction

1. POUR les désordres de construction : Aubry-Marquet, Noguellou, *op. cit.*, n° 1140.
2. Civ. 3e, 10 déc. 1985, n° 84-14.769, *Bull. civ.* III, n° 163; *RDI* 1986. 502 [*a contrario*].
3. Civ. 3e, 20 mai 1998, n° 96-14.080, *Bull. civ.* III, n° 105; *RDI* 1998. 420; *Loyers et copr.* 1998. 198.
4. Civ. 3e, 18 mars 1987, n° 85-17.950, *Bull. civ.* III, n° 55 – Civ. 3e, 24 févr. 1988, n° 86-17.110, *Bull. civ.* III, n° 41; *Loyers et copr.* 1988. 250.
5. Civ. 3e, 16 mars 1994, n° 91-20.128, *Bull. civ.* III, n° 56; *Gaz. Pal.* 1994. 202; *Administrer* juill. 1994. 32, note Duthil; *JCP* 1994. IV. 1312; *RDI* 1995. 116, obs. Groslière, Saint-Alary-Houin – Civ. 3e, 17 mars 1999, n° 97-19.766, *RDI* 1999. 428; *Loyers et copr.* 1999. 220 – Civ. 3e, 22 sept. 2004, n° 03-10.923, *Bull. civ.* III, n° 152; *Administrer* juin 2005. 51.
6. Civ. 3e, 16 janv. 2008, n° 06-21.123, NP, en cas de réduction du délai : Civ. 3e, 21 janv. 2009, n° 07-18.533, NP.
7. SUR L'ENSEMBLE DE LA QUESTION : LAFOND, ROUX ET STEMMER, L. art. 15, n°s 1 s. – KISCHINEWSKY-BROQUISSE, n° 480 – J.-CL. COPR., fasc. 100 – Viatte, « L'action individuelle des copropriétaires », *Rev. loyers* 1971. 438 – Durin, « L'action individuelle du copropriétaire d'un immeuble divisé par appartements », *D.* 1962, Chron. 229.
8. EN CE SENS : LAFOND, ROUX ET STEMMER, L. art. 15, n°s 9 s. – Civ. 3e, 9 févr. 1982, n° 80-11.710, *Bull. civ.* III, n° 38; *D.* 1982. IR 443; *Administrer* juill. 1982. 15; *RDI* 1982. 549; *Defrénois* 1982. 1, 625 – Civ. 3e, 17 juill. 1996, n° 94-18.860, *Bull. civ.* III, n° 195; *IRC* déc. 1996. 8, note Capoulade; *RDI* 1996. 616; *AJPI* 1996. 1021 – Civ. 3e, 18 déc. 1996, n° 94-21.139, *RDI* 1997. 135; *AJDI* 1998. 504 – Civ. 3e, 3 févr. 1999, n° 97-17.134; *AJDI* 2000. 596 – Civ. 3e, 7 sept. 2011, n° 10-20.258, NP.
9. Civ. 3e, 17 juill. 1996, n° 94-18.860, *Bull. civ.* III, n° 195; *Loyers et copr.* 1996. 411; *AJDI* 1996. 1021; *RDI* 1996. 616 et 617.
10. Civ. 3e, 22 mars 1995, n° 93-15.294, n° 93-11.925, *RDI* 1995. 596.
11. Lafond, Roux et Stemmer, L. art. 15, n°s 3 et 4.
12. Civ. 3e, 17 juill. 1996, n° 94-18.860, *Bull. civ.* III, n° 195; *Loyers et copr.* 1996. 411; *AJDI* 1996. 1021; *RDI* 1996. 616 et 617, préc.

acceptée par le syndicat en ce qui concerne le préjudice collectif n'empêche pas un copropriétaire d'agir en réparation de son préjudice personnel [1].

La deuxième observation est que l'on peut constater l'existence d'actions individuelles que l'on peut qualifier *par nature*; ce sont celles par lesquelles un copropriétaire fait valoir une prérogative qui lui est personnelle, parce qu'indépendante de l'organisation collective et de la structure de l'immeuble.

Par exemple, l'action tendant à réparer le dommage subi par le copropriétaire par suite de la non-perception de la prime à la construction [2], ou l'action exercée par un copropriétaire pour faire juger que l'immeuble est régi par le statut de la copropriété : par exemple, pour une copropriété ne réunissant que deux copropriétaires [3].

La troisième observation est qu'il faut faire état des actions que les copropriétaires sont *les seuls* à pouvoir exercer pour la défense de leurs intérêts individuels au sein de la copropriété en vertu de dispositions formelles de la loi du 10 juillet 1965 ou du décret du 17 mars 1967. On peut les qualifier d'« attitrées »; elles appellent quelques développements particuliers.

1193 Actions dont l'exercice est réservé aux copropriétaires. Ce sont les actions dont l'objet est la protection des droits individuels des copropriétaires au sein de la collectivité, regroupée dans le syndicat, au nom du principe que tout membre d'un groupement peut agir pour la défense de ses droits [4].

On peut citer sans que cette énumération soit limitative [5] :

- l'action en contestation des décisions de l'assemblée générale (L. 10 juill. 1965, art. 42);

- le droit, pour chaque copropriétaire, de recourir au juge afin que la copropriété puisse être dotée de ses organes de gestion, à défaut de leur nomination par l'assemblée générale (Décr. 17 mars 1967, art. 46, 47, 48);

- le droit de provoquer la nomination d'un administrateur provisoire en cas d'empêchement ou de carence du syndic (L. 10 juill. 1965, art. 18, al. 3 - Décr. 17 mars 1967, art. 49);

- le droit de demander, dans certaines circonstances, l'habilitation à convoquer l'assemblée générale (Décr. 17 mars 1967, art. 50);

- le droit de demander la révision d'une répartition lésionnaire des charges (L. 10 juill. 1965, art. 12), ou de contester la décision de l'assemblée générale ayant opéré une nouvelle répartition (L. 10 juill. 1965, art. 42, al. 3), ou de faire réputer non écrite une stipulation du règlement de copropriété contraire aux dispositions visées par l'article 43;

- le droit pour chaque copropriétaire de solliciter du tribunal, en cas de refus de l'assemblée générale, l'autorisation d'effectuer certains travaux à ses frais (L. 10 juill. 1965, art. 30, al. 4).

Mais dans tous les cas où le droit d'agir leur est ouvert, les copropriétaires ne peuvent le faire qu'individuellement et sous leur propre responsabilité; l'action d'un groupement qui se constituerait en vue de la défense des copropriétaires est irrecevable [6]. Enfin, les principes qui régissent la condition d'intérêt et notamment l'exigence d'un intérêt direct et personnel, rend irrecevable la demande d'un copropriétaire qui prétendrait agir « pour défendre des copropriétaires inexpérimentés étant dans le cas d'être exploités par le syndic » [7].

1194 Distinction à opérer. En dehors de ces hypothèses particulières, la recevabilité de l'action individuelle par le copropriétaire agissant seul est subordonnée à la condition qu'il y ait un *intérêt*.

C'est, ici, le préjudice personnel éprouvé par le copropriétaire demandeur qui justifie son intérêt à agir [8], et qui se trouve au centre des évolutions jurisprudentielles (v. s[s] n°s 1197 s.). Pour l'apprécier, une distinction s'impose selon que le copropriétaire demandeur est troublé dans la propriété ou la jouissance des parties privatives de son lot ou que les parties communes sont également en cause [9].

§ 1
Actions concernant les parties privatives des lots

1195 Caractère logiquement individuel de ces actions. Il est tout à fait logique d'admettre que les copropriétaires ont qualité pour exercer les actions concernant les parties privatives de leurs lots, notamment en raison des troubles de jouissance dont elles sont le siège; peu importe que les

1. Civ. 3e, 17 déc. 1996, n° 95-13.903, *RDI* 1997. 136; *Loyers et copr.* mars 1997. 89.
2. Bastia, 12 nov. 1976, *Juris-Data* n° 760888, *D.* 1977. IR 317; *RTD civ.* 1977. 575; *JCP N* 1978. 38.
3. Civ. 3e, 13 nov. 1974, n° 73-13.539, *Bull. civ.* III, n° 413; *D.* 1975. IR 25; *RTD civ.* 1975. 339.
4. SUR LE PRINCIPE LUI-MÊME : Solus et Perrot, *Droit judiciaire privé*, t. I, n° 275 – Hébraud, Chron. *RTD civ.* 1949. 441 – Giverdon, « L'action individuelle des membres d'un groupement », *JCP* 1955. I. 1244.
5. AUSSI : J.-CL. COPR., fasc. 100.
6. TGI Marseille, 4 mars 1969, *AJPI* 1969. II. 636; *Ann. loyers* 1969, II, 5297.
7. Lyon, 11 janv. 1967, *AJPI* 1967. II. 515.
8. LAFOND, ROUX ET STEMMER, L. art. 15, n° 10.
9. Charliac, J.-CL. CIV., ART. 544, fasc. 30, n° 48.

auteurs de ces troubles soient des tiers ou des copropriétaires[1].

C'est ainsi qu'une jurisprudence que l'on peut considérer comme constante déclare que les copropriétaires ont qualité pour demander la réparation des conséquences dommageables des désordres affectant les parties privatives de leurs lots[2], ou pour demander la cessation des troubles de voisinage qu'ils subissent personnellement[3].

Pour des bruits[4], des odeurs[5], ou le cas où le trouble provient d'un locataire[6].

Le syndicat ne représente pas les copropriétaires pour la défense de leurs droits sur les parties privatives de leurs lots[7].

Pour la même raison, l'action en réparation des troubles affectant les seules parties privatives est irrecevable après l'expiration du délai de la garantie décennale qui n'a pu être interrompu par l'action du syndicat concernant les parties communes[8].

1196 Actions pétitoires. Il est également incontestable que doit être qualifiée action individuelle celle par laquelle un copropriétaire revendique une partie de l'immeuble qu'il prétend constituer une partie privative de son lot; peu importe que la propriété indivise des parties communes soit en cause[9]. Il en est de même de celle par laquelle un copropriétaire tend à faire constater une servitude au profit de son lot[10].

Si l'action est de nature à avoir des incidences sur la propriété de l'immeuble dans son ensemble, ce qui est, en général, le cas pour l'action en revendication d'une fraction d'immeuble, il importe que tous les copropriétaires soient mis en cause ou qu'ils se mettent d'accord pour se faire représenter par le syndic[11].

1. LAFOND, ROUX ET STEMMER, L. art. 15, n° 14.
2. Paris, 26 juin 1980, *Juris-Data* n° 093414, *D.* 1981. IR 94 – Civ. 3e, 27 nov. 1991, n° 90-12.692, *Bull. civ.* III, n° 292; *Loyers et copr.* 1992. 92; *RDI* 1992. 120.
3. Civ. 3e, 30 mars 1978, n° 76-14.922, *Bull. civ.* III, n° 134; *JCP* 1978. IV. 176 – Paris, 10 oct. 1991, *Loyers et copr.* 1991. 490.
4. TGI Paris, 22 mars 1977, *D.* 1978. IR 128.
5. Paris, 23 mars 1977, *D.* 1978. IR 128 – Civ. 3e, 15 janv. 2003, n° 01-14.472, *Bull. civ.* III, n° 4; *AJDI* avr. 2003, obs. Capoulade; *D.* 2003. 1352.
6. Civ. 3e, 22 mai 1975, n° 74-12.788, *Bull. civ.* III, n° 172; *IRC* 1976. 9.
7. Civ. 3e, 1er avr. 1998, n° 95-19.929, *RDI* 1998. 420.
8. Civ. 3e, 10 déc. 1985, n° 84-14.769, *Administrer* juin 1986. 49; *Defrénois* 1986. 797, note Souleau; *RTD civ.* 1986. 790 – Civ. 3e, 11 mai 2005, n° 04-11.186, NP, *AJDI* 2005. 664; *Administrer* août-sept. 2005. 69.
9. Paris, 8 nov. 1969, *D.* 1970. 250; *Gaz. Pal.* 1970. 1, 131; *RTD civ.* 1970. 592, obs. Bredin.
10. Civ. 3e, 29 mai 1984, *Juris-Data* n° 700980, *JCP* 1984. IV. 252.
11. TGI Seine, 13 déc. 1963, *Gaz. Pal.* 1964. 1, 1289.

§ 2
Actions mettant en cause les parties communes

1197 État de la question. C'est dans cette éventualité que l'exercice de l'action individuelle par un copropriétaire, agissant seul, soulève des difficultés, spécialement dans ses rapports avec l'action syndicale, lorsqu'elle est exercée en cas de violation du règlement de copropriété ou d'atteintes aux parties communes, comme c'est généralement le cas. L'action individuelle est alors concurrente de celle que le syndicat est en droit d'exercer pour la sauvegarde des droits afférents à l'immeuble. Il en résulte cette conséquence que, pour déterminer sa recevabilité, il faut se référer à la condition générale mise à l'ouverture du droit d'agir, à savoir l'intérêt légitime (implicite ou démontré) qu'il faut rechercher du côté du copropriétaire supposé agir seul.

Un autre élément de complication se présente, en ce sens que l'objet de la demande, soumise aux juges, revêt souvent une certaine complexité. L'atteinte aux parties communes se double le plus souvent d'une violation du règlement de copropriété, d'une transgression à la destination de l'immeuble, d'une revendication de propriété indivise[12], ce qui impose de cerner exactement l'action individuelle par rapport à l'action syndicale. La tâche se révèle d'autant plus délicate que l'article 15 de la loi du 10 juillet 1965 attribue au copropriétaire le droit d'exercer seul les actions concernant la propriété ou la jouissance de son lot, formule qui renferme toutes les virtualités d'extension[13].

On conçoit, dans ces conditions, les hésitations de la jurisprudence pour *dégager* une ligne directrice; il faut cependant en *retracer* l'évolution. Un autre élément de complication est l'incidence des décisions de l'assemblée générale.

L'hypothèse. Une décision autorise des copropriétaires à faire usage des parties communes ou privatives ou à réaliser des travaux dans des conditions contraires au règlement de copropriété. Faut-il agir d'abord en contestation de la décision ? réponse affirmative[14].

12. EN CE SENS : note Capoulade sous Civ. 3e, 18 déc. 2001, n° 00-17.871, NP.
13. SUR L'ENSEMBLE DE LA QUESTION : Bouyeure, « Les conditions de recevabilité de l'action individuelle en rétablissement des parties communes », *Administrer* mars 1994. 14 – Guitard, « La recevabilité de l'action individuelle relative aux atteintes aux parties communes », *IRC* juin 2001. 15 et *IRC* nov. 2001. 19 – Roux, *Rev. loyers* 2004. 88.
14. Paris, 20 oct. 1970, *D.* 1971. 328, Giverdon – J.-CL. COPR., fasc. 100, n° 123.

1198 Évolution de la jurisprudence. 1re étape : dans la ligne de l'arrêt du 9 janvier 1962. On a vu en examinant la portée du droit d'agir du syndicat que cet arrêt de la 3e chambre civile de la Cour de cassation (v. ss no 1182) avait réservé à tout copropriétaire le droit d'agir individuellement pour demander la réparation du dommage personnel qui lui est causé par un autre copropriétaire en méconnaissance du règlement de copropriété.

Dans la voie ainsi ouverte, la Cour de cassation a admis la recevabilité de l'action individuelle pour atteintes aux parties communes en présence de la preuve rapportée par le demandeur du préjudice personnel qu'il a éprouvé dans la propriété ou la jouissance de son lot.

On cite l'ouverture irrégulière d'une fenêtre permettant d'observer les allées et venues chez un voisin[1], la propagation d'odeurs dans tout l'immeuble et le dépôt de marchandises sur un emplacement privatif de stationnement[2], ou un arrêt qui relève que « sitôt que l'intérêt d'un copropriétaire est menacé, la Cour de cassation consacre son droit d'agir »; en l'espèce, construction sur un terrain contigu[3], ou dépendant des parties communes[4].

1199 Évolution de la jurisprudence. 2e étape : mise à profit des virtualités d'extension de la référence à la propriété ou à la jouissance du lot. On a vu que la notion de lot se caractérise comme étant composée indivisiblement d'une partie privative et d'une quote-part correspondante des parties communes (v. ss no 127). Sur le fondement de cette analyse, la Cour de cassation, dans une série d'arrêts, a posé le principe que toute atteinte aux parties communes dont le lot comporte une quote-part constitue le préjudice personnel autorisant un copropriétaire à agir[5].

La position ainsi adoptée avait pour conséquence une admission très large de l'action individuelle puisque toute atteinte aux parties communes était susceptible de constituer le préjudice personnel autorisant chaque copropriétaire à agir en réparation de troubles à la fois collectifs et personnels. On avait même pu relever des décisions qui pratiquement revenaient à effacer l'exigence de troubles personnels et à instituer une action syndicale exercée *ut singuli*[6] *(on risquait ainsi une prolifération de litiges entraînant l'exaspération des tensions au sein des syndicats*[7]).

Le sommet semblait avoir été atteint avec l'arrêt d'une cour d'appel qui, après avoir réaffirmé que « toute atteinte aux parties communes, dont chaque lot comporte une quote-part, constitue pour le copropriétaire un préjudice personnel l'autorisant à agir en réparation de troubles à la fois collectifs et personnels », avait ajouté : « sans avoir à justifier d'un préjudice spécifique dans la jouissance de son lot privatif ».

Déféré à la Cour de cassation, cet arrêt a été censuré par un arrêt de la 3e chambre civile du 30 juin 1992[8] au motif qu'en statuant par un tel motif « sans rechercher si [le copropriétaire demandeur] avait un *intérêt légitime* à agir en raison d'un préjudice *personnel* éprouvé dans la jouissance ou la propriété soit des parties privatives comprises dans son lot, soit des parties communes, la cour d'appel n'a pas donné de base légale à sa décision ».

Ainsi s'ouvrait une troisième étape dans l'évolution de la jurisprudence.

1200 Évolution de la jurisprudence. 3e étape : exigence de l'intérêt légitime. C'est à partir de 1988 que s'était dessinée la tendance à l'exigence d'un intérêt légitime ou d'un préjudice personnel.

Voir pour illustration la construction d'un escalier et d'une terrasse assombrissant l'étage inférieur[9], ou d'un local sanitaire construit en façade[10].

Mais c'est bien l'arrêt du 30 juin 1992 qui devait conforter cette tendance en liant l'intérêt légitime à l'existence d'un préjudice personnel éprouvé dans la jouissance ou la propriété, soit des parties privatives comprises dans le lot du demandeur, soit des parties communes. Plusieurs arrêts rendus postérieurement se sont prononcés dans le même sens[11].

Parmi ces arrêts, une mention particulière doit être faite de ceux qui sont intervenus pour préciser

1. Civ. 3e, 9 janv. 1973, no 71-13.038, *Bull. civ.* III, no 31.
2. Civ. 3e, 18 déc. 1973, no 72-14.435, *Bull. civ.* III, no 637.
3. Civ. 3e, 21 nov. 1973, no 72-13.639, *Bull. civ.* III, no 596; *D.* 1974. 25, note F. E.; *RTD civ.* 1974. 639, obs. Bredin.
4. Civ. 3e, 20 mars 1979, no 77-15.880, *Bull. civ.* III, no 70.
5. Civ. 3e, 11 mai 1982, no 81-10.368, *Bull. civ.* III, no 120; *Defrénois* 1982. 1079, note Souleau; *RTD civ.* 1982. 775; *Administrer* févr. 1983. 26 – Civ. 3e, 6 mars 1984, no 82-16.759, *Bull. civ.* III, no 60 – Civ. 3e, 11 mai 1982, no 81-10.368, *Bull. civ.* III, no 120; *D.* 1984. IR 411 – Civ. 3e, 22 juill. 1987, no 86-11.587, *Bull. civ.* III, no 155; *RDI* 1987. 484 – AUSSI : Paris, 19 mai 1989, RG no 87/014488, *Juris-Data* no 022504, *Loyers et copr.* 1989. 355 – Paris, 2 mars 1990, RG no 90/86, *Juris-Data* no 021606, *D.* 1990. 574, note Atias.
6. PAR EXEMPLE : Versailles, 16 mai 1990, RG no 2502/88, *Juris-Data* no 046401, *RDI* 1990. 533; *D.* 1991. Somm. 85.
7. V. obs. Capoulade, *IRC* 1992. 389.
8. Civ. 3e, 30 juin 1992, no 90-17.640, *Bull. civ.* III, no 229; *AJDI* 1993. 787; *RDI* 1992. 373; *IRC* 1992. 388, note Capoulade.
9. Civ. 3e, 4 mai 1988, no 86-18.728, *Bull. civ.* III, no 86.
10. Civ. 3e, 6 juill. 1988, no 86-17.476, *IRC* mai 1989. 160.
11. Civ. 3e, 30 sept. 1998, no 96-16.689, *Bull. civ.* III, no 181; *AJDI* 1999. 704; *RDI* 1999. 145 – Civ. 3e, 22 mars 2000, no 98-13.345, *Bull. civ.* III, no 64; *RDI* 2000. 248; *D.* 2001. 345; *Administrer* mai 2000. 51, note Capoulade – AUSSI : Paris, 1er juill. 1992, *RDI* 1992. 548.

la portée du contrôle exercé par la Cour de cassation sur la condition ainsi posée. De ces arrêts, il résulte que l'appréciation de l'intérêt, né du trouble, dont les composants demeurent très proches des circonstances de fait, relève de la souveraineté des juges du fond, mais que, sur l'appréciation de la légitimité, la Cour de cassation exerce un contrôle léger, notamment sur le caractère personnel du trouble [1].

1201 Évolution de la jurisprudence. « Refoulement » de la condition d'intérêt légitime en cas de violation du règlement de copropriété ou de restitution d'une appropriation indue. Relativement à l'allégation de violation du règlement de copropriété, on avait pu remarquer que cette violation exprime l'intérêt légitime puisqu'elle constitue l'inexécution d'une obligation réciproque, née d'un commun accord, qui rend chaque copropriétaire créancier de son observation [2].

L'idée a été reprise pour aboutir à la position clairement affirmée par un arrêt de la Cour de cassation du 22 mars 2000 [3] selon laquelle « le règlement de copropriété, ayant la nature d'un contrat, chaque copropriétaire a le droit d'en exiger le respect par les autres et l'action individuelle est recevable sans que les demandeurs soient astreints à démontrer qu'ils subissaient un préjudice personnel et spécial distinct de celui dont souffrait la collectivité des membres du syndicat, *leur intérêt à agir trouvant sa source dans le respect du règlement de copropriété* ».

Toutefois, un arrêt précédent, toujours de la 3e chambre civile du 3 mars 1999 [4], avait cassé un arrêt pour avoir statué par des motifs dont il ne résultait pas que les copropriétaires demandeurs, qui agissaient à titre principal, avaient un intérêt légitime à agir en raison d'un préjudice personnel. Mais, en l'espèce l'action avait pour objet de faire déclarer non écrites des clauses du règlement de copropriété et non de se prévaloir de leur violation, ce qui pouvait justifier le droit d'agir du syndicat.

Cette position, affirmée par l'arrêt du 22 mars 2000, est également adoptée par des arrêts ultérieurs des 10 janvier 2001 [5] et 14 décembre 2004 [6].

On observe une démarche identique relativement aux *demandes en restitution d'une appropriation indue* et aussi, quoique moins nettement, à propos de *constructions irrégulières sur les parties communes*.

À propos d'une demande en restitution de ce dont un copropriétaire s'était indûment approprié, l'arrêt précité de la Cour de cassation du 10 janvier 2001 déclare, au visa de l'article 15 de la loi du 10 juillet 1965, prévoyant l'action conjointe pour la sauvegarde des droits afférents à l'immeuble, qu'un copropriétaire peut agir en justice pour obtenir cette restitution sans aucune référence à l'exigence d'un intérêt ou d'un préjudice allégué.

Le copropriétaire défendeur avait construit un escalier en surplomb d'une courette intérieure et réalisé une extension de ses bureaux sur une cour commune avec droit de jouissance exclusif; le copropriétaire demandeur invoquait une annexion indue de parties communes et demandait le rétablissement des lieux dans leur état antérieur. Cette même solution est reprise par un arrêt du 17 novembre 2004, à propos d'un affouillement irrégulier [7].

Et c'est la même position qu'adoptent deux arrêts de la 3e chambre civile de la Cour de cassation, l'un du 12 juillet 1995 [8], l'autre du 18 décembre 2001 [9], à propos de l'action individuelle de copropriétaires tendant à la remise en état des lieux à la suite de constructions irrégulières édifiées sur les parties communes.

Mais un arrêt de la même 3e chambre civile du 3 mars 1999 [10] exprimait une position différente en exigeant la preuve d'un préjudice personnel pour admettre la recevabilité d'une action individuelle tendant à la démolition de constructions édifiées sur une terrasse commune en violation d'une interdiction formelle du règlement.

Dans le même sens, on peut citer un arrêt de la cour de Paris du 13 octobre 1999 [11] qui précise que le seul fait d'être titulaire de tantièmes de copropriété dans les parties communes n'est pas suffisant et un arrêt de la 3e chambre civile de la Cour de cas-

1. Civ. 3e, 24 févr. 1993, no 90-21.144, *IRC* 1993. 116; *RDI* 1993. 269 – Civ. 3e, 12 mai 1993, no 91-11.889, *RDI* 1993. 426 – Civ. 3e, 26 mai 1993, no 90-21.571, *RDI* 1993. 427 – Civ. 3e, 30 juin 1993, no 91-18.696, *RDI* 1993. 511; *AJDI* 1994. 213; *D.* 1994. Somm. 126, note Atias; *AJPI* 1993. 213, note L. et B. S.
2. Capoulade, obs. *IRC* mai 1989. 161 – AUSSI : Civ. 3e, 25 mars 1998, no 96-14.778, *RDI* 1998. 301.
3. Civ. 3e, 22 mars 2000, no 98-13.345, *Bull. civ.* III, no 64; *RDI* 2000. 248; *D.* 2001. 345; *Administrer* mai 2000. 51, note Capoulade.
4. Civ. 3e, 3 mars 1999, no 97-14.128, *RDI* 1999. 313; *AJDI* 2000. 595; *Loyers et copr.* 1999. 160.
5. Civ. 3e, 10 janv. 2001, no 99-11.607, *Bull. civ.* III, no 4; *AJDI* 2001. 438, note Giverdon; *D.* 2002. 1521.
6. Civ. 3e, 14 déc. 2004, no 03-19.142, NP, *AJDI* 2005. 581, obs. Giverdon.
7. Civ. 3e, 17 nov. 2004, no 03-10.039, *Bull. civ.* III, no 200; *AJDI* 2005. 581, obs. Giverdon.
8. Civ. 3e, 12 juill. 1995, no 91-14.507, *RDI* 1995. 797.
9. Civ. 3e, 18 déc. 2001, no 00-17.871, NP, *Administrer* mai 2002. 40, note Capoulade.
10. Civ. 3e, 3 mars 1999, no 97-14.128, *AJDI* 1999. 798; *Administrer* août-sept. 1999. 70, obs. Bouyeure; *RDI* 1999. 313, obs. Cl. G.
11. Paris, 13 oct. 1999, RG no 1996/05475, *Loyers et copr.* 2000. 54.

sation du 9 juin 1999[1] qui exige également que le demandeur justifie de l'existence d'un préjudice personnel dans la jouissance de son lot.

Cependant, dans la même orientation qu'en matière de violation du règlement de copropriété et d'empiétement sur les parties communes, la troisième chambre civile n'a pas exigé la justification d'un préjudice personnel et direct en cas d'atteinte aux parties communes par un aménagement irrégulier d'un rond-point, partie commune[2]. Déjà, un précédent arrêt du 28 octobre 2003 avait décidé que « chaque copropriétaire a le droit d'exiger le respect du règlement de copropriété ou la cessation d'une atteinte aux parties communes, sans être astreint à démontrer qu'il subit un préjudice personnel et distinct de celui dont souffre la collectivité des membres du syndicat[3].

1202 **Conclusion.** Si l'on tente de réaliser une synthèse de la jurisprudence actuelle, il apparaît que trois hypothèses peuvent être envisagées et qu'il convient de distinguer entre le fondement et l'objet de la demande.

a) La violation du règlement. Il doit s'agir de la méconnaissance d'une clause précise du règlement. Il faut y assimiler l'atteinte à la destination de l'immeuble, à la condition que cette destination ne soit pas divinatoire, mais qu'elle soit expressément énoncée ou qu'elle résulte manifestement de l'ensemble des affectations des parties privatives. Observation faite que, sauf dénaturation de clauses claires du règlement, l'interprétation des stipulations obscures, ambiguës ou imprécises, ainsi que l'appréciation de la destination de l'immeuble, relèvent de la souveraineté des juges du fond. Sur ce fondement, la demande peut viser la cessation d'un changement d'usage, la démolition de travaux ou la remise en état. La jurisprudence n'exige pas alors la justification d'un intérêt ou d'un préjudice qu'implique l'inexécution contractuelle elle-même[4].

b) La restitution d'une appropriation indue. Il s'agit alors d'une revendication de propriété afin d'assurer la sauvegarde juridique de l'immeuble. Sur ce fondement, l'action peut tendre à faire cesser un empiétement sur partie commune, à démolir une construction édifiée sur une partie commune même affectée d'un droit de jouissance privatif[5], si l'acte constitutif ne prévoit pas le droit de construire, d'affouiller, de surélever. L'appropriation indue d'une partie commune peut, d'ailleurs, se doubler d'une infraction au règlement de copropriété. L'appropriation est suffisante à caractériser tout à la fois la faute civile, l'intérêt et le préjudice. Le droit de propriété est protégé en lui-même.

c) Les atteintes irrégulières aux parties communes. Ce sont des travaux de toute nature affectant les parties communes ou l'aspect extérieur de l'immeuble, sans autorisation de l'assemblée générale (L. 10 juill. 1965, art. 25 b) et sans même porter atteinte à la solidité de l'immeuble. Les exemples sont innombrables : percement, obturation, agrandissement d'ouverture (porte, fenêtre, vasistas, soupirail...), trémies dans un plancher, pose d'enseigne, de plaque, d'éclairage, détérioration de parties communes ou d'élément d'équipement commun. La situation est différente de celle qui résulte de la violation d'une clause claire et précise du règlement de copropriété ou de la demande en restitution d'une appropriation indue. Le droit pour chaque copropriétaire d'agir individuellement est compris dans l'objet même de la demande : violation d'une obligation contractuelle exprimée par la clause du règlement de copropriété ou défense du droit de propriété en cas d'appropriation indue. Une atteinte prétendue irrégulière aux parties communes ne révèle pas en elle-même un droit d'agir d'un copropriétaire à titre individuel. La police de tout ce qui est commun incombe au syndicat; en conséquence, l'intérêt est en principe commun et le préjudice collectif. L'action individuelle ne peut donc être recevable qu'à la condition de justifier d'un intérêt personnel distinct de l'intérêt collectif. C'est ce qu'avait affirmé l'arrêt précité de la Cour de cassation du 30 juin 1992, cité ci-dessus (v. s^s^ n° 1199) et ceux rendus dans le même sens par la Cour de cassation ou par la cour de Paris également cités ci-dessus.

Mais trois arrêts de la Cour de cassation dès fin 2003 (Civ. 3e, 26 nov. 2003[6], Civ. 3e, 25 mai 2004[7], Civ. 3e, 9 juin 2004[8]) marquent une évolution certaine. S'agissant d'atteintes prétendues irrégulières portées aux parties communes (utilisation d'un vide sanitaire inclus dans les parties communes, ouverture d'une fenêtre dans un mur commun, aménagement d'un rond-point concernant les voies d'accès à un bâtiment commun), ces arrêts réaffirment le droit pour chaque copropriétaire d'exiger le

1. Civ. 3e, 9 juin 1999, n° 97-19.834, *Loyers et copr.* 1999. 246.
2. Civ. 3e, 9 juin 2004, n° 02-21.048, NP, *AJDI* 2005. 139, obs. Giverdon.
3. Civ. 3e, 28 oct. 2003, n° 02-11.290, NP, *AJDI* 2004. 39; *Administrer* mars 2004. 35, obs. Bouyeure.
4. Civ. 3e, 14 déc. 2004, n° 03-19.142, NP, *AJDI* 2005. 581, *Administrer* avr. 2005. 34, obs. Alfandari.
5. Civ. 3e, 16 mars 2005, n° 03-14.771, NP, *Administrer* juin 2005. 46, obs. Bouyeure.
6. Civ. 3e, 26 nov. 2003, n° 02-14.184, *Bull. civ.* III, n° 210; *AJDI* 2004. 293, obs. Capoulade; *J.-Cl. Constr. Urbanisme*, sept. 2004, note Sizaire.
7. Civ. 3e, 25 mai 2004, n° 03-13.691, NP, *AJDI* 2005. 139, obs. Giverdon.
8. Civ. 3e, 9 juin 2004, n° 02-21.048, NP, *AJDI* 2005. 140, obs. Giverdon.

respect du règlement de copropriété ou la cessation d'une atteinte aux parties communes, sans être astreint à démontrer qu'il subit un préjudice personnel et distinct de celui dont souffre la collectivité des membres du syndicat[1]. Il est permis de redouter que cette nouvelle orientation n'entraîne une prolifération des actions individuelles et de dire qu'elle révèle une méconnaissance de l'article 31 du code de procédure civile qui mentionne l'intérêt légitime au succès ou au rejet d'une prétention comme condition de l'ouverture de l'action, à moins de considérer que la demande en cessation de l'atteinte portée aux choses communes implique ou sous-entend l'existence d'un intérêt légitime. L'action individuelle devient, à cet égard, un substitut de l'action syndicale.

L'action d'un copropriétaire en restitution des parties communes qu'un autre copropriétaire s'est indûment approprié présente l'avantage sur l'action syndicale de n'être pas subordonnée à la justification d'un vote de l'assemblée générale[2].

Toutefois, l'exigence de la preuve de l'intérêt légitime à agir ou du préjudice personnel réapparaît et subordonne la recevabilité de l'action individuelle lorsque l'atteinte est portée par un tiers[3].

1. Civ. 3e, 9 oct. 2007, nº 06-21.482, *Loyers et copr.* 2007. 252 – Civ. 3e, 4 nov. 2008, nº 07-18.067, NP – Civ. 3e, 13 sept. 2006, nº 05-13.073, NP.
2. Civ. 3e, 6 sept. 2011, nº 10-20.258, NP.
3. Civ. 3e, 14 déc. 2010, nº 09-15.418, NP – Civ. 3e, 6 sept. 2011, nº 10-25.092, NP.

CHAPITRE

2. Juridictions compétentes

SECTION 0
ORIENTEUR

Plan du chapitre.

Textes applicables.

• L. n° 65-557, 10 juill. 1965 fixant le statut de la copropriété des immeubles bâtis, art. 15.

• L. n° 95-125, 8 févr. 1995 relative à l'organisation des juridictions et à la procédure civile, pénale et administrative.

• D. n° 96-652, 22 juill. 1996 relatif à la conciliation et à la médiation judiciaire.

• Code de procédure civile, art. 131-1 à 131-15.

Jurisprudence de référence.

• **Civ. 1re, 1er févr. 2005, n° 03-19.692,** *Bull. civ.* I, n° 64; *Administrer* mars 2006. 46.

* V. ss n° 1207.

Il résulte de l'article 10-1 de la loi du 10 juillet 1965, dans sa rédaction de la loi du 13 décembre 2000, que les frais nécessaires exposés par le syndicat des copropriétaires à compter de la mise en demeure peuvent être imputés aux copropriétaires défaillants.

La clause du contrat de syndic prévoyant qu'en cas de litige pour l'exécution du contrat les parties s'efforcent de trouver une solution amiable par l'intermédiaire d'une commission de conciliation qui n'émet qu'un avis, est exempte d'un quelconque déséquilibre significatif au détriment du consommateur et ne revêt pas un caractère abusif.

Bibliographie indicative.

ATIAS, *Guide de la copropriété*, Edilaix 2007, L. 10 juillet 1965, art. 15.

1203 Division. Conformément à la distinction classique en la matière, il faut examiner successivement la compétence d'attribution et la compétence territoriale[1].

Mais au préalable, après avoir pris acte de la suppression par la loi du 10 juillet 1965, de la clause compromissoire, autrefois stipulée dans les règlements de copropriété, il convient de mentionner la mise en place, à côté de l'arbitrage, qui subsiste, de procédures alternatives à la solution des litiges (tentatives de conciliation, médiation) qui ont vocation à s'appliquer dans le contentieux de la copropriété.

§ 1
Arbitrage et procédures « alternatives »

A.
Arbitrage

1204 Suppression de la clause compromissoire. En vue de régler les difficultés relatives à l'application du règlement de copropriété, la loi du 28 juin 1938 avait admis la validité de la clause compromissoire qui, rapidement, était devenue « de style » (L. 28 juin 1938, art. 8, al. 4). Mais son application avait soulevé d'importantes difficultés relatives à sa portée et à ses effets[2]; c'est pourquoi, en général, on en souhaitait la suppression.

La loi du 10 juillet 1965 a répondu à ce vœu en ne prévoyant pas de disposition semblable à celle de

1. Outre les ouvrages généraux cités ss n° 1171 – Vigneron, *Le juge et la copropriété, Loyers et copr.* févr. 2003. 5 – Tomasin, « Le juge et la copropriété », *Mélanges Perrot* – Gelinet, « Faut-il un juge à la copropriété », *AJDI* 2006. 549, Capoulade – « Le juge en copropriété des immeubles bâtis », *Ann. Loyers,* juin 2006. 916 – Roux, « Compétence juridictionnelle en copropriété », *IRC* juill. 2006. 30.
2. V. NOT. : Cabanac, « Portée de la clause compromissoire insérée dans un règlement de copropriété », *AJPI* 1960. I. 73.

l'article 8 alinéa 4 de la loi du 28 juin 1938 et les travaux préparatoires avaient confirmé que telle était bien l'intention du législateur[1].

Les clauses compromissoires stipulées dans les règlements intérieurs se sont donc trouvées privées d'effet[2].

Mais le moyen tiré de cette inefficacité ne pouvait être relevé d'office par le juge[3]. On estime que la clause compromissoire qui résulte de l'article 14 de la police « maître de l'ouvrage », souscrite dans le cadre de l'assurance construction, est inopposable au syndicat des copropriétaires et à ceux-ci individuellement[4].

Et pour le cas où il en subsisterait, il y aurait matière à appliquer l'article 49 nouveau de la loi du 10 juillet 1965 sur l'adaptation des règlements de copropriété (v. s[s] n°s 595 s.).

1205 **Maintien de l'arbitrage.** L'impossibilité de stipuler une clause compromissoire dans la perspective des litiges futurs n'empêche pas les parties à un litige né et actuel de compromettre relativement à ce litige et de le résoudre par la voie de l'arbitrage[5]. Toutefois, cette faculté exercée dans le cadre du contentieux issu de la copropriété, soulève quelques difficultés.

On peut d'abord se demander si le *syndic*, agissant en tant que représentant du syndicat, *a le pouvoir de compromettre* au nom de celui-ci. La question doit être résolue par référence aux principes. Or, ces principes sont qu'un mandataire, qui n'a pas la capacité de disposer en vertu de son mandat, ne peut compromettre. Tel est le cas du syndic : ses pouvoirs ne sont que des pouvoirs d'administration (L. 10 juill. 1965, art. 18). Il ne peut donc valablement compromettre de sa seule initiative au nom du syndicat. Il lui faut demander l'autorisation de l'assemblée générale dans les conditions prévues par l'article 55 du décret du 17 mars 1967; cette autorisation est donnée à la majorité de l'article 24 de la loi du 10 juillet 1965[6].

Une autre difficulté concerne les litiges à propos desquels le recours à l'arbitrage peut être admis. Par suite du caractère impératif des dispositions de la loi du 10 juillet 1965 qui prévoient la compétence du tribunal de grande instance (L. 10 juill. 1965, art. 11, al. 3, 12, 30, al. 4, 34 et 42, al. 3) ou du président de celui-ci, statuant comme juge de l'impayé (L. 10 juill. 1965, art. 19-2 nouv. - V. s[s] n°s 548 s.), il ne semble pas possible de compromettre à propos des litiges visés par ces articles. Il en est de même pour l'action en contestation des décisions de l'assemblée générale prévue par l'article 42 alinéa 2[7].

En revanche, il est possible de compromettre pour les litiges nés de l'interprétation du règlement de copropriété, ou mettant en jeu la responsabilité du syndicat et des copropriétaires l'un par rapport aux autres, ou relatifs à la jouissance des parties privatives ou des parties communes, ou aux rapports du syndicat avec les tiers[8].

Mais, de toute manière, le caractère impératif des dispositions du statut de la copropriété s'oppose à ce que les arbitres puissent intervenir comme amiables compositeurs[9].

B.
Procédures « alternatives »

1206 **Énumération.** On retiendra l'organisation d'un préliminaire de conciliation et la médiation.

1207 **Organisation d'un préliminaire de conciliation.** On admet que le contrat de syndic ou le règlement de copropriété puissent prévoir une clause obligeant le syndic à mettre en œuvre une procédure de conciliation préalablement à l'introduction de l'instance[10].

Jugé que la clause du contrat de mandat, dit « de syndic », qui prévoit une tentative de conciliation en cas de litige entre le syndic et le syndicat, est exempte d'un déséquilibre significatif au détriment du consommateur[11]. En cas de conflit avec un copropriétaire, ce préliminaire se heurte à l'absence de tout lien de droit entre le syndic et le copropriétaire individuellement.

D'une manière générale, on estime qu'une telle clause crée une fin de non-recevoir si elle n'est pas respectée[12]. Une cassation pour défaut de réponse à

1. V. Voyant, Rapport n° 178, Sénat, p. 7.
2. Civ. 3e, 10 oct. 1978, *JCP N* 1980. II. 17; *JCP* 1980. II. 19390.
3. Civ. 3e, 21 juin 1968, *Bull. civ.* III, n° 595; *AJPI* 1969. II. 1045, note Bouyeure.
4. Versailles, 7 janv. 1979, *Gaz. Pal.* 1980, I, 146.
5. J.-Cl. copr., fasc. 101-20.
6. Sizaire, n° 331.
7. J.-Cl. copr., fasc. 101-20, n° 57.
8. J.-Cl. copr., fasc. 101-20, n° 59.
9. Lot, « Arbitrage et copropriété », *AJPI* 1971. 631.
10. sur cette clause : Hébraud, *RTD civ.* 1965, Chron. 178 – sur le point de savoir si les « modes alternatifs » du règlement des conflits constituent une justice de proximité : Camous, *Gaz. Pal.* 30 oct. 2003. Doctr.
11. Civ. 1re, 1er févr. 2005, n° 03-19.692, *Bull. civ.* I, n° 64; *D.* 2005. 2836; *RTD civ.* 2005. 393; *Administrer* mars 2006. 46, obs. Bouyeure.
12. Ch. mixte, 14 févr. 2003, n° 00-19.423, n° 00-19.424, *Bull. Mixte* n° 1; R., p. 471; *BICC* 1er mai 2003, concl. Benmakhlouf, rapp. Bailly; *D.* 2003. 1386, note Ancel et Cottin; *D.* 2003. 2480, obs. Clay; *RTD civ.* 2003. 294, obs. Mestre et Fages; *RTD civ.* 2003. 349, obs. Perrot; *LPA* 12 mars 2003. 13, note Bernheim; *JCP* 2003. I. 128, n° 17, obs. Cadiet; *JCP* 2003. I. 142, n° 13, obs. Virassamy; *JCP* 2003. I. 164, n° 9, obs. ►

des conclusions qui soulèvent le non-respect de l'obligation faite au syndic, par le contrat de syndic, de mettre en œuvre une procédure de conciliation peut être encourue[1].

Il avait aussi été suggéré de créer une « commission paritaire » présidée par une personnalité qualifiée, désignée par l'autorité judiciaire, avec pouvoir d'injonction, et le cas échéant, sous astreinte[2].

1208 **Médiation.** La loi n° 95-125 du 8 février 1995 a conféré un statut législatif à la médiation ; le décret n° 96-652 du 22 juillet 1996 réglemente la procédure applicable insérée dans les articles 131-1 à 131-15 du code de procédure civile[3]. Certaines chambres syndicales de propriétaires et de copropriétaires ont été désignées comme médiateurs ; leur représentant légal doit alors soumettre à l'agrément du juge le nom de la ou des personnes physiques qui en assumeront la charge.

§ 2
Compétence d'attribution

1209 **Textes applicables.** Un certain nombre de dispositions de la loi du 10 juillet 1965 désignent la juridiction compétente à l'effet de statuer sur les difficultés qu'elles prévoient[4].

La compétence de principe est reconnue au tribunal de grande instance[5]. Mais des attributions importantes sont également données à son président. Le tribunal d'instance joue également un rôle non négligeable. Enfin, il faut faire état de la juridiction de proximité.

Le législateur de 1965 a implicitement rejeté le vœu, formulé par certains[6], tendant à ce que fut institué un *juge de la copropriété* dont la mission aurait été de trancher tous les litiges relevant de la matière. Il nous sera permis d'approuver le législateur dans son refus d'instituer une juridiction d'exception de plus, dont l'existence aurait vraisemblablement soulevé plus de problèmes qu'elle n'en aurait résolus. Mais il est bien certain, par ailleurs, que la loi du 10 juillet 1965 n'a pas prétendu désigner, à propos de tous les litiges suscités par le statut de la copropriété, la juridiction compétente pour en connaître. C'est dire que la matière est largement tributaire du droit commun[7].

L'idée avait été émise de déférer les affaires de copropriété au tribunal d'instance, à moins qu'elles ne mettent en cause le droit de propriété. Il était à craindre que se posent alors des questions de compétence. La commission du recteur Guinchard n'a pas retenu cette orientation.

1210 **Compétence de principe du tribunal de grande instance.** La qualité de juridiction de droit commun reconnue au tribunal de grande instance (COJ, art. R. 311-1) a pour conséquence de conférer à celui-ci une compétence de principe à l'effet de statuer sur les litiges provoqués par le statut de la copropriété[8].

C'est ainsi, par exemple, que lui sont soumises (sans que cette liste prétende être limitative) les contestations relatives à la détermination des parties privatives ou communes (il s'agit même alors d'une compétence exclusive[9]), à l'interprétation du règlement de copropriété, à la modification par l'assemblée générale des bases de répartition des charges prétendues lésionnaires (L. 10 juill. 1965, art. 12) ou aux indemnités dues aux copropriétaires auxquels l'exécution de travaux a causé un préjudice.

Pour la même raison, sont, en principe, de la compétence d'attribution du tribunal de grande instance les actions intentées par le syndicat contre les copropriétaires qui n'auraient pas acquitté leur part contributive des charges, sous réserve de la juridiction spéciale du président et de la compétence du tribunal d'instance, les diverses actions en

► Seraglini ; *Procédures* 2003, 96, note Croze ; *JCP E* 2003. 707, note Croze et Gautier ; *JCP E* 2003. 627, n° 4, obs. Caussain, Deboissy et Wicker ; *CCE* 2003, n° 60, note Grynbaum ; *CCC* 2003, n° 84, note Leveneur ; *Rev. arb.* 2003. 403, note Jarrosson ; *Defrénois* 2003. 1158, obs. Libchaber ; *Bull. Joly* 2003. 938, note Couret ; *RDC* 2003. 182 et 189, obs. Cadiet et Lagarde – Com. 17 juin 2003, n° 99-16.001, *Bull. civ.* IV, n° 101 ; *D.* 2003. 2480 ; *RTD civ.* 2004. 136 – Civ. 1re, 27 janv. 2004, n° 00-22.320, *Bull. civ.* I, n° 23 ; *D.* 2004. Somm. 2826, obs. Blanchar.

1. Civ. 3e, 18 déc. 2001, n° 00-15.146, *AJDI* 2002. 228.
2. Rép. min., QE n° 9080, *JOAN Q* 28 juill. 2003, p. 6084 ; *AJDI* 2004. 36, obs. Y. R.
3. SUR CETTE PROCÉDURE : Perrot, *Bull. procédures* 1996, Chron. 9 – Pluyette, « La médiation judiciaire », dans *Mélanges Drai*, 463 – Évelyne Serverin, « Le médiateur civil et le service public de la justice », *RTD civ.* 2003. 229.
4. POUR UNE ÉTUDE D'ENSEMBLE : Grimaud, « Les actions en justice de la loi du 10 juillet 1965 », *Gaz. Pal.* 1967. 2, 100.
5. SUR LES CONTESTATIONS des copropriétaires du pouvoir qu'aurait le syndic de donner un accord au paiement d'un honoraire de résultat à un avocat : Civ. 2e, 3 avr. 2008, n° 07-11.997, *Administrer* 2008.
6. V. Cabanac, « Les syndics de copropriété et le projet de réforme de la loi du 28 juin 1938 », *AJPI* 1961. I. 6 – Faure, p. 211 – Gélinet, « Faut-il un juge de la copropriété ? », *AJDI* 2006. 549.
7. Relèvent de la compétence des juridictions judiciaires les litiges entre un syndicat de copropriétaires et un service public industriel et commercial (distribution de l'eau) : T. confl. 21 juin 2004, n° 3406, *AJDI* 2005. 311, obs. Capoulade.
8. Denis, « Les pouvoirs du tribunal de grande instance dans le régime de la copropriété », *Rev. hab. fr.* juin 1968. 441 ; et *Rev. hab. fr.* juill. 1968. 523.
9. EN CE SENS : Paris, 21 nov. 1963, *D.* 1964. Somm. 41.

responsabilité, les actions en nullité des décisions des assemblées générales, l'action en révocation du syndic (alors même que celui-ci aurait la qualité de commerçant). Bref, on peut dire, d'une manière générale, que toutes les actions nées du contentieux de la copropriété ont vocation à être portées devant le tribunal de grande instance. Il en sera notamment ainsi toutes les fois que, de sa nature, le litige est indéterminé, sous réserve de la compétence du tribunal d'instance (v. s^{s} n° 1212) et du juge de proximité (v. s^{s} n° 1213).

Tel est le cas, par exemple, pour les demandes en contestation des délibérations des assemblées générales, alors même que l'intérêt de cette délibération n'excéderait pas le taux de compétence du tribunal d'instance[1]; ou pour la contestation d'une décision de l'assemblée générale d'apporter une amélioration dont le caractère somptuaire est allégué[2]. Le tribunal de grande instance a compétence exclusive pour connaître des actions possessoires (COJ, art. L. 312-7 - V. s^{s} n° 262).

1211 Compétence du président du tribunal de grande instance[3]. Qu'il soit saisi sur *requête* ou *en référé*, qu'il statue en la forme des *référés*, ou comme en matière de *référé*, selon le cas, le président du tribunal de grande instance est appelé à connaître de certaines difficultés soulevées par le statut de la copropriété.

C'est ainsi que, *sur requête* d'un ou de plusieurs copropriétaires, il peut désigner le conseil syndical (L. 10 juill. 1965, art. 21, al. 3 - Décr. 17 mars 1967, art. 48), le mandataire commun chargé de représenter les titulaires d'un lot en usufruit ou en indivision (L. 10 juill. 1965, art. 23, al. 2 - Décr. 17 mars 1967, art. 61) et même le syndic (Décr. 17 mars 1967, art. 46) ou un administrateur provisoire du syndicat (Décr. 17 mars 1967, art. 47)[4] spécialement si l'équilibre financier du syndicat est gravement compromis ou si le syndicat est dans l'impossibilité de pourvoir à la conservation de l'immeuble (L. 10 juill. 1965, art. 29-1 - V. s^{s} n°s 773 s.) (sur la demande du syndic ou du procureur de la République).

En *référé*, le président du tribunal de grande instance, peut être appelé à désigner un administrateur provisoire de la copropriété en cas d'empêchement ou de carence du syndic (Décr. 17 mars 1967, art. 49; en matière de référé selon le texte - et non « comme » en matière de référé - c'est-à-dire en référé) ou si le syndicat est en difficulté (L. 10 juill. 1965, art. 29-1 comme en matière de référés à la demande de copropriétaires); il peut également habiliter un copropriétaire ou un mandataire de justice à convoquer l'assemblée générale (Décr. 17 mars 1967, art. 50). En outre, conformément au droit commun, le président peut être saisi de toute difficulté dont la solution est urgente et ne se heurte à aucune contestation sérieuse (c'est ainsi que le juge des référés ne peut interpréter une clause du règlement de copropriété lorsque cette interprétation soulève une contestation sérieuse[5]), ou que justifie l'existence d'un différend (C. pr. civ., art. 808) ou encore en vue de faire cesser un trouble manifestement illicite (accaparement de parties communes[6], pose d'un climatiseur non soumise à l'assemblée générale[7]). Enfin, il faut rappeler que l'article 19-2 nouveau de la loi du 10 juillet 1965 a attribué une compétence au fond au président du tribunal de grande instance, statuant comme en matière de référé, pour le recouvrement des provisions sur les dépenses « budgétisées » (v. s^{s} n°s 548 s.).

Le syndic peut, de sa propre initiative, saisir le juge des référés sans demander au préalable l'autorisation de l'assemblée générale.

Le souci de célérité et d'efficacité a conduit le législateur à prévoir la saisine du président du tribunal de grande instance, statuant comme en matière de référé (syndicat en difficulté ou en prédifficulté, recouvrement des provisions budgétisées, transmission des fonds et des documents).

Il convient de distinguer soigneusement les différents modes de saisine du président du tribunal de grande instance : « en référé » (art. 484 C. pr. civ.) auquel il faut assimiler la saisine en matière de référé (Décr. 1967, art. 49, formule équivalente à l'époque), d'une part, et « ou en forme » ou « comme en matière de référé » (C. pr. civ., art. 492-1 - réglementés seulement par l'art. 4 du Décr. n° 2011-1043 du 1er sept. 2011).

1212 Compétence du tribunal d'instance. Un certain nombre des litiges nés du statut de la copropriété entrent dans le cadre de la compétence générale des tribunaux d'instance.

1. EN CE SENS : KISCHINEWSKY-BROQUISSE, n° 497.
2. Cabanac, « Le régime des améliorations à l'immeuble en copropriété sous l'empire de la loi du 10 juillet 1965 », *AJPI* 1965. I, spéc. 952.
3. V. « Copropriété et pouvoirs du président du tribunal », *Journ. fin.* 5 sept. 1968 – Cabanac, « La copropriété et les ordonnances de juridiction gracieuse du président du tribunal de grande instance », *IRC* mai 1972. 65 – Bergel, « Juridiction gracieuse et matière contentieuse », *D.* 1983. 164.
4. V. J. C., « La pratique des ordonnances sur requête en matière de copropriété », *REDI* 69, p. 33.
5. Civ. 19 déc. 1962, *AJPI* 1963. II. 426; *D.* 1964. Somm. 41; *Ann. loyers*, 190, n° 1551 – Civ. 5 déc. 1962, *AJPI* 1963. II. 429 – AUSSI : TGI Paris, 11 avr. 1973, *Gaz. Pal.* 1973; *RTD civ.* 1973. 803, obs. Hébraud.
6. Paris, 2 mars 1990, RG n° 89-6718, *Juris-Data* n° 020923, *D.* 1990. 574, note Atias.
7. Paris, 26 sept. 1990, RG n° 90/2197, *Juris-Data* n° 023926, *Loyers et copr.* 1990. 447.

Tel est le cas, par exemple, de la demande tendant au paiement par l'un des copropriétaires de la provision non budgétisée de sa part contributive des charges, lorsque le montant de cette demande, déterminé selon les règles du droit commun, n'excède pas le taux de compétence de ces juridictions, qui est de 4 000 euros, en dernier ressort, et de 10 000 euros (COJ, art. L. 321-2 - L. n° 2005-47, 26 janv. 2005). D'une manière générale, toute demande déterminée, au sens donné à cette expression dans les règles de calcul du taux de ressort, peut être portée devant le tribunal d'instance dans la limite ainsi indiquée[1]. En revanche, s'il y a contestation sur l'établissement du compte de charges, la demande est indéterminée; le tribunal de grande instance est donc seul compétent pour en connaître[2].

Cependant, cette juridiction ne peut connaître, d'un moyen tiré de la nullité d'une assemblée générale. La question est plus délicate si ce moyen, présenté en défense à propos d'un litige dont est valablement saisi le tribunal d'instance, concerne l'interprétation du règlement de copropriété. Il semble que l'article R. 321-22 du code de l'organisation judiciaire permet au tribunal d'instance d'en connaître[3]. La solution doit être la même si le moyen « implique l'examen d'une question de nature immobilière pétitoire » telle, par exemple, une question concernant la propriété des parties privatives ou des parties communes.

1213 **La juridiction de proximité.** Parallèlement à la compétence du tribunal d'instance, il y a lieu de faire état de la compétence de la juridiction de proximité instituée dans le ressort de chaque cour d'appel par la loi n° 2002-1138 du 9 septembre 2002 d'orientation et de programmation pour la justice[4] dont les dispositions sont insérées dans les articles L. 331-1 à L. 331-9 du code de l'organisation judiciaire[5].

La décision n° 2002-461 du Conseil constitutionnel a subordonné l'entrée en application des dispositions des articles L. 331-2 et suivants du code de l'organisation judiciaire à la promulgation d'une loi statutaire apportant les garanties d'indépendance et de capacité appropriées confiées aux juges de proximité[6]. Cette loi est précisément la loi organique n° 2003-153 du 26 février 2003[7], complétée par le décret n° 2003-542 du 23 juin 2003.

Il suffit d'indiquer ici qu'aux termes de l'article L. 331-2, en matière civile, la juridiction de proximité connaît en dernier ressort des actions personnelles ou mobilières dont elle est saisie jusqu'à la valeur de 4 000 euros ou d'une valeur indéterminée mais qui ont pour origine l'exécution d'une obligation dont le montant n'excède pas 4 000 euros. Dans les conditions ainsi prévues la juridiction de proximité connaît des procédures d'injonction de payer ou de faire. Elle connaît aussi, en vue de lui donner force exécutoire, de la demande d'homologation du constat d'accord formée par les parties à l'issue de la tentative de conciliation menée en application de l'article 21 de la loi n° 95-125 du 8 février 1995.

Il n'est pas douteux que cette juridiction a, dans les conditions ci-dessus indiquées, compétence pour intervenir dans les litiges en matière de copropriété.

Les dispositions des articles précités du code de l'organisation judiciaire sont complétées par celles de la loi organique n° 2003-153 du 26 février 2003 et par le décret du 23 juin 2003 qui définissent les conditions de nomination des juges de proximité.

§ 3
Compétence territoriale

1214 **Tribunal du lieu de situation de l'immeuble.** Aux termes de l'article 62 du décret du 17 mars 1967, tous les litiges nés de l'application de la loi du 10 juillet 1965 et du décret du 17 mars 1967 sont de la compétence de la juridiction du lieu de situation de l'immeuble. C'est donc devant cette juridiction que le syndicat défendeur doit être assigné et non devant celle dans le ressort de laquelle se trouve le domicile du syndic[8].

La généralité des termes de l'article 62 entraîne cette conséquence qu'il s'applique sans qu'il y ait lieu de distinguer selon que l'action intentée est une action réelle ou une action personnelle, ni selon que cette action relève de la compétence du tribunal de grande instance ou de celle du tribunal d'instance[9]. Tel est le cas, notamment de la demande en paiement des charges; le tribunal, qui en est saisi, ne peut se déclarer incompétent pour le motif

1. COJ, art. L. 321-2 : compétence du tribunal d'instance, à charge d'appel, pour les demandes indéterminées qui ont pour origine l'exécution d'une obligation dont le montant n'excède pas 10 000 euros.
2. TI Paris, 23 févr. 1960, *IRC* oct. 1960.
3. EN CE SENS : Civ. 1re, 19 juill. 1961, *Bull. civ.* I, n° 418; *IRC* févr. 1962. 136; *Ann. loyers* 1963. 418, n° 19.
4. L. n° 2002-1138, 9 sept. 2002, d'orientation et de programmation pour la justice.
5. SUR LA juridiction de proximité : Barrière, *Gaz. Pal.* 24-26 nov. 2002 – Rochfeld, *RTD civ.* 2002. 848; *Gaz. Pal.* 30 oct. 2003. Doctr.
6. Cons. const., 29 août 2002, n° 2002-461 DC, *JO* 10 sept., p. 14953.
7. L. n° 2003-153, 26 févr. 2003 – SUR le décret du 23 juin 2003 : Chevalier et Moussa, *Procédures* oct. 2003. 3 – Blondel, *Gaz. Pal.* 29 juill. 2003. Doctr.
8. TGI Paris, 18 sept. 1979, *AJPI* 1980. 474.
9. SIZAIRE, n° 330 – LAFOND, ROUX ET STEMMER, D. art. 62.

que le copropriétaire défendeur n'a pas été assigné devant la juridiction du lieu où il demeure[1]. Il en va de même en cas de recours à la procédure d'injonction de payer des articles 1405 et suivants du code de procédure civile où pourtant compétence exclusive est attribuée[2]. L'article 39-5 du décret de 1967 a étendu cette règle à tous les litiges relatifs à l'exécution de la convention entre le syndicat de résidence-services avec son prestataire (L. 1965, art. 41-1).

Toutefois, l'attribution de compétence édictée par l'article 62 doit être limitée aux litiges qui sont nés de l'application du statut de la copropriété; en sont donc exclus les litiges opposant le syndicat et un tiers ou les copropriétaires et un tiers et même les litiges opposant des copropriétaires entre eux, dès lors qu'ils n'entendent pas se prévaloir du statut de la copropriété[3].

1. Versailles, 25 janv. 1983, *Juris-Data* n° 044215, *Gaz. Pal.* 1984. 2. Somm. 10 – EN SENS CONTRAIRE pour la validation d'une saisie-arrêt : Paris, 2 nov. 1988, *Administrer* juin 1989. 35, obs. Forestier.
2. TGI Paris, 20 juin 1981, *JCP* 1982. II. 19846 – Versailles, 4 déc. 1984, *Ann. loyers* 1985. 814.
3. SIZAIRE, n° 330 – Paris, 7e ch. A, 20 nov. 1984, Daniaux c/Dame Douarin, *D.* 1985. IR 431 ; *RDI* 1985. 423.

CHAPITRE

3. Questions de procédure particulières aux instances nées du contentieux de la copropriété

SECTION 0 ORIENTEUR

Plan du chapitre.

§ 1 Régime particulier des notifications et mises en demeure

§ 2 Prescription spéciale de l'article 42 alinéa 1er de la loi du 10 juillet 1965

§ 3 Règles particulières aux actions individuelles

§ 4 Règles particulières aux actions syndicales

A. Conditions d'exercice

a) Le principe de la représentation du syndicat par le syndic et ses conséquences

b) Autorisation préalable de l'assemblée générale

1° Le principe et sa sanction

2° Exceptions apportées à l'obligation pour le syndic d'obtenir l'autorisation préalable de l'assemblée générale

3° Obligation faite au syndic de rendre compte

B. Résultats de l'action exercée par le syndic au nom du syndicat

a) Dépens, frais de justice et indemnités consécutifs à l'action syndicale

b) Incidences de l'exercice de l'action syndicale vis-à-vis des copropriétaires

Textes applicables.

• L. n° 65-557 10 juill. 1965 fixant le statut de la copropriété des immeubles bâtis, art. 15, 18 et 10-1.

• Décr. 17 mars 1967, pris pour l'application de la loi du 10 juill. 1965, art. 51, 55, 59, 64 à 65.

• L. n° 2008-561 7 juin 2008 portant réforme de la prescription en matière civile.

Jurisprudence de référence.

• **Cass., Ass. plén. 15 mai 1992, n° 89-18.021,** *Bull. AP* n° 5.

* V. ss n° 1241.

« Si le défaut d'autorisation du syndic d'agir en justice au nom du syndicat des copropriétaires constitue, lorsqu'elle est exigée, une irrégularité de fond qui peut être invoquée par tout défendeur à l'action, la contestation de la régularité de la décision de l'assemblée générale autorisant ou ratifiant l'action est réservée aux copropriétaires opposants ou défaillants. »

• **Civ. 3e, 26 mars 2008, n° 07-11.817,** NP.

* V. ss n° 1229.

« Manque de base légale la décision qui ne recherche pas la qualité de la personne qui agit au nom du syndicat. »

• **Civ. 3e, 18 juin 2008, n° 07-14.738,** *Bull. civ.* III, n° 107.

* V. ss n° 1234.

« L'habilitation donnée au syndic ne peut conserver ses effets à l'issue d'une procédure qui a trouvé son aboutissement. »

• **Civ. 3e, 9 avr. 2008, n° 07-13.236,** *Bull. civ.* III, n° 67.

* V. ss n° 1240.

« Le défaut d'habilitation en vue d'agir en justice pour le compte du syndicat des copropriétaires constitue un défaut de pouvoir sanctionné par une nullité de fond qui ne profite qu'à celui qui l'invoque et non une fin de non-recevoir que le juge peut relever d'office. »

• **Civ. 3e, 21 oct. 2008, n° 07-18.205,** NP.

« La nature et la consistance des désordres de travaux n'étant pas précisément énoncées, le syndic ne bénéficiait pas d'une autorisation régulière. »

• **Civ. 3e, 4 nov. 2008, n° 07-18.067,** NP.

« Un copropriétaire peut demander la cessation des atteintes aux parties communes ou d'une violation du règlement de copropriété sans être tenu de démontrer qu'il subit un préjudice personnel et distinct de celui dont souffre la collectivité des membres du syndicat. »

Bibliographie indicative.

ATIAS, *Guide de la copropriété*, Edilaix 2007, sous art. L. 42 al. 1er – LAFOND, ROUX et STEMMER, *Code de la copropriété*, Litec 2008, sous L. 15-10-1 ; D. 55, 64-65.

1215 Principe, application du droit commun. Division. Les litiges auxquels donne lieu le statut de la copropriété sont, en principe, instruits selon les règles de procédure propres aux juridictions devant lesquelles ils sont portés. On suivra donc, selon les circonstances, la procédure ordinaire, la procédure des référés, la procédure propre aux tribunaux d'instance, etc. Il faut aussi relever l'intervention du « juge de la proximité ».

Certaines particularités doivent cependant être signalées. C'est ainsi, par exemple, que la distinction opérée entre les tantièmes de parties communes et les tantièmes de charges, les conséquences juridiques différentes qui sont attachées aux uns et aux autres, ainsi que le fait que les uns sont irrévocablement fixés, alors que les autres peuvent faire l'objet de modification, de révision et même être réputés non écrits, imposent qu'un soin tout particulier soit apporté à la rédaction des assignations et d'une manière générale des écritures des parties.

Mais c'est surtout à la distinction opérée entre le syndicat titulaire du droit d'agir, et le syndic, représentant du syndicat dans l'exercice de ce droit, qui n'est d'ailleurs qu'une application de la théorie de la représentation dans l'action, que découlent les conséquences les plus importantes sur le plan de la conduite des procédures.

Enfin, très fréquemment, les litiges en matière de copropriété présentent la caractéristique de mettre en cause de nombreuses parties; il en est spécialement ainsi de ceux que provoque l'apparition de désordres consécutifs à la révélation de malfaçons. On a pu, à juste titre, parler de « contentieux de masse »[1].

Ces différentes particularités, qui tiennent au statut même de la copropriété ou à la nature des litiges, peuvent être relevées aussi bien à propos des actions individuelles que des actions syndicales. Précisément, compte tenu du caractère individuel ou du caractère collectif de l'action exercée, des *règles particulières* ont été édictées sur un certain nombre de points, d'ailleurs importants. Outre les délais pour agir en révision de la répartition des charges ou une contestation des assemblées générales et de leurs décisions, une *prescription spéciale*, qui concerne aussi bien les actions individuelles que les actions collectives, a été prévue par l'article 42 alinéa 1er de la loi du 10 juillet 1965.

C'est à l'exposé de ces règles et du domaine de cette prescription que sont consacrés les développements de ce chapitre.

Mais, il faut au préalable faire état du régime particulier des notifications et mises en demeure.

§ 1
Régime particulier des notifications et mises en demeure

1216 L'article 64 du décret du 17 mars 1967 modifié par le décret n° 2004-479 du 27 mai 2004[2]. Dans sa rédaction originaire, cet article (qui était auparavant l'article 63) disposait que *toutes les notifications et mises en demeure prévues par la loi du 10 juillet 1965 et le présent décret, à l'exception de la mise en demeure visée à l'article 19 de ladite loi, sont valablement faites par lettre recommandée avec demande d'avis de réception.* Cette disposition était complétée par celles des alinéas 2 et 3, de l'article 65, qui précisaient que *ces notifications et mises en demeure sont valablement faites au dernier domicile notifié au syndic et que celles intéressant le syndicat sont valablement faites au siège du syndicat ou au domicile du syndic.*

Selon l'opinion la plus largement admise, les règles posées par les articles 668 et 669 du code de procédure civile étaient applicables. En conséquence, la date de la notification par voie postale était, à l'égard de celui qui y procède, celle de l'expédition et à l'égard de celui à qui elle est faite, la date de la réception de la lettre, précision faite que la date de l'expédition est celle qui figure sur le cachet du bureau d'émission et la date de réception celle qui est apposée par l'administration des postes lors de la remise de la lettre à son destinataire, c'est-à-dire la date à laquelle il avait signé l'avis de réception[3].

1. Capoulade, note *IRC* 1990. 10.

2. SUR CET ARTICLE : LAFOND, ROUX ET STEMMER, D. art. 63 – Gélinet, « La lettre recommandée avec demande d'avis de réception », *Administrer* mars 1993, p. 7 s. – Djigo, « Brèves réflexions sur la lettre recommandée », *LPA* 1er mars 1999, p. 5 – Mantelet, « Le régime des notifications postales dans le statut de la copropriété », *Administrer* nov. 1997. 47.
3. Giverdon, « Point de départ de certains délais en matière de copropriété », *AJDI* 2000. 382 – Rémy, « La computation des délais en matière de copropriété », *Rev. loyers* 2000. 296 – Atias, « Le point de départ des délais en copropriété immobilière », *Ann. loyers* 2000. 116 – Civ. 3e, 30 juin 1998, n° 96-21.787, *Bull. civ.* III, n° 143; *D.* 1998. IR 201; *RDI* 1998. 685; *Administrer* oct. 1998. 54, note Bouyeure – Civ. 3e, 14 déc. 1999, n° 98-13.391, *AJDI* 259; *Loyers et copr.* 2000. 71.

1217 Le décret nº 2000-293 du 4 avril 2000. Cette règle relative à la date de la réception posait problème lorsque la lettre n'avait pas été remise et faisait retour au syndic; il lui fallait alors procéder par signification par ministère d'huissier. Les inconvénients de cette situation étaient évidents en cas de convocation aux assemblées générales.

C'est à l'effet d'y apporter remède que le décret nº 2000-293 du 4 avril 2000 avait complété l'article 63 du décret du 17 mars 1967, devenu l'article 64, par la disposition selon laquelle le délai que la lettre recommandée fait, le cas échéant courir, a pour *point de départ le lendemain du jour de sa première présentation au domicile du destinataire*[1]. Peu importe, dans ces conditions, qu'il n'y ait pas eu remise effective de la lettre à son destinataire. Et l'article 65 modifié du décret précisait bien qu'en vue de l'application de l'article 64, chaque copropriétaire ou titulaire d'un droit d'usufruit sur un lot ou une fraction de lot devait notifier au syndic son domicile réel ou élu soit en France métropolitaine si l'immeuble y était situé, soit dans le département ou le territoire d'outre-mer de la situation de l'immeuble[2].

En dépit des avantages que présentait cette précision, le décret du 4 avril 2000 fit l'objet d'un recours en annulation fondé sur la violation des articles 668 et 669 du code de procédure civile. Ce recours a été rejeté par un arrêt du Conseil d'État du 30 décembre 2002[3] au motif que les requérants ne pouvaient utilement invoquer la violation de ces articles dont les dispositions ne sont, en tout état de cause, pas applicables aux notifications nécessaires au fonctionnement du régime de la copropriété des immeubles bâtis[4].

1218 Le décret nº 2007-285 du 1er mars 2007[5]. Ces mesures ont cependant été critiquées aux motifs qu'elles seraient discriminatoires et constitueraient une entrave à la libre circulation des capitaux et à la liberté d'établissement des personnes. En outre, tous les régimes postaux ne connaissent pas la lettre commandée avec demande d'avis de réception et la commission européenne se préoccupait de proposer une uniformisation de ce service ou d'un « envoi équivalent ».

Faisant application de l'article 226 du Traité, la commission européenne émettait, le 4 avril 2006, un « avis motivé » tendant à supprimer l'obligation d'élire domicile pour les personnes domiciliées en dehors du territoire d'implantation de l'immeuble.

Le décret nº 2007-285 du 1er mars 2007[6] a donc remanié et modifié les articles 64 et 65 du décret du 17 mars 1967. Il a clarifié et complété les modes de notification et précisé le point de départ du délai qu'elles font, le cas échéant courir (art. 64), et il a ouvert la liberté d'élire ou non domicile, mais exigé la notification de la domiciliation au syndic (art. 65).

Désormais, il est indiscutable que la mise en demeure visée à l'article 19 de la loi, c'est-à-dire celle précédant l'inscription de l'hypothèque légale du syndicat (et l'opposition prévue à l'art. 20) doit être faite par acte extra judiciaire. Mais l'article 64 énumère trois modes de notification. Certes, il reprend les deux précédents, mais il en ajoute un troisième, à la fois pour tenir compte des avancées technologiques et de la rapidité des transmissions. Il devient donc de principe que, sous la réserve des articles 19 et 20 de la loi, « *toutes les notifications et mises en demeure prévues par ladite loi et le présent décret sont valablement faites par lettre recommandée avec demande d'avis de réception ou par télécopie avec récépissé* ».

Par une dérogation spéciale (« toutefois »), l'article 64 (al. 3) reprenant une disposition antérieure permet exceptionnellement que « *la notification des convocations prévues au présent décret ainsi que celle de l'avis mentionné à l'article 59... peuvent valablement résulter d'une remise contre récépissé ou émargement* ».

Il ressort de l'ensemble de ces dispositions que le législateur ne se contente pas de la preuve de l'émission, mais exige la preuve de la réception par un récépissé émanant du destinataire.

L'adverbe valablement conduit à penser que, comme par le passé, il demeure toujours possible, conformément à l'article 651 du code de procédure civile, de recourir à la signification par huissier de justice.

L'article 64, dans son deuxième alinéa, détermine fort opportunément le point de départ du délai que la notification fait, le cas échéant, courir. Pour la lettre recommandée avec une demande d'avis de réception, l'article 64 reprend la disposi-

1. POUR UNE APPLICATION : Paris, 1er mars 2001, *AJDI* 2001. 714, note Giverdon – Paris, 29 nov. 2001, *Loyers et copr.* 2002. 125 ET POUR COMMENTAIRES : Bouyeure, *Administrer* juin 2000, 8.
2. Rouzet, « Les notifications en droit de la copropriété, questions d'actualité », *Defrénois* 2006. 1171.
3. CE 30 déc. 2002, nº 221746, *AJDI* 2003. 424, note Rouquet; *AJDI* 2003. 641, obs. Capoulade; *Procédures* mai 2003. 1119, note O. F.
4. POUR UNE INTERPRÉTATION de ce motif : O. F., note préc.
5. Atias, *D.* 2007, pan. 2186 – Lebatteux, COMMENTAIRE du décret du 1er mars 2007, *Administrer* mai 2007. 12, comm. Ritschy; *IRC* avr. 2007. 10 – Rouzet, La notification par télécopie avec récépissé en droit de la copropriété, *Defrénois* 2007. 653 – Capoulade, « Quarante ans après, les nouvelles règles en matière de notification et de convocation depuis le décret nº 2007-285 du 1er mars 2007 », *AJDI* 2007. 360.
6. L. nº 2007-285, 1er mars 2007, *JO* 3 mars 2007, p. 4061; applicable depuis le 1er avr. 2007.

tion du texte antérieur. Le délai court du « *lendemain du jour de la première présentation* » de la lettre. Tout retard résultant de l'absence d'une remise effective se trouve ainsi éludé. Il y a lieu, à cet égard, de se reporter au tampon apposé par le service postal. En cas de notification par télécopie, le point de départ est fixé « *au lendemain du jour de la réception de la télécopie par le destinataire* », mais ne risque-t-on pas de retomber dans les difficultés antérieures si l'avis de réception reste soumis à la discrétion du destinataire [1]. Il a été envisagé de recourir à la voie électronique, sur le fondement du volontariat, mais ce procédé se heurte au même risque.

1219 Le décret n° 2007-285 du 1er mars 2007 (suite). Pour sa part, l'article 65 règle le problème de la *domiciliation*. Si le décret du 1er mars 2007 supprime l'obligation de la domiciliation pour les résidants en dehors du territoire de la situation de l'immeuble, en revanche, il ne supprime pas la liberté d'élire domicile. L'article 65 pose donc une règle nouvelle « *En vue de l'application de l'article précédent (art. 64), chaque copropriétaire ou titulaire d'un droit d'usufruit ou de nue-propriété sur un lot ou une fraction de lot notifie au syndic son domicile réel ou élu, ainsi que, s'il le souhaite, son numéro de télécopie* ». L'obligation de notifier son domicile au syndic est essentielle que ce domicile soit réel ou élu; l'alinéa 2 du même article en tire la conséquence. Mais, le copropriétaire, l'usufruitier et le nue-propriétaire conservent la liberté d'élire domicile, au lieu de son choix, cette élection ne valant que si elle est notifiée au syndic.

L'article 64 (al. 2) précise la portée du premier alinéa : « Les notifications et mises en demeure prévues par l'article 64... *sont valablement faites au dernier domicile ou au dernier numéro de télécopie notifiée au syndic* ». Cette disposition invite les intéressés à la diligence en notifiant au syndic leurs coordonnées actuelles où ils recevront régulièrement les communications officielles du syndicat. Elle décharge en même temps le syndic de responsabilité dans la mesure où il effectue les notifications au dernier domicile ou au dernier numéro de télécopie dont il a reçu notification.

Enfin, « *les notifications mises en demeure ou significations intéressant le syndic sont valablement faites au siège du syndicat ou au domicile du syndic* ». La rédaction de cet alinéa demeure sans changement depuis 1967. Elle ne paraît pas exclure la notification par télécopie, sans que le syndic ait à faire connaître son adresse électronique par une démarche particulière, autre que ses papiers commerciaux, ce qui n'est pas sans inconvénient en cas de pluralité de services.

1. SUR CE POINT : Lebatteux, *op. cit.*, p. 19 s. – Rouzet, *op. cit.*, p. 657 s.

§ 2
Prescription spéciale de l'article 42 alinéa 1er de la loi du 10 juillet 1965

1220 L'article 42 alinéa 1er de la loi du 10 juillet – Domaine d'application [2]. Aux termes de l'article 42 alinéa 1er de la loi du 10 juillet 1965 : « *Les actions personnelles nées de l'application de la présente loi entre des copropriétaires, ou entre un copropriétaire et le syndicat, se prescrivent par un délai de dix ans, sans préjudice de l'application des textes spéciaux fixant des délais plus courts.* », la doctrine considère que la loi n° 2008-561 du 17 juin 2008 n'affecte pas le délai de dix ans de l'article 42 (al. 1er) de la loi du 10 juillet 1965 [3].

Parmi ces textes spéciaux, évoqués par l'article 42 (al. 1er), figurent, notamment, l'article 12, relatif à l'action en révision des répartitions de charges lésionnaires, l'article 34 qui soumet au délai de l'article 42 alinéa 2 la demande tendant à faire reconnaître qu'une amélioration décidée présente un caractère somptuaire.

Il résulte de cette disposition que la prescription ainsi édictée concerne :

- les actions personnelles nées de l'application de la loi;

- les actions entre copropriétaires ou entre un copropriétaire et le syndicat.

Chacun de ces points, dont la conjonction exprime le domaine d'application de cette prescription « spéciale », doit être développé.

Mais au préalable, des précisions s'imposent quant au délai lui-même.

1221 Délai – Nature – Point de départ. Du point de vue *de sa nature*, l'opinion dominante est que le délai prévu par l'article 42 alinéa 1er est un délai de prescription [4] et non un délai préfix [5]. Il peut, par conséquent, être interrompu ou suspendu (étant

2. SUR L'ENSEMBLE DE LA QUESTION : KISCHINEWSKY-BROQUISSE, nos 491 s. – LAFOND, ROUX ET STEMMER, L. art. 42 – GUILLOT, art. 42-1 s. – Bouyeure, « La prescription de dix ans en matière de copropriété », *Administrer* mars 1981. 12; *Administrer* 1990. 7 – Guillot, « La jurisprudence dans l'application de l'article 42, alinéas 1 et 2 de la loi du 10 juillet 1965 », *Administrer* juill. 1986. 3 – Martin, « La prescription de l'article 42, alinéa 1, de la loi du 10 juillet 1965 », *Rev. huissiers* 1990. 1281 – Atias, « Les délais pour agir en copropriété », *Journ. fin.* 26 oct. 1985, p. 3 – Vigneron, « La prescription des actions en justice en copropriété », *IRC* 1993. 462.
3. SUR LA LOI DU 17 JUIN 2008, EN GÉNÉRAL : Beranger, COMMENTAIRE, *Administrer* déc. 2008. 44; EN MATIÈRE de copropriété; Damas, *AJDI* oct. 2008. 735, 742; V. Zalewsky, *Defrénois*, 22, déc. 2008. 2461, 2490.
4. Civ. 3e, 28 oct. 2003, n° 02-16.631, NP, *AJDI* 2004. 385, obs. Giverdon; *IRC* mai 2005. 23, 11.
5. LAFOND, ROUX ET STEMMER, ART. L. 42 n° 4.

précisé qu'un donné acte n'interrompt pas la prescription[1]) dans les conditions prévues par les nouvelles dispositions du code civil (art. 2233 s., art. 2240 s.), et la prescription peut encore être invoquée par voie d'exception une fois le délai expiré[2].

La détermination du *point de départ* du délai a suscité des difficultés, car aucune disposition législative ou réglementaire ne l'avait précisé, mais désormais il convient de tenir compte des nouvelles dispositions du code civil (art. 2233 à 2239).

Un point est d'abord certain : le juge doit, avant de déclarer la prescription acquise, se prononcer sur le point de départ[3].

Toutefois, une prescription avait été déclarée acquise par le juge statuant au vu d'un moyen qui n'a été présenté par le syndicat qu'au cours d'une procédure en omission de statuer[4].

Un arrêt de la Cour de cassation du 23 mai 1991[5] fournit une directive en permettant de poser le principe que le point de départ se situe au moment de la survenance des faits qui sont la cause génératrice de l'action[6]. Mais des précisions s'imposent.

Si l'action est fondée sur la violation du règlement de copropriété, le délai court à partir du jour où la violation est commise[7], sans que la vente ultérieure du lot du copropriétaire, auteur de l'infraction, puisse l'interrompre[8] et qu'en cas d'exercice de l'action contre un locataire, l'indivisibilité avec l'action du copropriétaire bailleur peut être retenue[9].

La date de la première location à usage commercial d'un appartement à usage d'habitation a ainsi été retenue[10].

Si l'action est une action en responsabilité fondée sur l'article 14 de la loi du 10 juillet 1965, un arrêt de la Cour de cassation du 16 mai 1992[11] situe le point de départ à la date de l'apparition dans l'appartement du demandeur de désordres consécutifs aux vices de construction affectant les parties communes, ce qui finalement est dans la ligne directrice donnée par l'arrêt précité du 23 mai 1991 et même au jour de la révélation de la cause (origine désordre en partie commune)[12].

Néanmoins, l'article 2224 du code civil peut trouver application dans ces deux hypothèses, la prescription commençant à courir à compter du jour ou le titulaire du droit a connu ou aurait du connaître les faits lui permettant de l'exercer[13, 14].

Il ne faut pas confondre l'action fondée sur l'article 14 de la loi du 10 juillet 1965 avec l'action en responsabilité contre les constructeurs pour laquelle le point de départ du délai est celui de la réception avec ou sans réserve[15]; d'où la nécessité pour le juge de bien préciser le point de départ du délai. Jugé que l'arrêté de péril constituait le point de départ pour le remboursement des frais avancés par le syndicat pour la réparation de dommages trouvant leur cause dans des travaux exécutés par un copropriétaire[16].

1222 Actions personnelles. La référence aux actions personnelles exclut évidemment du domaine de la prescription de l'article 42 alinéa 1er les actions réelles comme, par exemple, les actions pétitoires relatives à l'immeuble ou aux lots, qui se prescrivent par trente ans[17].

Mais la qualification d'action réelle ou d'action personnelle se révèle délicate lorsque son objet est de faire *cesser des empiétements sur les parties communes* imputables à un copropriétaire et en restitution desdites parties[18]. On a pu observer un certain flottement dans la jurisprudence. Toutefois, une analyse attentive des décisions rendues, apparem-

1. Civ. 3e, 15 nov. 1989, no 87-15.213, *Bull. civ.* III, no 214; *D.* 1989. IR 306; *Administrer* mai 1990. 48.
2. KISCHINEWSKY-BROQUISSE, no 491, note 897 – LAFOND, ROUX ET STEMMER, L. art. 42, no 4.
3. Civ. 3e, 20 juill. 1994, no 92-19.150, *RDI* 1994. 703.
4. Civ. 3e, 16 mars 1994, no 92-12.326, *Bull. civ.* III, no 57; *D.* 1994. IR 87.
5. Civ. 3e, 23 mai 1991, no 89-19.879, *AJDI* 1992. 29; *RDI* 1991. 388; *Administrer* mars 1992. 30; *Defrénois* 1992. 1017, note Souleau; *D.* 1992. Somm. 141; *IRC* 1992. 194, note Capoulade.
6. Civ. 3e, 16 sept. 2003, no 02-13.028, *IRC* mai 2005. 20, 21.
7. Civ. 3e, 23 mai 1991, no 89-19.879, *AJDI* 1992. 29; *RDI* 1991. 388; *D.* 1992. Somm. 141 – Paris, 29 janv. 1997, RG no 94-8915, *Juris-Data* no 020107, *Loyers et copr.* 1997. 146 – Civ. 3e, 24 mars 2005, *Administrer* août-sept. 2005. 69.
8. Paris, 3 juill. 1992, RG no 91-014404, *Juris-Data* no 022309, *Loyers et copr.* 1992. 451.
9. Civ. 3e, 9 juin 1993, no 90-18.043, *Bull. civ.* IIII, no 82; *RDI* 1993. 429; *Loyers et copr.* 1993. 434; *D.* 1994. 127.
10. Civ. 3e, 9 juin 1993, no 90-18.043, *Bull. civ.* III, no 82; *RDI* 1993. 428; *Loyers et copr.* 1993. 434; *D.* 1994. 127.
11. Civ. 3e, 26 mai 1992, no 89-21.897, *IRC* 1993. 9, note Capoulade; *RDI* 1992. 375; *RTD civ.* 1993. 131, *Defrénois* 1992. 1524, Chron. Aubert – Civ. 3e, 9 oct. 2007, *Administrer* janv. 2008. 54, obs. Bouyeure.
12. Civ. 3e, 2 mars 2005, no 03-14.713, *Bull. civ.* III, no 52; *Administrer* juin 2005. 47. Civ. 3e, 24 mai 2006, no 05-12.185, *Loyers et copr.* 186, obs. Vigneron; *Administrer* 49, obs. Bouyeure.
13. Cette formule n'exclut pas une appréciation comportementale, Béranger, préc., p. 48.
14. La jurisprudence de la Cour de cassation a déjà manifesté une tendance en ce sens, NOT. : Com. 10 juin 2008, no 06-19.452, *Bull. civ.* IV, no 116; *D.* 2008. 2200; *JCP* act. 448.
15. V. obs. Capoulade, *IRC* 1993. 9 – C. civ., art. 2227.
16. Civ. 3e, 25 mai 2004, no 03-10.166, NP, *IRC* mai 2005. 18, no 15.
17. POUR D'AUTRES EXEMPLES : LAFOND, ROUX ET STEMMER, L. art. 42, no 10 – EN CE SENS : C. civ., art. 1792-4-3.
18. SUR L'ENSEMBLE DE LA QUESTION : LAFOND, ROUX ET STEMMER, L. art. 42, no 10.

ment contradictoires, permet d'opérer la distinction suivante qui repose sur la formulation de la demande. Si celle-ci a pour but de *restituer* aux parties communes ce dont un copropriétaire s'est injustement approprié, il s'agit d'une action réelle soumise à la prescription trentenaire.

C'est ce que la Cour de cassation a décidé : pour la construction irrégulière sur un sol dont le constructeur n'avait pas la jouissance privative[1]; la restitution d'une courette commune qu'un copropriétaire avait aménagée pour son usage exclusif[2]; un empiétement « insignifiant » sur le palier par l'élévation d'une cloison, fermant une porte, au droit extérieur du mur[3]; la construction d'une véranda sur une terrasse[4]; l'incorporation à un appartement d'un palier dont la jouissance temporaire avait été consentie à un copropriétaire[5]; la démolition d'une cloison empiétant sur une cour commune[6]; une construction édifiée sur une terrasse commune à jouissance privative[7]; l'installation d'un digiclé qui avait pour effet d'interdire aux autres copropriétaires et au syndic d'accéder aux parties communes d'un bâtiment de la copropriété[8]; la démolition de canalisations empiétant sur une partie privative[9].

S'il apparaît que l'action engagée tend au respect du règlement de copropriété et en conséquence à la suppression d'ouvrages affectant l'aspect extérieur ou les parties communes de l'immeuble, exécutés sans autorisation, l'action est qualifiée personnelle et relève de la prescription de dix ans de l'article 42 alinéa 1.

C'est ce qui a été jugé pour l'ouverture de lucarnes dans la toiture[10]; la pose de gaines de ventilation dans un couloir commun[11]; la démolition d'un appentis adossé au mur commun[12]; la reconstruction d'une rampe d'accès aux garages, indûment détruite, sans aucune appropriation du sol ou d'un ouvrage commun par le copropriétaire[13], l'action dont l'assemblée générale avait autorisé l'exercice tendait seulement à l'application d'une décision antérieure qui supprimait le droit de jouissance exclusive d'une partie de la cour et du jardin[14, 15], la cessation d'une jouissance injustifiée[16]. On discute le point de savoir si l'engagement de régler la totalité des sommes dues au syndicat par un indivisaire au moment où il acquiert la quote-part de son coïndivisaire, substitue la prescription trentenaire à la prescription décennale[17].

Il y a donc intérêt à ce que le plus grand soin soit apporté à la rédaction exacte et précise des actes de procédure (assignation et conclusions).

1223 Actions nées de l'application de la loi du 10 juillet 1965. Il faut entendre par là aussi bien les actions nées de l'application du statut de la copropriété (loi et décret) que celles nées de l'application du règlement de copropriété[18]. Telles sont, par exemple :

– les actions en recouvrement des charges communes[19];

– les actions en responsabilité contre le syndicat fondées sur l'article 14 de la loi[20]; en revanche, les actions qui trouvent leur fondement dans les articles 1382 ou 1384 du code civil, ou encore en réparation des troubles de voisinage, sont soumises à la prescription de droit commun;

– l'action exercée par le syndicat contre un copropriétaire tendant à obtenir l'exécution d'une décision de l'assemblée[21];

1. Civ. 3e, 20 nov. 1985, no 84-16.414, *Bull. civ.* III, no 150 – Civ. 3e, 27 sept. 2003, no 02-16.170, NP, *IRC* mai 2005. 18, no 14.
2. Civ. 3e, 11 janv. 1989, no 87-13.605, *Bull. civ.* III, no 11; *RTD civ.* 1990. 310.
3. Civ. 3e, 17 avr. 1991, no 89-15.172, *RDI* 1991. 377; *IRC* févr. 1992. 47, note Capoulade.
4. Civ. 3e, 22 janv. 1992, no 90-15.906, *Bull. civ.* III, no 25; *AJDI* 1993. 25.
5. Civ. 3e, 3 oct. 1991, no 89-21.712, *RDI* 1992. 111 et 120.
6. Civ. 3e, 24 févr. 1993, no 91-11.855, *Bull. civ.* III, no 22; *RDI* 1993. 272; *D.* 1994. Somm. 122, note Atias; *AJPI* 1994. 212, note Lebatteux et B. S.; *Defrénois* 1993. 777; *IRC* 1993. 119.
7. Civ. 3e, 19 juill. 1995, no 94-10.210, *RDI* 1995. 798; *Administrer* 1995, p. 32, note Bouyeure; *Loyers et copr.* 1995. 543 – Civ. 3e, 16 mars 2005, no 03-14.771, NP, *Administrer* juin 2005. 46 – Civ. 3e, 22 mars 2000, no 98-19.082, NP, *Administrer* mai 2000. 50, note Capoulade.
8. Civ. 3e, 14 févr. 1996, no 93-17.667, *Bull. civ.* III, no 42; *RDI* 1996. 419 et 420; *IRC* 1996. 412, note Capoulade.
9. Civ. 3e, 20 nov. 2002, no 00-17.539, *Bull. civ.* III, no 232; *Loyers et copr.* mars 2003. 72.
10. Civ. 3e, 12 janv. 1988, no 86-16.159, *Bull. civ.* III, no 4; *D.* 1988. 427, note Atias.
11. Civ. 3e, 15 juin 1988, no 86-19.030, *Bull. civ.* III, no 111; *D.* 1988. IR 87.
12. Civ. 3e, 17 juill. 1991, no 89-12.309, *RDI* 1991. 511.
13. Civ. 3e, 5 juill. 1989, no 88-10.028, *Bull. civ.* III, no 154; *AJDI* 1990. 21; *D.* 1990. Somm. 127, obs. Giverdon; *Defrénois* 1990. 371 et 373, note Souleau; *IRC* 1990. 207, 346, note Capoulade; *RTD civ.* 1992. 146.
14. Civ. 3e, 7 déc. 1994, no 92-21.003, NP, *RDI* 1995. 164, obs. Capoulade, Giverdon.
15. V. les arrêts analysés, *RDI* 1992. 120.
16. Civ. 3e, 3 mars 2004, no 02-17.390, NP, *Administrer* nov. 2005; *AJDI* 2004. 645, obs. Giverdon.
17. Civ. 3e, 30 mai 1995, no 93-15.993, NP, *RDI* 1995. 595, obs. Capoulade, Giverdon. L'article 2224 du code civil paraît avoir modifié les termes de cette question.
18. EN CE SENS : SIZAIRE, no 219, p. 354 – KISCHINEWSKY-BROQUISSE, no 491.
19. Civ. 3e, 22 mai 1968, *AJPI* 1968. 988, note Bouyeure – Paris, 14 janv. 1983, *D.* 1983. IR 338.
20. Paris, 30 mars 1984, *D.* 1984. IR 412.
21. Civ. 3e, 17 juill. 1986, *Administrer* janv. 1987. 50, note Guillot.

– l'action en réparation des dommages causés aux parties privatives d'un lot par les parties communes[1];

– les actions en indemnisation du préjudice subi par suite de l'exécution de travaux prévus par l'article 9 alinéa 2 de la loi du 10 juillet 1965, modifiée par la loi du 31 décembre 1985 (v. s^s n°s 212 s.).

Un arrêt, du 30 mai 1995[2], apporte un éclairage sur le point de savoir s'il y a substitution de la prescription de droit commun (trentenaire) à la prescription de dix ans en cas d'engagement de régler les sommes dues au syndicat.

En revanche, ainsi qu'on l'a déjà relevé, il résulte d'une jurisprudence, que l'on peut considérer aujourd'hui comme fixée, que les clauses du règlement de copropriété, contraires aux dispositions impératives de la loi, étant « non avenues par le seul effet de la loi », il s'en déduit la recevabilité, à tout moment, des actions tendant à le faire constater.

1224 Actions entre les copropriétaires ou entre les copropriétaires et le syndicat. Sont donc exclues de la prescription de dix ans, les actions, même nées de l'application du statut, qui sont intentées par ou contre les tiers ou contre le syndic personnellement[3]. L'action en restitution de sommes indûment versées au titre de charges de copropriété, frais et honoraires de recouvrement, relève du régime spécifique des quasi-contrats et se trouve soumise à la prescription des actions personnelles et mobilières. On discute le cas de la nullité de plein droit de la désignation du syndic pour non-ouverture de compte à l'expiration du délai de trois mois suivant sa désignation, mais cette action paraît manquer d'objet à partir du moment où le mandat du syndic est venu à expiration, sauf action en responsabilité en cas de préjudice[4].

§ 3
Règles particulières aux actions individuelles

1225 Décision d'exercer l'action. La décision d'exercer une action individuelle dépend uniquement du copropriétaire qui en est titulaire. Aucune autorisation, ni délibération de l'assemblée générale n'est nécessaire.

1226 Obligation d'informer le syndic. L'article 15 alinéa 2 de la loi du 10 juillet 1965, après avoir habilité les copropriétaires à exercer seuls les actions concernant la propriété et la jouissance de leurs lots, précise que c'est « à charge d'en informer le syndic ».

L'article 51 du décret du 17 mars 1967 détermine les modalités d'exécution de cette obligation. Copie de toute assignation délivrée par un copropriétaire qui, en vertu de l'article 15 alinéa 2 de la loi du 10 juillet 1965, exerce seul les actions concernant la propriété ou la jouissance de son lot, est adressée par l'huissier au syndic par lettre recommandée avec demande d'avis de réception. Mais le décret ne précise pas, la *sanction* qui doit être attachée à la méconnaissance de cette obligation.

La Cour de cassation, a estimé que le défaut d'information du syndic n'entraînait pas l'irrecevabilité de la demande[5]. Cette solution doit être considérée comme acquise.

1227 Jugement et dépens. Conformément au droit commun, *l'autorité de la chose jugée* attachée à la décision rendue à la suite de l'action individuelle est *limitée aux parties en cause et à l'objet de la contestation*. Elle est d'abord limitée aux *parties en cause*; le jugement rendu est, en principe, sans effets à l'égard de la collectivité.

Il a été jugé en ce sens que le jugement déclarant que le syndicat a réclamé à tort certaines charges aux copropriétaires d'un des bâtiments d'un syndicat ne bénéficie qu'aux copropriétaires ayant assigné ce syndicat par l'intermédiaire du syndic[6]. D'une manière générale, l'action en répétition de l'indu appartient à celui qui a effectué le paiement, à ses cessionnaires, subrogés, ou à celui pour le compte et au nom duquel le paiement a été fait.

Cependant, une exception se présente à propos de l'action en révision de la répartition des charges qui peut être individuelle, tant en demande qu'en défense (Décr. 17 mars 1967, art. 53); le jugement rendu doit, par suite de son objet, être assorti de l'autorité absolue de la chose jugée. Mais précisément, des mesures sont prévues afin d'attraire le syndicat et les autres copropriétaires à l'instance (Décr. 17 mars 1967, art. 53, al. 1er)[7].

L'autorité de la chose jugée est ensuite limitée à *l'objet de la contestation*. Mais des difficultés pouvaient également se présenter à propos de l'action en

1. Paris, 25 avr. 1988, RG n° 86/641, *Juris-Data* n° 024044, *Loyers et copr.* 1988. 301.
2. Civ. 3e, 30 mai 1995, n° 93-15.993, *RDI* 1995. 595.
3. SIZAIRE, n° 319 – KISCHINEWSKY-BROQUISSE, n° 491.
4. Et que l'assemblée qui l'a reconduit, n'a pas été contestée dans le délai imparti : Civ. 3e, 7 avr. 2009, n° 08-15.204, NP.
5. Civ. 3e, 30 mars 1978, n° 76-14.922, *Bull. civ.* III, n° 134; *D.* 1978. IR 430; *Administrer* sept. 1978. 43; *Administrer* oct. 1978. 36 – Civ. 3e, 28 nov. 1978, *JCP N* 1979. 133; *JCP* 1979. II. 19273, note Atias – Civ. 3e, 28 janv. 1981, *Rev. loyers* 1981. 210 – Paris, 12 nov. 1995, *Loyers et copr.* 1996. 143 – LAFOND, ROUX ET STEMMER, D. art. 51.
6. Paris, 2 févr. 1979, *D.* 1980. IR 146.
7. Exception faite pour l'annulation d'une assemblée générale ou d'une décision d'assemblée qui a effet à l'égard de tous.

contestation de la décision de l'assemblée générale relative à la nouvelle répartition des charges. On se demandait, en effet, si le jugement rendu devait simplement annuler la décision ou s'il devait prendre également la décision destinée à remplacer la décision annulée (sur l'ensemble de cette question, réglée depuis la loi du 31 déc. 1985 v. s^s^ n° 517).

La charge des *dépens* ne soulève pas de difficultés lorsque le litige oppose deux copropriétaires individuellement ou un copropriétaire et un tiers; il suffit d'appliquer le droit commun, tel que l'expriment les articles 695 et suivants du code de procédure civile. Si, en revanche, le procès s'est déroulé entre un copropriétaire et le syndicat, la question se révèle beaucoup plus délicate. Elle sera étudiée dans le cadre de l'exercice des actions syndicales (v. s^s^ n° 1261).

§ 4
Règles particulières aux actions syndicales

1228 **Énoncé.** Ces règles sont relatives d'une part aux conditions d'exercice, et d'autre part aux résultats, de l'action que le syndicat est qualifié pour intenter.

A.
Conditions d'exercice

1229 **Principe : Exercice de l'action syndicale par l'intermédiaire du syndic.** Si le droit d'agir, ou de défendre, appartient au syndicat, c'est un principe incontesté que l'action est exercée par ou contre le syndic en exercice[1]. Il agit *ès qualités* de représentant du syndicat[2]; le juge ne saurait accueillir l'action d'un syndicat sans rechercher la qualité de la personne mentionnée à la procédure comme étant son représentant[3]; la présence à l'instance de tous les copropriétaires ne supplée pas à l'absence de mise en cause du représentant légal du syndicat[4]; mais le syndic ne peut intenter cette action *valablement* que s'il y est *autorisé* par une décision de l'assemblée générale.

Il convient d'étudier successivement le principe lui-même et la condition dont il est assorti, à savoir l'autorisation de l'assemblée générale. Il faut supposer que la demande formulée par le syndicat s'analyse comme une véritable demande en justice élevant une prétention. Tel n'est pas le cas si la demande formée par le syndicat tend simplement à ce qu'il lui soit donné acte de la réserve de formuler ultérieurement ses prétentions[5].

a)
Le principe de la représentation du syndicat par le syndic et ses conséquences

1230 **Énoncé du principe.** C'est l'article 18 de la loi du 10 juillet 1965, dont le caractère d'ordre public est indiscutable depuis que la loi du 31 décembre 1985 a modifié l'article 43 de la loi du 10 juillet 1965, qui charge le syndic de représenter le syndicat en justice – d'où l'incorrection des termes « le syndic reçoit mandat de représenter le syndicat »; il lui faut seulement recevoir le *pouvoir* de le faire[6].

Aucune autre personne (sous réserve de l'administrateur provisoire). ne peut jouer ce rôle à la place du syndic, spécialement ni le conseil syndical, qui ne peut recevoir aucune délégation de pouvoir[7], à cet effet, ni le président de celui-ci, ni un avocat[8] ne possèdent et ne peut recevoir ce pouvoir.

La formule « le conseil syndical en accord avec le syndic » est critiquable[9], pour le cas où la décision de l'assemblée générale est soumise à la condition de l'accord préalable du conseil syndical[10].

C'est le syndic en fonction lors de l'introduction de l'action qui peut être investi du pouvoir de représentation.

Ainsi pour la déclaration d'appel[11], si le syndic, après avoir fait signifier le jugement de première instance, démissionne et que cette démission est acceptée, les copropriétaires appelants de ce jugement ne peuvent intimer le syndic démission-

1. Civ. 3e, 21 juin 2006, n° 05-13.028, NP, *D.* 2007, pan. 2184, obs. Capoulade, Chr. A.; *Administrer* oct. 2006. 58 : IRRECEVABILITÉ de conclusions prises après l'expiration du mandat. Exception de nullité recevable en tout état de cause.
2. Civ. 3e, 14 juin 1989, n° 87-17.088, *RDI* 1989. 505 – VALIDITÉ de l'assignation, quand bien même la qualité ne serait pas mentionnée en tête de l'acte, mais apparaît dans l'objet : Civ. 3e, 29 oct. 2003, n° 02-14.717, NP, *IRC* mai 2005. 16, n° 5.
3. Civ. 3e, 26 mars 2008, n° 07-11.817, NP, *Administrer* juill. 2008, obs. Bouyeure.
4. Civ. 3e, 18 juin 1997, n° 95-16.739, NP, *RDI* 1997. 483.
5. Civ. 3e, 14 juin 1989, n° 87-17.088, *RDI* 1989. 505.
6. V. obs. Capoulade, *RDI* 1997. 296.
7. Civ. 3e, 17 avr. 1991, n° 89-12.569, *Bull. civ.* III, n° 120; *IRC* 1992. 275 – AUSSI : Civ. 3e, 22 mai 1990, n° 89-11.659, *Bull. civ.* III, n° 123; *RDI* 1991. 92; *IRC* 1991. 8, note Capoulade – Civ. 3e, 17 avr. 1991, n° 89-12.569, *Bull. civ.* III, n° 120; *Gaz. Pal.* 23 juill. 1992. Somm.; *Defrénois* 1992. 371.
8. Civ. 3e, 22 mai 1990, n° 89-11.659, *Bull. civ.* III, n° 123; *IRC* 1991. 8, note Capoulade – Civ. 3e, 5 avr. 1995, n° 93-12.511, *Bull. civ.* III, n° 97; *RDI* 1995. 596; *Defrénois* 1995. 1461, note Atias; *Administrer* août-sept. 1995. 95, note Bouyeure; *D.* 1998. 276.
9. Civ. 3e, 16 oct. 1991, n° 89-17.241, *RDI* 1992. 122.
10. V. Paris, 7 oct. 1994, *Administrer* août-sept. 1995. 95, note Bouyeure.
11. Civ. 3e, 12 juill. 1995, n° 93-12.508, *Bull. civ.* III, n° 176; *AJDI* 1996. 314; *RDI* 1995. 796; *D.* 1996. 94; *JCP* 1996. II. 22627, note du Rusquec.

naire[1]. Mais si la nomination du syndic n'a pas été contestée dans le délai de deux mois imparti par l'article 42 alinéa 2 pour contester la décision de l'assemblée générale, l'action intentée par ce syndic au nom du syndicat est recevable[2] : pour le cas où une décision de l'assemblée générale a arrêté la procédure avant que le litige ait reçu sa solution définitive[3].

En cas d'empêchement ou de carence du syndic, la représentation du syndicat est assurée par un administrateur provisoire désigné dans les conditions prévues par l'article 49 du décret du 17 mars 1967. Si le syndicat est dépourvue de syndic, c'est également un administrateur provisoire désigné selon les modalités prévues aux articles 46 ou 47 qui assure la représentation en justice du syndicat (à cet égard v. s[s] n°s 975 et 986 s.). On rappelle que le cas du syndicat en difficulté est particulier (v. s[s] n°s 771 s.).

Le syndic n'agit qu'*ès qualités*; il doit le mentionner dans l'assignation et si le syndicat est défendeur c'est en tant que tel que le syndic doit être assigné.

Des précautions sont à prendre quant à sa désignation dans les actes de procédure (v. s[s] n° 1177)[4]. Les articles 648 et 901 du code de procédure civile n'exigent pas que la personne physique représentant la personne morale soit dénommée, pourvu que figure l'indication de l'organe institutionnel[5]. Cette précision est évidemment intéressante lorsque le syndic est une personne morale (v. pour une signification d'un acte à un employé du syndic[6]). Si le syndicat agit conjointement avec un ou plusieurs copropriétaires, l'action doit être formée par la même assignation ou par les mêmes conclusions en défense[7].

1231 Conséquence du principe. L'article 59 du décret du 17 mars 1967 tire les conséquences du principe ainsi posé, tant à l'égard du syndicat qu'en ce qui concerne les copropriétaires.

À l'égard du syndicat, l'alinéa 2 de cet article dispose, ce qui est d'ailleurs tout à fait logique, que les actes de procédure qui le concernent sont régulièrement signifiés, suivant les cas, au syndic ou à la requête de celui-ci.

Vis-à-vis des copropriétaires, l'alinéa 1er du même article dispose qu'à l'occasion de tous les litiges dont est saisie une juridiction et qui concernent le fonctionnement d'un syndicat ou dans lesquels le syndicat est partie, le syndic avise chaque copropriétaire de l'existence et de l'objet de l'instance. Cet avis, en application de l'article 64, est valablement donné soit par lettre recommandée avec demande d'avis de réception, soit par remise contre récépissé ou émargement. Le but de cette disposition est évidemment de provoquer l'intervention des copropriétaires à l'instance.

Un troisième alinéa a été ajouté à l'article 59 par le décret du 9 juin 1986. Aux termes de cet alinéa : « *dans les cas prévus aux articles 46 à 48 ci-dessus* [c'est-à-dire de désignation d'un administrateur provisoire ou d'un syndic ou des membres du conseil syndical], *l'ordonnance est notifiée dans le mois de son prononcé par le syndic ou l'administrateur provisoire désigné, à tous les copropriétaires qui seuls peuvent en référer au président du tribunal de grande instance dans les quinze jours de cette notification* ». Si un administrateur provisoire est désigné en application de l'article 47 du décret, il n'a pas à notifier l'ordonnance à l'ancien syndic qui n'a pas qualité pour agir en rétraction à l'encontre de cette ordonnance[8].

1232 Exception au principe. Une exception peut être apportée, à la demande des copropriétaires ou même de toute personne intéressée, au pouvoir de représentation du syndicat par le syndic. Cette exception, qui est prévue par l'article 56 du décret du 17 mars 1967, concerne le cas où le syndic est partie dans une instance relative à l'exécution de la construction de l'immeuble, aux garanties dues ou aux responsabilités encourues à cette occasion et où le syndic, son conjoint, le partenaire lié à lui par un pacte civil de solidarité, leurs commettants ou employeurs, leurs préposés, leurs parents ou alliés jusqu'au troisième degré inclus ont, directement ou indirectement, à quelque titre que ce soit, même par personne interposée, participé à ladite construction. Tout intéressé peut alors demander au président du tribunal de grande instance, statuant sur requête, de désigner un mandataire *ad hoc* pour ester en justice au nom du syndicat. L'assemblée générale n'a pas ce pouvoir[9].

1. Paris, 9 mai 1969, *Bull. avoués* 1969, 4e trim., p. 12.
2. TGI Paris, 25 oct. 1974, *Gaz. Pal.* 1975. Somm. 157.
3. Civ. 3e, 17 juin 1997, n° 95-19.014, *RDI* 1997. 491.
4. AUSSI : Giverdon, « Conseils pratiques pour la rédaction des assignations introductives dans le cadre du statut de la copropriété », *Rev. huissiers* 1992. 985 – Atias, « L'identification du syndicat », *IRC* 1996. 23 s.
5. Civ. 3e, 12 juill. 1995, n° 93-12.508, *Bull. civ.* III, n° 176; *AJDI* 1996. 314; *RDI* 1995. 796; *D.* 1996. 94; *JCP* 1996. II. 22627, note du Rusquec.
6. Paris, 5 févr. 1997, RG n° 93/16482, *Juris-Data* n° 020254, *RDI* 1997. 295.
7. TGI Paris, 25 févr. 1972, *Gaz. Pal.* 1972. 1, 443 – TGI Paris, 25 févr. 1973, *Gaz. Pal.* 1973. 2, 735 – KISCHINEWSKY-BROQUISSE, n° 449.
8. Toulouse, 17 janv. 1994, *Juris-Data* n° 600561, *D.* 1994. Somm. 205, obs. Giverdon; *Rev. adm.* déc. 1994, p. 34, note Ritschy.
9. LAFOND, ROUX ET STEMMER, D. art. 56.

b)
Autorisation préalable de l'assemblée générale

1233 L'article 55 du décret du 17 mars 1967, modifié par le décret du 9 juin 1986 [1]. Cet article, dans la rédaction que lui avait donnée le décret du 17 mars 1967, et qu'a maintenue dans son économie essentielle le décret du 9 juin 1986, pose d'abord *un principe :* le syndic ne peut agir en justice, au nom du syndicat, sans y avoir été autorisé par une décision de l'assemblée générale. Toutefois, l'alinéa 2 énonce un certain nombre de *tempéraments* dont ce principe est assorti. Mais, précise l'alinéa 3, *dans tous les cas*, le syndic *rend compte* à la prochaine assemblée générale des actions introduites.

L'application de cet article, a donné lieu à une abondante jurisprudence et à d'importantes études de doctrine [2].

1°
Le principe et sa sanction

1234 Caractère général de l'autorisation. L'article 55 est rédigé en termes très larges puisqu'il vise, sans autre précision, le fait pour le syndic d'agir en justice au nom du syndicat. Peu importe l'objet de l'instance ou la personnalité des défendeurs.

Il peut s'agir d'une action tendant à imposer à un copropriétaire le respect des clauses du règlement de copropriété [3].

Dans un autre cas, le syndic ayant été autorisé à introduire toute procédure permettant de prendre toute mesure conservatoire pour faire respecter le règlement de copropriété, l'autorisation est jugée valable pour l'engagement d'une action judiciaire [4].

L'autorisation est donnée pour toute la procédure [5], y compris l'exercice des voies de recours, mais ne peut conserver ses effets à l'issue de la procédure qui a trouvé son aboutissement [6].

On discute toutefois le point de savoir dans quelle mesure les solutions dégagées par la jurisprudence judiciaire sont transposables en matière de contentieux administratif.

Un auteur estime que le juge administratif est fondé à vérifier si l'habilitation existe ou non et à en tirer les conséquences, mais qu'il est incompétent pour apprécier la validité ou la portée de l'habilitation [7]. Une jurisprudence s'est dégagée dans le sens de l'application de l'article 55 à une action intentée devant la juridiction administrative [8].

Du caractère d'ordre public de l'article 55, on a déduit que ses dispositions ont été immédiatement applicables dès la mise en vigueur du statut de la copropriété et qu'aucune clause du règlement de copropriété ne saurait en écarter l'application. Pour la même raison, le défendeur à l'action engagée par le syndic est en droit d'exiger que celui-ci rapporte

1. SUR L'ENSEMBLE DE LA QUESTION : Baudouin, « L'habilitation du syndic pour agir en justice », *AJPI* 1984. 466 – GUILLOT, art. 17-18, 6.27 s. – KISCHINEWSKY-BROQUISSE, n°s 453 s. – B. R. B., « L'habilitation du syndic à agir devant la juridiction administrative », *AJPI* 1991. 181 – Karila, « Le point de la jurisprudence sur les problèmes liés à l'habilitation du syndic de copropriété à agir en justice, notamment à l'encontre des constructeurs », *Administrer* janv. 1991. 2 – Vigneron, « Le syndic en justice », *Loyers et copr.* nov. 1990. 1; *JCP N* 1991, prat. 1839 – Capoulade, « Le droit d'agir en justice du syndicat des copropriétaires », *IRC* 1990. 149 – Vigneron, « La condition pour agir en justice », *Loyers et copr.* juin 2003, 3 – Roux, « La portée de l'habilitation du syndic à agir en justice », *Administrer* déc. 2006. 23 et avr. 2007. 19; juin 2007. 21.
2. Atias, « Petit guide de l'autorisation du syndic à agir contre les constructeurs au nom du syndicat », *Ann. loyers* 1996. 2, 13 – Baudoin, « L'habilitation du syndic pour agir en justice », *AJPI* 1984. 466 – Bouyeure, « L'habilitation du syndic pour agir en justice; le point de la jurisprudence », *Administrer* juin 1994. 14 – Karila, « Le point de la jurisprudence sur les problèmes liés à l'habilitation du syndic de copropriété à agir en justice notamment à l'encontre des constructeurs », *Rev.* adm. 1991, p. 12 s. – Capoulade, « L'autorisation du syndic d'agir en justice », *IRC* mai 1997. 11, note s^{s} : Civ. 3e, 20 nov. 1996, n° 94-20.605 NP et 4 déc. 1996, n° 95-10.336, *Bull. civ.* III, n° 230 et *AJPI* 1997. 763, obs. Capoulade – Vigneron, « Le syndic en justice », *Loyers et copr.* juill. 1997. 4 – Boussageon, « La recevabilité des demandes judiciaires principale et reconventionnelle du syndicat des copropriétaires », *Rev. loyers* 1999. 3.
3. Civ. 3e, 26 févr. 1975, n° 73-14.222, *Bull. civ.* III, n° 81; *AJPI* 1976. 219.
4. Paris, 15 oct. 1987, RG n°s 86/002838 et 86/5506, *Juris-Data* n° 028843, *Loyers et copr.* 1987. 470.
5. Civ. 3e, 9 nov. 2005, n° 04-11.856, *Bull. civ.* III, n° 214; *D.* 2006, pan. 1784, obs. Groutel; *RDI* 2006. 216, obs. Boubli; *RDI* 2006. 40, obs. Leguay; *RCA* 2005, comm. 370 (3e esp.), obs. Groutel; *RGDA* 2006. 632 (1re esp.), note Kullmann; *Loyers et copr.* 2006. 42 – Civ. 3e, 21 mai 2003, n° 02-10.052, *Bull. civ.* III, n° 105; *RDI* 2003. 344.
6. Civ. 3e, 18 juin 2008, n° 07-14.738, *Bull. civ.* III, n° 107 : AUTORISATION pour une action contre le copropriétaire en violation du règlement et non pour action oblique ultérieure contre le locataire.
7. B. R. B., « L'habilitation du syndic à agir devant la juridiction administrative », *AJPI* 1991. 181.
8. CE 1re et 4e s^{s}-sect. réunies, 11 janv. 1978, req. n° 00046, ville de Marseille, Lebon, 14, [SOL. IMPL.]; *Gaz. Pal.* 1978. 2. Somm. 30 – CE 2e et 6e s^{s}-sect. réunies, 31 janv. 1990, req. n° 86305, SCI du 267 bd Pereire, *Lebon* T. 914 – AUSSI : CE 22 oct. 1965, D^{elle} Boissière, *Lebon*, 547. 2 – COMP. : CE, sect., 11 mars 1977, req. n° 99052, C^{ne} d'Achen – AUSSI : CE 11 sept. 1996, req. n° 140992, *RDI* 1997. 136 – CE 6e et 1re s^{s}-sect., 9 juill. 2008, req. n° 297370 – Atias, « La copropriété immobilière saisie par l'administration », *IRC* oct. 1997. 26; « La copropriété devant la justice administrative », *IRC* 1999. 24 – CE 24 juin 2009, req. n° 305975, C^{ne} de Saessolsheim, *Lebon*; *AJDI* nov. 2009, obs. Capoulade.

la preuve de ce qu'il a bien été autorisé à l'intenter[1]. Mais on ne peut soutenir que le syndic n'est pas tenu d'obtenir l'autorisation au motif qu'il tiendrait de la loi le pouvoir d'agir au nom du syndicat[2] ou encore qu'il s'agirait d'un syndic provisoire et bénévole[3]. En réalité, le syndic a qualité pour représenter le syndicat en justice mais, sauf exception, il doit en recevoir expressément le pouvoir.

Toutefois le syndic qui délivre l'assignation peut ne pas être le même que celui auquel l'autorisation a été donnée[4]. L'autorisation donnée au syndic, *ès qualités*, vaut pour les syndics successifs, au cours de la même procédure sans qu'il soit nécessaire de la renouveler à chaque changement de syndic[5].

1235 Nature juridique de l'autorisation. L'autorisation prévue et réglementée par l'article 55 du décret n'est pas un mandat; le syndic est mandataire du syndicat par l'effet de la loi; l'autorisation lui donne le pouvoir qui lui manque, d'agir au nom du syndicat[6] (d'où l'incorrection des termes « donne mandat ») et non pas seulement, comme on l'a soutenu, un « augment de pouvoir ». En effet, *le syndicat a la capacité pour agir, le syndic a qualité pour représenter le syndicat, et l'assemblée lui confère le pouvoir d'agir*[7].

Un auteur reproche à la jurisprudence actuelle une interprétation trop stricte de l'article 55 : selon cet auteur le syndic « aurait un pouvoir en germe »[8].

1236 Conditions formelles de régularité de l'autorisation. L'autorisation doit être donnée sous la forme d'une décision de l'assemblée générale. Une autorisation donnée directement au syndic par les copropriétaires individuellement ne peut remplacer cette décision[9].

La question doit être inscrite à l'ordre du jour et le projet de résolution doit être notifié, au plus tard, en même temps que celui-ci[10].

La décision doit être précise[11], expresse, spéciale[12] et formelle et non implicite[13]. L'habilitation doit préciser l'objet et la finalité du contentieux engagé[14].

Il a été jugé que voter le principe d'une assignation ne donne pas de pouvoir[15]; ainsi d'une autorisation, donnée sur la base du rapport de l'expert judiciaire, d'assigner toutes personnes ou entreprises ayant participé à l'acte de construire ainsi que les assureurs, mais sans préciser les désordres pour lesquels le syndic avait reçu mission d'agir[16].

Comme toute décision, elle doit résulter d'un vote, précision faite que l'assemblée statue à la majorité de l'article 24.

Il a été jugé que ne constituent pas un vote : l'accord des copropriétaires pour porter l'affaire devant le tribunal en confiant leurs intérêts à un avocat nommément désigné[17]; un simple échange de vue entre les copropriétaires soucieux de formuler une demande la plus large possible[18].

Le syndic doit produire le procès-verbal qui permet au juge de vérifier que le syndic a bien été autorisé à engager la procédure[19].

La nature de l'action et la détermination du défendeur doivent être mentionnées au procès-verbal en cas d'action oblique contre les locateurs d'ouvrage[20].

1. Civ. 3e, 14 mai 1974, n° 73-10.204, *Bull. civ.* III, n° 190; *JCP* 1974. II. 17715; *AJPI* 1975. 120; *Administrer* déc. 1974. 28; *Defrénois* 1975. 452, note Souleau; *RTD civ.* 1975. 346; *Gaz. Pal.* 1974. 2, 916 – Civ. 3e, 26 févr. 1975, n° 73-14.222, *Bull. civ.* III, n° 81; *Gaz. Pal.* 1975. Somm. 134.
2. V. Civ. 3e, 24 févr. 1993, n° 90-21.794, *RDI* 1993. 273; *Loyers et copr.* 1993. 200.
3. Civ. 3e, 6 déc. 2005, n° 04-17.809, *Administrer* mai 2006. 46.
4. TGI Marseille, 1er déc. 1978, *Administrer* mars 1980. 39 – Civ. 3e, 30 juin 1993, n° 91-11.290, NP, *RDI* 1993. 547.
5. Civ. 3e, 6 déc. 2006, n° 05-16.949, *Bull. civ.* III, n° 242; *AJDI* 2007. 932, obs. Capoulade; *Administrer* 46, n° 396, obs. Bouyeure; *Loyers et copr.* 2007. 137, obs. Vigneron.
6. EN CE SENS : note Capoulade, *IRC* sept. 1992. 275.
7. Civ. 3e, 23 sept. 2008, n° 04-19.857, NP.
8. ATIAS, s[s] note 1 – *Rép. civ.*, ATIAS, *V[is] Copropriété des immeubles bâtis*, n° 847.
9. Civ. 3e, 7 janv. 1981, n° 79-12.508, *D.* 1982. IR 437 – Civ. 3e, 31 janv. 1996, n° 93-19.421, *Bull. civ.* III, n° 39; *Loyers et copr.* 1996. 242; *RDI* 1996. 281.
10. SUR la rédaction du projet de résolution : 1re recomm. de la commission relative à la copropriété.
11. Civ. 3e, 7 oct. 1998, n° 96-20.944, *RDI* 1999. 155 – Civ. 3e, 28 févr. 2007, *Administrer* juin 2007. 54, obs. Bouyeure.
12. Civ. 3e, 1er avr. 1992, n° 90-14.438, *Bull. civ.* III, n° 107; *AJDI* 1993. 90; *RDI* 1992. 256; *D.* 1993. 359 – Civ. 3e, 11 févr. 1998, n° 96-13.124, *RDI* 1995. 299; *D.* 2000. 142.
13. Civ. 3e, 21 févr. 1995, n° 93-14.342, *RDI* 1995. 384; *D.* 1998. 277 – Civ. 3e, 27 mars 1996, n° 94-14.522, *RDI* 1996. 281; *Loyers et copr.* juin 1966. 285.
14. CE (8e et 3e s[s] sect.) 24 juin 2009, n° 305975, obs. Capoulade, *AJDI* nov. 2009.
15. Civ. 3e, 11 juin 1992, n° 90-12.093, *RDI* 1992. 379.
16. Civ. 3e, 12 juin 2002, n° 00-19.824, NP, *AJDI* 2003. 125; *D.* 2003. 1328 – Civ. 3e, 6 mai 2003, n° 00-20.819, *Bull. civ.* III, n° 97; *RTD civ.* 2003. 544; *Loyers et copr.* 2003. 185.
17. Civ. 3e, 11 janv. 1995, n° 93-11.939, *Bull. civ.* III, n° 15; *AJDI* 1997. 211; *RDI* 1995. 377; *D.* 1998. 271; *JCP* 1995. IV. 605; *Administrer* août-sept. 1995. 45, note Bouyeure.
18. Civ. 3e, 11 févr. 1998, n° 96-13.124, *RDI* 1998. 299; *D.* 2000. 142, préc.
19. Civ. 3e, 4 mai 1995, n° 93-14.442, *RDI* 1995. 597; *D.* 1998. Somm. 277, note Capoulade – POUR un exemple d'objet et de finalité : Civ. 3e, 5 mai 2009, n° 08-10.453, 2e et 3e moyens, NP.
20. Civ. 3e, 31 janv. 1996, n° 93-19.421, *Bull. civ.* III, n° 30; *RDI* 1996. 281.

L'autorisation doit être donnée préalablement à l'assignation; elle ne vise pas seulement l'introduction de l'instance, mais aussi sa poursuite[1] jusqu'à son aboutissement définitif.

Elle peut concerner plusieurs procédures différentes; il n'est pas nécessaire de réitérer l'autorisation avant chaque procédure[2]. Cassation d'un arrêt qui avait admis le pouvoir donné à un syndic d'engager la procédure de saisie immobilière à l'encontre des copropriétaires qui ne se seraient pas acquittés de leurs charges après condamnation, « alors qu'une assemblée générale ne peut, par anticipation et par une décision générale pouvant s'appliquer à toute condamnation, autoriser un syndic à engager une procédure de saisie immobilière contre un copropriétaire non désigné »[3]; il en est d'autant plus ainsi que désormais la décision doit préciser le montant de la mise à prix, ainsi que le montant des sommes estimées perdues (Décr. 1967, art. 11 § I 11°). Il en irait de même de toute autorisation générale d'agir à l'encontre de tout copropriétaire, par anticipation, pour toute infraction au règlement de copropriété. Si elle n'est donnée que pour un temps limité, les diligences doivent être accomplies dans le délai[4].

Toutes les formalités ainsi imposées, le sont à peine de nullité, sous réserve d'une possibilité de confirmation ou de ratification ultérieure avant l'expiration du délai d'action et avant que le juge (du second degré) statue.

L'autorisation donnée au syndic de copropriété, *ès qualités*, valant habilitation pour tous les syndics successifs, sans qu'il soit nécessaire que le syndic renouvelle son autorisation à chaque changement de syndic, la reprise d'instance est recevable[5].

1237 Conditions de fond de l'autorisation – Action contre les « constructeurs » – Dénonciation des désordres. D'une jurisprudence abondante et solidement établie[6], il résulte, qu'en cette matière, la juridiction n'est saisie et la prescription n'est interrompue que pour les désordres dénoncés dans l'assignation et que, lorsque l'action est engagée par un syndicat de copropriétaires, ces désordres doivent correspondre à ceux pour lesquels le syndic est autorisé à agir[7]. En d'autres termes, l'article 55 du décret du 17 mars 1967 incorpore les exigences des articles 1792 et 2270 du code civil[8], c'est ce qui fait la particularité des autorisations d'agir en matière de travaux.

La jurisprudence et spécialement la Cour de cassation veillent au respect de cette obligation en exigeant une dénonciation précise[9] la nature et la consistance de désordres définis (une autorisation est imprécise si elle n'indique aucun désordre[10] ou si elle se réfère au compte-rendu manifestement incomplet d'une réunion[11]) ne concernant que des désordres connus à la date de l'assemblée générale[12] (et non des travaux que l'expertise pourrait révéler[13]), excluant les désordres futurs[14] (en cas d'apparition de nouveaux désordres, le syndic doit obtenir une nouvelle autorisation[15]), et sans que

1. Civ. 3e, 8 juin 1994, n° 92-11.556, *Bull. civ.* III, n° 116; *RDI* 1994. 502; *AJPI* 1994. 749; *Administrer* déc. 1994. 33, note Bouyeure.
2. Civ. 3e, 8 juin 1994, n° 92-11.556, *RDI* 1994. 502; *AJPI* 1994. 749; *Administrer* déc. 1994. 33, note Bouyeure.
3. Civ. 3e, 15 févr. 2006, n° 04-20.261, *Bull. civ.* III, n° 39; *AJDI* 2006. 835; *Administrer* mai 2006. 44, note Capoulade, cet arrêt ne contredit pas un précédent arrêt (Civ. 3e, 17 mars 2004, n° 02-18.723, *Bull. civ.* III, n° 398; *AJDI* 2004. 389; *D.* 2006. 841), malgré les apparences, car l'autorisation mentionnait nommément le copropriétaire à assigner – AUSSI : Civ. 3e, 26 sept. 2007, n° 06-11.191, *Bull. civ.* III, n° 152, rectifié le 26 févr. 2008; *Administrer* déc. 2007. 89; *Loyers et copr.* 2007. 253; *Defrénois*, 2008. 887, obs. Atias.
4. Civ. 3e, 3 juill. 1996, n° 94-19.979, *RDI* 1996. 617.
5. Civ. 3e, 8 sept. 2010, n° 07-21.446, NP.
6. AUSSI : Civ. 3e, 19 févr. 2002, n° 00-19.541, NP, *AJDI* 2002. 464, note Capoulade; *D.* 2003. 1328 – Civ. 3e, 12 juin 2002, n° 00-19.824, *AJDI* 2003. 126, note Capoulade.
7. Civ. 3e, 11 mars 1992, n° 89-16.767, n° 89-19.962, n° 89-17.745, *Bull. civ.* III, n° 83; *AJDI* 1993. 89; *RDI* 1992. 225; *IRC* 1992. 195, note Capoulade – Civ. 3e, 11 janv. 1995, n° 92-21.668, n° 93-10.561, *Bull. civ.* III, n° 12; *AJDI* 1997. 211; *D.* 1998. 277; *Administrer* sept. 1995. 48, note Bouyeure; *RDI* 1995. 385 – Civ. 3e, 3 déc. 1997, n° 96-11.218, *RDI* 1998. 140 – Civ. 3e, 11 févr. 2009, n° 07-21.728, NP.
8. *AJPI* 1997. 763, note Capoulade.
9. Civ. 3e, 11 mars 1992, n° 89-16.767, n° 89-19.962, n° 89-17.745, *Bull. civ.* III, n° 83; *AJDI* 1993. 89; *IRC* 1992. 195, note Capoulade – Civ. 3e, 22 mai 1997, n° 95-15.351, *Bull. civ.* III, n° 109; *AJDI* 1997. 1079; *RDI* 1997. 489; *D.* 1997. 565, concl. Weber, note Capoulade – Civ. 3e, 7 déc. 2005, n° 04-16.153, *Administrer* févr. 2006. 41; *Loyers et copr.* 2006. 42 – Civ. 3e, 30 juin 2009, n° 08-16.232, NP.
10. Civ. 3e, 7 mai 1997, n° 95-17.586, *AJPI* 1997. 763, note Capoulade; *RDI* 1997. 491 et 492.
11. Civ. 3e, 12 oct. 1994, n° 92-13.569, NP, *RDI* 1995. 166, obs. Capoulade, Giverdon.
12. Civ. 3e, 12 oct. 1988, n° 86-19.403, *Bull. civ.* III, n° 140; *D.* 1989. 53, note Givord et Giverdon.
13. Civ. 3e, 14 févr. 1990, n° 88-18.422, *Bull. civ.* III, n° 50; *RDI* 1990. 416, obs. Giverdon; *AJDI* 1991. 271; *Gaz. Pal.* 1990. 1. pan. 105 – Civ. 3e, 12 oct. 1988, n° 86-19.403, *Bull. civ.* III, n° 140; *D.* 1989. 53, note Givord et Giverdon; *Gaz. Pal.* 1988. 2, 874, note Bouyeure – Civ. 3e, 16 janv. 1985, n° 83-14.466, n° 83-14.757, *Bull. civ.* III, n° 13, NP, *JCP* 1987. II. 20724, note Blaisse; *RTD civ.* 1986. 180, obs. Perrot – RAPPR. : Civ. 3e, 16 janv. 1985, 83-14.466, *Bull. civ.* III, n° 13; *RDI* 1985. 191; *JCP* 1987. II. 20724, note Blaisse.
14. Civ. 3e, 17 juill. 1996, n° 94-18.860, *Bull. civ.* III, n° 195; *AJDI* 1996. 1021; *RDI* 1996. 617 – Civ. 3e, 2 juill. 2008, n° 07-14.139. NP.
15. Civ. 3e, 14 févr. 1990, n° 88-18.422, *Bull. civ.* III, n° 50; *AJDI* 1991. 271; *RDI* 1990. 416.

les précisions contenues dans l'assignation ou la référence au rapport d'expertise [1] puissent remplacer l'indication des désordres devant figurer dans l'habilitation préalable donnée par l'assemblée générale [2]. Cependant, la Cour de cassation exerce son contrôle sur le point de savoir si de nouveaux désordres constituent ou non l'aggravation des dommages initiaux dénoncés avant l'expiration du délai de garantie [3].

Le « formalisme » ainsi imposé a suscité la critique de certains auteurs, provoquant un « plaidoyer pour la dénonciation des désordres » [4]. On avait pu remarquer un léger infléchissement de la part d'un arrêt de la 3e chambre civile de la Cour de cassation du 12 décembre 2001 [5]. Mais un arrêt ultérieur du 19 février 2002 [6] réaffirme l'obligation pour l'assemblée générale de préciser les désordres pour lesquels la réparation est demandée et un arrêt de la cour de Paris du 30 septembre 1997 [7] a retenu la responsabilité professionnelle de l'avocat, ayant reçu mandat d'assister les demandeurs dans une procédure au fond visant à obtenir la réparation de désordres relevant du régime de la responsabilité décennale, pour ne pas s'être assuré de la régularité formelle de cette action.

Pour l'un le « formalisme imposé est digne des actions de la loi » [8]; d'autres voient un « rayon de soleil » perçant un « océan de sévérité » dans l'arrêt de la Cour de cassation du 20 mai 1998, no 96-14.080 [9].

Dans l'arrêt du 12 décembre 2001, le procès-verbal, sous la rubrique « affaire décennale et malfaçons » faisait état du rapport d'activité présenté au cours de la séance informant les copropriétaires de l'existence de désordres consécutifs à la corrosion des tuyauteries d'eau chaude.

Dans l'arrêt du 12 juin 2002 [10] il a été admis que le syndic avait été autorisé sur la constatation que le vote de l'assemblée avait été précédé d'un exposé liminaire du syndic faisant état d'un problème concernant l'évacuation des eaux pluviales qui se rejetaient de façon anarchique dans un lotissement voisin, le « mandat » du syndic était donc circonscrit au réseau des eaux pluviales. Mais, ainsi qu'il a été observé, l'arrêt est un arrêt de rejet après un « contrôle léger » exercé par la Cour de cassation qui permet de sauver la recevabilité de l'action; mais il est conseillé aux praticiens de se garder « d'utiliser trop souvent ce chemin étroit et malaisé, au risque de verser dans le fossé de l'irrecevabilité ».

Dans l'arrêt du 19 février 2002 [11], est réaffirmé le principe que l'autorisation d'engager la procédure sans que soient indiquées ni la nature exacte des dommages affectant l'ouvrage, ni l'étendue de l'autorisation donnée ne saurait s'analyser en une autorisation au sens de l'article 55; d'autres arrêts ont exprimé la même position [12] avec, de surcroît, un souci « pédagogique », dans un arrêt [13], selon lequel l'autorisation exige un minimum d'information sur la procédure, son objet, l'identification de la nature et du siège des désordres. Un arrêt du 7 décembre 2005 exige que l'autorisation précise les désordres pour lesquels le pouvoir d'agir est donné [14].

Il importe que les documents (mission et pré-rapport de l'expert) aient été communiqués aux copropriétaires lors de l'assemblée générale [15].

1238 Conditions de fond de l'autorisation – Identification des défendeurs en matière de responsabilité de construction. La jurisprudence se contente ici d'une « désignation catégorielle » [16]. L'autorisation de mettre en œuvre la garantie décennale des constructeurs vaut, à défaut de décision limitant les pouvoirs du syndic, à l'égard de

1. Civ. 3e, 30 juin 2009, no 08-16.232, NP.
2. Civ. 3e, 4 déc. 1996, no 95-10.336, *Bull. civ.* III, no 230; *JCP* 1997. II. 22788, note Djigo; *RDI* 1997. 137; *AJPI* 1997. 763, obs. Capoulade.
3. Désordres dits « évolutifs » : Civ. 3e, 20 mai 1998, no 96-14.080, *Bull. civ.* III, no 105; *RDI* 1998. 374, Chron. Malinvaud et Boubli – Civ. 3e, 8 avr. 1998, no 96-17.066, *Bull. civ.* III, no 83; *AJDI* 1998. 625, note Capoulade; *RDI* 1998. 422.
4. Capoulade, « Plaidoyer pour la dénonciation des désordres », *AJPI* 1997. 753.
5. Civ. 3e, 12 déc. 2001, no 98-22.950, *Bull. civ.* III, no 148; *AJPI* 2002. 305; *RDI* 2002. 86; *D.* 2003. 1328.
6. Civ. 3e, 19 févr. 2002, no 00-19.541, NP, *AJDI* 2002. 464, note Capoulade; *D.* 2003. 1328 – AUSSI : Civ. 3e, 12 juin 2002, no 00-19.542, NP, *AJDI* 2003. 125, note Capoulade; *D.* 2003. 1328.
7. *RDI* 1998. 300.
8. Rép. civ., ATIAS, *Vis Copropriété des immeubles bâtis*, no 851.
9. Malinvaud et Boubli, Chron., *RDI* 1998. 374, ss Civ. 3e, 20 mai 1998, no 96-14.080, préc.
10. Civ. 3e, 12 juin 2002, no 00-19.542, NP, *AJDI* 2003. 125, note Capoulade.
11. Civ. 3e, 19 févr. 2002, no 00-19.541, NP, *AJDI* 2002. 464, note Capoulade; *D.* 2003. 1328 – AUSSI : Civ. 3e, 12 juin 2002, no 00-19.824, *AJDI* 2003. 125, note Capoulade – Civ. 3e, 2 oct. 2002, *Loyers et copr.* 2003. 45.
12. Civ. 3e, 29 janv. 2003, no 00-22.359, NP, *RDI* 2003. 190 – CE 24 juin 2009, préc., note 5608 *bis*.
13. Civ. 3e, 2 oct. 2002, no 01-02.073, *Bull. civ.* III, no 200; *AJDI* 2003. 274, note Capoulade; *D.* 2003. 513.
14. Civ. 3e, 7 déc. 2005, no 04-16.153, *Administrer* févr. 2006. 41 – EN CE SENS : Civ. 3e, 8 nov. 2005, no 04-17.263, *Administrer* févr. 2005. 40 – Civ. 3e, 28 févr. 2006, no 05-11.094, NP, *D.* 2006. 2764, note Capoulade, Chr. A.; *Administrer* juill. 2006. 53, obs. Capoulade.
15. Civ. 3e, 4 juill. 2007, no 06-12.801, *Administrer* nov. 2007. 47, obs. Bouyeure.
16. EN CE SENS : note Capoulade ss Civ. 3e, 19 févr. 2002, no 00-19.541, *AJDI* 2002. 464.

l'ensemble des personnes concernées par l'obligation de garantie[1]. L'autorisation s'applique aux assureurs au titre des polices « responsabilité décennale »[2].

Mais toute désignation individuelle appelle une interprétation restrictive excluant toute autre personne. Ainsi, l'habilitation d'agir contre le promoteur ne vaut pas contre le vendeur et celle visant l'architecte ne vaut pas contre les entrepreneurs, promoteurs, ingénieurs ou bureaux d'études.

S'il s'agit d'une responsabilité contractuelle ou délictuelle, en dehors de la responsabilité des constructeurs, l'identification du ou des défendeurs est nécessaire[3].

1239 Sanction de l'absence ou de l'irrégularité de l'autorisation. En raison du caractère d'ordre public de l'article 55 du décret du 17 mars 1967, l'absence ou l'irrégularité de l'autorisation est sanctionnée par une nullité. Mais la nature et la portée de celle-ci sont différentes selon qu'il n'y a pas eu d'autorisation ou que celle-ci est irrégulière. Il faut, en outre, réserver la possibilité d'une régularisation.

1240 Absence d'autorisation – Défaut de pouvoir. Il est aujourd'hui indiscutable que l'*absence d'autorisation* du syndic à l'effet d'agir en justice entraîne un *défaut de pouvoir* au sens et pour l'application de l'article 117 du code de procédure civile, sanctionné, par conséquent, par une exception de nullité pour irrégularité de fond[4].

Il avait été soutenu, pendant un certain temps, que la nullité était une nullité relative que seuls les copropriétaires pouvaient invoquer[5]. Il ne faut pas confondre, la nullité pour irrégularité de fond et la fin de non-recevoir prévue par l'article 122 du code de procédure civile; celle-ci sanctionne le défaut de droit d'agir, ce qui serait le cas, par exemple, du syndicat irrégulièrement constitué qui n'a pas le droit d'agir en justice[6].

On en tire notamment cette conséquence qu'elle peut être invoquée par les tiers assignés et notamment les constructeurs et locateurs d'ouvrage tenus des garanties décennale ou biennale. En revanche, elle ne profite qu'aux parties qui l'ont soulevée[7].

Par ailleurs, s'il n'a pas été soutenu devant le juge du fond que le syndic était dépourvu de pouvoir, le moyen invoqué pour la première fois devant la Cour de cassation est nouveau comme étant mélangé de fait et de droit[8].

En cas de pluralité de parties, si l'autorisation a été donnée au syndic pour agir à l'encontre d'une seule d'entre elles, elle est limitée à celle-ci[9]; les autres parties peuvent donc se prévaloir de l'irrégularité de fond, mais à la condition de l'invoquer expressément spécialement dans leurs conclusions devant la cour[10].

Depuis la réforme de la procédure par le décret nº 98-1231 du 28 décembre 1998, le juge (ou le conseiller) de la mise en état est seul compétent pour statuer sur les exceptions de procédure, sans distinction et donc sur l'exception de nullité pour irrégularité de fond (C. pr. civ., art. 771-1º). Une décision de l'assemblée générale d'arrêter la procédure entraîne le retrait du pouvoir d'agir du syndic[11]. La question est posée de savoir s'il s'agit d'une irrecevabilité ou d'un désistement[12].

1241 Autorisation irrégulière. Il faut supposer que l'irrégularité de l'autorisation est invoquée comme étant la conséquence de l'irrégularité de la décision de l'assemblée générale d'autoriser le syndic à agir en justice au nom du syndicat. La contes-

1. Civ. 3e, 17 févr. 1988, nº 86-16.747, *Bull. civ.* III, nº 36; *Defrénois* 1988. 788, obs. Souleau; *RDI* 1988. 247 et 349; *D.* 1988. IR 61 – Civ. 3e, 27 sept. 2000, nº 98-22.243, NP, *Loyers et copr.* 2000. 284 – Civ. 3e, 29 janv. 2003, nº 01-01.483, *Bull. civ.* III, nº 20; *D.* 2003. 1329, IR 602; *RDI* 2003. 189 – Civ. 3e, 9 févr. 2011, nº 10-10.599, NP.
2. Civ. 3e, 9 févr. 2011, nº 10-10.599, préc. – AUSSI : Civ. 3e, 9 déc. 1987, nº 86-13.879, *RDI* 1988. 247; *Administrer* avr. 1988. 39 – Civ. 3e, 23 juin 2004, nº 01-17.723, *Bull. civ.* III, nº 124; *RDI* 2004. 419; *IRC* mai 2005. 16, nº 6 – Civ. 3e, 9 févr. 2011, nº 10-10.599, préc.
3. Civ. 3e, 27 mars 1991, nº 89-19.131, NP – AUSSI : Civ. 3e, 9 déc. 1992, nº 90-14.379, *IRC* 1993, note Capoulade.
4. Civ. 3e, 12 oct. 1988, nº 86-19.403, *D.* 1988. 53, note Givord et Giverdon; *IRC* 1989. 86, note Capoulade; *RDI* 1989. 103 – DEPUIS LORS, EN CE SENS : Civ. 3e, 22 mai 1990, nº 89-11.659, *Bull. civ.* III, nº 123; *IRC* 1991. 8, note Capoulade; *RDI* 1990. 416 – Civ. 3e, 28 mars 1990, nº 88-16.733, *RDI* 1990. 533 – Civ. 3e, 6 févr. 1991, nº 89-12.996, *RDI* 1991. 262.
5. V. NOT. : Guillot, « L'autorisation de l'assemblée générale est-elle indispensable pour rendre recevable une action intentée en justice par le syndic au nom du syndicat ? », *D.* 1987, Chron. 55; *Administrer* mai 1988. 10.
6. V. obs. *RDI* 1992. 549.
7. Civ. 3e, 12 mai 1993, nº 91-15.982, *Bull. civ.* III, nº 65; *RDI* 1993. 431; *D.* 1993, note Giverdon et Lecharny – Civ. 3e, 8 mars 1995, nº 92-14.664, *Loyers et copr.* 1995. 397 – Civ. 3e, 7 mai 1997, nº 95-17.586, *AJDI* 1997. 763; *RDI* 1997. 491 – Civ. 3e, 5 juill. 2000, nº 98-20.914, *Bull. civ.* III, nº 135; *AJDI* 2001. 437; *RDI* 2000. 608; *D.* 2001. 3578 – Civ. 3e, 9 avr. 2008, nº 07-13.236, *Bull. civ.* III, nº 67; *AJDI* 2008. 862; *D.* 2008. AJ 1277; *Administrer* juill. 2008. 52 – Djigo, « l'action en justice du syndic de copropriété dépourvu d'un pouvoir donné par l'assemblée générale », *Administrer* nov. 2008. 36.
8. Civ. 3e, 27 nov. 1990, nº 89-13.331, *RDI* 1991. 108.
9. Civ. 3e, 16 oct. 1991, nº 89-17.166, *Bull. civ.* III, nº 240; *Gaz. Pal.* 1992, pan. jur. 7; *D.* 1992. 341.
10. Civ. 3e, 16 oct. 1991, nº 89-17.166, *Bull. civ.* III, nº 240; *Gaz. Pal.* 1992, pan. jur. 7; *D.* 1992. 341.
11. V. obs. *RDI* 1997. 490 sur Civ. 3e, 17 juin 1997, nº 95-19.014, *RDI* 1997. 490.
12. V. Capoulade, Chron. *AJDI* 1998. 506.

tation de la régularité de l'autorisation suppose alors la mise en œuvre de l'action en contestation de la décision de l'assemblée générale et, par conséquent, l'application des dispositions de l'article 42 alinéa 2 de la loi du 10 juillet 1965.

Il en résulte que, d'une part, l'action est réservée aux copropriétaires opposants ou défaillants et d'autre part, qu'ils doivent l'exercer dans les deux mois de la signification du procès-verbal de l'assemblée. La jurisprudence est fixée en ce sens depuis l'arrêt rendu par l'assemblée plénière de la Cour de cassation, le 15 mai 1992 [1].

Selon M. Souleau, le critère est, ici, que la règle violée est relative à l'assemblée générale [2].

1242 Conclusion - Distinction à opérer. Des développements précédents, il résulte qu'il faut distinguer soigneusement et se garder de confondre les trois situations suivantes.

La première est celle où le syndicat, parce qu'irrégulièrement constitué ou parce qu'il agit au-delà des limites de son objet, est *dépourvu du droit d'agir*. La sanction est alors une *fin de non-recevoir*, dont le régime est fixé par les articles 122 et suivants du code de procédure civile.

À noter la disposition de l'article 125 alinéa 2 aux termes de laquelle le juge peut relever d'office la fin de non-recevoir tirée du défaut d'intérêt. Il peut en être fait application si le syndicat n'a pas un intérêt légitime à agir. Mais le moyen ne peut être relevé d'office qu'à la condition que les parties soient invitées à présenter leurs observations.

La deuxième situation est celle où le syndic n'a pas été autorisé par l'assemblée générale à exercer en justice l'action du syndicat. Dans ce cas, *il n'a pas le pouvoir d'agir* au nom du syndicat, personne morale : la sanction est l'exception *de nullité pour irrégularité de fond* dont le régime est fixé par les articles 117 à 121 du code de procédure civile.

La troisième situation est celle où l'autorisation a été donnée au syndic par une *décision de l'assemblée générale dont la validité est contestée*. Le régime de l'action est alors celui défini par l'article 42 alinéa 2 de la loi du 10 juillet 1965 ce qui exclut que l'irrégularité puisse être invoquée :

- par un copropriétaire s'il n'a pas contesté la décision de l'assemblée,

- par un tiers (par ex. un entrepreneur) parce que, n'étant pas copropriétaire, il n'a pas la qualité pour contester.

C'est également sur la base de cette distinction qu'il faut déterminer le domaine et les conditions de la régularisation.

1243 Ratification ou confirmation ultérieure. Cette possibilité ne peut être mise en œuvre que dans l'éventualité d'une assignation délivrée par le syndic non autorisé.

En effet, si le syndicat n'a pas le droit d'agir, soit parce qu'il n'a pas été constitué régulièrement, soit parce qu'il outrepasse son objet, le seul remède est de procéder à une nouvelle constitution ou à exercer une action dans le cadre de l'objet et si le syndicat ne peut justifier d'un intérêt légitime, l'action doit être réitérée avec le soutien d'un tel intérêt. Il n'y a pas régularisation ou confirmation si l'autorisation est donnée par une décision irrégulière de l'assemblée générale, il faut convoquer une nouvelle assemblée générale qui statuera dans des conditions régulières, le tout à la condition que le délai de l'action ne soit pas expiré.

On admet que la nullité pour défaut de pouvoir peut, en application de l'article 1388 du code civil, être rétroactivement couverte par une décision de l'assemblée générale ratifiant ou confirmant la procédure irrégulièrement engagée sous réserve, toutefois, des droits des tiers.

Cette décision suppose réunies les conditions suivantes [3].

D'abord, la décision de ratifier doit être expresse, exempte de vice, prise en connaissance de cause [4] et manifester sans équivoque la volonté de valider l'assignation irrégulière [5].

En deuxième lieu, elle doit intervenir avant que la juridiction saisie se soit prononcée [6].

Il existait sur cette condition une divergence de position au sein de la Cour de cassation. Pour la 3e chambre civile, l'irrégularité de fond peut être couverte tant que le juge d'appel n'a pas statué [7]. La 2e chambre civile se prononçait plutôt pour l'exigence d'une ratification antérieure à la décision des

1. Cass., Ass. plén., 15 mai 1992, n° 89-18.021, *Bull. civ. AP*, n° 5; *IRC* 1992. 278, note Capoulade; *RDI* 1992. 376; *Defrénois* 1993. 774; *Loyers et copr.* 1992. 2, Chron. Giverdon; *JCP* 0992. II. 21940; *Administrer* févr. 1993. 35 – EN CE SENS AUSSI : Civ. 3e, 17 juin 1992, n° 89-19.831, *Bull. civ.* III, n° 210; *RDI* 1992. 378; *D.* 1993. 355.
2. Souleau, note ss Civ. 3e, 17 avr. 1991, n° 89-12.569, *Bull. civ.* III, n° 120; *Gaz. Pal.* 23 juill. 1992. Somm. com.
3. SUR L'ENSEMBLE DE LA QUESTION : Berthault, « L'autorisation donnée *a posteriori* au syndic d'agir en justice », *Rev. loyers* 1985. 463 s. – Civ. 3e, 12 nov. 2003, n° 02-15.796, *IRC* mai 2005. 17, 12.
4. Civ. 3e, 21 mai 2008, n° 06-20.587, *Bull. civ.* III, n° 93; *RDI* 2008. 394, note Ph. Malainvaud.
5. Capoulade, note, *RDI* 1996. 421.
6. Civ. 3e, 19 déc. 2006, n° 05-20.559, *AJDI* 2007. 665; *Administrer* 51, n° 397, obs. Bouyeure; *Loyers et copr.* 2007. 61.
7. Civ. 3e, 17 avr. 1984, n° 83-10.377, *Bull. civ.* III, n° 85; *D.* 1984. IR 413, obs. Giverdon; *RTD civ.* 1984. 777, obs. Perrot – Civ. 3e, 10 mai 1991, n° 89-16.057, *Bull. civ.* III, n° 132.

premiers juges[1]. Mais il semble que dans ses derniers arrêts, la 2e chambre civile s'est alignée sur la 3e. Jugé que le tribunal peut surseoir à statuer jusqu'à ce que l'autorisation soit obtenue[2].

Enfin, elle doit intervenir avant que le délai de prescription de l'action soit expiré[3]; on précise que ce sont les copropriétaires défendeurs qui allèguent l'inefficacité de la ratification en raison de sa tardiveté, d'en rapporter la preuve[4].

Voir une espèce où l'action avait été introduite avant l'expiration du délai, mais l'autorisation donnée après[5].

Toutefois, la règle du double degré de juridiction s'oppose à ce que la constitution de *partie civile,* irrecevable en première instance, faute d'autorisation du syndic par l'assemblée générale, soit régularisée en cour d'appel[6].

2°
Exceptions apportées à l'obligation pour le syndic d'obtenir l'autorisation préalable de l'assemblée générale

1244 Distinction. Ces exceptions résultent d'abord des dispositions mêmes de l'article 55; mais la jurisprudence, de son côté, en a apporté d'autres.

1245 a) Exceptions expressément prévues par l'article 55. L'article 55 du décret du 17 mars 1967, modifié par le décret du 9 juin 1986, apporte à l'obligation pour le syndic d'obtenir l'autorisation de l'assemblée générale avant d'intenter l'action du syndicat, un certain nombre d'exceptions.

Mais il est regrettable que la nouvelle rédaction, sous prétexte d'actualisation par rapport aux dispositions du code de procédure civile, ait fait usage de termes qui, techniquement, diffèrent de façon non négligeable par rapport à ceux qu'utilisait l'ancienne. Il en résulte, comme on va le voir, des difficultés d'interprétation dont il aurait été facile de faire l'économie.

Le décret du 20 avril 2010 a complété l'article 55 du décret du 17 mars 1967 en reprenant les exceptions déjà prévues par les articles 29-1.A et 29-1 de la loi du 10 juillet 1965 en l'article L. 615-6 (al. 1er) du code de la construction et de l'habitation.

Sous le bénéfice de ces observations, l'autorisation préalable de l'assemblée générale n'est pas nécessaire pour les actions ou demandes suivantes.

1246 Actions en recouvrement de créance. La question est de savoir quelles sont les actions qui peuvent être qualifiées « en recouvrement de créance ». Il n'y a aucune difficulté pour y comprendre les actions tendant au recouvrement des provisions, des avances et des charges[7]. Un arrêt remarqué de la Cour de cassation du 16 février 1994[8] a ajouté l'action en répétition de l'indu formé contre le syndicat principal par un syndicat secondaire qui, pendant plusieurs années, avait acquitté la totalité des charges afférentes aux parties communes générales. Il convient, toutefois, d'éviter une interprétation trop extensive car toute action du syndicat peut donner naissance à une créance au profit de celui-ci.

Pour l'application de l'article 55, il faut que le recouvrement soit l'objet immédiat et direct de l'action sans apparaître comme la conséquence d'une appréciation préalable sur un point de droit, par exemple une action en responsabilité contre l'ancien syndic du fait de sa carence à réclamer à des copropriétaires le paiement de charges arriérées[9] ou l'indemnisation de désordres de construction qui suppose d'abord une recherche des responsabilités. En revanche, si la demande constitue un accessoire de la demande principale en recouvrement des charges, l'autorisation n'est pas nécessaire.

Par exemple, l'indemnisation du retard à payer non indemnisé par les intérêts moratoires[10].

La déclaration de créance au passif de la liquidation judiciaire d'un copropriétaire tend à recouvrer les sommes dues au syndicat et n'a pas besoin d'une autorisation préalable[11]. En revanche, la demande d'ouverture d'une procédure de redressement ou de liquidation judiciaire d'un débiteur du syndicat n'est ni une action en recouvrement, ni

1. Civ. 2e, 7 mars 1984, no 82-12.804, *Bull. civ.* II, no 45; *D.* 1984. IR 421, note Julien.
2. Civ. 3e, 1er mars 1983, 81-14.157, *Bull. civ.* III, no 57; *Administrer* déc. 1983. 44, note Guillot.
3. Civ. 3e, 27 janv. 1988, no 86-13.451, *Bull. civ.* III, no 20; *RDI* 1988. 247; *Defrénois* 1988. 789, note Souleau – Civ. 3e, 12 mars 2008, no 06-20.189, NP, *Administrer* juin 2008. 44, obs. Bouyeure.
4. Capoulade, obs. ss Civ. 3e, 22 mai 1997, no 95-12.682, *Bull. civ.* III, no 112; *RDI* 1997. 493; *D.* 1997. 331; *AJDI* 1998. 47, col. 2.
5. Civ. 3e, 10 mai 1994, no 92-18.811, *Loyers et copr.* 1994. 361.
6. Crim. 14 mars 2007, no 06-84.320, *Bull. civ.* III, no 81; *AJDI* 2007. 573; *D.* 2007. 2184, *Administrer* oct. 2007. 82, note Capoulade; *IRC* juill. 2007. 12.
7. Civ. 3e, 7 juill. 1981, no 80-12.113, *D.* 1982. IR 437; *RDI* 1982. 287 – Paris, 12 juill. 1980, *D.* 1981. IR 403.
8. Civ. 3e, 16 févr. 1994, no 92-12.002, *Bull. civ.* III, no 23; *RDI* 1994. 307; *D.* 1996. 166.
9. EN CE SENS : obs. *RDI* 1994. 308; *AJDI* 2002. 696 – CEP. : Civ. 3e, 15 mai 2002, no 00-21.802, *AJDI* 2002. 696; *D.* 2003. 1329.
10. Civ. 3e, 17 janv. 1996, no 93-17.128, *RDI* 1996. 284.
11. Com. 19 mai 2004, no 02-14.805, *Bull. civ.* IV, no 99; *D.* 2004. IR 1709; *AJDI* 2005. 37, obs. Capoulade; *AJDI* 137, obs. Giverdon – RAPPR. : Civ. 3e, 29 janv. 2003, no 00-21.945, *Bull. civ.* III, no 21; *D.* 2003. Somm. 1330, obs. Giverdon : se fondant sur l'exercice d'une mesure conservatoire.

la mise en œuvre des voies d'exécution, forcée, ni une mesure conservatoire, ni une demande relevant des pouvoirs du juge des référés permettant au syndic, ès-qualités, d'agir, au nom du syndicat, sans une autorisation préalable de l'assemblée générale [1].

1247 Mise en œuvre des voies d'exécution forcée. Sans autorisation de l'assemblée générale, le syndic peut procéder au nom du syndicat à une saisie-attribution, à une saisie-vente et d'une manière générale à toute saisie mobilière. En revanche, l'article 55 alinéa 2 (depuis la loi du 31 déc. 85) fait exception pour la saisie en vue de la vente d'un lot, ce qui vise la saisie-immobilière de ce lot. L'autorisation ne peut être anticipée, générale et impersonnelle [2]. La question est alors de savoir à quelle étape de la procédure l'autorisation doit être obtenue. Logiquement, ce devrait être avant la publication du commandement au fichier immobilier puisque c'est cette formalité qui réalise la saisie; toutefois, du fait que le commandement vaut également procès-verbal de saisie, il est préférable d'exiger que le syndic soit muni de l'autorisation de l'assemblée générale qui déclare la créance douteuse, avant de requérir un huissier de justice pour signifier cet acte [3]. En outre, l'assemblée générale doit fixer le montant de la mise à prix.

La demande d'*astreinte* [4] *et en liquidation d'astreinte* [5], qui ne constituent pas la mise en œuvre d'une voie d'exécution forcée, ne peuvent être formulées que par le syndic autorisé par l'assemblée générale.

Toutefois, le syndic étant dispensé d'autorisation pour la saisine du juge des référés, lorsque celui-ci a prononcé l'astreinte et s'est réservé le pouvoir de la liquider, l'action du syndicat en liquidation des astreintes est recevable sans que le syndic soit autorisé à cet effet [6].

1248 Mesures conservatoires. Toutes les mesures conservatoires peuvent être mises en œuvre par le syndic sans que l'autorisation de l'assemblée générale soit nécessaire; il n'y a pas lieu de tenir compte de la procédure utilisée qui peut-être aussi bien la procédure des ordonnances sur requête que celle des référés; il n'est pas nécessaire qu'il y ait urgence.

Le syndic peut donc, sans autorisation, requérir l'inscription provisoire d'une hypothèque judiciaire sur le lot d'un copropriétaire ou encore faire opposition au versement des fonds provenant de la vente d'un lot en application de l'article 20 de la loi du 10 juillet 1965, ou interrompre une prescription [7] ou faire la déclaration de la créance du syndicat entre les mains du représentant des créanciers [8].

1249 Demandes relevant des pouvoirs du juge des référés. Compte tenu de l'extension des pouvoirs de ce juge par les textes récents, le domaine de ces demandes s'est lui-même considérablement accru.

D'abord et tout naturellement, peuvent être portées devant le juge des référés, sans autorisation de l'assemblée générale, les demandes justifiées par l'urgence pour des mesures qui ne se heurtent à aucune contestation sérieuse ou que justifie l'existence d'un différend.

Mais le juge des référés peut aussi être saisi, sans que l'autorisation de l'assemblée générale soit requise, pour accorder une provision au créancier lorsque l'existence de l'obligation n'est pas sérieusement contestable (référé-provision) ou ordonner l'exécution d'une obligation, même s'il s'agit d'une obligation de faire [9]. Il peut aussi ordonner, avant tout procès, les mesures d'instruction légalement admissibles dans les conditions prévues par l'article 145 du code de procédure civile (référé-préventif) [10]. Même en présence d'une contestation sérieuse, il peut prescrire les mesures conservatoires ou de remise en état qui s'imposent pour prévenir un dommage imminent ou faire cesser un trouble manifestement illicite [11]. Pour la liquidation de l'astreinte réservée par le juge des référés (v. s^s^ n° 1247).

Dans toutes ces circonstances, où l'autorisation n'est pas nécessaire, il est inutile de la demander; si cependant elle l'est, peu importe qu'elle satisfasse ou non aux conditions auxquelles l'autorisation doit être donnée, d'autant que cette autorisation

1. Com. 7 mars 2006, n° 04-16.633, *Bull. civ.* IV, n° 58; *AJDI* juill. 2006. 836, obs. Capoulade; *D.* 2006, pan. 2250, obs. Lucas, Le Corre; *D.* 2006. 2764, note Atias; *Gaz. Pal.* 23-24 juin 2006. 17; *Loyers et copr.* 2006. 108.
2. Civ. 3e, 15 févr. 2006, n° 04-20.261, *Bull. civ.* III, n° 39; *Administrer* mai 2006. 44, note Capoulade; *AJDI* 2006. 835, obs. Capoulade; *Loyers et copr.* 2006. 88, obs. Vigneron.
3. EN CE SENS : la 1re recomm. de la commission relative à la copropriété, qui précise que le projet de résolution à soumettre à l'assemblée générale doit déterminer le montant de la mise à prix.
4. Paris, 7 déc. 2000, RG n° 2000/08157, *AJDI* 2001. 347.
5. Civ. 3e, 20 déc. 2000, n° 99-15.236, *Bull. civ.* III, n° 297; *AJDI* 2001. 347; *D.* 2001. 3578; *D.* 2003. 329.
6. Civ. 2e, 10 févr. 2011, n° 10-30.576, *Bull. civ.* II, n° 32.
7. LAFOND, ROUX ET STEMMER, D. art. 55, 1256.
8. Civ. 3e, 29 janv. 2003, n° 00-21.945, *Bull. civ.* III, n° 21 (v. ss n° 1246); *D.* 2003. 1330.
9. À CE SUJET : J.-CL. PR. CIV., fasc. 2 – Civ. 3e, 27 mars 1996, n° 94-14.522, *RDI* 1996. 281; *Loyers et copr.* 1996.
10. Civ. 3e, 5 juill. 2000, n° 98-22.991, NP, *RDI* 2000. 607.
11. Interdiction d'une réunion irrégulièrement convoquée : TGI Paris, réf., 19 janv. 2004, *IRC* nov. 2004. 16.

donnée au syndic d'introduire l'action en référé ne vaut pas habilitation à assigner au fond[1].

Mais les choses se sont compliquées depuis le 4 janvier 1986, date de *l'entrée* en vigueur de la loi du 5 juillet 1985, du fait que la citation en référé est interruptive de la prescription (C. civ., art. 2244). Cette disposition nouvelle impose un examen plus attentif de la question.

1250 Demandes relevant des pouvoirs du juge des référés (suite) – Conséquences de l'effet interruptif de la prescription. C'est évidemment dans les procédures mettant en jeu la responsabilité des constructeurs qu'il convient de se montrer attentif aux conséquences de l'effet interruptif désormais attaché aux citations en référé.

Sur le plan du principe même, l'autorisation de l'assemblée générale n'est pas nécessaire aujourd'hui, comme avant la mise en vigueur de la loi du 5 juillet 1985, pour introduire une action en référé à l'encontre des constructeurs.

Si l'on veut que l'assignation délivrée au nom du syndicat soit interruptive de la prescription de l'action en responsabilité, il est indispensable d'y dénoncer les désordres[2]. Mais elle n'interrompt pas le délai de garantie décennale au profit des copropriétaires pour la réparation de leur préjudice de jouissance[3].

Pour les désordres non visés dans l'assignation en référé, le délai de l'action ne sera interrompu que par l'assignation au fond, qui doit être délivrée, avant l'expiration du délai de l'action, par le syndic autorisé à agir pour les désordres qui y sont dénoncés.

Pour les désordres dénoncés dans l'assignation en référé, l'assignation au fond, formée en temps utile, au besoin, computé après l'interruption à partir de laquelle un nouveau délai de dix ans commence à courir pour les désordres dénoncés[4], n'est recevable que si le syndic est préalablement autorisé et que la décision d'autorisation reprend la mention des désordres figurant dans l'assignation en référé[5]. D'autres désordres, après autorisation, peuvent être ajoutés si le délai d'action, non interrompu à leur égard, n'est pas expiré.

Par ailleurs, l'assemblée générale peut, en cause d'appel, régulariser l'autorisation du syndic pour agir contre les constructeurs à propos des désordres dénoncés[6] si le délai d'action n'est pas expiré.

La liaison entre la citation en référé et l'assignation au fond mérite d'autant plus d'attention que, selon l'article 2239 du code civil, le délai de prescription, suspendu lorsque le juge fait droit à une demande de mesure d'instruction présentée avant tout procès, recommence à courir, pour une durée qui ne peut être inférieure à six mois, à compter du jour où la mesure a été exécutée, et non plus, comme par le passé, à compter du jour où le juge a vidé sa saisine, c'est-à-dire a rendre l'ordonnance organisant la mesure d'instruction.

1251 Défense aux actions intentées contre le syndicat. En dispensant le syndic de demander l'autorisation de l'assemblée générale pour « défendre aux actions intentées contre le syndicat », l'article 55, modifié par le décret du 9 juin 1986, consacre une jurisprudence qui était bien établie, sans qu'il y ait lieu de distinguer selon que l'action introduite l'avait été par un copropriétaire ou par un tiers[7].

Il est dès lors permis de regretter que les rédacteurs du décret n'aient pas profité de la circonstance pour officialiser au moins certaines des autres dérogations, admises par la jurisprudence, à l'obligation pour le syndic de demander l'autorisation de l'assemblée générale.

1252 Syndicat en pré-difficulté, ou en difficulté, mesure de sauvegarde. La dispense d'autorisation était déjà impliquée par la procédure mise en place par la loi (requête, référé, statuant comme en matière de référé). Néanmoins, l'article 55 explicite désormais l'ensemble des dispositions réglementaires dispensant les syndics d'obtenir un pouvoir pour agir. C'est donc une fin pédagogique qu'a poursuivi l'autorité réglementaire, sans pour autant intégrer les exceptions prétoriennes.

1253 b) Exceptions admises en jurisprudence – Appel. La jurisprudence est fixée depuis un arrêt de

1. Versailles, 18 juin 1993, *Administrer* févr. 1994, note Dunes.
2. Civ. 3e, 22 mai 1997, no 95-15.351, *Bull. civ.* III, no 109; *D.* 1997. 565, concl. Weber, note Capoulade; *RDI* 1997. 489; *AJPI* 1997. 1078 – Civ. 3e, 18 juill. 2001, no 00-10.068, NP, *AJDI* 2001. 873 et 889, note Capoulade – Paris, 23 sept. 2002, RG no 2000/11867, *Loyers et copr.* 2003. 46.
3. Civ. 3e, 7 juill. 1999, no 97-15.419, *Loyers et copr.* 1999. 271; *RDI* 1999. 688.
4. Civ. 3e, 7 juill. 1999, no 97-15.419, *Bull. civ.* III, no 162; *RDI* 1999. 687 – AUSSI : Bouyeure, « Le caractère interruptif de prescription de l'assignation, en référé », *Administrer* déc. 1993. 8 et note, *Administrer* sept., p. 49.
5. Capoulade, note ss Civ. 3e, 22 mai 1997, no 95-15.351, *Bull. civ.* III, no 109; *D.* 1997. 565 – Civ. 3e, 8 nov. 2005, no 04-17.263, NP, *Administrer* févr. 2006. 40, obs. Bouyeure.
6. Civ. 3e, 7 juill. 1999, no 97-15.419, *Bull. civ.* III, no 109; *RDI* 2000. 59; *Loyers et copr.* 1999. 274.
7. Civ. 3e, 17 déc. 1973, no 72-13.116, *Bull. civ.* III, no 630; *JCP* 1974. II. 17696, note Guillot – Civ. 3e, 9 juill. 1985, no 83-12.960, *Bull. civ.* III, no 108; *RDI* 1985. 423 – Civ. 3e, 6 déc. 2006, no 04-14.175, *Bull. civ.* III, no 243; *Administrer* 397, 50, obs. Bouyeure; *Loyers et copr.* 2007. 36, obs. Vigneron.

la Cour de cassation du 8 juillet 1992 [1] pour déclarer que le syndic peut interjeter appel sans autorisation expresse de l'assemblée générale, sans qu'il y ait lieu de distinguer selon que le syndicat a été défendeur ou demandeur en première instance.

Cette solution condamne l'opinion doctrinale qui soutient que l'instance d'appel est distincte et autonome de celle portée devant les premiers juges. Selon l'arrêt de la cour de Versailles du 27 mai 1988 [2], qui avait statué dans le même sens, avant que la Cour de cassation se prononce, l'action en justice qui est « le pouvoir de saisir une autorité juridictionnelle pour faire consacrer le droit dont on se prétend titulaire, comporte non seulement sa mise en œuvre par une demande introductive d'instance, mais encore sa poursuite normale par l'exercice des voies de recours » [3]. On peut ajouter cette considération, déjà formulée dans les éditions précédentes de ce traité, que ce que l'article 55 vise c'est l'exercice de l'action et non simplement le déroulement de l'instance [4].

L'affirmation, que l'action en justice est « le pouvoir de saisir une autorité juridictionnelle pour faire consacrer le droit dont on se prétend titulaire », peut être contestée au regard de l'article 31 du code de procédure civile, qui se réfère à la prétention qui peut être jugée bien ou mal fondée.

Sauf décision contraire de l'assemblée générale, le pouvoir d'agir en justice est donné au syndic en sa qualité de représentant du syndicat et non pas *intuitu personae*.

Ce qui est valable pour l'appel principal l'est, *a fortiori*, pour l'appel incident [5].

Pour le cas où la copropriété a changé de syndic entre l'introduction de la procédure et la déclaration d'appel [6]; et sur les conditions de recevabilité de l'intervention volontaire d'un copropriétaire non partie à la première instance [7].

1254 Autres voies de recours. La jurisprudence s'est prononcée dans le sens que le syndic peut former un *pourvoi en cassation* sans requérir l'autorisation de l'assemblée générale, que le syndicat ait été défendeur ou demandeur en première instance [8]. Mais le délai de recours ne peut être prolongé par une nouvelle signification de l'arrêt attaqué faite au nouveau syndic [9]. L'ancien syndic, qui n'est intervenu qu'accessoirement devant la cour d'appel pour appuyer les prétentions du syndicat, ne peut se prévaloir d'un droit propre et n'est pas recevable à ce pouvoir en cassation, dès lors que la partie principale ne s'est pas elle-même pourvue [10].

On discute le point de savoir si le syndic peut, sans autorisation de l'assemblée générale, former *tierce opposition* à la décision préjudiciant au syndicat [11], hypothèse qu'il ne faut pas confondre avec celle où c'est un copropriétaire qui prétend faire tierce opposition à un jugement où le syndicat était partie (v. s^{s} n° 1262) [12].

1255 Incidents d'instance – Demandes reconventionnelles. Il n'y a aucune difficulté pour admettre que le syndic peut, de sa propre initiative, *reprendre l'instance* préalablement engagée par le propriétaire, jusque-là unique, de l'immeuble [13]. Le syndic peut également, sans autorisation, appeler toute autre personne qui, sur le fondement de sa responsabilité civile, devrait relever le syndicat des condamnations susceptibles d'être prononcées contre lui, par exemple l'*appel en garantie* des architectes et entrepreneurs [14].

En revanche, des hésitations se sont manifestées à propos des *demandes reconventionnelles*. Une directive précise est fournie par un arrêt de la 3e chambre civile de la Cour de cassation du 17 janvier 1996 que l'on peut considérer comme un arrêt de prin-

1. Civ. 3e, 8 juill. 1992, n° 90-10.977, *Bull. civ.* III, n° 242; *JCP N* 1993. II. 157; *Administrer* avr. 1993, p. 55; *Defrénois* 1993. 776; *IRC* 1993. 353, note Capoulade – EN CE SENS : ultérieurement, Civ. 3e, 6 oct. 1993, n° 90-18.359, *RDI* 1993. 549 – Civ. 3e, 15 déc. 1993, n° 91-20.130, *D.* 1994. Somm. 197 – Civ. 3e, 5 oct. 1994, n° 92-19.517, *RDI* 1994. 703 – Paris, 13 oct. 1993, *Juris-Data* n° 600079, *Administrer* mars 1994. 49, note Dunes.
2. Versailles, 27 mai 1988, RG n° 7182/86, *Juris-Data* n° 042132, *D.* 1988. IR 218; *RDI* 1988. 506.
3. EN CE SENS : Paris, 25 juin 1992, *D.* 1992. IR 248.
4. EN CE SENS : Capoulade, note, *IRC* 1993. 353.
5. Civ. 3e, 7 déc. 1988, n° 87-12.947, *D.* 1988. IR 300; *Defrénois* 1989. 774, obs. Souleau.
6. Civ. 3e, 6 oct. 1993, n° 90-18.359, *RDI* 1993. 549 – Civ. 3e, 8 sept. 2010, n° 07-21.446, NP.
7. Civ. 3e, 22 mars 1995, n° 93-15.294, n° 93-11.925, 2 arrêts, *RDI* 1995. 596.
8. Civ. 3e, 14 déc. 1976, n° 75-14.097, *Bull. civ.* III, n° 461; *JCP* 1977. II. 18713, note Guillot; *D.* 1977. IR 318; *Administrer* avr. 1977. 25 – Civ. 3e, 22 mars 2000, n° 98-15.743, *Bull. civ.* III, n° 65; *AJDI* 2000. 932; *RDI* 2000. 249 – Civ. 3e, 15 mars 2005, n° 04-10.530, NP, *AJDI* 2005. 397 – Civ. 3e, 8 sept. 2010, n° 07-21.446, préc.
9. Civ. 3e, 15 mars 1989, n° 87-14.634, *Bull. civ.* III, n° 64; *RDI* 1989. 506; *IRC* 1990. 12, note Capoulade.
10. Civ. 3e, 16 mars 2010, n° 09-12.705, NP.
11. Paris, 12 mars 1982, *D.* 1982. IR 437 – EN SENS CONTRAIRE : Colmar, 15 oct. 1990, RG n° 2252/87, *Juris-Data* n° 052167, *Rev. huissiers* 1992. 534.
12. V. Giverdon, « Copropriété et tierce opposition », *Administrer* mars 2002, p. 10.
13. Civ. 3e, 10 oct. 1984, n° 83-14.811, *Bull. civ.* III, n° 165; *Defrénois* 1985. 392, note Souleau; *Administrer* avr. 1985. 36 – Civ. 3e, 30 nov. 2004, n° 00-20.453, NP, *AJDI* 2005. 142.
14. Civ. 3e, 7 janv. 1981, n° 79-12.508, *Bull. civ.* III, n° 6; *D.* 1982. IR 437; *Administrer* avr. 1981. 30, obs. Guillot.

cipe[1]. Selon cet arrêt, en effet, si la demande reconventionnelle du syndicat ne tend pas seulement à s'opposer aux prétentions adverses sur lesquelles elle n'est pas exclusivement fondée, mais à obtenir *un avantage entièrement distinct* ne trouvant pas directement sa source dans la demande principale, le syndic, qui la formule, doit être autorisé à agir[2]. En revanche, le syndic, ès qualités, n'a pas besoin d'autorisation pour former une demande reconventionnelle qui est la suite et la conséquence nécessaire de la demande principale à laquelle elle se rattache par un lien suffisant[3].

3°

Obligation faite au syndic de rendre compte

1256 Le principe et sa portée. Aux termes de l'article 55 alinéa 3 du décret du 17 mars 1967, le syndic doit, dans tous les cas, rendre compte des actions qu'il a introduites, à la prochaine assemblée générale.

Des termes « dans tous les cas », on déduit le caractère général de l'obligation ainsi faite au syndic; elle s'impose aussi bien lorsque le syndic a été autorisé à intenter l'action par une décision de l'assemblée générale, que dans les cas où, exceptionnellement, il peut agir de sa propre initiative[4].

Mais cette obligation est édictée dans le seul intérêt des copropriétaires. Les tiers - et spécialement les constructeurs et leurs assureurs - sont irrecevables à invoquer son inobservation[5]. L'omission de rendre compte n'engage que la responsabilité personnelle du syndic[6]. Elle n'a pas non plus pour effet de rendre irrecevable ou nulle la voie de recours régulièrement exercée[7].

1. Civ. 3e, 17 janv. 1996, nº 93-19.407, *Bull. civ.* III, nº 15; *JCP* 1996. II. 22684, note Djigo; *RDI* 1996. 283, obs. Capoulade, Giverdon; *AJPI* 1997. 211; *Loyers et copr.* 1996. 190; *AJDI* 2003. 596, obs. Giverdon; *RDI* 1996. 220, obs. Malinvaud, Boubli; *JCP* 1996. IV. 536 [ARRÊT DE PRINCIPE] – EN CE SENS : Civ. 3e, 29 janv. 1997, nº 95-12.568, *Loyers et copr.* 1997. 147 – Civ. 3e, 4 déc. 2002, nº 01-00.425, *Bull. civ.* III, nº 249; *AJDI* 2003. 596, préc.
2. POUR UNE APPLICATION : Paris, 1er mars 2001, RG nº 01-00.425, *Loyers et copr.* 2001. 241 – Civ. 3e, 4 déc. 2002, nº 01-00.425, *Bull. civ.* III, nº 249; *AJDI* 2003. 596; *JCP* 2003. IV. 1172; *Administrer* juin 2003. 51; *Loyers et copr.* 2003. 76 – Civ. 3e, 17 janv. 1996, nº 93-19.407, nº 93-19.679, *Bull. civ.* III, nº 15; *AJDI* 1997. 211; *RDI* 1996. 283.
3. Civ. 3e, 9 mai 2007, nº 06-17.479, NP, *Administrer* août-sept. 2007. 53, obs. Bouyeure – RAPPR. : Civ. 3e, 30 mars 2010, nº 08-16.909, NP.
4. Obs. *RDI* 1994. 704, col. 2.
5. Paris, 18 mars 1983, *RDI* 1983. 497.
6. Paris, 11 oct. 1979, *D.* 1980. IR 274.
7. Civ. 3e, 5 oct. 1994, nº 92-19.517, NP, *RDI* 1994. 703, obs. Capoulade et Giverdon.

B.

Résultats de l'action exercée par le syndic au nom du syndicat

1257 Distinction. Les résultats de l'action exercée par le syndic au nom du syndicat doivent être examinés d'abord sur le plan de la *charge des dépens, frais de justice et indemnités* qui peuvent en être la conséquence et d'autre part dans ses *incidences vis-à-vis des copropriétaires.*

a)

Dépens, frais de justice et indemnités consécutifs à l'action syndicale

1258 Procédure opposant le syndicat et les tiers. Il ne fait aucun doute que si *le procès a opposé le syndicat et un ou des tiers,* ce sont les règles de droit commun qui s'appliquent en ce sens que, conformément au principe posé par l'article 696 du code de procédure civile, c'est la partie perdante qui normalement est condamnée aux dépens dont la consistance est définie par l'article 695 du même code.

Si donc, le syndicat est la partie perdante, ces dépens seront répartis entre les copropriétaires en tant que charges relatives à l'administration de l'immeuble; il en est de même pour les frais non compris dans les dépens (et notamment pour les sommes versées par le syndicat au titre de l'art. 700 C. proc. civ.) et, d'une manière générale pour tous les frais du procès qui restent à sa charge[8]–, le litige éventuel entre les copropriétaires et le syndic quant aux honoraires de l'avocat, notamment l'honoraire de résultat, ne relève pas de la compétence du juge de l'honoraire qui ne connaît que du montant et du recouvrement de la rémunération[9].

La question est plus délicate lorsque le procès a opposé le syndicat à un ou plusieurs copropriétaires.

1259 Procédures opposant le syndicat à un ou plusieurs copropriétaires. La distinction doit toujours être faite selon que le syndicat est partie perdante ou partie gagnante.

Dans la conception d'origine, les principes de droit commun s'appliquaient également à toutes les parties; il a fallu ensuite tenir compte des dispositions de l'article 32 de la loi nº 91-650 du 9 juillet 1991 portant réforme des procédures civiles d'exécution, incorporées au droit commun.

1260 Le syndicat, partie gagnante. Depuis la mise en vigueur de la loi nº 2000-1208 du 13 décembre 2000, il a fallu introduire une nouvelle distinction

8. GUILLOT, art. 17 et 18, nº 6 – J.-CL. COPR., fasc. 101-10.
9. Civ. 2e, 3 avr. 2008, nº 07-11.997, NP.

selon que les frais de procédure ont été exposés par le syndicat pour le recouvrement d'une créance justifiée à l'encontre d'un copropriétaire ou à l'occasion d'une procédure ayant un autre objet.

La première éventualité est régie par le 1er alinéa de l'article 10-1 ajouté à la loi du 10 juillet 1965 par la loi précitée du 13 décembre 2000, modifié par la loi n° 2006-872 du 13 juillet 2006 [1] portant engagement national pour le logement. Aux termes de ce texte dans sa rédaction de la loi du 13 décembre 2000 (v. ss n° 559), par dérogation aux dispositions du deuxième alinéa de l'article 10, les frais nécessaires exposés par le syndicat, à compter de la mise en demeure, pour le recouvrement d'une créance justifiée à l'encontre d'un copropriétaire, sont imputables à ce seul copropriétaire. Il en résulte que ces frais, qui font l'objet d'une imputation directe, ne peuvent plus être qualifiés charges de copropriété. Avec la nouvelle rédaction issue de la loi du 13 juillet 2006, cette imputation concerne :

« a) Les frais nécessaires exposés par le syndicat, notamment les frais de mise en demeure, de relance et de prise d'hypothèque à compter de la mise en demeure, pour le recouvrement d'une créance justifiée à l'encontre d'un copropriétaire, ainsi que les droits et émoluments des actes d'huissier de justice et le droit de recouvrement ou d'encaissement à la charge du débiteur »;

« b) Les honoraires du syndic afférents aux prestations qu'il doit effectuer pour l'établissement de « l'état daté à l'occasion de la mutation à titre onéreux d'un lot ou d'une fraction de lot ».

Ce texte qui réalise en partie un bris de jurisprudence, ne pourra que susciter quelques difficultés d'application, qui ont donné à une jurisprudence qui distingue ce qui entre dans les charges, dans les dépens, dans les sommes allouées du titre de l'article 700 du code de procédure civile et, le cas échéant, entre les différentes procédures [2]. Le juge a légalement justifié sa décision en relevant, dans l'exercice de son *pouvoir souverain d'appréciation*, que les frais dont le syndicat des copropriétaires réclamait le paiement, n'étaient pas justifiés [3]. Ayant admis que les frais de vente sur saisie immobilière ont bien été nécessaires pour obtenir paiement, le juge ne peut adjuger les autres frais demandés sans rechercher s'ils étaient nécessaires au recouvrement des créances [4]. En tout cas, les honoraires d'avocat entrent dans les sommes allouées en vertu de l'article 700 du code de procédure civile [5]. Mais, heureusement, l'alinéa 3 de l'article 10-1 prévoit que le juge peut en décider autrement en considération de l'équité ou de la situation économique des parties au litige. En tout cas, l'imputation personnelle fait échapper les sommes énoncées au bénéfice du privilège spécial immobilier occulte.

Si la procédure engagée par le syndicat a un autre objet que celui du recouvrement d'une « créance justifiée », ce qui doit être relativement rare surtout si l'on admet que la créance peut se trouver « justifiée » à la suite de la procédure engagée, on continuera d'admettre la solution antérieure à savoir que le ou les copropriétaires perdants sont condamnés aux dépens et éventuellement aux frais compris dans ceux-ci; les sommes correspondantes sont portées au crédit du compte du syndicat; les copropriétaires perdants en récupèrent une partie et inversement si le juge reconnaît bien fondées les prétentions du copropriétaire.

1261 Le syndicat, partie perdante (L. 10 juill. 1965, art. 10-1, al. 2 nouv.). Il faut, dans cette éventualité, appliquer dans tous les cas, la disposition de l'article 10-1 alinéa 2 aux termes de laquelle « *le copropriétaire qui, à l'issue d'une instance judiciaire l'opposant au syndicat, voit sa prétention déclarée fondée par le juge, est dispensé de toute participation à la dépense commune des frais de procédure, dont la charge est répartie entre les autres copropriétaires* ».

Ici, également, le juge peut en décider autrement en considération de l'équité ou de la situation économique des parties au litige.

Il ne s'agit plus ici, comme dans l'hypothèse précédente, de poser une règle d'imputation, mais au contraire de permettre une dispense. Les « frais de *procédure* » sont expressément qualifiés de « *dépense commune* » et répartis, comme telle, entre tous les copropriétaires, à l'exception de celui qui a vu sa prétention déclarée fondée par le juge [6].

On aurait pu s'attendre à ce que dans un souci de réciprocité et d'équité, le copropriétaire injustement poursuivi par le syndicat bénéficie des mêmes remboursements que le syndicat obtenant gain de cause.

Il en résulte plusieurs conséquences.

La première est que la quote-part qui incombe à chaque copropriétaire constitue une créance du syndicat garantie par le privilège immobilier spécial visé par l'article 19-1 de la loi du 10 juillet 1965; l'opposition notifiée en vertu de l'article 20 et de

1. *JO* 16 juill., p. 10662.
2. Paris, 28 févr. 2008, RG n° 07/08445 – Paris, 13 mars 2008, RG n° 07/10017 – Paris, 13 mars 2008, RG n° 06-22496 – Paris, 13 mars 2008, RG n° 07/10040.
3. Civ. 3e, 14 déc. 2010, n° 10-10.725, NP.
4. Civ. 3e, 30 nov. 2010, n° 09-17.219, NP.
5. Civ. 3e, 21 juin 2011, n° 10-16.055, NP.
6. V. Giverdon, « Libres propos sur l'article 10-1 nouveau de la loi du 10 juillet 1965 », *Administrer* avr. 2002, spéc. 24, n° 14.

l'article 5-1 du décret du 17 mars 1967, doit en tenir compte[1].

La deuxième conséquence est que la consistance des frais de procédure doit comporter, outre les dépens, les indemnités et condamnations au titre de l'article 700 du code de procédure civile mises à la charge du syndicat et dont le copropriétaire gagnant devra être exonéré pour le montant de sa quote-part[2]; mais les honoraires versés aux avocats semblent exclus[3].

Lafond et Stemmer justifient cette interprétation extensive sur l'« esprit d'équité qui anime le texte »[4].

Enfin, se pose la question de savoir si le copropriétaire gagnant doit demander d'être dispensé de la participation ou si le juge doit lui-même prononcer d'office la dispense. Le principe général posé par l'article 5 du code de procédure civile selon lequel le juge doit se prononcer sur tout ce qui est demandé mais *seulement* sur ce qui est demandé conduit, semble-t-il, à exiger une demande formulée par le copropriétaire concerné[5]. Ce texte a suscité des divergences de jurisprudence de la part des juridictions du fond. Aussi, la loi n° 2009-525 du 12 mai 2009 (art. 7, 2°) a-t-elle précisé que, « *même en l'absence de demande de sa part* », le copropriétaire, est, dans ce cas, dispensé de toute participation à la dépense commune des frais de procédure.

b) Incidences de l'exercice de l'action syndicale vis-à-vis des copropriétaires

1262 Opposabilité du jugement aux copropriétaires. La question qui, concrètement, se pose est celle de savoir dans quelle mesure les jugements dans lesquels le syndicat est impliqué (soit comme demandeur, soit comme défendeur), sont opposables ou non aux copropriétaires considérés individuellement[6].

La réponse à cette question est fonction des deux principes suivants : le premier est que le syndic représente le syndicat et donc *la collectivité des copropriétaires* dont celui-ci est l'expression; le second est que le syndic ne représente pas les copropriétaires considérés *individuellement*. Toute la difficulté provient de ce qu'il est extrêmement délicat de faire la distinction selon que les copropriétaires sont considérés en tant qu'appartenant à la collectivité ou selon qu'ils sont pris à titre individuel, car, comme on a eu l'occasion de le constater, sur le plan de la recevabilité des actions, l'individuel et le collectif sont ici étroitement imbriqués. Il en est spécialement ainsi à propos des actions qui ont trait à la sauvegarde des droits afférents à l'immeuble.

On a, en effet, constaté (v. s^s n° 1096) à propos de ces actions, que si l'action syndicale a pu être qualifiée de « prépondérante », sa recevabilité est néanmoins admise lorsque le dommage atteint indivisiblement les parties communes et les parties privatives et aussi pour la réparation de préjudices personnels lorsque le trouble de jouissance est supporté de la même manière par l'ensemble des copropriétaires ou l'ensemble des lots[7].

Lorsqu'il en est ainsi, il est possible d'admettre que le jugement rendu soit opposable aux copropriétaires[8] et d'en tirer la conséquence qu'ils sont irrecevables à former tierce opposition faute de pouvoir se prévaloir d'un intérêt *distinct* de celui du syndicat[9].

À l'effet de sauvegarder les droits des copropriétaires et, plus spécialement, celui d'intervenir à la procédure, l'article 59 du décret du 17 mars 1967 dispose « qu'à l'occasion de tous litiges dont est saisie une juridiction et qui concernent le fonctionnement d'un syndicat ou *dans lesquels le syndicat est partie*, le syndic avise chaque copropriétaire de l'existence et de l'objet de l'instance. » Cet avis, qui n'est donné que pour l'information des copropriétaires, est limité à l'existence et à l'objet de l'instance; il ne s'étend pas à la communication des pièces échangées au cours de l'instance[10].

1263 Répartition des indemnités allouées aux copropriétaires. Dans les circonstances, ci-dessus relatées, où l'action syndicale est recevable, il est logique que le jugement alloue une indemnité ou

1. Giverdon, « Libres propos sur l'article 10-1 nouveau de la loi du 10 juillet 1965 », *Administrer* avr. 2002. 14.
2. Giverdon, « Libres propos sur l'article 10-1 nouveau de la loi du 10 juillet 1965 », *Administrer* avr. 2002. 15.
3. EN SENS CONTRAIRE : rép. min., QE n° 86132, Pemezec, *JOAN Q* 12 sept. 2006, p. 9619.
4. LAFOND, ROUX ET STEMMER, L. art. 10-1, n° 6.
5. Giverdon, *op. cit., Administrer* avr. 2002. 16.
6. SUR L'ENSEMBLE DE LA QUESTION : Zurfluh et Morand, « Les assignations multiples », *Gaz. Pal.* 1968. 2. Doctr. 80 – Morand et Richardière, « Gestion financière du syndicat – Initiative du syndic en cas d'urgence – Exercice des actions contre ou par le syndicat », *Gaz. Pal.* 1969. 1. Doctr. 172 – Morand et Zurfluh, « Assignation et comparution individuelle des copropriétaires dans les actions judiciaires », *Gaz. Pal.* 1969. 1. Doctr. 104 – SIZAIRE, note 663, J.-CL. COPR., fasc. 100.
7. Civ. 3e, 17 juin 1998, n° 96-18.576, NP, *RDI* 1998. 423 : POUR le cas où la réparation est indivisible.
8. Civ. 3e, 22 nov. 1962, *AJPI* 1963. II. 768 – Civ. 3e, 17 juill. 1985, n° 84-12.519, *Bull. civ.* III, n° 111; *Administrer* déc. 1985. 40, note Guillot; *Gaz. Pal.* 1er avr. 1986 – *V° Copropriété*, note Souleau; *RDI* 1986. 248.
9. Civ. 3e, 2 févr. 1994, n° 91-12.676, *Bull. civ.* III, n° 18; *D.* 1994. 124, note Atias; *RDI* 1994. 306 – Civ. 3e, 2 oct. 1996, n° 94-18.943, NP, *RDI* 1997. 138 obs. Capoulade, Giverdon; *Loyers et copr.* 1996. 454 – AUSSI : Giverdon, « Copropriété et tierce opposition », *Administrer* avr. 2002.
10. Civ. 3e, 6 mars 2002, n° 00-20.949, *Bull. civ.* III, n° 55; *AJDI* 2002. 535.

des dommages-intérêts au syndicat puisque celui-ci a dû faire état d'un intérêt direct et légitime à agir.

La question se pose alors de savoir comment il convient de procéder pour répartir cette indemnité entre les copropriétaires qui, eux aussi, peuvent invoquer semblable intérêt.

On estime, en général, que, l'indemnité étant supposée versée au syndicat, il appartient à l'assemblée générale de décider si elle entend l'affecter à des travaux destinés à faire cesser le préjudice subi ou si elle préfère la voir redistribuer aux copropriétaires; dans cette dernière éventualité, l'indemnité sera répartie, sauf disposition contraire du règlement de copropriété, en proportion des tantièmes de parties communes comprises dans chaque lot et non au *prorata* des préjudices subis[1] (sous réserve de l'obligation de réparer en cas d'assurance dommage-ouvrage).

1264 Restitution des provisions judiciairement allouées. Il faut supposer que par suite de l'irrecevabilité de l'action du syndicat, il y a lieu à restitution des provisions judiciairement allouées.

La question s'est posée de savoir à compter de quel moment sont dus les intérêts au taux légal des sommes ainsi versées. La solution la plus logique serait que le titre ayant disparu, la somme à restituer porte intérêts au taux légal à compter de la signification des conclusions valant sommation de payer, mais on soutient aussi qu'il convient d'attendre la disparition du titre[2].

S'agissant d'une somme représentant une astreinte liquidée, les frais irrépétibles et les dépens, la signification de l'arrêt de cassation vaut mise en demeure[3].

1. EN CE SENS : rép. min. *JOAN* 31 août 1992, p. 4018 – J.-CL. COPR., fasc. 101, 10.

2. Cass., Ass. plén., 3 mars 1995, n° 91-19.497, *Bull. AP*, n° 1; *R.*, p. 333; *RTD civ.* 1995. 687; *BICC* n° 407, 15 avr. 1995, concl. Jéol, note Séné; *D.* 1995. 249, concl. Jéol; *JCP* 1995. II. 22482, note Delebecque; *Gaz. Pal.* 1995. 2, 372, concl. Jéol, note Ferrand; *RTD civ.* 1995. 687, obs. Perrot – Civ. 2e, 15 déc. 2005, n° 04-12.299, *Bull. civ.* II, n° 326; *D.* 2006. IR 177; *JCP* 2006. IV. 1105, p. 109; *RTD civ.* 2006. 158, obs. Perrot – Civ. 3e, 31 janv. 2007, n° 05-15.790, *Bull. civ.* III, n° 15; *RDI* 2007. 337.

3. Civ. 2e, 15 déc. 2005, n° 04-12.299, *Bull. civ.* II, n° 326; *RTD civ.* 2006. 158, préc.

ANNEXES

Plan des annexes.

Ann. I. **Statut de la copropriété**

- Loi n° 65-557 du 10 juillet 1965,
  Fixant le statut de la copropriété des immeubles bâtis [modifiée en dernier lieu par la loi n° 2006-872, 13 juill. 2006, portant engagement national pour le logement].
- Décret n° 67-223 du 17 mars 1967,
  Portant règlement d'administration publique pour l'application de la loi n° 65-557 du 10 juillet 1965 fixant le statut de la copropriété des immeubles bâtis.
- Décret n° 2005-240 du 14 mars 2005,
  Relatif aux comptes du syndicat des copropriétaires.
- Arrêté du 14 mars 2005,
  Relatif aux comptes du syndicat des copropriétaires.
- Arrêté du 19 mars 2010,
  Modifiant l'arrêté du 2 décembre 1986 relatif aux mesures de publicité des prix applicables dans certains secteurs professionnels (entrée en vigueur le 1er juillet 2010).

Ann. II **La copropriété**

- Arrêté du 4 août 1987,
  Portant création d'une commission relative à la copropriété.
- Recommandation n° 1, du 19 mars 2008,
  Convocations des assemblées générales (n° 1, du 19 mars 2008).
- Recommandation n° 2, du 7 mars 2006,
  Relative à l'établissement et à la rédaction de l'ordre du jour de l'assemblée générale.
- Recommandation n° 3, du 7 mars 2006,
  Relative à l'identification et à l'information des copropriétaires.
- Recommandation n° 4, du 27 juin 2006,
  Relative à la tenue des assemblées générales.
- Recommandation n° 5, du 1er avril 2008,
  Relative à la division des immeubles et respect des règles de la publicité foncière pour les états descriptifs de division.
- Recommandation n° 6, du 7 décembre 2006,
  Relative aux comptes du syndicat des copropriétaires soumis aux dispositions comptables du décret et de l'arrêté du 14 mars 2005.
- Recommandation n° 7,
  Relative à la répartition des frais de chauffage (en application du décret n° 91-999 du 30 sept. 1991).
- Recommandation n° 8, du 7 janvier 2008,
  Relative aux appels de fonds que le syndic peut exiger des copropriétaires.
- Recommandation n° 9,
  Relative à l'information réciproque de l'acquéreur et du syndic en cas de vente amiable d'un lot.
- Recommandation n° 10,
  Relative aux remises de documents techniques au syndic.
- Recommandation n° 11,
  Relative aux ventes forcées intervenant sur un immeuble en copropriété.
- Recommandation n° 12,
  Relative au transfert de propriété d'un lot.
- Recommandation n° 13, (nouvelle rédaction en cours – à paraître après le décret modifiant le décret du 17 mars 1967 en suite des lois des 25 mars et 12 mai 2009)
  Relative au conseil syndical.
- Recommandation n° 13, du 8 juillet 2010,
  Relative au conseil syndical (règles générales).
- Recommandation n° 13 *bis*, du 5 janvier 2011,
  Relative au conseil syndical.
- Recommandation n° 14,
  Sur le libellé de la question de l'ordre du jour relative à l'ouverture ou non d'un compte bancaire ou postal séparé au nom du syndicat et du projet de résolution notifié simultanément.
- Recommandation n° 15, du 6 juin 1996,
  Relative à la désignation du syndic, à la durée de ses fonctions et aux initiatives à prendre en cas de révocation ou de démission du syndic.
- Recommandation n° 16, du 21 juillet 1997,
  Relative aux travaux affectant les parties communes et les équipements communs.

- Recommandation n° 17, du 4 mars 1998, *Sur l'obligation de mentionner la superficie de la partie privative d'un lot de copropriété en cas de vente.*
- Recommandation n° 18, du 17 juin 1998, *Sur le contrat d'assurance dommages ouvrage relatif à un immeuble en copropriété.*
- Recommandation n° 19, du 25 novembre 1998, *Relative à l'installation d'un réseau câblé ou d'une antenne distribuant des services de télévision dans les immeubles soumis au statut de la copropriété [Cette recommandation ne traite pas de l'établissement et de l'exploitation des réseaux câblés].*
- Recommandation n° 20, du 23 février 1999, *Concernant les archives du syndicat des copropriétaires.*
- Recommandation n° 21, du 30 octobre 2001, *Relative aux provisions du budget prévisionnel.*
- Recommandation n° 22, du 6 novembre 2001, *Relative à l'ouverture d'un compte bancaire ou postal séparé.*
- Recommandation n° 22 *bis*, du 12 mai 2005, *Relative au compte bancaire ou postal séparé du syndicat des copropriétaires.*
- Recommandation n° 23, du 21 mai 2003, *Relative aux modalités d'application de l'article 49 de la loi du 10 juillet 1965.*
- Recommandation n° 24, du 8 décembre 2004, *Relative à l'article 6-2 du décret du 17 mars 1967.*
- Recommandation n° 25, du 1er juillet 2008, *Relative à l'accès aux immeubles en copropriété.*
- Recommandation n° 26, du 9 juin 2010, *Relative au mandataire ad hoc des articles 29-1-A et 29-1-B de la loi du 10 juillet 1965.*

Ann. III Divers

- SECTION 1 Antennes et Câbles

SOUS-SECTION 1 Droit à l'antenne

§ 1 Loi n° 66-457 du 2 juillet 1966, *Relative à l'installation d'antennes réceptrices de radiodiffusion.*

§ 2 Décret n° 67-1171 du 22 décembre 1967, *Fixant les conditions d'application de la loi n° 66-457 du 2 juillet 1966 relative à l'installation d'antennes réceptrices de radiodiffusion.*

§ 3 Décret n° 2009-53 du 15 janvier 2009, *Relatif au droit au très haut débit pris en application du II de l'article 1er de la loi n° 66-457 du 2 juillet 1966 relative à l'installation d'antennes réceptrices de radiodiffusion.*

SOUS-SECTION 2 Liberté de communication

§ 1 Loi n° 86-1067 du 30 septembre 1986, *Relative à la liberté de communication.*

§ 2 Décret n° 93-534 du 27 mars 1993, *Pris pour l'application de l'article 34-3 [34-1] de la loi du 30 septembre 1986 relative à la liberté de communication instituant une servitude d'installation et d'entretien des réseaux distribuant par câble des services de radiodiffusion sonore et de télévision.*

§ 3 Code de la propriété intellectuelle (Loi n° 2006-961 du 1er août 2006)

- SECTION 2 Ascenseurs

§ 1 Code de la construction et de l'habitation (Loi n° 2003-590 du 2 juillet 2003)

§ 2 Décret n° 2004-964 du 9 septembre 2004, *Relatif à la sécurité des ascenseurs modifié en 2008 quant aux dates d'échelonnement des travaux de mise en conformité.*

- SECTION 3 Carnet d'entretien

§ 1 Décret n° 2001-477 du 30 mai 2001, *Fixant le contenu du carnet d'entretien de l'immeuble prévu par l'article 18 de la loi du 10 juillet 1965 fixant le statut de la copropriété des immeubles bâtis.*

- SECTION 4 Chauffage et eau chaude

§ 1 Code de l'énergie.

§ 2 Code de la construction et de l'habitation

- SECTION 5 Clauses abusives

Recommandation n° 96-01, du 17 novembre 1995,
Recommandation n° 2011-01, du 15 septembre 2011,
Relative aux contrats de syndic de copropriété (BOCC 26 avr. 2012).

- SECTION 6 Division d'immeuble

§ 1 Loi n° 2006-685 du 13 juin 2006, *Relative au droit de préemption et à la protection des locataires en cas de vente d'un immeuble.*

§ 2 Code de la construction et de l'habitation

- SECTION 7 Eau

SOUS-SECTION 1 Individualisation

§ 1 Loi n° 2000-1208 du 13 décembre 2000, *Relative à la solidarité et au renouvellement urbains.*

§ 2 Décret n° 2003-408 du 28 avril 2003, *Pris en application de l'article 93 de la loi n° 2000-1208 du 13 décembre 2000 et relatif à l'individualisation des contrats de fourniture d'eau.*

- SECTION 8 Mesures de sauvegarde

§ 1 Code de la construction et de l'habitation

§ 2 Loi n° 91-647 du 10 juillet 1991, *Relative à l'aide juridique.*

- SECTION 9 Privilège du syndicat

§ 1 Code civil

- SECTION 10 *Procédures* civiles d'exécution

§ 1 Code de procédure civile (Résolution amiable des différents)

§ 2 Code des procédures civiles d'exécution

- SECTION 11 Publicité foncière

§ 1 Code civil

§ 2 Décret n° 55-22 du 4 janvier 1955, *Portant réforme de la publicité foncière.*

§ 3 Décret n° 55-1350 du 14 octobre 1955, *Pris pour l'application du décret n° 55-22 du 4 janvier 1955 portant réforme de la publicité foncière.*

ANNEXE

I. Statut de la copropriété

Loi n° 65-557 du 10 juillet 1965,

Fixant le statut de la copropriété des immeubles bâtis [modifiée en dernier lieu par la loi n° 2006-872, 13 juill. 2006, portant engagement national pour le logement].

A. Chapitre I Définition et organisation de la copropriété

Art. 1er La présente loi régit tout immeuble bâti ou groupe d'immeubles bâtis dont la propriété est répartie, entre plusieurs personnes, par lots comprenant chacun une partie privative et une quote-part de parties communes.

À défaut de convention contraire créant une organisation différente, la présente loi est également applicable aux ensembles immobiliers qui, outre des terrains, des aménagements et des services communs, comportent des parcelles, bâties ou non, faisant l'objet de droits de propriété privatifs.

Art. 2 Sont privatives les parties des bâtiments et des terrains réservées à l'usage exclusif d'un copropriétaire déterminé.

Les parties privatives sont la propriété exclusive de chaque copropriétaire.

Art. 3 Sont communes les parties des bâtiments et des terrains affectées à l'usage ou à l'utilité de tous les copropriétaires ou de plusieurs d'entre eux.

Dans le silence ou la contradiction des titres, sont réputées parties communes :

– le sol, les cours, les parcs et jardins, les voies d'accès;

– le gros-œuvre des bâtiments, les éléments d'équipement commun, y compris les parties de canalisations y afférentes qui traversent des locaux privatifs;

– les coffres, gaines et têtes de cheminées;

– les locaux des services communs;

– les passages et corridors.

Sont réputés droits accessoires aux parties communes dans le silence ou la contradiction des titres :

– le droit de surélever un bâtiment affecté à l'usage commun ou comportant plusieurs locaux qui constituent des parties privatives différentes, ou d'en affouiller le sol;

– le droit d'édifier des bâtiments nouveaux dans des cours, parcs ou jardins constituant des parties communes;

– le droit d'affouiller de tels cours, parcs ou jardins;

– le droit de mitoyenneté afférent aux parties communes.

Art. 4 Les parties communes sont l'objet d'une propriété indivise entre l'ensemble des copropriétaires ou certains d'entre eux seulement; leur administration et leur jouissance sont organisées conformément aux dispositions de la présente loi.

Art. 5 Dans le silence ou la contradiction des titres, la quote-part des parties communes afférente à chaque lot est proportionnelle à la valeur relative de chaque partie privative par rapport à l'ensemble des valeurs desdites parties, telles que ces valeurs résultent lors de l'établissement de la copropriété, de la consistance, de la superficie et de la situation des lots, sans égard à leur utilisation.

Art. 6 Les parties communes et les droits qui leur sont accessoires ne peuvent faire l'objet, séparément des parties privatives, d'une action en partage ni d'une licitation forcée.

Art. 6-1 En cas de modification dans les quotes-parts des parties communes afférentes aux lots, quelle qu'en soit la cause, les droits soumis ou admis à publicité dont les lots sont l'objet s'éteignent sur les quotes-parts qui en sont détachées et s'étendent à celles qui y sont rattachées.

En cas de changement de l'emprise d'une copropriété résultant de l'aliénation volontaire ou forcée ou de l'acquisition de parties communes, les droits soumis ou admis à publicité, autres que les servitudes, dont les lots sont l'objet, s'éteignent sur le bien cédé et s'étendent au bien acquis.

Toutefois, l'extension prévue à l'alinéa précédent, qui s'opère avec le rang attaché à la publicité primitive, n'a lieu que par la publication au fichier immobilier de la déclaration faite par le syndic ou un créancier que le bien acquis est libre de tout droit de même nature au jour de la mutation ou qu'il est devenu libre de ces mêmes droits. L'inexactitude de cette déclaration entraîne le rejet de la formalité de publicité.

Art. 7 Les cloisons ou murs, séparant des parties privatives et non compris dans le gros-œuvre, sont présumés mitoyens entre les locaux qu'ils séparent.

Art. 8 Un règlement conventionnel de copropriété, incluant ou non l'état descriptif de division, détermine la destination des parties tant privatives que communes, ainsi que les conditions de leur jouissance ; il fixe également, sous réserve des dispositions de la présente loi, les règles relatives à l'administration des parties communes.

Le règlement de copropriété ne peut imposer aucune restriction aux droits des copropriétaires en dehors de celles qui seraient justifiées par la destination de l'immeuble, telle qu'elle est définie aux actes, par ses caractères ou sa situation.

Art. 8-1 Le règlement de copropriété des immeubles dont le permis de construire a été délivré conformément à un plan local d'urbanisme ou d'autres documents d'urbanisme imposant la réalisation d'aires de stationnement peut prévoir une clause attribuant un droit de priorité aux copropriétaires à l'occasion de la vente de lots exclusivement à usage de stationnement au sein de la copropriété.

Dans ce cas, le vendeur doit, préalablement à la conclusion de toute vente d'un ou plusieurs lots à usage de stationnement, faire connaître au syndic par lettre recommandée avec demande d'avis de réception son intention de vendre, en indiquant le prix et les conditions de la vente.

Cette information est transmise sans délai à chaque copropriétaire par le syndic par lettre recommandée avec demande d'avis de réception, aux frais du vendeur. Elle vaut offre de vente pendant une durée de deux mois à compter de sa notification.

Art. 9 Chaque copropriétaire dispose des parties privatives comprises dans son lot ; il use et jouit librement des parties privatives et des parties communes sous la condition de ne porter atteinte ni aux droits des autres copropriétaires ni à la destination de l'immeuble.

Toutefois, si les circonstances l'exigent et à condition que l'affectation, la consistance ou la jouissance des parties privatives comprises dans son lot n'en soient pas altérées de manière durable, aucun des copropriétaires ou de leurs ayants droit ne peut faire obstacle à l'exécution, même à l'intérieur de ses parties privatives, des travaux régulièrement et expressément décidés par l'assemblée générale en vertu des *e, g, h, i* et *r* de l'article 25 du *d* de l'article 26 et de l'article 30.

Les travaux entraînant un accès aux parties privatives doivent être notifiés aux copropriétaires au moins huit jours avant le début de leur réalisation, sauf impératif de sécurité ou de conservation des biens.

Les copropriétaires qui subissent un préjudice par suite de l'exécution des travaux, en raison soit d'une diminution définitive de la valeur de leur lot, soit d'un trouble de jouissance grave, même s'il est temporaire, soit de dégradations, ont droit à une indemnité.

Cette indemnité, qui est à la charge de l'ensemble des copropriétaires, est répartie, s'agissant des travaux décidés dans les conditions prévues par les *e, g, h* et *i* de l'article 25 et par l'article 30, en proportion de la participation de chacun au coût des travaux.

Art. 10 Les copropriétaires sont tenus de participer aux charges entraînées par les services collectifs et les éléments d'équipement commun en fonction de l'utilité que ces services et éléments présentent à l'égard de chaque lot.

Ils sont tenus de participer aux charges relatives à la conservation, à l'entretien et à l'administration des parties communes proportionnellement aux valeurs relatives des parties privatives comprises dans leurs lots, telles que ces valeurs résultent des dispositions de l'article 5.

Le règlement de copropriété fixe la quote-part afférente à chaque lot dans chacune des catégories de charges.

Tout règlement de copropriété publié à compter du 31 décembre 2002 indique les éléments pris en considération et la méthode de calcul permettant de fixer les quotes-parts de parties communes et la répartition des charges.

Art. 10-1 Par dérogation aux dispositions du deuxième alinéa de l'article 10, sont imputables au seul copropriétaire concerné :

a) Les frais nécessaires exposés par le syndicat, notamment les frais de mise en demeure, de relance et de prise d'hypothèque à compter de la mise en demeure, pour le recouvrement d'une créance justifiée à l'encontre d'un copropriétaire ainsi que les droits et émoluments des actes des huissiers de justice et le droit de recouvrement ou d'encaissement à la charge du débiteur ;

b) Les honoraires du syndic afférents aux prestations qu'il doit effectuer pour l'établissement de l'état daté à l'occasion de la mutation à titre onéreux d'un lot ou d'une fraction de lot.

Le copropriétaire qui, à l'issue d'une instance judiciaire l'opposant au syndicat, voit sa prétention déclarée fondée par le juge, est dispensé, même en l'absence de demande de sa part, de toute participation à la dépense commune des frais de procédure, dont la charge est répartie entre les autres copropriétaires.

Le juge peut toutefois en décider autrement en considération de l'équité ou de la situation économique des parties au litige.

Art. 11 Sous réserve des dispositions de l'article 12 ci-dessous, la répartition des charges ne peut être modifiée qu'à l'unanimité des copropriétaires. Toutefois, lorsque des travaux ou des actes d'acquisition ou de disposition sont décidés par l'assemblée générale statuant à la majorité exigée par la loi, la modification de la répartition des charges ainsi rendue nécessaire peut être décidée par l'assemblée générale statuant à la même majorité.

En cas d'aliénation séparée d'une ou plusieurs fractions d'un lot, la répartition des charges entre ces fractions est, lorsqu'elle n'est pas fixée par le règlement de copropriété, soumise à l'approbation de l'assemblée générale statuant à la majorité prévue à l'article 24.

À défaut de décision de l'assemblée générale modifiant les bases de répartition des charges dans les cas prévus aux alinéas précédents, tout copropriétaire pourra saisir le tribunal de grande instance de la situation de l'immeuble à l'effet de faire procéder à la nouvelle répartition rendue nécessaire.

Art. 12 Dans les cinq ans de la publication du règlement de copropriété au fichier immobilier, chaque propriétaire peut poursuivre en justice la révision de la répartition des charges si la part correspondant à son lot est supérieure de plus d'un quart, ou si la part correspondant à celle d'un autre copropriétaire est inférieure de plus d'un quart, dans l'une ou l'autre des catégories de charges, à celle qui résulterait d'une répartition conforme aux dispositions de l'article 10. Si l'action est reconnue fondée, le tribunal procède à la nouvelle répartition des charges.

Cette action peut également être exercée par le propriétaire d'un lot avant l'expiration d'un délai de deux ans à compter de la première mutation à titre onéreux de ce lot intervenue depuis la publication du règlement de copropriété au fichier immobilier.

Art. 13 Le règlement de copropriété et les modifications qui peuvent lui être apportées ne sont opposables aux ayants cause à titre particulier des copropriétaires qu'à dater de leur publication au fichier immobilier.

Art. 14 La collectivité des copropriétaires est constituée en un syndicat qui a la personnalité civile.

Le syndicat peut revêtir la forme d'un syndicat coopératif régi par les dispositions de la présente loi. Le règlement de copropriété doit expressément prévoir cette modalité de gestion.

Il établit, s'il y a lieu, et modifie le règlement de copropriété.

Il a pour objet la conservation de l'immeuble et l'administration des parties communes. Il est responsable des dommages causés aux copropriétaires ou aux tiers par le vice de construction ou le défaut d'entretien des parties communes, sans préjudice de toutes actions récursoires.

Art. 14-1 Pour faire face aux dépenses courantes de maintenance, de fonctionnement et d'administration des parties communes et équipements communs de l'immeuble, le syndicat des copropriétaires vote, chaque année, un budget prévisionnel. L'assemblée générale des copropriétaires appelée à voter le budget prévisionnel est réunie dans un délai de six mois à compter du dernier jour de l'exercice comptable précédent.

Les copropriétaires versent au syndicat des provisions égales au quart du budget voté. Toutefois, l'assemblée générale peut fixer des modalités différentes.

La provision est exigible le premier jour de chaque trimestre ou le premier jour de la période fixée par l'assemblée générale.

Art. 14-2 Ne sont pas comprises dans le budget prévisionnel les dépenses pour travaux dont la liste sera fixée par décret en Conseil d'État.

Les sommes afférentes à ces dépenses sont exigibles selon les modalités votées par l'assemblée générale.

Art. 14-3 Les comptes du syndicat comprenant le budget prévisionnel, les charges et produits de l'exercice, la situation de trésorerie, ainsi que les annexes au budget prévisionnel sont établis conformément à des règles comptables spécifiques fixées par décret. Les comptes sont présentés avec comparatif des comptes de l'exercice précédent approuvé.

Les charges et les produits du syndicat, prévus au plan comptable, sont enregistrés dès leur engagement juridique par le syndic indépendamment de leur règlement ou dès réception par lui des produits. L'engagement est soldé par le règlement.

Toutefois, un syndicat comportant moins de dix lots à usage de logements, de bureaux ou de commerces, dont le budget prévisionnel moyen sur une période de trois exercices consécutifs est inférieur à 15 000 €, n'est pas tenu à une comptabilité en partie double; ses engagements peuvent être constatés en fin d'exercice. *[alinéa inséré par L. n° 2006-872, 13 juill. 2006, art. 92]*

Les dispositions des articles 1er à 5 de la loi n° 98-261 du 6 avril 1998 portant réforme de la réglementation comptable et adaptation du régime de la publicité foncière ne sont pas applicables aux syndicats de copropriétaires. *[article entré en vigueur le 1er janvier 2007]*

Art. 15 Le syndicat a qualité pour agir en justice, tant en demandant qu'en défendant, même contre certains des copropriétaires; il peut notamment agir, conjointement ou non avec un ou plusieurs de ces derniers, en vue de la sauvegarde des droits afférents à l'immeuble.

Tout copropriétaire peut néanmoins exercer seul les actions concernant la propriété ou la jouissance de son lot, à charge d'en informer le syndic.

Art. 16 Tous actes d'acquisition ou d'aliénation des parties communes ou de constitution de droits réels immobiliers au profit ou à la charge de ces dernières, à la condition qu'ils aient été décidés conformément aux dispositions des articles 6, 25 et 26, sont valablement passés par le syndicat lui-même et de son chef.

Le syndicat peut acquérir lui-même, à titre onéreux ou gratuit, des parties privatives sans que celles-ci perdent pour autant leur caractère privatif. Il peut les aliéner dans les conditions prévues à l'alinéa précédent. Il ne dispose pas de voix, en assemblée générale, au titre des parties privatives acquises par lui.

Art. 16-1 Les sommes représentant le prix des parties communes cédées se divisent de plein droit entre les copropriétaires dans les lots desquels figuraient ces parties communes et proportionnellement à la quotité de ces parties afférentes à chaque lot.

La part du prix revenant à chaque copropriétaire lui est remise directement par le syndic et ce, nonobstant l'existence de toute sûreté grevant son lot.

Les présentes dispositions ne dérogent pas à celles de l'article L. 12-3 du code de l'expropriation pour cause d'utilité publique.

Art. 16-2 L'expropriation pour cause d'utilité publique d'un immeuble bâti, d'un groupe d'immeubles bâtis ou d'un ensemble immobilier soumis à la présente loi est poursuivie et prononcée lot par lot à l'encontre des copropriétaires et titulaires de droits réels immobiliers concernés, ainsi que, lorsqu'elle porte également sur des parties communes en indivision avec d'autres copropriétaires, à l'encontre du syndicat.

Lorsque l'expropriation porte uniquement sur des parties communes à l'ensemble des copropriétaires, elle est valablement poursuivie et prononcée à l'encontre du syndicat représentant les copropriétaires et titulaires de droits réels immobiliers.

Lorsque l'expropriation est poursuivie et prononcée à l'encontre du syndicat, les dispositions de l'article 16-1 sont applicables pour la répartition des indemnités compensatrices.

B. Chapitre II
Administration de la copropriété

1) Section I
Dispositions générales

Art. 17 Les décisions du syndicat sont prises en assemblée générale des copropriétaires; leur exécution est confiée à un syndic placé éventuellement sous le contrôle d'un conseil syndical.

Dans les cas où, avant la réunion de la première assemblée générale, un syndic a été désigné par le règlement de copropriété ou par tout autre accord des parties, cette désignation doit être soumise à la ratification de cette première assemblée générale.

À défaut de nomination, le syndic est désigné par le président du tribunal de grande instance saisi à la requête d'un ou plusieurs copropriétaires.

Art. 17-1 Dans le cas où l'administration de la copropriété est confiée à un syndicat coopératif, la constitution d'un conseil syndical est obligatoire et le syndic est élu par les membres de ce conseil et choisi parmi ceux-ci. Il exerce de plein droit les fonctions de président du conseil syndical. En outre, le conseil syndical peut élire, dans les mêmes conditions, un vice-président qui supplée le syndic en cas d'empêchement de celui-ci.

Le président et le vice-président sont l'un et l'autre révocables dans les mêmes conditions. L'assemblée générale désigne une ou plusieurs personnes physiques ou morales qui peuvent être des copropriétaires ou des personnes extérieures qualifiées pour assurer le contrôle des comptes du syndicat.

L'adoption ou l'abandon de la forme coopérative du syndicat est décidée à la majorité de l'article 25-1 et le cas échéant de l'article 25-1 [1].

Art. 18 Indépendamment des pouvoirs qui lui sont conférés par d'autres dispositions de la présente loi ou par une délibération spéciale de l'assemblée générale, le syndic est chargé, dans les conditions qui seront éventuellement définies par le décret prévu à l'article 47 ci-dessous :

– d'assurer l'exécution des dispositions du règlement de copropriété et des délibérations de l'assemblée générale;

– d'administrer l'immeuble, de pourvoir à sa conservation, à sa garde et à son entretien et, en cas d'urgence, de faire procéder de sa propre initiative à l'exécution de tous travaux nécessaires à la sauvegarde de celui-ci;

– d'établir et de tenir à jour un carnet d'entretien de l'immeuble conformément à un contenu défini par décret;

– d'établir le budget prévisionnel, les comptes du syndicat et leurs annexes, de les soumettre au vote de l'assemblée générale et de tenir pour chaque syndicat une comptabilité séparée qui fait apparaître la position de chaque copropriétaire à l'égard du syndicat; *[alinéa entré en vigueur le 1er janvier 2007, en vertu not. de l'art. 94-II de L. n° 2006-872, du 13 juill. 2006].*

– de soumettre, lors de sa première désignation et au moins tous les trois ans, au vote de l'assemblée générale la décision de constituer des provisions spéciales en vue de faire face aux travaux d'entretien ou de conservation des parties communes et des éléments d'équipement commun, susceptibles d'être nécessaires dans les trois années à échoir et non encore décidés par l'assemblée générale. Cette décision est prise à la majorité mentionnée à l'article 25 de la présente loi;

– d'ouvrir un compte bancaire ou postal séparé au nom du syndicat sur lequel sont versées sans délai toutes les sommes ou valeurs reçues au nom ou pour le compte du syndicat. L'assemblée générale peut en décider autrement à la majorité de l'article 25 et, le cas échéant, de l'article 25-1 lorsque l'immeuble est administré par un syndic soumis aux dispositions de la loi n° 70-9 du 2 janvier 1970 réglementant les conditions d'exercice des activités relatives à certaines opérations portant sur les immeubles et les fonds de commerce ou par un syndic dont l'activité est soumise à une réglementation professionnelle organisant le maniement des fonds du syndicat. La méconnaissance par le syndic de cette obligation emporte la nullité de plein droit de son mandat à l'expiration du délai de trois mois suivant sa désignation. Toutefois, les actes qu'il aurait passés avec des tiers de bonne foi demeurent valables;

– de représenter le syndicat dans tous les actes civils et en justice dans les cas visés aux articles 15 et 16 ci-dessus, ainsi que pour la publication de l'état descriptif de divi-

1. De l'article 93, I de la loi n° 2006-872 du 13 juillet 2006, dite loi ENL, portant engagement national pour le logement. Art. 93 I. Les syndicats coopératifs, les syndicats gérés par un copropriétaire syndic non professionnel et les associations syndicales libres peuvent, même si les immeubles ne sont pas contigus ou voisins, constituer entre eux des unions coopératives ayant pour objet de créer et de gérer des services destinés à faciliter leur gestion. II. Ces unions coopératives peuvent être propriétaires des biens nécessaires à leur objet. Les adhérents sont représentés à l'assemblée générale de l'union coopérative par leurs présidents ou syndics. L'assemblée générale élit, parmi les représentants des syndicats ou associations syndicales libres adhérents, les membres du conseil d'administration de l'union. Leur mandat ne peut excéder trois ans renouvelables. Il ne donne pas lieu à rémunération. III. Chaque syndicat ou association syndicale libre décide parmi les services proposés par une union coopérative ceux dont il veut bénéficier. Les unions coopératives ne sont pas soumises aux dispositions de la section 8 du décret n° 67-223 du 17 mars 1967 pris pour l'application de la loi n° 65-557 du 10 juillet 1965 fixant le statut de la copropriété des immeubles bâtis.

sion du règlement de copropriété ou des modifications apportées à ces actes, sans que soit nécessaire l'intervention de chaque copropriétaire à l'acte ou à la réquisition de publication.

Lorsqu'un réseau de communication électronique interne à l'immeuble distribue des services de télévision et si l'installation permet l'accès aux services nationaux en clair de télévision par voie hertzienne terrestre en mode numérique, d'informer de manière claire et visible les copropriétaires de cette possibilité et de fournir les coordonnées du distributeur de services auquel le copropriétaire doit s'adresser pour bénéficier du « service antenne » numérique, tel que prévu au deuxième alinéa de l'article 34-1 de la loi n° 86-1067 du 30 septembre 1986 relative à la liberté de communication. À compter de la publication de la loi n° 2007-309 du 5 mars 2007 relative à la modernisation de la diffusion audiovisuelle et à la télévision du futur et jusqu'au 30 novembre 2011, cette information est fournie dans le relevé de charges envoyé régulièrement par le syndic aux copropriétaires.

Seul responsable de sa gestion, il ne peut se faire substituer. L'assemblée générale peut seule autoriser, à la majorité prévue par l'article 25, une délégation de pouvoir à une fin déterminée.

En cas d'empêchement du syndic pour quelque cause que ce soit ou en cas de carence de sa part à exercer les droits et actions du syndicat et à défaut de stipulation du règlement de copropriété, un administrateur provisoire peut être désigné par décision de justice.

Art. 18-1 Pendant le délai s'écoulant entre la convocation de l'assemblée générale appelée à connaître des comptes et la tenue de celle-ci, les pièces justificatives des charges de copropriété, notamment les factures, les contrats de fourniture et d'exploitation en cours et leurs avenants ainsi que la quantité consommée et le prix unitaire ou forfaitaire de chacune des catégories de charges, sont tenues à la disposition de tous les copropriétaires par le syndic au moins un jour ouvré, selon des modalités définies par l'assemblée générale. Celle-ci peut décider que la consultation aura lieu un jour où le syndic reçoit le conseil syndical pour examiner les pièces mentionnées ci-dessus, tout copropriétaire pouvant alors se joindre au conseil syndical; toutefois, tout copropriétaire ayant manifesté son opposition à cette procédure lors de l'assemblée générale pourra consulter individuellement les pièces le même jour.

Art. 18-1 A Seuls les travaux mentionnés à l'article 14-2 et votés par l'assemblée générale des copropriétaires en application des articles 24, 25, 26, 26-3 et 30 peuvent faire l'objet d'honoraires spécifiques au profit du syndic. Ces honoraires sont votés lors de la même assemblée générale que les travaux concernés aux mêmes règles de majorité.

Art. 18-2 En cas de changement de syndic, l'ancien syndic est tenu de remettre au nouveau syndic, dans le délai d'un mois à compter de la cessation de ses fonctions, la situation de trésorerie, la totalité des fonds immédiatement disponibles et l'ensemble des documents et archives du syndicat.

Dans l'hypothèse où l'ancien syndic a fait le choix de confier tout ou partie des archives du syndicat des copropriétaires à un prestataire spécialisé, il est tenu, dans ce même délai, d'informer le prestataire de ce changement en communiquant les coordonnées du nouveau syndic.

Dans le délai de deux mois suivant l'expiration du délai mentionné ci-dessus, l'ancien syndic est tenu de verser au nouveau syndic le solde des fonds disponibles après apurement des comptes, et de lui fournir l'état des comptes des copropriétaires ainsi que celui des comptes du syndicat.

Après mise en demeure restée infructueuse, le syndic nouvellement désigné ou le président du conseil syndical pourra demander au président du tribunal de grande instance, statuant comme en matière de référé, d'ordonner sous astreinte la remise des pièces et des fonds mentionnés aux deux premiers alinéas du présent article ainsi que le versement des intérêts dus à compter du jour de la mise en demeure, sans préjudice de tous dommages et intérêts.

Art. 19 Les créances de toute nature du syndicat à l'encontre de chaque copropriétaire sont, qu'il s'agisse de provision ou de paiement définitif, garanties par une hypothèque légale sur son lot. L'hypothèque peut être inscrite soit après mise en demeure restée infructueuse d'avoir à payer une dette devenue exigible, soit dès que le copropriétaire invoque les dispositions de l'article 33 de la présente loi.

Le syndic a qualité pour faire inscrire cette hypothèque au profit du syndicat : il peut valablement en consentir la mainlevée et requérir la radiation, en cas d'extinction de la dette, sans intervention de l'assemblée générale.

Le copropriétaire défaillant peut, même en cas d'instance au principal, sous condition d'une offre de paiement suffisante ou d'une garantie équivalente, demander mainlevée totale ou partielle au président du tribunal de grande instance statuant comme en matière de référé.

Aucune inscription ou inscription complémentaire ne peut être requise pour des créances exigibles depuis plus de cinq ans.

Les créances visées à l'alinéa 1er bénéficient, en outre, du privilège prévu par l'article 2102 1° du code civil en faveur du bailleur. Ce privilège porte sur tout ce qui garnit les lieux, sauf si ces derniers font l'objet d'une location non meublée.

Dans ce dernier cas, il est reporté sur les loyers dus par le locataire.

Art. 19-1 L'obligation de participer aux charges et aux travaux mentionnés aux articles 10 et 30 est garantie par le privilège immobilier spécial prévu par l'article 2374 du code civil.

Art. 19-2 À défaut du versement à sa date d'exigibilité d'une provision prévue à l'article 14-1, les autres provisions prévues à ce même article et non encore échues deviennent immédiatement exigibles après mise en demeure par lettre recommandée avec demande d'avis de réception restée infructueuse pendant plus de trente jours à compter du lendemain du jour de la première présentation de la lettre recommandée au domicile de son destinataire.

Après avoir constaté le vote du budget prévisionnel par l'assemblée générale des copropriétaires ainsi que la déchéance du terme, le président du tribunal de grande instance statuant comme en matière de référé peut condamner le copropriétaire défaillant au versement des provisions prévues à l'article 14-1 et devenues exigibles. L'ordonnance est assortie de l'exécution provisoire de plein droit.

Lorsque la mesure d'exécution porte sur une créance à exécution successive du débiteur du copropriétaire défaillant, notamment une créance de loyer ou d'indemnité d'occupation, cette mesure se poursuit jusqu'à l'extinction de la créance du syndicat résultant de l'ordonnance.

Art. 20 Lors de la mutation à titre onéreux d'un lot, et si le vendeur n'a pas présenté au notaire un certificat du syndic ayant moins d'un mois de date, attestant qu'il est libre de toute obligation à l'égard du syndicat, avis de la mutation doit être donné par le notaire au syndic de l'immeuble par lettre recommandée avec avis de réception dans un délai de quinze jours à compter de la date du transfert de propriété. Avant l'expiration d'un délai de quinze jours à compter de la réception de cet avis, le syndic peut former au domicile élu, par acte extrajudiciaire, opposition au versement des fonds dans la limite ci-après pour obtenir le paiement des sommes restant dues par l'ancien propriétaire. Cette opposition contient élection de domicile dans le ressort du tribunal de grande instance de la situation de l'immeuble et, à peine de nullité, énonce le montant et les causes de la créance. Les effets de l'opposition sont limités au montant ainsi énoncé.

Tout paiement ou transfert amiable ou judiciaire du prix opéré en violation des dispositions de l'alinéa précédent est inopposable au syndic ayant régulièrement fait opposition.

L'opposition régulière vaut au profit du syndicat mise en œuvre du privilège mentionné à l'article 19-1.

Art. 21 Dans tout syndicat de copropriétaires, un conseil syndical assiste le syndic et contrôle sa gestion.

En outre, il donne son avis au syndic ou à l'assemblée générale sur toutes questions concernant le syndicat, pour lesquelles il est consulté ou dont il se saisit lui-même. L'assemblée générale des copropriétaires, statuant à la majorité de l'article 25, arrête un montant des marchés et des contrats à partir duquel la consultation du conseil syndical est rendue obligatoire. À la même majorité, elle arrête un montant des marchés et des contrats à partir duquel une mise en concurrence est rendue obligatoire.

Il peut prendre connaissance, et copie, à sa demande, et après en avoir donné avis au syndic, de toutes pièces ou documents, correspondances ou registres se rapportant à la gestion du syndic et, d'une manière générale, à l'administration de la copropriété.

Il reçoit, en outre sur sa demande, communication de tout document intéressant le syndicat.

Les membres du conseil syndical sont désignés par l'assemblée générale parmi les copropriétaires, les associés dans le cas prévu par le premier alinéa de l'article 23 de la présente loi, les accédants ou les acquéreurs à terme, leurs conjoints, les partenaires liés à eux par un pacte civil de solidarité, leurs représentants légaux ou leurs usufruitiers. Lorsqu'une personne morale est nommée en qualité de membre du conseil syndical, elle peut s'y faire représenter, à défaut de son représentant légal ou statutaire, par un fondé de pouvoir spécialement habilité à cet effet.

Le syndic, son conjoint, le partenaire lié à lui par un pacte civil de solidarité, ses ascendants ou descendants, ses préposés, même s'ils sont copropriétaires, associés ou acquéreurs à terme, ne peuvent être membres du conseil syndical. Les dispositions du présent alinéa ne sont pas applicables aux syndicats coopératifs.

Le conseil syndical élit son président parmi ses membres.

Lorsque l'assemblée générale ne parvient pas, faute de candidature ou faute pour les candidats d'obtenir la majorité requise, à la désignation des membres du conseil syndical, le procès-verbal, qui en fait explicitement mention, est notifié, dans un délai d'un mois, à tous les copropriétaires.

Sauf dans le cas des syndicats coopératifs, l'assemblée générale peut décider par une délibération spéciale, à la majorité prévue par l'article 26, de ne pas instituer de conseil syndical. La décision contraire est prise à la majorité des voix de tous les copropriétaires.

À défaut de désignation par l'assemblée générale à la majorité requise, et sous réserve des dispositions de l'alinéa précédent, le juge, saisi par un ou plusieurs copropriétaires ou par le syndic, peut, avec l'acceptation des intéressés, désigner les membres du conseil syndical; il peut également constater l'impossibilité d'instituer un conseil syndical.

Art. 22 Le règlement de copropriété détermine les règles de fonctionnement et les pouvoirs des assemblées générales, sous réserve des dispositions du présent article, ainsi que de celles des articles 24 à 26 ci-dessous.

Chaque copropriétaire dispose d'un nombre de voix correspondant à sa quote-part dans les parties communes. Toutefois, lorsqu'un copropriétaire possède une quote-part des parties communes supérieure à la moitié, le nombre de voix dont il dispose est réduit à la somme des voix des autres copropriétaires.

Tout copropriétaire peut déléguer son droit de vote à un mandataire, que ce dernier soit ou non membre du syndicat. Chaque mandataire ne peut, à quelque titre que ce soit, recevoir plus de trois délégations de vote. Toutefois, un mandataire peut recevoir plus de trois délégations de vote si le total des voix dont il dispose lui-même et de celles de ses mandants n'excède pas 5 % des voix du syndicat. Le mandataire peut, en outre, recevoir plus de trois délégations de vote s'il participe à l'assemblée générale d'un syndicat principal et si tous ses mandants appartiennent à un même syndicat secondaire.

Le syndic, son conjoint, le partenaire lié à lui par un pacte civil de solidarité et ses préposés ne peuvent présider l'assemblée ni recevoir mandat pour représenter un copropriétaire.

Art. 23 Lorsque plusieurs lots sont attribués à des personnes qui ont constitué une société propriétaire de ces lots, chaque associé participe néanmoins à l'assemblée du syndicat et y dispose d'un nombre de voix égal à la quote-part dans les parties communes correspondant au lot dont il a la jouissance.

En cas d'indivision ou d'usufruit d'un lot, les intéressés doivent, sauf stipulation contraire du règlement de copropriété, être représentés par un mandataire commun qui sera, à défaut d'accord, désigné par le président du tribunal de grande instance à la requête de l'un d'entre eux ou du syndic.

Art. 24 Les décisions de l'assemblée générale sont prises à la majorité des voix exprimées des copropriétaires présents ou représentés, s'il n'en est autrement ordonné par la loi.

Les travaux d'accessibilité aux personnes handicapées ou à mobilité réduite, sous réserve qu'ils n'affectent pas la structure de l'immeuble ou ses éléments d'équipement essentiels, sont approuvés dans les conditions de majorité prévues au premier alinéa.

Est adoptée à la même majorité l'autorisation donnée à certains copropriétaires d'effectuer, à leurs frais, des travaux d'accessibilité aux personnes handicapées ou à mobilité réduite qui affectent les parties communes ou l'aspect extérieur de l'immeuble et conformes à la destination de celui-ci, sous réserve que ces travaux n'affectent pas la structure de l'immeuble ou ses éléments d'équipement essentiels.

Lorsque le règlement de copropriété met à la charge de certains copropriétaires seulement les dépenses d'entretien d'une partie de l'immeuble ou celles d'entretien et de fonctionnement d'un élément d'équipement, il peut être prévu par ledit règlement que ces copropriétaires seuls prennent part au vote sur les décisions qui concernent ces dépenses. Chacun d'eux vote avec un nombre de voix proportionnel à sa participation auxdites dépenses.

Art. 24-1 Lorsqu'un réseau de communications électroniques interne à l'immeuble distribue des services de télévision, l'ordre du jour de l'assemblée générale comporte de droit, si l'installation ne permet pas encore l'accès aux services nationaux en clair de télévision par voie hertzienne terrestre en mode numérique et si le distributeur de services dispose d'une offre en mode numérique, l'examen de toute proposition commerciale telle que visée à la deuxième phrase du deuxième alinéa de l'article 34-1 de la loi n° 86-1067 du 30 septembre 1986 relative à la liberté de communication.

Par dérogation au j de l'article 25 de la présente loi, la décision d'accepter cette proposition commerciale est requise à la majorité prévue au premier alinéa de l'article 24.

Art. 24-2 Lorsque l'immeuble n'est pas équipé de lignes de communications électroniques à très haut débit en fibre optique, toute proposition émanant d'un opérateur de communications électroniques d'installer, à ses frais, de telles lignes en vue de permettre la desserte de l'ensemble des occupants par un réseau de communications électroniques à très haut débit ouvert au public dans le respect des articles L. 33-6 et L. 34-8-3 du code des postes et des communications électroniques est inscrit de droit à l'ordre du jour de la prochaine assemblée générale.

L'assemblée générale est tenue de statuer sur toute proposition visée au premier alinéa.

Par dérogation au *j* de l'article 25 de la présente loi, la décision d'accepter cette proposition est acquise à la majorité prévue au premier alinéa de l'article 24.

Art. 24-3 Lorsque l'immeuble reçoit des services de télévision par voie hertzienne terrestre par une antenne collective, l'ordre du jour de l'assemblée générale comporte, avant la fin de la mise en œuvre dans la commune du schéma national d'arrêt de la diffusion analogique et de basculement vers le numérique, un projet de résolution sur les travaux et les modifications nécessaires à la réception, par l'antenne collective de l'immeuble, des services de télévision par voie hertzienne terrestre en mode numérique.

Par dérogation au *j* de l'article 25, la décision de réaliser les travaux et modifications prévus à l'alinéa précédent est acquise à la majorité prévue au premier alinéa de l'article 24.

L'assemblée générale peut également, dans les mêmes conditions, donner mandat au conseil syndical ou, à défaut, au syndic pour conduire, dans la limite d'un montant de dépenses, les modifications nécessaires à la continuité de la réception par l'antenne collective des services de télévision lors de l'arrêt de la télévision analogique ou lors des changements des fréquences d'émission des services de télévision par voie hertzienne terrestre en mode numérique.

Art. 24-4 Pour tout immeuble équipé d'une installation collective de chauffage ou de refroidissement, le syndic inscrit à l'ordre du jour de l'assemblée générale des copropriétaires qui suit l'établissement d'un diagnostic de performance énergétique prévu à l'article L. 134-1 du code de la construction et de l'habitation ou d'un audit énergétique prévu à l'article L. 134-4-1 du même code la question d'un plan de travaux d'économies d'énergie ou d'un contrat de performance énergétique.

Avant de soumettre au vote de l'assemblée générale un projet de conclusion d'un tel contrat, le syndic procède à une mise en concurrence de plusieurs prestataires et recueille l'avis du conseil syndical.

Un décret en Conseil d'État fixe les conditions d'application du présent article.

Art. 24-5 Lorsque l'immeuble possède des emplacements de stationnement d'accès sécurisé à usage privatif et n'est pas équipé des installations électriques intérieures permettant l'alimentation de ces emplacements pour permettre la recharge des véhicules électriques ou hybrides ou des installations de recharge électrique permettant un comptage individuel pour ces mêmes véhicules, le syndic inscrit à l'ordre du jour de l'assemblée générale la question des travaux permettant la recharge des véhicules électriques ou hybrides et des conditions de gestion ultérieure du nouveau réseau électrique, ainsi que la présentation des devis élaborés à cet effet.

Art. 24-6 Lorsque l'immeuble est situé dans l'un des secteurs visés au II de l'article L. 515-16 du code de l'environnement, le syndic inscrit à l'ordre du jour de l'assemblée générale l'information sur l'exercice par les copropriétaires du droit de délaissement prévu au même article.

Il notifie en même temps que l'ordre du jour un état actualisé des lots délaissés. Cet état comprend le nombre de copropriétaires ayant exercé leur droit de délaissement, ainsi que les quotes-parts des parties communes qu'ils représentent, et mentionne les dispositions du neuvième alinéa de l'article 18 de la présente loi et de l'article L. 515-16-1 du code de l'environnement.

Art. 25 Ne sont adoptées qu'à la majorité des voix de tous les copropriétaires les décisions concernant :

a) Toute délégation du pouvoir de prendre l'une des décisions visées à l'article 24;

b) L'autorisation donnée à certains copropriétaires d'effectuer à leurs frais des travaux affectant les parties communes ou l'aspect extérieur de l'immeuble, et conformes à la destination de celui-ci;

c) La désignation ou la révocation du ou des syndics et des membres du conseil syndical;

d) Les conditions auxquelles sont réalisés les actes de disposition sur les parties communes ou sur des droits accessoires à ces parties communes, lorsque ces actes résultent d'obligations légales ou réglementaires telles que celles relatives à l'établissement de cours communes, d'autres servitudes ou à la cession de droits de mitoyenneté;

e) Les modalités de réalisation et d'exécution des travaux rendus obligatoires en vertu de dispositions législatives ou réglementaires;

f) La modification de la répartition des charges visées à l'alinéa 1er de l'article 10 ci-dessus rendue nécessaire par un changement de l'usage d'une ou plusieurs parties privatives;

g) À moins qu'ils ne relèvent de la majorité prévue par l'article 24, les travaux d'économies d'énergie ou de réduction des émissions de gaz à effet de serre. Ces travaux peuvent comprendre des travaux d'intérêt collectif réalisés sur les parties privatives et aux frais du copropriétaire du lot concerné, sauf dans le cas où ce dernier est en mesure de produire la preuve de la réalisation de travaux équivalents dans les dix années précédentes. Pour la réalisation des travaux d'intérêt collectif réalisés sur les parties privatives, le syndicat exerce les pouvoirs du maître d'ouvrage jusqu'à réception des travaux.

Un décret en Conseil d'État précise les conditions d'application du présent g.

h) La pose dans les parties communes de canalisations, de gaines, et la réalisation des ouvrages, permettant d'assurer la mise en conformité des logements avec les normes de salubrité, de sécurité et d'équipement définies par les dispositions prises pour l'application de l'article 1er de la loi nº 67-561 du 12 juillet 1967 relative à l'amélioration de l'habitat;

i) La suppression des vide-ordures pour des impératifs d'hygiène;

j) L'installation ou la modification d'une antenne collective ou d'un réseau de communications électroniques interne à l'immeuble dès lors qu'elle porte sur des parties communes;

k) L'autorisation permanente accordée à la police ou à la gendarmerie nationale de pénétrer dans les parties communes;

l) L'installation ou la modification des installations électriques intérieures permettant l'alimentation des emplacements de stationnement d'accès sécurisé à usage privatif pour permettre la recharge des véhicules électriques ou hybrides, ainsi que la réalisation des installations de recharge électrique permettant un comptage individuel pour ces mêmes véhicules;

m) L'installation de compteurs d'eau froide divisionnaires;

n) Les travaux à effectuer sur les parties communes en vue de prévenir les atteintes aux personnes et aux biens;

o) L'installation de compteurs d'énergie thermique ou de répartiteurs de frais de chauffage;

p) L'autorisation de transmettre aux services chargés du maintien de l'ordre les images réalisées en vue de la protection des parties communes, dans les conditions prévues à l'article L. 126-1-1 du code de la construction et de l'habitation.

Art. 25-1 Lorsque l'assemblée générale des copropriétaires n'a pas décidé à la majorité prévue à l'article précédent mais que le projet a recueilli au moins le tiers des voix de tous les copropriétaires composant le syndicat, la même assemblée peut décider à la majorité prévue à l'article 24 en procédant immédiatement à un second vote.

Lorsque le projet n'a pas recueilli au moins le tiers des voix de tous les copropriétaires, une nouvelle assemblée générale, si elle est convoquée dans le délai maximal de trois mois, peut statuer à la majorité de l'article 24.

Art. 26 Sont prises à la majorité des membres du syndicat représentant au moins les deux tiers des voix les décisions concernant :

a) Les actes d'acquisition immobilière et les actes de disposition autres que ceux visés à l'article 25 *d*.

b) La modification, ou éventuellement l'établissement, du règlement de copropriété dans la mesure où il concerne la jouissance, l'usage et l'administration des parties communes.

c) Les travaux comportant transformation, addition ou amélioration, à l'exception de ceux visés aux *e*, *g*, *h*, *i*, *j*, *m* et *n*, de l'article 25.

d) La demande d'individualisation des contextes de fourniture d'eau et la réalisation des études et travaux nécessaires à cette individualisation prévus par l'article 93 de la loi nº 2000-1208 du 13 décembre 2000 relative à la solidarité et au renouvellement urbains.

e) Les modalités d'ouverture des portes d'accès aux immeubles. En cas de fermeture totale de l'immeuble, celle-ci doit être compatible avec l'exercice d'une activité autorisée par le règlement de copropriété. La décision d'ouverture est valable jusqu'à la tenue de l'assemblée générale suivante.

f) La suppression du poste de concierge ou de gardien et l'aliénation du logement affecté au concierge ou au gardien lorsqu'il appartient au syndicat, sous réserve qu'elles ne portent pas atteinte à la destination de l'immeuble ou aux modalités de jouissance des parties privatives de l'immeuble.

L'assemblée générale ne peut, à quelque majorité que ce soit, imposer à un copropriétaire une modification à la destination de ses parties privatives ou aux modalités de leur jouissance, telles qu'elles résultent du règlement de copropriété.

Elle ne peut, sauf à l'unanimité des voix de tous les copropriétaires, décider l'aliénation des parties communes dont la conservation est nécessaire au respect de la destination de l'immeuble.

À défaut d'avoir été approuvés dans les conditions de majorité prévues au premier alinéa du présent article, les travaux d'amélioration mentionnés au c ci-dessus qui ont recueilli l'approbation de la majorité des membres du syndicat représentant au moins les deux tiers des voix des copropriétaires présents ou représentés peuvent être décidés par une nouvelle assemblée générale, convoquée à cet effet, qui statue à cette dernière majorité.

Art. 26-3 Par dérogation aux dispositions de l'avant-dernier alinéa de l'article 26, l'assemblée générale décide, à la double majorité qualifiée prévue au premier alinéa dudit article, les aliénations de parties communes et les travaux à effectuer sur celles-ci, pour l'application de l'article 25 de la loi n° 96-987 du 14 novembre 1996 relative à la mise en œuvre du pacte de relance pour la ville.

Art. 27 Lorsque l'immeuble comporte plusieurs bâtiments, les copropriétaires dont les lots composent l'un ou plusieurs de ces bâtiments peuvent, réunis en assemblée spéciale, décider, aux conditions de majorité prévues à l'article 25, la constitution entre eux d'un syndicat, dit secondaire.

Ce syndicat a pour objet d'assurer la gestion, l'entretien et l'amélioration interne de ce ou ces bâtiments, sous réserve des droits résultant pour les autres copropriétaires des dispositions du règlement de copropriété. Cet objet peut être étendu avec l'accord de l'assemblée générale de l'ensemble des copropriétaires statuant à la majorité prévue à l'article 24.

Le syndicat secondaire est doté de la personnalité civile. Il fonctionne dans les conditions prévues par la présente loi. Il est représenté au conseil syndical du syndicat principal, s'il en existe un.

Art. 28 I. – Lorsque l'immeuble comporte plusieurs bâtiments et que la division de la propriété du sol est possible :

a) Le propriétaire d'un ou de plusieurs lots correspondant à un ou plusieurs bâtiments peut demander que ce ou ces bâtiments soient retirés du syndicat initial pour constituer une propriété séparée. L'assemblée générale statue sur la demande formulée par ce propriétaire à la majorité des voix de tous les copropriétaires ;

b) Les propriétaires dont les lots correspondent à un ou plusieurs bâtiments peuvent, réunis en assemblée spéciale et statuant à la majorité des voix de tous les copropriétaires composant cette assemblée, demander que ce ou ces bâtiments soient retirés du syndicat initial pour constituer un ou plusieurs syndicats séparés. L'assemblée générale du syndicat initial statue à la majorité des voix de tous les copropriétaires sur la demande formulée par l'assemblée spéciale.

II. – Dans les deux cas, l'assemblée générale du syndicat initial statue à la même majorité sur les conditions matérielles, juridiques et financières nécessitées par la division.

L'assemblée générale du ou des nouveaux syndicats, sauf en ce qui concerne la destination de l'immeuble, procède, à la majorité de l'article 24, aux adaptations du règlement initial de copropriété et de l'état de répartition des charges rendues nécessaires par la division.

Si l'assemblée générale du syndicat initial décide de constituer une union de syndicats pour la création, la gestion et l'entretien des éléments d'équipements communs qui ne peuvent être divisés, cette décision est prise à la majorité de l'article 24.

Le règlement de copropriété du syndicat initial reste applicable jusqu'à l'établissement d'un nouveau règlement de copropriété du syndicat ou de chacun des syndicats selon le cas.

La division ne prend effet que lorsque sont prises les décisions mentionnées aux alinéas précédents. Elle emporte la dissolution du syndicat initial.

Art. 29 Un syndicat de copropriétaires peut être membre d'une union de syndicats, groupement doté de la personnalité civile, dont l'objet est d'assurer la création, la gestion et l'entretien d'éléments d'équipement communs ainsi que la gestion de services d'intérêt commun.

Cette union peut recevoir l'adhésion d'un ou de plusieurs syndicats de copropriétaires, de sociétés immobilières, de sociétés d'attribution régies par les articles L. 212-1 et suivants du code de la construction et de l'habitation et de tous autres propriétaires dont les immeubles sont contigus ou voisins de ceux de ses membres.

Les statuts de l'union déterminent les conditions de son fonctionnement sous réserve des dispositions de la présente loi. Ils ne peuvent interdire à l'un de ses membres de se retirer de l'union.

L'adhésion à une union constituée ou à constituer est décidée par l'assemblée générale de chaque syndicat à la majorité prévue à l'article 25. Le retrait de cette union est décidé par l'assemblée générale de chaque syndicat à la majorité prévue à l'article 26.

L'assemblée générale de l'union est constituée par les syndics des syndicats, par le représentant légal de chaque société et par les propriétaires qui ont adhéré à l'union. Les syndics participent à cette assemblée générale en qualité de mandataire du ou des syndicats qu'ils représentent.

L'exécution des décisions de l'union est confiée à un président de l'union désigné par l'assemblée générale de l'union.

Il est institué un conseil de l'union chargé d'assister le président et de contrôler sa gestion. Ce conseil est composé d'un représentant désigné par chaque membre de l'union.

2) Section II Dispositions particulières aux copropriétés en difficulté

Art. 29-1 A Lorsqu'à la clôture des comptes les impayés atteignent 25 % des sommes exigibles en vertu des articles 14-1 et 14-2, le syndic en informe le conseil syndical et saisit sur requête le président du tribunal de grande instance d'une demande de désignation d'un mandataire *ad hoc*.

En l'absence d'actions du syndic dans un délai d'un mois à compter de la clôture des comptes, le président du tribunal de grande instance peut être saisi en référé d'une même demande par des copropriétaires représentant ensemble au moins 15 % des voix du syndicat.

Le président du tribunal de grande instance peut être saisi en référé de la même demande par un créancier lorsque des factures d'abonnement de fourniture d'eau ou d'énergie ou les factures de travaux, votées par l'assemblée générale et exécutées, restent impayées depuis six mois et si le créancier a adressé au syndic un commandement de payer très infructueux.

Dans les cas visés aux trois alinéas précédents, le représentant de l'État dans le département, le maire de la commune où est implanté l'immeuble et, le cas échéant, le président de l'organe délibérant de l'établissement public de coopération intercommunale compétent en matière d'habitat sont informés de la saisine par le ou les demandeurs.

Art. 29-1 B Le président du tribunal de grande instance; saisi dans les conditions prévues à l'article 29-1-A et statuant par ordonnance sur requête ou comme en matière de référé, peut désigner un mandataire *ad hoc* dont il détermine la mission.

Le président du tribunal de grande instance précise, dans son ordonnance, l'imputation des frais entre le syndicat des copropriétaires et le syndic, ou le partage des frais entre eux, dans les cas visés aux premier et deuxième alinéas de l'article 29-1-A. Dans le cas visé au troisième alinéa du même article, les frais sont supportés par les créanciers.

Dans un délai de trois mois renouvelable une fois par décision du président du tribunal de grande instance, le mandataire *ad hoc* adresse au président du tribunal de grande instance un rapport présentant l'analyse de la situation financière du syndicat des copropriétaires et de l'état de l'immeuble, les préconisations faites pour rétablir l'équilibre financier du syndicat et, le cas échéant, assurer la sécurité de l'immeuble, ainsi que le résultat des actions de médiation ou de négociation qu'il aura éventuellement menées avec les parties en cause.

Le greffe du tribunal de grande instance adresse ce rapport au syndic, au conseil spécial, au maire de la commune où est implanté l'immeuble, le cas échéant au président de l'organe délibérant de l'établissement public de coopération intercommunale compétent en matière d'habitat, ainsi qu'au représentant de l'État dans ce département.

Le syndic inscrit à l'ordre du jour de la prochaine assemblée générale les projets de résolution nécessaires à la mise en œuvre de ce rapport.

Art. 29-1 Si l'équilibre financier du syndicat des copropriétaires est gravement compromis ou si le syndicat est dans l'impossibilité de pourvoir à la conservation de l'immeuble, le président du tribunal de grande instance statuant comme en matière de référé ou sur requête peut désigner un administrateur provisoire du syndicat. Le président du tribunal de grande instance ne peut être saisi à cette fin que par des copropriétaires représentant ensemble 15 % au moins des voix du syndicat, par le syndic ou par le procureur de la République.

Le président du tribunal de grande instance charge l'administrateur provisoire de prendre les mesures nécessaires au rétablissement du fonctionnement normal de la copropriété. À cette fin, il lui confie tous les pouvoirs du syndic dont le mandat cesse de plein droit sans indemnité et tout ou partie des pouvoirs de l'assemblée générale des copropriétaires, à l'exception de ceux prévus aux a et b de l'article 26, et du conseil syndical. Le conseil syndical et l'assemblée générale, convoqués et présidés par l'administrateur provisoire, continuent à exercer ceux des autres pouvoirs qui ne seraient pas compris dans la mission de l'administrateur provisoire. L'administrateur provisoire exécute personnellement la mission qui lui est confiée. Il peut toutefois, lorsque le bon déroulement de la mission le requiert, se faire assister par un tiers désigné par le président du tribunal de grande instance sur sa proposition et rétribué sur sa rémunération. Dans tous les cas, le syndic en place ne peut être désigné au titre d'administrateur provisoire de la copropriété.

La décision désignant l'administrateur provisoire fixe la durée de sa mission qui ne peut être inférieure à douze mois. Si aucun rapport mentionné à l'article 29-1-B n'a été établi au cours de l'année précédente, l'administrateur rend, au plus tard à l'issue des six premiers mois de sa mission, un rapport intermédiaire présentant les mesures à adopter pour redresser la situation financière du syndicat. Le président du tribunal de grande instance peut, à tout moment, modifier la mission de l'administrateur provisoire, la prolonger ou y mettre fin à la demande de l'administrateur provisoire, d'un ou plusieurs copropriétaires, du procureur de la République ou d'office.

Art. 29-2 Le président du tribunal de grande instance statuant comme en matière de référé peut, pour les nécessités de l'accomplissement de la mission confiée à l'administrateur provisoire et à la demande de celui-ci, suspendre ou interdire, pour une période d'au plus six mois renouvelable une fois, toute action en justice de la part des créanciers dont la créance contractuelle a son origine antérieurement à cette décision et tendant :

– à la condamnation du syndicat débiteur au paiement d'une somme d'argent;

– à la résolution d'un contrat de fourniture d'eau, de gaz, d'électricité ou de chaleur pour défaut de paiement d'une somme d'argent.

La décision de suspension ou d'interdiction provisoire des poursuites arrête toute voie d'exécution à l'encontre du syndicat et suspend les délais impartis à peine de déchéance ou de résolution des droits.

Art. 29-3 Les actions en justice et les voies d'exécution autres que celles suspendues, interdites ou arrêtées dans les conditions prévues à l'article 29-2 sont poursuivies à l'encontre du syndicat après mise en cause de l'administrateur provisoire.

Art. 29-4 Sur le rapport de l'administrateur provisoire précisant les conditions matérielles, juridiques et financières mentionnées à l'article 28 et consignant l'avis des copropriétaires, le président du tribunal de grande instance, statuant comme en matière de référé, peut prononcer aux conditions qu'il fixe la division si d'autres mesures ne permettent pas le rétablissement du fonctionnement normal de la copropriété.

Le président du tribunal de grande instance statuant comme en matière de référé désigne, pour chaque syndicat des copropriétaires né de la division, la personne chargée de convoquer l'assemblée générale en vue de la désignation d'un syndic.

Art. 29-5 L'ordonnance de nomination de l'administrateur provisoire ainsi que le rapport établi par celui-ci sont portés à la connaissance des copropriétaires et du procureur de la République.

Le procureur de la République informe de cette nomination le préfet et le maire de la commune du lieu de situation des immeubles concernés. À leur demande, il leur transmet les conclusions du rapport établi par l'administrateur provisoire.

Art. 29-6 Le livre VI du code de commerce n'est pas applicable aux syndicats de copropriétaires.

C. Chapitre III
Améliorations, additions de locaux privatifs et exercice du droit de surélévation

Art. 30 L'assemblée générale des copropriétaires, statuant à la double majorité prévue à l'article 26, peut, à condition qu'elle soit conforme à la destination de l'immeuble, décider toute amélioration, telle que la transformation d'un ou de plusieurs éléments d'équipement existants, l'adjonction d'éléments nouveaux, l'aménagement de locaux affectés à l'usage commun ou la création de tels locaux.

Elle fixe alors, à la même majorité, la répartition du coût des travaux et de la charge des indemnités prévues à l'article 36 ci-après, en proportion des avantages qui résulteront des travaux envisagés pour chacun des copropriétaires, sauf à tenir compte de l'accord de certains d'entre eux pour supporter une part de dépenses plus élevée.

Elle fixe, à la même majorité, la répartition des dépenses de fonctionnement, d'entretien et de remplacement des parties communes ou des éléments transformés ou créés.

Lorsque l'assemblée générale refuse l'autorisation prévue à l'article 25 b, tout copropriétaire ou groupe de copropriétaires peut être autorisé par le tribunal de grande instance à exécuter, aux conditions fixées par le tribunal, tous travaux d'amélioration visés à l'alinéa 1er ci-dessus; le tribunal fixe en outre les conditions dans lesquelles les autres copropriétaires pourront utiliser les installations ainsi réalisées. Lorsqu'il est possible d'en réserver l'usage à ceux des copropriétaires qui les ont exécutées, les autres copropriétaires ne pourront être autorisés à les utiliser qu'en versant leur quote-part du coût de ces installations, évalué à la date où cette faculté est exercée.

Art. 31 [*Abrogé*].

Art. 32 Sous réserve des dispositions de l'article 34, la décision prise oblige les copropriétaires à participer, dans les proportions fixées par l'assemblée, au paiement des travaux, à la charge des indemnités prévues à l'article 36, ainsi qu'aux dépenses de fonctionnement, d'administration, d'entretien et de remplacement des parties communes ou des éléments transformés ou créés.

Art. 33 La part du coût des travaux, des charges financières y afférentes, et des indemnités incombant aux copropriétaires qui n'ont pas donné leur accord à la décision prise peut n'être payée que par annuités égales au dixième de cette part. Lorsque le syndicat n'a pas contracté d'emprunt en vue de la réalisation des travaux, les charges financières dues par les copropriétaires payant par annuités sont égales au taux légal d'intérêt en matière civile.

Toutefois, les sommes visées au précédent alinéa deviennent immédiatement exigibles lors de la première mutation entre vifs du lot de l'intéressé, même si cette mutation est réalisée par voie d'apport en société.

Les dispositions qui précèdent ne sont pas applicables lorsqu'il s'agit de travaux imposés par le respect d'obligations légales ou réglementaires.

Art. 34 La décision prévue à l'article 30 n'est pas opposable au copropriétaire opposant qui a, dans le délai prévu à l'article 42, alinéa 2, saisi le tribunal de grande instance en vue de faire reconnaître que l'amélioration décidée présente un caractère somptuaire eu égard à l'état, aux caractéristiques et à la destination de l'immeuble.

Art. 35 La surélévation ou la construction de bâtiments aux fins de créer de nouveaux locaux à usage privatif ne peut être réalisée par les soins du syndicat que si la décision en est prise à l'unanimité de ses membres.

La décision d'aliéner aux mêmes fins le droit de surélever un bâtiment existant exige, outre la majorité prévue à l'article 26, l'accord des copropriétaires de l'étage supérieur du bâtiment à surélever, et, si l'immeuble comprend plusieurs bâtiments, la confirmation par une assemblée spéciale des copropriétaires des lots composant le bâtiment à surélever, statuant à la majorité indiquée ci-dessus.

Toutefois, lorsque le bâtiment est situé dans un périmètre sur lequel est institué un droit de préemption urbain en application de l'article L. 211-1 du code de l'urbanisme, la décision d'aliéner le droit de surélever ce bâtiment est prise à la majorité des voix de tous les copropriétaires.

Cette décision exige l'accord unanime des copropriétaires de l'étage supérieur du bâtiment à surélever et, si l'immeuble comprend plusieurs bâtiments, la confirmation par une assemblée spéciale des copropriétaires des lots composant le bâtiment à surélever, statuant à la majorité des voix des copropriétaires concernés.

Si le règlement de copropriété stipule une majorité supérieure pour prendre les décisions prévues aux deux alinéas précédents, cette clause ne peut être modifiée qu'à cette même majorité.

Art. 36 Les copropriétaires qui subissent, par suite de l'exécution des travaux de surélévation prévus à l'article 35, un préjudice répondant aux conditions fixées à l'article 9 ont droit à une indemnité. Celle-ci, qui est à la charge de l'ensemble des copropriétaires, est répartie selon la proportion initiale des droits de chacun dans les parties communes.

Art. 37 Toute convention par laquelle un propriétaire ou un tiers se réserve l'exercice de l'un des droits accessoires visés à l'article 3 autre que le droit de mitoyenneté devient caduque si ce droit n'a pas été exercé dans les dix années qui suivent ladite convention.

Si la convention est antérieure à la promulgation de la présente loi, le délai de dix ans court de ladite promulgation.

Avant l'expiration de ce délai, le syndicat peut, statuant à la majorité prévue à l'article 25, s'opposer à l'exercice de ce droit, sauf à en indemniser le titulaire dans le cas où ce dernier justifie que la réserve du droit comportait une contrepartie à sa charge.

Toute convention postérieure à la promulgation de la présente loi, et comportant réserve de l'un des droits visés ci-dessus, doit indiquer, à peine de nullité, l'importance et la consistance des locaux à construire et les modifications que leur exécution entraînerait dans les droits et charges des copropriétaires.

D. Chapitre IV
Reconstruction

Art. 38 En cas de destruction totale ou partielle, l'assemblée générale des copropriétaires dont les lots composent le bâtiment sinistré peut décider à la majorité des voix de ces copropriétaires, la reconstruction de ce bâtiment ou la remise en état de la partie endommagée. Dans le cas où la destruction affecte moins de la moitié du bâtiment, la remise en état est obligatoire si la majorité des copropriétaires sinistrés la demande. Les copropriétaires qui participent à l'entretien des bâtiments ayant subi les dommages sont tenus de participer dans les mêmes proportions et suivant les mêmes règles aux dépenses des travaux.

Art. 38-1 En cas de catastrophe technologique, le syndic d'un immeuble géré en copropriété dont les parties communes sont endommagées convoque sous quinze jours l'assemblée générale des copropriétaires.

Cette réunion se tient dans les deux mois suivant la catastrophe; les décisions visant à autoriser le syndic à engager des travaux de remise en état rendus nécessaires par l'urgence sont prises à la majorité des copropriétaires présents ou représentés.

Art. 39 En cas d'amélioration ou d'addition par rapport à l'état antérieur au sinistre, les dispositions du chapitre III sont applicables.

Art. 40 Les indemnités représentatives de l'immeuble détruit sont, sous réserve des droits des créanciers inscrits, affectées par priorité à la reconstruction.

Art. 41 Si la décision est prise, dans les conditions prévues à l'article 38 ci-dessus, de ne pas remettre en état le bâtiment sinistré, il est procédé à la liquidation des droits dans la copropriété et à l'indemnisation de ceux des copropriétaires dont le lot n'est pas reconstitué.

E. Chapitre IV *bis*
Résidences-services

Art. 41-1 Le règlement de copropriété peut étendre l'objet d'un syndicat de copropriétaires à la fourniture, aux occupants de l'immeuble, de services spécifiques, notamment de restauration, de surveillance, d'aide ou de loisirs. Ces services peuvent être procurés en exécution d'une convention conclue avec des tiers.

Le statut de la copropriété des immeubles bâtis est incompatible avec l'octroi de services de soins ou d'aide et d'accompagnement exclusivement liés à la personne, qui ne peuvent être fournis que par des établissements et des services relevant du I de l'article L. 312-1 du code de l'action sociale et des familles.

Art. 41-2 Le syndicat des copropriétaires de « résidence-services », mis en place dans les conditions prévues à l'article 41-1, ne peut déroger à l'obligation d'instituer un conseil syndical. L'assemblée générale peut déléguer au conseil syndical, à la majorité absolue des voix du syndicat des copropriétaires, les décisions relatives à la gestion courante de services spécifiques.

Lorsqu'il ne reçoit pas de délégation à cet effet, le conseil syndical donne obligatoirement son avis sur le projet de convention en vue de la fourniture de services spécifiques lorsqu'elle est confiée à un tiers. Dans ce cas, il surveille la bonne exécution de la convention dont il présente un bilan chaque année à l'assemblée générale.

Art. 41-3 Les charges relatives aux services spécifiques créés sont réparties conformément au premier alinéa de l'article 10. Les charges de fonctionnement de ces services constituent des dépenses courantes au sens et pour l'application de l'article 14-1.

Toutefois, les dépenses afférentes aux prestations individualisées ne constituent pas des charges de copropriété.

Art. 41-4 Les décisions relatives à la suppression des services visés à l'article 41-1 sont prises à la majorité prévue au premier alinéa de l'article 26 et, le cas échéant, à celle prévue au dernier alinéa du même article 26.

Art. 41-5 Si l'équilibre financier d'un ou de services mentionnés à l'article 41-1 est gravement compromis et après que l'assemblée générale s'est prononcée, le juge statuant comme en matière de référé, saisi par des copropriétaires représentant 15 % au moins des voix du syndicat, peut décider soit la suspension, soit la suppression de ce ou de ces services.

F. Chapitre V Dispositions d'ordre général

Art. 42 Sans préjudice de l'application des textes spéciaux fixant des délais plus courts, les actions personnelles nées de l'application de la présente loi entre des copropriétaires, ou entre un copropriétaire et le syndicat, se prescrivent par un délai de dix ans.

Les actions qui ont pour objet de contester les décisions des assemblées générales doivent, à peine de déchéance, être introduites par les copropriétaires opposants ou défaillants, dans un délai de deux mois à compter de la notification desdites décisions qui leur est faite à la diligence du syndic, dans un délai de deux mois à compter de la tenue de l'assemblée générale. Sauf en cas d'urgence, l'exécution par le syndic des travaux décidés par l'assemblée générale en application des articles 25 et 26 est suspendue jusqu'à l'expiration du délai mentionné à la première phrase du présent alinéa.

En cas de modification par l'assemblée générale des bases de répartition des charges dans les cas où cette faculté lui est reconnue par la présente loi, le tribunal de grande instance, saisi par un copropriétaire, dans le délai prévu ci-dessus, d'une contestation relative à cette modification, pourra, si l'action est reconnue fondée, procéder à la nouvelle répartition. Il en est de même en ce qui concerne les répartitions votées en application de l'article 30.

Le montant de l'amende civile dont est redevable, en application de l'article 32-1 du code de procédure civile, celui qui agit en justice de manière dilatoire ou abusive est de 150 euros à 3 000 euros lorsque cette action a pour objet de contester une décision d'une assemblée générale concernant les travaux mentionnés au c de l'article 26.

Art. 43 Toutes clauses contraires aux dispositions des articles 6 à 37, 41-1 à 42 et 46 et celles du décret prises pour leur application sont réputées non écrites.

Lorsque le juge, en application de l'alinéa premier du présent article, répute non écrite une clause relative à la répartition des charges, il procède à leur nouvelle répartition.

Art. 44 Les associations syndicales existantes sont autorisées à se transformer en unions de syndicats coopératifs définies à l'article 29 ci-dessus sans que cette opération entraîne création d'une nouvelle personne morale.

Art. 45 Pour les copropriétés antérieures à la date d'entrée en vigueur de la présente loi, l'action en révision de la répartition des charges prévue à l'article 12 ci-dessus est ouverte pendant un délai de deux ans à compter de l'entrée en vigueur de la présente loi.

Art. 45-1 Tout candidat à l'acquisition d'un lot de copropriété, tout bénéficiaire d'une promesse unilatérale de vente ou d'achat ou d'un contrat réalisant la vente d'un lot ou d'une fraction de lot peut, à sa demande, prendre connaissance du carnet d'entretien de l'immeuble établi et tenu à jour par le syndic, ainsi que du diagnostic technique établi dans les conditions de l'article L. 111-6-2 du code de la construction et de l'habitation.

Art. 46 Toute promesse unilatérale de vente ou d'achat, tout contrat réalisant ou constatant la vente d'un lot ou d'une fraction de lot mentionne la superficie de la partie privative de ce lot ou de cette fraction de lot. La nullité de l'acte peut être invoquée sur le fondement de l'absence de toute mention de superficie.

Cette superficie est définie par le décret en Conseil d'État prévu à l'article 47.

Les dispositions du premier alinéa ci-dessus ne sont pas applicables aux caves, garages, emplacements de stationnement ni aux lots ou fractions de lots d'une superficie inférieure à un seuil fixé par le décret en Conseil d'État prévu à l'article 47.

Le bénéficiaire en cas de promesse de vente, le promettant en cas de promesse d'achat ou l'acquéreur peut intenter l'action en nullité, au plus tard à l'expiration d'un délai d'un mois à compter de l'acte authentique constatant la réalisation de la vente.

La signature de l'acte authentique constatant la réalisation de la vente mentionnant la superficie de la partie privative du lot ou de la fraction de lot entraîne la déchéance du droit à engager ou à poursuivre une action en nullité de la promesse ou du contrat qui l'a précédé, fondée sur l'absence de mention de cette superficie.

Si la superficie est supérieure à celle exprimée dans l'acte, l'excédent de mesure ne donne lieu à aucun supplément de prix.

Si la superficie est inférieure de plus d'un vingtième à celle exprimée dans l'acte, le vendeur, à la demande de l'acquéreur, supporte une diminution du prix proportionnelle à la moindre mesure.

L'action en diminution du prix doit être intentée par l'acquéreur dans un délai d'un an à compter de l'acte authentique constatant la réalisation de la vente, à peine de déchéance.

Art. 46-1 Le diagnostic technique préalable à la mise en copropriété d'un immeuble construit depuis plus de quinze ans prévu à l'article L. 111-6-2 du code de la construction et de l'habitation est porté à la connaissance de tout acquéreur par le notaire lors de la première vente des lots issus de la division et lors de toute nouvelle mutation réalisée dans un délai de trois ans à compter de la date du diagnostic.

Art. 47 Un décret fixera dans le délai de six mois suivant la promulgation de la loi les conditions de son application.

La présente loi est applicable dans les territoires d'outre-mer. Des décrets préciseront les modalités de son application dans ces territoires.

Art. 48 Le chapitre II de la loi du 28 juin 1938 tendant à régler le statut de la copropriété des immeubles divisés par appartement est abrogé. L'article 664 du code civil demeure abrogé.

Art. 49 L'assemblée générale adopte, à la majorité prévue à l'article 24, les adaptations du règlement de copropriété rendues nécessaires par les modifications législatives et réglementaires intervenues depuis son établissement. La publication de ces modifications du règlement de copropriété sera effectuée au droit fixe.

Art. 50 La présente loi est applicable à Mayotte, sous réserve des adaptations suivantes :

I. Les termes énumérés ci-après sont remplacés comme suit :

1°) « Tribunal de grande instance » ou « tribunal d'instance » par « tribunal de première instance ».

2°) « fichier immobilier » par « livre foncier ».

II. Le troisième alinéa de l'article 14-3 n'est pas applicable.

III. Au septième alinéa de l'article 18, les mots « par un syndic soumis aux dispositions de la loi n° 70-9 du 2 janvier 1970 réglementant les conditions d'exercice des activités relatives à certaines opérations portant sur les immeubles et les fonds de commerce au » ne sont pas applicables.

IV. À l'article 25 :

a) les paragraphes *g* et *l* ne sont pas applicables;

b) le paragraphe *h* est ainsi rédigé :

h) La pose dans les parties communes de canalisations, de gaines et la réalisation des ouvrages, permettant d'assurer la conformité des logements avec les normes de salubrité, de sécurité et d'équipement définies par la réglementation applicable localement.

V. Au quatrième alinéa de l'article 26, la lettre *g* est supprimée.

VI. Au deuxième alinéa de l'article 29, les mots : « de sociétés d'attribution régies par les articles L. 212-1 et suivants du code de la construction et de l'habitation » ne sont pas applicables.

VII. À l'article 45-1, les mots : « ainsi que du diagnostic technique établi dans les conditions des articles L. 111-6-2 du code de la construction et de l'habitation » ne sont pas applicables.

VIII. Les articles 26-3, 46-1 et 49 ne sont pas applicables.

Décret n° 67-223 du 17 mars 1967

Portant règlement d'administration publique pour l'application de la loi n° 65-557 du 10 juillet 1965 fixant le statut de la copropriété des immeubles bâtis.

1) Section I
Actes concourant à l'établissement et à l'organisation de la copropriété d'un immeuble bâti

Art. 1er Le règlement de copropriété mentionné par l'article 8 de la loi du 10 juillet 1965 susvisée comporte les stipulations relatives aux objets visés par l'alinéa 1er dudit article ainsi que l'état de répartition des charges prévu au troisième alinéa de l'article 10 de ladite loi.

Cet état définit les différentes catégories de charges et distingue celles afférentes à la conservation, à l'entretien et à l'administration de l'immeuble, celles relatives au fonctionnement et à l'entretien de chacun des éléments d'équipement communs et celles entraînées par chaque service collectif.

L'état de répartition des charges fixe, conformément aux dispositions de l'article 10 (alinéa 3) et, s'il y a lieu, de l'article 24 (alinéa 2) de la loi du 10 juillet 1965, la quote-part qui incombe à chaque lot dans chacune des catégories de charges; à défaut, il indique les bases selon lesquelles la répartition est faite pour une ou plusieurs catégories de charges.

Art. 2 Le règlement de copropriété peut également comporter :

1° L'état descriptif de division de l'immeuble, établi conformément aux dispositions de l'article 71 du décret n° 55-1350 du 14 octobre 1955;

2° La ou les conventions prévues à l'article 37 de la loi du 10 juillet 1965 et relatives à l'exercice de l'un des droits accessoires aux parties communes.

Art. 3 Les règlements, états et conventions énumérés aux articles qui précèdent peuvent faire l'objet d'un acte conventionnel ou résulter d'un acte judiciaire, suivant le cas, ayant pour objet de réaliser, constater ou ordonner la division de la propriété d'un immeuble dans les conditions fixées par l'article 1er de la loi du 10 juillet 1965.

Si le règlement de copropriété comprend un état descriptif de division et les conventions visées à l'article 2 ci-dessus, il doit être rédigé de manière à éviter toute confusion entre ses différentes parties et les clauses particulières au règlement de copropriété doivent se distinguer nettement des autres.

Dans ce cas, seules les stipulations dont l'objet est précisé à l'article 1er du présent décret constituent le règlement de copropriété au sens et pour l'application de ladite loi.

Art. 4 Tout acte conventionnel réalisant ou constatant le transfert de propriété d'un lot ou d'une fraction de lot, ou la constitution sur ces derniers d'un droit réel, doit mentionner expressément que l'acquéreur ou le titulaire du droit a eu préalablement connaissance, s'ils ont été publiés dans les conditions prévues par l'article 13 de la loi du 10 juillet 1965, du règlement de copropriété ainsi que des actes qui l'ont modifié.

Il en est de même en ce qui concerne l'état descriptif de division et des actes qui l'ont modifié, lorsqu'ils existent et ont été publiés.

Le règlement de copropriété, l'état descriptif de division et les actes qui les ont modifiés, même s'ils n'ont pas été publiés au fichier immobilier, s'imposent à l'acquéreur ou au titulaire du droit s'il est expressément constaté aux actes visés au présent article qu'il en a eu préalablement connaissance et qu'il a adhéré aux obligations qui en résultent.

Art. 4-1 La superficie de la partie privative d'un lot ou d'une fraction de lot mentionnée à l'article 46 de la loi du 10 juillet 1965 est la superficie des planchers des locaux clos et couverts après déduction des surfaces occupées par les murs, cloisons, marches et cages d'escalier, gaines, embrasures de portes et de fenêtres. Il n'est pas tenu compte des planchers des parties des locaux d'une hauteur inférieure à 1,80 mètre.

Art. 4-2 Les lots ou fractions de lots d'une superficie inférieure à 8 mètres carrés ne sont pas pris en compte pour le calcul de la superficie mentionnée à l'article 4-1.

Art. 4-3 Le jour de la signature de l'acte authentique constatant la réalisation de la vente, le notaire, ou l'autorité administrative qui authentifie la convention, remet aux parties, contre émargement ou récépissé, une copie simple de l'acte signé ou un certificat reproduisant la clause de l'acte mentionnant la superficie de la partie privative du lot ou de la fraction du lot vendu, ainsi qu'une copie des dispositions de l'article 46 de la loi du 10 juillet 1965 lorsque ces dispositions ne sont pas reprises intégralement dans l'acte ou le certificat.

Art. 4-4 Lorsque le candidat à l'acquisition d'un lot ou d'une fraction de lot le demande, le propriétaire cédant est tenu de porter à sa connaissance le carnet d'entretien de l'immeuble ainsi que le diagnostic technique.

Art. 5 Le syndic, avant l'établissement de l'un des actes mentionnés à l'article 4, adresse au notaire chargé de recevoir l'acte, à la demande de ce dernier ou à celle du copropriétaire qui transfère tout ou partie de ses droits sur le lot, un état daté comportant trois parties.

1° Dans la première partie, le syndic indique, d'une manière même approximative et sous réserve de l'apurement des comptes, les sommes pouvant rester dues, pour le lot considéré, au syndicat par le copropriétaire cédant, au titre :

a) des provisions exigibles du budget prévisionnel;

b) des provisions exigibles des dépenses non comprises dans le budget prévisionnel;

c) des charges impayées sur les exercices antérieurs;

d) des sommes mentionnées à l'article 33 de la loi du 10 juillet 1965;

e) des avances exigibles.

Ces indications sont communiquées par le syndic au notaire ou au propriétaire cédant, à charge pour eux de les porter à la connaissance, le cas échéant, des créanciers inscrits.

2° Dans la deuxième partie, le syndic indique, d'une manière même approximative et sous réserve de l'apurement des comptes, les sommes dont le syndicat pourrait être débiteur, pour le lot considéré, à l'égard du copropriétaire cédant, au titre :

a) des avances mentionnées à l'article 45-1;

b) des provisions du budget prévisionnel pour les périodes postérieures à la période en cours et rendues exigibles en raison de la déchéance du terme prévue par l'article 19-2 de la loi du 10 juillet 1965.

3° Dans la troisième partie, le syndic indique les sommes qui devraient incomber au nouveau copropriétaire, pour le lot considéré, au titre :

a) de la reconstitution des avances mentionnées à l'article 45-1 et ce d'une manière même approximative;

b) des provisions non encore exigibles du budget prévisionnel;

c) des provisions non encore exigibles dans les dépenses non comprises dans le budget prévisionnel.

Dans une annexe à la troisième partie de l'état daté, le syndic indique la somme correspondant, pour les deux exercices précédents, à la quote-part afférente au lot considéré dans le budget prévisionnel et dans le total des dépenses hors budget prévisionnel. Il mentionne, s'il y a lieu, l'objet et l'état des procédures en cours dans lesquelles le syndicat est partie.

Art. 5-1 Pour l'application des dispositions de l'article 20 de la loi du 10 juillet 1965 modifiée, il n'est tenu compte que des créances du syndicat effectivement liquides et exigibles à la date de la mutation.

L'opposition éventuellement formée par le syndic doit énoncer d'une manière précise :

1° Le montant et les causes des créances du syndicat afférentes aux charges et travaux mentionnés aux articles 10 et 30 de la loi du 10 juillet 1965 de l'année courante et des deux dernières années échues;

2° Le montant et les causes des créances du syndicat afférentes aux charges et travaux mentionnés aux articles 10 et 30 de la loi du 10 juillet 1965 des deux années antérieures aux deux dernières années échues;

3° Le montant et les causes des créances de toute nature du syndicat garanties par une hypothèque légale et non comprises dans les créances privilégiées, visées aux 1° et 2° ci-dessus;

4° Le montant et les causes des créances de toute nature du syndicat non comprises dans les créances visées aux 1°, 2° et 3° ci-dessus.

Si le lot fait l'objet d'une vente sur licitation ou sur saisie immobilière, l'avis de mutation prévu par l'article 20 de la loi du 10 juillet 1965 précitée est donné au syndic, selon le cas, soit par le notaire, soit par l'avocat du demandeur ou du créancier poursuivant; si le lot fait l'objet d'une expropriation pour cause d'utilité publique ou de l'exercice d'un droit de préemption publique, l'avis de mutation est donné au syndic, selon le cas, soit par le notaire ou par l'expropriant, soit par le titulaire du droit de préemption; si l'acte est reçu en la forme administrative, l'avis de mutation est donné au syndic par l'autorité qui authentifie la convention.

Art. 5-2 L'année, au sens de l'article 2103-1° *bis* du code civil, s'entend de l'année civile comptée du 1er janvier au 31 décembre.

Art. 6 Tout transfert de propriété d'un lot ou d'une fraction de lot, toute constitution sur ces derniers d'un droit d'usufruit, de nue-propriété, d'usage ou d'habitation, tout transfert de l'un de ces droits est notifié, sans délai, au syndic, soit par les parties, soit par le notaire qui établit l'acte, soit par l'avocat ou soit par l'avoué qui a obtenu la décision judiciaire, acte ou décision qui, suivant le cas, réalise, atteste, constate ce transfert ou cette constitution.

Cette notification comporte la désignation du lot ou de la fraction de lot intéressé ainsi que l'indication des nom, prénoms, domicile réel ou élu de l'acquéreur ou du titulaire de droit et, le cas échéant, du mandataire commun prévu à l'article 23 (alinéa 2) de la loi du 10 juillet 1965.

Cette notification doit être faite indépendamment de l'avis de mutation prévu à l'article 20 de la loi du 10 juillet 1965 modifiée.

Art. 6-1 Le notaire, ou, selon le cas, l'une des personnes mentionnées au dernier alinéa de l'article 5-1, informe les créanciers inscrits de l'opposition formée par le syndic et, sur leur demande, leur en adresse copie.

Art. 6-2 À l'occasion de la mutation à titre onéreux d'un lot :

1° Le paiement de la provision exigible du budget prévisionnel, en application du troisième alinéa de l'article 14-1 de la loi du 10 juillet 1965, incombe au vendeur;

2° Le paiement des provisions des dépenses non comprises dans le budget prévisionnel incombe à celui, vendeur ou acquéreur, qui est copropriétaire au moment de l'exigibilité;

3° Le trop ou moins perçu sur provisions, révélé par l'approbation des comptes, est porté au crédit ou au débit du compte de celui qui est copropriétaire lors de l'approbation des comptes.

Art. 6-3 Toute convention contraire aux dispositions de l'article 6-2 n'a d'effet qu'entre les parties à la mutation à titre onéreux.

2) Section II
Les assemblées générales de copropriétaires

Art. 7 Dans tout syndicat de copropriété, il est tenu, au moins une fois chaque année, une assemblée générale des copropriétaires.

Sous réserve des dispositions prévues aux articles 8 (alinéas 2 et 3), 47 et 50 du présent décret, l'assemblée générale est convoquée par le syndic.

Les dispositions des alinéas précédents ne sont pas applicables lorsque l'administrateur provisoire est investi par le président du tribunal de grande instance, sur le fondement de l'article 62-7, de tous les pouvoirs de l'assemblée générale. Lorsqu'il n'est investi que d'une partie de ces pouvoirs, les dispositions du deuxième alinéa ne s'appliquent que dans la limite des pouvoirs conservés par l'assemblée générale.

Art. 8 La convocation de l'assemblée est de droit lorsqu'elle est demandée au syndic soit par le conseil syndical, s'il en existe un, soit par un ou plusieurs copropriétaires représentant au moins un quart des voix de tous les copropriétaires, à moins que le règlement de copropriété ne prévoit un nombre inférieur de voix. La demande, qui est notifiée au syndic, précise les questions dont l'inscription à l'ordre du jour de l'assemblée est demandée.

Dans les cas prévus au précédent alinéa, l'assemblée générale des copropriétaires est valablement convoquée par le président du conseil syndical, s'il en existe un, après mise en demeure au syndic restée infructueuse pendant plus de huit jours.

Dans les mêmes cas, s'il n'existe pas de conseil syndical ou si les membres de ce conseil n'ont pas été désignés ou si le président de ce conseil ne procède pas à la convocation de l'assemblée, tout copropriétaire peut alors provoquer ladite convocation dans les conditions prévues à l'article 50 du présent décret.

Lorsque l'assemblée est convoquée en application du présent article, la convocation est notifiée au syndic.

Les dispositions des alinéas précédents ne sont pas applicables lorsque l'administrateur provisoire est investi par le président du tribunal de grande instance, sur le fondement de l'article 62-7, de tous les pouvoirs de l'assemblée générale. Lorsqu'il n'est investi que d'une partie de ces pouvoirs, les dispositions des alinéas précédents ne s'appliquent que dans la limite des pouvoirs conservés par l'assemblée générale et le conseil syndical.

Art. 9 La convocation contient l'indication des lieu, date et heure de la réunion, ainsi que l'ordre du jour qui précise chacune des questions soumises à la délibération de l'assemblée. À défaut de stipulation du règlement de copropriété ou de décision de l'assemblée générale, la personne qui convoque l'assemblée fixe le lieu et l'heure de la réunion. La convocation rappelle les modalités de consultation des pièces justificatives des charges telles qu'elles ont été arrêtées par l'assemblée générale en application de l'article 18-1 de la loi du 10 juillet 1965.

Sauf urgence, cette convocation est notifiée au moins vingt-et-un jours avant la date de la réunion, à moins que le règlement de copropriété n'ait prévu un délai plus long.

Sous réserve des stipulations du règlement de copropriété, l'assemblée générale est réunie dans la commune de la situation de l'immeuble.

Art. 10 À tout moment, un ou plusieurs copropriétaires, ou le conseil syndical, peuvent notifier au syndic la ou les questions dont ils demandent qu'elles soient inscrites à l'ordre du jour d'une assemblée générale. Le syndic porte ces questions à l'ordre du jour de la convocation de la prochaine assemblée générale. Toutefois, si la ou les questions notifiées ne peuvent être inscrites à cette assemblée compte tenu de la date de réception de la demande par le syndic, elles le sont à l'assemblée suivante.

Art. 11 Sont notifiés au plus tard en même temps que l'ordre du jour :

I. – Pour la validité de la décision :

1° L'état financier du syndicat des copropriétaires et son compte de gestion général, lorsque l'assemblée est appelée à approuver les comptes. Ces documents sont présentés avec le comparatif des comptes de l'exercice précédent approuvé;

2° Le projet du budget présenté avec le comparatif du dernier budget prévisionnel voté, lorsque l'assemblée est appelée à voter le budget prévisionnel;

La présentation des documents énumérés au 1° et au 2° ci-dessus est conforme aux modèles établis par le décret relatif aux comptes du syndicat des copropriétaires et ses annexes;

3° Les conditions essentielles du contrat ou, en cas d'appel à la concurrence, des contrats proposés, lorsque l'assemblée est appelée à approuver un contrat, un devis ou un marché, notamment pour la réalisation de travaux;

4° Le ou les projets de contrat du syndic, lorsque l'assemblée est appelée à désigner le représentant légal du syndicat;

5° Le projet de convention, ou la convention, mentionné à l'article 39 outre les projets mentionnés au 4° ci-dessus;

6° Le projet de règlement de copropriété, de l'état descriptif de division, de l'état de répartition des charges ou le projet de modification desdits actes, lorsque l'assemblée est appelée, suivant le cas, à établir ou à modifier ces actes;

7° Le projet de résolution lorsque l'assemblée est appelée à statuer sur l'une des questions mentionnées aux articles 14-1 (2e et 3e alinéa), 14-2 (2e alinéa), 18 (7e alinéa), 24 (alinéas 2 et 3), 25, 26 (1), 30 (alinéas 1er, 2 et 3), 35, 37 (alinéas 3 et 4) et 39 de la loi du 10 juillet 1965;

8° Le projet de résolution tendant à autoriser, s'il y a lieu, le syndic à introduire une demande en justice;

9° Les conclusions du rapport de l'administrateur provisoire lorsqu'il en a été désigné un par le président du tribunal de grande instance en application des dispositions de l'article 29-1 de la loi du 10 juillet 1965 et lorsque l'assemblée est appelée à statuer sur une question dont la mention à l'ordre du jour résulte de ces conclusions;

10° Les conclusions du rapport du mandataire *ad hoc* lorsqu'il en a été désigné un par le président du tribunal de grande instance en vertu de l'article 29-1B de la loi du 10 juillet 1965 et que l'assemblée générale est appelée à statuer sur les projets de résolution nécessaires à la mise en œuvre de ce rapport;

11° Les projets de résolution mentionnant, d'une part, la saisie immobilière d'un lot, d'autre part, le montant de la mise à prix, ainsi que le montant des sommes estimées définitivement perdues, lorsque l'assemblée générale est appelée à autoriser le syndic à poursuivre la saisie immobilière d'un lot;

12° Le projet de convention et l'avis du conseil syndical mentionnés au second alinéa de l'article 41-2 de la loi du 10 juillet 1965 ou la teneur de la délégation prévue à la deuxième phrase du premier alinéa de ce même article;

13° La situation financière du ou des services dont la suppression est envisagée en application de l'article 41-4 de la loi du 10 juillet 1965.

II. – Pour l'information des copropriétaires :

1° Les annexes au budget prévisionnel;

2° L'état détaillé des sommes perçues par le syndic au titre de sa rémunération;

3° L'avis rendu par le conseil syndical lorsque sa consultation est obligatoire, en application du deuxième alinéa de l'article 21 de la loi du 10 juillet 1965;

4° Le compte rendu de l'exécution de la mission du conseil syndical prévu au deuxième alinéa de l'article 22 du présent décret et le bilan établi par le conseil syndical en application du second alinéa de l'article 41-2 de la loi du 10 juillet 1965;

5° En vue de l'approbation des comptes par l'assemblée générale, le projet d'état individuel de répartition des comptes de chaque copropriétaire;

6° L'état actualisé des lots délaissés prévu au second alinéa de l'article 24-6 de la loi n° 65-557 du 10 juillet 1965 fixant le statut de la copropriété des immeubles bâtis.

Le contenu de ces documents ne fait pas l'objet d'un vote par l'assemblée des copropriétaires.

Art. 12 Pour l'application de l'article 23 de la loi du 10 juillet 1965, chacun des associés reçoit notification des convocations ainsi que des documents visés au précédent article et il participe aux assemblées générales du syndicat dans les mêmes conditions que les copropriétaires.

À cet effet, le représentant légal de la société est tenu de communiquer, sans frais, au syndic ainsi que, le cas échéant, à toute personne habilitée à convoquer l'assemblée, et à la demande de ces derniers, les nom et domicile, réel ou élu, de chacun des associés. Il doit immédiatement informer le syndic de toute modification des renseignements ainsi communiqués.

À l'égard du syndicat, la qualité d'associé résulte suffisamment de la communication faite en application de l'alinéa qui précède.

La convocation de l'assemblée générale des copropriétaires est également notifiée au représentant légal de la société visée audit article 23 (alinéa 1er); ce dernier peut assister à la réunion avec voix consultative.

Art. 13 L'assemblée générale ne prend de décision valide que sur les questions inscrites à l'ordre du jour et dans la mesure où les notifications ont été faites conformément aux dispositions des articles 9 à 11-I.

Elle peut, en outre, examiner sans effet décisoire toutes questions non inscrites à l'ordre du jour.

Art. 14 Il est tenu une feuille de présence, pouvant comporter plusieurs feuillets qui indique les nom et domicile de chaque copropriétaire ou associé, et, le cas échéant, de son mandataire, ainsi que le nombre de voix dont il dispose, compte tenu, s'il y a lieu, des dispositions de l'article 22 (alinéa 2 et alinéa 3) et de l'article 24 (quatrième alinéa) de la loi du 10 juillet 1965.

Cette feuille est émargée par chaque copropriétaire ou associé présent, ou par son mandataire. Elle est certifiée exacte par le président de l'assemblée.

La feuille de présence constitue une annexe du procès-verbal avec lequel elle est conservée.

Elle peut être tenue sous forme électronique dans les conditions définies par les articles 1316-1 et suivants du code civil.

Art. 15 Au début de chaque réunion, l'assemblée générale désigne, sous réserve des dispositions de l'article 29-1 de la loi du 10 juillet 1965 et de l'article 50 (alinéa 1er) du présent décret, son président et, s'il y a lieu, un ou plusieurs scrutateurs.

Le syndic assure le secrétariat de la séance, sauf décision contraire de l'assemblée générale.

Art. 16 Les majorités de voix exigées par les dispositions de la loi du 10 juillet 1965 pour le vote des décisions de l'assemblée générale et le nombre de voix prévu à l'article 8 (alinéa 1er) du présent décret sont calculés en tenant compte de la réduction résultant, s'il y a lieu, de l'application du deuxième alinéa de l'article 22 modifié de ladite loi, sous réserve des dispositions de l'avant-dernier alinéa de l'article L. 443-15 du code de la construction et de l'habitation.

Art. 17 Il est établi un procès-verbal des décisions de chaque assemblée qui est signé, à la fin de la séance, par le président, par le secrétaire et par le ou les scrutateurs. Lorsque le registre est tenu sous forme électronique, ces signatures sont établies conformément au deuxième alinéa de l'article 1316-4 du code civil.

Le procès-verbal comporte, sous l'intitulé de chaque question inscrite à l'ordre du jour, le résultat du vote. Il précise les noms des copropriétaires ou associés qui se sont opposés à la décision et leur nombre de voix, ainsi que les noms des copropriétaires ou associés qui se sont abstenus et leur nombre de voix.

Le procès-verbal mentionne les réserves éventuellement formulées par les copropriétaires ou associés opposants sur la régularité des décisions.

Les procès-verbaux des séances sont inscrits, à la suite les uns des autres, sur un registre spécialement ouvert à cet effet.

Ce registre peut être tenu sous forme électronique dans les conditions définies par les articles 1316-1 et suivants du code civil.

Art. 18 Le délai prévu à l'article 42 (alinéa 2) de la loi du 10 juillet 1965 pour contester les décisions de l'assemblée générale court à compter de la notification de la décision à chacun des copropriétaires opposants ou défaillants. Dans le cas prévu à l'article 23 (alinéa 1er) de la loi du 10 juillet 1965, cette notification est adressée au représentant légal de la société lorsqu'un ou plusieurs associés se sont opposés ou ont été défaillants.

La notification ci-dessus prévue doit mentionner les résultats du vote et reproduire le texte de l'article 42 (alinéa 2) de ladite loi.

En outre, dans le cas prévu à l'article 23 (alinéa 1er) de la loi du 10 juillet 1965, un extrait du procès-verbal de l'assemblée est notifié au représentant légal de la société propriétaire de lots, s'il n'a pas assisté à la réunion.

Art. 19 Pour l'application du premier alinéa de l'article 25-1 de la loi du 10 juillet 1965, si le projet de résolution a obtenu au moins le tiers des voix de tous les copropriétaires, il est procédé, au cours de la même assemblée, à un second vote à la majorité de l'article 24 de la même loi, à moins que l'assemblée ne décide que la question sera inscrite à l'ordre du jour d'une assemblée ultérieure.

Lorsque l'assemblée est appelée à approuver un contrat, un devis ou un marché mettant en concurrence plusieurs candidats, elle ne peut procéder à un second vote à la majorité de l'article 24 de la loi du 10 juillet 1965 qu'après avoir voté sur chacune des candidatures à la majorité de l'article 25 de la même loi.

Dans le cas prévu par le deuxième alinéa de l'article 25-1 de la loi du 10 juillet 1965 lorsqu'une nouvelle assemblée générale doit être réunie pour statuer à la majorité de l'article 24 de la même loi :

1° Le délai de convocation peut être réduit à huit jours et les notifications prévues à l'article 11 ci-dessus n'ont pas à être renouvelées si l'ordre du jour de cette nouvelle assemblée ne porte que sur des questions inscrites à l'ordre du jour de la précédente assemblée;

2° Les convocations en vue de la nouvelle assemblée doivent être expédiées dans le délai maximal de trois mois à compter du jour où s'est tenue l'assemblée générale au cours de laquelle la décision n'a pas été adoptée.

Art. 19-1 Lorsqu'un projet de résolution relatif à des travaux d'amélioration prévus au c de l'article 26 de la loi du 10 juillet 1965 a recueilli le vote favorable de la majorité des membres du syndicat représentant au moins les deux tiers des voix des copropriétaires présents ou représentés, une nouvelle assemblée générale des copropriétaires doit être convoquée par le syndic en application du dernier alinéa de l'article 26 de cette même loi. Les notifications prévues à l'article 11 du présent décret n'ont pas à être renouvelées si l'ordre du jour de cette nouvelle assemblée ne porte que sur des questions déjà inscrites à l'ordre du jour de la précédente assemblée.

La convocation à cette nouvelle assemblée doit mentionner que les décisions portant sur des travaux d'amélioration prévus au c de l'article 26 de la loi du 10 juillet 1965 pourront être prises à la majorité des membres du syndicat représentant au moins les deux tiers des voix des copropriétaires présents ou représentés à cette nouvelle assemblée générale.

Art. 19-2 La mise en concurrence pour les marchés de travaux et les contrats autres que le contrat de syndic, prévue par le deuxième alinéa de l'article 21 de la loi du 10 juillet 1965, lorsque l'assemblée générale n'en a pas fixé les conditions, résulte de la demande de plusieurs devis ou de l'établissement d'un devis descriptif soumis à l'évaluation de plusieurs entreprises.

Art. 20 Il est procédé pour les assemblées spéciales des propriétaires des lots intéressés, prévues par les articles 27, 28, 35 (alinéa 2) et 38 de la loi du 10 juillet 1965, de la même manière que pour les assemblées générales des copropriétaires.

Art. 21 Une délégation de pouvoir donnée, en application de l'article 25 a de la loi du 10 juillet 1965, par l'assemblée générale au syndic, au conseil syndical ou à toute autre personne ne peut porter que sur un acte ou une décision expressément déterminé.

Cette délégation peut autoriser son bénéficiaire à décider de dépenses dont elle détermine l'objet et fixe le montant maximum.

Elle ne peut, en aucun cas, priver l'assemblée générale de son pouvoir de contrôle sur l'administration de l'immeuble et la gestion du syndic.

Le délégataire rend compte à l'assemblée de l'exécution de la délégation.

3) Section III
Le conseil syndical

Art. 22 À moins que le règlement de copropriété n'ait fixé les règles relatives à l'organisation et au fonctionnement du conseil syndical, ces règles sont fixées ou modifiées par l'assemblée générale à la majorité de l'article 24 de la loi du 10 juillet 1965.

Le conseil syndical rend compte à l'assemblée, chaque année, de l'exécution de sa mission.

Le mandat des membres du conseil syndical ne peut excéder trois années renouvelables.

Pour assurer la représentation prévue au dernier alinéa de l'article 27 de la loi du 10 juillet 1965, il est tenu compte, en cas de constitution d'un ou plusieurs syndicats secondaires, des dispositions de l'article 24 ci-après pour fixer le nombre des membres du conseil syndical du syndicat principal. Chaque syndicat secondaire dispose de plein droit d'un siège au moins à ce conseil.

Art. 23 [*Abrogé*].

Art. 24 Lorsqu'il existe un ou plusieurs syndicats secondaires, la représentation au conseil syndical du syndicat principal attribuée à un syndicat secondaire est proportionnelle à l'importance du ou des lots qui constituent ce syndicat secondaire par rapport à celle de l'ensemble des lots qui composent le syndicat principal.

Le ou les copropriétaires du ou des lots qui ne se sont pas constitués en syndicat secondaire disposent ensemble, s'il y a lieu, des autres sièges au conseil syndical du syndicat principal.

En l'absence de stipulation particulière du règlement de copropriété du syndicat principal, les copropriétaires désignent leurs représentants au conseil syndical de ce syndicat au cours d'une assemblée générale soit du syndicat secondaire, dans le cas prévu à l'alinéa 1er du présent article, soit du syndicat principal dans le cas prévu à l'alinéa précédent.

Art. 25 Un ou plusieurs membres suppléants peuvent être désignés, dans les mêmes conditions que les membres titulaires. En cas de cessation définitive des fonctions du membre titulaire, ils siègent au conseil syndical, à mesure des vacances, dans l'ordre de leur élection s'il y en a plusieurs, et jusqu'à la date d'expiration du mandat du membre titulaire qu'ils remplacent.

Dans tous les cas, le conseil syndical n'est plus régulièrement constitué si plus d'un quart des sièges devient vacant pour quelque cause que ce soit.

Art. 26 Le conseil syndical contrôle la gestion du syndic, notamment la comptabilité du syndicat, la répartition des dépenses, les conditions dans lesquelles sont passés et exécutés les marchés et tous autres contrats, ainsi que l'élaboration du budget prévisionnel dont il suit l'exécution.

Il peut recevoir d'autres missions ou délégations de l'assemblée générale dans les conditions prévues à l'article 25 a de la loi du 10 juillet 1965 et à l'article 21 du présent décret.

Un ou plusieurs membres du conseil syndical, habilités à cet effet par ce dernier, peuvent prendre connaissance et copie, au bureau du syndic, ou au lieu arrêté en accord avec lui, des diverses catégories de documents mentionnés au troisième alinéa de l'article 21, de la loi du 10 juillet 1965.

Lorsqu'une communication écrite doit être faite au conseil syndical, elle est valablement faite à la personne de son président, lorsqu'il en a été désigné un, ou, à défaut, à chacun de ses membres. Lorsque la communication est demandée par le conseil syndical, elle est faite à chacun de ses membres.

L'ordre du jour de l'assemblée générale est établi en concertation avec le conseil syndical.

Art. 27 Les fonctions de président et de membre du conseil syndical ne donnent pas lieu à rémunération.

Le conseil syndical peut, pour l'exécution de sa mission, prendre conseil auprès de toute personne de son choix. Il peut aussi, sur une question particulière, demander un avis technique à tout professionnel de la spécialité.

Les dépenses nécessitées par l'exécution de la mission du conseil syndical constituent des dépenses courantes d'administration. Elles sont supportées par le syndicat et réglées par le syndic.

4) Section IV
Le syndic

Art. 28 Sous réserve des dispositions de l'article L. 443-15 du code de la construction et de l'habitation et des stipulations particulières du règlement de copropriété, les fonctions de syndic peuvent être assumées par toute personne physique ou morale.

En dehors de l'hypothèse prévue par l'article L. 443-15 du code de la construction et de l'habitation, la durée des fonctions du syndic ne peut excéder trois années. Toutefois, pendant les délais prévus à l'article 1792-4-1 du code civil, elle ne peut dépasser une année lorsque le syndic, son conjoint, le partenaire lié à lui par un pacte civil de solidarité, leurs commettants ou employeurs, leurs préposés, leurs parents ou alliés jusqu'au troisième degré inclus ont, directement ou indirectement, à quelque titre que ce soit, même par personne interposée, participé à la construction de l'immeuble.

Le syndic peut être de nouveau désigné par l'assemblée générale pour les durées prévues à l'alinéa précédent.

Art. 29 Le contrat de mandat du syndic fixe sa durée et précise ses dates calendaires de prise d'effet et d'échéance, ainsi que les éléments de détermination de la rémunération du syndic. Il détermine les conditions d'exécution de la mission de ce dernier en conformité avec les dispositions des articles 14 et 18 de la loi du 10 juillet 1965.

La décision qui désigne le syndic et qui approuve le contrat de mandat est votée par l'assemblée générale à la majorité de l'article 25 de la loi du 10 juillet 1965.

Art. 29-1 La décision, prise en application du septième alinéa de l'article 18 de la loi du 10 juillet 1965, par laquelle l'assemblée générale dispense le syndic de l'obligation d'ouvrir un compte bancaire ou postal séparé au nom du syndicat fixe la durée pour laquelle la dispense est donnée.

Cette dispense est renouvelable. Elle prend fin de plein droit en cas de désignation d'un autre syndic.

Art. 30 À l'occasion de l'exécution de sa mission, le syndic peut se faire représenter par l'un de ses préposés.

Art. 31 Le syndic engage et congédie le personnel employé par le syndicat et fixe les conditions de son travail suivant les usages locaux et les textes en vigueur.

L'assemblée générale a seule qualité pour fixer le nombre et la catégorie des emplois.

Art. 32 Le syndic établit et tient à jour une liste de tous les copropriétaires avec l'indication des lots qui leur appartiennent, ainsi que de tous les titulaires des droits mentionnés à l'article 6; il mentionne leur état civil ainsi que leur domicile réel ou élu, et, s'il s'agit d'une personne morale, sa forme, sa dénomination, son siège social et l'organe qui la représente légalement ou statutairement.

Lorsqu'un copropriétaire fait l'objet d'une mesure de protection en application des articles 447, 437, 477 ou 485 du code civil, le tuteur ou, selon le cas, le curateur, le mandataire spécial, le mandataire de protection future, lorsque son mandat prend effet, ou le mandataire *ad hoc* notifie son mandat au syndic qui porte cette mention sur la liste prévue au premier alinéa. Il en est de même de l'administrateur légal d'un mineur copropriétaire, du mandataire commun désigné en application de l'article 23 de la loi du 10 juillet 1965 en cas d'indivision ou d'usufruit d'un lot de copropriété et du mandataire qui a reçu mission d'administrer ou de gérer à effet posthume un lot de copropriété en application de l'article 812 du code civil.

Art. 33 Le syndic détient les archives du syndicat, notamment une expédition ou une copie des actes énumérés aux articles 1er à 3 ci-dessus, ainsi que toutes conventions, pièces, correspondances, plans, registres, documents et décisions de justice relatifs à l'immeuble et au syndicat. Il détient, en particulier, les registres contenant les procès-verbaux des assemblées générales des copropriétaires et les pièces annexes ainsi que les documents comptables du syndicat, le carnet d'entretien de l'immeuble et, le cas échéant, les diagnostics techniques.

Il délivre, en les certifiant, des copies ou extraits des procès-verbaux des assemblées générales, ainsi que des copies des annexes de ces procès-verbaux.

Il remet au copropriétaire qui en fait la demande, aux frais de ce dernier, copie du carnet d'entretien de l'immeuble et, le cas échéant, des diagnostics techniques mentionnés au premier alinéa du présent article.

La conservation et la gestion des archives sont comprises dans la mission ordinaire du syndic.

Art. 33-1 En cas de changement de syndic, la transmission des documents et archives du syndicat doit être accompagnée d'un bordereau récapitulatif de ces pièces. Copie de ce bordereau est remise au conseil syndical.

Art. 33-2 L'obligation prévue à la deuxième phrase du premier alinéa de l'article 18-2 de la loi du 10 juillet 1965 ne se substitue pas à l'obligation faite à l'ancien syndic de transférer les documents et archives du syndicat au nouveau syndic, telle que prévue à la première phrase du même alinéa.

Art. 34 L'action visée au troisième alinéa de l'article 18-2 de la loi du 10 juillet 1965 peut être introduite après mise en demeure effectuée dans les formes prévues par l'article 64 du présent décret ou par acte d'huissier de justice, adressée à l'ancien syndic et restée infructueuse pendant un délai de huit jours. Elle est portée devant le président du tribunal de grande instance du lieu de situation de l'immeuble.

Art. 35 Le syndic peut exiger le versement :

1° De l'avance constituant la réserve prévue au règlement de copropriété, laquelle ne peut excéder 1/6 du montant du budget prévisionnel;

2° Des provisions du budget prévisionnel prévues aux alinéas 2 et 3 de l'article 14-1 de la loi du 10 juillet 1965;

3° Des provisions pour les dépenses non comprises dans le budget prévisionnel prévues à l'article 14-2 de la loi du 10 juillet 1965 et énoncées à l'article 44 du présent décret;

4° Des avances correspondant à l'échéancier prévu dans le plan pluriannuel de travaux adopté par l'assemblée générale;

5° Des avances constituées par les provisions spéciales prévues au sixième alinéa de l'article 18 de la loi du 10 juillet 1965.

Lors de la mise en copropriété d'un immeuble, le syndic provisoire peut exiger le versement d'une provision, lorsque celle-ci est fixée par le règlement de copropriété, pour faire face aux dépenses de maintenance, de fonctionnement et d'administration des parties et équipements communs de l'immeuble.

Lorsque cette provision est consommée ou lorsque le règlement de copropriété n'en prévoit pas, le syndic provisoire peut appeler auprès des copropriétaires le remboursement des sommes correspondant aux dépenses régulièrement engagées et effectivement acquittées, et ce jusqu'à la première assemblée générale réunie à son initiative qui votera le premier budget prévisionnel et approuvera les comptes de la période écoulée.

Art. 35-1 L'assemblée générale décide, s'il y a lieu, du placement des fonds recueillis et de l'affectation des intérêts produits par ce placement.

Art. 35-2 Pour l'exécution du budget prévisionnel, le syndic adresse à chaque copropriétaire, par lettre simple, préalablement à la date d'exigibilité déterminée par la loi, un avis indiquant le montant de la provision exigible.

Pour les dépenses non comprises dans le budget prévisionnel, le syndic adresse à chaque copropriétaire, par lettre simple, préalablement à la date d'exigibilité déterminée par la décision d'assemblée générale, un avis indiquant le montant de la somme exigible et l'objet de la dépense.

Art. 36 Sauf stipulation contraire du règlement de copropriété, les sommes dues au titre de l'article 35 portent intérêt au profit du syndicat. Cet intérêt, fixé au taux légal en matière civile, est dû à compter de la mise en demeure adressée par le syndic au copropriétaire défaillant.

Art. 37 Lorsqu'en cas d'urgence le syndic fait procéder, de sa propre initiative, à l'exécution de travaux nécessaires à la sauvegarde de l'immeuble, il en informe les copropriétaires et convoque immédiatement une assemblée générale.

Par dérogation aux dispositions de l'article 35 ci-dessus, il peut, dans ce cas, en vue de l'ouverture du chantier et de son premier approvisionnement, demander, sans délibération préalable de l'assemblée générale mais après avoir pris l'avis du conseil syndical, s'il en existe un, le versement d'une provision qui ne peut excéder le tiers du montant du devis estimatif des travaux.

Il ne peut demander de nouvelles provisions pour le paiement des travaux qu'en vertu d'une décision de l'assemblée générale qu'il doit convoquer immédiatement et selon les modalités prévues par le deuxième alinéa de l'article 14-2 de la loi du 10 juillet 1965.

Art. 38 [*Abrogé*].

Art. 39 Doit être spécialement autorisée par une décision de l'assemblée générale toute convention entre le syndicat et le syndic, ses préposés, son conjoint, le partenaire lié à lui par un pacte civil de solidarité, ses parents ou alliés jusqu'au troisième degré inclus.

Il en est de même des conventions entre le syndicat et une entreprise dont les personnes mentionnées à l'alinéa précédent sont propriétaires ou détiennent une participation dans son capital, ou dans lesquelles elles exercent des fonctions de direction ou de contrôle, ou dont elles sont salariées ou préposées.

Le syndic, lorsqu'il est une personne morale, ne peut, sans y avoir été spécialement autorisé par une décision de l'assemblée générale, contracter pour le compte du syndicat avec une entreprise qui détient, directement ou indirectement, une participation dans son capital.

Le syndic précise la nature des liens qui rendent nécessaire l'autorisation de la convention.

Les décisions d'autorisation prévues au présent article sont prises à la majorité de l'article 24 de la loi du 10 juillet 1965.

Art. 39-1 Lorsque certains copropriétaires peuvent bénéficier de subventions publiques pour la réalisation de travaux sur les parties communes, le syndic, s'il est soumis à une réglementation professionnelle organisant le maniement des fonds d'autrui, peut être le mandataire de ces copropriétaires. Ce mandat est soumis aux dispositions des articles 1984 et suivants du code civil.

5) Section IV *bis*
Dispositions particulières aux résidences-services

Art. 39-2 La convention prévue à l'article 41-1 de la loi du 10 juillet 1965 précise notamment la durée pour laquelle elle est conclue, les conditions de son renouvellement et de sa dénonciation, les modalités de surveillance par le conseil syndical de son exécution, les conditions de communication par le prestataire des documents relatifs à cette exécution, l'objet et les conditions financières de la fourniture du ou des services et les conditions matérielles et financières d'occupation des locaux.

Art. 39-3 Le bilan mentionné au second alinéa de l'article 41-2 de la loi du 10 juillet 1965 porte sur les conditions financières d'exécution de la convention ainsi que sur la qualité du ou des services dispensés au titre de cette convention.

Il est signé par le président du conseil syndical et notifié par le syndic conformément aux prescriptions du 4° du II de l'article 11.

En cas de difficulté d'exécution de la convention, le conseil syndical informe sans délai le syndic qui prend les mesures appropriées.

Art. 39-4 Lorsque le syndicat des copropriétaires procure lui-même le ou les services, il tient une comptabilité auxiliaire conformément au décret du 14 mars 2005 relatif aux comptes du syndicat des copropriétaires et aux mesures prises pour son application.

Art. 39-5 Tous les litiges relatifs à l'exécution de la convention visée à l'article 41-1 de la loi du 10 juillet 1965 sont de la compétence de la juridiction du lieu de situation de l'immeuble.

Art. 39-6 Pour l'application de l'article 41-5 de la loi du 10 juillet 1965, l'instance est diligentée contre le syndicat des copropriétaires et, le cas échéant, contre le tiers qui fournit le ou les services. Le juge peut entendre le président du conseil syndical.

Art. 39-7 La décision prise en application de l'article 41-5 de la loi du 10 juillet 1965 est portée à la connaissance des copropriétaires qui n'étaient pas partie à l'instance à l'initiative du syndic, dans le mois de son prononcé, par remise contre émargement ou par lettre recommandée avec demande d'avis de réception.

6) Section V
Dispositions particulières aux syndicats de forme coopérative

Art. 40 Outre les dispositions de la loi du 10 juillet 1965, le syndicat des copropriétaires de forme coopérative, prévu aux articles 14 et 17-1 de cette loi, est régi par les dispositions de la présente section et celles non contraires du présent décret.

Art. 41 Dans un syndicat de forme coopérative, les actes et documents établis au nom du syndicat doivent préciser sa forme coopérative. En aucun cas, le syndic et le vice-président, s'il existe, ne peuvent conserver ces fonctions après l'expiration de leur mandat de membre du conseil syndical.

Art. 42 Les dispositions de l'article 27 sont applicables au syndic. Celui-ci peut, en outre, sous sa responsabilité, confier l'exécution de certaines tâches à une union coopérative ou à d'autres prestataires extérieurs.

Art. 42-1 L'assemblée générale désigne, à la majorité de l'article 24 de la loi du 10 juillet 1965, le ou les copropriétaires chargés de contrôler les comptes du syndicat, à moins qu'elle ne préfère confier cette mission à un expert-comptable ou à un commissaire aux comptes.

Le ou les copropriétaires désignés, l'expert-comptable ou le commissaire aux comptes rendent compte chaque année à l'assemblée générale de l'exécution de leur mission.

Le mandat du ou des copropriétaires désignés pour contrôler les comptes du syndicat ne peut excéder trois ans renouvelables. Il ne donne pas lieu à rémunération.

Le ou les copropriétaires désignés ne peuvent être le conjoint, les descendants, ascendants ou préposés du syndic ou d'un des membres du conseil syndical ou être liés à eux par un pacte civil de solidarité.

Art. 42-2 Les syndicats de forme coopérative peuvent, même si les immeubles ne sont pas contigus ou voisins, constituer entre eux des unions coopératives ayant pour objet de créer et gérer des services destinés à faciliter leur gestion.

Ces unions coopératives sont soumises aux dispositions de la section VIII du présent décret.

Chaque syndicat décide, parmi les services proposés par une union coopérative, ceux dont il veut bénéficier.

7) Section VI
La comptabilité du syndicat

Art. 43 Le budget prévisionnel couvre un exercice comptable de douze mois. Il est voté avant le début de l'exercice qu'il concerne.

Toutefois, si le budget prévisionnel ne peut être voté qu'au cours de l'exercice comptable qu'il concerne, le syndic, préalablement autorisé par l'assemblée générale des copropriétaires, peut appeler successivement deux provisions trimestrielles, chacune égale au quart du budget prévisionnel précédemment voté. La procédure prévue à l'article 19-2 de la loi du 10 juillet 1965 ne s'applique pas à cette situation.

Art. 44 Les dépenses non comprises dans le budget prévisionnel sont celles afférentes :

1° Aux travaux de conservation ou d'entretien de l'immeuble, autres que ceux de maintenance;

2° Aux travaux portant sur les éléments d'équipement communs, autres que ceux de maintenance;

3° Aux travaux d'amélioration, tels que la transformation d'un ou de plusieurs éléments d'équipement existants, l'adjonction d'éléments nouveaux, l'aménagement de locaux affectés à l'usage commun ou la création de tels locaux, l'affouillement du sol et la surélévation de bâtiments;

4° Aux études techniques, telles que les diagnostics et consultations;

5° Et, d'une manière générale, aux travaux qui ne concourent pas à la maintenance et à l'administration des parties communes ou à la maintenance et au fonctionnement des équipements communs de l'immeuble.

Art. 45 Les travaux de maintenance sont les travaux d'entretien courant, exécutés en vue de maintenir l'état de l'immeuble ou de prévenir la défaillance d'un élément d'équipement commun; ils comprennent les menues réparations.

Sont assimilés à des travaux de maintenance les travaux de remplacement d'éléments d'équipement communs, tels que ceux de la chaudière ou de l'ascenseur, lorsque le prix de ce remplacement est compris forfaitairement dans le contrat de maintenance ou d'entretien y afférent.

Sont aussi assimilées à des travaux de maintenance les vérifications périodiques imposées par les réglementations en vigueur sur les éléments d'équipement communs.

Art. 45-1 Les charges sont les dépenses incombant définitivement aux copropriétaires, chacun pour sa quote-part. L'approbation des comptes du syndicat par l'assemblée générale ne constitue pas une approbation du compte individuel de chacun des copropriétaires.

Au sens et pour l'application des règles comptables du syndicat :

– sont nommées provisions sur charges les sommes versées ou à verser en attente du solde définitif qui résultera de l'approbation des comptes du syndicat;

– sont nommés avances les fonds destinés, par le règlement de copropriété ou une décision de l'assemblée générale, à constituer des réserves, ou qui représentent un emprunt du syndicat auprès des copropriétaires ou de certains d'entre eux.

Les avances sont remboursables.

8) Section VII
Procédure

a) Sous-section 1
Dispositions générales

Art. 46 À défaut de nomination du syndic par l'assemblée des copropriétaires dûment convoqués à cet effet, le président du tribunal de grande instance désigne le syndic par ordonnance sur requête d'un ou plusieurs copropriétaires ou sur requête d'un ou plusieurs membres du conseil syndical.

La même ordonnance fixe la durée de la mission du syndic. Cette durée peut être prorogée. Il peut être mis fin à la mission suivant la même procédure.

Indépendamment de missions particulières qui peuvent lui être confiées par l'ordonnance visée à l'alinéa 1er du présent article, le syndic ainsi désigné administre la copropriété dans les conditions prévues par l'article 18, 18-1 et 18-2 de la loi du 10 juillet 1965 et par le présent décret. Il doit notamment convoquer l'assemblée générale en vue de la désignation d'un syndic deux mois avant la fin de ses fonctions.

La mission du syndic désigné par le président du tribunal cesse de plein droit à compter de l'acceptation de son mandat par le syndic désigné par l'assemblée générale.

Art. 47 Dans tous les cas, autres que celui prévu par le précédent article, où le syndicat est dépourvu de syndic, le président du tribunal de grande instance, statuant par ordonnance sur requête, à la demande de tout intéressé, désigne un administrateur provisoire de la copropriété qui est notamment chargé, dans les délais fixés par l'ordonnance, de se faire remettre les fonds et l'ensemble des documents et archives du syndicat et, sous réserve de l'application des dispositions de l'article 9 ci-dessus, de convoquer l'assemblée en vue de la désignation d'un syndic.

Les fonctions de cet administrateur provisoire cessent de plein droit à compter de l'acceptation de son mandat par le syndic désigné par l'assemblée générale.

Art. 48 À défaut de désignation dans les conditions prévues par les articles 21 de la loi du 10 juillet 1965 et au troisième alinéa de l'article 24 du présent décret, le président du tribunal de grande instance, sur requête du syndic ou d'un ou plusieurs copropriétaires, désigne par ordonnance les membres du conseil syndical.

S'il s'agit de désigner les membres du conseil syndical du syndicat principal, la requête peut être représentée aussi bien par le syndic du syndicat principal que par celui du syndicat secondaire.

L'ordonnance qui désigne les membres du conseil syndical fixe la durée de leurs fonctions.

Ces fonctions cessent de plein droit à compter de l'acceptation de leur mandat par les membres du conseil syndical désignés par l'assemblée générale.

Art. 49 Sous réserve des dispositions des articles 8 et 50 du présent décret, dans les cas d'empêchement ou de carence du syndic visés à l'article 18 (alinéa 3) de la loi du 10 juillet 1965, le syndic en fonction peut être assigné par tout intéressé devant le président du tribunal de grande instance statuant en matière de référé en vue de la désignation d'un administrateur provisoire de la copropriété.

L'ordonnance fixe la durée de la mission de l'administrateur provisoire, sauf si cette ordonnance la limite expressément à un ou plusieurs objets; la mission ainsi confiée est celle qui est définie par l'article 18 de la loi susvisée du 10 juillet 1965 et par le présent décret.

Sauf s'il y a urgence à faire procéder à l'exécution de certains travaux nécessaires à la sauvegarde de l'immeuble et au fonctionnement des services d'équipement commun, la demande ne sera recevable que s'il est justifié d'une mise en demeure adressée au syndic et demeurée infructueuse pendant plus de huit jours.

Art. 50 Dans l'hypothèse prévue à l'article 8 (3e alinéa) ci-dessus, le président du tribunal de grande instance, statuant en matière de référé, peut, à la requête de tout copropriétaire, habiliter un copropriétaire ou un mandataire de justice à l'effet de convoquer l'assemblée générale. Dans ce cas, il peut charger ce mandataire de présider l'assemblée.

Une mise en demeure, restée infructueuse pendant plus de huit jours faite au syndic et, le cas échéant, au président du conseil syndical doit précéder l'assignation à peine d'irrecevabilité. Celle-ci est délivrée au syndic et, le cas échéant, au président du conseil syndical.

Art. 51 Copie de toute assignation délivrée par un copropriétaire qui, en vertu de l'article 15 (alinéa 2) de la loi du 10 juillet 1965, exerce seul les actions concernant la propriété ou la jouissance de son lot, est adressée par l'huissier au syndic par lettre recommandée avec demande d'avis de réception.

Art. 52 L'action en justice visée à l'article 12 de la loi du 10 juillet 1965 est intentée à l'encontre du syndicat lorsqu'elle est fondée sur le fait que la part, dans l'une ou l'autre des catégories de charges, incombant au lot du demandeur est supérieure de plus d'un quart à celle qui résulterait d'une répartition conforme à l'article 10 de cette loi.

Art. 53 Si la part d'un copropriétaire est inférieure de plus d'un quart, dans l'une ou l'autre des catégories de charges, à celle qui résulterait d'une répartition conforme aux dispositions de l'article 10 de la loi du 10 juillet 1965, l'action en justice visée à l'article 12 de ladite loi est intentée à l'encontre de ce copropriétaire.

À peine d'irrecevabilité de l'action, le syndicat est appelé en cause.

Art. 54 Chaque fois qu'une action en justice intentée contre le syndicat a pour objet ou peut avoir pour conséquence une révision de la répartition des charges, et indépendamment du droit pour tout copropriétaire d'intervenir personnellement dans l'instance, le syndic ou tout copropriétaire peut, s'il existe des oppositions d'intérêts entre les copropriétaires qui ne sont pas demandeurs, présenter requête au président du tribunal de grande instance en vue de la désignation d'un mandataire *ad hoc*.

Dans ce cas, la signification des actes de procédure est valablement faite aux copropriétaires intervenants ainsi qu'au mandataire *ad hoc*.

Art. 55 Le syndic ne peut agir en justice au nom du syndicat sans y avoir été autorisé par une décision de l'assemblée générale.

Une telle autorisation n'est pas nécessaire pour les actions en recouvrement de créance, la mise en œuvre des voies d'exécution forcée à l'exception de la saisie en vue de la vente d'un lot, les mesures conservatoires et les demandes qui relèvent des pouvoirs de juge des référés, ainsi que pour défendre aux actions intentées contre le syndicat. Elle n'est pas non plus nécessaire lorsque le président du tribunal de grande instance est saisi en application des premiers alinéas des articles 29-1A et 29-1 de la loi du 10 juillet 1965 ou du premier alinéa de l'article L. 615-6 du code de la construction et de l'habitation.

Dans tous les cas, le syndic rend compte à la prochaine assemblée générale des actions introduites.

Art. 56 Tout intéressé peut demander au président du tribunal de grande instance, statuant sur requête, de désigner un mandataire *ad hoc* pour ester en justice au nom du syndicat lorsque celui-ci est partie dans une instance relative à l'exécution de la construction de l'immeuble, aux garanties dues ou aux responsabilités encourues à cette occasion, si le syndic, son conjoint, le partenaire lié à lui par un pacte civil de solidarité, leurs commettants ou employeurs, leurs préposés, leurs parents ou alliés jusqu'au troisième degré inclus ont, directement ou indirectement, à quelque titre que ce soit, même par personne interposée, participé à ladite construction.

Art. 57 [*Abrogé*].

Art. 58 [*Abrogé*].

Art. 59 À l'occasion de tous litiges dont est saisie une juridiction et qui concernent le fonctionnement d'un syndicat ou dans lesquels le syndicat est partie, le syndic avise chaque copropriétaire de l'existence et de l'objet de l'instance.

Les actes de procédure concernant le syndicat des copropriétaires sont régulièrement signifiés, suivant les cas, au syndic ou à la requête de celui-ci.

Dans les cas prévus aux articles 46 à 48 ci-dessus, l'ordonnance est notifiée dans le mois de son prononcé, par le syndic ou l'administrateur provisoire désigné, à tous les copropriétaires qui peuvent en référer au président du tribunal de grande instance dans les quinze jours de cette notification.

Art. 60 Nonobstant toutes dispositions contraires, toute demande formée par le syndicat à l'encontre d'un ou plusieurs copropriétaires, suivant la procédure d'injonction de payer, est portée devant la juridiction du lieu de la situation de l'immeuble.

Art. 61 Pour l'application de l'article 23 (alinéa 2) de la loi du 10 juillet 1965, le président du tribunal de grande instance statue, par ordonnance sur requête, lorsqu'en cas d'indivision ou d'usufruit la désignation d'un mandataire commun est demandée en justice.

Art. 61-2 Ne sont pas considérées comme impayées, pour l'application du premier alinéa de l'article 29-1A de la loi du 10 juillet 1965, les sommes devenues exigibles dans le mois précédant la date de clôture de l'exercice.

Art. 61-3 La demande tendant à la désignation d'un mandataire *ad hoc* prévue à l'article 29-1A de la loi du 10 juillet 1965 est portée devant le président du tribunal de grande instance du lieu de situation de l'immeuble.

Art. 61-4 Pour l'information du conseil syndical mentionnée au premier alinéa de l'article 29-1A de la loi du 10 juillet 1965, le syndic adresse sans délai à chacun de ses membres l'état des impayés avant répartition à la date de la clôture de l'exercice comptable.

Art. 61-5 L'information mentionnée au quatrième alinéa de l'article 29-1A de la loi du 10 juillet 1965 est assurée par l'envoi d'une copie de la requête ou de l'assignation.

Art. 61-6 Lorsque la demande tendant à la désignation d'un mandataire *ad hoc* est faite en application du deuxième ou du troisième alinéa de l'article 29-1A de la loi du 10 juillet 1965, le président du tribunal de grande instance est saisi par la voie d'une assignation dirigée contre le syndicat, dans les conditions prévues à l'article 485 du code de procédure civile.

Art. 61-7 La requête ou l'assignation qui tend à la désignation d'un mandataire *ad hoc* est accompagnée des pièces de nature à justifier la demande.

Avant de statuer, le président du tribunal de grande instance peut entendre tout membre du conseil syndical.

Art. 61-8 L'ordonnance rendue sur la demande mentionnée à l'article 61-6 n'est pas exécutoire de droit à titre provisoire.

Art. 61-9 L'ordonnance est portée sans délai, par le mandataire *ad hoc* qu'elle désigne, à la connaissance des copropriétaires par remise contre émargement ou par lettre recommandée avec demande d'avis de réception.

Cette communication reproduit le texte de l'article 490 du code de procédure civile lorsque le président a statué comme en matière de référé ou celui de l'article 496 du même code s'il a statué sur requête.

Art. 61-10 Le président du tribunal de grande instance peut autoriser le mandataire *ad hoc*, à la demande de celui-ci et à ses frais, à se faire assister de tout technicien pour l'accomplissement de sa mission, sur une question particulière.

Art. 61-11 Le syndic informe les copropriétaires qu'ils peuvent prendre connaissance du rapport du mandataire *ad hoc* dans les conditions de l'article 62-12. Une copie de tout ou partie du rapport est adressée par le syndic aux copropriétaires qui en font la demande, aux frais de ces derniers.

Art. 62 Tous les litiges nés de l'application de la loi du 10 juillet 1965 et du présent décret sont de la compétence de la juridiction du lieu de la situation de l'immeuble.

b) Sous-section 2
Dispositions particulières aux copropriétés en difficulté

Art. 62-1 La demande tendant à la désignation d'un administrateur provisoire du syndicat est portée devant le président du tribunal de grande instance du lieu de situation de l'immeuble.

Art. 62-2 Lorsque la demande émane de copropriétaires représentant ensemble 15 p. 100 au moins des voix du syndicat, le président du tribunal de grande instance est saisi par la voie d'une assignation dirigée contre le syndicat représenté par le syndic.

Lorsque la demande émane du syndic, le président du tribunal de grande instance est saisi par la voie d'une requête accompagnée des pièces de nature à justifier de la demande après consultation du conseil syndical.

Lorsque la demande émane du procureur de la République, il présente au président du tribunal de grande instance une requête indiquant les faits de nature à motiver cette demande. Le président du tribunal, par les soins du greffier, fait convoquer le syndicat représenté par le syndic, par acte d'huissier de justice, à comparaître dans le délai qu'il fixe. À cette convocation est jointe la requête du procureur de la République.

Art. 62-3 Toute demande tendant à la désignation d'un administrateur provisoire du syndicat est communiquée au procureur de la République, qui est avisé, s'il y a lieu, de la date de l'audience.

Art. 62-4 À l'effet de charger l'administrateur provisoire de prendre les mesures nécessaires au rétablissement du fonctionnement normal de la copropriété, et notamment de définir les pouvoirs dont l'exercice est confié à celui-ci, le président du tribunal de grande instance peut ordonner toutes les mesures d'instruction légalement admissibles. Il peut entendre le président du conseil syndical.

Art. 62-5 L'ordonnance qui désigne l'administrateur provisoire fixe la durée et l'étendue de sa mission. Elle est portée à la connaissance des copropriétaires dans le mois de son prononcé, à l'initiative de l'administrateur provisoire, soit par remise contre émargement, soit par lettre recommandée avec demande d'avis de réception.

Cette communication reproduit soit le texte de l'article 490 du Nouveau code de procédure civile s'il s'agit d'une ordonnance du président statuant comme en matière de référé, soit le texte de l'article 496 du même code s'il s'agit d'une ordonnance sur requête.

Art. 62-6 L'ancien syndic est tenu à l'égard de l'administrateur provisoire des obligations prévues à l'article 18-2 de la loi du 10 juillet 1965.

Art. 62-7 Lorsque l'administrateur provisoire est investi par le président du tribunal de grande instance de tout ou partie des pouvoirs de l'assemblée générale, il doit avant de prendre à ce titre les décisions qui lui paraissent nécessaires à l'accomplissement de sa mission, sauf urgence, recueillir l'avis du conseil syndical.

Il peut aussi convoquer les copropriétaires pour les informer et les entendre.

À ces occasions, il doit préciser le mode de financement pour la mise en œuvre de la ou des décisions envisagées.

Art. 62-8 Les décisions prises par l'administrateur provisoire sont mentionnées, à leur date, sur le registre des décisions prévu à l'article 17 du présent décret.

Art. 62-9 L'administrateur provisoire adresse copie aux copropriétaires de la ou des décisions prises et joint, s'il y a lieu, l'appel de fonds correspondant.

Art. 62-10 Lorsque l'administrateur provisoire du syndicat, pour les nécessités de l'accomplissement de sa mission, présente une demande en application de l'article 29-2 de la loi du 10 juillet 1965 modifiée, il saisit le président du tribunal de grande instance par la voie d'une assignation dirigée contre chacun des créanciers concernés.

Art. 62-11 L'administrateur provisoire du syndicat rend compte par écrit de sa mission au président du tribunal de grande instance à la demande de celui-ci et en tout état de cause à la fin de sa mission.

Il dépose son rapport au secrétariat-greffe de la juridiction qui en adresse une copie au procureur de la République et au syndic désigné et au président du conseil syndical, lorsqu'il en a été désigné un, ou, à défaut, à chacun de ses membres.

Dans l'hypothèse où il rédige un pré-rapport, dans les conditions prévues à l'article 62-13, le secrétariat-greffe de la juridiction adresse une copie de ce pré-rapport au procureur de la République et au président du conseil syndical.

Art. 62-12 Le syndic désigné informe les copropriétaires, par lettre recommandée avec demande d'avis de réception ou remise contre émargement, qu'ils peuvent prendre connaissance du rapport de l'administrateur provisoire à son bureau, ou en tout autre lieu fixé par l'assemblée générale, pendant les heures ouvrables, dans le mois qui suit. Un extrait du rapport peut être joint, le cas échéant, à la lettre. Une copie de tout ou partie du rapport peut être adressée par le syndic désigné aux copropriétaires qui en feraient la demande, aux frais de ces derniers.

Art. 62-13 Si un prérapport est déposé par l'administrateur provisoire avant la fin de sa mission, le prérapport est porté à la connaissance des copropriétaires, à l'initiative de l'administrateur provisoire, dans les formes et conditions prévues à l'article 62-12.

Art. 62-14 Si les conclusions du rapport ou du prérapport de l'administrateur provisoire préconisent que certaines questions soient soumises à l'assemblée générale, elles doivent être portées à l'ordre du jour de la prochaine assemblée générale ou d'une assemblée générale convoquée spécialement à cet effet.

Art. 62-15 Après le dépôt du rapport de l'administrateur, des copropriétaires représentant ensemble 15 % au moins des voix du syndicat peuvent assigner devant le président du tribunal de grande instance statuant comme en matière de référé le syndic désigné en vue de voir prononcer la division du syndicat. La même procédure peut être mise en œuvre par le procureur de la République si l'ordre public l'exige.

Le syndic désigné informe de la date d'audience les copropriétaires. Ceux-ci peuvent être entendus par le juge selon les dispositions du code de procédure civile.

9) Section IX
Les unions de syndicats de copropriétaires
[Les articles de cette nouvelle section sont en vigueur depuis le 1er septembre 2004]

Art. 63 L'union de syndicats, mentionnée à l'article 29 de la loi du 10 juillet 1965, peut être propriétaire des biens nécessaires à son objet.

Lorsqu'un syndicat de copropriétaires est membre d'une union de syndicats, le syndic soumet, préalablement pour avis à l'assemblée générale des copropriétaires du syndicat concerné ou, le cas échéant, au conseil syndical, les questions portées à l'ordre du jour de l'assemblée générale de l'union.

Le syndic rend compte à l'assemblée générale des copropriétaires des décisions prises par l'union.

Art. 63-1 Le conseil de l'union donne son avis au président ou à l'assemblée générale de l'union sur toutes les questions la concernant pour lesquelles il est consulté ou dont il se saisit lui-même.

Il peut prendre connaissance et copie, à sa demande, de toutes pièces ou documents, correspondances ou registres se rapportant à la gestion du président et, d'une manière générale, à l'administration de l'union, au bureau du président ou au lieu arrêté en accord avec lui. Il peut déléguer cette mission à un ou plusieurs de ses membres.

Art. 63-2 Le mandat des membres du conseil de l'union ne peut excéder trois ans renouvelables. Il ne donne pas lieu à rémunération.

Art. 63-3 Lorsqu'un syndicat de copropriétaires est membre d'une union de syndicats, son représentant au conseil de l'union est désigné parmi les copropriétaires, les associés dans le cas prévu par le premier alinéa de l'article 23 de la loi du 10 juillet 1965, les accédants ou les acquéreurs à terme, leurs conjoints, les partenaires liés à eux par un pacte civil de solidarité ou leurs représentants légaux.

Il est désigné à la majorité de l'article 24 de la loi du 10 juillet 1965.

Lorsqu'une personne morale est désignée en qualité de représentant d'un membre du conseil de l'union, elle y est représentée par son représentant légal ou statutaire, ou, à défaut, par un fondé de pouvoir spécialement habilité à cet effet.

Art. 63-4 Des membres suppléants peuvent être désignés dans les mêmes conditions que les membres titulaires du conseil de l'union. En cas de cessation définitive des fonctions du membre titulaire, son suppléant siège au conseil de l'union jusqu'à la date d'expiration du mandat du membre titulaire qu'il remplace.

Le conseil de l'union n'est plus régulièrement constitué si plus d'un quart des sièges devient vacant pour quelque cause que ce soit.

10) Section IX
Dispositions diverses

Art. 64 À l'exception de la mise en demeure mentionnée à l'article 19 de la loi du 10 juillet 1965 susvisé qui se fait par acte extrajudiciaire, toutes les notifications et mises en demeure prévues par ladite loi et le présent décret, sont valablement faites par lettre recommandée avec demande d'avis de réception ou par télécopie avec récépissé. Le délai qu'elles font, le cas échéant, courir a pour point de départ le lendemain du jour de la première présentation de la lettre recommandée au domicile du destinataire ou le lendemain du jour de la réception de la télécopie par le destinataire.

Toutefois, la notification des convocations prévues au présent décret ainsi que celle de l'avis mentionné à l'article 59 ci-dessus peuvent valablement résulter d'une remise contre récépissé ou émargement.

Art. 65 En vue de l'application de l'article précédent, chaque copropriétaire ou titulaire d'un droit d'usufruit ou de nue-propriété sur un lot ou une fraction de lot notifie au syndic son domicile réel ou élu ainsi que, s'il le souhaite, son numéro de télécopie. Les notifications et mises en demeure prévues par l'article 64 sont valablement faites au dernier domicile notifié au syndic ou au dernier numéro de télécopie notifié au syndic.

Les notifications, mises en demeure ou significations intéressant le syndicat sont valablement faites au siège du syndicat ou au domicile du syndic.

Art. 66 Le présent décret est applicable dans les territoires d'outre-mer, sous réserve des règles de procédure particulières à ces territoires.

Décret n° 2005-240 du 14 mars 2005,

Relatif aux comptes du syndicat des copropriétaires.

Art. 1 Les règles comptables spécifiques prévues par le présent décret s'appliquent uniquement aux syndicats de copropriétaires. Elles ne s'appliquent pas à la comptabilité du syndic, qui obéit à ses règles propres, ni à la comptabilité d'autres entités telles que les unions de syndicats ou les associations syndicales régies par l'ordonnance du 1er juillet 2004 susvisée. Les statuts de ces dernières peuvent, toutefois, prévoir que leurs comptes sont tenus conformément aux règles comptables propres aux syndicats de copropriétaires, à l'exception des associations assujetties de plein droit au règlement n° 99-01 du Comité de la réglementation comptable.

Art. 2 En application des articles 14-1 et 14-2 de la loi du 10 juillet 1965 susvisée, le syndicat des copropriétaires approuve les comptes de l'exercice clos et vote, d'une part, le budget prévisionnel concernant les dépenses courantes de maintenance, de fonctionnement et d'administration des parties communes et équipements communs de l'immeuble, d'autre part les dépenses pour travaux prévus par l'article 14-2 et les opérations exceptionnelles selon les règles et les modalités de présentation précisées ci-après, pour l'information des copropriétaires et des tiers. Les comptes de l'exercice comprennent les charges et produits pour les opérations courantes, et les charges et produits pour les travaux mentionnés ci-dessus et les opérations exceptionnelles.

En application de l'article 14-3 de la même loi, sont rattachés à l'exercice les produits acquis (produits reçus et à recevoir) et les charges supportées (charges réglées et à régler) au titre de l'exercice.

Art. 3 Les charges constatées pour les opérations courantes mentionnées à l'article 14-1 de la loi du 10 juillet 1965 susvisée comprennent les sommes, versées ou à verser, en contrepartie des fournitures et services dont a bénéficié le syndicat.

Les produits constatés pour les opérations courantes comprennent les sommes reçues ou à recevoir de chaque copropriétaire en vertu de l'obligation leur incombant, enregistrées à la date d'exigibilité. Ils comprennent aussi les produits divers affectés aux opérations courantes suivant affectation décidée ou approuvée par l'assemblée générale des copropriétaires.

Art. 4 Les charges constatées pour les travaux et opérations exceptionnelles comprennent les sommes, versées ou à verser, pour les travaux prévus par l'article 14-2 de la loi du 10 juillet 1965 susvisée et décidés par l'assemblée générale des copropriétaires. Les charges sont à comptabiliser par le syndicat au fur et à mesure de la réalisation des travaux ou de la fourniture des prestations.

Lorsque les travaux ou prestations s'effectuent sur plusieurs exercices, les montants correspondant aux travaux et prestations votés sont comptabilisés au titre de l'exercice au cours duquel les travaux ou prestations sont réalisés.

Les charges comprennent aussi les dépréciations sur créances douteuses à l'encontre des personnes autres que les copropriétaires; leur estimation est présentée par le syndic et soumise au vote de l'assemblée générale. Les dépréciations de créances douteuses à l'encontre des copropriétaires sont à constater après avoir mis en œuvre les diligences nécessaires au recouvrement, au moment de la décision de l'assemblée générale de procéder à la saisie immobilière.

Les produits constatés pour les travaux et opérations exceptionnelles comprennent les sommes reçues ou à recevoir de chacun des copropriétaires en vertu de l'obligation leur incombant résultant de l'article 14-2 de la loi du 10 juillet 1965 susvisée, les emprunts contractés par le syndicat pour couvrir les dépenses pour travaux, les subventions notifiées, les indemnités d'assurance et les loyers des parties communes, ainsi que les produits divers issus des placements décidés par le syndicat et les intérêts des sommes dues au syndicat suivant affectation décidée par l'assemblée générale des copropriétaires.

Les produits pour travaux et opérations exceptionnelles sont à constater au titre de l'exercice de leur exigibilité.

Les subventions sont à constater dès leur notification, à l'exception des subventions dont le versement s'effectue sur plusieurs exercices, qui sont à mentionner dans l'état des travaux prévus par l'annexe 5 au présent décret (non reproduite) dès leur notification et inscrites en comptabilité sur le fondement des dispositions prévues par la décision accordant la subvention.

Art. 5 L'exercice comptable du syndicat des copropriétaires couvre une période de douze mois. Les comptes sont arrêtés à la date de clôture de l'exercice. Pour le premier exercice, l'assemblée générale des copropriétaires fixe la date de clôture des comptes et la durée de cet exercice qui ne pourra excéder dix-huit mois.

La date de clôture de l'exercice pourra être modifiée sur décision motivée de l'assemblée générale des copropriétaires. Un délai minimum de cinq ans devra être respecté entre les deux décisions d'assemblées générales modifiant la date de clôture.

Art. 6 Les pièces justificatives, documents de base de toute écriture comptable, doivent être des originaux et comporter les références du syndicat (nom et adresse de l'immeuble). Elles doivent être datées et conservées par le syndic pendant dix ans, sauf dispositions expresses contraires.

En cas de changement de syndic, les documents comptables et les originaux des pièces justificatives sont transmis au successeur, le syndic sortant prenant ses propres dispositions afin de conserver les copies des pièces justificatives qu'il estime nécessaires pour la justification des opérations comptables qui lui incombaient.

Art. 7 Le syndic doit être en mesure de ventiler les sommes exigibles à recevoir de chaque copropriétaire selon les rubriques suivantes :

– créances sur opérations courantes;

– créances sur travaux de l'article 14-2 de la loi du 10 juillet 1965 susvisée et opérations exceptionnelles;

– créances sur avances;

– créances sur emprunts obtenus par le syndicat des copropriétaires.

L'assemblée générale des copropriétaires peut décider, pour assurer un meilleur suivi des fonds versés par les copropriétaires, que le syndic procède à la ventilation comptable en quatre sous-comptes selon les rubriques ci-dessus dès l'enregistrement des opérations.

Art. 8 Les comptes arrêtés à la clôture de l'exercice font l'objet de documents de synthèse présentés aux copropriétaires, qui comprennent nécessairement l'état financier, le compte de gestion général du syndicat des copropriétaires et l'état des travaux de l'article 14-2 précité et des opérations exceptionnelles votés non encore clôturés à la fin de l'exercice, établis sous forme de tableaux conformes aux modèles prévus à titre obligatoire aux annexes n°s 1, 2, 3, 4 et 5 du présent décret (annexes non reproduites).

L'état financier présente l'état des créances et des dettes. Il comporte la situation de trésorerie mentionnée à l'article 14-3 de la loi du 10 juillet 1965 susvisée et fait apparaître le montant des emprunts restant dus.

Le compte de gestion général présente les charges et les produits de l'exercice. Il comprend le compte de gestion pour opérations courantes et le compte de gestion pour travaux de l'article 14-2 et opérations exceptionnelles.

L'état des travaux de l'article 14-2 et des opérations exceptionnelles votés non encore clôturés à la fin de l'exercice fait apparaître en fin d'exercice le réalisé et le prévisionnel de chaque opération.

Les comptes de l'exercice clos sont à présenter pour leur approbation par les copropriétaires avec le budget voté correspondant à cet exercice et le comparatif des comptes approuvés de l'exercice précédent.

Les excédents ou insuffisances des charges ou produits sur opérations courantes sont répartis à l'arrêté des comptes entre chacun des copropriétaires en fonction des quotes-parts afférentes à chaque lot dans chacune des catégories de charges.

Il est précisé que pour les charges et produits pour travaux de l'article 14-2 et opérations exceptionnelles, la répartition est opérée selon les mêmes modalités et ne peut intervenir qu'à la clôture définitive de chacune des opérations concernées.

Art. 9 Les charges pour opérations courantes et produits attendus sur opérations courantes font l'objet d'un budget prévisionnel, soumis au vote des copropriétaires. Ils sont présentés dans un document récapitulatif conforme au modèle de l'annexe n° 2 (annexe non reproduite).

Art. 10 Les charges pour opérations courantes et les charges pour travaux de l'article 14-2 et opérations exceptionnelles font l'objet d'une double présentation :

– présentation par nature au sein du compte de gestion général et du budget prévisionnel. Cette présentation doit respecter les tableaux de l'annexe n° 2 (annexe non reproduite);

– ventilation analytique par catégories de charges pour le compte de gestion général et pour le budget prévisionnel. Cette présentation doit respecter les tableaux de l'annexe n° 3 et de l'annexe n° 4, dont les rubriques sont arrêtées en fonction des clauses du règlement de copropriété (annexes non reproduites).

Pour l'approbation des comptes, le total des charges pour opérations courantes de l'annexe n° 3 doit être égal au total des charges de l'annexe n° 2 et le total des charges pour travaux de l'article 14-2 et opérations exceptionnelles de l'annexe n° 4 doit être égal au total des charges de l'annexe n° 2 (annexes non reproduites).

Pour le vote du budget prévisionnel, le total des charges pour opérations courantes de l'annexe n° 3 doit être égal au total des charges de l'annexe n° 2 (annexes non reproduites).

Art. 11 Les modalités d'établissement des comptes du syndicat des copropriétaires sont précisées dans l'arrêté conjoint du garde des Sceaux et du ministre chargé du Logement pris en application du présent décret.

Art. 12 Les annexes mentionnées aux articles 8, 9 et 10 sont conservées avec copie du procès-verbal de l'assemblée générale qui approuve les comptes et qui vote le budget prévisionnel. Ces documents font l'objet d'un classement particulier dans les archives du syndicat (annexes non reproduites).

Arrêté du 14 mars 2005,

Relatif aux comptes du syndicat des copropriétaires.

I – Titre Ier
Dispositions générales

Art. 1 Les écritures sont passées selon le système dit « en partie double ». Dans ce système, tout mouvement ou variation enregistré dans la comptabilité est représenté par une écriture qui établit une équivalence entre ce qui est porté au débit et ce qui est porté au crédit des différents comptes affectés par cette écriture.

Art. 2 Le syndic tient le livre journal et le grand livre des comptes du syndicat.

Le livre journal, tenu selon les dispositions du décret n° 83-1020 du 29 novembre 1983, enregistre chronologiquement les opérations ayant une incidence financière sur le fonctionnement du syndicat.

Le grand livre des comptes regroupe l'ensemble des comptes utilisés par le syndicat, opération par opération.

Le livre journal et le grand livre des comptes sont cotés sans discontinuité.

Un livre journal et un grand livre tenus sur supports informatiques numérotés et datés dès leur établissement, par des moyens offrant toute garantie en matière de preuve, peuvent tenir lieu de livre journal et de grand livre des comptes.

Des comptabilités auxiliaires peuvent être ouvertes en tant que de besoin.

Le syndic édite deux balances générales des comptes, l'une éditée selon la nomenclature comptable du présent arrêté, l'autre selon les clés de répartition des charges prévues par le règlement de copropriété. Les deux balances sont en concordance.

Art. 3 Les opérations sont enregistrées toutes taxes comprises dans les comptes dont l'intitulé correspond à leur nature. Le montant et le taux des taxes sont indiqués lorsqu'un ou plusieurs copropriétaires ont déclaré être assujettis à la taxe sur la valeur ajoutée (TVA).

Art. 4 Tout enregistrement comptable comporte un libellé permettant une identification de la pièce justificative qui l'appuie, notamment date et numéro de facture, date et référence du paiement, période de l'appel de fonds et son objet.

La date à laquelle le paiement est intervenu peut être mentionnée sur les factures, mémoires et situations.

Art. 5 Les documents comptables sont tenus sans altération et sans blanc. Une écriture erronée est annulée par une écriture contraire.

Une procédure de clôture destinée à figer la chronologie et à garantir l'intangibilité des enregistrements est mise en œuvre à la date d'arrêté des comptes.

II – Titre II
Nomenclature et fonctionnement des comptes du syndicat des copropriétaires

Art. 6 La nomenclature des comptes est constituée par la liste des comptes classés, numérotés et définis par une terminologie et des règles de fonctionnement.

A. Chapitre 1er
Nomenclature des comptes

Art. 7 Les comptes sont répartis comme suit :

Classe 1 Provisions, avances, subventions et emprunts

10 Provisions et avances :
102 Provisions pour travaux décidés
103 Avances
1031 Avances de trésorerie
1032 Avances travaux au titre de l'article 18, 6e alinéa de la loi susvisée
1033 Autres avances
12 Solde en attente sur travaux et opérations exceptionnelles
13 Subventions :
131 Subventions accordées en instance de versement

Classe 4 Copropriétaires et tiers

40 Fournisseurs :
401 Factures parvenues
408 Factures non parvenues
409 Fournisseurs débiteurs
42 Personnel :
421 Rémunérations dues
43 Sécurité sociale et autres organismes sociaux :
431 Sécurité sociale
432 Autres organismes sociaux
44 État et collectivités territoriales :
441 État et autres organismes – subventions à recevoir
442 État – impôts et versements assimilés
443 Collectivités territoriales – aides
45 Collectivité des copropriétaires :
450 Copropriétaire individualisé
[Si l'assemblée générale en décide la création, les sous-comptes suivants :]
450-1 Copropriétaire – budget prévisionnel

450-2 Copropriétaire – travaux de l'article 14-2 de la loi susvisée et opérations exceptionnelles
450-3 Copropriétaire – avances
450-4 Copropriétaire – emprunts
459 Copropriétaire – créances douteuses
46 Débiteurs et créditeurs divers :
461 Débiteurs divers
462 Créditeurs divers
47 Compte d'attente :
471 Compte en attente d'imputation débiteur
472 Compte en attente d'imputation créditeur
48 Compte de régularisation :
486 Charges payées d'avance
487 Produits encaissés d'avance
49 Dépréciation des comptes de tiers :
491 Copropriétaires
492 Personnes autres que les copropriétaires

Classe 5 Comptes financiers

50 Fonds placés :
501 Compte à terme
502 Autre compte
51 Banques, ou fonds disponibles en banque pour le syndicat :
512 Banques
514 Chèques postaux
53 Caisse

Classe 6 Comptes de charges

60 Achats de matières et fournitures :
601 Eau
602 Électricité
603 Chauffage, énergie et combustibles
604 Achats produits d'entretien et petits équipements
605 Matériel
606 Fournitures
61 Services extérieurs :
611 Nettoyage des locaux
612 Locations immobilières
613 Locations mobilières
614 Contrats de maintenance
615 Entretien et petites réparations
616 Primes d'assurances
62 Frais d'administration et honoraires :
621 Rémunérations du syndic sur gestion copropriété
6211 Rémunération du syndic
6212 Débours
6213 Frais postaux
622 Autres honoraires du syndic
6221 Honoraires travaux
6222 Prestations particulières
6223 Autres honoraires
623 Rémunérations de tiers intervenants
624 Frais du conseil syndical
63 Impôts – taxes et versements assimilés :
632 Taxe de balayage
633 Taxe foncière
634 Autres impôts et taxes
64 Frais de personnel :
641 Salaires
642 Charges sociales et organismes sociaux
643 Taxe sur les salaires
644 Autres (médecine du travail, mutuelles, etc.)
66 Charges financières des emprunts, agios ou autres :
661 Remboursement d'annuités d'emprunt
662 Autres charges financières et agios
67 Charges pour travaux et opérations exceptionnelles :
671 Travaux décidés par l'assemblée générale
672 Travaux urgents
673 Études techniques, diagnostic, consultation
677 Pertes sur créances irrécouvrables
678 Charges exceptionnelles
68 Dotations aux dépréciations sur créances douteuses

Classe 7 Comptes de produits

70 Appels de fonds :
701 Provisions sur opérations courantes
702 Provisions sur travaux de l'article 14-2 et opérations exceptionnelles
703 Avances
704 Remboursements d'annuités d'emprunts
71 Autres produits :
711 Subventions
712 Emprunts
713 Indemnités d'assurances
714 Produits divers (dont intérêts légaux dus par les copropriétaires)
716 Produits financiers
718 Produits exceptionnels
78 Reprises de dépréciations sur créances douteuses

B. Chapitre 2
Fonctionnement des comptes

1) Section 1
Règles générales d'utilisation des comptes

Art. 8 Les classes de comptes et comptes retenus par les présentes règles spécifiques sont les seuls utilisables par le syndic pour l'enregistrement des opérations effectuées par le syndicat des copropriétaires.

Les règles du plan comptable général des entreprises ne peuvent pas être appliquées pour détailler les comptes retenus par le présent plan comptable. Lorsque les comptes prévus par la présente nomenclature ne suffisent pas au syndicat pour enregistrer distinctement toutes ses opérations, il peut ouvrir toute subdivision nécessaire.

Art. 9 Aucune compensation ne doit être effectuée entre les comptes dont le solde est débiteur et les comptes dont le solde est créditeur.

Conformément à l'article 1256 du code civil, les versements des copropriétaires sont affectés, à défaut d'indication contraire, au règlement de la dette la plus ancienne.

2) Section 2
Règles spéciales d'utilisation des comptes

Art. 10 Les comptes sont utilisés selon les règles spéciales suivantes :

Classe 1 Provisions, avances, subventions et emprunts

Le compte 102 « Provisions pour travaux » est utilisé pour enregistrer les sommes appelées pour financer les travaux décidés par l'assemblée générale en attendant le paiement des travaux correspondants, conformément au vote de l'assemblée générale des copropriétaires.

Il est crédité des provisions appelées par le débit du compte 450 « Copropriétaire individualisé » ou, s'il a été créé, du sous-compte 450-2 « Copropriétaires – travaux de l'article 14-2 et opérations exceptionnelles ». Il est débité par le crédit du compte 702 « Provisions pour travaux » au fur et à mesure de la réalisation des travaux.

Le compte 103 « Avances » est utilisé pour enregistrer les sommes réservées prévues au règlement de copropriété ou décidées par l'assemblée générale pour faire face aux dépenses courantes imprévues (compte 1031 « Avances de trésorerie ») et les sommes à valoir sur les travaux au titre de l'article 18, sixième alinéa de la loi n° 65-557 du 10 juillet 1965 (compte 1032).

Les comptes 1031, 1032 et 1033 sont crédités par le débit du compte 450 « Copropriétaire individualisé » ou, s'il a été créé, du sous-compte 450-3 « Copropriétaires – avances ».

Lorsque les travaux sont décidés et que leur financement est en partie réalisé par imputation des sommes figurant en avance pour travaux au compte 1032, le compte 1032 est débité du montant affecté à ce financement par le crédit du compte 102.

Lorsque les sommes figurant au compte 1031 ou éventuellement celles du compte 1033 sont utilisées en règlement de dépenses courantes ou imprévues, le compte 703 est crédité par le débit du compte 1031 ou du compte 1033 selon le cas, des sommes effectivement affectées au règlement de ces dépenses dans la limite du solde disponible de ces comptes.

Le compte 12 reçoit le solde des opérations sur travaux ou opérations exceptionnelles qui ne peuvent pas être clôturées en fin d'exercice.

Ce compte est débité en fin d'exercice par le crédit des comptes de charges pour travaux de l'article 14-2 et opérations exceptionnelles intéressés. Il est crédité à l'ouverture de l'exercice suivant par le débit des mêmes comptes.

Ce compte est crédité en fin d'exercice par le débit des comptes de produits sur travaux de l'article 14-2 et opérations exceptionnelles. Il est débité à l'ouverture de l'exercice suivant par le crédit de ces mêmes comptes.

Son solde et son détail apparaissent dans l'annexe n° 5 « État des travaux de l'article 14-2 et opérations exceptionnelles votés non encore clôturés à la fin de l'exercice ». Son solde est repris dans l'annexe n° 1 « État financier ».

Le compte 131 « Subvention accordée en instance de versement » est utilisé pour enregistrer, en fonction de leur origine, les subventions sur travaux notifiées au cours de l'exercice.

Il est crédité, au moment de la notification de la décision accordant la subvention, du montant de la participation accordée, par le débit, selon l'origine des fonds, du compte 441 « État – autres organismes – subventions à recevoir », ou du compte 443 « Collectivités territoriales – Aides ».

La constatation en produit au compte 711 est effectuée au fur et à mesure de la réalisation de la charge qu'elle couvre.

Classe 4 Copropriétaires et tiers

Les comptes de la classe 4 enregistrent les créances et les dettes afférentes au budget prévisionnel du syndicat ainsi que celles relatives aux opérations hors budget prévisionnel. Par extension, ils enregistrent les écritures de régularisation des charges et des produits.

Le compte 40 « Fournisseurs » comprend trois comptes : 401 « Factures parvenues », 408 « Factures non parvenues » et le compte 409 « Fournisseurs débiteurs ».

Le compte 401 « Factures parvenues » enregistre les factures et mémoires d'achats de biens et services du budget prévisionnel ainsi que les factures, mémoires et situations des travaux de l'article 14-2 et opérations exceptionnelles sans distinguer la nature des opérations. La nature des opérations est précisée par le libellé de l'écriture qui indique le compte de charges concerné.

Le compte 401 est crédité du montant des factures, mémoires, situations, parvenus avant la clôture de l'exercice, par le débit des comptes de charges concernés.

Le compte 408 « Factures non parvenues » enregistre le montant de fournitures réceptionnées, de prestations de services effectués ou de travaux réalisés au cours de l'exercice et dont la facture n'a pas été reçue au cours de l'exercice.

Le compte 409 « Fournisseurs débiteurs » enregistre les avances et acomptes versés sur commande. Il est débité du montant des avances et acomptes versés par le crédit d'un compte de trésorerie.

Le compte 45 « Collectivité des copropriétaires » regroupe l'ensemble des comptes 450 « Copropriétaire individualisé ».

Si l'assemblée générale le décide, le compte 450 est ventilé en quatre sous-comptes : 450-1 « Copropriétaire – budget prévisionnel », 450-2 « Copropriétaire – travaux de l'article 14-2 et opérations exceptionnelles », 450-3 « Copropriétaire – avances » et 450-4 « Copropriétaire – emprunts ».

Le compte 450 enregistre les créances et le cas échéant les dettes du syndicat à l'encontre de chacun des copropriétaires. Le libellé de l'écriture précise le nom du copropriétaire.

Le compte 450 « Copropriétaire individualisé » ou, s'il a été créé, le sous-compte 450-1 « Copropriétaire – budget prévisionnel » est débité du montant des provisions appelées par le crédit du compte 701 « Provisions sur opérations courantes ». Lors des règlements, il est crédité par le débit du compte de trésorerie. À l'arrêté des comptes, il est débité ou crédité de l'excédent ou de l'insuffisance sur opérations courantes par la contrepartie du compte 701.

Le compte 459 « Copropriétaire – créances douteuses » est débité par le crédit du compte 450 concerné au moment où la créance est considérée comme douteuse par le syndic.

Le compte 47 « Compte d'attente » doit être soldé à la fin de l'exercice ou à défaut justifié ligne à ligne.

Le compte 48 « Compte de régularisation » comprend deux comptes 486 « Charges constatées d'avance » et 487 « Produits encaissés d'avance ». Les charges ou produits se rapportant en totalité ou en partie à l'exercice suivant sont à inscrire dans ces comptes pour les montants correspondants.

Le compte 49 « Dépréciation des comptes de tiers » comprend deux comptes : 491 « Copropriétaires » et 492 « Personnes autres que les copropriétaires ». Ils enregistrent les montants qu'il est nécessaire de provisionner et qui correspondent aux sommes qui sont estimées définitivement perdues. Le montant à provisionner, pour le compte 491, résulte de la décision de l'assemblée générale de procéder à la saisie immobilière.

Le compte 49 « Dépréciation des comptes de tiers » est crédité par le débit du compte 68 « Dotation aux dépréciations sur créances douteuses » et il est débité par le crédit du compte 78 « Reprise de dépréciation sur créances douteuses ».

Classe 5 Comptes financiers

L'enregistrement comptable des emprunts se limite à traiter les flux de trésorerie correspondants. Les écritures sont les suivantes.

À réception des fonds empruntés, le compte 712 « Emprunt » est crédité par le débit du compte 51 « Banques, établissements financiers et assimilés » avec le libellé « Emprunt travaux ».

Préalablement au paiement de l'annuité dont le montant s'entend du capital et des intérêts :

– le compte 450 « Copropriétaire individualisé » ou, s'il a été créé, le sous-compte 450-4 « Copropriétaire – emprunt » est débité par le crédit du compte 704 « Remboursement des annuités d'emprunts » ;

– le compte 450 « Copropriétaire individualisé » ou, s'il a été créé, le sous-compte 450-4 « Copropriétaire – emprunts » est crédité par le débit du compte 51 au moment du paiement par les copropriétaires des sommes appelées en couverture des annuités d'emprunt.

Au moment du paiement des annuités d'emprunt :

Le compte 661 « Remboursement d'annuités d'emprunt » est débité de la totalité du montant de l'annuité par le crédit du compte 51 « Banques ».

Le montant des annuités restant dû à la clôture de l'exercice au titre de l'emprunt est porté sur l'état financier (annexe n° 1 du décret n° 2005-240 du 14 mars 2005 relatif aux comptes du syndicat des copropriétaires).

III – Titre III
Information des copropriétaires

Art. 11 Les documents comptables sont établis au nom du syndicat avec l'adresse de l'immeuble. Ils précisent leur contenu et la référence de l'exercice comptable auquel ils se rapportent.

Le syndic tient à disposition, à l'occasion de toute vérification, le grand livre, le livre journal, les deux balances et, le cas échéant, les journaux auxiliaires.

Les rubriques utilisées pendant l'exercice pour l'enregistrement des opérations sont reproduites clairement dans les documents dressés pour l'information des copropriétaires. Il en est de même pour les codes comptables, sauf pour l'établissement des annexes n°s 3 et 4.

Arrêté du 19 mars 2010,

Modifiant l'arrêté du 2 décembre 1986 relatif aux mesures de publicité des prix applicables dans certains secteurs professionnels (entrée en vigueur le 1er juillet 2010).

Art. 1er Les dispositions relatives aux syndics de copropriété figurant à l'annexe II de l'arrêté du 2 décembre 1986 susvisé sont complétées par les dispositions suivantes :

« Les opérations effectuées par les administrateurs d'immeuble ou syndics de copropriété qui figurent dans le tableau annexe relèvent de la gestion courante. Cette annexe énumère la liste minimale des prestations incluses dans le forfait annuel. Toute prestation particulière doit figurer explicitement en tant que telle dans le contrat de syndic. Le contenu des prestations particulières doit être défini avec précision dans les rubriques correspondantes figurant dans le contrat de syndic. »

Art. 2 Le présent arrêté entre en vigueur le 1er juillet 2010. Sont concernés tous les nouveaux contrats signés à compter de cette date.

Art. 3 La directrice générale de la concurrence, de la consommation et de la répression des fraudes est chargée de l'exécution du présent arrêté, qui sera publié au Journal officiel de la République française.

ANNEXE
LISTE MINIMALE DES PRESTATIONS
DE GESTION COURANTE

Prestations invariables

I. – ASSEMBLÉE GÉNÉRALE ANNUELLE

I-1. Élaboration et envoi de la convocation, des documents à joindre à la convocation et des projets de résolutions (*).

I-2. Réunion du conseil syndical précédant l'assemblée générale. – Objet de la réunion.

I-2.1. Établissement de l'ordre du jour.

I-2.2. Présence du syndic ou de son représentant [il convient de préciser expressément la durée contractuelle prévue comme incluse dans le forfait ainsi que les jours et les plages horaires convenus].

I-3. Mise à disposition de tous les copropriétaires des différentes pièces comptables et justificatives dans les conditions prévues à l'article 18-1 de la loi du 10 juillet 1965.

I-4. Tenue de l'assemblée générale.

I-4.1. Établissement de la feuille de présence, émargement, vérification des voix et des pouvoirs.

I-4.2. Tenue du registre des procès-verbaux.

I-4.3. Procès-verbal : rédaction du procès-verbal lorsque le syndic est élu secrétaire.

I-4.4. Envoi et notification du procès-verbal (*).

I-4.5. Affichage dans les parties communes de la copropriété d'un procès-verbal abrégé mentionnant les résolutions relatives à l'entretien de la copropriété et aux travaux.

I-4.6. Présence du syndic ou de son représentant [il convient de préciser expressément la durée contractuelle prévue comme incluse dans le forfait ainsi que les jours et les plages horaires convenus].

II. – COMPTABILITÉ GÉNÉRALE DE LA COPROPRIÉTÉ

II-1. Établissement du compte de gestion générale et des annexes du syndicat des copropriétaires.

II-1.1. Présentation des comptes en conformité avec la réglementation en vigueur.

II-1.2. Établissement du budget prévisionnel, en collaboration avec le conseil syndical.

II-2. Compte copropriétaires.

II-2.1. Établissement et mise à jour de la liste des copropriétaires.

II-2.2. Tenue des comptes des copropriétaires.

II-2.3. Appel des provisions sur budget prévisionnel (*).

II-2.4. Imputations des consommations individuelles de fluide ou d'énergie lorsque les compteurs sont déjà installés lors de la désignation du syndic.

II-3. Compte fournisseurs. – Factures.

II-3.1. Vérification et paiement des factures.

II-4. Remise au syndic successeur de l'état financier, de la totalité des fonds, de l'état des comptes des copropriétaires et des comptes du syndicat.

II-5. Compte bancaire séparé ou, le cas échéant, compte du cabinet en cas de dispense (possibilité de prix différencié selon le choix de la copropriété).

III. – ADMINISTRATION ET GESTION DE LA COPROPRIÉTÉ EN CONFORMITÉ AVEC LE RÈGLEMENT DE COPROPRIÉTÉ

III-1. Archives du syndicat.

III-1.1. Détention :

Détention, conservation des archives utiles dans le cadre de la gestion courante de l'immeuble [il convient de préciser expressément leur nature, leur volume et leur ancienneté], notamment les plans, le règlement de copropriété, l'état de répartition des charges, l'état de division, les procès-verbaux des assemblées générales, les contrats de travail des préposés du syndicat, les contrats d'assurance de l'immeuble et documents nécessaires pour leur mise en œuvre, les documents et décisions de justice relatifs à l'immeuble dont les délais de contestation ne sont pas révolus, les contrats d'entretien et de maintenance des équipements communs, ainsi que toute pièce administrative datant de moins de deux ans.

III-1.2. Transmission des archives au syndic successeur.

III-1.3. Élaboration et transmission au conseil syndical du bordereau récapitulatif des archives transmises au syndic successeur.

III-2. Conseil syndical. – Obligations administratives.

III-2.1. Mise à disposition et communication au conseil syndical de toutes pièces ou documents se rapportant à la gestion du syndicat (*).

III-2.2. Recueil des avis écrits du conseil syndical lorsque sa consultation est obligatoire.

III-3. Entretien et maintenance.

III-3.1. Visite de la copropriété dans les conditions définies au contrat (nombre et modalités à préciser).

III-3.2. Négociation, passation, suivi des marchés des prestataires et gestion des contrats à l'échéance dans le cadre du budget prévisionnel.

III-3.3. Gestion de tous les diagnostics/dossiers obligatoires.

III-3.4. Carnet d'entretien : établissement et mise à jour pour les informations mentionnées aux articles 3 et 4 du décret n° 2001-477 du 30 mai 2001.

III-3.5. En vue de la consultation en assemblée générale, appel d'offres, étude des devis et mise en concurrence résultant de la demande d'une pluralité de devis ou de l'établissement d'un devis descriptif soumis à l'évaluation de plusieurs entreprises lorsque celle-ci est obligatoire dans le cadre des travaux de maintenance définis à l'article 45 du décret n° 67-223 du 17 mars 1967.

III-3.6. Gestion des travaux d'entretien et de maintenance.

IV. – ASSURANCES

IV-1. Souscription des polices d'assurance au nom du syndicat et avec l'accord préalable du syndicat.

IV-2. Déclaration des sinistres concernant :

– les parties communes;

– les parties privatives lorsque le dommage a sa source dans les parties communes.

IV-3. Règlement des indemnités aux bénéficiaires.

V. – GESTION DU PERSONNEL

V-1. Recherche et entretien préalable (les coûts de la publication des annonces ne sont pas compris) (**).

V-2. Établissement du contrat de travail et, le cas échéant, de ses avenants (**).

V-3. Paiement du salaire et de toute indemnité, prime... due au salarié (**).

V-4. Tenue du livre des salaires et édition des bulletins de paie (**).

V-5. Déclarations et paiement aux organismes fiscaux et sociaux (**).

V-6. Attestations et déclarations obligatoires (**).

V-7. Gestion des remplacements pendant les congés, arrêts maladie et maternité (**).

V-8. Mise en place du DUERSST et mise à jour (**).

V-9. Gestion de la formation du personnel du syndicat (**).

V-I. Divers.

V-I.1. Calcul des intérêts légaux au profit du syndicat.

(*) Prestations hors frais de tirages, d'affranchissements et d'acheminements.

(**) Prestations effectuées de façon habituelle si présence de personnel du syndicat des copropriétaires.

ANNEXE

II. La copropriété

Certaines recommandations ont été émises par la commission relative à la copropriété en considération de dispositions législatives ou réglementaires qui ont été modifiées ou abrogées (spécialement les recommandations n° 6, n° 8, n° 9, n° 12, n° 13, n° 15) [v. code de la copropriété Dalloz à propos d'annotations ponctuelles relatives à des dispositions réglementaires ou des interprétations jurisprudentielles]. La Commission a entrepris leur actualisation; elles seront publiées à mesure de leur mise à jour.

Arrêté du 4 août 1987,

Portant création d'une commission relative à la copropriété.

Art. 1er Il est institué une commission consultative chargée de répertorier les difficultés auxquelles peut donner lieu l'application de la loi n° 65-557 du 10 juillet 1965 modifiée relative au statut de la copropriété des immeubles bâtis, de rechercher les solutions, notamment d'ordre conventionnel, propres à les aplanir et de proposer, le cas échéant, aux pouvoirs publics les adaptations législatives ou réglementaires qui s'avéreraient nécessaires.

Art. 2 Cette commission est composée comme suit :

– un conseiller à la Cour de cassation, président, un professeur des facultés de droit, un notaire et un avocat désignés par le garde des Sceaux;

– le directeur des affaires civiles et du sceau au ministère de la Justice ou son représentant;

– le directeur de la direction générale de l'urbanisme, de l'habitat et de la construction au ministère de l'Équipement, des transports et du logement ou son représentant.

Art. 3 Elle comprend, en outre :

– le président de l'Union nationale de la propriété immobilière (UNPI) ou son représentant;

– le président de la Confédération générale du logement (CGL) ou son représentant;

– le président de l'Association des responsables de copropriété (ARC) ou son représentant;

– le président de la Fédération nationale des agents immobiliers (FNAIM) ou son représentant;

– le président de la Confédération nationale des administrateurs de biens (CNAB) ou son représentant;

– le président du Syndicat national des professionnels immobiliers (SNPI) ou son représentant.

Art. 4 Les votes de la commission sont pris à la majorité des membres présents. En cas de partage des voix, la voix du président est prépondérante.

Art. 5 La Commission élabore un règlement intérieur qui détermine ses modalités de fonctionnement.

Art. 6 La Commission peut, pour l'examen de questions particulières, associer à ses travaux, en qualité de membres consultants :

– le président de l'Agence nationale pour l'information sur le logement (ANIL) ou son représentant;

– le président de la Fédération nationale des promoteurs constructeurs (FNPC) ou son représentant;

– le président de l'Association nationale de la copropriété coopérative (ANCC) ou son représentant.

Art. 7 La Commission peut inviter à participer à ses travaux toute personne dont le concours lui paraît utile.

Recommandation n° 1, du 19 mars 2008,

Convocations des assemblées générales (n° 1, du 19 mars 2008).

La Commission,

Vu la loi n° 65-557 du 10 juillet 1965 fixant le statut de la copropriété des immeubles bâtis modifiée;

Vu le décret n° 67-223 du 17 mars 1967 portant règlement d'administration publique pour l'application de la loi n° 65-557 fixant le statut de la copropriété des immeubles bâtis modifié notamment par le décret du 1er mars 2007;

1. Sur l'auteur de la convocation

Vu l'article 7, alinéa 2, du décret précité qui dispose notamment que l'assemblée générale est convoquée par le syndic;

Vu l'article 8 du décret précité disposant :

« La convocation de l'assemblée est de droit lorsqu'elle est demandée au syndic soit par le conseil syndical, s'il en existe un, soit par un ou plusieurs copropriétaires représentant au moins un quart des voix de tous les copropriétaires, à moins que le règlement de copropriété ne prévoit un nombre inférieur de voix. La demande, qui est notifiée au syndic, précise les questions dont l'inscription à l'ordre du jour est demandée.

« Dans les cas prévus au précédent alinéa, l'assemblée générale des copropriétaires est valablement convoquée par le président du conseil syndical, s'il en existe un, après mise en demeure du syndic restée infructueuse pendant plus de huit jours.

« Dans les mêmes cas, s'il n'existe pas de conseil syndical ou si les membres de ce conseil n'ont pas été désignés ou si le président de ce conseil ne procède pas à la convocation de l'assemblée, tout copropriétaire peut alors provoquer ladite convocation dans les conditions prévues à l'article 50 du présent décret.

« Lorsque l'assemblée est convoquée en application du présent article, la convocation est notifiée au syndic ».

Vu l'article 47 du décret précité qui prévoit la désignation d'un administrateur provisoire de la copropriété lorsque le syndicat est dépourvu de syndic, chargé notamment de convoquer l'assemblée générale en vue de la désignation d'un syndic lorsque le syndicat est dépourvu de syndic et que l'assemblée générale n'a pas préalablement délibéré sur sa désignation;

Vu l'article 50 du décret précité qui prévoit, dans l'hypothèse prévue à l'article 8, alinéa 3, la possibilité pour le président du tribunal de grande instance, à la requête d'un copropriétaire d'habiliter un copropriétaire ou un mandataire de justice à l'effet de convoquer l'assemblée générale;

CONSTATE :

– que certaines assemblées générales sont convoquées aussi bien par des syndics dont le mandat est expiré, que par des présidents de conseils syndicaux en dehors des cas autorisés alors que la fonction de syndic est vacante, ou encore par des copropriétaires.

RAPPELLE :

– que les fonctions de syndic cessant de plein droit à l'expiration de la durée de son mandat, il n'a plus alors le pouvoir de convoquer l'assemblée générale;

– que l'assemblée générale encourt l'annulation, lorsqu'elle est convoquée, par un syndic dont le mandat est expiré, par un syndic démissionnaire ou révoqué ou simplement pressenti ou encore lorsque l'assemblée générale s'est réunie spontanément.

RECOMMANDE :

– au syndic, de façon pressante de convoquer l'assemblée générale de telle manière que la nouvelle désignation intervienne en temps utile et de veiller à ce que son mandat soit encore valide au moment où il convoque l'assemblée générale;

– aux conseils syndicaux et à leur président, ainsi qu'aux copropriétaires, de s'abstenir de convoquer l'assemblée générale lorsque le syndicat est dépourvu de syndic, quelle qu'en soit la raison comme l'expiration du mandat, la démission ou la révocation sans désignation d'un nouveau syndic, et de s'adresser au président du tribunal de grande instance aux fins de désignation d'un administrateur provisoire;

– aux copropriétaires de désigner en assemblée générale compétente un représentant de chaque personne morale (syndicat principal, syndicat secondaire).

2. Sur les personnes à convoquer

Considérant que l'article 23, alinéa 2, de la loi du 10 juillet 1965 précitée dispose qu'en cas d'indivision ou d'usufruit d'un lot, les intéressés doivent, sauf stipulation contraire du règlement de copropriété, être représentés par un mandataire commun qui sera, à défaut d'accord, désigné par le président du tribunal de grande instance à la requête de l'un d'entre eux ou du syndic;

Considérant [que] le dernier alinéa de l'article 24 de la loi du 10 juillet 1965 précise que lorsque le règlement de copropriété met à la charge de certains copropriétaires seulement les dépenses d'entretien d'une partie de l'immeuble ou celles d'entretien et de fonctionnement d'un élément d'équipement commun, il peut être prévu par ce règlement que ces copropriétaires seuls prennent part au vote sur les décisions qui concernent ces dépenses. Chacun d'eux vote avec un nombre de voix proportionnel à sa participation auxdites dépenses;

Que l'article 12 du décret du 17 mars 1967 précité précise notamment que pour l'application de l'article 23 de la loi du 10 juillet 1965, chacun des associés d'une société d'attribution reçoit notification des convocations ainsi que des documents visés à l'article 11 du décret précité et qu'il participe aux assemblées générales du syndicat dans les mêmes conditions que les propriétaires;

Que l'article 6 du décret du 17 mars 1967 précise en outre les obligations du notaire ou des parties lors des mutations de lots;

Que l'article 65 du décret du 17 mars 1967 prévoit l'obligation pour chaque copropriétaire ou titulaire d'un droit d'usufruit ou de nue-propriété sur un lot ou une fraction de lot de notifier au syndic son domicile réel ou élu ainsi que, s'il le souhaite, son numéro de télécopie;

Constate des difficultés dans la détermination des personnes à convoquer notamment lorsque :

– un ou plusieurs lots appartiennent à des copropriétaires indivis ou sont l'objet d'un démembrement du droit de propriété notamment entre un usufruitier et un nu-propriétaire;

– des mutations de lots sont en cours de réalisation;

– les questions portées à l'ordre du jour n'intéressent que certains copropriétaires.

RAPPELLE :

– qu'un mandataire commun doit être désigné lorsque le lot de copropriété fait l'objet d'une propriété indivise ou d'un démembrement;

– que la mutation d'un lot n'est opposable au syndicat qu'à partir du jour où le syndic a reçu du notaire ou des parties la notification du transfert de propriété;

– que tous les copropriétaires et associés des sociétés d'attribution et locataires accédants doivent être convoqués aux assemblées générales même si une clause expresse du règlement de copropriété prévoit que ne prennent part au vote que ceux concernés par la décision;

– qu'il appartient à ces personnes de faire en sorte que le syndic ait connaissance de l'adresse où elles doivent être convoquées, et, si elles le souhaitent, leur numéro de télécopie.

RECOMMANDE :

Au syndic

– d'inviter les copropriétaires concernés à la désignation d'un mandataire commun en cas d'indivision ou de démembrement du droit de propriété;

– à défaut de saisir par requête le président du tribunal de grande instance aux fins de désignation d'un mandataire commun qui est alors le destinataire unique de la convocation;

– d'adresser la convocation à l'un et/ou l'autre des époux si le lot est un bien commun et uniquement au conjoint propriétaire s'il s'agit d'un bien propre;

– d'adresser la convocation au vendeur tant qu'il n'a pas reçu du notaire ou des parties la notification du transfert de propriété;

– de convoquer tous les membres de l'assemblée, y compris ceux qui ne participent pas au vote en vertu des clauses du règlement de copropriété.

Au notaire d'appeler l'attention des intéressés :

– sur l'obligation qu'ils ont de désigner le mandataire commun prévu par [la] loi dès lors que les actes qu'il reçoit sont constitutifs d'une indivision, ou d'un démembrement du droit de propriété;

– sur la nécessité de déclarer au syndic leur domicile réel ou élu dans la mesure où il diffère de celui mentionné dans l'acte.

3. Sur les modalités des convocations

Considérant que l'article 64 dispose notamment que toutes les notifications et mises en demeure prévues par la loi du 10 juillet 1965 et par le décret du 17 mars 1967, à l'exception de la mise en demeure visée à l'article 19 de ladite loi, sont valablement faites par lettre recommandée avec demande d'avis de réception ou par télécopie avec récépissé.

Que toutefois, la notification des convocations prévues au présent décret ainsi que celle de l'avis mentionné à l'article 59 ci-dessus peuvent valablement résulter d'une remise contre récépissé ou émargement.

CONSTATE :

– que les convocations sont fréquemment remises contre récépissé ou émargement, ce qui peut entraîner des contestations sur la date de la remise et sur la qualité du signataire.

RAPPELLE :

– que les convocations peuvent être adressées soit par lettre recommandée avec demande d'avis de réception, soit remises contre récépissé ou émargement, soit adressées, par télécopie aux copropriétaires en ayant manifesté le souhait, au dernier numéro notifié au syndic, mais dans tous les cas, en respectant le délai d'au moins 21 jours, sauf cas d'urgence prévu à l'article 37.

RECOMMANDE :

Au syndic

– de veiller, en cas d'utilisation de convocations contre remise ou émargement à ce que les signatures soient recueillies dans les délais réglementaires et, le cas échéant, de prévoir, pour pallier toutes difficultés, un délai suffisant pour permettre une convocation par lettre recommandée avec accusé de réception des convocations qui n'ont pu être remises contre émargement.

4. Sur le lieu de convocation de l'assemblée générale

Considérant que l'article 9 du décret du 17 mars 1967 dispose notamment :

« La convocation contient l'indication des lieu, date et heure de la réunion, [...]. À défaut de stipulation du règlement de copropriété ou de décision de l'assemblée générale, la personne qui convoque l'assemblée fixe le lieu et l'heure de la réunion.

[...]

« Sauf urgence, cette convocation est notifiée au moins 21 jours avant la date de la réunion, à moins que le règlement de copropriété n'ait prévu un délai plus long.

« Sous réserve des dispositions du règlement de copropriété, l'assemblée générale est réunie dans la commune de situation de l'immeuble. »

CONSTATE :

– que des assemblées sont parfois convoquées dans un lieu où réside la majorité des copropriétaires et non dans celui de la situation de l'immeuble (résidences de vacances), ou dans une commune limitrophe de celle de la situation de l'immeuble ou encore dans les locaux du syndic situé[s] sur une autre commune que celle du lieu de la situation de l'immeuble.

RAPPELLE :

– que cette façon de procéder n'est légale que dans la mesure où elle est prévue par le règlement de copropriété;

– qu'en cas de changement dans les lieux, date et heure de la réunion, une nouvelle convocation doit être adressée dans les formes et délais prescrits.

RECOMMANDE :

Au syndic

– de ne convoquer l'assemblée générale dans une commune autre que celle du lieu de situation de l'immeuble que si le règlement de copropriété le prévoit formellement.

5. Sur [la] périodicité des assemblées générales

Considérant que l'article 18 de la loi du 10 juillet 1965 dispose :

« En cas d'empêchement du syndic pour quelque cause que ce soi[t] ou en cas de carence de sa part à exercer les droits et actions du syndicat et à défaut de stipulation du règlement de copropriété, un administrateur provisoire peut être désigné par décision de justice. »

Considérant que l'article 7 du décret du 17 mars 1967 dispose en son premier alinéa que, dans tout syndicat, il est tenu au moins chaque année une assemblée générale des copropriétaires.

Considérant en outre, que l'article 66 du décret du 20 juillet 1972 susvisé prévoit que le titulaire de la carte professionnelle portant la mention « Gestion immobilière » doit rendre compte de sa gestion au moins tous les ans.

Constate que l'obligation prévue aux articles précités n'est pas toujours respectée.

Rappelle qu'il doit être tenu au moins une fois chaque année une assemblée générale des copropriétaires.

Recommande au syndic de veiller au respect de cette disposition, la sanction pouvant être la nomination d'un administrateur provisoire à la requête de tout intéressé pour exercer les droits du syndicat.

La présente recommandation annule et remplace la précédente recommandation n° 1 en date du 7 mars 2006.

Recommandation n° 2, du 7 mars 2006,

Relative à l'établissement et à la rédaction de l'ordre du jour de l'assemblée générale.

A. I – Établissement de l'ordre du jour

Vu les articles 18 et 18-1 de la loi n° 65-557 du 10 juillet 1965 modifiée fixant le statut de la copropriété des immeubles bâtis et les articles 9 et 10 du décret n° 67-223 du 17 mars 1967 portant règlement d'administration publique pour l'application de ladite loi.

La Commission,

– Sur le contenu

CONSTATE que parfois l'ordre du jour des assemblées générales n'est pas établi en concertation avec le conseil syndical;

RAPPELLE que, sous réserve, des articles 8, 47 et 50 du décret du 17 mars 1967 précité, le syndic établit la convocation de l'assemblée générale qui contient l'ordre du jour;

Que la possibilité donnée à tout copropriétaire ou au conseil syndical de demander l'inscription d'une ou plusieurs questions à l'ordre du jour dans les six jours de la réception de la convocation telle que le prévoyait l'ancien article 10 est supprimée;

Que les copropriétaires peuvent désormais, dans les conditions de l'article 10 du décret du 17 mars 1967 dans sa nouvelle rédaction, demander l'inscription d'une question à l'ordre du jour de l'assemblée générale;

Qu'il est obligatoire de porter à l'ordre du jour, d'une part, toutes les questions nécessitant une décision ou une autorisation de l'assemblée générale, telles que celles mentionnées au paragraphe I de l'article 11 du décret et, d'autre part, celles qui sont à l'initiative du syndic, à celle du conseil syndical ou de tout copropriétaire en ayant notifié la demande.

Que l'absence d'une autorisation de l'assemblée générale donnée au syndic pour accomplir certains actes ou procédures, au nom du syndicat, est de nature à en entraîner la nullité.

Que l'article 9, alinéa 1er, du décret du 17 mars 1967, exige impérativement la mention des modalités de consultation des pièces justificatives des charges, ainsi qu'il est prévu à l'article 18-1 de la loi du 10 juillet 1965.

RECOMMANDE au syndic, ainsi qu'il est dit dans la recommandation n° 13, pour un bon fonctionnement du syndicat :

– D'associer le conseil syndical à l'établissement de l'ordre du jour de l'assemblée générale et de veiller à ce que les questions notifiées dans les conditions de l'article 10 soient prises en compte.

– Que les questions soumises au vote de l'assemblée générale soient classées par ordre d'importance décroissante.

B. II – Questions à l'initiative des copropriétaires

La Commission,

CONSTATE :

– qu'il est quelquefois proposé à l'assemblée générale des copropriétaires de fixer une date avant laquelle doivent être notifiées au syndic toutes les questions dont il est demandé qu'elles soient inscrites à l'ordre du jour d'une assemblée générale et ce, parfois plusieurs mois avant la tenue de cette assemblée.

RAPPELLE :

– que l'article 10 susvisé précise que la demande d'inscription d'une question à l'ordre du jour peut intervenir à tout moment au cours de l'année;

– que ce texte n'impose aux copropriétaires aucune période ou aucune date limite pour notifier par lettre recommandée avec avis de réception au syndic, une demande d'inscription d'une question à l'ordre du jour;

– que néanmoins, la notification de la question à inscrire à l'ordre du jour doit intervenir suffisamment tôt pour que le syndic puisse l'inscrire;

– que le syndic n'est pas le juge de l'opportunité de l'inscription quand bien même les documents nécessaires à une décision valide n'auraient pas été joints à la demande d'inscription.

RECOMMANDE AU SYNDIC :

– de ne pas proposer au vote une date limite d'envoi des questions à inscrire à l'ordre du jour;

– de retenir toutes les questions ayant été notifiées depuis la dernière assemblée générale pour les inscrire à l'ordre du jour de la prochaine assemblée;

– d'appeler l'attention du demandeur lorsque la question ne peut prospérer pour quelques motifs que ce soit;

– de différer l'inscription à l'ordre du jour de l'assemblée suivante seulement à partir du moment où la demande lui parvient alors que les convocations ont été établies et sont prêtes à être envoyées.

C. III – Libellé des questions

La Commission,

Vu les articles 9, 10, 11, 13, 17 alinéa 2 et 21 du décret du 17 mars 1967;

CONSTATE :

– que les convocations ne contiennent pas toujours ni toutes les questions ayant un caractère obligatoire, ni tous les documents et projets de résolution devant être annexés;

– que la distinction entre l'intitulé de la question et le projet de résolution, s'il est obligatoire, n'est pas toujours perçue;

– que la formulation imprécise de l'intitulé de la question et de la question elle-même laisse planer un doute sur leur finalité, simple information des copropriétaires ou projet de résolution pour décision de l'assemblée générale;

– que la rubrique « questions diverses » est utilisée abusivement.

RAPELLE AU SYNDIC :

– qu'une décision doit comprendre deux éléments une résolution relative à une question inscrite à l'ordre du jour et un vote sur cette question;

– qu'il convient, en conséquence, d'être particulièrement attentif à l'intitulé des questions et à celle des projets de résolution;

– que les projets de résolution, même lorsqu'ils ne sont pas obligatoires, sont néanmoins utiles à la clarté des débats et à la rédaction du procès-verbal de l'assemblée générale.

RECOMMANDE aux rédacteurs des convocations :

– de respecter la distinction à opérer entre l'intitulé de la question portée à l'ordre du jour et les projets de résolution obligatoires ou utiles;

– de libeller les questions de manière aussi précise que possible en évitant les formules vagues ou équivoques telles « problèmes des parties communes », « sécurité de l'immeuble », « travaux de couverture » ou « autorisation d'engager une procédure », qui constituent l'intitulé d'une question et non le projet de résolution;

– de ne porter à l'ordre du jour que les questions nécessitant un vote de l'assemblée générale devant constituer une décision;

– de prévoir, pour toutes les questions nécessitant un vote de l'assemblée générale, un projet de résolution, même s'il n'est pas imposé par l'article 11, afin de circonscrire et de clarifier la discussion et faciliter la rédaction du procès-verbal;

– d'éviter, autant que faire se peut, de rédiger les projets de résolution sous la forme négative, de façon à faciliter une décision dénuée de toute ambiguïté;

– d'annexer les différents documents imposés par le décret de 1967, en distinguant, d'une part, ceux nécessaires à la validité de la décision, et, d'autre part, ceux donnés à titre d'information;

– de séparer les questions soumises à la délibération de l'assemblée générale de manière à assurer la clarté des votes;

– de ne pas porter à l'ordre du jour des « questions diverses » qui ne peuvent donner lieu à une décision de l'assemblée générale; que toutefois rien ne s'oppose à ce que des « questions » non inscrites à l'ordre du jour fassent l'objet d'échanges de vues, notamment dans la perspective de leur inscription à l'ordre du jour d'une prochaine assemblée générale ou pour obtenir un avis sur les questions relevant des seuls pouvoirs du syndic;

– de rappeler que les « questions diverses » qui seraient abordées lors de l'assemblée générale ne peuvent constituer que des informations ou des demandes de devis en vue d'être soumis à une prochaine assemblée, ou des études d'une question particulière mais ne peuvent en aucun cas donner lieu à un vote décisoire;

– que, toutefois, si cette étude nécessitait d'engager des dépenses, celle-ci doit être inscrite à l'ordre du jour avec fixation d'une somme maximale;

– que lorsqu'il est envisagé une délégation de pouvoir pour prendre une décision visée à l'article 24 de la loi du 10 juillet 1965, il y a lieu qu'elle soit portée à l'ordre du jour avec un projet de résolution, le vote de cette délégation se faisant à la majorité de l'article 25 et le cas échéant de l'article 25-1.

Recommandation n° 3, du 7 mars 2006,

Relative à l'identification et à l'information des copropriétaires.

La Commission,

Vu les articles 6, 32 et 65 du décret n° 67-223 du 17 mars 1967 portant règlement d'administration publique pour l'application de la loi n° 65-557 du 10 juillet 1965 fixant le statut de la copropriété des immeubles bâtis;

Considérant que, dans la pratique, ne sont pas toujours donnés au syndic les moyens de tenir à jour la liste prévue à l'article 32 susvisé dans des conditions d'exactitude satisfaisante;

Qu'en effet, l'actualisation d'une telle liste n'intervient normalement que dans les cas de mutation ou de création d'un droit réel puisque, dans de telles hypothèses, les parties, le notaire, l'avoué ou l'avocat sont tenus d'en aviser le syndic par l'application de l'article 6 du décret susvisé;

Que ces prescriptions ne sont pas toujours respectées, aucune obligation d'information ne pesant sur quiconque en cas notamment de changement de domicile, de décès ou d'incapacité du copropriétaire ou d'élection de domicile;

Que ces lacunes pourraient être comblées si chacune des personnes concernées avait conscience que le respect d'un minimum de formalités est susceptible d'améliorer la gestion de la copropriété et d'éviter des procédures inutiles ou vouées à l'irrecevabilité.

En conséquence,

LA COMMISSION RECOMMANDE :

1 – Aux syndics de s'efforcer de tenir à jour la liste des copropriétaires et des titulaires de droits sur les lots, conformément à l'article 32 du décret du 17 mars 1967, étant précisé que les copropriétaires peuvent prendre connaissance de cette liste dans le bureau du syndic;

2 – Aux notaires, avocats ou avoués, selon le cas, de faire remplir par les intéressés une fiche de renseignements précisant le nouveau domicile à l'occasion de chaque mutation ou de chaque constitution de droits sur un lot et de la transmettre au syndic;

3 – Aux notaires, avocats ou avoués, selon le cas, d'inviter les propriétaires indivis à désigner un mandataire commun;

4 – Aux notaires chargés d'une succession ou à l'administration des domaines en cas de succession vacante d'aviser dès que possible le syndic en lui fournissant les précisions nécessaires relatives à la date et au lieu du décès, et à l'identité des ayants droit;

5 – Aux notaires et aux avocats de notifier au syndic toute mutation résultant d'une vente publique dès la publication de l'adjudication;

6 – Aux tuteurs ou aux curateurs d'un majeur protégé, à l'administrateur légal ou au tuteur d'un mineur de notifier au syndic la décision les désignant et les décisions ultérieures modifiant la situation de l'intéressé;

7 – Aux copropriétaires de répondre aux demandes de renseignements émanant du syndic de leur immeuble pour l'établissement ou la mise à jour de la liste des copropriétaires et, en cas de mutation d'un lot, de transmettre à l'acquéreur les informations relatives à l'organisation de la copropriété de l'immeuble, notamment le règlement de copropriété et les convocations aux assemblées qu'il aurait pu recevoir avant la mutation, pour une date qui lui serait postérieure;

8 – Aux syndics, de rappeler aux copropriétaires, en cas d'indivision ou d'usufruit d'un lot, la nécessité d'être représentés par un mandataire commun qui sera, à défaut d'accord, désigné par le président du tribunal de grande instance à la requête de l'un d'entre eux ou du syndic;

9 – Aux notaires et aux parties, que tant que la notification prévue à l'article 6 n'a pas été faite, le transfert de propriété du lot est inopposable au syndicat;

10 – Aux copropriétaires qu'ils doivent notifier au syndic, par lettre recommandée avec demande d'avis de réception, leur domicile réel ou élu soit en France métropolitaine, si l'immeuble y est situé, soit dans le département d'outre-mer ou le territoire d'outre-mer de la situation de l'immeuble.

Recommandation n° 4, du 27 juin 2006,

Relative à la tenue des assemblées générales.

Vu l'article 17, alinéa 1er, de la loi n° 65-557 du 10 juillet 1965 fixant le statut de la copropriété des immeubles bâtis;

Vu l'article 7 du décret n° 67-223 du 17 mars 1967 portant règlement d'administration publique pour l'application de la loi du 10 juillet 1965 précitée;

I – 4.1. Recommandations relatives à la tenue de la feuille de présence

Vu les articles 22 alinéas 2 et 3 et 23 de la loi du 10 juillet 1965 susvisée;

Vu les articles 14 et 15 du décret du 17 mars 1967 modifié.

La Commission,

RAPPELLE :

– que la feuille de présence est établie par l'auteur de la convocation;

– qu'elle doit contenir les noms et domicile de chaque copropriétaire, associés de sociétés d'attribution et des accédants à la propriété de la loi du 12 juillet 1989 et, le cas échéant, de leur mandataire, ainsi que le nombre de voix dont il dispose, compte tenu, s'il y a lieu, des dispositions de l'article 22 alinéas 2 et 3 et de l'article 24 de la loi du 10 juillet 1965;

– que la feuille de présence constituant une annexe au procès-verbal sa copie doit être délivrée sur demande du copropriétaire;

– que la procuration de vote ne peut être transmise par télécopie.

RECOMMANDE; en conséquence, au syndic en sa qualité de secrétaire provisoire de la séance de l'assemblée, de détenteur des archives et de la liste des copropriétaires et de celles des associés qui lui a été communiquée par le représentant de la société de vérifier :

– que la feuille de présence satisfait aux prescriptions légales et réglementaires;

– que les délégations de vote dont sont porteurs les mandataires, qu'ils soient copropriétaires ou non, sont correctement établies et répondent aux règles légales sur le cumul des mandats;

– que les pouvoirs en blanc, ont été remis à un copropriétaire ou à l'un des mandataires présents sans que le syndic les attribue personnellement;

– que la feuille de présence a été émargée.

RECOMMANDE aux copropriétaires, compte tenu de l'absence de règles régissant la distribution des pouvoirs en blanc en début d'assemblée, de désigner expressément, leur mandataire, le cas échéant, avec une faculté de subdélégation.

II – 4.2. Recommandations relatives à la mise en place de l'assemblée

La Commission,

RAPPELLE :

– que la désignation du président de séance est obligatoire et, sous réserve des clauses du règlement, la désignation, s'il y a lieu, d'un ou plusieurs scrutateurs;

– que la désignation du président de séance est une condition substantielle de la validité de l'assemblée et, ainsi que celle, si le règlement le prévoit, du ou des scrutateurs;

– que la désignation du président de séance et, s'il y a lieu, celle du ou des scrutateurs a lieu à la majorité de l'article 24 de la loi du 10 juillet 1965;

– que ces désignations doivent être mentionnées au procès-verbal qui doit comporter le résultat de vote pour chacune des nominations à peine de nullité de l'assemblée;

– que le secrétariat de la séance est assumé par le syndic sauf décision contraire de l'assemblée générale, prise à la majorité de l'article 24 de la loi du 10 juillet 1965;

– que tout mandataire peut déléguer son mandat, sauf clause du mandat lui interdisant cette faculté, notamment pour assurer le respect des dispositions de l'article 22.

RECOMMANDE :

Au président :

– de veiller à ce que le mandataire de plusieurs copropriétaires soit considéré comme représentant autant de propriétaires que de mandants pour le calcul de la majorité de l'article 26 concernant les membres du syndicat, rappel étant fait que, si un propriétaire possède plusieurs lots, il est compté pour une seule tête;

– de certifier exacte la feuille de présence;

– de veiller, en cas d'indivision, quelle que soit son origine, que seul celui qui représente l'indivision participe à l'assemblée et intervienne au vote.

Au copropriétaire contraint d'arriver ou de quitter l'assemblée générale en cours de séance :

– de faire mentionner son arrivée sans omettre de signer le feuillet de présente;

– de faire noter son départ anticipé sur la feuille de présence;

– de donner, le cas échéant, un pouvoir à un mandataire, qui doit émarger la feuille de présence, et de faire mentionner cette délégation au procès-verbal, étant préciser qu'en l'absence de ces diligences, il est réputé présent et avoir voté favorablement.

III – 4.3. Recommandations relatives aux décisions

La Commission,

Vu les articles 24, 25, 25-1 et 26 dernier alinéa de la loi du 10 juillet 1965 susvisée,

Vu les articles 13 et 19 du décret du 17 mars 1967 modifié,

RAPPELLE :

– que, si l'assemblée peut débattre et émettre un avis sur des questions ne figurant pas à l'ordre du jour, elle ne peut en aucun cas prendre une décision valide sur ces questions;

– que la majorité de l'article 24 se calcule désormais en fonction des seules voix des copropriétaires présents ou représentés qui se sont exprimés, c'est-à-dire qui ont voté pour ou contre le projet de résolution, abstraction faite des copropriétaires absents ou abstentionnistes;

– qu'en application de l'article 24 alinéa 4, lorsque le règlement de copropriété met à la charge de certains copropriétaires seulement les dépenses d'entretien d'une partie de l'immeuble ou celles d'entretien et de fonctionnement d'un élément d'équipement, il peut être prévu par ledit règlement que ces copropriétaires seuls prennent part au vote sur les décisions qui concernent ces dépenses. Chacun d'eux vote avec un nombre de voix proportionnel à sa participation aux dites dépenses;

– que tous les copropriétaires participent au vote sauf si le règlement de copropriété prévoit des parties communes spéciales ou s'il existe une disposition particulière du règlement prévoyant une spécialisation de la dépense et dont le vote relève de l'article 24;

– que la majorité de l'article 25 est calculée sur la totalité des voix des copropriétaires composant le syndicat, peu importe que les copropriétaires soient ou non présents ou représentés ou qu'ils soient ou non intéressés par la décision à prendre;

– qu'en cas de parties communes spéciales, majorité est calculée sur la totalité des voix de ces parties communes spéciales telles que mentionnées sur la feuille de présence;

– qu'à défaut de décision prise à la majorité absolue des voix du syndicat et conformément à l'article 25-1, si le projet de décision relevant de l'article 25 a recueilli au moins le tiers des voix de tous les copropriétaires, l'assemblée peut immédiatement, c'est-à-dire au cours de la même réunion, procéder à un second vote à la majorité de l'article 24;

– qu'à défaut de recueillir au moins le tiers des voix, une nouvelle assemblée générale, si elle est convoquée dans le délai maximal de trois mois, peut statuer à la majorité de l'article 24 conformément à l'article 25-1;

– que, sous réserve des dispositions du dernier alinéa de l'article 26 concernant les travaux d'amélioration prévu par le c) de l'article 26, la majorité de l'article 26 alinéa 1er est une majorité en nombre des copropriétaires représentant au moins les deux tiers des voix du syndicat et que la majorité en nombre se décompte par rapport à l'ensemble des membres composant le syndicat; peu importe qu'un ou plusieurs d'entre eux possèdent plusieurs lots, ils sont comptés pour une seule tête. De même, les époux communs en biens, les indivisaires, les acquéreurs et les vendeurs en location-accession sont aussi comptés pour une seule personne.

Qu'à défaut :

– qu'une décision comporte un élément substantiel, une disposition adoptée par l'assemblée revêtant une efficacité juridique, et un élément formel, qui se caractérise par un vote recueilli en assemblée générale;

– qu'il ne peut y avoir de vote à bulletin secret.

RECOMMANDE au président de séance :

– de veiller à ce que l'assemblée vote sur toutes les questions inscrites à l'ordre du jour et uniquement sur celles-ci;

– de vérifier à la fois le nom des votants et leur nombre de voix;

– de faire voter les copropriétaires soit à main levée, soit par bulletin nominatif afin d'identifier avec précision les opposants et les abstentionnistes, ce qui exclut les votes à bulletin secret;

– de proclamer le résultat des votes au plus tard avant la levée de la séance ;
– d'indiquer si la résolution est adoptée ou non et à quelle majorité.

IV – 4.4 Recommandations relatives à l'établissement du procès-verbal

Vu l'article 17 du décret du 17 mars modifié ;

La Commission,

RAPPELLE :

– Que le procès-verbal comporte, sous l'intitulé de chaque question inscrite à l'ordre du jour, le texte de la décision et le résultat du vote ;
– Que pour l'application de l'article 24, il doit préciser les noms des copropriétaires ou associés qui se sont abstenus ou opposés et le nombre de leurs voix et, le cas échéant, lorsque le règlement de copropriété met à la charge de certains copropriétaires seulement les dépenses d'entretien d'une partie de l'immeuble ou celles d'entretien et de fonctionnement d'un élément d'équipement, le nombre de voix « contre » et celles des abstentions pour les copropriétaires concernés par la décision ;
– Qu'il doit mentionner les réserves éventuellement formulées sur la régularité de la décision par les copropriétaires ou les associés opposants ;
– Que les procès-verbaux des séances sont inscrits, à la suite les uns des autres, sur un registre spécialement ouvert à cet effet ;
– Que les procès-verbaux et le registre peuvent être tenus sous forme électronique dans les conditions définies par les articles 1316-1 et suivants du code civil sous la réserve qu'ils soient établis et conservés dans des conditions de nature à en garantir l'intégrité ; Qu'en effet, la signature nécessaire à la perfection de l'acte juridique suppose l'identification de celui qui l'appose et la certification de sa signature ;
– Que toutefois, en raison de difficultés techniques, il est, en l'état, très difficile de mettre en place un procédé fiable d'identification pour recueillir la signature du syndic, du président et des scrutateurs ; Que ces dispositions, par leur généralité, s'appliquent à la feuille de présence, au procès-verbal des assemblées ainsi qu'aux registres des procès-verbaux ;
– Qu'il est établi un procès-verbal des décisions de chaque assemblée signé à la fin de chaque séance, par le président, par le secrétaire et par les scrutateurs ;
– Que la séance ne peut être levée qu'après la signature du procès-verbal par le président, le secrétaire et par le ou les scrutateurs s'il en existe.

La Commission,

RECOMMANDE :

– que le texte du procès-verbal mentionne le nom des présents et celui des absents ainsi que le nombre de leurs voix ;
– que le procès-verbal ne constitue pas un compte rendu analytique des débats ;
– que le secrétaire de séance prenne tout les dispositions nécessaires pour que le procès-verbal soit établi conformément à la loi avant la fin de la séance ;
– que le texte de chaque décision soit rédigé dans la forme la plus simple, la plus concise, la plus claire et la plus précise possible afin d'éviter toute erreur d'interprétation ;
– de veiller à ce que les amendements ne dénaturent pas le libellé et l'objet de la question ou des questions inscrites à l'ordre du jour ;
– de mentionner les réserves éventuellement formulées par un copropriétaire opposant sur la régularité de l'assemblée générale ainsi que de ses décisions ;
– de n'utiliser la signature électronique que lorsqu'il sera possible techniquement de mettre en place un procédé d'identification pour recueillir la signature de tous les signataires du procès-verbal.

V – 4.5. Recommandations relatives à la notification des décisions et à la diffusion du procès-verbal

Vu l'article 42, alinéa 2, de la loi du 10 juillet 1965 modifié ;
Vu l'article 18 du décret du 17 mars 1967 ;

La Commission,

RAPPELLE :

– Que les actions qui ont pour objet de contester les décisions des assemblées générales doivent, à peine de déchéance, être introduites par les copropriétaires opposants ou défaillants, dans un délai de deux mois à compter de la notification desdites décisions qui leur est faite à la diligence du syndic dans un délai de deux mois à compter de la tenu de l'assemblée générale ;
– Que, sauf en cas d'urgence, l'exécution par le syndic des travaux décidés par l'assemblée générale en application des articles 25 et 26 est suspendue jusqu'à l'expiration du délai mentionné à la première phrase du précédent alinéa ;
– Que les décisions de l'assemblée générale sont immédiatement exécutoires tant qu'elles n'ont pas été annulées judiciairement, sauf pour les travaux non urgents votés en application des articles 25 et 26 de la loi du 10 juillet 1965 ainsi qu'il est dit à l'alinéa précédent ;
– Que, dans le cas prévu à l'article 23 (alinéa 1er) de la loi du 10 juillet 1965, la notification du procès-verbal est adressée au représentant légal de la société d'attribution lorsqu'un ou plusieurs associés se sont opposés ou ont été défaillants et qu'un extrait du procès-verbal de l'assemblée est notifié au représentant légal de la société propriétaire des lots, s'il n'a pas assisté à la réunion ;
– Que la notification susvisée doit mentionner les résultats du vote et reproduire le texte de l'article 42 (alinéa 2) de la loi dans son intégralité ;
– Que les décisions prises en assemblées générales des copropriétaires et relatives à l'entretien de l'immeuble et aux travaux font l'objet d'un procès-verbal abrégé affiché dans les parties communes de l'immeuble. Cet extrait de procès-verbal se borne à mentionner les décisions prises

relatives à l'entretien, d'une part, et aux travaux, d'autre part, sans qu'il soit besoin d'indiquer le nombre de voix recueillies, ni le montant de la dépense (article 44 de la loi du 23 décembre 1986);

– Que les dispositions de l'article 42 alinéa 2 visent la notification des décisions de l'assemblée générale aux copropriétaires défaillants ou opposants en vue de leur permettre de contester ces décisions en justice, dans l'éventualité de l'exercice des actions en justice ayant pour objet de les contester sans viser expressément la notification du procès-verbal dans son intégralité;

– Que le délai de deux mois pour contester en justice les décisions court à compter du lendemain du jour de la première présentation de la lettre recommandée et qu'à défaut de notification desdites décisions, la contestation est possible dans un délai de 10 ans à compter de l'assemblée;

– Que la délivrance d'une copie intégrale de la feuille de présence est obligatoire si un copropriétaire le demande.

PREND ACTE de la pratique établie et qu'elle approuve d'adresser une copie du procès-verbal à tous les copropriétaires.

En conséquence,

RECOMMANDE AUX SYNDICS :

– en toute hypothèse, de notifier le procès-verbal le plus rapidement possible aux copropriétaires opposants ou défaillants, sans attendre l'expiration du délai de deux mois;

– d'adresser le procès-verbal conformément à une pratique bien établie et approuvée par lettre simple aux copropriétaires qui ne sont ni opposants, ni défaillants;

– de ne pas diffuser sur internet les procès-verbaux d'assemblée générale sauf dans le cas où l'assemblée générale a voté sur une éventuelle diffusion des procès-verbaux sur un site particulier réservé spécialement au syndicat et accessible aux seuls copropriétaires composant le syndicat.

Recommandation n° 5, du 1er avril 2008,

Relative à la division des immeubles et respect des règles de la publicité foncière pour les états descriptifs de division.

La Commission, compte tenu des difficultés rencontrées aussi bien dans le choix de la division d'un immeuble ou d'un ensemble immobilier que dans l'établissement de l'état descriptif de division régissant ces immeubles ou ensembles immobiliers, émet les recommandations suivantes.

5.1. – Sur la division

Considérant que la loi du 10 juillet 1965 s'applique de plein droit, dès lors que la propriété de l'immeuble est répartie entre plusieurs personnes par lots comprenant chacun une partie privative et une quote-part de parties communes (article 1er alinéa 1) et qu'elle s'applique à titre supplétif à un ensemble immobilier qui outre des terrains, des aménagements et des services communs, comporte des parcelles, bâties ou non, faisant l'objet de droits de propriété privatifs;

Considérant que l'utilisation de l'espace, tant en élévation, qu'en tréfonds, a conduit la pratique :

– à imaginer de superposer, et/ou d'imbriquer à l'intérieur d'un ensemble immobilier dit « complexe », des locaux ou ouvrages soumis à des régimes juridiques différents (par exemple coexistence du domaine public et du domaine privé) et destinés généralement à recevoir des affectations diverses;

– à fonder la technique de réalisation et de gestion de ces ensembles immobiliers complexes, sur une organisation en volumes dite « division volumétrique ».

La Commission, compte tenu de l'absence de structure légale de la division volumétrique,

RAPPELLE :

– que la division volumétrique ne doit donner naissance à aucune partie commune : cette absence de parties communes étant une exigence dans ce type d'organisation à la différence de l'article 3 de la loi du 10 juillet 1965 qui implique l'existence de parties communes et qui, dans le silence ou la contradiction des titres, présume parties communes le sol, le gros-œuvre des bâtiments et l'ensemble des équipements communs;

– qu'avant de recourir à la division volumétrique complexe, il convient d'établir et de justifier très clairement dans le document constitutif de l'ensemble immobilier complexe que la loi du 10 juillet 1965 ne s'applique pas;

– que dans la division volumétrique, le droit de propriété s'exerce non sur le sol, mais sur un volume défini selon des cotes planimétriques et altimétriques;

– que ce volume identifié par des coordonnées immuables est un immeuble par nature, lequel fait l'objet d'une appropriation et peut être cédé, hypothéqué, grevé de servitudes, donné à bail à construction;

– que chaque volume constitue ainsi une propriété distincte, laquelle peut, le cas échéant, inclure une copropriété;

– que, dans cette hypothèse, deux divisions sont réalisées :

• une division primaire : la division en volumes de l'ensemble immobilier complexe, édifié ou à édifier sur une ou plusieurs parcelles cadastrales,

• une division secondaire : la division d'un volume en lots de copropriété. Dans cette situation, la notion de terrain, assiette foncière de la copropriété, est remplacée par celle de volume immobilier;

– que chacune de ces divisions doit faire l'objet d'un état descriptif, lequel permet d'identifier les différents volumes s'agissant d'une division volumétrique ou les différents lots s'agissant d'une division en copropriété.

5.2. – Sur l'état descriptif de division en volumes et l'état descriptif de division en copropriété

Considérant que la division en volumes ou la division en lots de copropriété d'un immeuble, doit faire l'objet d'un état descriptif de division publié obligatoirement au fichier immobilier et soumis comme tel aux règles de la publicité foncière;

– que, dans ces deux hypothèses, ces règles sont précisées par les articles 7 du décret n° 5522 du 4 janvier 1955 et 71 et 76 du décret n° 55-1350 du 14 octobre 1955, qui réglementent la matière pour les immeubles divisés en fractions : soit en volumes, soit par lots de copropriété;

– que l'identification de la fraction d'un immeuble permet d'individualiser des parties d'immeuble sur lesquelles peuvent s'exercer des droits de natures très diverses, tels que le droit de propriété, qu'il s'agisse de volumes ou de copropriété, ou encore d'une hypothèque cantonnée sur cette fraction d'immeuble;

– qu'ainsi, constitue une fraction d'immeubles au sens de l'article 7 susvisé : chaque local, pour les bâtiments soumis au statut de la copropriété, chaque volume, pour les immeubles soumis à une division volumétrique.

Considérant que la division volumétrique réalise une division primaire en fractions d'immeubles, au sens de l'article 7 susvisé, dont la désignation doit être établie conformément à un état descriptif de division conforme aux conditions fixées par les textes précités sur la publicité foncière, savoir :

– chaque volume doit recevoir un numéro d'ordre, les volumes faisant l'objet d'un numérotage continu;

– chaque volume doit posséder, pour son identification, son adresse topographique, son numéro de volume et, éventuellement, la nature de son affectation;

– que le numérotage doit être en cohérence avec le caractère de division primaire en volumes de l'ensemble immobilier complexe, par rapport aux divisions secondaires en copropriété de l'un ou de l'autre des volumes de la division primaire;

– que dans ce cas, la division volumétrique doit, en effet, préexister à toute division en copropriété.

La Commission rappelle qu'il convient, afin d'éviter toute confusion, de réserver impérativement la dénomination de volumes pour les fractions résultant d'un état descriptif de division volumétrique et de lots pour les divisions en copropriété.

– qu'ainsi, les volumes sont numérotés;

– volume 1,

– volume 2,

avec un numérotage continu dans une série unique à partir de l'unité et interdiction de reprendre des numéros précédemment utilisés en cas de suppression ou modification de l'état descriptif de division volumétrique;

– et que la division secondaire en copropriété opérée du volume 1 devient :

– volume 1

– lot 1...

– lot 2...

– lot 3...

– lot 4...

– que, dans ce schéma de désignation, la règle de numérotage se trouve ainsi respectée dans chaque catégorie d'état descriptif et permet d'éviter des confusions de numérotage entre les volumes et les lots de copropriété issus de la division d'immeubles;

– qu'en ce qui concerne les lots de copropriété, il faut noter une seule exception au numérotage continu à partir de l'unité : elle concerne les immeubles en copropriété comprenant plusieurs bâtiments; qu'il est admis que des solutions de continuité peuvent exister entre les numéros attribués aux lots des différents bâtiments ou corps de bâtiments, à la condition, cependant, que le numérotage commence toujours au numéro 1 : le rédacteur de l'état descriptif peut affecter des séries de numéros à chaque bâtiment en laissant entre chaque série des numéros inutilisés en prévision des besoins futurs qu'il est seul en mesure d'apprécier; qu'ainsi, lorsque les lots d'un premier bâtiment sont numérotés de 1 à 49, les lots du deuxième peuvent être numérotés de 100 à 149, ceux du troisième de 200 à 249;

– que lorsque le volume est l'assiette d'un état descriptif de division en copropriété, l'état descriptif de division volumétrique doit être publié préalablement à l'état descriptif de division en copropriété;

– que, dans tous les cas, qu'il s'agisse d'une division volumétrique ou d'une division en copropriété, celle-ci est résumée dans un tableau incorporé à l'acte et reproduit au fichier immobilier : « le tableau récapitulatif de l'état descriptif de division ».

5.3. – Sur la désignation des fractions d'immeubles

Vu l'article 71A du décret du 14 octobre 1955 modifié lequel précise les règles d'identification de chaque fraction d'un immeuble pour la tenue du fichier immobilier,

La Commission rappelle ce qui suit :

1° S'agissant d'une division volumétrique, la désignation des fractions est définie par l'indication :

– du niveau (chiffre positif ou négatif par rapport au sol existant);

– de la surface de base;

– des cotes NGF (niveau général de la France, calculé par rapport au niveau de la mer);

– de la nature (*infra* ou superstructure);

– de la destination (si elle est connue);

– le tout par référence à un plan annexé à l'acte notarié.

2° S'agissant d'un immeuble en copropriété, la désignation de chaque fraction est définie par l'indication :

– du bâtiment, lorsque l'immeuble dont fait partie le lot comprend plusieurs bâtiments;

– de l'escalier;

– de l'emplacement occupé à l'étage, celui-ci pouvant être éventuellement déterminé par référence au plan ou croquis annexé.

Par fraction, il faut entendre chaque local : appartement, cave, chambre de service, boutique, réserve, emplacement de stationnement.

Les indications ci-dessus doivent être complétées de la quote-part de parties communes en tant que quote-part de copropriété, attachée au lot de propriété, ainsi que de la nature du lot.

La Commission recommande de ne pas faire état dans la désignation du lot de copropriété de la quote-part des charges affectées à chaque lot, la répartition des charges faisant l'objet d'un état de répartition distinct, inclus dans le règlement de copropriété.

5.4. – Sur l'identification de chaque local d'un immeuble en copropriété

La Commission constatant qu'antérieurement aux textes susvisés de la publicité foncière il était d'usage de confondre dans un même lot le local principal (par ex. : un appartement) et divers locaux accessoires (par ex. : chambre de service, cave, garage).

RECOMMANDE AUX COPROPRIÉTAIRES :

– de prendre l'initiative d'établir un nouvel état descriptif de division, conforme à la réglementation en vigueur depuis 1979, chaque local indépendant étant constitutif d'un lot;

– d'établir préalablement à la mutation d'un lot comprenant un local principal et des locaux accessoires, un modificatif à l'état descriptif de division préexistant aux fins de diviser le lot d'origine en autant de lots qu'il y a de locaux concernés.

PRÉCISE :

– que la division de l'ancien lot en autant de lots qu'il y a de locaux concernés impose le partage des quotes-parts de parties communes affectées au lot d'origine entre les lots nouveaux et une nouvelle répartition des charges affectées au lot d'origine entre les lots nouveaux;

– que relativement au partage des quotes-parts de parties communes, si celui-ci est libre, il est cependant souhaitable de le rendre cohérent de telle manière qu'au sein de l'immeuble soient affectées à des lots similaires des quotes-parts identiques ou proches des quotes-parts indivises dans les parties communes;

– que relativement à la nouvelle répartition des charges, celle-ci résultant de la division doit être approuvée par l'assemblée générale des copropriétaires à la majorité de l'article 24 de la loi du 10 juillet 1965;

– que la division doit être cohérente et que le total des quotes-parts de parties communes et des quotes-parts de charges affectées aux lots nouveaux doit être égal aux quotes-parts de parties communes et aux quotes-parts de charges du lot ancien divisé.

5.5. – Sur la portée de la publicité au bureau des hypothèques des modificatifs apportés à l'état descriptif et au règlement de copropriété

Considérant qu'il convient de rappeler que l'opposabilité aux tiers du règlement de copropriété et de ses modificatifs, ne joue qu'à dater de leur publication au fichier immobilier, conformément aux dispositions de l'article 13 de la loi du 10 juillet 1965;

Recommande aux syndics de copropriété de déposer sans tarder au rang des minutes d'un notaire le procès-verbal de l'assemblée des copropriétaires emportant modification du règlement de copropriété et/ou de l'état descriptif de division, afin d'en assurer la publicité au fichier immobilier.

Étant rappelé que l'article 18 de la loi du 10 juillet 1965, précise que le syndic est chargé de « représenter le syndicat............ pour la publication de l'état descriptif de division, du règlement de copropriété ou des modifications apportées à ces actes, sans que soit nécessaire l'intervention de chaque copropriétaire à l'acte ou à la réquisition de publication ».

La présente recommandation annule et remplace la précédente recommandation n° 5.

Recommandation n° 6, du 7 décembre 2006,

Relative aux comptes du syndicat des copropriétaires soumis aux dispositions comptables du décret et de l'arrêté du 14 mars 2005.

La Commission,

Vu l'article 3 du décret du 14 mars 2005 qui dispose que les charges constatées pour les opérations courantes mentionnées à l'article 14-1 de la loi du 10 juillet 1965 comprennent les sommes, versées ou à verser, en contrepartie des fournitures et services dont a bénéficié le syndicat;

Vu l'article 8 alinéa 6 du décret du 14 mars 2005 qui dispose que les excédents ou insuffisances des charges ou produits sur opérations courantes sont répartis à l'arrêté des comptes entre chacun des copropriétaires en fonction des quotes-parts afférentes à chaque lot dans chacune des catégories de charges;

Vu l'article 10 de l'arrêté du 14 mars 2005, classe 4 alinéa 10, qui prévoit que le compte 450 « Copropriétaire individualisé » ou, s'il a été créé, le sous-compte 450-1 « Copropriétaire – budget prévisionnel » est débité du montant des provisions appelées par le crédit du compte 701 « Provisions sur opérations courantes »; que lors des règlements, il est crédité par le débit du compte de trésorerie; qu'à l'arrêté des comptes, il est débité ou crédité de l'excédent ou de l'insuffisance sur opérations courantes par la contrepartie du compte 701;

Vu l'article 5 de l'arrêté du 14 mars 2005 qui dispose en son alinéa 2 qu'une procédure de clôture destinée à figer la chronologie et à garantir l'intangibilité des enregistrements est mise en œuvre à la date d'arrêté des comptes;

Vu l'article 5 alinéa 2 du décret du 14 mars 2005 qui prévoit que les comptes sont arrêtés à la date de clôture de l'exercice;

Vu l'article 6 de l'arrêté du 14 mars 2005 qui dispose que la nomenclature des comptes est constituée par la liste des comptes classés, numérotés et définis par une terminologie et des règles de fonctionnement.

§ 1. Sur l'application des règles de la comptabilité d'engagement

Considérant que l'article 3 du décret du 14 mars 2005 dispose que les charges constatées pour les opérations courantes comprennent les sommes, versées ou à verser, en contrepartie des fournitures et services dont a bénéficié le syndicat; que les produits constatés pour les opérations courantes comprennent les sommes reçues ou à recevoir de chaque copropriétaire en vertu de l'obligation leur incombant, enregistrées à la date d'exigibilité;

Considérant que ces dispositions imposent au syndicat des copropriétaires de tenir une comptabilité d'engagement;

Recommande de constater les produits financiers à la date de leur exigibilité, conformément aux dispositions des articles 3 et 4 du décret du 14 mars 2005 et sous réserve d'une décision éventuelle et préalable de l'assemblée générale sur leur affectation et leur répartition.

§ 2. Sur l'approbation des comptes et la répartition du solde des charges et des produits de l'exercice

Considérant que la répartition du solde des charges et des produits de l'exercice est effectuée à l'arrêté des comptes; qu'il s'agit d'un document préparatoire et provisoire qui doit nécessairement faire apparaître la quote-part de chacun des copropriétaires après la répartition des charges et des produits de l'exercice; Considérant que ce document est destiné à être soumis aux copropriétaires en vue de leur approbation par l'assemblée générale;

Considérant que la répartition du solde des charges et des produits de l'exercice est ainsi effectuée à l'arrêté des comptes, mais sous réserve de son approbation par l'assemblée générale des copropriétaires;

Considérant que ce n'est que l'approbation des comptes qui rendra exigible les excédents de charges ou de produits de l'exercice par rapport au budget prévisionnel;

Rappelle que seule l'approbation des comptes par l'assemblée générale donne force à la répartition des charges et à l'inscription des éventuels excédents ou insuffisances de charges au débit ou au crédit du compte individuel de chaque copropriétaire.

§ 3. Sur les créances douteuses ou irrécouvrables

Considérant que le compte 450 enregistre les créances et le cas échéant les dettes du syndicat à l'encontre de chacun des copropriétaires;

Considérant que le compte 459 est ouvert dès qu'une créance douteuse est constatée à l'encontre d'un copropriétaire;

Considérant que se pose dès lors la répartition entre ces deux comptes des écritures lorsqu'un compte 459 est ouvert au nom d'un copropriétaire;

Rappelle que le vote relatif à la saisie immobilière ne préjuge pas du montant de l'adjudication et qu'il s'agit à ce niveau d'une solution d'attente; que ce vote n'emporte pas fixation irrévocable de la somme pouvant être estimée définitivement irrécouvrable et qu'il convient d'effectuer trois votes distincts :

– le premier sur la saisie immobilière, étant précisé qu'il doit s'agir d'une mesure individuelle et non pas d'une mesure générale visant des personnes non dénommées qui se trouveraient dans ce cas déterminé,

– le deuxième vote sur le montant de la mise à prix,

– et le troisième sur le montant des sommes estimées définitivement perdues;

Recommande, dès lors que le compte 459 est ouvert au nom d'un copropriétaire lorsque la créance est décidée douteuse par l'assemblée générale, que toutes les écritures relatives à ce copropriétaire soient enregistrées dans ce compte et non plus dans le compte 450 qui ne sera ouvert de nouveau que lorsque la situation sera régularisée.

§ 4. Sur les comptes de la classe 12 (solde en attente de travaux et opérations exceptionnelles)

Considérant que l'article 10 de l'arrêté prévoit que le compte 102 « provisions pour travaux » enregistre les provisions votées pour financer les travaux décidés en attendant leur paiement; qu'il est crédité par le débit du compte 450 « copropriétaire individualisé »; qu'il est débité par le crédit du compte 702 « provisions pour travaux » au fur et à mesure de la réalisation de ces travaux;

Considérant que l'article 10 dispose également que le compte 12 reçoit le solde des opérations sur travaux qui ne peuvent être clôturées en fin d'exercice;

Considérant que l'annexe 5 de l'arrêté du 14 mars 2005 prévoit une colonne D pour les appels des travaux effectués au cours de l'exercice comptable, une colonne C où le montant des travaux réalisés doit être mentionné et une colonne E « Solde en attente sur travaux » qui est égale à D-C, étant précisé que ce solde doit correspondre au solde du compte 12;

Considérant que pour que le compte 12 corresponde à la somme devant être mentionnée au bas de la colonne E, il doit nécessairement comprendre les soldes des comptes 102, 702 et 671 « travaux décidés par l'assemblée générale » et éventuellement 712 à 718 (emprunts, indemnités d'assurance, produits divers, produits financiers, produits exceptionnels).

Recommande de porter les provisions pour travaux directement dans le compte 702 sans passer par le compte 102, le solde étant dans le compte 12 lorsque les travaux sont votés et leur exécution commencée.

§ 5. Sur les travaux de l'article 14-2 de la loi du 10 juillet 1965

Considérant que l'article 4 du décret du 14 mars 2005 dispose que les charges constatées pour les travaux et opérations exceptionnelles comprennent les sommes, versées ou à verser, pour les travaux prévus par l'article 14-2 de la loi du 10 juillet 1965 et décidés par l'assemblée générale des copropriétaires; que les charges sont à comptabiliser par le syndicat au fur et à mesure de la réalisation des travaux ou de la fourniture des prestations;

Considérant que, dès lors que les travaux sont clos définitivement, ils doivent être répartis à la fin de l'exercice;

Considérant qu'à défaut de caution bancaire, une retenue de garantie peut néanmoins subsister;

Recommande de porter cette retenue de garantie au compte 462 « Créditeurs divers » ou de la laisser au compte fournisseur 401.

§ 6. Sur l'affectation de l'avance travaux au financement de travaux décidés

Considérant que l'article 10 de l'arrêté du 14 mars 2005 prévoit que lorsque les travaux sont décidés et que leur financement est en partie réalisé par imputation des sommes figurant en avance au titre de l'article 18 6° de la loi du 10 juillet 1965 pour travaux du compte 1032, ce compte 1032 est débité du montant affecté à ce financement par le crédit du compte 102 « Provisions pour travaux décidés »;

Considérant qu'une avance travaux peut avoir été faite en tantièmes généraux, alors que les travaux peuvent ne concerner que certains copropriétaires, la répartition devant s'effectuer suivant un nombre de tantièmes différents.

Recommande de créditer les copropriétaires en fonction des tantièmes qui ont servi à l'appel de provisions, et d'appeler le même montant uniquement sur les copropriétaires concernés en fonction de la clé de répartition spéciale.

§ 7. Sur les honoraires du syndic sur travaux

Considérant que les honoraires du syndic sur travaux décidés par l'assemblée générale doivent être comptabilisés, à l'instar des honoraires sur travaux pris dans le cadre de la gestion courante;

Recommande de porter, conformément à l'article 7 de l'arrêté du 14 mars 2005, ces honoraires dans le compte 6221 « Honoraires travaux », sous-compte de 622 « Autres honoraires du syndic ».

§ 8. Sur le compte d'attente

Considérant que le plan comptable prévoit un compte 47 « Compte d'attente », ainsi que deux sous-comptes : 471 « Compte en attente d'imputation débiteur » et 472 « Compte en attente d'imputation créditeur »;

Considérant que les dispositions réglementaires n'ont pas entendu rendre cette justification « ligne à ligne » obligatoire en annexe;

Recommande que cette justification soit tenue à disposition chez le syndic, dans les conditions de l'article 18-1 de la loi du 10 juillet 1965.

§ 9. Sur les sous-comptes des annexes

Considérant que l'article 8 de l'arrêté du 14 mars 2005 dispose que lorsque les comptes prévus par la nomenclature dudit arrêté ne suffisent pas au syndicat pour enregistrer distinctement toutes ses opérations, il peut ouvrir toute subdivision nécessaire;

Considérant que le compte 662 « Autres charges financières et agios » n'apparaît pas dans l'annexe 2 (compte de gestion général);

Qu'il doit néanmoins en être fait état dans ce tableau puisqu'il s'agit d'une charge du syndicat;

Recommande que soient ajoutés aux annexes les comptes et sous-comptes nécessaires prévus par la nomenclature comptable, les énonciations des tableaux n'étant pas exhaustives.

§ 10. Sur la période transitoire

Considérant que les nouvelles dispositions comptables issues du décret et de l'arrêté du 14 mars 2005 entreront en vigueur pour les exercices ouverts à compter du 1er janvier 2007;

Considérant que la nouvelle réglementation ne peut avoir pour objet d'imposer la conformité des écritures comptables des exercices précédents aux dispositions du décret et de l'arrêté du 14 mars 2005;

Considérant qu'une période transitoire va s'installer durant laquelle les écritures antérieures au premier exercice comptable ouvert à compter de l'entrée en vigueur des nouvelles dispositions ne pourront pas apparaître dans les annexes, certaines rubriques ou colonnes ne pouvant ainsi être renseignées;

Recommande de renseigner les rubriques ou colonnes qu'il est possible de renseigner sans avoir à reconstituer une comptabilité conforme aux règles comptables spécifiques prévues par le décret et l'arrêté du 14 mars 2005.

La présente recommandation annule et remplace la précédente recommandation n° 6.

Recommandation n° 7,

Relative à la répartition des frais de chauffage (en application du décret n° 91-999 du 30 sept. 1991).

La Commission,

Vu l'article L. 131-3 du code de la construction et de l'habitation (loi du 29 octobre 1974) aux termes duquel :

Art. L. 131-3 « Nonobstant toute disposition, convention ou usage contraires, les frais de chauffage et de fourniture d'eau chaude mis à la charge des occupants comprennent, en plus des frais fixes, le coût des quantités de chaleur calculées comme il est dit ci-dessus.

Un décret pris en Conseil d'État, après avis du comité consultatif pour l'utilisation de l'énergie, fixe les conditions d'application du présent article et, notamment, la part des frais fixes visés au précédent alinéa, les délais d'exécution des travaux prescrits, ainsi que les cas et conditions dans lesquels il peut être dérogé à l'obligation prévue au premier alinéa, en raison d'une impossibilité technique ou d'un coût excessif. »

Vu les articles R. 131-2 à R. 131-7 du code de la construction et de l'habitation (rédaction du *décret n° 91-999 du 30 sept. 1991*), et les articles 1 à 5 de l'arrêté du 30 septembre 1991.

A. I. Économie générale des dispositions législatives et réglementaires

La Commission,

7.1. CONSTATE que dans l'immeuble en copropriété la répartition des charges de chauffage collectif est soumise à des règles spécifiques qui ne se réfèrent pas exclusivement à la notion d'utilité définie par l'article 10, alinéa 1er, de la loi du 10 juillet 1965, précisée par la jurisprudence comme étant une utilité simplement potentielle ou objective.

7.2.1. RAPPELLE, en premier lieu, que le législateur, par de telles dispositions, a pour objectif d'influencer le comportement des usagers en vue de réaliser des économies d'énergie dans l'exploitation des chauffages collectifs dans l'habitat par une individualisation des dépenses relatives aux seuls frais de combustible.

Cette individualisation est cependant limitée et variable pour tenir compte de la dépendance thermique, plus ou moins grande selon les situations, qui résulte dans un immeuble collectif du fait que les parties privatives bénéficient du chauffage des locaux contigus, des parties communes ou des canalisations. En revanche, les installations individuelles de chauffage ne tiennent pas compte de cette solidarité.

7.2.2. En second lieu, que ces dispositions législatives et réglementaires tendent à la réalisation d'économies dont les usagers profiteront; elles ne s'appliquent donc que si le coût du chauffage apparaît excessif. Elles ne sont pas assorties de sanctions pénales ou de mesures coercitives; elles sont obligatoires et tout copropriétaire dans un immeuble collectif pourrait en réclamer l'application, s'il y a lieu.

7.2.3. Enfin, que ces dispositions sont immédiatement applicables, l'obligation d'installer des compteurs individuels de chauffage au plus tard le 31 décembre 1990 et les conditions d'utilisation des différents systèmes résultant déjà des textes antérieurs.

B. II. Mise en œuvre pratique

7.3. La Commission,

RECOMMANDE, en conséquence, aux syndics :

7.3.1. De déterminer, d'abord, si l'immeuble est soumis à la réglementation et s'il n'entre pas dans les cas de dérogation prévus (voir les articles R. 131-3 c à f).

7.3.2. Dans l'affirmative, de rechercher si le ratio de chauffage (dit RCh) dépasse, ou non, le seuil fixé par l'article R. 131-3 *b*. Son calcul nécessite deux opérations simples qui, dans la généralité des cas et sauf une éventuelle contestation, ne devraient pas nécessiter l'intervention d'un spécialiste :

– montant des frais annuels de combustible pour une saison de chauffe (hiver 1988/1989) ce qui suppose d'évaluer les stocks existants avant et après la période de chauffe considérée et de tenir compte des frais de combustible afférents à la fourniture de l'eau chaude, si l'installation est commune au chauffage;

– nombre de mètres carrés chauffés dans l'immeuble, que l'on peut calculer forfaitairement en retenant 85 % de la surface hors œuvre nette de l'immeuble.

Le seuil en dessous duquel il n'y a pas d'obligation d'installer d'appareils de comptage est fixé à 40 F TTC par mètre carré, pour la saison de chauffe 1988/1989.

Si le calcul est fait pour une saison de chauffe différente, il y a lieu d'appliquer des coefficients de correction tenant compte du climat et du coût des combustibles. Ces coefficients sont fournis par l'Agence de l'environnement et de la maîtrise des énergies par l'intermédiaire du serveur minitel de l'Agence en composant le code 3615-AFME *[devenu 36-15 ADEME]*, soit auprès du service Informations de l'Agence, 27, rue Louis-Vicat, 75015 Paris.

7.3.3. De notifier aux copropriétaires la valeur du ratio de chauffage et le détail des opérations dont il résulte, en même temps que l'ordre du jour de l'assemblée générale dont il sera question ci-après.

7.4. La Commission,

RECOMMANDE AUX SYNDICS :

7.4.1. De prendre l'initiative de porter à l'ordre du jour de la prochaine assemblée générale des copropriétaires, en tout cas dans le courant du premier semestre 1992, la question de la pose de répartiteurs de chauffage. À défaut, tout copropriétaire pourrait demander l'inscription de cette question à l'ordre du jour.

7.4.2. Si le ratio de chauffage est inférieur à 40 F par m^2, l'assemblée générale en prend acte et, sauf contestation du calcul qui nécessiterait le recours à un spécialiste pour vérification, l'immeuble n'est pas soumis à l'obligation de poser des répartiteurs. Les copropriétaires pourraient néanmoins décider d'en poser, un tel vote relevant de la majorité de l'article 25 *g* de la loi du 10 juillet 1965.

7.4.3. Si le ratio de chauffage est supérieur à 40 F par m^2, l'assemblée générale prend acte, sous réserve également d'une contestation portant sur le calcul, de l'obligation de recourir à un système de répartition.

Les copropriétaires n'ont donc pas à se prononcer sur le principe qui résulte de la loi elle-même et qui ne nécessite aucune modification du règlement de copropriété, mais seulement sur le choix des appareils et sur les modalités de mise en œuvre.

À cette fin, au moins deux devis, préalablement établis, auront été communiqués aux copropriétaires en même temps que la convocation.

Les solutions techniques sont variées : évaporateurs par une éprouvette fixée sur chaque radiateur, comptage électronique sur les radiateurs, ou encore compteur d'énergie thermique avec possibilité de lecture à l'extérieur du logement.

Ces appareils peuvent être fournis en location. Ils doivent avoir fait l'objet d'un agrément par le ministère de l'Industrie et du Commerce extérieur.

Les entreprises spécialisées dans ce domaine assurent, outre la pose des répartiteurs, leur entretien et leur relevé, généralement une fois par an, le coût de ces opérations étant fourni avec le devis de pose. Le coût d'une installation peut varier, suivant les systèmes, de 50 à 250 F par radiateur et par an, en location, de 2 000 à 3 500 F par local, pour l'achat de compteur d'énergie thermique (valeurs indiquées au 1er janvier 1992).

7.4.4. L'assemblée générale se prononcera dans les conditions de majorité de l'article 25 *e* relatif « aux modalités de réalisation et d'exécution des travaux rendus obligatoires en vertu de dispositions législatives ou réglementaires ».

7.4.5. L'assemblée générale devra se prononcer, également, dans les mêmes conditions de vote, sur toutes les modalités pratiques d'application, notamment sur :

– le mode de relevé des compteurs, ce qui nécessite, sauf système de lecture à distance, de pénétrer dans les appartements et d'accéder à chaque radiateur;

– les solutions à adopter en cas de changement d'occupant au cours de la saison de chauffe, ou en cas d'absence lors du relevé; dans ce dernier cas, on peut faire application d'une moyenne de facturation augmentée d'un certain pourcentage;

– la présentation nouvelle des charges de chauffage;

– les honoraires supplémentaires du syndic pour le cas où la facturation ne serait pas intégralement assurée par la société qui a posé les appareils.

7.4.6. L'assemblée générale sera, enfin, invitée à délibérer sur la fixation du coefficient prévu par l'article R. 131-7-II qui détermine la part des frais de combustible qui fera l'objet de la répartition individualisée. En l'absence de décision, c'est le pourcentage prévu par ce texte, soit 50 % qui s'appliquerait.

L'assemblée générale, peut décider, à la majorité de l'article 25, qu'une plus grande part des frais de combustible afférents au chauffage sera répartie en fonction des indications des répartiteurs. Cette individualisation peut aller jusqu'à la totalité des frais de combustible pour les immeubles dont le permis de construire est postérieur au 31 décembre 1988 et qui, de ce fait, ont été soumis à des normes plus strictes d'isolation. Pour les immeubles dont le permis de construire est antérieur à cette date, le pourcentage ne doit pas excéder 75 %.

Dans quel cas l'assemblée générale pourrait-elle choisir un pourcentage supérieur à 50 % ? Une telle décision peut paraître opportune pour des immeubles qui jouissent déjà d'une bonne isolation thermique, ou dans les copropriétés dont les dépenses de chauffage sont élevées afin d'inciter les occupants à modifier leur comportement et à faire des économies. Elle ne semble pas se justifier, en revanche, dans les immeubles où un certain nombre d'appartements sont occupés de façon intermittente car elle serait susceptible de pénaliser les occupants à l'année.

7.4.7. Les indications fournies par les répartiteurs peuvent, en outre, être corrigées en fonction de la localisation de chaque logement dans l'immeuble et de son exposition. Certains appartements nécessitent en effet une fourniture de chaleur accrue pour un résultat identique aux autres et il est normal de ne prendre en compte que ce résultat.

Cette pondération est calculée par le prestataire de service ayant en charge la gestion des compteurs qui, dans la généralité des cas, aura réalisé l'étude préalable et placé les appareils. Elle tiendra compte d'autres paramètres encore, tels que nature et dimension des radiateurs, volume chauffé... L'application cumulée de ces paramètres ne peut excéder 30 % (arrêté du 8 février 1982).

Cette opération relève de la technique du prestataire de service, et l'assemblée générale n'est pas appelée à décider, au préalable, de sa mise en œuvre. Les copropriétaires pourraient toutefois, en refusant d'approuver les comptes du chauffage, sanctionner une erreur commise et, sauf rectification amiable, une expertise serait alors vraisemblablement nécessaire.

7.5. La Commission,

7.5.1. RAPPELLE aux syndics, que la présente réglementation n'exclut nullement la recherche d'économies d'énergie par des travaux appropriés qui pourraient ramener le ratio de chauffage en dessous du seuil de 40 F par m^2. Pour tenir compte de l'incidence de tels travaux, le ratio de chauffage peut être calculé sur la base de la saison de chauffe 1992/1993 au plus tard.

7.5.2. RECOMMANDE en conséquence aux syndics de proposer à l'assemblée générale, après avoir fait établir un bilan thermique de l'immeuble, la réalisation de travaux de maîtrise de l'énergie chaque fois que de tels travaux seront suffisants pour ramener le ratio de chauffage en dessous de 40 F par m^2 et dispenser la copropriété de recourir à un système de répartition.

Recommandation n° 8, du 7 janvier 2008,

Relative aux appels de fonds que le syndic peut exiger des copropriétaires.

La Commission,

Vu les articles 14-1, 14-2, 18 de la loi n° 65-557 du 10 juillet 1965 fixant le statut de la copropriété des immeubles bâtis, 35, 35-1, 35-2, 36, 37 et 45-1 du décret n° 67-223 du 17 mars 1967 pris pour son application;

Considérant que l'article 14-1 de la loi de 1965 précise :

« *Pour faire face aux dépenses courantes de maintenance, de fonctionnement et d'administration des parties communes et équipements communs de l'immeuble, le syndicat des copropriétaires vote, chaque année, un budget prévisionnel. L'assemblée générale des copropriétaires appelée à voter le budget prévisionnel est réunie dans un délai de six mois à compter du dernier jour de l'exercice comptable précédent. Les copropriétaires versent au syndicat des provisions égales au quart du budget voté. Toutefois, l'assemblée générale peut fixer des modalités différentes. La provision est exigible le premier jour de chaque trimestre ou le premier jour de la période fixée par l'assemblée générale* ».

Considérant que l'article 14-2 de ladite loi précise :

« *Ne sont pas comprises dans le budget prévisionnel les dépenses pour travaux dont la liste sera fixée par décret en Conseil d'État.*

« *Les sommes afférentes à ces dépenses sont exigibles selon les modalités votées par l'assemblée générale* ».

Considérant que l'article 35 du décret du 17 mars 1967 dispose :

« Le syndic peut exiger le versement :

« 1° De l'avance constituant la réserve prévue au règlement de copropriété, laquelle ne peut excéder 1/6 du montant du budget prévisionnel;

« 2° Des provisions du budget prévisionnel prévues aux alinéas 2 et 3 de l'article 14-1 de la loi du 10 juillet 1965;

« 3° Des provisions pour les dépenses non comprises dans le budget prévisionnel prévues à l'article 14-2 de la loi du 10 juillet 1965 et énoncées à l'article 44 du présent décret;

« 4° Des avances correspondant à l'échéancier prévu dans le plan pluriannuel de travaux adopté par l'assemblée générale;

« 5° Des avances constituées par les provisions spéciales prévues au sixième alinéa de l'article 18 de la loi du 10 juillet 1965 ».

Considérant que l'article 35-1 du même décret précise :

« L'assemblée générale décide, s'il y a lieu, du placement des fonds recueillis et de l'affectation des intérêts produits par ce placement ».

Considérant que l'article 35-2 du même décret précise :

« Pour l'exécution du budget prévisionnel, le syndic adresse à chaque copropriétaire, par lettre simple, préalablement à la date d'exigibilité déterminée par la loi, un avis indiquant le montant de la provision exigible.

« Pour les dépenses non comprises dans le budget prévisionnel, le syndic adresse à chaque copropriétaire, par lettre simple, préalablement à la date d'exigibilité déterminée par la décision d'assemblée générale, un avis indiquant le montant de la somme exigible et l'objet de la dépense ».

Considérant que l'article 36 du même décret précise :

« Sauf stipulation contraire du règlement de copropriété, les sommes dues au titre de l'article 35 portent intérêt au profit du syndicat. Cet intérêt, fixé au taux légal en matière civile, est dû à compter de la mise en demeure adressée par le syndic au copropriétaire défaillant ».

Considérant que l'article 37 du même décret précise :

« Lorsqu'en cas d'urgence le syndic fait procéder, de sa propre initiative, à l'exécution de travaux nécessaires à la sauvegarde de l'immeuble, il en informe les copropriétaires et convoque immédiatement une assemblée générale.

« Par dérogation aux dispositions de l'article 35 ci-dessus, il peut, dans ce cas, en vue de l'ouverture du chantier et de son premier approvisionnement, demander, sans délibération préalable de l'assemblée générale mais après avoir pris l'avis du conseil syndical, s'il en existe un, le versement d'une provision qui ne peut excéder le tiers du montant du devis estimatif des travaux ».

Considérant que l'article 45-1 du même décret précise :

« Les charges sont les dépenses incombant définitivement aux copropriétaires, chacun pour sa quote-part. L'approbation des comptes du syndicat par l'assemblée générale ne constitue pas une approbation du compte individuel de chacun des copropriétaires.

« Au sens et pour l'application des règles comptables du syndicat :

« – sont nommées provisions sur charges les sommes versées ou à verser en attente du solde définitif qui résultera de l'approbation des comptes du syndicat;

« – sont nommés avances les fonds destinés, par le règlement de copropriété ou une décision de l'assemblée générale, à constituer des réserves, ou qui représentent un emprunt du syndicat auprès des copropriétaires ou de certains d'entre eux.

« Les avances sont remboursables ».

I. RÈGLES GÉNÉRALES

La Commission RAPPELLE :

– que le syndic, représentant légal du syndicat, est chargé de l'exécution des décisions de l'assemblée générale et d'acquitter, au nom de ce dernier, toutes les dépenses nécessaires à l'administration et à l'entretien de l'immeuble;

– qu'au sens et pour l'application de l'annexe III du décret du 14 mars 2005, l'année N doit s'entendre comme étant l'année dont les comptes sont proposés à l'approbation de l'assemblée générale; celle-ci se tient au cours de l'année N+1 et vote dans les six mois de la clôture de l'exercice de l'année N le budget prévisionnel de l'année N+2;

– que la trésorerie du syndicat est assurée par les versements effectués au syndic, *ès qualités*, par les copropriétaires; qu'à cet effet l'article 35 du décret de 1967 prévoit cinq types de versements, et que les articles 37, alinéa 2, et 45-1 en instaurent chacun un autre;

– que cette liste prévue par les textes est limitative;

– que les provisions sont, comme le précise l'article 45-1, les sommes versées ou à verser en attente du solde définitif qui résultera de l'approbation des comptes du syndicat;

– que les avances sont, conformément au même article, des fonds destinés par le règlement de copropriété ou une décision de l'assemblée générale, à constituer des réserves ou qui représentent un emprunt du syndicat auprès des copropriétaires ou de certains d'entre eux et que ces avances sont remboursables;

– que, en ce qui concerne les sommes dues, le règlement de copropriété peut dispenser les copropriétaires de payer un intérêt mais que, l'article 36 étant d'ordre public, le règlement ne pourrait fixer un taux différent du taux légal, supérieur ou inférieur;

– que la mise en demeure fait courir les intérêts de retard;

– que l'assemblée générale décide, s'il y a lieu, à la majorité de l'article 24 de la loi, du placement des fonds recueillis et de l'affectation des intérêts produits par ce placement;

La Commission RECOMMANDE aux syndics :

– de ne procéder qu'aux types d'appels de fonds prévus par les articles 35, 37 et 45-1 du décret et selon les modalités, détaillées *infra*, prévues par ces textes;

– de ne procéder à aucune avance de fonds pour le compte du syndicat des copropriétaires.

II. RÈGLES PROPRES À CHAQUE TYPE D'APPEL DE FONDS

1. Provisions du budget provisionnel

La Commission RAPPELLE :

– que conformément à l'article 26 du décret du 17 mars 1967, le conseil syndical contrôle l'élaboration du budget provisionnel dont il suit l'exécution avec son vote par l'assemblée générale;

– que les provisions du budget provisionnel ne peuvent concerner que les dépenses courantes de maintenance, de fonctionnement et d'administration des parties communes et équipements communs de l'immeuble;

– que les travaux de maintenance sont ainsi définis à l'article 45 du décret :

« Les travaux de maintenance sont les travaux d'entretien courant, exécutés en vue de maintenir l'état de l'immeuble ou de prévenir la défaillance d'un élément d'équipement commun; ils comprennent les menues réparations. Sont assimilés à des travaux de maintenance les travaux de remplacement d'éléments d'équipement communs, tels que ceux de la chaudière ou de l'ascenseur, lorsque le prix de ce remplacement est compris forfaitairement dans le contrat de maintenance ou d'entretien y afférent. Sont aussi assimilées à des travaux de maintenance les vérifications périodiques imposées par les réglementations en vigueur sur les éléments d'équipement communs »;

– que ces provisions sont en principe appelées en quatre fractions égales, exigibles le premier jour de chaque trimestre;

– que l'assemblée générale peut décider de modalités d'appel différentes, sans toutefois remettre en cause le principe de l'exigibilité de l'appel au premier jour de la période de référence;

– que, dès lors, des fractions inégales et une périodicité non trimestrielle mais par exemple mensuelle peut-être choisie*[s]*;

– que toutefois, si le budget provisionnel n'a pas pu être voté avant le commencement de l'exercice, le syndic peut, préalablement autorisé par l'assemblée générale des copropriétaires, appeler successivement deux provisions trimestrielles, chacune égale au quart du budget prévisionnel voté pour l'exercice antérieur. La procédure prévue à l'article 19-2 de la loi du 10 juillet 1965 ne s'applique pas à cette situation;

– que le syndic doit adresser à chaque copropriétaire par lettre simple, préalablement à la date d'exigibilité déterminée par la loi et en rappelant cette date, un avis indiquant le montant de la somme exigible;

– qu'à défaut de paiement d'une provision à sa date d'exigibilité, si la mise en demeure faite au copropriétaire défaillant n'est pas suivie d'effet dans un délai de 30 jours à compter du lendemain du jour de la première présentation, à son domicile, de la lettre recommandée, les autres provisions non encore échues de l'année deviennent immédiatement exigibles;

La Commission RECOMMANDE aux syndics :

– de soumettre à l'ordre du jour de l'assemblée générale la décision de choisir des modalités d'appels de fonds relatives à la période concernée et à leur *quantum* sans modifier la date d'exigibilité au premier jour de la période choisie différentes de celles prévues à l'article 14-1 de la loi, s'ils estiment celles-ci opportunes;

– d'exiger des copropriétaires, aux échéances fixées, les versements nécessaires à l'exécution du budget prévisionnel, en respectant la procédure prévue à l'article 35-2, alinéa 1, du décret;

– d'envoyer avec diligence, en cas de non-paiement, la mise en demeure prévue par l'article 19-2 de la loi;

– de saisir sans délai le président du tribunal de grande instance statuant comme en matière de référé, en cas de mise en demeure infructueuse à l'expiration d'un délai de trente jours, conformément à l'article 19-2 de la loi.

2. Provisions hors budget prévisionnel

La Commission RAPPELLE :

– que les provisions hors budget ne peuvent concerner que les travaux ou opérations exceptionnelles mentionnés à l'article 44 du décret de 1967, soit celles afférentes :

1° Aux travaux de conservation ou d'entretien de l'immeuble, autres que ceux de maintenance;

2° Aux travaux portant sur les éléments d'équipement communs, autres que ceux de maintenance;

3° Aux travaux d'amélioration, tels que la transformation d'un ou de plusieurs éléments d'équipement existants, l'adjonction d'éléments nouveaux, l'aménagement de locaux affectés à l'usage commun ou la création de tels locaux, l'affouillement du sol et la surélévation de bâtiments;

4° Aux études techniques, telles que les diagnostics et consultations;

5° Et, d'une manière générale, aux travaux qui ne concourent pas à la maintenance et à l'administration des parties communes ou à la maintenance et au fonctionnement des équipements communs de l'immeuble;

– que la date d'appel et le montant de chacune de ces provisions doivent être fixés, lors de chaque engagement de dépense, par l'assemblée générale;

– que, préalablement à chaque date d'exigibilité fixée par l'assemblée générale, le syndic doit adresser à chaque copropriétaire un avis indiquant le montant de la somme exigible et l'objet de la dépense, conformément à l'article 35-2 du décret;

– que ces provisions ne bénéficient pas de la procédure prévue à l'article 19-2 de la loi.

La Commission RECOMMANDE aux syndics :

– d'établir et de faire voter, par l'assemblée générale, lors de la décision d'engager une dépense hors budget, un échéancier précis des provisions envisagées tenant compte de la date de la signature du marché, de son exécution et de son achèvement;

– d'effectuer l'appel des fonds en respectant la procédure prévue à l'article 35-2 du décret.

3. Provisions relatives à des travaux urgents (article 37 du décret de 1967)

La Commission RAPPELLE :

– que les provisions relatives aux travaux urgents n'obéissent pas aux règles applicables aux provisions du budget prévisionnel ou hors budget prévisionnel;

– que les travaux urgents doivent être interprétés restrictivement et ne comprennent que ceux qui sont immédiatement indispensables pour faire cesser une atteinte à l'immeuble ou à sa destination ou pour prévenir une telle atteinte si celle-ci est imminente et d'une façon générale de pourvoir à la sauvegarde de l'immeuble;

– que le syndic peut, dans cette hypothèse, après avoir pris l'avis du conseil syndical si celui-ci existe, appeler une provision égale au tiers du devis des travaux commandés, en vue de l'ouverture du chantier et de son premier approvisionnement.

La Commission RECOMMANDE aux syndics :

– de n'appeler la provision d'un tiers prévue à l'article 37, alinéa 2, du décret qu'en cas de travaux véritablement urgents et qu'après avoir sollicité l'avis du conseil syndical;

– de convoquer immédiatement l'assemblée générale, conformément à la procédure prévue aux articles 9, alinéa 2, et 37, alinéa 2, du décret, afin d'éviter selon la jurisprudence de conserver la dépense à leur charge.

4. Avances constituant la réserve prévue au règlement de copropriété

La Commission RAPPELLE :

– que cette avance (à savoir la réserve prévue au règlement de copropriété) remplace l'avance de trésorerie permanente prévue par l'ancienne réglementation;

– que, comme par le passé, et malgré les termes de l'article 35-1° du décret, elle peut être instituée par l'assemblée générale à la majorité de l'article 26 de la loi s'agissant d'une dérogation au règlement de copropriété;

– que son montant ne peut, en toute hypothèse, excéder 1/6 du budget prévisionnel.

La Commission RECOMMANDE aux syndics et aux rédacteurs des règlements de copropriété :

– de fixer le montant de la réserve en pourcentage du budget prévisionnel en respectant la limite de 1/6 imposée par la loi.

5. Avances correspondant à l'échéancier prévu dans le plan pluriannuel de travaux adopté par l'assemblée générale

La Commission RAPPELLE :

– qu'il est souhaitable que l'assemblée générale établisse un plan pluriannuel de travaux;

– que ce plan pluriannuel doit nécessairement comprendre un échéancier;

– que pour le financement des travaux compris dans le plan pluriannuel de travaux, le syndic ne peut recourir qu'à des avances, à moins qu'il n'y soit d'ores et déjà satisfait par des provisions hors budget prévisionnel ou par des emprunts.

6. Avances constituées par les provisions spéciales prévues au sixième alinéa de l'article 18 de la loi du 10 juillet 1965

La Commission RAPPELLE :

– que le syndic est chargé de soumettre, lors de sa première désignation et au moins tous les trois ans, au vote de l'assemblée générale la décision de constituer des avances en vue de faire face aux travaux d'entretien ou de conservation des parties communes et des éléments d'équipement communs;

– que ces avances ne peuvent porter que sur des travaux susceptibles d'être nécessaires dans les trois ans à venir et non encore décidés par l'assemblée générale;

– que la décision relative à l'éventuelle création de ces avances relève de la majorité de l'article 25.

7. Appels de fonds nécessités par la carence de certains copropriétaires

La Commission RAPPELLE :

– que le syndicat peut demander des avances aux copropriétaires pour faire face à un manque justifié de trésorerie temporaire;

– que les sommes estimées définitivement perdues par l'assemblée générale et qui constituent des créances irrécouvrables sont considérées comme des charges par l'article 4 du décret du 14 mars 2005 et sont supportées, au moins temporairement, par les autres copropriétaires;

– que ces avances sont préalablement décidées par l'assemblée générale statuant à la majorité de l'article 24 de la loi.

Cette recommandation annule et remplace la précédente recommandation numéro huit.

Recommandation n° 9,

Relative à l'information réciproque de l'acquéreur et du syndic en cas de vente amiable d'un lot.

[Cette recommandation ne concerne ni les divisions ou réunions de lots, ni l'incidence des divers droits de préemption.]

La Commission,

Considérant que les articles 19 et 20 de la loi n° 65-557 du 10 juillet 1965 fixant le statut de la copropriété des immeubles bâtis disposent que :

Art. 19 Les créances de toute nature du syndicat à l'encontre de chaque copropriétaire sont, qu'il s'agisse de provision ou de paiement définitif, garanties par une hypothèque légale sur son lot. L'hypothèque peut être inscrite soit après mise en demeure restée infructueuse d'avoir à payer une dette devenue exigible, soit dès que le copropriétaire invoque les dispositions de l'article 33 de la présente loi.

Le syndic a qualité pour faire inscrire cette hypothèque au profit du syndicat; il peut valablement en consentir la mainlevée et requérir la radiation, en cas d'extinction de la dette, sans intervention de l'assemblée générale.

Le copropriétaire défaillant peut, même en cas d'instance au principal, sous condition d'une offre de paiement suffisante ou d'une garantie équivalente, demander mainlevée totale ou partielle au président du tribunal de grande instance statuant comme en matière de référé.

Aucune inscription ou inscription complémentaire ne peut être requise pour des créances exigibles depuis plus de cinq ans.

Les créances visées à l'alinéa 1er bénéficient, en outre, du privilège prévu par l'article 2102-1° du code civil en faveur du bailleur. Ce privilège porte sur tout ce qui garnit les lieux, sauf si ces derniers font l'objet d'une location non meublée.

Dans ce dernier cas, il est reporté sur les loyers dus par le locataire.

Art. 20 Lors de la mutation à titre onéreux d'un lot, et si le vendeur n'a pas présenté au notaire un certificat du syndic ayant moins d'un mois de date, attestant qu'il est libre de toute obligation à l'égard du syndicat, avis de la mutation doit être donné au syndic de l'immeuble, par lettre recommandée avec avis de réception, à la diligence de l'acquéreur. Avant l'expiration d'un délai de huit jours à compter de la réception de cet avis, le syndic peut former, au domicile élu, par acte extrajudiciaire, opposition au versement des fonds pour obtenir le paiement des sommes restant dues par l'ancien propriétaire. Cette opposition, à peine de nullité, énoncera le montant et les causes de la créance et contiendra élection de domicile dans le ressort du tribunal de grande instance de la situation de l'immeuble. Aucun paiement ou transfert amiable ou judiciaire de tout ou partie du prix ne sera opposable au syndic ayant fait opposition dans ledit délai.

Vu les articles 4, 5, 6 et 57 du décret n° 67-223 du 17 mars 1967 pris pour l'application de cette loi, ainsi rédigés :

Art. 4 Tout acte conventionnel réalisant ou constatant le transfert de propriété d'un lot ou d'une fraction de lot, ou la constitution sur ces derniers d'un droit réel, doit mentionner expressément que l'acquéreur ou le titulaire du droit a eu préalablement connaissance, s'ils ont été publiés dans les conditions prévues par l'article 13 de la loi du 10 juillet 1965, du règlement de copropriété ainsi que des actes qui l'ont modifié.

Il en est de même en ce qui concerne l'état descriptif de division et des actes qui l'ont modifié, lorsqu'ils existent et ont été publiés.

Le règlement de copropriété, l'état descriptif de division et les actes qui les ont modifiés, même s'ils n'ont pas été publiés au fichier immobilier, s'imposent à l'acquéreur ou au titulaire du droit s'il est expressément constaté aux actes visés au présent article qu'il en a eu préalablement connaissance et qu'il a adhéré aux obligations qui en résultent.

Art. 5 Pour l'application des dispositions de l'article 20 de la loi du 10 juillet 1965, il n'est tenu compte que des créances du syndicat effectivement liquides et exigibles à la date de la mutation.

Indépendamment de l'application des dispositions dudit article 20, le syndic adresse, avant l'établissement de l'un des actes visés au précédent article, au notaire chargé de recevoir l'acte, à la demande de ce dernier ou à celle du copropriétaire qui cède son droit, un état daté qui, en vue de l'information des parties, indique, d'une manière même approximative et sous réserve de l'apurement des comptes :

a) Les sommes qui correspondent à la quote-part du cédant :

Dans les charges dont le montant n'est pas encore liquidé ou devenu exigible à l'encontre du syndicat;

Dans les charges qui résulteront d'une décision antérieurement prise par l'assemblée générale mais non encore exécutée.

b) Éventuellement, le solde des versements effectués par le cédant à titre d'avance ou de provision.

Art. 6 Tout transfert de propriété d'un lot ou d'une fraction de lot, toute constitution sur ces derniers d'un droit d'usufruit, de nue-propriété, d'usage ou d'habitation, tout transfert de l'un de ces droits est notifié, sans délai, au syndic soit par les parties, soit par le notaire qui établit l'acte, soit par l'avoué qui a obtenu la décision judiciaire, acte ou décision qui, suivant le cas, réalise, atteste, constate ce transfert ou cette constitution.

Cette notification comporte la désignation du lot ou de la fraction de lot intéressé ainsi que l'indication des nom, prénoms, domicile réel ou élu de l'acquéreur ou du titulaire de droit et, le cas échéant, du mandataire commun prévu à l'article 23 (alinéa 2) de la loi du 10 juillet 1965.

Art. 57 Lorsque le syndic s'est opposé, dans les conditions prévues à l'article 20 de la loi du 10 juillet 1965, au paiement du prix de vente d'un lot ou d'une fraction de lot, pour une créance inférieure au montant de ce prix, les effets de l'opposition ainsi formée peuvent être limités, par décision du juge de l'exécution au montant des sommes restant dues au syndicat par l'ancien propriétaire; les règles de procédure prévues au chapitre II du décret du 31 juillet 1992 instituant de nouvelles règles relatives aux procédures civiles d'exécution pour l'application de la loi du 9 juillet 1991 portant réforme des procédures civiles d'exécution sont applicables. *[Article abrogé]*

A. I. Opposabilité à l'acquéreur du règlement de copropriété et de l'état descriptif de division

La Commission RAPPELLE :

Aux notaires l'obligation qui leur est faite par l'article 4 ci-dessus de donner connaissance aux acquéreurs d'un lot ou d'une fraction de lot, du règlement de copropriété, de l'état descriptif de division, et des actes qui auraient pu les modifier, afin que ces différents actes soient opposables à l'acquéreur, même s'ils n'ont pas été publiés au fichier immobilier.

B. II. Opposabilité au syndicat de la vente

La Commission RAPPELLE :

Que les formalités de publicité foncière sont sans portée dans les rapports de l'acquéreur d'un lot d'un immeuble en copropriété avec le syndicat des copropriétaires. À l'égard de ce dernier, le nouveau propriétaire du lot n'est substitué à l'ancien qu'à compter de la notification faite au syndic, en application de l'article 6 du décret. Jusqu'à l'accomplissement de cette formalité, le vendeur est donc tenu au paiement des charges, il est valablement convoqué à l'assemblée générale et a qualité pour en contester les décisions.

La Commission RECOMMANDE, en conséquence :

Au notaire qui dresse l'acte constatant la vente, ou à l'avocat qui obtiendrait une décision judiciaire opérant un transfert de propriété, de procéder sans délai à cette notification au syndic par lettre recommandée avec demande d'avis de réception.

C. III. Paiement des charges restant éventuellement dues par le vendeur

La Commission RAPPELLE :

– que si le copropriétaire vendeur reste débiteur de charges de copropriété, le syndicat a la possibilité d'en obtenir le paiement sur le prix de la vente. À cet effet, avant de se dessaisir des fonds, le notaire doit se mettre en rapport avec le syndic :

• soit préalablement à la vente, en sollicitant, par lettre simple, le certificat prévu par l'article 20 ci-dessus. Si le syndic atteste que le vendeur est libre de toute obligation à l'égard du syndicat, les fonds provenant de la vente peuvent, jusqu'à l'expiration d'un délai d'un mois à compter de la date du certificat, être remis au vendeur;

• soit postérieurement, en notifiant la vente au syndic par lettre recommandée avec demande d'avis de réception. Le syndic dispose alors d'un délai de huit jours pour, s'il y a lieu, faire opposition sur le prix de vente.

Elle constate que, dans la pratique, cette dernière notification est souvent confondue avec l'avis de mutation prévu par l'article 6 du décret, une seule lettre recommandée étant adressée au syndic.

La Commission RECOMMANDE, en conséquence :

– au vendeur, de requérir du syndic le certificat prévu par l'article 20 après avoir soldé son compte dans ses livres. Si le compte ne peut pas être immédiatement apuré, par exemple si des travaux votés par l'assemblée générale n'ont pas encore été exécutés, ou sont en cours d'exécution, le syndic et le vendeur peuvent convenir du paiement d'une provision jusqu'à ce que les factures permettent un arrêté de compte définitif;

– au notaire, d'informer à temps les parties des avantages de cette manière de procéder qui permet, préalablement à la conclusion de la vente, d'assurer l'information complète de l'acquéreur (voir paragraphe V ci-dessous); elle dispensera le syndic de procéder dans le bref délai de huit jours qui lui est imparti à une opposition qui aurait pour effet de bloquer la totalité du prix de vente.

À défaut du certificat délivré par le syndic :

La Commission RECOMMANDE :

– au notaire, de procéder sans délai, à la notification prévue par l'article 20 ci-dessus, par lettre recommandée avec demande d'avis de réception à l'exclusion d'autre procédé tel qu'une lettre simple ou une lettre remise contre émargement, en indiquant le domicile élu auquel une opposition pourrait être faite. Ce domicile ne peut être situé que dans le ressort du tribunal de grande instance de la situation de l'immeuble;

– au syndic, lorsque le syndicat a une créance à faire valoir, de procéder à l'opposition, dans le délai de huit jours, par voie d'acte extrajudiciaire à l'exclusion de tout autre procédé, au domicile élu mentionné dans la notification.

Les créances dont il convient de tenir compte sont celles qui sont liquides et exigibles, c'est-à-dire, les comptes des charges de copropriété ayant fait l'objet d'une approbation par l'assemblée générale, les provisions sur l'exercice en cours, régulièrement appelées par le syndic pour l'exécution du budget prévisionnel et les provisions spéciales pour travaux votés par l'assemblée générale, même si elles s'appliquent à des travaux non encore exécutés.

L'opposition énoncera avec précision les causes des différentes créances, en indiquant notamment les exercices auxquels elles se rapportent et les dates auxquelles l'assemblée générale s'est prononcée.

La Commission RAPPELLE :

– que la clause qui figure parfois dans le règlement de copropriété, stipulant pour le paiement des charges une solidarité entre le vendeur d'un lot et son acquéreur est nulle. Au demeurant, il serait sans effet de reproduire cette clause dans le cahier des charges d'une adjudication ou de vouloir l'y introduire par un « dire »;

– que l'opposition a pour effet de rendre indisponible la totalité du prix de vente entre les mains du notaire;

– que la créance du syndicat pour un arriéré de charges n'a qu'un caractère chirographaire et que l'opposition formée par le syndic ne confère pas de privilège au syndicat. Seule l'inscription de l'hypothèque légale du syndicat peut à son rang procurer un tel résultat.

La Commission RECOMMANDE, en conséquence :

– au syndic, de ne pas se fonder sur la clause dite « de solidarité » figurant éventuellement dans le règlement de copropriété;

– au vendeur ou au syndic, à défaut de paiement amiable, de saisir sans retard le juge de l'exécution pour qu'il soit statué sur les mérites de l'opposition, seul moyen d'obtenir le transfert des fonds.

Pour éviter que la totalité du prix de vente soit immobilisé, le vendeur peut demander au juge de l'exécution le cantonnement de l'opposition (article 57 du décret du 17 mars 1967 modifié par le décret du 31 juillet 1992).

D. IV. Assistance à l'assemblée générale

La Commission RAPPELLE :

Que la notification faite au syndic en application de l'article 6 du décret, détermine qui, du vendeur ou de l'acheteur a, le jour de l'assemblée générale, la qualité de copropriétaire lui donnant vocation à y assister; que si cette notification intervient dans le délai de quinzaine avant la date fixée par l'assemblée générale, cette dernière est valablement convoquée, l'acquéreur ayant alors seul qualité pour y assister au vu de la convocation adressée à son auteur.

La Commission RECOMMANDE, en conséquence :

– au syndic qui, ayant convoqué une assemblée générale, reçoit la notification d'une mutation plus de quinze jours avant, d'adresser une nouvelle convocation à l'acquéreur;

– au syndic, dans tous les cas, de notifier le procès-verbal de l'assemblée générale à la personne qui, à sa connaissance, à la date de l'assemblée, avait la qualité de copropriétaire. C'est en effet ce copropriétaire qui aurait qualité pour contester une décision de l'assemblée générale;

– au copropriétaire qui, avant la tenue d'une assemblée générale, a notifié au syndic la vente de son lot, de remettre la convocation à l'acquéreur, avec les documents annexés.

S'il n'a pas encore été procédé à la notification, la vente n'étant pas définitivement réalisée, le vendeur a la faculté de donner à l'acquéreur un pouvoir pour le représenter à l'assemblée générale.

E. V. Information complémentaire du vendeur et de l'acquéreur

La Commission RECOMMANDE :

– au notaire qui sollicite le certificat prévu à l'article 20 de la loi, de demander au syndic l'état daté prévu par l'article 5 du décret qui, en vue de l'information des parties, indiquera d'une manière même approximative et sous réserve de l'apurement des comptes, la situation comptable du vendeur à l'égard de la copropriété, en faisant mention notamment des provisions déjà versées par le vendeur et de l'existence d'une avance de trésorerie permanente;

– au syndic, lorsqu'un projet de vente est ainsi porté à sa connaissance, de communiquer aux parties et au notaire chargé de la rédaction de l'acte toutes informations utiles sur le fonctionnement de la copropriété, l'état d'entretien de l'immeuble, les questions importantes débattues au cours des dernières assemblées générales, les litiges en cours, les aménagements et travaux envisagés par les copropriétaires;

– au notaire, de provoquer un accord des parties sur des difficultés prévisibles, telles que les conséquences d'un litige ou des décisions non encore exécutées de l'assemblée générale et d'en faire mention dans l'acte de vente qui peut aussi régler le sort de l'avance de trésorerie permanente. Toutefois ces stipulations valables dans les relations entre vendeur et acquéreur ne seraient pas opposables au syndicat;

– au notaire, d'indiquer les nom et adresse du syndic à l'acquéreur d'un lot dans un immeuble en copropriété, en l'invitant à se mettre immédiatement en rapport avec ce dernier, tant pour se faire connaître, que pour lui fournir les renseignements nécessaires à la mise à jour du fichier des copropriétaires.

Recommandation n° 10,

Relative aux remises de documents techniques au syndic.

La Commission,

Considérant que l'article 18 de la loi du 10 juillet 1965 dispose :

Art. 18 Indépendamment des pouvoirs qui lui sont conférés par d'autres dispositions de la présente loi ou par une délibération spéciale de l'assemblée générale, le syndic est chargé, ... :

– d'administrer l'immeuble, de pourvoir à sa conservation, à sa garde et à son entretien et, en cas d'urgence, de faire procéder de sa propre initiative à l'exécution de tous travaux nécessaires à la sauvegarde de celui-ci.

Considérant que l'article 18-2, alinéa 1er de la loi du 10 juillet 1965 dispose :

Art. 18-2, al. 1er En cas de changement de syndic, l'ancien syndic est tenu de remettre au nouveau syndic, dans le délai d'un mois à compter de la cessation de ses fonctions, la situation de trésorerie, la totalité des fonds immédiatement disponibles et l'ensemble des documents et archives du syndicat.

Considérant que l'article 33 du décret du 17 mars 1967 modifié par le décret n° 86-768 du 9 juin 1986 dispose notamment :

Art. 33 Le syndic détient les archives du syndicat, notamment une expédition ou une copie des actes énumérés aux articles 1er à 3 ci-dessus, ainsi que toutes conventions, pièces, correspondances, plans, registres, documents et décisions de justice relatifs à l'immeuble et au syndicat.

Considérant qu'il est de l'intérêt d'une bonne administration de l'immeuble que soient remis au syndic par le maître de l'ouvrage les documents nécessaires à celle-ci, et que par la suite, les plans d'origine soient actualisés.

Que la remise au syndicat des documents techniques relatifs à l'immeuble peut améliorer, notamment en cas d'urgence, la mise en œuvre et l'exécution des travaux rendus nécessaires.

A. I. Lors de la mise en copropriété d'un immeuble neuf ou rénové

RECOMMANDE au maître de l'ouvrage ou au vendeur de remettre au premier syndic :

– le règlement de copropriété;

– l'état descriptif de division;

– la liste des copropriétaires et des réservataires;

– une copie de l'arrêté de permis de construire;

– une attestation de la réalité de la réception des travaux avec l'indication de la date;

– le contrat d'assurance dommages-ouvrages;

– le contrat d'assurances multirisques;

– la liste des intervenants techniques mentionnant la nature des travaux qu'ils ont réalisés et la référence de leur police d'assurance;

– les contrats concernant l'exploitation de l'immeuble sur le plan technique (chauffage urbain, câble,...) et contrats d'entretien;

– le plan de récolement des réseaux.

B. II. Lors de travaux postérieurs

RECOMMANDE au syndic :

– lorsque les travaux ont une incidence sur le gros-œuvre ou les réseaux de l'immeuble, de se faire remettre par le maître d'œuvre de ces travaux (architecte, ingénieur, technicien) le plan ou schéma des ouvrages effectivement réalisés, ainsi qu'une notice précisant la nature des matériaux et les procédés techniques utilisés;

– lorsque les travaux modifient une installation existante, de veiller à ce que les plans et schémas antérieurs soient actualisés;

– s'il y a lieu, de se faire remettre le contrat d'assurance dommages-ouvrages y afférent.

C. III. En cas de changement de syndic

RECOMMANDE au syndic dont le mandat n'est pas renouvelé :

– de transmettre sans retard à son successeur, outre les documents visés à l'article 18-2, l'ensemble des documents contractuels ou techniques relatifs à l'immeuble.

Recommandation nº 11,

Relative aux ventes forcées intervenant sur un immeuble en copropriété.

La présente recommandation concerne la vente par adjudication, l'expropriation pour cause d'utilité publique ou l'exercice d'un droit de préemption publique portant sur un ou plusieurs lots d'un immeuble en copropriété ou sur les parties communes dudit immeuble.

Vu les articles 20 et 16-1 de la loi du 10 juillet 1965.

Art. 20 Lors de la mutation à titre onéreux d'un lot, et si le vendeur n'a pas présenté au notaire un certificat du syndic ayant moins d'un mois de date, attestant qu'il est libre de toute obligation à l'égard du syndicat, avis de la mutation doit être donné au syndic de l'immeuble, par lettre recommandée avec avis de réception, à la diligence de l'acquéreur. Avant l'expiration d'un délai de huit jours à compter de la réception de cet avis, le syndic peut former, au domicile élu, par acte extrajudiciaire, opposition au versement des fonds pour obtenir le paiement des sommes restant dues par l'ancien propriétaire. Cette opposition, à peine de nullité, énoncera le montant et les causes de la créance et contiendra élection de domicile dans le ressort du tribunal de grande instance de la situation de l'immeuble. Aucun paiement ou transfert amiable ou judiciaire de tout ou partie du prix ne sera opposable au syndic ayant fait opposition dans ledit délai.

Art. 16-1 Les sommes représentant le prix des parties communes cédées se divisent de plein droit entre les copropriétaires dans les lots desquels figuraient ces parties communes et proportionnellement à la quotité de ces parties afférentes à chaque lot.

La part du prix revenant à chaque copropriétaire lui est remise directement par le syndic et ce, nonobstant l'existence de toute sûreté grevant son lot.

Les présentes dispositions ne dérogent pas à celles de l'article L. 12-3 du code de l'expropriation pour cause d'utilité publique.

Vu les articles 5 et 6 du décret du 17 mars 1967.

Art. 5 Pour l'application des dispositions de l'article 20 de la loi du 10 juillet 1965, il n'est tenu compte que des créances du syndicat effectivement liquides et exigibles à la date de la mutation.

Indépendamment de l'application des dispositions dudit article 20, le syndic adresse, avant l'établissement de l'un des actes visés au précédent article, au notaire chargé de recevoir l'acte, à la demande de ce dernier ou à celle du copropriétaire qui cède son droit, un état daté qui, en vue de l'information des parties, indique, d'une manière même approximative et sous réserve de l'apurement des comptes :

a) Les sommes qui correspondent à la quote-part du cédant :

Dans les charges dont le montant n'est pas encore liquidé ou devenu exigible à l'encontre du syndicat;

Dans les charges qui résulteront d'une décision antérieurement prise par l'assemblée générale mais non encore exécutée.

b) Éventuellement, le solde des versements effectués par le cédant à titre d'avance ou de provision.

Art. 6 Tout transfert de propriété d'un lot ou d'une fraction de lot, toute constitution sur ces derniers d'un droit d'usufruit, de nue-propriété, d'usage ou d'habitation, tout transfert de l'un de ces droits est notifié, sans délai, au syndic soit par les parties, soit par le notaire qui établit l'acte, soit par l'avoué qui a obtenu la décision judiciaire, acte ou décision qui, suivant le cas, réalise, atteste, constate ce transfert ou cette constitution.

Cette notification comporte la désignation du lot ou de la fraction de lot intéressé ainsi que l'indication des nom, prénoms, domicile réel ou élu de l'acquéreur ou du titulaire de droit et, le cas échéant, du mandataire commun prévu à l'article 23 (alinéa 2) de la loi du 10 juillet 1965.

A. I. Vente par adjudication

La Commission RAPPELLE :

– que les dispositions des articles 20 de la loi du 10 juillet 1965 et 6 du décret du 17 mars 1967, ci-dessus reproduits, sont applicables à une vente par adjudication d'un lot de copropriété, qu'il s'agisse d'une vente devant le tribunal sur licitation ou sur saisie immobilière ou encore d'une adjudication devant notaire.

En conséquence, la commission RECOMMANDE à l'avocat du créancier poursuivant, ou au notaire :
– de demander au syndic, préalablement à la vente, l'état daté prévu par l'article 5 du décret, ceci afin d'assurer la meilleure information possible des acquéreurs, à défaut de pouvoir recourir, dans la plupart des cas, au certificat de l'article 20 de la loi;
– de faire figurer dans le cahier des charges de la vente le domicile élu où sera reçue une éventuelle opposition; le choix de ce domicile n'est pas réglementé. Il se portera de préférence sur le cabinet de l'avocat ou l'étude du notaire chargé de recevoir les fonds;
– après la vente, de notifier sans délai au syndic le jugement ou le procès-verbal d'adjudication qui constitue l'acte translatif de propriété.

Cette notification rappellera l'élection de domicile, le délai de huitaine pour faire opposition et l'obligation, le cas échéant, pour le syndic d'y procéder par acte extrajudiciaire.

Pour ce qui concerne le contenu de l'opposition, les créances dont le syndicat peut faire état, la pratique de la clause dite « de solidarité » et l'opportunité d'inscrire au plus tôt l'hypothèque légale du syndicat, il est renvoyé à la recommandation n° 9 :
– enfin, d'aviser le détenteur effectif des fonds, par exemple le bâtonnier, s'il a été constitué séquestre et le juge si une procédure d'ordre est ouverte.

Par ailleurs, il a été déjà rappelé dans la recommandation n° 9 que la créance du syndicat pour un arriéré de charges n'a qu'un caractère chirographaire et que l'opposition formée par le syndic n'emporte pas de privilège au profit du syndicat.

Dans le cas d'une vente sur saisie immobilière, l'opposition du syndic n'aura nécessairement qu'un objet limité à la partie du prix disponible après que les créanciers inscrits auront été désintéressés. La jurisprudence en déduit que le défaut de notification de l'adjudication au syndic n'ouvrirait droit à une indemnisation du syndicat que s'il était établi que le prix excédait les créances privilégiées et que le syndicat avait une chance d'être effectivement payé.

B. II. Expropriation pour cause d'utilité publique

La Commission CONSTATE :
– que bien que cette situation soit peu fréquente, une procédure d'expropriation pour cause d'utilité publique peut concerner un ou plusieurs lots dans un immeuble placé sous le statut de la copropriété, ou bien certains lots en même temps que des parties communes, ou encore des parties communes seulement. Moins rare sera l'hypothèse d'une procédure touchant la totalité de l'immeuble en copropriété;
– que ni le code de l'expropriation ni la loi du 10 juillet 1965 n'envisagent ces éventualités;
– qu'en vertu de l'article L. 12-1 du code de l'expropriation le transfert de propriété est opéré par voie d'accord amiable ou par une ordonnance rendue par le juge de l'expropriation et qu'il résulte des articles R. 11-28 et R. 12-4 du même code que l'ordonnance désigne chaque immeuble ou fraction d'immeuble exproprié, en précisant l'identité de chaque propriétaire, au vu des renseignements figurant au cadastre à la date de l'ordonnance.

En conséquence, la commission CONSIDÈRE sous réserve de l'appréciation des tribunaux :
– que l'expropriation est poursuivie et prononcée à l'encontre de chacun des copropriétaires concernés, tant pour la partie privative de son lot que pour la quote-part y afférente des parties communes, telle que déterminée dans l'état descriptif de division;
– que l'expropriation n'est poursuivie et prononcée à l'encontre du syndicat des copropriétaires que lorsqu'elle porte exclusivement sur une partie commune, à charge par le syndic de répartir l'indemnité entre les copropriétaires selon les dispositions de l'article 16-1 ci-dessus.

La Commission RECOMMANDE à l'autorité expropriante lorsque l'expropriation porte sur un ou plusieurs lots :
– en cas d'accord amiable, faisant l'objet d'un acte authentique ou d'un acte administratif, de faire application des dispositions de l'article 20;
– en cas d'ordonnance d'expropriation, de notifier au syndic l'avis de mutation prévu par ce texte, pour lui permettre, dans le cas où le copropriétaire exproprié serait débiteur à l'égard du syndicat, de faire opposition entre les mains de l'expropriant qui procédera alors à la consignation de l'indemnité conformément aux dispositions de l'article R. 13-65 du code de l'expropriation.

C. III. Exercice d'un droit de préemption publique

La Commission RAPPELLE :
– que dans l'hypothèse de l'exercice par l'autorité publique, du droit de préemption qui lui est reconnu par la loi, le transfert de propriété s'opère différemment suivant qu'il existe ou non accord sur le prix.

1. En cas d'accord sur le prix, le transfert de propriété s'opère :
– soit à la date de la notification de la décision du titulaire du droit de préemption d'acquérir aux prix et conditions de la déclaration d'intention d'aliéner;
– soit à la date de la notification de l'acceptation par le propriétaire de la contre-proposition du titulaire du droit de préemption;
– soit à la date de l'accord amiable.

2. En cas de désaccord sur le prix le transfert de propriété s'opère lorsque les deux conditions suivantes sont réunies :
– une décision juridictionnelle est passée en force de chose jugée : jugement notifié non frappé d'appel dans le délai ou arrêt de la cour d'appel;
– aucune des deux parties n'a exercé le droit de repentir prévu par l'article L. 213-7 du code de l'urbanisme.

3. En cas de délaissement (décision d'acquérir prise par le titulaire du droit de préemption à la demande du propriétaire dans les périmètres de zones d'aménagement différé ou de droit de préemption urbain) le transfert de propriété s'opère à la date de la notification de la décision d'acquérir par le titulaire du droit de préemption, alors même que les parties seraient en désaccord sur le prix. Dans ce dernier cas et dans la mesure, en effet, où le

délaissement est irréversible, il est considéré qu'il y a accord sur la chose et sur un prix déterminable.

En conséquence la commission RECOMMANDE aux titulaires d'un droit de préemption :

– de notifier sans délai au syndic l'avis de mutation prévu par l'article 20 à l'une des dates correspondantes aux hypothèses susvisées.

Recommandation n° 12,

Relative au transfert de propriété d'un lot.

Vu l'article 20 de la loi n° 65-557 du 10 juillet 1965 modifiée fixant le statut de la copropriété des immeubles bâtis;

Vu les articles 5 et 5-1 du décret n° 67-223 du 17 mars 1967 pris pour son application, modifié par le décret du 17 février 1995;

Considérant que l'article 5 du décret du 17 mars 1967 modifié dispose :

Art. 5 Le syndic adresse, avant l'établissement de l'un des actes visés au précédent article, au notaire chargé de recevoir l'acte, à la demande de ce dernier ou à celle du copropriétaire partie à l'acte, un état daté qui, en vue de l'information des parties et le cas échéant, des créanciers inscrits, indique d'une manière même approximative, pour le lot considéré, et sous réserve de l'apurement des comptes :

a) les sommes qui correspondent à la quote-part du copropriétaire intéressé :

– dans les charges dont le montant n'est pas encore liquidé ou devenu exigible à l'encontre du syndicat;

– dans les charges qui résulteront d'une décision antérieurement prise par l'assemblée générale mais non encore exécutée;

b) éventuellement, le solde des versements effectués par le copropriétaire intéressé à titre d'avance ou de provision, à quelque titre que ce soit, ainsi que les décisions de l'assemblée générale d'où résultent ces avances et provisions;

c) s'il y a lieu, le montant des sommes restant dues à un titre quelconque au syndicat et leur justification;

d) le montant des charges afférentes au lot considéré, pour le dernier exercice approuvé et le dernier budget prévisionnel voté.

Considérant que l'article 5-1 du décret du 17 mars 1967 modifié dispose :

Art. 5-1 Pour l'application des dispositions de l'article 20 de la loi du 10 juillet 1965 modifiée, il n'est tenu compte que des créances du syndicat effectivement liquides et exigibles à la date de la mutation.

L'opposition éventuellement formée par le syndic doit énoncer d'une manière précise :

1) le montant et les causes des créances du syndicat afférentes aux charges et travaux mentionnés aux articles 10 et 30 de la loi du 10 juillet 1965 de l'année courante et des deux dernières années échues;

2) le montant et les causes des créances du syndicat afférentes aux charges et travaux mentionnés aux articles 10 et 30 de la loi du 10 juillet 1965 des deux années antérieures aux deux dernières années échues;

3) le montant et les causes des créances de toute nature du syndicat garanties par une hypothèque légale et non comprises dans les créances privilégiées, visées aux 1) et 2) ci-dessus;

4) le montant et les causes des créances de toute nature du syndicat non comprises dans les créances visées au 1), 2) et 3) ci-dessus;

Si le lot fait objet d'une vente sur licitation ou sur saisie immobilière, l'avis de mutation prévu par l'article 20 de la loi précitée du 10 juillet 1965 est donné au syndic, selon le cas soit par le notaire soit par l'avocat du demandeur ou du créancier poursuivant; si le lot fait l'objet d'une expropriation pour cause d'utilité publique ou de l'exercice d'un droit de préemption publique, l'avis de mutation est donné au syndic, selon le cas, soit par le notaire ou par l'expropriant soit par le titulaire du droit de préemption; si l'acte est reçu en la forme administrative, l'avis de mutation est donné au syndic par l'autorité qui authentifie la convention.

Considérant qu'afin de faciliter, lors de la mutation à titre onéreux d'un lot, les relations entre le notaire, éventuellement l'avocat du demandeur ou du créancier poursuivant d'une part, et le syndic d'autre part, la pratique a élaboré des formulaires contenant les informations prescrites par les textes;

Considérant que l'article 20 de la loi du 10 juillet 1965 ayant été modifié par la loi du 21 juillet 1994 relative à l'habitat, et que les articles du décret du 17 mars 1967 ayant été également modifiés, il est apparu utile à la commission, à titre indicatif et non normatif, de PROPOSER en annexe de la présente recommandation deux modèles relatifs respectivement à l'état daté prévu par l'article 5 du décret (annexe n° 1) et au certificat délivré en application de l'article 20 de la loi (annexe n° 2).

Que préalablement, la commission PRÉCISE :

A. I. Concernant l'état daté prévu à l'article 5 du décret du 17 mars 1967 modifié

Que le notaire chargé de recevoir tout acte conventionnel réalisant ou constatant le transfert de propriété à titre onéreux d'un lot ou d'une fraction de lot, ou la constitution sur ces derniers d'un droit réel, doit demander au syndic, préalablement à l'établissement de cet acte, l'état daté prévu par l'article 5 du décret;

Que l'état daté, établi par le syndic et adressé par ce dernier au notaire, est destiné à l'information des parties, et, le cas échéant, des créanciers inscrits;

Que l'état daté indique, d'une manière même approximative, et sous réserve de l'apurement des comptes, les sommes mentionnées aux a), b), c) et d) de l'article 5, portant sur le lot faisant l'objet d'un transfert ou de la constitution d'un droit réel;

Que les sommes visées au a) de l'article 5 sont celles, correspondant à la quote-part du copropriétaire cédant, qui pourront être demandées à l'acquéreur, si elles deviennent exigibles après le transfert de propriété ou la constitution du droit réel :

– dans les charges dont le montant n'est pas encore liquidé ou devenu exigible à l'encontre du syndicat (par exemple, consommation d'eau froide, condamnation du syndicat par une décision de justice non définitive);

– dans les charges qui résulteront d'une décision antérieurement prise par l'assemblée générale mais non encore exécutée (par exemple, décision portant sur la réalisation de travaux).

Que les sommes visées au b) de l'article 5 correspondant à des versements effectués par le copropriétaire cédant à titre d'avance ou de provision sans que la charge définitive du versement lui incombe, et dont en conséquence le syndicat des copropriétaires pourrait être débiteur à son égard (par exemple, solde de l'avance de trésorerie permanente, provision spéciale de l'article 18 de la loi du 10 juillet 1965 modifiée);

Que les sommes visées au c) de l'article 5 sont celles qui pourraient rester dues par le copropriétaire cédant, pour le lot considéré, au syndicat des copropriétaires à un titre quelconque (par exemple, charges impayées avec mention de la date de l'appel de fonds);

Que l'information prévue par le d) de l'article 5 sur le montant des charges afférentes au lot considéré, pour le dernier exercice approuvé et le dernier budget prévisionnel voté, a pour objet de porter ces indications à la connaissance de l'acquéreur éventuel pour lui permettre de vérifier, en cas d'acquisition, qu'il sera en mesure de faire face aux obligations juridiques et financières attachées à sa qualité de copropriétaire.

B. II. Concernant le certificat de l'article 20 de la loi du 10 juillet 1965 modifiée

Que le certificat prévu à l'article 20 de la loi du 10 juillet 1965 modifiée est établi, le cas échéant, par le syndic et remis au vendeur ou adressé au notaire chargé de recevoir l'acte de mutation à titre onéreux;

Que le syndic n'a à délivrer le certificat prévu à l'article 20 précité que dans la mesure où le vendeur est libre de toute obligation à l'égard du syndicat;

Que, sous réserve de l'interprétation des tribunaux, les termes « libre de toute obligation » paraissent devoir s'entendre comme s'appliquant à l'ensemble des lots dont le vendeur est propriétaire, et non pas seulement au lot concerné par la mutation, du moins en vue de l'opposition au versement des fonds;

Que, conformément aux dispositions de l'article 5-1 du décret du 17 mars 1967 modifié, il ne doit être tenu compte, pour l'établissement du certificat, que des créances effectivement liquides et exigibles à la date de la mutation, étant précisé que :

– d'une part, constituent des créances liquides et exigibles les appels de fonds votés par l'assemblée générale avant la cession, fût-ce pour le financement de travaux non encore exécutés;

– d'autre part, que les sommes correspondant au coût de travaux payés par le cédant par annuités, en application de l'article 33 de la loi du 10 juillet 1965, deviennent immédiatement exigibles lors de la première mutation entre vifs du lot de l'intéressé.

[...]

C. ANNEXE [1] Certificat du syndic

Délivré en application des dispositions de l'article 20 modifié de la loi n° 65-557 du 10 juillet 1965.

Art. 20 Lors de la mutation à titre onéreux d'un lot, et si le vendeur n'a pas présenté au notaire un certificat du syndic ayant moins d'un mois de date, attestant qu'il est libre de toute obligation à l'égard du syndicat, avis de la mutation doit être donné par le notaire au syndic de l'immeuble, par lettre recommandée avec avis de réception. Avant l'expiration d'un délai de quinze jours à compter de la réception de cet avis, le syndic peut former au domicile élu, par acte extrajudiciaire, opposition au versement des fonds dans la limite ci-après pour obtenir le paiement des sommes restant dues par l'ancien propriétaire. Cette proposition contient élection de domicile dans le ressort du tribunal de grande instance de la situation de l'immeuble et, à peine de nullité, énonce le montant et les causes de la créance. Les effets de l'opposition sont limités au montant ainsi énoncé.

Tout paiement ou transfert amiable ou judiciaire du prix opéré en violation des dispositions de l'alinéa précédent est inopposable au syndic ayant régulièrement fait opposition.

L'opposition régulière vaut au profit du syndicat mise en œuvre du privilège mentionné à l'article 19-1.

Le syndic soussigné, atteste que le copropriétaire ci-après nommé, pour les lots lui appartenant, est libre, à ce jour, de toute obligation à l'égard du syndicat.

Si la mutation n'intervient pas dans un délai d'un mois de la date du présent certificat, avis de celle-ci devra être donné par lettre recommandée avec avis de réception, conformément à l'article 20 de la loi précitée du 10 juillet 1965 afin de permettre au syndic de former éventuellement opposition.

Fait à :

Le :

Recommandation n° 13, du 8 juillet 2010,

Relative au conseil syndical (règles générales).

Parmi les organes essentiels du syndicat des copropriétaires, le conseil syndical, qui est obligatoire, sauf exceptions, joue un rôle particulièrement important de liaison entre le syndic et la collectivité des copropriétaires, et constitue « le meilleur moyen » de maintenir un climat de confiance réciproque (rapport M. Bonnemaison, Doc. Ass. nat. n° 2960, p. 16).

Il ressort en effet de l'alinéa 1er de l'article 21 de la loi du 10 juillet 1965, qu'il existe un conseil syndical dans tous les syndicats des copropriétaires.

Toutefois, l'assemblée générale peut décider à la majorité de l'article 26 de ne pas constituer de conseil syndical; cette faculté n'est pas conférée au syndicat de forme coopérative (article 17-1) ni au syndicat de « résidences services » (article 41-2).

Il reçoit donc deux missions principales qui se complètent : assister le syndic et contrôler sa gestion dans l'intérêt collectif.

Il convient de ne pas sous-estimer le rôle du conseil syndical et il importe que le syndic mette toujours à sa disposition les moyens et informations dont il a besoin ou qu'il demande.

Il n'appartient pas au conseil syndical d'outrepasser les missions qui lui sont confiées par les dispositions légales et réglementaires actuellement en vigueur.

Cette recommandation précise la composition du conseil syndical (I), décrit ses missions (II), puis ses règles de fonctionnement (III).

Les dispositions spécifiques à certains cas particuliers (un ou plusieurs syndicats secondaires, procédure d'alerte, copropriétés en difficulté, unions de syndicat, résidences-services et syndicats de forme coopérative) font l'objet d'une recommandation n° 13 *bis*.

I. La constitution du conseil syndical

Considérant :

– que l'article 25 *c)* de la loi du 10 juillet 1965 prévoit que la désignation ou la révocation des membres du conseil syndical a lieu à la majorité de l'article 25, et le cas échéant, de l'article 25-1 ;

– que l'article 21 de la même loi du 10 juillet 1965 dispose que : « *Les membres du conseil syndical sont désignés par l'assemblée générale parmi les copropriétaires, les associés dans le cas prévu par le premier alinéa de l'article 23 de la présente loi, les accédants ou les acquéreurs à terme, leurs conjoints, les partenaires liés à eux par un pacte civil de solidarité, leurs représentants légaux ou leurs usufruitiers. Lorsqu'une personne morale est nommée en qualité de membre du conseil syndical, elle peut s'y faire représenter, à défaut de son représentant légal ou statutaire, par un fondé de pouvoir spécialement habilité à cet effet.*

« *Le syndic, son conjoint, le partenaire lié à lui par un pacte civil de solidarité, ses ascendants ou descendants, ses préposés, même s'ils sont copropriétaires, associés ou acquéreurs à terme, ne peuvent être membres du conseil syndical. Les dispositions du présent alinéa ne sont pas applicables aux syndicats coopératifs.* »;

– que, selon le même article : « *Sauf dans le cas des syndicats coopératifs, l'assemblée générale peut décider par une délibération spéciale, à la majorité prévue par l'article 26, de ne pas instituer de conseil syndical. La décision contraire est prise à la majorité des voix de tous les copropriétaires* ».

– que, toujours selon le même article : « *À défaut de désignation par l'assemblée générale à la majorité requise, et sous réserve des dispositions de l'alinéa précédent, le juge, saisi par un ou plusieurs copropriétaires ou par le syndic, peut, avec l'acceptation des intéressés, désigner les membres du conseil syndical; il peut également constater l'impossibilité d'instituer un conseil syndical.* »;

– que d'après l'alinéa 7 de l'article 21 de la loi : « *le conseil syndicat élit son président parmi ses membres* », ce qui implique que ce n'est pas l'assemblée générale qui élit le président du conseil syndical;

– que selon la première phrase de l'article 41-2 de la loi : « *le syndicat des copropriétaires de "résidence-services", mis en place dans les conditions prévues à l'article 41-1, ne peut déroger à l'obligation d'instituer un conseil syndical.* »;

– que d'après l'alinéa 1er de l'article 22 du décret du 17 mars 1967 : « *À moins que le règlement de copropriété n'ait fixé les règles relatives à l'organisation et au fonctionnement du conseil syndical, ces règles sont fixées ou modifiées par l'assemblée générale à la majorité de l'article 24 de la loi du 10 juillet 1965.* »

– que d'après l'alinéa 3 de l'article 22 du décret : « *le mandat des membres du conseil syndical ne peut excéder trois années renouvelables.* »;

– que selon l'article 25 du décret : « *Un ou plusieurs membres suppléants peuvent être désignés, dans les mêmes conditions que les membres titulaires. En cas de cessation définitive des fonctions du membre titulaire, ils siègent au conseil syndical, à mesure des vacances, dans l'ordre de leur élection s'il y en a plusieurs, et jusqu'à la date d'expiration du mandat du membre titulaire qu'ils remplacent.*

« *Dans tous les cas, le conseil syndical n'est plus régulièrement constitué si plus d'un quart des sièges devient vacant pour quelque cause que ce soit.* »

En conséquence, la Commission recommande :

1° – Aux rédacteurs des règlements de copropriété :

– de prévoir, lors de l'établissement des règlements de copropriété, les clauses fixant les règles relatives au conseil syndical (composition, organisation et fonctionnement) en tenant compte de la spécificité du syndicat (par exemple : existence ou non d'un syndicat secondaire, nombre de lots, diversité de l'usage des lots...);

– spécialement de veiller à ce que le conseil syndical soit composé d'un nombre impair de membres (non inférieur à trois) pour permettre de dégager une majorité;

2° – Au syndic, pour les syndicats existants, et notamment en cas de silence ou d'insuffisance du règlement de copropriété :

– de soumettre, dans ces cas, à l'assemblée générale, statuant à la majorité de l'article 24 de la loi, et non plus seulement à celle qui nomme les membres du conseil syndical, et après avis de ce conseil, s'il existe, les règles relatives à la composition, à l'organisation et au fonctionnement du conseil syndical dans les conditions de l'article 22 du décret du 17 mars 1967 modifié; à défaut par le syndic, une demande accompagnée du projet de résolution peut être formée par le conseil syndical ou par tout copropriétaire, conformément aux dispositions de l'article 10 du décret du 17 mars 1967;

– d'inclure la question de la désignation des membres du conseil syndical dans l'ordre du jour de l'assemblée générale devant procéder à cette désignation, sans que le projet de résolution indique nécessairement le nom des candidats;

– si le conseil syndical n'est plus régulièrement constitué, de convoquer une assemblée générale en fonction de l'éloignement de l'assemblée générale annuelle afin d'éviter que le syndicat soit trop longtemps dépourvu de conseil valablement constitué;

– de recommander à l'assemblée générale d'élire un ou des conseillers remplaçants pour la durée du mandat restant à courir du ou des conseillers qu'ils remplacent, étant observé que le fait que le conseil syndical ne soit plus valablement constitué n'a pas pour effet d'entacher la validité des mandats confiés aux autres membres titulaires du conseil syndical;

3° – Aux copropriétaires :

– de veiller à ce que la décision de ne pas instituer de conseil syndical soit exceptionnelle, eu égard à son rôle essentiel;

– de tenir compte, dans la mesure du possible, des compétences techniques des copropriétaires (ingénieur, comptable, juriste, professionnels du bâtiment...);

– de prévoir, autant que possible, dans la composition du conseil syndical : la représentation des différents intérêts qui peuvent exister parmi les copropriétaires (par exemple, copropriétaires bailleurs et copropriétaires occupants, usage d'habitation, professionnel ou commercial, et en l'absence de syndicat secondaire, pluralité de bâtiments...);

– de fixer la durée des fonctions des membres du conseil syndical en précisant la date de prise d'effet et la date d'expiration du mandat, rappel fait que cette durée ne peut excéder trois ans renouvelables;

– de prévoir que, lors de la désignation des membres titulaires, soient aussi désignés des membres suppléants pour éviter que le conseil ne soit plus constitué valablement si plus d'un quart des sièges devient vacant pour quelque cause que ce soit, étant observé que les membres suppléants remplacent les membres titulaires en cas de cessation de leurs fonctions pour la durée du mandat de chacun de ceux-ci restant à courir et dans l'ordre de leur élection;

4° – À la personne qui préside l'assemblée générale des copropriétaires :

– d'accepter les candidatures aux fonctions de membre du conseil syndical, déclarées même au cours de l'assemblée générale et même lorsque le projet de résolution comporte le nom de candidats, au moment où est abordée la rubrique de désignation des membres du conseil syndical;

– de veiller, en cas de droits concurrents sur un lot, à ce qu'il n'y ait qu'un seul candidat pour ce lot;

– de vérifier l'éligibilité des candidats au regard de l'article 21 de la loi;

– de refuser qu'il soit procédé à un vote « groupé » en cas d'opposition expresse d'un copropriétaire ou si le nombre de candidats dépasse le nombre de sièges à pourvoir.

II. La mission du conseil syndical

A. La mission de contrôle et d'assistance

Considérant :

– que l'article 21 de la loi du 10 juillet 1965 dispose que : « *Dans tout syndicat des copropriétaires, un conseil syndical assiste le syndic et contrôle sa gestion.*

« *En outre, il donne son avis au syndic ou à l'assemblée générale sur toutes questions concernant le syndicat, pour lesquelles il est consulté ou dont il se saisit lui-même. L'assemblée générale des copropriétaires, statuant à la majorité de l'article 25, arrête un montant des marchés et des contrats à partir duquel la consultation du conseil syndical est rendue obligatoire.*

« *Il peut prendre connaissance, et copie, à sa demande, et après en avoir donné avis au syndic, de toutes pièces ou documents, correspondances ou registres se rapportant à la gestion du syndic et, d'une manière générale, à l'administration de la copropriété.*

« *Il reçoit, en outre sur sa demande, communication de tout document intéressant le syndicat.* »;

– que d'après l'article 26 du décret : « *Le conseil syndical contrôle la gestion du syndic, notamment la comptabilité du syndicat, la répartition des dépenses, les conditions dans lesquelles sont passés et exécutés les marchés et tous autres contrats, ainsi que l'élaboration du budget prévisionnel dont il suit l'exécution.*

« *Il peut recevoir d'autres missions ou délégations de l'assemblée générale dans les conditions prévues à l'article 25 a de la loi du 10 juillet 1965 et à l'article 21 du présent décret.*

« *Un ou plusieurs membres du conseil syndical, habilités à cet effet par ce dernier, peuvent prendre connaissance et copie, au bureau du syndic, ou au lieu arrêté en accord avec lui, des diverses catégories de documents mentionnés au troisième alinéa de l'article 21, de la loi du 10 juillet 1965.*

« *Lorsqu'une communication écrite doit être faite au conseil syndical, elle est valablement faite à la personne de son président, lorsqu'il en a été désigné un, ou, à défaut, à chacun de ses membres. Lorsque la communication est demandée par le conseil syndical, elle est faite à chacun de ses membres.*

« *L'ordre du jour de l'assemblée générale est établi en concertation avec le conseil syndical.* »;

– que l'article 27 du décret du 17 mars 1967 dispose que : « *Le conseil syndical peut, pour l'exécution de sa mission, prendre conseil auprès de toute personne de son choix. Il peut aussi, sur une question particulière, demander un avis technique à tout professionnel de la spécialité.*

« *Les dépenses nécessitées par l'exécution de la mission du conseil syndical constituent des dépenses courantes d'administration. Elles sont supportées par le syndicat et réglées par le syndic.* »;

– que d'après l'article 37 du décret : « *Lorsqu'en cas d'urgence le syndic fait procéder; de sa propre initiative, à l'exécution des travaux nécessaires à la sauvegarde de l'immeuble, il en informe les copropriétaires et convoque immédiatement l'assemblée générale.*

« Par dérogation aux dispositions de l'article 35 ci-dessus, il peut, dans ce cas, en vue de l'ouverture du chantier et de son premier approvisionnement, demander; sans délibération préalable de l'assemblée générale mais après avoir pris l'avis du conseil syndical, s'il en existe un, le versement d'une provision qui ne peut excéder le tiers du montant du devis estimatif des travaux.

« Il ne peut demander de nouvelles provisions pour le paiement des travaux qu'en vertu d'une décision de l'assemblée générale qu'il doit convoquer immédiatement et selon les modalités prévues par le deuxième alinéa de l'article 14-2 de la loi du 10 juillet 1965. »

La Commission rappelle que :

La mission du conseil syndical porte notamment sur le contrôle de l'élaboration du budget prévisionnel, de l'exécution de ce budget, de la comptabilité du syndicat en s'assurant de l'application des règles comptables spécifiques, de la conclusion et de l'exécution des contrats et marchés.

Le conseil syndical est **obligatoirement** consulté sur la conclusion des contrats et marchés lorsque leur coût dépasse un montant fixé par l'assemblée générale, et dès que le syndic souhaite faire réaliser des travaux nécessaires à la sauvegarde de l'immeuble (article 37 du décret).

La mission d'assistance porte par exemple sur les projets de contrats ou de marchés qu'il est envisagé de soumettre à la décision de l'assemblée générale, alors même que la consultation du conseil syndical n'est pas obligatoire à l'égard de ces contrats. Cette mission peut consister à entendre le maître d'œuvre et/ou les entrepreneurs, ou d'une manière plus générale, tout contractant éventuel, ou à comparer les devis et contrats (descriptifs, estimatifs...).

Le conseil syndical peut recevoir d'autres missions de l'assemblée générale.

Il peut se saisir lui-même de toute question concernant le syndicat des copropriétaires et l'administration de l'immeuble.

Il peut se faire assister d'un technicien ou prendre conseil auprès de toute personne de son choix.

Le conseil syndical doit rendre compte à l'assemblée générale de l'exécution de ses missions.

En conséquence, la Commission recommande :

1° – Au syndic :

– d'adresser à tout nouveau copropriétaire une note d'information sur l'organisation du syndicat, notamment sur le rôle du conseil syndical consistant à faciliter la gestion de l'immeuble et à servir de trait d'union entre le syndic et les copropriétaires;

– de faciliter l'accomplissement de sa mission par le conseil syndical, de ne pas faire obstacle à sa mission de contrôle et de demander son assistance lorsqu'il l'estime nécessaire ou opportun;

– de notifier, au plus tard en même temps que l'ordre du jour de l'assemblée générale, l'avis rendu par le conseil syndical lorsque sa consultation est obligatoire;

– de prévoir dans le budget du syndicat une ligne « dépenses du conseil syndical » qui sera soumise au vote de l'assemblée générale en même temps que l'ensemble du budget;

2° – Au conseil syndical :

– de faire connaître ses avis sur les questions relevant de sa mission. Quand l'avis du conseil syndical est obligatoire, celui-ci doit être pris par écrit. Tous autres avis doivent être, si possible, consignés dans un registre ouvert à cet effet;

– d'établir le compte rendu de l'exécution de sa mission qu'il est souhaitable de transmettre au syndic en vue de la notification prévue au 3°) du II de l'article 11 du décret du 17 mars 1967;

– de chiffrer et justifier des dépenses budgétaires annuelles nécessaires à son fonctionnement, à l'accomplissement de sa mission de contrôle et d'assistance, dans les limites de la ligne budgétaire votée.

B. Les délégations de pouvoir données au conseil syndical

Considérant :

– que l'article 25 *a)* de la loi du 10 juillet 1965 dispose que : *« Ne sont adoptées qu'à la majorité des voix de tous les copropriétaires les décisions concernant :*

a) Toute délégation du pouvoir de rendre l'une des décisions visées à l'article 24. »;

– que l'article 21 du décret du 17 mars 1967 dispose que; *« Une délégation de pouvoir donnée, en application de l'article 25 a de la loi du 1 0 juillet 1965, par l'assemblée générale au syndic, au conseil syndical ou à toute autre personne ne peut porter que sur un acte ou une décision expressément déterminé.*

« Cette délégation peut autoriser son bénéficiaire à décider de dépenses dont elle détermine l'objet et fixe le montant maximum.

« Elle ne peut, en aucun cas, priver l'assemblée générale de son pouvoir de contrôle sur l'administration de l'immeuble et la gestion du syndic.

« Le délégataire rend compte à l'assemblée de l'exécution de la délégation. »

En conséquence, la Commission recommande :

1° – Au syndic :

– d'inscrire à l'ordre du jour de l'assemblée générale, lorsque cela s'avère nécessaire et après concertation avec le conseil syndical, un projet de résolution relatif à une délégation de pouvoir au conseil syndical ou à un membre de celui-ci, ne portant **délégation que pour un acte ou une décision expressément déterminée**, visée à l'article 24 de la loi;

2° – Au conseil syndical :

– de refuser la délégation de pouvoir comportant un mandat général;

– de se conformer au contenu précis de la délégation et de rendre compte à l'assemblée générale de l'exécution de cette délégation, un rapport écrit mis à disposition des copropriétaires pouvant être établi.

C. La mission dans la tenue des assemblées générales

Considérant :

– que selon l'article 10 du décret : « *À tout moment un ou plusieurs copropriétaires ou le conseil syndical peuvent notifier au syndic la ou les questions dont ils demandent qu'elles soient inscrites à l'ordre du jour d'une assemblée générale. Le syndic porte ces questions à l'ordre du jour de la convocation de la prochaine assemblée générale.* »;

– que l'article 11 du décret dispose que : « *Sont notifiés au plus tard en même temps que l'ordre du jour (...) pour l'information des copropriétaires :*

(...)

« *3° L'avis rendu par le conseil syndical lorsque sa consultation est obligatoire en application du deuxième alinéa de l'article 21 de la loi du 10 juillet 1965.*

« *4° Le compte-rendu de l'exécution de la mission du conseil syndical prévu au deuxième alinéa de l'article 22 du présent décret et le bilan établi par le conseil syndical en application du second alinéa de l'article 41-2 de la loi du 10 juillet 1965.* »;

– que l'article 22 du décret dispose que : « *Le conseil syndical rend compte à l'assemblée générale, chaque année de l'exécution de sa mission.* »;

– que d'après l'article 26 du décret : « *Le conseil syndical contrôle (...) l'élaboration du budget prévisionnel dont il suit l'exécution (...)*

« *L'ordre du jour de l'assemblée générale est établi en concertation avec le conseil syndical.* »

En conséquence, la Commission recommande au syndic et au conseil syndical :

1° – Avant la tenue de l'assemblée générale :

– que le syndic n'omette pas d'établir l'ordre du jour en concertation avec le conseil syndical;

– que le conseil syndical soit associé à l'élaboration du budget prévisionnel pour qu'il puisse exercer son contrôle et donner son avis;

– que le conseil syndical veille à ce que l'ordre du jour prenne en compte les questions notifiées par les copropriétaires ou par le conseil syndical;

– que soient joints à l'ordre du jour les avis écrits du conseil syndical pour tous les contrats ou marchés dont le coût dépasse le montant voté par l'assemblée générale en application du deuxième alinéa de l'article 21 de la loi du 10 juillet 1965, ainsi que le compte rendu d'exécution de sa mission;

2° – Au cours de l'assemblée générale :

– que soit présenté le compte rendu de l'exécution de la mission du conseil syndical, donnant notamment toute information sur la comptabilité du syndicat, les conditions de conclusion et d'exécution des marchés et de tous autres contrats, ainsi que sur l'activité du conseil syndical.

III. Le fonctionnement du conseil syndical

A. Le fonctionnement

Considérant :

– que selon l'article 18-2 de la loi du 10 juillet 1965 : « *En cas de changement de syndic, l'ancien syndic est tenu de remettre au nouveau syndic, dans le délai d'un mois à compter de la cessation de ses fonctions, la situation de trésorerie, la totalité des fonds immédiatement disponibles et l'ensemble des documents et archives du syndicat. Dans l'hypothèse où l'ancien syndic a fait le choix de confier tout ou partie des archives du syndicat des copropriétaires à un prestataire spécialisé, il est tenu, dans ce même délai, d'informer le prestataire de ce changement en communiquant les coordonnées du nouveau syndic.*

« *Dans le délai de deux mois suivant l'expiration du délai mentionné ci-dessus, l'ancien syndic est tenu de verser au nouveau syndic le solde des fonds disponibles après apurement des comptes, et de lui fournir l'état des comptes des copropriétaires ainsi que celui des comptes du syndicat.*

« *Après mise en demeure restée infructueuse, le syndic nouvellement désigné ou le président du conseil syndical pourra demander au juge, statuant comme en matière de référé, d'ordonner sous astreinte la remise des pièces et des fonds mentionnés aux deux premiers alinéas du présent article ainsi que le versement des intérêts dus à compter du jour de la mise en demeure, sans préjudice de dommages et intérêts.* »;

– que l'article 21 de la même loi dispose que : « *Le conseil syndical élit son président parmi ses membres.* »;

– que d'après l'article 8 du décret du 17 mars 1967 : « *La convocation de l'assemblée générale est de droit lorsqu'elle est demandée au syndic soit par le conseil syndical, s'il en existe un, soit par un ou plusieurs copropriétaires représentant au moins un quart des voix de tous les copropriétaires, à moins que le règlement de copropriété ne prévoie un nombre inférieur de voix. La demande, qui est notifiée au syndic, précise les questions dont l'inscription à l'ordre du jour de l'assemblée est demandée.*

« *Dans les cas prévus au précédent alinéa, l'assemblée générale des copropriétaires est valablement convoquée par le président du conseil syndical, s'il en existe un, après la mise en demeure au syndic restée infructueuse pendant plus de huit jours.* »;

– que l'article 26 du même décret dispose que : « *Lorsqu'une communication écrite doit être faite au conseil syndical, elle est valablement faite à la personne de son président, lorsqu'il en a été désigné un, ou, à défaut, à chacun de ses membres. Lorsque la communication est demandée par le conseil syndical, elle est faite à chacun de ses membres.* »;

– que selon l'article 27 du décret : « *Les fonctions de président et de membre du conseil syndical ne donnent pas lieu à rémunération.*

« *Le conseil syndical peut, pour l'exécution de sa mission, prendre conseil auprès de toute personne de son choix. Il peut aussi, sur une question particulière, demander un avis technique à tout professionnel de la spécialité.*

« Les dépenses nécessitées par l'exécution de la mission du conseil syndical constituent des dépenses courantes d'administration. Elles sont supportées par le syndicat et réglées par le syndic. »

La Commission rappelle que :

Les textes ne prévoient que la disposition selon laquelle *« le conseil syndical élit son président parmi ses membres »*, les autres règles du fonctionnement étant définies par le règlement de copropriété ou les décisions de l'assemblée générale.

Les pouvoirs propres du président consistent :

– en la possibilité de convoquer une assemblée générale en cas de refus du syndic, dans les conditions prévues à l'article 8 alinéa 2 du décret, et d'engager une action tendant à la remise de fonds et archives détenus par l'ancien syndic, en application de l'article 18-2 de la loi, sous réserve des pouvoirs conférés dans les cas particuliers visés dans la recommandation 13 *bis*;

– en la réception, *ès qualités*, de toute communication écrite faite au conseil syndical;

Les frais nécessités par le fonctionnement du conseil syndical constituent des dépenses d'administration, et sont donc fixés dans les mêmes conditions.

La Commission RECOMMANDE :

1° – Aux membres du conseil syndical :

– d'élire un président, ce qui relève de la compétence exclusive du conseil;

– de désigner son président dès sa première réunion, le conseil syndical étant convoqué à cet effet par son doyen d'âge;

si le règlement de copropriété ne le prévoit pas, de désigner le président du conseil à la majorité des membres de ce conseil et, faute de majorité absolue, à la majorité relative;

– d'élaborer un règlement du fonctionnement du conseil syndical, si le règlement de copropriété n'en contient pas;

– de tenir un registre des avis du conseil syndical;

– de prévoir, dans le budget prévisionnel soumis au vote de l'assemblée générale, une ligne « dépenses du conseil syndical » affectée au fonctionnement de ce conseil notamment pour permettre, le cas échéant, la rémunération de toute personne de son choix;

– d'assurer la permanence de l'information donnée aux copropriétaires sur l'activité et les avis du conseil syndical;

– d'assurer effectivement l'exécution des missions d'assistance et de contrôle, qui lui sont dévolues à l'exclusion des pouvoirs de décision, qui sont de la compétence de l'assemblée générale et du syndic, sous réserve d'une délégation de pouvoir;

– d'utiliser la possibilité de recevoir des missions ou délégations de l'assemblée générale votées à la majorité de l'article 25, étant rappelé que la délégation de pouvoir ne peut lui être donnée que pour les seules décisions relevant de la majorité relative (article 24) et qu'elle est assortie d'un formalisme imposant la notification, au plus tard en même temps que l'ordre du jour de l'assemblée générale, d'un « projet de résolution »;

– d'utiliser, comme indiqué ci-dessus, la possibilité de se faire assister par toute personne de son choix, en fixant avec elle les conditions de paiement des honoraires, frais et débours, sauf si elles sont déjà déterminées dans le règlement de copropriété, éventuellement modifié ou complété par décision de l'assemblée générale;

2° – Au président du conseil syndical :

– dès sa désignation, d'en aviser le syndic;

– de s'assurer que son nom figure sur le registre des mandats que doit tenir le syndic professionnel afin d'être prévenu par l'organisme garant en cas de cessation de la garantie financière couvrant les activités de ce syndic;

– de transmettre à chacun des membres du conseil syndical la teneur de la communication écrite qu'il a reçue *ès qualités*, notamment dans le cas de l'article 29-1A.

B. La responsabilité du conseil syndical

La Commission rappelle que :

Le conseil syndical n'étant pas doté de la personnalité civile, sa responsabilité ne peut pas être engagée. En revanche, chacun de ses membres pourrait voir sa responsabilité personnelle pour faute engagée, étant néanmoins précisé que le **caractère gratuit du mandat** et le rôle essentiellement consultatif des conseillers syndicaux ne rend pas fréquente la mise en jeu de sa responsabilité et, en tout état de cause, est de nature à atténuer cette responsabilité.

En conséquence la Commission recommande :

– que la responsabilité de chacun des membres du conseil syndical soit couverte par une assurance souscrite aux frais du syndicat.

C. Les archives

Considérant :

– que l'article 18-2 de la loi du 10 juillet 1965 dispose que : « *En cas de changement de syndic, l'ancien syndic est tenu de remettre au nouveau syndic, dans le délai d'un mois à compter de la cessation de ses fonctions, la situation de trésorerie, la totalité des fonds immédiatement disponibles et l'ensemble des documents et archives du syndicat. Dans l'hypothèse où l'ancien syndic a fait le choix de confier tout ou partie des archives du syndicat des copropriétaires à un prestataire spécialisé, il est tenu, dans ce même délai, d'informer le prestataire de ce changement en communiquant les coordonnées du nouveau syndic.*

« Dans le délai de deux mois suivant l'expiration du délai mentionné ci-dessus, l'ancien syndic est tenu de verser au nouveau syndic le solde des fonds disponibles après apurement des comptes, et de lui fournir l'état des comptes des copropriétaires ainsi que celui des comptes du syndicat. Après mise en demeure restée infructueuse, le syndic nouvellement désigné ou le président du conseil syndical pourra demander au juge, statuant en référé, d'ordonner sous astreinte la remise des pièces et des fonds mentionnés aux deux premiers alinéas du présent article ainsi que le versement des intérêts dus à compter du jour de la

mise en demeure, sans préjudice de tous dommages et intérêts. »;

– que selon l'article 33 du décret du 17 mars 1967 : « *Le syndic détient les archives du syndicat, notamment une expédition ou une copie des actes énumérés aux articles 1er à 3 ci-dessus, ainsi que toutes conventions, pièces, correspondances, plans, registres, documents et décisions de justice relatifs à l'immeuble et au syndicat. Il détient, en particulier les registres contenant les procès-verbaux des assemblées générales des copropriétaires et les pièces annexes ainsi que les documents comptables du syndicat, le carnet d'entretien de l'immeuble et, le cas échéant, les diagnostics techniques.*

« *Il délivre, en les certifiant, des copies ou extraits des procès-verbaux des assemblées générales, ainsi que des copies des annexes de ces procès-verbaux.*

« *Il remet au copropriétaire qui en fait la demande, aux frais de ce dernier, copie du carnet d'entretien de l'immeuble et, le cas échéant, des diagnostics techniques mentionnés au premier alinéa du présent article.*

« *La conservation et la gestion des archives sont comprises dans la mission ordinaire du syndic.* »;

– que d'après l'article 33-1 du décret du 17 mars 1967 : « *En cas de changement de syndic, la transmission des documents et archives du syndicat doit être accompagnée d'un bordereau récapitulatif de ces pièces. Copie de ce bordereau est remise au conseil syndical.* »;

– que l'article 33-2 dispose que : « *L'obligation prévue à la deuxième phrase du premier alinéa de l'article 18-2 de la loi du 10 juillet 1965 ne se substitue pas à l'obligation faite à l'ancien syndic de transférer les documents et archives du syndicat au nouveau syndic, telle que prévue à la première phrase du même alinéa.* »

La Commission rappelle que :

Le président du conseil syndical a la faculté d'engager la procédure visée à l'article 18-2 de la loi du 10 juillet 1965 en cas d'absence de transmission ou de la transmission incomplète des archives de l'ancien syndic, notamment lorsqu'elle est motivée par l'existence d'un contrat d'archivage liant l'ancien syndic avec un prestataire extérieur.

La Commission RECOMMANDE :

1° – Au nouveau syndic :

– d'adresser au conseil syndical, sans délai, copie du bordereau de transmission des archives;

– de formuler des réserves, sous sa responsabilité, dans la mesure où les documents et archives transmis ne correspondent pas au bordereau remis;

2° – Au président du conseil syndical :

– d'informer, si nécessaire, le nouveau syndic que certaines archives du syndicat n'ont pas fait l'objet de transmission par l'ancien syndic;

– s'il envisage d'engager une action tendant à la remise des fonds et archives détenus par l'ancien syndic, de le faire en concertation avec le nouveau syndic ou l'administrateur provisoire éventuellement désigné;

– d'engager lui-même la procédure prévue à l'article 18-2 de la loi du 10 juillet 1965 dès lors que, à la suite d'une mise en demeure restée infructueuse, le nouveau syndic n'a pas lui-même engagé cette procédure.

Cette recommandation annule et remplace la précédente recommandation n° 13.

Recommandation n° 13 *bis*, du 5 janvier 2011,

Relative au conseil syndical.

LES CAS PARTICULIERS

La présente recommandation fait suite à la recommandation n° 13 relative au conseil syndical et s'attache plus particulièrement aux cas particuliers que constituent les dispositions spécifiques prévues pour les syndicats secondaires, la procédure d'alerte, les « copropriétés en difficulté », les unions de syndicats, les résidences-services et les syndicats coopératifs.

I. Existence d'un ou plusieurs syndicats secondaires

Considérant :

Que l'article 27 de la loi du 10 juillet 1965 dispose notamment : « *il (le syndicat secondaire) est représenté au conseil syndical du syndicat principal, s'il en existe un.* »

Que l'article 22 du décret du 17 mars 1967 prévoit que : « *Pour assurer la représentation prévue au dernier alinéa de l'article 27 de la loi du 10 juillet 1965, il est tenu compte, en cas de constitution d'un ou plusieurs syndicats secondaires, des dispositions de l'article 24 ci-après pour fixer le nombre des membres du conseil syndical principal. Chaque syndicat secondaire dispose de plein droit d'un siège au moins à ce conseil.* »

Que selon l'article 24 du décret : « *Lorsqu'il existe un ou plusieurs syndicats secondaires, la représentation au conseil syndical du syndicat principal attribué à un syndicat secondaire est proportionnelle à l'importance du ou des lots qui constituent ce syndicat secondaire par rapport à celle de l'ensemble des lots qui composent le syndicat principal.*

Le ou les copropriétaires du ou des lots qui ne sont pas constitués en syndicat secondaire disposent ensemble, s'il y a lieu, des autres sièges au conseil syndical du syndicat principal.

En l'absence de stipulation particulière du règlement de copropriété du syndicat principal, les copropriétaires désignent leurs représentants au conseil syndical de ce syndicat au cours d'une assemblée générale soit du syndicat secondaire, dans le cas prévu à l'alinéa 1er du présent article, soit du syndicat principal dans le cas prévu à l'alinéa précédent. »

La Commission CONSTATE :

– le caractère impératif de l'article 27 de la loi posant le principe de la représentation du syndicat secondaire au conseil syndical du syndicat principal ainsi que la proportion fixée par l'article 24 du décret à l'effet d'assurer cette représentation;

– l'affirmation selon laquelle chaque syndicat secondaire dispose, de plein droit, d'au moins un siège au conseil syndical du syndicat principal,

– la possibilité de prévoir *[,]* par des stipulations particulières du règlement de copropriété du syndicat principal, les modalités selon lesquelles les copropriétaires du ou des syndicats secondaires désignent leurs représentants au conseil syndical du syndicat principal.

En conséquence, la Commission recommande :

1° – Quant à la composition du conseil syndical du syndicat principal :

– de tenir compte, spécialement quant au nombre de ses membres, des dispositions fixant impérativement les modalités de représentation du ou des syndicats secondaires au sein du conseil syndical du syndicat principal;

2° – Quant à la désignation des copropriétaires appelés à représenter le ou les syndicats secondaires au sein du conseil syndical du syndicat principal :

– de veiller à ce que cette désignation soit faite de manière à prévenir les conflits d'intérêts entre le syndicat principal et le ou les syndicats secondaires, et à ce qu'un même copropriétaire ne représente pas plusieurs syndicats secondaires;

3° – Quant aux liens à établir entre le conseil syndical du syndicat principal et le ou les conseils syndicaux du ou des syndicats secondaires :

– d'organiser, autant que faire se peut, une relation entre ces différents conseils. Spécialement, il peut être envisagé de tenir des réunions communes de l'ensemble de ces conseils syndicaux ou, si l'on préfère, entre leurs présidents, ou en constituant des commissions de travail spécialisées pour assurer une coordination au cas où des problèmes se poseraient de façon identique entre les différents syndicats, l'une de ces possibilités n'excluant pas les autres;

– de transmettre copie des procès-verbaux du conseil syndical du syndicat principal par le président de ce conseil syndical aux syndic(s) et président(s) du ou des conseils syndicaux du ou des syndicats secondaires, à charge pour le président d'en informer le conseil syndical du syndicat secondaire;

II. La procédure d'alerte

Considérant :

Que l'article 29-1-A de la loi du 10 juillet 1965 dispose : *« Lorsqu'à la clôture des comptes, les impayés atteignent 25 % des sommes exigibles en vertu des articles 14-1 et 14-2, le syndic en informe le conseil syndical et saisit sur requête le président du tribunal de grande instance d'une demande de désignation d'un mandataire* ad hoc.

En l'absence d'action du syndic dans un délai d'un mois, à compter de la clôture des comptes, le président du tribunal de grande instance peut être saisi en référé d'une même demande par des copropriétaires représentant au moins 15 % des voix du syndicat… »

Que selon l'article 29-1-B de la même loi : « … *Dans un délai de trois mois renouvelable une fois par décision du président du tribunal de grande instance, le mandataire* ad hoc *adresse au président du tribunal de grande instance un rapport présentant l'analyse de la situation financière du syndicat des copropriétaires et de l'état de l'immeuble, les préconisations faites pour rétablir l'équilibre financier du syndicat et, le cas échéant, assurer la sécurité de l'immeuble, ainsi que le résultat des actions de médiation ou de négociation qu'il aura éventuellement menées avec les parties en cause.*

« Le greffe du tribunal de grande instance adresse ce rapport au syndic, au conseil syndical, au maire de la commune où est implanté l'immeuble, le cas échéant au président de l'organe délibérant de l'établissement public de coopération intercommunale compétent en matière d'habitat, ainsi qu'au représentant de l'État dans le département.

« Le syndic inscrit à l'ordre du jour de la prochaine assemblée générale les projets de résolution nécessaires à la mise en œuvre de ce rapport. »

Que selon l'article 61-2 du même décret : « *Ne sont pas considérées comme impayées, pour l'application du premier alinéa de l'article 29-1-A de la loi du 10 juillet 1965, les sommes devenues exigibles dans le mois précédant la date de clôture de l'exercice.* »

Que d'après l'article 61-4 du même décret : « *Pour l'information du conseil syndical mentionnée au premier alinéa de l'article 29-1-A de la loi du 10 juillet 1965, le syndic adresse sans délai à chacun de ses membres l'état des impayés avant répartition à la date de la clôture de l'exercice comptable.* »

Que l'article 61-7 dispose : « *La requête ou l'assignation qui tend à la désignation d'un mandataire* ad hoc *est accompagnée des pièces de nature à justifier la demande.*

« Avant de statuer, le président du tribunal de grande instance peut entendre tout membre du conseil syndical. »

Que selon l'article 61-10 : « *Le président du tribunal de grande instance peut autoriser le mandataire* ad hoc, *à la demande de celui-ci et à ses frais, à se faire assister de tout technicien pour l'accomplissement de sa mission, sur une question particulière.* »

La Commission RECOMMANDE :

1° – Au syndic

– lorsque le seuil de 25 % d'impayés est atteint au sens de l'article 61-2 du décret, d'en informer immédiatement le président et chacun des membres du conseil syndical, par dérogation aux dispositions de l'article 26 du décret prévoyant la communication au président du conseil syndical;

– d'inviter alors le président du conseil syndical à réunir rapidement ce conseil aux fins d'examiner la situation;

– lors de cette réunion, d'indiquer aux membres du conseil syndical les pièces qui accompagneront la requête;

– de joindre à la requête la liste des membres du conseil syndical;

– après le dépôt du rapport du mandataire *ad hoc*, s'il en a été désigné un, d'élaborer, en concertation avec le conseil syndical, les projets de résolution nécessaires à la mise en œuvre de ce rapport;

2° – Au président du conseil syndical

– de réunir rapidement le conseil syndical dès lors qu'il est informé par le syndic que le seuil de 25 % d'impayés au sens de l'article 61-2 du décret est atteint;

– de communiquer à chacun des membres du conseil le rapport du mandataire *ad hoc* dès réception;

3° – Au conseil syndical

– à défaut pour le syndic de l'avoir fait, d'informer rapidement les copropriétaires que le seuil d'impayés est atteint, en raison de l'intérêt qui s'attache à cette information;

– d'examiner avec les copropriétaires l'opportunité de la saisine en référé par 15 % des voix du syndicat des copropriétaires et de rechercher les pièces à joindre à l'assignation;

– d'assister, pour chacun de ses membres, à la réunion destinée à examiner la situation afin de préparer efficacement une éventuelle audition par le président du tribunal de grande instance;

– d'assister si nécessaire le mandataire *ad hoc* dans les actions de médiation et de négociation qu'il envisagera de mener;

– de solliciter, le cas échéant, une réunion avec le syndic pour la mise en œuvre du rapport du mandataire *ad hoc*.

III. – Les « copropriétés en difficulté »

Considérant :

Que l'article 29-1 de la loi du 10 juillet 1965 dispose : « *Le président du tribunal de grande instance charge l'administrateur provisoire de prendre les mesures nécessaires au rétablissement du fonctionnement normal de la copropriété. À cette fin, il lui confie tous les pouvoirs du syndic dont le mandat cesse de plein droit sans indemnité et tout ou partie des pouvoirs de l'assemblée générale des copropriétaires, à l'exception de ceux prévus aux a et b de l'article 26, et du conseil syndical. Le conseil syndical et l'assemblée générale, convoqués et présidés par l'administrateur provisoire, continuent à exercer ceux des autres pouvoirs qui ne seraient pas compris dans la mission de l'administrateur provisoire.* »

Que l'article 62-2 du décret du 17 mars 1967 prévoit : « *Lorsque la demande [tendant à la désignation d'un administrateur provisoire du syndicat] émane du syndic, le président du tribunal de grande instance est saisi par la voie d'une requête accompagnée des pièces de nature à justifier de la demande après consultation du conseil syndical.* »

Que selon l'article 62-4 du décret : « *À l'effet de charger l'administrateur provisoire de prendre les mesures nécessaires au rétablissement du fonctionnement normal de la copropriété, et notamment de définir les pouvoirs dont l'exercice est confié à celui-ci, le président du tribunal de grande instance peut ordonner toutes les mesures d'instruction légalement admissibles. Il peut entendre le président du conseil syndical.* »

Que l'article 62-7 du décret dispose : « *Lorsque l'administrateur provisoire est investi par le président du tribunal de grande instance de tout ou partie des pouvoirs de l'assemblée générale, il doit avant de prendre à ce titre les décisions qui lui paraissent nécessaires à l'accomplissement de sa mission, sauf urgence, recueillir l'avis du conseil syndical.* »

Que d'après l'article 62-11 du décret : « *Il [l'administrateur provisoire] dépose son rapport au secrétariat-greffe de la juridiction qui en adresse une copie au procureur de la République et au syndic désigné et au président du conseil syndical, lorsqu'il en a été désigné un, ou, à défaut, à chacun de ses membres.*

« *Dans l'hypothèse où il rédige un pré-rapport, dans les conditions prévues à l'article 62-13, le secrétariat-greffe de la juridiction adresse une copie de ce pré-rapport au procureur de la République et au président du conseil syndical.* »

La Commission RAPPELLE :

1° – À l'administrateur provisoire :

– qu'investi par le président du tribunal de grande instance de tout ou partie des pouvoirs de l'assemblée générale et du conseil syndical, il est obligé, sauf situation d'urgence, de recueillir l'avis du conseil syndical avant de prendre les décisions qui lui paraissent nécessaires à l'accomplissement de sa mission;

– qu'il est tenu d'adresser son pré-rapport et son rapport au secrétariat-greffe de la juridiction compétente;

2° – Au conseil syndical :

– qu'il est obligatoirement consulté quand le syndic saisit le président du tribunal de grande instance d'une requête aux fins de désignation d'un administrateur provisoire;

– que tout ou partie de ses pouvoirs peuvent être confiés à l'administrateur provisoire par le président du tribunal de grande instance. Sont concernés les pouvoirs décrits aux parties II et III de la recommandation n° 13;

– qu'il continue d'exercer ceux de ses pouvoirs qui ne sont pas confiés à l'administrateur provisoire, avec cependant une réserve importante : il est convoqué et présidé par l'administrateur provisoire;

3° – Au président du conseil syndical :

– que le président du tribunal de grande instance, saisi aux fins de la désignation d'un administrateur provisoire du syndicat, peut entendre le président du conseil syndical, préalablement à sa prise de décision;

– que l'administrateur provisoire est de droit et à titre exclusif président du conseil syndical;

– que le secrétariat-greffe de la juridiction compétente doit lui adresser le pré-rapport et le rapport de l'administrateur provisoire.

En conséquence, la Commission recommande :

1° – À l'administrateur provisoire, sauf dans le cas où il a reçu tous les pouvoirs du conseil syndical :

– de se préoccuper de l'existence d'un conseil syndical dès sa désignation afin de travailler de concert avec lui, et de recueillir l'avis du conseil syndical lorsqu'il est obligatoire;

– de recueillir l'avis du conseil syndical dans le cas prévu à l'article 62-7 du décret et pour ceux des pouvoirs qu'il a conservés ;

– de convoquer le conseil syndical aux fins de donner son avis sur les suites à donner à la remise de son pré-rapport ;

– d'assurer la désignation des membres du conseil syndical lorsque leur mandat vient à expiration ;

2° – *Au conseil syndical :*

– de veiller *[à ce]* que sa consultation par le syndic aux fins d'obtenir la désignation d'un administrateur provisoire soit consignée par écrit pour qu'elle soit remise au président du tribunal de grande instance saisi ;

– de veiller à ce que l'administrateur provisoire le convoque aux fins de donner son avis sur les suites à donner à la remise de son pré-rapport ;

3° – *Au président du conseil syndical :*

– de solliciter son audition par le président du tribunal de grande instance pour exposer ses observations sur la situation du syndicat et sur l'état de l'immeuble, ainsi que les démarches qu'il a effectuées ;

– de préparer son audition par le président du tribunal de grande instance, préalablement à la prise de décision de celui-ci, si possible avec tous les membres du conseil syndical ;

– de réclamer, s'il ne les a pas reçus, le pré-rapport et le rapport déposés par l'administrateur provisoire au secrétariat-greffe de la juridiction compétente ;

– de demander à l'administrateur provisoire de convoquer le conseil syndical aux fins de donner son avis sur les suites à donner à la remise de son pré-rapport.

IV. Les unions de syndicats

Considérant :

Que le dernier alinéa de l'article 29 de la loi du 10 juillet 1965 dispose : « *Il est institué un conseil de l'union chargé d'assister le président et de contrôler sa gestion. Ce conseil est composé d'un représentant désigné par chaque membre de l'union.* »

Que selon l'article 63 du décret du 17 mars 1967 : « *Lorsqu'un syndicat de copropriétaires est membre d'une union de syndicats, le syndic soumet, préalablement pour avis à l'assemblée générale des copropriétaires du syndicat concerné ou, le cas échéant, au conseil syndical, les questions portées à l'ordre du jour de l'assemblée générale de l'union.* »

Que d'après l'article 63-1 du décret : « *Le conseil de l'union donne son avis au président ou à l'assemblée générale de l'union sur toutes les questions la concernant pour lesquelles il est consulté ou dont il se saisit lui-même.*

« *Il peut prendre connaissance et copie, à sa demande, de toutes pièces ou documents, correspondances ou registres se rapportant à la gestion du président et, d'une manière générale, à l'administration de l'union, au bureau du président ou au lieu arrêté en accord avec lui. Il peut déléguer cette mission à un ou plusieurs de ses membres.* »

Que l'article 63-2 du décret dispose : « *Le mandat des membres du conseil de l'union ne peut excéder trois ans renouvelables. Il ne donne pas lieu à rémunération.* »

Que selon l'article 63-3 du décret : « *Lorsqu'un syndicat de copropriétaires est membre d'une union de syndicats, son représentant au conseil de l'union est désigné parmi les copropriétaires, les associés dans le cas prévu par le premier alinéa de l'article 23 de la loi du 10 juillet 1965, les accédants ou les acquéreurs à terme, leurs conjoints, les partenaires liés à eux par un pacte civil de solidarité et leurs représentants légaux.*

« *Il est désigné à la majorité de l'article 24 de la loi du 10 juillet 1965.*

« *Lorsqu'une personne morale est désignée en qualité de représentant d'un membre du conseil de l'union, elle y est représentée par son représentant légal ou statutaire ou, à défaut, par un fondé de pouvoir spécialement habilité à cet effet.* »

Que d'après l'article 63-4 du décret : « *Des membres suppléants peuvent être désignés dans les mêmes conditions que les membres titulaires du conseil de l'union. En cas de cessation définitive des fonctions du membre titulaire, son suppléant siège au conseil de l'union jusqu'à la date d'expiration du mandat du membre titulaire qu'il remplace.*

« *Le conseil de l'union n'est plus régulièrement constitué si plus d'un quart des sièges devient vacant pour quelque cause que ce soit.* »

La Commission RAPPELLE :

Que la présente recommandation ne concerne que les unions visées à l'article 29 de la loi et non pas les associations de propriétaires, quelles qu'elles soient (association syndicale libre, association foncière urbaine libre...) ;

Que dans cette organisation visée à l'article 29 de la loi du 10 juillet 1965 coexistent deux sortes de conseils, celui de chaque syndicat des copropriétaires compris dans cette organisation, et celui de l'union constituée conformément aux articles 28 et 29 de la loi du 10 juillet 1965 ;

1° – *Au conseil syndical de chaque syndicat :*

– que le représentant d'un syndicat des copropriétaires au conseil de l'union est élu à la majorité de l'article 24 et choisi parmi les personnes mentionnées à l'article 63-3 du décret ;

– que lorsqu'un syndicat des copropriétaires est membre d'une union de syndicats, le syndic est tenu de soumettre, préalablement pour avis à l'assemblée générale des copropriétaires du syndicat concerné ou, le cas échéant, en fonction de l'urgence ou si elles relèvent de la gestion courante, au conseil syndical, les questions portées à l'ordre du jour de l'assemblée générale de l'union ;

2° – *Au conseil de l'union :*

– que les missions confiées au conseil de l'union et les moyens pour les remplir sont identiques à ceux du conseil syndical décrits à l'article 21 de la loi du 10 juillet 1965 et à l'article 26 du décret du 17 mars 1967 ;

– que les dispositions relatives à la durée du mandat des membres du conseil de l'union et à l'absence de leur rémunération sont identiques à celles du conseil syndical décrites aux articles 22 et 27 du décret du 17 mars 1967;

3° – Au président du conseil de l'union :

– que le président du conseil de l'union n'a pas les prérogatives du président du conseil syndical en matière de convocation de l'assemblée générale, de transmission des archives et de modalités d'information du conseil de l'union;

– qu'il lui appartient de convoquer le conseil.

En conséquence, la Commission recommande

1° – Au président du conseil de l'union :

– de transmettre l'ordre du jour de l'assemblée générale aux syndics des syndicats membres de l'union;

2° – Au conseil syndical :

– d'émettre un avis écrit, quand il est saisi par le syndic à défaut de l'assemblée générale des copropriétaires, sur les questions portées à l'ordre du jour de l'assemblée générale de l'union;

3° – Plus généralement :

– de se reporter, sauf dispositions contraires, à l'ensemble des recommandations émises dans la recommandation n° 13 en ce qui concerne la constitution, les missions et le fonctionnement du conseil syndical, applicables au conseil de l'union.

V. Les « résidences services »

Considérant :

Que, selon l'article 41-2 de la loi du 10 juillet 1965 : « *Le syndicat des copropriétaires de "résidence-services", mis en place dans les conditions prévues à l'article 41-1, ne peut déroger à l'obligation d'instituer un conseil syndical. L'assemblée générale peut déléguer au conseil syndical, à la majorité absolue des voix du syndicat des copropriétaires, les décisions relatives à la gestion courante de services spécifiques.*

« *Lorsqu'il ne reçoit pas de délégation à cet effet, le conseil syndical donne obligatoirement son avis sur le projet de convention en vue de la fourniture de services spécifiques lorsqu'elle est confiée à un tiers. Dans ce cas, il surveille la bonne exécution de la convention dont il présente un bilan chaque année à l'assemblée générale.* »

Que selon l'article 41-5 de la même loi : « *Si l'équilibre financier d'un ou de services mentionnés à l'article 41-1 est gravement compromis et après que l'assemblée générale s'est prononcée, le juge statuant comme en matière de référé, saisi par des copropriétaires représentant 15 % au moins des voix du syndicat, peut décider soit la suspension, soit la suppression de ce ou de ces services.* »

Que d'après l'article 39-2 du décret du 17 mars 1967 : « *La convention prévue à l'article 41-1 de la loi du 10 juillet 1965 précise notamment la durée pour laquelle elle est conclue, les conditions de son renouvellement et de sa dénonciation, les modalités de surveillance par le conseil syndical de son exécution, l'objet et les conditions financières de la fourniture du ou des services, les conditions matérielles et financières d'occupation des locaux.* »

Que l'article 39-3 du même décret dispose : « *Le bilan mentionné au second alinéa de l'article 41-2 de la loi du 10 juillet 1965 porte sur les conditions financières d'exécution de la convention, ainsi que sur la qualité du ou des services dispensés au titre de cette convention.*

« *Il est signé par le président du conseil syndical et notifié par le syndic conformément aux prescriptions du 4° du II de l'article 11.*

« *En cas de difficulté d'exécution de la convention, le conseil syndical informe sans délai le syndic qui prend les mesures appropriées.* »

Que d'après l'article 39-6 : « *Pour l'application de l'article 41-5 [suppression judiciaire de services] de la loi du 10 juillet 1965, l'instance est diligentée contre le syndicat des copropriétaires et, le cas échéant, contre le tiers qui fournit le ou les services. Le juge peut entendre le président du conseil syndical.* »

Que selon l'article 39-7 : « *La décision prise en application de l'article 41-5 de la loi du 10 juillet 1965 est portée à la connaissance des copropriétaires qui n'étaient pas parties à l'instance, à l'initiative du syndic, dans le mois de son prononcé, soit par remise contre émargement, soit par lettre recommandée avec demande d'avis de réception.* »

Que l'article 11 du décret dispose : « *Sont notifiés au plus tard en même temps que l'ordre du jour :*

« *I. – Pour la validité de la décision :*

« *5° Le projet de convention, ou la convention, mentionné à l'article 39 outre les projets mentionnés au 4° ci-dessus;*

« *12° – Le projet de convention et l'avis du conseil syndical mentionnés au second alinéa de l'article 41-2 de la loi du 10 juillet 1965 ou la teneur de la délégation prévue à la deuxième phrase du premier alinéa de ce même article.*

« *II. – Pour l'information des copropriétaires :*

« *3° L'avis rendu par le conseil syndical lorsque sa consultation est obligatoire, en application du deuxième alinéa de l'article 21 de la loi du 10 juillet 1965.*

« *4° le compte rendu de l'exécution de la mission du conseil syndical prévu au deuxième alinéa de l'article 22 du présent décret et le bilan établi par le conseil syndical en application du second alinéa de l'article 41-2 de la loi du 10 juillet 1965.* »

Que selon l'article 19-2 du décret : « *La mise en concurrence pour les marchés de travaux et les contrats autres que le contrat de syndic, prévue par le deuxième alinéa de l'article 21 de la loi du 10 juillet 1965, lorsque l'assemblée générale n'en a pas fixé les conditions, résulte de la demande d'une pluralité de devis ou de l'établissement d'un devis descriptif soumis à l'évaluation de plusieurs entreprises.* »

Que selon l'article 26 du décret : « *Le conseil syndical contrôle la gestion du syndic, notamment la comptabilité du syndicat, la répartition des dépenses, les conditions dans lesquelles sont passés et exécutés les marchés et tous autres contrats, ainsi que l'élaboration du budget prévisionnel dont il suit l'exécution.*

« *Il peut recevoir d'autres missions ou délégations de l'assemblée générale dans les conditions prévues à l'article 25 a de la loi du 10 juillet 1965 et à l'article 21 du présent décret.*

« Un ou plusieurs membres du conseil syndical, habilités à cet effet par ce dernier, peuvent prendre connaissance et copie, au bureau du syndic, ou au lieu arrêté en accord avec lui, des diverses catégories de documents mentionnés au troisième alinéa de l'article 21 de la loi du 10 juillet 1965.

« Lorsqu'une communication doit être faite au conseil syndical, elle est valablement faite à la personne de son président, lorsqu'il en a été désigné un, ou, à défaut, à chacun de ses membres.

« Lorsque la communication est demandée par le conseil syndical, elle est faite à chacun de ses membres.

« L'ordre du jour de l'assemblée générale est établi en concertation avec le conseil syndical. »

La Commission RAPPELLE :

Que le conseil syndical, obligatoirement constitué, est régi par les dispositions générales de la loi du 10 juillet 1965 et du décret du 17 mars 1967 sous réserve des dispositions spécifiques précitées.

Que la différence avec le régime de droit commun du conseil syndical réside dans le fait que l'assemblée générale peut lui déléguer, à la majorité absolue des voix du syndicat des copropriétaires, les décisions relatives à la gestion courante des services spécifiques tels que restauration, surveillance, aide ou loisirs;

Que si aucune délégation ne lui a été donnée, le conseil syndical doit obligatoirement donner son avis sur le projet de convention en vue de la fourniture de services spécifiques confiée à un tiers.

En conséquence, la Commission recommande :

1° – Au syndic :

– de rappeler à l'assemblée générale des « résidences-services » que l'élection d'un conseil syndical est obligatoire;

a) dans l'hypothèse où il n'a pas reçu la délégation prévue à l'article 41-2 de la loi :

– de consulter le conseil syndical sur le projet de convention concernant la fourniture de services spécifiques confiée à un tiers;

– de notifier, avec l'ordre du jour, l'avis écrit du conseil syndical sur le projet de convention et son bilan prévus à l'article 41-2 de la loi et à l'article 39-3 du décret, ainsi que le compte rendu de l'exécution de sa mission élaboré par le conseil syndical;

– de faciliter la mission du conseil syndical en ce qui concerne la surveillance de l'exécution des services par le syndicat lui-même;

b) dans l'hypothèse où le conseil syndical a reçu la délégation prévue à l'article 41-2 de la loi :

– d'exécuter les décisions prises par le conseil syndical en vertu de cette délégation;

2° – Au président du conseil syndical

– de préparer avec les membres du conseil syndical son audition par le juge lorsque celui-ci la requiert en application de l'article 39-6 du décret;

– lorsqu'il y a délégation, d'organiser des réunions pour la prise de décision;

3° – Au conseil syndical :

– de n'accepter sa délégation que s'il s'estime compétent pour la mener à bien;

a) dans l'hypothèse où il n'a pas reçu la délégation prévue à l'article 41-2 de la loi :

– de donner au syndic son avis écrit sur le projet de convention en vue de la fourniture des services spécifiques confiée à un tiers;

– de surveiller l'exécution de la ou des conventions, conformément aux modalités prévues dans la convention, et de signaler immédiatement au syndic les difficultés d'exécution;

– de présenter un bilan écrit chaque année sur l'exécution de la convention, à l'assemblée générale annuelle, ce bilan étant notifié à tous les copropriétaires, selon les modalités de l'article 11 du décret;

b) dans l'hypothèse ou le conseil syndical a reçu la délégation prévue à l'article 41-2 de la loi :

– de respecter le contenu de sa délégation;

– que ses décisions, sauf stipulation contraire du règlement de copropriété, soient prises à la majorité simple;

– de rédiger les décisions sur un procès-verbal signé par les membres présents du conseil syndical;

– de transmettre pour exécution.

VI. Les syndicats coopératifs

Considérant :

Que l'article 14 de la loi du 10 juillet 1965 dispose : « *Le syndicat peut revêtir la forme d'un syndicat coopératif régi par les dispositions de la présente loi. Le règlement de copropriété doit expressément prévoir cette modalité de gestion...* ».

Que selon l'article 17-1 de la même loi : « *Dans le cas où l'administration de la copropriété est confiée à un syndicat coopératif, la constitution d'un conseil syndical est obligatoire et le syndic est élu par les membres de ce conseil et choisi parmi ceux-ci. Il exerce de plein droit les fonctions de président du conseil syndical. En outre, le conseil syndical peut élire, dans les mêmes conditions, un vice-président qui supplée le syndic en cas d'empêchement de celui-ci.*

« Le président et le vice-président sont l'un et l'autre révocables dans les mêmes conditions.

« L'assemblée générale désigne une ou plusieurs personnes physiques ou morales qui peuvent être des copropriétaires ou des personnes extérieures qualifiées pour assurer le contrôle des comptes du syndicat.

« L'adoption ou l'abandon de la forme coopérative du syndicat est décidée à la majorité de l'article 25 et le cas échéant de l'article 25-1. »

Que d'après l'article 40 du décret du 17 mars 1967 : « *Outre les dispositions de la loi du 10 juillet 1965, le syndicat des copropriétaires de forme coopérative, prévu aux articles 14 et 17-1 de cette loi, est régi par les dispositions de la présente section et celles non contraires du présent décret.* »

Que l'article 41 du même décret précise : « *Dans un syndicat de forme coopérative, les actes et documents établis au nom du syndicat doivent préciser sa forme coopérative. En aucun cas, le syndic et le vice-président, s'il existe, ne peuvent conserver ces fonctions après l'expiration de leur mandat de membre du conseil syndical.* »

Que selon l'article 42 : « *Les dispositions de l'article 27 sont applicables au syndic. Celui-ci peut, en outre, sous sa responsabilité, confier l'exécution de certaines tâches à une union coopérative ou à d'autres prestataires extérieurs.* »

Qu'aux termes de l'article 27 précité : « *Les fonctions de président et de membre du conseil syndical ne donnent pas lieu à rémunération. Le conseil syndical peut, pour l'exécution de sa mission, prendre conseil auprès de toute personne de son choix. Il peut aussi, sur une question particulière, demander un avis technique à tout professionnel de la spécialité.*

« *Les dépenses nécessitées par l'exécution de la mission du conseil syndical constituent des dépenses courantes d'administration. Elles sont supportées par le syndicat et réglées par le syndic.* »

Que d'après l'article 42-1 du décret : « *L'assemblée générale désigne, à la majorité de l'article 24 de la loi du 10 juillet 1965, le ou les copropriétaires chargés de contrôler les comptes du syndicat, à moins qu'elle ne préfère confier cette mission à un expert-comptable ou à un commissaire aux comptes.*

« *Le ou les copropriétaires désignés, l'expert-comptable ou le commissaire aux comptes rendent compte chaque année à l'assemblée générale de l'exécution de leur mission.*

« *Le mandat du ou des copropriétaires désignés pour contrôler les comptes du syndicat ne peut excéder trois ans renouvelables. Il ne donne pas lieu à rémunération.*

« *Le ou les copropriétaires désignés ne peuvent être le conjoint, les descendants, ascendants ou préposés du syndic ou d'un des membres du conseil syndical ou être liés à eux par un pacte civil de solidarité.* »

Rappelle :

Que le syndicat de forme coopérative est régi par les dispositions générales de la loi du 10 juillet 1965 et du décret du 17 mars 1967 sous réserve des dispositions spécifiques précitées;

Que le syndicat est coopératif par sa forme, en raison de l'élection par le conseil syndical du syndic qui est obligatoirement élu et choisi parmi les membres du conseil syndical, lesquels sont désignés conformément aux articles 21 et 25 de la loi du 10 juillet 1965;

Que la dernière phrase de l'alinéa 6 de l'article 21 de la loi du 10 juillet 1965 permet aux personnes mentionnées à la première phrase de ce même alinéa d'être membres du conseil syndical.

Constate :

Que la constitution d'un conseil syndical au sein des syndicats coopératifs est impérative et qu'il ne peut y être dérogé;

Que le mandat de syndic prend fin avec la perte de la fonction de membre du conseil syndical;

Que le conseil syndical ne peut se substituer au syndic.

Recommande :

– en cas de transformation du syndicat des copropriétaires en syndicat de forme coopérative, de s'interroger préalablement sur l'opportunité de recomposer le conseil syndical en raison de sa mission et du nouveau mode de gestion, et, dans l'affirmative, de porter à l'ordre du jour de l'assemblée générale qui décide la transformation, la révocation du conseil syndical et la désignation du nouveau conseil;

– à l'inverse, en cas de transformation du syndicat de forme coopérative en syndicat de droit commun, de veiller à ce que les membres du conseil qui seraient frappés des incompatibilités prévues à la première phrase de l'alinéa 6 de l'article 21 de la loi du 10 juillet 1965 soient remplacés;

– que l'assemblée générale veille à ce que soit déterminée la majorité nécessaire à l'élection ou à la révocation du syndic ou du vice-président;

– que le conseil syndical se réunisse immédiatement après l'assemblée générale adoptant la forme coopérative, afin d'élire le syndic ainsi qu'un vice-président, pour éviter toute discontinuité dans la représentation du syndicat;

– au conseil syndical, pour l'accomplissement de sa mission d'avis et de conseil, de faire appel si nécessaire à un technicien;

Que le conseil syndical ne puisse pas déléguer un de ses membres pour remplacer le syndic.

Recommandation n° 14,

Sur le libellé de la question de l'ordre du jour relative à l'ouverture ou non d'un compte bancaire ou postal séparé au nom du syndicat et du projet de résolution notifié simultanément.

La Commission,

Considérant que l'article 18, alinéa 1er, tiret 4, de la loi du 10 juillet 1965, modifiée par la loi n° 85-1470 du 31 décembre 1985, dispose que :

Art. 18, al. 1er, tiret 4... le syndic est chargé...

– de soumettre au vote de l'assemblée générale, lors de la première désignation et au moins tous les trois ans, la décision d'ouvrir ou non un compte bancaire ou postal séparé au nom du syndicat, sur lequel seront versées toutes les sommes ou valeurs reçues par ce dernier. Cette décision est prise à la majorité mentionnée à l'article 25 de la présente loi. Le syndic dispose d'un délai de six mois pour exécuter la décision de l'assemblée générale lorsqu'elle a pour effet de modifier les modalités de dépôt des fonds du syndicat. Faute par le syndic de faire délibérer l'assemblée sur l'ouverture ou non d'un compte séparé dans les conditions ci-dessus définies, son mandat est nul de plein droit; toutefois, les actes qu'il aurait passés avec les tiers de bonne foi demeurent valables;

Considérant que l'article 11-5° du décret du 17 mars 1967 impose la notification :

Art. 11-5° au plus tard en même temps que l'ordre du jour d'un projet de résolution lorsque l'assemblée est appelée à statuer notamment sur la question visée à l'article 18, 4e tiret de l'alinéa 1er...

Considérant que l'article 29, alinéa 2, du décret du 17 mars 1967, modifié par le décret n° 76-768 du 9 juin 1986, dispose que :

Art. 29, al. 2 la décision d'ouvrir un compte séparé est prise dans les conditions de majorité prévues à l'article 25 de la loi du 10 juillet 1965;

Considérant que l'article 38 du décret du 17 mars 1967 modifié par le décret n° 73-748 du 26 juillet 1973 dispose que :

Art. 38 Dans le cas où l'immeuble est administré par un syndic qui n'est pas soumis aux dispositions de la loi n° 70-9 du 2 janvier 1970 et des textes pris pour son application, toutes sommes ou valeurs reçues au nom et pour le compte du syndicat doivent être versées sans délai à un compte bancaire ou postal ouvert au nom du syndicat. Le règlement de copropriété ou une décision de l'assemblée générale peut, le cas échéant, dans les conditions et sous réserve des garanties qu'il détermine, fixer le montant maximum des fonds que le syndic peut être autorisé à ne pas verser à ce compte.

RAPPELLE :

• que, dans la situation envisagée par l'article 38 du décret du 17 mars 1967 précité, par exemple lorsque les fonctions de syndic sont assumées par un copropriétaire, les fonds détenus pour le compte du syndicat étant nécessairement déposés sur un compte séparé ouvert au nom du syndicat, il n'y a pas lieu, dans ce cas, de soumettre à l'assemblée générale la question de l'ouverture ou de la non-ouverture d'un compte séparé;

• qu'à l'exception de la situation ci-dessus envisagée, l'assemblée générale doit être appelée à délibérer sur le compte séparé lors de la première désignation d'un syndic et, ensuite, au moins tous les trois ans, qu'il y ait, ou non, changement de syndic. Selon la jurisprudence de la Cour de cassation (Civ. 3e, 15 déc. 1993, *Bull. civ.* III, n° 172, p. 114), cette obligation s'impose alors même qu'un compte séparé serait déjà ouvert au nom du syndicat;

• que si l'assemblée générale vote pour l'ouverture d'un compte séparé, le syndic doit procéder, dans le délai de six mois imparti par la loi, à l'ouverture de ce compte au nom du syndicat auprès de la banque ou du centre de chèques postaux désigné, le cas échéant, par l'assemblée.

APPELLE l'attention sur ce que les termes de la loi excluent, pour la décision d'ouverture ou de non-ouverture du compte séparé, la possibilité, à défaut de décision prise à la majorité des voix de tous les copropriétaires, de convoquer une nouvelle assemblée à l'effet de statuer dans les conditions de majorité prévues à l'article 24.

RECOMMANDE AU SYNDIC :

1) Pour l'information des copropriétaires :

• Lors de la convocation à l'assemblée générale, de présenter, de manière distincte, la question relative au compte séparé, afin qu'elle fasse l'objet d'un vote spécifique;

• d'exposer, à l'assemblée générale, les avantages et les inconvénients éventuels du compte séparé au nom du syndicat, d'une part, et du compte professionnel du syndic, d'autre part, pour la bonne gestion de la copropriété, la tenue des comptes, la garantie financière des fonds détenus pour autrui, etc.;

• de ne pas présenter, si le compte professionnel du syndic comporte des sous-comptes ou des rubriques par mandant, un de ces sous-comptes ou une de ces rubriques comme étant un compte séparé ouvert au nom du syndicat. Le sous-compte ou la rubrique par mandant n'est, en effet, qu'une modalité du compte professionnel du syndic;

• d'informer les copropriétaires qu'en cas de vote pour l'ouverture d'un compte séparé, le syndicat, en qualité de titulaire de ce compte, a le droit de désigner la banque ou le centre de chèques postaux auprès duquel le compte sera ouvert.

2) Pour le libellé de la question et du projet de résolution :

Constatant la pratique de certains syndics consistant, par exemple, à lier la question de leur renouvellement et celle de l'ouverture ou non du compte ou encore à utiliser des formules ambiguës, qui sont à proscrire, telles que :

« confirmation du mode de gestion en application de la loi n° 85-1470 du 31 décembre 1985 dite loi Bonnemaison (compte bancaire unique) »;

ou « Renouvellement des modalités financières de gestion, notamment celle de ne pas ouvrir de compte bancaire ou postal séparé au nom du syndicat, et ce pour une durée de trois ans »;

ou encore « Confirmation de la décision relative au maintien de la gestion financière de la copropriété avec comptabilité séparée du syndicat sur le compte unique du syndic avec refus de l'ouverture d'un compte bancaire ou postal séparé conformément à l'article 1er, alinéa 2, de la loi n° 85-1470 du 31 décembre 1985 ».

Étant rappelé

– que la question relative à l'ouverture ou non d'un compte séparé doit être inscrite à l'ordre du jour de l'assemblée lors de la désignation du premier syndic, lors du changement de syndic et, en tout cas, tous les trois ans;

– qu'un projet de résolution doit être joint à la convocation pour l'assemblée au cours de laquelle il sera délibéré sur le compte séparé.

RECOMMANDE au syndic de libeller la question à inscrire à l'ordre du jour de manière à faire apparaître le droit, pour les copropriétaires, d'opter pour l'ouverture ou la non-ouverture du compte bancaire ou postal séparé au nom du syndicat.

a) Lors de la désignation du premier syndic, ou, dans les autres situations, si un compte séparé n'a pas été ouvert au nom du syndicat :

• de joindre à la convocation de l'assemblée générale comportant la question relative à l'ouverture ou la non-ouverture du compte bancaire ou postal séparé au nom du syndicat, dans le souci d'éviter l'équivoque qui résulte de la formule alternative « pour ou contre » et d'indiquer clairement le résultat du vote, un projet de résolution rédigé en ces termes :

« l'assemblée générale, invitée à se prononcer sur la question d'ouvrir ou non un compte bancaire ou postal séparé au nom du syndicat, décide d'ouvrir le compte ».

• de porter au procès-verbal de l'assemblée, conformément à l'article 17, alinéa 2, du décret du 17 mars 1967, le texte de la délibération, rédigée en ces termes :

« décision d'ouvrir le compte bancaire ou postal séparé au nom du syndicat (avec indication facultative du centre de chèques postaux ou de la banque).

résultat du vote :

pour...

contre...

abstention... »

(Si le nombre de voix « pour » représente la majorité des voix de tous les copropriétaires, la décision d'ouvrir un compte séparé sera adoptée et le syndic devra l'exécuter; si cette majorité n'est pas atteinte, le compte séparé ne sera pas ouvert).

b) Si le compte séparé est déjà ouvert :

• de joindre à la convocation de l'assemblée générale comportant la question relative à l'ouverture ou la non-ouverture du compte bancaire ou postal séparé au nom du syndicat un projet de résolution rédigé en ces termes :

« l'assemblée générale, invitée à se prononcer sur la question d'ouvrir ou non un compte bancaire ou postal séparé au nom du syndicat, décide de maintenir le compte séparé ouvert auprès... (indication du centre de chèques postaux ou de la banque) ».

• de porter au procès-verbal de l'assemblée le texte de la délibération rédigé en ces termes :

« décision de maintenir le compte séparé ouvert auprès (indication du centre de chèques postaux ou de la banque).

résultat du vote :

pour...

contre...

abstention... »

(Si le nombre de voix « pour » représente la majorité des voix de tous les copropriétaires, la décision de maintenir le compte séparé sera adoptée; si cette majorité n'est pas atteinte, le syndic devra procéder à la fermeture du compte séparé dans le délai de six mois imparti par la loi).

Recommandation n° 15, du 6 juin 1996,

Relative à la désignation du syndic, à la durée de ses fonctions et aux initiatives à prendre en cas de révocation ou de démission du syndic.

A. I. Sur la désignation du syndic et la durée de ses fonctions

La Commission,

Considérant que l'article 18, avant-dernier alinéa, de la loi du 10 juillet 1965 dispose :

Art. 18, avant-dern. al. Seul responsable de sa gestion, il (le syndic) ne peut se faire substituer.

Considérant que l'article 28, alinéa 2, du décret n° 67-223 du 17 mars 1967 dispose :

Art. 28, al. 2... la durée des fonctions du syndic ne peut excéder trois années...

Considérant que l'article 28, alinéa 3, du même décret dispose, sauf les exceptions qu'il prévoit :

Art. 28, al. 3 L'assemblée générale peut renouveler les fonctions du syndic dans les conditions fixées à l'article 25 de la loi du 10 juillet 1965, pour les durées prévues à l'alinéa précédent.

Considérant que l'article 46 du même décret dispose :

Art. 46 À défaut de nomination du syndic par l'assemblée des copropriétaires dûment convoqués à cet effet, le président du tribunal de grande instance désigne le syndic par ordonnance sur requête d'un ou plusieurs copropriétaires ou sur requête d'un ou plusieurs membres du conseil syndical.

La même ordonnance fixe la mission du syndic et, sous réserve des dispositions du dernier alinéa du présent article, la durée de celle-ci; la durée de cette mission peut être prorogée et il peut y être mis fin suivant la même procédure.

Indépendamment de missions particulières qui peuvent lui être confiées par l'ordonnance visée à l'alinéa 1er du présent article, le syndic ainsi désigné administre la copropriété dans les conditions prévues par les articles 18, 18-1 et 18-2 de la loi susvisée du 10 juillet 1965 et par le présent décret. Il doit notamment convoquer l'assemblée générale en vue de la désignation d'un syndic par l'assemblée générale.

Considérant que l'article 47 du même décret dispose :

Art. 47 Dans tous les cas, autres que celui prévu par le précédent article, où le syndicat est dépourvu de syndic, le président du tribunal de grande instance, statuant par ordonnance sur requête à la demande de tout intéressé, désigne un administrateur provisoire de la copropriété qui est notamment chargé, dans les délais fixés par l'ordonnance, de se faire remettre les fonds et l'ensemble des documents et archives du syndicat et, sous réserve de l'application des dispositions de l'article 9 ci-dessus, de convoquer l'assemblée en vue de la désignation d'un syndic.

Les fonctions de cet administrateur provisoire cessent de plein droit à compter de l'acceptation de son mandat par le syndic désigné par l'assemblée générale.

RAPPELLE :

– Que le syndic est lié au syndicat, dont il est le représentant légal, par un contrat de mandat à durée déterminée. Ses fonctions revêtent un caractère personnel.

– Que le syndic, dont le mandat a pris fin, n'a plus qualité pour représenter le syndicat qui, dès lors, est dépourvu de syndic; ce dernier ne peut directement ou indirectement être reconduit d'une manière tacite ou automatique lorsque son mandat est parvenu à son terme.

– Que le syndic, personne physique ou morale, ne peut céder sa « clientèle de syndicats » par une simple substitution. Le cessionnaire, s'il n'est désigné par l'assemblée générale, ne peut assumer la représentation et la gestion du syndicat.

RECOMMANDE :

A. Quant à la désignation du syndic.

1) De rédiger la décision de désignation de telle manière qu'il n'existe aucun doute sur l'identité de la personne ayant la qualité de « syndic en exercice ».

À l'effet de satisfaire à cette condition :

• si le syndic est une personne physique, d'indiquer ses nom, prénom et son domicile s'il s'agit d'un syndic non professionnel, ou l'adresse de son principal établissement s'il s'agit d'un syndic professionnel;

• si le syndic est une personne morale, de préciser sa forme, sa dénomination, son siège social et l'organe qui la représente légalement.

2) De ne pas utiliser l'enseigne sous laquelle le syndic exploite son cabinet, sauf si elle est identique à la dénomination de la personne morale.

3) De préciser le numéro de la carte professionnelle « gestion immobilière » du syndic désigné, et la préfecture qui a délivré cette carte ainsi que le nom et l'adresse du garant, si l'intéressé est soumis aux dispositions de la loi du 2 janvier 1970 réglementant les conditions d'exercice des activités relatives à certaines opérations portant sur les immeubles et les fonds de commerce.

4) D'observer la recommandation n° 14 sur le compte séparé.

B. Quant à la durée des fonctions du syndic

De s'abstenir d'utiliser des formules telles que « le syndic est désigné pour une durée de (une année par exemple) qui commence le (date précise) pour se terminer lors de l'assemblée générale ayant à approuver les comptes de l'exercice clos le... ».

D'utiliser, au contraire, des formules dénuées de toute ambiguïté telles que « le syndic est nommé pour une durée de..., qui commencera le... pour se terminer le... ».

B. II. Sur la révocation ou la démission du syndic

La Commission RAPPELLE :

• que pendant la durée fixée par la décision de l'assemblée générale, le syndic peut être révoqué, le motif de la révocation devant être porté à la connaissance du syndic et de l'assemblée générale. La révocation est décidée à la majorité prévue à l'article 25 de la loi du 10 juillet 1965;

• que, pendant la même durée, le syndic peut mettre fin à ses fonctions sous réserve que cette renonciation ne préjudicie pas à son mandant, le syndicat;

• si la révocation du syndic intervient sans motif grave et légitime, ou si la démission de celui-ci est jugée abusive, les tribunaux peuvent allouer des dommages-intérêts au syndic ou au syndicat, selon le cas, pour réparer le préjudice;

• que si sa démission ou sa révocation prend effet immédiatement, le syndic démissionnaire ou révoqué ne peut recevoir la mission d'expédier les affaires courantes en attendant la nomination d'un nouveau syndic;

• que si le syndic s'est démis de ses fonctions sans avoir préalablement convoqué une assemblée générale à l'effet de pourvoir à son remplacement, tout intéressé peut présenter une requête au président du tribunal de grande instance tendant à la désignation d'un administrateur provisoire chargé notamment de convoquer l'assemblée en vue de désigner un nouveau syndic.

RECOMMANDE :

1) Si l'assemblée générale décide la révocation du syndic : que l'assemblée générale prenne, en même temps, la décision de nommer le nouveau syndic de manière à éviter toute discontinuité dans les fonctions.

En conséquence,

• l'ordre du jour devra comporter deux questions séparées, la première relative à la révocation du syndic en fonction, la seconde ayant pour objet la nomination du nouveau syndic; un vote séparé devra intervenir sur chacune d'elles si une réponse positive est donnée à la première question;

• il conviendra de notifier, en même temps que l'ordre du jour, les conditions essentielles du nouveau contrat de syndic.

2) Si le syndic envisage de donner sa démission : que cette décision soit présentée à l'assemblée générale. En conséquence, le syndic qui entend démissionner :

• informe le président du conseil syndical, s'il en existe un, de son intention de convoquer l'assemblée générale pour lui notifier sa démission et l'inviter à désigner son successeur;

• propose un délai avant la prise d'effet de sa démission;

• convoque l'assemblée générale avec, à l'ordre du jour, les deux questions suivantes : « démission du syndic à compter du... »; « désignation du nouveau syndic à compter du... ».

Recommandation n° 16, du 21 juillet 1997,

Relative aux travaux affectant les parties communes et les équipements communs.

Cette recommandation ne concerne pas le vote du budget prévisionnel des travaux qui fera l'objet d'une recommandation distincte.

La Commission,

I. Sur le programme des travaux

Considérant :

– que l'article 14 de la loi du 10 juillet 1965 dispose en son quatrième alinéa :

Art. 14, al. 4 Il (le syndicat) a pour objet la conservation de l'immeuble et l'administration des parties communes. Il est responsable des dommages causés aux copropriétaires ou aux tiers par le vice de construction ou le défaut d'entretien des parties communes, sans préjudice de toutes actions récursoires.

– que les articles 24, 25 et 26 de la loi du 10 juillet 1965 modifiée déterminent les conditions de majorité auxquelles les assemblées décident les différentes catégories de travaux;

– que de son côté, l'article 18 de la loi du 10 juillet 1965 dispose dans son deuxième tiret que le syndic est chargé :

Art. 18, tiret 2 d'administrer l'immeuble, de pourvoir à sa conservation, à sa garde et à son entretien et, en cas d'urgence, de faire procéder de sa propre initiative à l'exécution de tous travaux nécessaires à la sauvegarde de celui-ci.

CONSTATE :

– l'importance des prescriptions de sécurité parmi les travaux obligatoires en vertu des dispositions législatives et réglementaires;

– les économies de charges résultant de l'exécution des travaux appropriés d'entretien ou d'amélioration;

– l'absence dans les archives du syndicat de documents techniques tels que plans et schémas d'ouvrages ou de récolement de réseaux.

RAPPELLE :

– que le syndic informe les copropriétaires de l'état des constructions et des éléments d'équipements communs, ainsi que des travaux rendus obligatoires en vertu des dispositions législatives ou réglementaires;

– que ces travaux étant obligatoires, l'assemblée générale des copropriétaires n'a pas compétence pour en refuser le principe et doit seulement délibérer sur les modalités de réalisation de ces travaux sans que le syndicat puisse s'en prévaloir pour se soustraire à ses responsabilités. Il convient cependant de réserver les cas d'annulation de la décision administrative prescrivant les travaux;

– qu'une planification des travaux peut améliorer leur mise en œuvre et leur exécution, faciliter leur financement et abaisser leurs coûts.

RECOMMANDE :

1° qu'une visite annuelle de l'immeuble soit effectuée par le syndic en présence du président du conseil syndical, et, le cas échéant, des membres du conseil syndical et des copropriétaires intéressés;

2° qu'en dehors de la visite annuelle, en cas de désordres apparus sur les parties communes ou des équipements collectifs, il est souhaitable qu'un technicien assiste à la visite et que les copropriétaires concernés prennent toutes les dispositions utiles pour permettre l'accès aux parties privatives de leur lot où ces désordres se manifestent;

3° qu'un cahier de maintenance de l'immeuble soit ouvert et mis à jour;

4° qu'un état des travaux prévisibles ou souhaitables soit dressé par le conseil syndical compte tenu des éléments du constat effectué;

5° que le conseil syndical propose un calendrier prévisionnel des travaux et une évaluation approximative de chacun de ces travaux;

6° qu'un programme pluriannuel de travaux envisagés soit voté, dans son principe, par l'assemblée générale au vu du calendrier et de l'évaluation visés ci-dessus, ces documents étant notifiés au plus tard en même temps que l'ordre du jour;

7° que les plans des ouvrages exécutés soient demandés par le syndic aux entrepreneurs ou aux architectes ou aux autres techniciens contractuellement liés au syndicat, à charge pour le syndic de les archiver.

II. Sur la recherche et la désignation de l'entrepreneur

Considérant que l'organisation d'une procédure de sélection des entrepreneurs introduit plus de clarté dans la gestion de la copropriété;

RECOMMANDE :

– que, pour guider les copropriétaires lorsque le règlement de copropriété ne contient pas de mesures appropriées, l'assemblée générale adopte une procédure de recherche et de désignation de l'entrepreneur comprenant trois phases.

2.1. Le descriptif des travaux.

Considérant que l'assemblée générale doit disposer d'éléments de comparaison entre les entrepreneurs pour faire son choix;

RAPPELLE :

– que la loi du 10 juillet 1965 vise trois catégories de travaux relatifs aux parties communes ou aux équipements collectifs : les travaux « d'entretien », les travaux « de mise en conformité », les travaux « d'amélioration ».

RECOMMANDE :

1° que, sauf décision particulière de l'assemblée générale, le syndic établisse ou fasse établir un document comprenant : un descriptif des travaux, la qualité des matériaux, les garanties financières, les qualifications de l'entrepreneur correspondant aux travaux à réaliser, les assurances et la demande de références des chantiers précédents;

2° qu'en cas de travaux importants ou complexes, le syndic confie à un maître d'œuvre l'élaboration de ce descriptif.

2.2. La recherche d'entrepreneurs.

RECOMMANDE :

1° qu'en cas de travaux peu importants ne dépassant pas le seuil éventuellement fixé par l'assemblée générale, le syndic choisisse les entrepreneurs à consulter, les copropriétaires pouvant, le cas échéant, proposer des noms d'entrepreneurs;

2° que, dans les autres cas, le choix des entrepreneurs s'effectue après leur mise en concurrence. Le syndic reçoit les réponses sous double enveloppe. Les plis sont ouverts par le syndic en présence des membres du conseil syndical.

2.3. Le choix de l'entrepreneur.

Considérant :

– que l'article 21 (alinéa 2) de la loi du 10 juillet 1965 fixant le statut de la copropriété des immeubles bâtis dispose :

Art. 21, al. 2 en outre, il (le conseil syndical) donne son avis au syndic ou à l'assemblée générale sur toutes questions concernant le syndicat, pour lesquelles il est consulté ou dont il se saisit lui-même. L'assemblée générale des copropriétaires, statuant à la majorité de l'article 25, arrête un montant des marchés et des contrats à partir duquel la consultation du conseil syndical est rendue obligatoire.

– que l'article 21 (alinéa 1er) du décret du 17 mars 1967 portant règlement d'administration publique pour l'application de la loi du 10 juillet 1965 dispose :

Art. 21, al. 1er « Une délégation de pouvoir donnée, en application de l'article 25 a de la loi du 10 juillet 1965, par l'assemblée générale au syndic, au conseil syndical ou à toute autre personne ne peut porter que sur un acte ou une décision expressément déterminé ».

– que l'article 26 (alinéa 2) du décret du 17 mars 1967 dispose :

Art. 26, al. 2 Il (le conseil syndical) peut recevoir d'autres missions ou délégations de l'assemblée générale dans les conditions prévues à l'article 25 a de la loi de 1965 et à l'article 21 du présent décret.

– que l'information des copropriétaires est normalement assurée par l'application de l'article 11 (alinéa 4) du décret du 17 mars 1967;

Art. 11, al. 4 Sont notifiés au plus tard en même temps que l'ordre du jour :

4° Les conditions essentielles du contrat proposé, lorsque l'assemblée est appelée à approuver ou à autoriser une transaction, un devis ou un marché pour la réalisation de travaux ou l'un des contrats visés aux articles 25 d et 26 a de la loi du 10 juillet 1965 et aux articles 29 et 39 du présent décret.

RECOMMANDE :

1° que les devis soient communiqués aux membres du conseil syndical;

2° que, le conseil syndical, lorsqu'il a reçu délégation d'approuver un marché, fasse le choix de l'entrepreneur et adopte les conditions du contrat;

3° qu'en l'absence de délégation au conseil syndical, le syndic soumette le marché de travaux à l'approbation de l'assemblée générale en observant les dispositions de l'article 11 du décret du 17 mars 1967, notamment la notification du ou des devis proposés, ainsi que l'avis du conseil syndical. Il apparaît souhaitable que plusieurs devis soient soumis à l'assemblée générale.

Recommandation n° 17, du 4 mars 1998,

Sur l'obligation de mentionner la superficie de la partie privative d'un lot de copropriété en cas de vente.

La Commission,

Considérant :

– que l'article 46 de la loi du 10 juillet 1965 modifiée par la loi n° 96-1107 du 18 décembre 1996 dispose notamment que :

Art. 46 Toute promesse unilatérale de vente ou d'achat, tout contrat réalisant ou constatant la vente d'un lot ou d'une fraction de lot mentionne la superficie de la partie privative de ce lot ou de cette fraction de lot... Les dispositions du premier alinéa ci-dessus ne sont pas applicables aux caves, garages, emplacements de stationnement ni aux lots ou fractions de lots d'une superficie inférieure à un seuil fixé par le décret en Conseil d'État prévu à l'article 47.

– que l'article 4-1 du décret du 17 mars 1967 modifié par le décret n° 97-532 du 23 mai 1997 dispose que :

Art. 4-1 La superficie de la partie privative d'un lot ou d'une fraction de lot mentionnée à l'article 46 de la loi du 10 juillet 1965 est la superficie des planchers des locaux clos et couverts après déduction des surfaces occupées par les murs, cloisons, marches et cages d'escalier, gaines, embrasures de portes et de fenêtres. Il n'est pas tenu compte des planchers des parties des locaux d'une hauteur inférieure à 1,80 m.

– que l'article 4-2 du même décret énonce :

Art. 4-2 Les lots ou fractions de lots d'une superficie inférieure à 8 m^2 ne sont pas pris en compte pour le calcul de la superficie mentionnée à l'article 4-1.

Considérant que si ces dispositions apportent à l'acquéreur une information sur la superficie, les praticiens s'interrogent sur l'étendue de l'obligation, sur les surfaces à mesurer, sur la ventilation du prix, ainsi que sur les sanctions applicables.

A. I. Étendue de l'obligation

1. Sur les lots concernés.

RAPPELANT :

– que l'obligation de mentionner la superficie de la partie privative d'un lot ne s'impose que dans les immeubles soumis au statut de la copropriété fixé par la loi du 10 juillet 1965 et visé par l'article 1er alinéa 1 de cette loi, le lot pouvant être situé dans un bâtiment en contenant plusieurs ou constituer l'intégralité d'un bâtiment, observation faite que la loi s'applique aux copropriétés horizontales;

– que, d'une part, sont expressément exclus du champ d'application de la loi les caves, les garages et emplacements de stationnement, quelle que soit leur superficie et leur hauteur sous plafond, et d'autre part les lots ou fractions de lots d'une superficie inférieure à 8 m^2, étant précisé qu'une fraction de lot est la conséquence de la division d'un lot;

– que les ventes d'immeubles à construire, quelle que soit leur forme, ne devraient pas être soumises à l'obligation de mentionner la superficie prévue à l'article 46 de la loi du 10 juillet 1965, ces ventes étant régies par les dispositions spécifiques des articles L. 261-1 et suivants, et R. 261-1 et suivants du code de la construction et de l'habitation, ces deux régimes de protection des acquéreurs ne se cumulant pas.

RECOMMANDE :

– aux vendeurs professionnels, aux professionnels de l'entremise immobilière et aux rédacteurs d'acte de s'assurer du statut juridique du bien à vendre avant de rechercher un acquéreur;

– aux rédacteurs d'acte, de ne pas cumuler la protection prévue par l'article 46 de la loi du 10 juillet 1965 et celle des articles L. 261-1 et suivants du code de la construction et de l'habitation, ce cumul pouvant être source d'insécurité juridique.

2. Sur la nature des mutations concernées.

CONSTATANT :

– bien que l'article 46 de la loi s'applique à tous les lots de copropriété, sous les réserves ci-dessous spécifiées, que cet article constitue une dérogation au droit commun de la vente immobilière, et qu'il est donc d'interprétation stricte;

– que la loi ne s'applique qu'aux promesses unilatérales de vente ou d'achat et aux actes réalisant ou constatant la vente, ce qui implique la stipulation d'un prix en contrepartie du transfert du droit de propriété; qu'il en est ainsi quelle que soit la qualification donnée à l'acte par les parties;

– que sont donc exclues les mutations à titre gratuit (donation, donation-partage), les opérations ne transférant pas de droit de propriété (cessions de parts, location-attribution), les mutations ne donnant pas lieu à indication de prix (apport en société, échange sauf requalification de ce dernier par le juge en raison de l'importance de la soulte);

– que s'agissant plus précisément de promesses, la loi s'applique aux promesses unilatérales de vente ou d'achat et aux promesses synallagmatiques de vente par acte sous seings privé *[Communément, mais inexactement, appelées « compromis de vente »]* ou par acte authentique, même si les unes et les autres sont assorties de conditions suspensives ou résolutoires;

– que certains actes, sans s'intituler « promesse de vente » ou « acte de vente » traduisent soit une intention de vendre de nature, si elle est acceptée par le bénéficiaire, à former une vente, soit un engagement de transférer la propriété du bien; tel serait le cas, par exemple, des contrats de location-accession ou de location-vente.

RECOMMANDE :

– aux rédacteurs d'actes (agents immobiliers, avocats, administrateurs de biens, huissiers de justice, notaires...) de s'assurer que le contenu de l'acte répond, ou non, aux conditions posées par la loi pour son application;

– de mentionner la superficie de la partie privative du lot ou de la fraction de lot s'il y a lieu.

B. II. La mention de la superficie

CONSTATANT :

– que la loi vise la superficie des planchers des locaux clos et couverts, excluant ainsi implicitement les balcons et terrasses qui ne sont à la fois ni clos ni couverts;

– que sont également exclues les surfaces occupées par les murs, cloisons, marches et cages d'escalier, gaines, embrasures de portes et de fenêtres, ainsi que les planchers des parties des locaux d'une hauteur inférieure à 1,80 mètre;

– que la superficie ainsi définie doit être distinguée de celle mentionnée à l'article 5 de la loi du 10 juillet 1965 prévue pour déterminer la quote-part de charges relative aux parties communes et, éventuellement, la quote-part de propriété;

– que la loi n'impose aucune méthode de mesurage;

– que les parties peuvent elles-mêmes procéder au mesurage sans avoir à recourir aux services d'un professionnel;

RECOMMANDE :

– au copropriétaire de faire mesurer la superficie de la partie privative du lot, ou de procéder lui-même à ce mesurage, dès qu'il envisage de procéder à la vente du lot, notamment en cas de modification de la consistance de celui-ci par suite de travaux, et d'informer l'acquéreur dès le début de la négociation;

– au vendeur, et le cas échéant à l'acheteur, qui aurait recours à un professionnel, de vérifier que ce dernier est garanti par une assurance de responsabilité civile professionnelle pour cette activité de mesurage;

– aux rédacteurs d'acte, tenus d'une obligation de conseil, d'appeler l'attention des parties sur les exigences de la loi, lorsque la superficie aura été mesurée sans recours à un professionnel;

– aux rédacteurs de l'acte authentique, en cas de différence entre la superficie mentionnée dans la promesse et celle mentionnée dans l'acte réalisant ou constatant la vente, de faire figurer dans celui-ci une clause rectificative.

C. III. Sanctions applicables

CONSTATANT :

1. En cas d'absence de mention de superficie :

– que l'acquéreur ou ses ayants droit peuvent, seuls, invoquer la nullité de l'acte, à l'exclusion du vendeur ou de ses ayants droit;

– que la demande en justice devra être introduite au plus tard à l'expiration d'un délai d'un mois à compter de l'acte authentique constatant la réalisation de la vente;

– que la date de l'acte authentique est celle du jour de sa signature par le notaire, laquelle intervient en dernier;

– que la loi prévoit toutefois que la signature de l'acte authentique constatant ou réalisant la vente et mentionnant la superficie, purge le vice affectant la promesse ou tout acte antérieur.

2. En cas de mention inexacte :

– que si la superficie est supérieure à celle mentionnée dans l'acte, le vendeur ne pourra pas prétendre à un supplément de prix;

– que si la superficie est inférieure de plus de 5 % à celle mentionnée dans l'acte, l'acquéreur pourra demander une diminution du prix proportionnelle à la différence entre la superficie mentionnée et celle mesurée; qu'à défaut d'arrangement sur ce point, l'acquéreur devra, à peine de déchéance de son droit, intenter l'action en diminution du prix dans le délai d'un an à compter de l'acte authentique constatant la réalisation de la vente.

RECOMMANDE :

– aux rédacteurs de veiller à ce que la superficie soit mentionnée dans l'acte, l'absence de mention étant (rétroactivement) de nature à entraîner la nullité de cet acte;

– aux parties d'apporter un soin particulier au mesurage de la superficie, une erreur de plus de 5 % étant susceptible d'entraîner la restitution du trop-perçu par le vendeur et, le cas échéant, de donner lieu, sous réserve de leur recevabilité, à des demandes en remboursement portant sur une partie des honoraires versés au notaire, ou sur le montant des droits de mutation perçus par l'administration fiscale;

– aux rédacteurs d'appeler l'attention des parties sur l'intérêt de procéder, en cas de vente portant sur plusieurs lots, à une ventilation du prix entre les différents lots vendus afin que la réduction éventuelle du prix puisse ne porter que sur le lot ayant fait l'objet d'une erreur de mesurage;

– aux rédacteurs d'appeler l'attention des parties sur l'éventuelle opportunité, en cas de vente portant sur un lot unique composé à la fois d'une partie privative soumise à l'article 46 de la loi et de locaux exclus de son champ d'application, tels que caves ou garages (copropriété horizontale ou encore lots uniques ne satisfaisant pas aux prescriptions actuelles de la publicité foncière), de ventiler le prix global et le prix de la partie privative devant être mesurée, afin que seul ce dernier soit pris en considération en cas de réduction de prix pour erreur de mesurage; que toutefois, l'obligation de mention issue de l'article 46 portant sur la superficie de la partie privative du lot ou de la fraction du lot, et non sur la superficie des locaux constituant ce lot, il serait inefficace de ventiler le prix des différents locaux.

Recommandation n° 18, du 17 juin 1998,

Sur le contrat d'assurance dommages ouvrage relatif à un immeuble en copropriété.

La Commission,

Considérant :

– Que l'article L. 242-1 du code des assurances dispose que :

Art. L. 242-1 Toute personne physique ou morale qui, agissant en qualité de propriétaire de l'ouvrage, de vendeur ou de mandataire du propriétaire de l'ouvrage, fait réaliser des travaux de bâtiment, doit souscrire avant l'ouverture du chantier, pour son compte ou pour celui des propriétaires successifs, une assurance garantissant, en dehors de toute recherche des responsabilités, le paiement de la totalité des travaux de réparation des dommages de la nature de ceux dont sont responsables les constructeurs au sens de l'article 1792-1, les fabricants et importateurs ou le contrôleur technique sur le fondement de l'article 1792 du code civil. (...)

– Que l'article L. 243-2 du code des assurances dispose que :

Art. L. 243-2 [...] Lorsqu'un acte intervenant avant l'expiration du délai de dix ans prévu à l'article 2270 du code civil a pour effet de transférer la propriété ou la jouissance du bien, quelle que soit la nature du contrat destiné à conférer ces droits, à l'exception toutefois des baux à loyer, mention doit être faite dans le corps de l'acte ou en annexe de l'existence ou de l'absence d'assurance.

– Que l'article L. 243-3 du code des assurances dispose que :

Art. L. 243-3 Quiconque contrevient aux dispositions des articles L. 241-1 à 242-1 du présent code sera puni d'un emprisonnement de six mois et d'une amende de 750 000 € ou de l'une de ces deux peines seulement.

Les dispositions de l'alinéa précédent ne s'appliquent pas à la personne physique construisant un logement pour l'occuper elle-même ou le faire occuper par son conjoint, ses ascendants, ses descendants ou ceux de son conjoint.

– Qu'aux termes de l'article A. 243-1 du code des assurances :

Art. A. 243-1 Tout contrat d'assurance souscrit pour l'application du titre IV du Livre II doit obligatoirement comporter les clauses figurant [...] à l'annexe II au présent article en ce qui concerne l'assurance de dommages.

– Que l'annexe II à l'article A. 243-1 du code des assurances énonce les clauses types applicables aux contrats d'assurances dommages, notamment en ce qui concerne la déclaration de sinistre et la procédure d'expertise.

– Qu'un arrêté du 30 mai 1997 a modifié ces clauses types en ce qui concerne :

• le contenu minimum et obligatoire de la déclaration de sinistre;

• les possibilités, pour l'assureur, de ne pas recourir à l'expertise pour l'indemnisation des petits sinistres.

– Que ces modifications sont applicables aux déclarations de sinistre effectuées depuis le 2 septembre 1997, même si les contrats d'assurance ont été souscrits antérieurement.

A. I. Principes généraux

1. Sur le domaine de l'assurance dommages ouvrage.

RAPPELANT :

– Que l'assurance prévue par l'article L. 242-1 du code des assurances est une assurance de choses destinée à permettre aux propriétaires successifs, dans le délai de la garantie décennale, de réparer les dommages subis par l'ouvrage;

– Que l'assurance dommages ouvrage représente un mécanisme de préfinancement qui intervient en dehors de toute recherche de responsabilités, lesquelles seront couvertes par l'assurance de responsabilité décennale obligatoire;

– Que l'obligation de souscrire une assurance dommages ouvrage pèse sur le maître de l'ouvrage (le souscripteur) et bénéficie au propriétaire dont l'immeuble subit le dommage (l'assuré), les qualités de souscripteur et d'assuré n'étant, selon le cas, ni incompatibles ni nécessairement liées;

– Que l'obligation de souscrire une assurance dommages ouvrage incombe au maître de l'ouvrage lors de l'édification de l'ouvrage, puis à la collectivité des copropriétaires constituant un syndicat, considéré comme maître de l'ouvrage, lorsque les travaux envisagés entrent dans le champ d'application des articles 1792 et suivants du code civil;

– Que le syndic, représentant légal du syndicat, a la qualité de mandataire du maître de l'ouvrage au sens et pour l'application de l'article L. 242-1 du code des assurances;

– Que le syndic soumet à l'assemblée générale, qui décide à la majorité de l'article 24, les conditions du contrat d'assurance dommages ouvrage, et le cas échéant, de tous autres contrats d'assurance qui apparaîtraient nécessaires, les conditions essentielles de ces contrats ayant été préalablement notifiées aux copropriétaires, au plus tard en même temps que l'ordre du jour, en application de l'article 11 du décret du 17 mars 1967 pris pour l'application de la loi du 10 juillet 1965;

– Que doit également souscrire cette assurance le copropriétaire qui fait réaliser des travaux entrant dans le champ d'application des articles 1792 et suivants du code civil, tel est le cas par exemple du copropriétaire qui entend faire exécuter, à ses frais, des travaux affectant les parties communes, après obtention, si besoin est, des autorisations nécessaires;

RECOMMANDE :

– Que le contrat d'assurance dommages ouvrage soit remis, lors de la construction de l'immeuble, par le souscripteur au syndic à charge pour ce dernier de le conserver pendant la durée de la garantie décennale, et de le transmettre à son successeur, les contrats d'assurance faisant partie des documents et archives du syndicat mentionnés à l'article 18-2 de la loi du 10 juillet 1965;

– Que cette assurance soit souscrite préalablement à l'ouverture de tout chantier comportant des travaux de construction faisant appel aux techniques de travaux de bâtiment;

– Que le syndic informe les copropriétaires, lors de l'assemblée générale devant statuer sur ces travaux, du caractère obligatoire de cette assurance;

– Que si ces travaux sont réalisés à l'initiative du syndicat, le syndic conserve la police et ses avenants pendant la durée de la garantie décennale;

– Que les autorisations données à un copropriétaire de réaliser à ses frais des travaux de bâtiment affectant les parties communes, soient subordonnées à la justification de la souscription de la police dommages ouvrage;

– Que lors de l'établissement de l'état daté, qui doit être fourni au notaire à l'occasion de toute mutation de lot, le syndic indique les références des différentes polices et avenants dommages ouvrage en cours de validité et concernant l'immeuble.

2. Sur l'utilisation de l'indemnité versée par l'assureur dommages ouvrage à la réparation matérielle de l'ouvrage.

RAPPELANT :

– Que l'indemnité versée par l'assureur dommages ouvrage est destinée au paiement des travaux de réparation de l'ouvrage sinistré;

– Que si cette indemnité n'est pas employée au financement des travaux de réparation, la responsabilité du syndicat pourrait être engagée, et le cas échéant, sur le fondement de son obligation de conseil, celle du syndic;

– Que l'absence d'exécution des travaux nécessaires de réparation est de nature à entraîner une aggravation du sinistre, dont l'assureur pourrait refuser la prise en charge.

RECOMMANDE :

– Au syndic d'informer les copropriétaires de la perception de l'indemnité dès son versement par l'assureur;

– Au syndic de rappeler aux copropriétaires concernés que l'indemnité d'assurance dommages ouvrage est destinée à la réparation du dommage;

– Au syndic de conserver la preuve de l'emploi de ces indemnités à la réparation de l'ouvrage sinistré, à toutes fins utiles.

B. II. Sur le contenu minimum et obligatoire de la déclaration de sinistre

CONSTATANT :

– Qu'en cas de dommages à l'ouvrage, l'assuré doit désormais adresser à l'assureur, en application de l'arrêté du 30 mai 1997 susvisé, une déclaration de sinistre comportant obligatoirement et au minimum les renseignements suivants :

- le numéro du contrat et, le cas échéant, celui de l'avenant;
- le nom du propriétaire de la construction endommagée;
- l'adresse de la construction endommagée;
- la date de réception ou, à défaut, la date de la première occupation des locaux;
- la date d'apparition des dommages ainsi que leur description et localisation.

– Que ce texte s'applique aussi bien à la propriété individuelle qu'à l'immeuble en copropriété, et dans ce cas tant aux parties privatives qu'aux parties communes;

– Que si l'assuré n'a pas adressé ces renseignements à l'assureur, la déclaration de sinistre ne sera pas « réputée constituée », c'est-à-dire valablement faite;

– Que si la déclaration de sinistre n'est pas « réputée constituée », les délais de notification et de règlement du sinistre ne peuvent commencer à courir;

– Qu'en application de l'article L. 243-2 du code des assurances susvisé, le contrat d'assurance dommages ouvrage doit être mentionné dans le corps de l'acte ou en annexe de l'acte transférant la propriété ou la jouissance d'un bien;

– Que cependant l'article précité n'impose pas de mentionner, dans cet acte ou dans l'annexe de celui-ci, le numéro du contrat d'assurance ou de son avenant, la date de réception des travaux et la date de première occupation des locaux;

– Que ces renseignements sont cependant nécessaires à la mise en œuvre du droit à indemnisation;

– Que l'assuré, ne possédant pas généralement de compétences techniques particulières dans les domaines du bâtiment ou de l'expertise, ne pourra que relater une description sommaire du dommage;

– Que l'appréciation du coût et de la gravité du sinistre pourra également s'avérer difficile pour l'assuré.

RECOMMANDE :

– Au maître de l'ouvrage, de remettre au premier syndic de l'immeuble une attestation de la réalité de la réception des travaux avec l'indication de la date de celle-ci ;

– Au maître de l'ouvrage d'informer chacun des premiers acquéreurs de la date de réception des travaux lors de l'établissement du procès-verbal de livraison des locaux constituant les parties privatives et de la remise des clefs ;

– Au maître de l'ouvrage de remettre à chacun des premiers acquéreurs un modèle de déclaration de sinistre clair et précis, pouvant être aisément complété ;

– Aux rédacteurs d'actes de mentionner dans le corps ou en annexe de l'acte qui transfère la propriété ou la jouissance du bien immobilier :

• le numéro du contrat d'assurance et, le cas échéant, celui de l'avenant ;

• la date de réception ou, à défaut, la date de la première occupation des locaux.

– Aux rédacteurs d'actes et aux syndics concernés, lors des mutations ultérieures portant sur les lots, pour pallier l'omission éventuelle d'avenants aux contrats d'assurance, de demander systématiquement à l'assureur une notice récapitulative relative à l'assurance souscrite ;

– À l'assuré, syndicat ou copropriétaire, qui aura transmis à son assureur une déclaration de sinistre, de vérifier auprès de ce dernier que sa déclaration est complète ;

– À l'assureur, en cas de réception d'une déclaration de sinistre incomplète ou imprécise relative à un immeuble en copropriété, de mettre systématiquement en œuvre le délai de dix jours dont il dispose pour réclamer à l'assuré les éléments manquants, y compris après réception d'éléments complémentaires, cela pour permettre à l'assuré de compléter le plus rapidement possible sa déclaration ;

– Aux assurés de joindre à leur déclaration de sinistre tout document de nature à établir la réalité du dommage (devis, photographies, constats d'huissiers, rapports d'architecte...).

C. III. Sur la possibilité pour l'assureur de ne pas recourir à l'expertise

Pour l'indemnisation de certains sinistres

CONSTATANT :

– Que l'assureur n'est plus tenu de recourir à l'expertise dans les circonstances suivantes :

• s'il évalue le dommage à un montant inférieur à 1 829,39 € *[12 000 F]* (TTC)

ou

• s'il considère que la mise en jeu de la garantie est manifestement injustifiée.

– Que, lorsqu'il décide de ne pas recourir à une expertise, l'assureur notifie à l'assuré son offre d'indemnité ou sa décision de refus de garantie dans le délai de quinze jours à compter de la réception de la déclaration de sinistre réputée constituée ;

– Que si l'assuré conteste la position prise par l'assureur quant au montant de l'indemnité ou au refus d'application des garanties, il peut demander à l'assureur de désigner un expert.

RECOMMANDE :

– À l'assureur de respecter le délai légal de 15 jours pour faire connaître à l'assuré son offre d'indemnité ou son refus de garantie, afin de ne pas retarder la réparation du sinistre survenu dans un immeuble en copropriété ;

– À l'assureur, pour les raisons ci-dessus indiquées, lorsqu'il décide de ne pas recourir à une expertise, d'indiquer clairement à l'assuré qu'il peut contester cette position et lui demander de désigner un expert.

Recommandation n° 19, du 25 novembre 1998,

Relative à l'installation d'un réseau câblé ou d'une antenne distribuant des services de télévision dans les immeubles soumis au statut de la copropriété [Cette recommandation ne traite pas de l'établissement et de l'exploitation des réseaux câblés].

La Commission,

Vu l'article 14, dernier alinéa, de la loi du 10 juillet 1965 qui dispose notamment :

Art. 14, dernier al. « Il (le syndicat) a pour objet la conservation de l'immeuble et l'administration des parties communes. »

Vu l'article 25 de la loi du 10 juillet 1965, modifiée par la loi n° 92-653 du 13 juillet 1992, qui dispose que :

Art. 25 « Ne sont adoptées qu'à la majorité des voix de tous les copropriétaires les décisions concernant :... *j)* l'installation ou la modification d'une antenne collective ou d'un réseau interne à l'immeuble raccordé à un réseau câblé. »

Vu la loi n° 66-457 du 2 juillet 1966, modifiée, relative à l'installation d'antennes réceptrices de radiodiffusion ;

Vu le décret n° 67-1171 du 22 décembre 1967, modifié, fixant les conditions d'application de la loi n° 66-457 du 2 juillet 1966 relative à l'installation d'antennes réceptrices de radiodiffusion ;

Vu la loi n° 86-1067 du 30 septembre 1986, modifiée, relative à la liberté de communication, et notamment son article 34-3 ;

Vu le décret n° 93-534 du 27 mars 1993 pris pour l'application de l'article 34-3 de la loi du 30 septembre 1986 relative à la liberté de communication instituant une servitude d'installation et d'entretien des réseaux distribuant par câble des services de radiodiffusion sonore et de télévision ;

Vu l'article R. 111-14, alinéa 2, du code de la construction et de l'habitation et l'article 2 du décret n° 93-613 du 26 mars 1993 qui prévoit que :

Art. 2 « les dispositions du décret du 26 mars 1993, en tant qu'elles concernent les services distribués par câble, s'appliqueront aux immeubles dont la demande de permis de construire aura été déposée après sa publication » ;

Vu l'article R. 421-1-8° du code de l'urbanisme.

A. I. Principes généraux et servitude légale d'installation du câble

RAPPELLE :

– Qu'il résulte de la loi du 2 juillet 1966 susvisée une préférence pour les antennes collectives par rapport aux antennes individuelles; que cette préférence régit aussi le raccordement de l'immeuble collectif à un réseau câblé;

– Que selon les dispositions du décret du 26 mars 1993, et de l'article R. 111-14, alinéa 2, du code de la construction et de l'habitation susvisés, les immeubles collectifs dont le permis de construire a été déposé postérieurement au 28 mars 1993 doivent être munis des dispositifs collectifs nécessaires à la distribution des services de radiodiffusion sonore et de télévision dans les logements et des gaines ou passages pour l'installation des câbles correspondants;

– Que, quelle que soit la date de construction de l'immeuble, l'installation ou la modification d'une antenne collective (antenne râteau ou parabole) ou d'un réseau interne à l'immeuble raccordé à un réseau câblé est une décision qui relève des conditions de majorité de l'article 25;

– Qu'en l'absence de réseau interne raccordé au réseau câblé, l'article 34-3 de la loi du 30 septembre 1986, modifiée, institue au bénéfice des communes, des groupements de communes ou des personnes autorisées en vertu du 1er alinéa de l'article 34 de ladite loi, une servitude permettant d'installer dans les parties communes et d'entretenir, aux frais du bénéficiaire, les câbles et équipements nécessaires à la desserte des locaux à usage privatif, observation faite que cette servitude semble jusqu'à présent peu utilisée;

– Que le même article 34-3 indique que l'installation de ces câbles et équipements doit être réalisée dans le respect de la qualité esthétique des lieux et dans les conditions les moins dommageables possibles pour les propriétés, et que le décret n° 93-534 du 27 mars 1993 pris pour l'application de ce texte précise les modalités de la mise en œuvre de la servitude, notamment les conditions de la visite préalable des lieux et d'établissement du dossier.

RECOMMANDE :

– Au maire de la commune ou au président du groupement de communes qui, ayant établi un réseau câblé ou ayant autorisé un concessionnaire (appelé « câblo-opérateur ») à établir un tel réseau, entend mettre en œuvre la servitude instituée par l'article 34-3, d'inviter à une réunion préalable d'information le syndic de l'immeuble concerné et les copropriétaires ou, au moins, les membres du conseil syndical;

– Au syndic et aux membres du conseil syndical d'être présents lors de la visite technique effectuée en vue de l'établissement du schéma de câblage, afin de poser toute question (câblage en sous-sol ou en façade d'immeuble par exemple) et d'exprimer, dès cette étape, toutes observations utiles pour le respect notamment de la qualité esthétique des lieux;

– Au bénéficiaire de la servitude, de joindre au dossier accompagnant la notification faite au syndic la justification de l'assurance destinée à couvrir les dommages qui trouvent leur origine dans les câbles et équipements annexes, le bénéficiaire de la servitude étant responsable de ces dommages;

– Au syndic de soumettre sans délai au conseil syndical le dossier qui lui est notifié par le maire de la commune ou le président du groupement de communes afin de présenter des observations éventuelles à l'autorité communale dans le délai prescrit, étant précisé que ce délai ne peut être inférieur à trois mois;

– Au syndic, d'adresser au bénéficiaire de la servitude, dans le délai prescrit, par lettre recommandée avec demande d'avis de réception, les observations éventuelles des copropriétaires sur les modalités envisagées pour le passage et l'ancrage des câbles et matériels électroniques actifs et passifs nécessaires à la desserte des locaux à usage privatif, ainsi que sur les dommages et préjudices qui pourraient résulter de la servitude.

B. II. Installation sur décision de l'assemblée générale des copropriétaires

1. Installation du câble :

RAPPELLE :

Que si le permis de construire de l'immeuble est antérieur au 28 mars 1993 (date de publication du décret du 26 mars 1993 susvisé) et que la servitude n'a pas été mise en œuvre, la décision de raccordement est prise par le syndicat des copropriétaires (article 25 *j*), ou demandée à l'assemblée générale par un ou plusieurs copropriétaires qui se proposent d'exécuter les travaux à leurs frais (article 25 *b*);

Que la répartition du coût des travaux décidés par l'assemblée générale se fait conformément à l'article 10, alinéa 1er, de la loi du 10 juillet 1965 en fonction de l'utilité, et qu'elle est décidée dans les conditions de majorité de l'article 25, en application de l'article 11 de la loi précitée, étant observé qu'une répartition par parts égales peut être admise dans la mesure où elle est conforme à l'article 10, alinéa 1er;

Qu'en cas d'autorisation donnée à un groupe de copropriétaires de faire réaliser les travaux de raccordement à leurs frais, il appartient à ceux-ci, et non à l'assemblée des copropriétaires, de décider entre eux de la répartition du coût, étant observé que les autres copropriétaires ne pourront alors bénéficier de ces équipements collectifs qu'après avoir versé leur quote-part du coût des installations conformément à l'article 30, alinéa 4, de la loi.

RECOMMANDE :

– Au syndic, de notifier, en même temps que la convocation à l'assemblée générale au cours de laquelle sera évoquée cette question de l'ordre du jour, les conditions essentielles du devis pour la réalisation des travaux et du contrat proposé pour la maintenance des installations, conformément à l'article 11 du décret du 17 mars 1967;

– Au syndic, de mettre à la disposition des copropriétaires, préalablement à l'assemblée générale amenée à délibérer sur cette question, le dossier complet comprenant notamment le schéma de câblage envisagé, étant précisé que seules les parties communes doivent être affectées par les câbles et équipements annexes;

– Au syndic, de distinguer dans l'ordre du jour et dans le procès-verbal, la décision de travaux qui relève des conditions de majorité de l'article 25 et celle du contrat de maintenance qui relève de la majorité de l'article 24;

– Au copropriétaire ou au groupe de copropriétaires qui envisagerait de faire exécuter les travaux de raccordement à ses frais, de remettre au syndic un dossier complet comprenant notamment le schéma de câblage envisagé, aux fins de consultation par les autres copropriétaires avant l'assemblée amenée à délibérer sur l'autorisation prévue par l'article 25 *b* de la loi;

– Au syndicat des copropriétaires de n'autoriser un copropriétaire ou un groupe de copropriétaires à faire exécuter à leurs frais les travaux de raccordement qu'à la condition préalable qu'il soit justifié d'une assurance couvrant les dommages qui pourraient résulter de ces travaux;

– Au syndic, de conserver un exemplaire du schéma de câblage retenu, et de la justification de l'assurance;

– Au câblo-opérateur, lorsque cela est possible, d'utiliser pour le passage du câble, une gaine déjà existante.

2. Installation d'une antenne ou d'une antenne parabolique :

RAPPELLE :

– Que l'article 25 *j* de la loi du 10 juillet 1965, en mentionnant l'installation ou la modification d'une antenne collective, ne fait pas de distinction entre l'antenne collective dite « antenne râteau » qui permet la distribution des chaînes de télévision hertzienne terrestre et l'antenne collective parabolique qui permet la distribution des chaînes de télévision hertzienne et des chaînes transmises par satellites; qu'en conséquence, la décision d'installer ou de modifier l'une ou l'autre des antennes relève des conditions de majorité de l'article 25;

– Que, par application de l'article R. 421-1-8° du code de l'urbanisme modifié par le décret n° 93-1195 du 22 octobre 1993, si l'antenne, dans une de ses dimensions dépasse 4 mètres ou le pylône 12 mètres au-dessus du sol, et si, lorsque l'antenne comporte un réflecteur, la dimension de celui-ci excède un mètre, son installation entre dans le champ d'application du permis de construire mais relève du régime déclaratif;

– Que l'installation d'une antenne individuelle sur la façade de l'immeuble ou sur un balcon nécessite qu'une autorisation soit donnée par l'assemblée des copropriétaires, dans les conditions de majorité de l'article 25 de la loi, au copropriétaire qui entend procéder à cette installation, laquelle affecte nécessairement les parties communes ou l'aspect extérieur de l'immeuble.

RECOMMANDE :

– Aux copropriétaires, dans le souci de respecter l'aspect esthétique général de leur immeuble, de ne pas installer d'antenne individuelle extérieure sans avoir obtenu l'autorisation préalable de l'assemblée des copropriétaires; à défaut de cette autorisation, les travaux étant irréguliers, le syndicat pourrait en demander la dépose;

– Au syndicat des copropriétaires, lorsqu'il est amené à délibérer sur une demande d'autorisation d'installation d'une antenne individuelle, de s'interroger sur le point de savoir si l'installation d'une antenne collective ne serait pas préférable, notamment pour préserver l'esthétique de l'immeuble;

– Au syndic et au conseil syndical, de ne pas donner leur accord aux copropriétaires pour l'installation d'une antenne individuelle, cette autorisation ne relevant que de la compétence du syndicat des copropriétaires, et le cas échéant, des pouvoirs du juge saisi après refus d'autorisation de l'assemblée, étant précisé que le juge ne peut ordonner que la remise en état des lieux si l'installation a déjà été réalisée;

– Au syndic d'informer l'assemblée des copropriétaires des dispositions de l'article R. 421-1-8° du code de l'urbanisme susvisé, et le cas échéant, de procéder à la déclaration nécessaire.

C. III. Sur les notions de service collectif et de service antenne

RAPPELLE :

– Que le principe de libre communication des pensées et des opinions est constitutionnellement garanti;

– Que la liberté d'opinion et la liberté de recevoir ou de communiquer des informations ou des idées sont garanties, dans l'Union européenne, par la convention européenne de sauvegarde des Droits de l'homme et des libertés fondamentales, ainsi que par la directive « télévision sans frontière » du 3 octobre 1989 et, en droit interne, par la loi du 2 juillet 1966 susvisée;

– Que l'objet du syndicat des copropriétaires est limité à la conservation de l'immeuble et à l'administration des parties communes, et que les décisions prises en assemblée générale ne peuvent porter que sur les questions relatives à cet objet, à l'exclusion des questions relatives aux parties privatives ou aux droits individuels des copropriétaires;

– Que l'administration des parties communes inclut la possibilité de faire procéder à des travaux d'amélioration (tels que la création ou la transformation d'éléments d'équipement commun) et la gestion des services collectifs (tels que le chauffage collectif, l'entretien de l'ascenseur ou le service de gardiennage de l'immeuble); que toutefois la notion de services collectifs entrant dans l'objet du syndicat ne saurait être étendue à un service individuel proposé à chaque copropriétaire, le fait que ce service puisse intéresser l'ensemble des copropriétaires pris individuellement n'étant pas de nature à transformer ce service individuel en un service collectif soumis à la décision de l'assemblée des copropriétaires; que toute pratique s'appuyant sur un raisonnement contraire aurait nécessairement pour conséquence de restreindre les droits du copropriétaire sur la jouissance des parties privatives de son lot;

– Que si l'installation ou la modification d'une antenne collective ou d'un réseau interne à l'immeuble raccordé à un réseau câblé est un équipement commun relevant des pouvoirs de l'assemblée générale, la décision de souscrire un « service antenne » avec abonnement comprenant la réception d'une sélection de chaînes hertziennes ou câblées relève du droit individuel de chaque copropriétaire, fondé sur les libertés ci-dessus rappelées;

– Que s'il appartient à l'assemblée des copropriétaires de prendre la décision d'installer ou de modifier une antenne collective ou un réseau interne à l'immeuble raccordé à un réseau câblé à la majorité de l'article 25 de la loi, elle ne peut adopter, à quelque majorité que ce soit, la souscription d'un « service antenne » qui relève de la liberté individuelle;

– Que si les charges entraînées par l'installation ou la modification d'une antenne collective ou d'un réseau interne à l'immeuble raccordé à un réseau câblé, et par leur entretien, sont appelées auprès des copropriétaires conformément à l'article 10, alinéa 1er, de la loi du 10 juillet 1965, la redevance liée à un « service antenne » n'entre pas dans les charges de copropriété, et son paiement ne peut donc être demandé, à ce titre, par le syndic, quand bien même la somme serait peu importante.

RECOMMANDE au syndic :

– de ne pas porter à l'ordre du jour de l'assemblée générale des copropriétaires une seule question portant tout à la fois sur l'installation (ou la modification) d'une antenne collective ou d'un réseau interne à l'immeuble raccordé à un réseau câblé et sur la souscription d'un « service antenne »;

– et, d'une manière plus générale, de ne pas porter à l'ordre du jour de l'assemblée la question portant sur la souscription d'un « service antenne »;

– au syndic, de transmettre aux copropriétaires les propositions de programmes offertes à un tarif préférentiel pour un abonnement groupé, et de rassembler, le cas échéant, les abonnements individuels des copropriétaires souhaitant bénéficier de ces propositions.

D. IV. Installation à la demande d'un locataire

CONSTATE :

– Que l'article 1er de la loi du 2 juillet 1966 susvisée prévoit que le propriétaire d'un immeuble ne peut s'opposer, sans motif sérieux et légitime, à l'installation, aux frais d'un ou plusieurs locataires, d'une antenne extérieure, mais que l'offre faite par le propriétaire de raccordement soit à une antenne collective, soit à un réseau câblé peut constituer un motif légitime et sérieux d'opposition; que l'article 4 de la même loi prévoit l'application de ce texte aux immeubles soumis au régime de la copropriété.

– Que l'application des dispositions précitées de la loi du 2 juillet 1966 dans un immeuble en copropriété est de nature à soulever des difficultés dans la mesure où le copropriétaire bailleur n'est pas propriétaire de la structure de l'immeuble, et où il ne peut transmettre à son ayant droit, le locataire, plus de droits qu'il n'en détient lui-même de la loi du 10 juillet 1965 et du règlement de copropriété; qu'en outre, le locataire n'a aucun lien de droit avec le syndicat des copropriétaires, représenté par le syndic, le bail n'établissant de rapports contractuels qu'entre le locataire et le copropriétaire bailleur.

RECOMMANDE :

– Au locataire, dans un immeuble soumis au régime de la copropriété, qui entend exercer le droit que lui confère l'article 1er de la loi du 2 juillet 1966 susvisée, de s'adresser à son bailleur, et non au syndic avec lequel il n'a aucun lien de droit;

– Au syndic qui serait destinataire de la demande d'un locataire, de la transmettre au copropriétaire bailleur;

– Au copropriétaire bailleur, saisi de la demande de son locataire, et pour le cas où il n'existe pas de possibilité de raccordement à une installation collective existante, de demander au syndicat des copropriétaires l'autorisation d'installer, à ses frais, une antenne individuelle ou d'effectuer un raccordement individuel au réseau câblé;

– Au copropriétaire bailleur, en cas de refus d'autorisation, de saisir le tribunal d'une demande tendant à obtenir l'autorisation de réaliser, à ses frais, l'installation ou le raccordement dont s'agit.

Recommandation n° 20, du 23 février 1999,

Concernant les archives du syndicat des copropriétaires.

Considérant :

– que l'article 33 du décret du 17 mars 1967 modifié, pris en application de la loi du 10 juillet 1965, dispose, en son alinéa 1er, que :

Art. 33 Le syndic détient les archives du syndicat, notamment une expédition ou une copie des actes énumérés aux articles 1er à 3 ci-dessus, ainsi que toutes conventions, pièces, correspondances, plans, registres, documents et décisions de justice relatifs à l'immeuble et au syndicat. Il détient, en particulier, les registres contenant les procès-verbaux des assemblées générales des copropriétaires et les pièces annexes.

– que l'article 18-2 de la loi du 10 juillet 1965 modifiée dispose que :

Art. 18-2 En cas de changement du syndic, l'ancien syndic est tenu de remettre au nouveau syndic, dans le délai d'un mois à compter de la cessation de ses fonctions, la situation de trésorerie, la totalité des fonds immédiatement disponibles et l'ensemble des documents et archives du syndicat. Dans le délai de deux mois suivant l'expiration du délai mentionné ci-dessus, l'ancien syndic est tenu de verser au nouveau syndic le solde des fonds disponibles après apurement des comptes, et de lui fournir l'état des comptes des copropriétaires ainsi que celui des comptes du syndicat. Après mise en demeure restée infructueuse, le syndic nouvellement désigné ou le président du conseil syndical pourra demander au juge, statuant en référé, d'ordonner sous astreinte la remise des pièces et des fonds mentionnés aux deux premiers alinéas du présent article ainsi que le versement des intérêts dus à compter du jour de la mise en demeure.

– que l'article 21 de la loi du 10 juillet 1965 modifiée dispose en ses alinéas 3 et 4 que :

Art. 21 Le conseil syndical peut prendre connaissance, et copie, à sa demande, et après en avoir donné avis au syndic, de toutes pièces ou documents, correspondances ou registres se rapportant à la gestion du syndic et, d'une manière générale, à l'administration de la copropriété.

Il reçoit, en outre, sur sa demande, communication de tout document intéressant le syndicat.

– que l'article 1er de la loi n° 79-18 du 3 janvier 1979 sur les archives définit celles-ci comme étant :

Art. 1er L'ensemble des documents, quels que soient leur date, leur forme et leur support matériel, produits ou reçus par toute personne physique ou morale, et par tout service ou organisme public ou privé, dans l'exercice de leur activité.

Considérant qu'une gestion rigoureuse des archives du syndicat des copropriétaires est essentielle au suivi d'une bonne administration de l'immeuble;

Considérant que, dans de nombreuses situations, l'archivage des documents relatifs à l'immeuble et au syndicat se révèle incomplet ou insuffisant;

Considérant qu'il convient d'examiner, tant au regard des textes applicables qu'au regard des obligations que font peser les nécessités quotidiennes sur les syndicats et les syndics, les questions relatives à la constitution, la conservation, la communication et la transmission des archives syndicales.

A. I. La constitution des archives syndicales

Constatant que le syndic de copropriété doit satisfaire aux obligations qui découlent de différents textes législatifs ou réglementaires, certains relevant du statut de la copropriété et d'autres étant extérieurs à celui-ci;

1. Les archives prévues par le statut de la copropriété :

– l'article 33 du décret du 17 mars 1967 modifié énumère, dans une liste qui n'est qu'indicative, les pièces et documents que doit détenir le syndic, en sa qualité « d'archiviste » de la copropriété; ainsi, l'article 33 du décret précité prévoit-il que le syndic détient une expédition ou une copie des actes énumérés aux articles 1er à 3 de ce même décret, c'est-à-dire le règlement de copropriété, l'état de répartition des charges, l'état descriptif de division, les conventions relatives aux droits accessoires aux parties communes, et leurs actes modificatifs;

– l'article 33 du décret précité prévoit aussi que le syndic détient toutes conventions, pièces, correspondances, plans, registres, documents et décisions de justice relatifs à l'immeuble et au syndicat, et en particulier les registres contenant les procès-verbaux des assemblées des copropriétaires et les pièces annexes;

– les « conventions » prévues par l'article 33 du décret précité correspondent notamment aux contrats de maintenance des équipements communs (ascenseur, chauffage collectif, portes de garage par exemple), aux contrats d'assurance de l'immeuble (responsabilité, incendie, dégât des eaux, dommages-ouvrages le cas échéant), aux contrats de travail des préposés du syndicat (concierge, employé d'immeuble, préposé aux espaces verts par exemple);

– les « pièces et documents relatifs à l'immeuble et au syndicat », prévus par ce même texte, comprennent notamment la fiche cadastrale et la fiche hypothécaire générale de l'immeuble, les statuts de l'union de syndicats ou de l'association syndicale si elles existent, la liste des membres du syndicat, les dossiers relatifs au personnel du syndicat, les dossiers comptables et financiers, les documents d'urbanisme, les documents techniques relatifs à l'immeuble, étant précisé que certains de ces dossiers et documents incluent les conventions mentionnées ci-dessus;

– les « pièces annexes des registres des procès-verbaux des assemblées » comprennent la copie des convocations et les accusés de réception correspondants, la feuille d'émargement lorsque les convocations sont remises contre récépissé ou émargement, l'ordre du jour et les documents notifiés en même temps que celui-ci, la feuille de présence, la copie des notifications du procès-verbal aux copropriétaires opposants ou défaillants et leurs accusés de réception;

2. Les archives prévues par des textes extérieurs au statut de la copropriété :

– l'article R. 238-38 du code du travail prévoit, en vue d'assurer la sécurité et de protéger la santé des personnes intervenant sur les chantiers de bâtiment, la remise au maître de l'ouvrage du « dossier d'intervention ultérieure sur l'ouvrage ». Cet article mentionne spécifiquement que, dans le cas d'une copropriété, un exemplaire de ce dossier qui rassemble sous bordereau tous les documents, tels que les plans et les notes techniques, de nature à faciliter l'intervention ultérieure sur l'ouvrage, est également remis au syndic de l'immeuble;

– d'autres textes, sans viser expressément le syndic, font obligation de constituer et de conserver des dossiers ou documents relatifs aux immeubles; dans les immeubles soumis au statut de la copropriété, cette charge incombe au syndic;

– ainsi l'article R. 125-5 du code de la construction et de l'habitation prévoit que soit conservé un carnet d'entretien des portes automatiques de garage;

– l'article 8 du décret n° 96-97 du 7 février 1996 modifié, relatif à la protection de la population contre les risques sanitaires liés à une exposition à l'amiante dans les immeubles bâtis, impose la constitution, la conservation et l'actualisation d'un dossier technique regroupant les informations relatives à la recherche et à l'identification de certains matériaux et produits, ainsi qu'à l'évaluation de leur état de conservation;

– l'article 86 du décret n° 72-678 du 20 juillet 1972, pris pour l'application de la loi n° 70-9 du 2 janvier 1970, prévoit que les syndics, dès lors qu'ils sont soumis à cette loi, peuvent être amenés à communiquer à leur garant les documents nécessaires à la vérification de la suffisance de la garantie (livre de caisse, livres de banques et de chèques postaux, registre des mandats, relevés bancaires et postaux, documents constatant la reddition des comptes...);

RAPPELLE :

– la recommandation n° 10 relative aux remises de documents techniques au syndic;

– la recommandation n° 16 relative aux travaux affectant les parties communes et les équipements communs, dans laquelle la commission préconise qu'un cahier de maintenance de l'immeuble soit ouvert et mis à jour, et que les plans des ouvrages exécutés soient conservés par le syndic.

RECOMMANDE :

– aux syndics, de veiller à la constitution, en application de dispositions législatives ou réglementaires, du fonds documentaire relatif au syndicat et à l'immeuble;

– aux syndics, de verser au fonds documentaire relatif au syndicat et à l'immeuble, les documents qui, bien que n'étant pas expressément prévus par des dispositions législatives ou réglementaires, peuvent apparaître utiles au suivi d'une bonne administration de l'immeuble (cahier de maintenance de l'immeuble préconisé par la recommandation n° 16, liste des fournisseurs et des entrepreneurs intervenant dans l'immeuble, bordereaux de transmission des archives entre syndics successifs...);

– aux syndics qui ne détiendraient pas certains des documents visés ci-dessus, d'en demander copie, par exemple au notaire pour le règlement de copropriété ou l'état descriptif de division, à l'architecte, au promoteur ou au constructeur pour les plans de l'immeuble...

B. II. La conservation des archives

CONSTATANT :

– que l'organisation des archives par le syndic doit permettre un accès rapide et facile aux documents recherchés;

– que les documents relatifs à l'immeuble et au syndicat doivent, dans un souci d'efficacité, être actualisés et mis à jour lorsque nécessaire;

– que, d'une manière générale, les dispositions légales ou réglementaires mettant à la charge des syndics l'obligation de conserver certains documents, ne précisent pas si cette obligation est limitée dans le temps;

– que, toutefois, pour certains documents, une durée de conservation spécifique a été prévue, et que l'existence d'un délai de prescription de certaines actions en justice justifie que soient conservées, pendant ce délai, les pièces qui pourraient apparaître utiles en cas de litiges;

1. La durée de conservation de certains documents :

– que l'article 16 du code de commerce, applicable au syndic commerçant, prévoit que les documents comptables et les pièces justificatives doivent être conservés pendant 10 ans;

– que les articles R. 143-2 du code du travail et L. 243-12 du code de la sécurité sociale imposent que les livres de paie soient conservés pendant cinq ans à compter de leur date de clôture;

– que l'article L. 244-3 du code de la sécurité sociale prévoit un délai de conservation de trois années pour les documents relatifs aux charges sociales;

– que la conservation de certains de ces documents, au-delà des délais requis, peut présenter un intérêt particulier (documents nécessaires à la constitution du dossier de retraite d'un membre du personnel du syndicat, documents historiques...);

2. Le délai de prescription de certaines actions :

– que la loi précitée du 10 juillet 1965 prévoit des délais spécifiques de prescription pour l'action en révision de la répartition des charges, laquelle doit être intentée dans un délai de cinq ans à compter de la publication du règlement de copropriété ou dans un délai de deux ans à compter de la première mutation du lot à titre onéreux (article 12); pour les actions personnelles, nées de l'application de cette loi, entre copropriétaires ou entre un copropriétaire et le syndicat, qui se prescrivent par dix ans (article 42, alinéa 1er); pour les actions qui ont pour objet de contester les décisions d'assemblées générales lesquelles doivent, à peine de déchéance, être introduites par les copropriétaires défaillants ou opposants dans un délai de deux mois à compter de la notification desdites décisions (article 42 alinéa 2);

– que des textes extérieurs au statut de la copropriété prévoient des délais particuliers de prescription, en matière notamment de responsabilité civile extra-contractuelle (10 ans – article 2270-1 du code civil), d'obligations commerciales (10 ans – article 189 *bis* du code de commerce) de responsabilité des constructeurs (10 ans ou 2 ans – article 2270 du code civil), de paiement de salaires (5 ans – article 2277 du code civil);

– qu'à défaut de texte spécifique, la prescription est trentenaire en matière civile (article 2262 du code civil);

– que les délais légaux pouvant être suspendus ou interrompus, la conservation de documents au-delà de ces délais peut être nécessaire pour tenir compte de la durée variable de ces événements.

RAPPELANT :

– que l'absence de conservation par le syndic des documents concernant le syndicat peut entraîner un préjudice pour ce dernier, de nature à engager la responsabilité contractuelle du syndic;

– que, s'il a la qualité de commerçant, le syndic qui a fait disparaître des documents comptables, ou qui n'a pas tenu de comptabilité complète ou régulière, peut être condamné pour banqueroute en cas d'ouverture d'une procédure de redressement ou de liquidation judiciaire (article 197-4° et 5° de la loi du 25 janvier 1985 modifiée);

– que la destruction, la dégradation ou la détérioration d'un registre, d'une minute ou d'un acte original de l'autorité publique (tels que par exemple un arrêté de péril,...) est punie d'un emprisonnement de trois ans et d'une amende de 45 000 € (article 322-2 du code pénal);

RECOMMANDE :

– au syndic, de conserver les documents relatifs à l'immeuble et au syndicat pendant les délais requis par des textes spécifiques, ou pendant les délais de prescription applicables à certaines actions judiciaires;

– au syndic, de conserver, en outre, sans condition de délai, tous les documents qui peuvent présenter un intérêt pour le syndicat ou être utiles au suivi d'une bonne administration de l'immeuble;

– au syndic, de prévoir un local où seront conservées les archives en vue de leur consultation et de leur duplication;

– au syndic, de prévoir un classement des archives permettant de distinguer celles pouvant apparaître utiles dans le cadre de la gestion courante de l'immeuble (« archives vivantes »), de celles qui ne présentent plus, pour cette gestion, d'intérêt immédiat (« archives dormantes »), les premières devant être rapidement et facilement accessibles ;

– au syndic, d'effectuer, en fonction des durées impératives ou opportunes de conservation affectant chaque catégorie de document, un tri périodique des archives, et de prévoir l'élimination des documents devenus manifestement inutiles ;

– au syndic, de soumettre au conseil syndical la liste des pièces dont la destruction, à la suite de ce tri, est envisagée, étant précisé que ce formalisme n'apparaît, cependant, pas utile pour le tri des correspondances courantes ;

– au syndic, si les « archives dormantes » représentent un volume trop important, de faire appel, après avis du conseil syndical, à une entreprise spécialisée dans la conservation des archives, étant observé, en l'état actuel du droit, que les documents dupliqués ou conservés par une méthode électronique n'ont pas la même valeur probante que les documents originaux ;

– au syndic, dès lors que les « archives dormantes » seront conservées par une entreprise spécialisée, d'établir des bordereaux d'archivage mentionnant le contenu et la date du versement effectué auprès de cette entreprise, afin, le cas échéant, de faciliter l'accessibilité aux documents recherchés ;

– au syndic, de transmettre au président du conseil syndical, si la demande en ce sens lui en est faite, une copie de ces bordereaux d'archivage ;

– au syndic, de consigner dans un procès-verbal les documents prévus par des textes législatifs ou réglementaires qui, à la suite de ce tri, devront être détruits ;

– au syndic, de transmettre au président du conseil syndical, si une demande en ce sens lui en est faite, une copie de ce procès-verbal de destruction.

C. III. La communication de pièces par le syndic

CONSTATANT :

– que le syndic est dépositaire de documents relatifs à l'immeuble et au syndicat des copropriétaires ;

– que la loi du 10 juillet 1965 et son décret d'application prévoient expressément l'obligation pour le syndic de communiquer certaines pièces au conseil syndical ou aux copropriétaires ;

– qu'ainsi, le conseil syndical bénéficie, en application des articles 21 (alinéas 3 et 4) de la loi du 10 juillet 1965 modifiée, et 26 (alinéa 3) du décret du 17 mars 1967 modifié, d'un droit général d'accès et de communication aux archives ; que l'article 18-1 de la loi du 10 juillet 1965 précitée prévoit, dans certaines conditions, la consultation par les copropriétaires des pièces justificatives des charges pendant le délai s'écoulant entre la convocation de l'assemblée générale appelée à connaître des comptes et la tenue de celle-ci ; qu'en application de l'article 33 (alinéa 2) du décret du 17 mars 1967 modifié, les copropriétaires, pris individuellement, peuvent obtenir une copie ou un extrait, certifié conforme, des procès-verbaux des assemblées générales ;

– qu'en dehors des cas expressément prévus par les textes, a été admise, la possibilité, pour les copropriétaires, d'obtenir sur leur demande la copie de certaines pièces, telles que la copie des feuilles de présence des assemblées générales ;

– que, s'agissant de la communication de la liste des copropriétaires, dont l'établissement et la mise à jour par le syndic sont prévus par l'article 32 du décret du 17 mars 1967 précité, la commission a considéré, dans sa recommandation n° 3, en l'absence de texte et de jurisprudence, que les copropriétaires et le syndic ont intérêt à être informés de l'identité exacte des titulaires de droits sur les lots privatifs et les parties communes de l'immeuble en copropriété ;

RECOMMANDE :

– au syndic, de communiquer au conseil syndical et aux copropriétaires, les documents relatifs à l'immeuble et au syndicat, dans le respect des textes et de la jurisprudence susvisés ;

– au syndic, d'observer, en dehors des situations ci-dessus, la plus grande prudence dans la communication, sur demande des tiers, de pièces relatives au syndicat ou aux copropriétaires ;

– au syndic, de ne communiquer, le cas échéant, ces pièces que dans le respect des règles relatives à la vie privée, et si besoin est, avec l'autorisation du ou des copropriétaires intéressés.

D. IV. La transmission des archives

CONSTATANT :

– qu'en cas de changement de syndic, le syndic dont les fonctions ont pris fin, est tenu, en application de l'article 18-2 (alinéas 1 et 2) de la loi du 10 juillet 1965 modifiée, de remettre au nouveau syndic, la situation de trésorerie, la totalité des fonds immédiatement disponibles et l'ensemble des documents et archives du syndicat dans le délai d'un mois à compter de la cessation de ses fonctions, ainsi que le solde des fonds disponibles après apurement des comptes, l'état des comptes des copropriétaires et du syndicat dans le délai de deux mois suivant l'expiration de ce même délai ;

– que ces dispositions s'appliquent aux syndics exerçant à titre professionnel ou non professionnel, aux organismes HLM exerçant la fonction en application de l'article L. 443-15 du code de la construction et de l'habitation, aux syndics judiciaires désignés en application de l'article 46 du décret du 17 mars 1967 ; que ces dispositions paraissent également s'appliquer, tant dans les obligations qu'elles prévoient que dans les droits qu'elles confèrent, aux administrateurs provisoires nommés, par voie judiciaire, en application de l'article 29-1 de la loi du 10 juillet 1965 modifiée, ou de l'article 47 du décret du 17 mars 1967 modifié ou, le cas échéant, de l'article 49 de ce même décret ;

– qu'en cas de difficultés de transmission des pièces visées ci-dessus, le nouveau syndic peut, en application de l'article 18-2 (alinéa 3) de la loi du 10 juillet 1965, adresser une mise en demeure au syndic dont les fonctions ont pris fin ;

– que, pour le cas où cette mise en demeure resterait infructueuse, le syndic nouvellement désigné ou le président du Conseil syndical peut, en application de ce même article, demander au juge, statuant en référé, d'ordonner sous astreinte la remise des pièces et des fonds mentionnés ci-dessus;

– que la responsabilité du syndic, dont les fonctions ont pris fin, peut être engagée en cas de non-respect des dispositions de l'article 18-2 (alinéas 1 et 2) de la loi du 10 juillet 1965 précitée;

– que la responsabilité du nouveau syndic pourrait être engagée s'il ne procédait pas, en cas de difficultés de transmission des archives par le syndic dont les fonctions ont pris fin, aux mises en demeure et actions prévues par l'article 18-2 (alinéa 3) de la loi du 10 juillet 1965.

RECOMMANDE :

– au syndic dont les fonctions ont pris fin :

• de transmettre au nouveau syndic, le plus rapidement possible, et en tout état de cause dans les délais impartis, l'ensemble des fonds, documents et archives relatifs à l'immeuble et au syndicat;

• de procéder, si besoin est, et en tout état de cause dans les délais impartis, à plusieurs remises successives des fonds et documents visés ci-dessus;

• de transmettre, de manière urgente, au nouveau syndic, les « archives vivantes » et les fonds de trésorerie permettant d'assurer la continuité de la gestion de l'immeuble et du syndicat (liste des copropriétaires, fonds de trésorerie immédiatement disponibles...);

• d'établir, et d'adresser, ou de remettre, au nouveau syndic, en même temps que la transmission, un état faisant apparaître le montant des fonds et le contenu des archives transmises, ainsi que la date de cette transmission.

– au nouveau syndic :

• de vérifier la concordance entre les archives qui lui sont transmises et celles indiquées dans l'état qui les accompagne;

• en cas de difficultés de transmission, d'effectuer auprès du syndic dont les fonctions ont pris fin, et si besoin est, après rapprochement avec le président du conseil syndical, tout rappel et mise en demeure, et le cas échéant, d'exercer les actions en justice nécessaires.

Recommandation n° 21, du 30 octobre 2001,

Relative aux provisions du budget prévisionnel.

La Commission,

Considérant : que l'article 14-1 de la loi du 10 juillet 1965, modifiée par la loi n° 2000-1208 du 13 décembre 2000, dispose que : « *Pour faire face aux dépenses courantes de maintenance, de fonctionnement et d'administration des parties communes et équipements communs de l'immeuble, le syndicat des copropriétaires vote, chaque année, un budget prévisionnel. L'assemblée générale des copropriétaires appelée à voter le budget prévisionnel est réunie dans un délai de six mois à compter du dernier jour de l'exercice comptable précédent.*

Les copropriétaires versent au syndicat des provisions égales au quart du budget voté. Toutefois, l'assemblée générale peut fixer des modalités différentes.

La provision est exigible le premier jour de chaque trimestre ou le premier jour de la période fixée par l'assemblée générale ».

Considérant que le texte ci-dessus reproduit entre en application le 1er janvier 2002, sans avoir besoin d'un support réglementaire;

Considérant que ces nouvelles dispositions impératives doivent se substituer à certaines pratiques, que permettait la réglementation précédente, par lesquelles les copropriétaires remboursaient trimestriellement les dépenses que le syndicat avait payées;

Considérant qu'il convient de rechercher une solution pratique de nature à éviter, au cours du trimestre de transition entre l'ancienne pratique et le nouveau dispositif législatif, que les copropriétaires aient à faire face simultanément au règlement de deux appels de fonds trimestriels.

Constate :

– que l'article 14-1, ci-dessus reproduit, participe au dispositif mis en place pour assurer le bon état d'entretien des immeubles en copropriété et couvrir les dépenses nécessaires à leur maintenance, à leur fonctionnement et leur administration, en limitant le contenu du budget prévisionnel à ces dépenses courantes;

– que la loi tire désormais toutes les conséquences d'un budget prévisionnel, dont le vote doit nécessairement intervenir avant le début de l'exercice comptable qu'il concerne, en créant un lien obligé entre le vote de ce budget et les provisions en résultant;

– que le nouveau dispositif ne permet plus au syndic d'acquitter habituellement les dépenses à l'aide de l'avance de trésorerie permanente ou du « fonds de roulement » puis, par appel de « charges » auprès des copropriétaires, de reconstituer cette avance ou ce fonds; cette pratique, dite de « reddition trimestrielle des comptes à terme échu », est en effet contraire aux dispositions prévoyant que les copropriétaires versent au syndicat des provisions égales au quart du budget voté et que ces provisions sont exigibles le premier jour de chaque trimestre, étant précisé que l'article 14-1 permet cependant à l'assemblée générale de fixer des modalités différentes, consistant à prévoir une périodicité et/ou une quotité différentes;

– que par application de l'article 14-1 ci-dessus mentionné, les provisions sont relatives au budget prévisionnel voté et, qu'en conséquence, le nouveau dispositif ne peut se mettre en œuvre qu'après le vote de ce budget par l'assemblée des copropriétaires;

– que la loi prévoit expressément que la provision est exigible le premier jour de chaque trimestre ou le premier jour de la période fixée par l'assemblée générale.

RECOMMANDE aux copropriétaires :

– de prendre connaissance du nouveau dispositif législatif.

RECOMMANDE au syndic :

1°) d'informer les copropriétaires du nouveau dispositif et de ses implications éventuelles sur la pratique du syndicat concerné;

2°) d'examiner si le nouveau dispositif ne nécessite pas une modification du montant de l'avance de trésorerie permanente ou « fonds de roulement » et, le cas échéant, de porter à l'ordre du jour de l'assemblée générale les questions y afférentes;

3°) lorsque le syndicat avait adopté la pratique dite de « reddition trimestrielle des comptes à terme échu », d'éviter que les copropriétaires aient à verser, au cours du même trimestre, le dernier trimestre échu et la provision du trimestre débutant;

4°) le cas échéant, ayant imputé les dépenses du trimestre échu sur l'avance de trésorerie ou sur le « fonds de roulement », de ne pas procéder immédiatement à la reconstitution de cette avance ou de ce fonds;

5°) d'adresser à chaque copropriétaire, par lettre simple, préalablement à la date d'exigibilité de la provision du budget prévisionnel, un avis rappelant la date d'exigibilité et le montant de la provision à acquitter;

6°) contrairement à certaines pratiques antérieures, de ne pas mentionner, dans l'avis adressé à chaque copropriétaire, d'autres dates ou délais de paiement que ceux prévus par la loi.

Recommandation n° 22, du 6 novembre 2001,

Relative à l'ouverture d'un compte bancaire ou postal séparé.

La Commission,

Considérant la 14e recommandation de la commission portant sur le libellé de la question de l'ordre du jour relative à l'ouverture ou non d'un compte bancaire ou postal séparé au nom du syndicat et du projet de résolution notifié simultanément,

Considérant que l'article 18, premier alinéa, sixième tiret, de la loi du 10 juillet 1965 modifiée par la loi n° 2000-1208 du 13 décembre 2000, dispose que : « ... *le syndic est chargé d'ouvrir un compte bancaire ou postal séparé au nom du syndicat sur lequel sont versées sans délai toutes les sommes ou valeurs reçues au nom et pour le compte du syndicat. L'assemblée générale peut en décider autrement à la majorité de l'article 25 et, le cas échéant, de l'article 25-1 lorsque l'immeuble est administré par un syndic soumis aux dispositions de la loi n° 70-9 du 2 janvier 1970 réglementant les conditions d'exercice des activités relatives à certaines opérations portant sur les immeubles et les fonds de commerce ou par un syndic dont l'activité est soumise à une réglementation professionnelle organisant le maniement des fonds du syndicat. La méconnaissance par le syndic de cette obligation emporte la nullité de plein droit de son mandat à l'expiration du délai de trois mois suivant sa désignation. Toutefois, les actes qu'il aurait passés avec des tiers de bonne foi demeurent valables.* »

Considérant que l'article 77, § II, de la loi n° 2000-1208 du 13 décembre 2000 précise que « Pour les mandats de syndic en cours à la date de promulgation de la loi n° 2000-1208 du 13 décembre 2000, l'obligation d'ouvrir un compte bancaire ou postal séparé s'applique à compter du 31 décembre 2002, à peine de nullité de plein droit dudit mandat. »

A. I. Sur le principe

Constate que :

– lorsque le syndic n'est pas soumis à une réglementation professionnelle organisant le maniement des fonds du syndicat, par exemple lorsque les fonctions du syndic sont assumées par un copropriétaire, les fonds détenus pour le compte du syndicat sont nécessairement déposés sur un compte séparé ouvert au nom du syndicat, sans que l'assemblée générale puisse en décider autrement;

– lorsque le syndic est soumis à une réglementation professionnelle organisant le maniement des fonds du syndicat, l'obligation pour lui d'ouvrir un compte bancaire ou postal séparé est désormais une obligation légale, et non plus comme précédemment l'obligation d'exécuter une décision de l'assemblée générale. Il n'y a donc plus lieu de saisir l'assemblée générale en vue de l'ouverture d'un compte séparé;

– l'assemblée générale peut, toutefois, décider de ne pas faire procéder à l'ouverture d'un compte séparé, à la majorité de l'article 25 et, le cas échéant, de l'article 25-1, observation faite que la pratique du « sous-compte individualisé » proposée par certains syndics ne correspond pas à un compte séparé et nécessite en conséquence une décision de l'assemblée générale afin de dispenser le syndic de l'ouverture du compte séparé.

RECOMMANDE au syndic soumis à une réglementation sur le maniement de fonds :

– d'informer les copropriétaires de la nouvelle disposition législative, ainsi que de la réglementation à laquelle il est soumis, organisant le maniement des fonds d'autrui;

– d'examiner avec le conseil syndical s'il y a lieu de porter à l'ordre du jour de l'assemblée générale une question sur la décision de ne pas ouvrir un compte séparé, étant précisé qu'à défaut, le syndic a l'obligation d'ouvrir un compte séparé;

– le cas échéant, de libeller ainsi la question de l'ordre du jour : « dispense d'ouvrir un compte bancaire ou postal séparé au nom du syndicat », et de rédiger ainsi le projet de résolution : « L'assemblée générale dispense le syndic de l'obligation d'ouvrir un compte bancaire ou postal séparé au nom du syndicat ».

B. II. Sur la mise en œuvre

Constate que :

– une fois ouvert, le compte séparé continue de fonctionner pendant toute la durée du mandat, et des mandats subséquents, même si un nouveau syndic est nommé, jusqu'à une décision contraire de l'assemblée générale;

– pour que l'assemblée puisse « en décider autrement », il faut que la question soit portée à l'ordre du jour d'une assemblée, peu important que ce soit celle au cours de laquelle est désigné le syndic ou une assemblée ultérieure, et que la décision soit prise, à la majorité de l'article 25 et, le cas échéant, de l'article 25-1;

– si l'assemblée générale en décide autrement, les fonds du syndicat seront versés sur un compte ouvert au nom du syndic. Cette modalité devrait fonctionner même si un nouveau syndic est nommé, jusqu'à ce qu'une décision de l'assemblée générale refuse de dispenser le syndic de l'obligation d'ouvrir un compte séparé. Toutefois, la lettre du texte, prévoyant un « délai de trois mois suivant sa désignation », conduit à s'interroger, à défaut de précision réglementaire, sur le point de savoir si la dispense ne couvre pas que la durée du mandat au cours duquel elle a été décidée.

RECOMMANDE AU SYNDIC :

– d'informer les copropriétaires de ce que le compte séparé fonctionne sous la seule signature du syndic, représentant légal du syndicat, et qu'il ne peut en conséquence fonctionner sous la signature conjointe du syndic et du président du conseil syndical, ce dernier n'ayant pas la qualité de représentant légal du syndicat;

– par prudence, s'il n'existe pas de compte séparé, de porter à l'ordre du jour de l'assemblée devant désigner le syndic la question relative à la dispense, et à défaut, d'ouvrir le compte séparé.

C. III. Sur le délai d'ouverture du compte séparé

Constate que :

– en principe, le délai de trois mois dont dispose le syndic pour ouvrir effectivement le compte, est calculé à compter de la date de l'assemblée générale qui l'a nommé, et expire le même quantième du troisième mois suivant;

– si l'assemblée décide de revenir sur la décision par laquelle elle avait dispensé le syndic d'ouvrir un compte séparé, aucune disposition législative ou réglementaire ne précise à ce jour le délai imparti au syndic pour ouvrir le compte séparé. Il semble pouvoir être admis, dans ce cas, que le syndic devrait ouvrir le compte séparé dans les trois mois qui suivent l'assemblée générale au cours de laquelle la décision a été prise;

– à défaut par le syndic d'ouvrir un compte séparé dans le délai de trois mois suivant sa désignation, la nullité de plein droit de son mandat est encourue, étant précisé que le terme de désignation paraît ici concerner la désignation qui inaugure le premier mandat après l'entrée en application de la loi;

– la nullité de plein droit du mandat du syndic relevant d'un ordre public de protection des seuls copropriétaires, elle ne peut, en cas de contestation, être constatée par le juge qu'à la demande de ces derniers;

– si le mandat est nul, les actes que le syndic aurait passés avec des tiers de bonne foi demeurent toutefois valables.

RECOMMANDE AU SYNDIC :

– d'ouvrir le compte séparé sans attendre l'expiration du délai de trois mois;

– dès que le compte est ouvert, d'en informer le conseil syndical en précisant la banque ou le centre de chèques postaux auprès duquel le compte est ouvert;

– si l'assemblée décide de revenir sur la décision par laquelle elle avait dispensé le syndic d'ouvrir un compte séparé, d'ouvrir ledit compte dans les trois mois qui suivent l'assemblée générale au cours de laquelle cette décision a été prise, sans attendre l'expiration de ce délai.

D. IV. Sur la disposition transitoire

Constate que :

– selon les différentes situations prévues à l'article 28 du décret du 17 mars 1967, le mandat du syndic peut être de durée variable sans pouvoir, toutefois, excéder trois années;

– pour les mandats de syndic en cours à la date de promulgation de la loi, c'est-à-dire à la date du 13 décembre 2000, l'obligation d'ouvrir le compte séparé s'applique à compter du 31 décembre 2002;

– c'est dans les trois mois qui suivent l'expiration du mandat en cours à la date de promulgation de la loi du 13 décembre 2000 que le syndic a l'obligation d'ouvrir le compte séparé, sauf décision contraire de l'assemblée;

– la lettre du texte permet de déduire qu'à compter du 31 décembre 2002, pour les mandats dont la durée est la plus longue, le syndic devra, dans le délai de trois mois, qui expirera le 31 mars 2003, ouvrir le compte séparé à moins que l'assemblée générale l'ait dispensé de cette obligation.

RECOMMANDE au syndic :

– avant l'expiration du mandat en cours, d'informer les copropriétaires de la nouvelle disposition législative;

– si l'assemblée n'a pas décidé de dispenser le syndic de l'obligation légale d'ouvrir le compte séparé dans les trois mois qui suivent la fin du mandat en cours, sans attendre l'expiration de ce délai.

Recommandation n° 22 *bis*, du 12 mai 2005,

Relative au compte bancaire ou postal séparé du syndicat des copropriétaires.

Vu l'article 29-1 du décret n° 67-223 du 17 mars 1967 modifié portant règlement d'administration publique pour l'application de la loi du 10 juillet 1965 susvisée;

Vu la recommandation n° 22 relative à l'ouverture d'un compte bancaire ou postal séparé du 6 novembre 2001 que la présente recommandation complète ainsi qu'il suit :

V. Sur la durée de la dispense

Considérant qu'il résulte de l'article 18 susvisé que le syndic a l'obligation, dans les trois mois suivant sa désignation, d'ouvrir un compte bancaire ou postal au nom du syndicat sous peine de nullité de plein droit de son mandant à l'expiration de ce délai;

Considérant que l'assemblée générale peut décider à la majorité de l'article 25 de la loi, et le cas échéant de l'article 25-1, de dispenser le syndic de cette obligation à la condition qu'il soit soumis à la loi du 2 janvier 1970 réglementant les conditions d'exercice des activités relatives à certaines opérations portant sur les immeubles et les fonds de commerce ou à une réglementation professionnelle organisant le maniement des fonds;

Considérant que l'article 29-1 du décret du 17 mars 1967 susvisé, modifié par le décret du 27 mai 2004, précise que la décision qui dispense le syndic de l'ouverture d'un compte bancaire ou postal séparé, fixe la durée de validité de la dispense, que celle-ci est renouvelable mais qu'elle prend fin de plein droit en cas de nomination d'un nouveau syndic;

Considérant que la durée se définit comme un espace de temps;

Considérant que le texte ne lie pas la durée de la dispense à la durée du mandat de syndic et que, dès lors, la première peut excéder la seconde; qu'il appartient à l'assemblée générale de décider du principe et de la durée de la dispense; que néanmoins une durée indéterminée équivaudrait à une absence de durée. Que cette solution contreviendrait directement au texte en vigueur qui prévoit le renouvellement de la dispense, ce qui implique une limitation dans le temps, autre que celle qui pourrait résulter soit d'une nouvelle désignation du syndic, soit d'un changement de syndic;

Considérant qu'une dispense accordée pour un certain nombre de mandats de syndic ne correspondrait pas à une durée puisque chaque assemblée désignant le syndic peut librement fixer le temps de sa mission dans la limite de trois ans;

Que par ailleurs si la durée de la dispense peut excéder celle du mandat de syndic, il convient d'appeler l'attention sur le risque inhérent à la solution qui consiste à ne pas faire coïncider les deux dates;

Considérant qu'en raison de la nullité de plein droit attachée à l'absence d'une dispense régulière en cours de validité, il convient aux assemblées générales de décider de la durée avec précision;

Considérant que si la dispense prenait fin en cours de mandat, il serait nécessaire que l'assemblée générale statue de nouveau en temps voulu;

Recommande en conséquence,

– de fixer la durée de la dispense prévue par l'article 18 de la loi du 10 juillet 1965 à une durée déterminée et certaine en mois ou en année, qui peut être celle du mandat de syndic, en précisant la date de prise d'effet.

– de faire coïncider, dans la mesure du possible, sa durée avec celle du mandat de syndic.

Recommandation n° 23, du 21 mai 2003,

Relative aux modalités d'application de l'article 49 de la loi du 10 juillet 1965.

Vu l'article 49 de la loi du 10 juillet 1965, tel qu'il résulte de l'article 81-10, 7°, de la loi n° 2000-1208 du 13 décembre 2000 qui dispose :

« Dans les cinq ans suivant la promulgation de la loi n° 2000-1208, du 13 décembre 2000, relative à la solidarité et au renouvellement urbains, l'assemblée générale décide, à la majorité prévue à l'article 24, les adaptations du règlement de copropriété rendues nécessaires par les modifications législatives depuis son établissement. La publication de ces modifications du règlement de copropriété sera effectuée au droit fixe ».

Vu l'article 14, alinéas 3 et 4, de la loi du 10 juillet 1965 qui prévoit que le syndicat modifie le règlement de copropriété et qu'il a pour objet la conservation de l'immeuble et l'administration des parties communes;

Vu l'article 8 de la loi du 10 juillet 1965 qui prévoit que le règlement conventionnel de copropriété détermine la destination des parties tant communes que privatives, ainsi que les conditions de leur jouissance et fixe, sous réserve des dispositions de la loi, les règles relatives à l'administration des parties communes;

Vu l'article 26, b de la loi du 10 juillet 1965 qui dispose que les modifications du règlement de copropriété, dans la mesure où il concerne la jouissance, l'usage et l'administration des parties communes, relève de la majorité de l'article 26;

Vu, d'une part, l'article 11 de cette loi qui précise, sous réserve des dispositions de l'article 12 relatif à la révision de la répartition des charges, que celle-ci ne peut être modifiée qu'à l'unanimité des copropriétaires, et que, d'autre part, l'article 43 de la même loi répute non écrite toute clause contraire aux dispositions des articles 6 à 37, 42 et 46 et celles d'un décret en Conseil d'État prises pour leur application et que dans ce cas, le juge, en réputant non écrite une clause relative à la répartition des charges, procède à une nouvelle répartition de celles-ci;

Vu, l'article 10, alinéa 4, de la même loi qui prévoit que tout règlement de copropriété publié depuis le 31 décembre 2002, indique les éléments pris en considération et la méthode de calcul permettant de fixer les quotes-parts de parties communes et la répartition des charges;

Considérant, dès lors, que l'article 49 instaure, en soumettant les adaptations rendues nécessaires par la modification des textes à la majorité de l'article 24, un régime dérogatoire et temporaire aux règles ci-dessus énoncées; que ses dispositions doivent donc être interprétées de manière stricte;

Considérant que le législateur n'a prévu aucune sanction pour le cas où l'assemblée générale ne déciderait pas de procéder aux adaptations rendues nécessaires avant le 13 décembre 2005, si ce n'est l'impossibilité de recourir à la majorité de l'article 24 et la nécessité alors de recourir aux procédures prévues à titre permanent par la loi du 10 juillet 1965.

A. I. Sur la force de l'article 49

1°) Sur l'objet des adaptations

a) Sur la notion de modifications législatives

Considérant que, selon l'article 47 de la loi du 10 juillet 1965, un règlement d'administration publique fixe les conditions de son application, et que l'article 43 soumet à la même sanction la plupart des dispositions législatives et des dispositions réglementaires prises pour leur application;

Considérant qu'une distinction des dispositions législatives proprement dites et des dispositions réglementaires prises pour leur application serait contraire à la volonté du législateur d'instaurer une cohérence entre les textes applicables à la copropriété et le contenu du règlement;

Considérant, dès lors, que la notion de « modifications législatives » ne peut être prise dans son sens le plus formel;

Considérant qu'en revanche, les termes de « modifications législatives » s'opposent à la prise en compte d'évolutions jurisprudentielles;

b) Sur la notion de règlement de copropriété à adapter

Considérant que les termes « adaptation du règlement de copropriété » ne permettent pas la régularisation de situations de fait intervenues indépendamment de toute modification législative ou réglementaire;

RECOMMANDE que les adaptations soient faites au regard des seules modifications législatives ou réglementaires.

2°) Sur la date de prise en compte des modifications législatives

Considérant que l'article 49 *ne vise* que les modifications intervenues depuis l'établissement du règlement de copropriété;

Considérant que le but du texte impose de ne pas faire de différence entre établissement et modification du règlement et que doivent être adaptées toutes les clauses incompatibles avec un texte postérieur, qu'elles aient figuré dans le règlement dès l'origine ou qu'elles y aient été introduites par la suite;

RECOMMANDE :

– de ne pas utiliser l'article 49 pour adapter des clauses du règlement de copropriété avec des textes antérieurs et de respecter, pour une telle régularisation, les règles prévues notamment aux articles 11 et 26 de la loi du 10 juillet 1965.

3°) Sur la notion « d'adaptations rendues nécessaires »

Considérant que l'exigence d'interpréter strictement l'article 49 impose de donner toute sa portée à l'adjectif « nécessaire »;

Considérant que l'adaptation nécessaire peut se limiter à la simple suppression des clauses devenues incompatibles avec le contenu des textes entrés en vigueur postérieurement à l'établissement ou à l'adoption de ces clauses lorsqu'elles se contentent de reproduire des dispositions légales ou réglementaires; que, dans le cas contraire, elle peut nécessiter l'adoption de clauses conformes aux *nouvelles* dispositions se substituant aux précédentes, devenues incompatibles avec le droit positif;

Considérant due l'article 49 vise sans restriction, ni réserve, le règlement de copropriété au sens de la loi du 10 juillet 1965 et de son décret d'application du 17 mars 1967;

Considérant, en ce qui concerne la répartition des charges, que la loi fixe les critères de répartition (utilité et proportionnalité), sans préciser les éléments à retenir, ni la méthode de calcul permettant de déterminer la quote-part de charges dans chaque catégorie;

Considérant que l'objet des réclamations affectant seulement le *quantum* des quotes-parts, et non le critère légal lui-même, et les erreurs de calcul, ne constituent pas une violation directe des principes légaux de l'article 10; que celui-ci fixe seulement des principes légaux et non les modalités légales de ces principes; et qu'en conséquence ces objets ne sauraient être soumis à la procédure de l'article 49;

RECOMMANDE d'utiliser les dispositions de l'article 49 pour :

– supprimer toute clause incompatible avec les dispositions législatives ou réglementaires entrées en vigueur postérieurement à l'établissement ou à la modification du règlement de copropriété : par exemple, la clause interdisant, avant la loi du 31 décembre 1985, de conférer une délégation de vote à une personne qui n'aurait pas la qualité de copropriétaire;

– substituer, si nécessaire, aux précédentes clauses des clauses conformes aux dispositions législatives ou réglementaires postérieures à l'établissement ou à la modification du règlement de copropriété : par exemple, la clause prévoyant, avant la loi du 31 décembre 1985, la majorité en nombre des copropriétaires représentant les trois quarts des voix du syndicat, au lieu des deux tiers;

– analyser la conformité du critère de la répartition des charges par rapport aux dispositions impératives de l'article 10, sans qu'aucune disposition législative ou réglementaire détermine les éléments et la méthode permettant d'établir une nouvelle répartition des charges.

RECOMMANDE de ne pas utiliser l'article 49 pour :

– modifier les quotes-parts de parties communes, en tant que quotes-parts de propriété, lesquelles ressortissent de la liberté contractuelle et sont intangibles;

– rectifier les erreurs de calculs ou ajuster seulement le *quantum* des charges.

B. II. Sur la procédure d'adaptation

Rappelle que les décisions de principe sont sans effectivité juridique, que les frais d'études n'entrent pas dans les dépenses de maintenance comprises dans le budget prévisionnel et doivent faire l'objet d'un vote spécifique quant à leur montant et à l'échéancier des appels de fonds correspondants;

Rappelle qu'il appartient au syndic d'assurer l'exécution des décisions de l'assemblée générale et que celles-ci s'imposent aux copropriétaires dès qu'elles ont été votées, et ce tant qu'elles n'ont pas été judiciairement annulées.

Rappelle que les décisions d'adaptation doivent être prises avant le 13 décembre 2005;

Considérant que l'adaptation du règlement de copropriété constitue un acte majeur dans la vie du syndicat et appelle un soin tout particulier, de sérieuses études préalables et une large concertation, afin d'éviter tout contentieux ultérieur, notamment tout contentieux formel;

Considérant que l'adaptation ne peut, en conséquence, s'improviser, ni faire l'objet d'une seule assemblée, tant il est nécessaire de procéder par étape ;

RECOMMANDE :

– au syndic de procéder à une concertation avec le conseil syndical pour recenser les adaptations rendues nécessaires ;

– d'attendre la publication des décrets d'application avant de saisir l'assemblée pour l'adoption définitive du projet de modification ;

– d'appeler l'attention des syndics sur le temps nécessaire pour parvenir à l'adoption définitive de l'adaptation ;

– de porter à l'ordre du jour, dans tous les cas, d'une assemblée générale ;

• l'opportunité de procéder aux adaptations rendues nécessaires,

• le ou les contrats avec les consultants, après notification des conditions essentielles de ces contrats, au plus tard en même temps que l'ordre du jour, pour le cas où l'assemblée générale aurait admis l'opportunité des adaptations ;

• l'autorisation de dépense, avec l'échéancier des appels de fonds ;

– de soumettre à une autre assemblée générale :

• le projet d'adaptation, dans son intégralité, notifié au plus tard en même temps que la convocation, en prévoyant un vote par division, à moins que l'absence de complexité permette un vote global,

• le montant des frais, ainsi que l'échéancier des appels de fonds,

• le pouvoir conféré au syndic de déposer une copie certifiée conforme du procès-verbal au rang des minutes d'un notaire et de déposer l'acte authentique au fichier immobilier ;

– de rappeler le recensement des votes conformément à l'article 17 du décret qui doit être mentionné après chaque scrutin ;

– de notifier le procès-verbal de l'assemblée aux copropriétaires opposants ou défaillants, dans les deux mois de la tenue de l'assemblée générale ;

– d'adresser une copie du procès-verbal, sous pli simple, aux autres copropriétaires ;

– de déposer le procès-verbal, certifié conforme, aux rangs des minutes d'un notaire, pour authentification ;

– de déposer la copie authentique au fichier immobilier.

Recommandation n° 24, du 8 décembre 2004,

Relative à l'article 6-2 du décret du 17 mars 1967.

Vu l'article 6-2 du décret n° 67-223 du 17 mars 1967 portant règlement d'administration publique pour l'application de la loi n° 65-557 du 10 juillet 1965 fixant le statut de la copropriété des immeubles bâtis qui dispose :

« À l'occasion de la mutation à titre onéreux d'un lot :

1° Le paiement de la provision exigible du budget prévisionnel, en application du troisième alinéa de l'article 14-1 de la loi du 10 juillet 1965, incombe au vendeur ;

2° Le paiement des provisions des dépenses non comprises dans le budget prévisionnel incombe à celui, vendeur ou acquéreur, qui est copropriétaire au moment de l'exigibilité ;

3° Le trop ou moins perçu sur provisions, révélé par l'approbation des comptes, est porté au crédit ou au débit du compte de celui qui est copropriétaire lors de l'approbation des comptes. »

Considérant que l'application de cet article, qui régit, à défaut de convention contraire entre les parties, la contribution à la dette des provisions et des charges, est liée à la qualité de copropriétaire ;

Que celle-ci résulte, à l'égard du syndicat des copropriétaires, de la notification au syndic du transfert de propriété conformément à l'article 6 du décret susvisé qui dispose :

« Tout transfert de propriété d'un lot ou d'une fraction de lot, toute constitution sur ces deniers d'un droit d'usufruit, de nue-propriété, d'usage ou d'habitation, tout transfert de l'un de ces droits est notifié, sans délai, au syndic soit par les parties, soit par le notaire qui établit l'acte, soit par l'avocat ou par l'avoué qui a obtenu la décision judiciaire, acte ou décision qui, suivant le cas, réalise, atteste, constate ce transfert ou cette constitution.

Cette notification comporte la désignation du lot ou de la fraction de lot intéressé ainsi que l'indication des nom, prénoms, domicile réel ou élu de l'acquéreur ou du titulaire du droit et, le cas échéant, du mandataire commun prévu à l'article 23 (alinéa 2) de la loi du 10 juillet. Cette notification doit être faite indépendamment de l'avis de mutation prévu à l'article 20 de la loi du 10 juillet 1965 modifiée. »

Qu'en effet, cet article prescrit la notification au syndic *ès qualités* soit par les parties, soit par le notaire soit par l'avocat ou l'avoué, selon le cas, de tout transfert de propriété qu'il intervienne entre vifs ou à cause de mort, à titre onéreux ou à titre gratuit indépendamment des formalités de la publicité foncière ;

Qu'il est de jurisprudence constante que la notification de la mutation prévue par l'article 6 du décret du 17 mars 1967 confère la qualité de copropriétaire à l'acheteur à l'égard du syndicat à compter de la réception par le syndic *ès qualités* de cette notification ;

Que dès lors, et jusqu'à l'accomplissement de cette formalité, dans les rapports avec le syndicat à l'occasion de la mutation d'un lot, le vendeur est tenu au paiement des charges ;

En conséquence la commission rappelle :

1) que les dispositions de l'article 6-2, entrées en vigueur le 1er septembre 2004, doivent être appliquées à la lumière des dispositions de l'article 6 qui permet seul de déterminer le copropriétaire du lot à l'égard du syndicat des copropriétaires ;

2) que si la réception de la notification prévue à l'article 6 est intervenue avant le 1er septembre 2004, les règles anciennes s'appliquent entre les parties et le syndicat des copropriétaires ;

3) que si la vente a été définitivement conclue avant le 1er septembre 2004 et que la réception de la notification

prévue à l'article 6 a eu lieu à compter du 1er septembre 2004, il convient de distinguer :

– les rapports entre le syndicat des copropriétaires et les parties à l'acte (vendeur/acheteur) qui sont régis par les nouvelles dispositions,

– les rapports entre ces parties qui restent soumis aux dispositions antérieures sauf convention contraire signée entre elles;

4) qu'il convient, pour les rédacteurs de l'avant-contrat, d'appeler tout spécialement l'attention des parties :

– sur les charges de nature à leur incomber définitivement au titre des dépenses;

– que dans le cas de services collectifs avec comptage individuel (eau froide, eau chaude, chauffage, climatisation...) il leur appartient, pour régler éventuellement les rapports entre elles, de procéder aux relevés nécessaires;

5) que l'application des règles précitées interdit au syndic de conserver des fonds postérieurement à la réception de la notification prévue à l'article 6 étant observé qu'aux termes de l'article 5-3° du décret modifié l'acquéreur devra reconstituer les avances mentionnées à l'article 45-1 alinéa *in fine* du même décret;

6) qu'en conséquence les comptes d'attente vendeur ne sont plus possibles.

Recommandation n° 25, du 1er juillet 2008,

Relative à l'accès aux immeubles en copropriété.

La Commission relative à la copropriété :

Vu les articles 25 *n*) et 26 *e*) de la loi n° 65-557 du 10 juillet 1965 fixant le statut de la copropriété des immeubles bâtis, dans leur rédaction de l'article 15 de la loi n° 2007-297 du 5 mars 2007 relative à la prévention de la délinquance.

Considérant que l'article 25 n) de la loi susvisée dispose :

« Ne sont adoptées qu'à la majorité des voix de tous les copropriétaires :

n) les travaux à effectuer sur les parties communes en vue de prévenir les atteintes aux personnes et aux biens »;

Considérant que l'article 26 *e*) de la même loi dispose :

« Sont prises à la majorité des membres du syndicat représentant au moins les deux tiers des « voix les décisions concernant :

e) Les modalités d'ouverture des portes d'accès aux immeubles. En cas de fermeture totale de l'immeuble, celle-ci doit être compatible avec l'exercice d'une activité autorisée par le règlement de copropriété. La décision d'ouverture est valable jusqu'à la tenue de l'assemblée générale suivante. »

Considérant qu'il en résulte qu'en principe, les portes d'accès aux immeubles, équipées d'un dispositif permettant leur fermeture totale doivent être, désormais, totalement fermées, sauf décision contraire de l'assemblée générale statuant dans les conditions de l'article 26 *e*);

Considérant que, si l'assemblée générale décide d'installer un dispositif permettant une fermeture totale de l'immeuble, elle doit décider les modalités d'ouverture des portes d'accès de l'immeuble et des travaux destinés à assurer la sécurité des biens et des personnes sous réserve de l'exercice d'une activité autorisée par le règlement de copropriété.

I – Sur les travaux

RAPPELLE :

– que la réalisation des travaux visés à l'article 25 n) n'est pas rendue obligatoire par la loi mais est laissée à la libre appréciation des copropriétaires;

– que ces travaux ne concernent pas seulement les accès à l'immeuble, mais, d'une manière générale, la sécurité des biens et des personnes, notamment par l'installation de vidéo surveillance, détection incendie...

– que la décision concernant les travaux visés à l'article 25 n) est distincte de la décision relative aux modalités d'ouverture des portes d'accès aux immeubles énoncés à l'article 26 e);

– que l'article 25 *n*) ne mentionne que les travaux sur les parties communes et, en l'absence de référence à cette disposition dans l'article 9 de la loi du 10 juillet 1965, n'autorise pas une réalisation dans les parties privatives d'un lot sans l'accord du propriétaire et, le cas échéant, de ses ayants droit;

– que dans les conditions prévues à l'article 25-1, l'assemblée générale peut être amenée à décider des travaux de l'article 25 *n*) à la majorité de l'article 24;

– que les contrats de maintenance des équipements d'accès à l'immeuble relèvent d'une décision différente sur laquelle l'assemblée générale statue à la majorité de l'article 24;

RECOMMANDE :

Au syndic :

– de bien expliquer aux copropriétaires que la finalité des travaux relevant de l'article 25 *n*) consiste à prévenir les atteintes aux personnes et aux biens;

– de ne soumettre au vote en application de l'article 25 n), que les projets de décisions relatifs à des travaux d'équipement ou d'installation;

– de soumettre la proposition de travaux en observant les dispositions des articles 11 et 39 du décret du 17 mars 1967;

– dans la mesure où les travaux communs rendent nécessaires la réalisation de travaux dans les parties privatives, d'obtenir l'autorisation de chacun des copropriétaires concernés, afin de les faire exécuter dans la partie privative de leur lot;

– enfin d'appeler l'attention des copropriétaires sur la durée du ou des contrats de maintenance des équipements d'accès à l'immeuble;

II – Sur les modalités de l'ouverture

CONSTATE :

– que la fermeture totale de l'immeuble s'entend d'un verrouillage permanent des accès à l'immeuble au moyen d'un dispositif spécifique empêchant le libre accès;

– que l'assemblée générale ne délibère sur les modalités d'ouverture de l'immeuble que si ce dernier est pourvu

d'un dispositif permettant une fermeture totale de l'immeuble;
– que les décisions visées à l'article 26 *e*) portent exclusivement sur les modalités d'accès aux immeubles;
– que, si l'immeuble est pourvu d'un dispositif permettant sa fermeture totale, le principe est qu'en dehors d'une décision d'ouverture, les accès doivent être totalement fermés;
– que ces décisions d'ouverture ne sont toutefois valables que jusqu'à l'assemblée générale suivante et, dès lors, elles doivent être confirmées ou modifiées à chaque assemblée générale;
– qu'en l'absence de décision sur les modalités d'ouverture lors d'une assemblée générale, s'applique la règle de fermeture, mentionnée au premier tiret et ses limites tenant à l'exercice d'une activité autorisée mentionnée ci-dessus.

RAPPELLE :
– que l'assemblée générale décide des conditions d'ouverture des portes d'accès aux immeubles non seulement pour rendre la fermeture totale compatible avec l'exercice d'une activité autorisée par le règlement de copropriété, mais aussi plus généralement, toutes les fois, qu'elle l'estime nécessaire;
– que la décision d'ouverture ne peut être votée qu'à la majorité en nombre des membres du syndicat représentant au moins les 2/3 des voix des copropriétaires, sans recours à une majorité inférieure.

RECOMMANDE :
A) Au syndic :
– de soumettre à chaque assemblée générale, après concertation avec le ou les copropriétaires intéressés, une proposition relative aux modalités d'ouverture des portes d'accès aux immeubles lorsque les accès sont pourvus d'un dispositif permettant leur fermeture totale et que le dispositif existant n'est pas compatible avec l'exercice dans ces immeubles d'une activité autorisée par le règlement de copropriété;
– dans le cas d'une ouverture compatible avec l'exercice d'une activité, de proposer des modalités strictement nécessaires à l'exercice de cette activité;
– dans les autres cas d'ouverture, de proposer des modalités d'ouverture strictement nécessaires à l'objectif recherché;
– de veiller à ce que la proposition précise tant les périodes d'ouverture (mois, jour et heures), que le dispositif technique mis en place;
– de veiller à porter la question des modalités d'ouverture au vote de l'assemblée générale qui suit celle au cours de laquelle a été prise la décision d'ouverture, faute de quoi cette dernière devient caduque lors de la tenue de l'assemblée générale suivante et la fermeture totale des portes d'accès aux immeubles s'impose alors;
– de prévoir l'information des copropriétaires relative aux modalités d'ouverture et de fermeture des accès aux immeubles;
– dans le cas d'absence de dispositif de fermeture de l'immeuble, de ne pas soumettre à l'assemblée générale une proposition relative aux modalités d'ouverture des portes d'accès aux immeubles.
B) Au copropriétaire bailleur :
– de s'assurer que les modalités d'accès à l'immeuble proposées au vote de l'assemblée générale sont compatibles avec l'exercice d'une activité autorisée par le règlement de copropriété et que pourrait avoir son ou ses locataire(s), et, dans ce but, de se concerter avec eux préalablement à l'assemblée générale;
– d'informer, dans les meilleurs délais, son ou ses locataire(s), d'une part des décisions prises par l'assemblée générale relative aux modalités d'ouverture des portes d'accès aux immeubles comprenant notamment les horaires d'ouverture et de fermeture, et, d'autre part de la réalisation de travaux dans les parties privatives des lots loués, consécutifs aux travaux sur les parties communes votés par l'assemblée générale en vue de prévenir les atteintes aux personnes et aux biens.

Recommandation n° 26, du 9 juin 2010,

Relative au mandataire ad hoc des articles 29-1-A et 29-1-B de la loi du 10 juillet 1965.

Considérant que l'article 29-1A de la loi n° 65-557 du 10 juillet 1965 fixant le statut de la copropriété des immeubles bâtis modifiée dispose :
« Lorsqu'à la clôture des comptes les impayés atteignent 25 % des sommes exigibles en vertu des articles 14-1 et 14-2, le syndic en informe le conseil syndical et saisit sur requête le président du tribunal de grande instance d'une demande de désignation d'un mandataire *ad hoc*.
« En l'absence d'action du syndic dans un délai d'un mois à compter de la clôture des comptes, le président du tribunal de grande instance peut être saisi en référé d'une même demande par des copropriétaires représentant ensemble au moins 15 % des voix du syndicat.
« Le président du tribunal de grande instance peut être saisi en référé de la même demande par un créancier lorsque les factures d'abonnement et de fourniture d'eau ou d'énergie ou les factures de travaux, votés par l'assemblée générale et exécutés, restent impayées depuis six mois et si le créancier a adressé au syndic un commandement de payer resté infructueux.
« Dans les cas visés aux trois alinéas précédents, le représentant de l'État dans le département, le maire de la commune où est implanté l'immeuble et, le cas échéant, le président de l'organe délibérant de l'établissement public de coopération intercommunale compétent en matière d'habitat sont informés de la saisine par le ou les demandeurs.
Considérant que l'article 29-1B de la même loi dispose :
« Le président du tribunal de grande instance, saisi dans les conditions prévues à l'article 29-1A et statuant par ordonnance sur requête ou comme en matière de référé, peut désigner un mandataire *ad hoc* dont il détermine la mission.
« Le président du tribunal de grande instance précise, dans son ordonnance, l'imputation des frais entre le syndicat des copropriétaires et le syndic, ou le partage des

frais entre eux, dans les cas visés aux premier et deuxième alinéas de l'article 29-1A. Dans le cas visé au troisième alinéa du même article, les frais sont supportés par les créanciers.

« Dans un délai de trois mois renouvelable une fois par décision du président du tribunal de grande instance, le mandataire *ad hoc* adresse au président du tribunal de grande instance un rapport présentant l'analyse de la situation financière du syndicat des copropriétaires et de l'état de l'immeuble, les préconisations faites pour rétablir l'équilibre financier du syndicat et, le cas échéant, assurer la sécurité de l'immeuble, ainsi que le résultat des actions de médiation ou de négociation qu'il aura éventuellement menées avec les parties en cause.

« Le greffe du tribunal de grande instance adresse ce rapport au syndic, au conseil syndical, au maire de la commune où est implanté l'immeuble, le cas échéant au président de l'organe délibérant de l'établissement public de coopération intercommunale compétent en matière d'habitat, ainsi qu'au représentant de l'État dans le département.

« Le syndic inscrit à l'ordre du jour de la prochaine assemblée générale les projets de résolution nécessaires à la mise en œuvre de ce rapport.

Considérant que le décret n° 67-223 du 17 mars 1967 modifié dispose :

La sous-section 2 comprend les articles 61-2 à 61-12 ainsi rédigés :

Art. 61-2 Ne sont pas considérées comme impayées, au sens et pour l'application du premier alinéa de l'article 29-1A de la loi du 10 juillet 1965, les sommes devenues exigibles dans le mois précédant la date de clôture de l'exercice.

Art. 61-3 La demande tendant à la désignation d'un mandataire *ad hoc* prévue à l'article 29-1A de la loi du 10 juillet 1965 est portée devant le président du tribunal de grande instance du lieu de situation de l'immeuble.

Art. 61-4 Pour l'information du conseil syndical mentionnée au premier alinéa de l'article 29-1A de la loi du 10 juillet 1965, le syndic adresse sans délai à chacun de ses membres l'état des impayés avant répartition à la date de la clôture de l'exercice comptable, sous réserve des dispositions de l'article 61-2.

Art. 61-5 L'information visée au quatrième alinéa de l'article 29-1A de la loi du 10 juillet 1965 est valablement faite par l'envoi d'une copie de la requête ou de l'assignation.

Art. 61-6 Lorsque la demande tendant à la désignation d'un mandataire *ad hoc* émane de copropriétaires représentant ensemble au moins 15 % des voix du syndicat ou émane du créancier visé au troisième alinéa de l'article 29-1A de la loi du 10 juillet 1965, le président du tribunal de grande instance est saisi par la voie d'une assignation dirigée contre le syndicat représenté par son syndic, dans les conditions prévues à l'article 485 du code de procédure civile.

Art. 61-7 La requête ou l'assignation qui tend à la désignation d'un mandataire *ad hoc* est accompagnée des pièces de nature à justifier la demande.

Avant de statuer, le président du tribunal de grande instance peut entendre tout membre du conseil syndical.

Art. 61-8 L'ordonnance rendue comme en matière de référé n'est pas exécutoire de droit à titre provisoire.

Art. 61-9 L'ordonnance qui désigne un mandataire *ad hoc* est portée sans délai, par celui-ci, à la connaissance des copropriétaires soit par remise contre émargement, soit par lettre recommandée avec demande d'avis de réception.

Cette communication reproduit soit le texte de l'article 490 du code de procédure civile s'il s'agit d'une ordonnance du président statuant comme en matière de référé, soit l'article 496 du même code s'il s'agit d'une ordonnance sur requête.

Art. 61-10 Le président du tribunal de grande instance peut autoriser le mandataire *ad hoc*, à la demande de celui-ci et à ses frais, à se faire assister d'un technicien pour l'accomplissement de sa mission, sur une question particulière.

Art. 61-11 Le syndic informe les copropriétaires qu'ils peuvent prendre connaissance du rapport du mandataire *ad hoc* dans les conditions de l'article 62-12. Une copie de tout ou partie du rapport est adressée par le syndic aux copropriétaires qui en font la demande, aux frais de ces derniers.

Art. 61-12 Pour l'application de l'avant-dernier alinéa de l'article 29-1B, le greffe du tribunal de grande instance adresse le rapport du mandataire *ad hoc* au président du conseil syndical ou, à défaut, à chacun de ses membres.

La Commission RAPPELLE :

– qu'il existe divers types de mandataires : mandataire commun de l'article 23 de la loi du 10 juillet 1965, mandataire de justice des articles 8 et 50 du décret du 17 mars 1967, mandataires *ad hoc* des articles 54 et 56 du même décret, et qu'ils se distinguent du mandataire *ad hoc* objet de la présente recommandation;

– que l'article 23 de la loi du 10 juillet 1965 dispose qu'en cas d'indivision ou d'usufruit d'un lot, les intéressés doivent, sauf stipulation contraire du règlement de copropriété, être représentés par un mandataire commun qui sera, à défaut d'accord, désigné par le président du tribunal de grande instance;

– que les articles 8 et 50 du décret du 17 mars 1967 prévoient dans certains cas la possibilité pour le président du tribunal de grande instance de désigner un mandataire de justice à l'effet de convoquer et, éventuellement, de présider l'assemblée générale;

– que l'article 54 du même décret prévoit que chaque fois qu'une action en justice intentée contre le syndicat a pour objet ou peut avoir pour conséquence une révision de la répartition des charges, le syndic ou tout copropriétaire peut, s'il existe des oppositions d'intérêts entre les copropriétaires qui ne sont pas demandeurs, présenter une requête au président du tribunal de grande instance en vue de la désignation d'un mandataire *ad hoc*;

– que l'article 56 du même décret prévoit que tout intéressé peut demander au président du tribunal de grande instance de désigner un mandataire *ad hoc* pour ester en justice au nom du syndicat lorsque celui-ci est partie dans une instance relative à l'exécution de la construction de l'immeuble, aux garanties dues ou aux responsabilités encourues à cette occasion, si le syndic ou certaines personnes liées à lui, ont participé à ladite construction;

Constate :

– que le mandataire *ad hoc* prévu à l'article 29-1A ci-dessus, objet de la présente recommandation, exerce un rôle différent des mandataires ci-avant;

– que le juge intervient pour la désignation et l'élaboration de la mission du mandataire *ad hoc* lequel ne représente ni les copropriétaires, ni le syndicat des copropriétaires, ni les créanciers;

La Commission RECOMMANDE :

1° – Sur l'information du conseil syndical :

– que l'état des sommes impayées à la date de clôture de l'exercice et avant répartition, prévu à l'article 61-4 du décret, mentionne notamment les subventions notifiées, les prêts à recevoir et l'avance constituant la réserve prévue au règlement de copropriété;

2° – Sur la désignation du mandataire *ad hoc* :

– au demandeur, dans sa requête ou dans son assignation, suivant le cas, de motiver sa demande, accompagnée des pièces de nature à la justifier, et d'éclairer le juge sur la ou les causes des impayés;

– au demandeur, lorsqu'il est le syndic, de présenter les documents envoyés au conseil syndical pour son information;

– au demandeur, lorsqu'il est un créancier, de justifier, de plus, de la bonne fin des travaux, des factures impayées depuis six mois, ainsi que du commandement de payer resté infructueux;

– pour que la désignation du mandataire *ad hoc* soit adaptée à la situation, de vérifier la ou les causes alléguées des impayés : coût important de travaux ou de fournitures, gestion défectueuse, accumulation de factures, contestations des charges ou des dépenses, actions judiciaires notamment relatives à la régularité des décisions de l'assemblée générale et la mise en jeu des garanties, diligences pour le recouvrement des sommes dues au syndicat des copropriétaires, retards ou suspension de paiement, insolvabilité, état de l'immeuble… ;

3° – Sur la qualité du mandataire *ad hoc* :

Appelle l'attention des demandeurs sur l'intérêt :

– de faire désigner une personne indépendante, objective, compétente, notamment en gestion économique et sociale, et ayant les qualités pour mener les actions de médiation et de négociation prévues à l'article 29-1B;

– de prendre en compte d'éventuels conflits d'intérêts et, par exemple, d'éviter de faire désigner les mêmes personnes que celles qui sont susceptibles d'être nommées ultérieurement en qualité d'administrateur provisoire du syndicat des copropriétaires concerné, en vertu de l'article 29-1 de la loi du 10 juillet 1965.

ANNEXE

III. Divers

L'abondance des divers textes législatifs ou réglementaires et l'importance des développements de l'ouvrage nous ont contraints à limiter les textes retenus à ceux qui sont en **relation directe** avec le statut de la copropriété. Pour de plus amples renseignements le lecteur est invité à se reporter au code de la copropriété Dalloz.

En conséquence, tout en reconnaissant le caractère arbitraire de ce choix, nous avons retenu les textes dont le sommaire suit ci-dessous.

C'est donc volontairement que nous avons écarté les textes relatifs aux thèmes « Amiante », « saturnisme », « termites », qui sont plus proches du droit de la vente, et surtout, « gardiens, concierges et employés d'immeubles » qui relève essentiellement du code du travail, ainsi que « gardiennage, surveillance des immeubles et intervention de la police » qui vise les propriétaires ou exploitants d'immeubles à usage d'habitation, pris plus en leur qualité de bailleurs que de copropriétaires.

Pour les mêmes raisons, nous n'avons pas mentionné les dispositions qui concernent le contrat de location de lots dépendant d'immeubles soumis au statut de la copropriété.

SECTION 1
Antennes et Câbles

SOUS-SECTION 1
Droit à l'antenne

§ 1. Loi n° 66-457 du 2 juillet 1966,

Relative à l'installation d'antennes réceptrices de radiodiffusion.

Art. 1er Le propriétaire d'un immeuble ne peut, nonobstant toute convention contraire, même antérieurement conclue, s'opposer, sans motif sérieux et légitime à l'installation, à l'entretien ou au remplacement ainsi qu'au raccordement au réseau interne de l'immeuble, aux frais d'un ou plusieurs locataires ou occupant de bonne foi, que ces derniers soient personnes physiques ou morales, d'une antenne extérieure réceptrice de radiodiffusion ou réceptrice et émettrice de télécommunication fixe.

L'offre, faite par le propriétaire, de raccordement soit à une antenne collective, soit à un réseau interne à l'immeuble qui fournissent un service collectif dont le contenu et la tarification sont définis par un accord collectif pris en application de l'article 42 de la loi n° 86-1290 du 23 décembre 1986 tendant à favoriser l'investissement locatif, l'accession à la propriété de logements sociaux et le développement de l'offre foncière, constitue, notamment, un motif sérieux et légitime de s'opposer à l'installation ou au remplacement d'une antenne individuelle.

Les modalités de remplacement d'une antenne collective par un autre mode de réception des programmes sont déterminées par un accord collectif pris en application de l'article 42 de la loi n° 86-1290 du 23 décembre 1986 précitée.

Toutefois, le propriétaire d'un immeuble ne peut s'opposer, sans motif sérieux et légitime, à l'installation, au remplacement ou à l'entretien des antennes individuelles, émettrices et réceptrices, nécessaires au bon fonctionnement de stations du service amateur autorisées conformément à la réglementation en vigueur. Les bénéficiaires sont responsables, chacun en ce qui le concerne, des travaux d'installation, d'entretien ou de remplacement et des conséquences que pourrait comporter la présence des antennes en cause.

Art. 2 Le propriétaire qui a installé à ses frais une antenne collective ou un réseau interne à l'immeuble fournissant un service collectif est fondé à demander à chaque usager acceptant de se raccorder à cette antenne collective ou à ce réseau interne, à titre de frais de branchement et d'utilisation, une quote-part des dépenses d'installation, d'entretien et de remplacement.

Art. 3 Le propriétaire peut, après un préavis de deux mois, raccorder les récepteurs individuels à l'antenne collective et déposer les antennes extérieures précédemment installées par des locataires ou occupants de bonne foi, lorsqu'il prend en charge les frais d'installation et de raccordement de l'antenne collective et les frais de démontage des antennes individuelles.

Art. 4 La présente loi est applicable aux immeubles qui se trouvent en indivision ou qui sont soumis au régime de la copropriété.

Les indivisaires, les copropriétaires et les membres des sociétés de construction peuvent, lorsqu'ils sont occupants, se prévaloir des dispositions de la présente loi.

§ 2. Décret n° 67-1171 du 22 décembre 1967,

Fixant les conditions d'application de la loi n° 66-457 du 2 juillet 1966 relative à l'installation d'antennes réceptrices de radiodiffusion.

Art. 1er Avant de procéder aux travaux d'installation, d'entretien ou de remplacement d'une antenne réceptrice de radiodiffusion sonore ou de télévision, ou d'une antenne émettrice et réceptrice d'une station d'amateur, ou aux travaux de raccordement à un réseau câblé mentionnés par l'article 1er de la loi n° 66-457 du 2 juillet 1966 susvisée, le locataire ou l'occupant de bonne foi doit en informer le propriétaire par lettre recommandée avec demande d'avis de réception. Une description détaillée des travaux à entreprendre est jointe à cette notification, assortie s'il y a lieu d'un plan ou d'un schéma, sauf si l'établissement de ce plan a été rendu impossible du fait du propriétaire. La notification doit indiquer également la nature du ou des services de radiodiffusion sonore ou de télévision dont la réception serait obtenue à l'aide de ladite antenne individuelle ou dudit raccordement.

Si l'immeuble est soumis au statut des immeubles en copropriété, la notification est faite au bailleur et au syndic.

Si l'immeuble appartient à une société, la notification est faite au représentant légal de celle-ci, et le cas échéant au porteur de parts qui a consenti le bail.

Si l'immeuble est indivis, la notification est faite à l'un des indivisaires, à charge pour lui d'informer sans délai ses coïndivisaires.

Art. 2 Le propriétaire qui entend s'opposer à l'installation ou au remplacement de l'antenne individuelle ou aux travaux de raccordement à un réseau câblé doit, à peine de forclusion, saisir dans le délai de trois mois la juridiction compétente. Il peut, s'agissant de réception de radiodiffusion sonore ou de télévision, faire dans le même délai une proposition de raccordement, soit à une antenne collective, soit à un réseau interne à l'immeuble raccordé à un réseau câblé, qui fournissent un service collectif dont le contenu et la tarification sont définis par un accord entre propriétaire et locataires pris en application de l'article 42 de la loi *[n° 86-1290]* du 23 décembre 1986 susvisée. – *V. ce texte, C. baux.*

Si le propriétaire n'a pas effectué le raccordement dans le délai de trois mois à compter de la proposition de raccordement, le locataire ou l'occupant de bonne foi pourra procéder à l'exécution des travaux qui ont fait l'objet de la notification prévue à l'article 1er.

Art. 3 La quote-part des dépenses d'installation, de remplacement et d'entretien susceptible d'être perçue en vertu de l'article 2 de la loi susvisée est égale au quotient du total des frais exposés par le nombre total des branchements de l'installation. Seuls ceux qui utilisent leur branchement sont appelés à verser leur quote-part des dépenses d'installation lors du raccordement. Les raccordements ultérieurs donnent lieu au règlement dans les mêmes conditions.

Art. 4 Les contestations relatives à l'application de la loi susvisée sont portées devant le tribunal d'instance du lieu de la situation de l'immeuble et jugées suivant les règles de procédure en vigueur devant cette juridiction.

§ 3. Décret n° 2009-53 du 15 janvier 2009,

Relatif au droit au très haut débit pris en application du II de l'article 1er de la loi n° 66-457 du 2 juillet 1966 relative à l'installation d'antennes réceptrices de radiodiffusion.

Art. 1er Avant de procéder aux travaux de raccordement à un réseau à très haut débit en fibre optique, à l'installation, à l'entretien ou au remplacement de lignes de communications électroniques à très haut débit en fibres optiques, le locataire ou occupant de bonne foi en informe le propriétaire par tout moyen permettant de donner date certaine à la réception de cette information. Il précise éventuellement dans sa demande les besoins spécifiques liés à une utilisation professionnelle. Une description détaillée des travaux à entreprendre est jointe à cette information, assortie d'un plan ou d'un schéma, sauf si l'établissement de ce plan a été rendu impossible du fait du propriétaire.

Dans le cas d'un immeuble en copropriété, l'information est faite au bailleur et au syndic de copropriété représentant le syndicat des copropriétaires.

Si l'immeuble appartient à une société, l'information est faite à son représentant légal.

Si l'immeuble est indivis, l'information est faite à l'un des indivisaires, à charge pour lui d'informer sans délai ses coïndivisaires.

Art. 2 I. – Le propriétaire qui entend s'opposer au raccordement demandé ou au remplacement de lignes de communications électroniques à très haut débit en fibres optiques au motif que l'immeuble est déjà équipé de manière à satisfaire la demande, y compris les éventuels besoins spécifiques liés à une utilisation professionnelle précisés dans cette demande, notifie son opposition au demandeur par tout moyen permettant de donner date certaine à cette notification dans les trois mois suivant la demande. Si les lignes, équipements ou services existants ne permettent pas de répondre aux besoins spécifiques du demandeur, celui-ci peut saisir la juridiction compétente un mois après en avoir informé le propriétaire, en précisant les insuffisances en cause, par tout moyen permettant de donner date certaine à la réception de cette information.

II. – Le propriétaire qui entend s'opposer au raccordement demandé ou au remplacement de lignes de communications électroniques à très haut débit en fibres optiques au motif qu'une décision est en préparation en vue d'installer de telles lignes pour desservir tous les logements ou locaux de l'immeuble de manière à satisfaire la demande, y compris les éventuels besoins spécifiques liés à une utilisation professionnelle précisés dans cette demande, notifie au demandeur son intention de s'opposer, par tout moyen permettant de donner date certaine à cette notification dans les trois mois suivant la demande, en y joignant tous éléments relatifs à ce projet en sa possession et le cas échéant, dans le cas d'un immeuble en copropriété, l'inscription à l'ordre du jour de la prochaine assemblée générale de l'examen d'un tel projet.

Si les lignes, équipements ou services projetés, ne permettent pas de répondre aux besoins spécifiques du demandeur, celui-ci en informe le propriétaire par tout moyen permettant de donner date certaine à cette information, en précisant les insuffisances en cause. Si aucun accord ne peut être trouvé dans un délai de six mois suivant la demande, le demandeur peut saisir la juridiction compétente.

Si le propriétaire n'a pas notifié au demandeur, dans les six mois qui suivent sa demande, la décision ferme de lancement des travaux, ou si lesdits travaux ne sont pas réalisés dans les six mois qui suivent cette décision, ou si le projet a fait l'objet d'une résolution défavorable de l'assemblée générale des copropriétaires, le demandeur peut procéder à l'exécution des travaux qui ont fait l'objet de la notification prévue à l'article 1er. Il en informe le propriétaire.

La conclusion de la convention prévue à l'article L. 33-6 du code des postes et des communications électroniques constitue une décision ferme de lancement des travaux telle que mentionnée à l'alinéa précédent.

III. – En dehors des cas prévus au I et au II, le propriétaire qui entend s'opposer au raccordement demandé, à l'entretien ou au remplacement de lignes de communications électroniques à très haut débit en fibre optique doit, à peine de forclusion, saisir dans le délai de six mois suivant la demande la juridiction compétente après en avoir informé le demandeur par tout moyen permettant de donner date certaine à cette information. En l'absence d'une telle information au terme du même délai, le demandeur peut procéder à l'exécution des travaux qui ont fait l'objet de la notification prévue à l'article 1er.

IV. – Le tribunal d'instance du lieu de la situation de l'immeuble connaît des contestations relatives à l'application du II de l'article 1er de la loi n° 66-457 du 2 juillet 1966 susvisée et du présent décret.

SOUS-SECTION 2
Liberté de communication

§ 1. Loi n° 86-1067 du 30 septembre 1986,

Relative à la liberté de communication.

Art. 34-1 Il est institué au bénéfice des communes, des groupements de communes ou des personnes autorisées en application du premier alinéa de l'article 34 une servitude leur permettant d'installer et d'entretenir à leurs frais, dans les parties des immeubles collectifs et des lotissements affectées à un usage commun, les câbles et les équipements annexes nécessaires à la desserte de locaux à usage privatif. L'installation de ces câbles et équipements doit être réalisée dans le respect de la qualité esthétique des lieux et dans les conditions les moins dommageables possibles pour les propriétés.

Le maire de la commune ou le président du groupement de communes notifie au propriétaire ou, en cas de copropriété, au syndic, le nom ou la raison sociale du bénéficiaire de la servitude, les modalités de mise en œuvre de celle-ci, ainsi que le délai dont il dispose pour présenter ses observations. Ce délai ne peut être inférieur à trois mois. Les travaux ne peuvent être entrepris avant l'expiration de ce délai.

En cas de contestation, les modalités de mise en œuvre de la servitude sont fixées par le président du tribunal de grande instance statuant comme en matière de référé; celui-ci autorise, à défaut d'accord amiable, l'introduction d'agents mandatés par le bénéficiaire de la servitude pour l'implantation ou l'entretien des câbles et équipements annexes dans les parties affectées à un usage commun.

L'indemnisation des dommages et préjudices certains et directs résultant de la servitude est, à défaut d'accord amiable, fixée par la juridiction de l'expropriation saisie par la partie la plus diligente.

La servitude ne peut faire obstacle au droit des propriétaires ou copropriétaires de démolir, réparer, entretenir ou modifier leurs immeubles. Toutefois, les propriétaires ou copropriétaires doivent, au moins un mois avant d'entreprendre des travaux de nature à affecter le fonctionnement normal des câbles et équipements annexes, prévenir le bénéficiaire de la servitude.

Le bénéficiaire de la servitude est responsable de tous les dommages qui trouvent leur origine dans les câbles et équipements annexes.

Un décret en Conseil d'État détermine les modalités d'application du présent article, et notamment les conditions d'accès des agents mandatés par le bénéficiaire de la servitude aux parties des immeubles affectées à un usage commun.

§ 2. Décret n° 93-534 du 27 mars 1993,

Pris pour l'application de l'article 34-3 [34-1] de la loi du 30 septembre 1986 relative à la liberté de communication instituant une servitude d'installation et d'entretien des réseaux distribuant par câble des services de radiodiffusion sonore et de télévision.

Art. 1er Les bénéficiaires de la servitude instituée au premier alinéa de l'article 34-3 [34-1] de la loi [n° 86-1067] du 30 septembre 1986 susvisée sont :

a) Les communes et les groupements de communes lorsqu'ils établissent eux-mêmes ou font établir un réseau;

b) Les personnes autorisées à établir des réseaux par les communes ou les groupements de communes compétents en application du premier alinéa de l'article 34 de la loi du 30 septembre 1986 précitée.

Art. 2 Le maire de la commune ou le président du groupement de communes notifie au propriétaire ou, en cas de copropriété, au syndic le nom ou la raison sociale du bénéficiaire de la servitude par lettre recommandée avec demande d'avis de réception. Cette notification est accompagnée d'un dossier qui indique :

1° La localisation cadastrale de l'immeuble ou du lotissement;

2° Le nom et l'adresse du propriétaire ou du syndic;

3° Les modifs qui justifient le recours à la servitude;

4° Les modalités de passage et d'ancrage des câbles et matériels électroniques actifs et passifs nécessaires à la desserte de locaux à usage privatif, accompagnées d'un schéma de câblage et de distribution électrique; une notice précise les raisons pour lesquelles, en vue de respecter la qualité esthétique des lieux et d'éviter d'éventuelles conséquences dommageables pour la propriété, ces modalités ont été retenues; elle précise également le cas échéant les raisons pour lesquelles il a été jugé préférable de ne pas utiliser ou emprunter les infrastructures, gaines techniques et armoires existantes;

5° Un état détaillé des besoins d'accès à l'immeuble pour l'établissement des câbles et appareils annexes et pour leur entretien;

6° Un échéancier prévisionnel de réalisation faisant état de la date de commencement des travaux et de leur durée prévisible;

7° La liste des entreprises retenues par le bénéficiaire de la servitude pour procéder aux travaux nécessaires à l'établissement et aux interventions d'entretien.

Pour l'établissement de ce dossier, la visite des parties de l'immeuble concerné affectées à l'usage commun se fait avec l'autorisation du propriétaire, de son mandataire ou du syndic. À défaut, la visite peut être autorisée par le président du tribunal de grande instance.

La notification précise en outre le délai dans lequel le propriétaire ou le syndic peut adresser ses observations éventuelles au maire ou au président du groupement de communes.

Art. 3 L'identité des agents mandatés pour l'exécution des travaux et la date de commencement des travaux sur les parties affectées à un usage commun sont portées à la connaissance du propriétaire ou de son mandataire ou, en cas de copropriété, du syndic, par le bénéficiaire de la servitude huit jours au moins avant la date prévue de première intervention.

Toute modification de la liste des agents mandatés est notifiée par le bénéficiaire de la servitude au propriétaire ou à son mandataire ou, en cas de copropriété, au syndic.

Art. 4 La décision du président du tribunal de grande instance statuant en application du troisième alinéa de l'article 34-3 [34-1] de la loi du 30 septembre 1986 précitée est exécutoire de droit à titre provisoire.

Art. 5 Les agents mandatés par les entreprises mentionnées dans le dossier prévu à l'article 2 ci-dessus sont munis d'une lettre d'accréditation signée par le bénéficiaire de la servitude.

Cette lettre dont la validité est limitée à la durée et à l'objet de l'intervention comporte le nom et la qualité de l'agent, le motif de son intervention, les noms, adresses et numéros de téléphone du bénéficiaire de la servitude et de l'entreprise à laquelle appartient cet agent. Seuls les agents ainsi mandatés peuvent accéder aux parties des immeubles collectifs et des lotissements affectées à un usage commun. Ils doivent pouvoir prouver leur identité.

Toute modification de la liste des entreprises est notifiée au propriétaire ou à son mandataire ou, en cas de copropriété, au syndic, par le maire de la commune ou par le président du groupement de communes.

Art. 6 Le schéma de câblage et de distribution correspondant aux travaux réalisés est adressé par le bénéficiaire de la servitude au propriétaire ou à son mandataire ou, en cas de copropriété, au syndic.

§ 3. Code de la propriété intellectuelle (Loi n° 2006-961 du 1er août 2006)

Art. L. 132-20 Sauf stipulation contraire :

1° L'autorisation de télédiffuser une œuvre par voie hertzienne ne comprend pas la distribution par câble de cette télédiffusion, à moins qu'elle ne soit faite en simultané et intégralement par l'organisme bénéficiaire de cette autorisation et sans extension de la zone géographique contractuellement prévue;

2° L'autorisation de télédiffuser l'œuvre ne vaut pas autorisation de communiquer la télédiffusion de cette œuvre dans un lieu accessible au public;

3° L'autorisation de télédiffuser l'œuvre par voie hertzienne ne comprend pas son émission vers un satellite permettant la réception de cette œuvre par l'intermédiaire d'organismes tiers, à moins que les auteurs ou leurs ayants droit aient contractuellement autorisé ces organismes à communiquer l'œuvre au public; dans ce cas, l'organisme d'émission est exonéré du paiement de toute rémunération;

4° L'autorisation de télédiffuser une œuvre par voie hertzienne comprend la distribution à des fins non commerciales de cette télédiffusion sur les réseaux internes aux immeubles ou ensembles d'immeubles collectifs à usage d'habitation installés par leurs propriétaires ou copropriétaires, ou par les mandataires de ces derniers, à seule fin de permettre le raccordement de chaque logement de ces mêmes immeubles ou ensembles d'immeubles collectifs à usage d'habitation à des dispositifs collectifs de réception des télédiffusions par voie hertzienne normalement reçues dans la zone.

Art. L. 216-2 L'autorisation de télédiffuser par voie hertzienne la prestation d'un artiste-interprète, un phonogramme, un vidéogramme ou les programmes d'une entreprise de communication audiovisuelle comprend la distribution à des fins non commerciales de cette télédiffusion sur les réseaux internes aux immeubles ou ensembles d'immeubles collectifs à usage d'habitation installés par leurs propriétaires ou copropriétaires, ou par les mandataires de ces derniers, à seule fin de permettre le raccordement de chaque logement de ces mêmes immeubles ou ensembles d'immeubles collectifs à usage d'habitation à des dispositifs collectifs de réception des télédiffusions par voie hertzienne normalement reçues dans la zone.

SECTION 2
ASCENSEURS

§ 1. Code de la construction et de l'habitation (Loi n° 2003-590 du 2 juillet 2003)

Art. L. 125-1 Les dispositions de la présente section s'appliquent aux ascenseurs qui sont destinés à desservir de manière permanente les bâtiments et les constructions.

Ne sont pas concernés par les dispositions de la présente section les installations à câbles, y compris les funiculaires pour le transport public ou non des personnes, les ascenseurs spécialement conçus et construits à des fins militaires ou de maintien de l'ordre, les ascenseurs équipant les puits de mine, les élévateurs de machinerie de théâtre, les ascenseurs installés dans des moyens de transport, les ascenseurs liés à une machine et exclusivement destinés à l'accès au poste de travail de celle-ci et les ascenseurs de chantier.

Art. L. 125-2 Les cabines d'ascenseurs non pourvues de grille de sécurité extensible ou de porte doivent être munies au plus tard le 31 décembre 1992 :

– soit de porte de cabine;

– soit d'un dispositif de protection susceptible d'assurer un niveau de protection équivalent à celui résultant de la mise en place des portes.

Ces dispositifs doivent être agréés par le ministre chargé de la Construction et de l'Habitation et par le ministre chargé de l'Industrie.

À compter de cette date, tout propriétaire, locataire ou occupant de l'immeuble peut saisir le juge des référés afin qu'il ordonne, éventuellement sous astreintes, la mise en conformité des ascenseurs avec les dispositions prévues à l'alinéa précédent.

Les modifications apportées doivent préserver l'accessibilité de la cabine à une personne circulant en fauteuil roulant.

Un décret en Conseil d'État détermine les conditions dans lesquelles, en cas de difficultés techniques graves pour le maintien de l'accessibilité aux handicapés, l'autorité administrative peut accorder une dérogation aux exigences soit de la sécurité, soit de l'accessibilité, ou accorder un délai supplémentaire pour y satisfaire.

Art. L. 125-2-1 Les ascenseurs doivent être équipés de dispositifs de sécurité dans les conditions prévues à l'article L. 125-2-4.

[Décret n° 2004-964 du 9 sept. 2004, art. 4] Lorsqu'un contrat d'entretien d'ascenseur en cours à la date de publication du présent décret arrive à échéance après le 30 septembre 2005, les dispositions de l'article R. 125-2-1 sont applicables au renouvellement du contrat.

Tout contrat d'entretien conclu après la publication du présent décret doit être conforme aux dispositions de l'article R. 125-2-1 ou mis en conformité avec ces dispositions au plus tard le 30 septembre 2005.

II. – Le propriétaire qui assure par ses propres moyens l'entretien d'un ascenseur est tenu de respecter les obligations prévues aux articles R. 125-2 et R. 125-2-3 au plus tard le 30 septembre 2004.

III. – Le premier contrôle technique intervient au plus tard le 3 juillet 2009 pour les ascenseurs installés avant le 3 juillet 2003.]

Art. L. 125-2-2 Les ascenseurs font l'objet d'un entretien propre à les maintenir en état de bon fonctionnement et à assurer la sécurité des personnes.

Cette obligation incombe au propriétaire de l'ascenseur. Celui-ci confie ou délègue l'entretien de l'ascenseur à un prestataire de services dans le cadre d'un contrat écrit. Toutefois, s'il dispose des capacités techniques nécessaires, il peut y pourvoir par ses propres moyens.

Art. L. 125-2-3 Les ascenseurs sont soumis à un contrôle technique périodique portant sur leur état de fonctionnement et sur la sécurité des personnes.

Le contrôle technique est confié à une personne qualifiée ou compétente dans ce domaine qui n'exerce aucune activité de fabrication, d'installation ou d'entretien des ascenseurs et ne détient aucune participation dans le capital d'une entreprise exerçant une de ces activités. Lorsqu'il s'agit d'une personne morale, son capital ne doit pas être détenu, même à titre partiel, par une telle entreprise.

Toute personne disposant d'un titre d'occupation dans l'immeuble peut obtenir, à ses frais, du propriétaire de l'ascenseur, communication du rapport du contrôle technique ou de ses conclusions.

Le rapport du contrôle technique est un document auquel s'appliquent, dans les établissements mentionnés à l'article L. 231-1 du code du travail, les dispositions de l'article L. 620-6 du même code.

Art. L. 125-2-4 Les conditions d'application de la présente section sont fixées par décret en Conseil d'État.

Le décret définit les exigences de sécurité à respecter, y compris par les entreprises chargées de l'entretien. Il établit la liste des dispositifs de sécurité à installer ou les mesures équivalentes, en fonction notamment des risques liés à l'installation de l'ascenseur, à son mode d'utilisation et à son environnement. Il détermine les délais impartis aux propriétaires et aux entreprises concernées pour répondre aux exigences de sécurité et ceux impartis aux propriétaires pour installer ces dispositifs. Les délais mentionnés au présent alinéa ne peuvent excéder quinze ans à compter de la publication de la loi n° 2003-590 du 2 juillet 2003. Le décret fixe également les conditions dans lesquelles il peut être dérogé à l'obligation d'installer des dispositifs de sécurité, afin de tenir compte de contraintes techniques exceptionnelles, de l'accessibilité des personnes handicapées ou à mobilité réduite ou de nécessités liées à la conservation du patrimoine historique.

Le décret détermine les dispositions minimales à prendre pour assurer l'entretien de l'ascenseur ainsi que les modalités de leur exécution et de justification de leur mise en œuvre. Il précise la nature et le contenu des clauses devant obligatoirement figurer dans les contrats d'entretien, ainsi que les obligations des parties au début et au terme du contrat. Il fixe également les conditions dans lesquelles le propriétaire de l'ascenseur peut pourvoir par ses propres moyens à l'obligation d'entretien.

Le décret détermine le contenu du contrôle technique, notamment la liste des dispositifs et exigences de sécurité sur lesquels il porte, sa périodicité et les modalités d'information auxquelles il donne lieu. Le décret fixe les critères de qualification ou de compétence auxquels la personne en charge du contrôle technique doit satisfaire.

Un bilan d'application de ces dispositions est réalisé tous les cinq ans. Ce bilan donne lieu à une évaluation dont il est rendu compte au Parlement.

[Sur les sanctions pénales v. art. L. 152-1 à L. 152-6]

[Ajout du décret n° 2004-964 du 9 septembre 2004 relatif à la sécurité des ascenseurs et modifiant le code de la construction et de l'habitation, *JO* 10 sept. 2004, p. 15966]

Art. L. 152-1 Les infractions aux dispositions des articles L. 111-4, L. 111-7 à L. 111-7-4, L. 111-8, L. 111-9, L. 111-10, L. 111-10-1, L. 111-10-4, L. 112-17, L. 112-18, L. 112-19, L. 125-3, L. 131-4 et L. 135-1, sont constatées par tous officiers ou agents de police judiciaire ainsi que par tous les fonctionnaires et agents de l'État et des collectivités publiques commissionnés à cet effet par le maire ou le ministre chargé de la construction et de l'habitation suivant l'autorité dont ils relèvent et assermentés. Les procès-verbaux dressés par ces agents font foi jusqu'à preuve du contraire.

À l'issue de l'achèvement des travaux de bâtiments neufs ou de parties nouvelles de bâtiment soumis à permis de construire, les infractions aux dispositions du deuxième alinéa de l'article L. 111-9 peuvent être également constatées par les agents commissionnés à cet effet et assermentés, prévus par le présent article, au vu d'une attestation établie par un contrôleur technique mentionné à l'article L. 111-23, une personne répondant aux conditions de l'article L. 271-6 ou un architecte au sens de l'article 2 de la loi n° 77-2 du 3 janvier 1977 sur l'architecture.

Art. L. 152-4 Est puni d'une amende de 45 000 euros le fait, pour les utilisateurs du sol, les bénéficiaires des travaux, les architectes, les entrepreneurs ou toute autre personne responsable de l'exécution de travaux, de méconnaître les obligations imposées par les articles L. 111-4, L. 111-7, L. 111-8, L. 111-9, L. 111-10, L. 111-10-1, L. 111-10-4, L. 112-17, L. 112-18, L. 112-19, L. 125-3, L. 131-4 et L. 135-1, par les règlements pris pour leur application ou par les autorisations délivrées en conformité avec leurs dispositions. En cas de récidive, une peine d'emprisonnement de six mois peut en outre être prononcée.

Les peines prévues à l'alinéa précédent sont également applicables :

1° En cas d'inexécution, dans les délais prescrits, de tous travaux accessoires d'aménagement ou de démolition imposés par les autorisations mentionnées au premier alinéa ;

2° En cas d'inobservation, par les bénéficiaires d'autorisations accordées pour une durée limitée ou à titre précaire, des délais impartis pour le rétablissement des lieux dans leur état antérieur ou la réaffectation du sol à son ancien usage.

Ainsi qu'il est dit à l'article L. 480-12 du code de l'urbanisme :

« Sans préjudice de l'application, le cas échéant, des peines plus fortes prévues aux articles 433-7 et 433-8 du code pénal, quiconque aura mis obstacle à l'exercice du droit de visite prévu à l'article L. 461-1 sera puni d'une amende de 3 750 euros.

« En outre, un emprisonnement d'un mois pourra être prononcé. »

Les personnes physiques coupables de l'un des délits prévus au présent article encourent également la peine complémentaire d'affichage ou de diffusion, par la presse écrite ou par tout moyen de communication audiovisuelle, de la décision prononcée, dans les conditions prévues à l'article 131-35 du code pénal.

Les personnes morales peuvent être déclarées responsables pénalement, dans les conditions prévues à l'article 121-2 du code pénal, des infractions aux dispositions de l'article L. 111-7, ainsi que des règlements pris pour son application ou des autorisations délivrées en conformité avec leurs dispositions. Elles encourent les peines suivantes :

a) L'amende, suivant les modalités prévues par l'article 131-38 du code pénal ;

b) La peine complémentaire d'affichage ou de diffusion, par la presse écrite ou par tout moyen de communication audiovisuelle, de la décision prononcée, dans les conditions prévues à l'article 131-35 du même code ;

c) La peine complémentaire d'interdiction, à titre définitif ou pour une durée de cinq ans au plus, d'exercer directement ou indirectement une ou plusieurs activités professionnelles ou sociales, selon les modalités prévues à l'article 131-48 du même code.

a) Sous-section 1
Mise en sécurité des ascenseurs

Art. R. 125-1 Les ascenseurs auxquels s'appliquent les dispositions de la présente section sont les appareils qui desservent de manière permanente les niveaux de bâtiments et de constructions à l'aide d'une cabine qui se déplace le long de guides rigides dont l'inclinaison sur l'horizontale est supérieure à 15 degrés et qui est destinée au transport soit de personnes, soit de personnes et d'objets, soit uniquement d'objets dès lors qu'elle est accessible sans difficulté à une personne et qu'elle est équipée d'éléments de commande situés à l'intérieur ou à portée de la personne qui s'y trouve.

Sont également regardés comme des ascenseurs les appareils qui se déplacent selon une course parfaitement fixée dans l'espace, même s'ils ne se déplacent pas le long de guides rigides, notamment les ascenseurs guidés par des ciseaux.

Art. R. 125-1-1 La sécurité d'un ascenseur consiste à assurer :

1. La fermeture des portes palières;
2. L'accès sans danger des personnes à la cabine;
3. La protection des utilisateurs contre les chocs provoqués par la fermeture des portes;
4. La prévention des risques de chute et d'écrasement de la cabine;
5. La protection contre les dérèglements de la vitesse de la cabine;
6. La mise à la disposition des utilisateurs de moyens d'alerte et de communication avec un service d'intervention;
7. La protection des circuits électriques de l'installation;
8. L'accès sans danger des personnels d'intervention aux locaux des machines, aux équipements associés et aux espaces parcourus par la cabine;
9. L'impossibilité pour toute personne autre que les personnels d'intervention d'accéder aux locaux des machines, aux équipements associés et aux espaces parcourus par la cabine.

La réalisation de ces objectifs de sécurité repose, pour les ascenseurs installés après le 27 août 2000, sur le respect des exigences essentielles de sécurité prévues à l'article 3 du décret n° 2000-810 du 24 août 2000 relatif à la mise sur le marché des ascenseurs et, pour les autres ascenseurs, sur la mise en œuvre des dispositifs ou des mesures équivalentes prévues aux articles R. 125-1-2 et R. 125-1-3, ainsi que, pour l'ensemble des ascenseurs, sur le respect des obligations d'entretien prévues aux articles R. 125-2 à R. 125-2-6.

Art. R. 125-1-2 Le propriétaire d'un ascenseur installé avant le 27 août 2000 qui ne répond pas aux objectifs de sécurité mentionnés à l'article R. 125-1-1 met en place les dispositifs de sécurité suivants :

I. – Avant le 3 juillet 2008 :

1. Des serrures munies de dispositifs de contrôle de la fermeture et du verrouillage des portes palières;
2. Lorsqu'il est nécessaire de prévenir des actes de nature à porter atteinte au verrouillage de la porte palière, un dispositif empêchant ou limitant de tels actes;
3. Un dispositif de détection de la présence des personnes destiné à les protéger contre le choc des portes coulissantes lors de leur fermeture;
4. La clôture de la gaine d'ascenseur empêchant l'accès à cette gaine et aux éléments de déverrouillage des serrures de porte palière;
5. Pour les ascenseurs électriques, un parachute de cabine et un limiteur de vitesse en descente;
6. Un dispositif destiné à éviter toute chute en gaine lorsque la cabine est immobilisée en dehors de la zone de déverrouillage;
7. Une commande de manœuvre d'inspection et d'arrêt de la cabine en vue de protéger les personnels d'intervention opérant sur le toit de la cabine, en gaine ou en cuvette;
8. Des dispositifs permettant aux personnels d'intervention d'accéder sans danger aux locaux de machines ou de poulies;
9. Un système de verrouillage des portes et portillons destinés à la visite technique de la gaine et de la cuvette ainsi que des portes de secours, avec une commande automatique de l'arrêt de l'ascenseur lors de l'ouverture de ces portes et portillons par les personnels d'intervention.

II. – Avant le 3 juillet 2013 :

1. Dans les ascenseurs installés avant le 1er janvier 1983, un système de contrôle de l'arrêt et du maintien à niveau de la cabine de nature à assurer, à tous les niveaux desservis, un accès sans danger ainsi que l'accessibilité des personnes handicapées ou à mobilité réduite;
2. Un système de téléalarme entre la cabine et un service d'intervention et un éclairage de secours en cabine;
3. Une résistance mécanique suffisante des portes palières lorsqu'elles comportent un vitrage;
4. Pour les ascenseurs hydrauliques, un système de prévention des risques de chute libre, de dérive et d'excès de vitesse de la cabine;
5. Une protection avec marquage ou signalisation éliminant le risque de contact direct des personnels d'intervention avec des composants ou conducteurs nus sous tension, dans les armoires de commande, les armoires électriques et les tableaux d'arrivée de courant;
6. Un dispositif de protection des personnels d'intervention contre le risque de happement par les organes mobiles de transmission, notamment les poulies, câbles ou courroies;
7. Un éclairage fixe du local de machines ou de poulies assurant un éclairement suffisant des zones de travail et de circulation.

III. – Avant le 3 juillet 2018 :

1. Dans les ascenseurs installés après le 31 décembre 1982, un système de contrôle de l'arrêt et du maintien à niveau de la cabine pour assurer, à tous les niveaux desservis, un accès sans danger ainsi que l'accessibilité des personnes handicapées ou à mobilité réduite;
2. Dans les ascenseurs électriques à adhérence, un système de protection contre la vitesse excessive de la cabine en montée.

Un arrêté conjoint des ministres chargés de la construction et de l'industrie précise, en fonction des caractéristiques des installations, les prescriptions techniques relatives à ces dispositifs.

Art. R. 125-1-3 À la place de tout ou partie des dispositifs de sécurité mentionnés à l'article R. 125-1-2, le propriétaire d'un ascenseur peut mettre en œuvre des mesures équivalentes si celles-ci ont préalablement obtenu l'accord d'une personne remplissant les conditions prévues à l'article R. 125-2-5. Cet accord, formulé par écrit et assorti d'une analyse de risques établissant que l'ascenseur satisfait aux exigences de sécurité mentionnées à l'article R. 125-1-1, est remis au propriétaire.

Art. R. 125-1-4 Lorsqu'il estime que les caractéristiques de l'ascenseur font obstacle à la mise en œuvre d'un des dispositifs prévus à l'article R. 125-1-2 ou d'une mesure équivalente au sens de l'article R. 125-1-3, le propriétaire fait réaliser une expertise technique par une personne relevant de l'une des catégories mentionnées au I de l'article R. 125-2-5. Cette personne donne son avis sur l'impossibilité alléguée et, le cas échéant, sur les mesures compensatoires que le propriétaire prévoit de mettre en œuvre pour tenir compte des objectifs de sécurité définis à l'article R. 125-1-1.

Le propriétaire recourt à la même procédure s'il estime que la mise en œuvre d'un des dispositifs prévus à l'article R. 125-1-2 serait de nature à faire obstacle à l'accès des personnes handicapées ou à mobilité réduite ou à porter atteinte à la conservation du patrimoine historique que représentent l'immeuble ou certains de ses éléments ayant une valeur artistique ou technique remarquable.

Le propriétaire met en œuvre la procédure d'expertise technique et, s'il y a lieu, les mesures compensatoires, dans les délais prévus à l'article R. 125-1-2 pour les dispositifs qu'elles remplacent.

b) Sous-section 2
Entretien et contrôle technique

Art. R. 125-2 L'entretien d'un ascenseur a pour objet d'assurer son bon fonctionnement et de maintenir le niveau de sécurité résultant de l'application du décret n° 2000-810 du 24 août 2000 relatif à la mise sur le marché des ascenseurs ou de l'application des articles R. 125-1-2 à R. 125-1-4.

À cet effet, le propriétaire d'une installation d'ascenseur prend les dispositions minimales suivantes :

1° Opérations et vérifications périodiques :

a) Une visite toutes les six semaines en vue de surveiller le fonctionnement de l'installation et effectuer les réglages nécessaires;

b) La vérification toutes les six semaines de l'efficacité des serrures des portes palières et, s'il y a lieu, des dispositifs empêchant ou limitant les actes portant atteinte au verrouillage des portes palières;

c) L'examen semestriel du bon état des câbles et la vérification annuelle des parachutes;

d) Le nettoyage annuel de la cuvette de l'installation, du toit de cabine et du local des machines;

e) La lubrification et le nettoyage des pièces;

2° Opérations occasionnelles :

a) La réparation ou le remplacement, si elles ne peuvent pas être réparées, des petites pièces de l'installation présentant des signes d'usure excessive;

b) Les mesures d'entretien spécifiques destinées à supprimer ou atténuer les défauts présentant un danger pour la sécurité des personnes ou portant atteinte au bon fonctionnement de l'appareil qu'aura repérés le contrôle technique mentionné à l'article R. 125-2-7;

c) En cas d'incident, les interventions pour dégager des personnes bloquées en cabine ainsi que le dépannage et la remise en fonctionnement normal de l'ascenseur.

En outre, lorsque des pièces importantes de l'installation, autres que celles mentionnées au a du 2°, sont usées, le propriétaire fait procéder à leur réparation ou à leur remplacement si elles ne peuvent pas être réparées.

Art. R. 125-2-1 I. – Le propriétaire passe un contrat d'entretien écrit avec une entreprise dont le personnel chargé de l'entretien doit avoir reçu une formation appropriée dans les conditions prévues à l'article 9 du décret n° 95-826 du 30 juin 1995 fixant les prescriptions particulières de sécurité applicables aux travaux effectués sur les ascenseurs, ascenseurs de charges, escaliers mécaniques, trottoirs roulants et installations de parcage automatique de véhicules.

Le contrat comporte les clauses minimales suivantes :

a) L'exécution des obligations prescrites à l'article R. 125-2, exception faite de son dernier alinéa;

b) La durée du contrat, qui ne peut être inférieure à un an, les modalités de sa reconduction ou de sa résiliation;

c) Les conditions de disponibilité et de fourniture des pièces de rechange, et l'indication du délai garanti pour le remplacement des pièces mentionnées au a du 2° de l'article R. 125-2;

d) La description, établie contradictoirement, de l'état initial de l'installation;

e) La mise à jour du carnet d'entretien;

f) Les garanties apportées par les contrats d'assurances de l'entreprise d'entretien;

g) Les pénalités encourues en cas d'inexécution ou de mauvaise exécution des obligations contractuelles ainsi que les modalités de règlement des litiges;

h) Les conditions et modalités de recours éventuel à des sous-traitants;

i) Les conditions dans lesquelles peuvent être passés des avenants;

j) La formule détaillée de révision des prix.

II. – Lors de la signature du contrat, le propriétaire remet à l'entreprise la notice des instructions nécessaires au maintien en bon état de fonctionnement de l'ascenseur. Cette notice comporte une description des caractéristiques de l'installation. À défaut, l'entreprise élabore ce document. En fin de contrat, la notice d'instructions est remise au propriétaire.

Lors de la signature du contrat, l'entreprise remet au propriétaire, à titre d'information, un document décrivant l'organisation de son plan d'entretien.

III. – Les visites, opérations et interventions effectuées en exécution du contrat d'entretien font l'objet de comptes rendus dans un carnet d'entretien tenu à jour. En outre, l'entreprise remet au propriétaire un rapport annuel d'activité.

IV. – Un arrêté conjoint des ministres chargés de la construction et de l'industrie établit la liste des petites pièces mentionnées au a du 2° de l'article R. 125-2-1 et précise, en tant que de besoin, le contenu des dispositions minimales d'entretien ainsi que les modalités de tenue du carnet d'entretien.

Art. R. 125-2-2 Lorsque le contrat d'entretien comporte, outre les clauses minimales mentionnées à l'article R. 125-2-1, une clause de réparation et de remplacement de pièces importantes, il fait apparaître distinctement les délais d'intervention et la rémunération prévus pour cette prestation.

Art. R. 125-2-3 Lorsque le propriétaire ne recourt pas à un prestataire de services mais décide d'assurer par ses propres moyens l'entretien de l'ascenseur, il est tenu au respect des prescriptions de l'article R. 125-2. Il tient à jour le carnet d'entretien et établit un rapport annuel d'activité dans les conditions fixées au III de l'article R. 125-2-1.

Le personnel qu'il emploie pour l'exercice de cette mission doit avoir reçu une formation appropriée dans les conditions prévues à l'article 9 du décret n° 95-826 du 30 juin 1995 fixant les prescriptions particulières de sécurité applicables aux travaux effectués sur les ascenseurs, ascenseurs de charges, escaliers mécaniques, trottoirs roulants et installations de parcage automatique de véhicules.

Art. R. 125-2-4 Le propriétaire d'un ascenseur est tenu de faire réaliser tous les cinq ans un contrôle technique de son installation.

Le contrôle technique a pour objet :

a) De vérifier que les appareils auxquels s'applique le décret n° 2000-810 du 24 août 2000 relatif à la mise sur le marché des ascenseurs sont équipés des dispositifs prévus par ce décret et que ceux-ci sont en bon état;

b) De vérifier que les appareils qui n'entrent pas dans le champ d'application du décret du 24 août 2000 susmentionné, sont équipés des dispositifs de sécurité prévus par les articles R. 125-1-1 et R. 125-1-2 et que ces dispositifs sont en bon état, ou que les mesures équivalentes ou prévues à l'article R. 125-1-3 sont effectivement mises en œuvre;

c) De repérer tout défaut présentant un danger pour la sécurité des personnes ou portant atteinte au bon fonctionnement de l'appareil.

Art. R. 125-2-5 I. – Pour réaliser le contrôle technique prévu à l'article R. 125-2-4, le propriétaire fait appel, à son choix :

a) À un contrôleur technique au sens de l'article L. 111-23 qui bénéficie d'un agrément l'habilitant à intervenir sur les ascenseurs;

b) À un organisme habilité dans un des États membres de l'Union européenne ou dans l'un des autres États parties à l'accord sur l'Espace économique européen, chargé d'effectuer l'évaluation de la conformité d'ascenseurs soumis au marquage CE et répondant aux critères de l'annexe VII du décret du 24 août 2000 susmentionné;

c) À une personne morale employant des salariés dont les compétences ont été certifiées par un organisme accrédité par le comité français d'accréditation ou par un organisme signataire de l'accord européen multilatéral pris dans le cadre de la coordination européenne des organismes d'accréditation;

d) À une personne physique titulaire d'une certification délivrée dans les conditions prévues au c.

Pour l'application des c et d ci-dessus, la certification des compétences est délivrée en fonction de critères de connaissances techniques, d'expérience professionnelle et d'aptitude au contrôle technique dans le domaine des ascenseurs, définis par arrêté du ministre chargé de la Construction.

II. – La personne chargée du contrôle technique remet au propriétaire un document par lequel elle atteste sur l'honneur qu'elle est en situation régulière au regard des dispositions du deuxième alinéa de l'article L. 125-2-3.

III. – Le propriétaire d'ascenseur tient à la disposition de la personne chargée du contrôle technique le carnet d'entretien et le rapport annuel prévus à l'article R. 125-2-1.

Art. R. 125-2-6 La personne qui effectue le contrôle technique établit un rapport indiquant les opérations réalisées et, le cas échéant, les défauts repérés. Dans le mois suivant la fin de l'intervention, elle remet ce rapport au propriétaire.

Celui-ci transmet le rapport à l'entreprise ou à la personne chargée de l'entretien de l'ascenseur et, si des travaux sont rendus nécessaires, aux personnes chargées de leur conception et de leur exécution.

Un arrêté conjoint des ministres chargés de la construction et de l'industrie précise, en tant que de besoin, la nature des mesures de contrôle à effectuer et les modalités d'établissement du rapport de contrôle.

c) Sous-section 3
Droit d'information des occupants d'immeubles

Art. R. 125-2-7 Toute personne disposant d'un titre d'occupation dans un immeuble comportant un ascenseur a le droit de consulter, dans les locaux du siège social ou du domicile du propriétaire ou dans ceux de son représentant, le rapport du contrôle technique.

Sur sa demande et à ses frais, elle reçoit du propriétaire la copie écrite de ces documents.

Art. R. 125-2-8 En cas de méconnaissance des prescriptions relatives à la mise en place des dispositifs de sécurité et des mesures équivalentes ou compensatoires prévus aux articles R. 125-1-2 à R. 125-1-4, le juge des référés du tribunal de grande instance dans le ressort duquel est situé l'immeuble peut être saisi afin d'ordonner, éventuellement sous astreinte, la mise en conformité des ascenseurs.

Il peut également lui être demandé d'ordonner le respect des obligations d'entretien, de contrôle technique et d'information prévues par les articles R. 125-2 à R. 125-2-7.

§ 2. Décret n° 2004-964 du 9 septembre 2004,

Relatif à la sécurité des ascenseurs modifié en 2008 quant aux dates d'échelonnement des travaux de mise en conformité.

Art. 1er La première section du chapitre V du titre II du livre Ier du code de la construction et de l'habitation, intitulée « Sécurité des ascenseurs », est composée de trois sous-sections intitulées respectivement : « Mise en sécurité des ascenseurs », « Entretien et contrôle technique » et « Droit d'information des occupants d'immeubles », comprenant les articles R. 125-1 à R. 125-2-8 ainsi rédigés :

a) Sous-section 1
Mise en sécurité des ascenseurs

« **Art. R. 125-1.** – Les ascenseurs auxquels s'appliquent les dispositions de la présente section sont les appareils qui desservent de manière permanente les niveaux de bâtiments et de constructions à l'aide d'une cabine qui se déplace le long de guides rigides dont l'inclinaison sur l'horizontale est supérieure à 15 degrés et qui est destinée au transport soit de personnes, soit de personnes et d'objets, soit uniquement d'objets dès lors qu'elle est accessible sans difficulté à une personne et qu'elle est équipée d'éléments de commande situés à l'intérieur ou à portée de la personne qui s'y trouve.

Sont également regardés comme des ascenseurs les appareils qui se déplacent selon une course parfaitement fixée dans l'espace, même s'ils ne se déplacent pas le long de guides rigides, notamment les ascenseurs guidés par des ciseaux.

« **Art. R. 125-1-1.** – La sécurité d'un ascenseur consiste à assurer :

« 1. La fermeture des portes palières;

« 2. L'accès sans danger des personnes à la cabine;

« 3. La protection des utilisateurs contre les chocs provoqués par la fermeture des portes;

« 4. La prévention des risques de chute et d'écrasement de la cabine;

« 5. La protection contre les dérèglements de la vitesse de la cabine;

« 6. La mise à la disposition des utilisateurs de moyens d'alerte et de communication avec un service d'intervention;

« 7. La protection des circuits électriques de l'installation;

« 8. L'accès sans danger des personnels d'intervention aux locaux des machines, aux équipements associés et aux espaces parcourus par la cabine;

« 9. L'impossibilité pour toute personne autre que les personnels d'intervention d'accéder aux locaux des machines, aux équipements associés et aux espaces parcourus par la cabine.

« La réalisation de ces objectifs de sécurité repose, pour les ascenseurs installés après le 27 août 2000, sur le respect des exigences essentielles de sécurité prévues à l'article 3 du décret n° 2000-810 du 24 août 2000 relatif à la mise sur le marché des ascenseurs et, pour les autres ascenseurs, sur la mise en œuvre des dispositifs ou des mesures équivalentes prévues aux articles R. 125-1-2 et R. 125-1-3, ainsi que, pour l'ensemble des ascenseurs, sur le respect des obligations d'entretien prévues aux articles R. 125-2 à R. 125-2-6.

« **Art. R. 125-1-2.** – Le propriétaire d'un ascenseur installé avant le 27 août 2000 qui ne répond pas aux objectifs de sécurité mentionnés à l'article R. 125-1-1 met en place les dispositifs de sécurité suivants :

« I. – Avant le 3 juillet 2008 :

« 1. Des serrures munies de dispositifs de contrôle de la fermeture et du verrouillage des portes palières;

« 2. Lorsqu'il est nécessaire de prévenir des actes de nature à porter atteinte au verrouillage de la porte palière, un dispositif empêchant ou limitant de tels actes;

« 3. Un dispositif de détection de la présence des personnes destiné à les protéger contre le choc des portes coulissantes lors de leur fermeture;

« 4. La clôture de la gaine d'ascenseur empêchant l'accès à cette gaine et aux éléments de déverrouillage des serrures de porte palière;

« 5. Pour les ascenseurs électriques, un parachute de cabine et un limiteur de vitesse en descente;

« 6. Un dispositif destiné à éviter toute chute en gaine lorsque la cabine est immobilisée en dehors de la zone de déverrouillage;

« 7. Une commande de manœuvre d'inspection et d'arrêt de la cabine en vue de protéger les personnels d'intervention opérant sur le toit de la cabine, en gaine ou en cuvette;

« 8. Des dispositifs permettant aux personnels d'intervention d'accéder sans danger aux locaux de machines ou de poulies;

« 9. Un système de verrouillage des portes et portillons destinés à la visite technique de la gaine et de la cuvette ainsi que des portes de secours, avec une commande automatique de l'arrêt de l'ascenseur lors de l'ouverture de ces portes et portillons par les personnels d'intervention.

« II. – Avant le 3 juillet 2013 :

« 1. Dans les ascenseurs installés avant le 1er janvier 1983, un système de contrôle de l'arrêt et du maintien à niveau de la cabine de nature à assurer, à tous les niveaux desservis, un accès sans danger ainsi que l'accessibilité des personnes handicapées ou à mobilité réduite;

« 2. Un système de téléalarme entre la cabine et un service d'intervention et un éclairage de secours en cabine;

« 3. Une résistance mécanique suffisante des portes palières lorsqu'elles comportent un vitrage;

« 4. Pour les ascenseurs hydrauliques, un système de prévention des risques de chute libre, de dérive et d'excès de vitesse de la cabine;

« 5. Une protection avec marquage ou signalisation éliminant le risque de contact direct des personnels d'intervention avec des composants ou conducteurs nus sous tension, dans les armoires de commande, les armoires électriques et les tableaux d'arrivée de courant;

« 6. Un dispositif de protection des personnels d'intervention contre le risque de happement par les organes mobiles de transmission, notamment les poulies, câbles ou courroies;

« 7. Un éclairage fixe du local de machines ou de poulies assurant un éclairement suffisant des zones de travail et de circulation.

« III. – Avant le 3 juillet 2018 :

« 1. Dans les ascenseurs installés après le 31 décembre 1982, un système de contrôle de l'arrêt et du maintien à niveau de la cabine pour assurer, à tous les niveaux desservis, un accès sans danger ainsi que l'accessibilité des personnes handicapées ou à mobilité réduite;

« 2. Dans les ascenseurs électriques à adhérence, un système de protection contre la vitesse excessive de la cabine en montée.

« Un arrêté conjoint des ministres chargés de la construction et de l'industrie précise, en fonction des caractéristiques des installations, les prescriptions techniques relatives à ces dispositifs.

« **Art. R. 125-1-3.** – À la place de tout ou partie des dispositifs de sécurité mentionnés à l'article R. 125-1-2, le propriétaire d'un ascenseur peut mettre en œuvre des mesures équivalentes si celles-ci ont préalablement obtenu l'accord d'une personne remplissant les conditions prévues à l'article R. 125-2-5. Cet accord, formulé par écrit et assorti d'une analyse de risques établissant que l'ascenseur satisfait aux exigences de sécurité mentionnées à l'article R. 125-1-1, est remis au propriétaire.

« **Art. R. 125-1-4.** – Lorsqu'il estime que les caractéristiques de l'ascenseur font obstacle à la mise en œuvre d'un des dispositifs prévus à l'article R. 125-1-2 ou d'une mesure équivalente au sens de l'article R. 125-1-3, le propriétaire fait réaliser une expertise technique par une personne relevant de l'une des catégories mentionnées au I de l'article R. 125-2-5. Cette personne donne son avis sur l'impossibilité alléguée et, le cas échéant, sur les mesures compensatoires que le propriétaire prévoit de mettre en œuvre pour tenir compte des objectifs de sécurité définis à l'article R. 125-1-1.

« Le propriétaire recourt à la même procédure s'il estime que la mise en œuvre d'un des dispositifs prévus à l'article R. 125-1-2 serait de nature à faire obstacle à l'accès des personnes handicapées ou à mobilité réduite ou à porter atteinte à la conservation du patrimoine historique que représentent l'immeuble ou certains de ses éléments ayant une valeur artistique ou technique remarquable.

« Le propriétaire met en œuvre la procédure d'expertise technique et, s'il y a lieu, les mesures compensatoires, dans les délais prévus à l'article R. 125-1-2 pour les dispositifs qu'elles remplacent.

b) Sous-section 2
Entretien et contrôle technique

« **Art. R. 125-2.** – L'entretien d'un ascenseur a pour objet d'assurer son bon fonctionnement et de maintenir le niveau de sécurité résultant de l'application du décret n° 2000-810 du 24 août 2000 relatif à la mise sur le marché des ascenseurs ou de l'application des articles R. 125-1-2 à R. 125-1-4.

« À cet effet, le propriétaire d'une installation d'ascenseur prend les dispositions minimales suivantes :

« 1° Opérations et vérifications périodiques :

« a) Une visite toutes les six semaines en vue de surveiller le fonctionnement de l'installation et effectuer les réglages nécessaires;

« b) La vérification toutes les six semaines de l'efficacité des serrures des portes palières et, s'il y a lieu, des dispositifs empêchant ou limitant les actes portant atteinte au verrouillage des portes palières;

« c) L'examen semestriel du bon état des câbles et la vérification annuelle des parachutes;

« d) Le nettoyage annuel de la cuvette de l'installation, du toit de cabine et du local des machines;

« e) La lubrification et le nettoyage des pièces;

« 2° Opérations occasionnelles :

« a) La réparation ou le remplacement, si elles ne peuvent pas être réparées, des petites pièces de l'installation présentant des signes d'usure excessive;

« b) Les mesures d'entretien spécifiques destinées à supprimer ou atténuer les défauts présentant un danger pour la sécurité des personnes ou portant atteinte au bon fonctionnement de l'appareil qu'aura repérés le contrôle technique mentionné à l'article R. 125-2-7;

« c) En cas d'incident, les interventions pour dégager des personnes bloquées en cabine ainsi que le dépannage et la remise en fonctionnement normal de l'ascenseur.

« En outre, lorsque des pièces importantes de l'installation, autres que celles mentionnées au a du 2°, sont usées, le propriétaire fait procéder à leur réparation ou à leur remplacement si elles ne peuvent pas être réparées.

« **Art. R. 125-2-1.** – I. – Le propriétaire passe un contrat d'entretien écrit avec une entreprise dont le personnel chargé de l'entretien doit avoir reçu une formation appropriée dans les conditions prévues à l'article 9 du décret n° 95-826 du 30 juin 1995 fixant les prescriptions particulières de sécurité applicables aux travaux effectués sur les ascenseurs, ascenseurs de charges, escaliers mécaniques, trottoirs roulants et installations de parcage automatique de véhicules.

« Le contrat comporte les clauses minimales suivantes :

« a) L'exécution des obligations prescrites à l'article R. 125-2, exception faite de son dernier alinéa;

« b) La durée du contrat, qui ne peut être inférieure à un an, les modalités de sa reconduction ou de sa résiliation;

« c) Les conditions de disponibilité et de fourniture des pièces de rechange, et l'indication du délai garanti pour le remplacement des pièces mentionnées au a du 2° de l'article R. 125-2;

« d) La description, établie contradictoirement, de l'état initial de l'installation;

« e) La mise à jour du carnet d'entretien;

« f) Les garanties apportées par les contrats d'assurances de l'entreprise d'entretien;

« g) Les pénalités encourues en cas d'inexécution ou de mauvaise exécution des obligations contractuelles ainsi que les modalités de règlement des litiges;

« h) Les conditions et modalités de recours éventuel à des sous-traitants;

« i) Les conditions dans lesquelles peuvent être passés des avenants;

« j) La formule détaillée de révision des prix.

« II. – Lors de la signature du contrat, le propriétaire remet à l'entreprise la notice des instructions nécessaires au maintien en bon état de fonctionnement de l'ascenseur. Cette notice comporte une description des caractéristiques de l'installation. À défaut, l'entreprise élabore ce document. En fin de contrat, la notice d'instructions est remise au propriétaire.

« Lors de la signature du contrat, l'entreprise remet au propriétaire, à titre d'information, un document décrivant l'organisation de son plan d'entretien.

« III. – Les visites, opérations et interventions effectuées en exécution du contrat d'entretien font l'objet de comptes rendus dans un carnet d'entretien tenu à jour. En outre, l'entreprise remet au propriétaire un rapport annuel d'activité.

« IV. – Un arrêté conjoint des ministres chargés de la construction et de l'industrie établit la liste des petites pièces mentionnées au a du 2° de l'article R. 125-2-1 et précise, en tant que de besoin, le contenu des dispositions minimales d'entretien ainsi que les modalités de tenue du carnet d'entretien.

« **Art. R. 125-2-2.** – Lorsque le contrat d'entretien comporte, outre les clauses minimales mentionnées à l'article R. 125-2-1, une clause de réparation et de remplacement de pièces importantes, il fait apparaître distinctement les délais d'intervention et la rémunération prévus pour cette prestation.

« **Art. R. 125-2-3.** – Lorsque le propriétaire ne recourt pas à un prestataire de services mais décide d'assurer par ses propres moyens l'entretien de l'ascenseur, il est tenu au respect des prescriptions de l'article R. 125-2. Il tient à jour le carnet d'entretien et établit un rapport annuel d'activité dans les conditions fixées au III de l'article R. 125-2-1.

« Le personnel qu'il emploie pour l'exercice de cette mission doit avoir reçu une formation appropriée dans les conditions prévues à l'article 9 du décret n° 95-826 du 30 juin 1995 fixant les prescriptions particulières de sécurité applicables aux travaux effectués sur les ascenseurs, ascenseurs de charges, escaliers mécaniques, trottoirs roulants et installations de parcage automatique de véhicules.

« **Art. R. 125-2-4.** – Le propriétaire d'un ascenseur est tenu de faire réaliser tous les cinq ans un contrôle technique de son installation.

« Le contrôle technique a pour objet :

« a) De vérifier que les appareils auxquels s'applique le décret n° 2000-810 du 24 août 2000 relatif à la mise sur le marché des ascenseurs sont équipés des dispositifs prévus par ce décret et que ceux-ci sont en bon état;

« b) De vérifier que les appareils qui n'entrent pas dans le champ d'application du décret du 24 août 2000 susmentionné, sont équipés des dispositifs de sécurité prévus par les articles R. 125-1-1 et R. 125-1-2 et que ces dispositifs sont en bon état, ou que les mesures équivalentes ou prévues à l'article R. 125-1-3 sont effectivement mises en œuvre;

« c) De repérer tout défaut présentant un danger pour la sécurité des personnes ou portant atteinte au bon fonctionnement de l'appareil.

« **Art. R. 125-2-5.** – I. – Pour réaliser le contrôle technique prévu à l'article R. 125-2-4, le propriétaire fait appel, à son choix :

« a) À un contrôleur technique au sens de l'article L. 111-23 qui bénéficie d'un agrément l'habilitant à intervenir sur les ascenseurs;

« b) À un organisme habilité dans un des États membres de l'Union européenne ou dans l'un des autres États parties à l'accord sur l'Espace économique européen, chargé d'effectuer l'évaluation de la conformité d'ascenseurs soumis au marquage CE et répondant aux critères de l'annexe VII du décret du 24 août 2000 susmentionné;

« c) À une personne morale employant des salariés dont les compétences ont été certifiées par un organisme accrédité par le comité français d'accréditation ou par un organisme signataire de l'accord européen multilatéral pris dans le cadre de la coordination européenne des organismes d'accréditation;

« d) À une personne physique titulaire d'une certification délivrée dans les conditions prévues au c.

« Pour l'application des c et d ci-dessus, la certification des compétences est délivrée en fonction de critères de connaissances techniques, d'expérience professionnelle et d'aptitude au contrôle technique dans le domaine des ascenseurs, définis par arrêté du ministre chargé de la Construction.

« II. – La personne chargée du contrôle technique remet au propriétaire un document par lequel elle atteste sur l'honneur qu'elle est en situation régulière au regard des dispositions du deuxième alinéa de l'article L. 125-2-3.

« III. – Le propriétaire d'ascenseur tient à la disposition de la personne chargée du contrôle technique le carnet d'entretien et le rapport annuel prévus à l'article R. 125-2-1.

« **Art. R. 125-2-6.** – La personne qui effectue le contrôle technique établit un rapport indiquant les opérations réalisées et, le cas échéant, les défauts repérés. Dans le mois suivant la fin de l'intervention, elle remet ce rapport au propriétaire.

« Celui-ci transmet le rapport à l'entreprise ou à la personne chargée de l'entretien de l'ascenseur et, si des travaux sont rendus nécessaires, aux personnes chargées de leur conception et de leur exécution.

« Un arrêté conjoint des ministres chargés de la construction et de l'industrie précise, en tant que de besoin, la nature des mesures de contrôle à effectuer et les modalités d'établissement du rapport de contrôle.

c) Sous-section 3
Droit d'information des occupants d'immeubles

« **Art. R. 125-2-7.** – Toute personne disposant d'un titre d'occupation dans un immeuble comportant un ascenseur a le droit de consulter, dans les locaux du siège social ou du domicile du propriétaire ou dans ceux de son représentant, le rapport du contrôle technique.

« Sur sa demande et à ses frais, elle reçoit du propriétaire la copie écrite de ces documents.

« **Art. R. 125-2-8.** – En cas de méconnaissance des prescriptions relatives à la mise en place des dispositifs de sécurité et des mesures équivalentes ou compensatoires prévus aux articles R. 125-1-2 à R. 125-1-4, le juge des référés du tribunal de grande instance dans le ressort duquel est situé l'immeuble peut être saisi afin d'ordonner, éventuellement sous astreinte, la mise en conformité des ascenseurs.

« Il peut également lui être demandé d'ordonner le respect des obligations d'entretien, de contrôle technique et d'information prévues par les articles R. 125-2 à R. 125-2-7. »

Article 2 Dans le titre V du livre Ier du code de la construction et de l'habitation, le chapitre II « Sanctions pénales » est ainsi modifié :

I. – Les sections première, II et III deviennent respectivement les sections II, III et IV.

II. – Les articles R. 152-1 à R. 152-8 deviennent les articles R. 152-3 à R. 152-10.

III. – Il est créé une section première, intitulée « Sécurité des ascenseurs », comprenant les articles R. 152-1 et R. 152-2 ainsi rédigés :

« **Art. R. 152-1.** – I. – Est puni de l'amende prévue pour les contraventions de la 3e classe le fait pour une personne, propriétaire d'ascenseur :

« 1° De ne pas mettre en place les dispositifs de sécurité prévus à l'article R. 125-1-2 ou les mesures équivalentes prévues à l'article R. 125-1-3, sauf dans les cas prévus à l'article R. 125-1-4;

« 2° Dans les cas prévus à l'article R. 125-1-4, de ne pas faire réaliser l'expertise technique;

« 3° De ne pas souscrire un contrat d'entretien conformément à l'article R. 125-2-1 ou, à défaut, ne pas assurer par ses propres moyens l'entretien de l'ascenseur conformément aux articles R. 125-2 et R. 125-2-3;

« 4° De ne pas faire procéder au contrôle technique dans les conditions prévues aux articles R. 125-2-4 et R. 125-2-5.

« II. – Est puni de l'amende prévue pour les contraventions de la 3e classe le fait pour une personne, prestataire de services chargée de l'entretien de l'installation :

« 1° D'effectuer l'entretien de l'installation sans contrat d'entretien écrit, exception faite du cas prévu à l'article R. 125-2-3;

« 2° De conclure un contrat d'entretien ne comportant pas chacune des clauses minimales énumérées à l'article R. 125-2-1;

« 3° De recourir, pour l'exécution du contrat d'entretien, à une personne n'ayant pas la qualification exigée par l'article R. 125-2-1.

« III. – Est puni de l'amende prévue pour les contraventions de la 3e classe le fait pour une personne, chargée du contrôle technique d'un ascenseur :

« 1° De ne pas effectuer les vérifications nécessaires prévues à l'article R. 125-2-4;

« 2° De ne pas avoir la qualification exigée par l'article R. 125-2-5;

« 3° De ne pas respecter les incompatibilités prévues au deuxième alinéa de l'article L. 125-2-3.

« **Art. R. 152-2.** – Les personnes morales peuvent être déclarées responsables pénalement, dans les conditions prévues par l'article 121-2 du code pénal, des infractions définies à l'article R. 152-1.

« La peine encourue par les personnes morales est l'amende, suivant les modalités prévues par l'article 131-41 du code pénal. »

Art. 3 Dans l'article R. 161-2 du code de la construction et de l'habitation, les mots : « à l'exception des articles R. 111-24 à R. 111-28 et R. 131-19 à R. 131-23 » sont remplacés par les mots : « à l'exception des articles R. 111-24 à R. 111-28, R. 125-1 à R. 125-2-8, R. 131-19 à R. 131-23, R. 152-1 et R. 152-2 ».

Art. 4 I. – Lorsqu'un contrat d'entretien d'ascenseur en cours à la date de publication du présent décret arrive à échéance après le 30 septembre 2005, les dispositions de l'article R. 125-2-1 sont applicables au renouvellement du contrat.

Tout contrat d'entretien conclu après la publication du présent décret doit être conforme aux dispositions de l'article R. 125-2-1 ou mis en conformité avec ces dispositions au plus tard le 30 septembre 2005.

II. – Le propriétaire qui assure par ses propres moyens l'entretien d'un ascenseur est tenu de respecter les obligations prévues aux articles R. 125-2 et R. 125-2-3 au plus tard le 30 septembre 2004.

III. – Le premier contrôle technique obligatoire intervient au plus tard aux dates limites indiquées ci-dessous :

1° Pour les ascenseurs installés avant le 27 août 2000 :

– pour les ascenseurs mis en conformité avec les dispositions du premier alinéa et du I de l'article R. 125-1-2 du code de la construction et de l'habitation avant le 3 juillet 2008 : la date limite est fixée au 3 juillet 2009;

– pour les ascenseurs mis en conformité avec les dispositions du premier alinéa et du I de l'article R. 125-1-2 du code de la construction et de l'habitation à partir du 3 juillet 2008 : la date limite est fixée un an après la date d'achèvement des travaux;

– pour les ascenseurs ne répondant pas aux conditions fixées par les deux précédents alinéas : la date limite est fixée au 31 décembre 2011.

2° Pour les ascenseurs installés à partir du 27 août 2000 :

– pour les ascenseurs installés avant le 1er juillet 2004 : la date limite est fixée au 30 juin 2009;

– pour les ascenseurs installés à partir du 1er juillet 2004 : la date limite est de cinq ans maximum après la date d'installation.

Art. 5 Le ministre d'État, ministre de l'Économie, des Finances et de l'Industrie, le ministre de l'Emploi, du Travail et de la Cohésion sociale, le garde des Sceaux, ministre de la Justice, le ministre délégué à l'Industrie et le secrétaire d'État au logement sont chargés, chacun en ce qui le concerne, de l'exécution du présent décret, qui sera publié au Journal officiel de la République française.

SECTION 3
CARNET D'ENTRETIEN

§ 1. Décret n° 2001-477 du 30 mai 2001,

Fixant le contenu du carnet d'entretien de l'immeuble prévu par l'article 18 de la loi du 10 juillet 1965 fixant le statut de la copropriété des immeubles bâtis.

Art. 1er Le carnet d'entretien prévu à l'article 18 de la loi du 10 juillet 1965 susvisée contient au moins les informations mentionnées à l'article 3 et, s'il y a lieu, celles mentionnées à l'article 4.

Art. 2 Le carnet d'entretien est établi et mis à jour par le syndic qui actualise les informations qu'il contient.

Lorsque le syndicat gère plusieurs bâtiments, le syndic ouvre dans le carnet d'entretien un chapitre par bâtiment.

Lorsqu'il existe un ou plusieurs syndicats secondaires, il est tenu un carnet d'entretien par chacun d'eux. Dans ce cas, le syndic ouvre, dans le carnet du syndicat principal, un chapitre pour les parties communes à l'ensemble des syndicats.

Art. 3 Le carnet d'entretien mentionne :

– l'adresse de l'immeuble pour lequel il est établi;

– l'identité du syndic en exercice;

– les références des contrats d'assurances de l'immeuble souscrits par le syndicat des copropriétaires, ainsi que la date d'échéance de ces contrats.

Art. 4 Le carnet d'entretien indique également :

– l'année de réalisation des travaux importants, tels que le ravalement des façades, la réfection des toitures, le remplacement de l'ascenseur, de la chaudière ou des canalisations, ainsi que l'identité des entreprises ayant réalisé ces travaux;

– la référence des contrats d'assurance dommages ouvrage souscrits pour le compte du syndicat des copropriétaires, dont la garantie est en cours;

– s'ils existent, les références des contrats d'entretien et de maintenance des équipements communs, ainsi que la date d'échéance de ces contrats;

– s'il existe, l'échéancier du programme pluriannuel de travaux décidé par l'assemblée générale des copropriétaires.

Art. 5 Le carnet d'entretien peut en outre, sur décision de l'assemblée générale des copropriétaires, contenir des informations complémentaires portant sur l'immeuble, telles que celles relatives à sa construction ou celles relatives aux études techniques réalisées.

SECTION 4
CHAUFFAGE ET EAU CHAUDE

§ 1. Code de l'énergie

Ordonnance n° 2011-504 du 9 mai 2011 (*JO* 10 mai, p. 7954).

Art. L. 241-1 La mise en œuvre des installations de chauffage et de climatisation par tous exploitants ou utilisateurs doit être assurée de façon à limiter la température de chauffage et de climatisation des locaux et la température de chauffage de l'eau sanitaire et de l'eau des piscines à des valeurs fixées par voie réglementaire.

Les dispositions de l'alinéa précédent s'appliquent aux contrats en cours à la date d'entrée en vigueur des textes pris pour son application. À défaut d'accord amiable, toute partie peut demander en justice la révision du contrat.

Art. L. 241-2 Sont nulles et de nul effet toutes stipulations contractuelles relatives à l'exploitation des installations de chauffage et de climatisation ou se référant à cette exploitation notamment pour la gestion des immeubles lorsqu'elles comportent des modalités de rémunération des services favorisant l'accroissement de la quantité d'énergie consommée.

Art. L. 241-3 Les contrats d'exploitation de chauffage ou de climatisation ont une durée limitée à :

1° Seize ans s'ils comportent une clause de garantie totale de tout ou partie du matériel;

2° Huit ans, correspondant à huit saisons complètes de chauffe, s'ils comportent une clause de paiement de combustibles forfaitaire et indépendante des conditions climatiques;

3° Cinq ans, correspondant à cinq saisons complètes de chauffe dans les autres cas.

Toutefois, lorsque l'exploitant met en œuvre et finance des travaux ayant, notamment, pour effet de faire appel aux énergies et techniques nouvelles, la durée de ces contrats peut, dans des conditions fixées par voie réglementaire, être portée à seize ans.

Art. L. 241-4 Les contrats d'exploitation de chauffage ou de climatisation qui comportent une clause de paiement forfaitaire du combustible ou de l'énergie doivent comporter une clause obligeant l'exploitant à informer son cocontractant des quantités de combustible ou d'énergie réellement consommées et fixant les modalités du contrôle de cette information.

Les informations relatives aux quantités de combustible ou d'énergie consommées sont fournies aux cocontractants à la fin de la période précédant le renouvellement du contrat. Elles leur sont communiquées, sur leur demande, à la fin de chaque saison de chauffe.

Art. L. 241-5 Tout contrat d'exploitation de chauffage ou de climatisation fait l'objet d'un avenant à la demande de l'une des parties lorsque sont mises en œuvre des énergies ou des techniques nouvelles, ou réalisés des travaux d'amélioration, ou sont adoptées des dispositions relevant de la technique d'exploitation entraînant une économie de combustible ou d'énergie supérieure à 10 % par rapport à la consommation initiale. Cet avenant a, notamment, pour effet de définir les nouvelles clauses contractuelles de paiement du combustible ou de l'énergie.

Dans le cas où une énergie nouvelle est substituée à l'énergie précédemment utilisée le contrat d'exploitation de chauffage ou de climatisation en cours peut être résilié moyennant indemnisation du titulaire de celui-ci.

Art. L. 241-6 Les contrats de fourniture d'énergie calorifique ou frigorifique comportent des clauses stipulant une facturation des dépenses correspondant aux quantités d'énergie livrées.

Art. L. 241-7 Les dispositions des articles L. 241-2 à L. 241-5 ne sont pas applicables aux cas suivants :

1° Régies municipales de chauffage urbain;

2° Contrats publics de concession ou d'affermage des installations de chauffage ou de climatisation;

3° Contrats privés de chauffage urbain et d'installations de production et de distribution de fluides industriels dont les caractéristiques sont définies par voie réglementaire.

Art. L. 241-8 Des décrets en Conseil d'État précisent les conditions d'application des articles L. 241-2 à L. 241-7.

Ces décrets peuvent également imposer des clauses types concernant l'objet des stipulations mentionnées aux articles visés à l'alinéa précédent.

Ils peuvent également rendre obligatoires dans tous les contrats celles des dispositions du guide de rédaction des clauses techniques des marchés publics d'exploitation de chauffage avec ou sans gros entretien des matériels et avec obligation de résultat passés au nom de l'État qui ont pour objet ou pour effet de permettre des économies d'énergie. À défaut d'accord amiable, toute partie peut demander en justice la révision du contrat.

Art. L. 241-9 Tout immeuble collectif pourvu d'un chauffage commun doit comporter, quand la technique le permet, une installation permettant de déterminer la quantité de chaleur et d'eau chaude fournie à chaque local occupé à titre privatif.

Nonobstant toute disposition, convention ou usage contraires, les frais de chauffage et de fourniture d'eau chaude mis à la charge des occupants comprennent, en plus des frais fixes, le coût des quantités de chaleur calculées comme il est dit ci-dessus.

Un décret pris en Conseil d'État fixe les conditions d'application du présent article, et notamment la part des frais fixes visés au précédent alinéa, les délais d'exécution des travaux prescrits ainsi que les cas et conditions dans lesquels il peut être dérogé à l'obligation prévue au premier alinéa, en raison d'une impossibilité technique ou d'un coût excessif.

Art. L. 241-10 Pour les bâtiments réhabilités raccordés à un réseau de distribution de chaleur, la puissance souscrite dans le cadre des contrats existants peut faire l'objet d'un réajustement à la demande des souscripteurs après travaux, selon des modalités fixées par voie réglementaire.

Art. L. 241-11 Les fonctionnaires et agents contractuels du ministère chargé de l'énergie, assermentés et commissionnés à cet effet, ainsi que les officiers ou agents de police judiciaire, les fonctionnaires et agents de l'État et des collectivités publiques, commissionnés à cet effet par le maire ou le ministre chargé de l'urbanisme et, le cas échéant, par le ministre chargé des monuments historiques et des sites, et assermentés, sont habilités à rechercher et constater les infractions à l'article L. 241-1 pour les établissements industriels et commerciaux et pour les établissements recevant du public.

§ 2. Code de la construction et de l'habitation

1) SECTION PREMIÈRE
Équipement et répartition des frais de chauffage

Art. *R. 131-2 Tout immeuble collectif, équipé d'un chauffage commun à tout ou partie des locaux occupés à titre privatif et fournissant à chacun de ces locaux une quantité de chaleur réglable par l'occupant, doit être muni d'appareils permettant d'individualiser les frais de chauffage collectif.

Ces appareils doivent permettre de mesurer la quantité de chaleur fournie ou une grandeur représentative de celle-ci.

Art. *R. 131-3 Les dispositions de l'article R. 131-2 ne sont pas applicables :

a) Aux établissements d'hôtellerie, aux logements-foyers, aux locaux à usage agricole, aux locaux à usage sportif qui ne sont pas situés dans un immeuble collectif;

b) Aux immeubles collectifs ayant fait l'objet d'une demande de permis de construire avant le 31 décembre 1988 et non équipés de systèmes de répartition des frais de chauffage, pour lesquels les frais de combustible ou d'énergie pour le chauffage d'une année de référence, rapportés à la surface chauffée, sont inférieurs à un seuil fixé par arrêté conjoint du ministre chargé de la Construction et de l'Habitation et du ministre chargé de l'Énergie, ou pour lesquels il est techniquement impossible de poser des appareils de mesure.

Ce seuil est choisi de sorte que, pour les immeubles faisant l'objet de l'obligation d'équipement en appareils permettant d'individualiser les frais de chauffage collectif, la charge financière annuelle de ces appareils, comprenant l'amortissement sur dix années et les frais de fonctionnement, soit inférieure au dixième des frais annuels de combustible ou d'énergie;

c) Aux immeubles collectifs ayant fait l'objet d'une demande de permis de construire après le 31 décembre 1988, s'il s'avère, à l'issue de la première saison complète de chauffe, que les frais de combustible ou d'énergie pour le chauffage sont inférieurs au seuil visé au *b* du présent article, corrigé des variations climatiques et économiques. À cette fin, les techniques utilisées pour la construction de ces immeubles doivent permettre la mise en place ultérieure d'appareils de mesure et de répartition des frais de chauffage sans intervention significative;

d) Aux immeubles collectifs bénéficiant du label haute performance énergétique, défini par l'arrêté prévu au III de l'article 111-20 du présent code;

e) Aux immeubles collectifs faisant appel, au moins pour la moitié de la puissance de chauffage des locaux, aux énergies renouvelables (solaire, géothermie, biomasse, rejets thermiques);

f) Aux immeubles pourvus d'une installation de chauffage mixte comprenant un équipement collectif complété par des émetteurs de chaleur individuels ayant le caractère d'immeubles par destination.

Art. *R. 131-4 Dans les immeubles collectifs ayant fait l'objet d'une demande de permis de construire après le 31 décembre 1988 et qui, ne remplissant pas la condition posée au *c* de l'article R. 131-3, doivent être équipés d'appareils de mesure et de répartition des frais de chauffage, les relevés doivent pouvoir être faits sans qu'il soit besoin de pénétrer dans les locaux privatifs.

Art. *R. 131-5 En ce qui concerne les immeubles collectifs autres que ceux qui sont mentionnés à l'article R. 131-4, la date limite pour la mise en service des appareils prévus à l'article R. 131-2 est le 1er octobre 1991.

Art. *R. 131-6 Les appareils prévus à l'article R. 131-2 doivent être conformes à la réglementation prise en application du décret n° 88-682 du 6 mai 1988 susvisé relatif au contrôle des instruments de mesure.

Art. *R. 131-7 I. – Dans les immeubles collectifs équipés des appareils prévus à l'article R. 131-2, les frais de chauffage afférents à l'installation commune sont divisés, d'une part, en frais de combustible ou d'énergie, d'autre part, en autres frais de chauffage tels que les frais relatifs à la conduite et à l'entretien des installations de chauffage et les frais relatifs à l'utilisation d'énergie électrique (ou éventuellement d'autres formes d'énergie) pour le fonctionnement des appareillages, tels que les instruments de régulation, les pompes, les brûleurs, les ventilateurs, etc.

II. – Les frais de combustible ou d'énergie sont répartis entre les locaux desservis en distinguant des frais communs et des frais individuels.

Les frais communs de combustible ou d'énergie sont obtenus en multipliant le total des dépenses de combustible ou d'énergie par un coefficient égal à 0,50. Ce coefficient peut toutefois être choisi entre 0,25 inclus et 0,50, sur décision de l'assemblée générale des copropriétaires ou du gestionnaire d'un immeuble entièrement locatif. Pour les immeubles collectifs ayant fait l'objet d'une demande de permis de construire postérieurement au 31 décembre 1988, ce coefficient peut dans les mêmes conditions être choisi entre 0 et 0,50 inclus.

Les frais communs sont répartis dans les conditions fixées par le règlement de copropriété ou les documents en tenant lieu. Le total des frais individuels s'obtient par différence entre le total des frais de combustible ou d'énergie et les frais communs calculés comme il est dit ci-dessus. Ce total est réparti en fonction des indications fournies par les appareils prévus à l'article R. 131-2. Toutefois, les situations ou configurations thermiquement défavorables des locaux peuvent être prises en compte; leurs limites de correction sont fixées par arrêté du ministre chargé de l'Industrie après consultation du ministre chargé de l'Énergie et du ministre chargé de la Construction.

III. – Les autres frais de chauffage énumérés au I du présent article sont répartis dans les conditions fixées par le règlement de copropriété ou les documents en tenant lieu.

Art. *R. 131-8 Les dispositions de la présente section ne sont pas applicables aux départements d'outre-mer.

2) SECTION II
FRAIS D'EAU CHAUDE DANS LES IMMEUBLES COLLECTIFS

Art. *R. 131-9 Au sens de la présente section :

– un immeuble collectif pourvu d'une distribution d'eau chaude commune est un immeuble qui comprend au moins deux locaux occupés à titre privatif et alimentés en eau chaude par une même installation;

– un local occupé à titre privatif est constitué par la pièce ou l'ensemble des pièces réservées à la jouissance exclusive de personnes physiques ou morales;

– les immeubles de classe A sont les immeubles ayant fait l'objet d'une demande de permis de construire, d'une demande de prorogation de permis de construire ou d'une déclaration préalable de travaux au sens de l'ancien article L. 430-3 du code de l'urbanisme postérieure au 30 juin 1975;

– tous les autres immeubles relèvent de la classe B.

Art. *R. 131-10 Sauf dans les cas de dérogation prévus aux articles R. 131-12 et R. 131-13, dans les immeubles collectifs où la production d'eau chaude est commune à tout ou partie des locaux occupés à titre privatif, les frais de combustible ou d'énergie afférents à la fourniture d'eau chaude sont répartis entre ces locaux proportionnellement à la mesure directe ou indirecte soit de la quantité d'eau chaude fournie à chacun des locaux, soit de la quantité de chaleur nécessaire au chauffage de l'eau ainsi fournie.

Lorsque les conditions de fourniture de l'eau chaude ne permettent pas de connaître la part des frais de combustible ou d'énergie entrant dans le prix de ladite fourniture, cette part fait l'objet, pour l'application du présent article, d'une estimation forfaitaire égale aux deux tiers au moins du prix total de l'eau chaude fournie par l'installation commune de l'immeuble.

Il n'est pas dérogé par le présent article aux dispositions, conventions ou usages en vigueur pour la répartition des frais, fixes ou non, et des charges afférents à la fourniture d'eau chaude autres que les frais de combustible ou d'énergie mentionnés ci-dessus.

Art. *R. 131-11 Les dispositions prévues à l'article R. 131-10 sont applicables à tous les immeubles collectifs de la classe A; ceux-ci, de construction, doivent être équipés des appareils nécessaires de mesure directe ou indirecte.

Art. *R. 131-12 Les dispositions prévues à l'article R. 131-10 sont applicables aux immeubles collectifs de la classe B qui doivent être équipés des appareils nécessaires à dater du 15 septembre 1977 au plus tard.

Il peut y être dérogé, pour l'ensemble d'un immeuble ou l'ensemble des immeubles desservis par une même installation de production d'eau chaude :

1° Si le nombre des points de mesure nécessaires à l'application de l'article R. 131-10 est supérieur à deux fois le nombre des locaux occupés à titre privatif desservis par cette installation ;

2° Ou si, pour plus de 15 p. 100 des points de mesure, les canalisations ne satisfont pas aux conditions d'accessibilité fixées par arrêté du ministre chargé de la construction et de l'habitation.

Art. *R. 131-13 Il peut être dérogé, par arrêté du ministre chargé de la construction et de l'habitation et du ministre chargé de l'industrie, aux dispositions de l'article R. 131-10 en ce qui concerne :

– les immeubles collectifs de la classe B comportant seulement deux locaux occupés à titre privatif ;

– les locaux dépendant d'un établissement d'hôtellerie.

Art. *R. 131-14 Un arrêté du ministre chargé de l'industrie fixe les règles de construction et d'utilisation des appareils nécessaires à l'application de la présente section, ainsi que les modalités de leur contrôle, dans la mesure où ces appareils ne relèvent pas de la réglementation édictée par le décret précité du 30 novembre 1944.

3) SECTION III
RÉGULATION DES INSTALLATIONS DE CHAUFFAGE

Art. *R. 131-15 Les dispositions de la présente section s'appliquent :

– aux locaux à usage d'habitation autres que ceux mentionnés à l'article R. 111-1 ;

– aux locaux à usage autre que d'habitation autres que ceux mentionnés à l'article R. 111-20.

Art. *R. 131-16 Pour l'application de la présente section :

La régulation d'une installation de chauffage consiste en un ou plusieurs dispositifs permettant de régler automatiquement la fourniture de chaleur dans les locaux en fonction des températures extérieure et intérieure, ou de l'une de ces températures et, le cas échéant, d'autres éléments tels que l'ensoleillement.

La puissance d'une installation de chauffage est définie comme le produit de la quantité de combustible consommée à l'heure en marche continue maximale par le pouvoir calorifique inférieur de ce combustible.

Art. *R. 131-17 I. – Toute installation de chauffage d'une puissance supérieure à 30 kilowatts doit comporter un dispositif de régulation.

II. – Toute installation de chauffage d'une puissance supérieure à 250 kilowatts et desservant des locaux d'habitation doit comporter un dispositif de régulation qui soit fonction au moins de la température extérieure.

III. – Toute installation de chauffage d'une puissance supérieure à 1 500 kilowatts doit comporter un dispositif de régulation soit par bâtiment, soit par ensemble de bâtiments ayant la même destination, les mêmes conditions d'occupation et les mêmes caractéristiques de construction.

Art. *R. 131-18 Les dispositions de la présente section ne sont pas applicables dans le cas de générateurs à combustibles solides à chargement et conduite manuels, pour les installations de chauffage d'une puissance inférieure à 1 000 kilowatts mises en service avant le 1er janvier 1976.

4) SECTION IV
LIMITATION DE LA TEMPÉRATURE DE CHAUFFAGE

Art. *R. 131-19 Pour l'application des dispositions de la présente section et des arrêtés prévus aux articles R. 131-22 et R. 131-23 :

– la température de chauffage est celle qui résulte de la mise en œuvre d'une installation de chauffage, quelle que soit l'énergie utilisée à cette fin et quels que soient les modes de production de chaleur ;

– un local à usage d'habitation est constitué par l'ensemble des pièces d'un logement ;

– la température de chauffage d'une pièce d'un logement ou d'un local à usage autre que l'habitation est la température de l'air, mesurée au centre de la pièce ou du local, à 1,50 mètre au-dessus du sol ;

– la température moyenne d'un logement ou d'un ensemble de locaux à usage autre que l'habitation est la moyenne des températures de chauffage mesurées dans chaque pièce ou chaque local, le calcul de la moyenne étant pondéré en fonction du volume de chaque pièce ou local.

Art. *R. 131-20 Dans les locaux à usage d'habitation, d'enseignement, de bureaux ou recevant du public et dans tous autres locaux, à l'exception de ceux qui sont indiqués aux articles R. 131-22 et R. 131-23, les limites supérieures de température de chauffage sont, en dehors des périodes d'inoccupation définies à l'article R. 131-20 *[R. 131-21]*, fixées en moyenne à 19 C :

– pour l'ensemble des pièces d'un logement ;

– pour l'ensemble des locaux affectés à un usage autre que l'habitation et compris dans un même bâtiment.

Art. *R. 131-21 Pendant les périodes d'inoccupation des locaux mentionnés à l'article R. 131-20, d'une durée égale ou supérieure à vingt-quatre heures consécutives, les limites de température moyenne de chauffage sont, pour l'ensemble des pièces d'un logement et pour l'ensemble des locaux affectés à un usage autre que l'habitation et compris dans un même bâtiment, fixées ainsi qu'il suit :

• 16 C lorsque la durée d'inoccupation est égale ou supérieure à vingt-quatre heures et inférieure à quarante-huit heures ;

• 8 C lorsque la durée d'inoccupation est égale ou supérieure à quarante-huit heures.

Art. *R. 131-22 Un arrêté conjoint du ministre chargé de l'Industrie et du ministre chargé de la Construction et de l'Habitation pris après avis du comité consultatif de l'utilisation de l'énergie, et, le cas échéant, du ou des ministres intéressés, dresse la liste des catégories de locaux qui, non affectés à usage de bureaux et ne recevant pas du public, doivent, eu égard à la nature des activités d'ordre administratif, scientifique, sportif, artisanal, industriel, commercial ou agricole qui s'y exercent, être soumis à des limites de température de chauffage différentes de celles qui sont fixées par les articles R. 131-20 et R. 131-21. Cet arrêté détermine, par catégories et en tenant compte, le cas échéant, des périodes d'inoccupation, les limites supérieures de chauffage calculées conformément à l'article R. 131-19 qui sont applicables à ces divers locaux.

Art. *R. 131-23 En ce qui concerne les logements, les locaux et les établissements où sont donnés des soins médicaux à des personnes non hospitalisées, les établissements hospitaliers et les logements, locaux et établissements où sont logés ou hébergés des personnes âgées ou des enfants en bas âge, des arrêtés conjoints du ministre chargé de l'Industrie, du ministre chargé de la Construction et de l'Habitation et du ministre chargé de la Santé, pris après avis du comité consultatif de l'utilisation de l'énergie et, le cas échéant, du ou des ministres intéressés fixent, par catégorie, les limites supérieures de chauffage calculées conformément aux dispositions de l'article R. 131-19 qui sont applicables à ces locaux ou établissements.

Art. R. 131-24 Les normes mentionnées à l'article L. 131-4 sont fixées après avis du comité consultatif de l'utilisation de l'énergie.

5) SECTION V
CARACTÉRISTIQUES THERMIQUES ET PERFORMANCE ÉNERGÉTIQUE

Art. R. 131-25 Les dispositions de la présente section s'appliquent aux bâtiments ou parties de bâtiments existants, à l'exception des catégories suivantes de bâtiments :

a) Les bâtiments et parties de bâtiments dans lesquels il n'est pas utilisé d'énergie pour réguler la température intérieure;

b) Les constructions provisoires prévues pour une durée d'utilisation égale ou inférieure à deux ans;

c) Les bâtiments indépendants dont la surface de plancher au sens de l'article R. 112-2 du code de l'urbanisme est inférieure à 50 m²;

d) Les bâtiments à usage agricole, artisanal ou industriel, autres que les locaux servant à l'habitation, qui ne demandent qu'une faible quantité d'énergie pour le chauffage, la production d'eau chaude sanitaire ou le refroidissement;

e) Les bâtiments servant de lieux de culte;

f) Les monuments historiques classés ou inscrits à l'inventaire en application du code du patrimoine, lorsque l'application des dispositions de la présente section aurait pour effet de modifier leur caractère ou leur apparence de manière inacceptable.

Art. R. 131-26 Lorsque le coût total prévisionnel de travaux de rénovation portant soit sur l'enveloppe d'un bâtiment d'une surface hors œuvre nette supérieure à 1 000 m² et ses installations de chauffage, de production d'eau chaude, de refroidissement, de ventilation et d'éclairage, soit sur sa seule enveloppe est supérieur à 25 % de sa valeur, le maître d'ouvrage doit améliorer sa performance énergétique.

Sont pris en compte pour calculer le coût des travaux mentionnés à l'alinéa précédent le montant des travaux décidés ou financés au cours des deux dernières années et pour déterminer la valeur du bâtiment mentionnée à l'alinéa précédent le produit de la surface hors œuvre nette dans sa définition applicable avant l'entrée en vigueur de l'ordonnance n° 2011-1539 du 16 novembre 2011 portant réforme de la surface de plancher par un coût de construction défini par arrêté du ministre chargé de la construction.

L'amélioration de la performance énergétique est obtenue :

– soit en maintenant la consommation en énergie pour le chauffage, la ventilation, le refroidissement, la production d'eau chaude sanitaire et, dans les locaux tertiaires, pour l'éclairage, en dessous de seuils fixés en fonction des catégories de bâtiments par un arrêté des ministres chargés de la construction et de l'énergie;

– soit en appliquant une solution technique adaptée au type du bâtiment, définie par arrêté des ministres chargés de la construction et de l'énergie.

Les travaux réalisés ne doivent pas dégrader le confort d'été préexistant. Ils ne doivent pas augmenter les points de condensation, ni entraîner un risque de détérioration du bâti.

Art. R. 131-27 Dans les cas prévus à l'article R. 131-26, le maître d'ouvrage réalise une étude de faisabilité technique et économique des diverses solutions d'approvisionnement en énergie du bâtiment. Cette étude doit être faite préalablement au dépôt de la demande de permis de construire ou, si les travaux ne sont pas soumis à ce permis, préalablement à l'acceptation des devis ou à la passation des marchés relatifs à ces travaux. Elle est réalisée selon les modalités prévues aux articles R. 111-22, R. 111-22-1 et R. 111-22-2.

Toutefois, dans le cas où les travaux portent uniquement sur l'enveloppe du bâtiment, seule la solution d'approvisionnement en énergie solaire est étudiée.

Dans les périmètres de développement prioritaire d'un réseau de chaleur ou de froid ayant fait l'objet d'une décision de classement en vigueur conformément aux dispositions des articles L. 712-1 à L. 712-3 du code de l'énergie, l'étude de faisabilité technique et économique prévue au premier alinéa n'est exigée que pour les bâtiments auxquels l'obligation de raccordement au réseau n'est pas applicable et pour ceux qui ont obtenu une dérogation à l'obligation de raccordement au réseau.

Art. R. 131-28 Sauf dans le cas des travaux visés à l'article R. 131-26, les caractéristiques thermiques et les performances énergétiques des équipements, installations, ouvrages ou systèmes doivent être conformes aux prescriptions fixées par un arrêté des ministres chargés de la construction et de l'énergie, lorsqu'ils sont mis en place, installés ou remplacés.

Les dispositions du précédent alinéa s'appliquent :

– aux éléments constitutifs de l'enveloppe du bâtiment;

– aux systèmes de chauffage;

– aux systèmes de production d'eau chaude sanitaire;

– aux systèmes de refroidissement;
– aux équipements de production d'énergie utilisant une source d'énergie renouvelable;
– aux systèmes de ventilation;
– aux systèmes d'éclairage des locaux.

Art. *R. 131-28-1 Un arrêté des ministres chargés de la construction et de l'énergie détermine les conditions d'attribution à un bâtiment existant du label « haute performance énergétique rénovation ».

Art. R. 131-28-2 À l'achèvement de travaux de réhabilitation thermique visés aux articles R. 131-26 et R. 131-28 et soumis à la délivrance d'une autorisation de construire, le maître d'ouvrage fournit à l'autorité compétente qui a délivré l'autorisation :
– un document attestant que le maître d'œuvre a pris en compte la réglementation thermique, si le maître d'œuvre désigné est à la fois chargé de la conception des travaux de réhabilitation, de leur réalisation et de leur suivi;
– un document attestant qu'il a pris en compte la réglementation thermique, si le maître d'œuvre désigné n'est en charge que de la conception des travaux de réhabilitation ou s'il n'a pas désigné de maître d'œuvre.

Cette attestation est établie sur un formulaire conforme à des prescriptions fixées par arrêté du ministre chargé de la construction. Elle est jointe à la déclaration d'achèvement des travaux dans les conditions prévues à l'article R. 462-4-2 du code de l'urbanisme.

Art. R. 131-28-3 I. – Pour les travaux de réhabilitation thermique définis à l'article R. 131-26, l'attestation justifie la prise en compte des exigences portant sur :

1° La consommation conventionnelle d'énergie primaire du bâtiment en projet pour le chauffage, le refroidissement, la production d'eau chaude sanitaire, l'éclairage et les auxiliaires de chauffage, de refroidissement, d'eau chaude sanitaire et de ventilation;

2° Les caractéristiques minimales des matériaux et équipements d'isolation et des systèmes énergétiques définies par arrêté du ministre chargé de la construction;

3° La température intérieure conventionnelle pour certains types de bâtiment précisés par arrêté du même ministre;

II. – Pour les travaux de réhabilitation thermique définis à l'article R. 131-28, l'attestation prévue à l'article R. 134-28-2 justifie la prise en compte des exigences portant sur les caractéristiques thermiques et les performances énergétiques des équipements, installations, ouvrages ou systèmes installés.

Art. R. 131-28-4 L'attestation prévue à l'article R. 131-28-2 est établie par l'une des personnes suivantes :
– une personne répondant aux conditions exigées pour réaliser le diagnostic de performance énergétique prévu à l'article L. 134-1 dans le cas d'une maison individuelle ou accolée;
– un contrôleur technique mentionné à l'article L. 111-23, pour tout type de bâtiment;
– un organisme ayant certifié, au sens des articles L. 115-27 à L. 115-32 du code de la consommation, la performance énergétique du bâtiment ou de la partie du bâtiment réhabilitée dans le cadre de la délivrance d'un label de « haute performance énergétique », pour tout type de bâtiment;
– un architecte au sens de l'article 2 de la loi n° 77-2 du 3 janvier 1977 sur l'architecture, pour tout type de bâtiment.

Un arrêté du ministre chargé de la construction définit les éléments d'information que le maître d'ouvrage doit, en fonction des catégories de bâtiments et de travaux, fournir aux personnes précitées afin de permettre l'établissement du document mentionné à l'article R. 131-28-2.

Art. R. 131-28-5 Lorsque l'opération soumise à autorisation de construire comporte à la fois des travaux portant sur des parties nouvelles d'un bâtiment existant et des travaux de réhabilitation thermique de ce bâtiment, deux attestations sont fournies conformément aux articles R. 111-20-3 et R. 131-28-3, respectivement pour la partie neuve et la partie existante du bâtiment concerné.

Art. R. 131-28-6 Un arrêté du ministre chargé de la construction détermine les modalités d'application des articles R. 131-28-2 à R. 131-28-5.

6) SECTION VI
REFROIDISSEMENT DES IMMEUBLES

Art. R. 131-29 Dans les locaux dans lesquels est installé un système de refroidissement, celui-ci ne doit être mis ou maintenu en fonctionnement que lorsque la température intérieure des locaux dépasse 26 °C.

Un arrêté des ministres chargés de la construction et de l'énergie définit les conditions de régulation des systèmes de refroidissement.

Art. R. 131-30 Les dispositions de l'article R. 131-29 ne s'appliquent pas aux bâtiments ou parties de bâtiments visés à l'article R. 131-23 ainsi qu'aux bâtiments ou parties de bâtiments qui, en raison de contraintes liées à leur usage, doivent garantir des conditions particulières de température, d'hygrométrie ou de qualité de l'air.

7) SECTION VII
PRÉVENTION DES INTOXICATIONS PAR LE MONOXYDE DE CARBONE

Art. R. 131-31 Les parties des locaux à usage d'habitation ou leurs dépendances, destinées à recevoir de façon fixe un appareil de chauffage ou de production d'eau chaude sanitaire d'une puissance inférieure ou égale à 70 kilowatts et utilisant les combustibles solides, liquides ou gazeux doivent être munies lors de leur construction :

1° D'une entrée d'air permanente directe ou indirecte dans le cas où l'appareil utilise, pour la combustion, une partie de l'air de la pièce dans laquelle il est installé;

2° D'un système d'évacuation vers l'extérieur des produits de combustion satisfaisant aux conditions techniques et de sécurité et adapté à l'usage, au type d'appareil et au combustible auxquels il est destiné.

L'entrée d'air permanente et le système d'évacuation sont conçus et entretenus de manière à permettre le bon fonctionnement des appareils.

Art. R. 131-32 Les dispositions de l'article R. 131-31 ne s'appliquent pas aux locaux destinés à recevoir des appareils à circuit de combustion étanche qui, par leur conception, intègrent le circuit d'amenée d'air comburant et qui évacuent les produits de combustion vers l'extérieur sans risque de fuite vers l'intérieur des locaux d'habitation.

Art. R. 131-33 Pour les immeubles collectifs d'habitation, les installations de ventilation mécanique contrôlée auxquelles sont raccordés des appareils utilisant le gaz combustible ou les hydrocarbures liquéfiés doivent être équipées d'un dispositif de sécurité collective.

Art. R. 131-34 Dans les locaux existants, les dispositions des articles R. 131-31 à R. 131-33 sont applicables, à la charge du propriétaire, aux parties des locaux à usage d'habitation ou à leurs dépendances, lorsqu'elles comportent ou doivent comporter un appareil à combustion fixe de chauffage ou de production d'eau chaude sanitaire d'une puissance inférieure ou égale à 70 kilowatts et utilisant un combustible solide, liquide ou gazeux.

Toutefois, certains appareils de production d'eau chaude pourront être dispensés de l'obligation de raccordement prévue à l'article R. 131-31 par arrêté des ministres en charge de la construction, de la santé, de la politique industrielle et de la sécurité industrielle.

Art. R. 131-35 L'occupant ne doit pas entraver le bon fonctionnement de l'entrée d'air et du système d'évacuation vers l'extérieur prévus à l'article R. 131-31.

Art. R. 131-36 Après une intoxication au monoxyde de carbone due à une installation fixe de chauffage ou de production d'eau chaude sanitaire, cette installation doit être mise à l'arrêt. Elle ne peut être réutilisée qu'après qu'elle a été remise en l'état; les dispositions des articles R. 131-31 à R. 131-35 doivent être respectées.

Art. R. 131-37 Des arrêtés des ministres en charge de la construction, de la santé, de la politique industrielle et de la sécurité industrielle fixent les dispositions d'application de la présente section.

Art. *R. 152-8 Les infractions aux dispositions des articles R. 131-19 à R. 131-23 sont punies de la peine d'amende prévue par le 5° de l'article 131-13 du code pénal pour les contraventions de la 5e classe qui peut être portée au double en cas de récidive.

Est punie de la même peine l'opposition à l'exercice des fonctions des agents chargés de constater les infractions.

§ 2. Arrêté du 30 septembre 1991,

Relatif à la répartition des frais de chauffage dans les immeubles collectifs.

Art. 1er En application de l'article *R. 131-3 du code de la construction et de l'habitation, il est défini un ratio RCh égal au coût en francs (TTC) des frais annuels de combustible ou d'énergie nécessaires au chauffage de l'immeuble considéré, divisé par la surface totale chauffée exprimée en mètres carrés, ou, à défaut, par 85 % de la surface hors œuvre nette de l'immeuble.

Art. 2 Conformément à l'article *R. 131-3, paragraphe b, du code de la construction et de l'habitation, les immeubles collectifs ayant fait l'objet d'une demande de permis de construire avant le 31 décembre 1988 et non équipés de systèmes de répartition des frais de chauffage peuvent bénéficier d'une dérogation à l'obligation de répartition des frais de chauffage collectif prévue à l'article *R. 131-2 du code de la construction et de l'habitation si le ratio RCh, tel que défini à l'article 1er précédent, calculé sur une période de douze mois consécutifs comprenant la saison de chauffe de référence définie ci-après, est inférieur au seuil fixé en article 4 du présent arrêté.

Dans le cas général, la saison de chauffe de référence est la saison de chauffe 1988-1989.

Toutefois, pour les immeubles qui n'étaient pas normalement occupés au début de la saison de chauffe 1988-1989, la saison de chauffe de référence est la première saison de chauffe connue, l'immeuble étant normalement occupé.

De même, pour les immeubles ayant fait l'objet de la réalisation de travaux de maîtrise de l'énergie entre le début de la saison de chauffe 1988-1989 et le 1er octobre 1991, la saison de chauffe de référence est la première saison de chauffe suivant la réalisation des travaux, cette saison de référence ne pouvant pas être postérieure à la saison de chauffe 1992-1993.

Art. 3 Conformément à l'article *R. 131-3, paragraphe *c*, du code de la construction et de l'habitation, les immeubles collectifs ayant fait l'objet d'une demande de permis de construire après le 31 décembre 1988 peuvent bénéficier d'une dérogation à l'obligation de répartition des frais de chauffage collectif prévue à l'article *R. 131-2 du code de la construction et de l'habitation dans les conditions suivantes :

a) D'une part, les logements de l'immeuble considéré doivent comporter un pré-équipement permettant la mise en place ultérieure d'un système de répartition des frais de chauffage; dans le cas de chauffage à eau chaude, cette disposition implique :

– soit un raccordement de l'installation de chauffage des logements en un seul point de la distribution de chauffage commun, des réserves étant faites afin de laisser la possibilité d'installer un moyen de comptage de l'énergie thermique;

– soit un précâblage du logement permettant d'installer des moyens de répartition de frais de chauffage avec transmission à l'extérieur du logement des informations nécessaires à cette répartition.

b) D'autre part, le ratio RCh tel que défini en article 1er ci-dessus et calculé pour une période de douze mois consécutifs comprenant la première saison de chauffe complète suivant l'achèvement des travaux et l'occupation normale des locaux ne doit pas dépasser le seuil fixé en article 4 du présent arrêté. Les immeubles faisant l'objet d'une demande de permis de construire postérieurement au 31 décembre 1988 et donc soumis à la réglementation thermique du 5 avril 1988 sont réputés satisfaire à cette condition.

Art. 4 Le seuil visé à l'article *R. 131-3, paragraphe *b,* du code de la construction et de l'habitation est fixé à 40 F (TTC) par mètre carré pour la saison de chauffe 1988-1989; pour les saisons de référence différentes de celle-ci, le seuil est corrigé des variations climatiques (coefficient *c*) et économiques (coefficient *e*) selon la formule suivante :

Seuil (en francs *[TTC]* par m²) = $40 \times c \times e$,

avec :

c = coefficient de correction climatique pour la saison de référence considérée, exprimé par département;

e = coefficient de correction économique pour la saison de référence considérée qui correspond à l'évolution du prix de l'énergie utilisée.

Ces corrections climatiques et économiques sont fournies par l'Agence de l'environnement et de la maîtrise de l'énergie.

Art. 5 La valeur du ratio RCh tel que défini en article 1er du présent arrêté devra être communiquée par écrit par le syndic de copropriété aux copropriétaires en justifiant le calcul de ce ratio.

Art. 6 Le présent arrêté est applicable à compter de sa publication au *Journal officiel* de la République française.

SECTION 5
CLAUSES ABUSIVES

Recommandation n° 96-01, du 17 novembre 1995,

En 2008 ou 2009, la commission des clauses abusives a émis une nouvelle recommandation plus complète.

En outre, il convient de reproduire l'avis de la commission Nationale de concertation (*BOCCRF* du 20 oct. 2007).

Relative aux contrats proposés par les syndics de copropriété (BOCC 24 janv. 1996).

La Commission des clauses abusives,

Considérant que certaines clauses prévoient l'impossibilité pour le syndicat des copropriétaires de résilier le contrat de syndic en cours d'exécution, tout en autorisant le syndic à démissionner; que l'absence de réciprocité qui en résulte est constitutive d'abus;

Considérant que l'article 28 du décret du 17 mars 1967 pose pour principe que « la durée du mandat du syndic ne peut excéder trois années » et que son renouvellement suppose une décision de l'assemblée générale; que certaines clauses prévoient ou laissent supposer une reconduction automatique du contrat et donc le maintien en fonction du syndic au-delà de la durée légale, sans vote de l'assemblée générale;

Considérant que l'article 18, alinéa 5 de la loi du 10 juillet 1965 impose au syndic de soumettre au vote de l'assemblée générale la décision d'ouvrir ou non un compte bancaire ou postal séparé au nom du syndicat lors de sa première désignation et au moins tous les trois ans; que certaines clauses laissent croire qu'est obligatoire soit l'ouverture d'un compte séparé, soit l'utilisation d'un compte unique au nom du syndic; que sont abusives ces clauses qui entravent la liberté de choix voulue par le législateur;

Considérant que, certains contrats prévoient la renonciation du syndicat des copropriétaires à percevoir les fruits et produits financiers des sommes placées sur un compte séparé; que cet avantage d'un montant indéterminé et sans contrepartie spécifique constitue un déséquilibre significatif au détriment du syndicat des copropriétaires;

Considérant que, si tous les contrats de syndic font la distinction entre la gestion courante et les prestations particulières, certains ne précisent pas le contenu de ces postes, que d'autres contrats prévoient un nombre de prestations particulières, parfois augmentées abusivement à l'aide de rubriques « divers », tel que la notion de gestion courante se trouve dépourvue de signification; que ces clauses ou combinaisons de clauses sont de nature à créer un déséquilibre significatif;

Considérant que certains contrats mettent à la charge du syndicat, en cas de non-renouvellement ou de résiliation du contrat de syndic, une indemnité forfaitaire ne correspondant pas à une prestation effective liée à la remise du dossier au successeur;

Considérant que de nombreux contrats mettent à la charge du copropriétaire défaillant la rémunération du syndic à l'occasion des frais de relance et de recouvrement; que cette stipulation se heurte aux dispositions d'ordre public de l'article 32 de la loi n° 91-560 du 9 juillet 1991; qu'elle doit être éliminée des contrats;

Considérant que certains contrats comportent une clause de révision de la rémunération du syndic dont la complexité ne permet pas au syndicat des copropriétaires de mesurer la portée de son engagement; que la mise en œuvre d'une clause dont les éléments ne sont pas suffisamment explicites et qui n'est pas illustrée par une application chiffrée est susceptible de créer un déséquilibre significatif;

Considérant que de nombreux contrats contiennent des clauses attributives de compétence,

RECOMMANDE :

Que soient éliminées des contrats proposés par les syndics de copropriété les clauses qui ont pour objet ou pour effet :

1. De permettre au syndic de démissionner sans prévoir pour le syndicat des copropriétaires la possibilité de résilier le contrat de syndic en cours d'exécution;

2. De prévoir ou de laisser supposer une reconduction automatique du contrat à la fin du mandat et le maintien en fonction du syndic au-delà de la durée légale sans vote de l'assemblée générale;

3. De présenter comme légalement obligatoire l'ouverture d'un compte séparé au nom du syndicat, ou, au contraire, l'utilisation d'un compte unique au nom du syndic;

4. D'imposer sans contrepartie au syndicat des copropriétaires la renonciation à percevoir les fruits et produits financiers des sommes placées sur un compte séparé;

5. De restreindre la notion de gestion courante par l'accumulation de prestations particulières et/ou par le recours à la rubrique « divers » ;

6. De mettre à la charge du syndicat, en cas de non-renouvellement ou de résiliation du contrat du syndic, une indemnité forfaitaire ne correspondant pas à une prestation effective liée à la remise du dossier au successeur ;

7. De faire supporter au copropriétaire défaillant une rémunération au profit du syndic à l'occasion des frais de relance et de recouvrement ;

8. De prévoir une clause de révision des honoraires dont les éléments ne sont pas suffisamment explicites et qui n'est pas illustrée par une application chiffrée ;

9. De déroger aux règles légales de compétence territoriale ou d'attribution.

Texte adopté le 17 novembre 1995 sur le rapport de Mme Jacqueline Lucas et de M. Yves Rouquet.

Recommandation n° 2011-01, du 15 septembre 2011,

Relative aux contrats de syndic de copropriété (BOCC 26 avr. 2012).

La Commission des clauses abusives,

Considérant que le quart des logements français est organisé en copropriété ; que les copropriétés sont gérées par des syndics, majoritairement professionnels ;

Considérant que ces syndics proposent des contrats de mandat aux copropriétaires consommateurs réunis en syndicats ;

Considérant que les syndicats de copropriétaires, dotés de la personnalité morale, bénéficient de la protection accordée par la loi aux consommateurs et aux non-professionnels ;

Considérant que la commission constate qu'en dépit des dispositions de l'arrêté du 2 décembre 1986 modifié, la présentation des contrats étudiés rend difficile la délimitation entre prestations particulières et prestations de gestion courante, ce qui fait obstacle à la comparaison par le consommateur des tarifs proposés par les syndics ;

Considérant que ces documents contractuels contiennent des clauses dont le caractère abusif au sens de l'article L. 132-1 du code de la consommation peut être relevé ;

I. Clauses relatives à la formation et la révocation du contrat.

1. Considérant que certains contrats de syndics de copropriété sont conclus pour une durée ne correspondant pas à celle résultant des dates calendaires qui y figurent ; que ces clauses conduisent à un déséquilibre significatif pour le consommateur ou le non-professionnel qui ne connaît pas la durée réelle de son engagement ;

2. Considérant que l'article 18 de la loi du 10 juillet 1965 modifiée, prévoit le principe de l'ouverture d'un compte bancaire ou postal au nom du syndicat, sur lequel sont versées sans délai toutes les sommes ou valeurs reçues au nom ou pour le compte du syndicat et que l'assemblée générale peut en décider autrement à la majorité requise par les articles 25 et 25-1 ; qu'un nombre important de contrats indique un prix de forfait annuel de gestion courante sur la base de la gestion d'un compte bancaire unique pour l'ensemble du cabinet de syndic ; que certains de ces mêmes contrats prévoient au titre des prestations particulières rémunérées distinctement l'ouverture d'un compte bancaire séparé pour le syndicat ; que les autres stipulent un coût de forfait annuel plus élevé en cas d'ouverture d'un compte séparé ; que ces deux types de clauses sont abusifs en ce que, d'une part, ils laissent croire aux syndicats des copropriétaires que le principe est celui de l'ouverture d'un compte unique alors que la loi prévoit le contraire, d'autre part, en ce qu'ils font apparaître au titre des prestations particulières, rémunérées distinctement, l'ouverture d'un compte séparé alors que celle-ci doit figurer au titre des prestations courantes ;

3. Considérant que des contrats prévoient que lorsque le syndic est mandaté pour la location d'une partie commune, les honoraires seront ceux affichés en agence ; que ces clauses, qui laissent au professionnel le droit de modifier unilatéralement les prix du service à rendre, par un simple changement d'affichage, sont présumées de manière irréfragable abusives en vertu de l'article R. 132-1 3° du code de la consommation ;

4. Considérant qu'un nombre important de contrats de syndic impose des modalités de résolution ou de résiliation plus rigoureuses pour le consommateur ou le non-professionnel que pour le professionnel ; que, selon l'article R. 132-2 du code de la consommation, sont présumées abusives les clauses soumettant la résiliation du contrat à des conditions ou modalités plus rigoureuses pour le consommateur ou non-professionnel que pour le professionnel ;

5. Considérant que certains contrats de syndics de copropriété proposent des prestations sans en mentionner le prix ou leur mode de calcul ; que cette présentation ne permet pas au consommateur ou non-professionnel, d'avoir connaissance du prix à payer pour ces prestations et empêche une comparaison efficace avec les autres contrats de syndic, ce qui est de nature à déséquilibrer significativement le contrat au détriment du syndicat des copropriétaires ;

6. Considérant que certains contrats n'opèrent pas une distinction stricte dans leur présentation entre les prestations de gestion courante, dont le prix est inclus dans le forfait annuel, et les prestations variables facturées séparément ; que cette présentation ne permet pas au consommateur ou non-professionnel de connaître aisément les prestations incluses dans le forfait annuel et, par suite, rend difficile une comparaison efficace avec les autres contrats de syndic, ce qui crée un déséquilibre significatif entre les droits et les obligations des parties au contrat au détriment du syndicat des copropriétaires ;

II. Clauses relatives au contenu et à l'exécution du contrat.

A. Clauses illicites.

1. Clauses contrevenantes à des dispositions légales et/ou réglementaires.

7. Considérant qu'il résulte de l'article 35-1 du décret du 17 mars 1967 que l'assemblée générale des copropriétai-

res décide, s'il y a lieu, du placement des fonds recueillis et de l'affectation des intérêts produits par ce placement; que certains contrats prévoient qu'en cas de gestion financière par le biais d'un compte unique ouvert au nom du syndic, les profits éventuels de ce compte seront versés automatiquement à ce dernier, sans qu'il y ait lieu à un vote spécial de l'assemblée générale sur l'affectation des intérêts; que ces clauses sont illicites au regard du texte précité en ce qu'elles se substituent à une décision de l'assemblée générale; que, maintenues dans un contrat, elles sont abusives;

8. Considérant que certains contrats mentionnent la possibilité pour le syndic de mener une activité de courtage pour la conclusion de toute convention, en qualité de mandataire du syndicat des copropriétaires; que ces clauses sont illicites au regard de l'article 39 du décret du 17 mars 1967 qui impose, pour toute convention conclue entre le syndic et le syndicat, une autorisation spéciale de l'assemblée générale des copropriétaires; qu'en outre, tendant à laisser croire que cette autorisation spéciale a été accordée lors de la désignation du syndic, elles créent un déséquilibre significatif entre les droits et obligations des parties au détriment du consommateur ou non-professionnel et sont abusives;

9. Considérant que des contrats imposent, pour des prestations ne relevant pas du contrat de syndic (location d'une partie commune, gestion des travaux en tant que maître d'œuvre), que le syndic soit mandaté de plein droit pour ces prestations, alors que l'article 39 du décret du 17 mars 1967 dispose que toute convention conclue entre le syndic et le syndicat des copropriétaires, doit être expressément autorisée par une décision de l'assemblée générale; que ces clauses sont illicites et, maintenues dans un contrat, abusives;

10. Considérant que certains contrats prévoient la rémunération du syndic dans le cas d'une déclaration de sinistre concernant les parties communes, alors qu'il s'agit, selon l'arrêté du 19 mars 2010 modifiant l'arrêté du 2 décembre 1986, d'une prestation de gestion courante; que ces clauses sont illicites et, maintenues dans un contrat, abusives;

11. Considérant que certains contrats prévoient la possibilité pour le syndic de se faire rémunérer, à titre de prestation particulière, pour le suivi de travaux, sans préciser la nature des travaux concernés, alors que l'article 18-1 de la loi du 10 juillet 1965 prévoit cette faculté uniquement dans le cas de travaux figurant dans la liste limitative prévue par l'article 14-2 de la même loi et que l'article 44 du décret du 17 mars 1967 pris en application de ce texte exclut, par principe, toute rémunération du syndic concernant les travaux de maintenance de parties communes ou d'équipements; que ces clauses stipulant une rémunération particulière du syndic en dehors des travaux limitativement énumérés par la loi sont illicites et, maintenues dans un contrat, abusives;

12. Considérant que certains contrats imposent la rémunération de « prestations exceptionnelles non répertoriées », alors que l'arrêté du 19 mars 2010 modifiant l'arrêté du 2 décembre 1986, énonce que toute prestation particulière doit figurer explicitement dans le contrat en tant que telle et que le contenu des prestations particulières doit être défini avec précision dans les rubriques correspondantes; qu'ainsi, les clauses prévoyant des prestations exceptionnelles sans en définir le contenu, contreviennent aux dispositions réglementaires et sont illicites; que, maintenues dans un contrat, elles sont abusives;

13. Considérant que plusieurs contrats scindent des prestations de gestion courante prévues dans l'arrêté du 19 mars 2010 modifiant l'arrêté du 2 décembre 1986, telles que l'établissement et la mise à jour du carnet d'entretien, en plusieurs prestations particulières du type « création du carnet d'entretien », « tenue du carnet d'entretien de l'immeuble »; qu'ainsi, le syndic peut être rémunéré de manière particulière pour des prestations de gestion courante; que de telles clauses sont illicites; que, maintenues dans un contrat, elles sont abusives;

14. Considérant qu'un nombre très important de contrats indique, dans le cas de travaux autres que ceux d'entretien et de maintenance, dont la liste est fixée à l'article 44 du décret du 17 mars 1967, que la rémunération du syndic sera constituée par un montant minimum ou un pourcentage du montant de ces travaux, alors que l'article 18-1 A de la loi du 10 juillet 1965 prévoit, en pareil cas, que les honoraires du syndic sont votés lors de l'assemblée générale autorisant les travaux; que ces clauses laissent croire qu'en ce cas, la rémunération du syndic peut être fixée par avance dans le contrat au lieu d'être votée en assemblée générale; que ces clauses sont illicites au regard du texte susvisé et, maintenues dans un contrat, abusives;

2. Clauses relatives aux prestations particulières redondantes par rapport à des prestations de gestion courante.

15. Considérant que certains contrats prévoient la rémunération particulière du syndic au titre de prestations de gestion courante énumérées par l'arrêté du 2 décembre 1986 modifié;

Qu'il en est ainsi :

– des appels d'offres, d'étude de devis et de mise en concurrence y compris lorsque celle-ci est obligatoire au regard du décret du 17 mars 1967,

– des prestations de gestion courante confiées par le syndic à des tiers,

– de la présence du syndic aux assemblées générales ou aux conseils syndicaux, ne précisant pas que ne sont pas concernés l'assemblée générale annuelle et le conseil syndical la précédant,

– de la « remise au syndic successeur, de la totalité des fonds, de l'état des comptes des copropriétaires et des comptes du syndicat », de « gestion de comptes » et de « transmission des archives au syndic successeur »,

– de l'établissement des diagnostics ne précisant pas que seuls les diagnostics non obligatoires ou relatifs à un copropriétaire sont concernés,

– de l'ouverture du dossier et du compte du nouveau propriétaire lors de la cession d'un lot,

– de l'acquisition de fournitures indispensables à la réalisation de prestations relevant de la gestion courante (registre d'assemblée, imprimés obligatoires, carnet d'entretien et livres);

Que ces clauses sont illicites au regard de l'arrêté du 2 décembre 1986 modifié et, maintenues dans un contrat, abusives;

B. Clauses relatives à des prestations particulières redondantes par rapport à d'autres prestations particulières.

16. Considérant que certains contrats prévoient une prestation particulière consistant à notifier les travaux nécessitant l'accès aux parties privatives; qu'il s'agit d'une obligation pour le syndic prévue à l'article 9 de la loi du 10 juillet 1965; qu'il résulte de l'arrêté du 2 décembre 1986 modifié que la gestion des travaux de maintenance et d'entretien est incluse dans le forfait annuel et que la gestion administrative des autres travaux est une prestation particulière; qu'ainsi, cette clause est abusive en ce qu'elle permet au syndic de se faire rémunérer pour une prestation comprise dans une prestation déjà rémunérée;

17. Considérant que certains contrats énumèrent, au titre des prestations particulières, des rubriques susceptibles de permettre deux fois la rémunération d'une même prestation, telles que « suivi de la procédure contentieuse » et « clôture du compte contentieux », ainsi que « renseignements aux administrations » et « contrôle URSSAF » ou « inspection du travail »; que ces clauses créent un déséquilibre significatif entre les droits et les obligations des parties au contrat au détriment du syndicat des copropriétaires;

18. Considérant que certains contrats mentionnent une prestation « indication des charges récupérables » imputable au syndicat; que cette clause qui met à la charge du syndicat des copropriétaires une prestation qui ne lui incombe pas, dès lors qu'elle ne profite qu'au seul copropriétaire concerné, crée un déséquilibre significatif entre les droits et obligations des parties au détriment du syndicat des copropriétaires;

19. Considérant que certains contrats mentionnent des honoraires, des frais de correspondance, des frais administratifs en plus des frais de tirage, d'affranchissement et d'acheminements pour les activités de productions de documents, sans indiquer en quoi elles se distinguent de prestations déjà rémunérées au titre de la gestion courante ou de prestations particulières; que ces clauses sont abusives en ce qu'elles permettent au professionnel de facturer deux fois la même prestation;

C. Clauses manquant de clarté.

20. Considérant que certains contrats permettent de faire peser sur le syndicat, des frais engagés au profit des copropriétaires bailleurs; que de telles clauses sont abusives;

21. Considérant que certains contrats prévoient la même prestation particulière de tenue d'assemblée générale extraordinaire, en indiquant soit un mode de rémunération à la vacation, soit un droit proportionnel par lot principal; que de telles clauses, qui réservent au seul professionnel le choix de son mode de rémunération, sont abusives;

22. Considérant que des contrats précisent que le compte unique permettra d'assurer une garantie financière aux sommes versées ou qu'il permettra de disposer de la situation de la trésorerie et du détail des recettes et des dépenses, sans préciser que le compte séparé offre les mêmes garanties et services, alors que la garantie et la délivrance de ces informations sont obligatoires, respectivement en application de la loi du 2 janvier 1970 et du décret du 17 mars 1967; que cette présentation laisse croire qu'un compte séparé ne permettrait pas de bénéficier des mêmes prestations, ce qui est de nature à créer un déséquilibre significatif entre les droits et les obligations des parties au contrat au détriment du syndicat des copropriétaires;

23. Considérant que les clauses de certains contrats mentionnent, en prestation particulière, « la gestion des comptes à terme », « le suivi des placements de fonds »; que l'imprécision de ces termes ne permet pas de savoir si ces prestations sont incluses ou non dans « l'état financier du syndicat des copropriétaires » qui est une prestation intégrée dans la liste a minima des prestations de gestion courante fixée par l'arrêté du 2 décembre 1986 modifié; qu'en conséquence, le manque de clarté de ces clauses crée un déséquilibre significatif entre les droits et les obligations des parties au contrat au détriment du syndicat des copropriétaires;

24. Considérant que les contrats conclus entre le syndic et le syndicat des copropriétaires comportent des clauses prétendant créer des obligations à la charge des copropriétaires individuellement considérés; que de telles clauses, qui portent atteinte à l'effet relatif du contrat et laissent croire à chaque copropriétaire qu'il est engagé par le contrat de syndic, sont abusives; qu'il en va ainsi, notamment, des clauses relatives :

– à l'établissement de l'état daté,
– aux frais en cas de vente non réalisée,
– à la facturation au vendeur de l'envoi du livret d'accueil du nouveau copropriétaire,
– à la gestion de travaux dans des parties privatives,
– à l'accès par internet à la page personnelle du compte du copropriétaire,
– à la facturation au copropriétaire d'une commission pour la recherche d'un prêt ou l'obtention d'une subvention qu'il souscrit,
– à l'aide aux déclarations fiscales,
– à la mise en place d'un échéancier de paiement,
– à l'établissement d'un protocole d'accord pour règlement de la dette,
– à l'établissement d'un décompte détaillé des charges locatives,
– à l'établissement des attestations de travaux;

Recommande que soient éliminées des contrats les clauses ayant pour objet ou pour effet :

1. d'indiquer une durée de contrat ne correspondant pas aux dates d'effet et d'échéance mentionnées dans celui-ci;

2. de présenter l'ouverture d'un compte bancaire ou postal unique comme le principe et l'ouverture d'un compte séparé comme une prestation non comprise dans le forfait annuel;

3. de permettre au syndic la fixation unilatérale des honoraires de gestion locative d'une partie commune;

4. de rendre plus difficile la révocation du contrat de syndic de copropriété à l'initiative du consommateur ou non-professionnel, qu'à celle du syndic;
5. de laisser le consommateur ou le non-professionnel dans l'ignorance du prix ou du mode de calcul du prix de certaines prestations;
6. d'inclure, sous la rubrique du contrat relative aux prestations de gestion courante, l'énumération de prestations facturées en sus du forfait annuel;
7. de décider du placement des fonds recueillis et de l'affectation des intérêts produits sans vote exprès de l'assemblée générale;
8. de prévoir dans le contrat que le syndic pourra agir en qualité de courtier, sans délibération spéciale de l'assemblée générale à ce sujet;
9. de mandater le syndic pour des prestations ne relevant pas de ses fonctions de syndic, sans autorisation préalable de l'assemblée générale;
10. de prévoir une rémunération particulière du syndic dans le cas d'une déclaration de sinistre concernant les parties communes;
11. de prévoir la rémunération du syndic à titre de prestation particulière pour le suivi de travaux sans préciser la nature de ceux-ci;
12. de prévoir la rémunération particulière de prestations exceptionnelles non définies dans le contrat;
13. de scinder des prestations de gestion courante en plusieurs prestations afin de permettre une rémunération au titre des prestations particulières;
14. de fixer dans le contrat le montant des honoraires du syndic, au titre de travaux autres que d'entretien et de maintenance dont la liste est énoncée à l'article 44 du décret du 17 mars 1967;
15. de prévoir une rémunération particulière pour une prestation de gestion courante énumérée par l'arrêté du 2 décembre 1986 modifié;
16. de facturer la notification des travaux nécessitant l'accès aux parties privatives, prestation déjà rémunérée au titre de la gestion de ces travaux;
17. d'offrir la possibilité de rémunérer deux fois une même prestation;
18. de mettre à la charge du syndicat des copropriétaires une prestation qui ne lui est pas imputable;
19. de permettre au professionnel de facturer deux fois la même prestation;
20. de faire supporter au syndicat des copropriétaires le prix d'une prestation réalisée au profit de copropriétaires bailleurs;
21. de permettre au seul professionnel d'opter pour l'un des modes de rémunération prévus au contrat;
22. de présenter le compte unique comme le seul compte permettant de bénéficier de la garantie financière et de la délivrance d'informations imposées légalement;
23. de mentionner des prestations particulières dont la définition n'est pas précise et ne permet pas de déterminer si elles sont ou non incluses dans une prestation de gestion courante, offrant ainsi la possibilité de rémunérer deux fois la même prestation;
24. de faire figurer dans le contrat de syndic des frais, des prestations ou une rémunération qui ne concernent que les relations entre le syndic et un copropriétaire et qui ne sont donc pas opposables à ce dernier, qui n'est pas partie au contrat.

Recommandation adoptée le 15 septembre 2011 sur le rapport de Mme Raphaëlle PETIT-MACUR.

SECTION 6
DIVISION D'IMMEUBLE

§ 1. Loi n° 2006-685 du 13 juin 2006,

Relative au droit de préemption et à la protection des locataires en cas de vente d'un immeuble.

Art. 1 I. Après l'article 10 de la loi n° 75-1351 du 31 décembre 1975 relative à la protection des occupants de locaux à usage d'habitation, il est inséré un article 10-1 ainsi rédigé :

« Art. 10-1 I. – A. Préalablement à la conclusion de la vente, dans sa totalité et en une seule fois, d'un immeuble à usage d'habitation ou à usage mixte d'habitation et professionnel de plus de dix logements au profit d'un acquéreur ne s'engageant pas à proroger les contrats de bail à usage d'habitation en cours à la date de la conclusion de la vente afin de permettre à chaque locataire ou occupant de bonne foi de disposer du logement qu'il occupe pour une durée de six ans à compter de la signature de l'acte authentique de vente qui contiendra la liste des locataires concernés par un engagement de prorogation de bail, le bailleur doit faire connaître par lettre recommandée avec demande d'avis de réception à chacun des locataires ou occupants de bonne foi l'indication du prix et des conditions de la vente, dans sa totalité et en une seule fois, de l'immeuble ainsi que l'indication du prix et des conditions de la vente pour le local qu'il occupe.

« Cette notification doit intervenir à peine de nullité de la vente, dans sa totalité et en une seule fois, de l'immeuble. Elle s'accompagne d'un projet de règlement de copropriété qui réglera les rapports entre les copropriétaires si l'un au moins des locataires ou occupants de bonne foi réalise un acte de vente, ainsi que des résultats d'un diagnostic technique portant constat de l'état apparent de la solidité du clos et du couvert et de celui de l'état des conduites et canalisations collectives ainsi que des équipements communs et de sécurité. Ce diagnostic est établi par un contrôleur technique au sens de l'article L. 111-23 du code de la construction et de l'habitation ou par un architecte au sens de l'article 2 de la loi n° 77-2 du 3 janvier 1977 sur l'architecture, qui ne doit avoir avec le propriétaire de l'immeuble ou son mandataire aucun lien de nature à porter atteinte à son impartialité ou à son indépendance. Les dépenses afférentes à ce diagnostic sont à la charge du bailleur.

« Nonobstant les dispositions de l'article 1751 du code civil, cette notification est de plein droit opposable au conjoint du locataire ou occupant de bonne foi si son existence n'a pas été préalablement portée à la connaissance du bailleur. Elle vaut offre de vente au profit du locataire ou occupant de bonne foi.

« L'offre est valable pendant une durée de quatre mois à compter de sa réception. Le locataire ou occupant de bonne foi qui accepte l'offre ainsi notifiée dispose, à compter de la date d'envoi de sa réponse au bailleur, d'un délai de deux mois pour la réalisation de l'acte de vente. Si, dans sa réponse, il notifie au bailleur son intention de recourir à un prêt, son acceptation de l'offre de vente est subordonnée à l'obtention du prêt et, en ce cas, le délai de réalisation est porté à quatre mois. Passé le délai de réalisation de l'acte de vente, l'acceptation de l'offre de vente est nulle de plein droit.

« Lorsque, en raison de la vente d'au moins un logement à un locataire ou un occupant de bonne foi, l'immeuble fait l'objet d'une mise en copropriété et que le bailleur décide de vendre les lots occupés à des conditions ou à un prix plus avantageux à un tiers, le notaire doit, lorsque le propriétaire n'y a pas préalablement procédé, notifier au locataire ou occupant de bonne foi ces conditions et prix à peine de nullité de la vente. Cette notification vaut offre de vente à leur profit. Elle est valable pendant une durée d'un mois à compter de sa réception. L'offre qui n'a pas été acceptée dans le délai d'un mois est caduque.

« Le locataire ou occupant de bonne foi qui accepte l'offre ainsi notifiée dispose, à compter de la date d'envoi de sa réponse au propriétaire ou au notaire, d'un délai de deux mois pour la réalisation de l'acte de vente. Si, dans sa réponse, il notifie son intention de recourir à un prêt, l'acceptation par le locataire ou occupant de bonne foi de l'offre de vente est subordonnée à l'obtention du prêt et le délai de réalisation de la vente est porté à quatre mois. Si, à l'expiration de ce délai, la vente n'a pas été réalisée, l'acceptation de l'offre de vente est nulle de plein droit.

« Les dispositions du présent A doivent être reproduites, à peine de nullité, dans chaque notification.

« B. – Préalablement à la conclusion de la vente mentionnée au premier alinéa du A, le bailleur communique au maire de la commune sur le territoire de laquelle est situé l'immeuble le prix et les conditions de la vente de l'immeuble dans sa totalité et en une seule fois. Lorsque l'immeuble est soumis à l'un des droits de préemption institués par les chapitres Ier et II du titre Ier du livre II du code de l'urbanisme, la déclaration préalable faite au titre de l'article L. 213-2 du même code vaut communication au sens du présent article.

« II. – Les dispositions du I ne sont pas applicables en cas d'exercice de l'un des droits de préemption institués par le titre Ier du livre II du code de l'urbanisme ou lorsque la vente intervient entre parents ou alliés jusqu'au quatrième degré inclus.

« Elles sont applicables aux cessions de la totalité des parts ou actions de sociétés lorsque ces parts ou actions portent attribution en propriété ou en jouissance à temps complet de chacun des logements d'un immeuble de plus de dix logements.

« Elles ne sont pas applicables aux cessions de parts ou actions susvisées lorsque ces cessions interviennent entre parents ou alliés jusqu'au quatrième degré inclus. »

II. Après l'article L. 210-1 du code de l'urbanisme, il est inséré un article L. 210-2 ainsi rédigé :

« Art. L. 210-2 En cas de vente d'un immeuble à usage d'habitation, la commune peut faire usage de son droit de préemption pour assurer le maintien dans les lieux des locataires. »

Art. 2 I. Après l'article 1584 du code général des impôts, il est inséré un article 1584 *bis* ainsi rédigé :

« Art. 1584 *bis*. Le conseil municipal peut, sur délibération, réduire le taux de la taxe additionnelle aux droits d'enregistrement ou à la taxe de publicité foncière jusqu'à 0,5 % pour les mutations visées au 1 du 1 de l'article 1584, lorsque les conditions suivantes sont réunies :

« 1° La mutation s'inscrit dans le cadre d'une opération consistant :

« a) Soit en des ventes par lots déclenchant le droit de préemption prévu à l'article 10 de la loi n° 75-1351 du 31 décembre 1975 relative à la protection des occupants de locaux à usage d'habitation ou le droit de préemption prévu à l'article 15 de la loi n° 89-462 du 6 juillet 1989 tendant à améliorer les rapports locatifs et portant modification de la loi n° 86-1290 du 23 décembre 1986;

« b) Soit en la vente d'un ou plusieurs lots, consécutive à la mise en copropriété d'un immeuble en raison de l'exercice, par l'un des locataires ou occupants de bonne foi, du droit de préemption prévu à l'article 10-1 de la loi n° 75-1351 du 31 décembre 1975 précitée;

« 2° La mutation porte sur un logement occupé;

« 3° L'acquéreur s'engage dans l'acte d'acquisition à affecter le logement à la location pendant une période minimale de six ans à compter de la date d'acquisition.

« Les dispositions de l'article 1594 E sont applicables. »

II. Après l'article 1594 F *quinquies* du même code, il est inséré un article 1594 F *sexies* ainsi rédigé :

« Art. 1594 F *sexies* Le conseil général peut, sur délibération, réduire le taux de la taxe de publicité foncière ou des droits d'enregistrement jusqu'à 0,5 %, lorsque les conditions suivantes sont réunies :

« 1° La mutation s'inscrit dans le cadre d'une opération consistant :

« a) Soit en des ventes par lots déclenchant le droit de préemption prévu à l'article 10 de la loi n° 75-1351 du 31 décembre 1975 relative à la protection des occupants de locaux à usage d'habitation ou le droit de préemption prévu à l'article 15 de la loi n° 89-462 du 6 juillet 1989 tendant à améliorer les rapports locatifs et portant modification de la loi n° 86-1290 du 23 décembre 1986;

« b) Soit en la vente d'un ou plusieurs lots, consécutive à la mise en copropriété d'un immeuble en raison de l'exercice, par l'un des locataires ou occupants de bonne foi, du droit de préemption prévu à l'article 10-1 de la loi n° 75-1351 du 31 décembre 1975 précitée;

« 2° La vente porte sur un logement occupé;

« 3° L'acquéreur s'engage dans l'acte d'acquisition à affecter le logement à la location pendant une période minimale de six ans à compter de la date d'acquisition.

« Les dispositions de l'article 1594 E sont applicables. »

III. Dans la première phrase du I de l'article 1840 G *ter* du même code, les mots : « ou de taxe de publicité foncière » sont remplacés par les mots : « de taxe de publicité foncière ou de taxe additionnelle aux droits d'enregistrement ou à la taxe de publicité foncière ».

Art. 3 L'article 41 *ter* de la loi n° 86-1290 du 23 décembre 1986 tendant à favoriser l'investissement locatif, l'accession à la propriété de logements sociaux et le développement de l'offre foncière est ainsi modifié :

1° Dans la première phrase du premier alinéa, les mots : « pour un même secteur locatif » sont remplacés par les mots : « pour un ou plusieurs secteurs locatifs » ;

2° La deuxième phrase du dernier alinéa est ainsi rédigée :

« À l'issue d'un délai d'un mois après cette publication et sauf opposition de la majorité des organisations représentatives des bailleurs d'un ou plusieurs secteurs et des organisations représentatives des locataires, ils peuvent être rendus obligatoires, par décret, pour tous les logements des secteurs locatifs concernés. »

Art. 4 Le premier alinéa de l'article 11-1 de la loi n° 89-462 du 6 juillet 1989 tendant à améliorer les rapports locatifs et portant modification de la loi n° 86-1290 du 23 décembre 1986 est complété par une phrase ainsi rédigée :

« Quand ce congé pour vente intervient moins de deux ans avant le terme du bail, la reconduction du bail est de droit, à la demande du locataire, afin de lui permettre, dans tous les cas, de disposer du logement qu'il occupe pendant une durée de deux ans à compter de la notification du congé pour vente. »

Art. 5 I. Le II de l'article 15 de la loi n° 89-462 du 6 juillet 1989 précitée est ainsi modifié :

1° Dans le septième alinéa, le mot : « troisième » est remplacé par le mot : « quatrième », et les mots : « de l'article 1er de la loi n° 53-286 du 4 avril 1953 modifiant la loi n° 48-1360 du 1er septembre 1948 portant modification et codification de la législation relative aux rapports des bailleurs et locataires ou occupants de locaux d'habitation ou à usage professionnel » sont remplacés par les mots : « de l'article L. 111-6-1 du code de la construction et de l'habitation » ;

2° Le dernier alinéa est complété par une phrase ainsi rédigée :

« En outre, le non-respect de l'une des obligations relatives au congé pour vente d'un accord conclu en application de l'article 41 *ter* de la loi n° 86-1290 du 23 décembre 1986 tendant à favoriser l'investissement locatif, l'accession à la propriété de logements sociaux et le développement de l'offre foncière, et rendu obligatoire par décret, donne lieu à l'annulation du congé. » ;

3° Il est ajouté un alinéa ainsi rédigé :

« Est nul de plein droit le congé pour vente délivré au locataire en violation de l'engagement de prorogation des contrats de bail en cours, mentionné au premier alinéa du A du I de l'article 10-1 de la loi n° 75-1351 du 31 décembre 1975 relative à la protection des occupants de locaux à usage d'habitation. »

II. Le cinquième alinéa (a) de l'article 25-1 de la même loi est ainsi rédigé :

« a) Dans le septième alinéa du II, les mots : ni aux actes portant sur les immeubles mentionnés au deuxième alinéa de l'article L. 111-6-1 du code de la construction et de l'habitation ne sont pas applicables. ».

§ 2. Code de la construction et de l'habitation

Art. L. 111-6-1 Sont interdites :

– toute division par appartements d'immeubles qui sont frappés d'une interdiction d'habiter, ou d'un arrêté de péril, ou sont déclarés insalubres, ou comportent pour le quart au moins de leur superficie totale des logements loués ou occupés classés dans la catégorie IV visée par la loi n° 48-1360 du 1er septembre 1948 précitée ;

– toute division d'immeuble en vue de créer des locaux à usage d'habitation d'une superficie et d'un volume habitables inférieurs respectivement à 14 m^2 et à 33 m^3 ou qui ne sont pas pourvus d'une installation d'alimentation en eau potable, d'une installation d'évacuation des eaux usées ou d'un accès à la fourniture de courant électrique, ou qui n'ont pas fait l'objet de diagnostics amiante en application de l'article L. 1311-1 du code de la santé publique et risque de saturnisme lorsque l'immeuble est soumis aux dispositions de l'article L. 1334-5 du même code ;

– toute division par appartements d'immeuble de grande hauteur à usage d'habitation ou à usage professionnel ou commercial et d'habitation dont le contrôle exercé par la commission de sécurité a donné lieu à un avis défavorable de l'autorité compétente ou à des prescriptions qui n'ont pas été exécutées.

Sont punies d'un emprisonnement de deux ans et d'une amende de 75 000 € les personnes qui mettent en vente, en location ou à la disposition d'autrui des locaux destinés à l'habitation et provenant d'une division réalisée en méconnaissance des interdictions définies au présent article.

Les personnes morales peuvent être déclarées responsables pénalement des infractions définies ci-dessus dans les conditions prévues à l'article 121-2 du code pénal. Elles encourent la même peine d'amende définie ci-dessus et les peines mentionnées aux 2°, 4° et 9° de l'article 131-39 du même code.

SECTION 7
EAU

SOUS-SECTION 1
Individualisation

§ 1. Loi n° 2000-1208 du 13 décembre 2000,

Relative à la solidarité et au renouvellement urbains.

Art. 93 Tout service public de distribution d'eau destinée à la consommation humaine est tenu de procéder à l'individualisation des contrats de fourniture d'eau à l'intérieur des immeubles collectifs d'habitation et des ensembles immobiliers de logements dès lors que le propriétaire en fait la demande.

Lorsqu'elle émane d'un propriétaire bailleur, la demande est précédée d'une information complète des locataires sur la nature et les conséquences techniques et financières de l'individualisation des contrats de fourniture d'eau et fait l'objet, s'il y a lieu, d'un accord défini par l'article 42 de la loi n° 86-1290 du 23 décembre 1986 tendant à favoriser l'investissement locatif, l'accession à la propriété de logements sociaux et le développement de l'offre foncière.

Le propriétaire qui a formulé la demande prend en charge les études et les travaux nécessaires à l'individualisation des contrats de fourniture d'eau, notamment la mise en conformité des installations aux prescriptions du code de la santé publique et la pose de compteurs d'eau.

Les conditions d'organisation et d'exécution du service public de distribution d'eau doivent être adaptées pour préciser les modalités de mise en œuvre de l'individualisation des contrats de fourniture d'eau, dans le respect de l'équilibre économique du service conformément à l'article L. 2224-1 du code général des collectivités territoriales. Lorsque la gestion des compteurs des immeubles concernés par l'individualisation n'est pas assurée par la collectivité responsable du service public ou son délégataire, cette gestion est confiée à un organisme public ou privé compétent conformément aux dispositions du code des marchés publics.

Un décret en Conseil d'État précise les conditions d'application du présent article.

§ 2. Décret n° 2003-408 du 28 avril 2003,

Pris en application de l'article 93 de la loi n° 2000-1208 du 13 décembre 2000 et relatif à l'individualisation des contrats de fourniture d'eau.

Art. 1er La personne morale, de droit public ou privé, chargée de l'organisation du service public de distribution d'eau adapte les conditions d'organisation et d'exécution de ce service afin de permettre l'individualisation des contrats de fourniture d'eau.

Les règles applicables aux conditions d'organisation et d'exécution de ce service définissent notamment les relations entre l'exploitant du service de distribution d'eau et les abonnés, les modalités de fourniture de l'eau, les obligations du service, les règles applicables aux abonnements, les conditions de mise en service des branchements et compteurs et les modalités de paiement des prestations et fournitures d'eau.

L'adaptation à laquelle la personne morale chargée de l'organisation du service public de distribution d'eau doit procéder porte notamment sur les prescriptions techniques que doivent respecter les installations de distribution d'eau des immeubles collectifs d'habitation et des ensembles immobiliers de logements, et qui sont nécessaires pour procéder à l'individualisation des contrats de fourniture d'eau, dans le respect des dispositions du code de la santé publique.

Ces prescriptions ne peuvent ni imposer la pose d'un seul compteur par logement, ni exiger que les compteurs soient placés à l'extérieur des logements.

Cette adaptation doit intervenir dans un délai de neuf mois à compter de la publication du présent décret.

Art. 2 Le propriétaire de l'immeuble collectif d'habitation ou de l'ensemble immobilier de logements, titulaire du contrat de fourniture d'eau, qui souhaite individualiser ce contrat adresse une demande à cette fin à la personne morale chargée de l'organisation du service public de distribution d'eau.

Cette demande est accompagnée d'un dossier technique qui comprend notamment une description des installations existantes de distribution d'eau en aval du ou des compteurs servant à la facturation au regard des prescriptions mentionnées au troisième alinéa de l'article 1er. Il comprend également, le cas échéant, le projet de programme de travaux destinés à rendre ces installations conformes à ces prescriptions.

Cette demande est adressée par lettre recommandée avec demande d'avis de réception ou par tout autre moyen présentant des garanties équivalentes.

Art. 3 La personne morale chargée de l'organisation du service public de distribution d'eau dispose d'un délai de quatre mois à compter de la date de réception de la demande complète mentionnée à l'article 2 pour vérifier si les installations décrites dans le dossier technique respectent les prescriptions mentionnées au troisième alinéa de l'article 1er. Elle précise au propriétaire, le cas échéant, les modifications à apporter au projet présenté pour respecter ces prescriptions.

Elle peut à cette fin faire procéder à une visite des lieux, sans que le délai de quatre mois mentionné à l'alinéa précédent puisse être prolongé pour ce motif.

Elle peut, en tant que de besoin, demander au propriétaire des éléments d'information complémentaires relatifs à l'installation. La réponse du propriétaire apportant ces éléments d'information déclenche à nouveau le délai de quatre mois mentionné au premier alinéa.

Elle adresse au propriétaire les modèles des contrats destinés à remplacer le ou les contrats en cours, ainsi que les conditions d'organisation et d'exécution du service public de distribution d'eau.

Art. 4 Le propriétaire qui décide de donner suite au projet informe les locataires occupant les logements qui sont concernés et peut conclure avec eux l'accord mentionné à l'article 42 de la loi du 23 décembre 1986 susvisée.

Art. 5 Le propriétaire adresse à la personne morale chargée de l'organisation du service public de distribution d'eau une confirmation de sa demande d'individualisation des contrats de fourniture d'eau. Le dossier technique mentionné à l'article 2 et tenant compte, le cas échéant, des modifications mentionnées à l'article 3 est annexé à cet envoi. Le propriétaire indique également les conditions dans lesquelles les locataires ont été informés du projet et l'échéancier prévisionnel de réalisation des travaux. Cet envoi est adressé par lettre recommandée avec demande d'avis de réception ou par tout autre moyen présentant des garanties équivalentes.

Art. 6 La personne morale chargée de l'organisation du service public procède à l'individualisation des contrats de

– détermine la date à laquelle il pourra être pris possession des immeubles ou parties d'immeubles, des parcelles ou des droits réels immobiliers après paiement ou, en cas d'obstacle au paiement, après consignation de l'indemnité provisionnelle. Cette date doit être postérieure d'au moins deux mois à la déclaration d'utilité publique.

L'arrêté prévu au présent article est notifié aux personnes et dans les conditions visées aux quatrième et cinquième alinéas de l'article L. 615-6.

Il est publié au recueil des actes administratifs du département et affiché à la mairie du lieu de situation de l'immeuble.

Dans le mois qui suit la prise de possession, le représentant de l'État dans le département est tenu de poursuivre la procédure d'expropriation dans les conditions prévues par le code de l'expropriation pour cause d'utilité publique.

Art. L. 615-8 L'ordonnance d'expropriation ou la cession amiable consentie après l'intervention de l'arrêté prévu à l'article L. 615-7 produit les effets visés à l'article L. 12-2 du code de l'expropriation pour cause d'utilité publique.

Les modalités de transfert de propriété des immeubles ou des droits réels immobiliers ainsi que l'indemnisation des propriétaires sont soumises aux dispositions du code de l'expropriation pour cause d'utilité publique.

§ 2. Loi n° 91-647 du 10 juillet 1991,

Relative à l'aide juridique.

Art. 2 Les personnes physiques dont les ressources sont insuffisantes pour faire valoir leurs droits en justice peuvent bénéficier d'une aide juridictionnelle. Cette aide est totale ou partielle.

Son bénéfice peut être exceptionnellement accordé aux personnes morales à but non lucratif ayant leur siège en France et ne disposant pas de ressources suffisantes.

Aux mêmes conditions, il peut être accordé aux syndicats des copropriétaires d'immeubles soumis à la loi n° 65-557 du 10 juillet 1965 fixant le statut de la copropriété des immeubles bâtis, lorsque l'immeuble fait l'objet d'un plan de sauvegarde en application de l'article L. 615-1 du code de la construction et de l'habitation ou lorsqu'un administrateur provisoire est désigné en application de l'article 29-1 de la loi n° 65-557 du 10 juillet 1965 précitée, pour l'exercice des actions de recouvrement des créances tant en demande qu'en défense.

SECTION 9
PRIVILÈGE DU SYNDICAT

§ 1. Code civil

Art. 2374 Les créanciers privilégiés sur les immeubles sont :

1° Le vendeur, sur l'immeuble vendu, pour le payement du prix;

S'il y a plusieurs ventes successives dont le prix soit dû en tout ou en partie, le premier vendeur est préféré au second, le deuxième au troisième, et ainsi de suite;

1° *bis* Conjointement avec le vendeur et, le cas échéant, avec le prêteur de deniers mentionné au 2°, le syndicat des copropriétaires, sur le lot vendu, pour le paiement des charges et travaux mentionnés aux articles 10 et 30 de la loi n° 65-557 du 10 juillet 1965 fixant le statut de la copropriété des immeubles bâtis, relatifs à l'année courante et aux quatre dernières années échues.

Toutefois, le syndicat est préféré au vendeur et au prêteur de deniers pour les créances afférentes aux charges et travaux de l'année courante et des deux dernières années échues;

2° Même en l'absence de subrogation, ceux qui ont fourni les deniers pour l'acquisition d'un immeuble, pourvu qu'il soit authentiquement constaté, par l'acte d'emprunt, que la somme était destinée à cet emploi et, par la quittance du vendeur, que ce paiement a été fait des deniers empruntés;

3° Les cohéritiers, sur les immeubles de la succession, pour la garantie des partages faits entre eux, et des soulte ou retour de lots; pour la garantie des indemnités dues en application de l'article 866, les immeubles donnés ou légués sont assimilés aux immeubles de la succession;

4° Les architectes, entrepreneurs, maçons et autres ouvriers employés pour édifier, reconstruire ou réparer des bâtiments, canaux, ou autres ouvrages quelconques, pourvu néanmoins que, par un expert nommé d'office par le tribunal de grande instance dans le ressort duquel les bâtiments sont situés, il ait été dressé préalablement un procès-verbal, à l'effet de constater l'état des lieux relativement aux ouvrages que le propriétaire déclarera avoir dessein de faire, et que les ouvrages aient été, dans les six mois au plus tard de leur perfection, reçus par un expert également nommé d'office.

Mais le montant du privilège ne peut excéder les valeurs constatées par le second procès-verbal, et il se réduit à la plus-value existante à l'époque de l'aliénation de l'immeuble et résultant des travaux qui y ont été faits;

5° Ceux qui ont prêté les deniers pour payer ou rembourser les ouvriers, jouissent du même privilège, pourvu que cet emploi soit authentiquement constaté par l'acte d'emprunt, et par la quittance des ouvriers ainsi qu'il a été dit ci-dessus pour ceux qui ont prêté les deniers pour l'acquisition d'un immeuble;

6° Les créanciers et légataires d'une personne défunte, sur les immeubles de la succession, pour la garantie des droits qu'ils tiennent de l'article 878;

7° Les accédants à la propriété titulaires d'un contrat de location-accession régi par la loi n° 84-595 du 12 juillet 1984 définissant la location-accession à la propriété immobilière sur l'immeuble faisant l'objet du contrat, pour la garantie des droits qu'ils tiennent de ce contrat.

Art. 2378 Sont exceptées de la formalité de l'inscription les créances énumérées à l'article 2375 et les créances du syndicat de copropriétaires énumérées à l'article 2374.

SECTION 10
Procédures civiles d'exécution

§ 1. Code de procédure civile (Résolution amiable des différents)

Décret n° 2012-66 du 20 janvier 2012 (*JO* 22 janv., p. 1280)

Art. 127 Les parties peuvent se concilier, d'elles-mêmes ou à l'initiative du juge, tout au long de l'instance.

Art. 128 La conciliation est tentée, sauf disposition particulière, au lieu et au moment que le juge estime favorables et selon les modalités qu'il fixe.

Le juge qui doit procéder à une tentative préalable de conciliation peut enjoindre aux parties de rencontrer un conciliateur de justice qui les informera sur l'objet et le déroulement de la conciliation, dans les conditions prévues par l'article 22-1 de la loi n° 95-125 du 8 février 1995.

Art. 129 Les parties peuvent toujours demander au juge de constater leur conciliation.

Art. 129-1 Lorsque le juge, en vertu d'une disposition particulière, délègue sa mission de conciliation, il désigne un conciliateur de justice à cet effet, fixe la durée de sa mission et indique la date à laquelle l'affaire sera rappelée. La durée initiale de la mission ne peut excéder deux mois. Elle peut être renouvelée.

Art. 129-2 Pour procéder à la tentative de conciliation, le conciliateur de justice convoque en tant que de besoin les parties aux lieu, jour et heure qu'il détermine.

Les parties peuvent être assistées devant le conciliateur de justice par une personne ayant qualité pour le faire devant la juridiction ayant délégué la conciliation.

Art. 129-3 Le conciliateur de justice peut, avec l'accord des parties, se rendre sur les lieux et entendre toute personne dont l'audition lui paraît utile, sous réserve de l'acceptation de celle-ci.

Les constatations du conciliateur et les déclarations qu'il recueille ne peuvent être ni produites ni invoquées dans la suite de la procédure sans l'accord des parties ni, en tout état de cause, dans une autre instance.

Art. 129-4 Le conciliateur de justice tient le juge informé des difficultés qu'il rencontre dans l'accomplissement de sa mission, ainsi que de la réussite ou de l'échec de la conciliation.

Le juge peut mettre fin à tout moment à la conciliation, à la demande d'une partie ou à l'initiative du conciliateur. Il peut également y mettre fin d'office lorsque le bon déroulement de la conciliation apparaît compromis. Le greffier en avise le conciliateur et les parties.

Art. 129-5 Les décisions prises par le juge dans le cadre de la délégation de la mission de conciliation sont des mesures d'administration judiciaire.

Art. 130 La teneur de l'accord, même partiel, est consignée, selon le cas, dans un procès-verbal signé par les parties et le juge ou dans un constat signé par les parties et le conciliateur de justice.

Art. 131 Des extraits du procès-verbal dressé par le juge peuvent être délivrés. Ils valent titre exécutoire.

Les parties peuvent soumettre à l'homologation du juge le constat d'accord établi par le conciliateur de justice. L'homologation relève de la matière gracieuse.

Art. 131-1 Le juge saisi d'un litige peut, après avoir recueilli l'accord des parties, désigner une tierce personne afin d'entendre les parties et de confronter leurs points de vue pour leur permettre de trouver une solution au conflit qui les oppose.

Ce pouvoir appartient également au juge des référés, en cours d'instance.

Art. 131-2 La médiation porte sur tout ou partie du litige.

En aucun cas elle ne dessaisit le juge, qui peut prendre à tout moment les autres mesures qui lui paraissent nécessaires.

Art. 131-3 La durée initiale de la médiation ne peut excéder trois mois. Cette mission peut être renouvelée une fois, pour une même durée, à la demande du médiateur.

Art. 131-4 La médiation peut être confiée à une personne physique ou à une personne morale.

Si le médiateur désigné est une personne morale, son représentant légal soumet à l'agrément du juge le nom de la ou des personnes physiques qui assureront, au sein de celle-ci et en son nom, l'exécution de la mesure.

Art. 131-5 La personne physique qui assure l'exécution de la mesure de médiation doit satisfaire aux conditions suivantes :

1° Ne pas avoir fait l'objet d'une condamnation, d'une incapacité ou d'une déchéance mentionnées sur le bulletin n° 2 du casier judiciaire;

2° N'avoir pas été l'auteur de faits contraires à l'honneur, à la probité et aux bonnes mœurs ayant donné lieu à une sanction disciplinaire ou administrative de destitution, radiation, révocation, de retrait d'agrément ou d'autorisation;

3° Posséder, par l'exercice présent ou passé d'une activité, la qualification requise eu égard à la nature du litige;

4° Justifier, selon le cas, d'une formation ou d'une expérience adaptée à la pratique de la médiation;

5° Présenter les garanties d'indépendance nécessaires à l'exercice de la médiation.

§ 2. Code des procédures civiles d'exécution

Art. L. 111-8 À l'exception des droits proportionnels de recouvrement ou d'encaissement qui peuvent être mis partiellement à la charge des créanciers dans des conditions fixées par décret en Conseil d'État, les frais de l'exécution forcée sont à la charge du débiteur, sauf s'il est manifeste qu'ils n'étaient pas nécessaires au moment où ils ont été exposés. Les contestations sont tranchées par le juge.

Les frais de recouvrement entrepris sans titre exécutoire restent à la charge du créancier, sauf s'ils concernent un acte dont l'accomplissement est prescrit par la loi. Toute stipulation contraire est réputée non écrite, sauf disposition législative contraire.

Cependant, le créancier qui justifie du caractère nécessaire des démarches entreprises pour recouvrer sa créance peut demander au juge de l'exécution de laisser tout ou partie des frais ainsi exposés à la charge du débiteur de mauvaise foi.

SECTION 11
Publicité foncière

§ 1. Code civil

Art. 2429 Pour les besoins de leur inscription, les privilèges et hypothèques portant sur des lots dépendant d'un immeuble soumis au statut de la copropriété sont réputés ne pas grever la quote-part de parties communes comprise dans ces lots.

Néanmoins, les créanciers inscrits exercent leurs droits sur ladite quote-part prise dans sa consistance au moment de la mutation dont le prix forme l'objet de la distribution; cette quote-part est tenue pour grever des mêmes sûretés que les parties privatives et de ces seules sûretés.

Art. 2217 (abrogé Ord. n° 2006-461 du 21 avril 2006).

§ 2. Décret n° 55-22 du 4 janvier 1955,

Portant réforme de la publicité foncière.

A. CHAPITRE PREMIER
Dispositions générales

1) SECTION I
Création d'un fichier immobilier

Art. 1er Il est tenu, pour chaque commune, par les conservateurs des hypothèques, un fichier immobilier sur lequel, au fur et à mesure des dépôts, sont répertoriés, sous le nom de chaque propriétaire, et, en ce qui concerne les catégories d'immeubles définies par décret en Conseil d'État, par immeuble, des extraits des documents publiés, avec référence à leur classement dans les archives.

Le fichier immobilier présente, telle qu'elle résulte des documents publiés, la situation juridique actuelle des immeubles. Il comporte des fiches personnelles de propriétaire, des fiches parcellaires et, pour les immeubles mentionnés au décret prévu à l'alinéa précédent, des fiches d'immeuble.

Art. 2 Aucune modification de la situation juridique d'un immeuble ne peut faire l'objet d'une mutation cadastrale, si l'acte ou la décision judiciaire constatant cette modification n'a pas été préalablement publié, au fichier immobilier.

Art. 3 Aucun acte ou décision judiciaire sujet à publicité dans un bureau des hypothèques ne peut être publié au fichier immobilier si le titre du disposant ou dernier titulaire n'a pas été préalablement publié, conformément aux dispositions du présent décret.

Il est fait exception à cette règle si le droit a été acquis sans titre, notamment par prescription ou accession, ou si le titre du disposant ou dernier titulaire est antérieur au 1er janvier 1956.

2) SECTION II
Mesures tendant à assurer l'exactitude du fichier immobilier

Art. 4 Tout acte sujet à publicité dans un bureau des hypothèques doit être dressé en la forme authentique.

Toutefois, même lorsqu'ils ne sont pas dressés en la forme authentique, les procès-verbaux des délibérations des assemblées générales préalables ou consécutives à l'apport de biens ou droits immobiliers à une société ou par une société peuvent être publiés à la condition d'être annexés à un acte qui en constate le dépôt au rang des minutes d'un notaire.

Les actes reçus par les officiers publics ou ministériels étrangers et les décisions rendues par les juridictions étrangères ne peuvent être publiés ou constituer le titre d'une inscription de privilège ou d'hypothèque que s'ils ont été légalisés par un fonctionnaire qualifié du ministère français des affaires étrangères et déposés au rang des minutes d'un notaire français ou s'ils ont été rendus exécutoires en France. Ils doivent être accompagnés, s'ils sont rédigés en langue étrangère, d'une traduction en français, certifiée soit par le fonctionnaire susvisé, soit par un interprète habituellement commis par les tribunaux. Les expéditions, copies, extraits ou bordereaux déposés pour être conservés au bureau des hypothèques doivent, en outre, porter toutes les mentions exigées par les articles 5 à 7 du présent décret et les articles 2148 et 2154 nouveaux du code civil.

Art. 5 Tout acte ou décision judiciaire sujet à publicité dans un bureau des hypothèques doit contenir les nom, prénoms dans l'ordre de l'état civil, domicile, date et lieu de naissance et profession des parties, ainsi que le nom de leur conjoint.

Les nom, prénoms dans l'ordre de l'état civil, date et lieu de naissance des parties, le nom de leur conjoint, doivent être certifiés par un notaire, huissier de justice, avoué *[avocat]*, syndic de faillite, administrateur aux règlements judiciaires *[administrateurs judiciaires]* ou une autorité administrative, au pied de tout bordereau, extrait, expédition ou copie, déposé pour l'exécution de la formalité.

La faculté de certifier les indications de l'état civil peut être accordée par décret en Conseil d'État, pour les opérations les concernant, aux organismes de sécurité sociale ou d'allocations familiales et à certains organismes de crédit dont l'objet principal est de consentir des prêts hypothécaires.

En ce qui concerne les attestations après décès, l'état civil doit être indiqué et certifié pour le défunt et pour chacun des héritiers, successeurs irréguliers ou légataires.

Le certificat est établi, sous réserve des exceptions fixées par décret, au vu d'un extrait de l'acte de naissance ayant moins de six mois de date au jour de l'acte ou de la décision judiciaire.

Art. 6 1. Tout acte ou décision judiciaire soumis à publicité dans un bureau des hypothèques doit contenir les éléments suivants d'identification des personnes morales :

a) Dénomination;

b) Forme juridique et siège. En ce qui concerne les associations et les syndicats, l'acte ou la décision doit, en outre, comporter la date et le lieu de leur déclaration ou du dépôt de leurs statuts;

c) Lorsque la personne morale est inscrite au répertoire prévu par le décret n° 73-314 du 14 mars 1973 modifié portant création d'un système national d'identification et d'un répertoire des entreprises et de leurs établissements, le numéro d'identité qui lui a été attribué, complété, si celle-ci est assujettie à immatriculation au registre du commerce et des sociétés, par la mention RCS suivie du nom de la ville où se trouve le greffe où elle est immatriculée.

En outre, doivent être indiqués les nom, prénoms et domicile du ou des représentants de la personne morale.

2. L'identification des personnes morales est certifiée dans les conditions prévues aux alinéas 2 et 3 de l'article 5.

Lorsque la personne morale n'est pas inscrite au répertoire des entreprises et de leurs établissements, ou lorsqu'elle est en cours d'inscription, le certificat d'identité doit être complété d'une mention attestant de cette situation.

Le certificat est établi au vu de l'original, d'une expédition ou d'une copie collationnée de tout document constatant la dénomination, la forme juridique et le siège actuels de la personne morale ainsi que, si elle est inscrite au répertoire susmentionné, son numéro d'identité.

Toutefois, si le siège de la personne morale n'est pas en France métropolitaine ou dans les départements d'outre-mer, le document au vu duquel le certificat est établi doit être délivré ou certifié par l'autorité administrative ou par l'agent diplomatique ou consulaire qui représente la République française au lieu du siège et accompagné, s'il est rédigé en langue étrangère, d'une traduction en français certifiée soit par cet agent, soit par un interprète habituellement commis par les tribunaux.

En toute hypothèse, le certificat énonce les documents au vu desquels il a été établi.

Art. 7 Tout acte ou décision judiciaire sujet à publicité dans un bureau des hypothèques doit indiquer, pour chacun des immeubles qu'il concerne, la nature, la situation, la contenance et la désignation cadastrale (section, numéro du plan et lieudit). Le lieudit est remplacé par l'indication de la rue et du numéro pour les immeubles situés dans les parties agglomérées des communes urbaines.

Lorsqu'il réalise ou constate une division de la propriété du sol entraînant changement de limite, l'acte ou la décision doit désigner l'immeuble tel qu'il existait avant la division et chacun des nouveaux immeubles résultant de cette division, sauf en cas de lotissement effectué dans le cadre de la législation sur les lotissements ou s'il s'agit d'immeubles situés dans les communes où le cadastre n'est pas rénové. La constitution sur une fraction de parcelle d'un droit d'usufruit, d'un droit de superficie ou d'un bail emphytéotique est considérée comme un changement de limite de propriété.

Lorsque, sans réaliser ou constater une division de la propriété du sol entraînant changement de limite, il ne concerne qu'une ou plusieurs fractions d'un immeuble, l'acte ou la décision judiciaire doit comporter à la fois la désignation desdites fractions et celle de l'ensemble de l'immeuble. La désignation de la fraction est faite conformément à un état descriptif de division, ou, éventuellement, à un état modificatif, établi dans les conditions fixées par décret, et préalablement publié; elle doit mentionner le numéro du lot dans lequel la fraction est comprise, et, sous réserve des exceptions prévues audit décret, la quote-part dans la propriété du sol afférente à ce lot. Les dispositions du présent alinéa ne sont pas applicables lorsque l'acte ou la décision concerne soit une servitude, soit un droit d'usage ou d'habitation, soit un bail de plus de douze années. Elles sont également sans application lorsque l'acte ou la décision entraîne la suppression de la division de l'immeuble.

Les mêmes indications doivent obligatoirement figurer dans tout bordereau, extrait, expédition ou copie, déposé en vue de l'exécution de la formalité.

S'il s'agit d'immeubles situés dans les communes où le cadastre a été rénové, et faisant l'objet d'une mutation par décès, d'un acte ou d'une décision judiciaire translatif, déclaratif ou constitutif d'un droit réel susceptible d'hypothèque, la désignation est faite conformément à un extrait cadastral ayant moins de six mois de date au jour de la remise au conservateur des hypothèques, et, en cas de changement de limite, d'après les documents d'arpentage établis spécialement en vue de la conservation du cadastre. Cet extrait ou ces documents doivent être remis au conservateur des hypothèques à l'appui de la réquisition de la formalité.

3) SECTION III
Obligations des conservateurs des hypothèques

Art. 8-1 1 Pour l'application de l'article 2203-1 du code civil, le certificat établi à partir du registre des dépôts tenu conformément au deuxième alinéa de l'article 2201 du même code fait apparaître pour chacun des documents acceptés :

– la date et le numéro de dépôt;

– la qualification juridique de l'acte;

– le nom de l'officier public ou ministériel rédacteur ou l'indication de l'autorité administrative ou judiciaire;

– la date de l'acte.

2. Seules figurent dans le certificat délivré les formalités pour lesquelles il existe une complète concordance entre la désignation des immeubles telle qu'elle figure dans la demande de renseignements et celle contenue dans les documents déposés en instance d'enregistrement au fichier immobilier.

3. Un arrêté du secrétaire d'État au budget fixe la liste des bureaux des hypothèques dont le registre des dépôts est informatisé.

Art. 9 Toute réquisition de copie, extrait ou certificat, déposée en application de l'article 2449 du code civil doit comporter l'identification des personnes du chef desquelles les renseignements sont requis, savoir :

Pour les personnes physiques, les nom et prénoms dans l'ordre de l'état civil, et les date et lieu de naissance;

Pour les personnes morales, leur dénomination, ainsi que les autres éléments d'identification prévus au 1 de l'article 6.

La réquisition se rapportant à un immeuble déterminé doit comporter la désignation individuelle dudit immeuble, telle qu'elle est définie par décret. Toutefois, les conservateurs sont fondés à accepter les réquisitions dans lesquelles certains des éléments de cette désignation feraient défaut; dans ce cas, ils ne sont pas responsables des erreurs résultant de l'insuffisance de la désignation.

Les conservateurs sont tenus de délivrer les copies, extraits ou certificats du chef seulement des personnes physiques ou morales expressément dénommées dans la réquisition et, quand une réquisition se rapporte à un immeuble déterminé, seulement sur cet immeuble. Toute erreur dans l'orthographe des noms et prénoms ou l'énonciation des prénoms dans l'ordre de l'état civil et des date et lieu de naissance des personnes physiques, dans la désignation des personnes morales, ou dans la désignation des immeubles, dégage la responsabilité des conservateurs à raison des renseignements inexacts qu'ils peuvent être amenés à fournir au vu des documents publiés. Il en serait de même en cas de non-concordance entre les indications de ces documents et celles de la réquisition, bien que ces dernières fussent exactes.

Art. 9-1 Dans les bureaux des hypothèques dont le fichier est informatisé, seul un état complémentaire est délivré lorsqu'une réquisition déposée à l'appui d'un document soumis à publicité a été précédée dans un délai fixé par décret d'une demande émanant du même requérant et portant sur les mêmes immeubles.

Art. 10 Les documents déposés dans les conservations depuis plus de cinquante ans et moins de cent ans sont versés dans des centres d'archives spéciaux, habilités à en délivrer des copies ou extraits suivant les modalités déterminées par un arrêté des ministres de la justice et des finances.

Les documents déposés dans les conservations depuis plus de cent ans sont obligatoirement versés, à Paris, aux Archives nationales, et, au chef-lieu de chaque département, aux archives départementales, dans les conditions fixées par le décret du 21 juillet 1936.

B. CHAPITRE II
Publicité des privilèges et des hypothèques

Art. 11 à 14 *[V. C. civ., art. 2374 et 2378; V. aussi C. civ., art. 2375 à 2377, art. 2379, 2381, 2383 et 2386 al. 2]*

Art. 15 Tous privilèges spéciaux ou généraux sur les immeubles autres que ceux visés aux articles 2103 et 2104 nouveaux du code civil sont transformés en hypothèques légales et sont soumis aux règles édictées pour ces dernières par le code civil et le présent décret, nonobstant toutes dispositions spéciales contraires.

Art. 16 à 25 *[V. C. civ., art. 2396, 2401, 2412, 2418, 2425, 2410 à 2428, 2430, 2438]*

Art. 26 Lorsqu'un document sujet à publicité dans un bureau des hypothèques a fait l'objet d'un refus du dépôt ou d'un rejet de la formalité, le recours de la partie intéressée contre la décision du conservateur des hypothèques est porté, dans les huit jours de la notification de cette décision, devant le président du tribunal de grande instance dans le ressort duquel sont situés les immeubles.

Il est statué comme en matière de référé.

L'ordonnance du président du tribunal de grande instance n'est pas susceptible d'exécution provisoire.

En cas d'exercice des voies de recours, il est statué par priorité et d'extrême urgence.

Dès que la décision est passée en force de chose jugée, la formalité litigieuse est, suivant le cas :

– soit définitivement refusée ou rejetée;

– soit exécutée dans les conditions ordinaires. Dans ce cas, elle prend rang à la date d'enregistrement du dépôt.

Art. 27 *[V. C. civ., art. 2441, 2444, 2445]*

C. CHAPITRE III
Publicité des droits sur les immeubles autres que les privilèges et les hypothèques

Art. 28 Sont obligatoirement publiés au bureau des hypothèques de la situation des immeubles :

1° Tous actes, même assortis d'une condition suspensive, et toutes décisions judiciaires, portant ou constatant entre vifs :

a) Mutation ou constitution de droits réels immobiliers autres que les privilèges et hypothèques, qui sont conservés suivant les modalités prévues au code civil;

b) Bail pour une durée de plus de douze années, et, même pour un bail de moindre durée, quittance ou cession d'une somme équivalente à trois années de loyers ou fermages non échus;

c) Titre d'occupation du domaine public de l'État ou d'un de ses établissements publics constitutif d'un droit réel immobilier délivré en application des articles L. 34-1 à L. 34-9 du code du domaine de l'État et de l'article 3 de la loi n° 94-631 du 25 juillet 1994 ainsi que cession, transmission ou retrait de ce titre.

2° Les actes entre vifs dressés distinctement pour constater des clauses d'inaliénabilité temporaire et toutes autres restrictions au droit de disposer, ainsi que des clauses susceptibles d'entraîner la résolution ou la révocation d'actes soumis à publicité en vertu du 1°; de même, les décisions judiciaires constatant l'existence de telles clauses; les décisions judiciaires arrêtant ou modifiant le plan de redressement de l'entreprise rendu en application des chapitres II ou III *[C. com., livre VI, titre II, chapitre Ier, sec-*

tions II ou III] de la loi n° 85-98 du 25 janvier 1985 relative au redressement et à la liquidation judiciaires des entreprises qui prononcent en application des articles 70 ou 89-1 *[C. com., art. L. 621-72 ou L. 621-92]* de la loi précitée l'inaliénabilité temporaire d'un bien immobilier compris dans le plan;

3° Les attestations notariées établies en exécution de l'article 29 en vue de constater la transmission ou la constitution par décès de droits réels immobiliers;

4° Les actes et décisions judiciaires, énumérés ci-après, lorsqu'ils portent sur des droits soumis à publicité en vertu du 1° :

a) Les actes confirmatifs de conventions entachées de cause de nullité ou rescision;

b) Les actes constatant l'accomplissement d'une condition suspensive;

c) Les demandes en justice tendant à obtenir, et les actes et décisions constatant, la résolution, la révocation, l'annulation ou la rescision d'une convention ou d'une disposition à cause de mort;

d) Les décisions rejetant les demandes visées à l'alinéa précédent et les désistements d'action et d'instance;

e) Les actes et décisions déclaratifs;

5° [Abrogé]

6° Les conventions d'indivision immobilière;

7° La décision du tribunal donnant acte du délaissement hypothécaire, prévue à l'article 2469 [anc[t] 2174] du code civil;

8° Les actes qui interrompent la prescription acquisitive conformément aux articles 2244 et 2248 du code civil, et les actes de renonciation à la prescription acquise;

9° Les documents, dont la forme et le contenu seront fixés par décret, destinés à constater tout changement ou modification du nom ou des prénoms des personnes physiques, et les changements de dénomination, de forme juridique ou de siège des sociétés, associations, syndicats et autres personnes morales, lorsque ces changements intéressent des personnes physiques ou morales au nom desquelles une formalité de publicité a été faite depuis le 1er janvier 1956.

Art. 29 Dans les délais fixés à l'article 33, toute transmission ou constitution par décès de droits réels immobiliers doit être constatée par une attestation notariée indiquant obligatoirement si les successibles ou légataires ont accepté et précisant, éventuellement, les modalités de cette acceptation.

Une attestation rectificative doit, le cas échéant, être établie, notamment lorsque la dévolution est modifiée, ou que les successibles exercent ou modifient leur option postérieurement à la publicité de l'attestation notariée. Toutefois, la publication, au même bureau, d'un acte de disposition, par les successibles, dispense ces derniers de faire établir et publier une attestation rectificative.

Les clauses de restitution contenues dans les testaments et les restrictions au droit de disposer dont peuvent être affectées les transmissions par décès, ainsi que toutes les clauses susceptibles d'entraîner la révocation de ces dernières, doivent être reproduites littéralement dans l'attestation notariée relative aux immeubles grevés.

Il n'est pas établi d'attestation notariée si un acte de partage portant sur la totalité des immeubles héréditaires est dressé et publié dans les dix mois du décès.

Art. 30 1. Les actes et décisions judiciaires soumis à publicité par application du 1° de l'article 28 sont, s'ils n'ont pas été publiés, inopposables aux tiers qui, sur le même immeuble, ont acquis, du même auteur, des droits concurrents en vertu d'actes ou de décisions soumis à la même obligation de publicité et publiés, ou ont fait inscrire des privilèges ou des hypothèques. Ils sont également inopposables, s'ils ont été publiés, lorsque les actes, décisions, privilèges ou hypothèques, invoqués par ces tiers, ont été antérieurement publiés.

Ne peuvent toutefois se prévaloir de cette disposition les tiers qui étaient eux-mêmes chargés de faire publier les droits concurrents, ou leurs ayants cause à titre universel.

Les ayants cause à titre particulier du titulaire d'un droit visé au 1° de l'article 28, qui ont publié l'acte ou la décision judiciaire constatant leur propre droit, ne peuvent se voir opposer les actes entre vifs dressés distinctement pour constater des clauses d'inaliénabilité temporaire et toutes autres restrictions au droit de disposer, ou les décisions judiciaires constatant de telles clauses, lorsque lesdits actes ou décisions ont été publiés postérieurement à la publicité donnée à leur propre droit.

La résolution ou la révocation, l'annulation ou la rescision d'un droit visé au 1° de l'article 28, lorsqu'elle produit un effet rétroactif, n'est opposable aux ayants cause à titre particulier du titulaire du droit anéanti que si la clause en vertu de laquelle elle est intervenue a été antérieurement publiée ou si la cause réside dans la loi.

2. Le défaut de publicité des actes de donation visés à l'article 939 du code civil demeure opposable dans les conditions fixées par l'article 941 du même code.

3. À défaut de publicité, ne peuvent jamais être opposés aux tiers définis par le premier alinéa du 1 :

Les baux, pour une durée supérieure à douze ans;

Les actes portant cession de loyers ou fermages non échus, pour une durée supérieure à trois ans.

4. Toute personne intéressée qui, ayant publié son propre droit, prouve qu'elle a subi un préjudice à raison soit du défaut de publication avant l'expiration du délai légal, soit de la publicité incomplète ou irrégulière d'un des actes visés aux 3° à 9° de l'article 28, peut demander des dommages et intérêts.

Toutefois, le légataire particulier de droits immobiliers peut, sous réserve de l'application des articles 1035 et suivants du code civil, se prévaloir de la publication de l'attestation notariée à l'égard des ayants cause du défunt qui n'ont pas publié antérieurement les actes ou décisions judiciaires établissant, à leur profit, des droits concurrents.

Le légataire particulier écarté en vertu des articles 1035 et suivants du code civil peut, dans le cas où la transmission qui le prive de l'objet du legs n'a pas été publiée, obtenir des dommages et intérêts s'il a lui-même publié son propre droit.

5. Les demandes tendant à faire prononcer la résolution, la révocation, l'annulation ou la rescision de droits résultant d'actes soumis à publicité ne sont recevables devant les tribunaux que si elles ont été elles-mêmes publiées conformément aux dispositions de l'article 28-4°, *c*, et s'il est justifié de cette publication par un certificat du conservateur ou la production d'une copie de la demande revêtue de la mention de publicité.

Art. 31 1. Dans le cas où plusieurs formalités de nature à produire des effets opposables aux tiers en vertu de l'article précédent sont requises le même jour relativement au même immeuble, celle qui est requise en vertu du titre dont la date est la plus ancienne est réputée d'un rang antérieur, quel que soit l'ordre du registre prévu à l'article 2200 du code civil.

2. Lorsqu'une formalité obligatoire en vertu des 1° à 3° de l'article 28 et de nature à produire des effets opposables aux tiers en vertu de l'article précédent, et une inscription d'hypothèque, sont requises le même jour relativement au même immeuble, et que l'acte à publier et le titre de l'inscription portent la même date, l'inscription est réputée d'un rang antérieur, quel que soit l'ordre du registre susvisé.

3. Si des formalités concurrentes, obligatoires en vertu des 1° et 3° de l'article 28 et de nature à produire des effets opposables aux tiers en vertu de l'article précédent sont requises le même jour et si les actes à publier portent la même date, les formalités sont réputées du même rang.

4. Lorsqu'une formalité de nature à produire des effets opposables aux tiers en vertu de l'article précédent, et la publicité d'un commandement valant saisie sont requises le même jour relativement au même immeuble, le rang des formalités est réglé, quel que soit l'ordre qui résulte du registre susvisé, d'après les dates, d'une part, du titre exécutoire mentionné dans le commandement, d'autre part, du titre de la formalité concurrente; lorsque les titres sont de la même date, la publicité du commandement valant saisie est réputée d'un rang préférable.

5. En toute hypothèse, les inscriptions de séparations de patrimoine prévues par l'article 2111 du code civil, dans le cas visé au deuxième alinéa de l'article 2113 du même code ainsi que celles des hypothèques légales prévues à l'article 2121 (1°, 2° et 3°) du code civil sont réputées d'un rang antérieur à celui de toute autre formalité requise le même jour.

Art. 32 Les notaires, avoués *[avocats]*, huissiers, greffiers, commissaires à l'exécution du plan et autorités administratives sont tenus de faire publier, dans les délais fixés à l'article 33, et indépendamment de la volonté des parties, les actes ou décisions judiciaires visés à l'article 28, 1°, 2° et 4° à 9° dressés par eux ou avec leur concours.

Les notaires sont tenus de faire publier les attestations visées à l'article 28, 3°, lorsqu'ils sont requis par les parties de les établir. Ils ont la même obligation lorsqu'ils sont requis d'établir un acte concernant la dévolution de tout ou partie d'une succession; les successibles doivent, dans ce cas, fournir aux notaires tous renseignements et justifications utiles.

Art. 33 Les délais d'accomplissement de la formalité sont fixés comme suit :

A. – Pour les attestations notariées, quatre mois à dater du jour où le notaire a été requis.

La responsabilité des successibles peut être engagée, conformément au premier alinéa de l'article 30-4 si le notaire est requis plus de six mois après le décès, ou, dans les cas où un événement ultérieur modifie la dévolution de la succession, la masse héréditaire ou l'option des successibles, plus de six mois après cet événement.

B. – Pour les décisions judiciaires, trois mois du jour où elles sont devenues définitives, ce délai étant réduit à un mois pour les décisions prononçant la résolution, la révocation, la nullité ou la rescision d'un acte de nature à être publié.

C. – Pour les autres actes, trois mois de leur date.

Toutefois, le délai est réduit à deux mois pour les actes et décisions en vertu desquels peut être requise l'inscription des privilèges prévus aux articles 2379 et 2381 du code civil.

Au cas où la publicité doit être opérée dans deux ou plusieurs bureaux, les délais ci-dessus prévus sont prorogés d'un mois pour chaque bureau en sus du premier.

[Dernier al. abrogé]

Art. 34 1. Nonobstant toutes dispositions spéciales contraires, la publicité requise en vertu des articles qui précèdent donne lieu obligatoirement au dépôt simultané, au bureau des hypothèques, de deux expéditions, extraits littéraux ou copies de l'acte ou de la décision judiciaire à publier.

S'agissant des ventes autres que judiciaires, les expéditions, extraits littéraux ou copies de l'acte doivent comporter une partie normalisée, seule publiée au fichier immobilier, qui contient uniquement les éléments indispensables à la publicité des droits réels et à l'assiette des salaires, impôts, droits et taxes, selon des modalités fixées par décret en Conseil d'État.

L'un de ces documents est rendu au déposant, après avoir été revêtu par le conservateur d'une mention attestant l'exécution de la formalité.

L'autre, qui doit porter la mention de certification de l'identité des parties prescrite par les articles 5 et 6, est conservé au bureau des hypothèques; un décret fixe les conditions de forme auxquelles ce document doit satisfaire.

2. Le dépôt est refusé :

– Si l'expédition, extrait ou copie qui doit être conservé au bureau des hypothèques ne comporte pas la mention de certification de l'identité des parties;

– Si les immeubles ne sont pas individuellement désignés, avec indication de la commune où ils sont situés;

– En cas d'inobservation des prescriptions du décret prévu au dernier alinéa du 1;

– En cas de défaut de remise de l'extrait cadastral ou des documents d'arpentage visés au cinquième alinéa de l'article 7;

– En cas de non-production de la partie normalisée de l'acte visée au deuxième alinéa du 1 du présent article.

3. La formalité est rejetée si, après avoir accepté le dépôt, le conservateur constate :

a) Soit l'omission d'une des énonciations prescrites par les articles 5, 6 et 7, sous réserve du droit pour les intéressés de redresser les erreurs matérielles de l'expédition, extrait, ou copie, par un document rectificatif prenant effet à la date de son dépôt;

b) Soit une discordance entre, d'une part, les énonciations relatives à l'identification des parties ou à la désignation des immeubles contenues dans le document à publier, et, d'autre part, les énonciations correspondantes contenues dans les titres déjà publiés depuis le 1er janvier 1956, sauf justification de l'exactitude du document à publier.

c) Soit, pour les ventes autres que judiciaires, la production d'une partie normalisée non conforme aux prescriptions du deuxième alinéa du 1 du présent article, sous réserve du droit pour les intéressés, de redresser les erreurs matérielles de cette partie.

4. Le recours éventuellement formé contre la décision de refus ou de rejet du conservateur est soumis aux règles fixées par l'article 26.

5. Lorsqu'il est mentionné, dans un acte soumis à publicité, que celui-ci a dû être établi d'urgence avant réception des documents sur la base desquels il doit être procédé à la désignation des personnes et des immeubles, les erreurs ou omissions relatives à cette désignation peuvent être réparées, préalablement à la réquisition de formalité, au moyen soit d'une mention complémentaire apposée par le rédacteur de l'acte à la suite de la minute ou de l'original, soit d'une attestation établie par acte distinct lorsque l'acte a déjà été enregistré; en ce qui concerne les actes d'huissier de justice, la mention peut être portée, par l'huissier ou par l'avoué *[l'avocat]* intéressé, sur les documents déposés au bureau des hypothèques.

6. Lorsqu'une décision judiciaire soumise à publicité a été rendue sans que les documents visés au 4 aient été communiqués à la juridiction, les erreurs ou omissions relatives à la désignation des personnes et des immeubles peuvent être, préalablement à la réquisition de formalité, rectifiées ou réparées en vertu d'une ordonnance rendue sur requête par le président de la juridiction qui aura statué ou par son délégué, à la demande de la partie intéressée qui doit, à cet effet, communiquer les documents justificatifs. Le président peut, s'il l'estime nécessaire, renvoyer les parties à se pourvoir devant la juridiction.

Art. 34-1 1. Pour l'application du deuxième alinéa du 1 de l'article 34, la partie normalisée relate dans l'ordre les énonciations suivantes :

– date et rédacteur de l'acte;

– qualification juridique de l'acte complétée, le cas échéant, pour les opérations complexes, d'un exposé sommaire relatant le contexte juridique des dispositions de l'acte soumis à publicité;

– état civil des parties à l'acte;

– désignation complète des immeubles;

– références de publication du titre constituant l'origine de propriété immédiate;

– références de publication de l'état descriptif de division et de ses modificatifs éventuels pour les fractions d'immeubles. Dans l'hypothèse où l'acte concerne plusieurs immeubles dont l'origine de propriété immédiate résulte de titres distincts, chaque référence de publication doit mentionner l'immeuble concerné par cette énonciation;

– le cas échéant, autres opérations juridiques devant faire l'objet d'une publication au fichier immobilier;

– charges et conditions;

– propriété, entrée en jouissance;

– prix et modalités de paiement;

– déclarations nécessaires à la liquidation, à l'assiette ou au contrôle de tous impôts, droits, taxes et salaires.

2. Pour permettre le contrôle de l'application du 2 de l'article 34, la partie normalisée doit figurer au début des expéditions, extraits littéraux ou copies déposées et comporter une mention de clôture.

Art. 35 Sont publiés au bureau des hypothèques de la situation des immeubles et produisent, vis-à-vis des parties et des tiers, les effets prévus par les dispositions spéciales qui les régissent :

1° Le commandement valant saisie et les différents actes de procédure qui s'y rattachent;

2° Les actes constitutifs du bien de famille insaisissable;

3° Les ordonnances, les cessions amiables en matière d'expropriation pour cause d'utilité publique et les accords visés à l'article 6 *bis* de l'ordonnance n° 58-997 du 23 octobre 1958 portant réforme des règles relatives à l'expropriation pour cause d'utilité publique *[C. expr. pour cause d'utilité publique, art. L. 13-27]*, quel que soit le montant de l'indemnité;

4° Les procès-verbaux de réorganisation foncière ou de remembrement, les actes d'échange d'immeubles ruraux, les certificats de non-opposition et les ordonnances d'homologation;

5° Les arrêtés pris en vue du remembrement préalable à la reconstruction; les projets de remembrement amiable approuvés;

6° Les règlements de copropriété des immeubles ou ensembles immobiliers;

7° Les décisions de classement et de déclassement des monuments historiques et des sites;

8° Les actes ou décisions judiciaires dont la publication est prescrite par les dispositions législatives particulières.

Les actes, décisions et dispositions énoncés ci-dessus, et les extraits, expéditions, ou copies déposés au bureau des hypothèques pour l'exécution de la formalité sont soumis aux règles générales édictées par le présent décret, notamment par les articles 4 à 7 et 32 à 34 concernant la forme des actes, l'identification des personnes et des biens, les délais et les modalités de la publicité. Toutefois, à titre transitoire, certaines modalités d'application pourront être fixées par décret en Conseil d'État.

Art. 36 Sont également publiés pour l'information des usagers, au bureau des hypothèques de la situation des immeubles, par les soins de l'administration compétente, dans les conditions et limites, et sous réserve des exceptions fixées par décret en Conseil d'État :

1° Les procès-verbaux établis par le service du cadastre pour constater les changements intervenus dans la désignation des rues et des numéros d'immeubles, les constructions et démolitions affectant des immeubles inscrits au fichier immobilier et situés dans la partie agglomérée d'une commune urbaine, ainsi que les modifications provenant de décisions administratives ou d'événements naturels;

2° Les limitations administratives au droit de propriété, et les dérogations à ces limitations.

Art. 37 1. Peuvent être publiées au bureau des hypothèques de la situation des immeubles qu'elles concernent, pour l'information des usagers :

1° Les promesses unilatérales de vente et les promesses unilatérales de bail de plus de douze ans;

2° Les conventions relatives à l'exercice des servitudes légales.

Les actes ou documents dont la publicité est prévue par le présent article et les extraits, expéditions ou copies déposés au bureau des hypothèques pour l'exécution de la formalité sont soumis aux règles générales édictées par le présent décret, notamment par les articles 4 à 7 et 34 concernant la forme des actes, l'identification des personnes et des biens, et les modalités de la publicité.

2. Peuvent être publiés dans les mêmes conditions les documents énumérés ci-après auxquels sont annexés ou dans lesquels sont littéralement reproduits des actes soumis ou admis à publicité, quoique ces derniers n'aient pas été dressés en la forme authentique :

1° Demande en justice tendant à obtenir la réitération ou la réalisation en la forme authentique desdits actes;

2° Procès-verbal notarié constatant le défaut ou le refus du cocontractant ou promettant de procéder auxdites réitération ou réalisation;

3° Déclaration, par acte notarié, de la volonté du bénéficiaire de l'acte d'exiger lesdites réitération ou réalisation.

Les dispositions de l'article 30 sont applicables à compter du jour de la formalité, lorsque celle-ci est suivie, dans un délai de trois ans, de la publication d'un acte authentique ou d'une décision judiciaire constatant la réitération ou la réalisation. En cas d'instance judiciaire, ce délai peut être prorogé par la publication d'une ou plusieurs ordonnances successives rendues à cet effet par le président du tribunal saisi.

D. CHAPITRE IV
Entrée en vigueur et dispositions transitoires

Art. 38 Les chapitres Ier, II et III du présent décret entreront en vigueur le 1er janvier 1956.

Leurs dispositions ne seront pas applicables aux actes authentiques intervenus, aux actes sous seings privés ayant acquis date certaine, aux décisions judiciaires devenues définitives et aux transmissions par décès opérées, avant le 1er janvier 1956. Ces actes, décisions et transmissions par décès seront régis, quant à l'obligation de la publicité et à leurs effets, par la législation antérieure. Toutefois, en ce qui concerne les ventes d'immeubles publiées à partir du 1er mars 1955, le privilège du vendeur ou du prêteur qui a fourni les deniers pour l'acquisition, prévu à l'article 2108 du code civil, ne pourra être conservé, à partir de cette date, que par une inscription prise, sans aucune perception au profit du Trésor, à la diligence des parties, dans un délai de deux mois à compter de la date de l'acte de vente, le délai expirant uniformément le 30 avril 1955 pour tous les actes d'une date antérieure au 1er mars 1955. En outre, tout extrait, expédition ou copie déposé dans un bureau des hypothèques à partir du 1er janvier 1956 devra contenir les éléments d'identification des personnes et des immeubles exigés par les articles 5, 6 et 7, quelle que soit la date des actes, décisions ou transmissions par décès; de même, tout bordereau déposé à partir de la même date devra être conforme aux dispositions des articles 2146, 2148 et 2154 nouveaux du code civil.

Les privilèges, les hypothèques légales de la femme mariée et du mineur ou de l'interdit ainsi que les hypothèques judiciaires, inscrits antérieurement au 1er janvier 1956, seront soumis, quant à leurs effets, aux dispositions du code civil antérieures au présent décret ou des lois spéciales les concernant; en particulier, les hypothèques légales conserveront le rang qui leur est attribué par les dispositions de l'article 2135 du code civil, dans son texte antérieur au présent décret. La transcription opérée avant le 1er mars 1955 ne conserve le privilège prévu à l'article 2108 du code civil que pendant dix ans, à défaut de renouvellement de l'inscription d'office avant l'expiration de ce terme.

Les privilèges et les hypothèques légales dispensés d'inscription par la législation antérieure et non encore inscrits au 1er janvier 1956 devront, pour conserver le rang qui leur est attribué par cette législation, faire l'objet d'une inscription dans les formes prévues par l'article 2148 nouveau du code civil, avant le 1er janvier 1957. Jusqu'à cette date, la purge des hypothèques existant sur les immeubles appartenant à des maris ou à des tuteurs pourra être faite conformément aux articles 2193 à 2195 du code civil et aux dispositions du chapitre Ier du titre IV du décret du 28 février 1852. À compter du 1er janvier 1957, le présent décret sera applicable pour la conservation de tous les privilèges et hypothèques.

Nota :

L'article 2135 du code civil a été abrogé par la loi n° 85-1372 du 23 décembre 1985, les articles 2193 à 2195 du code civil ont été abrogés par le Décr. n° 55-22 du 4 janv. 1955, art. 46.

Art. 39 Pendant une période dont l'expiration sera fixée par décret en Conseil d'État et dont la durée ne pourra être inférieure à cinq ans, la publicité au fichier immobilier pourra être volontairement requise, sans aucune perception au profit du Trésor, pour ceux des actes authentiques intervenus, des actes sous seings privés ayant acquis date certaine, des décisions judiciaires devenues définitives, des transmissions par décès opérées, avant le 1er janvier 1956 :

– qui n'étaient pas soumis à la publicité sous le régime antérieur, mais y auraient été soumis ou admis en vertu du présent décret;

– qui, soumis à la publicité en vertu du présent décret, y étaient déjà soumis sous le régime antérieur et ont été publiés sous ce régime.

Dans cette dernière hypothèse, la formalité prend rang à la date de la formalité primitive et produit les mêmes effets.

Le dépôt est refusé, ou la formalité rejetée, dans les conditions prévues à l'article 34.

Art. 40 Par dérogation au dernier alinéa de l'article 7, la première formalité requise après le 1er janvier 1956 et portant sur un immeuble situé dans une commune à cadastre rénové, même si elle n'a pas pour objet de publier une mutation par décès, un acte ou une décision judiciaire translatif, déclaratif ou constitutif d'un droit réel susceptible d'hypothèque, donne lieu, sous peine de rejet dans les conditions prévues à l'article 34, à la remise au conservateur des hypothèques d'un extrait cadastral concernant l'immeuble intéressé.

Les dispositions de l'alinéa précédent ne sont pas applicables aux conventions visées à l'article 2430 nouveau du code civil.

Art. 41 Par dérogation aux dispositions de l'article 9, le conservateur peut, à titre exceptionnel, et seulement pendant une période dont l'expiration sera fixée par décret en Conseil d'État, accepter les réquisitions de copies, extraits, ou certificats, qui ne mentionneraient pas les date et lieu de naissance des personnes désignées.

Dans ce cas, le conservateur est fondé à exiger l'indication du nom du conjoint desdites personnes si celle-ci lui paraît indispensable pour les recherches. Même si cette indication est fournie, la désignation n'en demeure pas moins incomplète et, s'il en résulte une erreur ou une omission dans les certificats délivrés, elle est réputée désignation insuffisante au sens de l'article 2197 du code civil.

Art. 42 Les énonciations relatives à l'identification des personnes physiques ou morales prescrites par les articles 5 et 6 doivent être complétées, dans tout bordereau, extrait, copie, ou expédition, déposé au bureau des hypothèques, après le 1er janvier 1956, pour l'exécution de la première formalité intéressant celles de ces personnes qui sont ou deviennent titulaires d'un droit réel susceptible d'hypothèque, par l'indication, dûment certifiée, de leurs noms, prénoms, dénominations et sièges, pendant les cinquante années précédentes.

Un décret en Conseil d'État, fixera la date à laquelle le présent article cessera d'être applicable.

Art. 42-1 Pour l'application des dispositions du sixième alinéa de l'article 2148 du code civil et du *b* du 3 de l'article 34 du présent décret, le contrôle de concordance des éléments d'identification des personnes morales visées au c du 1 de l'article 6 du présent décret sera limité à la dénomination et au numéro d'identité à partir de la deuxième formalité accomplie après le 1er juillet 1998.

Art. 43 Les dispositions du premier alinéa de l'article 2196 nouveau du code civil et celles de l'article 10 du présent décret sont respectivement applicables à la délivrance des copies ou extraits des documents déposés dans les conservations avant le 1er janvier 1956, et au versement de ces documents dans les centres d'archives spéciaux et aux archives nationales ou départementales.

Art. 44 La renonciation, cession ou subrogation consenties, au profit des tiers acquéreurs ou prêteurs, avant l'entrée en vigueur du décret du 14 juin 1938, modifiant l'article 2135 du code civil, par une femme mariée bénéficiaire d'une hypothèque légale ou judiciaire garantissant la pension alimentaire judiciairement allouée, pour elle ou ses enfants, produiront tous les effets prévus à l'avant-dernier alinéa de l'article 2135 du code civil dans son texte antérieur au présent décret, même si ces actes ne contiennent pas la renonciation expresse de la femme.

Il en sera de même en cas de concours de la femme à la vente.

Art. 45 Les dispositions du deuxième alinéa de l'article 2133 nouveau du code civil sont applicables à toutes les hypothèques, même constituées avant le 1er janvier 1956.

E. CHAPITRE V
Dispositions diverses

Art. 46 1. Cesseront d'être applicables à compter du 1er janvier 1956 :

– L'article 18 de la loi du 21 ventôse an VII relative à l'organisation de la conservation des hypothèques;

– La loi du 23 mars 1855 sur la transcription en matière hypothécaire, et les divers textes qui l'ont complétée ou modifiée, notamment le décret du 30 octobre 1935, modifiant le régime de la transcription, et la loi du 24 mai 1951, organisant la publicité des insuffisances de prix ou d'évaluation constatées dans les actes soumis à la formalité de la transcription, sous réserve des dispositions du 2 du présent article;

– L'article 2434 du code civil;

– Les articles 2193 à 2195 du code civil et le chapitre Ier du titre IV du décret du 28 février 1852 sur les sociétés de crédit foncier, modifié par la loi du 10 juin 1853, sous réserve des dispositions transitoires prévues à l'alinéa 4 de l'article 38 du présent décret;

– La loi du 3 septembre 1807 relative aux inscriptions hypothécaires en vertu de jugements rendus sur des demandes en reconnaissance d'obligations sous seing privé.

2. Les trois derniers alinéas de l'article 4 de la loi modifiée du 23 mars 1855 sont abrogés.

Nota :

L'article 2135 du code civil a été abrogé par la loi n° 85-1372 du 23 décembre 1985, les articles 2193 à 2195 du code civil ont été abrogés par le Décr. n° 55-22 du 4 janv. 1955, art. 46.

Art. 47 Toute soumission constatant une insuffisance de prix ou d'évaluation de biens ou droits immobiliers est établie en triple exemplaire et, dans les trois mois de son acceptation, l'un des originaux est déposé au rang des minutes du notaire rédacteur de l'acte, sous peine d'une amende civile égale au vingtième de l'insuffisance reconnue, à la charge de la partie débitrice des droits.

Le dépôt est effectué à la suite de la minute de l'acte.

Art. 48 3. Les dispositions du présent article entreront en vigueur le 1er janvier 1956.

Art. 50-1 Lorsqu'il n'a pas été transcrit ou publié de document analogue à l'état descriptif de division d'un immeuble visé à l'alinéa 3 de l'article 7, tout intéressé peut requérir un notaire d'en établir un, en vue de la publication d'un acte ou d'une décision concernant une fraction dudit immeuble.

Les propriétaires ou leur représentant sont tenus de communiquer au notaire tous actes ou documents nécessaires.

Si un ou plusieurs propriétaires contestent l'état descriptif ainsi établi, le notaire complète celui-ci, avant d'en requérir la publication, par un procès-verbal constatant les réserves des opposants.

Les dispositions qui précèdent sont applicables lorsque le document transcrit ou publié attribue un même numéro à plusieurs lots différents, ou lorsqu'une subdivision ou une réunion des lots désignés par ce document a été opérée sans qu'il ait été transcrit ou publié un document analogue à l'état modificatif visé à l'alinéa 3 de l'article 7.

Art. 50-2 En ce qui concerne les formalités de publicité requises sans le concours du titulaire du droit, la désignation de la fraction d'immeuble intéressée est faite sur la base d'un procès-verbal descriptif, dressé par un huissier de justice et attribuant un numéro à ladite fraction, lorsque l'état descriptif de division ou un document analogue n'a pas été préalablement publié ou que sa publication n'est pas simultanément requise.

Il en est de même lorsque la fraction d'immeuble intéressée a été, postérieurement à la publication du document constatant le droit du requérant, soit divisée, soit réunie en tout ou en partie à un autre lot, sans qu'un acte modificatif de l'état de division ait été publié.

Dans le cas où le document à publier n'est pas un commandement pour valoir saisie, l'huissier de justice doit être commis par ordonnance sur requête rendue par le président du tribunal de grande instance de la situation de l'immeuble et peut instrumenter dans les conditions prévues au dernier alinéa de l'article 673 du code de procédure civile *[ancien]*.

Art. 50-3 Pour les formalités de publicité requises sans le concours du titulaire du droit, le signataire du certificat d'identité peut se faire communiquer, par ledit titulaire ou par toute personne susceptible de les fournir, les documents nécessaires à l'établissement du certificat prévu aux articles 5 et 6 du décret du 4 janvier 1955 et, à défaut, les renseignements permettant d'obtenir lesdits documents.

Le signataire du certificat d'identité peut également obtenir les renseignements d'identité nécessaires à la rédaction dudit certificat des administrations, services ou établissements publics de l'État, des départements et des communes et des établissements nationalisés, sans que le secret administratif ou professionnel puisse lui être opposé.

En cas de saisie, l'huissier de justice doit énoncer au commandement les documents communiqués ou les renseignements recueillis.

Art. 51 Des décrets pris sur le rapport du garde des Sceaux, ministre de la Justice, du ministre des Finances, des Affaires économiques et du Plan, du ministre de l'Agriculture, du ministre du Travail et de la Sécurité sociale, du ministre du Logement et de la Reconstruction et du secrétaire d'État aux Finances et aux affaires économiques, déterminent les modalités d'application du présent décret et, notamment, des articles 1 à 3, 7, 28-9°, 29, 32, 34 à 36, 39 et 40, ainsi que des articles 2402, 2403, 2428 et 2434 nouveaux du code civil.

Ils fixent en particulier :

– Les conditions d'application de l'article 2, en cas de modification des désignations cadastrales ou de changement de limite, et les modalités selon lesquelles les dispositions de l'article 816 du code général des impôts devront être modifiées en vue de la conservation du cadastre ;

– Les justifications à produire en vue de l'application de l'article 3, ainsi que les conditions du refus du dépôt ou du rejet de la formalité ;

– La liste des organismes habilités à certifier l'identité des personnes physiques ou morales conformément aux articles 5 et 6 ;

– Les modalités du refus du dépôt ou du rejet de la formalité en application des articles 34, 39, 40 et 48 du présent décret et des articles 2428, 2429 et 2434 nouveaux du code civil ;

– Les éléments de la désignation individuelle des immeubles exigée par les articles 2426, dernier alinéa, 2148, cinquième alinéa, 2149, dernier alinéa, du code civil et les articles 9, quatrième alinéa, et 34-2 du présent décret ;

– Les règles spéciales régissant la publicité des actes, décisions et bordereaux concernant les droits sur les mines, en vue de la constitution d'un fichier des mines, et, notamment, les cas de refus du dépôt et de rejet de la formalité.

Art. 52 Il n'est pas dérogé aux dispositions du chapitre III de la loi du 1er juin 1924, régissant les droits sur les immeubles situés dans les départements du Haut-Rhin, du Bas-Rhin et de la Moselle.

§ 3. Décret n° 55-1350 du 14 octobre 1955,

Pris pour l'application du décret n° 55-22 du 4 janvier 1955 portant réforme de la publicité foncière.

Art. 70 Sont publiés, au bureau des hypothèques de la situation des immeubles, en exécution de l'article 28-9° du décret du 4 janvier 1955, les changements :

– soit dans les noms ou prénoms des personnes physiques à la suite d'une procédure administrative ou en vertu de toute autre cause reconnue par la loi ;

– soit dans les dénominations ou sièges de sociétés, associations, syndicats et autres personnes morales, survenus postérieurement à la première formalité exécutée à partir du 1er janvier 1956 et intéressant celles de ces personnes titulaires d'un droit réel susceptible d'hypothèque, d'un droit d'usage ou d'habitation, ou d'un bail de plus de douze ans.

La publicité est assurée par le dépôt, dans les conditions prévues à l'article 34 du décret précité, de deux expéditions, extraits littéraux ou copies, certifiés conformes par un officier public ou ministériel ou une autorité administrative, des pièces justificatives des changements, celui des deux documents à conserver au bureau étant seul obligatoirement établi sur la formule spéciale. Ces pièces justificatives peuvent être :

– pour les personnes physiques, une expédition de l'acte de naissance faisant apparaître le changement de nom ou de prénom;

– pour les sociétés commerciales, l'extrait ou la copie de l'inscription au registre du commerce;

– pour les associations, l'extrait du *Journal officiel* publiant la déclaration de changement déposée à la sous-préfecture ou à la préfecture du siège;

– pour les syndicats, le récépissé de dépôt de la modification aux statuts;

– pour les autres personnes morales, tout acte authentique ou sous seing privé constatant le changement de dénomination ou de siège.

Le document déposé indique, sous peine de refus du dépôt, le nom et le domicile de la personne à laquelle le rejet de la formalité doit éventuellement être notifié.

Art. 71 A. – 1. L'état descriptif de division, prévu à l'article 7 du décret du 4 janvier 1955, peut être contenu soit dans un acte spécialement dressé à cet effet, soit dans un règlement de copropriété ou un cahier de charges concernant, en outre, l'organisation de la gestion collective, soit dans tout autre acte ou décision judiciaire. Un seul état descriptif doit être établi lorsque plusieurs bâtiments ou groupes de bâtiments pouvant faire l'objet de copropriétés particulières sont édifiés sur un sol dont la propriété est placée globalement sous le régime de l'indivision forcée.

L'état descriptif doit identifier l'immeuble auquel il s'applique, conformément aux prescriptions du premier alinéa dudit article 7, opérer une division en lots et attribuer un numéro à chaque lot.

Un tel lot est formé par toute fraction d'immeuble sur laquelle s'exercent ou peuvent s'exercer des droits réels concurrents, y compris la quote-part des parties communes si elle existe et si elle est déterminée.

Constitue une fraction au sens de l'article 7 du décret du 4 janvier 1955 :

a) Pour les bâtiments, chaque local principal (appartement, boutique, local à usage commercial, professionnel ou industriel, etc.), et chaque local secondaire (chambre de service, cave, garage, grenier, etc.);

b) Pour les terrains non bâtis, chaque portion de terrain sur laquelle est réservé un droit réel privatif ou chaque portion destinée à faire l'objet d'une inscription ou d'une mention en marge d'une inscription; dans ce dernier cas, le surplus de l'immeuble constitue également une fraction.

Chaque fraction doit être identifiée par son emplacement, lui-même déterminé par la description de sa situation dans l'immeuble ou par référence à un plan ou croquis annexé à la minute de l'acte ou de la décision judiciaire. Lorsque la fraction dont il s'agit est située dans un bâtiment, sa situation est définie par l'indication de l'escalier, de l'étage, de l'emplacement dans l'étage et par l'indication du bâtiment dont fait partie le local décrit quand l'immeuble comprend plusieurs bâtiments.

Les lots font l'objet d'un numérotage continu dans une série unique à partir de l'unité. Lorsque l'immeuble est constitué par plusieurs bâtiments ou corps de bâtiments, les lots peuvent faire l'objet d'un numérotage continu dans des séries successives affectées à chacun d'eux à partir de nombres séparés par des intervalles convenables.

Dans tout état descriptif de division établi après la suppression d'un état descriptif antérieur, le numérotage des lots ne doit reprendre aucun des numéros précédemment attribués.

2. L'état descriptif est résumé obligatoirement dans un tableau incorporé à l'acte lui-même ou annexé à celui-ci et comportant les colonnes suivantes dans la mesure de l'existence des éléments correspondants :

1. Numéro du lot, dans l'ordre croissant des numéros;
2. Bâtiment;
3. Escalier;
4. Étage;
5. Nature du lot;
6. Quote-part des parties communes.

Ce tableau, qui doit figurer sur l'extrait ou l'expédition déposé à la conservation des hypothèques, est reproduit au fichier immobilier par le conservateur.

B. – 1. Toute modification, soit de l'immeuble auquel s'applique l'état descriptif, soit des lots, doit être constatée par un acte modificatif de l'état descriptif.

L'acte modificatif doit rectifier, suivant le cas, la désignation de l'ensemble de l'immeuble ou le numérotage des lots.

Si la modification résulte de l'acquisition de parties communes entraînant changement d'emprise, il n'y a pas lieu, lorsque la déclaration visée à l'alinéa 2 de l'article 16-1 du présent décret n'a pas été déposée ou s'est révélée inexacte, à création de lots particuliers sur les parties communes acquises pour le seul motif que ces dernières sont grevées de droits distincts ou ne sont grevées d'aucun droit.

Si la modification consiste en une subdivision d'un lot, l'acte modificatif attribue un numéro nouveau à chacune des parties du lot subdivisé, lesquelles forment autant de lots distincts. Toutefois, hors le cas où l'acte modificatif constate la réunion ou la division de copropriétés existantes, lorsque la modification ne porte que sur la quote-part des parties communes incluses dans les lots intéressés, il n'y a pas lieu à attribution d'un nouveau numéro.

La réunion de plusieurs lots pour former un lot nouveau ne peut donner lieu à la création d'un lot désigné par un seul numéro que si les lots réunis ne sont pas grevés, lors de la publication de l'acte modificatif, de droits ou charges différents publiés au fichier immobilier.

Les numéros désignant les lots nouveaux sont pris à la suite des numéros existants dans la série unique ou dans l'une des séries successives.

Lorsque l'acte modificatif constate la réunion ou la division de copropriétés existantes, le numérotage des lots de la ou des copropriétés nouvelles ne doit reprendre aucun des numéros précédemment attribués.

2. L'acte modificatif est résumé obligatoirement dans un tableau identique à celui prévu au 2 du A ci-dessus, – mais limité aux lots modifiés –, et indiquant, en outre, dans une colonne supplémentaire :

– en regard de chaque lot nouveau, les numéros des lots modifiés dont les lots nouveaux sont issus;

– et en regard des lots modifiés, les numéros des lots nouveaux issus de la modification.

En cas de modification ne portant que sur la quote-part des parties communes comprises dans un lot de copropriété et ne donnant pas lieu à attribution d'un nouveau numéro, le tableau annexé à l'acte modificatif indique seulement, dans la colonne supplémentaire, la quote-part désormais comprise dans les lots modifiés.

En toute hypothèse, le tableau doit figurer dans l'extrait ou l'expédition déposé à la conservation.

C. – 1. Lorsque la division de l'immeuble est antérieure à l'entrée en vigueur du décret n° 59-89 du 7 janvier 1959 et qu'il n'a pas été transcrit ou publié un document analogue à l'état descriptif de division permettant l'identification précise de chaque fraction par un numéro de lot, il doit être établi et publié, avant réquisition d'une nouvelle formalité, un état descriptif tenant compte de la division telle qu'elle résulte des documents antérieurement transcrits ou publiés, y compris ceux portant subdivision ou réunion des lots initialement constitués, même s'il n'a pas été fait de distinction entre les locaux principaux et secondaires.

Un état descriptif de division doit également être établi et publié lorsque, dans le document analogue à l'état descriptif de division, le même numéro a été attribué à plusieurs lots différents : il est procédé à un nouveau numérotage, effectué dans les conditions prévues au sixième alinéa du 1 du A du présent article, sans toutefois utiliser aucun des numéros précédemment attribués et sans modifier la division résultant du document antérieurement transcrit ou publié.

Lorsque le document analogue à l'état descriptif de division permet l'identification précise de chaque fraction de l'immeuble par un numéro de lot, mais qu'une subdivision ou une réunion de lots a été opérée sans qu'il ait été transcrit ou publié un document analogue à l'acte modificatif visé au paragraphe B du présent article, un acte modificatif doit être établi et publié avant réquisition d'une nouvelle formalité concernant les lots modifiés.

2. Dans les cas prévus au 1 ci-dessus, la désignation des lots est résumée obligatoirement dans un tableau identique à celui dont l'établissement est prescrit par le 2 du A et le 2 du B du présent article; ce tableau rappelle, en outre, dans les colonnes supplémentaires, en regard de chaque lot, les nom et prénoms ou la dénomination du ou des propriétaires actuels, complétée par le numéro précédemment attribué dans le numérotage originaire toutes les fois que l'état descriptif de division y substitue un nouveau numérotage. L'identité des propriétaires actuels n'a pas à être certifiée.

D. – 1. Une copie ou un extrait, comportant au moins le tableau résumé, de l'état descriptif de division et de tout acte modificatif, destiné au service du cadastre, est remis au conservateur des hypothèques, en même temps que l'expédition déposée aux fins de publicité.

Le plan ou le croquis de l'immeuble et de la division par lots, s'il en existe un, y est annexé.

2. Les numéros de lots résultant d'un état descriptif de division ou de tout document analogue transcrit ou publié, ainsi que la quote-part des parties communes incluse dans chaque lot, lorsque cette quote-part est déterminée, sont attribués de façon définitive, sous réserve de l'application des B et C du présent article.

Ces éléments doivent être utilisés pour désigner les fractions d'immeuble dans tous les documents publiés à la conservation des hypothèques et dans les documents ou extraits cadastraux.

Toutefois, l'indication de la quote-part des parties communes n'a pas à figurer dans les commandements pour valoir saisie, les bordereaux d'inscription et les actes ou décisions à mentionner en marge d'une inscription. Si cette indication est cependant fournie, la publicité est censée ne pas être requise sur la quote-part.

3. Sous réserve des dispositions de l'article 50-1 du décret modifié n° 55-22 du 4 janvier 1955, l'état descriptif de division est établi par tous les propriétaires ou copropriétaires de l'immeuble et l'acte modificatif est établi par les seuls propriétaires ou copropriétaires des fractions intéressées par la modification.

Le cas échéant, les frais d'établissement de ces actes sont à la charge de la collectivité des copropriétaires et recouvrés comme en matière de charges de copropriété.

4. Dans les cas visés à l'article 50-2 du décret du 4 janvier 1955, le numéro attribué dans le procès-verbal descriptif dressé par huissier de justice est signifié au propriétaire ou au représentant de la collectivité des copropriétaires, au lieu de l'immeuble. Il est obligatoirement repris, pour désigner ladite fraction, dans l'état descriptif de division, ultérieurement publié, et dans tous actes et décisions se rattachant à la procédure de saisie, y compris le jugement définitif d'adjudication.

E. – 1. Le dépôt de l'état descriptif de division et de tout acte modificatif est refusé en cas de contravention aux dispositions des paragraphes A, B, C et D-1 du présent article.

Sous peine de refus du dépôt, tout extrait, expédition, copie ou bordereau déposé pour l'exécution d'une formalité concernant une fraction d'immeuble doit contenir, en plus des références exigées par l'article 32-2 du présent décret :

– soit les références (date, volume, numéro) à la formalité donnée à l'acte contenant l'état descriptif de division ou au document analogue en tenant lieu et, éventuellement, aux actes modificatifs se rapportant aux fractions intéressées;

– soit la déclaration que la publicité de ces documents en sera requise simultanément.

Le dépôt est également refusé, si la fraction intéressée n'est pas désignée par le numéro du lot dans lequel cette fraction est comprise.

2. La formalité est rejetée si, après avoir accepté le dépôt d'un document concernant une fraction d'immeuble, le conservateur constate :

– Soit une discordance entre les références (date, volume, numéro) à la formalité donnée à l'un des actes visés au deuxième alinéa du 1 ci-dessus et celles contenues dans le document déposé;

– Soit une discordance dans la désignation des lots (numéro) entre, d'une part, les énonciations contenues dans le document déposé et, d'autre part, les énonciations correspondantes contenues au tableau établi en exécution du A-2, du B-2 et du C-2 du présent article.

La même sanction est applicable :

a) Lorsque le conservateur constate que l'état descriptif ou l'acte modificatif établi en exécution des 1 des A, B et C utilise des numéros précédemment attribués;

b) Lorsque, en exécution du 1 du C, l'état descriptif ou l'acte modificatif ne tient pas compte de la division ou d'une modification antérieure des lots.

§ 4. Décret n° 55-1350 du 14 octobre 1955,

[Modifié par le décret n° 79-405 du 21 mai 1979 – articles modifiés ou entièrement nouveaux].

I – TITRE PREMIER
Du fichier immobilier

A. CHAPITRE PREMIER
Dispositions applicables aux immeubles situés dans les communes à cadastre rénové

[...]

Art. 16-1 Les extinctions ou extensions de droits, prévus à l'article 6.1 de la loi n° 65-557 modifiée du 10 juillet 1965, sont publiées au fichier immobilier du seul fait de l'annotation des formalités qui les entraînent et de la mise à jour des fiches d'immeuble.

Toutefois, en cas d'acquisition de parties communes entraînant changement de l'emprise de la copropriété, l'extension de droits prévue à l'alinéa 2 de l'article 6-1 susvisé est publiée sur le dépôt de deux expéditions de l'acte modificatif ou de l'acte distinct qui contient la déclaration, par le syndic ou un créancier inscrit, que, le bien acquis étant libre de tous droits à la date de la mutation ou ayant été, par suite des formalités ou des événements relatés, libéré des droits dont il était l'objet, cette extension est réalisée.

En cas d'inexactitude de la déclaration en ce qui concerne l'inexistence de droits, la formalité est rejetée (art. 13, Décr. 21 mai 1979).

[...]

1) SECTION IV
Certificats d'identité. Réquisitions. Copies, extraits et certificats

[...]

Art. 44 Pour l'application des dispositions des articles 38-1 à 43 :

– Les inscriptions de privilège ou d'hypothèque sont réputées intervenues du chef des personnes qui, d'après les énonciations du fichier immobilier, y compris éventuellement les éléments extraits des bordereaux eux-mêmes, étaient propriétaires de l'immeuble grevé à la date à laquelle ces inscriptions ont été opérées ou renouvelées; elles sont délivrées du chef de ces propriétaires avec les inscriptions successives prises en renouvellement et les mentions dont elles sont émargées;

– Les inscriptions originaires de toute sûreté opérées à l'encontre d'un précédent propriétaire sont, en outre, délivrées de son chef; les inscriptions provisoires et les inscriptions définitives de l'hypothèque légale des époux ou d'hypothèque judiciaire sont respectivement assimilées, en tant que de besoin, à des inscriptions originaires et à des inscriptions en renouvellement;

– Sont en cours au sens des articles 38-1 (al. 1, 2°) et 40 (§ 2, al. 1er) les saisies qui ne sont ni périmées, ni radiées, ni émargées de la mention de publication de l'adjudication;

– Lorsque des inscriptions de privilège ou d'hypothèque et des saisies grèvent des lots ayant fait l'objet de modification visées à l'article 6-1 de la loi n° 65-557 du 10 juillet 1965, il est tenu compte, pour leur délivrance, de la consistance de ces lots au dernier jour de la période de certification (art. 15, Décr. 21 mai 1979).

[...]

B. CHAPITRE II
Dispositions transitoires applicables aux immeubles situés dans les communes à ancien cadastre, dans les communes non encore cadastrées des départements d'outre-mer et sur le territoire de la ville de Paris

1) SECTION I
Composition et tenue du fichier

Art. 45 1. [*Sans changement.*]

2. [*Sans changement.*]

3. [*Sans changement.*]

4. *Les dispositions de l'article 16-1 sont applicables aux immeubles urbains visés au présent article.*

Elles sont également applicables aux immeubles ruraux visés au présent article, sous réserve de l'annotation, en pareil cas, des fiches personnelles de propriétaire. Toutefois, l'extension résultant de l'acquisition de parties communes entraînant changement de l'emprise de la copro-

priété n'est publiée que par le dépôt, selon le cas, de deux expéditions de l'acte visé au second alinéa de l'article 16-1 et contenant la désignation des titulaires de droit, ou de deux bordereaux complémentaires; l'extinction ne l'est que par voie de radiation partielle spécialement requise (art. 14, Décr. 21 mai 1979).

[...]

C. Chapitre II Publicité des droits sur les immeubles autres que les privilèges et hypothèques

[...]

Art. 71 A. 1. L'état descriptif de division, prévu à l'article 7 du décret du 4 janvier 1955, peut être contenu soit dans un acte spécialement dressé à cet effet, soit dans un règlement de copropriété ou un cahier de charges concernant, en outre, l'organisation de la gestion collective, soit dans tout autre acte ou décision judiciaire. Un seul état descriptif doit être établi lorsque plusieurs bâtiments ou groupes de bâtiments pouvant faire l'objet de copropriétés particulières sont édifiés sur un sol dont la propriété est placée globalement sous le régime de l'indivision forcée.

L'état descriptif doit identifier l'immeuble auquel il s'applique, conformément aux prescriptions du premier alinéa dudit article 7, opérer une division en lots et attribuer un numéro à chaque lot.

Un tel lot est formé par toute fraction d'immeuble sur laquelle s'exercent ou peuvent s'exercer des droits réels concurrents, y compris la quote-part des parties communes si elle existe et si elle est déterminée (art. 1er, Décr. 21 mai 1979).

Constitue une fraction au sens de l'article 7 du décret du 4 janvier 1955 :

a. Pour les bâtiments... (le reste du A. 1 sans changement).

2. *L'état descriptif est résumé obligatoirement dans un tableau incorporé à l'acte lui-même ou annexé à celui-ci et comportant les colonnes suivantes dans la mesure de l'existence des éléments correspondants :*

1. Numéro du lot, dans l'ordre croissant des numéros;

2. Bâtiment;

3. Escalier;

4. Étage;

5. Nature du lot;

6. Quote-part des parties communes (art. 2, Décr. 21 mai 1979).

Ce tableau, qui doit figurer sur l'extrait ou l'expédition déposé à la Conservation des hypothèques, est reproduit par le conservateur, pour les immeubles urbains, au sens des articles 2 et 45 du présent décret, au tableau II de la fiche d'immeuble conformément aux prescriptions de l'article 10.

B. 1. Toute modification, soit de l'immeuble auquel s'applique l'état descriptif, soit des lots, doit être constatée par un acte modificatif de l'état descriptif.

L'acte modificatif doit rectifier, suivant le cas, la désignation de l'ensemble de l'immeuble ou le numérotage des lots.

Si la modification résulte de l'acquisition de parties communes entraînant changement d'emprise, il n'y a pas lieu, lorsque la déclaration visée à l'alinéa 2 de l'article 16-1 du présent décret n'a pas été déposée ou s'est révélée inexacte, à création de lots particuliers sur les parties communes acquises pour le seul motif que ces dernières sont grevées de droits distincts ou ne sont grevées d'aucun droit (art. 3, Décr. 21 mai 1979).

Si la modification consiste en une subdivision d'un lot, l'acte modificatif attribue un numéro nouveau à chacune des parties du lot subdivisé, lesquelles forment autant de lots distincts. Toutefois, hors les cas où l'acte modificatif constate la réunion ou la division de copropriétés existantes, lorsque la modification ne porte que sur la quote-part des parties communes incluses dans les lots intéressés, il n'y a pas lieu à attribution d'un nouveau numéro (art. 4, Décr. 21 mai 1979).

La réunion de plusieurs lots pour former un lot nouveau ne peut donner lieu à la création d'un lot désigné par un seul numéro que si les lots réunis ne sont pas grevés, lors de la publication de l'acte modificatif, de droits ou charges différents publiés au fichier immobilier.

Les numéros désignant les lots nouveaux sont pris à la suite des numéros existants dans la série unique ou dans l'une des séries successives.

Cependant, dans les communes à cadastre rénové, lorsque l'acte modificatif constate la réunion ou la division de copropriétés existantes, le numérotage des lots de la ou des copropriétés nouvelles peut être fait dans une série unique à partir de l'unité ou dans des séries successives, comme il est dit au A-1 (dernier alinéa) du présent article, si l'acte modificatif fait apparaître un changement dans la désignation cadastrale des immeubles (art. 5, Décr. 21 mai 1979).

2. L'acte modificatif est résumé obligatoirement dans un tableau identique à celui prévu au 2 du A ci-dessus (art. 6, Décr. 21 mai 1979) – mais limité aux lots modifiés –, et indiquant, en outre, dans une colonne supplémentaire :

– en regard de chaque lot nouveau, les numéros des lots modifiés dont les lots nouveaux sont issus;

– et en regard des lots modifiés, les numéros des lots nouveaux issus de la modification.

En cas de modification ne portant que sur la quote-part de parties communes comprises dans un lot de copropriété et ne donnant pas lieu a attribution d'un nouveau numéro, le tableau annexé à l'acte modificatif indique seulement, dans la colonne supplémentaire, la quote-part désormais comprise dans les lots modifiés.

En toute hypothèse, le tableau doit figurer dans l'extrait ou l'expédition déposé à la conservation (art. 7, Décr. 21 mai 1979).

C. 1. Lorsque la division de l'immeuble est antérieure à l'entrée en vigueur du décret n° 59-89 du 7 janvier 1959 et qu'il n'a pas été transcrit ou publié un document analogue à l'état descriptif de division permettant l'identification précise de chaque fraction par un numéro de lot, il doit être établi et publié, avant réquisition d'une nouvelle formalité, un état descriptif tenant compte de la division telle qu'elle résulte des documents antérieurement transcrits ou publiés, y compris ceux portant subdivision ou réunion des lots initialement constitués, même s'il n'a pas été fait de distinction entre les locaux principaux et secondaires.

Un état descriptif de division doit également être établi et publié lorsque, dans le document analogue à l'état descriptif de division, le même numéro a été attribué à plusieurs lots différents : il est procédé à un nouveau numérotage, effectué dans les conditions prévues au dernier alinéa du A du présent article, sans toutefois utiliser aucun des numéros précédemment attribués et sans modifier la division résultant du document antérieurement transcrit ou publié.

Lorsque le document analogue à l'état descriptif de division permet l'identification précise de chaque fraction de l'immeuble par un numéro de lot, mais qu'une subdivision ou une réunion de lots a été opérée sans qu'il ait été transcrit ou publié un document analogue à l'acte modificatif visé au B du présent article, un acte modificatif doit être établi et publié avant réquisition d'une nouvelle formalité concernant les lots modifiés.

2. Dans les cas prévus au I ci-dessus, la désignation des lots est résumée obligatoirement dans un tableau identique à celui dont l'établissement est prescrit par le 2 du A et le 2 du B du présent article (art. 8, Décr. 21 mai 1979); ce tableau rappelle, en outre, dans les colonnes supplémentaires, en regard de chaque lot, les nom et prénoms ou la dénomination du ou des propriétaires actuels, complétée par le numéro précédemment attribué dans le numérotage originaire toutes les fois que l'état descriptif de division y substitue un nouveau numérotage. L'identité des propriétaires actuels n'a pas à être certifiée.

D. 1. [*Sans changement.*]

[...]

2. Les numéros de lots résultant d'un état descriptif de division ou de tout document analogue transcrit ou publié, ainsi que *la quote-part des parties communes* incluse dans chaque lot, lorsque cette quote-part est déterminée, sont attribués de façon définitive, sous réserve de l'application des B et C du présent article.

Ces éléments doivent être utilisés pour désigner les fractions d'immeuble dans tous les documents publiés à la conservation des hypothèques et dans les documents ou extraits cadastraux.

Toutefois, l'indication de la quote-part des parties communes n'a pas à figurer dans les commandements pour valoir saisie, les bordereaux d'inscription et les actes ou décisions à mentionner en marge d'une inscription. Si cette indication est cependant fournie, la publicité est censée ne pas être requise sur la quote-part (art. 10, Décr. 21 mai 1979).

3. [*Sans changement.*]

[...]

4. [*Sans changement.*]

[...]

E. 1. Le dépôt de l'état descriptif de division et de tout acte modificatif est refusé en cas de contravention aux dispositions des A, B, C et D-1 du présent article.

Sous peine de refus du dépôt, tout extrait, expédition, copie ou bordereau déposé pour l'exécution d'une formalité concernant une fraction d'immeuble doit contenir, en plus des références exigées par l'article 32-2 du présent décret :

– soit les références (date, volume, numéro) à la formalité donnée à l'acte contenant l'état descriptif de division ou au document analogue en tenant lieu et, éventuellement, aux actes modificatifs se rapportant aux fractions intéressées;

– soit la déclaration que la publicité de ces documents en sera requise simultanément.

Le dépôt est également refusé, si la fraction intéressée n'est pas désignée par le numéro du lot dans lequel cette fraction est comprise.

2. La formalité est rejetée si, après avoir accepté le dépôt d'un document concernant une fraction d'immeuble, le conservateur constate :

– soit une discordance entre les références (date, volume, numéro) à la formalité donnée à l'un des actes visés au deuxième alinéa du 1 ci-dessus et celles contenues dans le document déposé;

– soit une discordance dans la désignation des lots (numéro, éventuellement quote-part des parties communes) entre, d'une part, les énonciations contenues dans le document déposé et, d'autre part, les énonciations correspondantes contenues au tableau établi en exécution du A-2, du B-2 et du C-2 du présent article;

– soit l'omission de l'indication de la quote-part des parties communes, dans le cas où cette indication est obligatoire en vertu du D-2 du présent article.

La même sanction est applicable lorsque le conservateur constate que l'état descriptif ou l'acte modificatif établi en exécution du C-1 du présent article ne tient pas compte de la division ou d'une modification antérieure des lots ou utilise des numéros précédemment attribués (art. 12, Décr. 21 mai 1979).

[...]

II – TITRE III
Dispositions transitoires et dispositions diverses

A. CHAPITRE PREMIER
Dispositions transitoires

[...]

1) SECTION III
Réquisitions, copies, extraits et certificats

[...]

Art. 85-3 1. [*Sans changement.*]

[...]

2. [*Sans changement.*]

[...]

3. La portée des inscriptions de privilège ou d'hypothèque et des saisies grevant des lots ayant fait l'objet de modifications visées à l'article 6-1 de la loi n° 65-557 du 10 juillet 1965, telle qu'elle est fixée à l'article 44, n'est prise en considération que pour la délivrance des renseignements requis à compter de l'entrée en vigueur de la loi n° 79-2 du 2 janvier 1979 et, s'il s'agit d'immeubles ruraux situés dans une commune à ancien cadastre, sous les réserves exprimées au 4 de l'article 45.

§ 5. Instruction du 1er août 1979

L'instruction n'a pas été reprise récemment pour tenir compte de la nouvelle numérotation C. civ., mais adaptatives à cette nouvelle numérotation devrait être faite.

Présentant la loi n° 79-2 du 2 janvier 1979 et analysant le décret n° 79-405 du 21 mai 1979[1]

1 La loi n° 79-2 du 2 janvier 1979 relative aux droits grevant les lots d'un immeuble soumis au statut de la copropriété[2] apporte diverses modifications au code civil et à la loi n° 65-557 du 10 juillet 1965 fixant le statut de la copropriété. Le décret n° 79-405 du 21 mai 1979[3] en précise les modalités d'application.

2 La présente instruction est divisée en deux chapitres, le premier ayant pour objet de présenter la loi elle-même, le second analysant les dispositions du décret précité du 21 mai 1979.

A. CHAPITRE PREMIER
La loi du 2 janvier 1979

3 La loi du 2 janvier 1979 institue de nouvelles règles relatives, comme l'indique son intitulé, aux droits qui grèvent les lots d'un immeuble soumis au statut de la copropriété. Les dispositions qu'elle contient sont de nature à simplifier considérablement les opérations nécessaires à la constatation des changements qui affectent les lots ou les parties communes et permettent, désormais, de lever cer-

1. Instr. 1er août 1979, *BODGI* 10-E-1-79.
2. Instr. 1er août 1979, *BODGI* 10 C-1-79.
3. Instr. 1er août 1979, *BODGI* 10 C-2-79.

tains obstacles juridiques et techniques qui s'opposaient à une évolution souvent indispensable des immeubles ou des grands ensembles immobiliers soumis à ce statut.

4 Seront d'abord examinés, dans une première section, le contexte dans lequel la réforme a été élaborée, puis, dans une seconde section, la portée même de la loi du 2 janvier.

1) SECTION I
Le contexte de la réforme

5 Comme la loi du 28 juin 1938, la loi du 10 juillet 1965 fixant le statut de la copropriété dispose que chaque « lot » comprend deux éléments, l'un, privatif, l'autre, consistant en une « quote-part de parties communes » (art. 1er, al. 1er).

Parmi ces parties communes, le sol revêt presque toujours une importance spécifique due au fait qu'en pratique, la désignation du terrain (par le cadastre et la voirie) est la base de la localisation précise de l'immeuble comprenant les différents lots. Ces derniers sont, à l'intérieur de cette désignation générale, situés, décrits et numérotés dans un état descriptif de division inclus ou non dans le règlement de copropriété (art. 8, al. 1er); ils répondent aux prescriptions édictées par les textes qui gouvernent la publicité foncière *[décret d'application n° 67-223 du 17 mars 1967, art. 2, 1°]*.

6 D'une manière plus générale, les décrets n° 55-22 du 4 janvier 1955 portant réforme de la publicité foncière et n° 55-1350 du 14 octobre 1955 pris pour son application ainsi que les textes ultérieurs qui les ont modifiés se sont attachés, pour permettre la réalisation d'une publicité réelle et l'expression fidèle des situations juridiques que cette publicité doit refléter, à assurer l'individualisation de chaque fraction d'immeuble soumise ou susceptible d'être soumise à des droits particuliers.

Cette individualisation, prévue par l'article 7 (al. 3) du décret du 4 janvier 1955, est réglementée par l'article 71 du décret du 14 octobre 1955 selon lequel chaque fraction est identifiée, dans un état descriptif de division contenant la désignation de l'entier immeuble, par l'indication de sa nature, éventuellement de sa situation, ainsi que, si elle est déterminée, de la quote-part dans la propriété du sol qui y est incluse et par l'attribution d'un numéro de lot qui lui est propre.

Pareille fraction ne peut être modifiée dans l'une de ses composantes sans que soient créés un ou plusieurs nouveaux lots, numérotés de telle manière que leur provenance soit rigoureusement établie et leur individualisation garantie. C'est ainsi que la division d'un lot s'accompagne de l'attribution d'un numéro à chacune des parties issues de la division, lesquelles forment autant de lots distincts. De même la réunion de plusieurs lots en un seul, doté d'un numéro unique, ne peut être effectuée si les lots réunis sont grevés de droits ou charges différents; en effet, l'individualisation de ces lots doit être assurée ou maintenue pour traduire la situation juridique réelle (notamment par une définition exacte du gage des créanciers privilégiés ou hypothécaires inscrits) et répondre aux besoins qui viendraient à en naître (par exemple, en éliminant tout obstacle, même matériel, à l'exercice du droit de suite).

7 Une telle individualisation est tout spécialement nécessaire en matière de copropriété; cependant, les faits ont démontré que la réalité juridique était parfois génératrice en ce domaine de graves complications qui faisaient obstacle à l'application des textes dans des conditions raisonnables, spécialement lorsque les lots étaient grevés de privilèges ou d'hypothèques.

La transformation d'une partie commune en un lot ou l'opération inverse, la réunion ou la division de copropriétés, voire la simple modification de l'emprise d'une copropriété donnée, obligeaient, en raison, principalement, des mouvements affectant les quotes-parts, la valeur relative comme en valeur absolue, soit à procéder à des numérotages excessivement complexes (chaque « lot de copropriété » se décomposant dans des espèces sans caractère exceptionnel en dizaines ou centaines de « lots publicité foncière »), soit à établir de multiples actes ou documents et à en requérir la publication après une numérotation allégée d'une moindre quantité de lots.

Si, par exemple, une loge de concierge devait devenir un lot, sa transformation impliquait deux opérations : il fallait ériger cette loge en partie privative, c'est-à-dire réduire d'autant les parties communes en limitant en proportion la quote-part incluse dans chaque lot ancien; il importait, en outre, de rattacher à cette partie privative, par prélèvement sur chacun des lots anciens, une quote-part des parties communes nouvelles, autrement dit amputées de la loge.

Dans la première opération, la quote-part de chaque lot ancien demeurait numériquement inchangée mais elle était néanmoins modifiée puisque sa valeur absolue était restreinte; dans la seconde, cette même quote-part était de nouveau diminuée tant dans son expression numérique que dans sa valeur absolue. Au terme de la transformation, chacun des lots anciens se trouvait avoir perdu une partie de sa consistance, incluse désormais dans le lot nouveau.

À supposer que les lots anciens aient été grevés chacun d'une ou de plusieurs inscriptions de sûretés, chaque créancier, en raison du droit de suite établi par l'article 2461 du code civil, n'aurait pas cessé d'avoir pour gage, à côté du lot nouveau, une fraction du lot formée à l'aide de la loge. Il aurait été fondé à saisir la totalité de ce dernier lot en application de l'article 6 de la loi du 10 juillet 1965 qui interdit la licitation forcée séparée de tout ou partie d'une quote-part, sauf à n'exercer son droit sur le prix qu'à concurrence de la valeur relative de la fraction de son gage comprise dans le lot saisi. Une telle circonstance obligeait impérativement à maintenir l'individualisation de ladite fraction.

Dans d'autres hypothèses (réparations d'erreurs affectant les quotes-parts, réunions de copropriétés, notamment) des fractions de quotes-parts prélevées sur les lots venaient s'ajouter aux quotes-parts afférentes à d'autres lots.

En sus de ce qui a été dit ci-avant du droit de suite, la règle de la spécialité du gage hypothécaire s'opposait alors à ce que le droit du créancier inscrit sur le lot d'accueil s'étendît à la fraction de quote-part adjointe; elle s'y opposait, d'ailleurs, même en cas d'arrivée d'une fraction vierge.

Bref, la loi civile, que la technique de la publicité foncière ne peut que respecter, rendait indispensable, si l'on entendait éviter de procéder au numérotage approprié de toutes les fractions de millièmes à individualiser, la rédaction d'actes de mainlevée, d'affectation complémentaire, de bordereaux d'inscription, etc.

8 Or, dans le domaine de la copropriété où l'on rencontre souvent de très nombreux lots, le nombre des actes à établir et des formalités à requérir pour appliquer les règles civiles ordinaires était tel que ces règles apparaissaient tout à fait inadaptées à cette forme moderne et particulière du droit de propriété.

Dans certains cas, en effet, la tâche était si démesurée que l'on renonçait à l'assumer, de sorte que le droit de suite, la spécialité du gage et la publicité réelle, conçus dans l'intérêt des titulaires de droits, se retournaient contre eux. Limitées lorsqu'il s'agissait de copropriétés de petite importance, très contraignantes dans les situations moyennes, les difficultés devenaient tout à fait insupportables avec la création de grands ensembles immobiliers où les changements d'emprise ou de structure sont plus fréquents et leurs effets considérablement amplifiés.

Sous peine d'aboutir à un véritable blocage de nombreuses opérations, il convenait de mettre en œuvre une solution appropriée.

9 Le choix s'offrant en diverses options, la solution finalement adoptée, remarquablement simple, s'est articulée autour de trois considérations fondamentales :

a. Il était exclu de renoncer à la règle capitale de l'identification certaine des immeubles dans les documents soumis ou admis à publicité foncière.

On aurait, en effet, couru le risque d'introduire des facteurs d'incertitude ou d'imprécision dans la documentation et de revenir, dans une certaine mesure, au système antérieur au 1er janvier 1956. L'abandon de l'indication de la quote-part en tant qu'élément de désignation des immeubles aurait ainsi pu conduire à ne plus exiger la publication des actes modificatifs des états descriptifs de division lorsque les changements n'auraient concerné que les « millièmes », d'où l'impossibilité pour les usagers de connaître la consistance exacte des lots de copropriété.

b. Dès lors, la solution, de nature générale, devait trouver sa base dans la sphère du droit de la propriété : elle a consisté, dans la ligne stricte de la loi du 10 juillet 1965, à faire prévaloir, sur l'étroite analyse juridique, des considérations psychologiques et économiques.

Pour tout copropriétaire, l'essentiel de son lot est constitué par le local dont il jouit privativement. La quote-part de parties communes attachées à ce lot, qui ne correspond à rien de tangible, est tout au plus une expression de la valeur relative du local; souvent, même, elle est la simple représentation des charges générales auxquelles il est tenu de participer. Si les « millièmes » ne revêtent pour leurs propriétaires qu'un caractère tout à fait secondaire, les mouvements qui viennent à les affecter sont encore moins ressentis.

Or, l'économique rejoint le psychologique. Dans les cas les plus fréquents, la valeur du local, autrement dit des constructions – assiette supposée du droit privatif – est très élevée, sans commune mesure avec celle du sol; c'est bien cette valeur-là qui est déterminante dans les contrats passés entre acheteurs et vendeurs ou prêteurs.

Partant, il suffisait d'affirmer que la partie privative est l'élément fondamental de chaque lot et que la quote-part dans les parties communes n'est qu'un accessoire pour que tout problème disparaisse. L'accessoire n'est pas, pour autant, négligé et l'on continuera de publier ses fluctuations, mais ces dernières seront en quelque sorte « neutres » au regard des droits qui grèvent les lots. Cette solution est parfaitement compatible avec la loi du 10 juillet 1965, dont l'article 6 interdit le partage ou la licitation forcée des parties communes séparément des parties privatives.

c. *Enfin, il était apparu qu'une telle solution, hautement simplificatrice, dans le respect le plus total de l'ensemble des droits publiés, trouvait à s'appuyer sur les possibilités techniques offertes par le fichier immobilier et pouvait être mise en œuvre sans accroître les sujétions du service, ni celles de ses usages, bien au contraire.*

Ainsi, s'agissant de privilèges ou d'hypothèques, les plus préoccupants des droits en cause, les créanciers ne cessent pas de voir leurs sûretés grever les quotes-parts bien que les bordereaux n'en fassent pas état : grâce aux modalités normales d'annotation et de mise à jour des fiches réelles ouvertes et servies en cas de copropriété (fiches d'immeuble générales et fiches particulières de lots), le conservateur révélera la situation exacte des biens sans qu'une formalité complémentaire ait à être requise.

2) SECTION II
La portée de la loi du 2 janvier 1979

10 *Remarques :* Ne seront pas analysées dans le cadre de cette instruction les dispositions figurant sous les articles 2 et 8 de la loi, dont l'importance est certes très grande dans la mesure où l'article 2 apporte une exception au droit de préférence des créanciers inscrits, mais qui n'ont pas d'incidence directe sur la publicité foncière. De même, pour des raisons évidentes, seront écartés les articles 5 et 6 relatifs à l'application de la loi dans les départements du Bas-Rhin, du Haut-Rhin et de la Moselle.

11 Sous le bénéfice de ces remarques, la loi du 2 janvier 1979 s'articule autour d'une disposition principale (art. 1er) qui pose le principe général de la réforme et de dispositions complémentaires (art. 3 et 4) qui donnent une base légale à certaines conséquences que l'on peut tirer de ce principe en matière de publicité foncière. Par ailleurs, les articles 7 et 10, fixent, d'une part, les effets de la loi sur les droits existants lors de son entrée en vigueur et, d'autre part, la date de cette entrée en vigueur.

a) SOUS-SECTION 1
L'article 6-1 de la loi du 10 juillet 1965

12 L'article 1er de la loi du 2 janvier 1979 ajoute à la loi du 10 juillet 1965 un article 6-1 qui contient en lui-même l'essentiel de la réforme dans la mesure où il fait état d'un principe dérogatoire aux règles générales du droit civil.

Désormais (alinéa 1er), « en cas de modification dans les quotes-parts des parties communes afférentes aux lots, quelle qu'en soit la cause, les droits soumis ou admis à publicité dont les lots sont l'objet s'éteignent sur les quotes-parts qui en sont détachées et s'étendent à celles qui y sont rattachées ». Par cette exception à la procédure normale de constitution ou d'extinction des droits réels, qui suppose un accord des parties ou une décision de justice, est atteint l'objectif de base, savoir : *faire en sorte que les titulaires de droits aient toujours pour assiette de leurs prérogatives l'ensemble des « millièmes » inclus dans un lot et seulement ceux-ci.*

13 Présenté en trois alinéas, l'article 6-1 nouveau de la loi du 10 juillet 1965 énonce d'abord en son alinéa 1er reproduit ci-avant le principe de la réforme, les alinéas suivants visant le cas particulier des changements d'emprise de la copropriété.

i) I. L'alinéa 1er de l'article 6-1

14 De portée très générale, le principe édicté par l'alinéa 1er de l'article 6-1 va trouver à s'appliquer chaque fois que des changements quelconques vont intervenir aussi bien dans la quotité de parties communes incluse dans les lots que dans la consistance même de ces parties communes, et ceci quelle que soit l'origine des modifications intervenues.

15 On note, en premier lieu, que *le texte vise toutes les modifications dans les* (et non pas des) *quotes-parts de parties communes afférentes aux lots,* qu'elles aient pour effet de changer l'expression arithmétique de ces quotes-parts ou, à fraction inchangée, d'accroître ou de restreindre l'étendue des biens matériels sur lesquels elles portent.

Il est, en effet, évident que modifier la substance des parties communes c'est modifier la quote-part qui en est l'expression au niveau de chacun des lots. Dès l'instant où la consistance de ces parties communes varie, la fraction qui représente le droit indivis en subit nécessairement le contre coup en valeur absolue, alors même que ses numérateur et dénominateur demeurent inchangés.

Le texte recouvre un grand nombre de situations qui sont pour la plupart étudiées *infra,* chapitre II, section II :

- modifications ne portant que sur la quote-part;
- transformation d'un lot en parties communes;
- transformation de parties communes en un lot;
- cession ou acquisition de parties communes entraînant changement de l'emprise de la copropriété;
- réunion ou division de copropriétés.

16 La délimitation du champ d'application du texte appelle, toutefois, quelques précisions en ce qui concerne certaines opérations touchant à la fois aux parties privatives et aux quotes-parts de parties communes incluses dans les lots.

a. Pour les opérations de ce type figurant dans l'énumération donnée au numéro précédent (cas des deux transformations citées) *le texte joue pleinement à l'égard aussi bien des parties privatives que des parties communes,* car, dans tous les cas, ces parties privatives deviennent ou ont été des quotes-parts de parties communes et, comme telles, bénéficient ou ont bénéficié des dispositions de la loi à l'instant de leur transformation.

On prendra pour le montrer un exemple, celui de la transformation d'un appartement en loge de concierge.

Pour réaliser cette transformation, une double opération s'impose, au moins en analyse.

Il faut, tout d'abord, distribuer entre les lots subsistants les « millièmes » compris dans le lot à supprimer. Ces « millièmes », dûment fractionnés et libérés des droits qui les grevaient, entrent dans les lots d'accueil et se trouvent soumis aux mêmes droits que les « millièmes » auxquels ils s'ajoutent (en valeur et même arithmétiquement).

Il faut ensuite, pour que la partie privative de l'appartement devienne commune, la faire éclater en autant de quotes-parts de l'immeuble matériel qui entre dans les parties communes qu'il existe de lots d'accueil. Chacune de ces quotes-parts s'adjoint à celle qui vient d'être arithmétiquement modifiée dans son lot d'accueil (et qui ne l'est plus à ce second stade qu'en valeur absolue) et connaît le même sort, quant aux droits qui la grèvent, que les « millièmes » précédemment distribués.

b. En revanche, l'alinéa 1er de l'article 6-1 ne s'applique pas aux opérations qui impliquent une modification des quotes-parts (en fait toujours arithmétique) entraîne par une modification de parties privatives telle que celles-ci ne perdent à aucun moment leur caractère. Cette constatation est toute naturelle puisque le texte ne concerne que les quotes-parts de parties communes à l'exclusion des parties privatives en tant que telles.

Il ne peut ainsi être envisagé d'appliquer les règles nouvelles en cas, par exemple, de transfert d'une ou de plusieurs pièces d'un lot à un ou à plusieurs autres; même si la partie de local cédée « emporte » avec elle une fraction de parties communes, l'opération doit être considérée dans son ensemble.

D'ailleurs, à supposer que l'on considérât un instant que la quote-part extraite, avec la partie de local, du lot originaire pour former un lot nouveau, fût libérée de tous droits, il n'en demeurerait pas moins que la partie privative resterait grevée. Dès lors, en vertu de l'article 6 de la loi du 10 juillet 1965, qui interdit de séparer quote-part de parties communes et parties privatives et des articles 2429 [anct 2148-1] et [2217 abrogé] du code civil (v. ss sous-section II), la totalité du bien cédé (quote-part comprise) continuerait de faire partie du gage du créancier.

Pour parvenir à la réunion de ce bien et du lot d'accueil, il sera nécessaire d'obtenir le consentement des créanciers ou des titulaires de droits qui grèvent le lot divisé ainsi que, le cas échéant, le même consentement et celui du propriétaire pour l'extension des droits existant sur ce lot d'accueil.

17 Le texte joue, d'autre part, *que la modification dans les quotes-parts concerne ou non la totalité ou une part importante de la copropriété.*

Certes, la réforme a été imposée par la démesure de certaines opérations affectant un très grand nombre de lots. Mais aucune restriction n'étant faite par le texte lui-même, la loi doit trouver à s'appliquer quelle que soit l'étendue de l'opération par rapport à l'ensemble de l'immeuble. Ce serait aller à l'encontre tant de la lettre que de l'esprit du texte que de restreindre son application aux seuls cas où l'intégralité des lots ou une quantité plus ou moins importante de ces lots serait touchée par l'opération car la volonté du législateur a été d'apporter une solution radicale et générale à toutes les difficultés de même nature.

18 Le texte, d'une portée très générale, *s'applique quelles que soient les causes des modifications affectant les parties communes* (réparation d'une erreur dans la répartition des quotes-parts; mutations, à titre onéreux ou à titre gratuit, volontaires ou forcées...).

19 De la même façon, les droits qui sont visés par le texte sont définis très largement.

Il s'agit de tous les droits soumis ou admis à publicité c'est-à-dire, d'une façon générale, de *tous les droits susceptibles d'apparaître au fichier immobilier* à la suite de la publication obligatoire ou facultative des actes, décisions judiciaires ou bordereaux qui les constatent.

20 Enfin, *l'objet des droits atteints par les modifications dans les quotes-parts est défini comme étant le lot.*

Il s'agit donc, d'abord, de tous les droits qui ont été publiés sur le lot lui-même. Mais le législateur, en employant l'expression « dont les lots sont l'objet », a voulu ne pas appréhender les seuls droits ou sûretés nés sur les lots eux-mêmes; il a entendu atteindre également ceux qui sont nés sur l'ensemble immobilier et qui, par hypothèse, grèvent aussi l'intégralité des lots, que ces lots soient nés avant la mise en copropriété (ex. hypothèque consentie sur le terrain et les constructions à venir par un « promoteur ») ou postérieurement.

21 En conclusion, on doit donc retenir que la loi concerne :

– *toutes les modifications qui interviennent aussi bien au niveau de la substance des parties communes que de la fraction exprimant la quote-part incluse dans chacun des lots,*

* *quelle que soit l'importance relative du nombre des lots intéressés;*

* *quelle que soit la cause de ces modifications;*

– *tous les droits réels ou personnels de nature à apparaître au fichier immobilier;*

* *qu'ils soient nés sur ces lots ou sur des parties communes.*

Malgré, mais peut-être aussi à cause, de la généralité de la formule utilisée, le législateur a cependant tenu à préciser dans les deux derniers alinéas du nouvel article 6-1 de la loi du 10 juillet 1965 certaines modalités particulières d'application qui s'imposaient dans l'hypothèse où les modifications des parties communes ont pour effet d'entraîner un changement de l'emprise de la copropriété.

ii) II. Les alinéas 2 et 3 de l'article 6-1

22 Lorsqu'une acquisition, ou une cession de parties communes emporte changement de l'emprise de la copropriété, deux restrictions sont apportées à l'extension ou à l'extinction automatique des droits. D'une part, les servitudes sont exclues des droits atteints par la loi et, d'autre part, mais seulement en cas d'acquisition, une formalité est nécessaire pour parvenir à l'extension des droits sur le bien acquis.

a) A. Exclusion des servitudes

23 Les opérations envisagées par ces deux alinéas modifient l'emprise même de la copropriété. Au contraire de tous les autres changements, qui se déroulent à l'intérieur de la copropriété, dans la « verticalité » de l'immeuble, ceux-ci font intervenir des éléments qui sont ou deviennent extérieurs à la copropriété. Il convenait donc de tenir compte de cette situation tout à fait particulière en ce qui concerne les servitudes.

24 La servitude, qu'elle soit conventionnelle ou légale, voire judiciaire, a le plus souvent une assiette bien définie et se limite strictement à cette assiette; de même, le fonds qui profite de la servitude est généralement un immeuble (ou une fraction d'immeuble) déterminé(e). La situation est comparable lorsqu'il s'agit de servitudes dites « administratives » que le décret du 4 janvier 1955 comprend sous la dénomination de « limitations administratives au droit de propriété », encore qu'en ce qui les concerne, la recherche d'un fonds dominant aboutisse parfois à des résultats quelque peu artificiels.

Quoi qu'il en soit, le simple fait que le fonds servant ou dominant vienne à être cédé ou acquis, soit en totalité, soit par fraction après division, ne saurait conduire que dans des cas assez exceptionnels (ex. acquisition du fonds servant par le fonds dominant) à effacer la servitude qui le grève ou dont il bénéficie, car les deux immeubles unis par ce rapport de service subsistent dans leur matérialité après la mutation dont l'un d'eux ou partie de l'un d'eux a fait l'objet.

Le législateur, conscient de cette situation, a estimé que, dans le cas où les modifications avaient pour résultat de modifier l'emprise de la copropriété, il était préférable de laisser les règles ordinaires s'appliquer aux servitudes constituées sur les parcelles cédées ou acquises par une copropriété. Il a, en conséquence, posé la règle que *la cession ou l'acquisition d'une parcelle ou fraction de parcelle ne produit pas, à l'égard des servitudes, les effets d'extinction ou d'extension prévus à l'alinéa 1er de l'article 6-1.* La disparition ou la modification d'une servitude ne pourra dès lors résulter, conformément au droit commun, que de la configuration des lieux ou d'un acte constatant cette disparition ou modification.

En présence d'une cession de tout ou partie d'une parcelle d'assiette de la copropriété, il conviendra donc de faire apparaître sur la fiche d'immeuble, si elle n'y est pas déjà mentionnée (fiche renvoyant à la fiche générale) ou sur la fiche d'immeuble créée (en cas de division de parcelle) la ou les servitudes en cause; il ne peut s'agir ici que des servitudes qui portent effectivement sur le terrain cédé et en aucun cas des servitudes constituées exclusivement sur un ou plusieurs lots.

Dans le cas d'une acquisition, la servitude figurant déjà sur la fiche d'immeuble, aucune annotation particulière n'aura à être effectuée. *Le maintien des servitudes sur la parcelle acquise ne saurait constituer un obstacle à l'extension des droits résultant de la publication de la déclaration prévue à l'alinéa 3 de l'article 6-1.*

b) B. Extension non automatique des droits lors de l'acquisition de parties communes

25 Lors d'une acquisition de parties communes entraînant changement de l'emprise de la copropriété, le texte exclut l'automatisme de l'extension. Celle-ci n'aura lieu qu'à la diligence du syndic ou d'un créancier déclarant que le terrain acquis est libre ou est devenu libre de tous droits nés du chef de ses précédents propriétaires.

Cette exception au principe posé par l'alinéa 1er se justifie par le fait qu'il est nécessaire d'éviter tout conflit d'intérêt entre les titulaires de droits déjà publiés, les uns, sur le terrain acquis, les autres, sur les lots ou sur l'ensemble de la copropriété : sans cette disposition, les premiers eussent couru le risque, dans un règlement du conflit sur la base des dates des formalités respectives, de se voir primés par les seconds qui auraient bénéficié d'une sorte d'enrichissement sans cause. Elle s'explique, en outre, par la circonstance que la détermination de la date de libération du bien, surtout si elle est postérieure à l'acquisition, suppose une appréciation ou une surveillance ne relevant pas du rôle du service de la publicité foncière qui n'est saisi que par le dépôt de documents à publier.

La procédure prévue est d'une grande simplicité. Si le bien est libre au jour de la mutation, il suffira de le préciser dans l'acte de vente ou dans l'acte modificatif de l'état descriptif de division. Dans le cas contraire, l'acte distinct indispensable pourra être extrêmement bref.

Toutefois, si la déclaration prévue à l'alinéa 3 se révèle inexacte à la suite de la vérification effectuée par le conservateur au vu du fichier immobilier, la formalité devra être rejetée. Les modalités d'application de la mesure sont étudiées au chapitre II (v. s^s^ n°s 60 s.).

26 L'étude de la réforme réalisée par l'article 1er de la loi du 2 janvier 1979 montre donc que celle-ci se situe essentiellement au niveau du droit de propriété et des droits qui peuvent le grever. Mais pour qu'elle fût applicable sans retrouver les obstacles antérieurs, il importait d'en tirer les conséquences en matière de publicité foncière et, tout spécialement, en ce qui touche aux privilèges, et hypothèques et à la mise en œuvre de ces sûretés. C'est le but poursuivi par les articles 3 et 4 de 1a loi.

b) SOUS-SECTION 2
Les articles 2148-1 et 2217 du code civil

27 L'article 1er de la loi du 2 janvier 1979 institue une purge légale de tous les droits qui obèrent les fractions de quote-part amenées à quitter un lot. Mais à lui seul cet article n'aurait pas été suffisant pour assurer leur plein effet aux dispositions nouvelles dès lors que la « disparition » légale du droit hypothécaire n'entraîne pas, *ipso facto,* la disparition de l'inscription qui en constitue le signe matériel. Aussi convenait-il d'instituer un système qui permette au conservateur des Hypothèques de traduire la réalité juridique sans avoir à outrepasser ses pouvoirs normaux quant à l'appréciation du contenu des actes, décisions judiciaires ou bordereaux présentés à la formalité de publicité.

Il en était de même de l'extension, prévue audit article 1er, des privilèges et hypothèques inscrits sur un lot d'accueil à une fraction de quote-part adjointe. Dans le droit hypothécaire traditionnel, pareille extension ne peut être publiée que par le dépôt d'un bordereau complémentaire, appuyé, le cas échéant, de la représentation d'une expédition de l'acte d'affectation correspondant.

28 L'article 2148-1 ajouté au code civil par l'article 3 de la loi du 2 janvier 1979 pose le principe, repris en ce qui concerne les saisies par les deux alinéas nouveaux introduits dans l'article 2217 du même code par l'article 4, selon lequel, pour les besoins de leur publication, les privilèges et hypothèques (et les commandements) sont réputés ne pas grever la quote-part de parties communes afférente au lot sur lequel ils portent.

Mais le créancier inscrit (ou saisissant) conserve néanmoins son droit sur la quote-part : il est seulement précisé que la consistance de cette quote-part ne sera déterminée qu'en temps utile, c'est-à-dire au moment de la mutation dont le prix forme l'objet de la distribution.

29 Si l'alinéa 2 de l'article 71-D 2, du décret du 14 octobre 1955 avait déjà prévu que la mention de la quote-part n'avait pas à figurer dans les bordereaux d'inscription, dans les commandements pour valoir saisie, ainsi que dans les actes ou décisions à mentionner en marge d'une inscription, cette disposition ne revêtait que le caractère d'un aménagement d'ordre purement matériel, sans portée nettement précisée ni sanction, à la régie d'identification des lots de copropriété. Il ne pouvait être question, en l'absence d'une base législative qui est apportée par le nouveau texte, de considérer que la quote-part n'était pas grevée dans sa totalité par les droits dont les bordereaux ou les actes faisaient état quels que fussent les changements venant à l'affecter.

L'article 2148-1 du code civil donne donc une toute autre dimension à l'absence d'indication de la quote-part désormais, l'inscription prise ou le commandement publié n'aura apparemment aucun effet, à la conservation des Hypothèques, sur la quote-part de parties communes; cependant, le droit privilégié ou hypothécaire ainsi que la saisie porteront sur la globalité du lot tel que le définit l'article 1er de la loi du 10 juillet 1965, la consistance exacte de la quote-part grevée n'étant appréciée qu'au moment de la mutation entraînant distribution du prix.

Une modification apportée à l'article 71, dans la ligne du texte légal, tend à réputer non écrite toute indication de quote-part qui figurerait indûment dans un bordereau (ou commandement) (v. s^s^ n° 74).

30 Plusieurs conséquences sont à retirer de cette disposition fondamentale.

En premier lieu, les bordereaux d'inscription, les commandements pour valoir saisie, les actes et décisions mentionnés en marge des inscriptions n'ont pas à mentionner la quote-part de parties communes; au moment où il effectuera la formalité, le conservateur n'aura en aucun cas à tenir compte, même si, à tort, elle apparaissait effectivement dans ces documents.

Par suite, durant toute la vie de l'inscription ou la période de validité des saisies, les mouvements qui affecteront la quote-part de parties communes seront techniquement « neutres » à l'égard de l'inscription et aucune radiation partielle ou totale, aucun acte ou bordereau constatant l'extension des inscriptions et des saisies ne devra plus être exigé quand interviendront des modifications de quote-part entrant dans les prévisions de la loi du 2 janvier 1979.

De la même façon, les changements affectant les parties communes n'auront pas davantage d'effets apparents sur les inscriptions grevant soit directement des lots – ce qui est le cas le plus fréquent – soit la totalité de l'immeuble placé sous le régime de la copropriété.

31 Il n'empêche que la quote-part, dans sa consistance à tout moment, continuera d'être grevée.

La simple lecture des fiches d'immeuble générales et particulières mettra le conservateur à même de délivrer les inscriptions (ou saisies) à chaque instant en appréhendant la quote-part dans sa consistance à cet instant.

32 La réforme ainsi complétée au plan technique n'aurait pas atteint totalement son objectif si n'avaient pas été pris en compte les droits et charges nés antérieurement à l'entrée en vigueur de la loi.

c) SOUS-SECTION 3
Les articles 7 et 10 de la loi du 2 janvier 1979

i) I. Champ d'application du texte

33 En vertu de l'article 7 de la loi du 2 janvier 1979, tous les droits soumis ou admis à publicité non encore éteints visés à l'article 6-1, toutes les inscriptions de privilèges ou d'hypothèques et les saisies subsistantes à la date de l'entrée en vigueur de la loi sont soumis à ses dispositions.

Cette généralisation, voulue par le législateur en vue d'éviter une dualité de régime selon que les actes, décisions judiciaires ou bordereaux constatant ces droits auraient été publiés antérieurement ou postérieurement à la réforme a été rendue possible par la technique de l'annotation et de la mise à jour du fichier immobilier qui renferme, depuis plusieurs années, la totalité des inscriptions subsistantes et des saisies en cours.

Dès l'entrée en vigueur de la réforme, il convient de faire abstraction de l'ancienne législation et d'appliquer la loi nouvelle dans toute la mesure où elle joue de façon automatique.

En conséquence, devront, notamment, être acceptés sans difficulté, dès lors qu'ils répondront aux règles de la publicité foncière édictées par les dispositions anciennes ou nouvelles figurant actuellement aux décrets des 4 janvier et 14 octobre 1955, en particulier, à l'article 71, tous les actes modificatifs d'états descriptifs de division constatant des modifications intervenues aussi bien dans la quote-part de parties communes afférentes au lot que dans les parties communes elles-mêmes.

De même, aucun problème ne doit, en principe, être rencontré dans la lecture du fichier pour la délivrance des formalités antérieures à l'entrée en vigueur de la loi.

Deux précisions doivent, toutefois, être apportées :

– d'une part, il arrivera que l'on ait à révéler des formalités qui eussent été évitées si la loi nouvelle avait existé en leur temps. Cette circonstance est parfaitement normale et le conservateur doit, bien entendu, comprendre dans ses états toutes les formalités de l'espèce;

– d'autre part, il pourra se produire qu'en relevant les formalités relatives à une ancienne partie commune cédée avec changement d'emprise, on trouve reportées sur la fiche de ce bien des inscriptions dont des lots de copropriété font l'objet. Le cas devrait être exceptionnel et, presque toujours, le service se rendra compte que ces inscriptions, provenant d'une copropriété, sont rétroactivement « effacées » par la loi nouvelle en tant qu'elles grevaient le bien en cause. S'il advenait que de telles inscriptions fussent indûment comprises dans un état, le conservateur devrait, bien entendu, les en retrancher sur simple demande du requérant.

34 Il est à peine besoin de souligner, en revanche, que, chaque fois que la loi et le décret de 1979 imposent une formalité, ces textes ne s'appliquent avec toutes leurs conséquences qu'à condition que cette formalité soit accomplie. Ainsi, dans le cas où une copropriété s'est accrue d'un terrain avant l'entrée en vigueur de la loi, l'article 7 autorise le syndic ou un créancier à souscrire la déclaration prévue au troisième alinéa de l'article 6-1 de la loi du 10 juillet 1965, mais ce terrain, même vierge, n'est pas grevé des inscriptions dont les lots sont l'objet tant qu'une telle déclaration n'a pas été effectivement publiée.

ii) II. Entrée en vigueur

35 L'entrée en vigueur de la loi a été fixée par l'article 10 au plus tard au premier jour du septième mois suivant sa publication, c'est-à-dire au 1er août 1979, mais elle pouvait se situer au premier jour du deuxième mois suivant la publication du décret pris pour son application.

Cette publication étant intervenue le 23 mai 1979 au *journal officiel,* la réforme est entrée en vigueur le 1er juillet 1979.

B. CHAPITRE II
Le décret n° 79-405 du 21 mai 1979

36 Le décret n° 79-405 du 21 mai 1979 précise les modalités d'application de la loi du 2 janvier 1979 et modifie à cet effet plusieurs dispositions du décret n° 55-1350 du 14 octobre 1955. Les aménagements correspondants seront examinés dans une première section, tandis qu'une deuxième section aura pour objet de décrire quelques exemples pratiques illustrant les simplifications apportées dans la rédaction et l'exploitation des actes modificatifs d'états descriptifs de division.

1) SECTION I
Les aménagements apportés au décret du 14 octobre 1955

37 Les aménagements apportés au décret du 14 octobre 1955 par le décret susvisé du 21 mai 1979 sont de plusieurs ordres mais peuvent se regrouper en trois catégories principales dont la première concerne plus particulièrement des règles générales (sous-section I) alors que les deux autres sont relatives :

– aux actes modificatifs de l'état descriptif de division (sous-section II);

– à diverses dispositions portant sur le rejet de la formalité et la délivrance de renseignements (sous-section III).

Remarque : Aucun commentaire particulier n'est nécessaire pour certaines retouches de pure forme qui ont été apportées au texte de l'article 71 du décret du 14 octobre 1955. Ainsi la suppression du terme « paragraphe » figurant aux articles 8, 9, 11 et 12 du nouveau décret n'a aucune incidence sur le sens du texte. De la même façon, on se borne à citer l'article 6 qui ne fait que corriger une erreur de rédaction entachant le 2 du B de l'article 71.

a) SOUS-SECTION 1
Les modifications d'ordre général

38 Les modifications d'ordre général résultant du décret du 21 mai 1979 portent sur trois points principaux :

– aménagement de la définition du lot « publicité foncière »;

– remplacement de l'expression « quote-part dans la propriété du sol » par la formule « quote-part des parties communes »;

– précisions sur le tableau récapitulatif annexé aux états descriptifs de division.

i) I. Aménagement de la définition du lot « publicité foncière »

39 La définition du lot telle qu'elle figurait à l'alinéa 3 de l'article 71-A 1 du décret du 14 octobre 1955, de nature purement descriptive, était très souvent interprétée de manière trop restrictive par la pratique ou la doctrine. En effet, malgré les alinéas 4 et 5 du même article, qui décrivent de façon précise ce qu'il faut entendre par fraction d'immeuble, elle ne concernait, pour beaucoup, que le lot de copropriété.

Or le lot de publicité foncière est au contraire une notion très large qui recouvre plusieurs situations juridiques différentes, dont la copropriété est sans doute la plus importante en pratique, mais ne constitue que l'une des composantes.

40 L'article premier du décret du 21 mai 1979, en modifiant la rédaction de l'alinéa 3 précité, insiste d'abord sur le fait que le lot de publicité foncière est constitué d'une fraction d'immeuble.

L'identification de cette fraction sous forme de lot doit être assurée dès l'instant où la désignation cadastrale ne suffit pas à individualiser des parties d'immeuble « sur lesquelles s'exercent ou peuvent s'exercer des droits réels concurrents » qui peuvent être de natures très diverses (droit de propriété divise [volumes], indivision forcée [copropriété], hypothèque cantonnée sur une fraction de l'immeuble, etc.).

41 Il n'est pas nécessaire que ces droits existent déjà lors de la rédaction ou de la publication de l'état descriptif de division. Rien ne s'oppose, en effet, à l'établissement d'un tel état dès lors que le propriétaire de l'immeuble bâti ou non bâti qui en fait l'objet y trouve un intérêt. Ainsi il peut être publié un état descriptif de division et un règlement de copropriété bien avant que l'indivision forcée n'existe; de la même façon, l'affectation hypothécaire d'un seul appartement, par exemple, dans un immeuble appartenant à un propriétaire unique, peut être l'occasion, pour éviter des actes modificatifs ultérieurs, de dresser un état descriptif complet, par local principal et accessoire.

C'est dans ce sens que le nouveau texte de l'alinéa 3 susvisé envisage expressément l'alternative entre l'existence et la potentialité des droits réels.

42 L'article premier du décret du 21 mai 1979 indique que le lot comprend également un second élément spécifique : la quote-part des parties communes; il est toutefois précisé qu'il faut pour cela que la quote-part existe et qu'elle soit déterminée.

43 La condition de l'existence de la quote-part de parties communes participe du souci de distinguer les états descriptifs de division portant sur des immeubles soumis au statut de la copropriété de ceux qui ne portent pas sur de tels biens. Il est évident qu'une telle quote-part ne peut exister lorsque l'état concerne des fractions d'immeuble destinées à faire l'objet d'appropriations privatives, ou simplement d'affectations hypothécaires, le tout sans qu'il soit question d'indivision.

En tout état de cause, la rédaction de l'état descriptif de division doit permettre au conservateur de vérifier la réalité des énonciations qui y figurent. L'introduction de la condition d'existence de la quote-part dans la définition du lot n'autorise pas le rédacteur à affirmer, par une clause quelconque, l'absence de quote-part de parties communes, s'il résulte clairement des autres énonciations de l'état descriptif que l'on se trouve en présence d'un immeuble soumis au statut de la copropriété et si, en réalité, les quotes-parts existantes sont déterminées. En pareil cas, le conservateur est fondé à exiger le respect des dispositions des articles 7 du décret du 4 janvier 1955 et 71 du décret du 14 octobre 1955 et à appliquer la sanction prévue par ce dernier article, c'est-à-dire le refus du dépôt.

44 Le maintien de la condition de détermination de la quote-part des parties communes a été nécessaire en 1979 comme il avait été jugé indispensable par les rédacteurs des décrets du 7 janvier 1959, confrontés aux dispositions de la loi de 1938 qui n'imposait pas aux copropriétaires une telle détermination.

Si la loi du 10 juillet 1965 a été plus précise sur ce point, il n'en demeure pas moins qu'il n'existe pas d'obligation de déterminer la quote-part de propriété afférente à chacun des lots. L'article 5 de cette loi prévoit en effet, « dans le silence ou la contradiction » des titres, un mode légal de calcul de la quote-part. Ainsi, pas plus que ne pouvait le faire le décret n° 59-90 du 7 janvier 1959, le décret du 21 mai 1979 n'avait la possibilité d'exiger davantage que la loi.

En fait, les états descriptifs de division établis et publiés depuis 1965 comprennent cette quote-part, et le texte ne vise donc en pratique que les anciennes copropriétés pour lesquelles il n'aura pas été publié d'acte constatant l'attribution desdites quotes-parts.

Quoi qu'il en soit, la sanction du refus du dépôt doit être appliquée lorsqu'il résulte de l'état descriptif de division présenté à la formalité que cette quote-part a été déterminée.

ii) II. La quote-part de parties communes

45 Juridiquement, dans la conception du droit de propriété découlant du code civil, le sol est l'élément fondamental.

C'est pourquoi les auteurs des textes de 1959, soucieux par ailleurs d'établir entre les lots et leur base de localisation un lien très étroit, avaient retenu le sol comme le critère le plus sûr et le moins contestable de l'assiette de la quote-part de propriété. Pour qu'il y ait copropriété, il paraissait évident, à l'époque, que celle-ci devait reposer matériellement et juridiquement sur une ou plusieurs parcelles déterminées.

46 Or, depuis vingt ans, le développement de conceptions juridiques destinées à faciliter la construction d'ensembles immobiliers parfois très compliqués a conduit à s'éloigner de cette notion. Le sol, cela va de soi, existe toujours et conserve sa valeur de localisation, mais il ne représente plus, bien souvent, que l'assiette matérielle des constructions, autrement dit le minimum dérivant de la pesanteur des choses, le droit de propriété en étant pratiquement totalement détaché.

Ainsi, l'utilisation de plus en plus courante de la technique des « volumes » a conduit à tenir pour juridiquement secondaire, voire inutile, un droit sur le sol et à imaginer des structures ou plusieurs droits de propriété divis ne portent, chacun, que sur des parties de l'immeuble résultant d'une division dans l'espace aérien et reliées entre elles par un réseau très serré de servitudes. D'une moindre complexité, mais également affranchies de liens contraignants avec le sol, apparaissent les techniques du bail à construction ou du droit de superficie – dont les volumes ne sont qu'un développement, pour certains auteurs – qui permettent de limiter le droit du preneur ou du superficiaire à un droit réel « en hauteur » résultant du démembrement du droit de propriété.

47 Lorsqu'une construction placée sous le régime de la loi de 1965 « repose » juridiquement soit sur un volume, soit sur un bail à construction, soit sur un droit de superficie, par exemple, il ne peut être question de parler de quote-part dans la propriété du sol, les copropriétaires n'ayant, à la limite, qu'une part indivise de la propriété des constructions et des parties communes.

Mais cette part indivise fait bien partie intégrante du lot tel qu'il est défini par l'article 1er de la loi du 10 juillet 1965 et doit figurer dans sa désignation afin que soit parfaitement cernée la consistance exacte des droits du copropriétaire.

48 La modification apportée, en conséquence, à l'article 71, dans le cadre de la délégation donnée par l'article 51 du décret du 4 janvier 1955, a pour objet et pour résultat d'éliminer les difficultés d'interprétation qui avaient pu naître dans le passé lorsque l'immeuble était, en quelque sorte, « détaché » juridiquement du sol sur lequel s'appuient les constructions. Mais ce n'est pas pour autant que la désignation de l'assiette globale des édifices par les références cadastrales ainsi, éventuellement, que par l'indication de la voirie, en application des dispositions de l'article 7 du même décret du 4 janvier 1955, cesse d'être un élément primordial de l'identification précise de l'entier immeuble.

49 Assez souvent, plusieurs quotes-parts de propriété sont attachées à chacun des lots. Il en est ainsi, tout particulièrement, lorsqu'un ensemble est formé de plusieurs bâtiments, que des syndicats secondaires aient ou non été constitués, ou encore, lorsque certains éléments d'équipements, par exemple des ascenseurs, sont affectés à l'usage commun d'un nombre limité de copropriétaires.

Dans ces cas, la quote-part de parties communes à prendre en considération, qui doit figurer au tableau récapitulatif de l'état descriptif de division, est, bien entendu, la quote-part la plus générale, c'est-à-dire celle qui correspond à la définition des droits du copropriétaire dans l'indivision la plus étendue.

Par ailleurs, il est évident que cette quote-part, la plus générale, englobera les droits dans le sol, toutes les fois, du moins, où celui-ci est effectivement l'assiette des droits des copropriétaires; le sol n'est en effet, en l'occurrence, qu'un des éléments constitutif des parties communes les plus larges.

iii) III. Mesures relatives au tableau récapitulatif de l'état descriptif de division (art. 71-A 2)

50 Pour tenir compte de certaines contingences pratiques et simplifier le tableau récapitulatif obligatoirement annexé à l'état descriptif de division, l'article 2 du décret du 21 mai 1979 modifie le premier alinéa de l'article 71-A 2, en y précisant que les colonnes de ce tableau n'ont à être ménagées et servies que « dans la mesure de l'existence des éléments correspondants ».

En effet, dans des circonstances particulières, certains des six éléments énumérés audit alinéa n'existent pas. Il en est ainsi, par exemple, dans les copropriétés dites horizontales pour lesquelles les colonnes 2 à 4 n'ont pas à être utilisées puisqu'il s'agit exclusivement de décrire des lots formés de maisons individuelles bâties sur un sol indivis.

S'il est vrai que le tableau récapitulatif reprend, dans l'ordre, les indications figurant au tableau II de la fiche d'immeuble (dont la contexture a été prévue pour répondre aux cas les plus fréquents), il est clair qu'en l'absence effective de tels éléments, le fait de ne pas créer de colonnes spéciales, pour n'y porter que la mention « néant », ne présente aucun inconvénient pour le conservateur des hypothèques au moment de l'exploitation du tableau.

Pourtant, en pratique, des difficultés étaient nées à ce sujet, certains bureaux exigeant la création matérielle de toutes les colonnes même en cas d'inutilité évidente.

La nouvelle rédaction adoptée élimine tout problème à ce sujet et simplifie corrélativement la présentation des documents.

51 Disparaît également du nouveau texte le terme « exclusivement », qui avait principalement pour but d'éviter une surcharge inutile du tableau récapitulatif.

Mais le développement de certaines formes juridiques nouvelles adaptées aux besoins des grands ensembles conduit parfois, dans un souci de clarté et de meilleure désignation des lots, à faire état d'éléments de localisation que l'on ne pouvait imaginer en 1959.

Le texte amendé permet de retenir désormais ces éléments spécifiques dans le tableau récapitulatif, étant entendu toutefois que cette possibilité ne doit pas déboucher sur une complexité des tableaux qui nuirait à leur bonne exploitation et rester, en toute hypothèse, compatible avec la contexture du tableau II des fiches d'immeuble.

52 En tout état de cause, lorsqu'il s'agit d'état descriptif se rapportant à des divisions d'immeuble que l'on peut qualifier d'ordinaires (copropriété verticale ou horizontale, inscription ou publication de droits concurrents sur des fractions d'immeuble bâties ou non bâties), les éléments figurant au tableau récapitulatif ne doivent pas être autres que ceux énumérés à l'article 71-A 2, 1er alinéa.

b) SOUS-SECTION 2
Les actes modificatifs des états descriptifs de division

53 La loi du 2 janvier 1979 s'applique à tous les immeubles soumis au statut de la copropriété et à tous les droits visés v. ss n° 19, quel que soit l'état du cadastre dans la commune de la situation des biens.

Dans la grande majorité des cas, l'extinction et l'extension des droits sont absolument automatiques (elles résultent directement des modifications prévues par la loi), et sont publiées du seul fait de la publication même des actes qui les entraînent. Elles sont, toutefois, seulement semi-automatiques quand il s'agit d'acquisitions de parties communes avec changement d'emprise (extension exclusivement) ou de biens ruraux situés dans des communes à cadastre non rénové (extinction et extension). Les articles 13, 14 et 3 du décret du 21 mai 1979 prévoient les modalités selon lesquelles seront constatés les effets d'extinction ou d'extension dont il s'agit.

Par ailleurs, les effets de purge légale institués par l'article 6-1 nouveau de la loi du 10 juillet 1965 éliminent l'obligation jusqu'ici faite de toujours individualiser les fractions qui se détachent d'un lot ou s'y rattachent, quand bien même cette opération ne portait que sur les parties communes ou la quote-part incluse dans chacun des lots. Les articles 4, 5 et 7 du décret en tirent les conséquences du niveau de la présentation des actes modificatifs et, en particulier, du numérotage des lots.

i) I. Constatation au fichier immobilier des effets de la loi du 2 janvier 1979

a) A. Les modifications autres que celles entraînées par les acquisitions emportant changement de l'emprise

54 Le principe général est ici posé par le premier alinéa de l'article 16-1 ajouté au décret du 14 octobre 1955 par l'article 13 du décret du 21 mai 1979 : aucun acte autre que celui qui emporte les modifications ne doit être exigé pour constater les effets d'extension et d'extinction de droits *(« les extinctions ou extensions... sont publiées... du seul fait de l'annotation des formalités qui les entraînent, et de la mise à jour des fiches d'immeuble »)*; en conséquence, aucune annotation particulière ne doit être effectuée par le conservateur des hypothèques.

55 Il résulte des dispositions de la loi elle-même que les effets qu'elle a entendu donner aux modifications qu'elle envisage sont opposables, dès l'intervention de ces modifications, aux titulaires de droits publiés ou inscrits sur les lots ou sur les parties communes, dans la mesure où elle leur enlève toute action et tout moyen de résister à ces changements. Aussi bien était-il inutile de constater les effets d'extension et extinction entraînés par de telles modifications dans un acte quelconque.

56 La disposition de l'alinéa 1er de l'article 16-1 nouveau ne confère aucun effet supplémentaire à la publication des actes constatant les modifications, mais précise seulement les règles à suivre par le conservateur des hypothèques qui doit se contenter d'assurer la publication de l'acte, les extinctions ou extensions de droits prévues par les alinéas 1er et 2 de l'article 6-I de la loi du 10 juillet 1965 étant, du même coup, publiées.

S'il s'agit de modifications se produisant dans la « verticalité » de la copropriété, les annotations portées sur la fiche générale et/ou sur les fiches particulières n'appelleront aucun complément : il suffira de les lire correctement, le moment venu, quand il faudra les exploiter. S'il s'agit d'une cession de partie commune avec changement d'emprise, cette partie quittera la fiche générale existante pour apparaître sur une fiche d'immeuble existante ou nouvelle sans report des annotations du cadre B du tableau III.

57 Parmi les actes formalisés qui entraînent ces extinctions ou extensions de droits, l'acte modificatif de l'état descriptif de division paraît devoir être le plus courant.

En effet, établi obligatoirement en application de l'article 71-B pour constater tout changement dans la consistance de l'immeuble ou dans les lots, c'est lui qui, dans de nombreux cas, fera apparaître soit la modification de la quote-part de parties communes incluse dans les lots, soit la modification des parties communes elles-mêmes. Ce sera le cas, par exemple, lorsqu'il s'agira simplement de réparer une erreur matérielle dans la répartition des quotes-parts entre les lots.

58 Mais dans certaines hypothèses, les opérations se révéleront en fait moins simples; quelques exemples, non exhaustifs, le démontrent;

1. Cession de parties communes entraînant changement de l'emprise de la copropriété : deux actes sont nécessaires, d'une part, un acte de vente constatant la cession de terrain à un tiers et, d'autre part, un acte modificatif de l'état descriptif de division. L'extinction des droits est opérée par le transfert de propriété; l'absence de publication de l'acte modificatif n'autorise pas le conservateur à considérer que les droits qui portent sur les parties communes continuent de grever le terrain cédé. Aucun report de charge n'a donc à être effectué (rappr. ss n° 56);

2. Transformation d'un lot en partie commune. L'opération se déroulera également en deux temps dans la plupart des cas : acquisition par le syndicat du lot destiné à disparaître, établissement d'un acte modificatif de l'état descriptif de division. L'acquisition du lot par le syndicat relèvera bien entendu du droit commun (et, si le lot est grevé de droits ou charges, on pourra songer à en obtenir mainlevée). En effet, les droits grevant non pas des parties communes mais l'intégralité d'un lot ne sont pas soumis aux effets de la loi posés par l'article 6-1 de la loi du 10 juillet 1965 (rappr. s^{s} n° 16 b). Ce n'est que le jour où l'acte modificatif constatant la transformation du lot en partie commune sera publié au fichier qu'apparaîtront les effets de la loi ;

3. Transformation d'une partie commune en un lot. L'acte modificatif de l'état descriptif de division sera établi avant la vente du lot créé. Lors de la publication, antérieurement ou simultanément à celle de l'acte de vente, de cet acte modificatif qui constatera éventuellement le droit de propriété transitoire du syndicat sur le lot, le conservateur n'aura à effectuer d'autres annotations que celle de la formalité proprement dite.

Autrement dit, c'est ici l'érection d'une partie commune en un lot dès avant la cession de ce lot à un tiers, s'accompagnant de l'abandon par les lots préexistants d'une fraction de la quote-part de parties communes qui y était jusqu'alors incluse, qui constituera sans contestation possible la modification visée à l'article 6-1 de la loi précitée du 10 juillet 1965.

59 Ces quelques exemples font apparaître que l'extension ou l'extinction des droits peut résulter soit de l'acte modificatif à l'état descriptif de division, soit d'autres actes.

Lorsqu'ils auront une hésitation dans un cas d'espèce, les conservateurs des hypothèques devront se diriger en ayant présent à l'esprit le fait que l'objet de la loi est de simplifier les opérations à effectuer dans l'intérêt du service aussi bien que de ses usagers.

Il est vivement conseillé, d'autre part, dans tous les cas où ce sera possible, de publier simultanément l'ensemble des actes relatifs à une unique opération (vente, acquisition, acte modificatif...) et mieux encore de les réunir en un seul *instrumentum* afin de limiter au maximum les risques de contestation.

b) B. Les acquisitions entraînant changement de l'emprise de la copropriété

60 L'alinéa 3 du nouvel article 6-1 de la loi du 10 juillet 1965 et l'article 16-1 (alinéa 2) du décret du 14 octobre 1955 prévoient qu'en cas d'acquisition de parties communes entraînant changement de l'emprise de la copropriété, l'extension des droits qui grèvent les lots et les parties communes ne s'opère que par la publication au fichier immobilier d'une déclaration, faite par le syndic ou un créancier inscrit, que le bien acquis est libre de tous droits ou est devenu libre de ces mêmes droits.

Les alinéas 2 et 3 de l'article 16-1 précité précisent les modalités d'application de cette extension.

c) 1. La forme et le contenu de la déclaration

61 Aux termes du deuxième alinéa de l'article 16-1 ajouté au décret du 14 octobre 1955, la déclaration peut figurer dans l'acte modificatif de l'état descriptif de division ou dans un acte distinct.

Par acte distinct, il faut entendre principalement deux types d'actes : celui qui constate l'acquisition par le syndicat de copropriété ou celui qui est dressé spécialement à la requête d'un créancier inscrit ou du syndic *[Dans le cas où la déclaration est contenue dans un acte spécial, le salaire minimum de 30 F est seul exigible]*.

La déclaration pourra donc prendre la forme soit d'une clause extrêmement simple figurant dans l'acte d'acquisition lui-même où le syndic comparaîtra en tant que mandataire du syndicat de copropriété ou dans l'acte modificatif de l'état descriptif de division établi très souvent dans les mêmes conditions, soit encore résulter d'un acte distinct, passé en la forme authentique ou déposé au rang des minutes d'un notaire avec reconnaissance d'écriture et signature.

62 Plusieurs situations se présenteront donc. Il semble que, lorsque le bien sera effectivement libre de tous droits ou charges à la date de la mutation au profit du syndicat de copropriété, la déclaration figurera soit dans l'acte lui-même, soit dans l'acte modificatif de l'état descriptif de division. Par contre, dans le cas contraire, la nécessité d'opérer diverses formalités pour parvenir à la libération du bien obligera certainement les intéressés à recourir à un acte distinct pour éviter les retards dans la publication du transfert de propriété.

63 *La clause ou l'acte devra, selon le cas, faire apparaître de façon très nette, que l'immeuble acquis est ou était libre de tout droit au moment de son acquisition, ou bien indiquer, en les relatant de façon succincte, les formalités accomplies pour parvenir à l'extinction des droits qui portaient sur le bien acquis au moment de son acquisition* (radiations d'inscriptions de privilège et d'hypothèque, publication de la renonciation à un autre droit, etc.), *ou bien encore signaler les événements qui ont pu entraîner pareille extinction* (arrivée d'un terme extinctif par exemple, échéance d'une péremption, etc.).

64 *Cette clause ou cet acte aura, en outre, à préciser qu'en raison ou de l'absence de droits dès l'origine ou des formalités ou événements relatés, l'extension prévue à l'alinéa 2 de l'article 6-1 est réalisée.*

d) 2. Rôle du conservateur des hypothèques

65 L'article 16-1 susvisé limite le rôle du conservateur des hypothèques au seul contrôle de l'exactitude de la déclaration. Après avoir accepté le dépôt de la formalité, ce fonctionnaire doit vérifier au vu de la ou des fiches d'immeuble sur laquelle ou lesquelles sont répertoriées la ou les parcelles acquises, qu'il n'existe aucun droit ou charge susceptible de faire obstacle à l'extension.

Si la déclaration se révèle exacte, il termine l'exécution de la formalité.

En cas d'inexactitude, le rejet de la formalité est prononcé (alinéa 3 de l'article 16-1). Il s'opère dans les formes prévues à l'article 34 du décret du 14 octobre 1955, sans qu'aucune distinction soit à faire selon qu'un acte spécial a été dressé en vue de la publication de la déclaration ou que celle-ci est contenue dans l'acte d'acquisition ou dans l'acte modificatif de l'état descriptif de division. En l'absence de dispositions contraires, la procédure de rejet est donc mise en œuvre pour l'intégralité de l'acte présenté à la formalité.

e) 3. Forme des annotations

66 Lorsque la déclaration a été acceptée et qu'elle est contenue dans les actes constatant le changement d'emprise de la copropriété, elle est annotée sur la fiche générale de l'immeuble dans le corps ou à la suite de l'annotation concernant l'acquisition par le syndicat ou la modification de l'état descriptif de division. Lorsque la déclaration est faite dans un acte distinct, elle donne lieu à une annotation spéciale.

Aucune autre mention n'a à être portée au fichier immobilier, aussi bien sur la fiche générale d'immeuble que sur les fiches particulières des lots.

f) 4. Absence ou inexactitude de la déclaration

67 Aux termes de l'article 6-1, alinéa 3, de la loi du 10 juillet 1965, lors de l'acquisition d'un terrain destiné à faire l'objet d'une incorporation aux parties communes, l'extension légale ne s'opère que lors de la publication au fichier immobilier de la déclaration qui indique que le bien acquis est libre ou devenu libre de tout droit, c'est-à-dire lors de l'inscription au registre de dépôt de la formalité accomplie à l'égard de cette déclaration.

En cas d'absence de déclaration ou, à la limite, de rejet pour inexactitude, il aurait pu être envisagé d'exiger une individualisation de la parcelle acquise, au moyen de lots « millièmes », cette parcelle ne pouvant se voir grevée des droits qui portent sur les lots ou les parties communes.

Avant l'entrée en vigueur de la loi du 2 janvier 1979, il était parfois exigé la constitution de lots « millièmes » correspondant à la quote-part de parties communes incluse dans les lots de la copropriété; de tels lots étaient censés représenter, dans le patrimoine de chaque copropriétaire, ses droits sur le bien acquis.

Même si, en l'absence de déclaration, la situation est au moins apparemment identique, une telle exigence serait allée à l'encontre d'un but recherché par la loi du 2 janvier 1979. C'est pourquoi l'article 3 du décret du 21 mai 1979, en ajoutant un alinéa supplémentaire au 1 de l'article 71-B, exclut expressément cette éventualité.

g) C. Cas particulier des immeubles situés en cadastre non rénové

68 Sur les plans du droit civil et de la publicité foncière, la loi du 2 janvier 1979 s'applique dans les communes à cadastre non rénové ou sans cadastre aussi bien que dans les autres.

Pour ce qui est des immeubles urbains, cette application a lieu sans particularité du point de vue de la technique hypothécaire. Dans le premier alinéa d'un paragraphe 4 qu'il ajoute à l'article 45 du décret du 14 octobre 1955, l'article 14 du décret du 21 mai 1979 se borne à indiquer que « les dispositions de l'article 16-1 sont applicables aux immeubles urbains » dans lesdites communes. De fait, l'existence de fiches réelles pour ces immeubles rendait possible une assimilation totale.

S'agissant des immeubles ruraux situés dans les communes à cadastre non rénové, l'absence temporaire de caractère réel du fichier immobilier imposait en revanche quelques particularités.

69 Deux hypothèses sont ainsi envisagées par le deuxième alinéa du 4, nouveau, de l'article 45 du décret du 14 octobre 1955.

a. Pour les modifications intervenant dans la « verticalité » de la copropriété, la publication des extensions ou extinctions automatiques de droits s'opère dans les mêmes conditions que si les immeubles étaient urbains, sous la seule réserve qu'elle comporte l'annotation sur les fiches personnelles des propriétaires des changements qui entraînent ces extensions ou extinctions.

En pratique, l'information sur la situation juridique exacte des biens en cause résultera de la présence de toutes les formalités accomplies dans les états qui ne peuvent être délivrés que du chef des propriétaires concernés. Les mouvements de « millièmes » seront aussi « neutres » à l'égard de ces biens qu'ils le sont à l'égard des immeubles urbains et sans qu'il soit besoin d'une formalité particulière.

b. Au contraire, lorsqu'il s'agira d'une acquisition ou d'une cession de parties communes entraînant changement de l'emprise de la copropriété, la loi continuera d'être pleinement applicable mais la publication des extensions ou extinctions de droits se fera suivant des modalités spécifiques rendues nécessaires par le caractère exclusivement personnel du fichier. Il importe, en effet, que, pour constater les effets légaux des acquisitions ou cessions, le conservateur ait en sa possession les moyens de déterminer de façon précise les droits effectivement atteints par les modifications en cause.

1. En ce qui concerne, tout d'abord, les extensions de droits prévus en cas d'acquisition de parties communes avec changement d'emprise, la déclaration exigée par l'article 16-1 sera indispensable comme pour tout immeuble entrant dans le champ d'application de la loi du 2 janvier 1979. Mais la publication de ces extensions ne pourra découler de la simple annotation aux fiches personnelles des formalités données aux actes contenant lesdites déclarations dans leur teneur normale (v. s^{s} n°s 63 et 64); elle s'effectuera selon des modalités qui s'inspirent de règles en vigueur en matière de remembrement, rural ou urbain.

S'il ne s'agit pas de privilèges ou d'hypothèques, la déclaration d'extension contiendra la désignation des titulaires de droits, c'est-à-dire celle du syndicat, des copropriétaires eux-mêmes et de chacune des personnes ayant fait publier un droit sur les parties communes *[Hormis celles ayant fait publier une servitude]* ou sur un lot. En l'absence d'exception formellement énoncée par l'article 45, cette déclaration sera alors soumise aux règles générales qui gouvernent les actes soumis ou admis à la publicité; en particulier, la désignation des titulaires de droits sera certifiée dans les conditions du droit commun et ces titulaires voyant leur droit modifié, il sera fait application des articles 32 et suivants du décret du 14 octobre 1955, le tout sous les sanctions ordinaires.

S'il s'agit de privilèges ou d'hypothèques, il y aura lieu de déposer des bordereaux qui, en l'absence de dérogation expresse, répondront aux mêmes conditions de forme et de contenu que ceux établis pour des inscriptions originaires. En outre, en application de l'article 2148, alinéa premier, du code civil, le créancier devra justifier de l'existence apparente de son droit. En fait, quelques assouplissements pourront, d'ailleurs, être admis. C'est ainsi que la justification du droit du créancier ne devrait pas obliger à représenter le titre déjà produit lors de l'inscription principale ; une telle justification sera susceptible de résulter d'une référence, portée sous la rubrique « Précisions imposées par des dispositions particulières – Renvois », à cette inscription principale et à la déclaration d'extension. De même, il paraît possible d'admettre que certains éléments de l'inscription complémentaire, tels que l'indication du titre du créancier et de la créance garantie, soient fournis par renvoi à l'inscription principale.

2. D'autre part, il ressort de l'article 45 que la publication de l'extinction des droits, qui se produit en cas d'aliénation d'une partie commune avec changement d'emprise, ne peut résulter que d'une radiation partielle spécialement requise.

En se référant à la formalité de la radiation, le texte vise les inscriptions de sûretés et les publications de saisies qui sont les plus « menaçantes » des formalités publiées, au moins en apparence, par la subsistance de leur signe. Ses auteurs ont estimé que le cas des autres droits serait réglé à l'occasion de la vente consentie par le syndicat ; s'il n'en était pas ainsi, à défaut de publication d'un acte constatant que ces autres droits sont partiellement éteints, le conservateur ne saurait assurément que continuer de délivrer leur seul titre institutif dans les limites fixées par sa propre publication.

On notera que l'article 45 ne demande pas de mainlevée et il n'avait pas à le faire puisque cette mainlevée procède de la loi elle-même. Il semble, d'ailleurs, que la radiation puisse être requise par une personne quelconque et, notamment par le syndic, le débiteur, l'acquéreur, voire le notaire de l'un d'eux agissant seul ; mais il importe, bien entendu, que la radiation soit requise du conservateur par le dépôt d'un acte authentique qui en formule la demande explicite en justifiant de son bien-fondé et en donnant les références (date, volume, numéro) des formalités à rayer.

70 Les règles exposées au numéro 69 sont d'une portée tout à fait marginale : le nombre des communes où elles peuvent théoriquement jouer ne représente que quelques unités ; encore faut-il pour que ces règles trouvent réellement à s'appliquer que des parties communes viennent à être acquises ou cédées avec changement de l'emprise de la copropriété.

De surcroît, dans un très proche avenir, l'achèvement de la rénovation du cadastre fera bénéficier ces communes du régime général.

ii) II. Nouvelles règles d'établissement des actes modificatifs de l'état descriptif de division

71 La réforme opérée par la loi du 2 janvier 1979 (art. 1, 3 et 4) a éliminé l'obligation de créer des lots uniquement représentatifs de quotes-parts de parties communes, du fait de la suppression du droit de suite des titulaires de droits portant sur les parties communes ou sur les lots et de l'extension automatique ou semi-automatique des droits dont les lots d'accueil sont l'objet aux fractions de quotes-parts adjointes à ces lots. Il en résulte des simplifications considérables dans l'établissement des actes modificatifs de l'état descriptif de division.

72 Les articles 4 et 7 du décret du 21 mai 1979, qui modifient l'article 71-B en réécrivant le troisième alinéa du 1 et en remplaçant par deux alinéas le dernier alinéa du 2, font en sorte qu'à compter de l'entrée en vigueur de la loi, les modifications relatives à la seule quote-part de parties communes n'entraînent plus l'obligation d'un nouveau numérotage. L'acte modificatif et le tableau qui le résume ne devront donc plus faire apparaître dans ce cas, aux lieux et place de la correspondance entre les numéros anciens et nouveaux, que la nouvelle quote-part.

73 Une exception à cette règle est toutefois prévue en matière de réunion ou de division de copropriétés.

Pour prévenir tout risque de confusion entre certains des lots existants dans les copropriétés avant et après la réunion ou la division il était indispensable de prévoir un nouveau numérotage intégral sans chevauchement avec le ou les numérotages antérieurs (art. 71-B 1, dernier alinéa).

L'article 5 du décret du 21 mai 1979, en ajoutant un dernier alinéa au 1 de l'article 71-B, tempère cette exigence pour les immeubles situés dans les communes à cadastre rénové.

Très souvent, la réunion ou la division de copropriétés entraîne une modification de la désignation cadastrale corrélative à la réunion ou division des parcelles d'assiette. Par suite, il était possible d'admettre que, le cas échéant, la ou les nouvelles copropriétés constituées puissent faire l'objet d'un numérotage à partir de l'unité sans qu'il y ait pour l'avenir de risques de confusion entre les anciens et les nouveaux lots. Cette mesure apporte une simplification notable non seulement au notariat mais aussi au service dans la tenue du fichier en évitant la création de numéros comportant parfois un nombre de chiffres très important.

Il va sans dire que, dans ces hypothèses, l'acte modificatif et le tableau qui le résume doivent faire apparaître clairement la concordance entre les lots des anciennes et des nouvelles copropriétés.

c) SOUS-SECTION 3
Dispositions diverses

74 Les articles 10, 12, 15 et 16 du décret du 21 mai 1979 apportent au décret du 14 octobre 1955 diverses modifications ou précisions dans la sphère :
- des éléments de désignation des lots ;
- du rejet de la formalité ;
- de la délivrance des renseignements.

i) I. Les éléments de désignation des lots

75 Reprenant l'alinéa 2 de l'article 71-D 2 du décret du 14 octobre 1955, l'article 10 du décret du 21 mai 1979 le divise en deux alinéas en complétant le second d'entre eux.

L'obligation de faire figurer la quote-part de parties communes parmi les éléments d'identification des lots est maintenue pour tous les documents publiés (ainsi que pour tous documents ou extraits cadastraux) autres que les commandements pour valoir saisie, les bordereaux d'inscription et les actes ou décisions à mentionner en marge d'une inscription.

Si, jusqu'à l'intervention de la loi du 2 janvier 1979, la dispense d'indication de la quote-part, pour ces derniers documents, ne constituait qu'une simple mesure d'assouplissement sans portée précise ni sanction, désormais elle devient le corollaire de l'article 2148-1 nouveau du code civil (v. s[s] n°s 27 à 31). Aussi est-elle assortie d'une précision nouvelle selon laquelle, si la mention de la quote-part de parties communes figure dans les documents qui en sont dispensés, le conservateur doit la négliger.

76 Bien entendu, les documents, actes ou décisions judiciaires autres que les bordereaux, commandements de saisie ou titres à mentionner en marge d'inscriptions doivent toujours comporter l'indication de la quote-part, qui reste un élément de désignation du lot, sous les sanctions édictées à l'article 71-E.

ii) II. Le rejet de la formalité

77 L'article 12 du décret du 21 mai 1979 réécrit le 2 de l'article 71-E du décret du 14 octobre 1955 en prescrivant expressément le rejet de la formalité lorsqu'une discordance est constatée entre :

– les références (date, volume, numéro) données soit à l'acte contenant l'état descriptif de division, soit au document analogue en tenant lieu, soit encore aux actes modificatifs éventuellement publiés,

– et celles contenues dans le document déposé concernant une fraction d'immeuble.

Cette disposition, qui n'appelle pas de commentaires particuliers, ne fait que confirmer, pour les lots, la règle générale du rejet de la formalité en cas de discordance portant sur les références entre les documents successivement publiés. *Indépendants de la réforme réalisée par la loi du 2 janvier 1979* et prise en vertu de l'article 51 du décret du 4 janvier 1955, une telle disposition est destinée à mettre un terme à des hésitations qui étaient apparues ces dernières années.

iii) III. La délivrance des renseignements

78 Si, pour les besoins de leur inscription ou publication, les privilèges, hypothèques et saisies sont réputés ne pas porter sur les quotes-parts, il n'empêche :

– que les mouvements qui affectent ces quotes-parts sont publiés et doivent continuer de l'être;

– qu'ils entraînent, dès qu'ils se produisent, des accroissements ou des diminutions du gage effectif des créanciers; d'ailleurs, dans l'hypothèse d'une réalisation forcée, la consistance de ce gage, déterminée à la date de la réalisation, s'appréciera en fonction des divers mouvements intervenus.

Il était indispensable de traduire ces principes au niveau de la délivrance des renseignements.

À cet effet, l'article 15 du décret du 21 mai 1979 complète l'article 44 du décret du 14 octobre 1955 pour y préciser que le conservateur prend les lots, dans leur consistance, au dernier jour de la période de certification (date de la formalité s'il s'agit d'une réquisition sur formalité, date de la réquisition dans le cas contraire ou date spécialement indiquée par le requérant). Cette précision n'implique, au demeurant, aucune recherche ou bilan qui serait imposé au conservateur : elle signifie que celui-ci lit le fichier dans l'état où il se trouve à la date de référence.

79 Le paragraphe 3 adjoint à l'article 85-3 du décret du 14 octobre 1955 par l'article 16 du décret du 21 mai 1979 indique, pour sa part, que la portée des inscriptions telle qu'elle est fixée à l'article 44, complété comme on vient de le voir, n'est prise en considération que pour la délivrance des renseignements requis à compter de l'entrée en vigueur de la loi : en d'autres termes, les états en cours d'établissement à la date de cette entrée en vigueur ont dû ou doivent être rédigés dans les conditions antérieurement applicables.

Ce même paragraphe 3 ajoute que, s'il s'agit d'immeubles ruraux situés dans une commune à ancien cadastre, il y a lieu de tenir compte des réserves exprimées, au 4 de l'article 45, c'est-à-dire de ne considérer les extensions et extinctions visées audit 4 comme publiées qu'après exécution des formalités prévues (v. s[s] n°s 69 et 70).

80 *Cas des modifications publiées antérieurement à l'entrée en vigueur de la loi.*

Les actes modificatifs régulièrement publiés antérieurement à l'entrée en vigueur de la loi constatant des modifications visées par celle-ci ont dû, lorsque les lots étaient grevés de droits différents, donner lieu à création de lots « publicité foncière » destinés à individualiser les différentes « quotes-parts » qui ne pouvaient être réunies au lot attributaire du fait de l'interdiction posée par l'article 71-B 1, 4e alinéa.

Or, en vertu de l'article 7 de la loi du 2 janvier 1979 étendant ses effets aux inscriptions et aux saisies subsistantes lors de son entrée en vigueur, il n'y a plus lieu, pour ces lots, de considérer qu'ils sont grevés des inscriptions ou des saisies portant sur les lots dont ils ont été retirés. Ces formalités ne devront donc plus être délivrées sur les lots dont il s'agit. *[Par suite, il sera également possible, lors de la publication d'un acte modificatif ultérieur, de réunir sans difficultés ces lots « millièmes » aux lots attributaires, sans qu'il soit indispensable de modifier le numérotage de ces derniers. Il suffira de faire apparaître, dans la colonne supplémentaire, la nouvelle quote-part de parties communes désormais incluse dans le lot. Il est bien entendu que la suppression des lots « millièmes » ne peut être effectuée par le conservateur des Hypothèques de sa propre initiative, mais doit être constatée dans un acte modificatif.]*

2) SECTION II
Application pratique

81 Les modifications dans les quotes-parts de parties communes afférentes aux lots visées par la loi du 2 janvier 1979 peuvent revêtir différentes formes et résulter, notamment, de changements de la quote-part incluse dans le lot, de transformation d'un lot en parties communes ou, inversement, de parties communes en lot, de cession ou d'acquisition du sol d'assiette de la copropriété, de réunion ou de division de copropriétés.

a) SOUS-SECTION 1
Modifications ne portant que sur la quote-part

82 De telles modifications ne paraissent pouvoir intervenir que pour réparer une erreur dans l'attribution de quotes-parts de propriété et semblent devoir être relativement rares dans la mesure où les règles posées par la loi du 10 juillet 1965 pour y parvenir sont extrêmement contraignantes.

83 Sous le régime antérieur à l'entrée en vigueur de la loi du 2 janvier 1979, il convenait de diviser les lots dont était retirée une fraction de quote-part, d'attribuer un nouveau numéro à chaque lot issu de la division et avant de parvenir à la réunion avec le lot attributaire, dont le numérotage était modifié à cette occasion, de requérir, le cas échéant, la radiation partielle des inscriptions grevant le lot « millième » ainsi créé, et l'extension des droits grevant le lot attributaire sur ce lot « millième ».

84 À compter du 1er juillet 1979, l'acte modificatif de l'état descriptif de division devra simplement faire apparaître, sans qu'il y ait lieu à nouveau numérotage, le résultat de l'opération sur les lots intéressés.

Le tableau récapitulatif pourra prendre la forme suivante, en supposant, à titre d'exemple, que « l'échange » de quote-part se limite aux lots 1 et 2 et que deux millièmes soient transportés d'un lot à l'autre :

Numéro du lot	Bât.	Esc.	Étage	Nature	Ancienne quote-part	Nouvelle quote-part
1	A	1	RC	App.	52	50
2	A	1	RC	App.	48	50

85 Au fichier immobilier, la modification de la quote-part afférente à chacun des lots sera constatée :

– au tableau II de la fiche générale, par soulignement en rouge, dans la colonne 6 « millièmes », de la quote-part qui y est indiquée, la nouvelle quote-part étant portée dans la colonne « Renseignements complémentaires » avec référence à l'annotation portée au cadre A du tableau III;

– au tableau I de la fiche de lot, par soulignement en rouge de l'ancienne quote-part, la nouvelle quote-part étant portée à la suite de la désignation du lot avec référence à la formalité donnée à l'acte modificatif sur la fiche générale :

Tous les actes ultérieurement publiés concernant les lots ainsi modifiés devront comporter les références à l'acte modificatif et l'indication des nouvelles quotes-parts.

b) SOUS-SECTION 2
Transformation d'un lot en parties communes

Une copropriété de 10 lots numérotés de 1 à 10 comportant chacun 100 millièmes décide de transformer le lot 1 en loge de concierge.

86 *Sous le régime antérieur à la loi du 2 janvier 1979,* l'acte modificatif de l'état descriptif de division devait faire apparaître, en fait, la suppression du lot 1 en constatant la division des « millièmes » qui y étaient afférents en 9 lots « publicité foncière », recevant chacun un nouveau numéro. Leur réunion avec les lots attributaires pouvait être effectuée à la double condition que les droits grevant le lot supprimé aient fait l'objet d'une radiation et que les lots attributaires fussent eux-mêmes libres de tous droits. Cette réunion entraînait un nouveau numérotage de ces derniers lots.

87 *Sous le nouveau régime,* l'acte modificatif devra simplement constater la suppression du lot 1 et le changement de la quote-part de parties communes afférentes aux lots subsistants. Le tableau récapitulatif pourra se présenter de la façon suivante :

Numéro du lot	Bât.	Esc.	Étage	Nature	Ancienne quote-part	Observations ou nouvelle quote-part (1)
1	Unique	Unique	RC	App.	100	Supprimé
2	–	–	C	App.	100	111
3	–	–	1	App.	100	111
4	–	–	1	App.	100	111
5	–	–	1	App.	100	111
6	–	–	2	App.	100	111

7	–	–	2	App.	100	111
8	–	–	2	App.	100	111
9	–	–	3	App.	100	111
10	–	–	3	App.	100	112

(1) L'attribution des nouvelles quotes-parts est ici simplifiée pour la clarté du tableau. La modification du numérateur peut tout aussi bien être remplacée par une modification du dénominateur, sans que la solution soit différente.

88 *Modifications à apporter au fichier immobilier,* en dehors de l'annotation de la formalité donnée à l'acte modificatif :

– au tableau II de la fiche générale, constatation de la suppression du lot 1 par soulignement en rouge de toutes les indications concernant ce lot et indication de la modification de la quote-part de parties communes afférente aux lots subsistants par soulignement en rouge de l'ancienne quote-part et mention de la nouvelle quote-part dans la colonne « Renseignements complémentaires »;

– le tableau I de la fiche particulière du lot 1, si elle a déjà été créée, reçoit la mention « SUPPRIME ». Voir formalité n°... « FG »;

– au tableau I de la fiche particulière des lots modifiés, l'ancienne quote-part sera soulignée en rouge, la nouvelle quote-part étant indiquée à la suite de la désignation du lot avec référence à la formalité donnée à l'acte modificatif à la fiche générale.

c) SOUS-SECTION 3
Transformation de parties communes en un lot

Même hypothèse que dans le cas précédent, mais la loge de concierge, préexistante, est transformée en lot.

89 *Sous le régime antérieur à la loi du 2 janvier 1979,* il fallait procéder à la division des 10 lots afin de constater la diminution de la quote-part qui y était incluse à concurrence de celle qui devait revenir au nouveau lot créé.

La loge, transformée en appartement, devenait un lot composé des seules parties privatives. Chacun des lots issus de la division recevait un nouveau numéro. La réunion des lots « millièmes » et du lot « parties privatives » ne pouvait s'opérer qu'après radiation partielle de toutes les inscriptions portant sur les 10 lots d'origine en tant qu'elles grevaient la quote-part de parties communes qui en était détachée.

90 *Sous le nouveau régime,* l'acte modificatif de l'état descriptif de division constatera seulement la création d'un lot 11. Il indiquera son origine et la diminution de la quote-part de parties communes incluses dans chacun des lots anciens et donnera lieu à l'établissement d'un tableau récapitulatif du type suivant :

Numéro du lot	Bât.	Esc.	Étage	Nature	Ancienne quote-part	Observations ou nouvelle quote-part
1	Unique	Unique	RC	App.	100	Supprimé
2	–	–	RC	–	100	91
3	–	–	1	–	100	91
4	–	–	1	–	100	91
5	–	–	1	–	100	91
6	–	–	2	–	100	91
7	–	–	2	–	100	91
8	–	–	2	–	100	91
9	–	–	3	–	100	91
10	–	–	3	–	100	91
11	–	–	RC	–	–	90

91 *Les modifications seront ainsi constatées au fichier immobilier :*

– à la fiche générale par la mention du lot 11 à la suite des lots préexistants au tableau II, le soulignement en rouge des anciennes quotes-parts afférentes à ces derniers lots et la mention des nouvelles quotes-parts dans la colonne « Renseignements complémentaires »;

– à la fiche particulière des 10 premiers lots, selon les mêmes règles que celles fixées au n° 88 ci-dessus pour les lots modifiés;

– la fiche particulière du lot 11 ne sera créée que lors de la première formalité intervenant sur ce lot.

d) SOUS-SECTION 4
Cession de parties communes entraînant changement d'emprise de la copropriété

Le syndicat des copropriétaires cède une fraction de l'assiette de la copropriété.

92 L'opération, si elle a pour effet de diminuer l'emprise de la copropriété et par conséquent, en valeur absolue, d'amoindrir l'assiette des droits détenus par chaque copropriétaire, n'a par contre, aucune incidence sur l'importance relative des parties communes représentées par la quote-part incluse dans chacun des lots qui ne subit donc aucune modification numérique.

93 *Avant l'entrée en vigueur de la loi du 2 janvier 1979,* il convenait tout d'abord d'établir un acte modificatif de l'état descriptif de division dont l'objet était de modifier la description générale de l'immeuble. Par la suite, afin que la fraction de terrain vendue fût remise entre les mains du cessionnaire libre de tous droits et charges, et en particulier libérée des inscriptions de privilèges ou d'hypothèques, il convenait de requérir du conservateur la radiation partielle de toutes les inscriptions grevant les lots ainsi que de celles portant sur l'ensemble de l'immeuble, éventuellement, en tant que ces inscriptions portaient sur le terrain aliéné.

94 *Sous le nouveau régime,* l'acte modificatif doit également constater la modification de l'immeuble en application de l'article 71-B 1, alinéas 1 et 2. Mais aucune radiation des inscriptions portant soit sur les lots, soit sur l'ensemble de l'immeuble, n'est désormais nécessaire.

La simple annotation de l'acte de vente et de l'acte modificatif de l'état descriptif de division à la fiche générale de l'immeuble permet au conservateur de constater au fichier immobilier la libération du bien cédé. Aucun report ne sera donc effectué sur la fiche d'immeuble de la parcelle cédée (v. s^{s} n° 58, 1) à l'exception des servitudes éventuelles, si elles ont été seulement mentionnées à la fiche d'immeuble servant de fiche générale.

e) SOUS-SECTION 5
Acquisition de parties commune entraînant changement d'emprise de la copropriété

Les copropriétaires décident d'acquérir un terrain voisin de la copropriété et de l'incorporer aux parties communes.

95 *Antérieurement à l'entrée en vigueur de la loi du 2 janvier 1979,* que le bien acquis fût libre ou non de droits et en l'absence d'extension des droits portant aussi bien sur la totalité de l'immeuble en copropriété que sur les lots, on exigeait parfois la création de lots « millièmes », de même quotité que la quote-part de parties communes incluse dans les lots de copropriété, pour constater la situation juridique différente de la parcelle acquise. L'acte modificatif de l'état descriptif de division devait donc, d'une part, constater la modification de l'immeuble et, d'autre part, la création de ces lots « millièmes » (v. s^{s} n° 67).

96 *Sous le nouveau régime,* l'acte modificatif de l'état descriptif de division se borne à constater l'intégration de la parcelle acquise dans l'assiette de la copropriété. Aucun lot n'est modifié, ni dans ses parties privatives ni, numériquement, dans sa quote-part de parties communes, qui n'est à vrai dire que l'expression de l'importance relative de ce lot par rapport à l'immeuble de la copropriété.

97 La constatation du changement de l'emprise de la copropriété s'effectue par annotation à la fiche générale de la formalité donnée à l'acte modificatif de l'état descriptif de division au cadre A du tableau III. Le tableau I de cette même fiche générale est annoté de la désignation de la parcelle acquise. La fiche d'immeuble de cette parcelle est elle-même annotée au tableau I de la mention de renvoi à la fiche générale *[Elle a déjà été annotée (ou elle est annotée simultanément) au tableau III, cadre A, de la formalité constatant la mutation].*

98 Toutefois, l'extension des droits grevant les lots et les parties communes sur la parcelle acquise n'est pas automatique dans ce cas. Après acceptation du dépôt de l'acte contenant la déclaration faite par le syndic ou un créancier inscrit selon laquelle le bien acquis est libre ou a été libéré de tous droits, et vérification de son exactitude, la mise à jour du fichier s'effectue de façon différente selon que la déclaration figure dans l'acte d'acquisition, dans l'acte modificatif de l'état descriptif de division, ou fait l'objet d'un acte distinct.

99 *Premier cas. – La déclaration figure dans l'acte d'acquisition.*

En l'absence d'acte modificatif de l'état descriptif de division, seule la mention de l'acquisition du bien est à porter sur la fiche d'immeuble de la parcelle acquise. L'annotation de la formalité donnée à l'acte d'acquisition devra donc comporter la mention de la déclaration en cause.

Exemple : Par acte du 20 mai 1980, de Me Richard, notaire à Paris, le syndicat des copropriétaires de l'immeuble sis au 132, rue Carnot au Vésinet, section A, n° 9, a acquis de M. Durand, né le 3 mai 1946, une parcelle de terrain, située dans la même commune, section A, n° 10, sise 134, rue Carnot, pour le prix de 2 000 000 F. Le syndic de l'immeuble, M. Dupont, comparaissant à l'acte a déclaré que le bien acquis est libre de tout droit et que s'opère l'extension des droits prévus par l'article 6-1, alinéa 3, de la loi du 10 juillet 1965. L'acte est présenté à la formalité le 12 juin 1980; il n'est entaché d'aucune cause de refus ou de rejet.

100 *a. L'immeuble acquis est un immeuble urbain.*

Annotation à faire figurer sur la fiche d'immeuble de la parcelle acquise au cadre A du tableau III :

Nota. L'identité du déclarant n'a pas à être certifiée.

Lors de la publication de l'acte modificatif de l'état descriptif de division, simultanément ou postérieurement, aucun report de la déclaration n'est à effectuer à la fiche générale de l'immeuble modifiée en conséquence.

101 *b. L'immeuble acquis est un immeuble rural situé dans une commune à cadastre rénové.*

A. MUTATIONS, SERVITUDES ACTIVES		
Immeuble totalité ou lots	Dates, numéros et nature des formalités	Observations
T	12 juin 1980, vol. 3000, n° 14. Acte du 20 mai 1980, Me RICHARD, notaire à Paris contenant : VENTE par DURAND, né le 3 mai 1946, au SYNDICAT DES COPROPRIÉTAIRES de l'immeuble sis Le Vésinet, 132, rue Carnot (fiche n°) Prix : 200 000 F DÉCLARATION D'EXTENSION DE DROITS SUR LE PRÉSENT IMMEUBLE PAR DUPONT, syndic dudit immeuble.	

L'annotation à faire figurer sur la fiche personnelle du vendeur se limite à la constatation de la vente de la parcelle.

L'annotation portée sur la fiche personnelle ouverte au nom du syndicat des copropriétaires se présente, avec les aménagements nécessaires, sous une forme identique à celle figurant ci-dessus n° 100, dans la mesure où elle fait apparaître d'une part l'acquisition, d'autre part la déclaration ayant pour effet d'entraîner l'extension des droits.

Lors de la publication simultanée ou postérieure de l'acte modificatif de l'état descriptif de division, la fiche d'immeuble de la parcelle, qui devient « immeuble urbain » du fait de son intégration à la copropriété, est créée. La fiche personnelle ouverte au nom du syndicat et la nouvelle fiche d'immeuble sont servies dans les conditions habituelles *(Répertoire alphabétique, voir Hypothèques, livre III, n° 175-3).*

102 *Deuxième cas – La déclaration figure dans l'acte modificatif de l'état descriptif de division.*

Au moment de la publication de l'acte modificatif de l'état descriptif de division contenant la déclaration d'extension de droits, la fiche de la parcelle acquise et la fiche générale de la copropriété doivent être servies, mais la déclaration ne doit être annotée que sur la fiche générale.

Exemple : Un acte du 2 juin 1980 de Me Richard, notaire à Paris, constate la modification de l'état descriptif de division de l'immeuble sis au 132, rue Carnot, au Vésinet, section A, n° 9, à la suite de l'acquisition de la parcelle cadastrée section A, n° 10, sise 134, rue Carnot, par acte du 20 mai 1980 publié le 12 juin 1980. Il contient la déclaration par M. Dupont que le bien acquis à cette occasion est libre de tout droit et que s'opère l'extension des droits prévus par l'article 6-1, alinéa 3, de la loi du 10 juillet 1965. L'acte est présenté à la formalité le 20 juin 1980. Il ne contient aucune cause de refus ni de rejet.

103 Annotations à faire figurer à la fiche générale de la copropriété :

– au tableau I :

I. DÉSIGNATION DE L'IMMEUBLE
Immeuble 2 000 m² (indications complémentaires éventuelles) forme avec A 10 une copropriété. (Voir formalité n°, tableau III, cadre A).

– au tableau III :

A. MUTATIONS, SERVITUDES ACTIVES		
Immeuble totalité ou lots	Dates, numéros et nature des formalités	Observations
	20 juin 1980, vol. 3010, n° 9. ACTE MODIFICATIF À L'ÉTAT DESCRIPTIF DE DIVISION du 2 juin 1980, Me RICHARD, notaire à Paris : voir tableau I; DÉCLARATION D'EXTENSION DE DROITS par DUPONT, syndic du présent immeuble, sur l'immeuble sis 134, rue Carnot, cad. A, n° 10.	État descriptif de division Formalité n°

104 Annotation à faire figurer sur fa fiche d'immeuble, de la parcelle cadastrée A, n° 10, 134, rue Carnot.

I. DÉSIGNATION DE L'IMMEUBLE
Immeuble 300 m² (indications complémentaires éventuelles) forme avec A 9 une copropriété. (Voir formalité n°, F. G. sous A 9).

105 *Troisième cas. La déclaration figure dans un acte distinct :*

Deux hypothèses sont à envisager selon que cet acte est publié antérieurement ou postérieurement à l'acte modificatif de l'état descriptif de division.

106 *a. Première hypothèse : l'acte constatant la déclaration a été dressé le 25 mai 1980 et est accepté à la formalité le 18 juin 1980. Les dates de l'acte de vente et de l'acte modificatif ainsi que de leur publication sont celles visées aux deux premiers cas ci-dessus, c'est-à-dire respectivement 20 mai et 12 juin 1980, 2 et 20 juin 1980.*

Dans cette hypothèse, l'acte modificatif de l'état descriptif de division n'ayant pas encore été publié, l'annotation de la formalité donnée à l'acte contenant la déclaration est portée sur la fiche de la parcelle acquise s'il s'agit d'un immeuble urbain ou sur la fiche ouverte au nom du syndicat s'il s'agit d'un immeuble rural. Au moment de la publication de l'acte modificatif, la mise à jour du fichier se fera de la même façon que dans le premier cas (v. s^s^ n°s 99 à 101).

107 L'immeuble acquis est un immeuble urbain.

Annotation à faire figurer sur la fiche d'immeuble de la parcelle acquise, au cadre A du tableau III :

A. MUTATIONS, SERVITUDES ACTIVES		
Immeuble totalité ou lots	Dates, numéros et nature des formalités	Observations
T	18 juin 1980, vol. 3009, n° 24. Acte du 25 mai 1980, Me RICHARD, notaire à Paris contenant : DÉCLARATION D'EXTENSION DE DROITS par DUPONT, syndic de l'immeuble sis Le Vésinet, 132, rue Carnot, sur le présent immeuble.	

108 L'immeuble acquis est un immeuble rural situé dans une commune à cadastre rénové.

L'annotation est à porter au cadre A du tableau III de la fiche personnelle dressée su nom du syndicat de copropriété, déjà annotée de la formalité donnée à l'acte d'acquisition.

109 *b. Deuxième hypothèse : l'acte constatant la déclaration a été dressé le 10 juin 1980 et accepté à la formalité le 1er juillet 1980 soit postérieurement aux publications de l'acquisition (12 juin 1980) et de l'acte modificatif de l'état descriptif de division (20 juin 1980).*

Dans ce dernier cas, seule la fiche générale doit être servie.

Annotation à porter au cadre A du tableau III de la fiche générale de la copropriété :

A. MUTATIONS, SERVITUDES ACTIVES		
Immeuble totalité ou lots	Dates, numéros et nature des formalités	Observations
T	1er juillet 1980, vol. 3011, n° 10. Acte du 10 juin 1980, Me RICHARD, notaire à Paris contenant : DÉCLARATION D'EXTENSION DE DROITS par DUPONT, syndic du présent immeuble, sur l'immeuble sis 134, rue Carnot, cad. A, n° 10.	

f) SOUS-SECTION 6
Réunion de copropriétés

110 *Exemple : Deux bâtiments A et B faisant l'objet de copropriétés distinctes sont regroupés en un ensemble immobilier régi par un nouveau et unique règlement. Les parties privatives demeurent inchangées. La quote-part dans les parties communes incluse dans chaque lot se trouve modifiée puisqu'elle est déterminée par rapport à l'ensemble des nouvelles parties communes, réparties entre un nombre de lots plus importants.*

Sous le régime antérieur à la loi du 2 janvier 1979, l'établissement et la publication de l'acte modificatif des états descriptifs de division étaient très souvent impossibles du fait de l'extrême complexité du numérotage propre à maintenir l'individualisation des lots « millièmes » échangés.

111 *Sous le nouveau régime,* l'acte modificatif des états descriptifs de division destiné à constater la réunion des deux copropriétés constatera, d'une part, la modification de la désignation de l'immeuble et, d'autre part, les changements intervenus au niveau des lots.

Le tableau récapitulatif annexé à l'acte modificatif pourra se présenter de façon différente selon que la réunion des deux copropriétés aura entraîné ou non une modification de la désignation cadastrale.

112 *Absence de modification de la désignation cadastrale.*

Le nouveau numérotage doit être pris à la suite du plus élevé des numéros anciens.

Numéro du lot	Bât.	Esc.	Étage	Nature	Quote-part	Observations
Immeuble cad. AB 100, sis 2, rue du Lac.						
1	Unique	Unique	RC	App.	100	Supprimé. Devenu lot 11, nouvelle copropriété sur AB 100 et AB 101.
2	–	–	RC	App.	100	Supprimé ... Lot 12 ...
3	–	–	1	App.	100	Supprimé ... Lot 13 ...
4	–	–	1	App.	100	Supprimé ... Lot 14 ...
5	–	–	1	App.	100	Supprimé ... Lot 15 ...
6	–	–	2	App.	100	Supprimé ... Lot 16 ...
7	–	–	2	App.	100	Supprimé ... Lot 17 ...
8	–	–	2	App.	100	Supprimé ... Lot 18 ...
9	–	–	3	App.	100	Supprimé ... Lot 19 ...
10	–	–	3	App.	100	Supprimé ... Lot 20 ...

			Immeuble cad. AB 101, sis 4, rue du Lac.			
1	Unique	Unique	RC	App.	100	Supprimé ... Lot 21 ...
2	–	–	RC	App.	100	Supprimé ... Lot 22 ...
3	–	–	1	App.	100	Supprimé ... Lot 23 ...
4	–	–	1	App.	100	Supprimé ... Lot 24 ...
5	–	–	1	App.	100	Supprimé ... Lot 25 ...
6	–	–	2	App.	100	Supprimé ... Lot 26 ...
7	–	–	2	App.	100	Supprimé ... Lot 27 ...
8	–	–	2	App.	100	Supprimé ... Lot 28 ...
9	–	–	3	App.	100	Supprimé ... Lot 29 ...
10	–	–	3	App.	100	Supprimé ... Lot 30 ...
			Immeuble cad. AB 100 et AB 101, sis 2, et 4, rue du Lac.			
11	A	Unique	RC	App.	50	Issu du lot 1 de l'immeuble, cad. AB 100.
12	A	–	RC	App.	50	Issu du lot 2 de l'immeuble, cad. AB 100.
13	A	–	1	App.	50	Issu du lot 3 de l'immeuble, cad. AB 100.
...	......	......	......	......	......	....
28	B	Unique	2	App.	50	Issu du lot 8 de l'immeuble, cad. AB 101.
29	B	–	3	App.	50	Issu du lot 9 de l'immeuble, cad. AB 101.
30	B	–	3	App.	50	Issu du lot 10 de l'immeuble, cad. AB 101.

113 *Modification de la désignation cadastrale.*
À l'occasion de la réunion des deux copropriétés le cadastre a opéré la réunion des parcelles AB 100 et AB 101 pour former la parcelle AB 300.

En application du nouvel alinéa 7 de l'article 71-B 1, il est désormais possible de repartir de l'unité pour la nouvelle copropriété. Le tableau annexé à l'acte modificatif pourra donc prendre la forme suivante :

Numéro du lot	Bât.	Esc.	Étage	Nature	Quote-part	Observations
			Immeuble cad. AB 100, sis 2, rue du Lac.			
1	Unique	Unique	RC	App.	100	Supprimé. Devenu lot 1, sur immeuble, cad. AB 300.
2	–	–	RC	App.	100	Supprimé. Devenu lot 2, sur immeuble, cad. AB 300.
3	–	–	1	App.	100	Supprimé. Devenu lot 3, sur immeuble, cad. AB 300.
...	......	......	......	......	......	....
10	–	–	3	App.	100	Supprimé. Devenu lot 10, sur immeuble, cad. AB 300.
			Immeuble cad. AB 101, sis 4, rue du Lac.			
1	Unique	Unique	RC	App.	100	Supprimé. Devenu lot 11, sur immeuble, cad. AB 300.
2	–	–	RC	App.	100	Supprimé ... Lot 12 ...

3	–	–	1	App.	100	Supprimé ... Lot 13 ...
...	......	......	......	......	......	....
10	–	–	3	App.	100	Supprimé ... Lot 20 ...
Immeuble cad. AB 300, sis 2, et 4, rue du Lac.						
1	A	Unique	RC	App.	50	Issu du lot 1 de l'immeuble, cad. AB 100.
2	A	–	RC	App.	50	Issu du lot 2 de l'immeuble, cad. AB 100.
3	A	–	1	App.	50	Issu du lot 3 ...
...	......	......	......	......	......	....
10	A	–	3	App.	50	Issu du lot 10 ...
11	B	Unique	RC	App.	50	Issu du lot 1 de l'immeuble, cad. AB 101.
12	B	–	RC	App.	50	Issu du lot 2 ...
13	B	–	1	App.	50	Issu du lot 3 ...
...	......	......	......	......	......	....
20	B	–	3	App.	50	Issu du lot 10 ...

– mise à jour du fichier.

114 *a.* Lorsque la désignation cadastrale n'a pas été modifiée, celle des fiches générales des anciennes copropriétés qui porte le plus petit numéro cadastral (ou dans la voirie) devient fiche générale de la nouvelle copropriété. Dans l'exemple ci-dessus cité, ce sera la fiche de la parcelle AB 100.

Le cadre A du tableau III des deux fiches générales est annoté de la formalité donnée à l'acte modificatif.

Le tableau I de la fiche d'immeuble cadastré AB 101 reçoit une mention de renvoi à la fiche générale de la nouvelle copropriété sous la forme suivante : « Forme avec AB 100 une nouvelle copropriété. Voir formalité n^o..., tableau III, cadre A ». Au tableau II, la désignation des lots est soulignée en rouge, la colonne « Renseignements complémentaires » recevant la correspondance avec les nouveaux lots.

Le tableau I de la fiche immeuble cadastré AB 100 reçoit mention suivante : « Forme avec AB 101 une nouvelle copropriété. Voir formalité n°......, tableau III, cadre A ». Au tableau II, les lots anciens sont soulignés en rouge avec indication de la correspondance avec les nouveaux lots, eux-mêmes répertoriés avec ceux provenant de la fiche AB 101 à la suite des lots supprimés.

Aucun report n'a, normalement, à être effectué entre la fiche de l'immeuble AB 101 et celle de la parcelle AB 100.

115 Au tableau I des fiches des lots supprimés, la désignation est soulignée en rouge avec référence à la formalité donnée à l'acte modificatif de l'état descriptif de division sous la forme suivante : « Voir formalité n°... du..., vol..., n°..., FG ».

Les fiches des nouveaux lots sont créées et classées à la suite de la fiche d'immeuble qui devient fiche générale de la nouvelle copropriété. Leur tableau III est annoté, aux cadres A et B, du report des formalités subsistantes figurant sur la fiche des anciens lots correspondants, après soulignement des annotations portées sur ces dernières.

116 *b.* Lorsque la désignation cadastrale a été modifiée, une nouvelle fiche d'immeuble est créée et servie. Elle devient fiche générale de la nouvelle copropriété. Elle reçoit :

– au tableau I : en plus de la désignation habituelle de l'immeuble, la mention : « Provient de la réunion de AB 100 et AB 101. Voir formalité n°......, tableau III, cadre A » ;

– au tableau II : l'annotation des lots de la nouvelle copropriété avec indication de leur provenance dans la colonne « Renseignements complémentaires » ;

– au tableau III : le report de toutes les formalités subsistantes figurant aux fiches ouvertes pour les parcelles d'origine, après soulignement sur ces dernières des annotations qui y sont portées, et l'annotation au cadre A de la formalité donnée à l'acte modificatif de l'état descriptif de division :

Les fiches de lots sont servies comme il est dit au n° 115 *supra*.

Remarque : En règle générale, les nouvelles fiches créées (fiche générale de la nouvelle copropriété ou fiches de lot) doivent recevoir les reports des droits et charges annotés sur les fiches anciennes qui ne seront plus utilisées du fait de la modification intervenue. Cependant, pour faciliter la tâche du service lorsque ce report constituera une charge trop lourde, les fiches ainsi créées pourront faire l'objet, avant même l'annotation de la formalité donnée à l'acte modificatif, d'un renvoi général, porté en tête des cadres A et B du tableau III, dont la rédaction pourra être la suivante : « Pour les formalités antérieures, voir fiches... (désignation cadastrale des anciennes parcelles d'assiette et indication de la voie et du numéro dans la voie et, pour les lots, indication du numéro du lot d'origine avec référence à la fiche générale sous laquelle les fiches correspondantes étaient classées) ». *Une telle solution ne devra toutefois être mise en œuvre que lorsque le grand nombre de formalités à reporter constituera une surcharge importante pour le service.* En effet, elle présente l'inconvénient de ne pas permettre aux fiches créées de révéler par elles-mêmes la situation juridique actuelle des biens (immeubles ou lots) visés et, ainsi, de compliquer les recherches ultérieures.

g) SOUS-SECTION 7
Division de copropriété

117 *Exemple : une copropriété unique comportant 100 lots avec 10 millièmes de parties communes se divise en deux copropriétés distinctes de 50 lots chacune.*

Sous le régime antérieur au 1er juillet 1979, la complexité du numérotage était du même ordre que dans l'exemple analysé à la sous-section VI.

Sous le nouveau régime, la présentation de l'acte modificatif de l'état descriptif de division est considérablement simplifiée. Par hypothèse, l'immeuble en copropriété avait pour assiette la parcelle cadastrée section A, n° 100, sis 6, rue des Prés ; à l'issue de la division, les parcelles d'assiette des nouvelles copropriétés, à la suite de l'attribution par le cadastre des nouveaux numéros, sont identifiées : section A, nos 200 et 201. Un certificat de numérotage a même été fourni, les adresses des nouveaux immeubles étant respectivement 6 et 6 *bis,* rue des Prés. Le tableau récapitulatif pourra se présenter sous la forme suivante :

Numéro du lot	Bât.	Esc.	Étage	Nature	Quote-part	Observations
			Immeuble cad. A 100, sis 6, rue des Prés.			
1	A	Unique	RC	App.	10	Supprimé. Devenu lot 1, sur immeuble, cad. A 200.
2	A	–	RC	App.	10	Supprimé ... lot 2 ...
3	A	–	RC	App.	10	Supprimé ... lot 3 ...
4	A	–	1	App.	10	Supprimé ... lot 4 ...
...	......	......	......	......	......	....
51	B	Unique	RC	App.	10	Supprimé. Devenu lot 1, sur immeuble, cad. A 201.
52	B	–	RC	App.	10	Supprimé ... lot 2 ...
53	B	–	1	App.	10	Supprimé ... lot 3 ...
...	......	......	......	......	......	....
100	B	–	3	App.	10	Supprimé ... lot 50 ...
			Immeuble cad. A 200, 6, rue des Prés.			
1	Unique	Unique	RC	App.	20	Ancien lot 1 de la copropriété sur immeuble A 100.
2	–	–	RC	App.	20	... lot 2 ...
3	–	–	RC	App.	20	... lot 3 ...
4	–	–	1	App.	20	... lot 4 ...
...	......	......	......	......	......	....
			Immeuble cad. A 201, 6 *bis*, rue des Prés.			
1	Unique	Unique	RC	App.	20	Ancien lot 51 de la copropriété sur immeuble A 100.
2	–	–	RC	App.	20	Ancien lot 52 de la copropriété sur immeuble A 100.
3	–	–	1	App.	20	... lot 53 ...
...	......	......	......	......	......	....
50	–	–	3	App.	20	... lot 100 ...

– mise à jour du fichier.

118 La fiche générale de la copropriété divisée reçoit les annotations suivantes :

– les désignations figurant dans l'en-tête sont soulignées en rouge ;

– tableau I. La désignation de l'immeuble est également soulignée en rouge, et est annotée de la formule « Divisé en A 200 et A 201. Voir formalité n°..., cadre A, tableau III » ;

– tableau II. Soulignement en rouge des désignations des anciens lots, mention « supprimé » dans la colonne

« Renseignements complémentaires » et indication de la correspondance avec les nouveaux lots;

– tableau III, cadre A. Annotation de la formalité donnée à l'acte modificatif de l'état descriptif de division avec constatation de la division.

119 Les fiches d'immeubles créées pour les parcelles d'assiette des nouvelles copropriétés sont montées sous forme de fiches générales :

– tableau I. En plus de la désignation habituelle de l'immeuble, est ajoutée la formule : « Provient de la division de A 100. Voir formalité n°..., cadre A, tableau III »;

– tableau II. Annotation des lots de la nouvelle copropriété avec indication de leur provenance dans la colonne « Renseignements complémentaires »;

– tableau III. Report de toutes les formalités subsistantes figurant à la fiche de la parcelle d'origine et annotation au cadre A de la formalité donnée à l'acte modificatif de l'état descriptif de division.

120 Si les fiches de lots avaient déjà été créées pour l'ancienne copropriété, les annotations qui y figurent seront également soulignées en rouge. Le tableau I recevra la mention « Supprimé. Voir formalité n°..., FG ».

Les fiches des lots des nouvelles copropriétés seront créées. Elles recevront, dans l'en-tête, la nouvelle désignation cadastrale de la parcelle dont ils dépendent; le tableau I sera annoté de leur désignation; les formalités « subsistantes » figurant sur les lots dont ils sont originaires seront reportées au tableau III.

121 Toutefois et seulement si les reports à effectuer sur les différentes fiches ainsi créées se révélaient une charge trop lourde pour le service, il sera possible, dans des cas limites, de procéder comme il est dit à la sous-section VI ci-dessus.

SECTION 12
RAVALEMENT DES IMMEUBLES

§ 1. Code de la construction et de l'habitation

Art. L. 132-1 Les façades des immeubles doivent être constamment tenues en bon état de propreté.

Les travaux nécessaires doivent être effectués au moins une fois tous les dix ans, sur l'injonction qui est faite au propriétaire par l'autorité municipale.

Art. R. 132-1 La décision de l'autorité administrative mentionnée à l'article L. 132-2 est prise par arrêté préfectoral.

Art. L. 132-2 L'article L. 132-1 est applicable à Paris ainsi que dans les communes figurant sur une liste établie par décision de l'autorité administrative, sur proposition ou après avis conforme des conseils municipaux.

Art. L. 132-3 Si, dans les six mois de l'injonction qui lui est faite en application de l'article L. 132-1, le propriétaire n'a pas entrepris les travaux qu'il prévoit, le maire peut prendre un arrêté en vue de les prescrire.

L'arrêté visé à l'alinéa ci-dessus est notifié au propriétaire avec sommation d'avoir à effectuer les travaux dans un délai qu'il détermine et qui ne peut excéder un an.

Si l'immeuble est soumis à la loi n° 65-557 du 10 juillet 1965 fixant le statut de la copropriété des immeubles bâtis, la notification aux copropriétaires est valablement faite au seul syndicat des copropriétaires pris en la personne du syndic qui doit en informer sans délai chaque copropriétaire par lettre recommandée avec demande d'avis de réception.

Art. L. 132-4 La procédure prévue à l'article L. 132-3 est également applicable lorsque les travaux, entrepris dans les six mois de l'injonction, n'ont pas été terminés dans l'année qui la suit. L'arrêté municipal est de même notifié au propriétaire, avec sommation d'avoir à terminer les travaux dans le délai qu'il détermine.

Art. L. 132-5 Dans le cas où les travaux n'ont pas été exécutés dans le délai imparti par la sommation délivrée en application des dispositions qui précèdent, le maire peut, sur autorisation du président du tribunal de grande instance statuant comme en matière de référés, les faire exécuter d'office, aux frais du propriétaire.

Le montant des frais est avancé par la commune. Il est recouvré comme en matière d'impôts directs. Les réclamations sont présentées, instruites et jugées comme en matière d'impôts directs.

SECTION 13
SÉCURITÉ DES IMMEUBLES

§ 1. Code de la construction et de l'habitation

Art. L. 129-1 Lorsque, du fait de la carence du ou des propriétaires, des équipements communs d'un immeuble collectif à usage principal d'habitation présentent un fonctionnement défectueux ou un défaut d'entretien de nature à créer des risques sérieux pour la sécurité des occupants ou à compromettre gravement leurs conditions d'habitation, le maire peut, par arrêté, prescrire leur remise en état de fonctionnement ou leur remplacement, en fixant le délai imparti pour l'exécution de ces mesures.

L'arrêté est notifié aux propriétaires et aux titulaires de droits réels immobiliers sur les locaux tels qu'ils figurent au fichier immobilier de la conservation des hypothèques. Lorsque l'immeuble est la propriété d'une société civile dont les parts donnent droit ou non à l'attribution ou à la jouissance en propriété des locaux, la notification est faite au gérant tel qu'il figure au registre du commerce où la société est immatriculée. Lorsque les mesures prescrites ne portent que sur les parties communes d'un immeuble soumis aux dispositions de la loi n° 65-557 du 10 juillet 1965 fixant le statut de la copropriété des immeubles bâtis, la notification aux copropriétaires est valablement faite au syndicat des copropriétaires.

À défaut de connaître l'adresse actuelle des personnes mentionnées à l'alinéa précédent ou de pouvoir les identifier, la notification les concernant est valablement effectuée par affichage à la mairie de la commune ou, à Paris,

Marseille et Lyon, de l'arrondissement où est situé l'immeuble ainsi que par affichage sur la façade de l'immeuble.

En cas d'urgence ou de menace grave et imminente, le maire ordonne préalablement les mesures provisoires indispensables pour écarter ce danger, dans les conditions prévues à l'article L. 129-3.

Art. L. 129-2 L'arrêté du maire visé à l'article L. 129-1 est pris à l'issue d'une procédure contradictoire dont les modalités sont définies par décret en Conseil d'État.

Lorsque les mesures prescrites n'ont pas été exécutées dans le délai fixé, le maire met en demeure le propriétaire ou le syndicat des copropriétaires d'y procéder dans un délai qu'il fixe et qui ne peut être inférieur à un mois.

À défaut de réalisation des travaux dans le délai imparti, le maire, par décision motivée, fait procéder d'office à leur exécution.

Si l'inexécution de travaux prescrits portant sur les parties communes d'un immeuble en copropriété résulte de la défaillance de certains copropriétaires, la commune peut se substituer à ceux-ci pour les sommes exigibles à la date votée par l'assemblée générale des copropriétaires. Elle est alors subrogée dans les droits et actions du syndicat à concurrence des sommes par elle versées.

Art. L. 129-3 En cas d'urgence ou de menace grave et imminente, le maire, après en avoir informé les personnes visées au deuxième alinéa de l'article L. 129-1, selon les modalités prévues à cet article, demande à la juridiction administrative de désigner un expert chargé d'examiner l'état des équipements communs dans un délai de vingt-quatre heures suivant sa désignation.

Si le rapport de l'expert constate l'urgence ou la menace grave et imminente, le maire ordonne les mesures provisoires permettant de garantir la sécurité des occupants et, si nécessaire, l'évacuation de l'immeuble.

Dans le cas où ces mesures provisoires ne sont pas exécutées dans le délai imparti par l'arrêté, le maire peut les faire exécuter d'office et aux frais des propriétaires et des titulaires de droits réels immobiliers concernés.

Si les mesures exécutées n'ont pas permis de mettre fin aux risques sérieux pour la sécurité des occupants ou de rétablir leurs conditions d'habitation, le maire poursuit la procédure dans les conditions prévues à l'article L. 129-2.

Art. L. 129-4 Lorsque la commune se substitue aux propriétaires défaillants et fait usage des pouvoirs d'exécution d'office qui lui sont reconnus, elle agit en lieu et place des propriétaires, pour leur compte et à leurs frais.

Le montant des frais afférents à l'exécution d'office des mesures prescrites est avancé par la commune et recouvré comme en matière d'impôts directs. Les créances qui n'ont pu être recouvrées par la commune sont mises à la charge de l'État ou, par subrogation de celui-ci dans ses droits et obligations, d'une personne publique s'y substituant.

Art. L. 129-5 À Paris, les compétences du maire prévues aux articles L. 129-1 à L. 129-4 sont exercées par le préfet de police.

Art. L. 129-6 Le maire exerce les compétences visées au présent chapitre au nom de l'État. En cas de carence du maire, le représentant de l'État peut se substituer dans les conditions visées au 1° de l'article L. 2215-1 du code général des collectivités territoriales.

Art. L. 129-7 Un décret en Conseil d'État détermine les conditions d'application du présent chapitre et établit la liste des équipements communs visés à l'article L. 129-1.

§ 2. Code de l'urbanisme

Art. R. 451-4 Si le terrain sur lequel porte la servitude se trouve en indivision en application de la loi n° 65-557 du 10 juillet 1965 fixant le statut de la copropriété des immeubles bâtis et si le syndicat des copropriétaires consent, dans les conditions prévues par le chapitre II de cette loi, à la création de ces servitudes, l'ordonnance est réputée contradictoire à l'égard de ceux des propriétaires minoritaires qui ne se seraient pas fait représenter au jour de l'audience.

L'ordonnance du président et le tribunal peuvent fixer des indemnités approximatives et provisionnelles et des indemnités définitives différentes pour chacun des copropriétaires, compte tenu de l'importance du préjudice subi par chacun d'eux.

SECTION 14
TRAVAUX D'ÉCONOMIE D'ÉNERGIE

§ 1. Code de la construction et de l'habitation

Art. L. 111-9 Un décret en Conseil d'État détermine :

– pour les constructions nouvelles, en fonction des différentes catégories de bâtiments, leurs caractéristiques et leur performance énergétiques et environnementales, notamment au regard des émissions de gaz à effet de serre, de la consommation d'eau ainsi que de la production de déchets liées à leur édification, leur entretien, leur réhabilitation et leur démolition ;

– à partir de 2020, pour les constructions nouvelles, le niveau d'émissions de gaz à effet de serre pris en considération dans la définition de leur performance énergétique et une méthode de calcul de ces émissions adaptée à ces constructions nouvelles ;

– les conditions dans lesquelles le maître d'ouvrage atteste de la réalisation de l'étude de faisabilité relative aux approvisionnements en énergie ainsi que de la prise en compte de la réglementation thermique au moment du dépôt du dossier de demande de permis de construire ;

– les catégories de bâtiments qui font l'objet, avant leur construction, d'une étude de faisabilité technique et économique. Cette étude évalue ou envisage obligatoirement pour certaines catégories de bâtiments les diverses solutions d'approvisionnement en énergie de la nouvelle construction, dont celles qui font appel aux énergies renouvelables, aux productions combinées de chaleur et d'énergie, aux systèmes de chauffage ou de refroidissement urbain ou collectif s'ils existent, aux pompes à chaleur performantes en termes d'efficacité énergétique ou aux chaudières à condensation gaz, sans préjudice des décisions des autorités compétentes pour les services publics de distribution d'énergie ;

– le contenu et les modalités de réalisation de cette étude.

Art. L. 111-10-4 Des décrets en Conseil d'État déterminent les catégories de bâtiments qui, en raison de la quantité ou de la nature des déchets que leur démolition ou réhabilitation lourde est susceptible de produire, font l'objet, avant leur démolition ou réhabilitation lourde, d'un diagnostic relatif à la gestion des déchets issus de la démolition ou réhabilitation lourde, ainsi que le contenu et les modalités de réalisation de ce diagnostic.

Art. R. 111-20 I. – Les bâtiments nouveaux et les parties nouvelles de bâtiments doivent être construits et aménagés de telle sorte qu'ils respectent des caractéristiques thermiques ainsi que les conditions suivantes :

1° La consommation conventionnelle d'énergie d'un bâtiment pour le chauffage, le refroidissement, la production d'eau chaude sanitaire, l'éclairage, les auxiliaires de chauffage, de refroidissement, d'eau chaude sanitaire et de ventilation, doit être inférieure ou égale à une consommation maximale ;

2° Le besoin conventionnel en énergie d'un bâtiment pour le chauffage, le refroidissement et l'éclairage ne doit pas dépasser une valeur maximale ;

3° Pour certains types de bâtiments, la température intérieure conventionnelle atteinte en été doit être inférieure ou égale à la température intérieure conventionnelle de référence.

II. – Un arrêté du ministre chargé de l'énergie et du ministre chargé de la construction et de l'habitation fixe, en fonction des catégories de bâtiments :

1° Les caractéristiques thermiques intervenant dans la performance énergétique du bâtiment ;

2° La méthode de calcul de la consommation conventionnelle d'énergie d'un bâtiment et les principales conventions prises en compte dans cette méthode ;

3° La valeur de la consommation maximale ;

4° La méthode de calcul du besoin conventionnel en énergie d'un bâtiment pour le chauffage, le refroidissement et l'éclairage et les principales conventions prises en compte dans cette méthode ;

5° La valeur du besoin maximal en énergie ;

6° Les bâtiments pour lesquels la température intérieure conventionnelle atteinte en été ne doit pas être supérieure à une température intérieure conventionnelle de référence ;

7° Pour les bâtiments visés au 3° du I, la méthode de calcul de la température intérieure conventionnelle atteinte en été ;

8° Les caractéristiques thermiques de référence pour le calcul de la température intérieure conventionnelle de référence atteinte en été ;

9° Les conditions particulières d'évaluation de la performance thermique des systèmes ou projets de construction pour lesquels, en raison de leur spécificité, les caractéristiques thermiques minimales ou les méthodes de calcul ne sont pas applicables ;

10° Les conditions d'approbation des procédés et modes d'application simplifiés permettant de regarder comme remplies les conditions définies au I ;

11° Les modalités de transmission des données utilisées pour ces calculs et communiquées à leur demande aux personnes habilitées visées à l'article L. 151-1, à tout acquéreur, à toute personne chargée d'établir une attestation de prise en compte de la réglementation thermique, de toute personne chargée de vérifier la conformité à un label de « haute performance énergétique », et à toute personne chargée d'établir le diagnostic de performance énergétique visé à l'article L. 134-2.

III. – Un arrêté du ministre chargé de l'énergie et du ministre chargé de la construction et de l'habitation détermine les conditions d'attribution à un bâtiment du label « haute performance énergétique ».

IV. – Les dispositions du présent article ne s'appliquent pas aux bâtiments et parties de bâtiment dont la température normale d'utilisation est inférieure ou égale à 12 °C et aux constructions provisoires prévues pour une durée d'utilisation de moins de deux ans.

Art. R. 111-20-1 Le maître d'ouvrage de tout bâtiment neuf ou de partie nouvelle de bâtiment existant situé en France métropolitaine établit, pour chaque bâtiment concerné, un document attestant qu'il a pris en compte ou fait prendre en compte par le maître d'œuvre lorsque ce dernier est chargé d'une mission de conception de l'opération la réglementation thermique définie à l'article R. 111-20, et en particulier :

– la prescription concernant le besoin conventionnel en énergie d'un bâtiment pour le chauffage, le refroidissement et l'éclairage, mentionnée au 2° du I de l'article R. 111-20 ;

– les prescriptions sur les caractéristiques thermiques intervenant dans la performance énergétique du bâtiment mentionnées au 1° du II de l'article R. 111-20 et qui sont précisées par arrêté.

Cette attestation est établie sur un formulaire conforme à des prescriptions fixées par arrêté. Elle est jointe à la demande de permis de construire dans les conditions prévues au i de l'article R. 431-16 du code de l'urbanisme.

Art. R. 111-20-2 Le maître d'ouvrage de tout bâtiment neuf ou de partie nouvelle de bâtiment existant situé en France métropolitaine établit, pour chaque bâtiment concerné, un document attestant la réalisation, pour les bâtiments concernés par le cinquième alinéa de l'article L. 111-9, d'une étude de faisabilité sur les approvisionnements en énergie qui comporte notamment :

– le système prévu par le maître d'ouvrage à l'issue de l'étude de faisabilité en le justifiant ;

– la valeur de la consommation en kilowattheure d'énergie primaire pour le système prévu ;

– le coût annuel d'exploitation du système prévu.

Cette attestation est établie sur un formulaire conforme à des prescriptions fixées par arrêté. Elle est jointe à la demande de permis de construire dans les conditions prévues au i de l'article R. 431-16 du code de l'urbanisme.

§ 2. Rechargement des véhicules électriques

Art. L. 111-6-4 Le propriétaire d'un immeuble doté de places de stationnement d'accès sécurisé à usage privatif ou, en cas de copropriété, le syndicat représenté par le syndic ne peut s'opposer sans motif sérieux et légitime à l'équipement des places de stationnement d'installations dédiées à la recharge électrique pour véhicule électrique ou hybride rechargeable et permettant un comptage individuel, à la demande d'un locataire ou occupant de bonne foi et aux frais de ce dernier.

Constitue notamment un motif sérieux et légitime au sens du premier alinéa la préexistence de telles installations ou la décision prise par le propriétaire de réaliser de telles installations en vue d'assurer dans un délai raisonnable l'équipement nécessaire.

Art. L. 111-6-5 Les conditions d'installation, de gestion et d'entretien des équipements de recharge électrique pour les véhicules électriques et hybrides rechargeables à l'intérieur d'un immeuble collectif et desservant un ou plusieurs utilisateurs finals font l'objet d'une convention entre le prestataire et le propriétaire ou, en cas de copropriété, le syndicat représenté par le syndic.

Un décret en Conseil d'État fixe les modalités d'application de la présente sous-section.

§ 3. Publicité extérieure

Décret n° 2012-118 du 30 janvier (*JO* 31 janv., p. 174)

SECTION 15
Accès à l'immeuble et vidéo-protection

§ 1. Code de la construction et de l'habitation (Accès à l'immeuble)

Art. L. 111-6-3 Pour l'application de l'article L. 5-10 du code des postes et des communications électroniques, les propriétaires ou, en cas de copropriété, le syndicat représenté par le syndic permettent au prestataire du service universel postal et aux opérateurs titulaires de l'autorisation prévue à l'article L. 3 du même code d'accéder, selon des modalités identiques, aux boîtes aux lettres particulières.

Les porteurs et les vendeurs colporteurs de presse inscrits auprès du Conseil supérieur des messageries de presse, agissant pour le compte d'une entreprise de presse ou d'une société de portage de presse, titulaire de l'autorisation prévue à l'article L. 3 du code des postes et des communications électroniques, ont accès aux boîtes aux lettres particulières selon les mêmes modalités que les agents chargés de la distribution au domicile agissant pour le compte des opérateurs visés à l'alinéa précédent.

Art. L. 111-6-6 Le propriétaire ou, en cas de copropriété, le syndicat des copropriétaires représenté par le syndic permet aux huissiers de justice d'accéder, pour l'accomplissement de leurs missions de signification ou d'exécution, aux parties communes des immeubles d'habitation.

Les modalités d'application du présent article sont définies par décret en Conseil d'État.

§ 2. Code de la construction et de l'habitation (Vidéo-protection)

Art. *R. 127-8 La convention conclue au titre de l'article L. 126-1-1 et relative au transfert d'images vers les services chargés du maintien de l'ordre est conclue pour une durée maximale d'un an, renouvelable par reconduction expresse. Elle porte notamment sur :

– l'indication du service chargé du maintien de l'ordre, destinataire des images;

– la nature des événements faisant redouter l'imminence d'une atteinte grave aux biens ou aux personnes et pouvant justifier la transmission des images;

– les modalités de transmission et de conservation des images et les mesures de sécurité afférentes;

– les modalités d'affichage et d'information du public concernant la possibilité de transmission des images à un service chargé du maintien de l'ordre ainsi que les modalités d'accès aux images pour les personnes ayant fait l'objet d'un enregistrement;

– la durée de transmission et de conservation des images dans la limite d'un mois à compter de leur transmission sans préjudice des nécessités de leur conservation pour les besoins de la procédure pénale;

– les modalités de financement du transfert des images.

Table de concordance avec les dispositions de la loi du 10 juillet 1965

Articles de la loi	Numéros des paragraphes
Art. 1er	
al. 1	51 s.
al. 2	154 s.
Art. 2	
al. 1	111 s.
al. 2	179 s.
Art. 3	
al. 1	111
al. 2	73 s.
al. 3	90 s.
Art. 4	68, 221 s.
Art. 5	119 s.
Art. 6	125
Art. 6-1	
al. 1	132
al. 2	658
al. 3	658
Art. 7	76
Art. 8	718
al. 1	134, 580 s., 89
al. 2	195, 625
Art. 8-1	266, 957, 963, 279, 628, 669
Art. 9	49, 218
al. 1	178, 1117
al. 2	212 s.
al. 3	216
al. 4 et 5	217, 1105, 1115
Art. 10	636, 718
al. 1	448 s., 724
al. 2	452 s., 724
al. 3	480
al. 4	124, 480
Art. 10-1 *(mod. par L. n° 2006-872, 13 juill. 2006, art. 90)*	310, 345
al. 1	556, 559, 562, 563
al. 2	1261
al. 3	559, 562, 564
Art. 11	
al. 1	452 s.
al. 2	488 s.
al. 3	492 s.
Art. 12	
al. 1	499 s.
al. 2	504
Art. 13	612, 614
Art. 14	718, 722
al. 1	649 s.
al. 2	701 s.
al. 3	662
al. 4	662, 681 s.
Art. 14-1	777, 1022, 1028
al. 1	443, 1030, 1040 s.
al. 2	444, 1029, 1043
al. 3	444, 1029, 1043
Art. 14-2	777, 963, 1022, 1029, 1033
al. 1	445, 1028, 1044
al. 2	445, 857, 1028, 1044
Art. 14-3 *(mod. par L. n° 2006-872, 13 juill. 2006, art. 92)*	857, 1021, 1024
al. 1	1025, 1037
al. 2	1025, 1026, 1027, 1034
al. 3	1024

Articles de la loi	Numéros des paragraphes
Art. 15	
al. 1	1174 s., 1183
al. 2	1191 s.
Art. 16	
al. 1	660
al. 2	655
Art. 16-1	659
Art. 17	
al. 1	816, 891, 1044
al. 2	973 s.
al. 3	975
Art. 17-1	
al. 1	704 s.
al. 2	706
al. 3	703, 981
Art. 18	981, 1006
al. 1	
tiret 1	1000
tiret 2	1012, 1027, 1032
tiret 3	1005
tiret 4	1023, 1027, 1039
tiret 5	854, 1014, 1021, 1045
tiret 6	994, 1048
tiret 7	1017
al. 2	1054
al. 3	982
Art. 18-1	1035 s.
Art. 18-1 A	963, 1044
Art. 18-2	998, 999, 1027, 1032
Art. 19	
al. 1 à 4	568 s.
al. 5	574
Art. 19-1	339 s.
Art. 19-2	548 s., 724, 1033
Art. 20	326 s., 963
Art. 21	1018, 1068 s.
al. 2	1086
al. 3 et 4	1087
al. 5	1079
dern. al.	723, 1081
Art. 22	
al. 2	819, 824, 825
al. 3	826 s.
al. 4	876
Art. 23	
al. 1	823
al. 2	822
Art. 24	722, 896 s., 963, 1033
al. 1	913
al. 2 et 3	898
al. 4	839

Articles de la loi	Numéros des paragraphes
Art. 24-1	46, 854, 861, 899, 1095
Art. 24-2	46, 854, 861, 899, 1095
Art. 24-3	46, 854, 861, 899, 1095
Art. 25	211, 870, 901 s., 917, 963, 1152
a)	904
b)	91, 905, 1120 s.
c)	906
d)	94, 907
e)	908
f)	209, 909, 929
g)	910
h)	911
i)	912
j)	913
k)	914
l)	915
m)	45, 916
n) *(créé par L. n° 2006-872, 13 juill. 2006, art. 91)*	45, 214, 217, 605, 917, 923
Art. 25-1	211, 723, 903, 917
Art. 26	208, 594, 725, 929, 963
al. 1	211, 920
a)	94, 924
b)	925
c)	926, 1096
al. 2 et 3	921
al. 4	926
d)	45
e)	45
f)	85, 208
Art. 26-1 et 26-2 *(abrogés par L. n° 2006-872, 13 juill. 2006, art. 91)* *V. art. 25 n*	917
Art. 26-3	892, 922, 924, 963
Art. 27	
al. 1	734 s.
al. 2	742 s.
al. 3	745 s.
Art. 28	749 s.
§ I	
al. 1	752 s.
§ II	
al. 1	761
al. 2	769
al. 3	769
al. 4	770, 1103
al. 5	770

Articles de la loi	Numéros des paragraphes
Art. 29 *(mod. par L. nº 2006-872, 13 juill. 2006, art. 93)*	707 s., 715
al. 3	710
al. 4	710
al. 5	712
dern. al.	712
Art. 29-1	725, 782 s., 796, 809, 981
Art. 29-1 A	775 s., 796
Art. 29-2 B	771, 809, 864, 1086
al. 5	854
Art. 29-2	799 s.
Art. 29-3	801
Art. 29-4	803
Art. 29-5	774, 797
Art. 29-6	798
Art. 30	963
al. 1	1096, 1098 s.
al. 2	1105
al. 3	1106
al. 4	91, 1133 s.
Art. 31	abrogé
Art. 32	1111, 1113, 1116
Art. 33	1114
Art. 34	1108
Art. 35	1146 s.
al. 1	1150
al. 2	94, 1152
Art. 36	1146, 1162
Art. 37	95 s., 1147
Art. 38	1159
Art. 38-1	1162
Art. 39	1161
Art. 40	1158
Art. 41	1167
Art. 41-1 *(créé par L. nº 2006-872, 13 juill. 2006, art. 95)*	25, 716 s., 722, 895, 939
Art. 41-2 *(créé par L. nº 2006-872, 13 juill. 2006, art. 95)*	25, 716 s., 723, 1086
Art. 41-3 *(créé par L. nº 2006-872, 13 juill. 2006, art. 95)*	25, 716 s., 724
Art. 41-4 *(créé par L. nº 2006-872, 13 juill. 2006, art. 95)*	25, 716 s., 725
Art. 41-5 *(créé par L. nº 2006-872, 13 juill. 2006, art. 95)*	25, 716 s., 725
Art. 42	
al. 1	1220 s.
al. 2	932, 941 s., 1112
al. 3	496, 1109
al. 4	1110
Art. 43 *(mod. par L. nº 2006-872, 13 juill. 2006, art. 95-II)*	117, 721, 722
al. 1	12, 51
al. 2	469, 517
Art. 44	713
Art. 45	498
Art. 45-1	295 s.
Art. 46	299 s., 895
Art. 46-1	296
Art. 49 *(mod. par L. nº 2006-872, 13 juill. 2006, art. 94-I)*	593, 595 s., 665

Table de concordance avec les dispositions du décret du 17 mars 1967

Articles du décret	Numéros des paragraphes
Art. 1er	
al. 1	618
al. 2	618
al. 3	479
Art. 2	620
Art. 3	584, 585, 618, 631
Art. 4	308, 612
Art. 4-1	305
Art. 4-2	304
Art. 4-3	306
Art. 4-4	297
Art. 5	309 s.
Art. 5-1	332
al. 3	325
Art. 5-2	342, 1030
Art. 6	312, 313, 1004
dern. al.	313
Art. 6-1	329
Art. 6-2	319, 1022
Art. 6-3	1022
Art. 7	
al. 1	842
al. 2	843
Art. 8	
al. 1	844
al. 2	845
al. 3	846
al. 4	844
Art. 9	813, 849 s.
al. 1	850, 851 s., 855
al. 2	869, 870
al. 3	873
Art. 10	853
Art. 11	856 s., 870
I	1037
1° et 2	857, 1038
3°	858
4 et 5	859
6	860
7	861
8	862
9	863
II	864, 868
2°	962
Art. 12	872
Art. 13	856
Art. 14	875
Art. 15	876 s.
Art. 16	879
Art. 17	883 s.
Art. 18	889
Art. 19	870, 903
Art. 19-1	870, 926
Art. 19-2	868
Art. 20	739, 1159
Art. 21	904
Art. 22	1076, 1082, 1085
Art. 24	972
Art. 25	1084
Art. 26	870, 1087
Art. 27	1085
Art. 28	
al. 1	978
al. 2	990
al. 3	991
Art. 29	962, 991
Art. 29-1	1048
Art. 30	959, 1054
Art. 31	1011
Art. 32	1004
Art. 33	
al. 1	1006
al. 2	889, 1007
al. 3	963, 1007

Articles du décret	Numéros des paragraphes
Art. 33-1	999, 1027, 1032
Art. 34	999
Art. 35	544, 1045
Art. 35-1	1029, 1050
Art. 35-2	444
al. 2	445
Art. 36	1029, 1049
Art. 37	813, 1012, 1046
Art. 38	abrogé
Art. 39	
al. 1	1060
al. 2	1061
al. 3	1061
Art. 39-1	665
Art. 40	703
Art. 41	703, 976
Art. 42	443, 705, 706
Art. 42-1	706
Art. 43	1028, 1042
Art. 44	445, 1028, 1044
Art. 45	1040
Art. 45-1	439, 1021, 1022, 1027
Art. 46	975
Art. 47	981, 986 s.
Art. 48	1081
Art. 49	222, 981
Art. 50	846
Art. 51	1226
Art. 52	500
Art. 53	500, 509
Art. 54	495

Articles du décret	Numéros des paragraphes
Art. 55	
al. 1	1233 s.
al. 2	1244 s.
Art. 56	1232
Art. 59	
al. 1	495, 509
al. 2	1231
al. 3	975, 1231
Art. 60	541
Art. 61	822
Art. 62	981 s., 1214
Art. 62-1	784
Art. 62-2	785
Art. 62-3	785
Art. 62-4	787
Art. 62-5	787 s.
Art. 62-6	793
Art. 62-7	793, 794
Art. 62-8	794
Art. 62-9	794
Art. 62-10	801
Art. 62-11	796
Art. 62-12 à 62-14	796, 854
Art. 62-15	805
Art. 63	
al. 1	708
al. 2	712
Art. 63-1	712
Art. 63-2, 63-3, 63-4	712
Art. 64	1216
Art. 65	1216, 1217

Principales abréviations utilisées

signifie

A.	arrêté
a. (et)	et autres
AJL	*Actualité juridique Loyers*
Administrer	*Administrer*
aff.	affaire
AJDI	*Actualité juridique de droit immobilier*
AJPI	*Actualité juridique de la propriété immobilière*
al.	alinéa(s)
ALD	*Actualité législative Dalloz*
anc.	ancien, ancienne
anc^{t}	anciennement
Ann. loyers	*Annales des loyers* (Les)
A.	arrêté
art.	article(s)
assoc.	association
Banque et droit	*Banque et droit*
BO Cnab	*Bulletin officiel de la Confédération nationale des administrateurs de biens*
Bull. avoués	*Bulletin des avoués de la cour d'appel de Paris*
Bull. civ.	*Bulletin des arrêts de la Cour de cassation* (chambres civiles)
Bull. ass. plén.	*Bulletin des arrêts de la Cour de cassation* (assemblée plénière)
Bull. ch. mixte	*Bulletin des arrêts de la Cour de cassation* (chambre mixte)
Bull. inf. Cneil	*Bulletin d'information du Centre national d'études et d'initiative en faveur du logement*
Bull. Cridon	*Bulletin du Centre de recherches, d'information et de documentation notariales de Paris*
Bull. Csab	*Bulletin du Conseil supérieur de l'administration de biens*
Bull. CSN	*Bulletin du Conseil supérieur du notariat*
BICC	*Bulletin d'information de la Cour de cassation*
C. assur.	Code des assurances
C. civ.	Code civil
C. com.	Code de commerce
C. consom.	Code de la consommation
C. expr.	Code de l'expropriation
COJ	Code de l'organisation judiciaire
C. pr. civ.	Code de procédure civile
CSP	Code de la santé publique
C. trav.	Code du travail
C. urb.	Code de l'urbanisme
c/	contre (Dupont c/Durand)
CAA	cour administrative d'appel
Cass., Ass. plén.	Cour de cassation, assemblée plénière
Cass., ch. mixte	Cour de cassation, chambre mixte
Civ.	Cour de cassation, chambre civile
Req.	Cour de cassation, chambre des requêtes
CCH	Code de la construction et de l'habitation
CE	Conseil d'État
CEP.	cependant
ch.	chambre
ch. acc.	chambre d'accusation
Chron.	chronique, aussi partie « Chronique » (dans divers recueils et revues)
circ.	circulaire
Civ. 1re	Cour de cassation, première chambre civile

Civ. 2e Cour de cassation, deuxième chambre civile
Civ. 3e Cour de cassation, troisième chambre civile
Cnab Confédération nationale des administrateurs de biens
Cneil Centre national d'études et d'initiative en faveur du logement
comm. commentaire
COMP. comparer
concl. conclusion(s)
Cons. const. Conseil constitutionnel
Constr. urb. *Construction – Urbanisme*
CONTRA solution contraire
Cridon Centre de recherches, d'information et de documentation notariales
Csab Conseil supérieur de l'administration de biens
CSN Conseil supérieur du notariat
CSS Code de la sécurité sociale
cts consorts

D. Dalloz (Recueil)
Décr. décret
Defrénois *Répertoire du notariat Defrénois*
Dict. prat. copr. *Dictionnaire pratique de la copropriété*
dir. sous la direction de –
doc. parl. documents parlementaires
Doctr. doctrine, aussi partie aussi partie « Doctrine » (dans divers recueils et revues)
DP *Dalloz périodique*
Dr. et patr. *Droit et patrimoine*
Dr. et ville *Droit et ville*

éd. édition
Ép[x] époux

fasc. fascicule

Gaz. Pal. *Gazette du Palais*

IRC *Informations rapides de la copropriété*
instr. instruction
IR partie « Informations rapides » (dans le *Recueil Dalloz*)

J.-CL. BAIL À LOYER *Juris-Classeur Bail à loyer*
J.-CL. CIV. *Juris-Classeur Civil*
J.-CL. CONSTR. *Juris-Classeur Construction*
J.-CL. COPR. *Juris-Classeur Copropriété*
J.-CL. FONCIER *Juris-Classeur Foncier*
J.-CL. NOT. *Juris-Classeur Notariat*
J.-CL. PR. CIV. *Juris-Classeur Procédure civile*
J.-CL. BANQUE ET CRÉDIT *Juris-Classeur Banque et crédit*
J.-CL. PÉNAL *Juris-Classeur Pénal*
JCP *Juris-Classeur périodique (La Semaine juridique)*, édition générale
JCP N *Juris-Classeur périodique (La Semaine juridique)*, édition notariale et immobilière
JO *Journal officiel* (lois et décrets)
JOAN CR *Journal officiel (Comptes rendus) Assemblée nationale*
JO Sénat CR *Journal officiel (Comptes rendus) Sénat*
JOAN Q *Journal officiel (Questions réponses) Assemblée nationale*
JO Sénat Q *Journal officiel (Questions réponses) Sénat*
Journ. fin. *Journal des finances*
Journ. not. *Journal des notaires et des avocats* (depuis 1977, inclut le *Répertoire Commaille;* devenu depuis janvier 1993, *Droit et patrimoine.)*
jur. jurisprudence
Juris-Data *Juris-Data* (banque de données juridiques)

L. loi
lég. législation, aussi partie aussi partie « Législation » (dans divers recueils et revues)
Loyers et copr. *Loyers et copropriété*
LPA *Les Petites affiches*

min. ministre, ministère, ministériel (le)
mod. modifié par –

NP Arrêt non publié dans le *Bulletin civil de la Cour de cassation* ou dans le *Recueil du Conseil d'État*
n[o(s)] numéro(s)
NOT. notamment

obs. observations

p. page(s)
pan. partie « Panorama » (dans divers recueils et revues)

prat.	pratique
préc.	précité
Quot. jur.	*Quotidien juridique (Le)*
rapp.	rapport, rapporteur
RAPPR.	rapprocher
RDI	*Revue de droit immobilier*
recomm.	recommandation
réd.	rédaction
réf.	référé
Règl.	règlement
Rép. civ.	*Répertoire civil* (Encyclopédie Dalloz)
Rép. Commaille	*Répertoire Commaille*
rép. min.	réponse ministérielle
RCA	*Responsabilité civile et assurance*
Rev. adm.	*Revue administrative*
Rev. crit. législ. et jur.	*Revue critique de législation et de jurisprudence*
Rev. éco. dr. imm.	*Revue économique de droit immobilier*
Rev. Fnaim	*Revue d'informations juridiques et pratiques,* dite *La Revue Bleue* mensuel de référence des adhérents de la Fédération nationale de l'immobilier (Fnaim)
Rev. géomètre	*Géomètre,* revue mensuelle de l'Ordre des géomètres-experts, éditions Publi-Topex
Rev. hab. fr.	*Revue de l'habitat français (La)* revue mensuelle éditée par la Société parisienne d'éditions et de publications immobilières (SPEPI)
Rev. huissiers	*Revue des huissiers de justice*
RID comp.	*Revue internationale du droit comparé*
Rev. loyers	*Revue des loyers et des fermages*
Rev. proc. coll.	*Revue des procédures collectives*
RTD civ.	*Revue trimestrielle de droit civil*
s.	suivant(s)
S.	*Sirey (Recueil)*
sol. impl.	solution implicite
Somm.	sommaire
spéc.	spécialement
s^{s}	sous
synd.	syndicat
t.	tome
T. civ.	tribunal civil
T. confl.	Tribunal des conflits
TGI	tribunal de grande instance
TI	tribunal d'instance
T. pol.	tribunal de police
v.	voir
V° (pluriel *V*^{is})	*Verbo* (pluriel *Verbis*)
vol.	volume

Index thématique alphabétique

- Les chiffres renvoient aux numéros de paragraphes des développements de l'ouvrage
- Le signe « + » qui précède une entrée secondaire indique un renvoi à une entrée principale identique plus riche
- Le signe « ▶ » qui précède une entrée secondaire indique un renvoi

B

C

PHOTOCOMPOSITION
SCM • Toulouse

711027 - (I) - OSB Th 60 g - SCM - (CDR)
Achevé d'imprimer en juillet 2012 sur les presses de l'Imprimerie CHIRAT
42540 Saint-Just-la-Pendue
Dépôt légal juillet 2012 - N° 201206.0094

Imprimé en France